KINDLERS
NEUES
LITERATUR
LEXIKON

Herausgegeben von
Walter Jens

Verlegt bei Kindler

Studienausgabe

# Cl-Dz

Band 4

Kindlers
Neues
Literatur
Lexikon

Die Studienausgabe wurde auf Druck- und Satzfehler durchgesehen; im Text- und Datenbestand ist sie mit der Originalausgabe (1988–1992) identisch. Ein Nekrolog der seit 1988, dem Erscheinungsjahr von Band 1 der Originalausgabe, verstorbenen Autoren ist in Band 21 enthalten. Dort finden sich auch die Hinweise für die Benutzung des Werks und die Gesamtregister.

Satz: Satz-Rechen-Zentrum, Berlin
Umschlaggestaltung: Heuser, Mayer + Partner, München
Druck und Verarbeitung: C.H. Beck'sche Verlagsdruckerei, Nördlingen
Printed in Germany
ISBN 3-463-43200-5

2 3 5 4

## ERNEST CLAES

* 24.10.1885 Zichem bei Diest
† 2.9.1968 Brüssel

### DE WITTE

(fläm.; *Ü: Flachskopf*). Roman von Ernest CLAES, erschienen 1920. – Mit diesem Roman brach der Autor zum Niveau jenes flämischen Realismus durch, wie ihn STREUVELS und TIMMERMANS repräsentieren. In seiner (stark autobiographischen) *»Geschichte einer sieghaften Jugend, in der der Geist des Reineke Fuchs und Eulenspiegels lebt«* (F. Timmermans), erzählt er Episoden aus der Kindheit von Lodewijk Verheyden, den man in seinem (und des Autors) Heimatdorf Sichem wegen seiner strohigen *»Schweinsborsten«* nur »Flachskopf« nennt. Genauso borstig wie sein Haar ist auch sein Lausbubengemüt. Der rauflustige, verschmitzte Junge begeht kleine Diebereien und treibt mit Eltern und Lehrern – jenen Mächten, die seinem unbändigen Freiheitsdrang feindlich gesinnt sind – seinen Schabernack. Wenn »Flachskopf« diesen Mächten ausgeliefert ist, so in der Schule oder bei Mahlzeiten daheim, erfährt der Leser allerdings auch, warum der Junge eine solch rauhe Schale hat: Der Lehrer ist *»ein rechter Schinder«*, und der Vater ahndet beispielsweise den Unmut seines jüngsten Sprößlings über ein kalt gewordenes Abendessen dadurch, daß er ihm die halbvolle Suppenschüssel über den Kopf stülpt: *»Die Suppe konnte doch nicht so kalt gewesen sein, denn er brüllte aus vollem Halse, daß er ganz verbrannt sei.«* Doch die trotzige Erbitterung des Jungen über solche Mißhandlungen weicht beim Ausnehmen eines Hummelnestes oder beim Schlaf unter dem Erlenbusch dem unbekümmerten Schelmenoptimismus der Jugend: *»Flachskopf, Junge, du bist ein Teil von uns, du bist ein Teil dieser allerschönsten Welt, wie eine leuchtende Blume oder ein goldener Käfer ... Dir sagen wir es deshalb, nur dir allein, wisse: im Leben ist es nur einmal Frühling, ist ... nur ... einmal ... Sommer ...«*
Alle diese Geschichten um Flachskopf bis zu seinem ersten Leseerlebnis mit CONSCIENCES Roman *De Leeuw van Vlaanderen* (1838), worin sich sein beginnender Reifeprozeß abzeichnet, sind lose aneinandergeknüpft – Anekdoten, die nur durch denselben Helden und dieselbe Szenerie miteinander verbunden sind. Ein episches Kontinuum manifestiert sich lediglich im Ablauf der Zeit und dem allmählichen Prozeß des Erwachsenwerdens. Im übrigen beansprucht die humorvoll kommentierte oder impressionistisch skizzierte Genreszene den Hauptanteil an der Darstellung, sprengt damit den Rahmen des Entwicklungsromans älterer Prägung und gibt dem Buch, wie Timmermans gesagt hat, *»jenen Hauch von Poesie, der mehr zwischen den Zeilen als in den Worten liegt. Es ist jenes unsichtbare Etwas, das nur die Seele spürt. Es ist der Inhalt des Lebens selbst.«* W.Sch.

AUSGABEN: Amsterdam 1920; [72]1953. – Amsterdam 1968.

ÜBERSETZUNG: *Flachskopf*, P. Mertens, Lpzg. 1930. – Dass., ders., Wiesbaden 1954. – Dass., ders., Ffm. 1978 (st).

VERFILMUNGEN: Belgien 1936 (Regie: J. van der Leyden). – *De witte van Sichem*, Belgien 1980 (Regie: R. de Hert).

LITERATUR: J. Eeckhout, *Litteraire profielen*, Bde. 2, Brügge 1927. – A. Boni, *E. C.*, Löwen 1948. – L. Sourie, *Het werk van E. C.*, Amsterdam 1948.– E. Claes, *Ik en de Witte*, Antwerpen/Amsterdam 1960 (dt. *Ich u. der Flachskopf* in E. C., *Clementine u. andere Originale aus Flandern*, Bonn 1965). – A. van Hageland, *E. C.*, Brügge 1960. – J. Florquin, *E. C.* (in J. F., *Ten huize van ... 1*, Brügge [2]1971). – H. Noé, *Dossier E. C.*, Boutersem 1974. – G. Janssens, *De Witte is dood ... Wie was de Witte?* (in Land van Aarschot, 10, 1975, S. 176–179). – P. Vandevoort, *Post-scriptum. Aanvullende bio-bibliografische gegevens over E. C.*, Zichem 1978. – K. Fens, *300 000* (in K. F., *Loodlijnen*, Amsterdam [2]1978). – R. Daems, *Volksgeloof en bijgeloof in het werk van E. C.*, Zichem 1979. – *E. C.*, Antwerpen 1985 [Ausst. Kat.].

## CLARÍN

d.i. Leopoldo E. García-Alas Ureña
* 25.4.1852 Zamora
† 13.6.1901 Oviedo

LITERATUR ZUM AUTOR:
J. A. Cabezas, *C., el provinciano universal*, Madrid 1936. – M. Baquero Goyanes, *C., creador del cuente español* (in Cuadernos de la Literatura, Jan.–Juni 1949, S. 145–158). – M. Gómez-Santos, *L. A., Ensayo bio-bibliográfico*, Oviedo 1952. – Archivum, 2, 1952 [Sondernr.]. – W. Küpper, *L. A., C. und der französische Naturalismus in Spanien*, Diss. Köln 1958. – L. de los Ríos, *Los cuentos de C. Proyección de una vida*, Madrid 1965. – *Teoría y crítica de la novela española*, Hg. S. Beser, Barcelona 1972. – F. García Sarría, *C. o la herejía amorosa*, Madrid 1975. – *L. A. »Clarín«*, Hg. J. M. Martínez Cachero, Madrid 1978 [m. Bibliogr.]. – *L. A., »Clarín«*, Hg. B. Varela Jácome, Madrid 1980. – Y. Lissorgues, *C. político*, Toulouse 1981. – Letras de Deusto, 15, 1985, Nr. 32 [Sondernr.]. – *C. y su obra en el centenario de la Regenta. Actas del simposio internacional en Barcelona 1984*, Hg. A. Vilanova, Barcelona 1985.

## LA REGENTA

(span.; *Die Präsidentin*). Roman von Clarín, erschienen 1884/85. – Die Stadt Vetusta, der Schauplatz dieses Romans, ist die nordspanische Provinzhauptstadt Oviedo, wo Clarín jahrelang Universitätsprofessor war. Es ist *»eine levitische Stadt«*, deren Gesicht das aristokratische Stadtviertel der Encimada bestimmt, in dem nach engen Ehr- und Moralbegriffen und bigotten Glaubensvorstellungen die Schicht der vom Glück Begünstigten, der Genießer und Nichtstuer lebt. Beherrschend ist der allmächtige Einfluß der Kirche, sein Symbol Don Fermín de Pas, der ehrgeizige Kanonikus, der an Tatkraft, theologischem Wissen und an Beredsamkeit sogar den Bischof übertrifft und in Don Restituto Mourelo einen mißgünstigen, machiavellistischen Gegner besitzt. In Kontakt mit Don Fermín gerät Ana de Ozores, die Titelfigur des Romans. Von ihrem Vater, der sein Vermögen in politischen Machenschaften vergeudet hat, im Elend zurückgelassen, ist sie durch die Heirat mit dem betagten Gerichtspräsidenten Don Víctor de Quintanar, dem »Regente«, in die obersten Kreise der städtischen Aristokratie aufgerückt und wird als die schöne, empfindsame »Regenta« von allen bewundert und umschwärmt. Aber die Enge ihrer Umgebung bedrückt sie – *»Vetusta war ein Gefängnis, die starre Routine ein Eismeer, das sie gefesselt, bewegungslos gefangenhielt«* –, so daß sie in religiöser Schwärmerei ihre Zuflucht sucht. Unter der Anleitung Don Fermíns gelangt sie immer häufiger in einen Zustand mystischer Verzückung und wird bald wie eine Heilige verehrt. Um so größer ist ihre Erschütterung, als sie erkennt, daß der Geistliche sie in verbotener, gotteslästerlicher Leidenschaft begehrt. – Nach Überwindung dieser Krise verliebt sich Ana in den verführerischen Frauenkenner Don Alvaro Mesía, den es reizt, die schönste und faszinierendste Frau von Vetusta zu erobern. Anas Sehnsucht nach einem Kind und ihres Gatten Gleichgültigkeit treiben sie schließlich in Don Alvaros Arme. In einem Duell, zu dem er den Nebenbuhler fordert, wird Don Víctor tödlich getroffen. Mesía flieht nach Madrid. Ana wird von der Gesellschaft, deren Bewunderung ihr einmal galt, verstoßen.

In diesem wichtigsten psychologischen Roman der spanischen Literatur des 19. Jh.s bildet die Handlung den Anlaß für eine in die Tiefe gehende Charakteranalyse der Hauptfiguren. Clarín beschreibt das Leben in einer Provinzstadt und zeigt zugleich die Rückwirkungen der Außenwelt auf die Seelen der Menschen. Vetusta symbolisiert das Spanien der »Restauration« (Wiederkehr der Bourbonen 1874 mit Alfons XII.), dessen konservative Politik den Geist der Revolution von 1868 auslöschte, deren romantischer Liberalismus Claríns politisches Credo war. Die anämische und schwunglose Gesellschaft dieses Spaniens wird in den Romangestalten von Vetusta porträtiert; das Leben, das sie führen, ist das traurige, reizlose und erstickende Dasein, gegen dessen Oberflächlichkeit, Materialismus und Gleichgültigkeit auch die »Generation von 98« angeschrieben hat. In diesem tiefen Konflikt zwischen individuellem Willen und der starren gesellschaftlichen Ordnung setzen die Protagonisten (Ana de Ozores, Fermín de Pas) ihr Streben nach höheren Zielen entgegen. Beide scheitern, sind aber die einzigen, die den Horizont dieser armseligen Gesellschaft einer euphorischen Zukunft öffnen könnten. Dem Verfasser wurde vorgeworfen, er habe Zola und Flaubert nachgeahmt. Obwohl gewisse Parallelen zum französischen Naturalismus und eine Ähnlichkeit zwischen *La regenta* und Flauberts *Madame Bovary* unleugbar sind, ist doch ein deutlicher Unterschied in der Behandlung des Themas festzustellen. Genauso wichtig wie der erotische Konflikt war für Clarín eben auch die Darstellung der geistigen Enge und Mittelmäßigkeit der spanischen Provinz, wo Liebe, Religion, Kultur und Politik nur die Fassaden sind, hinter denen sich Mißgunst und Haß, Intrige und Klatschsucht verbergen. A.A.A.

Ausgaben: Barcelona 1884/85, 2 Bde. – Madrid 1950 (in *Obras escogidas*). – Barcelona 1963 (in *Obras*, Hg. J. M. Martínez Cachero, Bd. 1; m. Einl. u. Bibliogr.). – Madrid 1966. – Madrid 1984, Hg. u. Einl. G. Sobejano, 2 Bde. (Castalia). – Madrid 1985, Hg. u. Einl. M. Baquero Goyanes (Austral). – Madrid 1986, Hg. u. Einl. J. Oleza, 2 Bde. (Cátedra).

Übersetzung: *Die Präsidentin*, E. Hartmann, Bln./DDR 1971 [Nachw. v. F. R. Fries]. – Dass., ders., Ffm. 1985; ern. 1987 (st).

Verfilmung: Spanien 1974 (Regie: G. Suárez).

Literatur: G. Laffitte, *»Madame Bovary« et »La regenta«* (in BHi, 45, 1943, S. 157–163). – C. Clavería, *Flaubert y »La regenta«* (in C. C., *Cinco estudios de literatura española moderna*, Salamanca 1945, S. 9–28). – A. Brent, *L. A. and »La regenta«. A Study in 19th Century Spanish Prose Fiction*, Columbia/Mo. 1951. – J. Bécarud, *»La regenta« de C. y la restauración*, Madrid 1964. – J. V. Agudiez, *Inspiración y estética en »La regenta«*, Oviedo 1970. – M. Nimetz, *Eros and Ecclesia in C.'s Vetusta* (in MLN, 86, 1971, S. 242–253). – H.-P. Endres, *»La regenta« von L. A. C. und »Madame Bovary«: Von der Anklage des Plagiats zum Nachweis der Originalität* (in *Beiträge zur vergleichenden Literaturgeschichte. Festschrift f. K. Wais*, Tübingen 1972, S. 225–246). – J. Rutherford, *L. A. »La regenta«*, Ldn. 1974. – J. Bécarud, *De »La regenta« al Opus Dei*, Madrid 1977. – *C. y »La regenta«*, Hg. S. Beser, Barcelona 1982. – C. Iranzo, *»La regenta«: Cultura e idiosincrasia de C.*, Valencia 1984. – M. del C. Bobes Naves, *Teoría general de la novela: semiología de »La regenta«*, Madrid 1985. – C. Rico-Avello, *Aspectos psicosexuales en »La regenta«* (in Boletín del Instituto de Estudios Asturianos, 39, 1985, S. 841–872). – U. Link-Heer, *L. A. »C.«: »La regenta«* (in *Der spanische Roman*, Hg. V. Roloff u. H. Wentzlaff-Eggebert, Düsseldorf 1986, S. 247–269). – E. Doremus Sánchez, *»La regenta«. A Spatial-Form Narrative: A Twentieth-Century Perspective* (in MLN, 103, 1988, S. 335–349). – G. García Gómez, *El antiflamenquismo en »La regenta«* (in CHA, 1988, Nr. 453, S. 73–86).

## JOHN PEPPER CLARK

* 6.4.1935 Kiagbodo

### OZIDI

(engl.; *Ozidi*). Drama von John Pepper CLARK (Nigeria), erschienen 1966. – Im Nigerdelta, der Heimat des Autors, wird alle 25 Jahre die Geschichte Ozidis, des Helden des Ijo-Volkes, in einem siebentägigen Festival gefeiert – ein Ritual und eine dramatische Inszenierung, an der die ganze Stadt beteiligt ist. Clark hat in den vierziger Jahren eine Aufführung miterlebt. Als Literaturprofessor an der Universität Ibadan ließ er 1963 den Barden Okabour Obojolo seine Fassung der Saga rezitieren, zeichnete sie in der Originalsprache Ijo auf und publizierte sie auch in englischer Übersetzung. Zusammen mit Frank SPEED hat Clark das Ozidi-Festival gefilmt (Tides of the Delta), Lieder und Tänze als Schallplatte publiziert und schließlich auf der Basis dieses Materials sein Theaterstück *Ozidi* verfaßt. *Ozidi* ist ein einzigartiges Beispiel dafür, wie traditionelle Literatur als Epos oder Zentrum eines Festivals wissenschaftlich dokumentiert werden, aber auch zugleich Inspiration für eine moderne dramatische Bearbeitung eines überlieferten literarischen Korpus liefern kann. Clark hat seine unterschiedlichen Rollen in diesem komplexen Vermittlungsprozeß in einer Reihe von Essays (*The Example of Shakespeare*, 1970) reflektiert. Die lockere Episodenstruktur der Erzählung Okabour Obojolos ersetzt Clark durch eine straffe dramatische und auf dem Prinzip von Ursache und Wirkung beruhende Struktur, indem er das Thema Tod und Regeneration als Ausgangs- und Zielpunkt des dramatischen Geschehens hervorhebt und die psychosoziale Entwicklung des Helden als Handlungsbegründung einfügt.

In der Deltastadt Orua hatte eine Pockenepidemie auch die Königsfamilie weggerafft. Die Herrschaft fällt nun an die Familie Ozidis, aber eifersüchtige Honoratioren wählen den debilen Temugedege statt des soldatischen Ozidi (d. h. in der Ijo-Sprache: *Krieger*). Als Tribut an den neuen König, Herrscher über Leben und Tod, muß ein menschlicher Schädel dargeboten werden. Die Verschwörer locken Ozidi in einen Hinterhalt und erschlagen ihn und bringen Temugedege den Schädel seines Bruders. Die Vorgeschichte als Handlungsursprung, die in der Saga eher beiläufig behandelt wird, nimmt den ersten Akt des Dramas ein. Kollektiver Tod als Folge von Krankheit, individueller Tod als Folge der Gewalt geben den Ton an. Zugleich erfahren wir, daß Ozidis Frau Orea schwanger ist, also der Lebenszyklus sich fortsetzt.

Im zweiten Akt wird gezeigt, wie der junge Ozidi heranwächst, wie ihn seine Großmutter Oreame, eine mächtige Zauberin, charakterlich und rituell auf seine zukünftige Rolle als Rächer seines Vaters und Retter Oruas vorbereitet. Im dritten Akt macht Ozidi sich auf, seine Lebensbestimmung zu finden. Er erfährt, daß sein Vater ermordet wurde, wer die Mörder waren, und rächt seinen Vater, indem er einen nach dem anderen im Zweikampf besiegt. In der Saga und im Festival nehmen diese Kämpfe wegen ihres spektakulären Aktionismus breiten Raum ein, Clark spielt in seinem Stück nur zwei Kämpfe voll aus, die übrigen werden summarisch zusammengefaßt. Mit Ozidis Rache an den Mördern seines Vaters wird zunächst eine familiäre Rechnung beglichen und Ozidi selbst durch diese Sequenz von Bewährungsproben als Heros ausgewiesen, der dazu berufen ist, auch größere Taten zu vollbringen. Im vierten Akt dehnt sich Ozidis Aktionsradius aus. Er bekämpft und besiegt eine Reihe von Ungeheuern, die das Gemeinwesen bedrohen. In all diesen Gefechten wird er durch die Zauberkräfte seiner Großmutter tatkräftig unterstützt. So unwiderstehlich Ozidis physische Kraft als Kämpfer ist, so erweist er sich doch als »tumber Tor« wie der junge Parzival. Auch seine sexuelle Initiation, durch die er erst zum vollgültigen Mann wird, verläuft nach dem für Ozidi typischen Verhaltensmuster der Gewalt: Widerwillig zwar bringt er auf Drängen seiner Großmutter die Frau und das Kind eines besiegten Feindes um, aber die Initiation hat ihn soweit reifen lassen, daß er gegen das Diktat der Großmutter, gegen die Beherrschung durch das Mutterprinzip revoltiert und auch die Großmutter tötet.

Eine Episode der Sage – Ozidi besiegt den Hodenkönig und schwimmt durch einen Spermasee zu neuen Ufern – hat Clark psychoanalytisch verfremdet als Traum in sein Drama eingefügt, d. h., er hat sowohl die Reifung Ozidis wie auch die Lösung vom Mütterlichen dezidiert als psychologische Begründung gefaßt und nicht in der distanzierenden Symbolik der Folklore belassen. Im letzten Akt überwindet Ozidi schließlich auch noch den Pokkenkönig und dessen Kampfgefährten Fieber, Schüttelfrost und Schlaffheit, die im ersten Akt für die Auslösung der ganzen Ereigniskette verantwortlich waren. Aber Ozidi überwindet seine Krankheit als passiv Duldender, durch die Fürsorge seiner leiblichen Mutter Ore, nicht als Kämpfer wie in der Saga. Erstmals ist nun sein Handeln nicht vom Gebot der Gewalt diktiert, und dennoch ist dies sein größter, für die Gemeinschaft wertvollster Triumph. E.Bre.

AUSGABEN: Ldn./Ibadan 1966 (*Ozidi*). – Ldn./ Ibadan 1977 (O. Obojolo, *The Ozidi Saga*, Übers. u. Hg. J. P. Clark).

Verfilmung: *Tides of the Delta – The Saga of Ozidi*, Großbritannien 1977 (Regie: F. Speed u. J. P. Clark).

Literatur: T. O. McLoughlin, *The Plays of J. P. C.* (in English Studies in Africa, 18, 1975, Nr. 1, S. 31–40). – J. E. Ifie, *Notes on Ezon Religion and Culture in »The Ozidi Saga«* (in Orita, Ibadan, 12. 1. 1978). – H. Masembe, *The Use of Proverbs and Superstition in J. P. C.'s Plays*, Pasadena, 1984 (Munger Africana Library Notes, S. 17). – R. M. Wren, *J. P. C.*, Boston 1984, S. 87–127 (TWAS). – O. Onwukene, *»The Ozidi Drama«* (in African Theatre Review, 1, 1985, Nr. 1, S. 119–121). – R. Fraser, *»The Resurrecting Back: Centripedal Forces in Ijaw Poetry: J. P. C. and Gabriel Okara* (in *Studies in Commonwealth Literatures*, Hg. E. Breitinger u. R. Sander, Tübingen 1985, S. 39–50).

## WALTER VAN TILBURG CLARK

* 3.8.1909 East Orland / Me.
† 10.11.1971 Reno / Nev.

Literatur zum Autor:
M. Westbrook, *W. v. T. C.*, NY 1969 (TUSAS). – L. L. Lee, *W. v. T. C.*, Boise/Id. 1973. – *W. v. T. C.: Critiques*, Hg. Ch. Laird, Reno/Nev. 1983.

### THE OX-BOW INCIDENT

(amer.; *Ü: Ritt zum Ox-Bow*). Roman von Walter van Tilburg Clark, erschienen 1940. – Der Roman spielt in den achtziger Jahren des 19. Jh.s im Staat Nevada. Die Bewohner des Dorfes Bridger's Wells – Farmer, Viehzüchter und Viehhändler – sind wegen fortgesetzter Viehdiebstähle beunruhigt. Die Empörung erreicht ihren Siedepunkt, als sich die Nachricht von der Ermordung des Viehhirten Kinkaid im Dorf verbreitet. Begierig darauf, schnelle Rache an den Dieben und Mördern zu üben, schließen sich die Männer zu einer Hilfspolizeitruppe zusammen, die der Stellvertreter des gerade abwesenden Sheriffs bereitwillig einschwört, ohne auf den – allerdings nicht sehr entschieden geäußerten – Einspruch des Richters und die Ermahnungen des Pfarrers zu achten. Der Anführer des Suchtrupps ist Tetley, ein ehemaliger Bürgerkriegsoffizier, der den Kampf für Ordnung und Gerechtigkeit nur allzugern zum Vorwand nimmt, seiner sadistischen Grausamkeit freien Lauf zu lassen. Als das Suchkommando im Ox-Bow-Tal auf drei Männer stößt, die Vieh mit sich führen und eine anscheinend aus Kinkaids Besitz stammende Pistole bei sich tragen, befiehlt Tetley gegen die Bedenken einiger besonnener Männer die sofortige Hinrichtung der Verdächtigen, die bis zuletzt ihre Unschuld beteuern. Bei der Rückkehr nach Bridger's Well erfährt der Trupp, der die Lynchaktion bereits bereut und sich immer deutlicher von Tetley distanziert, daß Kinkaid lebt und die drei Gehenkten das Vieh tatsächlich käuflich erworben hatten. Mit Einverständnis des Sheriffs kommt man überein, um des guten Rufes der Gemeinde willen den »Vorfall« totzuschweigen.

Der Roman verdankt seine Berühmtheit der Tatsache, daß es Clark gelang, im Rahmen einer konventionellen »Western«-Handlung ein zeitloses Thema darzustellen. Am Beispiel eines jener Lynchmorde, wie sie nicht nur in den neubesiedelten Gebieten der USA häufig vorkamen, zeigt er, wie an sich gesetzestreue und anständige Menschen von einem – aus heutiger Sicht »faschistisch« zu nennenden – Demagogen dazu verführt werden können, im Namen von Gesetz und Ordnung das Faustrecht walten zu lassen. Diese Gefahr könnte, wie der Autor in seiner parabelhaften Erzählung andeutet, in einer Gesellschaft wie der amerikanischen mit ihrer inhärenten Tendenz zu Gewalttätigkeit auch auf den politischen Bereich übergreifen. Das Phänomen der Verführbarkeit redlicher Bürger behandelt Clark aus sehr differenzierter Sicht: Während Tetley von Natur böse und grausam ist (er zwingt sogar seinen Sohn, an der Hinrichtung teilzunehmen, und treibt ihn dadurch in den Selbstmord), sind die anderen Beteiligten lediglich unfähig, ihre Rachegelüste zu unterdrükken, oder aber zu bequem und zu feig, sich gegen den Mob zu stellen. »Ärger vermeiden« und sich nicht exponieren ist auch die Devise des Sheriffs. Er wird schuldig, weil er es unterläßt, seine Mitbürger dem Gesetz zu überantworten und damit die Gefahr weiterer Übergriffe einzudämmen. – Wie der Roman gilt auch die 1942 entstandene Verfilmung als klassischer »Western of ideas«. J.v.Ge.

Ausgaben: NY 1940. – Ldn. 1941. – NY 1960 [Nachw. W. P. Webb]. – Mattituck/NY o. J.

Übersetzungen: *Kurzen Prozeß, Sheriff!*, F. Mairhofer, Linz/Pittsburgh/Wien 1948. – *Ritt zum Ox-Bow*, G. Stege, Mchn. 1966 (Heyne Tb).

Verfilmungen: USA 1942 (Regie: W. A. Wellman), – USA 1955 (Regie: G. Oswald).

Literatur: V. Young, *Gods without Heroes: The Tentative Myth of v. T. C.* (in Arizona Quarterly, 7, 1951, S. 110–119). – F. I. Carpenter, *The West of W. van T. C.* (in CE, 13, 1952, S. 243–248). – H. Wilner, *W. van T. C.* (in Western Review, 20, 1956, S. 103–122). – J. Portz, *Idea and Symbol in W. van T. C.* (in Accent, 17, 1957, S. 112–128). – Ch. E. Eisinger, *The Ficiton of W. van T. C.: Man and Nature in the West* (in Southwest Review, 44, 1959, S. 214–226). – J. R. Milton, *The Western Attitude: W. van T. C.* (in Critique, 2, 1959, S. 57–73). – L. L. Lee, *W. van T. C.'s Ambiguous*

*American Dream* (in CE, 26, 1965, S. 382–391). – M. Westbrook, *The Archetypal Ethic of »The Ox-Bow Incident«* (in Western American Literature, 1, 1966, S. 105–118). – B. W. Bates, *C.'s Man For All Seasons: The Achievement of Wholeness in »The Ox-Bow Incident«* (ebd., 3, 1968, S. 37–49). – K. Andersen, *Form in W. v. T. C.'s »The Ox-Bow Incident«* (in Western Review, 6, 1969, Nr. 1, S. 19–25). – K. Andersen, *Character Portrayal in »The Ox-Bow Incident«* (in Western American Literature, 4, 1970, S. 287–298). – R. W. Cochran, *Nature and the Nature of Man in »The Ox-Bow Incident«* (ebd., 5, 1971, S. 253–264). – L. S. Peterson, *Tragedy and Western American Literature* (ebd., 6, 1972, S. 243–249). – M. B. Crain, *The Ox-Bow Incident Revisited* (in Literature/Film Quarterly, 4, 1976, S. 240–248). – J. Alhinc, *Un Western à thèse: »The Ox-Bow Incident«* (in Annales de la Faculté des Lettres et Sciences Humaines de Dakar, 7, 1977, S. 65–85). – J. M. Flora, *»Woman with Parrot« in »The Ox-Bow Incident«* (in American Notes and Queries, 17, 1979, S. 74–76). – G. Haslam, *Predators in Literature* (in Western American Literature, 12, 1977, S. 123–131).

## MARCUS ANDREW HISLOP CLARKE

* 24.4.1846 London / England
† 2.8.1881 Melbourne

LITERATUR ZUM AUTOR:
B. Elliott, *M. C.*, Oxford 1958; ern. Melbourne 1969. – F. H. Mares, *H. Kingsley, M. C. and R. Boldrewood* (in *The Literature of Australia*, Hg. G. Dutton, Harmondsworth 1964). – S. R. Simmons, *M. C.: An Annotated Checklist 1863–1972*, Hg. L. T. Hergenhan, Sydney 1975. – M. Wilding, *M. C.*, Melbourne 1977. – *M. C.: Commemorative Issue* (in Margin, 1981, Nr. 7; Sondernr.). – I. F. McLaren, *M. C.: An Annotated Bibliography*, Melbourne 1982.

### HIS NATURAL LIFE

(engl.; *Lebenslänglich*). Roman von Marcus Andrew Hislop CLARKE (Australien), erschienen 1870–1872. – Für den unter der Bohemienmaske des geistvollen Journalisten eher schwermütig veranlagten Autor stand nicht der soziale Protest gegen das größtenteils bereits der Vergangenheit angehörende, berüchtigt brutale Sträflingssystem in Tasmanien im Vordergrund, sondern das sensationelle Potential des düsteren Stoffs. Die Greuel, die er in seinem Roman beschreibt, sind aktenmäßig reichlich belegt. Die unter Zeitdruck verfaßten, im ›Australian Journal‹ erschienenen Fortsetzungen weisen viele dem populären Medium zuzuschreibende Schwächen auf, für die Clarkes glänzende journalistische Beobachtungsgabe nicht völlig entschädigt. Die spätere drastische Kürzung und Umarbeitung ersetzte u. a. das Happy-End durch einen tragischen Ausgang; ihr Ergebnis ist ein ungleich geschlosseneres und gehaltvolleres Werk.
Im Mittelpunkt der durch Episoden aufgebauschten Handlung stehen mehrere, vordergründig betrachtet recht schematisch anmutende Gestalten, deren Geschicke auf mysteriös-unheimliche Weise verflochten sind: der tugendhafte, unendlich leidensfähige Richard Devine, der lieber den Verdacht auf sich nimmt, die Leiche Lord Bellasis', dessen natürlicher Sohn er ist, beraubt zu haben, und sich lieber unter dem Namen Rufus Dawes in die australische Sträflingskolonie deportieren läßt, als daß er Sir Richard, den Mann seiner Mutter, der deren Fehltritt entdeckt und den »Bastard« verstoßen hat, dem Mordverdacht aussetzen oder seine Mutter kompromittieren würde; der geriebene John Rex, ebenfalls ein Sproß Bellasis' und dessen wirklicher Mörder, der nach einer abenteuerlichen Flucht aus Port Arthur seine Ähnlichkeit mit Richard skrupellos ausnutzt, um sich in den Besitz des Devineschen Vermögens zu bringen, zuletzt aber auf ironische Weise vom Schicksal ereilt wird; der trunksüchtige, von Anfechtungen gepeinigte Gefängnisgeistliche James North, der in der Mordnacht ebenfalls auf dem Familiensitz Hampstead Heath zugegen war, es zum eigenen Schutz unterließ, Dawes zu entlasten, und zuletzt seine sündige Leidenschaft für Sylvia, die Frau von Dawes' Vetter und teuflischem Peiniger, überwindet, um Dawes, ihrem edelmütigen, aber verkannten Lebensretter, der in ihr den tröstlichen Lichtstrahl in seinem Dunkel sieht, die Flucht mit ihr zu ermöglichen. Das Schiff geht in einem Zyklon unter, und der Tod vereint die beiden.
Durch die Überbeanspruchung der Koinzidenz, die raffinierte Verschlingung der Handlungsfäden, das farbensatte, von Nebenfiguren wimmelnde Panorama wie auch durch den theatralisch grellen Prolog wirkt der vom Autor selbst humorvoll als *»his unnatural life«* bezeichnete Roman wie eine an Publikumskonzessionen reiche, wenn auch sehr düstere Dickens-Imitation. An literarischen Vorbildern sei neben DEFOE, THACKERAY, READE, DOSTOEVSKIJ und DUMAS Père vor allem HUGO mit *Les misérables* genannt. – Die Kritik hat zwar die reißerischen und sentimentalen Züge ebenso wie die Forciertheiten in Clarkes oft allzu bewußtem Effektstil bemängelt, dabei aber nicht die atmosphärische und dramatische Kraft der Einzelszene (der Autor war auch für die Bühne tätig), sein erzählerisches Können und seine Gabe der durchdringenden Charakterisierung (Beispiel: der selbstquälerische North) übersehen. Bei aller Schärfe des Details kommt gerade auch der Phantasieleistung besonderes Gewicht zu: *His Natural Life* ist weit mehr als ein »historischer« Roman, so suggestiv darin auch das Bild einer versunkenen Epoche beschworen wird. Wie William HAYS Roman *The Escape of the Notorious Sir William Heans*

(1919) wächst auch der Clarkes über das Stoffliche und Zeitbedingte hinaus und wird zur psychologischen Allegorie der Degradierung und Zersetzung. Er ist ein Klagegesang vom abgründigen seelischen Leiden der duldenden, schuldigen und verzweifelten Menschheit, *»eine Art Sträflings-Lear«* (B. R. Elliott). Aber das Buch verkündet auch die christliche Botschaft von den heilenden Kräften der Liebe, Sühne und Erlösung, vom Triumph über rohe und verrohende Gewalt, über das Böse schlechthin. Was vom ästhetischen und logisch-rationalen Blickwinkel her befremden mag, wird vom moralischen her verständlich. So gesehen, gewinnt das Buch eine ergreifende Größe, die es in die Nähe des Weltliterarischen rückt. – Nach zwiespältiger Aufnahme fand der Roman lebhaften Anklang. Seine »romantische« Formel wurde in Pioniergeschichten weidlich ausgeschlachtet. Obwohl er neuerdings etwas von seinem kanonischen Ansehen eingebüßt hat, zählt er zu den stärksten Werken der australischen Literatur des 19. Jh.s. J.H.T.

AUSGABEN: Melbourne 1870–1872 (in Australian Journal, 5–7). – Melbourne 1874. – Ldn./Melbourne 1886 *(For the Term of His Natural Life)*. – Sydney 1929 [Einl. H. Lofting]. – Harmondsworth 1944 *(Men in Chains)*. – Oxford 1952 (*For the Term of His Natural Life*; Einl. L. H. Allen). – Sydney 1969 [Einl. I. G. Smith]. – Harmondsworth 1970 [ursprüngl. Fassg.; Einl. S. Murray-Smith]. – Ldn. 1980. – Sydney 1982. – Harmondsworth 1985, Hg. S. Murray-Smith.

ÜBERSETZUNGEN: *Deportirt auf Lebenszeit*, anon., 3 Bde., Bln. 1877. – *Lebenslänglich* ..., K. Heinrich, Bln. 1957. – Dass., ders., Darmstadt 1963. – *Deportiert auf Lebenszeit*, anon., Ffm. 1974 (Fi Tb).

DRAMATISIERUNG: Anon., *For the Term of His Natural Life*, Ldn. 1886.

VERFILMUNG: USA 1921.

LITERATUR: I. Leeson, *»For the Term of His Natural Life«* (in All About Books, 11, 1930, 9). – L. Rees, *»His Natural Life« – The Long and Short of It* (in Australian Quarterly, 14, 1942, Nr. 2, S. 99–104). – R. G. Howarth, *M. C.'s »For the Term of His Natural Life«* (in Southerly, 15, 1954, 4, S. 268–276). – H. M. Green, *A History of Australian Literature, Pure and Applied*, Bd. 1, Sydney 1961, S. 215–225. – L. R. Patané, *La letteratura dei ›Convicts‹ e l'opera di M. C.* (in Narrativa, 8, 1963, S. 78–91). – L. L. Robson, *The Historical Basis of »For the Term of His Natural Life«* (in ALS, 1, 1963, S. 104–121). – L. T. Hergenhan, *The Redemptive Theme in »His Natural Life«* (in ALS, 2, 1965, S. 32–49). – L. T. Hergenhan, *The Corruption of Rufus Dawes* (in Southerly, 29, 1969, S. 211–221). – J. E. Poole, *Maurice Frere's Wife: M. C.'s Revision of »His Natural Life«* (in ALS, 4, 1970, S. 383–394). – H. J. Boehm, *»His Natural Life« and Its Sources* (ebd., 5, 1971, S. 42–64). – L. T. Hergenhan, *The Contemporary Reception of »His Natural Life«* (in Southerly, 31, 1971, S. 50–63). – J. J. Burrows, *»His Natural Life« and the Capacities of Melodrama* (ebd., 34, 1974, S. 292–305). – A. Stewart, *The Design of »His Natural Life«* (in ALS, 6, 1974, S. 394–403). – M. Wilding, *M. C.: »His Natural Life«* (in *The Australian Experience: Critical Essays on Australian Novels*, Hg. W. S. Ransom, Canberra 1974, S. 19–37). – L. Hergenhan, *Unnatural Lives*, St. Lucia 1983, S. 47–61. – J. Colmer, *»For the Term of His Life«: A Colonial Classic Revisited* (in Yearbook of English Studies, 13, 1983, S. 133–144). – C. Runcie, *Rufus Dawes: His Natural and His Spiritual Life* (in Southerly, 45, 1985, S. 62–80). – A. McDonald, *Rufus Dawes and Changing Narrative Perspectives in »His Natural Life«* (in ALS, 12, 1986, S. 347–358).

## PAUL CLAUDEL

* 6.8.1868 Villeneuve-sur-Fère
† 23.2.1955 Paris

LITERATUR ZUM AUTOR:
*Bibliographien:*
J. B. Bénoist-Méchain u. G. Blaizot, *Bibliographie des œuvres de P. C.*, Paris 1931. – J. de Labriolle, *C. and the English-speaking World*, Ldn. 1973. – *État des lettres publiées de P. C.*, Paris 1977. – *Bibliographie de P. C.*, Paris 1977.
*Forschungsbericht:*
A. Fuß, *P. C.*, Darmstadt 1980 (EdF).
*Zeitschriften:*
Bull. de la Société Paul Claudel, Paris 1958 ff. – Cahiers Paul Claudel, Paris 1959 ff. – Cahiers canadiens Claudel, Ottawa 1963 ff. – Revue des Lettres modernes, Paris 1964 ff. (Serie P. C.). – Claudel Studies, Dallas 1972 ff.
*Biographien:*
H. Mondor, *C. plus intime*, Paris 1960. – P.-A. Lesort, *P. C. par lui-même*, Paris 1963 (dt. *P. C. in Selbstzeugnissen und Bilddokumenten*, Reinbek 1964; rm). – G. Antoine, *P. C. ou l'enfer du génie*, Paris 1988.
*Gesamtdarstellungen und Studien:*
J. Madaule, *Le génie de C.*, Paris 1933. – L. Perche, *P. C.*, Paris 1948; ern. 1966. – H. Guillemin, *C. et son art d'écrire*, Paris 1955. – B. Mennemeier, *Der aggressive C.*, Münster 1957. – L. Chaigne, *Vie de P. C. et genèse de son œuvre*, Tours 1961 (dt. Heidelberg 1963). – J. Madaule, *Le drame de P. C.*, Paris [4]1964. – G. Marcel, *Regards sur le théâtre de C.*, Paris 1964. – M. Andersen, *C. et l'Allemagne*, Ottawa 1965. – A. Blanc, *C., le point de vue de Dieu*, Paris 1965. – A. Vachon, *Le temps et l'espace dans l'œuvre de P. C.*, Paris 1965. – E. M. Landau, *P. C.*, Velber 1966; ern. Mchn. 1976 (dtv). – F. Varillon,

*C.*, Paris 1967. – H. Guillemin, *Le ›converti‹ P. C.*, Paris 1968. – J. Madaule, *C. et le langage*, Paris 1968. – G. Gadoffre, *C. et l'univers chinois*, Paris 1968. – A. Alter, *P. C.*, Paris 1968. – M. Mercier-Campiche, *Le théâtre de C. ou la puissance du grief et de la passion*, Paris 1968. – A. Espiau de la Maëstre, *Das göttliche Abenteuer. P.C. und sein Werk*, Salzburg 1968. – M. L. Tricaud, *Le baroque dans le théâtre de P. C.*, Genf 1968. – *Entretiens sur P. C., colloque de Cérisy*, Hg. G. Cauttaui u. J. Madaule, Paris/Den Haag 1969. – J. Madaule, *C. et le Dieu caché*, Paris 1969. – *P. C. zu seinem hundertsten Geburtstag*, Stg. 1970. – *Les critiques de notre temps et C.*, Hg. A. Blanc, Paris 1970. – M. Lioure, *L'esthétique dramatique de P. C.*, Paris 1971. – J. Petit, *C. et l'usurpateur*, Paris 1971. – P. Brunel, *C. et Shakespeare*, Paris 1971. – A. Espiau de la Maëstre, *Le rêve dans la pensée et l'œuvre de P. C.*, Paris 1973. – A. Blanc, *P. C.*, Paris u. a. 1973. – P. Brunel, *C. et le satanisme anglo-saxon*, Ottawa 1975. – J.-C. Morisot, *C. et Rimbaud*, Paris 1976. – A. Espiau de la Maëstre, *Humanisme classique et syncrétisme mythique chez P. C., 1880–1892*, 2 Bde., Lille/Paris 1977. – M. Malicet, *Lecture psychanalytique de l'œuvre de C.*, 3 Bde., Paris 1978/1979. – B. Hue, *Littératures et arts de l'Orient dans l'œuvre de C.*, Paris 1978. – J.-B. Barrère, *C. le destin et l'œuvre*, Paris 1979. – J. Petit, *C. et la Bible*, Paris 1981. – Europe, März 1982, Nr. 635 (Sondernr. *P. C.*). – B. L. Knapp, *C.*, NY 1982. – A. Blanc, *C., un structuralisme chrétien*, Paris 1982. – *C. aux États Unis*, Hg. L. Garbagnati, Paris 1982. – A. Becker, *C. et St. Augustin, une parenté spirituelle*, Paris 1984. – *C. interprétation et interprètes*, Einf. H. Claudel u. J.-H. Donnard (in RHT, 38, 1986, S. 115–212). – E. M. Landau, *C. auf deutschsprachigen Bühnen*, Mchn. 1986.

## L'ANNONCE FAITE À MARIE

(frz.; *Ü: Verkündigung*). Geistliches Spiel in vier Akten und einem Prolog von Paul CLAUDEL, erschienen 1912 als dritte Fassung von *La jeune fille Violaine* (1892 und 1900), in eine endgültige Bühnenfassung gebracht und mit einer Variante zum vierten Akt versehen 1948; Uraufführung: Paris, 24. 12. 1912, Théâtre de l'Œuvre. – Keines der symbolträchtigen Werke Claudels, dieses repräsentativsten Vertreters des »Renouveau catholique«, ist so unmittelbar und wesenhaft dem Evangelium und den Dogmen der Kirche verhaftet wie dieses Mysterienspiel. Nahezu fünfzig Jahre hat sich der Autor mit ihm beschäftigt und es immer wieder überarbeitet und ergänzt. Den historischen Rahmen geben die Ereignisse von 1428/1429, die mit dem Auftreten der Jeanne d'Arc zusammenhängen; im übrigen aber ist es als geistliches Spiel die Exegese des *»verbum caro factum est«* aus der Sicht des Marianikers, der in *L'épée et le miroir (Das Schwert und der Spiegel)* schrieb: *»Was Paulus mir sagte, was Augustinus mir zeigte, das Brot, das Gregorius beim Klang von Antiphonen und Responsorien brach: über mir waren die Augen Mariens dazu da, um es mir zu erklären.«* Immer macht Claudel das Unendliche faßbar im Bild des Endlichen: hier das Mysterium sanctissimum *»Empfangen vom Heiligen Geist, geboren aus Maria, der Jungfrau«*, das er im Geiste tiefster Mariologie zur Beteiligung Mariens am Erlösungswerk Christi weitet: *»Ich schreie zu Dir aus der Tiefe, in der ich bin: Violaine!«*

Violaine ist die Tochter eines tiefgläubigen Grundbesitzers, Anne Vercors, den das Streben nach der wahren Nachfolge Christi zum Kreuzzug treibt und der, am Beispiel der Tochter, schließlich doch erkennen muß: *»Nicht leben ist Losung, sondern sterben, und das Kreuz nicht zimmern, sondern es besteigen.«* Das reine Mädchen wurde einst von Pierre, dem Baumeister gotischer Kathedralen, in einer Aufwallung begehrt. Wie der Arme Heinrich der mittelhochdeutschen Legende wird er um dieser Sünde willen vom Aussatz befallen. Verzeihend küßt ihn Violaine beim Abschied. Damit nimmt sie die Krankheit auf sich; sie, die Reine, trägt das Leiden, die Bürde des Kreuzes. In diesem demütigen Ja-Sagen und Auf-sich-Nehmen wird sie zur »Magd des Herrn«. Sie verliert ihren Verlobten Jacques an die Schwester, die krankhaft eifersüchtige Mara, deren Egoismus die absolute Gottesferne verkörpert. Violaine lebt fortan in felsiger Einöde, von der zehrenden Krankheit schließlich des Augenlichts beraubt. Während der Weihnachtsvigil, in der Jeanne d'Arc König Karl zur Krönung nach Reims führt (die Kathedrale ist Pierres Meisterwerk), kommt Mara zu Violaine und bringt in einem Anfall wilder Verzweiflung der Schwester den Leichnam ihres Kindes: *»Gib ihn mir lebend zurück!«* Violaine aber weist dieses Sakrileg entschieden von sich; sie erliegt der äußersten, luziferischen Versuchung nicht: *»Ich schwöre und ich erkläre und ich bezeuge vor Gott, daß ich nicht eine Heilige bin.«* In dieser Kernszene (3, 2) – wohl der dramatisch dichtesten im Werk Claudels – vollzieht sich nun die Annäherung und Vereinigung der drei Ebenen, auf denen sich das Stück abspielt: der national-historischen (Krönung Karls), der exegetischen (das Inkarnations-Mysterium der Heiligen Nacht) und der individuellen (Nachvollzug des Weihnachtswunders durch Violaine). Während festliche Fanfaren den königlichen Krönungszug ankündigen und die Kirchenglocken die Geburt Christi feiern, bittet die blinde Aussätzige, Mara möge ihr aus den Nokturnen der Weihnachtsliturgie vorlesen. Die Transzendenz vereinigt sich mit der Diesseitswelt, *»Deus homo factus est«*: das tote Kind lebt, nicht erweckt, sondern neu geboren, mit den blauen Augen Violaines, einen Tropfen Muttermilch auf den Lippen. In wilder Eifersucht unternimmt Mara einen Mordversuch an der hilflosen Schwester; sie, die Sehende, ist blind für die überwältigende Realität Gottes. Man findet die sterbende Violaine und bringt sie in das Elternhaus zurück. Mit einem Hymnus auf das »schöne« Leben und auf den »schönen« Tod schließt sie ihre Augen, die Gott geschaut haben. An Violaines Beispiel erkennt der vom Kreuzzug zurückgekehrte Vater das Geheimnis der Lehre Christi: *»Nicht das ist Heiligkeit: sich bei den Türken steinigen zu lassen, oder den Mund eines Aussätzigen zu küssen, sondern unverweilt den Willen des Herrn zu tun.«* Pierre wird vom Aussatz geheilt, denn Violaine hat im Nachvollzug der Erlösung seine Sünde auf sich genommen; Jacques erkennt die inneren Zusammenhänge der Geschehnisse und stürzt überwältigt vor der Sterbenden auf die Knie; nur Mara, die Ur-Eva, beharrt in der Gottesferne: *»Ich ehre Gott. Aber er bleibe dort, wo er ist!«*. Vom Kloster »Marienberg« läuten die Glokken zum »Angelus«, der auch vorher jeweils die inneren Höhepunkte des Spiels markiert und sie mit seinem *»gloria in excelsis Deo«* einbezieht in das Thema »Mariä Verkündigung« – jenes erste christliche Mysterium, das bereits alle folgenden in sich birgt: Weihnacht, Karfreitag und Ostern.

Das Spiel ist, wie fast alle Bühnenwerke des Autors, im *verset claudélien* geschrieben, jener von Claudel geschaffenen langzeiligen reimlosen Prosa in freien Rhythmen, die sich an der Sprache der Bibel geschult hat. Mit der Variante zum vierten Akt hat der Autor 1948 nach den drei vorhergegangenen Fassungen die endgültige Form gefunden, die dramaturgisch den Erfordernissen des Theaters gerecht wird und zu einem Höhepunkt in seinem nahezu fünfzig Bände umfassenden Lebenswerk wurde.

M.S.-KLL

AUSGABEN: 1911/1912 (in NRF, Dez. 1911 bis April 1912). – Paris 1912. – Paris 1940 [leicht verändert]. – Paris 1948 [2. Fassg.]. – Paris 1955 (in *Œuvres complètes*, Hg. R. Mallet, 28 Bde., 1950–1978, 9). – Paris 1965 (in *Théâtre*, Hg. J. Madaule u. J. Petit, 2. Bde., 2; Pléiade). – Paris 1972 (Folio).

ÜBERSETZUNGEN: *Verkündigung*, J. Hegner, Hellerau/Bln. 1912. – *Mariä Verkündigung*, H. U. v. Balthasar, Köln 1954. – *Verkündigung*, J. Hegner (in *GW*, Bd. 3, Hg. E. M. Landau, Heidelberg/Köln 1958). – Dass., ders., Zürich 1975.

LITERATUR: L. Larguier, *»L'annonce faite à Marie«* (in Revue Bleue, 2. 1. 1913). – M. Boissard (d. i. P. Léautaud), *»L'annonce faite à Marie«* (in MdF, 16. 1. 1913). – J. Schlumberger, *»L'annonce faite à Marie« à la Comédie Montaigne* (in NRF, 1. 6. 1921). – F. Mauriac, *»L'annonce faite à Marie«* (in Revue Hebdomadaire, 14. 5. 1921). – T. Hirschberger, *Die drei Fassungen v. C.s »Annonce faite à Marie«*, Breslau 1933. – M. Dessaintes, *P. C. et »L'annonce faite à Marie«*, Brüssel 1951. – R. Rolland, *Sur »L'annonce faite à Marie«* (in La Table Ronde, 88, April 1955, 2/135; Sondernr. P. Claudel). – J. Variot, *»L'annonce faite à Marie« au Théâtre de l'Œuvre en 1912* (ebd.). – J. Boly, *C., »L'annonce faite à Marie«. Étude et analyse*, Paris 1957; ern. 1965. – E. Espiau de la Maëstre, *P. C., »L'annonce faite à Marie«* (in LR, 16, 1962). – J. Broillard, *La ›réhabilitation‹ de Mara dans »L'annonce faite à Marie«* (in RLMod, 1965, Nr. 114–116, S. 73–93). – H. Aaraas, *»L'annonce faite à Marie«* (in RRo, 2, 1967, S. 158–174). – M. Parent, *Les éléments lyriques dans »L'annonce faite à Marie«* (in RHT, 20, 1968, S. 261–274). – H. Hatzfeld, *»L'annonce faite à Marie«* (in H. H., *Initiation à l'explication de textes français*, Mchn. 1969). – L. Goldmann, *Le problème du mal* (in L. G., *Structures mentales et création culturelle*, Paris 1970, S. 135–151). – R. M. Birn, *C. »L'annonce faite à Marie« and Genet's »Le balcon«* (in RoNo, 13, 1971, S. 1–17). – M. Devel, *The Structure of the Different Versions of »L'annonce faite à Marie«* (in MLR, 67, 1972, S. 543–549). – J. N. Segrestaa, *»L'annonce faite à Marie«*, Paris 1972. – G. Féal, *La signification de la lèpre dans »L'annonce faite à Marie«* (in C. Studies, 2, 1975, S. 16–34). – Dies., *La secrète mythologie matriarcale de »L'annonce faite à Marie«* (in TLL, 15, 1977, S. 305–312). – A. Forrer, *Das Zusammenspiel von Gut und Böse in »L'annonce faite à Marie«* (in Ders., *Spaltung und Doppelung*, Diss. Zürich 1977). – M. Baudouin, *Les cycles bibliques de Violaine*, Ottawa 1979. – J. Gatty, *L'ambivalence de L'amour féminin dans »L'annonce faite à Marie«* (in C. Studies, 12, 1985, S. 62–75). – L. R. Porter, *C. »Annonce«, A Study in Suffering* (in NFSt, 24, 1985, S. 36–45).

## ART POÉTIQUE

(frz.; *Ü: Ars poetica mundi*). Philosophischer Essay von Paul CLAUDEL, erschienen 1904, in erweiterter Fassung 1907. – Das Werk ist nicht, wie der Titel vermuten ließe, eine *ars poetica* im herkömmlichen Sinn. Dichtkunst ist hier nicht ein Problem der Ästhetik, sondern der Metaphysik und wird darum im Zusammenhang mit metaphysischen und theologischen Fragen erörtert.

In Claudels monistischem Weltbild geht die moderne Lebensphilosophie eine eigenartige Verbindung mit thomistischem Denken ein. Alles Geschaffene ist für Claudel selbst unausgesetzt schöpferisch; freilich nicht im Sinn eines rational erfaßbaren Kausalnexus von Ursache und Wirkung, sondern eher im Sinn von BERGSONS *élan vital* (Bergsons *Évolution créatrice* erschien bezeichnenderweise im gleichen Jahr wie Claudels *Art poétique*). Im Gegensatz zu Bergson aber läßt Claudel alles Geschaffene dem einen göttlichen Seinsgrund entströmen, der in diesem Sinn die Wesensverwandtheit *(analogia entis)* alles Seienden bedingt. In dieser göttlich begründeten Allverbundenheit des Seienden hat auch das nach Erkenntnis strebende menschliche Ich seinen Platz, und so ist denn ein Großteil der Theoreme Claudels erkenntnistheoretischer Art: Wie kann der Mensch, selbst ein Teil des göttlich durchwirkten Kosmos, diesen Kosmos erkennen? Die analytische Logik, die das Fundament der überlieferten Erkenntnistheorie darstellt, scheint hier unzureichend; statt ihrer postuliert Claudel eine »synthetische Logik«. Die neue Methode des Erkennens wird mit Hilfe (wissenschaftlich unhaltbarer) etymologischer Kunstgriffe erläutert. Da Gott, Mensch und Welt in einem einzigen Seinszusammenhang stehen, ist das »Mitgewordensein« *(conaître)* zugleich schon das Medium des »Erkennens« *(connaître)*. »*Wir sind Teile eines gleichartigen Ganzen, und da wir* mit-werden *mit der ganzen Natur, so erkennen wir sie (nasci-natura-cognoscere)*.« Das Zustandekommen immer neuer Erkenntnisakte wird folgendermaßen erklärt: »*Da nun die Seele nicht aufhört zu entstehen (zu werden), so hört sie auch nicht auf mitzuwerden.*« Allein dadurch, daß das Ich gleichzeitig mit dem Nicht-Ich-existiert, kommt Erkenntnis zustande. Aus der Notwendigkeit, die Erkenntnis begrifflich und geistig bewußt zu machen, erwächst die Mission des Dichters und erklärt sich der Titel dieses Werks. Dem Dichter ist aufgetragen, im ursprünglichen Sinn des Wortes *poiein* die Welt in der Sprache zu erschaffen, die Dinge zu rufen, zu beschwören. »*Der Dichter, der die Großmeisterschaft über alle Worte besitzt und dessen Kunst darin besteht, sie anzuwenden, vermag durch eine kunstvolle Anordnung der Gegenstände, die sie darstellen, in uns einen harmonischen und angespannten, richtigen und starken Zustand der Einsicht hervorzubringen.*« – Claudel bringt damit seine Auffassung vom eigenen Dichtertum zum Ausdruck, dessen Sinn er stets als Verherrlichung des *einen*, göttlich durchwirkten Kosmos verstand. W.A.

AUSGABEN: Futschou 1904 [u. d. T. *Connaissance du temps*]. – Paris 1907 [enthält: *Connaissance du temps; Traité de la connaissance du monde et de soi-même; Développement de l'église;* krit.]. – Paris 1951. – Paris 1953 (in *Œuvres complètes*, Hg. R. Mallet, 28 Bde., 1950–1978, 5). – Paris 1967 (in *Œuvre poétique*, Hg. J. Petit; Pléiade). – Paris 1984, Hg. G. Gadoffre.

ÜBERSETZUNG: *Ars poetica mundi*, R. Grosche, Hellerau 1926 u. 1930.

LITERATUR: C. Méroz, *L'»Art poétique« de P. C.* (in Nova et vetera, 1941, S. 397–416). – P. Angers, *Commentaire à l'»Art poétique« de C.*, Paris 1949 (jetzt in P. C., *Œuvres complètes*, Paris 1953). – J. Wahl, *Défense et élargissement de la philosophie. Le recours aux poètes: C.*, Paris 1958. – H. Krings, *Die Kraft des Wortes. Zum Problem der Ästhetik bei C.* (in LJb, 16, 1969, S. 161–173). – M. Lioure, *C. et la critique d'art* (in RLMod, 1977, Nr. 510–515, S. 7–34). – N. Hellerstein, *The Poet as Linguist* (in AJFS, 15, 1978, S. 268–278).

## LA CANTATE À TROIS VOIX

(frz.; *Ü: Singspiel für drei Stimmen*). Dichtung von Paul CLAUDEL, erschienen 1913. – Schauplatz der Kantate ist eine Landschaft, wie sie dem Dichter von Hostel, dem Schloß seines Schwiegervaters, des Architekten Sainte-Marie-Perrin, bekannt war. Dort, in Hochsavoyen, im heutigen Departement Ain, verbrachte er vor dem Ersten Weltkrieg meist seinen Sommerurlaub, und dort, »*in diesem Land der Freude, neben dem alle anderen nur Finsternis sind*«, hielt er sich auch im Vor- und Frühsommer 1911 auf. Die 1911/1912 entstandene Dichtung hatte ursprünglich den Titel *Cette heure qui est entre le printemps et l'été ... Cantate à trois voix*.
Drei junge Frauen sind die Sprecherinnen. Auf der Terrasse eines Schlosses am Abhang der Alpen, umgeben von Gletschern, Wäldern, Weinbergen und Erntefeldern, preisen sie in der Nacht der Sommersonnenwende »*das Glück im Augenblick*«. Alle drei tragen, heller oder dunkler getönt, den Namen einer Glücklichen: Laeta, die Lateinerin (Französin), ist eine junge Verlobte in Erwartung ihrer Hochzeit; Fausta, eine Polin, verwaltet für ihren in diplomatischen Geschäften abwesenden Gatten auf fremdem Boden die Ländereien, die sie erworben hat, um ihm und ihrem Vaterland mit deren Ertrag zu dienen; Beata, eine Ägypterin, ist eine junge Witwe, die den geliebten Mann nach kurzer Ehe verloren hat. Die drei Frauen sind kaum Gestalten, fast nur Stimmen: Im Freien, auf einer Bank sitzend, mit verschränkten Händen, träumend, schauend, unterreden sie sich und singen. Ihre Unterredung ist kein Gespräch, eher ein gemeinsames Fortsprechen, eine im Spiel vielfacher echoartiger Assonanzen melismatisch fortziehende Strömung, aus kleinen Gliedern sich verkettend, schwebend gehalten, bald stärker, bald schwächer, wie Wellen oder ein Rauschen in unsichtbaren Bäumen. Dieses Echospiel liefert gleichsam die Handlung, gibt Auskünfte, evoziert die Landschaft und kommentiert den Fortgang der nächtlichen Stunden. Jede der drei befreundeten Frauen steht gleichzeitig für eine sommerliche Kreatur: Laeta für den Weinberg und die reifende Traube, Fausta für das Getreide und das Gold der Ernte, Beata für alle lichten Mysterien des Dunkels und der Nacht. Den Stimmenfluß unterbrechen jeweils zehn längere Lieder *(cantiques)* der einzelnen Stimmen, die auf einer höheren Stufe, gelöster, getragener, hauchender, die Technik der *Cinq grandes odes*, 1910 *(Fünf große Oden)* wieder aufnehmen: reimlose, frei rhythmisierte Langverse, die sich in großen Bögen arioser Explikationen bewegen: Lobgesänge auf den Rhône, auf die Rebe, auf die ziehenden Wagen der Wolken (Laeta), auf die innere Kammer, auf das geteilte Volk, auf das Gold, auf das harte Herz (Fausta), auf die Rose, auf die Düfte, auf den Schatten (Beata). Die Zeit schwingt um ihre Achse, die Fülle liegt vor Augen, das Vergängliche in seiner Wiederkehr, der jahreszeitlichen wie der jenseitigen, schenkt den drei »*Vestalinnen der Abwesenheit*« im Augenblick die schmerzlich beseligende Wahrnehmung der Ewigkeit. Beata: »*Car il faut que le mot passe afin que la phrase existe; il faut que le son s'éteigne afin que le sens demeure. / Il fallait que celui que j'aime mourût / Afin que notre amour ne fût pas soumis à la mort, / Et que son âme devînt respirable à la mienne, / Et lui servît de guide obscur et de parole au fond d'elle-même ...*« (»*Denn das Wort muß vorübergehen, damit die Rede bleibe; denn der Klang muß verlöschen, damit der Sinn verweile. / Er, den ich liebe, hat sterben müssen, / Daß unsere Liebe*

*nicht länger dem Tod unterworfen sei, / Daß seine Seele atembar würde der meinen / Und mir diente zur dunklen Führerin und zum Wort in mir selber...«)* F.Ke.

AUSGABEN: Paris 1913 *(Cette heure qui est entre le printemps et l'été... Cantate à trois voix)*. – Paris 1914 (in *Deux poèmes d'été* zus. m. *Protée, drame satyrique*). – Paris 1931 *(La cantate à trois voix, suivie de Sous le rempart d'Athènes, des traductions de Patmore, Beddoes, et d'Abeilles)*. – Paris 1950 (in *Œuvres complètes*, Hg. R. Mallet, 28 Bde., 1950–1978, 1). – Paris 1966. – Paris 1967 (in *Œuvre poétique*, Hg. J. Petit; Pléiade).

ÜBERSETZUNGEN: *Das ist die Stunde, die Frühling und Sommer trennt. Eine Kantate für drei Stimmen*, R. Woerner, Hellerau 1919. – *Singspiel für drei Stimmen*, R. Woerner u. H. U. v. Balthasar (in *GW*, Bd. 1, Heidelberg 1963).

LITERATUR: P. Jacottet, *Notes en relisant C.* (in NRF; 28, 1966, S. 668–672). – F. Siguret, *La nuit dans »Cantate«* (in RLMod, 1970, Nr. 245–248, S. 41–51). – Dies., *»La cantate à trois voix«. Style, structure et interprétation*, Diss. Besançon 1971. – J. Streignart, *»Le cantique du Rhône«, l'un de dix de la »Cantate à trois voix«* (in Études classiques, 38, 1970, S. 90–115). – H. A. Hatzfeld, *Analisi di un testo di C. »La cantata à trois voix«* (in H. A. H., *Analisi et interpretazioni stilistiche*, Bari 1971, S. 339–349). – M. Malicet, *»La cantate à troix voix« ou les trois jeunes Parques* (in C. Studies, 8, 1981, S. 46–54). – Y. A. Favre, *Musique du temps et temps de la musique dans »Cantate à trois voix«* (in Europe, März 1982, Nr. 635, S. 137–146). – A. Ubersfeld, *»La cantate à trois voix« ou l'amante absente* (in *Hommages à J. Petit*, Hg. M. Malicet, Paris 1985).

## CINQ GRANDES ODES, suivies d'un processionnal pour saluer le siècle nouveau

(frz.; *Ü: Fünf große Oden mit einem Prozessionslied*). Gedichte von Paul CLAUDEL, erschienen 1910. – Dieser erste Gedichtband Claudels muß als eines seiner Hauptwerke gelten. Die Oden und das angehängte Processionale entstanden zwischen 1900 und 1908, größtenteils in China (Futscheou, Peking, Tientsin, Shankaikwan), wo Claudel damals als französischer Konsul amtierte. Jede Ode ist ein selbständiges Gedicht, und doch bilden alle zusammen eine in sich geschlossene Folge; nur das 1907 entstandene Processionale, das durch die antireligiösen Verfolgungen in Frankreich veranlaßt wurde, steht für sich. Die Oden markieren die einzelnen Etappen der entscheidenden Wendezeit in Claudels Leben, nachdem der Dichter lange mit sich zu Rate gegangen war, ob er nicht in den Ordensstand eintreten sollte: die zweite Ausfahrt nach China, die Liebesbegegnung mit Isé, der weiblichen Hauptgestalt des Dramas *Partage de midi*, 1906 *(Mittagswende)*, seine Heirat mit Reine Sainte-Marie-Perrin, die dritte Ausfahrt nach China, die Geburt des ersten Kindes. Seit der zweiten Ausgabe von 1913 tragen auch die bisher nur gezählten Oden (2, 4, 5) eine Überschrift, den Oden 2–5 geht nun eine Inhaltsangabe in Prosa *(argument)* voraus. – Die Anregung zu der ersten Ode, *Les muses (Die Musen)*, die auch einzeln erschien (1905), empfing Claudel von einem im Louvre befindlichen Basrelief auf einem antiken Sarkophag der Via Ostia. Entworfen größtenteils 1900, noch in Paris, wurde sie erst vier Jahre später mit der Anrufung der mänadischen Erato vollendet, in welcher der Dichter die Geliebte auf dem Schiff feiert, das sie beide nach China brachte. Die drei folgenden Oden *L'esprit et l'eau, Magnificat, La muse qui est la grâce (Der Geist und das Wasser, Magnificat, Die Muse, welche die Gnade ist)* handeln in Danksagung, Lobpreisung, leidenschaftlicher Zuwendung und Abkehr von der Aufgabe des Dichters in der von Gott geordneten Schöpfung, inmitten der wirklichen Dinge der vergänglichen Welt: *»Et moi, c'est le monde entier qu'il me faut conduire à sa fin avec une hécatombe de paroles.« (»Und mir ist aufgetragen, die ganze Welt an ihr Ziel zu bringen mit einer Hekatombe von Worten.«)* Dieses Ziel aber ist, *»Gott in allen Dingen zu finden und diese einzugestalten in die Liebe«*. Darum auch wendet Claudel in dem Abgesang der dialogisch gehaltenen vierten Ode sich wieder der schmerzlich-fruchtbaren, so bedrohlichen wie einweihenden Erfahrung der großen unerlaubten Liebe zu: *»Qui a aimé l'âme humaine, qui une fois a été compact avec l'autre âme vivante, il y reste / pris pour toujours. / Quelque chose de lui-même désormais hors de lui vit au pain d'un autre corps. / Qui a crié? J'entends un cri dans la nuit profonde! / J'entends mon antique sœur des ténèbres qui remonte une autre fois vers moi...« (»Wer die Menschen-Seele geliebt hat, einmal zum Knäuel wurde mit der andern lebenden Seele, bleibt hängen daran für immer. / Etwas fürderhin von ihm selbst lebt außerhalb seiner vom Brot eines andern Leibes. / Wer rief da? Ich höre einen Schrei aus der tiefen Nacht! Ich höre, wie meine uralte Schwester der Finsternis abermals aufsteigt zu mir...«)* Die fünfte Ode, *La maison fermée (Das geschlossene Haus)*, rühmt die Endlichkeit der Schöpfung, den Innenraum der Seele, des Hauses, der Kirche; statt der Musen werden die vier Kardinaltugenden, die *»Angel-Tugenden, mit himmlischer Gerechtigkeit ausgerichtet«*, als die Hüterinnen dieses Raumes beschworen.

Das Versmaß der Oden ist der schon in den früheren dramatischen Dichtungen von Claudel verwendete *verset*, eine stark rhythmisierte, doch frei geführte reimlose Langzeile meist feierlicher Haltung, in die sich häufig rituelle Elemente mischen. In dem *Processionnal* bedient der Dichter sich des gleichen *verset*, doch geht er hier dazu über, jeweils zwei Zeilen zu einer gereimten Strophe als der kleinsten Einheit dieses Prozessionsliedes zusammenzubinden. F.Ke.

AUSGABEN: Paris 1905 *(Les muses, ode)*. – Paris 1910. – Paris 1913. – Paris 1950 (in *Œuvres complè-*

*tes*, Hg. R. Mallet, 28 Bde., 1950–1978, 1). – Paris 1967 (in *Œuvre poétique*, Hg. J. Petit; Pléiade). – Paris 1978, Hg. A. L. Carrière [krit.].

ÜBERSETZUNGEN: *Die Musen. Eine Ode*, K. L. Ammer (in Hyperion, 1, 1908). – *Lobpreisung (Magnificat)*, H. Alberti (in *Das Claudel-Programmbuch*, Hellerau 1913, Zürich [3]1950). – *Die Musen. Eine Ode*, F. Blei, Lpzg. 1917. – *Fünf große Oden* (ohne Processional), H. U. v. Balthasar, Freiburg i. B. 1939; Einsiedeln [3]1961. – *Fünf große Oden mit einem Prozessionslied*, ders. (in *GW*, Bd. 1, Heidelberg 1963).

LITERATUR: A. du Sarment, *P. C. et la liturgie*, Paris 1942. – L. Perche, *C. et les »Cinq grandes odes«*, Paris 1946. – H. J. W. van Hoorn, *Poésie et mystique. P. C., poète chrétien*, Genf 1957. – G. Antoine, *»Les cinq grandes odes« de C. ou La poésie de la répétition* (in Les Lettres Modernes, 1959). – M.-F. Guyard, *Autour des »Cinq grandes odes«* (in *Recherches claudéliennes*, Paris 1963). – H. Guillemin, *Le ›converti‹ P. C.*, Paris 1968. – P. Moreau, *L'offrande lyrique de P. C., L'époque des »Grandes odes« et du »Processionnal«*, Paris 1969. – R. Berchan, *C. »Ode aux Muses«* (in C. Studies, 1, 1972, S. 28–35). – A. Corsario, *Le »Cinque grandi Odi«* (in *Studi claudeliani*, Hg. I. Rampolla, Palermo 1972, S. 58–80). – V. W. Kapp, *Poesie und Eros. Zum Dichtungsbegriff der »Fünf großen Oden«*, Mchn. 1972. – Ders., *C. »Cinq grandes Odes« als Werk des Übergangs* (in ZfrzSp, 83, 1973, S. 129–151). – A. Fuß, *Gedanken zur zweiten Ode P. C.s* (in ebd., S. 20–45). – J. N. Segrestaa, *L'écriture de la deuxième Ode* (in Bull. de la Société C., 1973, S. 21–26). – *La première édition des »Cinq grandes Odes«. Documents inédits*, Hg. F. Chapon (ebd., S. 1–20). – A. Maurocordato, *L'ode de P. C.*, 2 Bde., Paris 1974, 1978. – C. Colletta, *La figura dell' attualisazzione nelle »Cinq grandes Odes« di C.* (in Si e No, 2, 1975, S. 33–62). – J. C. Aynesworth, *Pesanteur et apesanteur dans les »Cinq grandes odes«* (in C. Studies, 4, 1977, S. 37–44). – A. L. Carrière, *»Cinq grandes odes« de P. C. Étude des manuscrits*, Paris 1978. – J. Robichez, *Ordre et désordre dans les »Cinq grandes odes«* (in TLL, 17, 1979, S. 139–144). – M. Autrand, *C., poète de la négation dans les »Cinq grandes odes«* (in Europe, 635, März 1982, S. 124–137). – A. Fuß, *C.s fünfte große Ode »La maison fermée«* (in LJb, 23, 1982, S. 207–224). – N. Hellerstein, *Le mythe de la muse dans les »Cinq grandes odes«* (in RLMod, 1985, Nr. 747–752).

## CONNAISSANCE DE L'EST

(frz.; *Ü: Erkenntnis des Ostens*). Sammlung von »Gedichten in Prosa« *(poèmes en prose)* von Paul CLAUDEL, entstanden 1894–1905; erschienen: 1. Serie 1900; 2. Serie 1907. – Unter allen französischen Dichtern seiner Generation besaß Claudel die gründlichste Kenntnis des Fernen Ostens aus eigener Anschauung. Als diplomatischer Vertreter Frankreichs hat er sich vor dem Ersten Weltkrieg zwischen 1895 und 1909 in China, von 1922 bis 1927 in Japan aufgehalten. China hat er als Vizekonsul und Konsul in Shanghai, Peking, Tientsin und Foutscheou, Japan auf einer Reise im Frühjahr 1898 und als Botschafter in Tokio, wo er auch im September 1923 das große Erdbeben erlebte, kennengelernt. Die Jahre in China, doch auch die erste Reise nach Japan, haben ihren Niederschlag in den Prosastücken der *Connaissance de l'Est* gefunden. Japan sind die Aufsätze und Essays des Bandes *L'oiseau noir dans le soleil levant*, 1927 *(Der schwarze Vogel in der aufgehenden Sonne)* gewidmet. In den gleichen Umkreis gehören der Versuch in *Sous le signe du dragon*, 1947 *(Im Zeichen des Drachens)*, Chinas politische und wirtschaftliche Lage zur Zeit seines Konsulats darzustellen, und die von japanischer Kalligraphie begleiteten *Cent phrases pour éventails*, 1927 *(Hundert Sätze für Fächer)*. Auch auf Claudels umfangreichste dramatische Dichtung *Le soulier de satin (Der seidene Schuh)*, die in Japan vollendet wurde, haben seine Begegnungen mit der Welt des Ostens einen nachhaltigen Einfluß ausgeübt.

Claudels *Connaissance de l'Est* darf als die vierte markante Stufe in der Entwicklung des *poème en prose* gelten (die früheste Vorstufe des *Gaspard de la nuit* von Aloysius BERTRAND einmal beiseite gelassen). Das beginnt mit BAUDELAIRES als vollständige Sammlung erst 1869 postum veröffentlichtem *Spleen de Paris*; ihm folgen MALLARMÉ mit mehreren Prosagedichten, die sich über die Jahre 1864 bis 1887 verteilen, und Arthur RIMBAUD mit den 1886 zum ersten Mal gedruckten *Illuminations*. Mallarmés und Rimbauds Einwirkung auf den Stil der *Connaissance de l'Est* ist unverkennbar; wie diese beiden ist Claudel um eine äußerste poetische Verdichtung bemüht, wie er auch in Wortwahl und Syntax nicht vor symbolistischen Kühnheiten zurückscheut. Nicht zu übersehen ist jedoch gleichfalls eine gegenläufige Tendenz zur genauen, detailgesättigten Beschreibung, als deren Vorbild Jules RENARD mit seinen *Histoires naturelles* (1896, mit Illustrationen von Toulouse-Lautrec) gelten darf. Hinzu kommt, namentlich in den späteren Texten, die Neigung zu einer Art höherer Didaktik, die aus Claudels Auseinandersetzung mit der thomistischen Theologie erwächst.

Aufs Ganze gesehen ist diese Sammlung chinesischer (und japanischer) Bilder, Szenen und Augenblicke, die chronikartig in der Reihenfolge ihrer Entstehung angeordnet sind, ein erstaunliches, durch Jahre hindurch fortgeleistetes Exerzitium: Claudel gewinnt hier, Schritt um Schritt, jene Dichte, jene Gesättigtheit, jene hohe, rasche und entschiedene Beweglichkeit als Prosaschriftsteller, die auch seine späteren Prosaarbeiten an ihren nicht seltenen Höhepunkten auszeichnet. Je länger man diese Prosastücke auf sich wirken läßt, je genauer man ihrem Verlauf in seinen Bögen, Wendungen, Umschlägen und Höhenwechseln folgt, um so deutlicher wird das vielfältige Wechselverhältnis der Proportionen und Spannungen. Das Entschei-

dende ist jedesmal, durch die farbige Orchestrierung hindurch, der Vollzug des Ganzen, als nachhorchende Evokation einer Erfahrung.
Der Erfahrung eines Landes der weiten Räume, seiner Geschichte in ihren Tempeln, Palästen, Gräbern, seiner Bevölkerung, und hier namentlich der unteren Schichten, des Volkes bei seinen alltäglichen Beschäftigungen, Belustigungen und vielerlei Bräuchen. Für die Oberschicht der »Mandarine«, der hohen Staatsbeamten und der Reichen des morschen Kaisertums, hat Claudel nicht viel übrig; die kleinen Leute aber, das bunte Rassengemisch, das Gewimmel auf den Straßen und Gassen, den Flüssen und Kanälen, den Fleiß der Landarbeiter wird er zu bewundern und zu rühmen nicht müde. Während die übrigen Kolonialeuropäer sich, ihrer Würde gemäß, zu Pferd oder in Sänften getragen fortbewegen, ist Claudel ein unermüdlicher Fußgänger und einsamer Wanderer; ein Einsiedler auch, den alten Weisen in ihren Bambushütten im Gebirge ähnlich.
Zitiert sei eines der kürzeren Gedichte, *L'heure jaune (Die gelbe Stunde)*, das letzte in China entstandene aus dem Herbst 1904; ein Gedicht der Erfüllung und zugleich des Abschieds: *»Im ganzen Jahr ist dies die gelbeste Stunde! Wie der Landmann nach Ablauf der Jahreszeiten die Früchte seiner Arbeit einbringt und den Preis dafür erlöst, so kommt die Zeit in Gold, daß alles darein verwandelt werde, am Himmel wie auf Erden. Ich wandre bis zum Hals in dem Spalt der Ernte; ich stütze mein Kinn auf den Tisch, den von der Sonne über seinem Rand erhellten, des Feldes; in die Berge gelangend, übersteige ich das Meer des Getreides. Zwischen seinen grasbewachsenen Ufern die ungeheure trockene Flamme der lichten Ebene, wo ist die alte dunkle Erde? Das Wasser hat sich in Wein verwandelt; die Orange flammt im schweigenden Geäst. Alles ist reif, Korn und Stroh, und die Frucht mitsamt dem Blatt. Das ist wahrlich Gold; alles vollendet, sehe ich, daß alles wahr ist. Arbeit, Inbrunst des Jahres, alle Farbe verdunstet, mit einem Mal ist die Welt meinen Augen wie eine Sonne. Mir! sei mir vergönnt, nicht zu sterben vor der gelbesten Stunde!«* (Übers. F. Kemp).
F.Ke.

AUSGABEN: Paris 1900. – Paris 1907 [erw. Fassg.]. – Paris 1952 (in *Œuvres complètes*, Hg. R. Mallet, 28 Bde., 1950–1978, 3; krit.). – Paris 1973, Hg. G. Gadoffre [krit.]. – Paris 1974.

ÜBERSETZUNGEN: *Aus der Kenntnis des Ostens*, H. Lautensack (in Hyperion, 2, 1909, H. 2, S. 26–30; Ausw.). – *Aus der »Erkenntnis des Ostens«*, J. Hegner, Lpzg. 1914 (IB; Ausw.). – *Erkenntnis des Ostens*, ders., Zürich 1951 [Ausw.]. – Dass., E. Plüss (in *GW*, Bd. 4: *Länder und Welten*, Nachw. C. J. Burckhardt, Heidelberg 1960; nach d. Ausg. von 1907). – Dass., ders., Köln 1962. – Dass., ders., Zürich 1977.

LITERATUR: B. P. Howells, *»Connaissance de l'Est«* (in AJFS, 4, 1967, S. 323–343). – G. Gadoffre, *C. et l'univers chinois*, Paris 1968. – Ders., *»Connaissance de l'Est« et Mallarmé* (in *French Literature and the Arts*, Hg. P. Crant, Univ. of South Carolina 1978, S. 227–236). – B. Hue, *Littératures et arts de l'Orient dans l'œuvre de C.*, Paris 1978. – N. Hellerstein, *»Connaissance de l'Est« et l'Orient claudélien* (in SRLF, 17, 1978, S. 387–419). – J. P. Richard, *Connaissance du riz* (in Poétique, 9, 1978, S. 204–225; ern. in J. R., *Microlectures*, Paris 1979, S. 163–193). – J. Blot, *C. et la »Connaissance de l'Est«* (in Bull. de la Société C., 96, 1984, S. 17–20).

## CONVERSATIONS DANS LE LOIR-ET-CHER

(frz.; *Ü: Gespräche im Loir-und-Cher*). Prosawerk von Paul CLAUDEL, erschienen 1935. – Diese vier Unterhaltungen aus den Jahren 1925 bis 1928 wurden in Frankreich und den USA niedergeschrieben (Claudel war damals französischer Botschafter in Tokio und Washington). Sie folgen als nächstes größeres Werk auf die Ende 1924 abgeschlossene Tetralogie *Le soulier de satin (Der seidene Schuh)*, mit der sie die Neigung zu einer gewissen Sprunghaftigkeit und bisweilen auch Weitschweifigkeit in der Behandlung improvisierter Themen teilen. Die Personen der ersten drei Unterhaltungen *(Donnerstag, Sonntag, Dienstag)* sind vier Männer (Furius, Flaminius, Acer, Civilis) und zwei Frauen (Florence, Palmyre). Die männlichen Stimmen vertreten vier verschiedene Geisteshaltungen und Temperamente, deren Charakter durch die Namen angedeutet ist; es handelt sich um eher schematisch angelegte »Rollen«, die es Claudel erlauben, die vielfach widersprüchlichen eigenen Ansichten in lebhafter Wechselrede vorzutragen. Die beiden Frauen, die eine Musikerin, die andere Schauspielerin und Tänzerin, mischen sich in das Gespräch, vor allem, um es zu lockern, seine Richtung zu verändern, es auch gelegentlich ein wenig zu stören oder singend über sich hinauszuheben. Die Schauplätze sind: eine Schloßterrasse im Juli, in einer waldigen Landschaft des Loir-et-Cher; der Flußlauf des Loir-et-Cher im August (die Unterhaltung findet in zwei Ruderbooten statt); eine Uferstraße an der Loire zwischen Chaumont und Amboise, wo eine Autopanne die Gesellschaft zu einer längeren Rast nötigt.
Die Themen der Unterhaltungen betreffen den Bereich des Gesellschaftlichen, das Zusammenleben der Menschen, seine geschichtlichen Bedingungen, die mit ihm verknüpften Nöte und Hoffnungen, Wünsche und Befürchtungen. Näherhin werden folgende Gegenstände behandelt, gestreift oder in rhapsodischen Abschweifungen umspielt: der einzelne und die Kollektive; private und öffentliche Ordnungen (Familie, Gemeinde, Staat, Kirche); die Unterschiede der sozialen Ordnung und des Lebensgefühls in Europa, Asien und Amerika; Krieg, Arbeit, Geld, Technik, Städtebau; die moderne Großstadt als stimulierendes Milieu; die Gefahr des Verlustes der für den Menschen unerläßlichen beständigen Berührung mit der Natur; die

letzten Zwecke des sozialen Lebens, dessen Einrichtungen nach Claudel so beschaffen sein sollten, daß sie dem Menschen erlauben, *»sein Heil zu wirken« (»de faire son salut«)*.
Das dichterisch bedeutendste Stück ist die Sonntagsunterhaltung auf der Wasserfahrt. Die Gesellschaft wird hier nicht mehr nach ihrer Gliederung in Gruppen betrachtet, sondern als *diaprure*, als mehr oder minder transparentes Farbenspiel unter der Einwirkung des Lichtes in jeder einzelnen Seele. Nicht mehr Ideen sind in dieser Unterhaltung leitend, sondern Bilder und Gleichnisse (die Fenster der Kathedralen von Chartres und Le Mans, Claude Monets Seerosenzyklus in der Orangerie des Louvre). Die Frauen erhalten das letzte Wort: Palmyre besingt die Rose und ihren Duft, die Gemeinschaft aller Seelen in der Liebe des Vaters, und Florence beendet das Gespräch unter dem Abendmond mit einem *Cantique de l'intelligence*, einem Lobgesang in Prosa auf Frankreich als das Land der Vernunft, der Einsicht, des alle Menschen vereinigenden tätigen Geistes der Freude: *»... car il n'y a de joie que de réunir plusieurs choses ensemble dans son esprit et beaucoup d'êtres ensemble dans son cœur et d'aimer toute cette vaste chose autour de nous qui a été vérifiée par la raison« (»... denn alle Freude besteht darin, mehrere Dinge in seinem Geist und viele Wesen in seinem Herzen zusammen zu vereinigen und diese ganze ungeheure Weite um uns zu lieben, die die Vernunft geprüft und bestätigt hat«)*.
Das als Epilog zu verstehende letzte Stück des Buches liefert ein Zwiegespräch, das auf einem japanischen Ozeandampfer zwischen Honolulu und San Francisco stattfindet. Die beiden Partner sind ein Flieger und ein armenischer Raritätenhändler, dem der inzwischen verstorbene Civilis seinen schriftlichen Nachlaß vermacht hat, darunter auch fragmentarische Aufzeichnungen über eine vierte Unterhaltung, in einer Waldhütte an einem regnerischen Samstag gegen Ende des Sommers. Diese dienen nun als Anregung zur weiteren Entfaltung und Anreicherung einiger Hauptthemen. Das Gespräch mündet in eine »katholische« Forderung, ohne deren Erfüllung die Geschichte für Claudel sinnlos wäre und jeder »Fortschritt« nur in eine Katastrophe führte. Da der Mensch die Verheißung empfangen hat, er werde *»das Land erkennen und bewohnen«*, so hat er damit auch die Aufgabe erhalten, *»die Natur zu vervollständigen« (»de compléter la nature«)*, durch seine Arbeit *»die Welt zu vollenden«*, um *»die Menschheit zu vereinigen«* und *»die ganze Erde zu einem einzigen Tempel zu gestalten«*.
Zwischen der ersten und zweiten dieser Unterhaltungen zu mehreren Stimmen entstanden 1926/1927 in Japan noch vier Dialoge *(Der Dichter und das Samisen, Der Dichter und das Räuchergefäß, Jules oder Der Mann-mit-den-zwei-Krawatten* und ein Gespräch über *Richard Wagner)*, in denen ein derber, listiger Humor noch stärker hervortritt als in den *Conversations*. Diese Stücke wurden in die beiden Sammlungen *L'oiseau noir dans le soleil levant*, 1927/1929, und *Figures et paraboles*, 1936, aufgenommen. F.Ke.

AUSGABEN: Paris 1935. – Paris 1959 (in *Œuvres complètes*, Hg. R. Mallet, 28 Bde., 1950–1978, 16). – Paris 1965 (in *Œuvres en prose*; Pléiade). – Paris 1973. – Paris 1984.

ÜBERSETZUNGEN: *Gedanken und Gespräche*, E. Gürster, Luzern 1936; Bln./Bielefeld ²1948. – *Gespräche im Loir-und-Cher*, E. M. Landau (in *GW*, Bd. 5, Heidelberg 1958).

LITERATUR: G. Chateau, *Conversations claudeliennes* (in NRF, 251, Nov. 1973). – J. Mambrino, *»Conversations dans le Loir-et-Cher«* (in Études, 339, 1973). – M. M. Nagy, *»Conversations dans le Loir-et-Cher« at Carré Thorigny* (in C. Studies, 1, 1974).

## CORONA BENIGNITATIS ANNI DEI

(frz.; *Ü: Corona Benignitatis Anni Dei*). Gedichte von Paul CLAUDEL, erschienen 1915. – In dem 1908 entstandenen, 1910 als Anhang zu den *Cinq grandes Odes* (vgl. dort) gedruckten *Processionnal pour saluer le siècle nouveau (Processionale zur Begrüßung des neuen Jahrhunderts)* hat Claudel die von ihm seit jeher verwendete Langzeile *(verset)* zum erstenmal in einem größeren Gedicht mit Reimen versehen und zu zweizeiligen Strophen gebunden. Der bisher meist verschmähte Reim erscheint ihm nun ein *»amüsantes und abenteuerliches Element, eine Herausforderung zu Gedanken, die er den Unbekannten entlockt, wie auch gleichzeitig eine harmonische Stütze des Satzes«*. Fortan besitzt er ein Äquivalent des von ihm stets als beengend empfundenen klassischen Alexandriners: einen reimenden, häufig auch nur assonierenden, frei rhythmisierten Langvers mit deutlicher, doch beweglicher Zäsur, der durchlaufend paarweise auftritt oder in gesonderten Zweizeilern und anderen, bisweilen reich gegliederten strophischen Gebilden. Damit fühlt Claudel sich in den Stand gesetzt, *»die lange Brandung der französischen Prosa in den Bereich der Dichtung einmünden und sich brechen zu lassen, wie eine jener Wogen der japanischen Zeichner, deren Schaum sich in eine Vogelwolke verwandelt«*. Seit 1908 schreibt Claudel nun eine größere Anzahl von Gebeten und Hymnen, die er ursprünglich nach dem Vorbild des *Römischen Breviers* in vier Bänden zusammenfassen wollte. Die endgültige Sammlung besteht aus fünf Teilen: Hymnen auf die Feste und Heiligen der ersten Hälfte des Kirchenjahrs, Gedichte auf die Apostel, eine kleine Gruppe meist älterer und sehr persönlicher kurzer Gedichte, Hymnen auf die Feste und Heiligen der zweiten Hälfte des Kirchenjahrs und die zwölf Stationen eines Kreuzwegs. Claudel steht hier in der Tradition der Psalmen, der großen Texte der Meßliturgie sowie der Hymnen und Sequenzen des Mittelalters. Neben den Anrufungen der Heiligen treten zum erstenmal in seiner Dichtung eine größere Anzahl marianischer Motive auf. Der Titel des Bandes (wörtl.: *Kranz des Jahres der Güte Gottes*) entstammt dem 64. Psalm, Vers 12.

Mit diesem Band sind für Claudel weder das Thema noch die neue Form erschöpft. In den nächsten Jahren entstehen weitere Gedichte auf Heilige als jene Gestalten, welche die *»aus Prinzipien, Ideen, Ämtern und Aufträgen gebildeten Wesensformen der Kirche«* (H. U. von Balthasar) – auch eines Volkes, Frankreichs vor allem – verkörpern. Gleichzeitig schreitet Claudel zu weiträumigen, fast epischen Kompositionen fort, wie in den Gedichten auf die Heiligen Therese, Genoveva, Ludwig und Martin und in der *Ode zur Feier des sechshundertsten Todestags Dantes*, welche das Herzstück des 1929 erschienenen Bandes *Feuilles de saints (Heiligenblätter)* darstellen. Gedichte auf Freunde, verehrte und geliebte Tote (auf Paul VERLAINE, Jacques RIVIÈRE, Claudels Schwiegervater, seinen Beichtvater) treten hinzu. – Als ein einzelnes, in sich geschlossenes Werk erscheint 1919 der zwei Jahre früher in Rio de Janeiro verfaßte Zyklus *La messe là-bas (Die Messe in der Ferne)*, in dem liturgische, politische, autobiographische Elemente sich durchdringen und gegenseitig steigern. Den Höhepunkt bildet in dem der Wandlung gewidmeten Gedicht eine Beschwörung Arthur RIMBAUDS, dessen Dichtungen der junge Claudel seinerzeit den ersten Anstoß zu seiner Konversion verdankte. Der Zyklus endigt mit einem Lobgedicht auf das Meer, den Wind, den Geist, den Frieden und das ein Menschenkind gewordene Wort. F.Ke.

AUSGABEN: Paris 1915. – Paris 1950 (in *Œuvres complètes*, Hg. R. Mallet, 28 Bde., 1950–1978, 1). – Paris 1967 (in *Œuvre poétique*, Hg. J. Petit; Pléiade).

ÜBERSETZUNGEN: *Der Kreuzweg*, F. Faßbinder, Paderborn 1938; [6]1947. – *Der Gnadenkranz*, H. U. v. Balthasar, Freiburg 1939; Einsiedeln [3]1957. – *Der Kreuzweg*, ders., Luzern 1943. – *Corona Benignitatis Anni Dei*, ders., Einsiedeln 1961. – Dass., ders. (in *GW*, Bd. 1, Heidelberg 1963).

LITERATUR: A. du Sarment, *P. C. et la liturgie*, Paris 1942. – J. Petit, *C. et la Bible*, Paris 1981.

## L'ÉCHANGE

(frz.; *Ü: Der Tausch*). Prosadrama in drei Akten von Paul CLAUDEL, entstanden 1893/1894, erschienen 1901; Uraufführung: Paris, 22. 1. 1914, Théâtre Vieux-Colombier (Regie: Jacques Copeau). – Das Stück versucht die Wurzeln der zunehmenden Versachlichung und Kommerzialisierung aller menschlichen Beziehungen bloßzulegen, die, wie Claudel während seiner diplomatischen Mission in Amerika zu beobachten glaubte, alle echten seelischen Bindungen verhindern. In klassisch anmutender Konstellation stehen sich zwei Paare gegenüber: einerseits Louis Laine, in dem sich Pioniergeist und überschüssige vitale Energie zu herrischer Roheit verbinden, und seine junge Frau Marthe, die an der christlichen Vorstellung von der Unauflösbarkeit des Ehebundes festhält; andererseits Thomas Pollock Nageoire, ein amerikanischer Geschäftsmann, für den die Welt zu verdinglichten Marktrelationen zusammengeschrumpft ist – *»Jedes Ding hat seinen Preis«* –, und seine derzeitige Frau Lechy Elbernon, eine Schauspielerin, die mit allen gesellschaftlichen Konventionen auch alle sittlichen Verpflichtungen hinter sich gelassen hat und das Leben als ein unverbindliches Spiel mit allen Möglichkeiten ansieht.

Laine steht in den Diensten von Thomas Pollock Nageoire. Während eines Besuchs der Herrschaft bei ihren Bediensteten entstehen tragisch-verhängnisvolle Beziehungen zwischen den einzelnen Personen. Louis Laine und Lechy Elbernon, beide von der gleichen Bindungslosigkeit, die sich beim Mann elementarer, bei der Frau versteckter und raffinierter ausdrückt, fühlen sich triebhaft zueinander hingezogen. Thomas Pollock Nageoire dagegen empfindet in Marthes Nähe Gefühlsregungen, die ihm bisher fremd waren. Der Zugang zu ihr scheint ihm selbstverständlich käuflich zu sein. So bahnt sich ein Tausch von Marthe gegen Lechy an, der von Marthe verzweifelt abgewehrt, von Lechy zynisch betrieben und von Thomas Pollock Nageoire mit der Zahlung einer größeren Summe an Louis Laine endgültig abgeschlossen wird. Kaum hat Louis Laine seine vermeintliche Freiheit wiedergewonnen, als sie ihm als grenzenlose Einsamkeit bewußt wird und er den Weg zu Marthe zurück sucht. Lechy kommt dem jedoch zuvor und läßt ihn ermorden. Gleichzeitig setzt sie in ihrem Zerstörungsdrang den Besitz Thomas Pollock Nageoires in Brand und vernichtet damit den Lebensinhalt des ausschließlich von materiellen Interessen getriebenen Mannes. Marthe ist nun Witwe und findet das gut so *(»c'est bien ainsi«)*, denn die durch den »Tausch« zerstörte metaphysisch-religiöse Ordnung ist durch den Tod ihres Mannes für sie (und den Dichter) wiederhergestellt.

Den Merkantilismus, der alle Beziehungen der Menschen zueinander aushöhlt, indem er sie zu Dingen, zu Objekten mit exakt bestimmbarem Nutzwert erniedrigt, glaubt Claudel vor allem in der Neuen Welt am Werk zu finden. Darüber hinaus ist für ihn diese Erscheinung ein Kennzeichen der modernen, säkularisierten Welt schlechthin. In den Grenzen Europas macht er für den Ursprung der totalen Kommerzialisierung die Französische Revolution (vgl. auch *Le pain dur – Das harte Brot*) verantwortlich, die alle religiösen und sozialen Grundlagen erschüttert und die Völker zum Dienst am Götzen Geld verführt habe. W.A.

AUSGABEN: Paris 1901 (zus. m. *L'arbre, Tête d'or, La jeune fille Violaine, Le repos du septième jour*; 1. Fassg.). – Paris 1911 (in *Théâtre*, Bd. 3). – Paris 1954 [2. Fassg.]. – Paris 1955 (in *Œuvres complètes*, Hg. R. Mallet, 28 Bde., 1950–1978, 8; 1. u. 2. Fassg.). – Paris 1965 (in *Théâtre*, Hg. J. Madaule u. J. Petit, 2 Bde., 1; Pléiade). – Paris 1970. – Paris 1975, Hg. P. Brunel [krit.]. Paris 1977 (Folio).

ÜBERSETZUNGEN: 1. Fassg.: *Der Tausch*, F. Blei, Mchn. 1910. – Dass., J. Hegner, Hellerau 1920. – Dass., ders. (in *Homo Viator, Modernes christliches Theater*, Köln 1962). – 2. Fassg.: *Der Tausch*, E. M. Landau, Köln 1956. – Dass., ders. (in *GW*, Bd. 2, Heidelberg/Einsiedeln 1959).

LITERATUR: P. Léautaud, *Le théâtre de Maurice Boissard, 1907–1923 (»L'échange«)*, Paris 1926. – G. Marcel, *Le théâtre. »L'échange« par P. C.* (in Civiltà cattolica, 5. 11. 1947, S. 327–336). – J. Cathelin, *De »Tête d'or« à »L'échange«, ou Le triple conflit de C.* (CRB, 25, Dezember 1958, S. 44–52). – H. A. Waters, *À propos de la seconde version de »L'échange«* (in RLMod, 1965, Nr. 114–116, S. 95–109). – M. Ly-Thi-Nhi, *»L'échange« et le mobile de l'échange* (in C. Studies, 1, 1973, S. 63–72). – L. H. Zillmer, *The Dramaturgy of »L'échange«* (in C. Studies, 2, 1975, S. 59–67). – L. R. Witherell, *Some Aspects of Translating »The Exchange« of C. into American English* (in ebd., S. 4–43). – E. M. Wiedner, *Functions in Drama in the Revision of C.'s »L'échange»* (in C. Studies, 2, 1975, S. 44–51). – P. Brunel, *»L'échange« de C.*, Paris 1974. – M. Lioure, *›Le grand air de l'actrice‹ ou le théâtre et »L'échange«* (in C. Studies, 9, 1982, S. 11–16). – M. M. Nagy, *A Young Diplomat looks at America: »L'échange«* (in C. Studies, 11, 1984, S. 24–31).

## JEANNE D'ARC AU BÛCHER

(frz.; *Ü: Johanna auf dem Scheiterhaufen*). Dramatisches Oratorium von Paul CLAUDEL, Musik von Arthur Honegger (1892–1955); deutschsprachige Erstaufführung: Basel 1938, französische Erstaufführung: Orleans 1939. – *»Große Menschen sind lebende Gleichnisse«*, schrieb Claudel im Jahre 1926, und in diesem Sinn, d. h. in einem von ihm in Anlehnung an mittelalterliches Analogiedenken entwickelten, das Dasein *sub specie aeternitatis* enträtselnden Sinn, will Claudel auch die von Jeanne d'Arc erfüllte historische Sendung als Gleichnis eines am Einzelschicksal vollzogenen göttlichen Heilsplans verstanden wissen.

Im Augenblick unmittelbarer Todeserwartung blickt Johanna auf die entscheidenden Stationen ihrer irdischen Wanderschaft zurück, beginnend mit den ihr zeitlich am nächsten stehenden Ereignissen und endend mit den schon ferngerückten Tagen ihrer Berufung in Domrémy. Mittel der epischen Distanzierung ist – wie in *Le livre de Christophe Colomb* (1930) – das Buch, in dem der Mönch Dominique das Leben der Heldin aufgezeichnet findet. In Form einer grotesken Parodie geht noch einmal der Prozeß über die Bühne, in dem Johanna sich vor einer richterlichen Instanz zu verantworten hat, deren Vertreter – allegorische Gestalten in den Masken des Schweins, des Schafs und des Esels – ein im voraus feststehendes Urteil fällen, die Angeklagte aber zum Widerruf nicht zu zwingen vermögen. Daß die Heldin im Kampf gegen die Engländer in Wahrheit einer intriganten Diplomatie zum Opfer fiel, enthüllt die Szene, in der ein burgundischer Adliger, derselbe, der in Compiègne das Fallgitter hinter ihr herabließ, Johanna als letzten Einsatz im Kartenspiel preisgibt. Reims und Domrémy, die Stätten ihres Triumphes und ihrer Berufung, werden noch einmal beschworen, doch nicht mit dem Ziel, die Vergangenheit – im Sinne PROUSTS – zurückzugewinnen. Claudel geht es vielmehr um die Deutung aller temporären Erscheinungen vom Tode her, der das Zeitliche entwertet, indem er es in einer ewigen Gegenwärtigkeit aufhebt. In der letzten Szene – *Johanna in Flammen* – verkündet die Stimme Marias die Annahme dieser *»reinen Flamme«* als Sinnbild einer allen Eigenwillen überwindenden Opferbereitschaft. Das Beispiel dieses siegesgewissen, den mutigen Einsatz für die Sache Frankreichs rechtfertigenden Sterbens verleiht Johanna in den Augen Claudels die Würde einer Schutzherrin der Nation. *»Die ewige Jeanne d'Arc wurde an der Schwelle der modernen Zeit zur Patronin unserer nationalen Einheit.«*

In den großen, teilweise lateinischen Partien des Chors beweist Claudel die meisterhafte Beherrschung einer dramatischen Form, die wie keine andere dem religiösen Gehalt seines Werks angemessen erscheint. W.A.

AUSGABEN: Paris 1939. – Paris 1957. – Paris 1958 (in *Œuvres complètes*, Hg. R. Mallet, 28 Bde., 1950–1978, 14). – Paris 1965 (in *Théâtre*, Hg. J. Madaule u. J. Petit, 2 Bde., 2; Pléiade).

ÜBERSETZUNGEN: *Johanna auf dem Scheiterhaufen*, bearb. v. H. Reinhart, Bln./Wiesbaden o. J. [ca. 1950]. – Dass., ders. (in *Die hl. Johanna* Hg. J. Schondorff, Mchn. 1964; Einl. P. Demetz; [2]1965).

LITERATUR: F. Aparicio, *Nuevo teatro sobre Juana de Arco* (in Razón y Fe, 54, 1954, S. 541–552). – M. Nagy, *La condition surnaturelle de l'homme et la souffrance terrestre dans le théâtre de C.* (in Revue de l'Université de Laval, 15, 1960, S. 131–151).

## LE LIVRE DE CHRISTOPHE COLOMB

(frz.; *Ü: Das Buch von Christoph Columbus*). Schauspiel oder szenisches Oratorium (Musik: Darius Milhaud) von Paul CLAUDEL, abgeschlossen 1927, in endgültiger Fassung erschienen 1935; als Oratorium uraufgeführt am 5. 5. 1930 in Berlin (Staatsoper), als Schauspiel im Mai 1935 in Bordeaux. – Der Titel des Werks weist auf die epische Darstellungsweise hin, die in Claudels dramatischem Schaffen zusehends an Geltung gewinnt und den Oratorienstil seiner späteren Theaterstücke prägt. So wird im *Buch von Christoph Columbus* die Handlung durch eine Reihe von meisterhaft gehandhabten Mitteln episch distanziert, verfremdet; zunächst durch die Fiktion, daß die Einzelszenen Teile eines epischen Berichts seien, wobei dem »Erklärer« eine dem »Ansager« in *Le soulier de satin*

*(Der seidene Schuh)* entsprechende dramatische Funktion zufällt; sodann durch die doppelte Rolle des Helden einerseits als Gesprächspartner des Erklärers und andererseits als handelnde Person; schließlich durch den Chor, den Repräsentanten der Nachwelt, vor deren Forum sich Columbus zu verantworten hat.

Im Mittelpunkt steht die Frage nach der Rechtfertigung der Entdeckungsfahrt. Der innere Zusammenhang zwischen den Errungenschaften der Neuzeit und der Auflösung der alten religiösen Ordnungen bewegt Claudel zumal in seinem Spätwerk. Wie im *Seidenen Schuh* gestaltet er hier das Problem der Eroberung unter theologischem Aspekt, an dem gemessen eine realistische Darstellung der historischen Wirklichkeit vergleichsweise unwesentlich erscheint. Das endgültige Urteil wird schon zu Anfang vom Erklärer gefällt: *»Denn er* [Columbus] *ist es, der Gottes weite Erde erneut vereinigt hat, der sie als eine einzige Kugel unter das Kreuz gestellt hat.«* Der erste Teil setzt die Vorbereitung des Unternehmens und sodann die eigentliche Entdekkungsfahrt in Szene. Columbus hat gegen Engstirnigkeit und Unverstand in seiner Umgebung zu kämpfen; ihn unterstützt nur die Königin Isabella, die – inspiriert von Santiago – die wahre Bedeutung des Unternehmens erkennt. Die Evokation Santiagos hat einen doppelten Sinn: Einmal ist er der Schutzheilige des Landes, dem die Entdeckung Amerikas eine Mehrung des spanischen Ruhms bedeutet; zum andern ist er jenem Pilger zwischen den Welten Santiago (als Sternbild Orion) im *Seidenen Schuh* verwandt, der als eine der überweltlichen Instanzen das Universum mit einem Blick umfaßt und dadurch den Plan des Columbus zu legitimieren vermag. Die Fahrt selbst erscheint den Gefährten nur als Absturz ins Nichts, während Columbus erkennt, daß das Nichts notwendiger Durchgangspunkt zu neuer umfassender Welterkenntnis ist.

Der zweite Teil zeigt den Stern Columbus' im Sinken: zu äußeren Rückschlägen kommt der Tod seiner Beschützerin Isabella. Der Schluß, der sich am weitesten von realistischer Darstellung entfernt, gestaltet sich zu einer Apotheose des gedemütigten Conquistadors, dessen *»Neue Welt«* als Pforte zur *»Ewigen Welt«* erkannt wird.

Claudel hat nie, wie etwa PÉGUY, einen strengen Welt-Gott-Dualismus gelten lassen. Vielmehr ist der Claudelsche Mensch hineingeboren in einen um Gott als Mittelpunkt geordneten Kosmos. Diese Ordnungsidee lebt in der Gestalt des Columbus, der die disparaten Teile der Welt zum höheren Ruhme Gottes vereinigt. Er demonstriert Claudels *»transzendente Sehart... die das übersinnliche Sein Gottes in den Mittelpunkt setzt und aus ihm den Menschen deutet«* (E. R. Curtius). W.A.

AUSGABEN: Paris 1933. – Paris 1935 [endg. Fassg.]. – Paris 1956. – Paris 1958 (in *Œuvres complètes*, Hg. R. Mallet, 28 Bde., 1950–1978, 14). – Paris 1965 (in *Théâtre*, Hg. J. Madaule u. J. Petit; Pléiade).

ÜBERSETZUNG: *Das Buch von Christoph Columbus*, E. M. Landau (in *Dramen*, Bd. 3, Heidelberg u. a. 1958). – Dass., ders., Stg. 1961 (RUB).

LITERATUR: L. Barjon, *»Christophe Colomb« au Marigny* (In Études, 279, 1953, S. 347–359). – J. L. Barrault, *Du théâtre total et de »Christophe Colomb«* (in Cahiers Renaud-Barrault, 2, 1953, S. 30–41). – J. Bertrand, *Deux visages de Colomb (»Christophe Colomb«)* (in Revue Générale Belge, Brüssel, Okt. 1958, S. 129–134). – T. Heidenreich, *C. »Le livre de Christophe Colomb* (in *Das moderne frz. Drama*, Hg. W. Pabst, Bln. 1971, S. 114–130). – J. Labriolle, *Les »Christophe Colomb« de P. C.*, Paris 1972. – S.-K. Lee, *C.s »Das Buch von Christoph Columbus«* (in GRM, 26, 1976, S. 164–184). – J. D. Suther, *»Christopher Columbus«, C. and Barrault* (in C. Studies, 4, 1977, S. 50–59). – L. Garbagnati, *Du café au »Livre de Christophe Colomb«* (in C. Studies, 12, 1985, S. 4–23). – P. Hernadi, *Enacting Revisions. »Le livre de Christophe Colomb« and »Leben des Galilei«* (in P. H., *Interpreting Events*, Ithaca/Ldn. 1985, S. 99–149).

## L'OTAGE

(frz.; *Ü: Der Bürge*). Drama in drei Akten von Paul CLAUDEL, Uraufführung: Paris, 5. 6. 1914, Théâtre de l'Œuvre; deutsche Erstaufführung: Mainz 1948. – Das Drama ist das erste der (zur Zeit der Entstehung von *L'otage* allerdings noch nicht konzipierten) Claudelschen »Trilogie«, die in *Le pain dur* und *Le père humilié* ihre Fortführung fand. Indem sie das in entscheidende Ereignisse der damaligen europäischen Politik verflochtene Schicksal der (vom Dichter erfundenen) Familie Coûfontaine-Turelure nachzeichnet, will sie ein Bild der das 19. Jh. herrschenden Kräfte und Ideen geben. Zugleich soll sie zeigen, daß auch in diesem von Materialismus und Atheismus bestimmten Jahrhundert sich sowohl in der Geschichte wie im menschlichen Einzelschicksal das Wirken der göttlichen Gnade offenbart. – *L'otage*, zweifellos dramatischer und bühnenwirksamer als alle früheren Stücke Claudels, leitet die zweite, entscheidende Periode im dramatischen Schaffen des Dichters ein. Die erste Anregung zur Gestaltung der sich unter Napoleon I. fortsetzenden Auseinandersetzung zwischen der Kirche einerseits und den fortschrittsgläubig-laizistischen, durch die Französische Revolution auch im staatlichen Bereich zu unmittelbarer Wirksamkeit gekommenen Kräften andererseits empfing Claudel durch das Werk des Grafen D'HAUSSONVILLE (*L'église romaine et le premier empire*, 1868–1869). Weitere Eindrücke vertieften dieses erste Bild. Aus DE MAISTRES *Du pape* (1819) lernte der Dichter die zeitgenössische Auffassung des Papsttums kennen, insbesondere erklärt sich von hier aus die Identifizierung von Papst und Papsttum in *L'otage*. Die Kenntnis der Werke De Maistres, vor allem der *Considérations sur la France* (1797), bestimmte Claudel schließlich dazu, in

*L'otage* nicht nur den Kampf zwischen katholischer Weltanschauung und aufklärerischem Atheismus, sondern auch das Ringen zwischen den revolutionären und den auf eine Restauration des Ancien régime hinarbeitenden Kräften darzustellen. Freilich folgt Claudel den Anschauungen De Maistres nicht bedingungslos. Das in den *Considérations* zutage tretende Vorsehungsdenken übernimmt er nicht. In seinem Drama kommt vielmehr die Problematik der Bourbonischen Restauration von 1814/1815 unter Ludwig XVIII. zum Ausdruck. Die Thesen der Revolution, als deren Anwalt im Drama Turelure auftritt, fand der Dichter, ohne sie freilich auf irgendeine Weise zu akzeptieren, in PROUDHONS *De la justice dans la révolution et dans l'église* (1858). In poetisch-technischer Hinsicht – besonders, was die Konstruktion der Handlung anlangt – ist das Drama von DOSTOEVSKIJS *Schuld und Sühne (Prestuplenie i nakazanie)*, möglicherweise auch von BALZAC beeinflußt.

Das dramatische Geschehen setzt im Jahre 1812 ein: Napoleon befindet sich auf dem Rußlandfeldzug, Papst Pius VII. wird, von der Welt völlig abgeschnitten, in Fontainebleau gefangengehalten. In dieser historischen Umgebung entfaltet sich Claudels dramatische Phantasie: Sygne de Coûfontaine, neben ihrem Vetter Georges letzte Überlebende eines alten französischen Adelsgeschlechts, deren Eltern im Schreckensjahr 1793 vor den Augen ihres Kindes guillotiniert wurden, hat in vieljähriger Mühe den Familienbesitz Stück um Stück zurückgewonnen, um ihn dem emigrierten Georges und dessen Kindern zu erhalten, deren Rückkehr sie für irgendwann einmal erhofft. Da erscheint Georges urplötzlich in der alten Zisterzienserabtei Coûfontaine, die Sygne jetzt anstelle des zerstörten Familienschlosses bewohnt. Seine Frau und seine Kinder sind tot. Die gläubige Sygne empfindet sich nunmehr als nutzlos innerhalb der göttlichen Ordnung. Nicht nur ist das von ihr verfolgte Ziel unerreichbar geworden. Aufgrund ihres individuellen Schicksals ahnt Sygne auch, daß das Ende der aristokratischen Lebensordnung gekommen ist. Deshalb ist es lediglich eine Ausweichbewegung, wenn sich nun die letzten beiden Coûfontaines unter feudalen Zeremonien die Ehe versprechen. Die göttliche Gnade, wie sie der Dichter konzipiert und wie sie das beherrschende Prinzip des Dramas ist, wird Sygne auf ganz andere Weise zuteil, als es den Vorstellungen und dem persönlichen Streben der Aristokratin entsprochen hätte. Die Rückkehr Georges' hatte politische Gründe: Er hat den Papst aus seinem Gefängnis befreit, um ihn nach England zu bringen, und sucht nun für einige Tage Schutz in der Abtei. Der »Vikar Christi« lehnt es jedoch ab, sich als Geisel in die Hände der Engländer zu begeben, er ist Bürge allein für die göttliche Wahrheit und nicht für irgendein gesellschaftliches System. Das politische Denken des ungläubigen Georges scheitert an den vom Papst vertretenen Maximen der machtlosen, leidenden Kirche. Außerdem ist ein weiterer entscheidender Spieler in diesem Kampf bereits präsent: Der opportunistische Emporkömmling Turelure, einst Jakobiner, jetzt bonapartistischer Baron und Präfekt des Marnedistrikts, weiß von der Anwesenheit Georges' und des Papstes. Zu ihrem Schutz ist er allerdings nur unter der Bedingung bereit, daß Sygne ihn heiratet. Um den Papst zu retten, bringt Sygne, besonders nachdem sie der Curé Badilon, ihr langjähriger Beichtvater, in diese Richtung gedrängt hat, das vom Standpunkt der individuellen Verwirklichung des Menschen aus schwere Opfer, Turelure in die Ehe zu folgen. Tatsächlich hat sich aber nach der Intention des Dichters gerade in dieser Möglichkeit, den Papst vor dem Zugriff weltlicher Gewalt zu retten, an Sygne die göttliche Gnade realisiert. Sygne vermag jedoch die Konsequenzen ihres freiwilligen Entschlusses nicht zu ertragen: Als zwei Jahre später Georges, nunmehr Unterhändler des Königs, mit Turelure, der inzwischen die zur Verteidigung von Paris eingesetzte Armee kommandiert, über die Kapitulation der Hauptstadt verhandelt, billigt sie es stillschweigend, daß Georges ihren Gatten töten will. Im letzten Moment wirft sie sich jedoch vor Turelure, den Vater ihres inzwischen geborenen Kindes, und stirbt, doch unfähig, die auch in ihrem Schicksal sich offenbarende göttliche Gnade zu erkennen, während Georges, von Turelures Verteidigungsschuß getroffen, endet, ohne überhaupt Gottes Wirken jemals erkannt zu haben. Nach der Kapitulation von Paris wird der auch für die Restauration nützliche Turelure vom König in Anwesenheit der französischen Legislativkörperschaften, der Marschälle, der europäischen Potentaten, zum Grafen erhoben. In einer anderen Schlußvariante des Dramas findet an Stelle des Staatsaktes ein letztes Gespräch zwischen Sygne und Turelure statt, aus dem sich ergibt, daß Sygne ihr Selbstopfer im letzten Augenblick doch wieder zu bejahen scheint.

Was die historische Dimension anlangt, stellt *L'otage* keinesfalls eine Allegorie dar, in deren Rahmen Ancien régime, Kirche und Bonapartismus personifiziert auftreten; das Stück ist vielmehr signifikantes Bild einer Epoche, das mit den Mitteln einer psychologisch sicheren und weitgehend realistischen Betrachtungsweise entworfen wird. Grenzen findet dieser Realismus nur dort, wo es die symbolistische Intention des Werks erfordert. Freilich gewinnen in der Auseinandersetzung der revolutionären und der aristokratischen Ideen die Werte des Ancien régime das Übergewicht. – Weit wichtiger als die historische Komponente des Dramas ist jedoch seine religiöse. Das schockierende Gottesbild, das in *L'otage* aufgestellt wird, entspricht der paradoxalen Situation, in der sich die Schöpfung befindet. Erst die Einsicht in diesen Zusammenhang macht das, gemessen an äußeren Kriterien, fast unzumutbare Opfer, das Sygne abverlangt wird, zum sanften Joch Christi, welches in Freiwilligkeit angenommen werden kann: Die Devise des Geschlechts, *»Coûfontaine adsum«*, wird zur liturgischen Formel. Sygne, die Protagonistin des Stücks und eine der idealen Frauengestalten Claudels, scheint zunächst jene Einsicht zu haben, um sie dann doch wieder zu verlieren (es sei denn, man wolle der versöhnlicheren Variante des Schlusses folgen). Die wirkungsmächtige Gestaltung des geheimnisvollen Zusammenwirkens von menschlichem Streben und unerforschlicher göttlicher Gnade erfolgt in *L'otage* in einer zugleich barock-pathetischen und sublimen Sprache, die sich aber ständig aufs neue mit der Schilderung konkreter Gegebenheiten verschlingt und die in freischwingende metrische Einheiten gegliedert ist, welche die Grenze zur Prosa tangieren und überschreiten. C.Sch.

AUSGABEN: Paris 1911. – Paris 1919 [2. Fassg.]. – Paris 1955 (in *Œuvres complètes*, Hg. R. Mallet, 28 Bde., 1950–1978, 10). – Paris 1962. – Paris 1963 (zus. m. *Le pain dur* u. *Le père humilié*). – Paris 1965 (in *Théâtre*, Hg. J. Madaule u. J. Petit, 2 Bde., 2; Pléiade). – Paris 1972 (Folio). – Paris 1977, Hg. J. P. Kempf u. J. Petit [krit.].

ÜBERSETZUNGEN: *Der Bürge*, A. Joseph, Hellerau 1926. – Dass., Ders. u. E. Brock-Sulzer (in *Die Trilogie. Der Bürge. Das harte Brot. Der erniedrigte Vater*, Köln/Olten 1956). – Dass., E. M. Landau (in *GW*, Bd. 3: *Dramen*, Heidelberg u. a. 1958).

LITERATUR: H. Beraud, *»L'otage«* (in MdF, 1. 6. 1923). – L. Dubech, *»L'otage«* (in Revue Universelle, 1. 6. 1923). – E. G. Wolff, *Dogma, Geschichte und Mythos im neuzeitlichen Drama (»L'otage«)*, Zürich 1956. – B. M. Avré, *»L'otage« de C. Essai de psychologie littéraire*, Quebec 1961. – B. Augst, *»L'otage« de C.* (in RomR, 53, 1962, S. 32–51). – P. Brunel, *»L'otage« de P. C. ou le théâtre de l'énigme*, Paris 1964. – J.-P. Kempf, *Le second dénouement de »L'otage«* (in RDM, 114–116, 1965, S. 129–132). – Ders. u. J. Petit, *»L'otage«. Études sur la »Trilogie« de C.*, Paris 1966. – J. S. Maddox, *»L'otage«* (in C. Studies, 10, 1983, S. 3–14). – L. Mall, *Le personnage de Turelure et la structure maître-serviteur dans »L'otage«* (in C. Studies, 12, 1985, S. 42–51).

## LE PAIN DUR

(frz.; *Ü: Das harte Brot*). Drama in drei Akten von Paul CLAUDEL, entstanden 1913/1914; Uraufführung: Aachen 1923, Stadttheater; in Frankreich: Paris, 12. 3. 1949, Théâtre de l'Atelier. – *Le pain dur* wurde bald nach Vollendung von *L'otage* (dem ersten Stück der zunächst nicht als Einheit konzipierten »Trilogie« – vgl. auch *Le père humilié*) geplant und führt die dort begonnenen Entwicklungen fort. Nachdem in *L'otage* die erste Phase der bourgeoisen Emanzipation gezeigt worden war, während der sich die Kräfte des Bürgertums unter dem nachhaltigen Einfluß der Aufklärung noch großenteils in der Bewegung gegen die Kirche und – hier in Claudels Augen teilweise berechtigt – gegen die Aristokratie erschöpft hatten, soll in *Le pain dur* ein Bild des Höhepunkts der kapitalistischen Entwicklung gegeben werden. Dieser war in Frankreich unter dem Bürgerkönigtum erreicht worden, einer Epoche also, die das materialistische, auf industrielle Naturbeherrschung gerichtete Bürgertum in seiner vollen Macht zeigt und die für Claudel einen der gottfernsten Abschnitte innerhalb der Menschheitsgeschichte darstellt. Zeichen dafür ist im Drama, daß Sygnes Sohn Louis das in der Revolution zerstörte und und von Sygne unter Mühen restaurierte Kruzifix der Abtei Coûfontaine – ein zentrales Symbol der Trilogie – am Schluß von *Le pain dur* an den Juden Ali Habenichts um seinen Metallwert veräußert. – Alle – auch von Claudel bedingt anerkannten – Tugenden des bürgerlichen Zeitalters haben sich in *Le pain dur* zu Erscheinungsformen von krudestem Materialismus vergröbert. Aber auch die (trotz ihrer Verherrlichung in *L'otage* von Claudel im Grund verachtete) Aristokratie wird nun in den Sturz der Werte hineingerissen.

Der inzwischen alt gewordene Graf Turelure-Coûfontaine, auf ökonomischem wie politischem Gebiet einer der einflußreichsten Männer Frankreichs, hat sich die reiche Jüdin Sichel zur Mätresse genommen, mit deren Vater Ali Habenichts ihn vielfältige Geschäfte verbinden. Turelures Sohn Louis ist ein Kolonialabenteurer geworden, dessen Projekte in Algerien sich bisher aber als geschäftliche Fehlschläge erwiesen haben. Zudem hat Louis von seiner Verlobten, der polnischen, im Exil lebenden Gräfin Lumîr, Geld als Darlehen angenommen, das der polnischen Nationalbewegung gehörte. Diese Geldsumme (und eine weitere, die Louis zur Abwendung des Bankrotts benötigt) hofft Lumîr von Turelure zu erhalten. Der Graf, der gerade im Begriff steht, die Abtei Coûfontaine in eine Papiermühle zu verwandeln, ist dazu nur um den Preis bereit, daß Lumîr seine Geliebte wird. Nun zielt Lumîr auf den Tod Turelures, genau wie Sichel, die ihrem unwürdigen Mätressendasein ein Ende machen und Louis zur Ehe gewinnen will. Da Turelure zur freiwilligen Zahlung des Geldes nicht bereit ist, versucht Louis, der auf Sichels Veranlassung aus Algier nach Coûfontaine gekommen ist, seinen Vater zu erschießen. Obwohl die Kugel ihr Ziel verfehlt, stirbt Turelure an den Folgen der inneren Erregung. Lumîr kann, nachdem sie das Geld erhalten und ihre Verbindlichkeiten gegenüber der polnischen Nationalbewegung eingelöst hat, in ihrem Leben keinen Sinn mehr entdecken und versucht Louis zum gemeinsamen Selbstmord zu bewegen. Louis aber lehnt einen solchen Plan ab, läßt Lumîr gehen und heiratet die ihm wesensverwandte Sichel.

Kapitalistische und kolonialistische Maximen, dazu die aufkommenden nationalistischen Ideen, eine von Haß, sentimental verbrämter Gleichgültigkeit, Unterdrückung der Frau und bloß mehr ökonomischen Interessen bestimmte Familienverfassung, die lediglich äußerliche Emanzipation der Juden durch die liberalistische Gesetzgebung – Kräfte, die Claudel in dieser Kombination als charakteristisch für die Mitte des 19. Jh.s ansieht – beherrschen das

Geschehen des Dramas. Dem desolaten Bild, das von der sozialen und weltanschaulichen Situation dieser Epoche entworfen wird, entspricht die Zeichnung der Charaktere. Selbst die relativ positiven Gestalten wie Louis und Lumîr vermögen die negativen Wirkungen ihrer Zeit nicht zu überwinden. Louis hat die große, von seiner Mutter überkommene Begabung an unwürdige Ziele verschwendet, während die klarsichtige Lumîr im Diesseitigen verhaftet bleibt und nicht zur Anschauung eines sinnvoll geordneten Kosmos vorstoßen kann. *Le pain dur* soll zeigen, daß alle Konzeptionen des 19. Jh.s lediglich akzidentellen Charakter tragen, aus sich keinen Sinn erzeugen können und sogar weitgehend der Schöpfungsordnung widersprechen, wie sie Claudel im Anschluß an die katholische Theologie versteht. Entsprechend der Handlungsführung ist der Dialog des Dramas in besonders starkem Maß durch konkrete Gegebenheiten bestimmt; er hat stellenweise analytische Funktionen, ohne daß allerdings die analytische Technik beherrschend würde. Doch auch im Hinblick auf eine negative Welt entfaltet sich in *Le pain dur* die Claudelsche Sprache zu sublimem Pathos, wenn es gilt, den bloß kontingenten Charakter der materialistischen Zeit zu zeigen. C.Sch.

AUSGABEN: Paris 1918. – Paris 1928. – Paris 1956 (in *Œuvres complètes*, Hg. R. Mallet, 28 Bde., 1950–1978, 10). – Paris 1965, Hg. J. Madaule u. J. Petit, 2 Bde., 2; Pléiade. – Paris 1972 (Folio). – Paris 1975, Hg. J. Petit [krit.].

ÜBERSETZUNGEN: *Das harte Brot*, A. Joseph, Hellerau 1926. – Dass., ders. u. E. Brock-Sulzer, Köln/Olten 1956 (zus. m. *Der Bürge* u. *Der erniedrigte Vater*). – Dass., dies. (in *GW*, Hg. E. M. Landau, Bd. 3, Heidelberg u. a. 1958).

LITERATUR: vgl. *L'otage*. – Ferner: J.-P. Kempf, *Études sur la ›Trilogie‹ de C.II: »Le pain dur«*, Paris 1967. – *»Le pain dur« ou co-naître P. C.*, Hg. A. Laurent, Amiens 1978. – P. Sénart, *»Le pain dur«* (in RDM; Jan.–März 1986, S. 468–470). – R. Stumm, *Schüsse ohne Kugel. »Le pain dur« in Zürich und »Laville« in Paris/Nanterre* (in Theater heute, 27, Mai 1986, S. 26–29).

## PARTAGE DE MIDI

(frz.; *Ü: Mittagswende*). Drama in drei Akten von Paul CLAUDEL, erschienen 1906; Uraufführung: Paris 17. 12. 1948, Comédie Française. – Das Werk wurde in den Jahren 1900–1905 konzipiert, d. h. in jener entscheidenden Phase im Schaffen Claudels, in der sein primär lyrisch bestimmtes Frühwerk zum Abschluß geführt wird, seine kosmologischen und christologischen Konzeptionen verschmelzen und in der sich schließlich die zweite große, von 1905–1925 reichende Schaffensperiode des Dichters vorbereitet. *Partage de midi* ist aber nicht nur eine Summe der bis dahin erreichten theologischen Positionen Claudels, sondern trägt – durch die Gestalt Mésas – auch autobiographischen und bekenntnishaften Charakter. Schließlich ist es die erste große dichterische Auseinandersetzung Claudels mit der Welt des Ostens, mit der er durch seine China-Aufenthalte zwischen 1895 und 1905 in Berührung gekommen war.

Diesem neuen und entscheidenden Erfahrungsbereich entspricht der Ort der Handlung: Im ersten Akt treffen auf einem Asien ansteuernden Schiff in der Mitte des Indischen Ozeans – gleichsam der Grenzlinie zwischen Orient und Okzident – zur Mittagsstunde die vier Protagonisten des Dramas zu einem entscheidenden Gespräch zusammen, innerhalb dessen die Position eines jeden von ihnen deutlich wird: der zerrissene Mésa, der sich zum Priester berufen fühlte, an den Aufgaben, die ihm diese Berufung stellte, aber scheiterte und der nun als Geschäftsmann nach China gehen will; die magisch-verführerische Ysé, vagabundierende Frau, auch ohne festen weltanschaulichen Halt, der Welt der Sinne hingegeben, jedoch fähig, die großen Bewegungen in ihrem Schicksal zu begreifen; der brutale, primitiv realistisch denkende Amalric, ebenfalls Abenteurer, aber in allen seinen Unternehmungen erfolgreich, in jeder Hinsicht der Gegenpol Mésas; schließlich der unbedeutende bourgeoise Ehemann Ysés, de Ciz. Zwischen Mésa und Amalric beginnt sofort ein zäher Kampf um Ysé: Während aber Mésa nach einem Halt in der Welt der sinnlichen Realität sucht, geht es für Amalric einfach darum, eine seiner früheren Geliebten aufs neue zu erobern. Zunächst scheint Mésa erfolgreich zu sein. Der zweite Akt zeigt seine ekstatische Liebesbegegnung mit Ysé auf dem Friedhof von Hongkong, während der sich die Liebenden, die ihre bisherigen Bindungen zerstört haben, in pervertierter Weise Treue schwören. Im übrigen soll de Ciz durch den inzwischen erfolgreichen Mésa beseitigt, und zwar als dessen Agent in eine ferne chinesische Provinz geschickt werden, in der die Cholera ausgebrochen ist. Doch die unbeständige Ysé flieht schließlich von dem problematischen Mésa zu dem realitätsverhafteten Amalric: Der dritte Akt zeigt, wie sie mit Mésas Kind in Amalrics Haus lebt. Der Boxeraufstand ist ausgebrochen, das Leben der Europäer vom Untergang bedroht. Um nicht in die Hände der Aufständischen zu fallen, hat Amalric eine Zeitbombe gelegt, die sein Haus mit allen Bewohnern um Mitternacht in die Luft sprengen wird. In dieser Situation erscheint Mésa mit gefälschten Pässen, um Ysé und ihrer beider Kind zu retten. Ysé, die inzwischen Witwe geworden ist, lehnt es jedoch ab, mit Mésa zu fliehen; Amalric aber schießt Mésa nieder und verläßt mit Ysé das Haus. Der schwerverwundete Mésa, den sicheren Tod vor Augen, versucht nun in einem berühmt gewordenen, von der Bilderwelt des *Buchs Hiob* und dem *Hohenlied* bestimmten *cantique* (aus dramatisch-technischen Gründen ließ man in den späteren Versionen von *Partage de midi* diese Bezeichnung fallen) eine Auseinandersetzung mit den sein Leben bestimmenden Mächten und trifft dabei

auf den großen Gegenspieler des Menschen, auf Gott, der von Mésa zum Objekt der Anklage und zum Richter zugleich gemacht wird, dessen Gnade er sich aber schließlich demütig unterwirft. In einer letzten Peripetie kehrt Ysé zu Mésa zurück, um mit ihm gemeinsam zu sterben. Die Grenzen der bloß scheinhaften Welt hat nun auch sie erkannt.
Daß die erotische Liebe zu Gott hinführen muß, daß die Funktion der Frau in der Vermittlung der göttlichen Gnade besteht, ist damit zum Sinn des im hellen Mittag anhebenden und in der Wende der Mitternacht mit der Explosion der Zeit in die Ewigkeit endenden Geschehens geworden. Das Drama ist durch diese Sinngebung entscheidender Ausdruck der Claudelschen Raum- und Zeitkonzeption. Der Raum ist danach der Zeit unterworfen. In der erotischen Ekstase wie besonders vor Gott wird er sekundär; an allen Punkten der Welt sind die entscheidenden Probleme im Verhältnis des Menschen zu Gott die gleichen. Ganz im Gegensatz dazu steht die Bedeutung der Zeit als Vorstufe der Ewigkeit und als Kontinuum, innerhalb dessen sich das Wirken Gottes auf den Menschen vollzieht, der auf diese Weise in sich neben dem »Ich« ein »Anderes« entdeckt, das zwar ebenso zur menschlichen Person gehört, im Gegensatz zum kontingenten Ich aber aus der direkten Aktion Gottes herrührt. – Das Bild der Frau stellt hier einen abgeschlossenen Kosmos dar. Damit steht Claudel in entscheidendem Gegensatz zur Theologie des hl. THOMAS VON AQUIN. Über ihre Eigenständigkeit hinausgehend ist die Frau für Claudel geradezu Symbol dafür, daß die sinnliche Realität in so hohem Maße notwendig für das Wirkenkönnen der Gnade Gottes ist, daß auch den Erlösten eine der Sinnenempfindung ähnliche Fähigkeit zugesprochen werden muß.
Der äußeren Konstruktion nach ist *Partage de midi* eine Liebesintrige, die mit sicherem psychologischem Realismus Europäer vorführt, die sich in der Sphäre des kommerziellen Kolonialismus bewegen. Aber darüber hinaus ist jeder der Protagonisten in so hohem Maß Allegorie einer bestimmten menschlichen Wesenseigenschaft, daß das Drama gleichsam welttheaterhaften Charakter annimmt. Die in deutlichem Gegensatz zur Shakespeareschen Bühnentradition stehende spezifisch Claudelsche Verbindung von Realismus und Allegorie findet in *Partage de midi* – einem entscheidenden Gegenstück zur geschichtsphilosophisch bezogenen »Trilogie« – eine nahezu vollkommene Verkörperung. Der Wechsel vom realistischen Bild zur kühnen Allegorie vollzieht sich in einer von PASCAL, BOSSUET und RIMBAUD beeinflußten Sprache. Sie stellt innerhalb des dramatischen Bereichs einen ersten Höhepunkt des – hier freilich auch von jambischen und anapästischen Strukturen unterbrochenen – Claudelschen freien Verses *(verset)* dar, der sich in *Partage de midi* vielfach zur liturgischen Form steigert. C.Sch.

AUSGABEN: Paris 1906. – Paris 1948 [veränd. Fassg.]. – Paris 1949 [veränd. Fassg.]. – Paris 1957 (in *Œuvres complètes*, Hg. R. Mallet, 28 Bde., 1950–1978, 11). – Paris 1965 (in *Théâtre*, Hg. J. Madaule u. J. Petit, 2 Bde., 1; Pléiade). – Paris 1972 (Folio). – Paris 1977.

ÜBERSETZUNGEN: *Mittagswende*, F. Blei, Mchn. 1908. – Dass., R. Woerner, Hellerau 1918. – Dass., ders., Köln 1951; ern. 1962. – Dass., Hg. E. M. Landau (in *GW*, Hg. ders., Bd. 2, Heidelberg u. a. 1959). – Dass., R. Woerner, Ffm./Hbg. 1964 (FiBü).

LITERATUR: A. Czaschke, *Der ›Cantique de Mésa‹ in P. C.s Drama »Partage de midi«*, Münster 1964. – V. Lee, *The Revising of »Partage de midi«* (in Fr, 38, 1964/1965, S. 337–348). – M. Watanabé, *Le ›don‹ ou la logique dramatique de »Partage de midi«* (in RLMod, 1968, Nr. 180–182, S. 25–57). – Dies., *Le nom d'Ysé* (in RHLF, 69, 1969, S. 74–92). – M. Lioure, *Ombre et lumière dans »Partage de midi«* (in TLL; 13, 1975, S. 725–739). – M. J. Whitaker, *Les vingt partages de »Partage de midi«* (in C. Studies, 3, 1976, S. 4–22). – M. M. Nagy, *Revolt and Reconciliation in »Partage de midi«* (in ebd., S. 103–112). – M. Gillespie, *»Partage de midi«* (ebd., S. 95–102). – V. Brady-Papadopoulou, *The Blazing Firmament* (ebd., S. 80–94). – E. Behr-Sigel, *Mort et transfiguration* (in Bull. de la Société C., 1981, S. 33–38). – A. Ubersfeld, *»Partage de midi« de C.*, Paris 1981. – T. McQueeney, *Le jeu dans »Partage de midi«* (in C. Studies, 9, 1982, S. 24–29). – M.-F. Etienne, *›Co-naissance‹ and ›Regard‹ in »Partage de midi«* (in C. Studies, 12, 1985, S. 24–32). – M. Autrand, *La mise en spectacle de l'amour-passion dans »Partage de midi«* (in Inf. litt, 37, 1985, S. 17–21). – P. Brunel, *»Partage de midi« et le mythe de Tristan* (in RLMod, 1985, Nr. 747–752, S. 193–222). – A. Weber-Caflisch, *»Partage de midi«, mythe et autobiographie* (ebd., S. 7–29).

## LE PÈRE HUMILIÉ

(frz.; *Ü: Der erniedrigte Vater*). Drama in vier Akten von Paul CLAUDEL, erschienen 1919; Uraufführung: Dresden 1928, Schauspielhaus; französische Erstaufführung: 10. 5. 1946, Théâtre aux Champs Élysées. *Le père humilié* ist der abschließende Teil der Claudelschen »Trilogie«, deren Erweiterung zu einer Tetralogie geplant, aber nicht ausgeführt wurde. Gegenüber den ersten beiden Stücken *L'otage* und *Le pain dur* stellt *Le père humilié* weitgehend eine Regression in den individualpsychologischen Bereich dar und widerspricht damit dem geschichtsphilosophischen Gesamtcharakter der Trilogie. Dieser Umstand macht eine schlüssige Deutung des Dramas problematisch.
Die zeitliche und räumliche Ansiedlung des dramatischen Geschehens im Rom der Jahre 1869–1871 hätte eine Darstellung der das letzte Jahrhundertdrittel bestimmenden Kräfte durchaus nahegelegt. Aber der Zusammenstoß zwischen übernationaler

Idee des Papsttums und Auffassung des Kirchenstaats als eines neutralen Schutzterritoriums für den Papst einerseits und dem auf Abschluß der Einigungsbewegung drängenden italienischen Nationalismus andererseits bleibt – entgegen der Erwartung, die der Titel nahelegt – im Hintergrund. Die Problematik der starren Haltung Pius' IX. wird wohl einmal berührt, und zwar in der Szene, in der sich der Papst mit einem einfachen Minoriten über die ursprünglichen pastoralen christlichen Tugenden auseinandersetzt und die Klage um den verlorenen geistlichen Einfluß mit der Angst um seine (bedrohte) weltliche Herrschaft vermengt. Ebenso bleibt die auch im industriellen und nationalistischen Zeitalter fortdauernde Rolle der Stadt Rom (die weibliche »Roma«, Stadt des Heidentums wie des Christentums, vermag auf dem Weg der Sinnenschönheit an das Erlebnis Gottes heranzuführen) im Hintergrund.
Im Mittelpunkt des Dramas (sowohl der äußeren Handlung wie dem Wesensgehalt nach) steht das tragische Schicksal der überaus schönen, aber blinden Pensée de Coûfontaine, der Tochter Louis de Coûfontaines, durch ihre Mutter Sichel Jüdin. Orian und Orso de Homodarmes, einer alten römischen Aristokratenfamilie entstammend und mit dem Papst verwandt, lieben Pensée. Die Brüder, die sich keinesfalls gegenseitig benachteiligen wollen, suchen in ihrer Liebessache die Entscheidung des Heiligen Vaters. Der Papst bestimmt den lebenstüchtigeren Orso für die Ehe mit Pensée, während er bei dem begabten, verinnerlichten, aber zerrissenen Orian wohl auf eine geistliche Laufbahn hofft. Doch nur Orian wird von Pensée wiedergeliebt. Aber trotz seiner Hinneigung und Leidenschaft vermag er sich nicht für immer an Pensée zu binden. Denn Liebe ist das Verlangen, die Seele des anderen völlig zu ergreifen. Orian aber will seine Seele in der Auseinandersetzung mit der Welt weiter formen, nicht Pensée in ihre Nacht folgen. Als er im Krieg 1870/1871 auf französischer Seite gefallen ist, heiratet Orso Pensée, freilich nur, um sie zu schützen und ihr und Orians Kind, dessen Geburt in einigen Monaten bevorsteht, nicht gesellschaftlich ehrlos werden zu lassen.
Pensée besitzt in nahezu vollkommener Ausprägung die drei für Claudel wesentlichen Eigenschaften der Frau: Sie ist Jungfrau, Braut und – bis zu einem gewissen Grad – Vermittlerin göttlicher Wahrheiten. Ihre Rolle ist damit der der Jungfrau Violaine in *L'annonce faite à Marie* und der ihrer Ahnin Sygne de Coûfontaine in *L'otage* angeähnelt. Durch die Erfahrung der Grenzen der erotischen Liebe kann sie Orian wie sich selbst an das Erlebnis der zweiten (spirituellen) Geburt heranführen. Damit ist in *Le père humilié* die erstmals in *Partage de midi* beispielhaft ausgeformte Claudelsche Konzeption der Frau als Vermittlerin der göttlichen Gnade wiederum nahezu alleiniger Mittelpunkt des Dramas geworden. Geschichtsphilosophische Relevanz besitzt Pensées Rolle als Repräsentantin des (gegenüber den christlichen Wahrheiten noch blinden) Judentums und – durch ihren Namen – als Repräsentantin der cartesianischen Vernunft. Diese Bereiche sind jedoch nicht spezifisch für das 19. Jh. Die Auseinandersetzung mit dessen Wertvorstellungen und Kräften ist in *Le père humilié* nahezu ganz aufgegeben. C.Sch.

AUSGABEN: Paris 1919 (in NRF, Sept./Okt.). – Paris 1920. – Paris 1945 [veränd. Fassg.]. – Paris 1956 (in *Œuvres complètes*, Hg. R. Mallet, 28 Bde., 1950–1978, 10). – Paris 1965 (in *Théâtre*, Hg. J. Madaule u. J. Petit, 2 Bde., 2; Pléiade). – Paris 1972 (Folio).

ÜBERSETZUNGEN: *Der erniedrigte Vater*, A. Joseph, Hellerau 1927. – Dass., ders. u. E. Brock-Sulzer (zus. m. *Der Bürge* u. *Das harte Brot*, Köln/Olten 1956). – Dass., A. Joseph u. G. Brock-Sulzer (in *GW*, Hg. ders., Bd. 3, Heidelberg u. a. 1958).

LITERATUR: vgl. *L'otage*. – Ferner: J.-P. Kempf, *Étude sur la ›Trilogie‹ de C. III: »Le père humilié«*, Paris 1968. – G. Cattaui, *»Le père humilié«*, (in *Entretiens sur C.*, Hg. ders. u. J. Madaule, Paris/Den Haag 1968, S. 219–227). – N. B. Rapoza, *»Le père humilié«* (in EsCr, 13, 1973, S. 24–33). – D. M. Mc Dowell, *L'aveuglement de la pensée* (in C. Studies, 8, 1981, S. 19–31).

## LE SOULIER DE SATIN

(frz.; *Ü: Der seidene Schuh*). Dramatische Tetralogie von Paul CLAUDEL, Uraufführung (in einer für die Bühne gekürzten Fassung): Paris, 27. 11. 1943, Comédie Française. – Die thematische Spannweite dieses Werks, der eine barocke Vielfalt der angewandten Stilmittel entspricht, hat einen »theatralischen Organismus« zur Entstehung gebracht, durch dessen Bau die dramatische Einheit im klassischen Sinn gesprengt worden ist. Die vier als »Journées« (Tage) bezeichneten Teile, in die das vielschichtige, vom Symbol des seidenen Schuhs lediglich angedeutete Geschehen zerfällt, sind allerdings durch die Beziehung auf einen geistigen Mittelpunkt – die christliche Weltanschauung Claudels – miteinander verbunden. Vor allem aber der zuerst entstandene letzte Teil *Sous le vent des îles baléares (Unter dem Wind der Balearen)* nimmt eine separate Stellung ein. – Die Entstehungszeit (1919–1924) ist für das außerordentliche Werk eher kurz, insbesondere, da das Manuskript des dritten »Tags« während des Erdbebens von Tokio (1. 9. 1923) vernichtet wurde. Nach der Rekonstruktion dieses Teils schrieb Claudel »Journées« 1 und 2.
Die Liebe in ihrer doppelten Ausdrucksform als Eros und mystisches Gottverlangen ist das wichtigste Agens des Dramas, das die spanische Welt an der Wende vom 16. zum 17. Jh. vorführt. Don Rodrigue liebt Doña Prouhèze (Doña Merveille), die Gattin Don Pélages, eines hohen spanischen Richters. Sie ist die Inkarnation der Frau schlechthin, der Anima und des Dichters. Aber die Pläne

des spanischen Königs, der den zwar störrisch-eigenwilligen, doch außergewöhnlichen Rodrigue für große Aufgaben bestimmt, stehen einer Verbindung der Liebenden ebenso entgegen wie die Konvention und das Ehesakrament. Auch zögert Prouhèze immer wieder vor dem letzten, entscheidenden Schritt und gibt damit unwillentlich dem Wissen ihres Schutzengels Ausdruck, daß nämlich die Seele nicht zum anderen Menschen, sondern zu Gott hinstrebt. Prouhèze hat der Jungfrau Maria ihren seidenen Schuh geopfert, gefleht, aus ihrem Dilemma erlöst zu werden. Zunächst aber stehen nur neue Verwicklungen bevor. Bei dem Versuch, Prouhèze zu entführen – sie flieht schließlich zu Rodrigues Mutter –, kommt ihr Hofmeister, der edle, lebensfroh-tatkräftige Don Balthasar, der sie bewachen sollte, ums Leben. Rodrigues chinesischer Diener hatte die Entführung zusammen mit der Negerin Jobarbara ohne Wissen seines Herrn ins Werk gesetzt, um zugleich einem neapolitanischen, im Aufrag seines Vizekönigs agierenden Sergeant die Entführung der in Prouhèzes Gesellschaft befindlichen Doña Musique (Doña Délices), Repräsentantin der reinen Harmonie und raffaelischen Schönheit, zu ermöglichen.

Der zweite Tag zeigt dann die unterschiedliche Entwicklung dieser beiden wichtigsten Heldinnen des Dramas (gleich Kirchenlehrern sind ihnen Zusatznamen gegeben). Während Prouhèze Stellvertreterin des spanischen Königs in Nordafrika wird, nimmt Musique immer stärker allegorisierende Züge an, eine Entwicklung, die zu Beginn des dritten Tags ihren Höhepunkt erreicht hat, als Doña Délices in der Nikolauskirche zu Prag auf die vom Dreißigjährigen Krieg verwüstete Welt ihren Frieden herabfleht. – Hatte sich am Ende des zweiten Teils Prouhèze in Nordafrika wiederum geweigert, Rodrigue zu empfangen, hatte der Mond in orphischer Weise die Liebenden trösten müssen, so fleht sie nun im dritten Teil – mehr als zehn Jahre sind vergangen – in einem Brief an Rodrigue um Rettung vor Camille, ihrem Leutnant, der sie auf brutale Weise liebt und dessen Treue zur spanischen Krone sie, die inzwischen Witwe geworden war, nur durch Heirat und durch Unterwerfung unter seine sadistischen Gelüste zu bewahren vermochte. (Camille ist, wie Jobarbara, Repräsentant der nicht-europäischen, noch nicht erlösten Erdteile, dem Monostatos aus Mozarts *Zauberflöte* verwandt.) Der Brief, der zehn Jahre durch sämtliche Teile der Welt irrte, bringt – wie im Märchen – allen, die mit ihm in Berührung kommen, Unglück – außer dem rechten Adressaten. Als Rodrigue, der, umgeben von banalen Verehrern und machthungrigen Intriganten, als spanischer Vizekönig in der Neuen Welt ein Imperium aufgebaut hat, Prouhèzes Nachricht erhält, sucht er sie mit seiner Flotte vor Mogador zu entsetzen. Aber das auf dem Flaggschiff stattfindende Gespräch der Liebenden zeigt wiederum nur, daß eine irdische Vereinigung zwischen ihnen unmöglich ist. Prouhèze, dem Tod schon nahe, erkennt das früher als Rodrigue, vorbereitet durch ein traumhaftes Gespräch mit ihrem Schutzengel, durch eine nur fernste Ahnung der himmlischen Wonnen, die aber bereits alle irdischen Dimensionen übersteigt. Sie weiß auch, daß in Gottes Schöpfung nichts zufällig ist, daß das weltweite spanische Imperium vor allem deshalb Wirklichkeit geworden ist, damit den Millionen außerhalb Europas die notwendige Botschaft des Evangeliums verkündet werden kann.

Der letzte Teil zeigt den alt, schwach und machtlos gewordenen Rodrigue. Er lebt in der Nähe der Balearen auf einem Boot. Geschichtlicher Hintergrund ist das Scheitern der Armada. Während der zweite im Drama auftretende spanische König die theologische Katastrophe dieser Niederlage realisiert, beklagen die Großen des Reichs nur die verlorenen Finanz- und Machtpositionen. Eine erneute Berufung Rodrigues in hohe Staatsämter scheitert an dessen Hochmut. Er, vom Wahn getäuscht, immer noch entscheidend in die Geschicke der Welt eingreifen zu können, wird schließlich als Staatsverbrecher gefangengenommen und für nichts an einen Bettelorden weitergegeben. Doña Sept-Épées, die Tochter Prouhèzes und Camilles, die Rodrigue aufgezogen hat, die ihm – geistige Fernwirkung der Liebe – gleicht und in die er seine letzten Hoffnungen legte, erreicht aber das Flaggschiff Don Juan d'Austrias, dessen Gattin sie werden wird.

Der Schluß zeigt noch einmal in wirkungsmächtiger Gestaltung, wie sehr die göttliche Gnadenwahl ein rational nicht faßbarer Vorgang ist. Daß auch Rodrigue Erlösung zuteil geworden ist, ließe sich allein aus der Erfüllung der an den anderen (hier Doña Sept-Épées) geknüpften Hoffnungen ablesen, wobei aber gerade die Erfüllung irdischer Hoffnung auch das Moment der Versuchung bedeutet. Niemals geht es in der Darstellung des Schicksals von Rodrigue und Prouhèze um die bloße Schilderung von Selbstfindung und des Entwicklungsgangs von Seelen, womit sich jede psychologisierende Deutung des Stücks verbietet. Die christlichen Glaubenswahrheiten werden in *Le soulier de satin* nicht durchweg direkt ausgesprochen, sondern ergeben sich vielfach als Konsequenz des dramatischen Geschehens. Andererseits wird Entscheidendes in direkter Weise formuliert. Besonders gilt das für die großen Botschaften, in denen Prouhèzes Schutzengel mit einem dem *Hohenlied* vergleichbaren Pathos das historische Geschehen im christlichen Sinn deutet. Als Hauptproblem des Dramas läßt sich schließlich das Leibnizsche der prästabilierten Harmonie des Universums – nach der ethischen Seite gewendet – formulieren. Das individuelle Leiden soll seinen Stellenwert in einem göttlich geordneten Kosmos empfangen. Insbesondere ist das Ehesakrament nicht negativ empfundenes Hindernis der mystischen Liebe, sondern stellt das einzigartige Medium dar, das auf den Weg zu authentischer Erkenntnis und wahrer Gottesliebe führt.

*Le soulier de satin* ist zugleich Burleske, Sittenstück, Historiendrama und allegorisches Welttheater, vor allem aber christliches Mysterienspiel. Ganz selbstverständlich treten Engel, Gestirne, Heiligenfiguren neben den Menschen auf. Diese Vielfalt der Dimensionen läßt das Drama als Nachwirkung barokken Stilwillens erscheinen. Vorbilder im engeren literarischen Sinn hat das Stück kaum. Am ehesten wäre hier noch an CORNEILLES und CALDERÓNS Bühnenkunst und an Victor HUGO (vor allem *La légende des siècles*) zu denken. Die Ähnlichkeiten mit Corneilles *Cid* reichen jedoch über Äußerlichkeiten nicht hinaus. Auch im klassischen spanischen Drama ist die Konstruktion eine andere (anfänglicher Lyrismus, dann schneller und spannungsreicher Handlungsablauf). Gegenüber Victor Hugos Pantheismus ist bei Claudel dagegen der transzendente Gott trotz aller Mystik eindeutig festgehalten. In Einzelheiten der dramatischen Technik – so die Funktion des Ansagers – weist das Stück auf das absurde und experimentelle Theater voraus.

Von den großen literarischen und philosophischen Weggenossen des Dichters schwiegen GIDE und SUARÈS angesichts von *Le soulier de satin* betroffen. Aus ihrer Reihe hat nur G. MARCEL bisher als kongenialer Betrachter das außergewöhnliche Werk gewürdigt. Nach anfänglichem Enthusiasmus lehnte er aber den Versuch ab, totales Theater ohne Einbeziehung der Musik schaffen zu wollen. Auch zerstöre die Vielfalt der gewählten Mittel den intendierten kosmischen Charakter des Stücks. – Der mit Claudel befreundete Theaterpraktiker J.-L. Barrault hat vierzehn Jahre nach dem ersten Erscheinen des Riesenwerks im Druck eine gemeinsam mit dem Dichter erstellte, verkürzte Version auf die Bühne gebracht (bis 1963 erfolgten drei Neuinszenierungen durch Barrault), die die Größe der integralen Fassung nicht erreicht. Inzwischen ist allerdings auch diese (so München 1967, Inszenierung H. Lietzau) szenische Wirklichkeit geworden. – Die (neueren) philologischen Untersuchungen zum *magnum opus* Claudels haben durchaus gezeigt, daß nicht nur die am Inhalt orientierte Exegese, sondern auch die stilistische und die dramentechnische Analyse das Stück als sinnvoll strukturiertes Ganzes erscheinen lassen. C.Sch.

AUSGABEN: Paris 1930, 4 Bde. – Paris 1962 (in *Œuvres complètes*, Hg. R. Mallet, 28 Bde., 1950–1978, 12). – Paris 1965, Hg. J. Madaule u. J. Petit, 2 Bde., 2; Pléiade. – Paris 1972 (Folio).

ÜBERSETZUNGEN: *Der seidene Schuh oder Das Schlimmste trifft nicht immer zu*, H. U. v. Balthasar, Salzburg/Lpzg. 1939. – *Der seidene Schuh oder Das Schlimmste trifft nicht immer ein*, ders., Salzburg [10]1966. – Dass., E. W. Landau (in *GW*, Bd. 3, Heidelberg u. a. 1958; Nachw. E. Brock-Sulzer).

LITERATUR: E. Lerch, *Versuchung u. Gnade. Betrachtungen über C. u. sein Schauspiel »Der seidene Schuh«*, Wien 1956. – R. Lindemann, *Kreuz u. Eros. P. C.s Weltbild im »Seidenen Schuh«*, Ffm. 1955. – J.-L. Barrault, *Retour au »Soulier de satin«* (in Cahiers Renaud-Barrault, 25, 1958, S. 3–58). – B. v. Wiese, *Liebe u. Welt in C.s Drama »Der seidene Schuh«* (in B. v. W., *Der Mensch in der Dichtung*, Düsseldorf 1958, S. 261–276). – F. H. Crumbach, *»Le soulier de satin«* (in F. H. C., *Die Struktur des epischen Theaters*, Braunschweig 1960, S. 152 bis 164). – J. Vier, *Dramaturgie claudelienne. »Le soulier de satin«* (in J. V., *Littérature à l'emporte-pièce*, Bd. 2, Paris 1961, S. 37–54). – P. Brunel, *»Le soulier de satin« devant la critique. Dilemme et controverses*, Paris 1964. – J. Petit, *Pour une explication du »Soulier de satin«*, Paris 1965. – H. Weinrich, *P. C., »Le soulier de satin«* (in *Das frz. Theater vom Barock bis zur Gegenwart*, Hg. J. von Stackelberg, Düsseldorf 1968, Bd. 2, S. 187–205, 394–396). – W. N. Ince, *The Unity of C.s »Soulier de satin«* (in Symposium, 22, 1968, S. 35–53). – J.-N. Segrestaa, *Regards sur la composition du »Soulier de satin«* (in RLMod, 180–182, S. 59–81). – M. Wood, *The Theme of the Prison in the »Soulier de satin«* (in FS, 22, 1968, S. 225–238). – M. Autrand, *Les énigmes de la quatrième journée du »Soulier de satin«* (in RHT, 20, 1968, S. 309–324). – R. Chambers, *La quatrième journée du »Soulier de satin«* (in EFL, 7, 1970, S. 70–88). – M. Krüger, *»Der seidene Schuh«* (in M. K., *Wandlungen des Tragischen, Drama und Initiation*, Stg. 1973, S. 142–167). – J. S. Freilich, *P. C.s »Le soulier de satin«*, Toronto 1973. – *Structures du »Soulier de satin«*, Hg. J. Petit, Paris 1972 (RLMod, 310–314). – *Les images dans »Le soulier de satin«*, Hg. ders., Paris 1974 (RLMod, 391–397). – A. Wakker, *Quelques remarques sur le texte et sur le manuscrit du »Soulier de satin«* (in RLMod, 510–515). – Ders., *Corps et décors dans »Le soulier de satin«* (in Bull. de la Société C., 1979, S. 2–19). – M.-F. Caviglio Mathion, *Figuration scénique et symbolisme cosmique dans le théâtre du »Soulier de satin«, III, 8* (in SRLF, 18, 1979, S. 97–124). – M. Autrand, *»Le soulier de satin« ou ›La nouvelle nouvelle pantoufle de vair‹* (in CRB, 100, 1980, S. 94–122). – A. Fuß, *»Le soulier de satin«* (in *Theatrum mundi*, Hg. F. Link u. G. Niggl, Bln. 1981, S. 279–303). – A. Weber-Caflisch, *»Le soulier de satin«*, 2 Bde., Paris 1985/1986.

## TÊTE D'OR

(frz.; *Ü: Goldhaupt*). Symbolistisches Drama in drei Teilen von Paul CLAUDEL, entstanden 1889, anonym erschienen 1890; die zweite, endgültige Version, entstanden 1890–1895, erschien 1901. – Die anonyme Veröffentlichung des Werks wie auch die Tatsache, daß sich Claudel stets nur sehr vage und distanziert über sein dramatisches Erstlingswerk äußerte, läßt vermuten, daß ihn der Einfluß der um den Kriegsminister Berteaux gescharten religionsfeindlichen Kreise ein Scheitern der angestrebten diplomatischen Karriere befürchten ließ. Diese Vermutung läßt sich dadurch erhärten, daß der Autor aus den gleichen Gründen noch 1911 auf die Drucklegung des *Otage (Der Bürge)* verzichtete.

Simon Agnel schickt sich an, seine Geliebte zu bestatten. Es ist Winter. Während er mit seinem Spaten die Grube ausmißt, nähert sich ihm Cébès, ein Jüngling. Das Erlebnis des Todes führt beide zu einer langen Meditation über das Wesen der *condition humaine* (Teil I). – Ruhelos irrt der Kaiser durch seine Gemächer, denn das Land wird von feindlichen Armeen bedroht. Simon Agnel, nunmehr als Tête d'Or an der Spitze der Verteidiger stehend, hat den durch den Tod seiner Geliebten bedingten Kleinmut überwunden. Während der Kaiser und die Prinzessin, seine Tochter, stündlich die Nachricht von der entscheidenden Niederlage seiner dem Feind weit unterlegenen Truppen erwarten, verkündet ein Bote deren triumphalen Sieg. Tête d'Ors Mut und genialer Kampfesführung hatten die feindlichen Armeen nichts entgegenzusetzen. Doch nun wird Tête d'Or, von seinen Siegen berauscht und einen triumphalen Empfang in der Heimat erwartend, in die Schranken gewiesen: Cébès, der sich ihm ganz geweiht hatte, stirbt in seinen Armen. Das Unvermögen, Cébès' Leben zu retten, stachelt ihn zu neuen Taten an, die ihm seine Hybris bestätigen sollen. Von grenzenloser Machtgier erfüllt, drängt er den Kaiser zur Abdankung. Da dieser jedoch auf seinen Rechten beharrt, tötet ihn Tête d'Or. Die Prinzessin irrt, von Tête d'Or vertrieben, in Not und Elend durch die Lande. Im Vollgefühl seiner Macht zieht der nunmehr zum König gekrönte Tête d'Or aus, in den Weiten Asiens seinen Ruhm und die Macht des Reiches zu mehren (Teil II).

Zusammen mit seinen Heerführern verfolgt der König erwartungsvoll den Ausgang der entscheidenden Schlacht. Doch seine Hoffnungen trügen. Von der Übermacht des Feindes zerschmettert, fliehen seine Truppen. Selbst sein eigener heroischer Einsatz vermag das Kriegsglück nicht zu wenden. Von Wunden durchbohrt wird er von seinen Getreuen aus dem Kampf geleitet. Auch die verstoßene Prinzessin ist inzwischen auf ihren Irrfahrten an der Stätte des Kampfes angelangt. Von Hunger gepeinigt, wendet sie sich Hilfe erflehend an einen Deserteur. Dieser jedoch verhöhnt sie und nagelt die Hände der sich verzweifelt Wehrenden an einen Baum. Ihr stilles Martyrium entzieht sie auch der Aufmerksamkeit des Bannerträgers, der sich, vor der feindlichen Übermacht zurückweichend, nunmehr ganz in ihrer Nähe befindet und dort den Ausgang des Kampfes abwartet. Mit Entsetzen wird er gewahr, wie eine Gruppe von Heerführern Tête d'Ors regungslosen Körper aus der Schlacht trägt. Den Tod vor Augen bittet der König seine Mitstreiter, sich in Sicherheit zu bringen. Nun erst, von allen verlassen, vernimmt er in der gespenstischen Stille das leise Stöhnen der Prinzessin. Von Reue übermannt, schleppt er sich qualvoll an den Ort ihres Leidens und entfernt die Nägel aus ihren Händen. Mit letzter Kraft bestimmt er die vom Tode Gezeichnete symbolhaft zur Königin. Dann haucht auch er sein Leben aus. Mit den Worten: *»Vorwärts! Gen Westen!«* verweist der Kommandeur auf Tête d'Ors Scheitern (Teil III).

So einhellig die Literaturkritik den Symbolcharakter des Dramas betonte, so unmöglich schien es, die Symbolik selbst eindeutig zu definieren. In einem Brief an A. Mockel äußerte sich Claudel dazu: *»Cébès ist der dem Alten verhaftete Mensch . . .; er verkörpert auch die mitleidheischende Schwäche, die er auch mit Hilfe seines Bruders (d. i. Tête d'Or) nicht zu überwinden vermag. Auch Tête d'Or, gleich Cébès unwissend, kann ihm nichts anders geben als Blut und Tränen. Die Prinzessin verkörpert alle Vorstellungen von Lieblichkeit und Sanftmut: die Seele, die Frau, die Weisheit (d. i. Salomonis), die Frömmigkeit. Der Kaiser ist der den Gewohnheiten der Vergangenheit unterworfene Mensch.«*

Charakterisierte die Kritik *Tête d'Or* zunächst als heidnisches, von der Theologie der späteren Werke noch fast ganz unberührtes Drama (E. R. Curtius), als gänzlich zusammenhanglos und unverständlich (Alain-Fournier), so betont die neuere Forschung den religiösen Grundgehalt des Werks. In der Tat verweisen der hymnische Charakter wie auch die der *Bibel* verhaftete Bildwelt der Sprache eindeutig auf den religiösen Duktus des Dramas. Von spezifischer Relevanz ist dabei die Wandlung Tête d'Ors. Hatte er sich zunächst gegen die durch Kaiser und Prinzessin verkörperte, historisch fundierte Ordnung aufgelehnt und sie zertrümmert, in der Überzeugung, sich Gesetz und Macht aus eigener Kraft geben zu können, so erkennt er in seinem Scheitern, das gleichzeitig den Niedergang des Übermenschen symbolisiert, die Nichtigkeit seines Strebens, überwindet sich selbst und erhebt seine Widersacherin, die Symbolfigur der geduldig leidenden Kirche, zur Herrscherin. – So naheliegend es wäre, den um Selbstbestätigung ringenden Simon Agnel *allein* mit Claudel zu identifizieren, so unvollständig wäre damit das dramentechnische Konzept des Autors erfaßt. Denn auch die Gestalt des verzagten und hilflosen Cébès weist auf den in den *»dunklen achtziger Jahren«* nach eigener Aussage dem Katholizismus entfremdeten und hilflosen Dichter. Zieht man in Betracht, daß alle Dramen Claudels Ausdruck einer *»conversation intérieure«* sind, so wird deutlich, daß die Hauptgestalten in *Tête d'Or* vier auf die Bühne projizierte, der Darstellung eines inneren Konflikts dienende, allegorische Figuren sind, deren Synthese die Gestalt des Dichters selbst ergibt. Das Ringen Claudels um den rechten Glauben, eingeleitet durch die 1886 erfolgte Bekehrung zum Katholizismus und abgeschlossen 1890 durch die erste bewußt erlebte Kommunion, findet in *Tête d'Or*, seinem *auto sacramental*, eine szenische Darstellung. W.O.

AUSGABEN: Paris 1890. – Paris 1901 [endg. Fassg.]. – Paris 1923 (in *Théâtre*, 4 Bde., 1923, 1). – Paris 1953 (in *Œuvres complètes*, Hg. R. Mallet, 28 Bde., 1950–1978, 6). – Paris 1967 (in *Théâtre*, Hg. J. Madaule u. J. Petit, 2 Bde., 1; Pléiade). – Paris 1973 (Folio). – Paris 1984, Hg. M. Lioure [krit.].

ÜBERSETZUNGEN: *Goldhaupt*, J. Hegner, Hellerau 1915. – Dass., E. M. Landau (in *GW*, Bd. 2, Heidelberg u. a. 1959).

LITERATUR: E. R. Curtius, *Französischer Geist im 20. Jh.*, Bln. 1952; [3]1965. – J. Madaule, *P. C. dramaturge*, Paris 1956. – J.-C. Berton, *Shakespeare et C.*, Paris/Genf 1958. – J. Cathelin, *De »Tête d'Or« à »L'échange«, ou Le triple conflit de C.* (in Cahiers de la Compagnie M. Renaud – J.-L. Barrault, 25, 1958, S. 44–52). – A. Blanchet, *»Tête d'Or« est-il païen?* (in Études 303, 1959, S. 289–305). – G. Verdot, *Pourquoi C. n'a jamais voulu, de son vivant laisser représenter »Tête d'Or«, sa première pièce* (in FL, 15. 8. 1959). – W. Oswald, *Die symbolischen Bezüge in C.s »Tête d'Or«. Versuch einer Deutung* (in NSp, 12, 1963, S. 61–72). – J. Mettra, *Présentation de »Tête d'Or«* (in FrMo, 29, 1964, S. 42–48). – K. Müller, *Die Frühdramen C.s. Gehaltliche u. dramentechnische Interpretationen*, Diss. Tübingen 1965. – Y. Scalzitti, *Le verset claudelien. Une étude du rythme (»Tête d'or«)*, Paris 1965. – P. Brunel, *»Tête d'or« 1949* (in RLMod, 114–116, 1965, S. 47–71). – J. C. Fossard, *Géographie de »Tête d'or«* (in *Géographie poétique de C.*, Ottawa 1966, S. 35–64). – Ch. Sarrasin, *La signification spirituelle de »Tête d'Or«*, Aix-en-Provence 1966. – J. C. Morisot, *L'histoire et le mythe dans »Tête d'or«* (in RLMod, 150–152, 1967, S. 7–29). – M. Fragonard, *»Tête d'Or«, ou L'imagination mythique chez P. C.*, Paris 1968. – A. Tissier, *»Tête d'Or« de C. Étude analytique et dramaturgique*, Paris 1968. – A. Becker, *»Tête d'or« et »La ville«*, Paris 1971. – V. Brady-Papadopoulou, *The Archetypal Structures of C.'s »Tête d'or«* (in RomR, 67, 1976, S. 187–199). – E. M. Wiedner, *C.s Overreacher: »Tête d'or« and Marlowe's Tamburlaine Plays* (in C. Studies, 4, 1977, S. 60–70). – B. L. Knapp, *C.'s »Tête d'or«* (in Dalhousie French Studies, 7, 1980, S. 40–65). – G. Peylet, *Mysticisme ou le dépassement de l'artifice dans »Tête d'or«* (in C. Studies, 10, 1983, S. 15–23). – M. Linard-Béné, *Un chef mythique. »Tête d'or« de C.* (in Recherches sur L'imaginative, 15, 1986, S. 58–71).

## LA VILLE

(frz.; *Ü: Die Stadt*). Symbolistisches Drama in drei Akten von Paul CLAUDEL, erste Version entstanden 1890, anonym erschienen 1893; zweite Version entstanden 1897, erschienen 1901; Uraufführung: Brüssel, 25. 2. 1931. – Hoch über der Stadt liegen die Gärten des Architekten Isidore de Besme. Dort finden sich in der Abenddämmerung Isidores Bruder Lambert und Avare ein, um über die sinnvolle Ordnung städtischen Gemeinschaftslebens zu diskutieren. Während Lambert als einer der führenden Lenker der Geschicke der Stadt Recht und Ordnung, Ehe und Arbeit als Eckpfeiler des Zusammenlebens preist, verherrlicht der Revolutionär Avare Zerstörung und Anarchie. Darauf erscheint Cœuvre, der Dichter, der den Sinn der *condition humaine* allein im Wahren erblickt, das er in seinen dichterischen Werken zu erreichen glaubt. Auch Lâla, Lamberts Mündel, weist auf die Kräfte hin, die im Ideellen und in der Liebe verborgen schlummern. Obgleich sie bereits eingewilligt hat, ihren Adoptivvater zu heiraten, beginnt sie, ganz in Cœuvres Bann stehend, zu zögern, ihr Versprechen einzulösen. Überwältigt von der einem Naturereignis gleichenden Spontaneität seiner Gefühle, schenkt sie ihm ihre Liebe. Lambert, ob dieser plötzlichen Sinnesänderung verzweifelt, weigert sich in seiner grenzenlosen Enttäuschung, dem Wunsch einer Abordnung des Stadtrates nachzukommen, den in der Stadt aufkeimenden, von der Avare-Clique angezettelten Unruhen zu steuern (Akt I).

In einem Friedhof, auf einem Hügel über der Stadt gelegen, fristet Lambert als Totengräber sein einsames Leben. Überwältigt von der Größe der Schöpfung, begrüßt er den anbrechenden Morgen. Da tritt Lâla zu ihm, die ihren Gatten verlassen hat, obwohl ihr ein Sohn, Ivors, geschenkt wurde. Von Reue und später Dankbarkeit erfüllt, möchte sie Geschehenes vergessen machen und zu ihrem Adoptivvater zurückkehren. Doch Lambert weist sie zurück. Dem Leben entfremdet, sieht er sich nur noch als *»Arbeiter des Todes«*. Tief enttäuscht wirft sich Lâla in Avares Arme und weidet sich mit ihm an der Zerstörung der Stadt. – Vor den mordenden Scharen der Revolutionäre zurückweichend, betreten auch Cœuvre und Isidore de Besme den Friedhof. Besme fühlt, daß er als exponierter Vertreter der alten Ordnung den Umsturz nicht überleben wird – eine düstere Ahnung, die sich bald erfüllen soll: Im Schein der Abendsonne gewahrt man zwischen wogenden Fahnen und Gewehrläufen sein auf ein Bajonett gespießtes Haupt (Akt II).

Wohin das Auge blickt, zeugen Ruinen von der Zerstörungswut der Revolutionäre. So sind auch Besmes einstmals prächtige Gärten nur noch schemenhaft zu erkennen. Nach der totalen Zerstörung setzt sich unter den Überlebenden die Erkenntnis durch, daß ein Zusammenleben ohne die Schaffung einer neuen Ordnung unmöglich ist. Doch selbst vierzehn Jahre reichen nicht, um dieser Einsicht die Tat folgen zu lassen. Schlimmer noch: Avare, der geistige Urheber der Revolution, entzieht sich der Verantwortung. Unter Berufung auf ein geheimnisvolles Geheiß überträgt er alle Gewalt auf den Jüngling Ivors, der als sein Nachfolger der Stadt das Gesetz geben möge. Auf dem Höhepunkt allgemeiner Verwirrung und Ratlosigkeit erscheint plötzlich Cœuvre im prunkvollen Bischofsornat, begleitet von seinem Gefolge. Von der unbeugsamen Kraft religiösen Sendungsbewußtseins erfüllt, schildert er, wie die Gewißheit der göttlichen Offenbarung die visionären Träume des Dichters aus seinem Denken verbannt hat. Getroffen vom Strahl der Erleuchtung, unterwirft sich auch Ivors dem Dogma der Kirche. Die längst überfälligen Gesetze aber werden auf dieser neuen göttlichen Ordnung, der allein dauerhaften, basieren (Akt III).

War die erste Version noch völlig auf Paris zugeschnitten, so verweist die zweite – sie wurde dramaturgisch stark gestrafft, von den ursprünglich 29 Personen sind nur 8 beibehalten – symbolhaft, auf allgemeine, in einer Stadtkultur auftauchende Probleme menschlichen Zusammenlebens. Während Claudel das Problem der Existenzbewältigung in *Tête d'Or* (1890 bzw. 1901), dem dramatischen Vorläufer, durch den Hinweis auf die Notwendigkeit einer religiösen Bindung bereits für das Individuum zu lösen versucht hatte, dehnt er in *La ville* diesen Lösungsvorschlag auf die menschliche Gemeinschaft aus. Die Menschheit an Charisma und göttlicher Offenbarung teilhaftig werden zu lassen ist dabei hervorragendste Aufgabe des Dichters, der sich als Seher über die reine Wissenschaft erhebt und hinführt zu Wahrheit und Weisheit – ein Kerngedanke Claudels, den er u. a. in *Art poétique* und in den *Conversations dans le Loir-et-Cher* erneut aufgegriffen hat. W.O.

AUSGABEN: Paris 1893 [anon.; 1. Fassg.]. – Paris 1901 (2. Fassg., in *L'arbre, Tête d'Or*). – Paris 1954 (in *Œuvres complètes*, Hg. R. Mallet, 28 Bde., 1950–1978, 7). – Paris 1967 (in *Théâtre*, Hg. J. Madaule u. J. Petit, 2 Bde., 1; Pléiade). – Paris 1967, Hg. J. Petit [krit.]. – Paris 1982 (Folio).

ÜBERSETZUNGEN: *Die Stadt*, H. R. Balmer, Basel 1944. – Dass., E. M. Landau (in *Dramen*, Bd. 2, Heidelberg u. a. 1959).

LITERATUR: P. Emmanuel, *Au cœur de »La ville«* (in Esprit, Jan. 1956, S. 77–83). – R. Kemp, *Vie du théâtre*, Paris 1956, S. 178–202. – J. Petit, *Genèse et thèmes de »La ville«*, Diss. Paris 1960. – K. Müller, *Die Frühdramen C.s. Gehaltliche und dramentechnische Interpretation*, Diss. Tübingen 1965. – J. Petit, *»La ville«* (in *Entretiens sur C.*, Hg. G. Cauttaui u. J. Madaule, Paris 1968, S. 191–200). – *P. C. 6: La première version de »La ville«*, Hg. J. Petit, Paris 1969 (RLMod, 209–211). – G. Marcel, *Quelques obscurités de »La ville«* (in Bull. de la Société C., 37, 1970, S. 79–98). – A. Becker, *»Tête d'or« et »La ville«*, Paris 1971. – H. Watson, *Imagery and Nature in »La ville«* (in C. Studies, 10, 1983, S. 32–38). – Ders., *Plant and Animal Images in »La ville«* (ebd., S. 39–46). – J.-C. Coquet, *Le discours et son sujet. Pratique de la grammaire modale. »La ville« de C.*, Paris 1985.

## MÁRIO CLÁUDIO

d.i. Rui Manuel Barbot Costa
* 6.11.1941 Porto

### AMADEO

(portug.; *Amadeo*). Roman von Mário CLÁUDIO, erschienen 1984. – Dem Autor gelingt es in diesem, von Lesern und Kritik gleichermaßen enthusiastisch aufgenommenen Roman, Leben und Werk des Malers Amadeo de Souza-Cardoso (1887–1918), trotz seiner kurzen Schaffenszeit eine der großen Symbolfiguren des portugiesischen Modernismus, zu vergegenwärtigen. Die Einflüsse reichen von Juan Gris, Sonia und Robert Delaunay und Georges Braque über Amedeo Modigliani zu Constantin Brancusi und Alexander Archipenko. Mit der Gruppe »Orpheu« um Mário de SÁ-CARNEIRO, Fernando PESSOA und José de ALMADA-NEGREIROS gehört er zu den Repräsentanten des Futurismus.

Der Roman beginnt mit der Beschreibung des Elternhauses in Manhufe, nahe Amarante; der Vater ist einer der reichen Großgrundbesitzer im Norden Portugals, und Amadeos Kindheit und Jugend, die er auf dem Gut und in den Sommermonaten in Espinho verbringt, ist geprägt von Kuhherden und Weinbergen, von Landarbeitern und von Mägden, die er beim Waschen und Baden im Fluß beobachtet. Er interessiert sich für die Tagelöhner, die während der Weinlese bei seinem Vater arbeiten, obwohl diese angeblich Kinder stehlen und sie in Höhlen bei Hexen verstecken. Aber diese spezielle Atmosphäre regt seine Phantasie an, und er findet bei diesen geistig-sinnlichen Ausflügen Unterstützung bei einem Onkel mütterlicherseits, bei Tio Chico, der von Anfang an Amadeos Ambitionen gegenüber offen ist.

Nach einem Besuch Brasiliens beginnt Amadeo in Coimbra zu studieren, befaßt sich mit republikanischen Ideen, lebt in Cafés, frequentiert Bordelle und entwickelt sich zum Bohémien, der er bis zum Lebensende bleibt. Nach einer Zeit in Lissabon, wo er zunächst Architektur studiert, dann einige Zeichenkurse absolviert, zieht er 1906 mit seinem Maler-Freund Francisco Smith nach Paris, wo damals auch Lenin lebt, wo *»Karossen ohne Pferde«* fahren. Er bezieht ein Appartement am Boulevard Montparnasse, verbringt täglich mehrere Stunden im Künstlertreffpunkt Café Rotonde, beginnt, als Zeichner und Karikaturist zu arbeiten und wird Schüler des spanischen Malers Anglada Camarasa. 1908 mietet er sein erstes Atelier in der Cité Falguière, lernt ein Jahr später Modigliani kennen, mit dem er sich freundschaftlich verbindet und gemeinsam 1911 in Paris und 1913 in New York anläßlich der Armory Show ausstellt, und arbeitet in einer Gruppe um Eduardo Vianna und José Pacheco. Nach Kriegsausbruch kehrt er mit seiner Lebensgefährtin Lúcia nach Manhufe zurück. Doch das nordportugiesische Dorf ist nicht das weltstädtische Paris, die »wilde Ehe« wird nicht geduldet. Erst nach der offiziellen Hochzeit können sie gemeinsam die letzten Lebensjahre Amadeos auf dem väterlichen Gut verbringen. Wie seine Bilder, so wird nun auch das Elternhaus von Licht und Luft durchflutet, seine Gemälde, beeinflußt von den Delaunays, die sich 1915/16 in Vila do Conde aufhalten, wie auch seine von den Moden der Metropole Paris unberührte Heimat lassen ihn zu einem dem Kubismus verwandten und doch eigenen Ausdruck finden.

Cláudio verbindet in *Amadeo* zwei Erzählebenen: die Nachforschungen von Papi zur Rekonstruktion des Lebens von Souza-Cardoso, die von seinem Neffen Frederico, dem einzigen Menschen, mit dem er darüber spricht, in einem Tagebuch beschrieben und kommentiert werden, und dokumentierte Äußerungen von Souza-Cardoso selbst. Die beiden Ebenen wechseln sich im Roman stetig ab, vermischen sich aber niemals. Obwohl, mit Ausnahme der Figur des Álvaro (ein Kommilitone Fredericos, der für Cláudio selbst steht), alle Personen und Orte real sind, wird die Grenze zwischen Realität und Imagination nicht überschritten. Ziel des Autors war weder die dokumentarische Biographie noch die reine Fiktion, sondern – analog der Technik Amadeos – aus distanzierter Sicht die Darstellung der Wahrscheinlichkeit. Für den Leser verwischen sich die Ebenen dennoch, zumal Papi in rauschhafter Besessenheit versucht, jedes noch so kleine Detail aus Amadeos Leben herauszufinden und zu belegen, ja nach Paris fährt, um die von Amadeo frequentierten Lokale zu besuchen. Dadurch entsteht ein künstlerisches Klima, das dem Leser nicht allein die Fakten über den Maler vermittelt, sondern auch dessen atmosphärischen Lebensraum, der zum eigentlichen Träger der aus Fragmenten, Tagebuchaufzeichnungen, Briefen, Gedanken, ja selbst Bildern komponierten »Nicht-Biographie« wird. Durch das Nebeneinander von Amadeos Lebenszeit und Fredericos Eintragungen 1980/81 ist es möglich und auch intendiert, Parallelen zum heutigen Leben im Norden Portugals zu ziehen: unverändert bleiben die Fronleichnamsprozession in Amarante oder das unter der Treppe schlafende Dienstmädchen, verändert hat sich das Verhalten der Tagelöhner, die heute selbstbewußt und ohne die Mütze zu ziehen Forderungen stellen. Der Roman endet mit der Nachricht Álvaros an den Autor, daß Frederico bei einem Unfall ums Leben gekommen sei, daß daraufhin dessen kokainsüchtiger Onkel Papi die Arbeit an der Biographie Amadeos, seiner Projektionsfigur, aufgegeben und ihm, Álvaro, seine Aufzeichnungen überlassen habe. Diese sende er nun mitsamt dem Tagebuch Fredericos an den Autor, der damit verfahren könne, wie er wolle. Mário Cláudio bezeichnet *Amadeo*, der mit dem »Grande Prémio APE« des portugiesischen Schriftstellerverbands ausgezeichnet wurde, als den ersten Teil einer Trilogie, in der er die (nord-)portugiesische Realität in Beziehung setzen will zu drei Epochen und drei gesellschaftlichen Ständen: zum ländlichen Großbürgertum und Adel (in *Amadeo*), zum städtischen Kleinbürgertum (in *Guilhermina*, 1986, über die Cellistin Guilhermina Suggia) und zu den Landarbeitern (in *Rosa*, 1988, über die Töpferin Rosa Ramalha).

K.De.-KLL

Ausgabe: Lissabon 1984; [2]1985.

Literatur: E. Prado Coelho, *A teia de Nolan* (in JL, 21. 5. 1984). – C. Reis u. a., *Porque escolheram »Amadeo«* (ebd., 16. 4. 1985; m. Interview). – A. M. Machado, *M. C. em resumo* (in Semanário, 21. 4. 1985). – P. u. G. Chalender, *Mito e escrita em »Amadeo«* (in Peregrinação, 17, 1987, Nr. 7–9, S. 3–8). – L. Machado, *»Amadeo«. Da biografia à ficção* (in Colóquio/Letras, 1988, Nr. 102, S. 69–75).

## Eduard Claudius

d.i. Eduard Schmidt

* 29.7.1911 Buer bei Gelsenkirchen
† 13.12.1976 Berlin / DDR

Literatur zum Autor:
G. Piltz, *E. C., Leben u. Werk*, Bln. 1952. – E. C. (in *Literatur der Deutschen Demokratischen Republik. Einzeldarstellungen*, Hg. H. J. Geerdts u. a., Bln./DDR 1976, S. 197–215). – H. Haase, *Gespräch mit E. C.* (in WB, 22, 1976, H. 7, S. 97–111).

### GRÜNE OLIVEN UND NACKTE BERGE

Roman von Eduard Claudius, erschienen 1944. – Mit seinem ersten Roman gelang Claudius zugleich eine der bedeutendsten Darstellungen des Spanischen Bürgerkriegs in deutscher Sprache. Das Werk konnte sich später auch neben den Arbeiten anderer Autoren behaupten, die wie Claudius in den Internationalen Brigaden gegen die Truppen Francos gekämpft hatten, darunter Willi Bredel, Stephan Hermlin, Ludwig Renn, Erich Weinert oder Friedrich Wolf.

Im Zentrum des bis in Details autobiographisch geprägten Buches steht Jak Rohde, gelernter Maurer, Gewerkschafter, KPD-Mitglied, 1933 von den Nazis verhaftet, dann emigriert. Der Jubel, der ihn und Hunderte Gleichgesinnter im Hafen von Valencia empfängt, wirkt auf alle befreiend. *»Habe ich nicht im KZ gesessen, und sie haben mich drei Monate lang jede Nacht herausgeholt? Ich war ein Stück verbluteter, beschissener, bekotzter Mensch ... Aber all das – all das ... Und er schluchzte los, und keiner wagte ihn anzusehn.«* Doch jähe Ernüchterung folgt nach den ersten erbarmungslosen Schlachten des Bürgerkriegs. Bis zu 70 Prozent Verluste an Gefallenen und Verwundeten erleiden die unzureichend ausgerüsteten, unerfahrenen Freiwilligenverbände. Auch Rohde muß erst lernen, die Angst in sich zu überwinden, den Kopf nicht zu verlieren. Nur die Gewißheit von der Notwendigkeit des antifaschistischen Widerstandskampfs und die *»Verbundenheit mit denen, für die und mit denen man kämpft«*, hilft. Da ist der tapfere Samuel Fischbein, ein Jude, der offen seine Angst bekennt und dem Rohde mit Mißtrauen begegnet, bis er sich erschrocken prüfen muß: Sollte auch in ihm das Gift der haßerfüllten Rassentheoretiker fortwirken? Der Erfahrenste im Edgar-Andrè-Bataillon, benannt nach einem von der Gestapo ermordeten KPD-Funktionär, ist Albert Kühne, ein ähnlich abgeklärter und unbeirrbarer Genosse wie der Kaderleiter Fernando, dem die politische Führung und die Ausschaltung von Spitzeln obliegt. Juan Garcia schließlich kommt aus einem jener kleinen spanischen Dörfer, deren Bewohner sich an reiche Gutsbesitzer verkaufen mußten. Nach einem Jahr leben von den ursprünglich 800 Mann des Bataillons nur noch fünfundzwanzig.

*»Lohnt es, für etwas zu sterben?« – »Nur für das Zukünftige, das man dir verwehren will, lohnt es zu leben und zu sterben.«* Die tiefe Überzeugung, für eine humanere Gemeinschaft zu kämpfen, nimmt dem Tod das lähmende Stigma der Sinnlosigkeit. Die Soldaten wissen, daß am Ebro und vor Madrid die Vorgefechte des Zweiten Weltkriegs stattfinden; in den Kampf gegen den internationalen Faschismus mischt sich die Hoffnung auf Heimat, in verschlammten Schützengräben offenbart sich die Sehnsucht nach einem erst noch zu verwirklichenden künftigen Vaterland: *»Wenn dies alles vorbei ist und Deutschland ein Menschenland ist; dann wird es sein, wie wir es uns erträumen, darum liebe ich es ...«* Nach einer zweiten schweren Verwundung *(»Er war im Begriff aufzustehen, aber er fand keine Füße unter sich ...«)* wird Jak Rohde 1938 nach Paris entlassen – in schäbige Lebensverhältnisse, mißtrauisch überwacht, aber immer noch besser gestellt als viele bettelnde *»abgerissene Gestalten mit den scharfen Gesichtern«*, deren Emigrantenelend *»unter Kellertreppen«* außer Claudius kaum ein Autor sonst thematisch aufgegriffen hat. In Paris begegnet Jak endlich auch seiner Geliebten Thea wieder, doch nur für wenige glückliche Tage, denn er lehnt es ab, ihr in die persönliche Idylle zu folgen. Er wird weiterkämpfen, dem Parteiauftrag gehorchend: *»Der Sieg der Faschisten war nur ein Pyrrhussieg, ein Sieg der furchtbaren Waffen, kein Sieg der Idee.«*

*Grüne Oliven und nackte Berge* ist ein Buch gegen den Krieg, ohne pazifistisch zu sein. *»Er hatte den Krieg gehaßt, übel wurde ihm, wenn er an einen zerrissenen Körper dachte. Aber ... als er Turowski aus dem Fenster des Polizeipräsidiums in Buer fallen sah, gestoßen von den Händen derer in den schwarzen Uniformen – damit, damit hatte es begonnen, daß er nun das Gewehr nehmen mußte.«* In knapper Diktion abgefaßt, vermag das Buch durch die Ursprünglichkeit der Erregung des schreibenden Kombattanten der Republik, der eigene Fehler, Versäumnisse und Versuchungen nicht verschweigt, den Leser in Atem zu halten. Doch geriet der Versuch, die geschilderten Personen mit politischer Aussage zu verschmelzen, zur (auch in späteren Arbeiten des Autors nie überwundenen) Schablonisierung in der Menschenzeichnung: das Gesicht des Feindes ist nur eine Grimasse, jenes des feigen Offiziers aus den eigenen Reihen *»mager, klein, mit giftigen spitzen Backenknochen, höhnischen Augen und verbittertem Mund«*; ein murrender Kamerad »kann« nicht anders sein als *»ein kleiner, zusammengefallener Mensch mit einem Frettchengesicht«*. Die Dialoge haben mitunter ideologische Lektionen zu transportieren, deklamatorisches Pathos und Moralisierungen konterkarieren teilweise die angestrebte Gestaltung des »neuen Menschen«. Nur an ausgewählten Stellen gestattete sich Claudius, der vor allem durch die proletarisch-revolutionäre Literatur H. MARCHWITZAS und F. GLADKOWS geprägt war, poetisierendes Erzählen. *»Ein Mädchen hat seinen Weg gekreuzt ... Sie sind sehr, sehr gut zusammen gewesen. Es war, als sei Güte in ihre und seine Hände gegeben worden ...«.*

Der Roman gilt heute als prototypisch für den vorbereitenden Charakter der Spanienliteratur in der Entwicklung zum sozialistischen Realismus in der Literatur der DDR. R.Bz.

AUSGABEN: Zürich 1944. – Mchn. 1945. – Potsdam 1947. – Halle/Saale 1976 (in *GW in Einzelausgaben*, Hg. E. Pick). – Ffm. 1986. – Halle/Saale 1986.

LITERATUR: W. Hartwig, *E. C.* (in *Bodo Uhse. E. C. Abriß der Spanienliteratur*, Bln./DDR 1961, Schriftsteller der Gegenwart, H. 5). – J. Hiebel, *Über Helden, Heldentum und Heroismus. Anmerkungen zum Menschenbild in zwei Romanen von E. C.* (in WB, 32, 1986, S. 1144–1155).

## MENSCHEN AN UNSERER SEITE

Roman von Eduard CLAUDIUS, erschienen 1951. – Der Roman geht auf die Reportage *Vom schweren Anfang* (1950) zurück, in der Claudius die Widersprüche beim Aufbau des sozialistischen Staates realistisch-nüchtern aus der Sicht der Arbeiter thematisiert. Im Mittelpunkt steht der Maurer Hans Garbe, den Claudius in den Nachkriegsjahren auf einer Aktivistentagung kennengelernt hatte, wie er sich in seiner Autobiographie *Die unruhigen Jahre* (1968) erinnert: *»Ein einfacher Mensch, zweifellos, aber ein unruhiger Charakter. Seine Hände zuckten bei jeder Rede wie die eines Schülers, der sich zum Aufsagen seiner Aufgabe meldet.«* Garbe will im Winter 1949/50 im Berliner Siemens-Plania-Betrieb den einzigen noch arbeitenden Ringofen ausbessern, ohne daß der 1000 Grad heiße Ofen stillgelegt werden muß. Weniger die technisch-handwerkliche Leistung des Maurers steht im Mittelpunkt des Berichts als vielmehr die Schwierigkeiten, auf die Garbe bei der Durchführung seines Vorhabens bei seinen Arbeiterkollegen stößt. Sie verweigern zunächst die Mitarbeit, weil sie in den Aktivitäten Garbes vor allem eine Erhöhung ihrer Arbeitsnormen und damit eine Minderung ihres Lohnes sehen, und auch auf seiten der Betriebsleitung findet Garbe keine Unterstützung.

Claudius bindet die Handlung in der Romanfassung *Menschen an unserer Seite*, in der Garbe nun den Namen Hans Aehre erhält, in eine realistische

Schilderung der Alltagswelt und der Probleme der Arbeiter in der Nachkriegszeit der DDR ein. In den Betrieben hinterlassen die in den Westen Flüchtenden schwer zu schließende Lücken, Aehres Frau Katrin sucht verzweifelt aus ihrer Hausfrauenrolle auszubrechen, die Arbeiter erleben den Aufbau des neuen Staates als Fortsetzung der bekannten Arbeitsfron, und die Vertreter von Betriebsleitung und Partei reagieren autoritär bis gleichgültig auf die Vorschläge des Arbeiters Aehre. Einen allerdings weniger überzeugenden Akzent erhält der Text durch die Nebenhandlung um den Betriebsmeister Matschat, der Aehres Vorhaben sabotiert und sich schließlich als bezahlter Westagent erweist.
Der Roman konnte nur unter Schwierigkeiten erscheinen, er wurde als *»parteifeindlich«* zunächst abgelehnt. Auch wenn rückblickend die Emphase, mit der Claudius den Weg seines Helden durch alle Widerstände schildert, einen pathetischen Anklang gewinnt, so steht dieser Roman doch am Anfang der sog. Aufbauliteratur der DDR und ihren Betriebs- und Produktionsromanen der fünfziger Jahre, die zumeist jedoch hinter den Realismus von *Menschen an unserer Seite* zurückfallen. Heiner MÜLLER griff in seinem Stück *Der Lohndrücker* (1956) erneut auf diesen Stoff zurück. R.Bz.

AUSGABEN: Halle/Saale 1951. – Halle/Saale 1974 (in *GW in Einzelausgaben*, Hg. E. Pick). – Düsseldorf 1984.

LITERATUR: G. Caspar, Rez. (in Aufbau, 1951, H. 11). – H. Stettiner, Rez. (in Einheit, 7, 1952, H. 9). – W. Knipp, *Der Aktivist als literarische Vorbildfigur: E. C. »Menschen an unserer Seite«* (in W. K., *Zum Verhältnis von Individuum und Gesellschaft in ausgewählten Romanen der DDR-Literatur*, Köln 1980). – J. Hiebel, *Über Helden, Heldentum und Heroismus. Anmerkungen zu zwei Romanen von E. C.* (in WB, 32, 1986, S. 1144–1155).

## MATTHIAS CLAUDIUS

* 15.8.1740 Reinfeld / Holstein
† 21.1.1815 Hamburg

### ASMUS OMNIA SUA SECUM PORTANS ODER SÄMMTLICHE WERKE DES WANDSBECKER BOTHEN

Sammelwerk in Form einer Zeitschrift (acht Teile in sieben Bänden) von Matthias CLAUDIUS, erschienen 1775–1812. – Im Titel liegt ein gewisses Sich-verstecken-Wollen vor dem Leser, wie Claudius überhaupt Anonymität oder Verschwinden hinter fingierten Namen liebte. Es ist ebenso schwierig, ihn als Person zu fassen, wie die geistige Gestalt seines Werks zu erkennen. Mit Mühe nur läßt sich Entstehung und Herkunft der im Laufe von 37 Jahren entstandenen Texte (Lyrik und Prosa) des *Wandsbecker Bothen* aus den verschiedenen Lebensphasen ihres Autors ableiten. Vierfach sind ihre Wurzeln: zunächst eine Jugendarbeit von 1763, die eine Dichtung des Freundes GERSTENBERG nachahmenden *Tändeleien und Erzählungen*, die Claudius später jedoch verwarf und von denen er kaum etwas in sein Werk übernahm. Dann die Beiträge, die er 1768–1770 als Mitarbeiter für den *»belustigenden«* Teil der ›Hamburgischen Addreß-Comtoir-Nachrichten‹ zu schreiben hatte; sie hatten Bestand. In der ersten Nummer des Jahres 1770 findet sich neben politischen und Börsennachrichten eines der wunderbarsten deutschen Gedichte *Ein Wiegenlied, beim Mondschein zu singen*, das in schlichtem Sprachtonfall das magische Zugeordnetsein von Gestirn, Mutter und Kind ausspricht. Dritte Quelle war die viermal wöchentlich erscheinende Zeitung ›Der Wandsbecker Bothe‹, dessen Herausgeber Claudius vier Jahr lang war; seine anonym erschienenen Beiträge wurden nahezu alle übernommen. Hinzu kamen alle die Arbeiten, die er nach seiner Redaktionstätigkeit, also von 1775–1812, eigens für die verschiedenen Bände des Sammelwerks schrieb. So hat also der Name *Wandsbecker Bothe* eine dreifache Bedeutung. Ursprünglich meint er nur die vom Hamburger Verleger Bode gegründete Zeitung; ihr entlehnte er den Titel für die sieben Bände seines Hauptwerks, die aber vom dritten Teil an nichts mehr mit der Zeitung zu tun hatten; und schließlich identifizierte sich Claudius gern selbst mit dem Bothen aus Wandsbeck, derart still und schlicht hinter seinem Lebenswerk sich verbergend.
Schon in der Zeit seiner Arbeit am ›Wandsbecker Bothen‹ kam ihm die Idee zu diesem Sammelwerk. Dem »Freund Hain« wird das Buch dediziert, und die Widmung an ihn ist ein kostbares Stück deutscher Sprache: *»Ich hab da'n Büchel geschrieben, und bring's Ihnen her. Sind Gedichte und Prosa. Weiß nicht, ob Sie'n Liebhaber von Gedichten sind; sollt's aber kaum denken, da Sie überhaupt keinen Spaß verstehen, und die Zeiten vorbei sein sollen, wo Gedichte mehr waren.«* Die ersten drei Teile lesen sich wie spannende Berichte aus den literarisch ereignisreichen Jahren um 1775. Es finden sich hinter Einfältigkeit sich verbergende und darum um so klügere Rezensionen über Aufführungen der *Minna von Barnhelm* (*»Das Fräulein war so witzig, so ungekünstelt, so sanft, kurz gesagt, ein schlankes, junges Fräulein, für die ich ungekannt und ohne Belohnung alles in der Welt hätte tun können ... mir war den ganzen Abend das Herz so groß und warm – ich hatte einen so heißen Durst nach edlen Taten«*), der *Emilia Galotti* (*»Ein Ding hab ich nicht recht in Kopf bringen können, wie nämlich die Emilia so zu sagen bei der Leiche ihres Applani an ihre Verführung durch einen andern Mann und an ihr warmes Blut denken konnte«*, 1772), des *Götz von Berlichingen* und anderer zeitgenössischer Theaterereignisse. Es kommen wei-

terhin einige erstaunlich einsichtige Buchbesprechungen vor, wie die der Oden KLOPSTOCKS (*»Nein, Verse sind das nicht; Verse müssen sich reimen, das hat uns Herr Ahrens in der Schule gesagt ...'s sind aber doch Verse, sagt mein Vetter, und fast 'n jeder Vers ist ein kühnes Roß mit freiem Nacken«*, 1771), der HERDERschen ›Blätter von Deutscher Art und Kunst‹ und des GOETHEschen *Werther* (*»Weiß nicht, obs 'n Geschicht oder 'n Gedicht ist. Aber ganz natürlich geht's her, und weiß einem die Tränen recht aus 'm Kopf herauszuholen«*, 1774). Zwischen den größeren Abhandlungen wie den herrlichen Briefen an seinen Vetter finden sich kleine Juwelen: die freundlichen *Briefe an den Mond*, das *Kriegslied*, das mit der beschwörenden Bitte beginnt: *»'s ist Krieg! 's ist Krieg! O Gottes Engel wehre, / Und rede Du darein! / 's ist leider Krieg – und ich begehre / Nicht schuld daran zu sein!«* (1779) und einige weitere Stücke wie das *Schreiben eines parforcegejagten Hirschen an den Fürsten, der ihn parforcegejagt hatte, d. d. jenseit des Flusses (»Ich habe heute die Gnade gehabt, von Ew. Hochfürstlichen Durchlaucht parforcegejagt zu werden; bitte aber untertänigst, daß sie gnädigst geruhen, mich künftig damit zu verschonen«)*.
Drei Jahre sind von besonderer Bedeutung: 1779, in dem das *Abendlied (»Der Mond ist aufgegangen«)* entstand; 1783 mit dem Gedicht *Der Mensch (»Empfangen und genähret / Vom Weibe wunderbar / Kömmt er und sieht und höret / Und nimmt des Trugs nicht wahr«)* und das Jahr darauf, da Claudius die unbekannt gebliebene, großer Musik würdige *Weihnacht-Kantilene* schrieb, die zuerst als Einzeldruck in Kopenhagen erschien; daneben noch die vollendeten Gedichte *Der Tod und das Mädchen* (1775), *An – als Ihm die – starb* (1771) und *Der Tod (»Ach, es ist so dunkel in des Todes Kammer«)*. Die kritische und dichterische Lebendigkeit fehlt in den späteren Bänden. Der Dichter wurde müde, das Interesse des Alternden wandte sich theologischen Untersuchungen zu. Es entstanden aber noch so bedeutende Beiträge wie die *Briefe an Andres*, die Worte *An meinen Sohn Johannes* (1799) und der Aufsatz über das *Heilige Abendmahl* (1809). F.S.

AUSGABEN: Hbg. 1775 (Tl. 1 u. 2). – Hbg. 1778 (Tl. 3). – Hbg. 1783 (Tl. 4). – Hbg. 1790 (Tl. 5). – Hbg. 1798 (Tl. 6). – Hbg. 1803 (Tl. 7). – Altona 1812 (*Zugabe zu den sämmtl. Werken d. Wandsb. Bothen; oder 8. Teil*). – Lpzg. 1907 (in *Werke*, Hg. G. Behrmann). – Stg. 1954, Hg. U. Roedl. – Mchn. 1968 (in *SW*; nach d. Text d. Erstausgaben, Nachw. W. Pfeiffer-Belli); [5]1984.

LITERATUR: E. Mirow, *Wandsbeck u. d. lit. Leben Dtschld.s i. 18. Jh.*, Wandsbeck 1897. – J. C. E. Sommer, *Studien z. d. Gedichten d. Wandsbecker Boten*, Ffm. 1935; ern. Hildesheim 1973. – J. Pfeiffer, *Zwischen Dichtg. u. Philosophie*, Bremen 1947. – L. Spitzer, *M. C. »Abendlied«* (in Euph, 54, 1960, S. 70–82). – P. Suhrkamp, *D. Wandsbecker Bote v. M. C.* (in P. S., *Der Leser*, Ffm. 1960, S. 42 bis 58). – U. Roedl, *M. C. Sein Weg u. seine Welt*, Hbg. [3]1969. – H. Burgert, *Der Kalenderonkel M. C. Verbrennung eines Pastorenfetischs* (in Almanach für Lit. u. Theologie, 4, 1970). – A. Kranefuss, *Die Gedichte des Wandsbecker Boten*, Göttingen 1973. – E. König, *M. C. Die literarischen Beziehungen in Leben u. Werk*, Bonn 1976. – K. Krolow, *Von literarischer Unschuld. M. C. Ein Porträt*, Darmstadt 1977. – R. Görisch, *M. C. u. der Sturm u. Drang. Ein Abgrenzungsversuch*, Ffm. u. a. 1981; ern. 1984. – H. Rowland, *M. C.*, Boston 1983. – R. Görisch, *M. C. oder Leben als Hauptberuf*, Hbg./Freiburg i. B. 1985. – F. Seebaß, *M. C.*, Gießen/Basel [3]1986 [bearb].

## HEINRICH CLAUREN

d.i. Carl Gottlieb Samuel Heun
* 20.3.1771 Dobrilugk / Niederlausitz
† 2.8.1854 Berlin

LITERATUR ZUM AUTOR:
G. Gugitz, *Ein Vielgelesener u. ganz Vergessener* (in Dt. Tagblatt, 1904, Nr. 212). – H. Liebing, *Die Erzählungen C.s*, Diss. Halle 1931. – K. L. Berghahn, *»Der Zug des Herzens ist des Schicksals Stimme«: Beobachtungen zur C.-Hauff-Kontroverse* (in Monatshefte, 69, 1977, S. 58–65).

### MIMILI

Erzählung von Heinrich CLAUREN, erschienen 1816. – Im Mittelpunkt der Erzählung, mit der Clauren die stattliche Reihe seiner eminent erfolgreichen Unterhaltungsschriften eröffnete, steht der preußische Offizier Wilhelm. Nachdem er an den Befreiungskriegen gegen Napoleon teilgenommen hat und mit dem Eisernen Kreuz dekoriert worden ist, verliebt er sich auf einer Schweizer Alpe in die sechzehnjährige Mimili, die heimliche Heldin des Buchs, die mit ihren *»Schwanenhänden«*, *»veilchenblauen Augen«*, *»würzigen Purpurlippen«* und ihrem *»zartesten kleinsten Fuß«* zum heißgeliebten Idol einer unübersehbaren Leserschar wurde. Seine innigen Gefühle für das aufgeweckte und unschuldige Mädchen, das die Natürlichkeit des Bergkinds mit der Vornehmheit und Bildung einer »höheren Tochter« in sich vereinigt, geraten bald in Konflikt mit seinem erotischen Temperament: *»Ich schwelgte in Gedanken, Mimilis Reize zu erschöpfen, und ich hätte mich vernichten mögen vor Ärger, daß ich eines so bübischen Gedankens nur fähig war.«* Er entschließt sich, um Mimilis Hand anzuhalten, der Vater des Mädchens aber erlegt ihm eine einjährige Wartezeit auf, während der er erneut in den Krieg

ziehen muß und schwer verwundet wird. Auf das Gerücht von seinem Tod hin fällt Mimili in Apathie. Kurz vor ihrem Hinscheiden rettet sie der Anblick des wiederhergestellten Geliebten. Sie heiraten, und Mimili schenkt Wilhelm einen Sohn.
Claurens Erfolg – es handelt sich um das erste repräsentative Beispiel süßlich-lüsternen Kitsches in der deutschen Unterhaltungsliteratur – beruht auf der gefälligen, typisch biedermeierlichen Verbindung von Empfindsamkeit und epigonaler Rokoko-Koketterie, von erbaulicher Tugend- und Naturschwärmerei, von populärer Konversationsbildung und teutonischem Patriotismus. Die Schwarzweißtechnik der »moralischen Erzählung« alten Zuschnitts wird in eine Skala von himmelblauen und rosafarbenen Pastelltönen aufgelöst. Die psychologische Durchdringung des Geschehens beschränkt sich auf die klischeehaft-tränenselige Seelenmimik des *»schamhaften Erröthens«*, des *»puppernden Herzchens«*, der *»heißesten Tränchen«*. Gelehrte Natur- und Brauchtumsschilderungen (die angeblich von der Zivilisation völlig unbeleckte Mimili kennt nicht nur die lateinischen Namen der Blumen, sondern auch zeitgenössische Modedichter und antike Autoren, spielt Klavier und Gitarre) werden betulich vor dem – überwiegend weiblichen – Publikum ausgebreitet. Die Betonung der untadeligen patriotischen Einstellung des Helden, die damals geläufige antifranzösische Ressentiments widerspiegelt – *»die böse Rotte, über die Gott im Himmel ergrimmt ist«* –, nimmt einen wichtigen Raum ein: Mimili winkt dem tapferen Kämpfer als Preis für den Sieg.
Die oberflächlich an L. STERNES *Sentimental Journey* (1768) erinnernde Erzähltechnik ineinandergleitender, auf Reizmomente bedachter Veduten (»Mimili auf der Alm«, »M. mit ihren Lämmern kosend«, »M. am Forellenbach«, »M. am Fortepiano« usw.), eine gewisse Eleganz und Witzigkeit des Stils sowie eine die empfindsame Liebesgeschichte verzuckernde sinnliche Lockerheit und Frivolität kennzeichnen ein Literaturprodukt, das eine regelrechte »Mimili-Manie« (W. Hauff) auslöste und Symptom für die Flucht der im Biedermeier weitgehend zur politischen Unmündigkeit verurteilten Volksmassen ins Idyllisch-Gemüthafte ist. KLL

AUSGABEN: Dresden 1816. – Stg. 1828. – Lpzg. 1885 (RUB). – Bln. 1919. – Stg. 1984, Hg. u. Nachw. J. Schöberl (m. d. *Kontrovers-Predigt* v. W. Hauff; RUB).

LITERATUR: U. Fritzen-Wolf, *Trivialisierung des Erzählens: C.s »Mimili« als Epochenphänomen*, Ffm. 1977.

### DAS RAUBSCHLOSS. Eine buchstäblich wahre Geschichte

Erzählung von Heinrich CLAUREN, erschienen 1812. – Auf einer Dienstreise macht der Erzähler nach vierzehn Jahren zum ersten Mal wieder einen Besuch bei der befreundeten, im Riesengebirge lebenden Familie Walther, bei der er einen Teil seiner Jugend verbracht hat. Bei seiner Ankunft auf dem Landgut erfährt er, daß Cäcilie, eine der beiden Töchter, vor wenigen Wochen plötzlich gestorben ist. Sie wurde nicht auf dem Friedhof beerdigt, sondern wegen ihrer Furcht vor der Möglichkeit, bei lebendigem Leibe begraben zu werden, in einem tiefen Keller unter einer nahegelegenen Ruine, dem »Raubschloß«, beigesetzt. Dort hat Cäcilies Mutter zwei gotische Zimmer wieder herrichten lassen; nach einem Besuch in der Gruft äußert der Erzähler den Wunsch, für die Tage seines Aufenthalts in diesen Gemächern übernachten zu dürfen. Als der Abend heranrückt, beschleicht den Besucher zwar Angst, doch begibt er sich mutig in die Ruine, um die sich allerlei blutige Gespenstergeschichten ranken. Um sich durch Lesen *»von bangen Gedanken abzuziehen«*, greift er nach einer Beschreibung der Begräbnisriten des Templerordens aus dem 13. Jh. Plötzlich – ingeniös hineinkomponiert in die makabersten Stellen seiner Lektüre – klopft es dreimal außerhalb des Zimmers; das Klopfen wiederholt sich, ein Röcheln und Wimmern kommt hinzu, schließlich Waffengeklirr und schauerliches Gelächter. Als der Erzähler schlotternd in die Gruft hinabsteigt, aus der fromme Gesänge tönen, sieht er die totgeglaubte Cäcilie betend neben ihrem eigenen Sarg knien; er ruft sie beherzt an, sie verschwindet mit einem Aufschrei, das Licht verlöscht, die Musik verstummt. Kurz darauf trifft er in einem anderen Gewölbe auf zwei kämpfende Ritter, von denen er sich verfolgt und am Mantel festgehalten glaubt; aber als er, vor Angst fast wahnsinnig, mit dem Degen hinter sich sticht, durchbohrt er nur die Schleppe seines eigenen Mantels. In dem *Aufschluß* überschriebenen Schlußabschnitt erfahren nun alle Schrecknisse, ähnlich wie in SCHILLERS *Geisterseher*, eine rationale Erklärung: Gewimmert hat nur eine vom Wind bewegte knarrende Tür, deren Auf- und Zuschlagen auch das Klopfen verursachte; die Gesänge stammten von einigen Freunden der Familie, die nachts noch einmal vor dem Antritt einer langen Reise die Gruft mit dem Sarg aufsuchten, an dem auch eine der verstorbenen Cäcilie ähnliche Freundin betete, und die fechtenden Ritter waren zwei Knechte, die sich einen nächtlichen Spaß erlaubten.
Die vierzigseitige Erzählung, ein typisches, durchschnittliches Produkt der Schauerromantik, ist heute weitgehend vergessen, hat jedoch als Quelle zu einer der großen Schauererzählungen Edgar Allan POES gedient: *The Fall of the House of Usher* (1839). Arno SCHMIDT gelang 1964 der Nachweis, daß Poe vom Ich-Erzähler und dem Motiv des Lebendigbegrabenseins über die Lektüre der Totenrituale eines untergegangenen Ordens bis zu einzelnen wörtlich übereinstimmenden Satzwendungen sich auf Claurens *Raubschloß* stützte, wobei Poe allerdings seine Erzählung wesentlich effektvoller auskomponierte und vor allem keine rationale Auflösung des Geschehens gab. Als Vorlage diente Poe eine englische Übersetzung der Erzählung, die

1825 in London in dem von dem deutschen Verleger Ackermann herausgegebenen Almanach *Forgetmenot* erschienen war, einer serienweisen Übersetzung von Claurens Taschenbuchreihe »Vergißmeinnicht« (Leipzig 1818 ff.). J.Dr.

Ausgaben: Erfurt 1812 (in Erholungen, H. 1). – Dresden 1818 (in *Scherz u. Ernst*, Slg. 1, Bd. 1). – Stg. 1827 (in *Schriften*, 20 Bde., 1827–1829, 5).

Literatur: A. Schmidt, *Der Fall Ascher* (in Deutsche Ztg., 22. 2. 1964; ern. in A. S., *Aus julianischen Tagen*, Ffm. 1979, FiTb).

## hugo Claus

* 5.4.1929 Brügge

Literatur zum Autor:
H. Raes, *Un jeune auteur de génie: H. C.*, Brüssel 1956. – E. van Ruysbeek, *Le poète flamand H. C.*, Brüssel 1956. – G. Kouwenaar *H. C. or the Great Detective*, Amsterdam 1958. – T. Govaart, *Het geclausuleerde beest*, Hilversum/Antwerpen 1962. – J. Weisgerber, *De poëzie van H. C.* (in Tijdschrift van de Vrije Univ. van Brussel, 5, 1962/63, S. 105–130). – J. de Roey, *H. C. Een poreuze man van steen*, Tielt/Den Haag 1964. – H. U. Jessurun d'Oliveira, *Interview met H. C.* (in *Scheppen riep hij gaat van Au*, Amsterdam 1965). – J. Weisgerber, *H. C. Experiment en traditie*, Leiden 1970. – J. de Decker, *Over C.'toneel*, Antwerpen 1971. – H. van den Bergh, *H. C.: toneel als anti-literatuur* (in Literair Lustrum, 1973, Nr. 2). – G. Wildemeersch, *H. C. of Oedipus in het pardijs*, Brügge/Den Haag 1973. – M. Dupuis, *H. C.*, Antwerpen 1976. – B. Kooijman, *H. C.*, Brügge 1976. – F. de Vree, *H. C.*, Brüssel 1976. – De Vlaamse gids, 63, 1979, Nr. 3 [Sondernr. *H. C.*]. – P. Claes, *De mot zit in de mythe. Antieke intertextualiteit in het werk van H. C.*, Löwen 1981. – Ders., H. C. (in Kritisch lexikon van de Nederlandstalige literatuur na 1945, Alphen aan den Rijn u. a., Nlg. Okt. 1982). – *Over C., via bestaande modellen. Beschouwingen over het werk van H. C.*, Hg. H. Dütting, Baarn 1984. – P. Claes, *C.-Reading*, Antwerpen 1984. – M. Bahlke, *H. C.* (in KLFG, in Vorb.).

### EEN BRUID IN DE MORGEN

(fläm.; *Ü: Die Reise nach England*). Bühnenstück in vier Akten von Hugo Claus, erschienen 1954. – Das Bühnenbild, das lediglich aus kargen Gerüsten besteht, soll den schematischen Aufriß einer Kleinbürgerbehausung darstellen und Simultanszenen in zwei Stockwerken ermöglichen. Hier erwarten der völlig verarmte Musiker Pattini und seine Frau die Ankunft einer Nichte. Ein letzter verzweifelter Versuch Pattinis, sich als Kinoorgelspieler zu verdingen, hat vor kurzem mit einem Auspfiff geendet. Nun soll der Sohn Thomas um der Familie willen an die ältliche und häßliche Nichte Hilda verkuppelt werden, die, wie man hofft, bald ihre reiche Mutter beerben wird. Thomas selbst, der weder eine erotische Ausstrahlung zu besitzen scheint noch für eine solche empfänglich ist, zeigt sich dagegen seiner etwas älteren Schwester Andrea ungewöhnlich zugeneigt. Die Geschwister leben in einer Welt zwischen Traum und Wirklichkeit, zu der sonst niemand Zutritt hat. Nach der Ankunft der Nichte beginnt Thomas' Mutter in massiver Form ihre Kuppelei, wobei sie zu verstehen gibt, daß einer intimen Beziehung Hildas mit ihrem Sohn unter ihrem Dach kaum noch etwas im Wege steht. (1. Akt) – Einen Tag später gibt es bereits Anzeichen eines beginnenden Wohlstandes, beispielsweise ein Radio. Thomas jedoch zögert noch, sich ködern zu lassen. Andrea erwägt, mit ihm nach England zu fliehen, um seine Heirat zu verhindern, Hilda hingegen ist befremdet vom ständigen verliebten Beieinanderhocken der Geschwister. Da ordnet die Mutter an, daß Thomas, statt wie bisher mit Andrea, nun mit der Kusine das Schlafzimmer teile. Andrea widersetzt sich heftig. (2. Akt) – Der dritte Akt beginnt mit der lauten nächtlichen Flucht des impotenten Bräutigams in spe aus dem wohlpräparierten Liebeslager. Andrea folgt ihm. Da Hilda sich die Flucht Thomas' nicht erklären kann, bekennt die Mutter, daß Thomas früher einmal wegen Brandstiftung und Gewalttätigkeit in eine Heilanstalt gebracht worden sei und nach der Entlassung schon öfter unerklärliche Fluchtversuche unternommen habe. Zwischen den beiden Frauen und der zurückgekehrten Andrea, die den Bruder nicht auffinden konnte, kommt es zu einem stürmischen Auftritt. Die drei Frauen ersparen sich gegenseitig nicht das Geringste. Nachdem die verstörte und enttäuschte Hilda, mit Schlaftabletten versehen, wieder zu Bett gebracht wurde, eröffnet Frau Pattini ihrer Tochter, daß sie das Haus verlassen müsse, damit ihre widernatürliche Liebe zum eigenen Bruder nicht länger der beschlossenen Verbindung im Wege stehe. (3. Akt) – Frühmorgens erscheint Thomas, der die Nacht im Regen auf einer Parkbank verbracht hat. Er enthüllt freimütig die Motive seiner Flucht: die liebeshungrige Hilda hatte sich ihm ohne viel Federlesens nackt präsentiert; aus Verwirrung und Ekel darüber war er weggelaufen. Inzwischen scheint er sich mit der Idee einer Heirat abgefunden zu haben. Sein Vorschlag, Andrea solle ihm heimlich auf die Hochzeitsreise folgen, erscheint dieser freilich als schwacher Trost. Während er ihr beim Packen hilft, erhält er die Aufforderung, sich wegen eines Chauffeurpostens vorzustellen, um den er sich beworben hatte. Blindlings läuft er davon. In seiner Abwesenheit nimmt Andrea eine tödliche Dosis Schlaftabletten. Aber selbst der tragische Tod ihrer Tochter kann die Mutter nicht daran hindern, ihren Plan weiterzu-

führen: Sie verheimlicht Hilda und dem zurückgekehrten Thomas, was geschehen ist, und gibt vor, Andrea sei schon abgereist. Während Thomas ihr nachstürzt, gibt die Mutter zu erkennen, daß sie das »Brautpaar« noch am gleichen Tag aus dem Unglückshaus entfernen und zu Hildas Mutter schikken will: *»Laßt uns hier allein zurück. Sorgt, daß ihr glücklich werdet. Wir konnten es nicht. Wir waren zu klein. Zu arm ... zu feige.«* (4. Akt)
Das erste Stück des damals Dreiundzwanzigjährigen fordert thematisch den Vergleich mit der ein Jahrzehnt älteren *Glasmenagerie* von Tennessee WILLIAMS heraus: Beide Dramen haben eine einfache Fabel, in beiden gibt es einen *»Sendboten der Realität«* (Williams) – hier die Kusine Hilda, dort den Bräutigam in spe Jim –, von dem man sich Rettung aus der materiellen und moralischen Misere verspricht. Hier wie dort ein Geschwisterpaar, das sich in eine Traum- und Wunschwelt geflüchtet hat, das gleiche Kleinbürgertum auf absteigendem Ast, die gleichen naiven und unzulänglichen Versuche, im Alltagsleben zu bestehen und dem Verhängnis zu entrinnen, die gleiche scharfe (auch szenische) Kontrastierung von pekuniärem Elend und poetischer Sehnsucht, von platt verlogener Klassenmoral und einem stets fühlbaren Verlangen nach einem menschenwürdigen Dasein. In der Gestaltung zeigen sich jedoch Unterschiede: Claus, als Lyriker, Dramatiker und Epiker eine genialische Frühbegabung, ist in den szenischen Mitteln sparsamer als Williams; sein Dialog wirkt knapper und komprimierter, die Distanz zu seinen Figuren scheint größer; es gibt keine filmischen Rückblenden, keine »verfremdenden« Projektionen. Er ist »moderner« in der Kraßheit der Gefühlsausbrüche, in der sezierenden Kälte, im scheinbaren Mangel an Erbarmen, im Widerwillen, sich mit dem Allzumenschlichen seiner Geschöpfe zu identifizieren. Daß *Bruid*, wie es in den betont lakonischen Regieanweisungen heißt, kein realistisches Stück sei, stimmt nur, wenn »Realismus« im platten Sinn verstanden wird. Will man mehr Wirklichkeit, als es dieses virtuos gestaltete Exempel unheilbarer Vereinsamung und Selbstentfremdung bietet? Claus koppelt Banales beiläufig mit Schicksalhaftem, so daß Alltagsfloskeln plötzlich abgründig erscheinen; er besitzt eine fast unheimliche Einfühlungsgabe in die weibliche Psyche. Stofflich klingt schon manches an, was im Prosawerk oftmals wiederkehrt: die Schrecken des Anstaltlebens und das Thema der Geschwisterliebe. Was als unentrinnbares Ostinato allen Zeugnissen dieses bedeutenden Talents zugrunde liegt, faßt Mutter Pattini so lapidar wie herzzerreißend in die Formel: *»Nun sitzen wir hier eingesperrt und sehen keinen Ausweg«* – Abbreviatur der verhängnisvollen Isolation moderner Individuen. H.Ho.-KLL

AUSGABEN: Amsterdam 1954 (in Nieuw Vlaams Tijdschrift, 8). – Amsterdam 1955.

ÜBERSETZUNG: *Die Reise nach England*, E. Tophoven, Köln 1960.

LITERATUR: E. van Lokhorst, *Een bruid in de morgen, Toneelkroniek* (in De gids, Jan. 1956). – L. Vilsen, *Bij de bekroning van Een bruid in de morgen, De stand van de toneelschrijfkunst in Vlaanderen* (in Dietsche warande en belfort, 101, Febr. 1956).

## HET JAAR VAN DE KREEFT

(fläm.; *Das Jahr des Krebses*). Roman von Hugo CLAUS, erschienen 1972. – Claus veröffentlichte – nach einer vor allem durch seine Theaterarbeit geprägten Phase – im gleichen Jahr zwei Romane: *Schaamte*, eine ins Künstlermilieu verlagerte Fortsetzung seiner Ödipus/Schuld-Thematik, sowie den Liebesroman *Het jaar van de kreeft*, dessen sechsteilige Struktur zunächst den Jahreszeiten von Winter zu Winter folgt, um mit einem Epilog abzuschließen.
In *Winter* trifft der Jungmanager Pierre auf die, äußerlich eher unattraktive, Friseuse Toni, den »Super-Krebs«, mit Sternzeichen Krebs, Aszendent Krebs. Gerade wegen der zahlreichen Hemmnisse – sozialer Unterschied, sexuelles Desinteresse Tonis, ihr krebshaftes Zurückweichen vor ihm, die Fixierung auf ihren Ehemann – entwickelt sich das flüchtige Abenteuer für Pierre zu einem verzweifelten Kampf um Tonis Zuneigung. Ein Teufelskreis von Liebe, Zurückweisung, daraus resultierender heftigerer Liebe und tieferer Demütigung wird aufgebaut. *Lente* (Frühling) berichtet von einem gemeinsamen Urlaub, der Toni noch unsympathischer erscheinen läßt, aber zur Überwindung ihrer Frigidität führt und damit den Kreis durchbricht, Pierre eine erste Distanzierung ermöglicht. Im Kapitel *Zomer* (Sommer) stabilisiert sich das Wechselspiel von Liebe und Demütigung und mündet in *Herfst* (Herbst) in die Lösung Pierres von Toni, seine Trauerarbeit, die im zweiten *Winter* abgeschlossen scheint – er hat sogar Tonis Telefonnummer vergessen. *Kaa*, der Titel des Epilogs, steht für das Unaussprechliche. Toni stirbt an Krebs.
Trotz unübersehbarer Parallelen zu dem Bestseller *Turks Fruit*, 1969 *(Türkische Früchte)* von Jan WOLKERS erreicht Claus' Roman durch die Verarbeitung seiner Beziehung zu der niederländischen Schauspielerin Kitty Courbois – wie schon in dem Gedichtband *Dag, jij*, 1971 – und hohe erzählerische Dichte durchaus eine eigene Qualität. W.F.

AUSGABE: Amsterdam 1971.

LITERATUR: G. Wildemeersch, *H. C. en de dode geliefde* (in Ons erfdeel, 1974, Nr. 5, S. 661–669). – G. Komrij, *Daar is het gat van de deur*, Amsterdam 1974, S. 86–90.

## OMTRENT DEEDEE

(fläm.; *Deedee betreffend*). Roman von Hugo CLAUS, erschienen 1963. – Wie in jedem Jahr treffen sich die Angehörigen der Familie Heylen zur

Feier des Todestages der Mutter in einem kleinen westflämischen Dorf, wo die älteste Schwester Nathalie einem Pfarrer den Haushalt führt. Der Pfarrer, der sich noch immer mit seiner früheren Amtsbezeichnung »Deedee« (das ist die Abkürzung für »dienst-doend priester«, den stellvertretenden Pfarrer also) anreden läßt, gesellt sich traditionsgemäß zu ihnen. Von Anfang an wird deutlich, daß die Zusammenkunft anders als sonst verläuft. Latente Kontroversen und Bindungen werden mit zunehmendem Alkoholkonsum immer offenkundiger, und allmählich artet die Totenfeier in eine Orgie aus. Die verdrängte Sexualität äußert sich in sado-masochistischen Wunschvorstellungen, die während des Festes allmählich verwirklicht werden. Etwas abseits dieser Ereignisse stehen der Priester und der achtzehnjährige Epileptiker Claude, zwischen denen es zu einem Konflikt kommt, der den Höhepunkt des Romans bildet. Claude, dem seine mysteriöse Krankheit zeitweilig eine Hellsichtigkeit verleiht, die ihn die brüchige Fassade durchschauen läßt, lebt in einer von Dämonen bevölkerten Welt, die sich ihm, der wie der Autor ein leidenschaftlicher Kinogänger ist, als Gruselfilm darstellt. Aus dieser Welt sucht er einen Ausweg: Er entflieht dem Fest, und in der absoluten Konfrontation mit sich selbst spricht er den Satz: *»Ich bin Claude van Heylen, der Sohn Gottes.«* Durch ein Gespräch mit dem Pfarrer am Morgen nach dem Fest versucht Claude noch einmal, seiner Einsamkeit zu entkommen. Doch Deedee ignoriert diesen Hilferuf. Der Seelsorger versagt, als er Beistand leisten soll, und Claude nimmt sich das Leben.

Nach *De verwondering*, 1962 *(Die Verwunderung)*, einem äußerst komplexen allegorischen Roman, kehrt Claus mit *Omtrent Deedee* scheinbar zu einem in der flämischen Tradition verwurzelten Genre zurück, dem Bauernroman. Doch dieser erste Eindruck täuscht: Ebenso wie bei der Feier der Familie Heylen von Anfang an etwas schiefgeht, verstößt dieser Roman gegen die Gesetze der Gattung; er ist zwar ein Bauernroman, aber ein aus den Fugen geratener. Schon in seinem frühen Kurzroman *De Metsiers*, 1951 *(Die Metsiers)*, mit dem *Omtrent Deedee* die polyperspektivische Erzählweise gemeinsam hat, hatte Claus aufzuzeigen versucht, daß die heile Welt des flämischen Bauernromans, wie sie etwa TIMMERMANS zeichnet, eine Scheinwelt ist, aber erst in *Omtrent Deedee* gelingt es ihm vollständig, die unter dem literarischen Topos verborgene Wirklichkeit dingfest zu machen. Die Welt des Bauern-Breughel verwandelt sich in die des Höllen-Breughel, und gleichzeitig wird deutlich, daß beide zusammengehören.

Das Werk ist indes nicht nur die kritische Auseinandersetzung mit einem Genre oder ein sozialkritischer Roman, in dem die Stellung der Kirche in Flandern angegriffen wird, sondern hat darüber hinaus eine tiefere, mystische Bedeutungsebene. Claude ist wirklich der Sohn Gottes, ein moderner Christus, der verzweifelt versucht, den Weg zu seinem Vater zu finden, aber bis zum Schluß allein bleibt – nicht ans Kreuz genagelt, sondern in den Tod getrieben durch das Schweigen, das Versagen Gottes. Es gibt keinen Trost und keine Auferstehung, der Roman »betrifft« tatsächlich »Deedee«, den diensttuenden Pfarrer, der keine Funktion mehr hat, er betrifft das versagende Christentum, das aus einer Situation, für deren Entstehen es die Mitverantwortung trägt, keinen Ausweg zu zeigen vermag. Aufgrund der dramatischen Struktur von *Omtrent Deedee*, die sich nicht zuletzt in den zahlreichen Dialogen äußert, arbeitete Claus den Roman in eine Theaterfassung um. R.A.Z.

AUSGABE: Amsterdam 1963.

DRAMATISIERUNG: H. Claus, *Interieur* (Schauspiel; Urauff.: Amsterdam, 29. 10. 1971).

LITERATUR: J. E. Daele, Rez. (in Yang, 1963, Nr. 3). – L. Th. Lohman, Rez. (in Vrij Nederland, 15. 7. 1963). – J. Weverbergh, Rez. (in Bok, 1, 1963, Nr. 3).

## HET VERDRIET VAN BELGIË

(fläm.; *Ü: Der Kummer von Flandern*). Roman von Hugo CLAUS, erschienen 1983. – In seinem bisher erfolgreichsten *»Familienroman«* (Claus) vereint Claus Motive und Themen vorangegangener Werke zu einer Gesamtschau des belgischen Kleinbürgertums in der Zeit des Zweiten Weltkriegs. Aus der Perspektive des heranwachsenden Louis werden Kindheit in der Klosterschule, das Verhalten der Familie in der Kriegssituation und der erste Erfolg als Autor erzählt. Die Zweiteilung des Romans in *Het verdriet* und *van België* ist vor allem inhaltlich legitimiert: Der vorgeblich 1947 fertiggestellte und von den Internatsjahren geprägte erste Teil wird später vom Erzähler bei einem Literaturwettbewerb eingereicht. Für die Hauptfigur Louis beginnt hierin gemeinsam mit seinen Freunden, den »Aposteln«, eine Entwicklung zunehmenden Verständnisses der bisher ehrfürchtig kindlich bestaunten Erwachsenenwelt, die mit der Lektüre der »sieben verbotenen Bücher« – u. a. der Biographie G. B. Shaws – beginnt und – über die Entdeckung der eigenen Sexualität und der »Geheimnisse« des Klosters – auf einem Reflexionsniveau endet, auf dem es für Louis möglich wird, den Erwachsenen mit intellektueller Souveränität zu begegnen und die Lüge als wichtigstes »erwachsenes« Manipulationsinstrument zu entdecken.

Die Gliederung in Kapitel wird im zweiten Teil abgelöst durch eine Montage stilistisch stark variierender Textpassagen, die es erlaubt, das Buch sowohl unter psychologischer Perspektive zu verstehen wie auch als Bildungs- oder sozialgeschichtlichen Roman aufzufassen. Gralsmotive verweisen darüber hinaus auf eine zusätzliche mythologische Ebene.

Vordergründig wird dazu mit Hilfe meist scheinbar belangloser Alltagsepisoden ein Universum der

Lüge errichtet: Der pharisäische Großvater betrügt den eigenen Sohn, die Mutter den Vater mit einem deutschen Besatzer; dem Vater, dessen (flämischer) Nationalismus für die Einbindung flämischer Prominenz und Literatur sorgt, werden nach der Befreiung Belgiens seine Angebereien, er arbeite für den deutschen Geheimdienst, fast zum Verhängnis. Die wenigen, die ihr Verhalten nicht kaschieren können oder wollen, werden zu Opfern der »anständigen« Gesellschaft.

Der wegen des Kriegsausbruchs nach Haus geholte Louis tritt – als Rebellion gegen den schwachen Vater – heimlich der belgischen Hitlerjugend bei, sorgt für die Verhaftung des einzigen von ihm wegen seiner intellektuellen Überlegenheit verehrten Lehrers und zieht sich verunsichert auf die Literatur zurück, die für ihn inmitten der familiären und gesellschaftlichen Wirren zum Lebensinhalt wird. Nach Aufenthalten in Deutschland und bei der Großmutter, ersten Liebes- und Kriegsabenteuern lernt er zunehmend – sich damit in das so gezeichnete flämische Kleinbürgertum integrierend – von den allgemeinen Unwahrheiten zu profitieren und lanciert schließlich selbst sein Debutwerk mit Hilfe einer Lügengeschichte bei den Großen der flämischen Literatur – einem Haufen eitler Schwätzer. In diesem Sinne erscheint der Titel doppeldeutig. Das Buch selbst ist – wie die heftigen Reaktionen der flämischen Presse zeigen – *»Het verdriet van België«*, ein Ärgernis für Belgien. W.F.

AUSGABE: Amsterdam 1983; [9]1985.

ÜBERSETZUNG: *Der Kummer von Flandern*, J. Piron, Stg. 1986.

LITERATUR: J. Brokken, *H. C.'s afdaling in het verleden* (in De Haagse Post, 12. 3. 1983). – C. Offermans, *De waarheid stinkt* (in De Groene Amsterdammer, 23. 3. 1983). – S. van Elzen u. M. Reynebeau, *Ik maak mijn eigen kerktoren* (in Knack, 23. 3. 1903). – C. Peeters, *Toujours sourire* (in Vrij Nederland, 26. 3. 1983). – P. Claes, *Omtrent »Het verdriet van België«* (in Streven, 50, Mai 1983, S. 720–728).

## DE VERWONDERING

(ndl.; *Ü: Die Verwunderung*). Roman von Hugo CLAUS, erschienen 1962. – Der Titel des Romans erinnert an den Ausspruch des ARISTOTELES, daß die Verwunderung der Anfang aller Weisheit sei, und schon der erste Satz des ersten Kapitels bringt dieses Zentralmotiv in Verbindung mit der Hauptfigur, dem Deutschlehrer de Rijckel. Nach einer gescheiterten Ehe mit seiner früheren Schülerin Elizabeth gerät dieser in eine Krise, die ihn nicht nur seine eigene, immer als brüchig erfahrene (männliche) Identität in Frage stellen läßt, sondern auch das ganze Wertesystem der bis dahin widerstandslos akzeptierten (flämischen) Gesellschaft. Ihm geht es wie DANTE, der am Anfang der *Divina Commedia* den rechten Weg verloren hat. Auf der Suche nach einer Lösung trifft er in dem vierzehnjährigen Schüler Verzele (= Vergil) seinen klugen, aber zugleich rätselhaften Führer. Als auslösendes Moment der Handlung wird die Teilnahme de Rijckels an einer im Kursaal von Ostende stattfindenden Festivität, dem »Ball vom Weißen Kaninchen«, beschrieben. Dort erblickt er eine faszinierende Frau, die er schließlich mit Hilfe Verzeles auf Schloß Almhout in Westflandern wiederfinden wird. Es ist Sandra Harmedam, die wie die anderen Schloßbewohner ihr Leben dem verschwundenen und wahrscheinlich gestorbenen flämischen SS-Offizier Crabbe geweiht hat. Unzählige Skulpturen im Garten, von der Hand eines anderen Crabbe-Verehrers, sind eine einzige surreal-heroische Hommage an einen »Übermann«, mit dem sich de Rijckel in zunehmendem Maße identifiziert. Die Fragwürdigkeit dieser neuen Identität, die in Haß und Verachtung endende Beziehung mit Sandra, das Verschwinden Verzeles führen eine neue, heftigere Krise herbei: De Rijckel wird als geistesgestört im Sanatorium des Dr. Korneel aufgenommen.

Die vor bizarren Figuren, Motiven und Ereignissen strotzende Handlung wird von Claus keineswegs gradlinig erzählt. Auf Bitten des Arztes Korneel schreibt in der Heilanstalt de Rijckel seinen von Reflexionen zu seiner hilflosen Lage als Patient und Gesprächen mit der mütterlichen Pflegerin Fredine unterbrochenen Bericht nieder, aber darüber hinaus greift auch Claus als auktorialer Erzähler in die verschachtelte Handlung ein, deren Realitätsgehalt durchaus immer wieder in Frage gestellt werden kann. Parallelen zu Dante und zur griechischen Mythologie – der spitznamenlose Lehrer ist auch Odysseus, der sich »Niemand« nannte – sind genauso virtuos in den Roman eingearbeitet wie die Anspielungen auf Lewis CARROLLS *Alice in Wonderland*, deren weißes Kaninchen den Lehrer erst in den Strudel der Ereignisse hineinzieht.

Schon in *De Hondsdagen* (1952), seinem zweiten Roman, hatte Claus eine Art von literarischer Collage-Technik entwickelt, wobei ihm insbesondere JOYCE *(Ulysses)* und T. S. ELIOT *(The Waste Land)* zum Vorbild dienten. Anläßlich des Romans *De verwondering* spricht Michel DUPUIS zu Recht von einer *»manieristischen ars combinatoria«*; diese strukturelle und stilistische Virtuosität sollte aber genausowenig wie die vielen burlesken Geschehnisse darüber hinwegtäuschen, daß im Zentrum des Romans ein sehr ernstes Problem steht: Die Suche de Rijckels nach einer nicht an autoritären Vorbildern und Bildern orientierten Identität ist zugleich eine erbitterte Auseinandersetzung mit den verknöcherten Strukturen der auf festen (politischen und religiösen) Hierarchien aufbauenden flämischen Gesellschaft, deren Nazivergangenheit, so deutet Claus an, in der Gegenwart weiterwirkt. Diese, von seinen flämischen Landsleuten keineswegs mit großem Gefallen zur Kenntnis genommene Auseinandersetzung mit der negativ gesehenen Vergangenheit und Gegenwart seines Heimatlandes wird Claus vor allem in *Omtrent Deedee*

(1963) und *Het verdriet van België* (1983) weiterführen. *De verwondering* aber stellt einen ersten – und vielleicht nie wieder übertroffenen – Höhepunkt im Œuvre des Prosaisten Claus dar. R.A.Z.

Ausgabe: Amsterdam 1962.

Übersetzung: *Die Verwunderung*, U. Birckholz, Bln./DDR 1979. – Dass., ders., Wiesbaden/Mchn. 1979 [m. Nachw.].

Literatur: J. Duytschaever, *Over »De verwondering« van H. C.*, Amsterdam 1979. – F. B. van Vlierden, *H. C. »De Verwondering«. Structurele benadering en interpretatie* (in *Roman en onderwijs*, Löwen 1979, S. 220–243).

## VRIJDAG

(fläm.; *Freitag*). Drama in fünf Szenen von Hugo Claus; Uraufführung: Amsterdam 1969. *Vrijdag* gilt unter den mehr als dreißig mit unterschiedlichsten Stilen experimentierenden Theaterstücken und Bearbeitungen des Autors als Höhepunkt seiner vom antiken Theater geprägten Dramen und wurde 1973 mit dem belgischen Staatspreis ausgezeichnet.

In der ersten Szene kehrt Georges, ein wegen Mißbrauchs der eigenen Tochter Christiane verurteilter Arbeiter, nach der Haftentlassung in seine Wohnung, die gleichzeitig als Frisiersalon genutzt wird, zurück. Dort findet er nur das Baby, das seine Frau Jeanne während seines Gefängnisaufenthalts von Eric, einem Bekannten, bekam. In der zweiten Szene kehrt auch seine Frau zurück; beide verleugnen das Geschehene, sie spielen Möglichkeiten durch, wie sie mit der Situation umgehen könnten. Als in der dritten Szene Eric hinzukommt, scheint sich eine Lösung – die Trennung des Ehepaars – anzudeuten. Die folgende Traumszene wiederholt die Beziehung zwischen Vater und Tochter; sie erscheint als Notwendigkeit, als logische Konsequenz aus Christianes überschießender Liebesbereitschaft und Georges' Männlichkeit, aber auch – in Anspielung auf antike Fruchtbarkeitskulte – als mystische Vereinigung mit einer verjüngten Jeanne und der Heiligen Jungfrau. In der Schlußszene werden alle wieder auf den Ausgangspunkt zurückgeworfen: Eric lehnt es ab, mit Jeanne zusammenzuziehen; Georges' Versuch, das Verhältnis für sich durch nachträgliche Zustimmung akzeptabel zu machen, wird von den anderen unterlaufen; alle bleiben – aufgrund ihrer persönlichen Grenzen – in ihrem Schicksal gefangen.

Claus transponiert damit – während des gesamten Stücks auch durch Stimmen und Geräusche aus dem Off angedeutet – Elemente antiker und christlicher Mythen in ein gottloses Heute, in dem der Altar zum Frisiertisch, die Heiligenbilder zu Werbefotos verkommen sind: Christianes Liebe macht sie nicht zur erlösenden Heiligen, sondern zur Hure; ihr Bild darf nicht bei den Werbefotos hängen. Georges' Marienverehrung, die in der Vereinigung mit der (konkreten) Jungfrau gipfelt, wird zum Verbrechen. Jenne wiederum ist letztlich wegen Georges' Verhalten, der Umstände, – und damit unschuldig – von einem anderen schwanger geworden; doch ein Kult, der dem Geschehenen einen Sinn unterlegen könnte, existiert nicht mehr: Das Schicksal bleibt blind. W.F.

Ausgabe: Amsterdam 1970.

Übersetzung: *Friday*, H. Claus u. C. Logue, Ldn. 1972 [engl.].

Verfilmung: Niederlande 1978.

Literatur: G. Wildemeersch, *H. C.' »Vrijdag«: naamgeving en geboorteverhaal in Christelijk perspektief* (in Tijdschrift van de Vrije Universiteit van Brussel, 21, 1980, S. 108–138). – P. Claes, *Claus en de antieken* (in Dietsche warande en belfort, 126, 1981, Nr. 3, S. 193–200).

# CARL VON CLAUSEWITZ

* 1.6.1780 Burg bei Magdeburg
† 16.11.1831 Breslau

## VOM KRIEGE

Theoretisches Werk von Carl von Clausewitz, begonnen 1809–1812, ausgearbeitet zwischen 1816 und 1830, erschienen 1832–1834. – Das in acht Bücher gegliederte Werk stellt eine Theorie der Führung des Großen Krieges dar. Der Verfasser, der den Krieg grundsätzlich in den Bereich des sozialen Lebens verweist, sucht ihn in sachlich-kritischer Durchleuchtung – im Sinne der echten *(»betrachtenden«)* Theorie – als Instrument der Politik zu begreifen, wie dies namentlich in dem bekannten Satz über den Krieg als die *»bloße Fortsetzung der Politik mit anderen Mitteln«* (oder: *»mit Einmischung anderer Mittel«*) zum Ausdruck kommt. Der Krieg ist demnach nichts Selbständiges, er führt kein Eigenleben, vielmehr dominiert die Politik, und dies gerade in letzter Instanz. Freilich muß sie die Natur ihres Mittels, eben den Krieg, kennen und an ihn keine Forderungen stellen, die er nicht leisten kann. – Zu den Hauptthemen des Werks *Vom Kriege* gehören: *Natur und Erscheinungsformen des Krieges; Verhältnis von Politik und Krieg; Grundlagen der Strategie; Theorie und Praxis; Relationen von Zweck, Ziel und Mitteln; Moralische Größen; Totaler Widerstandkrieg; Wechselverhältnis von Verteidigung und Angriff*. Gegenstand der Betrachtung ist der instrumentale Charakter des Krieges, nicht aber die Frage seiner ethischen und moralischen Wertung.

Wesentliche Voraussetzung, um das Werk richtig zu verstehen, ist die Beherrschung der in ihm verwirklichten Methode. Sie besteht in einer Kombination von philosophisch-dialektischer Betrachtungsweise, umfassender Heranziehung historischer Erfahrungen und sachbezogenem praktischem Wirken in der eigenen Zeit. Diese drei Bereiche bedingen sich wechselseitig, sie halten das Ganze der Theorie elastisch und bewahren den Betrachtenden davor, sich einseitig festzulegen. Hinzu kommt der *»Takt des Urteils«* (Akt der Urteilskraft im Sinne KANTS). Durch ihn werden Kritik, Analyse wie Synthese als Elemente durchdringenden Erkennens erst möglich, wobei zugleich die Regeln der formalen wie der materialen Logik (Übereinstimmung von Vorstellung und Denkgesetzen; Übereinstimmung von Vorstellung und Objekt) zu beachten sind. Die Anwendung dieser Methode soll es ermöglichen, die Wirklichkeit in ihrer Tatsächlichkeit zu umgreifen. In diesem Sinne erscheint der Krieg nicht als etwas »Absolutes« im Lichte bloßer philosophisch-logischer Gedankenspielerei, sondern er wird in seiner realen Gestalt von den *»Modifikationen der Wirklichkeit«* bestimmt.

Das Werk entstand aus dem Bestreben des Generals Clausewitz, die neuen Formen von Krieg und Kriegführung, wie sie in der Epoche der Französischen Revolution und Napoleons I. (1789–1815) als Ausdruck der neuen politisch-sozialen Triebkräfte machtvoll hervorgetreten waren, in gültiger Weise zu deuten. Clausewitz, gleichermaßen Schüler G. von SCHARNHORSTS wie des Kantianers J. G. C. KIESEWETTER, verfolgte das Ziel, das generalisierende, apriorische »Systemdenken« des 18. Jh.s zu überwinden und es durch die Entscheidung des natürlichen Menschenverstandes zu ersetzen: Die Theorie des Krieges sollte von den Realitäten und individuellen Gegebenheiten ausgehen, um sich aus der Durchleuchtung der jeweils verschiedenen Bedingungen ihr Urteil zu bilden. Ebenso wandte sich Clausewitz mit diesem Buch gegen den Pragmatismus, d. h. das Prinzip, »Lehren« im Sinne einer bloßen handwerklichen Verengung zu vermitteln.

Das Werk *Vom Kriege* wurde zunächst von Soldaten beachtet und von ihnen wiederholt mißverstanden (W. von SCHERFF, R. WAGNER, A. Graf von SCHLIEFFEN). Bereits um die Mitte des 19. Jh.s fand es durch die Art seiner dialektisch-kritischen Betrachtungsweise die Aufmerksamkeit von MARX und ENGELS. Insbesondere beschäftigte sich LENIN während des Ersten Weltkrieges mit Clausewitz' Hauptgedanken, die er nach dem Zeugnis seiner 1930 erstmalig erschienenen Studien *Clausewitz' Werk ›Vom Kriege‹, Auszüge und Randglossen* im Lichte des Klassenkampfs interpretierte.

Das Geschehen der beiden Weltkriege bestätigte die Grundthesen des Buchs; es wird heute sowohl im Osten wie im Westen (RASIN, CVETKOV, TROUNG-CHINH, LIDDELL HART, KISSINGER, BEAUFRE) immer wieder studiert und kommentiert. Neuere Übersetzungen erschienen u. a. in Frankreich (1955), in der ČSSR (1959), in Ungarn (1961/62) und in Großbritannien (1966). W.Hah.

AUSGABEN: Bln. 1832–1834 (in *Hinterlassene Werke*, 10 Bde., 1832–1837, 1–3). – Bln. [5]1905 [Einl. A. Graf v. Schlieffen]. – Bonn 1952; [19]1980 [hist.-krit. Würdigung W. Hahlweg; vollst. Ausg. im Urtext]. – Bln. 1957 [Einl. E. Engelberg u. O. Korfes]. – Hbg. 1963, Hg. W. Pickert u. W. v. Schramm [gek.]. – Mchn. 1984.

LITERATUR: K. Schwartz, *Das Leben des Generals C. v. C.*, 2 Bde., Bln. 1878. – H. Rothfels, *C. v. C. Politik u. Krieg*, Bln. 1920. – E. Mareks, *C.' Lehre vom Krieg* (in Wissen u. Wehr, 11, 1930). – K. Linnebach, *Die wiss. Methode in C.' Werk »Vom Kriege«* (ebd., 14, 1933). – E. Kessel, *Zur Entstehungsgeschichte von C.' Werke vom Kriege* (in HZ, 152, 1935). – V. I. Lenin, *C.' Werk »Vom Kriege«. Auszüge u. Randglossen*, Bln./DDR 1957. – W. Hahlweg, *C. v. C. Soldat, Politiker, Denker*, Göttingen 1957; [3]1969. – J. A. Rasin, *Die Bedeutung von C. für die Entwicklung der Militärwissenschaft* (in Militärwesen, 2, 1958, S. 377–392). – W. Gembruch, *Zu C.' Gedanken über das Verhältnis von Krieg u. Politik* (in Wehrwissenschaftl. Rundschau, 9, 1959, S. 619–633). – V. Cvetkov, *Über die Einführungsartikel zum Buch C. v. C. »Vom Kriege«* (in Militärwesen, 3, 1959, S. 599–606). – W. Hahlweg, *C. v. C. Schriften, Aufsätze, Studien, Briefe*, Bd. 1, Göttingen 1966. – J. L. Wallach, *Das Dogma der Vernichtungsschlacht. Die Lehren von C. u. Schlieffen u. ihre Wirkungen in zwei Weltkriegen*, Ffm. 1967; ern. Mchn. 1970. – R. Aron, *Penser la guerre*, 2 Bde., Paris 1976 (m. Bibliogr.; dt. *C., den Krieg denken*, Ffm. u. a. 1980). – R. Hepp, *Der harmlose C. Kritische Bemerkungen zu einem dt., engl. u. frz. Beitrag zur C.-Renaissance* (in Zs. für Politik, 25, 1978, S. 303–318; 390–429). – *Freiheit ohne Krieg. Beiträge zur Strategie-Diskussion der Gegenwart im Spiegel der Theorie von C. v. C.*, Hg. C.-Gesellschaft, Bonn 1980. – *C. in Perspektive. Materialien zu C. v. C.' »Vom Kriege«*, Hg. G. Dill, Ffm./Bln. 1980 (Ullst. Tb). – E. Vad, *C. v. C. Seine Bedeutung heute*, Herford/Bonn 1984. – M. J. Handel, *C. and Modern Strategy*, Ldn. 1986. – E. Grawert-May, *Das Drama Krieg. Zur Moralisierung des Politischen*, Tübingen 1987.

## SOPHUS CLAUSSEN

* 12.9.1865 Helletofte
† 11.4.1931 Gentofte

LITERATUR ZUM AUTOR:
T. Kristensen, *S. C.*, Kopenhagen 1929. – *S. C. – Manuskripter*, Hg. Det Danske Sprog- og

Litteraturselskab v. E. Frandsen, Kopenhagen 1941. – S. Hallar, *S. C. Studier*, Kopenhagen 1943. – E. Frandsen, *S. C.*, 2 Bde., Kopenhagen 1950. – G. Modvig, *Eros, kunst og socialitet. En analyse af de erotiske hovedmotivers udvikling i S. C.s forfatterskab*, Kopenhagen 1974. – B. Hakon Jørgensen, *Maskinen, det heroiske og det gotiske – om Johs. V. Jensen, S. C. og århundredskiftet*, Kopenhagen 1977. – Ders. u. J. Sand Sørensen, *S. C. – en studiebog*, Kopenhagen 1977. – *Dansk Biografisk Leksikon*, 16 Bde., Kopenhagen 1979–1984, 3, S. 435–437. – B. Hakon Jørgensen, *Parken og staden 1900–1920* (in *Danske digtere i det 20. århundrede*, Hg. T. Brostrøm u. M. Winge, 5 Bde., Kopenhagen 1980–1982, 1, S. 20–64). – F. Lasson, *Fra Ekbátana til Klareboderne. En brevbog om S. C. og hans forlæggere*, Kopenhagen 1981. – T. Engelbrecht u. R. Herring, *S. C. – en bibliografi*, Kopenhagen 1982.

**DAS LYRISCHE WERK** (dän.) von Sophus CLAUSSEN.

Zu Recht steht Sophus Claussens Prosaschaffen im Schatten seines poetischen Werks, einem der bedeutendsten in der dänischen neuromantisch-symbolistischen Dichtung. Als Student in Kopenhagen lernte Claussen die literarischen Strömungen in den Jahrzehnten vor der Jahrhundertwende kennen: zunächst die herausragende Vermittler- und Kritikergestalt Georg BRANDES und dessen Autorenkreis des »modernen Durchbruchs«, der 1870–1890 die moderne, d. h. naturalistisch-realistische Literatur in Skandinavien begründete. Zusammen mit Johannes JØRGENSEN und Viggo STUCKENBERG vertrat Claussen indessen die Generation der neunziger Jahre, die den »seelischen Durchbruch« (ein Ausdruck Helge RODES) und die symbolistische, dänische Fin-de-siècle-Literatur gestaltete. Claussen beteiligte sich an der vom französischen Symbolismus beeinflußten Zeitschrift ›Taarnet‹ (Turm), die ein knappes Jahr lang, 1893/94, von Jørgensen herausgegeben wurde. Die Phasen im lyrischen Werk Claussens spiegeln einerseits jene Umbruchzeit um die Jahrhundertwende, andererseits den Aufbruch in die Moderne wider.

1887 veröffentlichte Claussen mit zweiundzwanzig Jahren den ersten Lyrikband *Naturbørn (Naturkinder)*, dessen erotische Thematik durch die zeitgenössische skandinavische »Sittlichkeitsfehde« Nahrung fand, und im Gedicht *Til Alle (An Alle)* verkündete Claussen eine *»auf Liebe gegründete Lebensanschauung«*. Claussens Kritik an der bürgerlichen Moral, die keine Liebe außerhalb der Ehe duldet, und der Wunsch nach einer zwangloseren, offenen Beziehung und Zuneigung zwischen den Geschlechtern haben ihren Ursprung zwar in den Ideen des »modernen Durchbruchs«; kennzeichnend für Claussen ist jedoch, daß er den Eros in den Mittelpunkt stellt. Was den erotisierenden und naturlyrischen Ästhetizismus anbelangt, finden sich in seinen ersten Gedichten deutliche Anklänge an dänische Vorbilder wie Christian WINTHER und Emil AARESTRUP, während die ironisch-distanzierenden Brechungen an HEINE erinnern, den Claussen sehr schätzte. In dem zweiten, 1899 veröffentlichten Lyrikband *»Pilefløjter« (Weidenflöten)* stellte der Autor eine viel selbständigere und eigenwilligere Verskunst vor, mit der er sich von seinen Vorbildern zu lösen begann. Von einschneidender Bedeutung in den dazwischenliegenden zwölf Jahren war die Bildungsreise der Jahre 1892–1894, die einen Aufenthalt in Paris mit einbezog. Der BAUDELAIRE-Übersetzer Claussen lernte dort auch VERLAINE kennen, las MALLARMÉ, und er verinnerlichte somit das Bewußtsein der Moderne Baudelaires. In den folgenden Jahren schrieb er eine Reihe Gedichte impressionistischen, symbolistischen und modernistischen Charakters.

Claussen verwendet verschiedene Versmaße, ist auch vom dänischen Volkslied und der Nibelungenstrophe beeinflußt, aber die symbolistische Form verwirklicht sich insbesondere im musikalischen Rhythmus, in den Synästhesien und in der meisterhaften Handhabung der Assonanzen und Reime. Thematisch tritt das Gesellschaftsreformatorische und Linksliberale zurück; die Wahrnehmung der Gegenstände, die Wirklichkeitsrezeption und die Naturdarstellung gewinnen an Bedeutung als Symbole innerer Vorgänge. Vor allem die Liebesempfindung und die Frauendarstellung finden ihren bildhaften Ausdruck in Gegenständen, Natur und Landschaft. Das Gedicht *I en Frugthave (In einem Obstgarten)* demonstriert zugleich impressionistische Wahrnehmung – *»Solnedgangs-Blaaet« (»das Sonnenuntergangsblau«)* – und die Beseelung von etwas so Alltäglichem wie Wäsche auf der Leine – *»Min Sjæl flagred op som et Lin« (»Meine Seele flatterte auf wie ein Linnen«)* –, um den Zustand des Verliebtseins wiederzugeben. Die Übereinstimmung zwischen Natur und Seele bzw. Empfindung ist ein Charakteristikum des Claussenschen Gestaltungsprinzips.

In engem Zusammenhang mit der immer wiederkehrenden Erosthematik stehen die verschiedenartigen Frauendarstellungen: Das anonyme, verallgemeinernde Frauenbild im ersten Lyrikband *(Nye Piger – Neue Mädchen)* wird über differenziertere Frauenstudien *(Balaften – Ballabend*; *Efteraaret – Herbst)* erweitert bis zur Darstellung von Frauentypen wie der Madonna *(Anadyomene)*, der Dirne *(Pariserinde – Pariserin)*, der Femme fatale (Miss Wanda in *Livets Kermesse – Die Kirmes des Lebens*) und der Hetäre (*Sorte Blomst – Schwarze Blume*; die heilige Hetäre in *Valfart – Wallfahrt*). Ist die Frauenschilderung in den ersten Gedichten spielerisch-erotizistisch (wobei sich der Autor einer recht einfachen Bildersprache bedient), so wird sie später zunehmend subtiler und hermetischer, oft mit Bezugnahme auf Mythologisches *(Afrodites Dampe – Aphrodites Dämpfe)*.

Im Lyrikband *Djævlerier*, 1904 *(Teufeleien)*, erscheint das Erosmotiv im kühnen Gewand des Satanismus. Claussen erweist sich hier deutlich als Dichter der Moderne. Neben der Erotik schildert er andere dämonische, verdrängte Seiten des Daseins. Das rechte Verständnis für diese esoterische, modernistische Lyrik war in der zeitgenössischen Kritik jedoch gering. Seine in der Forschung unterschiedlich bewertete Schaffenskrise in den Jahren 1904–1912 hängt damit zusammen, sie leitet aber zugleich auch das Spätwerk ein, in dem die gewonnenen Künstler- und Lebenserfahrungen zu neuen Inhalten und Ausdrucksmöglichkeiten führen. In *Danske Vers*, 1912 *(Dänische Verse)*, finden wir sowohl das satirisch-burleske *Livets Kermesse* wie auch das als eine große Metapher des Unfruchtbaren angelegte Gedicht *Imperia* über die unfruchtbare Königin der Erdmasse, die auf ihren mächtigen Liebhaber, den Gott des Erdbebens wartet. Darin liegt darüber hinaus eine Beschwörung des dichterischen Schöpfungswortes, wie sie in anderen Gedichten direkter ausgesprochen wird (u. a. *Mennesket og Digteren – Der Mensch und der Dichter)*. Die vielen Umwälzungen – dazu gehörte auch das Erlebnis des Ersten Weltkriegs –, die das neue Jahrhundert mit sich brachte, hinterließen nachhaltige Eindrücke bei Claussen, und für ihre Darstellung suchte er nach einer neuen Ausdrucksform, die er im Hexameter fand, der sich in der Gedichtsammlung *Heroica* (1925) voll entfaltete und mit dem Claussens Gedankenlyrik einen Höhepunkt erreichte. In dem Gedicht *Atomernes Oprør (Aufruhr der Atome)* erfaßt Claussen mit Schärfe und Subtilität die Neuerungen seiner Zeit, sei es Frauenemanzipation oder naturwissenschaftliche Errungenschaften. *»Alle Atome der Welt verlangen, in Freiheit gesetzt zu werden«*, der Dichter bittet aber darum, die Erdkugel unbeschadet zu lassen. Nicht nur derartiges modernes Gedankengut sichert Claussen ein Nachleben: Er wird von modernistischen Lyrikern seit den zwanziger Jahren und bis heute als der erste dänische Moderne rezipiert. In der Literaturwissenschaft galt und gilt es, die Schattierungen dieser Schlüsselstellung auszuarbeiten. I.F.R.

AUSGABEN: *Naturbørn*, o. O. 1887 [Selbstverlag]. – *Pilefløjter*, Kopenhagen 1899. – *Djævlerier*, Kopenhagen 1904. – *Eroter og Fauner*, Kopenhagen 1910. – *Danske Vers*, Kopenhagen 1912. – *Fabler*, Kopenhagen/Kristiania 1917. – *Heroica. Nye Digte*, Kopenhagen u. a. 1925. – *Titania holdt Bryllup*, Kopenhagen 1927. – *Hvededynger*, Kopenhagen 1930. – *Digte*, 4 Bde., Kopenhagen 1929/30. – *Udvalgte Digte*, Hg. I. Claussen u. C. Bergstrøm-Nielsen, Kopenhagen 1952 [Ausw.]. – *S. C.s lyrik*, Hg. J. Hunosøe, 9 Bde., Kopenhagen 1982–1984 [krit.].

LITERATUR: H. Brix, *Sophus Claussen: Il letto* (in H. B., *Analyser og Problemer*, Kopenhagen 1966). – H. Andersen, *Studier i S. C.s lyrik*, Kopenhagen 1967. – J. Sand Sørensen, *Modernismens eskatologi. En læsning i og omkring S. C.s »Jord og Sjæl«* (in Kritik, 32, 1974, S. 22–39). – P. Olsen, *Sophus Claussens Lyrik. En socialhistorisk analyse*, 1977. – F. Lasson, *S. C. og hans kreds. En digters liv i breve I–II*, Kopenhagen 1984. – O. Ancker, *Modernisme og modernitet. Tendenser i dansk litteratur omkring 1900. III. S. C.* (in Nordica, 3, 1986, S. 85–101). – B. Glienke, *Symbolismus und Fortschrittlichkeit. Der Fall S. C. aus Anlaß dreier Jubiläen* (in Skandinavistik, Jg. 17, 1987, Nr. 2, S. 109–119). – Vgl. auch die *Literatur zum Autor*.

## UNGE BANDER. Fortælling fra en Købstad

(dän.; *Junges Volk. Erzählung aus einer Kleinstadt*). Roman »mit einem lyrischen Vorspiel *Frøken Regnvejr (Fräulein Regenwetter)*« von Sophus CLAUSSEN, erschienen 1894. – Der Redakteur eines linksorientierten Blatts holt den jungen Kopenhagener Studenten Erik Kølby in die behäbige, konservative, vom Autor in Jütland, in der Nähe von Silkeborg angesiedelte Kleinstadt Aasum, damit er die dortige Zeitung etwas attraktiver gestalte. Kølby kommt der Aufgabe mit Brillanz nach, verursacht indessen mit seinem spitzen Stil nicht nur bei den Anhängern der Regierung Estrup einige Aufregung, sondern auch bei der mehr liberal eingestellten Damenwelt, die an ihm die feurige Beredsamkeit und den Charme eines unverdorbenen poetischen Herzens zu schätzen weiß. Er gerät fast unbeabsichtigt in ein Verhältnis mit der Frau des Rechtsanwalts Kruse und mit der siebenundzwanzigjährigen Kristine – ohne Zweifel stellen diese Episoden eine Demonstration des Dichters für die »moderne freie Liebe« dar –, bricht aber mit beiden und verlobt sich mit Margrete Juel, die er zufällig am Tag seiner Ankunft auf einem Sängerfest gesehen und deren bleiche Schönheit ihn schon damals gefesselt hat.

Daß der »Flötenspieler« Kølby, der freisinnige »Moqueur«, wie er seine Artikel zeichnet, eine so bürgerliche Bahn einschlägt, kommt für seine Umgebung ebenso überraschend wie für den Leser. Claussen ist es jedoch weniger um einen psychologischen Fall zu tun, schon gar nicht kommt es ihm auf Fabel oder Komposition an, vielmehr reiht er Stimmungsbilder aneinander, stets mit Kølby im Zentrum, in dessen Gedanken und Empfindungen sich häufig authentische autobiographische Erlebnisse des Dichters spiegeln. Dabei bedient er sich einer farbigen Sprache, die so spöttisch wie schwärmerisch sein kann und mit der es ihm auch gelingt, ein tiefes Gefühl oder das Glück zu schildern, das Kølby in der Nähe Margretes empfindet. – Claussen kann als der wohl bedeutendste dänische Symbolist gelten. Seine Gedichte wie seine Prosaarbeiten gehören zu den Höhepunkten der dänischen Literatur der Neuromantik. A.H.

AUSGABEN: Kopenhagen 1894. – Kopenhagen [2]1912 (zusammen mit *Højsang*). – Kopenhagen 1986, Hg. J. Hunosøe [m. Nachw. u. Anm.].

LITERATUR: H. Nielsen, *S. C.*, Kopenhagen 1910 (ern. in H. N., *Vej og Sti*, Kopenhagen 1916, S. 116 bis 133). – T. Kristensen, *S. C.*, Kopenhagen

1929 (ern. in T. K., *Til dags dato*, Kopenhagen 1953, S. 56–68). – T. Brostrøm, *Biografi og poesi* (in T. B., *Poetisk kermesse*, Kopenhagen 1962, S. 35–46). – Aa. Henriksen, *Det guddommelige Barn og andre essays om Karen Blixen*, Kopenhagen ²1970, S. 105–116.

## FRANCISCO JAVIER CLAVIJERO

* 1731 Veracruz
† 1787 Bologna

### STORIA ANTICA DEL MESSICO, cavata da' migliori storici spagnuoli, e da' manoscritti, e dalle pitture antiche degl'Indiani

(ital.; *Alte Geschichte Mexikos, gegründet auf die besten spanischen Geschichtsschreiber, auf Manuskripte und alte Bilderhandschriften der Indianer*). Historisches Werk in zehn Büchern von Francisco Javier Clavijero (Mexiko), erschienen 1780/81. – Diese spanisch geschriebene, aber zuerst in italienischer Sprache veröffentlichte Darstellung unterscheidet sich von den Werken der großen Chronisten des 16. und 17. Jh.s durch einen neuen Geist. Während Sahagún, Torquemada und andere sich vor allem aus pragmatischen Gründen und mit großen religiösen Vorbehalten der Geschichte und Geisteswelt der Indianer zuwandten, betrachtet der aufgeklärte Historiker Clavijero das vorkolumbianische Zeitalter Mexikos ganz unvoreingenommen, nach gewissenhafter Vorbereitung durch das Studium indianischer Sprachen und auf der Grundlage einer genauen Kenntnis des gesamten einschlägigen Materials. Durch systematische vergleichende Quellenforschung gelingt ihm eine umfassende Darstellung der mexikanischen Geschichte von den Anfängen bis zum Beginn der spanischen Kolonisation. Dabei fixiert er als erster die in Wellen und schichtweise erfolgte Besiedlung Mexikos nach Daten, die für die spätere Forschung richtungweisend gewesen sind. Eine gewisse Voreingenommenheit Clavijeros ist durch seine mexikanisch-patriotische Gesinnung gegeben; sie verleiht seiner Darstellung einen »indigenistischen« Zug. Dies kommt beispielsweise in der Schilderung der Begegnungen des großen Cortés mit Moctezuma und Cuauhtemoc zum Ausdruck, in der die Sympathien des Historikers eindeutig auf seiten der Indianerführer sind. Auch finden sich bei Clavijero schon Ansätze zur Wiederbelebung des von Bartolomé de Las Casas geschaffenen (vgl. *Brevísima relación* ...) und später von der Romantik weiterentwickelten Mythos des *bon sauvage*, des »guten Wilden«. Einen breiten Raum nehmen Auseinandersetzungen mit unhaltbaren Behauptungen und sachlichen Irrtümern zweier zeitgenössischer Geschichtswerke ein, der *Recherches philosophiques sur les Américains*, 1768 *(Philosophische Untersuchungen über die Amerikaner)*, von Kornelius Paw und der *Histoire philosophique et politique des établissements des Européens dans les deux Indes*, 1770 *(Philosophische und politische Geschichte der europäischen Niederlassungen in den beiden Indien)*, von Guillaume Raynal (1713–1796). In beiden Werken wird die spanische Kolonisation als ein »*Unternehmen von Banditen*« gebrandmarkt, in dem ersten Amerika als ein für die Entwicklung kultivierter Lebensverhältnisse wenig geeignetes Land hingestellt und ein negatives Werturteil über die Eingeborenen gefällt. Solchen Meinungen gegenüber trug das Geschichtswerk Clavijeros, das durch Übersetzungen ins Deutsche, Englische und Französische große Verbreitung fand und die Amerikaforschung auf eine neue, kritisch-wissenschaftliche Grundlage stellte, viel dazu bei, ein echtes, auf Tatsachen beruhendes Interesse für die alten Kulturen des neuen Erdteils zu erwecken.

A.F.R.

Ausgaben: Cesena 1780/81, 4 Bde. – Ldn. 1826 (*Historia antigua de Megico*; span. Fassg.). – Mexiko 1958 (*Historia antigua de México*; ern. 1964; span. Fassg.).

Übersetzung: *Geschichte von Mexiko*, K. Cullen, Lpzg. 1789/90.

Literatur: R. García Granados, *Filias y fobias; opúsculos históricos*, Mexiko 1937, S. 279–309 [m. Bibliogr.]. – J. Le Riverend Brusone (in *Estudios de historiografía de la Nueva España*, Mexiko 1945). – V. Rico González, *Historiadores mexicanos del siglo XVIII*, Mexiko 1949. – S. Arnoldsson, *Los momentos históricos de América según la historiografía hispanoamericana del período colonial*, Madrid 1956. – G. Grajales, *Nacionalismo incipiente en los historiadores coloniales*, Mexiko 1961. – L. Villoro, *La naturaleza americana en C.* (in La Palabra y el Hombre 28, 1963, S. 543–550). – *F. C. C., documentos para su biografía*, Morelia 1974 [Ausw. u. Vorw. J. J. Romero Flores].

## ELDRIDGE CLEAVER

* 31.8.1935 Wabbaseka / Ariz.

### SOUL ON ICE

(amer.; *Ü: Seele auf Eis*). Essay- und Briefsammlung von Eldrige Cleaver, erschienen 1967. – Diese sehr verschiedenartigen Texte reichen vom Liebesbrief bis zum soziologischen Aufsatz, von tagebuchartigen Notizen bis zur allegorischen Erzählung. In kalifornischen Zuchthäusern geschrieben, trug ihre Veröffentlichung wesentlich dazu bei, daß ihr Autor vorzeitig aus der Haft entlassen wurde. Ein begabter Autodidakt stellt die Entwicklung seines politischen Bewußtseins und die Lage von Schwarzen und Weißen in der amerikanischen Gesellschaft dar. Das Buch markiert die entscheidende Phase von Cleavers persönlicher Entwicklung, die ihn vom unpolitischen Kriminellen (Rauschgift, Vergewaltigung) über die Black Muslims (Malcolm X-Anhänger) in die Reihen der schwarzen Revolutionäre führte und ihn zum Informationsminister und Ideologen der Black Panther Party, zum (eklektischen) Marxisten und Emigranten in Algerien machte.

Für Cleaver war die Vergewaltigung weißer Frauen, die ihn ins Zuchthaus brachte, ein »revolutionärer Akt« – ein Akt der Rache und der Auflehnung gegen ein System, das die Schwarzen nicht zuletzt psychisch vergewaltigt, indem es ihnen neben anderen Normen des Weißen auch ein Schönheitsideal aufzwingt, das für Schwarze unerreichbar bleibt. Diese Bewußtseinsstufe hält er jedoch für überwunden und sieht vielmehr in der schwarzen Frau die angemessene Partnerin des Schwarzen, der die psychische Unterdrückung überwunden hat. – Cleavers Gesellschaftsanalyse enthält eine starke, teilweise an D. H. LAWRENCE erinnernde biologisch-sexuelle Komponente. Wo neben soziale Klassen ein rassisches Kastensystem tritt, werde auch die Einheit von Geist und Körper zerstört, und die Menschen zerfielen in vier Gruppen: die weiße herrschende Klasse, die mit Hilfe des Geistes dominiere und alles Körperliche ablehne; an die Seite des schwächlichen weißen Mannes trete die gänzlich hilflose »ultrafeminine« weiße Frau; dem stünden der von jeder geistigen Tätigkeit ferngehaltene, nur zu körperlicher Arbeit herangezogene Schwarze, der »supermaskuline Knecht« und die hart arbeitende schwarze »Amazone« gegenüber. *»Tiefsitzende Ängste und Emotionen, die tatsächlich mit biologischen Merkmalen verbunden sind, und ein Teil des Mechanismus, der dem rassischen und ethnischen Überleben dient, werden in sozialen Images genutzt und dadurch zu Waffen des Klassenkampfes transformiert.«* Eine Veränderung dieses für alle Teile pathologischen Zustandes sei nur durch die Überwindung der Klassengesellschaft möglich; erst dann würden die Weißen zum Körper, die Schwarzen zum Geist zurückfinden.

Bei aller Bitterkeit und Empörung über die kapitalistische Seite ist die Grundtendenz des Buches – im Gegensatz zu manchen späteren Schriften des Autors – außerordentlich zuversichtlich. Cleavers Optimismus stützt sich auf die Annahme eines engen Zusammenhanges zwischen dem Kampf der Schwarzen in den USA und der Erhebung der Dritten Welt gegen den Kolonialismus: Von den Erfolgen der nationalen Befreiungskriege ermutigt, führten die amerikanischen Schwarzen einen Guerillakrieg im Rücken der Macht, die das Zentrum des Imperialismus darstelle. Noch größere Bedeutung mißt Cleaver jedoch der Entwicklung unter den weißen Amerikanern bei. Er wertet das Engagement der »Neuen Linken« und der rebellierenden Jugend für die Bürgerrechtsbewegung und gegen den Vietnamkrieg als Resultat der Revolution der Schwarzen; die weiße Jugend habe gelernt, ihre Gesellschaft mit den Augen der Neger zu sehen, als eine Gesellschaft des Unrechts, der nackten Ausbeutung und der Klassenherrschaft. In dieser hoffnungsvollen Entwicklung der jungen Generation, die er auch in der »Wiederentdeckung des Körpers« durch die Weißen (Twist, Beat, Rock 'n Roll) bestätigt findet, erblickt Cleaver eine Chance, Ausbeutung in jeder Form zu beseitigen und die Spaltung von Körper und Geist zu überwinden. Schwarzen Rassismus und Separatismus, wie er von den Black Muslims vertreten wird, lehnt er ab; die Befreiung der Schwarzen sieht er als Teil des Kampfes der Menschheit gegen den Kapitalismus, den Schwarze und Weiße Seite an Seite zu führen haben.

Beinahe jede Zeile seines Buches verrät, wieviel Cleaver neben MARX und FANON vor allem James BALDWIN zu verdanken hat – ein Einfluß, den er unumwunden eingesteht, der ihn jedoch nicht daran hindert, Baldwin heftig anzugreifen, weil dieser bei aller Schärfe der Analyse und sprachlichen Meisterschaft nie sein Minderwertigkeitsgefühl und seinen Selbsthaß als Neger überwunden habe. Cleavers Werk, das durch die gelungene Synthese (*nicht* Kompromiß) von gehobener sachlich-wissenschaftlicher, beinahe schwärmerisch-lyrischer und kräftig-vulgärer Getto-Sprache besticht, dürfte seinen Wert als autobiographisches Dokument einer Generation von Schwarzen auch dann behalten, wenn seine Analysen sich als überholt erweisen sollten und er selbst die hier vertretenen Positionen längst hinter sich gelassen hat. W.J.H.

AUSGABEN: NY 1967 [Einf. M. Geismar]; ern. 1968. – Ldn. 1969.

ÜBERSETZUNG: *Seele auf Eis*, C. u. H. Bastian, Mchn. 1969. – Dass., dies., Mchn. 1970 (dtv; Nachw. K. Hermann; [3]1971).

LITERATUR: J. Nower, *C.'s Vision of America and the New White Radical: A Legacy of Malcolm X* (in Black American Literature Forum, 4, 1970, S. 12–21). – M. Dickstein, *Wright, Baldwin, C.* (in New Letters, 38, 1971, Nr. 2, S. 49–61). – H. R. Fowler, *E. C., Daniel Berrigan, and the Teaching of Biography as Literature* (in Interpretations, 4, 1972, S. 52–62; m. Bibliogr.). – R. Felgar, *»Soul on Ice« and »Native Son«* (in Black American Literature Forum, 8, 1974, S. 235). – S. Gates, *Cuban Experience: E. C. on Ice* (in Transition, 49, 1975, S. 32–44). – E. S. Miller, *C. and Juminer: Black Man and White Woman* (in Black American Literature Forum, 11, 1977, S. 25–31). – W. P. Warnken, *E. C.: From Savior to Saved* (in Minority Voices, 1, 1977, Nr. 2, S. 49–61). – R. L. White, *E. C.'s »Soul on Ice«: A Book Review Digest* (in CLA, 21, 1978, S. 556–566). – *E. C.* (in *Contemporary Literary Criticism*, Bd. 30, Hg. C. Stine u. D. G. Marowski, Detroit 1984.)

## JOHN CLELAND

* Sept. 1709
† 23.9.1789 Petty France

LITERATUR ZUM AUTOR:
D. Loth, *The Erotic in Literature*, Ldn. 1962. – P. Goodman, *Pornography, Art, and Censorship* (in *Perspectives on Pornography*, Hg. D. A. Hughes, Ldn. 1971, S. 42–60). – W. H. Epstein, *J. C. Images of a Life*, NY 1974. – M. Charney, *Sexual Fiction*, NY/Ldn. 1981. – W. H. Epstein, *J. C.* (in *British Novelists 1660–1800*, Hg. C. Battestin, Detroit/Mich. 1985). – J. A. Sutherland, *Offensive Literature: Decensorship in Britain, 1960–1982*, Ldn. 1982.

### MEMOIRS OF A WOMAN OF PLEASURE

(engl.; *Memoiren eines Freudenmädchens*). Roman in zwei Bänden von John CLELAND, erschienen 1749, erste einbändige Ausgabe 1750 unter dem Titel *Memoirs of Fanny Hill*. – In zwei Briefen an eine diskret als »Madam« angeredete Freundin läßt der Autor das einstige Freudenmädchen Fanny Hill, jetzt eine geläuterte, glückliche Ehefrau, über seine Erfahrungen mit dem Laster berichten. Von der rückhaltlosen Offenheit dieser Bekenntnisse schockiert, haben es die Gegner und Ankläger des Buches zwei Jahrhunderte lang dieser – so paradox es klingen mag – ehrbarsten Lebedame der Weltliteratur nicht abgenommen, daß sie ihre Erlebnisse nicht um obszöner Effekte willen schildert, sondern, wie sie selbst immer wieder betont, zum Preis der Tugend. Indem sie die Stationen ihrer Dirnenlaufbahn mit der ihr eigenen eleganten Akkuratesse nachzeichnet, warnt sie vor der käuflichen Liebe. Nur die Liebesheirat garantiere wahres Glück.
Fannys Geschichte gleicht dem Schicksal vieler unerfahrener junger Mädchen ihrer Zeit, die im vergnügungssüchtigen London ihr Glück machen wollten. Wie Mary Hackabout, ihre im Elend endende Leidensgenossin aus William Hogarths berühmter Gemälde- und Kupferstichfolge »The Harlot's Progress« (1732), gerät auch das fünfzehnjährige, elternlose Dorfkind Fanny in die Fänge einer gerissenen Kupplerin. In Mrs. Browns Bordell sorgt die mit ihrer »Aufklärung« betraute lesbische Phoebe dafür, daß Fanny allmählich Einblick in das Gewerbe gewinnt, für das man sie ausersehen hat. Doch die beiden geschäftstüchtigen Damen werden unversehens um den Lohn ihrer Mühen geprellt, als der Zufall Fanny mit dem jungen Gentleman Charles zusammenführt, der sie aus dem Dirnenmilieu rettet, leidenschaftliche Zuneigung in ihr weckt und sie die Liebe lehrt. Das Glück der beiden findet ein jähes Ende, als Charles von seinem Vater auf eine längere Geschäftsreise nach Übersee geschickt wird. Jetzt erst beginnt Fannys eigentlicher Abstieg: Aus Kummer um den Verlust des Geliebten und aus finanzieller Not wird sie, anfangs widerwillig, zum Freudenmädchen. Eine Zeitlang führt sie als Mätresse eines Mr. H. ein zwar luxuriöses, aber monotones Leben, bis er sie, die ihn für Untreue bestrafen will, mit seinem Laufburschen ertappt und aus dem Haus weist. Die abermals den Wechselfällen des Schicksals schutzlos Ausgelieferte begibt sich dankbar unter den »mütterlichen« Schutz von Mrs. Cole, die einem als Putzmacherladen getarnten, in Wirklichkeit aber höchst eindeutigen Etablissement vorsteht. Hier werden die Regeln der feinen Lebensart ebenso beachtet wie die des sexuellen Genusses, dem sich bald auch Fanny freizügig verschreibt, ohne allerdings über der Befriedigung der Sinne jemals ihre einzige wahre Liebe, Charles, zu vergessen. In dieser Atmosphäre entwickelt sie das erotische Raffinement, das die Begehrlichkeit reicher, bejahrter »Mäzene« anstachelt, die gewisse Nachteile ihres Alters durch finanzielle Großzügigkeit zu kompensieren pflegen. Ihr letzter Galan, ein sechzigjähriger Junggeselle und »rationaler Epikureer«, hinterläßt ihr schließlich nicht nur ein beträchtliches Vermögen, sondern auch die weise Einsicht, daß die Vergnügungen des Geistes höher einzustufen seien als die des Körpers. Mit dieser doppelten Versicherung gegen die Anfechtungen des Lebens und durch die damit verbundene Abkehr vom schnöden Liebeskalkül erweist sich Fanny einer Belohnung würdig, die ihr das Schicksal auch prompt beschert: Charles kehrt endlich von seiner langen Reise zurück, und mit der Wiedervereinigung der Liebenden, mit Ehe und Kindersegen findet Fannys unmoralischer Lebensabschnitt seinen hochmoralischen Abschluß.
Obwohl der Briefstil der Romanheldin stellenweise beachtliches literarisches Niveau erreicht, wurde ihr – vornehmlich aus den eingangs erwähnten, von weitgehend literaturfremden Vorurteilen bestimmten Gründen – bis in die Gegenwart die Aufnahme in die Literaturgeschichte versagt. Als sie 1963, nachdem unzählige, oft mit obszönen Illustrationen garnierte Raubdrucke für ihr Weiterleben gesorgt hatten, wieder ins Licht der Öffentlichkeit trat, machte man ihr in New York unter dem Vorwurf der Pornographie den Prozeß, der jedoch mit Freispruch endete. (Ein Münchner Gericht bestätigte dagegen 1968 auf Betreiben des Volkswartbundes das Verbot der ungekürzten deutschen Ausgabe – *»objektiv unzüchtig«* –, sprach jedoch den Verleger frei.) Literaturexperten und Kulturhistoriker bescheinigten Fanny Hills geistigem Vater (dem Großkaufmann, Diplomaten, zeitweiligen Präsidenten der »East Indian Company« und Lebemann John Cleland) eine bei aller Detailfreudigkeit, mit der er die verschiedenen Spielarten sexueller Betätigung schildert, niemals zotige, sondern sehr variable und plastische Sprache sowie eine treffende Zeit- und Milieuschilderung. Und auch dem gedanklichen Gehalt des Romans schenkte man nun stärkere Beachtung: Bei seiner Verherrlichung der Synthese von physischer und

psychischer Liebe geht es Cleland, durchaus in Übereinstimmung mit den philosophischen Anschauungen seiner Zeit, um die größtmögliche Glückseligkeit des Menschen. W.D.

AUSGABEN: Ldn. 1749 [recte 1747/1748], 2 Bde. – Ldn. 1750 *(Memoirs of Fanny Hill)*. – Ldn. 1784 (dass.). – NY [3]1963, Hg. u. Einl. P. Quennell [m. Bibliogr.]. – Ldn. 1963 (*Fanny Hill. Memoirs of a Woman of Pleasure*; [2]1964). – NY 1965 [Einl. H. J. Plumb]. – Ldn. 1970. – Oxford 1985, Hg., Einl. u. Anm. P. Sabor (OUP). – Harmondsworth 1985, Hg. P. Wagner (*Fanny Hill or Memoirs of a Woman of Pleasure*; Penguin).

ÜBERSETZUNGEN: *Abentheuer eines Frauenzimmers von Vergnügen*, anon., Ldn. 1782 [fiktive Ortsang.]. – *Die Memoiren der Fanny Hill*, 2 Bde., E. Feldhammer, Wien 1906; Nachdr. Dortmund 1979. – Dass., C. R. Abell, Lpzg. 1929. – Dass., Marquise d'Arclos [d. i. C. Barth], Mchn. 1964 [gek.; ern. 1988; Knaur Tb]. – Dass., E. Feldhammer, Ffm. 1974; [11]1987 (FiTb). – Dass., E. Nosbüsch, Reinbek 1980; zul. 1987 (rororo). – Dass., P. Dienst, Mchn. 1987. – *Fanny Hill. Memoirs of a Woman of Pleasure*, anon., Hg. P. Wagner, Mchn. 1989 [leicht modernisierte Ausg. d. Fassg. v. 1782].

VERFILMUNG: Deutschland 1964 (Regie: R. Meyer).

LITERATUR: D. F. Foxon, *Libertine Literature in England, 1660–1745. With an Appendix on the Publication of J. C.'s »Memoirs of a Woman of Pleasure«*, Ldn. 1964. – L. J. Morrissey u. B. Slepian, *What is »Fanny Hill«?* (in EIC, 14, 1964, S. 65–75). – W. Emrich, *J. C.: Die Memoiren der Fanny Hill* (in W. E., *Polemik*, Ffm./Bonn 1968, S. 249–262). – C. Rembar, *The End of Obscenity: The Trials of »Lady Chatterley«, »Tropic of Cancer« and »Fanny Hill«*, NY 1968. – G. v. Rezzori, *Propere Lust – über die »Memoiren der Fanny Hill«* (in *Literatur im Spiegel*, Hg. R. Becker, Reinbek 1969, S. 47–50). – L. Brandy, *Fanny Hill and Materialism* (in ECS, 4, 1970, S. 21–40). – M. Bradbury, *Fanny Hill and the Comic Novel* (in Critical Quarterly, 13, 1971, S. 263–275). – M. Shinagel, *»Memoirs of a Woman of Pleasure«: Pornography and the Mid-Eighteenth Century Novel* (in *Studies in Change and Revolution: Aspects of English Intellectual History, 1640–1800*, Hg. P. J. Korshin, Menston/Yorkshire, 1972, S. 211–236). – P. H. Neumann, *Der kleine Heilsweg der Fanny Hill. Zum ideologischen Charakter pornographischer Romane* (in NRs, 86, 1975, S. 78–90). – P. Naumann, *Keyhole und Candle, J. C.'s »Memoirs of a Woman of Pleasure«*, Heidelberg 1976. – R. Markley, *Language, Power, and Sexuality in C.'s »Fanny Hill«* (in PQ, 63, 1984, S. 342–356). – P. Sabor, *The Censor Censured: Expurgating »Memoirs of a Woman of Pleasure«* (in Eighteenth Century Life, 9, 1985, S. 192–201).

## WILLEM DE CLERCQ

* 15.1.1795 Amsterdam
† 4.2.1844 Amsterdam

### DAGBOEK

(ndl.; *Tagebuch*). Autobiographie von Willem de CLERCQ, zuerst erschienen 1822. – De Clercqs *Tagebuch*, das im Jahre 1805 beginnt und mit dem Tod des Autors endet, bietet einen nahezu lückenlosen Überblick über die geistigen und kulturellen Strömungen während der Restaurationszeit in den Niederlanden. In den Notizen des Knaben über seine umfassende musisch-humanistische Ausbildung ist bereits der erwachende literarische Instinkt spürbar, der de Clercq zeit seines Lebens auszeichnete. Bis zu seinem 22. Lebensjahr war sein großes literarisches Vorbild SCHILLER, dessen Dramen er bereits als Sechzehnjähriger bewunderte und mit dessen Worten er auch seine Reise nach Petersburg (1816/17) häufig kommentiert. Dieser wohl interessanteste Teil des *Tagebuchs* (der einzige, den de Clercq selbst zur Veröffentlichung bestimmte) berichtet bald spöttisch, bald begeistert von den landschaftlichen, kulturellen und sozialen Eigenarten, die einem Holländer in Norddeutschland und Rußland nach den Napoleonischen Kriegen auffallen mußten. Seine starke Heimatverbundenheit (*»Wahrheitsliebe hat mich geleitet, doch die Richtung unseres Herzens drückt sich immer wieder mit unwiderstehlicher Kraft aus in dem, was wir schreiben«*) läßt ihn manche scharfe Kritik üben. Den Deutschen wirft er Voreingenommenheit und nationalen Dünkel vor, in Rußland hingegen bemängelt er die gesellschaftlichen Verhältnisse: *»Was Freiheit des Denkens und Grundsätze angeht in einem Staat, wo der größte Teil der Bewohner wie Vieh verkauft wird und wo ein Wink des Souveräns den freien Untertan auf ewig aus dem Kreis seiner Familie und seiner Freunde rücken kann, das läßt sich deutlich vorstellen.«*
Unter dem nachhaltigen Eindruck der Lektüre von GOETHES *Dichtung und Wahrheit*, die seinen *»Vorstellungen über manche Begriffe eine völlig andere Richtung gibt«*, und unter dem Einfluß BYRONS äußert de Clercq grundsätzliche Zweifel an seiner bisherigen Sicht der Welt, insbesondere beginnt er den hybriden Liberalismus seines Volkes als Charakterschwäche zu verurteilen. Auch Zweifel an sich selbst und seinem schriftstellerischen Talent werden laut. Erst als der Autor 1819 den Lyriker Isaac de COSTA (1798–1860) kennenlernt, der ihm zum lebenslänglichen Freund wird, und 1822 mit dessen Lehrer Willem BILDERDIJK (1756–1831) zusammentrifft, faßt er wieder Vertrauen zu sich und seinem Volk, dessen liberalistisches Denken er nunmehr durch einen calvinistischen Idealismus zu überwinden trachtet. Im Sinne von da Costas *Bezwaren tegen den geest der eeuw*, 1823 *(Bedenken gegen den Geist des Jahrhunderts)*, regte de Clercq

im Kreise um Bilderdijk jene geistige Bewegung an, die gegen Ende der zwanziger Jahre des 19. Jh.s in das orthodox-reformierte »Réveil« einmündete. – De Clercqs *Tagebuch* ist ein bedeutendes Dokument nicht nur für den Kultur-, sondern auch für den Literaturhistoriker. Der Verfasser versteht es, seine Reflexionen mit einer Präzision zu formulieren, wie sie das niederländische Schrifttum vorher nicht gekannt hat. W.Sch.

AUSGABEN: Amsterdam 1822 (in Magazijn voor Wetenschappen, Kunsten en Letteren; unvollst.) – Baarn 1937, Hg., Einl. J. F. van Haselen. – Lochem 1962 *(Per karos naar St.-Petersburg)*.

LITERATUR: A. Pierson, *W. de C. naar zijn »Dagboek«*, Haarlem 1871; [2]1888/89, 2 Bde. – J. F. A. Huese, *Studiën: Mirabeau, W. de C.*, Amsterdam 1892. – C. E. te Lintum, *W. de C. De mensch en zijn strijd*, Utrecht 1938. – A. B. W. M. Kok, *W. de C., een der voormannen van het réveil*, Den Haag 1953. – J. C. Brandt Corstius, *W. de C. als literatuurhistoricus en comparatist* (in Verslagen en Mededelingen der Koninklijke Vlaamse Academie, 1961, S. 481–504). – M. H. Schenkeveld, *W. de C. en de literatuur*, Diss. Groningen 1962.

## ANDERS CLEVE

* 25.7.1937 Helsinki
† 26.3.1985

### LOCKNÄT

(schwed.; *Spinnennetze*). Roman von Anders CLEVE (Finnland), erschienen 1981. – Der auf den ersten Blick sonderbar disparat erscheinende Aufbau des Werks entpuppt sich nach stärkerem Vertrautwerden mit der ambitionierten Zielsetzung des Autors als durchaus sorgfältig und konsequent komponiert: In einem einzigen grandiosen Zug soll die nationale und internationale Entwicklung des 20. Jh.s eingefangen werden, die *»in ihren erschreckenden Spuren so viel Verheerung – Entmenschlichung, Entfremdung, Naturzerstörung, Umweltverschmutzung, oberflächliche Werte innerhalb und außerhalb des einzelnen Menschen hinterlassen hat«* (T. Sandell). Vor allem wendet sich Cleve gegen die Technokratie, die er für die Versklavung der Schöpfung, die Entseelung von Mensch und Natur, für den Ethnozid und Genozid an Minderheiten verantwortlich macht.
Der Roman setzt sich aus vier Teilen zusammen, die wiederum zwei Hälften ergeben: Der erste Teil *Sjukdomsberättelsen (Krankheitsbericht)* schildert die Zerstörung »innerhalb«, im Inneren eines Menschen, die zweite Hälfte, bestehend aus *Mytiska berättelser (Mythische Berichte)*, dem Kurzroman *Berättelsen om en järnarbetarfamilj (Erzählung über eine Eisenhüttenarbeiterfamilie)* und dem Schlußkapitel *Rekviem över de mördade djuren (Requiem für die gemordeten Tiere)* die Zerstörung »außerhalb«, d. h. im Umfeld des einzelnen, in Gesellschaft, Natur, Kultur, Lebensgewohnheiten, in Finnland und, weit darüber hinaus, weltweit.
Der wohl zum größten Teil autobiographische *Krankheitsbericht* ist die bedrückende, fast unerträglich werdende Schau in die private Hölle des geisteskranken Schriftstellers und Lehrers Carl Engman, dessen Angst und Abscheu vor seiner technokratischen Umgebung sich zur krebsartig wuchernden Paranoia steigern. Carl sieht sich in seinem Verfolgungswahn als »das Opfer« (im doppelten Wortsinn) des technokratischen Staates, der eine diabolische Verschwörung gegen die Natur, gegen das Leben, gegen die Menschlichkeit, gegen die finnlandschwedische Minorität und gegen Carl Engman persönlich inszeniert. Nach einer gehetzten Flucht nach Schweden, vor seiner Familie, die er am Komplott gegen sich beteiligt wähnt, kehrt er schließlich erschöpft nach Helsinki zurück und läßt sich ins Nervenkrankenhaus einweisen. Seine langsame Genesung erfolgt im intensiven Erleben der Natur als heilende Kraft. In andächtiger Betrachtung der fruchtbaren Ackerböden seiner Heimatprovinz Nyland entdeckt er als Symbol der Hoffnung *»locknät«, »Spinnennetze über den Furchen, ein Zeichen dafür, daß die Erde bereit für die Frühlingssaat (ist)«*. Diese dichte, zutiefst subjektive Sicht der Welt eines Paranoikers trägt gleichzeitig objektiven Charakter, denn in der Person Carls zentriert Cleve gleichsam die existentielle Angst des Menschengeschlechts: *»Wie Christus am Kreuz trägt Carl all den Schmerz, von dem wir lediglich Teile oder Symptome tragen«* (T. Sandell).
Die sieben eher essayartigen *»Mythischen Berichte«* weisen auf die realen Ursachen für Carls Krise hin, sie bilden den realen Hintergrund für seine abgrundtiefe Angst: die rücksichtslose Gewalt des Stärkeren gegenüber dem Schwächeren, die Auslöschung von Mensch und Natur aus Profitgier, Machtstreben, nationalistischer, ideologischer oder wissenschaftlich-technischer Hybris. Carl bangt um das Überleben Israels und des jüdischen Volkes, er prangert den Verrat der Welt an Biafra, die Ausrottung der brasilianischen Indianer, die brutale Beendigung des Prager Frühlings an, und verzweifelt betrauert er die Schändung des jungfräulichen Mondes durch amerikanische Astronauten. Im Zentrum seiner Angst steht jedoch die Sorge um die Zukunft der bäuerlich und handwerklich geprägten Finnlandschweden seiner Heimatprovinz Nyland, deren Existenz als eigenständige Volksgruppe durch die Ansiedelung von Großindustrieprojekten und den dadurch bedingten Massenzuzug von finnischsprachigen Arbeitskräften bedrohlich gefährdet ist.
Auf diese Schilderung dokumentarischer Fakten, die jedoch stark mit Abschnitten lyrisch-hymnischer Naturbetrachtung und mythisch-mystischen Gedanken durchsetzt ist, folgt der Kurzroman über

das Leben der Arbeiterfamilie Jakobsson in dem nyländischen Hüttenort Dalsbruk zu Beginn dieses Jahrhunderts. Stilistisch unterscheidet sich dieser Teil vollkommen von den anderen, auch von Cleves früheren Romanen. Die schlichte Innerlichkeit der Milieu- und Personenschilderung knüpft an den Stil seiner frühen Novellensammlung *Gatstenar*, 1959 *(Pflastersteine)* an, der von der Kritik als »magischer Realismus« gekennzeichnet wurde. Hier erweist Cleve armen, vom Schicksal überreich geplagten Menschen seine Reverenz und bekundet seine Solidarität, indem *»er sie mit all der Zärtlichkeit, Phantasie, Detail- und Sprachgenauigkeit beschreibt«*, die er sonst der Naturbeschreibung angedeihen läßt (T. Söderling). *»Das menschliche Leben erhält (dadurch) eine Art mythischer Schönheit auch unter den brutalsten und armseligsten Verhältnissen, ohne daß Cleve vor letzteren die Augen verschlösse«* (T. Söderling). *Locknät* endet hymnisch-visionär: in einer fast liturgischen Sprache zelebriert Cleve ein Requiem für die Seelen der von menschlicher Hybris gemordeten Kreatur. Über allem Leiden aber leuchtet das hoffnungsspendende Symbol der Auferstehung, die Sonne.

Cleve ist keinesfalls Pantheist, wie T. SÖDERLING meint. Seine Naturauffassung ist tief von christlicher Mystik geprägt. Das letzte Kapitel von *Locknät* ist ein geradezu franziskanischer »Sonnengesang«. Galt der Autor wegen seiner Naturschwärmerei, der Beschwörung des Mittelalters und seiner Identifizierung mit dem »einfachen Leben«, seiner Sorge um die Bewahrung des traditionellen Lebensraums der Finnlandschweden, die sich mit der Ablehnung des modernen technokratisch gelenkten Wohlfahrtsstaates verband, schließlich wegen seiner Betonung des einsamen Lebenskampfes als Romantiker von eher konservativer Prägung, so wurde doch der hohe literarische Rang dieses Werks und die Unbedingtheit und radikale Ernsthaftigkeit von Cleves Auseinandersetzung mit dem Leben allgemein anerkannt. O.M.S.

AUSGABE: Helsinki 1981.

LITERATUR: S. Storå, *A. C.s författarskap under tjugo år* (in Finsk Tidskrift, 1975, Nr. 3, S. 140–153). – T. Sandell, Rez. (in Hufvudstadsbladet, 11. 12. 1981). – T. Söderling, Rez. (in Folktidningen Ny Tid, 18. 3. 1982 u. 25. 3. 1982).

## ARTHUR HUGH CLOUGH

* 1.1.1819 Liverpool
† 13.11.1861 Florenz

LITERATUR ZUM AUTOR:
W. Houghton, *The Poetry of A. H. C.*, New Haven/Conn. 1963; Nachdr. NY 1979. – M. Timko, *Innocent Victorian: The Satiric Poetry of A. H. C.*, Athens/Oh. 1966. – R. M. Gollin u. a., *A. H. C.: A Descriptive Catalogue; Prose, Biography, and Criticism* (in Bulletin of the NY Public Library, 70, 1966, S. 554–585; 71, 1967, S. 55–58; 71–92; 173–199). – W. V. Harris, *A. H. C.*, NY 1970 (TEAS). – E. B. Greenberger, *A. H. C.: The Growth of a Poet's Mind*, Cambridge/Mass. 1970. – *C.: The Critical Heritage*, Hg. M. Thorpe, Ldn./NY 1972.

### AMOURS DE VOYAGE

(engl.; *Reiseliebschaft*). Lyrischer Briefroman von Arthur Hugh CLOUGH, erschienen 1849. – Die Dichtung entstand in Rom während der Belagerung der kurzlebigen Republik Mazzinis und Garibaldis durch die Franzosen. Der sehr kurze Briefroman besteht aus fünf ungleichen »Cantos«, die sich aus an Zahl und Umfang verschiedenen Briefen der jungen Schwestern Georgina und Mary Trevellyn und des Londoner Kunststudenten Claude zusammensetzen, der – wie seinerzeit Clough – London fast fluchtartig verlassen hat und aus Italien an einen Londoner Freund schreibt. Clough verwendet den gleichen akzentuierenden englischen Hexameter wie in seiner Idylle *The Bothie of Toper-Na-Fuosich (Die Hütte von Toper-Na-Fuosich)*. Jeder Canto beginnt und endet mit einem seinen Inhalt dem Gesamtgeschehen zuordnenden Gedicht. Die Handlung ist, wie stets bei Clough, stark autobiographisch. Die Briefe geben Tageserlebnisse, Reiseeindrücke und Berichte über Bekanntschaften wieder und erzählen, zunächst zwischen den Zeilen, dann deutlicher, die Geschichte einer verpaßten Liebe: Claude macht während der Belagerung in Rom die Bekanntschaft der Familie Trevellyn mit ihren drei Töchtern Mary, Susan und Georgina. Er verliebt sich in Mary, aber seine Unentschlossenheit und Marys Zurückhaltung verhindern ein gegenseitiges Geständnis. Als die Geliebte schließlich nach der Belagerung abreist, folgt er ihr zwar, verfehlt sie aber immer wieder, obwohl sie versucht, ihn mit Hilfe einer Freundin auf den richtigen Weg zu weisen. Da Claude – wie seinerzeit Clough selbst – die *»feeble and restless youths born to inglorious days«* vertritt, gilt für ihn, was der Autor als wesentliches Thema dem Ganzen vorausstellt: *»Il doutait de tout, même de l'amour«*, und er kann sich daher nicht zu entscheidendem Handeln entschließen, sondern muß, an sich und der Geliebten zweifelnd, resignieren.

Clough schildert die Ereignisse mit jener feinen Satire, die bereits sein *Bothie of Toper-Na-Fuosich* auszeichnet. Seine Analysen der Gefühlssituationen zwischen den Liebenden sind subtil, die Episoden werden unterhaltsam entwickelt, und der Hintergrund großer politischer Ereignisse ist mit einer Lebendigkeit entworfen, die der Dichter seiner persönlichen Teilnahme an den beschriebenen Ereignissen in Rom verdankt. Daß die Dichtung bis über Cloughs Lebenszeit hinaus fast völlig unbeachtet blieb, ist teils dem unglücklich gewählten Versmaß, vor allem aber dem Fehlen einer Buchausgabe zuzuschreiben. Zusammenhängend erschien das Werk erstmals 1862 in London und Boston im Rahmen einer Auswahl, die Cloughs Witwe herausgab. Volle Anerkennung wurde dem Dichter erst postum bei Erscheinen der Ausgabe von 1869 zuteil, die bis zum Ende der Regierung Viktorias (1901) vierzehn Auflagen erlebte. M.W.

AUSGABEN: Ldn. 1849. – Boston 1862 (in *Poems*). – Ldn. 1869 (in *The Poems and Prose Remains*, 2 Bde.). – Oxford 1951 (in *The Poems*, Hg. H. F. Lowry u. a.; [2]1974, Hg. F. L. Mulhauser u. J. Turner).

LITERATUR: J. D. Jump, *C.'s »Amours de Voyage* (in English Magazine, 9, 1953). – M. Timko, *»Amours de Voyage«, Substance or Smoke* (in English Magazine of the English Association, 13, 1960, S. 95–98). – G. Parry, *The Unsentimental Traveller's »Amours de voyage«* (in Caliban, 13, 1976, S. 55–67). – R. Micklus, *A Voyage of Juxtapositions: The Dynamic World of »Amours de Voyage«* (in Victorian Poetry, 18, 1980, S. 407–414).

## THE BOTHIE OF TOPER-NA-FUOSICH. A Long-Vacation Pastoral

(engl.; *Die Hütte von Toper-na-Fuosich. Eine Ferienidylle*). Versidylle von Arthur Hugh CLOUGH, erschienen 1848; eine zweite Fassung erschien unter dem Titel *The Bothie of Tober-na-Vuolich*. – Der Inhalt der Idylle geht – wie der aller Werke Cloughs – auf persönliche Erlebnisse zurück, in diesem Fall auf seine Tätigkeit als Tutor in Oxford und auf zwei längere Reisen in das schottische Hochland. – Die etwa 1700 Hexameter sind – in Anlehnung an GOETHES *Hermann und Dorothea* – in neun Gesänge gegliedert, denen jeweils ein Motto aus VERGIL oder CATULL vorangestellt ist; für die äußere Form stand außerdem auch LONGFELLOWS *Evangeline* Pate. – Sechs Oxforder Studenten haben zusammen mit ihrem Tutor an dem nationalen Volkstanz- und Sportwettkampf teilgenommen, der alljährlich am »Balladenfluß« Dee, nahe der kleinen schottischen Stadt Braemar, stattfindet. Den Rest der langen Ferien wollen sie in den Bergen zur Examensvorbereitung benutzen. Philip Hewson, der Held des Gedichts, unternimmt zunächst mit dreien der Freunde einen Ausflug. Ein heftiger Landregen treibt die vier nach verschiedenen Abenteuern in ein Bauernhaus. Dort verliebt sich Philip in die Bauerntochter Katie, deren Jugendfrische und häusliche Emsigkeit ihn entzücken. Aber Blick und Anblick eines schönen Mädchens, dem Philip auf seinem Abendspaziergang begegnet, lassen ihn daran zweifeln, daß Katie seinen Ansprüchen an eine Frau, deren Idealbild er seinen Freunden entwickelt hat, genügen könne. Ohne Abschied verläßt er das Bauernhaus, und Katie tröstet sich in naiver Lebenslust mit den Freunden. Als Gast auf Schloß Balloch fühlt sich Philip sodann von der Schönheit und Grazie der jungen Lady Maria angezogen, verläßt diese aber mit den gleichen Zweifeln, wie er sie Katie gegenüber empfunden hatte. Als er auf der Rückreise eines seiner Pferde beschlagen läßt, erkennt er in dem Schmied David Mackaye, der im »Bothie of Toper-na-Fuosich« wohnt, einen alten Schotten, der ihn schon während der Spiele am Dee eingeladen hatte. In Elspie, der Tochter des Schmieds, findet er jenes schöne Mädchen wieder, um dessentwillen er Katie verließ. Obwohl sie zunächst aus Vernunftgründen widerstrebt, gewinnt Philip in Elspie die Frau, die für ihn die Verwirklichung seines Idealbildes, der Harmonie von Naturverbundenheit und Herzenskultur bedeutet. Nach einjähriger Wartezeit erlernt er bei ihrem Vater die Landwirtschaft und wandert mit Elspie nach Neuseeland aus.

Wie in seinen anderen Werken findet auch in dieser romantisch-idyllischen Geschichte (deren Naturschilderungen die Vorbilder Robert BURNS, Walter SCOTT und vor allem William WORDSWORTH verraten) Cloughs religiöse und existentielle Unsicherheit einen Niederschlag. Diese hatte ihren Ursprung in den Revolutionsereignissen von 1848, an denen der Autor lebhaften Anteil nahm, in dem vordringenden Materialismus und dem Abbau religiöser Werte durch die neue Bibelkritik, vor allem die eines David Friedrich STRAUSS. Trotz solcher Zweifel bietet der Dichter eine Lösung an, die im Sinn seines Freundes CARLYLE auf das, bei aller Anerkennung der Ungleichheit der Menschen, harmonische soziale Zusammenleben, auf die Vervollkommnung der eigenen Persönlichkeit in naturverbundener Einfachheit und auf absolute Pflichterfüllung abzielt. In sprachlicher Hinsicht neigt Clough zu Alliteration und Klangmalerei und benutzt schottische Dialektformen sowie den Oxforder Studentenjargon. Er vertieft das romantische Sujet durch die humorvolle, lebensnahe Schilderung von Situationen und Personen, die oft in eine an HEINE erinnernde Ironie und in treffenden Sarkasmus umschlägt, spielt mit der Inkongruenz von Darstellungsmitteln und Dargestelltem und benutzt das Metrum eines akzentuierenden englischen Hexameters, dessen freizügige Handhabung er selbst als *»anglo-savage«* bezeichnet. Obwohl freilich gerade dieses Versmaß schon Cloughs Zeitgenossen den Zugang zu seinem humorvollen und geistreichen Werk erschwerte, konnte diese ländliche Ferienidylle zur populärsten seiner fünf längeren Versdichtungen werden. M.W.

AUSGABEN: Oxford/Ldn. 1848. – Ldn. 1896 (in *The Bothie and Other Poems*, Hg. E. Rhys). – Ldn. 1910 (in *Poems*, Hg. H. S. Milford; enth. beide Fassgen.). – Oxford 1951 (in *The Poems*, Hg. H. F. Lowry u. a.; [2]1974, Hg. F. L. Mulhauser u. J. Turner). – Ldn. 1968 (in *The Poems of A. H. C.*, OUP).

LITERATUR: R. B. Rutland, *The Genesis of C.'s »Bothie«* (in Victorian Poetry, 11, 1973, S. 277–284). – J. P. McGrail, *Three Image Motifs in A. H. C.'s*

*»The Bothie of Tober-na-Vuolich«* (ebd., 13, 1975, S. 75–78). – R. B. Rutland, *Some Notes on the Highland Setting of C.'s »Bothie«* (ebd., 14, 1976, S. 125–133). – C. Murray, *Names in A. H. C.'s »The Bothie«* (in NQ, 24, 1977, S. 361). – T. A. Hayward, *The Latin Epigraphs in »The Bothie of Tober-na-Vuolich«* (in Victorian Poetry, 21, 1983, S. 145–155).

## DIPSYCHUS

(engl.; *Dipsychus*). Dramatische Versdichtung von Arthur Hugh CLOUGH; einigen Freunden und Bekannten wurde das Werk 1865 in einer privaten Ausgabe zugänglich gemacht, der Öffentlichkeit erst 1869. – Diese dritte seiner fünf längeren Versdichtungen konzipierte der viktorianische Lyriker 1850 während eines ausgedehnten Venedig-Aufenthaltes. Obwohl er immer wieder an dem Gedicht gearbeitet hat, ist es Fragment geblieben. Sicher scheint, daß er nicht beabsichtigte, es in der vorliegenden Form zu veröffentlichen; denn er hat das Manuskript zeitlebens niemandem gezeigt. – In einer flüchtigen Tagebuchnotiz schrieb Clough, er betrachte Mephisto und Faust als Verkörperung der seelisch-geistigen Existenz des Menschen. Man muß annehmen, daß dieser Bemerkung die Lektüre des Goethischen *Faust* vorausgegangen war. Tatsächlich deutet manches im *Dipsychus* auf eine Beeinflussung durch GOETHES Tragödie hin, wenn sich auch die beiden Werke weder formal noch inhaltlich, noch in ihrer geistigen Konzeption oder ihrem dichterischen Rang vergleichen lassen.

Wie alle Dichtungen Cloughs ist auch *Dipsychus* stark autobiographisch geprägt. Das Werk besteht aus dreizehn in Venedig spielenden Szenen. Wie nebensächlich jedoch Handlung, Ort und Zeit sind, ergibt sich sowohl aus dem Fehlen einer genauen szenischen Abgrenzung wie auch aus dem Inhalt. Clough selbst beschreibt die Dichtung in einem Prosaepilog als einen Versuch, *»den Konflikt zwischen einer empfindsamen Seele und der Außenwelt darzustellen«*. Aus der Umwelt ins Psychische zurückgenommen, realisiert sich diese Darstellung in einem durch höchste Sensibilität bedingten und von außen her durch nichts Ungewöhnliches evozierten Dialog zwischen dem seelisch gespaltenen Studenten Dipsychus und einem »Spirit« genannten Versucher, der nach Cloughs Deutung (im Epilog) *»Annahme«* und *»subjektive Vorstellung«* ist. Dieser Spirit, im Gedicht auch »Mephisto«, »Belial« und »Cosmocrator« genannt, erweist sich als Stachel aus Widerspruch und Skepsis in der eigenen Seele.

Im Leben des Dichters war dieser Stachel durch die religiöse und existentielle Unsicherheit gegeben, die aus seiner lebhaften Anteilnahme an den Revolutionsereignissen von 1848, aus der Begegnung mit dem erstarkenden Materialismus und – am nachhaltigsten – aus seiner Auseinandersetzung mit David Friedrich STRAUSS' *Leben Jesu* erwachsen war. Die tragische Grundidee des Werkes ist das Ringen um eine Bewältigung der Gegebenheiten einer dem eigenen Ich entfremdeten Welt, ohne sich mit dieser gemein zu machen. Der Spirit verkörpert dabei ein ständiges Drängen zur Tat, zu den Freuden und Leiden der Welt, zur Sinnenlust, Dipsychus dagegen eine idealistische, statisch-esoterische Haltung, wie sie sich in anderer Ausformung in Cloughs *Amours de Voyage* findet. Der Dialog endet damit, daß Dipsychus das Ringen aufgibt und den als »Mephisto« apostrophierten Spirit zum Pakt herbeiruft, die vielen, ohne weltliche Aktivität vertanen Jahre bereuend: *»One third of life departed, nothing done.«* Das Problem, in der Welt in Ruhm und Ansehen das Heil zu finden, ohne dabei inneren Schaden zu erleiden – ein zutiefst mittelalterliches Problem –, wird freilich durch diesen Entschluß nicht gelöst, wie das knapp 190 Blankverse umfassende und dreißig Jahre später spielende Fortsetzungsfragment *Dipsychus Continued* zeigt: Die Seele wurde vergeblich verpfändet, eine geistige *unio* nicht erlangt.

Clough hat sich bemüht, die sprachliche Charakterisierung der Gegenstimmen – beim Spirit treibende, sarkastische Skrupellosigkeit, zynische Glätte, bei Dipsychus moralischer Ernst, meditative Weltfremdheit – auch in unterschiedlicher Versgestaltung zum Ausdruck zu bringen. Für Dipsychus benutzt er meist einen Blankvers mit glatten, reichen Kadenzen, bisweilen auch Hexameter, für Spirit metallisch-elegante, gereimte jambische Fünfheber. Um Einförmigkeit zu vermeiden, gebraucht er für beide Stimmen abwechselnd auch jambische Drei- und Vierheber. Die langen Blankvers-Passagen des Dipsychus, deren Sprache durch Metaphern und Bildern aufgelockert ist, gleichen sich jedoch Mephistos Diktion und Versform an, wenn Dipsychus dessen Zynismus nachahmt oder wenn er für Augenblicke den Zustand einer klaren geistigen Position, einer inneren Einheit erlebt. Andererseits spricht Mephisto in – teils synkopierten – Blankversen, wenn der seelische Druck auf Dipsychus besonders stark wird.

Obwohl man dem Autor eine souveräne Sprach- und Versbehandlung, die Aufrechterhaltung der beabsichtigten Grundstimmung und eine subtile, bisweilen dramatische Psychologisierung zuerkennen muß, fehlt dem *Dipsychus* als Dichtung jene Geschlossenheit und Endgültigkeit, die Cloughs *Bothie of Toper-na-Fuosich* (später als *Bothie of Tober-na-Vuolich* bekannt) auszeichnet. M.W.

AUSGABEN: Ldn. 1865 (in *Letters and Remains*; Privatdr.). – Ldn. 1869 (in *The Poems and Prose Remains*, 2 Bde.). – Oxford 1951 (in *The Poems*, Hg. H. F. Lowry u. a.; ²1974, Hg. F. L. Mulhauser u. J. Turner).

LITERATUR: M. H. Shackford, *C.'s »Dipsychus«* (in M. H. S., *Studies of Certain 19th Century Poets*, Natick/Mass. 1946). – K. Badger, *C. as »Dipsychus«* (in MLQ, 12, 1951). – J. Bertram, *The Ending of C.'s »Dipsychus«* (in RESt, 7, 1956, S. 59/60).

## JOB (JOSEPH) COAT

* 1789 Morlaix
† 1858 Morlaix (?)

### PLACH AR PEMP AMOUROUZ

(bret.; *Das Mädchen mit den fünf Liebhabern*). Komödie in drei Akten von Job (Joseph) COAT, verfaßt zwischen 1826 und 1831. – Der aus einfacher Familie stammende Autor entwickelte früh eine besondere Vorliebe für das Theater; er verließ seinen Posten als Angestellter, um Schauspieler zu werden, und gründete schließlich eine eigene Truppe, in der er nach und nach auch eigene, im Dialekt von Tréguier geschriebene Werke zur Aufführung brachte: *Tragödie über das Leben des Huon von Bordeaux; Mysterium von den Eroberungszügen Karls des Großen; Tragödienbuch über das Leben von Jean von Paris; Leben des hl. Wilhelm* usw. Der Glanz, der dank Coats Wiederbelebung des Theaters seine Geburtsstadt Morlaix umgab, erlosch freilich nach seinem Tod rasch wieder. Das interessanteste Stück des Autors ist zweifellos *Plach ar pemp amourouz*, das erst in neuerer Zeit von L. BLOKLANDER herausgegeben wurde. Es besteht aus 876 Versen, davon entfallen 28 auf einen kurzen Prolog. Die Komödie ist in einer volkstümlichen, kräftigen, dabei aber nuancenreichen Sprache verfaßt und stand stets auf dem Theaterplan Coats.

In Abwesenheit ihrer Herrschaft, des Marquis und der Marquise de Belgrade, empfängt das Zimmermädchen Clémentine der Reihe nach ihre Liebhaber: einen reichen jungen Mann, einen Bauern, einen Bürger, einen Dragoner und einen Ritter. Arlequin, der Diener, beschließt, an seinen Rivalen Rache zu nehmen, verkleidet sich als Frau, spielt die Rolle Clémentines und empfängt die Liebhaber; nachdem er sich ihre Liebeserklärungen angehört hat, gibt er sich zu erkennen und verprügelt sie. Diese beklagen sich bitter bei Clémentine. Da ihr die Wahl unter ihren Freunden schwerfällt, befolgt sie den Rat des fünften Liebhabers: Allen werden die Augen verbunden, und derjenige, der Clémentine als erster faßt, soll sie zur Frau haben. Doch das Mädchen bringt sich in Sicherheit, und die Liebhaber ergreifen sich gegenseitig. Arlequin erscheint und macht nun stolz seine älteren Rechte geltend. Der Marquis, dem er die Entscheidung überläßt, befragt Clémentine und gibt, da sie einverstanden ist, dem Paar seinen Segen.

Das Stück ist einerseits vom französischen Theater, wie es MARIVAUX im 18. Jh. prägte, beeinflußt, enthüllt aber gleichzeitig in seiner Ungekünsteltheit und der geringeren Empfindsamkeit und größeren Spontaneität seiner Personen seine Abhängigkeit vom Theater der *commedia dell'arte*. Die Gestalt des Harlekin, die bis dahin im bretonischen Theater unbekannt war, wurde von Coat neu – ein Jahrhundert später als in Frankreich – eingeführt; doch bezeichnenderweise entkleideten ihn die Bretonen aus Abneigung gegen alles Gekünstelte seines lächerlichen und gestärkten französischen Kostüms, um ihn wieder auf seine italienischen Ursprünge zurückzuführen; nicht zuletzt mag die volkstümliche Diktion zur Beliebtheit dieses Werks beigetragen haben. L.B.

AUSGABEN: Rennes 1961/62 (in L. Bloklander, *Arlequin dans le théâtre breton*, in Annales de Bretagne, 68, Nr. 4; 69, Nr. 4). – Brest 1964 (in L. Bloklander, *Arlequin dans le théâtre breton*).

LITERATUR: Abeozen, *Damskeud eus hol Lennegezh kozh*, La Baule 1962, S. 48/49. – L. Bloklander, *Arlequin dans le théâtre breton*, Brest 1964 (vgl. dazu: L. Fleuriot, Rez. in Études Celtiques, 11, 1964/65, S. 555–557). – P. Le Roux, *Le théâtre breton populaire du XVIIe au XIXe siècle* (in Conférences universitaires de Bretagne, 1943/44). – G. Le Menn, *Histoire du théâtre populaire breton (XVe – XIXe)*, Saint-Brieuc 1983.

## HUMPHREY COBB

* 1899 Florenz
† 25.4.1944 Port Washington / N.Y.

### PATHS OF GLORY

(amer.; *Ü: Wege zum Ruhm*). Roman von Humphrey COBB, erschienen 1935. – Der Roman spielt im Jahr 1915 in Frankreich, an der Westfront. Ein französisches Infanterieregiment, vom Kampfeinsatz völlig erschöpft und eben auf dem Weg in die Etappe, erhält plötzlich den Befehl, an die Front zurückzukehren, um eine stark befestigte deutsche Stellung zu erobern, die irrtümlich bereits als eingenommen gemeldet worden war. Der Divisionskommandeur General Assolant weiß, daß das französische Oberkommando mit dem Angriff auf die Stellung schier Unmögliches verlangt, will aber nun um jeden Preis – nicht zuletzt, weil er selbst sich damit eine hohe Auszeichnung zu verdienen hofft – die Wirklichkeit dem Heeresbericht angleichen. Der Sturmangriff des Regiments endet in einem Blutbad; vor allem das Erste Bataillon hat schwere Verluste, bevor es überhaupt über die eigenen Drahtverhaue hinauskommt. Wütend verlangt Assolant daraufhin, daß eine größere Anzahl von Soldaten wegen Feigheit vor dem Feind standrechtlich erschossen werde. Um allzu großes Aufsehen zu vermeiden, reduziert sein Vorgesetzter, General de Guerville, die Zahl derer, die vors Standgericht kommen sollen, auf vier – je ein Mann aus den am Angriff beteiligten Kompanien – und überläßt es den Kompanieführern, die »Feiglinge« zu nominieren. Hauptmann Renouart meldet mutig, unter seinen Soldaten sei kein Feigling, und da man weiß, daß er Beziehungen zu einflußreichen Politikern hat und das Vorgehen der Generale publik machen könnte, läßt man ihn unbehelligt. Hauptmann Sancy wählt einen Mann aus, der als Soldat wenig taugt und auch sonst übel beleumdet ist. Leutnant Roget benennt einen tapferen Soldaten, der auf einer Patrouille Zeuge seines Versagens geworden ist und den er nun loswerden will. Feldwebel Jonnart läßt das Los entscheiden, das auf den Schützen Langlois fällt, einen ungewöhnlich tapferen, mehrfach ausgezeichneten Soldaten. Das Standgericht ist eine Farce: Es bemüht sich nicht um Wahrheitsfindung, sondern um ein Urteil im Sinne des Generals Assolant, das schließlich an den drei »Feiglingen« vollstreckt wird.

Dem straffen Handlungsaufbau entspricht die äußerst ökonomische und unsentimentale Erzählweise. Mit psychologischem Verständnis für die Opfer militärischen Prestigedenkens geißelt Cobb den Wahnwitz des Kriegs, indem er die geschilderten skandalösen Vorfälle für sich selbst sprechen läßt. Kernpunkt seiner Anklage ist neben dem rein pazifistischen Argument die Bloßstellung der beiden Generäle und all derer, die ihre Handlungsweise decken und damit jene Ideale verraten, für die sie angeblich Krieg führen. Cobbs Buch übertrifft an künstlerischer Ausgewogenheit und moralischer Überzeugungskraft viele nach dem Ersten Weltkrieg erschienenen Antikriegsromane. Es wurde von der Kritik gepriesen und in Amerika neben Stephen CRANES und Ambrose BIERCES Bürgerkriegserzählungen gestellt, geriet jedoch, nachdem es für kurze Zeit ein Bestseller gewesen war, in Vergessenheit, bis es 1958 von Stanley Kubrick verfilmt wurde – mit so scharfer antimilitaristischer Tendenz, daß der Film in Frankreich nicht gezeigt werden durfte. J.v.Ge.

AUSGABE: NY 1935.

ÜBERSETZUNG: *Wege zum Ruhm*, M. Haas, Bern u. a. 1959. – Dass., dies., Zürich 1962.

VERFILMUNG: USA 1957 (Regie: S. Kubrick).

LITERATUR: Anon., Rez. (in Scholastic, 9. 11. 1935). – Anon., Rez. (in NY Times, 22. 9. 1940). – S. J. Kunitz u. H. Haycraft, *Twentieth Century Authors*, NY 1950, S. 291/292. – A. Kazin, *Amerika: Selbsterkenntnis und Befreiung: Werden und Wachsen einer Nation im Spiegel ihrer Prosa-Literatur 1890–1940*, Freiburg i. B./Mchn. 1951, S. 73. – E. Brüning, *Das amerikanische Drama der 30er Jahre*, Bln. 1966, S. 224. – A. Schöne, *Abriß der amerikanischen Literaturgeschichte in Tabellen*, Ffm./Bonn 1967, S. 259. – J. J. Waldmeir, *American Novels of the Second World War*, Den Haag/Paris 1969. – T. Dardis, *Some Time in the Sun*, NY 1976, S. 139/140. – J. Walsh, *American War Literature 1914 to Vietnam*, NY 1982, S. 30.

## WILLIAM COBBETT

* 9.3.1763 Farnham
† 18.6.1835 bei Guildford

### RURAL RIDES IN THE COUNTIES OF SURREY, KENT, SUSSEX ...

(engl.; *Ländliche Streifzüge in den Grafschaften Surrey, Kent, Sussex ...*). Reiseaufzeichnungen von William COBBETT, gesammelt erschienen 1830. – Cobbett publizierte die Berichte über seine Streifzüge in den südlichen Grafschaften Englands zuerst in unregelmäßiger Folge in seinem ›Weekly Political Register‹, das er 1802 als Tory-Blatt gegründet hatte, das sich jedoch schnell zum einflußreichsten Sprachrohr der sozialen Reformbewegung entwickelte. Die Buchveröffentlichung von 1830 steht in engem Zusammenhang mit den Bestrebungen um eine Wahlrechtsreform in England, die schließlich in der großen *Reform Bill* von 1832 gipfelten.

Die *Rural Rides* sind das Zentrum von Cobbetts umfangreichem publizistischem Lebenswerk und stellen den Schnittpunkt seiner oft widersprüchlichen sozialpolitischen Gedankengänge dar. Revolutionäre und reaktionäre Elemente verbinden sich in ihm zu einer Mischung, wie sie für viele englische politische Denker von Jonathan SWIFT bis Joseph CHAMBERLAIN charakteristisch ist. Der Essayist William HAZLITT bezeichnete ihn wohl mit Recht als einen *»sehr ehrlichen, aber völlig prinzipienlosen Menschen«*. Immer wieder ließ sich Cobbett von seinen Beobachtungen landwirtschaftlicher Mißstände zu wütenden Ausfällen gegen die Juden als Exponenten der Finanzwirtschaft und die Quäker als dominierende Macht in Industrie und Handel provozieren, gegen das *»höllische Papiergeld«* und den *»Vormarsch von Backstein und Mörtel«*, der vom *»Wasserkopf«* London aus die alte bäuerliche Kultur von Middlesex zerstöre. In der hohen Staatsschuld als Folge des Krieges gegen Napoleon, im stehenden Heer und in den *enclosures* (Abgrenzung von bisher gemeindeeigenem Grund als Privatbesitz) sieht er die unmittelbaren Ursachen des niedrigen Lebensstandards der Landbevölkerung. (Dabei gibt er freilich ein verzerrtes Bild der Gesamtsituation, da seine Beobachtungen nur auf den Süden des Landes zutreffen, während im Norden die Lohnkonkurrenz der Fabriken und Bergwerke zu einer Verbesserung der Lage der Landarbeiter führte.) Nur eine grundlegende Reform des korrupten politischen Establishments, nur eine Ausdehnung des Wahlrechts auf die nichtbesitzenden Klassen könne Abhilfe schaffen. Cobbetts gesellschaftspolitischer Alternativentwurf ist allerdings nicht als demokratisches Konzept im modernen Sinn gemeint, sondern trägt deutlich feudale Züge: Als Fernziel schwebt ihm eine Rückkehr zu den mittelalterlichen Verhältnissen vor der Reforma-

tion vor, zu einer von patriarchalischen Landbesitzern und hart arbeitenden, aber zufriedenen Bauern gebildeten, in sich ruhenden, statischen Dorfgemeinschaft.
Bei einem politisch so engagierten und enragierten Autor kann das Fehlen jener einfühlsamen Schilderungen landschaftlicher Schönheit, die man gemeinhin von einem Schriftsteller der romantischen Periode erwartet, kaum überraschen. In Cobbetts Berichten und Gesprächen mit der Landbevölkerung ist nichts von der oft geradezu verklärenden Bewunderung einfachen Lebens zu spüren, die etwa bei Wordsworth zu finden ist. Sie wenden sich meist schnell praktisch-ökonomischen Fragen zu und münden in politische Agitation. Landschaftliche Schönheit kann Cobbett nur dort genießen, wo sie sich mit landwirtschaftlicher Nutzbarkeit verbindet, für die er als Bauernsohn ein sachkundiges Auge hat. Selbst seine begeisterte Beschreibung der Rieseneiche von Tilford endet mit einer Kalkulation ihres Verkaufswerts.
Die Bedeutung Cobbetts, der als eine der umstrittensten Persönlichkeiten seiner Zeit galt – Samuel Taylor Coleridge nannte ihn das *»Rhinozeros der Politik«* und Heinrich Heine bezeichnete ihn als den *»Wachhund Englands«* –, liegt darin, daß er durch seine Schriften als einer der ersten das soziale Gewissen seiner Nation wachgerüttelt und die Reformbewegung der Gruppe »Junges England« um Benjamin Disraeli vielfältig beeinflußt hat. Im 20. Jh. hat sich vor allem G. K. Chesterton um das Fortleben seines Werks verdient gemacht.

M.Pf.

Ausgaben: Ldn. 1830. – Ldn. 1885, 2 Bde. [Anm. W. C.]. – Ldn. 1926 (*Selections from Cobbett's Rural Rides*, Hg. u. Einl. G. Boas). – Ldn. 1930, 3 Bde., (*Rural Rides... Together with Tours in Scotland... and Letters from Ireland*, Hg., Einl. u. Anm. G. D. H. u. M. I. Cole). – Ldn./NY 1953 (Everyman's Library). – Ldn. 1958, Hg., Einl. u. Anm. E. W. Martin. – Harmondsworth 1967, Hg. u. Einl. G. Woodcock. – Ldn. 1975.

Literatur: Th. Smith, *W. C. A Literary and Political Study*, Ldn. 1906. – G. Saintsbury, *W. C.* (in G. S., *Collected Essays and Papers*, Ldn. 1923, S. 268–301). – G. K. Chesterton, *W. C.*, NY 1926. – E. C. Blunden, *»Rural Rides«* (in E. C. B., *Votive Tablets*, Ldn. 1932, S. 268–280). – M. Bowen, *Peter Porcupine. A Study of W. C.*, Ldn. 1936. – G. D. H. u. M. I. Cole, *The Opinions of C.*, Ldn. 1944. – T. A. Birrel, *»The Political Register«. C. and English Literature* (in *English Studies Presented to R. W. Zandvoort on the Occasion of His Seventieth Birthday*, Amsterdam 1964, S. 214–219). – J. W. Osborne, *W. C. His Thought and His Times*, New Brunswick/N. J. 1966. – A. Briggs, *W. C.*, Oxford 1967. – G. Duff, *Scenic Description in W. C.'s »Rural Rides«* (in McNeese Review, 18, 1967, S. 45–59). – C. Palmer, *Facts are Facts: C.'s »Rural Rides«* (in The Critical Review, 15, 1972, S. 105–112).

## CARLO COCCIOLI

* 15.5.1920 Livorno

Literatur zum Autor:
*C. C. y su demonio, en Madrid* (in Estafeta Literaria, 1978, Nr. 640, S. 9–12; Interview). – J. Lyle, *Recovering C.* (in Renascence, 33, 1980, S. 195–210). – N. Maroger Ragghianti, *Itinéraire d'une conscience: Notes sur C. C.* (in Cahiers d'Études Romanes, 8, 1983, S. 105–115). – *Peripezie dell' epica contemporanea*, Hg. G. Sommavilla, Mailand 1983. – M. C. Bassani, Art. *C. C.* (in Branca, 1, S. 617/618).

### IL CIELO E LA TERRA

(ital.; *Ü: Himmel und Erde*). Roman von Carlo Coccioli, erschienen 1950. – Die Handlung wird aus mehreren, sorgfältig aufeinander abgestimmten Perspektiven erzählt: Dem Pfarrer von San Sebastiano in Campo, Monsignore Antonio Zei, ist der junge Ardito Piccardi als Kaplan zugeteilt worden. Dieser verficht ein unbedingtes Christentum, dem nach seiner Auffassung die moralischen Prinzipien der Gesellschaft keineswegs entsprechen und dem selbst die Kirche in ihrer allzu großen Kompromißbereitschaft nicht gerecht wird. Gesellschaft und Kirche stehen für ihn im Banne Satans, dessen Wirken er an sich selbst zu spüren glaubt, seit eine Teufelsaustreibung ihm den Anstoß gab, Priester zu werden. Gegen Satan zu kämpfen, empfindet er als seinen höchsten apostolischen Auftrag. Auf seinen dringenden Wunsch wird er von San Sebastiano, wo er bereits in den Ruf eines Heiligen geraten ist, in die Berggemeinde Chiaratorre versetzt. Aber auch hier konzentriert sich das Interesse der Gemeinde immer stärker auf die Gestalt des jungen Priesters. Don Ardito wird gegen seinen Willen mit Marienerscheinungen in Verbindung gebracht und schließlich sogar zu dem Versuch getrieben, an einem Kranken ein Wunder zu wirken. Als der Kranke tatsächlich gesundet, glaubt Ardito für einen kurzen Augenblick, die Wonnen des Auserwähltseins zu spüren; dann aber erkennt er, daß die äußerste satanische Verführung darin besteht, einen Menschen dazu zu verlocken, sich Heiligkeit anzumaßen. Er will dieser Versuchung entrinnen, indem er die Leitung eines städtischen Klubs junger katholischer Intellektueller übernimmt. In ihrem Kreis begegnet er Adriana Michelacci, einem rätselhaften, seelisch höchst labilen jungen Mädchen. In ihr liegen lange Zeit Gut und Böse im Widerstreit. Als sie sich entschließt, Nonne zu werden, ist ihr Beweggrund weniger der echte Glaube als eine religiöse Hysterie, die mit der Person des jungen Priesters im Zusammenhang steht. Da das Mädchen den Priester mehr und anders beschäftigt, als es seinem Amt ziemt, flüchtet er nach Neapel, um dort Armenprediger zu werden. Unter den verachtetsten Menschen will er Gott lieben und ihm dienen, um Satan zu entrinnen. Aber in einem Traumgesicht enthüllt sich ihm das wahre Motiv seines Verhaltens: Er ist auf der Flucht vor Adriana, vor der *»Stimme des Fleisches«*, der er frevlerisch einen *»heiligen Sinn«* unterlegt hat. Nun fühlt er sich nicht einmal wert, in den Elendsvierteln zu predigen. – Sein Schicksal erfüllt sich, als er – eingedenk der Mahnung seines alten Lehrers, Monsignore Agostino Zanardi, die *»einfachen Lösungen«* zu suchen – den Weg zurück nach Chiaratorre findet. Er gerät zwischen die Fronten der deutschen Besatzungstruppen und der italienischen Partisanen, die einander erbittert mit Terror und Gegenterror bekämpfen. Stellvertretend nimmt er die Verantwortung für ein Attentat auf sich und bringt im Kugelregen des Exekutionskommandos ein *»versuchtes Opfer der Liebe«*. Was Don Ardito im Leben nicht gelingen konnte, die Versöhnung von Himmel und Erde aus dem Geist einfacher, hingebender Liebe, vollbringt er mit seinem Tod.

*Himmel und Erde* ist eng verwandt mit den großen französischen Priesterromanen. Insbesondere mit den Priestergestalten von Georges BERNANOS teilt Don Ardito die Erkenntnis des Bösen, Dämonischen, Satanischen als einer konkreten Wirklichkeit. Carlo Coccioli ist der führende Vertreter des italienischen psychoanalytischen Romans. (Sein 1947 erschienener Roman *La difficile speranza* gilt als das bedeutendste Werk dieser Gattung.) W.A.

AUSGABEN: Florenz 1950; [6]1958. – Mailand 1977 [rev.].

ÜBERSETZUNG: *Himmel und Erde*, F. Jaffé, Stg. 1951.

LITERATUR: L. Barjon, *»Le ciel et la terre«* (in Études, 271, 1951, S. 338–350). – M. Brion, *C. C. romancier italien* (in RDM, Febr. 1952, S. 344–353).

## LA DIFFICILE SPERANZA

(ital.; *Die mühsame Hoffnung*). Roman von Carlo COCCIOLI, erschienen 1947. – Das der Erzählung vorangestellte Wort Jesu: *»Wenn man am Tag wandert, stößt man nicht an, weil man das Licht dieser Welt sieht; wenn man aber bei Nacht wandert, stößt man an, weil man kein Licht in sich hat, um zu sehen«* (*Johannes*, 10, 9/10) skizziert das Thema des Romans: das unheilvolle Wirken der durch den Krieg entfesselten Triebe und Leidenschaften.

Der Student Tom, der im Zweiten Weltkrieg als Partisan gegen die Deutschen gekämpft hat, besucht nach dem Waffenstillstand seinen Jugendfreund Rico. In der ihm von früher her wohlvertrauten Umgebung hat sich jedoch vieles verändert. Zahlreiche Bauern und Taglöhner (die Handlung ist in einer imaginären Apenninenlandschaft der Marken angesiedelt) suchen im Kommunismus Befreiung aus sozialer Unterdrückung. Rico selbst ist nach der Ermordung seines Onkels durch die Faschisten Alleinerbe des Familienbesitzes, Herr über immense Ländereien geworden. Es entgeht Tom nicht, daß auch im Empfinden, im Denken und in den Verhaltensweisen dieser Menschen tiefgreifende Veränderungen vor sich gegangen sind, daß sich hinter mehr oder minder konventionellen Beziehungen starke Spannungen verbergen. Aus Gesprächen mit Ricos Verwandten vermag der junge Mann zu ersehen, daß sein Freund – den Romanfiguren Julien GREENS nicht unähnlich – gleichsam in einem Gefängnis sitzt, von seinen Angehörigen eifersüchtig bewacht und tyrannisiert. Die Mutter Regina, aus einfachen Verhältnissen stammend, bestärkt den Sohn in seiner Absicht, ein armes Bauernmädchen zu heiraten. Adamo, der Vater, widersetzt sich diesem Plan, der seiner Meinung nach zur Zerstörung überkommener Ordnungen führen muß. Auch Signorina Elisa, Ricos Tante, bekämpft den Neffen aus Opposition gegen seine Mutter, deren einfache Herkunft sie nie verzeihen kann. Tante Carlotta schließlich, die Witwe des Mannes, der Rico seinen gesamten Besitz vermacht hat, stellt sich, obgleich sie sich durch den Neffen um ihr eigenes Erbteil betrogen sehen müßte, ganz auf dessen Seite, um dadurch ihrem persönlichen Haß gegen die in ihren Augen bösartige Schwägerin Luft zu machen.

Die Handlung wird vornehmlich von Gesprächen getragen, die diese Menschen mit Tom führen, zu dem sie sich in fast magischer Weise hingezogen fühlen. Für den hochsensiblen Jüngling verdichtet sich dabei die immer drückender werdende Atmosphäre zu einem Inferno, in dem Menschen einander quälen, deren familiäre Beziehungen an sich ein friedliches Zusammenleben erwarten lassen sollten. (Das Ausmaß dieser seelischen Zerstörung wird vom Autor symbolisch durch eingestreute Schilderungen der Grausamkeiten des Partisanenkriegs angedeutet.) Tom registriert die Verhaltensweisen und sucht ihre Motive in Urinstinkten, die der Krieg aus dem sie verhüllenden Dunkel des Unterbewußten heraufgezerrt hat. Aber den Lehren FREUDS folgend, auf den sich der Autor ausdrücklich beruft, bleibt Tom nicht bei der Analyse stehen, sondern bemüht sich um ein therapeutisches Ziel. Während eines erschütternden Monologs vor dem halbverwesten, zerstückelten Leichnam eines deutschen Soldaten gelangt Tom zu der für den Autor auch persönlich entscheidend gewordenen Erkenntnis: *»Wir müssen durch die Hölle, um zum Paradies aufsteigen zu können.«*

Der Roman entstand im Herbst 1945 in jenem aus MALAPARTES *La pelle (Die Haut)* bekannt gewordenen Neapel der unmittelbaren, chaotischen Nachkriegszeit. Der junge Autor schrieb ihn, wie er seinem Verleger Enrico Vallecchi bekannte, um sich von dem Alptraum der entsetzlichen Geschehnisse zu befreien, deren Zeuge er war. Als den eigentlichen Anlaß dieses Krieges bezeichnet Coccioli den *»blinden Glauben«* der Alten. Er selbst macht sich mit seinem Helden Tom zum Sprecher einer neuen Generation, die nun klare Bilanz ziehen müsse, *»damit wir Menschen, die wir Knechte unserer nackten Seelen sind, Sklaven dieser unserer Wirklichkeit, die sich unter den Gewändern verbirgt, mit denen uns die Vergangenheit barmherzigerweise eingehüllt hat – damit wir alle, die wir leben, in diesem unserem irdischen Dasein nicht Fremdlinge sind, sondern Brüder, einander nicht gleichgültig gegenüberstehen, sondern Brüder sind, nicht Feinde einer wider den anderen, sondern Brüder«*. Dies ist aus der Sicht des christlichen Existentialismus der Ausgangspunkt für seinen weit über Italien hinaus bekanntgewordenen Priesterroman *Il cielo e la terra*, 1950 *(Himmel und Erde)*. M.S.

AUSGABE: Florenz 1947.

LITERATUR: C. Burucoa (in Les Nouvelles Littéraires, 9. 6. 1949). – A. Zambaldi, *C. C.* (in Studium, Rom, Sept. 1952, S. 530–532). – M. Brion, *C. C., romancier italien* (in RDM, Jan./Febr. 1952, S. 344–353). – D. Fernandez, *C. C.* (in NNRF, 3, 1955, 26, S. 335–337). – I. Scaramucci, *Romanzi del nostro tempo*, Brescia 1956.

## NICOLAE D. COCEA

* 29.11.1880 Bîrlad
† 1.2.1949 Bukarest

LITERATUR ZUM AUTOR:
E. Campus, *N. D. C. un maestru al pamfletului literar*, Bukarest 1955. – V. Ene, *N. D. C.*, Bukarest 1966. – I. Peltz, *Un mare prieten: N. D. C.* (in I. P., *Amintiri despre ...*, Bukarest 1967, S. 9–29). – P. Țugui, *Gala Galaction și N. D. C., elevi la liceul Sf. Sava*, Craiova 1975. – V. Ene, *Scritori satirici români*, Iași 1982.

### VINUL DE VIAȚĂ LUNGĂ

(rum.; *Der Wein des langen Lebens*). Novelle von Nicolae D. COCEA, erschienen 1931. – Die Haupthandlung der Novelle – eine Liebesgeschichte – ist in eine autobiographisch gefärbte Rahmenhandlung eingebettet. Der Protagonist der Rahmenhandlung, wie Cocea ein junger Richter, beginnt seine berufliche Laufbahn in der Moldau, in einer nahe den Weinbergen von Cotnar gelegenen Kleinstadt. Die kleinbürgerliche Atmosphäre ist für den jungen Richter erdrückend, er fühlt sich nur zu dem schrulligen, legendenumwobenen Großgrundbesitzer Manole Arcașu hingezogen. Die Lebensgeschichte Arcașus, die dieser eines Abends seinem jungen Freund erzählt, bildet die Haupthandlung der Erzählung.
Nach Beendigung seiner Studien in Frankreich war Arcașu im Revolutionsjahr 1848 in die Moldau zurückgekehrt. Seine liberalen und nationalen Vorstellungen von einer Agrarreform, von der Freilassung der Zigeuner und von einer Befreiung von der türkischen Fremdherrschaft schreckten seinen konservativ denkenden Vater derart, daß er seinen Sohn in das Kloster Neamț einsperren ließ. Danach wurde Arcașu auf das väterliche Landgut in der Nähe von Cotnar verbannt. Dort verliebte er sich in Rada, eine schöne Zigeunerin, die zu den Leibeigenen des Gutes gehörte. Da es Arcașu widerstrebte, von seiner Macht als Gutsherr Gebrauch zu machen, bemühte er sich darum, Radas Gunst zu gewinnen. Als er jedoch erfuhr, daß Rada bereits einen Geliebten – einen Zigeuner – hatte, verbrachte er mit ihr eine Liebesnacht im Weinkeller des Gutes. Am folgenden Tag wurde Rada jedoch ermordet aufgefunden, und ihr Mörder konnte nie entdeckt werden, obwohl Arcașu die Zigeuner sogar entgegen seinen Prinzipien foltern ließ. Als einzige Erinnerung an die Zigeunerin blieb Arcașu der Wein, der in jener Nacht gekeltert worden war – der *»Wein des langen Lebens«*, wie der Gutsherr ihn nannte.
Zwischen der Novelle Coceas und der Kurzprosa Mihail SADOVEANUS (1880–1961) lassen sich zahlreiche Parallelen ziehen. Originell ist bei Cocea vor allem ein Zug zur Satire und zur Zeitkritik, der auch für den engagierten Journalisten Cocea charakteristisch ist. Die Kritik hat auch auf einen möglichen Einfluß der Prosa Romain ROLLANDS und ANATOLE FRANCES auf Coceas Erzählweise hingewiesen. G.Sc.

AUSGABEN: Bukarest 1931. – Bukarest 1963. – Bukarest 1969/1970 (in *Scrieri*, Hg. V. Ene, 2 Bde.).

LITERATUR: P. Constantinescu, *N. D. C. Vinul de viață lungă* (in P. C., *Scrieri*, Bd. 2, Bukarest 1967, S. 298–308). – Perpessicius, *N. D. C. Vinul de viață lungă* (in P., *Opere*, Bd. 5, Bukarest 1972, S. 87–89).

## JEAN COCTEAU

* 5.7.1889 Maisons-Laffitte / Seine-et-Oise
† 11.10.1963 Milly-la-Forêt

LITERATUR ZUM AUTOR:
*Zeitschrift*:
Cahiers J. C., Paris 1969 ff.
*Biographien*:
A. Fraigneau, *J. C. par lui-même*, Paris 1957 (dt. *J. C. in Selbstzeugnissen und Bilddokumenten*, Reinbek 1961; rm). – F. Brown, *An Impersonation of Angels. A Biography of C.*, NY 1968 (dt. *Ein Skandal fürs Leben*, Mchn. 1980). – E. Sprigge u.

J.-J. Kihm, *J. C., l'homme et les miroirs*, Paris 1968 (dt. *J. C. Sein Leben, ein Meisterwerk*, Mchn. 1970). – F. Steegmuller, *C. A Biography*, Ldn. u. a. 1970. – J. Marais, *Spiegel meiner Erinnerung*, Mchn. 1975. – P. de Miomendre, *Moi, J. C.*, Paris 1985.

*Gesamtdarstellungen und Studien*:
C. Mauriac, *J. C. ou la vérité du mensonge*, Paris 1945. – P. Dubourg, *Dramaturgie de J. C.*, Paris 1954. – F. Hagen, *Leben und Werk des J. C.*, 2 Bde., Mchn. u. a. 1961. – G. Mourgue, *J. C.*, Paris 1965. – W. A. Fowlie, *J. C.*, Bloomington/Ldn. 1966. – C. Borgal, *C. Dieu, la mort, la poésie*, Paris 1968. – J.-M. Magnan, *C.*, Paris 1968. – B. L. Knapp, *J. C.*, NY 1970 (TWAS). – J. Brosse, *C.*, Paris 1970 [komm. Werkbibliogr.]. – C. Mauriac *Une amitié contrarié*, Paris 1970. – P. Chanel, *Album C.*, Paris 1970; ern. 1979. – P. Wirtz, *Das poetologische Theater J. C.s*, Genf/Paris 1972. – *J. C. Du cinématographe*, Hg. A. Bernard u. C. Gauteur, Paris 1973. – W. Fifield, *C.*, NY/Ldn. 1974. – C. Borgal, *C., poète de l'au-delà*, Paris 1977. – L. Crowson, *The Esthetic of J. C.*, Hannover/N.H. 1978. – D. Müller, *J. C. und Igor Stravinskij*, Hbg. 1981. – J. Grimm, *C.* (in J. G., *Das avantgardistische Theater Frankreichs 1895–1930*, Mchn. 1982, S. 104–128). – *J. C., Dossier* (in Mag. litt., 199, Okt. 1983, S. 14–52). – *J. C. and the French Scene*, Hg. A. King Peters, NY 1985. – H. Klüppelholz, *C.* (in KLFG, Nlg. Aug. 1985). – Ders., *Von der Farce zum Mysterium – Die Surrealisierung des MAs bei J. C.* (in *Rezeption mittelalterlicher Literatur in der Neuzeit*, Hg. R. Grimm, Heidelberg 1986).

## BACCHUS

(frz.; *Ü: Bacchus*). Tragikomödie in drei Akten von Jean COCTEAU, Uraufführung: Paris, 10. 10. 1951, Théâtre Marigny; deutsche Erstaufführung: Düsseldorf, 10. 10. 1952, Schauspielhaus. – Ein alter byzantinischer Brauch, der sich in der Schweiz (Vevey) bis in die Gegenwart erhalten hat, will, daß alljährlich zum Winzerfest ein junger Mann zum »Bacchus« gewählt wird und sieben Tage lang mit unumschränkter Gewalt über das Dorf regiert. Nach Ablauf dieser Frist wurde in der Antike der Bacchus selbst, in späterer Zeit nur noch sein Gewand auf dem Scheiterhaufen verbrannt. Das Stück spielt in einem deutschen Dorf zur Zeit der Reformation, in jener Atmosphäre von Unsicherheit, die eine Folge der Glaubensspaltung und des beginnenden Bauernaufstandes war. Der Autor will *Bacchus* als ein »objektives« Stück verstanden wissen, mit dessen immanenter theologischer Problematik er sich nicht identifiziert. Er will nur die *»heillose Einsamkeit der Jugend«* darstellen, *»die sich in sich selbst verrennt und die Richtlinien, gleichviel welcher Politik, um nichts in der Welt akzeptiert«*. Dennoch ist dies Stück mit theologischen Diskussionen beladen und erscheint unzugänglicher als die meisten anderen Werke Cocteaus.

Dieser Bacchus, ein junger Bauernsohn und Schüler eines von der Inquisition verbrannten Häretikers, besitzt die geistige Freiheit, um in einer Welt des Zwangs und der Verfolgung, in der die Menschen mehr an den Teufel als an Gott glauben, die *»harte Güte«* zu predigen; er will, und sei es gegen ihren Willen, in den Menschen *»die schlummernden Kräfte der Liebe aufrütteln. Die Furcht beseitigen. Den Haß töten. Gut sein, wie man böse ist. Lieben, wie man tötet. Nicht wissen, wohin das führt«*. Für ihn liegt das eigentlich Tragische darin, daß die Elite glaubt, *»Bosheit sei ein Zeichen von Intelligenz, und Güte sei dasselbe wie Dummheit«*. Er fühlt sich als Jünger Christi, obwohl sein Wort sich gegen jene kehrt, die es sich zur Aufgabe gemacht haben, den Sohn Gottes zu verkündigen, gegen die Priester der Kirche. Seinen gefährlichsten Gegenspieler, den römischen Kardinal, hat Cocteau mit jener geistigen Größe ausgestattet, die es dem Kirchenfürsten erlaubt, in diesem Bauernsohn den im Herzen unschuldigen Feuerkopf zu erkennen, der für sich und die Welt nach echter Glaubenswahrheit sucht; in einer *»weichen Güte«* vermag er ihn zu achten und zu lieben. Aber er weiß, daß Bacchus scheitern wird, da die unbedingte Freiheit Anarchie bedeutet: *»Es gibt nur Gottesfurcht oder Todesangst!«* Als Bacchus einsehen muß, daß seine Liebe nur Haß erzeugt hat, nimmt er sein Scheitern an, da er in ihm die einzige Möglichkeit erkennt, doch noch zu siegen: Christus zu verteidigen und die Verdammnis des Menschen auf sich zu nehmen! Als die aufgebrachte Menge in blindem Haß gegen den neuen Propheten nach der Inquisition ruft, schlägt der Kardinal, nicht als berechnender Seelenfänger, sondern aus Güte, einen Ausweg vor, den Bacchus jedoch nicht beschreitet. Er wird von einem Freund erschossen und so vor der ihm zugedachten Strafe, der schmachvollen Verbrennung auf dem Scheiterhaufen bewahrt. Der Kardinal rettet durch eine fromme Lüge den Leichnam vor der Wut des Pöbels. – Cocteau beabsichtigte mit diesem Stück, *»Gott endlich wieder mit der Intelligenz zu begaben, für die man den Teufel haftbar macht«* – was ihm von seiten MAURIACS den Vorwurf der Gotteslästerung eintrug. A.B.

AUSGABEN: Paris 1952. – Paris 1957 (in *Théâtre complet*).

ÜBERSETZUNG: *Bacchus*, Ch. Regnier u. G. v. Rhein, Wien/Mchn. 1954 (Welt d. Theaters). – Dass., dies., Mchn. 1959 (in *Dramen*).

LITERATUR: J. Lemarchand, *»Bacchus« de J. C. au théâtre Marigny* (in Le Figaro Littéraire, 29. 12. 1951, S. 10). – L. Barjon, *Réformateurs et profanateurs. De C. [»Bacchus«] à Thierry Maulnier [»Le profanateur«]* (in Études, 1952, H. 272, S. 347–359). – R. Kemp, *»Bacchus« de J. C.* (in Chantiers, 16, 1952, 4, S. 13–16). – B. Simiot, *»Bacchus«* (in Hommes et Mondes, 7, 1952, 67, S. 294–296). – C. de Trooz, *Littérature et impiété* (in C. de T., *Le concert dans la bibliothèque*, Brüssel

1959, S. 137–151). – A. Schulze-Vellinghausen, *Theaterkritik*, Hannover 1961, S. 165–168. – C. Borgal, *»Bacchus« ou le testament* (in Cahiers J. C., 5, 1975, S. 85–92). – B. Poirot-Delpech, *L'affaire »Bacchus« ou la correction fraternelle* (ebd., S. 77–84). – R. Clement, *»Bacchus« ou La double épreuve* (ebd., 9, 1981, S. 343–392).

## LES ENFANTS TERRIBLES

(frz.; *Ü: Kinder der Nacht*). Roman von Jean Cocteau, erschienen 1929. – Das Buch, das Cocteau innerhalb von drei Wochen niederschrieb, führt den Leser in ein Reich, zu dem nur das besondere Genie der Kindheit und das Genie des Dichters Zugang finden. Es ist ein nächtliches, gefährliches Reich, in dem die Natur hervorbringt, was sonst nur die Droge erzeugen kann: den wunderbaren Wachtraum, das schwerelose Schweben in einer magisch verwandelten Wirklichkeit.

Ohne sich der eigenen Schönheit bewußt zu sein, ohne Sinn für die Realität und jenseits jeder Vorstellung von Gut und Böse, *»frisch bis zum Verbrechen«*, leben die Geschwister Paul und Elisabeth in einem seltsamen Spannungsverhältnis. Eine Art Haß überlagert ihre naiv-inzestuöse Liebe; der rüde Schülerjargon, in dem sie sich unterhalten, verdeckt die Traumsubstanz, die das eigentliche Medium ihres Zusammenlebens ist. Paul ist eines jener Kinder, die in der Schule statt Grammatik, Rechnen und Geschichte jenen Halbschlaf erlernen, in dem sie selbst außer Reichweite sind, die Gegenstände aber erst ihren wahren, das heißt magischen Sinn erhalten. In Elisabeth, der älteren Schwester, hat das Genie der Kindheit sich bis zur Dämonie gesteigert. Als Wächterin des »Tempels« wird sie zum schwarzen Todesengel – eine Figur, die sich mit Racines Athalie messen kann. – Das gemeinsame Reich der Geschwister beginnt in ihrem Zimmer.

Inmitten einer obligatorischen Unordnung, in einer von Traum, Hypnose und Somnambulismus geschwängerten Atmosphäre, zu der die rotverhängte Lampe und die Schatzschublade als rituelle Requisiten gehören, spielen sie allabendlich ihr »Spiel«: sie entgleiten der Wirklichkeit. Zwei Freunde, Gérard und Agathe, sind in dem Zimmer zugelassen. Durch diese Adepten ihrer Mysterien werden die Kinder in ein neues Kräfteverhältnis gestellt: Gérard überträgt seine anfängliche Liebe zu Paul auf Elisabeth, Agathe die ihre von Elisabeth auf Paul. Während dieser, ohne sich darüber klar zu sein, Agathes Zuneigung erwidert, ahnt Gérard, daß niemand Elisabeth, die »Jungfrau des Tempels«, jemals besitzen wird. Der Tod des reichen und ganz der Realität zugewandten jungen Mannes, mit dem Elisabeth sich verlobt hat und der einen Tag nach der Hochzeit stirbt, fügt sich dieser Konstellation folgerichtig ein: Nur als Toter kann er, von den Kindern »verwandelt«, in ihre Gemeinsamkeit eingehen. Die vier beziehen das weitläufige Palais des Verstorbenen und erschaffen sich in der langen Galerie mit den ungewissen Schatten ihr Reich. – Als Paul seine Liebe zu Agathe entdeckt, verhindert Elisabeth die Verbindung, indem sie Agathe und Gérard, diese »bürgerlichen« Wesen, einander zuspielt. Und alle fügen sich ihr.

Da tritt Dargelos auf, jener animalisch-schöne, starke Mensch, der Pauls Idol ist und ihm zum Schicksalsgott wird. Er hat Paul einst mit der »weißen Kugel«, einem Schneeball, verwundet; er schickt ihm nun, nach Jahren und wieder wie zum Spiel, die »schwarze Kugel« ins Haus, die tödliche Droge. Aber noch auf dem Sterbebett, als Paul endlich Agathe seine Liebe gestehen kann und sich ihm Elisabeths wahre Natur enthüllt, reißt ihn die stärkere Schwester an sich. Noch einmal zwingt sie ihn in ihr »Spiel«, in dem er für Agathe unerreichbar wird und in dem sich nun die Schwester für immer mit ihm vereint: Sie tötet sich durch einen Revolverschuß.

In *Le grand écart (Die große Kluft)* und *Thomas, l'imposteur (Thomas der Schwindler)*, den beiden Vorstufen zu diesem Roman, ist das Thema vom Genie der Kindheit noch eingehüllt in eine fast mondäne Verkleidung, wird es durch stilistische Mittel noch bewußt in Distanz gehalten. In *Les enfants terribles*, seinem Meisterwerk, läßt Cocteau es unverhüllt zutage treten und verleiht ihm die Aura des Tragischen. An die Stelle verspielten Charmes tritt hier der dunkle Zauber, in dessen Schatten der Tod haust. Nun hängen nicht mehr allein die Romanfiguren, nun hängt das Werk selbst nur noch *»mit einem Faden an der Erde«*. Jetzt gleitet Cocteau über alles äußere Geschehen rasch hinweg, die Wirklichkeit ist jetzt nichts als das Sprungbrett, von dem er sich abstößt in das mysteriöse Traumreich der »schrecklichen Kinder«. A.B.

Ausgaben: Paris 1929. – Lausanne 1947 (in *Œuvres complètes*, Bd. 1). – Paris 1952. – Paris 1959 (Poche). – Paris 1972 [Ill. J. C.]. – Paris 1974.

Übersetzungen: *Enfants terribles*, H. Kauders u. E. Frisch, Bln. 1930. – *Kinder der Nacht*, F. Kemp, Mchn./Basel 1953. – Dass., ders., Ffm. 1966 (BS). – Dass., ders., Stg. 1985. – Dass., ders. (in *Werkausgabe in zwölf Bdn.*, Hg. R. Schmidt, 3, Ffm. 1988; FiTb).

Verfilmung: Frankreich 1949 (Regie: J.-P. Melville).

Literatur: R. de Saint Jean, *»Les enfants terribles« de J. C.* (in RHeb, 38, 7. 9. 1929, S. 109–113). – J.-J. Kim, *Dargelos et les pièges de la beauté* (in La Table Ronde, 1955, Nr. 94, S. 123–128). – Milorad, *Les deux envois de Dargelos* (in Cahiers des Saisons, 2, 1956/57, S. 478–481). – J. Bruller-Dauxois, *C. et la drogue des »Enfants terribles«* (in Europe, 1970, Nr. 495, S. 172–180). – L. S. Roudiez, *C.s »Les enfants terribles« as a Blind Text* (in Mosaic, 5, 1972, S. 159–166). – S. Hélain-Koss, *Rêve et fantasmes dans »Les enfants terribles« de C.* (in FR, 47, 1974, Nr. 6, S. 151–161; Sondernr.). – S. P.

McNab, *Mythical Space in »Les enfants terribles«* (ebd., S. 162–170). – M. MacLean, *The Artificial Paradise and the Lost Paradise. Baudelairien Themes in C.'s »Les enfants terribles«* (in AJFS, 12, 1975, S. 57–88). – J. P. Kaplan, *Complexity of Character and the Overlapping of a Single Personality in C.'s »Les enfants terribles«* (ebd., S. 89–104). – P. B. Gobin, *»Les enfants terribles« de C.*, Paris 1974. – J.-M. Magnan, *Le jeu des »Enfants terribles«* (in Cahiers J. C., 8, 1979, S. 145–171). – J.-P. Duquette, *C. et »Les enfants terribles«* (in Écrits du Canada français, 53, 1984, S. 87–101). – R. Buss, *C., »Les enfants terribles«*, Ldn. 1986.

## LE GRAND ÉCART

(frz.; *Ü: Die große Kluft*, auch *Der große Sprung*). Roman von Jean COCTEAU, erschienen 1923. – Jacques Forestier, der Sohn wohlhabender Eltern aus Tours, trifft nach ausgedehnten Reisen mit seiner Mutter in Paris ein, um sich in einer schäbigen Privatpension auf das Abitur vorzubereiten. *»Jacques lebt nur in kleinen Zeitabschnitten mit einer langen Synkope dazwischen. Er hält sich nicht für stabil. Er stützt sich nicht ab, es sei denn spielerisch. Kaum, daß er sich zu setzen wagt. Er ist von der Art jener Seeleute, die von der Seekrankheit nicht genesen können.«* Nach einigen trüben Wochen des Alleinseins beginnt er Kontakte zu seinen Pensionskameraden aufzunehmen: zu dem Gedichte schreibenden und Äther inhalierenden Araber Mahieddine Bachtarzi, dem arroganten Oxford-Studenten Peter Stopwell, der mit snobistischem Stoizismus die Rumpelkammer bewohnt, zu dem vierzehnjährigen »Petitcopain«, der Stopwell bewundert, und dem stets an Verstopfung leidenden Albino Pierre de Maricelles. Eines Abends lernt Jacques Bachtarzis Geliebte, die Revuetänzerin Louise Champagne, kennen; sie verspricht, ihm ihre Freundin Germaine Râteau vorzustellen, die – wie sie selbst – zu den Frauen gehört, *»die fünfzig Franken beim Theater und fünfzigtausend zu Hause einnehmen«*. Obwohl Germaine von einem reichen Börsenspekulanten, Nestor Osiris, ausgehalten wird, dessen Bruder Lazare wiederum der Geliebte ihrer jüngeren Schwester Loute ist, faßt sie eine leidenschaftliche Zuneigung zu Jacques, der bisher in jedem erotischen Verhältnis immer nur seinen jugendlichen Narzißmus erlebt hat. Ein im Verein mit Loute geschmiedetes Komplott erlaubt ihm, Germaine zu lieben, ohne eine Entdeckung befürchten zu müssen, ja sogar einen längeren Ausflug mit ihr auf ein Landgut zu unternehmen, das sie ihren Eltern von ihren »Einkünften« hat kaufen können. Das rätselhafte Zwielicht dieser Halbwelt beginnt Jacques immer stärker anzuziehen. Nach dieser Landpartie, die sie scherzhaft ihre *»Tour du monde«* nennen, trennt sich Germaine sogar von Osiris. Seit Jacques aber eines Tages bei einem unerwarteten Besuch Germaine und Louise in zärtlicher Umarmung auf dem Diwan überrascht hat, beunruhigt ihn die Erinnerung an dieses *»vielgliedrige Hindugötterbild«*. Beim Rollschuhlaufen trifft er wenig später überraschend Stopwell, dessen herrenhaft-saloppe Eleganz und natürliche, »englische« Ungezwungenheit Germaine sofort bezaubern. Die brutal-naive Gleichgültigkeit, mit der sie ihn verstößt, um sich Stopwell zuzuwenden, treibt Jacques zum Selbstmord. Ein Zufall rettet ihm jedoch das Leben. Nach einer dreimonatigen Krise, die er unter der Obhut seiner Mutter in der Provinz übersteht, begegnet er, nach Paris zurückgekehrt, Nestor Osiris, der weiter mit hündischer Treue Germaine aushält. Er weiß zu berichten, daß sie jetzt mit Bachtarzi und Stopwell mit Louise zusammenlebe und daß bei Germaine, die sich den Gewohnheiten ihrer Liebhaber anpasse, dem englischen Spleen zwanglos türkische Sitten gefolgt seien. *»Jacques fühlte sich wieder schwermütig werden. Er wußte wohl, daß, um auf der Erde zu leben, man den Moden folgen müsse und daß ›Herz‹ sich nicht mehr tragen ließ.«*

*Le grand écart*, die zweite größere Prosaarbeit Cocteaus nach seinem Roman *Le Potomak* (1919), bezeugt eine antimodernistische Tendenz, die der Autor – entgegen seinen eigenen Anfängen – vor allem unter dem Einfluß seiner Freundschaft mit dem genialischen, früh verstorbenen Raymond RADIGUET entwickelt hatte und die er auch in theoretischen Arbeiten, z. B. in *Le secret professionnel* (1922) und in dem Vortrag *D'un ordre considéré comme une anarchie*, zum Ausdruck brachte. *»Der Stil kann kein Ausgangspunkt sein. Er ergibt sich ... Der wahre Schriftsteller schreibt knapp und sehnig. Alles übrige ist Fett oder Magerkeit.«* Kennzeichnend für seinen »figurativen« Stil sind viele eigenwillige, anschauliche Bild- und Wortschöpfungen. Cocteau, der wenige Jahre zuvor zusammen mit Max JACOB eine neue »klassische Linke« hatte gründen wollen, erstrebt in diesem Roman ein neoklassizistisches Ideal der »Einfachheit«, das er gleichzeitig in der Musik bei Strawinsky und in der Malerei bei Picasso zu finden glaubte. Ein weiteres literarisches Zeugnis dieses Stilideals ist der noch im gleichen Jahr veröffentlichte Roman *Thomas l'imposteur*. H.H.H.

AUSGABEN: Paris 1923. – Lausanne 1946 (in *Œuvres complètes*, 11 Bde., 1946–1951, 1). – Paris 1957 (Ill. J. C.). – Paris 1984.

ÜBERSETZUNGEN: *Die große Kluft*, N. Karaponsca, Wien 1924. – *Herz unmodern*, F. Hagen, Braunschweig 1951. – *Der große Sprung*, ders., Mchn. 1956. – *Die große Kluft*, ders. (in *Werkausgabe in zwölf Bdn.*, Hg. R. Schmidt, 1, Ffm. 1988; FiTb).

LITERATUR: B. Crémieux, Rez. (in NL, 27. 10. 1923). – E. Jaloux, Rez. (in RHeb, 2. 6. 1923). – E. R. Curtius, *Der junge C.* (in E. R. C., *Kritische Essays zur europäischen Literatur*, Bern 1954). – F. Hellens, *C., romancier* (in F. H., *Style et caractère*, Brüssel 1956, S. 144–155). – P. Brodin, *C.* (in P. B., *Littérature*, Bd. 1, Paris 1958, S. 85–102). – F. Coulon, *»Le grand écart«, arcanes et cachotteries* (in Cahiers J. C., 8, 1979, S. 45–62). – E. Urx, *»Le grand écart«* (in Philologica Pragensia, 24, 1981).

## JOURNAL D'UN INCONNU

(frz.; *Ü: Tagebuch eines Unbekannten*). Aufzeichnungen von Jean COCTEAU, erschienen 1952. – Der dem Gelehrten René BERTRAND gewidmete Band mit tagebuchähnlichen, locker um thematische Schwerpunkte gruppierten Aufzeichnungen enthält in einundzwanzig längere oder kürzere Abschnitte gegliederte Reflexionen, die meist in Zusammenhang mit der Arbeit des Dichters, seinen Werken und deren Aufnahme beim Publikum stehen. Cocteau stellt Überlegungen an zur Sondermoral des Künstlers, der sich als »Vehikel« dessen, was durch ihn ans Licht drängt, *»unablässig pflegen, säubern, ölen, überwachen, überprüfen muß, damit er zu der sonderbaren Aufgabe tauge, die man von ihm verlangt«*. Er äußert sich kritisch zur Psychoanalyse, die nur zu *»armen Behausungen«* des Seelischen Zugang habe, diskutiert die Möglichkeit parapsychologischer Phänomene, wendet sich gegen die Todesstrafe, die *»unter dem Schutz der Gesetzgebung einen legalen Mord anstrebt«*, erinnert sich an François MAURIACS gegen ihn erhobenen Vorwurf der Gotteslästerung anläßlich der Aufführung seines Stücks *Bacchus* (1951), formuliert einige Gedanken über die Probleme der Medien Theater und Film und macht sich lustig über die tiefsinnigen Auslegungen seiner eigenen Filme, ohne sie jedoch als falsch abzulehnen. Seine Freunde Maurice SACHS, Claude MAURIAC und André GIDE, die ihn bestahlen, täuschten oder ärgerten, werden erwähnt, doch er klagt sie nicht an, denn *»in einer Zone, wo der Rechtsstreit um Verantwortlichkeit nicht existiert, sind Richter und Angeklagter gleichermaßen verantwortlich und nicht verantwortlich«*. Mit einem kleinen Essay über die Freundschaft, die er höher als die Liebe stellt, einigen Maximen zur Künstlermoral und einem Postskriptum mit Notizen von einer Griechenlandreise endet das Buch, das eine Art Selbstbefragung im Plauderton darstellt. Cocteau versucht in geistreicher und liebevoller Weise – nicht in der von ihm abgelehnten klinisch kalten Art, in der SARTRE in *Saint Genet* (1952) den Autor Jean GENET sezierte –, etwas über sich selbst zu sagen, zu vermitteln zwischen dem »Sichtbaren«, das heißt der äußerlichen, der Welt zugekehrten und Mißverständnissen ausgesetzten Seite der Kunst und des Künstlers, und dem »Unsichtbaren«, das sich *»hinter den Bildern der Sichtbarkeit verbirgt«*, und die Beziehungen zwischen beiden Sphären klarzustellen. Er glaubt, daß *»meine aus lächerlichen Legenden zusammengesetzte Sichtbarkeit meine Unsichtbarkeit schützt, sie umschließt wie ein fester, blitzender Panzer, der unbeschadet Schläge hinnehmen kann«*.

Weniger in endgültigen Urteilen als in der Form verbindlich-heiterer Erwägungen, Erinnerungen und Kommentare beschäftigt er sich mit dem Problem des Ruhms im allgemeinen und der öffentlichen Geltung seines schriftstellerischen Wirkens im besonderen. *»Wahrscheinlich bin ich der unbekannteste und zugleich berühmteste Dichter.«* Bei aller spielerischen Leichtigkeit der Gedankenführung und des Tons finden sich in Cocteaus *Journal* viele ernsthafte und kluge Überlegungen zur Situation des Künstlers in der Moderne und manche Aufschlüsse zum Werk des Dichters selbst. J.Dr.

AUSGABEN: Paris 1952. – Paris 1983.

ÜBERSETZUNG: *Tagebuch eines Unbekannten*, J. Piron, Bln. 1957. – Dass., ders., Düsseldorf 1960.

LITERATUR: M. Martin du Gard, *J. C. dans »mon Journal«* (in Hommes et Mondes, 8, 1953, Nr. 89, S. 38–49). – G. Guitard-Auviste, *Les mémoires* (in La Table Ronde, 1955, Nr. 94, S. 74–78). – G. Sion, *J. C. ou L'illustre inconnu*, Lüttich 1964. – G. Mourgue, *Le »Journal d'un inconnu«* (in G. M., *J. C.*, Paris 1965, S. 77–89).

## LA MACHINE INFERNALE

(frz.; *Ü: Die Höllenmaschine*). Drama in vier Akten von Jean COCTEAU, vollendet 1932; Uraufführung: Paris, 10. 4. 1934, Théâtre Louis Jouvet. – Nicht zum erstenmal griff Cocteau mit diesem Drama einen Stoff der antiken Mythologie auf. Er hatte zuvor SOPHOKLES' Tragödien *Antigone* und *Ödipus der Tyrann* übersetzt und bearbeitet. Mit *La machine infernale* nimmt Cocteau das Ödipus-Thema noch einmal auf, schafft nun aber eine sehr freie Umarbeitung der antiken Vorlage. Ursprünglich sollten in dem Stück nur die Begegnung zwischen Ödipus und der Sphinx und der Scheinsieg des Helden über die Göttin dargestellt sein, eine Szene, die zum zweiten Akt der endgültigen Fassung geworden ist. Das Hauptthema der klassischen Tragödie, die Unentrinnbarkeit des von den Göttern verhängten Schicksals, hat Cocteau beibehalten. *(»Sie sehen jetzt, meine Damen und Herren, eine der vollendetsten Maschinen, ein Uhrwerk, das, völlig aufgezogen, langsam, ein Menschenleben lang, abläuft, von den teuflischen Göttern erdacht zur mathematischen Vernichtung eines Menschen.«)*

Am Beginn wird die Ödipus-Legende von einer »Stimme« vorwegnehmend erzählt, ein Element des epischen Theaters, das die Handlung von äußerer Spannung befreit und ganz auf den Ablauf der »Höllenmaschine« konzentrieren soll. Der erste Akt spielt auf den Wällen des nächtlichen Theben, wo der Geist des von Ödipus erschlagenen Laius den Wachsoldaten erscheint, um Jokaste vor dem herannahenden Unheil zu warnen. Aber Jokaste und der blinde Seher Teiresias (»Zizi« genannt) können das »Shakespearesche Gespenst« (vgl. *Hamlet*) nicht wahrnehmen, die Botschaft wird nicht gehört. Der zweite Akt bringt die Begegnung zwischen Ödipus, der Sphinx und ihrem Begleiter, dem hundsköpfigen ägyptischen Todesgott Anubis. Die Sphinx, bei Cocteau eine andere Gestalt der Göttin der strafenden Gerechtigkeit, Nemesis, tritt als ein junges Mädchen auf. Sie ist des Mordens müde. Als zu später Stunde Ödipus an den Ort kommt, verrät sie ihm aus Liebe die Lösung

des Rätsels und schenkt ihm dadurch den Sieg. Der von Angst besessene Held macht sich aus dem Staub (Sphinx: *»Ohne einen Blick auf mich, ohne ein Wort der Rührung, ohne ein Zeichen der Reue«*) und kehrt nur noch einmal zurück, um den Tierkörper als Trophäe, Beweis seines Siegs, zu fordern. Der dritte Akt zeigt die Hochzeitsnacht, die Ödipus mit Jokaste, seiner Mutter, verbringt. Die Feste zu Ehren des Helden sind verrauscht, ermüdet und allein gelassen, werden Ödipus und Jokaste von Angstträumen heimgesucht, in denen Ödipus beinahe die Ruhmlosigkeit seines Sieges, Jokaste beinahe die Aussetzung des Sohns verrät. Der vierte Akt spielt siebzehn Jahre später. Ödipus nimmt frohlockend die Nachricht vom Tod seines vermeintlichen Vaters entgegen, da sich nun das Orakel, er werde seinen Vater töten und seine Mutter heiraten, nicht mehr erfüllen könne. Doch durch den Boten kommt jetzt die Wahrheit auf, Jokaste erhängt und Ödipus blendet sich. Am Schluß läßt Cocteau den blinden König vom Geist der Jokaste und der Tochter Antigone in die Stadt geleiten, zu den Menschen, mit denen sie nun – wie Teiresias sagt – verwandt sind: *»Mit dem Volk, mit den Dichtern, mit den reinen Herzen.«*
Die Bedeutung des dramatischen Hauptwerks von Cocteau liegt vor allem in der Umdeutung der antiken Schicksalsvorstellung. Die lautlose Präzision der Höllenmaschine, dieses technisierten Schicksals, erscheint desto erschreckender, als keine sichtbaren Göttergestalten mehr dahinterstehen; denn selbst Anubis und Nemesis-Sphinx sind nur Instrumente einer unsichtbaren Macht: *»Die Götter besitzen ihre Götter. Wir haben die unseren. Sie haben die ihren. Das nennt man Unendlichkeit.«* Von einer solchen Schicksalsmaschine werden keine Heroen getroffen, sondern Menschen gemartert, die sich in ihren Intrigen, Eitelkeiten, Ängsten, in ihrem Aberglauben und ihrer Dummheit selbst eine Hölle errichtet haben. Es scheint, daß sie die Höllenmaschine in sich selbst tragen. Für einen Augenblick dämmert im zweiten Akt die Möglichkeit auf, daß Ödipus der Sphinx gegenüber sich selbst überwindet. Aber er hat nur seinen eitlen Ruhm im Kopf. – Das Ganze ist eher eine böse Farce als eine Tragödie. Cocteau weiß dem durch eine ironisch-pointierte Umgangssprache den richtigen Tonfall zu geben. Mit einer solchen parodierend-akzentuierenden Bearbeitung eines antiken Stoffs hat Cocteau ein Modell geschaffen, das von zeitgenössischen Dramatikern wie Jean ANOUILH, Jean GIRAUDOUX und Jean-Paul SARTRE aufgegriffen wurde. KLL

AUSGABEN: Paris 1934. – Paris 1948 (in *Œuvres complètes*, 11 Bde., 1946–1951, 5). – Paris 1962.

ÜBERSETZUNGEN: *Die Höllenmaschine*, H. Mühlbauer (in *Dramen*, Mchn. 1959; Vorw. K. H. Ruppel). – Dass., F. Hagen (in *Werke*, Bd. 1, Wien/Mchn./Basel 1961; enth. 2. Akt). – Dass., H. Mühlbauer (in *Werkausgabe in zwölf Bdn.*, Hg. R. Schmidt, 4, Ffm. 1988; FiTb).

LITERATUR: J. Gassner, *C. and the »Infernal Machine«* (in J. G., *The Theatre in Our Times*, NY 1954, S. 184–193). – H. Gehle, *Das dramatische Werk von J. C.* (in NSp, 3, 1954, S. 305–311). – Y. Touraine, *Incidences de l'anticipation chez C.* (in La Table Ronde, 1955, Nr. 94, S. 135–137). – J. Schlumberger, *J. C.'s »Infernal Machine«* (in *From the NRF*, Hg. J. O'Brien, NY 1958, S. 199–201). – E. Abrahamson, *C.'s »La machine infernale« and Sophocles' »Oedipus Rex«* (in E. A., *The Adventures of Odysseus*, Saint Louis 1960, S. 67–74). – R. Derche, *»La Machine infernale« de C.* (in R. D., *Quatre mythes poétiques*, Paris 1962, S. 58–66). – A. E. Feynman, *»The Infernal Machine«, »Hamlet« and E. Jones* (in MD, 6, 1963, S. 72–83). – A. Polgar, *J. C.: »Die Höllenmaschine«* (in A. P., *Kleine Schriften*, Bd. 5, Reinbek 1985; zuerst 1937).

## ORPHÉE

(frz.; *Ü: Orpheus*). Tragödie in dreizehn Szenen von Jean COCTEAU, Uraufführung: Paris, 15. 6. 1926, Théâtre des Arts. – Der antike Stoff wird von Cocteau in einer sehr freien Bearbeitung auf die Bühne gebracht. Auf der Höhe seines Ruhmes hat sich der thrakische Dichter Orpheus in sein Landhaus zurückgezogen, wo er von einem »sprechenden Pferd«, das ihm eines Tages nachgelaufen war, Botschaften *(»aus meiner Tiefe«)* empfängt, so den Satz *»Steigst aus unterirdischem Dunkel zurück, Eurydike, charmante Kameradin«*, laut Orpheus einer *»der aufwühlendsten Sätze der Weltliteratur«*, hinreißend genug, *»um die gesamte existierende Poesie von Grund auf umzuwälzen«*. Orpheus, dem sprechenden Pferd zärtlich zugeneigt, vernachlässigt Eurydike. Darüber gibt es täglichen Ehestreit, in dessen Verlauf Eurydike Glasscheiben zerschmettert, die der Glaser Heurtebise reparieren muß. Als Orpheus eines Tages in die Stadt geht, um den zitierten Satz für den Sängerwettbewerb einzureichen, wird Eurydike von der Oberpriesterin der Bacchantinnen, Aglaonice, hinterlistig vergiftet. Der Tod, »Madame la Mort«, tritt mit zwei Gehilfen, Azrael und Raphael, die als Chirurgen gekleidet sind, durch den Spiegel auf und entführt Eurydike in die Unterwelt. Da Madame la Mort ihre Handschuhe vergessen hat, steht dem verzweifelten Orpheus der Weg in den Hades offen. Er kehrt mit Eurydike zurück, die ihm unter der Bedingung wiedergegeben worden ist, daß er sie nicht anschauen darf. Wie gewohnt, kommt es zwischen den Eheleuten zum Streit. Orpheus stolpert und sieht Eurydike an, die ihm nun endgültig genommen ist. Angeführt von Aglaonice, die in dem von Orpheus zum Wettbewerb eingereichten Satz ein kompromittierendes Anagramm entdeckt haben will, nähert sich eine aufgebrachte Menge dem Haus. Heurtebise möchte Orpheus retten, aber der Dichter will der geliebten Eurydike in den Tod folgen. Er geht hinaus, und einen Augenblick später rollt sein wehklagender Kopf in das Zimmer. Heurtebise stellt das Haupt auf einen Sockel, der für die Büste des Dichters bestimmt war. Eurydike taucht nun aus der Unterwelt auf, um den unsichtbaren Körper des Gatten mit sich zu nehmen. Jetzt tritt ein Polizeikommissar auf, der den Fall untersuchen soll. Der Verdacht fällt auf Heurtebise, der im Verlauf des Verhörs durch den Spiegel verschwindet. Auf die Fragen des Kommissars antwortet nun der Kopf des Orpheus. *»Also, Sie heißen? – Jean Cocteau.«* Nachdem der Kommissar und sein Schreiber das Haus verlassen haben – sie nehmen den Kopf des inzwischen rehabilitierten Dichters als Denkmal mit –, kehren Orpheus, Eurydike und Heurtebise, den sie nun als ihren Schutzengel erkannt haben, zurück. Das Haus ist ihnen als ewige Wohnung angewiesen worden. Orpheus betet: *»Lieber Gott ... wir danken Dir, daß Du mich erlöst hast, weil ich der Poesie gedient habe und weil die Poesie und Du ein und dasselbe sind. Amen.«*

Die Wirkung des Stückes beruht weitgehend auf einer surrealistischen Verzauberung, die nicht nur die szenischen Vorgänge bestimmt, sondern auch die Dinge, die Requisiten erfaßt. Obwohl Cocteau das Schauspiel eine Tragödie nennt, gleicht es eher einer Farce. Das Tragische liegt für Cocteau wohl darin, daß erst durch den Tod das Poetische ganz frei wird, weil die Lebenden durch das Wunderbare, das Unglaubliche eher irritiert und gestört werden, als daß sie es wahrnehmen können. Erst in der letzten Szene geht die gereizte, nervöse Spannung des Stücks – sie klingt schon im Prolog an: *»Wir spielen auf sehr hochgespanntem Seil und ohne Rettungsnetz. Und das geringste zur Unzeit einsetzende Geräusch könnte uns das Leben kosten«* – in einen Zustand der Ruhe über. Heurtebise: *»Vielleicht kommen wir jetzt endlich zum Mittagessen.«* Cocteau hat das Stück 1950 verfilmt. Dabei hat er dem Motiv der Todessehnsucht des Dichters, das im Schauspiel nur anklingt, größere Bedeutung gegeben. Nicht mehr, um Eurydike zu folgen, will Orpheus sterben, er ist vielmehr in den Tod, der auch hier als schöne Frau auftritt, verliebt. Die Aussage bleibt die gleiche: Der Dichter muß mehrmals sterben, um ein Poet zu werden, erst in der Ruhe des Todes kann sich das Poetische ganz entfalten. K.N.

AUSGABEN: Paris 1927. – Paris 1948 (in *Œuvres complètes*, 11 Bde., 1946–1951, 5). – Paris 1950 [Drehbuch]. – Paris 1962. – Ldn. 1976, Hg. E. Freeman. – Monaco 1983 [Drehbuch der 2. Verfilmung]. – Paris 1986.

ÜBERSETZUNGEN: *Orpheus*, F. Hardekopf (in Das literarische Echo, 33, 1930/31, S. 566–567; Ausz.; 6. Szene). – Dass., ders. (in *Dramen*, Mchn. 1959; Vorw. K. H. Ruppel). – Dass., ders. (in *Werkausgabe in zwölf Bdn.*, Hg. R. Schmidt, 4, Ffm. 1988; FiTb). – *Orphée*, F. Grafe (ebd., 8; Drehbuch; zuerst Hbg. 1963).

VERFILMUNGEN: Frankreich 1949 (Regie: J. Cocteau). – *Le testament d'Orphée*, Frankreich 1960 (Regie: J. Cocteau).

LITERATUR: F. Le Grix, *»Orphée«* (in Revue des Revues, 7, 1926, S. 102–116). – A. Rouveyre, *»Orphée«* (in MdF, 15. 7. 1926). – R. Salomé, *»L'Orphée« de J. C.* (in Études, 3, 1926, S. 56–68). – D. MacCarthy, *Drama*, Ldn. 1940, S. 184–189. – E. Kushner, *»L'Orphée« de C.* (in E. K., *Le mythe d'Orphée dans la littérature française contemporaine*, Paris 1961, S. 177–223). – *»Orphée«, Drehbuch mit einer Vorbemerkung des Autors u. einem Gespräch des Autors m. A. Fraigneau*, Hbg. 1963. – V. Mellinghoff-Bourgerie, *A propos de l'»Orphée« de C. et de L'»Eurydice« d'Anouilh* (in RLC, 49, 1975, S. 438–469). – A. B. Evans, *J. C. and His Films of Orphic Identity*, Philadelphia 1977. – C. Sacks, *Analyse alchimique d'»Orphée« de C.* (in Chimères, 13, 1979, S. 85–91). – K. Rave, *Orpheus bei C.*, Ffm./Bern 1984. – S. Diendonné, *Dionysos et Orphée* (in Cahiers J. C., 10, 1985, S. 199–257).

## LES PARENTS TERRIBLES

(frz.; *Ü: Nein, diese Eltern*). Schauspiel in drei Akten von Jean COCTEAU, Uraufführung: Paris, 14. 11. 1938, Théâtre des Ambassadeurs. – Mit *Les parents terribles*, dem Stück, das viele Kritiker für sein vollkommenstes Bühnenwerk halten, wollte Cocteau das Boulevardtheater erneuern. Er tut es, indem er im engen Rahmen eines Kammerspiels Konflikte von antiken Ausmaßen entfaltet. Dennoch ist das Stück keine Tragödie, Cocteau bezeichnet es vielmehr bald als Komödie, bald als Rührstück *(mélodrame)* oder Vaudeville. Um dem Boulevardtheater gerecht zu werden, beschränkt er sich auf fünf Personen. Die Bühnenausstattung ist karg, die Fabel einfach.

Georges, Yvonne, Michel und Léonie haben ihr Leben in einem schwer benennbaren, von Illusionen, Vorurteilen, Mißverständnissen, Verfehlungen, Träumen und Weltfremdheit bestimmten Bereich eingerichtet. Bezeichnenderweise nennen diese »Kinder« – sie sprechen sich gegenseitig ab, erwachsen zu sein – ihre Wohnung einen Zigeunerwagen *(roulotte)*. Tatsächlich kommen sie nicht voran: Georges beschäftigt sich mit Erfindungen, die nie ein realisierbares Stadium erreichen, die zukkerkranke Yvonne hat sich seit der Geburt ihres Sohnes Michel von Georges abgewandt und lebt in einem nahezu inzestuösen Verhältnis mit ihrem Kind. Michel, ein Taugenichts, vernachlässigt seine Studien. Léonie war mit Georges verlobt, als dieser sich unvermutet für ihre Schwester Yvonne entschied. Sie ist seitdem die immer Opferbereite, teilt ihr ererbtes Vermögen mit der Familie, verhindert, daß der chaotische Haushalt unerträglich wird, schlichtet Streitigkeiten.

Unter der Oberfläche von Familienidylle, Kameraderie und Kumpanei aber sammelt sich genügend Zündstoff für künftige dramatische Entwicklungen. Michel bringt die Tragödie in Gang, als er eines Nachts der *roulotte* fernbleibt. Yvonne kommt vor Angst fast um: Sie vergißt, Zucker zu nehmen, nachdem sie eine zu große Menge Insulin gespritzt hat. Als Michel endlich nach Haus kommt, erzählt er überglücklich von seiner ersten Liebe und ist tief enttäuscht, daß Yvonne seine Freude nicht teilt. Aus einem ganz anderen Grund ist Georges erschüttert. Er entnimmt Michels Erzählung, daß die Geliebte identisch ist mit einem Mädchen, das er, Georges, seit einiger Zeit aushält. Léonie greift wieder einmal ordnend ein. Während die ganze Familie Michels Geliebte besucht, sorgt sie dafür, daß Georges mit Madeleine allein sprechen kann. Der eifersüchtige Georges zwingt das junge Mädchen, auf Michel zu verzichten. Als dieser erfährt, daß Madeleine an einen anderen Mann gebunden ist, übermannt ihn die Verzweiflung, während Yvonne in dem Glauben, ihren Sohn wiedergefunden zu haben, glücklich ist.

Doch Léonie hat, statt Ordnung zu schaffen, das Chaos nur vergrößert, denn Michel haßt seine Mutter und seinen Vater. Schließlich überzeugt Léonie Yvonne und Georges, daß Michel und Madeleine zusammengehören. Michel wird darüber aufgeklärt, daß man ihn belogen habe, um ihn auf die Probe zu stellen, in Wirklichkeit sei ihm Madeleine treu. Während sich die beiden in die Arme sinken, nimmt Yvonne eine Überdosis Insulin und stirbt. Diesen allzu rührenden Schluß fängt Cocteau durch eine komödienhafte Pointe auf. Es klingelt an der Tür. Doch statt den erwarteten Arzt anzukündigen, sagt Léonie: *»Das war die Putzfrau. Ich habe ihr gesagt, es gebe nichts zu tun, alles sei schon in Ordnung gebracht.«*

*Les parents terribles* wurde ein außerordentlicher Erfolg, obwohl der Pariser Stadtrat das »blutschänderische« Stück aus dem städtischen Theater verbannte und es in einem Privattheater weitergespielt werden mußte. Auf Motive der antiken Tragödie ist mehrfach hingewiesen worden: *»Die anarchische Ordnung der kindlichen Mutter ist die Ordnung Antigones, die soziale Ordnung Tante Léonies und des jungen Mädchens entspricht Kreons Ordnung. Zwischen den beiden schwankt Michel, der Sohn, ohne Falsch wie Ödipus, der unfreiwillige Mörder, der diesmal nicht Laius, sondern Jokaste umbringt«* (A. Fraigneau). Im Grunde ist kein bestimmter antiker Stoff faßbar, und im Gegensatz zu Cocteaus Bearbeitungen antiker Tragödien *(Antigone, Œdipe Roi, Orphée)* wird die Kenntnis des Vorbildes nicht vorausgesetzt. *»Es ging darum, auf dem Weg über die Prosa und in der Tarnung des Alltäglichen den unerbittlichen Ablauf von Racines Tragödien wiederzufinden«* (Fraigneau), ohne allerdings tatsächlich eine Tragödie im klassischen Sinn zu schreiben. Um das zu erreichen, hat Cocteau eine sonst häufig von ihm angewandte dramaturgische Technik aufgegeben. *»Ich habe soweit wie möglich eine Haltung abgewehrt, die mir sonst eigen ist: nämlich außerhalb des Werkes zu bleiben, keine Sache zu verteidigen oder keine Partei zu ergreifen« (Erstes Vorwort)*. Oder anders: Cocteau hat die ironische Distanz, das schlichte Reflektieren des Stoffes zugunsten einer mehr geradlinigen, dem Boulevardtheater entsprechenden Dramaturgie aufgegeben. Thematisch ist das Stück eng verwandt mit dem früheren Roman *Les enfants terribles* (1929). Auch die »schrecklichen Eltern« leben in einer Phantasiewelt, ihrem Zigeunerwagen: *»Une famille dans la lune«*, eine Familie auf dem Mond, erkennt die nüchterne Léonie. Haß, Liebe, Verstrickungen, Verbrechen haben ihren Ursprung nicht in berechnenden, sondern gleichsam unschuldigen, von »reinen« Leidenschaften erfüllten Seelen. K.N.

AUSGABEN: Paris 1938. – Paris 1947 (in *Œuvres complètes*, 11 Bde., 1946–1951, 7). – Paris 1957 (in *Théâtre complet*). – Paris 1962. – Paris 1972 (Folio).

ÜBERSETZUNG: *Nein, diese Eltern*, P. Mochmann u. F. Treuberg, Bln. 1946 [Bühnenms.].

VERFILMUNG: Frankreich 1948 (Regie J. Cocteau).

LITERATUR: B. A. Talladoire, *Aux Ambassadeurs, »Les parents terribles« de J. C.* (in Cahiers du Sud, 1939, S. 92–96). – G. Marcel, *Le théâtre. Reprise des »Parents terribles« par J. C.* (in NL, 1946, Nr. 968). – R. Kemp, *»Les parents terribles«* (in R. K., *Vie du théâtre*, Paris 1956, S. 131–138). – Milorad, *Un enfant terrible écrit »Les parents terribles«* (in Cahiers J. C. 5, 1975, S. 57–69). – P. de Rosbou, *»Les parents terribles«* (in NL, 27. 1. 1977, Nr. 2569, S. 28). – P. Sénart, *»Les parents terribles«* (in RDM, Jan.–März 1977, S. 701–704). – P. Chanel, *»Les parents terribles«* (in Cahiers J. C., 7, 1978).

## LE POTOMAK

(frz.; *Ü: Das Potomak*). Werk von Jean COCTEAU, entstanden 1913/14, erschienen 1919, in der endgültigen Fassung 1924. – Cocteau war bereits ein angesehener, in literarischen Kreisen äußerst beliebter Dichter, als er dieses Jugendwerk verfaßte. In dem 1916 hinzugefügten *Prospectus* erklärt er, das Buch sei Ausdruck einer tiefgreifenden persönlichen Krise. In die Entstehungszeit von *Le Potomak* fällt die für die künstlerische Entwicklung des jungen Cocteau entscheidende Bekanntschaft mit Igor Stravinskij, dessen Ballett *Le sacre du printemps* gerade einen Theaterskandal ausgelöst hatte. Cocteau, durch außerordentlich rasche Erfolge verwöhnt, beginnt nun am Publikum und an seiner bisherigen Produktion zu zweifeln. *»Was dir das Publikum vorwirft, das entwickele, denn das bist du«*, stellt er in *Le Potomak* fest, und im *Prospectus* schreibt er in einem Abschnitt unter dem Titel *Esthétique du minimum (Ästhetik des Geringsten)*: *»Damals ergriff mich die heftigste Abneigung gegen das Pittoreske«* und *». . . das Senkblei wurde mein bevorzugtes Fortbewegungsmittel«*. Das heißt: Verzicht auf rasche, mühelose Erfolge, Disziplinierung der künstlerischen Mittel, Abkehr von der schwelgerischen Bildersprache; es heißt, das Oberflächliche verlassen und in die Tiefe loten. Folgerichtig zieht sich Cocteau aus der Gesellschaft zurück, die ihm so viel Beifall gespendet hat, er verläßt Paris und sucht die Einsamkeit: *»Zu viele verschiedene Milieus schaden einem feinfühligen Menschen, denn er paßt sich an. Es war einmal ein Chamäleon. Sein Herr legte es auf eine bunte Schottendecke, um es warm zu halten. Das Chamäleon starb an Erschöpfung.«*

Kernstück von *Le Potomak* ist das *Album des Eugènes* oder *»Eine Geschichte, die, zu einem guten Ende gebracht, nur desto schlimmer endet«*. Es handelt sich dabei um eine gezeichnete Satire in der Tradition der Bilderzählungen des 19. Jh.s (Daumier, Töpfer, Busch). *»Mit den ›Eugens‹ und ihren Gefährtinnen, den ›Beschnüfflerinnen‹, hat er der Angst, der seelischen Leere, der Furcht vor einer tragischen Zukunft Gestalt verliehen«* (A. Fraigneau). In dem biederen Touristenehepaar Mortimer und in den blutsaugerischen Eugens, die die Mortimers verfolgen, hat Cocteau zwei Seiten des spießigen Bürgertums der »Belle Epoque« dargestellt. Das *Album des Eugènes* war der Ausgangspunkt des Buches: *»Zuerst lernte ich die Eugens kennen. Ohne Text habe ich das Album der Eugens gezeichnet. Durch sie habe ich die Notwendigkeit erfahren zu schreiben.«* Um das Album hat Cocteau Texte gruppiert, die tagebuchartig, in Form von Aphorismen, Briefen oder auch Gedichten in einem nur lockeren Zusammenhang stehen, darin den Texten der Surrealisten vergleichbar, wenngleich es sich nicht um »automatisches Schreiben« handelt.

Das »Potomak«, das dem Buch den Titel gab, ist ein schwer zu deutendes Fabeltier, das man in einem Keller an der Place de la Madeleine ausstellt. Es ist das erste jener sprachbegabten, tierischen, im Kern guten Fabelwesen, die in Cocteaus späteren Werken immer wieder auftauchen und deren Aufgabe es ist, die Menschen zu prüfen. Auch andere Themen der späteren Werke sind keimhaft in *Le Potomak* enthalten. Argémone und Persicaire – die Namen fand Cocteau auf den Kräuterdosen einer Apotheke – gehören zu den immer wiederkehrenden »Begleitern« und »Führern« (wie z. B. der Glaser Heurtebise in *Orphée*). Verwandlung, Tod als Erlösung, Sehnsucht nach dem Poetischen – das vor allem sind hier schon zentrale Themen. Cocteau hat *Le Potomak* als ein einziges Vorwort bezeichnet. Interessant ist es vor allem als Zeugnis einer Krise und Wandlung. 1939 hat Cocteau eine Fortsetzung unter dem Titel *La fin du Potomak* geschrieben, wiederum unmittelbar vor Ausbruch eines Krieges. Auch jetzt sind es die Eugens, die in Europa die Oberhand gewinnen, jene barbarischen Spießer, die diesmal in Hitler, auf den Cocteau klarsichtig verweist, ihre potenzierte Verkörperung gefunden haben. K.N.

AUSGABEN: Paris 1919. – Paris 1924 [def. Fassg.]. – Paris 1939 (*La fin du Potomak*). – Paris 1947 (zus. m. *La fin du Potomak*, in *Œuvres complètes*, 11 Bde., 1946–1951, 2).

LITERATUR: P. Souday, *»Le Potomak«* (in Le Temps, 29. 1. 1920). – F. Hellens, *C., romancier* (in F. H., *Style et caractère*, Brüssel 1956, S. 144–155). – J. O'Brian, *»Paludes« et »Le Potomak«* (in Cahiers A. Gide, 1, 1969, S. 265–282). – Milorad, *Eugen, Mortimer und »Potomak« oder La poésie selon C.* (in SchwRs, 1978, H. 4, S. 20–26). – Ders., *Les »Potomak«* (in Cahiers J. C., 8, 1979).

## THOMAS L'IMPOSTEUR

(frz.; *Ü: Thomas der Schwindler*). Roman von Jean COCTEAU, erschienen 1923. – Die Wirren des Ersten Weltkriegs kommen der verwitweten Prinzessin Clémence de Bormes nicht ungelegen. Sie wittert im Krieg das große Abenteuer und organisiert eine Sanitätskolonne, die Verwundete von der Front nach Paris transportiert. Zu der buntscheckigen Gesellschaft stößt Guillaume Thomas, der sich nach seinem Geburtsort »Thomas von Fontenoy« nennt. Bei Kriegsanbruch sechzehn Jahre alt, hat er sich eine Uniform geliehen und gibt sich als ein Neffe des berühmten Generals von Fontenoy aus. Er gehört zu einer Sorte von Schwindlern, *»der man eine Sonderstellung einräumen muß. Sie leben halb im Traum«*. Guillaume glaubt mit schlafwandlerischer Sicherheit an sein eigenes Spiel: *»Er hielt sich für etwas, das er nicht war, wie ein Kind sich für Kutscher oder Pferd hält.«* Nach Einstellung der Bergungsexpeditionen verschafft Pesquel-Duport, Direktor einer Zeitung und geduldiger Verehrer der Prinzessin de Bormes, seinem vermeintlichen Rivalen einen Posten an der belgischen Front. In Wirklichkeit liebt nicht die Prinzessin, sondern ihre Tochter Henriette Guillaume, der auch den Liebhaber nur spielen kann. In Nieuport wird Guillaume das beliebte Maskottchen der Marinefüsiliere. Mit einer von Pesquel-Duport organisierten Theatergruppe kommen die Prinzessin und ihre Tochter an die Front und besuchen Guillaume. Wenig später unternimmt er einen nächtlichen Meldegang, stößt auf eine feindliche Patrouille und flieht. *»Da traf ihn ein gräßlicher Stoß wie von einem Stock vor die Brust. Er fiel um. Er wurde taub, blind. ›Eine Kugel‹, dachte er. ›Ich bin verloren, wenn ich mich nicht totstelle.‹ Aber Wahn und Wirklichkeit waren nur noch eines in ihm. Guillaume Thomas war tot.«*

Der Roman, in den teilweise Cocteaus eigene Kriegserlebnisse eingegangen sind, überrascht durch seine knappe und kühle Eleganz, die suggestive Kraft der Bilder und den an die Technik des Films erinnernden raschen Szenen- und Einstellungswechsel. Cocteau hat mehrfach darauf hingewiesen, daß er mit seiner zur Zeit der Dada-Bewegung erstaunlich »klassischen« Schreibweise dem Beispiel seines frühverstorbenen Freundes R. RADIGUET gefolgt ist. So wie Radiguets Romane bewußt an die Erzähltradition klassischer Meisterwerke anknüpfen, hat auch *Thomas der Schwindler* ein berühmtes Modell: *La chartreuse de Parme* (1839) von STENDHAL. Die Verwandtschaft der beiden Romane ist nicht nur stilistischer Natur. Guillaume erinnert mit seinem jugendlichen

Charme an Fabrice del Dongo, auch die Prinzessin de Bormes und die Herzogin Sanseverina, Pesquel-Duport und der Graf Mosca ähneln sich in manchen Zügen. Entscheidend ist jedoch das bei Stendhal nicht vorgebildete Thema des Schwindlers und Schauspielers. Die in diesem Roman so häufig betonte kindliche Unschuld Guillaumes ist für Cocteau ein wesentliches Kennzeichen des Künstlers. Als einen möglichen Untertitel von *Thomas der Schwindler* schlug er einmal vor: *Eine Sekunde mit einem unbekannten Dichter.*

Die poetische Einbildungskraft des Schwindlers vertauscht Sein und Schein; sein Rollenspiel wird für ihn Wirklichkeit, die Tatsächlichkeit des Krieges jedoch zu einem unwirklichen Schauspiel. Für Guillaume und die Prinzessin de Bormes ist, mit NIETZSCHE zu reden, *»nur als ästhetisches Phänomen das Dasein der Welt gerechtfertigt«*. Die Darstellung der vom Grauen des Krieges selten erschütterten Kälte und Selbstbezogenheit dieser beiden Menschen bekennt das glänzende Elend des Ästhetentums. Ein »Schwindler« ist auch Cocteau, wenn er am Ende wortkarg, aber verführerisch Guillaumes Tod zur *»Apotheose«* erhöht und die Trauer über sich und den eigenen Helden umschlägt in Künstlermetaphysik. P.Mo.

AUSGABEN: Paris 1923. – Paris 1946 (in *Œuvres complètes*, 11 Bde., 1946–1951, 1). – Mailand 1962, Hg. E. Balmas [m. Einl.]. – Paris 1965. – Paris 1982 (Folio).

ÜBERSETZUNG: *Thomas der Schwindler*, F. Kemp, Mchn. 1954. – Dass., ders., Mchn. 1970 (dtv). – Dass., ders. (in *Werkausgabe in zwölf Bdn.*, Hg. R. Schmidt, 2, Ffm. 1988; FiTb).

VERFILMUNG: Frankreich 1965 (Regie: Georges Franju).

LITERATUR: J. Bérand-Villars, *1923. Sur »Thomas l'Imposteur«* (in La Table Ronde, 1955, Nr. 94, S. 106–109). – G. Mourgue, *Constantes de »Thomas l'Imposteur«* (ebd., S. 110–114). – G. Blöcker, *»Thomas der Schwindler«* (in G. B., *Kritisches Lesebuch. Literatur unserer Zeit in Probe u. Bericht*, Hbg. 1962, S. 272–275). – D. Bancroft, *The Poetic Wonderland of C.'s »Thomas l'Imposteur«* (in AJFS, 3, 1966, S. 36–50). – P. Chanel, *Sur »Thomas l'Imposteur«* (in Cahiers J. C., 2, 1971, S. 83–90).

## LA VOIX HUMAINE

(frz.; *Ü: Die geliebte Stimme*). Einakter von Jean COCTEAU, Uraufführung: Paris, 17. 2. 1930, Comédie-Française. – Eine Frau im geschlossenen Zimmer, ein Telefon, die Stimme eines Mannes, die von irgendwoher durch diesen Apparat vermittelt wird – das sind die dramatischen Elemente dieses Einpersonenstücks. Wie zur Beteuerung ihrer Liebe versichert die Frau in diesem letzten Gespräch mit ihrem Geliebten, der sie verlassen hat, *»stark zu sein«*, das Unabänderliche, die längst vorhergesehene Trennung sogar als eigene Schuld, als die notwendige Folge ihrer *»unsinnigen und unsinnig-glücklichen Liebe«* anzunehmen. Indem sie auch den leisesten Selbstvorwurf von dem Geliebten zu nehmen sucht, kann sie die Erinnerung an drei glückliche Jahre unbeschadet als letzten Besitz verwahren. Gleichwohl ist dieses Glück nur noch im Augenblick des Gesprächs vorhanden. In der Angst, von ihm endgültig getrennt zu werden, einhängen, *»ins Leere zurück, ins Dunkel«* zu müssen, wird das Telefon zum dramatischen Mittelpunkt, zum Statthalter und Fetisch des Geliebten. Es ist der magische Ort, in dem er spricht und existiert. Es ist das Orakel, dessen Spruch sicheres Unheil bedeutet und das doch einziger Garant ihres Lebens ist, Nabelschnur, *»das letzte, was mich mit dir verbindet... Jetzt atme ich, denn du sprichst mit mir«*. Unheilsgewißheit und verzweifelte Liebe schlagen zusammen, als sie sich am Schluß des Gesprächs mit der Telefonschnur erdrosselt: *»Ich habe die Schnur um meinen Hals gelegt, ich habe deine Stimme um meinen Hals ... Jetzt müßte das Amt uns zufällig trennen ... (Sie legt sich aufs Bett und drückt den Apparat in ihre Arme) Ich bin tapfer. Jetzt mach schnell! Jetzt darfst du trennen!... Ich hab dich lieb...! (Der Hörer fällt auf die Erde. Vorhang).«*

Engere Beziehungen zu den BOURDETS, Louis Jouvet und GIRAUDOUX führten Cocteau zu einer verständlicheren Form des Theaters zurück, als *Orphée* es war. Dennoch ist auch die *Voix humaine* noch am antiken Theater des Orakelspruchs orientiert. *»Es gibt nichts«*, sagt Cocteau in einer der Unterhaltungen mit André Fraigneau, *»das mehr Orakel sein könnte als das Telefon. Es ist eine Stimme, die für sich allein in die Häuser kommt. Auch das Filmwerk ist orakelhaft, aber das Telefon ist es seinem ganzen Stil nach.«* G.K.

AUSGABEN: Paris 1930. – Paris 1948 (in *Œuvres complètes*, 11 Bde., 1946–1951, 7). – Paris 1957 [zus. m. *Le grand écart*]. – Paris 1984.

ÜBERSETZUNGEN: *Die menschliche Stimme. Exekution in einem Akt*, F. Hardekopf (in NSRs, 1931, H. 24, S. 660–671). – *Einseitiges Zwiegespräch*, H. B. Wagenseil (in Karussell, 2, 1947, S. 2–11). – *Die geliebte Stimme*, H. Feist (in *Dramen*, Mchn. 1959; Vorw. K. H. Ruppel). – Dass., ders., Mchn. 1963 (dtv). – Dass., M. Keller, Bielefeld 1986. – Dass., ders. (in *Werkausgabe in zwölf Bdn.*, Hg. R.Schmidt, 5, Ffm. 1988; FiTb).

VERFILMUNG: *La voce umana*, Italien 1948 (Regie: R. Rossellini).

LITERATUR: G. d'Houville, Rez. (in Le Figaro, 28. 2. 1930). – A. Rouveyre, Rez. (in MdF, 15. 3. 1930). – E. Balmas, *In margine a »La voce humana«* (in Culture Française, 11, 1964, S. 165–169). – S. Demmer, *C.: »Die schöne Teilnahmslose« – »Die geliebte Stimme«* (in S. D., *Untersuchungen zu Form und Geschichte des Monodramas*, Köln/Wien 1982,

S. 136–142). – M. Lorgnet, *Du texte littéraire à la compréhension d'une situation de discours. Une lecture de »La voix humaine« de C.* (in Francofonia, 4, 1983, S. 115–119).

## DIETRICH COELDE

auch Dirk Kolde, Dietrich von Münster, Dietrich von Osnabrück

* um 1435 Münster
† 11.12.1515 Löwen

### DER KERSTENEN SPEGEL

(ndl.; *Christenspiegel*). Katechetische Schrift von Dietrich Coelde, erschienen um 1470. – Der Erstdruck mit dem Titel *Hier beghint een schoen spieghel der kersten menschen welcke si altoes bi hem draghen sullen voer een hant boexken* war zunächst anonym erschienen. Diese Fassung wurde von Coelde selbst in der Folgezeit mehrmals umgearbeitet und erschien unter verschiedenen Titeln, von denen *Der kerstenen spegel* oder *Kerstenspiegel* die gebräuchlichsten geworden sind. Ihrer Herkunft nach gliedern sich die Ausgaben in eine niederländische, eine Kölner und eine Lübecker Gruppe und spiegeln gleichzeitig die in diesem Raum bestehenden gegenseitigen engen geistigen und sprachlichen Beziehungen sowie die Zusammenarbeit der Augustinerklöster (Coelde war zunächst Augustiner) wider.

Das Werk ist der erste Katechismus aus dem niederländischen und niederdeutschen Sprachraum. In klarer und volkstümlicher Diktion soll allen Gläubigen das für den Christen nötige Grundwissen nahegebracht werden. Coelde hat den Stoff in drei Lehren zusammengefaßt: *»Die erste Lehre, wie man glauben soll. Die andere, wie man leben soll. Die dritte, wie man sterben soll.«* Er bringt das *Vaterunser* im Wortlaut, erklärt die Zehn Gebote, gibt Anweisungen zu täglichen Gebetsübungen, zur Teilnahme an der heiligen Messe, auch zur Erfüllung der Standespflichten, und erläutert das Verhältnis des Menschen zum Leben, zu Gott und den Heiligen. Der letzte Teil, der u. a. gereimte Gebete von beachtenswerter dichterischer Ausdruckskraft enthält, erreicht in der Darstellung des Erlösungsgedankens und des Leidens Höhepunkte. Die erlösende Kraft des christlichen Glaubens wird symbolisiert durch den Mantel Marias, der als Zeichen der Vergebung sich über die Sünder breitet. Der Weg zur Vergebung jedoch führt über das Leiden. Dieses ist durch den leidenden Christus geradezu zu einem Vorrecht des Christen geworden: *»Leiden ist eine Gabe, die ich nur meinen allerliebsten Freunden geben will.«* Oder: *»Laßt uns also geduldig leiden, dann dürfen wir hiernach verbleiben.«* Die besondere Betonung des erlösenden Leidens ist ein Nachklang der späten, auf das praktische Leben gerichteten Mystik, die nicht mehr wie die frühe Mystik die Freude in den Vordergrund stellt. – Mit diesem Werk schuf Coelde, nachdem etwa zwanzig Jahre zuvor Gutenberg den Buchdruck erfunden hatte, einen neuen Typus der christlichen Unterweisungsbücher, der die Bilderbibeln rasch ablöste. Es wurde bis ins 18. Jh. hinein in mindestens 34 Auflagen immer wieder neu gedruckt und diente häufig als Vorbild für ähnliche Werke. M.Ba.

Ausgaben: o. O. [Köln] o. J. [ca. 1470] (*Hier beghint een schoen spieghel der kersten menschen welcke si altoes bi hem draghen sullen voer een hant boexken*). – Köln 1480 (*Hye begint eyn schoyn spegel der goden kirsten mynschen*; ripuarisch). – Delft o. J. [zw. 1486 u. 1494] (*Der kerstenen spiegel*; ndl.). – Köln 1508 (*Eyn fruchtbair spiegel of hantboichelgyn der christen mynschen gemaicht*; ripuarisch). – Köln 1708. – Mainz 1881 (*Ein fruchtbar Spiegel oder Handbüchelchen der Christenmenschen*; hochdeutsche Bearb. u. Einl. Ch. Moufang). – Werl 1954 (*Der Christenspiegel*, Hg. C. Drees; krit.; nd.; m. Bibliogr.).

Literatur: B. Bockholt, *Theodorich von Münster. Ein Gedenkblatt zu seinem 400. Todestage*, Münster [2]1915. – J. Goyens, *Le bienheureux Thiere C. de Münster* (in Archivum Franciscanum historicum, 19, 1926, S. 418–430). – A. Bierbaum, *Dietrich von Münster*, Münster o. J. [1927]. – J. Goyens, *Un héros du vieux Bruxelles*, Mecheln 1929. – A. Groeteken, *Dietrich Kolde von Münster. Ein Held des Wortes u. der Tat in deutschen Landen*, Kevelaer 1935 (Deutsche Priestergestalten, 3; m. Bibliogr.). – C. Drees, *»Der Christenspiegel« des Dietrich Kolde von Münster*, Diss. Münster 1950.

## HENRIQUE MAXIMIANO COELHO NETO

auch Henrique Maximiniano Coelho Netto

* 21.2.1864 Caxias / Maranhão
† 28.11.1934 Rio de Janeiro

Literatur zum Autor:
J. Veríssimo, *Estudos de literatura brasileira*, 4. Ser., Rio [2]1910, S. 1–24. – P. de Morais, *C. N. e sua obra*, Porto 1926. – P. Coelho Neto, *C. N.*, Rio 1942. – B. Broca, *C. N. Romancista* (in *O romance brasileiro*, Hg. A. Buarque de Holanda, Rio 1952, S. 223–244). – L. Miguel-Pereira, *Prosa de ficção, de 1870 a 1920*, Rio 1950, S. 256–265. – P. Coelho Neto, *Bibliografia de C. N.*, Rio 1956. – H. Lima, *As duas faces do espelho* (in *Obra seleta de C. N.*, Bd. 1, Rio 1958; Einl.). – C. Coelho Neto, *Dois*

*aspectos de C. N.*, Rio 1965. – O. de Faria, *C. N.* (in Coutinho, 3, S. 209–217). – P. Coelho Neto, *Bibliografia de C. N.*, Bearb. N. do Nascimento Kuhn, Brasília 1972.

## REI NEGRO

(portug.; *Schwarzer König*). Roman von Henrique Maximiano COELHO NETO (Brasilien), erschienen 1914. – Innerhalb der umfangreichen literarischen Produktion Coelho Netos ist dies der Roman, der am deutlichsten durch die synkretistische Überlagerung einer am Parnaß orientierten durchstilisierten Sprache, einer emotionalen Nähe zur Romantik und einer intellektuellen Verpflichtung gegenüber dem Positivismus geprägt ist.

Die Landschaft ist idyllisch, die Fazenda blüht im Wohlstand, die Sklaverei ist eine menschenfreundliche Gesellschaftsform, in der der Großgrundbesitzer väterlich um seine Leibeigenen besorgt ist, Macambira ein vorbildlicher Lieblingssklave, der das vollständige Vertrauen seines Herren genießt; die sexuelle Sinnlichkeit der anderen Sklaven, von denen Macambira sich fern hält, ist als kindlicher Mangel an Zivilisiertheit verzeihlich, allein der Sohn des Großgrundbesitzers, erblich belastet durch die mütterliche Faulheit, repräsentiert Dekadenz und Willkür. Als Gipfel seiner Untaten vergewaltigt er Lúcia, eine schüchterne Mulattin, kurz vor ihrer Hochzeit mit Macambira. Lúcia verschweigt die Gewalttat ihrem Mann aus Angst und Scham, spürt bald nach der Hochzeit ihre Schwangerschaft und lebt nun in monatelanger quälender Angst, das Kind könnte von dem Vergewaltiger sein. Im Augenblick der Geburt ist nur die alte Negerin Balbina, eine Vertraute Macambiras, bei ihr, da Macambira selbst eine Reise für seinen Herrn zu unternehmen hat. Das Kind ist weiß. Lúcia stirbt an den Folgen der Geburt, nicht ohne Balbina noch die Geschichte ihrer Vergewaltigung zu erzählen. Diese unterrichtet den alten Fazendeiro von dem Vorfall, der Balbina beauftragt, das Kind beiseite zu schaffen, damit bei Macambiras Rückkehr die Vergewaltigung vertuscht wäre. Doch Balbina nimmt das Kind mit zu sich, und Macambira findet sie bei seiner Rückkehr mit dem weißen Säugling seiner toten Frau, der gerade in diesem Augenblick vor Entkräftung stirbt.

Halb wahnsinnig vor Schmerz und Wut flüchtet Macambira in die Wälder, wo langsam sein Entschluß reift, Rache zu üben. Balbina ist seine Verbündete, und als der Fazendeiro-Sohn eines Morgens von einem seiner Liebesabenteuer zurückkehrt, wird er von Macambira gestellt und in einer Mischung aus mythischem Blutopfer und Bestialität ermordet: *»Und Macambira, vor heroischer Begeisterung erzitternd, packte den Dolch, der in der Sonne aufblitzte, erklomm, als bräche er zu einem Sturmangriff auf, den Berghang und verschwand in den Wäldern, mit lauten Schreien, im Blutrausch, im Zerstörungswahn.«* Der animalische Trieb, der unter der dünnen Decke der Zivilisiertheit gebändigt ist, fordert seinen Tribut, sowohl bei den weißen Herren (die Figur des dekadenten Fazendeiro-Sohnes) wie auch bei den schwarzen Sklaven.

Coelho Neto, der sich in seiner Jugend selbst für die Abschaffung der Sklaverei eingesetzt hatte, greift fünfundzwanzig Jahre später diese Epoche als literarisches Motiv auf, an dem er sein Erzähltalent und seine durchstilisierten Naturbeschreibungen vorführen kann. Das Lokalkolorit und die Verwendung der dialektalen Sprechweise in den Reden der Schwarzen, die gesamte Konstruktion der Geschichte lassen die Personen und Konflikte zum bloßen Vorwand für einen stilistisch perfekten Text werden. Die Künstlichkeit der Konstruktion und die sprachliche Manieriertheit hat der Modernismus in der Folge strikt abgelehnt. Erst in der Gegenwart wird der zu Lebzeiten vielgelesene Autor als einer der wenigen bemerkenswerten Schriftsteller zwischen dem Realismus und dem Modernismus partiell rehabilitiert. Auf eine realistischere Weise, aber auch da nicht frei von ideologischen Überhöhungen, wird die Sklaven- und Rassenproblematik erst von Gilberto FREYRE (*Casa grande e senzala*, 1933), Jorge AMADO (*Jubiabá*, 1935) und José Lins do RÊGO (*Menino do engenho*, 1932) in den dreißiger Jahren aufgenommen. H.Ni.

AUSGABEN: Porto 1914. – Porto 1950.

LITERATUR: L. A. Johnson, *The ›Romance Bárbaro‹ as an Agent of Disappearence: H. C. N.'s »Rei negro« and Its Conventions* (in *Voices From Under: Black Narrative in Latin America and the Caribbean*, Hg. W. Luis, Westport (Conn.)/Ldn. 1984, S. 223–248).

## SERTÃO

(portug.; *Ü: Wildnis*). Erzählungen von Henrique Maximiano COELHO NETO (Brasilien), erschienen 1896. – Die sieben Erzählungen des Bandes spielen alle im brasilianischen Nordosten, in der sozialen Umgebung der Viehhirten *(vaqueiros)*, abhängigen Kleinbauern und Großgrundbesitzer. Ihre Thematik ist noch stark romantisch beeinflußt: der Aberglaube des einfachen Volkes, Gespenstererscheinungen, Vermischung von Traum und Wirklichkeit. Mit heute als manieriert empfundenen Naturschilderungen, in ihrer Mundart nachempfundenen Dialogen der ländlichen Bevölkerung und streng durchstilisierten Handlungsabläufen schafft Coelho Neto atmosphärisch dichte Erzählungen, die alle den Tod im Mittelpunkt haben. Sie sind beispielhaft für den *conto sertanejo* (die Sertão-Erzählung), ein vom romantischen Interesse am eigenen Land lebendes Erzählungs-Genre, das sich in den letzten Jahrzehnten des 19. Jh.s in Brasilien großer Beliebtheit erfreute.

In *Praga (Plage)* wird ein Viehhirte von der Cholera befallen und deliriert auf seinem Krankenlager von seiner Mutter, die er vor Jahren aus Habgier umgebracht hat. Um sich von ihr zu befreien, will er in seinen Wahnvorstellungen ihren Leichnam aus dem Grab holen, stürzt dabei in einen Sumpf und kommt darin um. – *O Enterro (Das Begräbnis)* ist ein kurzes Stimmungsbild vom Begräbnis einer alten Mischlingsfrau, halb Wundertäterin, halb Hexe, um die sich mythische Erzählungen ranken und an deren Leichenbegängnis nun die Natur selbst Anteil nimmt. – In *A Tapera (Die verfallene Fazenda)* verbringt ein Reisender die Nacht an einem verwunschenen Ort, der einst prächtigen und reichen Fazenda Santa Luzia, von deren Untergang geheimnisvolle Geschichten erzählt werden. Ihm erscheint der alte Großgrundbesitzer, der ihm nun die »wahre« Geschichte von der Untreue seiner geliebten Frau und ihre Ermordung durch seine Vertraute, eine alte Negerin, erzählt. In den Baum verwandelt, unter dem er sie begraben hat, erscheint sie ihm nun jede Nacht und würgt ihn mit ihren Wurzeln und Zweigen. Beim Erzählen bricht die Mitternacht herein, und der Baum fällt wieder über den stöhnenden Fazendeiro her, während der Erzähler versucht, sich vor der bedrohlichen Erscheinung zu retten. Erst im Haus seiner Eltern kommt er, nach dreitägigen Fieberphantasien, wieder zu sich. – *Firmo, o Vaqueiro (Firmo, der Viehhirte)* stirbt nach einem erfüllten Viehhirten-Leben bei einem nächtlichen Wechselgesang mit seinem Freund, ein Hymnus auf das einfache Leben im Sertão. – In einer durch nichts getrübten Idylle leben Anna Rosa und Simão Cabiúna in *Céga (Blind)*, bis nach der Geburt ihrer Tochter Anna Rosa plötzlich erblindet. So traurig die Krankheit für die Frau ist, kann dieser Schicksalsschlag das häusliche Glück kaum trüben. Dies geschieht erst durch den plötzlichen Tod Simão Cabiúnas. Doch damit nimmt das Verhängnis erst seinen Lauf: Trotz der mütterlichen Warnungen wird die Tochter schwanger, verbirgt ihren Zustand vor der blinden Mutter und stirbt bei der Geburt, während die Mutter in dramatischer Verzweiflung durch die Gegend irrt, um Hilfe zu suchen. Die morgendliche Sonne dann bescheint gleichermaßen Tote und das Neugeborene, und die Grillen zirpen wie eh im goldschimmernden Blattwerk. – *Mandovi (Mandovi)* ist eine kurze literarische Fingerübung über die Angst eines gestandenen Viehhirten vor Gespenstern und der Erscheinung eines Ermordeten. – Die Idylle des Paares Thomé Sahyra und Romana in *Os Velhos (Die Alten)* wird durch Thomés Krankheit beeinträchtigt, die ihn plötzlich in eine totenähnliche Starre fallen läßt. Die Angst, er könnte lebend begraben werden, verläßt ihn trotz Romanas Beteuerungen, sie würde dies unter allen Umständen verhindern, nie. Als er dann tatsächlich nach einem Anfall nicht mehr erwacht, hält seine Frau bei dem sich zersetzenden Leichnam in verzweifelter Hoffnung aus, während die Geier das Haus bereits in dichten Scharen umlagern. Nach Tagen herbeieilende Nachbarn finden den verwesten Leichnam und die vor Entkräftung sterbende Frau. Das ländliche Leben geht weiter seinen idyllischen Gang. Die Strukturen der vier längeren Haupterzählungen, *Praga, A Tapera, Céga und Os Velhos* sind identisch: Die idyllisch-epische Welt des Sertão, in der Mensch und Natur in Harmonie leben, wird durch ein »Naturereignis« (Krankheit, Leidenschaft) gestört, das zu einer Verkettung von Unglücken und schließlich zum Tod des Protagonisten führt. Über dem unglücklichen Ereignis schließt sich wieder die Welt des Sertão in idyllischer Heiterkeit und Gelassenheit. Die sozialen Realitäten dieser Landschaft, die Sprache seiner Bevölkerung, die Naturschilderungen sind Objekte einer artistischen Sprache und literarischen Konstruktion. Antônio Cândido schreibt über den *conto sertanejo: »Es ist ein künstliches und prätentiöses Genre, das unter dem Vorwand der Heimatliebe ein unterwürfiges und simples Zustimmungsgefühl dem eigenen Land gegenüber schafft ... [Der conto sertanejo] beschrieb die Menschen auf dem Land aus einem pittoresken Blickwinkel, gefühlsbetont und heiter, und verstärkte damit sowohl gefährliche soziale als auch besonders ästhetische Vorurteile.«* H.Ni.

Ausgaben: Rio 1896. – Porto o. J.; [6]1945.

Übersetzung: *Wildnis*, M. Brusot, Bln. 1913.

Literatur: A. Cândido, *Literatura e sociedade*, São Paulo [5]1976.

## Antonio Coello

* 26.10.1611 Madrid
† 20.10.1652 Madrid

### EL CONDE DE SEX O DAR LA VIDA POR SU DAMA

(span.; *Der Graf von Essex oder Das Leben geben für seine Dame*). Tragödie in drei Akten von Antonio Coello, erschienen 1638. – Das von manchen Literarhistorikern auch König Philipp IV. zugeschriebene Trauerspiel führt an den Hof Elisabeths I. von England. Die Hofdame Blanca hat den Grafen Roberto angestiftet, aus Rache für die Gefangennahme Maria Stuarts ein Attentat auf die Königin zu verüben. In letzter Minute wird diese von Blancas Verlobtem, dem Grafen von Essex, gerettet, der jedoch unerkannt bleibt. Die dramatische Zuspitzung der Handlung ergibt sich aus dem inneren Konflikt des Grafen: Untertanentreue und Liebe binden ihn an die Königin, sein Ehegelöbnis fesselt ihn an Blanca, deren verräterisches Spiel er bald durchschaut hat. Als er ihr in Gegenwart der Königin eine Pistole entwindet, wird er – der sich auch durch einen Brief an Roberto verdächtig gemacht hat – verhaftet und zum Tode verurteilt. In dem Augenblick, als die Königin aus einem abgefangenen Brief des Grafen an seine Verlobte die Wahrheit erfährt, wird Essex enthauptet.

Wenn man von Andeutungen im Werk William BROWNES und Ben JONSONS absieht, so war der Spanier Coello der erste Autor, der die Hinrichtung des Seehelden Robert Devereux, die Gerüchte über private Beziehungen der Königin zum Grafen Essex und dessen Sturz literarisch bearbeitet hat. Ob sein Stück den französischen Dramatiker LA CALPRENÈDE beeinflußt hat, ist umstritten: Fest steht jedenfalls, daß dessen Version des Stoffs Thomas CORNEILLE als Quelle für seinen *Comte d'Essex* (1678) diente. Im Gegensatz zu Corneille hat Coello die Gestalt der Königin Elisabeth mit hervorstechender historischer Treue gezeichnet, was um so bemerkenswerter ist, als noch ein halbes Jahrhundert zuvor (nach der Niederlage der Armada) die Spanier sich eine verzerrte Vorstellung von der Persönlichkeit Elisabeths machten. – Vielfach nachgeahmter Höhepunkt des Dramas ist die Szene im dritten Akt, in der die Königin den Grafen im Kerker besucht und ihm den Schlüssel zur Flucht aushändigen will. In Deutschland wurde der Stoff vor allem durch LESSINGS längere Auszüge und Inhaltsanalysen im 60.–68. Stück seiner *Hamburgischen Dramaturgie* (1767) bekannt. An Hand dieses Stücks, das er eingehend mit den Fassungen von Corneille und BANKS (*Earl of Essex*, 1681) verglich, gelang es Lessing, die Wesensmerkmale des spanischen Dramas herauszuarbeiten: seine Ursprünglichkeit, die lebhafte Ausprägung seiner Charaktere, die Freude an Abwechslung und dramatischen Verwicklungen und sein Pathos. M.Fr.

AUSGABEN: Madrid 1638. – Madrid 1858 (in BAE, 45, S. 403–420). – Lpzg. 1870 (in *Tres flores del teatro antiquo español*, Hg. C. Michaelis). – NY/Madrid 1973, Hg. D. E. Schmiedel.

ÜBERSETZUNG: *Der Graf von Essex. Romantisches Trauerspiel*, H. Sequanus [d. i. H. H. L. Spitta], Göttingen 1822.

LITERATUR: R. Schiedermair, *Der Graf von Essex in der Literatur*, Diss. Mchn. 1909. – D. E. Schmiedel, *C.'s Debt to Góngora* (in Bull. of the Comediants, 2, 1973, S. 39/40). – O. Rogers, *Los monólogos femininos en »El c. de S.« de A. C.* (in *Homenaje a J. L. Brooks*, Hg. J. M. Ruiz Veintemilla, Barcelona 1984).

## J. M. COETZEE

eig. John Marie Coetzee
* 9.2.1940 Kapstadt

LITERATUR ZUM AUTOR:
R. M. Post, *Oppression in the Fiction of J. M. C.* (in Critique, 27, 1986, Nr. 2, S. 67–77). – A. Viola, *Survival in J. M. C.'s Novels* (in Commonwealth, 9, 1986, Nr. 1, S. 11–18). – S. Watson, *Colonialism and the Novels of J. M. C.* (in Research in African Literature, 17, 1986, Nr. 3, S. 370–392). – I. Käthner, *J. M. C.* (in KLFG, in Vorb.). – T. Dovey, *The Novels of J. M. C. Lacanian Allegories*, Craighall 1988.

### DUSKLANDS

(engl.; *Länder der Abenddämmerung*). Roman von J. M. COETZEE (Südafrika), erschienen 1974. – Coetzees Erstlingswerk besteht aus zwei Novellen unterschiedlicher Länge, *The Vietnam Project* und *The Narrative of Jacobus Coetzee*. Das Werk ist ein geistreiches Spiel mit der Rolle des Autors: Coetzee tritt nicht nur als Verfasser des Romans auf, sondern auch als Auftraggeber des »Vietnamprojekts«, für den der Berichtende nun seinen Text revidiert, und im Reisebericht als dessen Herausgeber und Übersetzer. Durch solche Fiktionalisierung der Rolle des Autors sowie durch die teilweise parodierende Nebeneinanderstellung verschiedener Textsorten konfrontiert Coetzee den Leser mit neuen Erzählstrategien, zwingt er ihn, herkömmliche Geschichtsschreibung in Frage zu stellen, Geschichte selbst neu zu überdenken.

Der Titel *Dusklands* ist durch seine Anklänge an SPENGLER (*Der Untergang des Abendlandes* 1918–1922) und NIETZSCHE (*Götzen-Dämmerung*, 1888) philosophisch wie auch mit Hinweis auf unerforschte Regionen der menschlichen Seele psychisch zu deuten. Thema des Werks ist der Kolonialismus als geistige Ausgeburt eines vermeintlichen westlichen Zivilisationsauftrags, sowohl in seinen materiellen und politischen Konsequenzen für die Kolonisierten als auch in seinen psychischen Rückwirkungen auf die Kolonisierenden selber. Der Krieg der USA gegen Vietnam erscheint als Fortsetzung desselben westlichen Drangs zur Kolonisierung wie die Entdeckung und Eroberung des südlichen Afrikas im 18. Jh. Die geistige Arbeit des Intellektuellen in der modernen Kriegsplanung ist Ausdruck der gleichen Ideologie wie der körperliche Einsatz des Entdeckers bei der praktischen Ausführung. Die Frage des Eugene Dawn (*»Wessen Schuld bin ich?«*) findet eine mögliche Antwort in der Geschichte des Jacobus Coetzee.

*The Vietnam Project* spielt in den sechziger Jahren in den USA. Eugene Dawn, Angestellter in der »Mythographie«-Abteilung eines Regierungsbüros, schreibt an einem Bericht zur Verbesserung der Methoden der im Vietnamkrieg angewandten psychologischen Kriegführung. Um seine Phantasie zu beflügeln, verwendet er Bilder von Greueltaten und sexueller Erniedrigung. Im Ergebnis seines Berichts schlägt Dawn die Einstellung jeglicher Propaganda, die Rückkehr zum totalen Krieg und die vollständige Vernichtung des Gegners vor. Der Wahnsinn des Kriegs schlägt sich im fortschreitenden Wahnsinn des Schreibtischtäters Dawn nieder: Allmählich löst er sich aus menschlichen Bindungen, seine Ehe zerfällt. Nachdem er dem von ihm entführten Sohn ein Messer in den Leib gestoßen hat, wird er in eine Anstalt eingewiesen.

*The Narrative of Jacobus Coetzee* ist als kommentierte wissenschaftliche Ausgabe eines alten Reiseberichts gestaltet, die mit einem Vorwort des Übersetzers, einem aus einer früheren, vom Vater des Herausgebers besorgten Ausgabe übernommenen Nachwort sowie einer eidesstattlichen Aussage des Reisenden selbst aus dem Jahr 1760 versehen wird. Jeder dieser Texte erzählt die Geschichte des Jacobus Coetzee anders. Im eigentlichen Reisebericht erzählt Jacobus Coetzee ausführlich von zwei Reisen nach Namaqualand in den Jahren 1760 und 1761/62. Die erste Beschreibung schildert sein Zusammentreffen mit einem Stamm der Hottentotten, seine Krankheit und Genesung, seine Ausweisung nach der Verstümmelung eines Kindes, das Verbleiben seiner Diener bei den Eingeborenen, seine Existenz als »weißer Buschmann« und seine einsame Rückkehr zu den Weißen; der zweite Text berichtet von seinem Überfall auf das Dorf, von der Niedermetzelung der Bewohner und schildert die von ihm angeordnete Hinrichtung seiner ehemaligen Diener als Vergeltungsakt für die ihm zugefügte Erniedrigung. Im Nachwort wird die Veröffentlichung dieser zynischen Bloßlegung der Seele des weißen Herrschers mit der vermeintlichen Objektivität des Wissenschaftlers als Beitrag zur *»Korrektur gewisser antiheroischer Verzerrungen, die sich in unser Bild des Zeitalters der Entdeckungen eingeschlichen haben«* bezeichnet und dessen Verfasser als einer der ersten Helden Südafrikas gepriesen. In der abschließenden eidesstattlichen Aussage (tatsächlich der einzige authentische Text) gibt Jacobus Coetzee einen kurzen sachlichen Bericht über den Verlauf der von ihm unternommenen Elefantenjagd ins unbekannte Namaqualand, bei der er eine neue Tierart entdeckt habe.

*Dusklands* ist zugleich eine Studie zur Geschichte der westlichen Kolonisierung und zur Psychologie der Kolonisatoren. Der Autor zeigt die selbstzerstörerische Wirkung des Willens zur Macht, entlarvt Gewalttätigkeit als Maskierung der Leere innerhalb der westlichen Zivilisation. Durch die provokatorische Gegenüberstellung der beiden Novellen postuliert er eine Identität des Bewußtseins bei Dawn und Coetzee, um so die Kontinuitäten des kolonialistischen Denkens aufzuzeigen.

Beim Erscheinen wurde das Werk als Bruch mit den liberal-individualistischen und den realistischen Traditionen des südafrikanischen Romans, gar als Einbruch der Moderne in die südafrikanische Literatur überhaupt gewertet. Die souverän beherrschten Techniken der Fiktionalisierung wurden dem Einfluß von J. L. BORGES und V. NABOKOV sowie des Strukturalisten Roland BARTHES zugeschrieben. Obwohl dem Roman der Vorwurf des Intellektualismus nicht erspart wurde, bleibt er einer der bemerkenswertesten Versuche, die südafrikanische Geschichte durch die Dekonstruktion ihrer Mythen neu zu interpretieren und neu zu gestalten. G.V.D.

AUSGABEN: Johannesburg 1974. – Ldn. 1982. – Harmondsworth 1983.

LITERATUR: L. Abrahams, Rez. (in Snarl, 1, 1974, Nr. 1, S. 2/3). – J. Crewe, Rez. (in Contrast, 9, 1974, Nr. 2, S. 90–95). – W. J. B. Wood, *»Dusklands« and the Impregnable Stronghold of the Intellect* (in Theoria, 54, 1979, S. 13–23). – S. Christie u. a., *Perspectives on South African Fiction*, Johannesburg 1980, S. 174–183. – P. Knox-Shaw, *»Dusklands«: A Metaphysics of Violence* (in Contrast, 14, 1982, Nr. 1). – T. Dovey, *C. and His Critics: The Case of »Dusklands«* (in English in Africa, 14, 1987, Nr. 2).

## LIFE AND TIMES OF MICHAEL K

(engl.; *Ü: Leben und Zeit des Michael K*). Roman von J. M. COETZEE (Südafrika), erschienen 1983. – Realismus in Biographie und Zeitgeschichte suggeriert der Titel des vierten Romans von Coetzee genauso wie einen schon in der Initiale »K« angedeuteten symbolischen Aspekt. Diese Spannung bleibt über die drei Kapitel des Romans bestehen, die die Geschichte von dem körperlich durch eine Hasenscharte gezeichneten und geistig unterentwickelten Farbigen K und seinem Leben erzählen, wie es sich vor dem Hintergrund der gegenwärtigen gesellschaftlichen Unruhen in Südafrika immer schärfer konturiert und zu einer eher unbewußten Behauptung seiner selbst und seiner Integrität als Mensch führt.

K ist ein dreißigjähriger Gärtner im Dienste der Stadt Kapstadt. Bürgerkriegsähnliche Unruhen im Land machen sich vor Ort durch Ausgangssperre, Lebensmittelknappheit und sozialen Aufruhr bemerkbar – Dinge, die K bereits während seiner Erziehung in einem Fürsorgeheim kennengelernt hat und die jetzt seine Allianz mit Einsamkeit und Hunger, die er dort zur Überlebensstrategie entwickelt hatte, erneut aktivieren. Seine alte und kranke Mutter, der er den Wunsch, auf die Farm ihrer Kindheit zurückzukehren, erfüllen möchte, versucht Michael schließlich, der bürokratischen Hinhaltemanöver überdrüssig, ohne behördliche Genehmigung ans Ziel zu bringen. Unterwegs jedoch stirbt sie, und man äschert sie ohne seine Zustimmung ein. Ihre Asche in einem kleinen Behälter mitführend, setzt er seinen Weg fort. Vorbei an Erscheinungen gesellschaftlichen Aufruhrs erreicht er endlich eine verlassene Farm, in der er das Ziel seiner Mutter vermutet. Er bemüht sich, dort ein Obdach einzurichten und seine Versorgung durch die Anlage eines Gartens zu sichern. Als eines Tages ein Deserteur erscheint und versucht, ihn zu seinem Diener zu machen, entzieht sich K durch Flucht. Hungrig und entkräftet wird er aufgefunden und in ein sog. »Ansiedlungsprojekt« gesteckt. Hier motiviert ihn bald ein blutiges Ereignis zur Flucht aus dem Lager. Er geht wieder zurück zur Farm. Aus Furcht, die Aufmerksamkeit von Rebellen auf sich zu lenken, baut er sich eine Erdbehausung, verzichtet weitgehend auf die Gartenbestellung und

entkräftet darum immer mehr. Von einer Armeepatrouille aufgespürt, kommt er in ein Arbeitslager. Nach einem Zusammenbruch verbringt er längere Zeit auf der Pflegestation.
Sein Aufenthalt an diesem Ort, Inhalt des zweiten Kapitels, wird aus der Perspektive des ihn behandelnden Sanitätsoffiziers geschildert, und zwar in tagebuchähnlicher Form. Dieser Mann fühlt sich seltsam hingezogen zu Michael, bemüht Empathie und unternimmt große Anstrengungen zu dessen Genesung. Der Offizier kommt einer Erklärung für K's Leiden und sonderbare Verhaltensmuster wohl am nächsten. Er erkennt sich in Gemeinschaft mit den anderen Weißen, die meinen, anderen Menschen das Heil bringen zu können, und dazu auch Zwang, Unterdrückung und Gewalt als gerechtfertigte Mittel betrachten. Doch alle Darreichungen in Abhängigkeit schmecken Michael nicht. *»I can't eat camp food«*, sagt er einmal und entzieht sich schließlich auch der Obhut dieses, ihm wohlwollenden Mannes. Diesmal sucht er Zuflucht in der früheren Wohnung seiner Mutter in Kapstadt, wo sich die sozialen Unruhen verschärft haben (Kap. 3). Hier zieht er sich mental und physisch immer mehr auf sich selbst zurück und geht offensichtlich dem Ende seines Lebens entgegen. In und mit Einsamkeit und Hunger schafft er es so, sich den gesellschaftlichen Mechanismen zu entziehen, die nach seiner Person und seinem Menschsein ausgreifen, was sich am Ende zu einem triumphlosen, aber dennoch eindrucksvollen Zeugnis für die Freiheit fügt. In der parabelhaften Extrapolation dieses menschlichen Grundbedürfnisses aus einem konkreten sozialen Kontext heraus – eine Art, die schon den Roman *Waiting for the Barbarians* kennzeichnete – unterscheidet sich Coetzee von anderen südafrikanischen Schriftstellern (N. GORDIMER, A. FUGARD z. B.) und deren direkterer sozialkritischer Manier. In dieser Hinsicht überrascht es nicht, daß sich in dem Roman über das Namenskürzel K hinaus weitere Ähnlichkeiten zu F. KAFKA entdecken lassen. U.Ma.

AUSGABEN: Ldn. 1983. – NY 1984. – Harmondsworth 1985.

ÜBERSETZUNG: *Leben und Zeit des Michael K*, W. Teichmann, Mchn. 1986.

LITERATUR: J. Marsh, Rez. (in New Society, 29. 9. 1983). – J. Mellors, Rez. (in Listener, 13. 10. 1983). – J. Smolowe, Rez. (in Newsweek, 14. 11. 1983). – N. Gordimer, Rez. (in NY Review of Books, 31, 2. 2. 1984). – W. Winkler, Rez. (in SZ, 10./11. 5. 1986). – G. Kirchner, Rez. (in FAZ, 17. 5. 1986).

## WAITING FOR THE BARBARIANS

(engl.; *Ü: Warten auf die Barbaren*). Roman von J. M. COETZEE (Südafrika), erschienen 1980. – In seiner Erzählung *Dusklands* (1974) ließ Coetzee in einem fiktiven Bericht seinen Vorfahren Jacobus Coetzee von einer Forschungsreise in das unbekannte Innere des Landes berichten. Als unbewaffneter, nackter Mensch muß Jacobus Coetzee von den »Wilden«, den Koinkoin, eine demütigende moralische Niederlage einstecken. Nur mit einer Strafexpedition in der vollen Kriegsausrüstung seiner technisierten Zivilisation kann er sein Selbstwertgefühl und seine Überlegenheit über die »Kaffern« wiederherstellen. Dieser blinde, brutale Forschertyp ist in *Waiting for the Barbarians* in der Gestalt des Oberst Joll wiedererstanden.
Der Roman spielt in einer unbestimmbaren Vergangenheit in der Grenzstadt eines Reiches; jenseits der Stadt liegt nur eine unendliche Weite, ein Vakuum, und irgendwo dort leben die »Barbaren«. *Warten auf die Barbaren* beschreibt ein mächtiges Reich, das sich dennoch einer neurotischen Angst vor den Barbaren hingibt. Aus dieser Angst heraus hat das Reich seinen staatlichen Machtapparat nach innen wie nach außen zu einem Instrument brutaler Gewalt ausgebaut. Das Romangeschehen wird von einem namenlosen alternden Richter in einer schnörkellosen, direkten Sprache erzählt. Er hat die Konflikte mit den Grenzstämmen durch eine liberale Politik eingedämmt, der Region eine schon fast träge Ruhe beschert, die er selbst bis zu seiner nahen Pensionierung genießen will. Er betreibt geschichtliche, archäologische, literarische Studien. Aus dieser scheinbaren Idylle verfällt die Stadt wieder einmal *»in Hysterie, was die Barbaren angeht. Es gibt keine Frau im Grenzland, die nicht schon von einer dunklen Barbarenhand geträumt hat, die unter dem Bett hervorlangt; es gibt keinen Mann, der sich nicht angstvoll ausmalt, wie die Barbaren in seinem Hause zechen, das Geschirr zerschlagen, die Vorhänge anzünden und seine Töchter vergewaltigen«*.
Aus der fernen Hauptstadt taucht plötzlich der Staatsschützer Oberst Joll in der Stadt auf; er diagnostiziert eine akute Bedrohung des Reiches, bringt von seinen Aufklärungszügen im Feindesland Gefangene mit, die er, *»um die Wahrheit zu finden«*, brutal foltert, teilweise sogar ermordet. Der Richter sieht angeekelt, wie in seinem eigenen Hause, in dem er bisher Recht gesprochen hat, Recht und Gerechtigkeit der Folter, der Einschüchterung, der Gewalt weichen. Er beschimpft Oberst Joll, aber er tut nichts, um ihn zu hindern. Nach der Abreise Jolls greift er in der Stadt eine Bettlerin auf, eines der Opfer von Jolls Wahrheitssuche, geblendet und schrecklich verstümmelt. Er nimmt das Barbarenmädchen mit sich nach Hause und pflegt es gesund. Wie Jesus vor den Jüngern kniet der Richter vor dem Barbarenmädchen und wäscht ihr die von Joll zerschmetterten Füße. Er unterwirft sich und das Mädchen einem ausgedehnten Reinigungsritual – wobei unklar bleibt, ob er sich selbst entsühnt wegen seiner Schuld, die er durch Feigheit auf sich geladen hat, ob er stellvertretend für Joll handelt oder ob die Zuwendung zu dem Mädchen nicht doch erotischen Charakter hat. Der Richter nimmt auch die gefährliche Reise tief ins Barbarenland auf sich, um das Mädchen

wieder zu seiner Familie zurückzubringen. (Bei dieser Gelegenheit erscheinen die »Barbaren« das einzige Mal leibhaftig in dem Roman.)
Bei seiner Rückkehr findet der Richter wieder den Oberst Joll vor, diesmal begleitet von Soldaten und weiteren Experten des gefürchteten *»Dritten Büros«*. Er wird wegen Konspiration mit dem Feind verhaftet und in sein eigenes Gefängnis gesteckt, während Joll sich mit seiner Armee aufmacht, um den Endsieg über die Barbaren zu erkämpfen. Der Richter wird Zeuge von Gefangenenmißhandlungen, von Massakern an Kriegsgefangenen. Er selbst muß eine Scheinhinrichtung über sich ergehen lassen. Als er verdreckt, zerlumpt, vor Angst zitternd von dem als Galgen dienenden Baum zum Gaudium der Zuschauer vor dem Staatsschützer in den Dreck fällt, ist dies die extremste Erniedrigung, die der Richter als Repräsentant eines liberalen Rechtsstaates über sich ergehen lassen muß. Auch als er sich vor seinen Verfolgern unter dem Bett einer Prostituierten versteckt, spielt er eine erbärmliche Rolle, keineswegs die eines aufrechten Verteidigers oder gar Märtyrers der Gerechtigkeit. Joll sucht die Stadt mit den demoralisierten Resten seiner Armee heim, plündert sie aus und flüchtet in die Hauptstadt. Die Barbaren haben ihm eine vernichtende Niederlage beigebracht, nicht im offenen Kampf, sondern durch ihren Rückzug in das Vakuum ihrer Wüste. Sie haben Joll gewissermaßen *in absentia* geschlagen. Jolls Niederlage enthüllt das Paradox des Barbarensyndroms des Reiches: Er scheitert an der vermuteten Präsenz und der realen Absenz der Barbaren. Der Richter nimmt wieder seinen angestammten Platz als Verwaltungschef der Stadt ein, aber seine Orientierungslosigkeit ist umfassend geworden: *»Ich habe das Gefühl, so einfältig zu sein wie ein Mensch, der schon lange von seinem Weg abgekommen ist, aber auf dem Pfad weitergeht, der wahrscheinlich nirgendwohin führt.«*
Man ist versucht, den Roman als Allegorie auf das heutige Südafrika zu lesen: Joll als der Vertreter der harten Linie der »Verkrampten« und des Broederbunds, die letztendlich scheitern muß; der Richter als Repräsentant der Liberalen, die scheitern müssen, weil sie vor den »Verkrampten« und vor sich selber versagen. Coetzee hat aber gegen eine solch schlichte Analogie zahlreiche Sperren eingebaut, vor allem durch sein Kunstmittel der absichtlichen Unbestimmtheit in der lokalen und historischen Verankerung und der Bestimmtheit des sprachlichen Duktus. Des Richters Analyse der Rolle Jolls und seiner eigenen Rolle zeigt, daß es um die moralische Grundsatzfrage der Korrumpierung durch das Gewaltpotential der politischen Macht geht. *»Ich bin die Lüge gewesen, die das Reich in ruhigeren Zeiten sich selbst erzählt, die das Reich ausspricht, wenn rauhere Winde wehen. Zwei Seiten imperialen Herrschens, nicht mehr, nicht weniger.«* E.Bre.

AUSGABE: Ldn. 1980.

ÜBERSETZUNG: *Warten auf die Barbaren*, B. Weidmann, Bln. 1984.

LITERATUR: M. Du Plessis, Rez. (in Contrast, 13, 1981, Nr. 4, S. 77–87). – C. J. D. Harvey, Rez. (in Standpunkte, 34, 1981, S. 3–8). – N. J. B. Wood, *»Waiting for the Barbarians«: Two Sides of Imperial Rule and Some Related Considerations* (in H. J. Diamond u. a., *Momentum: On Recent South African Writing*, Pietermaritzburg 1984, S. 129–140). – J. Gillmer, *The Motif of the Damaged Child in the Work of C.* (ebd., S. 107–120). – W. Schulz-Keil, Rez. (in Der Spiegel, 3. 6. 1985). – L. Olson, *The Presence of Absence: C.'s »Waiting for the Barbarians«* (in Ariel, 16, Calgary 1985, S. 47–56). – R. G. Martin, *Narrative, History, Ideology: A Study of »Waiting for the Barbarians« and »Burgher's Daughter«* (ebd., 17, 1986, S. 3–21). – D. Penner, *Sight, Blindness and Double Thought in J. M. C.'s »Waiting for the Barbarians«* (in WLWE, 26, 1986, S. 34–45).

## ALBERT COHEN

* 16.8.1895 Korfu
† 17.10.1981 Genf

### SOLAL

(frz.; *Ü: Solal*). Erster Teil einer Romantetralogie von Albert COHEN, erschienen 1930. Die weiteren Bände sind *Mangeclous*, 1938 *(Eisenbeißer)*, *Belle du seigneur*, 1968 *(Die Schöne des Herrn)* und *Les valeureux*, 1969 *(Die Tapferen)*. – Das neben der Erinnerungsschrift *Le livre de ma mère*, 1954 *(Das Buch meiner Mutter)* als Hauptwerk Cohens geltende tragikomische Heldenepos entwirft in der ironisch-pathetischen Schilderung einer Lebens- und Verführungsgeschichte einen virtuosen Abgesang auf die zusammenbrechende europäische Kultur am Vorabend des Zweiten Weltkriegs. Die als Fragmente eines einzigen Romans konzipierten Teile der autobiographisch geprägten, von den literaturtheoretischen Debatten der Zeit weitgehend unberührten Tetralogie bilden *»ein sprachliches Universum, das seinen Platz hat neben den letzten totalisierenden Versuchen vom Anfang dieses Jahrhunderts (Proust, Joyce, Musil, Mann u. a.), die ganze Welt in ein Buch münden zu lassen«* (J. Ritte). Kernmotive des Werks sind der Tod und das Erzählen. Erzählung und Tanz bilden verwandte Bewegungsformen, die der Absolutheit des Todes und der Heillosigkeit der Geschichte antworten können: *»tanzen, um sich zu rächen, damit beginnt das Kunstwerk.«*
Held des Romanzyklus' und zentraler Bezugspunkt der verflochtenen Erzählhandlung ist der als Sohn eines Rabbiners auf der griechischen Insel Céphalonia geborene Solal. Im Zeichen dieses Namens, in dem sich »soleil« und »solitude«, Auserwählung und Verbanntsein überkreuzen, steht So-

lals Geschichte, die einen Bogen vom mühsam erkämpften gesellschaftlichen Aufstieg (als diplomatischer Vertreter Frankreichs im Völkerbund zu Genf) zum unaufhaltsamen Ausschluß aus dem öffentlichen Leben schlägt. Der erste Band der Tetralogie *(Solal)* schildert, wie der halbwüchsige Solal aus der Tradition seiner seit dem 16. Jh. in Griechenland ansässigen Familie und der Gewöhnung an das Unglück, das er in seiner Mutter verkörpert sieht, ausbricht: Der sephardischen Fröhlichkeit des Getto-Lebens auf Céphalonia und der verehrenden Liebe seiner zahlreichen Onkel entzieht er sich, indem er Adrienne de Valdonne, die Ehefrau des französischen Konsuls, verführt und mit ihr nach Italien flieht. Sie verschafft ihm Eintritt in die selbstgewisse bürgerliche Welt Genfs. Dort macht er – *»Seiltänzer des Erfolgs ohne gesellschaftliches Netz«* (W. van Rossum) – eine glanzvolle, stets bedrohte Karriere im diplomatischen Dienst. Solal ist eine schillernde, ironisch-sentimentale Figur: Er ist der Auserwählte, Elende, Unschuldige, Stolze, Leidenschaftliche, Großzügige, Unmäßige, zugleich glänzender König und schmutziger, verfolgter Vagabund, ein auf Erlösung hoffender Erlöser. Er führt ein Doppelleben, das die orientalisch-jüdische Welt mit der christlich-bürgerlichen zu verbinden sucht. *»Eine biblische Stadt regt sich unter der Wohnstätte Seiner Exzellenz. Tags im Ministerium, in der Kammer, in den Sitzungen der Partei. Nachts geh ich in mein Land«*: in die Kellerräume seines Hauses, in denen er seine Verwandten versammelt hat – eine kakophonische Verbindung. Seine christliche Ehefrau, Aude de Maussane, verläßt ihn, um ihn zur Entscheidung zwischen diesen beiden Welten zu zwingen. Solal folgt ihr in das Haus ihrer Großeltern. Dort trifft er – konvertiert zum katholischen Glauben, einsamer und gequälter denn je – auf die höhnische Verachtung der christlichen *»Mehrheitsleute«*. Der Roman endet mit einer schmerzlichen Parodie des biblischen Auferstehungsmythos: Der von eigener Hand getötete und zum lebendigen Messias verwandelte Solal *»erhob sich und vergaß sein vergangenes Leben«*. Geleitet von den verspotteten *»Irrwanderern mit den Hoffnungsaugen«*, begibt sich Solal *»in das Morgen und in seinen wunderbaren Untergang«*.

Das mediterrane Getto-Leben der fünf Onkel Solals, von Cohen als Gegenentwurf einer möglichen *»exterritorialen Heimat«* (J. Ritte) inszeniert, steht im Vordergrund von *Mangeclous* und dem ursprünglich in den dritten Teil der Tetralogie *(Belle du seigneur)* integrierten, dann aber separat publizierten Band *Les valeureux*. Angeführt von ihrem selbsternannten Oberhaupt Pinhas Solal, genannt *»Mangeclous«* oder auch *»König der Lügner«*, kreuzen die *»Tapferen«* (der greise Saltiel, der kleine Salomon, Michael der Verführer und Mattathias der Geizige) wiederholt die Lebensgeschichte Solals. Sie reisen nach Genf, vertreten beim Völkerbund die Interessen einer imaginären jüdischen Republik, verfassen Memoranden an die europäischen Regierungen, planen ein Komitee gegen den Antisemitismus, sehnen sich danach, *»große Dokumente«* zu unterzeichnen, und gründen eine Universität, um Kurse über die Kunst der Verführung abzuhalten. Begabt mit einer an Corneille, Montaigne, Rabelais und Villon geschulten Rhetorik, einer *»ständigen, verworrenen und höchst leidenschaftlichen Inkompetenz«* und einer theatralischen Lust an der wortmächtigen Erzeugung von Täuschungen und Maskeraden, bedeuten die *»fünf Tapferen«* für Solal lebende Zeichen seiner Herkunft: Sie verkörpern jene subproletarischen Emigranten, *»die dem mächtigen Solal die Bescheidenheit seines Ursprungs in Erinnerung rufen, die Brüchigkeit seiner Macht, den Spott, der jeder sozialen Ordnung innewohnt«* (J. Montalbetti).

Der im Genf der späten dreißiger Jahre spielende Roman *Belle du seigneur* knüpft an das Ende von *Mangeclous* an: Verkleidet als häßlicher, zerlumpter alter Mann probt Solal, nun Untergeneralsekretär (oder, wie er sich selbst nennt: *»Untergeneralhanswurst«*) im als politisch-gesellschaftliches Marionettentheater geschilderten Apparat des Völkerbundes, die Verführung Arianes, der schönen Ehefrau seines beförderungssüchtigen Diplomaten-Kollegen Adrien Deume.

Als Rede- und Verwandlungskünstler, der den Glanz der Anfänge und Auftritte liebt, die mit der Macht verbundene Erotik jedoch verachtet, ist Solal auch eine Don Juan-Figur: ein Verführer, den seine Erfolge enttäuschen und der das Ideal der absoluten, erlösenden Liebe zu verwirklichen sucht. Doch als Solal aus dem diplomatischen Dienst entlassen wird und seine französische Staatsbürgerschaft verliert, was dem gesellschaftlichen Tod gleichkommt, wird die totale Liebe Solals und Arianes mehr und mehr zum Exil zweier Parias. Sie erstarrt zu einem erlesenen leblosen Kunstwerk, zu einem perfekt inszenierten Ritual, das den *»ennui der Körperlichkeit, der Zeitlichkeit«* (J. Ritte) kaum mehr verbergen kann. In der Tragödie dieser Liebe, die mit dem Selbstmord der beiden Liebenden in einem Genfer Hotelzimmer endet, spiegelt sich die Tragödie des politischen und moralischen Zusammenbruchs der europäischen Kultur.

Nicht nur als erlösungshungriger, vom Tod besessener, ein ständiges Wechselspiel von Mystifikation und Demystifikation der Liebe betreibender Don Juan ist die Figur Solals konzipiert – sie trägt auch Züge des biblischen Gesetzgebers: *»Der Blick Moses' durchquert das Werk Cohens«* (G. Valbert). Von seinem Vater, dem Rabbiner Gamaliel, lernt Solal: *»Laß dich später von unserer Mißgestalt nicht abstoßen, wir sind das Menschheitsungeheuer, denn wir haben der Natur den Krieg erklärt.«* Neben den Themen der messianischen Erwartung und des Exils bildet dieses Thema eines Gottes der Anti-Natur, dessen Gesetze den Naturgesetzen des Siegens und Mordens zuwiderlaufen, den mythologischen Untergrund der Erzählung. Hier zeigt sich ein Berührungspunkt zum existentialistischen Begriff menschlicher Freiheit: Die Möglichkeit der Rettung des Menschen liegt für Cohen allein *»in der Lösung des von Camus gestellten Problems, ohne Gott heilig zu sein«* (J. Ritte).

Die Tetralogie entwirft keine lineare Ereignisfolge. Vielmehr zeugen sich die Episoden unablässig selbst fort, einem orientalischen Teppich ähnlich entstehen verschlungene Muster mit sich wiederholenden Formen: Das Erzählen wird zu einem überschäumenden rhetorischen Fest aus Psalmversen, pathetischen Metaphern, märchenhaften und abenteuerlichen Geschichten, zelebrierten Sentenzen, theatralischen und ironischen Dialogen – zu einer Zeremonie, die auch der Verführung des Lesers dient. Auf Rabelais, Cervantes und Choderlos de Laclos anspielend, die Tradition des pikaresken Romans zitierend und Erzählelemente der hebräischen Bibel und des Talmud mit Momenten chaplinesker Komik verschmelzend, formuliert der Romanzyklus einen sarkastischen Kommentar zur Tragödie der jüdisch-christlichen Koexistenz im von kleingeistiger Selbstbezogenheit, Langeweile und der Sehnsucht nach religiöser Erweckung gezeichneten Europa der Zeit zwischen den Weltkriegen.

Als 1968 der u. a. mit dem Prix Goncourt ausgezeichnete Roman *Belle du seigneur* erschien, wurde Cohen für einen genialen, verspäteten Debütanten gehalten – die beiden vor Ausbruch des Zweiten Weltkriegs veröffentlichten Teile des Romanzyklus – *Solal* und *Mangeclous* – waren in völlige Vergessenheit geraten. In Deutschland fand die 1932 publizierte Übersetzung von *Solal* begeisterte Resonanz, bevor sie im März 1933 verboten wurde. Mehr als sein literarisches Werk erfüllt Cohen indes ein juristisches Dokument mit Stolz: Im Jahre 1946 konzipierte er einen Ausweis für staatenlose Flüchtlinge, der diese unter den Schutz des »Comité intergouvernemental pour les Réfugiés« stellte, für das Cohen damals tätig war. B.R.E.

Ausgaben: *Solal*: Paris 1930. – Paris 1958 [überarb.]. – Paris 1979. – Paris 1981 (Folio). – *Mangeclous:* Paris 1938. – Paris 1969 [überarb.]. – Paris 1983 (Folio). – *Belle du seigneur:* Paris 1968. – Paris 1986, Hg. Chr. Peyrefitte (Pléiade). – *Les valeureux:* Paris 1969. – Paris 1986 (Folio).

Übersetzungen: *Solal*, F. Hessel u. H. Kauders, Bln. 1932. – Dass., dies., Stg. 1986 [überarb.]. – *Die Schöne des Herrn*, H. Kossodo, Stg. 1983; [2]1987. – *Eisenbeißer*, E. Helmlé, Stg. 1984.

Literatur: J. Montalbetti, *Le défi à la mort d'un cannibale amoureux* (in Mag. litt, 1979, Nr. 147, S. 15 f.). – G. Valbert, *A. C. ou le pouvoir de vie*, Lausanne 1981. – G.-K. Kaltenbrunner, *»Die Schöne des Herrn«* (in NDH, 31, 1984, S. 380–382). – J. Ritte, *Dem Tod eine Pirouette drehen. Zum Werk A. C.s* (in Merkur, 1985, H. 5, S. 434–439). – J.-L. Tritter, *Quelques aspects des monologues dans »Solal«* (in *Mélanges de langue et de littérature française offerts à P. Larthomas*, Paris 1985, S. 485–489). – W. van Rossum, *Ein Königsweg der Literatur* (in Die Zeit, 14. 11. 1986). – W. Fuld, *Das ewige, das törichte, das furchtbare Duett* (in FAZ, 30. 8. 1986). – J. Blot, *A. C.*, Paris 1986.

## Hermann Cohen

* 4.7.1842 Coswig
† 4.4.1918 Berlin

### DIE RELIGION DER VERNUNFT AUS DEN QUELLEN DES JUDENTUMS

Religionsphilosophisches Werk von Hermann Cohen, erschienen 1919. Der Titel der Erstausgabe wurde in der Zweitauflage (1929) vom Herausgeber Bruno Strauss nach dem Manuskript des Verfassers unter Weglassung des Artikels korrigiert in *Religion der Vernunft aus den Quellen des Judentums*. – Während Cohen, der zusammen mit P. Natorp die »Marburger Schule« des Neukantianismus begründet hatte, die drei großen Werke seines *Systems der Philosophie* (Logik – Ethik – Ästhetik, 1902–1912) vollendete, wollte er zunächst ein Buch über die *»Einheit des Kulturbewußtseins«* folgen lassen. Doch entschloß er sich dann, statt dessen ein Buch über die Religion zu verfassen, das ein Jahr nach seinem Tod veröffentlicht wurde. Schon im Jahre 1915 widmete Cohen nach seinem Weggang aus Marburg, gleichsam als Abschiedsgeschenk an seine Schule, dem Religionsproblem ein wichtiges, aber auch besonders schwieriges Buch: *Der Begriff der Religion im System der Philosophie*. Dieses Werk schließt mit den für Cohen charakteristischen Worten: *»Dieser ... Zusammenhang des Menschen mit Gott muß der klare, genaue, von allen mystischen Zweideutigkeiten befreite Sinn des Religionsunterrichts werden ... Und ohne diese Klarstellung des Religionsunterrichts wird es keine sittliche Weltkultur geben – solange als die Religion nicht für alle Menschen aller Völker in der systematischen Philosophie begründet sein wird.«*

Das nachgelassene Hauptwerk ist recht eigentlich eine jüdische Religionslehre, geprägt vom Geist der Cohenschen Philosophie und seinem Erlebnis der Quellen des Judentums. Nach drei vorausgeschickten Kapiteln über die Begriffe Vernunft – Religion – Quellen des Judentums kreist das Werk in 22 Kapiteln um einige Hauptthemen, aus denen sich vor allem die folgenden herausheben lassen: »die Einzigkeit Gottes«; der Gott, der sich in *2. Mose*, 3, als der stets Seiende offenbart, wird vor allem als »einzig« charakterisiert. Die Bedeutung dieser Einzigkeit liegt nicht in der Einzahl, sondern in der Unvergleichbarkeit von Gottes Sein mit allem anderen Sein. Gott hat keine Attribute, die ihm anhaften; aber in *2. Mose*, 34, zeigt er die Eigenschaften, die der Mensch nachahmend verwirklichen kann. Der Heilige Geist ist immer mit dem Menschen und verläßt ihn nie (Interpretation von *Psalm 51*). Die Religion entdeckt das Individuum als »Mitmenschen« durch die Kraft des Mitleids mit dem Armen und dem Verlassenen. Durch diese Entdeckung wird der Mensch auch selbst erst »Ich«. Die Ausdrucksformen der jüdischen Religion werden weit ausholend besprochen.

Es ist entgegen einer oft ausgesprochenen Ansicht daran festzuhalten, daß Cohen durch seine Religionslehre keineswegs sein System gesprengt hat. Die Grundpfeiler seines religiösen Denkens waren schon in den systematischen Schriften, insbesondere in der *Ethik des reinen Willens* (1904) gesetzt. Freilich hatte er in der *Ethik* das Problem des einzelnen, der in Korrelation mit Gott tritt, noch nicht scharf gesehen. Aber die Idee Gottes war schon immer ein Hauptmotiv seines Denkens gewesen: Es gibt recht eigentlich zwei Welten: die Welt des Seins und die Welt des Sollens. Die Naturwissenschaft entdeckt die Gesetze des Seins, die Ethik und die mit ihr verbundene Rechtswissenschaft erkennen das Sollen. Die Naturwissenschaft kann aber immer nur sagen, ob eine Entdeckung »richtig« ist; oberhalb und jenseits der Richtigkeit steht der Begriff der Wahrheit, der bei Cohen von eigener Art ist. Wahrheit ist der Zusammenhang von Sein und Sollen. Und Wahrheit ist Gott. Gott garantiert gleichsam, daß dem menschlichen Ethos immerdar eine physische Welt gegenübertritt, in der sich und durch die sich das Ethos verwirklichen kann. Das Vertrauen auf die Verwirklichung ist Vertrauen auf Gott und Glauben an ihn. – Hatte Cohen auch niemals an der Existenz Gottes gezweifelt, so stand er doch als echter Sohn der Aufklärung viele Jahre hindurch der positiven Religion skeptisch gegenüber. Nur schwer entschloß er sich, der Religion »Eigenart« im System der Kultur zuzugestehen, eben weil sie das Phänomen des einzelnen und seiner Korrelation mit Gott darstellt. Niemals aber gestand er ihr Selbständigkeit gegenüber der Ethik zu. S.U.

Ausgaben: Lpzg. 1919. – Ffm. 1929, Hg. B. Strauß; Nachdr. Wiesbaden 1978. – Darmstadt 1966, Hg. ders.

Literatur: A. Lewkowitz, *H. C.s »Religion der Vernunft aus den Quellen des Judentums«* (in Monatshefte zur Geschichte und Wissensch. des Judentums, 65, 1921, S. 1–15). – H. Knittermeyer, *H. C.s »Religion der Vernunft«* (in Christl. Welt, 36, 1922, S. 817). – S. Ucko, *Der Gottesbegriff in der Philosophie H. C.s*, Bln. 1929. – S. Kaplan, *Das Geschichtsproblem in der Philosophie H. C.s*, Bln. 1930. – T. W. Rosmarin, *Religion of Reason*, NY 1936. – S. H. Bergman, *H. C.* (in *Between East and West*, Ldn. 1958). – E. Bréhier, *Le concept de religion d'après H. C.* (in E. B., *Études de philosophie moderne*, Paris 1965, S. 111–121). – M. M. Kaplan, *The Purpose and Meaning of Jewish Existence. A People in the Image of God*, Philadelphia 1964. – K. Löwith, *Philosophie der Vernunft u. Religion der Offenbarung in H. C.s Religionsphilosophie*, Heidelberg 1968. – H. L. Ollig, *Religion u. Freiheitsglaube. Zur Problematik von H. C.s später Religionsphilosophie*, Königstein/Ts. 1979. – W. Kluback, *The Challenge of a Religion of Reason*, Chico/Calif. 1984. – S. Zac, *La philosophie religieuse de H. C.*, Paris 1984. – M. Dreyer, *Die Idee Gottes im Werk H. C.s*, Königstein/Ts. 1985. – W. S. Dietrich, *C. and Troeltsch: Ethical Monotheistic Religion and Theory of Culture*, Atlanta/Ga. 1986.

## Leonard Cohen

* 21.9.1934 Montreal

**DAS LYRISCHE WERK** (engl.) von Leonard Cohen (Kanada).

Obwohl der Höhepunkt der Lyrik des kanadischen Poeten und Liedermachers in den späten sechziger Jahren liegt, kann der Ursprung seiner Themen in der kulturpessimistischen Stimmung des davorliegenden Jahrzehnts gesucht werden. Unter dem Eindruck der Atombomben von Hiroshima und Nagasaki, der Intellektuellenhetze des Senators McCarthy in den USA und einer Gesellschaft, die vom Konformismus *»außengeleiteter Charaktere«* (D. Riesman) bestimmt war, erschien jegliche positive Utopie obsolet. Bezeichnenderweise zieht sich durch Cohens ersten Gedichtband *Let Us Compare Mythologies*, 1956 *(Laßt uns Mythologien vergleichen)* leitmotivisch die Suche nach Schönheit und Erlösung in einer grausamen Welt. Während Christus aus *»countless wars, / Blinded and hopelessly lame«* (*»unzähligen Kriegen, erblindet und hoffnungslos lahm«*) zurückgekehrt ist, erwächst Dichtung aus dem toten Körper von Orpheus *(City Christ, Ballad)*. Nur die absolute Akzeptanz des Leidens als Weltzustand scheint das psychische Überleben zu sichern.

In den Liebesgedichten von Cohens zweitem Gedichtband *The Spice-Box of Earth*, 1961 *(Die Gewürzbüchse der Erde)* wird diese Suche nach dem *»state of grace«* zu einer ekstatischen Vision der Verschmelzung im Liebesakt ausgeweitet, in dem einmal heiter *(Owning Everything; One of the Nights I Didn't Kill Myself)*, einmal apokalyptisch düster *(Credo; You All in White; You Have the Lovers)* die physische Realität von Trennung und Leiden transzendiert werden soll. *»When I see a woman transformed by the orgasm we have achieved together, then I know we've met. Anything else is fiction«* (*»Wenn ich eine Frau durch unseren gemeinsamen Orgasmus verwandelt sehe, weiß ich, daß wir uns wirklich begegnet sind. Alles andere ist Fiktion«*), wird Cohen diese Haltung später in seinem ersten Roman *The Favorite Game*, 1963 *(Das Lieblingsspiel)* zusammenfassen. In biblischen Bildern, poetischen Reflexionen und Augenblickseindrücken entfaltet Cohen daneben seine Vorstellung von der Rolle des Dichters als an der Welt gescheitertem und darum über sie erhabenen Menschen *(Gift; The Cuckold's Song; Song; Isaiah)*. Außerdem entwickelt er hier das für ihn typische Tableau von Meister-Schüler-, Herr-Sklave-Beziehungen, in

denen das lyrische Ich durch die sinnliche Erfahrung des Liebesaktes und/oder physisches und seelisches Leiden den Zustand der *»sainthood«* erreicht, d. h. die Identität des Ich zugunsten einer Allerfahrung aufgelöst ist *(Alone the Master and the Slave Embrace; To a Teacher; I Have Not Lingered in European Monasteries; It Swings, Jocko)*.
Noch pessimistischer ist Cohens nächster Gedichtband *Flowers for Hitler*, 1964 *(Blumen für Hitler)*. War in den biblischen Anklängen von *The Spice-Box of Earth* schon eine Auseinandersetzung Cohens mit seiner jüdischen Herkunft zu sehen gewesen, wird das Schicksal des jüdischen Volkes nun zur strukturierenden Metapher. Hitler und der Terror der Nazis sind symptomatisch für die Befindlichkeit der Welt überhaupt, unterliegen auch den Augenblicken des Friedens und der scheinbaren Normalität *(All There Is to Know about Adolph Eichmann; A Migrating Dialogue; Folk)*. Da jedes aktive Eingreifen in das Geschehen unfreiwillig das Böse verstärkt, steht der Dichter gelähmt neben den Ereignissen *(The Only Tourist in Havanna Turns His Thoughts Homeward; Why I Happen to Be Free)*. Behaupten können sich in dieser absurden Welt einzig die *»beautiful losers«*, die Verlierer und Gescheiterten. Sie werden zu *»saints«* – eine Vorstellung, die Cohen zwei Jahre später in seinem Roman *Beautiful Losers (Schöne Verlierer)* literarisch ausbaute.
Seit etwa 1964 traten in den amerikanischen Städten die ersten Hippies auf. Mit ihrer Botschaft von Liebe, Frieden und Gewaltlosigkeit gewannen sie vor allem in der Jugend schnell zahlreiche Anhänger. Auch Cohen begann mit ihnen zu sympathisieren: In den friedlichen, phantasievollen Aussteigern finden seine *»saints«* ihre soziale Entsprechung. Kernstück von *Parasites of Heaven*, 1966 *(Parasiten des Himmels)* sind so neben Stilexperimenten, lyrischer Prosa und unveröffentlichten älteren Gedichten – von der Kritik eher negativ beurteilt – vier Balladen zu dieser Problematik, die Cohen später vertonen und ab 1968 auf Schallplatten veröffentlichen sollte *(I Met a Woman Long Ago; Suzanne Takes You Down; I Believe You Heard Your Master Sing; I Stepped into an Avalanche)*. Durchgehendes Thema ist die Erlangung der *»sainthood«* durch Transzendenz der physischen Grenzen in der körperlichen Liebe und durch eine paradoxe Weltentsagung nach Bestehen der letzten Prüfung, in der Meister und Schüler, Herr und Sklave ihre Rollen tauschen. In ihrer surrealen Bildhaftigkeit unterlaufen die in den Gedichten angedeuteten Lösungen dabei jede vernunftmäßige Zweckbestimmung und ähneln damit den »koans« des Zen-Buddhismus, der durch die Beatbewegung in Amerika eingeführt worden war.
Mit seinen Liedern inzwischen zur Kultfigur geworden, veröffentlichte Cohen nach dem Roman *Beautiful Losers* erst 1972 wieder einen Gedichtband, *The Energy of Slaves (Die Energie von Sklaven)*, der einen deutlichen Einschnitt markiert. Die exotischen Bilder und der surreale Stil sind verschwunden. *»I am broken down«*, erklärt Cohen, *»no leader of the coming world, no saint for those in pain, no singer, no musician, no master of anything« (»Ich bin zusammengebrochen, bin kein Führer der kommenden Welt, kein Heiliger für die Schmerzgequälten, kein Sänger, kein Musiker, kein Meister von irgend etwas mehr«)*. Nachdem er nur 1968 als Anhang seiner *Selected Poems 1956–1968 (Ausgewählte Gedichte)* einige neue Gedichte veröffentlicht hatte, versucht er hier noch einmal ganz von vorn anzufangen. Neben Anklängen an frühere Versuche, eine Anti-Lyrik zu schaffen *(This is the only poem ...; Overheard on every corner; I am no longer at my best practising...)*, findet sich, wie schon im Titel des Bandes angedeutet, eine Hinwendung zur politischen Reflexion *(War is no longer needed ...; The killers that run ...; Any system you contrive without us ...)*. Der Ton ist jedoch bitter-selbstkritisch und anti-romantisch: Resigniert erkennt Cohen das Schreiben von Gedichten selbst als *»a way to betray / the revolution« (»eine Art, die Revolution zu verraten«)*.
Nach einer erneuten Schaffenspause wandte sich Cohen in *Death of a Lady's Man*, 1979 *(Tod eines Frauenlieblings)* und *Book of Mercy*, 1984 *(Buch der Gnade)* konsequent von der lyrischen Form ab und begann mit Prosalyrik zu experimentieren: In *Death of a Lady's Man* werden jeweils poetische Stücke mit einem satirischen Kommentar kontrastiert, der ironisch Tagebuchnotizen Cohens, Metareflexionen und Zitate aus der literaturkritischen Rezeption seines Werkes verbindet. Es entsteht ein fiktiver Dialog zwischen Autor, poetischem Werk und Leser. In *Book of Mercy* verließ Cohen diese dialogische Form wieder und versuchte im Rekurs auf jüdisch-mystische Tradition inhaltlich eine neue Position zu gewinnen. In Hymnen und Gebeten werden Zweifel und Elegie, religiöse Meditation und Beschwörungen der Liebe zu einem modernen Psalmenbuch verbunden.
Cohen ist wegen seiner melancholischen Grundhaltung oft als »schwarzer Romantiker« bezeichnet und von der Kritik in die Tradition von BAUDELAIRE und GENET gestellt worden. Tatsächlich wird in seiner Lyrik die Erfahrung des Leidens zur emotionalen Gestimmtheit überhaupt, denn angesichts einer als krank empfundenen Gesellschaft werden gerade deren negativ besetzte Werte zur Sphäre einzig noch möglicher Wahrheitserfahrung. Der Zweifel an den traditionellen Vorstellungen, der schließlich in die Idee absoluter Relativität aller moralischen Prinzipien und der von ihnen abgeleiteten sozialen Systeme mündet, gipfelt bei Cohen schließlich in einem melancholischen Rückzug in den inneren Schmerz an der Welt: Der Weg zum *»saint«* ist ein mystischer Weg des Leidens, der gerade in der Vernichtung des Selbst seine Vollendung findet. Diese Spannung bleibt auch in Cohens Liebeslyrik erhalten. Indem der Liebesakt die Liebenden zwar ekstatisch verschmelzen läßt, sie aber auch auf sich selbst zurückwirft, treffen sich in ihm Weltverlust und sinnliche Erfahrung des Selbst nur zu einem momentanen Gleichgewicht. Abgesehen von diesem Augenblick größter Nähe bleiben Cohens Liebhaber einander fremd. Ähnlich dem sozialen Protest der Beatniks gewinnt Co-

hens Lyrik ihre gesellschaftliche Position so in dem radikalen Gestus der Verweigerung, der einer als schlecht empfundenen Gesellschaft jede Mitarbeit aufkündigt. Allerdings ist der Preis dieser Verweigerung hoch: Die Zerstörung des Selbst bedingt auch den Verlust des Ausgangspunkts selbstbestimmten Handelns. H.P.R.

AUSGABEN: *Let Us Compare Mythologies*, Montreal 1956. – *The Spice-Box of Earth*, Toronto 1961. – *Flowers for Hitler*, Toronto 1964. – *Parasites of Heaven*, Toronto 1966. – *Selected Poems 1956–1968*, NY 1968. – *The Energy of Slaves*, Toronto 1972. – *Death of A Lady's Man*, Ldn. 1979. – *Book of Mercy*, Ldn. 1984.

ÜBERSETZUNGEN: *Blumen für Hitler: Gedichte und Lieder 1956–1970*, A. v. Cramer-Klett u. A. Hauptmann, Bln. 1971 [engl.-dt.]. – *Das Lieblingsspiel, Gedichte, Lieder, Schöne Verlierer*, E. Hannover-Drück, Ffm. 1974. – *Die Energie von Sklaven*, H. Rowohlt, Ffm. 1975 [engl.-dt.]. – *Parasiten des Himmels: Gedichte aus 10 Jahren*, C. Weissner, Ffm. 1976 [engl.-dt.; enth. auch teilw. *Let Us Compare Mythologies*]. – *Letzte Prüfung*, R. Hermstein, Ffm. 1982 [engl.-dt.; = *Death of a Lady's Man*]. – *Wem sonst als Dir*, R. Lindhoff u. U. Schmidt, Ffm. 1985 [engl.-dt.; = *Book of Mercy*].

LITERATUR: M. Ondaatje, *L. C.*, Toronto 1970. – P. A. Morley, *The Immoral Moralists: Hugh MacLennan and L. C.*, Toronto 1972. – J. Vassal, *L. C.*, Paris 1974. – M. C. Matos, *L. C.: Redescoberta da Vida e una Alegoria a Eros*, Lissabon 1975. – *L. C.: the Artist and His Critics*, Hg. M. Gnarowski, Toronto 1976. – A. Malus, *The Face of Holiness in the Writing of L. C.*, Diss. Montreal 1976. – S. Scobie, *L. C.*, Vancouver 1978. – H.-P. Rodenberg, *Subversive Phantasie. Studien zur Lyrik der amerikanischen Gegenkultur 1960–1975*, Gießen 1983.

## SAMUEL TAYLOR COLERIDGE

* 21.10.1772 Ottery
† 25.7.1834 Highgate

LITERATUR ZUM AUTOR:
*Bibliographien:*
R. u. J. Haven u. M. Adams, *C. 1793–1970. An Annotated Bibliography. Vol. 1 (1793–1899)*, Ldn./Boston 1976. – J. D. Caskey u. M. M. Stapper, *S. T. C.: A Selective Bibliography of Criticism 1935–1977*, Westport/Conn. 1978. – W. B. u. A. M. Crawford u. E. S. Lauterbach, *S. T. C.: An Annotated Bibliography of Criticism and Scholarship. Vol. 2 (1900–1939)*, Boston 1983.
*Forschungsbericht:*
*The English Romantic Poets: A Review of Criticism and Research*, Hg. F. Jordan Jr., NY 1972.
*Biographien:*
L. Hanson, *The Life of S. T. C.: The Early Years*, Ldn. 1938; Nachdr. NY 1962. – E. K. Chambers, *S. T. C.: A Biographical Study*, Oxford 1938. – J. Cornwell, *C.: Poet and Revolutionary, 1772–1804. A Critical Biography*, Ldn. 1973. – M. Lefebure, *S. T. C.: A Bondage of Opium*, Ldn. 1974.
*Gesamtdarstellungen und Studien:*
J. L. Lowes, *The Road to Xanadu: A Study in the Ways of the Imagination*, Cambridge/Mass. 1927; Boston [2]1930 [rev.]. – *C.: Studies by Several Hands on the Hundredth Anniversary of His Death*, Hg. E. Blunden u. E. L. Griggs, NY 1934; Nachdr. Ldn. 1970 u. Philadelphia 1973. – *C. The Talker. A Series of Contemporary Descriptions and Comments*, Hg. R. W. Armour u. R. F. Howes, Ithaca/N.Y. 1940. – R. Lutz, *S. T. C.: Seine Dichtung als Ausdruck ethischen Bewußtseins*, Bern 1951. – H. House, *C. The Clark Lectures 1951–1952*, Ldn. 1953. – *C.: The Visionary*, Ldn. 1959; Nachdr. 1970. – C. Woodring, *Politics in the Poetry of C.*, Madison 1961. – W. Walsh, *C. The Work and the Relevance*, Ldn. 1967. – P. M. Adair, *The Waking Dream: A Study of C.'s Poetry*, Ldn. 1967. – *C. Twentieth Century Views*, Hg. K. Coburn, Englewood Cliffs/N.J. 1967. – W. J. Bate, *C.*, Ldn. 1969. – *C.: The Critical Heritage*, Hg. J. R. de Jager Jackson, Ldn. 1970. – *S. T. C.: Writers and Their Background*, Hg. R. L. Brett, Ldn. 1971. – G. H. Lenz, *Die Dichtungstheorie S. T. C.s*, Ffm. 1971. – B. Willey, *S. T. C.*, Ldn. 1972. – N. Fruman, *C., The Damaged Archangel*, Ldn. 1972. – *New Perspectives on C. and Wordsworth: Selected Papers from the English Institute*, NY 1972. – *C.: A Collection of Critical Essays*, Hg. K. Coburn, Engelwood Cliffs/N.J. 1973. – *C.'s Variety: Bicentenary Studies*, Hg. J. Beer, Ldn. 1974. – R. Parker, *C.'s Meditative Art*, Ithaca 1975. – J. Christensen, *C.'s Blessed Machine of Language*, Ithaca 1981. – A. Reed, *Romantic Weather: The Climates of C. and Baudelaire*, Hanover/N.H. 1983. – *S. T. C.: Modern Critical Views*, Hg. H. Bloom, NY 1986.

**DAS LYRISCHE WERK** (engl.) von Samuel Taylor COLERIDGE.
Der Romantiker S. T. Coleridge, der ein umfangreiches Werk hinterlassen hat, zu dem theologische, philosophische, politische, literaturkritische Texte und Notizbücher ebenso wie ein umfangreiches Korpus von Briefen gehören, gilt als einer der bedeutendsten Dichter der englischen Sprache. Sein eigentlich poetisches Werk ist relativ schmal und beschränkt sich im wesentlichen auf vor 1804 entstandene Gedichte, Gelegenheitsdichtung im weiteren Sinne eines aus konkreten Situationen und Erfahrungen resultierenden, eher spontanen und individuellen Gefühlsausdrucks. Allerdings ist die

private Existenz des Autors stets Ausgangspunkt für die Exploration allgemeinerer Fragen und für Erkundungen der menschlichen Situation schlechthin, insbesondere auch der Leistungsfähigkeit einer die klassizistische Regelpoetik, die restringierte Diktion und das Imitationskonzept transzendierenden Dichtung, die Medium einer im Gegensatz zur wissenschaftlichen Erkenntnis stehenden Intuition ist. Zentral ist das durch die Natur vermittelte Verstehen einer großen, lebensweltliche Gegensätze aufhebenden Einheit des *»einen Lebens«*. Coleridge, weitaus stärker noch als der zweite bedeutende Romantiker der ersten Generation, William Wordsworth, literaturtheoretisch und poetologisch interessiert, gestaltet – in einer musikalisch klangvollen, sinnlich präzisen und zugleich metaphorisch-symbolisch strukturierten Sprache – daher immer wieder Themen, die mit der Stellung des Dichters, seinem Verhältnis zur Natur, seinen spezifisch poetischen Erkenntnisweisen und der Neubewertung der durch den Klassizismus diskreditierten Imagination zu tun haben.

Viele Zeitgenossen sahen freilich in Coleridge ein Genie, das seine Gaben vergeudete. Zwar hat Coleridge zahlreiche Projekte begonnen und nicht zu Ende geführt; der vielfach geäußerte Vorwurf der »Indolenz« ist angesichts des umfangreichen Gesamtwerks aber nur bedingt berechtigt. Um ihn zu relativieren und die zweifellos vorhandene Erratik in Coleridges Leben und Schaffen verstehen zu können, muß man auf zwei Ereignisse in seiner Kindheit und auf deren Folgen verweisen. Das sind zum einen die Vorfälle, die zu einer rheumatischen Erkrankung und zu Coleridges Abhängigkeit vom schmerzstillenden Opium geführt haben; das sind zum anderen die frühen Erfahrungen der Trennung von der Familie nach dem Tod des Vaters (eines Geistlichen) im Jahre 1781, als Coleridge auf die *»ultra-spartanische«* Londoner Schule Christ's Hospital geschickt wurde (alle familiären Bindungen waren zu suspendieren). Nachdem er 1791 in Cambridge zu studieren begonnen hatte, im Dezember 1793 wegen Schulden für einige Monate zu den Leichten Dragonern gegangen war, das Studium im April 1974 wieder aufgenommen, aber im Dezember 1794 endgültig Cambridge ohne Abschluß verlassen hatte, prägten den politisch radikalen, die Französische Revolution enthusiastisch begrüßenden Coleridge zwei Freundschaften. Zum einen begegnete er R. Southey, mit dem zusammen er das politische Drama *The Fall of Robespierre* schrieb (1794; später übersetzte er auch Schillers *Wallenstein*) und mit dem er den allerdings scheiternden Plan einer utopischen Gemeinschaft (»Pantisocracy« genannt) in Amerika entwickelte. Entscheidender war jedoch die Begegnung mit William Wordsworth (zuerst 1795), der 1797 zusammen mit seiner Schwester Dorothy in die Nähe des in Somerset lebenden Coleridge zog. Damit begann eine in der Veröffentlichung der *Lyrical Ballads* kulminierende Phase der Zusammenarbeit und gegenseitigen geistigen Anregung. Beide Dichter reisten 1798/99 nach Deutschland, Coleridge nach Göttingen, wo er – dies eine entscheidende Entwicklungsstufe – mit der deutschen Philosophie insbesondere Kants bekannt wurde (er habe als Dichter England verlassen und sei als Philosoph zurückgekehrt). 1799 zogen die Wordsworths, 1800 Coleridge mit seiner Familie und schließlich 1802 auch die Southeys in den Lake District; in der Folge wurden sie mit dem 1817 zuerst von der ›Edinburgh Review‹ verwendeten und auch heute noch populären Begriff als die »Lake Poets« bezeichnet. 1804 reiste Coleridge aus Gesundheitsgründen nach Malta, gab 1808 in London öffentliche Vorlesungen über Dichtung, versuchte sich 1809 erneut mit der Herausgabe einer Zeitschrift (›The Friend‹), hielt in den folgenden Jahren immer wieder Vorlesungen (über Shakespeare, Milton u. a.) und lebte ab 1816 als Patient im House des Dr. James Gillman (dort wurde der »Weise von Highgate«, wie man ihn nannte, von vielen Zeitgenossen aufgesucht); 1816 erschien das *Statesman's Manual*, 1817 der erste *Lay Sermon*, gefolgt von *Biographia Literaria*, 1825 publizierte Coleridge seine *Aids to Reflection* sowie 1829/30 die Schrift *On the Constitution of the Church and State*.

Auch wenn Coleridge, dessen *Poetical Works* 1828 erschienen, auch nach 1804 noch immer wieder an den großen Gedichten der neunziger Jahre arbeitete, besteht sein Spätwerk doch im wesentlichen aus theologischen, politischen und literaturkritischen Schriften, in denen er einerseits vieles ausformulierte, was etwa in der Zusammenarbeit mit Wordsworth gereift und in die Lyrik eingegangen war (z. B. seine Vorstellungen über die dichterische Imagination); diese Schriften sind aber andererseits auch Ausdruck seiner politischen Umorientierung, in deren Verlauf aus dem radikaldemokratischen Pantisokraten ein kulturkritischer Konservativer wurde.

## Die frühen Gedichte

Die frühen, 1796 unter dem Titel *Poems on Various Subjects* veröffentlichten Gedichte zeigen einen politisch radikalen Autor, für den Lyrik Mittel der religiösen und politischen Beeinflussung ist. Seine Begeisterung für die Ereignisse in Frankreich spricht etwa aus der *Ode on the Destruction of the Bastille* (1789) oder aus der *Ode on the Departing Year* (1796), in der Coleridge den Odensprecher spezifisch romantisch mit einer übersinnlich-visionären Kraft ausstattet, schließlich auch aus den 1794 geschriebenen, teilweise bereits in Coleridges kurzlebigem politischen Journal ›The Watchman‹ unter dem Titel *The Present State of Society* erschienen *Religious Musings* (publiziert 1796). Allerdings sind diese frühen, politisch so radikalen Gedichte, die den *»Kindern des Elends«* den *»Sturz der Großen, der Reichen, der Mächtigen«* prophezeien, unter dem Einfluß John Miltons und des spezifisch Miltonschen rhetorisch-sublimen Stils verfaßt.

Der Ton hat sich bereits in dem von P. B. Shelley als schönste englische Ode bezeichneten Gedicht

*France: An Ode* (ähnlich wie die politischen *Sonnets on Eminent Characters* zuerst in einer Tageszeitung publiziert) gewandelt: Coleridge wendet sich in diesem die politischen Ereignisse ganz persönlich bewertenden Text, der Ausdruck seiner Desillusionierung angesichts des Angriffs Napoleons auf die Schweiz ist, und stärker noch in *Fears in Solitude* (1798 geschrieben, als er eine französische Invasion der Insel befürchtete) der Natur zu, deren *»Frieden und einsame Träumereien«* sein eigenes *»Herz besänftigt«* haben.

Insbesondere die Landschaftssonette von William BOWLES (1789) hatten Coleridge in der Zwischenzeit gelehrt, die Erscheinungswirklichkeit der Natur mit einer einfacheren und präziseren Sprache darzustellen und zugleich die innere Erfahrungswelt – Gedanken, Gefühle, Erinnerungen – mit einzubringen. Dies gilt etwa für *Lines Composed While Climbing the Left Ascent of Brockley Coomb, Somersetshire, May 1795*, das noch in der Tradition des durch J. DENHAM und J. DYER vertretenen Genres der »Local poetry« (mit dem von Dr. JOHNSON geprägten Gattungsbegriff) steht, aber deutlicher Ausdruck romantischer Unmittelbarkeit ist, ebenso wie für die *Reflections on Having Left a Place of Retirement* (1796, revidiert 1797), Verse, denen das auf eine gewandelte Diktion hindeutende HORAZ-Motto *»Sermoni propriora« (»Geeigneter für Prosa oder Konversation«)* vorangestellt ist. Thema des »Retirement«-Gedichts ist der Konflikt zwischen der Notwendigkeit, *»aktiv und standhaft, den unblutigen Kampf zu kämpfen / Der Wissenschaft, der Freiheit und der Wahrheit in Christus«*, und der Sehnsucht nach innerer und äußerer Ruhe in einem *»Tal der Abgeschiedenheit«*: Aber der *»erschöpfte Geist«* ist doch immer wieder in der Lage, imaginativ in die kleine Hütte mit der durch das Fenster lugenden Rose und dem Jasmin über der Tür – Coleridges Haus in Clevedon, Somerset, zurückzukehren.

Diese Hütte ist auch der Hintergrund für Coleridges Lieblingsgedicht, *The Eolian Harp* (1795). Beginnend mit der Anrede an die *»gedankenvolle Sara«* (seine zukünftige Frau), läßt sich Coleridge in der Folge durch die harmonischen Töne der vom Wind zum Klingen gebrachten Windharfe in einer assonanzen- und alliterationsreichen, musikalischen Sprache (Wordsworth nannte Coleridge einen *»Epikureer des Klanges«*) zu einer Meditation über die Harmonie des *»einen Lebens in uns und außen«* bewegen: Die Äolsharfe wird dabei – ähnlich wie bei Wordsworth, Shelley, HAZLITT oder dem Bauern-Dichter R. BLOOMFIELD – zum Symbol der belebten Natur schlechthin, die durch den Atem Gottes zum Schwingen gebracht wird.

## Abwendung vom Empirismus

Allerdings ist dieses einprägsame Sinnbild für die dichterische Inspirationstätigkeit im Kontext der Coleridgeschen Poetik gleichzeitig Ausdruck seiner frühen Orientierung an der materialistischen Assoziationsphilosophie von David HARTLEY. Dieser hatte in den 1749 erschienenen *Observations on Man*, im Gegensatz zu SHAFTESBURYS und HUTCHESONS These von den eingeborenen moralischen Ideen, den menschlichen Geist als ein Organ bezeichnet, das im physikalischen Sinne passiv die »Vibrationen« der Materie registriert und die Stimuli stets mit bestimmten Lust- oder Schmerzgefühlen assoziiert. In diesem Sinne wird Coleridges *»träger und passiver Geist«* – wie die Saiten einer Windharfe – durch die göttliche Inspiration im ursprünglichen Sinne des Wortes in Bewegung gesetzt. Coleridge bezeichnet sich 1794 sogar, über Hartley hinausgehend, als einen *»völligen Deterministen«* und vertritt die These von der *»Körperlichkeit des Denkens«* (1794 an Southey). Nachdem Coleridge seinem ersten Sohn 1796 sinnigerweise den Namen Hartley gegeben hatte, benannte er 1798 den zweiten nach dem Philosophen des *»esse est percipi«*, George BERKELEY, für den Realität erst im und durch den Akt der Perzeption Existenzcharakter erhält. In dieser (allmählichen) Wende dokumentiert sich Coleridges fundamentale erkenntnistheoretische Neuorientierung, die über eine bereits auf der Schule begonnene Vertiefung in neuplatonische Denker (PLOTINOS, IAMBLICHOS) sowie Mystiker wie G. FOX, J. BOEHME und W. LAW vermittelt ist. Coleridge interessiert sich, wie er schon 1796 dem Radikalen J. THELWALL gegenüber bemerkt, primär für die *»Metaphysik & Dichtung & Tatsachen des Geistes«* und wendet sich deshalb schließlich entschieden gegen den englischen Empirismus: *»Jedes System, das auf der Passivität des Geistes gründet, muß als System falsch sein«* (1801 an Th. Poole).

Die in Analogie zur göttlichen Schöpferkraft gesehene dichterische Imagination wird infolgedessen für Coleridge zu einer primär aktiven Kraft, deren vital-kreative und Gegensätzliches zu einem neuen poetischen Ganzen verschmelzende Fähigkeit der Transzendierung des empirisch-sinnlich Vorgefundenen er verschiedentlich von der *»fancy«* als einer bloßen Fähigkeit des erinnernden *»Aggregierens«*, wie sie die Allegorie kennzeichnet, differenziert.

## Die Gemeinschaft mit Wordsworth

Coleridge entwickelt seinen Dichtungsbegriff, der über die vorromantische Neubewertung der Imagination hinausgeht, in der Zeit des engen Kontakts mit den Wordsworths. Das erste Zeugnis der geistigen Anregung ist *This Lime-Tree Bower My Prison*, geschrieben im Anschluß an einen Besuch der Wordsworths sowie Ch. LAMBS in Clevedon. Mit diesem, in einem für Coleridge nunmehr kennzeichnenden einfachen und spontan wirkenden Gesprächston geschriebenen Gedicht (ein »conversation poem«, mit dem er sich hier an Lamb wendet) vergegenwärtigt sich der aufgrund eines Unfalls im Schatten der Linde zurückgebliebene Dichter imaginativ die Wanderung der Freunde durch die Natur. Coleridge setzt der Gefangenschaft in der großen Stadt London, die Lamb nach der Natur *»hungern ließ«*, eine andere Art von Gefängnis gegenüber, das dem augenblicklich unbeweglichen Dichter gleichwohl den Blick in die Weite gestattet, analog zur imaginativen Transzendierung: Mit Hilfe der Natur wird sich *»das Herz wach für Liebe und Schönheit«* halten.

Auch *Frost at Midnight* (1798) ist das Resultat der fundamentalen Neubewertung der transzendierenden Imaginationskraft, die, so bemerkte J. Thelwall nach einem Besuch bei Wordsworth und Coleridge, einen *»Zustand der Gelassenheit«* hervorruft, um den ihn *»die Führer der Nationen beneiden könnten und den die Stadtmenschen niemals erfahren werden«*. Während Coleridge, der nachts neben der Wiege seines Sohnes sitzt, im ersten Teil des Gedichts die kaum wahrnehmbaren *»Bewegungen der Stille«* und das *»heimliche«* Tun des Frostes evoziert, geht er im zweiten Teil auf seine eigenen Schulerfahrungen ein, um schließlich seine frühe Gefangenschaft in der *»großen Stadt, eingepfercht in düstre Klostersäulengänge«*, die nur den Blick zum Himmel und zu den Sternen gestatteten, mit der glücklicheren Situation des Sohnes zu kontrastieren, der in den Tönen und Formen der Natur die Sprache Gottes wird entziffern können. Das Gedicht ist jedoch keineswegs Resultat rationalen Moralisierens, sondern präsentiert ein aus verschiedenen Bewußtseinsschichten konstituiertes, meditativ in sich versunkenes Ich, in dessen Seele unterschiedliche Zeit- und Raumebenen miteinander verschmelzen.

In welchem Maße diese neue, Dichten und alltägliche Existenz betreffende und wenige gleichgestimmte Freunde einschließende Lebensweise der Umwelt als suspekt erschien, zeigt sich in der erst seit 1934 dokumentarisch belegbaren Tatsache, daß die Regierung ihr Treiben auskundschaften ließ. Allerdings sind die nun entstehenden *Lyrical Ballads*, deren Vorwort von 1800 zwar aus der Feder Wordsworths stammt, das aber, in gemeinsamen Gesprächen entstanden, sicherlich, wie Coleridge 1802 an Southey schreibt, *»zur Hälfte das Kind meines eigenes Kopfes«* ist, nicht nur ein Bruch mit der Imitationspoetik des Spätklassizismus: Das Vorwort mit seinem soziologischen Argumentationsansatz, der Abkehr von der auf stimulierenden Genuß und kommerziell verwertbare Novitäten ausgerichteten Kultur der Großstadt und der Forderung nach einer neuen, ungekünstelten Sprache des gemeinen Mannes ist durchaus radikal im Sinne auch des Anspruchs, mit Hilfe einer auf die demokratischen Füße gestellten Dichtung die Gesellschaft zu verändern. Dieser edukative Ansatz, der in der Dichtung Coleridges mit einer in seelische Tiefenschichten eindringenden Selbsterkenntnis einhergeht, bleibt, auch wenn er dann ins Konservative gewendet wird, das Grundanliegen des politischen Denkers bis hin zu dem Essay *On the Constitution of the Church and State* (1829).

Während nach dem gemeinsamen Plan für die *Lyrical Ballads* Wordsworth Themen und Gegenstände aus dem gewöhnlichen Leben gestalten sollte, *»um den Dingen des Alltags den Reiz des Neuen zu verleihen«* und den Geist aus der *»Lethargie der Gewohnheit aufzuwecken und auf die Lieblichkeit und die Wunder der uns umgebenden Welt zu richten«*, sollte Coleridge *»übernatürliche Personen oder Charaktere«* behandeln, um den temporär seine empirischen Zweifel suspendierenden Leser von der *»dramatischen Wahrheit«* emotionaler Reaktionen auf *»Übernatürliches«* zu überzeugen.

Coleridge, der sich in seiner frühen Jugend etwa für die Erzählungen von *1001 Nacht* begeistert hatte, stand freilich der gerade modischen, durch die Übersetzungen von G. A. BÜRGERS *Lenore* und die Romane einer A. RADCLIFFE populären, aber seiner Meinung nach doch primär auf Reizüberflutung ausgerichteten *gothic novel* ablehnend gegenüber. Coleridges berühmtestes und einflußreichstes Gedicht, dessen Atmosphäre des Übernatürlichen freilich nicht Selbstzweck ist, sondern philosophische Fragen nach dem Bösen im Menschen aufzuzwerfen gestattet, die auch in *The Dungeon* (1797), *Christabel* (1797) und *The Wanderings of Cain* (1798) thematisiert werden, ist *The Rime of the Ancient Mariner*. Der alte Seemann in diesem *»Werk solch reiner Imagination«* (Coleridge selbst 1830), der in seiner Jugend einen das Schiff begleitenden Albatros unmotiviert getötet, aber nach seiner alptraumhaften Isolation in einem spontanen Akt der Liebe das *»eine Leben«* der natürlichen Schöpfung akzeptiert hat, ist für Coleridge eigentlich der *»ewige Jude«*, der seiner Erfahrung nie wird entkommen können.

### Coleridges *Kubla Khan*

Während sich Coleridge in *The Rime of the Ancient Mariner* der archaisierenden Sprache und der Strophenform der Ballade bedient, entspricht das ebenso berühmte Gedicht *Kubla Khan* in formaler Hinsicht der romantischen Tendenz zur Auflösung der Gattungshierarchie und der Gattungsgesetze, in letzter Konsequenz also zum prinzipiell Fragmentarischen (allerdings hat die Forschung in *Kubla Khan* auch eine fragmentarisch gebliebene Ode zu sehen gemeint). – Coleridge selbst hat das 1798 entstandene, aber erst 1816 auf Drängen Lord BYRONS hin gedruckte und dann mit einer Vorbemerkung versehene Gedicht als *»psychologische Kuriosität«* bezeichnet. Der Autor berichtet – was sich allerdings historisch nicht mehr verifizieren läßt –, er sei im Sommer 1797 nach der krankheitsbedingten Einnahme eines Opiats bei der Lektüre einer Reisebeschreibung (Samuel PURCHASE, *A Pilgrimage or Relations of the World*, 1617) an einer bestimmten Stelle eingeschlafen, um beim Erwachen den offensichtlich im Unterbewußtsein entstandenen, in Form von Gegenständen visualisierten Bilder-»Text« in sprachliche Zeichen zu transponieren; er sei jedoch bei dieser Tätigkeit durch einen Besucher gestört worden, so daß er eine Stunde später nur noch vage Erinnerungen an den Ur-Text gehabt habe. J. L. LOWES hat in einer positivistischen Untersuchung (*The Road to Xanadu*, 1927) die zahlreichen literarischen Quellen des Gedichts zu ermitteln versucht (inzwischen hat die Forschung auch auf Coleridges Kenntnis der Wookey Hole mit einem unterirdischen Fluß in den Mendip Hills sowie des S. JOHNSONS »Happy Valley«-Beschreibung in der *History of Rasselas* [1759] nachgebildeten Hafod-Besitzes in North Wales hingewiesen, den Coleridge 1794 besucht hatte). Während Lowes angesichts der zahlreichen intertextuellen Bezüge keinen Sinn in *Kubla Khan* finden konnte, geht die neuere Kritik trotz des fragmentarischen Charakters des Gedichts und der Sinnoffenheit einzelner Bilder und Symbole davon aus, daß es sich keineswegs um das Produkt »automatischen Schreibens« im Sinne des Surrealismus handelt. Vielmehr fügen sich die Vorstellungen eines grandiosen Bauwerks *(»pleasure dome«)* inmitten einer *»sublimen«* Landschaft, eines irdischen Paradieses, einer Kluft, aus der ein mächtiger, schließlich unterirdisch weiterfließender Fluß entspringt und eines *»vom Berg Abora«* singenden *»abyssinischen«* Mädchens zu einem bildlich und aufgrund der Assonanzen, Alliterationen und rhythmischen Variationen klanglich faszinierenden Ganzen. Zentral ist das Thema der poetischen Imagination, die die Einheit und Ganzheit des Seins zu schauen und im Lied zu gestalten versucht, aber im platonischen Sinne mit der Unmöglichkeit einer unmittelbaren Wahrnehmung der Wahrheit konfrontiert ist.

Wie der Schluß von *Kubla Khan* zeigt, ist Coleridges Kreativitätskonzept orphischer Herkunft. W. HÖLLERER hat in Coleridges einleitender Beschreibung des Geneseprozesses dagegen Ansätze einer modernen, auf BAUDELAIRE und MICHAUX vorausweisenden Lyriktheorie inmitten klassisch-romantischer Umgebung zu entdecken gemeint und den Text daher an den Beginn seiner Dokumentationssammlung *Theorie der modernen Lyrik* (1965) gestellt.

### Coleridges »Kreativitätskrise«

Kurz vor der Deutschlandreise entstand 1798 der erste Teil von *Christabel*, und zwei Jahre später begann Coleridge am zweiten Teil zu arbeiten, ohne den Text fertigstellen zu können, der wie *Kubla Khan* erst 1816 gedruckt wurde. Auch *Christabel* gehört in den Bereich der *gothic fiction*, geht aber wie *The Rime of the Ancient Mariner* weit über die bloßen Schauereffekte der Gattung hinaus.

*Dejection: an Ode*, einer der bedeutendsten Texte dieser Gattung in der englischen Literatur (allerdings der sog. pindarischen, unregelmäßigen Spielart zugehörig), ist zwar nicht, wie früher häufig behauptet, Zeugnis der schwindenden dichterischen Kraft: denn Coleridge, der im Begleitbrief zur zweiten Fassung an W. SOTHEBY vom Juli 1802 betont, er habe *»seiner Natur nach mehr von einem Dichter in sich«* als von einem Prosaschriftsteller, bringt auch weiterhin poetische Verse zu Papier, wenngleich weniger und von geringerer Qualität als während der späten neunziger Jahre. Aber die autobiographische Ode, deren erste, an Sara Hutchinson gerichtete Versepistelfassung erst seit 1937 im Druck vorliegt, ist mit ihrer in situationsgebunden-spontaner Rede artikulierten Mischung aus Selbstreflexion und Schilderung der nächtlichen Natur dennoch Ausdruck des Gefühls einer kreativen Krise. Coleridge selbst hat sie auf die fast zwanghafte Versenkung in *»metaphysische Gedankengänge«* zurückgeführt (Brief an Sotheby), während Wordsworth in seiner zwischen 1802 und 1806 entstandenen *Immortality*-Ode, ebenfalls *»Dejection«* thematisierend, den unvermeidlichen, in der menschlichen Entwicklung liegenden Verlust der visionären Kraft des Kindes beklagt, aber doch noch die Möglichkeit der erinnernden Vergegenwärtigung durch den *»philosophischen Geist«* sieht. Coleridge dagegen scheint von einer existentiellen Angst befallen, die in der am Tage von Wordsworths Heirat mit Mary Hutchinson und dem Jahrestag der eigenen unglücklichen Verehelichung mit Sara Fricker publizierten »öffentlichen« Fassung größere Allgemeinheit erhält. Paradox ist allerdings, daß Coleridge trotz dieser Klage über den Verlust des *»shaping spirit of imagination«* bis zum Jahre 1817 an diesem wie auch an anderen Texten arbeitete und ihnen mehrfach eine neue und überzeugende Form gab.

### Späte Gedichte

Coleridges Werk nach der *Dejection*-Ode besteht aus gelegentlichen Liebesgedichten an Sara *(»Asra«)* Hutchinson, Versen, die – immerhin erstaunlich für einen Verächter der *»fancy«* – sich als »Allegorien« ausgeben (*The Pang more Sharp than All*, 1825–1826), Dialoggedichten (*The Improvisatore*, 1827), gelegentlichen Klagen über *»Work without Hope«* (1825) und einer größeren Anzahl von humoristischen Zeilen (*The Madman and the Lethargist*, 1809; *The Reproof and Reply*, 1823), die sich insgesamt traditioneller Vers- und Strophenformen bedienen – wie etwa auch das knittelversartige *A Character*, Coleridges satirische Antwort auf W. HAZLITTS kritischen Essay in *The Spirit of the Age* (1825) über den indolenten und digressiven Dichter, *»der mit den Musen wie mit einer Sammlung von Geliebten«* geflirtet habe. Gleichwohl ist auch das poetische Spätwerk Coleridges noch auf *»Self-Knowledge«* (1832) ausgerichtet; die Tatsache, daß C. AIKEN ein Zitat aus diesem Text als eines der Motti seines autobiographischen Essays *Ushant* (1952) wählte, zeigt, daß auch der späte Coleridge noch gelegentliche Freunde gefunden hat. U.Bö.

AUSGABEN: *The Complete Works*, 7 Bde., Hg. W. Shedd, NY 1853. – *The Complete Poetical Works*, Hg. E. H. Coleridge, 2 Bde., Oxford 1912; [3]1962, 1966 [Lyrik in Bd. 1, der identisch ist mit den einbändigen *The Poems of S. T. C.* in der Reihe Oxford Standard Authors]. – *The Complete Poems*, Hg. M. Bishop, Ldn. 1954. – *Poems and Prose*, Hg. K. Raine, Harmondsworth 1957. – *Collected Works*, Hg. K. H. Coburn et al., Ldn. 1969 ff. [*Poetical Works* für Bd. 16 geplant]. – *The Portable Coleridge*, Hg. I. A. Richards, Harmondsworth 1978.

ÜBERSETZUNG: *Gedichte*, dt.-engl., Hg. E. Mertner, Stg. 1973.

LITERATUR: H. House, *C.*, Ldn. 1953; [4]1969. – P. M. Adair, *The Waking Dream*, Ldn. 1967. – *C.: A Collection of Critical Essays*, Hg. K. Coburn, Ldn. 1967. – *C.: The Critical Heritage*, Hg. J. R. de J. Jackson, Ldn. 1970. – St. Prickett, *C. and Wordsworth: The Poetry of Growth*, Cambridge 1970. – R. Watters, *C.*, Ldn. 1971. – G. H. Lenz, *Die Dichtungstheorie S. T. C.s*, Ffm. 1971. – *S. T. C.: Writers and their Background*, Hg. R. L. Brett, Ldn. 1972. – B. Willey, *S. T. C.*, Ldn. 1972. – A. Grant, *A Preface to C.*, Ldn. 1972. – R. u. J. Haven, *An Annotated Bibliography of Criticism and Scholarship*, Boston 1976. – K. Everest, *C.'s Secret Ministry. The Context of the Conversation Poems 1795–1798*, Hassocks/Sussex 1979. – R. L. Brett, *S. T. C.* (in *British Writers*, Hg. I. Scott-Kilvert, Bd. 6, NY 1981, S. 41–57). – R. Holmes, *C.*, Oxford 1982. – D. Jasper, *C. as Poet and Religious Thinker*, Ldn. 1985. – *C.s Imagination. Essays in Memory of P. Laver*, Hg. R. Gravil, L. Newlyn, N. Roe, Cambridge 1985. – J. S. Hill, *C. Companion*, Ldn. 1984. – S. Bygrave, *C. and the Self*, NY 1986.

## BIOGRAPHIA LITERARIA. Biographical Sketches of my Literary Life and Opinions

(engl.; *Biographia Literaria. Biographische Skizzen meines Lebens und meiner Ansichten als Schriftsteller*). Philosophisch-literarkritisches Hauptwerk von Samuel Taylor COLERIDGE, erschienen 1817. – Die Ansätze zu diesem Versuch eines romantischen Dichterphilosophen, die Summe seines literarischen Lebens auf der Ebene des, mit praktischer Literaturkritik verquickten, philosophischen Denkens zu ziehen, gehen bis auf das Jahr 1800 zurück, als WORDSWORTH und Coleridge sich im Lake District aufhielten und dort die Neuausgabe ihrer 1798 gemeinsam veröffentlichten *Lyrical Ballads* erörterten. Auf Coleridges Betreiben sollte der neuen Auflage ein ausführliches, dichtungstheoretisches Vorwort beigefügt werden, das er ursprünglich selbst zu verfassen beabsichtigte, dessen Ausarbeitung er aber später Wordsworth überließ. In diesem Vorwort legte dann Wordsworth die Rechtfertigung seiner Poesie nieder und gab damit den Anstoß zu einer, sich über zwei Jahrzehnte erstreckenden Kontroverse mit Coleridge, die aus den einstigen Freunden einander erbittert kritisierende Feinde machte.

In seiner *Biographia Literaria* wollte Coleridge unter anderem die *»Beendigung des lange fortgeführten Streites über das wahre Wesen der poetischen Diktion«* erreichen und zudem versuchen, *»den wirklichen poetischen Charakter des Dichters* Wordsworth *zu bestimmen, durch dessen Schriften dieser Streit zuerst entzündet wurde«*. Die Auseinandersetzung mit Wordsworth war aber nur ein Teil des großen Plans, den Coleridge in der *Biographia Literaria* verwirklichen wollte: Auf der Grundlage von Skizzen aus seinem Leben als Autor sollte das ganze Gebäude seiner philosophischen und religiösen Ansichten erstehen und *»die Anwendung der von philosophischen Grundsätzen abgeleiteten Regeln auf Dichtung und Kritik«* aufgezeigt werden. Coleridge vermochte diesen Plan jedoch nicht der ursprünglichen Anlage entsprechend auszuführen. Aus den schließlich veröffentlichten 22 Kapiteln ragen einige wichtige hervor, während aus anderen die Resignation spricht, mit der der Dichter das Scheitern seiner Intentionen eingesteht.

Vor allem in den seine Wordsworth-Kritik enthaltenden Kapiteln und in denen über KANT, FICHTE und SCHELLING erweist sich Coleridge als kritischer und als ideenreicher philosophischer Geist. Die Argumente der Wordsworthschen Theorie von 1800 werden Zug um Zug mit kühler Sicherheit entkräftet. Hatte Wordsworth in der Sprache und im Leben einfacher Bauern, Hirten und Handwerker die spracherneuernden Quellen zu finden gehofft, die einer klassizistischen Dichtung neue Impulse verleihen sollten, so macht Coleridge geltend, daß jede soziale Klasse ihre sprachlichen Eigenheiten habe, ja daß sich sogar in der Sprache jedes einzelnen Besonderheiten fänden, daß sich aber schließlich alle in einer Art Gemeinsprache träfen und verständigten. Deshalb sei die Sprache eines Bauern nicht weniger und nicht mehr zu dichterischer Aussage geeignet als etwa die eines Barons. – Als Kernpunkt der *Biographia Literaria* darf die Unterscheidung von *fancy* und *imagination* gelten. Ihr voran geht die Unterteilung der *imagination* in *primary* und *secondary*: in eine Form allgemeinmenschlicher Vorstellungskraft und in den Zustand des dichterischen Schöpfergeistes. Während die spielerische *fancy »nichts anderes als eine Art der Erinnerung ist, losgelöst von den Gesetzen von Zeit und Raum«*, vermag die schöpferische *imagination* Empfindungen zu transzendieren und den Geist in Verbindung mit der höchsten metaphysischen Realität zu bringen. – Mögen einzelne Theorien, die Coleridge in seiner *Biographia Literaria* äußert, auch häufig fragmentarisch, nicht ganz zu Ende gedacht wirken, so vermittelt das Werk als Ganzes dennoch etwas von dem tiefen ursächlichen Zusammenhang zwischen Philosophie und Literatur, von dem Coleridge überzeugt war. W.F.S.

AUSGABEN: Ldn. 1817, 2 Bde. – Ldn. 1847, Hg. S. Coleridge. – NY [2]1884 (in *Complete Works*, Hg. W. G. T. Shett, 7 Bde.). – Oxford 1907, Hg. J. Shawcross. – Ldn./NY 1956, Hg. G. Watson. – Ldn. 1971–1981 (in *The Collected Works of S. T. C.*, Hg. K. Coburn).

ÜBERSETZUNG: *Englischer Besuch in Hamburg im Jahre 1798*, K. Loewenfeld, Hbg. 1927 [Ausz.].

LITERATUR: J. H. Hanford, *C. as a Philologian* (in MPh, 16, 1919, S. 615–656). – H. Muirhead, *C. as Philosopher*, Ldn. 1930; Nachdr. 1970. – W. Winkelmann, *C. und die Kantische Philosophie*, Lpzg. 1933. – M. Sherwood, *C.'s Imaginative Conception of the Imagination*, Wellesley/Mass. 1937. – B. Willey, *C. on Imagination and Fancy*, Ldn. 1947. – H. M. Margoliouth, *Wordsworth and C.*

*1795–1834*, Oxford 1953; Nachdr. Hamden/Conn. 1966. – J. V. Baker, *The Sacred River: C.'s Theory of the Imagination*, NY 1957. – D. P. Calleo, *C. and the Idea of the Modern State*, Ldn. 1966. – J. A. Richards, *C. on Imagination*, Ldn. 1968. – T. McFarland, *C. and the Pantheist Tradition*, Oxford 1969. – G. N. G. Orsini, *C. and German Idealism*, Ldn. 1969. – G. Marcel, *C. et Schelling*, Paris 1971. – O. Barfield, *What C. Thought*, Ldn. 1972. – A. J. Harding, *C. and the Idea of Love: Aspects of the Relationship in C.'s Thought and Writing*, Ldn. 1974. – S. Prickett, *Romanticism and Religion. The Tradition of C. and Wordsworth in the Victorian Church*, Cambridge 1976. – L. S. Lockridge, *C. the Moralist*, Ithaca 1977. – J. C. Christensen, *C.'s Marginal Method in the »Biographia Literaria«* (in PMLA, 92, 1977, S. 928–940). – F. A. Uehlein, *Die Manifestation des Selbstbewußtseins im konkreten »Ich bin«: Endliches und Unendliches Ich im Denken S. T. C.s*, Hbg. 1982. – T. McFarland, *Originality and Imagination*, Baltimore 1985.

## CHRISTABEL

(engl.; *Christabel*). Unvollendete Verserzählung von Samuel Taylor COLERIDGE, erschienen 1816. – Die beiden Teile der Dichtung entstanden lange vor ihrer Veröffentlichung, der erste 1797, der zweite 1800, nach des Autors Rückkehr aus Deutschland. Immer wieder bemühte sich Coleridge um die Vollendung des Werks, erwähnte auch in einem Brief vom 14. 10. 1800, daß es bereits auf 1400 Verse angewachsen sei, doch sind handschriftlich nur die 677 Verse der Buchveröffentlichung überliefert. Die Handlung entfaltet sich in lose aneinandergereihten Szenen: Christabel, Tochter des Ritters Sir Leoline, betet um Mitternacht im Wald für ihren fernen Geliebten. Von einer klagenden Frauenstimme angezogen, findet sie die schöne Geraldine und bringt sie zum Schloß, wo man die Fremde gastfreundlich aufnimmt. Diese gibt sich als Tochter Lord Rolands de Vaux aus, der mit Sir Leoline eng befreundet war, ehe sich die beiden Ritter in jugendlicher Torheit entzweiten. Klagend berichtet sie, daß sie mit roher Gewalt aus ihrer Heimat in den einsamen Wald verschleppt worden sei. Hinter der schönen Maske verbirgt sich aber ein übernatürliches Wesen, das Unheil im Sinn führt. Die unschuldige Christabel durchschaut zwar den Gast, kann aber das Geheimnis nicht lüften, da ein Zauber ihr die Zunge bindet. Der gastfreundliche Ritter läßt Lord Roland die Botschaft von der Auffindung seiner Tochter überbringen und bietet ihm Versöhnung an. Hier bricht die Dichtung ab.

Das märchenhafte Handlungsfragment hat die verschiedensten Deutungen erfahren, deren nächstliegende in der Konfrontation der beiden Frauengestalten den Widerstreit zwischen der Reinheit und der Versuchung der Sinnenwelt sieht. Weit mehr der Beachtung – und Bewunderung! – würdig ist die Sprache der Dichtung, die in klar konturierten Bildern und betörenden Klangkonfigurationen den Zauber einer vom Geheimnis des Übersinnlichen durchwalteten Natur beschwört. Selbst in der an stimmungsvollen Naturschilderungen reichen englischen Poesie gehört Coleridges Gedicht in dieser Hinsicht zu den schönsten. Coleridge übernimmt traditionelle Strukturmittel der Ballade: den szenischen Aufbau, die Steigerung der Spannung durch dramatische Gespräche. In Anne RADCLIFFES *Udolpho* hatte er die Elemente des Schauerromans kennengelernt, in den Werken Dorothy WORDSWORTHS die Kunst präziser Beschreibung; SPENSERS Dichtung *The Faerie Queene* gab mit ihrer Gegenüberstellung der Jungfrau Una (der Wahrheit) und der Duessa (der Falschheit) die stoffliche Anregung. Die Behandlung des Metrums ist bei Coleridge neuartig: Er läßt den frei gebauten viertaktigen altenglischen Vers mit dem vierhebigen jambisch-anapästischen Langvers, wie ihn MILTON gebrauchte, abwechseln und schafft damit eine neue anpassungsfähige, ausdrucksstarke Versform, deren sich in der Folge auch seine Zeitgenossen SCOTT und KEATS bedienten. W.F.S.

AUSGABEN: Ldn. 1816. – Ldn. 1907, Hg. E. H. Coleridge. – Oxford 1912 (in *The Complete Poetical Works*, Hg. E. H. Coleridge, 2 Bde.; ern. 1957). – Ldn./NY 1963 (in *Poems*, Hg. J. B. Beer).

ÜBERSETZUNG: *Christabel*, E. Mertner, Stg. 1973.

LITERATUR: B. R. McElderry, *C.'s Plan for Completing »Christabel«* (in StPh, 33, 1936, S. 437–455). – D. R. Tuttle, *»Christabel«. Sources in Percy's »Reliques« and the Gothic Romance* (in PMLA, 53, 1938, S. 445–474). – A. H. Nethercot, *The Road to Tryermaine: a Study of the History, Background and Purposes of »Christabel«*, Chicago 1939. – B. Basler, *Sex, Symbolism and Psychology in Literature*, New Brunswick 1948. – C. J. Patterson, *Unidentified Criticism Related to »Christabel«* (in PMLA, 67, 1952, S. 973–988). – E. Schneider, *The Unknown Reviewer of »Christabel«, Jeffrey, Hazlitt, Tom Moore* (ebd., 70, 1955, S. 417–432). – C. Tomlinson, *S. T. C.: »Christabel«* (in *Interpretations: Essays on Twelve English Poems*, Hg. J. Wolin, Ldn. 1955). – A. Delson, *The Function of Geraldine in »Christabel«* (in ES, 61, 1980). – R. A. Rand, *Geraldine* (in *Untying the Text: A Post-Structuralist Reader*, Hg. R. Young, Boston 1981, S. 280–316). – K. Swann, *»Christabel«: The Wandering Mother and the Enigma of Form* (in Studies in Romanticism, 23, 1984, S. 533–553). – K. Swann, *Literary Gentlemen and Lovely Ladies: The Debate on the Character of »Christabel«* (in ELH, 52, 1985).

## ON THE CONSTITUTION OF THE CHURCH AND STATE

(engl.; *Über die Verfassung von Kirche und Staat*). Politische Abhandlung von Samuel Taylor COLERIDGE, erschienen 1829. – Die vier Jahre vor Coleridges Tod veröffentlichte Abhandlung über das Wesen der englischen Verfassung ist das letzte zu Lebzeiten des vornehmlich als Lyriker bekannten Autors veröffentlichte Werk. Unmittelbarer Anlaß war die geplante Reform der seit der zweiten Testakte von 1678 gültigen gesetzlichen Bestimmungen, die Katholiken vor allem wegen einer vorgeschriebenen Eidesleistung die Wahl in das Londoner Parlament verwehrten (eine der zahlreichen Diskriminierungen, die insbesondere für die seit 1801 mit England in einer Union [United Kingdom] vereinten, weitgehend katholischen Iren untragbar waren). Die historischen Wurzeln sind in der Furcht des protestantischen, mit einer »Established Church« – de facto: einer Staatskirche – ausgestatteten Staates vor der Bedrohung durch die katholischen Mächte des Kontinents zu suchen, ein Motiv, das auch noch Coleridges Position mitbestimmte.

Nachdem sich Coleridge seit der Union Irlands mit England immer wieder auch publizistisch mit der kontrovers diskutierten Frage der Emanzipation der Katholiken beschäftigt hatte, begann er 1825, im Zusammenhang mit einem nur knapp gescheiterten Reformgesetz, mit den Vorarbeiten zu dem dann im Dezember 1829 in erster, Anfang 1830 in zweiter Auflage – aber bereits nach Verabschiedung des Gesetzes – publizierten Werk.

Allerdings war Coleridge weniger an den pragmatischen Aspekten interessiert als an dem grundlegenden philosophischen Problem einer Wesensbestimmung von »Konstitution«, »Kirche« und »Staat« und der Korrelation dieser Konzepte. Coleridge muß dabei notwendigerweise immer wieder auf die englische Verfassungswirklichkeit und historische Veränderungen eingehen, insbesondere auf die negativ beurteilten Folgen der Glorreichen Revolution von 1688. Aber historische Verweise sind für Coleridge grundsätzlich nur Illustrationen, um die seiner Erkenntnistheorie zufolge intuitiv erkennbaren »platonischen« Ideen von »Staat«, »Verfassung« und »Kirche« im Sinne von apriorischen Prinzipien erläutern zu können. Er spricht diesen Ideen unabhängig von ihrer stets unvollkommenen historischen Verwirklichung etwa während der elisabethanischen Zeit einen eigenen ontologischen Status zu. Coleridge steht mit diesem Ansatz deutlich im Gegensatz sowohl zur philosophischen Tradition des englischen Empirismus als auch zur Theoriefeindlichkeit der pragmatisch orientierten Politiker seiner Zeit.

Coleridges Theorie zufolge ist die Verfassung jeweils ein Attribut des Staates im weiteren Sinne als eines »politischen Körpers«, der nach dem Prinzip der Synthese an sich kontradiktorischer Kräfte, nämlich von Staat (im engeren Sinne) und »nationaler Kirche« strukturiert ist; dabei wird wiederum der Staat (im engeren Sinne) durch die idealerweise in einem Balancezustand zu haltende Einheit der Gegensätze (»Interessen«) von Permanenz (repräsentiert durch den Landbesitz) und Progression (verkörpert u. a. in Handel und Industrie) konstituiert. Coleridge wendet also das seinem philosophischen Denken generell zugrundeliegende, auf Harmonisierung gegensätzlicher Kräfte gerichtete Prinzip, das er etwa in der *Biographia literaria* zur Bestimmung seines Konzepts der poetischen Imagination *(»balance or reconciliation of opposite or discordant qualities«)* verwendet, im Zusammenhang von *Church and State* auch auf die politische Theorie an.

Eine zentrale Rolle spielt im folgenden die in der Diskussion des 19. und 20. Jh.s überaus einflußreiche Idee der »nationalen Kirche«, oder mit dem von Coleridge geprägten, seither gebräuchlichen Begriff zu sprechen, der *»clerisy«* (aus mittellateinisch *clericia*). Diese *»clerisy«* umfaßt die Gelehrten aller Fachrichtungen von der Theologie (die keineswegs eine zentrale Rolle spielt) und Philosophie bis zur Jurisprudenz, Musikwissenschaft und den Naturwissenschaften. Coleridge weist dieser innerhalb des Staates institutionalisierten *»clerisy«* die kulturelle Aufgabe der organischen Bildung des Menschen zu einem sowohl dem Staat gegenüber loyalen als auch im Hinblick auf die eigene Person freien Bürger zu, der nicht zum Objekt ökonomischer Sonderinteressen degradiert werden dürfe. Die *»clerisy«* hat also für Coleridge in der seit 1688 verstärkt durch den wirtschaftlichen Utilitarismus geprägten industriellen Gesellschaft, in der sich die Intelligenz ihren Pflichten entfremdet hat, eine prinzipiell alle Klassen gleichermaßen umfassende, auf das Weiterreichen kultureller Wissensbestände und die Beförderung der Humanität gerichtete Leitfunktion. Demgegenüber hält er die gerade auch von den Utilitaristen im Anschluß an J. Bentham geforderten edukativen Reformen (insbesondere der Elementarbildung) für unsinnig, weil sie lediglich dem Ziel einer nivellierenden Demokratisierung dienten. Insofern ist Coleridges Bildungsbegriff elitär, erhält die *»clerisy«* ihre Aufgaben innerhalb einer hierarchisch-patriarchalischen Gesellschaft.

Für den Unterhalt dieser *»clerisy«* reserviert Coleridge aber folgerichtig einen Teil des Nationalvermögens, den er im Unterschied zum Privateigentum als Gemeineigentum *(»nationality«)* definiert. Da die materielle Versorgung ebenso wie die geistig-moralische Funktion der *»clerisy«* am Staat im weiteren Sinne orientiert ist, dessen Element sie darstellt, disqualifiziert jede andere Art von Loyalität (etwa gegenüber einer fremden Staatsmacht oder ihrem Oberhaupt, wie der Katholiken gegenüber dem Papst) für die Ausübung des Amtes.

Coleridges *On the Constitution of the Church and State* ist als eines der klassischen Dokumente des konservativen Denkens in England neben Edmund Burkes *Reflections on the Revolution in France* bezeichnet worden (J. Barrell). Dieser Konservativismus geht konzeptionell sowohl auf Ideen des politischen Theoretikers James Harrington mit dem »Gesetz des Ausgleichs« (*Oceana*, 1656) als auch auf Burkes Vorstellungen von der Nation als einer auf Kontinuität basierenden Partnerschaft zwischen den Toten, den Lebenden und den noch nicht Geborenen zurück. Während Coleridges

Schrift für die Diskussion um die Katholiken-Emanzipation keine Bedeutung mehr haben konnte, da das Buch erst nach der neuen gesetzlichen Regelung erschien, hat die Abhandlung auf die philosophisch-politische und die theologische Diskussion der folgenden Jahrzehnte einen tiefgreifenden Einfluß ausgeübt. Er ist spürbar im Erneuerungsdenken des »jungen England«, insbesondere in B. DISRAELIS politischem Roman *Sybil, or the Two Nations* (1845), im »Broad Church Movement«, einer Reaktion auf den in DARWIN gipfelnden Erkenntnisfortschritt der Naturwissenschaften, und zeigt sich etwa bei Th. ARNOLD, J. HARE und den »christlichen Sozialisten« J. F. D. MAURICE und Ch. KINGSLEY (*Alton Locke*, 1850), vor allem jedoch im säkularisierten Kulturbegriff von J. S. MILL (*Essay on Coleridge*, 1840; *Inaugural Adress* als Rektor der St. Andrews University, 1867) und M. ARNOLD (*Culture and Anarchy*, 1869), dessen Definition von Kultur als *»das Beste, was in der Welt gesagt und gedacht worden ist«* an Coleridge anschließt. Auch T. S. ELIOTS *The Idea of a Christian Society* (1939) knüpft mit der Differenzierung zwischen »christlichem Staat«, »christlicher Gemeinschaft« und »Gemeinschaft der Christen« an Coleridges Konzepte an. Die historische Bedeutung von Coleridges Schrift dürfte jedoch vor allem in der Neubestimmung des Kulturbegriffs beruhen, der sich nun nicht mehr wie im 18. Jh. auf ein individuelles Persönlichkeitsideal bezieht, sondern, an Träger und Institutionen gebunden, als wichtigstes Indiz für den geistig-moralischen Zustand einer Gesellschaft zu sehen ist.

U.Bö.

AUSGABEN: Ldn. 1829; [2]1830. – Ldn. 1972, Hg. J. Barrell (Everyman's Library). – Ldn. 1976, Hg. John Colmer (*The Collected Works*, Hg. K. Coburn, Bd. 10).

LITERATUR: C. R. Sander, *C. and the Broad Church Movement*, Durham/N.C. 1942. – R. Williams, *Culture and Society 1780–1950*, Ldn. 1958. – J. Colmer, *C., Critic of Society*, Oxford 1959. – R. O. Preyer, *Bentham, C., and the Science of History*, Bochum 1958. – J. D. Boulger, *C. as a Religious Thinker*, New Haven 1961. – D. P. Calleo, *C. and the Idea of the Modern State*, New Haven 1966. – J. R. Barth, *C. and Christian Doctrine*, Cambridge/Mass. 1969. – B. Knights, *The Idea of the Clerisy in the Nineteenth Century*, Cambridge, 1978. – P. S. Allen, *S. T. C.'s Church and State and the Idea of an Intellectual Establishment* (in Journal of the History of Ideas, 46, 1985, S. 89–106).

## THE RIME OF THE ANCYENT MARINERE

(engl.; *Die Weise vom alten Seefahrer*). Balladenhafte Dichtung von Samuel Taylor COLERIDGE, erschienen 1798, überarbeitet 1800 unter dem Titel *The Ancient Mariner. A Poet's Reverie*. – Wie *Frost at Midnight*, *Christabel* und *Kubla Khan* entstand das siebenteilige Gedicht 1797/1798, in Coleridges überaus fruchtbarem *annus mirabilis*, und wie jene zählt es zu seinen bedeutendsten poetischen Werken. In den gemeinsam mit WORDSWORTH herausgegebenen *Lyrical Ballads* (1798), deren Erscheinen gemeinhin mit dem Beginn der englischen Romantik gleichgesetzt wird, erhielt es den Rang eines Eröffnungsgedichts. Wie Coleridge später in *Biographia Literaria* (1817) erläuterte, war ihm damals die Aufgabe zugefallen, Gedichte über *»übernatürliche oder zumindest romantische Gestalten«* beizusteuern. Im *Ancient Mariner* finden sich Bezüge zum zeitgenössischen Schauerroman mit seiner sensationell übersteigerten Spukwelt und seiner von Angst, Grauen und menschlicher Hilflosigkeit geprägten Atmosphäre, doch gelingt es Coleridge, am Bild einer von dämonischen Mächten bestimmten Seefahrt reale seelische Erfahrungsbereiche zu enthüllen. Das Gedicht sprengt die Grenzen empirisch faßbarer Alltagswirklichkeit; bezeichnend ist bereits, daß der Autor den Anstoß dazu durch den Alptraum eines Nachbarn erhielt. Wordsworth förderte das Vorhaben und steuerte eigene Einfälle bei: die dem Albatros zugedachte Rolle und die kurzfristige Wiederbelebung der Schiffsmannschaft durch himmlische Geister. Außerdem griff Coleridge auf eine Fülle von Berichten über weltumspannende Entdeckungsreisen, auf die neuplatonische Dämonologie (das Zitat aus Th. BURNETS *Archaeologiae Philosophicae*, 1692, stellte er dem Gedicht erst 1817 voran) und auf katholisches Glaubensgut zurück.

Wie bei kaum einem anderen romantischen Dichter erfüllen bei Coleridge archaisierende Diktion und spätmittelalterliche Formelemente eine weit über die Erzeugung historischer Patina und illusionierenden Beiwerks hinausgehende Aufgabe. Er verwendet die vierzeilige Strophe der Volksballade und erweitert sie gelegentlich um zwei Zeilen, besonders dann, wenn er eine Verfremdung des volkstümlich-vertrauten Grundtons erreichen will. Die sprunghafte, auf glatte Übergänge verzichtende Strophenfolge und stilistische Mittel wie Wiederholung, Variation, Alliteration und Binnenreim evozieren sowohl traumhafte Simplizität wie magische Entrückung. Allzu häufig auftretende sprachliche Archaismen hat Coleridge in der zweiten Ausgabe der *Lyrical Ballads* (1802) stark reduziert.

Das Gedicht bewegt sich fast unmerklich aus der vertrauten Alltagswelt in den Bereich bedrohlicher Naturgewalten, übernatürlicher Erscheinungen und archetypischer menschlicher Schuld. Mittels der geradezu hypnotischen Kraft, die seine grauenvollen Erfahrungen ihm verliehen haben, zwingt der alte Seefahrer den Gast einer fröhlichen Hochzeitsfeier, seine Geschichte anzuhören. Er berichtet, wie sein Schiff eines Tages bei gutem Wind in südliche Breiten segelte, den Äquator hinter sich ließ und schließlich vom Sturm in die Antarktis getrieben wurde: *»And now there came both mist and snow, / And it grew wondrous cold: / And ice, mast-high, came floating by, / As green as emerald.«* In der

Öde des Eismeers gesellt sich ein Albatros zu den Seeleuten, die ihm freudig Gastfreundschaft gewähren, *»als sei er eine Christenseele«*. Der alte Matrose jedoch tötet die friedliche Kreatur mit seiner Armbrust und lädt damit furchtbare Schuld auf sich. Daß diese Untat völlig unmotiviert ist, daß sie den jähen Ausbruch des in der menschlichen Natur angelegten Bösen darstellt, hat man, ebenso wie die Wahl eines Opfers von an sich geringer Bedeutung, immer wieder als genialen dichterischen Einfall gewertet: Das Phänomen des Schuldigwerdens wird auf diese Weise rationalen Erklärungsversuchen entzogen. (Der Albatros wurde von Interpreten des Gedichts oft mit dem Erlöser identifiziert, die Tat selbst mit dem Sündenfall und der Erbsünde in Verbindung gebracht.) Der alte Seefahrer hat das Gesetz der Liebe, das die ganze Schöpfung durchwaltet, verletzt, und nun nimmt das Verhängnis seinen Lauf. Im Pazifik gerät das Schiff in eine Windstille, unter der gnadenlosen Sonne leidet die Besatzung quälenden Durst, ringsum scheint sich alles in Fäulnis aufzulösen. Als Zeichen dafür, daß sie den Alten für ihr Unglück verantwortlich machen, hängen die Seeleute ihm den toten Sturmvogel um den Hals.

In höchster Not erscheint plötzlich ein Schiff am Horizont, doch es bringt nicht die Rettung, sondern noch größeres Entsetzen: Es ist ein Geisterschiff, auf dem der Tod und seine bleiche Begleiterin »Leben-im-Tod« um die Mannschaft würfeln. Der alte Seefahrer fällt »Leben-im-Tod«, die übrige Besatzung dem Tod anheim. Mit dem letzten Blick den Mörder des Albatros verfluchend, stirbt einer nach dem anderen, und nun ist der Alte absoluter Verlassenheit ausgeliefert. *»Alone, alone, all, all alone, / Alone on a wide wide sea! / And never a saint took pity on / My soul in agony.«* (W. J. BATE bezeichnet diese und die folgenden Passagen als die am stärksten auf das Existentielle bezogenen Verse des 19. Jh.s, und die biographische Interpretation hat darin den Ausdruck von Coleridges eigenem Gefühl des Ausgestoßenseins – nicht zuletzt als Folge seiner Opiumsucht – gesehen.) Doch in dem verzweifelten Einsamen regt sich unversehens ein Gefühl der Hoffnung, als er den aufsteigenden Mond betrachtet. (An dieser Stelle findet sich eine der umfangreichsten jener Randglossen, die Coleridge 1817 zur Glättung der Übergänge und Objektivierung des Geschehens beifügte.) Und nun erwacht in dem alten Seefahrer die Liebe zur Schöpfung. Sogar die Wasserschlangen, die er vorher mit Abscheu beobachtet hat, erscheinen ihm jetzt im sanften Mondlicht von magischer Schönheit. Der Fluch scheint von ihm genommen: Regen löscht seinen Durst, Schlaf umfängt ihn. Plötzlich setzt das Schiff seine Fahrt fort. Die toten Matrosen sind durch himmlische Kräfte wieder zum Leben erweckt worden, und als erneut Windstille eintritt, wird das Schiff vom Polargeist der Heimat zugeführt. Im Traum hört der Alte die Stimmen zweier Elementargeister und erfährt, daß er noch nicht genug gebüßt hat. Nach der Rückkehr in den heimatlichen Hafen versinken Schiff und Mannschaft, er jedoch wird von einem Ruderboot aufgenommen. An Land fleht er den an seiner Rettung beteiligten Eremiten an, ihm eine Buße aufzuerlegen, und von nun an ist er dazu verurteilt, rastlos von Land zu Land zu ziehen (die Parallele zum Ewigen Juden, zu Kain, zum Fliegenden Holländer bietet sich an), immer wieder von seiner Untat zu berichten und sich dadurch stets von neuem der Qual der Erinnerung auszusetzen.

Die Zeitgenossen Coleridges würdigten zwar bestimmte poetische Qualitäten des Werks, doch überwog selbst bei den Freunden des Dichters die ablehnende Kritik. SOUTHEY sprach verächtlich von einem *»Dutch attempt at German sublimity«*, und Wordsworth bemängelte die Passivität des Protagonisten und das Fehlen eines kausalen Zusammenhangs. HAZLITT verglich das Gedicht einem *»trunkenen Traum«* und warf ihm Disziplinlosigkeit vor. LAMB war zwar von der beklemmenden Gefühlsdichte fasziniert, lehnte aber die übersinnlichen Elemente ab. Bis weit ins 20. Jh. hinein verstand man das Gedicht lediglich als brillantes Produkt der Imagination, als gewandtes Spiel mit mirakulösen Versatzstücken ohne ernsthafte ethische Absicht (Babbitt, Lowes u. a.). Im wesentlichen waren es erst WARREN, TILLYARD und BOWRA, die im *Ancient Mariner* die Motive des existentiellen Betroffenseins, des moralischen Strebens und der Sehnsucht nach Versöhnung mit der Schöpfung entdeckten und sie in Verbindung mit Coleridges kunstvoller *»symbolischer Deutung der Welterfahrung«* (Warren) in den Mittelpunkt ihrer Interpretation stellten. W.Hü.

AUSGABEN: Ldn. 1798 (in *Lyrical Ballads*). – Ldn. 1800 (u. d. T. *The Ancient Mariner. A Poet's Reverie*). – Ldn. 1893 (in *The Poetical Works*, Hg. u. Einl. D. Campbell). – Ldn. 1896, Hg. u. Einl. H. Bates. – Oxford 1912 (in *The Complete Poetical Works*, Hg., Vorw. u. Anm. E. H. Coleridge, 2 Bde., 1; ern. 1957). – Chicago/NY 1926 (*The Ancient Mariner*, Hg. E. Liebermann; Stratford Classics). – NY 1945 [Einl. J. L. Lowes; Ill. A. Wilson]. – NY 1946, Hg. R. P. Warren. – NY 1965 [Einl. u. Anm. M. Gardner; Ill. G. Doré]. – NY 1966, Hg. M. Lewiton [Ill. H. Simon].

ÜBERSETZUNGEN: *Der alte Matrose*, F. Freiligrath, Gera 1898; ern. Mchn. 1925 [Ill. G. Doré]. – *Der alte Seemann* und *Kubla Khan*, W. Breitwieser, Heidelberg 1959 (Englische Lyriker). – *Der alte Seefahrer*, H. Politzer, Ffm. 1963. – *Die Ballade vom alten Seemann*, E. Mertner, Stg. 1973.

LITERATUR: B. R. McElderry, *C.'s Revision of the »Ancient Mariner«* (in StPh, 29, 1932, S. 68–94). – G. H. Clarke, *Certain Symbols in »The Rime of the Ancient Mariner«* (in Queen's Quarterly, 40, 1933, S. 27–45). – D. W. Harding, *The Theme of »The Ancient Mariner«* (in Scrutiny, 9, 1941, S. 334–342). – R. P. Warren, *A Poem of Pure Imagination* (in KR, 8, 1946, S. 391–427; ern. in R. P. W., *Selected Essays*, NY 1958; dt.: *Ein Gedicht der reinen Imagination*, in R. P. W., *Ausgew. Essays*, Gütersloh 1961). – E. M. W. Tillyard, *Five Poems, 1470–1870. An Elementary Essay on the Background on English Literature*, Ldn./NY 1948. – L. Stevenson, *»The Ancient Mariner« as a Dramatic Monologue* (in Personalist, 30, 1949, S. 34–44). – B. Martin, *The Ancient Mariner and the Authentic Narrative*, Ldn. 1949. – C. M. Bowra, *The Romantic Imagination*, Ldn. 1950; ern. 1961. – W. J. Bate, *C. on the Function of Art* (in *Perspectives of Criticism*, Hg. H. Levin, Cambridge 1950, S. 125–159). – C. O. Parsons, *The Mariner and the Albatross* (in Virginia Quarterly Review, 26, 1950, S. 102–123). – T. M. Raysor, *C.'s Comment of the Moral of »The Ancient Mariner«* (in PQ, 31, 1952, S. 88–91). – C. S. Wilkinson, *The Wake of the Bounty*, Ldn./Toronto 1953. – H. W. Piper, *Nature and Supernatural in »The Ancient Mariner«*, Armidale 1955. – *»The Rime of the Ancient Mariner«. A Handbook*, Hg. R. A. Gettmann, NY 1961. – G. S. Smith, *A Reappraisal of the Moral Stanzas in »The Rime of the Ancient Mariner«* (in Studies in Romanticism, 3, 1963, S. 42–52). – *C. A Collection of Critical Essays*, Hg. K. Coburn, Englewood Cliffs/N.J. 1967. – *Twentieth Century Interpretations of »The Rime of the Ancient Mariner*, Hg. J. D. Boulger, Englewood Cliffs/N.J. 1969. – *C.: »The Ancient Mariner« and Other Poems. A Casebook*, Hg. A. R. Jones u. W. Tydeman, Ldn. 1973. – K. B. Tave, *The Demon and the Poet: An Interpretation of »The Rime of the Ancient Mariner« according to C.'s Demonological Sources*, Salzburg 1983.

## SIDONIE-GABRIELLE COLETTE

* 28.1.1873 Saint-Sauveur-en-Puisaye
† 3.8.1954 Paris

LITERATUR ZUR AUTORIN:
*Zeitschrift:*
Cahiers Colette, Paris 1977 ff.
*Biographien:*
J. Larnac, *C., sa vie et son œuvre*, Paris 1927. – G. Beaumont u. R. Parinaud, *C. par elle-même*, Paris 1951 (dt. *C. in Selbstzeugnissen und Bilddokumenten*, Reinbek 1958; rm). – M. Raaphorst-Rousseau, *C., sa vie et son art*, Paris 1964. – Y. Mitchell, *C. A Taste for Life*, Ldn. ²1976 (dt. Tübingen 1977). – M. Sarde, *C. libre et entravée*, Paris 1978. – J. Richardson, *C.*, Ldn. 1973 (dt. *C. Leidenschaft und Sensibilität*, Mchn. 1985). – M. Andry, *C.*, Paris 1984. – *Album C.*, Hg. C. u. V. Pichois, Paris 1984 (Pléiade). – G. Dormann, *Amoureuse C.*, Paris 1985.
*Gesamtdarstellungen und Studien:*
J. Cocteau, *C. Discours*, Paris 1955 (dt. Ffm. 1978). – N. Houssa, *Le souci de l'expression chez C.*, Brüssel 1958. – A. A. Ketchum, *C. ou la naissance du jour*, Paris 1968. – M. Biolley-Godino, *L'homme-objet chez C.*, Paris 1972. – *C.*, Hg. M. Cornand u. M. Barbin, Paris 1973. – E. Harris, *L'approfondissement de la sensualité dans l'œuvre romanesque de C.*, Paris 1973. – Y. Resch, *Corps féminin, corps textuel. Essai sur le personnage féminin dans l'œuvre de C.*, Paris 1973. – P. d'Hollander, *C., ses apprentissages*, Montréal/Paris 1978. – S. Tinter, *C. et le temps surmonté*, Genf 1980. – J. Giry, *C. et l'art du discours intérieur*, Paris 1980. – *C., the Woman, the Writer*, Hg. E. Mendelsohn Eisinger u. M. W. McCarthy, University Park/Ldn. 1981. – Europe, 1981, Nr. 631/632 [Sondernr. *C.*]. – J. H. Stewart, *C.*, Boston 1983 (TWAS).

### LE BLÉ EN HERBE

(frz.; *Ü: Erwachende Herzen*). Roman von Sidonie-Gabrielle COLETTE, erschienen 1923. – Jeden Sommer zur Ferienzeit treffen sich in einem Seebad der Bretagne die Kinder Phil und Vinca. Nun sind sie vierzehn und fünfzehn Jahre alt geworden, und die Kindheit, die sie so lange verbunden hat, wird allmählich von der Zeit des Heranwachsens abgelöst, die sie trennt. – Die Geschichte bekommt ihre Dynamik aus den pubertären Spannungen zwischen den Heranwachsenden, ihrer Unsicherheit gegenüber erwachenden Begierden und natürlichen Veränderungen. Phil ist despotisch, fühlt sich als Zentrum des Universums, mimt den dramatischen Helden, flüchtet sich in Rhetorik und ist – wie die meisten männlichen Romanfiguren bei Colette – unfähig, die Natur in ihrer unvermittelten Widersprüchlichkeit auszuhalten. Vinca ihrerseits fordert Verehrung und Ergebenheit. Die beiden jungen Menschen sind in einer prekären Situation. Vinca reift allmählich heran, doch widersteht sie dem Ansturm der Versuchung, sich Phil hinzugeben, und Phil weiß, daß er seine kindliche Freundin nicht dadurch in Konflikte bringen darf, daß er seiner Begierde freien Lauf läßt. Da lernt er die *Dame in Weiß* kennen, eine dominante Frau von dreißig Jahren mit amazonenhaften Zügen; mit ihr erlebt er den ersten Vollzug der Liebe. Aber in dem Augenblick, da er stolz darauf sein möchte, ein »Wüstling« zu sein, wird er von seinem Schuldgefühl gegenüber Vinca ergriffen und fühlt sich in tiefer Melancholie wie ein Kind. Doch Vinca hat ihre Rivalin aufgespürt. Anfangs ergibt sie sich ruhig und mutig in die Enttäuschung über den Betrug, aber diese disziplinierte Resignation verwandelt sich nach kurzer Zeit in einen Zustand eifersüchtiger Wut. Als sie wieder zu sich findet, schlägt ihr Zorn in Zärtlichkeit um, und sie gibt sich ihrem Freund hin. Am nächsten Tag bereitet Phil in tragischer Verdüsterung eine Trostrede für sie vor. Aber statt, wie er es erwartet, von Schuldgefühlen überwältigt zu sein, kommt Vinca als Liebende und Gegenbild zur flüchtigen *Dame in Weiß* glücklich und leichtherzig auf ihn zu. Nach der Initiation in die geschlechtliche Liebe, der Überschreitung der Schwelle zum Erwachsenwerden, verkehren sich

die Charakterzüge der beiden Jugendlichen: Phil wird als femininer Typus, der in Colettes Romanen in immer neuen Varianten auftaucht (vgl. *Chéri*) und Vinca eher maskulin gezeichnet.
Colette erklärte, *Blé en herbe* sei ihr Lieblingsroman. Er drückt, da er das Erwachen einer Liebe beschreibt, in der Tat am besten aus, was sie im Grunde von der Liebe hält: Leidenschaftliche Liebe hat nur eine Sprache, sie ist an kein Alter gebunden, auch für die Halberwachsenen ist sie das ewige Spiel, doch auch der bittere Nachgeschmack des Spieles ist der gleiche wie später. Die Ironie der Geschichte liegt darin, daß Phil und Vinca glauben, die Liebe und ihre Freuden und Leiden neu zu erfinden, daß sie aber von dem Moment an, in dem sie eine neue Welt entdeckt haben, das gleiche tun, was schon alle Generationen vor ihnen getan haben und was alle nach ihnen tun werden. J.H.K.

AUSGABEN: Paris 1923. – Paris 1928. – Paris 1950 (in *Œuvres complètes*, 15 Bde., 1949/50, 7). – Paris 1962 (in *Œuvres*, 3 Bde., 2). – Paris 1969 (GF). – Paris 1974 (in *Œuvres complètes*, 16 Bde., 1973–1976, 6). – Paris 1982. – Paris 1986 (in *Œuvres*, Hg. C. Pichois, 2 Bde., 2; Pléiade).

ÜBERSETZUNGEN: *Phil und Vinca*, L. Radermacher, Bln. 1928. – *Erwachende Herzen*, S. Neumann, Wien 1952; ern. 1984. – Dass., ders., Mchn. 1986 (dtv).

VERFILMUNG: Frankreich 1953 (Regie: C. Autant-Lara).

LITERATUR: H. Vondrášková, *Le roman de C. »Le blé en herbe«, miroir de sa conception de la vie* (in Romanistica Pragensia, 1, 1959, S. 29–33). – A. Fischler, *Unity in C.'s »Le blé en herbe«* (in MLQ, 30, 1969, S. 248–264). – M. Offord, *Unity in C.'s »Le blé en herbe«* (in NFS, 22, 1983, S. 32–52). – Ders., *Imagery in C.'s »Le blé en herbe«* (ebd., 25, 1986, S. 34–62).

## LA CHATTE

(frz.; *Die Katze*). Roman von Sidonie-Gabrielle COLETTE, erschienen 1933. – Colette erzählt eine dramatische Dreiecksgeschichte, in der eine Katze die Rolle der die Katastrophe auslösenden Dritten spielt: Alain und Camille sind seit ihrer Kindheit Freunde. Auf seine Art ist Alain in Camille verliebt: Was ihn anzieht, ist ihre *»vollendete reglose Form«*, ihre *»Silhouette«, »ein Bild, oder die lebhafte Erinnerung an manche Stunden, an manche ihrer Kleider«*. Camille möchte jedoch um ihrer selbst willen geliebt werden. Aber die offene Bekundung ihres Verlangens nach Liebe und Glück verletzt Alains Zartgefühl. So hält er zum Beispiel die Unbefangenheit, mit der sie am Hochzeitsabend *»wie eine Konkubine«* zu ihm kommt, für Frechheit und Schamlosigkeit. Zum Sinnbild all dessen, was er an einem weiblichen Wesen liebt und was er von ihm erwartet, wird ihm Saha, die Katze. Die Beziehung zu seiner Katze steht für Alains präödipale Fixierung auf die Kindheit, von der er sich nicht lösen will noch kann. Saha erinnert ihn an das Paradies, dessen Brüche – in Form des bereits vom Untergang bedrohten Parks der elterlichen Villa unter Obhut der Mutter – er nicht wahrnehmen will. Darüber hinaus besitzt die Katze für ihn auch jene gewisse Würde, disziplinierte Zurückhaltung und Bescheidenheit, die Camille fehlt. Saha und Alain verstehen und bewundern einander wechselseitig. Camille aber spürt in ihrem Heim immer peinigender die Anwesenheit einer verhaßten Rivalin. Alains übertriebene Zuneigung zu der Katze, die so weit geht, daß er sie mit ins Ehebett nimmt, treibt Camille zu einer solchen Eifersucht, daß sie eines Abends Saha von der Terrasse des siebten Stocks hinunterwirft. Der Katze geschieht nichts, aber sie verfolgt Camille nun ständig mit ihren ausdrucksvoll anklagenden Augen. Alain merkt, was geschehen ist, und geht im Nachthemd wie ein beleidigtes Kind mit Saha nach Hause zu seiner Mutter. Als infantiler Egozentriker macht er keinerlei Versuch zu verstehen, daß es nur deshalb zu einem solchen Wutausbruch seiner jungen Frau kommen konnte, weil sie sich durch die Katze von dem ihr zustehenden Platz vertrieben fühlte. Am nächsten Morgen erscheint Camille bei der Schwiegermutter mit Alains Kleidern. Als sie weggeht, dreht ihr Alain böse den Rücken zu, während Saha, ihrer »Mörderin« wie ein Mensch vergebend, sie bis zur Pforte begleitet. Eine bittere Bemerkung der Autorin über das Tierische im Menschen und das Menschliche im Tier bildet den Schluß der Geschichte, der keine Möglichkeit einer Versöhnung offenläßt.
Colette hat in vielen ihrer Romane Tiere zärtlich-poetisch beschrieben. Aber nur in diesem ist ein Tier die Hauptfigur; obwohl die Rolle der Katze nur darin besteht, menschliche Reaktionen auszulösen, ist doch sie es, an der sich Natur und Charakter der Menschen enthüllen. Psychologisch scharfsinnig untersucht Colette hier den elementaren, unüberwindlichen Unterschied zwischen weiblicher und männlicher Mentalität. J.H.K.

AUSGABEN: Paris 1933. – Paris 1950 (in *Œuvres*, 15 Bde., 9). – Paris 1960 (in *Œuvres*, Bd. 2). – Paris 1974 (in *Œuvres complètes*, 16 Bde., 1973–1976, 7). – Paris [15]1985.

ÜBERSETZUNGEN: *Die Katze*, G. Mikeska-Schmied, Wien/Lpzg. 1936 – *Eifersucht*, E. Ehm, Hbg. 1959 (FiBü). – Dass., E. Roth, Wien/Hbg. 1986. – Dass., dies., Mchn. 1987 (Knaur Tb).

VERFILMUNG: *Les sept péchés capitaux*, Frankreich 1952 (dt.: *Die sieben Todsünden*; teilweise nach *La chatte*; Regie: R. Rossellini).

LITERATUR: C. Quilliot, *C. »La chatte« et le métier de l'écrivain* (in RSH, 1968, S. 59–77). – M. B. Pavlović, *S.-G. C., le monde animal dans sa vie et dans sa création littéraire*, Belgrad 1970. – M. Bal,

*Complexité d'un roman populaire, ambiguité dans »La chatte«*, Paris 1974. – Dies., *Narration et focalisation dans »La chatte«* (in Poétique, 8, 1977, S. 107–127). – M. S. Maurin, *Du mouvement et de l'immobilité dans »La chatte«* (in Dalhousie French Studies, 6, 1984, S. 72–83). – M. Forde, *Spatial Structures in »La chatte«* (in FR, 58, 1984/85, S. 360–367).

## CHÉRI

(frz.; *Ü: Chérie*). Roman von Sidonie-Gabrielle COLETTE, erschienen 1920. – Die in den Romanen des 19. Jh.s immer wieder thematisierte Liebesbeziehung zwischen einem jungen Mann und einer älteren Frau (von Benjamin CONSTANTS *Adolphe*, STENDHALS *Le rouge et le noir* über die Romane BALZACS bis hin zu FLAUBERTS *Éducation sentimentale*) ist Thema dieser Geschichte. Colette vergrößert jedoch nicht nur radikal den Altersunterschied zwischen Mann und Frau und begründet das Scheitern der Liebesbeziehung psychologisch anders, sondern sie definiert auch die soziale Stellung der beiden Protagonisten neu. War traditionellerweise die Geliebte nicht nur älter als der jugendliche Held zahlreicher »Lehrjahre des Herzens«, sondern vor allem verheiratet und allein deshalb schon unerreichbar bzw. eine potentielle Ehebrecherin, so ist hier die männliche Hauptfigur Frédéric Peloux, genannt »Chéri«, mit einer jungen Frau verheiratet; Léa, seine fünfzigjährige Geliebte hingegen ist unverheiratet und doppelt so alt wie er. Als noch immer schöne und attraktive Halbweltdame verfügt sie über einen großen Schatz an Erfahrung – im Alltag wie in der Liebe –, über Charakterstärke, einen ausgeprägten Hang zur Mütterlichkeit sowie über einen lebenspraktischen Sinn fürs Geschäftliche (Léa studiert auch nach dem Rückzug aus ihrem Gewerbe weiterhin die Börsenberichte). Diese unkonventionelle Figurenkonstellation – der Roman spielt vor dem Ersten Weltkrieg – verlagert den Akzent vom Titelhelden (neben *Le fin de Chéri* der einzige Roman von Colette, in dem ein Mann zur Titelfigur wird) auf die weibliche Protagonistin. Bereits der frivol klingende Kosename Chéri reduziert die Qualität des Romanhelden auf seine Rolle als Liebhaber, und es ist allein seine körperliche Schönheit, die ihn vor anderen auszeichnet sowie die Aufmerksamkeit der Frauen, die er durchweg schlecht behandelt, auf sich zieht. Zwielichtiger Herkunft, blasiert und reich, führt er ein müßiges Dasein und unterhält die Liaison mit Léa ohne große Überzeugung. Während einer kurzen Trennung – Chéri befindet sich auf Hochzeitsreise – versucht Léa sich durch andere Affären abzulenken, findet aber keinen Geschmack mehr an ihrem früheren Leben und stellt betroffen fest, was es bedeutet, jemanden rückhaltlos zu lieben. Chéri, der sich von seiner jungen Frau den Vorwurf gefallen lassen muß, sich wie eine Kokotte zu verhalten, kommt zu Léa zurück. Von ihm hingerissen, versucht diese, die Leere ihres von Alter und Einsamkeit überschatteten Lebens durch ihre leidenschaftliche Liebe zu Chéri, von dem sie weiß, daß er ihr letzter Geliebter sein wird, auszufüllen. Nach einer kurzen Phase heftiger Leidenschaft verläßt er sie erneut, wobei letztlich offen bleibt, ob für immer oder nur vorübergehend.

1926 erschien die Fortsetzung, *La fin de Chéri (Chéris Ende)*: Der Held ist inzwischen dreißig Jahre alt, kommt als Soldat aus dem Ersten Weltkrieg zurück und hat weder Geld noch Arbeit; seine Frau hat sich von ihm getrennt, und sein Dasein als Müßiggänger hat jeden Reiz verloren. Der Versuch, sich noch einmal Léa zu nähern, scheitert. Er findet sie alt und resigniert; unfähig, seinem Leben einen Sinn abzugewinnen, flieht er vor sich selbst und begeht Selbstmord.

*Chéri* brachte der Autorin die Anerkennung der zeitgenössischen Kritik; André GIDE bewunderte den Roman als weibliches Gegenstück zu Benjamin Constants *Adolphe; Chéri* gilt als einer der besten psychologischen Romane der französischen Literatur. Die Vielfältigkeit der unmerklich wechselnden Erzählperspektiven begründet die herausragende Position dieses Werkes in der Geschichte des modernen Romans. B.We.

AUSGABEN: Paris 1920. – Paris 1950 (in *Œuvres*, 15 Bde., 15). – Paris 1960 (in *Œuvres*, 2). – Paris 1961. – Paris 1972 (Poche). – Paris 1974 (in *Œuvres complètes*, 16 Bde., 1973–1976, 5). – Paris 1984. – Paris 1986 (in *Œuvres de C.*, Hg. C. Pichois, 2 Bde., 2; Pléiade).

ÜBERSETZUNGEN: *Chéri*, H. Jacob, Lpzg. 1927; Wien 1955. – Dass., ders., Wien/Ffm. 1960. – Dass., ders., Mchn. 1985 (Knaur Tb).

DRAMATISIERUNG: L. Marchand, *Chéri*, Paris 1941 [Bühnenms.]; dt.: *Chéri*, C. Regnier, Mchn. 1950 [Bühnenms.].

VERFILMUNG: Frankreich 1950.

LITERATUR: C. Cézan, *C. nous parle de Chéri* (in NL, 1156, 1959). – J. T. Olken, *Imagery in »Chéri« and »La fin de Chéri«* (in FS, 16, 1962, S. 245–262). – A. J. Joubert, *C. et »Chéri«*, Paris 1972. – M. McCarthy, *The Theatre as Literary Model. Role-Playing in »Chéri« and »The Last of Chéri«* (in *C.*, Hg. dies. u. E. M. Eisinger, Pennsylvania Univ. 1981, S. 95–103). – P. Sénart, *»Chéri«* (in RDM, Jan.–März 1982, S. 691–695). – H. de Broqueville, *L'étrange volupté de la mathématique littéraire*, Paris 1983.

## L'ENTRAVE

(frz.; *Ü: Die Fessel*). Roman von Sidonie-Gabrielle COLETTE, erschienen 1913. – Die Autorin konzipierte diesen Roman als Fortsetzung von *La Vagabonde* und läßt erneut die inzwischen älter und der Bühnenauftritte müde gewordene Varieté-Künstlerin Renée Néré als Ich-Erzählerin zu Wort kommen. In Nizza verbringen Renée, ihre junge Kollegin May sowie deren Liebhaber Jean und ein Freund, der etwas sonderbare, aber scharfsinnige Masseau, die Sommerfrische. Trotz mondäner Geselligkeit ist Renée einsam und hat den Eindruck, daß es für sie, die von einer inneren Unruhe ergriffen ist, keinen Ort gibt, wo sie sich zu Hause fühlen kann. Auf einem Spaziergang begegnet sie unverhofft dem Mann, den sie einst liebte und an dessen Seite sie, hätte sie es gewünscht, die angepaßte »kleine« Frau eines reichen Bourgeois hätte werden können, wie jene, die ihn nun, ein Kind an der Hand, beim Flanieren begleitet. Renée gibt sich nicht zu erkennen, statt dessen erinnert sie sich an die Zeit, als sie beschloß, nicht zu heiraten. Zur gleichen Zeit lieben, streiten und trennen sich May und Jean. Renée versucht zwar zu vermitteln, muß aber einsehen, daß die Beziehung ihrer Freunde zu Ende ist und Jean unmißverständlich sein Interesse an ihr zum Ausdruck bringt. Um Abstand zu gewinnen, flieht sie nach Genf. Die beiden jungen Männer reisen ihr nach. In Lausanne verbringen sie einige Tage zu dritt; schließlich gibt Renée den diskreten Vermittlungsversuchen Masseaus und dem sanften Drängen Jeans nach und bemüht sich nicht länger, ihre Gefühle für Jean zu unterdrücken. Leidenschaftlich verliebt kehrt das Paar nach Paris zurück und verbringt dort eine kurze Zeit ungetrübten Glücks. Doch alsbald regt sich in Renée Widerstand gegen die von Jean erwartete bedingungslose Hingabe. Sie ist nicht gewillt, ihre Unabhängigkeit aufzugeben, wird aber zunehmend eifersüchtiger auf sämtliche Frauen, die Jean je glücklich gemacht haben oder glücklich machen werden. Wohl wissend, daß diese Liebesbeziehung nicht von Dauer sein kann, leidet sie unter der Vorstellung, Jean zu verlieren. Resigniert bezeichnet sie ihre widersprüchliche Gefühlslage als *»Illusion der Freiheit und orientalische Abhängigkeit«* zugleich. Masseau, der sich als Vermittler für das Glück der beiden verantwortlich fühlt, konfrontiert Renée mit der Einsicht, daß sie ihren Geliebten nur dann für sich gewinnen könne, wenn sie auf das, was sie ihre *»dignité de femme«*, ihre weibliche Würde, nennt, aber auch auf die damit verbundenen Ansprüche und ihren Stolz verzichte. Der Roman endet mit einer erneuten Annäherung zwischen Renée und Jean. Bei einer Umarmung, die die letzte sein sollte, gesteht sich Renée ein, ihm ihre Seele geschenkt zu haben. Das letzte Wort gilt dem aufgehenden Tag.

In *L'entrave* erweist sich Colettes Stärke, psychologisch differenzierte Situationen genau zu schildern. Unter Einsatz sparsamster Mittel leuchtet sie in dieser knappen, dichtgedrängten Episode, die auf das Wesentliche, Exemplarische reduziert ist, Vergangenheit und Zukunft eines vom Widerspruch zwischen dem Bedürfnis nach Unabhängigkeit und der Angst vor Einsamkeit geprägten Frauenlebens aus und spürt zugleich die geheimnisvollen Gesetze der Liebe auf. Dem außerhalb des Geschehens stehenden Masseau kommt die Rolle des Vermittlers auch gegenüber den Lesern zu. B.We.

AUSGABEN: Paris 1913. – Paris 1950 (in *Œuvres*, 15 Bde.). – Paris 1960 (in *Œuvres*, 3 Bde., 1). – Paris 1970. – Paris 1974 (in *Œuvres complètes*, 16 Bde., 1973–1976, 4). – Paris 1986 (in *Œuvres*, Hg. C. Pichois, 2 Bde., 2; Pléiade).

ÜBERSETZUNG: *Die Fessel*, E. Redtenbacher, Wien 1928. – Dass., dies., Hbg./Wien 1950; ern. 1986. – Dass., dies., Ffm. 1957

LITERATUR: M. Mercier, *De »La vagabonde« à »L'entrave«* (in *Le récit amoureux*, Hg. D. Coste u. M. Zéraffa, Seyssel 1984, S. 86–98).

## GIGI

(frz.; *Ü: Gigi*). Roman von Sidonie-Gabrielle COLETTE, erschienen 1944. – Gilberte, die uneheliche Tochter einer Sängerin und ehemaligen Kurtisane, wächst unter der Aufsicht ihrer Großmutter, Madame Alvarez, und deren Schwester, Tante Alicia, heran. Mit aller Sorgfalt bereiten sie die kleine Gigi, wie sie zärtlich genannt wird, darauf vor, daß die Frauen in ihrer Familie nicht heiraten, das heißt auf ein Leben als *grande cocotte*. Um das noch schlaksige, knabenhafte Mädchen vor Erlebnissen und Erfahrungen, die eine Karriere als Lebedame zunichte machen könnten, zu bewahren, hat man ihr jeden Umgang mit ihren Schulkameradinnen außerhalb des Unterrichts verboten. Gigi freut sich deshalb um so mehr auf die Besuche von »Tonton«, der ihr jedesmal Leckereien mitbringt, mit ihr Karten spielt und sie hin und wieder in seinem eleganten Auto spazierenfährt. »Tonton«, eigentlich Gaston Lachaise, ist ein angesehener junger Industrieller, dessen Vater schon bei Madame Alvarez verkehrte. Als Gigi sechzehn Jahre alt ist, beschließen die beiden Frauen, nun etwas energischer ihre Zukunft anzusteuern: Sie kleiden und frisieren sie wie eine junge Dame. Gaston Lachaise, der nach längerer Zeit wieder einmal zu Besuch kommt, macht sich zunächst über ihre Aufmachung lustig, findet dann jedoch Gefallen an ihrer veränderten Erscheinung und bittet Madame Alvarez, ihm Gigi als Mätresse zu überlassen. Nun glauben sich die Frauen am Ziel ihrer Wünsche, denn sie sind überzeugt, daß Gigi Gastons Angebot dankbar annehmen wird. Statt dessen tritt die bis dahin bei aller Lebhaftigkeit Folgsame den beiden Kupplerinnen mit entschlossenem Widerstand entgegen; sie besteht darauf, selbst mit Gaston zu sprechen, und eröffnet ihm freundlich, aber bestimmt, daß sie das bescheidene Dasein bei ihrer Großmutter dem von der Öffentlichkeit beobachteten und von der Boulevardpresse durchgehechelten Luxusleben als Geliebte eines reichen Mannes vorziehe. Als Gaston ihre Weigerung mit einem Liebesgeständnis beantwortet, bricht sie weinend zusammen: *»Ich will Sie nie wiedersehen! Sie sind kein Verliebter, Sie sind ein schlechter Mensch!«* Zur Verwunderung aller kommt der junge Mann am nächsten Tag unter dem Vorwand, seinen zurückgelassenen Strohhut holen zu wollen,

noch einmal wieder. Gigi ergreift die Gelegenheit und erklärt ihm mit demselben Freimut, mit dem sie zuvor sein Angebot abgelehnt hatte, sie habe es sich überlegt und wolle lieber mit ihm unglücklich sein als ohne ihn. Da wendet sich Gaston strahlend an Madame Alvarez: *»Mamita, würden Sie mir die Ehre, die Gunst, die unendliche Freude zuteil werden lassen, um Gigis Hand anhalten zu dürfen...«*
Dieser am Ende des Zweiten Weltkriegs entstandene kurze Roman der siebzigjährigen Autorin nimmt in seiner sprachlichen Nüchternheit und liebenswürdig-leisen Ironie eine Sonderstellung in ihrem Schaffen ein. Kennzeichnend ist die knappe, auf den Dialog aufgebaute Darstellungsweise sowie eine intensive psychologische Durchdringung der einzelnen Gestalten. Im Gegensatz zu früheren Romanen der Colette, in denen das Ziel der Paare einfache Freude und Erfüllung durch physische Liebe und die Konsequenz dieser Liebe Leid ist, wird die wie durch ein Wunder natürlich gebliebene Gigi – ähnlich wie einst Mitsou in dem gleichnamigen Roman (1919) – durch die Liebe gerettet und nicht durch sie zerstört. KLL

AUSGABEN: Lausanne 1944. – Paris 1945. – Paris 1950 (in *Œuvres*, 15 Bde., 1948–1950, 13). – Paris 1960 (in *Œuvres*, 3 Bde., 3). – Paris 1962 (Poche). – Paris 1974 (in *Œuvres complètes*, 16 Bde., 1973–1976, 10).

ÜBERSETZUNG: *Gigi*, S. Neumann, Wien 1953. – Dass., dies., Wien 1958; ern. 1984 [Nachw. R. Italiaander].

DRAMATISIERUNG: S. G. C. u. A. Loos, *Gigi*, Paris 1954.

VERFILMUNGEN: Frankreich 1949 (Regie: J. Audry). – Frankreich 1958 (Regie: V. Minelli).

LITERATUR: M. Thiébaut, Rez. (in Revue de Paris, 52, 1944, 7, S. 94–97). – R. Lalou, Rez. (in Nouvelles Littéraires, 1945, 940). – Ch. Hérisson, *À propos de »Gigi«* (in FR, 35, 1961, S. 42–49). – M. C. Charras, *C. et »Gigi«* (in SRLF, 19, 1980, S. 55–86). – P. Sénart, *»Gigi« au Théâtre des Nouveautés* (in RDM, Juli–Sept. 1985). – S. D. Cohen, *An Onomastic Double Bind. C.'s »Gigi« and the Politics of Naming* (in PMLA, 100, 1985, S. 279–809).

## MITSOU OU COMMENT L'ESPRIT VIENT AUX FILLES

(frz.; *Ü: Mitsou*). Roman von Sidonie-Gabrielle COLETTE, erschienen 1919. – Mitsou ist eine hübsche, mittelmäßig begabte Sängerin in der Revue einer kleinen Pariser Music-Hall – ein Milieu, das Colette aus eigener Anschauung kannte und das sie hier mit leiser Ironie schildert, nicht ohne auf die soziale Misere und ökonomische Abhängigkeit der zahllosen kleinen Artistinnen aufmerksam zu machen, die ihren gesellschaftlichen Aufstieg über die Liebe zu einem reichen Bürger erträumen. Mitsou kommt aus ärmlichen Verhältnissen, ist anspruchslos, selbstbewußt und zufrieden, bis der »blaue Leutnant« in ihr Leben tritt. In einem Briefwechsel – Mitsou verführt den Leutnant epistolarisch und erreicht die größte Intensität bei größter Distanz – entspinnt sich die Liebe zwischen beiden, die aber einer Wiederbegegnung nicht standhält. Der Leutnant hat in Mitsou Eigenschaften hineingeträumt, die sie nicht besitzt, und sie erscheint ihm jetzt nur hübsch und charmant, aber unbedeutend. Im Dialog, der durch kurze Bemerkungen der Erzählerin kommentiert wird, und in der Schilderung der Liebesnacht wird die Beziehungslosigkeit der beiden sichtbar, die durch die Kluft unterschiedlicher Erziehung getrennt sind. Obwohl der Leutnant, ein wohlerzogener, aber egoistischer junger Bourgeois, versucht, Mitsou seine Enttäuschung nicht spüren zu lassen, ahnt die sonst so Arglose, daß sie seinen Ansprüchen nicht genügt. Ihr letzter Brief drückt noch Hoffnung, aber auch die Bereitschaft zum Verzicht aus. Indem die Autorin dem Mädchen das letzte Wort gibt, signalisiert sie den möglichen Triumph derjenigen, die fähig ist, in der Erfahrung der »Liebe auf den ersten Blick« das Glücksversprechen einer Liebe fürs Leben zu erahnen.
*Mitsou* ist einer der zärtlichsten und optimistischsten Romane Colettes. Wie in *Gigi* geht es um das Problem der Erziehung durch die Liebe. Die Briefe Mitsous, die Leo SPITZER mit den berühmten *Lettres portugaises* (1669) verglichen hat, zeigen ihre zunehmende Selbsterkenntnis, ihren Willen zu einem bewußten Leben statt der bisherigen gedankenlosen Zufriedenheit; sie drücken ihr Bemühen aus, das zu werden, was der »blaue Leutnant« sich von ihr erträumt, bekunden aber zugleich Selbstbeherrschung angesichts der Möglichkeit, daß ihr Geliebter sie verläßt. Im Unterschied zum Frühwerk Colettes, die kurz vor dem Ersten Weltkrieg ihre Laufbahn als Journalistin begann, ist die Sprache nun spürbar sachlicher und konzentrierter. Dialog, Briefwechsel und Bericht, d. h. epische und dramatische Formelemente, wechseln miteinander ab. PROUST äußerte sich in einem Brief an Colette (1919) voll Begeisterung über *Mitsou*. KLL

AUSGABEN: Paris 1919. – Zürich 1921 (Ill. v. Baltusz, Vorw. R. M. Rilke; ern. NY 1984). – Paris 1950 (in *Œuvres complètes*, 15 Bde., 1948–1950, 5). – Paris 1957. – Paris 1960 (in *Œuvres*, 3 Bde., 2). – Paris 1974 (in *Œuvres complètes*, 16 Bde., 1973–1976, 5). – Paris 1984. – Paris 1986 (in *Œuvres*, Hg. C. Pichois, 2 Bde., 2; Pléiade).

ÜBERSETZUNG: *Mitsou*, E. Redtenbacher, Wien/Bln. 1927. – Dass., dies., Ffm./Hbg. 1952 (FiBü). – Dass., dies., Wien 1986.

DRAMATISIERUNG: G.-S. Colette, *En camerades* (Urauff.: Paris, 22. 1. 1919, Théâtre de Arts).

VERFILMUNG: Frankreich 1956 (Regie: J. Audry).

LITERATUR: L. Spitzer, *Lettres portugaises* (in L. S., *Romanische Literaturstudien*, 1936–1956, Tübingen 1959, S. 210–247; zu *Mitsou*, S. 226–227).

## LA VAGABONDE

(frz.; *Ü: La Vagabonde*). Roman von Sidonie-Gabrielle COLETTE, erschienen 1910. – Nach der Romanserie um *Claudine* greift dieses Werk erneut das Schicksal einer Frau auf und spiegelt in seinen stark autobiographischen Zügen Colettes eigene Emanzipation wider, als sie nach einer gescheiterten Ehe Erfüllung als Künstlerin im Varieté suchte. Renée Néré kehrt nach ihrer Ehe mit dem Maler Taillandy, einem mittelmäßigen Künstler und großen Schürzenjäger, nach Jahren der Enttäuschung und Qual an der Seite eines Mannes, der sie in aller Öffentlichkeit bloßstellte und betrog, wieder als Schauspielerin an das Varieté zurück. Ihr neues Leben ist in mehrfacher Hinsicht das einer Vagabundin und Heimatlosen: Es ist ein Leben auf den verschiedensten Bühnen vieler Städte, immer begleitet von den Sorgen um ein neues Engagement. Aber auch ihrem Wesen nach ist Renée eine Vagabundin, erfüllt von der inneren Unruhe und dem rastlosen Suchen einer Frau, die, aus ihrer gewohnten Umgebung gerissen, verbittert und mißtrauisch sich gegen die Liebe des Mannes wehrt. Mit großem psychologischem Einfühlungsvermögen zeichnet Colette Renées innere Zerrissenheit, zwischen der Erinnerung an erlittene Qualen, einer instinktiven Abwehrhaltung und der Sehnsucht nach der Geborgenheit der Liebe, dem Ende der Einsamkeit. *»Die Freiheit ist wirklich nur zu Beginn der Liebe strahlend, der ersten Liebe! dem Tag, an dem man sich dem, den man liebt, hingibt und sagen kann: Nehmt, ich möchte euch mehr geben ...«*

Nur auf der Bühne, in ihrer Verwirklichung als Künstlerin, findet Renée Vergessen und Selbstbestätigung. In solchen Szenen gelingt es Colette meisterhaft, die Atmosphäre und das schillernde Leben des Varietés wiederzugeben. Maxime Dufferin-Chantel, ein junger, reicher Bürger, versteht es schließlich, Renée aus ihrer Zerrissenheit zu befreien und sie zu erobern; beide finden für eine kurze Episode die ersehnte Ruhe und Erfüllung. Doch bald beginnt Renée dieses Zusammenleben mit ihrer Ehe zu vergleichen, sie befürchtet, auch an diesen Mann, an diese Liebe gefesselt zu werden. Während einer längeren Tournee erkundet sie die Grenzen der Freiheit und erprobt ihre Verwirklichung: im Augenblick der höchsten Vollendung ihrer Verbindung, vor einem möglichen bitteren Erwachen. Renée erkennt, daß Einsamkeit und Traurigkeit zu ihrem Wesen gehören, sie hat sich selbst und damit ihre wirkliche Ruhe gefunden. Sie erkennt den bedingten Wert eines Glücks, das von außen an sie herangetragen wird, und lehnt das Angebot bürgerlicher Geborgenheit in einer neuen Ehe ab. *»Ich weigere mich«*, schreibt sie an Maxime, *»die schönsten Länder der Erde ganz klein in dem verliebten Spiegel Deiner Augen zu sehen!«*

Deutlich wird in diesem Roman, in dem Colette eine Episode ihrer Biographie künstlerisch gestaltet, auch die Entwicklung der Schriftstellerin. Weitaus differenzierter als in den vorangehenden Romanen um *Claudine* gelingt ihr hier sprachlich und kompositorisch die Gestaltung zwischenmenschlicher Beziehungen, des Konflikts von Liebe, Freiheit und persönlicher Entfaltung. H.Ged.

AUSGABEN: Paris 1910. – Paris 1950 (in *Œuvres*, 15 Bde., 1949/50, 15). – Paris 1961. – Paris 1962 (in *Œuvres*, 3 Bde., 1). – Paris 1970. – Paris 1973 (in *Œuvres complètes*, 16 Bde., 1973–1976, 3). – Paris 1984 (in *Œuvres*, Hg. C. Pichois, 2 Bde., 1; Pléiade).

ÜBERSETZUNGEN: *Renée Néré. Das Schicksal einer Frau*, R. Breuer-Lucka, Wien 1927. – *La Vagabonde*, dies., Wien 1951; ern. 1986. – Dass., dies., Reinbek 1980 (rororo). – Dass., dies., Mchn. 1987 (dtv).

VERFILMUNGEN: *Renée Néré*, Italien/Frankreich 1916 (Regie: E. Perrego). – Frankreich 1930 (Regie: S. Bussi).

LITERATUR: M. Goudeket, *Orages et joies de la vie de C., lettres intimes du temps de »La vagabonde«* (in FL, 29. 4. 1961). – E. M. Eisinger, *»The Vagabond«* (in *C.*, Hg. dies. u. M. W. McCarthy, Pennsylvania Univ. 1981, S. 95–103). – R. Goodhand, *Apollo and Dionysos. Bedfellows of C.'s »Vagabond«* (in Contemporary Literature, 24, 1983, S. 190–203). – M. Mercier, *De »La vagabonde« à »L'entrave«* (in *Le récit amoureux*, Hg. D. Coste u. M. Zéraffa, Seyssel 1984, S. 86–98). – G. A. Borgese, *»La vagabonde«* (in Cahiers C., 7, 1985, S. 37–44).

# CAMILLA COLLETT

* 23.1.1813 Kristiansand
† 6.3.1895 Kristiania (heute Oslo)

## AMTMANDENS DØTRE

(norw.; *Die Amtmanns-Töchter*). Roman in zwei Teilen von Camilla COLLETT, anonym erschienen 1855. – Wie die meisten Arbeiten der norwegischen Schriftstellerin ist auch dieser Roman ein Beitrag zum Recht der Frau auf freie Selbstbestimmung und gegen das restriktive bürgerliche Frauenbild der damaligen Zeit gerichtet. *Amtmandens Døtre* gehört zur Tendenzdichtung, Camilla Collett verteidigt hier weibliche Gefühle und bringt ihre Ablehnung der Zwangsehe in einer engagierten Sprache zum Ausdruck. Dadurch sicherte sich die Verfasserin in der Literaturgeschichte einen Platz als »weiblicher Henrik IBSEN«. Literarhistorisch muß das Werk Camilla Colletts einer Übergangsperiode zugeordnet werden, wie in den scheinbar gegensätzlichen Tendenzen des Romans sichtbar wird. Einerseits bricht die Autorin nicht mit den literarischen Konventionen der Zeit, andererseits weisen das deutliche Engagement und die Neigung zur offenen Behandlung von Problemen in ihrem Werk bereits auf Georg BRANDES, auf den Realismus und die Tendenzdichtung des »modernen Durchbruchs« hin. Vermutlich war der Roman als Versuch gedacht, »Alltagsgeschichten« nach dem Vorbild von *En Hverdags-Historie (Eine Alltagsgeschichte)* der Dänin Thomasine GYLLEMBOURG (1773–1856) auch in die norwegische Literatur einzubringen. Die plastische Beschreibung des Milieus, die Geschichte vom Leben der Familie Ramm im Haus des Amtmanns, die Schilderungen von Ausflügen und Ballbesuchen gehören in diesen Rahmen der »Alltagsgeschichten«. Die Erzählhaltung entspricht weitgehend dem Zeitstil: Ein älterer, erfahrener Erzähler wendet sich allwissend und direkt an den Leser, von dem gefühlsmäßige Identifikation erwartet wird. Demgegenüber sprengen jedoch Idee, Absicht und Tendenz des Romans die Anforderungen des poetischen Realismus an diese Gattung. Die traditionelle Erzähltechnik weicht in den zentralen Teilen des Romans, in denen der Leser mit der eigentlichen Idee konfrontiert wird – z. B. in *Auszug aus den Blättern Margrethes* – einer nahezu impressionistischen Erzählweise.

Die äußere Handlung des Romans beginnt mit der Ankunft des jungen Georg Cold im Haus des Amtmanns, dessen Sohn Edvard sowie Sophie, die Hauptfigur des Romans, er als Hauslehrer unterrichten soll. Die vernunftbetonte und pragmatische Mutter bezeichnet Sophie als ein wildes Kind, das sich im Gegensatz zu seinen drei Schwestern nicht widerstandslos den bürgerlichen Erziehungsprinzipien unterordnet. Kurz nach der Ankunft Colds wird Sophie nach Kopenhagen geschickt, wo sie den letzten Schliff erhalten soll, um ein attraktives »Angebot« auf dem »Heiratsmarkt« zu werden. Als sie nach etwa drei Jahren zurückkommt, verliebt sich Cold in sie, wie es sein Freund Müller vorausgesagt hat. – Der trunksüchtige Lorenz Brandt, der ebenfalls für Sophie schwärmt, trägt mit seinem ungeschliffenen Benehmen dazu bei, daß sich Sophie und Cold ihrer Liebe bewußt werden. Nachdem zuerst Sophie ihre Zuneigung gesteht, erleben die beiden jungen Menschen ein paar glückliche Stunden, dann aber werden sie durch ein tragisches Mißverständnis voneinander getrennt: Müller kommt zu Besuch, und Cold, der sich nicht dem Zynismus seines Freundes ausliefern will, verleugnet zum Schein seine Liebe. Sophie wird Zeugin dieses Gesprächs, das sie als Verrat ihrer Liebe auffaßt, und bricht den Kontakt zu Cold ab. Einige Zeit später hält der fünfzigjährige Witwer Rein um Sophies Hand an, und sie willigt schließlich, nachdem die Mutter sie zu dieser »guten Partie« überredet hat, ein. Als Cold davon erfährt – am Tag vor der Hochzeit – versucht er, Sophie alles zu erklären, aber es ist zu spät; sie kann sich dem Druck der Konventionen nicht widersetzen und wird mit Rein verheiratet.

Camilla Collett selbst hat die Absicht des Romans formuliert: *»dem Gefühl zu seinem Recht verhelfen«* und *»zeigen*, [daß] *die weibliche Liebe, wenn sie echt ist, immer ihren Gegenstand finden sollte«*, nie *»sollte sie enttäuscht werden können«*. Das Hauptthema des Romans ist also die Ablehnung der Zwangsehe und damit der Respekt vor der wahren Empfindung. Die Autorin schildert viele lieblose, durch gesellschaftliche Konventionen erzwungene Ehen ihrer Zeit und zeigt damit, wie Frauen durch eine systematische Erziehung in starre Formen gepreßt werden und in Passivität und Selbstverleugnung enden. Ihre Überzeugung, die im Roman dargestellten Frauenschicksale seien für die norwegische Gesellschaft jener Zeit besonders typisch, wird unter anderem darin deutlich, daß sie im Vorwort zur dritten Ausgabe 1879 den Vorschlag machte, der Titel möge in *Et Lands Døtre (Die Töchter eines Landes)* geändert werden. – Mit diesem Roman wies Camilla Collett weit über ihre Zeit hinaus. Sie teilte die idealistischen Vorstellungen der deutschen Romantiker von der weiblichen Liebe als einem beherrschenden Element und von der subjektiven Empfindung des einzelnen Individuums als dem alleingültigen Maßstab. Als erste Schriftstellerin Norwegens forderte sie in ihren Werken die Gleichstellung von Mann und Frau und die Befreiung des subjektiven Gefühls, und insofern kann sie als Vorläuferin heutiger emanzipatorischer Autorinnen gelten. C.S.L.

AUSGABEN: Kristiania, 1855, 2 Bde. – Kopenhagen 1860, 2 Bde. – Kristiania [3]1879 [überarb. Fassg.; Vorw. C. C.]. – Oslo 1979 [Einl. E. Steen]. – Kopenhagen 1987.

ÜBERSETZUNG: *Die Amtmanns-Töchter*, Baronin v. Kloest, 2 Bde., Lpzg. 1864.

LITERATUR: E. Steen, *Diktning og virkelighed. En studie i C. C.s forfatterskab*, Oslo 1947. – Dies., *Den lange strid. C. C. og hennes senere forfatterskab*, Oslo 1954. – S. Aa. Aarnes, *Grotte-symbolet i C. C.s »Amtmandens Døtre«*, Oslo 1966. – O. Hageberg, *Formspråk, tendens og ideologi i »Amtmandens Døtre«*, Oslo 1975. – S. Aa. Aarnes, *Søkelys på »Amtmandens Døtre«*, Oslo 1977. – B. Espedal, *Ikke gråt – gjør motstand! C. C.s som radikal feminist* (in *I et annet språk*, Oslo 1977, S. 17–39). – A. Aarseth, *Erotisk idealisme i C. C.s »Amtmandens Døtre«* (in Parapraxis, Bulletin från Institutionsgruppen i Psykologi, Lund 1978, Nr. 10). – J. Hareide, *Grottesymbolet nok en gang: en polemisk analyse av »Amtmandens Døtre«* (in Edda, Oslo 1980, S. 1–13). – A. Aarseth, *C. C.s virkelighed* (in *Realismen som myte*, Bergen u. a. 1981). – L. Holst, *Kvindesag og kvindehelt. Den kvindelige udviklingsroman o. 1850* (in *Lysthuse. Kvindelitteraturhistorier*, Hg. L. Palmvig, Kopenhagen 1985). – T. Steinfeld, *Når kvinnehjertet får en historie* (in I. Engelstad, *Skriften mellom linjerne*, Oslo 1985, S. 31–58). – E. Møller

Jensen, *Emancipation som lidenskab. C. C.s liv og værk. En læsning i »Amtmandens Døtre«*, Kopenhagen 1987. – E. Østerud, *Kjerringa mot strømmen. C. C.s liv og forfatterskab* (in Edda, Oslo 1987, Nr. 4, S. 291–314).

## TITO COLLIANDER

* 10.2.1904
Sankt Petersburg

LITERATUR ZUM AUTOR:
C. Airas, *Zum literarischen Werk T. C.s* (in Jb. für finnisch-dt. Literaturbeziehungen, 13, 1979, S. 121–129). – O. Hartman, *Bedjaren och betraktaren* (in O. H., *Ikon och roman*, Stockholm 1980, S. 7–52).

### BEVARAT

(schwed.; *Bewahrt*). Memoirenzyklus von Tito COLLIANDER (Finnland), bestehend aus den Bänden *Bevarat, Gripen (Der Greif), Vidare (Weiter), Givet (Geschenkt), Vaka (Nachtwache), Nära (Nahe)* und *Måltid (Mahlzeit)*, erschienen 1964–1973. – Der Rußland-Finnländer Tito Colliander war jahrzehntelang ein literarischer Außenseiter. Dem finnlandschwedischen Lesepublikum erschien er in seiner religiös-grüblerischen, nationale und soziale Grenzen sprengenden Art wohl zu exotisch, zu »russisch«, die finnischsprachige Kulturszene ignorierte ihn lange Zeit; ein Schicksal, das er mit den meisten finnlandschwedischen Schriftstellern teilte. Erst durch die Herausgabe seiner siebenbändigen Lebenserinnerungen, die heute als sein *opus magnum* gelten, errang er im Alter die verdiente Anerkennung beidseitig der finnländischen Sprachgrenze. Die einzelnen Memoirenbände führten nach ihrem Erscheinen jeweils die Bestsellerlisten beider Landessprachen an; die Kritik war fast durchgehend enthusiastisch.

Die Welt, die in *Bevarat* aufscheint, ist heute nur noch Reminiszenz: die Welt der »baltischen« gebildeten Adels- und Oberschicht, die kosmopolitischen, liebenswert-exzentrischen Individualitäten der Clanmitglieder, die gemeinsam verbrachten idyllischen Sommermonate auf den Herrenhöfen von Savolax und Tavastland. Colliander wurde als jüngstes Kind einer finnlandschwedischen Offiziersfamilie 1904 in St. Petersburg geboren. Der Vater diente zu jener Zeit in der russischen Armee, die Mutter war eine warmherzige, von Tolstojs Idealen geprägte Adelige, deren Ahnenreihe auf den schottischen König Robert Bruce zurückging. Collianders Familie galt im damaligen Finnland, das im Begriff war, seine nationale Identität zu finden und zu behaupten, als *»förryskad«*, d. h. *»russifiziert«*. Während die erste Welle des z. T. erbittert geführten finnländischen Sprachenstreits (Finnisch vs. Schwedisch) gerade abgeebbt war, herrschte als Umgangsidiom im Collianderschen Familienclan ein herrlich unbekümmertes Rotwelsch, das man Petersburgisch nannte, ein Gemisch aus Skandinavisch, Russisch, Deutsch und Französisch. Tito wuchs in einer von Liebe und Wärme geprägten, vorurteilsfreien Umgebung auf. Diese hellen Jahre der Kindheit wurden, in Verbindung mit den folgenden düsteren, entscheidend für die menschliche und literarische Ausprägung des Schriftstellers.

In *Gripen* (1965) geht die Idylle unaufhaltsam ihrem Ende entgegen. Bei Kriegsausbruch zieht die Familie von Finnland nach Petersburg, wo der Vater zum Chef der Briefzensur ernannt wird. Die Revolution beendet schließlich abrupt Titos unbeschwerte Jugend. Fast ein Jahr lang lebt die Familie am Rande des absoluten Existenzminimums. Colliander gibt eine erschütternde Schilderung des Hungers und des fast animalisch-apathischen Leidens der betroffenen Menschen. Der Junge wird Zeuge eines schrecklichen Vorfalls, der für ihn ein Schlüsselerlebnis darstellt und der später in verschiedenen Variationen wie ein Alptraum immer wieder in seinem Werk auftauchen wird: Ein vermeintlicher Dieb wird von einer entfesselten Volksmenge gelyncht. Sein Todesschrei wird den Autor sein ganzes Leben lang verfolgen: *»Dieser Schrei kann mit keinem anderen Laut, den ich je hörte, verglichen werden. Ein unbewußter Schrei aus dem Wissen von der Unbarmherzigkeit der Menschen und der Nähe des Todes. Ein Schrei des Grauens vor allem, was ist, und was jemals war. Dieser Schrei entblößte die ganze Grausamkeit unseres Daseins.«*

Der Leidensweg des Jungen Tito geht nach seiner Ankunft in Finnland »weiter« (*Vidare*, 1967). Dieser Teil schildert die Anpassungsschwierigkeiten der Emigrantenfamilie zu einer Zeit, als Finnland gerade seine Unabhängigkeit um den Preis eines Bürgerkriegs gewonnen hat und dessen bürgerliche Schicht mit Haß oder Unverständnis auf alles Russische blickt. Titos Schulbesuch wird zum Martyrium, zudem noch unterbrochen durch eine schlimme Knieverletzung. Der Junge lernt zum ersten Mal den Schmerz als etwas Existentielles kennen: *»Der Hauptgegenstand des Lebens, seine Bedingung und tiefste Ader ist der Schmerz«*, kommentiert der erwachsene Dichter. Trotzdem ist dieses schmerzvolle Leben ein wertvolles Geschenk.

In *Givet* (1968) begleitet Colliander sein jugendliches Ego in die finnische Hauptstadt, wo er nach abgebrochener Schulausbildung eine kunsthandwerkliche Ausbildung beginnt und, sich mühsam über Wasser haltend, ein seltsames Doppelleben führt, zwischen Obdachlosenasyl, Alkoholrausch, Künstlerbohème und den exquisiten Stadthäusern seiner reichen Verwandten, die ihn gnädig fünfmal die Woche zum Lunch bei sich herumreichen. Zurückgekehrt in die Kleinstadt Borgå, wo sich die Eltern nach ihrer Flucht angesiedelt haben, scheint Tito an die Idylle seiner frühen Kindheit anknüpfen zu können: noch nicht volljährig und ohne jeden Schulabschluß wird er Zeichenlehrer an einer Mädchenschule (1924–1928). Die sterbende Mutter warnt ihren Sohn jedoch vor der ihn einlullenden Behaglichkeit.

Die Zeit einer unruhigen Wanderschaft schildert der Band *Vaka* (1969). In den Slums von Marseille, in Algier und Paris erlebt Tito in langen Nachtwachen die totale Einsamkeit und Hilflosigkeit des Menschen, symbolisiert durch *»das ewige Heulen der Wüstenhunde in einen leeren Raum hinein«*. Gleichzeitig erfährt er jedoch auch Momente, die ihn an eine Gesetzmäßigkeit des Lebens glauben lassen. So ertönt aus einer durch wahllosen Knopfdruck in Gang gesetzten Jukebox in Paris unerwartet altrussischer Kirchengesang, und das *»Herr erhöre mein Gebet«* des Solosängers ist für ihn plötzlich identisch mit *»dem Schrei aus allen Gassen, der Kinder dort unten in Marseille und ihrer Mütter, dem Schrei der verlassenen Wüstenhunde, dem Schrei der ganzen Welt und meinem eigenen Weinen inmitten dieser grauenhaften Welt«*. Nach seiner Rückkehr nach Finnland heiratet er 1930 die rußlanddeutsche Malerin und Graphikerin Ina Behrsen. In Kuokkala, einem verfallenen ehemaligen Petersburger Villenvorort auf der Karelischen Landenge, beginnt Colliander sich ernsthaft und fast ausschließlich als Schriftsteller zu betätigen, doch ohne nennenswerten Erfolg.

Zurück in Helsinki arbeitete Colliander, um seine junge Familie einigermaßen zu ernähren, als gehetzter Freelance-Skribent, für ihn eine erniedrigende Form *»literarischer Prostitution«*. 1934 erhielt er überraschend ein Stipendium für einen sechswöchigen Aufenthalt im Dichterhaus zu Travemünde, einer Propagandainstitution der Nationalsozialisten. Seine Deutschlandimpressionen aus jener Zeit, *Glimtar från Tyskland*, gelten heute als Negativbeispiel politischer Blauäugigkeit, sind aber, wie alles aus der Feder dieses unpolitischen Schriftstellers, subjektiv aufrichtig. – Für das Verständnis des Autors und seines Werks von entscheidender Bedeutung sind die Kapitel in *Nära* (1971), die seine Konversion zur orthodoxen Kirche beschreiben. Durch einen der im Leben Collianders zahlreichen schicksalhaften »Zufälle« gelangt er mit seiner Familie in die kleine Stadt Petjori in Estland, nahe *(»nära«)* der russischen Grenze. Trotz ihrer Zugehörigkeit zur Republik Estland war die Atmosphäre der Stadt ganz und gar russisch. Und so wie Colliander seine entscheidenden Erfahrungen stets im Zusammenhang mit dem »russischen« Element seines Lebens machte – Krieg, Revolution, Hungersnot, das Wissen um die potentielle Grausamkeit des Menschen –, so findet er auch im russischen Milieu zu Gott, zur Kirche. In der auf einer der zahlreichen orthodoxen Prozessionen mitgeführten uralten Ikone mit zerschlagenem, von Wind und Wetter mitgenommenem Christus-Antlitz erkennt Colliander plötzlich die entstellten Gesichtszüge des Gelynchten aus Petersburg wieder. Und die Hunderte von Kerzen in den Händen der Gläubigen erzeugen in ihm das Verlangen nach einer Sprache jenseits von Buchstaben und Lauten, nach der *»Sprache der brennenden Wachskerzen«*. In diesem Geist entsteht Collianders Roman *Korståget*, 1937 *(Der Versprengte)*, dieses großartige Werk des mystischen Realismus, das, wie der Autor in *Nära* enthüllt, zum großen Teil auf autobiographischen Erlebnissen und Empfindungen beruht. Für Colliander war klar, daß er nach Gelingen des Romans in die orthodoxe Kirche eintreten würde.

Während die vorangegangenen Bände jeweils nur relativ kurze Lebensabschnitte umfassen, reicht der letzte Band der Erinnerungen, *Måltid* (1973), vom Ende der dreißiger Jahre bis in die Gegenwart. 1939 erscheint Collianders zweiter bedeutender Roman *Förbarma Dig (Erbarme Dich)*, nach dem ihm von der Kritik immer häufiger das Prädikat »Finnlands Dostoevskij« verliehen wird. Der Winterkrieg zwischen Finnland und der Sowjetunion überrascht die Collianders in ihrer alten Villa auf der Karelischen Landenge. Ganz Südostkarelien fällt an die Sowjetunion, die finnische Bevölkerung wird evakuiert. Während der Kriegsjahre (1939 bis 1944) erfährt der Dichter in für ihn bedrückender Weise Ohnmacht und Entfremdung. Der wegen seiner Knieverletzung physisch, wegen seiner Liebe zu Rußland und seiner allgemein humanistischen Einstellung psychisch zum Kriegsdienst Untaugliche empfindet sich selbst als nutzlos, er steht außerhalb einer Welt des Leidens und der Not, ohne Möglichkeit einzugreifen, eine aktive Rolle zu spielen. Erst Ende der vierziger Jahre gelingt es Colliander, durch ein intensives Studium der orthodoxen Theologie und in der vom uralten Ladogakloster Valamo nach Zentralfinnland geflüchteten Mönchsgemeinschaft Neu-Valamo Trost und Klarheit zu finden. Die Mahlzeiten der Mönche *(»måltid«)* bedeuten für ihn einen der Höhepunkte der neugewonnenen Gemeinschaft. Zunächst glaubt der Dichter, nicht mehr länger literarisch tätig sein zu können. Die Kunst und das Gebet (= die Sprache der brennenden Wachskerzen) erscheinen ihm als unversöhnliche Antagonisten. Colliander schreibt daher nur noch religiöse, asketische Texte und wirkt als orthodoxer Religionslehrer für finnlandschwedische Kinder. Doch bald erkennt er, daß dieser Verzicht einer Selbstverstümmelung gleichkommt, die keineswegs zur erstrebten »Selbstbefreiung« führt. Die in jeder Hinsicht großartige Memoirensuite, die in ihrer impressionistischen Episodenhaftigkeit, ihrer unprätentiösen Ehrlichkeit und ihrer poetischen Gestaltungskraft ganz sicher zur »schönen Literatur« gehört, ist das Ergebnis dieser Einsicht.

Wie Kommentatoren des Collianderschen Werkes immer wieder festgestellt haben, ist der Ausgangspunkt des Dichters Colliander derjenige des Bildkünstlers: *»... ein warmes und direktes Gefühl für den Ausdruckswert des Bildes und des Sinneseindrucks. Dahinter steht die Ikone: die Überzeugung vom Bild als einem realen Vermittler – die zurückgeht auf die Erfahrung, daß alles Lebende Bild ist, Bild von etwas Einzigem«* (B. Trotzig). O.M.S.

AUSGABEN: *Bevarat:* Helsinki/Stockholm 1964. – Helsinki 1978 (m. *Gripen*). – *Gripen:* Helsinki/Stockholm 1965. – Helsinki 1978 (m. *Bevarat*). – *Vidare:* Helsinki/Stockholm 1967. – *Givet:* Helsinki/Stockholm 1968. – *Vaka:* Helsinki/Stockholm 1969. – *Nära:* Helsinki/Stockholm 1971. – *Måltid:* Helsinki/Stockholm 1973.

LITERATUR: B. Trotzig, *T. C. Den langa vägen* (in Svensk Litteraturtidskrift, 36, 1973, Nr. 3, S. 28–31). – W. Glyn Jones, *T. C. Glimpses into the Past and Present* (in Books from Finland, 1979, Nr. 1, S. 22–28; Interview).

## KORSTÅGET

(schwed.; *Ü: Der Versprengte*). Roman von Tito COLLIANDER (Finnland), erschienen 1937. – *Korståget (Die Prozession)* beruht, wie aus dem Memoirenzyklus des Autors hervorgeht, vorwiegend auf autobiographischen Erlebnissen. Colliander schildert den Weg eines jungen Mannes aus Not, Elend, tiefster Verzweiflung und Selbstzerstörung hin zum befreienden, erlösenden Erlebnis des Glaubens. Vom Aufbau her ist Korståget kein völlig einheitlicher Roman, sondern eher eine Erzähltrilogie, deren einzelne Teile *(Boris; Nea; Korståget)* mit unterschiedlichen Milieus (Rußland, Finnland, Estland) drei Stufen in der Entwicklung des Collianderschen *alter ego* darstellen. – Der junge Rußlandfinnländer Thomas bleibt durch einen unglücklichen Zufall im roten, hungernden, chaotischen Petersburg zurück, während seinen Eltern die Flucht nach Finnland gelang. Er erlebt mit der jungen Witwe Dusia einen kurzen, heftigen Liebesrausch, der aber schon bald in Ekel und Haß umschlägt. Der Hunger, die Verzweiflung über die Aussichtslosigkeit der Situation machen aus Thomas einen rücksichtslosen, nur auf das eigene Überleben bedachten Menschen. Sein Jugendfreund Boris, eine Christusfigur, wie sie für die russische Literatur so charakteristisch ist, versteckt Thomas angesichts einer drohenden Hausuntersuchung in seiner Wohnung. Von einer Hungerhalluzination irregeleitet, beschuldigt Thomas seinen Freund des Diebstahls eines Stückchen Brots und sieht zu, wie Boris daraufhin von einer entfesselten Menschenmenge zu Tode geprügelt wird. Boris' Todesschrei in den Ohren, flieht Thomas nach Finnland. – In Finnland fühlt sich Thomas wurzellos, unzufrieden; eine bürgerlich »solide« Lebensführung erscheint ihm unmöglich, denn *»er hatte einen Schrei gehört, von dem die anderen keine Ahnung zu haben schienen«*. Trotz seiner eigentlich glücklichen Ehe beginnt er zu trinken und fühlt sich fast unwiderstehlich zu der jungen Arbeiterin Nea hingezogen, die für ihn die Freiheit von allen bedrückenden Konventionen und Verantwortlichkeiten symbolisiert. Kurz vor dem persönlichen Zusammenbruch stehend, wird Thomas Zeuge eines Gesprächs zweier Russen, die von einem Ort in Estland sprechen, wo alles so *»wie im alten Rußland ist«*. – Dorthin, nach Petseri, flieht er, trifft einen der beiden Russen, den alten Iwan Wasiljewitsch, wieder und nimmt zusammen mit diesem teil an der großen mehrtägigen Christi-Himmelfahrts-Prozession. Langsam wird Thomas sich seiner Ichverstricktheit bewußt, und er erkennt in den von Alter und Witterung entstellten Zügen der bei der Prozession mitgeführten Christus-Ikone das blutige, schmerzverzerrte Antlitz seines in Petersburg gelynchten Freundes Boris wieder. Angesichts dieser alles Elend und Leid mit Sinn erfüllenden Erkenntnis vermag Thomas am Ende der Prozession zusammen mit all den anderen Pilgern niederzuknien und zu beten. Der Roman endet mit einer Beschreibung der russisch-orthodoxen Chrysostomos-Liturgie, zu der Colliander sich von GOGOL's *Betrachtungen über die göttliche Liturgie* anregen ließ.

Die Wandlung des ungläubigen Thomas verläuft bei Colliander ganz und gar glaubwürdig. Dem Schriftsteller gelingt es, diesen Prozeß als etwas völlig Natürliches und in sich Konsequentes darzustellen, als eine gleitende Seelenheilung ohne unerklärbare Sprünge von der Sünde zur Gnade. Thomas erfährt keine spektakulären Visionen, sondern lediglich eine wertvolle sinngebende Einsicht beim erkennenden Betrachten der Christus-Ikone, genauso wie Colliander später in seinen Memoiren von seiner Konversion zur Orthodoxie als einem *»folgerichtigen Schritt meiner Entwicklung«* spricht. Trotz des starken autobiographischen Hintergrunds vermochte Colliander es, sich seinem Motiv auch von außen zu nähern, was die Glaubwürdigkeit der Handlung verstärkt. Zweifellos steht Colliander in der Tradition der großen russischen Klassiker (GOGOL', DOSTOEVSKIJ, TOLSTOJ u. a.) sowie der russischen Kirche. Das Problem der Schuld ist bei ihm nicht so sehr ein individuelles, sondern er verinnerlicht in seiner Darstellung die Worte Dostoevskijs: *»Alle sind vor allen und für alle schuldig.«* So ist auch das Leiden nicht individuelles Schicksal, sondern alle leiden um aller willen. Die gemeinsame Schuld erfordert auch die Solidarität im Leiden, welches als unentbehrliches Element menschlichen Daseins gedeutet wird. O. HARTMAN stellte fest, daß Collianders gesamtes literarisches Werk eine einzige Fürbitte darstelle: *»Das ›Herr, erbarme Dich‹ ist nicht nur der Titel eines Romans* [*Förbarma Dig*, 1939], *sondern kann als Überschrift für sein Gesamtwerk gelten, genauso wie bei Bernanos, der über seine beiden Romangestalten namens Mouchette schrieb: ›Möge sich der Herr ihrer erbarmen‹.«*

O.M.S.

AUSGABE: Helsinki/Stockholm 1937.

ÜBERSETZUNG: *Der Versprengte*, H. de Boor, Stg. 1939; [4]1945.

LITERATUR: T. Colliander, *Gripen*, Helsinki 1965. – Ders., *Nära*, Helsinki 1971. – T. Pettersson, *»Att han ingenting förstod« – psyket och yttervärlden i T. C.s romaner* (in *Tio finlandssvenska författare*, Hg. B. Hellman u. C. Zilliacus, Helsinki 1986).

## JEREMY COLLIER

* 3.9.1650 Stowe / Cambridgeshire
† 26.4.1726 London

### A SHORT VIEW OF THE IMMORALITY AND PROFANENESS OF THE ENGLISH STAGE: Together with the Sense of Antiquity upon this Argument

(engl.; *Eine kurze Betrachtung über die Unsittlichkeit und Gottlosigkeit der englischen Bühne, sowie die Ansicht der Antike zu diesem Thema*). Streitschrift von Jeremy COLLIER, erschienen 1698. – Als nach der Restauration die seit 1642 geschlossenen Theater wieder ihre Tore öffneten, nutzten die Dramatiker die neugewonnene Freiheit bis an die Grenze des Möglichen aus. Die Bühne wurde zur beliebtesten Plattform für die Verbreitung des von der antipuritanischen Aristokratie aus Frankreich importierten liberalen Ideenguts, wobei man im Zuge der Überwindung unzeitgemäßer moralisch-religiöser Tabus nicht selten ins Gegenextrem völliger Zügellosigkeit und Wertrelativität verfiel. Insbesondere die Komödie gefiel sich in Zynismus und Frivolität. Sie erlaubte sich vor allem auf sexuellem Gebiet Anzüglichkeiten und moralische Implikationen, die jeden Puritaner schockieren mußten. Dazu kamen ein provokanter Antiklerikalismus und eine der orthodoxen Tugendlehre entgegengesetzte sarkastische Moral, die Schurken belohnte, Ehebrecher glorifizierte, religiös Gesinnte als einfältige Tölpel abtat. In dieser Situation entstand die Streitschrift des puritanischen Geistlichen und späteren Bischofs Jeremy Collier, der sich aufgrund persönlicher Betroffenheit zum mahnenden Zeit- und Kulturkritiker berufen fühlte. *»In der Überzeugung, daß nichts die Verkommenheit unseres Zeitalters mehr gefördert hat als die Bühnendichter und das Theater, glaubte ich, meine Zeit nicht besser nutzen zu können, als gegen diese zu schreiben«* – so begründet er sein Unternehmen im Vorwort.

Das erste der sechs Kapitel handelt von der *Unanständigkeit der Bühne*. Es greift besonders die obszöne Sprache der Dramen an und kommt zu dem Schluß, daß *»die gegenwärtige englische Bühne im höchsten Maße skandalös ist. Sie übertrifft die Freizügigkeiten aller Zeiten und Länder.«* Selbst SHAKESPEARE bleibt von diesem Vorwurf nicht verschont; er lasse Ophelia nur leben, um *»ihren Ruf zu beschmutzen«*. Im zweiten Kapitel geht es um die *Gottlosigkeit der Bühne*, die sich besonders in der unchristlichen und eines Gentlemans unwürdigen Neigung zum Fluchen äußere. *Verunglimpfung des Klerus durch die Bühne* ist der Leitgedanke des nächsten Abschnitts, der sich gegen die Verwendung des Priesters als Bühnenfigur ausspricht. Teil 4 beschäftigt sich mit der *Unsittlichkeit, ermutigt durch die Bühne*, wie sie besonders in der moralischen Wertung der Charaktere zum Ausdruck komme: *»Die Bühnendichter machen ihre Hauptpersonen lasterhaft und belohnen sie am Ende des Stükkes.«* Im fünften Abschnitt werden Dramen von DRYDEN und D'URFEY kritisiert, dazu insbesondere VANBRUGHS *Relapse*, ein Stück, an dem Collier selbst im technischen Aufbau nur Negatives findet. Der Titel des Schlußkapitels lautet: *Die Ansichten des Heidentums, der Kirche und des Staates über die Bühne*. Zahlreiche Stimmen antiker Philosophen, Redner und Historiker gegen das Schauspielwesen werden ins Feld geführt, daneben die Edikte mehrerer Konzile. Im Eifer des Gefechts richten sich Colliers Attacken dabei nicht mehr nur, wie ursprünglich geplant, gegen die Mißstände im zeitgenössischen Drama, sondern gegen die Bühne schlechthin. So wird die Schlußbilanz zum vernichtenden Urteil über das Theater und die Menschen in seinem Bannkreis: *»Kurzum: nichts kann der Rechtschaffenheit und Religion abträglicher sein als das Bühnenwesen. Es fördert jene Leidenschaften und belohnt jene Laster, die zu entlarven der Vernunft obliegt. Es zerstört jedes Prinzip an der Wurzel, zieht die Neigungen von der Tugend ab und macht gute Erziehung zunichte.«*

Colliers Pamphlet, von dem noch im Erscheinungsjahr zwei Neuauflagen erschienen, fand bei den Zeitgenossen starke Resonanz, wobei Ablehnung und Zustimmung einander die Waage hielten. Willige Aufnahme fanden seine Argumente insbesondere bei den »wohlanständigen« Vertretern der aufstrebenden Mittelklasse, die sich oft genug auf der Bühne persifliert und verspottet sah. Doch auch Dryden räumte ein, daß an den Vorwürfen etwas Wahres sei; und selbst Vanbrugh stimmte Collier darin zu, daß es Aufgabe des Theaters wäre, *»die Tugend zu empfehlen und das Laster zu entlarven«* – allerdings in einer sophistischen Form, die Collier keineswegs billigen konnte: Denn nach Vanbrughs Auffassung soll die Komödie *»den Menschen zeigen, was sie tun sollen, indem man sie auf der Bühne das tun läßt, was sie nicht tun sollen«*.

In den folgenden Jahrzehnten löste Colliers Schrift eine lange literarische Kontroverse aus, in der neben Vanbrugh auch GILDON, DENNIS, CONGREVE u. a. die Partei der Bühne ergriffen und in die Collier seinerseits mit neuen Veröffentlichungen eingriff, von denen drei in die postumen Neuauflagen der *Short View* übernommen wurden. Als unmittelbare Auswirkung dieser Kontroverse ist eine Verschärfung der Zensur zu registrieren: Congreve und d'Urfey etwa wurden angeklagt; Schauspieler wegen obszöner Sprache zur Rechenschaft gezogen; Theaterbesuche maskierter Damen untersagt. Langfristige Wirkungen des Streits auf Stil und Gehalt des englischen Dramas sind umstritten. Während MACAULAY in Collier noch die Haupttriebkraft für die nach der Jahrhundertwende beginnende Reform der englischen Bühne sah, neigen neuere Kritiker dazu, konkrete Einflüsse Colliers in Abrede zu stellen – vor allem deshalb, weil die von ihm angeprangerten Dramen weiterhin höchst erfolgreich blieben. In der Tat ist ein unmittelbarer Einfluß Colliers auf die zeitgenössische

Dramenliteratur nicht nachzuweisen. Doch haben seine Argumente zweifellos unterschwellig zur Verfeinerung der englischen Komödie im 18. Jh. beigetragen.
In ihrer eigenartigen Mischung von berechtigter Kritik und blindem Fanatismus ist die Streitschrift eines der interessantesten kulturkritischen Dokumente zum englischen Restaurationsdrama und neben William PRYNNES *Histrio-Mastix* (1633) das berühmteste der zahlreichen Pamphlete gegen Theater und Schauspieler, denen man in England seit dem Mittelalter begegnet. W.Fü.

AUSGABEN: Ldn. 1698 [Nachdr. NY 1972]. – Ldn. 51730; Nachdr. Hildesheim 1969 (Anglistica & Americana, 46). – Oxford 1909 (in *Critical Essays of the Seventeenth Century*, Bd. 3, Hg. J. E. Spingarn). – Mchn. 1967, Hg. U. Broich; ern. 1971.

LITERATUR: J. W. Krutch, *Governmental Attempts to Regulate the Stage after J. C.* (in PMLA, 38, 1923, S. 153–174). – A. F. White, *The Office of Revels and Dramatic Censorship during the Restoration Period* (in Westen Reserve Bulletin, N. S. 34, 1931, S. 5–45). – K. Ressler, *J. C.'s Essays* (in *Seventeenth Century Studies*, Hg. R. Shafer, Princeton 1937, S. 177–183). – R. Anthony, *The J. C. Stage Controversy, 1689–1726*, Diss. Milwaukee 1937, ern. NY 1966. – J. Symons, *Restoration Comedy* (in KR, 7, 1945, S. 185–197). – J. L. Palmer, *The Comedy of Manners*, NY 1962, S. 4–15. – J. E. Cunningham, *Restoration Drama*, Ldn. 1966. – J. H. Wilson, *A Preface to Restoration Drama*, Cambridge/Mass. 1968. – M. Brunkhorst, *Drama und Theater der Restaurationszeit*, Heidelberg 1985, S. 104–107. – J. L. Stylan, *Restoration Comedy in Performance*, Cambridge 1986.

## HEINRICH JOSEPH VON COLLIN

* 26.12.1771 Wien
† 28.7.1811 Wien

### CORIOLAN

Trauerspiel in fünf Aufzügen von Heinrich Joseph von COLLIN, erschienen 1804; Uraufführung: Wien 1802, Burgtheater. – Collins Quelle waren PLUTARCHS *Bioi Parallēloi (Lebensbeschreibungen)*, die auch SHAKESPEARE benutzte, dessen *Tragedy of Coriolanus* jedoch das Trauerspiel Collins nicht beeinflußt hat.
In der Exposition des Dramas wird der Titelheld zunächst indirekt vorgestellt: Seine Mutter Veturia und seine Frau Volumnia (bei Shakespeare trägt die Mutter diesen Namen) bangen um den siegreichen Feldherrn, der vor Gericht steht, weil man ihm vorwirft, er mißachte den Willen des Volkes. Im Dialog der Frauen wird das zwiespältige Wesen dieses Mannes deutlich: Gradlinigkeit des Handelns auf der einen, hochfahrende Heftigkeit auf der anderen Seite kennzeichnen Coriolan von Jugend an. Als er schließlich auftritt, verurteilt und verbannt, bestätigt sich das mit psychologischer Akribie entworfene Charakterbild: In seinem Selbstbewußtsein tief getroffen, zerreißt Coriolan haßerfüllt alle Bindungen an Herkunft und Vaterland und stellt seine Kräfte in den Dienst der feindlichen Volsker, die Rom bedrohen. Sie binden ihn durch einen heiligen Eid an ihre Sache. Coriolan, von Rachsucht wie geblendet, ist im Grunde dennoch unsicher. Sehr geschickt wird schon hier, besonders wirkungsvoll aber im dritten Akt das dramatische Geschehen nach innen verlagert: Coriolan hat sich der gehaßten Vaterstadt siegreich genähert, Rom schickt ihm seine Gesandten entgegen. Das Gespräch mit diesen Männern, die ehemals seine Freunde und Lehrer waren, macht seinen Zwiespalt, seinen Zweifel an sich selber offenbar. Sein ehedem fast anmaßendes Selbstbewußtsein gerät ins Wanken, als er von Sulpitius, dem alten Lehrmeister, auf seine menschliche Begrenztheit hingewiesen wird. Der Hochmut weicht einer langsam aufsteigenden Einsicht in die eigene Fragwürdigkeit, und der Konflikt zwischen Eid und wiedererwachter Vaterlandstreue ist unausweichlich. Coriolan zerbricht daran: *»Ich hasse jedes Menschenantlitz, bin mir selbst ein Rätsel.«* Die Mutter, die als Bittstellerin für Rom auftritt und Coriolan die Ausweglosigkeit seiner Situation vollends bewußt macht, nötigt dem Sohn schließlich den Frieden ab. Ein Aufstand kriegsmüder Volsker befreit ihn – anders als bei Shakespeare – von seinem Eid. So hat Coriolan als Feldherr der Volsker sein Wort gehalten, aber auch seine Ehre als Römer wiedererlangt. Er empfindet sich jedoch als ein *»Fremdling auf der Erde«*. Auf keiner Seite mehr gebunden, stürzt er sich in sein Schwert.
Collins Drama ist ein etwas steif-klassizistisches Werk eines Autors, der sich um die Nachahmung der Weimarer Klassik bemüht. Doch gelang ihm durch die Psychologisierung des dramatischen Konflikts eine überzeugende Darstellung des stets von der Gefahr der Anmaßung bedrohten Heldentums. In der Gestalt der Veturia – der ausgewogensten und bedeutendsten Figur des Dramas – schuf er ein schönes Bild von der schlichtenden, alle Zwiespälte und Schwächen ausgleichenden Kraft des Mütterlichen. – BEETHOVENS *Coriolan-Ouvertüre* (1807) wurde als Orchesterintroduktion zu Collins Trauerspiel komponiert. J.Ko.

AUSGABEN: Wien 1804. – Wien 1812 (in *SW*, 6 Bde., 1812–1814, 1).

LITERATUR: F. Laban, *H. J. v. C., Ein Beitrag z. Geschichte d. neueren dt. Literatur in Österreich*, Wien 1879. – M. Lederer, *H. J. v. C. u. sein Kreis. Briefe u. Aktenstücke* (in Arch. f. österr. Gesch., 109, 1, 1921). – W. Kirk, *Die Entwicklung des Hochstildramas in Österreich*, Diss. Wien 1978.

## WILLIAM COLLINS

* 25.12.1721 Chichester
† 12.6.1759 Chichester

**DIE ODEN** (engl.) von William COLLINS.

Das kleine, aber ungemein originelle lyrische Werk von William Collins war in seinem 30. Lebensjahr abgeschlossen. Danach wurde der Dichter, der sich zeitlebens mit den Erfahrungen der Erfolglosigkeit und des Selbstzweifels konfrontiert sah, von einer unheilbaren Depression befallen. In Leben und Werk ist Collins mit anderen frühvollendeten englischen Dichtern der Vor- und Frühromantik (u. a. Th. CHATTERTON, W. COWPER) verwandt. Seine Gedichte werden traditionell in einem Band mit der Lyrik von Thomas GRAY herausgegeben, die auch im wesentlichen in der fünften Dekade des 18. Jh.s entstand. Noch während seiner Studienzeit in Oxford veröffentlichte Collins die *Persian Eclogues* (1742), die die im Klassizismus beliebte Gattung der Ekloge in die orientalische Welt verlegten. Seine Hauptleistung liegt aber in der Odendichtung, in der er auf der Grundlage früherer englischer Oden (u. a. von COWLEY, MILTON, DRYDEN und POPE) eigenständige Kompositionen schuf, die die Gattung bis über die Hochromantik hinaus beeinflußten. Collins' Odenband *Odes on Several Descriptive and Allegoric Subjects* (1746) wurde bei seinem Erscheinen freilich weniger beachtet als die im selben Jahr veröffentlichten Oden seines Freundes Joseph WARTON *(Odes on Various Subjects)*. Samuel JOHNSON äußerte sich mit respektvoller Skepsis über das Werk seines Freundes, das er für zu kühn und undiszipliniert hielt. In den sechziger Jahren war die Zeit allerdings reif für die Würdigung von Collins' Lyrik. 1763 erschienen seine Gedichte erstmals gesammelt in *The Poetical Calendar*. John LANGHORNE schrieb eine enthusiastische Rezension, und seine Ausgabe der Collins-Gedichte von 1765 trug wesentlich zu dem Ansehen bei, das Collins in der Folgezeit gewann.

Collins' Oden sind von formaler Vielfalt und imaginativer Kraft. Sie bewegen sich zwischen einfacheren strophischen und gedanklich und emotional kühneren pindarischen Formen. Viele von ihnen weisen einen poetologischen Grundzug auf, indem sie die Dichtung selbst und die literarischen Neigungen und Bestrebungen des Dichters zum Gegenstand machen. Die wichtigsten sind die den für die Poetik des ARISTOTELES zentralen Emotionen Furcht und Mitleid gewidmeten kontrastierenden Stücke *Ode to Pity* und *Ode to Fear*, die die Einfachheit als Grundlage aller Kreativität beschwörende *Ode to Simplicity*, die *Ode on the Poetical Character*, in der Collins seine literarische Verpflichtung gegenüber SPENSER und MILTON bekundet, und *The Passions. An Ode for Music*, ein Werk, das in der Tradition der Oden an die Musik von Dryden und Pope steht.

Eine der vollkommensten Kompositionen von Collins ist die kurze politisch-patriotische Ode *How Sleep the Brave*, die das Schicksal gefallener britischer Soldaten durch die pastorale Ausgestaltung ihrer Grabstätte verklärt. Die längste der politisch-patriotischen Oden ist *Ode to Liberty*, eines der charakteristischen *progress poems* von Collins, das im freien Flug der Phantasie riesige geographische und historische Räume durchmißt und den Weg der Freiheitsidee vom antiken Griechenland bis ins England des 18. Jh.s verfolgt. Collins steht damit in der Tradition der Freiheitsode, die zu Samuel Taylor COLERIDGE und Percy Bysshe SHELLEY führt.

Collins' berühmtestes Gedicht ist die *Ode to Evening*, eine eindringliche Evokation der Abenddämmerung, in der der personifizierte Abend und die ins Dämmerlicht getauchte Natur miteinander verschmelzen. Die Ode ist poetologisches Gedicht und Naturgedicht in einem. Sie steht an der Schwelle zur Romantik. In der Anrede an den Abend bittet der Sprecher um die Inspiration zu einem dichterischen Sprechen, das sich in gänzlicher Übereinstimmung mit der abendlichen Natur befindet und Subjekt und Objekt zur Einheit bringt. In der Naturdarstellung dokumentiert sich eine neue Wahrnehmungsleistung, z. B. wenn es von der Fledermaus heißt: *»save where the weak-eyed Bat, / With short shrill shriek flits by on leathern Wing«*. Der Schluß der Ode schreibt dem Pastoralen über den ästhetischen auch einen sozialen und moralischen Einfluß zu.

Nach seinem Odenband verfaßte Collins noch eine elegische Ode auf den Tod des Dichters James THOMSON (1749), in der er, beeinflußt von dem zeitgenössischen Druidenkult, den verstorbenen Freund als naturverbundenen Dichter-Priester rühmt.

Sein letztes Werk ist die unvollendete *Ode on the Popular Superstitions of the Highlands*, die die alten Sagen, den Aberglauben und die wilde Landschaft Schottlands als Gegenstand der Dichtung empfiehlt. Mit dieser Hinwendung zu dem Land und der Kultur des Nordens erfolgt eine radikale Distanzierung von den Themen und Normen des Klassizismus.

Die wichtigste Neuerung in Collins' Dichtung ist die Entfaltung des poetischen Potentials der Personifikation, etwa in der Allegorisierung des Mitleids in der *Ode to Pity*, wo ein hochpoetisches, ins Visionäre gesteigertes visuelles Korrelat der abstrakten Idee gegeben wird: *»Thy sky-worn Robes of tend'rest Blue, / And Eyes of dewy Light!«*

Auch was den Gebrauch der odischen Apostrophe betrifft, ist Collins originell. In der *Ode to Fear* kommt es in der fiebrigen Hektik der Anrede zu einer Identifikation des Sprechers mit der apostrophierten Emotion: *»Ah Fear! Ah frantic Fear! / I see, I see thee near. / I know thy hurried Step, thy haggard Eye!«* In der *Ode to Evening* dagegen vollzieht sich die Anrede innerhalb eines weit ausgedehnten, von Parenthesen durchsetzten Satzgefüges, in dem der Abend als Personifikation angesprochen und zugleich als Naturwirklichkeit dargestellt wird. In den poetologischen Gedichten nimmt die Apostrophe vielfach den Charakter des Gebets an (z. B. in *Ode to Pity*). Einige Oden, etwa *How Sleep the Brave*, verzichten ganz auf die Verwendung der Apostrophe. Mit großer Freiheit und Originalität erweiterte Collins die Form- und Ausdrucksmöglichkeiten der Gattung der Ode und wies damit der romantischen Odendichtung in der englischen Literatur des 18. Jh.s den Weg. W.G.M.

AUSGABEN: *Odes on Several Descriptive and Allegoric Subjects*, Ldn. 1746. – *The Poetical Works*, Hg. J. Langhorne, Ldn. 1765. – *Poems*, Hg. C. Stone u. A. L. Poole (in *The Poems of Gray and C.*, Hg. A. L. Poole, Oxford 1917). – *The Poems of Gray, C. and Goldsmith*, Hg. R. Lonsdale, Ldn. 1969. – *Poetical Works (Thomas Gray and W. C.)*, Hg. ders., Oxford u. a. 1977. – *The Works*, Hg. R. Wendorf u. C. Ryskamp, Oxford 1979.

LITERATUR: A. D. McKillop, *The Romanticism of C.* (in Studies in Philology, 20, 1923, S. 1–16). – H. W. Garrod, *W. C.*, Oxford 1928. – R. Quintana, *The Scheme of C.'s »Odes«* (in *Restoration and Eigtheenth-Century Literature*, Hg. C. Camden, Chicago 1963, S. 371–380). – O. F. Sigworth, *W. C.*, NY 1965. – A. S. P. Woodhouse, *The Poetry of C. Reconsidered* (in *From Sensibility to Romanticism*. Hg. F. W. Hilles u. H. Bloom, NY 1965, S. 93–137). – P. M. Spacks, *The Poetry of Vision: Five Eigtheenth-Century Poets*, Cambridge/Mass. 1967. – A. Johnston, *The Poetry of W. C.* (in Proceedings of the British Academy, 59, 1973, S. 321–340). – P. S. Sherwin, *Precious Bane: C. and the Miltonic Legacy*, Austin 1977. – R. Wendorf, *W. C. and Eighteenth-Century English Poetry*, Minneapolis 1981.

## WILLIAM WILKIE COLLINS

* 8.1.1824 London
† 23.9.1889 London

LITERATUR ZUM AUTOR:
*Bibliographien:*
K. H. Beetz, *W. C.: An Annotated Bibliography, 1889–1976*, Metuchen/N. J. 1978. – R. P. Ashley, *W. C.* (in *Victorian Fiction: A Second Guide*, Hg. G. H. Ford, NY 1978 enth. Hinweise zu Verfilmungen). – K. H. Beetz, *W. C. Studies, 1972–1983* (in Dickens Studies Annual, 13, 1984, S. 333–355).
*Zeitschriften:*
Wilkie Collins Society Journal, Davis/Calif. 1981 ff. – Wilkie Collins Society Newsletter, 1981 ff.
*Biographien:*
E. v. Wolzogen, *W. C. Ein biographisch-kritischer Versuch*, Lpzg. 1885. – K. Robinson, *W. C.: A Biography*, Ldn. 1951; Nachdr. 1974. – N. P. Davies, *The Life of W. C.*, Urbana/Ill. 1956. – D. L. Sayers, *W. C.: A Critical and Biographical Study*, Hg. E. R. Gregory, Toledo/Oh. 1977.
*Gesamtdarstellungen und Studien:*
A. C. Swinburne, *Studies in Prose and Poetry*, Ldn. 1894. – W. C. Phillips, *Dickens, Reade, and C. – Sensation Novelists*, NY 1919; Nachdr. 1962. – T. S. Eliot, *W. C. and Dickens* (in TLS, 4. 8. 1927, S. 525/526). – R. Messac, *Le Détective Novel et l'influence de la pensée scientifique*, Paris 1929. – S. M. Ellis, *W. C., Le Fanu and Others*, Ldn. 1931. – H. J. W. Milley, *The Achievement of W. C. and His Influence on Dickens and Trollope*, Diss. Yale Univ. 1941. – H. Haycraft, *Murder for Pleasure: The Life and Times of the Detective Story*, NY 1941. – R. P. Ashley, *W. C.*, Ldn. 1952. – F. Wölken, *Der literarische Mord*, Nürnberg 1953. – A. E. Murch, *The Development of the Detective Novel*, Ldn. 1958. – R. V. Andrew, *W. C.: A Critical Survey of His Prose Fiction with a Bibliography*, Diss. Potchefstroom Univ. 1959; Nachdr. NY 1979. – W. H. Marshall, *W. C.*, NY 1970. – *W. C. The Critical Heritage*, Hg. N. Page, Ldn. 1974. – K. Reierstad, *Innocent Indecency: The Questionable Heroines of W. C.' Sensation Novels* (in Victorians Institute Journal, 9, 1980/81, S. 57–69). – S. Lonoff, *W. C. and His Victorian Readers. A Study in the Rhetoric of Authorship*, NY 1982. – I. B. Nadel, *W. C.* (in DLB 1983, S. 61–77).

### ARMADALE

(engl.; *Armadale*). Roman in fünf Büchern von William Wilkie COLLINS, in Fortsetzungen 1864–1866 vorabgedruckt in dem Magazin ›The Cornhill‹, als Buch erschienen 1866. – Das nach *The Woman in White* (1860) und *The Moonstone* (1868) bekannteste Werk des mit DICKENS befreundeten Romanautors und Verfassers von Melodramen knüpft mit seinen düster-unheimlichen Settings, der labyrinthisch verwickelten Handlung und der Exploration krankhafter Seelenzustände an gängige Muster des Schauerromans an. Dramenartig ist die intrikate *plot*-Struktur in fünf Bücher gegliedert. Präzise Zeit- und Ortsangaben und verschiedene, in Briefen und Tagebuchausschnitten eingefügte Erzählperspektiven leisten eine spannungsintensivierende Illusionierung quasi-zeitgenössischer Realität, die durch den nachgestellten, die erzählten Begebenheiten als authentisch vortäuschenden Appendix des Autors noch hervorgehoben wird.

Im auf das Jahr 1832 zurückblendenden Prolog sind die späteren Konfliktstrukturen vorgeprägt. Ein Jurist aus Edinburgh muß, durch die Umstände gezwungen, in einem deutschen Kurort das Vermächtnis des sterbenden Mr. Allan Armadale für dessen kleinen Sohn aufzeichnen. Der als Warnung an seinen Sohn Allan gerichtete Brief, ein Lebensrückblick, den Armadale dem Fremden diktiert, enthält das Geständnis eines Mordes, den er einst beging. Der in Barbados aufgewachsene Armadale hatte damals das Erbe seines reichen Paten und Namensvetters angetreten, der seinen eigenen mißratenen Sohn enterbt hatte. Die Freundschaft zu einem gewissen Ingleby findet mit dessen Verschwinden ein jähes Ende. Armadale begibt sich nach Madeira, um dort eine von der Familie arrangierte Ehe mit der aus dem Landsitz Thorpe Ambrose in Norfolk stammenden Tochter eines Mr. Blanchard einzugehen. Betrügerisch hat sich Ingleby, der sich als jener enterbte Sohn herausstellt, jedoch schon die Hand der Miss Blanchard, in deren Porträt sich Armadale bereits verliebt hatte, erschlichen. Die erst zwölfjährige Zofe gewinnt als Komplizin Miss Blanchard für das falsche Spiel. Die anschließende Verfolgung des Hochstaplers, der mit seiner Frau auf einem französischen Schiff geflüchtet ist, endet in einem Schiffbruch der Verfolgten. Im Tumult der Rettungsaktion versperrt Armadale unbemerkt die Kabinentür des sinkenden Schiffes und läßt den Rivalen ertrinken. Der Mord wird nie aufgedeckt, belastet fortan aber das Gewissen des Mörders, zumal die Witwe einen Sohn namens Allan Armadale zur Welt bringt. Noch unter dem Bann der Vergangenheit heiratet Armadale eine Kreolin. Sein Sohn erhält ebenfalls den Namen Allan Armadale. Die Warnung des Sterbenden gilt einer neuen schuldhaften Verstrikkung der beiden Namensträger. Es soll daher jeglicher Kontakt zwischen ihnen unterbleiben.

Das erste Buch erzählt – wiederum in kunstvoller Rückblendetechnik – die Jugend des Sohnes der Blanchard-Tochter aus der Warte des alten Pfarrers Brock, der nach dem Tod der Mutter dem impulsiv-unbedarften Allan ein väterlicher Freund ist. Mit dem intellektuellen, fremdländisch-dunklen Ozias Midwinter tritt eine Kontrastfigur zum geistig anspruchslosen blonden Armadale auf. Dem gegenüber Allans Freund zunächst mißtrauischen Brock offenbart sich Midwinter als der von Skrupeln ob der Mordtat seines Vaters umhergetriebene, von Mutter und Stiefvater verstoßene Sohn des Sterbenden aus dem Prolog. Eine nächtliche Bootsfahrt bringt die beiden Freunde auf das Wrack jenes Unglücksschiffes, wo Allan im Traum eine Bildsequenz erscheint, die für den wissenden Midwinter unheilvoll die Vergangenheit als drohende Vorgabe für die Zukunft evoziert. Eine Kette von Todesfällen läßt Allan zum Erben von Thorpe Ambrose werden.

Das zweite Buch beleuchtet in Briefen die Sehweise der sich nun formierenden Gegenspieler. Die damalige Zofe Lydia Gwilt spekuliert auf Allans Erbe und schleicht sich mit der Referenz einer Komplizin als Gouvernante im Haus seiner Pächter ins Umfeld des jungen Gentleman ein. Die Unbedachtsamkeiten Allans und seine Verliebtheit in die Tochter des Pächters Major Milroy setzen ihn in der engstirnigen Kleinstadt in ein schiefes Licht. Im dritten Buch wechseln auktorial strukturierte Kapitel, in denen die Machenschaften der überlegen taktierenden Lydia (der auch Allan und Midwinter verfallen) geschildert werden, mit Tagebuchpassagen aus der Perspektive der Schurkin, die ihr soziales Außenseitertum, ihr hohes Reflexionsvermögen, ihr widersprüchliches Schwanken zwischen amoralischer Skrupellosigkeit und ihrer Liebe zu Midwinter spiegeln. Die vollständige Lebensgeschichte der Gouvernante – Lydia war wegen Giftmordes angeklagt, zum Tode verurteilt und später begnadigt worden – erschließt sich jedoch erst einer Randfigur, dem ihr hörigen Gehilfen der Rechtsanwälte Pedgift & Sohn, die Allan zur Seite stehen, ohne die Verwicklungen detektivisch ganz aufrollen zu können. Lydias Komplott zielt auf ihre Heirat mit Midwinter unter dessen richtigem Namen, damit sie später als Witwe des aus England weggelockten und dann aus dem Weg geräumten Allan Armadale dessen Erbe beanspruchen kann – einen Plan, den sie im retardierenden vierten Buch unter dem Eindruck ihrer Ehe mit Midwinter in Neapel zunächst aufgibt, später aber intensiv betreibt. Als ihr Giftanschlag mißlingt, dingt sie einen Mörder, der Allan auf einer Kreuzfahrt beseitigen soll. In der Annahme, dieser sei längst umgebracht, setzt sie sich von ihrem Mann nach London ab und leitet Schritte ein, ihr »Erbe« zu fordern.

Ein *coup de théâtre* (Allan entkam seinen Mördern) leitet Lydias Untergang ein, der sich im letzten Buch vollendet. Der in England eingetroffene Midwinter kommt gerade noch einem neuerlichen Mordversuch am ebenfalls zurückgekehrten Allan in einem Nervensanatorium zuvor. In einer Aufwallung von Reue rettet Lydia Midwinter vor dem Gifttod und begeht Selbstmord.

Der Epilog eröffnet einen Ausblick in die nun konsolidierte Zukunft. Allan und die Tochter des Majors heiraten, Midwinter tritt in eine erfolgversprechende Berufslaufbahn ein, das Band zwischen den beiden Freunden ist fester denn je: Glückliche providentielle Fügung tritt im Schlußtableau an die Stelle der im Verlauf des Romans heraufbeschworenen, unheilvoll waltenden Fatalität.

Die sensationelle Motivik ließ den nach Collins' eigener Meinung am sorgfältigsten konstruierten seiner Romane zu einem Erfolg beim zeitgenössischen Publikum werden, während manche Kritiker moralische Vorbehalte in bezug auf die Protagonistin anmeldeten. Die gehäuften Koinzidenzen im *plot* werden auch heute noch vielfach kritisiert. Das ihnen anhaftende melodramatische Moment rief jedoch gerade T. S. Eliots Zustimmung hervor. Die neuere Sekundärliteratur betont vor allem die Darstellung Lydia Gwilts, eines der interessantesten viktorianischen Frauenporträts. E.S.R.

AUSGABEN: Ldn. 1864–1966 (in The Cornhill). – Ldn. 1866.

ÜBERSETZUNG: *Der rote Schal*, E. Schönfeld, Stg. 1967; ern. Stg./Mchn. 1979. – Dass., dies., 2 Bde., Mchn. 1970 (dtv).

VERFILMUNG: *Der rote Schal*, BRD 1973 (TV; Buch: H. Asmodi).

LITERATUR: D. Blair, *W. C. and the Crisis of Suspense* (in *Reading the Victorian Novel*, Hg. I. Gregor, Totowa/N. J. 1980). – N. Schroeder, *»Armadale«: A Book that is Daring Enough to Tell the Truth* (in W. C. Society Journal, 3, 1983, S. 5–19).

## THE MOONSTONE

(engl.; *Der Monddiamant*). Roman von William Wilkie COLLINS, erschienen 1868. – Der Titel des nach *The Woman in White* berühmtesten Romans von Collins bezieht sich auf einen großen gelben Diamanten, den ein englischer Offizier in Indien geraubt hat und den drei Brahmanen um jeden Preis zurückholen wollen, um ihn wieder seiner ursprünglichen Bestimmung – er hat die Statue einer Mondgottheit geschmückt – zuzuführen. Der Edelstein gelangt in den Besitz Rachel Verinders, einer jungen, schönen Adligen, ist aber schon am nächsten Morgen unauffindbar. Der Held des Romans, Franklin Blake, schaltet Scotland Yard ein, dessen fähigster Beamter, Sergeant Cuff, den Fall übernimmt. Cuff (das Vorbild dieser Figur war ein englischer Detektiv namens Whichen) ist ein zur Melancholie neigender älterer Mann mit analytischem Verstand und leidenschaftlichem Interesse für die Rosenzucht – ein Typ, der in späteren Detektivromanen oft kopiert wurde. Obwohl es ihm gelingt, zahlreiche Indizien aufzuspüren, bleibt der Stein verschwunden. Noch vor Abschluß der Untersuchungen wird Cuff seines Amtes enthoben. Inzwischen ist der Verdacht, der anfangs auf den drei Indern und dann auf Rosanna Spearman, einer buckligen Dienerin und einstigen Diebin, geruht hatte, auf Rachel selbst gelenkt worden. Sie, die vor dem Diebstahl ihre Liebe zu Franklin in einer für viktorianische Verhältnisse ungewöhnlich offenen Weise bekundet hat, bricht plötzlich ihre Beziehungen zu ihm ab, verhindert aber auch jede weitere Nachforschung. Ihr rätselhaftes Benehmen wird verständlich, als Franklin entdeckt, daß nur er selbst – allerdings ohne sich dessen bewußt zu sein – den Stein genommen haben kann. Später stellt sich heraus, daß Franklin zur Tatzeit unter Opiumeinfluß stand. Der Diamant allerdings bleibt verschwunden, bis schließlich Franklins Nebenbuhler um Rachels Hand, Godfrey Ablewhite, tot aufgefunden wird. Er hatte dem Betäubten den Stein abgenommen und versetzt, um seine Schulden zu bezahlen, war aber von den Indern aufgespürt und ermordet worden. Der Edelstein wird an seinen Ursprungsort zurückgebracht.

Die fast zu kunstvoll aufgebaute Handlung macht das Buch – nach POES Detektiverzählungen und vor Conan DOYLES Sherlock-Holmes-Geschichten erschienen – zu einem der frühesten Detektivromane, wenngleich diese Kategorisierung nur mit Vorbehalten geschehen kann. Zwar ist die Raffinesse zu bewundern, mit der Collins dem Leser schon sehr frühzeitig beinahe alle auf den scheinbar am wenigsten Verdächtigen deutenden Fakten zuspielt, die Lösung des Falles aber immer wieder hinauszuzögern versteht, doch liegt der Akzent nicht so sehr auf der Jagd nach dem Täter als auf der Liebesgeschichte und der Individualität der auftretenden Personen. Diese bestimmen auch die Struktur des Romans, in dem das Geschehen aus der Sicht der verschiedenen Augenzeugen dargestellt wird. Unter den Berichtenden, deren jeder mit ausgeprägten Eigentümlichkeiten ausgestattet ist, erwies sich die von religiöser Bekehrungswut besessene alte Jungfer Drusilla Clack als besonders publikumswirksam. Gewisse melodramatische Elemente (etwa Rosanna Spearmans grausiger Selbstmord aus enttäuschter Liebe) ordnen das Buch der Gattung des Sensationsromans im Stil von Sheridan LE FANU und Ellen WOOD zu, einem Genre, mit dem auch Collins' Freund DICKENS vertraut war, in dessen Spätwerk, insbesondere in *The Mystery of Edwin Drood*, sich gewisse Anklänge an *The Moonstone* finden. J.v.Ge.-KLL

AUSGABEN: Ldn. 1868 (in All the Year Round, 4. 1.–8. 8.1868). – Ldn. 1868, 3 Bde. – Ldn. 1871 [Vorw. W. C.]. – Ldn. 1928 [Einl. T. S. Eliot]. – Ldn./Glasgow, 1953 [Einl. G. D. H. u. M. Cole]. – Ldn. 1967 [Einl. A. Burgess; Komm. D. Williams]. – Oxford 1982, Hg. A. Trodd.

ÜBERSETZUNGEN: *Der Mondstein*, anon. (in Roman-Magazin des Auslandes, 2, 1868, Bd. 2). – Dass., E. Lehmann, 3 Bde., Bln. 1869. – *Der Monddiamant*, S. H. Engel, Düsseldorf 1949; ern. 1966. – Dass., I. Lindt, Mchn. [6]1984 (dtv).

DRAMATISIERUNG: Anon., *The Moonstone* (Urauff.: Ldn., 17. 9. 1877, Olympic Theatre).

LITERATUR: W. S. Bunnell, *W. C.: »The Moonstone«*, Ldn. 1961. – L. Lawson, *W. C. and »The Moonstone«* (in American Imago, 20, 1963, S. 61–79). – J. R. Read, *English Imperialism and the Unacknowledged Crime of »The Moonstone«* (in Clio 2, 1973, S. 281–290). – R. P. Laidlaw, *Awful Images and Associations: A Study of W. C.'s »The Moonstone«* (in *Southern Review* 9, 1976, S. 211–227). – D. A. Miller, *From ›roman policier‹ to ›roman police‹: W. C.'s »The Moonstone«* (in Novel 13, 1980).

## THE WOMAN IN WHITE

(engl.; *Die Frau in Weiß*). Roman von William Wilkie COLLINS, in Fortsetzungen erschienen 1860 in DICKENS' Zeitschrift ›All the Year Round‹, als Buch im selben Jahr. – Die begeisterte Aufnahme, die der Roman beim englischen Publikum fand, erklärt sich aus der geschickten Verbindung von Motiven des romantischen Schauerromans mit der zeitgenössischen Wirklichkeit und einer realistischen Erzählweise. Die äußerst komplizierte Handlung entwickelt sich aus einer geheimnisvollen Begegnung. In einer Sommernacht des Jahres 1849 wird der junge Zeichenlehrer Walter Hartright auf dem Wege nach London von einer Frau in wallendem weißem Gewand angesprochen: Sie sei grundlos in ein Irrenhaus eingesperrt worden, fliehe vor jemandem, der sie dorthin zurückbringen wolle, und bitte um Geleit nach London. Hartright erfüllt die Bitte der Unbekannten, die nach der Ankunft in London spurlos verschwindet. Am folgenden Tag tritt der junge Mann in Cumberland eine Stelle bei Mr. Frederick Fairlie an, der ihn als Zeichenlehrer für seine Nichte Laura Fairlie und deren Halbschwester Marian Halcombe engagiert hat. Da die Frau in Weiß sowohl »Limmeridge House«, den Landsitz der Fairlies, als auch eine verstorbene Mrs. Fairlie im Ton glücklicher Erinnerung erwähnt hat, erzählt Hartright der unansehnlichen, aber klugen und sympathischen Marian von seinem Erlebnis; zugleich fällt ihm die erstaunliche Ähnlichkeit zwischen Laura Fairlie und der Frau in Weiß auf. In alten Briefen der verstorbenen Mutter Lauras findet Marian tatsächlich ein geistesgestörtes Kind erwähnt, das Laura ähnlich sah, Anne Catherick hieß und von Mrs. Fairlie unterrichtet wurde. Als Hartright sich in Laura verliebt, die einem Adligen, Sir Percival Glyde, versprochen ist, weist Mr. Fairlie ihn aus dem Haus. Kurz vor seiner Abreise trifft ein anonymer Brief ein, der, vermutlich von der Frau in Weiß geschrieben, vor der Verbindung Lauras mit Sir Percival warnt. Zum zweiten Mal begegnet Hartright der Frau in Weiß – Anne Catherick – auf einem nächtlichen Friedhof, wo sie das Grab Mrs. Fairlies pflegen will. Er erfährt, daß es Sir Percival war, der sie im Irrenhaus einsperren ließ, aber bevor er weitere Fragen stellen kann, ist Anne verschwunden. Über die Aussichtslosigkeit seiner Liebe zu Laura verzweifelt, schließt sich Hartright einer Expedition nach Mittelamerika an. Sir Percival, der jede Verdächtigung energisch zurückweist, heiratet (wie bereits hier klar wird, aus finanziellen Gründen) Laura, die ihm gestanden hat, daß sie einen andern liebt. Nach einer längeren Reise auf dem Kontinent kehrt er im Sommer 1850 mit ihr und seinem italienischen Freund Graf Fosco auf seinen Landsitz Blackwater Park in Hampshire zurück. Die ebenfalls dort anwesende Marian entdeckt, daß sich hinter der ausgesuchten Höflichkeit und Jovialität des dickwanstigen Grafen ein schurkischer Charakter verbirgt und daß Fosco der Ratgeber Sir Percivals ist. Als es diesem nicht gelingt, Laura zu zwingen, ihm auch den Rest ihres Vermögens (dessen größter Teil ihm laut Heiratsvertrag bereits zugefallen ist) zu überschreiben, schaffen er und Fosco, von der erkrankten Marian unbemerkt, Laura aus dem Haus; desgleichen bemächtigen sie sich Anne Cathericks, die ein Geheimnis hütet, dessen Enthüllung Sir Percival ruinieren würde. Als Anne stirbt, geben die Komplicen die Tote als Laura aus, teilen sich deren Erbschaft und liefern die echte Laura unter dem Vorwand, sie leide an der Wahnidee, Lady Glyde zu sein, im Irrenhaus ein. Zur gleichen Zeit, als es der mutigen Marian gelingt, Laura zu befreien, kehrt Hartright aus Amerika zurück. Am Grab der totgeglaubten Geliebten sieht er sich ihr selbst und Marian gegenüber. Nachdem er beide heimlich nach London gebracht hat, beginnt er, Sir Percivals Geheimnis nachzuforschen und juristisch einwandfreie Beweise für Lauras wahre Identität zu sammeln. Als er entdeckt, daß Sir Percival unehelich geboren ist, also kein Recht auf Titel und Erbe der Glydes hat, ist ihm dieser bereits auf den Fersen, doch bei dem Versuch, die Eintragung im Heiratsregister zu ändern, steckt der Betrüger versehentlich die Kirche in Brand und kommt in den Flammen um. Hartright, der inzwischen auch herausgefunden hat, daß Anne die Halbschwester Lauras war, erhält unter Einsatz seines Lebens das schriftliche Geständnis Foscos, der nach Paris entkommen kann, wo er von einem Geheimbündler, den er einst verriet, ermordet wird. Nach dem Tod des alten Fairlie werden der Sohn Walter und Laura Erben von »Limmeridge House«.

Der Bericht des Haupterzählers Hartright wird durch die Berichte anderer Romanfiguren ergänzt, die jeweils die Ereignisse schildern, die sie aus nächster Nähe miterlebt haben. Collins erhöht auf diese Weise die Glaubwürdigkeit des Erzählten, ist aber weit weniger als in seinem späteren Roman *The Moonstone* um eine Differenzierung der Sprache und Darstellungsgabe seiner Ich-Erzähler bemüht. An Originalität überragen die groteske Gestalt des Grafen Fosco und die ganz unviktorianische Gestalt der klugen und resoluten Marian Halcombe alle anderen Romanfiguren. *The Woman in White*, neben *The Moonstone* der einzige Roman Collins', der bis heute nichts an Beliebtheit eingebüßt hat, weist trotz zahlreicher Rückgriffe auf den Schauerroman bereits auf den modernen Detektivroman voraus. Die anscheinend so unheimlichen Vorgänge finden eine durch das Zusammentragen von Indizien, durch scharfe Beobachtung und psychologische Schlüsse ermöglichte rationale Erklärung. Einen Polizeidetektiv (den ersten in der englischen Romanliteratur) läßt Collins zwar erst in *The Moonstone* auftreten, doch stattet er Walter Hartright im Schlußteil von *The Woman in White* bereits mit der Beharrlichkeit, Kombinationsgabe und Courage eines Privatdetektivs aus. Auf den Detektivroman weisen auch die raffinierte Verflechtung der zahlreichen Handlungsfäden, das Wiederaufgreifen aller im Verlauf der Ereignisse erwähnten Details und die ausführliche und korrekte Darstellung der Rechtslage (etwa bei Erbangelegenheiten). Diese Aspekte bewogen Dorothy L. SAYERS, Autorin berühmter Detektivromane, 1951 eine Studie über Collins' Bedeutung für die Entwicklung dieser Gattung zu veröffentlichen.

J.Dr.

AUSGABEN: Ldn. 1860 (in All the Year Round, 26. 11. 1859–25. 8. 1860). – Ldn. 1860, 3 Bde., [2]1861. – Oxford 1921. – Ldn./Glasgow 1952; ern. 1964 [Einl. E. C. R. Lorac]. – Ldn. 1956 [Ill. L. Lamb]. – Ldn. 1862 [Ill. P. Stackhouse]. – Boston 1969 [Einl. K. Tillotson; Vorw. G. N. Ray].

Übersetzungen: *Die weiße Frau*, C. Büchele, Stg. 1862. – *Die Frau in Weiß*, M. Scott, Teschen 1902. – *Die weiße Frau*, A. Gleiner, Stg. 1910. – *Die Frau in Weiß*, A. Schmidt, Stg. ³1965. – Dass., ders., Mchn. ⁵1971 (dtv).

Verfilmung: *Die Frau in Weiß*, BRD 1971 (TV; Buch: H. Asmodi).

Literatur: W. M. Kendrick, *The Sensationalism of »The Woman in White«* (in NCF, 32, 1977, S. 18–25). – M. M. Hennelly, *Reading Detection in »The Woman in White«* (in Texas Studies in Language and Literature, 22, 1980, S. 449–467). – B. F. Leavy, *W. C.' Cinderella: The History of Psychology and »The Woman in White«* (in Dickens Studies Annual, 10, 1982, S. 91–141).

## carlo Collodi

eig. Carlo Lorenzini

* 24.11.1826 Florenz
† 26.10.1890 Florenz

### LE AVVENTURE DI PINOCCHIO. Storia di un burattino

(ital.; *Pinocchios Abenteuer. Geschichte eines Hampelmanns*). Kindergeschichte von Carlo Collodi, in Fortsetzungen 1881–1883 im ›Giornale dei Bambini‹ erschienen, in Buchform (mit Federzeichnungen von E. Mazzanti) 1883 in Florenz. – Aus einem geschenkten Holzscheit schnitzt Geppetto einen Hampelmann, den er Pinocchio nennt. Der Kleine beginnt sofort zu leben und entläuft. Er wird von Menschen und Tieren ständig gewarnt – vergeblich; er faßt gute Vorsätze, um sie sogleich zu brechen. Im Kasperletheater verursacht er Aufruhr; der Theaterbesitzer will ihn verbrennen, entläßt ihn aber schließlich mit einem Geschenk von fünf Goldstücken. Dieser Schatz wird Pinocchio von dem angeblich lahmen Fuchs und der vorgeblich blinden Katze abgejagt. Allein die schöne Fee mit den himmelblauen Haaren bewahrt ihn vor einem elenden Tod. Als Pinocchio Trauben stehlen will, gerät er in ein Fangeisen und muß als Wachhund einen Hühnerstall vor Mardern beschützen. Von einem Täuberich an die Küste geflogen, entdeckt er auf der stürmischen See seinen Vater in höchster Gefahr. Als er ihm schwimmend zu Hilfe eilt, wird er selber auf die *»Insel der fleißigen Bienen«* verschlagen. Er geht eine Weile artig zur Schule, pflegt jedoch Gesellschaft mit faulen Burschen. Er rauft sich mit ihnen und wird festgenommen. Zwar entkommt er, fällt aber einem struppigen grünen Fischer in die Hände und entgeht nur um ein Haar dem Los, in Öl gebraten zu werden. Nachdem er kurze Zeit folgsam gewesen ist, läßt er sich dazu verleiten, ins Spielzeugland zu fahren. Endlich braucht er nichts zu lernen! Die Strafe: Nach fünf Monaten verwandelt er sich in einen Esel, wird verkauft und muß in einem Zirkus auftreten. Weiterverkauft, soll er ertränkt werden. Kaum hat er im Wasser seine alte Gestalt zurückerhalten, wird er schon von einem Riesenhai verschlungen. Wen findet er im Bauch des Fisches? Geppetto. Pinocchio rettet sich und seinen alten Vater, beginnt regelmäßig zu arbeiten und zu lernen und wird von der Fee belohnt: Er wird ein richtiger Junge.

Collodi hat hier vielfältige Traditionen und Motive zu einer Einheit verschmolzen, die sich faszinierend zwischen Vision und Wirklichkeit bewegt. *Pinocchio* enthält Elemente des Märchens (Feen, wundersame Länder, Verwandlungen, letztere mit Apuleius-Reminiszenzen), der Fabel (Tiere mit menschlichem Gehaben), des Erziehungsromans (pädagogische Deduktionen), der Morallehre und der Sozialsatire (Karikaturen von Ärzten und Richtern). Besonders deutlich ist der Einfluß des Puppentheaters: Pinocchio ist selber ein Kasperl, und zwar nicht nur wegen seiner gewaltigen Nase. Der Dialog dominiert; der Protagonist faßt seine Gewissensbisse und Überlegungen meist selbst in Worte; der karge Autorenbericht gleicht oft Regieanweisungen. Von Anfang an spürt man aber auch die Opposition gegen das Volksmärchen *(»Es war einmal … ein König! … Nein, … ein Stück Holz«)*: Die Sprache ist die des täglichen Umgangs, mit kindertümlichen Elementen wie Lautmalerei und »sprechenden Namen«; das Märchenhafte entbehrt aller dunklen Mystik, es ist bestimmt von Klarheit und Präzision und wirkt oft surrealistisch. Der Vielschichtigkeit entspricht die Mehrdeutigkeit: Ist Pinocchio Collodi selbst, ein Porträt des frech spottenden, witzig lügenden Florentiner Gassenjungen oder eine Allegorie des durch Erfahrungen reifenden Menschen? Man mag an *Pinocchio* Wiederholungen, innere Widersprüche und allzu direktes Moralisieren tadeln, es bleibt ein Meisterwerk der Kinder-Weltliteratur. Die Gesamtauflage schätzt man auf über sechs Millionen. Auch Erwachsene sind entzückt von Collodis Ironie, seinem Sinn für Paradoxie, seiner Lebensweisheit und seinem Humor. Das Werk wird weiterhin gelesen werden dank Collodis sprudelnder Phantasie, die eine Fülle origineller Gestalten schuf, und wegen des unbeschwerten Stils, in dem mit voltairischer Behendigkeit eine immer wieder überraschende Handlung skizziert wird.

Viele Illustratoren versuchten sich an *Pinocchio*, in Italien u. a. Chiostri, Mussino, Bernardino und Maraja, in Deutschland u. a. W. Felten, R. Bicher, A. Zacharias, M. und R. Koser-Michaelis und J. M. Szancer.

Schon 1911 drehte E. Pasquali einen Pinocchio-Film. Die bekannteste und (diskutierteste) Verfilmung des Stoffs ist die von Walt Disney (1939). Seit 1956 bestehen in Pescia ein Park und ein Museum, die Pinocchio gewidmet sind. R.Kl.

AUSGABEN: Florenz 1881–1883 (*La storia di un burattino*, in Giornale dei Bambini). – Florenz 1883; Faks. Mailand 1981. – Florenz 1948 (in *Tutto Collodi*, Hg. P. Pancrazi). – Turin 1957 [krit.]. – Turin 1961, Hg. C. Zavattini. – Turin 1973. – Mailand 1979. – Mailand 1981, Hg. C. Fruttero u. F. Lucentini. – Mailand 1983, Hg. F. Tempesti. – Mailand [5]1985.

ÜBERSETZUNGEN: *Zäpfelkerns Abenteuer*, O. J. Bierbaum, Mchn. 1905. – *Die Abenteuer des Kasperle Pinocchio*, C. Birnbaum, Bln. 1949; ern. Mchn. 1966 (GGT). – *Pinocchios Abent.*, R. Köster, Bln. [4]1960. – Dass., N. Erné, Mchn./Zürich 1961; ern. Ffm. 1988. – *Die Geschichte vom hölzernen Bengele*, bearb. A. Grumann, Freiburg i. B. [74]1961; [100]1982. – Dass., H. Legers, Mchn. 1967 [ital.-dt.]. – *Der neue Pinocchio. Die Abenteuer des Pinocchio neu erzählt*, Chr. Nöstlinger, Weinheim 1988 – *Pinocchios Abenteuer*, H. Bausch, Aarau 1988.

VERFILMUNGEN: Italien 1911 (Regie: E. Pasquali). – USA 1939 (Regie: W. Disney).

LITERATUR: B. Croce, *Pinocchio* (in B. C., *La letteratura della nuova Italia. Saggi critici*, Bd. 5, Bari 1939, S. 361–365). – P. Lorenzini, *C. e »Pinocchio«*, Florenz 1954. – V. Fazio-Allmayer, *Divagazioni e capricci su »Pinocchio«*, Florenz 1958. – L. Volpicelli, *La verità su »Pinocchio« e saggio sul »Cuore«*, Rom 1959. – R. Bertacchini, *Un problema critico: la genesi di »Pinocchio«* (in Convivium, 28, 1960, S. 641–683). – R. Bertacchini, *C. educatore*, Florenz 1964. – L. Compagnone, *Commento alla vita di »Pinocchio«*, Neapel 1966. – V. Spinazzola, *»Pinocchio« e le risorse della fantasia* (in Acme, 22 1969, S. 125–153). – A. Adler, *Holzbengel mit Herzensbildung. Studie zu den Amicis »Cuore«, C.'s »Pinocchio« u. anderen literarischen Aspekten des ital. Lebensstils*, Mchn. 1972. – F. Tempesti, *»Pinocchio«. Chi era il C. e com'è fatto »Pinocchio«*, Mailand 1972. – E. Garroni, *»Pinocchio« uno e bino*, Rom/Bari 1975. – G. Manganelli, *»Pinocchio«: un libro parallelo*, Turin 1977. – M. W. Schulz, *»Pinocchio« u. kein Ende*, Halle/Lpzg. 1978. – A. Gagliardi, *Il burattino e il labirinto. Una lettura di »Pinocchio«*, Turin 1980. – R. Anzilotti u. a., *I cento anni di »Pinocchio«*, Florenz 1981. – *C'era una volta un pezzo di legno. La simbologia di »Pinocchio«. Atti del convegno...*, Mailand 1981. – E. Petrini, *Dalla parte di C.*, Bologna 1982 – M. Serenelli, *»Pinocchio« nel paese degli artisti*, Mailand 1982. – C. d'Angeli, *L'ideologia ›moderata‹ di Carlo Lorenzini detto C.* (in RLI, 86, 1982, S. 152–177). – R. Wunderlich u. T. J. Morrissey, *»Pinocchio« before 1920: The Popular and Pedagogical Traditions* (in Italian Quarterly, 23, 1982, S. 61–76). – P. Marchese, *Bibliografia pinocchiesca*, Florenz 1983. – H. Hudde, *»Ich will das hölzerne Bengele wiederhaben!« C.s »Pinocchio«* (in Italienische Studien, 7, 1984, S. 47–62). – O. Polidori Castellani, *Sotto il segno di »Pinocchio«* (in Lettere Italiane, 36, 1984). – F. del Beccardo, Art. *C. C.* (in Branca, 1, S. 619–622).

## GEORGE COLMAN D. Ä.

* April 1732 Florenz
† 14.8.1794 London

### THE JEALOUS WIFE

(engl.; *Die eifersüchtige Ehefrau*). Komödie in fünf Akten von George COLMAN d. Ä., Uraufführung: London, 12. 2. 1761, Drury Lane Theatre. – Der Starrsinn eines Vaters und die Eifersucht einer Ehefrau, zwei bewährte Motive der *commedia dell'arte* also, setzen die Handlung dieses Lustspiels in Gang, dem FIELDINGS *Tom Jones* als Vorlage diente. Wie Sophia Western läuft auch Harriet Russet ihrem Vater davon, der sie mit dem aufgeblasenen Pferdenarren Sir Harry verheiraten will. Sie findet Zuflucht im Hause Mr. Oakleys, in dem auch ihr wider väterliches Gebot vergötterter Charles zu Gast ist. Nun aber bezichtigt Mrs. Oakley ausgerechnet ihren völlig vertrottelten Ehemann einer schamlosen Liaison mit der Ausreißerin und macht ihm die Hölle heiß. Weitere Hindernisse werden dem Liebespaar durch Harriets kupplerische Tante, Mrs. Freelove, in den Weg gelegt, die ihre Nichte dem rohen Sir Trinket zuschanzen möchte. Vor den Nachstellungen dieses Wüstlings wird Harriet, da Charles sich betrinkt und sie im Stich läßt, erst durch die Ankunft ihres inzwischen milder gestimmten Vaters gerettet. Doch Sir Trinket und seine gewissenlose Helfershelferin geben deshalb noch lange nicht auf: Ein von ihnen bestochener irischer Captain soll Mr. Russet und Sir Harry in den Kriegsdienst Seiner Majestät pressen und damit aus dem Weg räumen. Aber zum Glück findet Charles noch rechtzeitig zu einer mannhaften Haltung, und als der Captain überdies versehentlich zwei Briefe verwechselt, kommt es zum Happy-End. Sir Harry verzichtet auf Harriet und nimmt mit einem edlen Pferd vorlieb. Und Mrs. Oakley ist von ihrer törichten Eifersucht geheilt, zumal ihr Mann sich von den weisen Ratschlägen seines Bruders, eines Junggesellen, bewegen ließ, das Kommando in der Ehe zu übernehmen.

Die Anlehnung an Fieldings *Tom Jones* verdeutlicht die Absicht des Autors, die Sitten seiner Zeit unverbrämt zu schildern und insbesondere der Empfindsamkeitsmode den Kampf anzusagen. Frei von moralisierender Sentimentalität, wie sie im zeitgenössischen englischen Drama üblich war, entfaltet er eine bühnenwirksame Komik, die durch den etwas schleppenden Dialog kaum beeinträchtigt wird. Dennoch läßt Colman die Moral nicht zu kurz kommen. Sie teilt sich in der Form unbeschwerter Unterhaltung eher noch wirkungsvoller, weil unaufdringlicher, mit. Neben *The Clandestine Marriage*, 1766 *(Die heimliche Heirat)* in Zusammenarbeit mit dem Schauspieler GARRICK geschrieben, gilt *The Jealous Wife* als Colmans gelungenstes Werk. E.St.

AUSGABEN: Ldn. 1761. – Ldn. 1777 (in *Dramatick Works*, 4 Bde.). – Ldn. 1789. – Ldn. 1926 (in *English Comedies of the 18th Century*). – Stanford 1968 (in *Two Plays by G. C. the Elder: A Critical Edition*, Hg. T. F. Price; krit.). – NY/Ldn. 1983 (in *The Plays of G. C. the Elder*, Hg. A. K. Burnim, 6 Bde.; krit.).

ÜBERSETZUNG: *Die eifersüchtige Ehefrau*, J. J. C. Bode, Hbg. 1764.

LITERATUR: H. Knochen, *Der Dramatiker G. C.*, Diss. Göttingen 1935. – E. R. Page, *G. C. the Elder*, NY 1935; ern. 1966. – F. S. Boas, *An Introduction to Eighteenth-Century Drama, 1700–1780*, Oxford 1953; zul. 1978. – S. M. Tave, *The Amiable Humorist: A Study in the Comic Theory and Criticism of the 18th and Early 19th Centuries*, Chicago 1960. – J. J. Keenan, *The Poetic of High Georgian Comedy: A Study of the Comic Theory and Practice of Murphy, C., and Cumberland*, Diss. Univ. of Wisconsin 1969 (vgl. Diss. Abstracts, 30, 1970, S. 5412A–5413A). – P. S. Varner, *The Comic Techniques of G. C. the Elder*, Diss. Univ. of Tennessee 1981 (vgl. Diss. Abstracts, 42, 1982, Nr. 9).

## GEORGE COLMAN D. J.

* 21.10.1762 London
† 17.10.1836 London

### INKLE AND YARICO

(engl.; *Inkle und Yarico*). »Eine Oper in drei Akten« von George COLMAN d. J., mit Musik von Samuel Arnold, Uraufführung: London, 4. 8. 1787, Haymarket Theatre. – Inkle, ein junger Londoner Geschäftsmann, und sein Bürogehilfe Trudge reisen nach Barbados, wo Inkle eine gute Partie winkt – Narcissa, die Tochter des britischen Gouverneurs Sir Christopher Curry. Unterwegs geraten sie in Gefahr, von Kannibalen getötet zu werden, doch die bildschöne Eingeborene Yarico und ihre »Kammerzofe« Wowski erbarmen sich der beiden Engländer und retten ihnen das Leben. Daraufhin geloben Inkle und Trudge den farbigen Damen ewige Dankbarkeit und versprechen, sie nie mehr zu verlassen. Aber während Trudge seiner Wowski die Treue hält, beschließt der von seinem Vater zu nüchternem Profitdenken erzogene Inkle, Yarico zu verkaufen, sobald er den Boden der westindischen Insel betreten hat. Um seine Geliebte so rasch wie möglich loszuwerden, wendet er sich in Barbados an einen vergnügten alten Herrn, der sich ausgerechnet als der nichtsahnende Sir Christopher entpuppt. Er hat soeben seine Tochter mit dem wackeren Kapitän Campley, den er für Inkle gehalten hat, verheiratet. Dem echten Inkle wirft nun der gutherzige Gouverneur voller Empörung seine Treulosigkeit vor, schimpft ihn einen Menschenhändler und erklärt, froh zu sein, ihn nicht zum Schwiegersohn zu bekommen. Von Reue gepackt, bekennt Inkle sich zu seiner »Wilden«.

Der Autor, Sohn des Dramatikers und Theaterleiters George COLMAN d. Ä. und Verfasser zahlreicher zu seiner Zeit vielgespielter Farcen und romantischer Komödien, griff für *Inkle and Yarico* auf eine in ADDISONS ›Spectator‹ abgedruckte, aus LIGONS *History of Barbados* übernommene Eingeborenen-Liebesgeschichte zurück. So seltsam es klingen mag: sein musikalisches Rührstück hat zwei wesentliche Verdienste. Zum einen hat das von Couplets unterbrochene Spiel, das sich stolz »opera« nennt, durch seinen großen Erfolg geholfen, der Oper in England den Weg in die Moderne zu ebnen, zum andern hat Colman, noch ehe selbst die menschenfreundlichsten Politiker an die Abschaffung des Sklavenhandels dachten, in seinem Stück energisch und mit einem bewunderungswürdig gesunden Menschenverstand Partei für die »mindere« amerikanische Rasse ergriffen. E.St.

AUSGABEN: Ldn. 1787. – Paris 1823, Hg. Malepeyre. – Ldn. 1827 (in *Cumberland's British Theatre*, 48 Bde., 1826–1861, 16, Hg. G. Daniel). – Cambridge 1983 (in *Plays by G. C. the Younger and Thomas Morton*, Hg. B. Sutcliffe).

ÜBERSETZUNG: *Inkle und Yarika*, F. L. Schröder (in F. L. S., *Sammlung von Schauspielen für das Hamburger Theater*, Bd. 4, Schwerin 1797).

LITERATUR: W. Steinwender, *C. the Younger als Dramatiker*, Diss. Königsberg 1913. – J. F. Bagster-Collins, *C. the Younger, 1762–1836*, NY 1946. – A. Nicoll, *History of English Drama, 1660–1900*, Cambridge 1952; [3]1966. – D. H. Reinman, *Poetical Vagaries and Vagaries Vindicated*, NY 1976. – L. V. Troost, *The Rise of the English Comic Opera*, Diss. Univ. of Pennsylvania 1985 (vgl. Diss. Abstracts, 46, 1986, S. 2304A).

## CRISTÓBAL COLÓN

Christoph Kolumbus

* zwischen 25.8. und 31.10.1451 Genua
† 20.5.1506 Valladolid

LITERATUR ZUM AUTOR:
J. M. Asensio, *C. C. Su vida. Sus viajes. Sus descubrimientos*, Barcelona 1891. – *Studi colombiani*, Genua 1952. – J. Balaguer, *C., Precursor literario*, Buenos Aires 1958. – R. Menéndez Pidal, *La lengua de C. C. y otros ensayos*, Madrid 1958. – S. Cioranescu, *Primera*

*biografía de C. C.*, Tenerife 1960. – S. Madariaga, *Vida del muy magnífico Señor Don C. C.*, Madrid 1975. – P. E. Taviani, *C. C.: génesis del gran descubrimiento*, 2 Bde., Barcelona 1977. – F. Colón, *The Life of the Admiral C., Columbus by His Son Ferdinand*, Westport/Conn. 1979. – J. Heers, *Christophe Colomb*, Paris 1981. – J. Manzano Manzano, *C. y su secreto. El descubrimiento*, Madrid 1981. – C. Varela, *Textos y documentos completos*, Madrid 1982. – J. Cassou, *La découverte du Nouveau Monde*, Verviers 1982. – A. Milhou, *C. y su mentalidad mesiánica en el ambiente franciscano español*, Valladolid 1983. – B. Pastor, *Discurso narrativo de la conquista de América*, Havanna 1984. – D. Ramos, *La primera noticia de América*, Valladolid 1986.

## CARTAS Y RELACIONES

(span.; *Briefe und Berichte*) von Cristóbal COLÓN (Christoph Kolumbus). – Aus dem fragmentarisch überlieferten Nachlaß des Entdeckers können unter anderem etwa 32 an die Katholischen Könige, verschiedene andere Persönlichkeiten und die eigenen Verwandten gerichteten Briefe sowie die Berichte über die dritte und vierte Entdeckungsfahrt als authentisch bezeichnet werden. Diese Dokumente sind von großer Bedeutung als erste Nachricht aus der Neuen Welt, als Anfang der spanisch-amerikanischen Literaturgeschichte und als unmittelbare Aussage einer Persönlichkeit, deren Phantasie und Wagemut die Neuzeit einleitete. Die Niederschriften sind ein ergreifendes Zeugnis menschlicher Größe und menschlichen Versagens. Ihr Verfasser mutet an wie ein Schlafwandler in einer Traumwelt: Neben pragmatischen Überlegungen finden sich in seinen *Cartas* überspannte Ideen, neben wissenschaftlichen Erkenntnissen und kühnen Hypothesen steht eine bunte Mischung aus Vorstellungen, die den Sagen des Altertums, der Bibel, den Werken der Kirchenväter und scholastischen Philosophen und oft sogar dem volkstümlichen Aberglauben entstammen. So entscheidend Kolumbus mit einer Fülle von kosmographischen, geophysikalischen, nautischen, ethnographischen, botanischen und zoologischen Beobachtungen, die er in seinen Schriften niederlegte, zur Erweiterung des Weltbildes seiner Zeit beitrug, so wirr und absurd waren viele seiner Vorstellungen: In einem Brief an Rafael Sánchez, Schatzmeister der Königin, dem ersten Bericht über die Entdeckung der Neuen Welt, teilt er mit, daß er Inseln in der Nähe des Ganges gefunden habe. Von seiner dritten Fahrt, auf der er in Wirklichkeit den südamerikanischen Kontinent entdeckte, verkündet er in einem Brief, daß sie ihn zum Garten Eden geführt habe. Als er während seiner vierten Fahrt die zentralamerikanische Küste berührte, bezeichnete er diese Gegend als die Stelle, an der Salomon das Gold für den Bau des Tempels gewann. Nicht weniger phantastisch sind einige seiner weltpolitischen Lieblingsideen, etwa der Plan, die heiligen Stätten der Christenheit durch einen von rückwärts – von seinem »Indien« aus – geführten Angriff gegen die Türken zu erobern. Er versteigt sich sogar zu pseudoprophetischen Wahnvorstellungen: *»Jerusalem und Zion werden von den Händen der Christen wiederaufgebaut ... Wenn unser Herr mich nach Spanien zurückbringt, gelobe ich, es zu tun.«* Bezeichnend für Kolumbus' Neigung zur Mystifikation ist die Tatsache, daß er seine Briefe nicht mit seinem Namen, sondern mit einem bis heute nicht aufgeschlüsselten Monogramm zeichnete:

.S.<br>
.S.A.M.<br>
X M Y

unter das er »XPO. Ferens« (griech.-lat. Form seines Vornamens) oder einfach »El Almirante« (Der Admiral) schrieb.

HUMBOLDT, der als erster mit umfassender Sachkenntnis die geistesgeschichtliche und wissenschaftliche Bedeutung der Schriften des Kolumbus würdigte, hat auch erstmals auf ihren literarischen Wert hingewiesen. Von Haus aus sprach Kolumbus einen genuesischen Dialekt, der keine Schriftsprache war, dann lernte er Portugiesisch, und erst zuletzt eignete er sich das Spanische an, das dann sein schriftstellerisches Ausdrucksmittel wurde. Diese ungünstige Entwicklung ist in seinen Schriften deutlich spürbar; sieht man jedoch von Unkorrektheiten in Wortwahl und Syntax ab, so kann man sich dem poetischen Zauber vieler Passagen nicht entziehen, aus denen das tiefe Naturempfinden des Autors spricht und in denen sich, nach Humboldts Worten, *»die Energie und die Anmut der alten kastilischen Sprache«* entfaltet. An den hyperbolischen, bilderreichen Stil der Bibel (Kolumbus war zeitlebens ein eifriger Leser und eigenwilliger Deuter der alttestamentarischen Schriften) erinnert z. B. die in einem Brief aus Jamaica enthaltene Schilderung eines Meeressturmes: *»... und ich hielt mich dort auf, in jenem Meer, das ganz Blut war und wie ein über loderndes Feuer gestellter Kessel kochte. Noch nie hat jemand einen so furchtbaren Himmel gesehen: einen Tag und eine Nacht brannte er wie ein Schmelzofen ...«* Bei Kolumbus, der nur geringe literarische Bildung besaß, ist die Sprache spontaner Ausdruck eines ungestümen Herzens und einer leidenschaftlichen Seele.

Die großen Triebkräfte seines Handelns scheinen die Liebe zu Gott und zur Macht des Goldes gewesen zu sein. Daß er sich für einen Abgesandten Gottes hielt, geht aus folgenden Worten hervor: *»Von Geburt an hat Er Dich geleitet, Er hat Deinen Namen auf der ganzen Erde berühmt gemacht, Westindien hat er Dir als Geschenk vermacht ... und die Christen erwiesen Dir überall Ehre.«* Als Kolumbus dies anläßlich seiner vierten Fahrt schrieb, erschien er seinen Zeitgenossen schon nicht mehr als Mann von Weltruhm, und in seinen letzten Briefen macht er nur noch den Eindruck eines jammernden Bittstellers. Hatte er vor dem ersten Aufbruch ins Ungewisse in seinen *Kapitulationen* von den Königen die Würden eines Admirals, Gouverneurs und Vizekönigs der Länder und Meere, die er entdecken wür-

de, ertrotzt, so muß er in einigen der letzten Briefe um die Erlaubnis bitten, einen Maulesel benutzen zu dürfen (üblicherweise ein Privileg der Bischöfe und anderer Würdenträger). Dieser Bitte wurde stattgegeben – als letzter Gnadenbeweis des Hofes. Kurz darauf starb Kolumbus, zwar nicht arm, wie meist behauptet wird, aber einsam und vergessen.
A.F.R.

AUSGABEN: Barcelona 1493 [ohne Titel; Faks. Madrid 1956, Hg. C. Sanz López, m. Einl. u. Anm.; dass. 1961]. – Madrid 1825 (*Colección de los viajes y descubrimientos que hicieron por mar los españoles desde fines del siglo XV*, Hg. M. Fernández de Navarrete, Bd. 1; zuletzt in *Obras*, Bd. 1, Madrid 1954; BAE). – Rom 1892–1896 (in *Raccolta di documenti e studi pubbl. dalla R. Commissione Colombiana*, Tl. 1, Bd. 1–3). – Madrid 1962 (*Descubrimiento del continente americano. Relación del tercer viaje*, Hg. C. Sanz López; Faks. der *Carta enviada a los Reyes*, nach der Hs. des Las Casas). – Madrid 1958 (*La Carta de Colón anunciando la llegada a las Indias y a la Provincia de Catay*, Faks. der 17. Ausg., Hg. C. Sanz López). – Buenos Aires 1958 (*Los cuatro viajes del almirante y su testamento*, Hg. J. B. Anzoátegui). – Madrid 1984, Hg. u. Einl. C. Varela.

ÜBERSETZUNGEN: *Eyn schön hübsch lesen von etlichen insslen die do in kurtzen funden synd durch den künig von hispania*, anon., Straßburg 1497 [Faks. Straßburg 1900]. – *Die Reisen des Christof Columbus 1492–1504. Nach seinen eigenen Briefen u. Berichten ...*, Lpzg. 1890. – *Entdeckungsfahrten. Reiseberichte u. Briefe von der 2., 3. u. 4. Entdeckungsfahrt nach Amerika*, Lpzg. 1943. – *Bordbuch. Briefe, Berichte, Dokumente*, Hg. E. G. Jacob, Bremen 1956 (Slg. Dieterich).

LITERATUR: A. v. Humboldt, *Examen critique de l'histoire de la géographie du nouveau continent et du progrès de l'astronomie nautique au quinzième et seizième siècles*, 5 Bde., Paris 1836–1839. – G. E. Nunn, *The Geographical Conceptions of C.*, NY 1924. – C. Jane, *Select Documents Illustrating the Four Voyages of C.*, Ldn. 1930–1933. – S. E. Morison, *The Second Voyage of Christopher Columbus from Cádiz to Hispaniola and the Discovery of the Lesser Antilles*, Oxford 1939. – E. de Gandia, *Historia de C. Colón*, Buenos Aires 1942. – A. Ballesteros Beretta, *C. Colón y el descubrimiento de América*, Barcelona 1945. – S. E. Morison, *Admiral of the Ocean Sea. A life of Christopher Columbus*, Boston 1954 [Nachdr.]. – F. Streicher, *Die Kolumbus-Originale* (in Spanische Forschungen der Görres-Ges., 1, 1928, S. 196–250). – C. Sanz López, *Bibliografía general de la »Carta« de C.*, Madrid 1958. – Ders., *Nuevas adiciones a la Bibliotheca Americana vetustissima*, Madrid 1958; ders., *Últimos adiciones a la B. A. v.*, Madrid 1960 [zu H. Harrisse, *Bibliotheca Americana vetustissima*, NY 1866; Paris 1872]. – Ders., *El gran secreto de la »Carta« de C.*, Madrid 1959 [m. Text; Faks.]. – R. H. Major, *Bibliography of C.'s First Letter*, Amsterdam 1971 [Neuaufl. d. Originalausg. Ldn. 1872]. – F. Carillo, *Del inicio en la literatura hispanoamericana: Las cartas de C. C. y H. Pizarro* (in Revista Crítica de la Literatura Latina, 3, 1976, S. 15–24). – D. Ramos, *La carta de C. sobre el descubrimiento*, Granada 1983. – J. Gil, V. Varela, *Cartas particulares a Colón y relaciones coetáneas*, Madrid 1984.

## DIARIO DE VIAJE

(span.; *Reisetagebuch*). Aufzeichnungen von Cristóbal COLÓN (Christoph Kolumbus). – Man weiß, daß Kolumbus über seine vier Fahrten genau Tagebuch geführt hat; erhalten ist jedoch nur das Bordbuch der ersten Fahrt (1492), und auch dieses nur in einer Handschrift von Bartolomé de LAS CASAS (1470–1566), der es zum Teil Wort für Wort, meist aber nur auszugsweise abschrieb. Das Tagebuch ist äußerst genau geführt: Kolumbus hatte sich vorgenommen, *»Tag um Tag auf das Gewissenhafteste alles, was ich bei dieser Reise tun oder sehen würde, und jeden Vorfall niederzuschreiben«*. In der vorliegenden Fassung enthält es meist sehr knappe, wissenschaftlich interessante Maß- und Zahlenangaben sowie präzise meteorologische, astronomische, geographische, botanische und zoologische Beobachtungen. Nur selten ist die Rede davon, was Kolumbus und seine Mannschaft bei dieser in der Menschheitsgeschichte einzigartigen Entdeckungsfahrt empfunden haben.

Der Beginn der Reise wird folgendermaßen beschrieben: *»Wir segelten am dritten Tag des Monats August von der Mole von Saltes ab; wir fuhren mit starkem Wind bis zum Sonnenuntergang sechzig Meilen weit nach Süden.«* Mit derselben trockenen Sachlichkeit wird die Entdeckung der Neuen Welt geschildert: *»Zwei Stunden nach Mitternacht kam, etwa zwei Meilen von uns entfernt, Land in Sicht.«* Das Tagebuch endet mit den Worten: *»Diese Fahrt wird die größte Ehre bleiben, die jemals der Christenheit zugedacht war.«* Damit deutet Kolumbus einen der wichtigsten Beweggründe seines Unternehmens an: Es entsprach seiner mystischen Gläubigkeit, daß er dabei an die weitere Ausbreitung des christlichen Glaubens dachte. Freilich stand auch ihm, wie allen seinen Gefährten, der Sinn nach der Entdeckung von Gold, Perlen und Gewürzen. Ferner weisen viele Stellen der Aufzeichnungen darauf hin, daß ihm von Anfang an ein großes Kolonisierungswerk vorschwebte und daß er an ein Reich dachte, dessen Vizekönig er sein wollte, ein Versprechen, das er sich von den Katholischen Königen mit so viel Zähigkeit ertrotzt hatte. Das erklärt den Eifer und die Genauigkeit, mit denen er die neuentdeckten Ländereien auskundschaftet. Aber bei aller Sachlichkeit werden seine Berichte immer wieder unterbrochen von Hinweisen auf die Schönheit der Natur, für deren Reize er die Empfänglichkeit eines Dichters zeigt.

Diese Aufzeichnungen werden durch Briefe und tagebuchartige Berichte in Briefform vervollständigt (vgl. *Cartas y relaciones*). A.F.R.

AUSGABEN: Madrid 1825/26, Hg. M. Fernández de Navarrete (*Colección de viajes y descubrimientos que hicieron los españoles por mar desde fines del siglo XV*, 1; Nachdr. Madrid 1954; BAE). – Rom 1892 (in *Raccolta di documenti e studi dalla R. Commissione Colombiana*, Tl. 1, Bd. 1). – Madrid 1962 (*El diario de a bordo extractado por Fray Bartolomé de Las Casas*, Hg. C. Sanz López; m. Einl.). – Barcelona 1965, Hg. A. Vilanova. – Madrid 1985, Hg. u. Einl. L. Arranz. – Madrid 1986, Hg. u. Einl. J. Ibáñez Cerdá.

ÜBERSETZUNGEN: *Die Reisen des C. C. 1492–1504*, anon., Lpzg. 1890. – *Bordbuch*, A. Zahorsky, Zürich/Lpzg. 1941. – *Bordbuch. Briefe, Berichte, Dokumente*, E. G. Jacob, Bremen 1956, S. 76–219 (Slg. Dieterich). – *The Voyages of C. C.*, C. Jane, Ldn. 1930 [engl.; m. Einl. u. Anm.]. – *Das Bordbuch*, Nachw. v. F. Gewecke, Ffm. 1981 [ill.]. – Dass., Hg. R. Grün, Stg. 1986.

LITERATUR: F. Maldonado de Guevara, *El primer contacto de blancos y gentes de color en América*, Valladolid 1924. – C. Jane, *Select Documents Illustrating the Four Voyages of C.*, Ldn. 1930–1933. – S. de Madariaga, *C. C.*, NY 1940 (dt.: *C. C.*, Stg. 1951). – S. E. Morison, *The Route of C. along the North Coast of Haïti and the Site of Navidad* (in Transactions of the American Philosophical Society, N. S., 31, 1940, 4, S. 239–285). – A. Ballesteros y Beretta, *España y Colón en el descubrimiento de América*, Barcelona u. a. 1945. – J. Arce, *»Diario de a bordo«*, Madrid 1971. – G. Marañon, *Diario de C.*, Madrid 1972. – M. Alvar, *Estudios, ediciones y notas del Diario de descubrimientos de C. C.*, Madrid 1976.

## FRANCESCO COLONNA

* 1433/34 Venedig
† 1527 Venedig

### HYPNEROTOMACHIA POLIPHILI

(ital.; *Poliphilos Erzählung vom Krieg zwischen Liebe und Schlaf*). Anonym veröffentlichter Roman, vermutlich von Francesco COLONNA verfaßt, erschienen 1499 in einem berühmt gewordenen Druck von Aldus Manutius mit Holzschnitten aus der Schule des Andrea Mantegna. – Die 38 Kapitel-Initialen des *»berühmtesten und schönsten Buches der Renaissance«* (O. Pollack) bilden ein Akrostichon, das, nach Auffassung der meisten Interpreten, auf den Autor hindeutet: POLIAM FRATER FRANCISCUS COLUMNA PERAMAVIT; doch ist die Identität des Autors auch durch die grundlegenden Arbeiten von M. T. CASELLA und G. POZZI nicht endgültig gesichert. Die bisherige Forschung, der sich auch Casella und Pozzi anschließen, identifiziert Francesco Colonna mit einem Dominikanermönch, der zwischen 1433 und 1527 in Treviso und Venedig lebte. Es gibt jedoch gewichtige Argumente, die eher für dessen Namensvetter und Zeitgenossen, den Baron F. C. von PALESTRIN (um 1453–1538) als Verfasser sprechen (M. CALVESI). Dieser könnte aber auch nur der Mäzen gewesen sein, der ein nachgelassenes Werk Leon Battista ALBERTIS überarbeiten ließ und die Publikation ermöglichte (E. KRETZULESCO-QUARANTA). Das Buch ist mehr durch seine Illustrationen berühmt geworden als durch den Text, dessen stark latinisiertes und mit Neuprägungen (insbesondere aus dem Griechischen) überfrachtetes Italienisch die Lektüre sehr erschwert.

Im ersten Teil erzählt Poliphilo (»der Polia Liebende«), wie er im Traum den Weg zu seiner Geliebten findet. Er durchwandert eine utopische Kunst- und Architekturlandschaft, die einer phantastisch überhöhten, halb abendländischen, halb ägyptischen Antike entspricht und deren Stationen mit wissenschaftlicher Genauigkeit beschrieben werden: ein dunkler Wald, ein paradiesisches Tal, eine Pyramide, gekrönt von einem Obelisken, umgeben von geheimnisvollen Monumentalskulpturen und antiken Ruinen, schließlich ein Labyrinth, in dem er von einem Drachen verfolgt wird. Später, in den Gärten und im Palast der Königin Eleutherilida (Freiheit), wird er zuerst von fünf Nymphen, die die fünf Sinne personifizieren, sodann von Logistica (Vernunft) und Thelemia (Wille) geleitet. An der Grenze zum Reich der Königin Telosia (Ziel) angelangt, muß er sich zwischen drei Pforten entscheiden, die »himmlischen Ruhm«, »Liebe« und »irdische Ehren« verheißen. Er wählt die Pforte der Liebe und begegnet der verschleierten Polia, die ihm vier mythologische Triumphzüge zeigt. Im Tempel der Venus gibt sie sich ihm dann endlich zu erkennen, und eine Opferzeremonie besiegelt das Verlöbnis des Paares. Nach einer Wanderung durch eine uralte Nekropole, die Unterwelt darstellend, werden beide von Amor zu Schiff nach Cythera, auf die Insel der Venus, gebracht, wo ihre Vereinigung symbolisch vollzogen wird. – Der viel kürzere zweite Teil enthält innerhalb des fortdauernden Traumberichts eine Folge kunstvoll verschachtelter Binnenerzählungen: von Polia und Poliphilo erfahren die Nymphen von Cythera, welche Hindernisse dem beharrlichen Liebhaber im Wege standen und wie sie überwunden wurden. Bei Sonnenaufgang erwacht Poliphilo: Der Traum war ein Leben, das jedoch nur einige Minuten gewährt hat.

Der Dominikaner Colonna, der 1455–1472 in Treviso als Lektor der Rhetorik, Grammatik und fremder Sprachen tätig war, hat in diesem Werk eine Fülle literarischer und gelehrter Reminiszenzen aus Antike und Mittelalter verarbeitet. Besonders deutlich tritt der Einfluß des *Rosenromans*, der Werke DANTES und BOCCACCIOS sowie der Architekturschriften von VITRUVIUS und Leon Battista ALBERTI in Erscheinung. Wie der vieler anderer Humanisten ist auch Colonnas nuancenreicher Stil nicht ganz frei von rhetorischem Schwulst. Doch wird, dank dem kunstvoll alogischen Aufbau der Erzählung und der Plastizität der Bilder, allen allegorischen Bezügen zum Trotz eine psychologisch überzeugende Traumdarstellung erreicht. In dieser *»Renaissance-Rhapsodie über das Thema Vitruv«* (J. Schlosser) sollte sowohl eine überhöhte sinnliche Liebesbeziehung als auch eine ideal gedachte, an der Antike orientierte Kunst und Kultur verherrlicht werden. – Das Buch hat, von Dürer bis zu Bernini, stark auf die bildenden Künste gewirkt; geringer war sein literarischer Einfluß (z. B. auf RABELAIS und LA FONTAINE). G.Go.

AUSGABEN: Venedig 1499. – Paris 1963, Hg. A.M. Schmidt [Faks. d. 1. frz. Ausg.]. – Padua 1964, Hg. G. Pozzi u. L.A. Ciapponi, 2 Bde. [krit.; m. Bibliogr.; ern. 1980; rev. u. erw.].

LITERATUR: L. Fierz-David, *Der Liebestraum des Poliphilo*, Zürich 1947 [Vorw. C. G. Jung]. – M. T. Casella u. G. Pozzi, *F. C. Biografia e opere*, 2 Bde., Padua 1959 [m. Bibliogr.]. – G. Pozzi, *F. C. u. Aldo Manuzio*, Bern 1962. – E. Cluzel, *Le problème des sept colonnes dans le songe de Poliphile* (in Bulletin du Bibliophile et du Bibliothécaire, 1962, S. 35–53). – B. Croce, *La »Hypnerotomachia Poliphili«* (in B. C., *La letteratura italiana*, Bari 1956, S. 238–246). – E. Kretzulesco-Quaranta, *L'itinerario spirituale di »Poliphilo«* (in Atti della Academia Nazionale dei Lincei. Rendiconti, 22, 1967, S. 269–283). – Dies., *Les jardins du songe. »Poliphile« et la mystique de la Renaissance*, Paris/Rom 1976. – O. Pelosi, *Il sogno di »Poliphilo«: Una quête dell'Umanesimo*, Salerno 1978. – D. Schmidt, *Untersuchungen zu den Architekturphrasen in den »Hypnerotomachia Poliphili«: die Beschreibung des Venus-Tempels*, Ffm. 1978. – M. Calvesi, *Il sogno di Polifilo prenestino*, Rom 1980. – G. Agamben, *Il sogno della lingua* (in Letteratura Italiana, 34, 1982, S. 466–481). – G. Goebel, *Träume von »Polifilo«* (in Italienische Studien, 5, 1982, S. 3–21). – G. Goebel-Schilling, *Il Polifilo prenestino e Francesco Colonna*, Palestrina 1985. – P. Scapecchi, *Giunte e considerazioni per la bibliografia sul »Polifilo«* (in Accademie e Biblioteche d'Italia, 53, 1985). – G. Pozzi, Art. *F. C.* (in Branca, 1, S. 622–625). – M. Calvesi, *»Hypnerotomachia Poliphili«*(in Storia dell'arte, 60, 1987.)

## Kʻaihosro Čoloqašvili

† 1613

### OMANIANI

(georg.; *Die Sage von Omaini*). Verspoem von Kʻaihosro ČOLOQAŠVILI. – Der indische König Saridan, der Sohn des Tariel und der Nestan-Daredžan, heiratet die Tochter Avtʻandils und Tʻinatʻins. Er macht sein Königreich groß und stark, wartet jedoch vergeblich auf Nachkommenschaft. Als ihm endlich ein Sohn geboren wird, nennt er ihn Omaini. Omaini wächst heran und wird stärker als sein Großvater Tariel. Er begegnet dem Sohn des Seekönigs, der ihm von seiner aussichtslosen Liebe zu der Prinzessin Burne-Melikʻ erzählt, die der ägyptische König Alikʻbar zur Königin erhoben hat. Als Omaini das Bild der Prinzessin erblickt, ist er von Liebe entbrannt. Der Sohn des Seekönigs heiratet Omainis Schwester, und Omaini fliegt auf einem hölzernen Zauberpferd nach Ägypten. Als Kaufmann verkleidet handelt er mit kostbaren Edelsteinen, bis er durch die Vermittlung einer Wirtin die Bekanntschaft Burne-Melikʻs macht. Seine Liebe findet Erwiderung, und beide fliehen auf dem Zauberpferd nach Indien. Saridan empfängt das Paar mit großem Prunk und tritt zugunsten seines Sohnes zurück. Doch das Glück des Paares ist nicht von langer Dauer. Omaini erschlägt den weißen Riesen Devi und befreit dessen Gefangene. Unter ihnen ist die schöne Tochter des Königs Dalḫi-Buḫari, die Omaini für sich gewinnt und heiratet.

Das Poem, dem ein ausführlicher Prolog über die altgeorgischen Dichter ḪONELI, ŠAVTʻELI, TʻMOGVELI, RUSTʻAVELI, KELEDAURI u. a. vorangestellt ist, entstand in der Regierungszeit des Šah-Abass (1587–1629). Sein Verfasser ist aus einer Notiz des *Dzveltʻa da aḫaltʻa sakʻartʻvelos melekʻsetʻa (Über die Alten und Neuen Dichter Georgiens)* König ARCILS bekannt. Das Poem, nach David REKTOR, dem Verfasser der georgischen Literarischen Denkmäler (1810), eine Übersetzung aus dem Persischen, ist eine der zahlreichen späteren Erweiterungen und Ergänzungen des berühmten georgischen Epos *Vepʻḫis-tqaosani (Der Recke im Tigerfell)* von Šotʻa Rustʻaveli (Ende 12. – Anfang 13. Jh.). I.Ku.

AUSGABEN: Tiflis 1937, Hg. G. Džakobia. – Tiflis 1958; ern. 1979, Hg. K. Kekelidze.

LITERATUR: T. Rukhadze, *K. Č. da misi »Omaniani«* (in Literaturuli Dziebani, 8, 1953). – Kekelidze, 1, S. 369–375. – *Kʻartʻuli literaturis istoria*, Bd. 2, Tiflis 1966, S. 288/289. – H. Faehnrich, *Die georgische Literatur*, Tiflis 1981, S. 79/80.

## Columbanus der Jüngere

* um 530/543 Leinster / Irland
† 23.11.615 Bobbio / Italien

### REGULA COENOBIALIS

(mlat.; *Regel für das gemeinsame Leben*). Klosterregel von COLUMBANUS dem Jüngeren, etwa 590–600 entstanden und zusammen mit der *Regu-*

*la monachorum (Mönchsregel)* und dem *Bußbuch (Poenitentiale)* in Kraft gesetzt. – Diese Klosterregeln des aus Irland stammenden Gründers der französischen Klöster Anegray, Luxeuil und Fontaines sowie des italienischen Klosters Bobbio fanden anfänglich weite Verbreitung: Spuren ihrer Wirkung zeigen sich außer etwa in Köln und Trier überall in Frankreich, von dem provenzalischen Kloster Dusera im Süden bis nach Amiens im Norden, von Remiramont an der Mosel im Osten bis nach Nantes und Rouen im Westen. Schon im Lauf des 7. Jh.s freilich wurde die Columbanische Regel allmählich durch die Regel des heiligen BENEDIKT von Nursia (vgl. dessen *Regula Benedicti*, auch *Regula monasteriorum – Die Regel Benedikts*) abgelöst. Dies liegt zum Teil daran, daß die Columbanischen Regeln im Gegensatz zu den Benediktinischen eine verhältnismäßig allgemein gehaltene Sammlung von Gesetzen darstellen, nach denen das Mönchsleben ablaufen soll: In Gehorsam (Kap. 1 der *Regula monachorum* Columbans) und Schweigsamkeit (Kap. 2), in Mäßigkeit im Essen und Trinken (Kap. 3), unter Ausschaltung von Begierden und Eitelkeit (Kap. 4 und 5), in Züchtigkeit (Kap. 6), Besonnenheit (Kap. 8) und Selbstverleugnung (Kap. 9) soll sich das Leben des vollkommenen Mönchs erfüllen (Kap. 10). Nur über den nach Jahreszeiten verschiedenen Umfang des Chorgesangs werden etwas genauere Festlegungen getroffen (Kap. 7) – bezeichnenderweise in Absetzung gegen andere Regeln, denen hier Schematismus vorgeworfen wird: *»Das Maß des Chorgesanges darf nämlich nicht unveränderlich starr sein – in Anbetracht der wechselnden Jahreszeiten.«*

Die *Regula coenobialis* enthält – was gleichfalls auf die Dauer nicht zu ihrer Beliebtheit beigetragen haben dürfte – hauptsächlich Angaben über Strafen bei Verfehlungen der Mönche. Diese Strafen lassen in der Art ihrer Veranlassung – vom Lügen (Kap. 8) bis zum Ungehorsam gegen den Abt (Kap. 10), vom Sprechen beim Essen (Kap. 1) bis zum Husten beim Anstimmen der Psalmen (Kap. 6), zur Unhöflichkeit, Ungeschicklichkeit, Achtlosigkeit, Vergeßlichkeit und Unpünktlichkeit – die gleiche rigorose Unerbittlichkeit erkennen wie in ihrem Ausmaß. Bestraft werden: lautes Sprechen mit sechs Schlägen, Zuspätkommen beim Gebet oder Betreten des Hauses mit bedecktem Haupt mit fünfzig Schlägen, Nichtsprechen des »Amen« mit dreißig Schlägen, Gespräche mit einer Frau unter vier Augen mit zweihundert Schlägen usw. Neben den Schlägen, für die immerhin drei verschiedene Bezeichnungen vorliegen *(plagae, percussiones, verbera)*, gibt es als Bußmittel Fasten, Einschließungen, Redeverbot, Psalmsingen. Gelegentlich wird auch die Fürbitte der Brüder als Sühnemittel erwähnt. Nur selten jedoch gibt der Autor eine theologisch tiefergehende Begründung für die Strafe (Kap. 5). Befremdlich erscheinen neben der Härte und der mechanischen Art der Strafzumessung auch die Alternativmöglichkeiten der Strafen: Ein Vergehen kann entweder durch 30 Hiebe oder durch das Singen von fünfzehn Psalmen gebüßt werden, und an anderer Stelle werden 200 Schläge einem Strafmaß von zwei Fastentagen gleichgesetzt.

Die Härte der verhängten Strafen läßt ebenso wie manche der in der *Regula coenobialis* und im *Poenitentiale* erwähnten Vergehen (Mord, Sodomie, Diebstahl, Trunkenheit) erkennen, welche Schwierigkeiten der Durchsetzung eines asketischen Mönchsideals nach Art der Columbanischen *Regula monachorum* in der Anfangszeit im Weg standen. Allerdings hat man – sicher zu Unrecht – auch daran gedacht, von den Anhängern der Benediktinerregel seien möglicherweise besonders harte Strafen in die Columban-Regel hineingefälscht worden, um durch Kompromittierung dieser Regel die Aufnahme der Benediktinerregel zu erleichtern.

Die Art der Strafzumessung, die recht ungeregelt erscheinende Anordnung der Strafanlässe und schließlich einzelne Widersprüche zwischen der *Regula coenobialis* und dem *Poenitentiale* haben zu der Frage geführt, ob die Klosterregel in der vorliegenden Form überhaupt das Werk des Columban sein könne. HAUCK und vor allem SEEBASS machten wahrscheinlich, daß ein original Columbanischer Kern später von den Nachfolgern des Klostergründers erweitert wurde, sei es im Zusammenhang mit der weiteren Entwicklung der Klöster, sei es in bewußtem Rückgriff auf den alten Bestand an irischen Klosterregeln, die auch schon Columban als Quelle bei der Abfassung der *Coenobialregel* und des *Poenitentials* gedient hatten. K.J.

AUSGABEN: Stg. 1897, Hg. O. Seebass (in ZKG, 17). – Dublin 1957 (in *Opera*, Hg. G. S. M. Walker; m. Einl., engl. Übers. u. Bibliogr.).

LITERATUR: J. H. A. Ebrard, *Die iroschottische Missionskirche*, Gütersloh 1873. – O. Seebass, *Über Columba v. Luxeuils Klosterregel u. Bußbuch*, Dresden 1883. – Ders., *Über die sogenannte »Regula coenobialis« C.s u. die mit dem »Poenitential« Columbans verbundenen kleineren Zusätze* (in ZKG, 18, 1898, S. 58–76). – A. Hauck, *Kirchengeschichte Deutschlands*, Bd. 1, Lpzg. 1904, S. 261–313. – B. Krusch (in NA, 46, 1926, S. 148–157). – A. Angenendt, *C.* (in *Theologische Real-Enzyklopädie*, Hg. G. Krause, Bd. 8, Bln. 1981, S. 159–162). – J. F. Kennedy, *The Sources for the Early History of Ireland*, Bd. 1, NY 1929; [2]1966. – F. Blanke, *C. und Gallus*, Zürich 1940. – *Dictionnaire de droit canonique*, Bd. 3, Paris 1942, S. 1005–1024 [m. Bibliogr.]. – L. Kilger, *Die Quellen zum Leben des Hl. Kolumban und Gallus* (in Zs. f. schweizerische Kirchengeschichte, 36, 1942, S. 107–120). – O. Heiming, *Zum monastischen Offizium von Kassianus bis Kolumbanus* (in Archiv f. Liturgiewiss., 7, 1961, S. 89–156). – F. MacManus, *Saint Columban*, Dublin/Ldn. 1963. – B. Lehane, *The Quest of Three Abbots. Pioneers of Ireland's Golden Age*, Ldn. 1968. – K.-U. Jäschke, *Kolumban von Luxeuil u. sein Wirken im alemannischen Raum* (in *Mönchtum, Episkopat und Adel zur Gründungszeit des Klosters Reichenau*, Hg. A. Borst, Sigmaringen 1974). –

*Mönchtum u. Gesellschaft im Frühmittelalter*, Hg. F. Prinz, Darmstadt 1976 (WdF). – K. Hallinger, *Überlieferung u. Steigerung im Mönchtum des 8. bis 12. Jh.s* (in Studia Anselmiana, 68, 1979, S. 125–187). – *Columbanus and Merovingian Monasticism*, Hg. H. B. Clarke u. M. Brennan, Oxford 1981. – *Die Iren und Europa im frühen MA*, Hg. H. Löwe, Bd. 1, Stg. 1982. – *Die Chronik Fredegars u. der Frankenkönige, die Lebensbeschreibungen des Abtes Columban, der Bischöfe Arnulf, Leodegar u. Eligius, der Königin Balthilde (583–768)*, Übers. O. Abel, Essen 1985; [2]1986 [verb.].

## COLUMELLA

Lucius Iunius Moderatus Columella
* 1. Jh.n.Chr. Gades (heute Cádiz)

### DE RE RUSTICA

(lat.; *Über den Landbau*). Landwirtschaftliche Schrift des COLUMELLA. – Nach CATOS, VARROS und VERGILS Werken ist *De re rustica* das vierte erhaltene Buch über Agrikultur. Die Römer, gemeinhin nicht nur als tüchtige Juristen und erfolgreiche Eroberer, sondern auch als ein Volk wackerer Bauern gerühmt, hatten stets eine Vorliebe für diesen fachliterarischen Gegenstand: Nicht umsonst ist das erste vollständig überlieferte Werk lateinischer Sprache eine Schrift über den Landbau. In Columellas eigenen Tagen hatte der Enzyklopädist CELSUS fünf Bücher seines Universalkompendiums diesem Thema gewidmet. Alle diese Vorgänger – dazu auch Griechisches, wie XENOPHONS *Oikonomikos* in der Übersetzung CICEROS – waren Columella vertraut, der seinerseits wiederum in der Fachliteratur der folgenden Jahrhunderte – über PLINIUS und GARGILIUS MARTIALIS bis hin zu PALLADIUS – seine Spuren hinterlassen hat.
Der aus Spanien gebürtige Provinziale tritt in seinem Werk als ein echt römischer Schriftsteller vor den Leser. So rühmt er etwa, patriotisch-bodenständig und etwas einfältig, das tätige Landleben als Zentrum eines gesunden und gesicherten Daseins; seine Vernachlässigung hält er für den Urgrund aller gegenwärtigen Dekadenz: In den guten alten Zeiten haben nicht Sklaven, sondern potentielle Staatsmänner und Heerführer den Ackerboden gepflügt. Eine andere Eigenheit, die gleichfalls im lateinischen Wesen viel tiefer als im griechischen verwurzelt erscheint, ist das Pochen auf die praktische Erfahrung und eigene Versuche (*»Wir selbst haben uns zunächst auf die Theorie verlassen, jetzt aber können wir uns darüber hinaus auf langjährige Erfahrung stützen«*, heißt es, fast etwas polemisch, 3, 10, 8). Diese Verwurzelung in der Praxis verleiht dem Buch auch seinen eigentlichen Rang und Reiz: Die ganz unrhetorische, der Sache dienende Sprache – gefällig, ja begeistert und begeisternd im Ausdruck –, die Bescheidung auf das Konkrete und allgemein Nützliche im Verzicht auf spekulative Diskussion abstrakter Probleme, der klare, populäre und dennoch der Simplifizierung abholde Stil, das sind Merkmale, die Columella unter den Fachliteraten seiner Zeit auszeichnen.
Anderes wiederum ist ihm weniger geglückt – so vor allem die Ökonomie der Gesamtdarstellung. Nachdem er ursprünglich seinen Stoff in drei oder vier Büchern behandelt hatte (daraus hat sich, scheinbar als Monographie, der Teil *De arboribus, Über die Baumzucht*, erhalten), entschloß er sich zu einer zweiten, seinem Gutsnachbarn Silvinus gewidmeten Auflage in zehn Bänden (kurz vor 65 n. Chr. ediert): Buch 1 bringt Generelles, eine Einführung in bäuerliches Leben und bäuerliche Pflichten; Buch 2 behandelt den Ackerbau; 3–5 den Wein- und Obstbau; 6–9 die Tierzucht usw.; 10 den Gartenbau. Auf Bitten seiner Freunde modifizierte der Autor allerdings diesen prosaisch-sachgerechten Plan und formte, Vergil nacheifernd, das letzte Buch – als Krönung des Ganzen – in hexametrisches Versmaß um. Aber die Freunde hatten weitere Bitten, und der Autor ließ sich breitschlagen, der Veröffentlichung ein elftes und zwölftes Buch nachzuschicken, um Aufgaben und Wirken der Verwalterin und des Verwalters nicht außer acht gelassen zu haben und um – das ist nun wirklich bedauerlich – den Gartenbau auch noch in Prosa zu diskutieren. Freilich wird der mangelhafte Erfolg des Werkes, das nur den Fachkollegen unter den Schriftstellern bekanntgeworden zu sein scheint, kaum auf diesen Mangel an kompositorischer Stringenz zurückzuführen sein; viel wahrscheinlicher ist die Erklärung, daß das gesunde, landverwurzelte Publikum, das Columella sucht und anspricht, unter den Freunden der Literatur wie unter den Gutsbesitzern damals längst ausgestorben war. E.Sch.

AUSGABEN: Rom, um 1471 (*Iunii Moderati Columellae hortulus*; nur Buch 10). – Venedig 1472 (*Rei rusticae scriptores Cato, Terentius Varro, C. et Palladius Rutilius*, Hg. G. Merula). – Uppsala/Lpzg. 1897–1968 (in *Opera quae extant*, 8 Fasc., Hg. W. Lundström u. Å. Josephson). – Ldn./Cambridge (Mass.) 1941–1955 (*On Agriculture*, 3 Bde., Hg. H. B. Ash, E. S. Forster u. E. H. Heffner; m. engl. Übers.; Loeb; Bd. 1: Nachdr. 1948). – Paris 1969 (*De l'agriculture, livre X (De l'horticulture)*), Hg. E. Saint-Denis; m. frz. Übers. u. Komm.).

ÜBERSETZUNGEN: *Das ackerwerck Lucii Columelle und Pallady zweyer hocherfarner Römer*, M. Herr, Straßburg 1538. – *Zwölff Bücher von der Landwirtschaft*, 2 Bde., M. C. Curtius, Hbg./Bremen 1769. – *De re rustica*, 2 Bde., H. Oesterreicher, Hg. K. Löffler, Tübingen 1914 [entstanden 1481!]. – *Über Landwirtschaft*, K. Ahrens, Bln. 1972 [lat.-dt.]. – *Zwölf Bücher über Landwirtschaft*, 3 Bde., W. Richter, Mchn. 1981–1983 [lat.-dt.].

LITERATUR: A. Kappelmacher, Art. *Iunius (104)* (in RE, 10/1, 1917, Sp. 1054–1068). – Schanz-Hosius, 2, S. 785–791. – H. Weinhold, *Die dichterischen Quellen des L. I. M. C. in seinem Werk »De re rustica«*, Diss. Mchn. 1959. – R. Guenther, *Kolonen und Sklaven in der Schrift »De re rustica« C.s* (in *Fs. f. F. Altheim*, Hg. R. Stiehl, Bln. 1969). – K. D. White, *Roman Farming*, Ldn. 1970. – R. Martin, *Recherches sur les agronomes latins et leurs conceptions économiques et sociales*, Paris 1971. – K. D. White, *Roman Agricultural Writers I* (in ANRW, 1/4, 1974, S. 439–497). – A. Cossarini, *Aspetti di Virgilio in C.* (in Prometheus, 3, 1977, S. 225–240). – Ders., *C., ideologia della terra* (in Giornale filologica ferrarese, 1, 1978, S. 35–47). – Ders., *C., interprete del suo tempo. Alcune considerazioni* (ebd., 3, 1980, S. 97–108). – A. Garandini, *C.'s Vineyard and the Rationality of the Roman Economy* (in Opus, 2, 1983, S. 177–204).

## JOHANNES AMOS COMENIUS

Jan Amos Komenský
* 28.3.1592 Nivnice / Mähren
† 15.11.1670 Amsterdam

LITERATUR ZUM AUTOR:
*Bibliographien:*
J. Brambora, *Knižní dílo J. A. K.*, Prag 1954; ern. 1957. – M. Bohatcová, *J. A. K. Soupis rukopisů*, Prag 1957. – R. Říčan, *Nad bibliografickou studií o knižním díle J. A. K.* (in Knihovník, 2, 1957; ern. in Archiv Komenského, 18, 1959). – *Soupis děl J. A. K. v československých knihovnách, archívech a muzeích*, Hg. E. Urbánková u. a., Prag 1959. – M. Bečková, *Bibliografie článků v časopisu Archiv pro bádání o životě a díle J. A. K. Roč. 1–20 (1910–1961)*, Prag 1964. – Dies., *Komeniana vydaná knižně od roku 1945*, Prag 1967. – Z. Pokorný, *Bibliografie knižních komenian 1945–1975*, Prag 1976.
*Zeitschriften:*
Monatshefte der C.-Gesellschaft, 1892–1919. – Archiv pro bádání o životě a spisech J. A. K., Prag 1910–1940, Bd. 1–15; ern. u. d. T. Archiv pro bádání o životě a díle J. A. K. – Acta Comeniana, Prag 1957 ff., Bd. 16 ff.
*Biographien:*
J. Kvačala, *J. A. C. Sein Leben und seine Schriften*, Lpzg. 1892; tschech. Prag 1920 [m. Bibliogr.]. – A. Heyberger, *J. A. C. (K.) – Sa vie et son œuvre d'éducateur*, Paris 1928. – J. V. Novák u. J. Hendrich, *J. A. K. Jeho život a spisy*, Prag 1932 [m. Bibliogr.]. – J. V. Klíma, *Věčně živý K.*, Prag 1941. – E. Čapek, *J. A. K. Stručný životopis*, Prag 1957. – J. Polišenský, *K. a jeho doba*, Prag 1957. – F. Kožík, *Světlo v temnotách*, Prag 1958; ern. 1970. – J. Polišenský, *J. A. K.*, Prag 1963; ern. 1972. – M. Blekastad, *C. Versuch eines Umrisses von Leben, Werk und Schicksal des J. A. K.*, Oslo 1969. – R. Říčan, *J. A. K. – muž víry, lásky a naděje*, Prag 1970. – W. Rood, *C. and Low Countries. 1656–1670. Some Aspects of Life and Work of a Czech Exile in the Seventeenth Century*, Amsterdam/Prag 1970. – M. V. Kratochvíl, *Život J. A.*, Prag 1975.
*Gesamtdarstellungen und Studien:*
J. Kopecký u. a., *J. A. K. Nástin života a díla*, Prag 1957. – F. Hofmann, *J. A. K.*, Berlin 1963. – J. E. Sadler, *J. A. C. and the Concept of Universal Education*, Ldn. 1966. – J. Kyrášek, *Vývoj pedagogické soustavy J. A. K.*, Prag 1967. – *Colloquia Comeniana*, Hg. P. Floss, 2 Bde., Prag 1968/1969. – J. Červenka, *Die Naturphilosophie des J. A. C.*, Prag 1970. – P. Floss, *J. A. K. Od divadla věcí k dramatu člověka*, Mähr.-Ostrau 1970. – *Univerzita Karlova J. A. K. 1670–1970*, Hg. K. Galla, Prag 1971. – *J. A. C. Geschichte und Aktualität. 1670–1970*, Hg. H.-J. Heydorn, 2 Bde., Glashütten i. T. 1971. – A. Molnár, *Sedm statí o J. A. K.*, Prag 1971. – D. Čapková, *Některé základní principy pedagogického myšlení J. A. K.*, Prag 1977. – K. Schaller, *Die Pädagogik der »Mahnrufe des Elias«. Das Lebenswerk J. A. C.' zwischen Politik und Pädagogik*, Kastellaun/Hunsrück 1978. – Ders., *C.: Erkennen – Glauben – Handeln. Internationales C.-Colloquium, Herborn 1984*, St. Augustin 1985.

### DE RERUM HUMANARUM EMENDATIONE CONSULTATIO CATHOLICA. Ad genus humanum ante alios vero ad eruditos, religiosos, potentes Europae

(nlat.; *Allgemeine Beratung über die Verbesserung der menschlichen Dinge. An das Menschengeschlecht, vor allem aber an die Gelehrten, Theologen und Machthaber Europas*). Philosophischer Traktat in sieben Teilen von Johannes Amos COMENIUS, entstanden ab 1644, erschienen (Frgm.) um 1656, (vollst., soweit erhalten) 1966. – *»Er sah, daß keine Erziehungsreform ihren Zweck erreichte, wenn nicht die Geschäfte verbessert würden, zu denen Menschen erzogen werden; hier griff er das Übel in der Wurzel an«*, schrieb HERDER im *57. Brief zur Beförderung der Humanität* und bezeichnete damit jene Motive, die den großen Böhmen zu seinem pansophischen Hauptwerk veranlaßten, dem freilich – eine tragische Kuriosität der Geistesgeschichte – texthistorisch just das Gegenteil jener gesamteuropäischen Verbreitung widerfuhr, die der Autor im Titel angesprochen hatte. Nach Amsterdamer Probedrukken und -ausgaben noch zu Comenius' Lebzeiten war die *Allgemeine Beratung* fast völlig verschollen. Ein Textfundus in der Bibliothek des Franckeschen Waisenhauses Halle, bestehend aus Manuskripten und Druckfahnen, kam philologisch Interessierten – so auch Herder – hin und wieder zu Gesicht, wurde jedoch erst 1935 von dem Slavisten Dmytrij ČYŽEVSKIJ wiederentdeckt. Allein die Vorrede und

Teil I *(Panegersia)* lagen seit 1702 in einer von August Hermann FRANCKE angeregten Edition vor. 1966 endlich legte die Prager Akademie der Wissenschaften eine um 300 Jahre verspätete Editio princeps des gesamten Werkes vor.
In seiner Vorrede an die *»Leuchten Europas«* versprach Comenius: *»Ich werde im ganzen Werke nichts sagen, was den einzelnen angeht; immer wird von der ganzen menschlichen Gesellschaft die Rede sein, von ihrer Finsternis, ihren Wirrnissen, ihren Irrtümern.«* Diese zielgerichtete Universalität beruht auf Comenius' pansophischer, den enzyklopädischen Idealen des Barock zuwiderlaufender Annahme einer gestörten Harmonie der Seinsbereiche, die es wiederzuerlangen gilt. *»Sind auch die menschlichen Dinge verderbt, so sind sie doch nicht vernichtet, denn es bleibt auch bei Wirkung eines Sauerteigs von Irrtümern, Fehlern und Verwirrnis ein Teig zurück, der göttlichen Werkes ist«*, motiviert er in der einleitenden *Panegersia (Universale Erweckung)* seine geschichtstheologische Grundannahme, wonach dem göttlichen Willen an einer Beteiligung des Menschen bei den notwendigen Reformen dringend gelegen ist. *»Drei große Bäume«* nennt Comenius die dem Menschen aufgegebenen Bereiche Philosophie, Religion und Politik, die *»gleichsam aus dem Grunde unserer Seele«* sprießen und die den *»Seelenkräften« intellectus, voluntas* und *res agendi facultas* entsprechen. Das in allen Vorgängen, Seinsformen und Handlungen wirksame Trinitätsprinzip bestimmt auch den in *Panaugia (Universale Erleuchtung)* entworfenen Plan, *»wie im Verstande ein universales Licht angezündet werden kann«*. Der Autor verweist auf die drei Lichtquellen *»Welt«*, *»Ratio«* und *»Heilige Schrift«*. Ebenfalls drei Hindernisse stehen ihrer vollen Wirksamkeit bisher noch entgegen: die unendlich große Zahl von Erfahrungstatsachen, die Uneinheitlichkeit der Geistesbildung und die Verschiedenheit der Sprachen.
Im Zentrum der *Allgemeinen Beratung* steht ein Komplex von drei Kapiteln, die sich mit dieser »unnatürlichen« Beschaffenheit der Dinge befassen und einen anzustrebenden »natürlichen« Idealzustand beschreiben. So zeichnet Comenius in der *Pansophia (Universale Weisheit)*, in einer Art »Anatomie des Alls«, einen göttlichen Sphären-Bauplan, der acht *mundi* oder *gradus* umfaßt. Seine Metaphysik steigt auf von allgemeinsten Normen über den *mundus* der Ideen aller Dinge in Gott, das Reich der Engel, der Natur und der Arbeit zu den *gradus* der Moral, der geistlichen und schließlich der Letzten Dinge, die auf den Ansatz seines *»mundus possibilis«* zurückverweisen. Sicherer als bei diesem Versuch, *»auf einen Blick alles, was existiert, in seinem Wesen und seiner Ordnung zu schauen«*, bewegt sich Comenius in der darauffolgenden *Pampædia (Universale Erziehung)*. Auf seiner *Didactica magna* und deren vier Schulstadien aufbauend, spricht er von einer Schule des Geborenwerdens, des Mannes- und Greisenalters sowie des Todes, *»auf daß letztlich das ganze Menschengeschlecht in allen Altersstufen, Ständen, Stämmen und Nationen gebildet werde«*. In engem Zusammenhang damit steht die im fünften Teil der *Allgemeinen Beratung* beschriebene *Panglottia (Universale Sprachpflege)*. Als Philologe entwickelt Comenius freilich völlig utopische Vorstellungen, wenn er eine Einheitssprache fordert, die *»vernünftig, harmonisch und vollkommen pansophisch«*, auf den metaphysischen Kategorien gründend, daher dem (pansophischen) Denken adäquat und folglich jederzeit rekonstruierbar sein soll. Immerhin hat er es nicht bei einem Postulat bewenden lassen, sondern ein *Lexicon reale pansophicum (Pansophisches Sachwörterbuch)* in Angriff genommen, das zu den Halleschen Funden gehört.
Der politisch interessanteste Teil des Werks ist die *Panorthosia (Universale Reformation)*, die den in der *Panaugia* vorgelegten Plan einlöst, *»das große Babylon unserer Wirren gründlich zu zerstören und den Völkern der Welt Gottes Zion in seinem majestätischen Licht zu zeigen«*. Drei Gremien sollen den Weltfrieden garantieren und die *»Verbesserung der menschlichen Dinge«* vom Individuum bis zur globalen Ebene einleiten und überwachen. Ein *»Collegium lucis«* fungiert als Welterziehungs-, ein *»Consistorium œcumenicum«* als Weltkirchen- und ein *»Dicasterium pacis«* als Weltjustizbehörde. – Der siebente und letzte Teil, *Pannuthesia (Universale Mahnung)*, weist, als Pendant zum Introitus *Panegersia*, auf die Bedeutung des gesamten Reformprojekts hin. *»Wer etwas höher schätzte als das Gemeinwohl, der ist kein Freund des menschlichen Geschlechtes«*, stellt Comenius fest und faßt die Beziehung zwischen göttlichem und menschlichem Wirken nochmals zusammen: *»Niemand von euch kann zwar die Sonne über den Erdkreis heben; aber wenn sie aus eigener Kraft aufsteigt, kann jeder mahnen, wekken und bewirken, daß die Menschen nicht länger bei Licht schlafen, sondern aufstehen, die Fenster öffnen und etwas des Lichts Würdiges tun.«* Dieses »Licht« stellt den Kern von Comenius' Konzeption dar. Er versucht, die neuplatonische Lichtmystik (Meister ECKHART, PARACELSUS, Jacob BÖHME) mit den naturwissenschaftlichen Erkenntnissen seiner Epoche (LEEUWENHOEK, HUYGENS, NEWTON) und sogar mit der alchimistischen Zahlensymbolik der Renaissance und der Kabbala *»synkritisch«* zu verschmelzen. Läßt Comenius, der als letzter Bischof der Böhmischen Brüder im Alter stark dem Chiliasmus zuneigte, auch die analytische (wissenschaftlich-technische) Erkenntnismethode gelten, so bevorzugt er selber die synkritische (vergleichende) Methode. Das Prinzip, auch unterschiedlichste Erscheinungen auf einen gemeinsamen Nenner zu bringen, ist Voraussetzung, Methode und Gegenstand seiner Pansophie.
Geistesgeschichtlich gehört die *Allgemeine Beratung* in den Umkreis der utopischen Reformpläne eines Thomas MORE, CAMPANELLA oder ANDREAE. Auch direkte Einflüsse von Zeitgenossen lassen sich nachweisen, so die Betrachtungen zum See-, Kriegs- und Friedensrecht, die auf GROTIUS fußen. Andererseits unterscheidet sich Comenius' Alterswerk von den Sozialutopien seiner Vorgänger, indem es keine Idealstaaten beschreibt, sondern sich

immer und überall direkt auf die europäische Realität bezieht; als Kompendium zeitgenössischer Politik und Wissenschaft ermuntert es zu einer rechten Verwendung dieser Instrumente auf dem Weg in eine bessere Welt. W.Sch.

AUSGABEN: Amsterdam [2]1681; Nachdr. Mchn. 1970 [enth. *Panaugia*]. – Halle 1702 [Vorrede u. *Panegersia*]. – Heidelberg 1960 [Tl. 4: *Pampædia*, Hg. D. Čyževskij u. H. Geissler; lat.-dt.]; ern. Mchn. 1970. – Prag 1966, Hg. J. Červenka u. a., 2 Tle. [Vorw. J. Váňa; Nachw. J. Patočka; vollst.].

LITERATUR: G. Beisswænger, *Die Pansophie des C.*, Stg. 1904. – D. Čyževskij, *Comeniana I-II* (in ZslPh, 19/20, 1947/1948). – K. Schaller, *Die Pampædia des J. A. C. Eine Einführung in sein pädagogisches Hauptwerk*, Heidelberg [2]1958. – J. Červenka, *Zur Quellenfrage des 4. Gradus der Comenianischen Pansophia* (in Archiv pro bádání o životě a díle J. A. K., 22, 1963); ern. Prag 1964.

## DIDACTICA MAGNA

(nlat.; *Große Unterrichtslehre*). Pädagogische Hauptschrift von Johannes Amos COMENIUS, erschienen 1657. – Comenius gilt als *»der größte Schulschriftsteller des 17. Jh.s und einer der größten pädagogischen Systematiker«* (van den Driesch-Esterhues). Obwohl er durchaus Realist, ja sogar vom Empirismus beeinflußt war, lag dem Prediger und späteren Bischof der Böhmischen Brüdergemeinde doch weniger an rationalistischer als vielmehr an christlicher Erziehung: Die Natur umfaßte für ihn auch die übernatürliche Offenbarung. So orientiert sich die *Didactica magna* am Menschen als dem Ebenbild Gottes und als einem Vernunftwesen, das sich durch Wissen bildet, durch Tugend seiner selbst mächtig wird und durch Religion die Vereinigung mit Gott erreicht. Der Natur, wie sie geschaffen ist, hat der Lehrer zu folgen: *»Unter Natur verstehen wir ... unsern ursprünglichen Zustand, zu dem wir als zu unserm Ursprung zurückgebracht werden sollen.«* Das natürliche Leben der Tiere und sogar der Pflanzen, die gewissermaßen im Stande der Unschuld leben, unbefleckt von der Erbsünde, liefert die Analogien zur menschlichen Erziehung. Der Vogel brütet im Frühling, also lerne man im Frühling des Lebens; die Natur bildet von innen nach außen, also bringe man den Zögling durch die Praxis zu innerer Einsicht, statt ihm Kenntnisse äußerlich theoretisch aufzupfropfen; und wie die Natur keine Sprünge macht, soll auch der Unterricht in jeder Hinsicht kontinuierlich sein. Den Prinzipien seiner Pädagogik schloß Comenius die eigentliche Erziehungslehre an: Er fordert Schulen (deren Gliederung den Jahreszeiten entspricht) als *»Freudenanstalten zur Weisheit und Lustgärten des Menschengeschlechts«* und einen konsequenten Unterricht, der *»mit Vernunft«* statt *»mit Schreien, Einsperren und Prügeln«* zu wirken sucht.

Die Schicksalsschläge des Dreißigjährigen Kriegs, der ihm seine Familie nahm, und der Gegenreformation, die ihn von Böhmen nach England und Schweden, Ungarn und Polnisch-Lissa trieb, ehe er in Amsterdam Ruhe fand, hatten Comenius mild und klug gemacht. Der holländischen Stadt, dem »Auge der Welt«, widmete er 1657 die Gesamtausgabe seiner pädagogischen Werke. Von hier aus wirkten seine Ideen auf Europa, am nachhaltigsten auf Deutschland. Im Laufe der Jahrhunderte wurde Allgemeingut, was er so früh gefordert hatte: die »Mutterschule«, bis zum sechsten Lebensjahr des Kindes, in jedem Elternhaus (sie *»gleicht dem holden, mit Knospen und mannigfach duftenden Blüten geschmückten Frühling«*); die »öffentliche Muttersprachschule«, d. h. die Elementarschule, vom siebten bis zum zwölften Jahr, in jeder Gemeinde; die »Lateinschule« oder das »Gymnasium«, vom dreizehnten bis achtzehnten Lebensjahr, in jeder Stadt; schließlich, weitere sechs Jahre, die »Akademie und Reisen« für jene, die *»Schule, Kirche und Staat wohl zu leiten verstehen«*. J.Sch.

AUSGABEN: Amsterdam 1657 (in *Opera didactica omnia*, 4 Bde.; Faks. Prag 1957, Hg. O. Chlup). – Lpzg. 1894, Hg. F. C. Hultgren. – Brünn 1913 (in *Veškeré spisy*, Hg. J. Kvačala u. a., Bd. 4). – Prag 1958 (in *Vybrané spisy J. A. K.*, Bd. 1); ern. 1959 [Hg. u. Vorw. J. Patočka]. – Prag 1973 (in *Dílo J. A. K.*, Bd. 11).

ÜBERSETZUNGEN: *Große Unterrichtslehre*, J. Beeger u. F. Zoubek, Bln. 1871. – *Didaktika velká*, A. Krejčí, Prag 1905; ern. 1930 u. 1948 [Vorw. J. Hendrich]. – *Große Didaktik*, A. Flitner, Mchn. 1954; ern. 1960; 1966.

LITERATUR: W. Bötticher, *Des J. A. C. »Didactica magna« und deren neueste Übersetzungen*, Hagen 1886. – V. Kuhr, *Det paedagogiske system i C.'s »Didactica magna«*, Kopenhagen 1912. – A. Swiebokki, *Die Entwicklung der Didaktik im 17. Jh. mit spezieller Berücksichtigung des Wirkens von J. A. C.*, Diss. Zürich 1946. – G. H. Turnbull, *Johann Mochinger's Opinion of the »Didactica magna« of C.*, Prag 1950. – R. Alt, *Der fortschrittliche Charakter der Pädagogik K.s*, Bln. 1953. – J. Patočka, *Bacon Verulamský a K. »Didaktika«* (in Pedagogika, 6, 1956). – *Materialy naučnoj sessii APN RSFSR, posvjaščennoj 300-letiju opublikavanija sobranija didaktičeskich 1957 g.*, Hg. I. V. Čuvaševa u. A. I. Piskunova, Moskau 1959. – K. Schaller, *Die Pädagogik des J. A. C. und die Anfänge des pädagogischen Realismus im 17. Jh.*, Heidelberg 1962.

## KŠAFT UMÍRAJÍCÍ MATKY JEDNOTY BRATRSKÉ

(tschech.; *Vermächtnis der sterbenden Mutter, der Brüderunität*). Schrift von Johannes Amos COMENIUS, erschienen 1650. – Das »Vermächtnis« der Böhmischen Brüdergemeinde, das Comenius als ihr letzter Bischof den protestantischen »Schwesterunitäten« anvertraute, war die unmittelbare, von Trauer und Resignation diktierte Antwort des Emigranten auf den Friedensschluß von Münster und Osnabrück, der Böhmen und Mähren den Habsburgern und damit der Gegenreformation überantwortete, den Angehörigen der Brüdergemeinde aber die Rückkehr in die Heimat verwehrte. In Anlehnung an die damals besonders geschätzten (apokryphen) Testamente der zwölf Patriarchen, der Söhne Jakobs, die sich vor ihrem Tod mit Mahnungen und Verheißungen an ihre Nachkommen wenden, vermacht die Sterbende als Summa ihres geistlichen Erbes *»das Streben nach Einmütigkeit ... und Verbundenheit im Glauben und in der Liebe zur Einigkeit des Geistes«* den deutschen, polnischen und helvetischen Schwesterkirchen. Die an die Böhmen und Mährer gerichteten Worte des Trostes – *»Auch ich vertraue und hoffe zu Gott, daß nach Vergehen der Hasses-Stürme, die unsere eigenen Sünden über unsere Häupter beschworen, die Regierung deiner Angelegenheiten wieder in deine Hände zurückkehrt, o tschechisches Volk«* – gehörten bis ins 19. Jh. mit zum »Glaubensbekenntnis« der an die hussitische Tradition anknüpfenden, antihabsburgisch eingestellten national-tschechischen Bewegung. Die Zuversicht, die am Ende des Vermächtnisses den Sieg über die anfängliche Hoffnungslosigkeit davonträgt, hat aber auch in hohem Maße dazu beigetragen, daß sich Reste der Brüderunität in Böhmen (wo das Werk erstmalig 1848 gedruckt wurde, aber seit je von Hand zu Hand ging) behaupteten und die Gemeinde im 18. Jh. wieder an Bedeutung gewann. W.Sch.

Ausgaben: Lešno 1650. – Bln. 1757. – Prag 1848. – Prag 1927, Hg. S. Souček (Špalíček, 1). – Prag 1928 [Hg. J. V. Klíma]. – Prag 1930 [Hg. R. Schams]. – Brünn 1938 (in *Opera omnia*, Hg. J. Hendrich, 9 Bde., 1910–1938, 9). – Prag 1946.

Übersetzung: *Das Testament der sterbenden Mutter*, D. Peřina, Lpzg. 1886. – Dass., dies. (in Monumente der Comenius-Ges., 16, 1907, S. 25–45).

Literatur: *C. u. die böhmischen Brüder*, Hg. F. Eckstein, Lpzg. 1915; ern. 1922. – J. Th. Müller, *Geschichte der böhmischen Brüder*, Bd. 3, Herrnhuth 1931. – R. Říčan, *Dějiny Jednoto bratrské*, Prag 1957.

## LABYRINT SVĚTA A RÁJ SRDCE

auch: *Labyrint světa a Lusthauz srdce* (tschech.; *Das Labyrinth der Welt und das Paradies des Herzens*). Allegorische Reisebeschreibung von Johannes Amos Comenius, entstanden 1623, erschienen 1631. – Das literarisch bedeutendste Werk des großen Pädagogen wurde in Anlehnung an Campanellas *Città del sole*, 1623 *(Sonnenstaat)*, und nach dem Vorbild von Andreaes *Reipublicae christianopolitanae descriptio*, 1619 *(Beschreibung des Staates Christenstadt)*, verfaßt. Die dem mährischen Landeshauptmann Žerotín gewidmete Schrift gehört mit dem ersten und zweiten Teil des *Truchlivý*, 1623/24 *(Der Trauernde)*, dem etwa 1625 entstandenen *Centrum securitatis, das ist die Tiefe der Sicherheit* und der *Renuntiatio mundi*, 1633 *(Absage an die Welt)*, zu den *»im Kreuz entstandenen«* Trostwerken, in denen sich Komenský sein persönliches Leid nach der Schlacht am Weißen Berge von der Seele schrieb: *»Das, was Du, lieber Leser, nun lesen wirst, ist keine Dichtung, wiewohl es die Form einer Dichtung hat, sondern es sind wahre Begebenheiten, wie Du, wenn Du sie nur recht verstehst, wohl selbst erkennen wirst, besonders wenn Du einige Kenntnis von den Vorkommnissen meines Lebens hast.«*

Diese Vorbemerkung *An den Leser* bezieht sich auf den ersten Teil (Kap. 1–37), worin des Pilgers Wanderung durch die Labyrinthstadt Welt (von der eine Handzeichnung Komenskýs existiert) und seine absonderlichen Erlebnisse geschildert werden. Unter Leitung von zwei aufdringlichen Führern, »Allwissend« und »Verblendung«, wandert der Pilger durch das »Tor des Lebens« und das »Tor der Berufswahl« zunächst auf den von den sechs Stadtvierteln der gesellschaftlichen Stände umgebenen Platz im Zentrum der Stadt, wo die Menschheit wie auf einem chaotischen Maskenball ihren Geschäften nachgeht und dem nur mit einem Bogen bewaffneten Tod ihre selbstgeschnitzten Pfeile aufdrängt. Nach Besichtigung der einzelnen Stadtviertel besucht der Pilger Fortuna und ihr dreigeteiltes Schloß, findet im modrigen Keller die mit Goldketten gefesselten Reichen, auf dem ungeschützten Dach die Großen auf den wackligen Stühlen der Mißgunst und sieht auch hier wieder den Tod: *»Fast einen jeden von ihnen schaffte er auf irgendeine ungewöhnliche Art aus der Welt.«* Da er sich nach allem nicht entschließen kann, ein getreuer Bürger zu werden, schleppen ihn seine Führer vor das Tribunal der *»Weisheit, Königin der Welt«*, die ihm als Beweis ihrer Duldsamkeit eine Wohnung auf ihrer Burg bewilligt. So lernt er das maskierte »Weiberregiment« der Welt kennen: »Frau Betriebsamkeit«, deren Stellvertreterin »Frau Fortuna« und die geheimen weiblichen Räte »Lauterkeit«, »Vorsicht« usf., wobei sich hinter den allegorisch angedeuteten Tugenden jeweils deren Gegenteil verbirgt. Mit Entsetzen beobachtet er, wie Salomo als Bräutigam der Königin all den Ratgeberinnen seiner Braut die Masken abreißt und sich schließlich selbst der Wollust ergibt. Der Pilger flieht verstört heim *»in seines Herzens Kämmerlein«*, wo Einbrecher eine wüste Zerstörung angerichtet haben. Als er wieder Ordnung geschaffen hat, besucht ihn Christus und bleibt bei ihm. Die folgenden Kapitel beschreiben im Geiste Chelčickýs und der Böhmischen Brüder *»teils unverhüllt, teils in allegorischem Gewande das wahre und dauernde Glück der Kinder Gottes: wie selig diejenigen sind, die sich von dieser Welt und ihren Dingen abgewendet haben und nur noch Gott allein anhangen«*.

Die lebendige und gewandte Darstellung und die geistvolle Sinnbildlichkeit machen das Werk zu einem Kleinod der älteren tschechischen Prosa. In der plastischen Diktion, dem reich nuancierten Ausdruck und der Eleganz seiner Dialoge zeigt sich Komenský als einer der gewandtesten Stilisten seiner Muttersprache. Seine lateinischen Schriften bleiben hinter der hier erreichten sprachlichen Treffsicherheit weit zurück. An formaler Substanz kommt – vor allem im reicheren ersten Teil – die satirische Konzeption des Werks hinzu: Der Pilger kann zeitweise unter der Brille aus Vorurteilsglas, die ihm die Verblendung aufgesetzt hat, *»hindurchschielen«* und sieht daher die Dinge bald mit zeitgenössisch beschreibenden, bald mit scharfsinnig kritisierenden Augen. Die literarische Verwirklichung dieses Perspektivenwechsels (der bei Andreae fehlt) stellt eine erzählerische Leistung dar, die dem Werk über seine Bedeutung als persönliches und zeitkritisches Dokument hinaus eine beachtliche Rolle in der Geschichte der erzählenden Prosa zuweist. Wiederaufnahme fand das Sujet in *Unum necessarium*, 1668 *(Das einzig Notwendige)*, in dem die literarische Konzeption aber – aufgrund der Handlungsarmut des Werks – nicht wie in *Labyrint světa* verwirklicht wurde. W.Sch.

AUSGABEN: Pirna 1631. – Amsterdam [2]1663. – Prag 1782. – Prag 1906. – Prag 1940 [Hg. V. Šmilauer]; 1958 [Nachw. v. J. Popelová]. – Prag 1941 [nach d. Ausg. 1631, Hg. J. Brambora, Nachw. J. B. Čapek]. – Prag 1958 [nach d. Ausg. 1663, Hg. A. Škarka]; 1970 [Nachw. ders.].

ÜBERSETZUNGEN: *Übergang aus dem Labyrinth der Welt in das Paradies des Hertzens ...*, anon., Lpzg. 1738. – *Comeni philosophisch-satyrische Reisen durch alle Stände der menschlichen Handlungen*, anon., Bln./Potsdam 1787. – *Das Labyrinth der Welt u. des Herzens Paradies*, J. Nowotny, Spremberg 1872. – *Das Labyrinth der Welt u. das Paradies des Herzens*, Z. Baudnik, Jena 1908 [m. Einl. u. Anm., Hg. E. Müller]. – Dass., ders., Weimar 1958. – *Das Labyrinth der Welt und andere Schriften*, Hg. u. Ü. I. Seehase, Ffm. 1985.

LITERATUR: J. V. Novák, *»Labyrint světa a ráj srdce« J. A. K. a jeho vzory* (in Casopis českého muzea, 69, 1892). – M. Möhrke, *J. A. C. und J. V. Andreae*, Lpzg. 1904. – S. Souček, *K. »Labyrint« u nás a v cizině* (in Archiv K., 7, 1924). – Ders., *Dva české praménky »Labyrintu«* (in Listy filologické, 51, 1924). – B. Havránek (in Slovo a slovesnost, 8, 1942, S. 52–55). – D. Čyževskij, *C.' »Labyrinth of the World«: Its Themes and Their Sources* (in Harvard Slavic Studies, 1, 1953). – J. Popelová (in Pedagogika, 5, 1955). – D. Čyževskij, *Das »Labyrinth der Welt und das Paradies des Herzens« des J. A. C.* (in WSlJ, 5, 1956). – A. Škarka, *Posvětšťování náboženské literatury, zvláště v »Labyrintu«* (in *Studia z dawnej literatury czeskiej, słowackiej i polskiej*, Warschau/Prag 1963). – J. B. Čapek, *Kotázkám kořenů, stavby a funkce »Labyrintu« K.*, Prag 1964. – M. Kopecký, *Norimberský rukopis »Labyrintu«*, Brünn 1968.

## ORBIS SENSUALIUM PICTUS, H. E. OMNIUM FUNDAMENTALIUM IN MUNDO RERUM ET IN VITA ACTIONUM PICTURA ET NOMENCLATURA

(nlat.; *Die sichtbare Welt in Bildern, d. i. aller vornehmsten Weltdinge und Lebensverrichtungen Abbildung und Benennung*). Unterrichtswerk von Johannes Amos COMENIUS, erschienen 1658. – Comenius' bebildertes Lehrbuch ist – nach der Dramatisierung bzw. Dialogisierung des Schulstoffs in der *Schola ludus*, 1654 *(Die Schule als Spiel)* – die zweite Ausarbeitung seiner weitverbreiteten *Ianua linguarum reserata*, 1631 *(Das erschlossene Sprachentor)*, deren Stoff darin zusammen mit dem Inhalt des *Vestibulum ianuae linguarum*, 1633 *(Die Vorhalle des Sprachentores)*, berücksichtigt ist. Das berühmte, vielfach aufgelegte und bearbeitete, in 24 Sprachen (z. T. polyglott) übertragene Bilderbuch, wohl das verbreitetste und erfolgreichste Lehrbuch überhaupt, folgt dem didaktischen Aufbau der *Ianua*, deren Ziel eine der Altersstufe des Lernenden entsprechende Universalbildung und die Beherrschung des freien lateinischen und muttersprachlichen Ausdrucks über das angeeignete Wissen ist. Der Grundgedanke des Comenianischen Erziehungswerks ist, der neuplatonischen Auffassung von der Korrelation von Makro- und Mikrokosmos gemäß, die Entsprechung von göttlicher *ratio* und menschlichem Verstand durch die erkennende Mitwirkung des Menschengeists am göttlichen Ordnungszusammenhang der Welt im Prozeß der Erweiterung von Wissen, Können und Glauben zu verwirklichen. Die Wahrheit ist nicht im Menschen allein, sondern zugleich in den realen Gegenständen der göttlichen Schöpfung zu finden. Von hier erklärt sich die Bedeutung der Realien, der Anschauung und der bildlichen Darstellung im Unterricht des Comenius. Den Gedanken, vor allem die Erlernung der Sprache durch die Verbindung von Text und Bild zu erleichtern, übernahm der Autor von LUBINUS. Erst im Zusammenhang seines pädagogischen Systems jedoch erlangte die Illustration des Wissensstoffs – begünstigt durch die fortgeschrittene Verfeinerung der Drucktechnik – ihre Jahrhunderte hindurch gültig bleibende Bedeutung.

Der *Orbis pictus* bedient sich der Veranschaulichung bereits im elementaren Lese- und Schreibunterricht. Jedem Zeichen des Alphabets ist das Bild eines Tieres zugeordnet, dessen charakteristische Stimme die phonetische Entsprechung des betreffenden Lauts ist oder das doch wenigstens als Gedächtnisstütze für den Lernenden dient. Es folgen 150 Lektionen mit Bildern aus der realen Umwelt des Schülers. Jedes der Bilder ist mit einer lateinischen und muttersprachlichen Erläuterung versehen. Geistreich ist die Darstellung abstrakter Begriffe (die Ethik als mahnende Frau am Scheideweg, die Geduld als demütige Beterin etc.). Seiner dreifachen Bestimmung als Lateinfibel, als Lehrbuch der Muttersprache und als Bilderbuch der Grundschule wird das Werk in unterschiedlicher

Weise gerecht. Zwar hat der Schüler nach dem Studium des Buchs ein nahezu lückenloses Vokabelwissen, doch bleibt ihm die Morphologie der Sprache aufgrund des simplen Satzbaus der Texte mehr oder weniger verschlossen. Gleichwohl bleibt das Werk, das bis um die Mitte des 19. Jh.s als Lehrbuch in Gebrauch war, ein Meilenstein in der Geschichte der Unterrichtsmethodik. W.Sch.-KLL

AUSGABEN: Nürnberg 1658. – Nürnberg 1756 (*Aller vornehmsten Welt-Dinge, und menschliche Handlungen, Abbildung und Benahmung*; lat.-dt.). – Prag 1929 [Hg. H. Janík]. – Prag 1942 [Hg. A. Dolenský]. – Prag 1958 [Faks.; m. Zusammenfassg. in dt., engl. u. russ. Sprache]. – Osnabrück 1964 [Faks.; Nachw. H. Rosenfeld]. – Prag 1970 (in *Dílo J. A. K.*, Hg. J. Červenka u. a., Bd. 17).

LITERATUR: G. H. Thurnbull, *An Incomplete Orbis Pictus of C., Printed in 1653* (in Archiv K., 16, 1957). – K. Schaller, *Die Pädagogik des J. A. C. u. die Anfänge des pädagogischen Realismus im 17. Jh.*, Heidelberg 1962. – V. T. Miškovská, *K. didaktické charakteristice Orbisu* (in Archiv K., 22, 1963); ern. Prag 1964. – J. E. Sadler, *J. A. C. and the Concept of Universal Education*, Ldn. 1966.

## UNUM NECESSARIUM, scire quid sibi sit necessarium in vita et morte et post mortem

(nlat.; *Eins aber ist not, zu wissen, was im Leben und im Tod und danach nötig ist*). Laienbrevier von Johannes Amos COMENIUS, erschienen 1668. – Komenskýs letzte zu Lebzeiten veröffentlichte Schrift ist Ruprecht, dem Sohn des »Winterkönigs« Friedrich von der Pfalz, gewidmet. Sie umreißt das geistige und geistliche Vermächtnis des großen pädagogischen Wegbereiters. Als abgeklärtes Gegenstück zu des Autors früherer Trostschrift *Labyrint světa a Ráj srdce*, 1631 *(Das Labyrinth der Welt und das Paradies des Herzens)*, konzipiert, ist sie eine Art autobiographische Lebensbilanz in didaktischer Absicht: *»Eile dich, daß auch du die Labyrinthe der Welt hinter dir läßt, den rollenden Sisyphusstein zum Stehen bringst und trügerische Tantalusfreuden in wahre verwandelst, die wirklichen Genuß gewähren.«* In den Sagenmotiven der Antike versinnbildlicht Komenský das *»unaufhörliche Irren des Verstandes«*, die *»unaufhörliche, nutzlose Abspannung der Kräfte«*, schließlich die *»fortwährenden Vereitelungen der Wünsche«*. Der Ausweg aus den Irrungen irdischen Lebens ergibt sich aus Christi Bemerkung zu Martha (*Luk.* 10, 42), der der Titel des Werks entnommen ist. Der »Ariadnefaden« in den Labyrinthen des menschlichen Lebens ist für Comenius – das zeigen die zahlreichen Zitate aus dem *Neuen Testament* – das unbeirrbare Schauen auf Gott, das Lebensprinzip gottgefälliger Bedürfnislosigkeit. In diesem Sinn legt Comenius hier auch Rechenschaft ab über die Labyrinthe des eigenen Lebens, zu denen er die Veröffentlichung seines mystizistischen Werks *Lux in tenebris* (1657) zählt. Mit einem Lobpreis Gottes und einem Gebet für die Nachwelt schließt das Brevier.

Komenskýs Schrift kennzeichnet weniger stilistische Brillanz, die der Autor dem Lateinischen selten abgewonnen hat, als vielmehr weise Innerlichkeit der Selbstdarstellung und herzliche Intimität des Vortrags. Die anekdotischen Belege aus der klassischen Philosophie sind nicht immer glücklich gewählt, die mythischen Allegorien nicht immer bruchlos durchgeführt. Weil jedoch Komenskýs lebensphilosophisches Vermächtnis gerade auch der Form nach an die irrationalen Bedürfnisse des Menschen appelliert, fand es starken Widerhall im späteren Protestantismus und wurde zu einem Vorbild für die pietistische Erbauungsliteratur. W.Sch.

AUSGABEN: Amsterdam 1668. – Frankfurt/O. 1682. – Lpzg. 1724; ern. 1735. – Prag 1975 (in *Dílo J. A. K.*, Hg. A. Škarka u. a., Bd. 18).

ÜBERSETZUNGEN: Lüneburg 1690. – Bln. 1845, F. W. Eccius. – *Das einzig Notwendige*, J. Seeger u. L. Keller, Jena/Lpzg. 1904. – Dass. [Ausz.] (in A. Paquet, *Der Rhein als Schicksal*, Mchn. 1920, S. 145–159). – *Jednoho jest potřebí*, J. Ludvíkovsky, Prag 1920.

LITERATUR: E. Spranger, *C., ein Mann der Sehnsucht* (in *Kultur und Erziehung*, Lpzg. [2]1922). – F. Hofmann, *Über den Stand der Komenský-Forschung in der Tschechoslovakischen Republik* (in Pädagogik, 1956, S. 207 ff.).

# GIOVANNI COMISSO

* 3.10.1895 Treviso
† 21.1.1969 Treviso

LITERATUR ZUM AUTOR:
FiL, 19. 4. 1953 [Sondernr. *G. C.*]. – G. de Robertis, *Scrittori del Novecento*, Florenz [2]1943, S. 139–150. – L. Bertacchini, *G. C.* (in *Letteratura italiana. I contemporanei*, Bd. 2, Mailand 1963, S. 111–126). – B. Accame, *G. C.*, Mailand 1974. – G. Pullini, *C.*, Casellina di Scandicci [2]1974. – *G. C. Atti del convegno*..., Hg. G. Pullini, Florenz 1983. – N. Naldini, *Vita di G. C*, Turin 1985. – A. M. Mutterle, Art. *G. C.* (in Branca, 2, S. 1/2).

## IL DELITTO DI FAUSTO DIAMANTE

(ital.; *Das Verbrechen des Fausto Diamante*). Roman von Giovanni COMISSO, entstanden 1926, erschienen 1933. – Fausto Diamante, hinter dem sich, wie aus dem Vorwort zu der von Comisso stark überarbeiteten, 1963 erschienenen Neuauflage hervorgeht, der Autor selbst verbirgt, ist nach dem Ende des Ersten Weltkriegs in seine Vaterstadt Treviso zurückgekehrt. Er, den der Krieg aus allen Knabenträumen, aus einem kleinstädtischen Spießbürgeridyll herausgerissen und in entscheidender Weise umgeformt hat, kann sich in einer Welt, deren Probleme einzig auf Reputation, Familiengründung und Kindersegen beschränkt zu sein scheinen, nicht mehr zurechtfinden. Angewidert verläßt der junge Nonkonformist das Elternhaus und besucht die ehemaligen Kriegsschauplätze in den südlichen Dolomiten. Aber auch in jenen Schützengräben, die dem jungen Leutnant zur zweiten Heimat geworden waren, fühlt er sich isoliert; denn er hat die pubertäre Abenteuerlust des Soldaten überwunden, ohne noch zu einer Neuorientierung gefunden und sich der grundlegend veränderten Umwelt angepaßt zu haben. In diesem Zwischenstadium trostloser Vereinsamung, in diesem Niemandsland, in dem er allein auf sich selbst angewiesen ist, packt ihn ein Fernweh, das ihn hinaustreibt in das »Leben«, dorthin, wo es noch nicht auf totem Geleis festgefahren zu sein scheint: nach Übersee.

Ohne Gepäck reist er über Mailand nach Genua, wo er vergeblich versucht, als Matrose angeheuert zu werden. Durch Empfehlungen landet er schließlich bei dem Literaten Massimo, dessen penetrant-mystische Selbstbeweihräucherungen ihn abstoßen. Als Fausto nicht nur seltsame Anträge, sondern auch ungewöhnlich günstige finanzielle Angebote erhält, glaubt er zu verstehen und stößt den »Wohltäter« angewidert zurück. Fest entschlossen, auf Biegen und Brechen durchzuhalten, mischt er sich unter das zwielichtige Gesindel der Hafenstadt, beraubt einen Emigranten und läßt sich von einer Matrosenhure aushalten. Als er glaubt, nicht noch tiefer sinken zu können, kehrt er zu Massimo zurück, der ihn mit schleimiger Sentimentalität in die Arme schließt: *»Da ist er ja, der verlorene Sohn, der, consumptis omnibus, zum Schafstall heimgefunden hat.«* Massimo führt Fausto bei Isolda, einer steinreichen Dame der Genueser Gesellschaft, ein. In ihrer Prunkvilla an der Riviera wird er, der in ihren Augen *»etwas Süßes und doch auch Wildes an sich hat, das an einen niedlichen, halbwüchsigen Tiger gemahnt«*, Isoldas Geliebter. Als ihm Massimo nachts in dem steil über den Klippen angelegten Garten eine wilde Eifersuchtsszene macht, erwürgt Fausto ihn in seiner verzweifelten Wut und stößt den Leichnam über eine Brüstung ins Meer. Jetzt hat er abgerechnet mit einer verlogenen Welt, die ihn um die besten Jahre seines Lebens gebracht hat. Als blinder Passagier verbirgt er sich am nächsten Morgen auf einem nach Algier und damit in die Zukunft und langersehnte Freiheit auslaufenden Frachter.

Zwar noch ein früher Roman Comissos, ist *Il delitto di Fausto Diamante* doch schon weitgehend frei von der manierierten Erzählweise D'ANNUNZIOS, mit dem den Autor mehr als nur eine enge Kriegskameradschaft verband. In seiner Prosa leuchten, den teilweise kargen Bericht unterbrechend, Impressionen von hohem poetischem Reiz auf, deren atmosphärische Dichte die Comisso angeborene und in allen Werken manifestierte überquellende Daseinsfreude zum Ausdruck bringt. Dieses Frühwerk zeugt aber auch schon von Comissos fundiertem Wissen von unterschwelligen seelischen Vorgängen und seiner Kunst, sie darzustellen, wodurch er nicht nur den Vergleich mit D. H. LAWRENCE herausgefordert, sondern auch die Anerkennung von Valéry LARBAUD und James JOYCE gefunden hat. In dem vitalen Eros, dem sich der Protagonist in seinem Drang, aus der muffigen Atmosphäre eines verhaßten Spießbürgertums auszubrechen, ganz bewußt als einem gesunden Urinstinkt ausliefert, kündigt sich das für Comisso charakteristische und in den meisten späteren Werken wiederkehrende Hauptmotiv seines Schaffens an.

M.S.

AUSGABEN: Mailand 1933. – Venedig 1957. – Mailand 1963 (in *Storia di un patrimonio*).

LITERATUR: C. Pellizzi, Rez. (in Leonardo, 1933, S. 214/215). – G. Ravegnani, *Il realismo di G. C.* (in G. R., *I contemporanei, II*, Modena 1936, S. 279 bis 285).

## LA DONNA DEL LAGO

(ital.; *Die Frau vom See*). Roman von Giovanni COMISSO, erschienen 1962. – Der Roman verdankt seine Berühmtheit einer Verkettung außergewöhnlicher Umstände, durch die der Autor in einen aufsehenerregenden Kriminalfall verwickelt worden war. Die in dem Roman berichteten Geschehnisse trugen sich an einem abgelegenen See in den südlichen Dolomiten zu, an dem Comisso seit 1932 regelmäßig seinen Urlaub verbrachte. Eine Kellnerin des Hotels machte auf ihn einen so starken Eindruck, daß er ihr Foto einem Filmproduzenten vorlegte mit dem gleichzeitigen Angebot, ein Drehbuch für sie zu schreiben. Im nächsten Winter wurde jene Kellnerin mit durchschnittener Kehle aufgefunden; als Todesursache stellte man Selbstmord fest. Wenig später heiratete Mario, der Sohn des Hoteliers. Als man seine junge Frau eines Morgens ertrunken am Seeufer fand, begann Comisso, obgleich auch in diesem Fall Selbstmord als Todesursache angenommen wurde, auf eigene Faust Untersuchungen anzustellen, da er einen Zusammenhang zwischen den beiden Todesfällen ahnte. Francesco, ein junger Krüppel, der als Dauergast seit Jahren in dem Hotel wohnte, äußerte in einem Gespräch mit dem Schriftsteller den Verdacht, Mario habe zuerst die Kellnerin und später seine eigene Frau, die vielleicht etwas geahnt oder gewußt habe, ermordet. Nach dieser Unterhaltung starb Francesco ganz plötzlich an einer Magenkolik: Giftmord. Nun war es offenkundig, daß es dort einen Mörder gab, der Comissos Recherchen genau verfolgte. 1938 legte der Autor unter dem Titel *Una valle di buona gente (Ein Tal mit braven Leuten)* eine Erzählung – abgedruckt in ›Oggi‹ – vor, in der er seine Hypothese über eine Verkettung der drei Todesfälle dichterisch verbrämte, um die Staatsanwaltschaft zur Einvernahme von Zeugen zu veranlassen. Die von ihm genannten Personen, die nach Comissos Meinung das Geheimnis um den Dolomitenmörder hätten lüften können, nämlich der Hotelbesitzer und ein am See wohnendes älteres Ehepaar, mußten die Erwähnung ihres Namens in jener Erzählung wenig später mit dem Leben bezahlen. Die fieberhaft durchgeführten Untersuchungen der Kriminalpolizei verliefen lange Zeit im Sand, da sich die verschlossenen Bergbauern hüteten, durch eine unbedachte Äußerung in die Mordserie verstrickt zu werden. Während des Kriegs konnte dann der Täter – genauer gesagt: die Täterin, nämlich die »Frau vom See« – überführt werden. Comisso schreibt, er selbst habe die Mörderin, Marios Schwester, auf frischer Tat ertappt, als sie soeben ihres Bruders Schädel mit einem Hammer zertrümmert hatte.

Die sich über zehn Jahre hinziehenden, dunkel miteinander verflochtenen Ereignisse haben Comisso stark beeindruckt, vor allem die Vermutung, daß er durch seine Nachforschungen den Mörder zu immer neuen Untaten getrieben habe. Trotzdem ist sein Bericht kühl, nüchtern, gleichsam distanziert von den Begebenheiten. Er erzählt in chronologischer Reihenfolge und bedient sich dabei der altbewährten Mittel des Kriminalromans, indem er den Leser auf verschiedene (allerdings irreführende) Fährten setzt, die »Frau vom See« aber nur am Rand erwähnt. Es ist charakteristisch für ihn, daß ihn auch an dieser blutrünstigen, kolportagehaften Mordgeschichte vor allem die unterschwelligen seelischen Vorgänge der beteiligten Personen interessieren, aber ganz besonders, daß er in einer kühnen These den Menschen in Verbindung setzt zu der ihn umgebenden Natur. Denn nach Comissos Meinung tragen die Berge die letzte Verantwortung für dieses grausame Geschehen, jene Berge, die in diesem Fall einen haltlosen, grausamen Menschen zum Werkzeug ihrer Vernichtungswut gemacht haben. M.S.

AUSGABEN: Mailand 1962. – Mailand 1974.

VERFILMUNG: Italien 1965 (Regie: L. Bazzoni u. F. Rossellini).

LITERATUR: A. Camerino, *G. C. e »La donna del lago«* (in Il Gazzettino, 21. 2. 1962). – G. Gramigna, *C. sulle orme di Graham Greene* (in Settimo Giorno, 6. 3. 1962). – C. Bo, *Il giallo di Alleghe nel nuovo romanzo di C.* (in L'Europeo, 11. 3. 1962). – G. Riccioli, *»La donna del lago«* (in Paese Sera [Stasera], 30. 3. 1962). – P. Milano, *Divagazione sui libri gialli* (in L'Espresso, 8. 4. 1962). – L. Baldacci *Un romanzo di C. e altre novità* (in Giornale del Mattino, 29. 5. 1962). – A. Bocelli, *L'ultimo C.* (in Il Mondo, 19. 6. 1962). – M. Ricci, *»La donna del lago«* (in Convivium, Nov. 1962). – E. Rava, *Alleghe come Montelepre* (in Paese Sera, 3. 7. 1963).

## GENTE DI MARE

(ital.; *Leute vom Meer*). Erzählungen und Skizzen von Giovanni COMISSO, erschienen 1928. – Der aus Treviso stammende Autor, der zu der literarischen *»Abenteurergeneration«* (Prezzolini) gehört, die aus dem Ersten Weltkrieg hervorgegangen war, legt seinem Schaffen strenge Maßstäbe an; in einer die Übersicht über sein Werk außerordentlich erschwerenden Weise hat er es sich zur Gewohnheit gemacht, bereits publizierte Arbeiten immer wieder zu überarbeiten, einzelne Texte umzugruppieren und Titel kurzerhand zu ändern. So verwandelt sich sein »Adriatischer Zyklus«, ein Hymnus auf das Meer und die Bewohner seiner Küsten, in den verschiedenen Perioden seines Schaffens immer aufs neue: als Vorläufer erschien 1925 *Il porto dell'amore (Der Hafen der Liebe)*, 1928 folgte *Gente di mare* (wenige Monate später, überarbeitet, unter dem Titel *Al vento dell'Adriatico – Unter dem Adriawind* nochmals veröffentlicht), 1953 erschien die als »endgültig« deklarierte Vereinigung beider Werke unter dem letztgenannten Titel; dann, 1959, erneut: *Il porto dell'amore*; eine wiederum erweiterte Version des Zyklus unter dem Titel *Gente di mare* kam nicht mehr zustande.

Nach dem Zusammenbruch der Donaumonarchie bemächtigte sich Gabriele D'ANNUNZIO mit Hilfe einiger Freischärler (*ardenti* – die »Glühenden«), unter ihnen Comisso, der Hafenstadt Fiume, um deren vorgesehene Internationalisierung zu verhindern. In *Il porto dell'amore* werden die Geschehnisse jener Tage festgehalten, in denen Anarchie, Freibeutertum und Chauvinismus die Stunde regierten. Im Rückblick erscheint die gewagte Aktion als Kriegsspiel von Männern, die kaum den Kinderschuhen entwachsen sind und sich dem Abenteuer mit noch ungebrochener Vitalität hingeben. Comisso berichtet, ohne sich dabei je in den Vordergrund zu drängen, in der auch in seinen späteren Werken bevorzugten Ichform, um die Authentizität des Dargestellten zu unterstreichen. Dabei wird der Vorfall nicht, wie bei D'Annunzio, zur ekstatisch erlebten Ausnahmesituation überhöht, sondern erscheint, dank einer disziplinierten Sprache, eher alltäglich und fast selbstverständlich. In seiner Autobiographie *Le mie stagioni* (1951) bekennt Comisso, daß es ihm, wie vielen anderen Schriftstellern seiner Generation, an echten Gefühlen gemangelt habe und er deshalb ursprünglich »dannunzianisch« gewesen sei *(»In unseren Werken existiert der Mensch lediglich in einer abstrakten Form, mehr in einer Relation zur Landschaft als zur Seele«)*; aber gerade diese innige Verbundenheit mit der Natur nährte seinen oft gerühmten Sinnlichkeitsmythos D.-H.-Lawrencescher Prägung. Die Vorliebe für »dannunzianische« Formulierungen *(»die Traurigkeit unserer Körper, die bleich geworden waren wie Perlmutt« – »ausgeformter Körper von eleganter Müdigkeit«)* ist unverkennbar.

Comissos Abneigung gegen Reflexion und detaillierte Charakteranalyse hat im zweiten Teil des Zyklus, *Gente di mare*, einen Höhepunkt erreicht. In diesen lyrisch gefärbten Prosaskizzen, die 1928 mit dem »Premio Bagutta« ausgezeichnet wurden (und den noch nicht sehr bekannten Autor in die vorderste Reihe seiner Schriftstellergeneration vorrücken ließen), wird von Matrosen, Laguneninseln, malerischen Hafenstädtchen, Fischfang und nächtlichem Schmuggel erzählt; Netze, Taue, Segel, Ruder und Teerfässer sind die schlichten Requisiten. Die auch für andere norditalienische Autoren charakteristische Mythisierung des einfachen Lebens erscheint bei Comisso als Verherrlichung des pantheistisch empfundenen Einsseins seiner Freunde – und Freund ist ihm jede der in den Erzählungen erscheinenden Gestalten – mit der Natur. Die unfehlbar charakterisierende, weder trivial aufgebauschte noch unnötig reduzierte Sprache liefert gestochen scharfe Porträts der Seeleute: etwa das des Fischers Angelo aus Chioggia, der ganze Opernlibretti im Kopf hat, in der Mittagsglut unter einem Segel singt, an Land jene Frauen erobert, die auf See durch seine Träume geisterten, der beim Einholen leerer Netze so gotteslästerlich fluchen kann und schließlich an Leberkrebs klaglos stirbt. M.S.

AUSGABEN: Treviso 1925 *(Il porto dell'amore)*. – Mailand 1928 *(Gente di mare)*. – Turin 1928 *(Al vento dell'Adriatico)*. – Turin 1953 (dass.; erw.). – Mailand 1959 *(Il porto dell'amore)*. – Mailand 1983 (dass.).

LITERATUR: S. Solmi, Rez. (in La Fiera Letteraria, 3. 6. 1928). – N. Sapegno, Rez. (in Leonardo, Nov. 1928). – A. Franci, Rez. (in FiL, 20. 1. 1929). – R. Rendi, Rez. (in New York Times Book Review, Apr. 1929). – G. B. Angioletti, Rez. (in Italia Letteraria, 22. 2. 1931). – E. Vittorini, Rez. (ebd., 23. 8. 1931).

## GIOVENTÙ CHE MUORE

(ital.; *Sterbende Jugend*). Kurzroman von Giovanni COMISSO, erschienen 1949. – Der Autor wurde dank seiner weitgehend realistischen Erzählhaltung vor allem in den dreißiger Jahren von jener Literaturkritik hoch geschätzt, die, D'ANNUNZIOS funkelnder Rhetorik und seines überfrachteten Symbolismus überdrüssig, aktuelle Thematik und zeitgemäßen Stil forderte. Comissos Neigung, Selbsterlebtes gleichsam zu »objektivieren«, indem er es auf eine Romanfigur – in diesem Fall eine Frau – überträgt, ging aber auch auf Kosten der Spontaneität der Darstellung. Ein Beispiel dafür ist, obwohl als Meisterwerk gerühmt, dieser Hymnus auf die unbekümmerte Daseinsfreude einer Jugend, die bereits vom Tod gezeichnet ist.

Adele, eine nicht mehr ganz junge Frau, lernt beim Schilaufen den neunzehnjährigen Guido kennen. Sie erliegt der Faszination seines durchtrainierten Körpers und wird bedenkenlos seine Geliebte. Guidos Maxime heißt *»gefährlich leben«*, doch bleibt es meistens bei Eskapaden eines Kindes, das nicht weiß, gegen welche Wand es rennen soll. Als er Parolen gegen die deutsche Wehrmacht an eine Mauer schmiert, wird er verhaftet, und nur dank Adeles Verbindung zu hohen Funktionären entgeht er der Erschießung. Zur Marine eingezogen, desertiert er und besucht an seinem zwanzigsten Geburtstag die Freundin zu einer letzten Liebesnacht. Dann verschwindet er in den Bergen. Als Adele seinen Aufenthaltsort endlich ausfindig machen kann, ist es zu spät: Die in den Wäldern verschanzten Partisanen haben den Jungen erschossen, ihm den ersehnten Tod, *»der kalt und frei ist wie die Morgenluft«*, gegeben und damit seinen Wunsch erfüllt, als Zwanzigjähriger zu sterben, um nicht einer *»dieser impotenten Greise«* zu werden. Adele stürzt sich in den Abgrund, in den man seinen Leichnam geworfen hat.

Die mit Ausnahme dieser Schlußwendung weitgehend unsentimentale Erzählung, in der sich immer wieder Anklänge an den Sexualmythos eines D. H. LAWRENCE finden, zeichnet sich aus durch den dynamischen Handlungsverlauf und die auf frühere Bravour verzichtende Sprache. Daß der Kurzroman zu seinem Schaden das persönliche Erlebnis des Erzählers auf eine fingierte Person überträgt, macht ein Vergleich mit der Darstellung Guidos in Comissos Autobiographie *Le mie stagioni* (1951) deutlich. Da ist er nicht der wenig differenzierte Naturbursche, sondern ein feinnerviger, introvertierter, im Labyrinth seiner Pubertätskrisen gefangener Heranwachsender. Er schließt sich an den anerkannten Schriftsteller an, verläßt aber in seinem Drang nach Unabhängigkeit immer wieder den wesentlich älteren Mann, dessen homoerotisches Milieu ihn anzieht, zugleich aber auch beunruhigt. Die starke Anteilnahme Comissos an Guidos ekstatischem Leben, die Bindung des alternden und gleichzeitig das Altern fürchtenden Mannes an die Jugend des Freundes überzeugen viel mehr als Adeles Leidenschaft. Und weit stärker als ihr opernhafter Selbstmord wiegt das die Autobiographie abschließende Bekenntnis Comissos, daß ihm trotz vieler Erinnerungen an ein reiches und erfülltes Leben einzig die Erinnerung an den toten Freund das Sterben leicht machen werde. M.S.

AUSGABEN: Mailand 1949. – Rom 1965 (Libri del sabato).

## PHILIPPE VAN DEN CLYTE, SEIGNEUR DE COMMYNES

* 1447 Schloß Commynes bei Hazebrouck
† 18.10.1511 Schloß Argenton

LITERATUR ZUM AUTOR:
J. Dufournet, *La vie de Ph. de C.*, Paris 1969. – Ders., *Etudes sur Ph. de C.*, Paris 1975. – J. Liniger, *C., un Machiavel en douceur*, Paris 1978. –

H. Baumann, *Der Geschichtsschreiber Ph. de C. und die Wirkung seiner politischen Vorstellungen in Frankreich um die Mitte des 16. Jh.s*, Mchn. 1981. – J. Dufournet, *Sur Ph. de C. Quatre études*, Paris 1982.

**LES MÉMOIRES DE MESSIRE PHILIPPE DE COMMINES, CHEVALIER, SEIGNEUR D'ARGENTON sur les principaux faicts et gestes de Louis onzième et de Charles huictième, son fils, Roys de France**

(frz.; *Die Erinnerungen des Ritters Philipp von Commynes, Herrn von Argenton, über die wichtigsten Taten und Werke Ludwigs XI. und Karls VIII., seines Sohnes, Könige von Frankreich*). Historisch-politische Gedanken und Erinnerungen von Philippe Van den Clyte, Seigneur de Commynes; *Erster Teil* entstanden 1489–1491, erschienen 1524 unter dem Titel *Cronique et hystoire faicte et composée par feu Messire Philippe de Commines; Zweiter Teil* entstanden 1495–1498, erschienen 1528 unter dem Titel *Croniques du Roy Charles huytiesme de ce nom*. Beide Teile zusammen erschienen seit 1539 in mangelhaften Ausgaben, die 1552 durch die Edition des Originaltextes von Denis Sauvage ersetzt wurden.

Im Prolog widmet Commynes, wahrscheinlich nur einer literarischen Tradition folgend, sein Werk Angelo Cato, dem Erzbischof von Vienne, der es als Materialsammlung für eine lateinische Vita Ludwigs XI. auswerten wolle. Der *Erste Teil* – von Denis Sauvage in sechs Bücher eingeteilt – umfaßt die Zeit vom Jahr 1464, als Karl der Kühne, der letzte Herzog von Burgund, den Verfasser in seinen Dienst nahm, bis zum Tod Ludwigs XI. (1483). Commynes diente Karl als Kammerherr und Berater bis 1472, ging dann zu dessen Gegner Ludwig über, zu dem er seit 1468 Verbindung unterhielt. Dem politisch außerordentlich gewandten und verschlagenen König geistig verwandt, wurde er bald dessen engster Ratgeber. Im Mittelpunkt der Memoiren stehen die Gestalt Ludwigs XI. sowie die Auseinandersetzung des Königs mit Karl dem Kühnen von Burgund, dessen Herzogtum im Hundertjährigen Krieg zu großer Macht gelangt und zur Gefahr für das Königtum geworden war. Commynes, zuerst auf burgundischer Seite, hat Einblick in die Vorbereitung der *Ligue du bien public* (1465) sowie in die ferneren Ereignisse des burgundisch-königlichen Konfliktes, der bis über Karls Tod (1477) hinausreicht und mit der Grundlegung der unumschränkten Monarchie endet. Den Memoiren kommt zugute, daß Commynes seit 1472 auf der Seite des Königs steht, der dem verständnisvollen Ratgeber bald Einblick in die Motive seines politischen Handelns gewährt und ihn mehrfach in diplomatischer Mission verwendet. Mit dem Bericht über Krankheit und Tod des Königs schließt der erste Teil der Memoiren.

Unter ganz anderen Voraussetzungen ist der *Zweite Teil* entstanden, den Sauvage in zwei Bücher (7 und 8) einteilt. Commynes genießt unter Karl VIII. nicht mehr im gleichen Maß das Vertrauen des jungen Königs und seiner zunächst mit ihrem Gemahl die Regentschaft ausübenden Schwester Anna. Er beschreibt den Italienzug (1494), an dem er teilnahm, ohne ihn zu billigen. Mit dem Tod Karls und der Krönung Ludwigs XII. (1498) enden die Memoiren.

Commynes schreibt keine persönlichen Memoiren, wie man sie seit dem 17. Jh. kennt, sondern schweigt meist über die eigene Person. Er entfernt sich andererseits mit diesem ersten modernen Geschichtswerk von der herkömmlichen Historiographie eines Joinville oder eines Froissart, indem er sich nicht mit dem Bericht der Ereignisse begnügt, sondern versucht, in die vielfach verschlungenen Intrigen und in die Beweggründe des Geschehens einzudringen, dessen Hintergünde zu erklären, wobei er die psychologische Motivierung historischer Ereignisse eingehend verfolgt, besonders im Fall des impulsiv handelnden, von ritterlichen Idealen bestimmten Karl von Burgund und seines ungleich mehr differenzierten Gegners Ludwig XI.

Nicht weiter reduzierbare Wendungen kriegerischen und politischen Geschehens schreibt er dem aktiven Eingreifen Gottes zu – keineswegs nur ein technischer Kunstgriff oder eine leere Floskel, sondern Ausdruck seiner Religiosität. Commynes Memoiren nähern sich dem in Italien beliebten Genre des Fürstenspiegels: Der Verfasser sucht aus den berichteten Ereignissen Maximen für politisches Handeln zu gewinnen. Die Ereignisse werden zu anschaulichen Exempeln, die er scharfsinnig analysiert und in langen Exkursen neben vergleichbare Fälle stellt, um daraus Ratschläge für politisches Handeln abzuleiten. Die Politik wird zum ethisch wertfreien Gegenstand der Analyse und zur lernbaren Kunst, moralische Bedingtheit der Politik ist nur soweit relevant, als sie selbst ins politische Kalkül einbezogen ist.

Die Memoiren wurden bis zum Ende des Ancien régime als Handbuch für Politiker und Diplomaten viel gelesen; es erschienen zahlreiche Nachdrukke und Übersetzungen. Tatsächlich enthalten sie Empfehlungen, die in Frankreich erst Jahrhunderte später Wirklichkeit wurden, wie der Gedanke, Steuern nur im Einverständnis mit den Bürgern festzusetzen. Als historische Quelle für das ausgehende Mittelalter darf das Werk gerade im Hinblick auf die politische Rolle und die didaktische Absicht des Autors nur mit vorsichtiger Kritik benutzt werden. K.En.

Ausgaben: Paris 1524 [Tl. 1]. – Paris 1528 [Tl. 2]. – Paris 1539 [1. GA]. – Paris 1552, Hg. D. Sauvage. – Ldn./Paris 1747, Hg. Lenglet du Fresnoy, 4 Bde. – Paris 1840–1847, Hg. E. Dupont, 3 Bde. – Paris 1901–1903, Hg. B. de Mandrot, 2 Bde. [m. Einl. u. Anm.]. – Paris 1924/25, Hg. J. Calmette u. G. Durville, 3 Bde.; Les classiques de l'histoire de France du moyen âge, fasc. 3, 5, 6; ern. 1964/65. – Columbia 1969–1973 (*The Memoirs of C.*, Hg. u.

engl. Üs. S. Kinser u. I. Cazeaux, 2 Bde.). – Paris 1979 (*Mémoires sur Louis XI, 1464–1483*, Hg. J. Dufournet; Folio).

Übersetzungen: *Histori, Ursprung und Ursach des Burgundischen Kriegs und Beschreibung des neapolitanischen Kriegs*, C. Hedion, Straßburg 1551. – *Histori von König Carle ausz Frankreich den achten und von dem Krieg zu Naples*, ders. Straßburg 1552. – *Historien von den Thaten Ludovici XI Königs in Franckreich*, M. Klostmans, Ffm. 1643. – *Die Denkwürdigkeiten Ph. v. Commynes, Herrn von Argenton*, S. Aschner, Mchn. 1920. – *Memoiren. Europa in der Krise zwischen Mittelalter u. Neuzeit*, M. Krabusch-Schaefer, Stg. 1952; ern. 1983.

Literatur: B. Croce, *Il personaggio italiano che esortò il C. a scrivere i »Mémoires« (Angelo Catone)*, Neapel 1932. – G. Heidel, *La langue et le style de Ph. de C.*, Lpzg. 1934. – J. Bastin, *Les »Mémoires« de Ph. de C.*, Brüssel 1941. – A. Prucher, *I »Mémoires« di Ph. de C. e l'Italia del quattrocento*, Florenz 1957 (vgl. dazu J. Frappier in RLC, 32, 1958, S. 583–586). – K. Bittmann, *Ludwig XI. u. Karl der Kühne. Die Memoiren des Ph. de C. als historische Quelle*, Göttingen 1964–1970. – J. Dufournet, *La destruction des mythes dans les »Mémoires« de Ph. de C.*, Genf 1966. – J. Dufournet, *Art et déformation historique dans les »Mémoires« de C.* (in Rom, 90, 1969, S. 145–175). – I. Voss, *C. und sein Memoirenwerk in der Forschung seit 1945* (in Deutsches Archiv für die Erforschung des Mittelalters, 29, 1973, S. 224–235). – P. Archambault, *C. History as Lost Innocence* (in P. A., *Seven French Chroniclers*, Syracuse 1974, S. 101–115). – J. Demers, *C. mémorialiste*, Montreal 1975. – W. J. Meyer, *Erlebte Geschichte. Möglichkeiten ihrer Darstellung am Beispiel der »Memoiren« von C.*, Mchn. 1977. – R. Bertrand, *Livre 1 des »Mémoires« de C. Index automatique du vocabulaire*, Aix-en-Provence/Marseille 1982. – O. Soutet u. C. Thomasset, *Des marques de la subjectivité dans les »Mémoires« de C.* (in *La chronique au moyen âge*, Hg. D. Poirion, Paris 1984, S. 27–44).

## dino Compagni

* um 1246 Florenz
† 26.2.1324 Florenz

### CRONACA DELLE COSE OCCORRENTI NE' TEMPI SUOI

(ital.; *Chronik der Ereignisse seiner Zeit*). Geschichtswerk von Dino Compagni, entstanden 1310–1312. – Die Chronik beschreibt den Machtkampf zwischen Ghibellinen und Guelfen und insbesondere die politischen Auseinandersetzungen zwischen den beiden guelfischen Parteien der Bianchi und der Neri (den »Weißen« und den »Schwarzen«), die nach 1280 in Florenz einen Bürgerkrieg entfachten.

Als Inhaber hoher öffentlicher Ämter in Verwaltung und Justiz *(Gonfaloniere della giustizia)* war Compagni zur Aufzeichnung des politischen Zeitgeschehens geradezu prädestiniert. Berühmt geworden sind die in das Werk eingebetteten Porträts maßgeblicher politischer Persönlichkeiten (Pecora, Corso Donati u. a.): Männer, die sich im Chaos der Kompetenzstreitigkeiten zwischen Kaiserreich und Papsttum unerschrocken für Freiheit und Recht einsetzten, aber auch solche, die der Korruption gewissenlos Vorschub leisteten. Als leidenschaftlicher Verfechter der Demokratie polemisiert der Autor gegen die Verderbtheit vieler Zeitgenossen und bezeichnet die aktuelle Politik als einer freien und angesehenen Stadt unwürdig. Als ehemaliger Anhänger der Bianchi bezichtigt er die siegreiche Gegenpartei, *»durch schlechte Sitten und unrechtmäßigen Erwerb von Gütern«* Florenz moralisch verseucht zu haben. Mit Sehnsucht erwartet er deshalb den Kaiser und hofft, daß dieser Ruhe und Ordnung wiederherstellen und die Schuldigen bestrafen möge.

Die 1726 erstmals veröffentlichte Chronik ist neben Giovanni Villanis *Nuova Cronica*, 1537 *(Neue Chronik)* wichtigstes Zeugnis der florentinischen Geschichte des 14. Jh.s. Im Zuge des neu erwachenden historischen Interesses im 19. Jh. erlangten Compagnis Aufzeichnungen großes Ansehen. Aufgrund ihres klaren sprachlichen Stils zogen sie auch die Aufmerksamkeit der Sprachpuristen auf sich. Seinen literarischen Wert verdankt das Werk der Überzeugungskraft seines parteiischen und streng religiösen Autors, der seine Thesen diskussionslos, mit dem Wahrheitsanspruch des passionierten Politikers und dem Vertrauen des an die Macht der göttlichen Vorsehung glaubenden Christen, darlegte. KLL

Ausgaben: Mailand 1726 (in L. A. Muratori, *Rerum Italicarum scriptores*, Bd. 9). – Florenz 1879 bis 1887 (in I. del Lungo, *D. C. e la sua »Cronica«*, 3 Bde.). – Città del Castello 1916, Hg. I. del Lungo [krit]. – Turin 1978, Hg. G. Luzzato. – Mailand 1982, Hg. G. Bezzola [krit, m. Einl.].

Übersetzung: *Chronik des Dino Compagni von den Dingen, die zu seiner Zeit geschehen sind*, I. Schwartz, Jena 1914.

Literatur: G. Smets, *La chronique de D. C.* (in Revue de l'Université de Bruxelles, April/Juli 1909). – I. del Lungo, *Storia esterna, vicende, avventure d'un piccolo libro de' tempi di Dante*, 2 Bde., Rom 1917–1918. – D. Guerri, *D. C. con bibliografia*, Pavia 1932. – A. Moretti, *Cronisti del trecento: D. C. e Giovanni Villani* (in A. M., *Pagine sparse di un letterario*, Pisa 1942, S. 25–34). – G. Arnaldi, *D. C. cronista e militante ›popolano‹* (in La Cultura, 21, 1983).

## IVY COMPTON-BURNETT

* 5.6.1884 London
† 27.8.1969 London

LITERATUR ZUR AUTORIN:
F. Baldanza, *I. C.-B.*, NY 1965 (TEAS). – M. McCarthy, *Les inventions d'I. C.-B.* (in Preuves, 1967, Nr. 192, S. 13–30). – B. Nevius, *I. C.-B.*, NY/Ldn. 1970. – *The Art of I. C.-B.: A Collection of Critical Essays*, Hg. Ch. Burkhart, Ldn. 1972. – C. Greig, *I. C.-B.: A Memoir*, Ldn. 1972. – V. Powell, *A C.-B. Compendium*, Ldn. 1973. – E. Sprigge, *The Life of I. C.-B.*, NY 1973. – K. M. Huff, *I. C.-B.: A Bibliography* (in Bulletin of Bibliography, 35, 1978, S. 132–142). – *I. C.-B. Issue*, Hg. Ch. Burkhart (TCL, 25, 1979, Nr. 2; Sondernr.). – H. Spurling, *Secrets of a Woman's Heart. The Later Life of I. C.-B.*, NY 1984.

### ELDERS AND BETTERS

(engl.; *Die Älteren und die Überlegenen*). Roman von Ivy COMPTON-BURNETT, erschienen 1944. – Schauplatz der Handlung ist, wie in den meisten Romanen der Autorin, ein englisches Landhaus um die Jahrhundertwende. Die Familien Donne und Calderon (Benjamin Donne und Jessica Calderon sind Geschwister) werden von zwei Frauen tyrannisiert: von Benjamins und Jessicas Schwester Sukey, die ihre Krankheit und die Geldgier ihrer Verwandten zu eigenen Zwecken zu nützen versteht, und von Benjamins ältester Tochter Anne. Angelpunkt der recht melodramatischen Handlung ist die Vernichtung des gültigen Testaments der Tante Sukey durch Anne, die statt dessen eines der zahlreichen früher verfaßten Testamente aufbewahrt, in dem sie – und nicht wie später Jessica – als Erbin eingesetzt worden war. Jessica wird durch diese skrupellose Intrige in den Selbstmord getrieben, Anne »kauft« sich einen ihrer Vettern als Ehemann und wird zur despotischen Herrscherin über beide Familien.
Der Roman ist fast durchweg in einem stark stilisierten, komprimierten, häufig artifiziell wirkenden Dialog geschrieben, der, da der Sprachrhythmus bei den verschiedenen Personen nahezu der gleiche ist, an die Aufmerksamkeit und die Vorstellungskraft des Lesers erhebliche Anforderungen stellt.
Die Menschen des Romans sind als der Außenwelt, ja dem eigentlichen Leben entzogen dargestellt; sie existieren weniger als Persönlichkeiten denn als Personifikationen von Gefühlen, Wünschen und Begierden, die im Verlauf der Gespräche mit unheimlicher Folgerichtigkeit demaskiert werden. Kaum verhohlener Widerwille, Abneigung und gegenseitiger Haß bestimmen das Verhalten der meisten dieser Menschen. Die selbstsüchtige Liebe zwischen Mutter und Sohn, Vater und Tochter, die Gier nach Macht und Geld werden erbarmungslos analysiert.
Auf den Vorwurf der Kritik, daß wirkliche Personen niemals so sprächen wie ihre Charaktere, hat die Autorin einmal geantwortet, daß ihr das wirkliche Leben keinen Romanstoff zu bieten habe. Daß keines ihrer Bücher in der Gegenwart spielt, erklärte sie damit, daß man eine Ära erst dann geistig erfassen könne, wenn sie beendet sei. Ebenso unkonventionell wie diese Ansichten nehmen sich ihre Romane innerhalb der englischen Gegenwartsliteratur aus. J.v.Ge.

AUSGABEN: Ldn. 1944. – Ldn. 1977.

### A FAMILY AND A FORTUNE

(engl.; *Ü: Eine Familie und ein Vermögen*). Roman von Ivy COMPTON-BURNETT, erschienen 1939. – In dem etwas gleichförmigen Dasein, das die an sich nicht sehr wohlhabenden Gavestons – die Familie des Titels – in einem langsam verfallenden Landhaus führen, scheint ein Glücksumstand Wandel zu bewirken: Dudley, der jüngere Bruder des Hausherrn, ein Junggeselle, erbt überraschend ein Vermögen. Damit ändert sich zunächst sein äußerer Status. Er, der im Haushalt des Bruders, diesem enger verbunden als Frau und Kinder, stets die zweite Geige zu spielen glaubte, kann nun die dankbare Rolle des Wohltäters übernehmen, die er in einer dialektisch großartig geführten Szene den anderen gegenüber als die des von ihnen »Beschenkten« interpretiert. Denn sie alle haben ihm erlaubt, ihre Wünsche zu erfüllen: sein wortarmer, gefühlskarger Bruder Edgar; Blanche, dessen mütterlich-betuliche Frau, die von Anfang an eine merkwürdige Gereiztheit zur Schau trägt; seine Nichte, die so offenherzige wie taktlose Justine; seine drei Neffen, der redlich-nüchterne Mark, der kalte, kluge, kalkulierende Clement und der ihm selbst am meisten wesensverwandte Aubrey, körperlich für sein Alter etwas zurückgeblieben, geistig wacher und hellsichtiger als alle seine Geschwister zusammengenommen – eine der eindrucksvollsten unter den zahlreichen Knabengestalten der Autorin. Auch die Schwester Blanches, die halb gelähmte, durch und durch boshafte Matty, und ihr greiser Vater, die beide nach dem Verlust ihres eigenen Vermögens in das Pförtnerhäuschen des Grundstücks gezogen sind, werden von Dudley nicht vergessen. Und mit alledem verstärkt sich sein Selbstgefühl. Der Fünfzigjährige trägt sich zum erstenmal mit Heiratsgedanken und hält um die Hand einer jüngeren Freundin Mattys an, die zufällig bei ihr zu Besuch weilt. Als er erhört wird, muß er auf der Rückgabe der von ihm großzügig verteilten Summen bestehen – der erste schmerzliche Stoß für seine neugewonnene Selbsteinschätzung. Die zweite Katastrophe ereignet sich, als sein Bruder nach dem überraschenden Tod Blanches ihm die künftige Frau abspenstig macht.

Dudley ist der neuen Rolle des großmütig Verzeihenden und Verzichtenden nicht gewachsen und flieht nach einer heftigen Auseinandersetzung mit dem Bruder aus dem Haus. Erst als er tödlich erkrankt und dann wiedergesundet, kommt es zur Versöhnung zwischen beiden Brüdern – auf Kosten freilich ihrer Gefühle für alle anderen Angehörigen. Damit ist die alte Lebensordnung wiederhergestellt, und das ererbte Vermögen bleibt in der Familie.

Die Erbschaft, die den Zusammenhalt einer Familie bedroht: das ist ein wohlbekanntes, zumeist ins Burleske oder Satirische gewendetes Thema. In diesem Roman werden ihm neue und sehr subtile Wirkungen abgewonnen. Keiner der Akteure ist unverhüllt geldgierig, es sei denn ausgerechnet der intellektuelle Clement. Aber keiner ist auch gegen den Zauber des Geldes immun, und dieser Zauber erweist sich als wirkungsmächtig vor allem im Bereich des Immateriellen – insofern nämlich, als er Charaktere wachsen und schrumpfen läßt. Das Verhältnis jedes einzelnen zum Geld, von dem in diesem Buch so viel die Rede ist, wird derart zum Sinnbild für menschliches Verhalten im allgemeinen, das Ivy Compton-Burnett unter dem Blickwinkel des geborenen Komödienautors betrachtet. Unerbittlich gegenüber ihren Figuren, läßt sie keinerlei »Vorwände« gelten.

Wie in ihren anderen Romanen ist auch hier das eigentliche Medium des Dialogs das unpersönliche Epigramm, das gleichwohl mehrere persönliche Funktionen zu erfüllen hat: die jeweiligen Gesprächspartner zu widerlegen, zu verwunden oder hinters Licht zu führen, zugleich aber den Sprechenden in dessen eigenen Augen zu drapieren, in denen des Lesers bloßzustellen.

Man hat dieses Buch als das »freundlichste« seiner Urheberin bezeichnet, nicht nur weil die darin abgehandelten Konflikte eine relativ glückliche Wendung nehmen, sondern weil Ivy Compton-Burnett hier einmal etwas von persönlicher Wärme spürbar werden läßt und eines der gefährlichsten ihrer Geschöpfe, die wie mit einem Ätzstift gezeichnete Tante Matty, zu einer Art Randexistenz verurteilt. Aber wie auch sonst bei ihr sind gallenbittere Komödie und sardonische Tragödie auf des Messers Schneide ausbalanciert, und auf eine einzige Handbewegung hin kann der heitere Grundton des Ganzen – wie etwa beim Tod Blanches oder der Erkrankung Dudleys – ins Elegische umschlagen, um sich dann aber, in ebenso unmerklicher Weise, bei der nächsten Handbewegung wieder einzuschwingen.

W.v.E.

AUSGABEN: Ldn. 1939. – Ldn. 1965. – NY 1965. – Ldn. 1979.

ÜBERSETZUNG: *Eine Familie und ein Vermögen*, W. v. Einsiedel, Köln 1966.

LITERATUR: L. Potter, *Show and Dumb Show in »A Family and a Fortune«* (in TCL, 25, 1979, S. 194–206).

## ISIDORE-AUGUSTE-MARIE-XAVIER COMTE

* 19.1.1798 Montpellier
† 5.9.1857 Paris

LITERATUR ZUM AUTOR:
H. Gouhier, *La jeunesse d'A. C. et la formation du positivisme*, 3 Bde., Paris 1933–1941. – P. Ducassé, *La méthode et l'intuition comtienne*, Paris 1939. – Ders., *Essai sur les origines intuitives du positivisme*, Paris 1939. – Ders., *Méthode et intuition chez A. C.*, Paris 1939. – A. Cresson, *A. C., sa vie, son œuvre, avec un exposé de sa philosophie*, Paris 1941; [2]1957. – J. Lacroix, *La sociologie d'A. C.*, Paris 1956; ern. 1973. – O. Negt, *Strukturbeziehungen zwischen den Gesellschaftslehren C.s und Hegels*, Ffm. 1964. – M. Steinhauer, *Die politische Soziologie A. C.s und ihre Differenz zur liberalen Gesellschaftstheorie Condorcets*, Meisenheim am Glan 1966. – O. Massing, *Fortschritt und Gegenrevolution*, Stg. 1966. – P. Arbousse-Bastide, *A. C.*, Paris 1968. – P. Arnaud, *La pensée de C.*, Paris 1969. – Ders., *Sociologie de C.*, Paris 1970. – A. Negri, *A. C. e l'umanesimo positivistico*, Rom 1971. – P. Arnaud, *Le ›Nouveau dieu‹. Préliminaires à la politique positive*, Paris 1973. – C. Rutten, *Essai sur la morale d'A. C.*, Paris 1973. – K. Thompson, *A. C. The Foundation of Sociology*, NY 1975. – W. Schrader, *Das Experiment der Autonomie. Studien zu einer C. und Marx Kritik*, Amsterdam 1977. – A. Kremer-Marietti, *L'anthropologie positiviste d'A. C.*, Paris 1980. – F. Wolfzettel, *C.* (in *Französische Literatur des 19. Jh.*, Hg. W. D. Lange, Heidelberg 1980, Bd. 2, S. 49–66). – A. R. Standley, *A. C.*, Boston 1981. – A. Kremer-Marietti, *Le concept de science positive. Ses tenants et ses aboutissants dans les structures anthropologiques du positivisme*, Paris 1983. – T. R. Wright, *The Religion of Humanity. The Impact of C. and Positivism on Victorian Britain*, Cambridge 1986.

### COURS DE PHILOSOPHIE POSITIVE

(frz.; *Abhandlung über die Philosophie des Positivismus*). Hauptwerk des Philosophen Isidore-Auguste-Marie-Xavier COMTE, herausgegeben in Paris den Jahren 1830–1842. – Mit diesem Werk legt der bedeutendste Schüler SAINT-SIMONS und Begründer der Soziologie eine systematische und enzyklopädisch zusammenfassende Abhandlung über den Positivismus vor. Eingeleitet wird diese wichtige Arbeit mit einer Darlegung des Gesetzes der drei Entwicklungsphasen des Denkens *(»loi des trois états«)*: Im *»état théologique«* sucht der Geist die Natur der Dinge, ihr Wesen und ihren Zweck zu ergründen und sich die Phänomene als Produkte eines direkten und beständigen Einwirkens übernatürlicher Mächte vorzustellen. Der zweite Zustand, *»état métaphysique«* oder auch *»état abstrait«*, ist nur eine Weiterführung des ersten: Aus dem Stadium gläubiger Frömmigkeit gleitet das Denken des Menschen notwendigerweise hinüber in das der Spekulationen über die *»abstractions personnifiées«*, abstrakte Kräfte, die alle Erscheinungen aus sich selbst hervorbringen können. In der dritten Phase, im *»état positif«*, hat der Mensch in zunehmendem Maße darauf verzichtet, durch metaphysische Spekulation die *»causes primaires et finales«* der Dinge ergründen zu wollen; statt dessen begnügt er sich damit, rein aufgrund seiner von der Vernunft geordneten Erfahrungen die tatsächlichen Gesetze der Phänomene zu ermitteln. Einer natürlichen Entwicklung folgend, die historisch jeweils bestimmten Epochen entspricht, vollzog sich in den einzelnen Wissenschaften, und zwar nacheinander in der Mathematik, der Astronomie, der Physik, der Chemie und der Biologie, der Übergang von der theologischen und metaphysischen zur »positiven« Betrachtungsweise, die das Problem der »Ursachen« als nichtexistent behandelt. Allein die Philosophie der sozialen Phänomene, die *»physique sociale«*, die die Grundlage und Krönung des ganzen Systems ist, hat dieses Stadium noch nicht erreicht; hier liegt also die Aufgabe der Epoche. Auch die sozialen Phänomene müssen als Gegebenheiten betrachtet werden, die bestimmten unveränderlichen Gesetzen und Beziehungen unterworfen sind. Einziges Ziel dieser Wissenschaft ist es, Wissen zu sammeln, um Entwicklungen vorherzusehen *(»savoir pour prévoir«)* und die privaten und gesellschaftlichen Lebensbedingungen des Menschen verbessern zu können. Alles Wissen und Forschen entbehrt des Sinnes, wenn es nicht in Beziehung zum Menschen steht; wobei der Mensch für Comte, ähnlich wie für MARX, nicht als isoliertes Individuum, sondern als Glied der sich unaufhörlich weiter und höher entwickelnden Gesellschaft Gegenstand des Philosophierens ist. Die positivistische Soziologie betrachtet auch die Entwicklung der menschlichen Gesellschaftssysteme unter dem Gesichtspunkt des Dreistadiengesetzes: der Unterwerfung unter mythische und transzendente Mächte folgte eine Rechtsordnung auf der Grundlage des Besitzes. Diese wird jetzt abgelöst von einem *culte de l'humanité* (Kult der Humanität), der darin besteht, daß die Menschen sich auf der Basis der Gleichheit demokratisch regieren. Aus diesem Ansatz entwickelte Comte nach 1842 eine *»Religion der Humanität«*, die er in seinem *Catéchisme positiviste* (1852) darlegte. Aber seine etwas naiven Umdeutungen traditioneller katholischer Glaubensartikel (die neun positivistischen Sakramente!) hatten nicht entfernt die Wirkung des Hauptwerks, das bis heute für jede Betrachtung des Positivismus grundlegend ist. KLL

AUSGABEN: Paris 1830–1842, 6 Bde. – Paris 1864. – Paris 1877. – Paris 1908, 6 Bde. – Stg. 1965, 6 Bde. [Neudr. d. Ausg. 1830–1842]. – Paris 1968. – Paris 1975.

ÜBERSETZUNGEN: *Die positive Philosophie*, J. H. v. Kirchmann, 2 Bde., Heidelberg 1883 [n. d. Ausw. v. J. Rig]. – *Soziologie*, V. Dorn, 3 Bde., Jena 1907–1911 [Einl. H. Waentig]; [2]1923 (Sammlung sozialwissenschaftlicher Meister, 8–10). – *Die Soziologie. Die positive Philosophie im Auszug*, Hg. F. Blaschke, Lpzg. 1933. – Dass., ders., Stg. [2]1974.

## LAURE CONAN

d.i. Félicité Angers

* 9.1.1845 La Malbaie
† 6.6.1924 Québec

### ANGELINE DE MONTBRUN

(frz.; *Angéline von Montbrun*). Roman von Laure CONAN (Kanada), in Fortsetzungen 1881/82 veröffentlicht in der ›Revue canadienne‹, in Buchform erschienen 1884. – Dieser bedeutendste frankokanadische Roman des 19. Jh.s ist mehrfach mit Blick auf die Biographie der Autorin gedeutet worden: deren unglückliche Liebe zu dem Landvermesser und Politiker Pierre-Alexis Tremblay, die unüberwindlichen Hindernisse, die sich zwischen sie stellten, spiegeln sich auch in ihren anderen Romanen. Problematisch scheint dieser Interpretationsansatz allerdings dann, wenn er den Blick verstellt auf die Schilderung des Übergangs zwischen Tradition und Erneuerung, welche diesem Text seine hervorragende Position in der frankokanadischen Literatur sichert. Laure Conan gehört zu jenem Schriftstellerkreis, der, repräsentativ vertreten durch Philippe AUBERT DE GASPÉ (1786–1871), in historischen Romanen den ritterlichen Geist und den Opfermut der einstigen Kolonisatoren im Kampf gegen die Indianer und die Engländer hochleben ließ. In *Angéline de Montbrun* kommt die heroisch-aristokratische Komponente des historischen Romans zwar auch zum Tragen, tritt aber in den Hintergrund gegenüber jenem katholischen Messianismus und jener bäuerlichen Heimatverbundenheit, die die Grundlage bilden für den im späten 19. Jh erstarkenden Überlebenswillen der quebecischen Volksgruppe.

Trotz seiner vornehmen Abkunft hat sich Herr von Montbrun mit Leib und Seele der Landwirtschaft verschrieben, da er nur durch ein Leben im Zeichen des Glaubens und der Bauerntugenden die Kontinuität des französischen Erbes in der Neuen Welt gewährleistet sieht. Seit dem Tode seiner Gemahlin führt die Tochter Angéline mit ihm zusammen ein kleines Gut in einem Dorf am Meer. Die erste Hälfte des Romans, die der Briefform und auch ihrer Grundstimmung wegen an ROUSSEAUS *La Nouvelle Héloïse* (1761) erinnert, schildert den Besuch von Maurice, dem Sprößling einer befreundeten

Familie, dessen Briefe an seine Schwester Mina, die Freundin Angélines, sowohl rasch aufkeimende Liebe zu der jungen Gastgeberin als auch große Schüchternheit verraten. Vater und Tochter erscheinen dem jungen Mann gleichermaßen als höhere, miteinander in vollendeter Harmonie lebende Wesen. Er würde sich kaum würdig fühlen, in ihre Gemeinschaft aufgenommen zu werden, wäre da nicht seine künstlerische Begabung – Maurice ist ein hervorragender Sänger. Als Monsieur de Montbrun erfährt, daß der Gast Angéline seine Liebe gestanden hat, ist er zunächst verstimmt, willigt aber unter der Bedingung, daß Vater und Tochter sich nie trennen müssen, in die Verlobung ein und in die Hochzeit, sobald Angéline das zwanzigste Lebensjahr erreicht hat. Damit endet der Briefwechsel. Ein Erzähler meldet sich zu Wort, um den Leser in knapper Form vom tödlichen Jagdunfall des Vaters zu unterrichten. Angéline ist in tiefe Verzweiflung versunken. Nach einem operativen Eingriff fühlt sie sich weniger attraktiv, glaubt ein Erkalten der Liebe ihres Verlobten feststellen zu müssen und gibt Maurice seinen Ring zurück.

Der letzte Teil des Romans besteht aus Tagebuchnotizen und wenigen eingestreuten Briefen. Angéline versucht vergeblich, die Trauer über den Verlust des Vaters aufzuarbeiten, und macht aus ihren Erinnerungen an ihn einen Kult, der mehrfach Kritiker veranlaßt hat, von einem Elektra-Komplex der Heldin zu sprechen und auf eine inzestuöse Tendenz ihres Verhaltens hinzuweisen. Eine solche Deutung vernachlässigt aber die starke, auch durch sinnliches Begehren motivierte Sehnsucht Angélines nach Maurice. Wenn sie diesen in einem letzten Briefwechsel noch einmal abweist, so läßt sich dieser Starrsinn nicht einfach mit einer »Leidenschaft« für die Person des Vaters erklären. Die tiefe Verbundenheit des Mädchens zu Monsieur de Montbrun entspricht der *»grenzenlosen Liebe«*, welche dieser François-Xavier GARNEAU (1809–1866), dem Begründer der quebecischen Geschichtsschreibung, entgegengebracht hatte. Vater und Tochter haben gemeinsam die *Histoire du Canada* (1845–1848) gelesen und diskutiert. Persönliche Zuneigung verbindet sich mit der gemeinsamen Verehrung eines Ideals, und aus alldem resultiert eine Verpflichtung, die es den Nachgeborenen verbietet, sich ihrem »privaten« Glück zu widmen. Der Vater und Garneau sind tot, die großen Zeiten der »Nouvelle France« sind unwiderruflich vorbei. Da Angélines Leid mit dem eines ganzen Volkes korrespondiert, kann sie sich nicht mit Kompromissen abfinden und muß danach trachten, den Absolutheitsanspruch ihrer Liebe zu bewahren, bzw. dieselbe in die Hoffnung des Glaubens zu verwandeln: *»Heilige dieses Gefühl, auf das allein ich baue, o Retter des ganzen Menschen, lasse es sich erheben wie die Flamme und reinige es von allem, was dem Tode angehört.«* Angélines Freundin Mina ist längst ins Kloster gegangen. Die Heldin aber verharrt in einer Grauzone zwischen verzweiflungsvoller Bindung an die Vergangenheit und einer Askese, die den Weg zu Gott sucht, aber nur mühsam über menschenferne Egozentrik hinausgelangt. Die Hoffnung auf ein existentielles Gleichgewicht zeichnet sich nur in dem Maße ab, als Arbeit, aktive Nächstenliebe und kirchlicher Beistand mehr Bedeutung für ihr Leben gewinnen. Das Normensystem der theokratischen Ära eröffnet den Weg der Pflichterfüllung und verschließt gleichzeitig den Zugang zu individuellem Glück. In nicht unähnlicher Weise hat einst Madame de LA FAYETTE in ihrer *Princesse de Clèves* (1678) die bezwingende Macht und lebensfeindliche Widersprüchlichkeit eines anderen Normensystems auf dem Höhepunkt seiner Entwicklung dargestellt. F.Ki.

AUSGABEN: Montreal 1881/82 (in *Revue canadienne*, Juni 1881–Aug. 1882). – Quebec 1884; [4]1919. – Montreal 1950. – Montreal 1975 (in *Œuvres romanesques*, Hg. R. Le Moine, Bd. 1).

LITERATUR: A. Brochu, *Le Cercle et l'évasion verticale dans »Angéline de Montbrun«* (in Études françaises, 2, 1966, S. 90–100). – R. Le Moine, *L. C. et Pierre-Alexis Tremblay* (in La Revue de l'Univ. d'Ottawa, 36, 1966, S. 258–271; 500–538). – M. Gagnon-Mahony, *»Angéline de Montbrun«: le mensonge historique et la subversion de la métaphore blanche* (in Voix et images du pays, 6, 1972, S. 57–68). – M.-L. Wittenberg, *La Porte étroite et »Angéline de Montbrun«: une comparaison* (in Présence francophone, Frühjahr 1972, S. 125–138). – S. Blais-Mauviel, *»Angéline de Montbrun«* (in *Le Roman canadien-français, Archives des Lettres can. III*, Montreal 1977, S. 105–122). – M. Ducrocq-Poirier, *Le Roman canadien de langue française*, Paris 1978, S. 127–143.

## MARYSE CONDÉ

* 11.2.1937 Pointe-à-Pitre

### SÉGOU

(frz.; *Ü: Segu*). Roman in zwei Teilen von Maryse CONDÉ (Guadeloupe). Der erste Band trägt den Titel *Les murailles de la terre (Die Mauern aus Lehm)*, erschienen 1984, der zweite Band *La terre en miettes (Das zerstückelte Land)*, erschienen 1985. – Als Literaturwissenschaftlerin, Verfasserin zahlreicher literaturgeschichtlicher und -kritischer Werke zur Literatur der Antillen, hatte Condé mehrere Jahre an afrikanischen Universitäten gelehrt. Wie bei anderen Autoren der Antillen waren diese Afrikaaufenthalte ein Teil einer Identitäts- und Heimatsuche, die sie auch in ihren ersten Romanen *Hérémakhonon (1976)* und *Une saison à Rihata (1981)* kritisch reflektiert. In beiden wird die Geschichte von Frauen erzählt, die der Enge ihrer karibischen Inselwelt zu entkommen versuchen und sich mit afrikanischen Männern verbinden. Diese Beziehungen scheitern, denn ihre Rolle als Frau in der afrikanischen Gesellschaft entspricht weder den romantischen Vorstellungen noch dem Emanzipationsbedürfnis der Heldinnen. Enttäuschte Rückkehr, andere Formen der Evasion oder ein apathisches Hindämmern erscheinen als einzige Möglichkeiten der Flucht vor Rollenkonflikten, denen die doppelt diskriminierte schwarze Frau in besonderem Maße ausgesetzt ist.

Das gewaltige, fast 1000 Seiten lange Epos über die im heutigen Mali gelegene Stadt Segu wurde das erste große Erfolgswerk der Autorin. Anders als in den vorhergehenden Romanen thematisiert Condé nicht mehr persönliche Erfahrungen und Probleme. Wohl nimmt sie an, daß ihre Vorfahren aus dem westafrikanischen Volk der Bambara, den Herren des Reiches von Segu, stammen, doch versucht sie nicht direkt eine Rekonstruktion ihrer eigenen Geschichte. *Ségou* ist vielmehr ein historischer Roman, der auf umfangreichen, in einem Anhang niedergelegten historischen und ethnographischen Recherchen beruht. Als Nebenfiguren tauchen immer wieder bekannte historische Persönlichkeiten, afrikanische Herrscher, islamische Eroberer, europäische Afrikaforscher auf, so z. B. im ersten Kapitel, das von der Ankunft des ersten weißen Mannes in Segu berichtet: Er ist wohl Objekt der Neugierde, doch wird er vor den Toren der Stadt abgewiesen. Erst viel später erfährt der Leser zusammen mit einem der Helden des Romans, daß es sich hier um den Entdecker Mungo Park gehandelt hat, der dieses Ereignis auch in seinen Reiseberichten beschrieben hat.

Diese erste Episode ist bereits charakteristisch für die Perspektive des Romans: Afrikanische Geschichte wird aus dem Blickwinkel der Afrikaner beschrieben. Aus den beschriebenen Ereignissen ergibt sich, daß der Roman die Zeitspanne von 1795 (Ankunft Parks in Segu) bis 1890 (Einnahme Segus durch die Franzosen) behandelt. Diese charakteristischen Rahmenereignisse bestimmen die Geschichte jedoch nur scheinbar: In dem stolzen Reich Segu bekümmert man sich wenig um europäische Interessen; man ist vielmehr mit den eigenen Intrigen und vor allem mit dem Vordringen des Islams beschäftigt. Der große Einschnitt – am Ende des ersten Bandes – ist die Eroberung Segus durch den muslimischen Mahdi El-Hadj Omar, der die Stadt seinem Fulbe-Reich einverleibt; der zweite Teil beschreibt die Intrigen und Kämpfe, mit denen sich die Bambara wieder von den Fulbe zu befreien versuchen und in deren Verlauf sie naiv das ihre Geschichte endgültig besiegelnde Bündnis mit den Franzosen eingehen.

Der Niedergang von Segu spiegelt sich im Schicksal der Traorés, einer traditionellen, angesehenen und reichen Großfamilie, die im Mittelpunkt des Romans steht. Überschattet von einem mächtigen Baum, dem Wohnsitz der Familiengeister, bevölkert von verschiedenen Teilfamilien mit ihren Sklaven und Herden, fügen sich die Höfe des Anwesens zu einer Trutzburg zusammen, die eine spirituelle Heimat der Familie sein soll. Kontrapunktisch hierzu zeichnet Condé die Einzelschicksale verschiedener Familienmitglieder, die, von der Zeitenwende erfaßt, in die Welt hinausziehen und einem tragischen Schicksal anheimfallen. Im ersten Band geht es vor allem um die vier Söhne des Familienoberhauptes Dousika: Tiékoro fühlt sich zum Islam berufen und zieht zusammen mit seinem Halbbruder Siga nach Timbuktu, um sich als erster Bambara zu einem geistlichen Lehrer ausbilden zu lassen; nach seiner Rückkehr gründet er die erste Koranschule und stirbt als Sonderling und Heiliger für seinen Glauben; Siga hingegen hatte die – für einen Bambara ebenfalls unwürdigen – Fertigkeiten eines Großkaufmanns erlernt, war bis in die marokkanische Stadt Fez gelangt, bevor er – nun ebenfalls ein Außenseiter – nach Segu zurückkehrt. Naba, ein weiterer Bruder Tiékoros, wird während einer Jagd von Sklavenhändlern ergriffen und gelangt, mit dem Namen Jean-Baptiste getauft, nach vielen Umwegen nach Brasilien, wo er eine Yoruba namens Romana ehelicht und wenig später als vermeintlicher muslimischer Verschwörer hingerichtet wird. Diese Romana – eine der prägnantesten Figuren in diesem an Frauengestalten reichen Roman – kauft sich selbst frei und kehrt als »Agouda«, als Afrobrasilianerin, nach Dahomey zurück, wo sie eine intensive Liebesbeziehung mit dem vierten der Brüder, Malobali erlebt, bevor dieser von einer Seuche dahingerafft wird.

Dieses Zusammenspiel von Familiengeschichte und Einzelschicksalen erlaubt es Condé, die Schilderung verschiedener Schauplätze an der westafrikanischen Küste und in Amerika zu einem umfassenden Bild dieser für Afrika entscheidenden Zeit des ausgehenden Sklavenhandels und der beginnenden Kolonisierung zusammenzufügen. Am Ende des ersten Bandes kehrt sie jedoch wieder nach Segu zurück: Der neue Held ist nun Mohammed, der Sohn des Märtyrers Tiékoro, der in der Entscheidungsschlacht gegen die Fulbe ein Bein verliert und dessen Konflikte zwischen der Loyalität zu seiner Heimatstadt und dem islamischen Glauben der neuen Herrscher den ersten Teil des zweiten Bandes bestimmen. Daneben erscheinen nun, mit den Lebensgeschichten der zweiten Generation, wieder neue Schauplätze: Eucaristus, Sohn des Naba und der Agouda Romana, lebt in Lagos, Sierra Leone und London und lernt die ersten Kämpfer für eine Emanzipation Afrikas, meist ehemalige amerikanische Sklaven wie Samuel Crowther, kennen. Sein Lebensweg setzt sich in seinem Sohn Samuel fort, der, den Erzählungen seiner jamaikanischen Mutter folgend, bei den Maroons (entlaufenen Sklaven) der Karibikinsel eine seinem aufrührerischen Naturell entsprechende Identität sucht und nun in die sozialen Unruhen Jamaikas (Rebellion von Morant Bay, 1865) gerät. Bestimmend für Segu und die Familie Traoré wird jedoch die wiederum nächste Generation: Dieudonné, Sohn des gescheiterten Säufers Olubunmi und einziger Enkel Malobalis, der sich als Frucht einer verbotenen Liebe mit einem Fluch behaftet sieht, erhängt sich an dem Familienbaum der Traorés; dieser muß nun gefällt werden – das Ende der Familie Traorés kündigt sich an. Es vollzieht sich in einem letzten Kampf zwischen einander unbekannten Halbbrüdern, den Söhnen Mohammeds: Omar, der als letzter Mahdi den eindringenden Franzosen eine sinnlose Schlacht liefert, und Ahmet, der in französischen Diensten die fremden Truppen in die »sterbende« Stadt Segu führt. Diese äußeren Ereignisse vollziehen sich an den auf verwickelte Weise untereinander verwandten Männern der Familie; wichtig für Condé sind jedoch auch die sich am Rande abspielenden Frauenschicksale, die durch Eifersucht, Intrigen, Vorherrschaft der Männer und Verzweiflung gekennzeichnet sind: Maßlose Liebe, aber auch Selbstmord und Flucht spielen in den Tragödien der Traorés eine ebenso große Rolle wie der überhebliche Kriegerstolz und die religiösen Probleme der Männer. Wenn auch die zahlreichen Konflikte entweder der afrikanischen Tradition selbst entspringen oder aber Folgen der Zeitenwende sind, so wird doch Condés Versuch deutlich, mit den außerordentlich differenzierten Persönlichkeitsbildern ihrer Helden den europäischen Vorstellungen von einer kollektiven und damit konfliktfreien Mentalität der traditionellen Afrikaner entgegenzusteuern. Sicherlich besteht auch ein gewisser Widerspruch zwischen der kontinuierlich gesuchten »inneren« und afrikanischen Perspektive der Ereignisse und der Geschichte und der Tatsache, daß die Autorin mit Afrika selbst nur noch weitläufig und von »außen« her verbunden ist. Es gelingt ihr jedoch, ein Werk, das – anders als z. B. die verschiedenen modernen Versionen des Sundjata-Epos – der europäischen Tradition großer Epen verpflichtet ist, zu einem Gegenstück eurozentrischer Geschichtsauffassung und des ihr entsprechenden »kolonialen Romans« umzuformen. U.F.

AUSGABEN: *Les murailles de terre*: Paris 1984. – Paris 1985, 2 Bde. (Poche). – *La terre en miettes*: Paris 1985. – Paris 1987 (Poche).

ÜBERSETZUNG: *Segu: die Mauern aus Lehm*, U. Wittmann, Köln 1988.

LITERATUR: L. Kesteloot u. a., *Da Monzon de Ségou, épopée Bambara*, Paris 1978. – K. Mutombo, *Entretien avec M. C.: Madame Ségou* (in Echos africains, 2, 1984, S. 6–9). – J. Chevrier, *Sur les traces des Bambaras* (in Jeune Afrique, 1984, Nr. 1223, S. 64/65). – J. Silenieks, Rez. (in World Literature Today, 59, 1985, S. 309/310). – C. Zimra, Rez. (in FR, 59, 1985/86, S. 484/485). – D. K. Bruner, Rez. (in World Literature Today, 60, 1986, S. 509). – B. Magnier, Rez. (in QL, 1986, Nr. 455, S. 16/17). – W. Glinga, *Von Ghana bis Segu: Die Epen der westafrikanischen Großreiche in den historischen Romanen von Amadou n'Diaye u. M. C.* (in *Frankophone Literaturen außerhalb Europas*, Hg. J. Riesz, Ffm./Bern 1987, S. 105).

## ÉTIENNE BONNOT DE CONDILLAC

* 30.9.1714 Grenoble
† 3.8.1780 Flux bei Beaugency

LITERATUR ZUM AUTOR:
*Bibliographien:*
*Corpus C.*, Hg. J. Sgard, Genf 1981. – L. Kreimendahl, *Bibliographie des Schrifttums zu C., 1840–1980* (in Zs. für philosophische Forschung, 38, 1984, S. 311–321).
*Gesamtdarstellungen und Studien:*
W. Saltykow, *Die Philosophie C.s*, Diss. Bern 1901. – H. Havemann, *Der erkenntnistheoretische Standpunkt C.s*, Jena 1912. – R. Lenoir, *C.*, Paris 1921. – G. Le Roy, *La psychologie de C.*, Paris 1937. – L. L. Tomeucci, *Il problema dell'esperienza dal Locke al C.*, Messina 1937. – M. dal Pra, *C.*, Mailand 1942. – P. Salvucci, *C., filosofo della cummunità umana*, Mailand 1961. – R. Lefèvre, *C. ou la joie de vivre*, Paris 1966. – J. F. Knight, *The Geometric Spirit*, New Haven/Ldn. 1968. – E. Nuzzo, *L'ultimo C. e il mondo della storia*, Neapel 1973. – C. Avossa, *C. e il processo cognitivo*, Neapel 1975. – L. Guerci, *C. storico*, Mailand/Neapel 1978. – J. Sgard, *C. et les problèmes du langage*, Genf 1982. – J. Borek, ›*Cet affreux C.*‹ (in J. B., *Sensualismus und Sensation*, Wien u. a. 1983, S. 36–52). – S. Gearhart, *The Limits and Conditions of Empiric Knowledge or the Theaters of Perception* (in S. G., *The Open Boundary of History and Fiction*, Princeton 1984, S. 161–199). – I. Torrigiani, *Lo specchio dei sistemi. Batteux e C.*, Palermo 1984. – N. Rousseau, *Connaissance et langage chez C.*, Genf 1986.

### ESSAI SUR L'ORIGINE DES CONNOISSANCES HUMAINES, ouvrage où l'on réduit à un seul principe tout ce qui concerne l'entendement humain

(frz.; *Versuch über den Ursprung der menschlichen Kenntnisse, ein Werk, in dem alles, was das menschliche Begriffsvermögen betrifft, auf ein einziges Prinzip zurückgeführt wird*). Philosophisches Werk von Étienne Bonnot de CONDILLAC, erschienen 1746. – Condillacs *Essai sur l'origine des connoissances humaines* ist eines der wichtigsten Zeugnisse der empiristisch-sensualistischen Erkenntnistheorie der Aufklärung. Es versteht sich als Kritik der traditionellen (aristotelischen) wie auch der cartesianischen Metaphysik und baut auf dem Empirismus John LOCKES (vgl. *An Essay concerning human understanding*, 1690) und dessen Kritik der »angeborenen Ideen« auf, sowie auf der von Isaak NEWTON für die Mathematik und Naturwissenschaft entwikkelten analytischen Methode, die er auf das Studium der Wirkungsweisen des menschlichen Verstandes anwendet.

In seiner Einführung legt Condillac seine Vorgehensweise dar. Er unterscheidet zwei *»Metaphysiken«*: eine *»ehrgeizige, die alle Geheimnisse durchdringen will«*, welche aber zu *»unzähligen Irrtümern«* führt, und eine *»zurückhaltendere, die ihre Nachforschungen nach den Schwächen des menschlichen Geistes bemißt«*, mit der man *»wenige Kenntnisse erlangt«*, aber *»den Irrtum meidet«*. Die Mehrzahl der Philosophen betreibt für Condillac die erstere, lediglich *»Locke [...] kann ausgenommen werden: er hat sich darauf beschränkt, den menschlichen Geist zu studieren, und ist diesem Gegenstand erfolgreich gerecht geworden.«* Doch trotz der vielen Irrtümer der Philosophen (er nennt noch DESCARTES, MALEBRANCHE und LEIBNIZ) ist das Studium ihrer Werke nützlich, um festzustellen, *»woran sie gescheitert sind«*, und die Ursachen dieses Scheiterns aufzudekken. Ziel der Überlegungen Condillacs ist also, *»die Wirkungsweisen des menschlichen Geistes kennenzulernen«*, *»zum Ursprung unserer Ideen zu gelangen, ihr Werden zu entwickeln, ihnen bis zu ihren von der Natur vorgeschriebenen Grenzen zu folgen, von dort Ausmaß und Grenze unseres Kenntnisvermögens zu bestimmen und das ganze menschliche Begriffsvermögen zu erneuern«*. Seine Vorgehensweise wird empirisch sein, *»auf dem Wege der Beobachtung«*; das Prinzip, auf das er das ganze menschliche Begriffsvermögen zurückführt, ist *»eine ständige Erfahrung« (»une expérience constante«)*, deren *»Konsequenzen von neuen Erfahrungen bestätigt werden«*. Ein besonderes Ziel seiner Ausführungen soll auch sein, die *»Zeichen«* zu untersuchen, mit denen *»sich die Ideen untereinander verbinden«*. Diese Untersuchung der Zeichen, der Sprache, der Worte und ihrer Funktion für die Ausformung des menschlichen Begriffsvermögens habe erst Locke begonnen, jedoch in ungeordneter Weise, da er erst nachträglich auf ihre Notwendigkeit gestoßen sei.

Der erste Teil gilt dem *»Stoff, aus dem unsere Kenntnisse sind, und besonders den Wirkungsweisen der Seele« (»Des matériaux de nos connoissances et particulièrement des opérations de l'âme«)* und untersucht die realen Voraussetzungen menschlichen Erkennens *(»ob wir uns, bildlich gesprochen, zum Himmel emporschwingen, ob wir in die tiefsten Schlünde hinabsteigen, so verlassen wir doch nie uns selbst«)*, die Interdependenz von Körper und Seele (als Ursache führt Condillac hier noch die Erbsünde an), die Abhängigkeit der Ideen von den Sinneseindrücken, deren Funktionsweise und daraus die *»Entstehung der Wirkungsweisen der Seele«*: Erfahrung, Bewußtsein, Erinnerung, Vorstellung. Den entscheidenden Fortschritt in der Entwicklung des menschlichen Geistes von der bloßen Reaktion auf Sinneseindrücke hin zu höheren Denkformen sieht Condillac in der Benutzung von *»Zeichen«*, die Sinneseindrücke speichern, abrufbar und zu Abstraktionen, Vergleichen und Systemen verknüpfbar machen. Hieraus wird auch die *»Vorstellung«* ermöglicht, in der aber neben dem offenkundigen Nutzen auch Gefahren begründet liegen, wie die Schaffung von Ideen oder Abstraktionen ohne Inhalt, von unnützen oder schädlichen Vorurteilen (*Über Schaden und Nutzen der Vorstellung*, I, 2, 9 u. a.). Aus der genaueren Analyse der *»einfachen und der komplexen Ideen«* (I, 3) und der Vorgänge, *»durch die wir unseren Ideen Zeichen geben«* (I, 4, 1), der *»Abstraktionen«* und der Auseinandersetzung mit *»einigen der Seele grundlos zugeschriebenen Vermögen«* (er beschäftigte sich mit der in VOLTAIRES *Éléments de la philosophie de Newton*, 1738 – *Elemente der Philosophie Newtons* – aufgeworfenen erkenntnistheoretischen Problematik der *»Blindgeborenen«* und ihrer geistigen Vermögen) leitet Condillac zum zweiten Teil über, zur *Sprache und Methode*.

Trotz seiner empirischen Methodologie konstruiert Condillac den Ursprung der Sprache wesentlich hypothetisch. Er leitet die Sprache aus einer ursprünglichen *»Gebärdensprache« (»langage d'action«)* ab, die sich aus der Mischung von Ton und Gebärde hin zur heutigen Form entwickelt hat, in der der akustische Eindruck entscheidend für die Übermittlung der Information ist. Von hier aus entwickelt Condillac eine umfassende Funktionsanalyse auch anderer Mittel zur Kommunikation von Inhalten durch Zeichen wie z. B. Musik, Prosodie (als Mischung von Sprache und Musik), Dichtung. Besondere Beachtung verdient sein Kapitel über die Schrift (II, 1, 13: *De l'écriture*), in dem er die Entwicklung vom Piktogramm zur Lautschrift historisch recht exakt darlegt. Schließlich untersucht er vergleichend den Stellenwert der einzelnen Sprachen bei der Ideenübermittlung (II, 1, 15: *Du génie des langues – über den Genius der Sprachen*), wobei er auch den in der *Querelle des Anciens et des Modernes* einige Jahre zuvor so wichtigen Vergleich des Französischen und der modernen Sprachen mit denen der Antike anspricht *(»Das einfachste Mittel, um festzustellen, welche Sprache in der größten Zahl von literarischen Genres herausragt, ist es, die Originalautoren einer jeden zu zählen. Ich zweifle, ob die unsere hieraus irgendwelchen Nachteil hat«)*. Der letzte Teil (II, 2) gilt der Methode, den Ursachen des Irrtums und schließlich der *»Ordnung«*, der man bei der Erforschung und der Darstellung der Wahrheit folgen soll. Bemerkenswert hier, wie Condillac auch einer genialen Unordnung unter Umständen ihre Daseinsberechtigung zuschreibt (er nennt als Beispiel MONTAIGNE). Doch in der Regel redet Condillac einer mathematisch folgerichtigen, rational nachvollziehbaren Ordnung das Wort, und er endet mit einer Zusammenfassung seiner Thesen: daß die Sinne der Ursprung unserer Kenntnisse sind, daß die hieraus gewonnenen Eindrücke ihr »Material« sind und die Zeichen die Instrumente, deren sich der menschliche Geist bei seinen Tätigkeiten bedient, und daß die *»Verknüpfung der Ideen« (»la liaison des idées«)* der Beginn aller geistigen Vorgänge ist.

Zum Verständnis von Condillacs *Essai* sollten auch zwei weitere Schriften, *Traité des sensations*, 1754 *(Abhandlung über die Wahrnehmungen)* und der *Traité des animaux*, 1755 *(Abhandlung über die Tiere)* hinzugezogen werden, in denen seine sensualistische Interpretation des menschlichen Denkens und Verstehens weiter erläutert wird. Der

*Traité des animaux*, zunächst gegen BUFFON gerichtet, enthält auch Stellungnahmen zur Frage der Existenz Gottes *(Dissertation sur l'existence de Dieu)* im Sinne einer mit dem Christentum kompatiblen Naturreligion. Condillac ist einer der radikalsten Vertreter des Sensualismus in der Philosophie der Aufklärung. Seine Theorie beeinflußte nicht nur ROUSSEAU und die »idéologues« der Französischen Revolution, sondern bestimmte ganz generell im 19. Jh. die französische Erkenntnistheorie, bis sie von Victor COUSIN (1792–1867), einem HEGEL-Schüler, zurückgedrängt wurde. Er wirkte dennoch auf MARX und TAINE ein und nimmt in der marxistischen Philosophiegeschichte als »Materialist« im Hinblick auf die menschlichen Bewußtseinsvorgänge einen wichtigen Platz ein. Im 20. Jh. greift besonders die Sprachphilosophie (E. CASSIRER) und die Semiotik auf Condillac und dessen Zeichentheorie zurück. C.Dr.

AUSGABEN: Amsterdam 1746. – Paris 1798 (in *Œuvres*, 23 Bde., 1). – Paris 1924, Hg. R. Lenoir [krit.]. – Paris 1947 (in *Œuvres philosophiques*, Hg. G. Le Roy, 3 Bde., 1947–1951, 1; krit.). – Paris 1973 [m. J. Derrida, *L'archéologie du frivole*].

ÜBERSETZUNGEN: *Abhandlungen vom Ursprung der menschlichen Erkenntnis*, M. Hißmann, Lpzg. 1780. – *Essai über den Ursprung der menschlichen Erkenntnisse: ein Werk, das alles, was den menschlichen Verstand betrifft, auf ein einziges Prinzip zurückführt*, U. Ricken, Lpzg. 1977 (RUB).

## TRAITÉ DES SENSATIONS

(frz.; *Abhandlung über die Wahrnehmungen*). Philosophisches Werk von Étienne Bonnot de CONDILLAC, erschienen 1754. – Diese Untersuchung steht im Knotenpunkt der philosophischen Entwicklung Condillacs. Wie schon im *Essai sur l'origine des connoissances humaines* (1746) liegt hier – mit stärkerer Betonung der Einzelsinne – der Ausgangspunkt bei dem Sensualismus John LOCKES. Während aber Locke der äußeren Wahrnehmung eine innere und überhaupt den Wahrnehmungen die Reflexionen gegenüberstellte, läßt Condillac im *Traité* nur die äußere Wahrnehmung gelten, aus der dann nach seiner Ansicht alle geistigen Bewegungen durch einen Transformationsprozeß hervorgehen. Um seine Lehre zu veranschaulichen, ersinnt er eine menschliche Statue, die keinerlei Vorstellungen besitzt und durch den Marmor auch von allen Eindrücken aus der Außenwelt abgeschlossen ist. Es werden ihr nunmehr nacheinander die einzelnen Sinne verliehen, und es wird aufgezeigt, wie aus den Wahrnehmungen die kompliziertesten geistigen Operationen entwickelt werden können. – Ein weiteres Problem, das der *Traité* zu lösen versucht, ist die Widerlegung von BERKELEYS Idealismus, der auf der Unerkennbarkeit der äußeren Welt fußte. Condillac macht geltend, daß der Tastsinn die Wirklichkeit der Außenwelt zuerst vermittelt und daß alle übrigen Sinne in die Schule des Tastsinns gehen, um weiterhin an dem Aufbau der objektiven Außenwelt mitzuwirken.
Condillacs Lehre führt zum Realismus; doch verpönt er es, materialistische Konsequenzen daraus zu ziehen, indem er die Möglichkeit einer Empfindsamkeit der Materie abstreitet. Condillac unterscheidet sich darin von DIDEROT, der schon in den fünfziger Jahren den Weg zum Materialismus beschritt. – Auf den *Traité du sensualisme* und auf die anderen Werke Condillacs stützen sich CABANIS, BONNET und die sogenannte »Schule der Ideologen«. W.Kr.

AUSGABEN: Paris 1754, 2 Bde. – Paris 1885, Hg. F. Picavet [m. Einl. u. Varianten]. – Paris 1938, Hg. A. Cuviller. – Paris 1947 (in *Œuvres philosophiques*, Hg. G. Le Roy, 3 Bde., 1947–1951, 1; krit.). – Paris 1984.

ÜBERSETZUNGEN: *Abhandlung über die Empfindungen*, E. Johnson, 2 Bde., Bln. 1868–1870. – Dass., ders., Bearb. L. Kreimendahl, Hbg. 1983.

# JEAN-ANTOINE-NICOLAS DE CARITAT, MARQUIS DE CONDORCET

* 17.9.1743 Ribemont (Aisne)
† 29.3.1794 Bourg-la-Reine

LITERATUR ZUM AUTOR:
A. Cento, *C. e l'idea di progresso*, Florenz 1956. – J. Bouissounousse, *C., le philosophe dans la Révolution*, Paris 1962. – M. Steinhauer, *Die politische Soziologie A. Comtes und ihre Differenz zur liberalen Gesellschaftstheorie C.s*, Meisenheim a. Gl., 1966. – R. Reichardt, *Reform und Revolution bei C.*, Bonn 1973. – K. M. Baker, *C., from Natural Philosophy to Social Mathematics*, Chicago 1975. – C. Scarcella, *C. Dottrine politiche e sociali*, Lecce 1980. – H. Dippel, *Individuum und Gesellschaft*, Göttingen 1981. – C. Kintzler, *C., l'instruction publique et la naissance du citoyen*, Paris 1984. – M. Crampe-Casnabet, *C., lecteur des lumières*, Paris 1985. – E. u. R. Badinter, *C.*, Paris 1988.

## ESQUISSE D'UN TABLEAU HISTORIQUE DES PROGRÈS DE L'ESPRIT HUMAIN

(frz.; *Entwurf einer historischen Darstellung der Fortschritte des menschlichen Geistes*). Geschichtsphilosophisches und historisches Werk von Jean-Antoine-Nicolas de Caritat, Marquis de CONDORCET, postum erschienen 1795. – Die Schrift, in den meisten Ausgaben ergänzt um spätere Zusätze von der Hand des Autors, entstand im Jahr 1793, als Condorcet sich in Paris verborgen hielt, nachdem der Konvent Haftbefehl gegen ihn erlassen hatte. Der Text ist von Condorcet als vorbereitende Inhaltsübersicht für den eigentlichen, nur teilweise ausgearbeiteten *Tableau Historique* konzipiert. Ungeachtet seines vorläufigen Charakters wurde der Entwurf Condorcets berühmtestes Werk und galt bald als exemplarische Fassung des Fortschrittsgedankens der französischen Aufklärung, wie er u. a. von D'ALEMBERT (vgl. *Discours préliminaire de L'encyclopédie*) und dem Politiker und Ökonomen TURGOT vorformuliert wurde.

Das Werk stellt in chronologischer Folge Einzeldaten und Stationen der in zehn Epochen gegliederten Weltgeschichte des menschlichen Geistes von ihren mutmaßlichen Ursprüngen bis zu ihrer prognostizierten zukünftigen Entwicklung vor. Die Darstellung umfaßt Daten der Wissenschafts-, Philosophie- und Religionsgeschichte ebenso wie die Phänomene aus der gesamten Sphäre gesellschaftlicher Praxis, so aus den Bereichen Politik, Recht, Ökonomie, Technik, Kunst und Sittengeschichte. Den einigenden Gesichtspunkt, unter dem dieses vielfältige historische Material versammelt wird, erläutert Condorcet in der Einleitung des Werks und in Reflexionen allgemeiner Natur, die sich in den Epochenabriß eingestreut finden. Danach dient der Rekurs auf die Historie zum Beleg der These von der unbeschränkten Möglichkeit selbsttätiger Vervollkommnung des Menschen *(perfectibilité)* in intellektueller wie praktischer – materieller und moralischer – Hinsicht. Condorcets These basiert auf einer vom englischen Empirismus, namentlich den Theorien LOCKES, geprägten Auffassung von der intellektuellen und moralischen Natur des Menschen. Ihr zufolge beruht zum einen alle Erkenntnis auf der angeborenen Fähigkeit, Sinneseindrücke aufzunehmen und begrifflich zu verarbeiten (zu vergleichen, zu kombinieren und zu analysieren). Dem kumulativen Fortschritt von Erkenntnis, bemessen an der Summe von Einsichten und ihrer Verbreitung, ist nach Condorcet keine immanente Grenze gesetzt, da der Umkreis möglicher Erfahrungen unabsehbar groß ist und die Mittel zu ihrer begrifflichen Erfassung, zumal mit der zu erwartenden Ausbildung einer präzisen, universalen Wissenschaftssprache, zunehmend vollkommener zu werden versprechen. Zum anderen gründen auch die Prinzipien von Recht und Moral in der natürlich-sinnlichen Konstitution des Menschen, nämlich in der Fähigkeit, Lust und Schmerz zu empfinden und entsprechende Empfindungen anderer zu teilen. Sie bildet die Grundlage jener allgemeinverbindlichen politischen und ethischen Ziele, deren endgültige Verwirklichung der Zukunft aufgegeben ist: *»... die Beseitigung der Ungleichheit zwischen den Nationen; die Fortschritte in der Gleichheit bei einem und demselben Volke; endlich die wirkliche Vervollkommnung des Menschen«.*

Im Rahmen des Werks fungiert die theoretische und praktische Natur des Menschen als Maßstab der Beurteilung jeder Epoche und wird zugleich als faktisches inneres Bewegungsprinzip individueller wie kollektiver Entwicklung verstanden. Mit besonderem Nachdruck betont Condorcet dabei den positiven Zusammenhang zwischen den Fortschritten theoretischer Aufklärung und der fortschreitenden Vernünftigkeit in der Organisation der Gesellschaft gemäß den Grundsätzen des Naturrechts. Die vernünftige Selbstverwirklichung der menschlichen Natur vollzieht sich für Condorcet indes nicht ohne Rückschläge, und die von ihm projektierte Geschichte des Geistes zielt nicht zuletzt darauf ab, den Geist durch Aufklärung über Entstehung und Wirkmechanismen historischer Irrtümer und praktischer Verfehlungen gegen künftige Gefährdungen zu wappnen. Seine schlimmsten Widersacher hat der Fortschritt in den Vertretern religiöser Anschauungen, die, meist im Dienst sinistrer Herrschaftsinteressen *(despotisme)*, die wirkliche Macht des Geistes schwächen, indem sie fälschlich seine Ohnmacht propagieren. Anders als Turgot billigt Condorcet den Religionen im wesentlichen keine produktive Funktion für die Fortschritte der Menschheit zu. Seine Zuversicht, mit der nach der Französischen Revolution anbrechenden »zehnten Epoche« würden die Kräfte der Gegenaufklärung endgültig überwunden, gründet sich auf die Überzeugung, alles Unrecht und alle Unwahrheit ließen sich letztlich auf Defizite des Wissens, seiner Verbreitung oder seines erkenntnistheoretischen Selbstbewußtseins zurückführen, wären also mit deren fortschreitender Beseitigung zum Untergang verurteilt. Allerdings werden Irrtum und Unrecht nicht durchgängig im Sinne dieses Vernunftoptimismus bestimmt. Teils erscheinen sie als kontingente Einbrüche in den tendenziell linear fortschreitenden Gang des Ganzen, teils aber auch als notwendiges Moment aller Entwicklungsstadien des Menschen als Gattungswesens, Folge *»jenes immer bleibenden Mißverhältnisses zwischen dem, was er weiß, und dem, was er zu wissen wünscht«.*

Wiewohl die Durchführung des Werks, bei der die Vermittlung von programmatischem Anspruch und aufgebotenem Faktenmaterial nicht immer gelingt, wiederholt kritisiert wurde, gewann es seiner Grundkonzeption wegen große geistesgeschichtliche Bedeutung. So sahen SAINT-SIMON und COMTE, Wegbereiter bzw. Begründer der Soziologie, darin den Gedanken einer empirisch aufzufindenden Gesetzmäßigkeit historischer Abläufe in der Gesamtheit ihrer materiellen und geistigen Aspekte vorweggenommen. Im Unterschied zu jenen deterministischen Geschichtsphilosophien stellt Condorcets Entwurf den Versuch dar, die Geschichte des Menschen zugleich als kohärenten Gesamtprozeß und als Produkt freier, selbstbewußter menschlicher Tätigkeit zu begreifen. R.Schk.

AUSGABEN: Paris 1795; Faks. Hildesheim/NY 1982. – Paris 1847; Faks. Genf 1968 (in *Œuvres publiées*, Bd. 6, Hg. O'Connor u. M. F. Arago). – Paris 1933, Hg. O. H. Prior. – Paris 1966, Hg. F. u. M. Hincker. – Paris 1970, Hg. Y. Belaval.

ÜBERSETZUNGEN: *Entwurf eines historischen Gemäldes der Fortschritte des menschlichen Geistes*, E. L. Posselt, Tübingen 1796. – *Entwurf einer historischen Darstellung der Fortschritte des menschlichen Geistes*, W. Alff u. H. Schweppenhäuser, Ffm. 1963; ern. 1976 (stw).

LITERATUR: E. Madlung, *Die kulturphilosophische Leistung C.s*, Diss. Jena 1912. – L. Cahen, *C. inédit, notes pour le »Tableau des progrès de l'esprit humain«* (in Révolution Française; Revue d'Histoire moderne et contemporaine, 75, 1922, S. 193–212). – F. Gentile, *La transformazione dell'idea di progresso da C. a Saint-Simon* (in Revue Internationale de Philosophie, 14, 1960, S. 417–444). – G. P. Gooch, *French Profiles*, Ldn. 1961, S. 145–154. – I. Negt, *Gesellschaftskritik als Theorie des Fortschritts* (in FH, 20, 1965, S. 64–67). – A. Cento, *Dei manoscritti del »Tableau« di C.* (in A. C., *Studi di letteratura francese*, Neapel 1970, S. 3–21). – Ders., *Un riassunto ignorato dell' »Esquisse« di C.* (ebd., S. 22–33).

## WILLIAM CONGREVE

* 1669 Bardsley
† 19.1.1729 London

LITERATUR ZUM AUTOR:
H. T. E. Perry, *The Comic Spirit in Restoration Drama: Studies in the Comedies of C.*, New Haven 1925. – D. C. Taylor, *W. C.*, Oxford 1931; ern. NY 1963. – J. C. Hodges, *W. C., the Man*, NY/Ldn. 1941. – E. L. Avery, *C.'s Plays on the 18th-Century Stage*, NY 1951. – N. Holland, *The First Modern Comedies*, Cambridge/Mass. 1959. – A. C. Gosse, *Dramatic Theory and Practice in the Comedies of W. C.*, Diss. Columbia Univ. 1962 (vgl. DA, 23, 1962/63, S. 1700 f.). – B. Dobrée, *W. C.*, Ldn. 1963. – D. C. Taylor, *W. C.*, NY 1963. – W. H. Van Voris, *The Cultivated Stance: The Design of C.'s Plays*, Dublin 1965. – K. Muir, *The Comedies of W. C.* (in *Restoration Theatre*, Hg. J. R. Brown u. B. Harris, Ldn. u. NY 1965, S. 221–237). – A. M. Lyles u. J. Dobson, *The John C. Hodges Collection of W. C.*, Knoxville 1970 (Bibl.). – M. E. Novak, *W. C.*, TEAS, NY 1971. – Ders. u. A. Williams, *C. Consider'd*, Los Angeles 1971. – *W. C.*, Hg. B. Morris, Ldn. 1972. – D. Mann, *A Concordance to the Plays of W. C.*, Ithaca u. Ldn. 1973. – H. Love, *C.*, Oxford 1974. – S. J. Rosowski, *Thematic Development in the Comedies of W. C.: The Individual in Society* (in Studies in Engl. Lit., 16, 1976, S. 387–406). – U. Jantz, *Targets of Satire in the Comedies of Etherege, Wycherley, and C.*, Salzburg 1978. – L. Bartlett, *W. C.: A Reference Guide*, Boston 1979. – A. L. Williams, *An Approach to C.*, New Haven 1979. – A. G. Henderson, *The Comedies of W. C.*, Cambridge 1982. – *C.: Comedies*, Hg. P. Lyons, Ldn. 1982.

### THE DOUBLE-DEALER

(engl.; *Der Intrigant*). Komödie von William CONGREVE, Uraufführung: London 1693, Drury Lane Theatre. – Sie liebt ihn, und er liebt sie, die Vermögensverhältnisse harmonieren ebenfalls aufs trefflichste, und die Salon-High-Society gibt sich zu Ehren des verlobten Paares ein Stelldichein, das mit dem üblichen Zeitvertreib, mit Klatsch, Flirts und albern-manierierten Tändeleien anfangs einen ganz normalen Verlauf zu nehmen scheint. Der *»double-dealer«* indes, der in die Braut verliebte Intrigant Maskwell – Titelheld des Stückes – schürt mit salongeschwätzkundigem Sinn langsam ein gefährliches Feuer, das die Liebe des glücklichen Paares zerstören soll. Die junge Tante des Bräutigams, die unglücklich in diesen verliebt ist, reicht Maskwell die Hand zum hinterlistigen Werk. Doch dank einem wackeren Freund und einigen unwahrscheinlichen, ausnahmsweise günstigen Umständen kehrt sich alles zum Guten: Am Schluß sind die Bösen beschämt, die Guten beglückt, wenn auch ein wenig verwirrt, daß es immer wieder soviel Böses zu besiegen gilt.

Congreve brennt in dieser Komödie, die man fast eine Tragikomödie des Salons nennen möchte, das ganze Feuerwerk seiner eiskalten, glasklaren Brillanz in Konstruktion und Konversation ab. Dabei unterläuft ihm aber der Fehler, daß er die Fäden, die seine High-Society-Marionetten miteinander verknüpfen, ein wenig zu virtuos handhabt und daß er mit dem allzu üppig wuchernden Klatsch die Ausdauer der Zuschauer über Gebühr beansprucht. *The Double-Dealer* ist in vieler Hinsicht ein Schwanengesang der Restaurationskomödie: Ihre Prinzipien sind hier bis zur höchsten Kunstfertigkeit entwickelt, und die im engen Korsett der Salonkonvention ohnehin schon kurzatmig gewordenen Charaktere mußten in der Höhenluft der Congreveschen Konversationsdrechseleien schließlich ganz ersticken. E.St.

AUSGABEN: Ldn. 1694. – Ldn. 1711. – Ldn. 1925 (in *Comedies*, Hg. B. Dobrée). – Ldn. 1948 (in *W. C.*, Hg. A. C. Ewald). – Chicago 1967 (in *Complete Plays*, Hg. H. Davis). – Menston 1973. – Cambridge 1982 (in *The Comedies*, Hg. A. Henderson). – Harmondsworth 1986 (in *The Comedies*, Hg. E. S. Rump).

ÜBERSETZUNGEN: *Der Arglistige*, anon., Hbg. 1771. – *Doppelspiel*, L. Winiewicz, Bln. 1971 [Bühnenms.].

LITERATUR: F. T. Bowers, *The Chancel Leaf in C.'s »The Double-Dealer«* (in Papers of the Bibliographical Society of America, 43, 1949, S. 78–82). –

A. Gosse, *Plot and Character in C.'s »Double-Dealer«* (in MLQ, 29, 1968, S. 274–288). – B. Corman, *›The Mixed Way of Comedy‹: C.'s »The Double-Dealer«* (in Modern Philology, 71, 1974, S. 356–365). – B. E. McCarthy, *Providence in C.'s »The Double-Dealer«* (in Studies in Engl. Lit., 19, 1979, S. 407–419).

## LOVE FOR LOVE

(engl.; *Liebe für Liebe*). Komödie in fünf Akten von William CONGREVE, Uraufführung: London, 30. 4. 1695, Little Lincoln's Inn Fields Theatre; deutsche Erstaufführung: München, 28. 7. 1966, Kammerspiele. – Vergebens hat Valentine, ein junger, gutaussehender Rokoko-Playboy, sein ganzes Geld verschwendet, um die schöne, aber unnachgiebige Angelica zu erobern. Sie weiß um den üblen Leumund des stürmischen Anbeters und hat ihn im Verdacht, sie nur um ihres Vermögens willen zu umwerben. Die Geduld von Valentines Vater, Sir Sampson Legend, ist erschöpft: Er will seinen liederlichen Ältesten zum Verzicht auf das Erbe zwingen und es seinem jüngeren Sohn Ben vermachen, der zur See fährt und den er wegen seiner bäuerischen Einfalt bisher vernachlässigt hat. Valentine ist demnach zu einem Zweifrontenkrieg genötigt, ein Unterfangen, das mehr Intelligenz und List erfordert, als er besitzt. Zum Glück stehen ihm der eloquente Zyniker Scandal und der ältliche Schwerenöter Tattle hilfreich zur Seite. Sie fädeln eine groteske Intrige ein, in deren Verlauf Valentine Wahnsinn vortäuschen muß, um der entscheidenden Unterschrift unter den Enterbungsvertrag zu entgehen. Aber erst der Charme und die Klugheit Angelicas wenden die Angelegenheit zum Guten: Sie becirct den alten Sir Sampson so erfolgreich, daß er sie heiraten will. In dem Augenblick, da Valentine glaubt, sie für immer verloren zu haben, und in seiner Verzweiflung nun auch die fatale Unterschrift leisten will, zerreißt sie das Schriftstück vor aller Augen und gibt ihm ihr Jawort – Liebe für Liebe, denn nun hegt sie keine Zweifel mehr an der Aufrichtigkeit seiner Gefühle. Valentines Bruder, der zu Besuch erschienen ist und fast schon entschlossen war, an Land zu bleiben, ist so entsetzt über die Schamlosigkeit der Städter, die den ganzen Tag nichts anderes im Kopf haben als nächtliche Vergnügungen und sich die Wartezeit mit schlüpfrigen Redensarten vertreiben, daß er schleunigst wieder zur See geht.

*Love for Love*, Congreves erfolgreichstes Stück, ist ein Musterbeispiel für die leichtgeschürzte Sittenkomödie der englischen Restauration. Die vornehme Gesellschaft der Zeit liebte es, die eigene Frivolität auf der Bühne wiederzuerkennen und sich darüber zu amüsieren. Congreve beeinträchtigte dieses Vergnügen nicht durch moralisierenden Ernst: In seine spritzig-unverblümten Dialoge, ein oft manieristisches Spiel mit Worten, mischt sich keine Sittenrichterei. Dennoch legte auch er seinen Stükken eine Moral zugrunde, die er dem Publikum in heiterer Verpackung servierte: *»Ich dachte mir zuerst die Moral aus, und zur Moral erfand ich dann die Handlung.«* E.St.-KLL

AUSGABEN: Ldn. 1695. – Ldn. 1923 (in *Complete Works*, Hg. M. Summers, 4 Bde., 2; ern. NY 1964). – Ldn. 1925 (in *Comedies*, Hg. u. Einl. B. Dobrée; World's Classics, 276; ern. 1959). – Ldn. 1948 (in *W. C.*, Hg. A. C. Ewald; Mermaid Ser.; ern. 1956). – Lincoln 1966 (Hg. E. L. Avery). – Ldn. u. NY 1967 (Hg. A. N. Jeffares). – NY 1970 (Hg. M. M. Kelsall). – NY 1976 (Hg. ders.). – Cambridge 1982 (in *The Comedies*, Hg. A. Henderson). – Harmondsworth 1986 (in *The Comedies*, Hg. E. S. Rump).

ÜBERSETZUNGEN: *Liebe für Liebe*, anon., Lpzg. 1766. – Dass., R. Gillner, Wiesbaden o. J. [1966; Bühnen-Ms.]. – Dass., ders., Stg. 1967 (RUB 8781).

LITERATUR: J. C. Hodges, *The Ballad in C.'s »Love for Love«* (in PMLA, 48, 1933, S. 953 f.). – A. C. Gosse, *The Omitted Scene in C.'s »Love for Love«*(in MPh, 61, 1963, S. 40–42). – F. P. Jarvis, *The Philosophical Assumptions of C.'s »Love for Love«* (in Texas Studies in Language and Lit., 14, 1972, S. 423–434). – A. Williams, *The ›Utmost Tryal‹ of Virtue and C.'s »Love for Love«* (in TSL, 17, 1972, S. 1–18). – A. W. Hoffman, *Allusions and the Definition of Themes in C.'s »Love for Love«* (in *The Author in His Work*, Hg. L. L. Martz u. a. Williams, New Haven 1978, S. 283–296). – J. Thompson, *Reading and Acting in »Love for Love«* (in Essays in Lit., 7,1980, S. 21–30). – R. M. Taney, *The Treatment of Madness in »Love for Love«* (in Forum [Houston], 17, 1979, Nr. 2, S. 15–20). – M. Novak, *Foresight in the Stars and Scandal in London: Reading the Hieroglyphics in C.'s »Love for Love«* (in *From Renaissance to Restoration: Metamorphoses of the Drama*, Hg. R. Markley u. L. Finke, Cleveland 1984, S. 180–206).

## THE MOURNING BRIDE

(engl.; *Die trauernde Braut*). Verstragödie in fünf Akten von William CONGREVE, Uraufführung: London, 28. 2. 1697, Lincoln's Inn Fields. – Almeria, die Tochter König Manuels von Granada, trauert um den Prinzen Alphonso von Valencia, mit dem sie sich heimlich trauen ließ, obwohl er der Erzfeind ihres Vaters war. Alphonso soll bei einem Schiffsunglück ums Leben gekommen sein, nachdem König Manuel durch militärische List Valencia erobert hatte. In Wirklichkeit aber befindet er sich noch am Leben und kommt, als türkischer Sklave verkleidet, an den Hof Manuels. Dieser hat seine Tochter mittlerweile einem seiner Höflinge versprochen, ohne sich um ihre Weigerung zu kümmern. Alphonso muß sich der Liebe einer heißblütigen, krankhaft eifersüchtigen Mohrenprinzessin erwehren, die wie er zu den Gefangenen

und Sklaven des Königs gehört. Um seine Tochter zu entlarven – er hat inzwischen von der heimlichen Ehe erfahren und wutschnaubend Alphonsos Ermordung angeordnet –, verkleidet sich Manuel als Alphonso und wird von seinen eigenen Leuten umgebracht. Eine schauerliche Mord- und Verkleidungsszene jagt die andere, sogar die Leichen spielen als Verwechslungsrequisiten eine Rolle, und am Ende sind nur noch die nach vielen Wirren glücklich vereinten Gatten übrig.
Die einzige Tragödie Congreves, des Hauptvertreters der englischen Restaurationskomödie, ist ihres rhetorischen Bombasts und ihrer grellen, dem elisabethanischen Schauerdrama nachempfundenen Effekte wegen heute kaum noch genießbar, war aber zu ihrer Zeit ein triumphaler Publikumserfolg. Einem so apodiktischen Literaturkritiker wie Dr. JOHNSON mißfiel das Stück zwar als Ganzes, einzelne Stellen daraus rechnete er jedoch zum Poetischsten, was die englische Dichtung hervorgebracht habe. Die Anfangszeile der Tragödie *»Music hath charms to soothe a savage breast«* ist in England bis heute ein geflügeltes Wort für die heilende Kraft der Musik geblieben. E.St.

AUSGABEN: Ldn. 1691. – Ldn. 1923 (in *The Complete Works*, Hg. M. Summers, 4 Bde., 2; ern. NY 1964). – Ldn. 1928 (in *The Mourning Bride. Poems and Miscellanies*, Hg. u. Einl. B. Dobrée; World's Classics, 277). – NY 1956 (in *Complete Plays*, Hg. A. C. Ewald). – Chicago 1967 (in *Complete Plays*, Hg. H. Davis).

LITERATUR: E. L. Avery, *The Première of »The Mourning Bride«* (in MLN, 57, 1942, S. 55–57). – J. C. Hodges, *The Composition of C.'s »The Mourning Bride«* (in PMLA, 58, 1943, S. 971–976). – E. B. Potter, *The Paradox of C.'s »The Mourning Bride«* (ebd., S. 977–1001). – B. Corrigan, *C.'s »The Mourning Bride« and Coltellini's »Almeria«* (in AION, 4, 1962, S. 145–166). – D. D. Mann, *C.'s Revisions of »The Mourning Bride«* (in Papers of the Bibliographical Society of America, 69, 1975, S. 526–546).

## THE OLD BATCHELOUR

(engl.; *Der alte Hagestolz*). Prosakomödie in fünf Akten von William CONGREVE, Uraufführung: London, Januar 1693, Theatre Royal (Drury Lane). – Für die Endfassung seines ersten Theaterstücks holte Congreve den Rat seines Freundes und Mentors John DRYDEN ein, der mit allen Konventionen der damaligen Komödientradition bestens vertraut war, auf die schon die Person des eingefleischten Junggesellen verweist. Titelfigur der Komödie ist der alte Heartwell, an sich keine zentrale Gestalt, der den misanthropischen Weiberfeind spielt, dann aber doch nicht ungern einer Frau ins Netz geht, ohne zu wissen, daß diese – Sylvia – früher die Mätresse des jungen Vainlove war. Als er ihren wahren Charakter erkannt hat, erfährt er zu seiner Erleichterung, daß man ihm nur einen Streich gespielt und daß Vainloves Freund Belmour als Pfarrer verkleidet die »Trauung« vollzogen hat, die Ehe also rechtlich ungültig ist. Die Heirat wird nur deshalb vorgetäuscht, um Heartwell die Falschheit seiner Pose zu demonstrieren. Der Charakter Heartwells ist für die Komödie der Zeit ebenso typisch wie der Sylvias. Schon ETHEREGE hatte in *The Man of Mode* (1676) eine Frau, Mrs. Loveit, auftreten lassen, die ihre sexuelle Begierde nicht zu beherrschen versteht und den übersättigten Liebhaber weiter mit ihrer Zuneigung verfolgt. Bei Congreve wird die ähnlich veranlagte Sylvia ebenfalls zur komischen Figur. Traditionell fixiert sind auch die anderen Gestalten, Szenen und Handlungsstränge des *Old Batchelour*, doch weiß Congreve bereits in seinem Erstlingswerk souverän mit den eng begrenzten Möglichkeiten der *comedy of manners* umzugehen. In Belmour und Belinda finden wir das für diese Gattung typische junge Liebespaar. Er ist ein sexuell sehr freizügiger Galan, der trotz seiner Liebe zu Belinda ein reges Interesse an anderen Frauen hat. Anstelle seines Freundes Vainlove trifft er sich mit Laetitia, der Gattin des puritanischen Kaufmanns Fondlewife (man beachte hier wie bei den anderen Figuren den sprechenden Namen), und vermag sich dank seines *wit* selbst dann noch aus der Affäre zu ziehen, als er *in flagranti* beim Ehebruch überrascht wird. Der bürgerliche Hahnrei ist eine typische Figur der abendländischen Komödientradition, hier aber wird zusätzlich der Kontrast zwischen dem Adel und dem Kaufmannsstand ausgespielt, der für die *comedy of manners* charakteristisch ist. Die komische Wirkung der zum geistreichen Spiel umgewandelten Erotik macht den jahrhundertelang gegen diese Komödiengattung erhobenen Vorwurf der Unmoral gegenstandslos. – Belinda ist Belmour durchaus gewachsen. Sie zeigt ihm nicht, daß sie ihn liebt, und fesselt ihn dadurch an sich. Ihre Waffen sind ihre Unfaßbarkeit, ihr Charme und ihr Witz.
Zwischen den beiden jungen Leuten entspinnt sich die traditionelle *love chase*, die mit Komplimenten und Anzüglichkeiten, witzigen Vergleichen und geistreichen Entgegnungen ausgetragen wird. Nicht nur dieses Paar, auch Vainlove und seine Angebetete Araminta, beider Freund Sharper und der Diener Setter sind in diesem Sinne *witty*. (Die Charaktere feiner abzustufen lernte Congreve erst später, Ansätze dazu sind allerdings bereits in diesem Stück zu beobachten.) Während Belmour und Belinda am Ende heiraten, bleiben Vainlove und Araminta unvermählt: Beiden bereitet der spielerische Kampf mit dem Partner mehr Genuß als der fraglose Besitz. Hier ist die Thematik des *sex antagonism* auf die für die *comedy of manners* traditionelle Ursituation reduziert. Sir John Wittoll und Captain Bluffe, ein »Miles gloriosus«-Typ, bilden als komische Dummköpfe die Folie zur Welt der *true wits* und werden am Schluß zum Vergnügen aller mit Sylvia und deren Zofe Lucy verheiratet. Die verschiedenen Handlungsstränge sind zwar nur sehr

lose miteinander verbunden, werden aber geschickt geführt und ergeben ein Kaleidoskop effektvoller Szenen, das vom zeitgenössischen Publikum zu Recht mit großem Beifall bedacht wurde. W.Kl.

AUSGABEN: Ldn. 1693. – Ldn. 1925 (in *Comedies*, Hg., Einl. u. Anm. B. Dobrée; ern. 1959). – NY 1964 (in *Complete Works*, Hg. M. Summers, 4 Bde., 1). – Chicago 1967 (in *Complete Plays*, Hg. H. Davis). – Menston 1972. – Cambridge 1982 (in *The Comedies*, Hg. A. Henderson). – Harmondsworth 1986 (in *The Comedies*, Hg. E. S. Rump).

ÜBERSETZUNG: *Hagestolz*, anon., Ffm./Lpzg. 1770.

LITERATUR: R. G. Howarth, *C.'s First Play: Addendum* (in PMLA, 61, 1946, S. 596 f.). – B. C. Bach, *C.'s Gulliver: The Character of Vainlove in »The Old Bachelor«* (in Ball State Univ. Forum, 9, 1968, Nr. 2, S. 70–75). – M. E. Novak, *C.'s »The Old Bachelor«: From Formula to Art* (in Essays in Criticism, 20, 1970, S. 182–199). – J. K. McComb, *C.'s »The Old Batchelour«: A Satiric Anatomy* (in Studies in Engl. Lit., 17, 1977, S. 361 bis 372). – L. Hughes u. A. H. Scouten, *C. at Drury Lane: Two Eighteenth-Century Promptbooks* (in Modern Philology, 79, 1981, S. 146–156). – D. F. McKenzie, *Six Readings in a Recent Edition of C.'s Comedies* (in Notes and Queries, 31, 1984, S. 373–376).

## THE WAY OF THE WORLD

(engl.; *Der Lauf der Welt*). Prosakomödie von William CONGREVE, Uraufführung: London, März 1700, Lincoln's Inn Fields Theatre. – Im Mittelpunkt der letzten und besten Komödie Congreves steht der Versuch des welt- und liebeserfahrenen Mirabell, die finanziell wichtige Einwilligung Lady Wishforts zu seiner Heirat mit ihrem Mündel Millimant zu erhalten. Um rascher ans Ziel zu kommen, macht er der 55jährigen Lady, die auf Männer ebenso versessen ist wie auf Alkohol, den Hof. Als seine wahren Absichten von Mrs. Marwood, deren Leidenschaft er unerwidert ließ und die ihn deshalb mit ihrem Haß verfolgt, enthüllt werden, beschließt Mirabell, seinen Diener Waitwell als seinen reichen alten Onkel Sir Rowland zu verkleiden und um die Hand der Lady anhalten zu lassen. Dann, so hofft er, wird er deren Widerstand gegen seine Heirat brechen können, indem er ihr »großmütig« verspricht, ihre Blamage nicht publik zu machen. In Wirklichkeit aber droht Mirabell weniger von der liebestollen, leicht zu täuschenden Lady Gefahr als von seinem angeblichen Freund Fainall und dessen Mätresse Mrs. Marwood. Die beiden haben es nicht nur auf das Vermögen der Lady, sondern auch auf die Mitgift Millimants und das Geld Mrs. Fainalls, Lady Wishforts Tochter, abgesehen, die einst die Geliebte Mirabells war. Dieser hatte sie, als zu befürchten stand, daß ihre Beziehung nicht ohne Folgen geblieben war, mit Fainall verheiratet – ein Schachzug, durch den nach Absicht des Autors nicht Mirabell als zynisch und herzlos, sondern Fainall als im voraus betrogener Ehemann und damit als komische Figur erscheinen soll. Letzterer, nach außen hin in Eleganz, Bildung und Intelligenz dem Helden ebenbürtig, hätte den Betrug durchschauen müssen; daß er in die Heirat einwilligte, disqualifiziert ihn ebenso wie seine hemmungslose Geldgier. Unmittelbar vor Gelingen der Sir-Rowland-Intrige erfährt Mrs. Marwood in einer – genau in die Mitte des streng symmetrisch aufgebauten Stückes placierten – Belauschungsszene von Mirabells Plan und leitet gemeinsam mit Fainall eine Gegenintrige ein: Lady Wishfort wird über die wahre Identität ihres »Freiers« aufgeklärt und mit der Drohung erpreßt, man werde die vorehelichen Beziehungen ihrer Tochter der Öffentlichkeit preisgeben. Mrs. Marwood scheut dabei nicht vor der Enthüllung ihres Ehebruchs mit Fainall zurück und ruiniert damit ihren Ruf (was in der ausschließlich sozial definierten Welt der *comedy of manners* als schlimmste Katastrophe gilt). Fainall entpuppt sich nun als gemeiner Schurke, der brutal gegen alle Gebote der Menschlichkeit verstößt und seine Frau auf die Straße zu jagen droht. Mirabell aber kontert diese Intrige, indem er seinen beiden Widersachern einen Vertrag vorlegt, der ihn als Verwalter von Mrs. Fainalls Vermögen ausweist. Daß sowohl die Dramenfiguren als auch die Zuschauer erst im Dénouement des fünften Akts von diesem Vertrag erfahren, ist kein Taschenspielertrick, wie ihn um eine Lösung verlegene Autoren anzuwenden pflegen; vielmehr wird damit noch einmal bekräftigt, daß die echte Freundschaft zwischen Mrs. Fainall und Mirabell ihre kurze Liebesaffäre überdauert hat, beide also zu wirklichen Gefühlen über ein kurzes erotisches Abenteuer hinaus fähig sind. Am Schluß werden die unterlegenen Schurken von den Siegern weder vernichtet noch aus der Gesellschaft vertrieben, sondern dürfen in ihrer bisherigen sozialen Position weiterleben. Mrs. Fainall verzichtet sogar auf Scheidung, denn was vorgefallen ist, gehört eben nach der in ihrer Gesellschaftsschicht dominierenden Auffassung zum »Lauf der Welt«. Mirabell, dessen Weitsicht, Anstand und Menschlichkeit über den Zynismus und die Selbstsucht seiner Widersacher gesiegt haben, erhält von der dankbaren Lady Wishfort die Hand Millimants, die ihn von Anfang an geliebt hat. Congreves Komödie folgt also nicht dem damals so beliebten *love-chase*-Schema; die dennoch vorhandenen Spannungen zwischen den Liebenden sind – und dies vor allem hebt das Stück über die gängigen Restaurationskomödien hinaus – Zeichen einer echten inneren Auseinandersetzung: Millimant will sich nicht ganz an Mirabell verlieren, sondern ihre eigene Persönlichkeit bewahren. Ihren zumeist in geistvoll-ironischen Repliken ausgedrückten Widerstand gibt sie erst in der berühmten ›Proviso‹-Szene auf, in der sie und Mirabell, zwischen Ernst und Scherz wechselnd, die Bedingungen ihrer Heirat vereinbaren.

Vielleicht gerade wegen der geistsprühenden Dialoge und der subtilen Charakterzeichnung war dieser Komödie beim zeitgenössischen Publikum kein durchschlagender Erfolg beschieden. Congreve zog sich daraufhin von der Bühne zurück, obwohl er ohnehin nie für die breite Masse, sondern für die kleine Schar der Gebildeten geschrieben hatte. Die *comedy of manners*, die sich im englischen Theater nach 1700 immer weniger behaupten konnte, verdankt dem Autor von *The Way of the World* nicht nur einen letzten Höhepunkt, sondern auch ihr Glanzstück. W.Kl.

Ausgaben: Ldn. 1700. – Ldn. 1706 [rev. Fassg.]. – Ldn. 1929 (in *Comedies*, Hg. B. Dobrée; m. Einl. u. Anm.; ern. 1959). – Great Neck/N.Y. 1958, Hg. F. Hooper u. G. B. Lahey [m. Einl.]. – NY 1959, Hg. L. Kronenberger [m. Einl.]. – Ldn. 1961 (in *Complete Plays*, Hg. A. C. Ewald). – NY 1964 (in *Complete Works*, Hg. M. Summers, 4 Bde., 3). – Ldn. u. Lincoln 1965 (Hg. K. M. Lynch). – Ldn. 1971 (Hg. B. Gibbons). – Edinburgh 1972 (Hg. J. Barnard). – NY 1976. – Cambridge 1982 (in *The Comedies*, Hg. A. Henderson). – Harmondsworth 1986 (in *The Comedies*, Hg. E. S. Rump).

Übersetzung: *Der Lauf der Welt*, J. J. C. Bode, Lpzg. 1787. – Dass., W. Hildesheimer, Ffm. 1986 (Nachw. H. M. Klein).

Literatur: P. u. M. Mueschke, *A New View of C.'s »The Way of the World«*, Ann Arbor 1958. – P. T. Nolan, *»The Way of the World«: C.'s Moment of Truth* (in Southern Speech Journal, 25, 1959). – M. Wagoner, *The Gambling Analogy in »The Way of the World«* (in Tennessee Studies in Lit., 13, 1968, S. 75–80). – P. J. Hurley, *Law and the Dramatic Rhetoric of »The Way of the World«* (in South Atlantic Quarterly, 70, 1971, S. 191–202). – Ch. R. Lyons, *Disguise, Identity, and Personal Value in »The Way of the World«* (in ETJ, 23, 1971, S. 258–268). – H. Teyssandier, *C.'s »The Way of the World«* (in ES, 52, 1971, S. 124–131). – D. S. Zeidberg, *Fainall and Marwood: Vicious Characters and Limits of Comedy* (in Thoth, 12, 1971, Nr. 1, S. 33–38). – A. Kaufman, *Language and Character in C.'s »The Way of the World«* (in Texas Studies in Language and Lit., 15, 1973, S. 411–427). – N. V. Shetty, *The Wooing of Millimant* (in *Literary Studies*, Hg. K. P. K. Menon u. a., Trivandrum 1973, S. 126–134). – B. Corman, *»The Way of the World« and Morally Serious Comedy* (in Univ. of Toronto Quarterly, 44, 1975, S. 199–212). – C. H. Hinnant, *Wit, Propriety, and Style in »The Way of the World«* (in Studies in Engl. Lit., 17, 1977, S. 373–386). – S. L. Kimball, *Games People Play in C.'s »The Way of the World«* (in *A Provision of Human Nature*, Hg. D. Kay, University [Alabama] 1977, S. 191–207). – R. A. Erickson, *Lady Wishfort and the Will of the World* (in MLQ, 45, 1984, S. 338–349). – J. E. Neufeld, *The Indigestion of Widow-Hood: Blood, Jonson, and »The Way of the World«* (in Modern Philology, 81, 1984, S. 233–243). – R. Braverman, *Capital Relations and »The Way of the World«* (in ELH, 52, 1985, S. 133–158).

## DANIEL ČONK'ADZE

* 1830 Qvavili
† 16.6.1860 Tiflis

### SURAMIS CIẖE

(georg.; *Die Burg von Surami*). Roman von Daniel Čonk'adze, erschienen 1859. – Vardo, die Lieblingszofe der Herrin von Muẖrani, liebt den Knecht Durmišẖan und erreicht, daß dieser von seinem Herrn, Muẖranbatoni, freigelassen wird. Doch in ihrer Hoffnung auf eine baldige Heirat sieht sie sich getäuscht, denn Durmišẖan will erst einmal arbeiten und reich werden. Das Mädchen wartet drei Jahre lang auf den Geliebten, der nach Ablauf dieser Frist eine reiche Bauerntochter zur Frau nimmt und ein erfolgreicher Kaufmann wird. Vardo, die er vergessen hat, lebt zu dieser Zeit als Wahrsagerin in Tiflis. Eines Tages sucht sie dort der erste Wesir des Königs auf, um sich in einer schwierigen Frage Rat zu holen. Als Grenzschutz gegen die Türkei soll in Surami eine Burg gebaut werden, doch ein böser Geist scheint das Werk verhindern zu wollen. Sooft man die Mauern fünf Ellen hoch aufgeführt hatte, barsten sie auseinander. Vardo bedeutet dem Fragenden nun, daß man ein Kind, Durmišẖans Sohn Zurab, einmauern müsse, um den Zauber zu bannen. Als der Vater von einer Reise heimkehrt, ist die Burg bereits gebaut, sein Sohn eingemauert. Sofort macht er sich auf den Weg zu Vardo. Zornig und verzweifelt fragt er: *»Warum, Verfluchte, warum? Was hat er dir getan?«* Vardo erwidert ruhig: *»Du hast mir das Herz gemordet, ich dir den Sohn. Jetzt sind wir quitt.«* Als Durmišẖan auf sie losstürzt, umarmt sie ihn und stößt ihm einen Dolch in die Schulter. An der Stelle, an der man den Knaben einmauerte, aber blieb die Mauer feucht wie von Tränen, und man sagt, daß in mondhellen Nächten die Mutter des Kindes noch immer klagt.

Dem in Georgien sehr beliebten Roman liegt eine alte Sage zugrunde. Čonk'adze hat sie im Sinne seines Kampfs gegen die Leibeigenschaft aktualisiert. In der Ermordung des Kindes sieht er die Konsequenz einer Gesellschaftsordnung, in der Menschenleben rücksichtslos dem Machtwillen der Herrscher geopfert wurden. I.Ku.

Ausgaben: Tiflis 1859. – Tiflis 1875. – Tiflis 1932. – Tiflis 1949.

Übersetzung: *Die Burg von Surami*, R. Bleichsteiner, Wien 1940.

VERFILMUNG: Rußland 1922 (Regie: I. N. Perestiani).

LITERATUR: Pʿ. Maharadze, *D. C. da misi dro*, Tiflis 1929. – Baramidze-Radiani, S. 108–112. – A. Gačečiladze, *D. Č. da Lavrenti Ardaziani* (in *K'art'uli literatura*, 1955, S. 185–197). – M. Gapʿrindašvili, *D. Č. da k'art'uli ganatʿ leba* (in Ciskari, 1960, Nr. 6, S. 125–132). – G. Mačavariani, *D. Č.* (in Mnatʿobi, 1960, Nr. 6, S. 156–158). – A. Khundadze, *D. Č.*, Tiflis 1966. – A. Gačečiladze, *D. Č.* (in K'artʿuli literaturis istoria ekʿs tomad, 3, 1969, S. 363–377). – H. Faehnrich, *Die georgische Literatur*, Tiflis 1981, S. 101.

## MARC CONNELLY

eig. Marcus Cook Connelly
* 13.12.1890 McKeesport / Pa.
† 21.12.1980 New York

### THE GREEN PASTURES

(amer.; *Ü: Die grünen Weiden*). Schauspiel in acht Szenen von Marc CONNELLY, Uraufführung: New York, 26. 2. 1930, Mansfield Theatre. – Der bis dahin mit satirischen Gesellschaftsstücken hervorgetretene Autor wurde von den im Negerdialekt geschriebenen folkloristischen Erzählungen *Ol' Man Adam an' His Chillun*, 1928 *(Der alte Adam und seine Kinder)*, von Roark BRADFORD (1896–1948) zu diesem Schauspiel angeregt.
In einer Kirche für Schwarze in Louisiana will der Sonntagsschullehrer Mr. Deshee zehn Kindern das *1. Buch Mose (Genesis)* erklären. Die Fragen seiner Schüler, die sich die Erschaffung der Welt nicht vorstellen können und denen es zum Beispiel unbegreiflich ist, daß es die Stadt New Orleans nicht seit eh und je gegeben hat, veranlassen Mr. Deshee zu einer in den Alltag der farbigen Südstaatenbevölkerung transponierten Darstellung und Auslegung alttestamentlicher Überlieferungen.
Die Szenenfolge, die nun vor den Augen der Kinder abrollt, beginnt mit der Schilderung des glücklichen Lebens, das Gott vor der Erschaffung der Welt mit seinen Engeln im Himmel führt und das wie ein großes Picknick wirkt, bei dem jeder so viel Bratfisch, süßes Brot und Pudding essen kann, wie er mag. Der Herr *(»de Lawd God Jehovah«)* greift dabei selbst in die Zigarrenkiste oder läßt rasch ein Wunder geschehen, wenn die Zutaten zum himmlischen Nachtisch ausgegangen sind. Gottes Freude über sein Schöpfungswerk und sein wachsender Zorn darüber, daß die Menschen seinen Willen mißachten, sind die Hauptthemen der folgenden Szenen, in denen die Geschichte von Adam und Eva und der Brudermord Kains dargestellt werden. Kains Nachkommen bewirken durch ihren schlechten Lebenswandel – vor allem durch ihre Vorliebe für verbotene Glücksspiele –, daß Jehova die Sintflut über die Erde kommen läßt. Daß er aber auch mit den Nachkommen Noahs nicht zufrieden ist, geht aus dem Gespräch zweier himmlischer Putzfrauen hervor, die sein Privatbüro zu reinigen haben und die sich über die unaufhörlichen Blitz- und Donnerschläge unterhalten, die Abraham, Isaak und Jakob auf sein Geheiß auf *»diese miese kleine Erde«* niederfahren lassen. Noch ein letztes Mal will der Herr der Menschheit eine Chance geben: Die Nachfahren der Stammväter Israels sollen von Moses aus der ägyptischen Sklaverei ins Land Kanaan geführt werden. Zu diesem Zweck bringt er Moses und Aaron Zaubertricks bei, mit denen sie die besten Magier des Pharaos besiegen. Dieser ist so tief beeindruckt, daß er das Volk Israel ziehen läßt. Aber – so erklärt Mr. Deshee den Kindern – auch dieser Plan schlägt fehl. *»Denn als sie im Land Kanaan waren, sind sie wieder vor die Hunde gegangen.«*
In einer Dekoration, die an ein Negernachtlokal in New Orleans erinnert, wird dann der moralische Verfall der Kinder Israels in der Babylonischen Gefangenschaft vorgeführt. Voller Zorn darüber, daß auch diese Bestrafung nichts gefruchtet hat, schwört Jehova, sich endgültig von seinem Volk abzuwenden. Doch eines Tages dringt von der Erde die Stimme eines Mannes an sein Ohr, der mithelfen soll, Jerusalem gegen Herodes zu verteidigen. Seltsam angerührt vom Klang dieser Stimme geht er, als *»alter Prediger aus den fernen Bergen«*, zu dem Mann, von dem er erfährt, daß die Kinder Israels nicht mehr zum alten Gott des Zornes und der Rache beten, sondern zum Gott der Gnade, wie der Prophet Hosea es sie gelehrt hat. Auf seine Frage, wie denn der Prophet zu diesem neuen Gott gefunden habe, erhält Jehova die Antwort: *»Durch Leiden.«* Er dankt dem Mann für diese Worte. *»Weißt du«*, sagt er, *»ich bin sehr weit weg gewesen, ich glaube, ich war einfach hinter der Zeit zurück.«* In der letzten Szene denkt er im Himmel über dieses Gespräch nach und fragt sich: *»Hat er damit gemeint, daß sogar Gott leiden muß?«* Und plötzlich ertönt eine Stimme, die dem Herrn und seinen Engeln von Jesu Weg nach Golgatha berichtet. Gott lächelt, und der Himmel tönt wider vom Gesang der Engel: *»Hallelujah, König Jesus.«*
Im Verlauf der einzelnen Szenen und als Überleitung werden *negro spirituals* gesungen, deren Texte die vorgeführten Ereignisse ergänzen. Connelly geht in seinem Stück davon aus, daß viele amerikanische Neger im Schicksal des Volkes Israel Parallelen zu ihrem eigenen finden und daß in ihrer Phantasie Gott mit ihnen vertrauten menschlichen Zügen ausgestattet ist. In ihrer Mischung aus naiver Frömmigkeit, Alltagsbezogenheit und Mutterwitz erwies sich diese Interpretation der Wandlung des alttestamentlichen Jehova zum Gott des *Neuen Testaments* als überaus bühnenwirksam. Die Darstellung Gottes durch Richard B. Harrison, einen farbigen Religionslehrer, der noch nie auf der Bühne

gestanden hatte, galt als das Theaterereignis des Jahres 1930 in New York. Das Stück erhielt den Pulitzer-Preis. G.Ha.-KLL

AUSGABEN: NY 1929. – NY 1962. – Ldn. 1963 [Einl. u. Nachw. V. Long].

ÜBERSETZUNG: *Die grünen Weiden*, K. H. Hansen, Bln. o. J. [Bühnenms.].

VERFILMUNG: USA 1936 (Regie: M. Connelly u. W. Keighley).

LITERATUR: C. Carmer, *»The Green Pastures«* (in Theatre Arts Monthly, Okt. 1930, S. 897 f.). – A. H. Quinn, *A History of the American Drama. From the Civil War to the Present Day*, NY ²1936, S. 282–284. – N. A. Ford, *How Genuine is »The Green Pastures«?* (in Phylon, 20, 1959, S. 67–70). – J. T. Krumpelmann, *M. C.'s »The Green Pastures« and Goethe's »Faust«* (in *Studies in Comparative Literature*, Hg. W. F. MacNeir, Baton Rouge 1962, S. 199–218). – P. T. Nolan, *God on Stage: A Problem in Characterization in M. C.'s »Green Pastures«* (in Xavier Univ. Studies, 4, 1965, S. 75–84). – Ders., *M. C.*, NY 1969 (TUSAS). – J. L. Phillips, *Before the Colors Fade: »Green Pastures« Recalled* (in American Heritage, 21, Februar 1970, S. 28–29, 74–76). – W. W. Briggs, *M. C.* (in *Twentieth-Century American Dramatists*, Bd. 1, Hg. J. MacNicholas, 1981, S. 124–130; DLB, Bd. 7). – H. Skottene, *Motstanden mot Skuespillet »Guds grønne enger«* (in Norsk Litterær Årbok, 1983, S. 47–61).

## CYRIL VERNON CONNOLLY

* 10.9.1903 Coventry
† 26.11.1974 London

### ENEMIES OF PROMISE

(engl.; *Feinde des Talents*). Literarkritisches und autobiographisches Werk von Cyril V. CONNOLLY, erschienen 1938. – Der Autor, Essayist, Romanautor, Literaturkritiker und zehn Jahre lang Mitherausgeber der Zeitschrift ›Horizon‹, hat sein Buch in drei Teile gegliedert: Im ersten setzt er sich mit verschiedenen Stilarten der englischen Literatur auseinander, im zweiten erteilt er aufgrund eigener Erfahrungen Ratschläge an Schriftsteller, im dritten berichtet er aus seinen Jugend- und Studienjahren. Stil ist für Connolly die Kunst, Form und Inhalt in die richtige Beziehung zueinander zu setzen, gleichzeitig aber auch eine Offenbarung durch die Sprache. Je größer der Wortschatz eines Dichters und seine Fähigkeit, sich auszudrücken, desto höher der Wert des Geschriebenen. Nur wenn jedes Wort wirklich das ausdrücke, was es zu sagen beabsichtigt, könne man vom vollendeten Gebrauch der Sprache sprechen. Der »Mandarin-Stil« ist nach Connolly gleichzeitig die reichste und die komplizierteste Ausdrucksmöglichkeit der englischen Sprache. Charakteristisch sind für diesen Stil etwa die langen Sätze mit den vielen Nebensätzen, die Konjunktive, Beifügungen, Ausrufe, Zitate und Anspielungen, deren Gebrauch aus einer Zeit stammt, in der sowohl der Dichter als auch der Leser keine Eile hatte. CARLYLE, LOCKE, DEFOE und COWPER führt Connolly als typische Vertreter dieses Stils an. – Der journalistische Stil (er nennt ihn die Kunst, etwas zu schreiben, das meist nur einmal gelesen wird) hat sich, seiner Meinung nach, Ende des vorigen Jahrhunderts in den Mandarin-Stil eingeschlichen und ihn der Zeit entsprechend verwandelt. Als die bekanntesten Vertreter dieser »modernen Bewegung« nennt er KIPLING, SHAW, WELLS, GALSWORTHY, CONRAD und E. M. FORSTER. Im folgenden befaßt sich der Autor mit dem »Dandyismus«. Nahezu alle Dichter, auf die der Begriff »Dandy« zutrifft, idealisierten – nach Connolly – die Aristokratie und verachteten das Bürgertum; die niederen Klassen waren für sie nichts anderes als die Gosse. Diese Dichter waren, da sie meist in gesicherten Verhältnissen lebten, taub gegenüber dem Ruf nach sozialer Gerechtigkeit. Mit dem ihm zur Verfügung stehenden Geist und Witz machte sich der Dandy über die Ernsthaftigkeit des Mandarin-Stils lustig. Die profiliertesten Repräsentanten dieser Richtung waren nach Meinung des Autors WILDE, SAKI, FIRBANK, T. S. ELIOT und Aldous HUXLEY. Auf den Dandyismus folgt eine Periode des Mandarin-Stils (Lytton STRACHEY, Virginia WOOLF, die Brüder SITWELL und Huxley mit seinen späteren Werken). Den neuen Stil, der von Paris aus Ende der zwanziger Jahre seinen Siegeszug in der englischsprachigen Literatur antrat, nennt Connolly *»die neue Muttersprache«*. JOYCE, Sherwood ANDERSON, HEMINGWAY, ORWELL, D. H. LAWRENCE, FAULKNER – um nur einige zu nennen – rechnet er diesem Stil zu. Das Fazit dieser Untersuchung: Der englischsprachige Autor unserer Zeit muß – falls seine Bücher länger als eine halbe Generation lang im Gespräch bleiben sollen – bemüht sein, diejenigen Eigenheiten der erwähnten Stile in seinem Werk zu verwenden, die die Ausdrucksmöglichkeiten der englischen Sprache steigern und die Intelligenz des Lesers ansprechen.
Die wichtigsten praktischen Hinweise des zweiten Teils enthalten eine Warnung: Die vielen modernen »Ersatzmittel« für gute Literatur, wie etwa Fernsehen, Rundfunk, Film, aber auch der Journalismus und die kritische Tätigkeit, werden für den Schriftsteller zu einer nicht zu unterschätzenden Gefahr, sobald er – aus welchen Gründen immer – sich ihnen zusätzlich verschreibt. Jede Nebenbeschäftigung stiehlt ihm Zeit für seine eigentliche Aufgabe, lenkt ihn davon ab, erweist sich als seiner Begabung feindlich.
Der autobiographische Teil enthält Connollys höchst eigenwillige Schilderung seiner nicht min-

der ungewöhnlichen Kindheit (zeitweilige Aufenthalte in Südafrika, Irland, der Heimat seiner Mutter, Korsika und Tanger) und seiner Schulzeit mit all ihren Licht- und Schattenseiten – Privatschule, Eton – bis zur Übersiedlung nach Oxford. Einige Kritiker seines Buches haben Connolly vorgeworfen, sein Bericht über Eton sei ein Angriff übelster Art auf dieses traditionsreiche Institut. Er selbst versichert in seinem Vorwort, er habe die Vorgänge objektiv wiedergegeben und wolle gerade diese Zeit seiner Ausbildung keinesfalls missen.
In der Einleitung zur zweiten Auflage seines Buchs schrieb Connolly, daß er mit *Enemies of Promise* lediglich eine didaktische Untersuchung der Frage vorlegen wollte, wie ein Buch zu schreiben sei, das zehn Jahre überdauern solle, und daß die Tatsache, daß sein Werk nach zehn Jahren neu aufgelegt würde, wohl der beste Beweis für die Stichhaltigkeit seiner Thesen sei. Die Mischung aus Selbstbewußtsein und Selbstkritik *(»Ich habe mich selbst in keinem Augenblick meines Lebens leiden können, und mein Leben ist die Summe dieser Augenblicke«)*, aus Esprit, kritischer Einsicht und Lust am Opponieren und Schockieren hat Connolly zu einem der bewundertsten und befehdetsten englischen Literaturkritiker des 20. Jh.s gemacht. Der Vorwurf, seine Kritik sei unsystematisch und zu persönlich gefärbt, ist zweifellos begründet, ebenso aber ist es das Urteil des amerikanischen Kritikers Edmund WILSON: *»... er ist wie Goldsmith, Sterne und Wilde einer jener Iren, denen das Schicksal Stilgefühl, Eleganz und Witz in die Wiege gelegt hat, so daß alles, was sie schreiben, die Unmittelbarkeit von ›jeux d'esprit‹ besitzt und ihre ›jeux d'esprit‹ manchmal zu klassischen Aussprüchen werden.«* G.Ha.-KLL

AUSGABEN: Ldn. 1938. – Ldn. 1949. – Ldn. 1973. – Harmondsworth 1979.

LITERATUR: Rez. (in Saturday Review of Literature, 19, 1. 4. 1938). – H. Hatcher (in AL, 12, 1940, S. 260 f.). – D. Pryce-Jones, *C. V. C.*, Ldn. 1983. – C. Ozick, *C. C. and the Groans of Success* (in The New Criterion, 2, März 1984, S. 21–27).

## RALPH CONNOR

d.i. Charles William Gordon

* 13.9.1860 Glengarry County / Ontario
† 31.10.1937 Winnipeg

### THE MAN FROM GLENGARRY. A Tale of the Ottawa

(engl.; *Der Mann aus Glengarry. Eine Erzählung vom Ottawa*). Roman von Ralph CONNOR (Kanada), erschienen 1901. – Der Autor verdankt seinen Erfolg als einer der meistgelesenen Romanschriftsteller Kanadas den Büchern, in denen er seine Erfahrungen als presbyterianischer Missionar bei den Holzfällern und Bergarbeitern der kanadischen Rocky Mountains verarbeitet hat. Als Schauplatz seiner Romane wählte er jedoch mit Vorliebe die Gegend um seinen Geburtsort Glengarry in der Provinz Ontario. Im vorliegenden Roman schildert er das Leben der Pioniere in den riesigen Wäldern entlang dem Ottawa, ein Leben, das um die Jahrhundertwende noch ebenso hart und primitiv war wie das der aus Schottland, Irland und Frankreich eingewanderten Vorfahren der Siedler. Im Sommer wird das selbstgerodete Land bestellt, im Winter ziehen die Männer als Holzfäller *(shantymen)* in die Wälder, im Frühjahr flößen sie die Stämme auf dem Ottawa zu den mächtigen Holzhändlern. Die Romanhandlung entwickelt sich aus einem Jahre zurückliegenden Vorfall: Bei einem der rauhen Wettkämpfe, in denen die verschiedenen Nationalitätengruppen ihre Kräfte zu messen pflegen, hatte der Franzose Le Noir den Schotten Macdonald Dubh (den Vater des Titelhelden) durch unfaire Kampfmethoden so schwer verletzt, daß dieser einige Zeit später starb. Vor seinem Tod hatte er sein wildes, gottloses Leben bereut und seinem Sohn Ranald das Versprechen abgenommen, sich nicht an dem Franzosen zu rächen. Schweren Herzens steht Ranald seitdem zu seinem Versprechen. Daß er es vermag, seine Rachegelüste immer wieder zu bezwingen, bringt ihm die uneingeschränkte Freundschaft Le Noirs ein, der jahrelang unter seiner Schuld gelitten hat. Ranald, der nie zur Schule gegangen und von Jugend an das rauhe Leben der Holzfäller gewohnt ist, bringt es dank seiner natürlichen Intelligenz und seines Fleißes zum Holzexperten, um den sich die einschlägigen Firmen reißen. In der Liebe erlebt er eine tiefe Enttäuschung: Sieben Jahre lang gilt seine stille Zuneigung Maimie St. Clair, der Tochter eines Holzhändlers, dann erkennt er, daß er mit Blindheit geschlagen war und daß Maimie ein oberflächliches Wesen ist, das nur seinen gesellschaftlichen Ambitionen lebt und auf ihn, den Holzfällersohn, stets herabgesehen hat. Drei Jahre später findet er zu Kate Raymond, die wie er aus einer schlichten Pioniersfamilie stammt und ihn schon liebte, bevor er seine steile Karriere begann.
Das Buch ist kennzeichnend für nahezu alle Romane, die um die Jahrhundertwende die Erschließung des kanadischen »Wilden Westens« in einer damals als realistisch geltenden, heute jedoch klischeehaft und romantisierend anmutenden Darstellungsweise schilderten. Vom Gros dieser Romane unterscheidet sich das Werk des später weit über Kanada hinaus bekannten Geistlichen, der 1922 die presbyterianische Kirche seines Landes reformierte, durch den leidenschaftlich missionarischen Ton und die noch heute beeindruckenden Naturschilderungen.
R.B.

AUSGABEN: Toronto 1901. – Toronto 1960 (New Canadian Library, 14). – NY 1976.

LITERATUR: *Postscript to Adventure: The Autobiography of R. C. – Charles W. Gordon*, Hg. J. K. Gordon, Garden City/N.Y. 1938. – F. W. Watt, *Western Myth: The World of R. C.* (in Canadian Literature, 1, 1959, S. 26–36). – R. Daniells, *Glengarry Revisited* (ebd., 31, 1967, S. 45–53). – M. Vipond, *Charles William Gordon* (in Journal of Canadian Studies, 10, 1975, Nr. 3). – S. Wood, *R. C. and the Tamed West* (in *The Western Experience in American Literature: Bicentennial Essays*, Hg. M. Lewis u. L. L. Lee, Bellingham 1977, S. 199–212). – R. MacGillivray u. E. Ross, *A History of Glengarry*, Belleville 1979. – I. Pringle, *The Gaelic Substratum in the English of Glengarry County and Its Reflection in the Novels of R. C.* (in Canadian Journal of Linguistics, 26, 1981, S. 126–140). – R. MacGillivray, *Refusing to Go Away: The Case of R. C.* (in Past and Present, Univ. of Washington, Okt. 1984, S. 8/9).

## CONON DE BÉTHUNE

* um 1150 im Artois
† 17.12.1219/20 Konstantinopel (?)

**KREUZ- UND MINNELIEDER** (afrz.) von CONON DE BÉTHUNE.

Unter dem Namen des aus einer pikardischen Adelsfamilie stammenden bedeutenden Trouvères sind vierzehn Lieder (davon zehn mit Melodie) überliefert, doch können ihm nach dem Herausgeber A. WALLENSKÖLD nur zehn davon mit Sicherheit zugeschrieben werden. Seine Teilnahme am dritten Kreuzzug (1189–1193) läßt sich nur aus dem HUON D'OISI einhellig zugeschriebenen, aber unvollständig überlieferten Lied *Maugré tous sainz (Gegen den Willen aller Heiligen)* erschließen, das die frühe Rückkehr Conons zum Thema hat. Im vierten Kreuzzug (1202–1204) verhandelte der redegewandte Dichter *(»qui molt ere sages et bien enparlez«)* mit den byzantinischen Kaisern Alexius III. und IV., wie GEOFFROY DE VILLEHARDOUIN in seiner zwischen 1207 und 1213 entstandenen *Histoire de la conquête de Constantinople (Geschichte der Eroberung von Konstantinopel)* berichtet. Nicht zweifelsfrei zu klären ist, ob er selbst oder sein gleichnamiger ältester Sohn nach der Eroberung Konstantinopels durch das Kreuzfahrerheer unter der Führung Graf Balduins von Flandern 1217 Seneschall und 1219 Reichsregent des Byzantinischen Reichs wurde.

Aus der literarischen Produktion des artesianischen Trouvères ragen vor allem die zwei Kreuzlieder heraus. Der Aufruf in seinem berühmten ersten Kreuzlied *Ahi! Amors, com dure departie (O weh, Liebe, welch harter Abschied)*, das wohl bald nach der Kreuznahme der vorübergehend versöhnten Könige von Frankreich und England (etwa Februar/März 1188) verfaßt wurde, könnte einem Kreuzzugserlaß entnommen sein und formuliert die damals allgemeingültige Überzeugung: *»Honi soient tot chil ki remanront / S'il n'ont poverte ou viellece ou malaige! /et cil qui sain et jone et riche sont/ ne poevent pas demorer sans hontaige« (»Verwünscht seien alle diejenigen, die zurückbleiben, /wenn sie nicht Armut oder Alter oder eine Krankheit haben!/Und diejenigen, die gesund und jung und reich sind, /können nicht ohne Schande hier bleiben«*; Übers. Ph. A. Becker). Doch verbindet dieses Lied die freudige Aufbruchsbegeisterung des höfisch Liebenden mit dessen sehr persönlich vorgetragenem Schmerz über den Abschied von seiner geliebten Dame. Allerdings fährt nur der Körper *(cors)* ins Heilige Land, das Herz *(cuers)* bleibt bei der Geliebten; diese Trennung ist ein beliebter Topos der Minnekanzone, wobei hier zu der ohnehin vorhandenen sozialen Distanz zwischen Dichter und Dame die räumliche tritt: *»Se li cors va servir Nostre Signor,/ mes cuers remaint del tot en sa baillie« (»Wenn der Körper geht, unserem Herrn zu dienen, /so bleibt mein Herz gänzlich in ihrer Gewalt zurück«*; Übers. D. Rieger). Im Entschluß zur Kreuzfahrt verbindet sich die religiöse Verpflichtung, Gott nicht im Stich zu lassen *(»car je ne doi faillir mon Creator«)*, mit dem durchaus weltlichen Wunsch des Dichters, seiner Dame mit Rittertaten im Heiligen Land zu gefallen *(»Ou on conquiert Paradis et honor/Et pris et los et l'amor de s'amie« – »Wo man das Paradies erlangt und Ehre/ und Lob und Preis und die Liebe seiner Geliebten«)*. Die im Kreuzlied stets präsente Furcht des Liebenden, seine Dame könne ihm während seiner langen Abwesenheit untreu werden, läßt Conon nicht gelten, denn da sich die guten Leute alle im Heiligen Land befinden, bleiben nur die feigen zurück, mit denen sich eine wirklich höfische Dame niemals einlassen würde: *»Et les dames ki chastement vivront/ Et loiauté feront ceaus ki iront. /Et s'eles font par mal consel folaige,/ A lasques gens mauvaises le feront,/ Car tot li boin iront en cest voiaige« (»Und die Damen, die keusch leben werden / und die* [Ritter], *die gehen werden, werden Treue üben: / und wenn sie* [die Damen] *auf einen schlechten Rat hin eine Torheit machen, /werden sie diese mit feigen, schlechten Leuten begehen, /denn alle guten werden auf diese Fahrt gehen«)*.

Auf das bekannte Lied, dessen Melodie in drei verschiedenen Varianten überliefert ist, wurden im deutschen Sprachraum mehrere Kontrafakturen gedichtet, wie die Kreuzlieder *Mîn herze und mîn lîp, diu wellent scheiden* von FRIEDRICH VON HAUSEN und *Mich mac der tot von ír minnen wól scheiden* von ALBRECHT VON JOHANSDORF, die beide die Trennung von Herz und Körper des liebenden Kreuzfahrers wieder aufgreifen. Während Friedrich sich jedoch ganz für Gott entscheidet, bleibt bei Albrecht, wie bei Conon, Minne und Gottesfahrt vereinbar. – Conons zweites, wohl im Sommer 1188 entstandenes Kreuzlied *Bien me deüsse targier (Ich hätte mich wohl zurückhalten sollen)* setzt sich dagegen kritisch mit der heillosen Zerstrittenheit der Fürsten auseinander, die aufgrund neu aufgeflammter kriegerischer Fehden ihre Verpflichtung zum Kreuzzug vergessen haben und die göttliche Langmut mißbrauchen. Doch Gott hat sich schon an den Schuldigen gerächt: *»Li Quens s'en est ja vangiés,/ Des haus barons, qui or li sont faillit./ C'or les eüst anpiriés,/ Qui sont plus vil que onques mais ne vi!/Dehait li bers qui est de tel sanblance/Con li oixel qui conchiët son nit!/ Po en i a ki n'aït son renne honi, /Por tant qu'il aït sor ses homes possance«* (*»Schon hat sich Gott an den hohen Baronen gerächt, die ihm nicht Wort gehalten haben. Möchte ich sie übel hergerichtet sehen, denn sie sind verächtlicher denn je. Pfui über den Menschen, der sich benimmt wie der Vogel, der sein Nest beschmutzt. Nur wenige haben ihre Herrschaft nicht entehrt, soweit sie über ihre Leute Gewalt haben«*; Übers. Ph. A. Becker). Die Pflichtvergessenheit der hohen Herren bewog wohl nicht nur Conon, dessen Tatkraft man monatelang für die eigensüchtigen Zwecke der Großen abgelenkt und mißbraucht hatte, dazu, seine Heimat wieder aufzusuchen, wo er von Huon d'Oisy, an den sich Conons Lied wandte, mit bitterem Mitgefühl empfangen wurde: *»Si remaindroiz avoec vo roi failli«* (*»Ihr könnt jetzt ruhig zu Hause bleiben mit Eurem wortbrüchigen König«*).

Von den eher konventionellen, aber sehr persönlich gehaltenen Minneliedern Conons setzt sich die Tenzone *L'autrier avint en cel autre pais (Neulich geschah es in jenem anderen Land)* ab. Der Dichter parodiert hier eine besondere Spielart der Streitlieddichtung (*débat amoureux*), in der sich ein Mädchen mit allen Mitteln der Rhetorik den Zudringlichkeiten des werbenden Mannes widersetzt, um schließlich doch nachzugeben. Bei Conon ist die alternde Dame zur reichlich späten Einsicht gekommen, ihrem Liebhaber nun endlich ihre Gunst zu schenken, und wird von diesem mit wenig schmeichelhaften Worten abgewiesen. Sogar den Vergleich mit den Ruinen von Troja muß sie sich gefallen lassen, und weder ihr provokanter Vorwurf der Homosexualität (*»Ains vos prendroit envie / D'un bel vallet baisier et acoler« – »Eher packte Euch die Lust,/ einen schönen Knappen zu küssen und zu umarmen«*) noch die Vorzüge ihres Standes und Reichtums können den Ritter dazu bewegen, den Wünschen der Dame zu entsprechen, denn: *»On n'aime pas dame por parenté, / Mais quant ele est belle et cortoise et saige. / Vos en savrés par tans la verité«* (*»Man liebt eine Dame nicht wegen ihrer Abkunft,/sondern wenn sie schön ist und von höfischer Art und klug./ Ihr werdet bald erkennen, wie wahr dies ist«*).

Conons Lieder sind in einem Dialekt abgefaßt, der um die Stadt Arras herum gesprochen wurde und der im 12. Jh. noch durchaus literaturfähig war. Im Lied *Mout me semont Amors ke je m'envoise (Sehr mahnt mich Amor, daß ich mich lustig mache)* klagt Conon jedoch über einen seiner Sprache geltenden schmerzenden Tadel der königlichen Zuhörer, besonders seiner vermutlichen Gönnerin Marie de Champagne. Der Dichter wehrt sich mit dem Argument, daß seine Sprache durchaus verständlich sei: *»Ne chil ne sont bien apris ne cortois, /S'il m'ont reprise se j'ai dit mos d'Artois, /Car je ne fui pas norris a Pontoise«* (*»Und diese sind weder wohlerzogen noch höfisch/ wenn sie mir vorwerfen, daß ich Wörter aus dem Artois gebrauche/ denn ich wurde nun einmal nicht in Pontoise großgezogen«*). Diese biographische Anmerkung liefert wertvolle Aufschlüsse darüber, wie schon im 12. Jh. das in der Île de France gesprochene Französisch (wobei die Stadt Pontoise für ihre besonders reine Sprache bekannt war) allmählich als allgemeinverbindliche Literatursprache angesehen wurde, und andere französische Dialekte in den Hintergrund zu drängen begann.

W.R.

AUSGABEN: *Chansons de C. de B., trouvère artésien de la fin du XIIe siècle.* Hg. A. Wallensköld, Helsinki 1891 [krit.]. – *Les chansons de C. de B.*, Hg. ders., Paris 1921 (krit.; CFMA). – *Poèmes d'amour des XIIe et XIIIe siècles*, Hg. E. Baumgartner u. F. Ferrand, Paris 1983 (Ausw.; m. neufrz. Übers.; 10/18).

ÜBERSETZUNG: In *Mittelalterliche Lyrik Frankreichs II. Lieder der Trouvères*, Hg. D. Rieger, Stg. 1983 (Ausw.; afrz.-dt.; m. Komm.; RUB).

LITERATUR: A. Jeanroy, *Sur deux chansons de C. de B.* (in Rom, 21, 1892, S. 418–424). – F. Gennrich, *Zu den Liedern des C. de B.* (in ZfrPh, 42, 1922, S. 231–241). – A. Jeanroy, *Les origines de la poésie lyrique en France au Moyen-Âge*, Paris [3]1925, S. 45–70; 517–521. – Ph. A. Becker, *Die Kreuzlieder des C. de B. und Huon d'Oisi* (in ZfrzSp, 64, 1942, S. 305–312). – F. Wentzlaff-Eggebert, *Kreuzzugsdichtung des Mittelalters*, Bln. 1960. – C. Cremonesi, *C. de B., Rambaldo de Vaqueiras e Peire Vidal* (in C. C., *Studi romanzi di filologia e letteratura*, Brescia 1984, S. 399–410).

## JOSEPH CONRAD

d.i. Jozéf Teodor Konrad Korzeniowski

* 3.12.1857 Berdyczew / Ukraine
† 3.8.1924 Bishopsbourne

**LITERATUR ZUM AUTOR:**
*Bibliographien:*
T. G. Ehrsam, *A Bibliography of J. C.*, Metuchen/N.J. 1969. – E. A. Bojarski, *J. C.: A Bibliography of Masters Theses and Doctoral Dissertations 1917–1963* (in Bull. of Bibliography 26, 1969, S. 61–66, 79–82). – Ders. u. H. R. Stevens, *C. in Academe: A Bibliography*, Ann Arbor/Mich. 1970. – R. Secor, *J. C. and American Writers: A Bibliographical Study of Affinities, Influences, and Relations*, Westport/Conn. 1985.

*Zeitschrift:*
Conradiana, Abilene/Tex. 1968 ff. [m. Bibliogr.].
*Biographien:*
B. C. Meyer, *J. C.: A Psychoanalytical Biography*, Princeton/N.J. 1967. – B. Conrad, *My Father: J. C.*, Ldn. 1970. – F. R. Karl, *J. C.: The Three Lives: A Biography*, NY 1979 (dt.: *J. C.: eine Biographie*, Hbg. 1983). – P. Nicolaisen, *J. C.*, Reinbek 1988 (rm).
*Gesamtdarstellungen und Studien:*
*C.: A Collection of Critical Essays*, Hg. M. Mudrick, Englewood Cliffs/N.J. 1966. – E. W. Said, *J. C. and the Fiction of Autobiography*, Cambridge/Mass. 1966. – A. Fleishman, *C.'s Politics: Community and Anarchy in the Fiction of J. C.*, Baltimore 1967. – J. A. Palmer, *J. C.'s Fiction: A Study in Literary Growth*, Ithaca/N.Y. 1968. – R. S. Ryf, *J. C.*, NY 1970. – *Currents in C. Criticism: A Symposium* (in Conradiana, 4, 1972, S. 5–21). – *C.: The Critical Heritage*, Hg. N. Sherry, Ldn./Boston 1973. – *J. C.: A Collection of Criticism*, Hg. F. R. Karl, NY 1974. – C. B. Cox, *J. C.: The Modern Imagination*, Ldn. 1974. – P. J. Glassman, *Language and Being: J. C. and the Literature of Personality*, NY 1976. – J. Hawthorne, *J. C.: Language and Fictional Self-Consciousness*, Lincoln/Nebr. 1979. – F. Schunck, *J. C.*, Darmstadt 1979 (EdF). – H. J. Weiand, *J. C. Leben und Werk*, Düsseldorf 1979. – W. Senn, *C.'s Narrative Voice*, Bern 1980. – *The Art of J. C.: A Critical Symposium*, Hg. R. W. Stallman, Athens/Oh. 1982. – D. R. Schwarz, *C.: The Later Fiction*, Ldn. 1982. – A. Gillon, *J. C.*, Boston 1982 (TEAS). – H. Stelzer, *Narzißmus-Problematik u. Spiegel-Technik in J. C.s Romanen*, Ffm. u. a. 1983. – M. Tucker, *J. C.*, Bln. 1984. – *C. Revisited: Essays for the Eighties*, Hg. R. C. Murfin, Univ. of Alabama Press 1985. – N. Page, *A C. Companion*, NY 1986. – S. Raval, *The Art of Failure: C.'s Fiction*, Boston u. a. 1986.

## ALMAYER'S FOLLY. A Story of an Eastern River

(engl.; *Ü: Almayers Wahn*). Roman von Joseph CONRAD, erschienen 1895. – Dieser Erstlingsroman Conrads schildert Niedergang und Tod des holländischen Handelsmannes Almayer. Geschäftliche Mißerfolge, aber auch seine Verbissenheit in große Pläne halten ihn inmitten eines feindseligen und gefährlichen Dschungelgebietes Niederländisch-Ostindiens fest, einem Land, dessen überwältigende Fremdartigkeit Almayers Einsamkeit und Entwurzelung nur noch bedrückender erscheinen läßt. Arabische und malaiische Dorfgrößen und Händler betrügen ihn oder machen ihn zum unfreiwilligen Werkzeug ihrer Intrigen. Seine holländischen Landsleute, die eine höchst labile Kolonialherrschaft über dieses Dschungelgebiet ausüben, verdächtigen Almayer zu Recht des Waffenhandels mit eingeborenen Häuptlingen. Seine streitsüchtige Frau, Tochter eines malaiischen Piraten, deren Welt ihm stets fremd geblieben ist, hat Almayer nur geheiratet, weil er sich Hoffnungen auf die Reichtümer ihres weißen Vormundes, Lingard, machte. Neben dem zur Wahnvorstellung gewordenen Traum, Lingards angeblich im Dschungel versteckte Schätze eines Tages zu besitzen, hält Almayer nur noch die Gegenwart seiner Tochter Nina aufrecht, die als Mischling unentschlossen zwischen der Welt ihres Vaters und der ihrer Mutter steht. Als sich Nina in einen Malaien verliebt, bringt sie die Ereignisse ins Rollen. Sie sagt sich von ihrem lebensuntüchtigen Vater und von der europäischen Zivilisation los, die den Dschungel und seine Bewohner so wenig verändern konnte, und ergreift – inmitten eines Wirrwarrs von Intrigen, einer Intervention der holländischen Flotte und eines erneuten Versuchs Almayers, eine Expedition zur Bergung der Lingardschen Schätze zu organisieren – mit ihrem Liebhaber die Flucht.
Trotz formaler Mängel, vor allem in der Charakterzeichnung, deutet *Almayer's Folly* thematisch bereits auf Conrads spätere Meisterwerke wie z. B. *Heart of Darkness (Das Herz der Finsternis)* hin. Hier wie dort geht es um den Traum von Reichtum und Erfolg und das, was schließlich davon übrigbleibt. Eine der zentralen Themen ist die Konfrontation des Europäers mit den primitiven Kräften der Eingeborenen, denen er mit seinen geistigen Waffen nicht begegnen kann. Conrad problematisiert hier die Herauslösung von Wertbegriffen aus ihrem zivilisatorischen Rahmen und deren daraus resultierende Relativierung. J.v.Ge.

AUSGABEN: Ldn. 1895. – Ldn. 1923 (in *Works*, 22 Bde., 1923–1928, 1; *Uniform Ed.*). – Ldn. 1948. – Stg. 1952. – Harmondsworth 1976.

ÜBERSETZUNGEN: *Almayers Wahn*, E. McCalman, Bln. 1935. – Dass., G. Danehl (in *GW*, zus. m. *Der Verdammte d. Inseln*, Ffm. 1964). – Dass., ders., Ffm. 1972. – Dass., ders., Ffm. 1980; [3]1986.

LITERATUR: J. Conrad, *The Manuscript of »Almayer's Folly«* (in Bookman's Journal, 18, 1930). – J. H. Hicks, *C.'s »Almayer's Folly«, Structure, Theme and Critics* (in NCF, 19, 1964, S. 17–31). – W. B. Stein, *»Almayer's Folly«: The Terror of Time* (in Conradiana, 1, 1968, S. 27–34). – J. Watt, *»Almayer's Folly«: Memories and Models* (in Mosaic, 8, 1974, S. 165–182). – D. R. Schwarz, *Acts of Initiation in »Almayer's Folly« and »An Outcast of the Island«* (in Ariel, 8, Calgary 1974, S. 75–97). – S. M. Briggum u. T. K. Bender, *A Concordance to C.'s »Almayer's Folly«*, NY 1978. – C. Watts, *The Covert Plot of »Almayer's Folly«: A Structural Discovery* (in Conradiana, 15, 1983, S. 227–230).

## THE ARROW OF GOLD. A Story between Two Notes

(engl.; *Ü: Der goldene Pfeil. Eine Geschichte zweier Aufzeichnungen*). Roman von Joseph CONRAD, erschienen 1919. – Conrad schildert in diesem Roman die Abenteuer eines jungen Seemanns, der sich als »Monsieur George« der Partei des spanischen Thronprätendenten anschließt und Waffen von Marseille nach Spanien schmuggelt. Er kommt in Berührung mit einer Gruppe von Royalisten, an deren Spitze die legendenumwobene Doña Rita de Lastaola steht. Dieses einstige spanische Bauernmädchen hatte bereits vor seinem zwanzigsten Lebensjahr als Geliebte des wohlhabenden Malers Henry Allègre Zugang zur Pariser Gesellschaft gefunden. Allègre hatte aus Doña Rita nicht nur eine Frau von Welt gemacht, sondern ihr auch ein Vermögen hinterlassen, mit dem sie nun den Waffenschmuggel finanziert. Die Zentralthemen des Romans sind jedem Leser Conrads vertraut: die »Einweihung« eines jungen Mannes *»in die Geheimnisse der Leidenschaft«* und der durch dieses Erlebnis beeinflußte Prozeß seines Reifens. Diese Phase seines Lebens schließt für Monsieur George mit einem Duell um die Gunst der Doña Rita ab, das er mit einem seiner Hauptrivalen austrägt: mit dem amerikanischen Captain Blunt, einer Art modernem Ritter, dessen chevalereske Lebensart und dessen Idealismus allerdings seit der Niederlage der amerikanischen Südstaaten im Bürgerkrieg schwer angeschlagen sind. Parallel zu diesem entwickelt sich ein anderes, Conrad geläufiges Thema: das Streben einer Frau nach Selbsterfüllung und ihr Versuch, das primitive »Böse« in sich selbst zu bekämpfen. Inkarnationen dieses bösen Elements sind in *The Arrow of Gold* der brutale Ortega und die in ihrer religiösen Übersteigerung nahezu pathologische Therese.

Die Liebesbeziehung zwischen Monsieur George und Doña Rita, der beherrschenden Figur des Romans, steckt voller metaphysischer Anspielungen, die nicht unbedingt überzeugend wirken. Dies mag – zusammen mit der überzeichneten Persönlichkeit Doña Ritas – ein Grund für die im Vergleich zum übrigen Werk Conrads weniger erfolgreiche Rezeption dieses Romans sein. J.v.Ge.

AUSGABEN: 1918/1919 (in Lloyds Magazine, Dez. 1918 bis Febr. 1919). – Ldn. 1919. – Ldn. 1924 (in *Works*, 22 Bde., 1923–1928; 17; *Uniform Ed.*). – Hbg. 1932. – Ldn. 1969 (in *Complete Works*).

ÜBERSETZUNGEN: *Der goldene Pfeil, eine Geschichte zweier Aufzeichnungen*, E. McCalman, Bln. 1932. – *Der goldene Pfeil. Eine Geschichte zwischen zwei Aufzeichnungen*, W. Schürenberg (in *GW in Einzelbänden*, Ffm. 1966; [2]1984).

LITERATUR: L. Gillet, *Le nouveau de J. C.: »The Arrow of Gold«* (in RDM, 6, 1. 10. 1919). – Ders., *La flèche d'or«* (in L. G., *Lectures étrangères*, Ser. 1, Paris 1924). – M. H. Begnal, *The Ideals of Despair: A View of J. C.'s »The Arrow of Gold«* (in Conradiana, 3, 1971/72, S. 37–40). – D. W. Rude, *C.'s Revision of the First American Edition of »The Arrow of Gold«* (in Polish Review, 20, 1975, S. 106–122). – P. L. Gaston, *A Concordance to C.'s »The Arrow of Gold«*, NY 1981.

## CHANCE

(engl.; *Ü: Spiel des Zufalls*). Roman in zwei Teilen von Joseph CONRAD, erschienen 1912. – Als Conrad sieben Jahre nach der ersten Veröffentlichung ein Vorwort zu diesem inzwischen berühmt gewordenen Roman schrieb, nannte er darin den *»unwiderstehlichen Zauber«* der weiblichen Hauptgestalt und seine eigene *»natürliche Sympathie«* für Kapitän Anthony, den anderen Helden des Romans, die eigentlichen Motive, die ihn bei der Niederschrift bewegt und ermutigt hätten. Und tatsächlich scheint der Fortgang des Romans einen Prozeß langsamer innerer Erwärmung widerzuspiegeln: Randfiguren, die zunächst einen breiten Raum beanspruchen, werden wieder abgestoßen; die ursprünglich distanzierte Haltung »psychologischer Neugier« weicht einer Art von teilnehmendem Interesse, das sich immer ausschließlicher auf das zentrale Thema, die Geschichte einer eigentümlich verwirrten und gefährdeten Liebe, konzentriert.

Der erste Teil des Romans enthält lediglich ein Mosaik von Vorgeschichten. Die Schicksale der scheuen und auf eine ebenso zivilisierte wie entschiedene Weise von der Gesellschaft ausgestoßenen »Fremden« Flora de Barral werden beiläufig aus der Perspektive einer zufälligen Ferienbekanntschaft skizziert. Kapitän Marlow, der fast anonyme Rahmenerzähler, fügt in langen Abendgesprächen Einzelheiten aus ihrer Jugend aneinander: den tragikomischen Bankrott ihres Vaters, der als berüchtigter Finanzschwindler Jahre zuvor Schlagzeilen geliefert hatte, den Prozeß ihrer Isolierung in einer verständnislosen Welt, ihr melancholisches Spiel mit Selbstmordplänen und ihre Zufallsbekanntschaft mit dem einsamen und verschlossenen Kapitän Anthony, zu dem sie schließlich nach London und später auf sein Segelschiff »Ferndale« flieht. Es sieht wie ein Sieg aus, als beide die bürgerlichen Komplikationen, die sich daraus ergeben, die ebenso gutgemeinten wie grobschlächtigen Interventionsversuche von seiten schockierter Verwandter mit überlegenem Stolz zurückweisen.

In Wahrheit – dies ist das Thema des zweiten Teils – entwickelt sich aus diesen Voraussetzungen erst der innere Konflikt des Romans. Die persönlichen Mißverständnisse, denen im engen und gesicherten Bereich des Festlands stets eine groteskkomische Nuance anhaftete, werden im neuen Stimmungs- und Schicksalsraum der See auf eine absolute, das Tragische streifende Stilebene transponiert. Flora gelingt es nicht, sich von der melancholischen Welterfahrung ihrer Jugend zu lösen. Sie bleibt eine Fremde, die Tochter des Zuchthäuslers de Barral, der sich nach seiner Entlassung wie ein Schatten zwischen sie und Kapitän Anthony schiebt. Der alles verknüpfende und analysierende Erzähler Marlow ermittelt das stille Drama aus den Erinnerungen des jüngsten Schiffsoffiziers Charles Powell: aus kleinen, zunächst ungläubig registrierten Indizien verdichtet sich der Eindruck, daß auf dem Schiff eine vergiftete Atmosphäre herrschte. Die

Besatzung mystifiziert Flora mit mißtrauischer Aufmerksamkeit als ein elbisches Wesen, ihren Vater als bösen Geist, den Kapitän, der sein Schiff um einer Frau willen verraten hat, als behextes Opfer; und wirklich trägt die greisenhafte Erbitterung, mit der sich der alte de Barral an seine Tochter als sein Eigentum klammert, fast mythische Züge. Es wirkt wie eine märchenhafte Verblendung, wenn Flora und Anthony sich wiederum selbst in einem Gewebe aus Opferbereitschaft, Entsagung und ritterlicher Großmut verstricken und darüber die »Chance« ihrer Liebe fast aus den Augen verlieren, bis der »Zufall« einer *»mondlosen, sternklaren Nacht auf tiefschwarzer See«* die Lösung bringt. In dieser Nacht, in der der Vater in blindem Haß einen – im letzten Augenblick vereitelten – Giftmordversuch an Kapitän Anthony unternimmt, durchbricht Flora unwillkürlich den Bann ihrer Fremdheit. Eine Szene von verhaltener Melodramatik, in der der Alte sich selbst richtet, wird zum Wendepunkt: Anthony und Flora beginnen zum erstenmal den Boden gelöster, sich ihrer selbst bewußter Menschlichkeit unter den Füßen zu spüren.

Man hat Conrads Gestalten mit *»Maskenträgern«* verglichen (Werner Helwig), die sich nicht eigentlich entwickeln, sondern nur das Gesetz, das sie *»in sich tragen«*, enthüllen. Auf eine ähnliche Weise stellt sich so das innere Gleichgewicht der Charaktere her, an dem auch der spätere Seemannstod Anthonys nichts mehr ändern kann. Fast viktorianisch mutet das skeptisch-heitere Ende des Romans an: die Aussicht Floras auf eine zweite Heirat mit dem treuen Charles Powell. – Freilich liegt die Gefahr einer falschen Akzentsetzung nahe, wenn man das psychologische Drama allzustark isoliert. Der Roman ist vielschichtiger. Er verbindet Elemente des französischen Eheromans mit solchen der effektvoll inszenierten Kriminalerzählung, des Ozeanrealismus und der zeitkritischen Essayistik (für die Schicksale des alten de Barral scheint beispielsweise der Sensationsprozeß um den Finanzschwindler Jabez Spencer Balfour aus dem Jahr 1893 Modell gestanden zu haben). Im ersten Teil setzt Conrad, wie er selbst bemerkt, fast zu einer humoristischen Kleinbürgersatire mit *»Figuren à la Dickens«* an. Zugleich ist der Roman auch ein modernes, auf das Leitwort des Titels bezogenes Märchen vom versäumten und vom ergriffenen rechten Augenblick und dem jungen Hans im Glück – Charles Powell –, der unwillkürlich stets das Richtige tut. Dies alles wird als ein kunstvolles Gewebe aus Mutmaßungen, Beobachtungen und Erinnerungen Marlows so souverän zu einem Ganzen verknüpft, daß man diese artistische Distanzierung als einen Höhepunkt *»gereifter«*, an Henry JAMES geschulter *»Standpunkttechnik«* (Robert Fricker) hervorgehoben und als ein Stilmittel der spezifischen *»Weltironie«* Conrads interpretiert hat (Bernhard Fehr). Trotzdem ist es wohl kein Zufall, daß er in seinen späteren Romanen wieder zu einer schlichteren Erzählweise zurückkehrt. Conrads Größe liegt – auch in diesem Roman – weniger im epischen Facettenreichtum oder in der detaillierten Charakteranalyse als vielmehr in seiner unexaltierten Art, von einem »unbehausten« Leben, einfachen *»grundlegenden Gefühlen und elementaren Überzeugungen«* zu sprechen und sie an den Erfahrungen seines eigenen Lebens zu messen.

Im Rahmen des Gesamtwerks wird man *Chance* nicht allzu weit in den Vordergrund schieben dürfen. Aber man versteht, daß Conrad gerade hier der Durchbruch zum weltliterarischen Ruhm gelang. Das sorgfältig ausbalancierte Gleichgewicht zwischen undogmatischem Rationalismus und Ansätzen zu einer Mythisierung des einfachen Lebens, das diesen Roman charakterisiert, erklärt wohl zum Teil das Geheimnis seines Erfolges. Den eigentlichen Rang Conrads macht es freilich aus, daß er dabei nirgends auf das unwillkürliche Korrektiv eines ausgleichend-überlegenen, wenn auch skeptischen Humanismus verzichtet. R.Sch.

AUSGABEN: NY 1912 (in New York Herald, 21. 1. bis 30. 6.). – Ldn. 1913. – Ldn. 1923 (in *Works*, 22 Bde., 1923–1928, 14; *Uniform Ed.*). – NY 1957. – Ldn. 1969 (in *Complete Works*). – Harmondsworth 1974; ern. 1984 (Penguin). – NY 1985.

ÜBERSETZUNGEN: *Spiel des Zufalls*, E. W. Freißler, Bln. 1926. – Dass., L. Krüger, Bln./Weimar 1974; [2]1979. – Dass., F. Lorch (in *GW in Einzelbänden*, Ffm. 1984).

LITERATUR: H. James, *The New Novel* (in H. J., *Notes on Novelists*, NY 1914, S. 314–361). – R. Fricker, *Der moderne engl. Roman*, Göttingen 1958. – D. Hamer, *C.'s »Chance«: A Location* (in NQ, 13, 1966, S. 411 f.). – J. W. Johnson, *Marlow and »Chance«: A Reappraisal* (in Texas Studies in Literature and Language, 10, 1968, S. 91–105). – D. W. Rude, *J. C.'s »Chance«* (in Book Collector, 27, 1978, S. 343–347). – J. M. Johnson, *The Damsel and Her Knights: The Goddess and the Grail in C.'s »Chance«* (in Conradiana, 13, 1981, S. 221–228). – R. Siegle, *The Two Texts of »Chance«* (ebd., 16, 1984, S. 83–101).

## THE END OF THE TETHER

(engl.; *Ü: Das Ende vom Lied*). Novelle von Joseph CONRAD, erschienen 1902. – Es ist nicht ausgeschlossen, daß Joseph Conrad beim Schreiben dieser Erzählung eine anonym erschienene Kritik aus dem Jahre 1899 in Erinnerung hatte, in der ihm *»einige Eigenschaften der griechischen Tragiker«* zugebilligt wurden. *The End of the Tether* ist eine Novelle, die sich bewußt oder unbewußt um eine nachidealistisch »epische« Form des Tragischen bemüht und die dabei fast unwillkürlich in die Nähe jener pantragischen Genrebilder gerät, in denen die Jahrhundertwende schwelgte. Es ist eine Tragödie des Alterns: Kapitän Whalleys letztes Kommando auf dem verwahrlosten Küstendampfer »Sofala« dient dem einzigen Zweck, seiner Tochter Ivy nicht zur

Last zu fallen und ihr den geringen Betrag, mit dem er an dem Schiff beteiligt ist, zu bewahren. Dieser Gedanke beherrscht ihn mit solcher Ausschließlichkeit, daß er bereit ist, *»sogar seine eigene Vergangenheit voll Ehre, Wahrheit und gerechten Stolzes«* aufs Spiel zu setzen. Er verschweigt, daß er langsam erblindet. Er stützt sich unmerklich auf die Beobachtungen seines malaiischen Bootsmanns und glaubt *»alle zu betrügen«*. In Wahrheit benutzt ihn der Besitzer der »Sofala«, der selbst als erster Maschinist auf seinem Schiff arbeitet, zu einem heimtückischen Versicherungsbetrug: Er lenkt das Schiff heimlich von dem Whalley vertrauten Kurs ab und läßt es nachts zwischen unbekannten Klippen scheitern. Während alle sich retten, weigert sich der Kapitän, das Schiff zu verlassen: *»Gott hatte seine Gebete nicht erhört. Das Licht war endgültig aus der Welt entflohen; kein Schimmer mehr, eine dunkle Wüste; doch es war unmöglich, daß ein Whalley, der einen Makel auf sich genommen hatte, weiterleben sollte. Er mußte den Preis bezahlen.«*

Man hat diese Erzählung mit HEMINGWAYS Mythos vom alten Mann und dem Meer *(The Old Man and the Sea)* verglichen (Erhart Kästner). Sie ist freilich komplizierter und weniger unmittelbar: Um eine Spur zu vorsichtig bewahrt Conrad seinen Helden vor objektiver Schuld und rechtfertigt ihn durch die pietätvolle Motivation seines einsamen Entschlusses soweit, daß die moralische Grenze gerade noch nicht überschritten wird. Aber das eigentliche Thema ist hier wie dort das hoffnungslose Endspiel zwischen dem Stolz eines alternden Menschen und seinem Schicksal. Es mag sein, daß Conrad den blinden Kapitän als ein unaufdringliches Symbol des Fin de siècle konzipiert hat. Die patriarchalisch aristokratische Gestalt Whalleys wird durch die »Verhältnisse« zum Kampf um das bloße Überleben gezwungen; einmal erscheint er unter dem Bild eines »alten Wals«, ein andermal unter dem eines »vermessenen Titanen«, der aus dem Himmel seines bedingungslosen, fast einfältigen Gottvertrauens stürzt und noch im Sturz die überlebte Größe seines Jahrhunderts bewahrt. Das sind Begriffe, in denen sich offensichtlich naturwissenschaftlich gefärbter Welt- und konservativer Kulturpessimismus die Waage halten. Die eigentümliche Faszinationskraft der Erzählung erfassen sie kaum. Sie liegt jenseits der dramatischen Konflikte von Schuld und Sühne in der schlichten Darstellung eines »tapfer« bis an die Grenze der Aufrichtigkeit gelebten Lebens und in der einfachen Stimmung einer kosmisch-transzendenzlosen Melancholie, die die Farben, nicht die Konturen unmerklich abschwächt. Wenn einmal zwischen den Zeilen auf DARWIN angespielt wird, so geschieht es, um diese Stimmung zu intensivieren; vielleicht auch, um den blinden »Willen zum Leben« des Kapitäns auf eine einfache Art als ein Naturgesetz zu rechtfertigen. Conrads Pathos ist stiller und nüchterner als das der griechischen »Tragiker«; in der Einsamkeit der malaiischen Inselwelt bekommt der letzte Kampf des alternden Kapitäns sogar etwas eigentümlich Lautloses. Und es ist nichts als der Ausdruck eines leidenschaftlich realistischen *understatement*, wenn schließlich auch noch der traditionelle Nachruhm des tragischen Helden ins Zufällig-Private reduziert wird: Was Kapitän Whalley überlebt, ist kaum mehr als die Liebe seiner Tochter und die Erinnerung eines holländischen Sonderlings an das *»traurige Ende einer eindrucksvollen Erscheinung«*. R.Sch.

AUSGABEN: Edinburgh/Ldn. 1902 (in Blackwood's Magazine). – Edinburgh/Ldn. 1902 (in *Youth, a Narrative, and Two Other Stories*). – Ldn. 1923 (in *Works*, 22 Bde., 1923–1928, 5; *Uniform Ed.*). – NY 1959. – Harmondsworth 1975 (in *Youth; and, The End of the Tether*). – Oxford 1984 (in *Youth; Heart of Darkness; The End of the Tether*).

ÜBERSETZUNG: *Das Ende vom Lied*, E. W. Freißler (in *Jugend. Drei Erzählungen*, Bln. 1926). – Dass., ders. (in *Geschichten vom Hörensagen*, Ffm. 1959).

LITERATUR: S. Pinsker, *»The End of the Tether«: J. C.'s Death of a Sailsman* (in Conradiana, 3, 1971/1972, S. 74–76). – D. R. Schwarz, *»A Lonely Figure Walking Purposefully«: The Significance of Captain Whalley in C.'s »The End of the Tether«* (ebd., 7, 1975, S. 165–173).

## FALK. A Reminiscence

(engl.; *Ü: Falk. Eine Erinnerung*). Erzählung von Joseph CONRAD, erschienen 1903. – Conrad hatte mit dieser Erzählung mehr im Sinn als nur eine Geschichte von der Liebe eines skandinavischen Seemanns zu einem stillen deutschen Mädchen. Worum es ihm eigentlich ging, war das Phänomen *»bestimmter unbedingter Charaktere, in denen sich natürliche Rücksichtslosigkeit mit einer unvermuteten Tiefe sittlichen Takts paart«*. – *»Falk«*, schreibt er in einem späten Kommentar für einen amerikanischen Verleger, *»gehorcht dem Gesetz der Selbsterhaltung mit unbarmherziger Folgerichtigkeit; im entscheidenden Augenblick seines bizarren Liebesabenteuers weigert er sich jedoch, die Wahrheit – eine furchtbare Wahrheit – zu verschweigen.«* Worin diese besteht, erfährt man erst gegen Ende der Erzählung. Jahre zuvor hatte sich die Mannschaft seines steuerlos im südlichen Polarmeer dahintreibenden Schiffes in eine Horde unmenschlicher, in der Verzweiflung des Hungers übereinander herfallender Kreaturen aufgelöst; Falk hatte gemordet, Menschenfleisch verzehrt und als der stärkste, d. h. »der beste Mann« überlebt. Er war zum Einzelgänger geworden und durchbricht seine stolze Isolation erst, als er mit der gleichen elementaren Leidenschaftlichkeit, mit der er damals um das Überleben gekämpft hatte, die Nichte eines deutschen Handelsschiffers umwirbt.

Der anonyme Erzähler dieser *»Erinnerung«*, den Falk zunächst für einen Nebenbuhler hält und mit emotionaler Heftigkeit brüskiert, spielt dabei lediglich die Rolle des Vermittlers und Beobachters. Er notiert fasziniert, wie der Skandinavier in die abgeschirmte Welt des unförmigen deutschen, wie mit einer Zahnbürste sauber geschrubbten Frachters einbricht, wie er auf die Gefahr hin, als eine Art Ungeheuer zu erscheinen, seine Geschichte andeutet und auch tatsächlich von den entsetzten Verwandten abgewiesen wird. Nur das Mädchen, eine blonde, walkürenhaft-germanische Schönheit, deren Name nie genannt wird und die während der ganzen Erzählung stumm bleibt, läßt sich durch die Offenheit seines Wesens gewinnen. Indem der *»zentaurenhafte«* Outcast die *»Sirene, die den düsteren Seefahrer, den erbarmungslosen Liebhaber der fünf Sinne, bezaubert hielt«*, erobert, bestätigt sich die *»mächtige Wahrheit eines unfehlbaren und ewigen Naturgesetzes«*. Beide verkörpern einen ungebrochenen und gleichsam vorzivilisatorischen Lebenswillen, der sich selbst genug ist und seine Legitimation in nichts als der unbedingten Offenheit seiner Leidenschaftlichkeit sucht.

Conrads Neigung, eine pathetische, nach dem Elementaren hin geöffnete Welt zeitloser Heroik von einem Bereich alltäglich-gesicherter Biederkeit und Beschränktheit in scharfem Kontrast abzuheben, ist in dieser frühen Erzählung fast paradigmatisch ausgebildet. Sie schreckt kaum vor naiver Simplifizierung zurück. An der Farblosigkeit der ins Idealtypische verzeichneten Hauptgestalten ändert auch die Tatsache wenig, daß man für sie und für eine Reihe von Details Modelle aus Conrads persönlichen Lebenserinnerungen ermittelt hat (G. Jean-Aubry) und daß man andererseits allenthalben auf Vorformen späterer, differenzierterer Romancharaktere stößt. *Falk* ist eine Studie in weitem Sinn, fertig und unfertig zugleich, Erinnerung und Entwurf. Umrißhaft zeichnet sich in ihr Joseph Conrads lebenslanges Bemühen ab, die hochimperialistische »Religion der Kraft« mit der viktorianischen Tradition einer verinnerlichten Sittlichkeit in Einklang zu bringen. Seine Germania-Gestalt in Postkartenformat, die bald als antike Nymphe, bald als Sirene, bald als Erdgöttin stilisiert wird, und Falk, die skandinavische Verkörperung des »männlichen Prinzips«, geraten in dieser Novelle freilich fast unwillkürlich in eine gefährliche Nähe zu dem literarischen Klischee nordischen Herrenmenschentums. Das geistige Klima des europäischen Jugendstils ist bis in Einzelheiten des Werkes hinein spürbar: Im Ineinanderspielen von monistischem Vitalismus und asketisch strenger Linienführung, von Moderne und mythologischem Ornament, formaler Zurückhaltung und einem kannibalischen Kern bestimmt es die Erzählung stilistisch und letzten Endes auch thematisch. Und nur am Rande stößt man auf die spezifischen erzählerischen Tugenden des reifen Conrad: seine vorsichtige, distanzsichere Standpunkttechnik, den verhaltenen Humor und die stille Gelassenheit, mit der das Handwerk des Seefahrens in seiner Abenteuerlichkeit und Gefährdung unaufdringlich zum Symbol einer fast zeitlosen *Condition humaine* überhöht wird. R.Sch.

AUSGABEN: Ldn. 1903 (in *Typhoon, and Other Stories*). – NY 1924 (in *The Shorter Tales*). – Ldn. 1957 (in *Collected Ed. of the Works*, 1946–1962, Bd. 10).

ÜBERSETZUNGEN: *Falk. Eine Erinnerung*, E. Ekkert (in *Sonderbare Käuze*, Stg. 1928). – *Falk*, F. Lorch (in *Geschichten vom Hörensagen*, Ffm. 1983).

LITERATUR: G. Jean-Aubry, *J. C. Life and Letters*, Bd. 1, Ldn. 1927, S. 104 ff. – B. Johnson, *C.'s »Falk«: Manuscript and Meaning* (in MLQ, 26, 1965, S. 267–284). – D. David, *Selfhood and Language in »The Return« and »Falk«* (in Conradiana, 8, 1976, S. 137–147). – R. O'Hanlon, *Knife, »Falk« and Sexual Selection* (in Essays in Criticism, 31, 1981, Nr. 2, S. 127–141).

## GASPAR RUIZ. A Romantic Tale

(engl.; *Ü: Gaspar Ruiz*). Novelle von Joseph CONRAD, erschienen 1906. – Diese Geschichte eines *»starken Mannes, der an seiner eigenen Stärke zugrunde ging: an der Stärke seines Leibes, seiner Einfalt – seiner Liebe«* gehört zu den kunstvollsten, im engeren Sinn am strengsten novellistisch konzipierten Erzählungen, die Joseph Conrad geschrieben hat. Vor dem Hintergrund der südamerikanischen Unabhängigkeitskämpfe zeichnet er das Schicksal eines einfachen Bauernsohns, den die blutigen Wirren aus seiner dumpfen Verborgenheit reißen. Ungerechte Behandlung von seiten der Revolutionsarmee, ein fanatisches Rachebedürfnis und seine leidenschaftlich ergebene Liebe zu der stolzen Royalistentochter Erminia zwingen sein Leben auf eine Bahn, auf der er *»in ganz unerhörter Weise unerhörtes Unheil«* über den jungen chilenischen Freistaat bringt. Er wird zum Verräter und Freischärler. Die Macht des Hasses, den Doña Erminia in seinen hünenhaften Körper gießt, *»wie man Rausch, Irrsinn, Gift in eine leere Schale gießt«*, führt ihn auf eine einsame Höhe triumphalen Erfolgs. Länger als ein Jahr hält er die republikanischen Truppen in Atem, bis er an der blinden Unbedingtheit seiner Liebe zerbricht. Erminia, die ihm inzwischen ein Kind geboren hat, gerät in die Gewalt seiner Gegner. Ein verzweifelter Ansturm auf das Cordillerenfort, in dem sie gefangengehalten wird, scheitert; die Lafette eines Geschützes, das eine Bresche in den Palisadenverhau schlagen soll, geht beim Transport im Gebirge verloren. Da beugt er sich selbst unter die *»ungeheure Last dunkelschimmernder Bronze, unter eine Last, wie sie in der kläglichen Geschichte der Welt noch keines Mannes Liebe und Stärke je zu tragen gehabt hatte«*. Der dritte Schuß, unter dem sein Rückgrat zerbricht, sprengt das Tor; vergeblich – die republikanischen Entsatztruppen haben im gleichen Augenblick das Fort erreicht und zerstreuen die ihres Führers beraubten Scharen Gaspars.

Man hat diese Novelle nicht unter die charakteristischen Werke Conrads rechnen wollen und sie eher

»kleistisch« genannt (Erhart Kästner). Sofern man sie an den zentralen, halb autobiographischen Schriften in der Art von *The Shadow Line*, 1917 *(Die Schattenlinie), The Mirror of the Sea*, 1906 *(Spiegel der See)*, oder *Youth*, 1902 *(Jugend)*, mißt, mag dies auch zutreffen. Ihr Konflikt ist »äußerlicher«; in reißender Präzipitation auf die Schlußkatastrophe hin überstürzt sich die Handlung in wunderbaren Zufällen, Rettungen, Erdbeben und Tableaux. Aber sie verrät zugleich auch in zahlreichen Ritardandos, distanzierenden Eingriffen und in der spartanischen Reduktion des Gefühlsmoments die objektivierende technische Meisterschaft des reifen Conrad. Ihr Kulminationspunkt bereichert den Themenkreis seiner eigentümlichen *»strong situations«* des Bewährens und Scheiterns um eine besondere Spielart: Im Scheitern Gaspars bewährt sich die unendlich vergebliche Reinheit eines einfältigen und großen Gefühls. Die donquijoteske Gestalt des südamerikanischen Rebellen steht für Conrads eigenes, lebenslängliches Integrationsbemühen, *»das ihn selbst einem Don Quixote so ähnlich machte«* (E. Franzen): Sein Traum von ungebrochener »Natürlichkeit« und sein moralistischer Rigorismus, der deterministische Pessimismus Hardyscher Prägung und der heroische Idealismus der spätimperialistischen Ära scheinen für einen geistesgeschichtlichen Augenblick in dieser utopischen, nur in der Verkleidung historischen Novelle zur Deckung gelangt. R.Sch.

AUSGABEN: Ldn. 1906 (in The Pall Mall Magazine, Juli–Okt. 1906). – Philadelphia 1906 (in Saturday Evening Post, 28. 7.–18. 8. 1906). – Ldn. 1908 (in *A Set of Six*). – Garden City/N.Y. 1960 (in *Tales of Heroes and History*; Einl. M. D. Zabel). – Ldn. 1961 (in *Collected Ed. of the Works*, 21 Bde., 1946–1962, 19).

ÜBERSETZUNGEN: *Gaspar Ruiz*, E. W. Günter [d. i. E. W. Freißler] (in *Das Duell*, Mchn. 1914). – Dass., ders. (in *Der Nigger vom Narzissus*, Bln. 1951). – Dass., ders., (in *Geschichten vom Hörensagen*, Ffm. 1959; Nachw. E. Kästner). – Dass., F. Lorch (in *Geschichten der Unrast u. 6 Erzählungen*, Ffm. 1963; ern. 1984). – Dass., ders. (in *Gaspar Ruiz und andere Erzählungen*, Ffm. 1984; Fi Tb).

LITERATUR: W. R. Martin, *»Gaspar Ruiz«: A Conradian Hero* (in Conradiana, 3, 1971/72, S. 46–48).

## HEART OF DARKNESS

(engl.; *Ü: Das Herz der Finsternis*). Novelle von Joseph CONRAD, erschienen 1899. – Seit jeher hat man diese Novelle zu den zentralen und zugleich geheimnisvollsten Erzählungen Conrads gerechnet. Autobiographische Details und mythensüchtiger Exotismus, realistische Objektivität und ein dichtes Netz unaufdringlicher Symbole geben dieser Schilderung einer Expedition ins Innere Zentralafrikas ein eigentümliches, bewußt zwielichtiges Gepräge. *»Berückend, todbringend, wie eine Schlange«* öffnet sich dem jungen Kapitän Marlow der Flußlauf des Kongo, an dessen Ufern sich die Stationen seiner Handelsgesellschaft als verlorene Posten einer grotesken, von korrupten *»Pilgern des Fortschritts«* verwalteten Zivilisation hinziehen. Je tiefer er mit seinem Flußdampfer in die Wildnis vorstößt, um so eindringlicher überkommt ihn das Gefühl einer abenteuerlichen Reise in die *»Nacht der ersten Zeitalter«*. Vorweltliches und Gegenwärtiges scheinen sich zu durchdringen; die Fahrt ins Herz des Schwarzen Kontinents nimmt immer deutlicher den Charakter einer Entdeckungsreise ins Halb- und Unterbewußte an (A. J. Guerard), bis sie an ihrem Ziel in die Begegnung Marlows mit der mysteriösen Gestalt des Elfenbeinagenten Kurtz mündet. Diese suggestive, dämonische Variante der Conradschen *outlaws* verkörpert für Marlow alle Mächte der Finsternis. Kurtz beutet seinen Distrikt mit brutaler Furchtlosigkeit aus, er mordet, raubt, verliert sich in orgiastische Ausschweifungen und usurpiert als Komplice, Gegenspieler und zuletzt als Opfer der Wildnis *»einen hohen Platz unter den Teufeln des Landes«*. Marlows Versuch, den Todkranken, um dessen Vertrauen und »Rettung« er in dramatischen Szenen ringt, aus seiner tödlichen Verstrickung zu befreien, endet doppeldeutig: Kurtz stirbt im Bewußtsein des gelebten und gegenwärtigen Grauens, aber der junge Kapitän interpretiert seinen letzten verzweifelten Aufschrei *(»The horror! The horror!«)* zugleich als eine Absage an die dämonischen Mächte der Finsternis. *»Es war der fernste Punkt der Schiffahrt und zugleich der Gipfelpunkt meiner Erfahrung. Irgendwie schien es eine Art Licht auf alles um mich her zu werfen, auch noch in meine Gedanken hinein.«*

Hinter Conrads kühler, scheinbar ganz objektiver Diktion verbirgt sich hier ein höchst gewaltsames Integrationsbemühen. Der symbolistischen Überhöhung der Urwaldlandschaft zum seelischen Schicksalsraum entspricht der Parabelcharakter des melodramatischen »Abenteuers«, in dem man mit Recht Conrads ernsthaftesten Versuch gesehen hat, das Erlebnis seiner eigenen verhängnisvollen Kongofahrt im Jahr 1890 (auf der er erkrankte und dem Tod nahe war) zu bewältigen. Marlow, der durch sein seemännisches Verantwortungsbewußtsein gefesselte Odysseus, der dem Sirenengesang und den *»Tatzenhieben«* der Wildnis entgeht, und Kurtz, der seinen Teufelspakt mit dem Inhumanen mit dem Scheitern bezahlt, wirken wie zwei Varianten menschlichen Verhaltens in einer exemplarischen Auseinandersetzung. Beide – der skeptische Moralist und der pervertierte Idealist – verkörpern extreme und doch gleichsam dialektisch konzipierte Möglichkeiten spezifisch Conradschen Heldentums im Kampf *»gegen die Gewißheit der Vernichtung«* (E. Franzen). – Man hat *Heart of Darkness* als Ausdruck der *»tiefsten Erfahrung menschlichen Ausgeliefertseins an die Abgründigkeit der Existenz«* interpretiert (W. Hortmann). Und doch verkennt man die Komplexität dieser zu Beginn der »klassischen« Periode des Dichters erschienenen Novelle, wenn man sie allzu ausschließlich als *»Tragödie der seelischen Desintegration«* (R. Fricker) auffaßt. Anders als Albert CAMUS und Evelyn WAUGH, die das Thema der Erzählung aufnahmen und zu Exempeln einer ausweglosen *condition humaine* weiterspannen, bemüht sich der reife Conrad zugleich um das Korrektiv einer (durch Marlow verkörperten) skeptischen, des Inhumanen sich bewußten Humanität. Erst die ausgehaltene Spannung zwischen der *»Erkenntnis vom ›Herzen der Finsternis‹ und dem Verlangen, sich auf sichere und unangezweifelte Werte zurückzuziehen«* (D. Hewitt) reiht diese Novelle unter die repräsentativen Werke des Ethikers Conrad ein, der gestand, den Verdacht nie loszuwerden, *»das Ziel der Schöpfung könne kein ethisches sein«*. R.Sch.

AUSGABEN: Edinburgh/Ldn. 1899 (in Blackwood's Magazine). – Ldn. 1902 (in *Youth, a Narrative, and Two Other Stories*). – Ldn. 1961 (in *Collected Ed. of the Works*, 21 Bde., 1946–1962, 17). – NY 1963, Hg. R. Kimbrough. – NY 1971. – Ldn. 1976 (in *Heart of Darkness; and, Typhoon*). – Harmondsworth 1983. – Oxford 1984 (in *Youth; Heart of Darkness; The End of the Tether*).

ÜBERSETZUNGEN: *Das Herz der Finsternis*, E. W. Freißler (in *Jugend*, Bln. 1926). – Dass., ders. (in *Geschichten vom Hörensagen*, Ffm. 1959). – *Herz der Finsternis*, F. Lorch, Zürich 1977 (detebe). – Dass., ders., Ffm. 1985.

VERFILMUNG: *Apocalypse Now*, USA 1979 (Regie: F. Ford Coppola).

LITERATUR: R. Fricker, *Der moderne englische Roman*, Göttingen 1958, S. 54–57. – *J. C.'s »Heart of Darkness«: Backgrounds and Criticisms*, Hg. L. F. Dean, Englewood Cliffs/N.J. 1960. – *C.'s »Heart of Darkness« and the Critics*, Hg. B. Harkness, San Francisco 1960. – S. C. Wilcox, *C.'s ›Complicated Presentation‹ of Symbolic Imagery in »Heart of Darkness«* (in PQ, 39, 1960, S. 1–17). – E. Franzen, *Aufklärungen*, Ffm. 1964, S. 76–84 (es). – D. R. Benson, *»Heart of Darkness«: The Grounds of Civilization in an Alien Universe* (in Texas Studies in Literature and Language, 7, 1966, S. 339–347). – B. Johnson, *Names, Naming, and the »Inscrutable« in C.'s »Heart of Darkness«* (ebd., 12, 1971, S. 675–688). – B. R. Stark, *Kurtz's Intended: The Heart of »Heart of Darkness«* (ebd., 16, 1974, S. 535–555). – J. A. McClure, *The Rhetoric of Restraint in »Heart of Darkness«* (in NCF, 32, 1977, S. 310–326). – I. Watt, *»Heart of Darkness« and Nineteenth-Century Thought* (in Partisan Review, 45, 1978, S. 108–119). – G. Stewart, *Coppola's C.: The Repetitions of Complicity* (in Critical Inquiry, 7, 1981, Nr. 3, S. 455–474). – T. Marshall, *Private and Public Spaces: Narrative Strategies in Dostoyevsky and C.*, Norwich 1982. – B. Reitz, *»I've never seen anything so unreal in my life«: Unwirklichkeit als Darstellungsproblem in Coppolas »Apocalypse Now« und C.s »Heart of Darkness«* (in Anglistik u. Englischunterricht, 16, 1982, S. 119–144). – J. Jericho, *J. C.'s »Heart of Darkness« and »The Secret Sharer«*, Woodbury/N.Y. 1984. – M. Wilding, *»Heart of Darkness«* (in Sydney Studies in English, 10, 1984/85, S. 85–102). – G. Schmidt, *Literarische Konstruktionen des Mangels: Studien zu Hardy, C., James und Cleland*, Ffm. u. a. 1987. – O. Lagercrantz, *Reise ins Herz der Finsternis – Eine Reise mit J. C.*, Ffm. 1988.

## LORD JIM

(engl.; *Ü: Lord Jim*). Roman von Joseph CONRAD, erschienen 1899/1900. – Wie alle großen Romane Conrads ist auch dieser – sein bekanntester – nicht eindeutig zu klassifizieren: Er ist sowohl weltanschaulicher wie psychologischer, Fernland- wie Abenteuerroman. Gelegentlich, scheint es, verliert sich diese Geschichte von Versagen und Erniedrigung eines jungen englischen Schiffsoffiziers ganz in die Gefilde bizarrer Südseeromantik; und doch liegt dieser Romantik ein im Kern reales Ereignis zugrunde. Sie ist durchsetzt mit Selbsterlebtem und Selbstbeobachtetem; neuere Forschungen (J. Allen) haben gezeigt, daß man sogar der Begegnung des Autors mit dem Urbild seines Titelhelden Glauben schenken darf: *»Eines schönen Sommerabends sah ich seine Gestalt in der gewöhnlichsten Umgebung einer Hafenstadt des Ostens vorübergehen – einnehmend – bedeutsam – im Zwielicht – vollkommen still ... Meine Sache war es, mit aller Sympathie, deren ich fähig war, die rechten Worte für das zu finden, was er bedeutete. Er war ›einer von uns‹.«*

Es ist die Geschichte eines Träumers, der in einer imaginären Welt heroischer Taten lebt und im Augenblick der Bewährung versagt. Als der Dampfer »Patna«, auf dem Jim als Erster Offizier dient, unvermutet leck wird, fügt er sich dem Fluchtplan der Besatzung und überläßt achthundert seiner Obhut anvertraute Mekkapilger ihrem Schicksal. Wider Erwarten sinkt das Schiff nicht; in einer ausführlich geschilderten Gerichtsverhandlung wird er zur Verantwortung gezogen, verliert Patent und Ehre; sein Versagen trennt ihn fortan *»vom Rest der Menschheit, deren Anstandsideal noch nie auf die Probe eines so teuflischen und abscheulichen Scherzes gestellt worden war«*. Daß Jim selbst sein Versagen nur als »Zufall« und die Probe eben nur als »teuflischen Scherz« zu akzeptieren bereit ist, ist freilich wichtig; denn der weitere Ablauf der Handlung wird fast ausschließlich von seiner Anstrengung bestimmt, *»die Idee dessen, was seine moralische Person eigentlich sein sollte, vor dem Feuer zu retten«*. Es ist zunächst die Geschichte einer unaufhörlichen Flucht. Das Gerücht seiner Verfehlung treibt Jim, der sich zuerst als Hafenagent verdingt, immer weiter nach Osten, und es scheint fast, als sei die Welt *»nicht groß genug für ihn«*. Da bietet sich ihm eine letzte Chance der Rehabilitierung. Es gelingt ihm, auf der entlegenen Südseeinsel Patusan Fuß zu fassen und innerhalb zweier Jahre zum legendenumwobenen »weißen Lord« aufzusteigen. Er gewinnt die Liebe einer jungen Frau, Ehre und Selbstvertrauen. Von den Eingeborenen als mythischer Heilsbringer und Friedensstifter verehrt, scheint sich ihm eine Art arkadischen Inselglücks zu verwirklichen – *»weit romantischer als die wildesten Träume seines Knabenalters«*, bis schließlich auch diese traumhafte Existenz durch eine Horde weißer Desperados zerstört wird. In den melodramatischen Schlußkapiteln des Romans typisiert Conrad bewußt: Bei der Auseinandersetzung mit dem durch und durch brutalen Piraten Brown und dem heimtückischen Zwischenträger Cornelius, der personifizierten Gemeinheit, unterliegt Jim, der sich seiner eigenen Verfehlungen erinnert, durch sein Zögern. Er weigert sich, die Feinde mit Entschlossenheit zu vernichten, und wird dadurch am Tod seines einheimischen Freundes Dain Waris mitschuldig. Er, der sich *»aus der einen Welt wegen der Kleinigkeit eines unbedachten Sprungs zurückgezogen«* hat, büßt nun, nachdem auch *»die andere, das Werk seiner Hände, über seinem Haupt zusammengebrochen«* ist, mit seinem Leben.

Man hat in der Forschung bis heute darüber gerätselt, ob dieser Opfertod als Akt sieghafter Selbstbefreiung oder als letztes Versagen zu interpretieren sei. Man hat Lord Jim als Repräsentanten des *»selbstvernichtenden Triebs in der menschlichen Seele«* (W. Hortmann), sein Scheitern als *»Bestätigung der Gebrechlichkeit aller irdischen Existenz«* (W. Allen) oder als *»Apotheose seines Menschentums«* (R. Fricker) gedeutet; selbst der Versuch, in ihm – wie in seinem Gegenspieler Brown – einen symbolischen Vertreter des imperialistischen Kolonialismus zu sehen (L. Borinski), besitzt Glaubwürdigkeit. Conrad selbst vermeidet bewußt jede eindeutige Stellungnahme. Die hier meisterhaft gehandhabte Standpunkttechnik – Conrads *alter ego*, der melancholisch-lebenserfahrene Kapitän Marlow, trägt Jims Geschichte bruchstückweise zusammen – dient in diesem vielschichtigen Roman zur Herstellung eines eigentümlichen Schwebezustandes. *»Wie in einem Nebel«* läßt Conrad am Ende die Gestalt Jims als eines romantisch Einsamen verschwimmen, der sich im ständigen Kampf zwischen den beiden Mächten seiner eigenen heroisch-pessimistischen Weltanschauung – dem vitalen Selbsterhaltungstrieb und der Treue gegenüber einem vielleicht trügerischen *»abstrakten Tugendideal«* – zuerst zugunsten des einen, zuletzt zugunsten des anderen Prinzips entscheidet. R.Sch.

AUSGABEN: Ldn. 1899/1900 (in Blackwood's Magazine). – Edinburgh/Ldn. 1900. – Ldn./Toronto 1917 [m. Vorw.]. – Ldn. 1921 (in *The Works*, 20 Bde., 1921–1927, 4). – Ldn. 1923 (in *Works*, 22 Bde., 1923–1928, 4; *Uniform Ed.*). – Ldn. 1948 (in *Collected Ed. of the Works*, 21 Bde., 1946–1962). – NY 1968. – Ldn. 1974. – Toronto/Ldn. 1981. – Leicester 1981. – Ldn. 1982. – Oxford 1983. – Harmondsworth 1984.

ÜBERSETZUNGEN: *Lord Jim*, E. W. Freißler u. H. Lachmann, Bln. 1927; [15]1947. – Dass., F. Lorch, Ffm. 1962; ern. 1983. – Dass., E. Berger, Lpzg. 1981. – Dass., F. Lorch, Zürich 1974 (detebe). – Dass., ders., Ffm. 1986.

VERFILMUNGEN: USA 1925 (Regie: V. Fleming). – England 1964 (Regie: R. Brooks).

LITERATUR: W. Allen, *The English Novel*, Ldn. 1954, S. 306 f. – L. Borinski, *Meister des modernen engl. Romans*, Heidelberg 1963, S. 136–142. – W. Hortmann, *Engl. Literatur im 20. Jh.*, Mchn./Bern 1965. – J. Allen, *The Sea Years of J. C.*, NY 1965 (dt.: *J. C. Die Jahre zur See*, Wuppertal 1969). – R. Fricker, *Der moderne engl. Roman*, Göttingen [2]1966, S. 61–65. – T. Tanner, *C. »Lord Jim«*, Ldn. 1963. – D. Kramer, *Marlow, Myth, and Structure in »Lord Jim«* (in Criticism, 8, 1966, S. 263–279). – *Twentieth Century Interpretations of »Lord Jim«*, Hg. R. E. Kuehn, Englewood Cliffs/N.J. 1969. – D. R. Schwarz, *The Journey to Patusan: The Education of Jim and Marlow in C.'s »Lord Jim«* (in Studies in the Novel, 4, 1972, S. 442–458). – P. S. Bruss, *»Lord Jim«: The Maturing of Marlow* (in Conradiana, 8, 1976, S. 13–26). – I. P. Watt, *The Ending of »Lord Jim«* (ebd., 11, 1979, S. 3–21). – D. Cottom, *»Lord Jim«: Destruction Through Time* (in The Centennial Review, 27, 1983, Nr. 1). – H. J. Schnackertz, *J. C.: »Lord Jim«*, Mchn. 1984. – J. Jericho, *J. C.'s »Lord Jim«*, Woodbury/N.Y. 1985.

## THE MIRROR OF THE SEA. Memories and Impressions

(engl.; *Ü: Spiegel der See*). Erinnerungen und Aufzeichnungen von Joseph CONRAD, erschienen 1906. – Joseph Conrad besaß weder das Alter noch den Ruhm herkömmlicher Memoirenschreiber, als er sich in diesem – seinem vielleicht persönlichsten – Werk *»mit der vollkommenen Offenherzigkeit einer Beichte in der Todesstunde«* über die bestimmenden Kräfte seines Lebens und Denkens Rechenschaft zu geben versuchte. So entstand ein Erinnerungsbuch, das den Charakter eines stillen und nachdenklichen Selbstgesprächs trägt und zugleich in der objektivierenden Sprache des reifen Dichters den drei großen Themen der Seemannslaufbahn und der literarischen Existenz Conrads nachsinnt: *»der unvergänglichen See, den Schiffen, die nicht mehr sind, und den schlichten Männern, deren Zeit vorbei ist«*.

In fünfzehn Abschnitten vergegenwärtigt es mit beschwörender und doch nüchterner Eindringlichkeit die Urlandschaft der Weltmeere: Es spricht von Passaten, Kalmen, Schiffen und Docks wie von differenzierten Persönlichkeiten, von Stürmen, die wie Katzen heranschleichen oder wie ein gemessener Besuch anheben, und wie selbstverständlich verbindet es mit der anekdotenreichen Schilderung von Landfall, Ausreise und Stranden Betrachtungen über menschliche Grundsituationen. Conrad meinte es wörtlich und im übertragenen Sinn, wenn er dabei der handwerklichen Kunst der alten Segelschiffahrt größere Bedeutung beimaß als selbst der moralischen Integrität; diese Kunst galt ihm als *»etwas Umfassenderes, in dem Anständigkeit und innere Kraft und Ordnung von selbst enthalten sind«*. Er wehrte sich gegen billige Seeromantik (*»das Meer kennt kein Mitleid, keine Treue, kein Gesetz, kein Gedenken«*), pathetische Heldenverehrung (Kriege erschienen ihm als höchst überflüssige Mißverständnisse unter den Völkern) und die unpräzise Metaphorik des zeitgenössischen Marinejournalismus. Dagegen pries er die Genauigkeit seiner Berufssprache, die Bewährung im *»endlosen und unbeachteten Kampf mit der See«*, die *»hohe Kunst«* erfahrener Seemänner, die er mit der *»gleichen Inspiration«* ans Werk gehen sah wie andere Meister, *»die mit Pinsel und Leinwand hantieren«*; und er fand immer neue Worte für die *»tiefe und ernste Beziehung, in der ein Mann zu seinem Schiffe steht«. »Es hat Ansprüche, als ob es atmen und reden könnte ... und wahrhaftig, es gibt Schiffe, die für den rechten Mann alles tun, nur nicht sprechen.«*

Die eigentümliche, von der zeitgenössischen Literaturkritik schon bald erkannte Faszinationskraft des Buchs lag nicht nur in der detailpräzisen und außerordentlich persönlichen Erneuerung der alten Symbolik der Meerfahrt als Gleichnis menschlicher Existenz. Das *»männliche Talent«* Joseph Conrads, das Thomas MANN bewunderte, *»sein Engländertum, seine freie Stirn, sein fester, kühler und humoristischer Blick, seine erzählerische Verve, Kraft und ernste Lustigkeit«* konnten sich hier, wo es ihm vor allem um die Sache ging, freier als in seinen großen Romanen entfalten, deren psychologischen Konstruktionen allzuoft etwas Bemühtes anhaftet. Zugleich erhielt dieser Traktat von besonnener Lebensführung und exakter Segeltechnik, der mit der gleichen Ernsthaftigkeit vom Berufsethos des Künstlers wie von dem des schlichten Seemanns sprach, eine besondere Würde durch die Strenge, mit der Conrad seine *»beiden Leben«* (wie er sich später ausdrückte) dem Gesetz der *austerity* und eines skeptischen Moralismus unterstellte. *»In einer Epoche jenseits von Gut und Böse«* stand er damit *»fast allein unter allen Zeitgenossen vor 1930«* (L. Borinski). R.Sch.

AUSGABEN: Ldn. 1906. – Ldn. 1923 (in *Works*, 22 Bde., 1923–1928, 12; *Uniform Ed.*). – Ldn. 1960 (in *Collected Ed. of the Works*, 21 Bde., 1946–1962, 14). – NY 1961 (*The Mirror of the Sea and A Personal Record*, Hg. M. D. Zabel).

ÜBERSETZUNGEN: *Spiegel der See*, G. Spervogel, Bln. 1939. – Dass., ders., Hbg. 1958. – *Der Spiegel der See: Erinnerungen und Eindrücke*, E. Wagner, Ffm. 1983.

LITERATUR: F. Riesenberg, *»The Mirror of the Sea«* (in *A C. Memorial Library*, Hg. G. T. Keating, Garden City 1929). – W. E. Süskind, *Arbeit u. Kunst. Anmerkungen zu J. C.s »Spiegel der See«* (in Kölnische Ztg., 20. 7. 1939). – T. K. Bender, *Concordances to »The Mirror of the Sea« and »The Inheritors«*, NY 1983. – E. L. Kleiner, *C.'s »The Mirror of the Sea«* (in Explicator, 42, 1984, Nr. 3, S. 33–35).

## THE NIGGER OF THE NARCISSUS. A Tale of the Sea

(engl.; *Ü: Der Nigger von der »Narcissus«. Eine Seegeschichte*). Novelle von Joseph CONRAD, erschienen 1897. – In seiner ersten Seegeschichte verarbeitete Conrad Erfahrungen, die er wenige Jahre zuvor als Schiffsoffizier auf einer Fahrt von Indien nach Europa gemacht hatte. Im Hafen von Bombay nimmt der Segler »Narzissus« die Mannschaft für die Fahrt nach London an Bord. Als letzter heuert James (»Jimmy«) Wait an, ein hünenhafter, von chronischem Husten befallener Neger. Als einziger Schwarzer befindet er sich von vornherein in einer Außenseiterposition. Auf sein seltsam undurchdringliches Wesen, seine Melancholie, Duldsamkeit und Bereitschaft, ihm angetanes Unrecht zu vergeben, reagieren die anderen Besatzungsmitglieder unterschiedlich, aber sie alle geraten immer mehr in seinen Bann. Als er nach kurzer Zeit an Tuberkulose erkrankt, trägt gerade die Ungewißheit, ob er tatsächlich dem Tod nahe ist oder aus Gefallen an seiner Ausnahmerolle übertreibt, dazu bei, daß die Gedanken der anderen sich immer mehr auf ihn konzentrieren. Am Kap der Guten Hoffnung gerät die »Narzissus« in einen schweren Sturm und *»treibt dahin wie ein letzter Splitter der vernichteten Schöpfung«*. In dieser Bewährungsprobe sondert sich die Spreu vom Weizen. Der größte Teil der Besatzung hält jedoch zusammen, und einige Männer retten unter Lebensgefahr den in seiner Kabine eingeschlossenen »nutzlosen« kranken Neger. Dank der seemännischen Erfahrung und eisernen Energie Allisouns, des Kapitäns, und Singletons, des Steuermanns, übersteht das Schiff den Sturm. Im weiteren Verlauf der Fahrt verschärfen sich die durch das enge Nebeneinanderleben auf hoher See entstandenen Spannungen, wird, gefördert durch die Gespräche mit dem Neger, der Widerstreit der Meinungen und Temperamente immer heftiger. Die fatalistischen Äußerungen Jimmys, aus denen Ekel vor dem Leben und den Menschen zu sprechen scheint, erfüllen manche Seeleute mit Mitleid, andere mit Schrecken. Der charakterlose Matrose Donkin, der den Neger tödlich haßt und aus seinem Abscheu für die Anhänglichkeit, die andere Besatzungsmitglieder, etwa der romantisch-sentimentale Belfast, Jimmy gegenüber empfinden, kein Hehl macht, schürt die Spannungen zwischen Mannschaft und Offizieren. Doch die offene Meuterei wird durch ein Ereignis verhindert, das die meisten Männer unerwartet trifft: Nach viermonatiger Fahrt, kurz nachdem die englische Küste gesichtet ist, stirbt der Neger. Betroffen von der eindeutigen Antwort, mit der der Tod ihre, und wie manche von ihnen ahnen, auch Jimmys Zweifel

hinfällig gemacht hat, übergibt die Mannschaft den Leichnam dem Meer.
Seefahrt und Meer, vom Autor mit realistischen und impressionistischen Mitteln dargestellt, erfüllen bereits in diesem Frühwerk eine symbolische Funktion. In der Vielfalt ihrer Erscheinungsformen spiegelt sich die menschliche Problematik, die Conrad selbst als das eigentliche Thema dieser langen Novelle bezeichnete. Es handle sich hier, so erklärte er, um ein Problem, das nicht mit dem Meer als solchem zu tun habe, sondern mit der Situation an Bord eines Schiffes, mit dem Zustand des völligen Abgeschnittenseins vom Festland. Das Motiv der Isolierung, Zentralproblem der exotischen Erzählungen wie der Seegeschichten des Autors, erfährt in dieser Novelle eine Doppelung: Selbst isoliert, hat sich die Besatzung der »Narzissus« mit dem Außenseitertum des Negers auseinanderzusetzen. Aus dieser Situation entwickelt Conrad mit psychologischer Meisterschaft ein weiteres Thema: die Entstehung der persönliche Zweifel und Vorurteile außer Kraft setzenden »gefühlsmäßigen Verwandtschaft« zwischen Menschen in Extremsituationen. Jimmy Wait, durch Hautfarbe, Wesen und Todesnähe von den anderen unterschieden, weckt in den ihrerseits grundverschiedenen Männern der »Narzissus« das *»schlummernde Gefühl der Verwandtschaft mit allen Geschöpfen Gottes«*, ruft ihnen *»die Solidarität unzähliger einsamer Herzen«* ins Bewußtsein und *»die gemeinsamen Träume, Freuden, Sorgen, Sehnsüchte, Illusionen, Hoffnungen und Ängste der Menschheit«*. W.Pü.-KLL

AUSGABEN: NY 1897 (in *The Children of the Sea. A Tale of the Forecastle*). – Ldn. 1921. – Ldn. 1923 (in *Works*, 22 Bde., 1923–1928, 3; *Uniform Ed.*). – NY 1951. – Ldn. 1957 (in *Collected Ed. of the Works*, 21 Bde., 1946–1962, 10). – Ldn. 1960, Hg. D. Brown. – NY 1968. – Ldn. 1976 (in *The Nigger of the »Narcissus« and Youth*). – NY 1979. – Oxford 1984.

ÜBERSETZUNGEN: *Der Nigger vom Narzissus*, E. W. Günther [d. i. E. W. Freißler], Mchn. 1912. – *Der Nigger von der »Narcissus«*, L. Krüger, Bln./Weimar 1977. – Dass., E. Wagner, Ffm. 1978; [4]1986 (Fi Tb). – Dass., ders., Lpzg./Weimar 1982.

LITERATUR: C. Scrimgeour, *Jimmy Wait and the Dance of Death: C.'s »Nigger of the ›Narcissus‹«* (in Critical Quarterly, 7, 1965, S. 339–352). – *Twentieth Century Interpretations of »The Nigger of the ›Narcissus‹«: A Collection of Critical Essays*, Hg. J. A. Palmer, Englewood Cliffs/N.J. 1969. – R. Foulke, *Postures of Belief in »The Nigger of the Narcissus«* (in MFS, 17, 1971, S. 249–262). – W. W. Bouney, *Semantic and Structural Indeterminacy in »The Nigger of the ›Narcissus‹«: An Experiment in Reading* (in Journal of English Literary History, 40, 1974, S. 564–583). – M. P. Jones, *Judgment and Sentiment in »The Nigger of the ›Narcissus‹«* (in Conradiana, 9, 1977, S. 159–169). – R. D. Foulke, *Creed and Conduct in »The Nigger of the ›Narcissus‹«* (ebd., 12, 1980, S. 105–128). – J. W. Parins, *A Concordance to C.'s »The Nigger of the Narcissus«*, NY 1981. – R. Humphries, *How to Change the Subject: Narrative, Reader and Ideology in »The Nigger of the ›Narcissus‹«* (in Recherches Anglaises et Américaines, 15, 1982, S. 39–50).

## NOSTROMO. A Tale of the Seaboard

(engl.; *Ü: Nostromo. Eine Geschichte von der Meeresküste*). Roman von Joseph CONRAD, erschienen 1904. – *»Dieser Roman«*, so erklärte der Autor, *»ist das Resultat zweijähriger Arbeit. Er basiert auf einer vagen Geschichte, die ich in meiner Jugend hörte. Er wurde so umfangreich, weil ich ständig über die Möglichkeiten des Themas nachdachte und weil ich versuchte, den Geist einer Epoche der Geschichte Südamerikas einzufangen.«*
Sulaco, die »Okzidentalprovinz« der (fiktiven) Republik Costaguana, wird beherrscht von Charles Gould, dem Sohn einer alteingesessenen englischen Familie und Konzessionär der Silbermine von San Tomé. Er fühlt sich dazu berufen, als politische Ordnungsmacht zu wirken und der zurückgebliebenen Provinz die Segnungen des kapitalistischen Wirtschaftssystems zu bringen. Eines Tages wird der durch eine Revolution an die Macht gekommene Ribiera, Diktator-Präsident von Goulds Gnaden, von seinem Kriegsminister Montero und dessen Bruder Pedrito gestürzt. Geführt von Pedrito, der sich in den Besitz der Silbermine bringen will, rücken Aufständische zu Wasser und Lande gegen Sulaco vor. Gould will eine Bootsladung Silberbarren, die ungeschützt im Hafen liegt, in Sicherheit bringen lassen. Mit dieser Aufgabe soll der Genuese Gian' Battista Fidanza betraut werden, der Vormann der Schauerleute, allgemein »Nostromo« genannt (wörtliche Bedeutung: »Maat«, im übertragenen Sinn: *nostr'uomo* – »unser Mann«, »Kamerad«), ein überaus tüchtiger und verwegener Mann, dessen Unbestechlichkeit der Wunsch zugrunde liegt, jedermann möge nur Gutes über ihn sagen. Da er sich von der erfolgreichen Durchführung des Unternehmens Ruhm verspricht, übernimmt er den Auftrag. Er wird von Martin Decoud begleitet, einem frankophilen Skeptiker, in dem die Liebe zu einer Patriotin vaterländische Gefühle geweckt und der als Journalist die Abspaltung der Okzidentalprovinz propagiert hat. Jetzt ist er auf der Flucht vor den Aufständischen. Es gelingt Nostromo, die kostbare Silberladung aus dem Hafen zu schaffen, das Boot übersteht eine Kollision mit dem Truppentransporter der Revolutionäre, gilt jedoch allgemein als gesunken. Nostromo bringt Decoud auf eine einsame Insel in Sicherheit, vergräbt dort die Silberbarren und kehrt nach Sulaco zurück. Von dort unternimmt er einen tollkühnen Durchbruch durch die feindlichen Linien, holt das Entsatzheer unter General Barrios heran und führt so den Sieg der Gegenrevolution herbei. Doch als ihm der erhoffte Ruhm nicht zuteil wird, fühlt sich

Nostromo aller moralischen Verpflichtungen gegenüber der herrschenden Klasse, die ihn und seinesgleichen nur als Werkzeug benützt, ledig. Er nimmt sich seinen Lohn selbst, indem er die andern in dem Glauben läßt, der Silberschatz sei versunken, und diesen von nun an als sein Eigentum betrachtet. Auf der Insel (auf der Decoud, dessen Skeptizismus sich angesichts der überwältigenden Einsamkeit als machtlos erweist, inzwischen Selbstmord begangen hat) gräbt Nostromo von Zeit zu Zeit einen Barren aus und gelangt durch den Verkauf des Silbers allmählich zu Reichtum. Das Silber, Hauptursache der politischen Machtkämpfe in Costaguana, hat auch ihn korrumpiert. Wenige Jahre später wird auf der Insel ein Leuchtturm errichtet, zu dessen Wärter man Nostromos Freund und Landsmann Giorgio Viola bestellt. Als Nostromo eines Nachts zu dem vergrabenen Schatz schleicht, hält Viola ihn für einen fremden Eindringling und erschießt ihn.

Man hat den Roman, dessen Niederschrift nach des Autors eigenen Worten *»ein subtiler Wandel im Wesen der Inspiration«* vorausgegangen war, als Conrads größte schöpferische Leistung bezeichnet (A. J. Guerard). Zum ersten Mal in seinem Werk wurde hier biographisches Material fast völlig durch fiktives ersetzt. Das Gelingen der künstlerischen Absicht, ein imaginäres Land und seine politische Situation bis in die kleinsten Details »authentisch« darzustellen, macht die Größe dieses Romans aus, ist aber zugleich die Quelle seiner Mängel. Denn die zahllosen Informationen über Topographie und Geschichte Sulacos, über das dort ansässige Völkergemisch und seine Lebensumstände *(»Es gab da keinen Ziegel, kein Sandkörnchen, keinen Stein, die ich nicht eigenhändig angeordnet hätte«)* drängen die philosophisch-psychologische Thematik des Romans in den Hintergrund. Es ist dies eine Thematik, die den Autor in vielen seiner Romane und Erzählungen beschäftigt hat, die Konfrontation zweier verschiedener Arten zu leben und zu handeln, und die in *Nostromo* in verwirrend vielfältigen Kombinationen durchgespielt wird, am sinnfälligsten in der Charakterzeichnung von Gould und Decoud. Decoud, der sein auf wirtschaftliche und politische Macht gegründetes Handeln zu idealisieren versteht, ist erfolgreich, weil er in ständiger Selbsttäuschung lebt. Gould, der Skeptiker, scheitert, weil seine Tatkraft durch fortwährende Reflexion gelähmt wird.

Seine Erzähltechnik hat Conrad in *Nostromo* vervollkommnet. Um zu verhindern, daß der Leser sich mit einer der Romanfiguren identifiziert, und um einen aus eigener Skepsis entwickelten ironischen Realismus zur Wirkung gelangen zu lassen, bedient er sich des abrupten Szenen- und Standpunktwechsels, der Zersplitterung des zeitlichen Ablaufs, ja sogar des kausalen Zusammenhangs (jener Kunstmittel also, auf die er in späteren Werken um der besseren Lesbarkeit willen wieder verzichtete). Als Markstein auf dem Weg zur Auflösung der traditionellen Romanform kommt *Nostromo* auch innerhalb des Conradschen Gesamtwerks eine Sonderstellung zu. Gleichzeitig ist das Buch als eine Art Wendemarke in der Entwicklung des Autors zu verstehen: *»Während Conrads frühere Prosa sich auf Nostromo hin zu entwickeln scheint, stellen die späteren Werke im großen und ganzen offenbar besondere Ausprägungen und Verarbeitungen von Elementen dar, die in diesem Buch angelegt sind«* (R. P. Warren). M.Kö.

AUSGABEN: Ldn. 1904 (in T. P.'s »Weekly«, 29. 1.–7. 10.). – Ldn./NY 1904. – Ldn. 1923 (in *Works*, 22 Bde., 1923–1928, 7; *Uniform Ed.*). – NY 1951, Hg. R. P. Warren. – Ldn. 1960 (in *Collected Ed. of the Works*, 21 Bde., 1946–1962, 13). – Harmondsworth 1963 (Penguin). – Ldn. 1970. – Ldn. 1975. – Oxford 1984.

ÜBERSETZUNGEN: *Nostromo*, E. W. Freißler, Bln. 1927. – *Nostromo. Eine Geschichte von der Meeresküste*, F. Lorch, Ffm. 1967. – Dass., ders., Ffm. 1982. – Dass., ders., Ffm. 1984 (Fi Tb).

VERFILMUNG: *The Silver Treasure*, USA 1926 (Regie: R. V. Lee).

LITERATUR: R. P. Warren, *The Great Mirage: C. and »Nostromo«* (in R. P. W., *Selected Essays*, NY 1958, S. 31–58; dt. *Ausgewählte Essays*, Gütersloh 1961, S. 46–77). – A. J. Guerard, *C. the Novelist*, Cambridge/Mass. 1958, S. 175–217. – P. Goetsch, *J. C.: »Nostromo«* (in *Der moderne engl. Roman*, Hg. H. Oppel, Bln. 1965, S. 49–77). – C. J. McCann u. V. Comerchero, *Setting as Key to the Structure and Meaning of »Nostromo«* (in Research Studies, 34, 1966, S. 66–84). – T. B. Tomlinson, *C.'s Trust in Life: »Nostromo«* (in Critical Review, 14, 1971, S. 62–81). – J. C. Oates, *»The Immense Indifference of Things«: The Tragedy of C.'s »Nostromo«* (in Novel, 9, 1975, S. 5–22). – G. Jenkins, *C.'s »Nostromo« and History* (in Literature and History, 6, 1977, S. 138–178). – M. Curreli, *Fictional Suicide and Personal Rescue: The Case-History of »Nostromo«* (in Studi dell Istituto Linguistico, 4, 1981, S. 97–121). – J. W. Parins, *A Concordance to C.'s »Nostromo«*, NY 1984. – P. B. Armstrong, *C.'s Contradictory Politics: The Ontology of Society in »Nostromo«* (in TCL, 31, 1985, Nr. 1, S. 1–21). – H. F. Rieselbach, *C.'s Rebel: The Psychology of Revolution in the Novels from »Nostromo« to »Victory«*, Ann Arbor/Mich. 1985.

## AN OUTCAST OF THE ISLANDS

(engl.; *Ü: Der Verdammte der Inseln*). Roman von Joseph CONRAD, erschienen 1896. – Das Werk entstand und erschien nach *Almayer's Folly* (1895), dessen Handlung gleichwohl chronologisch an die des *Outcast* anschließt. Conrad selbst empfand diesen als *»zweites Buch im wahrsten Sinn des Wortes, im Entwurf, in der Ausführung und in seiner Essenz ... Es fesselte meine Phantasie mehr als meine Neigung.«*

Willems, Protagonist des Romans und bereits ein typischer Vertreter der Conradschen *outlaws*, begeht als Prokurist einer holländischen Handelsgesellschaft auf Borneo eine Unterschlagung. Er betrachtet sie als einmalige »unangenehme Notwendigkeit« und redet sich ein, daß weder seine Integrität noch seine Position davon berührt würden. Doch er hat sich getäuscht: Der Betrug wird entdeckt, und Willems wird entlassen, bevor er die »Anleihe« ganz zurückzahlen kann. Seine Frau Joanna, ein Halbblut, und ihre malaiischen Angehörigen verachten und erniedrigen von nun an den weißen Mann, dem sie zuvor aus freiem Willen sklavisch gedient hatten. Er verläßt sie und begegnet kurz darauf dem englischen Kapitän Tom Lingard, der in Sambir eine Handelsagentur betreibt und *»für dieses kleine Fleckchen Erde, das er als sein eigenes betrachtet, arkadisches Glück erträumt«*. Er ist bereit, Willems zu helfen, und bringt ihn nach Sambir zu seinem Teilhaber Almayer. Isoliert von seiner früheren Umwelt, der wachsenden Feindseligkeit Almayers gewärtig, verfällt Willems dem exotischen Reiz der jungen Aissa, der halb arabischen, halb malaiischen Tochter des Piraten Omar el Badasi, dessen politische Freunde Willems' blinde Leidenschaft ausnutzen, um ihn in eine Verschwörung gegen Lingard und Almayer zu verwikkeln. Während sie ihr Ziel – die Errichtung eines eigenen Handelsplatzes in Sambir – erreichen, scheitert Willems endgültig. Im Niemandsland zwischen der Welt der Weißen, die ihn ausgestoßen hat, und der Welt der Eingeborenen, der er nie ganz angehören kann, trifft ihn das Verdammungsurteil Lingards: Er, *»der die Harmonie des Weltalls durch Raub, Verrat und Gewalttätigkeit störte«*, soll für immer mit Aissa, in der er jetzt wieder die Fremde, ja die »Wilde« zu erkennen glaubt, im Dschungel leben. Nach einer von Almayer herbeigeführten Wiederbegegnung zwischen Willems und Joanna wird Aissa Zeugin der Fluchtvorbereitungen Willems'. Verzweifelt über seine Untreue erschießt sie ihn.

Die Gestalt Willems' weist in manchen Zügen auf Conrads berühmteste Romanfigur, Lord Jim, voraus. Wie dieser ist Willems von Anfang an weniger durch moralische Verfehlungen als durch Blindheit gegenüber der Wirklichkeit zum Scheitern verurteilt. Vor dem Hintergrund der symbolistisch überzeichneten tropischen Insellandschaft wird sein Weg aus der Zivilisation in den Urwald zum Weg in die absolute seelisch-geistige Isolation. Bis zuletzt, als er, vom Dschungel umgeben, im Dschungel seiner Vorstellungswelt untergeht, verharrt er im Wahn, fühlt er sich als bedauernswertes Opfer des Zufalls. *»Der Dichter hingegen weiß, daß die Macht des Zufalls von der Torheit des Menschen noch übertroffen werden kann«* (R. Spoerri-Müller).

S.v.E.

Ausgaben: Ldn. 1896. – NY 1896. – Ldn. 1923 (in *The Works*, 22 Bde., 1923–1928, 2; *Uniform Ed.*). – Ldn. 1949 (in *Collected Ed. of the Works*, 21 Bde., 1946–1962, 4). – Harmondsworth 1975.

Übersetzungen: *Der Verdammte der Inseln*, E. McCalman, Bln. 1934. – Dass., G. Danehl, Ffm. 1964. – Dass., ders., Ffm. 1979; [4]1986 (Fi Tb).

Verfilmung: England 1951 (Regie: C. Reed).

Literatur: R. Spoerri-Müller, *J. C. Das Problem der Vereinsamung*, Winterthur 1959. – E. A. Ordonez, *Notes on the Revisions in »An Outcast of the Islands«* (in NQ, 15, 1968, S. 287–289). – S. Pinsker, *Desire Under the Conradian Elms: A Note on »An Outcast of the Islands«* (in Conradiana, 5, 1973, S. 60–63). – H. Kreen, *The Shadow of a Successful Man: C.'s Hollow Man in »An Outcast of the Islands«* (in Fu Jen Studies: Literature & Linguistics, 16, 1983, S. 33–48). – T. K. Bender, *A Concordance to C.'s »An Outcast of the Islands«*, NY 1984.

## THE SECRET AGENT. A Simple Tale

(engl.; *Ü: Der Geheimagent. Eine einfache Geschichte*). Roman von Joseph Conrad, in Fortsetzungen erschienen 1906/07. – Das Werk leitet eine neue Phase in der künstlerischen Entwicklung Conrads ein, der es selbst als ersten Versuch in einem neuen Genre bezeichnete und im Zusammenhang damit von einer Veränderung seiner Vorstellungskraft und geistigen Haltung sprach.

Im London der Jahrhundertwende versucht eine ausländische Gesandtschaft (angelsächsische Interpreten halten sie gern für die deutsche, deutsche für die russische), die öffentliche Meinung gegen die in der Stadt lebenden kontinentalen Revolutionäre aufzuwiegeln, um die englischen Behörden zu deren Verfolgung und Auslieferung zu zwingen. Diese Geschichte einer politischen Intrige erzählt Conrad als die eines Familiendramas, also als zweifache Geschichte. Adolf Verloc, zu Müßiggang und Geheimniskrämerei neigend, hat sich als *agent provocateur* in Sachen Anarchismus von einer fremden Macht anwerben lassen, leistet aber gleichzeitig der englischen Polizei Spitzeldienste. Zur Tarnung hat er mit der viel jüngeren Winnie einen kleinbürgerlichen Hausstand gegründet, dem auch seine Schwiegermutter und sein schwachsinniger Schwager Stevie angehören, und zu demselben Zweck unterhält er einen kleinen Laden. Winnie weiß nichts vom Doppelleben ihres Mannes, und daß in ihrer Wohnung außergewöhnliche Besucher – die führenden Anarchisten der Insel – außergewöhnliche Gespräche führen, stimmt sie nicht nachdenklich; ihr einziges Interesse und ihre ganze Liebe gehören dem jüngeren Bruder, dessen wirtschaftliche Existenz sie durch ihre Heirat gesichert zu haben glaubt. Ihr Mann allerdings gibt sich der Täuschung hin, um seiner selbst willen geliebt zu werden. Zu Beginn des Romans wird Verloc nach elf Jahren geruhsamen Dienstes von seinem neuen ausländischen Auftraggeber, Herrn Vladimir, mit der Mission betraut, innerhalb eines Monats die Anarchisten zu einem Sprengstoffanschlag auf die Sternwarte in Greenwich, das Symbol der Wissenschaft, des *»allerheiligsten Fetischs«* der bürgerlichen Gesellschaft, zu provozieren. Verloc weiß, daß keiner sich dazu bereitfinden wird, und leitet das Unternehmen selbst in die Wege. Stevie soll die Bombe im Park von Greenwich deponieren, doch er stolpert, löst dadurch die Explosion aus und wird in Stücke gerissen. Auf einem Mantelfetzen entdeckt Polizeiinspektor Heat die eingenähte Adresse Stevies, und als er dort vorspricht, legt Verloc bereitwillig ein Geständnis ab. Noch am selben Abend weist der Innenminister Herrn Vladimir in die Schranken. Vergeblich versucht Verloc, seiner vor Schmerz erstarrten Frau die Notwendigkeit einer sofortigen Flucht, die ihm Heat nahegelegt hat, verständlich zu machen. Aus ihrer Benommenheit erwachend, ersticht sie den Mörder ihres Bruders (eine Szene, die F. R. LEAVIS *»eine der erstaunlichsten Genieleistungen in der erzählenden Literatur«* nannte). Als Winnie sich ihrer Tat bewußt wird, packt sie die Angst vor dem Galgen, und sie beschließt, sich zu ertränken. Auf dem Weg zum Fluß trifft sie den Anarchisten und Frauenhelden Ossipon, der ihr vorspiegelt, mit ihr ins Ausland fliehen zu wollen, ihr dann aber Verlocs Ersparnisse stiehlt und sich während der gemeinsamen Bahnfahrt nach Dover aus dem Staub macht. Völlig gebrochen stürzt sich Winnie von der Kanalfähre.

Die Interpretationen dieses Romans gehen weit auseinander. Man hat Conrads *»einfache Geschichte«* als *»eines der doppeldeutigsten englischen Erzählwerke überhaupt«* bezeichnet (R. W. Stallman) und sich allein schon über die Bedeutung des Titels nicht einigen können: Ist mit *secret agent* Verloc, Winnies Liebe zu Stevie oder die Zeit gemeint? Andere Kritiker vertreten die Ansicht, das Buch begründe die Gattung des *»seriösen, psychologisch-politischen Kriminalromans«* (A. J. Guerard). Conrad selbst wollte es, wie sein Vorwort zeigt, verstanden wissen als die bitter ironische Geschichte der Winnie Verloc vor dem Hintergrund der bedrückenden Atmosphäre kleinbürgerlichen Lebens in der modernen Großstadt, nicht als politisch-ethische Auseinandersetzung mit dem Anarchismus und seinen philosophischen Implikationen. Über die künstlerische Leistung sind sich fast alle Kritiker, so auch Thomas MANN, mit dem Autor einig, der dieses Werk besonders schätzte. Hier, so erklärte er, sei es ihm gelungen, *»eine Vielzahl technischer Schwierigkeiten höchst erfolgreich zu meistern«* und *»einen melodramatischen Stoff durchgehend ironisch zu behandeln«*. M.Kö.

AUSGABEN: o. O. 1906/07 (in Ridgeway's. A Militant Weekly for God and Country). – Ldn./NY 1907. – Ldn. 1923 (in *Works*, 22 Bde., 1923–1928, 8; *Uniform Ed.*). – Ldn. 1960 (in *Collected Ed. of the Works*, 21 Bde., 1946–1962, 11). – Harmondsworth 1963. – Ldn. 1974. – Oxford 1983. – NY 1983.

ÜBERSETZUNGEN: *Der Geheimagent. Roman*, E. W. Freißler, Bln. 1926 [Einl. Th. Mann]. – *Der Geheimagent. Eine einfache Geschichte*, G. Danehl, Ffm. 1963, ern. 1967. – Dass., ders., Zürich 1975 (detebe). – Dass., ders. (in *GW in Einzelbänden*, Ffm. 1984).

DRAMATISIERUNG: J. Conrad, *The Secret Agent* (Urauff.: Ldn. 1922; dt. Erstauff.: Hbg., 22. 9. 1956, Schauspielhaus).

VERFILMUNG: *Sabotage*, England 1936 (Regie: A. Hitchcock; amerik. Titel: *A Woman Alone*).

LITERATUR: A. J. Guerard, *C. The Novelist*, Cambridge/Mass. 1958, S. 218–231. – R. W. Stallman, *Time and »The Secret Agent«* (in *The Art of J. C. A Critical Symposium*, Hg. ders., East Lansing/Mich. 1960, S. 227–254). – P. Goetsch, *J. C. »The Secret Agent«* (in NSp, N. F., 11, 1962, S. 97–110). – N. N. Holland, *Style as Character: »The Secret Agent«* (in MFS, 12, 1966, S. 221–231). – R. S. Ryf, *»The Secret Agent« on Stage* (in MD, 15, 1972, S. 54–62). – P. S. Hoff, *»The Secret Agent«: A Typical C. Novel?* (in The Polish Review, 20, 1975, Nr. 2/3, S. 154–163). – W. B. Stein, *»The Secret Agent«: The Agon(ie)s of the Word* (in Boundary, 6, 1978, S. 521–540). – P. Stine, *C.'s Secrets in »The Secret Agent«* (in Conradiana, 13, 1981, S. 123–140). – M. Conroy, *The Panoptical City: The Structure of Suspicion in »The Secret Agent«* (ebd., 15, 1983, S. 203–217). – J. Hansford, *Reference and Figuration in »The Secret Agent«* (ebd., 10, 1985, S. 116–131).

## THE SECRET SHARER. An Episode from the Coast

(engl.; *Ü: Der heimliche Teilhaber*). Erzählung von Joseph CONRAD, erschienen 1910. – Der Schauplatz dieser »Episode von der Küste« – der Golf von Siam – sowie der im Vorwort des Autors enthaltene Hinweis, die Erzählung basiere auf einem Zwischenfall mit tödlichem Ausgang, der sich an Bord eines berühmten britischen Ostasienseglers ereignet habe, lassen eine abenteuerlich-exotische Seegeschichte erwarten. Tatsächlich aber bilden die äußeren Ereignisse und die nautischen Details nur den Rahmen für die Darstellung der seelischen Krise, die der Ich-Erzähler auf seiner ersten Fahrt als Kapitän durchmacht. An Bord seines vor Anker liegenden Schiffs wartet er auf günstigen Wind. Während eines nächtlichen Rundgangs entdeckt er einen Schwimmer, der sich am Fallreep festhält, und fordert ihn auf, an Bord zu kommen. Es ist Leggatt, Erster Offizier der in der Nähe ankernden »Sephora«. Er ist auf der Flucht: Während eines Sturms hat er durch Setzen des Vorsegels zwar die »Sephora« vor dem Untergang bewahrt, dabei aber – unabsichtlich – einen aufsässigen Matrosen getötet. Der Erzähler, seinem Schiff und der Mannschaft gegenüber noch ein Fremder und auch *»sich selbst irgendwie fremd«*, ist froh, einen Gesprächspartner gefunden zu haben, dessen Lage seiner eigenen gleicht: auf sich selbst gestellt zu sein inmitten einer feindlichen Umwelt. Er versteckt Leggatt in seiner Kajüte und hält dessen Anwesenheit sowohl vor der Mannschaft als auch vor dem Kapitän der »Sephora« geheim, der anderntags auf der Suche nach dem Verschwundenen kurz an Bord kommt. An dem »heimlichen Teilhaber« seiner Kajüte entdeckt der Erzähler eine gewisse äußere Ähnlichkeit mit sich selbst, und auch an seiner und Leggatts Herkunft und Ausbildung fällt ihm manches Gemeinsame auf. In seiner Vorstellung wird der andere zu seinem »Doppelgänger«, zur Personifikation all der Eigenschaften, die ihm im Augenblick fehlen: Mut, Entschlossenheit, Unbeugsamkeit. Die latente Identitätskrise wird durch seine ständige Konfrontation mit diesem zweiten, besseren Ich zur akuten Krise, die verschärft wird durch die Angst, *»sein geheimes Ich, der doppelte Kapitän«* könnte entdeckt werden, und auf deren Höhepunkt der Erzähler jegliches Vertrauen in die eigenen Fähigkeiten verliert und das Kommando zeitweise an seinen Ersten Offizier abgibt. Wieder ist es Leggatt, der die Wende herbeiführt: Er entschließt sich, das Schiff zu verlassen, in der Nähe der Insel Koh-Ring an Land zu schwimmen und ein neues Leben zu beginnen. Um dem *»heimlichen Teilhaber seines Lebens«* zu helfen, fordert der Erzähler die Gefahr heraus, nimmt er die Selbstprüfung auf sich: Unter dem Vorwand, die *»ablandigen Abendwinde«* nutzen zu wollen, steuert er das Schiff so nahe an die Insel, daß es in den Schatten der Landmassen gerät. Die Katastrophe scheint unabwendbar, denn in der Dunkelheit sind keine Navigationshilfen auszumachen. Da wird ein im Wasser treibender weißer Gegenstand zur rettenden Marke: Es ist der Hut, den der Kapitän beim Abschied seinem »Doppelgänger« überlassen hat. Die Gefahr ist gebannt. *»Keiner sollte mehr einen Schatten werfen ... auf die vollkommene Gemeinschaft eines Seemanns mit seinem ersten Schiff.«*

Man hat in der Erzählung eine *»psychologische Allegorie«* gesehen (R. W. Stallman), man hat sie interpretiert als *»Reise nach innen«*, als *»vorübergehenden Abstieg zu den primitiven und unbewußten Quellen des Seins«* (A. J. Guerard). Doch ist es Conrad gerade hier gelungen, jede symbolisierende Abstraktion, jede psychologisierende Stilisierung zu vermeiden. Die realistische und die symbolische Erzählebene sind in diesem Werk so vollkommen zur Deckung gebracht, daß es als spannende Seegeschichte ebenso fasziniert wie als *»eines der ersten und besten symbolistischen Meisterwerke der englischen Literatur«* (Guerard). M.Kö.

AUSGABEN: NY 1910 (in Harper's Magazine, 121). – Ldn./NY 1912 (in *Twixt Land and Sea*). – Ldn. 1947 (in *Collected Ed. of the Works*, 21 Bde., 1946–1962, 1). – Belmont/Calif. 1962, Hg. u. Anm. B. Harkness. – NY 1966 (in *Great Short Works*; ern. 1967). – Toronto/Ldn. 1981 (in *Heart of Darkness; and, The Secret Sharer*). – Ldn. 1982.

ÜBERSETZUNGEN: *Der heimliche Teilhaber*, M. v. Schweinitz, Mchn. 1955. – *The Secret Sharer/Der heimliche Teilhaber*, dies., Mchn. 1977; ern. 1985 (engl.-dt.; dtv).

VERFILMUNG: *Face to Face*, England 1952 (Regie: J. Brahm).

LITERATUR: R. W. Stallman, *Life, Art, and »The Secret Sharer«* (in *Forms of Modern Fiction*, Hg. W. V. O'Connor, Minneapolis 1948). – A. J. Guerard, *C. The Novelist*, Cambridge/Mass. 1958, S. 1–59. – D. Curley, *The Writer and His Use of Material: The Case of »The Secret Sharer«* (in MFS, 13, 1967, S. 179–194). – P. L. Brown, *»The Secret Sharer« and the Existential Hero* (in Conradiana, 3, 1971/72, S. 22–30). – F. B. Evans, *The Nautical Metaphor in »The Secret Sharer«* (ebd., 7, 1975, S. 3–16). – T. Otten, *The Fall and After in »The Secret Sharer«* (in Southern Humanities Review, 12, 1978, S. 221–230). – J. Martin, *A »Topological« Reading of »The Secret Sharer«* (in Recherches Anglaises et Américaines, 15, 1982, S. 51–66). – S. Ressler, *C.'s »The Secret Sharer«: Affirmation of Action* (in Conradiana, 16, 1984, S. 195–214). – J. Jericho, *J. C.'s »Heart of Darkness« and »The Secret Sharer«*, Woodbury/N.Y. 1984.

## THE SHADOW LINE. A Confession

(engl.; *Ü: Die Schattenlinie. Eine Beichte*). Erzählung von Joseph CONRAD, in Fortsetzungen erschienen 1916/17. – Die Erzählung ist Conrads Sohn Boris und seiner Generation gewidmet, die schon früh im Leben unter dem Zwang des Weltkriegs jene »Schattenlinie« überschreiten mußten, die das Ende der Jugend markiert. Auch der Held der Erzählung befindet sich anfangs noch im *»Zwielichtbereich zwischen Jugend und Reife«*, in dem man zu vorschnellen Handlungen neigt, weil das bisherige Leben schal und unbedeutend erscheint. In einem Moment des Überdrusses heuert der Ich-Erzähler ohne jeden Grund in einem Hafen Ostasiens ab und quartiert sich in einem Seemannsheim ein, um auf ein Schiff nach England zu warten. Dem Hinweis eines alten, verständnisvollen Kapitäns folgend, bewirbt sich der bis dahin ganz mit sich selbst Beschäftigte erfolgreich um einen frei gewordenen Kapitänsposten und tritt noch am selben Abend die kurze Reise nach Bangkok an, wo »sein« Schiff ankert. Voller Tatendrang will der frischgebackene Kapitän sofort auslaufen, doch geschäftliche Komplikationen und ein an Bord ausgebrochenes Tropenfieber verzögern den Termin. Die Fahrt beginnt unter ungünstigen Bedingungen: Das Fieber ist nicht völlig auskuriert, der Erste Offizier Burns, der sich ständig übergangen fühlt, ist noch todkrank, und Fahrtwind ist kaum vorhanden. Der Kapitän sieht sich in seiner Hoffnung, alles werde sich zum Bessern wenden, sobald man dem unheilvollen Einfluß des Festlands entronnen sei, enttäuscht. Nur langsam kommt das Schiff voran, und in der Nähe der Insel Koh-Ring wird es schließlich nur noch im Kreis umhergetrieben. Das

Fieber bricht erneut und heftiger als zuvor aus und verschont nur den Kapitän und den herzkranken Koch. Als der Erzähler entdeckt, daß die restlichen Medizinflaschen statt Chinin eine undefinierbare Mischung enthalten, quält er sich, obwohl die Mannschaft ihm keine Schuld gibt, mit Selbstvorwürfen, weil er die Bordapotheke vor Beginn der Fahrt nicht persönlich inspiziert hat. Pausenlos an Deck, ist er dem körperlichen und seelischen Zusammenbruch nahe. Der langsam genesende Burns macht für den Austausch der Medikamente den Vorgänger des Kapitäns verantwortlich, der, offenbar geistesgestört, kurz vor seinem Tod Schiff und Mannschaft den Untergang gewünscht hat. Er, der 8 Grad 20 Minuten nördlicher Breite am Golf von Siam begraben wurde, versuche nun – so Burns –, das Schiff am Überqueren dieser Linie zu hindern. Als nach fünfzehn Tagen ein Unwetter heraufzieht, gelingt es der Mannschaft mit letzter Kraft, wenigstens das Hauptsegel zu raffen, bevor ein tropischer Regen hereinbricht. In der darauffolgenden gespenstischen Stille kriecht Burns an Deck und verhöhnt mit irrem Gelächter den toten Kapitän. Damit scheint der Bann gebrochen: Eine stetige Brise kommt auf und bringt das Schiff in wenigen Tagen zum Ausgangshafen zurück. Der Erzähler sorgt für die ärztliche Betreuung der Seeleute und setzt dann unverzüglich mit einer neuen Mannschaft die Fahrt fort.

Mit dieser »Beichte« ist Conrad eine Art *»›Ancient Mariner‹ in Prosa«* (F. R. Leavis) gelungen. Hier setzt er zum ersten Mal alle jene künstlerischen Mittel ein, die seinen Rang begründen: die prägnante Sprache, die intensive psychologische Einfühlung und ihre Umsetzung in Handlung, die Verknüpfung von realer und symbolischer Erzählebene, die farbige Schilderung der exotischen Kulisse, die authentische Darstellung des Lebens an Bord und dessen unsentimentale Verherrlichung. Die Seereise – und speziell das »erste Kommando« –, in deren Verlauf der »Held« zu sich selbst findet, ist ein Motiv, das Conrad in verschiedenen Phasen seines Schaffens aufgegriffen hat (vgl. *The Heart of Darkness* und *The Secret Sharer*). The Shadow Line ist die am stärksten autobiographisch geprägte Version und zugleich die ausgewogenste: Der Initiationsprozeß und die Entwicklung vom Träumer zum Handelnden vollziehen sich in Harmonie mit Erfahrung und Erkenntnis. M.Kö.

AUSGABEN: Ldn. 1916/17 (in English Review, Sept. 1916–März 1917). – Ldn./Toronto 1917. – Ldn. 1923 (in *Works*, 22 Bde., 1923–1928, 1; *Uniform Ed.*). – Garden City/N.Y. 1959, Hg. u. Einl. M. D. Zabel [zus. m. *Typhoon* u. *Secret Sharer*]. – Ldn. 1962 (in *Collected Ed. of the Works*, 21 Bde., 1946–1962, 21). – Oxford 1985.

ÜBERSETZUNGEN: *Die Schattenlinie. Eine Beichte*, E. McCalman, Bln. 1926 [Einf. J. Wassermann]. – Dass., dies., Bln./Ffm. 1948. – Dass., dies., Ffm./Hbg. 1961 (EC; Nachw. R. Sühnel). – *Die Schattenlinie: »meiner unauslöschlichen Achtung würdig«*, E. Wagner, Ffm. 1981; 2 1985 (Fi Tb). – Dass., E. Berger, Bln./DDR 1984.

LITERATUR: F. R. Leavis, *On »Typhoon« and »The Shadow Line«* (in F. R. L., *The Great Tradition. G. Eliot, H. James, J. C.*, Ldn. 1955, S. 182–191). – I. Watt, *Story and Idea in C.'s »The Shadow Line«* (in Critical Quarterly, 2, 1960, S. 133–148). – J. Zukkerman, *The Architecture of »The Shadow Line«* (in Conradiana, 3, 1971/72, S. 87–92). – J. Bakker, *Crossing the Shadow Line* (in Dutch Quarterly Review of Anglo-American Letters, 5, 1975, S. 195–205). – J. Simon, *Between the Conception and the Recreation Falls »The Shadow Line«* (in The Hudson Review, 32, 1979, S. 239–244). – T. K. Bender, *Concordances to C.'s »The Shadow Line« and »Youth«*, NY 1980.

## TYPHOON

(engl.; *Ü: Taifun*). Erzählung von Joseph CONRAD, in Fortsetzungen erschienen 1902. – Im Gegensatz zu Conrads späten Seestücken besitzt dieses frühe Beispiel keine symbolisch-psychologische Bedeutungsebene. Die Erzählung wurde berühmt wegen der bis heute unübertroffenen realistischen Beschreibung eines Taifuns. Im Mittelpunkt steht jedoch nicht das Wüten des Sturms, sondern die Verschiedenheit der Reaktionen, die er bei der englischen Besatzung eines siamesischen Dampfers auslöst.

Die »Nan-Shan«, die durch die Straße von Formosa nach Foutschou fährt, steht unter dem Kommando des Kapitäns McWhirr, eines unauffälligen, aber verläßlichen Mannes, der wegen seiner mangelnden Intelligenz von seinen Offizieren belächelt wird. Außer der üblichen Ladung befördert das Schiff diesmal zweihundert chinesische Kulis, die einige Jahre lang in verschiedenen Kolonien gearbeitet haben und jetzt in ihre Heimat zurückkehren. Jeder hat eine Kiste mit an Bord gebracht, die seine gesamte Habe enthält, darunter den am sorgsamsten gehüteten Besitz: ein unter tausend Mühen erworbenes Häufchen Silberdollars. Eines Morgens – *»die Luft ist zum Schneiden dick«* – steht das Barometer ungewöhnlich tief. Für Jukes, den jungen, phantasiebegabten Ersten Steuermann, sind das die untrüglichen Vorzeichen eines Wirbelsturms. Auch McWhirr erwartet *»schlechtes Wetter«*, doch *»sein rotes Gesicht verrät nichts von Beunruhigung. Vorzeichen sind für ihn nicht vorhanden; er ist nicht imstande, die Bedeutung einer Vorhersage zu erfassen, bis ihre Erfüllung sie ihm dicht unter die Augen rückt.«* Als die Dünung zunimmt und das Schiff ins Schlingern gerät, sucht Jukes den Kapitän auf, um ihn zu einer Kursänderung zu bewegen. Er findet ihn beim Studium eines Buches über Wirbelstürme, dessen theoretischen Ausführungen er, der Praktiker, nicht zu folgen vermag. Er kann nicht einsehen, warum man dem »schlechten Wetter« ausweichen und eine Verlängerung der Fahrt in Kauf nehmen soll; denn, so erklärt er, *»ein Sturm ist ein Sturm, und ein tüchtiger Dampfer muß ihm standhalten«*. Wenig später bricht der Taifun über die »Nan-Shan« herein, *»sie in allen Fugen erschütternd, als wäre ein großer, schützender Damm vom Sturm weggeblasen worden«*. Die Mannschaft flüchtet sich unter Deck, nur der Kapitän und Jukes harren auf der Kommandobrücke aus. Während dieser sich und das Schiff verloren gibt, bleibt McWhirr unerschütterlich bemüht, den Überblick zu behalten, *»dem Sturm ins Auge schauend wie einem persönlichen Gegner, um seine verborgenen Absichten zu durchschauen«*. Da erscheint der Bootsmann und meldet erregt, die Kulis seien vor Angst *»toll geworden«*. Obgleich Jukes es für Wahnsinn hält, daß McWhirr ihn unter diesen Umständen hinunter ins Zwischendeck schickt, wagt er nicht, gegen den Befehl zu meutern. Als er sich unter Einsatz seines Lebens zu den Chinesen vorgearbeitet hat, bietet sich ihm ein gespenstischer Anblick: Ein Knäuel von Leibern wird im Rhythmus der Schiffsbewegungen von einer Bordwand zur andern geschleudert; die Kulis kämpfen um ihr Leben und um die Silberdollars, die aus den geborstenen Kisten rollen. Inzwischen hat sich der Kapitän um der Aufrechterhaltung der Disziplin willen gezwungen gesehen, den Zweiten Steuermann wegen Unbotmäßigkeit niederzuschlagen. Von Jukes durch das Sprachrohr über das Chaos im Zwischendeck informiert, befiehlt er, die Münzen unverzüglich einzusammeln und die Chinesen in Schach zu halten. Das schier Unmögliche gelingt unter Aufbietung aller Kräfte der gesamten Besatzung. Dann erreicht die »Nan-Shan« das windstille Zentrum des Taifuns. (Die zweite, gefahrvollere Etappe der Sturmfahrt hat Conrad mit Bedacht ausgespart.) Schwer beschädigt läuft der Dampfer bei Sonnenschein in Foutschou ein, wo der Kapitän die Silberdollars unter die Kulis aufteilt und den Rest den am schwersten Verwundeten zukommen läßt. Und nun muß auch Jukes zugeben, daß sich McWhirr *»sehr gut aus der Sache gezogen«* hat.

Daraus, daß der als »beschränkt« belächelte Kapitän sich allen Prüfungen der Fahrt gewachsen zeigt, der geistig bewegliche Jukes dagegen schon kurz nach Einsetzen des Sturms kleinmütig verzweifelt, ergibt sich eine für Conrad untypische Verkehrung der Werte: Der Steuermann scheitert an seiner Intelligenz, die ihn unfähig macht, den psychischen Belastungen standzuhalten, während die Tugenden des Kapitäns – Mut, unerschütterliches Selbstvertrauen, Verantwortungsbewußtsein, Disziplin und Gerechtigkeit – gerade in seinem begrenzten Denkvermögen ihren Ursprung haben. Solches Lob der Mittelmäßigkeit und des unauffälligen Heroismus entsprang einem tiefwurzelnden antiintellektuellen Affekt, der sich zwar in Conrads Briefen häufig Luft machte, in seinen Werken aber nur selten sichtbar wird. Die Mehrzahl der Helden Conrads (man denke etwa an den jungen Kapitän in *The Secret Sharer* oder den Ich-Erzähler in *The Shadow Line*) entsprechen weit mehr dem Typ des Steuermanns Jukes. M.Kö.

AUSGABEN: Ldn. 1902 (in Pall Mall Magazine, Jan.–März). – NY/Ldn. 1902. – Ldn. 1912. – Ldn. 1923 (in *Works*, 22 Bde., 1923–1928, 3). – Ldn. 1946 (in *Collected Ed.*, 21 Bde., 1946–1962). – Ldn. 1955. – Ldn. 1960. – Ldn. 1980.

ÜBERSETZUNGEN: *Im Taifun*, E. Eckert, Stg. 1908. – *Taifun*, dies., Stg. 1927. – Dass., dies. (in *Taifun u. andere Erzählungen*, Zürich 1948; ern. 1964). – Dass., dies., Stg. 1977; ern. 1982 (RUB). – *Taifun. Zwischen Land und See*, E. Wagner (in *GW in Einzelbänden*, Ffm. 1978; [2]1985).

LITERATUR: I. P. Pulc, *Two Portrayals of a Storm: Some Notes on C.'s Descriptive Style in »The Nigger of the ›Narcissus‹« and »Typhoon«* (in Style, 4, 1970, S. 49–57). – P. S. Bruss, *»Typhoon«: The Initiation of Jukes* (in Conradiana, 5, 1973, S. 46–55). – T. J. Rice, *»Typhoon«: C.'s Christmas Story* (in Cithara, 14, 1975, S. 19–35). – T. A. Birrell, *The Simplicity of »Typhoon«: C., Flaubert and Others* (in Dutch Quarterly Review of Anglo-American Letters, 10, 1980, S. 272–295).

## UNDER WESTERN EYES

(engl.; *Ü: Mit den Augen des Westens*). Roman von Joseph CONRAD, erschienen 1910/11. – *»Dies ist eine russische Geschichte, bestimmt für westliche Ohren, die nicht auf gewisse Töne des Zynismus, der Grausamkeit und der Unmoral gestimmt sind, die in unserem Teil Europas nicht mehr vorkommen.«* Es ist die Geschichte des elternlos aufgewachsenen Studenten Kyrill Sidorowitsch Rasumow und seines Verrats. Doch geht es dem Autor weniger um dieses Einzelschicksal als vielmehr darum, in warnender Absicht *»die eigentliche Psychologie Rußlands«* darzustellen. Dafür hatte er persönliche Gründe: Er stammte aus einer Familie polnischer Freiheitskämpfer; die Mutter starb in der russischen Verbannung, der Vater an deren Folgen, als Conrad siebzehn war. Um Objektivität bemüht, führt der Autor einen alten englischen Sprachlehrer ein, der, kurz, aber treffend kommentierend, die Ereignisse und ihre *»östliche Logik«* vor den *»Augen des Westens«* ausbreitet.

Im Petersburg der Jahrhundertwende hat sich der junge Revolutionär Victor Haldin nach einem geglückten Attentat auf Staatsminister de P. in Rasumows Zimmer geflüchtet und bittet ihn, den Kutscher Sjemjanitsch zu benachrichtigen, der ihm zur Flucht verhelfen soll. Der Student, dem dieses – ihm unangenehme – Vertrauen nur entgegengebracht wird, weil die Revolutionäre ihn seiner Schweigsamkeit wegen für einen charakterstarken Gleichgesinnten halten, ist einerseits um seine eigene Sicherheit besorgt, will aber andererseits Haldin nicht enttäuschen. Als er jedoch den Kutscher betrunken und unfähig zur Erfüllung des Auftrags antrifft, gerät seine bisher liberale Einstellung ins Wanken: Er »bekehrt« sich zu einem mystischen Patriotismus, der ihm gebietet, die *»Brandfackeln* *der Revolution«* zu löschen, damit Rußland in Ruhe die ihm vom Schicksal bestimmte Mission erfüllen könne. Er wendet sich an den Fürsten K., der, seine Vaterschaft leugnend, nur als Gönner Rasumows auftritt. Beide informieren den Polizeigeneral T., von dem der Student die Weisung erhält, Haldin vorzuspiegeln, er werde vom Kutscher erwartet. Als der Revolutionär die Wohnung verläßt, wird er verhaftet. Daß die Polizei das Zimmer Rasumows durchsucht, läßt diesen in den Augen der Revolutionäre, die von seinem Verrat nichts ahnen, als Haldins heldenhaften Mitverschwörer erscheinen. Staatsrat Mikulin, der ihm die Hinrichtung Haldins mitgeteilt hat, nützt diese Situation aus, als er zum Leiter des für die europäischen Länder zuständigen Überwachungsdienstes wird: Er beauftragt Rasumow, in Genf die Anarchistengruppe um Peter Iwanowitsch, einen *»revolutionären Feministen«*, und den *»mystisch revolutionären Salon«* der Madame de S. zu bespitzeln. Rasumow gewinnt rasch deren Vertrauen, kann aber keine innere Ruhe finden, da die ebenfalls in Genf wohnenden Angehörigen Haldins, seine Mutter und seine Schwester Natalie, ihn um nähere Auskunft über Victors Verhaftung bitten. Als er bemerkt, daß Natalie in ihm den Mitverschwörer ihres Bruders zu lieben beginnt, treibt ihn die Reue dazu, ihr und dann auch den versammelten Anarchisten die Wahrheit zu gestehen. Daraufhin wird er von deren *»Vollstrecker revolutionärer Todesurteile«* zum tauben Krüppel geschlagen. Tekla, die Gesellschafterin von Madame de S., nimmt sich seiner an und siedelt schließlich mit ihm nach Rußland über, wo sein Haus zum Ziel zahlreicher Revolutionäre wird, die seinen Rat schätzen. Auch Natalie kehrt nach dem Tod ihrer Mutter nach Rußland zurück und widmet sich der Pflege von Armen und Kranken.

»Zynismus« ist die Formel, auf die Conrad seine »wahre Psychologie Rußlands« bringt, ein Zynismus, der sich in *»der heimlichen Bereitschaft, sich zum Leben zu erniedrigen«* ebenso manifestiert wie in der Neigung zu einem mystischen Obskurantismus, der die Autokratie als gottgewollt, die Freiheit dagegen als *»eine Form der Ausschweifung«* begreift. Wenn darauf hingewiesen wird, daß diese Einsichten ohne DOSTOEVSKIJS Analyse der russischen Seele nicht denkbar seien, so muß dem hinzugefügt werden, daß Conrad diese Gegenüberstellung bewußt suchte, um Dostoevskij (wie auch TOLSTOJ) ebenfalls als Anhänger jenes Obskurantismus zu entlarven. – Trotz gewisser Mängel in der Erzähltechnik (Überdehnungen, nicht durchgehaltener Erzählstandpunkt) und trotz der wirklichkeitsfernen Beschreibung des Anarchistenzirkels nimmt das Werk nicht nur als Conrads letzter großer politischer Roman (nach *Nostromo* und *The Secret Agent*) einen wichtigen Platz im Gesamtschaffen ein, sondern auch weil dem Autor mit der Gestalt des Rasumow seine eindringlichste psychologische Studie gelungen ist. M.Kö.

AUSGABEN: Ldn. 1910/11 (in English Review, Dez. 1910–Okt. 1911). – Ldn. 1911. – Ldn. 1923 (in *Works*, 22 Bde., 1923–1928, 11; *Uniform Ed.*). – Ldn. 1955 (in *Collected Ed. of the Works*, 21 Bde., 1946–1962, 8). – NY 1951. – Ldn. 1963. – Ldn. 1975. – Oxford 1983.

ÜBERSETZUNGEN: *Mit den Augen des Westens*, E. W. Günter [d. i. E. W. Freißler], Bln. 1913. – Dass., G. Danehl, Ffm. 1967. – Dass., ders. (in *GW in Einzelbänden*, Ffm. 1982). – Dass., ders., Ffm. 1984 (Fi Tb).

VERFILMUNG: *Sous les yeux d'occident*, Frankreich 1936 (Regie: M. Allegret).

LITERATUR: B. Johnson, *»Under Western Eyes«: Politics as Symbol* (in Conradiana, 1, 1968, S. 35–44). – J. E. Saveson, *The Moral Discovery of »Under Western Eyes«* (in Criticism, 14, 1972, S. 32–48). – D. R. Schwarz, *The Significance of the Language Teacher in C.'s »Under Western Eyes«* (in Journal of Narrative Technique, 6, 1976, S. 101–115). – H. J. Laskowsky, *C.'s »Under Western Eyes«: A Marxian View* (in The Minnesota Review, 11, 1978, S. 90–104). – P. R. Szittya, *Metafiction: The Double Narration in »Under Western Eyes«* (in Journal of English Literary History, 48, 1981, Nr. 4, S. 817–840). – D. L. Higdon, *A Concordance to C.'s »Under Western Eyes«*, NY 1984.

## YOUTH

(engl.; *Ü: Jugend*). Erzählung von Joseph CONRAD, erschienen 1902. – In einem Essay über Conrad hat Erich FRANZEN in zwei Sätzen aus dem neun Jahre nach *Youth* veröffentlichten Roman *Under Western Eyes »das Gesetz, das die Form seines Lebens bestimmte«* erkennen wollen: *»Man muß eins von beiden: brennen oder faulen. Wer möchte nicht lieber brennen?«* Aus dieser Sicht wird deutlich, daß auch *Youth* mehr ist als nur die »Geschichte einer Reise«, als die sich die Erzählung in den einleitenden Abschnitten vorstellt. Die alte Barke »Judea«, die zu Beginn ihrer letzten Fahrt vor Cornwall beinahe kentert, die im Havariehafen von den Ratten verlassen wird und deren Kohlenladung im Indischen Ozean durch Selbstentzündung zu qualmen beginnt, verkörpert für den jungen Schiffsoffizier Marlow *»alles, was im Leben des höchsten Einsatzes wert sein konnte«*. Selbst das Thema des Scheiterns, das das ganze Werk Conrads durchzieht, gewinnt hier einen wunderbaren, beglückenden und fast märchenhaften Glanz. Die wochenlangen vergeblichen Löscharbeiten werden für Marlow zur erregenden *»Gelegenheit, sich der eigenen Kraft bewußt zu werden«*. Das Abenteuer einer Kohlenstaubexplosion, das Verlassen des brennenden Wracks, das wie eine *»ungeheure einsame Flamme«* über der spiegelglatten See steht, werden ihm zum atemberaubenden Erlebnis, in dem ein romantischer Traum Wirklichkeit geworden ist. *»Ein herrlicher Tod war wie eine Gnade ... dem alten Schiff am Ende arbeitsreicher Tage beschieden worden. Es war ergreifend an-*

*zusehen, wie die Barke triumphierend ihre müde Seele der Obhut der Sterne und der See übergab.«* Und als die Besatzung schließlich in ihren Rettungsbooten auf Java landet, ist dies für Marlow nicht irgendein wirklicher Ort auf der Landkarte: Seiner *»mit der Kraft und dem Zauber des Selbstbetrugs«* begabten Jugend öffnet sich einen Augenblick lang inmitten eines blauen Märchenmeeres der ganze Osten, *»wie er den Seefahrern alter Zeiten erschienen sein mochte, so alt und geheimnisvoll, prächtig und düster, unverändert lebendig, voller Gefahr und Lockung«*.
Im Kreis der beiden anderen Novellen – *Heart of Darkness* und *The End of the Tether* –, mit denen Conrad diese Erzählung zu einer Art Triptychon der Lebensalter zusammenschloß, gibt *Youth* unverkennbar den reinsten Klang. Die Präzision der Detailbeobachtungen, die distanzschaffenden Zwischenbemerkungen des gealterten Erzählers Marlow, die den hymnischen Rhythmus gleichsam skandieren, machen den Rückblick auf das verlorene Paradies der Jugend nur noch bedeutungsträchtiger. Man fühlt sich an den kryptischen Symbolismus des japanischen Reisetagebuchs *Tosa-Nikki* (10. Jh.) erinnert, dessen Geheimnis wie das der Conradschen Erzählung darin besteht, *»daß es Reisen gibt, die wie erläuternde Beispiele zu diesem Leben wirken, ja, wie das Sinnbild des Lebens überhaupt«*. Die scheinbar ganz äußerliche, pittoresk-abenteuerliche Fahrt des jungen Marlow enthält im Keim bereits alle Themen, die das Lebenswerk Conrads umkreist: Erwartung und Schiffbruch, Kampf, Treue und, im Wahlspruch der »Judea«, die Parole »Halt aus oder stirb!« Nur die elegischen Töne treten stärker als sonst in den Hintergrund; aber auch sie werden in den Rahmengesprächen vorsichtig angeschlagen. Marlow – die immer wiederkehrende Gestalt in Conrads Romanen, hinter der sich der alternde Dichter am liebsten verbarg – beschwört hier die *»Flamme im Herzen, die mit jedem Jahr trüber brennt«* im vollen Bewußtsein ihrer Vergeblichkeit wie ein fernes und unwiederbringliches »Zauberlicht«. R.Sch.

AUSGABEN: Edinburgh/Ldn. 1898 (in Blackwoods Magazine, Sept.). – Edinburgh/Ldn. 1902. – Ldn. 1923 (in *Works*, 22 Bde., 1923–1928, 5; *Uniform Ed.*). – Ldn. 1946–1955 (in *Collected Ed.*, 21 Bde., 1946–1962). – Ldn. 1968. – Ldn. 1974 (in *Youth: A Narrative; Heart of Darkness; The End of the Tether*). – Harmondsworth 1975 (in *Youth; and, The End of the Tether*). – Oxford 1984 (in *Youth; Heart of Darkness, The End of the Tether*).

ÜBERSETZUNGEN: *Jugend*, E. W. Freißler (in *Werke*, Bd. 1, Bln. 1926). – Dass., ders., Wiesbaden 1950; ern. 1956 (IB). – Dass., F. Lorch (in *GW in Einzelbänden*, Ffm. 1968; 21985). – *Youth: A Narrative/Jugend*, R. Fenzl, Mchn. 1978 (engl.-dt.; dtv).

LITERATUR: J. Crawford, *Another Look at »Youth«* (in Research Studies, 37, 1969, S. 154–156). – P. S. Bruss, *C.'s »Youth«: Problems of Interpretation* (in College Literature, 1, 1974, S. 218–229). – J. H. Weston, *»Youth«: C.'s Irony and Times's Darkness* (in Studies in Short Fiction, 11, 1974, S. 399–407). – T. K. Bender, *Concordances to C.'s »The Shadow Line« and »Youth«*, NY 1980. – H. Krenn, *J. C.'s Polish Heritage of Hopefulness in »Youth«* (in Fu Jen Studies: Literature & Linguistics, 15, 1982, S. 37–53).

## HENDRIK CONSCIENCE

* 3.12.1812 Antwerpen
† 10.9.1883 Brüssel

LITERATUR ZUM AUTOR:
E. de Bock, *H. C., zijn persoon en zijn werk*, Amsterdam o. J. [um 1912]. – V. Fris, *De bronnen van de historische romans van H. C.*, Amsterdam 1913. – M. Sabbe u. a., *H. C., studiën en kritieken*, Antwerpen 1913. – F. Jostes, *H. C.*, Mönchen-Gladbach 1917. – P. Hamelius, *Histoire politique et littéraire du mouvement flamand au 19e siècle*, Brüssel 1925. – F. Smits, *H. C. et le romantisme flamand*, Brüssel 1943. – A. van Hageland, *H. C. en de occulte verschijnselen*, o. O. 1955. – Vlaanderen, 22, 1973, Nr. 134 [Sondernr. *H. C.*]. – M. Lambin, *H. C. Bladzijden uit de roman van een romancier*, Antwerpen 1974. – D. de Laet, *19de eeuwse fantastiek: C. en Coster* (in *Dageraad de duivels*, Hg. ders., Antwerpen 1974). – M. Somers u. A. van Ruyxevelt, *H. C. en zijn tijd: kroniek van C.s leven*, Antwerpen 1983. – A. Westerlinck, *Hulde aan C.* (in Dietsche warande en belfort, 128, 1983, S. 266–281). – Ders., *Wie was H. C.?*, Löwen 1983. – A. Deprez u. a., *H. C.*, Gent 1983. – M. van Hattum, *H. C. en Nederland* (in Ons erfdeel, 26, 1983, Nr. 2, S. 177–190).

### BAES GANSENDONCK

(fläm.; *Baes Gansendonck*). Roman von Hendrik CONSCIENCE, erschienen 1850. – Der Verfasser berichtet im Rahmen einer Liebesgeschichte über die sozialen Verhältnisse in Flandern um 1850. Ein wohlhabender Bauer versucht – was dem flämischen Bevölkerungsteil damals noch nicht möglich war – Eingang in eine höhere gesellschaftliche Schicht zu finden; seine Tochter soll zu diesem Zweck mit einem jungen Baron verheiratet werden. Sie sträubt sich dagegen, weil sie einen anderen liebt, und der Baron faßt das Ganze als Scherz auf und spielt mit dem Mädchen. Ein Streit zwischen ihm und dem Freund des Mädchens bringt diesen ins Gefängnis. Die Bauerntochter erkrankt schwer, und als ihr Geliebter aus der Haft entlassen wird, kann er nur noch an ihrem Begräbnis teilnehmen. Bei einem Handgemenge mit dem Baron ver-

liert er den Verstand. Am Ende erkennen der alte Bauer und der junge Baron reumütig ihr schuldhaftes Verhalten.
Wie die zahlreichen Werke, die Conscience hinterlassen hat, schildert auch dieser Roman in lebhafter, gemütvoll-schlichter Weise das Leben in Flandern und den Charakter seiner Menschen. Um seine volkserzieherischen Absichten zu verwirklichen, griff der Autor zu den Mitteln einer von Sentimentalität nicht immer freien Schwarzweißmalerei. Die literarhistorische Bedeutung Consciences liegt vor allem darin, daß er die um die Mitte des 19. Jh.s zu neuem Leben erweckte flämische Literatur als erster um Romane bereichert hat. M.Ba.

AUSGABEN: Brüssel 1850. – Antwerpen 1857 (in *Werken*, 26 Bde., 1856–1877, 4). – Leiden 1879 (in *Romantische werken*, 41 Bde., 1878–1881, 18). – Retie 1957. – Brüssel/Den Haag 1977.

ÜBERSETZUNGEN: *Baes Gansendonck*, anon. (in *Sammlung ausgew. Schriften*, Bd. 15, Münster 1846; [2]1916). – *Baas Gansendonck*, O. L. B. Wolff, Lpzg. 1850.

## DE LEEUW VAN VLAANDEREN

(fläm.; *Der Löwe von Flandern*). Historischer Roman von Hendrik CONSCIENCE, erschienen 1838. – Den geschichtlichen Hintergrund des Romans bildet der Kampf der Flamen gegen Frankreich, der 1302 durch den Sieg über Philipp den Schönen von Frankreich in der »Goldsporenschlacht« bei Courtrai (Kortrijk) einen vorläufigen Abschluß fand. – Der betagte flämische Graf Gwijde hat sich nach Compiègne begeben, um sich dem französischen König zu unterwerfen, da er hofft, seine Tochter, die durch Verrat in die Hände der Franzosen gefallen war, aus der Gefangenschaft befreien zu können. Doch Königin Johanna von Navarra, die die Flamen haßt, läßt den alten Grafen und seine beiden Söhne, deren einer wegen seiner Tapferkeit der »Löwe von Flandern« genannt wird, zusammen mit ihrer Gefolgschaft von fünfzig Adligen gefangensetzen. Dieser neuerliche Verrat schürt den Haß der Flamen und begünstigt die Vereinigung der beiden antifranzösischen Strömungen: Volk und Adel wehren sich gegen den wachsenden französischen Einfluß. Repräsentanten des Volks sind De Coninck, der Obermeister der Weber, und Jan Breydel, der Führer der Metzgerzunft. Diese beiden gegensätzlichen Charaktere – der eine klug, der andere gewalttätig und fanatisch – sind zusammen mit Robrecht, dem Löwen von Flandern, die Hauptfiguren des Romans. Die als Nebenhandlung eingeflochtene Liebesgeschichte fügt sich in den übergeordneten historischen Rahmen ein: Ein junger Ritter liebt Machteld, die Tochter des Löwen von Flandern; zweimal begibt er sich unter Lebensgefahr zu dem gefangenen Robrecht und stellt auf diese Weise die Verbindung zwischen Adel und Volk her.

Zwar ist die Darstellung der historischen Ereignisse in diesem Roman stark vereinfacht; in seiner Tendenz ist das Buch jedoch in hohem Maß Ausdruck des wachsenden romantischen Nationalbewußtseins in Flandern, und es ist bis heute eines der populärsten Werke der flämischen Literatur geblieben. M.Dr.

AUSGABEN: Brüssel 1838. – Antwerpen 1856 (in *Werken*, 26 Bde., 1856–1877, 3). – Leiden 1878 (in *Romantische werken*, 41 Bde., 1878–1881, 1). – Den Haag 1956. – Brüssel 1963, Hg. J. M. Devos. – Deurne 1983.

ÜBERSETZUNGEN: *Der Löwe von Flandern*, anon., Münster 1846. – Dass., A. Schowalter, Mchn. 1899; [3]1912. – Dass., W. Spohr, Köln 1943. – Dass., bearb., C. Mandelartz, Gütersloh 1954. – Dass., ders., Bln. o. J. – Dass., ders., Würzburg 1983.

LITERATUR: G. Schmook, *De genesis van C.s »Leeuw van Vlaanderen«* (in Verslagen en Mededelingen der Koninklijke Vlaamsche Academie, 1952/53). – D. de Laet, *Over C. en zijn leeuw* (in Ciso, 1973, Nr. 13, S. 73–78).

# BENJAMIN CONSTANT

eig. Henri Benjamin Constant de Rebecque
* 25.10.1767 Lausanne
† 8.12.1830 Paris

LITERATUR ZUM AUTOR:
*Bibliographien:*
D. K. Lowe, *B. C.: An Annotated Bibliography of Critical Editions and Studies, 1946–1978*, Ldn. 1979. – *Bibliographie analytique des écrits sur B. C. (1796–1980)*, Hg. É. Hofmann, Lausanne/Oxford 1980. – C. P. Courtney, *A Bibliography of Edition of the Writings of B. C. to 1833*, Ldn. 1981. – Ders., *A Guide to the Published Works of C.*, Oxford 1985.
*Zeitschrift:*
Annales B. C., Genf 1980 ff.
*Biographien:*
G. Poulet, *B. C. par lui-même*, Paris 1968. – K. Kloocke, *C. Une biographie intellectuelle*, Genf 1984.
*Gesamtdarstellungen und Studien:*
P. Mortier, *B. C., l'homme et l'œuvre*, Paris 1931. – H. Guillemin, *Madame de Staël, B. C. et Napoléon*, Paris 1959. – L. Gall, *B. C. Seine politischen Ideen u. der deutsche Vormärz*, Wiesbaden 1963. – P. Bastid, *B. C. et sa doctrine*, 2 Bde., Paris 1966. – H. Gouhier, *B. C.*, Paris 1967. – *B. C. Actes du congrès, Lausanne, oct. 1967*, Hg. P. Cordey u. J. L. Seylaz, Genf 1968. – A. Oliver, *B. C. Écriture*

*et conquête du moi*, Paris 1970. – B. W. Jasinski, *L'engagement de B. C.*, Paris 1971. – J. Cruickshank, *B. C.*, NY 1974 (TWAS). – A. Fabre-Luce, *B. C.*, Paris 1978. – A. Fairlie, *Imagination and Language*, Cambridge u. a. 1981. – *B. C., Madame de Staël et le Groupe de Coppet. Actes du 2e congrès de Lausanne* ..., Hg. É. Hofmann, Oxford u. a. 1982. – M. Winkler, *›Décadence actuelle‹. C.s Kritik der frz. Aufklärung*, Ffm. u. a. 1984.

**ADOLPHE. Anecdote trouvée dans les papiers d'un inconnu**

(frz.; *Adolph. Aus den gefundenen Papieren eines Unbekannten*). Roman von Benjamin CONSTANT, erschienen 1816. – Der Autor schrieb dieses Werk im Spätherbst 1806 in Rouen und auf Schloß Acoste bei Meulan. Dort lebte er in gespannter Beziehung mit Madame de STAËL, im Bann einer erloschenen Leidenschaft, von der er sich aus Mitleid und Schuldgefühl nicht freizumachen vermochte. Seinen geheimen Konflikt vertraute er – verschleiert und abgewandelt, aber durch zahlreiche Anspielungen dennoch unverkennbar – diesem knapp hundert Seiten umfassenden Roman an, der zu einem Musterbeispiel psychologischer Bekenntnisdichtung wurde. Das Interesse der Leserschaft galt lange Zeit vorwiegend den biographischen Hintergründen des Werks. Constants Tagebücher *(Journal intime)*, 1895 veröffentlicht, trugen zur detaillierten Entschlüsselung jedoch nur wenig bei, vor allem konnte die weibliche Hauptgestalt Ellénore nicht auf ein eindeutiges Vorbild festgelegt werden. Man anerkannte schließlich den fiktiven Charakter dieser Selbstdarstellung, die mit Autobiographie im engeren Sinn nichts zu tun hat. Das Werk ist in Ichform geschrieben. Der eigentlichen Geschichte ist das Vorwort eines fingierten Herausgebers vorangestellt, der vorgibt, es handle sich um die Niederschrift eines inzwischen verstorbenen und vergessenen Sonderlings, die durch Zufall in fremde Hände gelangt sei. Zwei Briefe, der erste von einem fingierten Leser, der Adolphe gekannt haben will, der zweite wiederum vom Herausgeber, beide allgemein moralisierenden Inhalts, beschließen den Text. – Constants Roman fehlt jede epische Breite und Beschaulichkeit. Die Gesellschaft bleibt, soweit vorhanden, anonym – Verwandte und Freunde spielen die Rolle von Statisten; die Landschaft (Deutschland, Frankreich, Polen) findet nur notgedrungen, im Sinn von Szenenangaben, knappe Erwähnung. Auch von den beiden Hauptpersonen erfahren wir allein das, was die Geschichte ihrer Liebe betrifft; ihre Interessen, Gewohnheiten und vor allem ihr Äußeres bleiben dem Leser weitgehend vorenthalten. *Adolphe* ist die knappe, sachliche Analyse einer Liaison im Stil des frühen 19. Jh.s; sein Inhalt ist nicht nur von psychologischem, sondern auch von soziologischem Interesse.

Aus Langeweile und Geltungssucht umwirbt Adolphe, ein junger Franzose, der sich auf einer Bildungsreise in Deutschland befindet, Ellénore, die langjährige Mätresse des Grafen von P**. Sie ist eine polnische Emigrantin, die dem Grafen zwei Kinder geschenkt und sich in hartnäckigem Kampf gegen die öffentliche Meinung, trotz dieser gesetzlich unerlaubten Verbindung, gesellschaftliches Ansehen erworben hat. Sie leistet dem jungen Verehrer Widerstand und schürt damit nur seine Leidenschaft, so daß Adolphe allmählich in eine Verfassung gerät, die ihm erlaubt, seine Gefühle für echte Zuneigung zu halten. Ellénore, die Worte wie die seinen bis dahin nicht vernommen und wahre Leidenschaft nie erfahren hat, glaubt am Ende selbst an diese Liebe und gibt nach. Gleichzeitig verzichtet sie auf ihre gesellschaftliche Stellung und ihren Anspruch auf ein geordnetes Leben; sie verläßt den Grafen und ihre Kinder. Adolphe sieht sich nach kurzer Zeit aus der Rolle des Verehrers und Liebhabers in diejenige des Beschützers und Lebensgefährten versetzt. Aus Aversion gegen die öffentliche Moral und die völlig unberechtigten Zumutungen, denen sich Ellénore durch ihre Liebe aussetzt, hält er zu ihr, die ihm alles geopfert hat, obwohl sie ihn in ungebührlicher Weise an sich fesselt und kaum von ihrer Seite weichen läßt. Adolphes Vater, der sich um die Karriere seines Sohnes sorgt, versucht, Ellénore aus Paris, wohin sie ihrem Freund gefolgt ist, zu vertreiben. Adolphe flieht mit ihr, verspricht jedoch seinem Vater in einem Brief, daß er mit Ellénore brechen wird, sobald sie seines Schutzes nicht mehr bedarf. Die beiden verbringen ein Jahr in Deutschland, Adolphe in hypochondrischer, selbstquälerischer Unentschlossenheit, weder zur Liebe noch zur Trennung fähig, Ellénore in verzweifelter Ungewißheit über die Gefühle ihres Freundes. Dann begleitet Adolphe Ellénore nach Polen, wo sie das Erbe ihres verstorbenen Vaters antreten soll. Ellénores gesellschaftliche Stellung ist damit von neuem gesichert; Adolphe lebt in Polen auf ihren Gütern als ihr Gast. Ein Freund des Vaters, den er in Warschau besucht, stellt ihm die Lächerlichkeit seiner gegenwärtigen Lage drastisch vor Augen, und Adolphe gibt von neuem brieflich die Einwilligung, sich so bald wie möglich von Ellénore zu trennen. Dieser Brief wird Ellénore in die Hände gespielt, sie erkrankt kurz darauf und stirbt, ihren Freund in tiefster Ratlosigkeit zurücklassend und unfähig, die so sehnlich herbeigewünschte Freiheit um solchen Preis zu genießen.

*Adolphe* fehlen all jene Elemente epischer Anschaulichkeit und Liebe zum Detail, mit denen Realismus und Naturalismus später den Roman ausgestattet haben. Erst die um die Jahrhundertwende einsetzende Reaktion gegen den naturalistischen Erzählstil brachte Constants Werk das große Ansehen, das es heute noch genießt. Die wissenschaftliche Erforschung der menschlichen Psyche führte zur wachsenden Beachtung des psychologischen Blickpunkts auch im Bereich der Literatur. Der *roman d'analyse* wurde im Zuge dieser Entwicklung neu entdeckt und *Adolphe* als einem Meisterwerk psychologischen Scharfsinns eine besondere Stellung innerhalb der Literatur seiner Zeit zugewiesen. KLL

AUSGABEN: Paris/Ldn. 1816. – Paris 1929 (in *Œuvres complètes*, Hg. J. Bompard, 1; krit.). – Paris 1957 (in *Œuvres*, Hg. A. Roulin; krit.; Pléiade). – Paris 1961, Hg. J.-H. Bornecque; Class.Garn; erw. 1983. – Paris 1965 (GF). – Paris 1973 (Folio). – Paris 1977, Hg. P. Delbouille [krit.].

ÜBERSETZUNGEN: *Adolph. Aus den gefundenen Papieren eines Unbekannten*, anon., Pest 1817. – Dass., J. Ettlinger, Halle 1898. – Dass., O. Flake, Mchn. 1910. – Dass., W. J. Guggenheim, Zürich 1944. – Dass., ders., Mchn. 1962 (GGT). – *Adolphe-Cécile*, M. Hölzer u. H. Helbling, Ffm. 1963. – *Adolphe*, M. Voigt u. R. Kilbel, Lpzg. [2]1965. – Dass., G. Hohl, Lpzg. 1985 (RUB). – *Adolph*, Th. Baldischwieler, Stg. 1988 (Nachw. H. Stenzel; RUB).

LITERATUR: P. Deguise, *»Adolphe« et les »Journaux intimes« de C. Essai de mise au point* (in RSH, 1956, S. 125–151). – Y. Pihan, *C. compose »Adolphe«* (in Mercure de France, 334, 1958, S. 489–502). – H. Guillemin, *»Adolphe« ou le parapluie de B. C.* (in H. G., *Éclaircissements*, Paris 1961, S. 85–117). – T. Todorov, *La parole selon C.* (in Critique, 1968, Nr. 255/256, S. 756–771; ern. in T. D., *Poétique de la prose*, Paris 1971, S. 100–117). – P. Delbouille, *Genèse, structure et destin d'»Adolphe«*, Paris 1971. – M. Charles, *»Adolphe« ou l'inconstance* (in *Rhétorique de la lecture*, Paris 1972, S. 215–247). – I. W. Alexander, *B. C., »Adolphe«*, Ldn. 1973. – K. A. Blüher, *»Adolphe«* (in *Der frz. Roman*, Hg. K. Heitmann, Bd. 1, Düsseldorf 1975, S. 257–273; 382 bis 384). – H. Verhoeff, *»Adolphe« et C. Une étude psychocritique*, Paris 1976. – G. Mercken-Spaas, *Alienation in C.s »Adolphe«*, Bern/Ffm. 1977. – F. P. Bowman, *Nouvelles lectures d'»Adolphe«* (in Annales B. C., 1, 1980, S. 27–42). – E. Gonin, *Le point de vue d'Ellénore. Une réécriture d'»Adolphe«*, Paris 1981. – A. Fairlie, *Imagination and Language*, Ldn./NY 1981. – M. Wolff, *Méthodes de sémiologues français appliquées à une lecture d'»Adolphe« de B. C.*, Duisburg 1982. – R. F. Allen, *A Stylo-Statistical Study of »Adolphe«*, Genf 1984. – M. Guggenheim, *Adolphe étranger* (in NCFSt, 14, 1984/85, S. 238–250). – M. Vialet, *»Adolphe«. Échec en amour ou temporisation politique* (in Annales B. C., 5, 1985, S. 53–73).

## CÉCILE. Un récit autobiographique

(frz.; *Cécile. Ein autobiographischer Bericht*). Romanfragment von Benjamin CONSTANT. – Das lange für verschollen gehaltene Manuskript wurde 1948 entdeckt und 1951 erstmals veröffentlicht. Es ist vermutlich vor dem *Adolphe* (1806) begonnen und 1811 noch einmal überarbeitet worden. Weit mehr noch als jenes Meisterwerk ist dieses Fragment Bekenntnis der seelischen Verfassung Constants. Es enthält die rückhaltlos genaue Beschreibung und psychologische Analyse der Doppelliebe zu seiner langjährigen Freundin Madame de STAËL und seiner zweiten Frau Charlotte von Hardenberg – hier Madame de Malbée und Cécile de Walterbourg genannt. In ständigem Zwiespalt des Gefühls schwankt Constant zwischen der hingebenden, aufopfernden Liebe und sanften Weiblichkeit Céciles und der stürmischen Leidenschaft der männlich-intellektuellen de Malbée. Zur Ehe mit Cécile weniger von Liebe getrieben als von dem Wunsch, sie zu lieben, kann der Erzähler sich doch nicht von der ihn ständig bedrängenden Madame de Malbée trennen. Es gelingt ihm weder, mit Cécile glücklich zu werden, noch sie glücklich zu machen. In einer hilflosen Lage, durch die Vortäuschung von Versprechungen tief getroffen, erkrankt sie lebensgefährlich. Diese Krise und die Angst um das durch seine Schuld bedrohte Leben der Frau lassen ihn an seiner Liebesfähigkeit zweifeln und in der autobiographischen Aussage eine Selbstklärung suchen. Das Fragment bricht ohne Lösung ab.

Die in »Epochen« eingeteilten Äußerungen im Roman *Cécile* entsprechen Constants gleichzeitigen Tagebuchnotizen in den *Journaux intimes*. Das Seelendiagramm, das in beiden Werken von einem hellwachen Bewußtsein nachgezeichnet wird, zeigt schonungslos die Diskrepanz seiner Gefühle, die durch die Gegensätzlichkeit der beiden Frauen bedingt ist. Constant vermag sich von keiner der beiden zu lösen, kann aber auch keine ganz glücklich machen. Er, der in sich und seinen Herzensregungen fast narzißhaft befangen ist, ist einer ausschließlichen Liebe zu einem anderen Menschen nicht fähig, erkennt aber die Forderung nach Mitgefühl mit dem Leid an, das das eigene gebrechliche Liebesvermögen dem anderen bereitet. – Dieses Fragment ist die Dokumentation eines dem Bewußtsein unterstellten, von seinen absoluten Glücksvorstellungen und -hoffnungen in die Irre getriebenen und zugleich an ihnen verzagenden Gefühls. Mit dem psychologischen Realismus und der Präzision der den Autor selbst vollkommen preisgebenden Analysen steht dieses Werk Constants, ähnlich wie sein autobiographisches *Cahier rouge*, den modernen Schriftstellern weit näher als seinen romantischen Zeitgenossen. KLL

AUSGABEN: Paris 1951. – Paris 1952, Hg. A. Roulin [krit.]. – Paris 1957 (in *Œuvres*, Hg. ders.; krit.; Pléiade). – Paris 1973 (Folio).

ÜBERSETZUNGEN: *Cécile*, H. Helbling, Zürich 1955. – Dass., ders., Ffm. 1963 (Nachw. I. Nagel; IB). – Dass., G. Ramrath, Freiburg i. B. 1984.

LITERATUR: W. Pabst, *Die Stilisierung d. literarischen Selbstporträts in C.s »Cécile«* (in *Formen d. Selbstdarstellung*, Bln. 1956, S. 313–330). – G. Macchia, *Il paradiso della ragione*, Bari 1960, S. 273–281. – G. Saba, *Alla ricerca di C.* (in G. S., *Memoria e poesia*, Rocca San Casino 1961,

S. 61–114). – A. R. Pugh, *»Adolphe« et »Cécile«* (in RHLF, 63, 1963, S. 415–423). – F. P. Bowman, *L'épisode quiétiste dans »Cécile«* (in *B. C.*, Hg. P. Cordey u. J. L. Seylaz, Genf 1968, S. 97–108). – S. Balayé, *Madame de Staël et Madame de Malbée ou »Cécile«* (in Europe, 1968, Nr. 467). – P. Delbouille, *»Adolphe« et »Cécile«* (in Cahiers d'analyse textuelle, 17, 1975). – M. Dentan, *Lire »Cécile«* (in M. D., *Le texte et son lecteur*, Lausanne 1983).

## DE LA RELIGION, CONSIDÉRÉE DANS SA SOURCE, SES FORMES ET SES DÉVELOPPEMENTS

(frz.; *Über die Religion, Betrachtung ihres Ursprungs, ihrer Formen und ihrer Entwicklungen*). Religionsphilosophisches und -geschichtliches Werk in fünf Bänden von Benjamin CONSTANT, erschienen 1824–1831. – Constants umfangreiches Werk geht auf eine lebenslange Beschäftigung mit der Frage einer vergleichenden Betrachtung der Religionen zurück, die erstmals in Deutschland mit CREUZERS *Symbolik und Mythologie der alten Völker* (1810–1812) eine systematische Ausarbeitung gefunden hatte. Anregungen erhielt Constant vor allem durch HERDERS *Ideen zur Philosophie der Geschichte der Menschheit* (1784–1791), SCHLEIERMACHERS Reden *Über die Religion* (1799) und durch MONTESQUIEUS *De l'esprit des lois*, 1748 *(Über den Geist der Gesetze)*.

Dem Wissenschaftsideal der Zeit entsprechend sucht Constant nach einer gemeinsamen Wurzel aller existierenden Religionen. Er findet sie in dem romantischen Konzept des »ursprünglichen« Gefühls, das allen Menschen eigen sei und sie auf natürliche Weise zur Ausbildung einer Religion hinführe. Constant baut nun darauf eine Korrelation von Religion und Kultur auf, indem er die Ausdrucksformen des Religiösen als vom jeweiligen Stand der Kultur abhängig erklärt. Kommt es zum kulturellen Wandel bei unverändertem Bestehen althergebrachter religiöser Bräuche, gerät die Religion in eine Krise. Das emotionale Grundbedürfnis des Menschen nach Religion führt dann jedoch zum Ausbilden neuer religiöser Traditionen. Daraus ergibt sich schließlich eine Evolution der Religion, die mit derjenigen der Kultur vergleichbar ist und die zu einem immer adäquateren Ausdruck des religiösen Urgefühls gelangt. Constant versucht diese These anhand der Entwicklungen in den verschiedensten Kulturkreisen, von den primitiven über den griechisch-europäischen bis zu den ostasiatischen, zu belegen. Trotz seiner teilweise kühnen Spekulationen hat Constants Werk großen Einfluß auf die wissenschaftliche Differenzierung und Anerkennung der vergleichenden Religionsgeschichte ausgeübt. Im zeitgenössischen Deutschland wurde es sofort übersetzt. U.P.

AUSGABEN: Paris 1824–1831, 5 Bde. – Paris 1957 (in *Œuvres*, Hg. A. Roulin; Pléiade). – Lausanne 1971.

ÜBERSETZUNG: *Die Religion nach ihrer Quelle, ihren Gestalten und ihren Entwicklungen*, 3 Bde., P. A. Petri, Bln. 1824–1829.

LITERATUR: Stendhal, *C. and the New Public Morality – »De la religion considérée dans sa source, ses formes et ses développements«* (in London Magazine, Nov. 1824; ern. in *Selected Journalism*, Ldn. 1959, S. 167–180). – F. P. Bowman, *C., Germany and »De la religion«* (in RF, 74, 1962, S. 77–108). – H. H. S. Hogue, *Of Changes in C.'s Books on Religion*, Genf 1964. – M. Baude, *À propos du caractère de C. et de son ouvrage »De la religion«* (in Bull. de la Faculté des Lettres de Strasbourg, 43, 1964/65, S. 207–216). – P. Deguise, *B. C. méconnu. Le livre »De la religion«*, Genf 1966. – J. R. Derré, *L'auteur de »De la religion« et le christianisme* (in *B. C.*, Hg. P. Cordey u. J. L. Seylaz, Genf 1968, S. 85–95). – P. Thompson, *La religion de B. C.*, Pisa 1978. – G. H. Dodge, *B. C.s Philosophy of Liberalism. A Study in Politics and Religion*, Chapel Hill 1980. – C. Violi, *B. C.: per una storia della riscoperta, politica e religione*, Rom 1985.

# MAURICE CONSTANTIN-WEYER

* 24.4.1881 Bourbonne-les-Bains
† 24.4.1964 Vichy

## UN HOMME SE PENCHE SUR SON PASSÉ

(frz.; *Ü: ... ein Blick zurück und dann ...*). Autobiographischer Roman von Maurice CONSTANTIN-WEYER, erschienen 1928. – Der Autor, der als Holzfäller, Farmer und Jäger zwölf Jahre in Kanada verbracht hat, schildert seine Erlebnisse in sechs Büchern, die 1921–1928 unter dem Obertitel *Épopée canadienne (Kanadisches Epos)* erschienen. Der vorliegende Roman, der mit dem »Prix Goncourt« ausgezeichnet wurde, ist der letzte und formal gelungenste Band dieser Reihe.

Kanada war für den Autor das Land, wo der Mensch noch den erhabenen, ursprünglichen Rhythmus von Leben und Tod empfindet. *»Die Pastoralen des achtzehnten Jahrhunderts«* erschienen ihm lächerlich, denn *»die milde Natur ist in Wirklichkeit ein Ungeheuer mit blutroten Krallen«*, das unerbittlich das Recht des Stärkeren ausübt. – Der Erzähler läßt sich im Norden des Landes nieder, um Pelzhandel zu betreiben. Er versucht, sich der Härte seiner Umwelt und seines Berufs anzupassen und sich gegen Mitleid und Schwäche, *»diese beiden hervorstechendsten Züge des dekadenten Europa«*, abzuschirmen. Bei seiner ersten Expedition in den äußersten Norden verliert er seinen Freund Paul Durand. Im Kampf mit der Natur auf sich allein gestellt, gelingt es ihm mit letzter Kraft, in die Siedlung zurückzukehren. Nach einiger Zeit heiratet er die Irin Hannah und läßt sich mit ihr in der Nähe von Winnipeg auf einer Farm nieder. Am Anfang der Ehe entstehen aufgrund ihrer verschiedenen Herkunft, ihrer gegensätzlichen Mentalität und unterschiedlichen Interessen oft Verstimmungen. Mit der Geburt eines Kindes wird das Zusammenleben harmonischer, und es folgen Jahre der Zufriedenheit, bis eines Tages Hannahs früherer Geliebter Archer Joyce in die Stadt zurückkehrt. Bei einem gemeinsamen Jagdausflug entkommt der Erzähler mit knapper Not einem heimtückischen Mordanschlag Archers. Hannah meint jedoch, ihr Mann habe den Freund töten wollen. Sie gesteht ihm, daß sie Archer auch jetzt noch liebe, und flieht gemeinsam mit dem Geliebten und ihrem Kind. Eifersucht, Haß und Verachtung treiben den Erzähler zur Verfolgung des Paars, das sich in den Indianerreservaten versteckt hält. Erst als er auf das Grab seiner kleinen Tochter stößt, die den Strapazen der Flucht nicht gewachsen war, kommt er zur Besinnung und beschließt, nach Europa zurückzukehren.

Als Motto sind dem Werk BAUDELAIRES Verse vorangestellt: *»Schau, wie die vergangenen Jahre sich neigen ... Die Trauer lächelnd aus den tiefen Wassern taucht.«* Der Autor sieht sein eigenes Leben wie ein Zuschauer das Spiel auf der Bühne: als etwas Fremdes, das sich außerhalb seiner selbst begibt. Seine Lebenserinnerungen sollten ein Werk sein, das *»dem Geschmack des Tages ebenso völlig fremd ist wie ein Cowboykostüm der Avenue de l'Opéra«.* KLL

AUSGABEN: Paris 1928. – Paris 1946. – Paris 1972 (Poche). – Paris 1983 (10/18).

ÜBERSETZUNG: ... *ein Blick zurück und dann* ..., H. Strehle, Bln. 1929.

LITERATUR: E. Jaloux, Rez. (in NL, 7, 15. 12. 1928). – J. Prévost, Rez. (in NRF, 16, 1. 1. 1929). – *En hommage à V. Larbaud et M. C.-W.*, Vichy 1981. – R. Motut, *C. écrivain de l'Ouest et du Grand Nord*, Saint Boniface/Manitoba 1982.

## CARL WILHELM CONTESSA

eig. Carl Wilhelm Salice-Contessa

* 19.8.1777 Hirschberg / Schlesien
† 2.6.1825 Berlin

### MEISTER DIETRICH

Erzählung von Carl Wilhelm CONTESSA, erschienen 1811. – In mehreren, seinerzeit sehr beliebten Novellen nahm der Schlesier Contessa die dämonisch-teuflischen Züge im Werk seines späteren Freundes E. T. A. HOFFMANN vorweg. *Meister Dietrich* entfaltet ein für die Romantik typisches Motiv: den Dualismus zwischen der höheren Welt der Kunst und den unheimlichen Verlockungen des Lebens.

Der Maler Meister Dietrich, der in einer Klosterkirche ein altes Andachtsbild restauriert, wird von einem gespenstischen »Grünrock« zum Zweifel an seinem einfachen Leben verleitet: *»Wollt nur, so könnt Ihr auch!«* Die Begegnungen mit der schönen Gräfin Rovero, deren Porträt er malen soll, lassen den Maler den heiligen Auftrag und die Liebe seiner Frau vergessen. Immer wieder im Bann der Gräfin, die seine Liebe zu erwidern scheint, kommt Meister Dietrich nicht einmal durch den Tod seiner Frau zur Besinnung, wird Geheimschreiber des Grafen und läßt sich von der Gräfin zu Spionendiensten mißbrauchen. Von ihr betört, vergiftet er den Grafen, und zuletzt, als er seine Liebe verhöhnt sieht und in dem »Grünrock« seinen Nebenbuhler erkennt, ermordet er auch die Gräfin. Freiwillig stellt er sich den Gerichten und wird zum Tod verurteilt. Von dem teuflischen Bann gelöst und in echter Sühne geläutert, kann er das Bild in der Klosterkirche vollenden. Vor der Hinrichtung erlebt er in einer Vision die Vereinigung mit seiner treuen Frau und geht gefaßt seinem Ende entgegen.

Die Erzählung übte nicht geringen Einfluß auf die Zeitgenossen und noch später auf HEBBEL aus; mit ihr rechtfertigt Contessa die hohe Meinung E. T. A. Hoffmanns, dem er für die Gestalt des Sylvester in den *Serapionsbrüdern* Modell stand. Das für Hoffmanns Werk charakteristische Spannungsverhältnis zwischen Kunst und Leben läßt sich in Contessas Erzählung einzig auf tragische Weise lösen: Die Rückkehr zur Kunst und zur »himmlischen Liebe« ist dem Meister Dietrich nur um den Preis des Todes möglich; dadurch nämlich, daß er sich im religiösen Aufschwung vom Leben und seinen sündhaften Verstrickungen befreit. Hier eröffnet Contessas Novelle Parallelen zu den »Nazarenern«, jener Malergruppe, die sich eben im Erscheinungsjahr des *Meister Dietrich* konstituierte, mit dem Ziel, die Kunst auf religiöser Grundlage zu erneuern. P.Sch.

AUSGABEN: Hirschberg 1811 (in *Dramatische Spiele u. Erzählungen von den Brüdern Contessa*, 2 Bde., 1811–1814, 1). – Dresden 1819 (in *Erzählungen*, 2 Bde., 1). – Lpzg. 1826 (in *Schriften*, Hg. E. v. Houwald, 9 Bde., 3). – Mchn. 1922 (in *Serapiontische Erzählungen*, Hg. C. G. v. Maaßen).

LITERATUR: H. Meyer, *Die Brüder Contessa. Ihr Leben u. ihre Werke. Ein Beitrag zur Kenntnis der Unterhaltungsliteratur der klassischen Epoche*, Bln. 1906, S. 124–128. – G. Pankalla, *K. W. C. u. E. T. A. Hoffmann. Motiv- u. Formbeziehungen im Werk zweier Romantiker*, Diss. Breslau 1938. – Ders., *K. W. C., der Romantiker aus dem Riesengebirge* (in Jb. der schlesischen Friedrich-Wilhelm-

Univ. zu Breslau, 6, 1961, S. 402–410). – V. Klotz, *K. W. S. C.* (in V. K., *Das europäische Kunstmärchen*, Stg. 1985, S. 174–180).

## ANTONIO CONTI

* 22.1.1677 Padua
† 6.4.1749 Padua

LITERATUR ZUM AUTOR:
A. Zardo, *Un tragico padovano del secolo scorso*, Padua 1884. – A. Salza, *L'abate A. C. e le sue tragedie*, Pisa 1898. – F. Ulivi, *Il classicismo del C.* (in F. U., *Settecento neoclassico*, Pisa 1957, S. 145–173). – G. Gronda, *A. C. e l'Inghilterra* (in English Miscellany, 15, 1964, S. 135–174). – N. Badaloni, *A. C. Un abate libero pensatore tra Newton e Voltaire*, Mailand 1968. – M. Ariani, *Drammaturgia e mitopoiesi. A. C. scrittore*, Rom 1977. – G. Pugliese, *»Lavorar fantasmi«: L'arte poetica di A. C.* (in Canadian Journal of Italian Studies, 4, 1980/81, S. 250–265).

### LUCIO GIUNIO BRUTO

(ital.; *Lucius Iunius Brutus*). Blankverstragödie in fünf Akten von Antonio CONTI, erschienen 1743. – Als Brutus nach der Vertreibung der Tarquinier aus Rom von den Römern den Treueschwur auf die Republik fordert, gelingt einigen mit Sondererlaubnis in der Stadt verbliebenen tarquinischen Gesandten eine Verschwörung. Sie können zahlreiche Aristokraten und Plebejer, unter anderen auch die Söhne des Brutus, Titus und Tiberius, für sich gewinnen und die Rückkehr des Tarquinierkönigs vorbereiten. Ein Sklave verrät die Verschwörer. Brutus entläßt daraufhin die Abgesandten, die als Botschafter *personae gratae* sind. Seine eigenen Söhne sollen jedoch den Verrat mit dem Tod büßen. Sie werden entkleidet, mit Ruten gepeitscht und – vor den Augen des Vaters – enthauptet.
Conti, der eigentliche Begründer der politischen Tragödie in Italien, hatte sich das hohe Ziel gesetzt, *»die italienischen Dichter anzuspornen, die anderen Nationen auch im Drama zu übertreffen, wie sie diese in der Lyrik und im Epos sicherlich schon übertroffen haben«*. Seine eigenen vier Tragödien, ausnahmslos Alterswerke, schrieb er nach dem Vorbild SHAKESPEARES, dessen Stücke er während seines mehrjährigen Londoner Aufenthalts studiert hatte. Er ließ sich außerdem von der Brutus-Tragödie eines englischen Anonymus und vor allem von VOLTAIRES *Brutus* (1730) inspirieren. In der Handlung folgte Conti konsequent den durch literarische Zeugnisse belegten historischen Ereignissen. Die wichtigsten Vorlagen waren für ihn die Schriften von LIVIUS und PLUTARCH. Die moralische Nutzanwendung, nämlich die *»aus der Philosophie gewonnene Erfahrung«* (als Philosoph war Conti Vorläufer der Aufklärung in Italien), wurde jedoch in solchem Maß betont, daß die Charaktere dadurch an Glaubwürdigkeit verloren, und trotz des nicht so leicht zum Pathos verführenden reimlosen Verses, den er verwandte, artete ihm der Dialog stellenweise in hohlen Schwulst aus. Erst ALFIERI sollte vier Jahrzehnte später in seinem *Bruto primo* das von wahrer Leidenschaft zeugende große Schauspiel schaffen, nach dem der theaterwirksame Stoff verlangt. KLL

AUSGABEN: Venedig 1743. – Florenz 1751 (in *Quattro tragedie*). – Florenz 1784.

### MARCO BRUTO

(ital.; *Marcus Brutus*). Blankverstragödie in fünf Akten von Antonio CONTI, erschienen 1744. – Mit *Marco Bruto* griff Conti einen ihm vertrauten Stoff wieder auf: In *Giulio Cesare* (1726) war es ihm nicht gelungen, die Unentschlossenheit des Brutus, das eigentliche Spannungsmoment, überzeugend darzustellen. Zwar hatte er sich bemüht, im Einklang mit GRAVINAS für das italienische Theater des 18. Jh.s richtungweisender Theorie *(Della tragedia*, 1715 – *Über die Tragödie)* die *»wechselnden Affekte der Seele«* zum Ausdruck zu bringen, doch erreichte er dies im Caesar-Drama nur bei einzelnen Frauengestalten, etwa bei Calpurnia und Porcia. In der zweiten Fassung rückt er den Verschwörer Brutus in den Mittelpunkt. Um der Einheit des Ortes willen verdammt Conti allerdings die auftretenden Personen zu statuarischer Unbeweglichkeit. Zudem sorgen recht langatmige Tiraden dafür, daß die Handlung oft ganz stockt: Belehrungen über Ursache und Zweck der gegen Caesar angezettelten Verschwörung verhindern die dramatische Zuspitzung mit dem Ergebnis, daß das eigentliche Attentat dem Zuschauer als überstürzte Bühnenaktion präsentiert wird. KLL

AUSGABEN: Venedig 1744. – Florenz 1751 (in *Quattro tragedie*).

## WILLIAM CONTON

* 1923 Sierra Leone

LITERATUR ZUM AUTOR:
O. R. Dathorne, *The Beginnings of the West African Novel* (in Nigeria Magazine, 93, 1967, S. 168–170). – *A Bibliography of Sierra Leone 1925–1967*, Hg. G. J. Williams, NY 1971. – A. Ravenscroft, *An Introduction to West African Novels in English* (in the Literary Criterion, X/2, 1972). – A. Gérard, *Contribution de la Sierra Leone*

*à la littérature ouest-africaine de langue anglais* (in *Rhétorique et communication*, Paris 1979).

## THE AFRICAN

(engl.; *Der Afrikaner*). Roman von William CONTON (Sierra Leone), erschienen 1960. – Eines der Werke der neoafrikanischen Literatur, in denen die rassischen und politischen Auseinandersetzungen zwischen Afrika und Europa, zwischen Schwarz und Weiß behandelt werden. Der Roman ist in der Form einer Autobiographie verfaßt. Kisimi Kamara erzählt die Geschichte seines meteorhaften Aufstiegs vom Missionsschüler zum afrikanischen Ministerpräsidenten. Der Studienaufenthalt in England wird zum entscheidenden Erlebnis seiner geistigen und menschlichen Entwicklung. Er lernt dort bei einer Ferienreise eine junge weiße Südafrikanerin kennen. Vorurteil und Rassenhaß bringen jedoch diese romantische Freundschaft zu einem jähen und tragischen Ende: Greta wird von ihrem früheren Verlobten getötet. – Nach seiner Rückkehr setzt sich Kisimi in Afrika für den Unabhängigkeitskampf seines Volkes ein. Auf dem Höhepunkt seiner Laufbahn aber bricht er seine politische Tätigkeit ab. Er will den Zwiespalt in seinem Innern lösen und begibt sich als Unbekannter nach Südafrika, um die ihm aufgegebene Rache für Greta auszuführen. Im entscheidenden Augenblick indessen verwandelt sich sein Racheakt in eine Tat menschlichen Mitleids, die einen erlösenden Ausklang herbeiführt. – Das Werk ist weniger stilistisch als inhaltlich neoafrikanisch geprägt. J.H.J.

AUSGABEN: Ldn. 1960. – Boston 1960. – NY 1961. – Ldn. 1966.

ÜBERSETZUNG (Ausz.): *Die Episode mit Greta* (in *Das junge Afrika*, Wien 1963).

LITERATUR: J. Hughes, Rez. (in the Christian Science Monitor, 31. 3. 1960, S. 17). – E. Kirondo, Rez. (in Black Orpheus, 10, 1961, S. 67–68). – G. Moore, *English Words, African Lives* (in Présence Africaine, XXVI: 54, 1965, S. 90–101). – A. Shelton, *Pan Africanism and Beautiful Feathers* (in Books Abroad, XXXIX/II, Oklahoma 1965).

# ANTOON COOLEN

* 17.4.1897 Wijlre
† 9.11.1961 Waalre

## DORP AAN DE RIVIER

(ndl.; *Ü: Das Dorf am Fluß*). Roman von Antoon COOLEN, erschienen 1934. – Mit diesem humoristisch-besinnlichen, gelegentlich auch abgründig-makabren Roman um ein Nordbrabanter Maasdorf knüpft Coolen an beste niederländisch-flämische Tradition der Genre-Epik an.
Hauptfigur ist der verschlossene friesische Gemeindearzt Tjerk van Taeke *(»Er war ein Mann. Nur das wollte er sein. Ein einfacher Begriff, der alles ausdrückte, was man im Leben zu tun hatte«)*, ein Jagdfanatiker und Geldverächter, atheistischer Wohltäter des nahegelegenen Nonnenklosters und selbstloser Grobian. Über ihn lernt der Leser die Dorfbewohner und ihre absonderlichen, manchmal banalen oder auch grausigen Schicksale kennen: Mammeke, deren syphilitisches, unter einem Kopftuch verborgenes Gesicht eine ständige Warnung vor außerehelichen Fehltritten ist, den reichen Janus de Mert, der elend an Magenkrebs zugrunde geht, den der Erinnerung an eine Zigeunerin lebenden tauben Wilderer Cis auf seinem Hausboot. Da sind Brammetje Peccator mit seiner Sünde, die niemand kennt und die ihm deshalb nicht vergeben werden kann, und der kauzige Praxisvertreter Ritus, der zum rasenden Berserker wird, als drei Vagabunden seine Engelsgeduld mißbrauchen. Und da ist Doktor van Taeke selbst, der bei Nacht die halbzugefrorene Maas zu Fuß überquert, um ein Menschenleben zu retten, und der dennoch nach seinem silbernen Dienstjubiläum von der Gemeinde entlassen wird – mit ihm verliert das Dorf seinen Mittelpunkt.
Die Schlichtheit des Sujets und die unaufdringliche, eher unter- als übertreibende Sprache verleihen dem aus Skizzen zusammengesetzten Roman große atmosphärische Dichte. Der Respekt des Autors vor seinen Gestalten läßt keine ironische Einmischung von seiner Seite zu, schließt jedoch einen lakonisch-skurrilen Humor nicht aus.
W.Sch.

AUSGABEN: Rotterdam 1934. – Den Haag 1960.

ÜBERSETZUNG: *Das Dorf am Fluß*, H. W. Michaelsen, Lpzg. 1936. – Dass., ders., Zürich 1962.

VERFILMUNG: Niederlande 1958 (Regie: F. Rademakers).

LITERATUR: G. Knuvelder, *Vanult. wingewesten. Een sociologie van het zuiden*, Hilversum 1930. – A. van Duinkerken, *A. C. Een inleiding tot zijn werk*, Den Haag 1949. – A. Romein-Verschoor, *Silt and Sky. Men and Movements in Modern Dutch Literature*, Amsterdam 1950, S. 77 ff. – Piet Oomes, *A. C.*, Brügge 1959 (Ontmoetingen, 16). – T. Renes, *Bibliographie van A. C. tot 1 jan. 1961*, Den Haag 1961. – A. Maas, *Het toneelwerk van A. C.* (in Vacature, 87, 1975, Nr. 22/23). – Anon., *Merkwaardig dorp aan de rivier* (in Film-en t. v.-maker, März 1977). – T. Pollemans, *Een kind van zijn volk. Leven en werk van A. C.*, Lelystad 1978. – *A. C. 1897–1961*, Hg. B. Beulens, Deurne 1980.

## JAMES FENIMORE COOPER

* 15.9.1789 Burlington / N.J.
† 14.9.1851 Cooperstown / N.Y.

LITERATUR ZUM AUTOR:

*Bibliographien:*
R. E. Spiller u. P. C. Blackburn, *A Descriptive Bibliography of the Writings of J. F. C.*, NY 1934; zul. 1968. – *Literary History of the United States*, Hg. R. E. Spiller u. a., Bd. 2: *Bibliography*, NY 1963.
*Forschungsbericht:*
J. F. Beard, *J. F. C.* (in *Fifteen American Authors Before 1900: Bibliographical Essays on Research and Criticism*, Hg. E. N. Harbert und R. A. Rees, Madison 1985, S. 80–127).
*Biographien:*
T. R. Lounsbury, *J. F. C.*, Boston 1882; zul. 1968. – R. E. Spiller, *F. C.: Critic of His Times*, NY 1931. – J. Grossman, *J. F. C.*, NY 1949; ern. 1967. – W. S. Walker, *J. F. C.: An Introduction and Interpretation*, NY 1962. – R. E. Spiller, *J. F. C.*, Minneapolis 1965. – S. Railton, *F. C.: A Study of His Life and Imagination*, Princeton 1978.
*Gesamtdarstellungen und Studien:*
*J. F. C.: A Re-Appraisal*, Hg. M. E. Cunningham, Cooperstown/N.Y. 1954. – A. Shulenberger, *C.'s Theory of Fiction: His Prefaces and Their Relation to His Novels*, Lawrence/Kans. 1955. – T. Philbrick, *J. F. C. and the Development of American Sea Fiction*, Cambridge/Mass. 1961. – D. A. Ringe, *J. F. C.*, NY 1962 (TUSAS). – K. Lanzinger, *J. F. C.* (in *Die Epik im amerikanischen Roman*, Hg. ders., Ffm. u. a. 1965, S. 38–90). – W. S. Walker, *Leatherstocking and the Critics*, Chicago u. a. 1965. – L. Fiedler, *J. F. C. and the Historical Romance* (in L. F., *Love and Death in the American Novel*, NY 1966, S. 162–214). – K. House, *C.'s Americans*, Columbus 1966. – G. Dekker, *J. F. C.: The American Scott*, NY 1967. – Ders., *J. F. C.: The Novelist*, Ldn. 1967. – D. A. Ringe, *The Pictorial Mode: Space and Time in the Art of Bryant, Irving, and C.*, Lexington/Ky. 1971. – J. McWilliams, *Political Justice in a Republic: J. F. C.'s America*, Berkeley 1972. – *J. F. C.: The Critical Heritage*, Hg. G. Dekker u. J. P. McWilliams, Ldn./Boston 1973. – B. Nevius, *C.'s Landscapes: An Essay on the Picturesque Vision*, Berkeley 1976. – J. F. Beard u. J. P. Elliott, *The Writings of J. F. C.: A Statement of Editorial Principles and Procedures*, Worcester 1977. – H. D. Peck, *A World By Itself*, New Haven/Ldn. 1977. – A. M. Axelrad, *History and Utopia: A Study of the World View of J. F. C.*, Norwood 1978. – W. S. Walker, *Plots and Characters in the Fiction of J. F. C.*, Hamden/Conn. 1978. – *J. F. C.: A Collection of Critical Essays*, Hg. W. Fields, Englewood Cliffs/N.J. 1979. – W. Franklin, *The New World of J. F. C.*, Chicago/Ldn. 1982. – W. P. Kelly, *Plotting America's Past: F. C. and the Leatherstocking Tales*, Carbondale/Edwardsville 1983. – *J. F. C.: New Critical Essays*, Hg. R. Clark, Ldn./Totowa (N.J.) 1985. – *J. F. C.: His Country and His Art*, Hg. G. A. Test, Oneonta 1985. – E. Hermann, *Opfer der Geschichte: Die Darstellung der nordamerikanischen Indianer im Werk J. F. C.s und seiner Zeitgenossen*, Ffm. 1986 [m. Bibliogr.]. – J. D. Wallace, *Early Cooper and His Audience*, NY 1986.

### THE AMERICAN DEMOCRAT, OR HINTS ON THE SOCIAL AND CIVIC RELATIONS OF THE UNITED STATES OF AMERICA

(amer.; *Der amerikanische Demokrat oder Bemerkungen über die Beziehungen des Bürgers zu Staat und Gesellschaft*). Politischer Essay von James Fenimore COOPER, erschienen 1838. – *The American Democrat* besteht aus einer Folge von Essays, in denen Cooper Aspekte der amerikanischen Demokratie und Gesellschaft seiner Zeit erörtert; in ihrer Gesamtheit enthalten sie eine grundsätzliche Darstellung amerikanischen Sozial- und Staatsdenkens.

Während seines Europa-Aufenthalts (1826–1833) hatte sich Cooper als scharfsinniger Beobachter der sozialen Zustände vor allem in Frankreich und England betätigt und kritisch mit den politischen Institutionen und Staatstheorien des alten Kontinents auseinandergesetzt. Er interessierte sich für die revolutionären Bewegungen seiner Zeit (vor allem in Polen) und untersuchte in drei Romanen – *The Bravo*, *The Heidenmauer*, *The Headsman* (1831–1833) – verschiedene Phasen des Zusammenstoßes zwischen feudalistischen Systemen und revolutionären Volksbewegungen in der europäischen Vergangenheit. Gegen die aristokratischen und monarchischen Ordnungen Europas verteidigte er die auf den Prinzipien der amerikanischen Verfassung beruhende republikanische Staatsform der USA, erkannte aber die in Jahrhunderten gewachsene geistige und kulturelle Überlegenheit der europäischen Gesellschaft an und bejahte die Notwendigkeit einer Elite. Diese Ideen mußten ihn nach seiner Rückkehr im Jahr 1833 in Gegensatz zu den massendemokratischen Strömungen der Ära Andrew Jacksons bringen. An die Stelle des von den Vätern der Verfassung geplanten republikanischen Staatswesens auf der Grundlage einer kraft ihres Grundbesitzes und ihrer Bildung führenden Oligarchie von Gentlemen war die Idee der populären Demokratie getreten, deren Kennzeichen die Emanzipation der Massen und der Aufstieg einer merkantil und kommerziell denkenden traditionslosen Klasse, der »Whigs«, waren. Coopers Polemik gegen die Tyrannei der Mehrheit und gegen die Herrschaft des Geldes gipfelte schließlich in *The American Democrat*.

Wie TOCQUEVILLE, aber leidenschaftlich engagiert, deckt er die Gefahren einer Diktatur der Masse und des Meinungszwangs auf. Das entscheidende Problem ist für ihn, wie unter Beibehaltung republikanischer Institutionen ein Ausgleich zwischen den »historischen« und »willkürlichen« Rechten der Mehrheit und den philosophisch fundierten »ewigen« und »unwandelbaren« Sittengesetzen und Naturrechten zu erreichen sei. Die Herrschaft der Mehrheit soll mit Hilfe von Institutionen und Rechten eingedämmt werden, die auf absoluten Gesetzen der Religion und der Ethik beruhen; dem utopischen und radikalen Egalitätsdenken setzt Cooper eine realistische Skepsis entgegen, die die natürlichen Unterschiede der Menschen betont und deshalb für die Intelligenz, die Gebildeten und die verantwortungsbewußten Reichen eine Sonderstellung beansprucht; Demagogen und von den Launen der Wählerschaft abhängige opportunistische Politiker sollen von einer aufgeklärten, geistig selbständigen und autoritären Führungsschicht abgelöst werden. Für Cooper sind Besitz und Eigentum sowie der Schutz des Individuums gegen den Druck der öffentlichen Meinung wie des Staates die unantastbaren Grundlagen. So verbindet er das republikanische Prinzip der Gleichheit aller vor dem Gesetz mit dem aristokratischen Prinzip der Klassengesellschaft, die auf der natürlichen Ungleichheit der Menschen beruht. Beide sollen in idealer Weise in einer nicht kommerzialisierten, agrarischen Gesellschaft von Grundbesitzern, freien Bauern und selbständigen Handwerkern vereinigt werden. Trotz seines konservativen Traditionalismus hält Cooper an der republikanischen Ordnung fest; sie sei Aristokratie und Monarchie überlegen, weil sie dem Individuum mehr Möglichkeiten zur Entfaltung einräume und sichere; hingegen müsse ihre Tendenz, die gültigen Normen durch die absolut gesetzte öffentliche Meinung der Mehrheit zu verdrängen, bekämpft werden.

*The American Democrat* ist ein Essay, in dem Cooper die polemische Entlarvung von Schlagworten, mustergültige Begriffsdefinitionen und klare, auf breiter Belesenheit beruhende Analyse allgemeiner Prinzipien mit scharfsinniger Beobachtung der aktuellen Lage und der konkreten Bedingungen der Politik verbindet. Die Mischung von idealen Vorstellungen, die in philosophisch-theoretischen Überlegungen wurzeln, und nüchternem Sinn für das Reale, von leidenschaftlicher Anteilnahme an der unmittelbaren Gegenwart und utopischer Hoffnung für die Zukunft der USA, von polemischer Kritik und sachlicher Argumentation ist das hervorstechende Merkmal von Coopers Denken und Stil. M.Ch.

AUSGABEN: Cooperstown 1838. – NY 1956, Hg. R. E. Spiller [m. Einl.]. – Baltimore 1969, Hg. G. Dekker u. L. Johnson. – Indianapolis 1981 [Einl. H. E. Mencken].

LITERATUR: J. P. McWilliams Jr., *C. and the Conservative Democrat* (in *American Quarterly*, 22, 1970, S. 665–677). – D. A. Ringe, *J. F. C.: An American Democrat* (in Papers on Language and Literature, 6, 1970, S. 420–431). – J. P. McWilliams Jr., *The American Democrat* (in *J. F. C.: A Collection of Critical Essays*, Hg. W. Fields, Englewood Cliffs/N.J. 1979, S. 162–186). – U. Vinuela, *Dos Figuras antagónicas en la obra de J. F. C.* (in Revista Canaria de Estudios Ingleses, 6, Apr. 1983, S. 47–58).

## THE BRAVO. A Venetian Story

(amer.; *Der Bravo. Eine venezianische Geschichte*). Roman von James Fenimore COOPER, erschienen 1831. – Als Niederschlag von Coopers Europaaufenthalt (1826–1833) entstand in den Jahren 1831–1833 die sogenannte »Europäische Trilogie«: die drei Romane *The Bravo*, *The Heidenmauer*, *The Headsman (Der Scharfrichter)*, die, ohne einen engeren Zusammenhang in Charakteren oder Handlung aufzuweisen, in Thematik und Motiven eine zusammengehörige Gruppe bilden. – In den politisch-ideologischen Auseinandersetzungen zwischen monarchisch-konservativen und liberal-radikalen Grundsätzen in Europa galt Cooper, der Freund des liberalen Marquis de Lafayette, als Spezialist für Fragen der »demokratischen« Organisation, er wurde zum Interpreten und Verteidiger der Institutionen und Prinzipien der amerikanischen Demokratie und zum berufenen Kritiker an den europäischen Verhältnissen. Er erkennt, daß die liberalen Freiheitsbewegungen um 1830, vor allem in Frankreich und Polen, wenig mit demokratischen Grundsätzen und republikanischer Gesinnung, wie er sie in Amerika für verwirklicht hält, zu tun haben; sie sind Interessenbewegungen, wurzeln in aristokratischer Vergangenheit und können sich von Tradition und Privilegiendenken nicht lösen. Die kritische Tendenz seiner drei Romane ist ganz auf die Gegenwart gerichtet, auch wenn er die durchgehende thematische Handlung – den Zusammenstoß von feudalistisch-aristokratischer Ordnung mit revolutionären Volksbewegungen – in die Vergangenheit von Renaissance und Reformation verlegt und sich damit, zu seinem Nachteil, einem Vergleich mit dem historischen Roman SCOTTS aussetzt.

*The Bravo* spielt in der Republik Venedig des 16. Jh.s, der Stadt der Intrige, der Maske und der Täuschung, der Denunziation, Geheimpolizei und des nichtöffentlichen Rechtsverfahrens, des politischen Mordes und der Bleikammern. Im Mittelpunkt steht die Frage nach dem Wesen von Recht und Gesetz. Cooper stellt das dem bloßen Staatsinteresse entsprungene Gesetz den Forderungen des natürlichen und göttlichen Sittengesetzes gegenüber und zeigt, wie eine auf Macht und Klassenprivileg gebaute Ordnung die fundamentalen und ursprünglichen Ordnungen – die Familie, das Eltern-Kind-Verhältnis, die Rechte des Herzens, des Gefühls, der Liebe – zerstört.

In *The Heidenmauer* verlegt Cooper seine Handlung in die Pfalz zur Zeit der beginnenden Reformation. Es geht ihm darum, zu demonstrieren, daß die Protestbewegungen gegen die katholische Kirche weniger religiöse als vielmehr politische und soziale Ursachen hatten und oft durch egoistische Interessen motiviert waren. Der Graf Leiningen-Hartenburg, Gegenspieler einer benediktinischen Abtei, ist abergläubisch und ohne tiefere Religiosität und benützt Lutherische Ideen rein taktisch für seine eigensüchtigen Zwecke. Der Bürgermeister Frey, ein Emporkömmling, fällt auf die Schmeicheleien des Adligen herein; der Schmied, in seiner geistigen Schwerfälligkeit und Geradheit der Vertreter des Volkes, geht den Parolen des wortgewandten Frey leicht auf den Leim. Ebenso erscheint die katholische Kirche als Macht- und Interessenorganisation in der Gestalt des ehrgeizigen und aufgeklärten Abtes, doch auch – in ihrer Liturgie – als Form echter Religiosität, wie sie in der Gestalt des gläubigen Bruder Arnolph lebendig wird. Das Thema religiöser Gläubigkeit und Ehrfurcht wird in einer Reihe von Nebenfiguren noch weiter abgewandelt. In den beherrschenden Fällen jedoch macht Cooper deutlich, wie Standesstolz, egoistische Interessen, Macht- und Besitzstreben zur Mißachtung elementarer menschlicher und göttlicher Gesetze führen.

*The Headsman* gestaltet ebenfalls die Spannung zwischen rein gesellschaftlicher und allgemein ethischer Ordnung. Im frühen 18. Jh. sind in der republikanischen Stadt Bern die in der Vergangenheit für Verdienste verliehenen Ämter familienerblich, auch das Amt des Henkers, im Roman von Balthasar bekleidet. Um seinem Sohn das demütigende Odium zu ersparen, das dem Amt anhaftet, läßt er ihn fern der Familie aufziehen. Sigismund, von hoher geistiger und sittlicher Kultur, wird ein verdienter Kriegsmann und liebt die Tochter eines aufgeklärten, toleranten Adligen, der aber mit Stolz auf sein altes Geschlecht blickt. Als der junge Liebhaber den Makel seiner Geburt offenbart, wird das Verhältnis von Standesvorrechten und natürlichen Verdiensten von einem gemischten Personenkreis diskutiert. Hier gelingt es Cooper zu demonstrieren, wie ursprünglich freiheitliche Einrichtungen und Gesetze durch geistige Starrheit zu Fessel und Unrecht werden; wie die öffentliche Meinung durch Vorurteile und Leidenschaften bestimmt ist; wie der Gedanke einer hierarchischen Ordnung, in der Ämter und Privilegien ein für allemal zugeteilt sind und Standesunterschiede schaffen, republikanischen Grundsätzen widerspricht. Er zeigt vor allem, wie die künstliche Satzung dem natürlichen Gesetz, das zugleich das sittliche und ewig gültige ist, zuwiderläuft. Scheint Cooper so für liberales Denken zu plädieren, so zeichnet er andererseits ein abschreckendes Bild bindungsloser Freiheit. Maso, Pirat, Schmuggler und zynischer Ankläger heuchlerischer Konventionen, ist der Rebell aus der Linie der Byronschen Helden, der sich einem anarchistischen Individualismus verschrieben hat. Großartig in seiner Unabhängigkeit, leidet er doch an seinem einsamen Dasein als Gesetzloser.

In allen drei Romanen zeigt Cooper die Fragwürdigkeit von Institutionen und Gesetzen, die nicht an ein lebendiges Bewußtsein der unwandelbaren Prinzipien der Ethik und der Religion gebunden sind. Was Cooper seinen Landsleuten und seinen europäischen Lesern einhämmert, ist seine Erkenntnis, daß alle sogenannten republikanischen Bestrebungen in Europa durch das in der Tradition verankerte Standesdenken von Anfang an korrumpiert sind. Solange nicht der Grundsatz von der Gleichheit der Menschen vor dem Gesetz auch in der Wirklichkeit respektiert wird, kann von einer Republik nicht gesprochen werden. Gute Gesetze schaffen kein gerechtes Staatswesen, solange sie nicht auf die absoluten Sittengesetze bezogen werden. Philosophische Grundlage für Coopers Anschauungen vom Wesen des Gesetzes ist die Naturrechtsidee des 18. Jh.s.

Betrachtet man die Form der »Europäischen Trilogie«, so muß man ihre Unoriginalität, ihren Schematismus und ihre Schwerfälligkeit eingestehen. Am besten gelingen Cooper realistische und spannungsreiche Aktionen, aber seine Fabel ist meist unnötig kompliziert und mit einem Arsenal romantischer Requisiten ausgestattet. Seine Gestalten werden dem psychologischen Schema des 18. Jh.s, der Auffassung von einem immerwährenden Streit zwischen den Leidenschaften und der Vernunft unterworfen, wie überhaupt die Charaktere Sprachrohre bzw. typische Verkörperungen von Ideen sind. Cooper sieht im Roman weniger eine künstlerische Form als ein Instrument der Gesellschaftskritik. In seinen besten Momenten aber tendiert er zum symbolischen Roman und reiht sich damit in die von Charles Brockden BROWN über HAWTHORNE bis zu MELVILLE und Henry JAMES reichende Tradition der *romance* ein. Besonders *The Headsman* birgt Ansätze zu dieser Entwicklung; in den beiden Episoden der Überquerung des Genfer Sees im Sturm und des Schneesturms am St. Bernhard wird der Kampf der Elemente zur kosmischen Entsprechung der miteinander ringenden menschlichen Leidenschaften, zur Überhöhung des Menschlichen und Irdischen ins Universale. Hier verbindet Cooper deskriptive und dramatische Züge mit seinen weltanschaulichen Tendenzen in großartigen symbolischen Szenen, die auf seine späteren »symbolischen« Romane *Marks Riff oder Der Krater (The Crater)*, *Der Wildtöter (The Deerslayer)* und *Die Seelöwen (The Sea Lions)* vorausdeuten. M.Ch.

AUSGABEN: *The Bravo. A Venetian Story:* Ldn. 1831, 3 Bde. – Philadelphia 1831, 2 Bde. – NY 1963, Hg. D. A. Ringe. – *The Heidenmauer; or the Benedictines:* Ldn. 1832, 3 Bde. – Philadelphia 1832, 2 Bde. – *The Headsman; or, the Abbaye des Vignerons:* Ldn. 1833, 3 Bde. – Philadelphia 1833, 2 Bde. – Die drei Romane: NY 1893 (in *Works*, 10 Bde., 1891–1893, 10). – NY 1896 (in *The Works*, 33 Bde., 1895–1900; Bd. 23, 29, 30; *Mohawk Ed.*). – NY 1963, Hg. D. E. Ringe.

ÜBERSETZUNGEN: *Der Bravo, eine venetianische Geschichte*, G. Friedenberg, 3 Bde., Bln. 1832. – Dass., anon. (in *SW*, Bd. 64–69, Ffm. 1832). – Dass., H. Lobedan, Stg. 1882. – Dass., R. Zoozmann (in *Ausgew. Romane*, Bd. 8, Lpzg. 1911). – *Die Heidenmauer oder die Benediktiner*, J. Sporschil, 3 Bde., Braunschweig 1832. – Dass., anon. (in *SW*, Bd. 70–75, Ffm. 1832). – Dass., C. Kolb (in *Amerikanische Romane*, Bd. 20, Stg. 1845; [2]1853). – *Der Henker oder das Winzerfest*, J. Sporschil, 3 Bde., Braunschweig 1833. – *Der Scharfrichter von Bern oder das Winzerfest*, anon. (in *SW*, Bd. 76–81, Ffm. 1833). – *Der Scharfrichter oder die Winzerabtei*, E. Mauch (in *Amerikanische Romane*, Bd. 23, Stg. 1846; [2]1853).

LITERATUR: J. G. Williams, *C. and European Catholicism: A Reading of »The Heidenmauer«* (in ESQ: Journal of the American Renascence, 22, 1976, S. 149–158). – D. A. Ringe, *Light and Shadow in »The Bravo«* (in *J. F. C.: A Collection of Critical Essays*, Hg. W. Fields, Ldn./Totowa, 1985).

## THE DEERSLAYER, OR THE FIRST WARPATH

(amer.; *Der Wildtöter oder Der erste Kriegspfad*). Roman von James Fenimore COOPER, erschienen 1841. – Den frühen *Lederstrumpf*-Erzählungen aus den zwanziger Jahren folgten erst mehr als zehn Jahre später rasch aufeinander *The Pathfinder (Der Pfadfinder)* und *The Deerslayer*. In der Zwischenzeit hatte Cooper Romane über Phasen der europäischen Geschichte und über die zeitgenössische amerikanische Gesellschaft geschrieben, mit denen er zur Erziehung des amerikanischen Staatsbürgers beitragen wollte; gegen 1840 mußte er sich aber das Scheitern dieser Absicht eingestehen und kehrte nun zum Abenteuerroman zurück, zu seinen Indianern, zur Wildnis seiner Kindheit. Gleichzeitig hatten sich die kritischen und theoretischen Voraussetzungen seines Schaffens gewandelt: Im Vorwort zu *The Pioneers* (1823) hatte er noch die Wirklichkeitstreue als Maßstab für den Roman genommen; 1850, in einer Einleitung zu den gesammelten *Lederstrumpf*-Romanen, bedauert Cooper das *»zu enge Kleben an der Wahrheit«*, da es den Zauber der Dichtung beeinträchtige. Nun verlangt er eine *»poetische Behandlung«* des Stoffes und größere Freiheit für die erfindende Phantasie. Es geht ihm weniger darum, in der Gestalt des »Lederstrumpf« einen glaubhaften Charakter darzustellen, als vielmehr um die Verkörperung einer Idee: Der Wildtöter soll die *»höchsten Prinzipien«*, die *»großen, allgemeinen Gesetze menschlichen Verhaltens«* versinnbildlichen und wird so immer weniger erkennbare Person und immer mehr Symbol. D. H. LAWRENCE beschrieb diese Entwicklung innerhalb der *Lederstrumpf*-Reihe als ein *»Decrescendo an Wirklichkeit und ein Crescendo an Schönheit«*.

In *The Deerslayer* kehrt Cooper wieder zum Schauplatz von *The Pioneers* zurück, zur Landschaft von Cooperstown, zum Otsegosee, wo er sich nach seiner Heimkehr aus Europa endgültig niedergelassen hatte. Diesmal aber verbannt er die Auswirkungen organisierter Zivilisation aus seinem Werk und stellt imaginativ den ursprünglichen, der Geschichte vorausliegenden Naturzustand wieder her: ein Traum von der Jugend und vom Garten Eden – fern der pessimistisch stimmenden Gegenwart. Natty Bumppo erscheint hier als Zwanzigjähriger, der noch keinen Menschen getötet hat. Trotz seiner Jugend aber läßt Cooper ihn als Moralisten und Räsonneur auftreten und stattet ihn mit altersloser Weisheit aus. In den Gesprächen mit dem brutalen und geistig schwerfälligen Hinterwäldler Hurry March geht es um die Ethik des Indianertötens. Hurry und der wegen seiner Piratenvergangenheit vor dem Gesetz geflüchtete Tom Hutter, der mit seinen beiden Töchtern Judith und Hetty mitten im See Glimmerglass eine Blockhütte bewohnt, akzeptieren Indianerskalpe (auch solche von Frauen und Kindern), weil die Regierung Prämien dafür zahlt, wie sie überhaupt dem Grundsatz huldigen, der beste Indianer sei ein toter Indianer. Natty hält dies für unvereinbar mit den »Gaben« des weißen Mannes, während er das Skalpieren vom Standpunkt der Rothaut aus für durchaus »ethisch«, weil kultisch und religiös gerechtfertigt, hält. Wildtöter glaubt an einen Gott, den er in der Natur erkennt; er ist von den Mährischen Brüdern als Christ erzogen worden, und zwar durchaus im Sinn des Gebotes »Du sollst nicht töten«. Aber in der Wildnis gilt es umzulernen: Er muß einen Indianer töten, um sich und seine Freunde zu schützen. Der Zweikampf mit dem Mingo wird zum entscheidenden Wendepunkt in seiner Entwicklung, zur Initiation in eine Welt des Kampfes, der notwendigen Schuld und des Todes. Aber in Fairneß geführt, unter offenem Einsatz des eigenen Lebens ist ein solcher Kampf nicht unethisch – im Gegenteil, er schafft erst die Ethik der Männlichkeit, der Achtung vor dem Gegner, der Begegnung mit dem Tod. Es ist eine Ethik der Bewährung, in der der innerste Kern des Mannes erprobt wird. So ist es denn auch sinnvoll, daß Wildtöter von seinem sterbenden ritterlichen Gegner einen neuen Namen verliehen bekommt, in einer Taufe, die den Jüngling zum Mann macht, der die Tugenden des Christen – Bescheidenheit, Demut, Liebe, Frömmigkeit, Gottvertrauen, Sittenreinheit – und die des Indianers – Kühnheit, Schläue, Sinnesschärfe, Zähigkeit – in sich vereinigt.

Auch in anderer Hinsicht wird Natty auf die Probe gestellt: Er lehnt es ab, die ihn liebende Judith zu heiraten. Seine Sitten sind einfach und streng, und für die Wirren der Liebe gibt es in seinem Leben keinen Platz. Einzig seine Beziehung zum Freunde Chingachgook, dem Indianer und edlen Wilden, ist vom Gefühl bestimmt. – Noch in einer anderen Gestalt erörtert Cooper die Frage nach der Möglichkeit von Reinheit und Unschuld: Hetty, Judiths Schwester, ist das unberührt-reine, naive Mädchen par excellence; aber Cooper belohnt sie nicht mit Eheglück, wie noch Alice Munro in *The Last of the Mohicans (Der letzte Mohikaner)*, sondern stellt sie als Schwachsinnige dar: Das Schicksal des Reinen ist entweder der selbstgewählte oder der erzwungene Ausschluß aus der menschlichen

Gesellschaft. In der geschichtlichen Welt der Zivilisation, in der das Gesetz herrscht, muß der Mensch seine Unschuld einbüßen und notwendig schuldig werden. Die in seinen früheren Romanen waltende Spannung zwischen Gesetz und Gerechtigkeit hat Cooper in *The Deerslayer* aufgegeben – zugunsten der utopischen Idee von einem Leben in völliger Harmonie mit dem natürlichen und göttlichen Sittengesetz. M.Ch.

AUSGABEN: Philadelphia 1841. – NY 1895 (in *The Works*, 33 Bde., 1895–1900, 1; *Mohawk Ed.*). – NY 1952 [Vorw. B. Davenport]. – NY 1961. – NY 1964. – NY 1969 (in *The Works of J. F. C.*, 10 Bde., Bd. 1). – Westport/Conn. 1970 (in *The Works*, 10 Bde.). – NY 1980 (in *The Leatherstocking Saga*, Hg. A. Nevins). – NY 1982. – NY 1984. – NY 1985 (in *The Leatherstocking Tales*, Hg. B. Nevius, 2 Bde., 2). – NY 1987. – Harmondsworth 1987.

ÜBERSETZUNGEN: *Der Hirschtöter*, O. v. Czarnowski (in *SW*, Bd. 166–174, Ffm. 1841). – *Der Wildtöter*, G. Pfizer (in *Amerikanische Romane*, Bd. 12, Stg. 1842; [3]1851). – Dass., P. Alverdes, Mchn. 1960. – Dass., L. Weitbrecht (in *Lederstrumpf*, Stg. 1960). – Dass., F. Helke (in *Lederstrumpf-Geschichten*, Stg. 1964). – Dass., F. Steuben, Würzburg 1973. – Dass., K. Ensikat, Bln. 1976. – Dass., R. Drescher, Ffm. 1977 (Insel Tb). – Dass., G. Löffler, Mchn. 1979 (dtv). – Dass., E. M. Ledig, Bayreuth 1980.

LITERATUR: D. H. Lawrence, *F. C.'s Leatherstocking Novels* (in Studies in Classic American Literature, 1955, S. 55–73). – D. B. Davis, *»The Deerslayer«. A Democratic Knight of the Wilderness* (in *Twelve Original Essays on Great American Novels*, Hg. C. Shapiro, Detroit 1958, S. 1–22). – A. F. Sandy Jr., *The Voices of C.'s »The Deerslayer«* (in Emerson Society Quarterly, 60, 1970, S. 5–9). – A. Heller, *Odyssee zum Selbst: Zur Gestaltung jugendlicher Identitätssuche im neueren amerikanischen Roman*, Innsbruck 1973, S. 26 f. – T. Martin, *Surviving on the Frontier: The Doubled Consciousness of Natty Bumppo* (in South Atlantic Quarterly, 75, 1976, S. 195–205). – A. Selley, *›I Have Been, and Ever Shall Be, Your Friend‹: »Star Trek«, »The Deerslayer«, and the American Romance* (in Journal of Popular Culture, 20, 1986, S. 89–104).

## THE LAST OF THE MOHICANS. A Narrative of 1757

(amer.; *Der letzte Mohikaner. Ein Bericht über das Jahr 1757*). Roman von James Fenimore COOPER, erschienen 1826. – Für den zweiten Band der *Lederstrumpf-Romane* ist bezeichnend, daß Cooper nicht an das Ende, sondern an den Beginn von *The Pioneers* (1823) anknüpft. Nicht Alter und Tod, sondern die jungen Mannesjahre Natty Bumppos interessieren ihn: Lederstrumpf erscheint hier als erprobter, berühmter Kundschafter und Krieger von etwa dreißig Jahren, als »Falkenauge« und »Lange Büchse«. Diese Gestalt hat Besitz ergriffen von der Phantasie des Autors, der, als Salonlöwe in Paris lebend, sich in die einfache, männliche, zivilisationsferne Welt der amerikanischen Wildnis um Lake George und Lake Champlain im 18. Jh. zurückträumte. Dieser Traum zeitigte einen Welterfolg, beflügelte die Phantasie der europäischen Literaten: In BALZACS *Le dernier Chouan* (1829) schleichen aufständische Bauern wie Indianer durch bretonische Wiesen, und DUMAS Père gibt 1854 einem Roman über die Pariser Unterwelt den Titel *Les Mohicans de Paris*.

Den geschichtlichen Stoff entnahm Cooper den Kämpfen zwischen Engländern und Franzosen zur Zeit des Siebenjährigen Kriegs (1754–1760): Die Belagerung von Fort William Henry durch den französischen General Montcalm, die Kapitulation der Besatzung unter ehrenhaften Bedingungen und schließlich die Niedermetzelung der Wehrlosen durch indianische Hilfstruppen der Franzosen, Irokesen, die der friedliche Ausgang des Kampfes enttäuschte – das alles sind historische Tatsachen. Aber mehr noch als in *The Pioneers* ist die Geschichte hier nur Vorwand für das romanhafte Geschehen, wenngleich Cooper selbst im Untertitel und im Vorwort zur Erstausgabe seine »Geschichtstreue« unterstreicht.

An zugkräftige Konventionen des sentimentalen und des Schauerromans lehnt sich Cooper in der Zeichnung seiner beiden Heldinnen an, die zusammen mit dem britischen Offizier Heyward auf dem Weg zu ihrem Vater, dem Kommandanten des belagerten Fort Henry, sind, von ihrem indianischen Fährtensucher, dem Irokesen Magua, absichtlich in die Irre geführt werden und unter dem Schutz Natty Bumppos, seines indianischen Freundes Chingachgook und dessen Sohn Uncas, der Letzten des einst mächtigen Delawarenstammes der Mohikaner, vielerlei Gefahren zu bestehen haben. Cooper unterstreicht den Gegensatz zwischen der blonden, sensiblen, engelhaft unschuldigen Alice Munro und ihrer dunklen Halbschwester Cora, der Tochter einer Mulattin, leidenschaftlich, mutig, begehrt und geliebt von den Indianern Magua und Uncas. Für Coopers ethischen und sozialen Konservativismus ist es selbstverständlich, daß die reine Alice zum Schluß mit einem Mann (Heyward) belohnt wird, während die allzu selbständig sich an der Grenze des Schicklichen bewegende Cora nicht weiterleben darf: Zusammen mit dem edlen Uncas wird sie getötet – ein Opfer der, so will es Coopers poetische Gerechtigkeit, durch die Rassenmischung gefährdeten Naturgesetze, die zugleich das Sittengesetz sein sollen.

Als Abenteuerroman ist *The Last of the Mohicans* durch die Hauptmotive von Flucht und Verfolgung und von der Wanderung zwischen den feindlichen Fronten gekennzeichnet, die Cooper dem *Quentin Durward* (1823) von SCOTT abgesehen haben dürfte. An die Stelle der mittelalterlichen Szenerie Scotts tritt bei ihm jedoch eine fremde, damals als exotisch geltende, topographisch realistisch beschriebene Landschaft von spezifisch amerikanischem Kolorit. Dazu kommen so beliebte Motive wie Verkleidungen, in der Wildnis umherirrende Damen, geheimnisumwitterte Herkunft, Blutsfreundschaft. Von den üppigen Zustandsschilderungen der *Pioneers* hat Cooper hier zur Darstellung eines spannungsgeladenen Geschehens gefunden. Das wichtigste Requisit in seinem Arsenal an abenteuerlichen Elementen ist ohne Zweifel der Indianer. Das allgemeine Mißverständnis, daß er ein wahres Bild der Ureinwohner Amerikas zeichne, unterstützte er selbst durch seine Vorworte von 1826 und 1850, in denen er seine Auffassung mit pseudowissenschaftlicher Pedanterie verteidigte und auf seine Quellen verwies. Doch der Gegensatz zwischen tugendhaften, heroischen Delawaren und grausamen, heimtückischen Huronen ist konstruiert. Für Cooper waren die Indianer willkommene Symbole, mit deren Hilfe er seine christlich-konservative Philosophie vom Kampf zwischen Gut und Böse, seine Überzeugung von der Verschiedenheit der natürlichen sittlichen Gaben der beiden Rassen und seine Deutung des Schicksals der Rothäute, die der überlegenen weißen Zivilisation weichen müssen, in dramatische Ereignisse und lebendige Figuren umsetzte.

Natty Bumppo-»Falkenauge« ist das Sprachrohr für Coopers Philosophie von den *»natural gifts«*, denen der Mensch gehorsam sein müsse, um sittlich leben zu können: Er nimmt eine Mittelstellung zwischen indianisch-naturhaftem Leben und Zivilisation ein, hat sich die Gaben der Indianer – Spürsinn, Sinnesschärfe, Ausdauer – angeeignet, verbindet sie aber mit seinen Gaben als Weißer – christliche Grundsätze, sittliche Bewußtheit, höhere Intelligenz – und erweist sich dadurch den Indianern immer wieder als überlegen. Wie Chingachgook nach Uncas' Tod der Letzte seines Stammes ist, so ist »Falkenauge« der einzige seines Volkes, der sich den Gesetzen der Zivilisation entzieht und sich unmittelbar denen einer sittlich verstandenen, gottbezogenen Natur fügt. Die Freundschaft der beiden ist der Bund zweier Einsamer, die vom Gang der Geschichte ausgeschlossen sind – der eine durch Gewalt, der andere aus freier Wahl. M.Ch.

AUSGABEN: Philadelphia 1826, 2 Bde. – Ldn. 1826, 3 Bde. – NY 1850 (in *The Works*, 12 Bde., 1849–1851, 5; *Authors Revised Ed.*). – NY 1895 (in *The Works*, 33 Bde., 1895–1900, 2; *Mohawk Ed.*). – Boston 1958, Hg. u. Einl. W. Charvat (Riverside Editions). – NY 1961; ern. Ldn. 1964. – NY 1969 (in *The Works of J. F. C.*, 10 Bde., 2). – Westport/Conn. 1969 (in *The Works*, 10 Bde.). – NY 1980 (in *The Leatherstocking Saga*, Hg. A. Nevins). – Albany 1983, Hg. J. A. Sappenfield u. E. N. Feltskog [krit.]. – NY 1983. – NY 1984. – NY 1985 (in *The Leatherstocking Tales*, Hg. B. Nevius, 2 Bde., 1). – NY 1986. – Harmondsworth 1986.

ÜBERSETZUNGEN: *Der Letzte der Mohicans. Eine Erzählung aus dem Jahre 1757*, anon., 3 Bde., Braunschweig 1826. – *Der letzte der Mohikaner*, H. Döring (in *SW*, Bd. 7–12, Ffm. 1826). – *Der letzte Mohikan[er]*, L. Tafel (in *Amerikanische Romane*, Bd. 1, Stg. 1841). – Dass., K. Federn (in *Die Lederstrumpf-Erzählungen in der ursprünglichen Form*, Bd. 2, Bln. 1909). – Dass., R. Zoozmann (in *Ausgewählte Romane*, Bd. 2, Lpzg. 1910; [3]1939). – Dass., H. Döring u. Th. Lenz, Detmold 1947. – Dass., L. Weitbrecht (in *Lederstrumpf*, Stg. 1960). – Dass., F. Helke (in *Lederstrumpfgeschichten*, Stg. 1964). – Dass., F. Steuben, Würzburg 1973. – Dass., R. Drescher, Ffm. 1984 (Insel Tb).

VERFILMUNGEN: USA 1911 (Prod.: Thanhouser). – USA 1911 (Prod.: Powers). – USA 1920 (Regie: M. Tourneur u. C. L. Brown). – USA 1936 (Regie: G. B. Seitz). – *The Last of the Redmen*, USA 1947 (Regie: G. Sherman). – *Der letzte Mohikaner*, Deutschland 1964 (Regie: H. Reinl).

LITERATUR: J. A. Russell, *C. Interpreter of the Real and the Historical Indian* (in Journal of American History, 23, 1930, S. 41–71). – A. Keiser, *The Indian in American Literature*, NY 1933, S. 101–143. – R. H. Pearce, *The Leatherstocking Tales Reexamined* (in South Atlantic Quarterly, 46, 1947, S. 524–536). – R. H. Zoellner, *Conceptual Ambivalence in C.'s Leatherstocking* (in AL, 31, 1960, S. 397–420). – T. Martin, *Leatherstocking and the Frontier. C.'s »The Last of the Mohicans«* (in *Frontier in American History and Literature*, Hg. H. Galinsky, Ffm. 1961, S. 49–64). – D. Darnell, *Uncas as Hero: The ›Ubi Sunt‹ Formula in »The Last of the Mohicans«* (in AL, 37, 1965, S. 259–266). – Th. Philbrick, *»The Last of the Mohicans« and the Sounds of Discord* (in AL, 43, 1971, S. 25–41). – U. Brumm, *Geschichte und Wildnis in J. F. C.'s »The Last of the Mohicans«* (in *Geschichte und Wildnis in der amerikanischen Literatur*, Hg. dies., Bln. 1980, S. 78–100). – R. Milder, *»The Last of the Mohicans« and the New World Fall* (in AL, 52, 1980, S. 405–429). – R. Clark, *The Last of the Iroquois: History and Myth in J. F. C.'s »The Last of the Mohicans«* (in Poetics Today, 3, 1982, Nr. 4, S. 115–134). – J. A. Sappenfield, *Eine bildhafte Allegorie des Lebens: J. F. C.'s »The Last of the Mohicans«* (in Anglistik und Englischunterricht, 22, 1984, S. 57–76). – F. Bergmann, *The Meaning of the Indians and Their Land in C's »The Last of the Mohicans«* (in *Upstate Literature*, Hg. ders., Syracuse 1985, S. 117–127).

## THE LITTLEPAGE MANUSCRIPTS

(amer.; *Die Familienpapiere der Littlepage*). Romantrilogie von James Fenimore COOPER, bestehend aus den Bänden *Satanstoe*, *The Chainbearer* und *The Redskins*, erschienen 1845/46. – Nach der satirischen Darstellung der zeitgenössischen amerikanischen Gesellschaft in *Home as Found*, 1838 *(Die Heimkehr)*, der theoretischen Analyse in *The American Democrat*, 1838, und dem letzten der historisch-romantischen *Lederstrumpf-Romane* (*The*

*Deerslayer*, 1841) verband Cooper in dieser Trilogie Formen und Themen des historischen und des zeitkritischen Sitten- und Gesellschaftsromans. Am Beispiel von vier Generationen der Familie Littlepage schildert er die Bildung riesiger Latifundien im Staat New York während der Kolonialzeit, ihre Besiedlung vor allem durch Einwanderer aus den puritanischen Neuengland-Staaten und schließlich ihre Auflösung um die Mitte des 19. Jh.s unter dem Druck der öffentlichen Meinung, die Großgrundbesitz als undemokratisch verurteilte und vom Parlament des Staates New York eine gesetzliche Änderung der überlieferten Eigentumsrechte erzwang. *Satanstoe (Teufelskralle)* erzählt die Geschichte des jungen Cornelius (Corny) Littlepage und seiner Freunde, die als Söhne wohlhabender Gentlemen die von ihren Vätern durch Verträge mit Indianern und der Krone erworbenen Ländereien Ravensnest und Mooseridge in Besitz nehmen und die ersten Siedler gegen Indianerüberfälle schützen. *The Chainbearer (Der Landmesser)* beschreibt den Zusammenstoß des Erben Cornys mit der »Squatter«-Familie Thousandacres, die gesetzlos auf fremdem Grund und Boden siedelt und ihn ausbeutet, weil sie Land als öffentliches Eigentum betrachtet und den Anspruch auf Besitz eher von Bedarf und geleisteter Arbeit als von einem Stück Papier ableitet. *The Redskins (Die Rothäute)* endlich schildert die Bauernunruhen der Jahre 1839–1846 im Staate New York, den z. T. gewaltsamen Widerstand von als Indianer verkleideten Farmern gegen die Weiterbezahlung der Pacht und gegen das Prinzip erblichen Großgrundbesitzes überhaupt.

Am besten gelang Cooper in *Satanstoe* die Synthese von Geschichte (englisch-französische Kämpfe von 1757), Abenteuer (Belagerung eines Waldblockhauses durch Indianer), Sentiment (Werbung des Helden um die Erbin Anneke Mordaunt in Rivalität mit einem gebildeten englischen Aristokraten), historischen Genreszenen (Milieu in New York und Albany) und Charakteren, die verschiedene Lebensformen und Stände der kolonialen Gesellschaft typisieren: den lebenslustigen Holländer, den weltzugewandten, zu sehr auf äußere Form bedachten Vertreter der Kirche von England, den scheinheilig-puritanischen, selbstsüchtigen, gewinnstrebigen, konformistischen Kleinstädter Neuenglands, den großherzigen, edlen Indianer, den kindlich-eigensinnigen, doch treuen Negersklaven; schließlich Corny Littlepage selbst, der als einziger der drei Ich-Erzähler zur lebensvollen Figur wird: als Repräsentant einer Klasse patriotischer, um das Gemeinwesen verdienter Gentlemen englischer Herkunft, als der unerfahrene Held, dessen gerader Charakter sich in allerlei Begegnungen bewährt, sei es gegen die Verführungen der Zivilisation, vertreten durch den theaterfreudigen, urbanen, aristokratischen englischen Offizier, sei es gegen die allzu derb-unbekümmerte Lebenslust des holländischen Freundes oder gegen die Gefahren des Krieges und der Wildnis – Initiationen, die er bestehen muß, bevor er das Bildungsideal Coopers verkörpern kann: den christlich-patriotischen Gentleman, in dessen Charakter Zivilisation und Natur, Bildung und Herz, Freiheit und Verantwortung harmonieren.

In den anderen beiden Werken überwuchert der Hader des Autors mit seiner Zeit die dramatisch-szenische Gestaltung. Cooper polemisiert, teils verbohrt-eigensinnig, teils satirisch, gegen die demokratisch-egalitären Strömungen der Ära des Präsidenten Andrew Jackson (1829–1837): gegen Vulgarität und Gleichmacherei der kleinbürgerlich-demokratischen Gesellschaft, Verachtung für die Tradition, Tyrannei der Mehrheit, überheblichen Kulturpatriotismus, Auflösung ständischer Ordnungen – eine Analyse, die TOCQUEVILLES kritischen Beobachtungen über Amerika viel verdankt. Cooper, politisch zwar ein Befürworter republikanischer Institutionen, sozial aber konservativ-ständisch, deutete die ökonomischen und sozialen Wirren seiner Zeit als Ringen zwischen den relativistischen Kräften des historisch-gesellschaftlichen Wandels und den »ewigen« Normen des Sitten- und Naturgesetzes: Gleichheit aller vor dem Gesetz, aber Ungleichheit der Natur und des Status, Unantastbarkeit des Eigentums, Heiligkeit von Verträgen – für Cooper die von der Natur gegebenen, von der Gottheit sanktionierten Grundlagen jeglicher menschlichen Ordnung, in der Indianerkultur wie in der weißen Zivilisation. In der politischen Handlung deutete er seine Zeit als Konflikt zwischen gesetzloser Freiheit und bewußter Bindung, zwischen entfesselter Selbstsucht und Verantwortungsbewußtsein gegenüber höheren Gesetzen als denen der Mehrheit. In der Liebes- und Indianerhandlung dramatisierte er die Spannung zwischen Gefühl und Konvention, Natur und Zivilisation. So weitete er seine historisch-zeitkritisch angelegten Thesenromane zu parabelhaften Deutungen der Ordnung der Welt. M.Ch.

AUSGABEN: NY 1845 (*Satanstoe; or, The Littlepage Manuscripts. A Tale of the Colony*, 2 Bde.). – Ldn. 1845 (dass., 3 Bde.). – NY 1845 (*The Chainbearer; or, The Littlepage Manuscripts*, 2 Bde.). – Ldn. 1845 (dass., 3 Bde.). – NY 1846 (*The Redskins; or, Indian and Injin: Being the Conclusion of the Littlepage Manuscripts*, 3 Bde.). – Ldn. 1846 (dass. u. d. T. *The Ravensnest; or The Redskins*, 3 Bde.). – NY 1896 (in *The Works*, 33 Bde., 1895–1900; Bd. 25: *Redskins*; Bd. 27: *Chainbearer*; Bd. 28: *Satanstoe*; *Mohawk Ed.*). – Lincoln 1962 (*Satanstoe*; Faks.; Einl. R. L. Hough). – NY 1969 (in *The Works of J. F. C.*, 10 Bde., 6: *The Chainbearer*, *The Redskins*, 7: *Satanstoe*). – Westport/Conn. 1970 (in *The Works*, 10 Bde.). – St. Claire Shores 1981 (*Chainbearer, or the Littlepage Manuscripts*; Nachdr. d. Ausg. NY 1845).

ÜBERSETZUNGEN: *Satanszehe oder Die Familie von Littlepage*, O. v. Czarnowski (in *SW*, Bd. 217–222, Ffm. 1846). – *Der Kettenträger oder Die Familie der Littlepage*, ders. (in *SW*, Bd. 223–228, Ffm. 1846). – *Ravensnest oder Die Rothäute*, ders. (in *SW*,

Bd. 229–234, Ffm. 1846). – Dass., C. Kolb, Stg. 1847. – *Ravensnest. Die Erinnerungen der Familie Littlepage*, R. Beissel, Mchn. 1963 (Heyne Paperback; vollst. Ausg.). – *Satanszehe*, F. Minkwitz, Weimar 1969; ern. 1972. – *Satanstoe*, A. Schmidt, Ffm. 1976. – *Tausendmorgen*, ders., Ffm. 1977. – *Bilder aus der amerikanischen Vergangenheit*, ders., Ffm. 1983 (Fi Tb; vollst. Ausg.).

LITERATUR: J. Slater, *The Dutch Treat in C.'s »Satanstoe«* (in American Speech, 26, 1951, S. 153 f.). – D. A. Ringe, *C.'s Littlepage Novels. Change and Stability in American Society* (in AL, 32, 1960, S. 280–290). – R. Chase, *The American Novel and Its Tradition*, NY 1957, S. 43–65. – J. H. Pickering, *»Satanstoe«: C.'s Debt to William Dunlap* (in AL, 38, 1967, S. 468–477). – J. Bier, *The Bisection of C.: »Satanstoe« as Prime Example* (in Texas Studies in Literature and Language, 9, 1968, S. 511–521). – E. A. Dryden, *History and Progress: Some Implications of Form in C.'s Littlepage Novels* (in NCF, 26, 1971, S. 49–64). – R. A. Fink, *Harvey Birch: The Yankee Peddler as an American Hero* (in New York Forum Quarterly, 30, 1974, S. 137–154). – H. W. Peck, *A World By Itself: The Pastoral Moment in C.'s Fiction*, New Haven/Ldn. 1977. – D. A. Ringe, *The Source for an Incident in C.'s »The Redskins«* (in English Language Notes, 24, 1986, Nr. 2).

## THE PATHFINDER; OR, THE INLAND SEA

(amer.; *Der Pfadfinder oder Das Binnenmeer*). Roman von James Fenimore COOPER, erschienen 1840. – In seinem vierten *Lederstrumpf*-Roman zeigt Cooper den Helden (dessen Tod im Alter von über achtzig Jahren er bereits in *The Prairie*, 1827, geschildert hatte) als etwa vierzigjährigen Mann. Diesmal stürzt er ihn zwar ausnahmsweise in ein sentimentales Dilemma – Natty Bumppo liebt Mabel, die Tochter des Sergeanten Dunham, und möchte sie heiraten –, aber auch diese Liebesgeschichte dient nur dazu, die Problematik von Individuum und Gemeinschaft in der Gestalt des Lederstrumpf aufzuzeigen. Würde Natty Bumppo heiraten, wäre er in die menschliche Gemeinschaft aufgenommen, müßte ihre Pflichten und Lebensformen übernehmen und sein freies Dasein als einsamer Jäger aufgeben. Als Mabel sich gegen ihn, den sie hoch achtet, entscheidet, weil ihre Liebe dem jüngeren Jasper Western gehört, entsagt Lederstrumpf und rettet dadurch sein wahres Wesen: Er bleibt der Wanderer zwischen Weißen und Indianern, der ungebundene, nur sich selbst und seinem Gott verantwortliche Einzelgänger. Wenngleich das moralische und soziale Geschehen weitgehend in die Liebeshandlung verlegt wird, kommt auch das abenteuerliche Moment nicht zu kurz. Im Gegenteil: Nur *The Last of the Mohicans*, 1826 *(Der letzte Mohikaner)*, weist eine vergleichbare Fülle rasanter Zwischenfälle und eine ähnlich atemberaubende Spannung auf.

Dem vertrauten Schauplatz der *Lederstrumpf*-Romane, der Waldwildnis des Staates New York, fügt Cooper in *The Pathfinder* einen neuen hinzu: das Binnenmeer. Der Roman handelt wiederum von den Kämpfen zwischen Engländern und Franzosen, diesmal im Gebiet der Großen Seen, am Lake Ontario (der hier von jedem dem Autor bekannten Schiffstyp, vom Kanu über den bewaffneten Kutter bis zur Fregatte, befahren wird). Damit gelang Cooper die Verbindung jener beiden Formen des Abenteuerromans, die er im wesentlichen begründet und die er entscheidend geprägt hatte: des Indianer- und des Seeromans. M.Ch.

AUSGABEN: Ldn. 1840. – Philadelphia 1840. – NY 1895 (in *The Works*, 33 Bde., 1895–1900, 3; ern. 1912). – NY 1966 (in *The Leatherstocking Saga*, Hg. A. Nevins). – NY 1969 (in *The Works of J. F. C.*, 10 Bde., 1). – Westport/Conn. 1970 (in *The Works*, 10 Bde.). – NY 1973. – NY 1980 (in *The Leatherstocking Saga*, Hg. A. Nevins). – NY 1981. – Albany 1981 (m. histor. Einl. u. Komm. v. R. D. Rust). – NY 1984. – NY 1985 (in *The Leatherstocking Tales*, Hg. B. Nevius, 2 Bde., 2).

ÜBERSETZUNGEN: *Der Pfadfinder oder das Binnenmeer*, C. Kolb, Stg. 1841. – *Der Pfadfinder oder der Binnensee*, R. Gerull-Kardas, Bln. [3]1957. – Dass., F. Helke (in *Lederstrumpfgeschichten*, Stg. 1967). – *Der Pfadfinder*, G. Löffler, Mchn. 1969 (in *Der Lederstrumpf*). – Dass., F. Steuben, Freiburg i. B. u. a. 1973 (in *Der Lederstrumpf*). – Dass., ders., Würzburg 1974. – Dass., R. Drescher, Ffm. 1977 (Insel Tb). – Dass., ders., Ffm. 1983 (in *Der Lederstrumpf*; Insel Tb).

VERFILMUNG: USA 1952 (Regie: S. Salkow).

LITERATUR: G. Haeuptner, *Der Jäger Natty Bumppo. Das Bild des Menschen in den Lederstrumpferzählungen* (in Jb. f. Amerikastudien, 2, 1957, S. 181–196). – W. S. Walker, *The Frontier's Man as Recluse and Redeemer* (in NY Folklore Quarterly, 16, 1960, S. 110–122). – G. Dekker, *»The Pathfinder«: Leatherstocking in Love* (in British Association for American Studies Bulletin, 10, 1965, S. 40–47). – S. Bush Jr., *Charles Cap of »The Pathfinder«* (in NCF, 20, 1965, S. 267–273). – P. Rosenzweig, *»The Pathfinder«: The Wilderness Initiation of Mabel Dunham* (in MLQ, 44, 1983, S. 339–358). – W. Owen, *In War As in Love: The Significance of Analogous Plots in C's »The Pathfinder«* (in ESC, 10, 1984, S. 289–298). – S. Blakemore, *Language and World in »The Pathfinder«* (in MLS, 16, 186, S. 237–246).

## THE PIONEERS; OR, THE SOURCES OF THE SUSQUEHANNA. A Descriptive Tale

(amer.; *Die Ansiedler oder Die Quellen des Susquehanna. Ein Zeitgemälde*). Roman von James Fenimore COOPER, erschienen 1823. – Das Werk steht am Beginn der sich über fast zwanzig Jahre hinziehenden Arbeit an der *Lederstrumpf*-Reihe, die der Autor allerdings nicht von vornherein in dieser Form geplant hatte. Charakteristisch für Coopers Stellung zwischen Tradition und literarischem Neuland ist die zweisträngige Handlung: einerseits eine aus konventionellen Elementen des sentimentalen und romantischen Romans bestehende dramatische Handlung um einen jungen Helden (Oliver Edwards) von geheimnisvoller Herkunft und Identität, andererseits eine thematische Handlung, in der Cooper sein eigentliches Problem, die Auseinandersetzung zwischen dem Einzelgänger und Jäger Natty Bumppo, genannt Lederstrumpf, und der Gesellschaft von Templeton vorträgt.

Templeton ist eine Siedlung, die Marmaduke Temple – Quäker, Landspekulant, Kolonisator, Richter und fortschrittsgläubiger Philanthrop – nach der Revolution in der Wildnis des Staates New York gegründet hat. Die in dieser jungen demokratischen Gesellschaft herrschenden Spannungen macht Cooper am Beispiel ihrer typischen Vertreter deutlich. Seine Porträtgalerie umfaßt Emigranten aus Europa, Verwandte und Haushaltsangehörige des Richters, den verschlagenen, geldgierigen Yankee aus Neuengland, Sheriff, Friedensrichter und Rechtsanwälte, Streber, pfiffige Schleicher, Anglikaner und Nonkonformisten. Auffallend ist, daß Cooper in diesem Mosaik der Gesellschaft einer Grenzersiedlung den Honoratioren viel mehr Platz einräumt als den einfachen Kolonisten. Diese sind nur durch Billy Kirby vertreten, einen dem legendären Paul Bunyan ähnlichen Holzfäller, den die Farmer zum Roden des Urwalds anheuern, der die Reichtümer der Natur gedankenlos zerstört und vergeudet, ein gutmütiger, muskelstarker, geistig schwerfälliger Mann – Symbol der Macht und des Charakters des Volkes (wie Cooper es verstand), sowie den liederlichen Jotham, der – bald Bauer, bald Lehrer – in keinem Beruf lange guttut, sich aber in »demokratischer« Selbstüberschätzung für jeden befähigt fühlt. In behaglich ausgemalten, holländisch anmutenden Szenen zeigt Cooper seine mit kräftigen Strichen gezeichneten, manchmal der Karikatur angenäherten Gestalten beim Weihnachtsmahl, in der Schenke, beim Gottesdienst, dessen anglikanisch angehauchte Liturgie die nonkonformistischen Protestanten mit Mißtrauen erfüllt, bei der Gerichtsverhandlung, bei Schlittenfahrt, Jagd, Fischfang und Taubenschießen. Diese Szenen sind eingefügt in Beschreibungen der Landschaft um den Otsego-See im Wechsel der Jahreszeiten – Stimmungsbilder voll impressionistischer Effekte. Indem Cooper das menschliche Geschehen in den Kreislauf eines Jahres einbettet, weist er auf die Bedeutung der Natur als Ordnungsmacht hin und schafft zugleich einen einheitlichen Rahmen für die zahlreichen Episoden der Handlung.

Am Rande der Gemeinschaft von Templeton leben Lederstrumpf und sein Freund John Mohegan (der alte Indianer Chingachgook). Dieser, einst Häuptling der Delawaren, will der früher von seinem Stamm bewohnten Heimat und seinen hier bestatteten Ahnen treu bleiben. So wird er, der am Schluß des Romans einem Waldbrand zum Opfer fällt, zum Symbol einer gleichsam vorgeschichtlichen Welt, die der weißen Zivilisation weichen mußte. Der erste Auftritt Lederstrumpfs (der erst im zweiten Drittel des Buchs in den Mittelpunkt rückt) zeigt ihn als betagten Mann von nachgerade grotesker Häßlichkeit, mit zahnlosem Mund und triefender Nase. Nach diesem satirisch-realistischen Beginn läßt Cooper ihn allmählich zum Sympathie und Bewunderung erregenden Helden werden, und als Natty Bumppo am Ende westwärts flieht, ist er eine Gestalt von hoher Würde und Tragik. Der Autor macht ihn zum Vertreter eines religiös fundierten Naturrechts gegen eine gesellschaftliche Ordnung, die sich in Coopers Sicht vor allem auf das Recht auf Besitz und die Unantastbarkeit des verbrieften Eigentums gründet. Die neue Gesellschaft Templetons ist demnach naturfeindlich: Sie sieht den Sinn der Gaben der Natur in der persönlichen Bereicherung. Dagegen steht Lederstrumpfs Auffassung von der Wildnis als einer Schöpfung Gottes, die allen Wesen zur gemeinsamen Nutzung gehört. Natur ist für ihn eine sittliche Norm, die der Mensch nicht verändern darf. Wenn Lederstrumpf als Jäger niemals willkürlich, sondern nur seinem Lebensbedarf entsprechend tötet, so handelt er im Einklang mit den moralischen Gesetzen der Natur. Obwohl als Mensch das mächtigste aller Lebewesen, herrscht er nicht über die Wildnis, sondern fügt sich in Demut ihrem Gesetz und vollbringt damit eine sittliche Leistung, die ihn zum »natürlichen Gentleman« im Sinne Coopers macht. Die Spannungen zwischen ihm und der Gemeinschaft erreichen in der Gerichtsverhandlung ihren Höhepunkt. Natty ist wegen Verletzung der Schonzeitgesetze angeklagt. Sein natürliches Rechtsempfinden wird mit dem Gesetz der Gesellschaft konfrontiert; da dieses abstrakt und unpersönlich ist, darf weder Lederstrumpfs besondere Situation noch die Tatsache, daß er Elizabeth Temple, der Tochter des Richters, zweimal das Leben gerettet hat, berücksichtigt werden. Nachdem Lederstrumpf sich dem Urteil entzogen hat und in den Westen geflohen ist, wird dem Gesetz durch eine formelle Begnadigung Genüge getan.

Mit Natty Bumppo hat Cooper einen neuen Heldentyp in die amerikanische Literatur eingeführt: den Frontiersman, den neuen Adam, der den Garten Eden der unberührten Natur gegen Zivilisation und Geschichte verteidigt – und ihn verliert. Als eine ins Mythisch-Symbolische vergrößerte Gestalt fasziniert er noch heute. Er ist zum Ahnherrn einer langen Reihe von Grenzern, idealisierten Desperados, Cowboys und Outlaws geworden, wie er selbst ja manches der historischen Gestalt Daniel Boones, des Erschließers von Kentucky, verdankt. – Die symbolischen, parabelhaften Züge, die in den späteren Lederstrumpf-Romanen immer stärker hervortreten, sind in *The Pioneers* noch von einer Fülle realistischer, genrehafter und idyllischer Einzelzüge überlagert. Coopers Gestaltungsprinzipien waren uneinheitlich und widersprüchlich, wie sein Vorwort bezeugt. Er nennt die von ihm selbst erhobene Forderung, Kunst müsse wirklichkeitsnah sein, eine *»schreckliche Kandare für die Phantasie«*. Die Anlehnung des Romans an eine konkret erfahrene Wirklichkeit ist tatsächlich unübersehbar: Mit Templeton und seinen Bewohnern zeichnet Cooper ein Erinnerungsbild des von seinem Vater gegründeten Cooperstown, in dem er aufgewachsen war, Richter Temple ist dem Vater nachgezeichnet (der allerdings seiner rauhesten Eigenschaften, seiner Streitsucht und Rechthaberei, entkleidet ist), Elizabeth Temple, weniger idealisiert als Coopers sonstige Heldinnen, mag ihre Mutwilligkeit und Vitalität einer gewissen Ähnlichkeit mit Coopers frühverstorbener Lieblingsschwester Hannah verdanken. Lederstrumpf, sein indianischer Freund, die Emigranten und Siedler – sie alle, oder doch ihre Vorbilder, hat Cooper in seinen Jugendjahren gekannt. Dieser Erinnerungscharakter gibt dem Buch seinen elegisch-idyllischen und sehnsüchtigen Klang, verleiht ihm aber auch die im Werk Coopers einzigartige pralle Lebensfülle.

M.Ch.

AUSGABEN: NY 1823, 2 Bde. – NY/Ldn. 1895 (in *The Works*, 33 Bde., 1895–1900, 4; *Mohawk Ed.*). – NY 1959, Hg. u. Einl. L. Howard. – NY 1966 (in *The Leatherstocking Saga*, Hg. A. Nevins). – NY 1969 (in *The Works of J. F. C.*, 10 Bde., 2). – Westport/Conn. 1970 (in *The Works*, 10 Bde.). – Albany 1980, Hg. J. F. Beard [krit.]. – NY 1980 (in *The Leatherstocking Saga*, Hg. A. Nevins). – NY 1985. – NY 1985 (in *The Leatherstocking Tales*, Hg. B. Nevius, 2 Bde.). – Harmondsworth 1987.

ÜBERSETZUNGEN: *Die Ansiedler*, L. Hermann, Lpzg. 1824. – *Die Ansiedler oder Die Quellen des Susquehanna*, Juditta (in *SW*, Bd. 13–18, Ffm. 1827). – *Die Ansiedler an den Quellen des Susquehanna*, R. Zoozmann (in *Ausgew. Romane*, Bd. 4, Lpzg. 1910). – *Die Ansiedler*, R. Gerull-Kardas, Bln. 1955. – *Die Ansiedler an den Quellen des Susquehanna*, C. Kolb, Reinbek 1961 (RKl; m. Bibliogr.). – Dass., F. Steuben (in *Der Lederstrumpf, GA*, Bd. 4, Basel/Wien 1967). – *Die Ansiedler*, G. Löffler, Mchn. 1969 (in *Der Lederstrumpf*). – Dass., F. Steuben, Freiburg i. B. u. a. 1973 (in *Der Lederstrumpf*). – Dass., R. Drescher, Ffm. 1977 (Insel Tb). – Dass., ders., Ffm. 1983 (in *Der Lederstrumpf*; Insel Tb).

LITERATUR: A. Cowie, *The Rise of the American Novel*, NY 1951, S. 115–164. – D. H. Lawrence, *F. C.'s Leatherstocking Novels* (in *Studies in Classic American Literature*, NY 1955, S. 55–73). – H. N. Smith, *Leatherstocking and the Problem of Social Order* (in *Virgin Land. The American West as Symbol and Myth*, NY 1957, S. 64–76). – D. Gerstenberger u. G. Hendrick, *The American Novel 1789–1959*, Denver 1961, S. 40–47 [m. Bibliogr.]. – T. Philbrick, *C.'s »The Pioneers«: Origins and Structure* (in PMLA, 79, 1964, S. 579–593). – K. Otten, *C.: »The Pioneers«* (in *Der amerikanische Roman: Von den Anfängen bis zur Gegenwart*, Hg. H. J. Lang, Düsseldorf 1972, S. 21–50). – T. Brook, *»The Pioneers«, or the Sources of American Legal History* (in American Quarterly, 36, 1984, S. 86–111). – B. Lease, *America's Shakespeare: C.'s Brave New World* (in *Mythos und Aufklärung in der amerikanischen Literatur*, Hg. D. Meindl u. F. W. Horlacher, Erlangen 1985, S. 143–159; mit Bibliogr.).

## THE PRAIRIE

(amer.; *Die Prärie*). Roman von James Fenimore COOPER, erschienen 1827. – Chronologisch wie thematisch schließt dieser Roman an *The Pioneers* (1823) an. Der alte Natty Bumppo (»Lederstrumpf«) lebt seit seiner zehn Jahre zurückliegenden Flucht aus Templeton als Trapper auf den weiten Ebenen westlich des Mississippi – in einer Landschaft, die Cooper selbst nie gesehen hat, die er aber nach zeitgenössischen Reiseberichten erstaunlich genau nachzeichnet. Auch in diesem Werk befaßt er sich mit Gesellschaft und Gesetz in Amerika, jetzt allerdings im Licht einer ausgeprägteren Geschichtstheorie. Für ihn ist Geschichte eine vom Naturzustand über mehrere Zwischenstufen zur Hochzivilisation führende Entwicklung. Im jungen Amerika treten verschiedene Entwicklungsstufen gleichzeitig auf: In den Städten im Osten ist das Zivilisationsstadium erreicht, an der Grenze im Westen herrscht der Naturzustand. Um die verschiedenen Gesellschaftsformen und -ebenen auf der Bühne der Prärie exemplarisch vorzuführen, arrangiert Cooper eine ebenso künstliche wie literarisch wirkungsvolle Handlung, die die merkwürdigsten Personen auf unwahrscheinliche Weise zusammenführt.

Im reinen Naturzustand lebt der Pawnee-Häuptling Hartherz, Lederstrumpfs Adoptivsohn, der ideale Indianer: schön, mutig, in völliger Übereinstimmung mit den ethischen Forderungen seiner Welt (Bewährung im Krieg, Ehrlichkeit, Tapferkeit). Ihm steht der Sioux Mahtoree, der böse Indianer gegenüber: verschlagen, unaufrichtig, aber intelligent. Cooper schildert ihn als einen Freigeist, eine Art Indianer-Voltaire, der den guten Bräuchen und Gaben seines Volkes untreu wird, um persönlichen Ehrgeiz zu befriedigen. Lederstrumpf, der weiße Jäger, verkörpert als Vorbote einer christlichen Zivilisation die erste Fortschrittsstufe. Ihm folgt die Sippe Ishmael Bushs, von Cooper mit didaktischer Emphase immer wieder als geistig schwerfällig, träg, dumpf und brutal geschildert; es sind Nomaden, Squatter, die sich gesetzlos Grund und Boden aneignen. Die Natur ist für sie Gemeingut, und sie nehmen sie mit dem Recht des Stärkeren und dem Recht der Arbeit in Besitz. Nicht Menschensatzung, sondern die Weisung Gottes an das erste Menschenpaar ist für sie verbindlich, nicht das für alle gleiche Recht, sondern die patriarchalische Autorität über Leben und Tod. Obwohl ihm die Bande des Blutes heilig sind, rächt Ishmael die Ermordung seines Sohnes Asa nach alttestamentarischem Gesetz an dem Mörder, seinem Verwandten Abiram White. Zugleich aber ahnt er, in welches Dilemma er damit geraten ist. Er kehrt aus der Wildnis zurück und fügt sich der menschlichen Ordnung und ihrem Gesetz. Selbst Lederstrumpf, der anarchische Individualist, erkennt an, daß überall dort, wo Menschen in einer Gemeinschaft zusammenleben, ein überpersönliches Gesetz notwendig ist; andernfalls – hier folgt Cooper HOBBES – würden sich die Menschen gegenseitig vernichten. Sowohl die Indianer als auch Lederstrumpf sind Relikte einer natürlichen Ordnung, deren Sittengesetz durch die Geschichte außer Kraft gesetzt wird. Im Untergang der »natürlichen« Welt sieht Cooper einen tragischen Vorgang, zugleich aber begrüßt er die Heraufkunft der »geschichtlichen« Welt, weil nur in ihr der Mensch die höchste zivilisatorische Stufe erreichen kann: die des »christlichen Gentleman«. Auf dieser Stufe stehen die beiden aristokratischen Gestalten des Romans, Hauptmann Duncan Uncas Middleton (ein Nachkomme des Duncan Heyward aus *The Last of the Mohicans*) und seine Frau Inez, von deren Entführung und Befreiung der Roman erzählt. Diese Idealgestalten sind, wie fast stets bei Cooper, blutleere Schemen. Überzeugender, weil irdischer, sind Ishmaels Mündel Ellen Wade und der Bienenjäger Paul Hover. In der Spontaneität ihres Gefühls Kinder der Natur, sind sie in ihrem Individualismus Lederstrumpf, in ihrer Kraft und ihrem Mut Ishmael, in ihrer Intelligenz und geistigen Aufgeschlossenheit Middleton verwandt: Die Synthese aus den Eigenschaften der anderen macht sie zu Vertretern des *common man*, zum demokratischen Menschenpaar. In der Figur des die Squattersippe begleitenden Naturforschers Battius rechnet der Autor mit dem wissenschaftlichen Rationalismus des 18. und seines eigenen Jahrhunderts ab: Intellekt ohne Erfahrung ist lächerlich, Beschäftigung mit der Natur als einem toten Objekt verwerflich. Lederstrumpf allein ist der in Wahrheit Wissende, denn sein Verhältnis zur Natur ist religiös und intuitiv: Er erkennt in ihr den Schöpfer. In zwei großartigen Szenen macht Cooper dies deutlich: Bei seinem ersten Erscheinen wirkt Lederstrumpf vor der untergehenden Sonne wie eine übermenschliche Gestalt; bei seinem Tod antwortet er mit *»Hier!«* auf einen unhörbaren Ruf, der aus der untergehenden Sonne an sein Ohr zu dringen scheint. M.Ch.

AUSGABEN: Ldn. 1827. – Philadelphia 1827. – NY 1896 (in *The Works*, 33 Bde., 1895–1900, 5; *Mohawk Ed.*). – NY 1966 (in *The Leatherstocking Saga*, Hg. A. Nevins). – NY 1964. – NY 1969 (in *The Works of J. F. C.*, 10 Bde., 2). – Westport/Conn. 1970 (in *The Works*, 10 Bde.). – NY 1980 (in *The Leatherstocking Saga*, Hg. A. Nevins). – NY 1985 (in *The Leatherstocking Tales*, Hg. B. Nevius, 2 Bde., 1). – Albany 1985 [m. histor. Einl. u. Komm. v. J. P. Elliott]. – Harmondsworth 1987 [Einl. B. Nevius].

ÜBERSETZUNGEN: *Die Steppe*, K. Meurer, Ffm. 1828 (in *SW*, Bd. 31–36). – *Die Prairie*, G. Friedenberg, Stg. 1845. – *Die Prärie*, K. H. Berger, Bln. 1956. – Dass., G. Friedenberg, Ffm./Hbg. 1963 (EC, 87; Nachw. R. Sühnel). – Dass., F. Helke (in *Lederstrumpfgeschichten*, Stg. 1967). – Dass., G. Löffler, Mchn. 1969 (in *Der Lederstrumpf*). – Dass., F. Steuben, Freiburg i. B. u. a. 1973 (in *Der Lederstrumpf*). – Dass., F. Steuben, Würzburg 1975. – Dass., E. Kolb, Ffm. 1977. – Dass., R. Drescher, Ffm. 1983 (in *Der Lederstrumpf*; Insel Tb).

VERFILMUNG: USA 1948 (Regie: F. Wisbar).

LITERATUR: J. T. Flanagan, *The Authenticity of C.'s »The Prairie«* (in MLQ, 2, 1941, S. 99–104). – E. S. Muszynska-Wallace, *The Sources of »The Prairie«* (in AL, 21, 1949, S. 191–200). – E. P. Vandiver, *C.'s »The Prairie« and Shakespeare* (in PMLA, 69, 1954, S. 1302–1304). – R. Chase, *The Significance of C.: »The Prairie«* (in *The American Novel and Its Tradition*, NY 1957, S. 52–65). – D. A. Ringe, *Man and Nature in C.'s »The Prairie«* (in NCF, 15, 1961, S. 313–323). – J. Bier, *Lapsarians on »The Prairie«: C.'s Novel* (in Texas Studies in Literature and Language, 4, 1962, S. 49–57). – J. J. McAleer, *Biblical Analogy in the Leatherstocking Tales* (in NCF, 17, 1962, S. 217–235). – K. Rossbacher, *Lederstrumpf in Deutschland: Zur Rezeption J. F. C.s beim Leser der Restaurationszeit*, Mchn. 1972. – W. L. Vance, *Man and Beast: The Meaning of C.'s »The Prairie«* (in PMLA, 89, 1974, S. 323–331). – O. Øverland, *The Making and Meaning of an American Classic: J. F. C.'s »The Prairie«*, Oslo 1973. – R. Sühnel, *C.s Lederstrumpf Saga* (in *Der amerikanische Roman im 19. und 20. Jh.*, Hg. E. Lohner, Bln. 1974, S. 23–35). – H. N. Smith, *Leatherstocking and the Problem of Social Order* (in *Amerikanische Romane des 19. Jh.s*, Hg. M. Christadler, Darmstadt 1977, S. 41–68).

## THE SPY. A Tale of the Neutral Ground

(amer.; *Der Spion. Eine Erzählung aus dem Niemandsland*). Roman von James Fenimore COOPER, erschienen 1821. – In seinem historisch-patriotischen Abenteuerroman knüpft der Autor an die *Waverley-Romane* von Walter SCOTT an; er behandelt eine Episode aus dem Unabhängigkeitskrieg, womit er dem nationalistischen Geschmack der jungen amerikanischen Republik und der Forderung der romantischen Ästhetik nach Stoffen aus der nationalen Vergangenheit entgegenkam.

In der um die Familie Wharton und die einsame Gestalt des Spions Harvey Birch kreisenden Handlung dramatisiert Cooper die moralischen und psy-

chologischen Folgen der von ihm wesentlich als Bürgerkrieg verstandenen politischen Entzweiung von Kolonien und Mutterland, von Königstreuen (Royalisten, Tories) und Patrioten (Whigs). Der begüterte und im Grund royalistisch gesinnte Mr. Wharton hat sich auf ein Gut im Niemandsland zwischen der britischen und der amerikanischen Armee vor New York zurückgezogen, um Neutralität zu demonstrieren und damit seinen ausgedehnten Besitz vor der Beschlagnahmung durch die eine oder die andere Partei zu bewahren. Der allgemeine Konflikt reicht tief in die Familie: Der Sohn Henry dient in der britischen Armee, die Gefühle der Töchter Sarah und Frances gehören einem englischen und einem amerikanischen Offizier. Gegenspieler des aus materiellem Interesse vorsichtigen Mr. Wharton, dessen Mangel an Engagement und Stellungnahme Cooper als moralischen Defekt wertet, ist der aus kleinen Verhältnissen stammende Yankee-Hausierer Harvey Birch, der bei allen als britischer Spion gilt, auf den die amerikanische Armee eine Kopfprämie ausgesetzt hat, der in Wahrheit aber Spion im Dienst Washingtons, des amerikanischen Oberbefehlshabers, ist, ein echter Patriot, der für die Sache der Unabhängigkeit Leib und Leben, Besitz und Ansehen riskiert und auf Lohn verzichtet. Dieser uneigennützige Patriotismus als innerste sittliche Wahrheit seines Charakters muß verborgen bleiben: Seine Rolle zwingt Birch zur ständigen Maskerade, trägt ihm die Feindschaft seiner Landsleute ein, macht ihn zum Gehetzten, aus der Gemeinschaft Ausgestoßenen, zum Heimatlosen. Er ist damit die erste fiktive Gestalt, an der Cooper sein Thema vom Einzelgänger, der mit der Gesellschaft in Konflikt gerät, entwickelt, ein Vorläufer also des Lederstrumpf. In einer Fülle von Nebenfiguren zeichnet Cooper alle Schattierungen echter und vorgetäuschter vaterländischer Gesinnung; neben Vertretern der beiden Armeen erscheinen nur auf Gewinn bedachte prinzipienlose Scheinpatrioten und Scheinloyalisten, die als Marodeure das Niemandsland unsicher machen. Dieses Niemandsland zwischen den Armeen gestaltet Cooper als symbolische Landschaft, in der Hinterhältigkeit, wechselseitige Täuschung, schwankende Loyalitäten, politische wie moralische Unordnung herrschen und mit der klaren, von Ehrenhaftigkeit, Fairness und Gesetz regierten Welt des Militärs, das sich der Idee der Nation verpflichtet weiß, kontrastieren.
Die Zweipoligkeit von Coopers Thematik ist in diesem Werk bereits voll ausgeprägt: die Radikalität seines auf ein sittliches Prinzip gestellten Individualismus und der Konservatismus seines an Vorstellungen von Ordnung und Hierarchie orientierten Gesellschaftsbildes. M.Ch.

AUSGABEN: NY 1821. – NY 1873 (in *Novels*, 32 Bde., 1873–1876, 1). – NY 1895 (in *The Works*, 33 Bde., 1895–1900, 6; *Mohawk Ed.*). – NY 1949 [Vorw. C. Dahl; m. Ill.]. – NY 1960 [Einl. W. S. Walker; Ill. F. O. C. Darley]. – NY 1963 [Einl. J. T. Winterich; Ill. H. C. Pitz]. – Ldn. 1968 [Einl. J. E. Morpurgo; Classic American Texts]. – NY 1969 (in *The Works of J. F. C.*, 10 Bde., 2). – Westport/Conn. 1970 (in *The Works*, 10 Bde.).

ÜBERSETZUNGEN: *Der Spion oder Das neutrale Land*, L. Hermann, 3 Bde., Lpzg. 1824. – *Der Spion*, Ph. A. Petri, 3 Bde., Lpzg. 1826. – Dass., anon. (in *SW*, Hg. Ch. A. Fischer, Bd. 1–6, Ffm. 1826). – Dass., C. Kolb (in *Amerikanische Romane*, Bd. 6, Stg. 1841). – Dass., anon. (in *SW*, Bd. 1–6, Ffm. 1841). – Dass., O. Randolph, Lpzg. 1880 (RUB; [2]1920). – Dass., E.-M. Dahm, Mchn. 1956. – *Der Spion. Historischer Roman*, R. Beissel, Bamberg 1964. – *Der Spion*, ders., Stg. 1976. – Dass., ders., Bln. [3]1980; ern. 1983.

VERTONUNG: L. Arditi, *La spia* (Oper; Urauff.: NY, 24. 3. 1856, Academy of Music).

LITERATUR: C. D. Brenner, *The Influence of C.'s »The Spy« on Hauff's »Lichtenstein«* (in MLN, 30, 1915, S. 207–210). – T. McDowell, *The Identity of Harvey Birch* (in AL, 2, 1930, S. 111–120). – J. S. Diemer, *A Model For Harvey Birch* (in AL, 36, 1954, S. 242–247). – J. McBride, *Cooper's »The Spy« on the French Stage* (in University of Tennessee Studies in Humanities, 1, 1956, S. 35–42). – W. S. Walker, *The Prototype of Harvey Birch* (in New York History, 37, 1956, S. 399–413). – B. L. St. Armand, *Harvey Birch as the Wandering Jew: Literary Calvinism in J. F. C.'s »The Spy«* (in AL, 50, 1978, S. 348–368). – C. H. Adams, *The Guardian of the Law: George Washington's Role in »The Spy«* (in *J. F. C.: His Country and His Art*, Hg. G. A. Test, Oneonta 1985).

## DIRCK VOLCKERTSZOON COORNHERT

* 1522 Amsterdam
† 29.10.1590 Gouda

### ZEDEKUNST dat is Wellevenskunste

(ndl.; *Sittenlehre, das ist die Kunst der anständigen Lebensart*). – Moralphilosophisches Werk von Dirck Volckertszoon COORNHERT, anonym erschienen 1586. – Coornhert schrieb dieses Werk *»nicht für den scharfsinnigen Gelehrten, sondern für den lernbegierigen Ungelehrten«*. Der Herausgeber B. BECKER vertritt die Meinung, der Autor habe sich mit dieser Erklärung ebenso wie mit selbstkritischen Bezeichnungen (*»ungelehrter Idiot«* u. a.) wohl zu Recht als Laien hingestellt, zumal zu seinen Gegnern Persönlichkeiten wie CALVIN und dessen Schüler Théodore de BÈZE sowie der berühmte Altertumsforscher Justus LIPSIUS zählten. Daß diese Arbeit anonym erschien, mag damit zu-

sammenhängen, daß die Philosophie Coornherts die Sokratisch-Platonische Lehre mit christlichen Prinzipien zu verbinden suchte und daher der Gegnerschaft weiter Kreise sicher sein konnte. Noch in der ersten Hälfte des 19. Jh.s wurde folgendes Urteil über sein Werk gefällt: »... *eine Moral ohne Glauben, ein angewandtes Christentum ohne Christus, eine eigenwillige Religion mit einer inneren Stimme gleich dem einstigen Orakel. Über die Heilige Schrift, über die Kirche, über die Sakramente: kein Wort. Nichts als menschliche Überlegungen nach dem Beispiel heidnischer Philosophen«* (Busken Huet).
Im Jahr 1585 noch als Ketzer verfolgt, wurde Coornhert später gerade wegen seiner »menschlichen Überlegungen« geschätzt. Humanisten wie auch verschiedene Theologen rühmten ihm nach, er habe als erster in einer modernen Sprache ein System der Sittenlehre ohne die Hilfe der Theologie aufgestellt. Seine Methode, die Tugend als solche in vier Haupttugenden zu unterteilen, nämlich Weisheit, Gerechtigkeit, Willenskraft und Mäßigkeit, soll angeblich CICEROS *De officiis* entnommen sein; belegt ist dies jedoch nicht, und die Frage nach den Quellen des vielfältigen Materials wurde lange und heftig diskutiert.
Die Schrift, Coornherts Freund H. L. SPIEGEL gewidmet und unterzeichnet mit »u hertsvrundelyke Thiroplusios Laoskardi« (Gräzisierung seines Namens), belehrt den Leser darüber, wie er den »habitus«, die »Angewohnheit« der Tugend erlangen könne. Das Werk umfaßt sechs Bücher. Das erste handelt vom menschlichen Gemüt, das sich die Leidenschaften unterwerfen muß. Die Vernunft, eine Gabe Gottes, versetzt das Gemüt in die Lage, diese Funktion zu erfüllen. Wer die ihm von Gott geschenkte Vernunft nicht benutzt, verfällt in schuldhafte Unkenntnis und verwegenen Wahn. Unkenntnis und Wahn, nicht der Wille, Böses zu tun, führen zur Sünde. Die Offenbarung, die dem Menschen aus der Heiligen Schrift zuteil wird, stimmt überein mit der Erfahrung der Vernunft. – Im zweiten Buch behandelt Coornhert die notwendigen Voraussetzungen zur Erlangung der Tugend: den freien Willen, die Überlegung, die Entscheidungskraft, die Kenntnis und das Gewissen. Die folgenden Bücher sind jeweils einer Haupttugend gewidmet. Die Religion wird im vierten Buch als eine von vielen Formen der Gerechtigkeit aufgeführt (»Justitia erga Deum«).
Coornhert, der wegen seiner Lebensphilosophie von den holländischen Regierungen zeitweise verfolgt wurde, aber auch großes Ansehen genoß, fühlte sich zeitlebens als »Apostel der Vollkommenheit des Menschen«. Er wurde nicht nur als Humanist (u. a. *Prooces van 't Ketterdooden*, 1690), sondern auch als Dichter und Übersetzer bekannt (u. a. *D'eerste twaelf boecken Odysseae*, 1561). Von der römisch-katholischen, der lutherischen, der reformierten und der mennonitischen Kirche als ein Mensch verurteilt, der Gott und der Kirche abtrünnig geworden sei, war er ganz im Gegensatz zu Calvin davon überzeugt, daß der Mensch in der Lage sei, von sich aus das Gute zu tun. J.Vi.

AUSGABEN: Amsterdam 1586. – Amsterdam 1630 (in *Wercken*, 3 Bde.). – Leiden 1942, Hg. B. Bekker.

LITERATUR: J. ten Brink, *D. V. C. en zijne wellevenskunst*, Amsterdam 1860. – F. D. J. Moorrees, *D. V. C., de libertijn, bestrijder der gereformeerde predikanten ten tijde van Prins Willem I.*, Schoonhoven 1887. – W. Dilthey, *Gesammelte Schriften II*, Lpzg./Bln. 1914. – Th. Weevers, *C.'s and Chapman's Odysseys, an Early and a Late Renaissance Homer* (in ES, 18, 1936, S. 145–152). – G. Kuiper, *Bronnen van C.*, Diss. Amsterdam 1941. – Ders., *De Motivering van de godsdienstvrijheid bij D. V. C.*, Arnheim 1954. – J. Wiarda, *D. V. C.* (in *Plus est en vous. Opstellen over recht en cultuur, angebooden aan Prof. Mr. A. Pitlo*, Haarlem 1970, S. 381–402). – W. Nijenhuis, *C. and the Heidelberg Catechism* (in W. N., *Ecclesia reformata. Studies on the Reformation*, Leiden 1972). – L. Mugnier-Pollet, *C. et le christianisme humaniste* (in L. M.-P., *La philosophie de Spinoza*, Paris 1976). – I. M. Veldman, *Maarten van Heemskerck and Dutch Humanism in the 16th Century*, Amsterdam 1977. – H. Bonger, *Leven en werk van D. Volckertszoon Coornhert*, Amsterdam 1978. – *From Wolfram and Petrarch to Goethe and Grass*, Hg. D. H. Green u. a., Baden-Baden 1982, S. 307–322.

## ROBERT COOVER

* 4.2.1932 Charles City / Iowa

**LITERATUR ZUM AUTOR:**
*Bibliographien:*
L. McCaffery, *Donald Barthelme, R. C., William H. Gass: Three Checklists* (in Bull. of Bibliography, 31, 1974, S. 101–106). – C. Blackowicz, *Bibliography: Robert Bly and R. C.* (in Great Lakes Review, 3, 1976, S. 69–73). – J. Allensworth, *R. C.: A Bibliographical Chronicle of Primary Materials* (in Bulletin of Bibliography, 41, 1984, S. 61–63).
*Gesamtdarstellungen und Studien:*
J. I. Cope, *R. C.'s Fictions* (in Iowa Review, 2, 1971, S. 94–110). – N. Schmitz, *R. C. and the Hazards of Metafiction* (in Novel, 7, 1974, S. 210–219). – L. McCaffery, *The Magic of Fiction Making* (in Fiction International, 4–5, 1975, S. 147–153). – A. J. Hansen, *The Dice of God: Einstein, Heisenberg, and R. C.* (in Novel, 10, 1976, S. 49–58). – M. Heckard, *R. C., Metafiction, and Freedom* (in TCL, 22, 1976, S. 210–227). – R. Durand, *The Exemplary Fictions of R. C.* (in *Les Americaines: New French Criticism on Modern American Fiction*, Hg. I. G. u. C. Johnson, Port Washington 1978, S. 130–137). – R. Andersen, *R. C.*, Boston 1981 (TUSAS). – L. McCaffery,

*R. C. on His Own and Other Fictions: An Interview* (in Genre, 14, 1981, S. 45–63). – Ders., *The Metafictional Muse: The Works of R. C., D. Barthelme and W. H. Gass*, Pittsburgh 1982. – L. Gordon, *R. C.*, Carbondale 1983. – J. I. Cope, *R. C.'s Fictions*, Baltimore 1986. – H. Ickstadt, *Fiktion, Geschichte und die Spiele R. C.'s* (in *Der zeitgen. amerikanische Roman*, Hg. G. Hoffmann, Bd. 3, Mchn. 1988).

## GERALD'S PARTY

(amer.; *Ü: Geralds Party*). Roman von Robert COOVER, erschienen 1985. – In seinem vierten Roman greift Coover erneut die großen Themen und Metaphern auf, die sein bisheriges Werk geprägt haben: Familie und Sexualität, Religion und Mythologie. Der Roman ist die postmoderne Variante einer englischen Kriminalkomödie voller Exzentriker und Toter; doch verweigert Coover ihre traditionelle Auflösung. Vielmehr werden Exzentrizität wie Banalität zwischenmenschlicher Beziehungen bloßgestellt.

Aus der Perspektive des Gastgebers erlebt man eine in seinem Haus stattfindende Party, auf der eine Vielzahl alter Freunde ihre Cocktails mit Schnorrern und Zufallsgästen teilt. Neben dem Erzähler, der diese Party zu einem Schäferstündchen mit der schönen Alison nutzen möchte, stehen seine Frau, die sich um Essen und Gäste kümmert, sowie die alten Bekannten mit ihren Problemen und Beziehungskrisen im Vordergrund. Diese Feier zynisch-abgeklärter Wohlstandsbürger gerät schon mit der ersten Zeile zum Kriminalfall: Das von allen begehrte oder beneidete Starlet Ros liegt sterbend auf dem Wohnzimmerboden, in ihrer berühmten Brust eine klaffende Wunde. Der umgehend auftauchende Inspektor Pardew, der mittels unsinniger Spurensicherungs- und Verhörmethoden die ›Wahrheit‹ finden will, ist weniger Diener der Gerechtigkeit als Anstifter eines Chaos voll brutaler und geschmackloser Slapstick-Komik; seine absurde Axiomatik erschöpft sich in Worttiraden, sanktioniert aber gleichzeitig repressivste Untersuchungsmethoden. Unter Pardews Leitung wird schließlich auch ein ›Täter‹ verhaftet, der Mord selbst jedoch nie geklärt.

Im Verlauf der Party werden die Situationen immer absurder, die Kontraste immer greller: Während die neuen Nachbarn durch das schon leicht demolierte Haus geführt werden, versucht Sally Ann, die minderjährige Tochter seines alten Freundes Vic, Gerald im Nähzimmer zu verführen; ein Stockwerk tiefer stellt ein Lokalreporter die Gäste um Ros' Leiche zum Gruppenbild auf; im Keller spielen Unbekannte Darts, und ein Filmteam will das Geschehen mit der Kamera einfangen. Die Partygroteske kulminiert in Geralds Gnadenschuß auf den tödlich verletzten Vic. Hier wird auch Geralds persönliche Schuld am deutlichsten.

Daraus resultiert jedoch keineswegs eine Art Katharsis: Das Leben geht weiter, die Party geht vor. In der Diskrepanz zwischen der Tragik des Todes und dem pseudophilosophischen Gerede der mit sich beschäftigten Zuschauer stellt sich die Intellektuellenrunde selbst bloß. Die debattierenden Künstler/Kritiker sehen nur ihre Selbstdarstellung als Realität; die reale Bedeutung der Ereignisse wird schnell verdrängt. Die Gäste erscheinen immer wieder als reines Stimmengewirr, innerhalb dessen der Gastgeber sich wiederholt seiner selbst versichern muß. Geralds Wahrnehmung ist dabei Veränderungen und Sprüngen unterworfen: Die verschiedenen Bruchstücke des Party-Geschehens ergänzen sich in seinem Bewußtsein durch Erinnerungsfetzen und Assoziationsreihen.

Diese angesichts der Synchronizität der Eindrücke zeitlich verzögernde Perspektivführung verändert auch die Sicht des Lesers, der Oberflächen- und Tiefenstruktur nicht mehr klar auseinanderhalten, der sich seiner Sympathie und Urteilskraft nicht mehr sicher sein kann. Erst beim Nachdenken werden ihm Oberflächlichkeit, Selbstgerechtigkeit und Sentimentalität bewußt; dann aber muß der Leser sie auch an sich selbst diagnostizieren. Er sitzt in einem Boot mit Gerald, dessen pornographische Träume und bürgerliche Ängste auch er geteilt hat. Diese Einsicht wird nie didaktisch direkt vermittelt, bleibt aber ein Verunsicherungsfaktor. Auch als der erschöpfte Gastgeber am Ende der Party mit seiner Frau schläft, kann im Keller – real wie metaphorisch – immer noch eine Leiche liegen.

Coovers Kriminalgroteske stellt durch Desorientierung und gezielte Leserirreführung die als selbstverständlich akzeptierten Kategorien in Frage: Im Kontext von Verantwortung und Gerechtigkeit sind die dargestellte Borniertheit und Selbstverliebtheit zwar zu beklagen; doch sind sie zugleich notwendige Schutzmechanismen, um das Leben – und derartige Partys – durchzustehen. Das kombinatorische Experiment aus Burleske, Slapstick, Groteske und Trauerspiel entspricht auch formal Coovers zentraler Thematik – der grundsätzlichen Ambivalenz jeder Wertung, der Notwendigkeit wie der Gefahr aller Vor-Urteile. Trotz verschiedentlicher Kritik an seiner satirischen Schärfe und an der fortgesetzten Unterbrechung der Romanhandlung hat der postmoderne Moralist Coover mit diesem Werk seine prominente Stellung in der zeitgenössischen amerikanischen Literatur gefestigt. P.Nb.

AUSGABEN: NY 1985. – NY 1987.

ÜBERSETZUNG: *Geralds Party*, K. Graf, Reinbek 1987.

LITERATUR: C. Newman, *Death as a Parlor Game* (in New York Times Book Review, 31. 12. 1985, S. 1 u. 21). – S. Cramer, *Die Mobilmachung der Lust* (in Die Zeit, 25. 3. 1988). – B. Robben, *»Eine Geschichte, der ich zuhören könnte ...«: Interview mit R. C.* (in Schreibheft, 31, 1988, S. 118–122).

## THE PUBLIC BURNING

(amer.; *Ü: Die öffentliche Verbrennung*). Roman von Robert COOVER, erschienen 1977. – Nach *The Origin of the Brunists* (1966) und *The Universal Baseball Association Inc., J. Henry Waugh, Prop.* (1968) gewann Coover mit seinem dritten Roman, einer dramatischen Darstellung der politischen und psychologischen Dimensionen der McCarthy-Ära, allgemeine Anerkennung als wichtiger zeitgenössischer Erzähler. In diesem fiktionalen Bericht geht es um Ereignisse, die vor und während der Hinrichtung von Julius und Ethel Rosenberg stattfanden, die im Sommer 1950 als ›Atomspione‹ verhaftet, ein Jahr später wegen Hochverrats zum Tode verurteilt und am 18. Juni 1953 auf dem elektrischen Stuhl hingerichtet wurden. In Verbindung mit ihrem Fall erweckt der Roman die Stimmung der drohenden Apokalypse und der allgegenwärtigen Angst wieder, die die frühen fünfziger Jahre in den USA kennzeichneten. Über weite Strecken sind Fakten und Fiktionen so eng verwoben, daß der Leser sie im Labyrinth der Szenen und Exkurse, der Monologe und der Vaudeville-Einlagen kaum zu entwirren vermag. Die realen Daten werden zu Mosaiksteinchen bei der verdichteten Rekonstruktion der Ereignisse; alles, was sich in jenen Jahren zutrug, gewinnt im Panorama des Romans Bedeutung für den Fall der Rosenbergs.

In vier Teilen und 48 Abschnitten wird das Geschehen jener drei Tage und Nächte im Juni 1953 erzählt, die Coover in der öffentlichen Hinrichtung der Rosenbergs auf dem Times Square in Manhattan kulminieren läßt. Die symbolische Inszenierung gerät zu einer amerikanischen Walpurgisnacht – eine ganze Nation scheint ihre Saturnalien in der hysterischen Atmosphäre erfolgreicher Kommunistenhatz zu feiern. Der Haupterzähler, Richard M. Nixon, Vizepräsident unter Eisenhower, führt als eine Art tolpatschiger Wahrheitssucher durch die Niederungen der US-Politik. Trotz seines Machthungers, seines taktischen Kalküls und seiner Selbstgerechtigkeit wird er in seinen Schwächen, seiner Unsicherheit und Ungeschicklichkeit eher sympathisch dargestellt. Die gesamte politische und ideologische Szenerie wird jedoch beherrscht von »Uncle Sam«, der als amerikanische Nationalfigur auftritt, als Personifikation aller Tugenden und Laster aus Pionierzeit und Gründerjahren, gleichzeitig unwiderstehlicher Supermann, witzig-brutale Trickfilmfigur und kumpelhaft bramarbasierender Aufschneider. Mit seinen Tiraden aus Bibelzitaten und Kraftwörtern, Marktschreierei und Stammtischreden stellt er das Zentrum der Macht der Vereinigten Staaten dar. Sein Gegenspieler, das »Phantom«, erscheint als Verkörperung der weltweiten kommunistischen Gefahr, die überall gegen die Interessen der USA arbeitet, selbst aber kaum zu fassen ist. Diese dem globalen Geschehen zugrunde gelegte Polarisierung ist eine sarkastische Attacke auf die konservative amerikanische Ideologie, die aus ihren Auseinandersetzungen heilige Kriege, aus ihren eigenen Opfern Märtyrer und aus ihren Gegnern Teufel macht. Die Angst der Amerikaner, nicht mehr Weltmacht Nr. 1 zu sein, führt nun zur Suche nach Verrätern. In diesem Kontext sind die Rosenbergs, die sich ohne großen Widerstand in ihre Opferrolle fügen, die geeigneten Objekte für die frustrierten Verantwortlichen und die aufgestachelten Massen. Das Verfahren gegen sie wird zum Kampf der Söhne des Lichts gegen die Mächte der Finsternis: Die Agenten des Bösen müssen hingerichtet werden – ein Akt der Selbstreinigung der Gesellschaft; die Rosenbergs, als Opfer eher blaß, werden zum Sündenbock der Nation, die im Zusammenschluß gegen sie ihren erschütterten Nationalstolz wieder aufrichtet. Das Finale, die öffentliche Hinrichtung, ist schließlich eine gigantische Inszenierung aus Hollywoods Requisite, bei der neben Politikern und Richtern, den Verurteilten und dem Henker auch Sänger und Tänzerinnen auf der Bühne erscheinen, von den Marx Brothers bis zum Tabernakel-Chor der Mormonen.

Noch deutlicher als diese Anhäufung von Szenen und Auftritten, von fiktiven und ›realen‹ Personen zeigt die stilistische Vielfalt mit Anleihen bei allen Gattungen das Bemühen des Autors, der Vieldeutigkeit der Erfahrungen dieser Epoche gerecht zu werden. Die allgegenwärtige Steuerung der Massen und ihrer Wahrnehmung sowie die gefährliche Vereinfachung von komplexen Zusammenhängen auf simple Wahrheiten sind das Grundübel in diesem, Alltagsrealität und Surrealismus verbindenden, enzyklopädischen Psychogramm einer Krisenzeit und ihrer öffentlichen Moral.

Die teils burlesken, teils obszönen Übertreibungen in der Erzählerimagination waren ebenso Ansatzpunkte der Kritik an *The Public Burning* wie die exzessive Länge und Breite des Romans, seine ausufernde Ironie und überscharfe Satire. Der Vorwurf der Subversivität und Blasphemie konnte letztlich den kritischen Erfolg dieses Romans nicht verhindern, der heute als Coovers wichtigstes Werk und mit PYNCHONS *Gravity's Rainbow* (1973) als einer der Höhepunkte postmodernen Erzählens in den USA gilt. Nicht zuletzt rückte Coovers Roman eine verdrängte Epoche der Zeitgeschichte mit ihren politischen und psychologischen Abgründen wieder ins Bewußtsein. P.Nb.

AUSGABEN: NY 1977. – NY 1978.

ÜBERSETZUNG: *Die öffentliche Verbrennung*, Arbeitsgruppe an der Univ. Mchn., Darmstadt 1983. – Dass., dies., Reinbek 1988.

LITERATUR: S. Fogel, *Richard Nixon by R. C., Roland Barthes by Roland Barthes* (in ESC, 8, 1982, S. 187–202). – L. Gallo, *Nixon and the ›House of Wax‹: An Emblematic Episode in C.'s »The Public Burning«* (in Crit, 23, 1982, S. 43–51). – T. LeClair, *R. C., »The Public Burning«, and the Art of Excess* (ebd., S. 5–28). – R. A. Mazurek, *Metafiction, the Historical Novel, and C.'s »The Public Burning«* (ebd., S. 29–42). – J. Ramage, *Myth and*

*Monomyth in C.'s »The Public Burning«* (ebd., S. 52–68). – R. Pearce, *The Circus, the Clown, and C.'s »The Public Burning«* (in *The Scope of the Fantastic: Culture, Biography, Themes, Children's Literature*, Hg. R. A. Collins u. H. D. Pearce III., Westport 1985, S. 129–136).

## BRANKO ĆOPIĆ

* 1.1.1915 Hašani / Bosanske Krupe
† 26.3.1984 Belgrad

LITERATUR ZUM AUTOR:
E. Tangl, *Untersuchungen zur Komposition im modernen serbischen Roman. B. Ć.* (in *Aus der Geisteswelt der Slaven. Dankesgabe an Erwin Koschmieder*, Mchn. 1967, S. 132–143). – S. Kulenović, *Prijateljstvo poezije i poezija prijateljstva (B. Ć.)* (in S. K., *Miscellanea*, Sarajevo 1971; *Izbrana djela*, 5). – *B. Ć. i njegovi junaci u slici i prilici*, Sarajevo 1976 [Autobiogr.]. – *B. Ć. o sebi* (in B. Ć., *Sabrana dela*, Hg. Z. Stojković, 14 Bde., Belgrad 1978). – *Kritika o delu B. Ć.* (ebd.). – V. Marjanović, *Biobliografija B. Ć.* (ebd.). – Ders., *Pripovedačka proza B. Ć.*, Sarajevo 1982. – V. Bunjac, *Jeretički B. Ć. 1914–1984*, Belgrad 1984. – V. Marjanović, *Knjiga o Ć.*, Belgrad 1985. – Ders., *Ć. ili prisutnost*, Mostar 1985. – *B. Ć. 26. marta 1985*, Belgrad ca. 1985 [Festschrift].

### GLUVI BARUT

(serb.; *Taubes Pulver*). Roman von Branko ĆOPIĆ (Bosnien-Herzegovina), erschienen 1957. – Die Handlung des Romans spielt zur Zeit der ersten Phase des jugoslavischen Bürgerkriegs im gebirgigen Hinterland von Banja Luka, der Podgorina. Kritisch und objektiv beschreibt der Autor den auf beiden Seiten mit unmenschlicher Grausamkeit geführten Kampf, in dem die von den Kommunisten befehligten Partisanen und die – vorwiegend aus dem patriarchalisch lebenden Bauernstand sich rekrutierenden – Einheiten der Četniks einander gegenseitig vernichten. Die Handlung zerfällt in einzelne Episoden, die dem Leser das blutige Geschehen unmittelbar in der Aktion vor Augen führen; ihren Zusammenhang erhält sie dadurch, daß sie von einigen wenigen Hauptfiguren getragen wird: auf seiten der Partisanen sind es der »Tiger«, ein ehemaliger Spanienkämpfer und kompromißloser Kommunist, der allein der Revolution des Proletariats lebt, der kaltblütige, berechnende Student Vlado, der gemäßigte Milan und schließlich der ehemalige königliche aktive Offizier Miloš Radekić, der sich als Patriot den Partisanen angeschlossen hat, seiner Vergangenheit wegen jedoch bei den Kommunisten ständig auf Mißtrauen und Ablehnung stößt; die Gegenseite vertreten der Dorflehrer und Woiwode Ilija-Delija sowie die Bauern Jovandeka und Luka Kaljak. Daß der ideologische Gegensatz zwischen den beiden Gruppen, den Kommunisten und den erdverbundenen, konservativen Bauern, selbst durch die bedrohliche Gegenwart des gemeinsamen faschistischen Feindes nicht überbrückt werden kann, zeigen die Schlußpassagen des Buches: Nach einer kurzen Phase der Annäherung flammt der alte, unüberwindliche Haß von neuem auf, und anstatt sich vereint dem Feind entgegenzustellen, rotten die einzelnen Gruppen sich gegenseitig aus.
Das Aufsehen, das der Roman sofort nach seinem Erscheinen sowohl in Jugoslavien als auch im Ausland erregte, erklärt sich aus der ebenso ungeschminkten wie objektiven, sich beiden Parteien gegenüber um Gerechtigkeit bemühenden Wirklichkeitsdarstellung. In formaler Hinsicht stört das Fehlen eines Kompositionsprinzips, will man nicht die bloße Aneinanderreihung von Episoden als solches gelten lassen. *Gluvi barut* hinterläßt denn auch eher den Eindruck einer skizzenhaften Dokumentation als den eines durchgeformten literarischen Kunstwerks. N.P.

AUSGABEN: Belgrad 1957 (Brazde. Biblioteka savremenih jugoslovenskih pisaca, 13). – Rijeka 1963. – Belgrad 1964 (in *Sabrana dela*, 12 Bde., 4); ern. 1966. – Belgrad 1975 (in *Sabrana dela*, Hg. Ž. Stojković, 14 Bde., 6); ern. 1978; 1981; 1982. – Sarajevo 1975 (in *Sabrana djela*, 14 Bde., 6); ern. 1981; 1982. – Belgrad 1983 (in *Sabrana dela*, Hg. V. Krnjević, 15 Bde., 6); ern. 1985.

LITERATUR: S. Penčić, Rez. (in Gledista, 1958, 1/2, S. 57–61). – *»Taubes Pulver« – ein jugoslavischer Partisanenroman* (in Wiss. Dienst Südosteuropa, 1958, 8/9, S. 123–126). – B. Novaković, Rez. (in Izraz, 3, 1958, 3, S. 298–304). – R. Jovanović, Rez. (in Književnost, 26, 1958, 6, S. 552–555). – S. Kulenović, *Na marginama Ćopićevog »Gluvog baruta«* (in S. K., *Eseji*, Sarajevo 1971; *Izbrana djela*, 4).

## TRISTAN CORBIÈRE

eig. Édouard-Joachim Corbière
* 18.7.1845 Ploujean bei Morlaix
† 1.3.1875 Ploujean bei Morlaix

LITERATUR ZUM AUTOR:
P. Verlaine, *Les poètes maudits*, Paris 1884; erw. 1888. – J. Rousselot, *T. C.*, Paris 1951; ern. 1973. – A. Sonnenfeld, *L'œuvre poétique de T. C.*, Princeton 1960. – C. Angelet, *La poétique de T. C.*, Brüssel 1961. – H. Thomas, *T. le déposédé*, Paris

1972. – M. Dansel, *Langage et modernité chez T. C.*, Paris 1974. – F. F. Burch, *Sur T. C.*, Paris 1975. – P. A. Jannini, *Un altro C.*, Rom 1977. – R. L. Mitchell, *T. C.*, Boston 1979 (TWAS). – M. Dansel, *C., Thématique de l'inspiration*, Lausanne 1985.

## LES AMOURS JAUNES

(frz.; *Die gelben Liebschaften*). Gedichtsammlung von Tristan CORBIÈRE, erschienen 1873. – Tristan Corbière war ein Sonderling, er war häßlich, er war krank (seit seinem sechzehnten Lebensjahr litt er an schwerem Gelenkrheumatismus, und er starb an der Schwindsucht); er liebte das Meer, sein Segelboot, seinen Hund (den er wie sich selber Tristan nannte); er verbrachte die längste Zeit seines Lebens in der heimatlichen Bretagne, unternahm eine größere Reise durch Italien und verkehrte eine Zeitlang in der Pariser Boheme, während er das Erscheinen seines einzigen Buches vorbereitete. Nach seinem Tode entdeckte Paul VERLAINE den bereits wieder Vergessenen; er eröffnete mit einem Aufsatz über ihn seine Bildnisse der »verfemten Dichter« *(poètes maudits)* und leitete damit Corbières Einfluß auf den Symbolismus ein.

Der Titel *Les amours jaunes* bedeutet soviel wie welke, matte, trübe, mißmutige Liebschaften, und Mißmut, Trübsinn, auch Spott, Frechheit, Zynismus, Ekel und Lästerung charakterisieren die ersten vier Abteilungen des Buches: Pariser Gedichte, Reisebilder aus Italien, parodistische Serenaden, witzige Sonette. Corbière gefällt sich hier in allerlei Posen und Grimassen und trägt oft eine gespielte Kaltschnäuzigkeit zur Schau. Mit diesen ironisch-sentimentalen Bravourstücken steht er etwa zwischen Alfred de MUSSET und Jules LAFORGUE. Bedeutender, origineller, einen energischen lyrischen Realismus bekundend sind die in den beiden Abteilungen *Armor* und *Gens de mer* enthaltenen Gedichte, die Themen und Gestalten der armorikanischen Küste und der bretonischen Seefahrt behandeln. Corbière tritt hier gewissermaßen in die Nachfolge seines Vaters Édouard CORBIÈRE, der 1832 mit *Le négrier* einen der frühesten Marineromane veröffentlichte und dem der Sohn unter Bezugnahme auf gerade dieses Buch seine Gedichtsammlung gewidmet hat. Hier sind Elemente der Ballade, des Volkslieds, der Litanei auffällig, wobei die Diktion der meist monologisch angelegten oder mit rascher Rede und Gegenrede durchsetzten Stücke in Syntax und Wortwahl eine starke Neigung zur Verwendung der Umgangssprache, des Dialekts und Argots zeigen. Sehr eindrucksvoll die Schilderung, wie ein buckliger Matrose sich auch einmal Liebe kaufen will im Bordell *(Le bossu Bitor)*, und ein unbestreitbares Meisterwerk *Die Jahrmarkts-Rhapsodie und Die Wallfahrt zur Heiligen Anna (La rapsodie foraine et Le pardon de Sainte-Anne)*, um derentwillen man Corbière gelegentlich mit François VILLON verglichen hat. In 59 gereimten Vierzeilern, die etwas vom Vortrag durch einen Leierkastenmann oder Moritatensänger an sich haben, schildert der Dichter das rührend-klägliche, Mitleid heischende Schauspiel der Wallfahrer, die zum 27. August für drei Tage in La Palud zusammenkommen, um in der Kapelle der heiligen Anna Beistand und Heilung zu erflehen. Hier wetteifert Corbière mit der fromm-barbarischen Einfalt der bretonischen Kalvarienberge. F.Ke.

AUSGABEN: Paris 1873; [2]1891. – Paris 1931 [Vorw. Ch. Le Goffic]. – Paris 1953, Hg. Y.-G. Le Dantec. – Paris 1963, Hg. J. P. Rosnay. – Paris 1970 (in *Œuvres complètes*, Hg. P. O. Walzer; Pléiade). – Paris 1973.

ÜBERSETZUNGEN: *Die gelben Liebschaften*, G. Schneider, Hbg. 1948 [Ausw.]. – *Gelbe Leidenschaften*, R. Kiefer u. U. Prill, Aachen 1985, [Nachw. U. Prill].

LITERATUR: M. Lindsy, *The Versification of C.'s »Les amours jaunes«* (in PMLA, 78, 1963, S. 358–368). – P. A. Jannini, *Introduzione alla lettura de »Les amours jaunes« di T. C.*, Rom 1969. – F. F. Burch, *T. C., l'originalité des »Amours jaunes« et leur influence sur T. S. Eliot*, Paris 1970. – M. Lindsay, *Le temps jaune*, Berkeley u. a. 1972. – K. H. McFarlane, *T. C. dans les »Amours jaunes«*, Paris 1974. – G. Bogliolo, *Lessico corbieriano. Indice analitico e dati statistici del vocabulario delle »Amours jaunes«*, Urbino 1975. – A. Fongaro, *Sur le texte des »Amours jaunes«* (in Littératures, 1986, Nr. 14, S. 77–85).

# LÉON CÒRDAS

eig. Léon Cordes

* 30.3.1913 Siran

† 19.10.1987 Montpellier

## LA FONT DE BONAS-GRÀCIAS

(okzit.; *Die Gnadenquelle*). Drama in drei Akten von Léon CÒRDAS, entstanden 1944–1951, erschienen 1955. – In der vom Autor besorgten französischen Übertragung wurde das Stück 1957 von Radio Montpellier gesendet. 1959/60 präsentierte die Laiengruppe des ›Centre Dramatique Occitan‹ einen Ausschnitt des Originaltextes mit Aufführungen in Villeneuve d'Olt, Bergerac und Carcassonne. 1967 erschien eine katalanische Übersetzung, es folgte eine Aufführung in Barcelona durch den ›Grup Teatre Estudis‹. Còrdas hat durch mehrere Gedichtbände und Erzählungen Beachtung gefunden und setzte sich darüber hinaus mit wahrer Leidenschaft als Autor, Regisseur und Schauspieler für das okzitanische Theater ein, da er darin ein wichtiges Instrument zur Stabilisierung der bedrohten Sprache sah, auch wenn die ethnische Minderheit gerade auf diesem Gebiet ihres Kulturlebens immer wieder Phasen der Stagnation und schwere Rückschläge überwinden mußte. Durchdrungen vom Reformgeist des ›Institut d'Estudis Occitans‹ kämpfte Còrdas stets gegen triviale Possen und Heimatnostalgie, die traditionellen Versuchungen des ländlichen Volkstheaters; andererseits lag ihm, der mehrere Jahrzehnte seines Lebens hindurch von der Landwirtschaft lebte, das bäuerliche Publikum besonders am Herzen. Ähnlich wie der Romancier Joan BODON (Boudou, 1920–1975) sucht Còrdas die Spannung zwischen hohem Anspruch und Streben nach Volkstümlichkeit durch die Wahl einer zugleich aktuell-alltäglichen und universellen Thematik zu überwinden.

*La font de Bonas-Gràcias* stellt die materiellen Verluste und psychischen Verletzungen dar, welche die kriegsbedingte Trennung der jungen Bauern von ihren Höfen zur Folge hat. Als Miquèl, der Erbe des Romanigòl-Hofes, 1943 nach langer Gefangenschaft zurückkehrt, ist von seiner Familie nur noch seine Mutter, die alte Moreta, übriggeblieben. Der Vater ist ein Jahr zuvor gestorben. Die Ehefrau, Julièta, hat sich mit anderen Männern abgegeben, da sie das Warten nicht mehr ertrug. Als sie ihr Kind wegen eines Rendezvous nicht beaufsichtigte, ertrank der kleine Ricon im Weiher. Nach einem furchtbaren Streit mit ihrer Schwiegermutter hat Julièta damals den Hof verlassen. Seitdem Miquèl von alldem weiß, so berichtet die alte Moreta in einer langen Rückschau im ersten Akt, lebt er in einem Zustand der Verwirrtheit. Zwar vermag er die anfallende Arbeit schlecht und recht zu bewältigen, aber wenn er an das Vergangene erinnert wird, geraten Realität und Alptraum in seinem Bewußtsein durcheinander. Im Grunde fühlt er sich immer noch auf dem Heimweg, immer wieder aufgehalten von den Stacheldrahtfallen des uniformierten Gespenstes Garramacha (»Gamasche«), das die Menschen zwingt, als willenlose Marionetten in den Tod zu marschieren. Als Gegenspielerin Garramachas erweist sich die junge Magd Mariá. Diese ist davon überzeugt, daß die oberhalb des verhängnisvollen Weihers entspringende Gnadenquelle, ein magisches Lebenszentrum der bäuerlichen Welt, den verstörten Miquèl heilen könnte. Aber dieser fürchtet, daß Garramacha auch diesen heiligen Ort beherrscht, und weigert sich, von der Quelle zu trinken.

Im zweiten Akt drängt der Nachbar Joanbernat auf Begleichung einer alten Schuld. Dieser reiche Bauer hat sich als Geldverleiher das Elend des Krieges zunutze gemacht, indem er in Not geratene Familien von sich abhängig machte und später den Zahlungsunfähigen ihr Land wegnahm. Freilich hätten die Einkünfte des Romanigòl-Hofes eine Rückzahlung ermöglicht, aber Miquèl hat den Ernteerlös versteckt, um ihn vor Garramacha in Sicherheit zu bringen, und kann sich nun nicht mehr erinnern, wo sich das Geld befindet. Er bittet Mariá, ihm nachts bei der Suche nach dem Weg zu helfen. Das Mädchen gesteht ihm ihre Liebe und bringt ihn dazu, aus ihren Händen das Wasser der Gnadenquelle zu trinken.

Der dritte Akt steht im Zeichen der Rückkehr Juliètas, die alles daransetzt, um Miquèl wieder für sich zu gewinnen und durch ein zweites Kind die Schrecken der Vergangenheit zu bannen. Schon mehrmals ist sie nachts zum Haus gekommen, hat nach Miquèl gerufen und ist geflohen, als er ihrer Stimme folgen wollte. Nun sucht sie durch eine direkte Auseinandersetzung mit Mariá und Miquèl die Lage zu ihren Gunsten zu verändern. Aber die Bindung zwischen dem Jungbauern und der Magd, die einander im nächtlichen Wald gefunden und das Geldversteck im Schafstall aufgespürt haben, ist stärker als Julièta, die sich mit einem wild delirierenden, unbarmherzig den Tod des Kindes in Erinnerung rufenden Miquèl konfrontiert sieht. Der Hoffnung beraubt, von ihrem Mann wiedererkannt und aufgenommen zu werden, verzweifelt Julièta und sucht im Weiher den Tod. Mariá erkennt entsetzt, daß Miquèl, der seit dem Trunk aus der Gnadenquelle und durch die Liebe zu ihr geheilt ist, seinen Wahn vorgetäuscht und als tödliche Waffe gegen die eigene Frau eingesetzt hat. Wo ist die Grenze zwischen Klarheit und Verwirrung, zwischen Schuld und unverschuldetem Leid? Von Grauen gepackt, bestätigt die alte Moreta, daß der Weiher kein Wasser enthält, sondern ein Spiegel ist, in dem Gespenster ihr Unwesen treiben. Das Leben, so folgert sie, ist kein Mädchen, das auf einen wartet, daher muß man mit den Lebenden leben. Der Krieg setzt jegliche Moral außer Kraft, auch im Leben seiner ursprünglich unschuldigen Opfer. Aber zur Verurteilung der Überlebenden besteht ebensowenig Anlaß wie zu ihrer Glorifizierung.

Das Spiel im Grenzraum von Traum und Wirklichkeit, Liebe und Tod verweist auf die symbolistische Komponente im französischen Theater der Zwischenkriegszeit, wie sie sich etwa bei Jean GIRAUDOUX (vgl. *Intermezzo, Ondine*) manifestiert. Bedeutsame Anregungen verdankt Còrdas auch dem Andalusier Federico GARCÍA LORCA. Originell erscheint der Autor in dem Maße, als er mit Hilfe einer souverän beherrschten Volkssprache Traum und Naturmagie in einem realistisch gezeichneten Milieu, nämlich der materiell und psychisch gleichermaßen erschütterten Lebenswelt des languedokischen Bauerntums, überzeugend zur Geltung bringt. Von *La font de Bonas-Gràcias* führt ein Weg zum okzitanischen Protesttheater der Jahre nach 1968. F.Ki.

AUSGABE: Avignon 1955.

LITERATUR: J. J. Gouzy, *»La font de Bonas Gràcias«* (in Oc, 1956, Nr. 199). – F. P. Kirsch, *Studien zur languedokischen und gaskognischen Literatur der Gegenwart*, Wien/Stg. 1965, S. 68–73. – *L. C., Notice biographique, bibliographie, iconographie* ..., Hg. J.-M. Petit, Béziers/Montpellier 1985.

## MOSES BEN JAKOB CORDOVERO

* 1522 Cordova / Spanien
† 1570 Safed / Palästina (?)

### PARDES RIMMONIM

(hebr.; *Granatäpfelhain*). System der Kabbala von Moses ben Jakob CORDOVERO. – Der Autor ist einer der zahlreichen Kabbalisten, die im 16. Jh. Safed zu einem einzigartigen Zentrum der jüdischen Mystik machten (andere waren Josef KARO, Salomo ALKABEZ, besonders aber Isaak LURIA und dessen Schüler Chajim VITAL CALABRESE). *Pardes rimmonim* ist das Hauptwerk des sehr fruchtbaren Schriftstellers, der unter dem Titel *Or jakar (Kostbares Licht)* u. a. auch einen ausführlichen Kommentar zum *Sohar* (vgl. dort) verfaßte.
Das vorliegende Werk, eingeteilt in 32 »Pforten« und 170 Kapitel, ist ein vollständiges System der Kabbala, das zum größten Teil auf der Lehre des zur »Bibel« der Kabbala gewordenen *Sohar* beruht. Eine individuelle Note erhält das Buch jedoch dadurch, daß der Verfasser von den beiden Richtungen der Kabbala, der spekulativen und der ekstatischen, die beide im *Sohar* vertreten sind, deutlich der erstgenannten zuneigt, und zwar werden hier zum ersten Mal philosophische Gedankengänge systematisch mit den kabbalistischen Lehren des *Sohar* verwoben. Stilistisch kommt dies durch die häufige Verwendung philosophischer Termini zum Ausdruck. Zur *Sohar*-Exegese bedarf es – nach Cordovero – philosophischer Schulung und logischer Interpretation: Freilich *»wissen wir ganz genau, daß unser schwacher Verstand nicht ausreicht, auch nur annähernd in die Tiefe seiner [des Sohar] Aussprüche zu dringen ... Aber der Hammerschlag des Verstandes vermag die Schalen der Schwierigkeiten aufzubrechen und zum lichtvollen Kern des wahren Sinnes vorzudringen«* (Pforte 21, Kap. 1). Diese Betonung des Intellekts bringt es mit sich, daß Moses Cordovero zwar in erster Linie die rein kabbalistischen Themenkreise des *Sohar* behandelt – vor allem die Lehre von den zehn Urzahlen *(sefirot)*, in denen er weniger Manifestationen der Gottheit sieht als vielmehr Gefäße, die ein Wirken der ureinheitlichen göttlichen Substanz möglich machen –, sich daneben aber auch mit philosophischen und weltanschaulichen Themen befaßt, die im *Sohar* nicht so sehr im Vordergrund stehen wie z. B. das Verhältnis der Willensfreiheit zur Prädestination, ferner Israels »Auserwählung« u. a. Allerdings behauptet der Verfasser in vielleicht nur stilisierter Bescheidenheit, seine literarische Tätigkeit bestehe lediglich im *»Pflücken roter Rosen auf dem Feld der göttlichen Kabbala-Weisheit des Rabbi Simon ben Jochai«*, also des angeblichen Autors des *Sohar* (Pforte 8, Kap. 1). Bei dieser Treue zum *Sohar* ist es nicht verwunderlich, daß von Cordovero keine Impulse für eine neue kabbalistische Richtung ausgegangen sind. Es blieb seinem Kollegen vom Kreis der Safeder Kabbalisten, Isaak Luria, vorbehalten, eine neue kabbalistische Schule, die sogenannte Lurianische Mystik (vgl. *Ez chajim*), zu gründen. L.Pr.

AUSGABEN: Saloniki 1584. – Lemberg 1873. – Mukatschewo 1906.

LITERATUR: S. Gelbhaus, *Die Metaphysik der Ethik Spinozas im Quellenlicht der Kabbala*, Wien 1917. – S. A. Horodezky, *Torat ha-Kabbala schel R. Mosche C.*, Bln. 1924. – G. Scholem, *Die jüdische Mystik in ihren Hauptströmungen*, Ffm. 1957, S. 276. – *Encyclopedia of Great Men in Israel*, Bd. 4, Tel Aviv 1961, S. 1149–1157 [hebr.]. – J. Ben-Shlomo, *Torat ha-Elohut shel R. Mosche C.*, Tel Aviv 1965. – Ders., Art. *M. b. J. C.* (in EJ[2], 5, Sp. 967–970).

## CORIPPUS

Flavius Cresconius Corippus
* um 510 Nordafrika
† 570

### IN LAUDEM IUSTINI AUGUSTI MINORIS

(lat.; *Zum Lob des jüngeren Iustinus Augustus*). Panegyrisches Epos über den Regierungsantritt des oströmischen Kaisers Iustinos II. (reg. 565 bis 587) von CORIPPUS; Buch 1–3 entstanden 565/66, Buch 4 (unvollständig überliefert) wenig später. – Das Werk steht, was Erfindung und Darstellung anbelangt, nach allgemeinem Urteil noch weit unter der *Iohannis* des Autors. Was die *praefatio* ahnen läßt, was der – kompositorisch überflüssige – dedizierende *Panegyrikus zum Lob des Quaestors und Magisters Anastasius* (eines hohen Gönners) vorwegnimmt, das bestätigen die vier Bücher mit ihrer nicht enden wollenden Erzählung vom Tod Kaiser Justinians, der Thronbesteigung und dem Konsulatsantritt Justins auf Schritt und Tritt. Die devote Schmeichelei wird nur noch übertroffen von dem rhetorischen Aufwand und der Langatmigkeit, mit denen sie dargeboten ist. Ob der Autor allerdings den gewünschten Erfolg hatte – das Werk sollte einer akuten finanziellen Misere abhelfen –, wissen wir nicht.
Freilich stehen solchem Verdammungsurteil auch einige positive Aspekte gegenüber. Daß der pedantische Schulmeister, was ihm an Phantasie abging, durch Akkuratesse ersetzte, macht sein Werk zu einem historisch treuen und wertvollen Spiegel der Epoche. Und seine Kenntnis der römischen Klassiker (von LUKREZ und CATULL über HORAZ, VERGIL, OVID, LUKAN, STATIUS bis hin zu CLAUDIAN), die sich in mannigfachen Reminiszenzen in seinen Epen niedergeschlagen hat, ist bewundernswert;

ja, sein Epigonentum – er fühlte sich als zweiter Vergil – hat bewirkt, daß sein Werk in Sprache und Metrik eine für seine Zeit ganz erstaunliche Reinheit und Klassizität aufweist. E.Sch.

AUSGABEN: Antwerpen 1581 (*De laudibus Justini Augusti minoris heroico carmine libri IV*, Hg. M. Ruyz Azagra). – Bln. 1879 (in *Corippi Africani grammatici libri qui supersunt*, Hg. J. Partsch; MGH, auct. ant., 3/2). – Bln. 1886 (in *Flavii Cresconii Corippi Africani grammatici quae supersunt*, Hg. M. Petschenig). – Palermo 1970 (*In laudem Iustini*, Hg. D. Romano; m. ital. Übers.). – Ldn. 1976 (*In laudem Iustini Augusti minoris libri IV*, Hg. A. Cameron; m. engl. Übers. u. Komm.). – Bln. 1976 (*In laudem Iustini Augusti minoris*. Ein Kommentar, Hg. U. J. Stache). – Paris 1981 (*Éloge de l'empereur Justin II*, Hg. S. Antès; m. frz. Übers.).

ÜBERSETZUNG: *Luxorius, a Latin Poet Among the Vandals*, M. Rosenblum, NY 1961 [lat.-engl.].

LITERATUR: F. Skutsch, Art. *C.* (in RE, 4/1, 1910, Sp. 1236–1246). – Manitius, 1, S. 169/170. – Schanz-Hosius, 4/2, S. 78–82. – A. R. Sodano, *Uno storico-poeta del secolo di Giustiniano, Flavio Cresconio Corippo* (in Antiquitas, 1, 1946, 3/4, S. 27–36). – Alvarez, *Ma. del dulce nombre Estefanis, Los Panegiricos de Flavio Cresconio Corippo*, Santiago de Compostela 1972. – A. Cameron, *C.'s Poem on Justin II. A Terminus of Antique Art?* (in Annali della Scuola Normale Superiore di Pisa, Cl. di lettere e filosofia, 5, 1975/76, S. 129–165). – B. Baldwin, *The Career of C.* (in Classical Quarterly, 28, 1978, S. 372–376). – I. Opelt, *Barbarendiskriminierung in den Gedichten des F. C. C.* (in Romanobarbarica, 7, 1982/83, S. 161–179).

## PIERRE CORNEILLE

* 6.6.1606 Rouen
† 1.10.1684 Paris

LITERATUR ZUM AUTOR:
*Bibliographie:*
E. Picot, *Bibliographie cornélienne*, Paris 1876; Nachdr. NY 1967 [ergänzt durch P. le Verdier u. E. Pelay, *Additions à la bibliographie cornélienne*, Rouen/Paris 1908; Nachdr. NY 1968.] – G. Couton, *État présent des études cornéliennes* (in Inf. litt., 8, 1956, S. 43–48). – A. Ritter, *Bibliographie zu P. C. von 1958–1983*, Erftstadt 1983.
*Forschungsbericht:*
H. Fogel, *The Criticism of Cornelian Tragedy. A Study of Critical Writings from the 17th to 20th Century*, NY 1967.
*Gesamtdarstellungen und Studien:*
F. Godefroy, *Lexique comparé de la langue de C. et de la langue du 17e siècle en général*, Paris 1862; Nachdr. NY 1971. – G. Lanson, *C.*, Paris [4]1913. – V. Klemperer, *P. C.*, Mchn. 1932. – L. Rivaille, *Les débuts de P. C.*, Paris 1936. – W. Krauss, *C. als politischer Dichter*, Marburg 1936. – R. Brasillach, *C.*, Paris 1941; ern. 1969. – O. Nadal, *Le sentiment de l'amour dans l'œuvre de P. C.*, Paris 1948. – B. Dort, *C. dramaturge*, Paris 1957; ern. 1971. – H. Poulaille, *C. sous le masque de Molière*, Paris 1957. – G. Couton, *C.*, Paris 1958. – S. Doubrovski, *C. et la dialectique du héros*, Paris 1963; ern. 1982. – R. J. Nelson, *C. His Heroes and His World*, Philadelphia 1963. – P. J. Yarrow, *C.*, Ldn. 1963. – M. Descotes, *Les grands rôles du théâtre de C.*, Paris 1963. – C. Muller, *Étude de statistique lexicale. Le vocabulaire du théâtre de P. C.*, Paris 1967; Nachdr. Genf 1979. – J. Maurens, *La tragédie sans tragique. Le néo-stoicisme dans l'œuvre de P. C.*, Paris 1967. – A. Stegmann, *L'héroisme cornélien*, Paris 1968. – P. Bürger, *Die frühen Komödien P. C.s und das französische Theater um 1630*, Ffm. 1971. – G. Montgrédien, *Recueil des textes et des documents relatifs à C.*, Paris 1972. – C. Abraham, *P. C.*, NY 1972. – R. Liemke, *Doppelbödigkeit der Charaktere im Werk P. C.s*, Bern/Ffm. 1973. – G. Pocock, *C. and Racine. Problems of Tragic Form*, Ldn. 1973. – Europe, 1974, Nr. 540/541 [Sondernr. *P. C.*]. – T. G. Pavel, *La syntaxe narrative des tragédies de C.*, Paris/Ottawa 1976. – W. Mittag, *Individuum u. Staat im dramatischen Werk P. C.s*, Diss. Münster 1976. – K. Eder, *P. C. und J. Racine*, Mchn. 1976 (dtv). – M. O. Sweetser, *La dramaturgie de C.*, Paris 1977. – A. Goulet, *L'univers théâtral de C.*, Cambridge/Mass. 1978. – J. Marthan, *Le vieillard amoureux dans l'œuvre cornélienne*, Paris 1979. – H. Verhoeff, *Les comédies de C.*, Paris 1979. – C. B. Kerr, *L'amour, l'amitié et la fourberie. Une étude des premières comédies de C.*, Stanford 1980. – B. Brunotti, *Il tirocinio teatrale di P. C.*, Cassino 1980. – T. A. Litman, *Les comédies de C.*, Paris 1981. – L. Herland, *C.*, Paris 1981. – H. Verhoeff, *Les grandes tragédies de C.*, Paris 1982. – H. T. Barnwell, *The Tragic Drama of C. and Racine*, Oxford 1982. – M. J. Muratore, *The Evolution of the Cornelian Heroine*, Madrid 1982. – *C. comique. Nine Studies of P. C.'s Comedy with an Introduction and a Bibliography*, Hg. M. R. Margitić, Paris u. a. 1982. – R. Garapon, *Le premier C.*, Paris 1982. – G. Poirier, *C. et la vertu de prudence*, Genf 1984. – G. J. Mallinson, *The Comedies of C.*, Manchester 1984. – E. Máron, *Tendre et cruel C.*, Paris 1984. – G. Couton, *C. et la tragédie politique*, Paris 1984. – J. Scherer, *Le théâtre de C.*, Paris 1984. – *P. C. Actes du Colloque organisé par l'Université de Rouen*, Hg. A. Niderst, Paris 1985. – *Actes du Colloque C. à Tunis*, Hg. A. Baccar, Paris u. a. 1986. – M. Greenberg, *C., Classicism and the Ruses of Symmetry*, Cambridge 1986. – J.-C. Joye, *Amour, pouvoir et transcendance chez C. Dix essais*, Bern u. a. 1986. – M. Prigent, *Le héros et l'État dans la tragédie*

*de C.*, Paris 1986. – A. D. Sellstrom, *C. Tasso, and Modern Poetics*, Columbus/Oh. 1986. – C. Venesoen, *C. apprenti féministe. De »Mélite« au »Cid«*, Paris 1986.

## ANDROMÈDE

(frz.; *Andromeda*). Der Tradition gemäß »Tragödie« betiteltes Schauspiel in fünf Akten von Pierre CORNEILLE, Uraufführung: Paris 1650, Théâtre de Bourbon. – Corneille schrieb dieses Werk im Auftrag des Kardinals Mazarin; es wurde ein der manieristischen *»Maschinenhymnik«* (G. R. Hocke) huldigendes Schaustück für die Hofgesellschaft im italienischen Stil, mit Rezitativen und Gesang, mit einer imposanten, donnernden und blitzenden Bühnenmaschinerie und Götterflügen vom Olymp zur Erde. Jupiter, Juno, Neptun, Merkur und Venus, acht Winde und drei Nereiden demonstrieren zu gegebener Zeit schicksalwendende göttliche Gewalt: Im Prolog geben sich der auf feurigem Wagen einherrasende Sonnengott und Melpomene, die Muse der Tragödie, ein Stelldichein zum zweistimmigen Loblied auf den *»jüngsten und größten der Könige«*, den achtjährigen Louis XIV. Zur Erhöhung der dramatischen Wirkung erlaubt sich Corneille einige Abweichungen von der im vierten und fünften Buch der *Metamorphosen* OVIDS überlieferten Fabel, die Andromedas Rettung vor dem Seeungeheuer durch den zufällig vorbeikommenden Perseus schildert. Es ist ein Zugeständnis an die Hofgesellschaft, daß Andromeda den affektierten Heldinnen der Moderomane jener Zeit in nichts nachsteht. Von den zauberstarken Armen eines sanftgesinnten, schmachtenden Perseus (wie mag sich MOLIÈRE in dieser Rolle gefühlt haben?) der Gefahr entrissen, singt sie gemeinsam mit ihrem Retter ein preziöses Liebesduett und macht darauf ihrem bisherigen Bräutigam Phineus die bittersten Vorwürfe, weil er, unfähig, sie zu retten, auch nicht bereit war, wenigstens für sie zu sterben. Der eifersüchtige Phineus erhebt seine Waffe gegen den Retter, jedoch der Anblick des Medusenhauptes läßt alle Perseus-Feinde augenblicklich zu Stein werden und setzt der Gefahr ein rasches Ende. Die Götter entrücken sodann das edle Paar mitsamt den Eltern von der ihrer nicht würdigen Erde in den Himmel, wo sie als Sternbilder heute noch zu sehen sind: Perseus und Andromeda, Kepheus und Kassiopeia. – Das Vorwort enthält eine Verteidigung der hier wie auch in anderen Stücken an geeigneten Stellen (Orakel, vorgelesene Briefe) eingeflochtenen, wie kleine Gedichte wirkenden Stanzen. Corneille versucht unter Berufung auf ARISTOTELES und andere antike Vorbilder zu beweisen, daß solche Auflockerung als Zugeständnis an das Publikum den strengen Regeln der klassischen Dramaturgie nicht widerspreche. Doch täuschen seine Worte nicht darüber hinweg, daß er sich sehr gern der in Rhythmus und Kadenz gefälligen Form bedient, um auch sein lyrisches Können zur Geltung zu bringen. I.P.

AUSGABEN: Paris 1651. – Paris 1862–1868 (in *Œuvres complètes*, 12 Bde., Hg. Marty-Laveaux). – Paris 1960 (in *Théâtre complet*, 3 Bde., Hg. M. Rat). – Paris 1964 (in *Théâtre*, Hg. J. Lemarchand, 5 Bde., 3). – Paris 1974, Hg. C. Delmas (STFM). – Paris 1984 (in *Œuvres complètes*, Hg. G. Couton, 3 Bde., 2; Pléiade). – Rouen 1984 ff. (in *Théâtre complet*, Hg. u. Anm. A. Niderst; krit.).

ÜBERSETZUNG: *Die errettete Unschuld oder Andromeda und Perseus in einem Singspiel vorgestellt*, J. P. Foertsch, Hbg. 1679.

LITERATUR: Jules A. Écorcheville, *C. et la musique* (in Courrier Musical et Théâtral, 9, 1906, S. 405–412, 438–449). – M. Dietrich, *Der barocke C. Ein Beitrag zum Maschinen-Theater des 17. Jh.s* (in Maske und Kothurn, 4, 1958, S. 199–219, 316–345). – J. Hennequin, *C. en province* (in RHLF, 65, 1965, S. 683–689). – G. Montgrédien, *Sur quelques représentations d'»Andromède«* (in DSS, 116, 1977, S. 59–61). – J. C. Lapp, *Magic and Metamorphosis* (in J. C. L., *The Brazen Tower*, Saratoga 1977, S. 135–176). – J. P. Gethner, *»Andromède«, from Tragic to Operative Discourse* (in PFSCL, 12, 1979/1981, S. 53–65). – L. Rétat, *Volages et volants dans l'»Andromède« de C.* (in *Mélanges G. Couton*, Lyon 1981, S. 299–304). – R. Guarino, *La tragedia e le macchine*, Rom 1982. – C. Delmas, *»Andromède« et les monstres* (in Cahiers de littérature du 17e siècle, 7, Toulouse 1985, S. 167–173). – A. Baccar, *Monde marin et art du spectacle dans »Andromède« de C.* (in *Actes du Colloque C. à Tunis*, Hg. ders., Paris u. a. 1986, S. 31–65).

## ATTILE, ROY DES HUNS

(frz.; *Attila, König der Hunnen*). Tragödie in fünf Akten von Pierre CORNEILLE, Uraufführung: Paris 1667. – Das Vorwort, das auch einige Quellen angibt, skizziert bereits des Hunnenkönigs Bosheit, die dann das Stück ausgiebig vor Augen führt. – Zwei Fürstinnen hat Attila an seinen Hof gelockt und ihnen die Ehe versprochen: Honoria, die Schwester des römischen Kaisers Valentinian, und Ildione, die Schwester des merowingischen Königs der Franken – jede ein Unterpfand der Freundschaft eines mächtigen Reiches. Den Reizen der Ildione mehr zugetan, beschließt Attila dennoch – aus Furcht, von ihr beherrscht zu werden –, sie demjenigen seiner beiden königlichen Gefangenen zu überlassen, der den anderen tötet, und hetzt damit Ardarich und Valamir gegeneinander auf. Indessen plant Ildione, die Ardarich liebt, den grausamen Hunnen zu heiraten und danach zu töten. Doch der Ausführung ihres schwer errungenen Entschlusses kommt im letzten Augenblick ein Anfall von Attilas legendärem Nasenbluten zuvor, der ihm und der Tragödie ein unrühmliches Ende bereitet. Dieser untragische Schluß hat dem Erfolg des Stücks schwer geschadet. *Attila* gehört zu den in Vergessenheit geratenen Werken Corneilles, obwohl ihm hier vielleicht besser als in allen anderen Tragödien die Darstellung des Siegs einer *»heroischen Liebe über die Absurdität der Politik«* gelingt (Stegmann). I.P.

AUSGABEN: Paris 1667. – Paris 1862–1868 (in *Œuvres*, C. Marty-Laveaux, 12 Bde., 7; krit.). – Paris 1960 (in *Théâtre complet*, Hg. M. Rat; krit.; Class. Garn). – Paris 1964 (in *Théâtre*, Hg. J. Lemarchand, 5 Bde., 5). – Rouen 1984 ff. (in *Théâtre complet*, Hg. u. Anm. A. Niderst; krit.). – Paris 1988 (in *Œuvres complètes*, Hg. G. Couton, 3 Bde., 3; Pléiade).

LITERATUR: G. Lanson, *C.* (in *Esquisse d'une histoire de la tragédie française*, NY 1920; Paris 1927; S. 58–72; 97–99). – G. May, *»Attila« redivivus* (in *Studies in 17th Century French Literature, Presented to M. Bishop*, Ithaca 1962). – J. Fonsny, *Œuvres complètes: Deux tragédies ›maudites‹, »Agésilas« et »Attila«* (in Les Études Classiques, 32, 1964, S. 364–379). – R. Temkine, *»Attila« (Théâtre de Gennevilliers)* (in Europe, 1977, Nr. 580/581, S. 199–200). – M. Autrand, *Stratégie du personnage secondaire dans l'»Attila« de C. Étude dramatique* (in *Actes du Colloque ... de Rouen*, Hg. A. Niderst, Paris 1985, S. 519–533). – G. Ferreyrolles, *»Attila« et la théologie de fléau de Dieu* (ebd., S. 535–544).

## LE CID

(frz.; *Der Cid*). Tragikomödie in fünf Akten von Pierre CORNEILLE, Uraufführung: Paris, Dezember 1636, Théâtre du Marais. Die glanzvolle Aufführung wurde für Corneilles Karriere von entscheidender Bedeutung. – Zu einer Zeit, da der barocke spanische Stil allenthalben Mode war, ist es nicht verwunderlich, daß Corneille sich die Geschichte des seit dem 11. Jh. in unzähligen Legenden idealisierten, populärsten Heros der Spanier zum Thema wählte: des kastilischen Granden Rodrigo Diaz, der, teils auf spanischer, teils auf maurischer Seite kämpfend, den maurischen Beinamen »Cid« (Herr) bekam und dem die früheste spanische Dichtung, *Cantar de mío Cid*, gewidmet ist. Corneilles direktes Vorbild ist das tumultuarische, episodenreiche, drei Spieltage erfordernde Cid-Drama von Guillén de CASTRO (einem Schüler von Lope de VEGA): *Las mocedades del Cid*, 1918 *(Die Jugendjahre des Cid)*, das er durch Vereinfachung und Konzentration der Handlung und Streichung von Episoden und Randfiguren dem französischen Theaterstil anpaßte. Erhalten blieben die spanische Szenerie und der dynamische Charakter der Vorlage, die Corneilles Vorliebe für verwickelte Intrigen sehr entgegenkam. Die Handlung des *Cid* ist ereignisreich, ohne konfus zu wirken; dank weitgehender Berücksichtigung der mit MAIRETS *Sophonisbe* (1634) wieder in Gebrauch gekommenen Regel der Einheit des Orts und der Zeit erfährt die seit 1625 beliebte Gattung der Tragikomödie, die mittlerweile zum Roman auf der Bühne entartet war, hier eine formgebende Verwandlung. Corneille gelingt es, die bei Guillén de Castro ca. drei Jahre umfassenden Ereignisse auf die klassischen vierundzwanzig Stunden zu konzentrieren, indem er die dramatischen Auseinandersetzungen zu Konflikten einander entgegengesetzter Gefühle der Protagonisten verdichtet. Bei Corneille ist die Handlung selbst nur Kulisse, ihn interessiert ausschließlich das auf autonomer Entscheidung beruhende Handeln der Personen. Das äußere Geschehen ist nur mehr Auslöser der Reflexion über innere Konflikte.

Die Wahl des alten, ehrbaren Don Diègue zum Prinzenerzieher beschwört die Krise herauf. Sein Rivale, der arrogante Don Gomez, löst sie aus, als er sich hinreißen läßt, den stolzen Alten öffentlich zu ohrfeigen. Der unvermeidliche Kampf um die Ehre überträgt sich von den Vätern auf die Kinder, auf Don Diègues tapferen Sohn Rodrigue und Don Gomez' Tochter Chimène. Die beiden lieben sich, aber Rodrigue zögert nur kurz zwischen seiner Neigung und der heiligen Pflicht, den Vater zu rächen, und er wählt die einzig mögliche Lösung, die ihm zugleich seine Ehre und die Achtung der Geliebten bewahrt: Er tötet den Beleidiger seines Vaters. Seine Verzweiflung darüber, durch diese Tat die Geliebte zu verlieren, erhöht noch seinen Ruhm. Nun ist es an Chimène, die nicht weniger leidet, zu beweisen, daß sie ihres Helden würdig ist: Sie fordert vom zögernden König, daß er ein gerechtes Urteil über den Mörder ihres Vaters verhänge; und auch als Rodrigue nach einem Sieg über die plötzlich einfallenden Mauren zum Nationalhelden wird, besteht sie weiterhin darauf. Don Sanche soll in ihrem Auftrag ihre Familienehre verteidigen. Erst als Rodrigue ihn im Duell besiegt, aber großherzig schont, verzichtet sie, vom König selbst ermuntert, auf weitere Rache. Eine glückliche Zukunft steht dem Paar nun offen. – Den anderen Personen der Handlung fällt nur die Aufgabe zu, den beiden Hauptfiguren Gelegenheit zu schaffen, ihre vortrefflichen Tugenden zu enthüllen, die jene dann gebührend unterstreichen und feiern. Corneille hat den spanischen Helden im Geschmack des 17. Jh.s »modernisiert«. Sein Cid entspricht dem höfisch-heroischen Ideal, das die Zeitgenossen entzückte und das alle seine späteren Tragödien bestimmte. Die fast kultische Feier der Kühnheit und Tugend edler Helden, die eine heroische, von barocken stilistischen Raffinessen geprägte Sprache sprechen und jeden Kampf bestehen, erklärt den triumphalen Erfolg der ersten Aufführungen, auf den die »Querelle du Cid« folgte, ein literarischer Streit, der, so ärgerlich er im einzelnen sein mochte, doch zum Ruhm von Autor und Werk wesentlich beitrug. Corneille selbst provozierte ihn durch eine Epistel von naiver Überheblichkeit (Februar 1637), auf die Mairet mit sechs Stanzen antwortete, die Corneille des Plagiats bezichtigen. SCUDÉRYS gelehrte Dissertation *Observation sur le Cid* erhob dann die gefährliche Anklage des Verstoßes gegen die Regeln. Sie tauchte, neben Lob und Tadel, auch in der endgültigen Stellungnahme der Akademie wieder auf und veranlaßte Corneille, fortan in den *Préfaces* und *Avis* zu seinen Stücken die klassischen Regeln des Dramas eingehend zu diskutieren. I.P.

AUSGABEN: Paris 1637. – Paris 1862 (in *Œuvres*, 12 Bde., 1862–1868, 3, Hg. C. Marty-Laveaux; krit.). – Paris [4]1925 [Komm. P. Crouzet]. – Paris 1946, Hg. M. Cauchié [krit.]. – Paris/Brüssel 1960, Hg. Y. Brunsvick u. P. Ginestier [m. einer Studie v. C. Dédéyan, *C. et »Le Cid«*; krit.; ern. Ldn. 1961]. – Paris 1960 (in *Théâtre complet. Texte sur l'édition de 1682*, Hg. M. Rat, 3 Bde., 1; krit. Class. Garn). – Paris 1962 (in *Théâtre choisi*, Hg. ders.). – Paris 1980 (in *Théâtre* 2; GF). – Paris 1980 (in *Œuvres complètes*, Hg. G. Couton, 3 Bde., 1; Pléiade). – Rouen 1984 ff. (in *Théâtre complet*, Hg. u. Anm. A. Niderst; krit.). – Mailand 1986, Hg. L. Binni.

ÜBERSETZUNGEN: *Der Cid*, J. J. Kummer, Erfurt o. J. – *Die Sinnreiche Tragi-Comoedie, genannt Cid*, G. Greiflinger, Bln. 1650. – *Der Cid*, E. Graf v. Benzel-Sternau, Gotha 1811. – Dass., C. v. Hänlein (in *Meisterwerke*, 2 Bde., Bln. 1811–1817). – Dass., A. Luther, Stg. 1957 (RUB).

LITERATUR: A. Casté, *La querelle du »Cid«*, Paris 1898; Nachdr. Genf 1970. – E. Hunger, *Der Cidstreit in chronologischer Ordnung*, Diss. Lpzg. 1901. – G. Reynier, *»Le Cid«, étude et analyse*, Paris 1929. – J. Lemoine, *La première du »Cid«*, Paris 1936. – P. Ernst, *Der »Cid«* (in P. E., *Gedanken zur Weltliteratur*, Gütersloh 1956, S. 136–162). – G. Mony, *La chanson de Rodrigue. Explication et commentaire de la pièce »Le Cid« de C.*, Nizza 1957 [Vorw. L. Bourny]. – S. Doubrovskij, *C. et la dialectique du héros*, Paris 1964, S. 87–132. – *P. C. »Le Cid«, concordances, index et relevés statistiques*, Paris 1966. – P. Bénichou, *Le mariage du Cid* (in P. B., *L'écrivain et ses travaux*, Paris 1967, S. 171–206). – G. Krause, *Der heroische Idealismus in C.s »Cid«* (in NSp, 16, 1967, S. 362–375). – K. O. Ott, *C. »Le Cid«* (in *Das frz. Theater vom Barock bis zur Gegenwart*, Hg. J. von Stackelberg, Bd. 1, Düsseldorf 1968, S. 74–95; 365–369). – W. Floeck, *»Las mocedades del Cid« von Guillén de Castro und »Le Cid« von P. C.*, Bonn 1969. – R. T. de Rosa, *Il »Cid«*, Neapel 1970. – A. Arens, *Zur Tradition und Gestaltung des »Cid«-Stoffes*, Ffm. 1975. – M. R. Margitić, *Essai sur la mythologie du »Cid«*, Mississippi University 1976. – M. Autrand, *»Le Cid« et la classe de français*, Paris 1977. – P. Bürger, *Zum Funktionswandel der Literatur in der Epoche des entstehenden Absolutismus. »La querelle du Cid«* (in *Bildung und Ausbildung in der Romania*, Hg. R. Kloepfer u. a., Bd. 1, Mchn. 1979, S. 43–58). – R. Jasinski, *Sur »Le Cid«* (in R. J., *A travers le 17e siècle*, Paris 1981, S. 12–26). – L. Lévy-Delpla, *»Le Cid«*, Paris 1982. – *A propos du Cid Campeador du Seigneur des batailles*, Paris 1985 (CRB, 111). – M. J. Muratore, *Theater as Theater. The Language of Cornelian Illusion* (in RomR, 76, 1985, S. 12–23). – M. Cuenin, *L'amour et l'ambition dans » Le Cid«* (in *Actes du Colloque ... de Rouen*, Hg. A. Niderst, Paris 1985, S. 445–449). – J. Dumarest, *Questions de langue dans la Querelle du »Cid«* (in *Actes du Colloque C. à Tunis*, Hg. A. Baccar, Paris u. a. 1986, S. 119–139). – G. Dotoli, *Temps de préfaces. Critique théâtrale et unité de l'histoire de 1625 au »Cid«* (in *Storiografia della critica francese nel Seicento*, Bari/Paris 1986, S. 45–83). – U. Floris, *La »Querelle du Cid« o lo scandalo del vero* (ebd., S. 85–128).

## CINNA OU LA CLÉMENCE D'AUGUSTE

(frz.; *Cinna oder Die Gnade des Augustus*). Tragödie in fünf Akten von Pierre CORNEILLE, Uraufführung: Paris, Sommer 1642. – Die Handschrift geht auf eine Seneca-Passage (*De clementia*, 1, 9) zurück, die MONTAIGNE in den *Essais* (1, 23) kommentiert. Als weitere Quelle diente eine in der *Römischen Geschichte (Rhōmaikē historia)* des CASSIUS DIO wiedergegebene Unterredung zwischen Augustus, Agrippa und Maecenas über die Abdankung des Kaisers. Corneille ersetzt die Gesprächspartner des Augustus durch Cinna und Maxime, übernimmt aber wesentliche Teile des Dialogs in gekürzter Fassung. Eigene Erfindung ist die seiner Vorstellung von der römischen Frau entsprechende *»bewundernswerte Furie«* Emilie, der ihre – allerdings mißverstandene – Ehre über alles geht. Sie setzt eine Verschwörung in Gang, indem sie Cinna ihre Hand verspricht, falls er Augustus, der ihren Vater geächtet hat, töten würde. Im zweiten Akt, der den Charakter des Augustus ins rechte Licht rückt, versucht Cinna in einem Gespräch mit dem Kaiser, diesem die geplante Abdankung auszureden, um den eigenen Mordplan nicht zu gefährden. Da verrät Maxime aus Eifersucht das Komplott. Nach langen Meditationen eines enttäuschten Diktators verzeiht Augustus schließlich den Verschwörern: In ihm verkörpert sich das Corneillesche Ideal der Selbstbeherrschung. So wird im Laufe der Handlung der Kaiser zu einer Idealfigur von echter Größe und Güte, zur eigentlichen Hauptgestalt, die den Titelhelden an den Rand spielt. – Der innere Kampf eines absoluten Herrschers, der die blutige Vergangenheit begraben und Frieden schaffen will, forderte das zeitgenössische Publikum zu einer Auseinandersetzung mit dem Begriff der absoluten Macht heraus. Im Vergleich mit dem Kaiser wirkt Cinna wie ein Verschwörer ohne politische Überzeugung, kühn in seinen Worten, aber höchst unentschlossen, wenn es um Taten geht. Obwohl die Beachtung der Einheit von Zeit, Ort und Handlung Corneille zu großer Konzentration des Stoffs zwingt, bleibt das Geschehen überschaubar. Die Lösung des dramatischen Knotens geschieht allein durch die innere Wandlung der handelnden Personen: Der Kaiser ringt sich zur Großmut durch, die Verschwörer sehen ihren Irrtum ein und bereuen.

Der seiner didaktischen Absicht entgegenkommende Stoff wurde von Corneille in formaler und stilistischer Hinsicht mit größter Sorgfalt ausgearbeitet. Höhepunkte sind die eloquenten, pathetischen, sentenzen- und maximenreichen politischen Reden und die lyrischen Verse, in denen sich die Gefühlskraft Emilies enthüllt.
Corneille betont bereits im *Cinna* zwei auch für seine späteren Tragödien charakteristische Prinzipien: einmal den Vorrang ethischen Handelns im Sinne der *vertu* vor persönlichen Leidenschaften und zum andern die Notwendigkeit, Selbstbeherrschung *(générosité)* zu üben. Mit ihrer Rom-Apotheose und den moralisch-politischen Lektionen war die Tragödie ein ausgesprochenes Modestück. In einer Zeit, in der die großen Herren ständig Intrigen im Sinn hatten und die Damen sich darin gefielen, diese anzuzetteln, war sie von zündender Aktualität. Ihr vorbildlicher klassischer Aufbau und ihre Sprachkunst haben ihr bis heute einen Platz im Repertoire französischer Bühnen gesichert. I.P.

AUSGABEN: Rouen/Paris 1943. – Paris 1862 (in *Œuvres*, Hg. C. Marty-Laveaux, 12 Bde., 1862–1868, 3; krit.). – Paris 1948, Hg. Ch. Dullin [krit.]. – Paris 1960 (in *Théâtre complet. Texte sur l'édition de 1682*, Hg. M. Rat, 3 Bde., 1; Class. Garn). – Paris 1962 (in *Théâtre choisi*, Hg. ders.). – Paris 1972, Hg. M. Barral [krit.]. Paris 1980 (in *Théâtre 2*; GF). – Paris 1980 (in *Œuvres complètes*, Hg. G. Couton, 3 Bde., 1; Pléiade). – Rouen 1984 ff. (in *Théâtre complet*, Hg. u. Anm. A. Niderst; krit.).

ÜBERSETZUNGEN: *Cinna*, T. Fleischer (in *Erstlinge von Tragedien, Helden-Reimen, Und anderen Tichtereyen*, Oldenburg [?] 1666). – Dass., C. v. Hänlein (in *Meisterwerke*, Bd. 1, Bln. 1811). – Dass., A. Laun, Lpzg. um 1880 (RUB).

LITERATUR: G. F. Lippold, *Bemerkungen zu C.s »Cinna«*, Zwickau 1893. – G. Mony, *Le trophée d'Auguste*, Nizza 1962. – S. Doubrovsky, *C. et la dialectique du héros*, Paris 1964, S. 185–221. – K. Heitmann, *C. »Cinna«* (in *Das frz. Theater vom Barock bis zur Gegenwart*, Bd. 1, Düsseldorf 1968, Hg. J. von Stackelberg, S. 95–115; 369–371). – J. Hüther, *Rouen und Ludwig XIII. Ein Beitrag zur Genese des »Cinna«* (in ZfrzSp, 80, 1970, S. 107–130). – C. J. Marty-Laveaux, *P. C. »Cinna«. Concordances, index et relevés statistiques*, Paris 1971. – W. Leiner u. S. Bayne, *»Cinna« ou l'agenouillement d'Émilie devant la clémence d'Auguste* (in *Onze études sur l'image de la femme dans la littérature française du 17e siècle*, Hg. W. Leiner, Tübingen/Paris 1978, S. 195–219). – J. Mesnard, *Le thème de la mort dans »Cinna«* (in *Mélanges J. Lods*, Paris 1978, S. 707–726). – R. Jasinski, *Sur »Cinna«* (in R. J., *A travers le 17e siècle*, Bd. 1, Paris 1981, S. 40–59). – O. de Mourges, *Cohérence and Incohérence in »Cinna«* (in *Form and Meaning, Studies presented to H. Barnwell*, Amersham 1982, S. 51–62). – G. C. Gerhardi, *Ökonomie und Machtpolitik in C.s »Cinna«* (in RF, 95, 1983, S. 417–444). – A. Georges, *La pensée politique de »Cinna«* (in RomR, 74, 1983, S. 413–424). – L. Herland, *»Cinna« ou le péché et la grace*, Toulouse 1984. – P. J. Yarrow, *Réflexions sur le dénouement de »Cinna«* (in PFSCL, 1984, Nr. 20/21, S. 547–558). – F. Boulêtreau, *»Cinna« de C. ou l'héroisme de la lucidité* (in French Studies in Southern Africa, 14, 1985, S. 29–45).

## CLITANDRE OU L'INNOCENCE DÉLIVRÉE

(frz.; *Clitandre oder Die befreite Unschuld*). Tragikomödie in fünf Akten von Pierre CORNEILLE, Uraufführung: Paris, erste Hälfte 1631, Jeu de Paume de Berthault (durch die Gruppe von Montory). Das Druckprivileg wurde erst 1632 erteilt. – Da ihm die stilistische und szenische Schlichtheit seines ersten Stücks, der Komödie *Mélite ou Les fausses lettres* (1629), nur Kritik eingetragen hatte, versuchte der gekränkte junge Autor den Zeitgeschmack besser zu treffen mit einer Tragikomödie der Eifersucht, die allen Überschwang des melodramatischen Theaters auf die Spitze treibt: Der in königlicher Gunst stehende Rosidor wird von den beiden Prinzessinnen Caliste und Dorise leidenschaftlich geliebt. Diese Dreieck-Situation komplizierend, mischen sich zwei Liebhaber, Pymante und Clitandre, ins Spiel, das an Duellen und Einkerkerungen, an Verwundeten, maskierten Mördern und verkleideten Damen sogar die wildbewegten elisabethanischen und spanischen Dramen noch überbietet. Trotz Mord und Totschlag vereinigt der Schluß des Stücks zwei von der turbulenten Handlung nur wenig mitgenommene Paare. Charakteristisch für alle Dialoge ist ein äußerst forcierter Stil mit preziösen Wendungen und Verschleierungen. Dabei überläßt sich der später so streng auf die richtige Zäsur seiner Alexandriner bedachte Corneille hier noch seiner spontanen Neigung zu freieren Rhythmen.
Das Werk unterscheidet sich in nichts vom Gros der zeitgenössischen Stücke (z. B. von Jean de MAIRET, 1604–1686, oder Jean de ROTROU, 1609–1650). Nicht ohne Reiz ist jedoch die geradezu impertinente Vorrede, in der sich der Autor zum erstenmal mit den berühmten Regeln der Aristotelischen Dramaturgie auseinandersetzt, die ihn sein Leben lang beschäftigen sollten, um deren Einhaltung er sich aber in diesem völlig antiklassischen Schauspiel in jugendlichem Trotz keineswegs bemüht. I.P.

AUSGABEN: Paris 1632. – Paris 1862 (in *Œuvres complètes*, Hg. Marty-Laveaux, 12 Bde., 1862 bis 1868, 1; krit.). – Genf/Lille 1949, Hg. R. L. Wagner [krit.]. – Paris 1960 (in *Théâtre complet. Texte sur l'édition de 1682*, Hg. M. Rat, 3 Bde., 1; krit.; Class. Garn). – Paris 1980 (in *Théâtre 2*; GF). – Paris 1980 (in *Œuvres complètes*, Hg. G. Couton, 3 Bde., 1; Pléiade). – Rouen 1984 ff. (in *Théâtre complet*, Hg. u. Anm. A. Niderst; krit.).

LITERATUR: G. Charlier, *La clef de »Clitandre«* (in Bulletin de l'Académie Royale de Langue et Littérature Française, Belgique, 3, 1924, S. 17–29). – L. Rivalle, *Les débuts de P. C.*, Paris 1936. – J. Morel, *La structure de »Clitandre«* (in RHT, 12, 1960, S. 118–126). – J. Truchet, *A propos de »Clitandre«* (in *Héroisme et création littéraire sous les règnes d'Henry IV et Louis XIII*, Hg. N. Hepp u. G. Livet, Paris 1974, S. 251–259). – M. Bertrand, *C. homme de son temps. Le thème de l'inconstance dans »Mélite« et »Clitandre«* (in Inf. litt, 34, 1982, S. 6–11). – Y. le Hir, *Aspects de »Clitandre«* (in L'information grammaticale, 12, Jan. 1982, S. 19–21). – P. Larthomas, *Le premier »Clitandre«* (in *Form and Meaning*, Hg. W. D. Howarth u. a., Amersham 1983, S. 41–50). – S. R. Baker, *An »I« for an Eye. C.'s »Clitandre«* (in PFSCL, 1986, Nr. 24/25).

## DISCOURS DE L'UTILITÉ ET DES PARTIES DU POÈME DRAMATIQUE. DISCOURS DE LA TRAGÉDIE ET DES MOYENS DE LA TRAÎTER SELON LE VRAISEMBLABLE OU LE NÉCESSAIRE. DISCOURS DES TROIS UNITÉS D'ACTION, DE JOUR ET DE LIEU

(frz.; *Abhandlung über den Nutzen und die Einteilung des Dramas. – Diskurs über die Tragödie und ihre Behandlung gemäß der Wahrscheinlichkeit oder Notwendigkeit. – Abhandlung über die drei Einheiten: Handlung, Zeit und Ort*). Drei theoretische Essays von Pierre CORNEILLE, erschienen 1660 als Einführungen in die drei Bände der Werkausgabe. – Corneille, der sich zeitlebens – in *avertissements, préfaces* und *examens* – intensiv mit ästhetischen Theorien auseinandergesetzt hat, präsentiert hier in systematischer Form die Quintessenz seiner Ansichten über das Drama. Als ein Mann der Praxis gesteht er, daß ihn diese *»äußerst mühsame Arbeit über einen äußerst schwierigen Gegenstand«* mehr Mühe gekostet habe als das Schreiben von Theaterstücken. Er polemisiert zwar nicht, beruft sich aber auf seine Theatererfahrung, die ihm den Gelehrten gegenüber – z. B. D'AUBIGNAC, dem Verfasser der einige Jahre zuvor erschienenen *Pratique du théâtre* – die bessere Position einräume. Zwar gründet sich seine Poetik ebenfalls auf ARISTOTELES und HORAZ, aber er ist der Meinung, jeder Autor habe das Recht, deren Theorien auf seine Weise zu interpretieren (das ist derselbe Standpunkt, den später PERRAULT und seine Anhänger in der »Querelle des Anciens et des Modernes« gegenüber BOILEAU vertreten). – Corneille teilt die herrschende Ansicht, Sinn des Theaters sei es, zu unterhalten. Diesem Ziel sollen die dramaturgischen Regeln als praktische Hilfsmittel dienen. Doch scheint ihm das Vergnügen des Publikums wichtiger als die Einhaltung der Regeln. So plädiert er zum Beispiel für die den klassischen Tragödienvers, den Alexandriner, gefällig unterbrechenden Stanzen. Während die traditionelle Lehrmeinung den moralischen Nutzen des Theaters zum obersten Prinzip erhebt, will Corneille diesen Nutzen als eine bei einem Publikum mit gesunden Instinkten selbstverständliche Folge des Vergnügens am Spiel sehen. – Die klassische Konzeption der dramatischen Handlung empfindet er als logisch und erklärt ihre Gliederung – Exposition, Entwicklung der Krise und deren Lösung – für ebenso verbindlich wie die Forderung nach fortschreitender Bewegung (ohne lange Berichte und Monologe) und das Bemühen, die Katastrophe so lange wie möglich hinauszuzögern. Hinsichtlich der drei Einheiten will Corneille dem Dramaturgen die größtmögliche Freiheit lassen. Die Wahrung der Einheit von Handlung und Zeit sieht er, obwohl sie seiner Phantasie oft Zügel angelegt hat, doch als eine Möglichkeit an, dem Zuschauer die Illusion des wirklichen Lebens zu geben. Die Forderung nach Einheit des Orts behandelt er dagegen mit einiger Ironie; sie widerspreche häufig dem modernen Wunsch nach Wahrscheinlichkeit und sogar den guten Sitten. In diesem Punkt ermutigt er den Tragödiendichter zum Vertrauen auf sich selbst und zu seinem Publikum und plädiert für einen geschickten Ortswechsel dort, wo es notwendig scheine.

Mit seinen subtilen Erörterungen der Wahrheit, Wahrscheinlichkeit und Notwendigkeit im Bühnengeschehen, die ihn als glänzenden Aristoteles-Kommentator ausweisen, setzt sich Corneille in Opposition zur anerkannten Doktrin. Seine Neigung, im Dienste einer höheren poetischen Wahrheit auch Unwahrscheinlichkeiten zu gestatten, begründet er zum Teil aus der antiken Poetik, beruft sich aber wiederum vor allem auf die für ihn selbst entscheidenden Kriterien: die dramatische Wirkung und die Reaktion des Zuschauers. – In seiner Konzeption des Helden macht Corneille sich frei von der Aristotelischen Forderung nach *»gemischten Charakteren«* und von dem damit zusammenhängenden Problem der *»Reinigung der Affekte«*, einer Formulierung, die von Corneilles Zeitgenossen im Sinne einer *»moralischen Lektion«* interpretiert wurde. *»Mitleid und Furcht«* müssen nicht Hand in Hand gehen. Seine eigenwillige Anschauung stützt er durch zahlreiche Beispiele, vorwiegend aus eigenen Werken; er zitiert vor allem *Cid, Cinna, Héraclius, Nicomède, Rodogune*. Auch die noch revolutionärere Idee, daß die Helden einer Tragödie nicht unbedingt adeliger Herkunft sein müßten, deutet sich (wie in gewisser Hinsicht auch schon in *Don Sanche d'Aragon*, 1650) hier an.

Die von Corneille im soliden Gewand einer gelehrten Dissertation vorgetragenen ästhetischen Prinzipien lassen den aus früheren Vorworten und Avertissements bekannten engagierten Streiter erkennen, der ohne Scheu Erfahrungen aus seiner Theaterpraxis in die Theorie mit einbezieht. I.P.

AUSGABEN: Paris 1660 (in *Théâtre complet*, 3 Bde.; Ausg. durchgesehen u. korrigiert vom Autor). –

Paris 1862 (in *Œuvres complètes*, Hg. Marty-Laveaux, 12 Bde., 1862–1868, 1). – Paris 1963; [2]1982 (*Trois discours sur le poème dramatique*, Hg. L. Forestier). – Paris 1971 (in *Théâtre complet*, Hg. G. Couton, 3 Bde., 1; Class. Garn). – Paris 1988 (in *Œuvres complètes*, Hg. G. Couton, 3 Bde., 3; Pléiade).

LITERATUR: J. Levallois, *C. inconnu* (in Correspondant, 99, 1875, S. 31–74; 714–763; 100, 1875, S. 106–144). – G. Lanson, *Les »Discours«* (in Revue des Cours et Conférences, 9, 1900/1901, S. 115–122; 410–416; 473–479). – J. Schérer, *La dramaturgie classique en France*, Paris 1950. – G. Couton, *C. en 1660* (in DHS, 1961, Nr. 50/51, S. 43–63). – M.-O. Sweetser, *Les conceptions dramatiques de C. d'après ses écrits théoriques*, Genf/Paris 1962 [m. Bibliogr.]. – R. Mantero, *C. critique et son temps*, Paris 1964. – R. J. Nelson, *The Spirit of C.'s Criticism* (in EsCr, 4, 1964, S. 115–134). – H. T. Barnwell, *Some Reflections on C.'s Theory of ›Vraisemblance‹ as Formulated in the »Discours«* (in FMLS, 1, 1965, S. 265–318). – A. Tomich, *Les trois »Discours« de C. et la critique du 17e siècle*, Diss. Wisconsin-Madison 1976 (vgl. Diss. Abstracts, 37, 1976/1977, S. 5174A). – H. M. Davidson, *C. interprète d'Aristote dans les trois discours* (in *Actes du Colloque ... de Rouen*, Hg. A. Niderst, Paris 1985).

## DON SANCHE D'ARAGON

(frz.; *Don Sancho von Aragon*). Heroische Komödie in fünf Akten von Pierre CORNEILLE, Uraufführung: Paris, Winter 1649/1650. – Die Widmungsepistel an M. de Zuylichem (Berater des Prinzen von Oranien) befaßt sich mit der vom Autor aus dem Spanischen übernommenen Gattung der *Comédie héroïque*, die er als eine vermittelnde Mischform zwischen die Furcht und Mitleid erregende Tragödie und die zum Lachen einladende Komödie stellt. Corneille unternimmt damit einen ihm selbst vielleicht nicht bewußten Schritt in Richtung auf das spätere bürgerliche Trauerspiel, dessen Verwirklichung das unbedingte Festhalten am historisch überlieferten Stoff als Grundlage der Darstellung tragischer Größe vorerst noch im Weg stand. Die von Corneille genannten Quellen – Lope de VEGAS Komödie *El palacio confuso* und der Roman *Don Pélage ou L'entrée des Maures en Espagne* (1645) von Félix de JUVENEL – sind wenig mehr als Anregungen gewesen. Wie berichtet wird, erhielt sein Stück zuerst *»großen Beifall, aber eine Ungnade besonderer Art ließ sein ganzes Glück scheitern. Die Ablehnung durch eine illustre Stimme verminderte den Beifall, den das Publikum ihm nur zu bereitwillig gespendet hatte ...«*. Die »illustre Stimme« war die des Prinzen von Condé, der indigniert war über die Darstellung eines Soldaten, der seine ruhmreiche Karriere nicht seiner adligen Herkunft verdanken will.

Der vom Glück begünstigte Carlos liebt Isabella von Kastilien, die ihn insgeheim wiederliebt. Eine Verbindung zwischen ihnen scheint jedoch wegen Carlos' niedriger Geburt nicht möglich. Als die Königin unter drei Edelleuten ihres Reiches ihren Gatten auswählen soll, nimmt Carlos zusammen mit der entthronten Königin von Aragon und ihrer Tochter Elvira an dem Empfang der Anwärter auf die Hand Isabellas teil. Empört darüber, daß er von den anderen verächtlich behandelt wird, macht ihn die Königin auf der Stelle zum Marquis und überläßt ihm die Entscheidung über ihren zukünftigen Gemahl. Währenddessen ist es in Aragon zu einem Aufstand gekommen, und man ruft den Sohn des verstorbenen Königs auf den Thron. Er bleibt zunächst unauffindbar, bis sich schließlich herausstellt, daß der Gesuchte kein anderer ist als Carlos, der in Unkenntnis seiner Herkunft bei einem Fischer aufgewachsen ist. Die öffentliche Verkündung seiner Herkunft erlaubt Carlos jedoch erst, als er sicher ist, daß, wenn er auch als emporgekommener Plebejer gilt, seine Ehre und sein Ruf voll anerkannt werden. Als Don Sancho von Aragon kann er nun Isabella von Kastilien heiraten und die beiden Kronen vereinigen. – Obgleich der vom Glück begünstigte »Emporkömmling« als ein Mann dargestellt wird, der die Prinzessinnen mit allem schuldigen Respekt behandelt, mußte im 17. Jh. der Gedanke, daß jemand allein um seiner Verdienste willen mit dem Geburtsadel auf gleichem Fuß verkehren dürfe, allzu revolutionär wirken. Auf Befehl der Königin Isabella unter die hohen Herren des Reiches aufgenommen, antwortet Carlos auf den Unwillen und die Verachtung der Adeligen voll Stolz: *»Se pare qui voudra des noms de ses aïeux / Moi, je ne veux porter que moi-même en tous lieux; / Je ne veux rien devoir à ceux qui m'ont fait naître, / Et suis assez connu sans les faire connaître.« (»Mit dem Namen seiner Ahnen schmücke sich wer will / ich will überall nur meinen eigenen Namen tragen / und denen nicht verpflichtet sein, die mich geboren haben / ich bin bekannt genug, auch ohne daß man sie kennt.«)* Ein solch »republikanischer« Ton zur Zeit der Fronde, vor der endgültigen Festigung des Absolutismus, war gefährlich, ist aber aufschlußreich als Reaktion Corneilles darauf, daß seine bürgerliche Herkunft oft belächelt wurde. I.P.

AUSGABEN: Rouen 1650. – Paris 1862 (in *Œuvres complètes*, Hg. C. Marty-Laveaux, 12 Bde., 1862 bis 1868, 5). – Paris 1960 (in *Théâtre complet*, Hg. M. Rat, 3 Bde., 2; Class. Garn). – Paris 1962 (in *Théâtre choisi*, Hg. ders.; Class. Garn). – Paris 1984 (in *Œuvres complètes*, Hg. G. Couton, 3 Bde., 2; Pléiade). – Rouen 1984 ff. (in *Théâtre complet*, Hg. u. Anm. A. Niderst; krit.).

LITERATUR: E. Rigal, *»Don Sanche d'Aragon«; un retour offensif de la tragicomédie* (in E. R., *De Jodelle à Molière; tragédie, comédie, tragi-comédie*, Paris 1911, S. 261–289). – G. Couton, *C. et la Fronde; théâtre et politique il y a trois siècles*, Clermont-Ferrand 1951. – P. Descaves, *»Don Sanche d'Aragon«* (in L'Illustre Théâtre, 5, 1959, 13, S. 6–10). –

J. C. Marek, *La grandeur d'âme dans »Rodogune«, »Don Sanche d'Aragon« et »Suréna«* (in Revue de l'Université de Laval Quebec, 15, 1960/1961, S. 348–357). – S. Doubrovsky, *C. et la dialectique du héros*, Paris 1964, S. 312–321. – J. S. Bidwell, *»Don Sanche« and the Baroque* (in KRQ, 23, 1976, S. 239–246).

## LA GALERIE DU PALAIS OU L'AMIE RIVALE

(frz.; *Die Galerie du Palais oder Die Freundin als Rivalin*). Verskomödie in fünf Akten von Pierre CORNEILLE, Uraufführung: Paris 1633/1634. – Auch die Handlung dieser dritten Komödie – nach *Mélite* und *La veuve* – des jungen Corneille ist noch ganz unoriginell, nur ein triviales Liebesgeplänkel: Lysandre liebt Célidée, während Dorimant Hippolyte für sich zu gewinnen sucht, deren heimliche Zuneigung aber Lysandre gilt, woraus sich die obligaten Mißverständnisse ergeben; denn Célidée befolgt den hinterlistigen Rat der Freundin, ihren Verehrer zu prüfen, indem sie plötzlich Gleichgültigkeit heuchelt. Der verzweifelte Lysandre täuscht daraufhin glühende Liebe zu Hippolyte vor, um die wahren Gefühle seiner Célidée zu ergründen. Die allgemeine Verwirrung, zu der die mit klugen Ratschlägen sich einmischenden Eltern und lustig-listige Bediente ihr Teil beitragen, endet natürlich mit der Versöhnung der beiden Paare und einer Doppelhochzeit.

Seinen Titel, seinen Erfolg und nicht zuletzt seine theatergeschichtliche Bedeutung verdankt das im Grunde anspruchslose Frühwerk einigen pittoresken Szenen, deren Schauplatz die bekannte Galerie du Palais ist, der Flügel des Justizpalastes, in dem zur Zeit des Dichters die angesehensten Kaufleute von Paris ihre Läden hatten. Corneille läßt die Kunden des Tuch- und Kurzwarenhändlers Modefragen debattieren und die an der schönen Literatur Interessierten vor den Auslagen des Buchhändlers ironisch oder seicht-schwärmerisch über die letzten Neuerscheinungen urteilen. Obwohl überspitzt formuliert, geben diese Anspielungen doch Aufschluß über den Zeitgeschmack. Daher gilt das Stück als die erste französische Komödie mit einem realistischen Handlungsort, mit realistischer Handlungszeit (jeder Akt entspricht einem Tag) und aktuellem Zeitbezug. Als weitere Innovation kommt die »Verinnerlichung« hinzu. Nicht ein äußerer Anlaß führt zu den amourösen Konflikten der Personen, sie ergeben sich vielmehr allein aus ihrer psychologischen Disposition und der Personenkonstellation. Ferner kreiert Corneille darin eine neue weibliche Bühnenfigur und kommentiert diese in der Tat wichtige dramaturgische »Erfindung« in dem *Examen* der *Théâtre*-Ausgabe von 1660: *»Die Person der alten Amme, die aus der antiken Komödie stammt und die unser Theater aus Mangel an Schauspielerinnen bis jetzt beibehalten hat, weil ein verkleideter Mann sie darstellen kann, wird hier durch die Zofe ersetzt, die von einer Frau mit ihrem eigenen Habitus gespielt werden kann.«* Diese erste Bühnenzofe ist Hippolytes Vertraute Florice, die zwar immer noch die gleichen Funktionen wie die Amme hat – nämlich die der intrigenfördernden Komplicin ihrer Herrschaft und Mittlerin zwischen Autor und Publikum – doch wirkt sie viel lebendiger, anziehender. Vor allem aber: Sie vermag im amourösen Quiproquo eine aktive Rolle zu spielen, ja, sie kann den jungen Damen, bei denen sie in Diensten steht, zur gefährlichen Konkurrentin werden. In seinem nächsten Stück, *La suivante (Die Zofe)*, stellte Corneille eine solche attraktive und raffinierte Gesellschafterin in den Mittelpunkt der Handlung, scheiterte allerdings an der Banalität und Unwahrscheinlichkeit des Vorwurfs. KLL

AUSGABEN: Paris 1637. – Rouen/Paris 1660 (in *Le théâtre*, 3 Bde.; 1; enth. auch *Examen*). – Paris 1862 (in *Œuvres*, Hg. Ch. Marty-Laveaux, 12 Bde., 1862–1868, 2). – Paris 1950 (in *Théâtre complet*, Hg. P. Lièvre u. R. Caillois, 2 Bde.; Pléiade). – Paris 1960 (in *Théâtre complet*, Hg. M. Rat, 2 Bde., 1; Class. Garn). – Paris 1968 (in *Théâtre*, Hg. J. Maurens, 2 Bde., 1; GF). – Paris 1971 (in *Théâtre complet*, Hg. G. Couton, 3 Bde., 1; Class. Garn). – Paris 1980 (in *Œuvres complètes*, Hg. G. Couton, 3 Bde., 1; Pléiade). – Genf 1981, Hg. M. R. Margitić (TLF). – Rouen 1984 ff. (in *Théâtre complet*, Hg. u. Anm. A. Niderst; krit.).

## HÉRACLIUS, EMPEREUR D'ORIENT

(frz.; *Heraklius, Kaiser des Orients*). Tragödie in fünf Akten von Pierre CORNEILLE, Uraufführung: Paris, Dezember 1646, Hôtel de Bourgogne. – Nach dem Mißerfolg seiner *Théodore*, der Tragödie um die jungfräuliche römische Märtyrerin, wandte Corneille erneut das kurz davor mit *Rodogune* erprobte Rezept an, die Zuschauer durch obskure Zusammenhänge, frappierende Schicksalswendungen, ja eine kunstvolle »Verrätselung« der Handlung in den Bann zu schlagen: Eine doppelte Kindervertauschung bringt die jungen Helden Héraclius und Martian in die fatale Lage, daß sie nicht mehr wissen, wer sie selbst sind und ob die von ihnen geliebten Frauen nicht möglicherweise ihre Schwestern sind.

Bei der Ausrottung der Familie des Kaisers Maurice (Mauritius) von Byzanz durch den Usurpator Phocas hat die Amme Léontine den jüngsten Sohn, Héraclius, gerettet, indem sie statt seiner in edlem Verrat an der Mutterliebe ihren eigenen Sohn töten ließ. Um dem Geretteten den Thronanspruch zu sichern, hat sie ihn nochmals vertauscht, und zwar mit Phocas' Sohn Martian, den sie fortan als ihr eigenes Kind Léonce ausgibt. Die beiden Jünglinge sind treue Freunde geworden. – Phocas plant nun, seinen inzwischen herangewachsenen Sohn Martian (alias Héraclius) mit Pulchérie, der scheinbar einzigen Überlebenden der byzantinischen Kaiserfamilie, zu vermählen. Sie aber hat den ihr Zugedachten, ihren Bruder, von dem sie nichts ahnt, stets abgewiesen, denn ihr Herz gehört Léonce (alias Martian). Da erfährt Phocas, daß ein Sohn des rechtmäßigen Kaisers dem Blutbad entkam und in einem der jungen Männer Martian und Léonce zu suchen ist. Da die Indizien sich widersprechen, kann der Tyrann die Identität der beiden jedoch nicht sicher feststellen. Er muß argwöhnen, daß er den Sohn des Todfeindes als seinen eigenen großgezogen und liebgewonnen hat und daß dieser an seinem vermeintlichen Vater den Mord der Eltern und Geschwister rächen wird. Héraclius, der um seine Herkunft und die des falschen Léonce weiß, gerät in einen Konflikt von echter Tragik: Um den Freund vor der Ermordung durch den eigenen Vater zu bewahren oder aber vor dem unwissentlichen Vatermord, bleibt ihm nur der Ausweg, zu offenbaren, wer er wirklich ist, und sich damit der Rache des hintergangenen Tyrannen auszuliefern. Die Lösung des verworrenen Konflikts erfolgt durch eine dramaturgisch recht simple Wendung: Phocas wird von einem byzantinischen Patrizier umgebracht. Héraclius, der rechtmäßige Thronerbe, wird nun *»empereur d'orient«* und vermählt sich mit Léontines Tochter Eudoxe; seine Schwester Pulchérie reicht dem tugendsamen Tyrannensohn Martian die Hand.

Corneille hat von der eigentlichen Heraklius-Geschichte, einem seit dem Mittelalter schon mehrfach literarisch gestalteten Stoff, auf den er bei der Lektüre der *Annales ecclesiastici* des Kardinals BARONIO (1538–1607) gestoßen war, nicht viel mehr als ein paar Namen beibehalten. Die Handlung seines Stücks ist frei erfunden und unbekümmert anachronistisch. Einzelne Motive hat der Dichter der Tragikomödie *Bérénice* (1645) von Pierre DU RYER und Antonio MIRA DE AMESCUAS dramatischem Hauptwerk *La rueda de la fortuna*, 1616 *(Das Rad der Fortuna)*, entlehnt. Das Zentralmotiv, die Verstrickungen durch das Identitätsgeheimnis des Titelhelden, verdankt Corneille dem *Oidipus tyrannos* des SOPHOKLES, er greift es dann in seiner *Œdipe*-Tragödie (1659) nochmals auf. Auch Anleihen bei seinen eigenen früheren Stücken lassen sich nachweisen (z. B. *Rodogune*; Geheimnis der Geburt und latente Geschwisterliebe). Daß er indessen CALDERÓNS Heraklius-Drama *En esta vida todo es verdad y todo mentira (In diesem Leben ist alles Wahrheit, alles Lüge)* benutzt oder gar plagiiert habe, wie seit VOLTAIRE immer wieder behauptet worden ist, konnte inzwischen widerlegt werden. Calderóns Stück wurde erst 1659 aufgeführt und ist im Druck nicht vor 1664 nachweisbar.

In seiner Vorbemerkung *Au lecteur* und in dem nachgelieferten *Examen* zu dem Stück hat Corneille sich bemüht, dem Leser und Zuschauer das Verständnis des komplizierten Bühnengeschehens zu erleichtern und den zu erwartenden Vorwurf, daß es der Wahrscheinlichkeit entbehre, zu entkräften. Schließlich gibt er aber zu, daß man es mehrmals aufgeführt sehen müsse, um es ganz zu verstehen. Das war allerdings keine günstige Voraussetzung für das »Erfolgsstück«, das er hatte schreiben wollen. Und so brachte *Héraclius* dem ehrgeizigen Dichter, trotz vieler von Kennern besonders bewunderter Verse, nicht den Ruhm des *Cid*, *Horace* und *Cinna* zurück. KLL

AUSGABEN: Rouen/Paris 1647. – Paris 1862 (in *Œuvres complètes*, Hg. C. Marty-Laveaux, 12 Bde., 1862–1868, 5). – Paris 1950 (in *Théâtre*, Hg. P. Lièvre u. R. Caillois, 2 Bde., 2; Pléiade). – Paris 1960 (in *Théâtre complet*, Hg. M. Rat, 3 Bde., 2; Class. Garn). – Paris 1984 (in *Œuvres complètes*, Hg. G. Couton, 3 Bde., 2; Pléiade). – Rouen 1984 ff. (in *Théâtre complet*, Hg. u. Anm. A. Niderst; krit.).

LITERATUR: L. M. Riddle, *The Genesis and Sources of P. C.'s Tragedies from »Médée« to »Pertharite«*, Baltimore/Paris 1926, S. 133–151. – E. Schramm, *C.s »Héraclius« u. Calderóns »En esta vida todo es verdad y todo mentira«* (in RH, 71, 1927, S. 225–308). – S. Doubrovsky, *C. et la dialectique du héros*, Paris 1963, S. 303–311. – J. D. Lyons, *The Unknown King, »Héraclius«* (in J. D. L., *A Theatre of Disguise*, Columbia/S.C. 1978, S. 107–137). – M. O. Hivnor, *Name as a Basis for Action in C.'s »Héraclius«* (in RoNo, 22, 1981/1982, S. 313–317).

## HORACE

(fzr.; *Horatius*). Tragödie in fünf Akten von Pierre CORNEILLE, Uraufführung: Paris 1640, Palais-Cardinal. – Diese erste Römertragödie des Dichters verdankt ihre Entstehung den Streitigkeiten um den 1636 uraufgeführten *Cid*, deren literarische und politische Aspekte die Wahl des Stoffs, die Regeltreue und den ideellen Gehalt des neuen Werks bestimmten.

Der Streit um die Vorherrschaft zwischen den benachbarten Städten Rom und Alba Longa soll zur Vermeidung weiteren Blutvergießens durch den Kampf zwischen je drei Vertretern der beiden Parteien entschieden werden. Das bedeutet neue Hoffnung für die miteinander verschwägerten Familien der römischen Horatier und der Curiatier aus Alba, Hoffnung vor allem für Curiaces Schwester Sabine, die Frau des jungen Horace, und für dessen Schwester Camille, die mit Curiace verlobt ist. Da kommt die Nachricht, daß Horace und seine beiden Brüder auserwählt worden seien, für Rom zu kämpfen, während Alba die drei Curiatier zur Verteidigung ihrer Ehre bestimmt hat. Die Reaktion der Betroffenen ist bezeichnend für ihre unterschiedlichen Charaktere: Curiace stürzt die Vorstellung, auf Leben und Tod gegen den Mann seiner Schwester und dessen Brüder kämpfen zu müssen, in Verzweiflung. Horace kennt solche Anwandlungen von Schwäche nicht. Ihm geht der Dienst am Vaterland über alles; der ehrenvolle, schwere Auftrag kann nur seinen Ruhm erhöhen. Mit den lapidaren Worten *»Ich kenne euch nicht mehr«* löst er die Familienbande auf. Curiace antwortet: *»Ich kenn' euch noch; das ist es, was mich tötet.«* Camille und Sabine sehen sich vor eine tragische Alternative gestellt: Wie der Kampf auch ausgeht, in jedem Fall werden beide einen geliebten Menschen verlieren. Vergeblich versuchen sie, die Krieger durch Bitten und Tränen zu erweichen. Der alte Horace bricht die dramatische Abschiedsszene schroff ab.

Zunächst scheint es so, als würden die Horatier unterliegen. Zwei der Brüder sind erschlagen, und Horace soll geflohen sein. Der Vater schwört, den Feigen mit eigener Hand zu töten. Doch die Flucht erweist sich als eine List, mit der es Horace gelang, alle drei Curiatier zu besiegen. Rom triumphiert, der Stolz des alten Horace ist grenzenlos. Camille aber, im Schmerz um den geliebten Curiace, tritt dem siegreichen Bruder wie eine Rachegöttin entgegen und verflucht ihn und Rom, worauf Horace, empört über ihren Verrat an der Vaterstadt, die Schwester mit dem Schwert durchbohrt. Über den Mörder soll der König selbst das Urteil sprechen. In einer glänzenden Rede plädiert der alte Horace vor Gericht dafür, seinen Sohn von Schuld freizusprechen, da er die Tat im Eifer für die Ehre des Vaterlands begangen habe. Aus Dankbarkeit für seine großen Verdienste um Rom gewährt König Tullius dem jungen Horace das Leben und gebietet ihm, dem Staate weiterhin treu zu dienen.

Corneille verdankt den Stoff des *Horace* dem berühmten Bericht des LIVIUS (*Ab urbe condita libri*, 1, 23–27), aus dem er den Handlungsverlauf sowie die Charakterisierung der wichtigsten Personen entnommen hat. Im Unterschied zu den von der zeitgenössischen Kritik beanstandeten formalen Eigenwilligkeiten des *Cid* gestaltet er in *Horace* ein Drama, das sich in bezug auf Ort- und Zeiteinheit streng an die Forderung der Aristotelischen Regeln hält. Die Beschränkung auf 24 Stunden dramatischer Zeit verleiht der Tragödie eine über Hoffnung, Furcht, Ungewißheit zu Entsetzen sich steigernde Spannungsintensität, während der im ganzen Stück gleichbleibende Schauplatz den Bürgerkriegs-Konflikt auf den engen Kreis zweier Familien reduziert. Dagegen ist die Handlungseinheit, wie Corneille im *Examen d'Horace* selbst einräumt, problematisch und durch eine lockere *»unité d'intérêt«* (Interesseneinheit) ersetzt. Das Stück zerfällt in zwei fast selbständige Teile, deren erster, bis zur Hälfte des vierten Akts, die Gefahr, den Kampf und Sieg Roms beinhaltet, während der zweite Teil, die Gerichtsverhandlung über einen Schwestermord, mit dem Vorhergehenden nur lose zusammenhängt. Der erste Teil ist in seiner Knappheit und dramatischen Steigerung vorbildlich für die Form des klassischen französischen Dramas, der zweite, obgleich ein *»Kunstwerk an rhetorischer und dialektischer Poesie«* (Suchier), wurde von der Kritik mißbilligt.

Das Leitmotiv der Handlung ist der Widerstreit der Pflichten gegenüber Familie und Staat. Das höhere Recht wird letzten Endes dem Staat zuerkannt. Mit dieser Lösung beruft sich Corneille nicht nur auf die römische Verabsolutierung der Staatsräson, sondern trägt auch der politischen Doktrin des allmächtigen Kardinals Richelieu Rechnung, dem das Stück gewidmet ist. Im Mittelpunkt der Handlung steht die Tragödie des Horace, die eine *»Tragödie der Prüfung«* ist (Louis Herland). Wenn seine Haltung auch wie die eines Fanatikers wirkt, ist sie im Grunde doch nichts anderes als der Ausdruck einer Gewissensstrenge, die ihn dem persönlichen Recht auf Liebe und Freundschaft die Forderungen der Gesellschaft als höhere moralische Werte entgegenzusetzen zwingt. Ihm zur Seite stehen in Curiace, der sich bei aller Tapferkeit ein fühlendes Herz bewahrt hat, und Sabine zwei pathetische Tragödienhelden alten Stils, die völlig passiv bleiben. Camille hingegen nimmt teil am dramatischen Geschehen und gleicht in der Absolutheit ihrer unbesiegbaren Leidenschaft den Heldinnen RACINES. Der alte Horace verkörpert den traditionellen Bühnentyp des edlen Vaters mit sehr persönlichen Zügen.

Im Zusammenhang mit dem übrigen Werk des Dichters betrachtet, stellt *Horace* die höchste Steigerung eines absoluten, selbstbezogenen, in sich befangenen Heldentums dar, das Horace, stärker noch als Rodrigue *(Cid)*, auf dem Höhepunkt seiner Größe mit einem Gefühl unnahbarer, lebensfeindlicher Einsamkeit umgibt, deren er sich zudem voll bewußt ist. Und in diesem Wissen um sein letztliches Scheitern ist das eigentlich Tragische des Dramas verankert. Bereits das nächste Drama, *Cinna* (1641), zeigt eine ganz andere Lösung eines ähnlichen Konflikts, da sich Augustus für Großmut und Menschlichkeit und gegen die strenge Staatsräson entscheidet. I.P.-KLL

AUSGABEN: Paris 1641. – Paris 1862 (in *Œuvres complètes*, Hg. Ch. Marty-Laveaux, 12 Bde., 1862–1868, 3). – Paris 1950 (in *Théâtre*, Hg. P. Lièvre u. R. Caillois, 2 Bde., 2; Pléiade). – Paris 1960 (in *Théâtre complet*, Hg. M. Rat, 3 Bde., 1; Class. Garn). – Paris 1980 (in *Théâtre*, Hg. J. Maurens, 2 Bde., 2; GF). – Paris 1980 (in *Œuvres complètes*, Hg. G. Couton, 3 Bde., 1; Pléiade). – Rouen 1984 ff. (in *Théâtre complet*, Hg. u. Anm. A. Niderst; krit.). – Paris 1986 [Vorw. J.-P. Miquel; Komm. u. Anm. A. Couprie].

ÜBERSETZUNGEN: *Horatz oder gerechtfertigter Schwester-Mord*, D. E. Heidenreich, Görlitz 1662. – *Horatius oder Der Kampf der Horatier u. Curatier*, C. v. Hänlein (in *Meisterwerke*, Bd. 2, Bln. 1817). – *Horatius*, R. Wilke, Halle 1905. – Dass., K. Th. Gaedertz, Lpzg. 1929 (RUB).

VERTONUNGEN: A. Salieri, *Les Horaces* (Text: N.-F. Guillard; Oper; Urauff.: Fontainebleau, 7. 12. 1786). – B. Porta, dass. (Text: ders.; Oper; Urauff.: Paris, 18. 10. 1800, Opéra). – C. Saint-Saëns, *Scène d'Horace* (Bühnenmusik f. Sopran, Bariton u. Orchester, 1860).

LITERATUR: L. M. Riddle, *The Genesis and Sources of P. C.'s Tragedies from »Médée« to »Pertharite«*, Baltimore/Paris 1926, S. 19–39. – W. Moore, *C.'s »Horace« and the Interpretation of French Classical*

*Drama* (in MLR, 34, 1939, S. 382–395). – W. H. Barber, *Patriotism and ›gloire‹ in C.'s »Horace«* (ebd.; 46, 1951, S. 368–378). – L. Herland, *»Horace« ou La naissance de l'homme*, Paris 1952. – W. A. Nitze, *›Vertu‹ as Patriotism in C.'s »Horace«* (in PMLA, 67, 1952, S. 1167–1172). – H. Gehle, *Staat u. Menschlichkeit. Gedanken über »Horace« von P. C.* (in NSp, 3, 1954, S. 471–476). – J. W. Scott, *The ›Irony‹ of »Horace«* (in FS, 13, 1959, S. 11–17). – L. E. Harvey, *C.'s »Horace«. A Study in Tragic and Artistic Ambivalence* (in L. E. H., *Studies in Seventeenth-Century French Literature*, Ithaca/N.Y. 1962, S. 65–97). – S. Doubrovsky, *C. et la dialectique du héros*, Paris 1963, S. 133–184. – A. Bouvet, *Hommage à Sabine* (in AJFS, 1, 1964, S. 119–133). – G. Mony, *La promesse des dieux. Explication et commentaire de la pièce d'»Horace« de P. C.*, Nizza 1964. – C. G. Whiting, *The Ambiguity of the Hero in C.'s »Horace«* (in Symposium, 23, 1969, S. 164–170). – T. H. Reiss, *C. from »Mélite« to »Horace«* (in T. H. R., *Towards Dramatic Illusion*, Ldn./New Haven 1971, S. 156–177). – P. Sénart, *»Horace«* (in RDM, Jan.–März 1972, S. 414–419). – W. V. Wortley, *Horace's ›crime passionel‹* (in RoNo, 14, 1972/1973, S. 319–329). – M. Krüger, *»Horace«* (in M. K., *Wandlungen des Tragischen*, Stg. 1973, S. 98–106). – W. Cloonan, *Women in »Horace«* (in RoNo, 16, 1974/1975, S. 647–652). – C. J. Gossip, *Tragedy and Moral Order in C.'s »Horace«* (in FMLS, 11, 1975, S. 15–28). – M. O. Sweetser, *La recherche des effets dans »Le Cid« et »Horace«* (in PFSCL, 7, 1977, S. 103–120). – B. L. Knapp, *C.'s »Horace«* (in Classical and Modern Literature, 1, 1980/1981, S. 133–145). – R. C. Knight, *C. »Horace«* Ldn. 1981. – R. Jasinski, *Sur »Horace«* (in R. J., *A travers le 17e siècle*, Bd. 1, Paris 1981, S. 27–39). – M. Greenberg, *»Horace« Classicism and Female Trouble* (in RomR, 74, 1983, S. 271–292). – S. Tiefenbrun, *Blood and Water in »Horace«* (in PFSCL, 1983, Nr. 18/19). – Ph. Koch, *»Horace«* (in RomR, 76, 1985, S. 148–161). – B. Woshinsky, *»Aimer un bras«. Metonymic Mutilation in C.'s »Horace«* (in PFSCL, 1985, 22/23, S. 237–246).

## L'ILLUSION COMIQUE

(frz.; *Komödie der Täuschungen*). Komödie in fünf Akten von Pierre CORNEILLE, Uraufführung: Paris 1635. – Corneille, der als Dichter des ernsten Schauspiels und der Tragödie in die Literaturgeschichte eingegangen ist, hat seine dramatische Begabung zunächst an der Gattung der Komödie erprobt. Aufmerksamkeit verdient vor allem die *Illusion comique*, die gegenüber dem früher gepflegten, auf grobe Theatereffekte zielenden Komödienstil einen Fortschritt bedeutet.

Im ersten, wie ein Prolog wirkenden Akt führt Corneille den Bürger Pridamant vor, der auf der verzweifelten Suche nach Clindor, seinem vor vielen Jahren von zu Hause geflohenen Sohn, den Zauberer Alcandre trifft. In den folgenden vier Akten läßt nun Alcandre kraft seines Zauberstabs vor den Augen Pridamants einige Episoden aus dem Leben Clindors vorbeiziehen, die scheinbar nur lose miteinander verknüpft, doch alle auf einen einzigen Bezugspunkt hin orientiert sind. Nicht nur lenkt am Ende Corneille in einer Art Epilog auf die Figuren des Prologs, Pridamant und Alcandre, zurück, er läßt außerdem nach jedem Akt die wechselnden Erlebnisse des Sohns sich in den erregten Reaktionen des Vaters spiegeln. Clindor ist Diener und zugleich Nebenbuhler des Maulhelden Matadore (»Mohrentöter«), in dem Corneille eine traditionelle Figur der lateinischen (PLAUTUS' *Miles gloriosus*) und italienischen Komödie fortbildet. Vornehmlich an Matadore entfaltet Corneille denn auch die Komik seines Stücks. Den übertriebenen Dimensionen, die Matadores Federbusch, Rapier und Schnurrbart haben, entsprechen seine Reden, deren rhetorischer, an eingebildeten Heldentaten sich entzündender Überschwang in wirkungsvollem Kontrast zu seiner schlotternden Ängstlichkeit steht. – Dieser burleske Effekt verleiht ihm eine Originalität, die weder von Clindor, dem gerissenen, schlagfertigen und liebenswürdigen Vorläufer eines Figaro oder Gil Blas, noch von Adraste, einem weiteren Nebenbuhler Clindors, oder den weiblichen Gestalten des Stücks erreicht wird. Doch mit der Blässe der meisten Figuren und ihrer konventionellen Sprache versöhnt die auf Überraschungen und spannende Höhepunkte berechnete Handlung. Clindor gelingt es, seine beiden Rivalen, Matadore und Adraste, zu überspielen und die Gunst Isabelles zu gewinnen, deren Unbestechlichkeit und Selbstbewußtsein auf spätere Heldinnen des Tragikers Corneille vorausweisen. Von Isabelles Vorbereitung zur Flucht mit Clindor am Ende des vierten Akts geht die Handlung in eine tragische Szene über, die in der Ermordung Clindors gipfelt. Aber dem verzweifelten Vater enthüllt Alcandre dieses tragische Geschehen als theatralische Illusion, als bloßes Spiel: Clindor und Isabelle, die sich nach ihrer Flucht einer Schauspielgruppe angeschlossen, haben nur einen Ausschnitt aus einer Tragödie vorgeführt. Alcandre überzeugt den besorgten Pridamant vom Glanz und der gesellschaftlichen Bedeutung des Theaters, und dieser wird sich eilends nach Paris, an die Stätte des erfolgreichen Wirkens seines Sohns, begeben.

Zumal im letzten Teil der *Illusion comique* zeichnet sich Corneilles überlegener dramaturgischer Einfallsreichtum ab: Das Kunstmittel eines Spiels im Spiel, eines Theaters im Theater, löst in geistreicher Weise ein tragisches Geschehen aus. Daß Corneille hier den Versuch unternahm, die Gebildeten seiner Zeit dem Theater zuzuführen, bestätigt das abschließende Plädoyer Alcandres zugunsten der dramatischen Kunst. Aber die typisch barocke Vermischung des Komischen und des Tragischen, der Phantasie und der Wirklichkeit widersprach jener zur französischen Klassik hinführenden Tendenz, die auf die Reinheit der Gattungen drang und auch Corneilles Komödie bald zu Unrecht der Vergessenheit überantwortete. KLL

AUSGABEN: Paris 1639. – Paris 1862 (in *Œuvres complètes*, Hg. Ch. Marty-Laveaux, 12 Bde., 1862–1868, 2). – Manchester 1944, Hg. J. Marks [krit.]. – Paris 1950 (in *Théâtre complet*, Hg. R. Caillois, 2 Bde., 1; Pléiade). – Paris 1957, Hg. R. Garapon. – Paris 1960 (in *Théâtre complet*, Hg. M. Rat, 3 Bde., 1; Class. Garn). – Paris 1963. – Paris 1968 (in *Théâtre*, Hg. J. Maurens, 2 Bde., 1; GF). – Paris 1971 (in *Théâtre complet*, Hg. G. Couton, 3 Bde.; 1; Class. Garn). – Paris 1980 (in *Œuvres complètes*, Hg. G. Couton, 3 Bde., 1; Pléiade). – Rouen 1984 ff. (in *Théâtre complet*, Hg. u. Anm. A. Niderst; krit.).

LITERATUR: M. Chapiro, *»L'illusion comique«*, Paris 1940. – R. Garapon, *Rotrou et C.* (in RHLF, 50, 1950, S. 385–394). – R. J. Nelson, *C.'s »L'illusion comique«. The Play as Magic* (in PMLA, 71, 1956, S. 1127–1140). – S. S. de Sacy, *»L'illusion comique«* (in MdF, 332, 1958, S. 731–736; 333, 1959, S. 147–152). – A. D. Sellstrom, *»L'illusion comique« of C.: The Tragic Scenes of Act V* (in MLN, 73, 1958, S. 421–427). – H. Sckommodau, *Die Grotte der »Illusion comique«* (in *Wort u. Text, Fs. f. F. Schalk*, Hg. H. Meier u. H. Sckommodau, Ffm. 1963, S. 281–293). – Ch. Muller, *Essai de statistique lexicale. »L'illusion comique« de C.*, Paris 1964. – J. von Stackelberg, *C. »L'illusion comique«* (in *Das frz. Theater vom Barock bis zur Gegenwart*, Hg. ders., Bd. 1, Düsseldorf 1968, S. 54–73; 361–365). – C. Cosnier, *»L'illusion comique« de C.*, Paris 1972. – A. Richard, *»L'illusion comique« de C. et le baroque*, Paris 1972. – R. Albanese, *Modes de la théâtralité dans »L'illusion comique«* (in *C. comique*, Hg. M. R. Margitić, Paris u. a. 1982, S. 129–149). – H. T. Barnwell, *»L'illusion comique«* (in Theatre Research International, 8, 1983, S. 110–130). – I. Hochgeschwender, *C.s »Illusion comique« als politisches Theater* (in RZL, 7, 1983, S. 308–318). – A. Blanc, *A propos de »L'illusion comique«* (in RHT, 36, 1984, S. 207–217). – M. J. Whitaker, *»L'illusion comique« ou L'école des pères* (in RHLF, 85, 1985, S. 785–798). – A. Prassoloff, *L'écriture et l'écrivain dans »L'illusion comique«* (in Textuel, 17, 1985, S. 19–25).

## MÉDÉE

(frz.; *Medea*). Tragödie in fünf Akten von Pierre CORNEILLE, Uraufführung: Paris 1635. – Corneilles erste Tragödie – sie gehört zu den vor dem *Cid* entstandenen Jugendarbeiten – folgt im wesentlichen der Senecaschen Version des Stoffs.

Der Schauplatz ist Korinth, wo Medea und Jason nach der Eroberung des Goldenen Vlieses Zuflucht gesucht haben. Der skrupellose Jason will die schuldbefleckte Gefährtin verlassen und Kreusa, die eitle und selbstsüchtige Tochter König Kreons, heiraten, um sein Heroentum mit der Königskrone von Korinth zu krönen. Als Kreon die Verbannung Medeas und ihrer Kinder fordert, vermag Jason für die Mutter einen eintägigen Aufschub und Schonung für seine Söhne zu erwirken. Die von ihren Leidenschaften beherrschte Zauberin aber nutzt den Tag, um den Verrat zu vergelten; die Rivalin verbrennt in den »unsichtbaren« Flammen eines giftgetränkten Kleides, ebenso der zu Hilfe eilende König. Nachdem sie ihre Kinder mit eigener Hand ermordet hat, entführt ein Drachenwagen die Mutter in die Lüfte. Am Ende steht – eine Neuerung gegenüber SENECA – der verzweifelte Selbstmord Jasons, der die Rache den Göttern überläßt.

In der Widmung verteidigt Corneille das schmale Werk, in dem die Heldin *»in ihrer ganzen Boshaftigkeit«* und das *»Verbrechen in seinem Triumphwagen«* aufgezeigt werden sollen. Er hebt hervor, daß es – wie in der Porträtkunst – auch in der Dichtung vor allem auf die »Wahrscheinlichkeit« des Dargestellten ankomme – ein Begriff der zeitgenössischen ästhetischen Theorie, der die angestrebte Einfachheit und Klarheit der Handlungsführung umschrieb. Daneben tritt gleichrangig das Prinzip der »Nachahmung«. *»Es genügt mir, daß sie [die Charaktere] ihre Rechtfertigung entweder in der geschichtlichen Tatsächlichkeit finden oder in der allgemeinen Vorstellung der Alten.«* Dennoch ist *Médée* keine bloße Imitation des gleichnamigen lateinischen Schulstücks. In einem später verfaßten *Examen* werden die Unterschiede zum antiken Vorgänger sogar betont. Senecas Blickwinkel ist insofern ein vorrangig philosophischer, als die Verderblichkeit außer Kontrolle geratener Leidenschaften aufgezeigt wird; Corneille aber bewegt die zur Katastrophe drängende Vehemenz des menschlich und politisch Bösen: Keine der Hauptgestalten ist positiv aufgefaßt, alle erscheinen hemmungslos nur auf die Befriedigung ihres Ehrgeizes bedacht. Corneilles Ideal der Selbstbeherrschung beginnt sich hier gewissermaßen im Negativ abzuzeichnen. Und gerade dadurch wird besonders die Figur der Medea zu einer der »modernsten«, von wirklichen Existenzängsten geplagten Personen seines Theaters. – Trotz einer weithin preziösen Metaphorik und der barocken Überladenheit läßt sich hier bereits der verhalten-pathetische Sprachstil des künftigen »Vaters der französischen Tragödie« erkennen. Die Einführung mehrerer Nebenfiguren erleichtert dem Dichter die notwendigen Expositionen und entlastet die Szenen, in denen die Hauptfiguren miteinander konfrontiert werden. Das von der Kritik wenig geschätzte Stück wird in seiner Beurteilung gebunden bleiben an den Rang, den man dem Senecaschen Tragödienstil insgesamt zuweist. R.M.

AUSGABEN: Paris 1639. – Paris 1644 (in *Théâtre*). – Paris 1862 (in *Œuvres complètes*, Hg. Ch. Marty-Laveaux, 12 Bde., 1862–1868, 2). – Paris 1950 (in *Théâtre complet*, Hg. P. Lièvre u. R. Caillois, 2 Bde., 1; Pléiade). – Paris 1960 (in *Théâtre complet*, Hg. M. Rat, 3 Bde., 1; Class. Garn). – Paris 1971 (in *Théâtre complet*, Hg. G. Couton, 3 Bde., 1; Class. Garn). – Genf 1979, Hg. A. de Leyssac (krit.; TLF). – Paris 1980 (in *Théâtre*, Hg. J. Maurens, 2 Bde., 2; GF). – Paris 1980 (in *Œuvres com-*

*plètes*, Hg. G. Couton, 3 Bde., 1; Pléiade). – Rouen 1984 ff. (in *Théâtre complet*, Hg. u. Anm. A. Niderst; krit.).

VERTONUNG: L. C. Cherubini, *Médée* (Oper; Urauff.: Paris 1797, Théâtre de la rue Feydeau).

LITERATUR: T. C. Heine, *C.s »Médée« in ihrem Verhältnisse zu den Medea-Tragödien des Euripides u. des Seneca betrachtet, mit den Berücksichtigungen der Medea-Dichtungen Glovers, Klingers, Grillparzers und Legouvés* (in Französische Studien, 1, 1881, S. 433–468). – L. Mallinger, *Le mythe de Médée au 17e siècle* (in L. M., *Médée, étude de littérature comparée*, Löwen/Paris 1897, S. 229–256). – L. M. Riddle, *The Genesis and Sources of P. C.'s Tragedies from »Médée« to »Pertharite«*, Baltimore/Paris 1926. – A. Thibaudet, *Un tricentenaire* (in NRF, 45, Sept. 1935, S. 401–408). – K. v. Fritz, *Die Entwicklung der Iason-Medea-Sage u. die »Medea« des Euripides* (in K. v. F., *Antike u. moderne Tragödie*, Bln. 1962, S. 322–429; zuerst in Antike u. Abendland, 8, 1959, S. 33–106). – A. Stegmann, *La »Médée« de C.* (in A. S., *Les tragédies de Sénèque et le théâtre de la renaissance*, Paris 1964, S. 113–126). – W. L. Wiley, *C.'s First Tragedy, »Médée«, and the Baroque* (in EsCr, 4, 1964, S. 135–148). – R. W. Tobin, *»Médée« and the Hercules Tradition of the Early Seventeenth Century* (RoNo, 8, 1966, S. 65–69). – U. Mölk, *C.s »Médée« und die Tragikomödie des französischen Barock* (in RJb, 17, 1966, S. 82–97). – B. d'Astorg, *Mère, meurtrière, »Médée«* (in RDM, Okt.–Dez. 1970, S. 50–67). – R. Martinot, *Le dépassement du baroque dramatique dans »Médée« de C.* (in *Études européennes*, Paris 1973, S. 380–396). – W. O. Goode, *Médée et Jason. Hero and Nonhero in C.s »Médée* (in FR, 51, 1977/1978, S. 804–815). – E. Henein, *Les charmes de »Médée«* (in PFSCL, 1979/1980, Nr. 12, S. 29–38). – M. Fumaroli, *Melpomène au miroir* (in SRLF, 19, 1980, S. 173–205). – R. C. Knight, *C.'s »Médée«. Almost a Classical Tragedy* (in RoSt, 4, 1984, S. 17–27). – T. Tobari, *Une tragédie provocante. La »Médée« de C.* (in CAIEF, 37, 1985, S. 127–136).

## LE MENTEUR

(frz.; *Der Lügner*). Verskomödie in fünf Akten von Pierre CORNEILLE, Uraufführung: Paris 1643, Théâtre du Marais. – Das *»aus dem Spanischen teils übersetzte, teils bearbeitete Stück«* (*Examen*, 1660) ist die einzige Komödie aus Corneilles mittlerer Schaffensperiode und gilt als die erste französische Charakterkomödie überhaupt. Corneille folgt Szene für Szene einem Stück des spanischen Dichters Juan RUIZ D'ALARCÓN (*La verdad sospechosa*, 1634 – *Die verdächtige Wahrheit*), verlegt die Handlung jedoch nach Paris und paßt die freiere formale Konzeption des Originals dem strengen, von den drei Einheiten bestimmten französischen Geschmack an. Die Komödie gewinnt damit an äußerer und innerer Geschlossenheit, läßt aber die vielen Zufälligkeiten in der Handlungsführung dafür um so unwahrscheinlicher erscheinen.

Der junge Student Dorante, der »Lügner« und Held des Stücks, ist eben mit seinem Diener Cliton aus Poitiers eingetroffen. Froh, die Gesetzbücher nun mit dem Degen vertauscht zu haben, und auf galante Abenteuer aus, macht er die Bekanntschaft der beiden Freundinnen Clarice und Lucrèce. Er verliebt sich in Clarice, verwechselt aber die Namen, was zu einer Reihe von Verwicklungen und weiteren Mißverständnissen führt. Denn sein Freund Alcippe erweist sich als der eifersüchtige Kavalier des Mädchens und fordert ihn zum Duell; Dorantes Vater Géronte will ihn mit Clarice, die er für das andere Mädchen halten muß, durch eine Heirat verbinden. Dorante versteift sich nur um so mehr auf die vermeintliche Lucrèce, der er durch das Prahlen mit angeblich erlebten Kriegsabenteuern und glänzenden Taten zu imponieren sucht, bis er sich zuletzt – die Pointe des Stücks – in die wirkliche Lucrèce verliebt. Dem Glück der beiden Paare steht darauf nichts mehr im Weg.

Dorante ist ein später, höfisch-zivilisierter Nachfahre des *miles gloriosus*. Sein hervorstechender Charakterzug – das lügnerische Prahlen – wird weder psychologisch begründet noch zur Ursache innerer Konflikte: Es ist eine charmante Kavalierssünde, die durchaus nur komisch aufgefaßt werden will: *»Das Talent zu lügen ist ein Laster, dessen die Dummen nicht fähig sind« (Discours sur le problème dramatique)*. Der Reiz des Stücks liegt in der überaus kompliziert gesponnenen Intrige mit ihren mannigfaltigen Verwechslungen und Täuschungen, in den wortreich-brillanten, preziös gewundenen Lügentiraden Dorantes und in der geistreichen und geschliffenen Witzigkeit des Dialogs. Das ganze Stück ist ein souveränes Spiel mit der Vermischung von Sein und Schein, ja selbst mit Corneilles eigener Konzeption des »Helden«: Dorante ist auch eine parodistische Replik auf den Rodrigue des *Cid*. – STENDHALS Urteil über das noch heute gespielte Stück entspricht der Hochschätzung und Beliebtheit, deren es sich seit jeher erfreute: *»Man wird den ›Lügner‹ nicht müde, er hat heute diesen kostbaren Glanz des Alten, der immer gefällt.«* Ein Jahr nach dem *Menteur* verfaßte Corneille eine gänzlich anders geartete Fortsetzung des Erfolgsstücks: *La suite du menteur*. Wiederum auf der Grundlage einer spanischen Komödie, Lope de VEGAS *Amar sin saber a quién*, nähert sich Corneille hier der sogenannten heroischen Komödie an und verleiht Dorantes Charakter die edlen Züge der spanischen Hauptfigur Don Juan de Aguilar.

I.P.-KLL

AUSGABEN: Rouen/Paris 1644. – Paris 1862 (in *Œuvres complètes*, Hg. Ch. Marty-Laveaux, 12 Bde., 1862–1868, 4). – Paris 1950 (in *Théâtre*, Hg. P. Lièvre u. R. Caillois, 2 Bde., 1; Pléiade). – Paris 1954. – Paris o. J. [1960] (in *Théâtre complet*, Hg. M. Rat., 3 Bde., 2; Class. Garn). – Paris 1968 (in *Théâtre*, Hg. J. Maurens, 2 Bde., 1; GF). – Paris

1984 (in *Œuvres complètes*, Hg. G. Couton, 3 Bde., 2; Pléiade). – Rouen 1984 ff. (in *Théâtre complet*, Hg. u. Anm. A. Niderst; krit.).

ÜBERSETZUNGEN: *Der Lügner*, J. A. Thiesen, Quedlinburg 1762. – Dass., anon., Wien 1807. – Dass., Bearb. A. Bing, Lpzg. o. J. [1880] (RUB). – Dass., J. W. v. Goethe (in *Goethes Werke*, Weimar 1894, Abt. 1, Bd. 37, Weimar 1897; Ausz.). – Dass., H. Schiebelhuth, Heidelberg 1954. – Dass., ders., Stg. 1963 (RUB).

LITERATUR: F. Brunetière, *»Le menteur«* (in F. B., *Les époques du théâtre français, 1636–1850*, Paris 1892, S. 29–54). – J. B. Segall, *C. and the Spanish Drama*, NY 1902. – A. Rousseaux, *C. ou Le mensonge héroïque* (in Revue de Paris, 4, 1937, S. 50–73). – C. François, *Illusion et mensonge* (in EsCr, 4, 1964, S. 169–175). – T. J. Reiss, *»Le menteur« de C.* (in RoNo, 15, 1973/1974, S. 284–296). – J. von Stackelberg, *C. »Le menteur«* (in J. von S., *Weltliteratur in deutscher Übersetzung*, Mchn. 1978, S. 77–82). – J. D. Lyons, *Discourse and Authority in »Le menteur«* (in *C. comique*, Hg. M. R. Margitić, Paris u. a. 1982, S. 151–168). – C. Smith, *Towards a Coherence in Comedy. C.'s »Le menteur«* (in *Form and Meaning*, Hg. W. D. Howarth u. a., Amersham 1982, S. 63–74). – J. Trethewey, *»Le menteur« and Self-Conscious Theatre* (in Seventeenth Century French Studies, 6, 1984, S. 120–130). – M. O. Sweetser, *Niveaux de la communication et de la création dans les récits du »Menteur«* (in PSCFL, 1985, Nr. 22/23, S. 489–502). – J. F. Gaines, *»Le menteur« and »Dom Juan«* (in KRQ, 32, 1985, S. 245–254). – N. Guibert, *»Le Menteur« mis en scène* (in Comédie Française, 145/146, 1986, S. 34–41).

## LA MORT DE POMPÉE

(frz.; *Der Tod des Pompeius*). Tragödie in fünf Akten von Pierre CORNEILLE, Uraufführung: 1643 oder 1644 durch die »Troupe du Marais« unter der Leitung von MOLIÈRE. – Nach einer kritischen Auseinandersetzung mit dem Wesen der dramatischen Kunst, die sich in den *Examens* niederschlug, setzte Corneille mit *Mort de Pompée* die Reihe seiner großen Tragödien fort. Als Hauptquelle nennt er in seinem Vorwort *(Au lecteur)* das epische Gedicht *Pharsalia* des LUCANUS, mit dessen »Majestät« der Redeführung er die eigene Sprache bereichern wollte. Diese Äußerung und eine spätere im *Examen de Pompée (»das sind ohne Zweifel die pompösesten Verse, die ich gemacht habe«)* führten zu der einseitigen, mißverständlichen Beurteilung der Tragödie als rhetorisches Prunkstück.

Die Einheit der Handlung wird durch den Tod des Pompeius hergestellt: Ptolemäus, der junge und schwächliche König von Ägypten, schließt sich dem Rat des kühl abwägenden, rücksichtslosen Photin an, den nach der Schlacht von Pharsalus nach Ägypten flüchtenden Pompeius zu töten; denn dem Besiegten, der zwar dem Vater Ptolemäus' den Weg zum Thron bahnte, Zuflucht zu gewähren hieße den eigenen Untergang heraufbeschwören. *»Die Gerechtigkeit ist keine Tugend des Staates«* lautet eine der aus machiavellistischem Staatsdenken stammenden Maximen, die einen festen Bestandteil von Corneilles Dramen bilden. Ptolemäus glaubt, mit dem Mord an Pompeius zugleich die Gunst Caesars zu gewinnen und die gerechtfertigten Thronansprüche seiner ihm überlegenen, beinahe gefürchteten Schwester Kleopatra ihrer Stütze zu berauben. Ptolemäus' Pläne scheitern jedoch, als der in Alexandrien eingetroffene Caesar nach der Nachricht vom Tode seines Gegners Pompeius ihm vorwirft, sich unrechtmäßig das Richteramt über Tod und Leben eines Römers angemaßt zu haben, und die Hinterlist gegenüber einem ehemaligen Wohltäter sowie das Handeln um politischer Vorteile willen verurteilt. Der Stolz eines Römers, der zwar seine endgültig errungene Alleinherrschaft mit versteckter Freude genießt, doch die durch seinen Ruhm ihm zugewachsenen Pflichten erkennt, wird mit dem Kleinmut und der List unterworfener Könige konfrontiert. Allein Kleopatra, die ehrgeizige und mit rechtmäßigen Waffen nach dem Thron strebende Prinzessin, verachtet den Verrat und wird von Caesar, der sie liebt, in ihren Ansprüchen unterstützt. Der galante Ton, den er Kleopatra gegenüber anschlägt und der an die Sprache der Helden in den Romanen der Mlle. de SCUDÉRY anklingt, beeinträchtigt seine Rolle als überragende Herrschergestalt nicht, er ist vielmehr notwendiger Bestandteil des Theaters im 17. Jh. und kam dem Publikumsgeschmack dieser gesellschaftsbezogenen Epoche entgegen. Die zweite beherrschende Frauengestalt ist die Witwe des Pompeius, Cornelia, der Caesar die Freiheit schenkt, eine Tat, der sie ihre Bewunderung nicht verweigert, die sie aber auch nicht bestimmen kann, auf ihre Rache zu verzichten. Caesars schillernde Klugheit ruft ein Komplott gegen seine Person hervor, das durch Cornelia verraten wird. Der Kreis der Handlung schließt sich folgerichtig, wenn der ägyptische König und seine Ratgeber ihren Irrtum mit dem Tode büßen. Pompeius wird feierlich bestattet; Caesar kündigt die Krönung Kleopatras an.

*La mort de Pompée* ist ein Historiendrama, das die geschichtlichen Ereignisse nicht verändert, sie aber in eine Form zurechtbiegt, die die Leidenschaften und Tugenden der Corneilleschen Helden ins volle Licht rückt. Dabei gibt es in *Pompée* keine menschlichen Helden. Im Unterschied zu den vorausgegangenen Stücken gestaltet der Autor nicht Schicksale, sondern Ideologien im Streit miteinander. VOLTAIRE verwarf den Stil dieser Tragödie als übertrieben und als Zeugnis eines schlechten Geschmacks. Doch jene Verse, die Corneille als seine »prunkvollsten« bezeichnet hat – so vor allem die pathetische Eloquenz Cornelias –, sind im Hinblick auf die Gefühlslage und den Anspruch der Person zu bewerten *(»Witwe des jungen Crassus und Witwe von Pompeius / Tochter des Scipio, und nicht zuletzt, / Römerin ...«)*. Ihrer Würde als Witwe des Pompeius, ihrer hohen Stellung als Römerin und ihrer von Rache erfüllten Seele entsprechen jene pomphaften Reden. Ihre Verse *»sind nicht die ausschweifende Glanzleistung des Rhetorikers, sondern das zur Charakteristik dieser Frau und dieser Lage notwendige Stilmittel des dramatischen Dichters«* (V. Klemperer). Erfolgreiche Aufführungen in jüngster Zeit bestätigen dieses Urteil. R.L.

AUSGABEN: Paris 1644. – Paris 1862–1868 (in *Œuvres*, Hg. Ch. Marty-Laveaux, 12 Bde., 4). – Paris 1950 (in *Théâtre*, Hg. P. Lièvre u. R. Caillois, 2 Bde., 1; Pléiade). – Paris 1960 (in *Théâtre complet*, Hg. M. Rat, 3 Bde., 2; Class. Garn). – Paris 1962 (in *Théâtre choisi*, Einl. u. Anm. M. Rat; Class. Garn). – Paris 1980 (in *Théâtre*, Hg. J. Maurens, 2 Bde., 2; GF). – Paris 1980 (in *Œuvres complètes*, Hg. G. Couton, 3 Bde., 1; Pléiade). – Rouen 1984 ff. (in *Théâtre complet*, Hg. u. Anm. A. Niderst; krit.).

ÜBERSETZUNG: *Pompejus Tod*, C. v. Hänlein (in *Meisterwerke*, Bd. 2, Bln. 1817).

LITERATUR: J. E. Matzke, *The Sources of C.'s Tragedy: »La mort de Pompée«* (in MLN, 15, 1900, S. 283–303). – K. J. Liffert, *Der Einfluß der Quellen auf das dramatische Schaffen P. C.s in den älteren Römertragödien*, Diss. Jena 1913. – L. Herland, *Les éléments précornéliens dans »La mort de Pompée«* (in RHLF, 50, 1950, S. 1–15). – Ch. Wanke, *Seneca, Lucan, C. Studien zum Manierismus der römischen Kaiserzeit u. der französischen Klassik*, Heidelberg 1964. – A. Gérard, *Vice ou vertu. Modes of Self-Assertion in C.'s »La mort de Pompée«* (in Revue des Langues Vivantes, 1965, S. 324–352). – M. Descotes, *L'image de Rome dans »La mort de Pompée« et »Nicomède«* (in RZL, 3, 1979, S. 31–75). – A. D. Sellstrom, *»La mort de Pompée«* (in PMLA, 97, 1982, S. 830–843). – J. D. Hubert, *The Function of Performative Narrative in C.'s »La Mort de Pompée«* (in Semiotica, 51, 1983, S. 115–131).

## NICOMÈDE

(frz.; *Nikomedes*). Tragödie in fünf Akten von Pierre CORNEILLE, Uraufführung: Paris 1651, Hôtel de Bourgogne. – Mit *Nicomède*, dem letzten Stück vor dem Mißerfolg des *Pertharite* (1651), schließt sich Corneille erneut an die römische Geschichte an, die die Vorlage seiner bedeutendsten Stücke (um 1640) bildet. Er übernimmt die Umrisse der Fabel von dem lateinischen Historiker IUSTINUS (2. oder 3. Jh.) und erweitert sie mit Anleihen aus griechischen und anderen römischen Historikern. Wie RACINE in seinem *Mithridate* behandelt Corneille im *Nicomède* das Problem nationaler Widerstände gegen die Machtposition Roms sowie die politischen Intrigen und internen Rivalitäten, die die einheimischen Herrscherfamilien gegenüber dem aufsteigenden Rom in ungünstigem Licht erscheinen lassen. *»Mein Hauptziel war«*, heißt es im *Examen*, *»die Politik der Römer außerhalb ihres direkten Machtbereiches zu zeichnen.«*
In *Nicomède* stoßen verschiedene Interessen aufeinander, die alle von Corneille als berechtigt und »tugendhaft« – im Sinne der machiavellistischen *virtù* – dargestellt werden: die vom Ehrgeiz diktierten Intrigen der Arsinoé, der zweiten Frau des bithynischen Königs Prusias, die ihren und des Prusias Sohn Attale zum Thronfolger bestimmt haben will; der Rechtsanspruch des Nicomède, des ältesten Sohnes des Prusias, auf den Thron und seine Bewerbung um die Hand der armenischen Königin Laodice; schließlich die Absicht des Flaminius, eines Abgesandten Roms, die Vereinigung Bithyniens und Armeniens im Interesse Roms zu zerschlagen. – Nicomède, Eroberer weiter Teile Asiens und Schüler Hannibals, kehrt an den Hof zurück, als er von den Machenschaften seiner Stiefmutter erfährt. Arsinoé hatte Rom die Auslieferung des flüchtigen Hannibal versprochen, dadurch seinen Selbstmord verursacht und ihren in Rom erzogenen Sohn zurückerhalten. Prusias, der in die Reihe der wenig starken und äußeren Einflüssen gegenüber nachgiebigen Könige wie Ptolemäus *(La mort de Pompée)* und Felix *(Polyeucte)* gehört, fürchtet Nicomèdes Macht, die für ihn als solche schon Möglichkeiten künftiger Verbrechen in sich birgt. Um den Sohn politisch auszuschalten, stellt er ihn dem römischen Gesandten gegenüber, durch dessen Forderung, Attale als Thronfolger zu bestimmen, Nicomède sich zu schweren Beschuldigungen hinreißen läßt. Ein weiterer Schachzug ist der Versuch des Flaminius und Prusias, die Nicomède ergebene Laodice für Attale zu gewinnen; diese weist jedoch ein derartiges Ansinnen entschieden zurück. Nachdem in der großen Szene zwischen Prusias, Nicomède und Arsinoé die gegenseitigen Anschuldigungen offen zur Sprache gekommen sind und Nicomède die ihm auferlegte Wahl zwischen Thron und Laodice zurückgewiesen hat, leitet Attale die Versöhnung ein. Er verzichtet auf den Thron zugunsten seines Bruders. Dieser bietet seinerseits Attale den Thron an und eröffnet dem nun kompromißbereiten Flaminius die Möglichkeit einer Allianz mit Rom.
Unter den Personen des Stücks, deren Charaktere kaum einer Wandlung unterworfen sind, ragt Nicomède durch die Erhabenheit seiner Gefühle, seine Großherzigkeit und Beherrschtheit hervor, eine Idealgestalt der Epoche, deren moralische Vorzüge bereits im *Traité des passions* (1649) von DESCARTES formuliert werden *(». . . sie [die Großherzigen] sind völlig Meister ihrer Leidenschaften, besonders der Begierden und der Mißgunst, denn es existiert nichts, dessen Erwerb nicht von ihnen selbst abhängig ist«)*. – Ein neuer Held wurde hier geschaffen, der nicht mehr die aristotelische Mischung von Stärke und Schwächen verkörpert, eine Person, der gegenüber nur »Bewunderung« zulässig ist. Die undramatische Konzeption des Helden, so gelungen sie hier erscheint, konnte Corneille in seinen späteren Stücken in dieser Form nicht mehr verwirklichen. Weitere Züge, die von der klassischen Tragödie ab-

weichen, sind der glückliche Ausgang, einige dem Lustspiel nahestehende Szenen und der – teilweise – galante Ton; sie lassen die Bezeichnung »Tragikomödie« oder »Heroische Komödie« (Voltaire) als zutreffender erscheinen. Die Darstellung heroischer Gestalten mußte in der Zeit der Fronde (1651), der Auseinandersetzung zwischen Mazarin und Condé, unweigerlich zu einem Erfolg werden. Noch Molière wählte im Jahr 1658 den *Nicomède* für seine erste Vorstellung vor dem König im Louvre. R.L.

Ausgaben: Rouen/Paris 1651. – Paris 1862–1868 (in *Œuvres*, Hg. Ch. Marty-Laveaux, 12 Bde., 5). – Paris 1950 (in *Théâtre*, Hg. P. Lièvre u. R. Caillois, 2 Bde., 2; Pléiade). – Paris 1960 (in *Théâtre complet*, Hg. M. Rat, 3 Bde., 2; Class. Garn). – Paris 1984 (in *Œuvres complètes*, Hg. G. Couton, 3 Bde., 2; Pléiade). – Rouen 1984 ff. (in *Théâtre complet*).

Literatur: J. Schmidt, *»Nicomède«* (in ZfrzSp, 56, 1932, S. 1–20). – G. Michaut, *Le »Nicoméde« de C. et le drame moderne* (in Annales de l'Université de Paris, 9, 1934, S. 117–154). – G. Michaut, *C., »Nicomède«*, Paris 1937. – R. C. Knight, *Cosroès and »Nicomède«* (in *The French Mind, Studies in Honour of G. Rudler*, Oxford 1952, S. 53–69). – A. E. H. Macmillan, *»Nicomède«. A Critical Commentary*, Diss. Birmingham 1955/1956. – J. Schlumberger, *»Nicomède«* (in L'Illustre Théâtre, 7, Sommer 1956, S. 14). – P. Guiraud, *Index des mots de »Nicomède«, suivi d'une analyse statistique*, Paris 1958. – B. Griffith, *›La Fourbe‹ and ›la Générosité‹. Fair and Foul in »Nicomède«* (in FMLS, 1, 1965, S. 339–351). – J. Rony, *Un chef-d'œuvre d'ambiguïté: »Nicomède«* (in La Nouvelle Critique, 164, März 1965, S. 58–65). – Q. M. Hope, *Molière and »Nicomède«* (in EsCr, 6, 1966, S. 207–216). – E. Knowlson, *The Role of Rome in »Nicomède«* (in FMLS, 4, 1968, S. 164–174). – P. Sénart, *»Nicomède«* (in RDM, Apr.–Juni 1971, S. 175–177). – R. Temkine, *»Nicomède« ou le verbe faite héros* (in Europe, 1974, Nr. 540/541, S. 147–151). – M. Descotes, *L'image de Rome dans »La mort de Pompée« et »Nicomède«* (in RZL, 3, 1979, S. 31–75). – R. Jasinski, *Sur »Nicomède«* (in R. J., *A travers le 17e siècle*, Bd. 1, Paris 1981, S. 118–135). – E. Paratore, *Il »Nicomède« di C.* (in *Scritti in onore di G. Macchia*, Bd. 2, Mailand 1983, S. 258–283). – A. Georges, *»Nicomède« ou le magnanime aristotélien* (in RHT, 36, 1984, S. 153–179). – A. Drissa u. M. R. Rahmouni, *Théâtre et politique dans »Nicomède« de C.* (in *Actes du Colloque C. à Tunis*, Hg. A. Baccar, Paris u. a. 1986, S. 105–118). – E. Pich, *»Nicomède«, les comédiens et le publique* (ebd., S. 77–103).

## ŒDIPE

(frz.; *Ödipus*). Tragödie in fünf Akten von Pierre Corneille, Uraufführung: Paris, 24. Januar 1659, Hôtel de Bourgogne. – Das auf Anregung des Finanzministers Fouquet verfaßte und ihm gewidmete Stück folgt den antiken Vorlagen von Sophokles und Seneca. Corneille erweitert den Stoff jedoch durch eine Nebenhandlung, eine Liebesaffäre im Geschmack der Zeit, die die eigentliche Ödipus-Problematik, vor allem im ersten Teil, zurücktreten läßt. Dirke, die ehrgeizige Tochter des Laius und Ödipus' Schwester (eine historische Königin von Theben, die bei Plutarch erwähnt wird), will ihren Ansprüchen auf den thebanischen Thron durch Heirat mit Theseus, dem Herrscher von Athen, Nachdruck verleihen. Ödipus, von innerer Angst getrieben, widersetzt sich dieser Ehe und plant, Dirke mit dem unbedeutenden Aemon zu vermählen. – Als er vom Orakel die Ursachen der Pest in Theben zu erfahren sucht, gibt ihm Laius' Schatten die zweideutige Antwort, ein *»Nachkomme aus seinem Blut«* müsse sich für den ungesühnten Königsmord opfern, dann erst werde die Stadt von der Seuche befreit. Dem nun entbrennenden Wettstreit zwischen der opferwilligen Dirke und Theseus, der sich zu ihrer Rettung als totgeglaubter Laius-Sohn ausgibt, setzt die Entlarvung der wahren Identität des »Usurpators« Ödipus ein Ende. Nach dem Selbstmord Jokastes reißt sich Ödipus die Augen aus, ein Akt nicht der Selbstbestrafung und Sühne, sondern des freiwilligen Opfers für das Heil seiner Untertanen.

Damit hat Corneille eine entscheidende Neuinterpretation des Ödipus-Mythos vollzogen, die auch spätere Bearbeiter des Themas (z. B. Voltaire) übernahmen. Doch geht Corneille in der Modernisierung des Stoffs noch weiter. Die von d'Aubignac scharf kritisierte Nebenhandlung – sie führt zu einer formalen Zweiteilung und inhaltlichen Dezentrierung – erfüllt nicht nur eine dramaturgische Funktion (der Anblick des blutenden Ödipus bleibt dem so grell realistischen Effekten abholden Publikum durch den letzten Auftritt von Theseus und Dirke erspart), sie ermöglicht auch die Verbindung von Politik und Liebe, eine der wichtigsten dramatischen Antriebskräfte des klassischen französischen Theaters, und – Ansätze von Seneca weiterführend – darüber hinaus eine Aktualisierung des Mythos: Zu den Höhepunkten des *Œdipe* gehört die große Rede des Theseus am Ende des dritten Akts – eine flammende Kritik am Prädestinationsglauben und seinen Medien, den Orakeln, zugleich ein Plädoyer für die Willensfreiheit, die den Menschen seinem Schicksal überlegen macht. J.Fo.

Ausgaben: Rouen/Paris 1659. – Paris 1862–1868 (in *Œuvres*, Hg. Ch. Marty-Laveaux, 12 Bde., 6). – Paris 1950 (in *Théâtre complet*, Hg. P. Lièvre u. R. Caillois, 2 Bde., 2; Pléiade). – Paris 1960 (in *Théâtre complet*, Hg. M. Rat, 3 Bde., 3; Class. Garn). – Rouen 1984 ff. (in *Théâtre complet*, Hg. u. Anm. A. Niderst; krit.). – Paris 1988 (in *Œuvres complètes*, Hg. G. Couton; Pléiade).

Literatur: W. Brack, *Der »Œdipe« von C. u. der des Voltaire verglichen mit dem »Oedipus Rex« des Sophokles*, Diss. Marburg 1914. – E.-E. Stoll, *Oedipus and Othello: C., Rymer and Voltaire* (in Revue Anglo-Américaine, 12, 1935, S. 385–400). – R. Derche, *»Œdipe« de C.* (in R. D., *Quatre mythes poétiques*, Paris 1962, S. 31–42). – W.-H. Friedrich, *Über C.s »Œdipe«* (in RJb, 15, 1964, S. 116–140). – J. Daphiné, *»Œdipe« de C.* (in Europe, 1974, Nr. 540/541, S. 151–161). – W. Theile, *Stoffgeschichte und Poetik. Literarischer Vergleich von Ödipus-Dramen* (in Arcadia, 10, 1975, S. 34–51). – N. Fouletier-Smith, *Œdipe pécheur* (in LR, 36, 1982, S. 117–123). – Ch. Delmas, *C. et le mythe. Le cas d'»Œdipe«* (in RHT, 36, 1985, S. 167–173).

## OTHON

(frz.; *Otho*). Tragödie in fünf Akten von Pierre CORNEILLE, Uraufführung: Versailles, 3. 8. 1664. – Nach *Sertorius* (1662) und *Sophonisbe* (1663) wendet sich Corneille erneut der römischen Geschichte zu, aus der er die Stoffe für seine geschlossensten und darum im klassischen Sinne reinsten Stücke bezog. Während jene jedoch im Zeichen der *grandeur romaine* und der Cornelianischen Leitmotive des Stolzes, der Ehre und der Rache stehen, scheint *Othon* zu einem *»mit feinen Nuancen grau in grau gehaltenen Historienbild«* (V. Klemperer), das auf TACITUS zurückgeht, verblaßt zu sein.
Eine machtpolitische Intrige ordnet die wenig ausgeprägten Charaktere auf die Einheit eines geschichtlichen Augenblicks hin. Kaiser Galba (reg. 68/69), selbst unentschlossen und schwach, sieht sich in einer bedrohten politischen Lage von drei Ratgebern, dem intriganten Vinius sowie dem rücksichtslosen Lacus und dem ehrgeizigen Martian, umgeben, die in gegenseitigem Mißtrauen ein verstecktes Ränkespiel treiben, um die eigene Macht zu festigen; sie waren Otho, dem ehemaligen Gouverneur unter Nero, in der Gunst Galbas zuvorgekommen, und so sucht jener nun durch die Heirat mit Pauline, der Tochter des Vinius, seine Position zu sichern. Entgegen seinen ursprünglichen Absichten läßt er sich jedoch bald von Vinius überreden, um Camille, Galbas Nichte und Roms zukünftige Kaiserin, zu werben. Darauf entbrennt ein Machtstreit zwischen Lacus und Martian einerseits, die den schwachen Piso als Galbas Nachfolger und Camilles Gatten vorschlagen, und Vinius, der Otho unterstützt, andererseits. Als Galba sich für Piso erklärt, stellt sich Otho an die Spitze der Truppen, Lacus erschlägt in ohnmächtigem Zorn seinen Gegenspieler Vinius, dann tötet er Galba und sich selbst. Otho wird zum Kaiser ausgerufen, ein neuer Geschichtsabschnitt beginnt, kaum glänzender als der vorangegangene.
Das Stück kann kaum als Tragödie im eigentlichen Sinne aufgefaßt werden, da es weder einen erhabenen Helden noch eine Katastrophe aufweist, sondern eine Gruppe durchschnittlicher Charaktere in einer geschichtlichen Situation – mit deutlichen Parallelen zu zeitgenössischen politischen und privaten Ereignissen um Ludwig XIV. – vorführt. (Die Frauen Pauline und Camille sind die einzigen Gestalten, die als Verkörperung der Cornelianischen Tugenden angelegt sind.) BOILEAUS Kritik in der *Art poétique* zielt mit vernichtender Schärfe auf die *»froids raisonnements«*, die verstandeskalten Schlußfolgerungen, den Mangel an bühnenwirksamer Handlung und das rhetorische Pathos. Corneille selbst indes berichtet, daß das Stück von einigen Freunden für eines seiner besten gehalten wurde. Erst im 20. Jh. erfuhr das Stück im Zusammenhang mit der Neuinterpretation des Cornelianischen Spätwerks eine gerechtere Bewertung als *»tragikomische Geschichtsszene«* (Klemperer), in der Machtwille, Liebe und Eifersucht ineinanderspielen. R.L.

AUSGABEN: Paris 1665. – Paris 1862–1868 (in *Œuvres*, Hg. Ch. Marty-Laveaux, 12 Bde., 6). – Paris 1950 (in *Théâtre complet*, Hg. P. Lièvre u. R. Caillois, 2 Bde., 2; Pléiade). – Paris 1960 (in *Théâtre complet*, Hg. M. Rat, 3 Bde.; Class. Garn). – Rouen 1984 ff. (in *Théâtre complet*, Hg. u. Anm. A. Niderst; krit.). – Paris 1988 (in *Œuvres complètes*, Hg. G. Couton, 3 Bde., 3; Pléiade).

LITERATUR: R. Kemp, *»Othon«, »La Bérénice« de C.: Une des pièces délaissées de C.: Pulchérie* (in R. K., *Lectures dramatiques, chronique théâtrale – d'Eschyle à Giraudoux –*, Paris 1947, S. 103–110; 117–124). – J. v. Stackelberg, *Tacitus u. die Bühnendichtung der französischen Klassik. Eine quellenkritische Studie zu C.s »Othon« u. Racines »Britannicus«* (in GRM, 10, 1960, S. 386–400). – H. Kellenberger, *Tallement des Réaux u. C.s »Othon«* (in MLN, 76, 1961, S. 130–132). – M. Deguy, *»Othon«, C., Straub* (in Critique, 27, 1971, S. 473–476). – R. Demarcy u. a., *Débat autour d'»Othon«* (in La nouvelle critique, Paris 1971, S. 58–67). – L. Weibel, *Sur l'»Othon« de J.-M. Straub* (in La Revue des Belles Lettres, 96, 1972, S. 69–75). – L. Attoun, *La cuisine de la politique* (in NL, 2481, 14. 4. 1975, S. 13). – C. Boillon, *A l'Odéon on répète C., »Othon«* (in Comédie française, 37, März 1975, S. 18/19). – S. Chevalley, *»Othon« à la ville et à la cour* (ebd., S. 22/23). – H. B. McDermott, *Uses of Irony in »Othon«* (in FR, 51, 1977/1978, S. 648–656). – R. Emory, *The Providential Univers of »Othon«* (in RoNo, 20, 1979/1980, S. 248–255). – E. E. Gunter, *The Function of Vinius in »Othon«* (in FR, 55, 1981/1982, S. 188–192). – R. C. Knight, *»Othon«, the Unheroic Hero* (in PFSCL, 1984, Nr. 20/21, S. 593–609). – A. Stegmann, *L'ambiguité héroique d'»Othon«* (in French Studies in Southern Africa, 14, 1985, S. 46–54). – M. M. McGowan, *»Othon« dans son contexte contemporain* (in *Actes du Colloque ... de Rouen*, Hg. A. Niderst, Paris 1985).

## LA PLACE ROYALLE, ou l'amoureux extravagant

(frz.; *Die Place Royale oder Der exzentrische Liebhaber*). Komödie in fünf Akten von Pierre CORNEILLE, Uraufführung: Paris 1633 oder 1634. – Im

Gegensatz zu RACINE, dessen tragische Dichtungen eine große Einheit bilden, ist Corneilles von Mißerfolgen und Neuansätzen unterbrochenes Schaffen durch die Pflege verschiedener Gattungen – Tragödie, Komödie, heroische Komödie usw. – gekennzeichnet. Die größte Zahl der Komödien, meist Intrigenstücke mit ähnlicher Stoffwahl – ein durch Eifersucht ausgelöster Konflikt und ein glücklicher Ausgang –, wurde in den Jahren 1628–1636 verfaßt (*Mélite*, 1629; *La veuve*, 1631; *La galerie du Palais*, 1634; *La suivante*, 1635). Den Komödien *La galerie du Palais* und *La Place Royalle* ist eine Besonderheit gemeinsam: die Lokalisierung auf einen wirklichen Ort in Paris, die Galerie des Justizpalastes bzw. die Place Royale – heute Place des Vosges – Orte, die zur Zeit Ludwigs XIII. berühmt waren als Treffpunkte und Schauplätze galanter Abenteuer.

Angélique und Phylis sind recht ungleiche Freundinnen, die eine ernsthaft und von echtem Empfinden, die andere heiter und kokett. Angélique, eine der bezauberndsten und graziösesten Frauengestalten Corneilles, liebt Alidor und wird wiedergeliebt: *»Man soll nicht Liebhaber an allen Orten haben; Alidor hat mein Herz und wird es ganz haben.«* Doch ihre glückliche Gelassenheit wird erschüttert, als ihr Geliebter, der um seine Freiheit fürchtet, plötzlich den Entschluß faßt, sie zu verlassen. Angélique wird ein fingierter Brief an eine »Rivalin« in die Hände gespielt, in dem Alidor sie aufs tiefste kränkt. Voller Trotz verspricht sie Dorante, dem Bruder von Phylis, der sie heimlich liebt, die Heirat. Alidor, in seinem Selbstgefühl getroffen, bestimmt seinen Freund Cléante, der sie ebenfalls liebt, zu ihrem Gatten. Um den Plan in die Wege zu leiten, sucht er die Freundin auf, erlangt ihre Verzeihung und gibt vor, die gemeinsame Flucht zu planen; in Wahrheit beabsichtigt er jedoch, Cléante die Entführerrolle zu überlassen. Im nächtlichen Dunkel geschieht die erwartete Verwechslung: Cléante entführt Phylis, und Angélique sieht sich nach der Aufklärung der Umstände wiederum betrogen. Zwar ist Alidor nun fest entschlossen, sie dieses Mal nicht mehr zu verlassen, doch die enttäuschte Angélique ist von ihrem Entschluß, ins Kloster zu gehen, nicht mehr abzubringen. Alidor bleibt nichts übrig, als gute Miene zum traurigen Spiel zu machen. Für die Nebenpersonen Phylis und Cléante endet das Stück mit der glücklichen Heirat.

Obgleich romaneske Elemente – fingierte Briefe, Entführung, Verwechslung – in der *Place Royalle* das Gerüst der Handlung bilden und die Gestalten noch ihre Verwandtschaft mit den Personen der *Astrée* verraten, ist diese Komödie schon unverkennbar Corneilles Eigentum. Dem schwankenden Charakter Alidors, der eine Parodie des Cornelianischen Helden darstellt, seiner echten Liebe zu Angélique, der sein Freiheitsdrang entgegensteht, gilt das besondere Interesse des Dichters, wie der ursprüngliche Untertitel – er wurde in der Ausgabe von 1644 gestrichen – andeutet. Alidor *»hat die Ehre, als Erster das ›Je veux‹ des Cornelianischen Helden auszusprechen«* (V. Klemperer): *»Ich will Freiheit inmitten der Liebesfesseln.« – »Ich hasse es, wenn man mich zwingt, und wenn ich liebe, so will ich, daß alle meine Wünsche meinem Willen unterstehen.«* Indes stellt Alidor seine Willenskraft ganz in den Dienst egoistischer Ziele. Auch fehlt ihm völlig das Wertesystem der tragischen Helden Corneilles. Wenn er mit diesen in Zusammenhang gebracht werden soll, dann nur *ex negativo* – als ins Komische verkehrter Anti-Held.

Gänzlich aus dem üblichen Komödienrahmen fällt auch der Schluß, der die Nebenpersonen zusammenführt, Angélique aber das Los des tragischen Verzichts zuteil werden läßt. Nach Corneilles eigenem Zeugnis ist der Erfolg dieser Komödie bei seinen Zeitgenossen auf die Wahl des in der eleganten Welt allgemein bekannten und beliebten Schauplatzes zurückzuführen. KLL

AUSGABEN: Paris 1637. – Paris 1644 *(La Place Royale)*. – Paris 1862 (in *Œuvres*, Hg. Ch. Marty-Laveaux, 12 Bde., 1862–1868, 2). – Paris 1950 (in *Théâtre*, Hg. P. Lièvre u. R. Caillois, 2 Bde., 1; Pléiade). – Paris 1960 (in *Théâtre complet*, Hg. M. Rat, 3 Bde., 1; Class. Garn). – Paris 1962, Hg. J.-C. Brunon (SATF). – Paris 1968 (in *Théâtre*, Hg. J. Maurens, 2 Bde., 1; GF). – Paris 1971 (in *Théâtre complet*, Hg. G. Couton, 3 Bde., 1; Class. Garn). – Paris 1980 (in *Œuvres complètes* Hg. G. Couton, 3 Bde., 1; Pléiade). – Rouen 1984 ff. (in *Théâtre complet*, Hg. u. Anm. A. Niderst; krit.).

LITERATUR: W. Küchler, *Das Ideal des Willens in C.s Lustspiel »La Place Royalle«* (in NJb, 6, 1930, S. 268–281). – M. Larroutis, *C. et Montaigne. L'égotisme dans »La Place Royalle«* (in RHLF, 62, 1962, S. 321–328). – M. Galey, *Un C. d'avant la gloire* (in NL, 2405, 1973, S. 19). – P. Sénart, *»La Place Royalle«* (in RDM, Okt.–Dez. 1973, S. 691–693). – C. Moisan-Morteyrol, *Les premières comédies de C. prélude à »La Place Royalle«* (in Europe, 1974, Nr. 540/541, S. 91–99). – C. Kerr, *Violence and Obstacle in »La Place Royalle«* (in FR, 49, 1975/1976, S. 498–504). – *Les comédies de C. Table ronde sur »La Place Royalle«* (in *Actes de Fordham*, Hg. J. Macary, Paris u. a. 1983, S. 37–86). – J.-P. Dens, *La problématique du héros dans »La Place Royalle« de C.* (in RHT, 36, 1984, S. 200–206). – L. Keller, *La rhétorique du mensonge dans »La Place Royalle«* (in CAIEF, 37, 1985, S. 117–126). – M. Bertaud, *»La Place Royalle ou le jaloux extravagant«* (in *Actes du Colloque ... de Rouen*, Hg. A. Niderst, Paris 1985, S. 325–342). – P.-A. Cahné, *»La Place Royalle« ou la véritable indifférence* (ebd., S. 315–324).

## POLYEUCTE MARTYR

(frz.; *Der Märtyrer Polyeucte*). Tragödie in fünf Akten von Pierre CORNEILLE, Uraufführung: Paris Winter 1642/1643 im Théâtre du Marais. – Den Stoff zu seinem Märtyrerdrama entnahm Corneille einer Heiligenvita des spätbyzantinischen Kompilators SIMEON METAPHRASTES (10. Jh.), die in abgekürzter Form in die *Vitae sanctorum* des Deutschen SURIUS (16. Jh.), die unmittelbare Quelle des Dichters, aufgenommen worden war. Die Wahl eines Themas aus dem Bereich der christlichen Religion forderte die zeitgenössische Kritik in zweifacher Hinsicht heraus: Leidenschaftliche Christen erblickten hier eine Profanation von Glaubensinhalten. Die säkularer gestimmten Geister sahen sich einem Unbedingtheitsanspruch gegenüber, der die glückliche Synthese zwischen Religion und weltlichem Leben im barocken und absolutistischen Frankreich in Frage zu stellen schien. Die Lehre des Stücks, die darin bestand, den unter der königlichen Zentralgewalt von jeder politischen Verantwortung ausgeschlossenen Menschen auf die Möglichkeit der Selbstverwirklichung in einem staatsfreien Raum hinzuweisen, blieb unverstanden.

Die Handlung entfaltet sich in einer doppelten Intrige, der Bekehrung des Helden zum Christentum und dem Dreiecksverhältnis Polyeucte – Pauline – Sévère. – Polyeucte wird von seinem Freund Néarque gedrängt, sich taufen zu lassen, zögert aber im Gedanken an seine Gattin Pauline, die Tochter des römischen Statthalters in Armenien, Félix. Dieser hat Pauline dem armenischen Adligen Polyeucte zur Frau gegeben und den von Pauline geliebten unbegüterten Sévère abgewiesen. Als dieser – wie ein Traum es Pauline verkündet – unerwartet als Günstling des Kaisers Decius (249–251) und als Sieger über die Perser zurückkehrt, fürchtet der kleinmütige Félix zu Unrecht Rachegedanken des Abgewiesenen, dessen edle Gesinnung keinen Gedanken an Vergeltung aufkommen läßt. – Polyeucte, von der Gnade erleuchtet, bekennt sich nach der Taufe öffentlich zu seinem Glauben, zerreißt das kaiserliche Edikt, das Christenverfolgungen anordnet, und zerschlägt die heidnischen Götzenbilder. Weder das harte Urteil des Statthalters noch das Martyrium Néarques und die Bitten Paulines können ihn umstimmen. In den berühmten schwärmerischen Stanzen (4. Akt), die den dramatischen Vers durchbrechen, feiert er seinen neuen Glauben und geht – Inbegriff der Vereinigung von stoischer und christlicher Moral, der beiden von Corneille gepriesenen Tugendsysteme – seinen Weg bis zum Martyrium. Félix, der nach langem Zögern Polyeucte in den Tod schickt, wird danach ebenso wie Pauline unerwartet und unmotiviert von der Gnade getroffen, eine Bekehrung, die Pauline in einem überschwenglichen, rhetorischen Ausbruch darlegt: *»Je vois, je sais, je crois, je suis désabusée« (Ich sehe, ich weiß, ich glaube, ich bin belehrt)*.

Mit Polyeucte erreicht der Corneillesche Typus des Heroen ohne Makel seinen Höhepunkt. Er verkörpert nicht mehr die Mischung von Schwächen und Tugenden, die in der Aristotelischen Ästhetik als Voraussetzung für die Erregung von Furcht und Mitleid galt. Hatten in *Horace* die politischen vor den privaten Tugenden den Vorrang, so nehmen in *Polyeucte* die *»vertus chrétiennes«* den höchsten Rang ein. Liebe, insbesondere die zu Gott, erscheint als etwas Unerklärliches, nur durch die Würde des Objekts Bestimmbares. Das von Gott erfüllte Ich muß sich daher in der Rangordnung der Corneilleschen Tugendbegriffe als das mächtigste erweisen. *»Die Individualität benötigte einen stärkeren Rückhalt, als ihm die stoische Selbstbehauptung zu weisen vermochte. In der Bindung an das Christentum erwuchsen die Kräfte, die den Menschen für die Auseinandersetzung mit dem alles fordernden Staat vorbereiten«* (Krauss). Daß die Figur des Polyeucte dennoch als dramatisch unbefriedigend bezeichnet wurde, liegt – nach KLEMPERER – daran, daß *»Polyeucte durch das Gnadenwunder in seiner bewußten Persönlichkeit völlig narkotisiert und ausgeschaltet wird«*, daß die komplexe Handlung dieses Dramas, die durchaus eine illustre Aktion im Sinn des Dichters darstellt, zuwenig von der Hauptgestalt bestimmt ist. Die dramatische Bewegung geht daher nicht eigentlich von Polyeucte, sondern weitgehend von den Nebenpersonen aus, die zur Auseinandersetzung mit der Tat des Helden gezwungen werden. Ohne ihre Leidenschaft für Sévère zu vergessen, hatte sich Pauline aus Pflichtgefühl gegenüber dem Vater Polyeucte zugewandt. Nach der Wiederbegegnung mit Sévère verbirgt sie ihre Gefühle nicht, stellt sich aber – ihrer Aufgabe als Gattin bewußt – auf die Seite Polyeuctes. Damit entfaltet sich die für Corneille typische Dialektik zwischen Liebe und Ehre: Die Liebe steht zwar jenseits und über der Ehre, wird aber in der Form ihrer Äußerungen immer von der Ehre bestimmt. Paulines noblen *»sentiments«* entspricht der Charakter des idealistisch gesinnten Sévère, der Pauline in ihrem Pflichtbewußtsein begreift und deshalb für Polyeucte eintreten kann: *»Zweifellos besitzen eure Christen, die man vergebens verfolgt, etwas, das das Menschliche übersteigt. Ich befürworte indessen, daß jeder seine Götter habe, daß er sie verehre auf seine Weise und ohne Furcht vor Bestrafung.« Polyeucte* ist indes keinesfalls ein traditionelles Märtyrerdrama. Durch Verhalten und Argumentation der Pauline wird vielmehr dem Diesseits eine eigene moralische Wichtigkeit zugebilligt. Corneilles Drama kann – mit NEUSCHÄFER – als eine *»Rechtfertigung des Diesseits, der eigenen Würde weltlicher Tugenden und der autonomen Moral der weltlichen Staatsmacht«* interpretiert werden.

Corneilles Meisterwerk wurde nicht nur von den Zeitgenossen kritisch aufgenommen. Noch in VOLTAIRES berühmtem Epigramm ist die ablehnende Haltung spürbar: *»Die schöne Seele Polyeuctes hätte nur schwache Rührung hervorgerufen und seine christlichen Verse, die er deklamiert, wären in Verruf gekommen, wäre nicht die Liebe seiner Frau zu diesem Heiden ... gewesen, der viel eher ihre Leidenschaft verdienen würde als ihr guter, frommer Gatte.«* Erst mit dem Napoleonischen Zeitalter und seinem Bedürfnis nach Heroenverehrung begann sich diese Einstellung zu ändern. Für CHATEAUBRIAND war *Polyeucte* ein Beispiel für die Intensität der Gefühlswerte, die ihren Ursprung in der Leidenschaft des Glaubens haben (*Génie du christianisme*, 2. Teil,

3. Buch, Kap. 8). GOETHE, RANKE und insbesondere NIETZSCHE gehörten zu den Bewunderern Corneilles. Im 20. Jh. ist er bedeutsam geworden für die geistige Entwicklung so wesensverschiedener Schriftsteller wie SARTRE und PÉGUY, der gerade in Polyeuctes heroischer Überwindung der Zeitlichkeit ein Gegenbild zum eigenen Dekadenzbewußtsein fand. KLL

AUSGABEN: Paris 1643. – Paris 1862–1868 (in *Œuvres complètes*, Hg. Ch. Marty-Laveaux, 12 Bde., 3). – Paris 1950 (in *Théâtre complet*, Hg. P. Lièvre u. R. Caillois, 2 Bde., 1; Pléiade). – Paris 1960 (in *Théâtre complet*, Hg. M. Rat, 3 Bde., 2; Class. Garn). – Paris 1980 (in *Théâtre*, Hg. J. Maurens, 2 Bde., 2, GF). – Paris 1980 (in *Œuvres complètes*, Hg. G. Couton, 3 Bde., 1; Pléiade). – Rouen 1984 ff. (in *Théâtre complet*, Hg. u. Anm. A. Niderst; krit.).

ÜBERSETZUNGEN: *Polyeukt*, T. Fleischer (in *Erstlinge von Tragödien, Helden-Reimen, und andern Tichtereyen*, o. O. [Oldenburg] 1666). – *Polyeuct der Märtyrer*, A. Benda, Lpzg. 1874 (RUB). – *Polyeukt, der Märtyrer*, ders., Freiburg i. B. 1948. – *Polyeukt*, ders., Ffm. 1962 (FiBü).

VERTONUNGEN: G. Donizetti. *Les martyrs* (Text: E. Scribe; Oper; Urauff.: Paris, 10. 4. 1840, Académie de musique). – Ders., *Poliuto* (Text: S. Cammarano; Oper; Urauff.: Paris, 14. 4. 1859). – Ch. Gounod, *Polyeucte* (Text: J. Barbier u. M. Casse; Oper; Urauff.: Paris, 7. 10. 1878, Opéra).

LITERATUR: L. Spitzer, *Die Erhellung des »Polyeucte« durch das Alexiuslied* (in Archivum romanicum, 16, 1932, S. 473–500). – V. Klemperer, *P. C.*, Mchn. 1933. – J. Calvet, *»Polyeucte« de C. Étude et analyse*, Paris 1944. – M. A. Ruff-Languillaire, *»Polyeucte«* (in Annales de la Faculté des Lettres d'Aix, 24, 1945–1950, S. 38–61). – R. Chauviré, *Doutes à l'égard de »Polyeucte«* (in FS, 2, 1948, S. 1–34). – C. Dédéyan, *La composition de »Polyeucte«* (in Langues Romanes, 6, 1952, S. 207–231). – L. Leroy, *»Polyeucte« et la critique*, Pontigny 1954. – W. Krauss, *Studien u. Aufsätze*, Bln. 1959, S. 179–190. – P. Currie, *»Polyeucte«*, Ldn. 1960. – A. Sauro, *»Polyeucte«. Étude critique*, Bari 1963. – S. Doubrovksy, *»Polyeucte« et la monarchie de droit divin* (in NRF, 24, 1964, S. 443–458; 621–641). – R. Pintard, *Autor de »Cinna« et de »Polyeucte«, nouveaux problèmes de chronologie et de critique cornéliennes* (in RHLF, 64, 1964, S. 377–413). – W. Blechmann, *Göttliche u. menschliche Motivierung in C.s »Polyeucte«* (in ZfrzSp, 75, 1965, S. 109–134). – R. Dragonetti, *Autour d'une interprétation du »Polyeucte« de C.* (in Romanica Gandensia, 10, 1965, S. 5–42). – F. M. Szarota, *C.s »Polyeucte«* (in F. M., *Künstler, Grübler und Rebellen*, Bern/Mchn. 1967, S. 162–189). – *P. C., »Polyeucte«. Concordances, index et relevés statistiques*, Paris 1967. – H.-J. Neuschäfer, *C.: »Polyeucte«* (in *Das französische Theater vom Barock bis zur Gegenwart*, Bd. 1, Düsseldorf 1968, S. 116–136; 371–373). – C. Dédéyan, *Les débuts de la tragédie cornélienne et son apogée d'après »Polyeucte«*, Paris 1968. – R. Garapon, *Une source espagnole de »Polyeucte«* (in *Mélanges R. Lebègue*, Paris 1969, S. 201–210). – P. Ginestier, *»Polyeucte«, tragédie édifiante* (in P. G., *Valeurs actuelles du théâtre classique*, Paris 1975, S. 209–219). – J. Pineau, *La seconde conversion de »Polyeucte«* (in RHLF, 75, 1975, S. 531–554). – W. S. Brooks, *Polyeucte's Martyrdom, ›une autre explication‹* (in MLR, 72, 1977, S. 802–810). – J. Bem, *C. à l'épreuve du désir, une lecture de »Polyeucte«* (in Poétique, 10, 1979, S. 83–90). – R. Jasinski, *Sur »Polyeucte«* (in R. J., *A travers le 17e siècle*, Bd. 1, Paris 1981, S. 60–75). – M. O. Sweetser, *De la comédie à la tragédie* (in *C. comique*, Hg. M. R. Margitić, Paris u. a. 1982, S. 75–89). – J. Cairncross, *»Polyeucte« a Flawed Masterpiece* (in PFSCL, 1982, Nr. 16/17, S. 571–590). – J. Cairncross, *»Polyeucte«, pièce ambigue* (in PFSCL, 11, 1984, S. 559–573). – J. M.-A. Machabéis, *Structure et unité de lieu dans »Polyeucte«* (in French Studies in Southern Africa, 13, 1984, S. 1–11). – J. M. Bailbé, *»Polyeucte« de Donizetti à Gounod* (in RHLF, 85, 1985, S. 799–810). – M. J. Muratore, *C.'s »Polyeucte«, The Divine Comedian* (in Symposium, 40, 1986, S. 107–116).

## RODOGUNE, Princesse des Parthes

(frz.; *Rodogune, Prinzessin der Parther*). Tragödie in fünf Akten von Pierre CORNEILLE, Uraufführung: Paris 1644, Hôtel de Bourgogne. – In *Rodogune*, die mit Recht zu seinen berühmtesten Werken zählt, überschreitet Corneille die Grenzen seiner exemplarisch klassischen Tragödien, die auch das Böse und Grauenhafte nur innerhalb der Schranken einer göttlich gebundenen, moralischen Weltordnung geduldet hatten. In diesem Drama, dessen Protagonistin, Kleopatra (Witwe von Demetrius Nicanor, König von Syrien 145–127 v. Chr.), wohl nur deshalb nicht als Titelfigur erscheint, weil Corneille eine Verwechslung mit der ägyptischen Herrscherin gleichen Namens vermeiden wollte, soll der keinerlei ethische Bindungen anerkennende Ausnahmemensch gefeiert werden. Der Thron, der Wille zu politischer Macht sind die entscheidenden Antriebe für das Handeln Cléopâtres. Trotz der Bezüge auf Zeit und wichtige Gestalten des aramäisch-hellenistischen Königreichs der Seleukiden kann das Stück – Corneilles Quelle war hier die *Römische Geschichte* von APPIANOS (2. Jh. n. Chr.) – kaum als Historie betrachtet werden. Die Erfordernisse des dramatischen Gefüges bedingen vielfach eine entscheidende Veränderung der historischen Wirklichkeit.

Cléopâtre hat ihre Söhne, die Zwillingsbrüder Antiochus und Séleucus, aus Ägypten zurückrufen lassen. Sie will bekanntgeben, welcher von beiden der Erstgeborene ist; er soll die Krone des Reichs erhalten und – wie es ein Vertrag mit dem Partherreich vorsieht – mit Rodogune vermählt werden. Die Prinzessin, Schwester des Partherkönigs, der Nicanor einst zum Gefangenen gemacht hatte, war diesem später nach Syrien gefolgt. Dort war Nicanor einem Mordanschlag der eifersüchtigen Königin zum Opfer gefallen. Cléopâtres Haß auf Rodogune zielt nun auch auf den Tod der Nebenbuhlerin, und sie verspricht demjenigen ihrer Söhne die Herrschaft, der diese Mordtat vollbringt. Antiochus und Séleucus, die – jeweils für den anderen völlig überraschend – Rodogune beide lieben und deren Charakter eine solche Tat gänzlich fernliegt, weisen das Ansinnen zurück. Die Verwicklung wird jedoch noch dadurch erhöht, daß Rodogune – die tatsächlich nur Antiochus liebt – ihrerseits als Preis für ihre Liebe von den Brüdern die Tötung der Mutter verlangt. Die moralische Überlegenheit Rodogunes zeigt sich allerdings darin, daß sie, von Antiochus besänftigt, nicht auf ihrem Verlangen besteht. Cléopâtre läßt dagegen, als sie mit ihren verbrecherischen Absichten bei den Söhnen keinerlei Widerhall findet, zunächst Séleucus vergiften und plant, bei der Hochzeit Rodogunes und Antiochus' auch diese beiden, die ihrem unbeschränkten Machtstreben gefährlich werden könnten, durch Gift zu beseitigen. Die Nachricht vom Tod des Séleucus macht Antiochus jedoch mißtrauisch. Als Rodogune Cléopâtre die Schuld an der Tat gibt, trinkt die Königin, die ihre Pläne scheitern sieht, selbst das Gift und wird sterbend hinweggeführt – sie hoffte vergeblich, Antiochus doch noch zu täuschen und mit in den Tod zu ziehen.

Im Unterschied zur klassischen Katharsis bewirkt die Katastrophe hier keine Wiederherstellung der moralischen Weltordnung, allenfalls das zufällige Scheitern eines amoralischen Ausnahmemenschen. Ob eine in diesem Sinne eingeschränkt positive Bewertung Cléopâtres möglich ist, stellt im übrigen eine umstrittene Frage dar. Corneille hat den Adel der Herrscherleidenschaft der orientalischen Königin hervorgehoben (und *Rodogune* den meisten seiner anderen Werke vorgezogen). »... *der Dichter ist äußerst zu tadeln, der aus Begierde, etwas Glänzendes und Starkes zu sagen, uns das menschliche Herz so verkennen läßt, als ob die Grundneigungen auf das Böse, als auf das Böse, gehen könnten*«, urteilt dagegen Lessing, der im 29.–32. Stück der *Hamburgischen Dramaturgie* die *Rodogune*-Handlung als unwahrscheinliche Häufung gräßlicher Ereignisse scharf kritisiert. In ähnlichem Sinn äußerten sich Voltaire und A. W. Schlegel. Neuere Kommentatoren (u. a. R. Caillois und O. Nadal) haben dann den Charakter Cléopâtres im Sinne von Nietzsches Übermensch gedeutet, allerdings nicht ohne auf entscheidende Kritik (etwa von seiten S. Doubrovskys) zu stoßen: zwischen dem Amoralismus der zweiten Hälfte des 19. Jh.s und der aristokratisch-christlichen Weltsicht Corneilles existiere keinerlei Analogie. – *Rodogune* dürfte jedoch tatsächlich einen Bruch mit der stoisch-christlichen Tradition bedeuten, die Corneilles Bühnenschaffen ansonst weitgehend beherrscht. Tragik geht in diesem Stück vielfach in eine reine Phänomenologie des Hasses über, ohne daß dadurch jedoch der großangelegte Charakter Cléopâtres tangiert würde. Cléopâtres Pläne sind monströs; eine rationale Rechtfertigung für ihr Handeln sucht sie kaum. Ihre großen Ziele lassen sie ausschließlich als Repräsentantin eines amoralischen Willens zur Macht erscheinen, nicht aber als Sünderin, die der Gnade bedarf. In dieser heillosen Welt des heroischen Lasters deutet nur die in ihrer Wirkung ungleich schwächere reine Bruderliebe auf die Gültigkeit einer im Christentum fundierten sittlichen Ordnung.

Mit *Rodogune* war eine neue Stufe der Corneilleschen Tragödie erreicht; die Handlungslinien sind weit verschlungener als in den bisherigen Stücken. Im übrigen hat Corneille die Technik der Überraschungseffekte hier zum ersten Mal bewußt eingesetzt. Damit hängt auch die von den klassischen Regeln abweichende Spannungsverteilung zusammen (der Höhepunkt des dramatischen Geschehens liegt nicht im dritten, sondern im fünften Akt). Des weiteren ist der Handlungsstoff auf die einzelnen Akte sehr ungleich verteilt. Die Dynamik der charakterlichen Entwicklung ist bei einigen Figuren außerordentlich (wie bei Rodogune, die zwischen Haß und Liebe schwankt), andere Gestalten (wie Cléopâtre) sind dagegen statisch angelegt. Trotz der spannungsreichen Handlung entfalten sich die Charaktere eher durch reflektierende Gespräche als durch Aktion. An vielen Stellen des Stücks wird geradezu schon die analytische Dramentechnik eingesetzt. Die Schönheiten der Corneilleschen Sprache und Dramaturgie äußern sich im Gesamtgefüge der *Rodogune*, nicht nur in Einzelzügen, wie Voltaire meinte. Auch die galante Metaphorik des Barock (so etwa Feuer als Metapher der Liebe) gewinnt überraschend Bedeutungsschwere. Die in Sprache und Dramaturgie erreichte reflektive Vertiefung des Weltinhalts läßt in der *Rodogune* eine neue Dimension zur äußeren und historischen Realität hinzutreten. C. Sch.

Ausgaben: Rouen/Paris 1647. – Paris 1862–1868 (in *Œuvres*, Hg. Ch. Marty-Laveaux, 12 Bde., 4). – Genf/Lille 1946, Hg. J. Scherer (krit.; TLF). – Paris 1950 (in *Théâtre*, Hg. P. Lièvre u. R. Caillois, 2 Bde., 2; Pléiade). – Paris 1960 (in *Théâtre complet*, Hg. M. Rat, 3 Bde., 2; Class. Garn). – Paris 1984 (in *Œuvres complètes*, Hg. G. Couton, 3 Bde., 2; Pléiade). – Rouen 1984 ff. (in *Théâtre complet*).

Übersetzungen: *Rodogune, Prinzessin aus Parthien*, F. Ch. Bressand, Wolffenbüttel 1691. – *Rodogüne, Prinzessin der Parther*, G. Behrmann, Hbg./Bremen 1769. – *Rodogüne*, A. Bode, Bln./Lpzg. 1803. – *Rodogune, parthische Prinzessin*, H. Heller, Lpzg. 1874 (RUB). – *Rodogyne*, R. A. Schröder, Ffm. 1962 (FiBü).

Literatur: O. Nadal, *L'exercice du crime chez C.* (in MdF, 311, Jan. 1951, S. 27–37). – H. Glaesener, *Les points de départ historiques de »Rodogune«* (in

Revue Belge de Philologie et d'Histoire, 29, 1951, S. 367–387). – J. Vier, *Réflexions sur »Rodogune«* (in J. V., *Littérature à l'emporte-pièce*, Paris 1958, S. 3–11). – J. D. Hubert, *The Conflict between Chance and Morality in »Rodogune«* (in MLN, 74, 1959, S. 234–239). – E. Triolet, *C. dans un feu de Bengale (»Rodogune«)* (in Les Lettres Françaises, 22. 12. 1960, S. 1; 6). – F. Orlando, *Un motivo barocco e la struttura della »Rodogune«*, Pisa 1961 (auch in SRLF, 3, 1963, S. 37–63). – H. Voss, *C. oder das Werden einer menschlichen Ordnung. Versuch über die Struktur eines tragischen Theaters mit besonderer Berücksichtigung von »Rodogune, princesse des Parthes«*, Diss. Mchn. 1967. – L. Goldmann, *Le problème du mal* (in *Structures mentales et création culturelle*, Paris 1970, S. 135–151). – M. Fumaroli, *Tragique paien et tragique chrétien dans »Rodogune«* (in RSH, 38, 1973, S. 599–631). – A. Pizzorusso, *»Rodogune«. Un teatro dell'orrore* (in Micromégas, 3, 1976, S. 1–18). – C. J. Gossip, *The Problem of »Rodogune«* (StF, 22, 1978, S. 231–240). – A. Georges, *Le personnage de Rodogune dans »Rodogune, princesse des Parthes«* (in LR, 35, 1981). – R. Jasinski, *Le caractère de Rodogune* (in R. J., *A travers le 17e siècle*, Bd. 1, Paris 1981). – E. C. Knox, *Person, Personification and Cleopatre's »Grandeur« in »Rodogune«* (in E. C. K., *Patterns of Person*, Lexington 1983). – P. Bénichou, *Formes et signification dans la »Rodogune« de C.* (in Le Débat, 31, Sept. 1984). – O. de Morgues, *»Rodogune«, tragédie de la Renaissance (Actes du Colloque ... de Rouen*, Hg. A. Niderst, Paris 1985).

## SERTORIUS

(frz.; *Sertorius*). Tragödie in fünf Akten von Pierre CORNEILLE, Uraufführung: Paris, 25. 2. 1662, Théâtre du Marais. – *Sertorius* eröffnet die Reihe der fast ausschließlich von politischen Intrigen bestimmten Tragödien Corneilles (*Sophonisbe, Othon* und *Attila*). – Das Werk hat die Ermordung des römischen Feldherrn Sertorius (72 v.Chr.) zum Gegenstand, der als Parteigänger der Plebejer die legale (senatorische) Regierung der Republik durch einen großangelegten, mit Hilfe der einheimischen Potentaten in Spanien geführten Krieg bekämpfte. (Nach dem Mord, den der zweite Befehlshaber Perpenna ausführte, konnte Pompejus den Krieg siegreich für die senatorische Partei beenden.) Um das Drama differenzierter zu gestalten, führte Corneille zwei an den historischen Geschehnissen nicht beteiligte Frauengestalten ein: Aristie, die aus Staatsräson verstoßene erste Gattin des Pompejus, und die Königin von Lusitanien, Viriate (eine freie dichterische Erfindung). Das Handeln dieser beiden Frauen ist nahezu ausschließlich von politischen bzw. gesellschaftlichen Motiven bestimmt: Viriate möchte Sertorius zu ihrem Gatten und zum König eines iberischen Großreichs machen, welches Rom machtpolitisch die Waage halten kann; Aristie will (durch Pompejus) ihre Stellung in der römischen Gesellschaft wiedergewinnen. Während Aristie erfolgreich ist – der Schluß bringt eine Versöhnung der Gatten, die Tragik wird dadurch abgeschwächt –, sieht Viriate ihre Pläne scheitern und muß sich mit der Rolle einer halbsouveränen Verbündeten Roms begnügen. – Die männlichen Protagonisten haben mit Ausnahme Perpennas (eines brutal-unreflektierten Ehrgeizigen) einen vielschichtigen Charakter und können den Ausgleich zwischen politischer Verantwortung und persönlicher Neigung nicht herstellen; Pompejus kehrt mit Rücksicht auf die Sullanische Partei nur zögernd zu seiner ersten Gattin zurück (tatsächlich war Sulla allerdings zum Zeitpunkt der Ermordung von Sertorius schon sechs Jahre tot), Sertorius liebt zwar Viriate, ist aber aus Gründen der Staatsräson bereit, sie Perpenna zu überlassen und sich mit Aristie zu verbinden. Daß er sich dann doch Viriate zuzuneigen scheint, gibt im Drama den Anstoß zur Ausführung des Mords.

*Sertorius* zeigt, daß der Heroismus gerade auf der politischen Ebene nicht in reiner Form realisiert werden kann; insofern bezeichnet das Drama den Beginn der Regression des Corneilleschen Heldentums. Insgesamt aber ist *Sertorius* durch eine ausgesprochen gelungene Balance von Liebe und Politik charakterisiert. Die politische Atmosphäre des spätrepublikanischen Rom ist in durchaus spezifischer Weise präsent. Die Tendenz, als beherrschende Figuren Frauen zu wählen, hat sich gegenüber *Rodogune* abgeschwächt, was im übrigen für die späten Dramen Corneilles überhaupt gilt. C.Sch.

AUSGABEN: Rouen/Paris 1662. – Paris 1862 (in *Œuvres*, Hg. Ch. Marty-Laveaux, 12 Bde., 6). – Paris 1950 (in *Théâtre complet*, Hg. P. Lièvre u. R. Caillois, 2 Bde., 2; Pléiade). – Paris 1960 (in *Théâtre complet*, Hg. M. Rat, 3 Bde., 3; Class. Garn). – Genf 1971, Hg. J. Streicher (krit.; TLF). – Rouen 1984 ff. (in *Théâtre complet*, Hg. u. Anm. A. Niderst; krit.). – Paris 1988 (in *Œuvres complètes*, Hg. G. Couton, 3 Bde., 3; Pléiade).

ÜBERSETZUNG: *Sertorius*, F. Ch. Bressand, Wolfenbüttel o. J. [um 1695].

LITERATUR: G. Lanson, *L'histoire et les sources historiques dans le »Sertorius« de C.* (in Revue des Cours et des Conférences, 9, 1901, S. 625–631; 736–741). – S. Doubrovsky, *C. et la dialectique du héros*, Paris 1963, S. 343–351. – J. D. Hubert, *The Greatest Roman of Them All, C.'s »Sertorius«* (in EsCr, 4, 1964, S. 161–168). – A. Lebois, *Pour une reprise de »Sertorius«* (in Littératures, 13, 1966, S. 39–71). – J. P. Dens, *»Sertorius« ou la tragique cornélien* (in RHT, 28, 1976, S. 156–161). – P. Sénart, *»Sertorius«* (in RDM, Apr.–Juni 1981, S. 452–456). – J. Guérin, *La guerre civile selon C.* (in NRF, 342/343, Juli–Aug. 1981, S. 168–171). – G. Couton, *»Sertorius«* (in Comédie française, 95, Mai 1981, S. 13–15). – H. B. McDermott, *Heroism and Tragedy. C.'s »Sertorius«* (in KRQ, 30, 1983, S. 113–122). – C. Kerr, *Temps, lieux et paradoxes dans »Sertorius«* (in RHLF, 83, 1983, S. 15–28).

## SOPHONISBE

(frz.; *Sophonisbe*). Tragödie in fünf Akten von Pierre CORNEILLE, aufgeführt im Januar 1663 im Hôtel de Bourgogne, Paris. – In seinem »Vorwort an den Leser« sagt Corneille, er habe mit der *Sophonisbe* eine eigenständige, von MAIRET und anderen Vorgängern unabhängige Tragödie schaffen wollen. So unterscheidet er sich von Mairet (vgl. *La Sophonisbe*), indem er in den wichtigsten Stationen der Handlung genau der römischen Geschichtsschreibung folgt. Zudem hat er eine umfangreiche Nebenhandlung erfunden, die dazu dient, das Geschehen zu motivieren und die Charaktere zu profilieren. Éryxe, die Königin von Getulien, ist Gefangene der eifersüchtigen Sophonisbe. Massinissa befreit sie, doch anstatt ihr gegenüber eine frühere Verpflichtung zu erfüllen, drängt er Sophonisbe zur Heirat und gibt vor, sie nur dadurch vor den Römern schützen zu können. Éryxe, die kaum einen Augenblick ihre kühle Beherrschung verliert, verbirgt ihre Enttäuschung vor Massinissa. Sie kennt keine Rachegefühle gegenüber der Rivalin, in der sie stets die Königin geachtet wissen will. Nach Sophonisbes Tod wird sie vom römischen Feldherrn Laelius gebeten, die Verirrung Massinissas mit Milde zu beurteilen und ihn erst an seinem künftigen Verhalten zu messen. Éryxe vereint absolute persönliche Würde und politische Klugheit, sie ist, nach den Worten Corneilles, *»eine Königin ganz nach meiner Art, die dieser Dichtung zu großer Zierde gereicht«*.
Sophonisbe ist dagegen eine ambivalente, wenn nicht negative Figur, obgleich ihrem hartnäckigen Streben nach Unabhängigkeit und Freiheit die Sympathie des Autors gilt. Noch im Untergang versucht sie, einen Bereich unbedingter Freiheit zu bewahren – sei es durch Grausamkeit, Intrigen, Verrat, schließlich durch den Tod. Vergeblich fordert sie die gleiche fanatische Haltung erst von Syphax, dann von Massinissa. Sie opfert dem Mythos Karthagos den Frieden des Landes, das Königreich ihres Mannes, ihre Ehe und ihr eigenes Leben; in maßlos scheinendem Stolz identifiziert sie sich mit dem Wohl ihrer Vaterstadt. Ins Extreme aber werden die bedenklichen Züge der Hauptgestalt durch herrische Anmaßung, Eifersucht und Haß gesteigert. Aus der Konfrontation dieses Charakters mit der politischen Notwendigkeit und Klugheit, wie sie die Römer vertreten, läßt sich das Modell einer politischen Grenzsituation abstrahieren: Hinter dem durch persönliche Unzulänglichkeit verschuldeten Untergang der nordafrikanischen Reiche wird der Aufstieg eines neuen Imperiums sichtbar. *Sophonisbe* ist, wie alle Tragödien aus Corneilles letzter Dichtungsperiode, ein Werk der historischen und politischen Moral.
Trotz ihrer hohen sprachlichen Schönheit stieß die Tragödie nicht grundlos auf den heftigen Widerstand der Kritik (DONNEAU DE VISÉ, D'AUBIGNAC) und des zeitgenössischen Publikums. Man fand am Intrigenspiel einer berechnenden und zudem zynischen Königin keinen Gefallen, noch brachte man ihren willfährigen oder kompromißbereiten Gegenspielern Sympathien entgegen. Stärker als durch den negativen Charakter seiner Protagonistin wird aber die Qualität des Stücks durch dramaturgische Schwächen beeinträchtigt. Die Motivation der Handlung bleibt mehrdeutig. Das Eifersuchtsdrama Sophonisbes beherrscht die ersten drei Akte, während sich der politische Konflikt nur schwach entfaltet, ohne die Dimension des Tragischen zu erreichen. J.Ze.

AUSGABEN: Rouen/Paris 1663. – Paris 1862 (in *Œuvres*, Hg. Ch. Marty-Laveaux, 12 Bde., 6). – Paris 1950 (in *Théâtre complet*, Hg. P. Lièvre u. R. Caillois, 2 Bde., 2; Pléiade). – Paris 1960 (in *Théâtre complet*, Hg. M. Rat, 3 Bde., 3; Class. Garn). – Rouen 1984 ff. (in *Théâtre complet*, Hg. u. Anm. A. Niderst; krit.). – Paris 1988 (in *Œuvres complètes*, Hg. G. Couton; Pléiade).

LITERATUR: Ch. Ricci, *Sophonisbe dans la tragédie classique italienne et française*, Turin 1904. – R. Bray, *La tragédie cornélienne devant la critique classique, d'après la querelle de Sophonisbe (1663)*, Paris 1927. – P. Kohler, *Sur »La Sophonisbe« de Mairet et les débuts de la tragédie classique* (in RHLF, 46, 1939, S. 56–70). – F. Gohin, *La »Sophonisbe« de C. et l'»Andromaque« de Racine* (in Revue Universitaire, 51, 1942, S. 12–18). – L. Herland, *Les qualités requises du personnage de tragédie et les sources de la pitié tragique, d'après la querelle de Sophonisbe (1663)* (in Société Toulousaine d'Études Classiques. Bulletin, 2, 1948, S. 205–222). – A. J. Axelrad, *Le thème de Sophonisbe dans les principales tragédies de la littérature occidentale*, Lille 1956, S. 28–65. – J. Daoust, *1963, l'année de Sophonisbe* (in les Cahiers C., 1, März 1964, S. 5–12). – S. Doubrovsky, *C. et la dialectique du héros*, Paris 1963, S. 351–359. – H. T. Barnwell, *C. in 1663. The Tragedy of »Sophonisbe«* (in PFSCL, 1984, Nr. 20/21, S. 575–592).

## SURÉNA, général des Parthes

(frz.; *Surena, General der Parther*). Tragödie in fünf Akten von Pierre CORNEILLE, Uraufführung: Paris, 11. 12. 1674, Hôtel de Bourgogne. – In diesem letzten Werk, einem Produkt dichterischer Resignation, suchte Corneille (wie vor allem von J. LEMAÎTRE hervorgehoben wurde) dramaturgische Errungenschaften RACINES, wie die Ablösung einer handlungs- und spannungsreichen Aktion durch den psychologischen Konflikt, für das eigene Bühnenschaffen fruchtbar zu machen. Bestimmend ist wohl vor allem *Bérénice* geworden. Die Synthesierung fremder Elemente zu einem neuen Ganzen hebt das Corneillesche Werk aber weit über die Ebene des bloß Epigonalen hinaus. *Suréna* ist lyrischer, melodiöser, freilich auch handlungsärmer als alle früheren Tragödien Corneilles. Der Gegensatz zu Racine zeigt sich jedoch in der Auffassung der Liebe, die als zentrales Thema dieser Tragödie noch immer von typisch Corneilleschen Momenten bestimmt ist. Schon die Existenz der Liebe kann eine gefährliche Überschreitung der nach wie vor bejahten, durch die Idee des absoluten Königtums bestimmten gesellschaftlichen Ordnung sein. Der Hof ist auch hier die Harmonie der sich um ein Zentrum bewegenden gesellschaftlichen Monaden. Ebensowenig ist der Herrschaftsanspruch der beiden Liebenden gegeneinander aufgegeben, Liebe nicht reine Racinesche Passion geworden (im Gegensatz hierzu steht etwa die nicht schlüssige Deutung der Liebe in *Suréna* durch S. DOUBROVSKY). Dieser Beherrschungswille, der auch die Negation und Vernichtung des anderen bejaht und einschließt, ist möglicherweise freilich aus dem aristokratischen Charakter der Helden abzuleiten (wie vor allem DURRY nachzuweisen gesucht hat). Quellen für die Tragödie waren PLUTARCHS Crassus-Biographie und die unter dem Namen von APPIANOS überlieferte Darstellung des parthischen Kriegs, die tatsächlich jedoch einen Auszug aus Plutarch darstellt (es ist zweifelhaft, ob ein solches Werk von Appian jemals geschrieben wurde; jedenfalls ist es verloren). Surena war aber in der historischen Wirklichkeit, anders als bei Corneille, kein Personenname, sondern die Bezeichnung des erblichen Amts des persischen Kronfeldherrn, des ersten nach der Königswürde. Es ist unklar, ob hier nicht schon Plutarch der Gefahr der Verwechslung mit einem Individualnamen erlegen ist. Derjenige Inhaber des Amts, der Crassus die Niederlage bei Carrhae beibrachte – der Edelste und Ausgezeichnetste im damaligen Parthien –, hatte tatsächlich Orodes auf den Thron gesetzt, nachdem er dessen Bruder Mithridates beseitigt hatte. Abgesehen von diesen Voraussetzungen ist die Intrige in Corneilles *Suréna* jedoch des Dichters freie Erfindung. Insbesondere endete Suréna nicht – wie im Stück – durch einen hinterhältigen Mordanschlag, sondern, nachdem seine Macht bedrohlich geworden war, durch den Henker.

In Corneilles Drama soll Suréna als Lohn für seine Verdienste um das Königshaus mit Orodes' Tochter, der Prinzessin Mandane, vermählt werden. Er liebt jedoch die für den Kronprinzen Pacorus bestimmte armenische Prinzessin Eurydice, die er als Gesandter in Armenien kennengelernt hatte, als das Land für den Krieg gegen Rom gewonnen werden sollte. Eurydice erwidert Surénas Liebe und ist lediglich aus Gründen der Staatsräson bereit, Pacorus in die Ehe zu folgen. Vergebens versucht Pacorus von ihr und Surénas Schwester Palmis, die ihn unerwidert liebt, zu erfahren, worin der Grund für Eurydices Kälte liegt, wer möglicherweise sein Nebenbuhler ist. Erst als Suréna die Heirat mit Mandane ablehnt, werden die Verbindungen deutlich. Nun sucht Orodes – während Pacorus lediglich auf seinen individuellen Vorteil bedacht scheint – mit der Kraft seiner persönlichen und königlichen Autorität die Liebenden in die aus Gründen der Staatsräson notwendigen, von ihnen nicht gewünschten Ehen zu drängen, hat damit jedoch allenfalls halben Erfolg. Auf Eurydices Verlangen – sie will, daß der Geliebte keine andere Verbindung eingeht – schlägt Suréna Mandane weiterhin aus. Er wird daraufhin verbannt und, als er sich vom Hof fortbegeben will, durch einen Pfeilschuß aus dem Hinterhalt ermordet; Eurydice aber stirbt aus Erschütterung über dieses Ende.

Die Tragik von *Suréna* ist freilich in keiner Beziehung neuartig: Sie ist bedingt durch den klassischen Konflikt von Liebe und Staatsräson. Suréna wählt die Liebe. Der Gegenspieler Surénas und Eurydices, nicht der mediokre Pacorus, sondern der tatkräftig-kluge König – vielleicht Abbild Ludwigs XIV. und Spiegelung der Problematik des absolutistischen Königtums –, sieht dagegen, daß Surénas Aufbegehren den von außen durch die militärischen Erfolge wiederhergestellten Staat von innen her zu zerstören droht. Im Gegensatz zu den idealisierten Helden Suréna und Eurydice, die nur ihre Passion kennen, ist der realistisch gezeichnete König derjenige, der den Konflikt zwischen Humanität und Freundschaft einerseits, Staatsräson andererseits wahrhaft durchleidet.

Trotz der außerordentlichen sprachlichen Schönheit dieser letzten Tragödie Corneilles – vor allem von POCOCK herausgehoben – ist ihre Resonanz auf der Bühne sehr gering geblieben. Schon die Begeisterung der Zeitgenossen war (wie ein Brief P. BAYLES an M. Minutoli vom 15. 12. 1674 zeigt) nicht übermäßig groß; die Comédie-Française verzeichnete zwischen 1680 und 1941 lediglich fünf Aufführungen. Bedeutend war jedoch der Einfluß von *Suréna* auf die Romankunst Mme. de LA FAYETTES. Bis in einzelne Züge finden sich Parallelen zwischen der *Princesse de Clèves* und Corneilles Tragödie. C.Sch.

AUSGABEN: Paris 1675. – Paris 1862–1868 (in *Œuvres complètes*, Hg. Ch. Marty-Laveaux, 12 Bde., 7). – Paris 1950 (in *Théâtre complet*, Hg. P. Lièvre u. R. Caillois, 2 Bde.; Pléiade). – Paris 1960 (in *Théâtre complet*, Hg. M. Rat, 3 Bde., 3; Class. Garn). – Paris 1974; ern. 1984. – Rouen 1984 ff. (in *Théâtre complet*, Hg. u. Anm. A. Niderst; krit.). – Paris 1988 (in *Œuvres complètes*, Hg. G. Couton, 3 Bde., 3; Pléiade).

LITERATUR: M.-J. Durry, *»Suréna«* (in Le Divan, 1940, S. 301–310). – R. Kemp, *»Suréna«* (in Temps, 11. u. 12. Okt. 1941). – O. Nadal, *Le sentiment de l'amour dans l'œuvre de C.*, Paris 1956. – J.-L. Vaudoyer, *»Suréna«* (in L'Illustre Théâtre, 7, Sommer 1956, S. 15/16). – S. Doubrovsky, *C. et la dialectique du héros*, Paris 1963. – R. J. Nelson, *C. His Heroes and Their Worlds*, Philadelphia 1963, S. 244 ff. – N. Cross, *»Suréna«* (in RoNo, 7, 1965, S. 30–35). – R. C. Knight, *C.'s »Suréna« a Palinode?* (in FMLS, 4, 1968, S. 175–185). – C. R. La Charité u. V. A. La Charité, *C.'s »Suréna«: an Option for a New Dramaturgy* (in RoNo, 10, 1968/1969, S. 103–105). – Q. Pocock, *C. and Racine*, Cambridge 1973. – M. Galey, *»Suréna«, la revanche de C.* (in NL, 27. 10. 1975, Nr. 2504, S. 15). – P. Senegal, *»Suréna« a trois cents ans* (in

Écrits de Paris, 343, Jan. 1975, S. 92–102). – P. Sénart, *»Suréna«* (in RDM, Jan.–März 1976, S. 174–178). – H. B. McDermott, *Politics and Ambiguity in C.'s »Suréna«* (in FF, 2, 1977, S. 205–213). – B. Kite, *»Suréna«, C.s Most Racinian Play?* (in Seventeenth Century French Studies, 6, 1984, S. 75–80). – C. Carlin, *»Suréna« and the Death of Cornelian Comedy* (in *Actes de Bâton Rouge*, Hg. S. A. Zebouni, Paris u. a. 1986, S. 114–123).

## TITE ET BÉRÉNICE

(frz.; *Titus und Berenice*). Heroische Komödie in fünf Akten von Pierre CORNEILLE, Uraufführung: Paris, 28. 11. 1670, Palais-Royal. – *Tite et Bérénice* ist tatsächlich eine Tragödie: Die Bezeichnung »heroische Komödie« läßt sich nur dadurch rechtfertigen, daß hier der unglückliche Ausgang durch die Kraft der Resignation einigermaßen gemildert wird. Im Gegensatz zu RACINES Behandlung des Stoffs *(Bérénice)*, die das neben *Phèdre* vielleicht größte klassische Drama hervorbrachte, ist Corneille die Gestaltung der reinen Resignation, die die Liebe als ein Ausschließliches nur in der Erinnerung bewahren will, nicht gelungen. Auch *Tite et Bérénice* stellt eine erneute Abwandlung des Corneilles gesamtes Bühnenschaffen beherrschenden Konfliktes zwischen Streben nach Macht einerseits und der Erfüllung durch erotische Liebe andererseits dar. In dramaturgischer Hinsicht beherrscht das Protagonistenpaar Titus und Bérénice das Geschehen nicht allein – auch dies ein Unterschied zu Racine. Bedingt ist dieser Unterschied möglicherweise durch das verschiedene Gewicht, das die beiden Dichter auf die historischen Quellen legten. Corneille stützt sich für sein Drama vor allem auf den von IOANNES XIPHILINUS hergestellten Auszug aus CASSIUS DIO (um 155–235). Dort findet sich der Hinweis, daß Domitia, die Tochter Corbulons, später Domitians Gattin geworden ist. Wahrscheinlich deshalb ist von Corneille in *Tite et Bérénice* das Paar Domitian – Domitie eingeführt worden, wo es ebenfalls eine beherrschende Rolle spielt. Domitie, die Domitian liebt, soll nach der freien Erfindung des Dichters aus politischen Gründen Domitians Bruder, den Kaiser Titus, heiraten; aus Machtstreben ist sie mit dieser Verbindung einverstanden. In Bérénice erblickt sie notwendig eine Gegnerin, während Domitian die jüdische Königin zum Bleiben zu bewegen versucht, um Domitie von Titus zu trennen und für sich zu gewinnen. Im Gegensatz zu Racine und zur historischen Wirklichkeit wünschen bei Corneille der römische Senat und das römische Volk die Verbindung zwischen Titus und Bérénice ausdrücklich. Die Liebenden aber entschließen sich dennoch, aufeinander zu verzichten, und zwar – ein primär politisches Motiv –, weil sie auf die Dauer dieser Gunst nicht bauen und die wiederaufflammende Abneigung Roms gegen den möglichen Despotismus einer orientalischen Königin fürchten. Titus verzichtet aber auch auf Domitie, die sich nun mit Domitian verbinden kann, ohne daß ihr durch eine Nebenbuhlerin der Platz der Kaiserin genommen worden wäre.

Es ist unsicher, ob die Herzogin von Orleans Racine und Corneille oder einen der beiden Dichter oder keinen zur Gestaltung des Bérénice-Stoffs angeregt hat. Unzweifelhaft ist jedoch, daß Corneille nicht von Racine abhängt und ihm auch nicht das Thema von dessen eine Woche vor *Tite et Bérénice* uraufgeführter *Bérénice* »gestohlen« hat. Die Auseinandersetzung zwischen den beiden Dichtern um die Vorherrschaft auf dem Gebiet der Tragödienkunst wurde bei dieser gleichzeitigen Gestaltung des Bérénice-Stoffs zugunsten Racines entschieden; dieses Urteil der Zeitgenossen, voran König Ludwigs XIV., hat der distanzierte Blick der späteren Literaturhistorie – wenn auch mit Modifikationen – bestätigt. Der gegenüber Racine jedoch weit vielfältigeren »Buntheit« der Corneilleschen Dramenkunst ist man damit allerdings nicht gerecht geworden. C.Sch.

AUSGABEN: Paris 1671. – Paris 1862 (in *Œuvres*, Hg. Ch. Marty-Laveaux, 12 Bde., 7). – Paris 1950 (in *Théâtre complet*, Hg. P. Lièvre u. R. Caillois, 2 Bde., 2; Pléiade). – Paris 1960 (in *Théâtre complet*, Hg. M. Rat, 3 Bde., 3; Class. Garn). – Rouen 1984 ff. (in *Théâtre complet*, Hg. u. Anm. A. Niderst; krit.). – Paris 1988 (in *Œuvres complètes*, Hg. G. Couton, 3 Bde., 3; Pléiade).

LITERATUR: G. Michaut, *La »Bérénice« de Racine*, Paris 1907. – E. Gros, *Avant C. et Racine: le »Tite« de Magnon (1660)* (in RHLF, 28, 1921, S. 229–240). – L. Herrmann, *Vers une solution du problème des deux Bérénices* (in MdF, 203, 1928, S. 313–337). – S. Doubrovsky, *C. et la dialectique du héros*, Paris 1963, S. 392–414. – A. S. Gerard, *Self-Love in Lope de Vega's »Fuenteovejuna« and C.'s »Tite et Bérénice«* (in AJFS, 4, 1967, S. 177–197). – G. Antoine, *Pour une stylistique comparative des deux »Bérénice«* (in TLL, 11, 1973, S. 445–461). – Ders., *Les deux »Bérénice« ou la double face d'un champ lexical* (in G. A., *Vis-à-vis ou le double regard critique*, Paris 1982, S. 67–90). – C. Gossip, *»Tite et Bérénice«* (in *Form and Meaning*, Hg. W. D. Howarth u. a., Amersham 1982, S. 115–126).

## LA TOISON D'OR

(frz.; *Das Goldene Vlies*). Als »Tragödie« bezeichnetes Drama in einem Prolog und fünf Akten von Pierre CORNEILLE, Uraufführung: Neubourg, Schloß des Marquis de Sourdéac, August 1660 (durch die Truppe des Théâtre du Marais); erste öffentliche Aufführung in Paris: Februar 1661, Théâtre du Marais. – Dem Drama liegt die Argonautensage zugrunde, vor allem in der Gestalt der *Argonautika* des APOLLONIOS RHODIOS. Corneille hat den barbarisch-atavistischen Charakter der griechischen Heldensage noch weiter verfeinert und humanisiert als der alexandrinische Gelehrte. Eine oberflächliche Rationalisierung ist damit jedoch nicht eingetreten; vielmehr hat der Dichter eine äußerst differenzierte Dialektik von Liebe und Treue weitgehend überhaupt erst eingeführt. Das janushafte Wesen Medeas als Liebende und unheimliche Zauberin (das einzige dialektische Element in der antiken Sage) ist beibehalten, so daß die Atmosphäre der von Grauen erfüllten Vorwelt auch bei Corneille noch gegenwärtig ist.

Die Humanisierung des Stoffs zeigt sich vor allem in den folgenden Veränderungen: Aietes ist bei Corneille nicht mehr grausamer, heimtückischer Halbgott, der nur auf den Untergang der Argonauten sinnt, sondern ein menschlicher König, dessen Weigerung, das Goldene Vlies an die von Jason geführten griechischen Fürsten herauszugeben, verständlich wird: Eine Prophezeiung hat nämlich Glück und Wohlergehen seines Reichs vom Besitz des Vlieses abhängig gemacht. Dieses Reich ist nun nicht mehr die zwischen den Gefilden des Helios, dem Hades und der Erde liegende Aia, sondern ein ganz und gar irdisches Land: die Kolchis. Apsyrtos wird nicht mehr von Medea zerstückelt, um den Argonauten die Flucht zu ermöglichen; diese entfällt vielmehr zugunsten eines harmonisierenden Schlusses. Die drei Proben, die Jason in der antiken Argonautensage zu bestehen hat, sind weggefallen oder verändert worden. Insgesamt ist an die Stelle der mythologischen Probe ein von Menschen zu planender Kampf getreten.

Die Verfeinerung des dramatischen Geschehens erreicht Corneille vor allem dadurch, daß er die Argonauten nicht mehr als ungebetene Gäste in Kolchis weilen läßt. Aietes ist ihnen vielmehr zu größtem Dank verpflichtet, weil sie ihn im Kampf gegen die Skythen unterstützten. Entscheidend wird die Spannung weiter dadurch erhöht, daß die Königin Hypsipyle von Lemnos, durch Neptun geschützt, Jason nach Kolchis nachsegelt. So ist Jason zwischen doppelte Liebe – Sehnsucht nach dem heiteren Griechenland einerseits, der herben kolchischen Prinzessin andererseits – gestellt. Die Treue zu seinen griechischen Fürstengenossen treibt ihn schließlich zum Kampf um das Goldene Vlies. Aietes möchte Jason zum Schwiegersohn gewinnen, unterstützt aber aus königlicher Solidarität Hypsipyle. Auch Medea steht nicht eindeutig auf seiten Jasons, sie hält lange zu Aietes und ihrem Vaterland. Schließlich siegen aber doch die den Griechen wohlgesonnenen Götter Juno und Pallas Athene mit Hilfe Amors. Die liebende Medea unterstützt die Argonauten und raubt für sie das Vlies. Mit dem ausgleichenden Schluß schafft Corneille eine neue, zeitgemäße und dynastische »Mythologie«: Jupiter, den Aietes unter Vermittlung seines Vaters Helios (»Soleil«) angerufen hat, bestimmt, daß zwar nach dem Verlust des Goldenen Vlieses der Untergang des kolchischen Reichs unvermeidlich sei. Aietes aber wird mit seinem Sohn Apsyrtos, der die von ihm geliebte Hypsipyle heiraten wird, nach Lemnos gehen, beider Kind der Begründer des späteren Großreichs der Meder sein.

Mit dieser Harmonisierung ist die Verbindung zu dem im mythisch-allegorischen Prolog angesprochenen Anlaß des Dramas hergestellt: der Heirat König Ludwigs XIV. mit der Infantin Maria-Theresia von Spanien; vielleicht ist das Goldene Vlies sogar ein Hinweis auf den höchsten burgundisch-spanischen Orden. Das Vorspiel zeigt, wie »La France« der Herrschaft von Mars überdrüssig ist, die nur Not für das Volk herbeigeführt habe – hier übt Corneille wie später ähnlich FÉNELON deutliche Regentenkritik. »L'Envie« (Neid) und »La Discorde« (Zwietracht) halten jedoch noch die ersehnte »Paix« (Frieden) in Banden. Da erscheint »Hyménée« als übermächtige Gottheit und vertreibt mit dem Bild der Infantin als Bannmittel die Götter des Unfriedens.

Mit seinem Personenreichtum, häufigem Wechsel des Handlungsorts, den prächtigen Szenerien und Zaubereffekten (wie Medeas Drachenritt, der Verwandlung des Schloßsaals in den unheimlichen Marshain) stellt *La toison d'or* eines der prunkvollsten Stücke des barocken Corneille dar. Kann man das Stück füglich als »romanesque« bezeichnen, schwingt hier auch schon die Doppelbedeutung des Worts mit: neben »zauberisch« eben auch »romantisch«. C.Sch.

AUSGABEN: Paris 1661. – Paris 1862–1868 (in *Œuvres*, Hg. Ch. Marty-Laveaux, 12 Bde., 6). – Paris 1950 (in *Théâtre*, Hg. P. Lièvre u. R. Caillois, 2 Bde., 2; Pléiade). – Paris 1960 (in *Théâtre complet*, Hg. M. Rat, 3 Bde., 3; Class. Garn). – Rouen 1984 ff. (in *Théâtre complet*, Hg. u. Anm. A. Niderst; krit.). – Paris 1988 (in *Œuvres complètes*, Hg. G. Couton, 3 Bde., 3; Pléiade).

LITERATUR: J. C. Lapp, *Magic and Metamorphosis in »La conquête de la toison d'or«* (in KRQ, 18, 1971, S. 177–194). – Ders., *Magic and Metamorphosis* (in J. C. L., *The Brazen Tower*, Saratoga 1977, S. 135–176).

### LA VEUVE ou Le traître trahi

(frz.; *Die Witwe oder Der verratene Verräter*). Komödie in fünf Akten von Pierre CORNEILLE (1606–1684), Uraufführung: Paris, Anfang 1632, Jeu de Paume de la Phère (durch die Gruppe von Montory). – Die auf *Mélite* und die Tragikomödie *Clitandre* folgende dritte Komödie Corneilles, der sich unmittelbar drei weitere anschließen sollten, ist das reizvollste dieser heiteren Jugendwerke. Sie beruht auf der geschickten Kombination von teils allerdings recht unwahrscheinlichen Intrigen: Der arme Aristokrat Philiste liebt die junge, reiche, schöne und edle Witwe Clarice, ohne jedoch offen um sie zu werben. Seine Neigung wird erwidert, aber die Konvention hält zunächst auch Clarice davor zurück, ihre Liebe zu bekennen. Diese Lage sucht Philistes falscher und heimtückischer Freund Alcidon zu seinen Gunsten auszunutzen. Er ist

ebenfalls in Clarice verliebt und wirbt nur scheinbar um Philistes Schwester Doris, der wiederum von ihrer Mutter eine Ehe mit dem durchschnittlichen Florange nahegelegt wird. Als Alcidons Künste (trotz Mithilfe der verräterischen Amme) bei Clarice keinen Erfolg haben, beredet er seinen Freund Célidan, Clarice zu entführen – angeblich, um sich an Philiste zu rächen; dieser wolle nämlich Doris von einer Verbindung mit ihm, Alcidon, abbringen (tatsächlich ist das Gegenteil richtig, hält Philiste gegen Florange zu seinem verräterischen Freund). Célidan durchschaut jedoch die Ränke Alcidons und läßt die auf sein Schloß entführte Clarice frei. Philiste kann sich nun mit Clarice verbinden; der ehrenwerte Célidan verlobt sich mit Doris. Alcidon aber hat das Nachsehen.
Corneilles Komödienkunst ist von der Typenkomödie Molières denkbar weit entfernt und eher der heiteren Gesellschaftskritik Goldonis vergleichbar. Der Einschlag des Heroischen unterscheidet sie jedoch von der venezianischen Komödie. Der soziale Typ französischer Kavaliere der ersten Hälfte des 17. Jh.s und das Milieu, in dem sie sich bewegten, sind in *La veuve* insgesamt zutreffend gezeichnet. Im Bereich der Komödienkunst erstrebte Corneille überhaupt eine fast abbildliche Darstellung gerade auch der Sprachwirklichkeit. Die dargestellte Entführung beschwört noch einmal die Fronde-Atmosphäre; im hochzivilisierten Frankreich Ludwigs XIV. wäre dergleichen nicht mehr möglich gewesen.
Der Personenreichtum des Stücks bedingt häufigen, dramaturgisch oft schlecht motivierten Szenenwechsel. Insofern ist diese Komödie Corneilles relativ unklassisch. *La veuve* moralisiert stärker als die Tragödien des Dichters. Die dramatische Gerechtigkeit ist dann allerdings wieder nicht streng genug: Alcidon wird nicht eigentlich bestraft, sondern ist schließlich nur der Düpierte. C.Sch.

Ausgaben: Paris 1634. – Paris 1862–1868 (in *Œuvres*, Hg. Ch. Marty-Laveaux, 12 Bde., 1). – Paris 1950 (in *Théâtre*, Hg. P. Lièvre u. R. Caillois, 2 Bde., 1; Pléiade). – Genf/Lille 1954, Hg. M. Roques u. M. Lièvre. – Paris 1960 (in *Théâtre complet*, Hg. M. Rat, 3 Bde., 1; Class. Garn). – Paris 1968 (in *Théâtre*, Hg. J. Maurens, 2 Bde., 1; GF). – Paris 1971 (in *Théâtre complet*, Hg. G. Couton, 3 Bde., 1; Class. Garn). – Paris 1980 (in *Œuvres complètes*, Hg. G. Couton, 3 Bde., 1; Pléiade). – Rouen 1984 ff. (in *Théâtre complet*, Hg. u. Anm. A. Niderst; krit.).

Literatur: L. E. Harvey, *The Noble and the Comic in »La veuve«* (in Symposium 10, 1956, S. 291–295). – P. Bourdat, *Une source cornélienne du »Misanthrope«: »La veuve«* (in Inf. litt. 20, 1968, S. 129–131). – I. McFarlane, *A Reading of »La veuve«* (in *The Equilibrium of Wit. Essays for O. de Mourgues*, Hg. P. Bayley u. D. G. Coleman, Lexington 1982, S. 135–149).

## THOMAS CORNEILLE

* 20.8.1625 Rouen
† 8.10.1709 Les Andelys

Literatur zum Autor:
G. Reynier, *T. C., sa vie, son œuvre*, Paris 1892; Nachdr. Genf 1970. – G. Sautebin, *T.C. grammairien*, Bern 1897; Nachdr. Genf 1968. – L. Lockert, *The Tragedies of T. C.* (in L. L., *Studies in French Classical Tragedy*, Nashville 1958, S. 216–252). – L. van Renynghe de Voxurie, *Descendence de T. C.*, Brügge 1959. – D. A. Collins, *T. C. Protean Dramatist*, Den Haag u. a. 1966. – E. H. Fischler, *La dramaturgie de T. C.*, Paris 1977. – M. Oddon, *Les tragédies de C.* (in Revue d'Histoire du Théâtre, 37, 1985, S. 199–213).

### LE COMTE D'ESSEX

(frz.; *Der Graf von Essex*). Tragödie in fünf Akten von Thomas Corneille, Uraufführung: Paris, 7. 1. 1678, Hôtel de Bourgogne. – Zu einer Zeit, da Racine, Pierre Corneille und Quinault aus verschiedenen Gründen nicht mehr für die Bühne schrieben, brachte diese Tragödie ihrem Autor Erfolg und Beifall und gilt seither neben *Timocrate* (1656) als sein bestes Stück.
Der für sein Imitationstalent berühmte jüngere Corneille schöpfte auch hier mit Geschick aus den Einfällen und der Erfahrung seiner Vorgänger, indem er sich das gleichnamige Stück von La Calprenède (1614–1663) zum Vorbild wählte und der durchgefallenen Tragödie *Suréna* (1674) seines älteren Bruders wertvolle Anregungen für die Entwicklung einer von Eifersucht und Staatsräson belasteten Liebesbeziehung in höfischem Milieu entnahm. Überdies machte er sich auf geschickte und der Qualität des Stückes zuträgliche Weise gewisse dramaturgische Kunstgriffe Racines zu eigen, und es gelang ihm damit, seinen Stoff in eine gutangelegte, vorbildlich einfache dramatische Handlung zu gliedern. Die Titelfigur ist der historische Robert Devereux, Graf von Essex und langjähriger Günstling der Königin Elisabeth. Der Konflikt entsteht dadurch, daß der junge Mann, der leidenschaftlichen Liebe der Herrscherin müde, seine Gunst der Hofdame Henriette zuwendet. Henriette aber heiratet den Minister Tyrone und wird dadurch Herzogin von Irton. Die Eifersucht treibt Devereux zu einem Staatsstreich gegen den Minister; der Plan wird jedoch entdeckt und als Verschwörung gegen die Königin ausgelegt. Zu stolz, die Wahrheit zu bekennen, bezahlt der Graf von Essex seine Liebe mit dem Leben und krönt seinen tragischen Tod mit dem oft zitierten Vers: *»Le crime fait la honte, et non l'échafaud.«* Thomas Corneilles Kunst ist die eines virtuosen Epigonen, der die Werke Racines und Pierre Corneilles mit großem Talent nachkonstruiert. I.P.

AUSGABEN: Paris 1678 (Faks. Genf 1970). – Paris 1813 (in *Chefs-d'œuvre*). – Paris 1880 (in *Théâtre complet*, Hg. E. Thierry).

ÜBERSETZUNGEN: *Der Graf von Essex*, P. v. Stüven, Hbg. 1747. – Dass., anon., Bonn 1760.

## TIMOCRATE

(frz.; *Timokrates*). Tragödie von Thomas CORNEILLE, Uraufführung: Paris, 16. 12. 1656, Théâtre du Marais. – Der zwanzig Jahre jüngere, literarisch sehr wendige Bruder von Pierre CORNEILLE erzielte mit dieser »romanesken Tragödie«, die trotz hoher technischer Könnerschaft nur den Rang literarischen Mittelmaßes erreichte, einen der größten Theatererfolge des 17. Jh.s. Der komplexen, an Peripetien reichen Handlungsführung sowie dem guten Ausgang nach gehört das Stück zur Gattung der Tragikomödie; es wurde als solche auch um die Wende zum 18. Jh. in italienischer Fassung zu Rom und Bologna gespielt. In Frankreich dagegen galt die Bezeichnung Tragikomödie schon um die Mitte des 17. Jh.s als veraltet und war meist durch *tragédie* oder *comédie héroïque* ersetzt. – Das Stück, das teilweise auf eine Episode aus dem achten Buch von LA CALPRENÈDES *Cléopâtre* zurückgeht, steht in einer Reihe von Schauspielen, welche die phantastischen Abenteuer, modischen Galanterien und melodramatischen Unwahrscheinlichkeiten des zeitgenössischen Romans auf die Bühne übertragen.

Timocrate, König von Kreta und später verhaßter Belagerer von Argos, ist mit Cléomène, dem fremden, plötzlich erscheinenden, dann wieder verschwundenen Hauptverteidiger von Argos gegen die Messener identisch. Zugleich ist er der Liebhaber der griechischen Prinzessin Ériphile, um deren Gunst noch die beiden mit den Griechen verbündeten Könige Léontidas und Cresphonte sowie Prinz Nicandre werben. Der Knoten um die Verwicklungen galanter, heldischer Liebe schürzt sich im zweiten Akt, nachdem ein kretischer Botschafter als Gegengabe für die Verbindung zwischen dem siegreichen Timocrate und Ériphile den Frieden angeboten hat. Im Rat stimmt Cléomène, alias Timocrate, der insgeheim die Zuneigung Ériphiles genießt, für die Annahme des Vorschlags. Ériphiles Mutter, die seit dem Tode des Königs Demochares über Argos herrscht, beschließt den Kampf fortzusetzen und verspricht die Tochter demjenigen, der Timocrate nach ihrem schon einmal mißlungenen Gegenangriff auf die Kreter als Gefangenen heimführt. Der dritte Akt hält das Geschehen in der Schwebe, auch der Zuschauer bleibt noch über die Identität von Timocrate und Cléomène im ungewissen. Nicandre setzt Trasile, den Heerführer und Freund des Timocrate, gefangen. Timocrate tötet Léontidas und Cresphonte, besiegt Nicandre, läßt ihn aber mit dem Auftrag frei, am Hof seinen Anspruch auf Ériphile zu vermelden. Als Cléomène, der für einige Zeit spurlos verschwunden ist, wieder auftaucht, berichtet er von der Gefangennahme Timocrates. Die Königin will ihrem Schwur entsprechend jenem die Prinzessin geben, diesen aber töten. Nicandre sinnt nun darauf, wie er seinem großmütigen Bezwinger das Leben retten könnte. Der getreue Trasile durchschaut die List seines Herrn nicht und leugnet hartnäckig, daß Timocrate gefangen sei; zugleich bittet er um Erbarmen für den Kreterkönig. Merkwürdigerweise stellt Nicandre Timocrate, alias Cléomène, nicht bloß, als er ihm wieder gegenübersteht. Erst gegen Schluß des vierten Aktes löst sich die Doppelrolle des Protagonisten auf. Das Volk verlangt aus Furcht vor den Göttern den Tod des einst gefeierten Retters, doch die Königin, zwischen Bewunderung und Haß hin- und hergerissen, muß zunächst ihr Wort einlösen und Ériphile Timocrate zur Frau geben. Ériphiles Angebot, ihrer Liebe zu entsagen, um das Leben des Kreters zu retten, ist für diesen unannehmbar. Da trifft die Nachricht ein, daß kretische Feinde im Begriff stünden, Argos einzunehmen. Nicandre hatte ihnen die Tore und damit den Weg zum Palast eröffnet; er zeigt sich durch diesen Verrat seinem Rivalen Timocrate gegenüber erkenntlich und rettet die abdankende Königin mit einem Theatercoup aus ihrem Zwiespalt. Argos und Kreta sind versöhnt, ja vereint. Staatsräson und Liebe finden den glücklichen Ausgleich. D.B.

AUSGABEN: Rouen/Paris 1658. – Paris 1881 (in *Théâtre complet*, Hg. E. Thierry). – Genf 1970, Hg. Y. Giraud (krit.; TLF).

LITERATUR: D. Mornet, *»Andromaque« et J. Racine*, Tl. 1, Paris 1947. – M. Descotes, *Le public de théâtre et son histoire*, Paris 1964, S. 91–126. – O. J. Gossip, *»Timocrate« Reconsidered* (in StF, 17, 1972, S. 222–237). – H. G. Hall, *Verisimilitude and Aesthetic Coherence in C.s »Timocrate«* (in *Form and Meaning*, Hg. W. D. Howarth u. a., Amersham 1982, S. 92–98).

# CORNELIUS NEPOS

* um 100 v.Chr.
† 25 v.Chr.

## DE VIRIS ILLUSTRIBUS

(lat.; *Von berühmten Männern*). Sechzehnbändiges Biographienwerk von CORNELIUS NEPOS, um das Jahr 35/34 in erster und fünf bis sieben Jahre später in zweiter, erweiterter und umgearbeiteter Auflage veröffentlicht. Ob der Titel original ist, steht nicht fest. – Erhalten ist nur ein recht geringer Teil des ursprünglichen Konvoluts, so daß der Aufbau des fast enzyklopädisch gedachten Werkes nicht mehr genau faßbar ist. Es war in acht Buchpaare geteilt, in denen jeweils zunächst eine Reihe ausländischer, zumeist griechischer *bioi* dargestellt wurden, welchen im zweiten Teil die entsprechenden römischen Lebensläufe folgten. Die Grundkategorien der Gruppen lassen sich nur noch zum Teil feststellen: »Könige«, »Feldherren« und »Historiker« sind authentisch belegt, »Dichter« und »Grammatiker« (Philologen) mit Sicherheit aus Testimonien zu erschließen, eine Abteilung »Redner« darf man vermuten. Das Überlieferte ist die Sammlung der Biographien nichtrömischer Feldherren.

Wenn nicht alles trügt, stammen davon nur die zwanzig Lebensbeschreibungen der griechischen Strategen (Miltiades, Themistocles, Aristides, Pausanias, Cimon, Lysander, Alcibiades, Thrasybulus, Cono[n], Dio[n], Iphicrates, Chabrias, Timotheus, Datames, Epaminondas, Pelopidas, Agesilaus, Eumenes, Phocio[n], Timoleo[n]) aus der ersten Auflage, während Hamilcar und Hannibal (vielleicht auch Datames) erst später hinzugefügt wurden. In ähnlicher Weise ist auch das Meisterstück der ganzen Tradition, der *Atticus* (von einer kurzen Cato-Biographie abgesehen der einzige Überrest der Kategorie »Historiker«), in der zweiten Auflage – nach dem Tode des bewunderten und verehrten Freundes – um einige Kapitel bereichert worden. Eine ausgeklügelte Ökonomie im Gesamtaufbau, bewußt geplante, durch Verweis, Andeutung, Zitat und Verknüpfung geschichtete Komposition waren dem großangelegten Opus nicht eigen, wie man dem Erhaltenen ohne weiteres entnehmen darf. Auch sonst mangelt es dem Werk an vielem, was man gerne darin verwirklicht sähe – ein Stilideal scheint der Autor, vom Streben nach Schlichtheit und Kürze abgesehen, so wenig besessen zu haben wie eine ausgereifte Konzeption über das Wesen der Biographie. Und ebenso wird man in historischer Hinsicht bohrendes Fragen, ehrgeiziges Forschen nach Gründen und Hintergründen vergeblich suchen: Die Darstellung bleibt durchaus oberflächlich, nicht selten leistet sich Nepos sogar ausgesprochene Irrtümer und Flüchtigkeitsfehler. Doch seltsamerweise müssen diese kritischen Einwände vor der Atticus-Biographie völlig verstummen. Hier hat, in eigenartigem Gegensatz zu der sonstigen Banalität, die lebendig-aufgeschlossene Begegnung des Schriftstellers mit einer überragenden, menschlich repräsentativen Persönlichkeit eine Studie hervorgebracht, die zu den revolutionärsten und besten Stücken römischer Prosa zählt: *»Alles ist neu an dieser Biographie: der Entwurf zu Lebzeiten, die Ergänzung nach der Vollendung des Lebens, der Sinn für biographisches Detail ebenso wie das Aufspüren letzter Grundsätze und Haltungen, das Finden der Mitte eines exemplarischen Lebens ... Auch zum Erspüren der Kräfte eines persönlichen Lebens gehört Gunst der Stunde. Die römische Biographie hat eine solche Zeit nicht mehr gefunden«* (Büchner). E.Sch

AUSGABEN: Venedig 1471 (*Aemilii Probi de vita excellentium liber*). – Oxford 1904 (*Vitae*, Hg. E. O Winstedt; mehrere Nachdr.). – Bln. [11]1913 (*C. N.* Komm. K. Nipperdey u. K. Witte; Nachdr. Dublin/Zürich 1967). – Ldn./Cambridge (Mass.) 1929 (*C. N.*, Hg. J. C. Rolfe; m. engl. Übers. Loeb). – Turin [3]1964 (*Cornelii Nepotis quae exstant*, Hg. H. Malcovati). – Paris 1968 (*C. N, Vies d'Hannibal, de Caton et d'Atticus*, Hg. M. Ruch; m. Komm.). – Paris [3]1970 (*Œuvres*, Hg. A.-M. Guillemin; m. frz. Übers.). – Lpzg. 1977 (*Cornelii Nepotis vitae cum fragmentis*, Hg. P. K. Marshall). – Turin 1977 (*Opere di Cornelio Nepote*, Hg. L. Agnes; m. ital. Übers.). – Mailand 1980 (*Vite e frammenti, i classici di storia, sez. greco-rom 7*, Hg. A. Sartori).

ÜBERSETZUNGEN: *Deutsch redender C. N.*, D. Harder, Greifswald 1658 – *Kurzbiographien und Fragmente*, H. Färber, Mchn. 1952 [lat.-dt.]. – *Atticus*, R. Feger, Stg. 1976 [lat.-dt.].

LITERATUR: G. A. Koch u. K. E. Georges, *Vollständiges Wörterbuch zu den Lebensbeschreibungen des C. N.*, Hannover/Lpzg. [7]1895. – G. Wissowa, Art. *C. (275)* (in RE, 4/1, 1900, Sp. 1408–1417). – Schanz-Hosius, 1, S. 351–361. – K. Büchner, *Humanitas. Die Atticusvita des C. N.* (in Gymn, 56, 1949, S. 100–121). – H. Rahn, *Die Atticus-Biographie u. die Frage der zweiten Auflage der Biographiensammlung des C. N.* (in Herm, 85, 1957, S. 205–215). – V. d'Agostino, *La vita corneliana di Tito Pomponio Attico* (in Rivista di Studi Classici, 10, 1962, S. 109–120). – R. Stark, *Zur Atticus-Vita des C. N.* (in RhMus, 107, 1964, S. 175–189). – E. Jenkinson, *N. An Introduction to Latin Biography*, Ldn./NY 1967. – T. G. McCarthy, *C. N. Studies in His Technique of Biography*, Diss. Univ. of Michigan 1970. – O. Schönberger, *C. N., ein mittelmäßiger Schriftsteller* (in Altertum, 16, 1970, S. 153–163). – E. M. Jenkinson, *Genus scripturae leve* (in ANRW, 1/3, 1973, S. 703–719). – J. M. André u. A. Hus, *L'histoire à Rome. Historiens et biographes dans la littérature latine*, Paris 1974. – F. Decreus, *Catulle, c.1, C. N. et les Aitia de Callimaque* (in Latomus, 43, 1984, S. 842–860). – J. Geiger, *C. N. and Ancient Political Biography*, Stg. 1985. – Ders., *Cicero u. N.* (in Latomus, 44, 1985, S. 261–270). – L. Haras, *Geschichtsphilosophische Interpretationsmöglichkeiten bei C. N.* (in Klio, 47, 1985, S. 502–506).

## KUZ'MA ČORNY

d.i. Mikola Ramanoŭski

* 24.6.1900 Borki / Gebiet Sluck
† 22.11.1944 Minsk

LITERATUR ZUM AUTOR:
M. Luferaŭ, *Proza K. Č.*, Minsk 1961. – J. Kudraŭcaŭ, *K. Č.*, Minsk 1962. – A. Adamovič,

*Šyrynja pis'mennickaha svetu* (in Polymja, 1969, Nr. 2, S. 201–216, Nr. 3, S. 222–239 u. 1970, Nr. 1, S. 163–185). – M. Tyčyna, *K. Č.*, Minsk 1973. – A. Pjatkevič, *Sjužet. Kampazicyja. Charaktar*, Minsk 1981. – J. Hramovič, *U schovach pamjaci i serca*, Minsk 1983, S. 21–54. – T. Šamjakina, *Pošuki budučyni* (in Polymja, 6, 1985, S. 186–192).

## IDZI, IDZI

(wruth.; *Geh, geh*). Roman von Kuz'ma ČORNY, erschienen 1930. – Čorny, dessen Werk eng mit seiner Heimat verbunden ist, war ein hervorragender Kenner seiner Landsleute, der Weißruthenen, der in einer farbenprächtigen und bildhaften Sprache Menschen und Ereignisse zu schildern vermochte, wie bereits in seinen frühen Erzählungen deutlich wird. Allerdings geriet er damit in Konflikt mit den Richtlinien der kommunistischen Partei, die die mangelnde Darstellung der Klassengegensätze und den »verderblichen Einfluß« von HAMSUN, IBSEN und PRZYBYSZEWSKI rügte. Auch seine Romane *Zjamlja*, 1928 *(Land)*, *Sjastra*, 1928 *(Die Schwester)*, und *Vecer i pyl*, 1929 *(Wind und Staub)*, wurden als antisowjetische, reaktionäre »Kulakenwerke« kritisiert, weil in ihnen der Hinweis auf *»blutrünstige Kulaken«* und *»die führende Rolle der Partei«* fehlte.

Der Roman *Idzi, idzi*, der auf mehreren Handlungsebenen ein brisantes sozialpolitisches Sujet behandelt, war zunächst als philosophisches Werk mit eingeflochtenen epischen Passagen geplant. Als jedoch die OGPU begann, mißliebige Literaten zu verhaften, änderte der Autor sein Konzept. Trotz des Drucks der Zensur versucht Čorny, die Zeit der Zwangskolchosierung in Weißruthenien wahrheitsgetreu darzustellen. Der Roman zeigt den Klassengegensatz zwischen den »Kulaken« Nachljabič, Sehenecki, ihren Helfern Toljak, Baleslaŭ, Harus und den Armen Jakub, Andrej, Samoc'ka und Halena während der Kollektivierung in den zwanziger Jahren. Die recht plakativ dargestellten gierigen und hinterlistigen Ausbeuter Nachljabič und Sehenecki versuchen, mit Hilfe falscher Gerüchte den neu organisierten Kolchos zu untergraben; sie werden jedoch entlarvt und entkulakisiert. Für die Armen hingegen bedeutet der Kolchos zunächst eine bessere Zukunft, jedoch bleibt diese Hoffnung nicht ungetrübt. Die Studentin Halena, überzeugt von dem neuen System, lernt die Schattenseiten kennen, als sie wegen angeblicher Beziehungen zu einem »Kulaken« denunziert und schweren Verhören unterzogen wird. Der mitbeschuldigte Zydor nimmt eine unterwürfige Haltung an und wird immer zurückhaltender. Der Dorfsowjetvorsitzende Zenak versucht, die Kollektivierung gewaltsam voranzutreiben, und bedroht jeden, der sich abfällig über die Kolchosleitung äußert. Doch die Bauern fassen den Kolchos als Joch und Fron auf, lehnen Kolchosarbeit und Versammlungspflicht ab. Nicht einmal die Armen (wie Samoc'ka) wollen dem Kolchos beitreten: Andrej fürchtet, im Kolchos keine Freiheit zu haben und einem dummen Vorgesetzten gehorchen zu müssen, Sehenecki möchte nach seinen eigenen Vorstellungen leben können und nicht so, wie es von denjenigen, die ihn in den Kolchos zwingen, angeordnet wird. Die Bauern wollen sich in die neuen Umstände nicht fügen; sie ignorieren die offiziellen Parolen, hören den Warschauer Sender und hoffen insgeheim darauf, daß England und Frankreich die Bolschewiken vertreiben werden. Der junge Toljak träumt davon, die Welt von der bolschewistischen Herrschaft befreien zu können, der Student Harus von der Ausrufung eines unabhängigen Weißruthenien. Daneben zeigt Čorny in seinem Roman auch die neue Klasse der Angepaßten wie etwa den Schriftsteller Mikalaj, der die Bolschewiken zwar ablehnt, sie aber in seinen Gedichten öffentlich glorifiziert.

In keinem anderen Werk Čornys tritt die Kritik am Kolchossystem so scharf zutage. Dennoch konnte *Idzi, idzi* – allerdings mit erheblichen Eingriffen der Zensur – publiziert werden. A.Gaj.

AUSGABEN: Minsk 1930 (in Uzvyšša, 4–10). – Minsk 1954 (in *Zbor tvoraŭ*, 6 Bde., 2). – Minsk 1973 (in *Zbor tvoraŭ*, 8 Bde., 4).

LITERATUR: U. Hlybinny, *Vierzig Jahre weißruthenischer Kultur unter den Sowjets*, Mchn. 1959, S. 124. – M. Mušynski, *Za novaha čalaveka* (in Litaratura i mastactva, 3. 7. 1970). – *Belaruskaja saveckaja proza*, Hg. V. Barysenka u. a., Minsk 1971, S. 171–175. – *Šljachi razviccja belaruskaj saveckaj prozy*, Hg. V. Kavalenka u. a., Minsk 1972, S. 150–151. – A. McMillin, *A History of Byelorussian Literature*, Gießen 1977, S. 309. – L. Garanin, *Filosofskie iskanija v belorusskoj literature*, Minsk 1984, S. 164.

## TRECJAE PAKALENNE

(wruth.; *Die dritte Generation*). Roman von Kuz'ma ČORNY, erschienen 1935. – Thema des Romans, der in den ersten anderthalb Jahrzehnten nach der Oktoberrevolution spielt, ist die geistige und psychologische Bewältigung des gesellschaftlichen Umbruchs durch die weißruthenische Revolutionsgeneration und die Herausbildung des bewußten Bürgers der neuen, sozialistischen Gesellschaft.

Den Hintergrund der Handlung, die auf den Charakterkonflikt der Eheleute Tvarecki gegründet ist, bildet der Aufbau eines Kraftwerks inmitten der weißrussischen Wälder und Torfsümpfe zur Zeit des ersten Fünfjahrplans. Im Gegensatz zu seiner Gattin kann sich Michal Tvarecki nicht in die nachrevolutionären Verhältnisse seiner Heimat finden. Sein ganzes Wesen ist geprägt durch die verinnerlichte Inhumanität der untergegangenen Klassengesellschaft. Als einfacher Hirt im Dienste des Kulaken Skuratovič ist Michal von klein auf in einer

Welt der Profitgier, des Neids und der Unterdrükkung aufgewachsen. Früh lernt er, seine Wünsche und Gefühle zu verbergen, zu heucheln und zu lügen, früh versteht er, die skrupellosen Praktiken seines verhaßten Herrn zu eigenem Nutzen anzuwenden. Mehr und mehr wird Tvarecki zum knechtischen Ebenbild des Kulaken, den er zuletzt ins Gefängnis bringt. Die Revolution befreit Michal aus der Hörigkeit des Kulaken, doch nicht von seiner eigenen Sklavennatur. Ohne Blick für den gesellschaftlichen Wandel geht Michal weiterhin allein seinem persönlichen Vorteil nach. Seine Habgier und sein Streben nach sog. »Unabhängigkeit« treiben ihn schließlich zum Verbrechen. Er eignet sich Staatsgelder an, die Banditen bei einem Banküberfall erbeutet und im Walde verborgen haben. Erst nach seiner Verurteilung beginnt die Läuterung des Helden. Auf der Baustelle des Kraftwerks, wo er nach verbüßter Strafe seiner Gattin wiederbegegnet, beginnt Michal ein neues Leben. Persönlich macht er den Sohn seines ehemaligen Herrn unschädlich, der als ausländischer Agent mit umstürzlerischen Plänen in die Heimat zurückgekehrt ist. Die Gestalt Tvareckis gewinnt ihr Profil im Kontrast zu seiner Gattin Zosja. Obgleich eine entfernte Verwandte des Kulaken Skuratovič, hat Zosja nie ihre Klassenzugehörigkeit verkannt. Ihre angeborene Klassensolidarität entfaltet sich unter dem Eindruck der revolutionären Ereignisse zum kämpferischen Klassenbewußtsein. Einen ihr verwandten Charakter findet Zosja in dem Rotarmisten Nazareŭski, dem sie wie einem Bruder zugetan ist. Farbiger ist die Gestalt des Partisanen Anton Nescjarovič gezeichnet, ein ehemaliger Schmied, der den Aufbau des Kraftwerks beaufsichtigt. Beide haben allein die Funktion, das Spektrum positiver Erziehung durch die sozialistische Gesellschaft zu erweitern, und erreichen die Vollkommenheit der psychologischen Charakterisierung der Hauptgestalten nicht.

Zwar hatte sich Čorny mit diesem Werk den Prinzipien des sozialistischen Realismus angenähert, er wurde aber dennoch in der Zeit der stalinistischen Restriktionen des Mystizismus und Idealismus beschuldigt, seine Werke aus den Bibliotheken eliminiert. Er selbst hatte unter ständigen Repressalien zu leiden und starb 1944 an Herzversagen. Erst nach dem Ende der Stalin-Ära wurden Čornys Werke wieder öffentlich zugänglich. KLL

Ausgaben: Minsk 1935 (in Polymja revalucyi, 2–6). – Minsk 1954 (in *Zbor tvoraŭ*, 6 Bde., 3). – Minsk 1974 (in *Zbor tvoraŭ*, 8 Bde., 5).

Literatur: *Narysy pa historyi belaruskaj litaratury*, Hg. V. Barysenka u. a., Minsk 1956, S. 482–486. – V. Kavalenka, *Holas čalavečnasci*, Minsk 1970, S. 66–69. – R. Škraba, *Budynak u vjalikim horadze* (in Polymja, 6, 1973, S. 222–237). – J. Melež, *Pra tvorcasc' K. Č.* (in J. M., *Zbor tvoraŭ*, 10 Bde., Minsk 1983, 8, S. 52–63). – A. Lojka, *Neparyŭnaja jednasc'* (in Litaratura i mastactva, 6. 11. 1987).

## SVETOZAR ĆOROVIĆ

* 29.5.1875 Mostar
† 17.4.1919 Mostar

Literatur zum Autor: I. Sekulić, *Na grob S. Ć.* (in Književni jug, 4, 1919, 9/10, S. 358–389). – S. Pandurović, *S. Ć.* (in Letopis Matice Srpske, 321, 1929, S. 34–43). – M. Selaković, *S. Ć.* (in Pregled, 1939, S. 141–149). – I. Kecmanović, *S. Ć.* (Vorw. zu S. Ć., *Stojan Mutikaša*, Sarajevo 1950). – J. Radulović, *S. Ć.* (Vorw. zu S. Ć., *Stojan Mutikaša*, Belgrad 1954). – B. Milanović, *O životu i delatnostima S. Ć.* (in Putevi, 12, 1966, 6, S. 691–702). – B. Milanović, *Život i djelo S. Ć.* (Vorw. zu S. Ć., *Sabrana djela*, 10 Bde., Sarajevo 1967, 10). – S. Tutnjević, *Radi svoga razgovora. Ogledi o pripovjedačima Bosne*, Sarajevo 1972. – A. Pejović, *Trajne vrednosti u književnom delu S. Ć.* (in Književnost i jezik, 22, 1975, 3, S. 379–394). – S. Leovac, *Portreti srpskih pisaca XIX veka*, Belgrad 1978. – M. Najdanović, *Orientalni kolorit u širem spektru lokalne boje u stvaralaštvu Borisava Stankovića, S. Ć. i Alekse Šantića* (in M. N., *Borisav Stanković u poređenju sa drugima*, Vranje 1983). – I. Kecmanović, *Čaršija u delima S. Ć.* (in *Progresivna misao u BiH 1918–1941*, 5 Bde., Sarajevo 1983, 2). – G. Desnica, *S. Ć.* (in G. D., *Književnost srpskog naroda (1113–1941)*, Belgrad 1983, S. 420–422). – M. Najdanović, *Relacije pisac – sredina u književnosti srpskog realizma*, Kragujevac 1983.

### STOJAN MUTIKAŠA

(serb.; *Stojan, der Intrigant*). Roman von Svetozar Ćorović (Bosnien-Herzegovina), erschienen 1907. – Gegenstand des Romans ist die exemplarische Karriere eines herzegovinischen Bauernjungen, der sich, aus dem heimatlichen Dorf in das Milieu der bürgerlichen Geschäftswelt versetzt und bald durch seine neue Umgebung korrumpiert, zum Prototyp des kleinbürgerlichen Parvenüs entwickelt. Aus Armut schickt Stojans Vater den Fünfzehnjährigen in die Stadt, *»wo man jeden Tag Fleisch ißt«*, zu einem Kaufmann in die Lehre. Nachdem er den ersten Schrecken über die gewaltsame Veränderung überwunden hat, weiß Stojan rasch seine im patriarchalischen Dorfmilieu erworbene Unterwürfigkeit, Strebsamkeit und Frömmigkeit vorteilhaft einzusetzen. Bauernschlau macht er sich die Fertigkeit zu eigen, dem Schwächeren zuzusetzen und dem Stärkeren aus dem Weg zu gehen, Kunden, Gläubiger und Konkurrenten unbemerkt zu betrügen und sich der Gunst des eigenen Herrn zu versichern. Nach einem Jahr schon will er *»um keinen Preis mehr«* in sein armseliges Heimatdorf zurückkehren. Geduldig wartet er auf den Moment, da er sich zu eigener Unabhängigkeit emporgedient hat. Die Stunde kommt, als sein Herr, Simon, stirbt. Statt der geliebten Rosa ehelicht er Simons Witwe und Erbin Andja. Energisch geht er sogleich daran, den Traum von eigener Größe und Macht zu verwirklichen. *»An jedem Ort, zu dem ich komme, will ich ein Haus haben. Es soll geschehen, was ich will, und die Welt soll von mir erzählen.«* Stojan verzichtet fortan auf jegliche Freude im Leben und zögert keine Sekunde, Abhängige zu vernichten. Skrupellos treibt er seinen Jugendfreund Miloš in den Konkurs und ins Gefängnis. Einzig über Rosa, die Stojan noch immer leidenschaftlich liebt, vermag er selbst dann keinen Sieg davonzutragen, als er in den Besitz ihres Hauses gelangt. Obgleich mit ihren Kindern obdachlos, bleibt sie stärker als Stojan. Auf dem Höhepunkt des Reichtums und der Macht ereilt Stojan das Ende. Er stirbt in der tödlichen Furcht, ein Prozeß gegen seinen Kompagnon Pero, den er gleichfalls betrügen wollte, könnte ihn doch noch um Vermögen, Ruf und Freiheit bringen.

Anhand dieser, in der jugoslavischen Vorkriegsliteratur vielfach beschriebenen Charakterentwicklung eines einzelnen zeichnet der Roman ein eindrucksvolles Bild des gesellschaftlichen Umbruchs in der Zeit, als die Türkenherrschaft gerade beendet war und der Einfluß des westlichen Bürgertums soeben begann. Im Schicksal der Bauern (*»Sklaven, düster und elend, wie geboren, um von jedem getreten und gequält zu werden«*), der reichen Kaufleute, Lehrlinge, Gesellen, Handwerker, Pfarrer, Ärzte und Rechtsanwälte manifestieren sich die frühkapitalistischen Veränderungen der patriarchalisch-hierarchischen Provinzgesellschaft des Landes. Die Sprache des Autors ist das herzegovinische Idiom seiner Helden. Archaismen, Turzismen, der Volksdichtung entnommene Hochzeitslieder und Totenklagen verleihen ihr lokales Kolorit und folkloristische Lebendigkeit. J.Kr.

AUSGABEN: Mostar 1907. – Belgrad 1932 (in *Celokupna dela*, 7 Bde., 4). – Sarajevo 1950. – Belgrad 1954. – Sarajevo 1954 (in *Djela*, Hg. S. Mićanović, 3 Bde., 3). – Sarajevo 1967 (in *Sabrana dela*, Hg. B. Milanović, 10 Bde., 5). – Mostar 1976.

VERFILMUNG: Jugoslavien 1956.

## ENRICO CORRADINI

* 1865
† 1931

### LE VIE DELL'OCEANO

(ital.; *Die Wege über den Ozean*). Drama in drei Akten von Enrico CORRADINI, erschienen 1913. – Nach Argentinien war vor Jahren der Kalabrier Giuseppe Carraro ausgewandert. Zwischen ihm, dem reich gewordenen Siedler, der das Vaterland nicht vergessen kann und sich verpflichtet fühlt, am Libyschen Krieg teilzunehmen, und seinen in der neuen Heimat geborenen und Italien völlig entfremdeten Söhnen kommt es zu schweren Konflikten. Die Jungen werfen dem Vater einen kleinkarierten Patriotismus vor, während er wiederum es als Sakrileg betrachtet, daß sie sich nicht betroffen fühlen von der Sache des Vaterlands. Schließlich setzen sich die jungen Carraros ab und finden bei der Pflanzerfamilie Gallegos Unterschlupf, eingeschworenen Feinden der italienischen Emigranten. Als der Vater seine Kinder mit Gewalt zurückholen will, kommt es zu tätlichen Auseinandersetzungen, in deren Verlauf Teodoro Gallegos ihn verwundet. Doch bei dem Versuch, den anderen niederzuschießen, trifft Giuseppe Carraro seinen ältesten Sohn tödlich. Die Richter sprechen ihn frei; mit seinem Jüngsten, der noch in den Kinderschuhen steckt, kehrt er in die Heimat zurück, um dort, arm wie früher, als Taglöhner sein Dasein zu fristen. – Corradini, neben ORIANI ein einflußreicher ideeller Wegbereiter des Faschismus, der 1923 dem Regime die geistige Elite des Landes zuführte, ließ durch eine herbe, simplifizierte, sich der literarischen Tradition der toskanischen Heimat bewußt widersetzende Sprache aufhorchen. Diese Sprache und nicht zuletzt die Zeitereignisse sicherten die Popularität des Dramas, das ungeachtet mangelnder psychologischer Ausleuchtung durch eine Thematik ansprach, der rückblickend eine gewisse historische Bedeutung nicht abgesprochen werden kann. Als exemplarisches Blut-und-Boden-Drama ist *Le vie dell'oceano* heute geeignet, patriotische Verbohrtheit und die fatale Auswirkung fehlgeleiteter Wertbindungen zu dokumentieren. KLL

AUSGABE: Mailand 1913.

LITERATUR: E. Stock, *Novecento*, Bln. 1942, S. 301–304.

## GASPAR CORREIA

* 1495/96
† 1565 (?) Goa

### LENDAS DA ÍNDIA

(portug.; *Berichte aus Indien*). Geschichtswerk von Gaspar CORREIA, abgeschlossen 1551, erschienen 1858–1866. – Das Werk umfaßt den Zeitraum von 1497 bis 1550, das heißt vom Beginn der Entdekkungsfahrt Vasco da Gamas bis zur Festigung der portugiesischen Macht in Indien. Correia, der fünfzig Jahre in Indien zugebracht und in seiner Jugend als Schreiber im Dienst Afonso de Albuquerques gestanden hat, berichtet, was er selbst im Vorwort an den Leser ausdrücklich betont, im Unterschied zu den Reichschronisten als Augenzeuge; nur für die Darstellung der weiter zurückliegenden Ereignisse stützt er sich auf die Auskünfte anderer Beobachter. Er schreibt auch nicht wie andere von den fremden Völkern und Räumen, sondern beschränkt sich darauf, die – guten und bösen – Taten der portugiesischen Eroberer zu überliefern. Als miterlebender und unbestechlicher Zeuge berichtet er in oft tagebuchartigen Niederschriften und ungeschminkter Darstellung von mitangehörten Gesprächen und alltäglichen wie außerordentlichen Ereignissen, von Heldentaten wie von Verbrechen, von den großen staatsmännischen Entscheidungen wie den kleinlichen und gehässigen Rivalitäten und Intrigen. Er verzichtet dabei in Stoffgliederung und Ausdruck auf alle Mittel literarischer Kunst. Die Spannung und Erregung, die sich des Lesers gleichwohl bei der Lektüre bemächtigt, ist allein dem historischen Material und der unmittelbaren Berichterstattung zu verdanken, die dem Werk hohen dokumentarischen Wert verleiht. Correia hat selbst bestimmt, daß die Aufzeichnungen erst nach seinem Tode veröffentlicht werden sollten. A.E.B.

AUSGABEN: Lissabon 1858–1866, Hg. R. J. de Lima Felner, 8 Tle. in 4 Bdn. – Lissabon 1973. – Porto 1975, 4 Bde.

LITERATUR: A. F. G. Bell, *G. C.*, Ldn. 1924. – M. Rodrigues Lapa, *Historiadores quinhentistas*, Lissabon 1943; ern. Belo Horizonte 1960. – J. Cortesão, *Os descobrimentos portugueses*, Lissabon 1958 ff. – H. Cidade, *A literatura portuguesa e a expansão ultramarina*, Bd. 1, Coimbra 21963. – J. V. Serrão, *A historiografia portuguesa*, Bd. 1, Lissabon 1972, S. 236–244. – *Empire in transition*, Hg. A. Hower u. R. A. Preto-Rodas, Gainesville 1985, S. 97–105.

## NATÁLIA CORREIA

* 13.9.1923 Ponta Delgada / Azoren

### O ENCOBERTO

(portug.; *Der Verschollene*). Schauspiel in drei Akten von Natália CORREIA, erschienen 1969, Uraufführung: Lissabon 1977, Teatro Maria Matos. – Die Verbreitung des Textes wurde sofort nach Erscheinen von der Zensur verboten, bis nach dem Sturz der Diktatur Caetanos am 25. April 1974. Die Inszenierung dieser Satire auf den *Sebastianismus*-Glauben der Portugiesen durch die Cooperativa Repertório wurde aber der politischen Intention Correias nicht gerecht (C. Porto). Die Autorin, seit Jahren als *Membro Independente do Partido Socialista* Abgeordnete im portugiesischen Parlament, beschäftigt sich vor allem mit den Beziehungen Portugals zu seinen ehemaligen Kolonien und der Frage nach der Selbständigkeit auf beiden Seiten. Um politische wie moralische Eigenständigkeit geht es auch in *O encoberto*, wenn das Stück vordergründig auch nur ein historisches Drama zu sein scheint.

Der geschichtliche Hintergrund des die Portugiesen wie Brasilianer bis heute beschäftigenden *Sebastianismo* ist folgender: Dom Sebastião, der vierundzwanzigjährige portugiesische König, zieht mit einem 16 000 Mann starken Heer, darunter auch alle kampffähigen jungen Adeligen und 2800 deutsche Söldner, an die Küste Marokkos, um die Mauren und Türken zu schlagen und somit den Islam in Nordafrika endgültig zu besiegen, sowie Portugals schwindenden Einfluß in Afrika zu stärken. Am 4. August 1578 werden die Portugiesen von den Marokkanern unter Führung von Muley Moluco bei Alcácer Quibir (Ksar el-Kebir, heute L'oüed el-Makhazen) vernichtend geschlagen. Der marokkanische König, sein Neffe und Kontrahent Muley Mohammed und Dom Sebastião kommen in der Schlacht um, aber niemand hat Dom Sebastião sterben sehen, und sein Leichnam wurde angeblich nie gefunden; ein leerer Sarg wurde am 19. September 1578 in Lissabon begraben. – Zwei Jahre später fiel Portugal nach einigen Kämpfen an Philipp II., Dom Sebastiãos Onkel, der schon vor der Schlacht diese Lösung angestrebt hatte, da Dom Sebastião der letzte vom Geschlecht der Avis war. Von 1580 bis 1640 gehörte Portugal zu Spanien, eine Tatsache, die das portugiesische Volk nie akzeptierte, mit der sich jedoch der Adel bestens arrangierte. Nach der Schlacht von Alcácer Quibir glaubten die Portugiesen an die Wiederkehr ihres verschollenen Königs, der sie von spanischer Unterdrückung, Pest und Elend befreien und, wie in den Prophezeiungen des Schusters Bandarra, an einem Nebelmorgen auf seinem weißen Pferd erscheinen und die nationale Souveränität wiederherstellen werde.

In den folgenden Jahren tauchten mehrere Personen auf, die behaupteten, Dom Sebastião zu sein. So erschien 1598 in Venedig ein Mann namens Marco Tullio Catizone, der berichtet, er sei zwanzig Jahre lang durch Afrika und das Heilige Land gepilgert, um für seine Fehler Buße zu tun; nun sei er gekommen, seine Ansprüche auf die portugiesische Krone geltend zu machen. Auf Geheiß der spanischen Botschaft kam er zuletzt in Florenz ins Gefängnis und wurde 1603 im spanischen San Lucar de Barrameda hingerichtet. – Von allen falschen Dom Sebastiãos scheint er derjenige gewesen zu sein, der die Spanier am meisten beunruhigte, da er der realen Gestalt am ähnlichsten war, v. a. was die vorstehende Habsburger Unterlippe betraf. Auffallend seien allerdings seine mangelhaften Kenntnisse des Portugiesischen gewesen.

Nach Francisco Maria BORDALO und dessen ebenfalls sofort nach dem Erscheinen 1847 zensiertem

Stück *Rei o impostor? (König oder Betrüger?)* nimmt nun auch Natália Correia die überlieferte Geschichte dieses falschen Dom Sebastião als Vorlage für ein Schauspiel und potenziert die Aussage durch einen Kunstgriff: Das Zentrum des Geschehens wird auf eine venezianische Theaterbühne verlegt, auf der das Stück *As desventuras do rei encoberto (Die Mißgeschicke des verschollenen Königs)* aufgeführt werden soll. Der Leiter der Schauspieltruppe, Bonami, stellt Dom Sebastião dar. Von dem Augenblick an, in dem Dom João de Castro, ein emigrierter portugiesischer Patriot und glühender Anhänger Dom Sebastiãos, davon überzeugt ist, daß dieser Mann wirklich der verschollene König sei, wird Bonami zu Bonami-Rei und übernimmt immer sicherer seine Rolle, zu der er auch noch steht, als er bereits zum Tode verurteilt ist und Dom João ihn wieder als Schauspieler anerkennen will, um ihn zu retten. Wie die Mitspielenden weiß auch der Zuschauer zuletzt nicht, ob Bonami nun Schauspieler oder König war. Die Figuren des 16. Jh.s verwandeln sich allmählich in solche des 20. Jh.s und glauben immer noch, daß Dom Sebastião zurückkehren und ihnen die alte Kraft und Macht wiederbringen werde: Diesmal steigt er in einem silbernen Raumschiff vom (Theater-)Himmel herab – eine Vision. Am Ende steht die Frage: *»Quando deixará o sonhar demais/ de ser o perigo de viver de menos?« (»Wann wird zu viel träumen aufhören, die Gefahr zu sein, zu wenig zu leben?«)*.

Der Zensur müssen vor allem diese letzten nachdenklichen und wachrüttelnden Worte subversiv erschienen sein, ebenso wie die Darstellung des Cristóvão de Mouro, desjenigen Mannes, der von Philipp II. als *Vice-Rei*, d. h. Statthalter Portugals, eingesetzt wurde, da er ihm das Land mitsamt seinen Kolonien »verkauft« hatte und der nun despotisch herrscht und zugleich dem großen Herrn der halben Welt sklavisch ergeben ist. Er wird von den Privilegierten – den Adeligen, den Bankiers und den Padres – unterstützt, und diese fürchten nichts mehr als einen wiederkehrenden Dom Sebastião, der sie alle zur Rechenschaft ziehen und entmachten würde. Der Vice-Rei foltert Bonami-Rei persönlich, um die Wahrheit zu erfahren. Nach dessen Tod, den das Volk wieder nicht wahrhaben will, hofft man erneut auf *»o Rei que incarna a revolta« (den König, der den Aufruhr verkörpert)*.

Dieses in einer kraftvollen, dabei poetisch-ironischen Sprache geschriebene Stück steht in der jahrhundertealten portugiesischen Tradition des *Sebastianismus*, die bereits 1572 mit CAMÕES' *Lusíadas (Die Lusiaden)* begann, in denen Dom Sebastião als künftiger Retter der Nation gepriesen wird, und die 1934 in der Dichtung *Mensagem (Botschaft)* von Fernando PESSOA ihren Höhepunkt fand. Correia setzt diese Thematik 1981 in einem weiteren Schauspiel, *Erros meus, má fortuna, amor ardente (Meine Irrtümer, mein Unglück, meine glühende Liebe)* fort, das anläßlich des 400. Todestages von Camões verfaßt wurde und dessen Titel einem Sonett des portugiesischen Nationaldichters entnommen ist. Diese Darstellung von Camões' Leben gipfelt darin, daß der Poet sich selbst anklagt, durch seine aufputschenden Verse Don Sebastião und das portugiesische Volk in den Untergang getrieben zu haben. Einziger Trost: Der Dichter und der König wurden gemeinsam unsterblich.

Natália Correia, die von *Cântico do país emerso*, 1961 *(Gesang des erwachten Landes)* bis zu *Armistíco*, 1985 *(Waffenstillstand)* ihren Ruf als bedeutende Lyrikerin des modernen Portugal bestätigt, verfolgt auch in Reiseberichten *(Descobri que era européia*, 1951, *Ich entdeckte, daß ich Europäerin war)* und in Essays, zuletzt in *Todos somos hispanos*, 1988 *(Wir sind alle Hispanier)*, den gewissermaßen anti-sebastianistischen Gedanken, daß die Portugiesen ihre Spanienfeindlichkeit überwinden und die gemeinsamen Wurzeln der *»ibericidade«* (des »Ibererseins«) wiederentdecken sollten. Hiermit ergreift Correia die Partei António SÉRGIOS, der bereits 1917 in seinem Essay *Interpretaçáo não romântica do sebastianismo (Unromantische Interpretation des Sebastianismus)* die Portugiesen aus ihren sebastianistischen Träumen reißen und sie zu Taten ermuntern wollte. Auch im Hinblick auf die europäische Einheit erhält der Satz des »Verräters« Cristovão de Moura in *O encoberto* ein neues Gewicht: *»Pertenço àquele número de portugueses lúcidos que entendem ser mais vantajoso participar da grandeza de Espanha do que roer o luxo de uma mesquinha nacionalidade« (»Ich gehöre zu jenen klarsichtigen Portugiesen, die erkennen, daß es vorteilhafter ist, an der Größe Spaniens teilzuhaben, als sich den Luxus einer armseligen Nationalität zu erlauben«)*. I.Schw.

AUSGABEN: Lissabon 1969. – O. O. o. J. [Lissabon 1977].

LITERATUR: A. Machado Pires, *D. Sebastião e o encoberto*, Lissabon [2]1980, S. 63. – A. Quadros, *Poesia e filosofia do mito sebastianista*, Bd. 1, Lissabon 1982, S. 180–193.

## JULIO CORTÁZAR

* 26.8.1914 Brüssel
† 12.2.1984 Paris

LITERATUR ZUM AUTOR:

*Bibliographien:*
S. de Mundo Lo, *J. C.: His Works and His Critics*, Urbana/Ill. 1985. – *J. C. Présentation biographique et bibliographique*, Hg. J. Poulet, Montpellier 1986.
*Gesamtdarstellungen und Studien:*
*La vuelta a C. en nueve ensayos*, Hg. S. Vinocour de Tirri u. N. Tirri, Buenos Aires 1968. – *Homenaje a J. C.*, Hg. H. F. Giacoman, Madrid 1972. – RI, 93, 1973, Nr. 84/85 [Sondernr. *J. C.*]. – J. Roy, *J. C. ante su sociedad*, Barcelona 1974. – E. P. Garfield, *J. C.*, NY 1975; Xalapa [2]1981. – Dies., *¿Es J. C. un*

*surrealista?*, Madrid 1975. – *Estudios sobre los cuentos de J. C.*, Hg. D. Lagmanovich, Barcelona 1975. – A. B. Dellepiane, *J. C. – der »revolutionäre« Erzähler* (in *Materialien zur lateinamerikanischen Literatur*, Hg. M. Strausfeld, Ffm. 1976, S. 187–222). – W. Brand, *J. C.* (in Eitel, S. 36–355). – R. Campra, *La realtà e il suo anagramma. Il modello narrativo nei racconti di J. C.*, Pisa 1979. – A. Planells, *C. Metafísica y erotismo*, Madrid 1979. – CHA, 1980, Nr. 364–366 [Sondernr. *J. C.*]. – S. Boldy, *The Novels of J. C.*, Cambridge 1980. – R. M. Keenan, *Zen Buddhism Influences and Techniques in the Works of J. C.*, Diss. Univ. of Missouri-Columbia 1980 (vgl. Diss. Abstracts, 42, 1981, S. 724A). – *J. C.*, Hg. P. Lastra, Madrid 1981. – M. C. Quintero Marín, *La cuentística de J. C.*, Madrid 1981. – C. de Mor-Valcárcel, *Teoría y práctica del cuento en los relatos de C.*, Sevilla 1982. – F. Botton Burlá, *Los juegos fantásticos: estudio de los elementos fantásticos en cuentos de tres narradores hispanoamericanos*, Mexiko 1983. – O. Prego, *La fascinación de las palabras: conversaciones con J. C.*, Barcelona 1985. – L. Aronne Amestoy, *Utopía, paraíso e historia: inscripciones del mito en García Márquez, Rulfo y C.*, Amsterdam 1986. – Th. Brenner, *J. C.* (in KLFG, 17. Nlg. 1988). – M. Rössner, *Auf der Suche nach dem verlorenen Paradies*, Ffm. 1988.

## BESTIARIO

(span.; *Ü: Bestiarium*). Erzählungen von Julio CORTÁZAR (Argentinien), erschienen 1951. – Der Originaltitel bezieht sich auf die Erzählung eines Kindes von seinen Ferienerlebnissen auf einer Hazienda. In seinen arglosen Beobachtungen spiegelt sich ein Drama zwischen Erwachsenen wider. Während diese Geschichte sich noch ganz im Bereich des Wirklichen bewegt, sind in anderen gerade die fließenden Übergänge zwischen dem Realen und dem Imaginären charakteristisch für die Phantasie des Erzählers. Ein seelisches Zwischenreich öffnet sich, die Dinge verlieren ihre Individualität, werden durchsichtig, vertauschbar; die Zeit ist aufgehoben. Indem Cortázar das Unbewußte freisetzt, bildhaft vergegenwärtigt, aber nicht deutet, verleiht er dem erdichteten Leben die Dimension des Wunderbaren, des Magischen. Einige in der Ichform geschriebene Geschichten beschwören unheimliche und märchenhafte Erlebnisse, am eindrucksvollsten *Lejana (Die Ferne)*, das Tagebuch eines jungen Mädchens: Als ein angstvoll suchender Schatten gelangt das Mädchen auf seiner Hochzeitsreise an den im Traum geschauten Ort, wo es in einer zigeunerhaften Bettlerin sein wahres Selbst erkennt; indem der Wahn des Mädchens Wirklichkeit wird, zerbricht er – es ist von ihm befreit. – In ähnlicher Weise nimmt das Unwirkliche Gestalt an in *Omnibus*, einer Erzählung, in der ein junges Liebespaar sich von den Mitfahrenden derart beobachtet glaubt, daß in der Vorstellung der beiden aus der peinlichen Situation eine bedrohliche wird. – In *Casa tomada (Das besetzte Haus)* hören die wunderlichen Bewohner eines alten, weitläufigen Hauses Stimmen in den unbewohnten Zimmern. Das ältliche Geschwisterpaar fühlt sich immer mehr in die Enge getrieben und muß schließlich – der Macht der Stimmen weichend – aus dem Haus fliehen. In anderen Geschichten wird das Groteske zum Mittel scharf pointierter Gesellschaftssatire: So berichtet ein junger Mann seiner Freundin, daß er ihre Wohnung, in die er eingezogen ist, mit Kaninchen bevölkert habe, die nun die ganze Einrichtung ruinieren. In dieser Erzählung, die mit dem Selbstmord des Jungen endet, wird der pedantische Ordnungssinn der Spießbürger aufs Korn genommen *(Carta a una señorita en París)*.

In klarer, schlichter, behutsamer Sprache umkreist Cortázar Geheimnisse der menschlichen Seele, läßt er in Bildern die verborgene Wirklichkeit ahnen. Dort, wo es seiner dichterischen Imagination gelingt, sich von psychoanalytischen Einflüssen zu befreien, erreichen seine Erzählungen, die das Vorbild Jorge Luis BORGES' verraten, ihre stärkste Aussagekraft. H.He.-KLL

AUSGABEN: Buenos Aires 1951; [22]1968. – Buenos Aires 1970 (in *Relatos*). – Madrid 1982.

ÜBERSETZUNGEN: in *Das besetzte Haus*, E. Aron, Neuwied 1963. – Dass., dies., Mchn. 1971 Ausw. – *Bestiarium*, R. Wittkopf, Ffm. 1979; [2]1984 (st).

LITERATUR: J. L. Andreu u. J.-R. Fonquerne, *»Bestiario« de J. C.: essai d'interprétation systématique* (in CMHLB, 1968, S. 11–129). – M. Paley Francescato, *El »Bestiario« de J. C.: enriquecimiento de un género*, Illinois 1970. – C. Acutis, *Siamo la somma degli atti degli altri: C. e il suo »Bestiario«* (in Quaderni Iberoamericani, 42–44, 1973/1974, S. 163–173). – C. González, *»Bestiario«: Laberinto y Rayuela* (in CHA, 121/122, 1980, Nr. 364–366, S. 392–397). – W. Imo, *Die erzählte Wirklichkeit in den Erzählungen* (in W. I., *Wirklichkeitsauffassung u. Wirklichkeitsdarstellung im Erzählwerk J. C.s*, Ffm. 1981, S. 43–103). – J. Concha, *»Bestiario«, de J. C. o el tigre en la biblioteca* (in Hispamérica, 11, 1982, S. 3–21). – J. Alazraki, *»Bestiario«* (in J. A., *En busca del unicornio: los cuentos de J. C.*, Madrid 1983, S. 123–212).

## HISTORIAS DE CRONOPIOS Y FAMAS

(span.; *Ü: Geschichten der Cronopien und Famen*). Sammlung von Kurztexten von Julio CORTÁZAR (Argentinien), erschienen 1962. – Mit *Historias de cronopios y famas* beginnt im Werk Julio Cortázars eine neue Gattung, die mit den herkömmlichen Begriffen nicht mehr erfaßt werden kann: die Sammlung teils essayistischer, teils parodistischer, teils fiktionaler, aber kaum erzählender Texte von nur 40–50 Zeilen; wenn hier etwas dargestellt wird, so sind es nicht Geschehnisse, sondern eher Möglichkeiten, die der Autor wie Seifenblasen vor unseren Augen tanzen läßt. Die Absicht des Buches ist es, wie im ersten, prologartigen Text ausgedrückt, *»den Ziegel des Alltags zu erweichen, sich in der klebrigen Masse, die sich zur Welt ausruft, einen Weg zu bahnen«*, das heißt im wesentlichen, sich der *»kalten Wirksamkeit des täglichen Reflexes«* zu verweigern und die allereinfachsten Handlungen bewußt zu erleben. Das erste Mittel dazu ist die Satire, der parodistische Angriff auf die alles beherrschende Technik in dem mit *Gebrauchsanweisungen* überschriebenen ersten Teil: der Leser findet hier höchst funktionelle Gebrauchsanweisungen zu folgenden Tätigkeiten: Weinen, Singen, Angst-Haben, Ameisen in Rom töten, eine Stiege hinaufsteigen, eine Uhr aufziehen – und, sein eigenes Prinzip scheinbar durchbrechend und gerade darin bestätigend, mitten darunter auch eine Anleitung zum Verstehen dreier berühmter Gemälde.

Auf die *Gebrauchsanweisungen* folgt ein *Seltsame Beschäftigungen* betitelter Abschnitt, in dem der Autor eine *»seltsame Familie«* vorstellt, die am liebsten *»einfach so«*, ohne Verpflichtung und ohne Absicht (also »sinnlos« im Sinne des Nützlichkeitsprinzips) handelt, etwa, indem sie einen Galgen im Garten aufstellt, oder indem sie die Ernennung zu Verwaltern des örtlichen Postamts zu einer Art Happening nutzt, bei dem Gratisschnaps ausgegeben und die Päckchen geteert und gefedert werden. Der *»Kampf gegen den Pragmatismus und die schreckliche Tendenz zum Verfolgen nützlicher Ziele«* läßt sich etwa auch dadurch führen, daß man ein Haar mit einem Knoten versieht, in den Ausguß wirft und dann beginnt, es im Rohrleitungssystem des Hauses, schließlich in den Kanälen der Stadt zu suchen. Der dritte Abschnitt, *Plastisches Material*, vereint Texte, in denen wiederum mit einer absurden Tat die *»klebrige Masse«* des Alltags abgestreift werden soll, mit reinen Parodien und kleinen aphorismusartigen Betrachtungen, die an Texte von Macedonio Fernández (1874–1952) erinnern.

Der letzte Abschnitt schließlich sind die eigentlichen *Geschichten der Cronopien und Famen:* Cortázar stellt dort drei neue Arten von Wesen vor: die Cronopien, *»grüne und feuchte Objekte«*, die chaotisch, kindlich, glücklich und verspielt sind (der Autor verwendet diese Bezeichnung später als positives Prädikat, das er etwa Louis Armstrong verleiht); die Famen, geordnete, unternehmende Wesen, die dennoch bisweilen aus der Rolle fallen; schließlich die Esperanzas, passive, indifferente, im Alltag gefangene Charaktere. Die Famen und vor allem die Cronopien haben eigene Tänze und auch eine eigene, eher unverständliche Sprache. Der zweite Teil dieses letzten Abschnitts stellt dann die Famen und die Cronopien als zwei Charaktertypen einander gegenüber, und man könnte versucht sein, darin etwa den »Geschäftsmann« und den »Künstler« zu sehen. Aber ganz so einfach ist die Sache wohl nicht, denn, wie gesagt, die Famen können auch aus der Rolle fallen. Im Grunde jedenfalls *»sind sie gut und die Esperanzas dumm«*. Die Cronopios aber sind die, die sich von dem *»Ziegel«* befreit, mit ihrer Kreativität die *»klebrige Masse«* Welt abgestreift haben: wie die seltsame Familie und wohl auch der Autor.

Mit *Historias de cronopios y famas* hat Cortázar, aufbauend auf einer spezifisch argentinischen Tradition der Vermischung von Essay und Fiktion (Macedonio Fernández, J. L. Borges) seine eigene, ihm angemessene Gattung geschaffen. Zwei spätere Bände solcher Kurztexte (*Viaje alrededor del dia en ochenta mundos*, 1967 – *Reise um den Tag in 80 Welten; Ultimo round*, 1969 – *Letzte Runde*) enthalten dann u. a. auch wesentliche dichtungstheoretische Aussagen des Autors; in ihrer poetischen Heiterkeit freilich bleiben die *Historias* unerreicht und sind mit Sicherheit der vollendetste Ausdruck des »Poeta ludens« Julio Cortázar. M.R.

Ausgaben: Buenos Aires 1962; [7]1970. – Barcelona 1970; [9]1981. – Barcelona 1986.

Übersetzung: *Geschichte der Cronopien und Famen*, W. Promies, Neuwied/Bln. 1965. –Dass., ders., Ffm. 1977 (BS).

Literatur: R. Dalton, *»Historias de cronopios y famas«* (in Casa de las Américas, 1963, Nr. 20/21). – A. Pizarnik, *Humor y poesía en un libro de J. C.* (in Revista Nacional de Cultura, Caracas 1963). – J.-M. Carandell, *Cronopiaje* (in Cero, Buenos Aires 1965, Nr. 3/4). – M. Durán, *J. C. y su pequeño mundo de cronopios y famas* (in RI, 31, 1965). – J. A. Ojeda, *Cronopios y famas«* (in El gallo ilustrado, Mexiko 24. 12. 1967, Nr. 287). – N. García Canclini, *El país de los cronopios* (in Primera plana, Buenos Aires 2. 1. 1968, Nr. 262). – T. Bishop, *J. C.: »Cronopios y famas«* (in NY Saturday Review, 27. 9. 1969). – C. D. B. Bryan, *J. C.: »Cronopios y famas«* (in NY Times Book Review, 15. 6. 1969). – A. Pagés Larraya, *Cotidianidad y fantasía en una obra de C.* (in CHA, 1969, Nr. 231). – G. Gramigna, *Il patibolo in giardino* (in FiL, 17, 1971, Nr. 30). – M. Luzi, *I capricci di C.* (in Corriere della sera, 5. 8. 1971). – G. Coulson, *Instrucciones para matar hormigas en Roma o la Dinamarca de la palabra* (in RI, 42, 1976, Nr. 95). – C. Bonnefoy, *La lorgnette fantastique de J. C.* (in NL, 17. 2. 1977).

## LIBRO DE MANUEL

(span.; *Ü: Album für Manuel*). Roman von Julio Cortázar (Argentinien), erschienen 1973. – *Libro de Manuel* ist Cortázars politischstes Buch in dem Sinne, als der argentinische Autor hier eindeutig mit den lateinamerikanischen Widerstands- und Guerilla-Bewegungen der siebziger Jahre sympathisiert. Schauplatz des Romans ist Paris, wo Cortázar seit 1951 lebte, als er Argentinien aus Protest gegen das Perón-Regime verließ. Eine Gruppe von Lateinamerikanern, die ebenfalls aus politischen Gründen ihre Heimatländer Argentinien, Chile und Brasilien verlassen haben, bilden in Paris eine Art Stadtguerilla. Die *»Motzer« (»Joda«)*, wie sie sich nennen, versuchen mit öffentlichen Aktionen, den *»Entgegnungen«*, die Pariser Bürger zu irritieren und zum Nachdenken zu bringen. Neben diesen lustvollen *»Mikroagitationen«* wagen sich die Motzer auch an gefährlichere Unternehmungen, wie den Transport gefälschter Dollars von Argentinien nach Frankreich und schließlich die Entführung eines hohen lateinamerikanischen Politikers, der sich in Paris aufhält. Für die Herausgabe des »VIP« fordern sie die Freilassung einer Reihe von politischen Gefangenen in Südamerika. Das Unternehmen scheitert, der VIP wird von der Polizei aus den Händen seiner Kidnapper befreit.

Trotz dieser Story ist *Libro de Manuel* kein Thriller. Reflexionen und Diskussionen nehmen bedeutend mehr Raum in Anspruch als die Erzählung dieser eigentlichen Handlung. Durch die Aufnahme von Zeitungsberichten, Skizzen, Briefen, Gedichten und Presseagenturmeldungen, die sich auch typographisch vom normalen Text abheben, wird die lineare, chronologische Erzählweise aufgebrochen. Die Motzer sammeln Zeitungsberichte, die ihnen für ihr Verständnis und ihre Interpretation der gegenwärtigen politischen und gesellschaftlichen Zustände bedeutsam erscheinen. Das Album, das so entsteht, ist bestimmt für Manuel, den kleinen Sohn eines zu den Motzern gehörenden Paares und *»für alle Manuels in allen Winkeln der Welt«*, *»als Vermächtnis und Spiegelung der zeitgeschichtlichen Wirklichkeit«* (W. Brand). Am Ende stellt sich heraus, daß der ganze Roman diesem Album beigefügt werden soll, also selbst ein »Buch für Manuel« ist.

Nicht alle Figuren des Romans sind politische Aktivisten. Gerade auch durch die am Rande der Motzer angesiedelten Personen gewinnt der Roman Dichte und Vollständigkeit. Da ist einmal der argentinische Jude Lonstein, der *»Neophoneme«* für eine eigene Symbolsprache erfindet. Mit seinen Plädoyers für das Masturbieren will er Tabus brechen und betreibt so *»eine Art unterirdisches Untermotzen«*. Weiter außerhalb der Gruppe steht der Skeptiker Andrés, der, verstrickt in ein problematisches Dreiecks-Liebesverhältnis und gequält von intellektuellen und ideologischen Zweifeln, immer wieder zögert, am Ende des Romans aber schließlich zu einer Bejahung der politischen Tat gelangt.

Als erzähltechnischer Kunstgriff erscheint in *Libro de Manuel* die Figur des *»Besagten« (»el que te dije«)*, der zwischen der Welt der Figuren und der des Autors zu lokalisieren ist. Er diskutiert mit Lonstein und Andrés oder ist als stummer Teilnehmer bei den Treffen der Motzer anwesend. Gleichzeitig tritt er auch als Erzähler und Chronist der Ereignisse auf, der seine Erzählung aus in einem Zettelkasten gesammelten Gesprächsfetzen, Monologen, Beschreibungen und aktuellen Zeitungsberichten zusammensetzt.

Mit der Aufsplitterung der Erzählung in einzelne Fragmente, dem häufigen Wechsel der Erzählperspektive und der Behandlung poetologischer Fragen im Roman ist *Libro de Manuel* auch eine Fortführung von Cortázars bekanntestem, 1963 erschienenem Roman *Rayuela (Himmel und Hölle)*. Die literarisch-ästhetische Auseinandersetzung ist in *Album für Manuel* aber nicht mehr das zentrale Thema. Gleich zu Beginn des Romans betont der Erzähler, der hier wohl auch die Positionen des Autors Cortázar vertritt, sein im weitesten Sinne humanistisches Anliegen: *»Was zählt und was ich darzustellen versucht habe, ist das Zeichen der Bejahung gegenüber der Eskalation der Verachtung und des Schreckens.«* Mit seinem Roman, der eine *»wohlbedachte wilde Ehe mit der Geschichte unserer Tage«* eingeht, schreibt Cortázar an gegen das Grauenhafte einer Wirklichkeit, die über die in den Text aufgenommenen Zeitungsberichte in den Roman einbricht. Mit den dreizehn Seiten langen Zeugenaussagen gefolterter politischer Gefangener und Berichten von US-Soldaten über Folterungen in Vietnam am Ende des Romans überschwemmt schließlich die erschütternde Realität die Fiktion mit einer Eindringlichkeit, der sich kaum ein Leser entziehen kann. E.G.R.

AUSGABEN: Buenos Aires 1973. – Barcelona 1981. – Barcelona [3]1985.

ÜBERSETZUNG: *Album für Manuel*, H. Adler, Ffm. 1976. – Dass., dies., Ffm. 1983 (st).

LITERATUR: F. Alegría, *»Libro de Manuel«: Un libro de preguntas* (in Inti, 10/11, 1979/1980, S. 101–107). – A. Planella, *Del »ars masturbandi« a la revolución: »Libro de Manuel« de J. C.* (in CHA, 121/122, 1980, Nr. 364–366, S. 518–532). – E. McCracken, *»Libro de Manuel« and »Fantomas contra los vampiros multinacionales«: Mass Culture, Art and Politics* (in *Literature and Popular Culture in the Hispanic World: A Symposium*, Hg. R. Minc, Montclair 1981, S. 69–77). – J. G. Araya, *La autocontemplación literaria de »Libro de Manuel«* (in Maize, 6, 1983, Nr. 3/4, S. 7–16). – Th. L. d'Haen, *Text to Reader: A Communicative Approach to Fowles, Barth, C. and Boon*, Amsterdam 1983.

## LOS PREMIOS

(span.; *Ü: Die Gewinner*). Roman von Julio CORTÁZAR (Argentinien), erschienen 1960. – Wie bei einigen seiner späteren Werke hat sich der argentinische Autor auch bei seinem ersten Roman von realen Situationen und Begebenheiten anregen lassen. Freilich verlief die lange Seereise, auf der er das Werk zu schreiben begann, sicherlich ungleich weniger absurd als jene, die er in *Los Premios* beschreibt. In einer Schlußnotiz erklärt Cortázar, er habe den Roman verfaßt, um sich während der Reise auf der *Claude Bernard* und der *Conte Grande* von den allzu leutseligen Mitreisenden abzuschirmen.

Der Roman beginnt mit einer chaotischen Szenerie: Im Café *London* in Buenos Aires versammelt sich das bunt zusammengewürfelte Grüppchen der Gewinner einer nationalen Lotterie. Gemeinsamer

Preis ist eine Kreuzfahrt, die bereits vor Beginn mysteriöse Züge aufweist: Nachts werden die Passagiere im Bus unter Polizeiaufsicht zu dem vorher nicht bekannten Frachter *Malcolm* geschafft; während der Fahrt bleiben Kapitän und Offiziere den Gästen verborgen und vor allem über das Ziel der Reise ist nichts in Erfahrung zu bringen. Die Gewinner stellen einen repräsentativen Querschnitt durch die zeitgenössische Gesellschaft der argentinischen Metropole dar: Paula Lavalle und der Architekt Raúl Costa sind Vertreter einer ebenso snobistischen wie zynischen Geldaristokratie, der auch der Warenhauskönig Don Galo angehört. Die Mittelklasse ist durch Carlos López und Dr. Restelli vertreten, beide Schullehrer, doch von unterschiedlichem Temperament und gegensätzlichen Einstellungen. López erscheint als Vertreter liberaler Positionen, Restelli ist der konservative Verfechter von Recht und Ordnung. Auch der Zahnarzt Gabriel Medrano, der die Seereise als willkommenen Vorwand nutzt, um mit seiner Geliebten Bettina zu brechen, sowie die geschiedene Claudia Lewbaum mit ihrem Sohn Jorge sind Angehörige dieser oberen Mittelklasse. Claudia hat als alten Freund ihrer Familie den Lektor Persio eingeladen, in dem die Kritik gerne eine Projektionsfigur von Cortázar selbst erkennen wollte. Das Kleinbürgertum repräsentiert die Familie Trejo, die sich während der Reise gegen die vermeintlich gesellschaftlich noch tiefer stehende Familie Presutti abzukapseln versucht. Auch ein Liebespaar, Lucio und Nora, die in der Angst leben, man könne entdecken, daß beide unverheiratet seien, gehört dieser Schicht an.

Die turbulent angelegte Exposition gipfelt in einer improvisierten Tangoszene im Café *London*. Nach dieser Vorstellung der Charaktere kann die Reise ins Ungewisse beginnen. Eine erste Desillusionierung erwartet die Passagiere am folgenden Tag: Man ist vor Quilmes, einem Industrievorort von Buenos Aires, vor Anker gegangen. Die Besatzung spricht eine unverständliche Sprache. Darüber hinaus existieren auf dem Schiff Zonen, die für die Passagiere tabu sind: Das Heck der *Malcolm* darf nicht betreten werden, weil – so die Auskunft des einzigen sichtbaren Offiziers – dort »Typhus 224« ausgebrochen sei. Telegraphieren und jeglicher Kontakt mit der Außenwelt ist den Gästen untersagt. Aus den verunsicherten Passagieren bilden sich kleine Interessengemeinschaften mit unterschiedlichen Zielen: Claudia läßt sich von Medrano verführen, der in Alpträumen jedoch weiterhin von seinem Alter ego, der Geliebten, Bettina, verfolgt wird. Paula nimmt sich im Laufe der Fahrt Carlos López als neuen Liebhaber, während Raúl Costa ohne Erfolg den jungen Felipe Trejo zu homosexuellen Handlungen zu bewegen versucht: Dieser grübelt seinerseits schon vor Beginn der Reise darüber nach, wie er endlich ein Mädchen verführen könnte. Auf die anonymen Verbote reagieren die Gäste unterschiedlich: Während die einen die Ausrede von der unter der Besatzung ausgebrochenen Seuche glauben, empfinden die anderen die Anordnungen der Crew, die Beschränkungen und die Geheimnistuerei als entwürdigendes Experiment, in dem die Passagiere als Versuchskaninchen in einer Ausnahmesituation erscheinen. Zu dieser aufrührerischen Gruppe gehören López, Medrano, Atilio Pelusa und Raúl, der später, gänzlich entgegen seiner zurückhaltenden Art, zum Rädelsführer der Rebellen wird, als er Schußwaffen ausgibt. Zuvor jedoch führen die Gäste mehrere erfolglose Verhandlungen mit der Besatzung, den *»Gluciden«*, wie sie von dem sprachschöpferischen kleinen Jorge mit einem seiner zahlreichen Neologismen genannt werden. Auch Versuche, auf das Achterdeck zum Kapitän des Dampfers vorzudringen, scheitern und enden in den labyrinthischen Gängen des Schiffsrumpfs. Die Atmosphäre am dritten Tage der Reise ist gespannt und von den Ängsten der Passagiere vor dem Unbekannten bestimmt. Plötzlich wird der kleine Jorge von einer merkwürdigen Krankheit befallen. Um ärztliche Hilfe zu holen, unternimmt eine kleine Gruppe von Passagieren den Versuch, das Achterdeck zu stürmen. Als Medrano in den Funkraum eindringt, wird er von einem der Seeleute erschossen. Sein Leichnam wird auf mysteriöse Weise von Bord gebracht. Doch gelingt es den Rebellen, einen Funkspruch abzuschikken. Damit ist der Spuk scheinbar beendet: Zwei Wasserflugzeuge landen neben der *Malcolm*. Der Polizeiinspektor, der zu Beginn die Einschiffung überwacht hatte, bemüht sich, die tatsächlichen Vorfälle herunterzuspielen, indem auch er auf die Typhusepidemie als Erklärung zurückgreift. Durch die erpresserische Androhung, die Überlebenden irgendwo auszusetzen, zwingt er die Passagiere, die Ermordung Medranos zu vertuschen. Ein Wasserflugzeug bringt schließlich alle Gäste aufs Festland zurück.

Diesem ersten Roman Cortázars hat die Kritik, anders als seinem Hauptwerk *La Rayuela*, bisher weniger Aufmerksamkeit gezollt. Cortázar greift hier mythische und literarische Traditionen auf, die er aber in ein neuartiges und für die zeitgenössische argentinische Literatur typisches Bezugssystem einfügt. Cortázars Denken kreist, wie das seiner Landsleute E. Sabato und J. L. Borges, um die zentrale Frage nach Sinn in einer chaotischen Welt, die von den Gesetzen des Lotteriespiels bestimmt wird. Der Frachter *Malcolm* ist streng dualistisch in die Tabuzonen und die Welt der ahnungslosen Passagiere geteilt, doch das Dasein in dieser überschaubar konstruierten Welt mündet letztlich im Chaos der Rebellion und einer Situation, deren Zwielichtigkeit durch die Lügen des Inspektors notdürftig bemäntelt und rationalisiert wird. Cortázar hat auf den alten Topos der »abenteuerlichen Seefahrt« zurückgegriffen, der zuerst von Homer, später von Defoe und Poe gestaltet wurde. Jedoch gerät das Abenteuer zum Katastrophenroman. Die Phantastik dieser modernen Odyssee liegt nicht mehr in wunderbaren Begebenheiten, und die Reise verläuft ohne die hierfür typischen Höhepunkte. Der Frachter *Malcolm* wird gleichzeitig zu einem modernen »Narrenschiff«, das Mitglieder aller Gesellschaftsschichten in eine kafkaeske Situation manövriert. Der Aufbruch ins Blaue evoziert die »Einschiffung nach der Venusinsel Kythera«, die bei BAUDELAIRE und auf Watteaus berühmtem Gemälde dargestellt ist, bringen doch alle Reisenden – von dem heranwachsenden Felipe, über den frivolen Medrano bis zu dem homosexuellen Raúl – ihre erotischen Erwartungen und Sehnsüchte mit an Bord. Auch der Mythos des antiken Labyrinths, ebenfalls ein Topos bei den oben genannten neueren argentinischen Autoren, wird auf dem engen Raum des Frachters experimentell erprobt. Die Gäste werden so zu modernen Opfern eines abstrakten Minotaurus, auf dessen Bedrohung sie ihrer Herkunft und Psychologie nach verschieden reagieren.

Die Linearität der Reisehandlung hat Cortázar durch Kapiteleinteilungen und zusätzlich durch eine Untergliederung in fünf Teile (Prolog, drei Tage der Seereise und ein Epilog) noch verstärkt. Aus diesem formal strengen Gerüst, das die Haupthandlung dieses »Geheimnisromans« gliedert, fallen neun Kapitel heraus, die, mit Großbuchstaben überschrieben und durch Kursivdruck typographisch abgehoben, einen Kontrapunkt zum äußeren Abenteuergeschehen bilden. Hier wird mit den Augen und Worten Persios das Geschehen nochmals rekapituliert und durch seine Wahrnehmungen und Reflexionen im »inneren Monolog« kommentiert. In diesen Meditationen spannt Persio kühne Gedankenbrücken, die gleichermaßen die philosophische Bildung des Autors wie seine modernistische Ästhetik ausbreiten. Mythologie, orientalisches Geheimwissen, astrologische Reflexionen und naturwissenschaftliche Exkurse bilden ein Zentrum, während auf der anderen Seite Cortázars Bewunderung für die zeitgenössische Kunst und so gegensätzliche literarische Vorbilder wie G. APOLLINAIRE und M. A. ASTURIAS eingeflochten wird: In einem der Exkurse überträgt Persio-Cortázar die kubistische Bildsprache eines berühmten Picasso-Gemäldes auf die Beschreibung des Schiffs. Zugleich wird hier der Erstlingsroman des bedeutenden argentinischen Autors zu einem Dokument moderner Sprachskepsis, die ebenso in den Neologismen des kleinen Jorge wie in Persios avantgardistisch-assoziativer Bildwelt sichtbar wird. *Los Premios* ist so zugleich Gesellschaftsanalyse, Abenteuerroman, ästhetisches Experiment und Dokument der modernen argentinischen Rezeption abendländischer Mythen. G.Wil.

AUSGABEN: Buenos Aires 1960; [15]1977. – Madrid 1976. – Madrid 1983.

ÜBERSETZUNG: *Die Gewinner*, Chr. Wegen, Neuwied/Bln. o. J. [1966]. Dass., dies., Lpzg. 1979 (RUB). – Dass., dies., Ffm. 1986 (st). – Dass., dies., Ffm. 1988.

LITERATUR: A. Pages Larraya, *»Los premios«* (in *La vuelta a C. en nueve ensayos*, Buenos Aires 1968). – A. Jansen, *»Los premios« de l'écrivain argentin J. C. ou la quête du réel par l'irrational* (in Revue de l'Univ. de Bruxelles, 2/3, 1971, S. 271–283). – S. Boldy, *»Los premios«* (in S. B., *The Novels of J. C.*, Cambridge u. a. 1980, S. 10–29). – R. J. Callan, *C.'s »Los premios«: A Journey of Discovery* (in REH, 15, 1981, S. 365–375). – J. Durán Luzio, *»Los premios«, buscadores de hoy día* (in *J. C.*, Hg. P. Lastra, Madrid 1981, S. 179–190). – W. Imo, *»Los premios«* (in W. I., *Wirklichkeitsauffassung u. Wirklichkeitsdarstellung im Erzählwerk J. C.s*, Ffm. 1981, S. 104–140). – R. Campra, *Da »Los premios« di C. a »Mascaró el cazador americano« di Conti* (in *Sigfrido nel nuovo mondo: Studi sulla narrativa d'iniziazione*, Hg. P. Cabibbo, Rom 1983, S. 327–349).

## RAYUELA

(span.; *Ü: Rayuela. Himmel und Hölle*). Roman von Julio CORTÁZAR (Argentinien), erschienen 1963. – In dem Roman *Rayuela* laufen die Tendenzen aller früheren Werke Cortázars zusammen: der phantastischen Kurzerzählung, die durch ihre »berichtigende Unordnung« den Leser zu einem Infragestellen der Scheinordnung seiner Lebenswelt anregen will, ebenso wie der längeren Erzähltexte rund um die Suche nach einem »Zentrum« oder »das Andere« genannten Paradies (vgl. *Los premios*). »Rayuela« ist ein wohl auf alten Ritualvorstellungen beruhendes Kinderspiel, in dem es darum geht, springend durch verschiedene Felder von der »Hölle« in den »Himmel« und zurück zu gelangen. Der Roman versteht sich wie die Erzählungen als *»metaphysische Ohrfeige«* im Sinne der Zen-Methode *(»Anstatt des Schlags auf den Kopf ein absolut antiromanhafter Roman, mit nachfolgendem Skandal und Schock, und vielleicht mit einer Öffnung für die Hellsichtigsten«)*, er lehnt deshalb das (passiv konsumierende) *»Leser-Weibchen«* ab und fordert den *»Leser-Komplizen«* zur Mitarbeit auf. Diese Mitarbeit besteht schon einmal darin, sich einen Weg durch die in verschiedener Weise kombinierbaren Kapitel zu bahnen (der Autor schlägt zwei Leseweisen vor – die lineare von Kapitel 1–56 unter Verzicht auf die *»Kapitel, die man getrost beiseite lassen kann«* [57–155] und eine in »Rayuela«-Weise *»hüpfende«*, die zwischen die Kapitel 1–54 und 56 die *»verzichtbaren«* Kapitel einschiebt und in einem Perpetuum mobile wechselseitiger Verweisung endet –, und er überläßt es dem aktiven Leser, weitere zu suchen). Zugleich steht auch hier im Mittelpunkt eine metaphysische Suche, diesmal verkörpert in einem umfassend gebildeten argentinischen Intellektuellen namens Horacio Oliveira, der im ersten Teil des Romans (Kap. 1–36, *Vom anderen Ufer*) in Paris in der Bohémien-Gruppe des »Club de la Serpiente«, im zweiten Teil (37–56, *Vom hiesigen Ufer*) in Buenos Aires lebt.

Der völlig desillusionierte Argentinier Oliveira kennt und zitiert HOFMANNSTHALS Brief des Lord Chandos ebenso wie MUSILS *Törleß* und den *Mann ohne Eigenschaften*; er steht in einer von Europa übernommenen Kulturtradition, in der die Kri-

senphänomene des beginnenden 20. Jh.s fortwirken. Sein Alter ego Morelli, der geheimnisvolle Autor eines Romans, erwägt selbst die Chandos-Lösung des Verstummens, und auch Oliveira, der nicht schreibt, sondern »nur« versucht, sein Paradies, das er u. a. *»Kibbuz des Verlangens«* nennt, durch analytische Überlegung zu erreichen, sieht die Problematik der Sprachlichkeit des Denkens bei diesem Weg, der letzten Endes von der Sprache fortführen soll. Die Rolle der Literatur als Sprachkunst wird daher noch schärfer als im Europa der Zwischenkriegszeit in einer Selbstaufhebung gesehen, und Morellis Antwort auf das Chandos-Problem des modernen Autors heißt *»desescribir« (»zerschreiben«)*. Aber die Sprachkrise ist eingebettet in die ebenfalls nach wie vor ungelöste allgemeine Krise des menschlichen Verhältnisses zur Wirklichkeit: So fragt Oliveira in den Diskussionen des Clubs, ob der gesamte Weg der abendländischen Zivilisation nicht ein Weg in die Sackgasse gewesen ist, in der die Vernunft nur eine trügerische, sprachgebundene Sicherheit bieten kann *(»Die Vernunft sondert mittels der Sprache eine zufriedenstellende Architektur ab«)*, die einer existentiellen Krise nicht standzuhalten vermag: *»Jedes Mal, wenn wir in eine Krise eintreten, herrscht die totale Absurdität. Du mußt begreifen, daß die Dialektik die Schränke nur in Momenten der Windstille aufräumen kann.«*
Angesichts dieser Bilanz fühlt sich Oliveira *»wie ein Hund unter den Menschen«*, stellt er sich auf einem Spaziergang in Buenos Aires die Frage, ob es ihm, der den Betrug der Ratio *(»diese Pseudoverwirklichungen, die große verfaulte Maske des Abendlands«)* nicht mehr erträgt, nicht möglich wäre, aus der Entwicklung der Menschheit auszusteigen und isoliert zu einem Ursprung zurückzufinden. Aber in der Diskussion des Pariser Clubs gibt er selbst darauf die Antwort: *»... ich fühle, daß meine Erlösung, angenommen, ich könnte sie erreichen, zugleich auch die Erlösung aller sein muß, bis hin zum allerletzten Menschen.«* Diese Notwendigkeit der *»kollektiven Lösung«* der Krise hindert Oliveira jedoch nicht daran, die Suche individuell voranzutreiben. Sein Lösungsversuch bewegt sich am ehesten in die Richtung der Eigenschaftsverweigerung von Musils Ulrich, des Rückzugs auf eine Beobachterhaltung. Dabei setzt er als *»aktiver Zuseher«* dem Rollenspiel seiner Umwelt das Projekt eines *»absurden Lebens«* entgegen. Im Rahmen dieser absurden Verweigerung verschließt er sich bewußt jeder von einer traditionellen Ethik sanktionierten Rolle, verbietet sich Gefühle wie Mitleid, Hilfsbereitschaft oder Liebe. Sein Verhältnis zu seiner Pariser Geliebten, der an BRETONS Nadja erinnernden Uruguayerin Lucía, genannt »La Maga«, kann und soll nicht über eine körperliche Beziehung hinausgehen; erst als die Frau verschwunden ist, wird sie Gegenstand einer metaphysischen Suche im anderen Kontinent, so daß im Buenos-Aires-Teil die Suche nach der Maga sogar zum Äquivalent der ursprünglichen Paradiessuche werden kann. Während die Maga oft intuitiven Zugang zu dem *Anderen* zu besitzen schien, kann Oliveira nur den schon traditionellen Weg der Selbstaufhebung der Vernunft beschreiten (*»die unerklärliche Versuchung zum Suizid der Intelligenz mit den Mitteln der Intelligenz«*), was Cortázar im Bild des sich selbst stechenden Skorpions ausdrückt: *»Der Skorpion, der seinen Stachel in sich einbohrt, weil er es überdrüssig ist, ein Skorpion zu sein, der aber Skorpion sein muß, um mit dem Skorpion Schluß zu machen.«*
Mit dem Versuch, durch äußerste Selbsterniedrigung in den *»Cielo«* (Himmel) der Rayuela zu gelangen (Oliveira trinkt mit einer Clocharde unter einer Brücke und läßt sich mit ihr sexuell ein, worauf die beiden von der Polizei abgeführt werden), endet der Paris-Teil des Romans. Im zweiten Teil finden wir Oliveira in Buenos Aires wieder, wo er, umsorgt von einer dummen, kleinbürgerlich-oberflächlichen Geliebten namens Gekrepten, die für seine leiblichen Bedürfnisse sorgt, die metaphysische Suche nach dem »Zentrum« bzw. nach einer nunmehr mythisierten Maga in der Beziehung zu seinem Jugendfreund und »Doppelgänger« Manuel Traveler und dessen Frau Talita zu konkretisieren sucht. Traveler, das ist paradoxerweise der Daheimgebliebene, der Als-ob-Lebende, der zwar durch gewisse Bohémienzüge und seine Arbeit im Zirkus als Außenseiter der *»technologischen Zivilisation«* erscheint, sich aber auch nicht an der intellektuellen Erörterung der Krise im Dienste der *»Großen-Eitelkeit-Idealismus-Realismus-Spiritualismus-Materialismus des Abendlands G.m.b.H.«* beteiligt. Auch mit Traveler und Talita setzt Oliveira die Versuche *»absurden Lebens«* fort, am deutlichsten wohl in der Szene, in der die beiden Männer zwischen den Fenstern ihrer gegenüberliegenden Wohnungen eine Brücke aus Brettern über den Abgrund bauen, auf der Talita in glühender Sonnenhitze zu Oliveira hinüberturnen soll, um ihm Mate-Tee und Nägel zu bringen, wobei er noch nicht genau weiß, wofür er letztere eigentlich braucht. Schließlich verschafft ihm Traveler eine Anstellung bei dem Zirkus, bei dem Talita und er arbeiten, und der Zufall will es, daß der Direktor des Unternehmens umsattelt und statt dessen eine Irrenanstalt kauft. So kann Oliveira einen weiteren Weg zum Zentrum – den durch den Wahn – erproben.
Wie die Surrealisten zieht auch Cortázars Oliveira die Parallele zwischen Wahn und Traum, aber sein Autor läßt ihn nicht mit dem Ernst surrealistischer Experimente à la SOUPAULT/Breton vorgehen, sondern präsentiert mit dem Licenciado Cuevas und Ceferino Piriz zwei *»piantados«* (*»vergnügliche Spinner«*), die teilweise poetische, teilweise hypostasiert klassifikatorische Systeme zur Rettung der Welt anbieten, worüber sich Traveler, Oliveira und der Leser amüsieren, obwohl oder vielleicht gerade weil auch hier die *»visión arquetípica«* anklingt. In einem möglicherweise als Wahn interpretierbaren Verhalten Oliveiras endet schließlich der Buenos-Aires-Teil (und auch der Roman, wenn man ihn nach der ersten Anweisung liest): Oliveira küßt bei einem als Unterweltreise stilisierten Abstieg in die Prosektur der Klinik die für ihn zur Maga gewordene Talita; dann richtet er sich in seinem Zimmer

mit Hilfe eines der Patienten eine Verteidigungsstellung ein, die einem großen Spinnennetz aus Bindfäden ähnelt. Dort führt er eine letzte metaphysische Diskussion mit Traveler, seinem im Leben verankerten Doppelgänger, und droht gleichzeitig, sich aus dem Fenster zu stürzen, um im Himmel des unten auf dem Asphalt aufgemalten Rayuela-Feldes zu landen. In der ersten Leseversion (ohne die »verzichtbaren Kapitel«) bleibt der Schluß völlig offen, die zweite deutet durch nachfolgende Szenen, in denen der im Bett liegende Oliveira von Traveler bzw. von Gekrepten gepflegt wird, auf ein Weiterleben hin; freilich ein Weiterleben, in dem Raum- und Zeitebene kräftig durcheinander geraten sind, und das also durchaus auch als Halluzination des sterbenden oder wahnsinnigen Oliveira gedacht werden könnte.

*Rayuela* ist nicht nur ein Höhepunkt des »Neuen Romans« *(nueva novela)* in Lateinamerika geworden, es ist zugleich auch ein Werk, das sich in die europäische Tradition von Sprachkrise und Suche nach paradiesischen Denkformen einordnet, die der Autor auch intertextuell immer wieder zu Wort kommen läßt. Damit stellt er *»in den Begriffen des Romans die Fragen, die andere – die Philosophen – in den Begriffen der Metaphysik stellen«*, geht aber in der Radikalität dieser Analyse weit über die metaphysischen Traditionen der argentinischen *literatura fantástica* (etwa bei BORGES) hinaus: *Rayuela* ist, wie der Name andeutet, noch immer ein Spiel, aber kein ausschließlich intellektuelles mehr; vielmehr ein Experiment, das den ganzen Menschen angeht, das lateinamerikanische Identitätssuche mit europäischem Unbehagen an der Kultur verbindet und letztlich zwar keine Lösung, aber dennoch so etwas wie Hoffnung anbietet, in der Feststellung, daß die Sehnsucht nach dem Paradies (dem *»tausendjährigen Reich«* Musils) im Menschen unausrottbar ist: *»Alles kann man umbringen, nur nicht die Sehnsucht nach dem Reich, wir tragen sie in der Farbe unserer Augen, in jeder Liebe, in allem, was tief innen quält und befreit und trügt.«*

M.R.

AUSGABEN: Buenos Aires 1963; [12]1970. – Havanna 1969. – Buenos Aires 1974. – Barcelona 1979; [5]1984. – Caracas 1980 [Vorw. J. Alazraki]. – Madrid 1984;[3]1986, Hg. A. Amorós (Cátedra).

ÜBERSETZUNGEN: *Rayuela. Himmel und Hölle*, F. R. Fries, Ffm. 1981; [3]1986. – Dass., ders., Bln./Weimar 1983. – Dass., ders., Ffm. 1987 (st).

LITERATUR: A. M. Barrenechea, *La estructura de »Rayuela« de J. C.* (in *Litterae Hispanae et Lusitanae*, Hg. H. Flasche, Mchn. 1968). – J. Loveluck, *Aproximación a »Rayuela«* (in RI, 34, 1968, S. 83–93). – K. W. MacCoy, *Theory of the Novel in »Rayuela«*, Diss. Emory Univ. 1970. – A.Amorós, *»Rayuela« (Nueva lectura)* (in Anales de literatura hispanoamericana, 1, Madrid 1972, S. 281–319). – L. Aronne Amestoy, *C.: La novela mandala*, Buenos Aires 1972. – K. G. Nelson, *C.'s »Rayuela« as an Existentialist Novel*, Diss. Catholic Univ. Washington D. C. 1972. – D. Arigucci Jr., *O escorpião encalacrado. A poética da destruição em J. C.*, São Paulo 1973. – K. Genover, *Claves de una novelística existencial*, Madrid 1973. – S. Sosnowski, *J. C. Una búsqueda mítica*, Buenos Aires 1973. – B. Brodin, *Criaturas fictivas y su mundo en »Rayuela« de C.*, Lund 1975 [zugl. Diss.]. – R. Brody, *J. C., »Rayuela«*, Ldn. 1976. – M. R. Perdomo, *El lector activo y la comunicación en »Rayuela«*, Morelia/Mexiko o. J. [um 1980]. – J. Alazraki, *»Rayuela«. Técnica narrativa al modo Zen* (in *Homenaje a Luis Alberto Sánchez*, Madrid 1983, S. 11–30). – L. Iñigo-Madrigal, *»Rayuela«: Los juegos en el cementerio* (in *Estudios lingüísticos en memoria de Gaston Carillo-Herrera*, Bonn 1983, S. 83–103). – A. M. Barrenechea, *J. C. – Cuaderno de bitácora de »Rayuela«*, Buenos Aires 1983. – T. Heydenreich, *Makrokosmos, Mikrokosmos. Marginalien zum Roman »Rayuela« von J. C.* (in *Der Umgang mit dem Fremden. Beiträge zur Literatur aus u. über Lateinamerika*, Hg. ders., Mchn. 1986, S. 147–162).

## TODOS LOS FUEGOS EL FUEGO

(span.; *Ü: Das Feuer aller Feuer*). Erzählungen von Julio CORTÁZAR (Argentinien), erschienen 1966. – Die Sammlung von acht Kurzerzählungen *(cuentos), La autopista del sur (Südliche Autobahn), La salud de los enfermos (Die Gesundheit der Kranken), Reunión (Die Vereinigung), La señorita Cora (Das Fräulein Cora), La isla a mediodía (Die Insel am Mittag), Instrucciones para John Howell (Unterweisungen für John Howell), Todos los fuegos el fuego (Das Feuer aller Feuer)* und *El otro cielo (Der andere Himmel)* illustriert auf exemplarische Weise ein Programm, das Cortázar in mehreren Überlegungen zum narrativen Kurztext formuliert hat. Cortázar zieht den Texttyp des lakonischen *cuento* den von Abschweifungen geprägten Formen *nouvelle* und *long short story* vor. Derartige *cuentos* sind spontane Produkte der Einbildungskraft eines sich mit dem Gegenstand stark identifizierenden Autors; ihre Merkmale sind »Intensität«, »Spannung«, »Rhythmus« und »inneres Pulsieren«; der Gesamttenor muß a- oder anti-literarisch sein. Der eigentliche Gegenstand ist nicht das (oft banale) Geschehen, sondern die Gegenüberstellung von Realem und Irrealem, von für den Leser Erwartbarem und Unerwartetem, jene »Ambiguität« also, die nach T. TODOROV »Fantastische Literatur« kennzeichnet. So gesehen, ist jeder *cuento fantástico* Cortázars ein entschiedenes Anschreiben gegen den *»falschen Realismus des seit dem 18. Jh. die abendländische Literatur beherrschenden Rationalismus«*. Wenn Cortázar als Musterautoren neben A. JARRY, H. JAMES, F. KAFKA, E. HEMINGWAY, T. CAPOTE und J. C. ONETTI vor allem J. L. BORGES nennt, darf man freilich die von Cortázar abweichende Handhabung des Fantastischen beim Urvater der modernen argentinischen Literatur nicht übersehen: In Borges' Erzählungen dominiert die intellektualistische Kombinatorik, während bei Cortázar sämtliche Geschichten an einem bestimmten Wirklichkeitsbegriff und einem damit verbundenen Menschenbild orientiert sind: Ein von Einsamkeit und Desorientierung, Krankheit und Tod bedrohtes Individuum agiert in einem labyrinthisch-absurden Universum. Und die Aktualisierung des Absurden erfolgt durch Inszenierung jener Ambiguität, die die Verblüffung des Lesers zum Ziel hat, eines Lesers freilich, der als Komplize des Autors (als *»lector cómplice«*) bereit ist, das Alltägliche mit dem Seltsamen oder Wunderbaren zu verbinden.

*La autopista del sur* schildert die Erlebnisse eines runden Dutzend Menschen, die während eines wohl mehrere Monate andauernden Autobahnstaus vor Paris in ihren Fahrzeugen eingeschlossen sind. Statt auf Ergründung und Beseitigung der Ursachen zu drängen, arrangiert man sich mit der Zeit; Solidarisierung siegt über aufkommende Aggressionen; sogar Tod und Selbstmord werden als »normal« akzeptiert. Verwirrung setzt erst ein, als der Stau sich völlig unmotiviert auflöst *(»Alles geschah irgendwann, ohne voraussehbaren Plan; das wichtigste aber geschah, als es keiner erwartete«)*: Die Rückkehr zur Normalität erscheint als anormal; nicht der Stau ist die »unerhörte Begebenheit«, sondern seine Auflösung. – Fingierte Briefe, erfundene Geschichten, simulierte Situationen sind in *La salud de los enfermos* die Mittel einer argentinischen Familie, der von tödlicher Krankheit gezeichneten Mutter den Tod ihres Sohnes Alejandro und ihrer Schwester Celia zu verheimlichen. Als ihre Sterbestunde kommt, bedankt sich die Mutter bei den übrigen Familienmitgliedern für deren Rücksichtnahme: Sie hat offenbar die Wahrheit gekannt. Mehr noch: Als drei Tage später Alejandros nächster Brief eintrifft, überlegt man sich ernsthaft, ob und wie man Alejandro vom Tod seiner Mutter informieren soll. – In *La isla a mediodía* ist der Steward Marini beim Überfliegen einer griechischen Insel von deren paradiesischer Landschaft derart fasziniert, daß er beschließt, seinen Beruf aufzugeben und sich für immer dort niederzulassen. Kurz nach seiner Ankunft ereignet sich ein Flugzeugabsturz, bei dem eine Person überlebt. Marini, der *»einzige Fremde auf der Insel«*, zieht den Schwerverletzten an Land. Dieser stirbt; sein Leichnam ist *»das einzige Neue«* neben den Eingeborenen. Hat Marini seinen eigenen Körper an Land gezogen? Hat die Reise auf die Insel nur in seiner Imagination stattgefunden? Ist er gar bei einem Flugzeugabsturz ums Leben gekommen?

Die Inszenierung der Ambiguität erfolgt freilich nicht nur auf der Handlungsebene der Texte, sondern auch durch die Erzählverfahren: In der Titelgeschichte *Todos los fuegos el fuego* werden zwei Handlungsstränge entfaltet: Zum einen endet in einer antiken römischen Provinzstadt das Dreiecksverhältnis zwischen dem Prokonsul, seiner Frau Irene und deren Liebhaber, dem Gladiator Marco, nicht nur mit dem Tod des Gladiators in einem für ihn aussichtslosen Kampf, sondern mit dem Tod aller Beteiligten infolge eines Brandes durch Selbstentzündung des Sonnendachs der Arena; zum anderen endet gleichzeitig in einem modernen Pariser Appartement das Dreiecksverhältnis zwischen Roland, Sonia und Rolands ehemaliger Geliebter Jeanne nicht nur mit Jeannes Selbstmord, sondern auch mit Rolands und Sonias Tod infolge eines von einer Zigarette entfachten Schlafzimmerbrands. Die beiden Handlungsstränge werden wechselweise entwickelt (der Leser muß *rayuela*-artig hin- und herspringen), wobei in zunehmendem Maße alle Figuren, Handlungen, Örtlichkeiten und Zeitstufen miteinander verschmolzen werden, bis am Ende die *»otredad«* (Multiplikation der Personen), völlige Gleichzeitigkeit und Allgegenwart erreicht ist.

Generell präsentieren sich die *cuentos* teils als Er-Erzählungen, teils als Ich-Erzählungen, und Variabilität kennzeichnet gerade die Ich-Erzählform: Ist *El otro cielo* (die in einem labyrinthischen Paris situierten Erlebnisse eines Börsenmaklers im Zusammenhang mit dem »symmetrischen« Tod des Frauenmörders Laurent und eines mysteriösen »Südamerikaners«, der gewisse Ähnlichkeiten mit dem Ich-Erzähler hat) eher konventionell-autobiographisch erzählt, gibt sich der (auf historisch-politischer Grundlage, der Kuba-Invasion Fidel Castros, beruhende) Ich-Bericht des Guerilla-Kämpfers »Che« als Tagebuchaufzeichnungen oder Brief eines Vaters an seinen Sohn zu erkennen, so gipfeln die Möglichkeiten der Ich-Perspektive in *La señorita Cora*: Die Geschichte einer kurzen Beziehung zwischen Krankenschwester (Cora) und Patient (dem 14jährigen Pablo, der sich einer Blinddarmoperation unterziehen muß) entsteht vor dem Leser durch sukzessive Collage von Berichtsteilen und Reflexionen mehrerer Ich-Erzähler (Cora, Pablo, Pablos Mutter, Ärzte).

Wenn auch Cortázars literarisches Ansehen in erster Linie durch seine Romane, allen voran *Rayuela*, begründet wurde, so stellen doch seine in *Bestiario* (1951), *Final del juego* (1956), *Las armas secretas* (1959) und ganz besonders in *Todos los fuegos el fuego* vereinten narrativen Kurztexte, zusammen mit den *relatos* von A. CARPENTIER, C. FUENTES und G. GARCÍA-MÁRQUEZ, Musterbeispiele modernen Erzählens in Lateinamerika dar. G.M.

AUSGABEN: Buenos Aires 1966. – Buenos Aires 1971. – Barcelona 1976.

ÜBERSETZUNG: *Das Feuer aller Feuer*, F. R. Fries, Ffm. 1976 (st).

LITERATUR: J. Cortázar, *»Del cuento breve y sus alrededores«/»Algunos aspectos del cuento«* (in J. C., *La casilla de los Morelli*, Barcelona 1973). – *Estudios sobre los cuentos de J. C.*, Hg. D. Lagmanovich, Barcelona 1975. – R. Campra, *La realtà e il suo anagramma. Il modello narrativo nei racconti di J. C.*, Pisa 1979. – J. Alazraki, *En busca del unicornio: los cuentos de J. C. – Elementos para una poética de lo neofantástico*, Madrid 1983.

## JERÓNIMO CORTE-REAL

* 1530 (?) Azoren (?)
† 1588 (?) Evora (?)

### SUCESSO DO SEGUNDO CERCO DE DIO, ESTANDO DOM JOÃO MASCARENHAS CAPITÃO DA FORTALEZA

(portug.; *Verlauf der zweiten Belagerung Dius, als Don João Mascarenhas der Feste Befehlshaber war*). Epische Dichtung in 22 Gesängen von Jerónimo CORTE-REAL, erschienen 1574. – Corte-Real, *»der erste bekannte Epigone der Lusiaden«* (Saraiva-Lobes), der den Versuch unternahm, nach dem Vorbild des CAMÕES (vgl. *Os Lusíadas*, 1572) die Taten der Portugiesen in Übersee zu besingen, wurde von den Zeitgenossen mit Lob überschüttet, von einigen sogar über Camões gestellt. Dabei fehlte ihm ebenso wie allen anderen, von demselben Ehrgeiz Ergriffenen (vgl. *O primeiro cerco de Diu*, 1589, von Francisco de ANDRADE) jede echte dichterische Berufung. In schwunglosen Blankversen schildert er, gestützt auf *»gewisseste und wahrhaftigste Auskunft«*, in chronologischer Folge die Belagerung der Festung Diu, der wichtigsten Operationsbasis der Portugiesen im Indischen Ozean. Wie bei der ersten Belagerung acht Jahre vorher (vgl. *O primeiro cerco de Diu*) steht auch hier einer Handvoll Portugiesen unter dem Kommando eines heldenmütigen Befehlshabers ein unübersehbares Heer von Feinden gegenüber, diesmal unter der Führung des Sultans von Cambray Mafamude, Neffe und Nachfolger Badurs, des ersten Belagerers der Festung. Sieben Monate lang leistet die Besatzung heroischen Widerstand, bis endlich am 10. November Don João de Castro (1500–1548), der portugiesische Vizekönig in Indien, der von Goa aus zum Entsatz herbeigeeilt ist, in einer blutigen Schlacht den Sultan besiegt. Lediglich bei der Schilderung dieser Schlacht im achtzehnten Gesang seines Epos zeigt sich Corte-Real *»durch einen Schimmer von Eingebung erleuchtet«* (G. C. Rossi). Im ganzen aber ist seine Darstellung farblos und trocken trotz des Übermaßes an Gleichnissen und schmückenden Beiwörtern. Die letzten beiden Gesänge, in denen »Merecimento« (Verdienst) Don João de Castro an Hand der Wandgemälde im »Tempel des Sieges« die vergangenen und künftigen Taten der Portugiesen deutet, sind ein deutlicher Abklatsch des achten Gesangs der *Lusiaden*. Eine Nachahmung der *Lusiaden* ist auch die Verwendung der klassischen Mythologie, doch hat diese im Unterschied zu dem Epos des größten portugiesischen Dichters bei Corte-Real keine epische Funktion, sondern lediglich äußerlich dekorativen Charakter. Die Anrufung Jesu Christi durch den Dichter unter ausdrücklicher Absage an die heidnischen Götter offenbart als innere Haltung, die das Gedicht durchzieht, einen christlich-orthodoxen Glaubenseifer, der Camões fremd war. F.I.

AUSGABEN: Lissabon 1574. – Lissabon 1784.

ÜBERSETZUNG: *Suceso del segundo cerco de Diu ...*, P. Padilla, Alcalá 1597 [span.].

LITERATUR: J. M. da Costa e Silva, *Ensaio biográphico-crítico sobre os melhores poetas portuguezes*, Bd. 4, Lissabon 1850–1855, S. 5–63. – T. Braga, *História de Camões*, Bd. 3, Porto 1875, S. 497–542. – F. de Figueiredo, *A épica portuguesa no século XVI*, São Paulo 1950. – H. Cidade, *A literatura portuguesa e a expansão ultramarina*, Lissabon [2]1963. – *Dicionário de história de Portugal*, Hg. J. Serrão, Lissabon o. J., Bd. 1, S. 838/839.

## ALFREDO CORTÊS

* 29.7.1880 Estremoz
† 7.4.1946 Oliveira de Azeméis

### TÁ MAR

(portug.; *Wilde See*). Schauspiel in drei Akten von Alfredo CORTÊS, Uraufführung: Lissabon, 11. 1. 1936, Teatro Nacional Almeida Garrett. – In Nazaré, einem 120 Kilometer nördlich von Lissabon gelegenen Fischerdorf, ist die jungverheiratete Maria Bem eifersüchtig auf das Meer, dem ihr Mann, der tüchtige, wagemutige Bootsführer Lavagante, sich mit Leib und Seele so völlig verschrieben hat, daß er seine junge Frau vernachlässigt. Außerdem erzählen ihr klatschsüchtige Nachbarinnen, daß die frühere Verlobte Lavagantes, Lionor, von der es heißt, sie stehe mit dem Teufel im Bunde und habe Lavagante verhext, wieder aufgetaucht sei, augenscheinlich in der Absicht, sich Lavagante von neuem zu nähern. Bei der Begegnung zwischen Lionor und Maria kommt es zum Streit, an dem die Nachbarschaft lebhaften Anteil nimmt und der seinen Höhepunkt erreicht, als Lionor in blinder, tödlicher Eifersucht die Ausfahrt des Rettungsbootes verhindert, das dem in Seenot befindlichen Boot Lavagantes Hilfe bringen soll. Wegen dieser Tat, die den Untergang des Bootes und seiner Mannschaft hätte bedeuten können, wird Lionor von der Einwohnerschaft des Ortes als Hexe verjagt. Dem Streit der Frauen steht Lavagante selbst völlig gleichgültig gegenüber. Er kämpft um den Besitz des Meeres, dem seine wahre Liebe gehört, und fährt, um es endgültig zu besiegen, gegen das Verbot der Hafenbehörde hinaus auf die stürmische See. Auch ohne die Hilfe des Rettungsbootes bezwingt er das Meer und ergibt sich nun endlich, nach seiner Rückkehr, der Liebe Marias.
Das Meer als Schicksalsmacht, der die Menschen ausgeliefert sind, ist eines der beherrschenden Themen der portugiesischen Dichtung. Es beherrscht auch die gesamte Szenerie dieses Dramas, dessen

poetische und dramatische Wirkung in der künstlerisch verdichteten, schicksalsschwangeren Gestimmtheit liegt, die durch die Gegenwart des Meeres erzeugt und durch das irrationale Moment des Hexenglaubens, der noch heute in manchen Gegenden Portugals anzutreffen ist, sowie durch die treffsichere, naturalistisch zu nennende Darstellung des Milieus, der Mentalität und Sprache der Einwohner Nazarés vertieft wird. K.H.D.

AUSGABE: Lissabon 1936.

LITERATUR: L. Craveiro, *Trilogia de A. C., »Tá mar«, Saias e Bâton* (in Brotéria 30, 1940, S. 444–456). – E. Lisboa, *O teatro de A. C.* (in Bulletin d'Histoire du Théâtre Portugais, 4, 1953, S. 1–48). – *Nota sobre A. C* (in Tempo Presente, 4, 1959, S. 63–67). – L. Forjaz Trigueiros, *Situação do teatro de A. C.* (in Rumo, 4, 1961, S. 72–82). – A. Ferro, *O teatro de A. C.* (in Espiral, Nr. 6–7, 1965, S. 102–105).

## HERNÁN CORTÉS

* 1485 Medellín / Estremadura
† 2.12.1547 Castilleja de la Cuesta / Sevilla

LITERATUR ZUM AUTOR:
R. Iglesia, *Cronistas e historiadores de la conquista de México*, Mexiko 1942. – F. Arias de Canal, *Intento de psicoanálisis de C.*, Mexiko 1971. – R. Marín, *H. C.: Los huesos errantes* (in Abside, 36, 1972, S. 255–291). – C. E. Corona Baratech, *H. C.*, Madrid 1974. – W. A. Reynolds, *H. C. en la literatura del Siglo de Oro*, Madrid 1978. – F. López, *Historia general de las Indias y vida de H. C.*, Caracas 1979. – J. Fuentes Mares, *C., el hombre*, Mexiko 1981. – S. de Madariaga, *C. Eroberer Mexikos*, München 1984.

### CARTAS DE RELACIÓN DE LA CONQUISTA DE MÉJICO

(span.; *Briefberichte über die Eroberung Mexikos*). Briefe des Eroberers Hernán CORTÉS. – In seinen an Kaiser Karl V., König von Spanien, gerichteten Briefen schildert Cortés die Entdeckung und Eroberung von Mexiko (1519–1526), eine *»dem Wunderbaren verwandte Tatsache – zu auffallend für die selbst von der Dichtung verlangte Wahrscheinlichkeit und ohne Beispiel im Buch der Geschichte«* (Prescott). Der erste der fünf Briefe wurde zwar vom Stadtrat von Veracruz unterzeichnet und abgesandt, wird aber oft Cortés zugeschrieben, der ihn wahrscheinlich diktierte, auf jeden Fall aber anregte. Der Brief enthält einen Bericht über die Geschehnisse des Jahres 1519: den Aufbruch des Cortés nach Mexiko entgegen dem ausdrücklichen Verbot seiner Vorgesetzten, die Gründung der Stadt Veracruz und die erste Fühlungnahme mit den Eingeborenen. Der Inhalt des zweiten, bedeutend längeren Briefes umfaßt die Zeit von 1519 bis 1520: Vorstoß in das Landesinnere, Eindringen in die Stadt Tenochtitlán (das heutige Mexiko), Austreibung und Verfolgung der Spanier und die berühmte Schlacht von Otumba, bei der eine kleine Schar kranker und erschöpfter Konquistadoren ein riesiges indianisches Heer in die Flucht schlug. Im dritten Brief werden die Ereignisse von 1520/1521 geschildert: die Belagerung und Zerstörung von Tenochtitlán und die Maßnahmen für den Wiederaufbau. Der vierte handelt von der Kolonisation und der Ausdehnung der Eroberungszüge bis nach Kalifornien (1522–1524), der letzte von der mühevollen Entdeckungsfahrt, die Cortés 1524/1525 bis Honduras führte.

Die *Briefberichte* wurden oft mit den *Commentarii* CAESARS verglichen, die Cortés vermutlich als Vorbild dienten, wenn er auch *»das besiegte Volk mit mehr Wohlwollen als der Verfasser der Gallienkriege beschreibt«* (E. Fueter). Der Stil der Briefe ist knapp und objektiv, manchmal – dem Zweck entsprechend – sogar geschäftsmäßig. Cortés schreibt im Ton selbstverständlicher Höflichkeit, unterläßt es jedoch nicht, den Kaiser selbstbewußt daran zu erinnern, daß er ihm Länder zugebracht habe, *»die besser, reicher und ausgedehnter als das alte Deutschland sind«*. Seine sachlich-nüchternen Mitteilungen sind um so wertvoller, als sie sich nicht auf die Schilderung von Kriegsereignissen beschränken, sondern mit erstaunlicher Genauigkeit auch das Land, die Lebensgewohnheiten seiner Bewohner und die soziale, politische und religiöse Ordnung des Aztekenreiches beschreiben. Interessant ist auch, daß in den Briefen des ruhmreichen Cortés immer wieder das in jener Zeit zum literarischen Topos gewordene Vorbild des fahrenden Ritters erkennbar wird, den das zeitgenössische Spanien in *Amadís de Gaula* und zahlreichen anderen Ritterromanen verherrlichte.

Cortés selbst war mehr als ein romantischer Abenteurer und Glücksritter: Als kluger Politiker und als Realist stellte er Planung und Disziplin über alles. Obwohl die Eroberung Mexikos nicht ohne Härte und Grausamkeit vor sich ging, war Cortés, dem Haß- und Rachegefühle fernlagen, bestrebt, unnötiges Blutvergießen zu vermeiden; er befahl, Frauen und Kinder zu schonen und den Besitz der Eingeborenen zu achten. Roher Waffengewalt zog er die Verhandlungstaktik (die er meisterhaft beherrschte) und wenn nötig auch die Intrige vor. Immer wieder kommt in seinen Berichten die Sorge um die Zukunft des unterworfenen Landes zum Ausdruck. Er leitete nach der Eroberung ein großzügiges Kolonisationswerk ein und beeilte sich, das völlig zerstörte Tenochtitlán wieder aufzubauen, *»auf daß es wieder, wie früher, die Königin dieser Provinzen werde«*. Bemerkenswert ist, daß er zweifellos von einer tief empfundenen echten Frömmigkeit geprägt ist. Er zitiert häufig aus der *Bibel*, bringt ein unverbrüchliches Gottvertrauen zum Ausdruck (*»Wir kämpfen unter dem Banner des Kreuzes, Gott ist stärker als die Natur«*) und sorgt sich um das Seelenheil der Indianer, das seiner Meinung nach einen Krieg gerechtfertigt hat, *»der sonst ungerechter Raub gewesen wäre«*. A.F.R.

Ausgaben: Sevilla 1522 *(2. carta)*. – Sevilla 1523 *(3. carta)*. – Toledo 1525 *(4. carta)*. – Mexiko 1855 *(5. carta)*. – Paris 1866, Hg. P. de Gayangos. – Buenos Aires 1957 (Austral). – Wien 1960 (*Cartas de relación de la conquista de La Nueva España*; Cod. Vindob. S. N. 1600, Hg. C. Gibson u. a.). – Mexiko 1963 (in *Cartas y documentos*; Einl. M. Hernandez Sanchez-Barba). – Madrid 1982, Hg. u. Einl. C. Varela. – Madrid 1985, Hg. u. Einl. M. Hernández.

Übersetzungen: *Von dem Neuen Hispanien*, S. Birck u. A. Diether, Augsburg 1550 [2. u. 3. Bericht]. – *Die Eroberung von Mexico in Briefen an Kaiser Carl den Fünften*, J. J. Stapfer, Bern 1793. – *Die Eroberung von Mexiko durch H. C.*, A. Schurig, Lpzg. 1923. – *Durch Urwälder und Sümpfe Mittelamerikas. Der 5. Bericht des H. C. an Kaiser Karl V.*, F. Fermer, Hbg. 1942 [m. Einl. u. Komm.]. – *Die Eroberung Mexikos. Drei Berichte an Kaiser Karl V.*, M. Spiro u. C.W. Koppe, Hg. C. Litterscheid, Ffm. 1980. – *Die Eroberung Mexikos. Eigenhändige Berichte an Kaiser Karl V.*, Hg. H. Homan, Darmstadt 1984.

Literatur: W. H. Prescott, *The History of the Conquest of Mexico*, 3 Bde., Paris 1844 [dt.: *Geschichte der Eroberung von Mexiko*, 2 Bde., Lpzg. 1845]. – R. D. Carbia, *La crónica oficial de las Indias Occidentales*, Buenos Aires 1940. – J. A. Leguizamón, *Historia de la literatura hispanoamericana*, Bd. 1, Buenos Aires 1945. – Sondernr. *Hernán Cortés* (in Boletin de la Real Academia de la Hist., 123, Madrid 1948). – J. Toribio Medina, *Ensayo bibliografico sobre H. C.*, Santiago de Chile 1952. – H. Flasche, *Syntaktische Strukturprobleme des Spanischen in den Briefen des H. C. an Kaiser Karl V.* (in *Ges. Aufsätze zur Kulturgeschichte Spaniens*, 14, 1959). – V. Frankl, *Imperio particular e imperio universal en las Cartas de relación de H. C.* (in CHA, 1963, Nr. 165, S. 443–482). – V. Salvadorini, *Las »Relaciones« de H. C.* (in Thesaurus, 18, 1963, S. 77–97). – J. V. Corraliza, *H. C. Una carta familiar* (in Revista de Estudios Extremeños, 21, 1965, S. 149–193). – A. MacNutt, *C. His Five Letters of Relation to the Emperor Charles V.*, Glorieta/N.M. 1977. – R. Marcus, *Arabismes e indo-americainismes dans les »Cartas de relación« d'H. C.* (in Bollettino dell'Instituto de Lingue Estere, 11, 1978, S. 197–205). – A. Blázques Garbajosa, *Las »Cartas de relación de la conquista de México«: Política, psicología y literatura* (in BHi, 87, 1985, S. 4–46). – G. Bellini, *H. C. e il mondo »altro«* (in RI, 26, 1986, S. 17–39).

## GEORGE COŞBUC

* 2.10.1866 Hordou
† 9.5.1918 Bukarest

**DAS LYRISCHE WERK** (rum.) von George Coşbuc.

Coşbucs Werk ist im wesentlichen Lyrik: Obwohl es einige Prosawerke von ihm gibt, beherrscht der Vers seinen Diskurs, bleibt er Dichter, Wortmusiker par excellence, ein Virtuose der rumänischen Sprache mit ihrer eigenen Klangfarbe und Rhythmik. Doch ist es gerade diese Meisterschaft, diese Allgemeinverständlichkeit, Zugänglichkeit und Leichtigkeit seines Verses, die für die Rezeption dieses Dichters ein zweischneidiges Schwert darstellte: Sehr früh zur Schullektüre geworden, zog ein vielleicht zu schneller Ruhm später das Mißtrauen einer modernistischen Kritik an und gab das an Quantität und Qualität beachtliche Werk schnell einem vielzitierten Vergessen preis. Erst in der allerneuesten Zeit entdeckt eine postrevolutionäre, postavantgardistische literarische Öffentlichkeit das Œuvre eines fast »totgeliebten« Autors wieder, unter dessen einladender Schale sich ein vielleicht weniger leerer Kern verbirgt, als es der glatte, glänzende Anschein vermuten läßt.

Seine Sprachbegabung verlieh Coşbuc Zugang zur deutschen, italienischen und französischen Literatur, und früh übte er sich bereits als Übersetzer. Dies brachte ihn dazu, übernommene Themen und Motive freimütig in seinem umfangreichen Werk zu verwerten, was in der Kritik seit 1893 für einige Zeit die Frage nach der Authentizität Coşbucscher Lyrik aufwerfen sollte. Unter dem Pseudonym C. Boşcu (ein Anagramm seines Namens) debütierte er 1884 in der Hermannstädter Zeitschrift ›Tribuna‹ mit dem Gedicht *Filosofii şi plugarii (Philosophen und Pflüger)*, ein thematisch aus dem dörflichen Erzählgut geschöpftes Gedicht, in dem die Mutterweisheit der »Pflüger« mit dem »leeren« Schulwissen der »Philosophen« konfrontiert wird; kurz darauf erscheint 1885 unter eigenem Namen *Blăstăm de mamă (Mutterfluch)*, ein Schauermärchen aus ländlichem Überlieferungsschatz sowie *Pe pămîntul turcului (Im Türkenland)*, eine humorvolle bäuerliche Anekdote über einen versuchten und gescheiterten Ehebruch. Später sollte Coşbuc die Jahre seines Wirkens im Kreis der ›Tribuna‹ als seine fruchtbarsten Jahre bezeichnen. Tatsächlich entstammen dieser Periode die meisten Gedichte, die später in die Sammlungen eingingen, sowie auch eine große Anzahl von lyrischen Werken, die nicht in die Bände aufgenommen wurden. Ersten literarischen Ruhm erntete der Dichter mit dem schon in Bukarest veröffentlichten Gedicht *Nunta Zamfirii*, 1893 *(Samfiras Hochzeit)*, in dem eine ländliche Hochzeit halb realer, halb märchenhafter Natur in volksliedhaft rhythmischen Strophen mit liebevoller Huldigung an das rumänische Brauch-

tum beschrieben und zu einem quasi kosmischen Ereignis gesteigert wird.
Die erste Gedichtsammlung, die unter Coşbucs Namen erschien, war *Balade şi Idile*, 1893 *(Balladen und Idyllen)*. Sie enthält im wesentlichen bereits in ›Tribuna‹ erschienene Gedichte, teilweise in umgearbeiteter Form. Wie in fast allen Sammlungen Coşbucs durchzieht kein eigentlicher inhaltlicher Leitfaden diesen Band, die Stoffe entstammen der rumänischen Märchenwelt (z. B. *Nunta Zamfirii*, dann *Moartea lui Fulger – Der Tod des Fürsten Blitz* oder *Crăiasa zînelor – Die Feenfürstin*), dem idyllisch verklärten bäuerlichen Alltag (z. B. *La oglindă – Vor dem Spiegel*), dem Bereich der ländlichen Liebe *(Supţirica din vecini – Das schöne Nachbarmädchen; Numai una! – Nur die Eine!)*, der Geschichte *(Regina Ostrogoţilor – Die Ostgotenkönigin; Un cîntec barbar – Ein Barbarenlied)*, sie beschreiben die Natur (*Prahova – Der Fluß Prahova* oder *Vîntul – Der Wind*), übernehmen orientalische oder orientalisierende Motive (etwa *Fatma* oder *El Zorab*) oder werden als *Cîntece (Gesänge)* bezeichnet. – Die zweite Sammlung, *Fire de tort*, 1896 *(Gesponnene Fäden)*, ist eingeteilt in Gedichte »aus dem Leben«, darunter die historisch inspirierten Werke *Voichiţa lui Ştefan (Fürst Stefans Gattin Voichita)* oder *Decebal către popor (Decebal an sein Volk)*, die Beschreibungen dörflichen Liebesleides *Dragoste învrăjbită (Liebeszerwürfnis)* oder *Fata mamii (Mutters Tochter)*, von der Natur inspirierte Dichtungen wie *In miezul verii (Mitten im Sommer)* und *Iarna pe uliţă (Winter auf der Dorfstraße)*, Kinderdichtung (z. B. *Cîntec – A venit un lup din crîng – Lied – Ein Wolf kam aus dem Walde*), und in Gedichte »aus dem Erzählgut«, z. B. *Legenda rîndunelei (Die Sage von der Schwalbe), Muntele Retezat (Der abgeschnittene Berg Retezat), Concertul primăverii (Frühlingskonzert)* oder *Bordei sărac (Arme Bauernhütte)*. Das bekannteste Gedicht dieser Sammlung ist jedoch das 1893 verfaßte, erstaunlich sozialrevolutionäre *Noi vrem pămînt (Wir wollen Land)*, in dem sich der Dichter die Forderungen der aufständischen Bauern von 1887/88 zu eigen macht und das einigen Aufruhr in politischen und literaturkritischen Kreisen nach sich zog. – Der dritte Band, *Ziarul unui pierde-vară*, 1902 (*Zeitung eines Sommer-Vergeuders*; d. h. Tagediebs), ist zum großen Teil dem Naturerlebnis und dem Landleben, der Harmonie des Kosmos, der Tierwelt und den Jahreszeiten gewidmet, z. B. *Faptul zilei (Tagesgeburt), Nunta în codru* (*Hochzeit im Walde*; etwa ein »ein Vogel wollte Hochzeit machen«), *Hora (Reigentanz)* und *După Furtună (Nach dem Sturm)*. Coşbuc ist der Dichter des Tages, des Sommers, des Mittags oder Morgens; die düstere Seite der Natur, Nacht, Sturm, Winter, Sterben und Vergehen ist in seiner Welt selten zu finden, und wenn, dann meist positiv idealisiert oder verharmlost. – *Cîntece de vitejie*, 1904 *(Lieder des Heldenmuts)*, ist der einzige thematisch eingegrenzte Band von Coşbuc (auch dies eine Sammlung bereits in Zeitschriften erschienener Gedichte); er enthält heroisch-pathetische Balladen zum Thema des rumänischen Unabhängigkeitskrieges. Nicht dem individuellen Heros gilt Coşbucs Aufmerksamkeit, sondern dem kollektiven Heldenmut des Volkes, der Gruppe, die sich in Einheit mit Land und Erde weiß, mit den Naturkräften, die sie speisen (z. B. *Raport – Luarea Griviţei la 30. august 1877 – Rapport – Die Eroberung von Grivitza am 30. 8. 1877; O scrisoare de la Muselim-Selo – Ein Brief aus Muselim-Selo*). Es ist eine sehr topische, aus der Literatur gewonnene Verklärung des Krieges und des kollektiven Heldentodes durch einen Mann, der nie den Krieg aus der Nähe sah.
Coşbuc veröffentlichte außerdem in Zeitungen und Zeitschriften, von denen er einige mitbegründete, eine große Anzahl von Gedichten, die – aus welchen Gründen auch immer – keinen Weg in die Bände fanden. Eine besondere Stellung nehmen darunter Gedichte wie *Fulger*, 1887 *(Fürst Blitz), Tulnic şi Lioara*, 1887 *(Tulnic und Lioara)*, oder *Cetină Dalbă*, 1889 *(Weiße Baumkrone)*, ein, die als Ergebnisse einer von Coşbuc in *Fire de tort* zwar bekundeten, aber nie ernsthaft durchgeführten Bemühung um die Schaffung eines epischen Zyklus aus volkstümlichem Märchengut zu verstehen sind. Ein beachtenswertes Selbstzeugnis stellt *Poetul*, 1911 *(Der Dichter)*, dar, worin sich Coşbuc als *»Seele in der Seele meines Volkes«* bezeichnet, dessen *»Freude und Leid«* er besingt. Ab etwa 1908 verringert sich die dichterische Produktion Coşbucs unter dem Druck anderweitiger Verpflichtungen. 1915 verliert er seinen einzigen Sohn bei einem Autounfall, ein Erlebnis, an dem der Dichter fast völlig zerbricht. Die fast formlosen, aber zutiefst bewegten und bewegenden Verse auf seinen Sohn, *Lui Alexandru (An Alexander)*, die zwischen 1915 und 1918 entstanden und postum veröffentlicht wurden, geben hiervon Zeugnis und zeigen gleichzeitig eine bislang unbekannte Tiefendimension Coşbucscher Dichtung. Diese späte Entwicklung gipfelt im letzten Gedicht, *Vulturul*, 1918 *(Der Adler)*, einem vielschichtigen, symbolgeladenen Werk, in dem der Dichter anläßlich der Betrachtung eines kreisenden Adlers seine Trauer über die Lage seines besetzten Landes, über die Wirren des Ersten Weltkriegs und über den eigenen schmerzlichen Verlust in düster-abgründige Bilder faßt.
Coşbuc ist kein tiefer Denker, kein Philosoph, wie er selbst in seinem undatierten und zu Lebzeiten unveröffentlichten Gedicht *Eu fraze nu ştiu să'nvîrtesc (Ich weiß nicht, wie man Phrasen dreht)* bekennt: *»Ich weiß, der Ozean ist erhaben – aber sind nicht auch Bäche zauberhaft?«* Monumentalität, Dramatik, psychologische Analyse oder metaphysische Erwägung liegen dem Miniaturisten nicht, für den kein Motiv zu klein oder zu unbedeutend ist. Mit wachem Auge und etwas idealisierender Feder gelingt es ihm, in ansprechenden Versen und nicht selten unter Verwendung komplizierter Reimschemata lebensnahe Tableaus heraufzubeschwören. Coşbuc bleibt zu jeder Zeit Lyriker – und doch fehlt in seiner Dichtung überraschenderweise fast völlig das eigene dichterische Ich: Im Gegensatz z. B. zu Eminescu verwendet Coşbuc seine

Lyrik selten als Bühne für introspektive Betrachtungen und persönliche Bekenntnisse. Er zeigt sich darin allerdings ständig als Vertreter der nationalen Anliegen des Rumänentums, in dem er sein Ich völlig aufgehen läßt. Mit seinem echt empfundenen Anliegen und der Schönheit seiner Verse nimmt dieser im wahrsten Sinne volkstümliche Dichter zwischen Romantik und Moderne einen würdigen Platz unter den Klassikern der rumänischen Dichtung ein. M.G.D.

Ausgaben: *Balade şi Idile*, Bukarest 1893. – *Fire de tort*, Bukarest 1896. – *Ziarul unui pierde-vară*, Bukarest 1902. – *Cîntece de Vitejie*, Bukarest 1904. – *Drumul Iubirii*, Bukarest 1916. – *Versuri*, Hg. u. Einl. D. Micu, Bukarest 1961. – *Poezii*, 2 Bde., Einl. M. Tomuş, Bukarest 1966. – *Opere alese*, Hg. u. Einl. G. Scridon, 4 Bde., Bukarest 1966–1979.

Übersetzungen: *Ausgewählte Gedichte*, R. Lichtendorf, Bukarest 1955; [2]1962. – *Balladen und Idyllen*, ders. u. L. Berg, Bukarest 1963.

Literatur: C. Marinescu, *G. C.*, Bukarest 1923. – G. Scridon, *Pagini despre C.*, Bukarest 1957. – Ders. u. I. Domşa, *G. C. Schiţă biografică şi bibliografică*, Bukarest 1965. – *C. văzut de contemporani*, Hg. A. Husar u. G. Dulgheru, Bukarest 1966. – D. Micu, *G. C.*, Bukarest 1966. – P. Cornea, *Forme strofice în poezia lui G. C.* (in Limbă română, 16, 1967, S. 135–144). – D. Vatamaniuc, *G. C. O privire asupra operei literare*, Bukarest 1967. – G. Scridon, *Ecouri literare universale în poezia lui C.*, Bukarest 1969. – O. Şuluţiu, *Introducere în poezia lui G. C.*, Bukarest 1970. – A. Fochi, *G. C. şi creaţia populară*, Bukarest 1971. – P. Poantă, *Poezia lui G. C.*, Cluj 1976; [2]1979. – L. Valea, *G. C. în căutarea universului liric*, Bukarest 1980.

## BRANIMIR ĆOSIĆ

* 13.9.1903 Štitar / Mačva
† 29.1.1934 Belgrad

Literatur zum Autor:
B. Kovačević, *O B. Ć.* (in Srpski knjizevni glasnik, 41, 1934, 4, S. 266–273). – E. Finci, *Književni put B. Ć. Dva lika*, Belgrad 1949. – Z. P. Jovanović, *Bibliografska građa o B. Ć.* (in Letopis Matice Srpske, 373, 1954, 1, 2, 85, S. 180–185). – S. Ristić, *B. Ć.* (in Savremenik, 9, 1959, 2, S. 201–214). – V. Gligorić, *Ogledi i studije*, Belgrad 1959. – V. Pavletić, *Kako su stvarali književnici*, Zagreb 1959. – E. Finci, *Književni put B. Ć.* (Vorw. zu B. Ć., *Pokošeno polj*, Novi Sad 1962). – N. Andrić, *B. Ć. u pismima i dokumentima*, Belgrad 1973; ern. 1975. – Z. Gavrilović, *B. Ć. i »socijalna literatura«* (Vorw. zu B. C., *Pokošeno polje*, Belgrad 1975). – I. Udovički, *Knjiga rada B. Ć.* (in *Studije i građa za istoriju književnosti*, Hg. M. Pantić, Belgrad 1980). – *Srpska književna kritika. Građa*, Hg. P. Palavestra, Bd. 20, Hg. M. Radulovič, Novi Sad/Belgrad 1983.

### POKOŠENO POLJE

(serb.; *Das gemähte Feld*). Roman von Branimir Ćosić, erschienen 1934. – Der umfangreiche Roman, dessen Held autobiographische Züge trägt, beschreibt in seinem ersten Teil die Zeit des Ersten Weltkriegs, der serbischen Besetzung und der Widerstandsbewegung, im zweiten die unmittelbare Nachkriegszeit. Er erzählt das Schicksal des Nenad Bajkić aus Belgrad von seiner Jugend bis in seine frühen Mannesjahre. An das Schicksal des Helden knüpft sich in breiter epischer Perspektive die Geschichte Belgrads und des serbischen Hinterlandes in den ersten Jahrzehnten des Jahrhunderts, die der Roman als düsteres Bild chaotischer Umwälzungen, als ein Meer individueller Tragödien und als tiefe moralische und politische Krise des serbischen Volkes zeichnet. Unter den Bedingungen dieses Chaos wächst unter der empfindsamen Anleitung der Mutter, einer schwer geprüften Lehrerswitwe, der junge Nenad heran. Seine trotz äußerer Schwierigkeiten positiv verlaufende Entwicklung bringt ihn in scharfen Gegensatz zu dem moralischen Niedergang seiner Umgebung. Hier liegt der Grund seines Untergangs; sein aufrichtiger Charakter muß notwendig mit der Unmoral der siegestrunkenen, durch ihren Erfolg hemmungslosen serbischen Nachkriegsgesellschaft kollidieren. Im Konflikt dieses Gegensatzes unterliegt der Held.
Ohne je ihren Gegenstand zu verlieren, teilt sich die Handlung des Romans fortwährend in Einschübe, Randepisoden und Nebenbegebenheiten, um die Ursachen für gewisse Ereignisse der Haupthandlung nachzutragen, den Eintritt künftiger Geschehnisse vorzubereiten oder den breiten historischen Hintergrund der Erzählung zu entfalten. In künstlerischer Hinsicht übertrifft der erste Teil des Romans den zweiten. Dort benutzt der Autor den jugendlichen Nenad geschickt als Mittler der geschilderten Ereignisse: Aus dem Blickwinkel des unerfahrenen, die Wirklichkeit nur bruchstückhaft begreifenden Kindes werden die Schrecken des Krieges, das Elend der Zivilbevölkerung und das grausame Regime der deutsch-österreichischen Okkupationstruppen geschildert. Nirgends gleitet der Roman in einen allein auf Wirkung bedachten Naturalismus ab. Auch die widerwärtigsten Kriegsszenen deutet er allein aus den unklaren, fragmentarischen Eindrücken des Kindes an. Der Kontrast zwischen der Reinheit der kindlichen Auffassung und dem Chaos des äußeren Geschehens verleiht der Erzählung, die in kurzen, fast abgehackten Sätzen fortschreitet, außerordentliche Wahrhaftigkeit und Wirksamkeit. Die Technik mosaikartiger Beschreibung, die eine Fülle untereinander eigenständiger Motive zu einem vielseiti-

gen Ganzen zusammenfügt, kennzeichnet auch den zweiten Teil des Romans. Er berichtet die Erlebnisse des herangewachsenen Nenad, kann sich also nicht mehr der kindlichen Wahrnehmung als Medium des Erzählten bedienen. Statt dessen vereinigt er, teils in chronologischer Umstellung, das inhomogenste Material (Aufzeichnungen von Nenads Mutter, Rückblenden in die Vergangenheit verschiedener Romangestalten, Liebesepisoden, Auszüge aus Versammlungsreden, wörtliche Zitate aus Zeitungsartikeln usf.) zu einem geschlossenen Bild des in sich zerrütteten Nachkriegsserbien. Die Schilderung des politischen Schicksals des Landes in den ersten Nachkriegsjahren bietet eine Fülle von Politikerporträts, die teils historischen Vorbildern nachgeschaffen, teils vom Autor erfunden sind. Von Kritik und Publikum gleichermaßen positiv aufgenommen, gilt dieses letzte Werk des Autors, das seine früheren Prosawerke in Gestaltung und Aussage übertrifft, als der beste serbische Roman aus der Zeit zwischen den beiden Weltkriegen.

KLL

Ausgaben: Belgrad 1934. – Zagreb 1949. – Sarajevo 1961. – Novi Sad 1962. – Belgrad 1975 (2 Bde.), Vorw. Z. Gavrilović. – Belgrad 1982.

Dramatisierung: Jugoslavien 1934 (Premiere in Niš 1935, Reg. R. Dinulović; Premiere in Belgrad u. d. T. *Sile* 1936, Reg. M. Dimić).

Literatur: R. Dimitrievič, *Najnoviji roman B. Ć., »Pokošeno polje«* (in Pregled, 9, 1933, S. 726–733). – N. Mirković, *»Pokošeno polje« B. Ć.* (in Srpski književni glasnik, 41, 1934, S. 54 ff.). – M. Veljković, *B. Ć. »Pokošeno polje«. Roman* (in Glasnik Profesorskog Društva, 14, 1934, S. 458–464). – S. Filipović, *Roditelji B. Ć. u romanu »Pokošeno polje«* (in Prilozi, 28, 1962, 1/2, S. 93–101). – S. Djordjić, *»Pokošeno polje« – poslednji roman B. Ć.* (in Književna istorija, 8, 1975, 29). – S. Ž. Marković, *Typen des Kriegsromans in der serbischen Literatur zwischen den Weltkriegen* (in *Sprachen und Literaturen Jugoslaviens*, Hg. R. Lauer, Wiesbaden 1985).

## DOBRICA ĆOSIĆ

* 29.12.1921 Velika Drenova / Trstenik

Literatur zum Autor: M. Ristić, *D. Ć.* (in D. Ć., *Koreni*, Belgrad 1955, S. 293–295). – S. Leovac, *Romani D. Ć.* (in Izraz, 1965, S. 229–241). – D. Moračić, *Bibliografska građa o D. Ć.* (in Književnost i jezik, 1967, S. 3–4). – P. Džadžić, *D. Ć.* (in D. M., *Kritike i ogledi*, Belgrad 1973). – S. Leovac, *Romani D. Ć.* (in *Savremena proza*, Hg. I. Bandić, Belgrad 1973; ern. 1982). – N. B. Jakovleva, *Sovremennyj roman Jugoslavii*, Moskau 1980, S. 54–64, 185–204. – J. Horvat, *Pisatelji*, Murska Sobota 1983.

### KORENI

(serb.; *Ü: Der Herd wird verlöschen*). Roman von Dobrica Ćosić, erschienen 1954. – Ćosić will mit seinem Roman zum Verständnis der Gegenwart beitragen, indem er ihre in die Vergangenheit reichenden Wurzeln (serb. *koreni*) bloßlegt. Er behandelt die Problematik des serbischen Dorfes gegen Ende des 19. Jh.s. Der eine Handlungsstrang des Romans, der den gesellschaftlich-politischen Aspekt, nämlich die Tätigkeit der Radikalen Partei und des ihr angehörenden Bauernführers und Abgeordneten der »Skupština« (Volksvertretung) Aćim Katić aus Prerovo behandelt, ist aufs engste verflochten mit einem zweiten Handlungsstrang, der Aufstieg und Verfall der Familie Katić zum Thema hat. Hier geht es vorrangig um ein psychologisches Problem, d. h. den aus der bäuerlichen Mentalität des Aćim Katić erwachsenden Wunsch nach gesichertem Fortbestand der Familie und ihrer festverwurzelten Traditionen.

An der fiktiven Gestalt von Aćim Katić wird der zwiespältige Charakter der Radikalen deutlich. Einerseits vertreten er und seine Partei bestimmte progressiv-demokratische Ziele, gleichzeitig aber scheut Katić nicht vor Demagogie, brutaler Einschüchterung und politischem Mord zurück. Die von den Radikalen gelenkte, nicht selten inkonsequente und anarchisch anmutende bäuerliche Protestbewegung kommt im Roman vor allem in der Beschreibung der blutigen Unterdrückung eines Aufstands der Bewohner von Prerovo zum Ausdruck. Katić, der den Aufruhr vorbereitet hat, gelingt es, sich der Bestrafung zu entziehen, obwohl ein mißglücktes Attentat auf Exkönig Milan Obrenović die Lage der Radikalen zusätzlich erschwert. Dieser Notsituation entspricht das Arrangement des Radikalen-Führers Nikola Pašić mit den herrschenden Kräften im Staat. Was das private Schicksal des Aćim Katić betrifft, bereiten ihm seine beiden Söhne, jeder auf seine Weise, eine bittere Enttäuschung. Vukašin, vom Studium in Paris zurückgekehrt, heiratet die Tochter eines bekannten serbischen Liberalen und geht ins Lager der politischen Feinde seines Vaters über, worauf er vom alten Katić verstoßen wird. Đorđe, der als Händler wohlhabend geworden ist, erweist sich als impotent und damit außerstande, den Fortbestand der Familie zu sichern. Sein quälerisches Verhältnis zu Simka, seiner schönen und vitalen Frau, die schließlich von dem Knecht Tola ein Kind bekommt, wird eingehend geschildert. Der Verfall der Familie ist nicht aufzuhalten: Đorđe wird zum willenlosen Trinker; Simka und ihr Sohn fallen einer Seuche zum Opfer.

Bemerkenswert an dem Roman ist sein Reichtum an Bildern, Vergleichen und Personifikationen, die in ihrer Kühnheit neue Möglichkeiten der Sprache erschließen, oft freilich auch manieriert wirken.

Der Autor bemüht sich, seinen historischen Gegenstand psychologisch zu durchdringen. Formal drückt sich das darin aus, daß die Ereignisse nicht von der Warte eines allwissenden Erzählers, sondern aus der Perspektive einzelner Gestalten gesehen werden. Mit Hilfe der Technik des inneren Monologs gelingt eine assoziative Verknüpfung der Handlungsfäden. Gegenwart und Vergangenheit fließen ineinander; inneres Erleben und Beschreibung, Monolog und Dialog wechseln einander ab. In der Technik des personalen Erzählens tritt die Gestaltung des historischen Stoffs hinter der psychologischen Problematik zurück. H.Gü.

AUSGABEN: Belgrad 1954; 31955 (Brazde, Biblioteka savremenih jugoslovenskih pisaca, 1). – Belgrad 1964. – Rijeka 1977. – Belgrad 1984.

ÜBERSETZUNG: *Der Herd wird verlöschen*, P. P. Schneider, Bln. 1958.

DRAMATISIERUNG: u. d. T. *Naslednik*, Belgrad 1956.

LITERATUR: P. Džadžić, *Čovek i zemlja u jednoj Srbiji. O romanu »Koreni« od D. Ć.* (in Delo, 1, 1955, 1, S. 34–43). – S. Leovac, *Klonuća i katarse. O romanu »Koreni« D. Ć.* (in Zivot, 7, 1955, 7/8, S. 455–462). – S. Lukić, *Varijacije na temu »Koreni«* (in Književnost, 20, 1955, 5, S. 412–420). – B. Novaković, *»Koreni« D. Ć.* (in B. N. *Susreti. Ogledi o precima i savremenima*, Sarajevo 1955). – P. Palavestra, *»Koreni« D. Ć.* (in Letopis Matice Srpske, 375, 1955, 3, S. 260–268). – S. Velmar-Janković, *Novi roman D. Ć.* (in Književnost, 20, 1955, 4, S. 320–328). – V. Ilijašević, *Dva aspekta i dva stila Ć. romana* (in Književnost i jezik, 9, 1957, S. 320–333). – G. Olujić, *»Koreni« D. Ć.* (in G. O., *Pisci o sebi*, Belgrad 1959). – Ž. Ružić, *Magija ritma i jezika u »Korenima« D. Ć.* (in Godišnjak Filološkog Fakulteta u Novom Sadu, 6, 1961, S. 228–238). – Ž. Ružić, *Stilska vrednost epskog deseterca u »Korenima« D. Ć.* (in Književnost i jezik, 9, 1962, 4, S. 267–271). – M. Egerić, *Zemlja i ljudi u »Korenima« i »Deobama«* (in D. Ć., *Koreni*, Belgrad 1981). – V. Stanisavljević, *»Koreni« D. Ć.*, Belgrad 1982.

## COSMAS VON PRAG

* um 1045
† 21.10.1125 Prag

### CHRONICA BOHEMORUM

(mlat.; *Chronik der Böhmen*). Geschichtswerk des COSMAS von Prag. – Der Autor hat die *Chronica* geschrieben, um *»die alten Sagen und Märchen der Vorzeit zu sammeln und die spätere Geschichte Böhmens zum Tummelplatz für seine Rhetorik zu machen«* (Manitius). Tatsächlich ist seine *Chronik* eher ein Volks- als ein Geschichtsbuch: Cosmas kümmert sich mehr um Heimaterzählungen und Wundergeschichten als um historisch treue und annalistisch exakte Berichte; aus demselben Geist schreibt er auch in Reimprosa, ja sogar in Hexametern. Wie er zu argumentieren pflegt, zeigt seine »Ableitung« des Namens Böhmen: *»Quia tu, o pater, diceris Boemus, dicatur et terra Boemia.« (»Da du, Vater, Böhmus heißt, heiße auch das Land Böhmen.«)* Seine Methode erhellt ein Satz wie: *»Ob dies geschehen oder erdichtet ist, überlasse ich dem Urteil des Lesers.«* Dennoch basiert – notgedrungen – auf Cosmas die spätere böhmische Historiographie. Das erste der drei Chronikbücher beginnt *ab ovo*, bei der babylonischen Sprachverwirrung und der Zerstreuung der Menschen: Zur Urzeit schon seien die Vorfahren nach Böhmen gekommen und hätten es besiedelt. Die Töchter des Helden Crocco (abgeleitet von der Stadt Krakow) hätten Aberglauben und Wahrsagekunst eingeführt und schließlich die ersten Staaten gegründet. Manche der Fabeleien, die Cosmas in diesem Buch vorträgt, folgen antiken Mustern; die Geschichte im engeren Sinn reicht bis zum Tod des Herzogs Jaromir (1038); bemerkenswert ist die Berücksichtigung kirchlicher Verhältnisse und die Tendenz, die Slaven politisch gegen die Deutschen auszuspielen. Das zweite und dritte Buch geben sich historischer: aber Themen wie Heinrichs III. Böhmenfeldzug oder Gräfin Mathildes Kirchenpolitik sind wiederum nur Anlässe zu subjektiver, oft »proslavischer« Färbung. Die *Chronik* führt bis in die letzten Lebensjahre ihres Verfassers. Mit der Geschichte, wie ein Geistlicher seine Begierde mittels Brennesseln zu vertreiben sucht, endet das Werk im selben Ton fabulierender Plauderfreude, in dem es begonnen hat. J.Sch.

AUSGABEN: Hannover 1607 (*Chronicae Bohemorum libri II*, Hg. M. Freher). – Paris 1894 (ML, 166). – Bln. 1923, Hg. B. Bretholz u. W. Weinberger (MGH, N. S., 2; 21955, Nachdr. Lechenich 1981). – Mchn. 1980 [Nachdr. d. Ausg. Bln. 1923].

ÜBERSETZUNGEN: *Chronik von Böhmen*, G. Grandaur, Lpzg. 1885; 31939. – *Chronik Böhmens*, F. Hof, 2 Bde., Essen 1988.

LITERATUR: W. Regel, *Über die Chronica des C.*, Diss. Dorpat 1892. – J. Leithold, *C. und die Deutschen*, Diss. Berlin 1923. – B. Bretholz, *Der Gang der C.forschung* (in NA, 45, 1924). – W. Wattenbach u. R. Holtzmann, *Deutschlands Geschichtsquellen im Mittelalter, Deutsche Kaiserzeit*, Bd. 1, H. 4, Bln. 1943, S. 803–809 [m. Bibliogr.]. – W. Baumann, *Die Literatur des Mittelalters in Böhmen*, Mchn. 1978, S. 32 ff. – F. Graus, *Die Nationenbildung der Westslawen im Mittelalter*, Sigmaringen 1980, S. 59 ff.

## ROBERTO COSSA

* 30.6.1934 Buenos Aires

### EL VIEJO CRIADO

(span.; *Der alte Kellner*). Drama in einem Akt von Roberto COSSA (Argentinien), Uraufführung: 14. 5. 1980, Teatro Payró, Buenos Aires. – Nach sieben erfolgreichen naturalistischen und sozialkritischen Stücken, die sich vorwiegend mit dem inhalt- und ausweglosen Leben der Mittelklasse Argentiniens oder auch mit grotesken Darstellungen italienischer Einwandererfamilien beschäftigen, beginnt mit dem Stück *El viejo criado* eine neue Phase in der Arbeit Roberto Cossas, in der er die traditionelle argentinische Groteske mit Elementen des absurden Theaters zum *absurdo porteño*, einer ganz und gar argentinischen Version des absurden Theaters, verbindet. Der Titel des Stücks stammt aus dem Tango *»La casita vieja«* von Enrique Cadicamo (Musik von Juan Carlos Cobian). Vier Personen in einer typischen Kneipe von Buenos Aires: Alsina, ein Intellektueller, und Balmaceda, ein ehemaliger Boxer mit etwas angeschlagenem Verstand, beide über 50 Jahre alt, spielen *truco*, ein typisches Kartenspiel. Während von draußen Polizeipatrouillen und Sirenen zu hören sind, unterhalten sich die Männer obenhin über das Tagesgeschehen (1980 herrscht in Argentinien eine Militärdiktatur, die Menschen verschwinden läßt usw.), als beträfe sie das alles nicht, als brauchten sie nur ruhig abzuwarten und Karten zu spielen. Hinzu kommen Carlitos und Ivonne. Carlitos hält sich für einen großen Tangodichter, ohne je eine nennenswerte Zeile geschrieben zu haben. Er ist nach mehreren Jahren aus Paris in die Kneipe zurückgekehrt, in der er mit seinem Trio ein gefeierter Dichter gewesen sein will, und sucht dort einen alten Kellner, der *»den Heimkehrenden begrüßt«*, wie es im Tango heißt. Ivonne ist eine französische Dirne, von der Carlitos lebt. Beide bewegen sich unter Carlitos' Regie, als wären sie Personen eines Tango-Klischees. Ivonne fällt gelegentlich aus der Rolle und wird zur Ordnung gerufen. Auf Carlitos' Frage nach dem Kellner antworten ihm die Kartenspieler, es gäbe keine alten Kellner mehr. Seitdem der General herrsche, würden alle in der Fabrik arbeiten oder im Gefängnis sitzen. Carlitos versucht nun, den Männern Ivonne zu verkaufen; aber erst, als die Französin erzählt, sie habe einmal mit dem berühmten Tangosänger Gardel geschlafen, beginnen die Kartenspieler Interesse zu zeigen. Da sich die Realität so ganz anders zeigt, als es sein Tangotext vorschreibt, will Carlitos sie korrigieren und mit den beiden Spielern ein neues Trio bilden. Er übt mit ihnen, wie sie durch bestimmte Straßen zu gehen haben, wie sie sich benehmen müssen, immer zu dritt, jahrelang, damit sie ein berühmtes Trio werden. Den verehrten Vorbildern entsprechend werden sie sich trennen müssen und nach 20 Jahren wieder zusammenfinden. Carlitos und Ivonne verschwinden, worauf die Spieler sich wieder ihren Karten zuwenden. Als Carlitos nach einer Weile allein wieder erscheint, berichtet er, Ivonne habe ihn verlassen, er habe sie viele Jahre hindurch in der Gosse gesucht und sie dann am Arm eines guten Bürgers wiedergefunden, jedoch wieder verloren, wie es der Tango vorschreibt. Auf seine Frage nach dem alten Kellner erhält er wieder die gleiche Antwort. Ivonne kommt zurück, sie und Carlitos schwärmen von Paris, einem Klischee-Paris, und machen sich auf den Weg dorthin. Die Spieler sehen ihnen nach und nehmen ihr Spiel wieder auf. Indem Cossa sich über die Tango-Leidenschaft der Argentinier lustig macht, über ihre Sucht, literarische oder musikalische Gruppen zu bilden, über das Kartenspiel in Kneipen mit pseudo-literarischen und pseudo-politischen Gesprächen, zeichnet er die Realität Argentiniens während der letzten Jahre der Militärdiktatur (bis 1984), wo die einen sich in den Traum, die anderen in eine Abseitsstellung flüchten, als gingen sie die grausamen Ereignisse nichts an. – *El viejo criado* gibt für eine ganze Reihe argentinischer Theaterstücke die Stilrichtung an. H.A.

AUSGABE: Buenos Aires 1981.

LITERATUR: *R. C.: Un hombre un dramaturgo* (in Teatro, 5, Buenos Aires 1985, Nr. 20, S. 10–46). – *Politics and Structure* (in LATR, 20, 1987, Nr. 2).

## ISAAC DA COSTA

* 14.1.1798 Amsterdam
† 28.4.1860 Amsterdam

### BEZWAREN TEGEN DEN GEEST DER EEUW

(ndl.; *Bedenken gegen den Geist des Jahrhunderts*). Kulturkritische Streitschrift von Isaac da COSTA, erschienen 1823. – In den zehn Punkten dieser *»Kriegsansage an den Zeitgeist«* (Rullman) wandte sich der aus portugiesisch-jüdischer Adelsfamilie stammende und soeben zum Christentum konvertierte Schüler BILDERDIJKS von der Warte eines extremen Calvinismus aus in so aggressivem Ton gegen das von König Wilhelm I. in allen Kirchen- und Staatsbelangen geförderte liberale Ideengut, daß man nach der Publikation in den Niederlanden vor Entsetzen nur feststellen konnte, *»es werde eine Wohltat für den Herrn da Costa sein, wenn die Nation dieses Buch vergäße«* (van Kampen). – Der Autor empört sich über *»Kants hochmütige eigene Gesetzgebung«* ebenso wie über *›des gottlosen Voltaire* Candide *samt tausend höllischen Schriften dieser Art mehr‹*, über *»Rousseaus unverschämte* Confessions«

und »*Diderots abscheulichen* Jacques le fataliste«. Er verdammt den *Contrat social*, die zeitgenössische Malerei, bestreitet Sinn und Möglichkeiten menschlicher Gleichheit, leugnet jeden Wert der öffentlichen Meinung, weil *»sie den rechtschaffenen Noah verspottete«*, und wirft seiner Zeit *»Versklavung, Aberglauben, Abgötterei, Unwissenheit und Düsternis«* vor: *»Was ist die Weisheit des Jahrhunderts oder die Weisheit vom natürlichen Menschen? Unsinn, Eitelkeit, Verdammung! Niemand braucht von etwas anderem zu wissen als von Jesus Christus und dessen Kreuzestod.«*
Natürlich erfüllte sich van KAMPENS freundlicher Wunsch für da Costa nicht: unter den puritanischen Geistern des Jahrhunderts fand die Streitschrift ebensoviel Widerhall wie unter den angegriffenen Liberalen, zumal der Nationaldichter Bilderdijk gegen unsachliche und persönliche Angriffe auf den Verfasser Stellung nahm und sich in nicht sehr glücklicher Weise für seinen jungen Freund einsetzte. Eine Flut von moralisierenden Kommentaren einerseits (aus denen sogar ein calvinistisches Volkslied hervorging) und Parodien andererseits sorgte dafür, daß da Costas Schrift keineswegs aus dem Gedächtnis der Nation verschwand. Von ihrem mitreißenden Pathos hat diese Philippika bis heute nichts eingebüßt. W.Sch.

AUSGABEN: Leiden 1823. – Haarlem 1861–1863 (in *Kompleete dichtwerken*, Hg. J. P. Hasebroek). – Amsterdam 1923.

LITERATUR: N. G. van Kampen, *Verdediging van het goede der 19e eeuw tegen de bezwaren van den Heer Mr. I. da C.*, Amsterdam 1823. – J. ten Brink, *Geschiedenis der Noord-Nederlandsche letteren in de 19e eeuw*, Tl. 1, Amsterdam 1888, S. 46–147. – O. N. Oosterhof, *I. da C. als polemist*, Diss. Amsterdam 1923. – J. Meijer, *I. da C.s weg naar het christendom*, Amsterdam [2]1946. – Ders., *Martelgang of cirkelgang*, Paramaribo 1954. – J. Hovius, *I. da C.'s Bezwaren tegen de geest der eeuw*, Den Haag 1973. – J. Kamphuis, *I. da C. en de afscheiding van 1834*, Groningen 1978. – W. J. C. Buitendijk, *De jonge da C. (in Aspecten van het Réveil*, Hg. J. van der Berg u. a., Kampen 1980, S. 53–73).

## MARIA VELHO DA COSTA

eig. Maria de Fátima Bivar

* 1938 Lissabon

### CASAS PARDAS

(portug.; *Graue Häuser*). Roman von Maria Velho da COSTA, erschienen 1977. – Die Autorin begann ihre schriftstellerische Arbeit 1966 mit den Erzählungen *Lugar commun (Der Gemeinplatz)* und dem Roman *Maina Mendes*, 1969 *(Maina Mendes)*, in dem sie Techniken experimentellen Schreibens anwendet, also die Aufhebung des Erzählprinzips, *»eine Zerlegung des Romans im traditionellen Sinne«* (A. Seixo) anstrebt. Die Nebeneinanderstellung und die Überlagerung von objektiver Bedeutung und subjektiver Konnotation, die Nuancierung stilistischer Mikrostrukturen und die Mischung verschiedener Gattungen, führt Maria Velho da Costa in *Casas pardas*, ausgezeichnet mit dem »Prémio Cidáde de Lisboa«, fort. Der Roman ist in fünf »Häuser« unterteilt, wobei das mittlere Haus in Form eines Dramas gestaltet ist. Elisa, eine der drei weiblichen Hauptfiguren, warnt vor den vielen *»schneidenden Erfindungen, die grausamst für denjenigen sind, der lesen will«*. Nacheinander werden sie, ihre Schwester Mary und ihre Freundin Elvira vorgestellt, ihre Gedanken, Freuden und Ängste formuliert, ohne daß die Frauen, mit Ausnahme der Begegnung im dritten Haus, miteinander sprechen.
Elisa, vierundzwanzigjährige Tochter eines nordportugiesischen Gutsbesitzers, sitzt in Lissabon auf der Avenida da Liberdade (Freiheitsallee) auf einer Bank und denkt nach: über sich, ihre Herkunft, die Lage der Arbeiter und Studenten, die Situation der Frau im allgemeinen und ihres Landes im besonderen, das sich, 1968/69, im Übergang befindet von der Diktatur Salazars zu der von Caetano. – Mary, die den Beinamen »Dolorosa« (die Schmerzensreiche) trägt, ist das Sinnbild der zutiefst enttäuschten Frau, die sich vor den Demütigungen in eine Traumwelt flüchtet. In einer Klosterschule erzogen und von dem Gefühl belastet, seit der Geburt der jüngeren Schwester von den Eltern vernachlässigt worden zu sein, ist sie nun mit Francisco, dem Liebhaber ihrer Mutter, verheiratet. Von dessen machistischem Verhalten angeekelt, fühlt sie sich platonisch zu José Oom hingezogen, legt aber dennoch auf höchst narzißtische Weise Wert auf ihren Körper, den sie durch Cremes und Masken ständig zu verschönern sucht. Die »Maske« aber wird zu ihrem eigentlichen Sein, an der Seite von Francisco ist sie innerlich wie tot. Als ihre Mutter stirbt, sieht sie ihren Mann zum erstenmal weinen. Um der gesellschaftlichen Norm zu genügen, bleibt sie, entgegen Elisas Rat, die Francisco als Schlappschwanz beschimpft, bei ihm. Doch um sich Luft zu machen, begegnet sie ihm mit Ausfälligkeiten, die in der dreiaktigen dramatischen Szenerie kulminieren. Während eines Abendessens mit zwei befreundeten Ehepaaren, bei dem Francisco neue Machtstrukturen prophezeit, eine der Frauen sich über den Niedergang des Landes, ja selbst der Kirche ausläßt, die, ähnlich der Darstellung in Ingmar BERGMANS Film *Das Schweigen*, die Gesellschaft vor Unmoral beschützt habe, stellt Elisa die falsche Moral gerade ihrer Familie bloß, indem sie die Affäre ihrer Schwiegermutter mit ihrem Cousin ans Licht bringt. In resignativ-provokativer Weise fordert Mary die Anwesenden mit den Worten des Letzten Abendmahls auf: *»Esset und trinket, das ist*

*mein Leib!«* und bezichtigt Francisco, sie nur ihres Geldes wegen geheiratet zu haben. Um die Situation zu entschärfen, spricht jemand über die Verfilmung von Manuel de OLIVEIRAS *Uma abelha na chuva (Eine Biene im Regen)*, deren Zustandsbeschreibung einer Ehe die Situation zwischen Mary und Francisco aber nur noch pointierter charakterisiert. – Elvira ist eine Frau, die mit offenen Augen die Veränderungen aktiv miterlebt. Sie lebt mit ihrem Mann und ihrem Baby bei ihrer Schwiegermutter in einem Zimmer und muß für einige Zeit auch noch ihren schwerkranken Vater bei sich aufnehmen und pflegen. Die großen Spannungen, die daraufhin zwischen ihr, ihrem Mann und dessen Mutter entstehen, lösen sich erst auf, nachdem sich eine kleine Wohnung für die junge Familie gefunden hat und Elvira als ihre Lebensmaxime das Ideal des *»Wir müssen füreinander dasein«* erkennt. Während also Elvira im Kreis der Gemeinschaft ihren Platz findet, Mary sich in ihrem Haus und in sich selbst verschließt, sucht Elisa weiter nach der Identität Portugals und nach ihrer eigenen und stellt ohne Unterlaß die Frage *»Wer sind wir? Wer bin ich?«* – Maria Velho da Costa klopft in *Casas pardas* anhand der drei Frauenschicksale die komplexe Problematik Portugals ab, die über den 25. April 1974, also über das offizielle Ende der Diktatur, hinausreicht. K.De.

AUSGABEN: Lissabon 1977. – Lissabon [3]1986.

LITERATUR: R. Eminescu, *Novas coordenadas no romance português*, Lissabon 1983. – A. Seixo, *»Casas pardas«* (in A. S., *A palavra do romance*, Lissabon 1986, S. 185–188). – M. Gusmao, *»Casas pardas« – a arte da polifonia e o rigor da paixão: uma poética da individuação histórica* (in M. Velho da Costa, *Casas pardas*, Lissabon [3]1986, S. 9–57).

## LÚCIALIMA

(portug.; *Lúcialima*). Roman von Maria Velho da COSTA, erschienen 1983. – Der Roman ist in sechs autonome Erzählblöcke gegliedert: *Madrugada; Manhã; Meio-dia; Três da tarde; Crepúsculo; Noite (Morgengrauen; Morgen; Mittag; Drei Uhr nachmittags; Abenddämmerung; Nacht)*, deren Geschichten durch Motive und die stets in gleicher Reihenfolge erscheinenden Personen des Dichters (Ramos), der Verrückten (Mariana Amélia), der Frau (Maria Eugénia), des Mannes (Lima) und des Kindes (Lucinha) verbunden werden. Es handelt sich jedoch nicht um einen chronologischen Tagesablauf, sondern den geschichtlichen Zeitraum zwischen 1950 und dem 25. April 1974, dessen »Morgengrauen« Ausgangspunkt für die Erzählung verschiedener, zeitlich ungeordneter Episoden aus dem Leben der Handlungsträger ist, die im ersten Block als Typen eingeführt werden und erst in den folgenden Abschnitten zu Personen werden.
Im Morgengrauen sitzt *der* Dichter über Papier und Bleistift und besingt die *»Entfachung des Feuers«*, während aus dem Nebel von der Straße her Geräusche von Panzerketten zu hören sind, im Krankenhaus *die* Verrückte und in ihrer Wohnung *die* Frau aufwecken, während *der* Mann auf einem Militärfahrzeug sitzt, an seine Mission und seine Kolonialkriegszeit in Guinea-Bissau denkt, nach deren Beendigung ihm in Portugal alles *»schweinisch«* erschien. Schließlich wacht auch das blinde Kind auf. Es fragt nach der Hausangestellten, versorgt Vögelchen und spürt *»die Ankunft der Tauben«* und eine *»gewisse Helligkeit im dichten Grau«*.
*Manhã* beginnt mit einer Rückblende auf Ramos' Studentenzeit in Coimbra. Der aus ärmlichen Verhältnissen stammende und deshalb oft gedemütigte Ramos wird hier von einem Freund, Sohn rechtsgerichteter und Salazar-getreuer Eltern unterstützt. Später entwickelt er sich zu einem kritischen Angestellten in einem Ministerium und einem anerkannten Dichter, der im Café gegrüßt wird, in Cândida aber nicht die rechte Ehefrau traf und so schließlich allein mit seiner Katze Bela lebt. – Mariana Amélia, als kleines Kind von ihrem Onkel vergewaltigt und von der Mutter gehaßt, wird nach Estremoz in die Schule geschickt, wo sie bei einer Tante wohnt, die sie mit erbaulicher Literatur streng zu erziehen sucht, ihr nach einer Liebesbeziehung mit einem Dorfjungen aber androht, sie zu ihren Eltern zurückzuschicken. Sie begeht einen Selbstmordversuch, der einen Krankenhausaufenthalt und ihren Verbleib in der psychiatrischen Anstalt zur Folge hat. – Maria Eugénia ist mit Romão verheiratet, zu dem sie sich körperlich stark hingezogen fühlt. Während sie in einem konservativen Schwesterninternat von ihrer Freundin Judite, einer brasilianischen Jüdin deutscher Abstammung, lernt, frei zu sprechen und nach ihrer ersten sexuellen Erfahrung von Lebensenergie sprüht, wird sie sich bald der Tatsache bewußt, daß sie, ähnlich wie ihre Freundinnen, eine gescheiterte Ehe führt und ihrem Mann nur im Bett und, seitdem ihre Tochter Lucinha geboren und bei einem Autounfall das Augenlicht verlor, in Trauer begegnet. Schließlich muß sie resigniert feststellen: *»Sie ließen mir keine Bewegung, aber das war schon in mir.«* – Lima, Schüler des Militärgymnasiums, erfährt, daß seine Mutter gestorben ist. Fortan sieht er das Leben ernst, findet keine Freude mehr an Diskotheken und Tanz, sondern sucht Stabilität. Er heiratet, wird Offizier und muß nach Guinea-Bissau in den Kolonialkrieg. Trotz seines schlechten Verhältnisses zu seiner Frau und der Unfähigkeit, seinen Sohn im Gespräch zu erreichen, sieht er, ähnlich wie Judite, die durch ethnologische Studien und das Sammeln von Kulturgut versucht, etwas vom Glanz der untergehenden Völker zu retten, *»ein Licht am Ende des Tunnels«*, ein Licht, das die revolutionären Ereignisse des 25. April 1974 symbolisiert, an denen Lima sich aktiv beteiligt. – Lucinha, die Tochter des streitsüchtigen Paares Maria Eugénia und Ramão, ist trotz oder gerade wegen ihrer Blindheit ein waches Mädchen. Sie beherrscht wie niemand sonst Silben- und Sprichwortspiele; in dieser verschlüsselten Form sagte sie auch ihren tragischen Unfall

voraus. Bei einem Zoobesuch trifft sie Eukié (der Name bedeutet »das, was ist«), der sie Lúcialima nennt und ihr prophezeit, daß sie niemals zu sich selbst finden wird. Daraufhin nimmt sie ihre Umwelt noch intensiver als vorher wahr, öffnet all ihre Sinne, begreift die Welt besser als die anderen, findet in Chiquinho einen treuen afrikanischen Spielkameraden und empfindet trotz ihrer Blindheit den fernen Mondschein in der Nacht, öffnet die Arme und fliegt mit Chiquinho den Lichtern entgegen, *»bis man sie aus den Augen verliert«*.
*Lúcialima*, zusammengesetzt aus *Lúcia* für *Licht* und *Lima* für *Bitterkeit*, ist ein *»Bild mit vielerlei Zugängen«* (S. R. Lopes), indem es keine Erkenntnis ohne Bitterkeit gibt, in dem die Personen noch keine klare Sicht von der Zukunft haben, da sie die Vergangenheit noch nicht verarbeitet haben.

K.De.

Ausgabe: Lissabon 1983; [3]1985.

Literatur: M. A. Passos, *Este é o livro da reconciliação* (in JL, 7. 5. 1983, S. 6–8; m. Interview). – M. Barahona, *M. V. da C.: Todas as espécies para fazer um mundo* (in JL, 16. 8. 1983, S. 26). – M. A. Passos, *O caminho a seguir* (ebd., 20. 3. 1984, S. 6). – I. A. de Magalhaes, *O tempo de »Lúcialima«* (in I. A. de M., *O tempo das mulheres*, Lissabon 1987, S. 289–332).

## Miquel Costa i llobera

* 4.2.1854 Pollença / Mallorca
† 16.10.1922 Palma de Mallorca

**DAS LYRISCHE WERK** (kat.) von Miquel Costa i Llobera.
Das dichterische Werk von Miquel Costa i Llobera ist zwischen 1875 und 1906 entstanden. Zusammen mit J. Alcover (1854–1926) begründete Costa i Llobera eine bis heute andauernde Traditionslinie, die üblicherweise als »mallorquinische Dichterschule« bezeichnet wird. Der Autor, von Beruf Pfarrer, bereicherte die katalanische Sprache durch die Wiedereinführung lateinischer und griechischer Vers- und Strophenformen; seine Bewunderung für die Antike ist in ein zutiefst christliches Weltbild integriert, wobei der Gebrauch antiker Redewendungen und Metaphern, eine klare, strenge Syntax und der sparsame Gebrauch des Artikels eine von den Zeitgenossen mit Enthusiasmus aufgenommene, qualitativ neue poetische Ausdrucksebene des Katalanischen schufen.
1885 erschien seine erste Gedichtsammlung, *Poesies*, die der *Renaixença* zuzuordnen ist, einer Bewegung der kulturellen und literarischen Erneuerung Kataloniens im 19. Jh. In diesen romantisch geprägten Gedichten verbinden sich moralisch-religiöse Reflexionen mit der malerischen Beschreibung ruhiger und einsamer Landschaften, welche das innere Gleichgewicht und die Selbstfindung des Dichters in der Meditation begünstigen. Durch diese emotionale Identifikation erfährt das konkrete Element der Landschaft eine exemplarische, bisweilen ins Metaphysische gehende Deutung. In einem der berühmtesten Gedichte von Costa i Llobera, *El pi de Formentor (Die Pinie von Formentor)* – die mallorquinische Sängerin Maria del Mar Bonet hat die Liedfassung dieses Gedichts international bekannt gemacht – treten diese Elemente besonders deutlich zutage. In der beschreibenden Anrufung wird eine Pinie am Strand von Pollença zum Symbol der Zuversicht, der Dauerhaftigkeit und des Sieges; Zeit und Naturkräfte nagen an dem kraftvoll verwurzelten Baum, ohne ihm etwas anhaben zu können. Die Pinie steht für das Ideal des asketischen Lebens, symbolisiert das menschliche *ingenium*, das voller Lebenswillen gegen die Feindlichkeit der Elemente kämpft: *»Mon cor estima un arbre! Més vell que l'olivera, / més poderós que el roure, més verd que el taronger, / conserva de ses fulles l'eterna primavera, / i lluita amb les ventades que atupen la ribera / com un gegant guerrer« (»Mein Herz liebt einen Baum! Älter als der Olivenbaum, / kraftvoller als die Eiche, grüner als der Orangenbaum, / bewahrt er in seinen Blättern den ewigen Frühling / und kämpft mit den Winden, die die Küste umtosen, / wie ein riesenhafter Krieger«)*.
Die Bewunderung des Autors für die Oden des römischen Dichters Horaz spricht aus der Sammlung *Horacianes*, 1906 *(Horazische Gedichte)*, die in der Verbindung von perfekter Form mit zugleich gefühlvoller wie rational durchdachter Dichtung Costas klassische Phase definiert. Es handelt sich um ein formales Experiment, das die Übertragung des antiken quantitierenden Versprinzips (d. h. der geregelten Abfolge langer und kurzer Silben) in qualitative Entsprechungen einer romanischen Sprache versucht. Alkäische, sapphische und asklepiadeische Strophenformen halten ihren späten Einzug in die katalanische Literatur. Nicht nur im Vorwort, sondern auch in den ersten beiden sapphischen Strophen des ersten Gedichts *(A Horaci – Für Horaz)* wird dieser Sachverhalt angesprochen: *»Príncep afable de la docta lira, / mestre i custodi de la forma bella: / tu qui cenyires de llorer i murta / doble corona, // ara tolera que una mà atrevida / passi a mon poble la que amb tal fortuna / tu transportares al solar de Roma / cítara grega« (»Du, edler Fürst der gelehrten Lyra / Meister und Wächter der schönen Form: / Du der Du trägst die aus Lorbeer und Myrte / gewundene zweifache Krone, // dulde nun daß eine verwegene Hand / zu meinem Volk entführt die griechische Kithara / die mit solchem Erfolg / Du nach Rom brachtest«)*. Der massive Epikureismus des antiken Dichters bleibt Costa i Llobera jedoch weitgehend unverständlich, die Nachahmung des horazischen Hedonismus im christlichen Kontext wirkt aus diesem Grund nicht überzeugend. – Narrative Dichtung findet sich in dem langen epischen Gedicht *La deixa del geni grec (Das Vermächtnis Homers)*. Heid-

nische Primitivität und Barbarität der mallorquinischen Ureinwohner und griechische Zivilisation stoßen im Kampf aufeinander; die selbstlose Liebe der heidnischen Priesterin und zukunftsdeutenden Sibylle Nuredduna rettet den einzigen Überlebenden, den jungen Homer (Melessigeni), vor der Opferung; Nuredduna aber wird von ihrem eigenen Volk gesteinigt. Homers Leier und dichterisches Vermächtnis bleibt in den Grotten von Artà zurück. Eine Vision der späteren christlichen Heilslehre weist auf die kommende Vollendung der griechischen Welt in der Wahrheit der neuen Religion, deren Dreifaltigkeit in den drei Gesängen des Gedichts ausgedrückt ist. – Weitere narrative Prosa enthält die Sammlung *Tradicions i fantasies*, 1903 *(Traditionen und Phantasien)*. – Zusammen mit J. Alcover kommt Costa i Llobera in der katalanischen Dichtung Mallorcas eine herausragende Stellung zu. M.P.J.

Ausgaben: *Poesies*, Barcelona 1885; ern. 1907. – *Tradicions i fantasies*, Barcelona 1903. – *Horacianes*, Barcelona 1906. – *Obres completes*, 4 Bde., Barcelona 1923; ern. 1947. – *Horacianes i altres poemes*, Hg. J. M. Llompart, Barcelona 1982.

Literatur: M. Batllori, *La trajectòria estètica de M. C. i Ll.*, Barcelona 1955. – M. Gayà, *Contribució a l'epistolari de M. C. i Ll.*, Barcelona 1956. – G. Llompart, *›A un claper de gegants‹ de M. C. i Ll. y su encuadre histórico-arqueológico* (in Regnum Dei; Collectanea Theatina, 15, 1959, S. 215–228). – J. M. Llompart, *La Literatura moderna a les Balears*, Mallorca 1964, S. 77–87. – B. Torres Gost, *M. C. i Ll. (1854–1922): Itinerario espiritual de un poeta*, Barcelona 1971. – M. de Montoliu, *›Horacianes‹ de M. C. i Ll.* (in *Guia de literatura catalana contemporània*, Barcelona 1973, S. 91–99). – J. Pons i Marquès, *Crítica literària 1*, Mallorca 1975, S. 77–132. – J. Massot i Muntaner, *Església i societat a la Mallorca del segle XIX*, Barcelona 1977. – J. Hösle, *Die katalanische Literaturgeschichte von der Renaixença bis zur Gegenwart*, Tübingen 1982, S. 36 ff. – J. Fuster, *Literatura catalana contemporània*, Barcelona 1985, S. 60–64. – J. Castellanos, *L'escola mallorquina: M. C. i Ll.* (in *Història de la literatura catalana*, Hg. M. de Riquer, A. Comas u. J. Molas, Bd. 8, Barcelona 1986, S. 330–356).

## CHARLES THÉODORE HENRI DE COSTER

* 20.8.1827 München
† 7.5.1879 Ixelles / Belgien

Literatur zum Autor:
H. Liebrecht, *La vie et le rêve de C.*, Brüssel 1927. – J. Hanse, *Ch. de C. et son œuvre*, Löwen 1928. – L.-L. Sousset, *Introduction à l'œuvre de Ch. de C.*, Brüssel 1937. – J.-M. Klinkenberg, *Ch. de C.*, Brüssel 1985.

### LA LÉGENDE D'ULENSPIEGEL

(frz.; *Die Legende von Ulenspiegel*). Erzählung in fünf Büchern von Charles de Coster (Belgien), erschienen 1867. – Die zu kostspielige Ausgabe fand auch dann kaum Interesse, als sie 1869 mit neuer Einleitung *(Der Eule Vorwort)* unter dem heute noch geläufigen Titel *La légende et les aventures héroïques, joyeuses et glorieuses d'Ulenspiegel et de Lamme Goedzak au pays de Flandres et ailleurs (Die Legende von Ulenspiegel und Lamme Goedzak und ihren heldenmäßigen, fröhlichen und glorreichen Abenteuern im Lande Flandern und anderwärts)* erschien. Erst in den zwanziger Jahren dieses Jh.s wurde das Werk allgemein bekannt und in fast alle europäischen Sprachen übersetzt. Mit seiner Erzählung gelingt es de Coster, für Belgien erstmals ein nationales Opus in französischer Sprache zu schaffen. Er gilt als Begründer der modernen frankophonen belgischen Literatur. – Die von ihm bearbeitete Legende geht auf eine lange literarische Tradition zurück. Erstmals wurde sie 1483 in niedersächsischer Mundart festgehalten, dann 1515 in Straßburg unter dem Titel *Ein kurtzweilig Lesen von Dil Ulenspiegel* ... herausgegeben.

Die ins 16. Jh. datierte Erzählung schildert im ersten Teil vorwiegend die lustigen Streiche und Schelmenstücke des scheinbar zum Taugenichts bestimmten Ulenspiegel. Schon seine Geburt steht unter vielsagenden Mißgeschicken – so fällt etwa die angeheiterte Patin mit ihm in einen Tümpel – »getauft«. Später streicht Ulenspiegel ziellos durch Flandern und stellt seine bekannten Spitzbübereien an. Er foppt die Zeitgenossen, indem er ihre unklaren, mißverständlichen Anweisungen wörtlich befolgt. Immer wieder sind geschickt um die Zeche geprellte Wirte die Opfer. – Im gutmütigen und gefräßigen, endlos von Bier und Würsten schwärmenden Lamme Goedzak (»Lamm-Gutsack«), der den Spuren seiner entwichenen Gattin folgt, findet Ulenspiegel einen treuen Begleiter und aufopfernden Freund. Übermütiger Schabernack und gerissene Streiche sind in dieser Phase noch harmloser Ausdruck einer unbeschwerten Lebensart, die absichtlich in Gegensatz zur parallel beschriebenen düsteren Jugend des spanischen Infanten Philipp II. gestellt ist. – Als Ulenspiegel nach Jahren in seinen Heimatort Damme zurückkehrt, muß er der Hinrichtung seines der Ketzerei beschuldigten Vaters beiwohnen. Der Denunziant – später wird er von Till als kindermordender Werwolf entlarvt und erfährt verdiente Strafe – läßt auch Ulenspiegel und die Mutter Soetkin grausam martern, um von ihnen im Namen des spanischen Königs, des »rechtmäßigen Eigentümers«, das Versteck ihrer Erbschaft in Erfahrung zu bringen. Von da an wird Till zum politisch engagierten Rächer. Mit Lamme durchstreift er Flandern, und auf seiten der Geusen

wird er zum Anführer im niederländischen Freiheitskampf und zum Todfeind der Inquisition. In einer geheimnisvollen Vision erhält Till den zunächst unverständlichen Auftrag, sich auf die Suche nach den »Sieben« zu machen. Erst am Ende der Erzählung erschließt sich Till die Bedeutung der Allegorie: Die »Sieben« bedeuten analog zur Anzahl der Todsünden sieben Tugenden; ein mysteriöser Gürtel ist das Symbol für ein politisches Bündnis zwischen Belgien und Holland. – Lamme findet schließlich seine Frau wieder; Till wacht mit seiner *»lieblichen Nele«* im Turm von Neere über die Sicherheit des Vaterlandes.
Durch genaue Detailangaben versucht de Coster den geschichtlichen Hintergrund möglichst wirklichkeitsnah zu schildern. Er verläßt sich dabei vorwiegend auf die *Histoire des Pays-Bas*, 1618 *(Geschichte der Niederlande)*, von E. van METEREN. Die Originalität der Erzählung wird davon nicht berührt. Sie liegt hauptsächlich bei den in meisterhafter Abstraktion entworfenen Hauptfiguren, die von der gutartigen Hexe Katheline als Urtypen des flandrischen Volkes vorgestellt werden: *»Claes ist deine Beherztheit, du edles flanderer Volk, Soetkin ist deine wackere Mutter, Ulenspiegel dein Geist; ein lieblich fein Mägdelein Ulenspiegels Gesellin, unsterblich wie er, die wird dein Herz sein, und ein gewaltiger Freßsack, Lamme Goedzak, gibt deinen Magen«* (Übers. K. Wolfskehl). Diese Einführung deutet schon an, daß jede Gestalt erst im Verein mit den anderen zu vollem Leben erwacht: So sind z. B. Till und Lamme ebenso untrennbar, wie etwa Don Quijote und Sancho Pansa. – Wie schon de Costers *Légendes flamandes (Flämische Legenden)* und *Contes brabançons (Brabanter Geschichten)* vermittelt der *Ulenspiegel* eine derbe, manchmal gewöhnliche, immer aber farbige Welt, deren sinnliche Atmosphäre einfacher Lebensfreude aus den Bildern P. Brueghels, deren Gespenstergestalten aus den Werken H. Boschs zu stammen scheinen. De Costers Kunstgriff, in antikisierendem Französisch zu schreiben – RABELAIS und MONTAIGNE sind ihm gegenwärtig – ist keineswegs schematische Verwirklichung einer gelehrten Erfindung; vielmehr sind die alten, unaufdringlichen Formen eine farbige Patina, die die Erzählung in eine unbestimmte, märchenhafte Vergangenheit entrückt und sie im Verein mit anderen stilistischen Merkmalen (Aufteilung der Materie in zahlreiche kurze Abschnitte, vereinfachende Gegenüberstellung von Gut und Böse, deutliche Vorliebe für den Dialog) in die Nähe des ewig gültigen Epos stellt. P.Mü.

AUSGABEN: Brüssel 1867. – Brüssel 1869. – Brüssel 1960, Hg. u. Anm. J. Hanse; [2]1966. – Brüssel 1984.

ÜBERSETZUNGEN: *Uilenspiegel u. Lamme Goedzak*, A. Wesselski, Lpzg. 1910. – *Ulenspiegel u. Lamm Goedzak* ..., K. L. Walter van der Bleek, Bln. 1915. – *Tyll Ulenspiegel*, F. Freksa, Mchn. 1920 [Ill. L. Bock]. – *Ulenspiegel*, W. Widmer, Mchn. 1957 [Ill. F. Masereel]. – *Die Geschichte von Ulenspiegel u. Lamme Goedzak* ..., K. Wolfskehl, Mchn. 1960. – *Tyll Ulenspiegel u. Lamm Goedzak* ..., F. v. Oppeln-Bronikowski, Düsseldorf/Köln 1966 [Ill. S. Oelke]. – *Thyl Ulenspiegel*, E. H. Schrenzel, Köln/Bln. 1966. – *Ulenspiegel*, W. Widmer, Mchn. 1975; ern. 1976 (dtv). – *Die Geschichte vom Ulenspiegel*, K. Wolfskehl, Zürich 1985 (detebe).

LITERATUR: K. Peters, *Das Verhältnis zwischen der »Légende d'Ulenspiegel« von Ch. de C. u. seiner Hauptquelle »Het aerdig leven van Thyl Ulenspiegel«*, Diss. Jena 1920. – J. Hanse, *C. et sa première ›légende flamande‹* (in LR, 13, 1959, S. 231–254). – R. Guiette, *Actualité de Thyl Ulenspiegel* (in Mercure, 338, 1960, S. 333–336). – R. Gheyselinck, *De dood van tai geroddel. De snode verzinsels rond »Ulenspiegel« en C.*, Antwerpen 1969. – J.-M. Klingenberg, *Style et archaisme dans »La légende d'Ulenspiegel« de Ch. de C.*, 2 Bde., Brüssel 1973. – H.-J. Lope, *C. u. seine »Légende d'Ulenspiegel« zwischen Gegenwartsbezug und Vergangenheitsbewältigung* (in RF, 95, 1983, S. 36–54). – R. Trousson, *Les avateurs d'une réception critique, »La légende d'Ulenspiegel« de C.* (ebd., S. 55–80).

## MIRON COSTIN

* 1633 Jassy
† Dez. 1691 Roman

LITERATUR ZUM AUTOR:
D. Almaş, *M. C.*, 2 Bde., Bukarest 1939. – I. I. Nistor, *M. C.*, Bukarest 1942. – P. P. Panaitescu, *M. C.* (in P. P. P., *Contribuţii la istora culturii româneşti*, Bukarest 1971, S. 532–572). – I. C. Chiţimia, *Personalitatea şi opera lui M. C.* (in I. C. C., *Probleme de bază ale literaturii române vechi*, Bukarest 1972, S. 273–297). – D. Velciu, *M. C.*, Bukarest 1973. – D. Almaş, *M. C. cronicarul*, Bukarest 1973. – E. Puiu, *Viaţa şi opera lui M. C.*, Bukarest 1975. – M. Scarlat, *Introducere în opera lui M. C.*, Bukarest 1976.

### CARTEA PENTRU DESCĂLECATUL DINTĂIŬ A ŢĂRII MOLDOVII ŞI NEAMUL MOLDOVINESC

(rum.; *Buch über die erste Besiedlung der Provinz Moldau und über die Herkunft der Moldauer*). Geschichtsmonographie von Miron COSTIN, erstmals veröffentlicht 1852. – Das Originalmanuskript dieser Chronik, in kyrillischer Schrift abgefaßt, wurde erst Ende des 19. Jh.s durch eine lateinische Übertragung zugänglich. Costin, einer der bedeutendsten Geschichtsschreiber Rumäniens, gibt in diesem seinem letzten Werk eine Monographie seines Landes und der Herkunft seines Volkes. In sieben Kapiteln greift er zurück bis auf die Eroberungszüge Kaiser Trajans, der die Donauländer zu römischen Provinzen machte. Gestützt auf ein exaktes Quellenstudium, widerlegt Costin u. a. die These mancher Geschichtsschreiber, daß die Provinzen mit römischen Sträflingen besiedelt worden wären. Auch beweist er die Kontinuität der römischen Besiedlung und betrachtet die in drei Provinzen (Moldau, Walachei und Siebenbürgen) versprengten Nachkommen der Legionäre als einen Volksstamm. Diese Auffassung sucht er mit Versen von Ovid, der im Exil in Tomis am Schwarzen Meer (dem heutigen Konstanza) starb, zu beweisen. – Costins Sprache verrät den Humanisten, sein Satzbau zeigt deutliche Einflüsse lateinischer Stilfiguren. J.M.

Ausgaben: Jassy 1852, Hg. M. Kogălniceanu. – Bukarest 1958/1959 (in *Opere*, Hg. P. P. Panaitescu). – Bukarest 1979.

Literatur: P. P. Panaitescu, *Influența polonă în opera și personalitatea cronocarilor Grigore Ureche și M. C.*, Bukarest 1925. – B. Cazacu, *Influența latină asupra limbii și stilului lui M. C.* (in Cercetări Literare, 5, 1943, S. 61–63). – A. Rosetti, *Observații asupra limbii lui M. C.*, Bukarest 1950. – G. G. Ursu, *Memorialistica în opera cronicarilor*, Bukarest 1972. – L. Onu, *Tradiția manuscrisă și problemele editării operei lui M. C. De neamul moldovenilor* (in L. O., *Critica textuală și editarea literaturii vechi*, Bukarest 1973, S. 199–305).

## LETOPISEȚULŬ ȚĂRÎI MOLDOVEI DE LA AARON-VODĂ ÎNCOACE, DE UNDE ESTE PĂRĂSITU DE URÉCHE VORNICUL DE ȚARA DE GIOSŬ

(rum.; *Chronik der Moldau, beginnend mit der Regierungszeit des Fürsten Aaron, wo Grigore Ureche, der Statthalter des Unteren Landes, geendet hat*). Geschichtswerk von Miron Costin, vollendet 1675. – Im Anschluß an die Chronik seines Vorgängers Grigore Ureche, welche die Geschichte der Moldau zwischen 1359 und 1595 zum Gegenstand hat, behandelt Costin die Zeit von 1595 bis 1661 und damit die Regierungszeit der Fürsten Aaron, Ștefan Răzvan, Alexandru Iliaș, Ștefan Tomșa II., Vasile Lupu, Gheorghe Ștefan und Ștefăiță Lupu. Der Text der Chronik ist im Manuskript nicht erhalten geblieben. Abschriften davon finden sich in verschiedenen moldauischen Chroniksammlungen des 18. Jh.s.

Im Unterschied zu den übrigen, meist in Kirchenslavisch verfaßten moldauischen Chroniken des 15. und 16. Jh.s, welche die offizielle Geschichtsschreibung der Fürsten bildeten, ist die Chronik Miron Costins unabhängig vom Hofe. Neben schriftlichen Quellen, vor allem die polnische *Chronica gestorum in Europa singularium recentiorum ad a. 1636* des Bischofs Paweł Piasecki (1579–1649), stützt sich Costins Werk vor allem auf mündliche Überlieferung und persönliche Erfahrungen. Bemerkenswert ist das Bestreben des Verfassers, persönliche Ressentiments oder politisches Engagement der Objektivität des Chronisten unterzuordnen. So verzichtet er darauf, die historischen Begebenheiten der Jahre 1661–1691 darzustellen, da er in dieser Zeit selbst aktiv am politischen Leben teilhatte.

Obwohl dem Verfasser und seiner Familie seitens des Fürsten Vasile Lupu viel Leid zugefügt worden war, rühmt er dessen Kampfgeist und politische Umsicht, während er den Fürsten Gheorghe Ștefan, dessen Gunst er genossen hatte, der Feigheit bezichtigt. In der Auffassung Costins besteht die Aufgabe des Historikers nicht nur darin, die Ereignisse zu registrieren – er muß auch moralische Werturteile fällen und aus der Geschichte Lehren für die Nachwelt ableiten. Costin verneint den absoluten Machtanspruch der Fürsten und tritt für das Mitspracherecht der Bojaren ein. Neben verschiedenen Problemen des wirtschaftlichen und sozialen Lebens der Moldau gilt sein Interesse vor allem außenpolitischen Ereignissen, besonders in der Türkei, in der Walachei, in Polen und Rußland. Ein Hauptanliegen des Autors, dem er auch eine besondere Schrift, *Von der Herkunft des moldauischen Volkes (De neamul moldovenilor)*, gewidmet hat, besteht darin, auf den römischen Ursprung des gesamten rumänischen Volkes hinzuweisen. Auch in sprachlicher Hinsicht löst sich Costin von den am byzantinischen Griechisch orientierten Ausdrucksformen der älteren kirchenslavischen Literatur, um sich enger an das Lateinische anzulehnen. Der Einfluß der Chronik auf die spätere rumänische Literatur ist nicht unbedeutend und vor allem bei Bogdan Petriceicu Hașdeu, Ion Marin Sadoveanu und Nicolae Gane deutlich zu erkennen. G.C.

Ausgaben: Jassy 1852 (in *Letopisețele Moldovei*, Hg. M. Kogălniceanu, Bd. 1). – Bukarest 1872 (in *Cronicele române*, Hg. ders., Bd. 1). – Bukarest 1958 (in *Opere*, Hg. P. P. Panaitescu; ern. 1965). – Bukarest 1979.

Übersetzung: *Grausame Zeiten in der Moldau. Die Moldauische Chronik des M. C.*, A. Armbruster, Graz, Wien, Köln 1980.

Literatur: N. B. [d. i. N. Bălcescu], *Logofătul M. C.* (in Magazin istoric pentru Dacia, Bd. 1, Bukarest 1845). – P. P. Panaitescu, *Influența polonă în opera și personalitatea cronicarilor G. Ureche și M. C.*, Bukarest 1925. – G. Pascu, *Cronicarii moldovene G. Ureche și M. C.*, Iași 1936. – B. Cazacu, *Influența latină asupra limbii și stilului lui M. C.* (in Cercetări literare, 1943, S. 61–63). – E. Negrici, *Narațiunea în cronicile lui Gr. Ureche și M. C.*, Bukarest 1972. – D. H. Mazilu, *Barocul în literatura română din secolul al XVIII-lea*, Bukarest 1976, S. 190–282.

## FÉLIX COUCHORO

* 30.1.1900 Ouidah / Dahomey (heute: Bénin)
† 5.4.1968 Lomé / Togo

### L'ESCLAVE

(frz.; *Der Sklave*). Roman von Félix COUCHORO (Bénin/Togo), erschienen 1929. – *L'esclave* ist der erste und heute bekannteste (weil als einziger neu aufgelegt) einer langen Reihe von Romanen des aus Bénin (ehemals Dahomey) stammenden Couchoro, der seit 1940 in Togo lebte und nach der Unabhängigkeit auch Staatsbürger des Landes wurde. Couchoro nimmt in der frankophonen Literatur Westafrikas eine Sonderstellung ein: Er ist nie aus dem Umkreis seiner Heimat (Bénin/Togo) herausgekommen, und außer seinem ersten, in Paris erschienenen Roman, wurden alle weiteren in Westafrika publiziert, *Amour de féticheuse*, 1941 *(Die Liebe der Fetischpriesterin)*, und *Drame d'amour à Anecho*, 1950 *(Liebesdrama in Anecho)*, in Ouidah (Dahomey), *L'héritage cette peste*, 1963 *(Das verfluchte Erbe)*, in Lomé (Togo). Die übrigen achtzehn Romane (womit Couchoro zu den produktivsten afrikanischen Autoren zählt) erschienen als Fortsetzungsromane zwischen 1962 und 1970 in der seit der Unabhängigkeit Togos in der Hauptstadt Lomé erscheinenden Tageszeitung ›Togo-Press‹. Als erster in der Reihe erschien zwischen dem 27. April und dem 30. September 1962 *L'esclave*, wobei der Autor die Einleitung der Erstausgabe wegließ, die allzu deutlich Couchoros Ehrgeiz verriet, mit seiner »regionalistischen« Darstellung eines westafrikanischen Dorfes und den dort – ebenso wie unter »Zivilisierten« – wütenden Leidenschaften ein Publikum im französischen »Mutterland« für sich zu interessieren.

Doch auch die spätere Verwendung als Fortsetzungsroman ist von Anfang an in *L'esclave* eingeschrieben: Pathos und umständlich inszenierte erzählerische Höhepunkte in jedem Kapitel, häufige Zusammenfassungen des vorausgegangenen Geschehens, die Spannung wach haltende Vorausdeutungen auf spätere Peripetien.

Der Roman besteht aus zwei Teilen mit jeweils sieben Kapiteln, deren Überschriften für sich schon die Mischung von ethnographisch breiter Sittenschilderung mit der Thematik von ›Liebe‹, ›Verbrechen‹ und ›Rache‹ ankündigen: *Eine Hochzeitsnacht*; *Der Morgen nach der Hochzeit*; *Trommeln*; *Nach dem Fest*; *Die Liebe kam*; *Gewitterschläge*; *Brudermord*. Und: *Das Recht des Erben*; *Die Mutter Kodjos*; *Die Macht des Blutes*; *Und wieder die Liebe*; *Die Stimme aus dem Jenseits*; *Gerechtigkeit!*; *Erneuerung und Wiederbeginn*. Der erste Teil erzählt die Heirat Komlangans mit der schönen Akoêba (seiner vierten Frau). Sein »Bruder« Mawoulawoê, den sein Vater als Sklave gekauft und gemeinsam mit dem eigenen Sohn erzogen hatte, empfindet gegenüber dem rechtmäßigen Erben Neid und Eifersucht und reißt damit die Familie ins Verderben. Akoêba wird von ihm verführt, die Zeugen der ehebrecherischen Beziehung, Mawoulawoês Frau und deren Freundin, werden vergiftet, zuletzt wird auch noch der »Bruder« Komlangan umgebracht. Im zweiten Teil werden die Bösewichter exemplarisch bestraft: Akoêba, die zur Fortsetzung des Verhältnisses von Mawoulawoê gezwungen worden war, stirbt nach einer Abtreibung, nachdem sie bereut und alles gebeichtet hat. Der »Sklave« Mawoulawoê erhängt sich. Die Söhne Komlangans mit seiner ersten Frau treten die Nachfolge des ermordeten Vaters an; das Licht des Christentums und der westlichen Zivilisation treten an die Stelle der Fetischpriester und der dumpfen Trommelrhythmik. Am Ende hat die Dorfgemeinschaft wieder ihre rechte Ordnung gefunden.

Das Geschehen wird vom Autor umständlich moralisierend kommentiert, die Charaktere werden auf »gut« und »böse«, »Mann« und »Frau«, »Sklave« und »Herr« festgelegt. Zahlreiche Exkurse beschreiben Landschaft und einheimische Gebräuche. Die Tatsache, daß Couchoro die »wahren« politischen (z. B. Verhältnis zur Kolonialmacht, Verhältnis zwischen dem entwickelten Süden des Landes und dem noch unentwickelten Norden) und sozialen (z. B. Polygamie) Probleme des Landes und der Zeit ausgespart hat, kann negativ als *»Begrenzung«* gesehen werden (A. Ricard), positiv als Beweis dafür, daß die afrikanische Literatur fähig ist, *»sich über die Sorgen des Augenblicks hinwegzusetzen«* (S. A. Salami). *L'esclave*, wie die anderen Romane Couchoros, verkörpert eine ansonsten im frankophonen Bereich nicht realisierte Möglichkeit einer Gebrauchs-(oder: Trivial-)Literatur für ein genau umrissenes einheimisches Publikum, dem darin sowohl die Möglichkeit der Identifikation und des Sich-Wiedererkennens geboten wird wie andererseits auch die Möglichkeit zu eskapistischem Tagtraum und dem Schauder des Außergewöhnlichen, verbunden mit der Gewißheit, daß am Ende doch alles wieder ins Lot kommt. J.R.

AUSGABEN: Paris 1929. – Lomé 1962. – Paris 1983.

LITERATUR: R. Cornevin, *F. C., premier romancier régionaliste africain* (in France-Eurafrique, 196, 1968, S. 35 f.). – Ders., *F. C., écrivain engagé* (in Afrique littéraire et artistique, 33, 1974, S. 40–42). – A. Ricard, *Un texte méconnu de F. C.: La préface de »L'esclave«* (in Afrique littéraire et artistique, 28, 1973, S. 2–9). – Ders., *Du romancier au feuilletoniste: Les limites de l'écriture de F. C.* (in Recherche, Pédagogie et Culture, 57, 1982, S. 47–56). – Art. v. S. A. Salami (in *Dictionnaire des Œuvres Littéraires Négro-Africaines de Langue Française*, Hg. A. Kom, Sherbrooke/Paris 1983, S. 225 f.). – A. Huannou, *Essai sur »L'esclave«, roman de F. C.*, Cotonou 1987. – A. Ricard, *Naissance du roman africain: F. C., 1900–1968*, Paris 1987.

## RICHARD NIKOLAUS GRAF COUDENHOVE-KALERGI

* 16.11.1894 Tokio
† 27.7.1972 Schruns / Vorarlberg

### PAN-EUROPA

Politische Schrift von Richard Nikolaus Graf COUDENHOVE-KALERGI, erschienen 1923. Das Werk – untergliedert in 1. *Territorial- und Bevölkerungsstatistik der Staaten Pan-Europas*; 2. *Die internationalen Komplexe Pan-Europa, Pan-Amerika, Ostasien, Russische Föderation, Britische Föderation*; 3. *Weltkarte mit Hervorhebung des europäischen Machtkomplexes* – verficht in elf Kapiteln *(Europa und die Welt; Europas Grenzen; Europa und England; Europa und Rußland; Europa und Amerika; Europa und der Völkerbund; Europäische Kriegsgefahr; Europa nach dem Weltkrieg; Deutschland und Frankreich; Die Nationale Frage; Wege zu Pan-Europa)* die Idee des Zusammenschlusses der kontinentaleuropäischen Staaten: damals 26 größere und 5 kleinere Territorien mit annähernd 300 Millionen Einwohnern auf ca. 5 Millionen Quadratkilometern, dazu ein weltweites Kolonialgebiet. Die Schrift, als Aufruf an alle und als Programm einer Massenbewegung gedacht, ist von großer, die mannigfachen realen Komplikationen auf das Ziel hin überzeugend vereinfachender Klarheit, die Sprache treffsicher, mit zahlreichen sofort eingängigen Formulierungen.

Die Europäer, so argumentiert Coudenhove, können sich, nachdem der Weltkrieg ihre Hegemonialstellung für immer beseitigt hat, sehr wohl und mit hohem Wettbewerbserfolg behaupten, wenn sie ihre nationalstaatliche Zersplitterung überwinden und sich in einem Bund freier Nationen zusammenschließen. Andernfalls sind sie in Gefahr, früher oder später entweder von Rußland erobert oder von den USA gekauft zu werden, in jedem Fall ihre politische und ökonomische Unabhängigkeit zu verlieren. Den geschichtlichen Augenblick, die Utopie Realität werden zu lassen, erkannte Coudenhove aufgrund eingehender Analyse der Verhältnisse als überaus günstig: Durch den Kriegsausgang und die ihm folgenden Wirren gewarnt, an jeglichem Potential noch reich, nach dem Sturz der Monarchien durch ererbte dynastische Gegensätze nicht mehr gehemmt, im demokratisch-sozialstaatlichen Bemühen eins, vor die Notwendigkeit gestellt, eine neue Ordnung aus geläuterter Macht und verbessertem Recht zustande zu bringen und sie gegen die Bedrohung aus dem kommunistischen Osten aufrechtzuerhalten, brauchte Europa sich nur auf seine Möglichkeiten zu besinnen und in seinen parlamentarischen Vertretungen den fälligen Entschluß zu fassen. *»Die einzige Kraft, die Pan-Europa verwirklichen kann, ist: der Wille der Europäer; die einzige Kraft, die Pan-Europa aufhalten kann, ist: der Wille der Europäer.«* Es kann sich seine Identität weder mit der eurasischen Weltmacht der Sowjetunion noch mit dem interkontinentalen Bundesreich Großbritanniens herstellen; mit beiden soll ein Verhältnis wirkungsvoller Zusammenarbeit bestehen, aber es ist nicht an eine Ausdehnung Europas bis zum Ural zu denken und nicht an irgendeine Art von Fusion zwischen den englischsprechenden, über alle Kontinente verstreuten Teilen des Britischen Weltreichs (ehe es sich allenfalls auflöst, was Coudenhove alles andere als wünschenswert erschien) und dem Komplex der nichtenglischen Staaten Europas. Eine Britisch-Europäische Entente allerdings, mit obligatorischer Schiedsgerichtsbarkeit, mit Rüstungs- und Kolonialvereinbarungen, vor der unvermeidlich zur Weltmacht sich erhebenden Sowjetunion sowohl die Kontinentalstaaten als auch England schützend, durch Beitritt ausdehnbar allmählich auf andere, konnte ein internationales Zusammenwirken im Dienste des Weltfriedens anbahnen. Das System bewahrte das besiegte Deutschland, nicht vernichtet, jedoch mit unheilvollen Folgen unterdrückt, vor dem Weg in den Revanchismus und vor einer Allianz nach Osten; Deutschland mußte Partner werden. Es lag an Frankreich, die Politik der Verständigung, der Aussöhnung, der gemeinsamen Organisation einzuschlagen. Der Völkerbund allein genügte dafür nicht; er war ein zu weiter Vorgriff. *»Soll die Weltorganisation an die Stelle der Weltanarchie treten, so müssen erst die Staaten sich zu Überstaaten zusammenschließen ... Die Einigung Europas bildet eine notwendige Etappe zur Einigung der Menschheit.«* Man darf nicht, Reaktionär in der Maske extremer Radikalität, *»das Übermorgen gegen das Morgen ausspielen.«* Die Europäische Nation entsteht, aus der gemeinsamen Kultur, nun im Erlebnis einer Aufgaben- und Arbeitsgemeinschaft statt einer Leidensgemeinschaft. – Der erste Schritt der Realisation sollte eine paneuropäische Konferenz sein, einberufen von einer der kontinentalen Regierungen oder von mehreren und alsbald institutionalisiert in einem Ständigen Büro; der zweite Schritt ein Schiedsgerichts- und Garantievertrag; der dritte die Bildung einer paneuropäischen Zollunion. Als Abschluß der Politik der Einigung war die Konstituierung der Vereinigten Staaten von Europa nach dem Muster der USA in einer gemeinsamen Verfassung gedacht. Als die wesentlichen Vorteile der Föderation erschienen: die Sicherung vor einem intereuropäischen Krieg; die Neutralisierung Europas in Weltkonflikten; der Schutz vor einer Invasion *»durch ein rotes oder ein weißes Rußland«*; die Möglichkeit der Abrüstung; die Konkurrenzfähigkeit gegenüber der amerikanischen und der (damaligen) britischen, *»in Zukunft auch gegenüber der ostasiatischen und russischen Industrie«*.

Graf Coudenhove hat *Pan-Europa* als Kenner der Geschichte und der Gegenwart, als sicherer Analytiker der gesellschaftlich-staatlichen Kräfte und als ein zum Engagement entschlossener, realistisch denkender politischer Idealist geschrieben. Die Wirkung war beachtlich. Er schuf in der »Paneuropa-Union« mit Sitz in Wien und Zweigstellen in allen Kontinentalländern das organisatorische Gefüge für die Paneuropäische Bewegung, deren Manifest die Schrift bildete. Es war der Vorläufer der nach dem Zweiten Weltkrieg sich überall ausbreitenden Europäischen Bewegung, innerhalb und außerhalb deren Coudenhove für die Einigungsbemühung führend tätig blieb. E.Kg.

Ausgaben: Wien 1923. – Wien/Lpzg. 1924. – Lpzg. 1926. – Wien 1987 [Vorw. O. v. Habsburg].

Literatur: R. N. Coudenhove-Kalergi, *Kampf um Pan-Europa*, 3 Tle., Wien/Lpzg. 1925-1928. – F. Coerper, *Das wirtschaftliche Europa. Eine Streitschrift gegen »Paneuropa« für europäische Wirtschaftsgemeinschaft. Eine Mahnung an die deutsche Wirtschaft*, Lpzg. 1926. – H. Lauer, *C.s Ideen und was ihnen fehlt* (in Österr. Blätter f. freies Geistesleben, 5, 1928, H. 4, S. 10–18). – R. N. Coudenhove-Kalergi, *Eine Idee erobert Europa. Meine Lebenserinnerungen*, Wien/Mchn. 1958; ern. Köln/Bln. 1966 *(Ein Leben für Europa. Meine Lebenserinnerungen)*. – Ders., *Die Wiedervereinigung Europas*, Wien/Mchn. 1964. – *Bibliographie zur europäischen Integration*, Hg. G. Zellentin, Köln 1965. – R. N. Coudenhove-Kalergi, *Paneuropa. 1922–1966*, Wien/Mchn. 1966. – E. Krieger, *Große Europäer heute. Erasmus von Rotterdam, Carl J. Burckhardt, R. C.-K., Albert Camus*, Ffm. 1964. – R. Italiaander, *R. C.-K. Begründer der Paneuropa-Bewegung*, Freudenstadt 1969. – K. Morinosuke u. a., *C.-K. Le pionnier de l'Europe unie*, Lausanne 1971.

## Louis Couperus

eig. Louis Marie Anne Couperus

* 10.6.1863 Den Haag
† 16.7.1923 De Steeg

Literatur zum Autor:

*Biographien:*
H. van Booven, *Leven en werken van L. C.*, Velsen 1933; Amsterdam [2]1981. – A. Vogel, *De man met de orchidee*, Den Haag/Rotterdam 1973; Amsterdam/Brüssel [2]1980 [u. d. T. *L. C. Een schrijversleven*; bearb.]. – F. L. Bastet, *L. C. Een biografie*, Amsterdam 1987.

*Gesamtdarstellungen und Studien:*
A. de Ridder, *Bij L. C.*, Amsterdam 1917. – W. Drop, *Noodlot en romanstructuur bij L. C.* (in Tijdschrift van Nederlandse taal- en letterkunde, 79, 1963). – M. Galle, *L. C. in de kritiek*, Amsterdam 1963. – *Schrijversprentenboek L. C.*, Amsterdam 1963; [3]1980. – M. Galle, *Schimmen van glans, L. C.' poëzie of de confrontatie met zijn noodlot*, Hasselt 1964. – H. W. van Tricht, *L. C. Een verkenning*, Den Haag 1965. – Th. Bogaerts, *De antieke wereld van L. C.*, Amsterdam 1969. – W. J. Simons, *L. C.*, Brügge [2]1970. – M. Galle, *Van gedroomd minnen tot ons dwaze bestaan. Het noodlot in het werk van L. C.*, Hasselt 1973. – F. L. Bastet, *Een zuil in de mist*, Amsterdam 1980. – Ders., *Ouida en L. C.* (in Maatstaf, 39, 1982, Nr. 4). – L. Dirikx, *L. C. en de »Décadence«* (in Spiegel der letteren, 26, 1984).

### DE BERG VAN LICHT

(ndl.; *Ü: Heliogabal*). Historischer Roman in drei Bänden von Louis Couperus, erschienen 1905/1906. – *Heliogabal* ist der erste in der Reihe historischer Romane, die das Alterswerk des Niederländers darstellt. Er befaßt sich mit der Gestalt und der Epoche des Sonnenpriesters und späteren römischen Kaisers Varius Avitus Bassianus, der als Heliogabal den syrischen Sonnenkult in Rom einführte. Das Buch stieß den zeitgenössischen Leser wegen der darin detailliert beschriebenen sexuellen Exzesse und Greuel so sehr ab, daß es nicht wieder-aufgelegt wurde. Das Erscheinen der »entschärften« Übersetzung Else Ottens löste das Gerücht aus, es existiere ein deutsch geschriebener Roman von Couperus, zu dem es kein niederländisches Manuskript gebe. Offener als in einem seiner anderen Romane schildert Couperus hier erotische Verhaltensweisen, die ihn aufgrund seiner eigenen Homosexualität zutiefst berührten. Insbesondere die detailliert beschriebene Hochzeitszeremonie des Kaisers mit dem Wagenlenker Hierocles und der freilich eher burlesk gestaltete Kraftbeweis eines in der Öffentlichkeit zu vollziehenden dreißigmaligen Beischlafs riefen das Entsetzen der puritanischen niederländischen Leser hervor. Der Autor bemerkte süffisant zu seinem Verleger Veen, daß er große Lust verspüre, eine kleine Monographie über die sehr aufschlußreichen Reaktionen der Leser in seiner Heimat auf literarisch verarbeitete Homosexualität darzustellen und dabei einen Vergleich mit Franzosen und Italienern zu ziehen. Diese umstrittenen Szenen illustrierten konsequent das historisch-biographische Konzept: *»Damals* [in Emessa] *war er* [Heliogabal] *sowohl Hohepriester als auch ein unbesorgtes Kind gewesen; jetzt, einige Monate älter, kaum sechzehn, schien sich seine mystische Mann-Weiblichkeit, in Emessa ekstatisch ernst und devot, wie eine ungeduldige Blüte ... zu einer sehr ausgeprägten Perversität entwickelt zu haben.«*
Das Schicksal, das Couperus in allen seinen Gesellschaftsromanen vor *Heliogabal* (z. B. in *Noodlot* oder *De boeken der kleinen zielen*) vorwiegend als im jeweiligen Charakter begründet oder – rein naturalistisch – als Konsequenz der Erbanlage darstellte (wie in *Eline Vere* oder *Majesteit*), erhält hier jene metaphysische Deutung, die erstmals in der Allegorie *Babel* festzustellen war und die auch die folgenden historischen Romane bestimmt. Bereits in Emessa sieht der Magier Hydaspes *»in Bassianus'*

*eigenen Augen, daß das unerbittliche Schicksal auf dieses herrliche Kind wie auf eine heißbegehrte Beute lauert«*; denn *»niemand weicht von seinem Lebenskreis auch nur eine Handbreit nach links oder rechts ab, und selbst um den Unnennbaren Gott kreist – Mysterium! – der Zirkel des Schicksals seine Bahn«*. Für Heliogabal nimmt dieses Schicksal Gestalt an in *»seinem Gemahl«*, dem Wagenlenker Hierocles. Durch die Orgien in der Suburra, die päderastischen Badekuren und maliziös-perversen Auktionen zerstört er dem *»Kaiserchen«* die Beliebtheit beim Heer und beim Volk von Rom, ohne die sich keiner der Imperatoren halten konnte. Die Entfaltung dieser schicksalhaften Haßliebe Heliogabals zu Hierocles und die langsame Erkenntnis seines unausweichlichen Verderbens gestaltete der Autor in subjektiven Meditationen, die er in den historischen Stoff einfügte. Jean LOMBARDS Heliogabal-Roman *L'agonie* (1888) und das Bild *Die Rosen des Heliogabal* des niederländischen akademischen Malers ALMA-TADEMA dürften Couperus angeregt haben. W.Sch.-R.A.Z.

AUSGABEN: Amsterdam 1905/06, 3 Bde. – Amsterdam 1952 (in *Verzamelde werken*, Hg. A. van Rhijn-Naeff u. a., 12 Bde., 1925–1957, 6). – Amsterdam 1975 (in *Verzamelde werken*, 12 Bde., 6).

ÜBERSETZUNGEN: *Heliogabal*, E. Otten, Ffm. 1916. – Dass., dies., Bln. 1928.

LITERATUR: P. Valkhoff, *C. en Lombard* (in De Gids, 1936). – W. Drop, *Verkenning van »De berg van licht«* (in *Handelingen van het 26. Nederlands filologencongres, 20.–22. 4. 1960*). – G. Olivier, *Decadensie in L. C.' »De berg van licht«* (in Standpunte, 35, 1982).

## DE BOEKEN DER KLEINE ZIELEN

(ndl.; *Die Bücher der kleinen Seelen*). Roman von Louis COUPERUS, erschienen 1901–1903. – Diese gesellschaftspsychologische Tetralogie bildet zusammen mit dem Roman *Van oude menschen, de dingen die voorbijgaan* einen Höhepunkt im Schaffen des Autors. Wie man beim Namen SCHNITZLER an Wien, beim Namen Thomas MANN an Lübeck denkt, so denkt man aufgrund dieses zentralen Werkes beim Namen Couperus an Den Haag. Die drei genannten Zeitgenossen verbindet außerdem die subtile analytische Porträtierung der morbiden Bourgeoisie ihrer Zeit und die grimmig-elegische Haßliebe, die sie dem Verfall ihrer eigenen Welt entgegenbringen, den von der Konvention am Wachstum gehinderten *»kleinen Seelen«* (1. *De kleine zielen*), den *»Pygmäen in der Miniaturwelt ihrer selbst«*. – Das Marionettendasein der Haager Gesellschaft demonstriert Couperus an seiner Heldin Constance van der Welcke, die – als Ehebrecherin einst von ihrer Familie verstoßen – nun nach fünfzehn Jahren zurückkehren darf, ohne jedoch rehabilitiert oder gar in die Gesellschaft wiederaufgenommen zu sein. Ihr Versuch, an den Soiréen ihres Bruder, eines Ministers, teilzunehmen, führt zu einem Skandal, nach dem sie sich endgültig zurückzieht. Unter dem ausgleichenden Einfluß ihres frühreifen Sohnes Addy findet Constance schließlich aus ihrer *»Illusion der ersten und einzigen Liebe«* zu dem Sozialisten Brauws (2. *Het laate leven*) den Weg zu ihrem Mann zurück, mit dem sie nach dem Tod des Familienoberhauptes auf das Erbgut Driebergen in der Nähe der Hauptstadt zieht. Dort beginnt ihnen beiden das *»heilige Wissen«* um das *»Teilhaben an einem tieferen Seelenleben, das bereits immer in ihnen gewesen sein muß«* (Nijhoff), zu *»dämmern«* (3. *Zielenschemering*; 4. *Het heilige weten*). Während die Familiendynastie der van Lowes im Haag sich allmählich auflöst – der Minister zerbricht an der Angst vor Skandalen, ein zweiter Bruder wird wahnsinnig, ein dritter leidet an einem Schmutzkomplex –, fördert der Sohn Addy, der inzwischen den Beruf des Psychiaters ergriffen hat, die innere Aussöhnung seiner Eltern weiter und versammelt den Rest der Familie in Driebergen um sich. Doch auch ihm, der das *»heilige Wissen«* in hohem Maße besitzt, bleibt die Erfüllung seines Lebens versagt: In seiner eigenen Ehe erleidet er Schiffbruch. Das letzte *»heilige Wissen«* leuchtet erst *»ermutigend«* aus dem Antlitz der verstorbenen Patriarchin, Addys Großmutter.

Auch stilistisch kann das Werk als Kulminationspunkt im Schaffen von Couperus betrachtet werden. Die im Roman *Eline Vere* noch breit naturalistische Genrepsychologie ist hier in einem soziologischen Realismus überwunden, der das Phänomen der Dekadenz von seinem Ausgangspunkt her erforscht und beschreibt. Couperus untersucht vor allem, an welcher Stelle und auf welche Weise die Spannung zwischen den aus dem Unbewußten aufsteigenden und wieder verdrängten Kräften und der vom Bewußtsein geforderten Normierung des sozialen Verhaltens die seelische Widerstandsfähigkeit eines Menschen übersteigt. Dieser analytischen Konzeption entsprechen die minuziösen Monologe, in denen die Gedanken der Gestalten in immer neuen Assoziationen um diese beiden Spannungspole kreisen. Bei Constance verengen sich diese Kreise um ein seelisches Zentrum, bei den übrigen Mitgliedern der Familie van Lowe werden sie zu bestimmten Reflexen ihrer Schizophrenie. W.Sch.

AUSGABEN: Amsterdam 1901–1903. – Amsterdam 1952 (in *Verzamelde werken*, Hg. A. van Rhijn-Naeff u. a., 12 Bde., 1952–1957, 5). – Amsterdam 1975 (in *Verzamelde werken*, 12 Bde., 5).

LITERATUR: E. C. Vanderlip, *Fate in the Novels of Zola and L. C., A Comparison with the Greek Concept of Fate* (in Daedalus, 20, 1960). – F. Bulhof, *De chronologie van »De boeken der kleine zielen«* (in De nieuwe taalgids, 72, 1979).

## ELINE VERE. En Haagse roman

(ndl.; *Eline Vere. Ein Haager Roman*). Roman von Louis COUPERUS, erschienen 1888. – Angeregt durch van DEYSSELS etwas ältere, stoffverwandte Arbeit *Een liefde (Eine Liebe)*, verfaßte Couperus dieses Werk, das seinen schriftstellerischen Ruhm begründete. Im Gegensatz zum Romantizismus seiner frühen Schriften geht er in dieser psychologischen Studie von einer naturalistischen Konzeption aus. In die sublime Milieuschilderung der recht spießigen niederländischen Residenzstadt wird das Schicksal einer jungen Neurotikerin, der Titelfigur, eingeflochten. Eline ist von tiefeingewurzelter, fataler Angst vor dem Glück besessen und zerstört so ihr harmonisches Liebesverhältnis und schließlich sich selbst: *»Ich begriff nicht, womit ich ein so großes Glück verdient hatte, und dann ... habe ich die Furcht kultiviert, es könnte anders werden. Ich habe zu Gott gebetet, es möge doch so bleiben, das schöne Glück. Und von diesem Augenblick an ... ist es anders geworden.«* Ihre seelischen Wirrnisse weisen verschiedene Parallelen zu denen der *Madame Bovary* auf, obgleich Eline andere Charakterzüge trägt als FLAUBERTS berühmte Heldin. Auch das Schwindsuchtmotiv der *Kameliendame* klingt an; ferner sind hinsichtlich des Gesellschaft-Individuum-Problems Beziehungen zu BALZACS *Eugénie Grandet* vorhanden. Trotzdem kann das Werk durchaus Anspruch auf literarische Eigenständigkeit erheben. Formal erweist sich *Eline Vere* als eine naturalistische Variante des viktorianischen Romans; aus der Perspektive der Zentralfiguren gegebene, minuziöse Beschreibungen eines stets gleichbleibenden Personenkreises wechseln einander in rascher Folge ab. Somit ist die Handlung eine Summe mosaikartig zusammengefügter pseudosubjektiver Meinungsäußerungen; nur vereinzelt finden sich zusammenfassende Passagen. Couperus' elliptischer Stil zeigt sich in den ausgedehnten, emphatischen Gedankenmonologen seiner Romangestalten. W.Sch.

AUSGABEN: Den Haag 1888 (in Het Vaderland). – Amsterdam 1952 (in *Verzamelde werken*, Hg. A. van Rhijn-Naeff u. a., 12 Bde., 1952–1957, 1). – Amsterdam [17]1970. – Amsterdam 1975 (in *Verzamelde werken*, 12 Bde., 1).

LITERATUR: J. de Piere, *Verteller en gezichtsboek, Een benadering aan de hand van C.' »Eline Vere«* (in Spiegel der letteren, 16, 1974). – F. L. Bastet, *Eline Vere (1860–1887) en haar tijd* (in Maatstaf, 28, 1980). – M. Klein u. H. Ruijs, *Over »Eline Vere« van L. C.*, Amsterdam 1981. – E. Wessel, *L. C.: »Eline Vere«* (in EG, 37, 1982).

## ISKANDER

(ndl.; *Ü: Iskander*). Roman von Louis COUPERUS, erschienen 1920. – Das Thema seines letzten großen Romans fand Couperus wiederum in der Antike. In epischer Breite schildert er den Feldzug Alexanders des Großen, dessen persischer Name »Iskander« war. Der Roman beginnt mit der Schlacht bei Issos, deren Vorgeschichte in einigen kurzen Rückblenden rekapituliert wird. Das Motto, das der Autor seiner Hauptquelle Quintus CURTIUS RUFUS entnahm – außerdem benutzte er PLUTARCH und ARRIAN –, *»et quem arma Persarum non fregerant, vitia vicerunt«*, weist auf das zentrale Thema: den psychischen und moralischen Verfall des Feldherrn. Der junge, strahlende Held wird allmählich von etwas Unnennbarem bezwungen (vgl. *De stille kracht*), der Orient rächt sich verstohlen an seinem Eroberer, indem er ihn zum Sklaven des Lasters macht. Verkörpert werden diese *vitia* nicht von den persischen Frauen, die im Roman eine wichtige Rolle spielen (Dareios' Mutter Sisygambis, die Alexander mehr liebt als ihren eigenen Sohn, und Stateira, Frau und Schwester des Perserkönigs und Alexanders platonische Liebe), sondern von dem jungen, geheimnisvoll schönen Eunuchen Bagoas, der Alexanders Mundschenk und Geliebter wird und dessen seltsame Getränke dem König allmählich den Verstand rauben. Anfangs will Bagoas die Schande rächen, die Alexander Persien angetan hat, dann aber beginnt er in bewußtem Masochismus den *»Überwältiger mit dem zarten Herzen«* zu lieben, wie alle es tun. Doch das Verhängnis ist nicht mehr aufzuhalten: Alexander stirbt, erst dreiunddreißig Jahre alt, und Sisygambis, die er als *»Mutter und Königin«* begrüßte, folgt ihm in den Tod.

Das Urteil der Kritik über die sogenannten antiken Romane Couperus' – ein Genre, dem er sich mit *De berg van licht*, 1905/06 *(Heliogabal)*, zuwandte – war von Anfang an geteilt: Überschwengliches Lob und schärfste Ablehnung (vor allem aus »moralischen« Gründen) halten einander die Waage. Zweifellos aber ist Couperus in *Iskander* eine letzte eindrucksvolle Synthese der sein Gesamtwerk bestimmenden Themen gelungen. Der Gegensatz Osten-Westen, der viele seiner Werke beherrscht (z. B. *De berg van licht, Xerxes*) und bei ihm symbolische Bedeutung hat (vgl. die Studie von H. W. van TRICHT), nimmt auch hier eine zentrale Stellung ein. Alexander, Repräsentant des Westens, unterwirft zwar den Orient, wird aber in Wahrheit von ihm besiegt: Am Ende ist aus dem jungen griechischen Fürsten ein grausamer persischer Despot geworden, der sich in nichts von seinem Feind Dareios unterscheidet. Der berühmteste Feldzug der Weltgeschichte wird dadurch zu einem absurden Unternehmen, an dessen Sinn schließlich auch Alexander, der nicht zuletzt an seiner Hybris scheitert, nicht mehr glaubt. Diese tief pessimistische Grundhaltung, diese Überzeugung von der Vergeblichkeit allen menschlichen Handelns angesichts des unaufhaltsam waltenden Schicksals, bestimmt den tragischen Charakter des Werkes. Unaufgehellt durch die Ironie, den befreienden Humor, die in den anderen »antiken Romanen« das Tragische mildern, ist *Iskander* von lastender, fast erdrückender Düsterkeit. Die hieratisch starre, prunkvoll-ornamentale Sprache zwängt, wie die persische Hofkleidung ihre Träger, Romangeschehen und -personen ein: Der Triumph der Unfreiheit, der Tyrannei über das griechische Ideal einer demokratischen Gemeinschaft findet in ihr adäquaten Ausdruck.

Mit dem Eunuchen Bagoas, dem letzten Endes willenlosen Werkzeug des bei Couperus immer allgegenwärtigen Schicksals (in diesem Fall eher ein Erbe des Naturalismus als der attischen Tragiker), ist dem Autor eines seiner beklemmendsten Charakterporträts gelungen. Psychologisch überzeugend schildert er hier zum letzten Mal eine Beziehung, in deren Verlauf die beiden Partner sich gegenseitig zerstören. Daß man sich hier unmittelbar an *Noodlot*, 1890 *(Schicksal)*, erinnert fühlt, macht den inneren Zusammenhang von Couperus' umfangreichem Schaffen deutlich. – Wird in *De berg van licht* der Maß haltende Epikureer Gordianus dem Protagonisten Heliogabal gegenübergestellt, so bildet in *Iskander* Filotas, der Feldherr und Freund Alexanders, dessen Gegenpol. Indem Alexander ihn grundlos hinrichten läßt, zerstört er gleichsam sein eigenes harmonisches Griechentum. In der Freundschaft zu Hefaistion und dem innigen Verhältnis zu Sisygambis, die ihm die Mutter ersetzt, treten Alexanders positive Charakterzüge zutage. Daß Couperus gerade dieses Thema wählte, dürfte in nicht geringem Maße auf das erschütternde Erlebnis des Ersten Weltkriegs zurückzuführen sein. Es wäre aber falsch, in *Iskander* nur einen Antikriegsroman zu sehen; aus ihm spricht vielmehr die Verzweiflung des modernen Menschen am Sinn der Geschichte überhaupt. R.A.Z.

AUSGABEN: Rotterdam 1920. – Amsterdam 1954 (in *Verzamelde werken*, Hg. A. van Rhijn-Naeff u. a., 12 Bde., 1952–1957, 11). – Amsterdam 1975 (in *Verzamelde werken*, 12 Bde., 11).

ÜBERSETZUNG: *Iskander*, E. Otten, Lpzg. 1925.

LITERATUR: H. Borel, *»Iskander«* (in Het Vaderland, 1. 5. 1920). – D. Cohen, *De historische roman en C.' »Iskander«* (in Jaarboek van de Maatschappij der Nederlandse letterkunde te Leiden, Leiden 1932). – H. T. M. van Vliet, *Alexander en de tijd; enige structuuraspecten van C.' »Iskander«* (in De nieuwe taalgids, 69, 1976).

## DE KOMEDIANTEN

(ndl.; *Ü: Die Komödianten*). Roman von Louis COUPERUS, erschienen 1917. – Im Mittelpunkt der Handlung dieses im alten Rom spielenden Romans stehen die Zwillinge Cecilius und Cecilianus, die Darsteller der weiblichen Hauptrollen bei der wandernden Schauspielergruppe des Lavinius Gabinius. Die Komödianten sind in Rom, um anläßlich der Megalesia-Feier verschiedene klassische Stücke aufzuführen. In dem Stadtviertel, in dem sie untergebracht sind, kommen Cecilius und Cecilianus mit einfachen Leuten zusammen. In einer Kneipe essen sie mit *»Dieben und Mördern mit ihren Dirnen, Matrosen und entlaufenen Sklaven«*. Zwischen den Proben schlendern die Jungen durch Rom. Sie kommen ins Gespräch mit dem Dichter Martial, lassen sich von dem vornehmen Plinius einladen, begegnen in dessen Villa Quintilian. Der wahnsinnige Kaiser Domitian ist begeistert von ihrem Spiel. Die Kinder erfahren, daß ihre Mutter eine vornehme Dame aus dem Hofstaat ist, die ihre unehelichen Söhne an Lavinius verkauft hat. Es kommt zu einer Begegnung, doch den Jungen bleibt die Mutter fremd. An einem Tag, an dem sie zusammen mit Lavinius bei Plinius eingeladen sind, stürzt das Haus ein, in dem die Schauspielertruppe untergebracht ist, und fast alle Komödianten kommen dabei ums Leben. Die Zwillinge versuchen, den verzweifelten Lavinius aufzumuntern, und bewegen ihn dazu, eine neue Schauspielertruppe zu kaufen. Cecilius und Cecilianus werden in Zukunft auch Männerrollen spielen dürfen.

*De komedianten* ist keine zusammenhängende Erzählung, sondern besteht aus einer Reihe kleiner Skizzen. Couperus benutzt die Romanhandlung als Hintergrund für seine Sittenschilderung: Auf fast naturalistische Weise malt er das Volksleben im alten Rom. Er schildert die Behandlung der Sklaven, den Terror des Tyrannen Domitian, das tägliche Leben in der »Suburra«. Bei diesen Beschreibungen geht es Couperus vor allem um das Thema der Dekadenz, das er auch in seinem sonstigen Werk häufig behandelt.

In *De komedianten* treten Personen aus dem ganzen Spektrum der Gesellschaft auf: Bei ihren Streifzügen durch Rom begegnen die Zwillinge berühmten Dichtern, Dirnen, sie lernen den Apostel Johannes kennen, sie kommen in Kontakt mit dem Hofstaat des Kaisers. In »Tableaux vivants« werden die Personen äußerst suggestiv und lebendig dargestellt. Aus Dialogen und Verhaltensweisen entstehen detaillierte Porträts. – Couperus' Bewunderung für MARTIAL, die auch in *De komedianten* deutlich wird, führte dazu, daß er anfing, selbst Epigramme zu dichten, und daß er verschiedene von Martial behandelte Themen aufgriff. D.D.

AUSGABEN: Amsterdam 1917. – Amsterdam 1975 (in *Verzamelde werken*, 12 Bde., 10).

ÜBERSETZUNG: *Die Komödianten*, E. Otten, Mchn. 1919.

LITERATUR: H. Borel, *L. C. »De komedianten«* (in Het Vaderland, 11. 8. 1918). – E. Visser, *C.' »Komedianten« en het Rome van Domitianus* (in Hermeneus, 10, 1978).

## MAJESTEIT

(ndl.; *Ü: Majestät*). Roman von Louis COUPERUS, erschienen 1893. – In diesem Roman, dem ersten Teil einer Trilogie, schildert der Autor die Entwicklung des jungen Prinzen Othomar, Herzog von Xara, Sohn des Kaisers Oscar von Liparien, einem riesigen südeuropäischen Reich. Othomar, dessen Vater ein autoritärer Herrscher ist, hält sich für unfähig, später die Regierung zu übernehmen. Die – abstrakte – Liebe zu seinem Volk bringt ihn dazu, sich mit neueren philosophischen Strömungen auseinanderzusetzen; er liest Lassalle und Marx. Nach einer Reihe von Ereignissen – der Überschwemmung großer Teile des Reichs, einem mißlungenen Attentat auf ihn, einer Liebesaffäre mit einer älteren Frau, einem Besuch bei Verwandten in dem nordischen Staat Gothland, der Pflichtheirat mit der österreichischen Prinzessin Valérie und schließlich der Ermordung seines Vaters – wird er sich seiner Pflicht bewußt und nimmt die Kaiserkrone an. – In *Wereldvrede*, 1895 *(Weltfriede)*, dem zweiten Teil der Trilogie, schildert der Autor die weitere Entwicklung Othomars und seinen von Anfang an zum Scheitern verurteilten Versuch, seine utopischen Vorstellungen zu verwirklichen. Der letzte Teil der Trilogie, *Hooge troeven*, 1896 *(Hohe Trümpfe)*, bildet das bitter-illusionslose Satyrspiel zur Fürstentragödie.

Diese sogenannte »Koningstrilogie« nimmt in Couperus' Œuvre eine Sonderstellung ein. Nur noch einmal hat sich der Autor derart unverhüllt mit den politischen Strömungen seiner Zeit auseinandergesetzt, und zwar in den Brauws-Episoden der *Boeken der kleinen zielen*, 1901–1903.

In *Majesteit* kehrt Couperus dem Naturalismus, dem seine ersten Bücher mit gewissen Vorbehalten zuzuordnen sind, den Rücken, ohne sich jedoch einer so ausgeprägten Neuromantik zu verschreiben wie in den zur selben Zeit entstandenen Kunstmärchen *Psyche* und *Fidessa*. – *Majesteit* ist der gelungene Versuch, ein politisches Thema romanhaft zu gestalten. Gerade die von der zeitgenössischen Kritik bemängelte Künstlichkeit, die jedoch dem Erfolg beim Publikum nicht im Wege stand, ist die Stärke des Werkes. Zwischen Parabel, politisch-philosophischem Dialog und romantisch-historischem Roman angesiedelt, überzeugt *Majesteit* durch klare Handlungsführung und genaue psychologische Motivierung. Couperus' Einstellung zum Sozialismus, der ihn damals beschäftigte, ist durchaus positiv, doch kritisiert er an ihm – wie in seinen antiken Romanen auch am Christentum – eine lebensfeindliche, asketische Haltung. Der Verlust der Sinnlichkeit ist auch die Ursache dafür, daß der Versuch, einen utopischen Idealstaat zu errichten, scheitert. In der Schilderung des Besuchs des Prinzen bei dem Sozialisten Zanti, der seinen ganzen Besitz den armen Bauern geschenkt hat, tritt die ambivalente Haltung des Autors am deutlichsten zutage.

In der Gegenüberstellung Oscars und Othomars – ihr großes Gespräch bildet den dramatischen Höhepunkt des Romans – gestaltet Couperus nicht nur den Kontrast zwischen autoritärem Absolutismus und einem allem Neuen gegenüber aufgeschlossenen, zur ständigen Wandlung bereiten Utopismus, sondern auch einen immer wieder in seinen Romanen auftauchenden persönlichen Konflikt, der aus einer starken Mutterbindung resultiert. Der von Nervenkrisen bedrohte, übersensible Othomar, der, unfähig zur Liebe, nur aus Pflichtgefühl heiratet, ist ein kaum verhülltes Selbstporträt des Autors: *»Sie finden alles, was vielleicht etwas über meine Persönlichkeit erklären könnte, in meinen Büchern«* (Brief an E. d'Oliveira, Okt. 1913).

Der Schatten des Verfalls liegt von Anfang an über dieser künstlichen Welt der Marmorpaläste und gepflegten Parks: Städte und Natur werden zu luxuriösem Dekor; die Figuren erstarren immer wieder zu tableaux vivants; die Sprache mit ihren Satzinversionen und Gallizismen wirkt erlesen und artifiziell, in ihr spiegelt sich eine todgeweihte Welt. Noch in der kritischen Haltung des Autors der Aristokratie gegenüber schwingt eine gewisse Trauer mit über den unausweichlichen Untergang einer Welt voller Schönheit. R.A.Z.

AUSGABEN: Amsterdam 1893 (in De Gids). – Amsterdam 1893. – Amsterdam 1895 *(Wereldvrede)*. – Amsterdam 1896 *(Hooge troeven)*. – Amsterdam 1953 (in *Verzamelde werken*, Hg. A. van Rhijn-Naeff, 12 Bde., 1952–1957, 2). – Amsterdam 1975 (in *Verzamelde werken*, 12 Bde., 2).

ÜBERSETZUNG: *Majestät*, E. Otten, Dresden/Lpzg. 1895.

LITERATUR: J. E. Koch-Piccio, *I romanzi regali di L. C.* (in Annali-Studi Nederlandesi/Studi nordici, 18, 1975; 20, 1977). – J. E. Koch-Piccio, *L. C.' koningsromans in Frankrijk en Italië* (in Maatstaf, 31, 1981).

## DE STILLE KRACHT

(ndl.; *Ü: Die stille Kraft*). Roman von Louis COUPERUS, erschienen 1900. – Ein Aufenthalt bei Verwandten in Niederländisch-Ostindien, wo er selbst aufgewachsen war, regte Couperus zu *De stille kracht* an. Auch finanzielle Schwierigkeiten brachten den Autor dazu, sofort nach Beendigung des umfangreichen Romans *Langs lijnen van geleidelijkheid* (1900) ein ähnlich umfassendes Werk in Angriff zu nehmen.

Die Handlung des Romans spielt in Laboewangi. Dort gerät der Resident (der höchste Vertreter der niederländischen Regierung in einer Provinz) van Oudijck, ein selbstsicherer, sympathischer, aber wenig phantasiebegabter Mann, nach einer bis dahin brillanten Karriere allmählich in immer größere Bedrängnis. Seine zweite Ehe mit Léonie, einer femme fatale von marmorner Schönheit, ist wenig glücklich. Sie betrügt ihn mit seinem eigenen Sohn aus erster Ehe, Theo, und fängt außerdem eine sich immer heftiger gestaltende Liaison mit Addy de Luce an, dem jüngsten Sproß einer im Zuckergeschäft reich gewordenen französisch-javanischen Familie. Zu den familiären Problemen gesellt sich sein zunehmend schwieriger werdendes Verhältnis mit dem neuen Regenten (dem javanischen Oberhaupt einer Provinz), der ein fanatischer Anhänger des Islam ist und die Niederländer verachtet, ja haßt. Als van Oudijck dessen Bruder wegen unwürdigen Benehmens aus seinem Amt als Regent eines benachbarten Ortes entläßt, richtet sich die »stille Kraft« gegen ihn. Obwohl niemand im Garten ist, fliegen Steine durchs Fenster, im Badezimmer wird Léonie mit dem roten Saft von Sirihnüssen bespuckt, aber kein Mensch ist da. Die unerklärlichen, okkulten Ereignisse weiß van Oudijck durch ein ernstes Gespräch mit dem Regenten zwar zu beenden, aber sie haben ihn innerlich zerstört, da er, der logisch denkende Europäer, mit Phänomenen konfrontiert wurde, die er mit seinem Verstand nicht zu erklären vermag. Seine Ehe zerbricht, seine Tochter aus erster Ehe, Doddy, heiratet Addy de Luce aus dem verhaßten Mischlingsgeschlecht, und van Oudijck läßt sich pensionieren und zieht sich mit einer jungen Javanerin und ihrer Familie auf ein Dorf zurück.

Die »stille Kraft«, die van Oudijck bezwingt, findet im Okkulten nur ihre prägnanteste Äußerung. Sie ist der nicht endende Widerstand der unterdrückten javanischen Bevölkerung gegen die Kolonialmacht, sie ist auch die Kraft des Islam, die sich in einem gespenstischen Hadji, einem Mekkapilger, symbolisiert; nicht zuletzt aber ist sie das Irrationale im Menschen, die dunkle Kraft des Unbewußten und einer animalischen Sexualität, von der nicht nur van Oudijck, sondern auch die anderen Niederländer allmählich bezwungen werden.

Hatte noch MULTATULI in seinem ein halbes Jahrhundert früher erschienenen *Max Havelaar* die Möglichkeit einer Versöhnung des abendländischen und orientalischen Prinzips gesehen, so ist für Couperus der Untergang des niederländischen Kolonialreichs unabwendbar. *De stille kracht* reiht sich damit ein in die anderen zeitgenössischen oder historischen Untergangsromane des Autors (vgl. *De boeken der kleine zielen; De berg van licht; Iskander*). Couperus' Vertrautheit mit dem Milieu äußert sich in der präzisen Darstellung javanischen Lebens und der Verwendung vieler malaiischer Ausdrücke, die für den heutigen Leser der Erklärung eines Glossars bedürfen. In der Figur des Addy de Luce, dessen körperliche Schönheit geradezu hymnisch gefeiert wird und dem alle Frauen des Romans zu Füßen liegen, stellt Couperus zum erstenmal jenen gefährlich-verführerischen Männertyp dar, der von da an immer wieder, als deutliches Wunschbild des homosexuellen Autors, in Erscheinung treten wird. Die Kritik äußerte sich eher kühl, und der Erfolg des Romans blieb begrenzt. Die niederländischen Leser dürften die unerfreulichen Aussichten, die Couperus in seinem »Indische roman« der Zukunft des Kolonialreichs einräumt, kaum geschätzt haben. Heute gilt *De stille kracht* zu Recht als ein Hauptwerk des Autors. R.A.Z.

AUSGABEN: Amsterdam 1900. – Amsterdam 1975 (in *Verzamelde werken*, 12 Bde., 4).

ÜBERSETZUNG: *Die stille Kraft*, M. v. Wengstein, Dresden 1902.

LITERATUR: R. Nieuwenhuys, *De Indische wereld van C.* (in Hollands Maandblad, 5, 1963). – M. Valent, *Over »De stille kracht« van L. C.* (in Literatuur, 1, 1984). – F. L. Bastet, *Nawoord bij L. C. »De stille kracht«*, Amsterdam 1984. – E. M. Beekman, *Introduction to L. C.' »The hidden force«*, Ldn. 1985.

## VAN OUDE MENSEN, DE DINGEN DIE VOORBIJ GAAN

(ndl.; *Ü: Von alten Menschen, den Dingen, die vorübergehen*). Roman von Louis COUPERUS, erschienen 1906. – Dieser letzte Holland-Roman des Autors bildet den künstlerischen Höhepunkt in der Gestaltung von Stoffen aus der eigenen Gesellschaftsordnung und zugleich eine endgültige Absage an sie. – Wie in *De boeken der kleine zielen* (1901–1903) untersucht Couperus hier die psychologischen Hintergründe einer dekadenten Familie, doch hat das Buch im Gegensatz dazu keinen chronikalischen Charakter, vielmehr drängt der Verfasser seine subtile Analyse von vier Generationen mittels einer Enthüllungstechnik in das Sterbejahr der uralten Patriarchin Ottilie Dercksz zusammen. Vorwiegend aus der Perspektive des sensitiven (stark autobiographisch gezeichneten) Schriftstellers Charles Pauws (Lot), eines ihrer Enkel, sowie aus dessen Betrachtungen über seine bevorstehende Hochzeit mit Elly Takma und die drei gescheiterten Ehen seiner jetzt sechzigjährigen Mutter, die sich jedoch noch immer *»wie ein ungezogenes Kind«* gebärdet, erfährt der Leser zunächst, daß *»ein Fatum von unglücklichen Ehen«* über der Familie hängt. Im Zwiegespräch zwischen der siebenundneunzigjährigen Ottilie und ihrem dreiundneunzigjährigen Hausfreund Takma klingt ein Geheimnis der beiden Alten an, *»von dem niemand weiß«*, und der Leser erfährt andeutungsweise, daß Lot und Elly, ohne es zu wissen, miteinander verwandt sind. In Lots Onkel, Harold Dercksz, lernt er schließlich einen Dreiundsiebzigjährigen kennen, der sein Leben lang eine furchtbare Vision mit sich herumtragen muß – die Kenntnis *»von Dingen, die so langsam nur vorübergehen, so schleppend«* und die nur er mitzuwissen glaubt: *»Still, still verschleierte das Leben bisweilen die Dinge, die furchtbaren Dinge, lebenslang, und dann drohten sie nicht so sehr, und solange der Tod sie nicht ausgelöscht haben würde, gingen sie, gingen sie stets, wie langsam sie auch gingen ... vorüber.«* Dann blendet der Roman unerwartet mit Harolds Erinnerung sechzig Jahre zurück nach Java und enthüllt, daß damals Ottilie Dercksz und Emile Takma aus sexueller Gier zueinander Ottilies Mann gemeinsam ermordet haben. Nun zeigt Couperus, wie die einzelnen Familienmitglieder unabhängig voneinander das schaurige Geheimnis entdecken oder bereits entdeckt haben, jeder der Meinung, einziger Mitwisser der beiden uralt gewordenen Mörder und des ebenfalls noch lebenden, an der Tat beteiligten Arztes Roelofsz zu sein. Harold hat die Tat als Junge mit angesehen, sein Bruder Daan wird in Java vom Sohn des bei Dercksz ehedem beschäftigten Kindermädchens erpreßt, seine Schwester Therese hat es vor Jahren Fieberphantasien ihrer Mutter entnommen und büßt die Familienschuld in einem Kloster. Über das junge Glück Lots und Ellys jedoch senkt sich, wie es Takma und die Patriarchin fürchteten *(»Sie erben unsere Vergangenheit. Sie erben die Angst ... Sie erben die Strafe für unsere Tat«)*, das Fatum ihres Blutes. Während beim rasch aufeinanderfolgenden Tod der drei Alten für Harold *»das Ding weg, in einen Abgrund stürzt«*, trennen sich die beiden aus Furcht vor dem Charaktererbe, das sie mit sich schleppen.

Keines von Couperus' Werken verdichtet die Auslieferung an das Fatale einer Existenz so komplex wie dieser Roman, der in der Komposition an DOSTOEVSKIJ erinnert. Lots leitmotivisch wiederkehrende »Angst vor dem Alter« ist der Schlüssel zu dem dialektisch formulierten Titel, zu einer hinter der vordergründigen Familien- und Kriminalgeschichte sichtbar werdenden allgemeineren Konzeption. Das Alter ist die Strafe für die Jugend, und zwar im doppelten Sinn: als Schicksal des einzelnen Individuums (Ottilie, Takma, Roelofsz) und als Schicksal der Generation, das den Lebensweg der Jungen (Lot, Elly) immer wieder belastet, ihn vergiftet. Die dialektische Natur der Titelzeile folgt aus der Tatsache, daß die Dinge für den Menschen, sofern man ihn als Glied einer Kette von Generationen sieht, eben nicht vorübergehen. Allein vor dem zeitlosen Schicksal gibt es vorübergehende Dinge: alte Menschen. W.Sch.

AUSGABEN: Amsterdam 1906. – Amsterdam 1952 (in *Verzamelde werken*, 12 Bde., 1952–1957, 6). – Wageningen [11]1971. – Amsterdam 1975 (in *Verzamelde werken*, 12 Bde., 6). – Amsterdam/Brüssel 1979 [Einl. W. Blok].

ÜBERSETZUNG: *Von alten Menschen, den Dingen, die vorübergehen*, H. Lemmens u. C. Pankow, Bln. 1985 [m. Nachw.].

LITERATUR: W. Blok, *Verhaal en Lezer. Een onderzoek naar enige structuuraspecten van »Van oude mensen« van L. C.*, Groningen 1960 [zugl. Diss. Leiden; m. Zus.fassg. in engl.]. – C. N. van der Merwe, *Motief en karakter in »Van oude mensen« van L. C.* (in Standpunte, 8/9, 1970/71). – F. L. Bastet, *Nawoord bij »Van oude mensen«*, Amsterdam 1984. – L. Roos, *»Van oude mensen« als Indische roman* (in Literatuur, 2, 1985).

## WERELDVREDE

(ndl.; *Ü: Weltfrieden*). Utopischer Gesellschaftsroman von Louis COUPERUS, erschienen 1895. – Als Fortsetzung von *Majesteit* setzt *Wereldvrede* fünf Jahre nach der Krönung Othomars zum Kaiser des Balkan-Großstaats Liparien vor einem europäischen Friedenskongreß ein, dessen Ziele *(»Den Frieden für die Menschen, den Himmel für die Erde«)* – vom Autor vorsichtig, von seinem Helden leidenschaftlich gutgeheißen – sich, gemessen an der Bereitwilligkeit des Fin de siècle, bestenfalls als schöne Zukunftsträume erweisen. (Die zeitliche Koinzidenz eines tatsächlichen Friedenskongresses, der für Scheveningen geplant war, jedoch später in Brüssel stattfand, mit der Publikation des Romans in der Zeitschrift ›De Gids‹ kommentierte der Verfasser folgendermaßen: *»Ich möchte erklären, daß ich mit ›Weltfrieden‹ nichts anderes bezweckt habe als einen Roman, nichts denn reine Kunst, und keine Propaganda für die Idee des Friedens.«*)

Keiner der außerliparischen Magnaten leistet Othomars Einladung Folge; die oberen Zehntausend des Landes betrachten die prunkvolle Eröffnung des Kongresses als »Saisonbeginn« und »neuartige Mode«, ohne sich tiefergehend an der Friedensidee zu engagieren. Dieser Mißerfolg und die militärischen Maßnahmen, zu denen sich der Kaiser anläßlich einer sozialen Revolution notgedrungen veranlaßt sieht, lassen ihn schließlich so sehr an seinen Möglichkeiten verzweifeln, daß er wieder in seine – überwunden geglaubte – Jugendschwermut verfällt. Es wird ihm klar, daß paneuropäische Friedensbemühungen müßig seien, sofern nicht zuvor Lipariens innerstaatliche soziale Probleme gelöst würden: *»Sie* [das Volk vor dem Kaiserpalast] *verlangten den Frieden!! ... Sie verlangten ihn mit Waffen und Fackeln, mit Mord und Brand! Sie verlangten ihn nicht als Alternative zum Europäischen Krieg, sie verlangten ihn nicht in Europa: Sie verlangten ihn im Leben! In ihrem eigenen Lebenskampf, in ihrem eigenen Krieg um Brot ...«*

Gemessen an seinem Vorgänger *Majesteit* ist dieser Roman weniger dynastisch-monographisch als vielmehr gesellschaftspolitisch angelegt. Neben den Bildern von Othomar und seiner Umgebung ragt dabei die psychologische Analyse einer verarmten jungen Adligen hervor, die sozial wie moralisch immer tiefer gesunken ist, von ihrem »freien Ehemann« – einem Anarchisten oder Kommunisten (die beiden Begriffe verwirren sich beim Autor leicht) – getrennt lebt und schließlich von ihm umgebracht wird. W.Sch.

AUSGABEN: Amsterdam 1895. – Amsterdam 1953 (in *Verzamelde werken*, 12 Bde., 1952–1957, 1). – Amsterdam 1975 (in *Verzamelde werken*, 12 Bde., 2).

ÜBERSETZUNG: *Weltfrieden*, P. Raché, Dresden 1895.

LITERATUR: J. E. Koch-Piccio, *I romanzi regali di L. C.* (in Annali-Studi Nederlandesi/Studi nordici, 18, 1975; 20, 1977). – J. E. Koch-Piccio, *L. C.' koningsromans in Frankrijk en Italië* (in Maatstaf, 31, 1981).

## HET ZWEVENDE SCHAAKBORD

(ndl.; *Ü: Das schwebende Schachbrett*). Roman von Louis COUPERUS, erschienen 1922. – Die thematische Grundlage dieses Romans entnahm der Autor dem mittelniederländischen Epos *Walewein*, das zum Kreis der Artus-Dichtungen gehört. – Zehn Jahre sind vergangen, seit Gawein, einer der berühmtesten Ritter von Artus' Tafelrunde, nach langen Irrfahrten und vielen Abenteuern das mysteriöse schwebende Schachbrett zurückgebracht hat. Die Zeit der Wunder und Abenteuer scheint vorbei zu sein; vergeblich warten Artus und seine skeptisch gewordenen Ritter. Nur der alt und grau gewordene König und Gawein glauben noch an Wunder. Da entschließt sich der Zauberer Merlin, mit Hilfe der anderen Ritter noch einmal ein Wunder stattfinden zu lassen: Wieder läßt er ein Schachbrett zum Fenster hereinschweben und wieder verschwinden. Gawein zieht wie schon einmal aus, um es zurückzuholen. Auf dieser Suche wird er immer wieder an die Vergangenheit erinnert: Alles wiederholt sich, doch der Glanz ist verschwunden. Am Ende seiner Reise begegnet er Ysabele, der Nichte seiner verstorbenen Frau, die denselben Namen trug, und seine Liebe zu diesem Mädchen, das ihn bewundert, wird zum letzten Wunder seines Lebens. Ysabele liebt jedoch seinen jungen Waffengefährten Gwinebant, einen anderen Artusritter, und in einer Schlacht gegen den König Clarioen opfert sich Gawein für den Freund. Er stirbt – König Artus folgt ihm bald in den Tod nach –, und mit ihm stirbt endgültig die Zeit der Wunder und macht einer neuen, nüchternen Epoche Platz.
Dieser Roman, der zu den bedeutendsten des Autors zählt, ist wie *Xerxes* (1919) ein typisches Spätwerk: Die Distanz des Dichters zu seinem Stoff ist groß, die Ironie, die desillusionierend wirkt, wird zum alles beherrschenden Stilmittel. Die Sprache ist eine seltsam virtuose Mischung aus Mittelniederländisch und moderner Umgangssprache, ein in hohem Maß artifizielles Gebilde von großem Reiz. Der spielerisch leichte Ton der Erzählung sollte aber nicht über ihren pessimistischen Grundcharakter hinwegtäuschen. Bei Couperus bildet die Melancholie immer, auch in seinen heitersten Romanen, den Grundton. Der ganze Roman ist eine einzige Elegie: Eine Zeit, die endgültig vorbei ist, wird noch einmal heraufbeschworen aus der Erinnerung an ihre Schönheit, der der Dichter nachtrauert. Gerade dieses Dahinsterben von Schönheit und Glanz bildet eines der Hauptmotive in Couperus' Werk (vgl. *Majesteit, De berg van licht, De komedianten*).
Die fatalistische Lebensanschauung des Autors bildet auch hier den gedanklichen Hintergrund: *»Es wird alles, wie es wird«*, sagt zum Schluß Merlin, scheinbar der Lenker des Geschehens, in Wirklichkeit aber wie die anderen dem Schicksal unterworfen. Noch ein anderes wichtiges Couperus-Motiv taucht hier auf: die unmöglich zu verwirklichende Liebe, hier sogar zweimal gestaltet, in der Liebe Gaweins zu Ysabele und in der Liebe des von Gawein geretteten Mädchens Alliene zu ihrem Retter, den sie, als Knappe verkleidet, auf seiner Irrfahrt begleitet. (Die Verkleidung ist vielsagend: Couperus war homophil, und homoerotische Thematik bildet eine wichtige Komponente seines Werks.) – Anspielungen auf das Geschehen in der eigenen Zeit (Erster Weltkrieg) sind sehr häufig und betonen den desillusionierenden Charakter des Romans. Ähnliches erreichte Thomas MANN später in *Der Erwählte* (1951), jedoch fehlt bei ihm der kulturpessimistische Hintergrund. R.A.Z.

AUSGABEN: Amsterdam 1922. – Amsterdam 1950. – Amsterdam 1955 (in *Verzamelde werken*, 12 Bde., 1952–1957, 10). – Amsterdam 1975 (in *Verzamelde werken*, 12 Bde., 10).

ÜBERSETZUNG: *Das schwebende Schachbrett*, E. Otten, Bln. 1921. – Dass., dies., Ffm. 1987 (st).

LITERATUR: F. de Backer, *»Het zwevende schaakbord«* (in Vlaamse Gids, 1922/23). – M. Schweitz, *»Het zwevende schaakbord«* (in Den Gulden Winckel, Sept. 1923). – S. Eringa, *»Het zwevende schaakbord«* (in De Standaard, April–Mai 1924). – C. Tazelaar, *»Het zwevende schaakbord«* (in Stemmen des Tijds, 1924). – K. Aardse, *C. te Camelot* (in Literatuur, 1, 1984).

# JAMES COURAGE

* 9.2.1903 Amberley / Canterbury
† 5.10.1963

## THE YOUNG HAVE SECRETS

(engl.; *Die Jugend hat Geheimnisse*). Roman von James COURAGE (Neuseeland), erschienen 1954. – Courages fünfter und bester Roman spielt um 1914 in Christchurch, wie es der Autor in seiner Jugend gekannt hatte, ist aber, wie alle seine Erzählwerke, in der sozialen Wertordnung an England orientiert, wo Courage von 1923 bis zu seinem Tod lebte. Wegen einer häuslichen Krise wird der zehnjährige Walter Blakiston von der elterlichen Schaffarm in eine Schule nach Christchurch geschickt. Als Logiergast der Familie des Schuldirektors Garnett gerät das verträumte, durch die Trennung vereinsamte Kind in die emotionale Spannung einer erotischen Verwicklung: Die drei Töchter des Hauses lieben denselben Mann, den jungen schottischen Architekten Geoffrey Macauley, dessen kalvinistische Erziehung im Widerstreit mit seiner Triebhaftigkeit liegt: die elegante, feminine Hilda, die seine Frau geworden ist und ein Kind erwartet; die leidenschaftliche, unkonventionelle Rose, eine Krankenschwester; und die aufopfernde, tiefgründige Muriel, die durch ihre Eifersucht Macauley in

Hildas Arme getrieben hat. Rose wird seine Geliebte, Hilda, der dies von Mrs. Nelson, einer boshaften, klatschsüchtigen Waschfrau, zugetragen wird, erleidet bei einer erregten Auseinandersetzung mit der Schwester einen Unfall und stirbt bei der verfrühten Geburt ihres Sohnes, an dem Muriel liebevoll-schuldbewußt Mutterstelle vertritt. Diese unglückseligen Ereignisse bringen Roses und Macauleys Leidenschaft zum Erlöschen. In die Geborgenheit des Elternhauses zurückgekehrt, erfährt Walter, daß Macauley, der inzwischen Soldat geworden ist, Muriel heiraten wird.

Bei seiner Behandlung des Kindheitsthemas, dessen hervorragende Rolle im neuseeländischen Roman auf Katherine MANSFIELD zurückgehen dürfte, konzentriert sich der Autor auf die Verwirrung des Kindes angesichts des (bei Courage bezeichnenderweise stets neurotisch gefärbten) Verhaltens der Erwachsenen. Die im Titel genannten »Geheimnisse« sind nicht die harmlosen Heimlichkeiten des schulischen Alltags, sondern die schockierenden Einblicke in das dem Kind unverständliche Chaos menschlicher Triebe und Rivalitäten, die beklemmende Ahnung von Gut und Böse, von der Rätselhaftigkeit der Liebe. Das Motiv der traumatischen, unbewältigten Schuld zieht sich fast überdeutlich durch den Roman, akzentuiert durch das ferne Grollen des Weltkriegs und durch drastische Sinnbilder (etwa durch den überfahrenen und noch lebend ins Wasser geworfenen Hund, der zum Symbol von Walters kreatürlicher Verwundbarkeit wird). Der Junge, in eine von Begierde, Unruhe und Einsamkeit heimgesuchte Erwachsenenwelt hineingerissen, wird zum verständnislosen, aber mitfühlenden Mitwisser ihrer Geheimnisse, hält sich für einen Verräter, weil er ihm Anvertrautes der ihn aushorchenden Mrs. Nelson ausgeplaudert hat, und versucht in einer Aufwallung verbissener Ritterlichkeit, Hildas Tod an ihrer indiskreten »Mörderin« zu rächen. Zu seinem Erstaunen erfährt er am Schluß, daß auch seine sanfte Mutter und sein wortkarger Vater nicht von jener mysteriösen Tollheit verschont geblieben sind, deren Augenzeuge er während seines Exils wurde. – Die augenfälligste Schwäche des Romans resultiert aus der auf Walters Erleben und Bewußtsein festgelegten Perspektive. Unter dem Zwang dieser Erzählhaltung wird der Junge, der als Gestalt unscharf bleibt und durch seine kontemplative und dem Klatsch abholde Veranlagung für seine Rolle denkbar ungeeignet erscheint, zum unentbehrlichen Vertrauten und unabsichtlichen Horcher für die Protagonisten, deren kaum motivierte Enthüllungen und Kommentare (da Walters begrenzte Sicht zur Interpretation der Problematik nicht genügt) allzu direkt an den Leser gerichtet sind. Das Artifizielle und bisweilen Groteske dieser Grundsituation verhindert, daß der Autor die künstlerische Möglichkeit, durch den Spiegel des verwirrten Kindergemüts die bedrohlichen Spannungen im Leben der Erwachsenen zu enthüllen, voll ausschöpft. Dennoch hat Courages anspruchsvollste Kindheitsstudie viel Positives aufzuweisen: die überzeugenden Nebenfiguren; vor allem die satirisch gezeichnete, vulgäre Mrs. Nelson und den resignierten alten Garnett, dessen Traum von einem neuseeländischen Eton sich nicht erfüllt hat; die Echtheit dieser Atmosphäre einer Kleinstadt, die, wie Walter selbst, ihre wahre Identität noch nicht gefunden hat; die prägnanten Schilderungen und Dialoge und den Sinn für dramatische, vor dem fast viktorianisch farblosen Hintergrund aufblitzende Effekte. J.H.T.

AUSGABE: Ldn. 1954.

LITERATUR: E. H. McCormick, *New Zealand Literature*, Ldn. 1959, S. 151–154. – R. A. Copland, *The New Zealand Novels of J. C.* (in Landfall, 18, 1964, S. 235–249). – M. H. Holcroft, *Islands of Innocence. The Childhood Theme in New Zealand Fiction*, Wellington 1964, S. 50–54. – Ph. Wilson, *J. C: A Recollection* (in Landfall, 18, 1964, S. 234/35). – J. Stevens, *The New Zealand Novel 1860–1965*, Wellington 1966, S. 74–77. – D. Young, *C. in Exile* (in Listener, 12. 6. 1982).

## GEORGES COURTELINE

* 25.6.1858 Tours
† 25.6.1929 Paris

LITERATUR ZUM AUTOR:
R. Le Brun, *G. C.*, Paris 1906. – J. Vivent, *Les inspirations et l'art de C.*, Paris 1921. – F. Turpin, *G. C., son œuvre. Portrait et autographe*, Paris 1925. – B. Elliot, *G. C., l'homme, le comique, le conteur et l'humoriste, le satiriste et le critique*, Edinburgh 1928. – R. Dorgelès, *G. C., enfant de Tours, moineau de Paris*, Tours 1958. – A. Dubeux, *La curieuse vie de G. C.*, Paris [2]1958. – Europe, 36, Juni 1958, Nr. 350 [Sondernr. *G. C.*]. – P. Bornecque, *Le théâtre de C.*, Paris 1969. – I. Bernard, *Le théâtre de C.*, Paris 1978.

### BOUBOUROCHE

(frz.; *Ü: Boubouroche*). Erzählung und Komödie von Georges COURTELINE, erschienen 1893; Uraufführung: Paris, 27. 4. 1893, Théâtre libre. – Courtelines Œuvre umfaßt mehr als 100 Erzählungen und Komödien, meist Ein- oder Zweiakter. Boubouroche wurde 1910, vier Jahre nach *La paix de chez soi*, 1903 *(Der häusliche Frieden)*, in das Repertoire der Comédie Française aufgenommen und zählt zu den gelungensten Stücken des Autors, die durchwegs im Milieu des kleinen und mittleren Bürgertums zur Zeit der Dritten Republik spielen und in leicht pessimistischer Färbung vor allem Bürokratie, Justiz und Militär aufs Korn nehmen. Neben *Boubouroche* sind dabei besonders *La peur des coups*, 1894 *(Angst vor Schlägen)*, *Un client sérieux*, 1896 *(Ein Stammgast)*, *Le gendarme est sans pitié*, 1899 *(Der Gendarm ist gnadenlos)* und *Le commissaire est bon enfant*, 1899 *(Der gemütliche Kommissar)*, hervorzuheben. Auch *La conversion d'Alceste*, 1895 *(Die Bekehrung Alcestes)*, eine Parodie auf MOLIÈRES *Le misanthrope (Der Menschenfeind)*, knüpft an die klassische Komödie an.

Der reiche Bürger Boubouroche hat eine Liaison mit der Witwe Adèle, die er finanziell aushält. Eines Tages äußert ein Nachbar Boubouroche gegenüber den Verdacht, daß Adèle ihren Gönner betrügt. Wütend stellt er Adèle zur Rede. Adèle widerspricht Boubouroches Verdächtigungen und fordert ihn auf, ihre Wohnung zu durchsuchen und sich so von ihrer Unschuld zu überzeugen. Boubouroche schreitet sofort zur Tat. In einem Kleiderschrank entdeckt er einen jungen Mann und fragt wütend, wer er sei. Wieder gelingt es Adèle, sich herauszureden: Es handele sich um ein Geheimnis, das sie nicht betreffe und deshalb nicht preisgeben dürfe. Boubouroche, dem der Gedanke, als Hahnrei dazustehen, unerträglich ist, zwingt sich dazu, Adèle zu glauben, obwohl sie offensichtlich die Unwahrheit sagt. In hilflosem Zorn beschimpft der Betrogene die neugierigen Nachbarn. – Die listige Frau und der tolpatschige gehörnte Mann erscheinen als Typen, nicht als differenziert psychologisierte Figuren. Dies gilt für die Erzählung, aber in besonderem Maße für die dramatisierte Fassung von *Boubouroche*. Die Komödien von Courteline zeichnen sich durch eine gekonnte Verwendung farcenhafter Szenen aus und sind nicht zuletzt wegen der Ironisierung von Amtssprachen und Dialekten auch heute noch von Interesse.

KLL

AUSGABEN: Paris 1893. – Paris 1926 (in *Les œuvres complètes*, Bd. 1). – Paris 1929 (in *Ouvrages*, 5 Bde., 3: *Théâtre*). – Paris 1961 (in *Théâtre complet*). – Paris 1965 (in *Théâtre*; GF). – Paris 1975; ern. 1983 (in *Œuvres*).

ÜBERSETZUNG: *Boubouroche*, S. Trebitsch, Wien 1901. – Dass., ders. (in *Alltagskomödien*, Mchn. 1912).

LITERATUR: A. Brisson, *Boubouroche* (in Temps, 28. 2. 1910). – H. Bordeaux, *La vie au théâtre, 2e série (Boubouroche)*, Paris 1911. – L. Blum, *Boubouroche* (in Figaro, 13. 7. 1913). – A. Roussin, *Farce et vaudeville: Boubouroche* (in Cahiers de la Compagnie Madeleine Renaud – Jean-Louis Barrault, 32, Paris 1960, S. 61–72).

## TRAIN DE 8 H 47'

(frz.; *Der Zug um 8 Uhr 47*). Erzählung von Georges COURTELINE, erschienen 1888. – Courteline verfaßte hauptsächlich Komödien und nur wenige längere Prosastücke, zu denen die bissige Bürokratensatire *M. M. les ronds-de-cuir*, 1893 *(Die Herren Bürokraten)*, sowie seine Reflexionen *La philosophie de Courteline*, 1917 *(Die Philosophie Courtelines)* zählen. *Train de 8h 47'* gehört zu den wenigen Erzählungen, die der Autor nicht zu einer Komödie umarbeitete und erst 1910 von L. MARCHES dramatisiert wurde. In dieser Militärsatire heckt der verständnisvolle Hauptmann Hurluret einen Plan aus, um den Unteroffizier La Guillaumette vor einer Bestrafung zu schützen, die ihm der Kavallerieoffizier Flick, ein unsympathischer Soldatenschleifer, angedroht hat. Hurluret kommandiert den Delinquenten einfach zu einem, natürlich erfundenen, Sonderauftrag ab, den La Guillaumette zusammen mit einem Kameraden ausführen soll. Hierzu müssen die jungen Männer in den Zug um 8 Uhr 47 steigen, verpassen aber prompt die Umsteigestation und landen in einer ihnen völlig fremden kleinen Stadt. Im strömenden Regen machen sich die beiden auf die Suche nach ein wenig amourösem Zeitvertreib und landen zu guter Letzt tatsächlich in einem Bordell, das sie trotz vorgerückter Stunde – der Morgen dämmert schon herauf – noch freundlich einläßt. Das erhoffte Schäferstündchen müssen die beiden jedoch wieder abschreiben, denn mit Entsetzen stellen sie fest, daß sie sofort wieder aufbrechen müssen, um den nächsten Zug zu erreichen. Mit verständlicher Verärgerung läßt die Besitzerin des Freudenhauses die späte Kundschaft wieder ziehen. Zurück am Bahnhof bemerken die Kameraden, daß ihre Fahrkarten verlorengegangen sind. Polizisten bringen die Soldaten in die Kaserne zurück, wo Kavallerieunteroffizier Flick schon auf sie wartet. Sein triumphierender Blick verrät, daß La Guillaumette der angedrohten Strafe nun nicht mehr entgehen wird.

Courteline karikiert das hierarchisierte Militärwesen durch die Gegenüberstellung repräsentativer Typen in komödiantischen Situationen. Der gutmütige Hauptmann und die gewitzten, positiv gezeichneten Soldaten, denen allerdings das Pech an den Stiefeln zu kleben scheint, stehen dem bornierten Kavallerieoffizier Flick gegenüber, der rücksichtslos nur seine eigene Karriere im Auge behält. Der Autor diente selbst von 1879–1880 in der französischen Armee. So nimmt es nicht wunder, wenn das Militär, dem er auch mit der Humoreske *Les gaîtés de l'escadron*, 1886 *(Die Späße des Schwadrons)* kräftig zu Leibe rückte, neben Verwaltung und Justiz als von Kleinlichkeit, Egoismus und Dünkel geprägt, zentraler Angriffspunkt des spitzen Humors von Courteline ist.

KLL

AUSGABEN: Paris 1888. – Paris o. J. [1905] (in *Œuvres*, 24 Bde., 1–3). – Paris 1950 (in *Œuvres*). – Paris 1961. – Paris 1967. – Paris 1983 (in *Œuvres*).

DRAMATISIERUNG: L. Marches, *Le train de 8h 47'* (Urauff.: Paris, 18. 11. 1910, Théâtre de l'Ambigu).

LITERATUR: A. Thérive, *A propos d'un centenaire* (in La Table Ronde, 129, Sept. 1958, S. 186–190).

## HEDWIG COURTHS-MAHLER

* 18.2.1867 Nebra / Unstrut
† 26.11.1950 Tegernsee

LITERATUR ZUR AUTORIN:

W. Krieg, *»Unser Weg ging hinauf: H. C.-M. u. ihre Töchter als literarisches Phänomen. Ein Beitrag zur Theorie über den Erfolgsroman u. zur Geschichte u. Bibliographie des modernen Lesestoffes*, Wien u. a. 1954. – G. Willenborg, *Adel u. Autorität* (in Kölner Zs. f. Soziologie u. Sozialpsychologie, 14, 1962, H. 4). – G. Sichelschmidt, *H. C.-M. Deutschlands erfolgreichste Autorin*, Bonn 1967; ²1985 [m. Bibliogr.]. – C. Riess, *Kein Traum blieb ungeträumt. Der märchenhafte Aufstieg der H. C.-M.*, Mchn. 1974. – I. Müller, *Untersuchung zum Bild der Frau in den Romanen von H. C.-M.*, Bielefeld 1978. – H. H. Koch, *Gewalt in den Medien. Zur Rezeption der H. C.-M. in der Bundesrepublik* (in Diskussion Deutsch, 12, 1981, S. 469–493). – M. Kay Flavell, *Kitsch and Propaganda. The Blending of Myth and History in H. C.-M.s »Lissa geht ins Glück« (1936)* (in German Studies Review, 8, 1985, S. 65–87).

### UNSCHULDIG-SCHULDIG

Roman von Hedwig COURTHS-MAHLER, erschienen 1931. – Wie kaum ein anderer Autor leichter Unterhaltungsware wurde Hedwig Courths-Mahler als Produzentin von Kitsch- und Trivialliteratur verpönt, parodiert und verspottet, obgleich sie als die erfolgreichste deutschsprachige Schriftstellerin gelten kann; ihre Romane erreichten eine Gesamtauflage von mehr als 30 Millionen Exemplaren. Courths-Mahler war eine der ersten Autoren, die in bewußter Weise auf die gewandelten Produktionsbedingungen der entstehenden Massenmedien und auf die damit ansprechbaren Unterhaltungsbedürfnisse einer eng umrissenen, kleinbürgerlichen Zielgruppe reagierte. Erst seit Ende der sechziger Jahre, mit der Auflösung des traditionellen Literaturbegriffs und dem Aufkommen literatursoziologischer Fragestellungen, nimmt auch die Fachwissenschaft diese Autorin zur Kenntnis, über deren Werk sich in einer Ausgabe des Romans *Unschuldig-Schuldig* die Sätze finden: *»Über 200 Romane hat Hedwig Courths-Mahler in unermüdlichem Fleiß entworfen und mit der Hand niedergeschrieben. Es ist unwiderlegbar, daß sie in einer Zeit, in der das Buch noch nicht zum Gemeingut einer breiten Schicht gehörte, Millionen von Menschen zum Lesen gebracht hat. Daß sie, die in ihrer Jugend Armut und Entbehrung kennengelernt hat, diesen Lesern damit Erbauung und Lebenshoffnung vermittelte, ist ein Verdienst, das ihr nicht hoch genug angerechnet werden kann.«*
Welche Erbauung, welche Lebenshoffnung sind wohl Millionen von Lesern durch einen Roman wie *Unschuldig-Schuldig* vermittelt worden: Maria Laßberg, kunstliebend und charaktervoll, willigt in die Scheidung ein, die Herbert Laßberg, ein mondäner Abenteurer, ihr vorschlägt. Es ist die Zeit nach dem Ersten Weltkrieg, die Zeit der Inflation; das Vermögen Marias und ihres Vaters zerrinnt, für Laßberg, den Frauenliebling und Verschwender, öffnet sich ein neuer Weidegrund: Gladys Boverley, amerikanische Millionenerbin, hat ihr Interesse ihm zugewandt. Während Laßberg sich mit verzehrender Leidenschaft wappnet, um einen reichen Fischzug zu machen, läßt sich die Lady ihre Leidenschaft von ihm abkühlen und in ihrer Eitelkeit bestätigen. Wie sehr purer Egoismus sogenannte Liebesbeziehungen regieren kann, hat die Courths-Mahler hier mit einigem Realismus durchschaut. Dafür kann sie sich mit einer anderen Realität schlechterdings nicht abfinden: Mit der deutschen Schmach, dem verlorenen Krieg, der Inflation, der Erschütterung des hergebrachten sozialen Gefüges, der Überlegenheit der Vereinigten Staaten. Daher entwirft sie Gegenbilder, Tagträume: In Amerika ist ein Deutscher namens Normann West, tüchtig und sportgestählt, erfolgreich und gütig *(»zum Beispiel, wenn er auf Kinder oder andere hilflose Wesen blickte«)*. Es ist klar, daß Gladys Boverley im Grunde nur diesen Mann liebt, der seinerseits von dieser Sorte Amerikanerin, dieser *»oberflächlichen, seelenlosen Art«*, nichts wissen will, vielmehr eine *»deutsche Frau«* sucht, *»die ein tiefes Gemüt, ein reines Herz und einen edlen Stolz besaß«*. Damit ist die Rehabilitierung des deutschen Wesens eingeleitet, auf den Minderwertigkeitskomplex von Millionen Lesern träufelt Balsam. Wenn aber Normann West den Amerikanern auf deren ureigenstem Gebiet, dem des Geschäfts, Paroli bietet und sie zugleich an Kunstsinn und Gemüt übertrifft, so muß Maria Laßberg, die ja schon Kunstsinn und Gemüt hat, noch reich und geschäftstüchtig werden, damit sie des Deutschamerikaners würdig wird. Daß sie es wird, ist die Hoffnung, die eine arme deutsche Leserin in diesem Roman finden kann: Geschickt umgibt die Courths-Maler die reale Armut, den verhängten Horizont des Kleinbürgertums mit dem Glanz trügerischer Utopie. Damit die Musterehe zustande kommt, muß Normann West Gladys Boverly endgültig zurückweisen, Heimweh und Geschmack an der Landwirtschaft haben, muß die total verarmte Maria Laßberg mit ihrem Vater auf dem Gut eines entfernten Verwandten Zuflucht finden und ihn wenig später beerben. Zuvor hat sie sich in den Deutschamerikaner verliebt, der rein zufällig das Nachbargut gekauft hat, und diese Verliebtheit war süß und bitter zugleich, weil Maria an ihrer Scheidung, unschuldig-schuldig, litt: Zwar ist sie schuldlos geschieden, aber die Ehe ist durch Tradition, Kirche, bürgerliche Ordnung längst heiliggesprochen. Wie sehr dieses Tabu einst auf der Gesellschaft lastete, verrät Courths-Mahlers pathetische Ausmalung. Normann West läßt sich aber nicht beirren und weist den nach Deutschland zurückgekehrten Laßberg, dem die Lady den Laufpaß gegeben hat, für immer in die Schranken.

Neben Karl MAY und Ludwig GANGHOFER ist es im wilhelminischen Deutschland vor allem die Courths-Mahler, die würdige, tränenreiche Nachfolgerin der MARLITT, die sich in die Gunst der kleinbürgerlichen Familie, der Erfolglosen und der Verlassenen mit Wunschbildern und Tagträumen einschmeichelt, die bis heute in Schlagern, Jugendbüchern, Unterhaltungsromanen, Illustrierten und Fernsehserien weiterwuchern. Der Erfolg ihres Werks, wie vielleicht von Trivialliteratur allgemein, liegt wohl darin begründet, daß es in Zeiten tiefgreifenden sozialen Wandels die Normen und Werte jener Bevölkerungsgruppen stabilisert, die sich durch diesen Prozeß gefährdet sahen: Literatur als Lebenshilfe, aber auch als Flucht in die Erbauung. Zwar vollzieht sich dies außerhalb des ästhetischen Kanons der Hochliteratur, in der schichtspezifischen Wirkung aber stimmen »hohe« und »niedere« Literatur durchaus überein. G.Sa.

AUSGABE: Lpzg. 1931 u. ö.

## VICTOR COUSIN

* 28.11.1792 Paris
† 14.1.1867 Cannes

LITERATUR ZUM AUTOR:
P. Janet, *V. C. et son œuvre*, Paris 1885. – J. Simon, *V. C.*, Paris 1921. – H. J. Ody, *V. C.*, Saarbrücken 1953. – A. Cornelius, *Die Geschichtslehre V. C.s*, Genf/Paris 1958. – W. V. Brewer, *V. C. as a Comparative Educator*, NY 1971. – P. Bénichou, *Le sacre de l'écrivain*, Paris 1973. – Ders., *Le temps des prophètes*, Paris 1977.

### DU VRAI, DU BEAU ET DU BIEN

(frz.; *Über das Wahre, das Schöne und das Gute*). Siebzehn Vorlesungen von Victor COUSIN, erschienen 1853. – Das Werk bildet einen in sich geschlossenen, abgetrennten Teil der von Cousin selbst besorgten Neuausgabe der Nachschriften seiner Vorlesungen von 1815 bis 1820. Der Inhalt wurde 1818 in Vorlesungen in Paris, unmittelbar nach seiner Rückkehr von einer Deutschlandreise, vorgetragen. Die in glänzendem Stil geschriebene, philosophisch jedoch eher oberflächliche Darstellung steht im Gegensatz zu den als tiefschürfend und dunkel bekannten Vorlesungen. Dieses Mißverhältnis beruht auf der Tatsache, daß Cousin nach 1845 aus persönlichen oder politischen Gründen alle Spuren eigener Originalität aus seinen Schriften tilgte. Die von Adolphe GARNIER 1836 anhand von Höreraufzeichnungen geschaffene Ausgabe ist philosophisch weitaus interessanter; darin umfaßt die später stark gekürzte, grundlegende Darstellung über das Wahre etwa die Hälfte des Werks. Von Cousin wird allerdings nur die eigene Ausgabe als systematische Darstellung seiner Philosophie anerkannt. Er nennt diese Philosophie selbst *Eklektizismus*. Ausgehend von dem Gedanken, daß alle philosophischen Systeme nur eine Seite der Wahrheit repräsentierten, nicht falsch, sondern unvollständig seien, versucht er das Wahrste und Beste jeder Philosophie auszuwählen, um in einer Vereinigung der Systeme eine vollständige Philosophie zu schaffen. Mit Eklektizismus wird dabei die Methode bezeichnet, nicht die Philosophie selbst. Diese besteht keineswegs in der Assimilierung und Identifizierung von Gegensätzen, sondern in der *Befreiung der Wahrheit aus den Irrtümern der philosophischen Systeme* durch die Kritik ihrer Prinzipien und Folgerungen.

Die wichtigsten Quellen seiner Philosophie findet Cousin in der Schottischen Schule (REID) und im deutschen Geistesleben, namentlich bei HEGEL und SCHELLING, von denen er sagt: *»Hegel hat viel Schelling entlehnt, ich, viel schwächer als der eine und der andere, habe bei beiden eine Anleihe gemacht.«* – Die Abhandlung, deren Titel Ausdruck der Intention des Autors ist, ein die gesamte Realität umfassendes geistiges System zu schaffen, verrät daher in der Theorie der intellektuellen Anschauung und der Einheit der Substanz unmittelbar den Einfluß Schellings und Hegels. – Zum einen ist für Cousin die Einheit des Ichs Kundgebung des absoluten Seins im menschlichen Bewußtsein. Das Absolute offenbart sich jedoch nicht unmittelbar, sondern wird in seinen Attributen, den absoluten Ideen, von der reinen, spontanen Anschauung der Vernunft erkannt; Cousins Philosophie könnte daher »spiritualistischer Idealismus« genannt werden; die absoluten Ideen können nur Attribute einer ebenso absoluten Substanz sein, das einzig Absolute aber ist Gott, der in allem und überall im menschlichen Bewußtsein zu sich selbst kommt, so daß Cousins Philosophie auch »pantheistischer Idealismus« heißen könnte; zum anderen gesteht Cousin dem Empirismus die Richtigkeit der wissenschaftlichen Methode der Beobachtung und Analyse zu, wendet sich jedoch entschieden gegen die Auffassung, alle Erkenntnis aus der sinnlichen Erfahrung ableiten zu wollen. Demnach ist *»empiristisch gemäßigter Idealismus«* die angemessene und auch von Cousin selbst gewählte Bezeichnung für seinen Standpunkt.

Ein wichtiger Teil dieser Philosophie besteht in der umfassenden Kritik des Sensualismus eines LOCKE oder CONDILLAC. Mit seinem Lehrer MAINE DE BIRAN, dem Begründer des französischen Spiritualismus, dem Cousin zeitlebens philosophisch verbunden bleibt, nimmt er als Ausgangspunkt der Philosophie nicht die Erkenntnis der bloßen Erscheinungen, sondern das unmittelbare Bewußtsein ihrer Ursachen an. – Insgesamt betrachtet, sucht Cousin im Ausgang von der Kritik des Sensualismus in der Vermittlung empirischer Methoden mit den Systemen des Idealismus die Grundlagen eines universalen Systems der Philosophie zu schaffen.

Seine Leistung liegt weniger in der Originalität der eigenen Position als in der Eröffnung weiter Horizonte durch die Vermittlung verschiedener philosophischer Systeme. Die grundlegenden Prinzipien seines, die Metaphysik, die Ästhetik und die Moral umfassenden Werkes sind die absoluten Ideen des Wahren, des Schönen und des Guten. Das absolute Sein ist dem menschlichen Bewußtsein nur in den Ideen des Wahren (als Möglichkeit der Annäherung Gottes durch Erkenntnis), des Schönen (das als Ideal Selbstzweck und Form der Offenbarung Gottes ist) und des Guten (das als Idee des Moralisch-Guten über die Erkenntnis hinaus die Pflicht zu seiner Verwirklichung impliziert) gegenwärtig. Der einzige Weg, den Menschen zum Wesen des Seins zu erheben, besteht daher in dem Streben nach Wahrheit, der Darstellung des Schönen und der Übung des Guten.
Die Bedeutung des Werks liegt vor allem in der Zurückweisung des Sensualismus und des Materialismus sowie der Erneuerung des Spiritualismus in Frankreich. Mehr Rhetor als Philosoph, galt Cousin vielen als der »Dichter der Metaphysik« des 19. Jh.s, auf den am ehesten sein eigenes Wort zutrifft: *»Die tiefen Geister sind oft exklusiv, die weitspannenden zuweilen oberflächlich: sie lassen selten eine ebenso fruchtbare Spur auf dem Felde der Intelligenz zurück.«* Nach einer kurzen Zeit großen Erfolgs hatte Cousins Werk nur geringen Einfluß auf die weitere Entwicklung der Philosophie. G.Cs.

Ausgaben: Paris 1853. – Paris 1854 (rev.). – Paris 1968–1971 (in *Œuvres complètes*, 12 Bde.).

Literatur: E. Lerminier, *V. C. »Du vrai, du beau et du bien«* (in Revue Contemporaine, 13, 1854, S. 5–36). – J. Pommier, *L'évolution de V. C.* (in Revue de l'Histoire de la Philosophie, 1931, S. 173–203). – B. Knoop, *V. C., Hegel und die französische Romantik*, Diss., Mchn. 1932. – *Enciclopedia filosofica*, Venedig/Rom 1957, Bd. I, S. 1306–1308 [m. Bibliogr.]. – J. Wallon, *Du livre de M. C. ayant pour titre »Du vrai, du beau et du bien«*, o. O. u. J. – F. Will, *Intelligible Beauty and Aesthetic Thought from Winckelmann to V. C.*, Tübingen 1958, S. 209–211 [m. Bibliogr.]. – Ders., *Flumen historicum. V. C.s Aesthetic and Its Sources*, Chapel Hill 1965.

## DIOGO DO COUTO

* 1542 Lissabon
† 10.12.1616 Goa

Literatur zum Autor:
A. F. G. Bell, *D. do C.*, Ldn. 1924. – H. Cidade, *A literatura portuguesa e a expansão ultramarina*, Lissabon 1943; Coimbra [2]1963. – C. R. Boxer, *Three historians of Portuguese Asia, Barros, C. and Bocarro*, Macau 1948. – Ders., *Camões e D. do C.* (in Ocidente 35, 1972, S. 25–37). – J. V. Serrão, *A historiografia portuguesa*, Bd. 1, Lissabon 1972, S. 244–263. – A. Coimbra Martins, *Sobre a génese da obra de D. do C.* (in ArCCP, 8, 1974, S. 131–174). – J. Fisch, *Der Niedergang des Abendlandes im Morgenland* (in *Niedergang: Studien zu einem geschichtlichen Thema*, Hg. R. Kosellek u. P. Widmer, Bd. 2, Stg. 1980, S. 148–171). – A. M. Machado, *O mito do Oriente na literatura portuguesa*, Lissabon 1983, S. 34–44 (BB, 72). – C. R. Boxer, *D. do C. (1543–1616), controversial chronicler of Portuguese Asia* (in *Iberia*, Hg. R. O. W. Goertz, Calgary 1985, S. 57–66).

### DÉCADAS DA ÁSIA

(portug.; *Dekaden über Asien*). Geschichte der portugiesischen Herrschaft in Indien von Diogo do Couto, erschienen 1602–1788. – Die Dekaden vier bis zwölf umfassen den Zeitraum von 1529–1609 und setzen das von João de Barros begonnene Werk im Auftrag Philipps II. fort. Couto, der seit 1559 in Indien lebte, erzählt im Gegensatz zu Barros, der sich nur auf Urkunden und Berichte von fremder Hand stützen konnte, aus unmittelbarer Kenntnis der örtlichen Verhältnisse und der handelnden Personen zur Zeit des Verfalls der portugiesischen Macht. Seine Darstellung ist ungeschminkt, im Unterschied zu der seines Vorgängers, sein Urteil persönlicher und schärfer, seine Sprache härter und gedrängter. Habgier, Korruption und die Rivalitäten der Gouverneure werden als ruchlose Schandtaten gebrandmarkt. Die Furcht vor Enthüllungen dürfte der Anlaß dazu gewesen sein, daß die Manuskripte der achten und neunten Dekade gestohlen wurden. Sie mußten aus dem Gedächtnis noch einmal geschrieben werden. Auch das Schicksal der anderen Manuskripte war höchst abenteuerlich; so verbrannte die sechste Dekade 1614 bis auf wenige Exemplare. Das Manuskript der siebten fiel 1601 englischen Seeräubern in die Hände und mußte ebenfalls neu geschrieben werden. Die zwölfte Dekade blieb unvollendet. Coutos Nachfolger in Goa, António Bocarro, schrieb eine dreizehnte Dekade, beginnend 1612, die 1876 zum erstenmal veröffentlicht wurde.
A.E.B.

Ausgaben: Lissabon 1602; 1612; 1614; 1616; 1673 (*Décadas* 4–8). – Paris 1645 (*Década* 12). – Lissabon 1736 (*Década* 9, zus. m. 4–8). – Lissabon 1778–1788 (in *Da Ásia*). – Coimbra 1936 (*Década quinta da Ásia*, Hg. M. de Jong; unveröff. Text). – Lissabon 1947, Hg. A. Baião [Einl. u. Ausw.]. – Lissabon 1974/75 (in *Da Ásia de João de Barros e de D. do C.*, 24 Bde., 1973–1975, 10–24).

Literatur: A. Baião, *Documentos inéditos sobre J. de Barros e sobre os continuadores das suas Décadas* (in Boletim da Segunda Classe da Academia das

Sciencias, 2, Lissabon 1910, S. 202–355). – A. Losa, *Islamismo e cristianismo nas »Décadas« de D. do C.* (in V. Colóquio Internacional de Estudos Luso-Brasileiros, Actas, Bd. 2, Coimbra 1965, S. 389–405). – A. Coimbra Martins, *Sobre as »Décadas« que D. do C. deixou inéditas* (in ArCCP, 3, 1971, S. 272–355). – M. A. L. Cruz, *Para uma edição crítica de »Década VIII« de D. do C.* (in ArCCP, 17, 1982, S. 93–114). – Dies., *Década VIII da »Asia« de D. do C.: informação sobre uma versão inédita* (in Arquipélago, 6, 1984, S. 151–166).

## O SOLDADO PRÁTICO, que trata dos enganos e desenganos da India

(portug.; *Der erfahrene Soldat, der von den Täuschungen und Enttäuschungen in Indien handelt*). Kritik der Zustände in Indien von Diogo do COUTO, erschienen 1790. – Grundmotiv dieser Betrachtungen in Dialogform ist der bedrückende Gegensatz zwischen dem glanzvollen Schein und der erbärmlichen Wirklichkeit der portugiesischen Herrschaft in Indien. Ein alter Soldat und Indienkämpfer, durch dessen Mund der Verfasser offensichtlich seine eigenen Erfahrungen mitteilt, berichtet einem könglichen Sekretär in Lissabon, dem er sein Versorgungsgesuch unterbreitet, und einem Edelmann, der als Gouverneur in Indien gedient hat, von den Mißständen der portugiesischen Verwaltung in Asien. Die alten Tugenden des Wagemuts, der Treue und Selbstlosigkeit sind längst verschwunden. An ihre Stelle sind Habgier und Neid, Verleumdung, Intrige, Niedertracht und Verrat getreten und haben zu einem Zustand von Ungerechtigkeit und Willkür, Amtsmißbrauch und Erpressung, Bestechung und Günstlingswirtschaft, Unterschlagung und schamloser Ausbeutung geführt. Dieses düstere Bild des Niedergangs und Verfalls findet seine Entsprechung in den Zuständen im Mutterland selbst. Zurückgekehrt, um sich in der Heimat das Recht zu holen, das ihm in Indien verweigert wurde, muß der Soldat erkennen, daß hier die gleichen Mißstände herrschen wie dort.

Wenn Couto durch den Mund des Veteranen für diese ganze Lage die Ratgeber des Königs, vor allem aber diesen selbst verantwortlich macht, so trifft er damit die spanische Krone – Philipp II. (reg. 1556–1598) und Philipp III. (reg. 1598–1621) –, die seit 1580 durch Personalunion auch über Portugal herrschte und in deren Dienst als Reichschronist Couto die von João de BARROS (um 1496?–1570) begonnene Chronik der portugiesischen Entdeckungen (vgl. *Ásia*) zu Ende führte (vgl. *Décadas da Ásia*). Die Unmittelbarkeit seines Angriffs wird dadurch kaum verschleiert, daß Couto den Bericht des *Soldado prático* in die Zeit König Sebastians (reg. 1568–1578) verlegt. So erklärt es sich, daß die Schrift erst sehr viel später gedruckt wurde. Die erste, schon vor 1580 geschriebene Fassung war Couto entwendet und heimlich in Abschriften verbreitet worden. Sie wurde nach der später wieder aufgefundenen Handschrift im Jahre 1790, demselben Jahr wie die zweite Fassung, gedruckt. Diese nach 1610 entstandene zweite Version unterscheidet sich nach Umfang, Aufbau und Stil erheblich von der ersten, die nur zwei Gesprächspartner, den heimgekehrten Soldaten und den vor der Abreise nach Goa stehenden Vizekönig von Indien, kennt und in einfacher, bildhafter, von volkstümlichen Redensarten und Sprichwörtern durchsetzter Sprache abgefaßt ist. Demgegenüber ist die zweite Fassung außer durch die Zahl und Identität der Gesprächspartner durch die Menge der darin enthaltenen humanistischen Bildungselemente gekennzeichnet – Aussprüche und Exempel, die Schriftstellern, Geschichtsschreibern und Philosophen der Antike entnommen sind – sowie durch eine größere Fülle persönlicher Erfahrungen und Erlebnisse und von Tatsachen aus erster Hand. In seiner schonungslosen Enthüllung der portugiesischen Mißwirtschaft in Indien ist das Werk Coutos den *Lendas da India* von Gaspar CORREIA vergleichbar. Doch unterscheidet sich der *Soldado prático* von der leidenschaftslosen, nüchternen Darstellungsweise Correias durch das stärkere persönliche Engagement des Verfassers. Unerbittlichkeit der Kritik und Unbestechlichkeit des Urteils machen die Schrift zu einem historischen Zeugnis ersten Ranges, einem düsteren Gegenstück zu dem die Heldentaten der Portugiesen in Asien glorifizierenden Geschichtswerk *Ásia* von João de Barros, das dem berühmten Versepos CAMÕES' (vgl. *Os Lusiadas*) als Vorlage diente. A.E.B.

AUSGABEN: Lissabon 1790, Hg. A. C. do Amaral. – Lissabon 1937, Hg. M. Rodrigues Lapa [m. Einl. u. Anm.]; ern. 1954; ern. 1980.

LITERATUR: A. Águedo de Oliveira, *O libelo de D. do C. contra os »Contos de Goa«*, Lissabon 1960. – P. A. Fothergill-Payne, *Attitudes to Empire* (in Proceedings: Pacific Northwest Conference on Foreign Languages, Bd. 20, 1969, S. 129–137). – A. F. de Carvalho, *D. do C., »O soldado prático« e a India*, Lissabon 1979. – M. V. L. de Matos, *Camões lido por D. do C.* (in *Actas da IVª Reunião Internacional de Camonistas*, Ponta Delgada 1983, S. 359–372). – *Empire in transition*, Hg. A. Hower u. R. A. Preto-Rodas, Gainesville 1985.

# MIA COUTO

* 1955 Beira

## VOZES ANOITECIDAS

(portug.; *Eingeschlafene Stimmen*). Erzählungen von Mia COUTO (Moçambique), erschienen 1987. – Mia Couto stellt sich mit diesem Erzählband in die Tradition der oralen Literatur Moçambiques und gehört ideell zu der jungen Schriftstellergeneration der sechziger Jahre, die in der Kurzgeschichte die natürliche Weiterführung des afrikanischen Geschichtenerzählens fand. Der zwölf Erzählungen umfassende Band beginnt mit *A fogueira (Die Feuerstelle)*. In der Dürre und Armut der Steppe Moçambiques beschließt ein verzweifelter Mann, dem elenden Leben seiner Frau ein Ende zu machen, und beginnt ein Grab zu schaufeln. Als Regen einsetzt, gräbt er wie besessen weiter, verfällt dem Fieber und sieht im Traum eine Feuerstelle. Am nächsten Tag taumelt er aus der Hütte, fällt in die Grube, wird aber von seiner Frau gerettet. Im Fieberschlaf träumt er von alten Geschichten, die er fast alle erfunden hat, bis das Feuer endgültig erlischt. – *O último aviso do corvo falador (Die letzte Mahnung des sprechenden Raben)* handelt von dem falschen Heiler Zuzé Paaza, der den Leuten im Dorf wahrsagt und ihnen dafür immer mehr Geld abverlangt. Als ihn Candida aufsucht, um ihn um die Heilung ihres an epileptischen Anfällen leidenden Mannes Sulane zu bitten, stiftet Zuzé sie an, dessen Kleider zu stehlen, die er sich selbst anzieht, angeblich um die Götter zu besänftigen. Darüber kommt es zu einer Auseinandersetzung mit Candidas Mann, wobei dieser den Zauberer und dessen Medium, den Raben, verletzt. Der Wahrsager verflucht Sulane, der daraufhin einen Anfall erleidet, und verläßt schließlich das Dorf, dessen Einwohner nur noch den toten Raben hinter seiner Hütte finden und angsterfüllt fliehen. – *De como se vazou a vida de Ascolino do Perpétuo Socorro (Wie sich das Leben von Ascolino do Perpétuo Socorro entleerte)* erzählt von dem indischen Kaufmann Socorro und seiner Frau Epifania, die ihn nach Jahren der Mißachtung verläßt, weil er sich lieber täglich um siebzehn Uhr von seinem Diener mit dem Fahrrad zur Whiskybar bringen läßt, als sich um seine Frau zu kümmern. Als Socorro von Epifanias Flucht erfährt, gebietet er dem Diener, die Verfolgung aufzunehmen, hält ihn jedoch an, immer schneller zu fahren, da er um siebzehn Uhr wieder in der Bar sein müsse. – In *A história dos aparecidos (Die Geschichte der Aufgetauchten)* erscheinen zwei ertrunkene Männer, Luis und Anibal, plötzlich wieder in ihrem Dorf. Aber niemand will sie aufnehmen, da sie nicht mehr registriert sind und körperlos erscheinen, und außerdem der Dorfverwalter seine Lebensmittelrationen nicht beschränken will. Nach einer Beschwerde der Parteikommission dürfen und müssen die beiden aber schließlich im Dorf bleiben, um die Papiere der Lebenden zu sortieren. – Die Titelheldin von *A menina do futuro torcido (Das Mädchen mit der verdrehten Zukunft)*, Tochter eines Mechanikers, wird von ihrem Vater allnächtlich krumm an eine Öltonne gebunden, denn sie soll später als Schlangenmensch viel Geld verdienen. Eines Tages fährt er mit ihr in die Stadt und spricht mit dem Zirkusmanager, der aber nur an Künstlern interessiert ist, die Eisen zerbeißen können. Als der Vater auf der Rückfahrt die Tochter auf ihre starken Zähne anspricht, sinkt sie ihm tot in die Arme.

Mit diesen wie auch weiteren Erzählungen *(O dia em que explodiu Mabata-bata – Der Tag, an dem Mabata-bata explodierte; Os passaros de Deus – Die Vögel Gottes; Afinal Carlota Gentina não chegou de voar? – Schließlich flog Carlota Gentina doch nicht?; Saíde, o lata de água – Saíde, die Wasserbüchse; As baleias de Quissico – Die Wale von Quissico* und *Patanhoca, o cobreiro apaixonado – Patanhoca, der verliebte Schlangenfänger)* vermischt der Autor mit viel Witz und Ironie, aber auch bissiger Kritik die Mythologie der Völker Moçambiques mit der Geschichte des Landes und verleiht seinen Erzählungen bald historischen, bald magischen Charakter, der zuweilen, wie in *Os pássaros de Deus*, an den magischen Realismus eines Gabriel García Márquez erinnert. K.De.

Ausgabe: Lissabon 1987 [Vorw. J. Craveirinha; Einl. L. C. Patraquim].

Literatur: Rez. (in JL, 20. 6. 1987, Nr. 263). – I. Rocha, *Os prosadores em Moçambique* (ebd., 26. 10. 1987, Nr. 277). – C. de M. Medina, *Sonho Mamana Africa*, São Paulo 1987, S. 55–68.

## Noël Coward

* 16.12.1899 Teddington
† 26.3.1973 Port Maria / Jamaika

Literatur zum Autor:
R. Mander u. J. Mitchenson, *Theatrical Companion to C.*, Ldn. 1957. – M. Levin, *N. C.*, NY 1968 (TEAS). – C. R. Morse, *Mad Dogs and Englishman: A Study of N. C.* (in Emporia State Research Studies, 21, 1973, Nr. 4, S. 5–50). – C. Lesley, *The Life of N. C.*, Ldn. 1976; ern. 1978. – J. Lahr, *C., the Playwright*, Ldn. 1982.

### BLYTHE SPIRIT

(engl.; *Ü: Geisterkomödie*). Komödie von Noël Coward, Uraufführung: Manchester, 16. 6. 1941, Opera House; deutschsprachige Erstaufführung: Zürich, 8. 11. 1945, Schauspielhaus. – Eines der populärsten Stücke des Dramatikers, das später auch erfolgreich verfilmt wurde. Charles Condomine, ein wohlhabender Schriftsteller mittleren Alters, lebt mit seiner attraktiven zweiten Frau geruhsam in seinem kleinen Landhaus in Kent. Als man ihnen von einer alten Frau erzählt, die sich mediale Kräfte zuschreibt und behauptet, sie könne Verbindung mit Verstorbenen aufnehmen, bleiben die Condomines zwar skeptisch, laden aber die Alte in ihr Haus ein. Tatsächlich sind die Bemühungen der Besucherin erfolgreich: Sie läßt den Geist von Condomines erster Frau erscheinen. Vor allem die Tatsache, daß dieser Geist nur für Condomine sichtbar und hörbar ist, nicht aber für dessen zweite Frau, zeitigt nun die humorvollsten Effekte des Stückes. In leicht satirischer Form wird dabei das Verhältnis dieser drei Menschen zueinander skizziert, nicht ohne daß Coward vergäße, in heiterem Ton die Kritik an der modernen Ehe einzuflechten. Condomines zweite Frau wird schließlich von der ersten getötet und schließt sich ihr dann als Geist an. Sehr zufrieden mit diesem Ausgang der Geschehnisse macht sich Condomine am Ende des Stückes vor beiden Geistern aus dem Staube. J.v.Ge.-KLL

AUSGABEN: NY 1941. – Ldn. 1942. – Ldn. 1958 (in *Play Parade*, 5 Bde., 1949–1958, 5). – Ldn. 1976. – Ldn. 1979 (in *Plays*, 4 Bde., 4; Einl. R. Mander u. J. Mitchenson; ern. 1983).

ÜBERSETZUNG: *Geisterkomödie*, C. Goetz, 1959 [Bühnenms.].

VERFILMUNG: England 1945 (Regie: D. Lean).

## CAVALCADE

(engl.; *Kavalkade*). Dramatische Szenenfolge von Noël COWARD, Uraufführung: London 13. 10. 1931, Drury Lane Theatre. – *Cavalcade* ist eine Mischung aus historischem Schauspiel und Musical. In einer Reihe von dramatischen Szenen werden die bedeutenden Ereignisse der englischen Geschichte von den Burenkriegen bis zum Jahr 1930 dargestellt. Die Musikeinlagen bestehen aus seinerzeit populären Liedern. Als verbindendes Glied zwischen den einzelnen Szenen fungiert die Familie Sir Robert Marryots, deren Reaktionen auf die Zeitereignisse vorgeführt werden: auf den Burenkrieg, den Tod der Königin Viktoria, den Untergang der »Titanic« und den Ersten Weltkrieg. Abschied und Heimkehr aus dem Krieg, Krönungsrummel auf den Straßen, Dienstbotengespräche über Zeitungsnachrichten sowie Liebesaffären, Eheprobleme und das Heranwachsen einer neuen Generation sind einige der vielen Einzelthemen und -szenen, in denen Coward die jüngste Vergangenheit beschwört.
Der sensationelle Erfolg des Stückes (es wurde sogar in Fortsetzungen in der Presse veröffentlicht und brachte seinem Autor eine Popularität ein, wie sie im allgemeinen nur Filmstars erlangen) kann weder aus seinem (bescheidenen) literarischen Wert abgeleitet werden noch aus der Tatsache, daß hier mit dramaturgisch perfekten Mitteln erstmals in England ein bunter Bilderbogen aus neuester Zeit präsentiert wurde. Ausschlaggebend für den Erfolg dürfte gewesen sein, daß Coward sich bei der Behandlung des Stoffes der Einstellung des englischen Mittelstandes anpaßte und die historischen Ereignisse mit viel Hurra-Patriotismus, Sentimentalität und Nostalgie abrollen ließ. Hinzu kommt sein instinktsicheres Eingehen auf die allgemeine Stimmung in einem Augenblick, da – nach verschiedenen Wirtschaftskrisen, die den Niedergang der politischen Macht Großbritanniens widerspiegelten – der überwältigende Wahlsieg der von den bürgerlichen Parteien getragenen »Nationalregierung« unter Ramsay MacDonald eine Wendung zum Besseren einzuleiten schien. J.v.Ge.

AUSGABEN: Ldn. 1932. – NY 1933. – Ldn. 1961 (in *Play Parade*, Bd. 1). – Ldn. 1979 (in *Plays*, 4 Bde., 3; Einl. R. Mander u. J. Mitchenson; ern. 1983).

VERFILMUNG: USA 1933 (Regie: F. Lloyd).

## DESIGN FOR LIVING

(engl.; *Ü: Unter uns Vieren*). Komödie von Noël COWARD, Uraufführung: New York, 24. 1. 1933, Ethel Barrymore Theatre; deutsche Erstaufführung: Berlin, Mai 1952, Komödie. – Die Handlung des geschickt konstruierten Stücks kreist um die Liebe einer Frau zu zwei Männern und um den Versuch des Trios, seinen unkonventionellen Beziehungen eine dauerhafte Basis zu geben, sich aber zugleich mit seiner konventionellen Umwelt zu arrangieren. Otto ist Maler, Leo Schriftsteller und Gilda ist das Mädchen, das beide lieben. Gilda will zunächst nicht wahrhaben, daß sie beiden Männern in gleichem Maß zugetan ist und daß eine Art von *ménage à trois* sich als beste Lösung ihres gemeinsamen Problems anbietet. Einige sehr bühnenwirksame Szenen zeigen, wie Gilda zwischen ihren zwei Liebhabern hin- und herpendelt. Einmal erwägt sie sogar, sich von beiden zu lösen und den gesetzten Ernest Friedmann zu heiraten, der in dem Stück als eine Art Kommentator fungiert. Als die drei Liebenden dann doch beschließen, wie bisher unkonventionell weiterzuleben, tun sie es mit der nicht gerade von großer Lebenserfahrung zeugenden Begründung, daß sie sich nur auf diese Weise die glücklichen Erinnerungen an die Zeit, in der sie jung und unternehmungslustig waren, bewahren könnten.
Das Stück ist streng symmetrisch aufgebaut und lebt von den Kontrasten, die sich auch inhaltlich (z. B. im Gegensatz Künstler-Bürger) fortsetzen. Gerade die straffe Konstruktion stellt Cowards Dramen in die Tradition des französischen *pièce bien faite* im Stil von Eugène SCRIBE. J.v.Ge.

AUSGABEN: Ldn. 1933. – NY/Garden City 1933. – Ldn. 1934 (in *Play Parade*). – Ldn. 1961 (in *Play Parade*, Bd. 1). – Ldn. 1979 (in *Plays*, 4 Bde., 3; Einl. R. Mander u. J. Mitcheson; ern. 1983).

ÜBERSETZUNG: *Unter uns Vieren*, C. Goetz, Bad Reichenhall 1952 [Bühnenms.].

VERFILMUNG: USA 1932 (Regie: E. Lubitsch).

## HAY FEVER

(engl.; *Ü: Heufieber*). Komödie in drei Akten von Noël COWARD, Uraufführung: London 8. 6. 1925, Ambassadors Theatre; deutsche Erstaufführung: Berlin, 1926, Kammerspiele. – Das Stück gehört zu den frühesten, in denen Coward die englische *comedy of manners* wiederaufleben ließ, und wurde von ihm selbst als eines seiner gelungensten Lustspiele bezeichnet. Die drei Akte zeigen nichts anderes als die Variationen einer leicht frivolen Ausgangssituation, wie sie ähnlich in vielen Boulevardstücken zu finden ist. Im Fall von *Hay Fever* handelt es sich um die prekäre Lage, in der sich die augenscheinlich sehr vorurteilsfreie Familie Bliss – bestehend aus einem arrivierten Schriftsteller, seiner als Schauspielerin nicht weniger erfolgreichen Frau und beider Sohn und Tochter – befindet, als jeder von ihnen, ohne Wissen der anderen, sein »Verhältnis« zum Wochenende einlädt. Nachdem man verschiedentlich die Partner gewechselt hat, siegt der Familiensinn über das hektische Bestreben, unkonventionell zu sein, und die vier ekeln gemeinsam die »Eindringlinge« aus dem Haus. J.v.Ge.

AUSGABEN: Ldn. 1925. – Ldn. 1927 [überarb. Fassg.]. – Ldn. 1961 (in *Play Parade*). – Ldn. 1979 (in *Plays*, 4 Bde., 1; ern. 1983).

ÜBERSETZUNG: *Heufieber*, J. v. Guenther, Bln. 1926.

LITERATUR: C. R. Yaravintelimath, *N. C.'s »Hay Fever«: A Study* (in Journal of Karnatak Univ., Humanities, 18, Dharwar 1974, S. 84–97).

# ABRAHAM COWLEY

* 1618 London
† 28.7.1667 Chertsey

## DAS LYRISCHE WERK

**DAS LYRISCHE WERK** (engl.) von Abraham COWLEY.

Cowley, der sich in den Einleitungsversen der *Miscellanies* (1656) *»Hannibal der Musen«* nannte, galt zu Lebzeiten – mit einer MILTON zugeschriebenen Äußerung – neben SPENSER und SHAKESPEARE als bedeutendster englischer Dichter. Er hatte sich mit zehn Jahren an Versromanzen versucht, später mehrere Dramen, Satiren – wegen *The Puritan and the Papist* (1643) verlor er seinen Universitätsposten –, anakreontische Verse und verschiedenes andere geschrieben; der Royalist war während der Puritanerherrschaft nach Frankreich gegangen, noch unter Cromwell zurückgekehrt, hatte nach kurzer Inhaftierung wegen Spionageverdachts Medizin studiert und 1660 die Rückkehr der Stuarts begrüßt. Literarhistorische Bedeutung erlangte er jedoch vor allem durch das in heroischen Reimen verfaßte Epos *Davideis* (1656), die Gedichtsammlung *The Mistress* (1647) und die sog. unregelmäßigen pindarischen Oden (1656), die u. a. bei DRYDEN, WORDSWORTH und TENNYSON traditionsbildend wurden.

Cowleys Ruhm begann zu verblassen, nachdem Dryden ihm seine angeblich regellose Phantasie vorgeworfen und Samuel JOHNSON ihn in den *Lives of the English Poets* (1779–1781) zwar als ersten Autor behandelt, aber den für ihn exemplarischen Vertreter der *»Rasse der Autoren, die man die metaphysischen Dichter nennen könnte«*, aus neoklassizistischer Sicht negativ beurteilt hatte. Während des 20. Jh.s trat Cowley in der Wertschätzung vollends hinter den u. a. von T. S. ELIOT als spezifisch modern gesehenen J. DONNE zurück.

Cowley steht auf der Schwelle des Übergangs von der barocken zur klassizistischen Dichtung: An die Stelle des kurzen und intimeren lyrischen tritt das Öffentlichkeit herstellende Gedicht, und mit der Kritik an der als regellos bezeichneten Phantasie wird – wie im politischen so im literarischen Bereich – die Vernunft zum höchsten Maßstab erklärt. Cowleys rationalistische Grundeinstellung zeigt sich nicht nur im Projekt eines *»philosophischen College«* (*A Proposition for the Advancement of Experimental Philosophy*, 1661) und der Tatsache, daß er damit zu den Mitbegründern der Royal Society (1662) gehörte, sondern auch z. B. in seiner Ode auf den *»großen Columbus der goldenen Länder der neuen Philosophie«*, den Freund Thomas HOBBES, oder in der Ode auf die Royal Society: Er feiert Francis BACON als denjenigen, der den Garten der Weisheit geöffnet und der anstelle des Studiums der Worte das der naturwissenschaftlich untersuchbaren Objekte gesetzt hat, um damit die Unterwerfung der *»großen und reichen Regionen«* der Erde einzuleiten.

Die häufig als exaltiert und manieriert bezeichnete Lyrik der ersten Schaffensphase widerspricht jedoch nur teilweise dem Grundsatz wissenschaftlicher und sprachlicher Klarheit, die Cowleys Freund und Biograph, Th. SPRAT, zu den Grundpfeilern der Royal Society rechnete. Bereits die ausdrücklich als Rollengedichte deklarierten und gemäß den petrarkistisch-elisabethanischen Konventionen gestalteten Liebesverse der Sonettfolge *The Mistress* sind das Produkt einer Bildtechnik, die vom Leser das primär intellektuelle Aufspüren von Korrespondenzen zwischen den verschiedensten Gegenstandsbereichen verlangt (U. Suerbaum). Der allerdings kaum an Welterkenntnis orientierte, letztlich teilweise im Sinne *»metaphysischer«* Dichtung durch virtuosen *»wit«* geprägte Sprachduktus wird deutlich, wenn Cowley etwa in dem Gedicht *Maidenhead (Jungfernhäutchen)* intellektuell distanziert die verschiedensten Analogien durchspielt. Wenn er sich im Vorwort zur Ausgabe der *Poems* (1656) gegen die *»Lüge«* wendet, *»daß Lügen wesentliche Grundlage für gute Dichtung seien«*, und wenn er jene *»verrückten Erzählungen von Göttern und Heroen«* der Antike attackiert, in denen sich das

*»Chaos«* der *»Theologie jener Zeit«* zeige, deutet sich die Hinwendung zum neuen, primär verstandesmäßigen Wahrheitsbegriff an, der Distanzierung von den anakreontischen Spielkonventionen impliziert, aber immer noch an die Vorgaben der christlichen Kosmologie gebunden ist. Das zeigt etwa die Ode *Of Wit*, die die *»falschen Waren«* der sprachlichen oder bildlichen Phantasiewahrheiten denunziert: Der *»wahre Wit«* sei in der Harmonie der Vielfalt zu finden, wie sie, verkörpert in der Arche Noah, die Natur als göttliche Schöpfung aufweist. Allerdings kann Cowley, wie die Annotationen zu seinem christlichen Epos nach klassischem Muster, *Davideis*, zeigen, den Gegensatz zwischen der biblisch auch in Bildern tradierten und der faktisch-historischen Wahrheit nicht auflösen.

Die seit 1651 entstandenen *Pindarique Odes* – zwei Imitationen PINDARS, eine Nachahmung von HORAZENS Pindar-Ode, sowie zwölf Originaltexte (u. a. eine Ode über eine Jesaia-Stelle) – spielen eine neue poetische Sprechweise durch, die wenig später durch BOILEAUS Übersetzung des pseudolonginischen Traktats *Peri Hypsus* an literarhistorischer Dignität gewinnt. Während Ben JONSON in seiner Ode auf Sir H. Morison (postum 1640) das triadische Strukturmuster Pindars nachgeahmt hatte, wollte Cowley den Pindarischen Sprechduktus imitieren, den die zeitgenössische Kritik als digressiv, logisch inkonsistent, *»verwegen«* bezeichnet hatte. Wenn man Pindar wörtlich wiedergebe, so Cowley, klinge das, als habe *»ein Verrückter einen anderen Verrückten übersetzt«*. Da er die Argumentationsstruktur der Pindarischen Verse mit der Form des Enthymemas vergleicht, einer syllogistischen Beweisführung, bei der Einzelglieder ausgelassen sind, versucht er im Sinne einer konsistenteren Bildlogik vorhandene Lücken auszufüllen, die er auch in den Anmerkungen expliziert: Seine Überarbeitung ist insofern hermeneutisch orientiert und weitet die bei Pindar teilweise nur angedeuteten Bild- oder Vergleichselemente logisch aus, um die Korrespondenzen zwischen unterschiedlichen Vorstellungsbereichen letztlich intellektuell einsichtig zu machen. Cowley geht jedoch in diesen formal durch metrisch-rhythmische Irregularität gekennzeichneten Versen über eine bloß virtuose Aufdeckung sprachlich vermittelter Analogien und Korrespondenzen hinaus und weist der Dichtung in Entsprechung zur Wissenschaft eine Erkenntnisfunktion zu, die allerdings eher moralisch-sittlicher Art ist und daher des erhabenen Tons bedarf. Die *»figurativen Ausdrücke, Concetti, Verzückungen und Sätze«* sind jedoch, wie Cowley in *The Muse* betont, Bestandteile eines *»wohlgeordneten Kleides«*: Die *»unbotmäßige Phantasie«* ist letztlich der Vernunft unterworfen. U.Bö.

AUSGABEN: *The Complete Works in Verse and Prose*, Hg. A. B. Grosart, Edinburgh 1881, 2 Bde.; Nachdr. NY 1967. – *The English Writings*, Hg. A. R. Waller, Cambridge 1905–1906, 2 Bde. – *The Mistress, with other Select Poems*, Hg. J. Sparrow, Ldn. 1926.

ÜBERSETZUNG: In *Englische Barockgedichte*, Hg. H. Fischer, Stg. 1971 [engl.-dt.].

VERTONUNGEN: W. King, *Songs*, 1668. – H. Bowman, *Songs*, 1677. – P. Reggio, *Songs*, 1680.

LITERATUR: A. H. Nethercot, *A. C., the Muse's Hannibal*, Oxford 1931. – J. Loiseau, *A. C.: sa vie, son œuvre*, Paris 1931. – G. Walton, *C. and the Decline of Metaphysical Poetry* (in Scrutiny, 6, 1937, S. 17–108). – U. Suerbaum, *Die Lyrik der Korrespondenzen. C.s Bildkunst u. die Tradition der engl. Renaissancedichtung*, Bochum-Langendreer 1958. – R. B. Hinman, *A. C.s World of Order*, Cambridge/Mass. 1960. – K. Schlüter, *Die englische Ode*, Bonn 1964, S. 78–88. – J. G. Taafe, *A. C.*, NY 1972. – M. R. Perkin, *A. C.: A Bibliography*, Folkestone 1977. – D. Trotter, *The Poetry of A. C.*, Ldn. 1979.

## MALCOLM COWLEY

* 24.8.1898 bei Belsano / Pa.

LITERATUR ZUM AUTOR:
M. Cowley, *The Faulkner-C. File: Letters and Memories, 1944–1962*, NY 1966. E. Bulkin, *M. C.: A Study of His Literary, Social, and Political Thought to 1940*, Diss. NY Univ. 1974. – D. U. Eisenberg, *M. C.: A Checklist of His Writings: 1916–1973*, Carbondale/Ldn. 1975 [Einl. M. C.]. – L. P. Simpson, *M. C. and the American Writer* (in SR, 84, 1976, S. 221–247). – H. Bak, *M. C.: The Critic and His Generation* (in Dutch Quarterly Review, 9, 1979, S. 261–283). – D. E. Shi, *M. C. and Literary New York* (in Virginia Quarterly Review, 58, 1982, S. 575–593).

### EXILE'S RETURN. A Narrative of Ideas

(amer.; *Rückkehr aus dem Exil. Eine Ideengeschichte*). Literarische Chronik von Malcolm COWLEY, erschienen 1934. – *Exile's Return* ist die interessanteste und umfassendste Chronik der sogenannten *lost generation*, jener Generation, zu der, von HEMINGWAY bis FITZGERALD, die meisten bedeutenden jüngeren amerikanischen Schriftsteller der zwanziger Jahre zählten und deren Zusammengehörigkeitsgefühl in der Ablehnung einer überholten Vorkriegswelt und im Bekenntnis zu einer neuen Haltung gegenüber Leben und Kunst Cowley in seinem Buch analysiert. In einer Verbindung aus persönlichem Engagement und erfahrungsbezogener kritischer Distanz zeichnet er ein differenziertes und lebendiges Bild der intellektuellen und künstlerischen Strömungen der Zeit zwischen Kriegsmitte und Depression.

Zuerst skizziert Cowley kurz die gemeinsame Ausgangslage jener Generationsgefährten, die aus der künstlich-idealen Gemeinschaft des amerikanischen College direkt auf den Kriegsschauplatz versetzt wurden. Der Dienst im amerikanischen Ambulanzkorps in Frankreich war ihre Feuerprobe, erzeugte aber bei aller Erfahrung und allem emotionellen Engagement vor allem eine *»zuschauende Haltung«* mitten in einer harten Wirklichkeit, an der man nicht eigentlich als Hauptakteur teilhatte. Nach der Rückkehr in die Heimat (d. h. nach New York als der geistigen Heimat) verstärkte dies eine dem Amerikaner sowieso schon eigene Tendenz zur Entwurzelung und zwang die jungen Freiwilligen in die Position einer skeptischen Boheme in einem sich wandelnden Greenwich Village. Das Ungenügen an der eigenen Kultur wuchs rasch und trieb die meisten Künstler und Intellektuellen nach dem als lebendiger empfundenen Europa zurück. Dort nahmen sie an allen geistigen Strömungen leidenschaftlich Anteil, allerdings ohne sich mit ihnen zu identifizieren, gaben Zeitschriften für Amerika heraus und ließen sich auf den Wellen der eigenen Begeisterung und der wirtschaftlichen Fluktuation quer durch den Kontinent treiben. Cowley selbst bekannte sich in symptomatischer Weise zum französischen Dadaismus, dem er in seinem Buch ein ungemein lebendiges Denkmal setzt. Aus dem europäischen Exil abermals nach New York zurückgekehrt, sagten die Künstler und Intellektuellen der amerikanischen Zivilisation den Kampf an. New York wurde zur *»city of anger«* (Stadt des Zorns). Rebellische kleine Zeitschriften (z. B. ›Broom‹, ›The American Mercury‹) schossen aus dem Boden und gingen rasch wieder ein. Die *»Ära der Inseln«* nennt Cowley diese Periode, in der die jungen Intellektuellen auch zu Hause noch im Exil lebten, abseits von jeder wirklichen Gesellschaft, deren Überzeugungen sie hätten teilen oder konstruktiv bereichern können. Charakteristisch für die geistige Situation dieser Generation erscheinen Cowley das hektische, ziellose, intensiv sich verzehrende Leben des Dichters Hart CRANE und die vagen Ideale des Gesellschaftsrebellen Harry CROSBY – beide begingen Selbstmord in der Blüte ihres Lebens. Jene Künstler und Literaten jedoch, die die *roaring twenties* und ihr eigenes geistiges Exil als Lebensgefühl überwanden, lernten es, die eigene Zivilisation nicht mehr nur als unabänderlichen Gegner, sondern als wandelbaren Organismus zu betrachten, zu dem sie selbst gehörten. Ihr Exil war beendet, als sie sich entschlossen, die kulturellen Möglichkeiten ihres eigenen Landes kennenzulernen und zu bereichern. K.E.

AUSGABEN: NY 1934. – Gloucester/Mass. 1959. – Harmondsworth 1976. – Magnolia/Mass. 1983.

LITERATUR: R. P. Blackmur, *The Double Agent, Essays in Craft and Elucidation*, Gloucester/Mass. 1935, S. 172–183. – B. A. de Voto, *Forays and Rebuttals*, Boston 1936. – J. T. Farrell, *A Note on Literary Criticism*, NY 1936, S. 157–174. – K. Burke, *The Philosophy of Literary Form*, Ny 1961. – D. G. Parker, *M. C.* (in *American Writers in Paris, 1920–1939*, Hg. K. L. Rood, Detroit 1980, S. 73–81; DLB, Bd. 4).

## WILLIAM COWPER

* 15.11.1731 Great Berkhampstead
† 25.4.1800 East Dereham

LITERATUR ZUM AUTOR:
*Bibliographien:*
L. C. Hartley, *W. C. The Continuing Revaluation. An Essay and a Bibliography of Cowperian Studies from 1885 to 1960*, Chapel Hill 1960. – N. Russell, *Bibliography of W. C. to 1837*, Oxford 1963; ern. 1986.
*Biographie:*
M. J. Quinlan, *W. C.: A Critical Life*, Minneapolis 1953; ern. 1970.
*Gesamtdarstellungen und Studien:*
G. O. Thomas, *W. C. and the Eighteenth Century*, Ldn. 1935. – P. M. Spacks, *The Poetry of Vision: Five Eighteenth-Century Poets*, Cambridge/Mass. 1967. – W. N. Free, *W. C.*, NY 1970 (TEAS). – H. W. Wells, *W. C.: A Western Poet on Eastern Pathways* (in Literary Half Yearly, 15, 1974, Nr. 2, S. 5–21). – Hg. R. Runte, *Studies in Eighteenth-Century Culture 7*, Madison/Wis. 1978, S. 637–673. – V. Newey, *C.'s Poetry: A Critical Study and Reassessment*, Totowa/N.J. 1982. – P. M. S. Dawson, *C.'s Equivocations* (in EIC, 33, 1983, Nr. 1, S. 19–35). – B. Hutchings, *The Poetry of W. C.*, Ldn./Canberra 1983.

### THE TASK

(engl.; *Die Aufgabe*). Episch-didaktische Blankversdichtung in sechs Büchern von William COWPER, erschienen 1785. – Wie THOMSONS *The Seasons* steht *The Task* in der im 18. Jh. überaus beliebten Tradition der *Georgica* von VERGIL. Cowper, der in ländlicher Abgeschiedenheit in dem mittelenglischen Dorf Olney lebte und von Jugend an zu krankhafter Schwermut neigte – in *The Task* apostrophiert er sich selbst als *»wundes Reh«* –, erhielt den Anstoß zu diesem Werk von einer Dame aus seinem Freundeskreis: Sie stellte ihm die Aufgabe, das Sofa in seinem Zimmer zum Thema eines Gedichts zu machen. Zu Beginn des ersten Buches *(The Sofa)* geht er in humoristischer Manier auf die Entwicklung der menschlichen Sitzgelegenheit ein, leitet jedoch bald zu seinem eigentlichen Anliegen über: der dichterischen Wiedergabe von Natureindrücken in lockerer Folge und den aus ihnen abgeleiteten religiösen und zeitkritischen Betrachtungen. (Die Titel der folgenden Bücher lauten: *The Time-Piece*, *The Garden*, *The Winter Evening*, *The Winter Morning Walk* und *The Winter Walk at Noon*.) Das Naturerlebnis dient Cowper nicht dazu, *»poetic pomp«* zu entfalten, sondern einer seelischen Gestimmtheit Ausdruck zu verleihen: *»Here Ouse, slow winding through a level plain / Of spacious meads with cattle sprinkled o'er, / Conducts the eye along its sinuous course / Delighted...«* Kennzeichnend für sein Werk ist jedoch weniger die panoramische Darstellung der Landschaft als die liebevolle, oft sehr konkrete Beobachtung des Unauffälligen und scheinbar Alltäglichen, etwa der wellenartigen Schattenspiele eines windbewegten Laubdachs.

Obwohl Cowper den Gegensatz zwischen der moralisch korrumpierenden Hektik des Stadtlebens und der maßvollen Einfachheit des Landlebens betont – *»God made the country, and man made the town«* lautet eine vielzitierte Verszeile –, verfällt er nicht in sentimentale Idyllik. Trotz gelegentlicher klassizistischer Sprachmuster sucht sein Gedicht die Nähe der Alltagssprache, und die Schilderung des Landlebens macht auch dessen Härte und Ärmlichkeit deutlich. – Stärker noch als bei Thomson und den meisten seiner Nachfolger war bei Cowper das Naturerlebnis religiös bestimmt. Als Anhänger des Evangelikanismus, einer dem Methodismus verwandten Reformbewegung, lehnte er den sich verselbständigenden Naturbegriff der Deisten ab. Grundlage seines Naturverständnisses war das geoffenbarte Wort Gottes, und so begegnete er dem naturwissenschaftlichen Erkenntnisdrang mit tiefem Mißtrauen. Die selbstherrliche Loslösung des Menschen vom Gesetz Gottes galt ihm als Ursache aller jener Mißstände, die er in den umfangreichen satirischen Abschnitten seines Gedichts geißelt, seien es die Verweltlichung des Klerus, der Niedergang des Schulwesens, das skrupellose Streben nach Besitz und Luxus, die Grausamkeit gegenüber Tieren und die Sklaverei, die Vergewaltigung der Freiheit durch die Monarchen oder der Krieg.

Cowper wurde mit diesem Werk rasch zu einem der meistgelesenen Dichter seiner Zeit. Viele Einzelzüge seiner Dichtung weisen auf die Romantik voraus. Bei seiner Verurteilung des Klassizismus klammerte William WORDSWORTH Cowpers Werke aus; Robert BURNS bezeichnete *The Task* als *»glorious poem«*, und William HAZLITT gestand, obwohl er an Cowper eine gewisse verweichlichte Zaghaftigkeit und einen Hang zur Kleinmalerei rügte, seiner Dichtung im ganzen hohen künstlerischen Rang zu. W.Hü.

AUSGABEN: Ldn. 1785. – Ldn. 1785 (in *Poems*, 2 Bde., ern. 1803). – Ldn. 1835 (in *The Works*, Hg. Th. S. Grimshawe; ern. 1855, Hg. R. Southey). – Ldn. 1836/37 (in *The Works*, Hg. R. Southey, 15 Bde., 8). – Oxford 1935 (in *Poetical Works*, Hg. H. S. Milford; ern. Ldn./Oxford 1967; verb. und verm. von N. Russel; [4]1971). – Ldn. 1968 (in *Poetry and Prose*, Hg. B. Spiller).

LITERATUR: M. Golden, *A Reading of »The Task«* (in M. G., *In Search of Stability: The Poetry of W. C.*, NY 1960, S. 119–155). – T. E. Blom, *The Structure and Meaning of »The Task«* (in Pacific Coast Philology, 5, 1970, S. 12–18). – V. Newey, *C. and the Description of Nature* (in EIC, 23, 1973, S. 102–106). – D. Boyd, *Satire and Pastoral in »The Task«* (in Papers on Language and Literature, 10, 1974, S. 363–377). – J. F. Jr. Musser, *W. C.'s Rhetoric: The Picturesque and the Personal* (in SEL, 19, 1979, S. 515–531). – M. Priestman, *C.'s »Task«: Structure and Influence*, Cambridge 1983.

## JAMES GOULD COZZENS

* 19.8.1903 Chicago
† 9.8.1978 Stuart / Fla.

LITERATUR ZUM AUTOR:
F. Bracher, *The Novels of J. G. C.*, NY 1959. – H. J. Mooney, *J. G. C.: Novelist of Intellect*, Pittsburgh 1963. – D. E. S. Maxwell, *C.*, Edinburgh 1964. – G. Hicks, *J. G. C.*, Minneapolis 1966. – J. B. Meriwether, *J. G. C: A Checklist*, Detroit 1972. – P. Michel, *J. G. C.: An Annotated Checklist*, Kent 1972. – Ders., *J. G. C.*, NY 1974 (TUSAS). – *J. G. C.: New Acquist of True Experience*, Hg. M. J. Bruccoli, Carbondale 1979. – M. J. Bruccoli, *J. G. C.: A Descriptive Bibliography*, Pittsburgh 1981. – Ders., *J. G. C.: A Life Apart*, San Diego u. a. 1983.

### BY LOVE POSSESSED

(amer.; *U: Von Liebe beherrscht*). Roman von James Gould COZZENS, erschienen 1957. – Seit Beendigung seines 1948 mit dem Pulitzer-Preis ausgezeichneten Romans *Guard of Honour (Ehrengarde)* arbeitete Cozzens an seinem bisher ehrgeizigsten Projekt, dem umfangreichen Roman *By Love Possessed*, der den publikumsscheuen, in fast snobistischer Abgeschlossenheit lebenden Autor in den Mittelpunkt heftiger Kritikerkontroversen stellen sollte. – In diesem Buch kommt einer Rokokouhr eine symbolische Rolle zu. Ihre Inschrift *Omnia vincit amor* steht zweifellos in Zusammenhang mit dem Titel des Romans, in dem das Wort »Liebe« ironisch gemeint sein dürfte: Denn an den verschiedensten Formen der Liebe (Gatten-, Eltern-, Geschwister- und Freundesliebe, übersteigerte Gottesliebe, Triebhaftigkeit und Perversität) exemplifiziert der Moralist Cozzens die zerstörerischen Folgen der Herrschaft des Gefühls über die Vernunft.

Zentralfigur des Romans ist der etwa fünfzigjährige Arthur Winner, führender Anwalt in einer typischen, von konservativen Familien der *upper middle class* dominierten amerikanischen Kleinstadt. Der anscheinend fest in Tradition, Berufsethos und Familienbindung verankerte, in seiner Integrität unerschütterlich wirkende Mann sieht sich während zweier kritischer Tage seines Lebens mit Ereignissen konfrontiert, die er als Jurist, Freund und Familienvater bewältigen muß und die ihn lehren, daß der Einbruch von unkontrollierbaren Leidenschaften in die bestehende Ordnung jeden erreichten Zustand der Zufriedenheit und des Glücks illusorisch machen kann. Im Verlauf dieser Ereignisse wird Winner selbst immer mehr zum nur noch formalen Mittelpunkt des Buches, verlagert sich das Interesse des Autors und des Lesers auf die Nebenfiguren. Mehr noch als in der eigentlichen, übrigens sehr vielschichtigen Handlung tragen diese Charakterskizzen innerhalb der ausgedehnten Rückblenden in die Vergangenheit Winners und seiner Heimatstadt zu Cozzens' tiefenpsychologischem Porträt einer menschlichen Gemeinschaft bei, die in einer von Gefühlen beherrschten Welt ohne die vom Mitgefühl diktierte Lüge nicht aufrechterhalten werden kann.

Zahlreiche Kritiker, die von Cozzens den »großen amerikanischen Roman« erwartet hatten, sprachen bei Erscheinen des Buches von einem Meisterwerk. Andere wiederum attackierten die geradezu barokke Weitschweifigkeit des Stils und warfen dem Autor vor, er hätte seinen ästhetisch-technischen Ambitionen auf Kosten der künstlerischen Bewältigung des Stoffs gefrönt. Wie dem auch sei – dieser Roman ist, obwohl auch er ein Bestseller war, mehr als eine jener sattsam bekannten Skandalchroniken aus dem amerikanischen Kleinstadtleben. Daß die gescheite Konzeption und der gedankliche Aufwand nicht das Ergebnis zeitigten, das Cozzens – einem Nachfahren der viktorianischen Romanciers und Henry JAMES' – vorgeschwebt haben mag, daß dieses Buch über menschliche Leidenschaften stellenweise wie eine Sammlung vom eigentlichen Leben isolierter klinischer Fälle anmutet, sollte nicht darüber hinwegtäuschen, daß in der amerikanischen Literatur um die Jahrhundertmitte derartig sorgfältig ausgearbeitete, ambitionierte und zu einer Auseinandersetzung anregende Romane selten waren. G.Ba.

AUSGABE: NY 1957.

ÜBERSETZUNG: *Von Liebe beherrscht*, T. Rau-Tilling, Ffm. 1959; [2]1961. – Dass., ders. Bergisch-Gladbach 1970.

VERFILMUNG: USA 1961 (Regie: J. Sturges).

LITERATUR: G. Garrett, *»By Love Possessed«: The Pattern and the Hero* (in Critique, 1, 1958, S. 41–47). – F. G. Leonard, *C. without Sex: Steinbeck without Sin* (in Antioch Review, 18, 1958, S. 209–218). – D. McDonald, *By C. Possessed: A Review of Reviews* (in Commentary, 25, 1958, S. 36–47). – R. H. Powers, *Praise the Mighty: C. and the Critics* (in Southwest Review, 43, 1958, S. 263–270). – K. Wagenbach, *Den Schild der Worte um die eigene Blöße stellen* (in Der Monat, 23, 1960, H. 137, S. 76 ff.). – R. A. Mazzara, *›Misère et grandeur de l'homme‹: Pascal's »Pensées« and C.' »By Love Possessed«* (in Ball State Teachers College Forum, 5, 1964, S. 17–20). – C. S. Cass, *Two Stylistic Analyses of the Narrative Prose in C.' »By Love Possessed«* (in Style, 4, 1970, S. 213–238).

## GUARD OF HONOUR

(amer.; *Ehrengarde*). Roman von James Gould COZZENS, erschienen 1948. – Ein amerikanischer Luftstützpunkt in Florida ist Schauplatz des Romans, dessen Ereignisse sich während dreier Tage des Jahres 1943 abspielen. Cozzens schrieb jedoch kein Kriegsbuch im eigentlichen Sinn, sondern griff, ähnlich wie in seinem sechs Jahre zuvor erschienenen Roman aus dem Justizwesen Amerikas *The Just and the Unjust (Die Gerechten und die Ungerechten)*, einen bestimmten Berufssektor heraus, um Probleme zu beleuchten, die sich dem Menschen bei seiner täglichen Arbeit stellen. Bei der Schilderung des Lebens in einer militärischen Organisation konnte er auf die Erfahrungen zurückgreifen, die er als Luftwaffenoffizier im Zweiten Weltkrieg gemacht hatte.

Die verzweigte, personenreiche Handlung entwikkelt sich aus einem Vorfall, der beinahe das Leben einiger Flieger fordert: Ein von dem Schwarzen Willis gesteuertes Flugzeug stößt fast mit dem des Stützpunktkommandanten Beal zusammen, dessen Pilot später wütend auf Willis losgeht und ihn schlägt. Diese Begebenheit ist ein gefundenes Fressen für einen Negerjournalisten, der gerade einen Artikel über Ocanare (dies ist der Name des Stützpunkts) schreibt und nun beweisen will, daß man dort die von der Regierung in Washington angeordnete Rassenintegration in der Armee bewußt mißachtet. Die Hauptfiguren des Romans sind mehr oder weniger direkt in die Folgen des Vorfalls verwickelt, die noch kompliziert werden durch administrative Fehlentscheidungen und durch das Verhalten einiger Querulanten und Radikalen unter den Offizieren. Eines der Hauptthemen ist die schwierige Situation des Kommandanten Beal. Ihm, dem ausgezeichneten Kampfflieger, der mit seinen einundvierzig Jahren der jüngste Zwei-Sterne-General der amerikanischen Luftwaffe ist, verlangt die Leitung des riesigen Stützpunktes Fähigkeiten ab, die weder seiner Veranlagung noch seiner Erfahrung entsprechen. Nicht nur in den geschilderten, von weiteren einschneidenden Ereignissen gekennzeichneten drei Tagen steht ihm dabei der ältere und abgeklärtere Oberst Ross zur Seite. Er weiß, wie schwierig es ist, von oben ergangene Anordnungen durchzusetzen, deren moralische Berechtigung von der Mehrheit der Betroffenen noch nicht akzeptiert wird, in diesem Fall also die Rassenintegration in Ocanara, der im Süden der Staaten gelegenen »Gesellschaft innerhalb der Gesellschaft«. Oberst Ross, im Zivilleben Jurist, und

Hauptmann Hicks, von Beruf Redakteur, sind die beiden wichtigsten Gestalten, an deren Beispiel der Autor ein weiteres Thema, die Anpassung des Zivilisten an das militärische Leben im Krieg und sein Verhältnis zu den Berufssoldaten, abhandelt.
Im Gegensatz zu Autoren wie etwa James JONES sieht Cozzens im Militär nicht eine allein von Machtstreben und -ausübung beherrschte Organisation. Optimistischer und zugleich konservativer, befaßt er sich zwar auch mit dem Problem der Macht, tut es aber stets im Zusammenhang mit der daraus resultierenden Verantwortung, die in seinen Augen dieselbe ist, die überall im Berufsleben getragen werden muß, sei es gegenüber der Gesellschaft, sei es gegenüber den unmittelbaren Mitarbeitern. – Das weitgespannte Panorama dieses Romans setzt sich aus kurzen, dynamischen Szenen zusammen, in denen Cozzens den vielschichtigen Stoff souverän zu bändigen versteht und sich als Meister der Charakterisierung mittels des Dialogs erweist. Er tritt dabei völlig hinter seine Figuren zurück, predigt keine Botschaft, sondern läßt in jeder einzelnen Szene die Tatsache, daß die Menschen trotz aller Meinungsverschiedenheiten aufeinander angewiesen sind, für sich sprechen. Nur in gelegentlichen, ironisch gefärbten Bemerkungen tritt er ein wenig aus seiner Reserve heraus.
*Guard of Honour*, in der Publikumsgunst weit überflügelt von dem stilistisch und gedanklich ungleich manierierteren Roman *By Love Possessed*, 1957 *(Von Liebe beherrscht)*, ist neben *The Just and the Unjust* das bisher bedeutendste Werk des Autors. Es wurde 1948 mit dem Pulitzer-Preis ausgezeichnet. J.v.Ge.-KLL

AUSGABEN: NY 1948. – Ldn./NY/Toronto 1958. – NY 1964.

LITERATUR: R. P. Adams, *J. G. C. A Cultural Dilemma* (in *Essays in Modern American Literature*, Hg. R. E. Langford, De Land 1963, S. 103–111). – Ch. E. Eisinger, *The Voice of Aggressive Aristocracy* (in Midway, 1964, 18, S. 100–128). – R. V. Cassill, *The Particularity of »Guard of Honour«* (in *J. G. C.: New Acquist of True Experience*, Hg. M. J. Bruccoli, Carbondale 1979, S. 92–98). – R. H. W. Dillard, *»Guard of Honour«: Providential Luck in a Hard-Luck World* (ebd., S. 81–91).

## THE JUST AND THE UNJUST

(amer.; *U: Die Gerechten und die Ungerechten*). Roman von James Gould COZZENS, erschienen 1942. – Die Handlung dieses Romans über Rechtsprechung und Gerechtigkeit ist auf 62 Stunden zusammengedrängt. Während dieser Zeitspanne rollt in Childerstown, einer Kleinstadt Neuenglands, der erste Mordprozeß seit über zehn Jahren ab, und in diesen knapp drei Tagen des Frühsommers 1939 machen alltägliche Menschen innerhalb und außerhalb des Gerichtssaals Erfahrungen, die für das Zusammenleben in einem demokratischen Gemeinwesen kennzeichnend sind. Die Ereignisse sind vornehmlich aus der Sicht Abner Coates' dargestellt, der beim Prozeß zum ersten Mal als Assistent des Staatsanwalts öffentlich in Erscheinung tritt. Drei Männer, Leming, Howell und Basso, sind angeklagt, ihren Kumpan, den Rauschgifthändler Zollicoffer, entführt und getötet zu haben. Der Fall ist um so komplizierter, als der an der Tat beteiligte vierte Mann, der vermutliche Anstifter und eigentliche Mörder, nicht mehr am Leben ist, Leming als Zeuge der Anklage akzeptiert und die Abtrennung seines Verfahrens verfügt wurde und Howell behauptet, er habe dem FBI die Tat nur gestanden, weil er von einem Beamten mißhandelt worden sei. Die nüchterne, auf dramatische Zuspitzung verzichtende Wiedergabe der Verhandlung und der Urteilsfindung macht den Hauptteil des Romans aus, doch führen auch die hinter den Kulissen des Gerichts oder auf völlig anderen Schauplätzen spielenden Szenen zum Kernproblem des Buchs, dem – wie der pensionierte Richter Coates, Abners Vater, es nennt – *»alten Konflikt zwischen Freiheit und Autorität«*. Nach dem Urteilsspruch der Geschworenen, den er als Jurist bedenklich, als Mensch verständlich findet, erklärt er seinem Sohn: *»Justiz ist keine exakte Wissenschaft. Tatsächlich ist ein Richter so sehr in der Schuld der Geschworenen, daß er sie nicht um die Kleinigkeiten beneiden sollte, die sie sich zunutze machen ... Es ist die Frage, wie lange Gerichte in einem freien Land existieren könnten, wenn Richter den Spruch finden müßten ... Daß wir Laien an der Rechtsprechung teilnehmen lassen, kostet uns allerhand, aber diese Ausgabe ist nicht zu umgehen.«*
Die Diskrepanz zwischen Ideal und Wirklichkeit menschlichen Zusammenlebens, der Versuch des denkenden einzelnen, der diese Diskrepanz ebenso wie seine eigene Unzulänglichkeit erkennt, mit der Wirklichkeit zu leben, ohne seine Selbstachtung zu verlieren – das sind Themen, die bei Cozzens immer wieder auftauchen. Seine Modellfälle sind stets einem begrenzten Sektor des gehobenen Mittelstands der USA entnommen, seine Protagonisten sind Juristen, Ärzte, Geistliche, Militärs, doch greift die Darstellung ihrer beruflichen und moralischen Probleme auf alle sozialen Bereiche über. Cozzens verwendet traditionelle Erzähltechniken und vertritt die konservative Ansicht, daß die amerikanische Demokratie ein zwar keineswegs perfektes, aber doch ein praktikables Gesellschaftssystem sei, das nur allmählich aufgrund der gewonnenen Erfahrung verbessert werden sollte. – Auch in *The Just and the Unjust* schildert er ein an sich dramatisches Geschehen kühl, objektiv, ja untertreibend. Wesentlich ist hier allein die Auswirkung des Mordprozesses auf Menschen wie Abner Coates. Was dieser ewig zaudernde Mittdreißiger in wenigen Tagen innerhalb und außerhalb des Gerichtssaals erlebt, zwingt ihn zu ernsthaftem Nachdenken und bewegt ihn schließlich dazu, sich um das freiwerdende Amt des Staatsanwalts zu bewerben, obwohl er in seiner fast pharisäerhaften Selbstgerechtigkeit lieber den damit verbundenen engen

Kontakt zu zweifelhaften Lokalpolitikern vermeiden würde. Er ist einer der typischen Antihelden Cozzens': Die Bewährungsprobe stellt ihm der Alltag, die Entscheidung, die von ihm gefordert wird, ist, das »Unmögliche« – wie sein lebenserfahrener Vater es nennt – zu versuchen, nämlich gleichzeitig das Gesetz und die Freiheit zu verteidigen.
Das Buch wird heute zu den bedeutendsten amerikanischen Romanen der letzten Jahrzehnte gezählt. Wie die meisten Werke Cozzens' hat es bewiesen, *»daß der traditionelle, von großem Ernst und moralischer Überzeugung getragene soziale Roman auch in einer Zeit des Experiments und der Verwirrung lebensfähig ist«* (F. Bracher). KLL

AUSGABEN: NY 1942. – Ldn. 1943. – Ldn. 1958. – NY 1960. – NY 1965.

ÜBERSETZUNG: *Die Gerechten u. die Ungerechten*, G. Goyert, Wiesbaden 1946. – Dass., ders., Linz 1947.

LITERATUR: Z. Chafee Jr., *»The Just and the Unjust«* (in Harvard Law Review, 56, 1943, S. 833–836). – S. E. Hyman, *J. G. C. and the Art of the Possible* (in New Mexico Quarterly, 19, 1949, S. 476–498). – R. L. Weaver, *World of »The Just and the Unjust«* (in Tamarack Review, 5, 1957, H. 3, S. 61–66). – D. R. Weimer, *The Breath of Chaos in »The Just and the Unjust«* (in Critique, 1, 1958, H. 4, S. 30–40). – M. H. Wolff, *The Legal Background of C.' »The Just and the Unjust«* (in Journal of Modern Literature, 7, 1979, S. 505–518).

## GEORGE CRABBE

* 24.12.1754 Aldeburgh / Suffolk
† 3.2.1832 Trowbridge / Wiltshire

LITERATUR ZUM AUTOR:
*Bibliographie:*
T. Bareham u. S. Gatrell. *A Bibliography of G. C.*, Folkestone 1978.
*Biographien:*
G. Crabbe Jr., *The Life of G. C. by His Son* (in G. C., *Poetical Works*, Hg. ders., Bd. 1, Ldn. 1834; Hg. E. M. Forster, Ldn. 1932; Hg. E. Blunden, Ldn. 1947). – A. Ainger, *C.*, Ldn. 1903. – R. Huchon, *G. C. and His Times, 1754–1832*, Ldn. 1907, ern. 1968.
*Gesamtdarstellungen und Studien:*
H. Bär, *G. C. als Epiker*, Lpzg. 1929. – J. H. Evans, *The Poems of G. C.*, Ldn. 1933. – W. C. Brown, *The Triumph of Form: A Study of the Later Masters of the Heroic Couplet*, Chapel Hill/N.C. 1948. – E. M. Forster, *G. C. and Peter Grimes* (in E. M. F., *Two Cheers for Democracy*, Ldn. 1951, ern. 1972). – A. Sale, *The Development of C.'s Narrative Art* (in The Cambridge Journal, 5, 1952, S. 480–498). – L. Haddakin, *The Poetry of C.*, Ldn. 1955. – R. L. Brett, *G. C.*, Ldn. 1956. – F. Whitehead, *G. C.* (in *The Pelican Guide to English Literature*, Hg. B. Ford, Bd. 5, Harmondsworth 1957). – P. Hodgart u. T. Redpath, *Romantic Perspectives: The Work of C., Blake, Wordsworth and Coleridge as Seen by Their Contemporaries and by Themselves*, Ldn. 1964. – R. L. Chamberlain, *G. C.*, NY 1965 (TEAS). – O. F. Sigworth, *Nature's Sternest Painter*, Tucson/Ariz. 1965. – J. Speirs, *Poetry towards Novel*, Ldn. 1971. – *C.: The Critical Heritage*, Hg. A. Pollard, Ldn. 1972. – R. B. Hatch, *C.'s Arabesque: Social Drama in the Poetry of G. C.*, Ldn. 1976. – B. B. Jain, *The Poetry of G. C.*, Salzburg 1976. – P. New, *G. C.'s Poetry*, Ldn. 1976. – T. Bareham, *G. C.*, Ldn. 1977. – R. S. Edgecombe, *Theme, Embodiment and Structure in the Poetry of G. C.*, Salzburg 1983.

### THE BOROUGH

(engl.; *Der Wahlkreisort*). Verserzählung von George CRABBE, erschienen 1810. – Crabbe war ein Dichter des Übergangs: Als letzter Überlebender des klassischen Zeitalters der englischen Literatur (Augustan Age), das durch die Namen John DRYDEN, Jonathan SWIFT, Alexander POPE und Samuel JOHNSON markiert ist, wirkte er unter den großen Romantikern, die ihn schätzten (William WORDSWORTH, Lord BYRON, Sir Walter SCOTT); in seinen Werken nahm er den sozialkritischen Realismus und die deterministische Naturauffassung von Romanciers wie George ELIOT, George GISSING und Thomas HARDY vorweg. In der Formensprache der Klassizisten (*heroic couplets*, d. h. fünfhebige gereimte Verspaare, didaktische Satire, Charakterporträts) zeichnete der Dorfpfarrer Crabbe, »Dichter der Armen« genannt, in seinen Werken ein wenig romantisches Bild des Landlebens und der Landbewohner. Wie in *The Village* (1783) und *The Parish Register* (1807, *Das Kirchenbuch*) porträtierte Crabbe auch in *The Borough* das Fischerdorf Aldeburgh/Suffolk, in dem er geboren wurde und seine Jugend verbrachte. Heute ist das Städtchen als Heimatort des Komponisten Benjamin Britten (1913–1976) und als Musikfestspielort bekannt. Geistesverwandtschaft ließ Britten zu Crabbes *The Borough* als stofflicher Vorlage für seine Oper *Peter Grimes* (1945) greifen.
*The Borough*, das mit über 8600 Versen die Dimension von MILTONS Epos *Paradise Lost* erreicht, ist in 24 Briefe gegliedert. Doch bleibt die Brieffiktion (auch sie gehört zu Crabbes klassizistischem Erbe) rein äußerlich: Nur in der Einleitungsepistel *(General Description)* wird zeitweilig der Briefcharakter gewahrt; danach geraten Briefschreiber und -partner schnell aus dem Blick. Betrachtet man die Brief-(Kapitel-)Überschriften losgelöst vom Inhalt, entsteht der Eindruck einer soziologischen Studie. Es geht um Kirche und Sekten, Wahlen, Berufsgrup-

pen (Ärzte, Anwälte, Kaufleute) und Freizeitgestaltung, um das Armenhaus und seine Bewohner sowie um Krankenhaus, Gefängnis und Schule. Doch der Eindruck täuscht. Wie schon im Einleitungsbrief eher das Meer und die rauhe Küstenlandschaft als das Städtchen und seine Bewohner im Mittelpunkt stehen, geht es auch in den anderen Briefen stärker um Einzelschicksale als um Institutionen. Ganze Briefe schildern mit eindrucksvollem Einfühlungsvermögen Lage und Schicksal einzelner Personen. Besonders die Briefe 13–16 und 18–22 setzen narrativ-biographische Schwerpunkte. (In der Gattung der biographischen Verserzählung schuf Crabbe dann mit den *Tales* von 1812 sein Meisterwerk.) Es gelingen dem Autor, weitgehend in Form von Dialogen und Monologen, Porträts wie das des Kirchengemeindeschreibers Jachin, der Almosen veruntreut und nach der Entdekkung seiner Untat einsam vor Scham stirbt, oder des brutalen Fischers Peter Grimes, der drei Lehrjungen, Waisen, die ihm die Gemeinschaft anvertraut hatte, durch Mißhandlung und Überarbeitung zu Tode bringt und dann, sozial geächtet und verbittert, von Halluzinationen geplagt, im Tod Erlösung findet. Unter den Frauengestalten ragen heraus: Ellen Orford, die ihren Mann durch Selbstmord und ihren Sohn durch Hinrichtung verlor (20. Brief); Juliet, die es als verlassene uneheliche Mutter mit psychologischem Einfühlungsvermögen und gesundem Selbstbehauptungswillen schafft, den geliebten Kindsvater zur Ehe zu bewegen (11. Brief); und Clelia, eine der Armenhausbewohnerinnen (15. Brief).

Im Stil des narrativ-argumentativen Zeitschriftenessays des 18. Jh.s legt Crabbe viele Briefe so an, daß zunächst moralphilosophisch räsonniert wird und dann als Exempel eine Kurzbiographie folgt. Gelegentlich bevorzugt er Typenkarikaturen wie den Rechtanwalt Swallow, der seine Klienten erst betrunken macht und dann betrügt (6. Brief), oder den Raucherklub (im 10. Brief, einer Satire im Stil HOGARTHS). Leitthemen des im ganzen nicht überzeugend strukturierten Werkes sind Armut, exzessive Freiheit und Egoismus sowie die Macht von Alter, Zeit und Tod. Anders als im Sittenroman, zu dem Crabbes Gesamtkonzeption Berührungspunkte aufweist, bleiben die Figuren vereinzelt; es entwickelt sich keine Handlungsinteraktion; und anders als in der klassizistischen Literatur spielt sich das Leben der Menschen zwar nicht nur in Innenräumen oder in der vom Menschen geformten Natur (Garten und Park) ab, doch gibt es auch nicht die pantheistische Einheit von Mensch und Natur, die dem romantischen Weltgefühl entspricht. Crabbes Menschen leben im Kampf mit der Natur; sie sind von der Kargheit der Landschaft geprägt. Das Libretto von Brittens Opernfassung bietet eine melodramatisch-romanhafte Umgestaltung von Crabbes Figuren und Handlungsmotiven. Ellen Orford wird zur Geliebten von Peter Grimes, und die Gesellschaft, die den brutalen Einzelgänger zu Tode hetzt, trägt eine wesentlich größere Verantwortung für Peter Grimes' Schicksal. H.Thi.

AUSGABEN: Ldn. 1810. – Cambridge 1905 (in *Works*, Hg. A. W. Ward, Bd. 1). – Oxford 1914 (in *Poetical Works*, Hg. A. J. u. R. M. Carlyle). – Ldn. 1955 (in *Selections*, Hg. F. Whitehead). – Oxford 1987 (in *Complete Poetical Works*, Hg. N. Dalrymple-Champneus u. A. Pollard).

VERTONUNG: Benjamin Britten, *Peter Grimes* (Oper; Libretto: M. Slater), Urauff. Ldn. 7. 6. 1945, deutsche Erstauff. Hbg. 22. 3. 1947.

LITERATUR: Rez. F. Jeffrey (in Edinburgh Review, 16, 1810, S. 30–55). – W. K. Thomas, *C.'s Borough: The Process of Montage* (in Univ. of Toronto Quarterly, 36, 1967, S. 181–192). – G. Edwards, *The Grimeses* (in EIC, 27, 1977, S. 122–139).

## THE VILLAGE

(engl.; *Das Dorf*). Satirisch-deskriptives Gedicht in zwei Büchern von George CRABBE, erschienen 1783. – In der bei den englischen Dichtern des 18. Jh.s besonders beliebten Versform des *heroic couplet* verfaßt und in der Grundhaltung didaktisch, steht Crabbes erstes bedeutendes Werk in der Tradition des englischen Klassizismus. Der satirische Akzent erfährt jedoch in *The Village* eine entscheidende Verlagerung ins Sozialkritische, ausgelöst durch die Eindrücke, die der Autor als Arzt und Landgeistlicher in seiner Heimat Suffolk vom Leben der armen Dorfbevölkerung gewonnen hatte. Einleitend erklärt der Dichter, er wolle *»ein wahres Bild der Armen«* zeichnen, und wendet sich entschieden gegen die sentimentale Idyllik der traditionellen Schäferdichtung, die die harte Wirklichkeit des Dorflebens unter poetischem Flitterwerk verberge. Diesen Vorwurf versucht er in einer lokkeren Folge von Zustandsschilderungen zu belegen, wobei er sich der Kontrastwirkung bedient: Wer trotz harter Arbeit auf unfruchtbaren und unkrautverseuchten Feldern immer wieder von Mißernten bedroht wird, läßt sich nicht vom Anruf der pastoralen Muse rühren. Die erbarmungslose Natur fördert keineswegs edle Gefühlsregungen, sondern bewirkt moralische Verwilderung: Statt schäferlicher Lustbarkeiten blühen Schmuggel und Strandraub; die sonntäglichen Vergnügungen (bei deren Beschreibung zunächst ein heiter-versöhnlicher Ton vorherrscht) arten bald in verleumderischen Dorfklatsch, Raufhändel unter Betrunkenen und rohe Liebschaften aus. In der durch die realistische Schilderung von Schmutz und Elend berühmt gewordenen Darstellung des Armenhauses werden Deskription und Reflexion ansatzweise einem Erzählgerüst eingefügt: Krankheit und Tod eines Insassen sind Ausgangspunkt satirischer Angriffe auf den vom Einzelschicksal unbewegten Quacksalber und den vor allem um sein irdisches Wohl besorgten Dorfpfarrer.

Der Protest gegen die romantische Vorstellung von Leben in edler Einfachheit unterscheidet *The Village* von Oliver GOLDSMITHS *The Deserted Vil-*

*lage* (1770), auf das sich Crabbe durch ein Zitat ausdrücklich bezieht; Goldsmith sieht sein nostalgisches Bild vom glücklichen Landleben durch Besitzgier und Luxus der Handeltreibenden zeitweilig getrübt, Crabbe enthüllt die innere Unwahrheit dieses Bildes. Auf den das Gedicht durchziehenden Gegensatz zwischen monotoner, verrohender Arbeit und materieller Not einerseits und genußreichem, aber gedankenlosem Wohlstandsleben andererseits bezieht sich, in milderem Ton, auch die Schlußmoral: Die Benachteiligten und die Privilegierten sollten angesichts der Hinfälligkeit der menschlichen Natur erkennen, daß sie sich letztlich in das gleiche Schicksal fügen müssen – ein Gedanke, der auch den hymnischen Nachruf für den auf See gefallenen Robert Manners bestimmt.
Samuel Johnson und Edmund Burke, die das Gedicht revidierten, zollten ihm schon vor der Veröffentlichung hohes Lob. Die neuere Kritik hebt zu Recht die Unausgeglichenheit von *The Village* hervor, denn Crabbe versuchte in diesem Gedicht zu vieles auf einmal: emotionale Selbsttherapie (künstlerische Bewältigung der eigenen harten Jugend in Aldeburgh), poetologische Satire, topographische Schilderung und sozialkritische Erzählung. *The Village* ist letztlich eine antipastorale Pastorale. W.Hü.-KLL

Ausgaben: Ldn. 1783. – Ldn. 1807 (in *Poems*). – Cambridge 1905 (in *Works*, Hg. A.W. Ward, Bd. 1). – Ldn. 1955 (in *Selections*, Hg. F. Whitehead). – Oxford 1987 (in *Complete Poetical Works*, Hg. N. Dalrymple-Champneus u. A. Pollard).

Literatur: I. Gregor, *The Last Augustan* (in Dublin Reviews, 229, 1955, S. 37–50). – R. M. Thale, *C.'s »Village« and Topographical Poetry* (in JEGPh, 55, 1956, S. 618–623).

## CARL GOTTLOB CRAMER

* 3.3.1758 Pödelitz bei Freiburg a.d. Unstrut
† 7.6.1817 Dreißigacker bei Meiningen

### HASPER A SPADA. Eine Sage aus dem dreizehnten Jahrhunderte vom Verfasser des Erasmus Schleichers

Roman in Dialogform von Carl Gottlob Cramer, erschienen 1792/93. – Auf der Erfolgswoge der Ritterromane und der *Sagen der Vorzeit* Leonhard Wächters schwimmend, gelang es dem geschäftstüchtigen, in manchem Sattel gerechten Vielschreiber Cramer (er verfaßte insgesamt 68 Romane), mit diesem blutrünstigen Machwerk den Zeitgeschmack zu treffen und so zu einem der meistgelesenen Modeautoren zu werden.
*»Ich blick' in die Vorzeit, und die nahrhaftesten Gefühle reißen mich hin«*, ist das Motto, unter dem Cramers Roman steht, der zwei Bücher mit je 30 »Bildern« umfaßt. Auf der im Thüringischen gelegenen Burg Ilmen sitzt um die Mitte des 13. Jh.s Hasper a Spada, ein ins Groteske übersteigerter Götz von Berlichingen, mit seinen schlag- und trinkfesten Kämpen, betreut von seinem holden Eheweib Benigna. Hasper, ein toller, vom Teufel gerittener Kraftkerl, fürchterlich rollenden Auges, mit wild um die Schulter fliegendem Haar agierend, *»wühlt kalt im Herzblute lachender Buben, und weint der leidenden Unschuld eine gefühlvolle Thräne! – faßt mit der Rechten den stolzen tückischen Mönch an der Gurgel, und theilt mit der Linken der hungernden Witwe sein Brod aus!«* Immer und überall, wo Greise schmachten und Witwen darben, ist Hasper zur Stelle, muß er ausziehen gegen die *»Drachenbrut der Pfaffen«*, die für ihn Verkörperung des Teuflischen schlechthin und Ursache des Bösen in der Welt sind. Wo Hasper auftaucht, wird den Mägdelein das Mieder zu eng, beim Gedanken an ihn schlägt selbst der wollüstigen, männermordenden Ina von Ladenburg – Goethes Adelheid im *Götz* wird, gemessen an ihr, zum lammfrommen Geschöpf – das verworfene Buhlerinnenherz höher. Hausburgbarde Klingsohr trägt zur poetischen Erbauung der rauhbeinigen Recken bei, wenn sie nach Lanzengesplitter und Schwertergezisch bei Humpengeklirr und Minnegekos auf Haspers Adlerhorst neue Kräfte sammeln. Die grause Schauerromantikszenerie wiederholt sich beständig, die einzelnen Bilder sind austauschbar: Wald, tiefe, grauenvolle Nacht, ferner Donner, schwaches Mondlicht durch die zerrissenen Sturmwolken, gelegentlich Blitze, Rüdengebell. Und immer wieder Hasper. Für die Gefangenhaltung seiner Mutter schwört er den Pfaffen fürchterliche Rache: *»Benigna! – die Welt ist eine scheußliche Drachenhöhle voll Bösewichter! – Gute Nacht Mitleid! – Menschlichkeit, gute Nacht! – Ich morde nun was mir vor's Schwert kommt!... Weib ohne gleichen!... Wappne mich!«* Aber bevor er zum Gemetzel schreitet, zieht ihn die besorgte Hausfrau noch rasch vor den Hausaltar mit dem Kruzifix und der ewigen Lampe. Nach der Entführung Benignas durch die Pfaffenpartei gerät Hasper vollends in berserkerhafte Zerstörungswut, die sogar seinen hartgesottenen Kumpanen zu grausam scheinen will. Doch Hasper weiß ihnen zu raten: *»Wenn den Wolf das Ungeziefer beißt, so wirft er sich in's Wasser. Macht's auch so mit eurem Gewissen! – Ersäuft's in Nierensteiner!«* – Cramer, der seine Leserschaft kennt, mutet ihr für seinen Hasper kein Götz-Schicksal zu; er sorgt für ein Happy-End: Hasper bekommt seine Benigna wieder und wird schließlich von Landgraf Heinrich dem Erlauchten zum Rügemeister bestellt.
Cramers Roman ist bis in Einzelheiten hinein ein ins Grobe, Ordinäre und Wüste übersetzter *Götz* und darf als exemplarisches Beispiel für die deutsche Trivialromanliteratur des ausgehenden 18. Jh.s gelten. Die geschickte Verquickung des Gemeinen und Rohen mit dem Schlüpfrigen gewann dem Verfasser die Herzen seiner romangieri-

gen Leserschaft. Das klassische Götz-Thema hielt in der kolportagehaften Version Cramers nunmehr seinen Einzug in Leihbibliotheken, Wachstuben und Bedientenkammern, aber zweifellos nicht nur dort. – Der Roman gestattet einen aufschlußreichen Blick in *»wahre Abgründe des Zeitgeschmacks«* (K. Borinski) und stellt einen Protest gegen das *»tintenklecksende Saeculum«* und *»schlappe Kastratenjahrhundert«* (SCHILLER, *Die Räuber*) dar, wie ihn auch der Durchschnittsleser verstehen konnte. An Cramers Erfolg knüpften wenig später Christian Heinrich SPIESS und Christian August VULPIUS an. H.J.W.

AUSGABE: Lpzg. 1792/93, 2 Bde.; [4]1837.

LITERATUR: J. W. Appell, *Die Ritter-, Räuber- u. Schauerromantik. Zur Geschichte der dt. Unterhaltungsliteratur*, Lpzg. 1859. – K. Müller-Fraureuth, *Die Ritter- u. Räuberromane*, Halle 1894. – R. Bauer, *Der historische Trivialroman im Deutschland des ausgehenden 18. Jh.s*, Diss. Mchn. 1930. – H. Garte, *Kunstform Schauerroman: Eine morphologische Begriffsbestimmung d. Sensationsromans im 18. Jh. ...*, Diss. Lpzg. 1935. – A. Chlond, *C. G. C.s Romane. Ein Beitrag z. Geschichte der Unterhaltungsliteratur der Goethezeit*, Diss. Halle 1959. – H. F. Doltin, *K. G. C.s »Erasmus Schleicher« als Beispiel eines frühen Unterhaltungs- oder Trivialromans* (in *Studien zur Trivialliteratur*, Hg. H. O. Burger, Ffm. 1968).

## HART CRANE

* 21.7.1899 Garretsville / Oh.
† 27.4.1932 Golf von Mexiko

LITERATUR ZUM AUTOR:
*Bibliographien:*
J. Schwartz, *H. C.: An Annotated Critical Bibliography*, NY 1970. – Ders. u. R. C. Schweik, *H. C.: A Descriptive Bibliography*, Pittsburgh 1972. – Ders., *H. C.: A Reference Guide*, Boston 1983.
*Forschungsbericht:*
B. Weber, *H. C.* (in *Sixteen Modern American Authors: A Survey of Research and Criticism*, Hg. J. R. Bryer, Durham 1973, S. 75–122).
*Zeitschrift:*
Hart Crane Newsletter, Dobbs Ferry/NY 1977 ff. (ab 1981/82 u. d. T. *The Visionary Company*).
*Sondernummern:*
*H. C.: Amerikas plutonische Ekstasen* (in Akzente, 29, 1982, Nr. 6, S. 481–576). – *H. C. Memorial Issue* (in Visionary Company, 1, 1982, Nr. 2).
*Biographien:*
Ph. Horton, *H. C.: The Life of an American Poet*, NY 1937, ern. 1957. – J. E. Unterecker, *Voyager: A Life of H. C.*, NY 1969.
*Gesamtdarstellungen und Studien:*
B. Weber, *H. C.*, NY 1948, ern. 1970. – S. Hazo, *H. C.: An Introduction and Interpretation*, NY 1963, ern. 1977. – V. Quinn, *H. C.*, NY 1963 (TUSAS). – J. Guiguet, *L'univers poétique de H. C.*, Paris 1965. – M. K. Spears, *H. C.*, Minneapolis 1965. – R. W. B. Lewis, *The Poetry of H. C.*, Princeton 1967. – K. H. Köhring, *Die Formen des »long poem« in der modernen amerik. Literatur*, Heidelberg 1967. – H. A. Leibowitz, *H. C.: An Introduction to the Poetry*, NY 1968. – S. J. Brown, *Robber Rocks: Letters and Memories of H. C.*, Middletown 1969. – R. W. Butterfield, *The Broken Arc: A Study of H. C.*, Edinburgh 1969. – H. Ickstadt, *Dichterische Erfahrung und Metaphernstruktur: Eine Untersuchung der Bildersprache H. C.s*, Heidelberg 1970. – *A Concordance to the Poems of H. C.*, Hg. G. Lane, NY 1972. – M. D. Uroff, *H. C.: The Patterns of His Poetry*, Urbana 1974. – R. L. Combs, *Vision of the Voyage: H. C. and the Psychology of Romanticism*, Memphis 1978. – *H. C.: A Collection of Critical Essays*, Hg. A. Trachtenberg, Englewood Cliffs 1982. – *Critical Essays on H. C.*, Hg. D. R. Clark, Boston 1982. – *H. C.*, Hg. H. Bloom, NY 1986. – J. Miller, *H. C.* (in DLB, 48, 1986, S. 78–97).

**DAS LYRISCHE WERK** (amer.) von Hart CRANE.
Hart Crane gilt heute trotz seines schmalen Werkes als einer der wichtigsten, aber auch umstrittensten amerikanischen Lyriker des Modernismus nach Ende des Ersten Weltkrieges. Insbesondere sein Hauptwerk, *The Bridge* (1930), wird als der Versuch gesehen, die neuartige, etwa in T. S. ELIOTS Rückwendung zur sprachlichen Komplexität vor allem der *metaphysical poets* um 1600 gefundene komplexe Dichtersprache sowie die Einflüsse der Symbolisten und Postsymbolisten (man hat immer wieder auf Cranes Affinitäten zu BAUDELAIRE, RIMBAUD und LAFORGUE verwiesen) mit der genuin amerikanischen, romantisch-transzendentalistischen Tradition eines R. W. EMERSON und W. WHITMAN zu verschmelzen. Cranes Lyrik stellt demgemäß aufgrund der ihr eigenen *»Logik der Metapher«* nicht nur ausgesprochen hohe sprachliche Forderungen an den Leser, sie präsentiert sich zudem sowohl als Versuch, die Komplexität der modernen *»urbanen Zivilisation«* (A. Tate) widerzuspiegeln, wie auch – als Gegengewicht zum damit assoziierten Pessimismus in der Art von T. S. Eliots *The Waste Land* (1922) – eine transzendentalistische positive amerikanische Vision zu entwerfen, deren von Crane immer wieder beschworenes Vorbild W. Whitman war.
Auch wenn A. TATE 1926 in seinem Vorwort zu *White Buildings (Weiße Gebäude)* Cranes Überwindung des partikularistischen Imagismus in der ersten Gedichtsammlung als positive Leistung hervorhebt, sieht er doch auch in Cranes Sprache einen Beleg für die erstmals von T. S. Eliot so diagnostizierte und als spezifisch modern bezeichnete *»Dis-*

*soziation der Sensibilität«*, die dem Dichter das Verstehen der *»Welt als eines Ganzen«* verwehre. Y. WINTERS, dessen Urteil ebenfalls für die frühe Rezeption Cranes kennzeichnend ist, vermißt 1930 in *The Bridge* die epische Einheit nach dem Maßstab VERGILS; Winters, wie Tate ein Freund des Dichters, der ihn wegen seines Urteils aber scharf angriff, bemängelt Cranes *»Emotionalisierung des Themas«* zu Lasten der übergreifenden Durchstrukturierung und vor allem auch den seiner Meinung nach gleicherweise bei J. JOYCE oder W. C. WILLIAMS erkennbaren Antiintellektualismus. W. C. Williams andererseits würdigte 1932 zwar die Musikalität der Craneschen Sprache, kritisierte jedoch deren *»kosmischen Sentimentalismus«*. Nachdem der an den Universitäten dominierende *New Criticism* Crane als einen scheiternden Vertreter der Spätromantik abgelehnt hatte, kam es erst mit der allgemeinen Reorientierung seit den sechziger Jahren auch zu einer Neubewertung Cranes (parallel zu derjenigen Whitmans). So hat etwa H. BLOOM bemerkt, seine Generation sei gerade durch Crane zur Poesie bekehrt worden, und er ordnet Crane in die alternative Tradition der amerikanischen orphischen Dichtung ein; er schließt damit wieder an die frühe Würdigung Cranes durch dessen Freund G. MUNSON an, der vom *»göttlichen Wahnsinn«* des Dichters und seinen *»ekstatischen Erleuchtungen«* spricht.

Für manchen Kritiker erschienen die ungelösten Widersprüche in Cranes Werk zunächst als Produkt einer Persönlichkeit, die offensichtlich durch innere und äußere Getriebenheit gekennzeichnet war. Crane, Sohn eines wohlhabenden, aber »poetischen Unsinn« ablehnenden Süßwarenfabrikanten in der Region von Cleveland, litt schon früh unter der spannungsreichen und schließlich geschiedenen Ehe seiner Eltern. Er hat nie eine abgeschlossene Schulausbildung genossen, allerdings ausgiebig gelesen. Nach Ende des Ersten Weltkriegs ging er den verschiedensten Gelegenheitsarbeiten nach, lebte seit 1920 in New York und wurde zeitweise vom Bankier Otto Kahn finanziell unterstützt, um an *The Bridge* weiterarbeiten zu können. Wegen seiner Homosexualität und seines Alkoholismus hatte er immer wieder Probleme mit der Justiz. Am 27. April 1932 machte er seinem Leben im Golf von Mexiko durch einen Sprung von der Orizaba ein Ende.

Crane begann in den Jahren 1916/17, als er sowohl mit der modernistischen ›Little Review‹ M. ANDERSONS als auch mit der von W. FRANK, V. Wyck BROOKS u. a. gegründeten und an Whitman anknüpfenden Zeitschrift ›Seven Arts‹ assoziiert war, Gedichte zu publizieren, die zunächst im exemplarischen Vertreter des Fin de siècle, O. WILDE, ihr Vorbild fanden, dann dem Imagismus, in der Diktion und Bildlichkeit zuweilen auch Eliot verpflichtet waren. In Texten wie *Porphyro in Akron, Praise for an Urn* oder *Chaplinesque* (sämtlich zwischen 1920 und 1922 entstanden) setzt sich Crane mit der Frage nach der isolierten Stellung des modernen Dichters auseinander, der mit einer materialistischen, kunstfeindlichen Welt konfrontiert ist. Ähnlich wie Laforgue oder W. STEVENS sieht Crane den Dichter als einen »chaplinesken« Clown. Nachdem er Chaplins Film *The Kid* gesehen hatte, schrieb er an G. Munson: *»... von meinem Standpunkt aus umschreibt die Pantomime Charlies recht gut die vergeblichen Gesten des Dichters in den USA.«* Während die Lyrik dieser Zeit noch durch die Flucht in den heilen Raum des Inneren gekennzeichnet ist, betont Crane seit 1922 stärker – etwa in *For the Marriage of Faustus and Helen* (1923) – die Notwendigkeit eines sich vom Pessimismus Eliots absetzenden Glaubens an die geistige Erneuerung. Faustus ist für Crane der prototypische *»poetische oder imaginative Mensch«*, während Helena das *»Symbol dieses abstrakten ›Empfindens für die Schönheit‹«* ist, das noch der schlimmsten Zerstörung, wie sie sich im Krieg (Troja, Erster Weltkrieg) manifestiert, widersteht. In nachfolgenden Gedichten betont Crane dann seine Akzeptanz des ganzen Lebens in voller Intensität, inklusive des Leidens, als Grundlage für eine neue künstlerische Synthese (in einem Brief an den Fotografen A. Stieglitz schrieb er 1923, daß *»in einem absoluten Sinn der Künstler sich mit dem Leben identifiziert«*). In Cranes Essay *Modern Poetry* (1930) heißt es später: Dichtung beruht auf dem *»Ausdruck des gegenwärtigen menschlichen Bewußtseins sub specie aeternitatis.... Sie erfordert... eine außerordentliche Fähigkeit des Sich-Auslieferns, jedenfalls zeitweilig, an die Eindrücke des urbanen Lebens. Dies setzt natürlich voraus, daß der Dichter genügend Spontaneität und Lust besitzt, diese Erfahrung in etwas Positives umzuwandeln«*. Ausdruck dieser *»Identifikation mit dem ganzen Leben«* sind etwa Gedichte wie *Legend, Possessions, Lachrymae Christi* oder der sechsteilige Zyklus von Liebesgedichten, *Voyages*.

Zentrales Symbol der Craneschen Dichtung ist, wie *Voyages* zeigt, das Meer, vereinfacht zu verstehen als Verkörperung einer fast mythischen Kraft der Liebe. Im ersten, an MELVILLE anschließenden Gedicht betont Crane zwar die Bedrohung durch das Wasser, mit dem persönlich fast prophetischen Satz *»Der Grund des Meeres ist grausam«*. Wesentlich ist jedoch die sich in diesen Gedichten ausdrükkende Sehnsucht nach Einheit und Liebesharmonie. Crane beschließt dementsprechend den Zyklus in *Voyage VI* mit der Gewißheit, daß der Dichter-Reisende auf der *»Belle Isle«* erfüllter Liebe ankommen wird.

Zwischen 1923 und 1929 arbeitete Crane vor allem an seinem Zyklus von fünfzehn Gedichten unter dem Titel *The Bridge*. Dabei ist die Brooklyn Bridge Symbol einer räumlichen und zeitlichen Einheit, der *»mystischen Synthese ›Amerika‹«*, die sich in der abschließenden Vision des zuerst entstandenen achten Abschnitts, der *»symphonisch«*, wie Crane sagt, die Themen der vorangegangenen Teile aufnimmt, in *»Atlantis«*, offenbart.

Das wesentliche Kennzeichen all dieser Gedichte ist eine sprachlich-metaphorische Hermetik, die im linguistischen Sinne Resultat einer elliptischen, auf lexikalische und syntaktische Regelverletzung aufbauenden Sprachverwendung ist; im weiteren Sinne liegt ihr, wie erst die neuere Forschung gesehen hat, die für Crane charakteristische Auffassung vom Fließen der Sprache und die *»Vision nicht des Entweder/Oder, sondern des Sowohl/Als Auch«* zugrunde, die S. PAUL als im wesentlichen weniger symbolistisch denn kubistisch bezeichnet hat. Auf jeden Fall hat Crane mit Hilfe seiner *»Logik der Metapher«* auf kreative Weise neuartige Beziehungen zwischen heterogenen sprachlichen Bedeutungsfeldern geschaffen und damit eine nichtwissenschaftliche und nichtmimetische, jeweils textinterne Kohärenz herzustellen versucht. Während das direkte Benennen für Crane eine Form der Freiheitsberaubung darstellt (*A Name for All*, 1929), an deren Stelle die kosmische Fusion aller Namen in einem einzigen Wort treten müßte, ermöglicht die nicht auf Realitätsabbildung gerichtete *»Logik der Metapher«* innerhalb der insofern autonomen *»poetischen Konstruktion«* die Existenz eines eigenständigen Bedeutungskosmos. Wie Crane in seinem Essay *General Aims and Theories* (1925) erklärt – andere theoretische Überlegungen finden sich vor allem in seinen Briefen an Tate, Stieglitz u. a. –, will er mit modernen poetischen Mitteln eine Brücke von den *»vielen divergierenden Realitäten unseres brodelnden, verworrenen heutigen Kosmos«* und einer im klassischen Sinne unifizierten Weltsicht schlagen, um jenseits der disparaten Sprache der Gegenwart im Sinne des von ihm zitierten W. Blake wieder ein die impressionistische Vereinzelung transzendierendes geistig-moralisches, umfassendes Bewußtsein zu schaffen. In diesem Zusammenhang geht er auch auf seine Technik einer als *»organisches Prinzip«* bezeichneten *»Logik der Metapher«* ein, die allem menschlichen Bewußtsein und Denken vorausgehe und die der reinen Logik und der wissenschaftlichen Sprache grundsätzlich überlegen sei. Nur mit solchen Mitteln lasse sich die *»Wahrheit der Imagination«* – im Essay *Modern Poetry* (1930) beruft Crane sich dabei auf S. T. COLERIDGE – adäquat ausdrücken. Bei Crane geht es deshalb im Sinne des amerikanischen Transzendentalismus um Erkenntnis, die sich aber erst in höchst konnotativ-dynamischen Symbolen und metaphorischen Assoziationen erschließt.

Das letzte von Crane fertiggestellte Gedicht trägt den Titel *The Broken Tower* und wird häufig als einer seiner besten Texte bezeichnet. Es ist ein *»Liebesgedicht* [wobei hier wie in vielen anderen Texten homoerotische Bilder nicht zu übersehen sind] *und zugleich autobiographische und dichtungstheoretische Bilanz«* (H. Ickstadt), das zwischen dem verzweifelten Gefühl der inneren Zerrissenheit und dem Verlangen nach einem neuen heilen *»innren«* Turm schwankt, in dem die Widersprüche in dichterisch hergestellter Harmonie überwunden sind. U.Bö.

AUSGABEN: *White Buildings*, NY 1926 [Vorw. A. Tate]. – *The Bridge*, Paris 1930; NY 21930; Nachdr. 1970. – *The Collected Poems of H. C.*, Hg. u. Einl. W. Frank, NY 1933. – *The Complete Poems and Selected Letters and Prose*, Hg. B. Weber, NY u. a. 1966; ern. 1979. – *Ten Unpublished Poems*, Hg. K. Lohf, NY 1972. – *The Poems of H. C.*, Hg. M. Simon, NY 1986.

ÜBERSETZUNGEN: *Weiße Bauten: Gedichte*, J. Uhlmann, Bln. 1960. – *Moment Fugue*, D. Leisegang, Darmstadt 1965.

LITERATUR: J. Irwin, *Naming Names. H. C.'s »Logic of Metapher«* (in The Southern Review, 11, 1975, S. 284–299). – E. Sundquist, *Bringing Home the Word: Magic, Lies, and Silence in H. C.* (in ELH, 44, 1977, S. 376–399). – D. Pease, *Blake, C., Whitman, and Modernism. The Poetics of Pure Possibility* (in PMLA, 96, 1981, S. 64–81). – J. St. C. Crane, *The Construction of H. C.s Last Poem »The Broken Tower«* (in Studies in Bibliography, 55, 1983, S. 232–240). – T. Chaffin, *Toward a Poetics of Technology: H. C. and the American Sublime* (in Southern Review, 20, 1984, S. 68–81). – C. M. Schwenck, *Every Poem an Epitaph: Sea-Changes in Whitman's »Out of the Cradle« and C.'s »Voyages«* (in Ariel, 16/1, 1985, S. 3–25).

## THE BRIDGE

(amer.; *Die Brücke*). Episches Gedicht von Hart CRANE, erschienen 1930. – Cranes Hauptwerk, das Walt WHITMANS *Song of Myself* (in *Leaves of Grass*) und T. S. ELIOTS *The Waste Land* (1922) an die Seite zu stellen ist, ein Zyklus aus fünfzehn Einzelgedichten, entstand, seit 1923 geplant, hauptsächlich in den Jahren 1926 und 1929. Zehn Gedichte wurden schon 1927 einzeln in verschiedenen Zeitschriften veröffentlicht. Als Gegenentwurf zu Eliots pessimistischem *Waste Land* stellt *The Bridge* den Versuch einer großen, eher mystischen als mythischen Synthese dar, die Whitmans optimistische Amerika-Vision mit Eliots dichterischer Methode vereint. Ob das Experiment einer *»Symphonie mit einem epischen Thema«*, wie Crane das Werk 1927 in einem Brief nannte, als Ganzes und im einzelnen geglückt ist, bleibt in der Kritik umstritten. Dennoch gilt *The Bridge* heute als ein Schlüsselwerk der amerikanischen Dichtung des 20. Jh.s.

Geographisch umspannt der Zyklus den gesamten Kontinent und das Meer, zeitlich erstreckt er sich von indianischer Vorzeit bis in die Gegenwart der zwanziger Jahre; zum Personal zählen historische wie literarische Figuren (u. a. Columbus, die Gebrüder Wright, die Indianerprinzessin Pocahontas, Whitman, Poe und Washington Irvings Kurzgeschichtenheld Rip Van Winkle). Zentralsymbol ist die New Yorker Brooklyn Bridge, in deren Nähe Crane einige Jahre lebte: Als nicht nur den Hafen am East River überspannende Brücke steht das Wunderwerk der Technik für die Idee des Brückenschlags schlechthin, für die Verbindung von Geist und Materie, Natur und Technik, Geschichte und Gegenwart, Land und Wasser, Gott und Mensch. Die (begründete) Sorge, seine idealistische Deutung Amerikas laufe dem Zeitgeist zuwider, sein romantisch-genialer Willensakt und seine rhapsodisch-hymnische Sprache seien den Zeitgenossen nur schwer zu vermitteln, bedrückte Crane schon bei der Arbeit an *The Bridge*. In einem Brief an den befreundeten Schriftsteller Waldo FRANK schrieb er im Juni 1926: *»Gefühlsmäßig möchte ich ›The Bridge‹ gern schreiben; mit dem Verstand betrachtet, kommt mir das ganze Thema und Unternehmen immer absurder vor.«* Die zugrundeliegende Annahme, daß der mythische Stoff des Gedichts *»in Erfahrung und Wahrnehmung unserer gemeinsamen Rasse, Zeit und Glaubenswelt noch organisch und aktiv wirksam«* sei, wurde Crane und seinen Lesern zum Problem, zum Grundproblem romantisch-visionären Dichtens überhaupt. *»Heutzutage hat die Brücke als Symbol keine Bedeutung über ihren wirtschaftlichen Zweck hinaus, Zeit zu sparen, schneller zum Essen zu kommen...«*. Dennoch schloß er auf Drängen von Freunden das Werk 1929 in Frankreich ab. Die Erstausgabe erschien dann 1930 in Paris.

Zwar stimmen Crane und Eliot in ihrer Diagnose überein, der moderne Mensch leide unter Glaubensverlust und Entfremdung, auch können beide als mythologisierende Eklektiker bezeichnet werden, wobei Eliot sich eher an Antike und Christentum, Crane am amerikanischen Erbe orientierte, doch in ihrem dichterischen Verhältnis zum Mythos stehen sie in fundamentalem Gegensatz. Während der Modernist Eliot (wie POUND und JOYCE) durch mythische Bezüge im Chaos des modernen Lebens intellektuell Ordnung stiftet, Selbstdistanz schafft sowie Vergangenheit und Gegenwart kritisch-ironisch vergleicht, macht der Romantiker Crane im Banne eines idealistischen Vitalismus EMERSONscher Prägung historische wie literarische Gestalten zu Sprachrohren und Ratgebern. Er unterlegt ihnen seine Sinnsuche, seine Erfahrungen und Visionen. So wird das Thema von Amerikas Bestimmung und Versagen vielstimmig, aber letztlich doch unisono dargestellt.

Das symphonisch-epische Panorama ist in acht Sequenzen gegliedert, deren letzte *(Atlantis)* zusammen mit dem Einleitungsgedicht *(To Brooklyn Bridge)* einen Rahmen für die anderen Teile bildet. Aus dem sie umgebenden Großstadtmilieu hebt sich die Brücke heraus; sie lenkt die dichterische Imagination empor, wird zum Symbol des Überbrückungs*vorgangs*, der Sinnsuche, der Suche auch nach einer visionären Sprache. Das durch Symbolketten und thematische Engführungen strukturierte Gedicht folgt assoziativ zwei sich überlagernden Bewegungen: geographisch von New York über den Mittelwesten nach Kalifornien und zurück nach Brooklyn, zeitlich von der Gegenwart über die Entdeckungsreise des Columbus zurück bis in die indianische Vorzeit und wieder in die Gegenwart der zwanziger Jahre.

Die erste Sequenz *(Ave Maria)*, ein dramatischer Monolog, zeigt Kolumbus 1493 auf der Rückreise von Amerika. Die zweite, vielgliedrige *(Powhatan's Daughter)* folgt der Imagination des Dichters, vom Erwachen in Brooklyn *(The Harbor Dawn)* über Kindheitserinnerungen *(Van Winkle)* zu einer Reise über den Kontinent und in die Vergangenheit. Weggefährten auf dieser Reise in das kollektive Unterbewußtsein sind Eisenbahntramps, Pioniere und Indianer. Der Eisenbahn als technischem Reisemittel steht der Mississippi als Strom des Lebens und der Zeit gegenüber *(The River)*. Im mystisch-erotischen Verhältnis des tanzenden Indianerhäuptlings zur Erdgöttin Pocahontas *(The Dance)* ist der Dichter Dritter im Bunde: Er identifiziert sich mit dem Häuptling und dem amerikanischen Kontinent ebenso wie (in *Indiana*) mit der Pioniermutter und ihrem Abschied nehmenden »verlorenen Sohn«. Die den Indianern selbstverständliche Einheit von Mensch und Natur ist das Erbe, dessen der zur See fahrende Farmersohn verlustig geht. Die dritte Sequenz *(Cutty Sark)* ist eine Collage aus Seemannserinnerungen (Entfremdung vom Meer). Im vierten Abschnitt (*Cape Hatteras*, benannt nach dem Schauplatz des ersten erfolgreichen Fluges der Gebrüder Wright) hat der Mensch die Luft erobert; doch Luftkrieg und ein Absturz zeugen auch hier vom problematischen Verhältnis des Menschen zu den Elementen. Whitman mit seiner trotz Bürgerkrieg optimistischen Vision wird als Kronzeuge und Vaterfigur angerufen. Die drei Frauenporträts der fünften Sequenz *(Three Songs)* stehen mit ihrer Kommerzialisierung der Liebe *(National Winter Garden)* im scharfen Kontrast zur Liebe der indianischen Erdgöttin. Auch der sechste Abschnitt *(Quaker Hill)* zeigt Entfremdung und Traditionsverlust: Auf einst heiligem Boden finden Kunstauktionen für gelangweilte Kurgäste statt. In *The Tunnel* schließlich (Sektion VII) fährt der Dichter in die Unterwelt (epische Konvention); in der U-Bahn begegnet er dem Dichter Poe. Am Ende hat ihn die Hölle des Großstadtlebens wieder. Auf die Unterquerung des lebenspendenden Meeres folgt die Überquerung auf der Brücke: Der Dichter setzt in *Atlantis* zum mystischen Höhenflug an. Nach den Elementen Erde, Wasser und Luft steht nun das Feuer der allumfassenden Liebe im Blickpunkt. Der Großstadtdichter ist zum orphischen Sänger geworden.

Nicht zuletzt wegen seiner komprimierten Sprache, die vom Alltagsslang bis zu hymnischen Neologismen alle Register umfaßt, und seiner komplizierten Metrik hat Cranes Epos bis heute keinen deutschen Übersetzer gefunden. H.Thi.

AUSGABEN: Paris 1930. – NY 1933, ern. 1946 (in *The Collected Poems*, Hg. W. Frank). – NY 1966 (in *The Complete Poems and Selected Letters and Prose*, Hg. B. Weber). – NY 1970 (Komm. v. W. Frank u. T. A. Vogler). – NY 1986 (in *The Poems of H. C.*, Hg. M. Simon).

LITERATUR: S. K. Coffman, *Symbolism in »The Bridge«* (in PMLA, 66, 1951, S. 65–77). – B. Slote, *Transmutation in Crane's Imagery in »The Bridge«* (in MLN, 123, 1958, S. 15–23). – Dies., *The Structure of H. C.s »The Bridge«* (in Univ. of Kansas City

Review, 24, 1958, S. 225–238). – L. S. Dembo, *H. C.'s Sanskrit Charge, a Study of »The Bridge«*, Ithaca 1960. – R. H. Pearce, *The Continuity of American Poetry*, Princeton 1961, S. 101–111. – A. van Nostrand, *»The Bridge« and H. C.'s »Span of Consciousness«* (in *Ascpects of American Poetry*, Hg. R. M. Ludwig, Columbus/Oh. 1962, S. 171–202). – J. Unterecker, *The Architecture of »The Bridge«* (in Wisconsin Studies in Contemporary Literature, 3, 1962, S. 5–20). – D. P. Metzger, *H. C.'s »Bridge«: The Mythic Active* (in Arizona Quarterly, 20, 1964, S. 36–46). – A. Trachtenberg, *Brooklyn Bridge: Fact and Symbol*, NY 1965. – R. W. B. Lewis, *C.'s Visionary Lyric: The Way to »The Bridge«* (in Massachusetts Review, 7, 1966, S. 227–253). – P. Spinucci, *Il ponte di brooklyn: »The Bridge« di H. C. e la poesia americana degli anni venti*, Mailand 1966. – J. J. Arpad, *H. C.'s Platonic Myth: The Brooklyn Bridge* (in AL, 39, 1967, S. 75–86). – *The Merrill Studies in »The Bridge«*, Hg. D. R. Clark, Columbus 1970. – S. Paul, *Hart's Bridge*, Chicago 1972. – D. Pease, *»The Bridge«: Emotional Dynamics of an Epic of Consciousness* (in *The Twenties: Fiction, Poetry, Drama*, Hg. W. French, Deland 1975, S. 387–403). – R. P. Sugg, *H. C.'s »The Bridge«: A Description of Its Life*, University/Ala. 1976. – J. C. Rowe, *The »Super-Historical« Sense of H. C.'s »The Bridge«* (in Genre, 11, 1978, S. 597–625). – J. Schwartz, *A Divided Self: The Poetic Sensibility of H. C. with Respect to »The Bridge«* (in Modernist Studies, 3, 1979, S. 3–18). – H. N. Nilsen, *H. C.'s Divided Vision: An Analysis of »The Bridge«*, Oslo 1980. – R. Ramsey, *A Poetics of »The Bridge«* (in TCL, 26, 1980, S. 278–293). – M. Cowley, *Two Views of »The Bridge«* (in SR, 89, 1981, S. 191–205). – E. Brunner, *Splendid Failure: H. C. and the Making of »The Bridge«*, Urbana 1985. – M. Dickie, *The Backward Flight of »The Bridge«* (in AL, 57, 1985, S. 79–97). – J. Krauss, *Times Square to Columbus Circle: The Dual Format of H. C.'s »Bridge«* (in Essays in Literature, 12, 1985, S. 273–284). – J. C. Wolf, *H. C.'s Harp of Evil: A Study of Orphism in »The Bridge«*, Troy 1986.

## STEPHEN CRANE

* 1.11.1871 Newark / N.J.
† 5.6.1900 Badenweiler

**LITERATUR ZUM AUTOR:**

*Bibliographien*:
R. N. Hudspeth, *A Bibliography of S. C. Scholarship, 1893–1962* (in Thoth, 4, 1963, S. 30–58; jährliche Bibl. in Thoth). – J. Katz, *Checklist of S. C.*, Columbus/Ohio 1969. – R. W. Stallman, *S. C.: A Critical Bibliography*, Ames 1972. – S. Wertheim, *S. C.* (in ALR, 8, 1975, S. 227–241).

*Forschungsberichte:*
D. Pizer, *S. C.* (in *Fifteen American Authors Before 1900*, Hg. R. A. Rees u. E. N. Harbert, Madison 1971, ern. 1984, S. 97–137). – J. Katz, *Afterword: Resources for the Study of S. C.* (in *S. C. in Transition: Centenary Essays*, Hg. ders., DeKalb 1972, S. 205–231). – J. Nagel, *S. C.: Nine Recent Books* (in Studies in American Fiction, 1, 1973, S. 232–240). – D. Pizer, *S. C.: A Review of Scholarship and Criticism since 1969* (in Studies in the Novel, 10, 1978). – K. Poenicke, *Der amerikanische Naturalismus: C., Norris, Dreiser*, Darmstadt 1982 (EdF).

*Zeitschriften:*
Stephen Crane Newsletter, 1966–1970. – MFS, 5, 1959, Nr. 3 [Sondernr. S. C.]. – Studies in the Novel, 10, 1978, Nr. 1 [Sondernr. S. C.].

*Biographien*:
T. Beer, *S. C.*, NY 1923. – J. Berryman, *S. C.*, NY 1950, ern. 1962. – R. W. Stallman, *S. C.: A Biography*, NY 1968. – J. B. Colvert, *S. C.*, San Diego u. a. 1984.

*Gesamtdarstellungen und Studien:*
L. Åhnebrink, *The Beginnings of Naturalism in American Fiction*, Uppsala 1950. – Ch. Walcutt, *American Literary Naturalism: A Divided Stream*, Minneapolis 1956. – D. Hoffman, *The Poetry of S. C.*, NY u. Ldn. 1957. – O. Øverland, *The Impressionism of S. C.* (in *Americana Norvegica*, Bd. 1, Hg. S. Skard u. H. H. Wasser, Oslo 1966, S. 239–285). – E. Solomon, *S. C.: From Parody to Realism*, Cambridge/Mass. 1966. – *S. C.: A Collection of Critical Essays*, Hg. M. Bassan, Englewood Cliffs 1967. – D. B. Gibson, *The Fiction of S. C.*, Carbondale u. a. 1968. – J. Cazemajou, *S. C. (1871–1900): Écrivain Journaliste*, Paris 1969. – M. LaFrance, *A Reading of S. C.*, Oxford 1971. – M. Holton, *Cylinder of Vision: The Fiction and Journalistic Writing of S. C.*, Baton Rouge 1972. – *S. C.'s Career: Perspectives and Evaluations*, Hg. T. A. Gullason, NY 1972. – *S. C. in Transition: Centenary Essays*, Hg. J. Katz, DeKalb 1972. – *S. C.: The Critical Heritage*, Hg. R. M. Weatherford, Ldn. u. Boston 1973. – F. Bergon, *S. C.'s Artistry*, NY u. Ldn. 1975. – A. T. Crosland, *A Concordance to the Complete Poetry of S. C.*, Detroit 1975. – F. H. Bastein, *Die Rezeption S. C.s in Deutschland*, Ffm. 1977. – E. H. Cady, *S. C.*, Boston [2]1980 (TUSAS). – G. Milne, *S. C. at Brede: An Anglo-American Literary Circle of the 1890's*, Washington 1980. – J. Nagel, *S. C. and Literary Impressionism*, Univ. Park 1980. – J. B. Colvert, *S. C.* (in DLB 12, 1982). – C. L. Wolford, *The Anger of S. C.*, Lincoln u. Ldn. 1983. – M. Fried, *Realism, Writing, Disfiguration: On Th. Eakins and S. C.*, Chicago 1987. – B. L. Knapp, *S. C.*, NY 1987.

### THE BLUE HOTEL

(amer.; *Das blaue Hotel*). Erzählung von Stephen CRANE, erschienen 1899. – Die Anfang 1898 entstandene Kurzgeschichte, die zu den amerikanischen Klassikern des Genres zählt und von Ernest HEMINGWAY jungen Schriftstellern als Pflichtlektüre verordnet wurde, ist wie Cranes *The Red Badge of Courage* ein psychologisches Porträt der Angst, wie *The Monster* eine Erörterung kollektiver Schuld.

Abseits vom aufstrebenden Präriestädtchen Fort Romper/Nebraska gelegen, trotzt das blaugestrichene Hotel des Iren Patrick Scully einem eisigen Schneesturm; drinnen ist es gemütlich warm. Drei mit der Eisenbahn soeben eingetroffene Gäste, ein zurückhaltender Mann von der Ostküste, ein Cowboy auf dem Weg zu einer Ranch an der Zivilisationsgrenze, die bereits westlich von Nebraska liegt, und ein seltsamer Schwede aus New York, bilden einen Tag lang mit dem Wirt und seinem Sohn Johnnie eine Schicksalsgemeinschaft. Daß sie verschiedenen Regionen und Gesellschaftsschichten entstammen, ist kein Zufall. Auf die Probe gestellt wird diese heterogene Gruppe durch das absurd-paranoide Verhalten des Schweden, in dessen Kopf Wildwestklischees herumspuken und der von der Ahnung umgetrieben wird, er werde dieses Hotel nicht lebend verlassen. Alle Versuche, den bizarren Außenseiter in die kleine Gruppe der Hotelbewohner zu integrieren, schlagen fehl. Ein Kartenspiel weitet sich zu einem Konflikt auf Leben und Tod aus. Entgegen den Befürchtungen des Schweden sorgt Scully, der Ideale wie Gastfreundschaft und Fairneß hochhält, dafür, daß der Kampf zwischen Johnnie und dem Schweden – dieser wirft Johnnie Falschspiel vor – fair verläuft. Im Schneesturm schlägt der Schwede Johnnie k.o. und verläßt dann triumphierend das Hotel.

Im Saloon der Stadt, den er nun aufsucht, begegnet er wieder einigen Typen aus unterschiedlichen Gesellschaftsschichten. Doch hier sorgt der Barkeeper nicht für Fairneß: Als der alkoholisierte Schwede den professionellen Falschspieler des Ortes gewaltsam zum gemeinsamen Zechen bewegen will, wird dieser zum Schicksalsagenten und ersticht den Außenseiter. Als tödliche Gefahr erweist sich für den Schweden nicht die Klischeewelt vom Wilden Westen, die er auf das Hotel und seine Bewohner projizierte, sondern die moralische Gleichgültigkeit der Hotelgäste, besonders des Mannes von der Ostküste. Er hatte gesehen, daß Johnnie tatsächlich gemogelt hatte; er sah das Verhängnis kommen und unternahm nichts. Im Epilog zieht der Mann aus dem Osten nach dieser überraschenden Eröffnung das Fazit, daß *»jede Sünde das Ergebnis eines menschlichen Zusammenwirkens ist«*.

Die zahlreichen repetitiven, zum Teil grotesk überinterpretierenden kritischen Deutungen der Erzählung veranlaßten den amerikanischen Naturalismusspezialisten D. PIZER in Forschungsberichten wiederholt zu dem Plädoyer, eine zehnjährige Interpretationspause einzulegen. Eine kongeniale Umsetzung fand Cranes Erzählung in Jan Kadars Kurzfilm im Rahmen der Serie *The American Short Story*. Mit dem Ziel einer noch größeren Geschlossenheit (Einheit des Ortes) und Intensität verlegt Kadar den Tod des Schweden in das Hotel. So wird den Hotelgästen ihre Mitschuld noch drastischer vor Augen geführt. H.Thi.

AUSGABEN: NY/Ldn. 1899 (in *The Monster and Other Stories*). – NY 1926 (in *The Work*, Hg. W. Follett, 12 Bde., 10; ern. 1963). – NY 1958 (in *Stories and Tales*, Hg. R. W. Stallman). – Garden City 1963 (in *Complete Short Stories and Sketches*, Hg. T. A. Gullason). – Charlottesville 1969 (in *Works*, Hg. F. Bowers, Bd. 5; Univ. of Virginia Ed.). – NY 1977 (in *The American Short Story*, Hg. C. Skaggs).

ÜBERSETZUNGEN: *Das blaue Hotel*, H. Stresau, Bln. 1936. – Dass., E. Klein u. K. Marschke, Köln 1964. – Dass., dies., Ffm. u. Hbg. 1967. – Dass., W. Richartz, Zürich 1981 (in *Ausgewählte Geschichten*).

VERFILMUNG: USA 1974 (Regie: J. Kadar).

LITERATUR: W. Sutton, *Pity and Fear in »The Blue Hotel«* (in Arizona Quarterly, 4, 1952, S. 73–78). – J. N. Satterwhite, *S. C.'s »The Blue Hotel«, the Failure of Understanding* (in MFS, 2, 1956/57, S. 238–241). – J. T. Cox, *S. C. as Symbolic Naturalist: An Analysis of »The Blue Hotel«* (ebd., 3, 1957, S. 147–158). – S. B. Greenfield, *The Unmistakable S. C.* (in PMLA, 73, 1958, S. 565–568). – L. B. Grenberg, *Metaphysics of Despair: S. C.'s »The Blue Hotel«* (in MFS, 14, 1968, S. 203–213). – R. A. Davison, *C.'s »Blue Hotel« Revisited: The Illusion of Fate* (in MFS, 15, 1969, S. 537–539). – F. H. Link, *S. C. s »The Blue Hotel«: Eine Interpretation* (in LWU, 5, 1972, S. 22–32). – J. M. Kinnamon, *Henry James, the Bartender in S. C.'s »The Blue Hotel«* (in Arizona Quarterly, 30, 1974, S. 160–163). – T. A. Pilgrim, *Repetition as a Nihilistic Device in S. C.'s »The Blue Hotel«* (in Studies in Short Fiction, 11, 1974). – C. L. Wolford, *The Eagle and the Crow: High Tragedy and Epic in »The Blue Hotel«* (in Prairie Schooner, 51, 1977, S. 260–274). – J. Wolter, *Drinking, Gambling, Fighting, Paying: Structure and Determinism in »The Blue Hotel«* (in ALR, 12, 1979, S. 295–298). – S. L. Kimball, *Circles and Squares: The Designs of S. C.'s »The Blue Hotel«* (in Studies in Short Fiction, 17, 1980, S. 425–430). – R. E. McFarland, *The Hospitality Code and C.'s »The Blue Hotel«* (in Studies in Short Fiction, 18, 1981, S. 447–451). – B. Murphy, *»The Blue Hotel«: A Source in »Roughing It«* (in Studies in Short Fiction, 20, 1983, S. 39–44). – G. Monteiro, *C.'s Coxcomb* (in MFS, 31, 1985).

## MAGGIE, A GIRL OF THE STREETS. A Story of New York

(amer.; *Ü: Maggie, das Straßenkind*). Roman von Stephen CRANE, erschienen 1893 unter dem Pseudonym Johnston Smith. – Cranes bereits

1891/92 entstandenes und bis zur Endfassung von 1896 mehrfach revidiertes Erstlingswerk geht zum Teil auf Milieustudien des Autors in New Yorker Elendsvierteln zurück. Trotz melodramatischer Elemente gilt der kurze Roman zu Recht als eines der Hauptwerke des amerikanischen Naturalismus, dessen Beginn *Maggie* markiert. Weil Thema und Sprache als schockierend empfunden wurden, fand Crane zunächst keinen Verleger. Auf den fast unbeachteten Privatdruck von 1893 (allerdings wurde Hamlin GARLAND durch ihn auf Crane aufmerksam) folgte nach dem Erfolg von *The Red Badge of Courage* 1896 eine zweite, erfolgreiche Fassung, die im Sinne ZOLAS weniger auf melodramatische Emotionen als auf objektive Milieudarstellung abzielt.

Die Eingangsszene wirft ein bezeichnendes Schlaglicht: In einem New Yorker Slum prügeln sich Kinder nach dem Motto »Alle gegen einen«. Dieser eine, Jimmie Johnson, Bruder der Titelheldin, wehrt sich verbissen, wird dann aber in Gegenwart indifferent zuschauender Erwachsener von der Meute niedergeschlagen. Die Szene illustriert das Recht des Stärkeren, der in diesem von Schmutz und Armut, von der Gleichgültigkeit der einen und der Boshaftigkeit der anderen vergifteten Milieu stets die Oberhand behält. Diese Thematik spiegelt sich auch in der Raubtiermetaphorik. Das Heim der Johnsons bietet ein ähnliches Bild: Die trunksüchtigen Eltern schlagen sich vor den neugierigen Augen der anderen Bewohner der übervölkerten Mietskaserne. Jimmie, ihr Ältester, beteiligt sich an den Streitereien, Maggie dagegen flüchtet sich in eine private Traumwelt. Nach dem Tod des Vaters entwickelt sich Jimmie zu dessen brutalem Ebenbild, während Maggie über der monotonen Arbeit in einer Näherei ihrer Hoffnung auf ein besseres Leben nachhängt. Als sie Jimmies Freund Pete, einem Barmixer und notorischen Angeber, begegnet, glaubt sie der Verwirklichung ihres Traums nahe zu sein. Für den gewissenlosen jungen Mann ist es ein leichtes, die erstaunlich naive Maggie zu verführen. Sie verläßt ihr Zuhause, um mit ihm zusammenzuleben. Aber mit der gleichen Skrupellosigkeit läßt Pete sie um einer anderen Frau willen fallen. Von ihrer Mutter verstoßen, versucht Maggie verzweifelt, sich als Prostituierte durchzuschlagen, gerät immer tiefer ins Elend und ertränkt sich schließlich.

Crane gestattet sich in dieser düsteren Studie über »das Leben in der Gosse« zwar gelegentlich sentimentale, auf Bemitleidung der Unterprivilegierten abzielende Gesten, zeichnet aber andererseits (mit zum Teil schriller Ironie) die Opfer der Armut und Ignoranz, mit Ausnahme Maggies, als hoffnungslos von Kleinbürgermoral verbogene Charaktere. Das abschreckendste Beispiel ist Maggies Mutter, die ihre Kinder in trostlosen Verhältnissen aufwachsen läßt, dann aber die Abwege der Tochter als Schandfleck für die ganze Familie bejammert, die Maggie der Straße preisgibt und ihr – Höhepunkt der Scheinheiligkeit – nach ihrem Tod schluchzend »verzeiht«. Crane beschwört die Atmosphäre der New Yorker »Bowery« in oft abrupt wechselnden Szenen, in denen Dialog (Slang oder drastische Umgangssprache) vorherrscht. Die erzählenden Passagen, knapp, oft schneidend hart formuliert, spiegeln die zerrissene Welt wider, aus der es für Maggie keinen anderen Ausweg als den Tod gibt. Ihr Selbstmord, zuerst nur mit einem einzigen Satz erwähnt, wird später, in den grotesken Reaktionen der anderen, mit voller ironischer Schärfe ins Bewußtsein des Lesers gerückt. *»Das Bild, das er zeichnet«*, schrieb Frank NORRIS in einer Rezension der Ausgabe von 1896, *»ist kein geschlossenes, sorgfältig komponiertes Gemälde, ernsthaft, poliert und genau, sondern es besteht aus Dutzenden winziger Schlaglichtfotos, sozusagen Momentaufnahmen in Bewegung.«* J.v.Ge.-KLL

AUSGABEN: NY 1893 [Privatdruck]. – NY 1896. – NY 1926 (in *The Work*, Hg. W. Follett, 12 Bde., 1925/26, 10; Einl. L. Mencken; ern. 1963). – NY 1933, Hg. u. Einl. V. Starrett (The Modern Library). – NY 1960 (in *Maggie and Other Stories*, Hg. u. Einl. A. McC. Fox). – Charlottesville 1969 (in *Works*, Hg. F. Bowers, Bd. 1; Univ. of Virginia Ed.). – Lexington 1970. – Delmar 1978 [Faks]. – NY 1980 (Norton Critical Ed.). – NY 1986.

ÜBERSETZUNGEN: *Maggie, das Straßenkind*, D. Landé, Lpzg. 1897. – *Maggie*, B. Cramer-Neuhaus (in *Kleine Romane und Erzählungen*, Lpzg. 1959). – Dass., E. Klein u. K. Marschke (in *Ein Wunder an Mut. 7 Erzählungen u. der Roman »Maggie«*, Köln/Olten 1965).

LITERATUR: M. Cunliffe, *S. C. and the American Background of »Maggie«* (in American Quarterly, 7, 1955, S. 31–44). – R. W. Stallman, *S. C.'s Revision of »Maggie: A Girl of the Streets«* (in AL, 26, 1955, S. 528–536). – W. B. Stein, *New Testament Inversions in C.'s »Maggie«* (in MLN, 73, 1958, S. 268–272). – T. A. Gullason, *The Sources of S. C.'s »Maggie«* (in PQ, 38, 1959, S. 497–502). – Sh. J. Kahn, *S. C. and Whitman. A Possible Source for »Maggie«* (in Walt Whitman Review, 7, Dez. 1961, S. 71–77). – J. X. Brennan, *Ironic and Symbolic Structure in C.'s »Maggie«* (in NCF 16, 1962, S. 303–315). – D. Fitelson, *S. C.'s »Maggie« and Darwinism* (in American Quarterly, 16, 1964, S. 182–194). – D. Pizer, *S. C.'s »Maggie« and American Naturalism* (in Criticism, 7, 1965, S. 168–177). – *S. C.'s »Maggie«: Text and Context*, Hg. M. Bassan, Belmont 1966. – M. Bradbury, *Romance and Reality in »Maggie«* (in Journal of American Studies, 3, 1969, S. 111–121). – E. H. Cady, *S. C.: »Maggie, a Girl of the Street«* (in *Landmarks of American Writing*, Hg. H. Cohen, NY 1969, S. 172–181). – M. Holton, *The Sparrow's Fall and the Sparrow's Eye: C.'s »Maggie«* (in Studia Neophilologica, 41, 1969, S. 115–129). – P. H. Ford, *Illusion and Reality in C.'s »Maggie«* (in Arizona Quarterly, 25, 1969, S. 293–303). – K. G. Simoneaux, *Color Imagery in C.'s »Maggie: A Girl of the*

*Streets«* (in CLA, 18, 1974, S. 91–100). – R. J. Begiebing, *S. C.'s »Maggie«: The Death of the Self* (in American Imago, 34, 1977, S. 50–71). – T. A. Gullason, *The Prophetic City in S. C.'s 1893 »Maggie«* (in MFS, 24, 1978, S. 129–137). – A. Mavrocordato, *»Maggie«, allégorie du cœur* (in Études Anglaises, 31, 1978, S. 38–51). – A. F. Graff, *Metaphor and Metonymy: The Two Worlds of C.'s »Maggie«* (in ESC, 8, 1982, S. 422–436). – S. J. Krause, *The Surrealism of C.'s Naturalism in »Maggie«* (in ALR, 16, 1983, S. 253–261). – L. E. Hussman, *The Fate of the Fallen Women* (in *The Image of the Prostitute in Modern Literature*, Hg. P. L. Horn u. M. B. Pringle, NY 1984, S. 91–100). – A. H. Petry, *»Gin Lane« in the Bowery: C.'s »Maggie« and William Hogarth* (in AL, 56, 1984, S. 417–426).

## THE MONSTER

(amer.; *Ü: Das Monstrum*). Erzählung von Stephen CRANE, erschienen 1899. – Bereits schwer von der Krankheit gezeichnet, an der er 1900 verstarb (Tbc), erlebte Crane 1897/98 auf einem englischen Landsitz in der Grafschaft Surrey eine produktive Schaffensphase. Hier entstanden, mit Ausnahme von *The Open Boat*, seine wichtigsten Kurzgeschichten: *Death and the Child* behandelt einen Vorfall aus dem Griechisch-Türkischen Krieg von 1897, den Crane als Kriegsberichterstatter miterlebte, die beiden Erzählungen *The Bride Comes to Yellow Sky* und *The Blue Hotel* setzen sich kritisch mit Klischees vom Wilden Westen auseinander. Schauplatz von *The Monster* ist der fiktive Ort Whilomville im Staat New York, den Crane der Kleinstadt Port Jervis, N.Y., in der er seine Jugendjahre verlebte, nachgebildet hat. Der kleine Arztsohn Jimmi Trescott (von dessen Kindheitserlebnissen auch die 1900 erschienenen *Whilomville Stories* berichten) wird von Henry Johnson, dem schwarzen Diener seines Vaters, aus dem brennenden Haus gerettet. Johnson trägt schwere Brandwunden davon, die sein Gesicht gräßlich entstellen. Dr. Trescott, der sich tief in der Schuld des Schwarzen fühlt, tut alles, um dessen Leben zu erhalten, und gibt ihn dann gegen gutes Entgelt bei der schwarzen Familie Williams in Pflege. Als bekannt wird, daß das »Ungeheuer«, dessen Anblick die Einwohner mit Schrecken und Abscheu erfüllt (eine Tatsache, die Aleck Williams ausnutzt, um noch mehr Pflegegeld zu fordern), seit dem Brand geistesgestört ist, wird Trescott unter Druck gesetzt. Man fordert ihn auf, Johnson in eine Anstalt einzuweisen. Sein Argument, der Kranke verdiene die Achtung und Fürsorge aller und sei zudem völlig ungefährlich, stößt auf taube Ohren. Die ganze Stadt stellt sich gegen ihn und straft ihn für seinen Mut zum Nonkonformismus, indem sie ihn und seine Familie, wie das »Ungeheuer« selbst, ächtet.

Die von Crane in *The Blue Hotel* geäußerte Überzeugung, daß jede Sünde das Ergebnis des Zusammenwirkens einer Gruppe von Menschen sei, liegt auch diesem Werk zugrunde. Man hat *The Monster* häufig als Gruselgeschichte in der Nachfolge POES verstanden und auch Vergleiche mit den unheimlichen Erzählungen von Cranes Zeitgenossen Ambrose BIERCE angestellt, aber dem Autor geht es keineswegs um Schauereffekte. Seine Satire richtet sich gegen die Unfähigkeit einer dem Massendenken verhafteten Gesellschaft, die selbständige moralische Entscheidung eines einzelnen anzuerkennen. Der psychologische Realismus seiner Erzählung ist um so wirkungsvoller, als Crane die Ereignisse detachiert erzählt, in einem knappen, faktischen Stil, der es beispielsweise ganz dem Leser überläßt, sich die Wirkung des »gesichtslosen» Johnson auf die Bürger des Städtchens auszumalen. Die Präzision der Dialoge und die eines Mark TWAIN würdige Wiedergabe des Negerslangs haben dazu beigetragen, daß *The Monster* im Werk dieses bahnbrechenden amerikanischen Naturalisten einen hervorragenden Platz einnimmt.

J.v.Ge.-KLL

AUSGABEN: NY/Ldn. 1899 (in *The Monster and Other Stories*). – NY 1925 (in *The Work of S. C.*, Hg. W. Follett, 12 Bde., 1925/26, 6; ern. 1963). – Charlottesville 1969 (in *Works*, Hg. Bowers, Bd. 7; Univ. of Virginia Ed.).

ÜBERSETZUNGEN: *Das Monstrum*, U. Lassen, Hbg. 1962. – *Das Ungeheuer*, E. Klein u. K. Marschke, Köln/Olten 1965 (in *Ein Wunder an Mut*; Nachw. H.-J. Heise). – *Das Monstrum*, U. Lassen, Bln. 1972.

LITERATUR: S. Kahn, *S. C. and the Giant Voice in the Night* (in *Essays in Modern Literature*, Hg. R. E. Langford, Deland 1963). – C. B. Ives, *Symmetrical Design in Four of S.C.'s Stories* (in Ball State Univ. Forum, 10, 1969, S. 17–26). – C. W. Mayer, *Social Forms vs. Human Brotherhood in C.'s »The Monster«* (in ebd., 14, 1973, Nr. 3, S. 29–37). – C. E. Modlin u. J. R. Byers, *S. C.'s »The Monster« as Christian Allegory* (in Markham Review, 3, 1973). – J. R. Cooley, *»The Monster«: S. C.'s »Invisible Man«* (in ebd., 5, 1975, S. 10–14). – M. Foster, *The Black Crepe Veil: The Significance of S. C.'s »The Monster«* (in International Fiction Review, 3, 1976, S. 87–91). – R. B. Tennenbaum, *The Artful Monstrosity of C.'s »Monster«* (in Studies in Short Fiction, 14, 1977, S. 403–405). – R. A. Morace, *Games, Play, and Entertainments in S. C.'s »The Monster«* (in Studies in American Fiction, 9, 1981, S. 65–81). – A. H. Petry, *S. C.'s Elephant Man* (in Journal of Modern Literature, 10, 1983, S. 346–352). – M. D. Warner, *Value, Agency, and S. C.'s »The Monster«* (in NCF, 40, 1985).

## THE OPEN BOAT

(amer.; *Ü: Das offene Boot*). Erzählung von Stephen CRANE, erschienen 1898. – Auf der Fahrt nach Kuba hatte der Autor Anfang 1897 den Untergang des Dampfers »Commodore« miterlebt.

Statt der vorgesehenen Reportage über den kubanischen Unabhängigkeitskampf verfaßte er für eine New Yorker Zeitung einen ausführlichen Bericht über die Schiffskatastrophe, in dem er nur kurz erwähnte, daß er und drei weitere Überlebende fast vier Tage lang im Rettungsboot auf der See trieben – ein Erlebnis, das Cranes Gesundheit ruinierte und dem die Nachwelt eine Meistererzählung der amerikanischen Literatur verdankt.
In ihr schildert der Autor, der in der dritten Person erzählt, ausschließlich die Erfahrungen und Gefühle der vier Schiffbrüchigen (des verwundeten Kapitäns, des Kochs, des Maschinisten und des Berichterstatters) während der endlos scheinenden dreißig Stunden, die der Rettung vorausgehen: ihre verzweifelten Versuche, das Boot über Wasser zu halten und gleichzeitig auf die Küste zuzurudern, ihre immer von neuem enttäuschten Hoffnungen, ihren Hunger und das Entsetzen, mit dem sie einen das Boot umkreisenden Hai beobachten.
In der realistischen Darstellung des Meeres als einer überwältigend schönen und zugleich tödlichen Naturgewalt und in der Schilderung des treibenden Bootes als eines Symbols des menschlichen Lebens drückt sich eine Thomas HARDYS Naturauffassung verwandte Einstellung aus: In ihrer zerstörerischen Kraft wie in ihrer Schönheit ist die Natur dem Menschen gegenüber indifferent. Schon der erste Satz der Erzählung – *»Keiner von ihnen wußte, welche Farbe der Himmel hatte«* – evoziert sowohl das Bild der unablässig auf die Wogen starrenden Männer als auch das sich jenseits ihrer Wirklichkeit vollziehende Walten der Natur. Auch der strahlend blaue Himmel, der sich am Morgen des nächsten Tages über den Schiffbrüchigen wölbt, ist nicht als Zeichen der Hoffnung zu verstehen: Als das Boot wenig später von der Brandung erfaßt und dem Land entgegengeschleudert wird, kippt es um; drei Männer erreichen schwimmend den Strand, der Maschinist aber, der auf See die größte Ausdauer bewiesen hatte, ertrinkt. Natur und Schicksal zerstören den einen ebenso wahllos, wie sie den anderen überleben lassen. Gegen die Indifferenz der Natur verbindet die Männer eine Schicksalsgemeinschaft, eine Art *»geheimer Brüderlichkeit«*. Für den zum Zynismus neigenden Journalisten, der während der Nacht im offenen Boot mehrmals die Willkür der Natur verflucht hat, wird das Erlebnis dieser unausgesprochenen Verbundenheit zur einschneidendsten Erfahrung seines Lebens. Indem er und seine Schicksalsgenossen die Zufallsbedingtheit ihrer Existenz begreifen lernen, finden sie zu einer menschlichen Würde, die der Haltung verwandt ist, in der später die Helden HEMINGWAYS den Tod akzeptieren. – *»Die Geschichte der vier Männer in dem winzigen Boot«*, schrieb Joseph CONRAD, *»scheint mir in ihrer tiefen, schlichten Menschlichkeit das Wesen des Lebens selbst zu veranschaulichen.«* G.Bj.

AUSGABEN: NY 1898 (in *The Open Boat and Other Tales of Adventure*). – Ldn. 1898 (in *The Open Boat and Other Stories*). – NY 1926 (in *The Work of S. C.*, Hg. W. Follett, 12 Bde., 1925/26, 12; Einl. Ch. Michelson; ern. 1963). – NY 1955 (in *Stories and Tales*, Hg. R. W. Stallman). – Ldn. 1960 (in *The Red Badge of Courage and Other Stories*). – Mchn. 1967, Hg. J. Raith (Huebers fremdsprachl. Texte, 46). – Charlottesville 1970 (in *Works*, Hg. F. Bowers, Bd. 5; Univ. of Virginia Ed.). – Buffalo 1982.

ÜBERSETZUNGEN: *Im Rettungsboot*, H. Reisiger, Bergen/Obb. 1948. – *Männer im Boot*, H. Kahn, Basel 1955. – *Das offene Boot*, J. Stolterfoht, Ffm. 1956 (in *Von Hawthorne bis Thurber. Amerikanische Kurzgeschichten*). – *Im offenen Boot*, E. Schnack (in *Amerikanische Erzähler*, Bd. 1: *Von Washington Irving bis Dorothy Parker*, Zürich 1957). – *Im Rettungsboot*, E. Klein u. K. Marschke (in *Das blaue Hotel. Erzählungen*, Köln 1964).

LITERATUR: R. P. Adams, *Naturalistic Fiction: »The Open Boat«* (in Tulane Studies in Engl., 4, 1954, S. 137–146). – J. B. Colvert, *Style and Meaning in S. C.: »The Open Boat«* (in Univ. of Texas Studies in Engl., 37, 1958, S. 34–45). – L. Kissane, *Interpretation Through Language: A Study of the Metaphors in S. C.'s »The Open Boat«* (in Rendezvous, 1, 1966, S. 18–22). – D. Gerstenberger, *»The Open Boat«: Additional Perspective* (in MFS, 17, 1971–1972, S. 557–561). – G. Monteiro, *The Logic Beneath »The Open Boat«* (in Georgia Review, 26, 1972, S. 326–335). – H. Oppel, *S. C.: »The Open Boat«* (in *Die amerikanische Kurzgeschichte*, Hg. K. H. Göller u. G. Hoffmann, Düsseldorf 1972, S. 191–204). – M. L. Autrey, *The Word Out of the Sea: A View of C.'s »The Open Boat«* (in Arizona Quarterly, 30, 1974, S. 101–110). – J. Nagel, *Impressionism in »The Open Boat« and »A Man and Some Others«* (in Research Studies, 43, 1975, S. 27–37). – B. Bender, *The Nature and Significance of ›Experience‹ in »the Open Boat«* (in Journal of Narrative Technique, 9, 1979, S. 70–80). – W. K. Spofford, *S. C.'s »The Open Boat«: Fact or Fiction* (in ALR, 12, 1979, S. 316–321). – T. L. Kent, *The Problem of Knowledge in »The Open Boat« and »The Blue Hotel«* (in ALR, 14, 1981, S. 262–268). – G. A. Schirmer, *Becoming Interpreters: The Importance of Tone in C.'s »The Open Boat«* (in ALR, 15, 1982, S. 221–231). – E. J. Piacentino, *Kindred Spirits; The Correspondent and the Dying Soldier in C.'s »The Open Boat«* (in Markham Review, 12, 1983, S. 64–67).

## THE RED BADGE OF COURAGE. An Episode from the American Civil War

(amer.; *Ü: Das Blutmal*). Roman von Stephen CRANE, erschienen 1895. – Wie in vielen seiner Erzählungen entlarvt der Autor auch in seinem berühmtesten Prosawerk literarische Klischees – in diesem Fall die Darstellung des Kriegs als eines heroischen Unternehmens. Von mütterlichen Ermahnungen begleitet und vom ganzen Dorf bewundert, ist der blutjunge Henry Fleming auf der Seite der Nordstaaten in den Bürgerkrieg gezogen. Aber statt eines Abenteuers, bei dem er Heldenmut beweisen kann, erwartet ihn zunächst die Eintönigkeit des Lagerlebens, anstatt »tapferen Kriegern« sieht er sich einer anonymen Masse unzufriedener, gelangweilter Soldaten gegenüber, die ihren Kampfesmut durch Prahlerei zu beweisen suchen. Hier erfährt Henry zum erstenmal, daß der einzelne Soldat nur *»eine unbekannte Größe«* unter vielen darstellt und daß ihm strategische Details ebenso unklar bleiben wie das eigentliche Ziel des Krieges. Als sein Regiment endlich in die Schlacht zieht, verliert Fleming jede Illusion und erlebt den Krieg als *»rotes Tier«* und *»blutgeschwellten Gott«*. In panischer Angst flieht er aus dem Kampfgebiet in einen entlegenen Wald, findet aber in der Natur nicht den ersehnten Trost. Statt dessen begegnet er zum erstenmal dem Tod: Zunächst entdeckt er einen Leichnam, gerät dann in eine Gruppe zum Teil grauenhaft entstellter Verwundeter und erlebt das qualvolle Sterben eines Kameraden mit. Er selbst trägt bei einem Streit mit einem Soldaten der eigenen, auf dem Rückzug befindlichen Truppe eine leichte Kopfschramme davon, muß bei der Rückkehr zu seinem Regiment feststellen, daß man ihn nicht einmal vermißt hat, und läßt es dann aus Schuldgefühl gegenüber den verwundeten und gefallenen Kameraden zu, daß man seine Schramme für eine Schußverletzung, für seine »rote Tapferkeitsmedaille« hält. Beim nächsten Einsatz schlägt seine Furcht vor der Schlacht, vor der eigenen Feigheit und vor dem Sarkasmus der Offiziere in verzweifelten Haß und blindes Draufgängertum um: Aus bedrängter Lage rettet sich das Regiment (allen voran Fleming und sein Freund Wilson) diesmal nach vorn; als der Fähnrich fällt, reißt Fleming die Fahne an sich und hilft Wilson bei der Erbeutung des gegnerischen Banners. Aber trotz des Erfolgs seiner Einheit sieht sich die Unionsarmee schließlich zum Rückzug gezwungen (Cranes historisches Modell war die Schlacht von Chancellorsville im Mai 1863.) Fleming aber hat durch die *»rote Krankheit der Schlacht«* und die *»Berührung mit dem großen Tod«* zu einer Tapferkeit fern jeder romantischen Vorstellung gefunden.

Crane verbindet den psychologischen Impressionismus, mit dem er den Krieg (den er erst 1897 als Berichterstatter aus eigener Anschauung kennenlernte) und die Natur aus der Sicht eines einfachen, naiven Freiwilligen darstellt, mit reporterhaft sachlichen Landschafts- und Detailschilderungen, mit der realistischen Wiedergabe von Sprachrhythmus und Dialektfärbung in der direkten Rede und mit einer effektvollen Farbensymbolik, in der Rot eine besondere Rolle spielt. Der durchweg parataktische Erzählstil (den man pointillistisch nennen könnte) steht dabei in einem gewissen Widerspruch zu der rhetorischen Virtuosität und klassizistischen Geschliffenheit der Sprache. Der experimentelle, auf Analyse und Entmythologisierung abzielende Charakter des Buches weist auf Cranes Interesse für ZOLA und den europäischen Naturalismus; die Perspektive des Protagonisten erinnert an die Nikolaj Rostovs aus TOLSTOJS *Krieg und Frieden*.

Nachdem der Roman zunächst Ende 1894 in verschiedenen Großstadtzeitungen in einer Kurzfassung erschienen war, wurde die Buchfassung von 1895 ein Erfolg, trug viel zur Festigung des Realismus in Amerika bei und wurde beispielhaft für das Genre des unpathetischen Kriegsromans. Die in den fünfziger Jahren entbrannte Kontroverse, ob der Text der Ausgabe von 1895 durch Lektoratseingriffe verstümmelt sei, ist nicht endgültig entschieden. Neuere Ausgaben bieten unterschiedliche Texte als definitiv an. G.Bj.-KLL

AUSGABEN: NY 1895. – NY 1925 (in *The Work*, Hg. W. Follett, 12 Bde., 1925/26, 1; ern. 1963). – NY 1956, Hg. u. Einl. W. M. Gibson. – Boston 1964, Einl. K. S. Lynn. – Garden City/NY 1967 (in *Complete Novels*, Hg. u. Einl. T. A. Gullason). – Bronxville/NY 1968, Einl. B. Church. – Columbus/Ohio 1969 (Einl. J. Katz u. Ch. E. Merrill, Standard Ed.). – NY 1971 [m. Reader's Guide]. – Charlottesville 1975 (in *Works*, Hg. F. Bowers, Bd. 2; Univ. of Virginia Ed.). – NY 1976, ern. 1982, Hg. D. Pizer (Norton Critical Ed.). – NY/ Ldn. 1979, Hg. H. Binder. – Philadelphia 1986. – NY 1987. – Harmondsworth 1987 (Penguin).

ÜBERSETZUNGEN: *Das Blutmal*, H. Umstätter, Mannheim 1954. – *Die Flagge des Mutes*, M. Dor u. E. Moltkau, Ffm./Wien 1955. – *Das rote Siegel*, E. Klein u. K. Marschke, Bln. 1962. – Dass., dies., Lpzg. 1974 (RUB). – *Die rote Tapferkeitsmedaille*, dies., Zürich 1985.

VERFILMUNG: USA 1951 (Regie: J. Huston).

LITERATUR: L. U. Pratt, *A Possible Source of »The Red Badge of Courage«* (in AL, 11, 1939, S. 1–10). – J. T. Cox, *The Imagery of »Red Badge of Courage«* (in MFS, 5, 1959, S. 209–219). – *S. C.'s »The Red Badge of Courage«*, Hg. R. Lettis u. a., NY 1960. – S. C. Wertheim, *S. C.'s »The Red Badge of Courage«. A Study of Its Sources, Reputation, Imagery, and Structure*, Diss. NY Univ. 1963 (vgl. Diss. Abstracts, 24, 1963/64, S. 3734/3735). – H. R. Hungerford, *›That Was at Chancellorsville‹: The Factual Framework of »The Red Badge of Courage«* (in AL, 34, 1963, S. 520–531). – J. Berryman, *S. C.: »The Red Badge of Courage«* (in *The American Novel: From J. F. Cooper to W. Faulkner*, Hg. W. Stegner, NY 1965, S. 86–96). – W. L. Howarth, *»The Red Badge of Courage« Manuscript: New Evidence for a Critical Edition* (in Studies in Bibliography, 18, 1965, S. 229–247). – D. Weiss, *»The Red Badge of Courage«* (in Psychoanalytic Review, 52, 1965, S. 32–52, 130–154). – R. C. Albrecht, *Content and Style in »The Red Badge of Courage«* (in CE, 27, 1966, S. 487–492). – T. M. Lorch, *The Cyclical Structure of »The Red Badge of Courage«* (in CLA, 10, 1967, S. 229–238). – J. J. McDermott, *Symbolism and Psychological Realism in »The Red Badge of*

*Courage«* (in NCF, 23, 1968, S. 324–331). – W. H. Frohock, *»The Red Badge« and the Limits of Parody* (in Southern Review, 6, 1970, S. 137–148). – D. Haack, *S. C.s »The Red Badge of Courage«* (in *Der amerikanische Roman im 19. und 20. Jahrhundert*, Hg. E. Lohner, Bln. 1974, S. 138–151). – H. Binder, *The »Red Badge of Courage« Nobody Knows* (in Studies in the Novel, 10, 1978, S. 9–47). – S. Mailloux, *»The Red Badge of Courage« and Interpretative Conventions* (ebd., S. 189–195). – B. Satterfield, *From Romance to Reality: The Accomplishment of Private Fleming* (in CLA, 24, 1981, S. 451–464). – D. Pease, *Fear, Rage, and the Mistrials of Representation in »The Red Badge of Courage«* (in *American Literary Realism*, Hg. E. Sundquist, Baltimore 1982, S. 155–175). – N. E. Dunn, *The Common Man's »Iliad«* (in Comparative Literature Studies, 21, 1984, S. 270–281). – *New Essays on »The Red Badge of Courage«*, Hg. L. C. Mitchell, Cambridge 1986.

## RICHARD CRASHAW

* um 1613 London
† 21.8.1649 Loreto / Italien

**DAS LYRISCHE WERK** (engl.) von Richard CRASHAW.

Crashaws geistliche Lyrik wird erst vor ihrem zeitlichen Hintergrund in vollem Umfang verständlich: dem kalvinistischen Puritanismus, der speziell englischen Ausprägung des Frühbarock, dem kontinentalen Barock und der Gegenreformation. Der dezidiert antikatholische Puritanismus des Vaters erweckte zwar das Bewußtsein von der Ernsthaftigkeit des geistlichen Anliegens, bewirkte jedoch weder eine Neigung zur Imitation noch zum Dogmatismus, sondern vielmehr eine Abkehr. Diese Haltung ist wohl auch darauf zurückzuführen, daß der Puritanismus des Frühbarock, in den der Dichter hineinwuchs, mit den drängenden existentiellen Fragen nicht umzugehen wußte, sie kaum durch neue geistige Impulse argumentativ und ästhetisch aufzuarbeiten imstande war und als typisches Produkt der Renaissance die Imagination insgesamt zu gering veranschlagte. Hinzu kommt, daß die nüchterne und eher einfache geistliche Lyrik der Puritaner künstlerisch gesehen für Crashaw kaum ansprechend war. Seine Neigung an der Universität Cambridge galt daher auf ganz natürliche Weise dem anglo-katholischen Gedankengut und der anglikanischen Hochkirche, die in den Formen der Anbetung, der Sakramentenlehre und der Symbolik der römischen Kirche nahe steht. In seinem *Epigrammatum Sacrorum Liber*, 1634 *(Das Buch geistlicher Epigramme)*, sind bereits die ersten Anzeichen seiner späteren Dichtkunst sichtbar: der pointierte Epigrammstil MARTIALS (vgl. dessen *Epigrammata*) und der Renaissance-Nachahmer sowie insbesondere die Anwendung des Paradoxons auf zentrale Inhalte des christlichen Glaubens. Die relative Verselbständigung des dichterischen Bildes als imaginativ-visuelles Zeichen und die Argumentation des Geistlichen durch das Sinnliche sind in seiner Lyrik schon vor dem Kontakt mit dem kontinentalen Barock erkennbar, d. h. schon vor seiner Vertreibung von der Universität Cambridge durch die Puritaner im Jahr 1644 und seinen anschließenden Aufenthalten in Leiden, Paris, Rom und schließlich Loreto, wo er 1649 starb. Sie sind Kennzeichen seiner ersten Gedichtsammlung *Steps to the Temple*, 1646 *(Stufen zum Heiligtum)*, geistlichen Gedichten, denen er, wie im Untertitel vermerkt, *Other Delights of the Muses (Weitere Wonnen der Musen)*, die zumeist kurzen epigrammartigen Gedichte seiner Studienzeit, beifügt.

Crashaws Werk verkörpert den Stand der geistlichen Dichtung im Anschluß an den Frühbarock John DONNES und George HERBERTS und vor der puritanisch-klassizistischen Formgebung John MILTONS. Wenn im Grunde englische religiöse Lyrik barocken Geistes aus anderer Feder nicht vorhanden ist und sich auch in England keine Ästhetik des Barock und der Gegenreformation entwickeln konnte, so liegt dies an den schwierigen politischen Verhältnissen des Bürgerkriegs und der sich abzeichnenden Militärdiktatur Cromwells. Entstehung und Stil der Gedichte Crashaws lassen sich jedoch nicht nur auf Giambattista MARINO, das kontinentale Barock und die Epigrammatik der Jesuiten, sondern insbesondere auch auf die heimische Tradition zurückführen. Sie besteht aus der prominenten und von der Mystik beeinflußten Jesus- und Marienlyrik des Mittelalters, in deren Rahmen auch Crashaws Gedicht *Sancta Maria Dolorum or the Mother of Sorrows (Sancta Maria Dolorum oder Die Schmerzensmutter)* steht, sowie aus der katholischen und anglo-katholischen Dichtung des ausgehenden 16. Jh.s, die in Gegensatz zur puritanischen Ideologie trat. Robert SOUTHWELLS (um 1561–1595) meditativ-intellektuelle Verwendung der Bildersprache und des Oxymoron verweisen dabei ebenso auf die Stilkunst des Barock und auf Crashaw wie die sinnliche Konkretisierung geistlicher Inhalte durch das poetische Bild in den religiösen Gedichten von Giles FLETCHER d. J. (1585?–1623; *Christs Victorie and Triumph in Heaven and Earth*, 1610). Die sogenannten metaphysischen Dichter des Frühbarock stehen Crashaw in der Handhabung des *concetto* und aller mit ihm verbundenen Stilmittel ebenfalls nahe, insbesondere John Donne, in geringerem Maß George Herbert. Diese Dichter wollen das eigentliche Wesen der Dinge und der geistlichen Inhalte ergründen, der Zweifel ist ihr Prinzip, ihr Geist ist heftig und spannungsreich, sie ringen mit Gott. In Crashaws barocker Lyrik hingegen tritt an die Stelle des Zweifels die Überzeugung von der Einbindung des Menschen in die Sinnfülle Gottes. Bild und Bildkombination konkretisieren und visualisieren dabei Sinnfülle und Spiritualität. Sie statuieren ima-

ginativ, indem sie scharfsinnige und überraschende Wesensbestimmungen vornehmen.
Das dichterische Bild Crashaws ist nie Ornament, sondern immer symbolkräftiges Argument und daher Medium intellektueller und emotionaler Erkenntnis. Die Konkretisierung und die Apotheose des Geistlichen vollziehen sich in der Fusion oder auch in der Verselbständigung der Bildbereiche, in der überschäumenden Bild- und Motivhäufung, dem intensiven Nachsinnen über Details, dem Interesse an menschlicher Wärme und sinnlicher Vergegenwärtigung trotz allen barocken Überschwangs. Die Bilder Crashaws entstammen vorwiegend der tradierten christlichen Symbolik und nicht der persönlichen Beobachtung oder dem Gefühl religiöser Leidenschaftlichkeit. Im Vergleich mit den metaphysischen Dichtern sind sie weniger originell, selten kühn oder radikal entlegen, durch die lediglich geistliche Deutung von Erotik, Liebe und Schönheit, aber auch durch den Wegfall der Bereiche Naturwissenschaft, Seefahrt und Handel emotional eher etwas eingeschränkt. Im einzelnen wären zu nennen die bildliche Verklammerung von Freude und Schmerz, von Tod und Leben, von Blut, Wunden und Tränen mit Edelsteinen und Perlen, von Licht und Dunkel, von Martyrium und letzter sinnlicher Erregung. Die meditative Verselbständigung einzelner Bildbereiche ist auf die stoffliche Verarbeitungsweise zurückzuführen, die Crashaw vorwiegend anwendet: die Reihung epigrammartiger Einheiten in Form des Zwei-, Vier- oder Sechszeilers, die jedem gedanklichen Bild in der Abfolge von Thesis und pointierter Lysis im abschließenden Couplet relatives Eigengewicht verleiht.
So verlagert sich z. B. in einem seiner besten Gedichte, *The Weeper*, das Interesse rasch von dem Schmerz Maria Magdalenas zu hintergründigen Konnotationen von Träne, Schmerz und Schmerzlichkeit. Dabei werden die Tränen zunächst zu Sternen und zur Nahrung des Himmels, die dieser beglückt aufsaugt, zu Wasser und Wein eines himmlischen Festes. Vom Bild des Taus, der Edelsteine königlicher Majestät, der im Abendrot sterbenden Sonne, womit Christus impliziert ist, geht der Dichter zu dem Gedanken über, daß die Träne der eigentliche innere Zeitmesser ist, weltlicher Zeitablauf und Chronologie somit durch die Innerlichkeit des Empfindens außer Kraft gesetzt werden. Tränen werden schließlich mit der körperlichen Vereinigung zweier Menschen in Verbindung gebracht, da sie als Söhne, geboren aus den Augen, *»Leibern, an Leiden schwanger« (»swolne wombes of sorrow«)* bezeichnet werden.
Maria Magdalena, Paradoxon und Prototyp des Sünders und zugleich des Heiligen, ist zentrales Thema geistlicher Barocklyrik von Marino über Southwell bis hin zu Crashaw. Realistischer Geist und seelische Ekstase machen TERESA VON ÁVILA in ähnlicher Weise zum Exponenten des barocken Zeitgeists und seiner Kunst. Crashaw widmet ihr die Gedichte *A Hymn to Sainte Teresa (Hymne an die heilige Theresa)* und *The Flaming Heart (Das flammende Herz)*. In der Hymne gilt das Interesse ähnlich wie in der Marmorstatue BERNINIS im Petersdom von Rom dem von Pfeilen der Liebe durchbohrten Herz der Heiligen und somit der Verzückung, die durchaus erotisch konzipiert ist, wie das Wortspiel von *to die, sterben* und *in sinnliche Ekstase versinken* zeigt. In *The Flaming Heart* thematisiert Crashaw die ekstatische Verschmelzung der Heiligen mit dem flammenden Herzen Christi. Dabei kommt es zu paradoxalen Feststellungen, wie etwa *»köstliches Feuer« (»sweet incendiary«)* und *»gnadenvoller Raub« (»gratious robbery«)* aller Sünden sowie zu ausgesprochen hymnischer Begeisterung am Gedichtabschluß. In *Sancta Maria Dolorum or The Mother of Sorrows* vermittelt die gegenseitige Durchdringung der Bildbereiche ›Träne‹ und ›Wunde‹ sowie ›Blut‹ und ›Sterben‹ in ähnlicher Weise die Einheit Marias mit Christus.
Crashaws Hymnen auf Hochfeste der Christenheit sind szenisch gestaltet. Chor und Einzelpersonen erscheinen dabei in alternierenden Partien, wie etwa in *Hymn of the Nativity (Weihnachtshymnus)*, in dem der Bildbereich hell-dunkel vorherrscht: Die Augen des Kindes machen die Dunkelheit taghell, sie werden zum Aufgang der Sonne, sie machen den Westen des Orients zum Osten, den Winter zum Sommer und die Erde zum Himmel.
Die Übermittlung geistlicher Inhalte durch eine barocke, an italienischen und spanischen Vorbildern orientierte Bildersprache ausgesprochen paradoxen und hyperbolischen Charakters mit stellenweise süßlich und grotesk wirkender »Verfremdung« steht eher außerhalb der Tradition angelsächsischer Lyrik. Sinnliche und zugleich spekulativ-mystische Verinnerlichung im *concetto* sowie subtile, überraschende und überschwengliche Analogien widersprachen im Grunde dem pragmatischen Dichtungsverständnis und dem Wirklichkeitssinn der Engländer. Als Freund COWLEYS und Dichter der unregelmäßigen Ode, noch bevor dieser sie propagierte, als barocker Klassizist und Epigrammatiker, als Verfechter der geistlichen Definition des Menschen wurde Crashaw nach seinem Tod noch vereinzelt geschätzt: von Cowley selbst, von Milton, sogar von POPE und HAYLEY. Erst im Zuge der Neubewertung metaphysischer und barocker Lyrik durch den *New criticism* zu Beginn des 20. Jh.s fand seine dichterische Leistung eine angemessene Würdigung. Nach wie vor aktuell ist die damals gehegte Ansicht, daß die Verklammerung unterschiedlicher Bildbereiche und die Analogie der Dichtung ausgesprochen intellektuelle und gefühlsmäßige Überzeugungskraft verleihen; und ferner, daß diese primär auf dem Empfinden und weniger der Logik beruhende Überzeugungskraft wesentlich von der bewußt sinnlich konkretisierten Darstellung sakraler Inhalte abhängt, deren innerstes Wesen sich der sprachlichen Wiedergabe jedoch letztlich immer entzieht. P.E.

AUSGABEN: *The Poems English, Latin and Greek*, Hg. L. C. Martin, Oxford 1957. – *The Complete Poetry*, Hg. G. W. Williams, NY 1970.

LITERATUR: R. C. Wallerstein, *R. C. A Study in Style and Poetic Development*, Madison/Wisc. 1935; Nachdr. NY 1972. – M. Praz, *R. C.*, Brescia 1945. – A. Warren, *R. C., A Study in Baroque Sensibility*, Chicago 1957. – L. L. Martz, *The Poetry of Meditation*, Ldn. 1962. – R. C. Wallerstein, *R. C. A Study in Style and Poetic Development*, Madison 1962. – Ders., *The Wit of Love*, Indiana 1969. – G. W. Williams, *Image and Symbol in the Sacred Poetry of R. C.*, Columbia/S.C. 1963. – J. Bennett, *Five Metaphysical Poets*, Cambridge 1964. – R. T. Peterson, *The Art of Ecstasy. Teresa, Bernini and Crashaw*, Ldn. 1970. – M. F. Bertonasco, *C. and the Baroque*, Alabama 1971. – J. R. Roberts, *R. C. An Annotated Bibliography of Criticism 1632–1980*, Columbia/Mont. 1985.

## JOSÉ CRAVEIRINHA

eig. José G. Vetrinha, auch Mario Vieira

* 18.5.1922 Lourenço Marques (heute Maputo)

**DAS LYRISCHE WERK** (portug.) von José CRAVEIRINHA (Moçambique).

Craveirinha gilt heute als einer der größten Dichter Afrikas. Der angolanische Schriftsteller David MESTRE schrieb 1973 über ihn: *»Craveirinha bringt mich in die schwierige Situation, daran zu glauben, daß er einer der größten zeitgenössischen Dichter portugiesischer Sprache und ein afrikanischer Riese der Poesie ist. Aber gibt es dort nicht Diop? Gibt es dort nicht Senghor? Nein. Es ist mir nur danach, daß es ihn geben möge, und es gibt ihn: Craveirinha.«* Craveirinha unterstützte aktiv die mosambikanische Befreiungsbewegung Frelimo und wurde während der Kolonialkriege von den Portugiesen inhaftiert. 1964 erschien in Lissabon sein erster Gedichtband *Xigubo (Kriegstanz)*, mit Gedichten der fünfziger Jahre, der von der politischen Polizei umgehend beschlagnahmt wurde. In diesem Werk zeigt Craveirinha sich den Idealen der »Négritude« verpflichtet; jener literarischen Bewegung führender afrikanischer und karibischer Schriftsteller wie L. S. SENGHOR (*1906), Aimé CÉSAIRE (*1913) und L. DAMAS (*1912), die westliche Zivilisationserrungenschaften in Frage stellten und eine Aufwertung der autochthonen afrikanischen Kulturformen anstrebten. Wie der angolanische Nationaldichter António Agostinho NETO (1922 bis 1979) widmet auch Craveirinha seine ersten Zeilen der Mutter Afrika, deren Schönheit und Verträumtheit er hervorhebt, die er aber auch zum Kampf auffordert: *»Erhebt die Arme zur Flamme / damit / vor den Trommeln der Nacht der verräterische Leopard fliehe.«* Das Gedicht *Grito Negro (Schwarzer Schrei)* klagt die gnadenlose Ausbeutung der schwarzen Arbeiter in den Kohlebergwerken an: *»Ich bin Kohle! / Und gewaltsam reißt du mich aus dem Boden / und machst aus mir ein Bergwerk, Chef, / damit ich ewig dir diene wie Kraft ohne eigenes Leben. / Aber ewig nicht, Chef! Ich bin Kohle / und ich muß glühen, / und versengen muß alles die Kraft, mit der ich brenne«* (Übers. V. Ebersbach). Auch in *Africa*, einem seiner berühmtesten Gedichte, beschwört Craveirinha den unheilvollen Einfluß der westlichen Zivilisation mit der *»einziggültigen Wahrheit ihres Evangeliums, / der Mystik ihres Glasperlentands und ihres Pulvers, / mit der Logik ihrer MG-Salven«*. Die weißen Menschen *»hören schon nicht mehr / die zarte Stimme der Bäume mit ihren Ohren, die taub sind vom Krampf der Turbinen, / sie lesen in meinem Wolkenbruch nicht / die Zeichen von Regen und Dürre, / und in ihren Augen, vom Glanz der Metalle geblendet, / erlischt die ausdrucksvolle epidermische Schönheit aller Blumen ... Und die Größe ihrer Seelen ist die Cowboy-Größe, / der Nimbus der Atome, / die sich in dem Luftdoppelrodeo Japans entblätterten.«* Doch die schwarze Mutter Afrika wird trotz aller ihr zugefügten Demütigungen triumphieren: *»Ich erhebe in der Tagundnachtgleiche meines Landes / den Rubin des schönsten Xironga-Gesanges, / und auf der ungewöhnlichen Helle der Morgen-Lenden / ist die Liebkosung meiner wilden Finger / wie die schweigende Harmonie von Zagaies zur Brunst der Rasse / die schön sind wie goldene Phallen, / aufgereckt in den kraftvollen Leib der afrikanischen Nacht«* (Übers. A. Reimann).

Während Craveirinha in *Xigubo* noch radikal die Auslöschung der Weißen propagiert, schlägt das portugiesisch-italienisch verfaßte Gedicht *Cantico a un Dio di Catrame*, 1966 *(Gesang an einen Asphaltgott)* einen moderateren Ton an. Denn mit dem weißen Eindringling ist etwas Neues entstanden: das Mosambikanische, die Mischkultur und mit ihr der Mulatte *(Velha Cantiga – Altes Lied)*. Nach Craveirinha, selbst Sohn eines Portugiesen und einer schwarzen Mosambikanerin, muß jeder Mensch das Recht haben, in einer Gesellschaft ohne Rassenschranken zu leben, also auch der Weiße, sofern er auf die Ausbeutung anderer verzichtet *(Poesia da menina que um dia veio – Gedicht des Mädchens, das eines Tages kam)*. Der Hoffnung auf eine gerechte Gesellschaft steht aber noch die Realität des Kolonialismus und die Passivität des Schwarzen gegenüber, die es zu überwinden gilt, selbst wenn der Kampf Menschenleben kostet. So ruft der Dichter in *Regresso (Rückkehr)* seinen Landsleuten ein *»Sterben, um sich zu erneuern«* zu. – Der Gedichtband *Karingana ua Karingana*, 1974 *(Es war einmal)*, umfaßt 84 Gedichte auf portugiesisch, die zum Teil auch Vokabular der Bantusprache Ronga enthalten und zwischen 1945 und 1974 entstanden sind. Dem Titel getreu umfaßt der Band Gedichtfabeln, fiktive Lehrstücke, die *»die Art / Dinge zu erzählen / als wären sie Vorhersagen / ... dessen was wahr sein kann«* aufzeigen. Obwohl es sich um didaktische Gedichte handelt, die von der Ungerechtigkeit des Kolonialismus sprechen und die falsche Moral der Weißen verurteilen, stellt

Craveirinha sich hier nicht ausschließlich in den Dienst der Militanz, die er ebenfalls fordert, sondern versucht die Tradition der Rongakultur in seine Poesie aufzunehmen, um so die portugiesische Sprache zu »mosambikanisieren« und damit zu bereichern, denn *»die Schwierigkeiten der wahren Poesie sind nicht die Ideen, sondern die Wörter«. »Craveirinha führt einen politisch-ästhetischen Angriff gegen die geerbte koloniale Sprache«* (R. G. Hamilton), indem er die portugiesische Syntax afrikanisiert. Arbeiten von 1954 bis 1975 umfaßt *Cela I*, 1980 *(Zelle 1)*. Auch hier klagt der Dichter Folter und koloniale Unterdrückung an: *»Ich bin Analphabet / aber meine Grammatik geht über alle Sprachen hinaus / wenn meine Haut bei den Schlägen / alle nur erdenklichen ABC-Typen spürt.«* Doch das Gedicht *Minha mais querida (Meine Geliebte)* verkündet vornehmlich die Liebe, die – eine Parallele zum Werk Agostinho Netos – unabdingbare Voraussetzung für den Sieg und den Neuaufbau ist: *»Meine Liebste / mehr als sonst / ist's notwendig / zu lieben / Aber gut lieben / viel lieben / immer mehr lieben / So lieben wie nur ich Dich liebe / mehr lieben als notwendig / oft verzweifelt lieben / So sehr lieben ... / fast so viel wie jemand der deliriert / Oder aber, meine Liebe / lieben über alles / über alle / zumindest immer mehr lieben als die Wut / die tausendmalige Wut dessen ist / der uns im Gefängnis haßt.«* K.De.-KLL

AUSGABEN: *Xigubo*, Lissabon 1964 *(Chigubo)*; ern. Maputo 1980. – *Cântico à un dio di catrame*, Mailand 1966 [ital.-portug.; Einl. Lussu]. – *Karingana ua Karingana*, Lourenço Marques 1974; ern. Lissabon 1982. – *Cela I*, Lissabon 1980.

ÜBERSETZUNG: In *Gedichte aus Moçambique*, V. Ebersbach u. A. Reimann, Lpzg. 1979 (RUB).

LITERATUR: R. G. Hamilton, *Voices from an Empire: A History of Afro-Portuguese Literature*, Minneapolis 1975, S. 202–212. – M. Ferreira, *Literaturas africanas de expressão portuguesa*, Bd. 2, Lissabon 1977. – Laranjeira, *J. C. – »Cela I«* (in Colóquio/Letras, 1982, Nr. 68, S. 89 f.). – F. G. B. Martinho, *»Karingana ua Karingana« de J. C.* (in Cadernos de literatura, 14, Coimbra 1987, Nr. 4, S. 34–41). – C. de M. Medina, *Sonha Mamana África*, São Paulo 1987, S. 147–162.

## ION CREANGĂ

* 10.6.1839 Humuleşti / Bezirk Neamţ
† 31.12.1889 Jassy

LITERATUR ZUM AUTOR:
*Bibliographien:*
I. R. Rotaru, *I. C. Biobibliografie de recomandare*, Bukarest 1959. – *Opera lui Mihai Eminescu, I. C., Liviu Rebreanu pe meridianele lumii. Lucrări separate şi antologii. Cercetare bibliografică*, Hg. A. Piru u. R. Calcan, Bukarest 1973, S. 175–239.
*Biographien:*
L. Predescu, *I. C.*, 2 Bde., Bukarest 1932. – G. Călinescu, *Viaţa lui I. C.*, Bukarest 1938; ern. Bukarest 1964 u. 1966. – P. Caraion, *I. C.*, Bukarest 1955. – Z. Dumitrescu-Buşulenga, *I. C.*, Bukarest 1963. – S. Bratu, *I. C.*, Bukarest 1968. – V. Streinu, *I. C.*, Bukarest 1971. – P. Rezuş, *Pe urmele lui I. C.*, Bukarest 1977. – I. Holban, *I. C. – spaţiul memoriei*, Jassy 1984.
*Gesamtdarstellungen und Studien:*
J. Boutière, *La vie et l'œuvre de I. C. (1837–1889)*, Paris 1930. – L. Salvini, *I. C.*, Rom 1932. – B. Lazăreanu, *I. C. şi basmul rusesc*, Bukarest 1949. – O. Bîrlea, *Povestirile lui C.*, Bukarest 1967. – G. I. Tohăneanu, *Stilul artistic lui I. C.*, Bukarest 1969. – *Studii despre I. C.*, Hg. I. Dan, 2 Bde., Bukarest 1973. – J. Boutière, *Viaţa şi opera lui I. C.*, Jassy 1976. – G. Munteanu, *Introducere în opera lui I. C.*, Bukarest 1976. – *I. C. Antologie*, Hg. C. Ciopraga, Bukarest 1977. – I. Dan, *Destinul unui clasic: I. C.* (in I. D., *Contribuţii*, Bukarest 1978, S. 5–30). – M. Apostolescu, *I. C. între marii povestitori ai lumii*, Bukarest 1978. – P. Rezuş, *I. C. Mit şi adevăr*, Bukarest 1981.

### AMINTIRI DIN COPILĂRIE

(rum.; *Erinnerungen aus der Kindheit*) von Ion CREANGĂ, erschienen 1892. – Die Erzählung spielt im rumänischen Landesteil Moldau um die Mitte des 19. Jh.s und schildert humorvoll, mit Mutterwitz und Bauernschläue, den Werdegang eines kleinen Dorfjungen bis zu seinem Eintritt in ein Priesterseminar, zu dem ihm seine energische und ehrgeizige Mutter trotz endloser Hindernisse verhilft. Außer den köstlichen, im besten Sinn an *Max und Moritz* erinnernden Lausbubenstreichen enthält das Buch reizvolle Beschreibungen der Weihnachtsbräuche jener Gegend sowie interessante Einzelheiten über das damalige Schulwesen. – Creangăs Sprache ist rustikal und unverbildet, sie zeigt im Gegensatz zum sonstigen rumänischen Schrifttum jener Zeit starke Dialektfärbung. Die originellen Wortzusammensetzungen und Vergleiche gingen in vielen Fällen als Redewendungen oder Sprichwörter in den allgemeinen Sprachgebrauch ein. Charakteristisch für den Erzählstil ist im übrigen die häufige Anwendung der doppelten Negation, die sonst in der rumänischen Sprache nicht geläufig und in dieser Form auch kaum zu übersetzen ist. Creangăs Schilderungen wirken so nachhaltig auf die Leser, weil er nur aus eigenen Erlebnissen schöpft und diese Erlebnisse in einer ungekünstelten, lebendig-direkten Volkssprache zum Ausdruck bringt. Dennoch kann sein populär gewordenes Buch einem Vergleich mit den berühmteren europäischen Werken dieses Genres kaum standhalten. J.M.

AUSGABEN: Jassy 1892 (in *Opere complete*, Hg. Xenopol, Bd. 2). – Bukarest 1924. – Bukarest 1949 (in *Opere alese*, Hg. P. Dumitriu). – Bukarest 1950. – Bukarest 1957. – Bukarest 1960; [2]1964. – Bukarest 1966. – Bukarest 1977.

ÜBERSETZUNGEN: *Erinnerungen aus d. Kindheit*, H. Krasser, Bukarest 1951 [m. Begleitw. v. P. Dumitriu]; [2]1968. – *Kindheitserinnerungen*, R. Molitoris, Bukarest 1956. – *Der Lausejunge aus Humulesti*, ders., Bln. 1958. – *Erinnerungen aus d. Kindheit*, H. Krasser, Bln. 1959. – *Der Bauernbub aus Humulescht*, F. Ainöder, Wien 1965.

LITERATUR: I. M. Raşcu, *I. C. Amintiri din copilărie* (in I. M. R., *Alte opere din literatura română*, Bukarest 1938, S. 189–205). – I. Pillat, *Tradiţie şi literatură*, Bukarest 1943, S. 283–290. – T. Cantemir, *»Amintirile« – pledoarie pentru o copilărie fericită* (in Ateneu, 6, 1969, Nr. 12). – T. Marcu, *Elemente etnografice şi folclorice în Amintirile lui I. C.* (in Limbă şi literatură, 9, 1965, S. 355–368). – D. Micu, *Lirismul amintirilor din copilărie* (in D. M., *Periplu*, Bukarest 1974). – M. Tomuş, *Istorie literară şi poezie*, Timişoara 1974, S. 38–59.

## CAPRA CU TREI IEZI

(rum.; *Die Ziege mit den drei Zicklein*). Märchen von Ion CREANGĂ, erschienen 1875. – Zu den Märchen, die in mehr oder weniger variierter Form im Erzählgut vieler Völker zu finden sind, gehört auch die Geschichte von der Ziegenmutter und den Zicklein, denen der Wolf nachstellt; bei den Brüdern GRIMM findet sie sich unter dem Titel: *Der Wolf und die sieben Geißlein*. Creangă stellt sie in die realistisch geschilderte ländliche Umwelt, in der er lebte, und erzählt sie in der an sprichwörtlichen Redensarten reichen Alltagssprache der rumänischen Bauern. Die Fabel selbst ist phantasievoller und volkstümlich bildhafter, aber auch grausamer gestaltet als bei den Brüdern Grimm: Der Wolf verschlingt zwei Geißlein, läßt aber die Köpfe übrig und stellt sie ins Fenster der Hütte, damit sie die ahnungslose Mutter begrüßen, wenn sie heimkommt. Die todtraurige Ziegenmutter bereitet mit dem letzten Kleinen einen großen Leichenschmaus, zu dem der Wolf eingeladen wird. Sie richtet für ihn vor ihrer Hütte einen Sessel aus Wachs her und stellt ihn auf eine Reisigdecke über einer Grube, in der glimmende Kohlen sind. Der Wolf läßt sich den gefüllten Krautwickel, den Pilaf, den Kuchen und alle anderen Speisen gut schmecken und merkt nicht, wie das unter seinem Sitz schwelende Feuer das Wachs erweicht, bis er in die Grube stürzt und jämmerlich verbrennt. Mit einer Paraphrase der Racheformel des *Alten Testaments: »Tod um Tod, Gevatter Wolf, Brand für Brand«* endet das Märchen, das, in der Mordschilderung, der Totenklage und der Rachefreude drastischer als das deutsche Märchen, auch auf dessen guten Ausgang verzichtet. E.T.

AUSGABEN: 1875 (in Convoribiri Literare, 9, S. 339–343). – Jassy 1890. – Bukarest 1902 (in *Opere*). – Bukarest 1952. – Bukarest 1957. – Bukarest 1968 (in *Poveşti, povestiri*). – Bukarest 1970 (in *Opere*, Bd. 1). – Bukarest 1975 (in *Poveşti amintiri, povestiri*).

ÜBERSETZUNGEN: *Die Ziege mit den drei Zicklein*, A. Dimo-Pavelescu, Lpzg. 1928. – Dass., H. Krasser, Bln. 1956. – *Die Geiß mit den drei Geißlein*, ders., Bukarest 1965; [2]1971. – *Die Ziegen der Irinuca*, ders., Bukarest 1963.

LITERATUR: C. Valescu-Hurmuz, *Poveşti de I. C.*, Bukarest 1940.

## HARAP ALB

(rum.; *Der weiße Mohr*). Märchen von Ion CREANGĂ, erschienen 1877. – Im Gesamtwerk Creangăs, der zu den bedeutendsten rumänischen Erzählern gehört, nimmt dieses Märchen durch seine stoffliche und sprachliche Eigenart und Kunstfertigkeit eine besondere Stellung ein.

Der jüngste von den drei Söhnen eines Königs will an den Hof seines kinderlosen Onkels, des Kaisers Grün, ziehen, dessen Erbe er antreten soll. Eine weise Bettlerin sagt ihm, wie er sich auszurüsten habe, um die schwierige Reise und alle Prüfungen bestehen zu können. Zunächst muß er eine Mutprobe ablegen, an der seine beiden Brüder gescheitert sind; doch dank seinem treuen Wunderpferd meistert er diese Aufgabe. Nun erst erlaubt sein Vater ihm aufzubrechen, warnt ihn aber eindringlich vor dem »Bartlosen«. Als der Prinz sich nach 49 Reisetagen in einem dichten Wald verirrt hat, bietet ihm ein Bartloser seine Hilfe an, und trotz der väterlichen Warnung nimmt er ihn in seinen Dienst. Aber bald zwingt der Bartlose ihn mit List, die Rolle mit ihm zu tauschen und zu schwören, daß er ihm bis an sein Lebensende dienen werde. Von nun an ist der Prinz Harap Alb, der »weiße Mohr«, und der Sklave seines bösen Gefährten.

Der gibt sich beim Kaiser Grün als Neffe aus und stellt Harap Alb drei schwere Aufgaben, um ihn aus dem Weg zu räumen. Wieder mit Hilfe seines Wunderpferdes beschafft Harap Alb indessen die gewünschten Salatblätter aus dem Bärengarten, dann auch den Kopf und das edelsteinbesetzte Fell eines Hirschs. Dabei berät ihn erneut die Bettlerin, die jetzt als »Sfînta Duminecă« (»Heiliger Sonntag«, eine bekannte rumänische Märchengestalt) erscheint. Die dritte Aufgabe ist die schwerste: Er soll die Tochter des mächtigen Kaisers Rot herbeischaffen und dem Bartlosen als Braut zuführen. Hier helfen ihm Tiere, denen er beigestanden hatte, und die Gefährten, die sich ihm unterwegs angeschlossen haben: der Hunger, der Durst, der Frost und andere. Als er mit der Braut heimkehrt, entlarvt die zauberkundige Prinzessin den Bartlosen, der nun in seiner Wut Harap Alb den Kopf abschlägt, weil er überzeugt ist, dieser habe seinen

Schwur nicht gehalten. Daraufhin fliegt das Wunderpferd mit dem Bartlosen hinauf in die Wolken, läßt ihn zur Erde hinabfallen und sich zu Tode stürzen. Unterdessen setzt die Prinzessin Harap Alb den Kopf wieder auf, begießt ihn mit Totenwasser und mit Lebenswasser, und so wird der Prinz wieder lebendig. Der Kaiser segnet die beiden, überläßt ihnen sein Reich, und es wird eine prächtige Hochzeit gefeiert, bei der alle zu Gast sind, die dem Prinzen geholfen haben.

*Harap Alb* ist ein Kindermärchen, das zu lesen auch für Erwachsene reizvoll ist. In der langen Reihe von Märchengestalten, die Creangă auftreten läßt, befinden sich manche, die nicht nur in der rumänischen, sondern auch in der übrigen europäischen Literatur selten sind, wie etwa Frostpeter, Allesseher, Vogelfänger Streckdich, Nimmersatt und Immerdurstig. Die außerordentliche Fülle von Motiven aus Märchenwelt und Folklore Rumäniens fügt Creangă geschickt zu einer Einheit zusammen. Der besondere Zauber des *Harap Alb* aber liegt in der kunstvoll-einfachen, mit kraftvollen mundartlichen Wendungen und originellen eigenen Wortprägungen gewürzten Sprache Creangăs, den lebendigen Dialogen und den knappen, bildhaften Schilderungen. E.T.

AUSGABEN: Bukarest 1877 (in Convorbiri Literare, 11, 1. 8. 1877). – Jassy 1890–1892 (in *Scrierile*, 2 Bde.). – Bukarest 1952. – Bukarest 1965 (in *Povești, amintiri, povestiri*). – Bukarest 1970 (in *Opere*, Bd. 1). – Bukarest 1975 (in *Povești, amintiri, povestiri*).

ÜBERSETZUNGEN: *Harap Alb*, G. Weigand, Lpzg. 1910. – *Der weiße Mohr*, H. Krasser (in *Der weiße Mohr u. andere Märchen u. Erzählungen*, Bukarest 1952). – *Prinz Stutensohn*, ders. (in *Prinz Stutensohn. Märchen u. Geschichten*, Bln. 1954). – *Das Märchen von Harap Alb*, R. Molitoris, A. Margul-Sperber, Bukarest 1958. – *Das Märchen vom weißen Mohren u. andere Märchen*, H. Krasser, Lpzg. 1965.

LITERATUR: P. V. Ştefănucă, *Două variante basarebene la basmul Harap Alb al lui I. C.*, Chişinău 1937. – C. Valescu-Hurmuz, *Poveşti de I. C.*, Bukarest 1940. – M. Sadoveanu, *Despre marele povestitor I. C.*, Bukarest 1951. – I. Iordan, *Limbă lui C.* (in *Contribuţii la istoria limbii romîne în secolul al 19-lea*, Bd. 1, Bukarest 1956, S. 137–170). – C. Ciopraga, *Expresivitatea lui C.* (in Viaţa Românească, 17, 1964, 12, S. 78–89). – A. Iliescu, *Realismul şi propensiunea spre fabulos, I. C.* (in A. I., *Proza realistică în secolul al XIX-lea*, Bukarest 1978, S. 92–113).

## POVESTEA LUI STAN PĂŢITUL

(rum.; *Die Geschichte vom erfahrenen Stan*). Märchen von Ion CREANGĂ, erschienen 1877 in der Zeitschrift ›Convorbiri Literare‹. – Die Geschichte gehört zu einer Gruppe von zehn Volksmärchen, die sich durch eine realistische und suggestive Wiedergabe der Mentalität und der Ausdrucksweise des rumänischen Volkes auszeichnet. *Die Geschichte vom erfahrenen Stan* ist ebenso wie Ion Luca CARAGIALES Erzählung *Kir Ianulea (Herr Ianuela)* wegen der originellen Darstellungsweise übernatürlicher Wesen hervorzuheben. Diese Wesen – Gott, Heilige oder Teufel – verlieren ihre Würde ebenso wie ihren Schrecken und werden in das ländliche Milieu einbezogen. In dem vorliegenden Märchen ist es ein Teufel, der, von dem Höllenfürsten Scaraoţchi verurteilt, drei Jahre lang auf der Erde dienen muß. In Gestalt eines schlauen und fleißigen Jungen verdingt sich der Teufel bei Stan, dem er nicht nur zu Reichtum, sondern auch zu einer Frau verhilft. Als Stans Frau auf die Probe gestellt wird, erliegt sie der Versuchung, einen anderen Mann zu treffen. Der Fremde aber ist Stan selbst. Sodann befreit der Teufel Stans Frau von ihrer »vom Teufel stammenden« Rippe und verwandelt sie dadurch zu einer vollkommenen und tugendhaften Gattin. – Der besondere Reiz dieser vorwiegend in Dialogform abgefaßten Erzählung besteht darin, daß der Teufel hier als gutmütiger, pfiffiger Helfer und Freund des Menschen gezeichnet ist. – Die Geschichte *Dănilă prepeleac (Der arme Dănilă)* stellt eine Abwandlung des Märchentypus vom »Hans-im-Glück« dar. Dănilă erweckt den Anschein, sehr dumm zu sein, denn für ein Paar Ochsen handelt er nach zahlreichen Tauschgeschäften nur eine leere Geldbörse ein. In Wirklichkeit gelingt es ihm, damit den Teufel zu übertölpeln und zu großem Reichtum zu gelangen. – Phantastische Elemente sind auch in dem Märchen von *Ivan Turbincă (Ivan Turbinka)* enthalten. Ähnlich wie in einigen ukrainischen und ungarischen Varianten bekommt der Held von Gott einen Ranzen geschenkt. In diesen Ranzen kann Ivan einschließen, wen er will. Er entschließt sich dazu, den Tod einzufangen, doch erweist es sich bald, daß der Tod für die Welt wichtig und notwendig ist. – In *Harap Alb (Der weiße Mohr)*, einem der bekanntesten Märchen Creangăs, besteht der Held auf dem Weg zu dem Grünen Kaiser, seinem Onkel, zahlreiche Abenteuer. Dies gelingt ihm jedoch nur dank der Hilfe einiger Fabelwesen, deren Freundschaft er durch seine Gutmütigkeit und Hilfsbereitschaft errungen hat.

Während in diesem Märchen Wirklichkeit und Phantasie eng miteinander verflochten sind, steht in zwei weiteren Geschichten die wirklichkeitsgetreue Wiedergabe des Dorflebens im Vordergrund. Das Thema der Erzählung *Soacra cu trei nurori (Die Schwiegermutter mit den drei Schwiegertöchtern)* ist die Ausbeutung der Schwiegertöchter und ihre Rache an der grausamen Schwiegermutter. Im Mittelpunkt der Handlung von *Fata babei şi fata moşneagului (Die Tochter der Alten und die Tochter des Greises)* steht, ähnlich wie in Charles PERRAULTS (1628–1703) Märchen *Cendrillon* und *Les fées*, der Gegensatz zwischen der guten und der bösen Tochter. Zum Unterschied von Perraults Märchen, die auf einem Schloß spielen, lokalisiert Creangă die Handlung seines Märchens im dörflichen Milieu. *Capra cu trei iezi (Die Geiß mit den drei Geißlein)* gehört zur Gruppe der Tiermärchen. Während sich Creangă in der Behandlung dieses weitverbreiteten Märchenmotivs im Rahmen der Tradition bewegt, wirken die Personifizierung der Protagonisten sowie die Dramatisierung der Handlung originell. – In der Erzählung *Punguţa cu doi bani (Der Geldbeutel mit den zwei Groschen)* geht der Autor in der Personifizierung des im Mittelpunkt der Ereignisse stehenden Hahnes so weit, daß das Tier zum Symbol einer bestimmten Kategorie von Menschen wird. Mit der unbeirrbaren Hartnäckigkeit eines um sein Recht betrogenen Bauern verfolgt der Hahn den Bojaren, der ihm den Geldbeutel gestohlen hat. Er läßt sich durch keine Drohung einschüchtern und geht schließlich als Sieger aus diesem Streit hervor.

Mit seinen Märchen hat sich Creangă nicht, wie Anton PANN (1797–1854), als Folkloresammler ausgewiesen, sondern als ein volkstümlicher Erzähler von hohem Rang. Die Natürlichkeit und Ausdruckskraft der Sprache spiegelt den Einfluß der Volksepik wider. Creangăs Stil ist durch die Aufnahme zahlreicher volkstümlich überlieferter Sprichwörter und Redensarten gekennzeichnet, in denen Volkswitz und Volksweisheit ihren Niederschlag gefunden haben. G.C.

AUSGABEN: Jassy 1877 (in Convorbiri Literare). – Jassy 1890–1892 (in *Scrierile*, 2 Bde.). – Bukarest 1925 (in *Opere complete*). – Bukarest 1953 (in *Opere*). – Bukarest 1961. – Bukarest 1968 (in *Poveşti, povestiri*). – Bukarest 1975 (in *Poveşti, amintiri, povestiri*).

ÜBERSETZUNG: in *Der weiße Mohr u. andere Märchen u. Erzählungen*, H. Krasser, Bukarest 1952 [Vorw. M. Grosu].

LITERATUR: V. Dogaru, *Mentalitate arhaică şi umanism popular în povestile lui C.* (in Limbă şi literatură, 11, 1965, S. 337–354). – O. Bîrlea, *Povestirile lui C.*, Bukarest 1967. – E. Torodan, *Umorul şi ironia în opera lui I. C.* (in E. T., *Selecţiuni literare*, Timişoara 1973, S. 40–86).

## CLAUDE-PROSPER JOLYOT DE CRÉBILLON

* 14.2.1707 Paris
† 12.4.1777 Paris

LITERATUR ZUM AUTOR:
A. Nöckler, *C., Leben und Werke*, Diss. Lpzg. 1911. – H. Rubrecht, *Sitte und Sittlichkeit in den Werken von C. fils*, Diss. Hbg. 1951. – C. Cherpack, *An Essay on C. fils*, Ldn./Cambridge 1962. – E. Sturm, *C. fils et le libertinage au 18e siècle*, Paris 1970. – H. Wagner, *C. fils. Die erzählerische Struktur seines Werkes*, Mchn. 1972. – P. V. Conroy, *C. fils. Techniques of the Novel*, Banbury 1972. – H. G. Funke, *C. fils als Moralist und Gesellschaftskritiker*, Heidelberg 1972. – B. Fort, *Le langage de l'ambiguité dans l'œuvre de C. fils*, Paris 1979. – A. Siemek, *La recherche morale et esthétique dans le roman de C. fils*, Oxford 1981. – J. R. Joseph, *C., économie érotique et narrative*, Lexington 1984. – E. Köhler, *C. fils* (in *Vorlesungen zur franz. Literatur, Aufklärung I*, Stuttgart 1984, S. 94–100.)

### LES ÉGAREMENTS DU CŒUR ET DE L'ESPRIT OU MÉMOIRES DE M. DE MEILCOUR

(frz.; *Irrwege des Herzens und des Verstandes oder Die Memoiren des Herrn v. Meilcour*). Roman von Claude-Prosper Jolyot de CRÉBILLON, erschienen 1736–1738. – Ein fingierter Memoirenautor, der im Titel genannte Meilcour, berichtet über seine jugendlichen Erlebnisse und Erfahrungen im Bereich des Eros und der gesellschaftlichen Spielregeln. Mit der Sensibilität, aber auch mit aller Gefühlsunerfahrenheit eines Siebzehnjährigen verehrt er zuerst eine Freundin seiner Mutter, die Marquise de Lursay, und findet bei dieser Frau, deren hohe Gefühlskultur sie zu seinem idealen Mentor machen könnte, zarte Gegenliebe. Während er sie noch umwirbt, verliebt er sich aber in eine gleichaltrige Schönheit von undurchschaubarer, mädchenhafter Zurückhaltung. Schwankend zwischen seiner unmittelbaren Herzensentscheidung, den ehrgeizigen Plänen seines gesellschaftlichen Geltungsdrangs und seinem sinnlichen Begehren fühlt er sich wechselweise von beiden Frauen angezogen. Dabei steigern sich seine Gefühle für die eine der Frauen jeweils an den Enttäuschungen, die ihm die andere bereitet. Als die Marquise, in Unkenntnis seines wahren Engagements, zu der Befürchtung kommt, daß er einer älteren Kokotte verfallen könnte, wird sie endlich Meilcours Geliebte – nicht ahnend, daß sie für ihn inzwischen nur noch Objekt seiner Begierde ist. Meilcour erkennt jedoch ihre Überlegenheit und respektiert ihren Wert; in die Befriedigung, sein Ziel erreicht zu haben, mischt sich das Gefühl von Schuld und doppelter Untreue.

Die Genauigkeit, mit der hier seelische Schwankungen aufgezeichnet werden, hat dem jüngeren Crébillon in der Literaturgeschichte den Titel eines Vorläufers des modernen Romans eingetragen. Gemäß dem im Vorwort entwickelten Programm wollte er weder in der Figur des Helden noch in der Handhabung »romanhaft« Außerordentliches vorführen, sondern lediglich ein typisches Bild einer bestimmten psychischen Verfassung. Crébillon hält der privilegierten Gesellschaft des Ancien régime einen Zerrspiegel vor, in dem sich diese in einer Mischung von Selbstgefälligkeit und schlechtem

Gewissen – vermittelt über die ausschließlich aus dem Adel rekrutierten Romanfiguren – wahrnimmt. Ähnlich wie dann LACLOS in den *Liaisons dangereuses* zeichnet Crébillon in seinen Romanen mit der Genauigkeit eines Seismographen die Entwicklung einer Gesellschaftsschicht auf, die ihren historischen Untergang zu erahnen scheint und im rückhaltlosen Genuß Kompensation zu finden glaubt. G.U. - KLL

AUSGABEN: Paris 1736–1738. – Ldn./Ffm. 1779 (in *Collection complète des œuvres*, 7 Bde.). – Paris/Ldn. 1782. – Paris 1961, Hg. R. Étiemble. – Paris 1965 (in *Romanciers du 18e siècle*, Hg. ders., 2 Bde., 2; Pléiade). – Paris 1977 (Folio). – Paris 1985 (GF).

ÜBERSETZUNGEN: *Die geprüfte Standhaftigkeit oder Begebenheiten der Gräfin von Savoyen*, anon., Lüneburg 1787. – *Die Verirrungen von Herz und Geist*, H. v. Born-Pilsach, Karlsruhe 1966. – *Irrwege des Gefühls oder Memoiren des Monsieur Meilcour*, E. Hönisch (in *Das Gesamtwerk*, Hg. u. Vorw. E. Loos, 8 Bde., 2, Bln. 1968).

LITERATUR: M. Kruse, *»Les égarements ...« von C. als ›Éducation sentimentale‹ des 18. Jh.s* (in M. K., *Aufsätze zu Themen und Motivgeschichte*, Hbg. 1965, S. 75–95). – M. M. D. Stevens, *L'idéalisme et le réalisme dans »Les égarements ...« de C.* (in StV, 1966, Nr. 47, S. 157–176). – J. Sgard, *La notion d'égarement chez C.* (in DHS, 1, 1969, S. 241–249). – J. J. Jones, *Visual Communication in »Les égarements ...«* (in StV, 1974, Nr. 120, S. 319–328). – *Les paradoxes du romancier: »Les égarements ...« de C.*, Hg. P. Rétat, Grenoble 1975. – L. W. Lynch, *The Critical Preface to »Les égarements ...«* (in FR, 51, 1977/78, S. 657–665). – A. Giard, *La parole soufflée* (in Littérature, Okt. 1978, Nr. 31, S. 64–76). – J. Ehrard, *De Meilcour à »Adolphe«, ou la suite des »Égarements«* (in StV, 1980, Nr. 190, S. 107–117). – A. Giard, *Le monde dans »Les égarements ...«* (in SFR, 9, 1985, S. 33–46).

## LE HAZARD DU COIN DU FEU, dialogue moral

(frz.; *Der Zufall am Kamin, Moraldialog*). Roman von Claude-Prosper Jolyot de CRÉBILLON, erschienen 1763. – Dieser in dialogischer Form geschriebene galante Roman ist ein ebenso aufschlußreiches wie reizvolles Dokument der freien Sitten der höheren Pariser Gesellschaft in den letzten vorrevolutionären Jahrzehnten. Der männliche Dialogpartner, der Herzog von Clerval, ist ein Prototyp dieser Gesellschaft, ein wißbegieriger Beobachter der menschlichen Natur, den es reizt, mit den Gefühlen zu spielen, ohne sich selbst zu engagieren. So liegt die Anziehungskraft einer Frau für ihn letzten Endes weniger in ihren Reizen als in den Hindernissen, die es bei ihrer Eroberung zu überwinden gilt. Insbesondere verlockt es ihn, über Gefühlstabus zu sprechen. Er versucht im Laufe eines Kamingesprächs zu beweisen, daß es möglich sei, einer Dame der Gesellschaft auch die letzte Gunst abzugewinnen, ohne sie zu lieben oder auch nur Liebe zu heucheln, ja sogar ohne zu verschweigen, daß man eine andere liebe. Dieser Beweis gelingt ihm bei der schönen Célie restlos. Obgleich diese leichtsinnig und skrupellos genug ist, sich ohne Bedenken dem Geliebten ihrer Freundin hinzugeben, versucht sie bis zuletzt, dem Herzog das Liebesgeständnis abzuringen, das sie ihrer Selbstachtung schuldig ist. Als gewandter Kasuist weiß dieser sich jedoch stets aus der Affäre zu ziehen. Eine Wendung aus der Hohen Schule dieses Liebesspiels hört sich etwa so an: *»Célie: Was ich in Ihnen erwekke, ist es Liebe? – Clerval: Liebte ich nicht die Gräfin, so würde ich nicht zweifeln, daß es Liebe wäre. – Célie: Hätte ich Grund mir zu schmeicheln, daß aus dem Geschmack, den Sie an mir finden, einst ein Gefühl werden kann? – Clerval: Ich weiß es nicht: doch, um die Offenheit bis zum äußersten zu treiben, ich vermute nein.«*
Dies ist der mondäne und bei vollkommener Korrektheit doch federnd gespannte Ton des ganzen Dialogs, in dessen Verlauf der Herzog im übrigen alle Huldigungen zu formulieren weiß, die Galanterie und Höflichkeit nur erfinden können. Er ist ein Meister des hohen Konversationsstils jener Epoche. Oberstes Gesetz ist die Kontrolle über sich selbst; je heftiger die innere Erregung, desto beherrschter sei der Ausdruck. Dem Rationalismus solcher Haltung entspricht Crébillons Verzicht auf detaillierte Charakterisierung seiner Figuren. Sie sind für ihn lediglich Repräsentanten typischer Eigenschaften, Attitüden und Lebensanschauungen, die er gegeneinander ausspielt. Mit dem Blick des erfahrenen Psychologen, den er hierbei beweist, und dem immer verbindlich bleibenden Ton seiner Enthüllungen nimmt er zwischen MARIVAUX und Choderlos de LACLOS eine interessante Mittelstellung ein, wenn er deren literarischen Rang auch nicht ganz erreicht. KLL

AUSGABEN: Den Haag 1763. – Ldn./Paris 1772 (in *Les œuvres*, 7 Bde., 3). – Paris 1929 (in *Œuvres*, Hg. P. Lièvre, 5 Bde., 1929/30, 1). – Paris 1983. – Paris 1984.

ÜBERSETZUNGEN: *Das Spiel des Zufalls am Kaminfeuer*, K. Brand, Lpzg. 1905. – Dass., E. Hönisch (in *Das Gesamtwerk*, Hg. u. Vorw. E. Loos, 8 Bde., 3, Bln. 1968).

LITERATUR: C. Cherpack, *An Essay on C. fils*, Durham 1962, S. 159–170.

## LE SOPHA. Conte moral

(frz.; *Das Sofa. Moralisches Märchen*). Rahmenerzählung von Claude-Prosper Jolyot de CRÉBILLON, erschienen 1742. – Crébillons *Sopha* knüpft an die arabischen Märchen von *Tausendundeine Nacht* (vgl. *Alf laila wa-laila*) an, die durch A. GALLANDS Übersetzung (1704–1717) in Frankreich beliebt geworden waren. Der bornierte Sultan Schah Baham in der Erzählung Crébillons ist ein Enkel jenes mordlustigen Schah Riar, den Scheherazade mit ihren arabischen Märchen zu besänftigen verstand. Im *Sopha* hat der Erzähler Amanzéi lediglich die Langeweile des Sultans zu vertreiben, sein Leben steht nie auf dem Spiel. Als Brahmane, der an die Seelenwanderung glaubt, kann er von seiner früheren Existenz als Sofa in Agra (Deckname für Paris) berichten: Zur Strafe für seinen lasterhaften Lebenswandel hatte Brahma, sein Gott, Amanzéis Seele in ein Sofa gebannt und beschlossen, daß seine Seele erst dann wieder in ihren menschlichen Körper zurückkehren sollte, wenn auf dem Sofa ein bis dato noch unschuldiges Liebespaar sich zusammenfindet. Diese Verbannung dauert lange; und das, was Amanzéi als Sofa-Seele erlebt, ist Gegenstand der Erzählung.

Erzählsituation und Handlungsort sind überaus wirkungsvoll. Der Sultan fällt Amanzéi ständig ins Wort, beklagt ohne Erfolg dessen Hang zum sentenziösen Moralisieren und möchte statt dessen gewisse konkrete Dinge ganz genau wissen. Auf diese Weise wird immer wieder der Erwartungshorizont des Durchschnittslesers ironisiert und die Aufmerksamkeit vom erzählten Vorgang auf den Vorgang des Erzählens gelenkt. Amanzéi, Zeuge und Handlungsort zugleich, demonstriert in zehn Episoden seine zu Beginn ausgesprochene Sentenz, *»daß es recht wenige Frauen gibt, die in den Augen ihres Sofas tugendhaft sind«*. Die in einem kühlen, nahezu wissenschaftlichen Ton vorgetragenen Beobachtungen und Kommentare Amanzéis verraten ein moralistisches Engagement, das sich nicht mit einer augenzwinkernden Schilderung freier Sitten im vorrevolutionären Frankreich begnügt. Die vor allem von den französischen Moralisten des 17. Jh.s immer wieder formulierte Spannung von Sein und Schein, Tugend und Laster kehrt in Crébillons Liebespsychologie als Gegensatz von vertrauensvoller, dauerhafter Liebe *(amour)* und flüchtiger Sinnlichkeit *(goût, caprice, fantaisie)* wieder. Das Sofa ist der Ort, wo eine Reihe in typenhafter Allgemeingültigkeit dargestellter Personen im doppelten Sinn des Wortes sich enthüllt.

Ein weiblicher Tartuffe von finsterer Lasterhaftigkeit und eine käufliche Tänzerin illustrieren zunächst mit ihren jeweiligen Partnern die Fehlform rein körperlicher Beziehungen. Erst das Liebespaar Phénime–Zulma in der vierten Episode verwirklicht das Ideal wahrer Liebe im Sinne der in den preziösen Romanen des 17. Jh.s erneuerten höfischen Liebesdoktrin. Die Tatsache, daß es sich um die Bindung zu einer verheirateten Frau handelt, ist geradezu die nötige Voraussetzung, da nach der nichtbürgerlichen Liebesdoktrin Liebe und Ehe unveinbar waren. Die Haupthelden von vier weiteren Geschichten sind der impotente Lebemann Mazulhim und die Kurtisane Zulica, die zur gleichen Zeit mehrere Liebhaber hat. Trotz dieses schweren Verstoßes gegen die Regeln der höfischen Liebe entwirft sie von sich das Bild einer vollendeten Dame und verfällt darauf dem kalten Hohn Mazulhims und seines Freundes Nassès. Auf diese gnadenlose *»moralische Hinrichtung«* (H. Petriconi) folgt ein heiterer Epilog, in dem Almanzéi sich in seine junge, unschuldige Besitzerin verliebt und vergeblich versucht, eine Vereinigung zu verhindern, die ihn aus seiner möblierten Existenz erlöst.

Man hat lange Crébillons *Sopha* Meisterschaft allenfalls auf dem Gebiete lüsterner Frivolität zugestanden. Eine genauere Analyse bestätigt jedoch den ein »moralisches Märchen« versprechenden Untertitel des Werks. Der Verdruß des Sultans über Almanzéis Erzählstil beschreibt die Reaktion einer Leserschicht, der das Ineinander von galanter Handlung und in den kritischen Kommentar mündender psychologischer Analyse problemlosen Genuß versperrt. Es macht nicht zuletzt den hohen Rang von Crébillons Erzählung aus, daß sie weder Erotik noch moralische Norm verabsolutiert, sondern ihre schwierige Vermittlung versucht.

P.Mo. - KLL

AUSGABEN: Paris 1742. – Paris 1930 (in *Œuvres*, Hg. P. Lièvre, 5 Bde., 1929/30, 3). – Paris 1966, Hg. u. Vorw. A.-M. Schmidt (10/18). – Paris 1973. – Paris 1984.

ÜBERSETZUNGEN: *Der Sopha. Moralische Erzählung*, Lange, Bln. 1765. – *Das Sofa, ein moralisches Märchen*, E. Sander u. E. Höhnisch (in *Das Gesamtwerk*, Hg. u. Vorw. E. Loos, 8 Bde., 3, Bln. 1968). – Dass., W. Pokorny [bearb.], Mchn. 1983 (Heyne Tb).

LITERATUR: A. Huxley, *C. the Younger* (in *The Olive Tree and Other Essays*, Ldn. 21947, S. 135–149). – H. Petriconi, *»Le Sopha« von J. de C. u. Kellers »Sinngedicht«* (in RF, 62, 1950, S. 350–384). – V. Link, *The Reception of C.'s »Le sopha« in England* (in StV, 1975, Nr. 132, S. 199–203).

## PROSPER JOLYOT DE CRÉBILLON

* 13.1.1674 Dijon
† 17.6.1762 Paris

LITERATUR ZUM AUTOR:
M. Dutrait, *Étude sur la vie et le théâtre de C.*, Bordeaux 1895; Nachdr. Genf 1970. – P. Ciurano, *C.*, Genua 1965. – J. Langefeld, *Das Theater C.s*, Diss. Köln 1967. – P. O. Le Clerc, *Voltaire et C. History of an Enmity*, Banbury 1973. – H. Markgraf, *Das Schreckliche in den Tragödien C.s*,

Gerbrunn b. Würzburg 1982. – H. Giaufret Colombani, *Le sang des Atrides. Sur les tragédies de C.* (in DHS, 16, 1984, S. 345–355).

## ÉLECTRE

(frz.; *Elektra*). Tragödie in fünf Akten von Prosper Jolyot de CRÉBILLON, Uraufführung: Paris, 14. 12. 1708, Comédie Française. – Mit dieser Bearbeitung des antiken Stoffs stieß Crébillon bei den Anhängern der klassischen Dramaturgie auf heftige Ablehnung. Er erwehrte sich der gegen ihn erhobenen Vorwürfe unter Berufung auf seine künstlerische Originalität – er habe nicht eine sophokleische oder euripideische Tragödie schreiben wollen und darüber hinaus könne man dem zeitgenössischen Publikum mit der einfachen Dramaturgie der antiken Autoren nicht mehr gefallen.

Die aus der griechischen Tragödie bekannte Handlung – die Rache Elektras und Orests an ihrem Stiefvater Aigisthos und ihrer Mutter Klytaimestra – wandelt Crébillon bezeichnenderweise zu einem romantischen Drama über den Konflikt zwischen gesellschaftlicher Pflicht und persönlicher Neigung um. Er führt zu diesem Zweck zwei frei erfundene Figuren in die Fabel ein: Itys und Iphianasse, Sohn und Tochter des Égisthe, in die sich Électre und Oreste verlieben. Außerdem kompliziert Crébillon die überlieferte tragische Grundsituation, indem er Orest als Tydée, Zögling des Palamède, einführt, der in Unkenntnis seiner wirklichen Abstammung Égisthe im Kampf um die Stadt Epidauros zu Hilfe kommt und seiner Verdienste wegen zum Vertrauten des Égisthe aufsteigt. Erst in Égisthes Palast wird Tydée von dem durch einen Schiffbruch von ihm getrennten, aber auf wunderbare Weise geretteten Palamède über seine Herkunft aufgeklärt und ermahnt, seine Pflicht zu erfüllen. Anstatt nun Tydée-Orestes nahen Umgang mit Égisthe für einen Mordanschlag zu nutzen, schmieden die beiden einen umständlichen Plan und beziehen Électre in die Verschwörung mit ein. Sie soll zum Schein in eine Ehe mit Itys einwilligen, um durch ihre Hochzeitsfeier den Rächern eine unauffällige Umzingelung Égisthes zu ermöglichen. Unter der Bedingung, daß dem von ihnen geliebten Geschwisterpaar kein Leid geschieht, willigen Électre und Oreste in Palamèdes Vorschläge ein. Nach diesen Vorbereitungen nimmt die Tragödie den bekannten Verlauf: Oreste tötet Égisthe und, auf Anstiften Électres und Palamèdes, auch seine Mutter Clytemnestre. Danach aber überkommt ihn heftige Reue, die zum Wahnsinn führt, den Crébillon in der – Erschütterung, Grausen und Schrecken erheischenden – Schlußszene darstellt.

Crébillons Fassung der *Elektra* ist charakteristisch für die nachklassische Tragödie in Frankreich. Sprachlich an RACINE orientiert, dessen Vers und deklamatorisches Pathos übernommen werden, tritt an die Stelle des klaren dramatischen Aufbaus eine Handlung voll Intrigen, komplizierter Verwicklungen und Episoden. Der eigentliche tragische Konflikt des antiken Vorwurfs ist vollkommen eliminiert, und der an seiner Statt eingeführte Widerspruch zwischen Pflicht und Neigung erschöpft sich in konventionellen und sentimentalen Dialogen. Die Tragödie hat sich weitgehend in Exotismen, blutrünstige Abstrusitäten und monotone Räsonnements aufgelöst. Voller Verachtung schrieb BOILEAU, nachdem er Crébillons – beim Publikum durchaus beliebte – Stücke gesehen hatte: *»Ich habe zu lange gelebt; welchen Barbaren fällt die französische Bühne anheim! Die Boyers und Pradons, die wir so sehr verhöhnt haben, waren Adler im Vergleich mit diesen!«* M.H.-KLL

AUSGABEN: Paris 1709. – Paris 1885 (in *Théâtre complet*, Hg. A. Vitre). – Paris 1912 (in *Théâtre complet*). – Exeter 1980, Hg. J. Dunkley [krit.].

BEARBEITUNG: *Orest und Elektra. Ein Trauerspiel nach Voltaire u. C.*, F. W. Gotter, Gotha 1774.

LITERATUR: V. Zambra, *I caratteri nell'»Electra« di Sofocle*, Programm Trient 1876.

## RHADAMISTE ET ZÉNOBIE

(frz.; *Rhadamiste und Zénobie*). Tragödie in fünf Akten von Prosper Jolyot de CRÉBILLON, Uraufführung: Paris, 23. 1. 1711, Comédie Française. – Der Autor, der von seinen Zeitgenossen nicht ohne Grund den Beinamen »le Terrible« (der Schreckliche) erhielt, wählt den Königspalast von Artanisse in Kleinasien zum Schauplatz dieses blutrünstigen Dramas. – König Pharasmane – ein wahrer Unhold – und sein tugendhafter Sohn Arsame umwerben ein Mädchen, das sich unter dem Namen Isménie am Hof aufhält. Sie ahnen nicht, daß es sich in Wirklichkeit um die armenische Prinzessin Zénobie, die Gemahlin Rhadamistes – ein anderer Sohn Pharasmanes – handelt. Als Opfer einer Intrige hatte Rhadamiste Zénobies Vater Mithridate getötet und später, während der Flucht des Paars vor dem aufgebrachten Volk, die Gattin aus Eifersucht in einen Fluß gestoßen. Arsame hatte sie gerettet, und nach Jahren ruhelosen Umherirrens war sie schließlich an den Hof Pharasmanes gekommen. Ihre Liebe gehört ihrem Retter, aber der unmenschliche und häßliche König will sie selbst zur Gemahlin. Als ein Gesandter an Pharasmanes Hof sich als der seither verschollene Rhadamiste zu erkennen gibt, der gekommen ist, seinen Vater zu töten, flieht sie, zwischen Pflicht und Neigung schwankend, mit dem Gatten nach Armenien. Wutentbrannt verfolgt Pharasmane den »Entführer« und tötet ihn. Als er in dem Ermordeten den Sohn erkennt, stürzt er in einen Abgrund von Reue und Verzweiflung und gibt Zénobie und Arsame seinen Segen.

Das hochpathetische, in gereimten Alexandrinern abgefaßte Werk setzt sich in der Hauptsache aus schwülstigen und langatmigen Reden – die vor allem der Exposition der komplizierten Fabel dienen –, überraschenden Zufällen und einem Geschehen voller Schreckenstaten und romanhafter Verwicklungen zusammen. Die Charaktere sind ganz dem effektvollen, bühnensicheren Dualismus von Gut und Böse zugeordnet. So allein kann dem Stück eine Lehre wie diese aufgesetzt werden: Zénobie wird für die Treue zum Gatten belohnt und nach dessen Tod rechtmäßig mit dem Geliebten vereint. – Crébillons dramatisches Schaffen – er selbst äußerte mit einem Anflug von Selbstironie darüber: *»Corneille hat den Himmel, Racine die Erde vorweggenommen, so bleibt mir nur noch die Hölle«* – wird von der auf die Höhenkammliteratur ausgerichteten Literaturkritik der Trivialliteratur zugeordnet; das Urteil des französischen Literaturhistorikers G. LANSON, Crébillons Kunst bestehe darin, *»schauerliche Sujets geschickt zu verharmlosen«*, steht für die übrigen. Neuere Forschungen betrachten Crébillon als frühen Vorläufer des zu Anfang des 19. Jh.s besonders in Paris populären Melodrams. – Immerhin war Crébillon – nicht nur mit dieser seiner berühmtesten Tragödie – zu seiner Zeit ein gewaltiger Erfolg beschieden, der ihn sogar zum Rivalen VOLTAIRES werden ließ. KLL

AUSGABEN: Paris 1711. – Paris 1814. – Paris 1885 (in *Théâtre complet*, Hg. M. A. Vitu).

ÜBERSETZUNGEN: *Versuch einer freien und gebundenen Übersetzung des Trauerspiels Rhadamisth und Zenobie* ..., E. C. L. v. Kißleben, Helmstadt 1750. – *Rhadamisth und Zenobia*, J. F. Gries, Altona o. J. [um 1755]. – Dass., ders., Wien 1760.

LITERATUR: J. E. Herring, *The Father-Children Relationship in the French Classical Tragedy. De Corneille (»Le Cid«) à C. (»Rhadamisthe et Zénobie«)*, Diss. Tulane Univ. 1956.

## ROBERT CREELEY

* 21.5.1926 Arlington / Mass.

**DAS LYRISCHE WERK** (amer.) von Robert CREELEY.

Die ersten Gedichtbände des Autors erschienen in kleinen Verlagen bzw. im Selbstverlag: *The Kind of Act of*, 1953 *(Die Art sich zu geben)*; *If You*, 1956 *(Wenn Du)*; *The Whip*, 1957 *(Die Peitsche)*; *A Form of Women*, 1959 *(Eine Form Frauen)*. Erst als die epochemachende Anthologie *The New American Poetry*, 1960 *(Die neue amerikanische Dichtung)*, herausgegeben von D. ALLEN, eine ganze Gruppe jüngerer, bis dahin von der etablierten Kritik ignorierter Dichter, darunter auch Creeley, einer breiten Öffentlichkeit vorgestellt hatte, konnte er den renommierten Charles Scribner's-Verlag in New York und dann John Calder in London für sich gewinnen; ab 1978 sind seine Bände hauptsächlich bei New Directions, New York, erschienen: *For Love, Poems 1950–1960*, 1962 *(Für Liebe, Gedichte 1950–1960)*; *Words*, 1967 *(Wörter)*; *Pieces* 1969 *(Stücke)*; *The Charm*, 1969 (Der Zauber); *A Day Book*, 1972 *(Ein Tagebuch)*; *Thirty Things*, 1974 *(Dreißig Dinge)*; *Hello* (1978); *Later*, 1979 *(Später)*; *The Collected Poems of Robert Creeley 1945–1975* (1982); *Mirrors*, 1983 *(Spiegel)*; *Memory Gardens*, 1986 *(Gärten der Erinnerung)*. Zu den Lehrmeistern seiner frühen Jahre, auf die er sich auch später wiederholt beruft, zählt Creeley Ezra POUND, William C. WILLIAMS, dessen poetischem Imperativ *»no ideas but in things« (»keine Ideen außer in den Dingen«)* er sich vorbehaltlos anschloß, D. H. LAWRENCE, Hart CRANE, Charles OLSON ebenso wie – vom Rhythmischen her – die Großen des Jazz (Charlie Parker, John Coltrane u. a.). Auf Anregung Olsons, damals Rektor des Black Mountain College, gab Creeley von 1954–1957 die ›Black Mountain Review‹ heraus. Neben Ch. Olson und R. DUNCAN ist Creeley der namhafteste Vertreter der nach der Zeitschrift so benannten »Black Mountain«-Gruppe.

Gegen die herrschende neukritische Auffassung *(New Criticism)* vom Gedicht als metrisch vorgegebener und semantisch-thematisch abgeschlossener Form bestimmt Olsons für die »neue amerikanische Dichtung« grundlegender Poetiktext *Projective Verse*, 1950 *(Projektiver Vers)*, an dessen Entstehung Creeley zumindest maieutisch mitgewirkt hat, die rhythmisch wie semantisch offene bzw. »projektive« Form als Wesen und den emotionalen Akt des Sprechens als Ursprung der Dichtung. Diese Betonung der offenen Form ist nicht reine Programmatik, sondern folgt daraus, daß die Realität nur als jeweils augenblickliche Erfahrung, also zeitlich – oder, wie Creeley feststellt, *»kontinuierlich«* – ist, *»wir«* somit nicht reflexiv *»beiseite treten können«*, um sie gleichsam von außerhalb, d. h. aus objektivierender Distanz, im Wort zu *»beschreiben«*, denn in dieser objektivierenden Reflexion wandelt sich der Augenblick der Erfahrung, *in* dem der Erfahrende *ist*, zum Objekt des Subjekts *(»Reality is continuous, not separable, and cannot be objectified. We cannot stand aside to see it«)*. Die offene Form folgt aus dem ursprünglichen Wesen der Sprache – für Creeley ist dies nicht das *»beschreibende«* Wort als Mittel der Repräsentation einer objektiven Welt, sondern das Wort als Artikulationsakt bzw. das Wort, das sich selber sagt (er verweist dabei auf Olsons Unterscheidung zwischen *»language as the act of thought about the instant«*, d. h. die Sprache als Akt der Reflexion auf den Augenblick, und *»language as the act of the instant«*, d. h. Sprache als Akt des Augenblicks). Die offene Form impliziert die Entbindung des Denkens aus dem selbstreflexiven, symbolisierenden Deutungsgestus, aus der *»lyrischen Einmischung des Ego«* (Olson). Sie folgt aus dem Bestreben, den von der Kultur bestimmten Ort des Menschseins bzw. das Ego – für Creeley der Ort der Selbstentfremdung – zugunsten eines Seins *in* der jeweils augenblicklichen

Erfahrung, eines In-der-Welt-Seins, zu verlassen. Es ist dies Bestreben, das Creeleys Dichten durchgehend bestimmt: *»I want, as Charles Olson says, to come into the world« (»Ich wünsche, wie Charles Olsons sagt, in die Welt zu kommen«).*

*For Love* (1962), der bis heute meistgelesene Gedichtband Creeleys, vereint die Gedichttexte, die in den bis 1960 erschienenen schmäleren Bänden enthalten waren. »For Love« heißt sowohl »für Liebe« wie auch »für die Geliebte/Frau«: Die Gestalt der Frau entfaltet sich in vielfachen Abwandlungen etwa als mythische Figur (*The Door – Die Tür*; *Kore – Kore* u. a.), als Doppelfigur: Dantesche Beatrice und sinnliche Geliebte (*The Whip – Die Peitsche*; *The three Ladies – Die drei Damen* u. a.), als romantische Geliebte (*Song – Lied*; *Chanson – Chanson* u. a.), als Ehefrau (*The Crisis – Die Krise*; *A Marriage – Eine Ehe* u. a.). Neben der parodistisch wie rhythmisch gebrochenen balladesken Form (*A Form of Women – Eine Form Frauen*; *Ballad of the Despairing Husband – Ballade des verzweifelnden Ehemannes* u. a.) ist es vor allem die auch in späteren Gedichtbänden wiederholt als »Song« betitelte Form eines ins unabgeschlossen Offene führenden, verhaltenen Sagens von inständiger Intensität (*My Love – Meine Liebe*; *For Love – Für Liebe* u. a.), in der Creeley einen unverkennbar eigenen Ton gefunden hat. Liebe (*Young Woman – Junge Frau*; *Kore – Kore* u. a.) ist für Creeley der Urmodus des In-der-Welt-Seins. Deren Kehrseite ist nicht, wie gehabt, das Verlassensein von der Geliebten, sondern, ursprünglicher, das solipsistisch-existentielle auf sich als Ego Zurückgeworfensein (*New Year's – Neujahrsabend*; *The Hill – Der Berg* u. a.). Der Zugang zum *»Ort« (»place«) in* der Welt läßt sich, ebenso wie Liebe, intentional nicht gewinnen. Das Gedicht, in dessen Worten dieser »Ort« wirklich wird, begreift Creeley daher als das ihm Zu-fallende bzw. als den »Ort«, in den er intentionslos hinein-*»stolpert« (»poems ... always were ... places ... stumbled into«)*, den »Ort«, dem er zu-fällt. *»Das höchste Gedicht«* kann daher, wie es in *The Dishonest Mailmen (Die ehrlosen Briefträger)* heißt, nur als wesentlich nicht-intentionale Öffnung auf reflexiv nicht Intendierbares bzw. Antizipierbares, d. h. auf »Leere«, sich ereignen *(»The poem supreme, addressed to/emptyness ...«)*. Dieser Gedichttext ist eine frühe, für Creeley auch späterhin gültige *ars poetica*.

Die Bände *For Love* und *The Charm* (1979), letzterer enthält die frühen bis etwa 1963 nicht veröffentlichten Gedichttexte, zusammen mit dem Erzählungsband *The Gold Diggers*, 1954 bzw. 1965 *(Die Goldgräber)* und dem Roman *The Island*, 1963 *(Die Insel)* erschließen – wobei Gedicht- und Prosatexte einander gegenseitig erhellen – das Universum Creeleys, dessen thematische Breite sich später nur geringfügig erweitert hat: Es sind dies die Beziehung zum eigenen Selbst im Lebensalltag, die Erfahrung alltäglicher zwischenmenschlicher Beziehungen, das wiederholte Mißlingen möglicher Liebesbeziehungen, Augenblicke des plötzlichen Erwachens aus einer vermeintlichen Vertrautheit mit der Alltagswelt.

Sobald intentionales, selbstreflexives Denken einsetzt, schwindet der »Ort« *in* der Welt – für Creeley der wechselseitige Übergang von »Innen« und »Außen«, bevor noch die Welt zur Welt der Objekte und der Erfahrende zum Subjekt geworden ist – am Horizont dieser Selbstreflexivität. Die meisten Gedichttexte des 1967 erschienenen Bandes *Words* verzeichnen das selbstentfremdende Verstellen dieses »Ortes«, den die elementaren Modi: sinnliche Wahrnehmung (*Variations – Variationen*; *A Prayer – Ein Gebet* u. a.), Liebe (*Anger – Zorn*; *Enough – Genug* u. a.) oder physischer Akt der Liebe (*The Woman – Die Frau*; *The Hole – Das Loch*; *A Sight – Ein Anblick*, u. a.) eröffnen, durch diesen sich vorschiebenden Horizont. Immer wieder holt aufkommende Selbstreflexivität die Erfahrung vorintentionalen In-der-Welt-Seins ein *(»thinking makes/it less tangible« – »Denken macht/es unwirklich«)*, vollzieht sich im Akt des intentionalen Sprechens die Entfremdung des Erfahrenden vom eigenen Selbst *(»As soon as/I speak, I/speaks« – »Sobald ich/spreche, spricht/Ich«)*. In höchster Anspannung hört Creeley dem am Horizont der Selbstreflexivität schwindenden »Ort« des Seins nach und fragt gleichzeitig nach dem Ermöglichungsgrund dieses Seins: In den antizipierenden, auf das vorgewußte Objekt zielenden »Wörtern« *(»a tongue/rotten with what/ it tastes« – »eine Zunge/faulig von dem was/sie schmeckt«)* ist dies Sein stets schon vom Horizont verstellt; in den »Wörtern« hingegen, die aus vorintentionalem Denken sprechen *(»words ... /from nowhere« – »Wörter ... /von nirgendwo«)*, läßt sich das hinter dem Horizont Liegende erahnen. In *Here (Hier)* heißt es: *»Live/on the edge/looking« (»Lebe/ am Rand/schauend«)*.

Die Erfahrung des »Hier«-Seins und die Bedeutung dieser Erfahrung sind nicht gleichzeitig. Daher kann das Wort, das auf die Bedeutung, auf das transzendente Signifikat abzielt, der Haltung *»Lebe/am Rand«* nicht entsprechen; eher vermag dies das Wort, das möglichst der Gleichzeitigkeit von Erfahrung und vorintentionalem Denken entspringt: *»Thinking – and coincident/experience of the situation«*. Es ist das Wort, das Olson als *»language of the act of the instant«* umschreibt. Dem Bezug auf das transzendente Signifikat, dem symbolisierenden Deutungsgestus also, zu entsagen, ist für Creeley die Konsequenz aus der Erfahrung, daß der platonische Aufstieg aus der Höhle, aus dem Fluxus alltäglicher Kontingenz zum erlösenden Sinn des Lebens, der sich aus dem Zentrum der Selbstreflexivität ableitet, unweigerlich in Selbstentfremdung endet. Die Folge dieses Verzichtens ist das weitere Aufbrechen der Form, wie es bereits der Titel des folgenden Gedichtbandes *Pieces* (1969) ankündigt. Creeley hat hier den anmaßenden Anspruch auf Stiftung von Kohärenz aufgegeben: *Pieces* ist nicht eine Landkarte, die einen ordnungsstiftenden Überblick über das Kontingente des Alltags anbietet, es ist vielmehr ein Logbuch meist *haiku*hafter, diesseitiger Intensitäten *in* diesem Alltag.

Bereits mit *Pieces*, die Creeley rückblickend als *»a tracking of a life being lived« (»ein Spurenlesen eines*

*Lebens, das gelebt wird«)* charakterisiert, noch deutlicher jedoch mit *A Day Book* (1972), dessen Untertitel Beginn *(»Tuesday, November 19, 1968«)* und Ende *(»Friday, June 11, 1971«)* der Eintragungen angibt, und mit *Hello: A Journal, February 29 – May 3, 1976* (1978) zeigt sich, daß Creeley an einer einzigen Autobiographie schreibt – nicht der des bedeutenden Dichters Robert Creeley, sondern der einer offenen Person, deren Selbst, als Entität unfaßbar, sich dem Artikulierenden im jeweiligen Gedicht entdeckt. Läßt sich aus dem Auf und Ab des Lebens ein Fortschritt ablesen? Das »Hier« ist die einzig wahre Antwort auf diese Frage: *»This/life is a stepping/up or down/some progress? Here, here,/the only form/I've known« (»Dies/Leben ein Schreiten/auf oder ab,/ein Fort-schritt?/Hier, hier/die einzige Form,/die ich erkannt hab«; Echo* aus *A Day Book*). Der Weg ins jeweilige »Hier« ist der Weg »nach Hause«; für Creeley ist dies der Weg des »Loslassens« von Gewußtem, Gewohntem, von Identitäten, vom transzendenten Signifikat: *»I am/slowly going, coming home. Let/go, let go of it« (»Langsam/gehe, komme ich heim. Laß/los, laß los davon«; Bolinas And me*... aus *A Day Book*).
Das Motiv des »Loslassens«, des »Heimkehrens« setzt sich fort in *Later* (1979), dem »Später« in Creeleys Lebenstag. Die Gedichttexte zeichnen den unabschließbaren Weg dessen, der lernt, bei dem zu bleiben, was ist, ehe es zum Alltäglichen gerinnt. Wiederholt überfällt den Lernenden dabei das Erstaunen vor der sich ihm entdeckenden Unalltäglichkeit des Alltäglichen: *daß* nämlich das, was ist, vor jedem Beschreiben dessen, was ist, *ist*: *»but now the wonder of life is/that it is at all...« (»Doch jetzt das Wunder des Lebens ist,/daß es überhaupt ist...«)*. Deutlicher noch als die Gedichte in *Later* sprechen die des folgenden Bandes *Mirrors* (1983) aus dem Bewußtsein der späteren Lebensstunde. In *Memory Gardens* (1986), Creeleys bisher letztem Gedichtband, gewinnt das Vergangene unausweichlich Präsenz, jedoch nicht nostalgisch als die Vergangenheit des Vergangenen, sondern es zeigen sich darin die Grenzen des Zugemessenen.
Creeleys Dichten sucht den vom asymbolischen Impuls der Dichtung E. Pounds, W. C. Williams', Ch. Olsons u. a. vorgezeichneten Weg »zurück zu den Dingen«, zurück zu einem Wirklichsein, das vor deren Objektsein liegt. Creeleys Reduktion der Sprache auf das artikulierte Wort *(speech)* ist die Konsequenz dieses Weges, ist seine Reaktion auf die zutiefst empfundene Inauthentizität des die Welt der Objekte »beschreibenden« Wortes. Die so charakteristische Kurzzeile, die rhythmisch-emotionale, nicht aber syntaktische Zeilenbrechung, die gleichsam beiläufige Präzision des Sagens, die häufige Verwendung von Pronomina, ohne daß das beschreibende Nomen, für das sie stehen, genannt wird, das Wegfallen erklärender Relativpronomina, sie folgen aus Creeleys Bemühen, möglichst konkret zu bleiben, d. h., vom »Rand« her, aus dem »Hier« zu sprechen. Das minimalistische Prinzip des *»less is more« (weniger ist mehr)*, dem Creeleys Sagen gehorcht, führt zu der nahezu metaphernlosen bzw. nicht-figurativen Sprache: Die Worte in seinen Texten wirken nicht aus einer metaphorischen Verspannung mit anderen Wörtern, sondern aus der Spannung des Sagens zum Ungesagten: *»... it speaks/less in saying more« (»es spricht/weniger mehr sagend«; Bolinas And Me*... aus *A Day Book*). Das poetische Potential entsteht nicht durch den kalkulierten Einsatz ausgewählter Wörter, sondern kommt aus der semantisch-physischen Intensität des Sagens. In der Spannung des Sagens zum Ungesagten wurzelt die oft abgründige Einfachheit von Creeleys Gedichten. H.Mes.

Ausgaben: *The Kind of Act of*, Mallorca 1953. – *If You*, San Francisco 1956. – *The Whip*, Worcester 1957. – *A Form of Women*, NY 1959. – *For Love, Poems 1950–1960*, NY 1962. – *Poems 1950–1965*, Ldn. 1966 [erw. Ausg. v. *For Love*]. – *Words*, NY 1967. – *Numbers*, Stg. 1968 [m. 10 Serigraphien v. R. Indiana]. – *Pieces*, NY 1969. – *The Charm*, San Francisco 1969. – *Thirty Things*, Santa Barbara 1974. – *Hello*, NY 1978. – *Later*, NY 1979. – *The Collected Poems of R. C. 1945–1975*, Berkeley 1982. – *Mirrors*, NY 1983. – *Memory Gardens*, NY 1986.

Übersetzungen: *Gedichte*, K. Reichert, Ffm. 1967. – *Gedichte*, M. Mündhenk, Bln. 1984. – *Gedichte*, K. Reichert, Salzburg 1988.

Literatur: W. Tallman, *Three Essays on C.*, Toronto 1973. – C. D. Edelberg, *R. C.'s Poetry: A Critical Introduction*, Albuquerque 1978. – A. L. Ford, *R. C.*, Boston 1978. – *R. C.: A Gathering* (in Boundary 2, 6, 1978, Nr. 3; 7, 1979, Nr. 1). – Ch. Altieri, *The Struggle with Absence: R. C. and W. S. Merwin* (in Ch. A., *Enlarging the Temple*, Lewisburg 1979). – W. V. Spanos, *The Destruction of Form in Postmodern American Poetry* (in Amerikastudien, 25, 1980, Nr. 4). – *R. C.: The Poet's Workshop*, Hg. C. F. Terrell, Orono 1984. – H. Mesch, *Erkennenerfahren des Wirklich-Seins: R. C.* (in H. M., *Verweigerung endgültiger Prädikation*, Mchn. 1984). – Ch. Altieri, *R. C.'s Poetics of Conjecture* (in Ch. A., *Self and Sensibility in Contemporary American Poetry*, Cambridge/NY 1984). – R. v. Hallberg, *R. C. & John Ashberry: Systems* (in R. v. H., *American Poetry and Culture 1945–1980*, Cambridge (Mass.)/Ldn. 1985).

## Jacobus Jan Cremer

* 1.9.1827 Arnhem
† 5.6.1880 Den Haag

### FABRIEKSKINDEREN

(ndl.; *Fabrikkinder*). Erzählung von Jacobus Jan Cremer, erschienen 1863. – Cremer gebührt das

Verdienst, die niederländische Öffentlichkeit um die Mitte des 19. Jh.s zum erstenmal auf die furchtbare Tatsache der Kinderarbeit hingewiesen zu haben, ja, wahrscheinlich gab er mit seinem Werk den Anstoß zum Verbot der Kinderarbeit in den Niederlanden.
In kleinen »Tableaus« schildert der Autor einen Werktag der drei ältesten Kinder des Trinkers Gerrit Zwarte: Von nichts als kalten Kartoffeln mit Senf lebend, müssen sie täglich bis zu fünfzehn Stunden in einer Leidener Spinnerei schuften. Eines Morgens bricht Sander, der Jüngste, auf dem Weg zur Fabrik vor Erschöpfung zusammen. Der zufällig vorübergehende Student Willem van Hogenstad trägt ihn auf sein Zimmer, wo der Kleine zum erstenmal in seinem Leben Kakao und frische Semmeln zu essen bekommt, bebend vor Glück und Angst, da ja seine Geschwister zur selben Zeit ihre »Frühstückspause« durchhungern müssen. Zwar wird sich van Hogenstad fortan um Sander kümmern, doch Evert und Saske und die vielen anderen Proletarierkinder werden weiterhin als billige Arbeitskräfte benutzt und rücksichtslos ausgebeutet. *»Erlauchter Fürst! Edle und großmächtige Gesetzgeber des Staates! Seht: an Euren und meinen Kleidern, woran die Händchen dieses Kleinen arbeiteten, kleben Tropfen von Blut, ja die Blutstropfen der armen in den Niederlanden ermordeten Fabrikkinder.«*
Unzweifelhaft entstand die Erzählung unter dem Einfluß von MULTATULIS berühmtem sozialkritischen Roman *Max Havelaar* (1860); dies bezeugt nicht nur die Spontaneität der scharfen sozialen Anklage Cremers, sondern auch deren Stilmittel und Form. Gerade hier ist die Ähnlichkeit so groß, daß man das Werk ohne weiteres Multatuli selbst zuschreiben könnte. Wenn die Sprache Cremers zuweilen hohl-pathetisch klingt, so liegt das daran, daß es ihm an der Fähigkeit mangelt, kontrastierende Stilmittel zu verwenden, ein Kunstgriff, mit dem Multatuli sein Pathos auszubalancieren verstand. W.Sch.

AUSGABEN: Amsterdam 1863. – Leiden 1878–1881 (in *Romantische werken*, 12 Bde., 3).

LITERATUR: C. Busken Huet, *J. J. C.* (in C. B. H., *Ned. belletrie 1857–1876, Kritieken*, Amsterdam 1876, 3 Bde., 2). – J. ten Brink, *J. J. C.* (in Eigen haard, 1880, S. 252 ff.) – G. Keller, *J. J. C.* (in De Gids, 1881, S. 224 ff.). – C. Busken Huet, *Literar. fantasieën*, Bd. 15, Haarlem 1881–1886. – E. Zuidema, *J. J. C.* (in *Nieuw nederlandsch biografisch woordenboek*, Leiden, Bd. 4, 1918, Sp. 473–475). – H. Sanders, *J. C.*, Diss. Haarlem 1952. – G. Knuvelder, *Handboek tot de geschiedenis der Nederlandse letterkunde*, Herzogenbusch [2]1959, S. 349. – J. Elemans, *De boer in de Betuwe* (in J. E., *De muze op klompen*, Brügge 1972, S. 32–41). – J. Meijer, *Contrastbelichting en caricatuur. Het Joodse type bij J. J. C.*, Heemstede 1979.

## JAN CREMER

* 20.4.1940 Enschede

### IK JAN CREMER

(ndl.; *Ü: Ich Jan Cremer*). Roman von Jan CREMER, erschienen 1964. – Die Bezeichnung »Roman« für den *»onverbiddelijke bestseller«*, mit dem der damals vierundzwanzigjährige Maler Jan Cremer geradezu gewalttätig die niederländische Literaturszene betrat und sie nachhaltig veränderte, ist keineswegs selbstverständlich. Das Buch, das allein im Jahr 1964 sechzehn Auflagen erlebte, wurde weitgehend und wird zum Teil immer noch als Autobiographie betrachtet, obwohl Cremer als deutlich und keineswegs nur ironisch zu verstehende Absage an eine solche Interpretation seinem Werk den Satz vorangehen läßt: *»Situationen und Personen in meinem Buch beschrieben, entstammen ausschließlich meiner Phantasie.«*
Zwar enthält *Ik Jan Cremer* unverkennbar eine Reihe von autobiographischen Elementen, aber die literarische Figur »Jan Cremer« ist keineswegs mit dem Autor gleichen Namens identisch, sondern eine aus sympathischer Mythomanie entstandene Wunschfigur. Vom Genre her ist *Ik Jan Cremer* viel mehr eine Art pikaresker Roman à la *Lazarillo de Tormes* als eine Autobiographie. Cremer schildert Kindheit, Jugend und frühe Mannesjahre seines anarchischen Helden mit hinreißender Verve und einer für damalige niederländische Literatur ungewohnten Freizügigkeit in den Bereichen der Sexualität und der Gewalt, die häufig untrennbar miteinander verbunden sind. Da sowohl der Autor wie auch sein Held aus einem proletarischen Milieu stammen, schreckt Cremer vor der Verwendung eines derben Unterschichtslangs nicht zurück. Darin entdeckt er, wie vor ihm in der französischen Literatur Jean GENET, nicht nur die Möglichkeiten einer neuen Lebendigkeit, einer Durchbrechung oder gar Auflösung erstarrter, bürgerlicher Sprachmodelle, sondern auch die einer metaphernreichen, verwegenen Poesie.
Die Erfahrungen des jungen Jan Cremer mit Halb- und Unterwelt, die ihm eine gewisse Wärme und Geborgenheit bieten, seine Zwangsaufenthalte in Internaten, seine Militärzeit und ein kurzes Gastspiel bei der Fremdenlegion bilden die wichtigsten Stationen im Leben des freiheitssüchtigen Rebellen. Motorradfahrten mit Freunden, Puffabenteuer und eine kaum überblickbare, aber immer treffsicher und mit Witz beschriebene Reihe von Frauengeschichten garnieren den unaufhaltsamen Aufstieg des jungen Mannes, der sich selbst als die ideale Verkörperung aller erotischen Frauenträume sehen möchte, aber dennoch als einsamer Held seinen Weg gehen muß. Erste künstlerische Erfolge als Maler stellen sich schließlich am Ende dieses mehr als ungewöhnlichen Bildungsromans ein. Die Struktur der Erzählung ist keineswegs gradlinig,

sondern geradezu labyrinthisch verschlungen mit brillant eingebauten Rück- und Vorblenden, dokumentationsartigen Einschüben und philosophisch-poetischen Zwischentexten.
Als Cremer seinen ersten Roman veröffentlichte, dessen Cover nach Wunsch des Autors gestaltet wurde und auf dem er in den Posen eines niederländischen James Dean gleich zweimal abgebildet wurde, war er schon längst kein Unbekannter mehr. Mit verschiedenen Ausstellungen seiner *»peinture barbarisme«* und insbesondere mit seinem Triptychon *»La guerre Japonaise«*, das für eine Million Gulden dem niederländischen Staat angeboten wurde, hatte er als *»verf nozem« (»Farbenhalbstarker«)* in der Öffentlichkeit hinlänglich auf sich aufmerksam gemacht.
Der größte Teil der niederländischen Kritik reagierte entsetzt auf den Roman, bezeichnete den Autor als faschistisch, vulgär, sadistisch. Dafür erntete Cremer bei vielen seiner Schriftstellerkollegen wie HERMANS, Remco CAMPERT oder Gerard REVE, dessen Begeisterung freilich in erster Linie dem Aussehen des Autors galt, hohes Lob. Vergleiche mit Henry MILLER wurden gezogen, aber scheinen eher verfehlt. Die deutsche Übersetzung des Romans durfte nur an Erwachsene verkauft werden, während die amerikanische sich zu einem Kultbuch der sechziger Jahre entwickelte. 1966 erschien *Ik Jan Cremer: tweede boek*, das die Cremer-Saga überzeugend fortführte, aber den Publikumserfolg des ersten Bandes nicht ganz wiederholen konnte. Indem Cremer eine Reihe von bis dahin in der niederländischen Literatur gehüteten Tabus durchbrach, übte er einen nicht zu unterschätzenden Einfluß auf die Prosa der sechziger und siebziger Jahre aus. *Ik Jan Cremer* kann ohne Einschränkung als ein Hauptwerk der niederländischen Literatur nach 1945 gelten. R.A.Z.

AUSGABE: Amsterdam 1964; [34]1976.

ÜBERSETZUNG: *Ich Jan Cremer*, J. Werres u. K. R. Röhl, Hbg. 1964. – Dass., dies., Mchn. 1970.

LITERATUR: L. Th. Lehman, Rez. (in Vrij Nederland, 16. 5. 1964). – H. Lampo, Rez. (in Volksgazet, 9. 7. 1964). – G. Dauphin, *J. C. in New York and Jayne Mansfield*, Antwerpen 1966. – *J. C. krant 1*, Amsterdam 1967. – H. U. Jessurun d'Oliveira, *J. C.* (in Literair Lustrum, 1978, Nr. 3, S. 1–47; Nr. 4, S. 1–55). – J. Cremer, *J. C.'s Logboek*, Amsterdam 1978. – J. Brouwers, *De uitverkoop van J. C.* (in J. B., *Kladboek*, Amsterdam 1979). – W. F. Hermans, *J. C.* (in W. F. H., *Klaas kwam niet*, Amsterdam 1983). – *J. C. in beeld*, Hg. G. Luijters, Amsterdam 1985. – F. de Vree, *J. C.* (in *'t Is vol van schatten hier. Nederlandse literatuur na 1940*, Hg. A. Korteweg, Bd. 2, Amsterdam 1986). – W. Beeren u. a., *J. C. Schilder 55–88*, Den Haag 1988 [m. Bibl.]. – R. A. Zondergeld, *J. C.* (in KLFG, Nlfg. 18, April 1989).

## ANTONIO CREMONA

eig. Ninu Cremona

* 27.5.1880 Victoria, Gozo
†1972 Gozo

### IL-FIDWA TAL-BDIEWA

(malt.; *Das Lösegeld der Bauern*). Volkstümliches Bauerndrama in fünf Akten von Antonio CREMONA, erschienen 1936. – In dem in elfsilbigen Blankversen abgefaßten Schauspiel wird der Aufstand der entrechteten maltesischen Bauern gegen ihre Ausbeuter und Unterdrücker dargestellt. Der Handlung liegen historische Tatsachen zugrunde: Im frühen 15. Jh. kam Malta unter die Herrschaft der Spanier. König Alfons V. von Kastilien (reg. 1414–1458), der seinem Vater König Ferdinand I., dem Gerechten, auf den Thron gefolgt war, benötigte Geld, um Sizilien gegen die Angriffe der Genuesen verteidigen zu können. Deshalb verpfändete er im Jahr 1420 gegen ein Darlehen von 30 000 Goldgulden die Maltesische Inselgruppe an Don Antonio Cardona, einen der sizilianischen Vizekönige. Gleichzeitig mit der Ernennung zum Statthalter betraute er ihn mit der Gerichtsbarkeit auf den Inseln und übertrug ihm alle Hoheitsrechte eines Lehnsherrn. Sieben Jahre lang herrschte Cardona als Gouverneur über die Inseln und erfüllte gewissenhaft seine Pflichten. Don Gonsalvo Monroy dagegen, der 1427 Nachfolger Cardonas wurde, erwies sich bald als gewissenloser Ausbeuter. Die maltesischen Bauern empörten sich gegen ihn, vertrieben ihn von der Insel und hielten seine Frau in St. Angelo gefangen. Als König Alfons daraufhin den Inselbewohnern androhte, daß er sie aushungern werde, sandten die Malteser eine Abordnung an den spanischen Hof und ließen den Herrscher bitten, er möge Malta und die benachbarten Inseln den königlichen Besitzungen einverleiben, wofür sie bereit seien, binnen vier Monaten 30 000 Gulden aufzubringen und an Monroy auszuzahlen. Doch König Alfons äußerte sein allerhöchstes Mißfallen und befahl den Maltesern, dem Vizekönig zu gehorchen, *»si desiderati haviri nostra gracia et evitari nostra ira et indignacioni« (»wenn ihr im Genuß Unserer Gnade zu bleiben wünscht, und nicht die Folgen Unserer Entrüstung und Unseres Zorns über euch heraufbeschwören wollt«)*.
Cremonas Schauspiel, ein patriotisches Volksdrama, ist bisher das einzige Theaterstück dieser Art in der maltesischen Literatur. Bemerkenswert sind auch seine folkloristischen Züge und die überzeugende Darstellung der charakterlichen Eigenarten des maltesischen Volkes, das jahrhundertelang den Befehlen fremder Machthaber gehorchen mußte. Während einige der auftretenden Personen stark an Figuren aus Alessandro MANZONIS Roman *I promessi sposi (Die Verlobten)* erinnern, beweist Cremona bei der Gestaltung des Stoffes eigenschöpferi-

sche Phantasie. In sprachlicher Hinsicht bemüht er sich, den Gebrauch von Lehnwörtern aus romanischen Sprachen möglichst zu vermeiden, dafür aber um so mehr auf das semitische Wortgut des Maltesischen zurückzugreifen. Da sich aber durch die Entlehnung sizilianischer, italienischer und später auch englischer Vokabeln das Maltesische immer mehr zu einer Mischsprache entwickelt hat, bewirken Cremonas »puristische« Bestrebungen, daß oft reine Wortkünstelei an die Stelle sprachlicher Unmittelbarkeit und Ausdruckskraft tritt. J.A.

AUSGABE: Valletta 1936.

LITERATUR: F. Vella Haber, *N. C.*, Diss. Msida/Malta 1968.

## CHASDAI BEN ABRAHAM CRESCAS

* 1340 Barcelona / Spanien
† 1412 (?) Saragossa / Spanien

### OR ADONAI

(hebr.; *Das Licht Gottes*). Religionsphilosophisches Werk von Chasdai ben Abraham CRESCAS, vollendet 1410. – Gereift durch gute wie traurige Lebenserfahrungen – er war von vornehmer Abkunft, mit irdischen Gütern gesegnet, hochangesehen als Ratgeber des Königs Johann I. von Aragon, verlor aber bei den Pogromen von 1391 in Barcelona mit einem Schlag sein ganzes Hab und Gut sowie seinen einzigen Sohn –, schrieb der Verfasser dieses *magnum opus* kurz vor seinem Tod. In dem vier Bücher umfassenden Werk versucht Crescas – so paradox es klingen mag –, mit den Mitteln des philosophischen Denkens die jüdische Religion von der Beherrschung durch die Philosophie, insbesondere durch die Aristotelische Philosophie, zu befreien. Für ihn spielt die Philosophie keine größere Rolle als für jene christlichen Scholastiker, die in der Philosophie die »Magd der Theologie« *(ancilla theologiae)* sahen. In dieser Hinsicht hat Crescas auch vieles mit dem islamischen Theologen AL-ĠAZZĀLĪ (1058–1111) gemeinsam, der einige Jahrhunderte zuvor in seinem Werk *Tahāfut al-falāsifa (Widerlegung der Philosophie)* die Wahrheit des *Koran* durch philosophisches Denken beweisen wollte, um dann durch diese Beweisführung die Philosophie der Religion unterordnen zu können. Das erste Buch des *Or Adonai* handelt vom Glauben an die Existenz Gottes als die Wurzel aller Glaubenssätze, das zweite behandelt die Glaubensprinzipien, denn ohne diese würde eine von Gott ausgehende Lehre zur Unmöglichkeit; im dritten Buch befaßt sich Crescas mit den Glaubenssätzen, die zwar für jeden Angehörigen des Judentums verbindlich seien, ohne jedoch als Fundamentalsätze der Lehre gelten zu können; und im vierten Buch erörtert er die überlieferten Ansichten, die zwar keine bindende Kraft haben, denen aber doch im Zusammenhang mit dem ganzen System Wert und Bedeutung zukomme. – In seinen Darlegungen wendet sich Crescas hauptsächlich gegen MAIMONIDES und die diesem folgenden anderen Aristoteliker. Im Gegensatz zu deren Meinung, daß die geistige Vollkommenheit und das ewige Leben auch durch Gotteserkenntnis auf dem Weg der Aneignung metaphysischer Wahrheiten erlangt werde, führt nach Crescas' Auffassung der Weg dorthin einzig und allein über die moralische Gesinnung und den moralischen Lebenswandel. Während die Philosophen, insbesondere GERSONIDES (vgl. *Milchamot ha-Schem*), Gottes Allwissenheit auf das Allgemeine einschränken, um für die menschliche Willensfreiheit Raum zu gewinnen, ist Crescas der Ansicht, daß dies der Annahme einer Unvollkommenheit Gottes gleichkäme, weshalb er das Wissen Gottes (d. h. die Vorsehung) auf die Einzelheiten ausdehnt. Freilich werde dadurch die Willensfreiheit zwangsläufig eingeschränkt, aber sie beziehe sich weniger auf die Handlungen an sich als vielmehr auf die Art und Weise der Ausführung. – Wesentlich sind auch Crescas' Ausführungen über die Lehre von den Attributen der Gottheit – im Gegensatz zu ARISTOTELES und Maimonides zählt er auch Freude und Glückseligkeit zu den Attributen Gottes und preist (ähnlich wie später SPINOZA) die Liebe als die wahre Seligkeit Gottes und zugleich als die vollkommene Seligkeit der Menschen –, ferner seine Darlegungen über die Gottesbeweise, über die Unsterblichkeit und die (von ihm abgelehnte) Theorie der Seelenwanderung sowie über die Prophetie: Während nach der rationalistischen Schule des Maimonides der Mensch nicht nur dank seiner moralischen Qualitäten, sondern auch kraft seiner intellektuellen Fähigkeiten sich zum Rang eines Propheten emporschwingen kann, definiert Crescas – in Übereinstimmung mit den biblischen Aussagen – den Propheten in erster Linie als den Mann, den Gott auserwählt hat, weil er durch Beobachtung der Vorschriften des Gesetzes höchste moralische Vollkommenheit erreicht hat (Buch 2). – In Buch 4 zählt Crescas dreizehn philosophische Probleme auf, deren Lösung dem Ermessen des einzelnen überlassen bleibe, so z. B. die Frage, ob die Welt irgendwann einmal aufhören werde zu existieren. Crescas neigt zur Annahme, daß die Himmelskörper zwar unverändert bestehen bleiben, die irdische Welt aber in andere Daseinsformen übergehe.

In seiner *Geschichte der Juden* resümiert H. GRÄTZ die Grundtendenzen Crescas' folgendermaßen: *»Chasdai ließ sich mehr von dem religiösen als von dem philosophischen Bedürfnis leiten. Ihm lag nicht so sehr daran, die Gewißheit zu haben, daß die Grundlehren des Judentums mit der Philosophie übereinstimmen, als vielmehr nachzuweisen, daß jene von dieser nicht berührt und noch weniger erschüttert werden.«* – Crescas war nicht der erste jüdische Denker dieser Ausrichtung: Bereits mehr als zweihundert Jahre zuvor hatte der spanisch-jüdische Dichter JEHUDA HA-LEVY (vor 1075–1141) im Buch *Kusari* gegen den Rationalismus des ARISTOTELES protestiert, freilich nicht in so systematischer Form wie Crescas. Die schwer verständliche, allzu knappe Ausdrucksweise Crescas' ist wohl mit ein Grund dafür, daß sein Werk nicht populär wurde und wenig Verbreitung fand. Daß es aber nicht ohne Wirkung blieb, zeigt u. a. die von M. JOEL nachgewiesene Tatsache, daß Spinoza sich nicht zuletzt durch das Studium von Crescas' *Or Adonai* zur Negierung der Willensfreiheit des Menschen durchgerungen hat. L.Pr.

AUSGABEN: Ferrara 1556; Nachdr. Johannesburg 1861. – Wien 1860. – Wilna 1904 [Erl. J. Flensburg]. – Wilna 1907 [Ausz.].

ÜBERSETZUNG (Ausz.): in J. Winter u. A. Wünsche, *Die jüdische Literatur seit Abschluß der Kanons*, Bd. 2, Trier 1894, S. 782–786; Nachdr. Hildesheim 1965.

LITERATUR: H. Grätz, *Geschichte der Juden*, Bd. 8, Bln. 1864, S. 98 ff. – M. Joel, *Don Chasdai Creskas' religionsphilosophische Lehren in ihrem geschichtlichen Einflusse dargestellt*, Breslau 1866. – Ph. Bloch, *Die Willensfreiheit von Chasdai C.*, Mchn. 1879. – J. Wolfsohn, *Der Einfluß Gazali's auf Chasdai C.*, Ffm. 1905. – D. Neumark, *C. and Spinoza* (in Year Book of the Central Conference of American Rabbis, 1908, S. 277–318). – M. Waxman. *The Philosophy of C.*, NY 1920. – G. Karpeles, *Geschichte der jüdischen Literatur*, Bd. 2, Bln. 1921. S. 170–173; Nachdr. Graz 1963. – M. Waxman, *A History of Jewish Literature*, Bd. 2, NY/Ldn. 1933, S. 233–244; [2]1960. – I. Husik, *A History of Mediaeval Jewish Philosophy*, Philadelphia [6]1948, S. 388–405. – S. Pines, *Scholasticism after Thomas Aquinas and the Teachings of Hasdai C. and His Predecessors*, Jerusalem 1967. – W. Harcey, Art. *Hasdai C.* (in EJ[2], 5, Sp. 1079–1085).

## GUSTAF PHILIP CREUTZ

* 1.5.1731 Anjala
† 30.10.1785 Stockholm

### ATIS OCH CAMILLA. Skaldedikt i fem sånger

(schwed.; *Atis und Camilla. Skaldengedicht in fünf Gesängen*). Hirtengedicht von Gustaf Philip CREUTZ (Finnland), erschienen 1761. – Dieses Pastoral des Dichters und Diplomaten, der ein Freund von MARMONTEL und von VOLTAIRE war, hat illustre Ahnen. Die Einflüsse des *Aminta* von Torquato TASSO und des *Pastor fido* von GUARINI sind unverkennbar. Nach diesen Vorbildern entstand in vollendeter Grazie und unvergänglicher Frische die schönste Schäferdichtung in schwedischer Sprache. – Camilla, die junge Priesterin der Diana, und der Jäger Atis sind »*Kinder Arkadiens, mit Herzen so rein wie die Quellen, an denen sie ihren Durst löschen*«. Eines Tages hat Camilla einen seltsamen Traum. An ihrem Herzen ruht ein Knabe mit Schmetterlingsflügeln, und die Schläferin begreift, daß ihr dieser Traum ein wichtiges Ereignis ihres Lebens anzeigt. Am nächsten Morgen sieht sie eine Gruppe junger Jäger dem Heiligtum nahen, um der Diana ein Opfer zu bringen. An ihrer Spitze wandelt ein Jüngling von herrlicher Schönheit, stolz und kraftvoll, einen Löwen mit sich führend. Es ist Atis, der beim Anblick der jungen Priesterin glaubt, der Göttin selbst gegenüberzustehen. Die beiden entbrennen in Liebe zueinander. Eines Tages schlummert Camilla in einem Gehölz und träumt von ihrem geliebten Atis. Plötzlich stürzt ein zu Tode verwundeter Hirsch auf sie zu und sucht zu ihren Füßen Schutz. Atis hat das der Diana heilige Tier verwundet. Als der Frevler sich Camilla naht, wendet sie sich voller Abscheu von ihm und befiehlt ihm, ihr niemals wieder vor Augen zu kommen. Untröstlich über den Verlust der Geliebten irrt Atis nun durch die arkadischen Gefilde. Da alle Hoffnung in ihm erstorben ist, stürzt er sich schließlich von einem Felsen, um seinem sinnlosen Leben ein Ende zu machen. Doch Gott Amor, von Mitleid bewegt, fängt den Fallenden auf, weckt im Herzen des geretteten Jünglings wieder die Hoffnung und führt ihn von neuem Camilla zu, die ihre Unversöhnlichkeit längst bereut hat. Mit glühenden Liebesschwüren stürzen die beiden einander in die Arme. Doch während sie, allem Irdischen entrückt, sich innigen Liebkosungen hingeben, naht sich unbemerkt eine giftige Schlange und beißt Camilla, die in Atis' Armen stirbt. Verzweifelt neigt der junge Jäger sich über die Wunde, um das Gift herauszusaugen, denn wenn das Leben sie auch trennen will, so soll der Tod sie doch wieder vereinen. Da erbarmt sich Diana der Unglücklichen und ruft sie ins Leben zurück. Ehe die Göttin auf einer Wolke entschwindet, führt sie die Liebenden in einen Park, wo Amor selbst sie auf ewig vereint.

Elf Jahre nach dem ersten Erscheinen von *Atis och Camilla* bestieg Gustav III. den schwedischen Thron. Mit ihm begann ein für die schwedische Literatur äußerst fruchtbares Zeitalter. Die »Gustavianer« entdeckten in Creutz bald einen ihrer begabtesten Vorläufer. Auch der schwedische Lyriker Carl Michael BELLMAN hat diesem bezaubernden Hirtengedicht viel zu verdanken. H.Fa.

AUSGABEN: Stockholm 1762 (in *Witterhetsarbeten, utgivne af et Samhälle i Stockholm*). – Stockholm 1781. – Lund 1934. – Stockholm [2]1963 [Faks.].

LITERATUR: A. Hultin, *G. P. C.*, 1913, S. 100 bis 140. – R. Lydén, *Vergilius och C. »Atis och Camilla«* (in Historiska och Litteraturhistoriska Studier, 10,

1934, S. 163–210). – G. Castrén, *G. P. C.*, Stockholm 1949, S. 43–54. – S. Delblanc, *Månen och den sårade hinden. Anteckningar till symbolspråket i »Atis och Camilla«* (in OoB, 70, 1961, S. 283–289). – P. Hallberg, *Diktens bildspråk*, Stockholm 1982, S. 254–259.

## J. Hector Saint John de Crèvecœur

eig. Michel Guillaume Jean de Crèvecœur

* 31.1.1735 Caen / Frankreich

† 12.11.1813 Sarcelles bei Paris

Literatur zum Autor:
J. P. Mitchell, *St. J. de C.*, NY 1966. – T. Philbrick, *St. J. de C.*, NY 1970 (TUSAS). – R. M. Cutting, *John and William Bartram, William Byrd II and St. J. de C. : A Reference Guide*, Boston 1976. – D. Eisermann, *C. oder die Erfindung Amerikas: Ein literarischer Gründervater der Vereinigten Staaten*, Rheinach-Merzbach 1985.

### LETTERS FROM AN AMERICAN FARMER; Describing Certain Provincial Situations, Manners, and Customs, Not Generally Known

(amer.; *Briefe eines amerikanischen Farmers über bestimmte, nicht allgemein bekannte Verhältnisse, Sitten und Gebräuche des Landes*). Essays von J. Hector Saint John de Crèvecœur, erschienen 1782. – Der Franzose Crèvecœur lebte, nachdem er an den »French and Indian Wars« in Nordamerika teilgenommen hatte, seit 1759 im späteren Staatsgebiet der USA, zuerst als Forschungsreisender, dann als Farmer. Im Unabhängigkeitskrieg mußte er wegen seiner probritischen Einstellung Amerika vorübergehend verlassen, kehrte jedoch 1783 (bis 1790) als französischer Konsul nach New York zurück. Den Rest seines Lebens verbrachte er in Frankreich. Aus den Erfahrungen als Farmer und Forscher an der Zivilisationsgrenze *(frontier)* und in den politischen Wirren der Vorrevolutionszeit entstanden die *Letters*, und zwar schon in den siebziger Jahren (meist vor dem Krieg). Das Publikationsdatum (1782) erklärt, warum die *Letters* eine vorwiegend proamerikanische Tendenz aufweisen. Die erst 1925 veröffentlichten *Sketches of Eighteenth Century America* enthüllen den anderen Crèvecœur: den konservativen, probritischen Loyalisten.

Die *Letters* sind zwölf Essays in Form von Briefen an einen imaginären Freund in England, ganz im Stil des 18. Jh.s, reich an rustikalem Charme und angefüllt mit zugkräftigen Informationen über die geographischen und gesellschaftlichen Verhältnisse im ländlichen Nordamerika. Crèvecœur erweist sich in ihnen vornehmlich als gefühlsbestimmter Physiokrat und als idealistischer Verfasser einer Idylle in der Nachfolge Rousseaus. Seiner Verherrlichung des einfachen Lebens und seiner ans Utopische grenzenden Idealvorstellung von der Freiheit des amerikanischen Farmers steht nur selten ein pessimistischer Realismus gegenüber, etwa in den Schilderungen der *Frontier*-Gesellschaft, der Sklaverei und des bürgerkriegsähnlichen Unabhängigkeitskampfes. Crèvecœurs pastorales Arkadien ist von ökonomischem Determinismus und Liberalismus bestimmt: Seine Menschen sind, wie die Pflanzen, vom Boden abhängig und entwickeln sich entsprechend zum Guten oder zum Schlechten hin; egoistische Interessen sind dabei nicht unstatthaft.

Von besonderer Wichtigkeit und Wirkung war der dritte Brief, *What Is an American?* In ihm wird der Charakter der *Letters* als ein für die Auswanderung nach Nordamerika werbender *promotion tract* besonders deutlich. In Amerika herrsche Gleichheit und Freiheit, sagt Crèvecœur; hier gebe es keine *»aristokratischen Familien, keine Höfe, keine Könige, keine Bischöfe, keine Kirchenherrschaft«*, fast alle Mensche seien Landwirte, kurz: *»Wir haben die vollkommenste Gesellschaft, die es heute auf der Welt gibt.«* Als Asyl für die Unterdrückten Europas und als Schmelztiegel der Völker bringe Amerika neue Gesetze, neue Lebensformen, eine neue Gesellschaft hervor. Die hier entstehende Nation werde auf der Welt noch große Umwälzungen bewirken – eine Prophetie, deren Klarsicht Crèvecœur neben jenen anderen großen Franzosen stellt, der fünfzig Jahre später die amerikanische Zivilisation beschrieb: Alexis de Tocqueville. Der neue amerikanische Mensch werde auch neue Prinzipien, Gedanken und Meinungen prägen, womit Crèvecœur vorausschauend auf das später sich entwickelnde Nationalbewußtsein (auch auf eine Nationalliteratur) Amerikas hinweist. Der Autor zog den Städten im Osten und der *frontier* im Westen (deren gesetzlose Lebensbedingungen er verabscheute) die landwirtschaftlich bereits kultivierte, aber noch nicht verstädterte Mittelregion vor. Hier sei Platz für jedermann, und jedermann könne hier Reichtümer erwerben – nicht an Gold und Silber, aber an Land, Vieh und Häusern. In Europa habe der Bauer dahinvegetiert, in Amerika hingegen fange er an zu leben. Hier werde er zum Staatsbürger – eine »Wiederauferstehung«, die eng mit den neuen räumlichen Dimensionen und dem durch sie erweiterten Lebenshorizont zusammenhängt. Auch die neue religiöse Freiheit begrüßt der Autor ausdrücklich, doch sieht er in ihr auch die Möglichkeit eines entstehenden Vakuums voraus, in das dann andere Systeme nachdringen können. Auch die Gefahr der Korrumpierung durch die bisher unbekannte Freiheit betrachtet er als für den Amerikaner gegeben. Die *»ehrbaren Deutschen«* schneiden bei einem Vergleich der verschiedenen Elemente besonders gut ab, und in einem die moderne Interviewtechnik

vorwegnehmenden Dialog mit einem schottischen Einwanderer kommt noch einmal die primitivistische Alternative zwischen dem Luxus Europas und der Wildheit Amerikas zum Tragen.
Die unmittelbare Wirkung Crèvecœurs war, besonders in England und Frankreich, sehr groß. Viele seiner Landsleute wanderten nach der Lektüre der *Letters* nach Amerika aus. Das rousseauistische Naturgefühl nordamerikanischer Prägung beeinflußte die englische Romantik ebenso wie COOPER und CHATEAUBRIAND. Heute gilt Crèvecœur neben FRANKLIN als einer der bedeutendsten amerikanischen Prosaisten des 18. Jh.s. Beide – der Vertreter des *common sense* (Franklin) und der *man of feeling* (Crèvecœur) – schilderten aus erster Hand das Leben im kolonialen Amerika. Beide wirkten bei der Weckung eines spezifisch amerikanischen Bewußtseins mit. Beide schufen mit an jenem seltsamen Gebilde, das gemeinhin bekannt ist unter dem Namen »The American Dream«. K.J.P.

AUSGABEN: Ldn. 1782. – Ldn./NY 1912 (Hg., Einl. u. Anm. W. B. Blake, Everyman's Library); ern. 1962. – NY 21925, Hg. u. Vorw. W. P. Trent. – NY 1957 [Einl. E. B. Blake]. – NY 1961. – Ldn. 1962. – NY 1963. – NY 1981.

ÜBERSETZUNGEN: *Sittliche Schilderungen von Amerika, in Briefen eines amerikanischen Guthsbesitzers an einen Freund in England*, anon., Liegnitz/Lpzg. 1784. – *Briefe eines amerikanischen Landmanns an den Ritter W. S. in den Jahren 1770–1781*, J. A. E. Götze, 3 Bde., Lpzg. 1788/1789.

LITERATUR: F. B. Sanborn, *The American Farmer, St. J. de C. and His Famous Letters* (in Pennsylvania Magazine of History and Biography, 30, 1906, S. 257–287). – H. C. Rice, *Le cultivateur américain. Étude sur St. J. de C.*, Paris 1933 [m. Bibliogr.]. – D. H. Lawrence, *H. St. J. de C.* (in *Shock of Recognition*, Hg. E. Wilson, NY 1955, S. 927–938). – H. S. Canby, *Classic Americans*, NY 1959, S. 3–66. – A. E. Stone, *C.'s »Letters« and the Beginning of American Literature* (in Emory University Quarterly, 18, 1962, S. 197–213). – R. B. Nye, *M. G. St. J. de C.: »Letters From an American Farmer«* (in *Landmarks of American Writing*, Hg. H. Cohen, NY 1969, S. 32–45). – M. Christadler, *St. J. de C.s »Letters From an American Farmer« und die Anfänge des amerikanischen Romans* (in *Geschichte und Fiktion: Amerikanische Prosa im 19. Jh.*, Hg. A. Weber u. H. Grandel, Göttingen 1972, S. 32–45). – M. E. Rucker, *C.'s »Letters« and Enlightenment Doctrine* (in EAL, 13, 1978, S. 193–212). – D. Robinson, *C.'s James: The Education of an American Farmer* (in Journal of English and Germanic Philology, 80, 1981, S. 552–570). – J. L. Machor, *The Garden City: C.'s »Letters« and the Urban-Pastoral Context* (in American Studies, 23, 1982, S. 69–83). – B. Chevignard, *St. J. de C. in the Looking Glass: »Letters form an American Farmer« and the Making of a Man of Letters* (in EAL, 19, 1984, S. 173–190).

## RENÉ CREVEL

* 10.8.1900 Paris
† 18.6.1935 Paris

LITERATUR ZUM AUTOR:
C. Courtot, *R. C.*, Paris 1969. – E. Batache, *La mystique charnelle de C.*, Paris 1976. – M. B. Rochester, *R. C.*, Stanford 1978. – E. A. Hubert, *Essai de bibliographie des écrits de C. (1921–début 1983)* (in Bulletin du bibliophile, 1983, S. 483–527; 1984, S. 234–262). – Europe, 1985, Nr. 679/680 [Sondernr. *R. C.*].

### LA MORT DIFFICILE

(frz.; *Ü: Der schwierige Tod*). Roman von René CREVEL, erschienen 1925. – René Crevel gehört, wie in Deutschland etwa Klaus MANN, zu jenen jungen Autoren zwischen den beiden Weltkriegen, die sich im Leben wie in ihren Schriften mit der ganzen als modern, als befreiend und zerstörend zugleich empfundenen Komplexität ihres Geistes, ihrer Stimmungen, ihrer Triebe verwirklichen wollten und dabei immer schon vor ihrem schwierigen Tod auf der Flucht und insgeheim zu ihm unterwegs waren. Tuberkulös, homosexuell, Surrealist und Kommunist, ist Crevel zuletzt an den Widersprüchen seiner Natur und seiner Zeit zerbrochen. *La mort difficile* war, nach *Détours*, 1924 *(Umwege)*, und *Mon corps et moi*, 1925 *(Mein Körper und ich)*, sein drittes Buch; wie die beiden vorangegangenen voll kaum verschlüsselter autobiographischer Details. In *Mon corps et moi* spricht der Erzähler selber. Sein nächtlicher Monolog in einem Schweizer Gebirgshotel ist Beichte, Meditation und lyrisches Selbstporträt in einem; mit dem Fazit: *» ... ich bin allein, mit leeren Händen, leerem Herzen. Ich bin allein.«* Um dieser Einsamkeit zu entrinnen, entfaltet Crevel eine fieberhafte Tätigkeit; früh schließt er sich dem Dadaismus, dem Surrealismus an, tritt der Kommunistischen Partei bei, wird 1934 ausgestoßen, dann wieder zugelassen und tötet sich am 18. Juni 1935, drei Tage vor der Eröffnung des von den Kommunisten organisierten Internationalen Kongresses zur Verteidigung der Kultur, nachdem er vergeblich versucht hat, die Zulassung seiner surrealistischen Freunde gegen die orthodoxen Stalinisten durchzusetzen.
In *La mort difficile* liebt Pierre Dupont, ein junger Pariser, den seine selbstgerechte, gefühlskalte Mutter verächtlich als einen *»dégénéré«* bezeichnet, einen jungen, animalischen Amerikaner. Dieser, Arthur Bruggle mit Namen, hat sich durch seine Musik zu einem dänischen Ballett einen Namen und in gewissen avantgardistischen Kreisen der Pariser Gesellschaft beliebt gemacht. Beistand gegen sich selbst und gegen Bruggles Grausamkeit findet Pierre nur bei Diane Blok, einer jungen Malerin, die ihn ihrerseits liebt, sich jedoch mit einer brüder-

lichen Zuneigung und Freundschaft begnügen muß. Beide Mütter tyrannisieren ihre Kinder und quälen sie mit beständigen Hinweisen auf die möglichen Folgen ihrer erblichen Belastung. Madame Dufours Gatte ist verrückt geworden und lebt in einer Irrenanstalt. Madame Blok ist die Witwe eines Russen, der sich – wie Crevels Vater – erhängt hat. Bruggles Egoismus, seine Abenteuer mit allerlei »interessanten« jungen Leuten des *milieu* treiben Pierre eines Abends, nachdem er das Haus seiner Mutter endgültig verlassen hat, zum Selbstmord. Der Höhepunkt des kleinen Romans ist, kurz vor diesem Ende, Pierres Unterredung mit Diane: Sie müssen einander dauernd mißverstehen, sie wollen einander, doch trotz allen guten Willens können sie einander nicht helfen.

Die einfach gebaute Erzählung besteht aus wenigen Szenen, meist Gesprächen, die von breiteren betrachtenden Stücken durchsetzt sind. Auffällig ist eine starke Neigung zur antibürgerlichen Satire, die in Crevels späteren Büchern – den Romanen *Babylone*, 1927, *Êtes-vous fous?*, 1929 *(Seid ihr verrückt?)*, *Les pieds dans le plat*, 1933 *(Ins Fettnäpfchen getreten)*, und der Essaysammlung *Le clavecin de Diderot*, 1932 *(Diderots Spinett)* – noch schärfer hervortritt und sich dort zu einem lyrisch-orgiastischen Pamphletismus steigert. F.Ke.

AUSGABEN: Paris 1925. – Lausanne 1963 [zus. m. *Mon corps et moi*; Vorw. R. Kanters]. – Paris 1971.

ÜBERSETZUNG: *Der schwierige Tod*, H. Feist, Bln. 1930. – Dass., ders., Ffm. 1988 (BS).

LITERATUR: K. Mann, *Über C.* (in DRs, 82, 1956, S. 1198–1200). – Ph. Soupault, *C.* (in Ph. S., *Profils perdus*, Paris 1963, S. 25–35). – M.-R. Carré, *C., Surrealism and the Individual* (in YFS, 31, 1964, S. 74–86). – C. Courtot, *R. C. ou Le clavecin mal tempéré*, Paris 1966 (Vorw. zu *Le clavecin de Diderot*, Paris 1966). – K. Mann, *In memoriam R. C.* (in K. M., *Prüfungen*, Mchn. 1968, S. 36–41). – C. Delacampagne, *C. renaît* (in QL 16. 7. 1974, Nr. 191, S. 8; ern. in K. M., *Das innere Vaterland*, Mchn. 1986, S. 78–82).

## MILOŠ CRNJANSKI

* 26.10.1893 Csongrád / Ungarn
† 30.11.1977 Belgrad

LITERATUR ZUM AUTOR:
*Bilbiographie:*
S. Kostić u. B. Popović, *Bibliographija poezije M. C.* (in M. C., *Sabrane pesme*, Hg. S. Velmar-Janković, Belgrad 1978, S. 361–407).
*Gesamtdarstellungen und Studien:*
M. Zezel', *M. C.* (in Srpski književni glasnik, 38, 1939, S. 208–217 u. 278–286). – V. Gligorić, *M. C.* (in Savremenik, 7, 1958, 4, S. 385–405). – M. Bogdanović, *M. C.* (in *Srpska književnost u književnoj kritici*, Bd. 7, Belgrad 1965). – V. Gligorić, *M. C.* (ebd.). – A. Vuletić, *U Londonu sa M. C.* (in Delo, 10, 1965, 1, S. 125–130). – A. Petrov, *U prostoru proze. Ogledi o prirodi proznog izraza*, Belgrad 1968. – N. Milošević, *Roman M. C.*, Belgrad 1970. – A. Petrov, *Poezija C. i srpskog pesništva*, Belgrad 1971. – N. Milošević, *Filozofska dimenzija književnih dela M. C.* (in *Književnost između dva rata*, Hg. S. Velmar-Janković, Bd. 1, Belgrad 1972). – P. Palavestra u. S. Radulović *Književno delo M. C.*, Belgrad 1972 [enth. Bibliogr.]. – R. Popović, *Život M. C.*, Belgrad 1980. – S. Leovac, *Romansijer M. C.*, Sarajevo 1981; ern. 1982. – S. Raičković, *Dnevnik o C.* (in M. C., *Lirika. Izbor*, Hg. S. Raičkovič, Belgrad 1981, S. 5–22). – P. Palavestra, *Hronologija života M. C.* (in M. C., *Seobe*, Hg. P. Palavestra, Belgrad 1981, S. 225–231). – V. Bunjac, *Dnevnik o C.*, Belgrad 1982. – B. Novaković, *Vihorno razdoblje od Borisava Stankovića do Aleksandra Tišme*, Novi Sad 1985.

### LIRIKA ITAKE

(serb.; *Lyrik Ithakas*). Gedichtsammlung von Miloš CRNJANSKI, erschienen 1919. – In diesen während des Ersten Weltkriegs und kurz danach entstandenen Gedichten entwickelt der junge Dichter sein literarisches und politisches Programm. Noch unter dem Schock seiner Erlebnisse stehend, überzeugt von der grausamen Sinnlosigkeit des Krieges, um seine Jugend und Ideale betrogen, klagt er heftig und bitter an, schockiert, um gehört zu werden. Die Hilflosigkeit und Not seiner Landsleute machen ihm bewußt, daß der Krieg gegen das Interesse des Volkes ist: *»Nichts haben wir. Weder einen Gott noch einen Herrn. Unser Gott heißt Blut.«* Im Prolog der Sammlung führt Crnjanski das Bild Ithakas als Metapher für eine heile Welt ein. Aber weil das Leben überall auf der Welt traurig ist, wird auch solche Sehnsucht sinnlos. Aus dieser Erkenntnis leitet er die Begründung für sein Dichten ab: *»Ich dichte für die Leidenden, auf daß das Leid von allem befreie.«* – Innere Unruhe und Unzufriedenheit spiegeln auch die Liebesgedichte. Die Erinnerung an leidenschaftliche Liebeserlebnisse wird überschattet von einem Gefühl der Trauer und inneren Müdigkeit. Auf die Frage *»Warum bist du traurig?«* gibt der Dichter die Antwort: *»Weil ich ein Mann bin.«* Seine Beziehung zur Frau wird unverschlüsselt dargestellt; sie ist sinnlich, doch nie heiter. Waren Bitterkeit und Zorn seine Reaktion auf den Krieg, so herrscht in seiner Liebeslyrik die Melancholie vor. *»Noch ein wenig, dann werden wir düster; mit einem traurigen Lachen in unseren häßlichen Leidenschaften bleiben wir krank, bleich, müde.«* Der Band löste bei seinem Erscheinen wegen seines neuen und revolutionären Tons heftige Kontroversen aus, da die am Expressionismus geschulte dichterische Gestaltung in der serbokroatischen Literatur ungewohnt war. Crnjanski verwendet kühne und neue Metaphern. (*»Ich spiele den Tod, aber mein Bogen zerstreut unabsichtlich die Töne.« – »Meine Seele ist ein reicher Bauer, ein betrunkener Tunichtgut.«*) Das persönliche Engagement verleiht seiner Sprache Dichte und Kraft. Der *vers libre* ermöglicht eine spontane, unmittelbare und aggressive Formulierung seiner Anklagen. – Bis Ende der fünfziger Jahre wurde der in London lebende Dichter in Jugoslawien totgeschwiegen. 1959 erschien ein Neudruck seiner Sammlung zusammen mit einem im Exil entstandenen politisch-literarischen Tagebuch unter dem Titel *Itaka i komentari (Ithaka und Kommentare)*. Die Ausgabe ist durch einige Gedichte erweitert, die, wie z. B. *Sumatra* oder *Stražilovo*, erneut die Vergeblichkeit der Sehnsucht und des Ausbrechens aus der Alltäglichkeit und Einsamkeit zum Thema haben. Seither wird Crnjanski, der 1965 nach Belgrad zurückkehrte, als einer der bedeutendsten Dichter der serbischen Moderne anerkannt. B.Gr.

AUSGABEN: Belgrad 1919. – Belgrad 1959 *(Itaka i komentare)*. – Belgrad 1966 (in *Sabrana dela*, Hg. R. Njeguš u. S. Raičković, 10 Bde., 4). – Belgrad 1966 (in *Sabrana dela*, 10 Bde., 4). – Belgrad 1978 (in *Sabrane pesme*, Hg. S. Velmar-Janković).

ÜBERSETZUNG: *Kommentare zu Ithaka*, P. Urban, Ffm. 1967 (es; enth. nur den »Kommentar«).

LITERATUR: D. Grbić, *Poezija revolte i sloma* (in Savremenik, 6, 1960, H. 2). – M. Mirković, *Stržilovo M. C.* (in Delo, 1961, 4, S. 430 ff.). – M. Lončar, *Zapis o sumatraizmu M. C.* (in Izraz, 1963, 11).

## ROMAN O LONDONU

(serb.; *Der Roman über London*). Roman von Miloš CRNJANSKI, erschienen 1971. – Crnjanskis letzter Roman gilt als der Höhepunkt seines literarischen Schaffens. Im Mittelpunkt des zweibändigen Werks steht das Schicksal eines russischen Emigranten in der britischen Hauptstadt in den Jahren nach dem Ersten Weltkrieg. Der Fürst Nikolaj Rodionović Rjepnin, ein ehemaliger Offizier der zaristischen Armee und Nachfahre eines berühmten Fürsten zur Zeit der napoleonischen Kriege, beschließt bereits zu Beginn des Romans, in einer existentiell und psychologisch scheinbar ausweglosen Situation Selbstmord zu begehen, da er weder bereit ist, wie bisher weiterzuleben, noch den Tod im Elend abzuwarten. Für ihn ist dies die Konsequenz vieler erfolgloser Bestrebungen, seine Situation zu verändern. Die in 52 Kapiteln beschriebenen knapp zwei Jahre seiner letzten Lebensphase in London sind gekennzeichnet durch eine Reihe von Versuchen, sich anzupassen und so seiner Frau Nadia das Leben zu erleichtern und gleichzeitig seinen Entschluß in die Tat umzusetzen, ohne die Menschen um ihn zu stark zu belasten. Die Beziehungen, die er mit anderen eingeht bzw. abbricht, kennzeichnen einerseits nur bestimmte Stufen in der Durchführung seines Plans; andererseits verweisen sie auf die eigentliche Problematik des Romans, die Vereinsamung eines Entwurzelten, einer *displaced person*, in einer modernen Großstadt.
Das Schicksal Rjepnins wird durch die umgebenden Raum- und Zeitmerkmale sowie die Beschreibung seines die konkrete Wirklichkeit wahrnehmenden Bewußtseins verdeutlicht und die individuelle mit der allgemeinen Problematik eng verknüpft. London erscheint so als Symbol einer anonymen, dem Menschen entfremdeten Großstadt und gleichzeitig als die konkrete Wirklichkeit des Fürsten, in seiner Wahrnehmung der realen Stadt und ihrer Bewohner, ihrer Moral, Psychologie, ihrer praktischen sowie politischen Lebensphilosophie dargestellt. In den von Rjepnin detailliert registrierten Fakten, Ereignissen und der Sprache der ihm fremden Welt konstituiert sich zugleich der zeitliche Rahmen des Geschehens. Die Sensibilität des Fürsten gegenüber Licht-, Temperatur- und Farbkontrasten sowie den geringsten Veränderungen bei Menschen und Pflanzen verweist auf den Wechsel von Tages- und Jahreszeiten. Darüber hinaus wird in seinem Bewußtsein die erlebte Wirklichkeit mit seinen Erfahrungen und auch Illusionen über die westeuropäische Demokratie kontrastiert. Die Reflexion seiner Auffassung der Vergangenheit und seiner Erfahrungen der Gegenwart führt ihn zum Erkennen einer Gesetzmäßigkeit der gesellschaftlichen Entwicklung und des geschichtlichen Ablaufs. Diese Erkenntnis thematisiert Rjepnin immer wieder in seinen zahlreichen Monologen und findet sie bestätigt in den nach gleichem Muster ablaufenden Begegnungen, Dialogen und dem unausweichlichen Bruch mit anderen Menschen.
Sowohl durch Symbolik, Wiederholungen, Kontraste, Parallelen und zahlreiche fremdsprachige Zitate als auch durch einen explizit sich äußernden auktorialen Erzähler wird der komplexe Charakter des Helden sowie die vielschichtige Thematik des Romans verdeutlicht. Für die Darstellung des individuellen Erlebens der Einsamkeit in der Fremde, der geschichtlich bedingten Veränderungen der Gesellschaft und der daraus resultierenden »Metamorphosen« der einzelnen Persönlichkeit ist die Biographie des Autors von größter Bedeutung. (Crnjanski verbrachte längere Zeit in London, wo er versuchte, durch wechselnde Tätigkeiten seinen Lebensunterhalt zu verdienen, während er sich immer stärker von den Zielen und Aktionen serbischer Emigranten distanzierte.) So verbirgt sich hinter einer scheinbar einfachen inhaltlichen und narrativen Struktur des realistischen und linearen Erzählens eine thematische Vielschichtigkeit sowie eine Mannigfaltigkeit literarischer Mittel, die sowohl für diesen Roman als auch für Crnjanskis gesamtes litararisches Schaffen charakteristisch sind. Durch die Einbindung realer historischer, geographischer und oft auch biographischer Elemente in die Erzählstruktur, häufig wie hier bereits im Titel,

wird das Schicksal Einzelner als Projektion weitgefaßter existentieller, gesellschaftlicher und historischer Ursachen dargestellt. S.P.H.

AUSGABE: Belgrad 1971; ern. Belgrad 1986.

LITERATUR: D. Kalajić, Rez. (in Delo, 5, 1972, S. 571–584). – M. Prazić, *M. C. »Roman o Londonu«* (in Izraz, 1972, 6, S. 587–594). – M. Selimović, *M. C. »Roman o Londonu«* (in Republika, 1972, 11, S. 1277–1839.) – R. Ivanović, *Roman o otudjenju i samootudjenju* (in Stremlienja, 1973, 1, S. 53–58). – M. Stojnić, *Tri vidjenja ruske emigracije u književnosti* (in Književnost i jezik, 1973, 1, S. 1–15). – I. Udovički, *Život i smrt u delu* C. (in Savremenik, 1974, 12). – S. Leovac, *»Roman o Londonu«* (in Život, 1981, 3, S. 323–339). – P. Palavestra, *Pesnički roman M. C.* (Vorw. zu M. C. *Seobe*, Belgrad 1981, S. 19–21). – M. Nedić, *»Roman o Londonu« ili sudar sa istorijom i stvarhošću* (in M. C., *Roman o Londonu*, Belgrad 1986, S. 7–30).

## SEOBE

(serb.: *Ü: Panduren*). Roman von Miloš CRNJANSKI, erschienen 1927–1962. – Thema des dreibändigen Romans ist die Flucht der Serben aus den türkisch besetzten Gebieten ihrer Heimat in die bereits befreiten Teile der Donaumonarchie und ihre spätere Aussiedlung nach Rußland. Die Ereignisse des ersten Bands gruppieren sich um den Kommandanten des slavonischen Donauregiments, Major Vuk Isaković. Die Zentralgestalt der übrigen Bände ist sein Adoptivsohn Hauptmann Pavle Isaković. Plastisch beschreibt Crnjanski den Marsch der serbischen Truppen durch Ungarn, die Steiermark, Niederösterreich, Bayern, Württemberg und die Oberpfalz sowie die kriegerischen Auseinandersetzungen mit den Franzosen im Rheinland im Jahre 1744. Das äußere Geschehen wird durch Isakovićs Meditationen über die Sinnlosigkeit des Kriegs, die Situation der Serben und ihrer neuen Heimat usf. kommentiert, in denen die kulturellen und weltanschaulichen Gegensätze scharfe Konturen gewinnen. Der erste Teil des Romans schließt mit dem Rückzug des stark dezimierten Regiments und dem Rücktritt Isakovićs, der sich um seine Beförderung betrogen sieht. Der zweite Teil spielt in den fünfziger Jahren des 18. Jh.s. Nach dem Abschluß der Kämpfe bewegt die Siedler die Sorge um die Erhaltung der Orthodoxie und die Angst vor der Verschickung auf die Landgüter des ungarischen Adels. Die österreichische Regierung duldet zunächst ihre Auswanderung nach Rußland, greift jedoch zu drastischen Gegenmaßnahmen, als sie unkontrollierbare Ausmaße anzunehmen droht. Ein Opfer der neuen Politik wird Pavle Isaković, der als Führer der Auswanderer unablässigen Verfolgungen und Bestrafungen ausgesetzt ist. Gegenstand des Schlußteils ist das Leben der Serben in Rußland, wohin der Isaković-Klan über das Auffanglager Tokaj gelangt. Neben Pavle treten andere Familienmitglieder in tragenden Rollen auf (z. B. seine Brüder, die an Feldzügen gegen Preußen und Tataren teilnehmen), während das Leben der einfachen Siedler in den Hintergrund tritt. Beinahe unberücksichtigt bleibt das Verhältnis der Serben zur einheimischen russischen Bevölkerung. Ihre erste Enttäuschung erfahren die Siedler noch in Tokaj, wo der Lagerleiter, der russifizierte Serbe Višnjevski, ihre Hoffnung auf ein nationales Eigenleben im Zarenreich zerstört. Der Gedanke, daß die Aussiedler in wenigen Jahren im Russentum aufgegangen sein werden, überschattet Pavles Leben. Mit der trauernden Feststellung, daß von Isakovićs serbischem Soldatenvolk nichts als ein paar Orts- und Familiennamen geblieben ist, schließt der Roman.
Das Werk, das sich in der Wiedergabe des Historischen Vorwurfs teils auf Archivmaterial, teils auf die Memoiren eines Zeitgenossen (des späteren russischen Generals A. Piščevič) stützt, kennt keine einheitliche Handlungsführung. Es besteht aus einer Reihe einzelner Szenen und Episoden, die allein durch die Hauptfiguren lose miteinander verbunden sind. Die Erzähltechnik, die das Geschehen parallel auf der darstellenden und der Erlebnisebene gestaltet, ist allen Teilen des Romans gemeinsam. Die von den Siedlern benutzte slaveno-serbische Sprache soll dem Roman eine zeitbezogene Patina verleihen. N.P.

AUSGABEN: Belgrad 1927–1929, Bd. 1 (in Srpski književni glasnik, 26–28). – Belgrad 1929, Bd. 1. – Belgrad 1962, Bd. 1–3. – Belgrad 1966 (in *Sabrana dela*, Hg. R. Njeguš u. S. Raičković, 10 Bde., 1–3). – Novi Sad/Belgrad 1965 [m. Bibliogr.]. – Sarajewo 1967 (in *Izabrana dela*, Hg. P. Džadžić, 4 Bde., 3 u. 4). – Belgrad 1973. – Belgrad 1978. – Belgrad 1981, Bd. 1. – Sarajewo 1981, Bd. 1. – Sarajewo 1985, Bd. 1.

ÜBERSETZUNG: *Panduren*, I. Jun-Broda, Mchn. u. a. 1963.

LITERATUR: M. Bogdanović, *M. C.: »Seobe«* (in Srpski književni glasnik, 28, 1929, S. 293–299). – M. Kasanin, *M. C. »Seobe«* (in Letopis matice srpske, 320, 1929, S. 147 ff.).

# BENEDETTO CROCE

* 25.2.1866 Pescasseroli
† 20.11.1952 Neapel

LITERATUR ZUM AUTOR:
*Bibliographien:*
E. Cione, *Biobliografia crociana*, Monza 1956. – S. Borsari, *L'opera di B. C.*, Neapel 1964. – M. Biscione, *Interpreti di B. C.*, Neapel 1968.

*Biographie:*
F. Nicolini, *B. C.*, Turin 1962.
*Zeitschrift:*
Rivista di Studi Crociani, Hg. A. Parente, Neapel 1964 ff.
*Gesamtdarstellungen und Studien:*
E. Cione, *B. C.*, Mailand o. J. 1953. – S. Zeppi, *Studi crociani*, Triest 1956. – A. A. de Gennaro, *The Philosophy of B. C.*, NY 1961. – F. Focher, *Profilo dell'opera di B. C.*, Cremona 1963. – E. Cecchi, *Ricordi crociani*, Mailand/Neapel 1966. – A. Bausola, *Filosofia e storia nel pensiero crociano*, Mailand [2]1967. – E. P. Lammana, *Introduzione alla lettura di C.*, Florenz 1969. – M. Bazzoli, *Fonti del pensiero politico di B. C.*, Mailand 1971. – *Thought, Action and Intuition as a Symposium on the Philosophy of B. C.*, Hg. L. M. Palmer u. H. S. Harris, Hildesheim/NY 1975. – I. de Feo, *C. L'uomo e l'opera*, Mailand 1975. – A. Parente, *C. per lumi sparsi*, Florenz 1975. – G. Sasso, *B. C. e la ricerca della dialectica*, Neapel 1975. – A. Campana, *B. C.: Filosofia e cultura*, Bologna 1976. – E. G. Caserta, *C. and Marxism: The Last Period* (in Italian Quarterly, 24, 1983, S. 59–73). – D. Coli, *C., Laterza e la cultura europea*, Bologna 1983. – *B. C. trent'anni dopo*, Hg. A. Bruno, Rom 1983. – G. Gembillo, *Filosofia e scienza nel pensiero di C.: genesi di una distinzione*, Neapel 1984. – *L'eridità di C. Atti del convegno ...*, Hg. F. Tessitore, Neapel 1985. – M. Maggi, *La teoria dell'individuale nella filosofia di B. C.* (in Atti e Memorie dell'Accademia Toscana di Scienze e Lettere, La Colombaria, 36, 1985, S. 303–375). – G. Petronio, *Metodo e polemica*, Palermo 1986. – M. Puppo, Art. *B. C.* (in Branca, 2, S. 74–78).

## ESTETICA COME SCIENZA DELL'ESPRESSIONE E LINGUISTICA GENERALE

(ital.; *Ü: Ästhetik als Wissenschaft vom Ausdruck und allgemeine Sprachwissenschaft*). Philosophisches Werk von Benedetto CROCE, erschienen 1902. – Das Werk – der erste und bedeutendste Teil der *Filosofia come scienza dello spirito (Philosophie als Wissenschaft des Geistes)* – handelt von den Grundlagen und Methoden ästhetischer Erkenntnis und Urteilsbildung. Besonderen Wert legt Croce in der Exposition seiner Lehre auf die These, daß sich ästhetisches Erkennen von den vom Intellekt geschaffenen Formen logischen und praktischen Denkens wesentlich unterscheide: Es sei eine selbständige Erkenntnisweise, die ursprünglich und hauptsächlich auf der »Intuition« beruhe. Die Aufgabe der Ästhetik bestehe demnach darin, Wesen und Möglichkeiten der intuitiven Erkenntnis zu ergründen und begrifflich zu definieren. Intuition ist für Croce – im Unterschied zum verallgemeinernden Denken in Begriffen – Erkenntnis des Individuellen und Einzelnen. Sie bedient sich der Phantasie, ist ein Erkenntnisvorgang, der sich in Bildern bewegt und ausdrückt. Intuition ist jedoch nicht mit Impression *(sensazione)* zu verwechseln, die lediglich den Stoff *(materia)* liefert, der durch die Intuition zur »Form« wird. Das Wesen der Intuition ist vielmehr, daß sie »Ausdruck« *(espressione)* ist. *»Die intuitive Aktivität erkennt soviel intuitiv, wie sie ausdrückt.«* Intuition und Expression sind eins. Auf dieser These beruht Croces Kunstauffassung: Im Sinne der Einheit von Intuition und Expression sieht er im Akt künstlerischer Schöpfung einen durch Intuition und Ausdruck bestimmten Vorgang. Demnach ist jeder Mensch ein Künstler, soweit er individuellem Empfinden in seiner unmittelbaren Einmaligkeit Ausdruck gibt. Der Unterschied zwischen normalem (allgemein menschlichem) und genialem Künstlertum ist nicht qualitativer (wesensmäßiger), sondern quantitativer (formaler) oder »extensiver« Art. Der sogenannte Künstler unterscheidet sich vom Durchschnitt durch den größeren Reichtum, die Fülle, Klarheit und Weite seiner Ausdrucksfähigkeit. In beiden Fällen aber ist Kunst ein Akt der Formwerdung – ein Vorgang, durch den sich die dunkle Masse der unbestimmten Emotionen in geistigen Ausdruck verwandelt. So sieht Croce das »Schöne« als Ergebnis eines Ausdrucks, in dem sich Form und Inhalt harmonisch vereinen, das »Häßliche« dagegen als Folge unzureichenden oder verfehlten Ausdrucks. Im Sinne dieser Wesensbestimmung der Kunst soll auch das ästhetische Urteil gewonnen werden: unter denselben Bedingungen, unter denen die Kunstwerke selbst entstehen. Der schöpferische Akt soll vom Beurteiler nachempfunden werden. Diese Theorie Croces hat besonders die moderne Kunstauffassung in Italien von der akademischen Literaturbetrachtung bis zur Kunst- und Literaturkritik der Tageszeitungen entscheidend beeinflußt. Ihre ideale, praktisch aber unerfüllbare Voraussetzung ist, daß dem Kritiker eine dem Künstler ebenbürtige oder nahezu gleichwertige Kunstbegabung eigne. Während Croces eigene ästhetische Urteile weitgehend den sicheren Blick des Meisters und Kenners verraten, erscheint die von ihm geforderte *»ästhetische Analyse«* in ihrer Anwendung bei seinen Nachfolgern vielfach in der simplen Form pathetisch gesteigerter Nacherzählung, die das Interesse für den behandelten Gegenstand eher schwächt als steigert. Hinzu kommt, daß Croces Theorie des kritischen Nacherlebens die Kenntnis der historischen Zusammenhänge für irrelevant hält und damit die Notwendigkeit literaturgeschichtlicher Erkenntnis und Methodik leugnet. Kennzeichnend für Croces Ästhetik ist auch die Gleichsetzung von Dichtung und bildender Kunst unter dem Begriff *»arte«*, wodurch er die Eigengesetzlichkeit der einzelnen künstlerischen Schaffenszweige ausklammert, mit der sich LESSING im *Laokoon*, dem scharfsinnigsten Beispiel einer entgegengesetzten Kunstauffassung, auseinandersetzte. Croces Lehre wurde unmittelbar nach ihrem Erscheinen für die Literaturbetrachtung in Italien in nahezu autarker Weise verbindlich. Ihre Bedeutung beruht vor allem darauf, daß sie unter Ausschluß der historischen und biographischen Aspekte von neuem das Kunstwerk selbst in den Mittelpunkt der kritischen Auseinandersetzung stellte – eine Reaktion auf die zum Selbstzweck gewordene, rein philologische Gelehrsamkeit des späten 19. Jh.s. KLL

AUSGABEN: Mailand 1902. – Bari 1922 (in *Filosofia come scienza dello spirito*, 4 Bde., 1920–1923, 1). – Bari 1942 (in *L'opera filosofica storica e letteraria di B. C.*, Bd. 8). – Bari 1950 – Bari 1958.

ÜBERSETZUNGEN: *Ästhetik als Wissenschaft des Ausdrucks und allgemeine Linguistik*, K. Federn, Lpzg. 1905. – *Ästhetik als Wissenschaft v. Ausdruck u. allgemeine Sprachwissenschaft. Theorie u. Geschichte*, H. Feist u. R. Peters (in *Ges. philos. Schriften*, Hg. H. Feist, 1. R., Bd. 1, Tübingen 1930).

LITERATUR: J. Lameere, *L'estéthique de B. C.*, Paris 1916. – T. J. Lynch, *The Aesthetic Theory of B. C.* (in The New Scholasticism, Washington 1935, Nr. 9, S. 95–115). – K. Voßler, *B. C.s Sprachphilosophie*. (in DVLG, 1941, Nr. 19, S. 128–138; vgl. K. V., *Die romanische Welt*; Mchn. 1965, S. 306–321). – V. Sainati, *L'estetica di B. C.*, Florenz 1953. – C. Boulay, *L'esthétique de B. C.* (in Revue des Études Italiennes, N. S., 2, 1956, S. 256–314). – C. G. Seeveld, *B. C.'s Earlier Aesthetic Theories and Literary Criticism*, Kampen 1958. – C. Cavaciuti, *La teoria linguistica di B. C.*, Mailand 1959. – I. Tanga, *L'estetica di B. C.*, Rom 1959. – M. Puppo, *La teoria linguistica di B. C.* (in Filología Moderna, 1, 1960, S. 47–58). – G. N. G. Orsini, *B. C., Philosopher of Art and Literary Critic*, Carbondale/Ill. 1961. – A. Attisani, *Svolgimento del pensiero estetico di B. C.* (in Letterature Moderne, 11, 1961, S. 569–585; vgl. a. S. 440–460). – M. E. Brown, *C.'s Early Aesthetics, 1894–1912* (in Journal of Aesthetics and Art Criticism, 22, 1963, S. 29–41). – V. Stella, *Estetica di C. ed estetica di Vico* (in RLI, 71, 1967, S. 121–128). – G. N. G. Orsini, *L'estetica e la critica di B. C.*, Mailand/Neapel 1976. – W. Rossani, *C. e l'estetica*, Mailand 1976. – A. Rigobello, *Il pensiero estetico crociano nell'orizzonte delle estetiche contemporanee* (in Accademie e Biblioteche d'Italia, 48, 1980, S. 11–25). – P. d'Angelo, *L'estetica di B. C.*, Rom 1982. – R. Zimmer, *Einheit und Entwicklung in B. C.s Ästhetik: der Funktionsbegriff und seine Modifikation*, Ffm./Bern 1985.

## FILOSOFIA DELLA PRATICA: Economia ed etica

(ital.; *Ü: Philosophie der Praxis. Oekonomik und Ethik)* von Benedetto CROCE, als dritter Band der vierteiligen *Filosofia come scienza dello spirito (Philosophie als Wissenschaft des Geistes)* erschienen 1909. – In seinem Denken ursprünglich von DE SANCTIS und HERBART beeinflußt, lernte Croce 1905 auf dem Weg über das Studium der Schriften von Karl MARX die Philosophie HEGELS kennen. Durch die Auseinandersetzung mit diesem *(Ciò che'è vivo e ciò ch'è morto nella filosofia di Hegel*, 1906 – *Lebendiges und Totes in der Philosophie Hegels)* und mit VICO fand er zu seinen eigenen *»Systematisationen«* (er will ausdrücklich kein abgeschlossenes »System« geben), in denen der Positivismus, der die italienische Philosophie im 19. Jh. beherrscht hatte, überwunden wurde.

In seiner Philosophie des Geistes, die er einen *»Blick auf das uns umgebende Leben«* nennt, unterscheidet Croce zwischen einer »praktischen« und einer »theoretischen« Aktivität. *(»Man sieht im Leben eine fast grobe Trennung zwischen Männern des Gedankens und Männern der Tat, zwischen Betrachtenden und Handelnden.«)*. Das Gefühl, die *»sogenannte dritte Form des Geistes«*, wird als *»zweideutig«* abgelehnt, weil neben Bewußtsein und Handeln eine dritte Form *»nicht existieren kann«*. Die Dualität der Erscheinungsformen des Geistes zerstört dessen souveräne Einheit nicht *(»Es gibt nichts, was nicht eine Manifestation des Geistes wäre«)*, doch ist die eine Form mit der anderen nicht beliebig austauschbar. Zwar muß der praktischen Aktivität (Wollen und Handeln) die theoretische (Erkennen) vorausgehen; denn *»ohne Bewußtsein ist der Wille nicht möglich; wie das Bewußtsein, so der Wille«* – aber Croce will damit nicht behaupten, *»daß nicht ein theoretischer Mensch und auch nicht ein vorübergehend theoretischer Augenblick denkbar sei, der tatsächlich ohne Willen ist«*. Die beiden Formen des Geistes stehen nicht parallel nebeneinander *(»Das wäre ein allzu leichter Ausweg, der den Parallelisten von Geist und Natur, von Seele und Körper so passen könnte«)*, sondern sie sind so aneinander gebunden, *»daß aus der einen die andere hervorgeht«*. Sie bilden den *»Circulus der Realität«* in der Relation von Denken und Sein, von Subjekt und Objekt: *»Der Gedanke ist gerade deswegen Gedanke, weil er das Sein bestätigt; und das Sein ist ein Sein, gerade weil es von einem Gedanken gezeugt wird.«*

In der »praktischen Aktivität« fallen Wollen und Handeln zusammen. Was aus dem Wollen einen geistigen Vorgang macht, ist sein Drang zur praktischen Verwirklichung des Gewollten. Wie aber verhält es sich mit Gut und Böse, wie mit Freiheit und Notwendigkeit des Willensakts? Vor allem gilt: Die Unterscheidung zwischen Freiheit des Willens und Freiheit des Handelns ist falsch. Die Aktion hat sowohl als Willensakt wie als Wollen Realität, sie ist Notwendigkeit und Freiheit zugleich, insofern als der Willensakt einerseits nicht aus nichts entsteht, sondern durch die jeweilige historische Situation oder Realität bedingt ist und als er andererseits selber eine neue Realität schafft. Der Determinismus und die Lehre vom freien Willen beruhen beide auf falschen Voraussetzungen, nicht anders als Materialismus und Mystizismus. Wahr ist nur der Idealismus, die Lehre von der Freiheit, die zugleich Notwendigkeit ist. Das wahre Wunder ist der Geist selbst. Die Freiheit der Aktion ist also die Realität der Aktion, das Gute ist Freiheit und Realität, das Böse Unfreiheit und Irrealität; das

heißt: Das Böse ist, in der Dialektik des Geistes, irreal. Leidenschaften und Wünsche sind nicht verwirklichte »Wollungen« des Individuums und zugleich Reize, die es zur Verwirklichung seines einen Wollens treiben. Die praktische Aktivität entsteht also daraus, daß dieses Wollen über die »Wollungen« triumphiert. Sie ist der Wille zu wollen.
Der Untergliederung des Theoretischen in Intuition und Begriff entsprechen die *inferior* und *superior* einander zugeordneten Stufen des Praktischen: Ökonomie (etwa im Sinne von Nützlichkeit) und Ethik des Handelns, wobei *»die erstere in gewissem Sinne unabhängig von der zweiten aufgefaßt werden kann, aber die zweite nicht ohne die erste auffaßbar ist«*. Wie es die Intuition zwar ohne den Begriff, nicht aber den Begriff ohne die Intuition gibt, so gibt es auch ökonomische Handlungen ohne moralischen Wert, keinesfalls aber moralische Handlungen, die nicht zugleich dem Bereich des Nützlichen zuzuordnen wären. Das bedeutet keineswegs eine Gleichsetzung von Utilität und Moralität, die zu dem Irrtum verführen müsse, es gebe keine nützlichen, moralisch jedoch indifferenten Handlungen; zwar ist Moralität nicht ohne Utilität denkbar – jede andere Auffassung würde die Wirksamkeit moralischen Handelns ausschließen –, doch entspringt ökonomisches Handeln einem beschränkten, auf den individuellen Nutzen gerichteten Wollen des Menschen. Die Philosophie der Praxis vermag das Nützliche vom Guten klar zu unterscheiden und ermöglicht es, ethisches Verhalten als das Streben des Individuums nach dem Universalen zu bestimmen, das der Geist selber ist, und da es *»nichts Reales als den Geist«* gibt, ist es zugleich die einzig mögliche Realität, die existente Wirklichkeit, das Leben.
Der Mensch handelt also nicht unter dem Zwang einer höheren Gewalt – es sei denn, man betrachte die historische Realität, mit der er es immer zu tun hat, als solche. Innerhalb dieses Rahmens ist er so frei, daß Croce auch die Gesetze als *»Erzeugnisse des Individuums«* betrachten kann. Diese sind *»in letzter Analyse die einzig realen«*. Da sie auf Willensakte zurückgehen, kann man nicht von Naturgesetzen sprechen. Andererseits dürfen diese Gesetze, da nicht jeder Willensakt den Charakter eines Gesetzes hat, auch nicht mit den Prinzipien des Geistes selbst verwechselt werden. Von einem »Naturrecht« kann man nur dann sprechen, wenn man darunter im Sinne der wahren und eigentlichen praktischen Philosophie einen Rechtskodex versteht, der es ermöglicht, neue Gesetze an die Stelle überholter und nicht mehr gebilligter zu setzen.
Dieses Werk, in dem Croce einige seiner entscheidendsten Thesen vorträgt, hat, wie auch seine *Estetica* (1902), lebhafte Diskussionen ausgelöst. Angegriffen wurde vor allem die Relation zwischen Utilität und Moralität, ebenso aber auch die Rechtsauffassung Croces. Der Philosoph gibt selber zu, seine Schlußfolgerung, *»daß es nichts anderes Reales als den Geist gibt und keine andere Philosophie als die Philosophie des Geistes«*, könne wohl ein *»Gefühl des Unbefriedigtseins«* auslösen und zu der Annahme führen, *»daß ein immanenter Geist im Vergleich zu einem transzendenten Geiste eines allmächtigen Gottes außerhalb der Welt unterlegen und in Verlegenheit ist«*. Dieser *»psychologischen Täuschung«* hält er entgegen, daß *»die Wahrheit immer mit einem Mysterium umgeben«* ist, d. h., *»sie ist ein Aufstieg zu immer steileren Höhen, der jedoch niemals zum Gipfel führt, genauso wie das Leben selbst niemals zum Gipfel führt«*. KLL

AUSGABEN: Bari 1909 (in *Filosofia come scienza dello spirito*, 4 Bde., 1908–1917, 3). – Bari 1950. – Bari 1957.

ÜBERSETZUNG: *Philosophie der Praxis. Oekonomik und Ethik*, H. Feist u. R. Peters (in *Ges. philos. Schriften*, Hg. H. Feist, 1. R., Bd. 3, Tübingen 1929).

LITERATUR: V. Iofrida, *La libertà come fondamento dello stato. Saggio sulla filosofia dello spirito di B. C.*, Varese/Mailand 1959. – F. Albeggiani, *Inizio e svolgimento della filosofia dello spirito di B. C.*, Palermo 1960. – I. Viola, *Problemi di critica crociana*, Mailand 1960.

## LOGICA COME SCIENZA DEL CONCETTO PURO

(ital.; *Ü: Logik als Wissenschaft vom reinen Begriff*). Philosophisches Werk von Benedetto CROCE, erschienen 1909; 1920 als zweiter Band in das vierteilige Grundwerk *Filosofia come scienza dello spirito (Philosophie als Wissenschaft des Geistes)* eingereiht. – Bereits in der 1902 erschienenen *Ästhetik* (vgl. *Estetica come scienza dell'espressione e linguistica generale*) entwarf Croce das Programm einer *»Philosophie des Geistes«* – nicht eines ahistorischen Systems, sondern, wie er in seiner Selbstkritik sagte, einer *»dynamischen Folge von Systematisationen«*, in denen das Ganze der sich ständig wandelnden Wirklichkeit geistig durchdrungen werden sollte. In den Akademievorträgen über Logik, die Croce 1905 unter dem Titel *Lineamenti di una logica come scienza del concetto puro (Grundzüge einer Logik als Wissenschaft des reinen Begriffs)* veröffentlichte, behandelte er erstmals die *»Wissenschaft des Denkens«* oder die *»Philosophie der Philosophie«*, wie er die Logik definierte. Nachdem er 1908 die *Philosophie der Praxis: Ökonomik und Ethik* (vgl. *Filosofia della pratica: Economia ed etica*) veröffentlicht und damit die traditionellen Bereiche des Schönen, Wahren, Guten abgeschritten hatte, wandte er sich erneut der Logik zu und ließ 1909 eine völlig umgearbeitete Neufassung der *Lineamenti* erscheinen, die letzte vollständige Behandlung des logischen Problemkreises; auf einige Fragen ging er später noch ein in den *Discorsi di varia filosofia*, 1945 *(Erörterungen über verschiedene philosophische Gegenstände)*.
Die sehr allgemein gehaltene und oft weitschweifig geschriebene Untersuchung gliedert sich in vier Teile: Der erste, in dem bereits die gesamte Lehre entfaltet wird, behandelt den *»reinen Begriff«*, das

Individualurteil und die logische *synthesis a priori*. In den folgenden Teilen versucht Croce seine Lehre negativ durch verschiedene Abgrenzungen zu verdeutlichen: Gegenstand des zweiten Teils ist das Verhältnis der Philosophie und Geschichte zu anderen Formen des Wissens, vor allem zu den *»Pseudobegriffen«* der Mathematik und den Naturwissenschaften. Im dritten Teil entwickelt Croce auf der Grundlage des reinen Begriffs eine Lehre vom Irrtum, im vierten versucht er einen Abriß der Geschichte der Logik mit einer Zusammenfassung derjenigen Punkte zu geben, die das Eigentümliche seiner eigenen Logik ausmachen.
Im Mittelpunkt des Werks steht die Lehre vom reinen Begriff. Herausgebildet durch die *»logische Aktivität«*, die sich über die Vorstellungen und Anschauungen (die den Gegenstand der Ästhetik ausmachen) erhebt, ist er durch drei Merkmale gekennzeichnet: 1. durch Expressivität, d.h., daß er auf sprachlichen oder symbolischen Ausdruck angewiesen ist; 2. durch Universalität, den *»ultra- und omnirepräsentativen«* Charakter des Begriffs, der seine Transzendenz gegenüber einzelnen Vorstellungen ausmacht; 3. durch Konkretheit, die die unauflösliche Immanenz des Geistes in den einzelnen Vorstellungen und damit die dialektische Überbrückung des Gegensatzes Geist-Wirklichkeit bedeutet. Der reine Begriff erreicht eine erste Stufe der Konkretion in der Definition, dem *»reinen Ausdruck des Begriffs«*, die Croce mit geistiger Distinktion gleichsetzt, so daß Definition und Schluß als ein und dasselbe erscheinen. Eine zweite Stufe der Konkretion erreicht der Begriff im Individualurteil, *»dem höchsten und vollkommensten aller Erkenntnisakte«*, in dem der logische Akt der Wirklichkeit vollkommen adäquat wird. Um jedoch zu einer umfassenden Erkenntnis des reinen Begriffs zu gelangen, muß drittens auch die jeweilige historische Situation, aus der die Erkenntnisleistung hervorgeht (KANTS *Kritiken* hätten z.B. nicht im Zeitalter des Perikles entstehen können), berücksichtigt werden: Die Verbindung zwischen Definition und Individualurteil zur konkreten Identität des Geistes wird durch die logische *synthesis a priori* hergestellt, der einzigen logischen Kategorie aus der traditionellen Kategorientafel, die Croce gelten läßt. Von hier aus ergibt sich als konsequente Folgerung die Identifizierung der Philosophie mit der Geschichte, einem Erbstück aus der Philosophie HEGELS, worin ein wesentliches Charakteristikum der Logik des Verfassers zu sehen ist. Aus diesem letzten, zum Konkreten zurückführenden Teil, der nach dialektischer Methodik den Kreisgang philosophischer Erkenntnis im Medium der Logik abschließt, ging später Croces Theorie der Geschichtsschreibung hervor, die er als vierten Teil in die *Philosophie des Geistes* aufnahm.
Croces *Logik* hat heute nur noch historische Bedeutung. Indem er an die idealistische Tradition, vor allem an Hegel anknüpfte, hat er gegen eine fakten- und zahlengläubige Zeit die absolut ursprüngliche und universale Funktion des Geistes nachdrücklich zur Geltung zu bringen versucht und damit wesentlich zur Wiederbelebung der Metaphysik beigetragen. Seine Vereinfachungen, die zum Teil undifferenzierten Anschauungen, haben indessen das Werk alsbald in Mißkredit gebracht. Auf die weitere Entwicklung hat Croce weder in der Richtung der metaphysischen Geisteswissenschaft noch in der Richtung der formalistischen oder symbolischen Logik Einfluß nehmen können. W.Hen.

AUSGABEN: Bari 1909. – Bari, 1920 (in *Filosofia come scienza dello spirito*, 4 Bde., 1920–1923, 2; [9]1964). – Bari [3]1981.

ÜBERSETZUNG: *Logik als Wissenschaft vom reinen Begriff*, F. Noeggerath (in *Ges. philos. Schriften*, Hg. H. Feist, 1. R., Bd. 2, Tübingen 1930).

LITERATUR: W. Carr, *The Philosophy of B. C.*, Ldn. 1917. – B. Bosanquet, Rez. der engl. Übers. von D. Ainslie [Ldn. 1917] (in Mind, 27, 1918, S. 475–484). – G. Castellano, *Introduzione allo studio delle opere di B. C.*; Bari [3]1920 (dt.: *Einführung in das Werk des Philosophen, des Kritikers, des Geschichtsschreibers B. C.*, Zürich 1925). – A. M. Fraenkel, *Die Philosophie B. C.s und das Problem der Naturerkenntnis*, Tübingen 1929. – F. Albergamo, *La critica della scienza oggi in Italia*, Rom 1954. – R. Raggiunto, *La conoscenza storica. Analisi della logica crociana*, Florenz 1955. – M. Abbate, *La filosofia di B. C. e la crisi della società italiana*, Turin 1966. – R. Franchini, *Il giudizio storico e la »Logica« di C.* (in Rendiconto dell'Istituto Lombardo. Accademia di Scienze e Lettere, 1982, S. 89–106).

## POESIA E NON POESIA. Note sulla letteratura europea del secolo decimonono

(ital.; *Ü: Poesie und Nichtpoesie. Bemerkungen über die europäische Literatur des neunzehnten Jahrhunderts*). Literaturwissenschaftliches Werk von Benedetto CROCE, erschienen 1923. – Angeregt besonders durch die Geschichtsbetrachtung G. VICOS und durch die ästhetische Kritik F. DE SANCTIS', gewinnt Croce vor allem in Auseinandersetzung mit HEGEL seine eigene *»Philosophie des Geistes«*. Alle Geschichte und Wirklichkeit ist die des Geistes. Dessen wesentliche Wirklichkeit ist jedoch nicht der Begriff allein, und seine Geschichte ist nicht sich schließende Dialektik. Gleich ursprüngliche, unableitbare und nicht aufeinander zurückführbare, wenn auch in einer Sinnordnung gestufte Manifestationsgrundformen des Geistes sind einmal die Praxis, das Handeln sowohl in nützlicher Zweckbezogenheit (Ökonomie) wie in sittlicher Unbedingtheit (Moral), sodann die Theorie, das Erkennen sowohl phantasiegeboren in expressiver Intuition des Einzelnen (Kunst) wie intellektgeboren in logischer Erfassung des Allgemeinen (Wissenschaft, Logik, Philosophie). Kunst und ihr anschaulicher Ausdruck ist also nicht aufhebbar in Philosophie und deren begriffliche Abstraktion. Es gibt kein geschlossenes »System«, nur offene Systematisierungen. Die Geschichte ist unabschließbarer Fortgang. – Ist Kunst reiner Ausdruck, d. h. im weitesten Sinn Aussprache-Form von Inhalten (die von der Form nicht separierbar, weil nur in ihr gegeben sind), so ist *»Ästhetik als Wissenschaft des Ausdrucks und allgemeine Linguistik«* (vgl. *Estetica come scienza dell'espressione e linguistica generale*, 1902) zu verstehen. Die Einteilung in Kunstgattungen (Malerei, Dichtung usw.), vom materiellen Medium ausgehend, ist der Kunst selbst äußerlich, nur empirisch, wandelbar. Auf diesem Hintergrund ist Poetik nicht als strenge ästhetisch-philosophische Wissenschaft, sondern nur als empirische Wissenschaft denkbar mit dem Ziel, orientierende Hilfsbegriffe für historische Untersuchungen bereitzustellen. Die bisher üblichen Schemata literarischer Kritik, wie Dramatik, Epik, Lyrik, erweisen sich für Croce als irreführend. Statt dessen sucht er Kriterien aus der Eigenständigkeit der Dichtung als Kunst bzw. ihrer Annäherung oder gar Unterwerfung unter die Form des *»Gedankens«*, wo Dichtung schließlich lehrhaft, rhetorisch, bloß unterhaltsam usw., also *»Nichtdichtung«* wird und andere – möglicherweise legitime – Funktionen im Geistesleben übernimmt.

*Poesie und Nichtpoesie* ist demgemäß nicht nur eine kritische Sichtung von Werken des genannten Zeitraums, sondern zugleich kritische Auseinandersetzung mit der Croce vorliegenden Literaturkritik. Die Sammlung (Croce: *»Aufsatzreihe«*) von 25 Essays über Dichtergestalten von Alfieri (dem *»wahren Beginn«* der *»neuen italienischen Literatur«*) bis Carducci (einem »letzten und echten Homeriden«) umfaßt u. a. Beiträge über Schiller (achtenswert als Philosoph, aber einer der sekundären Dichter, einer jener *»geistreichen und erfahrenen Literaten, die sich schon gefundener künstlerischer Form bedienen, die Reflexion in ihren Dienst stellend, sie mit psychologischen, sozialen, der Natur abgenommenen Bemerkungen bereichern, um in dieser Weise hochwertige, belehrende oder unterhaltsame Werke hervorzubringen«*); Kleist (den Begründer oder ersten Verkünder des sogenannten psychologischen Dramas, aber von *»dichterischer Blindheit«* Geschlagenen, nämlich der *»Unfähigkeit, einzelne Leidenschaften im Licht menschlicher Leidenschaften zu sehen«*); Stendhal (der ein *»in die Dinge Verliebter«* und deshalb ein Dichter war); Heine (den großen Spötter, Meister zwar nicht in der Kunst, aber in der *»Artistik«*, der weder von der Liebe zum Ideal noch vom Haß gegen das Bestehende wirklich ergriffen war); Baudelaire (dem es gelang, sein *»im Leben ungelöstes Problem auf ein Problem zurückzuführen, das er in der Kunst löste«*; Kunst als *»wahrer und wirklicher Ausweg«*). Die Abhandlungen Croces sind ein Beleg für die Trennung einer *»Geschichte der Dichtung«*, der dichterischen Motive und Idealisierungen, die nur wenige Namen umfassen würde, und der *»Geschichte der Kultur«* (beispielsweise der politisch-sozialen Bewegungen), die für den Dichter nur den abstrakten Stoff liefert, deren Kenntnis aber für das Verständnis eines dichterischen Werkes allein nichts beiträgt. A.Ha.

Ausgaben: Bari 1923 (in *Scritti di storia letteraria e politica*, Bd. 18). – Bari 1955 (in *Opere*). – Bari [7]1964.

Übersetzung: *Poesie und Nichtpoesie. Bemerkungen über die europäische Literatur des 19. Jahrhunderts*, J. v. Schlosser, Zürich/Wien/Lpzg. 1925.

Literatur: H. Feist, *B. C. Gestalt u. Werk* (Einleitung zu B. C., *Aesthetik als Wissenschaft vom Ausdruck u. allgemeine Sprachwissenschaft*, Tübingen 1930, S. VII–XLVIII). – K. Vossler, *B. C.s Sprachphilosophie* (in Aus der romanischen Welt, 4, 1942). – M. Fubini, *La critica letteraria* (in *Omaggio a B. C.*, Turin 1953, S. 79–93). – R. Wellek, *B. C.: Literary Critic and Historian* (in CL, 5, 1953, S. 75–82). – I. Viola, *Problemi di critica crociana*, Mailand 1960. – G. N. G. Orsini, *B. C. Philosopher of Art and Literary Critic*, Carbondale/Ill. 1961. – K.-E. Lönne, *B. C. als Kritiker seiner Zeit*, Tübingen 1967, S. 372–387. – M. Puppo, *Il metodo e la critica di B. C.*, Mailand 1964. – R. Scrivano, *B. C. critico letterario e i fondamenti della cultura letteraria del Novecento*, Rom 1968. – B. Brancaforte, *B. c. y su crítica de la literatura española*, Madrid 1972. – *B. C.'s Poetry and Literature*, Hg. G. Gullace, Carbondale/Edwardsville 1981.

## STORIA D'EUROPA NEL SECOLO DECIMONONO

(ital.; *Ü: Geschichte Europas im Neunzehnten Jahrhundert*). Philosophisch-historisches Werk von Benedetto Croce, erschienen 1932. – Croce stellt in seinem Werk die Entfaltung des Liberalismus als bestimmende geistige und politische Kraft des 19. Jh.s in Europa dar. In drei einleitenden Kapiteln bringt er eine grundlegende Interpretation der Freiheit und der wichtigsten ihr entgegenwirkenden Kräfte. Er versteht die Geschichte insgesamt als *»Fortschritt im Bewußtsein der Freiheit«* (Hegel) und sieht so alle früheren Epochen an der Entwicklung beteiligt, die schließlich – zu Anfang des 19. Jh.s – zur Erkenntnis der Versöhnung von Vernunft und Geschichte geführt habe. Die Geschichte wurde erkannt als Werk und Aktualisierung des Geistes, der in ihr seine Freiheit verwirklicht und für den alle Hindernisse nur Anlaß zu neuer Aktivität sind. Die Freiheit wurde nicht nur als das Gesetz des Seins erkannt, sondern auch als beherrschende sittliche Forderung. Sie wurde zum dynamischen Prinzip, in dem ständigen Kampf um ihre immer neuen Realisationen. Ihre Entfaltung vollzog sich anhand der konkreten politischen Forderungen nach Freiheit der Nationen, der Meinungsäußerung, der Parteien, der Wirtschaft u. a. Sie wurde zu einer das 19. Jahrhundert beherrschenden Religion, da sie ein neues Bewußtsein mit einer entsprechenden ethischen Forderung verband. Die Religion der Freiheit nahm alle früheren philosophischen und religiösen Bestrebungen in sich auf, steigerte und läuterte sie.

Als ihr Hauptgegner trat die katholische Kirche auf. Gegen die Ansicht, das irdische Leben sei das einzig maßgebende und müsse deshalb bereichert werden, verteidigte sie ihre Auffassung, nach der das Diesseits allein der Vorbereitung auf das Jenseits zu dienen habe, und wollte die Lebensführung bestimmen. Sie wurde jedoch ebenso überwunden wie auf politischem Gebiet die absolute Monarchie. Der Liberalismus blieb Sieger, obwohl er noch von zwei anderen Gegnern bedroht wurde, von den Demokraten und den Kommunisten. Die Demokraten traten zuweilen als Verbündete des Liberalismus auf, unterschieden sich aber von ihm durch ihr mechanisches Gleichheitsprinzip, das sie statt zur konkreten Verwirklichung der Freiheit zur Diktatur im Namen des Volkes führte. Grundsätzlich war der Liberalismus nicht an den wirtschaftlichen »Liberismus« gebunden und konnte daher mit dem Kommunismus zusammengehen, wenn dieser durch seine Wirtschaftsanalysen Freiheit und Leben förderte. Unversöhnlich lehnte er jedoch die Verabsolutierung der Wirtschaft als Basis jeder anderen Realität ab, da die Wirtschaft ohne ihren lebendigen Zusammenhang mit allen anderen Bereichen des Geistes zur leblosen Materie erstarrt.
Nicht aus Schwäche, sondern aus innerer Überlegenheit räumt der Liberalismus auch seinen Gegnern einen Freiheitsraum ein, solange sie selbst die freiheitliche Ordnung respektieren. Er nimmt ihre Kritik auf, um daran seine Kraft und die Festigkeit seines Glaubens zu bewähren. Erfuhr die Religion der Freiheit in der Philosophie der Romantik ihre spekulative Grundlegung, so entwickelte sich gleichzeitig eine Unsicherheit, die als praktisch-moralischer Romantizismus zu bezeichnen ist. Dieser bestand in seinem Kern aus dem Unvermögen, die Religion der Freiheit voll aufzunehmen, und verabsolutierte in der Hinwendung zur Vergangenheit, zum Volkstum oder zur Kunst Teilerscheinungen der Wirklichkeit in pseudoreligiöser Weise, was zu einer Verkennung der Wirklichkeit als geistiger Einheit der Mannigfaltigkeit führte. Von den skizzierten Grundlinien aus entwickelt Croce die europäische Geschichte des 19. Jh.s als Entfaltung der Religion der Freiheit in ihren geistesgeschichtlichen und politischen Zügen. Er tut dies mit dem expliziten Ziel, sie als auch für seine Gegenwart gültig und verpflichtend zu erweisen. Seine Geschichtsschreibung läßt damit über die stark von HEGEL beeinflußte philosophische Grundkonzeption hinaus den engen Gegenwartsbezug erkennen, der in der bewußten Opposition gegen das Gewaltregime des italienischen Faschismus gegeben war. In der von Croce erstrebten praktischen Ausprägung seiner Konzeption der Identifizierung von Geschichte und Philosophie neigt die *Geschichte Europas* stärker zur philosophisch-allgemeinen als zur historisch-individualisierenden Aussage und weicht damit von anderen seiner Werke ab, in denen bis in den Stil hinein eine lebendigere Durchdringung der beiden Pole seines Denkens geglückt ist. Bei aller berechtigten Wertschätzung, die aus der Begründung einer bürgerlich-liberalen Wirklichkeitsgestaltung resultiert, sind die Schwächen des Werkes bei der Erklärung und Bewältigung autoritärer Gegenkräfte wie Kommunismus und Faschismus nicht zu übersehen. K.E.L.

AUSGABEN: Bari 1932; [10]1961. – Bari [4]1981.

ÜBERSETZUNGEN: *Geschichte Europas im Neunzehnten Jahrhundert*, K. Vossler u. R. Peter, Zürich 1935; [2]1947. – Dass., dies., Stg. 1950. – Dass., dies., Ffm. 1968. – Dass., dies., Ffm. 1979.

LITERATUR: F. Chabod, *C. storico* (in Rivista Storica Italiana 64, 1952, S. 473–530). – A. R. Caponigri, *History and Liberty. The Historical Writings of B. C.*, Ldn. 1955. – W. Mager, *B. C.s literarisches u. politisches Interesse an der Geschichte*, Köln/Graz 1965. – V. E. Alfieri, *B. C. e la religione della libertà*, Pavia 1966. – L. Bergel, *C.'s »Storia d'Europa nel secolo decimonono« and the Concept of ›Americanism‹* (in Rivista di Studi Crociani, 3, 1966, S. 11–26; 188–202). – G. A. Roggerone, *B. C. e la fondazione del concetto di libertà*, Mailand 1966. – R. Franchini, *La teoria della storia di B. C.*, Neapel 1966. – V. Stella, *Il giudizio su C. Momenti per una storia delle interpretazioni*, Pescara 1971.

## TEORIA E STORIA DELLA STORIOGRAFIA

(ital.; *Ü: Theorie und Geschichte der Historiographie*). Geschichtstheoretisches Werk von Benedetto CROCE, erschienen zunächst in deutscher Übersetzung 1915, in der Originalsprache 1917. Das Werk bildet den vierten und letzten Teil der *Filosofia come scienza dello spirito (Philosophie als Wissenschaft des Geistes)*. – Für Croce ist *»die Wirklichkeit ... der sich entwickelnde Geist«*, Geschichte *(res gestae)* bezeichnet er als *»Tun des Geistes«*, d. h. das dialektische Fortschreiten des Geistes auf dem Wege seiner Bewußtwerdung. Geschichtsschreibung *(narratio rerum gestarum) »wird damit zur Erkenntnis des ewig Gegenwärtigen, und damit wird sie vollkommen eins mit der Philosophie, die eben jener Gedanke des ewig Gegenwärtigen ist«*. Eine Scheidung ist nur sekundär möglich, insofern der Philosophie ein bestimmter Aspekt zugeordnet wird: als *»methodologisches Moment der Historiographie«*, d. h. als Theorie der Geschichtsschreibung, die zur Krönung der *Philosophie des Geistes* wird. Croce versteht sich in dieser Position als der Vollender des Hegelschen Ansatzes, durch den der Dualismus von Subjekt und Objekt überwunden wird. HEGEL vermochte diesen Ansatz noch nicht rein durchzuführen, sondern verfiel in der Konstruktion eines das menschliche Geschehen transzendierenden Systems (nämlich der Geschichtsphilosophie) der Abstraktion. Im Gegensatz zur Geschichtsphilosophie betont Croce, daß die Menschen selbst die Vernunft sind und jede Philosophie nur Ausdruck der erreichten Entwicklungsstufe des Geistes ist,

nicht aber sein Endziel: *»Bis hierher ist das Bewußtsein gekommen, sagte Hegel am Ende seiner Vorlesungen über die Philosophie der Geschichte: Doch er hatte nicht das Recht, es zu sagen, denn seine Entwicklung ... ließ keine Fortsetzung zu. Wohl aber dürfen wir es sagen, die wir nunmehr die Abstraktheit des Hegelianismus überwunden haben.«*
Von diesem »konkreten« Idealismus aus fordert Croce, daß *»jede wahre Geschichte Geschichte der Gegenwart ist, insofern sie nur als mein Denken Geschichte wird ... im Gegensatz zur Chronik, die leere Worte aneinanderreiht, ohne sie im Denken nachzuvollziehen«*. Während diese tote Geschichte der Vergangenheit, zu der auch die philologische Geschichte gehört, niemals zur Wahrheit gelangen kann, hat die lebendige Geschichte als Denkakt ihre Objektivität, *»ihre Gewißheit im Vollzug des Denkaktes«* selbst. Daher ist auch das Problem der Auswahl wie das der Wertung (DESCARTES, *Discours* I, 8) im Gedanken der Geschichte prinzipiell gelöst. An dieser Stelle wird offenbar, daß auch der »konkrete« Idealismus Croces abstrakt bleibt und eine Vermittlung zwischen Geschichtsdenken und konkretem Handeln, um die sich italienischer Humanismus wie Marxismus bemüht haben, nicht zu leisten vermag. Geschichte ist für Croce weder gut noch böse: Gut und Böse sind Kategorien des praktischen Denkens, Geschichte aber ist logisches Denken, in dem der Gegensatz zwischen Gut und Böse im Begriff der Entwicklung aufgehoben ist. So erwächst auch bei Croce anstelle des idealistisch überwundenen Gegensatzes von Denken und historischen Fakten – nicht anders als bei Hegel – ein neuer Dualismus zwischen rationalem Denken und praktischem Handeln des Menschen. E.Keß.

AUSGABE: Bari 1917; [8]1963.

ÜBERSETZUNGEN: *Theorie und Geschichte der Historiographie*, E. Pizzo, Tübingen 1915. – *Theorie und Geschichte der Historiographie u. Betrachtungen zur Philosophie der Politik*, ders., bearb. H. Feist u. R. Peters (in *Ges. philos. Schriften*, Hg. H. Feist, 1. R., Bd. 4, Tübingen [2]1930).

LITERATUR: E. Troeltsch, *Der Historismus u. seine Probleme*, Bln. 1924; Nachdr. Aalen 1961. – G. Castellano, *B. C. Il filosofo, il critico, il storico*, Neapel 1924; Bari [2]1936 (dt.: *B. C. Zur Einführung in das Werk des Philosophen, des Kritikers, des Geschichtsschreibers*, Wien 1925). – A. Goffredo, *La storia nella filosofia di B. C.* (in Rivista di Filosofia Neo-Scolastica, 6, 1927). – S. F. Romano, *Il concetto di storia nella filosofia di B. C.*, Palermo 1933. – G. Calogero, *On the So-Called Identity of History and Philosophy* (in *Philosophy and History. Fs. f. E. Cassirer*, Oxford 1936). – G. J. Garraghan, *The Crocean View of History* (in The Modern Schoolman, 16, 1936). – M. Ciardo, *Le quattro epoche dello storicismo: Vico, Kant, Hegel, C.*, Bari 1947. – A. Gramsci, *Il materialismo storico e la filosofia di B. C.*, Turin 1948. – J. Chaix-Ruy, *L'historicisme absolu de B. C.* (in Revue Philosophique, 75, 1950; vgl. Annales de la Fac. des Lettres et Sciences Humaines de Nice, 1, 1967). – H. Speckner, *Geschichte als Gedanke und Tat* (in *Lebendiger Geist. Fs. f. H.-J. Schoeps*, Leiden/Köln 1959). – W. Mager, *B. C.s literarisches u. politisches Interesse an der Geschichte*, Köln 1965. – R. Franchini, *La teoria della storia di B.C.*, Neapel 1966. – H. S. Harris, *What Is Living and What Is Dead in the Philosophy of C.* (in Dialogue, 6, 1967). – V. Vitiello, *Storiografia e storia nel pensiero di B. C.*, Neapel 1968. – L. Valiani, *Fra C. e Omodes: Storia e storiografia nella lotta per la libertà*, Florenz 1984.

## FERNAND CROMMELYNCK

* 19.11.1888 Paris
† 17.3.1970 Saint Germain-en-Laye

LITERATUR ZUM AUTOR:
A. Berger, *A la rencontre de C.*, Lüttich 1946. – G. Féal, *Le théâtre de C.*, Paris 1976. – J. Moulin, *F. C. ou le théâtre du paroxysme*, Brüssel 1978; ern. 1986. – B. L. Knapp, *F. C.*, Boston 1978. – Dies., *C.* (in B. L. K, *French Theatre* 1918–1939, Ldn. 1985, S. 87–97).

### LE COCU MAGNIFIQUE

(frz.; *Ü: Der Hahnrei*). »Drei Akte« von Fernand CROMMELYNCK (Belgien), Uraufführung: Paris, 18. 12. 1920, Théâtre de l'Œuvre (mit R. Camier und Lugné-Poë in den Hauptrollen). – Crommelyncks Dramen sind nicht ohne Bedeutung für das moderne Theater. Er schrieb unter dem Einfluß MAETERLINCKS zunächst rein symbolistische Stükke (z. B. *Le sculpteur de masques*, 1908) und fand später in der Darstellung des flämischen Lebens zu einem eigenen, teils tragikomisch-realistischen, teils symbolistisch überhöhten Stil. *Le cocu magnifique* ist das Drama der übersteigerten Phantasie, der Raserei des Eros und des daraus folgenden Identitätsverlusts. Mittelpunkt und Handlungsmotor einer Tragödie, die zur Farce wird, ist der eifersüchtige Bruno. Dieser bejammernswerte Held leidet an imaginären Konflikten, die alles diesbezüglich Vorstellbare überbieten. Bruno könnte in glücklicher Ehe leben mit seiner Frau Stella, die ihn zärtlich liebt, die er jedoch ohne Grund der Treulosigkeit bezichtigt und mit seinen Halluzinationen verfolgt. Stella versucht ihn immer wieder von ihrer Treue zu überzeugen, doch Bruno, der sich in einer Gewaltkur durch das Wissen, daß sie ihn betrügt, von seinen quälenden Zweifeln befreien will, zwingt sie, sich zunächst seinem Freund Petrus, dann nach und nach allen jungen und alten Männern der Umgebung hinzugeben. Stella nimmt das ungeheuerliche Opfer aus Liebe zu ihrem Mann,

der behauptet, nur auf diese Weise von seinem Wahn geheilt werden zu können, auf sich, doch ohne Erfolg, da er beharrlich überzeugt ist, daß sie ihm den einen, den sie wirklich liebt, verschweigt. Langsam wird Stella unsicher: Das Opfer ist nicht mehr nur Opfer, sondern Vergnügen, und sie fürchtet, daß ihre Liebe zu Bruno nachlassen könnte, fürchtet es besonders, als Bruno selbst sich ihr verkleidet nähert und ihre Liebe als ein anderer gewinnt. Bruno fühlt sich mit sich selbst von ihr betrogen, doch kaum ist er sich sicher, sie nunmehr ertappt zu haben, peinigt ihn wieder der Zweifel, sie könne ihn erkannt – und ihn also doch nicht betrogen haben. Stella, die wie erlöst feststellt, daß der Mann, mit dem sie Bruno betrogen hat, Bruno selber war, beschließt, bei ihm zu bleiben und die vergeblichen Versuche, ihn zu heilen, aufzugeben. Sie schlägt dem nächsten, der sich ihr nähert, dem Ochsenhirten, der sie gegen die Wut des ganzen Dorfes verteidigt hat und nun mit zu sich nehmen will, ins Gesicht. Doch als Bruno, der den Schlag beobachtet hat, auf jenen schießen will, weil er überzeugt ist: *»Also der ist es, also der, der!«*, wirft Stella sich dem Ochsenhirten an den Hals und geht mit ihm fort. Bruno aber ist bereits wieder überzeugt, daß sie ihn nur hereinlegen will und den wahren Schuldigen immer noch vor ihm verbirgt.
Der Autor nannte dieses im Grunde zutiefst melancholische Spiel schlicht »drei Akte«, wohl um anzudeuten, daß diese virtuose, hochpoetische Farce eher als Drama der grotesk-verzweifelten menschlichen Suche nach dem Absoluten denn als eine den männlichen Besitztrieb persiflierende Komödie zu deuten ist. Es ist daher anzunehmen, daß nicht der russische Regisseur Wsewolod Meyerhold, der das Stück 1922 als Satire auf die bourgeoise Liebe und Ehe inszenierte, sondern Federico GARCÍA LORCA, der sich vom *Cocu magnifique* zu seinem tiefsinnigen Spiel über die mit dem Tod erkaufte Identität von altem Ehemann und jungem Rivalen, *Amor de Don Perlimplín con Belisa en su jardín*, 1933 *(In seinem Garten liebt Don Perlimplín Belisa)*, anregen ließ, die tiefere Bedeutung des Werkes von Crommelynck erfaßt hat. KLL

AUSGABEN: Paris 1921. – Paris 1956. – Paris 1967 (in *Théâtre*, 3 Bde., 1).

ÜBERSETZUNG: *Der Hahnrei*, E. Bachrach, Mchn. 1922.

VERFILMUNG: Italien/Frankreich 1964 (Regie: A. Pietrangeli).

LITERATUR: P. Morand, *»Cocu magnifique«* (in NRF, 1. 3. 1921). – F. Mauriac, *Dramaturges »Cocu magnifique«, »Les amants puérils«, »Tripes d'or«* (in Cahiers d'Occident, Nr. 5, 2. Serie, 25. 7. 1928). – G. Marcel, *Le théâtre, la reprise de »Cocu magnifique«* (in Nouvelles Littéraires, Nr. 965, 1946). – G. Féal, *L'âme et le corps dans »Le Cocu magnifique« de C.* (in Revue des Langues vivantes, 38, 1972, S. 604–618). – J. Guérin, *»Le Cocu magnifique«, »Chaud et froid«* (in NRF, 368, Sept. 1983, S. 119–121). – V. Renier, *Es-tu moi? La question du »Cocu magnifique«* (in *Écritures de l'imaginaire*, Hg. M. Olten, Brüssel 1985, S. 69–78).

## JOHANN FRIEDRICH VON CRONEGK

* 2.9.1731 Ansbach
† 1.1.1758 Nürnberg

### CODRUS

Trauerspiel von Johann Friedrich von CRONEGK, postum erschienen 1758. – Die Handlung des Dramas knüpft an die Sage vom Opfertod des athenischen Königs Kodros (lat. Codrus) an. Nach einem Spruch des Orakels von Delphi wird im Krieg der Athener gegen die Dorer dasjenige Volk siegen, dessen König fällt. Codrus ist entschlossen, sein Leben zu opfern. Diese Bereitschaft steht jedoch nicht eigentlich im Mittelpunkt des dramatischen Vorgangs. Mehr und mehr gewinnt eine anfangs unwesentlich erscheinende Nebenhandlung an Bedeutung und wird unversehens fast zur Haupthandlung. Dabei treten vor allem drei Gestalten in den Vordergrund: der irrtümlich zunächst totgeglaubte Medon und Philaide, die einander in Liebe verbunden sind, sowie Medons Mutter Elisinde. In Abwesenheit Medons hat Codrus mit Erfolg um Philaide geworben, verzichtet aber sofort, als er ihre wahren Gefühle entdeckt – und von nun ab besteht das Drama aus einem nahezu ununterbrochenen Wettstreit edler, entsagungsfreudiger Opferbereitschaft. Im dritten Akt sind die Athener Gefangene des dorischen Königs Artander. Er will sie töten lassen. Als er in Medon den Mann erkennt, der ihn in einem Kampf geschont hat, schenkt er nicht nur ihm selbst das Leben, sondern will auch einem von Medon auszuwählenden Mitgefangenen die Freiheit geben. Medon muß sich zwischen seiner Geliebten, seiner Mutter und seinem König entscheiden. Alle suchen einander an Selbstlosigkeit zu übertreffen, schließlich wählt Medon – aus patriotischer Pflicht und dem Rat der Mutter folgend – König Codrus. Dieser jedoch benützt die wiedergewonnene Freiheit, um sich zu opfern. Die anderen drei werden gerettet, das feindliche Heer wird verjagt.
Cronegks Vorbild war der französische Klassizismus, insbesondere CORNEILLE, den er freilich recht steif und schwerfällig nachahmt. Seine Auffassung vom tragischen Helden, seine Überzeugung, daß *»des Codrus Charakter niemand rühren«* dürfe, führte dazu, daß dieser kaum mehr als ein Repräsentant starrer, unerschütterlicher Tugendhaftigkeit ist. In einen gewissen Konflikt zwischen Tugend und persönlichen Gefühlen gerät nur Elisin-

de, die Mutter Medons: »*Wie schwer, wie bitter schwer ist's, den andern standhaft scheinen, / wenn unser Herz der Macht des Schmerzes unterliegt.*« – Das in Alexandrinern geschriebene Drama wurde 1758 als bestes deutsches Trauerspiel mit dem Preis der von Friedrich NICOLAI herausgegebenen »Bibliothek der Schönen Wissenschaften und der freyen Künste« ausgezeichnet. H.L.-W.Cl.

AUSGABEN: Lpzg. 1758 (Bibliothek der Schönen Wissenschaften und der freyen Künste, 2 Bde., 1757/1758; Anhang). – Bln. 1760. – Ansbach 1760 (in *Schriften*, Hg. J. P. Uz, 2 Bde., 1760/1761, 1; m. Aufs. v. Cronegk). – Lpzg./Ansbach 1771 (in *Schriften*, 2 Bde., 1771–1773, 1).

LITERATUR: H. Feuerbach, *Uz und C., zwei fränkische Dichter aus dem vorigen Jh.*, Lpzg. 1866. – J. Minor, *Lessings Jugendfreunde*, Stg./Bln. 1883, S. 123–199 (DNL, 72). – W. Gensel, *J. F. v. C., sein Leben u. seine Schriften*, Diss. Lpzg. 1894. – E. Staiger, *Hortulus amicorum*, Zürich 1949, S. 153–158. – H. Potter, *J. F. v. C.*, Hbg. 1950. – S. Roth, *Die Dramen J. F. C.s*, Diss. Ffm. 1964. – R. K. Angress, *Lessing's Criticism of C.: »Nathan in Ovo?«* (in Lessing Yearbook, 4, Mchn. 1972, S. 27–36). – S. Roth, *J. F. v. C.s Trauerspiel »Codrus«* (in Jb. des Wiener Goethe-Vereins, 77, 1973).

## ARCHIBALD JOSEPH CRONIN

* 19.7.1896 Cardross
† 6.1.1981 Montreux

### THE CITADEL

(engl.; *Ü: Die Zitadelle*). Roman von Archibald Joseph CRONIN, erschienen 1937. – Ausgehend vom Schicksal eines einzelnen, beleuchtet der Roman die Situation der Ärzteschaft im England der zwanziger und der frühen dreißiger Jahre. Die Handlung folgt der Laufbahn Andrew Mansons von seiner ersten Anstellung in einem armen walisischen Bergwerksdistrikt bis zu seiner Tätigkeit als erfolgreicher Londoner Modearzt. Manson ist ein hart arbeitender und begabter Idealist, dessen Integrität und Berufsethos ihn ständig mit inkompetenten und eigennützigen Menschen in Konflikt bringen. In Wales, wo ihm der Mangel an Krankenhäusern und Medikamenten zu schaffen macht, sieht er sich gleichgültigen Behörden und einflußreichen Intriganten gegenüber. Aufgrund seiner hervorragenden medizinischen Abhandlungen erhält er einen Forschungsauftrag im Staatsdienst, wo er sich wiederum mit der Leichtfertigkeit und Indolenz seiner Vorgesetzten auseinanderzusetzen hat. Als er später eine Privatpraxis in einem mondänen Viertel Londons eröffnet, erkennt er, daß viele seiner Kollegen gewissenlose Scharlatane sind, deren Erfolg mehr auf ihre gesellschaftliche Stellung als auf ihr fachliches Können zurückzuführen ist. Mansons mühelose Karriere als Modearzt stellt seinen Idealismus auf eine harte Probe. Es ist eine der Schwächen des Romans, daß dieses moralische Dilemma des Protagonisten im Leser keine echte Anteilnahme erweckt, da seine Rückkehr auf den steinigen Weg, den ihm sein Berufsethos vorschreibt, allzu leicht vorauszusehen ist.

Auf den ersten Blick mag *Die Zitadelle* wie ein sozialkritischer Roman anmuten, und der Vergleich mit Sinclair LEWIS' Arztroman *Arrowsmith* liegt nahe. Wirklich vergleichen läßt sich jedoch nur das Milieu, nicht die literarische Behandlung des Stoffes, die bei Lewis zu einer weit überzeugenderen, satirischen Gesellschaftskritik führte. Seinen sensationellen Erfolg verdankte Cronins Buch zweifellos dem wachsenden Leserinteresse an Romanen aus dem Medizinermilieu, und es muß dem Autor bescheinigt werden, daß er seine eigenen Erfahrungen und Kenntnisse (er praktizierte eine Zeitlang in Wales) geschickt in die Handlung einbaute. Aber seine fatale Vereinfachung der moralischen Probleme und seine in Schwarzweißtechnik gezeichneten Porträts beeinträchtigen den literarischen Wert des Werks erheblich. J.v.Ge.

AUSGABEN: Ldn. 1937. – Ldn. 1963, Hg. N. Wymer. – Leicester 1981.

ÜBERSETZUNG: *Die Zitadelle*, R. Hoffmann, Bln. 1938. – Dass., ders., Wien [5]1962. – Dass., ders., Reinbek 1976 (rororo). – Dass., ders., Mchn. 1981 (Heyne Tb).

LITERATUR: R. Bromley, *The Boundaries of Hegemony: Components of the Middle Way* (in *The Politics of Theory*, Hg. F. Barker u. a., Colchester 1983).

### THE STARS LOOK DOWN

(engl.; *Ü: Die Sterne blicken herab*). Roman von Archibald Joseph CRONIN, erschienen 1935. – Hauptschauplatz des Romans ist das fiktive Städtchen Sleescale (Vorbild: der Bergwerksdistrikt in Südwales, wo Cronin als Armenarzt und medizinischer Grubeninspektor arbeitete), an dessen Beispiel die von sozialem Elend, Streiks, Aussperrungen und politischen Kämpfen bestimmte Situation der englischen Bergarbeiter in der Zeit vom Ersten Weltkrieg bis zum Generalstreik von 1926 vor Augen geführt wird. Richard Barras, Besitzer der Grube »Neptun«, ein an den Hutmacher James Brodie aus Cronins erstem Roman *Hatter's Castle* (1931) erinnernder Familientyrann, verschuldet durch seine Gewissenlosigkeit und Geldgier ein Grubenunglück, bei dem über hundert Arbeiter den Tod finden, und zieht sich dadurch den Haß seines idealistischen, arbeiterfreundlichen Sohnes Arthur zu. Als dieser nach zweijähriger Gefängnishaft wegen

Kriegsdienstverweigerung Rechenschaft von ihm fordert, erleidet Barras einen Schlaganfall. Arthur übernimmt das Bergwerk, kann aber das Vertrauen der Arbeiter nicht gewinnen. Das Mißverhältnis zwischen seinen guten Absichten und seiner fachlichen Inkompetenz führt nach dem Krieg zum finanziellen Ruin der Grube. Eine Kontrastfigur zu Arthur Barras ist der zielstrebige David Fenwick, dessen Vater bei jenem Unglück unter Tage ums Leben kam und der sich nach der Rückkehr aus dem Feld dem Kampf gegen den Kapitalismus verschreibt. Als Labour-Abgeordneter setzt er sich für die Verstaatlichung der Bergwerke ein, stößt aber in seiner eigenen Partei auf Widerstand und fühlt sich und die Arbeiter von ihr verraten. Fenwicks vergeblichem Kampf ist der Aufstieg Joe Gowlans gegenübergestellt, eines einstigen Grubenjungen, der es durch Buchmacherei, Kriegsgewinnlertum, Betrug und Bestechung zum Industriemillionär bringt, Barras' Bergwerke um einen Schleuderpreis erwirbt, für die Konservativen kandidiert und Fenwick sein Mandat abjagt. Dieser arbeitet schließlich als einfacher Bergmann in der Grube »Neptun«, in der sich Arthur Barras inzwischen als Inspektor verdingt hat.

Der geschickten Verknüpfung von individuellen Schicksalen mit den allgemeinen gesellschaftlichen und politischen Problemen jener Krisenjahre, der realistischen, zuweilen etwas melodramatischen Schilderung und der Bemühung um Objektivität verdankt Cronins engagiertester Roman, auf dessen Verwandtschaft mit ZOLAS *Germinal* häufig hingewiesen wurde, seinen starken Publikumserfolg. J.v.Ge.

AUSGABEN: Ldn. 1945. – Ldn. 1956. – Ldn. 1984.

ÜBERSETZUNG: *Die Sterne blicken herab*, R. Hoffmann, 2 Bde., Bln. 1935. – Dass., ders., Bln./Darmstadt 1956. – Dass., ders., Reinbek 1978 (rororo). – Dass., ders., Mchn. 1983.

VERFILMUNG: England 1939 (Regie: C. Reed).

## CHARLES CROS

d.i. Edouard Joachim Corbière

* 1.10.1842 Fabrezan
† 9.8.1888 Paris

### LE COFFRET DE SANTAL

(frz.; *Die Sandelholztruhe*). Gedichtsammlung von Charles CROS, erschienen 1873. – Es ist dies der einzige zu Lebzeiten erschienene Gedichtband des von seinen Freunden Paul VERLAINE, Arthur RIMBAUD und anderen geschätzten Dichters, der jedoch erst nach dem Ersten Weltkrieg größere Beachtung gefunden hat. Aber nicht nur als Dichter wurde er zu seinem Leidwesen verkannt, auch als der Erfinder des Phonographen und der Farbphotographie blieb ihm der Erfolg versagt. Berühmt hingegen war er als Verfasser einiger Monologe, die Coquelin der Jüngere in dem Cabaret *Le Chat Noir* auf Montmartre vortrug.

Seine Muster sind die Romantiker nicht weniger als die Parnassiens, doch mischen sich andere, ältere und modernere Töne ein. Das Repertoire reicht vom Volkslied bis zum hingetuschten Impromptu, vom Gassenhauer bis zum formstrengen Sonett. Cros ist ein Dichter der Boulevards, der Cafés, der Halbwelt, der Boudoirs, der »grünen Stunde« des Absinth. Anderseits bekundet er, wie schon der Titel seines Gedichtbandes erkennen läßt, eine gewisse Vorliebe für den Prunk und Plunder des Orients. Der Gedichtband ist Nina de Villard († 1884), der Freundin mancher Dichter und Maler, gewidmet. Viele Gedichte darin sind einzelnen Frauen zugeeignet: schönen, zu verführerischen Wesen, die Cros gerne mit einem Löwen-, Tiger-, Panther- oder Jaguarweibchen vergleicht. Andere sind nur leichtsinnig, flatterhaft, kokett; doch auch sie (ach leider!) entzückend.

Cros gehört, wie HEINE, wie MUSSET, zur Familie der sentimentalen Dichter, die sich in die Ironie retten: Die auf den Nutzen bedachte Welt ist abscheulich, die Musik der Verse trägt der Wind davon; dennoch gibt es sehr fern, unerreichbar, eine höchste, eine absolute Wahrheit. So bleiben die Erinnerungen an die *»Heures sereines«: »J'ai pénétré bien des mystères ... Viele Geheimnisse habe ich erforscht, Zauberbücher und die Gesetze der Elemente. Die toten Wörter, die strengen Zahlen ließen meine Hoffnungen gelähmt zurück; die Liebe öffnete mir ihre Paradiese, und ihre Pantherkatzen umarmten mich. Immer noch entzieht die Macht der Magie sich meinen Händen. In den Jasmin haben die Disteln ihren Haß gemischt. Ich weine nicht; denn das erträumte Schöne hat, vor dem Grab, mir helle Stunden bereitet.«*

Anklänge, Nachklänge, Variationen sind bei Cros unverkennbar; doch auch Vorklänge auf Jules LAFORGUE, Alfred JARRY, auf Chansonniers wie Aristide BRUANT, Jehan RICTUS. Unverwüstlich bleibt der Monolog über den »sauren Hering« *(Le Hareng saur)*, den ein Mann auf einer Leiter an einem Nagel aufhängt, den er mit einem Hammer in eine Wand geschlagen hat: *»cette histoire, – simple, simple, simple, Pour mettre en fureur les gens – graves, graves, graves, Et amuser les enfants – petits, petits, petits« (»diese simple Geschichte, die ich erfunden habe, um die ernsten Leute zur Wut zu reizen und die kleinen, kleinen, kleinen Kinder zu unterhalten«)*.

Cros ist ein sehr bewußter Verskünstler, er liebt die verschobene Zäsur, das Enjambement, den überraschenden, den nachdrücklichen, den skurrilen Reim; das leicht Verzogene, scharf Gebrochene. Auffällig ist seine Nähe zum Impressionismus; er war mit Manet, mit Degas befreundet. Manet hat auch sein einziges längeres Gedicht, *Le Fleuve (Der Fluß)*, illustriert.

*Le Coffret de Santal* umfaßt in seiner zweiten Ausgabe von 1879 sechs Abteilungen, die jedoch nur eine mehr oder minder äußerliche Ordnung vortäuschen. Eine geschlossene Folge bilden jeweils nur die 20 Sonette und die 15 Zehnzeiler in paarweise gereimten Alexandrinern. Bei diesen *dixains* handelt es sich um mehr oder minder parodistische Miniatur-Genrebilder aus dem Pariser Alltag und dem Kleine-Leute-Milieu der Banlieue, in der Manier François COPPÉES, dessen Erfindung diese Gattung des *dixain réaliste* war. Hier wetteifert Charles Cros mit Paul Verlaine und Nina de Villard, in deren Salon beide Dichter verkehrten. Prosagedichte *(Fantaisies en prose)* beschließen den Band; darunter drei Stücke über Aquatintablätter von Henry Cros, dem Bruder des Dichters. Die beiden letzten Texte, *Die kalte Stunde* und *Müdigkeit*, schlagen ungescheut einen bekenntnishaft persönlichen Ton an; sie ziehen ein melancholisches Fazit.

F.Ke.

AUSGABEN: Paris 1873. – Paris 1879 [erw.]. – Paris 1944 (in *Poèmes et proses*, Hg. H. Parisot). – Paris 1964 (in *Œuvres complètes*, Hg. L. Forestier u. P. Pia). – Paris 1970 (in *Œuvres complètes*, Hg. L. Forestier u. P.-O. Walzer; Pléiade). – Paris 1972, Hg. H. Juin. – Paris 1979.

ÜBERSETZUNG: In *Mädchen aus dem Nachtlokal. Seemanns- und Bordellballaden*, L. Harig, Pforzheim 1974.

LITERATUR: P. Verlaine, *Ch. C.*, Paris 1886. – J. Brenner, *Ch. C.*, Paris 1955. – L. Forestier, *Ch. C., l'homme et l'œuvre*, Paris 1969. – D. Kranz, *Zwischen Tradition u. Moderne. Der Lyriker Ch. C. in seiner Zeit*, Wiesbaden/Ffm. 1970. – L. Forestier, *Ch. C.*, University/Miss. 1976. – E. Dardani, *Ch. C., l'inventeur d'un monde nouveau*, Bologna 1981. – C. Gosselin Schick, *Irony as Auto-Deconstruction. A Look at C.' »Le coffret de santal«* (in *Irony and Satire in French Literature*, Univ. of South Carolina 1987, S. 116–123).

## IAN CROSS

* 6.11.1925 Masterton

### THE GOD BOY

(engl.; *Ein Kind Gottes*). Roman von Ian CROSS (Neuseeland), erschienen 1957. – Der Ich-Erzähler Jimmy Sullivan, ein dreizehnjähriger neuseeländischer Schuljunge, rekapituliert die Familientragödie, die er zwei Jahre zuvor miterlebt hat. Sein Vater, ein Schwächling und Trunkenbold, hat stets die Umwelt für sein Versagen verantwortlich gemacht. Er glaubt, daß das Leben ihm vieles schuldig geblieben ist, und läßt seine Erbitterung darüber an Jimmys Mutter aus. Die ständigen Auseinandersetzungen haben die einst willensstarke Frau an den Rand der Verzweiflung getrieben. In einem Anfall von geistiger Umnachtung tötet sie ihren Mann. Jimmy, der nicht weiß, ob man sie nach der Tat ins Gefängnis oder in eine Heilanstalt gebracht hat, lebt seitdem in der Obhut von Nonnen. Unter dem Eindruck dieser Ereignisse, deren verständnis- und hilfloser Zeuge er war, erlebt der sensible kleine Junge einen seelischen Zusammenbruch. Alles, was seine streng katholische Erziehung ihn über die Gerechtigkeit Gottes gelehrt hat, scheint ihm fragwürdig geworden. Er glaubt, Gott und den Teufel um seine Seele ringen zu sehen, und ergibt sich einmal sogar – in einem Ausbruch kindlicher Gewalttätigkeit – bewußt dem Bösen. Auch später in der Klosterschule, als sein Leben wieder in geordnete Bahnen gelenkt ist, setzt er sich weiter mit Gott auseinander: *»Dann nehme ich's Gott manchmal tagelang übel, daß er mir damals so arg mitgespielt hat. Wenn ich ein großer Sünder gewesen wäre, hätte er's ja tun können. Aber ich war doch nur ein kleiner Junge wie die anderen auch, und ich hab' bestimmt nichts sehr Schlechtes getan. Deswegen hab' ich was gegen Gott. Wo ich doch so klein war, und er – Gott!«*
Unter den zahlreichen neueren Romanen, die allein deswegen, weil sie Probleme Heranwachsender behandeln, unweigerlich mit Jerome D. SALINGERS *The Catcher in the Rye*, 1951 *(Der Fänger im Roggen)*, verglichen werden, ist *The God Boy* einer der wenigen, die den Vergleich rechtfertigen. Der neuseeländische Autor hat das Dilemma seines Jimmy Sullivan in einer Welt, der die Erwachsenen Schaden zugefügt haben und in der er sich ohne die Hilfe der Eltern zurechtfinden muß, auf bewegende Weise nachempfunden. Die Sprache, in der ein Dreizehnjähriger seine Beobachtungen und Reflexionen wiedergibt, zeigt gelegentlich den Einfluß Salingers, doch ist Jimmy selbst kein Abklatsch Holden Caulfields. Sein Problem ist nicht der verlorene Glaube an die Fairneß der Erwachsenen, es ist der erschütterte Glaube an die Fairneß Gottes. – Ähnliches thematisiert Cross auch in den folgenden Romanen *The Backward Sex*, 1960 *(Das zurückgebliebene Geschlecht)* und *After the Anzac Day*, 1961 *(Nach dem Anzac Tag)*: die junge neuseeländische Generation ist irritiert über die fehlenden äußeren wie inneren Werte und gerät mit den überlieferten politischen Klischees und gesellschaftlichen Normen in Konflikt.

J.v.Ge.

AUSGABEN: NY 1957. – Ldn./Toronto 1958. – Christchurch 1972. – Stillwater 1972.

LITERATUR: E. H. McCormick, *New Zealand Literature*, Ldn. 1959, S. 161. – A. L. McLeod, *The Commonwealth Pen. An Introduction to the Literature of the British Commonwealth*, Ithaca 1961, S. 74. – P. Isaac, *Down Main Street with the God Boy* (in New Zealand Bookworld, 21, 1976, S. 6–9). – J. Bertram, *»The God Boy« Again* (in Comment, 1, 1977, S. 27).

## CROTUS RUBEANUS

eig. Johannes Jäger
* um 1480 Dornheim
† um 1545 Halberstadt

### EPISTOLAE OBSCURORUM VIRORUM AD VENERABILEM VIRUM MAGISTRUM ORTVINUM GRATIUM DAVENTRIENSEM

(nlat.; *Dunkelmännerbriefe an den ehrenwerten Magister Ortwin Gratius aus Deventer*). Humanistische Satire gegen die spätscholastische Wissenschaft und Theologie in Form von insgesamt 110 fingierten Briefen an den Magister Ortwin GRATIUS (um 1481–1542) in Köln; der erste Teil (41 Briefe) erschien 1515, eine zweite Auflage mit einem Appendix von sieben Briefen 1516, der zweite Teil (62 Briefe) 1517. Beide Teile kamen ohne Angabe der Verfasser heraus. Heute gilt der erste Teil in der Hauptsache als Werk des Erfurter Humanisten CROTUS RUBEANUS; außer ihm waren Hermann von dem BUSCHE und Ulrich von HUTTEN beteiligt; von letzterem stammen auch die Appendices zum ersten Teil und die meisten Briefe des zweiten Teils.

Im sogenannten Reuchlinschen Streit, der 1511 zwischen Johannes REUCHLIN und den Kölner Theologen über die Judenfrage ausgebrochen war, hatte Reuchlin den Juden gegenüber eine gemäßigte und konziliante Haltung eingenommen. Das führte zu einer scharfen, hauptsächlich literarisch ausgetragenen Fehde, in der die konservative Theologie schließlich obsiegte: 1513 strengte der Kölner Dominikanerprior und Inquisitor Jakob van HOOGSTRAETEN den Prozeß gegen Reuchlin an. 1520 wurde dessen polemische Hauptschrift, der *Augenspiegel*, in Rom verurteilt. Zu seiner persönlichen Rechtfertigung hatte Reuchlin 1514 eine Sammlung an ihn gerichteter, zustimmender Briefe bedeutender Zeitgenossen, die *Epistolae clarorum virorum (Briefe berühmter Männer)*, herausgeben lassen. Die *Dunkelmännerbriefe* nun sind ihr satirisches Gegenstück. Ihre Verfasser waren humanistische Bewunderer Reuchlins. Die fiktiven Briefsteller, allesamt geistig beschränkte Winkeltheologen und -magister, zum Teil mit überaus sprechenden Namen versehen (z. B. Conradus Dollenkopffius, Herbordus Mistladerius, Schlauraff usw.), bekunden ihrem Führer Ortwinus Gratius Beifall und Bewunderung. Ihr von Germanismen strotzendes Latein ist über die Maßen barbarisch. Die Karikatur der spätmittelalterlichen Latinität ist vortrefflich gelungen. Die sachlichen Angriffe richten sich gegen die grobe Unwissenheit und – gelegentlich sehr unflätig – gegen die mangelnde moralische Integrität der Kölner Theologen. Aber auch die kirchliche Lehre wird nicht verschont. Die Briefe wurden deshalb 1517 auf den Index gesetzt. Die Satire war aber zu gut gelungen, als daß ihr Erfolg in humanistischen Kreisen hierdurch hätte beeinträchtigt werden können. LUTHER freilich und ERASMUS verhielten sich eher ablehnend; wie Reuchlin selbst sich zu den *Epistolae* stellte, ist nicht bekannt. Die wenig gelungenen Repliken Ortwins – *Lamentationes obscurorum virorum (Klagen der Verfasser der Dunkelmännerbriefe)* und *Lamentationes novae obscurorum Reuchlinistarum (Neue Klagen der finsteren Anhänger Reuchlins)*, beide 1518 – blieben ohne Erfolg. G.Hü.

AUSGABEN: Hagenau 1515. – Köln 1516. – Köln 1517. – Heidelberg 1924, Hg. A. Bömer [m. Komm.]; Nachdr. Aalen 1978.

ÜBERSETZUNGEN: *Briefe von den Dunkelmännern an Magister Ortwin Gratius aus Deventer*, W. Binder, Stg. 1876. – *Briefe der Dunkelmänner*, ders., Mchn. 1964 [Nachw. P. Amelung]. – *Briefe von Dunkelmännern*, H.-J. Müller, Bln. 1964 [Einl. W. Hecht].

LITERATUR: E. Einert, *Johann Jäger (C. R.) aus Dornheim, ein Jugendfreund Luthers*, Jena 1883. – W. Brecht, *Die Verfasser der »Epistolae obscurorum virorum«*, Straßburg 1904. – A. Bömer, *Ist U. von Hutten am ersten Teil der »Epistolae obscurorum virorum« nicht beteiligt gewesen?* (in *Aufsätze, F. Milkau gewidmet*, Hg. G. Abb, Lpzg. 1921, S. 10–18). – P. Merker, *Der Verfasser des »Eccius dedolatus« und anderer Reformationsdialoge*, Halle 1923. – P. Kalkoff, *Die Crotus-Legende und die deutschen Triaden* (in ARG, 23, 1926, S. 113 ff.). – NDB, 3, S. 424 ff. – K. H. Gerschmann, *›Antiqui – Novi – Moderni‹ in den »Epistolae obscurorum virorum«* (in Archiv für Begriffsgeschichte, 11, 1967, S. 23 ff.).

## GASTÃO CRULS

* 4.5.1888 Rio de Janeiro
† 7.6.1959 Rio de Janeiro

### VERTIGEM

(portug.; *Taumel*). Roman von Gastão CRULS (Brasilien), erschienen 1934. – Vor dem Erscheinen dieses Romans hatte Cruls, Sohn eines nach Brasilien eingewanderten belgischen Naturwissenschaftlers, bereits zwei Novellensammlungen, *Coivara*, 1918 *(Reisig)*, und *Ao embalo da rêde*, 1923 *(Beim Schaukeln der Hängematte)*, einen psychologischen Roman, *Elza e Helena*, 1927 *(Elza und Helena)*, sowie den die Realität auf verblüffend exakte Weise darstellenden Roman *Amazônia misteriosa*, 1925 *(Geheimnisvolles Amazonien)*, veröffentlicht, den Cruls nach intensivster Lektüre der Reiseberichte von Francisco LÓPEZ DE GÓMARA über Charles de la CONDAMNIE bis hin zu Hans STADEN und Alexander von HUMBOLDT verfaßte. Seine fiktive Darstellung konnte er bei zwei Reisen ins Amazonasgebiet, einmal als Militärarzt auf einer der Expeditionen des Marschalls Rondon 1928/1929 nach Brasilisch-Guayana, dem heutigen Amapá, und nochmals 1938 bis in kleinste Details in seinen literarisch-naturwissenschaftlichen Veröffentlichungen *A Amazônia que eu vi*, 1930 *(Amazonien, wie ich es sah)*, und *Hiléia amazônica*, 1944 *(Hyläa des Amazonas)*, bestätigen.

Sein zweiter Roman, ebenfalls ein Werk mit starkem psychologischem Einschlag, ist der Versuch einer Sittenschilderung der Gesellschaft von Rio de Janeiro in den zwanziger und dreißiger Jahren. Hauptfigur, in deren Persönlichkeitsbild auch autobiographische Züge eingegangen sind, ist Doktor Amaral Marcondes, ein tüchtiger, anerkannter, allgemein beliebter Arzt von einfachem, schlichtem Wesen, ohne Ehrgeiz, ohne Eitelkeit und politische Ambitionen, der seit 25 Jahren in harmonischer Ehe mit Dona Alice lebt, der Mutter seiner vier bereits erwachsenen Kinder. Die Seelenruhe des Doktors, der als *»der treueste aller Ehemänner«* von Dona Alice gepriesen, von ihren Freundinnen bewundert wird, und der Frieden des Hauses werden plötzlich erschüttert, als Marcondes Clélia, die Gattin eines Patienten und Nichte seines guten Freundes Braga, kennenlernt. Eine späte, verzehrende Leidenschaft bemächtigt sich seiner, die ihn sein bisheriges Leben, seine Ehe und seine Familie mit neuen, kritischen Augen sehen läßt. Er erkennt, daß seine Kinder ihm fremd sind und daß seine Frau nicht diejenige ist, für die er sie so lange gehalten hat. Zum erstenmal entdeckt er Mängel an ihr: ihre Intoleranz und Kleinlichkeit unter dem Deckmantel heuchlerischer Mildtätigkeit und falscher Religiosität. Die Zerrissenheit der Gefühle, in die diese Erkenntnis ihn stürzt, wird durch die Erkenntnis, daß Clélia nicht ihn, sondern einen Dritten liebt, dramatisch gesteigert und erreicht ihren Höhepunkt, als er von Clélia an das Krankenbett ihres Geliebten gerufen wird. Die Verwirrung, in der er lebt und in der ihm ironischerweise die Rolle des Vermittlers zufällt, der Clélia mit ihrem Gatten wieder aussöhnt, beginnt erst zu weichen, als Dona Alice ernsthaft erkrankt. Diese Krankheit bringt ihn zur Besinnung, knüpft ein neues Band zwischen beiden und läßt den Entschluß in ihm reifen, auf neuer Grundlage neu zu beginnen. Der »Taumel« ist vorbei, Dr. Marcondes hat sich selbst wiedergefunden.

Um die Hauptgestalten dieses Romans hat Gastão Cruls eine Fülle von Nebenfiguren gruppiert, in denen sich die typischen Verhaltensweisen einer bestimmten Gesellschaft zu einer bestimmten Zeit widerspiegeln, beispielsweise der skrupellose Kampf um Macht und gesellschaftliches Ansehen bei Cassio, dem Schwiegersohn des Doktors, der Hang zur Äußerlichkeit und die Abhängigkeit von der Meinung anderer bei Dona Alice, die revolutionären Ideen Jorges, des jüngeren Sohnes, gegen das herrschende Regime. Dies alles erzählt Gastão Cruls in einer einfachen, ungekünstelten, *»modernen, doch nicht modernistischen«* Sprache (Ébion de Lima), in welcher der Dialog wesentlich dazu beiträgt, dem Leser Einblick in das Innenleben der Personen und ihre Probleme zu gewähren. V.M.P.

AUSGABEN: Rio 1934; [2]1937. – Rio 1958 (in *Quatro romances*).

LITERATUR: A. Pereira, *Espelho da família burguesa* (in A. P., *Interpretações*, Rio 1944, S. 145–151). – O. Montenegro, *O romance brasileiro*, Rio [2]1953, S. 295–299. – Carpeaux, S. 337 f. – Coutinho, 5, S. 222 f.

## RAMÓN DE LA CRUZ CANO Y OLMEDILLA

* 28.3.1731 Madrid
† 5.3.1794 Madrid

LITERATUR ZUM AUTOR:
E. Cotarelo y Mori, *Don R. de la C. y sus obras. Ensayo biográfico y bibliográfico*, Madrid 1899. – B. Pérez Galdós, *Don R. de la C.* (in Memorandum, 1906, S. 145–225). – J. Vega, *Don R. de la C., poeta de Madrid*, Madrid 1945. – J. Moore, *R. de la C.*, NY 1972 (TWAS). – A. V. Ebersole, *Los sainetes de R. de la C.: nuevo examen*, Valencia 1984. – M. E. Hart, *The Image of Women in the Sainetes of R. de la C.*, Diss. Univ. of Maryland 1985 (vgl. Diss. Abstracts, 47, 1986, S. 1347A).

### EL MANOLO. Tragedia para reír, o Sainete para llorar

(span.; *Der Manolo. Tragödie zum Lachen oder Posse zum Weinen*). Posse von Ramón de la CRUZ CANO Y OLMEDILLA, Uraufführung: Madrid 1769; erschienen 1784. – Dies ist eines der besten jener *»kleinen heiteren Stücke«* (Giese), in denen der »Meister des *sainete*« das Leben in dem volkstümlichen Madrider Viertel Lavapiés schildert und gleichzeitig die klassizistische Tragödie verspottet, zu der er sich zu Beginn seiner Laufbahn, als er Tragödien und Komödien im französischen Geschmack verfaßte, selbst bekannt hatte. Wie in allen *sainetes* – der spanischen Form des Volksstücks, das zur Gattung entwickelt zu haben das eigentliche Verdienst Ramón de la Cruz' ist – treten hier keine Einzelpersonen, sondern Volkstypen auf, die statt Eigennamen mehr oder minder bezeichnende Spitznamen haben. Der des Titelhelden ist nichts anderes als die gängige Bezeichnung für den dreisten, angeberischen Madrider Burschen, der den Mund voll nimmt und sich häufig »etwas außerhalb der Legalität« bewegt. Der Manolo dieses

Stücks kommt nach Verbüßung einer zehnjährigen Zuchthausstrafe in Ceuta nach Madrid zurück und findet manches verändert. Seine Mutter Chiripa (»Glücklicher Zufall«) hat den Kneipwirt Matute (»Schmuggelware«) geheiratet, seine Geliebte, die Potajera (»Eintopfköchin«), hat sich inzwischen mit Mediodiente (»Halbzahn«) getröstet, der nebenbei zärtliche Beziehungen zu Remilgada (»Zierpuppe«) unterhält, die nunmehr Manolo heiraten soll. Doch die Potajera fordert diesen unter Berufung auf ein früheres Eheversprechen für sich. Als Manolo sich weigert, *»das Gesetz der Ehre«* zu befolgen, erliegt er einem Messerstich Mediodientes, und nun sterben auf offener Szene nacheinander seine Mutter, Matute und die Remilgada; nur die Potajera kann sich davonmachen, um in ihrem Bett eines würdigeren Todes zu sterben.

Ramón de la Cruz, der etwa 540 *sainetes* über Typen und Sitten des niederen Volkes von Madrid verfaßt hat, erreicht in *El Manolo* den parodistischen Effekt, indem er seine Figuren im feierlichen Elfsilber des klassizistischen Dramas pathetisch von Ehre, Schicksal und Heldentum sprechen läßt. Durch den Kontrast zwischen dem erhabenen Pathos des Ausdrucks und der Banalität des Gegenstands, zwischen geschraubten und saftig-derben Wendungen wird hier eine Komik erzielt, deren Hauptanliegen die Verspottung der damaligen Tragödie ist.

Ramón de la Cruz hat unter dem Titel *El Manolo, tragedia burlesca. Segunda parte (Der Manolo. Burleske Tragödie. Zweiter Teil)* eine Fortsetzung zu diesem Stück geschrieben, in der er das Ehrenduell- und Blutrachemotiv der Tragödie parodiert. Juan Pateta (»Hans der Deibel«), der Sohn des ermordeten Manolo, fordert Halbzahns Sohn, Media Muela (»Halbmahlzahn«), zum Duell, wird aber hinterrücks von seinem Rivalen erdolcht. Um einiges geistvoller und witziger als der erste Teil und von strafferem Aufbau, enthält diese Fortsetzung eine köstliche Passage, in der Juan Pateta den berühmten Hamlet-Monolog parodiert. A.F.R.

AUSGABEN: Cádiz 1784. – Madrid 1787 (in *Teatro o Colección de los saynetes y demás obras dramáticas*, 10 Bde., 4). – Madrid 1791 (*El Manolo*; Tl. 2). – Valencia 1822 (dass.). – Madrid 1928 (in *Sainetes*, Hg. E. Cotarelo, 2 Bde., 1915–1928; 2; NBAE). – Madrid 1964 (in *Sainetes*, Hg. F. C. Sáinz de Robles; m. Einl). – Madrid 1986 (in *Sainetes I*, Hg. u. Einl. J. Dowling; Castalia).

LITERATUR: J. F. Gatti, *A Study of Spanish Manners 1750–1800 from the Plays of R. de la C.*, Illinois 1926. – A. García, *Los sainetes de Don R. de la C.* (in Religion y Cultura, 14, 1931, S. 69–87). – F. Palau Casamitjana, *R. de la C. u. der französische Kultureinfluß im Spanien des 19. Jh.s*, Bonn 1935. – *Censura anónima*, Hg. J. Simón Díaz (in Revista de Bibliografia Nacional, 5, 1944, S. 470). – J. F. Gatti, *Las fuentes literarias de los sainetes de R. de la C.* (in Filología, 1, 1949, S. 59–74).

## LA PETRA Y LA JUANA

(span.; *Petra und Juana*). Posse in einem Akt von Ramón de la CRUZ CANO Y OLMEDILLA, Uraufführung: Madrid 1791. – Die etwa 450 Stücke dieses Autors, von denen etwa 300 erhalten sind, bilden als Ganzes eine Art »menschliche Komödie« mit dem Schauplatz Madrid in der zweiten Hälfte des 18. Jh.s. *Petra und Juana* spielt im Innenhof eines Mietshauses, an dem die Eingangstüren zu elf Wohnungen liegen. Bunt ist das Treiben auf diesem Hof: Hier begegnen sich die zahlreichen Mieter, tauschen Neuigkeiten aus, zanken sich oder unterhalten sich von Fenster zu Fenster, klatschen heimlich miteinander oder verabreden sich für den Abend. Eine Art ruhenden Pol bilden der Schneider Jorge und seine schwangere Frau, neugierig auf jeden Klatsch, aber auch hilfreich und Frieden stiftend, wenn es not tut. Im Mittelpunkt des Stücks stehen, eifersüchtig einander belauernd, die beiden jungen Mädchen Petra und Juana. Während die brave Petra von Moreno umworben wird, für den sie sich jedoch nicht recht entscheiden kann, treibt Juana es recht leichtsinnig mit den Männern. Von einem Fahnenjunker läßt sie sich zum Spaziergang einladen, der junge Hauswirt will sie zur Ehefrau haben, doch hat sie schon einem anderen Kavalier die Ehe, einem vierten ewige Freundschaft versprochen. Als der Hauswirt dahinter kommt, ist es mit seinen Heiratsabsichten vorbei. Froh, vor einem so leichtfertigen Mädchen bewahrt geblieben zu sein, verteilt er seine für die Hochzeit bestimmten Ersparnisse unter die Mieter, die aus Armut ihre Meisterprüfung nicht machen konnten, und veranstaltet für alle Hausbewohner ein großes Fest.

In diesem anspruchslosen, aus der letzten Schaffensperiode des Dichters stammenden Stück hat der »Meister des *sainete*« (vgl. *El Manolo*) die besonderen Eigenschaften seiner Kunst zur Vollendung geführt: Harmlos-lustig, oberflächlich in der auf Sittenschilderung beschränkten Satire, witzig und voll geistreicher Anspielungen in der Sprache, zeichnet er in humorvoll gestalteten, aus innerer Notwendigkeit sich entwickelnden Szenen ein farbiges Bild, in dem er die ärmliche Atmosphäre der volkstümlichen Wohnviertel von Madrid ebenso vergegenwärtigt wie die Leiden, Freuden und Alltagssorgen ihrer Bewohner. Der Grundsatz des Dichters *»Die Wahrheit diktiert; ich schreibe«* gilt auch für dieses Stück. Allerdings kommt durch die Gestalt des edlen Hauswirts auch eine romantisch-irreale Note hinzu. Dies sowie Musikeinlagen und eingestreute *seguidillas, letrillas* und andere volkstümliche Verse und Lieder stempeln das Werk zu einem Vorläufer des *género chico*, der »kleinen Gattung«, als deren erster Vertreter Tomás LUCEÑO (*Cuadros al fresco*, 1870 – *Bilder unter freiem Himmel*) und als deren Vollender Ricardo de la VEGA (vgl. *La verbena de la paloma*) gilt. A.F.R.

AUSGABEN: Madrid 1791 (in *Teatro, ó coleccion de los saynetes*, Bd. 10). – Madrid 1843 (in *Colección de sainetes*, Hg. A. Durán). – Boston u. a. 1926 (in

*Five sainetes*, Hg. C. E. Kany; m. Einl.). – Madrid 1943 (in *Teatro español*, Hg. F. C. Sáinz de Robles, Bd. 5). – Madrid 1948 (in *Sainetes*).

Literatur: A. Hamilton, *A Study of Spanish Manners 1750–1800. From the Plays of R. de la C.*, Urbana/Ill. 1926. – J. Deleito y Pinuela, *Origen y apogeo del género chico*, Madrid 1949. – M. Herrero García, *Madrid en el teatro*, Madrid 1963.

## Mihály Csokonai-Vitéz

* 17.11.1773 Debrecen
† 28.1.1805 Debrecen

Literatur zum Autor:
*Bibliographien:*
*Cs. V. M Bibliográfia 1945–1954*, Budapest 1955. – I. Mitru, *Cs. V. M. Bibliográfia*, Budapest 1973.
*Gesamtdarstellungen und Studien:*
J. Horváth, *Cs.*, Budapest 1936. – E. Sinkó, *Cs. életműve*, Novi Sad 1965. – J. Szauder, *Il rococo all'italiana di Cs.* (in *Italian ed Ungheria*, Budapest 1967, S. 227–238). – L. Bertók, *Igy élt Cs. V. M.*, Budapest 1973. – D. Baróti, *Cs. et la litterature mondiale*, Budapest 1974. – B. Vargha, *Cs. V. M. alkotása és vallomásai tükrében*, Budapest 1974. – K. Bárczy, *Popular tendency in the Works of Cs. and Burns*, Debrecen 1975. – I. Fried, *Cs., der osteuropäische Dichter* (in Studia Slavica, 21, 1975, S. 160–166). – V. Julow, *Cs. V. M.*, Budapest 1975. – G. Juhász, *Cs.-tanulmányok*, Budapest 1977. – I. Fenyö, *Cs. megítéltetésének történétéhez* (in I. F., *Magyarság és emberi egyetemesség*, Budapest 1979, S. 350–357). – A. B. Katona, *M. V. Cs.*, Boston 1980 (TWAS).

**DAS LYRISCHE WERK** (ung.) von Mihály Csokonai-Vitéz.
Das Werk dieses bedeutendsten Lyrikers der ungarischen Aufklärung vereinigt in sich die unterschiedlichsten literarischen Strömungen des 18. Jh.s. In manchen, eher volkstümlichen Liedern mit ländlich-derber Sprache nimmt Csokonai bereits Tendenzen der nationalen Romantik (Petőfi) vorweg. Sein Schaffen umfaßt nahezu alle Arten der Lyrik sowie die verschiedenen Gattungen der Versepik. Primär um seinen eigenen Werken zum Erscheinen zu verhelfen, versuchte sich Csokonai auch als Herausgeber einer Zeitschrift bzw. Zeitung. Unter seinen Übersetzungen sind die Übertragungen von Ewald von Kleist und Holbach als die gelungensten zu erwähnen.
Zu Csokonais Lebzeiten wurde seine Dichtung häufig scharf kritisiert und fand auch beim Publikum nur schwer Aufnahme. Während seiner kurzen Laufbahn wurde er mehrfach ungerecht angegriffen und kaum anerkannt. Obwohl die Zeitgenossen die Kraft seiner Persönlichkeit, seine Besonderheit wohl erkannten, empfanden sie seine Gedichte als unangemessen »salopp«, stellenweise sogar als anstößig. Nach Csokonais Tod versuchte die literarische Autorität des Zeitalters, Ferenc Kazinczy sogar die »Fehler« der Csokonaischen Dichtungen »auszubessern«. Angemessene Würdigung fand Csokonai erst bei der Nachwelt, insbesondere bei Petőfi und Ady. Heute gilt er als einer der größten ungarischen Dichter.
Csokonai begann sehr jung zu schreiben; schon im Alter von zwölf Jahren verfaßte er Gedichte, die dem literarischen Niveau seiner Zeit vollkommen entsprachen. Die erste Fassung eines seiner berühmtesten Gedichte mit dem Titel *Der Abend (Az estve)* datiert aus diesen frühen Jahren. Naturbeschreibung und Charakterzeichnung der für das Zeitalter typischen Studentendichtung bereichert Csokonai mit individuellen Beobachtungen und liedhaften Formen. Als Schüler des berühmten reformierten Kollegiums in Debrecen lernt er früh Italienisch, Französisch, Deutsch, Griechisch und Latein. Aus der Tradition der Debrecener Studentendichtung heraus, die alte Überlieferungen der Kunst- und Volksdichtung in sich vereinigte, entfaltet sich Csokonais Lyrik noch zu seiner Kollegiumszeit, und studentisches Vagantentum bleibt für diesen Lyriker ein durchgängiges Charakteristikum. Die Auswirkungen der Französischen Revolution und die Entstehung einer Jakobinerbewegung in Ungarn veranlassen Csokonai dazu, offen die Ideen der Aufklärung zu vertreten. Eines der schönsten Gedichte aus dieser Periode, *Ungarn! Der Tag bricht an (Magyar! Hajnal hasad)*, begrüßt voll Freude die anstehenden gesellschaftlichen Veränderungen. Gleichzeitig liefert Csokonai bereits 1790 in der Tierfabel *Die Eule und der Reiher (Bagoly és kócsag)* eine glänzende Parodie des naiven, oberflächlichen Patriotismus des ungarischen Adels bzw. bringt in dem Lustspiel *Der Kampf der Frösche und der Mäuse (Békaegérharc)* seine Enttäuschung über den adeligen Widerstand zum Ausdruck. In den satirischen Gedichten *Mein knauseriger Herr, Beschreibung eines Geizigen (Zsugori uram, Egy fösvénynek leírása)* schont er auch die widersprüchliche Haltung des Bürgertums nicht. Csokonai lernte in diesen Jahren die Werke von Tasso, Guarini, Gessner und Büchner kennen und studierte die Großen der französischen Aufklärung: Rousseau, Voltaire und Diderot. Einflüsse ihres Denkens sind in dem 1790 verfaßten Gedicht *Konstantinopel (Konstacinápoly)* ebenso spürbar wie in der endgültigen Fassung von *Der Abend*, die aus demselben Jahr stammt. In diesen vielleicht schönsten Versen der ungarischen Aufklärung, die deutlich an Rousseau erinnern, ist Naturbeschreibung mit sensibler Charakterisierung und Kritik der zeitgenössischen Gesellschaft Ungarns verknüpft. Zusammen mit dem Gedicht *Der Schlaf (Az álom)* zählen sie bis heute zu den wesentlichsten Werken der philosophischen Lyrik Ungarns.

Die Stilrichtung des Rokoko einschließlich deren volkstümlicher Variante durchziehen das gesamte Werk Csokonais, das im Inhalt jedoch von der betonten Geziertheit des europäischen Rokoko abweicht. Die ausgeprägte Ornamentik, Mythologie und besondere Formgebung der Gedichte *An den verliebten Helden, Amynt und Lyra (A szerelmes vitézhez, Amynt és Lyra)* u. a. zeigen eindeutig die Stilmerkmale des Rokoko. Die für Csokonai charakteristische Intention der Volksbildung und der Allgemeinverständlichkeit weist jedoch bereits darüber hinaus und bereichert seine Dichtung mit volkstümlichen, satirischen Elementen. Zu dieser Zeit schreibt er sein Theaterstück *Tempefői, oder verrückt, wer in Ungarn Dichter werden will (A méla Tempefői vagy az is bolond, aki poétává lesz Magyarországon)*, in dem er die Bildungsverhältnisse seines Landes scharf kritisiert und seine eigene aussichtslose materielle Situation ironisiert.
Diese verschärft sich im Jahr 1795 zur Existenzkrise, als die Führer der ungarischen Jakobinerbewegung hingerichtet werden, sich das politische Klima verhärtet und dem demokratisch gesinnten, liberal denkenden Dichter nahegelegt wird, das Debrecener Kollegium zu verlassen. Vermutlich hatte Csokonai Kenntnis von der Jakobinerorganisation, war jedoch nicht in engerer Beziehung zu der Bewegung gestanden, obwohl seine Prinzipien und Ideale – dank des Briefwechsels mit KAZINCZY und der Freundschaft zu seinem Dichter-Mentor János FÖLDI – denen der Jakobiner nicht unähnlich waren. Nun beginnt seine später legendär gewordene, lebenslange Wanderschaft: Immer auf der Suche nach einer Stellung und einem Mäzen, durchstreift er nahezu das ganze Land. Zunächst geht er nach Sárospatak, dann nach Pest, schließlich nach Pozsony (Bratislava/Preßburg). Auch dort bleibt ihm der Erfolg versagt. Seine Zeitschrift ›Ungarische Muse des Ständetags‹ (›Diétai magyar muzsa‹) erweist sich mit elf Nummern als recht kurzlebig. 1979 kommt er nach Kómárom (Komarno), versucht auch hier ein Journal zu gründen. Wesentlich wichtiger jedoch, lernt er hier die Tochter eines reichen Kaufmanns, Julianna Vajda, kennen, an die er seine berühmt gewordenen *Lilla-Lieder* richtet.
Die ungarische Liebeslyrik erreicht mit dem *Lilla*-Zyklus eine Stufe neuartiger Schönheit und Geschlossenheit. Csokonais Verse sind von außerordentlicher Musikalität. Der natürliche Ausdruck der Empfindung verbindet sich in diesem Zyklus harmonisch mit dem Rokokostil und klassizistischen Elementen. Die Hoffnung auf das nahe Glück läßt spielerische Motive anklingen (*Az esküvés – Der Schwur*; *A békekötésre – Auf den Friedensschluß*) und häufig auch verfeinerte, stellenweise schon manieristische Erotik (*Lillám szácskája – Meiner Lilla Mündchen*). Freudige Erregung und übersteigerte Erwartung werden bald von der resignierten, ernsteren Stimmung der rasch erfolgten Enttäuschung abgelöst *(Siralom - Klagelied, Még egyszer Lillához – Noch einmal an Lilla)*. Die anspruchsvollste und zugleich schmerzlichste Äußerung unerfüllter Liebe ist das berühmte Gedicht *An die Hoffnung (A reményhez)*, mit den Anfangszeilen: *»Mit den Irdischen spielende / himmlische Erscheinung / vermeintliche Gottheit Du / o trügerischblinde Hoffnung.«* Bei Csokonai verbindet sich transzendentale Sehnsucht mit deistischer Anschauung: Das Gedicht ist als Ganzes auch eine Allegorie der Natur.
1799 schreibt er das Lustspiel *Dorothea oder Der Triumph der Damen auf dem Fasching (Dorottya, vagy is a dámák diadalma a farsangon)*. In seiner Liebe zu Lilla enttäuscht, geißelt der Dichter hier die Eitelkeit der Frauen, ihre *»ewig Männer erobernde Schmeichelei«*. Dieses Werk enthält bereits volkstümliche Elemente, wie sie in der Dichtung der Zeit noch völlig ungewohnt waren. Csokonais Neigung zur Volksdichtung zeigt sich auch in seinen Gedichten *Bauernlied; Arme Zsuzsi beim Abbruch des Lagers* und *Liebeslied an eine fellbezogene Feldflasche (Parsztdal; Szegény Zsuzsi a táborozáskor; Szerelemdal a csikósbőrű kulacshoz)*. Zur gleichen Zeit entstehen außerdem die Burleske *Die Witwe Karnyó und die zwei Windbeutel (Az özvegy Narnyóné és a két szeleburdiák)* und die Komödie *Kultur oder Pausbacken (Cultura vagy Pofók)*.
In seinen letzten Lebensjahren zieht sich Csokonai mehr und mehr zurück. Kleinere Dichtungen gibt er unter dem Titel *Anakreontische Lieder (Anakreoni dalok)* heraus, gleichzeitig arbeitet er an einem umfangreichen, anspruchsvollen Nationalepos *(Arpad oder Die Seßhaftwerdung der Magyaren – Árpád vagy a magyarok megtelepedése)* und bringt einige bedeutendere Oden in die endgültige Fassung *(An den Wind – A szélhez, Über dem Grab D. Földis – D. Földi sírhalma fölött)*. Über seinen zunehmend schlechter werdenden Gesundheitszustand berichtet das Gedicht *Meine Lungenentzündung (A tüdőgyulladásomról)*. Die naturalistische Präzision, der außerordentlich reiche Wortschatz, das hohe literarische Niveau und die für die Zeit ungewöhnliche Offenheit machen es zu einer besonders wichtigen Schöpfung Csokonais. Gipfel und Abschluß seines Lebenswerks bildet das philosophische Gedicht *Über die Unsterblichkeit der Seele*, 1804 *(Halotti versek – A lélek halhatatlanságáról)*, in dem Csokonai noch einmal die Leitgedanken seiner Dichtung zusammenfaßt.
Die Lyrik Mihály Csokonai-Vitéz' bildet den Höhepunkt der ungarischen Aufklärung, da in seinem Werk – unter Wahrung der ungarischen Spezifika – alle ideellen und stilistischen Strömungen – vom Rokoko bis zum Klassizismus –, die für das Zeitalter bestimmend waren, europäisches Niveau erreichen. Seine Persönlichkeit, vielseitige Bildung, spezielle dichterische Attitüde inspirierte die besten schöpferischen Geister der Nachwelt. Petőfi galt er als Leitbild, Endre Ady wiederum betrachtete Csokonais Werk als seine wichtigste Lektüre. Csokonai hat die literarische und intellektuelle Tradition Ungarns bis heute nachhaltig mitgeprägt. A.P.

AUSGABEN: *Poétai munkái*, Bécs 1813, 4 Bde. – *Minden munkái*, Pest 1844. – *Összes versei*, Budapest 1956, Hg. B. Vargha, 2 Bde. – *A Reményhez /*

*válogatott versek*, Budapest 1972. – *Minden munkája*, Budapest 1973. – *Válogatott versei*, Budapest 1974. – *Összes művei*, Budapest 1975.

Übersetzungen: in *Magyarische Gedichte*, J. Graf Mailáth, Stg. 1825. – in *Blumenlese aus ungrischen Dichtern*, G. Graf Mailáth u. a., Pest 1828. – in *Album hundert ungrischer Dichter*, E. M. Kertbeny u. a., Dresden 1854. – In *Ungarischer Dichterwald*, Stg./Lpzg. 1897. – in *Ungarische Dichtungen aus fünf Jahrhunderten*, A. Bostroem u. a., Hg. St. Hermlin u. Gy. M. Vajda, Bln./DDR 1970. – in *Wie könnte ich dich nennen?: ungarische Liebesgedichte aus alter und neuer Zeit*, dies., Hg. G. Engl u. I. Kerekgyarto, Budapest 1971.

Vertonungen: von Gy. Kósa, Gy. Dávid, F. Farkas, I. Kardos, Z. Kodály, J. Kossovits, M. Pászti, T. Polgár, B. Reinitz, R. Sugár, M. Turay.

Literatur: P. Gyulai, *Cs. V. M. élete és munkái*, Budapest 1887. – Z. Ferenczi, *Cs.*, Budapest 1907. – P. Erzsébet, *M. Cs. et la littérature française*, Szeged 1933. – E. Barát, *Cs. V. M.*, Budapest 1946. – B. Vargha, *Cs. V. M.*, Budapest 1952. – J. Reményi, *M. Cs. V.*, Washington 1955. – M. Domby, *Cs. élete*, Budapest 1955. – K. Csathó, *Földiekkel játszó égi tünemény*, Budapest 1958. – F. Szilágyi, *Cs. művei nyomában*, Budapest 1981. – Vgl. auch *Literatur zum Autor*.

## DOROTTYA VAGYIS A DÁMÁK DIADALA A FARSANGON. Furcsa vitézi versezet

(ung.; *Dorothea oder Der Triumph der Damen im Fasching. Seltsame Heldendichtung*). Komisches Epos in vier Gesängen von Mihály Csokonai-Vitéz, erschienen 1804. – In der Vorrede handelt der Autor das Wesen des komischen Epos ab und betont, seine Absicht sei, nicht zu ironisieren, sondern lediglich zu belustigen. Vorbild seines im Stil der großen klassischen Epen gestalteten Werks war Popes *The Rape of the Lock (Der Lockenraub)*. Gott Karneval kommt auf einen Ball und erzürnt die Damenwelt durch seine Mitteilung, daß diesmal im Fasching nur wenige Mädchen heiraten könnten. Die unverheiratete fünfundsechzigjährige Dorothea und die schon fünfmal verehelichte, aber immer noch heiratslustige Witwe Ursula lassen sich daraufhin von der Göttin Eris überreden, die Mädchen und Frauen aufzuwiegeln. Es kommt fast zum offenen Kampf zwischen Damen- und Herrenwelt. Da greift Opor, der Anführer der Gegenseite, zu einer List, indem er seine Heiratsabsicht kundtut. Nun ist an Streit nicht mehr zu denken, denn jede möchte die Auserwählte sein. Venus erscheint und versöhnt die Gegner endgültig. Dorothea verleiht sie neue Jugendschönheit und läßt sie in den Armen Opors ein spätes Glück finden. – Csokonai vermied eine Anhäufung von mythologischen Episoden, wie sie für Pope kennzeichnend ist, erreichte aber nicht dessen poetische Differenzierung. Durch Gegenüberstellungen verschiedener adliger Frauentypen gelang ihm eine unschuldig-lustige Verulkung der Frauen von höherem Stand. E.K.-KLL

Ausgaben: Großwardein-Waitzen 1804. – Budapest 1922 (in *Összes művei*, 3 Bde., Hg. I. Harsányi u. S. Gulyás). – Budapest 1923 [bibliophile Ausg.]. – Budapest 1956 (in *Összes versei*, Hg. B. Vargha, 2 Bde.). – Budapest 1973 (in *Minden munkája*, Bd. 2; [3]1981). – Budapest 1978 (in *Szinművek*). – Budapest 1980.

Übersetzung: *Dorothea*, anon. (in Wiener Literaturzeitung, 1914; unvollst.)

Literatur: D. Baráti, *C. »Dorottyája«* (in Irodalomtörténeti Közlemények, 1953). – J. Pukánszkyné-Kádár, *A drámaíró Cs.*, Budapest 1956. – Gy. Takáts, *A 150 éves Dorottya* (in Gy. T., *Képek és versek*, Kaposvár 1961, S. 39–47). – D. Baróti, *Cs. »Dorottyá«-ja* (in D. B., *Írók, érzelmek, stílusók*, Budapest 1971, S. 204–240). – T. Bécsy, *A drámaelmélet és dramaturgia Cs. müveiben*, Budapest 1980. – F. Szilágyi, *Cs. müvei nyomában*, Budapest 1981.

## LILLA

(ung.; *Lilla*). Gedichtzyklus von Mihály Csokonai-Vitéz, entstanden 1793–1802, erschienen 1805. – Im April des Jahres 1797 begegnete Csokonai in Komárom der Kaufmannstochter Julianna Vajda; die Liebe des Dichters zerbrach nach kurzer Zeit am Widerstand von Juliannas Vater gegen den mittellosen Bohemien und an seiner eigenen Unfähigkeit, sein unstetes Wanderleben um der Geliebten willen aufzugeben. An der Aufrichtigkeit der Gefühle Csokonais ist jedoch kaum zu zweifeln, da er noch Jahre nach der Trennung dem Andenken Lillas immer wieder Verse widmete und, als der Zyklus 1802 zum Druck vorbereitet wurde, auch viele vor dem Lilla-Erlebnis verfaßte Gedichte ergänzte und umschrieb, um sie in die Sammlung aufnehmen zu können.

Abgesehen von Kisfaludys *Himfy Szerelmei (Himfys Lieben)*, gab es in Ungarn zu diesem Zeitpunkt keine Liebesdichtung, die sich mit dem *Lilla*-Zyklus hätte messen können. Die literarisch weniger wertvollen *Himfy*-Lieder, die 1801 erschienen waren, hatten die *Lilla* lange Zeit in den Schatten gestellt, bis endlich das Verdienst Csokonais erkannt wurde. Während Kisfaludy die völlige Gleichförmigkeit seiner – Petrarcas Sonetten nachgebildeten – Strophen kennzeichnet, überrascht Csokonai durch den sicheren Gebrauch äußerst vielfältiger Formen. In manchen späten Gedichten des Zyklus findet sich bereits der volksliedhafte Ton der Romantik. Waren die schablonenhaften Gefühle Himfys ganz den gesellschaftlichen Konventionen angepaßt, wobei die Natur bloß als Kulisse diente, so verleiht Csokonai unprätentiös einem unmittelbaren Natur- und Liebeserleben Ausdruck. Der moralische Anspruch, mit Liebes-

dichtung Gefühlsmuster für kommende Generationen schaffen zu wollen, fehlt bei Csokonai völlig.
Die während der Zeit seiner Beziehung zu Lilla entstandenen Verse wie *Az alvó Lilla felett (An die schlafende Lilla)* oder *Búcsúvétel (Abschied)* sind fast ausschließlich Schilderungen konkreter Gefühle und Situationen. Erst in den Gedichten, die aus der Zeit nach der Trennung und der damit verbundenen Enttäuschung datieren, wird die Erinnerung an die verlorene Geliebte zum Ausgangspunkt philosophischer – von der französischen Aufklärung, besonders ROUSSEAU, beeinflußter – Reflexionen, z. B. über das Phänomen der Zeit in *Uj esztendei gondolatok (Gedanken zum Neujahr)*, und Naturbetrachtungen wie in *A pillangóhoz (An einen Schmetterling)* und *A tihanyi echóhoz (An das Echo von Tihany)*. – Die *Lilla*-Lieder, in denen sich derb-volkstümliche Elemente mit einer spielerisch leichten Rokokostilisierung und philosophischen Ideen verbinden, zählen zu den besten Gedichten der ungarischen Aufklärung. M.Sz.

AUSGABEN: Großwardein 1805. – Wien 1913 (in *Poétai munkái*, Hg. J. Márton. – Budapest 1942 (in *Összes müvei*). – Budapest 1956 (in *Összes versei*, Hg. B. Vargha, 2 Bde., 2). – Budapest 1972 (in *A Reményhez*). – Budapest 1973 (in *Válogatott versei*). – Budapest 1979 (in *Összes művei*). – Budapest 1981 (in *Minden munkája*, Bd. 1).

ÜBERSETZUNG: *Lilla* (in *Wie könnte ich dich nennen? Ungarische Liebesgedichte aus alter und neuer Zeit*), G. Engl u. I. Kerékgyártó, Budapest 1971; [2]1976.

LITERATUR: I. Elek, *Cs. versművészete*, Budapest 1942. – G. Juhász, *Cs. verselése* (in Studia litteraria, 1, 1963, S. 49–67). – J. Szauder, *Az estve és Az álom*, Budapest 1970, S. 220–269. – D. Baróti, *»Lilla«, avagy egy poétai román* (in D. B., *Árnyékban éles fény*, Budapest 1980, S. 193–264).

## FRANZ THEODOR CSOKOR

* 6.9.1885 Wien
† 2.1.1969 Wien

LITERATUR ZUM AUTOR:
L. Adler, *Die dramat. Werke von F. T. C.*, Diss. Wien 1950. – F. Th. C., *Die Revolution d. Georg Büchner. Zum 150. Geburtstag d. Dichters* (in DRs, 89, 1963, S. 47–52). – C. Zuckmayer, *Rede an einen Freund* (in Forum, 12, 1965, S. 459–462). – Ö. v. Horváth, *Briefe an einen Freund*, ebda., S. 462–464. – D. Báder, *Einzelheiten aus d. Lit. d. Emigration. Briefwechsel Ö. v. Horváths u. F. Th. C.s mit Lajos Hatvany* (in Acta Litteraria, 12, Budapest 1970, S. 202–227). – D. Buchmann, *Die Antike als Hilfestellung f. d. Moderne (mit bes. Berücksichtigung d. Werke v. F. T. C.)* (in *Traditionen in d. neueren österreichischen Lit.*, Hg. F. Aspetsberger, Wien 1980, S. 140–151). – M. Meister, *Robert Musils Zeitzeugen im Spiegel seiner Kritik* (in Maske u. Kothurn, 26, 1980, S. 271–285). – G. Sebestyén, *Zweimal C.*, (in ders., *Studien zur Lit.*, Eisenstadt 1980, S. 162–171). – P. Wimmer, *Der Dramatiker F. T. C.*, Innsbruck 1981. – M. Klanska, *Polnische Motive in d. Werken v. F. T. C.* (in *Der Weg zum Nachbarn*, Hg. E. Połczyńska, Poznań 1982, S. 101–113).

### BALLADE VON DER STADT. Ein dramatisches Fresko

Schauspiel in neunzehn Bildern von Franz Theodor CSOKOR, erschienen 1928. – Das Stück, entstanden 1922, zählt zu den letzten expressionistischen Schauspielen Csokors und geht auf ein handgemaltes *Buch von der Stadt* des Malers und Autors Carry Hauser zurück, dem Csokor das Werk widmete. In neunzehn Bildern entwirft Csokor die Szenerie der modernen Großstadt, deren *»Wunde«* die versklavende Macht des Goldes ist, die den Menschen *»zum Ding zerstückelt«* und schließlich den Untergang des städtischen *»Steingeschwürs«* herbeiführt.
Aus einem tiefen Krater, den ein goldfarben niederfahrender Blitz zu Beginn des Stücks aufreißt, steigt der »Uralte« hervor – »Anwalt« und Sinnbild der fruchttragenden Erde –, der in der versteinerten, unfruchtbaren Einschlagstelle inmitten blühender Kornfelder den Ursprung von Zwist und Gewalt unter den Menschen sich bilden sieht, ausgesät von dem ihm feindlichen Prinzip, das die Macht, »den Hammer«, zum Symbol erhebt. *Mann* und *Frau*, ein archaisch-mythisches »Menschenpaar«, entdecken bald darauf den zu Gold gewordenen Schacht; die *Frau*, unfähig, der Versuchung zu widerstehen, überredet den *Mann*, es an sich zu nehmen. Und schon diese erste Verstrikkung – *»Gold zwischen uns!«* – birgt den Keim zu allen späteren: Beide errichten ein Bergwerk, werden aber von zwei riesenhaften, zur Arbeit gedungenen Männern erschlagen. Die *»Unzucht zwischen Mensch und Erz«* dauert an. Der eine ermordet den anderen und läßt als Tyrann eine riesenhafte Stadt aufführen, die, dem babylonischen Turm gleich, an die Wölbung des Himmels reichen soll, läßt alle Völker im Umkreis unterwerfen und den Schacht bis ins tiefste Innere der Erde vortreiben. Der Einspruch des »Uralten« erweckt in ihm die Sehnsucht nach dem »Menschengeschwister« – aber die Menge zerreißt ihn. Die Mauern werden wieder abgetragen, ein Triumvirat von Besitzenden bemächtigt sich der Gewalt, wählt als *»genehmes Gerät«* seiner Pläne einen König und hetzt ihn zum Krieg. Die *»einsame Angst im Besitz«* ausnutzend, treiben sie die Entfremdung der Menschen weiter. *»Verträge*

*verpflichten die schweifende Kraft. Nach sicheren Regeln errafft sich Gewinn.«* Redner und Gegenredner versuchen das Volk wechselweise aufzustacheln und zu beruhigen. Die Schlacht wird verloren, der König getötet. Militär und Parteien, *»Barone, Pfaffen und Lohnherren«*, die neuen Herren, bemächtigen sich der Freiheit der Menschen. Nur der »Landmann« außerhalb der Stadtmauern läuft von der Sache der Ideologien und Programme zur *»Sache des Menschen«* über: *»Mein Acker – erlöst mich von euch. Mein Pflug – überwindet die Stadt.«* Und weiter siegt die Stadt und ihr Keim, das Gold. Sie sucht sich ihre Opfer in Händlern, Bettlern, Lahmen, Dirnen, Zuhältern, Arbeitern, Beamten, Sträflingen und einem »Schreiber«, der ihre Macht brechen will durch sein Werk, das er ihr als Spiegel vorhält. Der »Uralte« vereinigt endlich *»alles, was starb und verdarb an der Stadt«*, die klagenden Menschen *»in Steinen«*, die Erlösung von sich selbst wollen, indem sie die Stadt vor das *»letzte Gericht«* fordern: Er führt sie, zu denen sich die unversöhnten, verhüllten Gestalten der früheren Bilder gesellen, in seinen Schacht. Unter ungeheurem Aufruhr versinkt das Mauerwerk: Aus den Rauchwolken dringt die Stimme eines Blinden: *»Schaut auf, liebe Menschen! Der Friede ist da!«* Die Schlußszene des Stücks zeigt das Menschenpaar des Anfangs, das dem Gold sein Grab schaufelt. Als sie im Gesträuch den Körper des »Uralten« finden, zerfällt er bei der Berührung zu Erde – Symbol des beendeten Zwiespalts der Menschen, die *»ums Ding«* gedient hatten.

Csokor entwickelt die Darstellung seines – typisch expressionistischen – Problems an einem historischen Prozeß, dem Weg, den die zunehmende Verblendung der Menschen, eine Folge der um sich greifenden Entfremdung des Individuums von seinem wirklichen Wesen, genommen hat. Daß es ein weiter Weg war, zeigt sich in der Distanz des archaischen Menschenpaars (2. und 3. Bild) von den »modernen«, entmachteten Gestalten des Schlusses (der Händler, der Gut- und der Schlechtgekleidete, der Zuhälter). Wie in vielen Stücken der Zeit nach dem Ersten Weltkrieg wird die schockhafte Enthüllung der modernen Großstadt und ihres gesellschaftlichen Bodensatzes von einer ekstatischen Hinwendung zu den unverstellten, heiligenden *»Kräften der Erde«* begleitet. Die pathetisch-beredte Forderung der Neugeburt des Menschen aus dem Geist ichloser Liebe kämpft gegen die Einsicht, die bei Csokor in einem Satz des Schreibers – *»Begrabene sind wir vom Anfang! Erst nach uns – tagt Auferstehn!«* (18. Bild) – ausgesprochen wird und die sich auch schon in einem frühen Vers TRAKLS findet: *»Sag wie lang wir gestorben sind.«* Auch wenn das Stück mitunter mit BRECHTS *Aufstieg und Fall der Stadt Mahagonny* verglichen wurde, so ist unübersehbar, daß Csokors Sozialkritik ihre Grenzen an der metaphysisch-konservativen Grundhaltung des Autors findet, der mit seinen 27 Schauspielen einer der produktivsten und erfolgreichsten österreichischen Bühnenautoren der zwanziger Jahre war: *»Die Stadt ohne Qual, die ewige Stadt, die Stadt der ichlosen Liebe, wie sie Csokor ersehnt, ist ein Gottesstaat, demjenigen ähnlich, den Augustinus erschaute ... der Zielpunkt seines Wollens und seiner Vision (ist) nicht eine aktivistische Gemeinschaft, sondern ein Paradies der Herzen, die als heilige Gemeinschaft den Geist verewigt, wie es vom Geist gespeist und getragen wird.«* (P. Wimmer). Mit der *Ballade von der Stadt*, 1929 als Hörspiel von Wien ausgestrahlt, endet Csokors expressionistisches Schaffen, zu dem u. a. die Dramen *Die Sünde wider den Geist* (1916) und *Die rote Straße* (1918) gezählt hatten. H.H.H.

AUSGABE: Bln./Lpzg./Wien 1928.

## DRITTER NOVEMBER 1918. Ende der Armee Österreich-Ungarns

Schauspiel in drei Akten von Franz Theodor CSOKOR, Erstfassung 1923, endgültige Fassung 1936; Uraufführung: Wien, 10. 3. 1937, Burgtheater. – Das Stück, Csokors bekanntestes und erfolgreichstes Werk, ist der erste Teil einer 1952 erschienenen *Europäischen Trilogie*; ihm folgten als zweiter Teil *Besetztes Gebiet* (1930), ein fünfaktiges Schauspiel um den Ruhrkampf nach der Ermordung Walter Rathenaus, und als dritter Teil *Der verlorene Sohn* (1947), ein umstrittenes Partisanendrama in vier Akten.

Der Schauplatz des Stücks, das vor dem Hintergrund des Zusammenbruchs der Donaumonarchie im Ersten Weltkrieg spielt, ist ein Rekonvaleszentenheim in den Karawanken, in dem sich symbolisch der Untergang des Habsburgerreiches vollzieht. Hier erholt sich im Herbst 1918 eine Gruppe von sieben Offizieren aus verschiedenen Teilen Österreich-Ungarns von ihren Kriegsverletzungen. Durch übermäßigen Schneefall seit Wochen völlig von der Außenwelt abgeschnitten, bleiben sie ohne Nachricht über die politische und militärische Lage. Oberst Radosin, ein vornehmer, aufrechter, in der langen Tradition der österreichisch-ungarischen Armee wurzelnder Offizier, versucht, die kleine Gruppe im Geiste der Monarchie zusammenzuhalten. Aber ein zufällig aufgegriffener desertierter kommunistischer Matrose des versenkten Flaggschiffs »Viribus unitis« (»Mit vereinten Kräften«, Wahlspruch Kaiser Franz Josephs) macht seine Bemühungen zunichte. Er verbreitet triumphierend die Nachricht vom Waffenstillstand und vom verlustreichen Rückzug des Heeres. Die allgemeine Auflösung spiegelt sich in der kleinen Gemeinschaft wider: Die Offiziere, die außerhalb der österreichischen Kernlande zu Hause sind, betrachten sich nicht länger als Österreicher, sondern berufen sich auf ihre jeweilige Nationalität. Der Oberst weigert sich, dem Bericht zu glauben, und plant, das Rekonvaleszentenheim in eine *»Grenzschanze unserer Heimat«* umzuwandeln. Er läßt die alte Flagge hissen. Als die Offiziere es ablehnen, sie zu grüßen, erschießt er sich. Alle erweisen dem Oberst die letzte Ehre, ehe vier von ihnen, jeder für

sich, aufbrechen und versuchen, sich nach Hause durchzuschlagen. Zurück bleiben der Slovene Zierowitz und der Kärntner Ludoltz, der entschlossen ist, sein Land gegen die Bedrohung durch die benachbarten Slovenen zu verteidigen. Zierowitz, sein bester Freund, versucht vergeblich, ihn von dem sinnlosen Kampf abzuhalten. Die Krankenschwester Christine, die schon am Tag zuvor aufgebrochen war, kommt schließlich mit der Friedensnachricht ins Sanatorium zurück. Auch sie versucht, den für einen Augenblick schwankend gewordenen Ludoltz von seinem Plan abzubringen, doch dieser schickt sie fort und eröffnet um Mitternacht, allein, mit seinem MG das Feuer auf den anrückenden Gegner.
Damit beginnt der Bürgerkrieg in Kärnten, der erst 1920 durch eine Volksabstimmung beendet wird und Kärnten bei Österreich beläßt.
Das Stück, für das Csokor 1938 den Grillparzerpreis sowie den Burgtheaterring erhielt, wird zumeist als *»Requiem auf das alte Österreich«* (Zohn) gelesen und damit in den Umkreis jener Werke der österreichischen Literatur gestellt, die in mehr oder weniger verklärender Weise die Erinnerung an den »Mythos Habsburg« aufrechterhalten, wie dies Hugo von HOFMANNSTHAL in Essays und Joseph ROTH in Romanen wie dem *Radetzkymarsch* oder *Die Kapuzinergruft* unternommen hatten. Zugleich allerdings ist das Werk Csokors Antwort auf den deutschen Faschismus, gegen dessen Rassen- und Staatsideologie er die Idee eines *»Reiches«* stellt, das *»aus Menschen gebaut wird und nicht aus Nationen«* und wofür das alte Habsburgerreich als Beispiel dient; rückblickend bemerkte Csokor zu diesem Stück: *»Im Gleichnis seiner Armee habe ich 1935 die Tragödie dieses Reiches zu gestalten versucht, dessen Untergang die Tragödie unseres Kontinentes einleitete, die zwischen 1939 und 1945 ihren Gipfel erreichte und die selbst heute – fünfzig Jahre danach – immer noch nicht ganz beendet scheint.«* W.P.-KLL

AUSGABEN: Wien 1936. – Wien 1952 (in *Europäische Trilogie*). – Mchn. 1961 (in *Österreichisches Theater des XX. Jh.s*, Vorw. O. M. Fontana).

LITERATUR: H. Zohn, *F. T. C.s »3. November 1918«* (in Modern Austrian Literature, 11, 1978, Nr. 1, S. 94–102). – M. R. Mitchell, *»Aus der hellen Wohnung zurück in den Zuchtstall«*. An examination of *F. T. C.s »3. November 1918«* (ebd., 16, 1983, S. 37–52).

## GESELLSCHAFT DER MENSCHENRECHTE. Stück um Georg Büchner

Schauspiel in zwölf Szenen von Franz Theodor CSOKOR, Uraufführung: München, 31. 10. 1929, Prinzregententheater. Der Uraufführung ging 1927 eine Sendung als Hörbild voraus (Berliner Rundfunk). – Der Verfasser stellt in diesem Revolutionsstück um Georg BÜCHNER die Ursachen für dessen Scheitern in der Politik und dessen Tod dar: den oft blinden Enthusiasmus der Revolutionäre und ihre mangelnde Einsicht in den Umstand, daß radikale Veränderungen politischer Zustände ohne vorausgehenden Umsturz der sie bedingenden ökonomisch-sozialen Verhältnisse erfolglos bleiben müssen.
Die in den Jahren 1833–1837 spielende Handlung beginnt mit einer Sitzung der »Gesellschaft der Menschenrechte«, einer Untergrundorganisation gegen die deutsche Fürstentyrannei, bestehend aus revolutionär gesinnten, jedoch in den überkommenen gesellschaftlichen Vorstellungen befangenen Jugendlichen. Man erwartet Pastor Weidig, den Gründer der Organisation, aus der Untersuchungshaft zurück. Inzwischen wird als neues Mitglied der Giessener Student Lessing vereidigt, der bald erfahren muß, daß er als Jude selbst hier wenig Achtung genießt. Daher gelingt es Kuhl, dem zwielichtigen Freund Weidigs, ihn zum Spitzeldienst für den Innenminister Du Thil und dessen Kommissär Georgi zu gewinnen. Büchner, das Idol der Revolutionäre, ist nicht in der Lage, durch seinen beschwörenden Hinweis auf die hohen politischen Ziele das kleinliche Gezänk zwischen den Mitgliedern des Bundes zu schlichten. Resigniert folgt er dem Rat des Vaters, in Straßburg sein Medizinstudium wiederaufzunehmen; dort lernt er auch seine Braut Minna Jaeglé kennen. Eine Botschaft Weidigs veranlaßt ihn jedoch zur Rückkehr nach Hessen, wo er den Pfarrer am Sterbebett von dessen Frau Amalie trifft, die die Männer eindringlich vor Kuhl warnt. Auf Wunsch seiner Freunde verfaßt Büchner die berühmte Flugschrift vom Jahre 1834, den *Hessischen Landboten*. Minnigerode, des Dichters engster Vertrauter, wird auf eine Denunziation Kuhls hin verhaftet, wenig später Weidig. Büchners Vater vermag endlich den Sohn von der Sinnlosigkeit politischer Umsturzversuche zu überzeugen. In dem Glauben, mit seiner Revolutionsdichtung mehr für die Veränderung der Verhältnisse zu leisten als durch direkte Widerstandsaktionen, tritt er eine Dozentur in Zürich an, wo er seine Braut wiedersieht. Lessing, der dem Paar heuchlerisch Glück wünscht, berichtet von der qualvollen Gefangenschaft der Freunde. Büchner bricht erschüttert zusammen und stirbt wenig später in den Armen Minnas. – Georgi, der dem inhaftierten Weidig ein Geständnis abpressen will, teilt ihm den Tod des Dichters mit. Voller Verachtung erklärt der Pfarrer dem Verhaßten, sein, Weidigs, »Vergehen« habe in dem Glauben bestanden, Liebe und Vernunft könnten die politischen Mißstände zum Guten wenden; doch er sehe nun, daß allein nackte Gewalt zum Erfolg führe. Nachdem Weidig Selbstmord begangen hat, erfährt Georgi, es seien revolutionäre Schriften Büchners gedruckt worden, aber er reagiert darauf mit Hohn, überzeugt, jeden revolutionären Gedanken ausgerottet zu haben, da die führenden Köpfe tot sind.
In Georg Büchner, dessen Thematik und Dramenform den Expressionisten geistesverwandt erschienen, fand Csokor die Gestalt, in deren Handeln er

den eigenen Widerstreit zwischen dem Vertrauen in die Wirkung des Kunstwerks und dem Drang zu politischer Aktivität spiegeln konnte. Aber auch für die sprachliche Gestaltung diente er ihm als Vorbild. Der kraftvolle Ton mischt sich aus Stilelementen sämtlicher Stücke Büchners: In den Lärm- und Saufszenen erinnert die Sprache an *Dantons Tod*, in den – gelegentlich sentimentalen – Szenen mit Minna an *Leonce und Lena*, endlich in jenen wesentlichen, die die dumpfe Not der unterdrückten Untertanen beschwören, an *Woyzeck*. Auch expressionistische Einflüsse sind noch spürbar, vor allem in dem überzeugenden Monolog Büchners, obgleich das Werk Csokors Abkehr vom expressionistischen Drama markiert. Die Aufführung des Stücks war im Dritten Reich verboten. W.P.

Ausgaben: Bln./Wien/Lpzg. 1929. – Emsdetten o. J. [1957] (Dramen der Zeit, 21). – Wien/Hbg. 1963 (in *Der Mensch und die Macht*; gem. mit Jadwiga und *Der tausendjährige Traum*; m. Nachw.).

Literatur: M. Jacobs, *F. T. C.: Büchners »Woyzeck«; Versuch einer Vollendung* (in Oxf. Germ. Stud., 1, 1966, S. 31–52). – D. Goldschnigg, *C.s Drama »Gesellschaft d. Menschenrechte«. Zur Rezeption u. Wirkung Georg Büchners im Expressionismus* (in FDH, 1974, S. 344–361). – L. Fischer, *Der unhistorische Erlöser. Notizen zu F. T. C.s Drama »Gesellschaft d. Menschenrechte«* (in *Zeitgenosse Büchner*, Hg. ders., Stg. 1979, S. 40–60).

## José de la Cuadra

* 3.9.1903 Guayaquil
† 26.2.1941 Guayaquil

### LOS SANGURIMAS. Novela montuvia ecuatoriana

(span.; *Die Sangurimas*). Roman von José de la Cuadra (Ekuador), erschienen 1934. – Zusammen mit D. Aguilera Malta (vgl. *Don Goyo*, 1933) und E. Gil Gilbert (vgl. *Nuestro pan*, 1942) gehörte José de la Cuadra zu einer Gruppe von sozialrevolutionären Schriftstellern, nach der Provinzhauptstadt Guayaquil die »Guayaquil-Gruppe« genannt, die sich die schonungslose Darstellung der Verhältnisse in Ekuador zum Ziel gesetzt hatte und damit das literarische Erbe des ersten bedeutenden Romanschriftstellers von Ekuador, Luis A. Martínez (1869–1909), antrat, dessen realistisch-naturalistischer Roman *A la costa*, 1904 *(Der Küste entgegen)*, jahrzehntelang ohne Nachfolge geblieben war.

In einem zur schockierenden Kraßheit gesteigerten Naturalismus schildert Cuadra in *Los Sangurimas* die Schicht der Großgrundbesitzer in ihrer Verknüpfung mit den übrigen Herrschaftsklassen des Landes – Gerichtsbarkeit, Kirche und Armee. Inhalt des Buches ist die Chronik der Familie der Sangurimas, als deren Symbol und Wappen der Matapalobaum steht, *»ein hohes Gewächs, stark und wuchtig, das seine Wurzeln wie Klauen tief in das Innere der Erde gräbt!«*. Familienoberhaupt ist Nicasio, der, umgeben von seiner legitimen und illegitimen Nachkommenschaft, wie ein mittelalterlicher Feudalherr auf »La Hondura«, dem Familienbesitz, unumschränkt herrscht. Seine Geschichte erzählt der erste Teil des Buches, *Uralter Stamm*. Begründerin des Familienbesitzes ist Nicasios Mutter gewesen. Sie hat den eigenen Bruder, der ihren Mann, einen Ausländer, hinterrücks umgebracht hatte, bald nach der Geburt ihres Sohnes erschlagen und ist mit dem Neugeborenen in eine wilde entlegene Gegend an der Küste geflohen. Dort gründete sie »La Hondura« und machte daraus mit Hilfe Nicasios, als dieser heranwuchs, einen ausgedehnten, reichen Besitz.

Der zweite Teil, *Kräftiges Geäst*, erzählt von Nicasios Kindern: Ventura, dem Erstgeborenen und Erben, Francisco, einem Juristen und angehenden Politiker, Terencio, der sich dem Dienst der Kirche geweiht hat, und Eufrasio, Major der Armee, in dem das Familienerbe, die Neigung zur Gewalttätigkeit, am stärksten hervortritt. Der letzte Teil berichtet dann vom Zerfall der Familie, der wiederum eine Gewalttat zur Ursache hat: Die Söhne des Majors mißbrauchen und töten ihre Kusine María Victoria, Venturas Tochter.

Fremdartig und primitiv erscheint diese Welt, erfüllt von Laster, Aberglauben, sozialem Hochmut und Unterwürfigkeit, die andererseits eine Welt der Tugenden und zukunftsträchtigen Charakteranlagen bei den *montuvios*, den Küstenbewohnern von Ekuador ist. Seinen gewaltigen Stoff hat Cuadra, dessen Begabung vor allem auf dem Gebiet der Kurzgeschichte lag, nicht völlig bewältigt. Stellenweise hinterläßt sein Roman den Eindruck der Kolportage von Gewalttaten, und nicht immer werden die soziologischen Zusammenhänge und psychologischen Motivierungen deutlich. Doch besitzt das Werk, außer großem dokumentarischem Wert, in Aufbau und Stil unbestreitbaren literarischen Rang. A.F.R.

Ausgaben: Madrid 1934. – Quito 1958 (in *Obras completas*, Hg. J. E. Adoum). – Guayaquil 1970 (in *Cuentos escogidos*). – Guayaquil 1970 (in *Las Sangurimas, Horno y otros relatos*). – Havanna 1970 (in *Cuentos*). – Santiago de Chile 1972.

Literatur: A. F. Rojas, *La novela ecuatoriana*, Mexiko 1948. – B. Carrión, *El nuevo relato ecuatoriano*, Bd. 1, Quito 1950. – K. Schwartz, *J. de la C.* (in RI, 22, 1957, S. 15–107). – E. Ribadeneira, *La moderna novela ecuatoriana*, Quito 1958. – E. Hodousek, *La ruta artistica de J. de la C.* (in Philologica Pragensia, 7, 1964, S. 225–243).

## Ṣādeq Čubak

* 5.8.1916

Literatur zum Autor:
B. Alavi, *Geschichte u. Entwicklung der modernen persischen Literatur*, Bln./DDR 1964, S. 215/216. – H. Kamshad, *Modern Persian Prose Literature*, Cambridge 1966, S. 127–130. – J. Rypka, *History of Iranian Literature*, Dordrecht 1968, S. 415/416. – 'A. Dasteġeib, *Naqd-e āṯār-e Ṣ. Č.*, Teheran 1974.

### TANGSIR

(iran.-npers.; *Der Tangsir*). Roman von Ṣādeq Čubak, erschienen 1963. – Der Held dieses Romans, in dem der Autor den Kampf eines einzelnen Menschen gegen Ungerechtigkeit und Betrug beschreibt, ist der Tangsir Moḥammad. (Tangsir ist der Name der nomadisierenden Bewohner von Tangestan, einem Gebietsstreifen an der iranischen Küste des Persischen Golfes.) Während des Ersten Weltkriegs hat Moḥammad gemeinsam mit seinen Stammesgenossen die englischen Truppen bekämpft, die in den damals wehrlosen Iran eingefallen waren und große Teile des an Ölquellen reichen Landes besetzt hielten. Seinen Kampfgefährten galt er damals als ein Vorbild, denn in allen Gefechten zeichnete er sich ebenso durch Entschlossenheit, Tapferkeit und Mut wie durch Vorsicht und Besonnenheit aus. Später hat er sich dann durch langjährige harte Arbeit ein kleines Vermögen erworben, durch das er seine eigene Existenz wie auch die seiner Frau und seiner beiden Kinder gesichert glaubt.
Doch nun haben ihn vier betrügerische Städter – ein Geistlicher und Notar, ein Makler, ein Hausbesitzer und ein Winkeladvokat – um alle seine Ersparnisse gebracht. Vergeblich wendet er sich an die Betrüger, um diese zur Rückgabe seines Geldes zu bewegen. Auch seine Bemühungen, bei den Behörden Gerechtigkeit zu finden, bleiben erfolglos; denn die dunklen Ehrenmänner, die ihn um sein Vermögen brachten, haben bessere Beziehungen als er. Darauf beschließt er, sich selbst Gerechtigkeit zu verschaffen. Bestärkt wird er in diesem Entschluß durch seine Stammesgenossen, denen die Langmut und die Nachsicht, die er bisher den Gaunern gegenüber gezeigt hat, unverständlich sind. Deshalb hänseln sie ihn, indem sie fragen, ob er sein Geld denn immer noch nicht zurückbekommen habe, das wohl schon längst in Opiumrauch verwandelt worden sei. – So faßt er den Plan, die vier Betrüger zu töten und dann mit seiner Frau und seinen beiden Kindern das Land zu verlassen und übers Meer zu entfliehen. Seine Stammesgenossen, die Tangsir, die ihn wegen seines Fleißes, seiner Hilfsbereitschaft und seiner Liebe zu Menschen und Tieren schätzen, billigen stillschweigend sein Vorhaben; denn ihre Gemeinschaft duldet keine Ungerechtigkeit. Dank ihrer Solidarität gelingt es Moḥammad, seinen Plan zu verwirklichen und Vergeltung für das ihm angetane Unrecht zu üben. Als die Tat vollbracht ist und Gendarmen im Lager der Nomaden erscheinen, versammeln sich die Tangsir scharenweise um Moḥammads Hütte und verhindern so, daß dessen Frau und Kinder verschleppt werden. Auch manche Städter, unter ihnen ein armenischer Händler, gewähren dem Tangsir Asyl und helfen ihm weiter. Von den Nomaden aber erhält er den Beinamen Moḥammad der Löwenherzige, weil sie in ihm den heldenhaften Verteidiger ihrer eigenen Rechte sehen.
Der Autor hat die Fabel, der eine wahre Begebenheit aus der Zeit kurz nach dem Ersten Weltkrieg zugrunde liegt, psychologisch folgerichtig entwikkelt, so daß der Held die Sympathie des Lesers nicht verliert. Da die Sprache zahlreiche provinzielle Redewendungen enthält, wirkt sie zuweilen holprig und uneben. Dieser Tatsache ist sich auch der Autor bewußt, denn er hat seinem Werk ein Vokabularium angefügt. Gleichwohl hat Čubak seinen Ruhm als Schriftsteller mit diesem Roman beträchtlich erhöht. B.A.

Ausgabe: Teheran 1963; [2]1968.

### TUP-E LĀSTIKI

(iran.-npers.; *Der Gummiball*). Komödie in einem Akt von Ṣādeq Čubak, erschienen 1949 zusammen mit drei Erzählungen in dem Sammelwerk *Antari ke luṭias morde bud (Der Affe, dessen Herr gestorben war)*. – In diesem Einakter gibt der Autor eine satirische Darstellung der während der Diktatur des Reza-Schah (reg. 1921–1941) im Iran herrschenden Atmosphäre des Mißtrauens und der Angst. Die Hauptpersonen sind nicht, wie in anderen Werken Čubaks, einfache Menschen aus dem Volk, sondern Angehörige der herrschenden Schicht, die das Volk unterdrücken, sich zuweilen aber auch gegenseitig tyrannisieren. Dies wird deutlich, als sich – wie üblich – an einem Freitag (dem mohammedanischen Ruhetag) im Hause des Innenministers Dālaki die Mitglieder seiner Familie versammeln: er selbst, seine Frau, seine Töchter und Schwiegersöhne, sein Schwager sowie sein jüngster Sohn, der Student ist. Bereits am Abend zuvor hat sich ein Polizeiwachtmeister mehrere Male nach dem Hausdiener erkundigt, der für ein paar Tage in Urlaub ist. Stundenlang – wahrscheinlich bis zum frühen Morgen – ist der Polizist vor dem Haus auf und ab gegangen, hat durch den Zaun in den Garten geschaut und schließlich die Diener gefragt, ob der Herr Minister zu Hause sei, weshalb die Hausbewohner vermuten, daß der Diktator die Verhaftung des Ministers angeordnet haben könnte. Doch ist sich dieser keiner Schuld bewußt und beteuert, stets treu und redlich dem verehrten Führer gedient zu haben. Als seine Frau ihn fragt, ob er nicht irgendwann mündlich oder schriftlich, viel-

leicht in angeheitertem Zustand bei einem Empfang oder einem anderen Anlaß eine unbedachte Äußerung getan habe, argwöhnt er sofort, sie selbst könnte ihn durch eine Anspielung auf die Juwelen, die er vergraben hat, verraten haben.
In seiner Not bittet der Minister seinen Schwiegersohn, den Armeegeneral, seine Beziehung zum Generalstab zu nutzen, um Näheres in Erfahrung zu bringen. Bevor der Armeegeneral das Haus verläßt, bittet er den Minister, bei einem etwaigen Verhör auf keinen Fall seinen Namen zu erwähnen, da sonst auch seine und seiner Familie Existenz gefährdet werde. Die anderen Familienmitglieder, der Ministerialdirektor und der Polizeioberst, sind ebenso ängstlich. Eilends verlassen sie das Haus. Der Außenseiter in dieser Gesellschaft ist der jüngste Sohn des Ministers – der Student, der merkwürdige Bücher liest, mit Leuten weit unter seinem Rang verkehrt und sogar Russisch lernt. Oft schämt er sich vor seinen Kommilitonen, weil sie ihn für einen Spitzel halten und der Professor in seiner Gegenwart kein offenes Wort zu sagen wagt. Endlich empfängt der Minister mit übertriebener Höflichkeit den Wachtmeister, der erklärt, seine Frau sei als Wächterin im Hause des Obersten X beschäftigt. Aus dessen Wohnung habe sein Sohn gestern einen Gummiball mitgenommen, der beim Spiel versehentlich in den Garten Seiner Exzellenz gefallen sei. Er habe zwar warten wollen, bis der Hausdiener zurückkehre, aber die Frau des Obersten wünsche den Ball unbedingt heute zurück. – Der Minister schäumt vor Wut, der Student aber faßt den Wachtmeister bei der Hand und sagt lächelnd: *»Komm, wir wollen deinen Ball suchen gehen.«* Das Stück endet mit der Frage des Sohnes: *»Und das nennt ihr Leben?«*
Čubak, dem häufig vorgeworfen wurde, einem krassen Naturalismus zu huldigen, hat mit diesem Stück in seinem Schaffen die goldene Mitte gefunden, in der sich Dichtung und Wirklichkeit zu einem einheitlichen Ganzen fügen. B.A.

AUSGABE: Teheran 1949 (in *Antari ke luṭṭias morde bud*; [2]1962).

ÜBERSETZUNG: *The Rubber Ball* (in *Ṣ. Č., an Anthology*, Hg. u. Einl. F. R. C. Bagley, Delmar/N.Y. 1981; engl.).

## OLEG GRIGOR'EVIČ ČUCHONCEV

* 8.3.1938 Pavlovskij Posad / Gebiet Moskau

**DAS LYRISCHE WERK** (russ.) von Oleg Grigor'evič ČUCHONCEV.
Seit 1958 publiziert der in Moskau lebende Lyriker in sowjetischen Zeitschriften. Erst 1976 erschien sein erster schmaler Lyrikband *Iz trech tetradej (Aus drei Heften)*; 1983 folgte ein weiterer Band *Sluchovoe okno (Das Dachfenster)*. Čuchoncev geht in seinen Gedichten vom konkret Erlebten in Natur und Umwelt, oft auch von einem historischen Beispiel aus. Das subjektiv Gefühlte und Gesehene wird im Gedicht analysiert und verallgemeinert und erhält in seiner Gültigkeit eine Bedeutung für den Leser, auch für den westlichen Leser. Es sind die allgemeinen und ewigen Wahrheiten, die am Ende des dichterischen Schaffensprozesses stehen. Dieses und das Prinzip der Aufrichtigkeit in der Behandlung seiner Themen, das er in seinen Gedichten über den Künstler postuliert, zeichnen Čuchoncev als einen großen Lyriker aus.
Seine Lyrik geht oft von Naturbildern aus. Es ist die ganz konkrete Landschaft seiner russischen Heimat, auch die Natur in der Großstadt Moskau, die er in eigenen Bildern zum Ausdruck bringt. Die Natur ist hier äußeres Zeichen der inneren Befindlichkeit des lyrischen Ich, so auch in einem Gedicht über die vom Gezwitscher der Sperlinge erfüllte Gewitternacht *(»... I poka gomonit vorob'inaja noč'...«)*, das zugleich einem ganzen Zyklus von Gedichten den Titel gibt. Hier ist es das Stehen der Luft in der Großstadt vor einem Gewitter, dem die Empfindungslosigkeit und Gleichgültigkeit des lyrischen Ich entspricht. Es kommt zu einem Verfließen der äußeren und inneren Grenzen: *»Ist es die Hitze oder ein Fieberwahn?«*. Erst das Gewitter kann hier die äußere und innere Spannung lösen. Natur kann auch Zeichen historischer Vorgänge sein, so in dem Gedicht *V polunoč' petuch na derevne*, 1963 *(Um Mitternacht krähte der Hahn)*. Hier ist es der Bruch des Übergangs vom Sommer zum Herbst, der in direkte Parallele gesetzt wird zum Ahnen eines historisch-politischen Umschwungs. Das Krähen des Hahns ist ein oft von Čuchoncev verwendetes Symbol des Negativen, wie überhaupt biblische Bilder und Themen eine große Rolle in seiner Lyrik spielen. In vielen seiner Gedichte beschäftigt sich Čuchoncev mit dem Problem des Todes und dem Glauben an Gott. Er umkreist dieses Thema in fragender Haltung. Die Breite seiner Problematisierung reicht von dem naiven Glauben daran, daß die irdischen Mühen von Gott im Jenseits entlohnt werden, mit Bezug auf Hiob, bis zum Eingeständnis, daß der Mensch das Problem von Leben und Tod nicht lösen kann, so in dem Gedicht *Gibrid pekarni s kolokol'nej (Die Kreuzung zwischen einer Brotfabrik und einem Glockenturm)*.
Verurteilt wird die Überheblichkeit derjenigen, die meinen, ihre Verneinung der Transzendenz durch irdischen Pomp aufwerten zu können. Es ist in jedem Fall die Position des Glaubens, die Čuchoncev einnimmt, aber in einer fragenden Haltung.
In einem weiteren Themenkomplex beschäftigt sich Čuchoncev mit den Bedingungen und Aufgaben seiner Existenz als Künstler, so zum Beispiel in der *Ballada o restavratore (Ballade über den Restaurator)*. Die Position des Künstlers ist die unter dem Dach, abgehoben vom Alltag und offen nach oben. Das *»Dachfenster«* (siehe auch Titel des zweiten Lyrikbandes) wird zum Symbol der künstlerischen

Existenz. Die Aufgabe des Künstlers ist es, im Alltag, im Verdeckten das Bild des Ewigen, Allgemeinen darzustellen, so wie der Restaurator unter der Tünche der Jahrhunderte das wahre und ursprüngliche Bild zum Vorschein bringt. Čuchoncev nimmt hier eine durchaus positive Grundhaltung zum eigenen Schaffen und zum Leben ein. Oberstes Prinzip der künstlerischen Darstellung ist die Wahrhaftigkeit, die geboren wird aus dem Gefühl der Verantwortung vor der Geschichte und für die Zukunft, auch vor dem deutlich ausgesprochenen Hintergrund derjenigen, die um der Wahrheit des Wortes willen gelitten haben, so dargestellt in seinem elegischen Gedicht *Vospominanie o zastol'jach junosti (Erinnerung an die Gelage der Jugend)* oder in seinem Gedicht *Superego*.
Die Auffassung der Geschichte als Kette von Einst – Jetzt – Zukunft bestimmt auch Čuchoncevs Behandlung historischer Themen und seine Bewältigung der Vergangenheit, der persönlichen wie auch der seines Volkes. Das Jetzt ist seiner Auffassung nach ein wesentliches Bindeglied zwischen Vergangenheit und Zukunft und erhält seinen Sinn vor diesem Hintergrund. Zugleich verschärft dieser so gesehene Zusammenhang die Verantwortung des Menschen für sein Handeln vor der Geschichte und im Hinblick auf das Urteil zukünftiger Generationen. So betrachtet sind es die ewigen Wahrheiten, die Bestand haben. Eng verbunden hiermit ist seine Behandlung des Kriegsthemas. Krieg ist hier nicht nur der partikuläre Krieg des russischen Volkes. Er ist dies auch, aber es sind ebenfalls und vor allem die Kriege allgemein, die Čuchoncev im Sinne hat. Im Vordergrund steht das Leid der Menschen im und nach dem Krieg. Es geht nicht um Recht oder Unrecht der Kriegführenden, sondern um das vergossene Blut und die Tränen der Unschuldigen, im Angesicht deren es keinen gerechten Krieg geben kann (so in der Verserzählung *Svoi – Die Meinen*). Es ist auch hier das Allgemeine, was im Besonderen zu Tage tritt und was auch für den Leser anderer Zeiten und Völker Bedeutung hat. Wie in mehreren literaturkritischen Abhandlungen zu seinem Werk betont wurde, (zum Beispiel von B. Sarnov und dem emigrierten Dichter N. Koržavin), schreibt Čuchoncev eine fast klassisch zu nennende Lyrik. Er steht hiermit wie auch mit seinen lyrischen Formen in der Tradition der großen russischen Dichtung von Puškin bis heute. Sein Ziel ist nicht das Experiment, das Streben nach dem Neuen, sondern das die Zeit Überdauernde, die ewigen Werte und Fragen des menschlichen Daseins. G.Q.

Ausgaben: *Iz trech tetradej*, Moskau 1976. – *Sluchovoe okno*, Moskau 1983.

Literatur: N. Koržavin, *Dobro ne možet byt' staro* (in Kontinent, 17, 1978, S. 315–330). – B. Sarnov, Rez. (in Literaturnoe obozrenie, 1978, 12, S. 58–62). – N. Aleksandrova, Rez. (in Družba narodov, 1982, 5, S. 127–129). – I. Rodnjanskaja, Rez. (in Novyi mir, 1982, 10, S. 233–237). – N. Ivanova, Rez. (in Družba narodov, 1984, 11, S. 262 f.). – W. Kasack, *O. Č.* (in NZZ, 22./23. 12. 1984). – L. Anninskij, Rez. (in Junost', 1985, 3, S. 93–95). – W. Kasack, Art. *O. G. Č.* (in W. K., *Lexikon der russischen Literatur. Ergänzungsband*, Mchn. 1986, S. 47–48).

## Čudomir

d.i. Dimităr Christov Čorbadžijski

* 20.3.1890 Turija

† 26.12.1967 Sofia

Literatur zum Autor:
I. Bogdanov, *Č. Lit.-krit. očerk*, Sofia 1961. – P. Zarev, *Č* (in P. Z., *Panorama na bălgarskata literatura*, Bd. 4, Sofia 1973). – N. Mesečkov, *Spomeni za Č.* (in Chorizont, 1974, 2). – P. Zarev, *Č.* (in *Istorija na bălg. literatura*, Bd. 4, Sofia 1976, S. 690–700). – G. Matev, *Srešti i razgovori s Č.*, Plovdiv 1978. – K. Kolev, *Život v provincijata. Razmisli i spomeni za Č.*, Sofia 1979. – D. Ničev, *Č. Literaturno-kritičen očerk*, Sofia 1980. – L. Dimitrova, *Č.*, Sofia 1980. – L. Stojanov, *Č., Lamar. V spomenite na săvremennicite si*, Sofia 1981. – M. Tašev, *Čudomirovata obič* (in Chorizont, 1981, 1/2, S. 157–168). – S. Severnjak, *Č.*, Sofia 1983. – V. Stamenova, *Sravnenijata v tvorčestvoto na Č.* (in Ezik i literatura, 41, 1986, 1, S. 64–75).

### NE SĂM OT TJACH

(bulg.; *Ich gehöre nicht zu denen*). Humoresken von Čudomir, erschienen 1935. – *»Ich lehne Klatscherei ab, Sijka, und ich gehöre nicht zu denen, die sich in anderer Leute Angelegenheiten mischen; es gibt aber Frauen wie Tana Papučkina, wenn die den Mund aufmachen – so groß wie ein Gasthaustor!«* – so beginnt die Titelgeschichte der mehr als zwei Dutzend Humoresken umfassenden Sammlung. Zwei Klatschbasen unterhalten sich über die intrigante Nachbarschaft, doch in dem Augenblick, da sie sich pharisäerhaft davon distanzieren, setzen sie selbst eine neue Klatschgeschichte in Umlauf. – In ähnlicher Art machen sich auch die übrigen Kurzgeschichten über menschliche, allzu menschliche Schwächen – übermäßige Redseligkeit, lächerliche Geschäftigkeit oder politischen Opportunismus usf. – lustig. In der typisierenden Charakterstudie *Tărgovec (Der Händler)* versucht der Held, einem völlig mundtot gemachten Kunden mit skurriler Geschäftigkeit allerlei Waren aufzuschwatzen, ohne Rücksicht darauf, ob sein »Opfer« dafür überhaupt Verwendung findet. Mit der Skizze *Postojanen delegat (Der ständige Delegierte)* wird der auf allen Ebenen von Opportunismus beherrschte Staatsapparat durch das Mittel ironischer Verfremdung bloßgestellt: Ein Politiker hält sich einen ständigen Delegierten, mit dem er von Ministerium zu Ministerium zieht, um als »Delegation« seinen egoistischen Forderungen größeren Nachdruck verleihen zu können. – In einer anderen Humoreske – *Imen den (Der Namenstag)* – verspottet der Erzähler eine spießbürgerliche Familie, die sich so intensiv auf den bevorstehenden Festtag vorbereitet, daß letzten Endes keine Gäste empfangen werden können, weil sämtliche Familienmitglieder wegen Überanstrengung erkrankt sind. Sie teilen dies zwar in einer Ankündigung am Eingangstor mit, vergessen aber, die Mitteilung beim Gemeindeamt anzumelden, so daß sie neben den (aus Prestigegründen) überaus hohen Auslagen für die Feier auch noch eine empfindliche Strafe zahlen müssen.

Selbstüberschätzung, Heuchelei und Gedankenlosigkeit, gepaart mit einer gehörigen Portion Naivität und Rückständigkeit – diese nicht nur der bulgarischen, sondern jeder Provinzbevölkerung zugeschriebenen Züge werden hier mit Nachsicht, Humor und gutmütigem Spott, nie aber mit den Mitteln schonungslos entlarvender Satire karikiert. Komische Effekte erzielt der Autor dadurch, daß er seine Helden aufgrund ihrer Verständnislosigkeit, Geschwätzigkeit und törichten Vertrauensseligkeit in groteske Situationen geraten läßt, aus denen sie sich jedoch mit beachtlicher Bauernschläue wieder zu befreien wissen. Die Unmittelbarkeit in der psychologischen Zeichnung der Protagonisten resultiert vor allem daraus, daß die auktoriale Beschreibung weitgehend zurücktritt und dafür dem lebendigen Dialog (bzw. regelrechten Rededuellen) oder Monolog Platz macht. Schlagfertigkeit, Witz, bildhafte Redewendungen und Wortspiele, die zum Teil sprichwörtlich geworden sind, kennzeichnen die realistische Diktion des Autors, der gerade durch die reizvoll ungekünstelte (jedoch teilweise schwer verständliche) Volkssprache eine spezifische Plastizität der Milieuschilderung erreicht. – Unter den bulgarischen Humoristen nimmt Čudomir, der seine frühere Tätigkeit als Zeitungskarikaturist auch in seinem literarischen Werk nicht verleugnen kann, einen zweifellos bedeutenden Platz ein, auch wenn seine ironischen Skizzen nicht an eine satirisch-sozialkritische Erzählung wie Aleko KONSTANTINOVS *Baj Ganju* (1895) heranreichen. Wie diesem diente auch Čudomir das bulgarische Kleinbürgertum samt seinen prototypischen Fehlern und Schwächen als Sujet. Während aber Konstantinovs Erzählungen ausgesprochen episch gestaltet sind, geht es Čudomir um feuilletonistisch skizzierte Momentaufnahmen ohne eigentlichen Handlungsrahmen. D.Ku.

AUSGABEN: Sofia 1935. – Sofia 1960 (in *Izbrani proizvedenija*, Hg. P. Pondev). – Plovdiv 1968 (in *Izbrani proizvedenija*, Hg. G. Stojanov; Ill. v. Autor). – Sofia 1969 (in *Săčinenija*, 3 Bde., 1). – Sofia 1978 (in *Razkazi*).

LITERATUR: P. Rusev, *Chumorističnite razkazi na Č.* (in Septemvri, 2, 1949, S. 150–155). – S. P. Vasiliev, *Č. chumorističen ezik* (in Ezik i literatura, 10, 1955, S. 341–349).

## JOSÉ TOMÁS DE CUÉLLAR

* 6.9.1830 Mexico City
† 11.2.1894 Mexico City

### LINTERNA MAGICA

(span.; *Laterna magica*). Novellenzyklus von José Tomás de CUÉLLAR (Mexiko), erschienen unter dem Pseudonym »Facundo« in mehreren Bänden 1871/72, 1886 und 1889–1892. – In mancher Hinsicht noch der Romantik verbunden, bilden die Novellen Cuéllars den Übergang von der romanhaft-pittoresken zur kritisch-realistischen Sittenschilderung. Nach dem Vorbild BALZACS wollte Cuéllar eine »menschliche Komödie« Mexikos schreiben. Den Stoff dafür fand er *»in den Häusern, im Schoß der Familie, in der Werkstatt, überall wo sich Menschen begegnen«*. Der Autor, der auch als Maler und Fotograf tätig war, versuchte, Personen und Ereignisse aus jeweils wechselnder Perspektive in ihren wesentlichen Motiven und Details zu erfassen, und es gelang ihm, eine eindrucksvolle, für eine ganze Epoche mexikanischer Geschichte repräsentative Porträtgalerie zu schaffen. Allerdings gibt es bei Cuéllar keinen Charakter von ähnlicher Tiefe und Komplexität, wie sie die großen Gestalten Balzacs besitzen; dafür reichen weder die Gestaltungskraft noch der psychologische Blick des mexikanischen Autors aus.

Die Handlung der Novellen ist meist locker gefügt und dient oft nur als Vorwand, die Personen, die in einer Reihe von Einzelszenen auftreten, sprechen und sich bewegen zu lassen. In Novellen wie *Gentes que son así (Leute, die so sind)*, in denen Cuéllar die Handlung zu komplizieren sucht, verliert sie an Kontinuität und Kohärenz und zerfällt schließlich in zahlreiche, mit dem Zentralthema kaum noch verbundene Einzelhandlungen. Die Gesellschaftsklasse, der Cuéllars Hauptinteresse gilt, ist das mittlere städtische Bürgertum, aus dem er Gestalten herausgreift, die als Prototypen den Zeitgeist und das gesellschaftliche Verhalten jener Epoche verkörpern. Im Gegensatz zu DÍAZ COVARRUBIAS (1837–1859) und RIVERA Y RÍO (1821–1890), die ihre Aufmerksamkeit ebenfalls dieser Gesellschaftsklasse zuwandten, die Wirklichkeit jedoch durch eine romantisch-idealisierende Darstellung verfälschten, erweist sich Cuéllar als kritischer Beobachter, der den Menschen mißtrauisch begegnet und dort, wo die Romantiker tragische Verstrikkungen sahen, geistige und sittliche Schwächen entdeckt. Außerdem wandelt er Fälle und Situationen, denen leicht ein tragischer Aspekt abzugewinnen wäre, vielfach ins Komisch-Groteske ab *(Baile y cochino – Tanz und Schwein)*. Er stellt vorzugsweise moralisch schwache Vertreter der damaligen Gesellschaft in den Mittelpunkt: opportunistische Politiker, Neureiche, Revolutionäre, die Freiheit mit Banditentum verwechseln, alternde liebestolle Männer und immer wieder die *pollos* (»Hähnchen«, Spitzname für Stutzer), deren Narzißmus und Parasitentum er vor allem in den Novellen *Ensalada de pollos (Hähnchensalat), Historia de Chucho »el ninfo« (Geschichte Chuchos, des Stutzers), Los mariditos (Die Ehemännchen)* verspottet. – In allen Novellen zeigt Cuéllar das Temperament eines Satirikers und Karikaturisten. Seine Sprache ist klar, sein Stil einfallsreich und lebendig, die Darstellung beschränkt sich auf wesentliche, die Phantasie des Lesers anregende Details. A.F.R.

AUSGABEN: Mexiko 1871/72 [unvollst.]. – Mexiko 1886 (*Baile y cochino*; unvollst.). – Mexiko 1889–1892. – Mexiko 1941 [Einl. M. Magdaleno; Ausw.]. – Mexiko 1944 [Einl. R. Salazar Mallen; Ausw.]. – Mexiko 31973.

LITERATUR: E. Abreu Gómez, *Clásicos, romanticos, modernos*, Mexiko 1934. – H. B. Carnes, *Facundo [d. i. Cuéllar] y su obra*, Mexiko o. J. – H. Pérez Martínez, *Facundo [d. i. Cuéllar] en su laberinto*, Mexiko 1934. – J. R. Spell, *The Costumbrista Movement in Mexiko* (in PMLA, 50, 1935, S. 290–315). – J. Jiménez Rueda, *Letras mexicanas en el siglo XIX*, Mexiko 1944. – J. S. Brushwood, *The Romantic Novel in Mexico*, Columbia/Mo. 1954. – M. Azuela, *Cien años de novela mexicana* (in M. A., *Obras completas*, Bd. 3, Mexiko 1960).

## JUAN DE LA CUEVA

* um 1543 Sevilla
† um 1612 Sevilla

LITERATUR ZUM AUTOR:
J. M. Caso González, *Las obras de tema contemporáneo en el teatro de J. de la C.* (in Archivum, 19, 1969, S. 127–147). – J. W. Battle, *Dramatic Unity in the Plays of J. de la C.*, Diss. Duke Univ. 1970. – A. Watson, *J. de la C. and the Portuguese Succession*, Ldn. 1971. – R. F. Glenn, *J. de la C.*, NY 1973 (TWAS). – J. M. Reyes Cano, *La poesía lírica de J. de la C.*, Sevilla 1980. – Ders., *Documentos relativos a J. de C.: nuevos datos para su biografía* (in Archivo Hispalense, 1981, Nr. 196, S. 107–135). – J. Cebrián, *Nuevos datos para las biografías del Inquisidor Claudio de la Cueva y del poeta J. de la C. (1543–1612)* (ebd., 1983, Nr. 202, S. 3–29).

### COMEDIA DEL INFAMADOR

(span.; *Spiel vom Verleumder*). Komödie in drei Akten von Juan de la CUEVA, 1581 in Sevilla aufgeführt; erschienen 1588. – Thema dieser mythologischen Komödie ist die Verteidigung der Jungfrauenehre. Leucinio, ein reicher Tunichtgut, stellt vergeblich der schönen Eliodora nach. Die Standhaftigkeit, mit der sie die Kupplerinnen (zu denen sich auch die Göttin Venus gesellt) zornig abweist, erbittert und reizt ihn so sehr, daß er ihr Gewalt antun will. Sie wehrt sich und tötet dabei einen seiner Diener. Als die Justiz eingreift, schwört Leucinio einen Meineid darauf, daß Eliodora diese Tat aus Eifersucht begangen habe. Ihrer Darstellung des wahren Sachverhalts schenkt man keinen Glauben, sondern wirft sie und Leucinio ins Gefängnis. Die Väter plädieren für den Tod ihrer Kinder, da sie ihren guten Namen aufs schändlichste vom eigenen Fleisch und Blut beschmutzt glauben. Eliodoras Vater schickt ihr Gift, um ihr einen raschen Tod zu ermöglichen. Aber das Eingreifen der Göttinnen Diana und Nemesis errettet die keusche Eliodora und führt Leucinio seiner gerechten Strafe zu: Er wird lebendig eingegraben.
In der Gestalt des Leucinio glaubte man einen Vorläufer des Don Juan Tenorio von TIRSO DE MOLINA sehen zu können, und tatsächlich spricht einiges für diese These: Leucinio wie Don Juan brüsten sich ihrer Erfolge bei Frauen, die sie mit Geld, List oder Versprechungen verführt haben. Beide werden von einer höheren Macht aufgefordert, sich zu bessern, und da sie ihren unheilvollen Lebenswandel nicht aufgeben wollen, sind sie zu einem gräßlichen Tod verdammt. Unterschiedlich ist jedoch die Motivierung ihres Handelns: Während Leucinio bewußt die Ehre eines Mädchens beleidigt, rebelliert Don Juan gegen die höhere Ordnung; der Widersacher Leucinios ist Eliodora, der des Don Juan ist Gott.
Juan de la Cueva, der die Gesetze des klassischen Theaters ablehnt, läßt die Handlung an häufig wechselnden Orten und während eines nicht fixierten Zeitraumes ablaufen. Wie den meisten seiner Stücke mangelt es auch diesem an dramatischer Straffung und logischer Zeitfolge. Das Auftreten der Götter wirkt wie Beiwerk, ihr Eingreifen am Schluß wie die Notlösung in einer psychologisch ungenügend vorbereiteten Situation. – Wie kurz nach ihm Lope de VEGA verstand es auch Cueva, die verschiedensten Vers- und Strophenformen kunstvoll zu handhaben. D.R.

AUSGABEN: Sevilla 1588. – Madrid 1917 (in *Tragedias y comedias*, Hg. F. A. de Icaza). – Madrid 1953, Hg. F. A. de Icaza (Clás.Cast.) – Madrid 1973.

LITERATUR: J. T. Gillet, *C.'s »Comedia del infamador« and the Don Juan Legend* (in MLN, 36, 1922). – C. Guerrieri Crocetti, *J. de la C. e le origini del teatro nazionale spagnolo*, Turin 1936. – N. D. Shergold, *J. de la C. and the Early Theatres of Sevilla* (in

BHS, 32, 1955, S. 1–7). – A. Hermenegildo, *Los trágicos españoles del siglo XVI*, Madrid 1961 [m. Bibliogr.]. – R. V. Piluso, *Análisis de »El infamador«* (in Duquesne Hispanic Review, 3, 1968, S. 23–32).

## EXEMPLAR POÉTICO O ARTE POÉTICA ESPAÑOLA

(span.; *Poetisches Beispiel oder Spanische Dichtkunst*). Poetik in Versen von Juan de la CUEVA, verfaßt 1606, bearbeitet 1609; veröffentlicht 1774. – Wie die anderen Theoretiker seiner Zeit – Gioviano PONTANO, Marco Girolamo VIDA, Giulio Cesare SCALIGER und Antonio MINTURNO –, deren Poetiken er kennt und auf die er ebenso wie auf HORAZ und ARISTOTELES zurückgreift, gibt Cueva feste Regeln für die Dichtkunst, für ihre einzelnen Gattungen, für Stil und Verslehre, Übersetzung und Nachahmung. Auffallend ist lediglich seine Meinung über die Funktion und Verwendung der Adjektive: Nach Cueva dürfen sie niemals in Dreiergruppen auftreten. Auch unterscheidet sich Cueva von den anderen humanistischen Theoretikern durch seine Betonung der fortschreitenden Entwicklung in der Kunst und durch sein Bestreben, die Dichtung ganzheitlich als ästhetisches Phänomen zu erfassen, das aus dem Zusammenwirken der verschiedensten Elemente, wie äußere Form, Inhalt, Klang und Stimmung, entsteht. Kennzeichen des vollendeten Stils ist darum für ihn die harmonische Einheit von Gegenstand, sprachlichem Ausdruck und innerer Gestimmtheit. Neuen Wegen folgt Cueva auch in seinen Ausführungen über das Drama, die am Ende der drei Abschnitte des Werks stehen und dessen wichtigsten und originellsten Teil darstellen.

Schon als Bühnenschriftsteller hat Cueva bahnbrechend gewirkt, indem er die alten Chroniken und Romanzen als Quellen für theaterwirksame Stoffe erschloß. In seiner Poetik schafft er nun die theoretischen Grundlagen für dieses Vorgehen. Die Zeiten, meint er, ändern sich und mit ihnen die Sitten, Erkenntnisse und Empfindungen. Dementsprechend müsse die Kunst immer wieder neue Fabeln und Ausdrucksformen finden. Cueva lobt zwar die Kunstfertigkeit, den Geist und das große Wissen der antiken Autoren, aber *»erfinderischen Geist, Anmut und kunstvollen Ornat«* habe dagegen *»nur die geistreiche Fabel Spaniens«*. Für das erneuerte Drama führt er dann Regeln und Vorschriften an, die von Einsicht und überlegener Sachkenntnis zeugen. Für die Literaturwissenschaft ist seine Auffassung von der Romanze wichtig geworden, die er, wie auch die heutige Forschung (MENÉNDEZ, PIDAL), als Überbleibsel des alten Epos ansieht und auf die Goten zurückführt. A.F.R.

AUSGABEN: Madrid 1774 (in *Parnaso español*, Bd. 8, Hg. J. J. López de Sedano, S. 1–68). – Madrid 1953, Hg. F. A. de Icaza (Clas.Cast). – Madrid 1973. – Sevilla 1986, Hg. J. M. Reyes Cano.

LITERATUR: E. Walberg, *J. de la C. et son »Exemplar poético«*, Lund 1904. – C. Guerrieri Crocetti, *J. de la C. e le origini del teatro nazionale espagnole*, Turin 1936. – A. Vilanova, *Preceptistas de los siglos 16 y 17* (in *Historia general de las literaturas hispánicas*, Bd. 3, Barcelona 1953, S. 567–692). – M. Newels, *Die dramatischen Gattungen in den Poetiken des Siglo de oro*, Wiesbaden 1959. – A. Hermenegildo, *Los trágicos españoles del siglo 16*, Madrid 1961. – M. Menéndez y Pelayo, *Historia de las ideas estéticas en España*, Madrid [3]1962. – F. Sánchez Escribano u. A. Porqueras Mayo, *Preceptiva dramática española del renacimiento y el barroco*, Madrid 1965.

# LIDIJA KORNEEVNA ČUKOVSKAJA

* 24.3.1907 Helsingfors / Finnland

LITERATUR ZUR AUTORIN:
K. Verheul, *Een Russische poging tot rekenschap* (in Tirade, 1969, 13, S. 36–46). – E. Brejtbart, *Chranitel'nica tradicii: L. K. Č.* (in Grani, 1977, 104, S. 171–182). – A. Pries, *L. K. Ts.* (in Tirade, 1983, 27, S. 97–103). – V. Lamzdorf, *Iskljucit' iz žizni* (in Possev, 1980, 1, S. 60–61). – N. Zand, *Une sténographie de la vie soviétique* (in Le Monde, 25. 3. 1980). – A. Latynina, *»Writing Was My Salvation...«* (in Moscow News, 1988, 17, S. 7).

## OPUSTELYJ DOM

(russ.; *Ü: Ein leeres Haus*). Roman von Lidija K. ČUKOVSKAJA, erschienen 1965 in Paris. – Dieser kurze, halbautobiographische Roman (ursprünglicher Titel: *Sof'ja Petrovna*) der Tochter des bekannten Kinderbuchautors Kornej ČUKOVSKIJ entstand im Winter 1939/40 in Leningrad unter dem Eindruck gerade durchlebter Ereignisse und ist der einzige nicht nachträglich geschriebene Prosatext über die Zeit der Massenverhaftungen von 1937; Anfang der sechziger Jahre wurde die Erzählung zu einem der verbreitetsten Samisdat-Bücher. Das von der Autorin als Zeugenaussage verstandene Werk schildert die Zeit der »Säuberungen« unter Stalin aus der Sicht einer Leningrader Patriotin, die, dem sowjetischen Regime blind vertrauend, erst die Verhaftung von Arbeitskollegen, dann die des eigenen Sohnes erlebt, daraufhin allmählich in ihrem Glauben an einen gerechten Sowjetstaat erschüttert wird und am Ende in völlige Hoffnungslosigkeit fällt.

Überzeugend gelingt es Čukovskaja, das wohlgeordnete Leben der Ol'ga Petrovna Lipatova zu schildern, die nach dem Tod ihres Mannes als qualifizierte Schreibkraft in einem Leningrader Verlagshaus arbeitet. Streng und gerecht, dabei politisch vollkommen desinteressiert, versieht sie ihre Arbeit voller Freude und macht bald berufliche Fortschritte. Als Wohnungsbevollmächtigte ihrer Gemeinschaftswohnung genießt sie den Respekt der Nachbarn; ihr Sohn Kolja, ein musterhafter Jungkommunist, wird als Bester seines Jahrgangs zusammen mit seinem Freund Alik Finkelstein in eine Fabrik nach Sverdlovsk geschickt, wo er bald eine für die Produktion wichtige Erfindung macht. Ol'ga Petrovnas Glück ist vollkommen, als die ›Pravda‹ auf der ersten Seite über ihn berichtet. Ihr unerschütterlicher Glaube an die Unfehlbarkeit des Sowjetstaates wird von vielen Menschen ihrer Umgebung geteilt. Daß Nataša Frolenko, einer Kollegin und Freundin, die Aufnahme in den Komsomol verweigert wird, scheint Ol'ga durch Natašas Herkunft – sie ist die Tochter eines zaristischen Obersten – ausreichend begründet. Ebenso findet Kolja selbst für absurdeste Erscheinungen des sowjetischen Alltags immer wieder befriedigende Erklärungen. Diese Begrenztheit des Horizonts wird als Massenphänomen gezeigt und läßt die Hauptfigur als typische Vertreterin einer totalitären Gesellschaft erscheinen. Die Verhaftung angeblicher Saboteure und Staatsfeinde läßt bei ihr nicht die geringsten Zweifel an deren Schuld aufkommen. Als ihr Sohn verhaftet wird, glaubt sie an ein Mißverständnis und erwartet ständig seine Rückkehr. Für sie beginnt nun ein neues Leben, das von der Frage nach dem Schicksal ihres Sohnes geprägt ist. Der Rhythmus ihres Lebens wird jetzt vom schrecklichen Ritual des Schlangestehens vor Gefängnissen und Auskunftsstellen bestimmt. Ein Schreibfehler Natašas, der als klassenfeindlicher Anschlag interpretiert wird, führt zu deren Entlassung. Ol'gas Eintreten für sie auf einer Generalversammlung des Verlags bleibt nicht ohne Folgen. Ol'ga reicht die Kündigung ein, bevor sie selbst entlassen werden kann. Wegen seiner Loyalität dem Freund gegenüber verliert auch Alik seine Arbeit und wird später ebenfalls verhaftet. Inzwischen hat Ol'ga erfahren, daß Kolja wegen der Beteiligung an einem terroristischen Akt zu zehn Jahren Zwangsarbeit verurteilt und deportiert wurde. Nach dem Selbstmord Natašas, die keinen Ausweg mehr gesehen hat, bleibt Ol'ga allein zurück. In ihrer Verzweiflung legt sie Vorräte für Kolja an, auf dessen Brief sie täglich wartet. Als dreizehn Monate nach Koljas Verhaftung Nachrichten von Entlassungen bekannt werden, gestaltet sie aus Wunschvorstellungen und Hoffnungen ihre eigene Realität. Sie stellt sich vor, gute Nachrichten von der baldigen Rückkehr ihres Sohnes zu bekommen und die Achtung ihrer Umwelt zurückzugewinnen. Schließlich erhält sie einen ihr auf Umwegen zugestellten Brief Koljas aus dem Lager, in dem er verzweifelt die näheren Umstände seiner Verhaftung schildert und die Mutter darum bittet, ein Gesuch zu schreiben. Als sie die Ausweglosigkeit der Lage begreift, verbrennt sie den Brief. So kapituliert die Hauptfigur des Romans, anders als dessen Autorin, vor der Übermacht eines totalitären Staates.

Der in nüchtern-realistischem Stil geschriebene Roman hat in erster Linie als Zeitdokument Bedeutung, wobei auch die Publikationsgeschichte des Buches einige charakteristische Entwicklungsphasen der jüngsten Geschichte spiegelt. Mußte Čukovskaja ihren Roman in den vierziger Jahren unter größter Gefahr verbergen, so wäre er in den sechziger Jahren beinahe veröffentlicht worden: Das Manuskript war bereits gesetzt, als die Publikation doch noch verboten wurde. Die Tatsache, daß der Roman (unter dem ursprünglichen Titel *Sof'ja Petrovna*) in dem Leningrader Journal ›NEVA‹ im Februar 1988 erstmals veröffentlicht wurde und daß ein weiteres Erscheinen in Buchform für die nahe Zukunft geplant ist, scheint Hinweise auf die von der Autorin so bedingungslos geforderte Aufarbeitung einer menschenverachtenden und grausamen Vergangenheit zu enthalten. S.Ma.

AUSGABEN: Paris 1965. – Paris 1981. – Leningrad 1988 (u. d. T. *Sof'ja Petrovna*; Neva, 2, S. 51–93).

ÜBERSETZUNG: *Ein leeres Haus*, E. Mathay, Zürich 1967. – Dass., dies., Zürich 1971. – Dass., dies., Zürich 1982.

LITERATUR: W. Kasack, *Sie füllt das leere Haus* (in Die Welt, 24. 3. 1987). – P. Karp, *Rubeži ličnogo opyta* (in Knižnoe Obozrenie, 1988, 20, S. 3).

## SPUSK POD VODU

(russ.; *Ü: Untertauchen*). Roman von Lidija K. ČUKOVSKAJA, erschienen 1972 in New York. – Dieser in Tagebuchform geschriebene zweite Roman der in der Sowjetunion vor allem als Redakteurin und Publizistin bekannten Autorin entstand zwischen 1949 und 1957 und gelangte über den Samisdat in den Westen. Das Original, das bisher nur im Samisdat kursierte, wird demnächst zusammen mit dem Roman *Sof'ja Petrovna* in Moskau erscheinen.

Die Handlung spielt vor dem Hintergrund der von Stalin initiierten Kampagne gegen den »Kosmopolitismus« Ende der vierziger Jahre und zeigt den verhängnisvollen Einfluß des Stalinismus auf die schöpferische Intelligenz jener Zeit. Ort der Handlung ist ein Sanatorium für Künstler nördlich von Leningrad, in das die Hauptperson, Nina Sergeevna Pimenova, für 26 Tage gekommen ist, um an einer Übersetzung zu arbeiten; heimlich schreibt sie jedoch einen Roman über die Stalinzeit. Hier trifft sie Menschen, die wie sie von der Erfahrung totalitärer Staatsgewalt gezeichnet sind. In der Idylle der winterlichen Landschaft werden die sich im Sanatorium aufhaltenden Schriftsteller von der politischen Wirklichkeit eingeholt.

Der Roman beginnt mit der Ankunft in dem Erholungsheim; die erste Tagebuchaufzeichnung datiert vom Februar 1949. Lyrische Naturbeschreibungen bilden zunächst den Schwerpunkt der Aufzeichnungen. Einsame Spaziergänge, das Erlebnis des winterlichen Waldes, die Versenkung in die russische Lyrik und Begegnungen mit und in einer belebten und als personifiziertes Gegenüber empfundenen Natur ersetzen Nina Sergeevna den Kontakt mit den im Sanatorium weilenden Künstlern. Eine Ausnahme bildet der Schriftsteller Nikolaj Aleksandrovič Bilibin, der seine Lagererlebnisse in einem Roman über das Leben der sibirischen Bergarbeiter verarbeitet und zu dem sie nach und nach ein immer vertrauteres Verhältnis entwickelt. Als Bote von »drüben« gibt er ihr Aufschluß über das Schicksal ihres 1937 verhafteten Mannes und klärt sie darüber auf, daß das Urteil über ihn, zehn Jahre Lager mit Briefverbot, mit der sofortigen Liquidierung gleichzusetzen war. Seine Kenntnisse einer unbekannten und grausamen Welt, an der ein Außenstehender nur durch schreckliche Phantasievorstellungen oder authentische Zeugenberichte teilhaben kann, machen ihn zum Mittler zweier Welten und zum wichtigen Zeugen einer unbewältigten Vergangenheit. Immer kehrt in Ninas Alpträumen das Motiv des Todes ihres Mannes wieder; leitmotivisch wiederholt sich das Bild des Wassers und schafft eine Verbindung zu dem als beglückend empfundenen Prozeß des *»Untertauchens«*. Dieser Vorgang meint gleichzeitig die Empfindung des Wegtauchens in eine andere Welt, in der Ruhe und Frieden herrschen, die Begegnung von Stille und Erinnerung, die Beschwörung einer schrecklichen Vergangenheit und den Versuch, diese durch bewußte Zeugenschaft, die sich im Niederschreiben eines Buches manifestiert, zu überwinden. Diese Vergangenheit ist allgegenwärtig und betrifft jeden; Bilibin, der im Lager herzkrank wurde, den jüdischen Dichter Weksler, der im Krieg seinen Sohn verlor, einen beleibten Hypertoniker, dessen Familie von den Deutschen bei lebendigem Leibe verbrannt wurde, oder eine Hausangestellte, der eine Zuzugsgenehmigung nach Moskau verweigert wird, weil sie in einer früher besetzten Zone lebt. Das Sanatorium liegt in ehemaligem Kriegsgebiet; der verschneite Wald, ein Symbol des Friedens und der Unschuld, birgt die Gräber gefallener Soldaten. Die Atmosphäre im Heim wird zunehmend von den politischen Ereignissen geprägt; im Radio wird zum Kampf gegen den Kosmopolitismus aufgerufen, ein neuer Antisemitismus kommt auf. Eines Nachts wird der jüdische Dichter Weksler abgeholt.

Ninas Beziehung zu Bilibin wird immer enger, bis sie seinen Roman liest und erkennt, daß er, statt Zeugnis von der Wahrheit abzulegen, seine Lagererlebnisse in ein sozialistisches Heldenepos umgearbeitet hat. Zutiefst enttäuscht wendet sie sich von ihm ab, nachdem sie ihn einen Feigling und falschen Zeugen genannt hat. Schließlich verlassen sie gemeinsam das Sanatorium, ohne sich noch einmal ausgesprochen zu haben. Mit der Rückkehr nach Moskau brechen die Aufzeichnungen ab.

Dieser zweite Roman L. Čukovskajas ist in gewisser Weise die Fortsetzung von *Opustelyj Dom*, 1965 *(Ein leeres Haus)*. Während der erste Roman ein Zeitzeugnis der schrecklichsten Jahre des Stalinismus war, werden hier die Auswirkungen dieser Jahre auf das Leben, Denken und Fühlen von Opfern oder Angehörigen von Opfern der Staatsgewalt verdeutlicht. Einem an der Oberfläche normalen Leben, das von grausamen Erfahrungen gezeichnet ist, die verschwiegen werden müssen und daher nicht verarbeitet werden können, droht jederzeit die Wiederholung eines schon durchlebten Alptraums. Vorstellungen davon gibt ein Kapitel des Buches, das inhaltlich an *Opustelyj Dom* anknüpft und als Buch im Buch die bedrückendsten Erinnerungen an die Schreckensjahre wachruft. S.Ma.

Ausgaben: NY 1972. – Paris 1972.

Übersetzung: *Untertauchen*, S. Geier, Zürich 1975.

Literatur: M. Frise, Rez. (in FAZ, 11. 12. 1974). – H. von Sachno, Rez. (in SZ, 22./23. 3. 1974). – A. Broyard, Rez. (in International Herald Tribune, 5. 5. 1976).

## MICHAIL DMITRIEVIČ ČULKOV

* 1743 oder 1744 Moskau
† 4.11.1792 Moskau

Literatur zum Autor:
V. S. Nečaeva, *Russkij bytovoj roman XVIII v. M. D. Č.* (in Učënye zapiski in-ta jazyka i literatury, 2, 1928, S. 5–41). – V. Šklovskij, *Č. i Levsin*, Leningrad 1933. – J. G. Garrard, *The Prose Fiction of M. Chulkov*, Phil. Diss. Columbia Univ. 1966 [enth. Bibliogr.]. – Ders., *M. Č. An Introduction to His Prose and Verse*, Den Haag/Paris 1970.

### PRIGOŽAJA POVARICHA, ili pochoždenie razvratnoj ženščiny

(russ.; *Die hübsche Köchin, oder Abenteuer eines lasterhaften Frauenzimmers*). Roman von Michail D. Čulkov, anonym erschienen 1770. – Der Roman enthält die Lebensbeichte der »hübschen Köchin« Martona, deren Mann als Sergeant in der Schlacht bei Poltava gefallen ist und sie als Neunzehnjährige unversorgt in Kiew zurückließ. Sie wird zunächst die Geliebte eines Bediensteten und kurz darauf auch von dessen Herrn Sveton. Svetons Frau ertappt das Paar, Martona wird verprügelt und weggejagt. Sie geht nach Moskau, wo sie Köchin bei einem korrupten und bigotten Sekretär, Geliebte eines Kanzleischreibers und schließlich Wirtschafterin bei einem verwitweten siebzigjährigen Oberstleutnant wird, der sich in sie verliebt, ihr das gesamte Hauswesen anvertraut, sie aber aus Eifersucht kaum aus dem Hause läßt. Martona lernt in der Kirche, wohin sie an hohen Feiertagen gehen darf, Achal', einen adligen, aber armen jungen Mann kennen, der einige Zeit später in Frauenkleidern als Martonas Schwester ins Haus kommt. Der Oberstleutnant schöpft keinen Verdacht, ja er ist über die zärtliche Liebe zwischen den Schwestern so gerührt, daß er ihnen sein eigenes Schlafzimmer abtritt. Um die Flucht mit Achal' zu ermöglichen, schafft Martona Wertsachen des Alten zu dem Geliebten, der jedoch mit der Beute entwischt, worauf Martona reumütig zu dem Alten zurückkehrt. Er verzeiht ihr, stirbt indes bald darauf. Martona kommt wegen ihrer Betrügereien ins Gefängnis, wo sie von Achal' besucht wird, der über den Wachoffizier Svidal' ihre Entlassung bewirkt. Da sich in der Folgezeit beide Männer für sie interessieren, kommt es zu einem Duell: Svidal' bricht zusammen, Achal' flieht. Martona, die sich in Svidal' verliebt hat und um ihn trauert, ist hocherfreut, als eines Tages der Totgeglaubte zu ihr kommt und seinen Zusammenbruch beim Duell als List enthüllt, um den Nebenbuhler zu verjagen. In einem Brief teilt Achal' mit, er habe aus Verzweiflung über die Tötung seines Freundes Gift genommen und erbitte als letzten Trost Martonas Besuch. Sie erzählt ihm von Svidal's List, aber auch, daß dieser bereue und ebenfalls gekommen sei, um Abbitte zu leisten. Achal' hält jedoch den darauf eintretenden Svidal' für eine Erscheinung und wird wahnsinnig.

Der ohne Verfasserangabe gedruckte Roman, der zur Gattung des Schelmenromans gehört, wurde schon von den Zeitgenossen als Werk Čulkovs erkannt. Kennzeichnend für die über den *Peresmešnik*, 1766–1768 *(Spötter)*, und die Artikel der satirischen Zeitschrift ›I to i së‹, 1769 (Dies und das), erworbene Beherrschung der Gesellschaftskritik in Form der Satire ist die eindeutige und durchgehende Fixierung auf die Ich-Erzählerin, aus deren Perspektive allein sich die Geschichte entwickelt. Martona, aus den unteren Schichten stammend, schildert am Ende des Romans den literarischen Salon einer Kaufmannsfrau, wodurch eine meisterhafte Karikatur der High Society jener Zeit entsteht. Als formales Vorbild sind etwa die Schelmenromane von GRIMMELSHAUSEN und DEFOE zu nennen, die ebenfalls durch den Verzicht auf eine Gliederung – etwa in Kapitel – die Fiktion der unmittelbaren Lebensbeichte verstärken. Dem gleichen Ziel dient die dem sozialen Status der Köchin in Wortschatz und Syntax angepaßte Sprache, die durch Sprichwörter und die Fachsprache der jeweiligen Liebhaber bereichert ist. Durch die melodramatische Peripetie am Schluß wird die Einheitlichkeit der Erzählung durchbrochen. – Die *Prigožaja povaricha* gilt als der erste russische Schelmenroman und zählt zu den besten russischen Romanen des 18. Jh.s.

H.Lau.

AUSGABEN: Petersburg 1770 [anon.]. – Petersburg 1890 (in *Russkaja literatura XVIII v.*). – Moskau/Leningrad 1950 (in *Russkaja proza XVIII v.*, Hg. A. V. Zapadov u. G. P. Magonenko). – Moskau 1952 (in *Chrestomatija po russkoj literature XVIII v.*, Hg. A. V. Kokorev; gek.).

LITERATUR: V. V. Sipovskij, *Očerki iz istorii russkogo romana*, Bd. 1/1, Petersburg 1909. – J. Striedter, *Der Schelmenroman in Rußland*, Bln. 1961.

## NECATI CUMALI

* 13.1.1921 Florina

LITERATUR ZUM AUTOR:
B. Necatigil, *Edebiyatımızda isimler sözlüğü*, Istanbul 1977. – R. Dara, *N. C. 'nın şiirlerinde cinsellik (cinsel aşk)* (in Yazko edebiyat, 4, 1982, H. 23, S. 90–99). – *N. C. öykücülüğünü anlatıyor: Konuşan K. Ertop* (in Varlık, 49, 1982, H. 895).

### NALINLAR

(ntürk.; *Die Holzschuhe*). Schauspiel in zwei Akten von Necati CUMALI, Uraufführung: Istanbul, 26. 3. 1962; erschienen 1962. – Den Inhalt des Stücks bildet eine Liebes- und Entführungsgeschichte in einem anatolischen Dorf. Seher Akkuzulu und Ömer Yavaş lieben sich; aber Sehers Mutter und ihr Bruder Osman wollen nicht auf einen Teil ihres Vermögens verzichten und verweigern ihre Zustimmung zur Heirat. Auch der einflußreiche Ortsvorsteher stellt sich auf Osmans Seite, da er wegen einer früheren Affäre, bei der Ömers Vater nicht als falscher Zeuge auftreten wollte, die ganze Familie Yavaş mit unauslöschlichem Haß verfolgt. So hetzt er unablässig bei Osman und seiner Mutter gegen das Liebespaar. Doch die beiden fahren fort, sich heimlich zu treffen und Briefe zu wechseln. Eine Nachbarin, die junge Witwe Döndü, ist ihnen dabei behilflich. Als die Liebenden einsehen, daß sie unter dem Druck der Familie und der Umgebung nicht ungestört heiraten können, beschließen sie eines Tages zu fliehen. Ömer entführt Seher, als sie am Brunnen Wäsche wäscht. Aber sie hat nichts von ihren Sachen mitgenommen und verliert bei der Flucht auch noch ihre Holzschuhe – ein »Indiz« dafür, daß Ömer Gewalt gebraucht hat. Nach kurzer Zeit werden die jungen Leute eingefangen; man sperrt Seher ins Haus und stellt Ömer vor Gericht. Wieder kommt Döndü zu Hilfe. Sie macht Seher klar, daß mit achtzehn Jahren jeder das Recht hat, über sein Leben und seine Ehe selbst zu entscheiden. Seher flieht zum zweitenmal und gelangt mit einem von Ömers Vater besorgten Auto in die Kreisstadt. Diesmal aber nimmt sie nicht nur ihr Einschlagtuch mit, sondern stellt auch eigenhändig ihre Holzschuhe nebeneinander, mit der Unterseite nach oben, vor die Haustür, zum Zeichen, daß sie aus freien Stücken fortgegangen ist und nicht mehr zurückkehren will. Damit ist Ömer entlastet, und mit Hilfe Döndüs, die als Trauzeugin fungiert, können die Liebenden in der Stadt heiraten.

Der auch durch seine Gedichte bekannte Autor hat in diesem Stück versucht, eine lyrische, trotz des Konfliktstoffs gleichsam idyllische Atmosphäre zu schaffen. Nachdem die Schriftsteller in den letzten Jahren Anatolien nur in seinen harten und bitteren Aspekten dargestellt haben, bringt Necati Cumali einen Hauch von Frühling auf die Bühne. Im Rauschen seiner Dorfbrunnen und in den Liedern der Mädchen, die Liebe und Treue besingen, wird Anatolien wieder zum Märchenland der alten Volksdichtung, zu einem Land der Sehnsucht. – Nach der erfolgreichen Uraufführung durch die Truppe »Kent Oyuncuları« wurde das Werk auch im Ausland bekannt und in Jugoslavien inszeniert. B.At.

AUSGABEN: Istanbul 1962 (in Varlık, H. 572). – Istanbul 1969 (in *Oyunlar 3*).

LITERATUR: S. Günay Akarsu, *Istanbul tiyatroları »Nalınlar«* (in Varlık, 1962, H. 573, S. 16). – C. Kudret, *Kent oyuncuları* (in Türk dili, 1962, H. 130, S. 816/817).

## TÜTÜN ZAMANI

(ntürk.; *Die Zeit der Tabakernte*). Roman von Necati CUMALI, erschienen 1959. – Wie die meisten seiner Erzählungen spielt auch dieses Buch des aus Florina in Rumelien stammenden Autors, dessen Familie im Zuge des griechisch-türkischen Bevölkerungsaustauschs 1923 nach Westanatolien umgesiedelt worden war, im Umkreis seiner neuen Heimatstadt Urla bei Izmir. Das soziale Milieu, das er schildert, ist geprägt von der dort herrschenden Tabakmonokultur, die die mittellosen Einwanderer schnell von den Großgrundbesitzern abhängig werden läßt.

Gegenstand der Handlung, die den Zeitraum vom Frühjahr bis zum Herbst eines Jahrs umgreift, ist eine Liebesaffäre und der dadurch ausgelöste Konflikt zwischen zwei armen Großfamilien und ihrem gemeinsamen Nachbarn. Wie alle Tabakarbeiter der Umgegend hat auch der Umsiedler Receb aus Kavalla mit Frau und Töchtern eine selbstgebaute Hütte auf der von ihm bearbeiteten Plantage bezogen; nach der Heirat der beiden älteren Töchter führt die siebzehnjährige Zeliş den Haushalt. Zeliş liebt Cemâl, den Sohn des Ali Onbaşı aus Kadıovacık, der so arm ist wie Receb; Cemâl hat überdies noch nicht seinen Militärdienst abgeleistet. Andererseits hat der reiche Grundbesitzer und Viehzüchter Bekir sein Auge auf Zeliş geworfen; da sie jedoch nicht darauf reagiert, leiht er Receb ständig größere Geldsummen, um ihn später zu einer positiven Antwort zu zwingen, wenn er um ihre Hand anhält. Receb ist im Grund mit dieser Heirat einverstanden, macht allerdings zur Bedingung, daß Bekir wartet, bis die Erntezeit vorbei ist und auch die Oliven von den wenigen Bäumen, die die Familie besitzt, eingesammelt werden können; er weiß, daß er ohne Zeliş mit dem rechtzeitigen Abnehmen, Stapeln, Ordnen und Trocknen der Tabakblätter nicht fertig würde. Bekir verliert indessen die Geduld und beschließt, das Mädchen mit Hilfe von Fehmi dem Blinden, einem Taugenichts und Meister dunkler Geschäfte, zu entführen. Auf diese Weise spart man auch die Unkosten einer Brautwerbung auf legalem Weg. Nach anatolischer Sitte muß allerdings das Mädchen der Entführung zustimmen. Diesmal ist es anders. Zeliş ist noch keine achtzehn, d. h. nicht volljährig, und falls die Sache vor Gericht kommt, wird nicht ihre, sondern des Vaters Einwilligung von entscheidender Bedeutung sein; Receb aber hat Bekir schon sein Versprechen gegeben. Zum Glück erfährt Zeliş durch ihre siebenjährige Schwester, daß Bekir und Fehmi mit einem Mietwagen auf der Straße warten und sie entführt werden soll. Es gelingt ihr, ungesehen durch die Felder zu Cemâls Hütte zu schleichen und mit ihm zusammen zu fliehen; fünfzehn Tage lang irren beide von Versteck zu Versteck, wobei Zeliş noch größere Entschlossenheit und Charakterfestigkeit zeigt als ihr junger Geliebter. Der primitive Zorn und die Intrigen der Zurückgebliebenen sind im Roman meisterhaft zum Ausdruck gebracht. Sie gipfeln in der Verleumdung Cemâls und seines Vaters, sie hätten dem Mädchen mit Messer und Pistole gedroht und es unter Gewaltanwendung entführt. Als Jurist, der seine Referendarzeit in Urla verbracht hat, kann der Autor aus eigener Erfahrung schildern, wie Meineidige gefunden werden, wie ernst die Gendarmerie ihre Ermittlungstätigkeit nimmt, wie Richter und Rechtsanwalt einer Provinzstadt sich die Zeit vertreiben. Um nicht zu verhungern, finden die beiden Entflohenen eine Arbeitsstätte, wo jedoch Zeliş von dem jungen Chef belästigt wird. Die herbeigeholte Gendarmerie erkennt die Gesuchten und übergibt sie der Justiz. Vor Gericht übernimmt Zeliş mutig die Verteidigung Cemâls und gesteht, daß sie von niemandem entführt worden, sondern aus freien Stücken zu ihm gegangen sei. Durch ihre Offenheit gewinnt sie die Sympathien des Publikums. Noch fehlen ihr zwei Monate zur Volljährigkeit, doch ihr Vater zieht, von Gewissensbissen gequält, die Anklage zurück und erlaubt die vorzeitige Heirat, wodurch Cemâl eine Zuchthausstrafe erspart bleibt. Das Paar geht nach Izmir, um dort in einer Zigarettenfabrik zu arbeiten.

Trotz der Einfachheit, ja Trivialität der Handlung ist es Necati Cumalı gelungen, den Lebenskampf der Menschen, deren Schicksal er einst geteilt hatte und unter denen er aufgewachsen war, überzeugend darzustellen. Indem er sie selbst in ihrer lokalen Mundart sprechen läßt, erhellt er zugleich an einem kleinen zeitlichen und räumlichen Ausschnitt ein Stück anatolischer Sozialgeschichte im Spannungsfeld zwischen inhaltlos gewordenem, manipuliertem Brauchtum und halbkolonialer Wirtschaftsstruktur. Zumindest gegenüber dem ersteren impliziert dies auch eine eigene Stellungnahme, die der Glaubwürdigkeit zugute kommt. B.At.

AUSGABEN: Istanbul 1959. – Istanbul 1971 (u. d. T. *Zelis*).

VERFILMUNG: Türkei 1959 (Regie O. M. Ariburnu).

LITERATUR: O. Önertoy, *Türk romanı ve öykusü*, Ankara 1984, S. 134–138.

## RICHARD CUMBERLAND

* 19.2.1732 Cambridge
† 7.5.1811 Turnbridge Wells

### THE BROTHERS

(engl.; *Die Brüder*). Schauspiel von Richard CUMBERLAND, Uraufführung: London, 2. 12. 1769, Covent Garden. – Der böse ältere Bruder Belfield hatte den guten jüngeren Bruder Belfield mit viel List und Tücke vom Erbgut vertrieben, so daß dieser sein Glück als Abenteurer auf dem Kaperschiff eines Onkels suchen mußte. Er fand es in den Bewährungsproben eines männlich-harten Seefahrerlebens. – Der Zufall will es, daß er eines Tages die schändlich verlassene Ehefrau seines Bruders vor dem sicheren Tod aus den Wogen rettet, und der Zufall will es dann auch, daß zu Beginn des Schauspiels das Kaperschiff unweit des Belfield-Gutes am Strand von Cornwall Schiffbruch erleidet. Alle Menschen und alle erworbenen Schätze werden gerettet, und nun treffen die gute Hälfte der Familie mit ihren Vasallen und die böse Hälfte und deren Anhänger zur entscheidenden Auseinandersetzung aufeinander. Nach und nach gehen immer mehr Gefolgsleute des älteren Belfield, der, nichts von der Landung seiner verlassenen Ehefrau ahnend, um die Braut seines Bruders wirbt, zur guten Sache über. Nach einer Folge retardierender Szenen, die von melodramatischen Zufällen bestimmt werden, muß sich der böse Bruder geschlagen geben. Und er tut es gern, denn im Grunde ist auch er ein guter Mensch, der nur auf die schiefe Ebene geraten war. Unter Tränen werden Versöhnungen und Hochzeiten gefeiert, die dank dem Familientreffen zustande kommen, und schon bestehende Ehen werden neu gefestigt.

Die Männer der See haben den Sieg davongetragen und die zivilisationskranke Gutsgesellschaft zum Reinen, Guten und Natürlichen bekehren können. Das bürgerlich-moralisierende, larmoyante Familienschauspiel erlebt mit Stücken wie diesem und dem noch erfolgreicheren *The West Indian*, 1771 *(Der West-Inder)*, desselben Autors seinen Höhepunkt in England. Mit ihnen beginnt die Entwicklung des Melodramas. Streng nach »edel« und »unedel« geschieden, bewegen sich starre, nach grotesk-konventionellen Schwarzweißmustern gezeichnete Charaktere durch eine Reihe von Mißhelligkeiten und Zwisten der endlichen Versöhnung zu, wobei ein paar marionettenhaft lächerliche Chargen im situationskomischen Durcheinander dramaturgische Botendienste leisten. E. St.

AUSGABEN: Ldn. 1770. – Philadelphia 1850. – Ldn. 1871 (in *British Drama*, Bd. 7). – Ldn. 1970 (Everyman's Library). – NY 1982 (in *The Plays*, Hg. R. F. Borkat, 6 Bde.).

LITERATUR: W. B. Todd, *Press Figures and Book Reviews as Determinants of Priority: A Study of Homes »Douglas« and C.'s »The Brothers«* (in PBSA, 45, 1951, S. 72–76). – J. J. Jr. Keenan, *The Poetic of High Georgian Comedy: A Study of the Comic Theory and Practice of Murphy, Colman, and C.*, Diss. Univ. of Wisconsin 1969 (vgl. Diss. Abstracts, 30, 1970, S. 5412A–5413A). – E. M. Yearling, *The Good-Natured Heroes of C., Goldsmith, and Sheridan* (in MLR, 67, 1971, S. 490–500). – D. M. Heaberlin, *Character Types in R. C.'s Comedies* (vgl. Diss. Abstracts, 33, 1973, S. 3648A). – L. Travers, *›Nature's Spoilt Children‹: A World of Extended Innocence in the Comedies of R. C.*, Diss. Boston Univ. (vgl. Diss. Abstracts, 33, 1972, S. 1697A–1697A). – R. J. Dirks *R. C.*, Boston 1976 (TEAS). – E. M. Waith, *R. C., Comic Force, and Misanthropy* (in Comparative Drama, 12, 1978, S. 283–299).

## EDWARD ESTLIN CUMMINGS

* 14.10.1894 Cambridge / Mass.
† 3.9.1962 North Conway / N.H.

**LITERATUR ZUM AUTOR:**
Ch. Norman, *E. E. C.: The Magic Maker*, NY 1958; ²1964 [korr.]. – B. K. Dumas, *E. E. C.: A Remembrance of Miracles*, Ldn. 1964. – G. J. Firmage, *E. E. C.: A Bibliography*, Middeltown/Conn. 1960; ²1974. – *E. E. C. and the Critics*, Hg. S. V. Baum, East Lansing 1962. – N. Friedman, *e. e. c.: The Growth of a Writer*, Carbondale/Ill. 1964. – B. A. Marks, *E. E. C.*, NY 1964 (TUSAS). – R. E. Wegner, *The Poetry and Prose of E. E. C.*, NY 1965. – M. Gidley, *Picture and Poems: E. E. C. in Perspective* (in Poetry Review, 59, 1968, S. 179–198). – *E. E. C.: A Collection of Critical Essays*, Hg. H. Friedman, Englewood Cliffs/N. J. 1972. – A. Lozynsky, *An Annotated Bibliography of Works on C.* (in Journal of Modern Literature, 7, 1979, S. 350–391). – G. Rotella, *E. E. C.: A Reference Guide*, Boston 1979. – R. S. Kennedy, *Dreams in the Mirror: A Biography of E. E. C.*, NY 1980. – L. W. Wagner, *E. E. C.: A Review of Research Criticism* (in Resources for American Literary Studies, 11, 1981, S. 184–214). – *E. E. C.: The Critical Reception*, Hg. L. N. Dendinger, NY 1981. – K. P. Harmening, *Schreibweisen: Unordentlicher Versuch über C. zu reden* (in Akzente, 30, 1983, Nr. 6, S. 515–528). –

*Critical Essays on E. E. C.*, Hg. G. Rotella, Boston 1984. – J. Penberthy, *E. E. C.* (in *American Poets, 1880–1945*, Hg. P. Quartermain, Detroit 1986, S. 117–137).

**DAS LYRISCHE WERK** (amer.) von Edward Estlin CUMMINGS.

Cummings, Sohn eines Harvard-Professors und unitarischen Geistlichen, aufgewachsen in einer behütet-bürgerlichen Umgebung, begann mit acht Jahren zu dichten, zunächst im Stile von H. W. LONGFELLOW, dann von J. KEATS und D. G. ROSSETTI. Der junge Harvard-Student war dann tief beeindruckt von den avantgardistischen Bildern (insbesondere von C. Brancusi und M. Duchamp), die 1913 bei der Amory Show in Boston zu sehen waren, der Ausstellung, die Amerika mit dem Modernismus konfrontierte. Cummings wurde in der Folgezeit zum Kenner der neuen künstlerischen und literarischen Tendenzen, über die er als Student Essays schrieb. Erste Gedichte in Harvard-Magazinen und Anthologien lassen früh jene Merkmale erkennen, die Cummings in den bis zu seinem Tod im Jahr 1962 veröffentlichten mehr als 700 Gedichten zum unverkennbar persönlichen Stil *»eines Mitglieds der Avantgarde, eines Erzexperimentalisten, eines Modernisten, eines Bohemiens«* (N. Friedman) vervollkommnen sollte.

Zunächst jedoch begann Cummings nach Beendigung des Studiums in New York nicht nur zu dichten, sondern auch zu malen, unterbrochen lediglich ab April 1917 durch den freiwilligen Dienst in einem amerikanischen Ambulanzkorps in Frankreich; allerdings geriet er nach kurzer Zeit wegen Spionageverdachts in Haft und kam erst im Dezember wieder frei. Nach New York zurückgekehrt, nahm er seine künstlerische Tätigkeit wieder auf und teilte für einige Zeit in Greenwich Village ein Studio mit W. S. Brown. Cummings lediglich einen der wichtigsten experimentellen Dichter der Moderne zu nennen, täuscht über das Ausmaß seiner malerischen und zeichnerischen Arbeiten der folgenden Zeit hinweg. Seit 1917 waren seine Exponate immer wieder – etwa in Ausstellungen der Society of Independent Artists oder in Galerien zu sehen (bis 1962 insgesamt mehr als dreißigmal), während in den zwanziger Jahren seine Federzeichnungen neben Arbeiten von Picasso, Braque oder Lachaise (über den er bereits 1920 einen kritischen Essay veröffentlichte) in der Zeitschrift ›The Dial‹ gedruckt wurden. 1931 erschien ein Band Reproduktionen unter dem Titel *Ciopw* (Charcoal = Kohle, Ink = Tinte, Oil = Öl, Pencil = Feder, Watercolour = Wasserfarbe). Bei seinem Tod fanden sich nahezu 1600 Ölgemälde und Aquarelle im Nachlaß; die Gesamtzahl seiner Arbeiten wird auf circa 2000 geschätzt, 80 Skizzenbücher liegen in der Bibliothek der Harvard University, außerdem mehr als 10000 Einzelblätter.

Cummings orientierte sich in der Frühzeit vor allem an Cézanne, den Synchromisten, den Kubisten und den amerikanischen Futuristen, so daß er in den weiteren Umkreis des Formalismus zu rechnen ist. Allerdings faszinierten ihn die Möglichkeiten der Abstraktion ebenso wie das Konkret-Dinghafte darzustellender Objekte. Vor allem betonte er bei seinen ästhetischen Überlegungen den kompositorischen Ganzheitscharakter der aufeinander bezogenen Farben, Linien und Flächen.

Das Frühwerk

Seit 1926 tendierte der Maler Cummings zur Vermischung von konkreten und abstrakten Elementen, wie etwa das Ölgemälde *New York, 1927*, zeigt: Vor dem Hintergrund gegeneinander verschobener Gebäude, Straßen und anderer stärker abstrahierter Objekte sieht man im Mittelpunkt des Bildes einen realistisch gemalten weiblichen Akt. Später sollte sich Cummings ganz vom Prinzip der Abstraktion abwenden. Als Folge davon trat auch der bildende Künstler Cummings im Lauf der zwanziger Jahre zunehmend im Bewußtsein der Öffentlichkeit hinter dem immer experimentelleren Literaten zurück, der zu dieser Zeit den die französischen Gefängniserfahrungen verarbeitenden Roman *The Enormous Room* (1922) veröffentlichte, die allerdings vom Verleger Th. Seltzer von 152 auf 66 Texte reduzierte Sammlung älterer und neuerer Gedichte, *Tulips and Chimneys* (1923), danach die Lyrikbände *&* (1925), *XLI Poems* (1925) und *is 5* (1926), die die zunächst ausgesparten sowie neue lyrische Texte enthalten (eine Gesamtedition des Manuskripts erfolgte 1937), und schließlich produzierte das durch Eugene O'NEILL bekanntgewordene Provincetown Playhouse sein experimentelles Stück *Him* (1928).

Biographisches scheint Cummings' künstlerischen Positionswechsel mit beeinflußt zu haben: eine Scheidung 1924/25, der Tod des Vaters 1926, eine weitere Scheidung 1932. Und nachdem sich Cummings wie viele Modernisten bereits zu Beginn der zwanziger Jahre für die Psychoanalyse Sigmund FREUDS interessiert hatte, ließ er sich 1928/29 behandeln. Diese Faszination durch seelische Prozesse zeigt sich nicht nur in thematischer Hinsicht (häufig sind Träume Gegenstand seiner Arbeiten), sondern vor allem auch in den dichotomischen Kontrastierungen von Cummings' transzendentalistischer Epistemologie, Ästhetik und Poetik. (Im übrigen hat erst die spät bekanntgewordene riesige Sammlung der in der Houghton Library der Harvard University liegenden frühen ästhetischen Notizen im vollen Umfang gezeigt, daß der so sehr Emotionalität und Spontaneität betonende Cummings durchaus auch als rational-analytischer Denker und Ästhetiker ernst zu nehmen ist.)

Für Cummings ist nun wesentlich die prozeßhaft-dynamische natürliche Ordnung den vom Menschen gemachten künstlichen und eher statischen Ordnungssystemen überlegen. Er stellt deshalb der Alltagswirklichkeit festgefügter Gewohnheiten und Denkstrukturen, die er sprachlich im Nomen, philosophisch in Abstraktionen manifestiert sieht, die dreidimensionale Erfahrungswirklichkeit der im Verb repräsentierten unablässigen, naturhaftzyklischen Bewegung gegenüber. Der eine Pol der Cummingsschen Werkskala wird deshalb weiter vom spontan reagierenden Individuum, vom nicht analytisch denkenden, ganzheitlich fühlenden Kind oder Primitiven besetzt, und dem ist der Traum zugeordnet, der das logisch-empirisch Getrennte als paradoxe Einheit präsentiert und dem epistemologisch-rezeptionsästhetisch das dreidimensionale *»seeing around«* (von allen Seiten gleichzeitig sehen) entspricht. Dem sich auf das Fühlen (d. h. Emotion und sinnliche Wahrnehmung gleichermaßen), auf Spontaneität und vor allem Bewegung einlassenden Individuum stellt Cummings das Statisch-Abstrakte und Eindimensionale, die gesellschaftlichen Formen und Institutionen bis hin zu kapitalistischen oder kommunistischen Kollektivideologien gegenüber.

Gegen Abstraktion und Statik der *»mostpeople« (»diemeistenleute«)* richtet sich deshalb auch Cummings' scharfe Satire: *»Was verstehen diemeistenleute unter ›leben‹? Sie meinen nicht leben. Sie meinen die letzte und ausgeprägteste mehrheitliche annäherung an die einmalige pränatale passivität, die die wissenschaft, in ihrer endlichen aber unbegrenzten weisheit, ihren frauen hat verkaufen können.« Für »dich und für mich«*, so Cummings weiter im Vorwort zu den *Collected Poems* (1938), ist Geborenwerden *»ein höchst willkommenes geheimnis, das geheimnis des wachsens, ... Leben, für ewig uns, ist jetzt... Niemals die gemordeten finalitäten des werwo and janein, impotente nichtspiele des falschrichtig und richtigfalsch; niemals zu gewinnen oder anzuhalten; ...; niemals auszuruhen und niemals zu haben: nur zu wachsen.«*

## Die »Picturepoems«

Das Faszinierende an Cummings' Dichtung ist ihr sprachlicher Experimentalcharakter, dessen Zentralkategorie Bewegung ist. Im Unterschied zu den explosiv-deformativen futuristischen Kompositionen MARINETTIS oder zu APOLLINAIRES Ideogrammen sind Cummings' Arbeiten vor allem dynamisierte und die visuell-verbale Wahrnehmung des Rezipienten dynamisierende – dies sein Begriff – *»picturepoems«*. Zum Zwecke solcher Dynamisierung hat Cummings sämtliche Sprachelemente, angefangen von den Satzzeichen über die Groß- und Kleinschreibung, Buchstaben, Silben, Morpheme, Phoneme, Syntagmen bis zur graphischen Textgestaltung inklusive der Zeichenabstände funktionalisiert.

Im Zentrum steht seine Differenzierung von statischem Nomen und dynamischem Verb. Zahlreiche Reflexionen in den nachgelassenen Aufzeichnungen etwa über einzelne Wortarten, die sich Cummings offensichtlich wie auf einer Skala zwischen den Polen Statik und Dynamik angeordnet vorstellt, führen erstmals im Vorwort zur Gedichtsammlung *is 5* zu der theoretischen Äußerung: *»Unausweichliche Beschäftigung mit Dem Verb gibt dem Dichter einen unbezahlbaren Vorteil: während Nicht-macher sich mit dem bloß unabweislichen Faktum begnügen müssen, daß zwei mal zwei vier ist, erfreut er sich an der einfach unwiderstehlichen Wahrheit (die man, in gekürzter Verkleidung, auf dem Titelblatt dieses Bandes findet).«* Beispiel für eine derartige verbale Dynamisierung eines Textes ist z. B. das Gedicht *Picasso* (aus *XLI Poems*): Cummings repräsentiert das kubistische Zertrümmern von menschlichen Figuren in dissonant-kakophonischen – und seiner Auffassung nach zudem *»reinen«* im Gegensatz zu *»unreinen«*, d. h. zur Stützung nach adverbialen Ergänzungen verlangenden – Verben. Er macht – wie auch anderswo – Verben zu Substantiven, die so ihre ursprüngliche Dynamik behalten. Oder er bedient sich jenseits des grammatikalisch Erlaubten der weiteren Möglichkeiten des Wortklassenwechsels, formt sogar aus Präfixen, Fragepronomen, Konjunktionen oder durch Anhängen von Adverbial-, Adjektiv- oder Nominalsuffixen neue Wörter.

Dynamisierende Funktion hat auch die unvermittelte Großschreibung (auch im Wortinnern), die etwa einen Wahrnehmenden perspektivisch auf einen vor ihm ablaufenden, ihn allmählich oder unvermittelt affizierenden Vorgang bezieht (die Prozession in *candles and* oder die heranfliegende Granate in *it's jolly*, beides Texte aus *is 5*). Irreguläre Groß- und Kleinschreibung, auch variabler Abstand zwischen Buchstaben sowie zwischen Buchstaben und Satzzeichen, schließlich die gestische Zeilenverformung, die Aufhebung der Linksbündigkeit, der hängende Vers dienen gleicherweise dem Ziel der Dynamisierung. So fügt Cummings in *i will be moving* (aus *&*) – das Gedicht spricht vom Sich-Bewegen im Körper einer Prostituierten – die Wortkörper zu einer Kurve, indem er Einzelwörter auf verschiedene Verszeilen verteilt und unterschiedlich weit einrückt. Er bildet aber nicht nur auf diese Weise Bewegung ab, sondern unterläuft und verlangsamt, gegen den Strich akzentuierend, den zur Routine gewordenen normalen, linearen Lektürevorgang. So wird der Leser etwa in *o pr* (aus *No Thanks)* ganz konkret dazu veranlaßt, zu Beginn jeder Zeile zur orthographischen (Inlaut-)Ergänzung des Buchstabens *»o«* (aus *progress*) in nichtalltäglich-abstrakten Wörtern jeweils zu dem vom Wortkörper getrennten Vokal am Kopf des Gedichts zurückzukehren und damit ständig diskontinuierlich den Blick gegen die normale Leserichtung zu bewegen. Er leistet damit auch visuell-physisch einen graphischen Aufbau, der zum Schluß in eine abfallende Treppe von Einzelbuchstaben und die Feststellung übergeht, daß man den Präsidenten der USA in der Wochenschau Baseball spielen sehen könne (zudem mit der aussagekräftigen Fragmentierung des Schlußwortes in die Bestandteile *»b«* und – letzte Zeile – *»aseball«*). Wie beim Betrachten einer Graphik oder eines abstrakten Gemäldes (so etwa Bilder aus Cummings' *Noise-* bzw. *Sound*-Serie) muß der Betrachter das Prinzip der einsinnigen Linearität aufkündigen, so wie er auch aktiv sprachliche Leerstellen zu ergänzen hat. In anderen Fällen führt das dem Phonem- oder Morphemaufbau nicht entsprechende, irreguläre Aufbrechen von Wörtern in Bestandteile oder das ambiguisierende Verteilen sinngemäß zusammengehörender Wort- und Satzelemente auf unterschiedliche Zeilen (*»this little«* aus *No Thanks*, wo *»fair«* – *»schön«* – dreimal, durch eine zunehmende Zahl von Ausrufungszeichen akzentuiert, auf der jeweils komplementären Zeile durch *»y«* ergänzt *»fairy«* – *»Homosexueller«* – ergibt), schließlich das Einfügen kontradiktorischer Parenthesen (*»o sure«* aus *No Thanks*) in bestimmte Aussagesätze dazu, daß monothematisches und daher einen präzisen Sinn festschreibendes Rezipieren von Texten unterminiert wird. Ähnliche Wirkungen erzielt das oxymoronartige Kombinieren von Wörtern mit entgegengesetzten Bedeutungen (*»fröhliche hölzerne Agonie«* eines Jesusbildes in *the bed is not very big* aus *&*), das sich thematisch im Nebeneinander konträrer Haltungen (etwa Attraktion durch bzw. Abscheu vor Prostituierten) wiederfindet. Cummings geht es letztlich darum, den Eindruck nicht-abstrakter Simultaneität und Dreidimensionalität *(»seeing around«)* zu erzielen.

### Sonette, Satiren und Porträtgedichte

Auch wenn Cummings in dichtungstheoretischer Hinsicht als experimenteller Autor zu bezeichnen ist, fällt doch seine Vorliebe vor allem für das formstrenge Sonett auf, dessen traditionellen Aufbau er freilich immer wieder durch neuartige Zeilenkombinationen, hängende Verse oder Erweiterung auf fünfzehn Zeilen variiert. Sein erster Sammelband *Tulips and Chimneys* besteht zum einen Teil aus zumeist in freien Versen geschriebenen Texten *(»Tulpen«)*, während Cummings die Sonette unter dem Namen *»Kamine«* versammelt. Immerhin handelt es sich bei 61 der ursprünglich dem Verleger vorgelegten 152 Gedichte um Sonette. Jedes siebte der ersten 63 Gedichte in *ViVa* (1931) ist ein Sonett, und die abschließenden Nr. 64–70 sind es ebenfalls (insgesamt vierzehn, die Zahl der Sonettzeilen). Eine ähnlich zentrale Rolle spielen Sonette in *No Thanks*, wo um die mittleren Texte Nr. 35 und 37 flankiert jeweils jedes vierte Gedicht zu diesem Genre gehört. Cummings berichtet, er sei durch J. Royce früh auf die Sonette D. G. Rossettis aufmerksam geworden, und er bezeichnet das als *»grund – oder wahrscheinlicher ungrund«* dafür, daß er sich seitdem so sehr dieser Form gewidmet hat. Wenn auch die frühen Beispiele zumeist nicht an die Aussagekraft und technische Virtuosität seiner freien Verse heranreichen, findet man doch unter den zwanzig Sonetten der letzten Sammlung *95 Poems* (1958) solche, deren sprachliche Kühnheit einen Vergleich mit J. Donne zuläßt.

Eine ähnlich wichtige Rolle spielen die allerdings formal nicht festgelegten Satiren in Cummings' Gesamtwerk. Nach *Tulips and Chimneys* nimmt die Zahl und Bedeutung der unter diese Rubrik zu zählenden Gedichte seit *is 5* zu. Themen sind dabei der Krieg, die amerikanische Zivilisation, die moderne Technokratie, der Kollektivismus oder nationalistische Vorurteile (bekanntere Beispiele sind die 1960 in H. M. Enzensbergers *Museum der modernen Poesie* aufgenommenen Gedichte *my sweet old etcetera* und *oDE*, aber auch *ygUDuh*, die im Slang formulierte Ankündigung, Amerika werde die *»gelben Bastarde«* schon zivilisieren, oder die oben erwähnten Titel *candles and* und *o pr*). Satirisch nimmt Cummings auch fiktive oder reale Personen aufs Korn, etwa in *i sing of Olaf glad and big* oder in *murderfully in midmost o. c. an* (beide aus *ViVa*), das letztere den *»mostpeople«*-Kriminalautor S. S. van Dine attackierend. Seit *1 x 1* (1944) hat Cummings jedoch immer weniger direkte Satiren geschrieben. Zwar hat er sich noch in *THANKSGIVING (1956)* (aus *95 Poems*) in scharfer Form mit dem amerikanischen Isolationismus während des mit dem eigenen Nationalfeiertag zusammenfallenden ungarischen Aufstandes auseinandergesetzt und das Gedicht mit der abschließenden Aufforderung, die *»Statue der Freiheit zu begraben / (weil sie zu stinken beginnt)«*, auch für seine Lesung auf dem Boston Arts Festival 1957 ausgewählt; aber in der Regel hat er im Spätwerk die direkte Invektive vermieden. Im übrigen ist hin und wieder auch der Titel eines Gedichtbandes satirisch gemeint: So nennt er einen Band einfach *&*, weil der Setzer von *Tulips and Chimneys* eigenmächtig das eigentlich vorgesehene typographische Zeichen durch die Kopula *»and«* ersetzt hatte; und der Titel *No Thanks* bezieht sich auf die Tatsache, daß das Manuskript von vierzehn Verlegern abgelehnt worden war: Cummings arrangiert deshalb auch die Namen der Verleger widmungsartig in Form einer Totenurne (der mittlere der insgesamt 71 Texte beginnt dann mit den offensichtlich auf das geschwungene Gefäß anspielenden Worten *»into a truly / curving form / enters my / soul«*).

Eine zentrale Rolle im Werk Cummings' spielen natürlich auch die Porträts von Menschen; dazu gehört das einen amerikanischen Mythos unterminierende *Buffalo Bill's* aus *Tulips and Chimneys* (29 Gedichte werden dort als *»Portraits«* zusammengefaßt, ähnlich wie in den beiden 1925 erschienenen Sammlungen *&* und *XLI Poems*). Auch das Selbstbildnis *my mind is*, in dem er wie im bereits erwähnten *Picasso* (beide aus *XLI Poems*) zur Evozierung der Persönlichkeit die Wortfelder der Malerei und Skulptur verwendet, ist hier zu nennen. Cummings' Vorliebe für das Porträtgenre wird in *No Thanks* (1935) und *50 Poems* (1940) und schließlich in *XAIPE* (1950), wo er sich u. a. F. M. Ford, A. Maillol oder G. Chaucer zuwendet, noch ausgeprägter.

### Wertungsfragen

Nachdem 1931 der einflußreiche R. P. Blackmur Cummings der *»Anti-Kultur-Gruppe«* zugeordnet und seinen Stil als *»eine Art von Baby-Sprache«* bezeichnet hatte – Y. Winters meinte noch in den *Collected Poems* (1938) zu viel *»infantilen Exhibitionismus«* zu finden –, galt der Lyriker lange Zeit als ein Antirationalist. Auch wenn das Emotionale und die Intuition für Cummings, den sein Freund J. dos Passos als *»letzten der großen Neuengländer«* mit einer *»Spur von Emerson in seiner frühen Bildung«* bezeichnete, stets eine zentrale Rolle gespielt hat, zeigen doch seine Gedichte, ebenso wie der

Roman *The Enormous Room* (1922), Stücke wie *Him* (1927) und *Anthropos* (1944), sein Buch über die Reise in die Sowjetunion, *Eimi* (1931), die in diesem Zusammenhang im Auftrag des Büros der russischen revolutionären Literatur unternommene Übersetzung von L. Aragons *Le Front Rouge* oder seine *i SIX NON-LECTURES* (die er als Charles Eliot Norton-Gastprofessor 1952/53 an der Harvard University hielt) ein hohes Maß an intellektueller Sprachgestaltung und Bewußtheit. Allerdings war der häufig als literarischer Radikaler gesehene Cummings in politischer Hinsicht ein *»Yankee rechts von der Mitte in einem Zeitalter der Linkstendenzen«* (R. M. Kidder): in *XAIPE* (1950) bezeichnet er F. D. Roosevelt als die *»große rosa Supermediokrität«* und ist während seiner Harvard-Professur vergeblich auf der Suche nach einem Universitätskollegen, der nicht *»rosa«* ist. M. Hamburger hat Cummings deshalb auch neben Lyriker wie Yeats, Hofmannsthal, Eliot oder Rilke eingereiht, deren antibürgerliche Radikalisierung der modernen Ästhetik in der romantisch-symbolistischen Tradition des *»Parias«* oder *»Aristokraten«* mit einer Neigung zu eher konservativen und reaktionären politischen Positionen einhergeht. U.Bö.

Ausgaben: *Tulips and Chimneys*, NY 1923; ern. 1976, Hg. G. J. Firmage. – *&*, NY 1925. – *XLI Poems*, NY 1925. – *Is 5*, NY 1926; ern. 1985, Hg. G. J. Firmage. – *ViVa*, NY 1931; ern. 1979, Hg. G. J. Firmage. – *No Thanks*, NY 1935; ern. 1978, Hg. G. J. Firmage. – *Collected Poems*, NY 1938. – *50 Poems*, NY 1940. – *1 x 1*, NY 1947. – *XAIPE: Seventy-One Poems*, NY 1950; ern. 1979, Hg. G. J. Firmage. – *95 Poems*, NY 1958. – *100 Selected Poems*, NY 1959. – *Poems 1923–1958*, Ldn. 1960. – *Poems 1923–1954*; NY 1968. – *Complete Poems 1923–1962*, 2 Bde., Hg. G. J. Firmage, Ldn. 1968; NY 1972 u. ö. – *Tulips & Chimneys: The Original 1922 Manuscript with 34 Additional Poems from »&«*, Hg. G. J. Firmage, NY 1973; [2]1976. – *Etcetera: The Unpublished Poems of E. E. C.*, Hg. G. J. Firmage u. R. S. Kennedy, NY 1983.

Übersetzungen: *Gedichte*, E. Hesse, Ebenhausen 1958 [engl.-dt.]; ern. 1982 (*Poems = Gedichte*; engl.-dt.). – *So klein wie die Welt und so groß wie allein*, K. H. Berger, Nachw. u. Anm. K.-D. Sommer, Bln./DDR 1980; [2]1986 [engl.-dt.].

Literatur: N. Friedman, *e. e. c.: the art of his poetry*, Baltimore 1960. – S. V. Baum, *ΕΣΤΙ: eec E. E. C. and the Critics*, East Lansing 1962. – P. B. Mullen, *C. and Popular Culture* (in Journal of Popular Culture, 5, 1971, S. 503–520). – I. R. Fairley, *E. E. C. and Ungrammar: A Study of Syntactic Deviance in His Poems*, Searington/N.Y. 1975. – F. Gettings, *E. E. C.: The Poet as Artist*, Washington 1976. – R. M. Kidder, *»Author of Pictures«. A Study of C.' Line Drawings in The Dial* (in Contemporary Literature, 17, 1976, S. 470–505). – J. A. Vanderbok, *The Nature of E. E. C.s Sonnet Forms: A Quantitative Approach* (in Revue, 2, 1977, S. 29–51). – R. M. Kidder, *C. and Cubism. The Influence of the Visual Arts on Cummings' Poetry* (in Journal of Modern Literature, 7/2, 1979, S. 255 bis 291). – R. M. Kidder, *E. E. C.: An Introduction to His Poetry*, NY 1979. – M. A. Cohen, *E. E. C.' Paintings. The Hidden Career*, Dallas 1982. – Ders., *C. and Freud* (in American Literature, 55, 1983, S. 591–610). – M. A. Cohen, *POETandPAINTER. The Aesthetics of E. E. C.'s Early Work*, Detroit 1987. – Vgl. auch *Literatur zum Autor*.

## THE ENORMOUS ROOM

(amer.; *Ü: Der ungeheure Raum*). Autobiographischer Roman von Edward Estlin Cummings, erschienen 1922. – Zusammen mit seinem Freund William Slater Brown diente Cummings im Jahr 1917 in einem Ambulanzkorps des amerikanischen Roten Kreuzes in Frankreich. Ihr Vorgesetzter schikanierte die beiden, wo er nur konnte: In seinen Augen mangelte es ihnen an spezifisch amerikanischem Zivilisationsbewußtsein, hatten sie sich zu sehr dem *savoir vivre* des Gastlandes angepaßt. Ein Zensor der französischen Armee, dem die amerikanische Einheit unterstellt war, glaubte hingegen, den Feldpostbriefen Browns zu wenig Deutschenhaß und zu viel Kriegsekel entnehmen zu können. Die Freunde wurden verhaftet und des Landesverrats bezichtigt. Ihre Irrfahrt durch verschiedene französische Gefängnisse endete in Südfrankreich, in dem kleinen Konzentrationslager von La Ferté Macé. Erst nach Monaten erreichte Cummings' Vater durch ein Gesuch an Präsident Wilson, daß die noch nicht einmal angeklagten Freunde einer Kommission vorgeführt wurden, die den jungen Cummings als nicht schuldig, aber »verdächtig« entließ, Brown jedoch in Haft behielt. Das erzählende Ich, das mit prägnanten Strichen die entwürdigenden Umstände der Verhaftung und des Transports nach Le Ferté Macé umreißt, begreift seine Rolle erst allmählich. Zuerst konstatiert es noch mit ironischer Bonhomie das aufwendige, inquisitorische Interesse, das ihm die *»große und gute französische Regierung«* zuteil werden läßt, begreift es sein Schicksal noch empirisch als ein Nacheinander von Orten und Verhören. Erst das Eintreffen im Lager verändert das Zeitbewußtsein dieses Ichs und damit die bisher betont autobiographische Erzählmethode. Mit mehr als fünfzig anderen eingepfercht in ein stickiges Rechteck bespiener Wände, ausgeliefert der Körperlichkeit, den Gerüchen und Stimmen der Mitgefangenen, erkennt das Ich das Einmalige, Unabweisliche der Situation. In einer Endlosigkeit von Zeit und Raum drängen sich ihm die vielfältigen Erscheinungsformen des Menschen auf, der, ungeschützt von sozialen Privilegien, gleichsam maskenlos, einer ungehinderten Erforschung preisgegeben ist. Nun wird die Zeit erfahren als ein Neben-, Gegen- und Miteinander von Eindrücken und Klängen. Gesichter tauchen auf, entstellt von Leidenschaften und animalischer Lebensgier, Stimmen werden hörbar, die die Spre-

cher verraten, Gesten sichtbar, die nichts Menschliches mehr haben. Das Ich wird zum Porträtisten physiognomischer Landschaften, befindet sich auf einer Reise durch die Höhen und Tiefen der menschlichen Seele. Dabei bleibt es sich jedoch – bis in den Sprachgebrauch hinein – bewußt, daß es gilt, diese Reise literarisch zu bewältigen. Die Bewohner des »ungeheuren Raums« werden in ganz bestimmter Reihenfolge und mit ganz verschiedener Sprachintensität geschildert: Sie sind Stationen auf einem inneren Erfahrungsweg, der wie in John BUNYANS *Pilgrim's Progress* aus dem Dunkel ins Licht führt, freilich ins Licht einer ganz aufs Diesseitige bezogenen Erkenntnis: der Neuentdeckung von Erbärmlichkeit und Größe des Menschen.
Steigerung ist das Strukturprinzip auch dieser modernen Pilgerreise. An ihrem Anfang verliert sich das Individuelle in einer fast amorphen Masse von Gesichtern und Körpern, über der böse und tückisch »Appolyon«, der Gefängnisdirektor, thront. An ihrem Ende jedoch tritt es klar hervor in der Zeichnung der wenigen *»lieblichen Berge«*, die das erzählende Ich, Bunyans Pilger gleich, erklimmt und die verkörpert sind durch einige Lagergenossen der verschiedensten Nationalitäten: durch den »Wanderer«, durch »Zulu«, »Chorhemd«, »Mexique« und vor allem durch »Jean le Nègre« – Menschen von teils urwüchsiger, teils zarter, immer aber beglückender Eigenart. Am Schluß steht wieder die autobiographische Wirklichkeit: die hastig mitgeteilte Ankunft in New York, die Rückkehr zu den *»Lauten Amerikas«*.
Cummings zeigt die Auswirkungen des Krieges in einem Bereich, in dem die Perversion des Menschlichen ungleich schärfer und anklagender hervortritt als in einer naturalistischen Kampfbeschreibung. Aber ebensowenig wie sein Buch eine Autobiographie im Sinne einer faktischen Lebensbeschreibung ist, ist es ein Kriegsroman. Der Krieg diente dem Autor nur als Vorwand für die Erforschung von *»etwas, das in unsagbar weiter Ferne liegt«*, die Erforschung des Individuums. Im Sichtbarmachen der Dialektik von erlebendem und beobachtendem, berichtendem Ich besteht die Leistung des Buches. Es entspricht dem Maler und dem avantgardistischen Lyriker Cummings, daß auch sein einziger Roman ein Experiment ist – ein Experiment mit neuen Prosaformen. Der Autor brach radikal mit den gebräuchlichen Erzählweisen und dem konventionellen Sprachgefüge, um die Spannung zwischen dem steten Fluß der Zeit und der Plötzlichkeit des erlebten Augenblicks zu gestalten. Er erprobte u. a. die Möglichkeiten des inneren Monologs und die Wirkung des abrupten Wechsels zwischen abstrakter und konkreter Prosa. Obwohl dem Resultat seiner Bemühungen letzten Endes etwas Tastendes anhaftet, obwohl er eine forcierte Originalität verrät, wirkte Cummings' Versuch, sein – freilich keineswegs typisches – Kriegserlebnis fern jeder literarischen Tradition zu gestalten, auf den Prosastil anderer experimentierfreudiger Autoren seines Landes nach, wie etwa auf Djuna BARNES' *Nightwood*, 1936 *(Nachtgewächs)*. W.D.

AUSGABEN: NY 1922; Nachdr. 1970. – NY 1934. – Ldn. 1958. – NY 1978, Hg. G. J. Firmage [korr. Ausg.].

ÜBERSETZUNGEN: *Der endlose Raum*, E. Kaiser u. H. M. Braem, Stg. 1954. – *Der ungeheure Raum*, dies., Zürich 1961. – Dass., dies., Stg. 1982. – Dass., dies., Ffm. 1987 (Fi Tb).

LITERATUR: D. E. Smith, *»The Enormous Room« and »The Pilgrim's Progress«* (in TCL, 11, 1965, S. 67–75). – M. Gaull, *Language and Identity: A Study of E. E. C.'s »The Enormous Room«* (in American Quarterly, 19, 1967, S. 465–662). – J. P. Dougherty, *E. E. C.: »The Enormous Room«* (in *Landmarks of American Writing*, Hg. H. Cohen, NY 1969, S. 288–302). – G. S. Peek, *The Narrator as Artist and the Artist as Narrator: A Study of E. E. C.'s »The Enormous Room«* (in Ball State Univ. Forum, 17,1974, S. 50–60). – J. Walsh, *The Painful Process of Unthinking: E. E. C.'s Social Vision in »The Enormous Room«* (in *The First World War in Fiction: A Collection of Critical Essays*, Hg. H. Klein, Ldn. 1976, S. 32–42). – G. A. Boire, *›An Inconceivable Vastness‹: Rereading E. E. C.'s »The Enormous Room«* (in English Studies in Canada, 4, 1978, S. 330–340). – R. S. Crivelli, *»The Enourmous Room« e la visione del pellegrino* (in Studi americani, 21/22, 1978, S. 153–199). – Th. M. Linehan, *Style and Individuality in E. E. C.'s »The Enormous Room«* (in Style, 13, 1979, S. 45–59).

## EUCLIDES RODRIGUES PIMENTA DA CUNHA

* 20.1.1866 Santa Rita do Rio Negro / Rio de Janeiro
† 15.8.1909 Rio de Janeiro

LITERATUR ZUM AUTOR:
*Bibliographien*:
F. Venâncio Filho, *E. da C.*, Rio 1931. – J. G. de Sousa, *Algumas fontes para o estudo de E. da C.* (in Revista do Livro, 4, Rio 1959, Nr. 15, S. 183–219). – Carpeaux, S. 279–285. – *E. da C., obras catalogadas*, Rio 1967. – I. Monteiro Reis, *Bibliografia de E. da C.*, Rio 1971.
*Biographien*:
E. Pontes, *A vida dramática de E. da C.*, Rio 1938. – S. Rabello, *E. da C.*, Rio 1947; [3]1983. – *Vida e obra de E. da C.* (in Revista dos Tribunais, 10, São Paulo 1966; Hg. G. de Almeida). – L. Tocantins, *E. da C. e o paraíso perdido*, Rio 1960; [3]1978.
*Gesamtdarstellungen und Studien:*
G. Freyre, *Perfil de E. e outros perfis*, Rio 1944; ern. 1987, S. 17–69. – N. Werneck Sodré, *Revisão de E. da C.* (in Revista do Livro, 4, Rio 1959, Nr. 15, S. 15–53). – C. Moura, *Introdução ao pensamento de*

*E. da C.*, Rio 1964. – W. Martins, *O significado de E. da C. na literatura brasileira* (in Inter-American Review of Bibliography, 16, Washington D. C., 1966, Nr. 3, S. 249–261). – *E. da C.* (in Revista do Inst. Histórico e Geográfico Brasileira, 271, Rio 1966, S. 181–238). – J. da Gama Batista, *O real como ficção em E. da C.*, João Pessoa 1967. – J. C. Garbuglio, *O nacionalismo aberto de E. da C.* (in Revista do Inst. de Estudos Brasileiros, São Paulo 1968, Nr. 5, S. 83–99). – Coutinho, 3, S. 189–201 [m. Bibliogr.]. – F. J. Maia, *E. da C.*, Rio 1973. – E. Engler, *E. da C. – ein geistiger Vorkämpfer für die nationale Unabhängigkeit Brasiliens* (in *Lateinamerika*, Rostock 1974, S. 24–37). – *Enciclopédia de estudos Euclidianos*, Hg. A. Brandão, Jundiaí 1982. – U. Peregrino, *O exercício singular da comunicação na vida e na obra de E. da C.*, Rio 1983. – *E. da C., história*, Hg. W. Nogueira Galvão, São Paulo 1984. – Moisés, 2).

## OS SERTÕES

(portug.; *Die Sertões*). Essay von Euclides Rodrigues Pimenta da CUNHA (Brasilien), erschienen 1902. – Dieser Essay stellt die erste große kritische Analyse brasilianischen Lebens und brasilianischer Wirklichkeit dar, deren Schauplatz, die Sertões, jene weiten unwirtlichen Trockengebiete im Inneren des Ostens und Nordostens von Brasilien, in der Folge bis hin zu dem monumentalen Roman von Guimarães ROSA (1908–1967; vgl. *Grande Sertão*) auch Schauplatz zahlreicher Werke der erzählenden Prosa sein sollte.

Die Grundlage des Werks bildet eine Reihe von Reportagen, die Cunha als Berichterstatter der Zeitung ›O Estado de São Paulo‹ im Jahre 1897 unter dem Titel *Canudos. Diário de uma expedição (Canudos. Tagebuch einer Expedition)* veröffentlicht hatte. Ihr Gegenstand war die Schlußphase der zwölfjährigen Auseinandersetzung zwischen Regierungstruppen und einem Banditenhaufen, der sich unter der Führung Antônio Maciels, genannt »O Conselheiro« (Der Ratgeber), in der Ortschaft Canudos im Inneren des Bundesstaates Bahia verschanzt und drei Militärexpeditionen erfolgreich Widerstand geleistet hatte, bis ihn die vierte, eine Armee von 7000 Mann unter dem Befehl des Generals Artur Oscar, im Oktober 1897 endlich vernichtete. Die Schilderung dieser Auseinandersetzung, insbesondere ihrer Schlußphase, steht im Mittelpunkt von *Os Sertões*. Jedoch geht das Werk weit darüber hinaus. Es versucht, die tieferen Ursachen dieses, wie man annahm, von Monarchisten angezettelten Aufstands gegen die Republik aufzudecken. In den ersten beiden der drei Teile seines Buches – *A terra, O homem* und *A luta (Das Land, Der Mensch* und *Der Kampf)* – untersucht Cunha die geographischen, rassischen, gesellschaftlichen und historischen Determinanten des Konflikts. Gestützt auf eine umfassende, kritisch-wissenschaftliche Gelehrsamkeit, analysiert er das rauhe Milieu, in dem charismatische Führer vom Typ des »Conselheiro«, den seine Leute als einen neuen Messias verehrten, sich durchsetzen konnten. Als eine der tiefsten Wurzeln des Konflikts erkennt er die Irrtümer der portugiesischen Kolonisation, die sich auf die Besiedlung der Küstenstriche Brasiliens beschränkte und damit einen zivilisatorischen und kulturellen Abgrund zwischen der Küste und dem Landesinneren entstehen ließ. In minuziöser Beschreibung der geologischen, orographischen, hydrographischen und klimatischen Eigentümlichkeiten der Sertões sowie ihrer ökologischen Bedingungen für den Menschen und durch eingehende Analyse der soziologischen und psychologischen Voraussetzungen versucht er nachzuweisen, daß die *jagunços* (Banditen), die der »Conselheiro« um sich scharte und in denen man gefährliche politische Feinde der Republik zu erkennen glaubte, in Wirklichkeit nur die Opfer der Unkenntnis und Verständnislosigkeit der führenden Schichten Brasiliens gegenüber den Verhältnissen im Landesinneren waren.

Von seiner großen inhaltlichen Aktualität, die *Os Sertões* bei ihrem Erscheinen besaß, hat das Werk manches eingebüßt, nichts aber von seiner literarischen Bedeutung. Trotz der wissenschaftlichen Zielsetzung, die sich in einem überreichen Gebrauch wissenschaftlicher Termini, gelehrter Archaismen und Neologismen niederschlägt, zeichnet das Buch sich aus durch eine künstlerische Prosasprache von hohem Rang, in der ein lyrischer, häufig zu dramatischer Wucht gesteigerter Ton herrscht und die Phantasie die kühle, gelehrte Beobachtung überwiegt. Als literarisches Werk, als unschätzbarer Beitrag zur Ausbildung einer brasilianischen Kunstprosa besitzt das Werk bis heute seinen unbestrittenen Wert. R.M.P.

AUSGABEN: Rio 1902; [30]1981. – Rio 1966 (in *Obra completa*, 2 Bde., 2; m. Einl.). – Rio 1968. – São Paulo 1982, Hg. C. Pinheiro [Faks.; m. Bibliogr.]. – São Paulo [2]1983 Porto 1983, 2 Bde.

LITERATUR: P. A. Pinto, *»Os Sertões« de E. da C., vocabulario e notas lexicológicas*, Rio 1930. – U. Peregrino, *»Os Sertões« como história militar*, Rio 1956. – Dante de Mello, *A verdade sôbre »Os Sertões«*, Rio 1958. – M. Cavalcanti Proença, *O sertanejo de E. da C. e a literatura regional* (in Revista Brasiliense, 1960, Nr. 32, S. 120–139). – M. Abreu, *Estilo e personalidade de E. da C.*, Rio 1963. – F. Amory, *The Making of »Os Sertões«* (in RF, 78, 1966, S. 126–141). – O. de Sousa Andrade, *História e interpretação de »Os Sertões«*, São Paulo 1966. – E. V. Visconti, *E. da C., o sociólogo de »Os Sertões«*, Rio 1968. – P. Dantas, *»Os sertões« de E. e outros sertões*, São Paulo 1969. – J. C. de Ataliba Nogueira, *Antônio Conselheiro e canudos, revisão histórica* (in Revista do Inst. Histórico e Geográfico, 301, Rio 1973, S. 48–93). – J. B. Stella, *E. da C. e os miseráveis de »Os sertões«* (ebd., 72, São Paulo 1975, S. 155–164). – H. Bacon, *A epopéia brasileira: uma introdução a »Os sertões«*, Rio 1983 [m. Bibliogr.]. – M. T. Wolff, *›Estas páginas sem brilhos‹: o texto-sertão de E. da C.* (in RI, 50, 1984, Nr. 126, S. 47–61).

## ÁLVARO CUNQUEIRO

* 22.12.1911 Mondoñedo
† 28.2.1981 Vigo

### UN HOMBRE QUE SE PARECÍA A ORESTES

(span.; *Ein Mann, der Orest ähnelt*). Roman von Álvaro CUNQUEIRO, erschienen 1969. – Obgleich das Werk mit dem »Premio Eugenio Nadal« ausgezeichnet wurde, hat der galicische Autor erst in den letzten Jahren seines Lebens größere Beachtung erfahren. Die Flucht in poetische oder mythische Stoffe, die ihm häufig vorgeworfen wurde, bestimmt auch diesen Roman, der mit wechselnden Erzählperspektiven und tragikomischem Stil die *Oresteia* von AISCHYLOS neu interpretiert.

Der Text umfaßt vier selbständige Teile, gefolgt von den sechs Porträts der Hauptfiguren und einem kommentierten Personenverzeichnis. In einer Lebenswelt zwischen Galicien und antikem Griechenland gelangt der Fremde Don León zu einer Königsstadt, über die Ägisth herrscht. Den Neuankömmling halten die Bewohner für Orest, der dem Mythos nach an Ägisth und Klytämnestra für seinen Vater Agamemnon Rache üben soll. Letztlich bleiben aber die Leute über seine Identität ebenso im Zweifel wie der Leser selbst. Man weiß schon von zu vielen »falschen« Orests, die durch das Überwachungs- und Spitzelsystem zu Tode kamen, mit dem Ägisth die vorbestimmte Ermordung verhindern will.

Der zweite Teil beschreibt aus der Perspektive des bereits altersschwachen Königs Ägisth das jahrzehntelange Warten auf die prophezeite Rache. Einerseits sucht er durch alle erdenklichen Präventivmaßnahmen dem gewaltsamen Tod zu entgehen, andererseits wird die phantasievoll ausgemalte Schlußszene des Atridendramas geradezu als Erlösung ersehnt.

Im dritten Teil schwenkt der Blickpunkt auf den »wahren« Orest, der als Jüngling den Mordauftrag von seiner Schwester Elektra zugewiesen bekam, ohne einen inneren Antrieb zur Ausführung zu verspüren. Er erwägt in imaginierten Versionen der Schlußszene alle möglichen Eventualitäten, die die vorgeschriebene Tat scheitern lassen könnten. Auf der Reise zu seiner Geburtsstadt, die er immer wieder durch Umwege verzögert, versucht er sich bei anderen Leuten seiner Bestimmung zu versichern, doch im Gegensatz zum ersten Teil weiß niemand etwas von Orest und seinem Schicksal. Statt dessen erzählen die Leute ähnliche Fälle mit jeweils vom tragischen Ende abweichenden Lösungen, die Orest verunsichern: *»Kann die Rache nicht warten? Muß ich nur für sie leben?«* Trotz Alternativen und dem Rat eines Tyrannen *»Es gibt viele Leben!«* kann er sich nicht zu einer anderen Identität entschließen. Als nach Jahrzehnten des Umherziehens sein Pferd stirbt, wird er durch diesen Tod an sein Alter und seinen Auftrag erinnert. Er kehrt endlich nach Mykene zurück, auch wenn er nicht von der Rache überzeugt ist.

Den vierten Teil dominiert eine Art »Meta-Perspektive«, die sich bislang durch Fiktionsironie aufdrängte. So ist der Dichter Filón der Jüngere in seiner Version des Atridendramas an den Punkt von Orests Rückkehr angelangt und kann nicht weiterschreiben. Eumón, ein Freund Ägisths, deutet die Tragödie zu einer harmlosen Verwechslungskomödie um. Im vierten Teil wird der Blickpunkt auf die »Selbstdramatisierung des Lebens« gelenkt mit der Figur von Doña Inés, die alle Reisenden, die zu ihr kommen, in sich verliebt macht. Sie wartet auf ihre *»große Stunde«*, die erlösende Begegnung mit Orest. Somit wird sie zur Spiegelung von Ägisth und Orest selbst, die sich beide mit den Rollen auseinandersetzen, die sie laut der *Oresteia* erfüllen müssen. Die Ausführung der Rache wird lediglich als Miniatur in einer Glaskugel eingespielt: In Mykene angekommen, zeigt ein Kerzenmacher Orest die in die Kugel eingeschlossene Schlußszenerie des Dramas, auf die man durch Schütteln oder Herumdrehen künstliche Schneeflocken fallen lassen kann. Orest tritt danach zur Tür hinaus ins Freie, während es zu schneien beginnt.

Cunqueiros Re-Interpretation der *Oresteia* erschöpft sich somit keineswegs in der tragikomischen Wiederaufnahme antiker Mythen, sondern leistet eine Parabel des modernen Menschen, der im vergeblichen Suchen nach Identität und Bestimmung gefangen ist. Doch das zentrale Motiv sinnloser Rache besitzt auch einen direkten Bezug zur zeitgenössischen Situation Spaniens zwischen der Herrschaft des senilen General Franco und den seit dem Ende des Bürgerkriegs vom Sturz der Diktatur träumenden Exilierten. O.Gr.

AUSGABEN: Barcelona 1969. – Barcelona 1981.

LITERATUR: M. D. Thomas, *C.'s »Un hombre que se parecía a Orestes«* (in Hispania, 61, 1978, S. 35–45). – D. M. Torrón, *La fantasía lúdica de A. C.* (in CHA, 1979, Nr. 347, S. 357). – J. E. Bixler, *Self-conscious Narrative and Metatheater in »Un hombre que se parecía a Orestes«* (in Hispania, 67, 1984).

## FRANÇOIS DE CUREL

* 10.6.1854 Metz
† 26.4.1928 Paris

### LA FILLE SAUVAGE

(frz.; *Die Wilde*). Drama in fünf Akten von François de CUREL, Uraufführung: Paris, 17. 3. 1902, Théâtre Libre. – Der Wissenschaftler Paul Moncel hat zu experimentellen Zwecken ein zwölfjähriges, im Urwald aufgewachsenes Mädchen nach Europa gebracht und bei seiner Schwester, der Nonne Amélie, im Kloster erziehen lassen. Christin geworden und auf den Namen Marie getauft, soll »die Wilde« nach dem Willen Moncels später nach Afrika zurückkehren und einen Eingeborenenhäuptling heiraten, um mitzuhelfen, ihre Stammesbrüder, die immer noch gelegentlich französische Missionare ermorden, zu zivilisieren und damit Frankreichs Kolonialpolitik zu unterstützen. Doch Marie hat sich inzwischen in Moncel verliebt, den sie als ihren Befreier aus geistiger Finsternis ansieht. Frei von aller Scheu gesteht sie ihm ihre Liebe, sieht sich aber um seiner wissenschaftlichen Pläne willen zurückgewiesen. Marie erkennt, daß er gegen den Versuch der Regierung, seinen von ihm ursprünglich als Dienst an der Menschheit aufgefaßten Erziehungserfolg politisch nutzbar zu machen, nichts unternehmen wird, und wirft ihm enttäuscht vor: *»Sie haben bei meiner Erziehung nur ein Ziel vor Augen gehabt: ein Instrument der Unterwerfung aus mir zu machen.«* Dennoch geht sie zunächst auf Moncels Vorschläge ein und heiratet den Negerhäuptling Kigérick. Sie rächt sich jedoch für den an ihr geübten Betrug auf grausame Weise. Haßerfüllter als selbst die primitivsten ihrer Untertanen wütet sie unter den in ihrem Machtbereich lebenden Weißen. Als Moncel sie nach Jahren aufsucht, läßt sie vor seinen Augen den letzten Christen in die gleiche Fallgrube werfen, in der sie einst im Beisein des Gelehrten gefunden wurde.

Es geht Curel weniger darum, zu veranschaulichen, daß keine Erziehung und Zivilisation die atavistischen Instinkte des Menschen zu bändigen imstande sei, als darum, es als Mißbrauch des menschlichen Erkenntnis- und Zivilisationstriebs anzuprangern, wenn mit Menschen – und nicht nur mit Meerschweinchen – experimentiert wird, ein Thema, das der Autor schon einmal – 1899 in *La nouvelle idole* – behandelt hatte. Die Wissenschaftler in Curels Stücken, die in ihrem Ehrgeiz die Grenzen des Humanen verletzten, sehen, durch Erfahrung belehrt, ihre Überheblichkeit ein. Das wäre die konventionelle Lösung eines idealistischen Autors, wenn nicht Curel, der als Meister des Ideendramas in Frankreich zeitweise hochgeschätzt, aber mehr gelesen als aufgeführt wurde, in seinen Stücken weniger die Ideen selbst zeigte als, *»wie auch Ibsen es tat, ihren Widerhall in den Seelen«* (Lanson). Er verfällt selten ins Theoretisieren und Diskutieren, sondern demonstriert das Problem am sehr lebendig dargestellten einzelnen Fall und überläßt es dem Leser oder Zuschauer, das moralische Urteil zu fällen. In *La fille sauvage* tritt der Autor jedoch nicht ganz hinter seine Gestalten zurück: Entschieden verdammt er die Praktiken einer Wissenschaft, die sich um einer Sache willen dem einzelnen Menschen gegenüber unmenschlich verhält. KLL

AUSGABEN: Paris 1902. – Paris 1919 [Neufassg.]. – Paris 1919 (in *Théâtre complet*, 6 Bde., 1919–1924, 4). – Paris 1954 (in *Théâtre complet*, 6 Bde., 4).

LITERATUR: É. Faguet, *»La fille sauvage«* (in Débats, 24. 2. 1902). – H. Bidou, *Une nouvelle version de »La fille sauvage«* (ebd., 31. 3. 1919). – H. Bordeaux, *»La fille sauvage«* (in RHeb, 24. 6. 1919). – A. Antoine, *»La fille sauvage«* (ebd., 23. 7. 1927). – J. Vier, *La dramaturgie de C.* (in J. V., *Littérature à l'emporte-pièce*, Paris 1958, S. 74–83). – E. Braunstein, *C. et le théâtre d'idées*, Genf 1962. – Jurilli, *C. et son théâtre*, Andria 1975. – W. Asholt, *C.* (in W. A., *Gesellschaftskritisches Theater im Frankreich der Belle Époque 1897–1914*, Heidelberg 1984).

## ALLEN CURNOW

* 17.6.1911 Timaru / Neuseeland

**DAS LYRISCHE WERK** (engl.) von Allen CURNOW.

Der Beitrag Allen Curnows zur neuseeländischen Literatur, der 1932 mit Gedichten in der in Auckland publizierten Zeitschrift ›Phoenix‹ beginnt, erstreckt sich auf zwei Bereiche: Lyrik und Beiträge zur literarischen Kritik. Als Sohn eines anglikanischen Pfarrers und einer in England geborenen Mutter hatte sich Curnow zunächst für ein Theologiestudium entschieden. Kurze Zeit nachdem er beim Phoenix-Verlag andere junge Dichter kennengelernt hatte, wandte er sich jedoch vom Christentum ab, und das Gefühl der religiösen Entfremdung prägt von nun an sein gesamtes Werk. Curnow steht in Opposition zur viktorianischen Sentimentalität und zum naiven Kolonialstil der neuseeländischen Lyrik des frühen 19. Jh.s, die er als *»Pseudo-Nationalismus«* und als *»schizoide Schriftstellerei«* bezeichnet. Er kämpft demgegenüber von Anfang an für eine klare Sprache, mit Hilfe deren er die Erlebniswelt des Neuseeländers präzise darstellen möchte. Sein Ziel ist demgemäß ein lyrischer Realismus, der in der Landschaft und im Alltag Neuseelands verankert sein soll: *»Die Realität muß regional und konkret sein an der Stelle, wo wir uns auf ihre Spuren begeben«*, heißt es in der Einleitung Curnows zum *Penguin Book of New Zealand Verse* (1960).

Sowohl die 1945 erschienene und von Curnow zusammengestellte Anthologie *A Book of New Zealand Verse, 1923–1945*, als auch die lange Einleitung zur späteren Sammlung hat den Lyrikern des Landes einen wichtigen Anstoß gegeben, sich von dem beherrschenden literarischen Einfluß Englands zu befreien. Allerdings stießen der in Curnows Lyrik in besonderem Maße akzentuierte Nationalismus ebenso wie der umstrittene Satz aus der Anthologie von 1960, daß die wahre dichterische Vision einzig von den Inseln Neuseelands ausgehen könne, auf herbe Kritik. James K. BAXTER sprach 1962 von einer Fixierung auf *»Kiwi-Zeugs,*

*Buschgrübelei, Küstengrübelei, Gebirgsgrübelei von Dichtern, die immer noch London als das Zentrum der kulturellen Welt«* ansehen. Trotzdem ist unbestritten, daß Curnow mit der spezifischen Textauswahl der beiden Anthologien von 1945 und 1960 und seiner Ausarbeitung einer Theorie der einheimischen Literatur für die neuseeländische Dichtung wegweisende Arbeit geleistet hat. Dies gilt selbst heute noch, auch wenn ein junger Theoretiker wie Leigh DAVIS Curnows Ansichten und seine Lyrik 1984 als altmodisch und konservativ bezeichnete. In seinen ersten Gedichten von 1933 bemühte sich Curnow um einen behutsamen und präzisen Sprachaufbau, vergleichbar mit dem handwerklichen Können und der Verfahrensweise eines Baumeisters. Dabei entstanden komplizierte und dicht geflochtene Gewebe von Bildern und Metaphern, die seine thematischen Anliegen ausdrücken sollen. Nie läßt er sich durch das Gefühl mitreißen, jedes Gedicht ist gleichsam ein philosophischer Akt. In den Texten der fünfziger Jahre treten dann allmählich die nationalen Themen zurück; statt dessen stehen etwa in *Spectacular Blossom* die Problematik von Altwerden und Jungbleiben sowie die Landschaft Aucklands im Mittelpunkt. Mit *Trees, Effigies, Moving Objects* brach Curnow 1972 ein fünfzehnjähriges Schweigen. Diese neuen Gedichte zeigen wiederum den Versuch, die Wirklichkeit zu beschreiben, obwohl die Sprache immer wieder zu versagen scheint, sowie die Beschäftigung mit den großen Themen der menschlichen Erkenntnisfähigkeit und des Todes; sprachlich fand er hier zu einer neuen lebhaften Frische und Lässigkeit. Der Titel der Sammlung deutet hin auf Curnows Bemühen um das spezifisch Neuseeländische in der Dichtung: *Bäume* stellt die Welt der Natur dar, *Abbilder* die Konstruktionen des menschlichen Verstandes bei dem Versuch, die Welt zu verstehen, und *Bewegte Objekte* verweist auf das ständige Verschwimmen und das Bruchstückhafte der Realität. Mit der Sammlung *You Will Know When You Get There* (1982) widerruft er sein bekanntestes Gedicht aus dem Jahre 1941: *»Not I, some child, born in a marvellous year / Will learn the trick of standing upright here«*. Es scheint, als ob das Sich-Zurechtfinden sowohl für den Dichter als auch für seine Mitmenschen in den Bereich des Möglichen gerückt sei. Curnow beschäftigt sich dabei auch mit dem Thema Vergänglichkeit und Tod, stellt aber im Sinne einer bürgerlichen Weltanschauung die Realität niemals grundsätzlich in Frage. Auch mit dem in *The Loop in Lone Kauri Road* (1986) enthaltenen Gedicht *In the Road to Erewhon* (*Erewhon* [Anagramm für *»nowhere«*, d.h. *»utopia«*] bzw. *Erewhon Revisited* sind zwei 1872 bzw. 1901 erschienene satirische Utopien des englischen Autors Samuel BUTLER, deren Handlungsort Neuseeland ist) beschäftigt sich Curnow mit den auch zuvor schon gestalteten Gegensätzen zwischen dem Hier und Dort, Neuseeland und Anderswo: *»Where you came from is where you're going.«*
Curnows Lyrik zeichnet sich insgesamt durch formales Können, intellektuelle Konzentration und eine reiche und komplexe Bildhaftigkeit aus, die ihn zu einem der wichtigsten neuseeländischen Dichter des 20. Jh.s gemacht haben. S.S.

AUSGABEN: *Valley of Decision*, Auckland 1933. – *Three Poems*, Christchurch 1935. – *Enemies: Poems 1934–1936*, Christchurch 1937. – *Not in Narrow Seas*, Christchurch 1939. – *Island and Time*, Christchurch 1941. – *Sailing or Drowning*, Wellington 1943. – *Jack Without Magic*, Christchurch 1946. – *At Dead Low Water, and Sonnets*, Christchurch 1949. – *The Axe: A Verse Tragedy*, Christchurch 1949. – *Poems 1949–1957*, Wellington 1957. – *A Small Room With Large Windows*, London 1962. – *Trees, Effigies, Moving Objects*, Wellington 1972. – *An Abominable Temper and Other Poems*, Wellington 1973. – *Collected Poems 1933–1973*, Wellington 1974. – *An Incorrigible Music*, London 1979. – *You Will Know When You Get There: Poems 1979–1981*, London 1982. – *Selected Poems*, London 1982. – *The Loop in Lone Kauri Road*, Auckland 1986.
*A Book of New Zealand Verse, 1923–1945*, Hg. u. Einl. A. Curnow, Christchurch 1945; 1951. – *The Penguin Book of New Zealand Verse*, Hg. u. Einl. A. Curnow, Harmondsworth 1960.

LITERATUR: C. K. Stead, *For the Hulk of the Worlds Between* (in *Distance Looks Our Way*, Hg. K. Sinclair, Auckland 1961, S. 79–96). – K. Smithyman, *A Way of Saying. A Study of New Zealand Poetry*, Auckland 1965. – M. P. Jackson, *Conversation with A. C.* (in Islands, 2, 1973, S. 142–162). – T. Sturm, *A. C.: Forty Years of Poems* (in Islands, 4, 1975, S. 68–75). – P. Simpson, *The Stain of Blood that Writes the Human Story* (in Islands, 7, 1979, S. 548–550). – A. Roddick, *A. C.*, Auckland 1980. – R. Jackaman, *An Impossible Freedom* (in Pilgrims, 9, 1980, S. 61–68). – J. Wieland, *Reality's Adam: A Study of the Place of Myth in the Poetry of A. C.* (in Landfall, 34, 1980, S. 385–398). – C. K. Stead, *A. C.: Poet in the Real* (in *In the Glass Case*, Ldn. 1981). – T. James, *A. C.: Theologian Manqué* (in *Poetry of the Pacific Region*, Adelaide 1981, S. 57–64). – L. Davis, *Solo C.* (in And, 3, 1984, S. 49–62). – M. Leggott, *Joker – Playing Poetry in the Eighties: Manhire, C., Stead, Horrocks* (in WLWE, 23, 1984, S. 154–164).

## ERNST ROBERT CURTIUS

* 14.4.1886 Thann / Elsaß
† 19.4.1956 Rom

LITERATUR ZUM AUTOR:
A. Evans, *On Four Modern Humanists*, Princeton 1970. – S. Gross, *E. R. C. und die deutsche Romanistik der zwanziger Jahre*, Bonn 1980. –

E. J. Richards, *Modernism, Medievalism and Humanism. A Research Bibliography on the Reception of the Works of E. R. C.*, Tübingen 1983. – Ch. Dröge, *E. R. C.: Europäer und Romanist*, Bonn 1986 [Ausstellungskatalog]. – R. Wellek, *Zur Literaturkritik von E. .R. C.* (in *Frz. Literatur des 20. Jh.s*, Hg. W.-D. Lange, Bonn 1987). – H. H. Christmann, *E. R. C. und die deutschen Romanisten*, Wiesbaden 1987. – *In Ihnen begegnet sich das Abendland. Bonner Vorträge zum 100. Geburtstag von E. R. C.*, Hg. W.-D. Lange, Bonn 1989. – *E. R. C. Werk, Wirkung, Zukunftsperspektiven*, Hg. A. Berschin u. A. Rothe, Heidelberg 1989.

## LA CORRESPONDANCE DE ERNST ROBERT CURTIUS AVEC ANDRÉ GIDE, CHARLES DU BOS ET VALÉRY LARBAUD

(frz.; *Der Briefwechsel von Ernst Robert Curtius mit André Gide, Charles Du Bos und Valéry Larbaud*), erschienen 1980. – Ernst Robert Curtius teilte sich zeit seines Lebens gern und ausführlich im Brief mit, und er kann mit Thomas MANN zusammen als einer der letzten großen Meister der Epistolographie deutscher Sprache und als ein bedeutender Briefliterat französischer, gelegentlich auch englischer Sprache gelten. Der geistige Kontakt mit Frankreich war dem Gelehrten *»ein Lebensbedürfnis«*, wie schon der quantitativ kleine, aber intensive und herzliche Briefwechsel des Gelehrten mit Romain ROLLAND (1866–1944) zeigt, der sich in den Jahren um den Ersten Weltkrieg entfaltet, als der Glaube an den Frieden den im Elsaß geborenen Romanisten und den Autor von *Au dessus de la mêlée*, 1915 *(Über dem Schlachtengetümmel)*, eint. Doch kann der tief christlich geprägte, traditionsbewußte Curtius Rollands revolutionären, politisch stark nach links neigenden Elan der zwanziger Jahre nicht lange mittragen, und ohne echten Bruch, in wechselseitiger Hochachtung stirbt der Dialog ab, der jedoch bedeutsam ist, da er die erste deutsch-französische Korrespondenz des Gelehrten ist, sein Debüt auf dem Gebiet seiner größten Wirksamkeit in den zwanziger Jahren.

Hier dominiert für lange Zeit der Austausch mit Curtius' längstem und wichtigsten Briefpartner: André GIDE (1869–1951). 1920 übersandte Gide Curtius seinen Roman *La symphonie pastorale*, 1919 *(Die Pastoralsymphonie)*, worauf Curtius dankte – und von da an sollte, abgesehen von einer Lücke im Zweiten Weltkrieg, das Gespräch bis 1951 nicht mehr abreißen. Die ganze kulturelle und politische Problematik des deutsch-französischen Verhältnisses, ja das geistige Leben einer Epoche spiegelt sich in diesen Briefen, in denen literarische Neuerscheinungen, private Erlebnisse, technische Einzelheiten des Literaturbetriebs, aber auch tiefschürfende Erörterungen zum Zeitgeschehen, zu Philosophie, Religion und Geistesgeschichte abgehandelt werden. Der Traum von einer geistigen Internationale der Besten, einem »Europäertum des Geistes« durchzieht diesen Dialog: *»Es wäre bedauerlich, wenn ... die ›Internationale der Gentlemen‹ (wie Graf Keyserling es einmal ausdrückte) nicht wiederherstellbar wäre«* (Curtius an Gide, 24. 8. 1921), wobei Curtius Gide die Adressen Gleichgesinnter im deutschsprachigen Raum vermittelt (so weist er ihn z. B. am 28. 2. 1921 auf Stefan ZWEIG hin: *»C'est un critique viennois très renseigné et très fin«* – *»Er ist ein sehr gut informierter und sehr feinsinniger Wiener Literaturkritiker«*) und Gide dem Deutschen Kontakte zum Kreis der Schriftsteller um die »Nouvelle Revue Française« verschafft, die Gide mit herausgibt. 1922 gelangte Curtius auf Initiative Gides und seiner Freunde zu den Dekaden von Pontigny, internationalen Kolloquien von Philosophen und Schriftstellern, die dem Ziel der Völkerverständigung dienten: *»Nous sommes plusieurs à souhaiter vivement votre présence (et celle de Rilke)« (»Wir sind mehrere, die sehr Ihre und Rilkes Gegenwart wünschen«)*, schreibt Gide am 28. 3. 1922, und Curtius stand von da an in ständigem Kontakt mit dem großen, zumindest im literarischen Frankreich einflußreichen Kreis, der sich regelmäßig in der burgundischen Abtei traf.

In Gide hatte Curtius in den Jahren seines Wirkens als Vermittler französischer Kultur in Deutschland (vgl. *Französischer Geist im neuen Europa*, 1925; *Die französische Kultur: Eine Einführung*, 1930) einen ständigen, aufmerksamen und kritischen Leser seiner kulturgeschichtlichen Essays, Gide in Curtius einen Vermittler zu einer Kultur, die ihn seit seiner ersten Deutschlandreise 1903 fasziniert hatte, und nicht zuletzt einen geschätzten Übersetzer *(»Betrachtungen über die griechische Mythologie«*, 1930; *Ödipus*, 1931; *Theseus*, 1947). Trotz gelegentlicher, in aller Freundschaft festgestellter Meinungsdivergenzen (etwa zur Religion: Curtius am 23. 3. 1936: *»Ich bin überrascht über Ihre Angriffe auf Philosophie und Religion. Wollen Sie das erneuern, was das ›Freidenkertum‹ von einst schon in aller Breite geleistet hatte?«*) ist es ein Gedankenaustausch von Menschen, die sich im Innersten verstehen, die in den Ausdrucksweisen des Gegenüber eigene unausgesprochene Meinungen wiederfinden (z. B. Gide am 20. 6. 1932 über Curtius' Schrift *Deutscher Geist in Gefahr*: *»Ich bin sehr erquickt über die Lektüre Ihres ›Deutschen Geists‹. Einige Sätze wie ›Humanismus ist nichts, wenn er nicht Enthusiasmus der Liebe ist‹ entzücken mich. Perfekt«* – oder Curtius am 30. 11. 1936 über Gides *Retour de l'URSS – Rückkehr aus der UdSSR*: *»Sie haben die Würde des Menschen und des Geistes vertreten und haben ein Zeugnis abgelegt, das auch der böse Wille nicht mehr gegen Sie verwenden kann«*). Doch fällt auf, wie das tagesbezogen Politische in den dreißiger Jahren zurücktritt (Curtius mußte auf die Briefzensur im Dritten Reich achten) und in einer immer fremderen Welt das rein Ästhetische sowie das Persönliche größeren Raum einnimmt. Die späten Briefe (eingeleitet von Gides warmherzigem Wort an den *»lieben wiedergefundenen Freund«* vom 4. 10. 1945) behandeln zunehmend Krankheit und Tod alter

Freunde, Nachrichten aus einem schwindenden Kreis, bezeugen aber weiterhin die ungebrochen wache Aufmerksamkeit der beiden Freunde für das literarische Geschehen ihrer Gegenwart. Am historisch-philologischen Werk von Curtius nahm Gide wenig Anteil (23. 10. 1950: *»Ihr dicker Band ›Europäische Literatur und Lateinisches Mittelalter‹ liegt immer noch auf meinem Tisch ...«*), aber das europäische Engagement, dem sowohl Curtius' kritisches Werk der zwanziger als auch sein mediävistisches Werk der dreißiger und vierziger Jahre entsprang, ist in jeder Zeile dieses Dialogs spürbar. Durch Gides »Nouvelle Revue Française« und die Dekaden von Pontigny sind auch die beiden anderen großen deutsch-französischen Briefwechsel bedingt; zunächst (1922–1935) der herzliche, ausgiebige Dialog mit dem französisch-amerikanischen Literaturkritiker und Spiritus rector von Pontigny, Charles Du Bos (1882–1939), in dem religiöse, ethische und ästhetische Fragen diskutiert wurden, teilweise in einem für den kosmopolitischen Zirkel dieser »Internationale der Gentlemen« typischen unübersetzbaren Sprachengemisch. So schreibt Du Bos am 22. 9. 1925: *»La seconde décade a été quite all right; la troisième much better than that, incomparable vraiment... Pontigny is saved, mein lieber Ernst, and nothing will fail its happiness if you are there next year.«* Du Bos und Curtius verband damals eine undogmatisch-religiöse, dem Katholizismus zugeneigte Weltanschauung und eine subjektivistische, dem inneren Gefühl großen Platz zuweisende literaturkritische Haltung, ihre Freundschaft war familiärer als diejenige Curtius' mit Gide. Privates nimmt neben dem Literarischen einen großen Raum ein und gibt teilweise Anlaß zu Sätzen, die bleiben. So schreibt Curtius am 9. 5. 1933, nach dem Tode des Vaters und der Machtergreifung Hitlers: *»Mit meinem Vater stirbt das alte idealistische Deutschland, von dem die Herren des Tages nun nichts mehr hören wollen. Ich stehe in der Nachfolgerschaft einer Tradition der Ehre und Tugend, der Menschlichkeit und Frömmigkeit, die heute zurückgewiesen wird. Ilses sanfte Kraft hält mich. Ohne sie wäre alles dunkel. Werden wir zusammen alt und pflegen wir die Bande, die uns einen. Von Herzen, Ihr Ernst.«*
Zweitens verdient der Briefwechsel mit Valéry Larbaud (1881–1957) Erwähnung, dem unermüdlichen Reisenden, polyglotten Vermittler der Literaturen der Welt, Mitherausgeber der N. R. F. und französischen Entdecker des Werks von James Joyce (das Curtius dann seinerseits an das deutsche Publikum vermittelte). Eine große Zahl kurzer, an literarischen Neuigkeiten reicher Briefe aus den verschiedensten Orten des Globus erreichen den deutschen Gelehrten in seiner Stube, der mit Larbaud das »straflose Laster, die Lektüre« (*Ce vice impuni, la lecture*, 1941) teilt und sich mit ihm gemeinsam an Zitaten aus allen Jahrhunderten der Literaturgeschichte, in allen Sprachen der alten und neuen Zeitalter, erfreut. Curtius schreibt Larbaud weiter, auch als ein Schlaganfall diesen am Antworten hindert, und wertet 1949 rückblickend: *»Ihr Denken hat dem meinen nicht nur künstlerische und geistige Freuden beschert, sondern auch kostbare und anderswo unauffindbare Anhaltspunkte gegeben«* (20. 8. 1949).
Neben diesen drei großen *»Deutsch-französischen Gesprächen«*, wie sie der Herausgeber nannte, verdienen noch die Korrespondenzen mit Friedrich Gundolf (1880–1931), dem Interpreten und »Jünger« Stefan Georges (1868–1933), hervorgehoben zu werden, die vorzüglich die Suche des jungen Romanisten nach seinem eigenen geistigen Standort illustrieren und den Leser die Genese seines Buches *Literarische Wegbereiter des neuen Frankreich* (1919) während des Ersten Weltkriegs miterleben lassen, das Curtius' Ruhm nach 1919 begründete, aber auch seine Entfremdung vom Georgekreis einleitete (Stefan George hatte das Werk mit harschen Worten verurteilt). Wichtig sind auch die kleineren Briefwechsel mit Paul Valéry (1871–1945), dessen Gedicht *Die Schlange* Curtius' erste veröffentlichte literarische Übersetzung war, mit dem spanischen Philosophen José Ortega y Gasset (1883–1955), dem Schweizer Publizisten Max Rychner und nicht zuletzt der wissenschaftsgeschichtlich aufschlußreiche Briefwechsel mit Gertrud Bing, der engsten Mitarbeiterin Aby Warburgs und nach dessen Tod 1928 Leiterin der 1934 nach London übergesiedelten Bibliothek Warburg, in welchem Curtius' Verpflichtung (und Loyalität) zu dem großen kunstgeschichtlichen Vordenker seiner Idee von der antik-mittelalterlichen Kontinuität (die Curtius in *Europäische Literatur und Lateinisches Mittelalter* ausführte) dokumentiert. Zu Curtius' philosophischer Standortbestimmung liefert der erst teilweise edierte Briefwechsel mit Max Scheler (1874–1929) wertvolle Aufschlüsse. Zwischen 1984 und 1988 ging der Nachlaß des Gelehrten in den Besitz der Bonner Universitätsbibliothek über; es ist anzunehmen, daß durch die in Arbeit befindliche Gesamtausgabe des Briefcorpus' Ernst Robert Curtius noch klarer als bisher als europäischer Denker ersten Ranges hervortreten wird. C.Dr.

Ausgabe: *Deutsch-französische Gespräche 1920 bis 1950. La correspondance de E. R. C. avec André Gide, Charles Du Bos et Valéry Larbaud*, Hg. H. u. J. Dieckmann, Ffm. 1980.

## EUROPÄISCHE LITERATUR UND LATEINISCHES MITTELALTER

Wissenschaftliches Werk von Ernst Robert Curtius, erschienen 1948. – Im Jahre 1932 begann der Bonner Romanist mit den Vorarbeiten zu diesem Buch, das *»nicht aus rein wissenschaftlichen Zwecken erwachsen ist, sondern aus Sorge für die Bewahrung der westlichen Kultur«*. Ihre Einheit *»in Raum und Zeit mit neuen Methoden zu beleuchten«*, macht sich der Verfasser zur Aufgabe. *»Im geistigen Chaos der Gegenwart ist es nötig, aber auch möglich geworden, diese Einheit zu demonstrieren. Das kann aber nur* *von einem universalen Standpunkt aus geschehen. Diesen gewährt die Latinität.«* Curtius geht davon aus, daß bis ins 14. Jh. Latein die Bildungssprache Europas war und die volkssprachlichen Literaturen nicht aus sich selbst heraus, sondern nur in Verbindung mit der lateinischen Literatur zu verstehen sind. Er wendet sich damit gegen die sprachliche und zeitliche Beschränkung der Literaturwissenschaft auf die jeweilige Nationalliteratur, gegen eine Betrachtungsweise, die ihren Gegenstand von den Nachbarliteraturen, vor allem aber der lateinischen Vorläuferin, isoliert. Gegenüber jener Richtung der Literaturwissenschaft, insbesondere der deutschen, deren Werkinterpretation sich häufig in spekulativen, oft mehr durch Intuition als durch kritische Textbetrachtung gewonnenen »Wesenserhellungen« erschöpft, vertritt der Autor zudem die strengen Interpretationsprinzipien der klassischen Philologie, welche genaue Befragung des Details und vor allem Prüfung der einzelnen Wendungen auf ihre Herkunft hin vorschreiben.

In den ersten beiden Kapiteln seines Buches klärt Curtius die Titelbegriffe »europäische Literatur« und »lateinisches Mittelalter«. Er begreift Europa als eine historische und geistesgeschichtliche Einheit; für ihn umfaßt die europäische Literatur *»einen Zeitraum von etwa sechsundzwanzig Jahrhunderten (von Homer bis Goethe gerechnet)«*. Eine Betrachtung dieses Zeitraums – die Literatur des 19. und 20. Jh.s bleibt als *»noch nicht gesichtet«* beiseite – aber müsse bei der lateinischen Literatur des frühen und hohen Mittelalters einsetzen, da sie *»als Verbindungsglied zwischen der untergehenden antiken und der sich so sehr langsam herausbildenden abendländischen Welt eine Schlüsselstellung einnimmt«*. Unter »lateinischem Mittelalter« versteht Curtius *»den Anteil Roms, seiner Staatsidee, seiner Kirche, seiner Kultur an der Prägung des gesamten Mittelalters, also ein viel umfassenderes Phänomen als das Fortleben der lateinischen Sprache und Literatur«*. Dementsprechend hebt Curtius immer wieder hervor, daß es ihm um eine historische Betrachtungsweise der europäischen Literatur gehe, denn sie biete die einzige Möglichkeit, die *»Sinneinheit«* dieser Literatur zu erkennen und sichtbar zu machen. In den nun folgenden sechzehn Kapiteln und fünfundzwanzig Exkursen breitet der Autor in selbständigen Einzeluntersuchungen die *»konkrete Fülle der historischen Substanz«* vor dem Leser aus und beschäftigt sich dabei vor allem mit der »historischen Topik«, d. h. der Erforschung der geschichtlichen Abwandlung geprägter Gedankenmuster, der *topoi* der griechischen Rhetorik. Im Verfolgen des Traditions- und Textzusammenhangs einzelner Topoi, etwa des Helden- und Herrscherlobes oder der »Göttin Natur«, werden die verschiedenen das Mittelalter durchziehenden geistigen Strömungen aufgedeckt. Daneben bietet das Buch das, was Curtius als *»Vorarbeiten für ... eine Phänomenologie der Literatur«* bezeichnet, nämlich *»Auskunft darüber ..., woher das Wort Literatur kommt und welchen Sinn es ursprünglich hatte; was ein Schriftstellerkanon ist; wie sich der Begriff des Klassikers gebildet und wie er sich gewandelt hat. Die rekurrierenden oder konstanten Phänomene der Literaturbiologie werden untersucht: der Gegensatz zwischen ›Alten‹ und ›Jungen‹; die antiklassischen Strömungen, die man heute als barock bezeichnet... Die Poesie wird in ihrem Verhältnis zur Philosophie und zur Theologie untersucht. Es wird gefragt, mit welchen Mitteln sie das Menschenleben (Heldentum, Hirtentum) und die Natur (Landschaftschilderung) idealisiert und welche festen Typen sie dafür ausgebildet hat.«*

So ist das Werk ein philologisch-methodisches Lehrbuch, eine Literaturgeschichte und ein humanistisches Bekenntnis in einem. Der Weitblick und die klare Form der wissenschaftlichen Darstellung, die Hinweise auf neue methodische Möglichkeiten und die wissenschaftliche Haltung, die sich in dem Buch ausspricht, machen es zu einer der wirkungsreichsten geisteswissenschaftlichen Veröffentlichungen des 20. Jh.s. G.U.-KLL

AUSGABEN: Bern 1948. – Bern/Mchn. [10]1984.

LITERATUR: M. Wehrli, Rez. (in AfdA, 64, 1948–1950, S. 84–91). – K. A. Horst, Rez. (in Deutsche Beiträge, 3, 1949, S. 278–283). – E. Auerbach, Rez. (in RF, 62, 1950, S. 237–245). – R. R. Bezzola, Rez. (in Erasmus, 3, 1950, S. 692–696). – F. Panzer, Rez. (in HZ, 170, 1950, S. 109–115). – P. O. Kristeller, Rez. (in Annali della Scuola Normale Superiore di Pisa, Lettere, Storia e Filosofia, Serie 2, 19, 1950, S. 205–208). – H. de Haas, *Philologie als geistige Großmacht. E. R. C.* (in Hochland, 48, 1955/56, S. 320–330). – G. R. Hocke, *Über Manierismus in Tradition u. Moderne* (in Merkur, 10, 1956, S. 336–363). – K. A. Horst, *Zur Methode von E. R. C.* (ebd., S. 303–313). – *Freundesgabe für E. R. C. zum 14. April 1956*, Bern 1956. – W. Veit, *Toposforschg. Ein Forschungsbericht* (in DVLG, 37, 1963, S. 120–163). – M. Gsteiger, *Literatur des Übergangs*, Bern/Mchn. 1963, S. 163–168. – H. Weinrich, *»Deutscher Geist«, European Literature, ›Medium Aevum Latinum‹* (in RomR, 69, 1978, S. 261–278). – P. Dronke, *C. as Medievalist and Modernist* (in TLS, 3. 10. 1980, Nr. 79).

## CURTIUS RUFUS

Quintus Curtius Rufus

1. Jh.

### HISTORIA ALEXANDRI MAGNI REGIS MACEDONUM

(lat.; *Geschichte Alexanders des Großen, des Makedonenkönigs*). Die einzige erhaltene lateinische Version der historischen Legende von Alexander, aus der Feder des Rhetors CURTIUS RUFUS, der das Werk, wie man nach langem Zweifel heute glaubt, unter Kaiser Claudius (reg. 41–54) verfaßt hat. Die ersten beiden der zehn Bücher sind gar nicht, das zehnte ist nur lückenhaft überliefert.

Der Verdacht, den diese begeisterte und begeisternde Alexander-Darstellung in dem unbefangenen Leser weckt, ist von der Forschung bestätigt worden: In der verwickelten Geschichte des historischen und literarischen Motivs »Alexander« steht Curtius durchaus auf der Seite der hymnisch preisenden, aber unwissenschaftlichen Literaten (vgl. *Alexanderroman*). Bezeichnenderweise bekennt er selber: *»Ich übernehme in mein Buch mehr, als ich für wahr halte; denn weder möchte ich als gesichert ausgeben, woran ich zweifle, noch fortlassen, was ich nur gehört habe«* (Ü: Schönfeld). Das ist nicht nur ein schriftstellerisches Programm, sondern verrät auch den überzeugten Belletristen und antithetisch versierten Stilisten. Sowohl Inhalt wie Form des Werks lassen den Vorrang des »Wie« vor dem »Was«, die exklusive Hinwendung zum Publikum deutlich hervortreten. Erscheint die unkritische Haltung zur Tradition, wie sie sich in der Wahl der nicht mehr im einzelnen faßbaren Quellen dokumentiert, aus heutiger Warte als ein mehr negativer Zug, so mag ein anderer Aspekt, der Autor und Werk (die für uns mangels biographischer Nachrichten identisch sind) charakterisiert, als positiv betrachtet werden: nämlich die Auswahl innerhalb des erzählten Materials, die selektive Gewichtsverteilung und Akzentuierung. Hier offenbart sich (bei aller Sympathie für das römische Imperium, die etwa an Stellen wie Buch 10, 9 spürbar wird) der echt hellenistische Geschichtsschreiber. Nicht historische Prozesse, nicht die lückenlose Kette der Fakten, nicht die Probleme von Deutung und Wertung sind seine Motive, sondern das Bild der überragenden Persönlichkeit und die es ergänzende Reproduktion einzelner signifikanter Details aus der Fülle des Geschehens, und beides wiederum unter einem ganz bestimmten Licht: die Persönlichkeit nicht so sehr, insofern sie revolutionär Geschichte macht, als insofern sie menschliche oder auch übermenschliche (und unmenschliche) Größe besitzt, und das Detail nicht so sehr, insofern es ein historisches »Gelenkstück« darstellt, als insofern ihm Dramatik innewohnt, die sich effektvoll wiedergeben läßt. Das sind epochen- und gattungstypische Eigenheiten, die vielfach dazu verleitet haben, von der *Historia* als einem »historischen Roman« zu sprechen. In Wirklichkeit handelt es sich, genetisch, immer noch um Geschichtsschreibung, um »romaneske Historie« im besten Sinne: Als Lektüre ist die *Alexandergeschichte* anregend, ja mitreißend. E.Sch.

AUSGABEN: Rom ca. 1470 *(De rebus gestis Alexandri Magni)*. – Lpzg./Bln. 3/41903–1906 (*Historiarum Alexandri Magni Macedonis libri qui supersunt*, Hg. T. Vogel u. A. Weinhold; m. Komm.). – Lpzg. 21908 (*Historiarum Alexandri Magni Macedonis libri qui supersunt*, Hg. E. Hedicke). – Ldn./Cambridge (Mass.) 1946 (*Qu. C.*, Hg. J. C. Rolfe, 2 Bde.; m. engl. Übers.; Loeb; ern. 1956). – Paris 1947/48 (*Histoires*, Hg. H. Bardon, 2 Bde.; m. frz. Übers.). – Turin 1977 (*Storia di Alessandro Magno di Q. C. R.*, Hg. A. Giacone; m. ital. Übers.).

ÜBERSETZUNGEN: *Alexandri Magni Königs in Macedonien Historia*, anon., Ffm. 1573. – *Von den Thaten Alexanders des Großen*, J. Siebelis, Stg. 1817 u. ö. – *Des Qu. C. R. noch vorhandene 8 Bücher von den Thaten Alexanders des Großen, Königs von Macedonien*, A. H. Christian, 4 Bde., Stg. 1855–1875. – *Geschichte Alexanders des Großen*, W. Felsing, Lpzg. 1929. – Dass., K. Müller u. H. Schönfeld, Mchn. 1954 [lat.-dt.]. – Dass., J. Siebelis, Mchn. o. J.

LITERATUR: S. Dosson, *Étude sur Quinte Curce, sa vie et son œuvre*, Paris 1887. – H. Blatt, *Das vulgärarchaische Element in der Sprache des C. R.*, Diss. Erlangen 1923. – F. Helmreich, *Die Reden bei C.*, Paderborn 1927 [Diss. Erlangen 1924]. – J. Stroux, *Die Zeit des C.* (in Phil, 83, 1929, S. 233–251). – K. Hiller, *Rhetorische Stilgrundsätze bei C. R.* (in Philologische Wochenschrift, 52, 1932, S. 979 bis 984). – G. Gary, *The Medieval Alexander*, Cambridge 1956. – D. Korzeniewski, *Die Zeit des Qu. C. R.*, Bonn 1959. – G. V. Summer, *C. R. and the »Historiae Alexandri«* (in AUMLA 1961/15, S. 30–39). – R. Egge, *Untersuchungen zur Primärtradition bei Q. C. R.* Diss. Freiburg i. B. 1978. – J. E. Atkinson, *A Commentary of Q. C. R.'s »Historiae Alexandri Magni« Book 3 and 4* (in London Studies in Classical Philology, 4, Amsterdam 1980). – H. Boedefeld, *Untersuchungen zur Datierung der Alexandergeschichte des Q. C. R.*, Diss. Düsseldorf 1982. – L. L. Gunderson, *Q. C. R. On His Historical Methods in the »Historiae Alexandri«* (in W. L. Adams u. E. N. Borza, *Philip II, Alexander the Great, and the Macedonian Heritage*, Washington 1982). – F. Minissale, *Curzio Rufo, un romanziere della storia*, Messina 1983. – N. G. C. Hammond, *Three Historians of Alexander the Great, the So-Called Vulgate Authors. Diodorus, Justin, C.* (in Cambridge Classical Studies, 9, 1983). – A. Barzano, *Curzio Rufo, storico di Alessandro, e i Flavi* (in M. Sordi, *Alessandro Magno tra storia e mito*, Mailand 1984).

## ASTOLPHE DE CUSTINE

* 18.3.1790 Niederwiller
† 25.9.1857 Paris

### LETTRES DE RUSSIE

(frz.; *Briefe aus Rußland*). Reisebericht von Astolphe de CUSTINE, erschienen 1843. – Vor dem Hintergrund nur oberflächlichen Interesses an

Rußland und weitgehender Unkenntnis seiner besonderen Verhältnisse stellt das Werk Custines einen wesentlichen und vertiefenden Beitrag dar. Seine Reise von 1839, die als privaten Anlaß die Fürsprache für seinen Gefährten, den im französischen Exil lebenden Polen I. Gurowski, hatte, vollzog sich unter steter Betreuung durch liberale und reformerische Kreise, zu denen er z. T. schon in Frankreich Kontakte geknüpft hatte (Schlüsselfigur A. I. TURGENEV), die ihm Informationen und Denkanstöße vermittelten und Custines Bericht wohl als Möglichkeit sahen, die vom Regime Nikolaus I. (reg. 1825–1855) nach außen geübte Informationssperre zu durchbrechen. – 22 der insgesamt 35 Briefe sind der Anreise aus Deutschland (Ausgangspunkt Ems, 8. Juni 1839) und dem etwa dreiwöchigen Aufenthalt in Petersburg gewidmet, wo er u. a. mit der Zarin über Gurowski spricht; er zeichnet ein relativ positives Bild des Zaren, notiert aber auch Schikane und Unbequemlichkeiten der Unterkunft. Von Petersburg reist er in Begleitung eines Kuriers nach Moskau. Besondere Aufmerksamkeit schenkt er dem Kreml, der ihm als gewaltige Zwingburg und *»satanisches Monument«* erscheint und zu einer ausführlichen Beschreibung Ivans IV. (reg. 1533–1584), der ausschließlich negativ gesehen wird, Anlaß gibt. Er notiert Bekanntschaften: Vermutlich ČAADAEV ist mit der Gestalt des »M***« gemeint, der ihn durch den Kreml führt; er lernt den exzentrischen Lebemann P. A. Golicyn kennen. In Zagorsk trifft er Turgenev wieder. Nach neun Tagen verläßt er Moskau und reist über Jaroslavl nach Nižni-Novgorod. Der Empfang ist überall aufmerksam und freundlich, aber die Aufzeichnungen werden immer kritischer. Knapp drei Wochen nach seiner Abreise aus Moskau trifft er wieder dort ein und reist nach kurzem Aufenthalt über Petersburg und Tilsit nach Deutschland zurück (Ems, Brief vom 22. Oktober 1839).

Die Bedeutung des Buches liegt weniger in der Darstellung vordergründiger Realität, die oberflächlich bleibt – das Volk lernte er kaum kennen –, sondern in der Klarsicht und Schonungslosigkeit der Darstellung des Regimes Nikolaus I., das er in seiner unruhigsten Phase erlebte. Custine, der nach eigener Aussage Rußland als Legitimist und Befürworter autokratischer Ordnung betreten habe und als Anhänger des Konstitutionalismus zurückgekehrt sei, sieht in Rußland einen allumfassenden Despotismus, der im Namen des Zaren durch eine allmächtige und allgegenwärtige Polizei und mit Unterstützung der orthodoxen Kirche ausgeübt wird. Das Volk hat ihn seit Jahrhunderten verinnerlicht. Unkenntnis der Außenwelt führt zu Fanatismus und nationalem Dünkel. Eine Mittelklasse fehlt, der Adel hat als politische Macht resigniert und lebt dem Vergnügen. Die Geschichte Rußlands wird vor allem aus der Tatarenherrschaft und ihren Konsequenzen für den Charakter der russischen Gesellschaft gedeutet; Rußland, das Europa vor den Mongolen abschirmte, sei gleichzeitig von europäischen Entwicklungen im Bereich der Moral und Ethik abgeschnitten worden – Gedankengänge, die möglicherweise direkt durch Čaadaev (*Lettre philosophique*, 1836) inspiriert wurden. Darüber hinaus sieht Custine Rußland infolge seines Ausdehnungsdrangs als Gefahr für Europa und befürchtet eine Revolution, die alle Umwälzungen der Französischen Revolution in den Schatten stellen dürfte.

Das Buch Custines, das der seit der Niederwerfung des polnischen »Novemberaufstands« (1830/31) überwiegend antirussischen Stimmung im liberalen Bürgertum, aber auch in katholischen Kreisen Frankreichs neue Nahrung gab, wurde sofort zum Bestseller, während sich die Presse eher zurückhaltend dazu äußerte. Positiv wurde das Werk auch in Deutschland und England aufgenommen. Hart traf das offizielle Rußland eine Kritik, die aus christlicher Grundposition heraus geübt wurde; es reagierte empört (Vorwurf der Undankbarkeit) und mit z. T. bezahlten Gegendarstellungen, die aber abgesehen vom Aufweis einiger Widersprüche und Detailirrtümer nicht überzeugend wirkten. Das Buch blieb bis 1917 in Rußland verboten.

W.Kre.

AUSGABEN: Paris 1843 *(La Russie en 1839)*. – Brüssel 1843 (dass.). – Paris 1946. – Paris 1960. – Paris 1975 (Folio).

ÜBERSETZUNG: *Rußland im Jahre 1839*, J. A. Diezmann, Lpzg. 1843.

LITERATUR: P. de Lacretelle, *Marquis de C., souvenirs et portraits*, Monaco 1956. – Marquis de Luppé, *A. de C.*, Monaco 1957. – Y. Florenne, *C. – Présentation et choix de textes*, Paris 1963. – S. Deroisin, *La vision de la Russie chez Madame de Staël et chez A. de C.* (in Bull. de l'Acad. Royale de Langue et Littérature françaises, 44, 1966, S. 290–298). – M. Cadot, *La Russie dans la vie intellectuelle française (1839–1850)*, Paris 1967. – G. F. Kennan, *The Marquis de C. and His »Russia in 1839«*, Princeton 1971.

## GEORGES LÉOPOLD CUVIER

* 23.8.1769 Mömpelgard
† 13.5.1832 Paris

### LE RÈGNE ANIMAL DISTRIBUÉ D'APRÈS SON ORGANISATION POUR SERVIR DE BASE À L'HISTOIRE NATURELLE DES ANIMAUX ET D'INTRODUCTION À L'ANATOMIE COMPARÉE

(frz.; *Das Tierreich, eingeteilt nach seiner Organisation, um als Grundlage für die Naturgeschichte der Tiere und als Einführung in die vergleichende Anato-*

*mie zu dienen*). Naturkundliches Werk von Georges Léopold CUVIER, erschienen 1817, in erweiterter, reich illustrierter Auflage 1836–1849. – Diese grundlegende und klassische Arbeit enthält die Ergebnisse der zwanzig Jahre währenden intensiven Studien eines der größten europäischen Naturforscher. Cuvier gibt darin ein vollständiges Bild seiner neuen Klassifizierung der Tierarten. Vor ihm hatte LINNÉ den vollständigsten Versuch geliefert, das Tierreich zu ordnen, indem er sechs »Klassen« unterschied: Säugetiere, Vögel, Reptilien, Fische, Insekten und Würmer. Linné hatte sich dabei vor allem auf die verschiedenen Merkmale des Fortpflanzungssystems und die Modalitäten der Fortpflanzung gestützt. Cuvier nahm in erster Linie daran Anstoß, daß im Linnéschen System vor allem die Klasse der Würmer außerordenlich heterogen war. Hier war gewissermaßen alles zusammengefaßt, was sein Vorgänger in die übrigen fünf Klassen nicht einordnen konnte. Nach gründlicher Erforschung vor allem der komplizierten Organisation der Weichtiere (Schnecken, Muscheln) und bestimmter Würmer unterschied Cuvier aufgrund der Struktur des Nervensystems vier Zweige: die »Wirbeltiere« (Säuger, Vögel, Reptilien, Amphibien, Fische), die »Mollusken«, die »Gliedertiere« (Schaltiere, Spinnen, Insekten, Ringelwürmer) und die »Zoophyten« (Protozoen, Hohltiere, Stachelhäuter, Schwämme). Mit Ausnahme der Abteilung der Insekten, an der P. A. LATREILLE mitgearbeitet hat, stammt das gesamte Werk von Cuvier. Die dem neuen System zugrundeliegenden Kriterien sind vor allem die beiden folgenden Gesetze: 1. das *»Gesetz der Korrelation der Formen«*, nach dem eine bestimmte Form stets mit anderen zusammen auftritt, etwa bei Raubvögeln der gebogene, spitze Schnabel und die krummen Krallen; 2. das *»Gesetz der Subordination der Organe«*, das bestimmten Organen oder Organsystemen eine größere Bedeutung beimißt als den übrigen, vor allem solchen, die innerhalb der Arten eine größere Konstanz aufweisen. Gerade von hier aus gelangt Cuvier zur Feststellung von vier Grundtypen des Nervensystems, die ihn auf die Idee brachte, das Nervensystem zur Grundlage seiner Klassifizierung zu wählen.

Die Konzeption einer einzigen Gruppe der Gliedertiere, die auch die Ringelwürmer einschließt, fand wenig Beifall, und die späteren Forschungen erzwangen auch eine Differenzierung der heterogenen Abteilung der Zoophyten. Dennoch nähert sich unter allen älteren vergleichbaren Klassifizierungen die Einteilung Cuviers am meisten der heute üblichen. Sie enthüllt immer wieder eine erstaunliche Präzision der morphologischen Forschungen, die der Autor schon in seinen *Recherches sur les ossements fossiles de quadrupèdes*, 1812 *(Untersuchungen über die fossilen Skelette von Vierfüßlern)*, bewiesen hatte. Doch verwarf Cuvier als überzeugter Anhänger des Schöpfungsgedankens die Entwicklungstheorie GEOFFROY SAINT-HILAIRES, zu dessen Forschungen seine eigenen Studien zahlreiche Berührungspunkte aufweisen. KLL

AUSGABEN: Paris 1817, 4 Bde. – Paris 1829/30, 5 Bde. – Paris 1836–1849, 22 Bde. [erw.]. – Brüssel 1969.

ÜBERSETZUNGEN: *Das Thierreich, eingetheilt nach dem Bau der Thiere, als Grundlage ihrer Naturgeschichte und der vergleichenden Anatomie*, H. R. Schinz, 4 Bde., Stg. 1821–1825. – *Das Thierreich, geordnet nach seiner Organisation*, F. S. Voigt, 6 Bde., Lpzg. 1831–1843.

LITERATUR: A. Demoulin, *C.*, Paris 1881. – J. W. A. Wigand, *Der Darwinismus und die Naturforschung Newtons und C.s*, 3 Bde., Braunschweig 1874–1877. – H. Daudin, *C. et Lamarck. Les classes zoologiques et l'idée de série animale*, 1790–1830, 2 Bde., Paris 1926. – J. Schuster, *Die Anfänge der wissenschaftlichen Erforschung der Geschichte des Lebens durch C. und Geoffroy Saint-Hilaire*, Lpzg. 1930. – E. Dehaut, *Les doctrines de G. C. dans leur rapport avec le transformisme*, Paris 1945. – A. Urbain, *La vie, la carrière et l'œuvre de G. C.*, Alençon 1947. – J. Théodoridès, *Les relations de Stendhal et de G. C.* (in La Biologie Médicale, März 1961, S. XXI-L). – W. R. Coleman, *G. C. Zoologist*, Cambridge/Mass. 1964 [m. Bibliogr.]. – P. J. P. Whitehead, *The Clupeoid Fishes Described by Lacepède, C. et Valenciennes*, Ldn. 1967.

## NIKOLAJ FËDOROVIČ ČUŽAK

d.i. Nikolaj Fëdorovič Nasimovič

* 1876 Nižnij Novgorod
† 3.9.1937 Leningrad

### LITERATURA FAKTA. Pervyj sbornik materialov rabotnikov LEFA

(russ.; *Die Literatur des Faktums. Erster Sammelband von Materialien der Arbeiter des LEF*). Literaturtheoretischer Sammelband, herausgegeben von N. F. ČUŽAK, erschienen 1929. – Der Band enhält vor allem Beiträge zu Theorie und Praxis der von der »Linken Front der Künste« (LEF) erarbeiteten Konzeption einer faktographischen Prosa, die größtenteils 1927/28 in der von MAJAKOVSKIJ geleiteten Zeitschrift ›Novyj LEF‹ (Neuer LEF) zuerst veröffentlicht worden waren. Die Zeitschrift, Nachfolgerin der 1923–1925 erschienenen ›LEF‹, war das Forum der linken künstlerischen Avantgarde, die ihre Aufgabe darin sah, die Kunst in den Dienst der Revolution zu stellen und zugleich die Kunst selbst revolutionär umzugestalten. Die von ihr in der ersten Hälfte der zwanziger Jahre aus Gedanken des Proletkults, des Konstruktivismus und Futurismus sowie der Formalen Schule entwickelte Idee einer »Produktionskunst«, die Auffassung der

Kunst als direkte, unmittelbare Lebensgestaltung, fand ihren Ausdruck vor allem in der bildenden Kunst und Architektur, im Agitations- und Reklameplakat, im Film und in der Fotomontage.
Die *Literatura fakta* ist der erste Versuch, dieses theoretische Modell literarisch umzusetzen. Die wichtigsten Vertreter dieser neuen Literaturkonzeption waren S. Tret'jakov, N. Čužak, O. Brik und V. Šklovskij. Der Sammelband, der theoretische Grundsatzartikel wie kritische Rezensionen sowjetischer Neuerscheinungen enthält, ist als Handbuch und Leitfaden für den jungen Sowjetschriftsteller gedacht, der von der *»sinnlosen Nachahmung der abgelebten Formen«* der literarischen Tradition zu neuen, den *»Erfordernissen der revolutionären Epoche«* entsprechenden Wegen geführt werden soll. Wie Čužaks Aufsatz über die *Literatur der Lebensgestaltung* beweist, der in einer Revision der russischen Literaturgeschichte der Linie des *»Adels-Realismus«* die des *»Raznočinzen-Realismus«* gegenüberstellt, bedeutet dies nicht den Bruch mit jeglicher Tradition, sondern die Ablehnung der unkritischen Kanonisierung der bürgerlichen »Klassiker« und des psychologischen realistischen Romans des 19. Jh.s. Der von der sowjetischen Kritik erhobenen Forderung nach einem *»roten Epos«* und einem *»roten Tolstoj«* stellt Tret'jakov die Erkenntnis entgegen, daß es die geforderten revolutionären Gattungen bereits gibt: *»Unser Epos ist die Zeitung... Was soll es, über einen Roman oder ein Buch, was soll es, über ›Krieg und Frieden‹ zu reden, wenn man jeden Morgen, sobald man die Zeitung in die Hand nimmt, in der Tat eine neue Seite jenes so erstaunlichen Romans umblättert, der ›Unser Heute‹ heißt. Die handelnden Personen dieses Romans, seine Autoren und seine Leser – sind wir selbst.«*
Die Auffassung der Identität von Kunst und Leben, das Begreifen der Literatur als Lebensgestaltung erfordert ein völlig neues Verständnis des literatischen Werks, des Schriftstellers und des Lesers. Der neue Typus des Schriftstellers ist nicht länger der Berufsschriftsteller oder der Dichter im Elfenbeinturm, sondern der aktiv im Produktionsprozeß stehende Arbeiter- und Bauernkorrespondent, der die Veränderung der Wirklichkeit mit den Augen des Produzenten betrachtet. Die neuen literarischen Werke sind nicht die großen, fiktives Geschehen beschreibenden Romane, sondern die kleinen, vordem geringgeschätzten Gattungen der Reportage, der Skizze, des Zeitungsfeuilletons, des Protokolls; nicht fiktive, *»illusionistische«* Belletristik, sondern Autobiographie, Memoiren, authentische Reiseberichte und Tagebücher. Der neue Leser soll nicht allein passiver Konsument sein: Er soll selbst vom Standpunkt des Produzenten aus schreiben.
Die *Literatura fakta* setzt dem Psychologismus des bürgerlichen Romans, dem fiktiven individuellen Helden das produzierende Kollektiv entgegen. Sie ersetzt das erfundene Sujet durch die *»Biographie des Dinges«* (Tret'jakov), die Typisierung von Personen und Ereignissen, den von der Partei geforderten *»lebendigen Menschen«* in der fiktiven Literatur durch die konkrete Tatsache (so in der Gattung des Bio-Interviews), die typische Verallgmeinerung durch die Montage der Fakten in ihrem dialektischen Prozeß. Dogmatische Einseitigkeit führte die Theoretiker der Faktographie bei der Beurteilung der jungen Sowjetliteratur teilweise zu schweren Fehleinschätzungen (vgl. Briks Verriß von Fadeevs Roman *Razgrom*, 1927 – *Die Neunzehn*).
Die Konzeption der *Literatura fakta* fand auch in der deutschen proletarischen Literatur der Weimarer Republik Widerhall (so in den dokumentarischen Romanen Ernst Ottwalts). Es kam zu einer ästhetischen Grundsatzdiskussion mit Georg Lukács, dessen am bürgerlichen Roman des 19. Jh.s orientierte Literaturtheorie sich schließlich durchsetzte. In der Sowjetunion wurde die *Literatura fakta* von der offiziellen Literaturkritik heftig attakkiert und als *»linke Abweichung«* verdrängt, doch beweist die nachstalinistische Prosaliteratur (die Memoiren Ėrenburgs, Kataevs, Šklovskijs u. a.) ihre Nachwirkung. K.H.

Ausgabe: Moskau 1929; Nachdr. Mchn. 1972.

Teilübersetzung: S. Tret'jakov, *Die Arbeit des Schriftstellers*, K. Hielscher, Reinbek 1972.

Literatur: G. Lukács, *Reportage oder Gestaltung?* (in Die Linkskurve, 1932, 7–8). – E. Ottwalt, *Tatsachenroman u. Formexperiment* (ebd., 1932, 10). – G. Lukács, *Aus der Not eine Tugend* (ebd., 1932, 11–12; auch in G. L., *Zur Tradition der sozialistischen Literatur in Deutschland*, Bln./Weimar 1967, S. 436–490). – Ders., *Erzählen oder Beschreiben?* (in Internationale Literatur, 11–12, 1936; auch in G. L., *Begriffsbestimmung des literarischen Realismus*, Darmstadt 1969, S. 33–85). – R. Grebeníčkova, *Moderner Roman u. russische Formale Schule* (in Alternative, 47, 1966, S. 45–55). – V. Choma, *Problémy literárnej avantgardy*, Preßburg 1968, S. 161–174. – M. Drozda, *LEF* (in M. D. u. M. Hrala, *Dvacátá léta sovětske literární kritiky*, Prag 1968). – R. Grebeníčkova, *Literatura faktu a teorie románu* (in Československa rusistika, 13, 1968, H. 3, S. 162–166). – V. D. Barooshian, *Russian Futurism in the Late 1929's: Literature of Fact* (in SEEJ, 15, 1971, H. 1, S. 38–47). – R. Lachmann, *Faktographie u. formalistische Prosatheorie* (in Ästhetik u. Kommunikation, 12, 1973).

## Marina Ivanovna Cvetaeva

* 8.10.1892 Moskau
† 31.8.1941 Elabuga

Literatur zur Autorin:
I. Ėrenburg, *Poėzija M. C.* (in Literaturnaja Moskva, 1956, S. 709–714). – J. Holthusen,

*Russische Gegenwartsliteratur*, Bd. 1, Bern/Mchn. 1963, S. 101–103 (Dalp Tb.). – S. Karlinsky, *M. C. Her Life and Art*, Berkeley/Los Angeles 1966. – G. Wytrzens, *Das Deutsche als Kunstmittel bei M. C.* (in WSlJ, 1969, 15, S. 59–70). – J. A. Taubman, *Between Letter and Lyric. The Epistolarly-Poetic Friendship of M. C.*, Diss. Yale Univ. 1972 [enth. Bibliogr.]. – A. Flaškova, *Die Rezeption der Folklore in der Dichtung M. C.s*, Diss. Wien 1976. – A. M. Kroth, *Dichotomy and »Razminovenie« in the Work of M. C.*, Diss. Univ. of Michigan 1977. – A. Efron, *Stranicy vospominanij*, Paris 1979. – *M. C., Studien und Materialien*, Wien 1981 (WSlA, Sonderbd. 3). – M. Razumovsky, *M. Z. Mythos u. Wahrheit*, Wien 1981 [enth. Bibliogr.]. – M.-L. Bott, *Studien zum Werk M. C.s*, Diss. Konstanz 1983. – S. Karlinsky, *M. C. The Woman, Her World and Her Poetry*, Cambridge 1985. – A. Saakjanc, *M. C. Stranicy žizni i tvorčestva 1910–1922*, Moskau 1986. – V. Lossky, *M. Ts. Un itinéraire poétique*, Malakoff 1987. – K. Stromberg, *Die Genauigkeit der Seele, Zu Prosa-Ausgaben der russischen Lyrikerin M. Z.* (in SZ, 24./25. 9. 1988).

**DAS LYRISCHE WERK** (russ.) von Marina Cvetaeva.

Mit ihren reifen Werken von der Kritik mißverstanden oder unterschätzt, vom Publikum meist als unverständlich abgetan, gilt die Dichterin heute als eine der bedeutendsten Erscheinungen der russischen Literatur des 20. Jahrhunderts. Was sie sehr früh zugleich selbstbewußt und resigniert über das Los ihrer Dichtung sagte, ist eingetroffen: *»Für meine ungelesen gebliebenen Verse,/Verstaubt in Magazinen verräumt,/Wo niemand nach ihnen griff und greift,/Für meine Verse wie für alte Weine/Wird kommen ihre Zeit.«*

Der erste Gedichtband der Gymnasiastin aus hochkultiviertem Moskauer Haus (Vater Professor bäuerlicher Herkunft, Mutter Pianistin aus baltendeutsch-polnischem Adel), *Večernij al'bom*, 1910 *(Abendalbum)*, wurde von Koryphäen der Literatur (Brjusov, Gumilëv, Vološin) einer Rezension für würdig erachtet. Er überraschte durch die intim-private Thematik, mit naiver Frische dargebotene Kindheitserinnerungen und Probleme, ebenso aber durch formale Reife, freilich noch innerhalb der Konventionen von Metrum und Reim, und durch die Vielfalt der Strophenformen. Die zweite Lyriksammlung *Volšebnyj fonar'* 1912 *(Laterna magica)*, setzte zum Teil thematisch den ersten Band fort, neu war das Motiv der tragisch unerfüllt bleibenden Liebe (des aufeinander zugehenden Sich-Verfehlens, *razminovenie*, das für das spätere Werk konstitutiv blieb). In beiden Frühwerken fällt der Hang zur genauen Datierung und zur chronologischen Anordnung auf. Den Charakter eines bekenntnishaften Tagebuchs behielt die Lyrik bis etwa 1925. Ein anderer wiederkehrender Charakterzug ist die Tendenz zur zyklischen Komposition der Lyrik. Der umfangreiche, die Dichtungen der Jahre 1913–1915 zusammenfassende dritte Gedichtband *Junošeskie stichi (Juvenilia)* war 1919 druckfertig, wurde aber erst 1976 veröffentlicht. Cvetaeva meinte von sich selbst, sie sei *»viele Dichter«*. Die für sie bezeichnende sprachliche, strukturelle, inhaltliche und emotionale Polyphonie findet sich ausgeprägt in den vor ihrem Weggang aus Rußland (1922 nach Berlin, bis 1925 Prag, dann bis 1939 Paris) verfaßten Sammlungen aus dem Jahr 1916, *Vërsty 1*, 1922 (*Werstpfähle*; Dichtungen aus dem Jahr 1916), *Vërsty 2* (1921, aus den Jahren 1917–1920), *Razluka*, 1922 *(Trennung)*, *Remeslo*, 1923 (*Handwerk*; 1921/22 geschrieben). Dem Kampf und Untergang der Weißen Armee auf der Krim und den Erlebnissen im revolutionären Moskau gilt die Sammlung *Lebedinyj stan* (*Das Schwanengehege*; 1917–1921, erst 1957 veröffentlicht). Aus diesen Sammlungen sind die *Stichi k Bloku*, 1922 *(Verse an Blok)*, gesondert erschienen. Thematisch Passendes faßte Cvetaeva gegen ihre Gewohnheit wegen des erhofften Leser-Echos im Band *Psicheja-Romantika*, 1923 *(Psyche-Romantik)*, zusammen. In Prag entstand 1922–1925 die letzte Gedichtsammlung *Posle Rossii*, 1928 *(Nicht mehr in Rußland)*, in der soziale Motive großes Gewicht gewinnen (vgl. *Polotërskaja – Lied der Parkettbohner*). Nur ein Kritiker, Dmitrij S. Mirskij, erkannte darin eine Gipfelleistung moderner Dichtung, im übrigen war die Ablehnung als »unverständlich« einhellig.

Cvetaeva wollte *»aus Hochachtung vor dem Leser«* es diesem nicht leichtmachen, indessen blieb ihr Streben nach Hermetik unverstanden, manchmal wohl auch, wie in den *Pereuločki (Seitengassen)*, weil sie die Vieldeutigkeit und Verschlossenheit ihrer Gedichte zu weit trieb. Thematisch und stilistisch sind die reifen Gedichte der Cvetaeva ungewöhnlich vielgestaltig. Persönliches Erleben der *»mjatežnica lbom i črevom« (»Meuterin mit Stirn und Leib«)*, zu der sie sich selbst stilisiert, wird durch gern getragene Masken (Außenseiter der Gesellschaft, Marina Mniszek, die Frau des Falschen Demetrius u. a.) verfremdet. Unter den vielen Liebesgedichten findet sich auch ein homoerotischer Zyklus *(Podruga – Die Freundin)*. Souverän handhabt die Dichterin Sprache, Verfahren und Haltung der Folklore, besonders des Zaubermärchens. Hierher gehören auch umfangreiche Versdichtungen: *Car-Devica*, 1922 *(Mädchen-Zar)*, *Molodec*, 1924 *(Der Prachtkerl)*, und das Fragment *Egoruška (Sankt Jörg)* aus dem Nachlaß. Drei Zyklen huldigen Dichter-Zeitgenossen: Blok, Achmatova und Mandel'štam. Die Adressaten dieser Dichtungen, v. a. Blok, werden fast ins Mythische entrückt, ein Zug, der sich auch im Briefwerk und in der Prosa findet.

Für den Stil der Cvetaeva sind revolutionierende Neuerungen kennzeichnend. Die syllabotonische Metrik wird für eine logaödische aufgegeben, der Reim, rein phonetisch, erreicht wie der Majakovskijs eine neue Qualität. Den Möglichkeiten insbesondere des gesprochenen Russisch folgend, wird die Syntax extrem elliptisch, die Textkohärenz damit zu einem Problem, das dem Leser aufgegeben ist. Die Kohärenzsignale werden in die Kasusendungen, die gelegentlich hypertrophisch wuchernden Satzzeichen und in die Pausen verlagert. Dazu kommen viele Enjambements. Sätze oder Satzteile werden in kohärente Textstücke »eingekeilt«. Die Aussage *»Glybami – lbu/Lavry pochval« (»Wie schwere Schollen werden für die Stirn/ des Genies/Lorbeerkränze der Lobpreisungen«)* reiht ohne Verbum vier verschiedene Kasus präpositionslos aneinander.

Nach 1925 verlagert sich der Schwerpunkt des Schaffens zu lyrischen Großformen *(poėma)*. Auch in diesen ist die Darstellungsfunktion zugunsten der Ausdrucksintensität und der ästhetischen Ausformung zurückgenommen. Denkmal einer großen unerfüllten Liebe sind die beiden »Prager« *poėmy: Poėma Gory*, 1925 *(Gedicht vom Berg)*, und *Poėma Konca (Gedicht vom Ende)*. *Poėma Gory* ist auf der durchgehenden paronomastischen Verknüpfung von *gorá* (Berg) und *góre* (Leid) aufgebaut. Die Sage vom Hamelner Rattenfänger aufgreifend, verwandelt die Cvetaeva im *Krysolov*, 1925/26 *(Rattenfänger)*, den alten Stoff zur »lyrischen Satire« auf das banausische Spießertum und zur Warnung vor einem Verrat am Ideal der permanenten Revolution. *Novogodnee*, 1927 *(Neujahrsglückwunsch)*, ein Gruß an RILKE über den Tod hinaus, erinnert an dessen *Duineser Elegien* (1923). An Rilke knüpfen auch die hermetischen *Poėma Vozducha*, 1927 *(Gedicht von der Luft)*, *Poema Lestnicy*, 1926 *(Gedicht von der Treppe)*, und *Popytka Komnaty*, 1926 *(Versuch eines Zimmers)*, an. – In den späten lyrischen Zyklen (anläßlich des Todes von Majakovskij und Vološin, zum PUŠKIN-Jubiläum 1937) wird die Diktion einfacher. Der letzte Zyklus *Stichi k Čechii*, 1938/39 *(Verse für die Tschechei)*, gibt der Verzweiflung der Dichterin (die sie nach der Rückkehr in die Sowjetunion 1941 in den Freitod trieb) Ausdruck; es sei Zeit, *»dem Schöpfer die Eintrittskarte zurückzugeben«: »Ich brauche weder Gehör-/gänge noch Seher-augen./Auf Deine irre Welt/Einzige Antwort – Verzicht.«* G.Wy.

AUSGABEN: *Večernij al'bom*, Moskau 1910. – *Volšebnyj fonar'*, Moskau 1912. – *Vërsty 2*, Bln. 1921, [2]1922. – *Vërsty 1*, Moskau 1922. – *Car'-Devica*, Bln. 1922. – *Stichi k Bloku*, Bln. 1922. – *Razluka*, Bln. 1922. – *Remeslo*, Bln./Moskau 1923. – *Psicheja. Romantika*, Bln. 1923. – *Molodec*, Prag 1924. – *Posle Rossii*, Paris 1928. – *Lebedinyj stan*, Mchn. 1957 u. Paris 1971. – *Izbrannye proizvedenija*, Moskau/Leningrad 1965. – *Prosto serdce*, Moskau 1967 [gesammelte Übers.]. – *Perekop*, Paris 1971. – *Nesobrannye proizvedenija*, Mchn. 1971. – *Neizdannoe*, Paris 1976. – *Krysolov*, Letchworth 1978 [gek.] u. Wien 1982 [zweispr.]. – *Sočinenija*, 2 Bde., Moskau 1980/81 u. 1984. – *Stichotvorenija i poėmy*, NY 1980 ff. [enth. alle Gedichtsammlungen; bis jetzt 4 Bde., Bd. 5 soll die Versdramen umfassen].

ÜBERSETZUNGEN: *Gedichte*, Ch. Reinig, Bln. 1968. – *Gedichte*, Ausw. F. Mierau, Bln. 1974. – *Gedichte 1909–1939*, M. Razumovsky, Wien 1979 [zweispr.]. – *Maßlos in einer Welt nach Maß*, Hg. E. Mirowa-Florin, Bln. 1980 [zweispr.]. – *Vogelbeerbaum*, Hg. F. Mierau, Bln. 1986.

VERTONUNG: D. Šostakovič, *Šest' stichotvorenij M. C.* (Suite für Mezzosopran und Klavier, op. 143).

## LEBEDINYJ STAN

(russ.; *Das Schwanengehege*). Gedichtzyklus von Marina CVETAEVA, entstanden 1917–1921, erschienen 1957. – Unter den zahlreichen »Tagebüchern« der ersten russischen Revolutionsjahre ist die Gedichtsammlung der Cvetaeva wohl eines der merkwürdigsten und bedeutendsten. Es ist eine zwiespältige und zerrissene Seele, die in diesen Gedichten ihrer Begeisterung Ausdruck verleiht – für die Revolution, in der die Dichterin einen gewaltsamen Ausbruch urwüchsigen Russentums, eine Rückkehr in vorpetrinische, von westeuropäischen Einflüssen freie Zeiten sieht, und zugleich für die Konterrevolution, die weißgardistischen Truppen. Anarchistische Gedanken vermischen sich mit der Trauer um ermordete Adelige, die Verdammung Peters I., der das Unheil durch die Europäisierung Rußlands heraufbeschworen hat, geht einher mit inbrünstigen Gebeten für den Zaren. Hinzu kommt die bittere Ernüchterung nach der ersten, überschwenglichen Euphorie der Umwälzung, die Schilderung des chaotischen Durcheinanders, des individuellen Elends und allgemeinen Sterbens, das die ersten Jahre nach der siegreichen Oktoberrevolution für die russische Bevölkerung gebracht haben.

Mögen die Gedichte dem Inhalt nach noch so disparat sein, sie werden zusammengehalten durch ihre einheitliche Rhythmik und Formgebung, *»ihren vorwiegend barocken und heroischen Stil«* (Holthusen): Ruhm und Tadel vereinigen sich ebenso wie Verzweiflung, Pathos, Liebe, Haß und die Sehnsucht nach den *»fernen und fröhlichen Gefilden ... wohin des Winters die Schwäne ziehen«*. – Mit einer Fülle kirchenslavischer Wendungen ganz dem »hohen Stil« der Odendichter M. LOMONOSOV (1711–1765) und G. R. DERŽAVIN (1743–1816) verpflichtet, bewußt in antiquierter Orthographie geschrieben, in eine vom Vernünftigen ins Gefühlsmäßige fortführende Metaphorik gekleidet, legt der Zyklus beredtes Zeugnis davon ab, wie sehr die Dichterin in der Vergangenheit des vorrevolutionären Rußland verhaftet war.

Marina Cvetaeva hat ihre Sammlung selbst für den Druck vorbereitet. 1928 führt sie *Lebedinyj stan* in einer Aufzählung ihrer Werke als unveröffentlichtes Buch an. Die Umstände ihres von Tragik überschatteten Lebens haben verhindert, daß das schmale Bändchen, dessen Autograph in der Baseler Universitätsbibliothek aufbewahrt wird, zu Lebzeiten der Dichterin erschien. Erst im Jahr 1957 ist es im Ausland von russischen Emigranten veröffentlicht worden. M.Sz.

AUSGABEN: Mchn. 1957 [Hg. G. P. Struve]. – Ann Arbor 1980. – NY 1982 (in *Stichotvorenija i poėmy*, 5 Bde., 2).

ÜBERSETZUNG: Ausw. in *Gedichte 1909–1939*, M. Razumovsky, Wien 1979 [russ./dt.].

## VËRSTY

(russ.; *Werstpfähle*). Gedichtsammlung von Marina CVETAEVA, erschienen 1921/22. – Die Sammlung umfaßt die meisten der zwischen 1916 und 1920 entstandenen Gedichte der Autorin. Sie stellt eine Art lyrisches Tagebuch dar, in dessen Mittelpunkt das gemeinsame Erleben Moskaus durch die Dichterin und Osip MANDEL'ŠTAM steht, den sie ein Jahr zuvor kennengelernt hatte und mit dem sie eine kurze Freundschaft verband. Die Beschreibung des immer wieder symbolisch im Bild seiner Türme und Glocken gefaßten Moskaus dient als Ausgangsebene für die lyrische Darstellung der Beziehungen zwischen Liebender und Geliebtem, wobei autobiographische Gegebenheiten allenfalls in weitgehender poetischer Stilisierung wiedergegeben werden. Vielfältig sind die Themen und Motive der Zyklen und Einzelgedichte. Folkloristische und erzählerische stehen neben subjektiv-bekenntnishaften Sujets. Ist die Dichtung Anna ACHMATOVAS retro- und introspektiv, so ist die Lyrik Marina Cvetaevas in starkem Maße appellativ, was sich technisch sowohl durch den in seiner Häufigkeit nahezu manieristischen Gebrauch von Anaphern und Parallelismen als auch durch die Verwendung der direkten Rede bekundet. Die lyrische Subjekt-Objekt-Beziehung bleibt dadurch konstant, daß das lyrische Ich häufig zum Träger einer Art Rollengedicht wird. Die Zersplitterung der Ich-Perspektive, ihre Verteilung auf eine Vielzahl differenter lyrischer Masken bedingt bereits durch die mit dem Rollengedicht gegebene Verschiebung des sozialen oder historischen Horizonts eine weitgehende Einbeziehung von Objektelementen. Dennoch ist die poetische Intensität der Gedichte dort am stärksten, wo das lyrische Ich in den Hintergrund tritt und die schlichte, additiv-reihende Darstellung der erlebten Wirklichkeitsmomente dominiert. A.Gu.

AUSGABEN: Bln. 1921 *(Vërsty 2)*. – Moskau 1922 *(Vërsty 1)*. – Moskau/Leningrad 1965 (in *Izbrannye proizvedenija*). – Ann Arbor 1972 [Nachdr. d. Ausg. Moskau 1922]. – NY 1980 (in *Stichotvorenija i poėmy*, 5 Bde., 1).

ÜBERSETZUNG: Ausw. in *Gedichte 1909–1939*, M. Razumovsky, Wien 1979 [russ./dt.].

LITERATUR: V. Brjusov, Rez. (in Pečat'i revoljucija, 1922, Nr. 6). – R. Gusl', Rez. (in Novaja russkaja kniga, 1922, Nr. 11/12).

# PETRAS CVIRKA

* 12.3.1909 Klangiai bei Jurbarkas
† 2.5.1947 Wilna

## MEISTERIS IR SŪNŪS

(lit.; *Der Meister und seine Söhne*). Satirisch-lyrischer Novellenroman aus dem Leben der litauischen Handwerker von Petras CVIRKA, erschienen 1936. – Die Handlung vollzieht sich zu Beginn des 20. Jh.s, zur Zeit der zaristischen Unterdrückung und des Aufstandes von 1905–1907; sie beginnt in dem kleinen Kirchdorf Pagramantis in Žemaitija, das als ein armes, doch entzückendes Kirchdorf geschildert wird, dessen Bewohner viel lieber *»ihre Stimme als einen Stein erheben«* und *»mehr lachen als weinen«*. Dort wohnen arme Bauern und tüchtige Handwerker, die zugleich Dichter und Künstler sind. Vor diesem Hintergrund erzählt Cvirka seine humorvollen und burlesken Geschichten; die Reden der handelnden Personen sind erfüllt von unbefangenem, bäuerlichem Witz, obwohl es nicht nur lustige, sondern auch genügend traurige Ereignisse zu berichten gibt. Die Hauptgestalten des Romans sind zwei unzertrennliche Freunde – der Schneider Krizas und der Tischler Deveika. Zu Beginn erleben wir das Idyll des dörflichen Lebens, doch sehr bald bricht die rauhe Wirklichkeit herein – der Aufstand. Er wird niedergeschlagen, und seine Folgen berühren auch die Einwohner des Kirchdorfs Pagramantis. Krizas wird von Gendarmen zu Tode geprügelt, sie verfolgen den Sohn von Deveika und schlagen Deveika selbst fast zu Tode. Doch mutig predigt er: *»Nicht ein einziger Tropfen Blutes eines armseligen Bauern wird umsonst vergossen.«* Trotz all dieser Ereignisse, trotz schweren Elends, da *»Not und Bitterkeit täglich Brot sind«*, hat dieses Leben auch seine Vorteile, denn *»es kümmert den Landhandwerker und den Kleinbauern das Pferdefüttern, das Tränken der Ochsen nicht, und eine Ziege bedarf keiner zehn Hirten«*, und deshalb haben sie viel Zeit über die Letzten Dinge, die Religion, die soziale Lage nachzudenken und darüber zu diskutieren. Und vor allem haben sie freie Bahn für ihre künstlerischen Neigungen, die in ihnen verborgen sind, für die Liebe zum Schönen. Der Schneider Krizas und der Tischler Deveika sind hervorragende Meister ihres Handwerks, doch in ihrem Herzen sind sie Künstler: Deveika schnitzt Pietàs, Krizas ist Dichter und Musiker, auch wenn diese Talente vom äußeren Leben sehr behindert sind. Eines ist beiden gemeinsam: Fröhlichkeit, Liebe zum Leben, Haß gegen jeden Zwang. Deveikas Humor ist gröber, er entspricht seinem vitalen, aufbrausenden Charakter; Krizas hingegen ist ein zarter, feinfühliger Mensch, sein spielerischer Witz ist Ausdruck eines von Empfindsamkeit geprägten, sozusagen lyrischen Weltbilds. Auch Krizas' Verstand ist schärfer, leichter setzt er sich über den alten Aberglauben hinweg, mit einem tieferen Blick betrachtet er das

Leben, und er will auch andere aus ihrem Elendsschlaf wecken. Doch überwiegt der Humor, wir lachen Tränen über die menschlichen Schwächen der beiden, über ihren Leichtsinn, über den ewigen Kampf Deveikas mit seinen drei erwachsenen Söhnen, über den Fischer Šeškutis, über die Ungehobeltheit von Deveikas Sohn Simas, über die Dummheit der Frau Deveikienė. Doch dieses Lachen ist niemals verletzend; in satirischer Schärfe wird nur Deveikas Sohn Andrius gezeichnet.
Komponiert ist dieser Roman als Rahmenerzählung, die Verbindung zwischen den einzelnen Geschichten liegt in ihren Hauptgestalten, den Freunden Krizas und Deveika. Die Sprache des Werks ist dem Inhalt entsprechend sehr lebendig und volkstümlich, sie besitzt einen inneren Rhythmus, manchmal wird sogar mit Reimen gespielt, es wimmelt von Aphorismen, Sprichwörtern, Dialektausdrücken und anderen folkloristischen Elementen. Dieser Roman, als eine sehr gut gelungene Satire ist um so kostbarer, da in der litauischen Literatur lyrische Elemente fast stets vorherrschen und satirische Werke selten sind. L.Ba.

AUSGABEN: Wilna 1936. – Wilna 1957. – Wilna 1959 (in *Raštai*, Hg. A. Venclova u. a., 8 Bde., 6).

DRAMATISIERUNG: 1966 (Akad. dramos teatras).

LITERATUR: J. Būtėnas, *Meisterio ir siuvėjo romanas* (in Literatūros naujienos, 1937, Nr. 1–3). – A. Vengris, Rez. (in Naujoji romuva, 1937, Nr. 7). – D. Judelevičius, *P. C. satyrikas*, Wilna 1958. – E. Mieželaitis, *Pagramančio šnekutis* (in *Čia lietuva*, Wilna 1968). – K. Korsakas, *Turinys ir forma* (in *Lietuvių literatūros kritika*, Bd. 2, Wilna 1972). – *Lietuvių Rašytojai*, Bd. 1, Wilna 1979. – V. Galinis, *Petro Cvirkos kūryba*, Wilna 1979. – *MA. lietuvių tarybinė literatūra*, Bd. 2, Wilna 1982.

## CYNEWULF

Ende 8. Jh. Northumbria oder Mercia

LITERATUR ZUM AUTOR:
R. Simons, *C.'s Wortschatz oder vollständiges Wörterbuch zu den Schriften C.s*, Bonn 1899. – K. Jansen, *Die C.-Forschung von ihren Anfängen bis zur Gegenwart*, Bonn 1908. – S. K. Das, *C. and the C. Canon*, Kalkutta 1942. – M. M. Dubois, *Les éléments latins dans la poésie religieuse de C.*, Paris 1943. – C. Schaar, *Critical Studies in the C. Group*, Lund 1949; Nachdr. NY 1967. – K. Sisam, *Studies in the History of Old English Literature*, Oxford 1953. – R. E. Diamond, *The Diction of the Signed Poems of C.* (in PQ, 38, 1959, S. 228–241). – D. W. Frese, *The Art of C.'s Runic Signatures* (in *Anglo-Saxon Poetry*, Hg. D. W. F. u. L. E. Nicholson, Notre Dame 1975, S. 312–334). – D. G. Calder, *C.*, Boston 1981 (TEAS). – E. R. Anderson, *C. Structure, Style, and Theme in His Poetry*, Ldn. 1983. – A. H. Olsen, *Speech, Song, and Poetic Craft*, NY u. a. 1984.

### CRIST

(aengl.; *Christus*). Gedicht, dem Angelsachsen CYNEWULF zugeschrieben, entstanden in der zweiten Hälfte des 8. Jh.s – Dieses angelsächsische Gedicht ist – mit Ausnahme des verlorengegangenen Anfangs – im ersten Teil des *Codex Exoniensis* (Bibliothek von Exeter) aufgezeichnet. Nur für den mittleren Teil der Dichtung ist Cynewulfs Autorschaft stichhaltig belegt. Der noch erhaltene Text ist in drei Abschnitte gegliedert: Geburt *(The Cristes hidercyme)*, Auferstehung *(The Cristes upstige)* und Jüngstes Gericht *(The domes daege)*. Der erste Abschnitt, der die Ankunft des Erlösers preist, lehnt sich eng an die Adventsliturgie und an das *Matthäus-Evangelium* an, der zweite (gezeichnet mit einem runenschriftlichen Anagramm, das den Namen »Cynewulf« ergibt) paraphrasiert eine Homilie des hl. GREGOR, und der dritte stellt die Erweiterung einer als Akrostichon verfaßten lateinischen Hymne dar, die BEDA zugeschrieben wird *(De die iudici)*. Der Dichter hat diese Vorlagen zu einem Gedicht von 1604 Versen ausgeweitet, die zwar stellenweise ermüdende Wiederholungen enthalten, im ganzen aber von melodischem Fluß getragen werden. Seine Neigung zu mystischer Versponnenheit läßt manche Gedankengänge des Autors obskur erscheinen. Eindeutig ist jedoch sein bedingungsloses Vertrauen in die Gerechtigkeit und Güte Gottes. So triumphiert im letzten Teil des Gedichts die Phalanx der Guten über die Schreckensherrschaft der Bösen. Der nordische Hang zur Darstellung der entfesselten Naturkräfte kommt besonders in den Versen zum Ausdruck, in denen mit erstaunlichem Realismus der Weltuntergang inmitten von Stürmen und Erdbeben geschildert wird. Eine riesige Feuersbrunst vollendet das Werk der Zerstörung. Über der Asche und den Trümmern der von einer Sonnenfinsternis verdunkelten Welt erhebt sich das strahlende Kreuz Christi.
Besondere Bedeutung kommt dem im *Crist* enthaltenen, lebhaft wiedergegebenen Zwiegespräch zwischen Maria und Joseph zu, das als frühestes Zeugnis in der Entwicklungsgeschichte der dramatischen Literatur Englands gilt. KLL

AUSGABEN: Ldn. 1842 (in *Codex Exoniensis*, Hg. B. Thorpe; m. engl. Übers.). – Göttingen 1857 (in *Bibliothek der angelsächsischen Poesie*, Hg. C. W. M. Grein, 4 Bde., 1). – Ldn. 1895 (in *The Exeter Book. Part I.*, Hg. I. Gollancz; m. engl. Übers.; Nachdr. 1958). – Boston 1900, Hg. A. S. Cook [m. Anm. u. Einl. u. Glossar; ern. 1909]. – Ldn./NY 1936 (in *Exeter-Book*, Hg. G. P. Krapp u. E. v. K. Dobbie; Nachdr. NY 1961 u. 1966).

ÜBERSETZUNGEN: *Christ*, C. W. M. Grein (in *Dichtungen der Angelsachsen*, 2 Bde., 1, Göttingen 1857). – Dass., C. H. Whitmann, Boston 1900 [engl.]. – Dass., C. W. Kennedy (in *The Poems of Cynewulf*, Ldn. 1910 u. NY 1949; engl.; Nachdr. Magnolia 1988). – Dass., ders. (in *Early English Christian Poetry*, Ldn. 1952; engl.).

LITERATUR: H. D. Meritt, *Beating the Oaks. An Interpretation of »Christ«* (in AJPH, 66, 1945, S. 1–12; 678–679). – K. Jost, *»Christ«* (in ES, 27, 1946, S. 175–179; 558–585). – R. W. V. Elliott, *C.'s Runes in »Christ II« and »Elene«* (in ES, 34, 1953, S. 49–57). – J. C. Pope, *The Lacuna in the Text of C.'s »Ascension« (»Christ II«, 556b)* (in *Studies in Language, Literature and Culture of the Middle Ages and Later*, Hg. E. B. Atwood u. A. A. Hill, Austin 1969, S. 210–219). – P. Clemoes, *C.'s Image of the Ascension* (in *England before the Conquest*, Hg. P. C. u. K. Hughes, Cambridge 1971, S. 293–304). – J. J. Campbell, *C.'s Multiple Revelations* (in Medievalia et Humanistica, N. S. 3, 1972, S. 257–277). – C. Chase, *God's Presence through Grace as the Theme of C.'s »Christ II« and the Relationship of this Theme to »Christ I« and »Christ III«* (in Anglo-Saxon England, 3, 1974, S. 87–101). – T. D. Hill, *Literary, History and Old English Poetry* (in *Sources of Anglo-Saxon Culture*, Hg. P. E. Szarmanch, Kalamazoo, 1986, S. 3–22).

## ELENE

(aengl.; *Helena*). Verslegende des Angelsachsen CYNEWULF in 1321 stabenden Langzeilen. – Der Text ist im *Codex Vercellensis (Vercelli Book)* überliefert. Die gleiche Pergamenthandschrift (in der Kapitelbibliothek zu Vercelli, Norditalien) enthält eine Reihe weiterer altenglischer Dichtungen in Prosa und Vers. Sie ist in England geschrieben und wird auf die erste Hälfte des 11. Jh.s datiert. Kardinal Guala, unter den Königen Johann und Heinrich III. päpstlicher Legat in England, dürfte sie nach Italien gebracht haben.

Die Handlung seines Gedichts übernahm Cynewulf aus der in zahlreichen Versionen verbreiteten christlichen Legende von der Auffindung des Kreuzes. Die engsten Beziehungen zeigt sie zur *Vita Quiriaci* (*Acta Sanctorum*, Maii, I, 450 ff.) und zu Kapitel 64 der *Legenda aurea* des JACOBUS DE VORAGINE. Der Inhalt der in fünfzehn Abschnitte gegliederten Dichtung ist folgender:

Ein gewaltiges Heer, bestehend aus Hunnen, Goten und Franken, bedroht im Jahre 233(!) das Reich Konstantins des Großen. Der Kaiser zieht ihm entgegen; Furcht überfällt ihn angesichts der Übermacht. Im Traum zeigt ihm ein Engel das Kreuz. Das dieser Vision eilig nachgebildete neue Heereszeichen bringt ihm den Sieg. Papst Silvester tauft den Kaiser. Danach schickt Konstantin seine Mutter Elene mit einem Heer aus, das echte Kreuz Christi zu suchen (für Cynewulf eine Ausfahrt zur See). In Jerusalem wissen die weisesten der Juden nicht, wonach Elene sucht. Judas allein, des Simon Sohn, erinnert sich einer Weissagung von Großvater und Vater, das jüdische Reich werde untergehen, sobald man sich nach Christi Kreuz erkundige. Gefängnis und drohender Hungertod lösen sein Schweigen. Da er jedoch nicht weiß, wo das Kreuz liegt, betet er zu Gott um ein Wunderzeichen. Seine Bitte wird erhört; er bekehrt sich zum Christentum. Ein zweites Wunder – die Erweckung eines Toten durch die Berührung mit dem Kreuze – offenbart, an welchem der drei auf Golgatha gefundenen Kreuze Christus starb. Als alle Anwesenden den Herrn preisen, naht sich der Teufel und droht Judas mit dem Märtyrertod. Dieser läßt sich trotzdem auf den Namen Cyriacus (Quiriacus) taufen. Papst Eusebius ernennt ihn zum Bischof von Jerusalem. Elene benachrichtigt Konstantin, und auf sein Geheiß errichtet sie eine Kirche, in der das Kreuz weitere Wunder wirkt. Durch ein himmlisches Feuerzeichen werden auch noch die Kreuzesnägel aufgefunden. Vor ihrem Abschied ermahnt Elene die Juden zum Gehorsam gegen den neuen Bischof und setzt das Fest der Kreuzesfindung ein: die Hölle sei verschlossen, der Himmel geöffnet dem, der das Fest des Kreuzes feiere und ehre. In einem Epilog (V. 1237 ff.) gedenkt Cynewulf reuig und elegisch-meditativ des heidnisch-sündhaften Lebens, das er vor seiner Bekehrung geführt hat, der eitlen, kriegerischen Jugendfreuden vor seiner Erleuchtung durch die Gnade Gottes im Alter. (Diesem Text und einer Stelle im *Christ* verdanken wir die einzigen biographischen Nachrichten über Cynewulf.) Den Abschluß des Epilogs bildet ein Ausblick auf das Jüngste Gericht.

Der Dichter hat gegenüber seiner Vorlage eine Reihe von Änderungen vorgenommen. Neu erfunden sind die Botschaft Elenes an Konstantin nach der Kreuzesauffindung, der durch sie ausgelöste Jubel und die Anordnung des Kaisers, eine Kirche zu errichten. Die in der Legende geschilderte Judenverfolgung vor Elenes Abreise hat der Autor in die erwähnte Ermahnung zum Gehorsam und die Einsetzung des Kreuzesfestes umgeändert. Hierzu kommen eine Anzahl typischer Anglosaxismen, nämlich die detailreiche Beschreibung der anrükkenden heidnischen Heerscharen, die Schilderung von Schlacht und Sieg und von Elenes Schiffsreise zu den Juden (225–275; Ähnliches findet sich im *Beowulf*). So frei Cynewulf in seinem ganzen Gedicht über die metrischen Mittel verfügt, so lebendig und bildhaft sein Stil auch da ist, wo er seine Vorlage nur umsetzt, so sind es doch vor allem die Kriegs- und Kampfesschilderungen, die diesem Werk unter seinen Gedichten und innerhalb der gesamten altenglischen Literatur einen besonderen Rang verleihen durch eine überaus dichte und ornamentale Sprache voller Anklänge an die heidnische Heldenepik. Hier ist die Rede vom Funkeln der Speere und Brünnen, dem Klang der Schilde, den Schlachtrufen, vom Pfeilregen und den über den Schildrand geschleuderten »Kampfnattern« (Lanzen), von Wolf, Adler und Rabe (den edlen, mutigen, glückbringend-heiligen Tieren Odins,

die von den eddischen Zeugnissen immer wieder in Kriegskenningar benutzt werden), die das Heer mit frohem Geschrei begleiten. Der getaufte und gealterte Angelsachse Cynewulf konnte sich in diesen Wort-Bildnissen noch einmal mit dem beschäftigen, woran in früheren Jahren sein Herz gehangen, was er erfahren und durchlebt hatte.
*Elene* wird zu Recht als das gelungenste der vier Gedichte angesehen, die man mit Sicherheit auf Grund eines Runen-Akrostichons im Text mit dem Namen Cynewulf verbinden kann. Die Verse 1258, 1260–1262, 1264, 1266, 1269/70 des Epilogs enthalten je eine Rune. Zusammen ergeben die Zeichen den Namen des Dichters. Ein gleiches Verfahren hat der Autor in *Juliana, Christ II* und den *Fata apostolorum* angewandt. M.W.

AUSGABEN: Kassel 1840 (*Andreas und Elene*, Hg. J. Grimm). – Ldn. 1856 (in *The Poetry of the Codex Vercellensis. Part II*, Hg. J. M. Kemble; m. engl. Übers.). – Göttingen 1858, Hg. C. W. M. Grein (in *Bibliothek der angelsächsischen Poesie*, 4 Bde., 2; neu bearb. Lpzg. 1894, Hg. R. Wülker). – Bln. 1877, Hg. J. Zupitza; Nachdr. 1883 u. 1888. – Ldn. 1889, Hg. C. W. Kent. – Heidelberg/NY 1905; [4]1936, Hg. F. Holthausen [m. Einl. u. Komm.]. – NY 1932, Hg. G. P. Krapp (in *The Vercelli Book*). – Ldn. 1958, Hg. P. O. E. Gradon; Nachdr. NY 1966.

ÜBERSETZUNGEN: *Elene*, J. Menzies, Edinburgh/ Ldn. 1895 [engl.]. – Dass., W. W. M. Grein (in *Dichtungen der Angelsachsen*, 2 Bde., 1, Göttingen 1857). – Dass., H. Steineck (in *Altenglische Dichtungen*, Lpzg. 1898). – Dass., L. H. Holt, NY 1904. – Dass., C. W. Kennedy (in *The Poems of C.*, Ldn. 1910 u. NY 1949; engl.; Nachdr. Magnolia 1988). – Dass., C. W. Kennedy (in *Early English Christian Poetry*, Ldn. 1952; engl.).

LITERATUR: O. Glöde, *Untersuchungen über die Quellen von C.'s »Elene«* (in Anglia, 9, 1886, S. 271–318). – F. Holthausen, *Zur Quelle von C.s »Elene«* (in ZfdPh, 37, 1905, S. 1–19). – R. V. W. Elliott, *C.'s Runes in »Christ II« and »Elene«* (in ES, 34, 1953, S. 49–57). – D. K. Fry, *Themes and Type-Scenes in »Elene« 1–113* (in Speculum, 44, 1969, S. 35–45). – R. Stepsis u. R. Rand, *Contrast and Conversion in C.'s »Elene«* (in NphM, 70, 1969, S. 273–282). – J. Gardner, *C.'s »Elene«: Sources and Structure* (in Neoph, 54, 1970, S. 65–76). – T. D. Hill, *Sapiential Structure and Figural Narrative in the Old English »Elene«* (in Traditio, 27, 1971, S. 159–177). – C. A. Regan, *Evangelicalism as the Informing Principle of C.'s »Elene«* (ebd., 29, 1973, S. 27–52). – D. G. Calder, *Strife, Revelation, and Conversion: The Thematic Structure of »Elene«* (in ES, 53, 1972, S. 201–210). – J. Doubleday, *The Speech of Stephen and the Tone of »Elene«* (in *Anglo-Saxon Poetry*, Hg. L. E. Nicholson u. D. W. Frese, Notre Dame 1975, S. 116–123). – V. Fish, *Theme and Pattern in C.'s »Elene«* (in NphM, 76, 1975, S. 1–25). – G. Whatley, *The Figure of Constantine the Great in C.'s »Elene«* (in Traditio, 37, 1981, S. 161–202). – W. A. M. v. d. Wurff, *C.'s »Elene«: The First Speech to the Jews* (in Neoph, 66, 1982).

## FATA APOSTOLORUM

(aengl.; *Die Schicksale der Apostel*). Gedicht des Angelsachsen CYNEWULF. – Das in 122 stabenden Langzeilen abgefaßte Werk berichtet in knapper, klarer Form, wo die zwölf Apostel predigten und wie sie den Märtyrertod erlitten. Der Text ist auf fol. 52v–54r des *Codex Vercellensis (Vercelli Book)* überliefert, Nr. CXVII der Kapitelbibliothek zu Vercelli (Norditalien). Die gleiche Pergamenthandschrift enthält eine Anzahl weiterer altenglischer Dichtungen in Prosa und Vers. Sie ist in England geschrieben und wird auf die erste Hälfte des 11. Jh.s datiert. Kardinal Guala, unter den Königen Johann und Heinrich III. päpstlicher Legat in England, dürfte sie nach Italien gebracht haben.
Die lateinischen Kasusendungen der im Gedicht erwähnten Eigennamen zeigen, daß eine lateinische Vorlage benutzt wurde, die sich jedoch bei der großen Anzahl und Verbreitung mittelalterlicher Martyrologien nicht eindeutig ermitteln läßt. Die Reihenfolge, in der Cynewulf die Martyrien erzählt (Petrus, Paulus, Andreas, Johannes, Jacobus Zebedäus, Philippus, Bartholomäus, Thomas, Matthäus, Jacobus, Simon, Thaddäus) stimmt am ehesten mit der *Notitia de locis apostolorum* des HIERONYMUS überein. Inhaltliche Parallelen lassen sich zum *Martyrologium* des BEDA VENERABILIS feststellen, das zwar ausführlicher ist, aber z. T. wörtliche Übereinstimmungen zeigt, und zu *De vita et obitu utriusque testamenti sanctorum* des ISIDOR aus Sevilla. Die Erzählung der Martyrien benutzt weitgehend Wortmaterial und Stilelemente der angelsächsischen heroischen Epik, etwa des *Beowulf*. Die Mission der Apostel wird zum Kampf tapferer und kühner Helden mit den dunklen Mächten des Bösen, Marter und Tod werden zum tragischen, jedoch ruhmvollen Ende glaubenserfüllter Gefolgsleute und Vasallen. – Die *Fata apostolorum* verraten – auch in den Schlußversen – wenig von der sonst für Cynewulf charakteristischen poetischen Eigenständigkeit und sprachlichen Lebendigkeit. Sie verdienen deshalb trotz des in den Versen 98 und 100–104 enthaltenen Runen-Akrostichons des Autorennamens weniger Aufmerksamkeit als die übrigen drei, in gleicher Weise von ihrem Verfasser signierten Werke (*Christ II, Elene* und *Juliana*). Vor und nach den Akrostichonzeilen steht je ein fast wortgleiches Gebet für den Autor, so daß der sicher von Cynewulf stammende Schluß der Dichtung (Zeile 88–122) in keinem rechten Verhältnis zur eigentlichen Erzählung der Apostelschicksale steht: er ist zu lang geraten. Die Meinung, das Gedicht stelle eine Art Epilog zu dem in der Handschrift unmittelbar vorausgehenden *Andreas* dar, hat deshalb einiges für sich, zumal sich auch stilistische Übereinstimmungen zwischen beiden Werken feststellen lassen. M.W.

AUSGABEN: Kassel 1840 (*Andreas und Elene*, Hg. J. Grimm). – Ldn. 1856 (*The Poetry of the Cod. Vercellensis. Part II*, Hg. J. M. Kemble; m. engl. Übers.). – Göttingen 1858, Hg. C. W. M. Grein (in *Bibliothek der angelsächsischen Poesie*, 4 Bde., 2; neu bearb. Lpzg. 1894, Hg. R. Wülker). – Boston 1906 (*Andreas and The Fates of the Apostles*, Hg. G. P. Krapp; m. Anm., Glossar u. Einl.). – Rom 1913 (*Der Vercelli-Codex CXVII*, Hg. M. Förster; Faks.). – Ldn./NY 1932 (*The Vercelli Book*, Hg. G. P. Krapp). – Oxford 1961 (*Andreas and The Fates of the Apostles*, Hg. K. R. Brooks; m. Einl., Komm., Glossar u. Bibliogr.).

ÜBERSETZUNGEN: *Schicksale der Menschen*, C. W. M. Grein (in *Dichtungen der Angelsachsen*, 2 Bde., 2, Göttingen 1859; Nachdr. Heidelberg 1930). – *The Fates of the Apostles*, C. W. Kennedy (in *The Poems of C.*, Ldn. 1910 u. NY 1949; engl; Nachdr. Magnolia 1988). – Dass., R. K. Gordon (in *Anglo-Saxon Poetry*, Ldn./NY [2]1954; Everyman's Library).

LITERATUR: G. Sarrazin, *Die »Fata apostolorum« u. der Dichter C.* (in Anglia, 12, 1889, S. 375–387). – G. L. Hamilton, *The Sources of the »Fata apostolorum« and »Andreas«* (in MLN, 32, 1920, S. 385–395). – R. W. V. Elliott, *C.'s Runes in »Juliana« and »Fates of the Apostles«* (in ES, 34, 1953, S. 193–204). – D. G. Calder, *»The Fates of the Apostles«, the Latin Matyrologies, and the Litany of the Saints* (in MAevum, 44, 1975, S. 219–224). – W. Ginsberg, *C. and His Sources: »The Fates of the Apostles«* (in NphM, 78, 1977, S. 108–114). – R. C. Rice, *The Penitential Motif in C.'s »Fates of the Apostles« and in His Source* (in Anglo-Saxon England, 6, 1977, S. 105–119). – J. E. Cross, *C.'s Tradition about the Apostles in »Fates of the Apostles«* (ebd., 8, 1979, S. 163–175).

## JULIANA

(aengl.; *Juliana*). Verslegende des Angelsachsen CYNEWULF. – Die einzige erhaltene Aufzeichnung des Textes – 731 stabende Langzeilen – findet sich im *Exeter Book*, einem Pergamentcodex vom Ende des 10. Jh.s in der Kathedralbibliothek zu Exeter. Leider handelt es sich auch bei dieser umfangreichsten der vier Sammelhandschriften, in denen altenglische Literatur überliefert ist, um einen Torso. Es fehlen ihr mehrere Blätter, darunter zwei mit *Juliana*-Text (zwischen V. 288/289 und 558/559). Der Name des Autors, über dessen Person sich nur Vermutungen an Hand seiner Dichtungen anstellen lassen, wird dem Leser durch Runen mitgeteilt, die sich zu dem Wort »Cynewulf« zusammenfügen (je drei Runen in V. 704 und 706, zwei in V. 708). Cynewulf muß für seine Bearbeitung des Stoffs eine ihm schriftlich vorliegende lateinische Prosalegende vom Leben der hl. Juliana benutzt haben. Wahrscheinlich ist, daß die verlorene Urfassung der Vita in griechischer Sprache abgefaßt war. Aus der großen Zahl der Juliana-Legenden vor und nach Cynewulf seien nur die Fassung des BEDA VENERABILIS, die mittelhochdeutsche Verserzählung ARNOLTS (12. Jh.), eine gereimte anglonormannische Version vom Ende des 12. Jh.s und die Kurzfassung in der *Legenda aurea* des JACOBUS DE VORAGINE (Ende des 13. Jh.s) genannt. Der Inhalt der Erzählung Cynewulfs deckt sich in den Grundzügen mit dem, was unter dem Fest der hl. Juliane (16. Februar) in den *Acta sanctorum* der Bollandisten veröffentlicht ist. Unter dem römischen Kaiser und Christenverfolger Maximian (reg. 305–311) lebt in Nicomedia ein hoher kaiserlicher Beamter namens Eleusius, der die christliche Jungfrau Juliana, Tochter des Heiden Africanus, zur Frau begehrt. Sosehr die Schöne darauf beharrt, im Stande der Keuschheit zu leben, so eifrig sie gegen die heidnischen Götzen argumentiert: der Vater verlobt sie dem reichen Eleusius und gibt sie, als sie weiterhin trotzt und nur nachgeben will, wenn der Anverlobte sich zum Christentum bekehrt, ganz in dessen Gewalt. Tugend und christliche Überzeugung Julianas widerstehen auch den Überredungskünsten des verliebten Helden. Er läßt sie schließlich martern: Sie wird entblößt und öffentlich gegeißelt, an den Haaren an einen Baum gehängt und sechs Stunden lang verprügelt, ins Feuer geworfen, aufs Rad geflochten und in siedendes Blei getaucht. Man enthauptet sie, nachdem sie mit Engelshilfe Martern und Gefangenschaft überstanden hat. In der Zelle überwältigt die Gepeinigte sogar den als Engel erscheinenden Versucher und zwingt ihn, seine Missetaten zu bekennen. Der Leichnam der Märtyrerin wird mit großem Gepränge bestattet; das Volk bekehrt sich. Eleusius und seine Mannen aber werden auf See *»durch das Wallen der Wogen in den Wasserfluten ihres Lebens beraubt: verlustig des Trostes mußten sie hoffnungslos die Hölle suchen«*. Daran knüpft Cynewulf die für ihn typische Wendung ins Persönliche: Er bekennt seine Sündhaftigkeit, er hofft auf die Fürbitte der hl. Juliana in seiner Todesstunde und auf die Gnade Gottes, wenn er vor das Angesicht des höchsten Richters treten wird. Das Gedicht schließt mit einer Gebetsformel und mit der Bitte an den Leser, den Autor ins Gebet einzuschließen.

Cynewulfs *Juliana* ist engagierte Zweckdichtung. Es lag dem Verfasser daran, christliche Lehren und Verhaltensweisen zu vermitteln, den noch nicht gefestigten Christenglauben seiner Landsleute zu stärken, dort missionarisch zu wirken, wo die neue Lehre offen oder heimlich abgelehnt wurde. Zu diesem Zweck bediente er sich poetischer Mittel, die seinen Zuhörern oder Lesern vertraut waren: Er übernahm Metrik, Sprach- und Ausdrucksformen der traditionellen heidnisch-heroischen Dichtung der Angelsachsen (man vergleiche etwa den *Beowulf*), er paßte das fremde christliche Gedankengut den im Grund heidnisch gebliebenen Lebensformen einer ererbten germanischen Kultur an – ein Verfahren, das auch von anderen Verfassern derartiger Literatur angewandt wurde. Dazu war es notwendig, mit der Vorlage, vor allem im Detail, nicht eben kleinlich umzugehen. Wenn man von den unumgänglichen Fakten der Handlung absieht, hat sich Cynewulf nicht gescheut, alles übrige dem angestrebten Effekt unterzuordnen. Er verwendet die alliterierende, bildhafte Sprache der Kenningar; Eleusius und Africanus sind die *»Heerkampfstarken«*, *»des Reiches Hüter«*. Sie treffen sich nach germanischer Sitte zum Thing, zur Beratung über die widerspenstige Juliana, nachdem *»die Speere sie zusammenlehnten«*. Eleusius geht – da es sich ja um ein für angelsächsisches Publikum bestimmtes Epos handelt – auf dem Meer, *»mit der Schar der Helden«* in *»der Hochflut Strömung ... auf der Schwäne Straße«*, zugrunde. Auch das übrige Geschehen entwickelt sich durchaus in den Formen germanischen Brauchtums, wie wir es aus heidnischen Texten kennen. Vieles erinnert an die Schilderungen isländischer Sagas. Deutlich wird die Umsetzung auch bei der freimütig beschriebenen Folterung Julianas. Und da germanische Dichtung durch die überwältigende Beispielhaftigkeit heroischer Persönlichkeiten zu wirken pflegt, hat der Autor aus der nicht ganz makellosen Heldin der lateinischen Vorlage eine Idealfigur, eine angelsächsische Verkörperung aller christlichen Tugenden, gemacht. Die übrigen Protagonisten fügen sich in seiner Darstellung ebenfalls nahtlos in das germanische Milieu ein. Aber trotz dieser weitreichenden Umgestaltung, trotz der klaren Festlegung aller Handlungskomponenten auf ein durchgehendes Prinzip, fehlt der *Juliana* jener Anflug von Originalität, Lebendigkeit und Anschaulichkeit, der Cynewulfs sonstiges Werk auszeichnet. Man hat deshalb vermutet, es handle sich um das Erstlingswerk eines Dichters, der noch nicht die richtige Einstellung zu einer für ihn neuen Dichtungsgattung gefunden hatte. M.W.

AUSGABEN: Ldn. 1842, Hg. B. Thorpe (in *Codex Exoniensis*; m. engl. Übers.). – Göttingen 1858, Hg. C. W. M. Grein (in *Bibliothek der angelsächsischen Poesie*, 4 Bde., 2; neu bearb. Lpzg. 1894, Hg. R. Wülker). – Ldn. 1895, Hg. I. Gollancz (*The Exeter Book: Part I*; m. engl. Übers.). – Boston/Ldn. 1904, Hg. W. Strunk. – Ldn. 1936, Hg. G. P. Krapp u. E. v. K. Dobbie (in *Exeter-Book*; Nachdr. NY 1961 u. 1966). – Ldn. 1955, Hg. R. Woolf.

ÜBERSETZUNGEN: *Juliana*, C. W. M. Grein (in *Dichtungen der Angelsachsen*, 2 Bde., 2, Göttingen 1859). – Dass., C. W. Kennedy (*The Poems of C.*, Ldn. 1910 u. NY 1949; engl.; Nachdr. Magnolia 1988). – Dass., R. K. Gordon (in *Anglo-Saxon Poetry*, Ldn./NY ²1954; engl.).

LITERATUR: B. Conradi, *Darstellung der Syntax in C.s Gedicht »Juliana«*, Diss. Halle 1886. – O. Glöde, *C.s »Juliana« u. ihre Quelle* (in Anglia, 11, 1888/89, S. 146–158). – O. Backhaus, *Über die Quelle der mengl. Legende von der hl. Juliane u. ihr Verhältnis zu C.s »Juliana«*, Diss. Halle 1899. – J. M. Garnett, *The Latin and the Anglo-Saxon »Juliana«* (in PMLA, 14, 1899, S. 279–298). – R. W. V. Elliott, *C.'s Runes in »Juliana« and »Fates of the Apostles«* (in ES, 34, 1953, S. 193–204). – D. G. Calder, *The Art of C.'s »Juliana«* (in MLQ, 34, 1973, S. 355–371). – J. Wittig, *Figural Narrative in C.'s »Juliana«* (in Anglo-Saxon England, 4, 1975, S. 37–55). – L. M. Abraham, *C.'s »Juliana«: A Case at Law* (in Allegorica, 3, 1978, S. 172–189). – C. Schneider, *C.'s Devaluation of Heroic Tradition in »Juliana«* (in Anglo-Saxon England, 7, 1978, S. 107–118). – J. P. Hermann, *Language and Spirituality in C.'s »Juliana«* (in Texas Studies in Literature and Language, 26, 1984, S. 263–281). – D. G. Bzdyl, *»Juliana«: C.'s Dispeller of Delusion* (in NphM, 86, 1985, S. 165–175).

## CYPRIANUS AUS KARTHAGO

eig. Thascius Caecilius Cyprianus

* um 200 Karthago

† 14.9.258 Karthago

### AD DONATUM

(lat. Patr.; *An Donatus*). Eine Schrift von CYPRIANUS aus Karthago, geschrieben um 246. – Cyprianus berichtet seinem Freund Donatus detailliert über Hergang und Gründe seiner Bekehrung zum Christentum. Das heidnische Lasterleben wird angeprangert und ein Lobpreis auf die in der Taufe erfahrene Wiedergeburt und das damit gewonnene neue Leben gesungen: *»Vernimm, was man fühlt, bevor man es lernt, und was man nicht erst im Laufe der Zeit in mühsamer Forschung sich sammelt, sondern mit einem Male aus der Fülle der zeitigenden Gnade schöpft.«* Im nächsten Abschnitt schildert Cyprianus seine Zweifel, die er vor der Taufe hatte: *»Als ich selbst noch in der Finsternis und in dunkler Nacht schmachtete und auf den Wogen der sturmbewegten Welt schwankend und unsicher irrend kreuz und quer umhertrieb, ohne meinen Lebensweg zu kennen, ohne die Wahrheit und das Licht zu ahnen, da hielt ich es bei meinem damaligen Lebenswandel für höchst schwierig und unwahrscheinlich, was mir die göttliche Gnade zum Heile verhieß: daß man von neuem wiedergeboren werden könne und daß man, durch das Bad des heilbringenden Wassers zu neuem Leben beseelt, das ablege, was man früher gewesen, und trotz der Fortdauer der leiblichen Gestalt den Menschen nach Herz und Sinn umändere.«* Am Schluß heißt es: *»Nachdem aber mit Hilfe des lebensspendenden Wassers der Taufe der Schmutz der früheren Jahre abgewaschen war und sich in die entsühnte und reine Brust von oben her das Licht ergossen hatte, nachdem ich den himmlischen Geist eingesogen hatte und durch die zweite Geburt in einen neuen Menschen umge-*

*wandelt war, da wurde mir plötzlich auf ganz wunderbare Weise das Zweifelhafte zur Gewißheit, das Verschlossene lag offen, das Dunkel lichtete sich, als leicht stellte sich dar, was früher schwierig erschien, und ausführbar wurde das, was zuvor als unmöglich galt.«* Die Schrift ist ein nicht besonders originelles Beispiel für die in der Spätantike so beliebte Literaturgattung der »Confessio«. Anleihen bei MINUCIUS FELIX u. a. sind kaum zu übersehen. Zweifellos sind die *Confessiones* AUGUSTINS literarisch weitaus bedeutsamer. A.Ku.

AUSGABEN: Rom 1471, Hg. J. Andreas. – Wien 1868–1871, 3 Bde, (CSEL, 3, 1–3). – Turin 1935 (in *Corona Patrum Salesiana*, Hg. S. Colombo, Ser. lat. 2).

ÜBERSETZUNGEN: *An Donatus*, J. Baer, Kempten 1918 (BKV, 34). – *C. C. Eine Auswahl aus seinen Schriften*, W. Schulz, Bln. 1961 (Quellen, Ausgew. Texte aus d. Gesch. d. christl. Kirche, Hg. H. Ristow u. W. Schulz, 4).

LITERATUR: A. Quacquarelli, *La retorica antica al bivio. L'»Ad Nigrinum« e l'»Ad Donatum«*, Rom 1956. – Altaner, S. 152 ff. – H. v. Campenhausen, *Latein. Kirchenväter*, Stg. 1960. – A. Beck, *Römisches Recht bei Tertullian und Cyprian*, Aalen 1967. – M. A. Fahey, *Cyprian and the Bible*, Tübingen 1971. – H. Gülzow, *Cyprian und Novatian*, Tübingen 1975 [Briefwechsel]. – Th. G. Ring, *Auctoritas bei Tertullian, Cyprian und Ambrosius*, Würzburg 1975.

## CYRANO DE BERGERAC

eig. Hector Savinien de Cyrano

* 6.3.1619 Paris
† 28.7.1655 Paris

LITERATUR ZUM AUTOR:
P. Brun, *La vie et les œuvres de C. de B.*, Paris 1909. – L.-R. Lefèvre, *La vie de C. de B.*, Paris [5]1927. – G. Montgrédien, *C. de B.*, Paris 1964. – L. Erba, *Magia e invenzione*, Mailand 1967. – E. W. Lanius, *C. de B. and the Universe of Imagination*, Genf 1967. – M. Alcover, *La pensée philosophique et scientifique de C. de B.*, Genf 1970. – E. Harth, *C. de B. and the Polemics of Modernity*, NY/Ldn. 1970. – J. Goldin, *C. de B. et l'art de la pointe*, Montreal 1973. – W. H. Vledder, *C. de B., 1619–1655, philosophe ésotérique*, Amsterdam 1976. – R.-M. Carré, *C. de B.*, Paris 1977. – J. Prévot, *C. de B., romancier*, Paris 1977. – Ders., *C. de B., poète et dramaturge*, Paris 1978. – T. Reiss, *The Discourse of Modernism*, Cornell 1982, S. 226–260.

### HISTOIRE COMIQUE CONTENANT LES ESTATS ET EMPIRES DE LA LUNE. – L'HISTOIRE COMIQUE DES ESTATS ET EMPIRES DU SOLEIL

(frz.; *Komische Geschichte der Staaten und Reiche des Mondes und der Sonne*). Utopischer Doppelroman von CYRANO DE BERGERAC; entstanden seit etwa 1648 bzw. 1650, erschienen 1657 und 1662. – Unmittelbare Anregungen zu diesem Werk gaben die Vorlesungen, die Pierre GASSENDI 1642/43 in Paris vor einem Kreis junger Intellektueller hielt und in deren Verlauf er auch auf ein Lieblingsthema der gebildeten Gesellschaft seiner Zeit zu sprechen kam: das Leben auf dem Mond. Die phantastische Möglichkeit eines Aufenthalts auf diesem Erdtrabanten inspirierte den musischen Haudegen Cyrano zu seiner Beschreibung eines fiktiven Mondbesuchs.

Mit einem von Raketen angetriebenen Luftfahrzeug erreicht der Autor beim dritten Startversuch, vom Marktplatz von Quebec (Kanada) aus, den Bereich der Anziehungskraft des Mondes und wird, nachdem die Antriebsraketen ausgebrannt sind und die »Raumkapsel« zur Erde zurückgefallen ist, von ihm angesogen. Er »landet« in der Gegend, in der sich das irdische Paradies befindet, wird daraus jedoch wegen seiner respektlosen Bemerkungen gegenüber den biblischen Gestalten, die dort versammelt sind, vertrieben und gerät nun in die Gewalt des kentaurenartigen Mondvolks. Man hält ihn für einen Affen und stellt ihn öffentlich zur Schau. Der Dämon des Sokrates nimmt sich seiner an, unterrichtet ihn in der mondischen Lebensführung und bringt ihn an den Hof der Königin, wo man ihn allerdings zu einem anderen »Affen« in den Käfig steckt. Cyrano erkennt in seinem Mitgefangenen den Spanier Domingo Gonzales – den Mondreisenden aus Francis GODWINS Roman *The Man in the Moone* (1638) –, der mit Hilfe abgerichteter Vögel hierhergelangt ist. Da die beiden zur allgemeinen Enttäuschung keine Nachkommen zeugen, entbrennt unter den Wissenschaftlern ein Streit darüber, ob Cyrano, wie er behauptet, ein Mensch sei oder ein Papagei ohne Federn. Konzile werden einberufen, auf denen Cyrano seine Kenntnisse der irdischen Philosophie unter Beweis stellen soll, für seine Ausführungen über die Lehre des Aristoteles und über kosmische Fragen aber nur Gelächter erntet. Schließlich wird er dazu verurteilt, abzuschwören, daß er sich auf dem Mond befinde. Danach ist er frei. Sein Verteidiger, der Dämon des Sokrates, nimmt ihn wieder in seine Obhut und macht ihn mit den Mondphilosophen bekannt, in deren Kreis Cyrano seine Zeit fortan mit Disputen über alle erdenklichen Probleme der Physik, der Ethik, der Religion und Humanität verbringt. Er weiß seinen Standpunkt stets so imponierend zu vertreten, daß eine Hofdame ihm zuliebe den christlichen Glauben annehmen und mit ihm zur Erde reisen will. Doch Cyrano zieht es vor, die Rückreise in Gesellschaft eines Freigeistes anzutreten, der Gott geleugnet hat und zur Strafe dafür in die Hölle befördert wird. Cyrano klammert sich an dem Missetäter fest, durchfliegt mit ihm das All, läßt ihn aber rechtzeitig los, bevor dieser durch einen Vulkan in die Hölle fährt. Irgendwo in Italien findet Cyrano sich wieder.

In der direkt anschließenden, aber etwa sieben Jahre später entstandenen *Sonnenreise* vermißt man die Jugendfrische und genial-komische Phantasie des Mondreisenden, was wohl damit zu erklären ist, daß Cyrano den zweiten Teil zunächst als Memoiren des Sokrates-Dämons ausgeben wollte, dann jedoch auch diese Reise als eigenes Erlebnis erzählte. Dennoch scheint statt des Feuerkopfs aus Bergerac ein abgeklärter Philosoph zu schreiben. Statt grotesker, die irdische Wirklichkeit parodierender Einrichtungen trifft der Autor auf der Sonne allegorische Idealstaaten (Reich der Vögel, Reich der Bäume) an, wie sie das traditionelle Charakteristikum utopischer Romane sind. Hier aber geben sie nur den Rahmen ab zu weitläufigen philosophischen Erörterungen, u. a. mit Tommaso Campanella, dem nach seinem Tode konsequenterweise ins Sonnenreich versetzten Verfasser der *Città del sole* (1602).

Cyranos Werk gilt als ein Gipfelpunkt der utopischen Literatur des Barock, obwohl ihm typische Elemente des »Zukunftsromans« fehlen und Sonne und Mond dem Autor im Grunde nur als Neugier erregende, beim Publikum seiner Zeit beliebte Schauplätze dienen, die das eigentliche Thema effektvoll »verfremdet« erscheinen lassen. Was Cyrano vorschwebt, dem stürmischen, unmethodischen Geist indessen nur bis zu einem gewissen Grade gelingen kann, ist eine Enzyklopädie des zeitgenössischen Denkens in romanhafter Form. Die frappierenden technischen Erfindungen – von den diversen Flugapparaten bis zum Grammophon –, die schon seit LEONARDO DA VINCI keine müßigen Phantastereien mehr sind, sondern wohlüberlegte Vorwegnahmen einer voraussehbaren Entwicklung, benutzt er im wörtlichen wie im übertragenen Sinne als »Vehikel«, um dem Leser seine philosophischen Anschauungen und naturwissenschaftlichen Erkenntnisse (vielleicht nach dem Vorbild von GALILEIS erfolgreichem *Dialogo*, 1632) auf die kurzweiligste Art darzulegen. Im Mittelpunkt der geistigen Auseinandersetzung steht zu dieser Zeit die Kontroverse zwischen aristotelisch-scholastischem Denken und der modernen Naturphilosophie Gassendis einerseits sowie zwischen dessen neuem Empirismus und dem Kartesianismus andererseits. Gassendi, der Philosoph der Avantgarde, ist auch Cyranos Idol – wenigstens in der *Mondreise*: *»Cyrano ist nicht nur Gassendist im allgemeinen, verficht nicht nur epikureische Grundsätze, auch den Sensualismus des Meisters, sondern er benutzt viele seiner Gedanken fast wörtlich. Ja, die ›Mondreise‹ ist in vielen Teilen kaum etwas anderes als ein Kompendium der Gassendischen Philosophie, gibt die Lehre von den Atomen, vom leeren Raum, von der Schwere ganz im Gassendischen Sinne zu einer Zeit, wo dieser seine Hauptwerke noch gar nicht veröffentlicht hatte«* (L. Jordan). – In der Sonnenreise entwickelt Cyrano dagegen kartesianische Gedankengänge, die sich zum Teil auch in einem dem Dichter zugeschriebenen *Fragment de physique* finden. Man hat daraus geschlossen, daß er sich im Laufe der Jahre von Gassendi gelöst und einen Kompromiß zwischen den beiden Richtungen angestrebt hat. In Anbetracht der typisch nonkonformistischen, satirisch-kritischen Weltbetrachtung Cyranos ist es wahrscheinlicher, daß es sich hier wie auch an vielen Stellen der *Mondreise* im wesentlichen um Veränderungen des Originaltextes durch ängstliche oder andersdenkende Bearbeiter handelt. Zwei im 19. Jh. entdeckte Manuskripte des ersten Buches, unter deren Titel *L'autre monde* die Neuausgaben herausgegeben wurden, beweisen, daß die frühen Drucke auf (vermutlich durch den Nachlaßverwalter Henri LE BRET) stark verstümmelte Texte zurückgehen.

Die ebenso unterhaltsame wie lehrreiche *Histoire comique* und Cyranos fortschrittliche, humanitäre Denkweise (Gegner des Krieges und der Todesstrafe) fanden bei den Zeitgenossen und den nächsten Generationen große Anerkennung. Doch läßt sich eine direkte Beeinflussung späterer phantastischer Reiseromane (z. B. von SWIFT und VOLTAIRE) genausowenig nachweisen wie Cyranos angebliche Abhängigkeit von älteren kosmisch-utopischen Romanen oder etwa LUKIANS *Alēthē dihēgēmata*. KLL

AUSGABEN: Paris 1657 *(Histoire comique contenant Les estats et empires de la lune)* und 1662 *(Les nouvelles œuvres: L'histoire comique des estats et empires du soleil)*. – Paris 1858 (in *Œuvres*, Hg. P.-L. Jacob, 2 Bde., 1; ern. Paris 1962). – Dresden 1910 (*L'autre monde ou Les états et empires de la lune et du soleil*, Hg. L. Jordan; krit.). – Paris 1932 (*L'autre monde ou Les états et empires de la lune et du soleil*, Hg. F. Lachèvre; krit.). – Paris 1962, Hg. C. Mettra u. J. Suyeux. – Paris 1970 (*Voyage dans la lune*; GF). – Paris 1977 (in *Œuvres complètes*, Hg. J. Prévot). – Paris 1978, Hg. M. Alcover (krit.; STFM).

ÜBERSETZUNGEN: *Reise in die Sonne*, A. Kreyes, Haale 1909. – *Mondstaaten und Sonnenreiche. Phantastischer Roman*, M. Schimper, Mchn. 1913. – *Die Reise zu den Mondstaaten und Sonnenreichen*, dies., Mchn. 1962; ern. 1986 (Heyne Tb).

LITERATUR: E. Hoenncher, *Fahrten nach Mond und Sonne, Studien insbesondere zur französischen Literaturgeschichte des 17. Jh.s*, Oppeln 1887. – A. W. Loewenstein, *Die naturphilosophischen Ideen bei C. de B.* (in AGPh, 16, 1903, S. 27–58). – H. Dübi, *Zu C.s »L'autre monde«* (in ASSL, 66, 1912, 129, S. 151–174). – M. Meder, *Das Weltbild in C. de B.s Roman »L'autre monde«*, Diss. Heidelberg 1940. – M. H. Nicolson, *Voyages to the Moon*, NY 1948. – C. Mauriac, *»L'autre monde«* (in C. M., *De la littérature à l'alittérature*, Paris 1969, S. 41–59). – M. Laugaa, *Lune, ou l'Autre* (in Poétique, 1, 1970, S. 282–296). – R. Chambers, *»L'autre monde« ou le mythe du libertin* (in EFL, 8, 1971, S. 29–46). –

J. E. Dejean, *Method and Madness in C.'s »Voyage dans la lune«* (in FF, 2, 1977, S. 224–237). – H. Walker, *»L'autre monde«* (in *Voyages. Récits et imaginaires*, Hg. B. Beugnot, Paris u. a. 1984, S. 137–145). – H. Mason, *C. »L'autre monde«*, Ldn. 1984. – Y. Charrel, *»L'autre monde« à l'épreuve de l'étranger* (in Inf. litt., 37, 1985, S. 102–108).

## LE PÉDANT JOUÉ

(frz.; *Der getäuschte Pedant*). Komödie in fünf Akten von CYRANO DE BERGERAC, Uraufführung: Paris 1654. – Der *pédantisme*, das prahlerische Zurschaustellen von Wissen, das bereits MONTAIGNE in seinen *Essais* (I. 25) kritisierte, steht im Mittelpunkt dieses Meisterstücks der Sprachkomik im Stil der italienischen *Commedia dell'arte*. So vereint die Hauptfigur, der wortgewaltige Schulmeister Granger, in sich sowohl Züge des stets leer daherschwatzenden *dottore* als auch des geizigen Kaufmanns *pantalone* und tappt blind in jede Falle hinein. Den prahlerischen *capitano* repräsentiert der bramarbasierende Soldat Chasteaufort, wohingegen in Corbinelli, dem pfiffigen Diener von Grangers Sohn, der Typ des gerissenen *arlecchino* (Harlekin) wiederzuerkennen ist.

Granger erhält Besuch von Chasteaufort, der um die Hand seiner Tochter Manon anhält. Da diese aber schon zwei andere Verehrer hat, nämlich den reichen Bauern Gareau und den Edelmann La Tremblaye, lehnt der Schulmeister diese Vermessenheit mit einer vehementen, von angelesener Gelehrsamkeit und Latinismen strotzenden Rede ab, die auch derber Sprachkomik nicht entbehrt. Daraufhin verläßt der wütende Chasteaufort unter wortgewaltigen Drohungen gegen seine beiden Konkurrenten die Szene. Dies gibt Granger Gelegenheit, seinen Plan ungestört mit seinem Diener Pasquier zu besprechen: Chasteaufort und La Tremblaye sollen gegeneinander ausgespielt, Manon soll mit dem reichen Bauern verheiratet werden. Auch der Schulmeister selbst trägt sich mit Heiratsplänen: Er möchte die Tochter La Tremblayes, Genevote, zur Frau nehmen, in die ärgerlicherweise auch sein Sohn, Charlot, verliebt ist. Nachdem er in einem derb-komischen Monolog die Vor- und Nachteile der Ehe gegeneinander abgewogen hat, beschließt er, von Eifersucht getrieben, seinen Sohn nach Venedig zu einem kinderlosen Onkel abzuschieben. Dem Rat seines pfiffigen Dieners folgend, erklärt sich Charlot schließlich zum Schein mit der Reise einverstanden. – Zu Beginn des zweiten Akts wägt Chasteaufort in einem Selbstgespräch seine Chancen in einem – jedoch nie ausgetragenen – Duell mit seinem Nebenbuhler La Tremblaye ab, wird dabei aber durch den hinzukommenden Bauern Gareau unterbrochen. Das Gespräch zwischen dem Bauern, der seine Lebensgeschichte im Dialekt erzählt, und Chasteaufort, der ihm nur sehr schwer folgen kann und dessen grammatikalische Fehler vergeblich zu verbessern versucht, artet nach einer Reihe von sprachlichen Mißverständnissen in eine Prügelei aus. Erst als Granger sich mit seiner Tochter Manon einfindet, hat der Streit ein Ende. Der Schulmeister ist in dem folgenden Gespräch vor allem an den Vermögensverhältnissen Gareaus interessiert. Als daraufhin der Bauer beginnt, in umständlichster Form seine Ansprüche auf ein Erbe glaubhaft zu machen, kann ihn keiner richtig verstehen. Grangers Zweifel an Gareaus angeblichem Reichtum sind mittlerweile so erheblich, daß er ihm seine Tochter nicht mehr zur Frau geben will. In diesem Moment stürzt Corbinelli, Charlots Diener, herein und berichtet eine abenteuerliche Geschichte: Charlot sei von Türken gefangengenommen und auf ihre Galeere verschleppt worden. Zu seiner Befreiung hätten sie ein Lösegeld von 100 Pistolen gefordert. Schweren Herzens gibt Granger Corbinelli diese Summe, ohne zu wissen, daß das Ganze nur eine List war, um die Hochzeit Charlots mit Genevote zu finanzieren, die der *pédant* seiner eigenen Heiratsabsichten wegen mit jedem Mittel zu verhindern sucht. In großer Sorge um den Rest seines Vermögens beschließt Granger, seinerseits die Hochzeit mit Genevote voranzutreiben, und schickt seinen Diener Pasquier zu der Angebeteten, um mit ihr über deren Mitgift zu verhandeln.

Die Freude ist groß, als Corbinelli seinem Herrn, der sich im Schloß La Tremblayes aufhält, von seiner erfolgreichen Mission berichtet. Das Geld wird nun in Genevotes Truhe versteckt, und die beiden ersinnen eine weitere List, die den verliebten Alten außer Gefecht setzen soll: Genevote wird zu Granger geschickt, um ihm ein nächtliches Rendezvous in Aussicht zu stellen. Als das Mädchen beim Schulmeister eintrifft, hat dieser bereits lange vor dem Spiegel galante Liebeserklärungen geübt. Während der wortgewaltige Schulmeister Genevote sie mit preziöser Liebesmetaphorik geradezu überhäuft, begegnet das Mädchen ihm mit Ironie. Der krönende Abschluß dieses Dialogs ist ihre Einladung zu einem nächtlichen Stelldichein. Granger solle mit einer Leiter zu ihrem Fenster im Schloß hinaufsteigen. Erfreut nimmt der verliebte Alte diese Einladung an, die ihm zum Verhängnis werden soll, denn die beiden jungen Paare Charlot und Genevote sowie La Tremblaye und Manon haben beschlossen, diese Situation für ihre eigenen Interessen auszunutzen. Des Nachts belagert der *pédant* mit seinem Diener Pasquier das Schloß La Tremblayes, wo Corbinelli im Dunkeln seine Späße mit den beiden treibt. Mit einem Passepartout verschafft der Possenreißer sich dann Zugang zum Schloß und hält die Belagerer vom Fenster aus mit einer magischen Geisterbeschwörung im Bann. Dies ist die Gelegenheit für La Tremblaye, die beide vor Angst erstarrten Gestalten als Diebe zu verhaften. Als sie um Hilfe schreien, eilt der Bramarbas Chasteaufort, La Tremblayes erklärter Feind, hinzu und wird ebenso gefangengenommen. Die listige Manon bietet sich jetzt als Opfer für ihren Vater an: Sie wolle »freiwillig« La Tremblaye heiraten, damit er ihren Vater wieder auf freien Fuß setze. Granger sträubt sich anfangs, willigt dann je-

doch ein, ohne zu bemerken, daß er damit nur die Wünsche seiner Tochter erfüllt. Während Chasteaufort mit Schlägen davongejagt wird, beauftragt der *pédant* seinen Diener Pasquier mit den Vorbereitungen zur Hochzeit seiner Tochter. Als herauskommt, daß Corbinelli für die nächtlichen Späße verantwortlich ist, verzeiht ihm Granger unter der Bedingung, daß dieser seinen Sohn aus dem Weg schaffen soll, damit endlich seiner eigenen Verbindung mit Genevote nichts mehr im Wege stehe. Da Charlot jedoch vom Ansinnen seines Vaters erfährt, schlägt auch dieser Plan fehl. Mit einer turbulenten Spiel-im-Spiel-Szene setzen Charlot und Genevote zu guter Letzt doch noch ihre Heiratspläne gegen den väterlichen Konkurrenten durch. Die Gelegenheit dazu schafft der *pédant* selbst, als er beschließt, daß die Festlichkeiten der Hochzeit seiner Tochter mit einem Schauspiel im Stil der *Commedia dell'arte* gekrönt werden sollen. Den Italiener Corbinelli wählt er als Regisseur aus, da dieser schon *»im Mutterleib Komödie gespielt haben soll«*. Die Posse, in der jede Figur sich selbst spielt, beginnt. Der *pédant* geht schließlich in die Falle, indem er den Ehekontrakt von Charlot und Genevote unterschreibt, in der Meinung, es handle sich nur um ein »Spiel«. So wird am Ende auch die Zweideutigkeit des Titels klar: Der *pédant* spielt sich selbst und merkt dabei nicht, daß die anderen ihr Spiel der Täuschungen mit ihm treiben.
Mit seiner exzessiven Sprachkomik denunziert Cyrano die starre, überladene Rhetorik seiner Zeit, welche ihre mechanistischen Zwänge unter dem Anschein äußerer Vielfalt verbirgt. Cyranos Komödie war vor allem für MOLIÈRE ein Vorbild. In seinen *Fourberies de Scapin* (1671) übernahm er sogar zwei Szenen aus *Le pédant joué* (II. 4 und III. 2) in nur leicht abgewandelter Form. S.L.

AUSGABEN: Paris 1654. – Boston 1896, Hg. R. H. Stanton [m. Einl.]. – Paris 1933 (in *Œuvres diverses*, Hg. F. Lachèvre). – Paris 1977 (in *Œuvres complètes*, Hg. J. Prévot).

LITERATUR: J. Dejean, *C.'s »Pédant joué«, Play or Word Play?* (in Neoph, 56, 1982, S. 167–178).

## DANIEL CZEPKO VON REIGERSFELD

* 23.9.1605 Koischwitz / Schlesien
† 8.9.1660 Wohlau

### SEXCENTA MONODISTICHA SAPIENTUM

(nlat.; *Sechshundert Weisheiten in Zweizeilern*). Spruchweisheiten von Daniel CZEPKO VON REIGERSFELD, entstanden zwischen 1640 und 1647. Die überlieferte Handschrift datiert von 1723 (vgl. Codex R. 2190, Universitätsbibliothek Breslau), die erste vollständige Buchausgabe erschien 1930. – Der Sohn eines evangelischen Pfarrers im schlesischen Schweidnitz studierte zunächst in Leipzig Medizin, dann in Straßburg Jura. Nach einigen materiell ungesicherten Jahren, in denen er zeitweise seinen Lebensunterhalt als Hauslehrer verdiente, setzte ihn eine reiche Heirat 1636 in die Lage, sich neben der Verwaltung seiner Güter mit ausgedehnten Studien zu beschäftigen und seinen literarischen Interessen nachzugehen. Nach der Einnahme seiner Heimatstadt durch die Schweden 1642 engagierte er sich in wachsendem Maße im öffentlichen Leben von Schweidnitz und trat für einen friedlichen Ausgleich zwischen seinen protestantischen Mitbürgern und dem katholischen Kaiser ein. Seine letzten vier Lebensjahre verbrachte Czepko im Dienst der Herzöge von Liegnitz, Brieg und Wohlau. Czepkos literarisches Œuvre umfaßt Weltliches wie Geistliches und reicht von Liebeslyrik, bukolischem Epos, Drama und satirischen Epigrammen über Gelegenheitsdichtung, Leichabdankungen und eine Kirchenchronik bis hin zum theologisch-philosophischen Traktat und Kirchenlied. Innerhalb dieses vielseitigen Gesamtwerks nehmen die *Sexcenta Monodisticha Sapientum* eine herausragende Position ein. Diese Stellung verdankt die Sammlung 1. ihrer literarhistorischen Bedeutung, 2. ihrer poetischen Qualität und 3. ihrem geistesgeschichtlichen Ort.
1. Die literarhistorische Bedeutung: Nach dem Vorbild der biblischen *Proverbia Salomonis (Sprüche Salomons)* und in Konkurrenz zu verbreiteten weltlichen Spruchweisheiten hatten insbesondere mystisch beeinflußte Autoren wie Sebastian FRANCK (1499–um 1542), Daniel SUDERMANN (1550–nach 1631), Abraham von FRANCKENBERG (1593–1652) oder Johann Theodor von TSCHESCH (1595–1649) ihre religiösen Überzeugungen zu Kernsätzen und Merkversen zusammengefaßt und veröffentlicht. Die einschlägigen Werke, z. T. auch die Verfasser persönlich waren Czepko bekannt und haben auf seine *Monodisticha* eingewirkt. Anders als seine Vorläufer hat Czepko es aber verstanden, seine geistlichen Weisheiten in eine kunstvolle Form zu bringen, deren metrischer und stilistischer Schliff ebenso an der modernen höfisch-urbanen Epigrammatik eines Martin OPITZ (1597–1639) oder Friedrich von LOGAU (1604–1655) orientiert ist wie die Neigung zu pointiert geistreicher Formulierung. In dieser Verschmelzung von religiöser Thematik und an weltlicher Epigrammatik geschulter Formkunst liegt die innovatorische Leistung der *Monodisticha* Czepkos. Zwar hat das Werk in den geistlichen Epigrammen des ANGELUS SILESIUS (1624–1677) eine höchst bedeutsame Fortführung erfahren, doch beschränkte sich die unmittelbare Wirkung auf den engeren Freundeskreis Czepkos. Trotz zweier überschwenglich lobender Geleitgedichte Franckenbergs gelang es dem Autor nicht, mit seinen *Monodisticha* in den Kreis der ›Fruchtbringen-

den Gesellschaft‹ aufgenommen zu werden. Die Sammlung blieb bis ins 19. Jh. ungedruckt und wurde erst 1930 vollständig herausgegeben.
2. Die poetische Qualität: Die *Monodisticha* bestehen aus gereimten Zweizeilern im Versmaß des Alexandriners. Sie behandeln theologische Fragen wie das Verhältnis von Gott und Mensch, Leben und Tod, Zeit und Ewigkeit, Leib und Seele, Heil und Verdammnis. Ihre Sprache bevorzugt unter weitgehendem Verzicht auf metaphorische Anschaulichkeit eine eher abstrakte Begrifflichkeit. Theologische Paradoxien werden in sprachliche Paradoxien überführt und durch rhetorische Figuren wie Parallelismus, Antithese, Chiasmus oder Oxymoron in eine Form gebracht, die eine Verklammerung widersprüchlicher Aussagen und Begriffe ermöglicht und in letzter Konsequenz die mystische Vereinigung des Menschen mit Gott spiegelt. Auch der Reim wird Czepko zum Symbol der Einheit komplementärer Gegensätze (vgl. VI, 10–12), wenn er *»Tod«* und *»Gott«* (z. B. II, 17: *Ohne Tod keine Seeligkeit*), *»Ewigkeit«* und *»Zeit«* (z. B. III, 13, 87) oder auch *»Natur«* und *»Spur«* reimt (IV, 25: als Anspielung auf die alte Vorstellung, daß die Schöpfung eine Fährte sei, auf der man zu Gott gelangen könne). Paronomasien und – im Sinne mittelalterlicher Allegoresetradition – etymologisierender Sprachgebrauch sollen verborgene geistige Bedeutungen und Bezüge aufdecken (z. B. III, 47: *Eva: Ave: Adem: Made: Natur: Natter*). In seinen gelungensten Stücken läßt Czepko den sprachlichen und metrischen Körper eines Spruches zum sinnfälligen Zeichen der vorgetragenen Aussage werden. So spiegelt die Form des Verses *»Das Kreuz ist Wort, das Wort ist Gott, Gott ist dein Heil«* (VI, 44) durch den dreifachen Parallelismus und die verbindende Anadiplose die göttliche Dreieinigkeit. So unterstreichen im ersten Vers des Monodistichons *Taufe* (II, 3) Verszäsur und Parallelismus zwischen Priester und Heiligem Geist bzw. zwischen Wasser und Feuer einen Gegensatz, den der folgende Vers durch seinen Außenreim, die übergreifende syntaktische Struktur und das Überspielen der Zäsur im Sinne einer höheren theologischen Einheit aufhebt *(»Der Priester Wasser zwar, der Geist geußt Feuer ein. / Rein sind, die durch das Blut des Herrn gewaschen sein«)*. – Czepko hat sein Werk in sechs mal hundert Sprüche aufgeteilt und jeden Block durch ein Sonett eingeleitet. Diese wenden sich nacheinander an einen *»Lesenden, Forschenden, Durchdringenden, Befreyten, Innigen«* und *»Seeligen«* Leser. Dergestalt zeichnet der Text die innere Entwicklung vor, die er bei seinem Publikum zu erreichen sucht; die siebte Stufe, die Vereinigung mit Gott in unendlicher Ruhe, kann sprachlich nicht realisiert und muß daher mit Schweigen bedacht werden. Sie entspreche der Feier des Sonntages. Mit dem siebenstufigen Aufstiegsschema des mystischen Weges stellt sich Czepko in eine lange Tradition, die vom St. Trudpeter Hohenlied über BONAVENTURA (1221 bis 1274), DAVID VON AUGSBURG (um 1200–1272) und Jan van RUYSBROECK (1293–1381) bis hin zum Jesuiten Maximilian SANDAEUS (1576–1656) reicht. Indem das letzte Monodistichon *(Ende: Im Anfang: Anfang: im Ende)* auf den Beginn des Werkes zurückweist *(Anfang im Ende Ende im Anfang)*, stellt sich der Aufstieg der Seele als Kreisbewegung heraus, die in Gott als dem Ursprung und Ziel alles Seienden ihren Ausgangs- und Endpunkt besitzt.
3. Der geistesgeschichtliche Ort: In seinem *Deutschen Phaleucus*, dem langen Widmungsgedicht zu den *Monodisticha* an das Oberhaupt der ›Fruchtbringenden Gesellschaft‹, Herzog Wilhelm von Sachsen, zählt Czepko die Gebiete der Literatur, Astrologie, Astronomie, Physik, Mathematik, Philosophie, Theologie, Rechtswissenschaft, Medizin, Kabbala und Alchemie auf und behauptet die Überlegenheit seines Werks über die genannten Wissenschaften. Dieser Anspruch gründet sich in der naturphilosophisch spekulativen Religiosität der schlesischen Barockmystik, die als Versuch gelten kann, noch einmal die konfessionellen Gegensätze und die sich aus dem Primat der Theologie befreienden Wissenschaften in einem integralen Gesamtkonzept aufzufangen. In dem vielseitig interessierten, gebildeten, künstlerisch, wissenschaftlich, juristisch und theologisch begabten Daniel Czepko fand sie einen hervorragenden Vertreter, dessen synkretistische Bemühungen selbst noch in seiner irenischen Vermittlerrolle zwischen den politischen und konfessionellen Fronten seiner Heimatstadt zum Ausdruck kommen. Die *Sexcenta Monodisticha Sapientum* spiegeln in ihrem Bestreben, die Entfremdung zwischen Gott und dem Menschen zu überwinden, indirekt nicht nur die wachsende Kluft zwischen den neuzeitlichen Wissenschaften und den traditionellen Glaubensinhalten im 17. Jh., sondern auch die religiösen Auseinandersetzungen, sozialen Spannungen und politischen Konfrontationen des Zeitalters. M. Schi.

AUSGABEN: Breslau 1930 (in *Geistliche Schriften*, Hg. W. Milch; Nachdr. Darmstadt 1963, S. 201–277). – Bln./NY 1988 (in *SW*, Hg. H.-G. Roloff u. M. Szyrocki, Bd. 1: *Lyrik in Zyklen*).

LITERATUR: F. W. Wentzlaff-Eggebert, *Die Wandlungen im religiösen Bewußtsein D. v. Cz.s* (1932; in F. W. W.-E., *Belehrung u. Verkündigung*, Bln. 1975, S. 124–151). – W. Milch, *D. v. Cz. Persönlichkeit u. Leistung*, Breslau 1934. – H. Föllmi, *Cz. u. Scheffler. Studien zu Angelus Silesius' »Cherubinischem Wandersmann« u. D. v. Cz.s »Sexctenta Monodisticha Sapientum«*, Diss. Zürich 1968. – V. C. Sease, *A Study of D. v. Cz.s »Sexcenta Monodisticha Sapientum«*, Diss. Univ. of Southern California 1969. – G. A. Neufang Jr., *Henry Vaughan and D. v. Cz.: A Study in Spiritual and Cultural Affinities*, Diss. Univ. of Michigan 1970. – A. Meier, *D. Cz. als geistlicher Dichter*, Bonn 1975. – B. Gorceix, *Natur u. Mystik im 17. Jh.: D. Cz. u. Catharina Regina v. Greiffenberg* (in *Epochen der Naturmystik*, Hg. A. Faivre u. R. Chr. Zimmermann, Bln. 1979, S. 212–226). – H.-G. Kemper, *Gottebenbildlichkeit u. Naturnachahmung im Säkularisierungsprozeß. Problemgeschichtliche Studien zur dt. Lyrik in Barock u. Aufklärung*, Tübingen 1981. – Ders., *Dt. Lyrik der frühen Neuzeit*, Bd. 3: *Barock-Mystik*, Tübingen 1988.

## Adam Czerniaków

* 30.11.1880 Warschau
† 23.7.1942 Warschau

### DZIENNIK GETTA WARSZAWSKIEGO

(poln.; *Ü: Im Warschauer Getto. Das Tagebuch des Adam Czerniaków 1939–1942*). Tagebuchaufzeichnungen von Adam Czerniaków, erschienen als Faksimileausgabe 1968, zusammen mit der hebr. Übers. u. d. T. *Joman Geto Warsza*. – Die Aufzeichnungen umfassen den Zeitraum vom 6. 9. 1939 bis zum 23. 7. 1942 und bilden ein erschütterndes Dokument des grauenvollen Alltags im Warschauer Getto.

Adam Czerniaków, Ingenieur der Chemie mit Diplomen der TH Dresden und Warschau sowie einer umfassenden ökonomischen Ausbildung, vor dem Kriege bekannt für sein Engagement im Bereich des Handwerks und der Berufsausbildung, Stadtrat und kurze Zeit auch Senator, übernahm Anfang September 1939 das Amt des Vorsitzenden der Jüdischen Gemeinde in Warschau, nachdem sein Vorgänger Maurycy Mayzel aus der von den deutschen Truppen belagerten Stadt geflohen war. Nach der Besetzung Warschaus durch die Nationalsozialisten wurde Czerniaków zum Vorsitzenden des »Judenrates« ernannt, der laut Anordnung von Heydrich *»für die exakte und termingemäße Durchführung aller eingegangenen oder noch zu ergehenden Weisungen«* verantwortlich gemacht wurde. In dieser in jeglicher Hinsicht unerträglichen Aufgabe hat sich Adam Czerniaków völlig aufgerieben; er ist daran zugrunde gegangen.

So stellen seine zum Teil nur stichwortartigen Aufzeichnungen, die er wohl hauptsächlich als Gedächtnisstützen für eine spätere Darstellung der Ereignisse im Warschauer Getto niederschrieb, zugleich auch eine Erklärung und Rechtfertigung seiner Haltung und seines Vorgehens dar. Czerniaków war nämlich im Getto eine umstrittene Persönlichkeit, so daß er nicht nur Demütigungen und physische Gewalt (er war mehrmals inhaftiert) von seiten der deutschen Besatzungsbehörden zu erleiden hatte, sondern auch Anfeindungen von seinen jüdischen Leidensgenossen ausgesetzt war. Aus diesen authentischen Berichten wird sein Bemühen deutlich, zu retten, was noch zu retten war. Sie bilden gerade in ihrer Nüchternheit und Knappheit, der sprachlichen Reduzierung auf das Notwendigste, ein tragisches Zeugnis der Machtlosigkeit und grenzenlosen Einsamkeit, aber auch der Illusion, daß dieses mörderische Besatzungsregime trotz aller Brutalität zu überstehen sein werde. Daraus erklärt sich seine Handlungsweise, sein aussichtsloser Kampf mit den deutschen Behörden um die ihm anvertrauten Menschen, aber auch sein Sich-Fügen und die Ausführung der unmenschlichen Anordnungen der Besatzer in der Hoffnung, dadurch noch Schlimmeres abzuwenden. Die große innere und äußere Not Czerniaków's, eines Menschen von liberaler Grundhaltung und schöngeistigen Vorlieben, kommt insbesondere in den kurzen Anmerkungen über seine nächtlichen Lektüren zum Ausdruck. Diese in den schwersten Augenblicken vollzogene Flucht in die Weltliteratur steht in krassem Kontrast zu der zugleich notierten Wirklichkeit – zu Hunger, Krankheiten und Terror. Als aber schließlich mit Beginn der Massendeportationen der Warschauer Juden ins Vernichtungslager Treblinka von Adam Czerniaków verlangt wurde, selbst die Kontingente der Opfer zusammenzustellen, kapitulierte er und beging Selbstmord. Der auf dem Tisch zurückgelassene Abschiedsbrief ist dem Tagebuch beigefügt. Es heißt darin: *»Sie verlangen von mir, mit eigenen Händen die Kinder meines Volkes umzubringen. Es bleibt mir nichts anderes übrig, als zu sterben.«*

Somit tragen die acht dünnen, dicht beschriebenen Notizbücher nicht nur dazu bei, die Meinung über den Autor zu revidieren, sondern gewähren Einblick in das alltägliche Grauen des Gettos und die dem Judenrat abverlangte Pflicht, dieses Grauen mitzugestalten. Eines der Notizbücher, das den Zeitraum vom 14. 12. 1940 bis zum 22. 4. 1941 umfaßt, fehlt. Wahrscheinlich wurde es Czerniaków abgenommen, als er sich im April 1941 in Gestapo-Haft befand. Die Hefte, die zunächst als verschollen galten, gelangten auf nicht restlos geklärten Wegen über Frankreich nach Kanada und wurden 1964 von dem Dokumentationszentrum Yad Vashem in Jerusalem erworben. Aus diesem Grund erschienen die Tagebücher zunächst in hebräischer Übersetzung und erst später im polnischen Original. N.K.

Ausgaben: Jerusalem 1968 [hebr. Ü. u. Faks. des poln. Originals]; [2]1970 [ohne Faks.]. – Warschau 1972 (in Biuletyn Żydowskiego Instytutu Historycznego, 1983/1984, Nr. 3–4). – Warschau 1983 [Einf. u. Komm. M. Fuks].

Übersetzung: *Im Warschauer Getto. Das Tagebuch des A.C. 1939–1942*, S. Lent, Mchn. 1986 [Vorw. I. Gutman].

Literatur: A. Tartakower, *A. C.* (in Yad Vashem Studies, 6, 1967, S. 55–67). – *A. C.* (in Encyclopaedia Judaica, Jerusalem 1972, Bd. 5, S. 1210–1211). – J. Kulski, *Wspomnienie o A. C.* (in Biuletyn Żydowskiego Instytutu Historycznego w Polsce, 1972, Nr. 1/81, S. 3–15). – I. Gutman, *A. C. – The Man and His Diary* (in *The Catas-*

*trophe of European Jewry*, Hg. I. Gutman u. L. Rothkirchen, Jerusalem 1976, S. 451–489). – R. Zimand, *W nocy od 12-ej do 5-ej rano nie spałem. »Dziennik« A. C. – Próba lektury*, Paris 1979; [2]Warschau 1982. – J. Lichten, *A. C. and His Time* (in Polish Review, 29, 1984, S. 71–89). – R. Gawrich, *Notizen vom ganz alltäglichen Grauen* (in FAZ, 24. 3. 1987).

## BOHDAN CZESZKO

* 1.9.1923 Warschau
† 21.12.1988 Warschau

LITERATUR ZUM AUTOR:
A. Kijowski, *Opowiadania B. C.* (in A. K., Różowe i czarne, Krakau 1957, S. 113–117). – A. Hamerliński, *Nad nowymi książkami B. C.* (in Tyg. kult., 1961, Nr. 48, S. 7). – A. Lam, *Lament na koturnach* (in Widnokręgi, 1961, Nr. 12, S. 27–30). – G. Lasota, *Marsz* (in Przegląd kulturalny, 1961, Nr. 43, S. 5). – M. Pieczyński, *B. C. – próba antyepiki* (in Nowa Kultura, 1961, Nr. 46, S. 2, 8). – S. Zieliński (in Nowe Książki, 1961, Nr. 19, S. 1178/1179). – G. Hagenau, *Polen erzählt*, Ffm. 1961. – Słownik Współczesnych Pisarzy Polskich, Bd. 1, Warschau 1963. – G. Koziełek, *Moderne polnische Erzähler*, Mchn. 1965. – A. Makowiecki, *C.*, Warschau 1972. – Z. Taranienko, *Próby refleksji. Rozmowa z B. C.* (in Z. T., *Rozmowy z pisarzami*, Warschau 1986).

### MAKATKA Z JELENIEM

(poln.; *Hirsch auf der Zielscheibe*). Erzählung von Bohdan CZESZKO, erschienen 1961. – Czeszko begann als Autor politisch engagierter Literatur, die als Niederschlag seiner Teilnahme an der kommunistischen Widerstandsbewegung Polens während des Zweiten Weltkriegs anzusehen ist (*Początek edukacji*, 1949 – *Beginn der Erziehung*; *Pokolenie*, 1951 – *Eine Generation*). Über die Erzählungen des Sammelbandes *Edukacja niesentymentalna*, 1959 *(Unsentimentale Erziehung)*, und den im gleichen Jahr erschienenen Roman *Przygoda w kolorach (Abenteuer in Farben)* erreicht er in seinen jüngeren Veröffentlichungen – so auch in *Makatka z jeleniem* – eine neue, vorwiegend psychologische Thematik. Nicht mehr das Soziale, Politische, Historische, sondern das Private, Innere, Individuelle steht nun im Vordergrund der Erzählung. Das Handeln der geschilderten Gestalten ist – der Entwicklung der polnischen Gesellschaft entsprechend – nicht mehr vorwiegend auf die Veränderung der Wirklichkeit, sondern auf die Erkenntnis und Reflexion der eigenen, psychischen Welt gerichtet. Obwohl die zehn Erzählungen des Bandes *Makatka z jeleniem* ausnahmslos von der Jagd handeln, sind es keine eigentlichen Jagdgeschichten. Sie reihen eine Fülle von Porträts unverwechselbarer, überzeugender Gestalten aneinander, indem der Ich-Erzähler aus der Erinnerung von seinen zahlreichen Jagdbegleitungen und -begegnungen erzählt. Der Förster Piotr Glinka aus der Geschichte *Aus dem Jagdkalender*, Lolek aus *Ein Stück Leben*, Grzdyl Rosomak und das Bauernmädchen aus *An einem schönen Herbstmorgen*, Franciszek, mit dem der Erzähler in *Noe* von der Hirschjagd heimkehrt, oder Franio aus *Noch dreiviertel Stunden bis zum Tod* – alle diese Figuren werden nur schemenhaft skizziert, und doch offenbaren sie in scheinbar nebensächlichen, spezifischen Verhaltensweisen, in aufschlußreichen knappen Gesten und Reaktionen dem Leser ihre ganze innere Welt. Manchmal wird die ganze Erzählung *(Der Tausendfüßler; Die Halskette aus Elfenbein)* allein von einem meditierenden Monolog getragen.
In allen Erzählungen erweist sich Czeszko als Anwalt des Menschlichen, der, im Handlungsrahmen der Jagd, Erlebnisse und Gestalten auf ihren »humanen Wert« prüft. Die Hinwendung des Autors zur individuell-psychologischen Thematik bedingt einen Wandel auch der sprachlichen Form. Eine metaphernreiche, fast lyrische Diktion wird immer wieder wirkungsvoll von Passagen in absichtlich vordergründig-naiver Erzählweise abgelöst.

M.D.-KLL

AUSGABE: Warschau 1961.

### POKOLENIE

(poln.; *Ü: Lehrjahre der Freiheit*). Roman von Bohdan CZESZKO, erschienen 1951. – Die Handlung des umfangreichen Romans spielt während des Zweiten Weltkriegs, in der Zeit zwischen der ersten Liquidierung des Warschauer Ghettos (1942) und dem Warschauer Aufstand (1944). Aus eigener Erfahrung beschreibt der Autor den Kampf der polnischen Jugend gegen die faschistische Okkupation. In der besetzten Hauptstadt ist neben den Widerstandsgruppen der »Gwardia Ludowa« (Volksgarde) die Jugendorganisation der Kommunistischen Partei tätig. Zu Beginn der Handlung arbeiten die meisten der jugendlichen Helden des Romans in der Holzfabrik der halbdeutschen Kriegsgewinnler Berg im Warschauer Stadtteil Wola. Sie werden von den erfahrenen Arbeiterfunktionären Sekula und Rodak angeleitet und unterhalten Kontakt zu dem Maler Dawid und seiner Schwester Gina, zwei jungen Kommunisten aus dem Warschauer Ghetto. Bei Kriegsbeginn zu jung, um der polnischen Armee beizutreten, kämpfen die Jungen bald unter ungleich härteren und gefährlicheren Bedingungen als die regulären Truppen. Nach eingehender politischer Schulung bereiten sie ihre ersten bewaffneten Aktionen vor, deren Realisierung Opfer erfordert: Die Kommunistin Helena, die die ideologische Schulung der Gruppe leitete, kommt ums Leben. Als Vergeltung überfallen die Jungen mit Handgranaten einen jener »nur für Deutsche« bestimmten Straßenbahnwagen. Eine weitere Aktion rächt die Ermordung von 200 politischen Häftlingen des Warschauer Pawiak-Gefängnisses durch die Gestapo.

Jurek Szermentowski verliert die aus dem Kleinbürgertum stammende Anna Maria an einen Angehörigen der »Armia Krajowa« (Heimatarmee). Jaś Krone bricht nach der Ermordung des ersten Deutschen psychisch zusammen, meldet sich jedoch später freiwillig zu einem riskanten Unternehmen, das ihn das Leben kostet. Der Dichter Władek Milecki spricht die charakteristischen Worte von der Zerstörung der Seele der Kriegsgeneration aus. Ein skeptischer, ironischer Schöngeist, hält er dem Marxisten Jurek entgegen: *»Ich müßte an deine saubere Welt glauben, voll Vogelgezwitscher, geordnet durch Passierscheine, arbeitsam bis zum Übelwerden ... Doch ich glaube, ehe ich mir selbst überdrüssig werde, wird mir eine Kugel die Sorge um die Änderung der Weltanschauung nehmen.«* Wenig später entschließt sich Milecki, der »Armia Krajowa« beizutreten. Seine Verbitterung über die Kampfmethoden der »Armia«, über die Politik ihrer Führer und die Primitivität ihrer Offiziere vertraut er einem Tagebuch an, das den zweiten und dritten Teil des Romans durchzieht. Vor dem Hintergrund der moralischen Fragwürdigkeit der »Armia Krajowa« tritt der entschlossene Kampf der »Gwardia Ludowa« mit um so größerer Überzeugungskraft hervor. Die Handlung des letzten, prägnantesten und dynamischsten Teils des Romans verläuft auf drei Ebenen: der Schilderung des Warschauer Aufstandes, den Tagebuchaufzeichnungen Władeks und dem Schicksal Dawids im Vernichtungslager Auschwitz. Das Buch endet mit dem Scheitern des Aufstandes. Zwei der Überlebenden der jugendlichen Widerstandsgruppe vermögen sich auf das andere Weichselufer durchzuschlagen.

Mit der Parteilichkeit des kommunistischen Widerstandskämpfers geschrieben, zeichnet sich Czeszkos Roman durch die Objektivität seiner Darstellung des Alltags der besetzten polnischen Hauptstadt aus. Er bietet einen Einblick in alle gesellschaftlichen Schichten und einander bekämpfenden Interessengruppen Polens während der Kriegsjahre. Thematisch Aleksandr FADEEVS *Molodaja gvardija*, 1945 *(Die Junge Garde)*, verwandt, gehört das Werk zu den bedeutendsten literarischen Zeugnissen der polnischen Résistance. J.Kz.

AUSGABEN: Warschau 1951 (in Twórczość, H. 5–9). – Warschau 1951. – Warschau 1953. – Warschau 1956.

ÜBERSETZUNG: *Lehrjahre der Freiheit*, K. Kelm, Bln. 1953.

LITERATUR: L. Flaszen, *Rozmowa o »Pokoleniu«* (in Życie Literackie, 1952, Nr. 4). – J. Kott, *Świadomości pasja* (in Nowa Kultura, 1952, Nr. 4). – Z. Lichniak, *Z dziejów zwycięskiej generacji* (in Dziś i Jutro, 1952, Nr. 10). – Z. Macużanka, *Powieść o bohaterstwie młodzieży* (in Polonistyka, 1952, Nr. 5, S. 55–57). – H. Kirchner, *B. C., »Pokolenie«* (in H. K., *Szkice o literaturze współczesnej*, Warschau 1954, S. 122–131).

## TREN

(poln.; *Klagelied*). Erzählung von Bohdan CZESZKO, erschienen 1961. – Die dreiundzwanzig Einzelgeschichten, deren Titel an die *Treny*, 1580 *(Klagelieder)*, des polnischen Renaissancedichters Jan KOCHANOVSKI anknüpft, fügen sich zu einer einheitlichen Schilderung des Todesmarschs einer Abteilung der polnischen Armee im Zuge einer nebensächlichen Operation in den letzten Wochen des Zweiten Weltkriegs. Aus der Erinnerung erzählt Boris, der die Abteilung als Politoffizier begleitete, in knappen, unterkühlten Worten das Ende seiner Kameraden. Der Erzähler selbst hat die Unsinnigkeit des Kriegs erfahren. Er setzt den Gefallenen kein Denkmal. Sein Bericht entmythologisiert die *»Gräber der unbekannten Soldaten«*. In der Art eines mittelalterlichen Totentanzes zeichnet das Werk anhand einer Reihe von Einzelschicksalen eine Folge von Grundsituationen menschlicher Existenz. Auf ihrem letzten Gang erleben die Soldaten das gesamte Spektrum menschlicher Empfindungen – von kurzer, scheuer Liebe bis zur Bitternis der Niederlage, von freudiger Hoffnung bis zu völliger physischer Erschöpfung. In der Sinnlosigkeit des eigenen Schicksals erfahren sie die positive Notwendigkeit der historischen Umwälzung, die sie den Befehlen folgen und selbst den Tod hinnehmen läßt. Der Weg der Geschichte zu Freiheit und Sieg ist der Weg des Individuums zu Untergang und Tod. Mit brutalem, REMARQUE verpflichtetem Naturalismus schildert das Werk die Erlebnisse einzelner Soldaten, die sich durch ihr Handeln und Denken selbst charakterisieren. Die Erzählungen kennen keine Helden. Die individuellen Figuren verschmelzen zum Bild des namenlosen, erschöpften, hungrigen, verlausten, vom Kriege verrohten Soldaten, dessen Idealismus in den Schützengräben zunichte wurde. Beiläufig wird ihr Tod vermerkt. Die Sprache der Erzählungen ist prägnant, sachlich, distanziert. Knappe, kommentarlose Berichte wechseln mit traumhaft-visionären Partien. Czeszkos Werk ist nicht Anklage, sondern Nachruf, nicht Polemik, sondern Klagelied. Vom Standpunkt eines überparteiischen Humanismus sucht es ohne historische Wertung die Sinnlosigkeit jedes Kriegs nachzuweisen. Die polnische Kritik hat dem Buch – vom marxistischen Standpunkt zu Recht – die vorwaltende Stimmung ohnmächtiger Verzweiflung vorgehalten, die dem Autor den Blick für die notwendige Unterscheidung zwischen dem gerechten und dem ungerechten Krieg verstellte. M.D.

AUSGABEN: Warschau 1961. – Warschau 1962. – Warschau 1977.

## EUGÈNE DABIT

* 21.9.1898 Paris
† 21.8.1936 Sevastopol

LITERATUR ZUM AUTOR:
L. Le Sidaner, *E. D.*, Paris 1938. – *Hommage à D.*, Hg. M. Arland, Paris 1939. – M. Dubourg, *D. et A. Gide*, Paris 1953. – P. Bardel, *Un écrivain trop oublié: D.* (in Littérature, 14, Sept. 1967, S. 97–106). – W. Heist, *Die Entdecker des Arbeiters. Der Proletarier in der frz. Literatur des 19. u. 20. Jh.s*, Mchn. 1974, S. 130–136.

### L'HÔTEL DU NORD

(frz.; *Ü: Hotel du Nord*). Roman von Eugène DABIT, erschienen 1929. – Émile Lecouvreur und seine Frau haben eine Erbschaft gemacht und werden Pächter eines schmutzigen kleinen Hotels im Norden von Paris, in dem biedere Arbeiter und Näherinnen, aber auch Prostituierte und andere asoziale Elemente wohnen. Ihr Leben besteht aus Arbeit, Kartenspiel, Trinkgelagen und dem täglichen Klatsch. Jeder weiß alles vom andern, niemand macht sich Gedanken über sich selbst. Man läßt sich treiben und ist längst abgestumpft gegen Schmutz, Häßlichkeit und Armut. Das Zimmermädchen Renée wird von ihrem Liebhaber verlassen, sehnt sich vergeblich nach Liebe und sinkt schließlich zur Straßendirne herab. Die Miedernäherin Julie, deren Liebesbeziehung durch die krankhafte Eifersucht ihrer älteren Schwester zerstört wird, ergibt sich in das trostlose Dasein einer alten Jungfer. Die beiden Lecouvreurs müssen zusehen, wie ihr Hotel abgerissen wird, um einer modernen Fabrik Platz zu machen. Doch sie alle ertragen ihr Schicksal, ohne zu verzweifeln. Ihr »Heldentum« besteht darin, daß sie sich mit ihrer kümmerlichen Existenz abfinden.

Für diesen Erstlingsroman, das charakteristischste Werk des sogenannten Populismus, erhielt Dabit 1930 als erster den »Prix populiste«. Realistisch, nüchtern, ohne aufdringliches soziales Pathos, dafür bisweilen karikaturistisch schildert der Autor, dessen Vater ein ähnliches Hotel führte, das Alltagsleben der untersten Bevölkerungsschicht in einer Folge kurzer Szenen; sie offenbaren die Bedeutungslosigkeit und Austauschbarkeit der Einzelschicksale und geben in ihrer Gesamtheit ein Bild von der Armseligkeit menschlicher Existenz. Die Gäste des Hotel du Nord sprechen eine mit derben Argotausdrücken durchsetzte Umgangssprache. Der Schluß des Romans, der Abbruch des Hotels, ist symbolisch gemeint: *»Es ist, als hätte das Hotel du Nord nie existiert«*, als hätte es das Leid und die Freuden seiner Bewohner nie gegeben. Dabit hat dem Roman als Motto einen Text von Jean GUÉHENNO aus dem Essai *Caliban parle* (1928) vorangestellt, der als Schlüssel zu seinem Werk dienen kann: *»Wir sind weder liebenswert noch rührend. Jeder einzelne von uns gäbe einen schlechten Romanhelden ab. Er ist unbedeutend, und sein Leben ist banal. Es entrinnt niemals dem elenden Dasein, dem alle zwangsläufig unterworfen sind.«* B.Sch.

AUSGABEN: Paris 1929. – Paris 1959. – Paris 1977.

ÜBERSETZUNG: *Hotel du Nord*, B. Jolles, Dresden 1931.

VERFILMUNG: Frankreich 1938 (Regie: M. Carné).

LITERATUR: A. Gide, *E. D.* (in NRF, 47, 1936, S. 581–590). – R. Bergeron, *Sur E. D.* (in Europe, 63, 1951, S. 125–129).

### VILLA OASIS OU LES FAUX BOURGEOIS

(frz.; *Villa Oasis oder Die falschen Bürger*). Roman von Eugène DABIT, erschienen 1932. – Nach seinem frühen Tod auf jener spektakulären Rußlandreise mit André GIDE, Jef LAST u. a., die durch Gides kritische Rußlandbücher später berühmt wurde, verfiel das Werk Dabits bald der Vergessenheit, ausgenommen sein erster Roman *L'hôtel du Nord*. Dabei verdienen auch die nachfolgenden Romane Beachtung, weil es ihnen gelungen ist, das französische Arbeiterleben – in der Hauptsache das Pariser – unter den besonderen Bedingungen der Zeit nach dem Ersten Weltkrieg und während der Weltwirtschaftskrise der dreißiger Jahre mit einem merkbaren zeit- und gesellschaftskritischen Akzent zu schildern.

Der erste dieser Romane – es folgen noch u. a. *L'île (Die Insel), La zone verte (Die grüne Zone)* – ist *Villa Oasis*. Wie die zweite Hälfte des Titels sagt, handelt es sich bei den Helden des Romans nicht um »klassenbewußte« Arbeiter, sondern um Deserteure ihrer Klasse: »falsche Bürger«. Julien Monge, aus dem Pariser Proletariat stammend, hat es in seinem Arbeiterdasein nicht ausgehalten; auf der Suche nach der großen Chance hat er sich zunächst glücklos in Transvaal und Südamerika herumgetrieben, bis ihm schließlich im Krieg der große Coup gelingt. Er wird wegen eines Leberschadens nicht eingezogen und richtet hinter der Front »Hotels« ein, die ihm ein Vermögen einbringen. Nach Kriegsende erwirbt er ähnliche Etablissements in Paris, zuletzt ist er Besitzer des renommierten Hotels Montbert direkt neben den Folies Bergères, dessen Kundschaft seinen Vorstellungen von Bürgerlichkeit und Seriosität entspricht. Seine Frau Irma, aus dem italienischen ländlichen Arbeitertum stammend, hatte mit achtzehn Jahren von dem Ziegelarbeiter Lagorio ein uneheliches Kind. Von ähnlich brutalem Glückshunger wie Julien Monge erfüllt, läßt sie den Geliebten und ihr Kind im Stich, um in Paris »etwas zu werden«. Sie wird zunächst weibliche Kompagnon Juliens, später heiratet er sie. Der große Traum beider ist es, als wohlhabende Rent-

ner ihr Leben in einer richtigen Reiche-Leute-Villa zu beschließen.
Der Roman beginnt mit dem Eintreffen von Hélène Lagorio, Irmas verlassener Tochter, bei den Monge in Paris. Im tiefsten Elend lebend – der Vater ist in Kanada gestorben, die Stiefmutter ist ihm nach der Rückkehr nach Italien im Tod nachgefolgt –, hat Hélène, jetzt neunzehnjährig, die Adresse ihrer richtigen Mutter ausfindig gemacht, um bei ihr ein Zuhause zu finden. Irma ist einerseits von Reue, später auch von Mutterliebe erfüllt, andererseits fühlt sie sich durch die plötzliche Konfrontation mit ihrer proletarischen Vergangenheit in der Gestalt der armseligen Tochter verwirrt. Zwar stirbt Hélène bald an der Schwindsucht, aber ihre kurze Anwesenheit hat genügt, um in ihrer Mutter das so schwer errungene Gefühl bürgerlicher Arriviertheit für immer zu untergraben. Das Leben der beiden Monge in der endlich erreichten Villa Oasis wird zum Alpdruckdasein.
Als *Villa Oasis ou Les faux bourgeois* erschien, befand sich die französische Literatur in einem Umbruch. Weltwirtschaftskrise, Heraufkunft des Faschismus, Verwirrung in der Arbeiterschaft infolge der Deformierung der Revolution durch den Stalinismus – das alles schlug sich in den Werken der Autoren jener Jahre: MALRAUX, CÉLINE, BERNANOS u. a., nieder. Aus Dabits Roman spricht die gleiche Menetekel-Stimmung, die hier jedoch ihren besonderen Akzent durch die Verzweiflung über die Korruption auch in der Arbeiterklasse erhält.
W.Ht.

AUSGABE: Paris 1932.

LITERATUR: M. Bernard, Rez. (in NRF, 1. 7. 1932). – H. Bidou, Rez. (in Débats, 1. 7. 1932). – J. Duval, Rez. (in Europe, 15. 9. 1932, S. 120 bis 122).

## LA ZONE VERTE

(frz.; *Die grüne Zone*). Roman von Eugène DABIT, erschienen 1935. – Die äußere Handlung dieses Romans, der zur Zeit der Weltwirtschaftskrise spielt, ist denkbar einfach. Aber jede Seite darin gibt die Stimmung jener Jahre mit außerordentlicher Präzision wieder, vor allem die wachsende Resignation der Arbeiter gegenüber der Arbeitslosigkeit.
Der gelernte Schildermaler Leguen aus Paris, seit langem von Gelegenheitsarbeiten lebend oder arbeitslos, kommt in den letzten Apriltagen auf den Einfall, mit zwei Weidenkörben in die Wälder der weiteren Umgebung von Paris zu ziehen, um Maiglöckchen zu pflücken, die er zum Ersten Mai auf den Boulevards verkaufen will. Nach einem ganztägigen Fußmarsch gelangt er in das Dorf Boismont, wo er übernachtet, um am nächsten Morgen mit dem Pflücken zu beginnen. Es wird daraus ein Aufenthalt von Wochen. Der Wirt, bei dem er für eine Nacht zu logieren gedachte, plant sein Lokal zu renovieren und bittet ihn, da er Maler sei, für den vorgesehenen Tüncher, den ihm sein Konkurrent abspenstig gemacht hat, einzuspringen. Leguen, der Pariser, erlebt die Begegnung mit den ländlichen Verhältnissen. Er erfährt, daß auch hier wie in Paris die Gegensätze zwischen den Besitzenden und Abhängigen bestehen, wenn auch mit anderen Akzenten. Eine große Wohnsiedlung soll errichtet werden, und die Erdarbeiter, teils aus Paris kommend, aber auch Taglöhner aus den Nachbardörfern, bringen Unruhe in das ländliche Leben: Sollen sie den Ersten Mai mit einer Arbeitsruhe begehen, obwohl bei der großen Arbeitslosigkeit ihre Lage prekär ist? Die »Pariser« unter den Arbeitern setzen es durch, und sogar die Arbeiter eines benachbarten Gipswerkes schließen sich an. Dazu spielen Freundschaften, Intrigen und eine Liebesgeschichte zwischen einem der Arbeiter und einem einheimischen Mädchen, das unbedingt nach Paris will, herein.
Als Leguen nach einem Jahr auf einem geliehenen Fahrrad aus Paris nach Boismont zurückkommt, ist alles zerstoben: Die Siedlungsfirma hat in der Krise Pleite gemacht, die Erdarbeiter sind in ihren verschiedenen Heimatorten arbeitslos, der unternehmungslustige Wirt hat Bankrott gemacht und sich aufgehängt, seine Frau lebt wahrscheinlich in Armut in Paris. Juliette, deren Liebesgeschichte mit dem Lastwagenfahrer Négrel der Lichtblick jener Tage gewesen war, hat diesen nach sechs Monaten verlassen, als der erwartete Glanz von Paris ausgeblieben war. Was wird einmal das große Ende sein? Leguen, von seiner Radtour zurückgekehrt, weiß, *»daß er weniger stark ist als im Jahr zuvor, aber immer noch stärker als im nächsten«.*
Dieser zu Unrecht vergessene Roman, den der Verfasser seinem Förderer André GIDE gewidmet hat, ist wohl das einzige literarische Kunstwerk von Bedeutung, das die düstere Zeit der Wirtschaftskrise in Frankreich aus der Sicht der Arbeiter festgehalten hat.
W.Ht.

AUSGABE: Paris 1935.

# MARIA DĄBROWSKA

* 6.10.1889 Russów bei Kalisz
† 19.5.1965 Warschau

LITERATUR ZUR AUTORIN:
W. Maciąg, *Sztuka pisarska M. D.*, Krakau 1955. – E. Korzeniewska, *O M. D. a inne szkice*, Breslau 1956. – *Pięćdziesiąt lat twórczości M. D.. Referaty i materiały sesji naukowej*, Hg. E. Korzeniewska, Warschau 1963. – A. Kijowski, *M. D.*, Warschau 1964. – Ders., *Całość i ład* (in Twórczość, 1965, Nr. 7). – W. Maciąg, *Epickość D.* (in W. M., *Nasz chleb powszedni*, Krakau 1966). – L. M. Bartelski,

*M. D.*, Warschau 1966. – J. Timoszewicz, *M. D. i teatr* (in Miesięcznik literacki, 1967, Nr. 6). – Z. Folejewski, *M. D.*, 1967. – E. Korzeniewska, *Materiały literackie M. D.* (in Pamiętnik Literacki, 1967, H. 1). – Dies., *M. D., Poradnik bibliograficzny*, Warschau 1969. – Dies., *M. D. Kronika życia*, Warschau 1971. – Dies., *Tradycja i nowoczesność M. D.* (in *Prozaicy dwudziestolecia międzywojennego*, Warschau [2]1974). – J. V. Stanjukovič, *Realizm M. D.*, Moskau 1974 [enth. Bibliogr.]. – Z. Libera, *M. D.*, Warschau [3]1975. – E. Korzeniewska, *M. D.*, Warschau 1976. – H. Sutarzewicz, *Asnyk, Konopnicka i D. w Kaliszu*, Warschau 1977. – Z. Szmytrowska-Adamczykowa, *M. D., Pisarstwo dla młodzieży*, Kattowitz 1979. – M. Knothe, *Opowiadania M. D.*, Warschau 1980. – T. Drewnowski, *Rzecz russowska. Opisarstwie M. D.*, Krakau 1981. – W. Maciąg, *M. D.* (in *Autorzy naszych lektur*, Hg. W. Maciąg, Breslau [4]1987, S. 174–188).

## LUDZIE STAMTĄD

(poln.; *Ü: Die Landlosen*). Erzählzyklus von Maria DĄBROWSKA, erschienen 1926. – Die Zyklisierung der acht Erzählungen ist dadurch gerechtfertigt, daß sie sich in Thematik, Milieu und Wahl der Protagonisten nahestanden. Die erste, *Dzikie ziele (Wildes Kraut)*, schildert die Wandlung der jungen, übermütigen, leidenschaftlichen Marynka zu einer treusorgenden und sparsamen Hausfrau, nachdem sie mit dem Segen der Mutter, aber gegen die anfänglichen Bedenken des Gutsherrn ihren Geliebten, einen Fuhrknecht, geheiratet hat. – In *Lucja z Pokucic (Lucja aus Pokucice)* wird die Geschichte der lebenshungrigen Frau des Feldarbeiters Nowacki dargestellt, deren junge Ehe durch den Krieg auf eine harte Probe gestellt wird. Aus Trotz gegen ihre Schwiegereltern, die ihr und ihrem Kind die Hilfe versagen, betrügt sie ihren im Japanischen Krieg kämpfenden Mann. Das Kind, das aus dieser Verbindung hervorgeht, wird von ihr vernachlässigt und stirbt. Nach der Rückkehr des Mannes markieren die erbitterten Auseinandersetzungen zwischen den Ehegatten den Beginn eines neuen, mühseligen Zusammenlebens. – Das Geschick des herrschaftlichen Kutschers Piotr, der aufgrund erblicher Belastung, aber auch durch die in seinem Beruf unvermeidlichen langweiligen Wartezeiten zum Trinken verführt wird und schließlich mit Mühe eine Alkoholvergiftung überlebt, ist Thema der Erzählung *Szklane konie (Die gläsernen Pferde)*. – In *Noc ponad światem (Nacht über der Welt)* wird der frühere Stallknecht Nikodem aufgrund einer ekelerregenden Krankheit von seinen Mitmenschen gemieden. Als Viehhirt lebt er ausgestoßen und völlig vereinsamt am Dorfrand. Trost in sein Leben bringt allein die Anhänglichkeit und Liebe seines Hundes. Als dieser verendet, bricht für Nikodem endgültig die Nacht an. – Die übrigen vier Erzählungen beschreiben den friedlichen Tod und das wie eine Opferfeier für den anbrechenden Sommer anmutende Begräbnis des alten Schafhirten Wityk – *Pocieszenie (Die Tröstung)* –, die Freundschaft zwischen dem verkrüppelten Milchfahrer Dionys und einem den Dorfbewohnern unheimlichen und daher »Satan« genannten Burschen – *Tryumf Dionizego (Der Triumph des Dionys)* –, den Existenzkampf einer armen Feldarbeiterfamilie – *Najdalsza droga (Der weiteste Weg)* – und schließlich den Tod des gütigen, immer zu Trost und Hilfe bereiten Dorfpfarrers – *Zegar z kukułką (Die Kuckucksuhr)*.

Nachdem die Autorin in früheren Werken das Milieu des polnischen Adels und der Bauernschaft geschildert hat, wendet sie sich in ihrem ersten bedeutenden Erzählband der Welt der Tagelöhner, des Gutsgesindes und der Ärmsten im Dorf zu, deren von Not und Sorgen erfülltes Leben ihr überzeugend darzustellen gelingt. Obwohl sich Maria Dąbrowska in ihrer Erzählweise dem kritischen Realismus nähert, scheint sie das schwere Los der Dorfbevölkerung nicht als soziale Ungerechtigkeit zu empfinden: Für sie ist Armut und Unglück dem Menschen noch vom Schicksal auferlegt. Die Sprache der zum Teil auch durch dieselben handelnden Personen inhaltlich verbundenen Erzählungen ist bei aller Sachlichkeit und Klarheit, beinahe Kargheit, dennoch anschaulich und lebendig. In den Schilderungen des Handlungsraums, die in dem Zyklus eine bedeutende Rolle spielen, wirkt die Natur in ihrer Beständigkeit und eindrucksvollen Größe wie ein Gegenpol zum unruhigen und gegen die Grenzen seines kleinen Lebens aufbegehrenden Menschen. J.v.P.

AUSGABEN: Warschau 1926. – Krakau 1935. – Warschau 1949. – Warschau 1956 (in *Pisma wybrane*, Bd. 1). – Warschau 1958.

ÜBERSETZUNG: *Die Landlosen*, P. Breitenkamp, Bln. 1937.

LITERATUR: P. Pechner, Rez. (in Deutsche Zukunft, 14. 11. 1937). – E. Klipstein, Rez. (in FAZ, 19. 12. 1937). – W. Stubenrauch, Rez. (in Osteuropa, 1937/38, Nr. 4, S. 300). – M. Kierczyńska, *O »Ludziach stamtąd«* (in Kuźnica, 1946, Nr. 50). – K. Wyka, *Ludzie stąd* (in Twórczość, 1946, H. 12, S. 139–143; auch in K. W., *Pogranicze powieści*, Krakau 1948, S. 259–271). – A. Kijowski, *»Ludzie stamtąd«* (in A. K., *M. D.*, Warschau 1964, S. 77–81).

## NOCE I DNIE

(poln; *Ü: Nächte und Tage*). Romantetralogie von Maria DĄBROWSKA, erschienen: Band 1 und 2 *(Bogumił i Barbara – Bogumil und Barbara; Wieczne zmartwienie – Ewiger Kummer)* 1932 Band 3 *(Miłość – Liebe)* 1933; Band 4 *(Wiatr w oczy – Wind in die Augen)* 1934. – In ihrem breitangelegten Romanzyklus schildert Maria Dąbrowska den

Niedergang der Landadelsfamilie Niechcic in der Zeit zwischen 1863 und dem Ausbruch des Ersten Weltkriegs. Ihr Schicksal, stellvertretend für den allgemeinen Untergang der Agrararistokratie in dem von Rußland beherrschten Königreich Polen, ist der Prozeß der Transformation von der *szlachta* zur städtischen bürgerlichen Intelligenz.

Nach Teilnahme an dem mißglückten polnischen Aufstand von 1863 gegen die zaristische Fremdherrschaft und Jahren unsteten Umherschweifens ist es Bogumił Niechcic, dem Haupthelden des Romans, gelungen, zu sich selbst zu finden. Er heiratet Barbara Ostrzeńska, pachtet ein in der Nähe der Gouvernementshauptstadt gelegenes Gut und verlebt einige harmonische Jahre als Landwirt. Sein Glück wird jedoch bald durch die Erkenntnis getrübt, daß seine Frau ihn nicht liebt. In den Momenten der Bitternis findet er Trost in seiner Arbeit, ja, »Erde« und »Arbeit« besitzen für ihn einen metaphysischen Sinn, den er nicht rational zu ergründen vermag. Bogumił erleidet weitere Enttäuschungen, zu denen ein von seinem Sohn Tomasz begangener Diebstahl gleichsam den Auftakt bildet: Er erfährt, daß vermeintliche Freunde gegen ihn intrigieren; Tomasz bereitet ihm immer mehr Sorgen; Barbara läßt ihn allein und siedelt mit den Kindern in die Gouvernementshauptstadt über, worauf er beinah einem romantischen Abenteuer erliegt; kaum hat er seine Gefühle für das Mädchen Ksawunia überwunden, bahnt sich eine Romanze mit dem Dienstmädchen Felicja an. Nachdem Bogumił auch auch von seiner Tochter Agnieszka, deren Einstellung zu den Eltern exemplarisch für das Verhältnis der jungen städtischen Intelligenz zu den Repräsentanten des agonisierenden Landadels steht, enttäuscht worden ist, erhält er die Nachricht, daß sein Pachtgut von dem Besitzer verkauft worden ist. Nach einer heftigen Auseinandersetzung mit dem Gutsherrn, einem rücksichtslosen Geschäftsmann, bricht Niechcic zusammen. Er sieht sich an der Schwelle des materiellen und des moralischen Ruins. Resigniert findet er sich damit ab, daß er im Leben *»nur ein Passant«* gewesen ist, *»nichts Bleibendem verbunden, gestützt einzig und allein auf schöpferische Arbeit ... auf Arbeit und vielleicht noch ...«*. Dieses Letzte, aus dem ein zaghaftes Hoffen tönt, läßt sich nicht definieren – es birgt ein Stück religiöser Wahrheit, und in dieser Erkenntnis stirbt Niechcic.

Bogumiłs Antagonistin ist Barbara. Folgerichtig gestaltet der Roman primär die Beziehungen zwischen den Ehegatten: Während Bogumił, im Grunde eine apollinische Natur, sich mit dem Verfall des Landadels in Polen und der Substitution des Alten durch das neue Ideal der »organischen Arbeit« abzufinden vermochte, fällt es Barbara schwer, den endgültigen Verlust der adligen Welt ihrer Kindheit zu begreifen und zu akzeptieren. Die Umstände haben sie zur Frau eines fanatisch-fleißigen Landwirts gemacht, der ihren geistig-musischen Ambitionen keinerlei Interesse schenkt. Von Erinnerungen an ihre erste, unerfüllte Liebe und ihren vierjährig gestorbenen Lieblingssohn gequält und im Bewußtsein, zu einem fehlgelaufenen Leben verurteilt zu sein, macht sie überhaupt keinen Versuch, gegen ihre Zerrissenheit, Passivität, ihr Mißtrauen und ihre innere Unruhe anzukämpfen. Ständig mit Selbstbeobachtung und Selbstbemitleiden beschäftigt, ist sie unfähig zu echter Liebe, zur Einordnung in eine menschliche Gemeinschaft. – Während Bogumił sich zunehmend quält und schließlich unter der Wucht der Schicksalsschläge zerbricht, erträgt Barbara, die sich – nach einem erschütternden Todesfall in der Familie ethisch gereift – mit der Tragik des menschlichen Lebens abgefunden hat, den Verlust des Gutes, das Sterben Bogumiłs und die Trennung von den Kindern. Es folgt für sie eine kurze, kostbare Zeit völliger Ruhe, die durch den Ausbruch des Ersten Weltkriegs gestört wird. Nach einem Zusammentreffen mit Josef Toliboski, ihrer ersten Liebe, ins Ungewisse fahrend, allein im ständig zunehmenden Kriegsgetöse, *»glaubte sie an das Leben; im Lärm des Zugrundegehens aller Dinge und in der allgemeinen Unsicherheit erschien ihr alles sicher und stabil«*. Die Romantetralogie bricht ab mit den symbolischen Worten des Kutschers: *»Die Pferde gehen von selbst.«*

Die dritte wichtige (und nach Aussage der Dąbrowska zum Teil autobiographische) Person des Romans ist Agnieszka. Vom Studium in der Schweiz in die Heimat zurückgekehrt, tritt sie in Verbindung mit der polnischen sozialistischen Jugendbewegung, innerhalb der sich ein rechter (patriotischer) und ein linker (orthodox-marxistischer) Flügel gebildet haben. Agnieszkas anfängliche Begeisterung für die Bewegung ist schnell Enttäuschung gewichen, weil sie die Aktivität der beiden Gruppen in lärmender Betriebsamkeit untergehen sieht. Darüber führt sie endlose Gespräche mit Marcin Śniadowski, dem scheinbar starken und selbstbewußten, in Wirklichkeit aber grüblerischen, von Zweifeln geplagten Jugendführer und Revolutionär. Je besser sich Agnieszka und Marcin kennenlernen, um so deutlicher treten die Unterschiede ihrer Charaktere hervor: Dem unkomplizierten, aufrichtigen Mädchen ist der extrem intellektuelle, zur Pose und zum Selbstbelügen neigende Marcin gegenübergestellt. Erst als Agnieszka ihm gezeigt hat, daß Liebe dem Leben – besonders angesichts der zunehmenden Kriegsschrecken – inneren Halt zu geben vermag, löst er seine übrigen erotischen Verbindungen und wird sich immer mehr der Intensität seiner Beziehung zu Agnieszka bewußt: *»Und am Ende leuchtet nur eines in dieser Dunkelheit: ihre Liebe.«*

Für das Verständnis des Werks spielen die zahlreich in den Roman eingestreuten Aphorismen – ein Kunstgriff mit doppelter Funktion – eine wichtige Rolle: Einerseits erklären sie die Verhaltensweisen der Personen, indem sie die verborgenen Gründe ihres So-Handelns offenbar werden lassen; andererseits interpretieren und werten sie diese Handlungen, indem sie – getreu dem Menschenbild TOLSTOJS – ihren tieferen Sinn aufzeigen. – Die als Nachklang des großen bürgerlichen Realismus in der europäischen Literatur zu wertende Tetralogie wurde bei ihrem Erscheinen von der Kritik wie vom breiten Publikum gleichermaßen begeistert aufgenommen. Zweifellos nicht zuletzt deshalb, weil Dąbrowska alle literarischen »Modeerscheinungen« (Reportage; Subjektivismus in der Epik; Psychoanalyse; »reine Form«) ignoriert und statt dessen an die Tradition des realistischen Romans (KRASZEWSKI, PRUS, ORZESZKOWA) in Polen anknüpft. Hinsichtlich der Romanstruktur kehrt sie zur sog. Familienchronik zurück (vgl. Tolstojs *Krieg und Frieden*, Th. MANNS *Buddenbrooks*, GALSWORTHYS *Forsyte Saga*), wobei ihr vor allem in der komplementären Gestaltung der Schicksalskurven ihrer Helden eine kompositionelle Meisterleistung gelungen ist. Da die Erzählung der Geschehnisse ohne Abweichungen von der chronologischen Reihenfolge erfolgt, wird die Handlung dem normalen Ablauf des menschlichen Lebens angenähert, was dem Roman den Reiz hoher Authentizität verleiht. Auch darin, daß Dąbrowska als Haupt- wie als Nebenpersonen Durchschnittscharaktere darstellt, äußert sich das Bestreben, in dem literarischen Kunstwerk Lebensechtheit, »Wirklichkeit« zu suggerieren. – 1933 erhielt M. Dąbrowska für die ersten drei Bände von *Noce i dnie* einen polnischen Staatspreis. I.v.W.

AUSGABEN: Warschau 1932 (*Bogumił i Barbara*; ³1933). – Warschau 1932 (*Wieczne zmartwienie*; ²1933). – Warschau 1933 (*Miłość*). – Warschau 1934 (*Wiatr w oczy*; ²1937). – Warschau ⁹1955, 4 Bde. – Warschau 1972 [Nachw. E. Korzeniewska]. – Warschau ²³1979.

ÜBERSETZUNGEN: *Nächte und Tage*, H. Koitz, 2 Bde., Breslau 1938. – Dass., L. Lasinski, 2 Bde., Bln. 1955. – Dass., ders., Karlsruhe 1956. – Dass., ders., 2 Bde., Bln. 1974. – Dass., ders., 2 Bde., Bln. 1976.

VERFILMUNG: Polen 1975 (Regie: J. Antczak).

LITERATUR: S. Adamczewski, Rez. (in Kultura, 1932, Nr. 2). – Ders., *Książka o sensie życia* (ebd., Nr. 15). – S. Irzykowski, Rez. (in Polonista, 1933, H. 4). – L. Fryde, *Rodowód literacki »Nocy i dni«* (in Bluszcz, 1935, Nr. 2). – T. Czapczyński, *Materiały do genezy »Nocy i dni«* (in Prace Polonistyczne, 4, 1946, S. 93–115). – Ders., *Kompozycja »Nocy i dni« M. D.* (in Pamiętnik Literacki, 1947, S. 150–165). – E. Korzeniewska, *Z zagadnień realizmu »Nocy i dni« D.* (ebd., 1952, Nr. 3/4, S. 894–916). – Dies., *Droga M. D. do »Nocy i dni«* (ebd., 1954, Nr. 2). – Z. Starowieyska-Morstinowa, *Z postawy Bogumiła; Poprzez nasze dnie i noce* (in Kalejdoskop Literacki, 1955, S. 5–10; 12–57). – T. Drewnowski, *»Noce i dnie« M. D.*, Warschau 1965. – E. Korzeniewska, *Miejsce »Nocy i dni« w literaturze polskiej* (in Pamiętnik Literacki, 1970, H. 1). – T. Drewnowski, *Słowo królewskie* (in Miesięcznik Literacki, 1978, Nr. 4/5). – E. Korzeniewska, *»Noce i dnie«* (in *Literatura polska. Przewodnik encyklopedyczny*, Bd. 2, Warschau 1985, S. 37 f.).

## SIMON DACH

* 29.7.1605 Memel
† 15.4.1659 Königsberg

**DAS LYRISCHE WERK** von Simon DACH.
Die mehr als 1200 deutschen und lateinischen Gedichte des »preußischen Opitz« sind zu dessen Lebzeiten nie als geschlossene Sammlung, sondern nur als Einzeldrucke oder als Bestandteile von Sammelwerken wie H. ALBERTS *Arien* (1638–1650) und Kirchengesangbüchern erschienen. Auch der Band *Chur=Brandenburgische Rose, Adler, Löw und Scepter* (1680; erw. Titelaufl. 1696) ist keine repräsentative Anthologie der Lyrik Dachs, da er nur die dem brandenburg-preußischen Fürstenhaus gewidmeten Gedichte enthält. Die deutschen Texte wurden erst 1936–1938 annähernd vollständig ediert; von den etwa 250 lateinischen Gedichten sind die Titel erfaßt, aber nur wenige neu gedruckt worden.
Dachs lyrisches Œuvre setzt um 1630 ein und ist größtenteils der Gelegenheitsdichtung zuzurechnen. Etwa die Hälfte der Texte ist zu Trauerfällen, ein Drittel zu Hochzeiten verfaßt; der Rest bezieht sich auf akademische oder andere Anlässe, und nur sehr wenige Gedichte sind ohne erkennbaren (oder überlieferten) Anlaß entstanden (darunter diverse Kirchenlieder und das berühmte Freundschaftslied *Der Mensch hat nichts so eigen*; vgl. Ziesemer, Bd. I, Nr. 62). Unter Berücksichtigung möglicher Überschneidungen läßt Dachs Werk sich in geistliche und weltliche Lyrik differenzieren; editionsgeschichtlich können auch die für das kurfürstliche Haus bestimmten Gedichte als eigene Gruppe ausgegliedert werden.
Den größten Teil der geistlichen Lyrik Dachs machen die Leichengedichte aus, die gattungsmäßig nach Sterbe- oder Grabliedern und Epicedien klar unterschieden werden. Das Sterbelied, oft vom Verstorbenen schon zu Lebzeiten bestellt, wurde vom Chor während der Beerdigung gesungen; meistens umfaßt es nicht mehr als fünf metrisch einfache, gut sangbare Strophen, die mitunter nach Melodien bekannter Kirchenlieder konzipiert worden sind. Titel wie *Sterb=Liedchen* (IV, 1), *Abschieds=Liedchen* (IV, 5) oder *Begräbniß=Liedchen* (IV, 28) verweisen auf den intendierten Verwendungszusammenhang. Die Epicedien, für die Dach neben einfachen auch kompliziertere metrische Formen benutzte, wurden wohl am offenen Grab deklamiert, nicht gesungen. Bezeichnungen wie *Letzter Ruhm* (IV, 114), *Ehren=Gedächtniß* (IV, 117) oder *Klag=und Trost=Reime* (IV, 131) deuten auf die andere Funktion dieser Gattung: Der Dichter will damit den Verstorbenen loben, den Schmerz und die Klage der Hinterbliebenen ausdrücken und ihnen Trost zusprechen. Die in manchen Epicedien enthaltenen ausführlichen Lebensläufe (mit moritathaften Zügen in III, 21)

rücken die religiöse Komponente mitunter in den Hintergrund; im Eingangsteil sind die Epicedien oft ähnlich wie Hochzeitscarmina gestaltet (Bezug auf die besondere Situation des Dichters, auf historische Ereignisse oder auf die Jahreszeit), heidnisch-antike Motive (Charons Nachen, die Parzen) werden manchmal bedenkenlos mit christlichen Vorstellungen kombiniert.

Neben Begräbnissen mögen auch andere Anlässe wie Pest (IV, 280), Krieg (III, 11), Friedensschluß (III, 9), außergewöhnliches Wetter (III, 153), Frühlingsanfang (III, 86) und Jahreswechsel (III, 183) den Dichter zu geistlichen Liedern bewogen haben. Selbst manche der Hochzeitscarmina sind der geistlichen Lyrik zuzuschlagen, wenn sie sich durchgängig auf einen Bibeltext beziehen (z. B. I, 22, 73) und die Hochzeit als den eigentlichen Anlaß nicht mehr erkennen lassen. Manche der nur in den Gesangbüchern enthaltenen geistlichen Lieder, die als Morgen- und Abendlieder (IV, 269–275) oder als kirchliche Festtagslieder (Weihnachten: III, 74; Ostern: IV, 285; Buß- und Bettag: III, 146) nicht auf eine historisch fixierte Situation zurückgeführt werden können oder überhaupt keinen spezifischen Zeitbezug erkennen lassen, scheint Dach selbst für das Gesangbuch bestimmt zu haben. Eine letzte Gruppe der geistlichen Lieder, die ohne Hinweise auf Verwendung, Entstehung und Zweck überliefert sind (vgl. Scheitler), könnte für die Rezeption im Königsberger Freundeskreis Dachs, als Gesänge zur Hausmusik oder zur persönlichen Erbauung verfaßt worden sein.

Dachs geistliche Lyrik zeigt insgesamt eine starke biblische Bindung in altprotestantischer Ausprägung. Charakteristisch ist die Häufigkeit alttestamentlicher Zitate und die Übernahme alttestamentlicher Vorstellungen wie die vom Leid und Unglück als Strafe und Zuchtrute Gottes. Dachs Vertrautheit mit den dogmatischen Grundsätzen der protestantischen Lehre, vor allem mit der Lehre von der Erlösung durch Christi Opfertod und der Rechtfertigung durch den Glauben, spiegelt sich deutlich in seinen Liedern. Die bildhafte Vorstellung von der geistlichen Brautschaft setzt er seltener als viele seiner Zeitgenossen ein; zurückhaltend ist er auch gegenüber dem Blut- und Wundenkult. Der Vergänglichkeit und Hinfälligkeit des menschlichen Lebens zeigt er sich voll bewußt, meidet aber weitgehend die drastische Verwesungs- und Kirchhofsbildlichkeit. Seine völlige Abstinenz von Angriffen gegen andere Konfessionen macht Dachs Zuordnung zur Reformorthodoxie (s. Scheitler) plausibel.

Wie Dachs Leichengedichte, lassen sich auch seine Hochzeitscarmina in zwei Gruppen, die leicht sangbaren Hochzeitslieder und die oft längeren Epithalamien (oder Hochzeitsgedichte i. e. S.), differenzieren. Die Hochzeitslieder behandeln dem Anlaß entsprechende, aber allgemeinere Themen wie das Lob der Ehe (I, 106) oder der Liebe (I, 238); sie können auch Lebensmaximen vermitteln (I, 60). Als thematisch eigenständige und besonders beliebte Form des Hochzeitsliedes kann das Tanzlied gelten (z. B. II, 29). Die ein Bibelzitat behandelnden Hochzeitslieder können schon der geistlichen Lyrik zugerechnet werden; zu ihnen zählt auch das berühmte niederdeutsche Lied *Anke van Tharaw* (II, 180), das Dach jedoch zeitweise abgesprochen worden ist. Unklar ist, ob er auch sein zweites niederdeutsches Lied *Grethke, warumb heffstu mi* (I, 68) ursprünglich als Hochzeitslied verfaßt hat.

Zahlenmäßig werden die Hochzeitslieder von den Epithalamien weit überboten. Sie unterscheiden sich von den Epicedien im Ton und in den meisten Motiven, aber nicht im poetischen Verfahren. Im Epicedium kann der Dichter sich an die Hinterbliebenen des Verstorbenen wenden oder diese selbst als Sprecher auftreten lassen, im Hochzeitslied wendet er sich an die Brautleute oder deren Eltern, kann den Text aber auch als Rollengedicht für den Bräutigam formulieren. Im Eingang zu beiden Genera geht Dach oft von seiner eigenen Situation aus (er fühlt sich zu krank oder zu schwach zum Dichten, will mit seinem Gedicht einen Dank abstatten oder verweist auf seine persönliche Beziehung zum Verstorbenen bzw. zu den Brautleuten), oder er äußert sich zur allgemeinen Situation (Jahreszeit, Kriegs- und Seuchengefahr), die er mit dem Anlaß parallelisiert oder kontrastiert. Der Eingang kann sehr breiten Raum einnehmen, aber auch ganz entfallen. Der Hauptteil ist oft dem Lob des Verstorbenen bzw. der Brautleute gewidmet; dabei können biographische Einzelheiten mitunter sehr ausführlich zur Sprache kommen, oder der Dichter geht entsprechend den Konventionen der Casuallyrik von den Namen oder Berufen der Adressaten aus. Im Schlußteil unterscheidet sich das Hochzeitsgedicht deutlicher vom Epicedium; dem tröstenden Zuspruch für die Hinterbliebenen hier entspricht der Segens- und (meist vergleichsweise dezent formulierte) Nachkommenswunsch für die Brautleute dort. Von der bei manchen seiner Zeitgenossen üblichen drastisch umschriebenen Aufforderung zum Liebesvollzug hält Dach sich weitgehend fern.

Zu seiner weltlichen Lyrik, für die bestimmte Anlässe überliefert sind, zählen auch Glückwunschgedichte zu Namenstagen (z. B. I, 56), akademischen Feiern (I, 15) und politischen Amtseinsetzungen (II, 14), Abschiedslieder für Freunde (I, 19) und Gönner (I, 149), feierliche Begrüßungen wie die zum Einzug des großen Vorbildes Opitz in Königsberg (I, 50); aber auch Klagen wie die Elegie über den *endlichen Vntergang vnd ruinirung der Musicalischen Kürbs=Hütte vnd Gärtchens* (I, 92) im Zuge einer Stadtsanierung oder die Reflexion über eine Viehseuche (I, 172). Mehrfach wendet Dach sich mit Dank und Bittgedichten an seine Gönner. Eine Holzlieferung (I, 161) oder *ein Thönchen Bier* (II, 8) können die lyrische Produktion ebenso anregen wie die Zuweisung einer kostenlosen Wohnung durch den Königsberger Rat (I, 129). Die Bitte um eine kühlende Medizin (II, 11) oder um eine Fahrgelegenheit (II, 16) wird

ebenso versifiziert wie die Anmahnung einer ausstehenden Zahlung (I, 156) oder der Versuch, vom Kurfürsten ein Landgut zu erhalten (II, 156).
Nicht zur Casuallyrik i. e. S. gehören die Lieder, in denen Dach die Themen Liebe (z.B. I, 65) und Freundschaft (z. B. I, 62) abhandelt, über Kunst und Leben nachdenkt (I, 63; 82) oder den Frühling feiert (z. B. I, 89), sowie die Nachdichtungen französischer (I, 184–189) und antiker Muster (z. B. I, 281) und verschiedene Epigramme (z. B. I, 295).
Die dem kurfürstlichen Haus gewidmeten Gedichte sehr unterschiedlichen Umfangs (II, 104–159) sind ab 1638 zu datieren. Unter den verschiedenen Geburtstagsgedichten, in denen Dach formal und motivlich sehr stark variierend das Lob des Gefeierten und den Dank der Untertanen verkündet und dem Jubilar Gottes Segen wünscht, fällt besonders das Rollengedicht auf, das Dach dem zweijährigen Prinzen Karl Emil als Rede an die Mutter in den Mund legt (II, 147). Empfang und Abschied, Trauerfälle, Hochzeiten, Geburten und Taufe sind die für eine fürstliche Casuallyrik üblichen Anlässe, während Stadtjubiläum (II, 157) und Kirchweih (II, 158 f.) seltener zu feiern sind und die dem Kurfürsten dargebrachte Gratulation zur Erringung der Schützenkönigswürde (II, 109) als Kuriosum gelten kann. Als Mäzen spricht Dach den Kurfürsten nur in dem Lied *Unterthänigste letzte Fleh =Schrifft* (II, 156) an. Die acht Sechszeiler sind rhetorisch meisterhaft gefügt und haben Dach das gewünschte Landgut tatsächlich verschafft. Mit dem *Bethlied* für den Kurfürsten (II, 122), das in der liturgischen Tradition der Fürbitte für die Obrigkeit steht, und mit dem Rollenlied, in dem der Kurfürst über seine Devise *Domine, fac me scire vias tuas (Herr, laß mich deine Wege wissen)* meditiert (II, 118), wird die Grenze zur geistlichen Lyrik überschritten.
Dachs Lyrik tendiert sehr stark zur schlichten Form des mehrstrophigen Liedes; die in der Opitz-Nachfolge beliebten Gattungen der Ode, des Sonetts und des Epigramms finden sich bei ihm nur selten. Spürbar zurückhaltend verwendet er auch den Alexandriner, den er manchmal für Erzählteile einsetzt, die er mit Liedeinlagen kombiniert (z. B. I, 216). Insgesamt bewegt Dach sich auf einer mittleren Stilebene. Substantivhäufungen syndetischer und asyndetischer Art sowie schmückende Adjektive und Adverbien sind häufig, barocke Wortzusammensetzungen dagegen spärlicher. Geläufige Reime und Füllwörter und der weitgehende Verzicht auf Vers- und Strophenenjambements glätten den Versfluß, rhetorische Fragen und Antworten beleben die Syntax. Tropen mit höherem Verfremdungsgrad meidet Dach. Seine Bilder sind in der geistlichen Lyrik stark biblisch geprägt, sonst (vor allem in der kurfürstlichen Lyrik) stammt sehr viel auch aus der antiken Sage und Mythologie. Phoebus und die Musen, Amor und Venus sind in der weltlichen Lyrik allenthalben anzutreffen; Mars erscheint, bedingt durch die unruhigen Zeiten, auch in den Epicedien immer wieder. Manche Motive sind sehr konventionell, wie das Bild von der Schiffahrt des Lebens, das im Hochzeitsgedicht beliebte Motiv von Weinrebe und Ulme; aber Dach kann geläufige Vorstellungen einfallsreich variieren (z. B. das sprichwörtliche Bild »Auf Regen folgt Sonne«). Die Äußerungen zur eigenen Situation, der ständige Hinweis auf die engere geographische Umgebung und die (mitunter schon BROCKES vorwegnehmende) detaillierte Naturschilderung geben Dachs Lyrik eine bodenständig-realistische Komponente, die in Verbindung mit einem Ton familiärer Vertrautheit (auch gegenüber dem Kurfürsten) die Lieder manchmal schon fast als innigen Ausdruck subjektiver Empfindungen erscheinen läßt; traditionelle Motive (etwa aus der Schäferdichtung) wirken daneben eigentümlich gebrochen (z. B. I, 172). Die persönliche Note dominiert besonders, wenn Dach in den Gedichten über seine Krankheit (I, 182; 229) auf allegorische Überhöhung der lyrischen Situation verzichtet. Pathos und derber Witz gehen Dach völlig ab.
Trotz vieler Unfähigkeits- und Bescheidenheitstopoi ist Dach sich des Wertes der Dichtkunst schlechthin und seiner eigenen Leistung voll bewußt. *Todt und Zeit reist alles nieder, / Ohn was lebt durch weise Lieder* (I, 134). Diese schon in der Antike verbreitete Vorstellung von der alle Zeiten überdauernden Dichtung wiederholt Dach mehrfach in seinen Liedern und Gedichten; mit ihr argumentiert er auch wiederholt in Bittgedichten. Dichtung ist Dachs Lebenszweck: *Reime sind in dieser Welt / Das worzu mich Gott bestellt* (II, 71). Zwar vergleicht er sich, gemessen an den antiken Vorbildern, mit einer schnatternden Gans (II, 126), weiß aber um seine Bekanntheit in ganz Deutschland, und seine stolze Behauptung in der *Fleh =Schrift* an den Kurfürsten entspricht durchaus seinem literarhistorischen Stellenwert: *»Phöbus ist bey mir daheime, / Diese Kunst der Deutschen Reime / Lernet Preussen erst von mir, / Meine sind die ersten Seiten, / Zwar man sang vor meinen Zeiten, / Aber ohn Geschick und Zier«* (II, 156). D.P.

AUSGABEN: *Chur =Brandenburgische Rose, Adler, Löw und Scepter*, Königsberg o. J.; Titelaufl. dieser Ausg.: *Poetische Wercke*, Königsberg 1696 (Nachdr. Hildesheim/NY 1970). – *S. D.*, Stg. 1876 (Hg. H. Oesterley; BLV, 130; Nachdr. Hildesheim/NY 1977). – *S. D., seine Freunde u. Johann Röling*, Bln./Stg. 1883 (Hg. H. Oesterley; DNL, 30; Nachdr. Tübingen 1974). – *Gedichte*, Halle 1936–1938 (Hg. W. Ziesemer; 4 Bde.). – *S. D. u. der Königsberger Dichterkreis*, Stg. 1986 (Hg. A. Kelletat; RUB).

VERTONUNGEN: Liedkompositionen von Heinrich Albert, C. Chr. Dedekind, Georg Huck, Christoph Kaldenbach, Johann Knutz, Georg Kolb d. J., Conrad Matthäi, Friedrich Silcher, Friedrich Schweitzer, Johann Stobaeus, Johann Weichmann, Johannes Brahms, Richard Strauss, Harald Genzmer, Oskar Gottlieb Barr.

LITERATUR: H. Böhm, *Stil u. Persönlichkeit S. D.s*, Diss. Bonn 1910. – B. Nick, *Das Naturgefühl bei S. D.*, Diss. Greifswald 1911. – W. Ziesemer, *S. D.* (Altpreußische Forschungen, 1, 1924, S. 23–56). – Ders., *Neues zu S. D.* (in Euph, 25, 1924, S. 591–608). – I. Ljungerud, *Anke van Tharau* (in Niederdt. Mitt., 5, 1949, S. 113–135). – R. A. Schröder, *S. D.* (in R. A. S., *GW*, Bd. 3, Bln./Ffm. 1952, S. 685–722). – I. Ljungerud, *Ehren-Rettung M. Simonis Dachii* (in Euph, 61, 1967, S. 36–83). – A. Schöne, *Kürbishütte und Königsberg. Modellversuch einer sozialgeschichtlichen Entzifferung poetischer Texte. Am Beispiel S. D.*, Mchn. 1975; ern. 1982. – D. Lohmeier, *S. D.-Drucke in der Predigerbibliothek des Klosters Preetz* (in Wolfenbütteler Barock-Nachrichten, 3, 1976, S. 172 bis 174). – H. Motekat, *Ostpreußische Literaturgeschichte mit Danzig und Westpreußen*, Mchn. 1977, S. 67–79. – H. Edel, *S. D. Das Leben des Dichters, sein Verhältnis zum kurfürstlichen Haus und seine finanzielle und materielle Situation* (in Nordost-Archiv, 14, 1981, H. 61/62, S. 13–30; H. 63/64, S. 5–20). – W. Segebrecht, *Die Dialektik des rhetorischen Herrscherlobs. S. D.s »Letzte Fleh =Schrifft«* (in *Gedichte und Interpretationen*, Bd. 1: *Renaissance u. Barock*, Hg. V. Meid, Stg. 1982, S. 200–209; RUB). – J. Dyck, *»Lob der Rhetorik und des Redners« als Thema eines Casualcarmens von S. D. für V. Thilo* (in Wolfenbütteler Barock-Nachrichten, 5, 1978, S. 133–140). – I. Scheitler, *Das geistliche Lied im deutschen Barock*, Bln. 1982, S. 199–229. – W. Segebrecht, *S. D. und die Königsberger* (in *Deutsche Dichter des 17. Jh.s. Ihr Leben u. Werk*, Hg. H. Steinhagen u. B. v. Wiese, Bln. 1984, S. 242–269). – E. Mannack, *Barocke Lyrik als Medium der »Redekunst«. S. D.: Perpetui coelum tempora veris habet* (in DU, 37, 1985, H. 5, S. 15–24).

## BERNARD BINLIN DADIÉ

* 1916 Assinie

LITERATUR ZUM AUTOR:
R. Mercier u. M. u. S. Battestini, *B. D., écrivain ivoirien*, Paris 1964. – C. Quillateau, *B. B. D., l'homme et l'œuvre*, Paris 1967. – B. Magnier, *Bibliographie de B. B. D.* (in Présence francophone, 1976, Nr. 13, S. 49–62). – J. D. Erickson, *D.* (in J. D. E., *Nommo. Africain Fiction in French South of the Sahara*, York/S. C. 1979, S. 72–89). – C. Geisel, *Das literarische Schaffen D.s Zu den Wechselbeziehungen von gesellschaftlichem Funktionszusammenhang u. literarischer Gestaltung in der Entwicklung der westafrikanischen Literatur*, Diss. Halle/Saale 1982. – B. Kotchy, *La critique sociale dans l'œuvre théâtrale de B. D.*, Paris 1984. – H.-L. Lüsebrink, *B. D.* (in KLFG, 7. Nlg. 1985).

### BÉATRICE DU CONGO

(frz.; *Beatrix aus dem Kongo*). Theaterstück in drei Akten von Bernard Binlin DADIÉ (Elfenbeinküste), erschienen 1970, Uraufführung: Festival d'Avignon, Juli 1971. – Bernard Dadié, dessen literarisches Werk in den frühen dreißiger Jahren mit den Schultheaterstücken *Les Villes* und *Assémien Déhylé, Roi du Sanwi* begann, wandte sich erst Mitte der fünfziger und in den sechziger Jahren erneut dem Medium Theater zu. *Béatrice du Congo* gehört zu einer Reihe von insgesamt neun Stücken des Autors, die zwischen 1965 und 1979 entstanden und sich mit der kolonialen Vergangenheit sowie den sozialen und politischen Widersprüchen der unabhängigen Staaten Afrikas beschäftigen.

Das Theaterstück schildert die Eroberung und Kolonisierung des afrikanischen Königreiches Zaïre durch den (fiktiven) europäischen Staat Bitanda, mit dem das Königreich Portugal gemeint ist: Der zaïrische König Mani Congo läßt sich von den Europäern, in denen er Abgesandte Gottes zu erkennen glaubt, dazu verleiten, einen Schutzvertrag abzuschließen, dessen wirtschaftliche, politische und rechtliche Tragweite ihm und seinen Untertanen erst allmählich bewußt werden, zumal er selbst als Analphabet dem unterzeichneten Schriftstück keine große Bedeutung beimißt. Von europäischen Beratern, die an seinem Hof zunehmend an Einfluß gewinnen, läßt er sich schließlich sogar dazu überreden, tradierte Religionsformen als »Aberglauben« zu verbieten und Fetische verbrennen zu lassen. Als sein Nachfolger sich allzusehr von den europäischen Beratern bevormundet fühlt und den von seinem Vorgänger abgeschlossenen »Schutzvertrag« aufkündigen möchte, wird er ermordet. Folge ist ein landesweiter Aufstand gegen die europäischen Eindringlinge, der jedoch blutig unterdrückt wird. Die Anführerin des Aufstandes, Chimpa Vita, genannt Doña Béatrice, eine historische Figur (1682–1706), stirbt auf dem Scheiterhaufen, lebt jedoch im kollektiven Gedächtnis ihres Volkes als Märtyrerfigur weiter.

Die neun Bilder *(Tableaux)* des Stückes reichen vom Beginn der Eroberung des Kongo durch die Europäer, die aus europäischer Sicht ein *»Aufbruch ins Abenteuer« (»Départ pour l'Aventure«)* ist, über erste Regungen des Widerstandes gegen die sich etablierende fremde Vormacht *(Le Réveil – Das Erwachen)* bis hin zur offenen Revolte und ihrer Niederschlagung im letzten *»Tableau«* des Werks.

*Béatrice du Congo* wurde 1970 mit großem Erfolg beim internationalen Theaterfestival in Avignon uraufgeführt und gilt seitdem als einer der Klassiker des modernen afrikanischen Theaters. Dadié verfolgte seiner eigenen Aussage nach die Absicht, mit literarischen Mitteln eine afrikanische Sicht der Kolonialgeschichte zu entwerfen und hierdurch jener *»Sabotage de l'Histoire« (»Sabotierung der Geschichte«)* entgegenzuwirken, mit der seit dem Beginn der Kolonialära die kollektive Erinnerung an Symbolfiguren des afrikanischen Widerstandes wie Chimpa Vita ausgelöscht werden sollte. Die ästhetische Umsetzung dieses didaktischen Grundanliegens fand zumindest bei der europäischen Theaterkritik eine sehr geteilte Aufnahme: Während F. KOURILSKY und C. GODARD in ihren Rezensionen der Uraufführung von der *»Imagerie populaire brillante et naive«*, von einer zugleich *»naiven und brillanten populären Bildwelt«* des Stücks sprachen, warfen Kritiker wie G. SANDIER und R. KANTERS dem Werk überzogenen ›Didaktismus‹ sowie eine manichäistische Grundstruktur vor, die dem Mythos vom revoltierenden »Bon sauvage« (R. Kanters) neue Aktualität zu geben versuche. H.J.L.

AUSGABE: Paris 1970.

LITERATUR: C. Godard, *»Béatrice du Congo« de B. D. à Avignon* (in Le Monde, 20. 7. 1971). – F. Kourilsky, *La foire aux spectacles. La fête n'est plus dans Avignon* (in Le Nouvel Observateur, 1971, Nr. 350). – G. Sandier, *Avignon, des débuts peu convaincants* (in QL, 31. 8. 1971). – R. Kanters, *Les Bons Sauvages d'Avignon. »Béatrice du Congo« de B. D. au Festival d'Avignon* (in L'Express, Juli 1971, Nr. 1046). – *»Béatrice du Congo«* (in L'Entente Africaine, 1971, H. 8, S. 42–49). – F. Ojo-Ade, *Le théâtre engagé de B. D.* (in Afrique Littéraire et Artistique, 1974, Nr. 31, S. 67–75). – M.-B. Mbulamwanza, *»Béatrice du Congo« de D., signe du temps ou pièce à clés?* (ebd., 1975, Nr. 35, S. 19–26). – B. Kotchy, *La critique sociale dans l'œuvre théâtrale de B. D.*, Paris 1984.

## CLIMBIÉ

(frz.; *Climbié*). Autobiographischer Roman von Bernard Binlin DADIÉ (Elfenbeinküste), erschienen 1956. – *Climbié*, das erste eigenständige Prosawerk des späteren Kulturministers der Elfenbeinküste, weist deutlich autobiographische Züge auf: Wie der Autor selbst wächst der Protagonist in Grand-Bassam an der Elfenbeinküste in einer traditionellen Dorfgemeinschaft auf, besucht zunächst die Dorfschule, dann die höhere Schule in Bingerville und schließlich die »École William Ponty« in Gorée bei Dakar, eine Elitehochschule für afrikanische Schüler. Wird im ersten Teil somit die zunächst traditionelle und dann die in der europäischen Institution der Schule ablaufende Erziehung des Protagonisten geschildert, so rückt der zweite Teil einen politischen Bewußtwerdungsprozeß in den Mittelpunkt, dessen Abschnitte auch den wesentlichen Etappen der Biographie Dadiés selbst entsprechen. Zunächst nach Abschluß des Studiums als Verwaltungsbeamter und Archivar in Dakar tätig, übernimmt Climbié – ebenso wie Dadié selbst in den Jahren 1946–1949 – das Pressereferat des »Rassemblement Démocratique Africain« (Demokratische afrikanische Sammelbewegung) und wird im Februar 1949 wegen staatsfeindlicher Aktivitäten von einem französischen Kolonialgericht zu einer dreijährigen Gefängnishaft verurteilt, jedoch im Sommer 1950 vorzeitig entlassen.

Dadiés autobiographische Aufarbeitung des eigenen Lebenslaufes verbindet die Schilderung traumatischen Erlebens – der Gefängnishaft, der Brutalität der Polizei, der entfremdenden Situation in der Kolonialschule, in der das Sprechen in afrikanischen Sprachen unter Strafe gestellt wurde – mit der Herausbildung eines neuen intellektuellen Selbstverständnisses. An die Stelle jenes gefügigen, assimilierten, kulturell und sprachlich in jeglicher Hinsicht angepaßten Musterschülers, den die Kolonialschule hervorzubringen suchte, tritt sukzessive das Rollenbild des politisch engagierten, militanten Schriftstellers und Journalisten, das Dadié selbst verkörpert. Dadiés autobiographischem Roman, der somit die Genese des neuen Selbstverständnisses afrikanischer Schriftsteller und Intellektueller nachzeichnet, ist der beschriebene Bewußtwerdungsprozeß auch in sprachlich-stilistischer Hinsicht deutlich eingeschrieben: Der elaborierte, an den überkorrekt-klassischen Duktus von Schulaufsätzen erinnernde Schreibstil des ersten Teils weicht im zweiten Teil einem manifestären, auf politische Wirkung bedachten Ton, in dem die distanzierte, personale Perspektive streckenweise zugunsten einer unmittelbareren, »hautnahen« Ich-Erzählperspektive aufgegeben wird.

*Climbié*, eine für die frühe frankophone afrikanische Literatur typische literarisierte Autobiographie, verdeutlich somit anhand eines individuellen Lebenslaufes jenen seit den dreißiger Jahren einsetzenden kulturellen und politischen Ablösungsprozeß von der kolonialen Vormacht Frankreich, der wesentlich die Entwicklungsdynamik der afrikanischen Literaturen des 20. Jh.s bestimmte. H.J.L.

AUSGABEN: Paris 1956. – Paris 1966. – Paris 1973 (in *Légendes Africaines*).

ÜBERSETZUNG: *Climbié*, Chr. Dobenecker (in SuF, 1967, H. 2, S. 328–342, Ausz.).

LITERATUR: D. Diop, *»Climbié« par B. D., »Afrique nous t'ignorons«, par Benjamin Jassip* (in Présence Africaine, 1957, H. 13, S. 152 f.). – K. C. Chapman, *»Climbié« by B. D., a Translation With Notes and Introduction*, Univ. of Denver 1969 (vgl. Diss. Abstracts, 31, 1970, S. 1221A). – B. Magnier, *»Climbié«* (in Notre Librairie, 1980, H. 52, S. 88–93). – C. K. Maduka, *B. D. et le conte traditionnel africain: Étude de »Climbié«* (in Neohelicon, 11, 1984, Nr. 2, S. 225–240).

## UN NÈGRE À PARIS

(frz.; *Ein Neger in Paris*). Roman von Bernard Binlin DADIÉ (Elfenbeinküste), erschienen 1959. – In fingierten Briefen aus der französischen Hauptstadt an einen in Afrika verbliebenen Freund stellt der Autor sich als Fremdling dar, der aus einer anderen, der afrikanischen, Welt kommend, in Paris vieles höchst merkwürdig findet: die Metro, die Liebe, die Frauen, die Geschichte, die Politik. Alles wird – durchaus ironisch – mit den vertrauten afrikanischen Verhältnissen verglichen, so wie es einst der europäische Forscher und Gelehrte tat, wenn er nach Afrika kam und die Sitten und Gebräuche der dortigen Menschen festhielt. Dadiés Kritik am europäischen Kulturdünkel verbindet sich jedoch mit ehrlicher Bewunderung exemplarischer Leistungen. Paris, die fremde und zuweilen befremdende Metropole, wird zum Vorbild erhoben, dem es in geistiger Selbständigkeit nachzueifern gilt, denn die Kultur, die in dieser Stadt sich darstellt, ist – so sieht es der Autor – trotz aller Wandlungen, trotz Krieg und Revolution sich selbst treu geblieben. Kraft dieser Beharrlichkeit – einer Eigenschaft, in der Dadié einen seiner eigenen Kultur verwandten Zug erblickt – vermag sie Wegweiser Afrikas zu sich selbst zu werden. J.H.J.

AUSGABE: Paris 1959.

LITERATUR: A. C. Brench, *»Un nègre à Paris«* (in A. C. B., *The Novelists' Inheritance in French Africa*, Ldn. u. a. 1967, S. 84–91). – L. M. Ongoum, *Satire et humanisme de B. D. dans »Un nègre à Paris«* (in Études littéraires, 1974, Nr. 7, S. 405–419). – P. M'Da, *»Un nègre à Paris« et l'art romanesque* (in Présence francophone, 1980, Nr. 21, S. 79–94). – J. Derive, *»Un nègre à Paris«*, Bayreuth 1985.

## LE PAGNE NOIR

(frz.; *Der schwarze Lendenschurz*). Erzählungssammlung von Bernard Binlin DADIÉ (Elfenbeinküste), erschienen 1955. – Das Werk des produktivsten und international bekanntesten Schriftstellers der Elfenbeinküste, das ein breit gespanntes Spektrum literarischer Gattungen (Drama, Poesie, Roman, Autobiographie) umfaßt, zeichnet sich durch eine enge Verbundenheit mit den mündlichen Erzähltraditionen der Ethnie der Agni aus, der Dadié entstammt. Dies gilt außer für seine Theaterstücke insbesondere für seine Erzählungssammlungen *Légendes Africaines*, 1954 *(Afrikanische Legenden)*, *Les belles histoires de Kacou Ananzé l'araignée*, 1969 *(Die schönen Geschichten von der Spinne Kacou Ananzé)*, *Les contes de Koutou-as-Samala*, 1982 *(Die Märchen von Koutou-as-Samala)*, und *Le Pagne Noir*, in denen traditionelle mündliche Erzählstoffe der Agni schriftliterarisch verarbeitet werden. Dadié, bereits während der Kolonialzeit einer der führenden Politiker seines Landes und von 1977 bis 1986 Kulturminister der Elfenbeinküste, verfolgt hiermit die Absicht, den Erzählstoffen der mündlichen Literatur und den in ihnen verkörperten Wert- und Moralvorstellungen auch in dem für Afrika neuen Medium der Schriftliteratur einen herausragenden Platz einzuräumen. *»Schwarzafrika«* – so Dadié 1975 in einem programmatischen Aufsatz über *Die Rolle der Legende in der Volkskultur der Schwarzafrikaner* –, *»das über keine Schrift verfügte, kristallisierte seine Lebensweisheit in seiner mündlichen Literatur«*.

In der Titelgeschichte des Bandes erlegt eine hartherzige Stiefmutter der kleinen Aiwa grausame Prüfungen auf, u. a. jene, einen pechschwarz gefärbten Lendenschurz makellos weiß zu waschen. Nirgends vermag Aiwa jedoch Wasser zu finden, in dem sie den Lendenschutz waschen könnte, bis ihr plötzlich ihre verstorbene Mutter zu Hilfe eilt und den schwarzen gegen einen blütenweißen Lendenschurz austauscht. – Ähnlich schweren Aufgaben wie Aiwa sieht sich in der Erzählung *La cruche (Der Krug)* der kleine Koffi gegenüber, den seine Stiefmutter beauftragt, Ersatz für einen zerbrochenen Krug zu finden. Nach mühseliger, vergeblicher Suche und mannigfaltigen Prüfungen – u. a. muß Koffi den Rücken eines Krododils abreiben und der Familie eines Teufels die Haare schneiden – erhält er zur Belohnung seiner Beharrlichkeit von seiner verstorbenen Mutter den ersehnten Krug sowie drei mit Wasser gefüllte Kürbisflaschen als Wegzehrung. Mit ihrer Hilfe gelangt er nicht nur in sein Dorf zurück, sondern wird dort auf wunderbare Weise zum König erhoben. Die neidisch gewordene Stiefmutter schickt nun einen ihrer legitimen Söhne auf den Weg, um die gleichen Reichtümer und Ehren wie ihr Stiefsohn zu erlangen. Im Gegensatz zu Koffi unterzieht dieser sich jedoch aus Feigheit nicht den auferlegten Prüfungen und wird am Ende nicht belohnt, sondern bestraft und der Lächerlichkeit preisgegeben: Als er voller Stolz die mitgebrachten Kürbisflaschen öffnet, schlagen ihm Flammen entgegen und Ungetier kriecht aus ihnen hervor. – In zehn der insgesamt 16 Erzählungen des Bandes steht die Spinne Kacou Ananzé als Haupt»figur« im Zentrum der Erzählhandlung. Sie zeichnet sich durch List, Intelligenz, Geschicklichkeit und Verschlagenheit aus. Während sie in einem ersten Zyklus der Erzählungen über ihre zumeist unschuldigen Opfer triumphiert, wird sie im zweiten, abschließenden Teil des Zyklus für ihre Boshaftigkeit bestraft. Überzogene Neugier und rücksichtslos egoistisches Handeln machen jene Vorteile, die ihr durch Intelligenz und Geschicklichkeit erwachsen, wieder zunichte.

*»Perraults Märchen entzücken uns«*, schrieb Dadié 1949 in seinem Gefängnistagebuch *Carnet de prison* (erschienen 1982) während einer aus politischen Gründen verhängten Haftstrafe, *»aber die listigen Taten des Hasen Leuk und der Spinne Kacou begeistern uns«*. Die Aufarbeitung und schriftliche Fixierung mündlicher Erzählstoffe, bei der Dadié im französischsprachigen Westafrika gemeinsam mit den senegalesischen Schriftstellern Léopold Sédar SENGHOR und Birago DIOP eine Vorreiterrolle einnahm, scheint unter diesem Blickwinkel weit mehr als eine nostalgische Rückbesinnung auf »volkstümliche Folklore« zu sein; aus der Sicht Dadiés ist sie als Widerstand gegen die kulturelle Überfremdung Afrikas durch die westliche Zivilisation, ihre Kultur, ihre Literatur und ihre Erzählformen, und zugleich als eine Affirmation der eigenen kulturellen Identität zu verstehen. H.J.L.

AUSGABEN: Paris 1955. – Paris 1970. – Paris 1977.

ÜBERSETZUNG: *Das Jamswurzelfeld*, I. Hossmann (in: Afrika, 1961, H. 3, S. 72–75; Ausz.).

LITERATUR: B. Dadié, *Le rôle de la légende dans la culture populaire des Noirs d'Afrique* (in Présence Africaine, 1957, Nr. 14/15, S. 165–174). – B. Dadié, *Le conte, élément de solidarité et d'universalité* (in Présence Africaine, 1958, Nr. 20, S. 53–56). – P. Berthier, Rez. (in La Cité, Brüssel, 26. 10. 1956).

## THEODOR DÄUBLER

* 17.8.1876 Triest
† 13.6.1934 St. Blasien / Schwarzwald

LITERATUR ZUM AUTOR:
*Bibliographie:*
P. Raabe, *Die Autoren und Bücher des literarischen Expressionismus*, Stg. 1985, S. 102–107. – Th. D. 1876–1934, bearb. von F. Kemp u. F. Pfäfflin, Marbach 1984, S. 69–80 (Marbacher Magazin, 30).
*Gesamtdarstellungen und Studien:*
A. Moeller van den Bruck, *Gestaltende Deutsche*, Mchn. 1907. – E. Buschbeck, *Die Sendung Th. D.s*, Wien u. a. 1920. – K. Edschmid, *Th. D. und die Schule der Abstrakten* (in K. E., *Die doppelköpfige Nymphe*, Bln. 1920). – Th. Sapper, *Th. D. und die Maschinenzeit* (in Die Horen 4, 1927/28; ern. in Th. S., *Alle Glocken dieser Erde*, Wien 1974). – *Der Kreis* 7, 1930 [Sonderheft Th. D.]. – T. Sussmann, *Th. D., ein Requiem*, Ldn. 1943. – C. Schmitt, *Ex captivitate salus*, Köln 1950. – C. W. Hüllen, *Mythos u. Christentum bei Th. D.*, Diss. Köln 1951. – Ders., *Die Sonne als Kristall* (in Euphorion, 47, 1953). – H. Eicke, *Das Symbol bei Th. D.*, Diss. Bln. 1954. – R. Lohn, *Der bildhafte Ausdruck in den Dichtungen Th. D.'s*, Diss. Bonn 1956. – R. Pannwitz, *Th. D* (in Merkur, 10, 1956). – B. Rang, *Th. D.* (in *Expressionismus als Literatur*, Hg. W. Rothe, Bern 1969). – H. Wegener, *Gehalt und Form von Th. D.'s dichterischer Bilderwelt*, Diss. Köln 1962. – E. Peterich, *Th. D* (in LJb, N.F. 5, 1964). – K. O. Conrady, *Th. D.* (in *Dt. Dichter der Moderne*, Hg. B. v. Wiese, Bln. 1965). – J. Müller, *Die Akte Th. D.*, Weimar 1967. – R. Eppelsheimer, *Mimesis und Imitatio Christi bei Loerke, D., Morgenstern, Hölderlin*, Bern 1968. – W. Huder, *Th. D.*, Bln. 1968 [Ausst.Kat.]. – H. Wehinger, *Sprache und Stil Th. D.'s*, Diss. Innsbruck 1973. – Ders., *Mythisierung und Vergeistigung* (in *Untersuchungen zum »Brenner«. Fs. für Ignaz Zangerle*, Hg. W. Methlagl u. a., Salzburg 1981). – P. Schulze Belli, *Th. D.: Un Espressionista* (in *Momenti di Cultura Tedesca*, Cremona 1973). – H. E. Schröder, *Schiller – Nietzsche – Klages*, Bonn 1974. – C. Zell, *Ernst Barlach und Th. D.*, Hbg. 1976. – *Th. D. 1876–1934*, bearb. von F. Kemp u. F. Pfäfflin, Marbach 1984 (Marbacher Magazin, 30). – Vgl. auch Th. Däubler, *Im Kampf um die moderne Kunst u. a. Schriften*, Hg. F. Kemp u. F. Pfäfflin, Darmstadt 1988.

**DAS LYRISCHE WERK** von Theodor DÄUBLER.

Däublers Werk wird beherrscht von seinem frühen Weltanschauungsepos *Das Nordlicht* (1910), das die Lehre der Gnosis vom Licht wie vom Pneuma, dem weltschöpferischen Geisteshauch, entfaltete und den *»Aufbruch des Menschen, die Bejahung des beseelten Kosmos und die Rückkehr zur Sonne – dem Geist-Symbol – als Sinn des Daseins«* (H. Wehinger) verkündet hatte. Im Anschluß daran entstanden die schmaleren Gedichtbände, die aber in der Bindung an diesen Mythos stets auf das Epos bezogen bleiben. Ebenso stammt das Gedicht *Schwäbische Madonna* in der Sammlung *Das Sternenkind* (1916), wie auch deren Titelgedicht, aus dem *Nordlicht*, und von dort wurden die Verse *Mein Grab ist keine Pyramide*, die bei der jungen expressionistischen Generation ebenso berühmt waren wie van HODDIS' *Weltende* (1918), in die Anthologie *Menschheitsdämmerung* (1920) von Kurt PINTHUS übernommen.

Stilistisch und motivisch läßt sich daher im Werk Däublers keine deutliche Entwicklung feststellen. Zwar erschienen in *Der sternhelle Weg* (1915) liedhafte Gedichte, wie *Die Fichte, Katzen, Schnee* oder *Mittag*, die bei einem breiteren Publikum Anklang fanden, doch kaum eines seiner Gedichte will sich zur beruhigten Werkgestalt runden; sie wirken alle wie Zeichen eines größeren Ganzen jenseits der Sprache. Die Brüche und Nachlässigkeiten verweisen auf Däublers Existenz als wandernder Rhapsode. Es kennzeichnet ihn, daß jede *»Auseinandersetzung mit seinem Werk zu einer Beschäftigung mit seiner Person führt«* (E. Peterich). Als Repräsentant der Boheme und als Dichter-Prophet fand Däubler zwar kaum öffentliches Echo, konnte aber auf Anerkennung in Literatenkreisen zählen. Seine Gedichtbände erschienen zumeist in Form des Liebhaberdrucks, nur das 1916 in die Insel-Bücherei aufgenommene Bändchen *Das Sternenkind* mit Gedichten aus *Das Nordlicht, Der sternhelle Weg* und *Hymne an Italien* brachte es bis 1930 auf fünf Auflagen (mit 26000 Exemplaren), während *Das Geheimnis. Ein Gespinst*, ein später Zyklus von 28 Sonetten *»an eine ferne Geliebte«* nicht in Buchform erscheinen konnte (Teile daraus in ›Die Horen‹, 2, 1926 sowie in *Otto zur Linde 60 Jahre*, 1933). Materielles Elend und unbezweifelter Rang verschränkten sich noch in Däublers letzten Lebensjahren. *»Ich breche unter dem Druck meines Tempels zusammen«*, bekannte er 1933, *»Keine Leser bevölkern ihn. Und der Opferdienst, der in ihm zu leisten wäre durch Verständnis, findet nicht statt.«*

Dichtung war für Däubler immer nur ein Wegweiser zum Gesamtkunstwerk. Zur zentralen ästhetischen Herausforderung wurde ihm die Begegnung mit der Musik Beethovens und Wagners 1898, nicht nur auf lyrischem Gebiet (sein Band *Hesperien*, 1915, trägt den Untertitel *Eine Symphonie*), sondern auch in essayistischen Versuchen (*Lucidarium in arte musicae*, 1917); literarische Einflüsse traten daher in den Hintergrund, obgleich ihm von den Zeitgenossen Albert MOMBERT nahestand und er sich selbst dem Werk Oskar LOERKES und Else LASKER-SCHÜLERS verwandt fühlte, wie er auch während des Ersten Weltkriegs in expressionistischen Zeitschriften wie ›Die Aktion‹ und ›Die weißen Blätter‹ publizierte. Als Vorbild aller modernen Lyrik verehrte er RIMBAUD, dessen Werk er übersetzte.

Geprägt wurde Däublers lyrisches Schaffen vor allem aber vom frühen Erlebnis Venedigs (1887) wie der Inselwelt des Mittelmeers, das er 1892 als Schiffsjunge kennenlernte: *»Was ich gedichtet habe, ist die Melodie des Mittelmeeres.«* Sein Bild der mediterranen Welt ist nicht klassizistisch, sondern *»neoarchaisch«* (E. Peterich). Bewußte formale Modernität und Rückgriff auf das Früheste faszinierten bereits die Zeitgenossen an diesen Versen, die zunächst, in den ersten Gedichtbänden, sich immer wieder auf Italien beziehen. 1915 erschien *Hesperien. Eine Symphonie*, entstanden im März 1914 in Florenz. In die *Hymne an Italien* (1916) wurden die Gedichte aus *Ode und Gesänge* (1913) aufgenommen. Der Band enthält umfangreiche Preisgedichte auf italienische Städte und Landschaften – ausgehend von Rom bis nach Sizilien im Süden, dann in einer Bewegung nordwärts bis nach Mailand mit seinem *»futuristischen Tempo«*. Doch wird auch in den Städtebildern vor allem die Landschaft beschrieben und sogleich beseelt; die Landschaftsbeseelung durch *»Völkerseelen, Kulturen, vorchristliche wie christliche«* (E. Peterich) ist wieder nur die Vorstufe zu einer Landschaftsdeutung, die das Beschriebene zum Zeichen des Geist-Mythos erhebt. So wird wie in allen Gedichten Däublers die Welt neu aus Chiffren geschaffen. In seinen früheren Prosabüchern finden sich noch Erläuterungen jener Schlüsselmotive, die in seinen Versen immer wiederkehren: *»Die Sterne«* etwa, heißt es in *Mit silberner Sichel* (1916), seien *»im Menschen selbst liegende Tendenzen, die sich in der planetarischen Welt nur physisch verkörpern«*. Das objektiv Gegenständliche wird gesucht, um zu einer solchen expressiven Entgrenzung des Subjekts anzureizen; das nur Subjektive findet wieder sein Maß in der Außenwelt: *»Es hat im Ich die Weltidee sich selber übertrieben: / Nun kommen wir zur Welt, um die Zurückhaltung zu lieben« (Sang an Neapel)*. Wiederholbar wird die mythische Einheit von Ich und Welt im Rausch der Bilder. Als *Ekstatiker* ist Däubler deshalb in einer Plastik Barlachs genau erfaßt.

Im Stil bilden sich die entsprechenden, gegenläufigen Tendenzen ab. Das Statisch-Gegenständliche wird in kühnen Nominalmetaphern, die Dynamisierung in Verbalmetaphern versinnlicht. Doch antwortet wiederum dem Bild, das den Geist in mythisch-sinnlicher Anschauung zeigt, jene Neigung zur sentenzenhaften Abstraktion. Ähnlich polar gespannt erscheinen die Vorliebe für strenge lyrische Formen – wie Sonett oder Terzine – und für den Reim einerseits, der rauschhafte Überschwang der Bilder, die Zerstörung aller sprachlichen Normen andererseits.

Die Gedichte der Sammlung *Der sternhelle Weg* (1915), im Sommer 1908 in Italien sowie im Frühjahr 1915 in Dresden entstanden, überschreiten den mittelmeerischen Raum. Wie im Epos wird auch in diesen Gedichten die nördliche Natur zum Zeichen des Geistes in einem beseelten Kosmos, so etwa in der zweiten Strophe des Gedichts *Die Fichte: »Es scheint ein Stern an jedem Ast zu hängen. / Des Himmels Steile wurde erst zum Baum. / Wie unerklärt sich die Gestirne drängen! / Vor unserm Staunen wächst und grünt der Raum.«*

Däublers Übertragungen aus dem Französischen, aus denen der folgende Band *Der Hahn* (1917) komponiert ist, sind sein Beitrag zur pazifistischen Literatur während des Ersten Weltkriegs. Wie in einem der übersetzten Gedichte von Eugene MANUEL die Feinde als Brüder durch die gleiche Sprache elementarer Menschlichkeit verbunden sind, so belegen die Übersetzungen mit den Schlüsselvokabeln Däublers die Spracheinheit der französischen und deutschen Moderne.

Däublers letzte eigenständige Gedichtsammlung, *Päan und Dithyrambus*, die er 1924 veröffentlichen konnte, verarbeitet wie seine ebenfalls in diesem Jahr erschienenen *Attischen Sonette* das Erlebnis Griechenlands, der Heimat der europäischen Kultur. Einleitend wird die Einheit von Mythos, Natur und Seelenraum entworfen; der Dichter kehrt, durch den von Göttern belebten Archipelagus, zurück zu Apollo: *»Dem kühnen Gott, als Jüngling, glüh mein Laut ins Blaue«*. Der Band schlägt einen Bogen von der mythischen Schöpfungszeit hin zur Geburt der Tragödie am Beginn der attischen Kultur und zeugt damit von Däublers spätem Versuch, Griechenland als geistigen Raum in seinen kosmischen Mythos einzuordnen. Etliche Stücke aus dem im Nachlaß aufgefundenen Zyklus *Gesänge um Griechenland* sollten denn auch mit den Griechenland-Essays, die erst 1946 ediert wurden (*Griechenland*, Hg. M. v. Sydow), zu einem Buch zusammengestellt werden. Däublers Lyrik ist heute weitgehend vergessen, auch literaturwissenschaftliche Einzeluntersuchungen dazu existieren bislang kaum. W. Schm.

AUSGABEN: *Ode und Gesänge*, Hellerau 1913. – *Der sternhelle Weg*, Hellerau 1915; Lpzg. [2]1919 [verm.]. – *Hesperien. Eine Symphonie*, Mchn. 1915; Lpzg. [2]1918. – *Hymne an Italien*, Mchn. 1916. – *Das Sternenkind*, Lpzg. 1916 (Ausw.). – *Der Hahn. Übertragungen aus dem Französischen*, Bln. 1917. – *Perlen von Venedig*, Lpzg. 1921. – *Attische Sonette*, Lpzg. 1924. – *Päan und Dithyrambos. Eine Phantasmagorie*, Lpzg. 1924. – *Dichtungen und Schriften*, Hg. F. Kemp, Mchn. 1956. – *Gedichte*, Hg. W. Helwig, Stg. 1968 (RUB). – *Der sternhelle Weg und andere Gedichte*, Hg. H. Kaas, Mchn. 1985.

## ATTISCHE SONETTE

Sammlung von sechzig Sonetten von Theodor DÄUBLER, entstanden in Griechenland, erschienen 1924. – Wie alle Versbände nach dem *Nordlicht* ist auch dieser in Form und Aussage verständlicher und klarer als jenes. Die Däubler eigene romanische Formenfülle bleibt hier auf das Sonett beschränkt, das allerdings in vielen nach Reim und Rhythmus möglichen Abwandlungen erscheint. Das Thema ist mit *»Athen, Attika, Hellas«* wenigstens äußerlich eindeutig umschrieben. Die *»Entfaltung des Menschen zur Sonne«*, das Zentralthema Däublers, steht freilich auch hier im Mittelpunkt. Hellas wird jetzt als Ort dieser Entfaltung gesehen. In das Land Athenes führen zunächst Dichter, für die die Nachahmung der Griechen oder die Sehnsucht nach Hellas werkbestimmend war – so etwa Leopardi *(»die attische Vollendung in Florenz«)*, Goethe und Hölderlin *(An Hölderlin)*. Dann wird die Landschaft und in ihr auch schon andeutend der Mythos mit *Der Hymettos* und *Halimus* gezeichnet: der Raum des Zyklus ist eröffnet, die Sehnsucht hat ihr Ziel gefunden. Es folgt das Kernstück des Bandes mit über zwanzig Sonetten um Kore-Persephone, die von Hades geliebte und entführte Tochter Demeters. Wie sehr gerade dieser Mythos geeignet ist, Däublers Thema der Entfaltung des Menschen *»im Sonnenbrande«* auszudrükken, zeigt – etwa im Sonett *Anbruch* – der Dank Demeters an Triptolemos, der ihr bei der Aufspürung der geraubten Kore geholfen hat: sie unterweist ihn in der Kunst des Acker- und des Obstbaus, schickt ihn über die ganze Erde und lehrt so die Menschen den *»Glauben an die Macht der Sonne«*. Zu dieser Entfaltung tragen zahlreiche weitere Erscheinungen in Hellas bei, die ebenfalls von Däubler bedichtet und neu interpretiert werden: Aphrodite und die Liebe, das kultische Wettspiel, Dionysos und seine Sänger. Endlich schließt sich der Kreis mit einer Rückwendung des Dichters zur Heimat und dem Entschluß der *»Aufforderung zur Sonne«*, die in Hellas an ihn ergangen ist, nachzukommen.

So ist dieser Gedichtband nicht nur eine lockere Sammlung von Sonetten, die um ein gemeinsames Thema kreisen, sondern ein sorgfältig gegliederter und gefügter Zyklus von nahezu epischem Charakter, wie ihn der gewaltige Sammelband *Das Nordlicht* vorgezeichnet hatte. L.D.

AUSGABEN: Lpzg. 1924. – Mchn. 1956 (in *Dichtungen u. Schriften*, Hg. F. Kemp; m. Bibliogr. u. Nachw.; enth. 19 *Attische Sonette*). – Mchn. 1985 (in *Der sternhelle Weg u. andere Gedichte*, Hg. H. Kaas).

## DAS NORDLICHT

Lyrisches Epos von Theodor DÄUBLER, erschienen 1910. – Däubler faßte 1898 *»am Fuß des Vesuv«* den Plan zu einem, nach einer zweisprachigen Erziehung bewußt *»in deutscher Sprache«* konzipierten Lebenswerk. Bis 1900 wurde der erste Teil, *Das Mittelmeer*, in den Jahren 1902 und 1903 *Pan. Orphisches Intermezzo*, vom Herbst 1904 bis Frühjahr 1906 der zweite Teil *Sahara* vollendet. Die »Florentiner Fassung« von *Nordlicht* lag 1910 vor. 1919 bis 1921 folgte die »Genfer Fassung«; *Das Nordlicht. Eine Selbstdeutung* (1920) begleitete sie, und die *Treppe zum Nordlicht*, eine *Symphonische Dichtung in vier Sätzen* (1920) versuchte das große Thema in kleinerem Maßstab darzustellen. Bis 1930 arbeitete Däubler an der »Athener Fassung« des Werkes, die ungedruckt blieb; sie befindet sich im Goethe-Schiller-Archiv in Weimar (Auszüge in der Ausgabe von F. Kemp). Unter dem Titel *Gleichgewicht im Kosmos* versuchte Däubler 1931 erneut, sein Epos zu erläutern.

Däublers mythologischer Entwurf löst die Schöpfung in einen dreistufigen Prozeß auf, der mit einer Trennung beginnt und mit der Versöhnung alles Getrennten endet: danach hat die Erde sich einst von ihrer Mutter, der Sonne, losgerissen und sei äußerlich erstarrt, während sie in ihrem Innern noch den lebenspendenden Lavakern, der sich nach der Mutter Sonne zurücksehnt, bewahrt. Alles irdische Leben ist daher polar gespalten; es verlangt aus der Trennung zum Ursprung im Sonnenlicht zurück. Das Nordlicht ist ein Zeichen dieser Liebessehnsucht, die Aussaat für eine künftige Vereinigung im Kosmos. Gespiegelt wird diese Kosmogonie in Däublers Vision vom Entwicklungsgang der Menschheit: Der Geist ist das Licht, dem die Menschheit zustrebt.

*Das Nordlicht* ist nach dem Modell der zweipoligen Ellipse konstruiert, offener als die Erd-, noch nicht vollendet wie die Sonnenkugel. So stiftet kein geschlossener Handlungsbogen die äußere Einheit des Epos, sondern ein lyrisches Ich, das zahllosen Verwandlungen unterworfen ist. Verbunden mit einer namenlosen Geliebten erlebt dieses Ich in der stilisierten Autobiographie des ersten Teils das mittelmeerische Abendland. Komplementär führt eine Zeitreise im zweiten Teil durch symbolisch gedeutete Geschichtsepochen des Orients und Okzidents; sie sind jeweils durch eine neue Stufe im Weg zur Sonne markiert. In Metamorphosen zu Roland, Parzival und Christus strebt das Ich nach seiner Vergöttlichung: *»Der Mensch wird Gott und Gottes Sohn im Geist vertreten«*. Aus der *»Auferstehung des Fleisches«* und den apokalyptischen Schrekken scheint zuletzt ein astraler Christus als Herr einer neuen Schöpfung hervorzugehen, doch bleibt diese Weltvision von neuen Drohungen verschattet. Denn *Das Nordlicht* ist kein Weltepos im Sinne des deutschen Idealismus, sondern ein Großgedicht von der stufenweisen Befreiung des Ichs. Sein geheimes Zentrum ist, wie Orpheus' Wiederauftreten im Schlußteil verrät, das *»orphische Intermezzo. Pan«*. Das Dichter-Ich erfährt sich hier als neuer Orpheus und durchschreitet nun die Zeitalter wie Imaginationsräume auf der Suche nach Eurydike, der Erdenfrau als polarer Ergänzung des Sonnenmannes. Zuletzt durchstößt dieser »Weg nach innen« den geschichtlichen Raum und führt in die existentielle Sphäre des Todes. Deshalb münden die apokalyptischen Bildreihen noch nicht in die Schöpfung einer neuen Erde, sondern in die Forderung nach dem *»neuen Menschen«*. Er steht an der Schwelle zwischen dem vergangenen Chaos und der neuen Schöpfung.

*Das Nordlicht* ist als Ganzes ein Zeugnis der poetischen Existenz dieses neuen Menschen. *»Halb Pyramide halb Urwald«* bildet es den Zustand der Schöpfung zwischen Chaos und geistiger Klarheit ab. Daher bezieht es synkretistisch den gesamten geistigen Kosmos des 19. Jh.s ein und versucht als Zyklus aus Zyklen, die früheren Versuche poetischer Weltordnung zu überbieten. Das Dichterwort birgt die Keime der Geistesherrschaft in sich; in *»Altsilben«* (wie z. B. »Ra« – der ägyptische Name des Sonnengottes; in »Sahara«, aber auch verkehrt im Vulkan »Ararat«) verbirgt sich die Wahrheit des Seins: *»Ra ist eine Silbe, ein Schrei, eine Flamme, die ich intuitiv oder willkürlich das Kataklisma durchgellen lasse; es ist die Sprachwurzel, die dann aglutinisch Sprachungeheuer gebiert, umwälzt u. verloren geht, gespenstig wieder aufkracht, sich emporarbeitet, ... der Tagesaar wird, als Gott aufersteht, den Ararat auftürmt, vom Menschen wieder verschleudert wird u. in der ›Aurea borealis‹ ›dem Nordlicht‹ abermals obsiegt u. die Welt versöhnt.«* Im Sprachbild, in Rhythmus und Reim, Leitmotiven und Leitworten wird das Getrennte zusammengeführt und die Versöhnung vorweggenommen. Die formale Vollendung muß jedoch versagt bleiben; Däubler hat bewußt das *»Chaotische«* und *»Willkürliche«* in sein Epos aufgenommen. Das verführte freilich – angesichts der überbordenden Fülle von Stoffen und Formen – immer wieder dazu, kleinere, in sich geschlossene Episoden herauszulösen – wie die Sonettreihe *Perlen von Venedig*, den *Äthiopischen* oder den *Klassischen Totentanz*.

Doch nur als bewußt geplantes Lebenswerk gewinnt *Das Nordlicht* seinen Rang. Die Herrschaft des Geistes, die es schildert, ist in seiner Entstehungsgeschichte bereits verwirklicht. Die Schlußzeile des Epos enthüllt rückblickend sein Programm und seine Leistung: *»Die Welt versöhnt und übertönt der Geist«*. Anders als in der Epentheorie des deutschen Idealismus geht es nicht um den Ausdruck einer in sich ruhenden, mythischen Welt durch die Dichtung, sondern Däubler versucht eine mythisierende Weltsetzung als Folge eines Weltgedichts. Damit wird der Mythos zur Prophetie, das ganze Epos aber *»autobiographisch im gleichnishaften Sinn«*. Auch die nord-südliche Kultursynthese von christlicher Romantik und heidnischer Klassik, die es anstrebt, ist für Däubler ein autobiographisches Anliegen. Insgesamt zielt *Das Nordlicht* – nach dem autobiographischen ersten Teil, nach der magischen Naturpoesie des zweiten – auf die Prophetenexistenz des Dichters als vorläufige Einlösung des Geistes in der Wirklichkeit.

Mit EDSCHMIDS programmatischer Würdigung, den Porträts von Conrad Felixmüller und Otto Dix, und den Däubler gewidmeten Passagen des Romans *Seespeck* von Ernst BARLACH beginnt jedoch der »Mythos« Theodor Däubler, obgleich sich Däubler 1921 bei Rudolf PANNWITZ beklagt, daß sich *»das eigne Volk«* nicht an seinem *»Weltepos«* beteilige. Erst die Gemeinde, die dem Dichter als Führer und Prophet nachfolgt, kann das Gedicht vollenden, indem sie es ins Leben überträgt. Diese anspruchsvolle Dichterrolle Däublers konnte freilich nur in seinem Boheme-Lebenskreis Anklang finden. Die Erstauflage des *Nordlicht* betrug 750 Exemplare; von den 3000 Stück der Neufassung waren bis 1924 *»keine zehn verkauft«*.

Die Fülle der verarbeiteten Quellen und Anregungen soll den universalen Anspruch dieses Dichtertums bestätigen. Das Spektrum reicht von DANTE, Giordano BRUNO, der Geschichtsphilosophie des JOACHIM VON FIORE und CAMPANELLAS Utopie vom *Sonnenstaat* über die Naturphilosophie der deutschen Romantik und die utopischen Spekulationen französischer Frühsozialisten wie FOURIER und PROUDHON bis zum vergeistigten Monismus HAECKELS und BÖLSCHES und der Anthroposophie Rudolf STEINERS. Gestaltungsanregungen verdankte Däubler vor allem Victor HUGOS *Légende des siècles*, den allegorischen Epen SPITTELERS wie auch WHITMANS hymnischer Epik. Eingeordnet werden muß das Epos jedoch trotz seines absoluten Anspruchs in den Kult von Licht und Leben, die Wiedererweckung von Gnosis und Theosophie in der Zeit des Jugendstils; die Entzauberung der Schöpfung durch Naturwissenschaft und Technik sollte in einer Mystik ohne Gott rückgängig gemacht, die historistische Zersplitterung der Geschichte durch den Mythos geheilt werden.

Bei den Verehrern Däublers sind zwei Gruppen zu unterscheiden: Die einen betonten das mythenschöpferische Wollen und damit die Gemeinsamkeit mit »kosmischen« Autoren wie Otto ZUR LINDE; Bedenken meldeten sie gegen den *»Mythos der Psyche«* (R. Pannwitz) an. Andererseits wurde der Mythos als »Gleichnis« des *»neuen Menschen«* begriffen (E. Peterich) und Däubler zu einer *»Schule der Abstrakten«* (K. Edschmid) gezählt. So verehrte Arno SCHMIDT Däubler als den Prototyp des expressionistischen Autors, während Albert PARIS GÜTERSLOH spielerisch am kosmischen Mythos weiterdichtete. Die Forschung ist, gestützt auf den Nachlaß, Carl SCHMITT in der Betonung des christlichen Aspektes gefolgt, den Däubler selbst immer stärker hervorgehoben hatte. W.Schm.

AUSGABEN: Mchn. 1910 (Lpzg. [2]1921). – Mchn. 1956 (in *Dichtungen und Schriften*, Hg. F. Kemp).

LITERATUR: A. Moeller van den Bruck, *Th. D. und die Idee des Nordlichts* (in DRs, 186, 1921). – C. Schmitt, *Th. D.s »Nordlicht«*, Mchn. 1916. – C. Heselhaus, *Th. D.s Nordlicht-Gnosis* (in *Deutsche Lyrik der Moderne. Von Nietzsche bis Ivan Goll*, Hg. ders., Düsseldorf [2]1962). – D. Haenicke, *Th. D.s »Das Nordlicht« – Anmerkungen zum gattungspoetischen Aspekt* (in *Essays in Honor of Paul K. Whitacker*, Lexington 1974).

## CENGIZ DAĞCI

* 9.3.1920 Kızıltaşköyü / Yalta - Krim

LITERATUR ZUM AUTOR:
B. Necatigil, *Edebiyatımızda isimler sözlüğü*, Istanbul 1977. – A. Bizden, Art. *C. D.* (in *Türk Dili ve Edebiyatı Ansiklopedisi*, Istanbul 1977, S. 181–182).

### KORKUNÇ YILLAR. Sadık Turan'ın hatıraları

(ntürk.; *Die schrecklichen Jahre. Die Memoiren von Sadık Turan*). Roman von Cengiz DAĞCI; der erste Teil erschien 1956. – Sadık Turan, der Ich-Erzähler und Held der Geschichte, ist ein Krimtürke. Die Schilderung seiner Kindheits- und Jugenderlebnisse im ersten Drittel des Buchs sowie der unvorstellbaren Unterdrückung der Krimtürken (bzw. Krimtataren) durch die russischen Fremdherrscher verdankt ihre Authentizität nicht nur der historischen Wahrheit, sondern auch dem Umstand, daß der Autor selbst von der Krim stammt und mit diesem Werk den ersten Teil seiner Autobiographie vorlegt. Die Fortsetzung erschien 1957 unter dem Titel *Yurdunu Kaybeden Adam (Der Mann, der seine Heimat verlor)*.
Sehr früh schon wird Sadık Turan klar, warum sein Volk systematisch durch die russischen »Brüder« vernichtet wird: Er hat die falsche Muttersprache (Türkisch) und die falsche Religion (den Islam). Er erfährt auch bald genug, daß dieses Schicksal nicht nur die Krim- oder Kasantürken trifft, sondern alle »schwarzen Insekten«, ob sie aus Turkestan stammen, aus Transkaukasien, dem Wolga-Ural-Gebiet oder Südsibirien. Sein Vater erklärt dem zwölfjährigen Sadık, warum dem so sei: »*Sie foltern uns aus Angst. Seit hundertfünfzig Jahren versuchen sie, uns zu vernichten. Auch nachdem sie den letzten Türken vernichtet haben, werden sie weiter zittern – vor unseren Seelen ... Von Bagçesaray bis Kaşgar ragen noch Tausende von Minaretten gen Himmel. Uns nennen sie Tataren, Turkmenen, Kasachen, Usbeken, Aserbaidschaner, Kirgisen, Uiguren, Karakalpaken, Tschetschenen, Kabardiner. Das ist alles gelogen. Man kann ein Meer nicht teilen. Wir sind Türk-Tataren.*«
Von Jahr zu Jahr wächst der Haß in Sadık Turans Herzen, wenn er sieht, wie sich die türkischen Moscheen in Schweineställe und Munitionsdepots verwandeln, wie türkische Bauern enteignet und deportiert werden und wie endlich das lateinische Alphabet der Türken durch die kyrillische Schrift ersetzt wird. – 1941 gerät er als Sowjetoffizier in der Ukraine in deutsche Gefangenschaft. Was er in verschiedenen Kriegsgefangenenlagern erlebt, mutet so an, als handele es sich um einen osteuropäischen Juden in einem Konzentrationslager. Aber trotz des Hungers, der Folterungen und des »*Todes, der jede Nacht durch Ritzen, Risse und Schrammen in die Baracke hereindrang und sich seine Opfer holte*«, hört Sadık Turan nicht auf, für den Sieg der deutschen Waffen zu beten, weil er sich davon die Befreiung der türkischen Gebiete verspricht. Er verdankt es einem Zufall, daß er das Lager verlassen kann; doch allmählich werden die Herren des »Dritten Reichs« auf die Türken aufmerksam, die trotz allem die Deutschen den Russen vorzuziehen scheinen. Nach vielem Hin und Her kommt Sadık in die Türkistanische Legion; damit endet das Buch. (Die Fortsetzung berichtet vom weiteren Verlauf des Kriegs, der den Autor mit den Alliierten nach London verschlug.)
*Korkunç yıllar* ist in zweierlei Hinsicht bemerkenswert: Einmal ist seine Sprache von einer ungezwungenen Schönheit und Ausdruckskraft, die die Bedeutung des Autors spätestens nach der Lektüre des ersten Kapitels deutlich werden läßt; sodann ist das Buch ein Kuriosum, weil hier ein (der Sprache nach) »türkeitürkischer« Schriftsteller als unmittelbarer Augenzeuge vom Zweiten Weltkrieg in Rußland berichtet – von einem Krieg also, an dem die Türkei nicht beteiligt war. B.At.

AUSGABEN: Istanbul 1956. – Istanbul 1959. – Istanbul 1970.

### O TOPRAKLAR BİZİMDİ

(ntürk.; *Jene Erde war unser*). Roman von Cengiz DAĞCI, erschienen 1960. – Wie in seinem autobiographischen Roman *Korkunç Yıllar* (1956) und seinen anderen Werken beschreibt der Autor das Schicksal seiner krimtürkischen bzw. krimtatarischen Landsleute in den »schrecklichen Jahren« 1932–1945. Das Buch hat zwei Teile: *Kolhozda Hayat (Das Leben in der Kolchose)* und *O Topraklar Bizimdi*. Schauplatz der Handlung ist das Dorf Çukurca im Bezirk Akmescid (Simferopol) auf der Krim. Der Held der Geschichte, Selim, ist ein gläubiger Kommunist und Mann der Partei, der nach Çukurca kommt, um die Leitung der Kolchose zu übernehmen. In dieser arbeiten die Bauern seit sieben Jahren. Aber jeder kennt noch die Flurmarken seines einstigen Bodens und hofft, sein Eigentum eines Tages wieder in Besitz nehmen zu können. Obgleich die Leute Selim als einen harten, auf Disziplin sehenden »Roten« kennen, begegnen sie ihm nicht feindselig; zu viele aus dem Dorf sind schon wegen geringfügiger Zusammenstöße deportiert worden und nicht mehr zurückgekehrt. So kommt es, daß Selim, seine russische Geliebte Natalya und sein Adoptivsohn ungeachtet ihrer Zukunftsträume und Überzeugungen allmählich in die Dorfgemeinschaft integriert werden. Den Bauern, denen man ihren Gottesdienst und ihre alten Bräuche genommen hat, bedeutet »ihre« Erde alles, wie die Eingangsszene des ersten Teils zeigt, die Selims Ankunft unmittelbar vorausgeht: Ein alter Bauer hat auf inständiges Bitten vom Vorsitzenden die Erlaubnis erhalten, das ehemals ihm gehörende Getreidefeld nicht, wie in der Kolchose üblich, mit

den anderen Bauern gemeinsam, sondern ganz allein innerhalb eines Tages abzuernten. Nach vollbrachter Arbeit bricht er zusammen und stirbt, die Finger um eine Hand voll Erde gekrallt, aber glücklich. Denn das ist für die Leute von Çukurca das Leben: Auf dem Grund und Boden, auf dem man geboren ist, arbeiten, sterben und begraben werden. – Der zweite Teil des Romans beginnt mit dem Ausbruch des Krieges. Wie viele andere junge Männer wird Selim eingezogen. Nachdem er einen Arm verloren hat, kehrt er unter großen Schwierigkeiten auf die Krim zurück. Die ist mittlerweile (seit 1942) in deutscher Hand. Vorbei ist der Spuk der sozialistischen Errungenschaften, die Bauern haben ihr Land und Vieh wieder und blicken hoffnungsvoll in die Zukunft. Die jungen Männer melden sich freiwillig zum Kampf auf seiten der Deutschen; die Roten haben sich in die Berge zurückgezogen. Auch viele Russen, bei denen die jahrelange »Umerziehung« nichts gefruchtet hat, ergreifen die Gelegenheit, wieder zu ihrem Grund und Boden zu kommen. Selim hat Natalya verloren; auch er macht jetzt, wenn auch aus anderen Beweggründen, gemeinsame Sache mit den Deutschen.
Der Krieg, das unbeirrbare »gesunde Empfinden« der Bauern, die Inkongruenz zwischen Theorie und Praxis des Sowjetkommunismus haben Selim gewandelt, noch ehe er es sich selbst ganz eingesteht. Er sieht im »antiimperialistischen Kampf« den neuen russischen Imperialismus am Werk, und er glaubt nun zu wissen, was das einfache Volk zu seinem Glück braucht: keine »Ideologie«, nichts als eine Handvoll eigener Erde. Die Bauern selbst, weit davon entfernt, ihm sein früheres Funktionärsdasein vorzuhalten, haben ihn als einen der Ihren aufgenommen. Doch die glückliche Zeit währt nicht lang. Das nicht von den Russen, versteht sich, sondern vom russischen Winter bezwungene deutsche Heer zieht sich zurück, die russischen Partisanen und Kommissare kommen wieder, und diesmal bringen sie den Krimtataren nicht die Kolchose, sondern den Tod. Die Überlebenden werden aus ihrer schönen Heimat in die eisige Tundra deportiert und damit auf immer entwurzelt. So endet das Drama eines kleinen Volks, das nicht an der Geschichte teilnehmen, sondern nur auf eigener Scholle leben und sterben wollte. Auf der Krim zu sterben ist auch Selims letzter Wille, da er von seinen ehemaligen Genossen nichts mehr erhofft. Die Schlußsequenz des Romans zeigt ihn, den Sohn an der Hand, auf dem Weg aus den Bergen nach Çukurca.
Die sprachlich schlichte, da und dort mit ausdrucksvollen krimtürkischen Redewendungen und Liedern geschmückte Darstellung, in die zweifellos viel Autobiographisches eingegangen ist, bestätigt den Rang des (in London in der Emigration lebenden) Autors unter den türkischen Prosaisten der Gegenwart; sie erspart ihm jedoch nicht den Vorwurf der Blut- und Bodenromantik, die das Selbstbestimmungsrecht eines Volkes mit besitz-bäuerlich-antikommunistischer Ideologie gleichsetzt und dadurch die Kollaboration mit der faschistischen Besatzungsmacht (übrigens eine Behauptung, die inzwischen weitgehend widerlegt ist) nachträglich ihres austauschbar-provisorischen Charakters entkleidet. Die Dezimierung und Deportation der Krimtataren, die trotz »Rehabilitierung« bisher nicht in ihre Heimat zurückkehren durften, gehört zweifellos zu den dunkelsten Kapiteln des unbewältigten Stalinismus. Es bleibt jedoch die Frage, welchen Beitrag ein Buch wie dieses zu seiner Bewältigung leisten kann. B.At.-U.W.

AUSGABEN: Istanbul 1960. – Istanbul 1972.

LITERATUR: Anon., Rez. (in Yeni Istanbul Gazetesi, 6. 7. 1961) – H. D. Yıldız, *»O Topraklar Bizimdi«* (in Türk Kültürü, 58, 1967, S. 809–812).

## STIG DAGERMAN

eig. Stig Halvard Jansson

* 5.10.1923 Älvkarleby bei Uppsala
† 4.11.1954 Danderyd bei Stockholm

LITERATUR ZUM AUTOR:
O. Lagercrantz, *S. D.*, Stockholm 1958; ern. 1967. – A. Pleijel, *Djuret och skräcken. En studie i S. D.s författerskap* (in Samlaren, 86, 1965, S. 96–114). – *S. D. och syndikalismen*, Hg. A. Sastamoinen, Stockholm 1974. – H. Sandberg, *S. D. – författare och journalist*, Stockholm 1975 [Bibliogr.]. – Ders., *Den politiske S. D. Tre studier*, Stockholm 1979. – L. Thompson, *S. D. and Politics* (in Scandinavica, 1980, Nr. 1, S. 39–55). – G. Perilleux, *S. D. et l'existentialisme*, Paris 1982. – A. Ekström, *Möten med S. D.* (in Studiekamraten, 64, L. Thompson, *S. D.*, Boston 1983 [TWAS]). – K. Laitinen, *Begärets irrvägar. Existentiell tematik i S. D.s texter*, Diss. Umeå 1986. – G. Werner, *De grymma skuggorna*, Stockholm 1986.

### BRÄNT BARN

(schwed.; *Ü: Gebranntes Kind*). Roman von Stig DAGERMAN, erschienen 1948. – Der junge Bengt ist, wie fast alle Hauptfiguren der Werke Dagermans, ein am Leben Leidender. Überempfindlich, von Ekel heimgesucht, unablässig sich selbst beobachtend, sehnt er sich nach Reinheit, Liebe und einem erfüllten Dasein. – Zu Beginn des Romans ist ihm die Mutter gestorben, der einzige Mensch, bei dem er Verständnis und Schutz gefunden und dem seine ganze kindliche Liebe gehört hatte. Der Vater, Knut, ein Möbeltischler, ist Wirklichkeitsmensch, dem Lebensgenuß zugetan. Da er selbst nicht unter der Leere seines Alltags leidet, hat er für

die Sensibilität des Sohnes nur wenig Verständnis. Seine verstorbene Frau hat er nur geliebt, solange sie ihm schön erschien, denn: *»Die schön ist, liebt er. Die Frau war häßlich und krank. Darum hat er nicht geweint.«*
Dagerman geht es darum, die Hypokrisie der Trauer zu entlarven. Mitleidlos zerstört er jede Illusion. Das groteske Zwischenspiel der Beerdigung ist vorüber, das Leben geht weiter, als sei nichts geschehen, und zu gegebener Zeit trifft der Vater Gun, eine reife Frau, die den Platz der Verstorbenen einnehmen soll. Denn Knut *»will noch etwas vom Leben haben«*. – Für den Sohn Bengt ist das, was ihm als Verrat des Vaters an der toten Mutter erscheint, nur ein weiterer schmerzlicher Beweis für die Häßlichkeit des Lebens. Mit dem Haß ohnmächtiger Eifersucht verfolgt er Gun, die ihm eine stille warmherzige Liebe entgegenbringen will. Die unscheinbare »ewig frierende«, aber selbstlose und opferwillige Verlobte Bengts ist zu schwach, um ihm in dieser Verwirrung der Gefühle zu helfen. Erst spät begreift er, daß er Gun in Wirklichkeit nicht haßt, sondern liebt. Nur bittere Erfahrung führt ihn schließlich zu der Erkenntnis, daß er in ihr die Mutter sucht, deren Verlust sein Leben so katastrophal bedroht hat. Nachdem er vergeblich versucht hat, seinem Leben ein Ende zu machen, findet er zu seiner Verlobten zurück. Noch hat er seine Ansprüche an das Leben nicht aufgegeben. Noch immer hofft er, eine Reinheit und Schönheit zu finden, die er bislang vergeblich gesucht hat. Aber er ist bereit, es mit dem Leben, wie es ist, von neuem zu versuchen. Die Erfahrungen haben ihn reifen lassen, und das Fazit des Autors steht zugleich als Motto über dem Roman: *»Es ist nicht wahr, daß ein gebranntes Kind das Feuer scheut. Es wird vom Feuer angezogen wie die Motte vom Licht. Es weiß, daß es sich von neuem verbrennen wird, wenn es dem Feuer nahe kommt. Dennoch kommt es dem Feuer wieder zu nahe.«*
Der 1954 als Einunddreißigjähriger freiwillig aus dem Leben geschiedene Verfasser erzählt dieses Kammerspiel des Unbehagens am Dasein in einer sehr knappen, ausdrucksmächtigen Sprache. In *Bränt barn* hat er, nach den stark von KAFKA beinflußten Anfängen, den Schritt zum Realismus und zu kompromißloser Gesellschaftskritik, der sich in dem ein Jahr zuvor erschienen Novellenband *Nattens lekar*, 1947 *(Spiele der Nacht)*, bereits angekündigt hatte, endgültig vollzogen. H.Fa.

AUSGABEN: Stockholm 1948; [6]1972. – Stockholm 1981 (in *Samlade skrifter*, 11 Bde., 1981–1983, 5; Komm. H. Sandberg). – Stockholm 1985.

ÜBERSETZUNG: *Gebranntes Kind*, J. Scherzer, Ffm. 1983.

DRAMATISIERUNG: *Ingen går fri*, 1949.

LITERATUR: E. Törnqvist, *Berättartekniken i S. D.s roman »Bränt barn«* (in Svensk litteraturtidskrift, 32, 1969, Nr. 4, S. 25–37).

## BRÖLLOPSBESVÄR

(schwed.; *Ü: Schwedische Hochzeitsnacht*). Roman von Stig DAGERMAN, erschienen 1949. – In der Nacht vor der Hochzeit Hildur Palms mit dem wohlhabenden Metzger Westlund klopft ein Fremder an das Fenster der Braut. Als sie es öffnet, verschwindet er in der Dunkelheit. Sie stößt einen Schrei aus, der die Dorfleute von Fuxe aus dem Schlaf reißt. *Wer klopfte ans Fenster der Braut?* So ist das erste Kapitel des Romans überschrieben, und dieser Gedanke beschäftigt die Leute von Fuxe und dem Nachbardorf Långmo, weckt Neid und Mißgunst, Neugier und Verdacht. Dagerman entlarvt menschliche Schwächen mit der ganzen Schärfe, die den Werken seiner mittleren Schaffensperiode eigen ist. Er zeigt die Menschen in ihrer Triebhaftigkeit, ihrer Beschränktheit, ihrem Geiz und ihrer Rohheit. Aber er entdeckt hinter der abstoßenden, zuweilen beinahe brutalen Fassade, daß sie Einsame sind, gefangen in den eigenen, allzu engen Grenzen. Das Symbol der Schnecke in ihrem Haus ist Leitmotiv des Romans. Eine solche Schnecke, losgelöst von allem Kontakt der Umwelt, ist Victor Palm, der bäuerliche Brautvater, der sein Gelaß im Dachgeschoß des Hauses nicht mehr verläßt. Ihm ist es gelungen, sich in sein Schneckenhaus zurückzuziehen. Die anderen sind gezwungen, miteinander zu leben, zu arbeiten, zu lieben, zu trinken. Sie streiten miteinander und reißen einander schmerzhafte Wunden. Und jeder von ihnen ist im letzten allein: Hilma, die Mutter, das geduldige Arbeitstier, nur darauf bedacht, ihre Tochter gut zu verheiraten; Irma, die Schwester der Braut, verbittert heimgekehrt aus der Stadt mit einem unehelichen Kind; der Bruder Rudolf, ein einfacher Mensch, robust, jähzornig und sinnlich; und Westlund, der reiche Mann, der in die Macht verliebt ist und der nicht vergessen kann, daß er einst in Amerika noch reicher und noch mächtiger war.
Eine traurige, resignierte Braut erwartet den Morgen ihres Hochzeitstages. Sie liebt den Mann nicht, den sie heiraten soll. Martin Eng, der arme Häuslerssohn, den sie geliebt hat, ist als Holzfäller in die Wälder gegangen. War er der Fremde, der ans Fenster pochte? – Turbulente Szenen leiten den Festtag ein; alles drängt dem Höhepunkt des Tages zu, den grobschlächtigen Saturnalien der ländlichen Hochzeit. Inmitten von Trunkenheit und Trubel aber fordern Tod und Trauer ihr Recht: Martin ist zurückgekehrt und nimmt sich im Schmerz über die verratene Liebe das Leben. In einer halb grotesken, halb eigenartig würdevollen Zeremonie wird der Leichnam aufgebahrt. Neben ihm sitzt die Braut. Sie hat ihn endlich für sich. Das Fest geht weiter, und in der späten Nacht liegen Bräutigam und Gäste berauscht im Schlaf. Nur die Braut ist wach. – Martins Tod hat alle für einen Augenblick einander nahegebracht, jetzt sind sie wieder für sich allein. Der Brautvater aber hat sein Schneckenhaus verlassen und zu den Menschen zurückgefunden, bei denen er nun bleiben wird. – Dieses Buch, in dem auf Szenen skurrilen Humors solche von düsterer Ge-

waltsamkeit folgen, hat etwas von der unbeholfenen Schönheit und Unmittelbarkeit naiver Balladendichtung. Zu diesem Eindruck trägt nicht zuletzt die Sprache bei; Dagerman weiß den Dialekt, der zwischen Gävle und Uppsala – der Landschaft seiner Kindheit – gesprochen wird, seinen Zwekken meisterhaft dienstbar zu machen. H.Fa.

AUSGABEN: Stockholm 1949; [6]1975. – Stockholm 1982 (in *Samlade skrifter*, 11 Bde, 1981–1983, 8; Komm. H. Sandberg).

ÜBERSETZUNG: *Schwedische Hochzeitsnacht*, H. G. Hegedo, Wiesbaden 1965; [2]1984. – Dass., ders., Mchn. 1986.

LITERATUR: U. Gran, *S. D.s »Bröllopsbesvär«* (in Perspektiv, 13, 1962, S. 158–161). – U. Dageby, *S. D. – Åke Falck, »Bröllopsbesvär»* (in I. Holm, *Roman blir film*, Lund 1975, S. 89–99).

## NATTENS LEKAR

(schwed.; *Ü: Spiele der Nacht*). Novellensammlung von Stig DAGERMAN, erschienen 1947. – *»Zuweilen an den Abenden, wenn die Mutter im Zimmer weint . . ., erdenkt sich Åke ein Spiel, das er spielt, statt zu weinen.«* Åke, die Hauptfigur der Titelnovelle, macht sich in Gedanken unsichtbar und führt so, unter allen möglichen Gefahren, den Vater heim, der in einem Café sitzt und trinkt. Doch dieser kommt in Wahrheit stets mitten in der Nacht betrunken nach Hause. Åkes *»Spiele der Nacht«* nützen also nichts, aber sie sind *»viel besser als die des Tages«*; denn am Tag wird er mit der Wirklichkeit konfrontiert und kann ihr nicht ausweichen.

Die Grundsituation in den meisten der siebzehn Erzählungen (die Dagerman als seine eigene empfand), ist die des *»zum Tode Verurteilten«*, der in letzter Minute gerettet wird, da sich seine Unschuld herausstellt; er findet sich jedoch nicht mehr zurecht und ist nun zum Leben verurteilt, genauso wie die anderen Personen, die als einzigen – scheinbaren – Ausweg ihre Spiele erfinden, die eine Beziehung zu anderen Menschen ermöglichen sollen. In *Öffne die Tür, Richard* schließt sich eine Frau ein, um ihren Mann zu zwingen, ihr größere Beachtung zu schenken; doch der gegenteilige Effekt tritt ein, und zum Schluß fragt sie sich: *»Wie einsam muß ich mich machen, damit endlich jemand meine Einsamkeit entdeckt und mich rettet?«* Sie hat ihre Isolation nicht überwunden, sondern verstärkt. Unfreiwillig, weil man nicht anders kann, spielt man das Spiel des Unverstandenen, des Gerechten, des Einsamen, des Wahnsinnigen – zumeist pathologische »Spiele der Nacht«. Das Leben ist nicht zu ertragen, und so flüchtet man sich in die Illusion: *»Um sich selbst aushalten zu können, muß der Mensch sehr gute Nerven haben.«*

Die Erzählungen gliedern sich in zwei Gruppen: die realistischen, in der Nähe zur *short story*, mit einem distanzierten, assoziationsreichen Stil (z. B. *Schneeregen*) und die alptraumhaften, die an KAFKA erinnern. Hier beschreibt Dagerman zuerst scheinbar alltägliche Szenen, doch dann schlägt die Sprache um in Bilder, die das Entsetzen sichtbar machen: *»Eine kurze Weile drückt das Gesicht nichts anderes aus als einen Mangel an Lächeln. Dann öffnet sich die Angst darin langsam wie eine Blume« (Der fremde Mann)*. Diese Angst ohne Ursache, die den Menschen sich selbst und anderen entfremdet, war auch Dagermans eigene Angst und sicher die Hauptursache für seinen Selbstmord. A.M.B.

AUSGABEN: Stockholm 1947; [3]1970. – Stockholm 1981 (in *Samlade skrifter*, 11 Bde., 1981–1983, 4; Komm. H. Sandberg).

ÜBERSETZUNG: *Spiele der Nacht*, I. Pergament u. I. Meyer-Lüne, Wiesbaden 1961. – Dass., dies., Mchn. 1964 (Nachw. H. Bienek; dtv).

DRAMATISIERUNG: *Den dödsdömde*, Stockholm 1947.

LITERATUR: E. Törnqvist, *Den dödsdömde* (in E. T. *Svenska dramastrukturer*, Stockholm 1973, S. 108–127). – L. Thompson, *S. D.s »Vår nattliga badort«: An Interpretation* (in Scandinavica, 13, 1974, S. 117–127). – Dies., *S. D.: »Nattens lekkar«*, Hull 1975. – P. E. Ljung u. a., *Ångestens hemliga förgreningar. S. D.s »Nattens lekkar«*, Stockholm 1984.

## ORMEN

(schwed.; *Ü: Die Schlange*). Roman von Stig DAGERMAN, erschienen 1945. – Dieses Erstlingswerk besteht aus der Erzählung *Irène*, die der Verfilmung durch H. Abramson (1965) zugrunde gelegt wurde, und einigen kleineren Geschichten mit dem Obertitel *Vi kan inte sova (Wir können nicht schlafen)*. – Der erste Teil, *Irène*, der fast die Hälfte des Buchs ausmacht, spielt in Schweden zur Zeit des Zweiten Weltkriegs. Die Hauptfigur, Bill, ist ein gemeiner Soldat in einer kleinen Garnisonstadt. In den Kasernen arbeiten auch Frauen. Eine von ihnen, Irène, wird von Bill dazu gedrängt, mit ihm ein Verhältnis anzufangen; er bedroht sie und nimmt sie dann in das nächste Café mit. Dort macht er sie eifersüchtig, indem er gleichzeitig mit ihr und der Kellnerin Wera flirtet. Er bringt Irène so weit, daß sie im Sommerhaus seiner Eltern, das tief im Wald liegt, eine Party arrangiert. Nachdem Irène das Café verlassen hat, setzt er seine Werbung um Wera fort, wird dabei jedoch von ihrem Freund überrascht, der ihn aus dem Haus wirft. Als Irène mit dem Zug zu dem Wochenendhaus hinausfährt, begegnet sie ihrer Mutter, die ihr Vorhaltungen macht; die Auseinandersetzung endet damit, daß Irène die Mutter von der Plattform stürzt. Das Entsetzen über ihre Tat versucht sie durch hektische Betriebsamkeit und Partyvorbereitungen zu verdrängen.

Am Abend treffen Bill, seine Freunde und Wera ein. Es wird viel getrunken, die Party nimmt immer ausgelassenere Formen an. Irène indes sondert sich ab, da Bill ganz offensichtlich mit Wera beschäftigt ist. Um sich zu beruhigen, verläßt sie das Haus, sieht dabei aber, wie Bill mit Wera durch den Garten geht und die Kellnerin aus Rache für seine Niederlage im Café in einen alten Brunnenschacht stößt. Irène befreit Wera und zeigt ihr den Weg in die Stadt. Ins Haus zurückgekehrt, holt Bill eine Schlange aus seinem Tornister, die er bei einer Übung gefangen hatte. Alle Anwesenden sind erschreckt; die Party löst sich auf. Als Bill Wera nicht mehr im Brunnen entdeckt, kann Irène seine Bedenken zerstreuen und erzählt nun ihrerseits, daß sie ihre Mutter aus dem Zug gestoßen habe. Beide machen sich auf die Suche nach der Mutter, doch die Geschichte endet mit der Feststellung, daß sie am falschen Gleis entlanglaufen.

Hauptthema der Erzählung ist die nicht faßbare Angst, die durch die Schlange symbolisiert wird. Auch in den anderen Erzählungen wird das Thema Angst variiert. Wurde in *Irène* der einzelne mit seiner Angst nicht fertig, so zeigt sich im zweiten Teil, daß auch die Gemeinschaft – die Kameraden in der Schlafstube – nicht vor Angst bewahren kann. Bereits der Schrei eines Kindes auf dem Spielplatz ruft bei allen, die ihn hören, Entsetzen hervor. Die Angst, die allgegenwärtig zu sein scheint, vergiftet die Beziehungen zwischen den Menschen. – Als Dagerman das Buch schrieb, war er selbst Soldat. Die Erfahrungen des sensiblen jungen Mannes aus dieser Zeit sind naturgemäß stark verdichtet. Das Erlebnis wirkt noch so sehr nach, daß er seine dichte Metaphernsprache überlädt, oft überdeutlich wird und zu einer Gruselromantik neigt. Andererseits gelingt es ihm, Alltägliches in seiner ganzen Komplexität genau zu beschreiben. Verstärkt wird der Effekt durch die schlaksigen Dialoge der Kriegsjugend. In Dagermans Werk klingen nach G. BRANDELL zahlreiche moderne Themen an: die Brutalität der amerikanischen Prosa, das Motiv des Gefangenen (Franz KAFKA), die Flucht (Graham GREENE). M.Dr.

AUSGABEN: Stockholm 1945; [4]1973. – Stockholm 1981 (in *Samlade skrifter*, 11 Bde., 1981–1983, 1; Komm. H. Sandberg). – Stockholm 1985 [Komm. ders.].

ÜBERSETZUNG: *Die Schlange*, J. Scherzer, Ffm 1985.

VERFILMUNG: Schweden 1966 (Regie: H. Abramson).

LITERATUR: E. Lindegren, *Ovanlig debut* (in BLM, 1946, S. 64–66). – G. Brandell, *Svensk litteratur 1900–1950*, Stockholm 1958, S. 346–348. – J. M. G. Le Clézio, *Hej, S. D.!* (in BLM, 1969, S. 87–92). – H. Sandberg, *Anarkismen i »Ormen«* (in H. S., *Den politiske S. D. Tre studier*, Stockholm 1979, S. 7–59).

## FELIX DAHN

* 9.2.1834 Hamburg
† 3.1.1912 Breslau

LITERATUR ZUM AUTOR:
L. Wilser, *F. D. und das germanische Altertum*, Lpzg. 1906. – H. Meyer, *F. D.*, Lpzg. 1913. – Th. Siebs, *F. D. und Josef Scheffel*, Breslau 1914. – J. Weisser, *Studien zu den germanischen Romanen F. D.s*, Diss. Köln 1922. – G. L. Mosse, *The image of the Jew in Germ. popular culture. F. D. and Gustav Freytag* (in Pubs of the Leo Baeck Inst., Jb. 2, 1957, S. 218–227). – E. Wohlhaupter, *Dichterjuristen*, Bd. 3, Tübingen 1957, S. 285–343. – K.-P. Schroeder, *F. D., Rechtsgelehrter und Erfolgsautor* (in Neue juristische Wochenschrift, 39, 1986).

### EIN KAMPF UM ROM

Historischer Roman von Felix DAHN, erschienen 1876. – Der Roman wurde, nach Dahns eigenem Zeugnis, *»1859 in München begonnen, in Italien, zumal in Ravenna, weitergeführt, und 1876 in Königsberg abgeschlossen«*. Eigene historische Studien des Autors bilden die *»wissenschaftlichen Grundlagen dieser in Gestalt eines Romans gekleideten Bilder aus dem sechsten Jahrhundert«*. Dahn schildert, mit einer Neigung zu episch-breitem Ausmalen, den Kampf der Ostgoten gegen Rom und Byzanz in all seinen Phasen – vom Tod Theoderichs des Großen (526) bis zur endgültigen Vertreibung aus Italien (552/53). Die Regierungszeit der rasch einander ablösenden Gotenkönige wird zum formalen Gliederungssprinzip des Romans; seine sieben »Bücher« haben Königsnamen zum Titel: *Theoderich, Athalarich, Amalaswintha, Theodahad, Witichis, Totila, Teja*.

Unter der weisen Führung Theoderichs lebten Italier und Germanen einträchtig miteinander. Schon bald nach seinem Tod jedoch, als Amalaswintha – stellvertretend für ihren noch minderjährigen Sohn Athalarich – regiert, kommt es zu Aufständen des italienischen Bevölkerungsteils, die Cethegus, ein skrupelloser und machtgieriger römischer Intrigant, nach Kräften schürt. Dahn hat diese Hauptfigur seines Romans frei erfunden. Cethegus, der das Vertrauen Amalaswinthas genießt, versteht es, Zwietracht unter den Goten zu säen. Er vergiftet Athalarich und verdächtigt bei Amalaswintha die gotischen Grenzfürsten, seine politischen Widersacher, des Mordes. Nachdem Amalaswintha die Verdächtigen beseitigt hat, wendet Cethegus sich von ihr ab, verhilft Theodahad zur Macht und überläßt die wehrlose Königin den privaten Rachegelüsten von dessen Gemahlin Gothlindis. Diese lockt Amalaswintha in das Bad des Königspalasts, öffnet die Schleusentore und weidet sich am Anblick der von Todesangst Gepeinigten. Als Amalaswintha die Ausweglosigkeit ihrer Lage erkennt, *»da kehrt in ihr der alte, stolze Mut der Amelungen wieder: sie faßt sich und ergibt sich in ihr Los«*. Diese Szene ist bezeichnend für die *»heroisch-pessimistische Daseinsstimmung«* des Romans, *»die ihre widerspruchsvollen Wurzeln bei Schopenhauer und Darwin«* (F. Martini) hat. – Theodahad versucht nun, mit dem byzantinischen Kaiser Justinian zu paktieren und muß dafür schon bald, als Volksverräter, eines schmachvollen Todes sterben. Um dem Vormarsch des byzantinischen Heeres Einhalt zu gebieten, wird der tapfere Witichis, ein einfacher Krieger, zum König gewählt. Sein opferbereites Heldentum scheitert jedoch an der feindlichen Übermacht; auch entsteht unter den Goten, durch Intrigen des Cethegus, Mißtrauen und Zwistigkeit. Nach einer ersten entscheidenden Niederlage gelingt es Totila, dem Nachfolger Witichis', den Feind noch einmal zurückzuschlagen. Von Byzanz aus leitet Cethegus einen neuen Großangriff ein, bei dem Totila fällt. Nun, da ihr Untergang gewiß ist, wählen die Goten Teja, den Sänger, zu ihrem letzten Führer. Heroisch verteidigt Teja den Engpaß des Vesuvs gegen das von Narses geführte römisch-byzantinische Heer. Cethegus selbst stellt sich ihm zum Zweikampf. Beide fallen: Cethegus, den Ruf *»Roma! Roma eterna!«* auf den Lippen, durch Tejas Wurfaxt; Teja durch den Speer seines Gegners. Teja erlebt noch, wie die wenigen überlebenden Goten durch den Wikingerkönig Harald, der die gesamte römische Flotte gekapert hat und deshalb von Narses den freien Abzug seiner Verbündeten erzwingen kann, gerettet werden. Als man, *»auf seinem letzten Schilde hingestreckt, den Speer des Cethegus in der Brust, ohne Helm, von den langen, schwarzen Locken das edle, bleiche Angesicht umrahmt, König Teja, bedeckt mit rotem Purpur«* an der Sänfte des gelähmten Feldherrn Narses vorüberträgt, kränzt dieser das Haupt des Toten mit dem Siegeslorbeer, der ihm selbst zugedacht war. – Diese Tendenz, das Kampfgeschehen stets mit einem Firnis edler Ritterlichkeit zu überziehen, bewahrt Dahns Huldigung an eine *»nationale und germanistische Germanenromantik«* (Martini) vor jenen chauvinistischen Ausfällen, die für den durch Wilhelm Heinrich RIEHL, Willibald ALEXIS und Gustav FREYTAG vertretenen deutschen »Professorenroman« charakteristisch sind. Diese nationale Variante des historischen Romans in der Tradition Walter SCOTTS wurde in der zweiten Hälfte des 19. Jh.s deshalb zur Modegattung, weil sie *»die Möglichkeit gab, aktuelle weltanschauliche Thesen in die Unverbindlichkeit der Geschichtsferne zu rücken«* (Martini). Zwar vermag Dahns erzählerische Naivität, der sich Geschichte nur als Produkt persönlicher Leidenschaften darstellt, die konkrete historische Realität der beschriebenen Epoche nicht zu erfassen; dank einer natürlichen Gabe, spannend zu erzählen, verzweigte Handlungskomplexe mit sicherem Griff in einprägsame Szenen zu zerlegen und dialogisch aufzulockern, gelingt es ihm jedoch, seine Leser allein durch die Dramatik der Vorgänge zu fesseln. D.Bar.

AUSGABEN: Lpzg. 1876, 4 Bde. – Lpzg./Bln. 1912 (in *GW*, 16 Bde., Ser. 1, Bd. 1/2). – Mchn. 1953. – Wien 1977 (in *Historische Romane*, 6 Bde., 1/2).

LITERATUR: M. A. Hovey, *F. D.s »Ein Kampf um Rom«*, Diss. State University of N. Y. at Buffalo 1981. – A. Schindler, *Geschichte und Größe. Die Literatur des Großbürgertums. Geschichte als tragisches Schicksal: D.* (in *Einführung in die dt. Literatur des 19. Jh.s*, Bd. 2, Hg. J. Jansen u. a., Opladen 1984, S. 243–261).

## RALF DAHRENDORF

* 1.5.1929 Hamburg

**HOMO SOCIOLOGICUS. Ein Versuch zur Geschichte, Bedeutung und Kritik der Kategorie der sozialen Rolle.**

Soziologietheoretischer Essay von Ralf DAHRENDORF, erschienen 1958. – Dahrendorf beabsichtigt, der ihm zufolge vorwiegend an überholten Traditionen verhafteten kontinentaleuropäischen Soziologie die Notwendigkeit einer *»Elementarkategorie für die eigenständig soziologische Analyse der Probleme sozialen Handelns«* nahezubringen. Im engeren Sinne soll eine bisher in der Bundesrepublik mangelnde Rezeption der angelsächsischen Forschungen zum Begriff der sozialen Rolle angeregt werden. Dahrendorf bezieht sich dabei auf Emile DURKHEIM (1858–1917), der die Soziologie mit der methodologischen Grundthese von den »sozialen Tatsachen« als eigenständige Wissenschaft zu begründen suchte. Der These zufolge stellen soziale Erscheinungen eine Wirklichkeit eigener Art dar, die den Individuen äußerlich ist und Zwang auf sie ausübt. Indem soziale Tatsachen begrifflich-analytisch zugänglich gemacht werden, erhofft Dahrendorf, damit die Elementarkategorien einer Wissenschaft zu finden, *»die den Menschen in Gesellschaft zum Gegenstand hat«*. Seine These: *»Am Schnittpunkt des Einzelnen und der Gesellschaft steht* homo sociologicus, *der Mensch als Träger sozial vorgeformter Rollen. Der Einzelne* ist *seine sozialen Rollen, aber diese Rollen* sind *ihrerseits die ärgerliche Tatsache der Gesellschaft. Die Soziologie bedarf bei der Lösung ihrer Probleme stets des Bezuges auf soziale Rollen als Elemente der Analyse; ihr Gegenstand liegt in der Entdeckung der Strukturen sozialer Rollen.«* Damit besteht Dahrendorfs Programm in nichts weniger als einer Fundierung der Soziologie als Erfahrungswissenschaft und der methodologischen Bestimmung ihres elementaren Kategorialapparates.

Den für sein Vorhaben zentralen Begriff der »sozialen Rolle« sucht Dahrendorf einerseits aus der Geistesgeschichte (Schauspielmetaphorik, Philosophie, Dichtung) abzuleiten und andererseits – ihn zugleich schärfend – aus den Verwendungszusammenhängen des Begriffes »Rolle« in der angelsächsischen Soziologie der fünfziger Jahre (N. Gross, W. S. Mason, A. W. McEachern: Rollenkonfliktuntersuchung; R. K. Merton: Bezugsgruppentheorie; T. Parsons: strukturell-funktionale Theorie) zu begründen. Der empirische Mensch als gesellschaftliches Wesen wird in analytischer Trennung aufgespalten zu einer *»unberührten Individualität«* einerseits, der »homo sociologicus«, die »rollen-›spielende‹ Sozialpersönlichkeit« in kränkender Weise gegenübersteht. Allein letztere ist Gegenstand soziologischen Interesses. Sie findet sich innerhalb der als riesiger Organisationsplan institutionalisierter Positionen gedachten Gesellschaft in einer oder mehreren Rollen. Unter Rolle ist dabei ein Bündel weitestgehend normativer Verhaltenserwartungen zu verstehen, die innerhalb eines Koordinatensystems sozialer Beziehungen an Inhaber von *»Positionen«* gestellt werden. *»Verhaltenserwartungen«* sind sowohl auf *»Rollenverhalten«* als auch auf *»Rollenattribute«* (Eigenschaften, Merkmale) gerichtet. Sie werden aus dem für eine Position strukturell bestimmenden Ausschnitt der Gesellschaft von spezifischen *»Bezugspersonen«* oder *»Bezugsgruppen«* gestellt. Erwartungen einer oder mehrerer Bezugsperson(en) oder -gruppe(n) werden als *»Rollensegment«* bezeichnet, das sich seinerseits auf ein *»Positionssegment«* bezieht. Die Segmentierung von Rollen gestattet, das Aneinandergeraten von unterschiedlichen Erwartungen verschiedener Bezugsgruppen an ein und dieselbe Person als *»Konflikte innerhalb von Rollen« (intra-role conflicts)* zu ermitteln. Davon unterschieden werden müssen *»Konflikte zwischen Rollen« (inter-role conflicts)*, die durch sich widersprechende Erwartungen an eine Person, die Inhaberin mehrer Positionen ist, entstehen können. Das Befolgen bzw. Nichtbefolgen von *»Rollennormen«* (den institutionalisierten Verhaltenserwartungen) wird durch die Bezugsgruppen mit positiven, vor allem aber mit negativen *»Sanktionen«* bewertet. Sanktionen und Verhaltenserwartungen stehen in Relation zueinander, weshalb Dahrendorf, um die Schärfe von Sanktionen genauer fassen zu können, Verhaltenserwartungen nach *»Muß-«*, *»Soll-«* und *»Kann-Erwartungen«* unterscheidet. Rollenanalyse als elementare Aufgabe von Soziologie besteht darin, *»die Schärfe verhängbarer Sanktionen zu quantifizieren«*, um damit einen Maßstab zu gewinnen, der *»die Einordnung, Kennzeichnung und Untersuchung sämtlicher in einer Gesellschaft bekannten Rollen ermöglicht.«*

Der einzelne nimmt im Schnittbereich mit der Gesellschaft deren Verhaltenserwartungen in sich auf und wird dergestalt zum *»homo sociologicus«* entfremdet. Die Instanzen dieser von Dahrendorf als überwiegend einseitig gerichtet aufgefaßten Vermittlung sind *»Sozialisation«* und *»Verinnerlichung«*. Der Vorgang der Vergesellschaftung ist zwar zwangsweise und unumgehbar, die Folgen werden aber von Dahrendorf gleichwohl als *»Entpersönlichung«*, als *»schutzloses Ausgeliefertsein«* bewertet. Die Tatsache der Gesellschaft ist für den einzelnen ein unaufhebbares *»Ärgernis«*, der *»homo sociologicus«* dergestalt ein bedrohliches Paradox zum autonomen Individuum. Aus diesem, von Dahrendorf wiederholt im Verlaufe seiner Schrift zum Thema gemachten Gegensatz erwächst für den Soziologen das moral-philosophische Problem, ob er ein derart abstraktes Konstrukt, wie den – nicht-empirischen – *»homo sociologicus«* überhaupt zur Grundlage empirischer Forschung machen dürfe. Die vorläufige Lösung liegt für ihn darin, den Begriff Rolle in wissenschaftlicher Verantwortung noch genauer zu fassen und zugleich den Verlust von Freiheit und Autonomie in philosophischer Argumentation (Kant) aufzuheben zu suchen.

Dahrendorfs Bemühung um eine Neufundierung der Soziologie als Erfahrungswissenschaft fand trotz einer außerordentlich breiten, bis in die 70er Jahre reichenden Rezeption wenig Aufmerksamkeit. Allerdings hatte schon früh eine grundsätzliche, vor allem an den allgemeinen weltanschaulichen und wissenschaftstheoretischen Prämissen ansetzende Kritik wesentliche Einwände formuliert und Mängel aufgezeigt. Von der vierten Auflage (1963) an hat der Autor seinen Essay daher um einen auf die frühe Kritik eingehenden Anhang, *Soziologie und menschliche Natur*, ergänzt.

Das Verdienst Dahrendorfs liegt darin, mit seiner Schrift den Rollenbegriff in die soziologische Diskussion der Bundesrepublik eingeführt zu haben. Der Essay wurde rotz argumentativer Widersprüche und seiner Beschränkung auf eine ausschnitthafte Wiedergabe des amerikanischen Forschungsstandes zu einem einflußreichen theoretisch-soziologischen Standardwerk. Dahrendorf selbst hat die Rollenkonzeption im Rahmen seiner, vorwiegend konflikttheoretischen, Arbeiten nur geringfügig verfeinert.

Die Allgemeinheit des Rollenbegriffs ließ ihn zur schnell akzeptierten zentralen soziologischen Kategorie werden, die auch in andere Disziplinen Eingang fand. Sie führte aber zugleich zu einer unspezifischen Rezeption in den unterschiedlichsten Forschungsrichtungen (Rollenanalyse, Handlungstheorie, Theorie der Gesellschaft, Vertragstheorie, Sozialpathologie u. a.), die die Herausbildung einer einheitlichen Theoriegrundlage verhinderte.

Interessant an Dahrendorfs Essay ist noch heute die eigentümliche Spannung zwischen dem Ansatz einer streng soziologischen Verfahrensweise und den moral-philosophischen Zweifeln des »empirischen Menschen« Dahrendorf bezüglich seines wissenschaftlichen Tuns. W.Ma.

AUSGABEN: Köln 1958 (in Zs. für Soziologie u. Sozialpsychologie, 10, H. 1 u. 2). – Köln/Opladen 1958; [15]1977.

LITERATUR: D. Claessens, *Rolle und Verantwortung* (in Soziale Welt, 14, 1963, H. 1, S. 1–13). – H. P. Dreitzel, *Die gesellschaftlichen Leiden und das*

*Leiden an der Gesellschaft. Vorstudien zu einer Pathologie des Rollenverhaltens*, Stg. 1968; [3]1980 [bearb.]. – U. Gerhardt, *Rollenanalyse als kritische Soziologie. Ein konzeptioneller Rahmen zur empirischen und methodologischen Begründung einer Theorie der Vergesellschaftung*, Neuwied/Bln. 1971. – J. Habermas, *Die positivistische Auflösung der prätendierten Einheit von Theorie und Praxis* [1963] (in J. H. *Theorie und Praxis. Sozialphilosophische Studien*, Ffm. 1978, S. 238–244; stw). – H. Joas, *Die gegenwärtige Lage der soziologischen Rollentheorie*, Ffm. [2]1975 [verb.]. – L. Krappmann, *Neuere Rollenkonzepte als Erklärungsmöglichkeit für Sozialisationsprozesse* (in *Familienerziehung, Sozialschicht und Schulerfolg*, Weinheim u. a. 1971, S. 161–183; stw). – H. Popitz, *Der Begriff der sozialen Rolle als Element der soziologischen Theorie*, Tübingen 1967. – M. Schulte-Altedorneburg, *Rollentheorie als Soziologie der Herrschaft*, Ffm. 1977.

## JOHAN DAISNE

d.i. Herman Thiery
* 2.9.1912 Gent
† 9.8.1978 Gent

### DE MAN DIE ZIJN HAAR KORT LIET KNIPPEN

(fläm.; *Ü: Der Mann, der sein Haar kurz schneiden ließ*). Roman von Johan DAISNE, erschienen 1947. – Dieser Roman ist nach des Autors eigener Aussage zehn Jahre nach dem Erscheinen des Buchs *»die grauenhafte Geschichte eines Menschen, der seinen Seelen- und Lebensmechanismus zugrunde richtete, indem er ihn aus ›bonne volonté‹ so eingehend untersuchte und zu regeln versuchte, daß er dabei den Automaten, der wir alle zu einem guten Teil sind, zerstörte«* – und der Irrtum, den der »Mann, der sein Haar kurz schneiden ließ« begeht, eine Kinderkrankheit der Kultur.

Dieser Mann ist Advokat, zeitweilig Lehrer, später Angestellter und während der Abfassung seiner Konfession Insasse einer Irrenanstalt, wie sich schließlich herausstellt. In beängstigender Monomanie kreisen seine Gedanken um seine hoffnungslose Liebe zu einer von ihm liebevoll Fran oder Frantje genannten Schülerin, die er nach ihrem Abgang von der Schule, an der er unterrichtete, erst nach zehn bitteren Jahren als gefeierte Sängerin wiedertrifft. Das Werk ist ein bedrückender Monolog des im Leben Vereinsamten; die mit Recht vielfach als »magischer Realismus« apostrophierte Kunst des Autors äußert sich formal auch darin, daß das Buch keinerlei Kapiteleinteilung, nicht einmal eine Unterteilung in Absätze hat, der Leser somit gewaltsam in den Strudel der monomanen Gedankengänge und Reflexionen mithineingerissen wird, bei denen Zeit und Raum untergeordnete, wenn auch bisweilen grell ins Bewußtsein gedrängte Größen sind.

Den Höhepunkt des Romans bildet das Wiedersehen des Erzählers mit der aus der Ferne Geliebten und seine Lebensbeichte vor ihr in einem nächtlichen Hotelzimmer; die kompositionelle Raffinesse besteht hier vohrnehmlich darin, daß der Leser daran zweifeln muß, daß Govert Miereveld, der Ich-Erzähler, dies alles Fran bekannt hat und sich nicht vielmehr auch das, was er ihr tatsächlich noch bekennen wollte, erst in seinen Aufzeichnungen niedergeschlagen hat. In diesem traumhaft-alptraumhaften Gespräch erkennen und finden sich Govert und Fran als »Geschwister in Dostoevskij«; auch Fran ist verflucht – von ihrem eigenen Vater: Als er sie des Hauses verwiesen hat, gab er ihr seine Pistole mit; mit dieser Waffe will das Mädchen ihrem Leben ein Ende machen. Govert kommt der Geliebten zuvor und erschießt sie. – Das Gericht erkennt auf Unzurechnungsfähigkeit.

Beklemmend ist die Fremdheit, mit der Govert seiner Umgebung gegenübersteht, deren Menschen für ihn gespenstische Umrisse annehmen, wie der gütige Chirurg Professor Mato oder der alte Richter Brantink. Zu einer der seltsamsten, im Bericht des Erzählers ins Groteske gesteigerten Szenen des Romans gehört die Obduktion einer schon halb verwesten unbekannten Leiche durch Professor Mato, bei der Govert anwesend sein darf – später wird angedeutet, daß es wohl die Leiche von Frans Vater war. – Auf ein Vorbild weist Govert selbst hin – Professor Unrat –, um jedoch sofort wieder die grundsätzliche Verschiedenheit beider Charaktere hervorzuheben. Eine weitere, wenn auch ebensowenig grundsätzlich stimmige Parallele ließe sich in Humbert Humbert in *Lolita* sehen. Aber in *De man die zijn haar kort liet knippen* geht es nicht in erster Linie um die bedingungslose Bindung eines älteren Mannes an ein junges Mädchen – nicht die leiseste delikate Anspielung wird gemacht –, als vielmehr um die Krise eines Menschen, der glaubt, sich über natürliche Prozesse und Gegensätze hinwegsetzen zu können. – Das auch ins Englische, Französische und Spanische übersetzte Buch erhielt 1951 den Aug. Beernaertprijs der Koninklijke Vlaamse Academie. J. de K.

AUSGABEN: Brüssel 1947. – Brüssel 1958. – Brüssel/Den Haag [8]1967 [Vorw. A. Delvaux; Film-Ed.]

ÜBERSETZUNG: *Der Mann, der sein Haar kurz schneiden ließ*, G. Hermanowski, Bonn 1958.

VERFILMUNG: Belgien 1965 (Regie: A. Delvaux).

LITERATUR: J. Schepens, *J. D.*, Amsterdam 1946. – R. Lanckrock, *J. D.*, Antwerpen 1956. – A. Demedts, *J. D.*, Brügge/Utrecht 1962. – H. Lampo, *Plato in bezettingstijd* (in *De zwanen van Stonehenge*, Amsterdam 1972, S. 86–104). – J. Weisgerber,

*J. D., »De man die zijn haar kort liet knippen«* (in *Aspecten van de Vlaamse roman 1927–1960*, Amsterdam [3]1973). – M. Brion, *Une initiation aux horaires de la mort* (in J. Daisne, *Un soir, un train*, Brüssel 1973). – B. Kemp, *J. D.*, Antwerpen 1974. – F. Bordewijk u. a., *J. D. Biografie, bibliografie, beschouwingen*, Brüssel 1974. – *D., een terugblik* (in Yang, 14, Jan. 1978, Nr. 80/81). – *De pool van de droom: van en over J. D.*, Hg. H. Speliers, Antwerpen 1983. – P. van Aken, *J. D.* (in Kritisch lexikon van de Nederlandstalige literatuur na 1945, Hg. A. Zuiderent u. a., Alphen aan den Rijn u. a., Nlg. Aug. 1984).

## Dai zhen

* 1724 Huizhou / Provinz Anhui
† 1777

### YUANSHAN

(chin.; *Über das Gute*). Philosophischer Traktat von Dai Zhen. Das 1776 geschriebene Werk erschien zuerst in der postum von Kong Jihan 1777–1779 herausgegebenen Sammlung *Daishi yishu*. Es stellt trotz seiner Kürze neben dem Kommentar *Mengzi ziyi suzheng (Erklärung der Begriffe im Mengzi)* das philosophische Hauptwerk Dai Zhens dar.

In einer sehr prägnanten, allerdings mehr definitorischen als analytischen Methode entwickelt Dai Zhen seine Grundlegung von der Güte der menschlichen Natur, und zwar auf dem Fundament eines rationalistischen Monismus. Dieser stellt sich dar als eine Konzeption zur Überwindung des Dualismus, wie ihn besonders die Philosophen der Song-Zeit (11.–13. Jh.) gelehrt hatten. Für Cheng Yi (1033–1107) und namentlich Zhu Xi (1130–1200) konstituierte sich das Universum aus *qi* (wörtl. »Äther«, bezeichnet die Urmaterie) und *li* (Prinzip, Vernunft). Der Dualismus der kosmischen Struktur fand danach seine Parallele in der menschlichen Natur, die als gemischt aus Materiellem *(qi)* und Spirituellem *(li)* gedacht wurde, wobei dem *li* die inhärente Eigenschaft der Güte zuerkannt wurde, die lediglich durch sekundäre, also Umwelteinflüsse verdorben werden könne. Damit hatte man zugleich eine theoretische Grundlegung für die Erziehung, die man charakterisieren kann als Methode der »Reinigung« und Wiederherstellung des Ursprünglichen.

Das System der Song-Philosophie von Cheng Yi und Zhu Xi und ihren Schülern war auf rein deduktivem Wege gewonnen. Historisch-philologische Forschung, wie sie vor allem von Gu Yanwu (1613–1682) und Yan Ruoqu (1636–1704) inauguriert wurde, brachte viele von deren Voraussetzungen ins Wanken bzw. zum Einsturz. Aus dieser Situation zog Dai Zhen nun die philosophischen Konsequenzen. Alle Phänomene werden auf *qi* zurückgeführt, *li* aber faßt er nicht als an sich seiende Entität auf, sondern als das die Materie strukturierende Prinzip. Auch der so traditionsbeladene Begriff des *dao* (wörtl. »Weg«) erfährt eine Neubestimmung. Für Zhu Xi waren *dao* und *li* fast identisch, das immaterielle *dao* emaniere die zwei materiellen Substanzen *yin* (passiv, weiblich) und *yang* (aktiv, männlich). Dai Zhen dagegen erblickt in *yin* und *yang* die Manifestation des immateriellen *dao*, das letztlich nur ein Begriff für das Energetische der Natur, insbesondere deren unaufhörlichen Wandel sei. In der menschlichen Gesellschaft wirkt sich der beständige Wandel dahin aus, daß er die Möglichkeit zur Trübung des Strukturprinzips *li* schafft, das, wenn es voll zur Geltung kommt, die Harmonie der zwischenmenschlichen Beziehungen garantiert.

Das Gute verkörpert sich in der Begriffstrias *ren* (Humanität), *li* (Sitte) und *yi* (Rechtlichkeit). Bedroht wird es wesentlich von zwei Übeln, der Selbstsucht und der Verblendung. Diese wird geboren, wenn der Geist seiner selbst ungewiß wird, und sie gelangt zu voller Entwicklung, wenn die gesellschaftlich-politische Praxis einseitig ausgerichtet ist. Auch für Dai Zhen bildet somit Erkenntnis das Fundament aller Ethik; deren richtige Beherrschung erst ermöglicht es, die Selbstsucht zu vermeiden, die man, als eingeborenen Trieb, weder frei gewähren lassen noch gänzlich unterdrücken dürfe, sondern eben gemäß richtiger Erkenntnis steuern müsse und könne. Denn in einem Punkt unterscheidet sich Dai Zhen nicht von gewichtiger konfuzianischer Tradition: Auch er hält das (moralisch) Rechte für identisch mit dem (erkenntnismäßig) Richtigen. Das Studium also, dieser Begriff, der in seiner vollen konfuzianischen Bedeutung nicht übersetzbar ist, ist nicht nur die beste Methode, um die ursprüngliche Güte ungetrübt erscheinen und wirken zu lassen, sondern es bezeichnet sozusagen die Einbahnstraße, die zum Guten führt.

R.T.

Ausgaben: Peking 1777–1779 (in *Daishi yishu*). – Shanghai 1936 (in *Dai Dongyuan ji*, 8, S. 11–14). – Taipei 1978 (in *Dai Dongyuan xiansheng quanji*, S. 773–788).

Übersetzung: *Tai Chen's Inquiry into Goodness. A Translation of the »Yüan Shan« with an Introductory Essay by Chung-ying Cheng*, Honolulu 1971.

Literatur: Hu Shi, *Dai Dongyuan de zhexue*, Shanghai 1927. – M. Freeman, *The Philosophy of Tai Tung-yüan* (in INRAS, 64, 1933, S. 50–71). – P. C. Hsü, *Ethical Realism in Neo-Confucian Thought*, Peiping 1933, S. 99–106. – A. Forke, *Geschichte der neueren chinesischen Philosophie*, Hbg. 1938, S. 546–557. – *Eminent Chinese of the Ch'ing Period (1644–1912)*, Hg. A. W. Hummel, Bd. 2, Washington 1944, S. 695–700. – *Philosophy East and West*, Hg. C. A. Moore, Princeton 1944,

S. 65–68. – H. G. Creel, *Chinese Thought from Confucius to Mao Tse-tung*, Chicago 1953, S. 226–234. – Y. L. Fung, *A History of Chinese Philosophy*, Bd. 2, Princeton 1953, S. 651–672. – *A Concordance to Tai Chen, »Yüan Shan«*, zusgest. v. P. J. Ivanhoe, San Francisco 1979 (Stanford Chinese Concordance Series, Bd. 5).

## ATANAS CHRISTOV DALČEV

* 12.6.1904 Thessalonike / Griechenland
† 17.1.1978 Sofia

**DAS LYRISCHE WERK** (bulg.) von Atanas Ch. DALČEV.
Seine ersten Gedichte veröffentlichte Dalčev als Mitglied des literarischen Kreises »Strelec« in Sofia, der sich für eine europäisch geprägte, nationale Kultur einsetzte. Mit anderen Dichterkollegen verwarf auch Dalčev zu dieser Zeit den Symbolismus, den er eine *»tote Poesie«* nannte, *»aber nicht zugunsten der Politisierung der Dichtung, sondern im Namen einer neuen Ästhetik, die das Mystische und Abstrakte ablehnte und den Realitäten des Lebens Rechnung tragen sollte, andererseits aber keineswegs weniger hohe künstlerische Forderungen stellte«* (Ch. Ognjanoff). – Dalčevs Gesamtwerk zählt nicht viel mehr als hundert Gedichte. Bereits sein erster Gedichtzyklus *Prozorec*, 1926 *(Fenster)*, weist eine unnachahmliche dichterische Reife auf. Dalčev hat sich freigemacht von den mystisch-verschwommenen Vorstellungen des Symbolismus, dessen abstrakter Poesie und metaphysischen Visionen und wendet sich dem Gegenständlich-Realen, dem Unpathetischen und dem Alltäglichen zu. Nüchterne Verse, häufig achtfüßige Jamben, in natürlicher Sprache vermitteln eine sichtbare, gewöhnliche Welt und spiegeln Alltagsimpressionen: *»vergreiste niedere Hütten« (Die Hütten), »dieser stets weiße, gekalkte Saal in städtischen Hospitälern« (Krankenhaus), »die morschen Türen der alten und verkommenen Häuser« (Die Türen)*. Den Dichter trennt und verbindet zugleich das *»Fenster«* von und mit der Welt, die er, eingeschlossen hinter Wänden und Türen, beobachtet und erlebt. Die in den Gedichten stets wiederkehrenden Wörter Haus, Hof, Zimmer, Boden, Decke, Balkon, aber auch Regen, Nacht, Winter, Sturm werden zu poetischen Metaphern; das Haus wird zur Behausung: *»Nie verlasse ich das Haus; auch Gäste / empfang ich keine, einzig nur: die Jahre ... (Erzählung)*.
In dem Lyrikzyklus *Pariž*, 1930 *(Paris)*, berauscht sich der Dichter nicht am klischeehaft-romantischen Zauber der Weltstadt Paris (Dalčev hielt sich 1928/29 in der französischen Metropole auf), sondern wendet sich vielmehr dem bestürzend Alltäglichen, der düsteren Banalität des Großstadtdaseins zu. Von seinem abgeschiedenen Zimmer, dessen Fenster auf einen finsteren Pariser Hinterhof führt *(»Immer dieser Hof und acht Reihen / Fenster auf drei Seiten / und nie wird man Kinder oder Frauen an ihnen sehen!«)*, beobachtet der Dichter einen fahrenden Musikanten, der den Zuhöhern mit seinen melancholischen Geigenklängen Tränen entlockt, wird Zeuge der allabendlichen Wiedersehensfreude einer Arbeiterfamilie oder lauscht den Schritten eines zu nächtlicher Stunde Heimkehrenden. In der *»kohlenschwarzen«* und *»aussätzigen«* Großstadt, deren Gifte ihn zu verseuchen drohen, vermißt er vor allem die Natur: Hier kann er sich keinen Schnee vorstellen, der nicht sofort von den Schuhen *»der Wächter und Prostituierten«* schwarz getreten würde, denn *»weißen Schnee wird es nur in Gärten geben, wo Kinder spielten«*. Selbst Spaziergänge bewirken keinen Stimmungsumschwung: *»Es ist immer derselbe traurige Herbst / auch hier, am Quai Voltaire«*. So darf es nicht verwundern, wenn der Dichter bei der Abreise konstatiert: *»Worum soll ich trauern? Ich hatte / keine Geliebte, keinen Freund, / ich ging und zog den Hut nur / vor den Winden dieser Stadt.«* Dem einsamen Besucher gelang es nicht, seine Isolation zu durchbrechen und eine innere Beziehung zu der fremden Großstadt und ihren anonymen Bewohnern zu finden. – Zehn neue Gedichte enthält der Gedichtband *Angelăt ot Šartr*, 1943 *(Der Engel von Chartres)*, die wiederum ganz persönlichen Erfahrungen und Beobachtungen entspringen. Das Titelgedicht, ein Hymnus an die schönste Kathedrale Frankreichs, gibt die Stimmung des Dichters nach vermeintlicher schwerer Erkrankung wieder. In dem Gedicht *Genua* aus dem Jahr 1937, dem letzten Werk vor dem Zweiten Weltkrieg, meint man einen Hinweis auf die drohende Katastrophe zu erkennen *(»Von den Hügeln kommt der kalte Atem des Todes«)*.
Danach schweigt der Dichter zwanzig Jahre lang; die marxistische bulgarische Literaturkritik der frühen fünfziger Jahre wirft Dalčev Dekadenz vor. Diese Zeit spricht er später im Gedicht *Mălčanie*, 1964 *(Schweigen)*, an: *»Ach, Jahre lang schwieg ich verbissen, / zerquälte Stirne, die ich hab – / Heute spreche ich, werde ich sprechen müssen, / mit einer Stimme wie aus dem Grab«*. Mit rund zwei Dutzend Gedichten verschafft sich Dalčev erneut Aufmerksamkeit. Auch jetzt bleibt er sich treu und wird nicht zum deklamatorischen Verkünder politischer und ideologischer Schlagwörter; verstärkt wendet sich Dalčev von nun an Übersetzungen deutscher, französischer, spanischer und russischer Lyrik zu. In Gedichten wie *Kăm rodinata*, 1965 *(An die Heimat)*, *Nejde v Rusija*, 1965 *(Irgendwo in Rußland)*, *Dăždobranăt*, 1960 *(Der Regenschirm)*, findet der Dichter zu seinen früheren hohen Leistungen zurück. Auch das *»Fenster«* als beliebte Metapher erscheint wieder, z. B. in *»Srešta na garata*, 1962 *(Begegnung auf dem Bahnhof): »Erhaben wandelnde Gestirne, / ach, Feuerbrände Welt um Welt – / ich brauch den Lichtschein eines Fensters, / der klein und warm ins Dunkel fällt.«*
Um dem Leser den Blick für die Wirklichkeit zu schärfen, bedient sich Dalčev einer der schlichten

Dinghaftigkeit seiner Vorstellungswelt adäquaten symbolfreien Bildsprache. In ihrer modernistischen Nüchternheit wirken seine Gedichte – in freien Rhythmen gehaltene, überwiegend zu vierzeiligen Strophen zusammengefaßte, reimlose Verse von ungleicher Länge – allerdings nicht selten eher intellektualistisch-konstruiert als aus dichterischer Intuition geschaffen. – Dalčev ist eine europäisch orientierte Dichterpersönlichkeit mit hoher literarischer und kultureller Bildung, die zum Vorbild und zur Lehrmeisterin der jüngeren bulgarischen Dichtergeneration geworden ist. D. Ku.

AUSGABEN: *Prozorec*, Sofia 1926. – *Stichotvorenija*, Sofia 1928. – *Pariž*, Sofia 1930. – *Angelăt ot Šartr*, Sofia 1943. – *Stichotvorenija*, Hg. B. Delčev, Sofia 1965; [2]1969. – *Fragmenti*, Hg. B. Delčev, Sofia 1967. – *Balkoni*, Sofia 1974. – *Săčinenija*, Hg. A. Muratov u. a., 2 Bde., Sofia 1984.

ÜBERSETZUNG: *Gedichte*, Nachdichtung A. Endler u. U. Grüning, Nachw. N. Randow, Lpzg. 1975.

LITERATUR: R. Likova, *Za njakoi osobenosti na bălgarskata poezija, 1923–1944*, Sofia 1962, S. 143–161. – A. Lazovski, *A. D. Novator v poetičeskoto izobraženie* (in Lit. misăl, 9, 1965, 3, S. 36–50). – Ders., *A. D. Lit.-krit. očerk*, Sofia 1966. – P. Dančev, *A. D.* (in Plamăk, 12, 1967, 1, S. 61–70). – St. Iliev, *A. D.* (in Septemvri, 20, 1967, 1, S. 183–187). – Ch. Ognjanoff, *A. D.* (in *Bulgarien*, Nürnberg 1967, S. 391–395). – Sv. Conev, *A. D.* (in Septemvri, 25, 1972, 8, S. 203–217). – A. Iliev, *Okolo poezijata na A. D.* (in Lit. misăl, 16, 1972, 4, S. 111–118). – P. Juchas, *A. D.* (ebd., 19, 1975, 1, S. 51–62). – M. Caneva, *A. D.* (in *Istorija na bălgarskata literatura*, Hg. P. Zarev u. a., Bd. 4, Sofia 1976, S. 296–313). – K. Kujumdžiev, *A. D.* (in *Rečnik na bălgarskata literatura*, Hg. G. Canev, Bd. 1, Sofia 1976, S. 302–303). – P. Zarev, *A. D.* (in P. Z., *Panorama na bălgarskata literatura*, Bd. 3, Sofia 1978, S. 607–620). – T. Jančev, *Novoto v lirikata na A. D.* (in Plamăk, 23, 1979, 6, S. 122–126). – M. Zanewa, *A. D.* (in *Literatur Bulgariens. 1944–1980*, Hg. D. Witschew, H. u. I. Neugebauer, Bln. 1981, S. 190–201). – M. Caneva, *A. D.* (in A. D., *Săčinenija*, 2 Bde., 1, Sofia 1984, S. 5–27).

## OLOF VON DALIN

* 29.8.1708 Vinberg / Halland
† 12.8.1763 Drottningholm bei Stockholm

### SAGAN OM HÄSTEN

(schwed.; *Die Sage vom Hengst*). Allegorische Erzählung von Olof von DALIN, erschienen 1740, ein Jahr vor dem Ausbruch des »Finnischen Krieges«, den Schweden mit Rußland um die Vorherrschaft in der Ostsee führte und verlor. – Die Geschichte vom Hengst Grolle und seinen Herren ist eine Allegorie auf Schweden und seine Könige: Ein »ehrlicher Mann aus Schweden« – gemeint ist Gustav Vasa – nimmt einem »Taugenichts« (Christian II. von Dänemark) einen zuschande gerittenen Hengst ab und pflegt ihn gesund. Weiter wird vom wechselnden Geschick des Hengstes unter seinen verschiedenen Reitern berichtet, von der glorreichen Vergangenheit Schwedens als Großmacht unter Gustav II. Adolf und Karl XII. († 1718). Diesem König erscheint Gustav II. Adolf, und er bittet ihn, nun von seinen Anstrengungen auszuruhen: *»Dein Lauf ist vollendet und deine Ehre unsterblich; komm nun und genieße mit mir die reineren Freuden.«* Die Zeit des Absolutismus in Schweden war zu Ende, es begann die »Freiheitszeit«, in der die konservative Partei der »Hüte« und ihre Gegner, die liberalen »Mützen«, das politische Bild bestimmten. Obwohl politisch den »Hüten« nahestehend, war Dalin dennoch Gegner des finnischen Krieges. Die Politik Karls XII. hatte nämlich Schweden stark mitgenommen, der Hengst taugte nicht mehr dazu, geritten zu werden: *»Zuhause bleiben und den Hof besorgen ist wohl ungleich besser als ein abenteuerliches Umherstreifen.«* Schweden sollte sich nicht von fremden Mächten abhängig machen oder seine Kräfte unnötig vergeuden.

Hauptsächlich um dieses aktuelle politische Programm ging es wohl dem Dichter in dieser Erzählung, die in der späteren Forschung lange nur als Heldensage von der großen Zeit Schwedens verstanden wurde. Im Gegensatz zu den anderen Dichtern seiner Zeit wählte Dalin bewußt eine *»niedrige und einfache Schreibweise«*, den naiven und realistischen Ton der echten Volkssage; denn auch als solche läßt sich *Sagan om Hästen* lesen: Der Papst ist der »Rotbart«, der seine Zeit mit *»Sagen, Bauernregeln und astrologischen Büchern«* verbringt, die Könige sind Bauern, die sich mit ihren Nachbarn um Weideland streiten.

Dalin war stark von der französischen und englischen Aufklärung (besonders von SWIFT) beeinflußt, und er war der erste, der ihr Gedankengut in Schweden bekannt machte. Nach dem Vorbild der englischen moralisch-satirischen Wochenzeitschriften ›The Tatler‹ und ›The Spectator‹ und mit häufigen Anleihen aus ihnen gestaltete er seine Zeitschrift ›Then Swänska Argus‹. In kurzen Artikeln, Fabeln und Gedichten versuchte er sein Publikum gleichzeitig zu bilden und zu unterhalten: *»Er wollte Schweden aus eigenen Kräften eine einheimische Literatur geben«* (M. Lamm), und mit seinen besten Werken, wie *Sagan om Hästen*, gelang es ihm auch, die schwedische Dichtung zu erneuern und die Prosa literaturfähig zu machen. A.M.B.

AUSGABEN: Stockholm 1740. – Lund 1920, Hg. J. Mjöberg; ern. 1960. – Stockholm 1953, Hg. A. Blanck u. F. Askeberg. – Stockholm 1977, Hg. S. G. Hansson [m. Bibliogr.].

LITERATUR: M. Lamm, *O. D. En litteraturhistorisk undersökning af hans verk*, Uppsala 1908, S. 314 ff. – F. Böök, *Stridsmän och sångare*, Stockholm 1910, S. 43–59. – A. Blanck, *»Sagan om hästen« och finska kriget* (in *Festskrift tillägnad Y. Hirn*, Helsinki 1930, S. 33–42). – N.-O. Dyberg, *O. D. och tidsidéerna. En komparativ undersökning av hans diktning till omkring 1750*, Uppsala 1946, S. 28–59. – F. Askeberg, *Förklaringar till D. O., »Sagan om Hästen»*, Stockholm 1953. – M. v. Platen, *D.s politiska satirer* (in Samlaren, 38, 1957, S. 5–45). – I. Carlsson, *O. D. och den politiska propagandan inför ›lilla ofreden‹, »Sagan om Hästen« och Wår-Wisa i samtidspolitik belysning*, Lund 1966. – R. Hillman, *Svensk prosastil under 1700-talet. O. v. D., C. v. Linné, Gustavianisk talekonst*, Stockholm 1970. – N. Eriksson, *D. – Botin – Lagerbring. Historieforskning och historieskrivning i Sverige, 1747–1787*, Diss. Göteborg 1973.

## DALLÁN FORGAILL

spätes 6.Jh. Irland

### AMRAE CHOLUIMB CHILLE

(ir.; *Lobgedicht auf Columba*, auch: *Totenklage um Columba*); vermutlich kurz nach Columbas Tod (597) verfaßte Totenklage von DALLÁN FORGAILL (ein *ardollam*, d. h. der oberste »gelehrte Dichter« von Irland und Vorgänger von Senchán TORPÉIST). – St. Columba (* 521? in Tír Conaill, Nordwestirland) stammt aus der größten, von Niall Noígiallach begründeten irischen Königsfamilie (Uí Néill) und ist neben seinen Klosterstiftungen in Irland bekannt als der Apostel der Schotten, auch »Piktenapostel« genannt. – Die Totenklage beginnt mit einem Gebet zu Gott. Hierauf folgen – in den meisten Handschriften in zehn Abschnitten mit lateinischen Überschriften – die Teile: 1. *Nachricht von Columbas Tod*, 2. *Seine Himmelfahrt*, 3. *Sein Platz im Himmel*, 4. *Seine Leiden auf Erden*, 5. *Sein umfassendes Wissen*, 6. *Bewunderung für ihn, seine Nächstenliebe*, 7. *Seine Klugheit und Weisheit*, 8. *König Aed Ó Néills Auftrag an den Dichter*, 9. *Trauer der Uí Néill*, 10. *Die Vollendung der Totenklage*.

Das *Amrae Coluimb Chille* ist einer der ältesten vorhandenen irischen Texte. Es ist sprachlich und metrisch noch wenig erforscht. Seit frühester Zeit ist der Text glossiert und kommentiert worden. Er liegt in einer großen Zahl von Kopien vor. BINCHY glaubt, daß das altertümliche »rhetoric« später für eine Art magische Beschwörungsformel gehalten wurde, in der jedes Wort seine besondere Bedeutung hatte und jede Änderung die Wirksamkeit des Ganzen gemindert hätte. Diese Annahme würde auch die bemerkenswerte Übereinstimmung der in so heterogenen Handschriften überlieferten Texte des eigentlichen *Amrae* erklären wie auch die ausführliche Glossierung (beide Züge finden sich sonst nur in Verbindung mit alten Gesetzestexten). Außerdem ist sehr viel Legendäres über den Autor, die Zeit und den Ort der Entstehung etc. um das *Amrae* herumgewachsen und in den Handschriften mitüberliefert (vgl. STOKES, S. 35–37). – STRACHAN hielt das *Amrae* für eine künstliche und bewußt obskure Komposition, nicht vor dem Ende des 8. Jh.s anzusetzen, wogegen THURNEYSEN bemerkte, daß die meisten der von Strachan für die späte Entstehung angeführten sprachlichen Erscheinungen inzwischen als alt erwiesen sind. Thurneysen, HULL und Binchy haben die wissenschaftliche Erforschung und Interpretation des Werks eingeleitet.

Problematisch ist auch die metrische Analyse: das *Amrae* wird oft als »rhetoric« bezeichnet (ein reimloses, unstrophisches, alliterierendes Dichtwerk; vgl. MURPHY, S. 2 ff.). MEYER bemerkt, daß das einleitende Gebet von dem Folgenden zu trennen ist und aus zwei Strophen mit Endreim besteht. Die folgenden zehn Abschnitte sind durch die Figur des *dúnad* als Einheit gekennzeichnet (die ersten Worte *»ni disceoil«* beschließen auch das Gedicht; vgl. Murphy, S. 43 ff.). – WATKINS findet Beispiele eines alten siebensilbigen Metrums und Zeilen aus drei Kola bestehend mit dreisilbiger Kadenz. WAGNER und HENRY haben weitere stilistische und metrische Analysen der Kunstsprache des *Amrae* gegeben. R.Ba.

AUSGABEN: Dublin 1871, Hg. J. O'Beirne Crowe. – Ldn. 1898 (in *The Irish Liber Hymnorum*, Hg. J. H. Bernard u. R. Atkinson, Bd. 1, S. 162–183; Bd. 2, S. 53–80; 223–235). – W. Stokes, *The Bodleian Amra Choluimb Chille* (in RCelt, 20, 1899; 21, 1900; m. engl. Übers. u. Anm.).

LITERATUR: J. Strachan, *The Date of the »Amra Choluimb Chille«* (in RCelt, 17, 1896, S. 41–44). – K. Meyer, *Miscellanea Hibernica* (in University of Illinois Studies in Language and Literature, 2, 1916, 4, S. 25–27). – R. Flower, *Catalogue of Irish Manuscripts in the British Museum*, Bd. 2, Ldn. 1926, S. 263–266. – R. Thurneysen, *Colmán mac Lénéni und Senchán Torpéist* (in Zs. f. celt. Philol., 19, 1933, S. 207). – Ders., *Allerlei Keltisches* (in Zs. f. celt. Philol., 20, 1936, S. 373). – D. Binchy, *Old Irish Axal* (in Ériu, 18,1958, S. 164). – V. Hull, *»Amra Choluimb Chille«* (in Zs. f. celt. Philol., 28, 1961, S. 242–251). – G. Murphy, *Early Irish Metrics*, Dublin 1961. – C. Watkins, *Indo-European Metrics and Archaic Irish Verse* (in Celtica, 6, 1963, S. 194–249). – H. Wagner, *Zur unregelmäßigen Wortstellung in der altirischen Alliterationsdichtung* (in *Beiträge zur Indogermanistik und Keltologie, Julius Pokorny zum 80. Geburtstag gewidmet*, Innsbrucker Beiträge zur Kulturwissenschaft, 13, 1967, S. 289–314), – P. L. Henry, *Saoithiúlacht na Sean-Ghaeilge*, Dublin 1978.

## FRANCESCO DALL'ONGARO

* 19.6.1808 Mansuè bei Treviso
† 10.1.1873 Neapel

### IL FORNARETTO

(ital.; *Der Bäckerjunge*). Drama in fünf Akten von Francesco DALL'ONGARO, Uraufführung: Turin 1846, Teatro Carignano. – Die Handlung geht auf einen tragischen Justizirrtum zurück, der in den Venezianer Chroniken von 1507 aufgezeichnet ist. Der Bäckerbursche Pietro Tasca wird des Mordes an einem gewissen Alvise Guoro bezichtigt. Da die Leiche des Ermordeten, eines stadtbekannten Schürzenjägers, in unmittelbarer Nähe der Wohnung des Senators Lorenzo Barbo gefunden wurde, hat der »Rat der Zehn« das größte Interesse an der baldigen Aburteilung des Mörders, um allen Gerüchten, die der Reputation seines Ratsmitgliedes abträglich sein könnten, vorzubeugen. Obgleich zahlreiche Indizien für Pietros Schuld sprechen, leugnet dieser die Tat ganz entschieden. Der Verdacht fällt aber schon deshalb auf ihn, weil der Ermordete seiner Schwester nachgestellt und der Bäckerjunge verschiedentlich geäußert hat, daß er *»es dem Kerl heimzahlen«* werde. Für die Justiz käme theoretisch auch Lorenzo Barbo als Mörder in Frage, da der Ermordete öfters zur Nachtzeit vor seinem Haus gesehen worden ist, doch schützt ihn allein schon sein hohes Amt vor diesem Verdacht; auch entlastet ihn die Aussage Amelias, der Verlobten des Bäckerjungen, die als Zimmermädchen im Hause Barbo beschäftigt ist. Um die Ehre ihrer Herrin zu retten, erklärt sie nämlich, die nächtlichen Besuche des Ermordeten hätten ihr selbst gegolten. Damit zieht sich das Netz der Indizien noch dichter um Pietro zusammen. Nur Lorenzo Barbo ist von der Unschuld des Bäckerjungen überzeugt – er *muß* davon überzeugt sein, denn er selbst hat in blinder Eifersucht den Geliebten seiner Frau getötet. Er verhilft Pietro zur Flucht; dieser wird jedoch aufgegriffen und gesteht schließlich auf der Folter die Tat. Erst nach seiner Hinrichtung kommt die Wahrheit ans Licht. *»Aber er ist tot! Ihr Richter, wer gibt ihn mir zurück?«* klagt sein Vater.
Dall'Ongaro erregte mit dieser Tragödie ungeheures Aufsehen. Man hat ihm zwar gewisse Mängel der Dialogführung vorgehalten, mußte ihm aber zugestehen, daß schon das Thema sein Stück weit über die übliche patriotische und gesellschaftskritische Literatur seiner Zeit hinaushebt. Bis in die Gegenwart hinein wird der *Fornaretto di Venezia* – diese Titelversion hat sich seit 1915 eingebürgert – als klassisches Beispiel immer dann zitiert, wenn die Todesstrafe zur Debatte steht. KLL

AUSGABEN: Turin 1847 (in *Opere scelte*, 3 Bde.). – Mailand 1859 (in *Opere scelte*). – Mailand 1861. – Mailand 1915 *(Il fornaretto di Venezia)*. – Mailand 1931 *(Il fornaretto di Venezia)*.

VERFILMUNG: Italien 1939 (Regie: J. Bard u. D. Coletti).

LITERATUR: N. Meneghetti, *F. D.'O.*, Udine 1914. – B. G. Stanganelli, *F. D.'O.*, Neapel 1921. – M. Trabaudi Foscarini, F. D.'O.: *note di critica letteraria*, Florenz 1924/25.

## JURIJ DALMATIN

* um 1547 Krsko
† 31.8.1589 Ljubljana

### BIBLIA, tu ie vse Svetu Pismu, Stariga inu Noviga Testamenta Slovenski, tolmačena, skuzi Juria Dalmatina. Bibel, das ist, die gantze Heilige Schrifft, Windisch

(sloven.). Bibelübersetzung von Jurij DALMATIN, erschienen Wittenberg 1584. – Liegen in den *Freisinger Denkmälern* (10. Jh.) frühe Zeugnisse eines slovenischen Schrifttums vor, so hatte sich doch neben dem in der Oberschicht verbreiteten Lateinischen und Deutschen keine die bereits ausgeprägten Mundarten überwindende slovenische Schriftsprache herausgebildet. Doch mit dem Vordringen der Reformation in die von Habsburg beherrschten slovenischen Sprachgebiete in Krain, Kärnten und Steiermark wurde auch in dem 1461 errichteten Bistum Laibach der Ruf nach einer volkssprachlichen Bibelübersetzung laut.
Als Dalmatin, ein Schüler Adam BOHORIČS, durch den Besuch der Lateinschule in Bebenhausen und der Universität in Tübingen vorbereitet, nach der Übertragung eines Kirchenliedes (1567) und des Buches *Jesus Sirach* (1575) mit der Übersetzung der *Bibel* begann, konnte er sich auf die Vorarbeiten seines Mentors Primož TRUBAR, des vom Tridentiner Bischof Bonomo protegierten führenden Kopfes des slovenischen Protestanismus, stützen. Trubars *Catechismus in der Windischenn Sprach* und sein *Abecedarium* (1550) waren die ersten slovenischen Bücher. Zwar lehnte er selbst die Übersetzung der ganzen Bibel ab, da ihm die nötigen Sprachkenntnisse fehlten und weil *»die Windische sprach an jr selbst arm und mangelhaft an vilen wörtern«* sei, doch legte er 1557–1560 die Übersetzung des *Neuen Testaments* und 1566 die Übertragung des *Psalters* vor. Im Gegensatz zu Sebastian KRELJ, einem Jenaer Schüler von FLACCIUS, der in seiner *Otrozhia Biblia*, 1566 *(Kinderbibel)*, und seiner Übersetzung der Spangenbergschen *Postille* (1567) die innerkrainische Mundart um Kroatismen erweiterte, folgt Dalmatin im sprachlichen Ausdruck Trubar, der die heimatliche unterkrainische Mundart durch oberkrainische Formen, Germanismen und Archaismen bereichert hatte. Dalmatin vermeidet einzelne Germanismen und greift

zu Neologismen. In der Orthographie folgt er Krelj, der sich weniger – wie Trubar – vom lateinisch-deutschen Graphemsystem als vom slovenischen Lautstand leiten ließ.
Als 1578 ein Teil des *Alten Testaments* im Druck erscheint, sichern die Landstände von Krain, Kärnten und Steiermark ihre finanzielle Unterstützung zu. 1580 erscheinen die *Sprüche Salomos*. Im folgenden Jahr prüft eine theologische Kommission die *Bibel*. Bohorič, ein Schüler MELANCHTHONS, schreibt den Revisionsbericht und verfaßt auf dessen Grundlage die erste slovenische Grammatik (*Arcticae horulae succisivae de latinocarniolana literatura*, 1584). 1583 wird die *Bibel* im Auftrag des Leipziger Verlegers Samuel Selfisch in Wittenberg nach der Reinschrift von Andrej Savinec unter der Aufsicht Dalmatins von Mai bis November in 1500 Exemplaren gedruckt und 1584 getarnt nach *Laibach* versandt. Der mit Versalien, Initialen, Vignetten und über 200 Holzschnitten reich geschmückte Text umfaßt 760 Blatt im Quartformat und ist in Anlehnung an die Lutherbibel, der er bei freierem Wortlaut strenger folgt als Trubars Übersetzung, in eine knappe deutsche und eine ausführliche slovenische Vorrede, das *Alte Testament* mit Vorrede und Register, das *Buch der Propheten* mit Vorrede (mit Ausnahme eines Teils der *Apokryphen*) und das *Neue Testament* mit einem Epistelregister eingeteilt. Den Abschluß bildet ein viersprachiges Wörterbuch mit 765 Stichwörtern, das die Übersetzung auch dem kroatischen Leser zugänglich machen sollte und Hieronymus MEGISER, einem Tübinger Kommilitonen Dalmatins, als Quelle für sein *Dictionarium quatuor linguarum* (1592) diente.
In seinem Vorwort entwickelt Dalmatin pragmatisch die Unterschiede zwischen katholischem und protestantischem Glauben. Seine Übersetzung verfolgt das Ziel, die hierarchischen Standesunterschiede zwischen den Gläubigen durch die Vorlage eines volkssprachlichen Textes zu mindern, die Südslaven mit der Absicht der ideologischen Abwehr der Türken zu missionieren und die Gleichberechtigung der slovenischen Sprache im europäischen Sprachkreis zu demonstrieren. Wurde infolge der Münchener Konferenz von 1579 mit dem Niedergang des slovenischen Protestantismus auch die Tradition der slovenischen Schriftsprache für ein Jahrhundert unterbrochen, so hat doch die Bibelübersetzung Dalmatins als herausragendes Zeugnis der volkssprachlichen Literatur die Entwicklung des modernen Slovenisch entscheidend beeinflußt. R.Gl.

AUSGABEN: Wittenberg 1584; Faks. Ljubljana 1968 (in Monumenta litterarum Slovenicarum); Faks. Mchn. 1968 [dt. Vorw. B. Berčič] (in Geschichte, Kultur und Geisteswelt der Slowenen, 3/1).

ÜBERSETZUNG: *Allgemeines Vorwort über die ganze heilige Bibel*, W. Wretschitsch (in J. D., *Biblia 1584. II. Tl.: Abhandlungen*, Mchn. 1976, S. 183–235).

LITERATUR: W. Schmid, *Über Entstehung und Herausgabe der Bibel D.s* (in Mitteilungen des Musealvereines für Krain, 1904, S. 71–146). – F. Ramovš, *Delo revizije za Dalmatinovo biblijo* (in Časopis za slovenski jezik, književnost in zgodovino, Bd. 1, 1918–1919). – F. Kidrič, *D.* (in SBL, 1). – J. D., *Biblia 1584. II. Tl.: Abhandlungen*, Mchn. 1976. – T. Elze, *Die Universität Tübingen und die Studenten aus Krain*, Mchn. 1977. – J. Pogačnik, *Die Befreiung des poetischen Ausdrucks (J. D.)* (in J. P., *Von der Dekoration zur Narration*, Mchn. 1977, S. 61–82; Slavistische Beiträge, 105). – *Slovenci v evropski reformaciji 16. stoletja – Die Slowenen in der europäischen Reformation des 16. Jh.s*, Ljubljana 1983. – M. Orožen, *Gramatična in leksikalna preobrazba Dalmatinovega knjižnega jezika ob Japljevem prevodu biblije (1584–1784–1802)* (in *Protestantismus bei den Slowenen = Protestantizem pri Slovencih*, Wien 1984; WSlA, Sonderb. 13). – J. Rajhman, *J. D. and His Bible in the Light of Literary History and Theology* (in Slovene Studies, 6, NY 1984, Nr. 1/2, S. 113–125). – J. Toporišič, *The Social Situation of the Slovene Literary Language in 1584 and 1984* (ebd., S. 247–258). – *16. stoletje v slovenskem jeziku, književnosti in kulturi*, Ljubljana 1986 (R. Obdobja, 6). – *Družbena in kulturna podoba slovenske reformacije*, Ljubljana 1986.

## ROQUE DALTON

* 14.5.1933 San Salvador
† 10.5.1975 bei San Salvador

**DAS LYRISCHE WERK** (span.) von Roque DALTON (El Salvador).
Das literarische Schaffen Roque Daltons läßt sich erst im Zusammenhang mit seinem politischen Engagement, zunächst als Mitglied der kommunistischen Partei El Salvadors, dann als Guerillero, zureichend verstehen. Zwanzig Jahre, bis zu seiner Ermordung durch eine radikale Gruppierung des Revolutionären Volksheers (ERP) wegen angeblicher Feindkontakte, hat sich Dalton, unehelicher Sohn eines vermögenden Amerikaners und einer Salvadorianerin, für die politische Befreiung seines kleinen, von einer ganz nach den USA hin orientierten Oligarchie beherrschten Landes eingesetzt; Monate hat er in den Gefängnissen seines Landes, Jahre im Exil in Guatemala, Mexiko, der Tschechoslowakei und in Kuba zugebracht, das ihm zur zweiten Heimat wurde. Viele seiner Gedichte sind in biographischen Ausnahmesituationen, während der Haft oder im Untergrund entstanden. Schon 1956 erhielt Dalton, den Angel RAMA *»vielleicht den größten Dichter seines Landes, zweifellos einen der wirklich guten Dichter Lateinamerikas innerhalb der Generation der Jahrhundertmitte«* genannt hat, den »zentralamerikanischen Lyrikpreis« der Universität

von San Salvador, an der Dalton Jura und Anthropologie studierte. *»Wie so viele gleichaltrige Dichter aus Lateinamerika nahm ich die Welt Nerudas zum Ausgangspunkt, also eine Dichtungsart, der es um Lobpreisung zu tun war, um einen Hymnus auf die Dinge, den Menschen, die Gesellschaft. Davor bewahrt hat mich dann das Festhalten am Nationalen«*, bekannte Dalton später. Dichterisches Leitbild Daltons, der auch auf die Bedeutung moderner französischer Lyriker wie Henri MICHAUX, Jacques PRÉVERT und SAINT-JOHN PERSE für sein Schaffen verwies, war der Peruaner César VALLEJO, als dessen »Enkel« er sich gerne bezeichnete, ohne seine enge Anlehnung an die nur wenig älteren Lyriker Juan GELMAN, Roberto Fernández RETAMAR und Ernesto CARDENAL zu verschweigen, die alle drei oft als Vertreter einer *»antipoesía«* oder einer *»poesía conversacional«* bezeichnet werden.

Die Antipoesie Daltons ist zu verstehen als eine radikale Abkehr von der abgehobenen, hochliterarischen lyrischen Tradition des hispanoamerikanischen Modernismus, als Ablehnung eines elitären Schönheitskults idealistischer Provenienz. Dalton versucht eine allgemeinverständliche, für alle zugängliche Lyrik zu schreiben, ohne einem *»selbstmörderischen Populismus«* (J. Cortázar) zu verfallen, einer Versuchung, der die sog. »revolutionäre« Lyrik oft erliegt. Die programmatische Verlagerung der Thematik kündigt sich bereits in dem 1963 im kubanischen Exil veröffentlichten Gedichtband *El turno del ofendido (Der Unterdrückte ist an der Reihe)* an. Dalton will für die Erniedrigten und Beleidigten sprechen. Das solidarische »wir« mancher Gedichte sind die Gefangenen, die jungen Leute, die Barfüßigen, die staubbedeckten Menschen, die sich in den Omnibussen drängen. Doch Dalton flüchtet sich nicht in einen nebulösen, die eigene Individualität verleugnenden Mythos vom »Volk«. In seiner radikalen Ehrlichkeit spricht dieser unbotmäßige Revolutionär vor allem von seinen eigenen Erfahrungen, und das ist für ihn, der *»lernte, in der großen Wohnung des Schmerzes zu leben«*, vor allem die Erfahrung der Angst und Verlassenheit, aber auch die Liebe, die Liebe als Sehnsucht, als flüchtige Verführung und als sehr konkret erlebtes sinnliches Glück. Zahlreiche Gedichte wenden sich direkt und ganz privat an ein vertrautes weibliches »du« und besingen ungeniert die Wonnen des Sinnenglücks, *»die Brüste aus weißem Stein, gemacht für den Mund erwachsener Kinder«*. In die Stereotype einer idealistischen Revolutionslyrik mit traditioneller Licht- und Erlösungsmetaphorik und unreflektierter Heilsgewißheit verfällt der kritische und selbstkritische Revolutionär Roque Dalton, für den *»die Liebe und das Lachen«* die zentralen Werte sind, fast nie. Den pseudoreligiösen Dogmen sozialistischer Revolutionsverherrlichung setzt er die Realität des Zweifelns, der Ungewißheit und des Fragens entgegen. Während sich in der kubanischen Lyrik nach der Revolution von 1959 eine optimistische Mythologie der Erneuerung ausbreitete, bleibt bei Roque Dalton die Erfahrung des Unterlegenseins, der eigenen Unzulänglichkeit und Gefährdung für seine Lyrik bestimmend. Revolutionsideale wie die Unsterblichkeit des heroischen Kämpfers oder die unbezwingbare Dynamik der Jugend erscheinen ihm, der immer von einer konkret erlebten Situation ausgeht, überaus fragwürdig. Roque Dalton lebte *»im schmerzlichen Bewußtsein, ein Mann des Übergangs zu sein zwischen zwei ungleichen Epochen: einer früheren, realen, in der er aufgewachsen war und die sich ihm als unwiderruflich falsch und zum Untergang verurteilt darstellte und einer darauf folgenden, mehr erträumten als konkreten, in der sich alle Widersprüche endgültig auflösen«* (A. Rama). Beispiele einer radikalen Kritik der bestehenden Zustände finden sich im lyrischen Werk Daltons zur Genüge, Attacken gegen den etablierten Katholizismus, nicht nur gegen den Erzbischof von San Salvador, sondern auch gegen den Papst *(»Alles Menschliche ist dir fremd außer der prunkvollen Gabe der Verachtung«)*, Angriffe auf die skandalöse Informationspolitik der Tageszeitungen seines Landes. In *Las historias prohibidas del pulgarcito*, 1974 *(Däumlings verbotene Geschichten)*, einer Collage aus historischen Dokumenten und eigenen Gedichten zu zentralen Ereignissen der Geschichte El Salvadors seit der Conquista, machte Dalton den Versuch, der falschen offiziellen Geschichtsschreibung eine ganz andere Version der historischen Entwicklung dieses winzigen, von Gabriela MISTRAL als *»Däumling von Amerika«* apostrophierten Landes entgegenzusetzen, bei welcher das ganze Ausmaß menschenverachtender Machtgier der Regierenden zum Vorschein kommt.

Daß Dalton zu Recht als Antipoet bezeichnet wird, läßt sich an mehreren programmatischen Gedichten zeigen, etwa *Las feas palabras (Die häßlichen Worte)* aus dem Gedichtzyklus *El turno del ofendido*, wo er dafür plädiert, daß auch die letzten Worte eines Betrunkenen Eingang finden müßten in das Gedicht, das bislang allzu penibel die *»Reinheit seines Schoßes«* verteidigt hat. Der Dichter muß auch das Häßliche, den herkömmlichen ästhetischen Code Verletzende zum Gegenstand seiner Arbeit machen. Ein Schlüsselwort in Daltons Gedichten ist daher das Wort *sucio (schmutzig)*. In dem frühen Gedicht *La noche (Die Nacht)* besingt er *»die Nacht mit deinen Blumen, die vom Schmutz erzittern«*, in einem späteren Gedicht, das gegen den Exotik-Kult der Europäer polemisiert, spricht er von seiner Tropenerfahrung, die sehr wenig mit der ästhetizistischen Luxusversion europäischer Provenienz zu tun hat: *»Die Tropen, unendliche Mühsal. Die Rosen in den Bergen riechen nach Salz / wie das gräßliche Wasser, das man in den Häfen trinkt.«* In einer *Elegía vulgar (Gewöhnliche Elegie)* schildert er das Leben eines Strafgefangenen, der seit neun Jahren in Haft ist und inzwischen verrückt geworden ist. *»Schon sehr früh haben die mittelamerikanischen Dichter die Zerstörung der harmonischen Konventionen begonnen. Eines der bevorzugten Instrumente war die bittere Ironie, mit der sie die Heiligkeit und den fingierten autonomen Apparat der Lyrik zerstörten; nicht nur der freie Vers, die Gossensprache, Alltagsereignisse, sondern vor allem die unverschämten Spiele-*

*reien, der brutale Spott, die bilderstürmende Unbotmäßigkeit. Aus diesen Wurzeln stammt die Dichtung von Roque Dalton«* (A. Rama). Dazu kommt bei Dalton die surrealistische Freude an der absurden Erfindung, die sich allen Zwängen der Wahrscheinlichkeit entzieht, um die Freiheit der eigenen Phantasie zu dokumentieren.

Einer der Höhepunkte von Daltons lyrischem Werk ist das Gedicht *La Taberna* aus dem gleichnamigen Zyklus, das den Ausschlag für die Verleihung des Literaturpreises der »Casa de las Américas« in Havanna (1969) gab. Es entstand in den Jahren 1966 und 1967 im Prager Exil und besteht aus einer Montage verschiedener Diskussionsbeiträge junger Tschechoslowaken und einiger Lateinamerikaner über Probleme des Sozialismus. Die Widersprüche bleiben ungelöst; neben Hochpolitischem stehen, unvermittelt, die leidenschaftlichen Worte an die Geliebte, auf knappe zynische Sentenzen folgen private Bekenntnisse: Abbild einer offenen Situation, in welcher der Dialog noch möglich, Fragen noch erlaubt sind. W.E.

AUSGABEN: *La ventana en el rostro*, Mexiko 1961. – *El mar*, Havanna 1962. – *El turno del ofendido*, Havanna 1963. – *Los testimonios*, Havanna 1964. – *Los pequeños infiernos*, Havanna 1964. – *Poemas*, San Salvador 1968. – *Tabernas y otros lugares*, Havanna 1968. – *Las historias prohibidas del pulgarcito*, Mexiko 1974. – *Poesías*, San Salvador o. J.

ÜBERSETZUNGEN: *y otros lugares / und andere Orte*, D. R. Basi u. P. Schleunig, Basel/Ffm. 1981 [Ausw. aus *Tabernas y otros lugares*; span.-dt.].

LITERATUR: M. Benedetti, *Una hora con R. D.* (in Casa de las Américas, 9, 1969, Nr. 54, S. 145–153). – *Para R.: »El turno del ofendido«* (ebd., 16, 1976, Nr. 94, S. 5–50). – *Homenaje a R. D.* (in Universidad de San Carlos de Guatemala, 3, 1976, Nr. 18, S. 58–123). – Judith A. Weiss, *R. D.: Puntos de partida para el estudio de su obra poética* (in CA, 214, 1977, S. 199–210). – Ole Østergaard, *La poesía social-revolucionaria en el Salvador y Nicaragua: R. D., Ernesto Cardenal* (in CMHLB, 1984, Nr. 42, S. 41–57).

## LÉON GONTRAN DAMAS

* 28.3.1912 Cayenne
† 22.1.1978 Washington D.C.

### BLACK-LABEL

(frz.; *Black-Label*). Vierteiliges Gedicht von Léon Gontran DAMAS (Französisch-Guayana), erschienen 1956. – Nach der im Umkreis der frühen *Négritude*-Dichtung entstandenen Sammlung *Pigments*, 1937 *(Pigmente)*, dem »Prosa-Pamphlet« gegen das koloniale Ausbeutungs-System *Retour de Guyane*, 1938 *(Rückkehr von Guyana)*, *Veillées noires*, 1943 *(Schwarze Geschichten zur Nacht)*, einer Sammlung mündlich überlieferter Geschichten aus Guyana sowie der Zusammenstellung einer Anthologie französischsprachiger Dichter aus Übersee *Poètes d'expression française 1900–1945*, 1947 *(Dichter französischer Sprache)* und eines Bandes afrikanischer Gedichte *Poèmes Nègres sur des airs africains*, 1949 *(Neger-Gedichte auf afrikanische Melodien)*, und der Veröffentlichung von *Graffiti*, 1952 *(Graffiti)*, leitet der in dem für die »neoafrikanische« Literatur entscheidenden Jahr 1956 erschienene Band *Black Label* die zweite Schaffensperiode des französischen Dichters dunkler Hautfarbe ein.

Ausgangsthema ist die Situation des Exils, als das der Dichter, wie viele Westinder, Paris empfindet. Der erste Teil, der durch die immer wiederkehrende Strophe *»Black-Label trinken / um nichts zu ändern / Black-Label trinken / wozu etwas ändern«* / zusammengehalten wird, kritisiert *»auf der Erde der Parias«* jene Farbigen, die, von der europäischen Zivilisation geblendet, sich die Maßstäbe dieser Zivilisation aufzwingen lassen und weder das Selbstbewußtsein noch die Kraft finden, sich dagegen aufzulehnen. – Im zweiten Teil wird die Liebe zu einem blonden Mädchen beschworen, die aber nur ein Abbild jenes *»ewigen Bildes«* der einen Frau ist, *flüchtig erblickt auf der Insel zwischen tausend und einer Blüte«*. Diese Blonde kann das Bild der *belle négresse* von den Antillen nicht verdrängen, auch nicht wegwischen, und so scheitert das flüchtige Erlebnis im Hotelzimmer: *»Und meine verhaßte Begierde von einst / war jetzt nur noch / ein armes Etwas / ein armes totes Etwas.«* Der Dichter findet sein Selbstbewußtsein wieder in einem Preislied auf sein Negertum: *»Nie wird der Weiße ein Schwarzer sein / denn die Schönheit ist Schwarz / und schwarz die Weisheit ...«* – Der dritte Teil führt zurück in die westindische Heimat, deren Schönheit, die sie trotz ihres Elends besitzt, besungen wird. Im vierten Teil werden die verschiedenen Motive zusammengefügt in der *»unaufhörlich wiedererwachenden Macht der gut verschnürten Tabus meiner Kindheit auf den Antillen«*.

Das vierundachtzig Seiten lange Gedicht ist inhaltlich und stilistisch ein Meisterwerk der *négritude*, sichtbar beeinflußt von Aimé CÉSAIRES *Cahier d'un retour au pays natal (Zurück ins Land der Geburt)* und doch von eigenem, zarterem Ausdruck. Wo Césaire seine Bilder hart aufeinanderprallen läßt, ist Damas gedämpfter, musikalischer. Er reiht in langem Fluß einfache Bilder aneinander. In dieser Reihung vollzieht sich ein Gedankenablauf, der jedoch keine Handlungsfolge im europäischen Sinne ergibt und auch nicht ergeben soll. Ein Gedanke wird nie unmittelbar zu Ende geführt, sondern periodisch immer wieder neu aufgenommen. Gruppierungen, Abschnitte und Zusammenhänge innerhalb der Bildfolgen entstehen durch Beibehaltung des gleichen Lautwertes, der zugleich die Bildaussage trägt: *»Bamayo do Brazil / Bamayo do Brazil / montrant la voie aux gueux / montrant la voie aux peu / montrant la voie aux riens / montrant la voie aux chiens / montrant la voie aux maigres / montrant la voie aux nègres...«* Der Reim dient hier durch seine ständige Wiederholung als Steigerungsmittel. Wie Refrains kehren Strophen wieder, die den lyrischen Vorgang gliedern. Das ganze Gedicht, auf einen einfachen Grundrhythmus gespannt, über dem in immer kleineren Unterteilungen Sekundärrhythmen variiert werden, ist zur Trommel rezitierbar: Es ist Trommelsprache.

Nach *Black-Label* erschien als einzige weitere Gedichtsammlung von Damas 1966 der Band *Névralgies (Neuralgien)*, ehe der zweifellos militanteste Kämpfer der *Négritude*-Bewegung als Reisender und unermüdlicher Kämpfer für die Sache der schwarzen Rasse in den letzten zehn Jahren seines Lebens nur noch in zahlreichen Vorträgen, Interviews, Rundfunk-Sendungen und Platten-Aufzeichungen sich weltweit – z. T. im Auftrag der UNESCO – Gehör verschaffte. J.H.J.-KLL

AUSGABE: Paris 1956.

LITERATUR: A. Viatte, *Littérature d'expression française dans la France d'outre-mer et à l'étranger: Suisse romande, Belgique, Canada, Louisiane, Haïti: Petites Antilles et Guayane, Afrique du Nord, Afrique noire, Océan indien, Proche-Orient* (in *Histoire des littératures*, Paris 1958, S. 1365–1413). – A. Joyau, *Rapport sur l'état de la littérature d'expression française (Réunion, Martinique, Guadeloupe, Guayana, Afrique noire, Madagascar)* (in *Colloque international des écrivains d'expression française*, Paris 1958, S. 44–49). – *Hommage posthume à L. G. D.* (in Présence africaine, 1979; Sondernr.). – *L. G. D. 1912–1978. Founder of Négritude. A Memorial Casebook*, Hg. D. Racine, Washington D.C. 1979. – D. Racine, *L. G. D., l'homme et l'œuvre*, Paris/Dakar 1983 [m. Bibliogr.].

## MUḤAMMAD KAMĀLADDĪN AD-DAMĪRĪ

* 1341 Kairo
† 1405 Kairo

### ḤAYĀT AL-ḤAYAWĀN

(arab.; *Das Leben der Lebewesen*). Enzyklopädisches *Adab*-Werk des Theologen und Rechtsgelehrten Muḥammad Kamāladdīn AD-DAMĪRĪ. – Von *asad* (»Löwe«) bis *ya'sūb* (»Drohne«) behandelt der Verfasser in alphabetischer Folge die Lebewesen: Mensch und Tier, Geister und Fabelwesen. Bei der Auswahl seines Materials unterscheidet ad-Damīrī nicht zwischen exakten und fabulösen Angaben, zwischen wirklich Relevantem und Belanglosem. Mancherlei Abschweifungen – die längste ein Abriß der Kalifengeschichte – zeugen von ad-Damīrīs Gelehrsamkeit und Belesenheit.

Bei den eigentlichen Sachartikeln hält sich der Autor im allgemeinen und soweit es ihm möglich ist oder nötig erscheint, an ein Schema, das ihm viele Themen anzuschneiden erlaubt: Er beginnt mit der Klärung philologischer Fragen, bringt in schwierigen Fällen zunächst die genaue Lesung des betreffenden Tiernamens und gibt außerdem Definitionen, Etymologien und grammatische Formen an, gegebenenfalls unter Berufung auf die Lehrmeinungen der alten arabischen Philologen. Er nennt weitere Bezeichnungen für das Tier und beschreibt dann dessen Eigenschaften und Eigenheiten. Gern zitiert er zum Thema passende Gedichte oder einzelne Verse und erzählt Anekdoten, Legenden u. ä. Rubriziert unter *fā'ida* (»Bedeutung, Nutzanwendung«) und *ḥukm* (»Rechtsentscheid«) bringt ad-Damīrī eine Fülle von *Qur'ān*-Zitaten und Überlieferungen aus den islamischen Traditionswerken über das betreffende Lebewesen mit zahlreichen rechtlichen Fragen und Entscheidungen. Da es nach dem Volksglauben möglich war, daß Menschen in Tiere verwandelt oder Ehen zwischen Menschen und Geistern geschlossen wurden, mußten auch Rechtsverhältnisse dieser Art theoretisch geklärt werden, und ad-Damīrī hat solche Rechtsentscheidungen von nur hypothetischem Wert ebenfalls aufgenommen. Außerdem führt er unter *ḥukm* an, ob der Verzehr des Fleisches des betreffenden Tieres erlaubt oder verboten ist und zitiert ggf. unterschiedliche Lehrmeinungen. Danach folgen – wenn dem Verfasser bekannt – relevante Sprichwörter, danach Medizinisches. Die Bedeutung des betreffenden Tieres oder Wesens im Traum wird stets am Ende eines Artikels behandelt. Ad-Damīrīs Anliegen ist es, die ungenügenden Kenntnisse seiner Zeit, die Richtiges und Fehlerhaftes vermische und den *nasr* (»Adler«) mit dem *ẓalīm* (»männl. Strauß«) verwechsle, zu verbessern (ad-Damīrī in seiner Einleitung). Zoologische Werke standen ihm kaum zur Verfügung. Seine Quellen sind die alte Dichtung mit ihren Tierbeschreibungen, *Adab*-Werke, Fabeln, medizinische Werke oder auch Spezialliteratur, wie Falknereibücher usw. Aus den zahlreichen von ad-Damīrī zitierten Versen stellte AS-SUYŪṬĪ (1445–1506) eine Anthologie zusammen *(Dīwān al-ḥayawān)*, die im 17. Jh. ins Lateinische übersetzt wurde. – Ad-Damīrī hat drei Fassungen seiner Enzyklopädie ausgearbeitet, eine große, eine mittlere und eine kleinere, von denen jedoch nur die große gedruckt vorliegt. S.Gr.

AUSGABE: Kairo 1912.

LITERATUR: De la Salle, *Al-Ǧāḥiẓ, al-Qazwīnī et al-Damīrī dans leurs ouvrages sur les animaux* (in al-

Ṯurayyā, 1943, 1). – J. v. Somogyi, *Die Stellung ad-Damīrīs in der arabischen Literatur* (in WZKM, 56, 1960, S. 192–206). – Vgl. auch die Bibliographie in EI² s. v. *ad-Damīrī*.

## PAVEL DAN

* 3.9.1907 Tritenii-de-Sus
† 2.8.1937 Klausenburg

### URCAN BĂTRÎNUL

(rum.; *Ü: Urcan, der Alte*). Novelle von Pavel DAN, veröffentlicht 1933 unter dem Titel *Poveste ţărănească (Ländliche Erzählung)* in der Zeitschrift ‹Gînd Românesc‹. – Der früh verstorbene Pavel Dan gilt trotz des geringen Umfangs seines epischen Gesamtwerks als einer der begabtesten und bedeutendsten Prosaschriftsteller in der Tradition des siebenbürgischen Dorfromans von Ion SLAVICI (1848–1925), Ion AGÂRBICEANU (1882–1963) und Liviu REBREANU (1885–1944). – Die meisten seiner Kurzgeschichten (u. a. *Priveghiul – Die Totenwache, Zborul de la cuib – Der Flug aus dem Nest* und *Înmormîntarea lui Urcan Bătrînul – Das Begräbnis des alten Urcan*) schildern spezifische, zeit- und ortsgebundene Menschentypen und Geschehnisse, die jedoch in einen allgemeingültigen Zusammenhang gestellt sind. Im Vorwort zu seiner französischen Übersetzung der Kurzprosa Pavel Dans (*Père Urcan*, 1945) bemerkte Eugène IONESCO (* 1912), daß das unausgesprochene existentielle Anliegen des Autors darin bestehe, darzustellen *»wie die Bauern sterben«*.

Der alte Urcan hat es als Bettler und Landstreicher zu einem beträchtlichen Vermögen gebracht, das die Habgier seiner Kinder und Enkel weckt. Nachdem er von seinem Sohn Simion und von dessen Frau Ludovica aus seinem Haus verdrängt worden ist und in einer verfallenen Hütte kläglich dahinvegetiert, versucht Simions Sohn Valer, das Vertrauen seines Großvaters zu gewinnen, um von diesem als Erbe eingesetzt zu werden. In dem Streit um das Vermögen des alten Urcan kommt es zum Zerwürfnis zwischen Vater und Sohn, das in einer handgreiflichen Auseinandersetzung zwischen Ludovica und ihrer Schwiegertochter Ana seinen Höhepunkt findet. Nachdem Valer vergeblich versucht hat, den Notar des Dorfes dazu zu bewegen, das Vermögen Urcans in einer betrügerischen Manipulation auf seinen Namen umzuschreiben, gibt er auf und versöhnt sich mit seinen Eltern.

Die Novelle *Înmormîntarea lui Urcan Bătrînul* kann als ein Epilog zu *Urcan Bătrînul* betrachtet werden. In dieser zweiten Novelle tritt die grenzenlose Gewinnsucht und der fast unmenschliche Geiz, von dem Urcans Nachkommen beherrscht werden, noch prägnanter in Erscheinung. Nach seinem Hinscheiden wird der alte Urcan länger als eine Woche lang nicht begraben, weil sein Begräbnis an einem Fasttag stattfinden soll und man auf diese Weise die Kosten für das Totenmahl spart. Am Tage der Beerdigung kommt es aus diesem Grunde zwischen Urcans Angehörigen und dem Pfarrer zu einem heftigen Streit, der damit endet, daß der Geistliche sich weigert, den Verstorbenen auszusegnen, und das Haus verläßt.

Die schriftstellerische Originalität Pavel Dans besteht in der Verknüpfung realistischer und phantastischer Elemente in der Handlungsführung seiner Novellen und Erzählungen sowie in seiner stilistischen Perfektion. G.Sc.

AUSGABEN: Klausenburg 1933 (u. d. T. *Poveste ţărănească*, in Gînd Românesc). – Bukarest 1938, Hg. I. Chinezu. – Bukarest 1960. – Bukarest 1973. – Cluj 1976 (in *Ultimul capitol. Schiţe, povestiri, nuvele, fragmente*, Hg. N. Florescu). – Bukarest 1985 (in *Schiţe şi nuvele*, Hg. M. Braga).

ÜBERSETZUNGEN: *Der alte Urcan*, E. Stark (in *Der Tod der Möwe. Rumänische Erzählungen des kritischen Realismus*, Bln. 1963). – *Urcan, der Alte: Erzählungen*, F. Fröhlich, Bukarest 1973.

LITERATUR: I. Negoiţescu, *Realism şi fervoare formală la P. D.* (in I. N., *Scriitorii moderni*, Bukarest 1966, S. 302–316). – D. Pop, *Folclorul în creaţia literară a lui P. D.* ( in Limbă şi literatură, 15, 1967, S. 103–118). – M. Lazăr, *P. D.*, Bukarest 1967. – I. Chinezu, *»Urcan bătrînul« lui P. D.* (in I. C., *Pagini de critică*, Bukarest 1969, S. 171–186). – N. Balota, *P. D., precedat de o introducere în proza transilvană* (in N. B., *De la Ion le Ioanide*, Bukarest 1974, S. 244–307). – N. Ciobanu, *Insemne ale modernităţii*, Bukarest 1977, S. 254–257.

## RICHARD HENRY DANA JR.

* 1.8.1815 Cambridge
† 7.1.1882 Rom

### TWO YEARS BEFORE THE MAST. A Personal Narrative of Life at Sea

(amer.; *Zwei Jahre vor dem Mast. Ein Erlebnisbericht vom Leben auf See*). Reisebericht von Richard Henry DANA, erschienen 1840. – Im Jahr 1834 unterbrach der Harvard-Student (und spätere politisch ambitionierte Jurist) Dana wegen eines Augenleidens sein Studium und heuerte auf der Brigg »Pilgrim« an, die für die Lederfabriken in Cambridge und Lynn, Massachusetts, Tierhäute aus Kalifornien nach Boston transportieren sollte. Die Route führte ums Kap Horn zur Küste Kaliforniens, das damals noch zu Mexiko gehörte. Während des über ein Jahr dauernden Einsammelns der

Ladung studierte Dana die Topographie des Landes von San Diego bis San Francisco, beobachtete die Gebräuche und Feste der Mexikaner (deren Schilderung einen für den Historiker besonders interessanten, wenn auch von Vorurteilen über die »Faulheit dieser Rasse« nicht freien Teil des Buches bilden), die Lebensweise der zugewanderten amerikanischen Geschäftsleute (die zwölf Jahre später den Anschluß des Landes an die Union bewirkten) und das Verhalten von Seeleuten verschiedener Nationalität. Besonders liebevoll schildert er, ausgehend vom Schicksal seines furchtbar von der Syphilis geschlagenen, aber wieder genesenen Freundes Hope, die Wesensart der Kanaken aus Hawaii. Nur dank seiner Herkunft bleibt es dem Erzähler erspart, zwei weitere Jahre im Dienst der leuteschinderischen Häutehändler zu verbringen: Er tritt, wieder unter dem Kommando des tyrannischen Kapitäns Thompson, auf der größeren »Alert« die Rückfahrt an. Die epische Schilderung der gefährlichen Umsegelung von Kap Horn im tiefen Winter (die Dana zeitweilig als Kranker in quälender Untätigkeit im Bauch des Schiffes erlebte), die Beschreibung des wochenlangen Kampfes gegen Treibeis und Winterstürme (von der MELVILLE in *White-Jacket* sagte, sie müsse *»mit einem Eiszapfen«* geschrieben worden sein) und der Durchsegelung tropischer Gewässer sind Höhepunkte eines Buches, das durchweg als Musterbeispiel für die *»leidenschaftslose Darstellung unverbrämter Tatsachen«* (D. H. Lawrence) gelten darf. Der knappe, beherrschte Stil hat das Werk zu einem Vorläufer des literarischen Realismus gemacht; als belebendes Moment erweist sich der von Dana instinktiv erkannte und durch dramatische Akzente geschickt gesteigerte Initiationscharakter dieser Reise. Der junge Mann lernt die Indifferenz und Schönheit der elementaren Natur kennen, die Realität des Arbeitslebens, die Härte kapitalistischer Erwerbsmethoden, die Brutalität der Menschen, aber auch ihren Edelmut. Die Auspeitschung zweier Matrosen (und die erschütternde Wirkung dieses Willküraktes auf ihn, den Amerikaner), die Porträts zweier den Idealtyp des *handsome sailor* verkörpernder Seeleute (Bill Jackson und Tom Harris), des Kanaken Hope und des Kapitäns haben neben anderen Details deutlichen Einfluß auf Melville ausgeübt und Spuren in Werken wie *Redburn, White-Jacket* und *Moby-Dick* hinterlassen.

Danas Meisterwerk, hinter dem seine späteren literarischen Versuche weit zurückbleiben, wurde sofort zum Bestseller und zählt seither – neben PARKMANS *The Oregon Trail* (1887) und Melvilles *Typee* (1846) – zu den beliebtesten und regelmäßig wiederaufgelegten Reisebeschreibungen der amerikanischen Literatur. K.E.

AUSGABEN: NY 1840. – NY 1954. – Los Angeles 1964, Hg. J. H. Kemble. – NY 1981. – NY 1982.

ÜBERSETZUNG: *Zwei Jahre vor'm Mast*, W. Heus, Bln. 1933, ern. 1986. – Dass., ders., Nördlingen 1987.

LITERATUR: D. H. Lawrence, *Studies in Classic American Literature*, NY 1923; ern. 1955, S. 121–142. – J. D. Hart, *The Education of R. H. D., Jr.* (in New England Quarterly, 9, 1936, S. 3–25). – Ders., *Melville and D.* (in AL, 9, März 1937, S. 49–55). – W. H. Bond, *Melville and »Two Years before the Mast«* (in Harvard Library Bull., 7, Herbst 1957, S. 362–365). – R. F. Lucid, *The Influence of »Two Years before the Mast« on H. Melville* (in AL, 31, Nov. 1959, S. 243–256). – S. Shapiro, *R. H. D.: 1815 to 1882*, East Lansing/Michigan 1961, S. 187–197. – D. B. Hill, Jr., *R. H. D., Jr., and »Two Years Before the Mast«* (in Criticism, 9, 1967, S. 312–325). – D. A. Ringe, *Early American Gothic: Brown, D. and Allston* (in American Transcendental Quarterly, 19, 1973, S. 3–8). – J. M. Cox, *R. H. D.'s »Two Years Before the Mast«: Autobiography Completing Life* (in *The Dialectic of Discovery: Essays on the Teaching and Interpretation of Literature Presented to L. E. Harvey*, Hg. J. D. Lyons u. N. J. Vickers, Lexington 1984, S. 159–177).

## FLORENT DANCOURT

eig. Florent Carton, Sieur d'Ancourt

* 1.11.1661 Fontainebleau
† 6.12.1725 Courcelles-le-Roi

LITERATUR ZUM AUTOR:
C. Barthélemy, *La bourgeoisie et les paysans sur le théâtre du 17e siècle, la comédie de D.*, Paris 1882; Nachdr. Genf 1970. – J. Lemaître, *La comédie après Molière et le théâtre de D.*, Lpzg. 1903. – N. Melani, *Motivi tradizionali e fantasia del ›Divertissement‹ nel teatro di D.*, Neapel 1970. – A. Blanc, *Le théâtre de D.*, 2 Bde., Lille/Paris 1977. – Ders., *F. C. D. (1661–1725). La Comédie-Française à l'heure du soleil couchant*, Tübingen 1984.

### LE CHEVALIER À LA MODE

(frz.; *Der Kavalier à la mode*). Prosakomödie in fünf Akten von Florent DANCOURT, Uraufführung: 24. 10. 1687, Fontainebleau. – Madame Patin stürzt rasend vor Wut auf die Szene: Die protzige Kutsche dieser überaus wohlhabenden Witwe mußte auf der Straße der eher bescheidenen Equipage irgendeiner Marquise Platz machen. Seit Madame Patin das beträchtliche Vermögen ihres verstorbenen Bankiersgatten geerbt hat, lebt sie nämlich in der Illusion, zu den besten Gesellschaftskreisen zu zählen; folglich umgibt sie sich auch nur noch mit Leuten von Stand. So bricht sie mit ihrem Schwager, Monsieur Serrefort, und schlägt auch die Heirat mit Monsieur Migaud aus, um sich mit dem völlig mittellosen Chevalier de Villefontaine zu vermählen, der nach dem Grundsatz lebt, eine verliebte Frau wolle betrogen werden. Migaud erfährt dies von Lisette, der sich auch Villefontaine anvertraut: Er liebe in Wirklichkeit ein brünettes Mädchen, dem er seit vier Tagen den Hof mache, wolle aber nicht mit einer wenig attraktiven, alten Baronin Schluß machen, da diese ihn mit allen nur erdenklichen Aufmerksamkeiten überhäuft. Villefontaine macht Madame Patin seine Aufwartung, zieht sich jedoch auf einen Wink seines Dieners Crispin zurück, um sich wieder der reichen Baronin zu widmen, die ihm eine Kutsche schenken möchte. Lisette, die dies alles aufklären könnte, will Madame Patin keine Enttäuschung bereiten.

Zu Beginn des zweiten Akts macht Serrefort Madame Patin schwere Vorwürfe wegen ihres Benehmens. Nachdem er fort ist, erklärt Madame Patin Lisette, sie wolle noch in derselben Nacht, um fünf Uhr morgens, Villefontaine heiraten. Madame Patins Nichte hegt allerdings ebenso ehrgeizige Pläne: Sie unterrichtet ihre Tante, daß sie einen gewissen Marquis des Guérets heiraten will, der freilich niemand anders als Villefontaine ist. Die beiden ahnungslosen Frauen beschließen, einander bei ihren Heiratsplänen zu helfen, wobei es Madame Patin in erster Linie darum geht, Serrefort ein Schnippchen zu schlagen. Als wenig später Villefontaine kommt, um ihr von der teuren Kutsche zu erzählen, glaubt sie in ihrer Eitelkeit, Villefontaine habe diese für sie erworben. Schließlich macht die großzügige Spenderin, die Baronin, Madame Patin ihre Aufwartung, da sie von ihr Unterstützung in einer Rechtsangelegenheit erhofft. Der Chevalier muß sich mit einem Versteckspiel absetzen, damit sein doppeltes Spiel nicht aufgedeckt wird. Crispin verliert einige belastende Dokumente, eine Liste von Villefontaines Geliebten und Gedichte, die der Chevalier für die Baronin verfassen ließ. – Währenddessen versucht Migaud den Rechtsstreit zwischen Madame Patin und der Marquise Dorimène, die zu Beginn des Stücks wegen der Vorfahrt ihrer Kutsche in Streit geraten waren, zu schlichten: Madame Patin lehnt es jedoch ab, sich bei der Marquise zu entschuldigen. Auch glaubt sie Migaud nicht, als ihr dieser von den Machenschaften Villefontaines erzählt. Da Lisette aber Crispins Liste und die Verse gefunden hat, liegen jetzt die Beweise auf der Hand: Der Chevalier zieht sich jedoch aus der Affäre, indem er seinen Diener zu neuen Lügen anstiftet. Madame Patin schenkt ihm nicht nur ihr Vertrauen, sie läßt sogar den Notar rufen, um einen Ehevertrag aufzusetzen. Nachdem sich der Chevalier zurückgezogen hat, wird sein Lügengespinst doch zunichte gemacht: Lucile und die Baronin geraten in Streit, da beide im Besitz desselben Liebesgedichts sind, das sie von Villefontaine erhielten. Als schließlich Madame Patin hinzukommt und das Gedicht ebenfalls wiedererkennt, entdecken die drei Frauen, daß sie von ein und demselben Kavalier an der Nase herumgeführt wurden. Wieder gelingt es Villefontaine, sich zu rechtfertigen. Während er nach wie vor die Baronin und Madame Patin hinhält, überlegt er, wie er das brünette Mädchen, in das er wirklich verliebt ist, entführen könnte. Als der wortgewandte Chevalier Madame Patin dazu überredet, ihm die Summe von tausend Pistolen auszuzahlen, kommt Serrefort hinzu. Dieser gerät darüber mit Madame Patin in Streit, da er für ihr Vermögen verantwortlich ist. Er beschließt, den Chevalier hinzuhalten und ihm die Summe vorerst nicht auszuzahlen. Während Lisette und Serrefort darüber nachdenken, wie man die immer noch bevorstehende Heirat verhindern könnte, tritt die Baronin mit zwei Degen in der Hand ein: Sie will sich mit Madame Patin darum duellieren, wer den Chevalier erhalten soll. Als Lucile auftritt, fest entschlossen, sich von ihm entführen zu lassen, ist die Überraschung vollkommen. Der Zynismus des Chevalier geht indes soweit, daß er beim Kartenspiel einer seiner Geliebten vorschlägt, zugunsten einer anderen auf ihn zu verzichten. Als schließlich Madame Patin Monsieur Migaud und Lucile dessen Sohn heiratet, bleibt dem Chevalier immer noch die reiche Baronin, von der er sich künftig aushalten läßt.

Formal gesehen ist *Le chevalier à la mode* Dancourts brillantestes Stück. Handlungstechnisch erhält jeder Akt einerseits einen zentralen thematischen Schwerpunkt, andererseits werden sämtliche verwendete Motive in allen Akten durchgeführt. Inwieweit Dancourts Mitautor, der Moralist J. SAINCTION, tatsächlich Einfluß auf das Werk genommen hat, bleibt umstritten; man hat vermutet, die Nennung Sainctions auf zeitgenössischen Theaterzetteln habe lediglich strategische Gründe gehabt, da sie im Interesse beider Autoren lag. Der Erfolg des Werks war außerordentlich und sicherte dem gerade sechsundzwanzigjährigen Dancourt den Durchbruch als Komödienautor: Bereits im Erscheinungsjahr wurde es 40 Abende gespielt, was bislang keiner Komödie gelungen war. Bis 1854 erreichte die zynische Sittenkomödie, die das Geltungsstreben der Bürger und die Eitelkeiten der Aristokraten gleichermaßen kritisiert, immerhin 370 Aufführungen, bevor sie in den Schatten der großen Werke Molières zurücktrat. S.L.

AUSGABEN: Paris 1688. – Paris 1693 (in *Œuvres*, 12 Bde.). – Paris 1711 (in *Œuvres*, 7 Bde.). – Straßburg o. J. (Bibliotheca romanica, S. 262/263; Bibliothèque française). – Exeter 1980, Hg. R. H. Crashaw [krit.].

LITERATUR: E. Linthilhac, *»Le chevalier à la mode«, le premier chef-d'œuvre de la comédie de mœurs; étude sur le théâtre et les mœurs après Molière* (in *Les conférences dramatiques Odéon, 1888–1898*, Paris 1898).

## LA FÊTE DE VILLAGE

(frz.; *Das Dorffest*). Prosakomödie in drei Akten von Florent DANCOURT, Uraufführung: Lille, 14. 6. 1700. – Naquart und Blandineau, zwei Staatsanwälte, unterhalten sich über ein Problem, das Naquart ganz besonders am Herzen liegt: Er ist der Meinung, ein Staatsanwalt müsse mit der Zeit gehen, sich den Moden anpassen und um des Genusses willen mit Geld um sich werfen können. So möchte er die kokette Witwe Greffière, die Schwägerin von Blandineau, heiraten, die ebenso wie Blandineaus Ehefrau selbst von gesellschaftlichem Aufstieg träumt. Indes hat die Greffière ihrerseits ein Auge auf einen jungen und mittellosen Grafen geworfen, den allerdings auch Angélique, Blandineaus Tochter, liebt. Der Graf indes macht, wie aus den Worten seines Dieners L'Olive zu erahnen ist, aus finanziellen Erwägungen auch der Greffière den Hof.

Von einem Magister hat sich die Greffière ein Gedicht zu ihrer eigenen Verherrlichung verfassen lassen; auch läßt sie sich von einer raffinierten Schönrednerin nur zu gerne allerlei Schmeicheleien über ihre vermeintliche Attraktivität und ihre Chancen bei Männern erzählen. Madame Blandineau und ihre Cousine L'Élue beschließen aus Eifersucht, die Greffière von ihrem Heiratsplan mit dem Grafen abzubringen. Diese beharrt indes auf ihrem Vorhaben und weigert sich, den bürgerlichen Naquart zu heiraten, dem sie die schöne Angélique schmackhaft machen will. Widerstrebend willigt der Graf in die Geldheirat mit der Greffière ein, obgleich er Angélique liebt. Freilich hofft er darauf, daß er ohnehin bald wieder Witwer wird und mit dem beträchtlichen Vermögen der Greffière Angélique zur Frau nehmen kann. So versucht er zu verhindern, daß Naquart Angélique heiratet, wofür er, um sie zu überzeugen, schließlich doch auf die Greffière verzichtet. Madame Blandineau tritt herein und erklärt, daß ihr Mann eine Baronin und die dazugehörigen Titel erworben hat, wodurch ihr beharrlicher Aufstiegswille endlich mit Erfolg gesegnet ist. Auf den Rat des Grafen hofiert Naquart die Greffière, die ihn schließlich heiratet, da Naquart Titel und Güter des Grafen gekauft hat. Man gesteht der Greffière zu, den Grafentitel zu führen. So kommt diese nicht nur in den Genuß des heiß ersehnten Adelstitels, sondern Angélique und der Graf können als Erben darauf hoffen, später wieder auf die verlorenen Güter zurückzukehren. Ein *Divertissement* auf dem Lande, das den Titel des *Fête de village* rechtfertigt, beschließt das Stück.

Neben dem Bürgertum ist in *La Fête de village* der Adel selbst die Zielscheibe von Dancourts Satire, freilich nicht als Stand, dem Dancourt sich selbst zurechnete, sondern durch einzelne Individuen, die sich durch ihre Laster – Genußsucht und Spielleidenschaft – ruinieren und so erst eine Angriffsfläche für die bürgerlichen Emanzipationsbedürfnisse bieten. Doch auch das gehobene Bürgertum wird hier in Gestalt der Staatsanwälte aufs Korn genommen, da diese ihr Amt nur dazu gebrauchen, um Ansehen zu erlangen. Die einfachen Kaufleute, vertreten durch die geltungssüchtige Madame Carmin, die ihrem Mann, der gerade lesen und schreiben kann, den Titel eines Gerichtspräsidenten kauft, werden kritisch gesehen in ihrer Absicht, sich durch ihr Kapital über die Adeligen zu erheben. So zeigt Dancourts Werk bereits zu Beginn des 18. Jh.s, wie die alte ständische Ordnung dadurch aus den Fugen gerät, daß Aristokraten sich auf die Ebene des Bürgertums herablassen, während diese sich durch Geld und erkaufte Ämter und Titel über die alten Privilegien des Geburtsadels hinwegzusetzen beginnen. Obgleich die Aufteilung in drei Akte einer inneren Notwendigkeit entbehrt, besticht das Werk durch seine lebhaften Dialoge und die Zeichnung der Charaktere, die auch in anderen Werken des Autors für den Erfolg bürgten: So verwendete er die Gestalt des Magisters bereits in *L'opéra du village*, 1692 *(Die Dorfoper)*. Auch die Bürgergestalten, die sich in die Welt des Adels aufschwingen möchten, hatte Dancourt bereits zuvor – etwa in Gestalt der Madame Patin in *Le chevalier à la mode* – mit Erfolg der Lächerlichkeit preisgegeben. Diesen mit besonderem analytischen Scharfblick karikierten Gestalten gilt das Hauptanliegen des Autors, der sein Werk ursprünglich *Les Bourgeoises de qualité (Die Bürgerinnen von Stand)* nannte und damit an sein 1693 erschienenes, vermutlich gemeinsam mit J. Sainction verfaßtes Stück *Les bourgeoises à la mode (Die Bürgerinnen nach der Mode)* anknüpft. Einen zusätzlichen Reiz gestattet die Verlagerung der Handlung auf das Land, wobei Dancourt hier gezielt auf die Sprachkomik setzt, die sich aus dem Dialekt der Bauern ergibt. Das Stück war ein bedeutender kommerzieller Erfolg für Dancourt, der auch selbst eine Rolle übernommen hatte. Im Repertoire der französischen Bühnen blieb *La fête de village* immerhin bis 1838; mit 360 Aufführungen kann es neben *Le chevalier à la mode* als erfolgreichstes Werk Dancourts gelten. S.L.

AUSGABE: Paris 1700. – Paris 1760 (in *Œuvres*). – Paris 1888 (*Les bourgeoises de qualité ou La fête de village*; m. Einl.).

## DAṆḌIN

7./8. Jh.

LITERATUR ZUM AUTOR:
D. K. Gupta, *A Critical Study of Dandin and His Works*, Delhi 1970. – M. Singh, *Dandin's Method of Narration* (in Triveni, 44, 1975, Nr. 3, S. 34–39). – Ders., *Daṇḍin's Indebtedness to Bāṇa* (in Annals of Oriental Research, Madras 1975, S. 492–503). – Ders., *Daṇḍin and Later Writers* (in Bharatiya Vidya 38, 1978, S. 60–65). – Ders., *Subandhu and Dandin*, Neu Delhi 1979.

### DAŚAKUMĀRACARITA

(srkt.; *Die Erlebnisse der zehn Prinzen*). Prosaroman von DAṆḌIN, am Ende des 7. oder Anfang des 8. Jh.s verfaßt. – Das Werk ist nicht vollständig überliefert, gilt aber dennoch als einer der bedeutendsten Prosaromane der Sanskrit-Literatur. Es fehlen die Rahmenerzählung und die Erzählungen zweier Prinzen, sowie die des Haupthelden. Diese sind in den *pūrvapīṭhikā-s* geschildert, »Einleitungen«, die andere Dichter verfaßt haben. – Nach manchen Forschern (A. K. Warder) handelt es sich beim *Daśakumāracarita* um einen Teil der nur bruchstückhaft erhaltenen Dichtung *Avantisundarī-kathā*, die von Daṇḍin stammen soll. Der Titel *Daśakumāracarita* geht danach auf die Telugu-Version *Daśakumāracaritamu* von KETANA zurück. Doch ist gar nicht sicher, ob hier derselbe Autor vorliegt. Auch sprechen stilistische Gründe und Unterschiede in der Erzähltechnik gegen diese Annahme (S. Lienhard).

Der Sohn des im Walde lebenden weil entthronten Königs von Magadha, Rājavāhana, wird mit neun Freunden, meist Ministersöhnen, in die Welt geschickt, um Abenteuer zu erleben. Bereits zu Anfang verlieren die Freunde den Haupthelden und ziehen in verschiedene Richtungen, um ihn zu suchen. In Ujjayinī treffen sie sich schließlich wieder und erzählen einander, was sie erlebt haben. – Im Vergleich zu späteren Prosadichtungen, wie denen von BĀṆA und SUBANDHU, zeigt das *Daśakumāracarita* einen einfachen, klaren Aufbau. Daṇḍin schildert auch, im Gegensatz zu den Forderungen des *Kāvya's* (Kunstdichtung) Charaktere, die nicht immer edelmütig und integer sind. Wir finden hierin nämlich auch Schurken, Diebe, Ehebrecher, Hetären u. ä. Doch steht die Unmoral immer im Dienste eines guten Zwecks. Gerade wegen dieser Buntheit und Lebensnähe ist das Werk eine Fundgrube der Kulturgeschichte.

Daṇḍin erweist sich als Meister der Sprache, wenngleich das Werk nicht so überladen ist mit Künsteleien wie spätere Dichtungen. Doch beherrscht auch er lange Sätze und Komposita, Sinnfiguren und Lautmalereien. Der Höhepunkt hierbei ist Kapitel sieben, in dem kein einziger Labiallaut vorkommt, da dem Erzähler von seiner Geliebten die Lippen wund geküßt worden waren. G.Gr.

AUSGABEN: Ldn. 1846, Hg. H. Wilson. – Bombay [15]1951. – Madras 1955 [m. engl. Übers.]. – Varanasi [3]1965. – Delhi [4]1966, Hg. M. R. Kale [m. engl. Übers.; ern. 1986].

ÜBERSETZUNGEN: *Dandins Daśakumāracaritam, die Abenteuer der zehn Prinzen*, J. J. Meyer, Lpzg. 1902. – *Daśakumāracaritam, die Abenteuer der zehn Prinzen*, M. Haberlandt, Mchn. 1903. – *Die zehn Prinzen, ein indischer Roman von Dandin*, J. Hertel, Lpzg. 1922 (in *Indische Erzähler*, Bd. 3; ern. Mchn. 1985).

LITERATUR: A. Gawronski, *Sprachliche Untersuchungen über das »Mṛcchakaṭika« und das »Daśakumāracarita«*, Diss. Lpzg. 1907. – M. Collins, *The Geographical Data of the »Raghuvaṃśa« and »Daśakumāracarita«*, Diss. Lpzg. 1907. – W. Ruben, *Die Erlebnisse der zehn Prinzen*, Bln. 1952. – D. K. Gupta, *»Avantisundarīkathā« and »Daśakumāracarita«, Two Different Works of Ācārya Daṇḍin* (in Vishveshvaranand Indological Journal, 8, 1970, S. 116–124). – M. Singh, *Dr. A. B. Keith on the Pūrvapīṭhikā of Daṇḍin's »Daśakumāracarita«* (in Journal of the Oriental Institute Baroda, 25, 1975, S. 135–139). – E. P. Maten, *The Rogue as a Moralist. The Place of Daṇḍin's »Daśakumāracarita« in Sanskrit Literature* (in *Ludwik Sternbach Felicitation Volume*, Bd. 2, Lucknow 1979, S. 969–979). – A. K. Warder, *Indian Kāvya Literature*, Bd. 4, Delhi 1983, S. 165–211. – S. Lienhard, *A History of Classical Poetry, Sanskrit-Pali-Prakrit*, Wiesbaden 1984, S. 234–243.

## KĀVYĀDARŚA

(skrt.; *Spiegel der Kunstdichtung*), auch *Kāvyalakṣaṇa*. Handbuch in drei Büchern über die Theorie der Dichtung *(alaṃkāraśāstra)*. Diesem in Versen abgefaßten repräsentativen Poetikwerk gehen lediglich das *Bhāratīya Nāṭyaśāstra* (2. Jh.) und BHĀMAHAS *Kāvyālaṃkāra* voraus, mit dem sich Daṇḍin kritisch auseinandersetzt.

Im ersten Buch, das sich mit dem »Körper« *(śarīra)* der Dichtung befaßt, behandelt Daṇḍin zunächst das Kunstepos *(sargabandha, mahākāvya)*, als dessen typische Vertreter der *Raghuvaṃśa* und *Kumārasambhava* von KĀLIDĀSA (4./5. Jh.) zu nennen sind. Daß ein literarisches Werk aus Versen besteht, macht es noch nicht zum *kāvya*, denn auch viele Handbücher der Grammatik, der Astronomie usw. sind – aus mnemotechnischen Gründen – so abgefaßt. Den Stoff seines Werks findet der Dichter in den Sagen des *Mahābhārata*, das *Rāmāyaṇa* und der *Purāṇas*, oder er stellt eine wahre Begebenheit dar. Am Anfang soll ein Segenswunsch *(āśis)*, eine Huldigung *(namaskriyā)* oder einer kurze Paraphrasierung des Inhalts stehen. Als Schmuck gelten Schilderungen einer Stadt, der Jahreszeiten, des Mond- und Sonnenaufgangs, Beschreibungen von Sport und Spiel, von Trinkgelagen, Liebesszenen und Kriegszügen sowie der Bericht von der Geburt eines Knaben. Die geschilderten Gefühle *(bhāva)* sollen der Dichtung eine Grundstimmung (*rasa*, eigentlich »Geschmack«) verleihen. Dann wendet sich Daṇḍin den beiden Formen der Kunstprosa zu: der *ākhyāyikā*, für die als Beispiel das *Harṣacarita* von BĀṆABHAṬṬA (um 585–650) gelten kann, und der *kathā*, zu deren Typus die *Kādambarī* des gleichen Dichters gehört; weiter behandelt er die Mischformen von Prosa und Versen, wovon die wichtigste das Drama ist. Der Autor betont, daß es dem Dichter freistehe, seine Werke in Sanskrit, Prākrit oder Apabhraṃśa zu verfassen. Interessant ist die Diskussion über die Stilarten *(rīti)* in I, 40 ff. Im Gegensatz zu anderen Poetikern betrachtet Daṇḍin aber nur den anmutigen, klaren Vaidarbha- und den dunklen, bombastischen Gauḍa-Stil als relevant. Ein typisches Beispiel für die beiden Stile sind die Verse I, 87 und I, 91, die den gleichen Inhalt wiedergeben (Ü: O. Böhtlingk): *»Diese schwellenden Brüste, o Mädchen mit dem tadellosen Körper, haben ja nicht Platz auf deinem Brustbein«* (Vaidarbhī). *»Der Schöpfer schuf den Weltraum zu eng, weil er nicht bedacht hatte, daß dein Busen einst in der Weise anschwellen würde«* (Gauḍī).

Daṇḍin behandelt im zweiten Buch die Sinnesschmuckmittel *(arthālaṃkāra)*, und da besonders detailliert den Vergleich *(upamā)*, die Metapher *(rūpaka)*, den scheinbaren Tadel oder Widerspruch *(ākṣepa)*, die sehr beliebte Hyperbel *(atiśayokti)* und den Doppelsinn *(śleṣa)*, bei dem die gleiche Silbenfolge in verschiedenen Bedeutungen aufgefaßt werden muß.

Im dritten Buch werden schließlich ausführlich die Wortschmuckmittel *(śabdālaṃkāra)* dargestellt, wie z. B. der *yamaka*, bei dem eine Anzahl von Silben in einem Vers in verschiedenen Abständen wiederholt wird. Ebenso lehrt Daṇḍin hier Verse, in denen nur bestimte Konsonanten und Vokale vorkommen. – Daß Daṇḍin nicht nur ein kenntnisreicher Theoretiker gewesen ist, wird auch aus seinem *Kāvyadarśa* klar, da er viele Verse, die seine Poetik illustrieren, selbst verfaßt hat. – Das Werk ist im bsTan-'gyur in tibetischer Übersetzung enthalten. Dazu gibt es mehrere tibetische Kommentare.

H.H.

AUSGABEN: Lpzg. 1890, O. Böhtlingk [m. dt. Übers.]. – Poona 1924 [m. engl. Übers.]. – Kalkutta 1939, Hg. A. C. Banerjee [m. tibet. Übers.]. – Darbhanga 1957. – Kalkutta ²1961. – Delhi 1973.

LITERATUR: A. B. Keith, *Daṇḍin and Bhāmaha* (in *Indian Studies in Honor of C. R. Lanman*, Cambridge/Mass. 1929, S. 167–185). – A. Baccarini, *Aspetti della poetica indiana. Contributo allo studio del »Kāvyadarça« di Dandin*, Bologna 1963. – B. Jha, *Daṇḍin's Critique on Literary Blemishes* (in Journal of the Bihar Research Society 49, 1963, S. 88–99). – H. Jacobi, *Bhāmaha und Daṇḍin* (in H. J., *Schriften zur indischen Poetik und Ästhetik*, Darmstadt 1969, S. 338–354). – Ders., *Über die Vakrokti und über das Alter Daṇḍins* (ebd., S. 318 ff.). – E. Gerow, *Indian Poetics*, Wiesbaden 1977, S. 227–233.

## IGUMEN (ABT) DANIEL

12.Jh. (?)

### CHOŽDENIE IGUMENA DANIILA

(russ.; *Die Pilgerfahrt des russischen Abtes Daniel ins Heilige Land*). Erstes Denkmal der altrussischen Reiseliteratur und eines der wenigen originären Werke aus dieser Epoche. Der Verfasser ist der sonst unbekannt gebliebene Igumen (Abt) DANIEL, der wahrscheinlich dem Kiewer Höhlenkloster angehörte oder aus der Tschernigover Gegend stammte. Für die Datierung bleibt das Jahr 1113 als *terminus post quem non* zu berücksichtigen, da Svjatoslav Izjaslavič (der im gleichen Jahr starb) noch als regierender Fürst von Kiew erwähnt wird. Das *Choždenie* liegt in mehr als hundert Abschriften vom 15. bis 19. Jh. vor, doch fehlt bis heute eine kritische Ausgabe. Das Werk ist der Prototyp der im alten Rußland außerordentlich beliebten *palomničeskaja literatura* (Pilgerliteratur) und hat viele Nachahmungen erfahren. Vor allem brachte es, nach Genre und Thema, eine neue Note in das vorwiegend theologische Schrifttum der Zeit. Daniel unternahm seine Reise, um – wie er selbst sagt – das Heilige Land für andere Fromme zu schildern. Diese Absicht bestimmt den Charakter des Werkes als eine Art Reiseführer für Pilger unter Berücksichtigung aller heiligen Stätten, der auf eigenen Erfahrungen des Verfassers sowie Informationen aus der einschlägigen Literatur basiert.

Die Reise fand in den Jahren 1106–1108 statt und dauerte achtzehn Monate. Der Schilderung liegen offenbar Tagebuchaufzeichnungen zugrunde, die unmittelbar während der Reise von Byzanz über Ephesos und die Inseln Samos, Kos, Rhodos nach Jerusalem entstanden. Den Höhepunkt der Darstellung bildet natürlich der dem Heiligen Grab gewidmete Teil. Ebenso genau, wie die Topographie geschildert wird, beschreibt der Autor die Liturgie des Osterfestes des Jahres 1107 mit allen Einzelheiten. Außerdem teilt der Igumen mit, daß auch ihm das Wunder *»des himmlischen Lichts«* zuteil wurde: wie an jedem Karsamstag fiel das Licht auf die Grabeskirche herab und entzündete die *»griechischen Lampen«* (darunter auch seine im Namen des ganzen russischen Landes aufgestellte), nicht aber die *»fränkischen«*, die ketzerischen. Ansonsten jedoch verhält sich Daniel der römischen Kirche gegenüber erstaunlich unvoreingenommen. Das trifft auch für seinen Bericht über die Verhältnisse im lateinischen Kaiserreich zur Zeit Balduins I. (reg. 1099–1118) zu, des Königs von Jerusalem. Daniel hatte zwei Unterredungen mit dem Kreuzfahrerkönig und charakterisiert ihn – abweichend von anderen Zeitgenossen – als überaus leutselig und bescheiden. In seinen guten und für einen gewöhnlichen Pilger ziemlich ungewöhnlichen Beziehungen zu Balduin sehen einige Historiker den Beweis für diplomatische Aufträge Daniels. Erwiesen ist jedoch nur, daß er Balduins Schutz genoß, Dinge zu sehen bekam, die anderen Pilgern nicht zugänglich waren, und daß er im Gefolge des Königs eine ausgedehnte Reise durch Palästina machen konnte. Er besuchte von Jerusalem aus Galiläa, den Jordan, die heiligen Berge (Zion, Tabor, Ölberg) und das Tote Meer, kehrte noch einmal nach Jerusalem zurück und trat von dort die Heimreise an.

Kulturhistorisch besonders bedeutsam wird das Werk dadurch, daß der Autor auf seiner Reise ins Heilige Land zur Zeit des Ersten Kreuzzugs auch geographische, technische und wirtschaftliche Einzelheiten beobachtete. So beschreibt er die Befestigungsanlagen, Obstkulturen, Wasserleitungen in und um Jerusalem, das Wasser des Jordans und die Fischerei auf dem See Tiberias, die Asphaltgewinnung aus dem Toten Meer und die Tierwelt des Landes (Daniel ist der letzte Reisende, der in Palästina Löwen sah). Geschrieben ist das *Choždenie* in einem einfachen, nahezu lakonischen Stil, der trotz der oft wiederholten Adjektiva *»schön«, »wunderbar«, »unbeschreiblich«, »herrlich«*, nicht ermüdet. Die Sprache steht dem Altrussischen näher als dem Kirchenslavischen; daß Daniel auch das Griechische beherrschte, davon zeugen die vielen (z. T. nicht übersetzten) Fachausdrücke. J.H.

AUSGABEN: Petersburg 1864 (*Putešestvie igumena Daniila po Svjatoj Zemle*, Hg. A. S. Norov; m. Komm.). – Petersburg 1883 (in *Pravoslavnyj Palestinskij sbornik*, I, Lfg. 3 u. 9, Hg. M. A. Venevitinov). – Lpzg. 1949 (in *Altruss. Lesebuch*, Hg. R. Trautmann, Bd. 1, S. 88–93). – Mchn. 1970 (*Wallfahrtsbericht*, Hg. K. D. Seemann; Nachdr. der Ausg. Petersburg 1883–1885).

ÜBERSETZUNG: *Die Pilgerfahrt des russ. Abtes Daniel ins Hl. Land*, A. Leskien (in Zs. d. dt. Palästina-Vereins, 7, 1884).

LITERATUR: M. A. Venevitinov, *»Choždenie igumena Daniila«* (in Letopis'zanjatij archeograf. komissii, 7, 1884). – V. V. Danilov, *K charakteristike »Choždenie igumena Daniila«* (in Trudy otdela drevnerusskoj lit., 10, 1954, S. 92–105). – N. K. Gudzij, *»Die Pilgerfahrt d. Abtes Daniil«* (in N. K. G., *Gesch. d. russ. Lit. 11.–17. Jh.*, Halle 1959, S. 133–137). – K. D. Seemann, Vorw. (in I. D., *Choźnie*, Mchn. 1970, S. 7–74). – E. Weiher, *Zum »Choženie igumena Daniila« im Kodex Nr. 485 (211) des Klosters Chilandas* (in Anzeiger für Slavische Philologie, 1972, S. 171–175). – D. Tschižewskij, *Mery rasstojanij i razmerov v »Choženii igumena Daniila«* (in Russian Linguistics, 1, 1974).

## SAMUEL DANIEL

* 1562 (?) Taunton / Somerset
† Oktober 1619 Beckington / Somerset

### THE CIVILE WARES BETWEENE THE HOWSES OF LANCASTER AND YORKE

(engl.; *Die Bürgerkriege zwischen den Häusern Lancaster und York*). Versepos in acht Büchern von Samuel DANIEL, erschienen 1609. – Der erste Teil dieses patriotischen Geschichtsepos *(The First Fowre Bookes of ...)* wurde bereits 1595 veröffentlicht und diente SHAKESPEARE z. T. als Quelle für seine Historiendramen (besonders *Richard II* und *Henry IV*). Anders als Raphael HOLINSHED in seiner Prosakompilation *Chronicles of England, Scotlande and Irelande* (1587), ebenfalls einer wichtigen Shakespeare-Quelle, gestaltete Daniel den Zeitraum von der Thronusurpation Henry BOLINGBROKES, des späteren Henry IV, im Jahre 1399 bis zum Sieg Henry TUDORS, des späteren Henry VII, über RICHARD III im Jahre 1485 prestigeträchtig als Epos. Gegenüber Daniels ursprünglichen Plänen blieb das mehrfach revidierte und erweiterte Werk (1599, 1601, 1609) jedoch unvollendet; der Autor kam nur bis zu König Edward IV.

*The Civile Wares* besteht aus über 900 Stanzen (ottava rima) und bedient sich somit der klassischen Strophen- und Versform des italienischen Epos. Wie sein Zeitgenosse und Konkurrent Michael DRAYTON strebte Daniel, der auch als Sonettdichter und Dramatiker hervortrat, im Sinne des gemeinsamen Vorbildes SPENSER nach dem großen elisabethanischen Epos, ohne jedoch die dichterische Intensität von Spensers *The Faerie Queene* (1590–1596) zu erreichen. Stoff und Darbietung bleiben in Daniels und Draytons Geschichtsepen prosaisch, was sich beim Vergleich mit Shakespeares Historiendramen deutlich zeigt. Nicht die heroischen Epen HOMERS, sondern LUKANS eher historiographisch ausgerichtetes Werk über den römischen Bürgerkrieg *(Pharsalia)* diente Daniel als Orientierungshilfe.

Das Geschehen des englischen Bürgerkriegs, besonders die grausame Zeit der Rosenkriege (1459–1485), die mit der Thronbesteigung Henry Tudors zu Ende ging, war Daniels Zeitgenossen noch in lebhafter Erinnerung. Dazu trug besonders die Herrschaftsideologie der Tudors bei (Königin Elisabeth war die letzte und größte Regentin aus dieser Dynastie). Demnach lastete Henry Bolingbrokes Usurpation wie ein Geschlechterfluch aus der griechischen Tragödie über dem England des 15. Jh.s: Bürgerkrieg war die Folge, die französischen Besitztümer gingen verloren, und erst Henry Tudor konnte das Land von dem Fluch erlösen. Dieses moralische Geschichtsbild bestimmt auch Daniels Epos, was z. B. am Ende von Buch II und im Nemesis-Abschnitt des sechsten Buches (Stanzen 28 ff.) besonders deutlich wird. Zeitgenössische Anspielungen (z. B. auf den Grafen ESSEX) wurden in den verschiedenen Fassungen des Werkes jeweils auf den neuesten Stand gebracht, erweitert oder gestrichen.

Die ersten drei Bücher sind die lebhaftesten: Besonders in Buch II stehen sich Bolingbroke und Richard II als dramatische Antagonisten gegenüber. Doch Daniels Verallgemeinerungstendenz und bereits in der Fassung von 1601 deutlich erkennbare Ermüdungserscheinungen des Autors dämpfen den Enthusiasmus des Lesers, des zeitgenössischen wie des heutigen. Wenn Daniel nach acht der im klassischen Format üblichen zwölf Bücher abbricht, obwohl noch ein Drittel des Stoffes zu behandeln wäre, mag dies auch damit zu tun haben, daß im Jahre 1609 mit James I der erste Stuart-Herrscher bereits sechs Jahre im Amt war und an

Tudor-Verherrlichung kein Bedarf mehr bestand. Drayton hatte mit seinem Epos *The Barrons Warres* über den Bürgerkrieg unter Edward II (1307 bis 1327) 1603 gleichgezogen; Daniel wandte sich neuen Aufgaben zu, u. a. einer Geschichte Englands in Prosa (1612–1618). H.Thi.

AUSGABEN: Ldn. 1595 *(The First Fowre Bookes of the Civile Warrs betweene the Two Houses of Lancaster and Yorke)*. – Ldn. 1609 (*The Civile Wares betweene the Howses of Lancaster and Yorke, Corrected and Continued*, 8 Bücher; vollst.). – Ldn. 1885 (in *The Complete Works*, Hg. A. B. Grosart, 5 Bde., 2; ern. NY 1963). – New Haven 1958.

LITERATUR: A. Zuberbühler, *S. D.s »Civil Wars« und seine historischen Quellen*, Diss. Zürich 1903. – E. M. W., Tillyard, *Shakespeare's History Plays*, NY 1946. – C. Seronsy, *D.'s Manuscript »Civil Wars«* (in JEGPh, 52, 1953, S. 153–160). – E. M. W. Tillyard, *The English Epic and Its Background*, Ldn. 1954. – W. Blissett, *S. D.'s Sense of the Past* (in ES, 38, 1957, S. 49–63). – J. Rees, *S. D.*, Liverpool 1964. – J. S. Chang, *Machiavellianism in D.'s »The Civil Wars«* (in Tulane Studies in English, 14, 1965, S. 5–16). – C. Seronsy, *S. D.*, NY 1967 (TEAS). – P. Spriet, *S. D.*, Paris 1968, S. 458–504. – G. M. Logan *D.'s »Civil Wars« and Lucan's »Pharsalia«* (in SEL, 11, 1971, S. 53–68). – R. B. Gill, *Moral History and D.'s »The Civil Wars«* (in JEPh, 76, 1977, S. 334–345). – R. M. Platzer, *Causations and Character in S. D.'s »The Civil Wars«*, Diss. Columbia Univ. 1976 (vgl. Diss. Abstracts, 37, 1977, S. 6509A). – D. S. Black, *History, Statecraft and Literature: S. D.'s »The Civil Wars« as an Elizabethan Historical Epic*, Diss. Princeton Univ. 1980 (vgl. Diss. Abstracts, 41, 1980). – J. L. Harner, *S. D. and Michael Drayton: A Reference Guide*, Boston 1980. – S. C. Hulse, *Chronicle, History, Legend* (in S. C. H., *Metamorphic Verse*, Princeton 1981, S. 195–241). – J. L. Harner, *S. D.* (in DLB, 62, 1987, S. 30–39).

## GUÐMUNDUR DANIELSSON

* 4.10.1910 Guttormshagi í Holtum

### BLINDINGSLEIKUR

(isl.; *Das Spiel der Blinden*). Roman von Guðmundur DANIELSSON, erschienen 1955. – Der Roman gibt das Geschehen einer einzigen Nacht in einem kleinen Fischerdorf Südislands wieder. Ort und Zeit sind jedoch nicht als historische Realität zu verstehen, sondern beliebig austauschbar.

Danielsson schildert die Enttäuschung junger Menschen über ihr trostlos-hartes Dasein. Wie Blinde tappen sie umher auf der Suche nach *»einem besseren, höheren Leben«*, von dem sie nicht wissen, wo sie es finden werden und wie es aussehen soll. Hauptgestalten sind: das Mädchen Birna und der Bauernsohn Torfi. Birna hat seit dem zwölften Lebensjahr dem *»alten blinden Jón«* den Haushalt geführt, ja mit ihm das Bett geteilt. Voll Ekel vor ihrem Leben läuft sie davon. Schon ihr Gespräch mit dem Pfarrer zeigt, daß die Menschen einander nicht verstehen, obwohl sie im Grunde alle auf der gleichen Suche sind. Nach einigen Irrfahrten nimmt Birna eine Einladung ihres Freundes Torfi in sein Elternhaus an, wird aber von der Mutter abgewiesen. Torfi und Birna treffen sich schließlich in der Hütte des blinden Jón, den man inzwischen notdürftig im Dorf untergebracht hat. Obwohl beide darauf warten, vom andern, ja überhaupt von jemandem verstanden zu werden, fällt es ihnen schwer, sich auszusprechen. Torfi ist ganz im Schatten seines an einer unheilbaren Krankheit leidenden Bruders aufgewachsen: alle sahen nur den klugen, liebenswerten Menschen, der vom Tod gezeichnet war, niemand brachte Torfi Interesse und Verständnis entgegen. Auch jetzt gelingt es ihm nur schwer, sich dem geliebten Mädchen gegenüber zu äußern; erst durch das gemeinsame Liebeserlebnis finden die beiden Menschen zueinander. Als am nächsten Morgen der alte Jón sterbenskrank in seine Hütte gebracht wird, haben Birna und Torfi die Abscheu vor ihrem täglichen Leben überwunden. Birna wird den Alten während seiner letzten Tage pflegen. Torfi weiß, daß er auf dem elterlichen Hof gebraucht wird.

Wie in anderen Romanen beweist Danielsson auch in *Blindingsleikur* sein originelles Erzähltalent. Seine Sprache ist lebendig und der jeweiligen Situation angeglichen. Eingeflochtene Erinnerungsrückblicke unterstützen das Verständnis des Lesers für die Handlungsweise der Personen; innere Vorgänge sind teilweise in Handlung umgesetzt. Die Kapiteleinteilung – jedes Kapitel ist vorwiegend einer Person gewidmet – verstärkt den Eindruck von der Isolierung des Indviduums. B.D.

AUSGABE: Reykjavik 1955.

LITERATUR: E. Sigurðsson, *Um skáldsögur Guðmundar Danielssonar*, Reykjavik 1981.

## DANIEL VON SOEST

15./16. Jh.

### EIN GEMEYNE BICHT oder Bekennung der Predicanten to Soest

(nd.; *Allgemeine Beichte oder Bekenntnis der Predikanten zu Soest*). Satirische Streitschrift von DANIEL VON SOEST, entstanden 1534, zuerst gedruckt

1539 in einer Quart- und einer Oktavausgabe, von der mehrere Exemplare erhalten sind. – Wer sich hinter dem offensichtlichen Pseudonym als Verfasser dieser antilutherischen Satire verbirgt, ist nicht geklärt. Trotz der von Franz JOSTES vorgebrachten Gegenargumente wird der westfälische Guardian im Konvent zu Soest, Gerwin HAVERLAND (1490 – vor 1535), auch noch in der neuesten Literatur genannt. – Im Prolog der 3520 gereimte Verse umfassenden »Komödie«, die wohl nicht zur Aufführung bestimmt war, werden Plan und Absicht des Werks angegeben: die Mißstände bei der Einführung der Reformation in Soest aufzuzeigen. Bei allen auftretenden und namentlich erwähnten Figuren handelt es sich um historische Persönlichkeiten. Mit Hilfe einiger Freunde aus Münster, der Soester Schützengilde und des Teufels als Ratgeber will der Predikant Kelberch die Stadt reformieren. Der vom Teufel gesandte Johann von Kampen unterstützt ihn in seiner Absicht, indem er sogleich seine Pläne zur öffentlichen Verkündigung des Evangeliums unterbreitet und sich den Beistand der Menge sichert. Nachdem der Rat der Stadt dazu provoziert worden ist, Johann von Kampen zu verhaften, kommt es zum öffentlichen Aufruhr. Die Protestanten besetzen die Kanzeln der Pfarrkirchen und bitten Luther, einen Superindendanten einzusetzen; Johannes Brune übernimmt dieses Amt. Über seine Forderungen, die im Widerspruch zu den dem Volk gegebenen Versprechungen stehen, erbost sich jedoch die Menge so sehr, daß die Gefahr ihrer Verbindung mit den Altgläubigen droht. Als auch der Versuch, die Forderungen Brunes durch die Heilige Schrift zu rechtfertigen, keine Beruhigung bringt, wird ein neuer Aufstand der Protestanten angezettelt, der Brune zum endgültigen Sieg verhilft, ihm aber auch Zerwürfnisse mit dem aus der Haft befreiten Johann von Kampen einträgt, der schließlich vertrieben wird. Brune kann nun mit der vollen Unterstützung seiner reformatorischen Vorhaben durch die Predikanten rechnen, die von ihm, gleichsam als Gegenleistung, die Erlaubnis zur Eheschließung fordern. Einige derbe und burleske Szenen geben den Predikanten einen Vorgeschmack der Ehe und ihrer Nachteile, dennoch willigt Brune schließlich ein und feiert unter allgemeiner Teilnahme des Volkes selbst Hochzeit. Mit seinen erneuten Forderungen, vor allem nach einem höheren Gehalt (auch für seine Frau), schafft er sich jedoch Feinde, so daß er um seine Entlassung bitten muß. Ein ausführlicher Epilog gibt dem Verfasser Gelegenheit, seinen Unwillen über die Ereignisse in Soest kundzutun.

In dieser weitgehend auf den geschichtlichen Vorgängen fußenden Streitschrift werden die Anhänger der Reformation, die individuell trefflich gezeichnet sind, an den Pranger gestellt. Die gegen sie erhobenen Vorwürfe der Niedertracht, des Egoismus und der Unsittlichkeit werden in den zum Teil recht volkstümlich derben Szenen (z. B. bei der Hochzeit des Superindendanten) geschickt und einprägsam dargestellt. In dem künstlerisch reizvollen Werk vereinen sich Züge des mittelalterlichen Schauspiels, der Fastnachtskomödie und des Volksschauspiels. Die Verbindung von *»satirischer Absicht und realistischer Anschaulichkeit«* (W. Stammler) bewirkte, daß die *Gemeyne Bicht* eine außerordentlich scharfe, wenn im Endergebnis auch wirkungslose Waffe der katholischen Partei wurde. W.L.

AUSGABEN: Köln 1539. – Soest 1848 (*Der Soester Daniel oder das Spottgedicht Gerhard Haverlands*, Hg. L. F. v. Schmitz; m. Anm.) – Paderborn 1888; ²1902 (*D. v. S. Ein westfälischer Satiriker des 16. Jh.s*, Hg. F. Jostes; m. Erl.; vgl. dazu: E. Schroeder in DLz, 9, 1888, S. 979 ff., u. Ph. Strauch in AfdA, 15, 1888, H. 3/4, S. 299 ff.). – Lpzg. 1933, Hg. A. E. Berger (DL, R. Reformation, 3). – Walluf 1972 (*D. v. S.: Ein westfälischer Satiriker des 16. Jh.s*, Hg. F. Jostes; Nachdr. d. Ausg. Paderborn 1902).

LITERATUR: Art. *Gerwin Haverland* (in ADB, 11, S. 117/118). – W. Stammler, *Von der Mystik zum Barock 1400–1600*, Stg. 1927. – H. Schwartz, *Geschichte der Reformation in Soest*, Soest 1932.

## DANIIL

12./13. Jh.

### POSLANIE DANIILA ZATOČNIKA

(aruss.; *Sendschreiben Daniils des Verbannten*). Bittschrift eines sonst unbekannten DANIIL aus dem 12. oder 13. Jh. – Ungezählten textkritischen Spezialuntersuchungen zum Trotz ist das eigenartige Bittschreiben einer der rätselhaftesten Texte der altrussischen Literatur geblieben. Will man seine Titulatur wörtlich nehmen, so stellt es das Gnadengesuch eines Verbannten an seinen Fürsten dar. Die erhaltenen Handschriften gliedern sich in zwei Redaktionen – *Slovo (Rede)* bzw. *Poslanie (Sendschreiben)* oder *Molenie (Bittschrift)* –, die untereinander erheblich differieren und auch in sich mehr oder minder tiefgreifende Variationen der Textgestalt aufweisen. Keine der beiden Redaktionen gibt den Urtext des Werks auch nur annähernd getreu wieder, keine von ihnen erlaubt die Rekonstruktion des originalen Konzepts. Generationen von Abschreibern diente der aphoristisch gegliederte Text als Gefäß eigener Gedanken und Anliegen. Beide Redaktionen stimmen in der Bitte an den angesprochenen Fürsten überein, er möge dem mittellosen, doch mit beachtlichen geistigen Gaben ausgestatteten Verfasser seine Gunst schenken und ihn als Ratgeber an seinen Hof ziehen.

Die in zwei Handschriften des 14. bzw. des 17. Jh.s erhaltene sog. zweite Redaktion, welche die gesellschaftliche Lage des Autors mit größerer Konkretheit wiederzugeben scheint und von vielen für die ältere Fassung gehalten wird, stellt den Verfasser als einen ehemals begüterten, nun aber sozial abgesunkenen Menschen dar, der sich mit Hilfe des Fürsten aus seiner wirtschaftlichen Abhängigkeit von den Kreisen der Bojaren zu befreien sucht. Ohne erkennbare Fabel reiht das *Poslanie* in parallelisierender oder antithetischer Syntax kurze, prägnante Aussprüche allgemein moralischen oder didaktischen Inhalts aneinander, deren ermüdende Abfolge das eigentliche Anliegen des Bittstellers in den Hintergrund drängt. Nach einer wortgewaltigen Einleitung über Ruhm und Wert der Weisheit appelliert der Verfasser an das Mitleid des Fürsten über die seinem geistigen Vermögen unangemessene materielle Zurückstellung. Eine leicht sozialkritische Tendenz erhalten seine Ausführungen über das Ansehen von Arm und Reich in der Welt. Durch schmeichlerische Unterwürfigkeit sucht er sich den Fürsten geneigt zu machen. Seine Hoffnung ist, am Fürstenhof neues Auskommen und Ansehen zu finden. Eine Geldheirat lehnt er aus (klischeehaft-literarischer) Weiberfeindlichkeit, den Eintritt ins Kloster aus Abscheu vor dem Sittenverfall der Mönche ab. Zum alleinigen Kriterium der Beurteilung des Menschen erhebt er über alle sozialen Unterschiede hinweg seine Bildung und sein Wissen. Mit einem unerwarteten Bescheidenheitstopos schließt das selbstbewußt und sicher argumentierende Bittschreiben. – Die sog. erste Redaktion des Textes vermindert den sozialen Gehalt des Werks. Es erhebt den Verfasser ohne Bezug auf seine konkreten Lebensumstände zum Typus des Armen der biblisch-hagiographischen Tradition, mildert die gesellschaftskritischen Töne wie die Ausfälle gegen das Mönchtum, unterstreicht dagegen die frommen Invektiven gegen das weibliche Geschlecht. Es ist denkbar, daß diese Redaktion geistlichem Milieu entstammt.

Das Sendschreiben Daniils findet zahlreiche Parallelen, wenn auch kein Vorbild in der mittelalterlichen byzantinischen und westeuropäischen Literatur. Es verrät eine beachtliche Vertrautheit des Verfassers mit dem weltlichen und geistlichen Schrifttum der Zeit, welche sich in einer Vielzahl von Zitaten und stilistischen Anklängen kundtut. Das bewußte Stilgefühl des Autors belegen seine kühnen Wortspiele sowie die Techniken des 17. Jh.s vorwegnehmende satirische Verwendung kirchensprachlicher Ausdrucksformen für weltliche Inhalte. Die sprachliche Gestaltung des Textes bleibt gleichwohl inhomogen. Sie wechselt mit dem Ironie, Sarkasmus, Humor, Spott und Polemik oft unvermittelt nebeneinandersetzenden Genre der Sentenzen. Beide Redaktionen lassen die Frage nach der Persönlichkeit des Autors und den Umständen, welche ihn zur Abfassung seines Schreibens bewogen, trotz verschiedentlicher dunkler Andeutungen offen. Die Forschung hält Daniil zumeist für einen Angehörigen der fürstlichen Gefolgschaft. Andere suchen seine Abkunft aus den untersten Schichten des Fürstenhofs bis zu seiner Verwandtschaft mit dem Bojarenstand glaubhaft zu machen. Wahrscheinlich muß man in ihm einen Höhergestellten erblicken, der zur Entstehungszeit des Textes zum Hörigen abgesunken war. Mit einiger Sicherheit jedoch war Daniil kein Verbannter. Hier scheint es sich um eine Verwechslung mit einem anderen Daniil vom Lače-See zu handeln, der in einem Teil der Handschriften und unter dem Jahr 1378 in der altrussischen Chronik zu finden ist. Die verworrene Textgestalt erschwert eine auch nur annähernde Datierung des Werks. Sie hängt aufs engste mit der Identifizierung des Adressaten – Fürst Jaroslav Vladimirovič (1182–1199) oder Jaroslav Vsevolodovič (1191–1246) von Perejaslavl' – und mit der chronologischen Reihenfolge der Redaktionen zusammen. Die Vermutungen der Forschung schwanken zwischen dem 11. und dem 14. Jh. Zumeist wird die erste Redaktion des Textes auf das 12., die zweite auf die Zeit der Tatareneinfälle zu Beginn des 13. Jh.s datiert. C.K.

AUSGABEN: Leningrad 1932, Hg. N. N. Zarubin (in Pamjatniki drevnerusskoj literatury, Bd. 3). – Moskau 1954, Hg. M. N. Tichomirov (in Trudy otdela drevnerussk. lit., Bd. 10). – Moskau 1956, Hg. V. N. Peretc (ebd., Bd. 12). – Mchn. 1972 *(Das Gesuch Daniils)* [Nachdr. der Ausg. 1932, erg. um weitere Proben der Überlieferung; Einl. B. Conrad].

ÜBERSETZUNG: *Sendschreiben Daniil des Verbannten*, L. Müller (in ZslPh, 5, 1960, S. 432–445).

LITERATUR: P. P. Mindalev, *»Molenie Daniila Zatočnika« i svjazannye s nim pamjatniki*, Kasan' 1914. – I. U. Budovnic, *Pamjatnik rannej dvorjanskoj publicistiki: »Molenie Daniila Zatočnika«* (in Trudy otdela drevnerusskoj lit., 8, 1951, S. 138–157). – D. S. Lichačev, *Social'naja osnova stilja »Molenija Daniila Zatočnika«* (ebd., 10, 1954, S. 106–119). – M. O. Skripil', *»Slovo Daniila Zatočnika«* (ebd., 11, 1955, S. 72–95). – M. Colucci, *Le strutture prosodiche dello »Slovo Daniila Zatočnika«* (in Ricerche Slavistiche, 20–21, 1973/74, S. 83–124). – B. Conrad, *»Molenie Daniila Zatočnika«. Einige neuere Arbeiten zur »Bittschrift Daniils des Verbannten«* (in ASSL, 211, 1974, S. 475–477). – E. M. Isserlin, *Leksika i frazeologija »Molenija Daniila Zatočnika«* (in Filolog. Nauki, 1980, S. 82–85).

## METROPOLIT DANIIL

reg. 1522 - 1539

### POUČENIJA

(aruss.; *Belehrungen*). Predigten des Metropoliten DANIIL, der, Nachfolger Iosif SANINS als Abt des

Volokolamsker Klosters, 1522 zum Oberhaupt der russischen Kirche ernannt wurde. Die Inthronisation des militanten Iosifljanen manifestierte den Sieg der machtkirchlichen Partei der russischen Geistlichkeit über die asketischere Richtung der sog. *zavolžskie starcy* (Mönche von jenseits der Wolga), der nicht zuletzt durch die bedenkenlose Nachgiebigkeit des neuen Metropoliten gegenüber den kirchenrechtswidrigen Heiratsabsichten des Großfürsten Vasilij III. (reg. 1505–1533) errungen wurde.
Der umfangreiche, in theologischer wie in literarischer Hinsicht gleichermaßen interessante Nachlaß des streitbaren Kirchenfürsten umfaßt u. a. sechzehn *slova* (Predigten) dogmatisch-liturgischen und moralischen Inhalts. Ist der Stil der theologischen Texte nicht frei von der für die Iosifljanen bezeichnenden Überbetonung der Form, der relativen Verkümmerung der inhaltlichen Argumentation, der ausgiebigen, kritiklosen Exzerpierung des kanonischen wie des apokryphen Schrifttums, so fesselt Daniils Predigt gegen das Laster durch ihren drastischen Realismus, ihre lebendige Beobachtungsgabe und ihre kühne, lebendige Ausdrucksweise. In eindringlicher Weise entlarvt der Autor die vorgetäuschte Frömmigkeit, die Trunksucht und Völlerei, den Stolz und die Überheblichkeit, die Eitelkeit und die Modetorheiten, den Luxus und die Verschwendung, die Faulheit und den Treuebruch, nicht zuletzt aber das ungerechtfertigte Wohlleben der gehobenen Schichten der Feudalgesellschaft seiner Zeit angesichts der Armut der unterdrückten Bauernschaft. Die Predigten Daniils sind ein Kultur- und Sozialspiegel der zeitgenössischen moskovitischen Gesellschaft. Sie finden ihr Vorbild in der geläufigen Gattung der byzantinisch-altrussischen Moralpredigt. Eine ihrer Quellen mögen die Predigten des angesehenen Sammelbandes *Izmaragd (Smaragd)* gewesen sein. Sprache und Stil der Reden entfernen sich von dem strengen Vorbild der traditionellen kirchenslavischen Diktion und öffnen sich umgangssprachlicher Ausdrucksweise. Angesehen in den Kreisen der russischen Altgläubigen, sind die Predigten Daniils nicht ohne Einfluß auf die Schriften ihres Vorkämpfers, des Protopopen AVVAKUM, geblieben.

C.K.

AUSGABE: Moskau 1881 (in V. Zmakin, *Mitropolit Daniil i ego sočinenija*).

LITERATUR: Izvestija Imperatorskoj AN po otdeleniju russkogo jazyka i slovesnosti, 5, 1856, S. 195–209. – I. V. Beljaev, *Daniil Mitropolit Moskovskij* (in Istoričeskie čtenija o jazyke i slovesnosti v zasedanijach II. Otdelenija Imper. AN, 1856–1872, S. 96–118). – N. K. Gudzij, *Geschichte der russischen Literatur, 11.–17. Jh.*, Halle 1959, S. 383–386. – N. A. Kazakov, *Vassian Patrikeev i ego sočinenija*, Moskau/Leningrad 1960. – S. M. Kaštanov, Art. *D.* (in *Sovetskaja Istoričeskaja Enciklopedia*, Bd. 4, Moskau 1963, Sp. 969).

## NIKOLAJ JAKOVLEVIČ DANILEVSKIJ

* 10.12.1822 Oberez / Gouvernement Orël
† 19.11.1885 Tiflis

### ROSSIJA I EVROPA

(russ.; *Rußland und Europa*). Geschichtsphilosophisches Werk von Nikolaj J. DANILEVSKIJ, erschienen 1869 in der Zeitschrift ›Zarja‹. – Die im russischen Geschichtsdenken des 19. Jh.s traditionelle Fragestellung nach dem Verhältnis von Rußland und Europa erhält ihre radikalste und originellste Antwort in Danilevskijs Schrift, die Rußland und Europa als antagonistische kulturhistorische Typen darstellt. Als einer der frühesten Vertreter der Kulturtypenlehre interpretiert Danilevskij den Geschichtsverlauf nicht als linearen, teleologischen und um Europa zentrierten Prozeß, sondern als Neben- und Nacheinander von Zivilisationen. Der Typenbegriff und die jedem kulturhistorischen Typus immanente Gesetzlichkeit sind nach dem Modell des pflanzlichen Organismus geformt. In Danilevskijs historiographischem Schema figurieren neben den Kulturtypen, die als schöpferische Subjekte im Geschichtsablauf auftreten, Völker, die eine rein destruktive Funktion ausüben *(»verneinende Führer der Menschheit«)*, und solche, die weder positiv noch negativ eine historische Individualität entwickelt haben *(»ethnographisches Material«)*. In der Geschichte der Menschheit unterscheidet Danilevskij zehn kulturhistorische Typen: den ägyptischen, den chinesischen, den assyrisch-babylonisch-phönizisch-chaldäischen oder altsemitischen, den indischen, iranischen, hebräischen, griechischen, römischen, neusemitischen und den germanisch-romanischen oder europäischen. Hinzu kommen die beiden unvollendeten, frühzeitig abgestorbenen Kulturen von Mexiko und Peru. Aufgrund ihrer Leistung auf vier Gebieten, dem religiösen, wissenschaftlich-kulturellen, politischen und sozioökonomischen, lassen sich die Zivilisationen klassifizieren in: autochthone Kulturen (bei denen die vier Gebiete in kompaktem Nebeneinander bestehen, ohne daß eins davon besonders entwickelt wäre), einseitig begründete Kulturen (wo eins der vier Gebiete besonders entwickelt ist) und zweiseitige Kulturen (mit zwei entwickelten Gebieten, z. B. Europa). Für die Entwicklung der Kulturtypen formuliert Danilevskij fünf Gesetze: 1. Jede Völkerfamilie mit einer besonderen Sprache bildet einen kulturhistorischen Typ. 2. Zur Entfaltung einer Kultur ist politische Unabhängigkeit notwendig. 3. Die charakteristischen Grundlagen einer Kultur können nicht übertragen werden. 4. Die politisch günstigste Form ist die Föderation, weil sie die Mannigfaltigkeit der ethnographischen Elemente sichert. 5. Der Entwicklungsgang eines historischen Typs ist analog dem einer vieljährigen, aber nur einmal blühenden Pflanze.

Die Transponierung dieses *»natürlichen Systems«* auf die Geschichte der slavischen Völker gestattet Danilevskij, seine panslavischen Aspirationen geschichtsphilosophisch zu begründen. Die Slaven werden als eigenständiger Kulturtyp dargestellt, der unter der Führung Rußlands gerade den Sprung in die Zivilisationsphase vollzieht. Aufgabe des slavischen Kulturtyps ist die Bildung eines allslavischen Bundes, der die politische Weltherrschaft Europas und die globale Vorherrschaft der europäischen Kultur zum Segen der ganzen Menschheit verhindern soll. Durch die militärische Lösung der orientalischen Frage, des zentralen Konfliktherds zwischen Europa und Rußland, soll die allslavische Föderation geboren werden, zu der folgende Territorien – in Danilevskijs Terminologie – gehören sollen: das russische und das tschechoslovakische Reich, das Königreich der Serben, Kroaten und Slovenen, das bulgarische und das rumänische Königreich, das griechische und magyarische Reich sowie der Distrikt von Konstantinopel. Dem slavischen Kulturtyp unter russischer Hegemonie prophezeit Danilevskij eine glänzende Zukunft: *»Wir können begründete Hoffnung hegen, daß der slavische Kulturtyp zum erstenmal die Synthese aller Seiten der Kulturtätigkeit darstellt ... Wir können hoffen, daß der slavische Typ der erste volle, vierfach begründete kulturhistorische Typ sein wird.«* Breite Resonanz fand Danilevskijs Buch erst in der zweiten Hälfte der achtziger Jahre, in der es zur »Bibel des Panslavismus« wurde. R.Bi.

AUSGABEN: Petersburg 1869 (in Zarja). – Petersburg 1871. – Petersburg 1888. – Petersburg 1889. – Petersburg 1895. – NY 1966.

ÜBERSETZUNG: *Rußland u. Europa*, K. Nötzel, Stg./Bln. 1920 [m. Einl.]; Nachdr. Osnabrück 1965 [unvollst.].

LITERATUR: V. Schwartz, *Spengler i D.* (in Sovremennye zapiski, 1926, S. 436–458). – A. v. Schelting, *Rußland u. Europa im russischen Geschichtsdenken*, Bern 1948. – P. A. Sorokin, *Kulturkrise u. Gesellschaftsphilosophie*, Stg./Wien 1953. – F. M. B. Petrovich, *The Emergence of Russian Panslavism*, NY ²1958. – R. E. MacMaster, *D. – A Russian Totalitarian Philosopher*, Cambridge/Mass. 1967.

## GABRIELE D'ANNUNZIO

* 12.3.1863 Pescara
† 1.3.1938 Gardone

LITERATUR ZUM AUTOR:
*Bibliographien:*
M. Parenti, *Bibliografia dannunziana essenziale*, Florenz 1940. – E. Falqui, *Bibliografia dannunziana*, Florenz ²1941. – A. Baldazzi, *Bibliografia della critica dannunziana nei periodici italiani dal 1880 al 1938*, Rom 1977.
*Zeitschriften:*
Quaderni dannunziani, Brescia, 1955–1976. – Quaderni del Vittoriale, Mailand, 1977 ff.
*Biographien:*
F. V. Nardelli, *L'arcangelo. Vita e miracoli di G. d'A.*, Rom 1931. – A. Sodini, *Ariel armato*, Mailand 1931. – V. Ojetti, *D'A. Amico, maestro, soldato*, Florenz 1957. – N. D'Aroma, *L'amoroso Gabriele*, Rom 1963. – M. Schettini, *D'A.. Un racconto italiano*, Florenz 1973. – R. de Felice, *G. D'A. /politico, 1918–1938*, Rom/Bari 1978. – P. Chiara, *Vita di G. d'A.*, Mailand 1978. – P. Alatri, *D'A.*, Turin 1982.
*Gesamtdarstellungen und Studien:*
L. Russo, *Il teatro di G. D'A..* (in Rivista Italiana del Dramma, 1938, Nr. 1, S. 129–159). – M. Vincieri, *Il teatro dannunziano*, Udine 1940. – K. Scherpe, *G. D'A.s Romane u. Dramen in der zeitgenössischen dt. Kritik*, Diss. Breslau 1944. – E. De Michelis, *Tutto D'A.*, Mailand 1960. – Persona, 4, 1963, Nr. 21 [Sondernr. *G. D'A.*]. – E. Mazzali, *D'A. artefice solitario*, Mailand 1962. – C. Ferrari, *G. D'A.*, Saronno 1963. – D. Bonomo, *Il romanzo psicologico e l'arte di G. D'A.*, Bologna 1962. – F. Tropeano, *Saggio sulla prosa dannunziana*, Florenz 1962. – C. Ferrari, *G. D'A.*, Saronno 1963. – *G. D'A. nel primo centenario della nascita*, Rom 1963. – H. Hinterhäuser, *D'A. u. die deutsche Literatur* (in ASSL, 201, 1965, S. 241–261). – *L'arte di G. D'A.*, Hg. E. Mariano, Mailand 1968. – M. Ricciardi, *Coszienza e struttura nella prosa di D'A.*, Turin 1970. – G. Bàrberi Squarotti, *Il gesto improbabile. Tre saggi su G. D'A.*, Palermo 1971. – S. Celucci Marcone, *D'A. e la musica*, L'Aquila 1972. – G. Luti, *La cenere dei sogni. Studi dannunziani*, Pisa 1973. – G. Laffi u. I. Nardi, *G. D'A.*, Florenz 1974. – M. Veccioni, *Dizionario delle immagini dannunziane*, Pescara 1974. – *Colloquio itali-francese sul tema: G. D'A. in Francia*, Rom 1975. – E. Circeo, *D'A. »notturno« e la critica dannunziana di un settantennio*, Pescara 1975. – *G. D'A. e il simbolismo europeo*, Hg. E. Mariano, Mailand 1976. – J. Goudet, *D'A. romanziere*, Florenz 1976. – M. T. Marabini Moevs, *G. D'A. e le estetiche della fine del secolo*, L'Aquila 1976. – E. De Michelis, *Roma senza lupa. Nuovi studi sul D'A.*, Rom 1976. – I. Nardi, Dal *»simbolo« all'»ignoto«. Studi sul simbolismo dannunziano*, Mailand 1976. – G. Petronio, *D'A.*, Palermo 1977. – V. Roda, *La strategia della totalità. Saggio su G. d'A.*, Bologna 1978. – *D'A. e la poesia di massa*, Hg. N. Merola, Bari 1979. – F. Piga, *Il mito del superuomo in Nietzsche e D'A.*, Florenz 1979. – A. M. Mutterle, *G. d'A.*, Florenz 1980. – E. Raimondi, *Il silenzio della Gorgone*, Bologna 1980. – V. Vettori, *D'A. e il mito del superuomo*, Rom 1981. – G. Bàrberi Squarotti, *Invito alla lettura di G. d'A.*, Mailand 1982. – C. Gentile, *L'altro D'A.*, Foggia 1982. – F. Bondy, *»G. d'A.: Fast ein Führer«* (in NDH, 30, 1983,

S. 538–552). – *Il »Canto novo« nel centenario della publicazione*, Pescara 1983. – G. A. Borgese, *G. D'A.*, Mailand 1983. – N. Lorenzini, *Rassegna di studi dannunziani (1963–1982)* (in Lettere Italiane, 35, 1983, S. 101–127). – Ders., *Il segno del corpo (Saggio sul D'A.)*, Rom 1984. – F. Robecchi, *Il teatro di poesia di G. D'A.*, Mailand 1984. – A. M. Andreoli, *G. D'A.*, Florenz 1985. – P. Gibellini, *Logos e mythos. Studi su G. D'A.*, Florenz 1985. – G. Finocchiari Chimirri, *D'A. e il cinema*. Catania 1986. – M. Puppo, Art. *G. D'A.* (in Branca, 2, S. 87–92).

## LA CITTÀ MORTA

(ital.; *Ü: Die tote Stadt*). Prosatragödie in fünf Akten von Gabriele D'ANNUNZIO, Uraufführung: Paris, 21. 1. 1898, Théâtre de la Renaissance (mit Sarah Bernhardt); italienische Erstaufführung: Mailand, 20. 3. 1901, Teatro lirico (mit Eleonora Duse). – Der Uraufführung lag die französische Übersetzung des Dramas von Georges HÉRELLE zugrunde, der jedoch in der späteren Druckfassung nicht erwähnt wird. D'Annunzio wollte wohl den Eindruck vermitteln, er habe den französischen Text selbst verfaßt, um so seinen Ruhm als Autor noch zu steigern. Man nimmt an, daß es zum Bruch zwischen der Duse, für die die Rolle der Anna ursprünglich konzipiert worden war, und dem Autor kam, weil dieser in der Uraufführung der Bernhardt den Vorzug gegeben hatte.

Das zentrale Thema dieses ersten großen Dramas D'Annunzios (und seiner gesamten nachfolgenden literarischen Produktion) wird bereits in dem (in griechischer Sprache – ein Indiz für den elitären Anspruch des Autors) als Motto vorangestellten Vers 781 aus SOPHOKLES' *Antigonē* vorweggenommen: *»Eros, unbesiegt im Kampf«*. Dem als überpersonale Seinsmacht verstandenen Eros, der seine »Opfer« bis zu Wahnsinn und Tod treibt, sind die vier *dramatis personae* (die Rolle der Amme kann hier vernachlässigt werden) verfallen. Sie halten sich gemeinsam in einem tempelähnlichen Haus in Mykene – der »toten Stadt« – auf, um an den Ausgrabungen der Atridengräber teilzunehmen. Die blinde Anna liebt ihren Mann, den Dichter und *superuomo* (der moralisch unabhängige »Übermensch« im Sinne des von D'Annunzio geschätzten NIETZSCHE) Alessandro so sehr, daß sie zugunsten ihrer Rivalin Bianca Maria auf seine Liebe verzichten will, auch wenn dies größtes Leid für sie bedeutet. Bianca Maria ihrerseits will für ihren Bruder Leonardo, einen fanatischen Archäologen, der ihr in inzestuöser Leidenschaft verfallen ist, auf den geliebten Alessandro verzichten, wird aber schließlich aus Eifersucht von ihrem Bruder ermordet. Die aus der unauflöslichen Spannung von Eros und Thanatos, von Leidenschaft und Tod, resultierende Kraft bemächtigt sich mit ihrer negativen Potenz auch der Landschaft, die sich – durch die Ausgrabungen der Atridengrabstätte gleichsam vergewaltigt – mit unerträglicher Trockenheit rächt. Sie straft den »modernen« Menschen, der das Geheimnis des Mythos mißachtet, mit quälendem *sete* (Durst), der die Handlung leitmotivisch durchzieht und zugleich die unerfüllten Sehnsüchte der Protagonisten symbolisiert.

Vor allem Leonardo, dem »Hauptschuldigen«, ist das Bildfeld »Wüste« und »Feuer« zugeordnet, und sein erster Auftritt läßt ihn, staubbedeckt, fast verdurstend und heftig fiebernd, als personifizierte und todbringende Wüste erscheinen. D'Annunzio steigert hier die seit der antiken Liebesdichtung bekannte Feuermetaphorik ins Extrem. Er unterstreicht dadurch auf bildlicher Ebene die für den *decadentismo* zur Krankheit pervertierte Sexualität, die gerade in ihren pathologischen Ausprägungen zum reizvollen Gegenstand der Dekadenzliteratur avanciert ist. Das komplementäre Bildfeld »Wasser«, das für das Prinzip des Lebens steht, taucht in Verbindung mit Leonardos Schwester Bianca Maria auf. Besonders ihre voluminöse Haarpracht – eine der typischen Obsessionen des europäischen Fin de siècle – wird immer wieder mit einem »Wasserfall« oder mit einem »Strom« verglichen. Am Ende des Dramas ertränkt sie ihr Bruder im Perseus-Brunnen, der einzigen Wasserquelle der Gegend. Mit diesem *atto puro*, der auch Leonardo zum *superuomo* bestimmt, verhilft er seiner Schwester – so seine eigene Interpretation – zu ihrer eigentlichen Bestimmung, zu einer von den Banalitäten und Häßlichkeiten der Welt und des Eros unberührten Existenz. Bianca Maria liest zu Beginn des ersten Akts der blinden Anna die Verse 781–815 aus der *Antigonē* des Sophokles vor und wird wiederholt mit der antiken Heldin verglichen. D'Annunzio verarbeitet indes in keiner Weise die politischen Implikationen der Antigone-Gestalt. Ihn interessiert allein die Verbindung von Sexualität und Tod, die er in den zitierten Versen erkennt. Antigones Klage *»Acherons Braut soll ich werden«* nimmt Bianca Marias Schicksal vorweg, die sich damit zugleich in die Typologie der im Fin de siècle so beliebten Gestalt der *»femme fragile«* (A. Thomalla) einreiht.

Alessandro verkörpert den dannunzianischen *superuomo* und stellt damit eine der vielen literarischen Stilisierungen des Autors selbst dar. Alessandro setzt sich über die gängigen Moralvorstellungen, etwa im Zusammenhang mit der Ehe, hinweg und bewertet alle seine Handlungen nicht ethisch, sondern ästhetisch. Seine Leidenschaft für Bianca Maria entzündet sich an ihrer *»belezza e poesia«*, in seinem Egozentrismus liebt er allerdings nicht etwa ihren Charakter oder ihren Körper, sie soll ihm lediglich als Projektionsfläche seiner eigenen künstlerischen Ambitionen dienen. Anna verkörpert die zentrale Figur des Dramas. Sie ist zwar blind, »sieht« indes – wie ihre mythologischen Vorbilder Kassandra und Teiresias – die Dinge deutlicher als die Sehenden. Sie, die *»in un'altra vita«* lebt, »nicht von dieser Welt« ist, erkennt als erste die erotischen Irrungen und Wirrungen. Gerade weil sie schon nicht mehr dem Bereich des Lebens angehört – sie fühlt sich *»come una difunta«* (*»wie eine Tote«*) –, wird sie, entsprechend der dekadenztypischen Verherrlichung von Krankheit und Tod, zum Mittelpunkt der dramatischen Handlung. »Musik« und »(Myrten)duft« sind die mit Anna am häufigsten in Verbindung gebrachten Bildbereiche, die zugleich als Metaphern des L'art-pour-l'art-Ideals des Fin de siècle fungieren. Mit Hilfe von Annas Äußerungen ließe sich eine Poetik der *décadence* erstellen. Anna erlebt als einzige einen positiven Ausgang der Handlung: Ihre Worte *»Vedo! Vedo!« (»Ich sehe! Ich sehe!«)*, ausgerufen im selben Moment, in dem sie das Haar der toten Bianca Maria berührt, beenden das Drama. D'Annunzio verherrlicht so das aus der Dialektik von Eros und Thanatos erstehende Leben und die ihm gemäße Kunst.

Der Autor verarbeitet in *La Città morta* Eindrücke einer Griechenlandreise (Juli 1896), vor allem aber seine Nietzsche- und Wagnerlektüre und nicht zuletzt auch die Berichte über die Ausgrabungen Heinrich Schliemanns (= Leonardo) in Mykene (1874–1876). All das transponiert er in eine *»atmosfera ideale«* – so der Held Stelio Effrena in D'Annunzios Roman *Il Fuoco*, 1900 *(Das Feuer)*, der selbst an einem Theaterstück arbeitet, das zwar den Titel »La vittoria dell'uomo« (Der Sieg des Menschen) trägt, das aber wohl mit *La Città morta* identisch ist. Die »ideale Atmosphäre« evoziert D'Annunzio in den zahlreichen Regieanweisungen, die nicht nur jeden Akt einleiten, sondern auch den Dialog immer wieder aufhalten und genaue Hinweise zur szenischen Gestaltung enthalten. Auf den Leser des Stücks wirken sie mit ihrer ausgefeilten Satzmelodie, den prunkvollen Metaphern und den bis hin zum Manierismus gesteigerten Beschreibungen (z. B. der Grabbeigaben) wie in den Handlungsverlauf eingelegte *Poèmes en prose*. Manieristische Sprache und Bildwelt bestimmen auch die Dialoge, die oft – und im Sinne der Bühnenwirksamkeit wohl allzuoft – nichts anderes sind als aufeinanderfolgende und schwülstig überladene Monologe.

Wenn die große Geste in Personendarstellung und Sprache auf den heutigen Leser überspannt und peinlich wirken mag, so darf man nicht übersehen, daß D'Annunzio mit seinem Konzept des *teatro di poesia* (poetisches Theater) beim zeitgenössischen Publikum sehr beliebt war. Mit seinen lyrischen Dramen überwindet D'Annunzio das Ehe und Familienideologie verherrlichende bürgerliche Theater z. B. eines Achille TORELLI (*I mariti*, 1867 – *Die Verheirateten*) ebenso wie das »veristische« (= naturalistische) Drama in der Nachfolge Giovanni VERGAS, das sich auf die Darstellung der Banalitäten des alltäglichen Lebens beschränkt (vgl. z. B. Giuseppe GIACOSAS *Tristi amori*, 1887 – *Unglückliche Lieben*). D'Annunzio versammelt in der *Città morta* eine Vielzahl von typisch dekadenten Themen und Motiven. Besonders in der quasi kollektiven Metapher der »toten Stadt« manifestieren sich exemplarisch Dekadenzbewußtsein und Todessehnsucht der Jahrhundertwende. U.Pr.

AUSGABEN: Mailand 1898. – Verona 1927–1936 (in *Tutte le opere*, Hg. A. Sodini, 49 Bde., 21). – Verona 1954–1956 (in *Tutte le opere*, Hg. E. Bianchetti; 9 Bde., 3/4; krit.). – Mailand 1975 [Einl. E. Mariano].

ÜBERSETZUNG: *Die tote Stadt*, L. v. Lützow, Bln. 1901; [5]1914.

LITERATUR: V. Betteloni, *»La città morta«: tragedia di G. D'A.* (in V. B., *Impressioni critiche e ricordi autobiografici. Cronache*, Mailand 1948, S. 17–30). – G. Getto, *»La città morta«* (in Lettere Italiane, 24, 1972, S. 45–96). – N. Lorenzini, *»La città morta: Fiction de soif et d'or«* (ebd., 36, 1984, S. 199–218). – F. Robecchi, *»La città morta«* (in F. R., *Il teatro di poesia*, Mailand 1984, S. 84–151). – F. Erspamer, *La parola a teatro. Ritorno alla »Città morta«*, (in Revista di letteratura italiana, 3, 1985, S. 67–116).

## LA FIGLIA DI IORIO. Tragedia pastorale

(ital.; *Die Tochter des Iorio. Ländliche Tragödie*). Drama in drei Akten von Gabriele D'ANNUNZIO, Uraufführung: Mailand, 2. 3. 1904. – D'Annunzio schickt dem Drama eine überschwengliche Widmung voraus: *»Dem Land der Abruzzen, meiner Mutter, meinen Schwestern, meinem ausgewanderten Bruder, meinem begrabenen Vater, allen meinen Toten, meinem ganzen Volk zwischen Gebirge und Meer weihe ich diesen Gesang vom uralten Blut.«* Angeregt wurde der Autor zu dieser Tragödie, die als sein bestes dramatisches Werk gilt, durch ein in Pescara zu sehendes Gemälde von Paolo Michetti (1851 bis 1921), das eine Gruppe lagernder Hirten zeigt, vor deren Zudringlichkeiten eine verhüllte Frauengestalt flieht.

Der junge, schöne Hirte Aligi hat, verwirrt durch einen ahnungsvollen Traum, die ihm am Tag zuvor vermählte Frau in der Hochzeitsnacht nicht berührt. Während der noch fortdauernden Festlichkeiten taucht in seiner Hütte, von einer Horde *»von Sonne und Wein trunkener«* Mäher verfolgt, eine herumzigeunernde Dirne auf, Mila, die Tochter des Schlangenfängers Iorio: in D'Annunzios Symbolik die Verkörperung urweiblicher, erdverbundener Sinnenhaftigkeit. Aligi ist ihr vom ersten Augenblick an verfallen; er meint die Botschaft einer außerhalb der Naturwelt beheimateten Wirklichkeit vernommen zu haben und glaubt, daß sich sein *»siebenhundert Jahre währender Traum«* nunmehr erfülle. Er beschützt die verrufene, von seinen Verwandten und Freunden bedrohte Mila, hinter der schweigend ein Engel erscheint, und verläßt sein junges Weib, um mit der Fremden hinauf zu den kahlen Gipfeln der Abruzzen zu ziehen. Mila fühlt sich durch Aligis grenzenlose und keusche Liebe erlöst von dem Fluch, sich wahllos verschenken zu müssen; die beiden, nun in gleicher Weise füreinander entflammt, glauben, ihrer Vergangenheit und ihrer Umwelt entrückt zu sein. Da taucht Aligis Vater in der Bergeinsamkeit auf, um den lange gehegten Wunsch nach einem Abenteuer mit Mila zu befriedigen. Aligi glaubt im Auftrag »seines«

Gottes zu handeln, als er seinen Vater, der sich auf Mila stürzen will, erschlägt. Er wird ergriffen und soll die Strafe für den Vatermord erleiden. Aber Mila bezichtigt sich in opferbereiter Hingabe selbst des Verbrechens. Als Märtyrerin dienender Liebe besteigt sie verzückt den Scheiterhaufen und begrüßt hymnisch die Flamme, Symbol des Eros wie ihrer Läuterung. Bei ihrem letzten – in Italien zum geflügelten Wort gewordenen – Aufschrei *»La fiamma è bella! La fiamma è bella!«* erwacht Aligi gleichsam aus tiefer Trance; ohne ihren Opfertod als Mysterium der Liebe verstehen zu können, erkennt er nur, daß sich die Geliebte ihm entzog, und verflucht sie in ohnmächtigem Schmerz.
Unverkennbar ist D'Annunzios starke Bindung an NIETZSCHE (beide Protagonisten sind »Übermenschen«) und an Richard WAGNER (»Liebeserlösung« und »reinigendes Feuer«). Der sich über alle Schranken hinwegsetzende Eros wurde seit *La città morta*, 1898 *(Die tote Stadt)*, zum zentralen Motiv aller dramatischen und epischen Werke D'Annunzios und steht in engem Zusammenhang mit seiner schicksalhaften Begegnung mit Eleonora Duse. Mit der heroischen Leidenschaft der beiden Liebenden kontrastiert das bukolische Milieu: eine archaisch stilisierte Welt, verkörpert durch die strenge Mutter, die uneinsichtige Schwester, die in verhaltener Trauer ihr Schicksal hinnehmende verlassene Braut. Die Sprache ist in den spannungsgeladenen, die eigentliche Handlung tragenden Szenen von stärkster Realistik, wirkt aber betont manieriert, sobald der Autor mit symbolischen Figuren und Bedeutungen arbeitet. Der Wechsel zwischen Dialog und genial nachempfundenen Gesängen aus den Abruzzen (häufige Verwendung des liturgisch wirkenden Sprechchors) schafft nicht nur ein hochpoetisches »Klima«, er ruft auch den Eindruck einer musikalischen Komposition hervor, in der der sichtbaren Handlung die Rolle des *cantus firmus* zukommt. Dieser Kunstgriff vor allem läßt D'Annunzios mehr lyrisch denn dramatisch konzipierte *Figlia di Iorio* als einen Höhepunkt seines später umstrittenen Schaffens erscheinen. M.S.

AUSGABEN: Mailand 1904. – Verona 1927–1936 (in *Tutte le opere*, Hg. A. Sodini, 49 Bde., 26). – Mailand 1954–1956 (in *Tutte le opere*, Hg. E. Bianchetti, 9 Bde., 1). – Mailand 1967; [3]1981. – Mailand/Rom 1969 [Nachdr. d. Ms.].

VERFILMUNG: Italien 1911 (Regie: E. Bencivegna).

VERTONUNG: I. Pizzetti (Oper; Urauff.: Neapel, 4. 12. 1954).

LITERATUR: V. Betteloni, *»La figlia di Jorio«, tragedia pastorale di G. D'A.* (in V. B., *Impressioni critiche e ricordi autobiografici. Cronache*, Mailand 1948, S. 197–211). – T. Rosina, *Mezzo secolo de »La figlia di Jorio«*, Mailand/Messina 1955. – E. Circeo, *L'Abruzzo nell'opera di G. D'A.* (in Idea, 19, 1963, S. 701–705). – D. Fucinese, *»La figlia di Jorio« e il folklore abruzzese* (in Dialoghi, 11, 1963, S. 119–131). – E. Pòppa Vòlture, *Ritos e usos em »A filha de Jorio«* (in Jornal de Letras e Artes, 3, März 1964, S. 11). – T. Rosina, *Mezzo secolo di »La figlia di Iorio«*, Mailand 1955. – G. Albertini, *La scenografia di »La figlia di Iorio«* (in Abruzzo, 3, 1965, S. 150–161). – S. Vazzana, *»La figlia di Iorio«. Tragedia o lirica?* (in Ausonia, 30, 1975, S. 38–45). – R. Alonge, *»La figlia di Iorio« ovvero la religione delle madri* (in R. A., *L'Arte dell'interpretare: Studi critici offerti a Giovanni Getto*, Cuneo, 1984, S. 665–682). – L. M. Ganzberg, *D'A. naïf: Primitivismo e arcaismo nella »Figlia di Iorio«* (in Lettere Italiane, 36, 1984, S. 545–570). – F. Robecchi, *»La figlia di Iorio«* (in F. R., *Il teatro di poesia*, Mailand 1984, S. 152–200).

## FORSE CHE SÌ FORSE CHE NO

(ital.; *Ü: Vielleicht – vielleicht auch nicht*). Roman in drei Teilen von Gabriele D'ANNUNZIO, erschienen 1910. – Im Mittelpunkt steht nicht, wie in den früheren Prosawerken *Il piacere, Il fuoco* oder *Trionfo della morte*, die Liebesgeschichte eines einzigen Paares, sondern das höchst komplizierte Psychogramm von vier Personen: des Fliegers Paolo Tarsis und der Geschwister Isabella, Vana und Aldo. Während sie im Palazzo Ducale von Mantua auf einem Deckenfresko, das ein Labyrinth darstellt, die Worte *»Forse che sì forse che no«* entziffern, werden die Gefühlskonstellationen deutlich: Paolo und die fünfundzwanzigjährige verwitwete Isabella tauschen den ersten Kuß; die jüngere, unerfahrene Vana, die Paolo gleichfalls liebt, überrascht beide; Aldo ist Isabella verfallen. – Paolo versucht, sich aus dem Hörigkeitsverhältnis zu Isabella zu befreien; auf der Anhöhe von Ardea in Latium übt er sich zusammen mit seinem Freund Giulio Cambiaso im Segelflug – für ihn Abenteuer, Heldentum und Selbstbestätigung. Giulio verunglückt, und da einst eine Wahrsagerin den beiden Freunden denselben Tod prophezeit hat, fordert Paolo das Schicksal heraus und fliegt *»empor zur letzten Höhe«*.
Der zweite Teil führt nach Volterra, wo die Geschwister in völliger Abhängigkeit von der begüterten Isabella leben. Als Paolo zu Isabella zurückkehrt, trägt sich Vana, die unter ihrer ausweglosen Liebe leidet, mit Selbstmordgedanken. Sie vertraut sich dem Bruder beim gemeinsamen Musizieren an – die Verbindung von Todessehnsucht und Musik ist ein charakteristisches Motiv D'Annunzios (vgl. *Trionfo della morte*). Typisch ist auch der Schauplatz, die Toscana, das kulturträchtige Etrurien also, wo im Gebiet der Arno-Mündung Paolo und Isabella Tage der Exaltation erleben. Das Weibliche ins Monströs-Gigantische steigernd, vergleicht Isabella, die *»donna crudele«*, sich selbst mit einer gefährlichen Droge, die den Mann mit ihrer sexuellen Leidenschaft vergiftet. Bei einem Flug mit der geliebten Frau verbindet sich Paolos Rausch mit seiner Sehnsucht nach Heldentum. Doch dieser

Schwebezustand endet abrupt, als Isabella den Geschwistern ihre Verlobung mitteilt. Aldo und Vana wollen gemeinsam sterben, schrecken dann aber davor zurück, sich in den Abgrund zu stürzen. Nun spitzt sich der Konflikt zu, wobei Panik, Hysterie und selbstzerstörerische Spiele, Wahnsinn und Tod ineinander übergehen: bei einem gefährlichen Ausritt, den die beiden rivalisierenden Männer unternehmen; beim Besuch der vier in einer Grabkammer, in deren Tiefe und Dunkelheit es zum Inzest zwischen Aldo und Isabella kommt. Als Vana schließlich Paolo ihre Liebe gesteht, flieht er aus diesem Inferno, das starke Reminiszenzen an DANTE enthält.

Der dritte Teil beginnt damit, daß die eifersüchtige Vana Paolo die Beziehung Isabellas zum Bruder hinterbringen will. Doch in einem masochistischen Anfall erdolcht sie sich auf ihrem rosengeschmückten Bett – typische Heldin des Dekadentismus. Ihr dekorativer Tod führt zum Untergang der Liebenden: Paolo mißhandelt in blinder Wut Isabella, der er dennoch verfallen bleibt. Als sie den Tod der Schwester erfährt, steigern sich Angst und Schuldgefühle in ihr bis zum Wahnsinn; die Titanin wird zur hilflosen Kreatur. Während sie in eine Anstalt eingewiesen wird, sucht Paolo im Flug über dem Meer den heroischen Tod.

Die Motive »Liebe, Tod und Teufel«, Klischees des »dekadenten« Romans, durchziehen auch *Forse che sì forse che no*. Neu jedoch für D'Annunzio ist die Doppelbödigkeit, die im Titel angesprochen wird und die schon in den ersten Textzeilen anklingt: *»Alles ist Spiel.«* Begebenheiten, wie zum Beispiel der Inzest, und Seelenzustände bleiben oft nur angedeutet. Für D'Annunzio bezeichnend sind der heroische Mann und seine Kontrahentin, die verführerische Frau, die ihn zum willenlosen Werkzeug degradiert, und von der ihn erst äußere Umstände befreien, bis er schließlich zurückfindet zu seinem asketischen Heldentum. Von allen Frauengestalten des Autors verkörper Isabella am stärksten den Typus der *femina demonia*. Wenn Mario PRAZ von ihrer »Synthetik« spricht, so meint er damit das Zusammentreffen von extremer Sensualität und marmorglatter Kälte. Überhaupt will der Dichter nicht realistische Personen schaffen, seine Figuren sind Barbaren und zugleich Dekadente. Daher nirgends eine Andeutung von Ironie. Die Exaltation ist völlig ungebrochen. Durch die fast manisch gesteigerte und zugleich erlesene Sprache D'Annunzios verliert das Werk in heutiger Sicht an Glaubwürdigkeit. H.Bi.

AUSGABEN: Mailand 1910. – Verona 1927–1936 (in *Tutte le opere*, Hg. A. Sodini, 49 Bde., 18). – Verona 1954–1956 (in *Tutte le opere*, Hg. E. Bianchetti, 9 Bde.). – Mailand 1956. – Mailand 1966 (in *Prose di romanzi*, 2 Bde., 2). – Mailand/Neapel 1966 (in *Poesie, Teatro, Prose*, Hg. M. Praz u. F. Gerra). – Mailand 1982, Hg. F. Roncoroni.

ÜBERSETZUNG: *Vielleicht – vielleicht auch nicht*, K. Vollmöller, Lpzg. 1910.

LITERATUR: F. Tropeano, *Il »forse che sì«* (in F. T., *Saggio sulla prosa dannunziana*, Florenz 1972, S. 247–298). – G. Cillo, *Metamorfismo e ascendenze alcyonie in »Forse che sì forse che no«* (in Il Lettore di Provincia, 12, 1981, Nr. 45/46, S. 17–29). – F. Romboli, *Da »Il Fuoco« al »forse che sì forse che no«* (in F. R., *Un'ipotesi per D'A*, Pisa 1986).

## FRANCESCA DA RIMINI

(ital.; *Ü: Francesca da Rimini*). Verstragödie in fünf Akten von Gabriele D'ANNUNZIO, Uraufführung: Rom, 9. 12. 1901, Teatro Costanzi (Musik: A. Scontrino), in gekürzter Form erschienen 1902. – Das Werk war als erster Teil einer nie vollendeten *Trilogia dei Malatesti* geplant. Wie alle Bearbeitungen des *Francesca*-Stoffes bezieht sich auch D'Annunzios *»poema di sangue e di lussuria« (»Poem aus Blut und Wollust«)* auf die Darstellung der Liebesgeschichte zwischen Francesca da Rimini und Paolo Malatesta in Dante ALIGHIERIS *Divina Commedia (Inferno*, V, 70–142). Francesca ist mit Gianciotto Malatesta, Signor von Rimini verheiratet, der sie und seinen Bruder Paolo wegen Ehebruchs ermordet. Dante stilisiert dieses historische Ereignis (der Mord fand zwischen 1283 und 1286 statt) zu einer Auseinandersetzung mit den Riten des höfischen Liebesideals. Als weitere Quelle diente BOCCACCIOS *Comento* (1373) zur *Commedia*, der das Motiv der Häßlichkeit Gianciottos und der Schönheit seines Bruders Paolo einführt. D'Annunzio selbst fügt die Figur des Malatestino, eines jüngeren Bruders der Malatesta, ein, der durch Intrigen und Denunziationen der eigentliche Auslöser der tragischen Geschehnisse wird.

Trotz der im Untertitel versprochenen Aktionen um Blut und Wollust, ist *Francesca da Rimini* ein handlungsarmes Drama. D'Annunzio zeigt sich viel weniger an den dramatischen Abläufen, als vielmehr an deren sprachlicher Umsetzung interessiert. Er rekurriert dabei immer wieder auf die konventionalisierte Liebessprache des *dolce stil novo*, durchsetzt die Dialoge mit Archaismen und bedient sich ganzer Passagen aus mittelalterlichen Artus-Romanen und der volkstümlichen Dichtung des Mittelalters. Das so entstehende Mittelalter-Pastiche enthält Abschnitte von höchster lyrischer Qualität, vor allem die Gespräche Francescas mit ihren Schwestern (1. Akt) und mit Paolo (2. und 3. Akt). Die formvollendete Sprache und die Darstellung der *»divina Eleonora Duse«*, der D'Annunzio das Drama widmete, machten *Francesca da Rimini* zu einem seinerzeit weltberühmten Stück, das heute in Vergessenheit geraten ist und das wegen seiner allzu zeitgebundenen Vorliebe für das Überladene wohl auf dem gegenwärtigen Theater keine Chancen hat. U.Pr.

AUSGABEN: Mailand 1902. – Mailand [7]1903. – Verona 1927–1936 (in *Tutte le opere*, Hg. A. Sodini, 49 Bde., 24). – Verona 1954–1956 (in *Tutte le opere*, Hg. E. Bianchetti, 9 Bde., 3/4; krit.).

ÜBERSETZUNG: *Francesca da Rimini*, C. G. Vollmöller, Bln. 1903.

VERTONUNG: R. Zadonai, *Francesca da Rimini* (Text: T. Ricordi; Oper; Urauff.: Turin, 19. 2. 1914, Teatro Regio).

LITERATUR: G. Presutti, *Francesca da Rimini nella storia e nella tragedia di G. D'A.*, Turin 1903. – A. Taralli, *»Francesca da Rimini«; »Figlia di Jorio«; »Nave«: appunti per uno studio critico dei personaggi*, Rom 1909. – L. Candiotti, *L'episodio della Francesca da Rimini nel pensiero di Dante e di G. D'A.* (in Nuovo Giornale Dantesco, 4, 1920, S. 1 f.). – E. Goss, *La figura di Francesca da Rimini (D'A. – Pellico – Cesareo – Dante)* (in E. G., *Saggi letterari*, Turin 1939). – M. Praz, *La »Francesca da Rimini« di G. D'A.* (in M. P., *Ricerche anglo-italiane*, Rom 1944, S. 323–361). – V. Betteloni, *»Francesca da Rimini« di G. D'A.* (in V. B., *Impressioni critiche e ricordi autobiografici*, Mailand 1948, S. 57–70). – R. Clerici, *»Françoise de Rimini«* (in *Testimonianze sull'arte di G. D'A.*, Hg. A. Capasso, Savona 1963, S. 113–142). – R. Chiesa, *La »Francesca da Rimini« di D'A. nella musica di Riccardo Zandonai* (in Quaderni dannunziani, 1965, Nr. 30–33, S. 320–354).

## IL FUOCO

(ital.; *Ü: Das Feuer*). Roman von Gabriele D'ANNUNZIO, erschienen 1900. – Seinem »Zyklus der Wollust« entsprechend, den 1889–1894 erschienenen drei *Romanzi della rosa (Rosenromane)*, plante D'Annunzio einen gleichfalls dreiteiligen Zyklus *Romanzi del melagrano* (der Granatapfel – *melagrano* –, eine der zahlreichen Chiffren des Dichters, steht für die festliche Fülle des Lebens). Dieser Zyklus blieb jedoch ein Torso, denn die Romane *La vittoria dell'uomo (Der Sieg des Menschen)* und *Trionfo della vita (Triumph des Lebens)* wurden nicht mehr geschrieben. – Die Handlung des einzigen ausgeführten Teils dieses Zyklus – *Il fuoco* – ist in hemmungsloser Offenheit D'Annunzios eigenem Leben nachgebildet und enthüllt bis ins intime Detail seine Liebesbeziehung zu Eleonora Duse. (Daß die Entfremdung der berühmten Liebenden auf diesen Roman zurückgehe, ist indes Legende: vielmehr konnte die Duse nicht verwinden, daß D'Annunzio seine weitgehend auf ihre Darstellungskunst zugeschnittene Tragödie *La città morta* ihrer Rivalin Sarah Bernhardt zur Uraufführung übergab.)

Der Held, der Venezianer Stelio Èffrena, ein von den Kunstjüngern gefeierter Dichterkomponist, maßt sich als »Übermensch« das Recht an, die von Moral und Konvention gesteckten Grenzen zu mißachten; seine Devise ist: *»in Freuden schöpferisch sein«* um der Kunst willen, der *»wahren metaphysischen Aktivität unseres Lebens«*. Die Anwesenheit des von ihm abgöttisch verehrten Richard Wagner in Venedig versetzt Stelio in eine außerordentliche Erregung, in der er sich leidenschaftlich in die um vieles ältere Foscarina verliebt, eine zu Weltruhm aufsteigende Schauspielerin. *»Eine schwere Trauer drängte ihn zur letzten Liebe der einsamen, nomadenhaft wandernden Frau, die für ihn in den Falten ihrer Gewänder gesammelt und stumm die Raserei ferner Menschenmassen zu tragen schien, aus deren kompakter Bestialität sie den göttlich blitzenden Schauer der Kunst mit einem leidenschaftlichen Schrei oder mit schmerzender Qual oder mit tödlichem Schweigen hervorgerufen hatte.«* Das »Feuer« der Leidenschaft ergreift auch die Frau, und sie verzehrt sich in ihm bis zur Selbstaufopferung. Um den ihr überlegenen Künstler nicht an der Erfüllung seiner »Sendung« zu hindern, beschließt sie endlich, dem Zusammensein mit dem Geliebten zu entsagen und ins Ausland zu gehen.

In diesem bekanntesten Roman D'Annunzios, der seinen großen Erfolg vor allem der Sensationsgier verdankte, ist des Dichters immer betont lyrische Sprache oft bis zur Unerträglichkeit exaltiert. Diskussionen um künstlerische Probleme wirken banal und forciert (so ein Gespräch über des Autors eigenes Drama *La città morta*), die faszinierenden Chiffren können vom Nichteingeweihten nur mühsam entschlüsselt werden. Doch in Passagen reinster, melancholischer Poesie beschreibt der Dichter den fahlen spätherbstlichen Zauber der Lagunen und der Stadt Venedig, die als »Serenissima« für ihn der Inbegriff königlicher, nunmehr jedoch dem Untergang preisgegebener Machtentfaltung ist und also der angemessene Hintergrund sowohl für das vitale, ichbesessene Herrenmenschentum Stelios wie für die pathetische Entsagung der Foscarina. M.S.

AUSGABEN: Mailand 1900 *(I romanzi del melagrano. Il fuoco)*. – Mailand [17]1905. – Verona 1927–1936 (in *Tutte le opere*, Hg. A. Sodini, 49 Bde., 17). – Mailand 1942 (in *Prose di romanzi*, Hg. E. Bianchetti, 2 Bde., 2). – Verona 1954–1956 (in *Tutte le opere*, Hg. E. Bianchetti, 9 Bde., 5/6; krit.). – Mailand 1959. – Mailand 1967; [7]1986, Hg. G. Ferrata [krit.].

ÜBERSETZUNGEN: *Die Romane des Granatbaumes. Feuer*, M. Gagliardi, Mchn. 1900. – Dass., dies., 2 Bde., Bln. 1913. – Dass., dies., Lpzg. 1929. – Dass., dies., Bln. 1942. – *Das Feuer*, dies., Bearb. G. Selvani, Hg. u. Einl. V. Orlando, Mchn. 1988.

LITERATUR: E. Cozzani, *»Il fuoco« di G. D'A.* (in Rivista d'Italia, 1924, 8). – G. Donati-Petteni, *D'A. e Wagner*, Florenz 1924 [m. Bibliogr.]. – F. Tropeano, *»Il fuoco«* (in F. T., *Saggio sulla prosa dannunziana*, Florenz 1962, S. 58–62). – J. Goudet, *»Il fuoco«* (in J. G., *D'A. romanziere*, Florenz 1972, S. 227–246). – G. L. Lucente, *D'A.s »Il fuoco« and Joyce's »Portrait of the Artist«: From Allegory to Irony* (in Italica 57, 1980, S. 19–33). – D. Schlumbohm, *Stilisierung statt Handlung: Zur Erzählweise in D'A.s Roman »Il fuoco«* (in U. Schulz-Buschhaus u. H. Meter, *Aspekte des Erzählens in der modernen italienischen Literatur*, Tübingen 1983, S. 73–84). – F. Romboli, *Da »Il Fuoco« al »Forse che sì forse che no«* (in F. R., *Un'ipotesi per D'A. Note sui romanzi*, Pisa 1986, S. 79–140).

## LA GIOCONDA

(ital.; *Ü: Die Gioconda*). Tragödie in vier Akten von Gabriele D'ANNUNZIO, Uraufführung: Palermo, 15. 4. 1899, Teatro Bellini. – Das Drama ist *»den schönen Händen«* der Eleonora Duse gewidmet und ganz auf die Kunst der großen Heroine zugeschnitten; es wurde von ihr zur Uraufführung gebracht, auf ihren Tourneen um die halbe Welt gespielt und verdankt nicht zuletzt ihrer Interpretation der Silvia seinen Ruhm.

Der begnadete Bildhauer Lucio Settala muß sich zwischen seiner Frau Silvia, deren engelhafte Hände er anbetet, und seinem Modell Gioconda Dianti entscheiden: als *donna dionisiaca* ist diese Frau eine der Repräsentantinnen des Ur-Weiblichen in D'Annunzios Symbolwelt, ein fast dämonisches Wesen, das Lucios Kunst – und mit ihr seine Begierde und Genußfähigkeit – aufs höchste zu steigern versteht. Unfähig, das komplizierte Doppelleben zu ertragen, unternimmt Lucio einen Selbstmordversuch. Die Kugel verwundet ihn zwar schwer, aber in aufopfernder Liebe und Pflege gibt seine Frau ihn dem Leben zurück. Silvia und seine Freunde fürchten den Augenblick, in dem er das Atelier, den Schauplatz der schrecklichen Tat, wieder betreten wird; doch Lucio beschwichtigt sie und beteuert Silvia seine unverbrüchliche Treue. Als ihm aber Gioconda in einem Brief mitteilt, sie erwarte ihn zu einer bestimmten Stunde im Atelier, verfällt Lucio wieder ihrem Bann. Um den Gatten vor einem neuen Konflikt zu bewahren, sucht Silvia die Rivalin im Atelier auf. Im Verlauf einer erregten Aussprache wirft sich die vor Eifersucht rasende Gioconda auf eine nach ihr geschaffene Statue, um sie zu zerstören. Bei dem verzweifelten Versuch, das Meisterwerk ihres Mannes zu retten, gerät Silvia unter die stürzende Skulptur, die ihre Hände zermalmt.

D'Annunzio begnügt sich mit diesem dramatischen Ausgang nicht: Es geht ihm in seinen Werken in erster Linie um die Rechtfertigung der Exaltationen des Künstlers, auch seiner eigenen: Damit er sein »priesterliches« Amt ausüben kann, bedürfe der »Berufene« eines individuellen, ganz seinem dionysischen Künstlertum angepaßten Gesetzes. So ist denn in der *Gioconda* Lucio, wie die zur Genesung am Meer weilende Silvia im vierten Akt ihrer Schwester und dem alten Freund Lorenzo Gaddi berichtet, wieder zu seiner Geliebten zurückgekehrt und arbeitet, von fieberhafter Schaffenswut besessen, an neuen Werken. Silvia ist bereit, seiner Kunst ihr eigenes Glück aufzuopfern. Als jedoch Beate, ihr Töchterchen, kommt und die Mutter fragt, warum sie sie zur Begrüßung nicht umarme, warum sie die mitgebrachten Blumen nicht in die unter weiten Ärmeln verborgenen Hände nehme, bricht sie zusammen.

Es dürfte kein Zufall sein, daß D'Annunzio im vierten Akt das gefeierte Spiel der Hände Eleonora Duses ausschaltete – ein verräterischer Kunstgriff des bis zum Sadismus egozentrischen *superuomo*: Die Aufmerksamkeit des Zuschauers sollte wohl gewaltsam von der Interpretin weg und allein auf des Dichters Wort gelenkt werden, das sich in diesem Akt tatsächlich ein einziges Mal hoch über den weitgehend sentimentalen und konstruiert wirkenden Dialog hinaushebt, und zwar in der Kantilene der »kleinen Sirene«, einer hier eingefügten symbolischen Figur; die wunderbaren Verse, mit denen diese die Verzweifelte zu trösten versucht, sind aber, wie Mario PRAZ nachweist, nichts anderes als die wörtliche Übertragung einer Ballade – *The King's Daughter* – von SWINBURNE. M.S.

AUSGABEN: Mailand 1899. – Verona 1927–1936 (in *Tutte le opere*, Hg. A. Sodini, 49 Bde., 22). – Verona 1954–1956 (in *Tutte le opere*, Hg. E. Bianchetti, 9 Bde., 3/4; krit.).

ÜBERSETZUNG: *Die Gioconda*, L. v. Lützow, Bln. 1899, [10]1909.

VERFILMUNG: Italien 1916 (Regie: E. Rodolfi).

## LAUDI DEL CIELO DEL MARE DELLA TERRA E DEGLI EROI

(ital.; *Lobpreisungen des Himmels, des Meeres, der Erde und der Helden*). Lyrischer Zyklus von Gabriele D'ANNUNZIO, in fünf Teilen erschienen 1903–1933. – D'Annunzio selbst bezeichnete in seiner keine Schranken kennenden Eitelkeit dieses Werk als *»den Gipfel der Poesie aller Zeiten und Länder«. (»Die italienische Dichtkunst beginnt mit zweihundert Versen um Dante und wird dann, nach einer langen Pause, von mir fortgesetzt.«)* Mit weit über zwanzigtausend Versen ist das Werk nach der *Divina Commedia* zumindest das umfangreichste Poem der italienischen Literatur überhaupt. Als Zyklus konzipiert, sollte es, dem Sternbild der Plejaden entsprechend, sieben Teile umfassen, doch wurden nur vier Bücher vollendet: *Maia* (1903), *Elettra* (1904), *Alcyone* (1904) und *Merope* (1911/12); unter dem Titel *Asterope* (1933) wurden sie später durch die – auch gesondert erschienenen – *Canti della guerra latina* ergänzt.

In den *Laudi del cielo del mare della terra e degli eroi* scheinen die ganz frühen *Laudes creaturarum* (vgl. *Il cantico delle creature*), deren spätere Auswirkung sich kaum überschauen läßt, gleichsam im Zeichen des Untergangs einer überreif gewordenen Tradition ihr Gegenstück gefunden zu haben. Was die dazwischen liegenden sieben Jahrhunderte gedacht und geformt hatten, wollte D'Annunzio offenbar zu einem Konzentrat der italienischen Poesie überhaupt gestalten. Im Prolog zu dem Buch *Maia* wird eine Hauptthese der Dannunzianischen »Philosophie« proklamiert: *»Der große Pan ist nicht tot!«* Wille, Wollust, Stolz und Instinkt sind das ebenfalls im Prolog verherrlichte Viergespann der das Leben erhaltenden und es immer wieder erneuernden Kräfte. Im Mittelpunkt des Buchs steht das große Poem *Laus vitae*, ein orgiastischer Hymnus auf das Diesseits, den zugleich das Wissen um das Ende aller Lust elegisch überschattet. Das von D'Annunzio kühn als moderne »Divina Commedia« gedachte (und von fanatischen Bewunderern tatsächlich als die große *»commedia umana«*, die *»menschliche Komödie«*, gerühmte) rhapsodische Poem enthält 21 Gesänge mit vierhundert Strophen zu je 21 freien Versen (vorwiegend Neunsilber). Anlaß war die 1895 gemeinsam mit neapolitanischen Freunden unternommene Griechenlandreise des Dichters; doch verkannte D'Annunzio das Wesen des antiken Hellenentums, wenn er in diesem lediglich eine jenseits von Gut und Böse stehende und sich im Willen zur Macht manifestierende Unschuld fand und das Land als die Heimat von Mythen bereiste, in denen sich nichts anderes als brutaler Egoismus geäußert habe. In *Laus vitae* werden die mythischen Figuren zur Wiederkehr aufgefordert, damit sie eine erschlaffte Welt überwänden und erneuerten. Der Dichter führt den fast vergessenen neun Musen als Schutzgeist der neuen Zeit eine Schwester zu, Euplete-Energia-Euretia. Dem Griechentum begegnet er auch in den auf dem Ager Romanus naturnah lebenden und von kreatürlichen Instinkten geleiteten Menschen, in Michelangelos heroischen Jünglingen, Propheten und Sybillen der Sixtinischen Kapelle und schließlich in der Wüste Libyens, wo der »Geist« sich zum »Löwen« wandelt.

Im zweiten Buch, *Elettra*, dominiert das Bedürfnis, das historische Einzelgeschehen und Einzelpersönlichkeiten in ein universales Weltbild einzuordnen. Große Namen der Menschheit werden hier verherrlicht, u. a. Dante, Bellini, Verdi, V. Hugo, Nietzsche, Segantini und vor allem Garibaldi – eine seltsam anmutende, nur von D'Annunzio auf einen gemeinsamen Nenner zu bringende Reihe. Als Variationen zum Dannunzianischen Thema vom Übermenschentum stellen diese Gedichte, ein imperialistisches Zeitalter ankündend, eine Art »Lieder der Erwartung« dar. Sie fanden ihr Echo vor allem bei der damaligen akademischen Jugend, in deren späterem Bekenntnis zum Faschismus eine dem überwundenen Positivismus entgegengesetzte Botschaft noch nachwirkte. Von zeitloser Gültigkeit sind in diesem Band vor allem – und vielleicht sogar allein – die *Città del silenzio (Städte des Schweigens)*, drei Oden und 56 Sonette, die 1926 auch gesondert erschienen. Unter ihnen ragen die Sonette auf Ravenna, Ferrara und Pisa hervor.

*Alcyone* ist der Titel des dritten – formal wie gedanklich reifsten – Buches. 88 Gedichte werden darin zum *»Loblied der südlichen Sonne, der mediterranen Welt mit ihren Oliven- und Oleanderbäumen, des berauschenden Lichts der gesättigten Farben zwischen Meeren und Gebirgen«* (E. Stock). Unter ihnen befinden sich einige der wohl kostbarsten Stükke der italienischen Lyrik überhaupt – so die vier Dithyramben, die Bearbeitung des Daphne-Motivs in *L'oleandro*, die Neuschöpfung der Hamadryade in *Versilia*, die tief empfundenen Abendgedichte *Lungo l'Affrico, La sera fiesolana* und *Beatitudine*, aber auch *L'onda, La pioggia nel pineto* und *La morte del cervo*, ein Hymnus auf die makellose Schönheit der physischen Kraft. Ausgehend vom Bild des *fanciullino*, des flötenspielenden Knaben, der Unschuld wie Ursprünglichkeit verkörpert und dessen Melodie ein längst vergessenes Göttliches beschwört, leitet der Dichter über zur Verherrlichung des reifen Sommers. *»Hier hat D'Annunzio die Einheit von Kunst und Leben verwirklicht, die er immer vergeblich anstrebte. Er ist bis zur Tiefe vorgedrungen, wo die Poesie zur magischen Tat wird ...«* (W. A. Vetterli). Der vertraute jahreszeitliche Vorgang wird zum Mythos und so erlebt, als wäre er einmalig. Der Dichter, dem die Musik als Zwillingsschwester der Poesie galt und der Zeit seines Lebens um das ideale Gesamtkunstwerk rang, das er bei WAGNER verwirklicht glaubte, läßt spielerisch und gleichsam mühelos das Wort zur Musik werden und verdichtet zugleich Musik zum Wort. Alle Exaltationen der Romane und Dramen und alle heroischen Gebärden sind hier vergessen. Dem völlig der Natur hingegebenen Dichter verwandelt sich die Wirklichkeit in leuchtende Metaphern: *»Wie der Sommer das Gold im Munde trägt, / trägt der Arno das Schweigen zur Mündung.«*

Das im selbstgewählten Exil in Paris entstandene Buch *Merope* ist eines Sehers Traum vom »größeren Mittelmeerreich«, das seinen Heros erwartet, damit er über Roms antiken Trümmerfeldern die Nation zu neuer Glorie führe. Der spätere »Commandante« von Fiume gibt in den *Canzoni della gesta d'oltremare* seine Parole aus: Jeder Sohn des Vaterlands hat *»tief im Herzen jenes eine Wort, das hochschlägt aus männlichen Kehlen: Krieg«*. Die wie mühelos gefügte, dabei streng geometrische Architektur der zehn umfangreichen, in Dreizeilern gehaltenen Gesänge dient unverhüllt der Agitation. Die Laudatio auf die alten Seerepubliken Genua, Pisa und Amalfi soll die »Schlafenden« wachrütteln, die »heilige« Sache des Vaterlands legitimieren. Tatsächlich ließ sich damals die Jugend Italiens von den prunkvollen Bildern ihres Nationalpoeten berauschen und sich eine in vielen Fällen buchstäblich tödlich wirkende Dosis Opium injizieren von einem Mann, der sich aus ganz banalen privaten Gründen nach Paris abgesetzt hatte. Zeilen wie *»jeder waffentragende Mann ist mein Bruder. Ich sehe die Augen erglänzen, die Zähne blitzen ... Brennend sind die Gesichter, als flamme in ihnen ein einziges Feuer oder das Lächeln einer einzigen Mutter, der großen Mutter«* sind bezeichnend für jene Unpoesie, die überall und immer wieder lauter erscheinende Mittel einsetzte für fatale Zwecke.

Der »Fürst von Montenevoso«, wie sich D'Annunzio durch ein königliches Dekret von 1924 nennen durfte, ist in die Geschichte eingegangen als einer der bedeutendsten Lyriker seines Landes, aber auch als maßgeblicher Wegbereiter des Faschismus, der 1914–1918 die *Canti della guerra latina* schrieb, Kriegsgesänge, die später unter dem Titel *Asterope*

das Plejaden-Fragment der *Laudi* ergänzten. Ganz offen bekennt sich der Dichter hier zu Fanatismus und Rassenwahn und rühmt Mussolini als den in dem Buch *Merope* ersehnten Heros, dem er 1936, nach Beendigung des Abessinienkriegs, seine Grußbotschaft zukommen läßt: »*Sicherlich hast Du gespürt, wie nahe ich Dir stand in diesen Tagen Deines hochgemuten, ruhigen Heldentums. Meine ganze bessere Kunst – jene, die nach Größe strebte – erstand in meinem Innern in dem heißen Wunsch, Deine Gestalt zu zeichnen ... Ich bitte Dich, für Deine Sache zu sterben, welche auch die meine ist und die des unüberwindlichen lateinischen Genius.*«
Die makabre Erfüllung, die diese Bitte später fand, enthüllt blitzartig auch, welcher Verkehrung eine außerordentliche dichterische Begabung zum Opfer fällt, wenn sie sich pathetischen Gefühlen überläßt und die »Heroen« feiert, ohne sich darüber Rechenschaft zu geben, für welch fragwürdige Sache sie den Einsatz des Lebens fordern. Nicht zufällig sind die *Canti della guerra latina* die schwächsten Gedichte der *Laudi*, und nicht zufällig sind die besten und bleibenden die, in denen der Dichter sich darauf beschränkt, die Schönheit und Fülle des Daseins zu preisen. M.S.

AUSGABEN: Mailand 1903 *(Maia)*. – Mailand 1904 *(Elettra)*. – Mailand 1904 *(Alcyone)*. – Mailand 1911/12 *(Le canzoni della gesta d'oltremare*, in Corriere della Sera). – Mailand 1918 *(Merope. Le canzoni della gesta d'oltremare)*. – Paris 1926 *(Le città del silenzio)*. – Verona 1927–1936 (in *Tutte le opere*, Hg. A. Sodini, 49 Bde., 5–8). – Mailand 1933 *(Canti della guerra latina)*. – Rom 1934 *(Laudi del cielo del mare della terra e degli eroi)*. – Mailand 1934, Hg. F. Flora *(Il fiore delle Laudi*; Ausw.). – Mailand 1939, Hg. U. Ojetti (dass.). – Bologna 1940/41, Hg. E. Palmierei (dass., 4 Bde.; m. Komm.). – Mailand 1950–1964, Hg. E. Bianchetti *(Le laudi*, 5 Bde.). – Mailand 1964; [2]1982, Hg. F. Roncoroni (Alcyone; krit.). – Mailand [2]1966 *(Elettra)*. – Mailand 1966 *(Maia)*. – Mailand 1966 *(Alcyone)*. – Mailand 1967 *(Alcyone)*. – Mailand 1984 (in *Versi d'amore e di gloria*, Bd. 2).

LITERATUR: J. Th. Paolantonacci, *G. d'A. et l'humanisme méditerranéen. Doctrine et poésie dans »Maia«. Premier livre des »Laudi«*, Marseille 1943. – A. Noferi, *L'»Alcyone« nella storia della poesia dannunziana*, Florenz 1945. – E. Mazzala, *Il linguaggio lirico di »Alcyone«* (in E. M., *D'A. Artefice Solitario*, Mailand 1962, S. 121–180). – E. Paratore, *Antecedenti ovidiani del linguaggio di »Alcyone«* (in E. P., *Studi dannunziani*, Neapel 1966, S. 33–44). – G. Luti, *Strutture e simmetrie alcioniche* (in G. L., *La cenere dei sogni*, Pisa 1973, S. 85–111). – H. Hinterhäuser, *Der »Alcyone«-Zyklus von G. D'A.* (in RF, 91, 1979, S. 377–398). – F. Gavazzeni, *Le sinopie di »Alcyone«*, Mailand/Neapel 1980. – F. Robecchi, *Letture critiche dell'»Alcyone« di G. D'A.*, Mailand [2]1980. – A. M. De Fiore, *L'intermezzo di Rime nella formazione spirituale e poetica di G. D'A.*, Soveria Manelli 1983. – G. Bárberi Squarotti, *»Alcyone« o la poesia del fare poesia*. (in Verri, Ser. 7, 1985, Nr. 5/6, S. 82–101). – N. Lorenzini, *Lo specchio e l'ombra: Per una lettura di »Alcyone«* (in Lettere Italiane, 38, 1986, S. 40–59).

## LE MARTYRE DE SAINT-SÉBASTIEN.
**Mystère**

(frz.; *Ü: Das Martyrium des hl. Sebastian. Ein Mysterium*). Lyrisch-dramatisches Werk in fünf »Handlungen« *(mansions)* und Gebetsprolog von Gabriele D'ANNUNZIO, mit der Musik von Claude Debussy (1862–1918), Uraufführung: Paris, 22. 5. 1911, Théâtre du Châtelet. – Maurice BARRÈS, dem das Werk gewidmet ist, Paul FORT und ROSTAND gehörten zu denen, die *Le martyre de Saint-Sébastien* begeistert als eine der großen französischen Dichtungen bezeichneten. Sie entstand gleich zu Beginn von D'Annunzios Aufenthalt in Paris (1910–1915). Der Dichter ließ sich inspirieren von berühmten Darstellungen des hl. Sebastian (u. a. von den Malern Mantegna, Perugino, Sodoma und Reni); nicht minder bedeutsam war seine Begegnung mit der russischen Tänzerin Ida Rubinstein, die dann in Paris zur gefeierten Interpretin der Titelrolle wurde. Die Bühnenhandlung folgt dem Bericht der *Acta sanctorum* von den Versuchungen, den Wundern und dem Martyrium des schon in der Frühzeit der Kirche verehrten Heiligen. Dieser, ein adonishaft schöner Jüngling, den Kaiser und Volk zum Gott erheben und anbeten wollen, widersteht allen Verlockungen. Jeden Vorschlag zur Rettung weist er ab, da ihn nichts an die Lebenden bindet. In trunkener Todessehnsucht bietet er seinen Leib den Bogenschützen und stirbt in masochistischer Ekstase unter ihren Pfeilen. Während die Umstehenden den betäubenden Duft von Lilien wahrnehmen, verkünden die Chöre der Märtyrer, der Heiligen und der Engel, daß der Jüngling in das Paradies eingegangen sei.
Das mittelalterlichen Mysterienspielen nachempfundene, zahlreiche altfranzösische Wortformen enthaltende und in elegante Alexandriner gefaßte Werk ist keinesfalls ein Ballett, wie es dem Publikum versprochen wurde, sondern eine Art von szenischem Oratorium mit weitgehend eingedämmter Bühnenaktion. Diese Konzeption entspricht einerseits der von D'Annunzio immer wieder leidenschaftlich verfochtenen Autonomie des Worts auf der Bühne, andererseits der Vorliebe dieses großen Ästheten für alles Dekorative. Bei ihm, den Mario PRAZ »*die monumentalste Gestalt der Dekadenz*« genannt hat, wandelt sich die fromme Legende zum widersprüchlichen Werk, in dem die »*laszive und magische Welt, Martyrium und zugleich Paradies der Sinne, zuweilen eine beflügelte und hochschwingende Melancholie*« (F. Flora) aufweist. Da Liebe, Brutalität und Wollust bei D'Annunzio kaum zu trennen sind *(»Die Liebe, die ich liebe, hört nicht auf zu sagen: Mache mich leiden, mache mich immer noch mehr leiden!«)*, wird auch der aus Liebe zu Christus erlittene Tod zum orgiastischen Exzeß pervertiert. So

halten die Bogenschützen bestürzt inne, als das Gewand vom Leib des Jünglings fällt *(»Mais comme il est beau! Il est trop beau!«)*, so entbrennt das Opfer in leidenschaftlicher Liebe zu seinen Jägern, als diese den Bogen spannen. Es nimmt deshalb nicht wunder, daß der Erzbischof von Paris nach der Uraufführung des Stücks dem Autor, den Interpreten, ja selbst dem Publikum mit der Exkommunikation drohte. (Wenig später indizierte der Heilige Stuhl das Gesamtwerk D'Annunzios.) Die Begründung des aufgebrachten Geistlichen lautete, es sei in einem christlichen Staat nicht zu vertreten, daß ein Heiliger von einer nackten Frau, von einer Jüdin zudem, dargestellt werde. Doch war es neben dem impressionistischen Klangkommentar Debussys vor allem die Kunst dieser Tänzerin, der das Werk seinen triumphalen Erfolg zu danken hatte. Heute wird *Le martyre de Saint-Sébastien* vorwiegend konzertant aufgeführt. M.S.

AUSGABEN: Paris 1911 (in L'Illustration Théâtrale, Nr. 181). – Paris 1911. – Verona 1927–1936 (in *Tutte le opere*, Hg. A. Sodini, 49 Bde., 31). – Mailand 1940 (in *Tutto il teatro*, 2 Bde., 1939/40, 2). – Mailand 1954–1956 (in *Tutte le opere*, Hg. E. Bianchetti, 9 Bde., 2). – Mailand 1959. – Mailand 1966 (in *Poesie, Teatro, Prose*; Vorw. M. Praz).

ÜBERSETZUNG: *Das Martyrium des hl. Sebastian. Ein Mysterium*, G. Schneeli, Bln. 1913.

LITERATUR: E. Cecchi, Rez. (in Tribuna, 29. 5. 1911). – V. Piccoli, *Gloria e martirii nella poesia di G. D'A.*, Mailand 1919. – A. Doderet, *G. D'A. et ses œuvres françaises* (in Le Nouveau Mercure, Jan. 1924, S. 14–22). – T. Antongini, *Il poeta e la danzatrice* (in Scenario, April 1938). – G. Gullace, *Les débuts de D'A. en France et la question de la ›renaissance latine‹* (in Symposium, 7, 1954, S. 232–249). – Quaderni Dannunziani, 1957, Nr. 6/7 [Sondernr. *»Le martyre de Saint-Sébastien«*]. – N. F. Cimmino, *Origini e fonti del »San Sebastiano«* (in N. F. C., *Poesia e poetica in G. D'A.*, Florenz 1959, S. 345–394). – E. De Michelis, *Il D'A. francese, »Le martyre de Saint-Sébastien«* (in *Studi sulla letteratura dell'ottocento in onore di P. P. Trompeo*, Hg. G. Macchia u. G. Natoli, Neapel 1959, S. 447–459). – M. Rinaldi, *»Le martyre de Saint-Sébastien« de Debussy su testo di D'A.* (in NAn, 1979, fasc. 538, S. 378 f.). – A. Bossut Ticchioni, *Forme et signification du »Martyre de Saint-Sébastien« de D'A.: une nouvelle poétique théâtrale?* (in AION, 22, 1980, S. 117–133). – G. Tosy, *D'A. et Debussy. La genèse musicale du »Martyre de Saint-Sébastien«* (in Verri, Ser. 7, 1985, Nr. 7/8, S. 7–34).

## LE NOVELLE DELLA PESCARA

(ital.; *Die Novellen der Pescara*). Novellensammlung von Gabriele D'ANNUNZIO, erschienen 1902. – Mit seinem preziösen Stil hatte CARDUCCI *»den Weg für die ephemeren Bravourstücke der Epoche D'Annunzios«* geebnet (N. Sapegno). Unter seinem Einfluß schrieb der in Pescara geborene D'Annunzio, noch nicht zwanzigjährig (zugleich mit dem frühen lyrischen Meisterwerk, dem *Canto novo*, 1882) eine Reihe von Erzählungen, die er unter dem Titel *Terra vergine (Unberührtes Land)* veröffentlichte und in denen er sich, zumindest in den Motiven, von dem die italienische Prosa beherrschenden *verismo* eines CAPUANA und VERGA beeinflußt zeigte. Hatte es sich hier noch um recht handlungsarme, stark lyrisch gefärbte Skizzen gehandelt, näherte er sich in den beiden folgenden Sammlungen *Il libro delle vergini*, 1884 *(Das Buch von den Jungfrauen)*, und *San Pantaleone*, 1886 *(Der hl. Pantaleon)*, mehr dem französischen Naturalismus und orientierte sich an FLAUBERT, ZOLA und MAUPASSANT. Diesen beiden Sammlungen entnahm der Dichter die achtzehn Stücke seiner *Novelle della Pescara*, in denen er, wie schon in *Terra vergine*, von den Menschen seiner abruzzesischen Heimat erzählt: Bauern, Hirten und Fischer, die in einer noch unberührten Natur leben. D'Annunzio beschreibt akribisch genau das Leiden dieser Menschen, das als individuelles Schicksal und nicht als gesellschaftlich bedingt gesehen wird. Um innere Entwicklungen zu verdeutlichen, werden äußere Vorgänge nicht stilisiert, wie es der veristischen Poetik entsprochen hätte, sondern mit einer fraglos faszinierenden Sinnlichkeit erfaßt und – hier klingen entscheidende Tendenzen der späteren Hauptwerke an – ins Mythologisch-Grandiose umgedeutet. Nicht die Wiedergabe der Wirklichkeit, sondern deren Überhöhung wird angestrebt.

In den *Novelle della Pescara* stehen schwelgerisch ausgemalte Greuel und Widerwärtigkeiten im Vordergrund, die jedoch ästhetisiert werden, vor allem durch eine preziöse Sprache, die nicht selten religiöse Assoziationen hervorruft. So beispielsweise in *Gli idolatri (Die Götzendiener)*, wo sich die Ereignisse bereits in der Schilderung eines blutroten Abendhimmels ankündigen, der die Dorfbewohner in panischen Schrecken versetzt. Um die Statue ihres Schutzpatrons geschart, überfallen sie die Nachbargemeinde, und es kommt zu einem bestialischen Gemetzel. In *La vergine Orsola (Die Jungfrau Ursula)*, dem einzigen der Sammlung *Il libro delle vergini* entnommenen Stück, wird das todkranke, dann aber genesende Mädchen, das die unerträglichen Spannungen einer sie überwältigenden Sinnlichkeit zu beherrschen vermag, schließlich in einer für die damalige Zeit unerhört realistisch dargestellten Szene vergewaltigt. Als sie versucht, das Kind, das sie erwartet, abzutreiben, verblutet sie. In der Novelle *Il cerusico di mare (Der Chirurg des Meeres)* wird während eines über der Adria tobenden Sturms aus dem Hals eines Fischers unter schlimmsten Qualen ein Geschwür geschnitten und die Wunde ausgebrannt. Auch ohne direkt auf das Evangelium anzuspielen, vergleicht der Autor die duldende Ergebenheit des »Opfers« mit der des leidenden Christus.

Unter dem Eindruck von D'Annunzios späterem, oft exaltiertem Werk geriet dieses bedeutende

Frühwerk ziemlich in Vergessenheit. Dabei wäre es durchaus geeignet gewesen, aus der sowohl in rationalistischen wie moralistischen Geleisen festgefahrenen italienischen Romantik einen Ausweg zu zeigen und den Anschluß an die allgemeine Entwicklung der europäischen Literatur herzustellen.
M.S.

AUSGABEN: Mailand 1902. – Verona 1927–1936 (in *Tutte le opere*, Hg. A. Sodini, 49 Bde., 11). – Mailand 1954–1956 (in *Tutte le opere*, Hg. E. Bianchetti, 9 Bde.). – Mailand/Neapel 1966 (in *Poesie, Teatro, Prose*, Hg. M. Praz u. F. Gerra). – Mailand 1969 [Einl. S. Sabbadini]. – Mailand 1969; [7]1986 [Einl. u. Bibliogr. S. Sabbadini].

LITERATUR: G. Gatti, *Le donne nella vita e nell'arte di G. D'A.*, Parma 1951. – F. Tropeano, *»Le novelle della pescara«* (in F. T., *Saggio sulla prosa dannunziana*, Florenz 1962, S. 28–32). – J. Goudet, *»Le novelle«* (in J. G., *D'A. romanziere*, Florenz 1972, S. 19–34). – I. Ciani, *Storia di un libro dannunziano »le novelle della Pescara«*, Mailand 1975.

## IL PIACERE

(ital.; *Ü: Lust*). Roman von Gabriele D'ANNUNZIO, erschienen 1889, als erster der drei *Romanzi della rosa (Rosenromane)*, zu denen außerdem *L'innocente* (1892) und *Trionfo della morte* (1894) gehören. – Die Rose ist für den Dichter das Symbol der Wollust – einer erotischen Exaltation, die hier im Rahmen eines stark autobiographisch beeinflußten Romans, von D'Annunzios Aufenthalt in Rom entscheidend geprägt, zum ersten Mal in einem derartigen Ausmaß glorifiziert wird. Denn kein anderer als der Dichter selbst ist der Graf Andrea Sperelli d'Ugenta, der in hemmungsloser Leidenschaft der schönen Elena Muti verfallen ist. Der dekadente Ästhet und Lebemann betrachtet die Erotik als den magischen Zusammenklang aller Erscheinungen des Lebens, und bei seinen Orgien, die er in dem als Liebestempel ausstaffierten Heim in Rom zelebriert, sucht er im geistigen Genuß und der Erfüllung des Triebes die ihm, dem Erwählten, zukommende Daseinsverwirklichung. Doch der bittere Tropfen in diesem Aphrodisiakum ist die Erkenntnis der Unerreichbarkeit seiner Idealvorstellungen und der Unzulänglichkeit des Lebens. Bestürzt verläßt Elena den maßlosen Mann, der sie nun in vulgären Abenteuern zu vergessen sucht, wobei ihn die Sucht des Vergessenwollens um jeden Preis zu einer nur noch verzweifelteren Suche nach der Geliebten zwingt. *»In sich hatte er etwas von einem Don Giovanni und von einem Cherubino: er vermochte es, in einer hinreißenden Nacht seinen Mann zu stellen, zugleich aber auch der scheue, unschuldige, ja geradezu noch unberührte Liebhaber zu sein. Die Ursache seiner Macht lag darin begründet, daß er in seiner Liebeskunst nicht vor Verstellung, Falschheit und Täuschung, vor keiner Lüge zurückschreckte.«* Dieser Magie erliegt schließlich auch Maria Ferres, eine Dame der Gesellschaft, die in auffallender Weise Elena Muti gleicht. Fasziniert gibt sie sich dem Meister der Dichtkunst und der Liebe hin, der ihr zu verbergen versteht, daß sie für ihn nur ein Mittel zum Zweck ist. Doch in einem unbedachten Augenblick orgiastischer Hingerissenheit entschlüpft ihm der Name seiner Geliebten. Nun hat Andrea sein gewagtes und schon gewonnen geglaubtes Spiel verloren, ist er für immer zu der Suche nach einer Erfüllung verdammt, von der er weiß, daß sie ihm nie zuteil werden kann.

*Il piacere* ist D'Annunzios erster und unzweifelhaft gelungenster Versuch der Selbstporträtierung. Die Darstellung der eigenen raffinierten Sensibilität, des zynischen Egoismus und des in seiner Übersteigerung schon pervertierten Ästhetizismus ist von bestürzender Aufrichtigkeit, die freilich, wenn man das Leben des Dichters und sein Gesamtwerk betrachtet, als protzender Exhibitionismus gelten kann. So sind vermutete Bezüge zwischen Andrea Sperelli und dem Octave in MUSSETS *La confession d'un enfant du siècle* (1835) und FLAUBERTS Frédéric aus *L'éducation sentimentale* (1835) völlig unbegründet: D'Annunzio will nicht, wie es die beiden Franzosen getan haben, anhand seines Protagonisten die historisch-sozialen Hintergründe des *mal du siècle* untersuchen, weshalb er auch darauf verzichtet, die psychische Entwicklung seines Helden selbst nur andeutungsweise zu analysieren. Sein Andrea hat offensichtlich nur eine einzige Funktion zu erfüllen: das selbstgefällige Bild des Autors zu spiegeln und dessen auf dem Weltgefühl der Renaissance gründendes Olympiertum zu interpretieren und zu verkündigen.
M.S.

AUSGABEN: Mailand 1889. – Verona 1927–1936 (in *Tutte le opere*, Hg. A. Sodini, 49 Bde., 12). – Mailand 1954–1956 (in *Tutte le opere*, Hg. E. Bianchetti, 9 Bde., 5/6; krit.). – Mailand/Neapel 1966 (in *Poesie, Teatro, Prose*, Hg. M. Praz u. F. Gerra). – Mailand 1976 [Einl. I. Ciani]. – Mailand 1976; [14]1986, Hg. G. Ferrata [krit.].

ÜBERSETZUNG: *Lust*, M. Gagliardi, Bln. 1898; ern. 1920.

LITERATUR: O. Ragusa, *Punti di raffronto tra »Il piacere« e »A rebours«* (in Kentucky Foreign Language Quarterly, 6, 1959, S. 126–131). – G. Petrocchi, *D'A. e la tecnica del »Piacere«* (in Lettere Italiane, 12, 1960, S. 168–179). – M. Di Fava, *La Roma del »Piacere« e delle »Elegie romane«* (in Studi Romani, 11, 1963, S. 30–49). – F. Tropeano, *»Il piacere«* (in F. T., *Saggio sulla prosa dannunziana*, Florenz 1962, S. 33–41). – J. Goudet, *»Il piacere«* (in J. G., *D'A. romanziere*, Florenz 1972, S. 35–62). – I. Ciani, *Premesse per uno studio sul »Piacere«* (in Paragone, 24, 1973, Nr. 278, S. 93–100). – W. Drost, *Negative Idealität im Denken G. D'A.s: eine Lektüre des Romans »il piacere« (1889)* (in Italienische Studien, 3, 1980, S. 45–57). – V. Finucci, *The Search For a Mother in G. D'A.s »Il piacere«* (in Association of Teachers of

Italian Journal, 47, 1986, S. 4–17). – F. Romboli, *Temi e caratteristiche dei »romanzi della rosa«* (in F. R., *Un'ipotesi per D'A. Note sui romanzi*, Pisa 1986, S. 13–56).

## LA PISANELLE OU LA MORT PARFUMÉE

(frz.; *Pisanelle oder Der duftende Tod*). Lyrisch-dramatisches Werk in drei Akten und einem Prolog von Gabriele D'ANNUNZIO, Uraufführung (mit der Bühnenmusik von Ildebrando Pizzetti): Paris, 12. 7. 1913, Théâtre du Châtelet. – Ughetto, der junge König von Zypern, glaubt in einer aus Pisa stammenden, von Piraten verschleppten Dirne jene Heilige zu erkennen, von der ihm prophezeit worden war, sie werde aus einem jenseits des Meeres gelegenen Land kommen, um ihm ihre Liebe zu bringen. Zerfressen vom Laster und in Lumpen gehüllt, erscheint sie ihm als die verkörperte Armut, zu der er sich in franziskanischem Geist bekennt. Um sie vor den Schmähreden seines Onkels, der ihre Herkunft, ihr wahres Wesen ahnt, künftig zu bewahren, ermordet er den alten Mann und führt an Pisanellas Seite ein glückliches Leben, bis seine Mutter unter dem Vorwand, das Mädchen als Tochter in die Arme schließen zu wollen, sie zu sich kommen und töten läßt.

Scheinbar die Tragödie einer hoffnungslosen Illusion, ist *La Pisanelle*, von des Dichters Gesamtwerk her gesehen, eine Spielart seiner Glorifizierung des lustvoll herbeigesehnten und masochistisch erlittenen Martyriums. Der seinen Träumen ergebene junge König, dem Hirten Aligi in *La figlia di Iorio* (1904) sichtlich verwandt, läßt sich von der in *Il trionfo della morte* (1894) verherrlichten *»unreinen Schönheit des Weibes«* betören, das dem Mann erst dann die höchste Lust vermittelt, wenn es ihn zutiefst erniedrigt. Nicht Pisanelle, sondern Ughetto erleidet die süchtige Liebe, und daß Pisanelle einen grausamen Tod stirbt, entspricht nur dem Wesenszug des Dichters, sich an der Frau, durch die er sich selbst erniedrigt glaubt, zu rächen. In *Un sogno d'un tramonto d'autunno* (1898) verbrennt das Freudenmädchen, in *La figlia di Iorio* wird die Dorfhure den Flammen übergeben, in *Forse che sì forse che no* (1910) läßt der Hirte von Fondi die Geliebte den Feuertod erleiden. Und so kommt auch Pisanelle folgerichtigt in einer »Glut« um – unter scharlachroten, duftenden Rosen, die die Mutter des Königs so lange auf sie herniederregnen läßt, bis Pisanelle erstickt.

Es ist bezeichnend, daß der Dichter im Manuskript die Definition »lyrische Tragödie« korrigiert und sein Werk dann schlicht als »Schauspiel« bezeichnet hat; denn *La Pisanelle* ist tatsächlich keine Tragödie, sondern ganz einfach eine Interpretation des aggressiv-weiblichen wie des unentschlossenmännlichen Prinzips. So schrieb D'Annunzio die Rolle seiner Protagonistin nicht einer Heroine auf den Leib, sondern einer Tänzerin: Ida Rubinstein, der Russin, die schon *Le martyre de Saint-Sébastien* (1911) zur Uraufführung gebracht hatte. Wie dort bedient sich der Dichter auch in *La Pisanelle* eines preziös klingenden, antikisierten Französisch, das den Hintergrund dieser »Legende« und die große Trinität D'Annunzios, nämlich Liebe, Brutalität, Wollust, in einem kostbaren Licht erscheinen läßt. Die Dekadenz erreicht dabei die Dimension des Vollkommenen – freilich einer *»Perfektion, die falsch klingt«* (R. Serra). M.S.

AUSGABEN: Paris 1913 (in Revue de Paris, 15. 6. bis 15. 7.). – Paris 1913. – Mailand 1914. – Verona 1927–1936 (in *Tutte le opere*, Hg. A. Sodini, 49 Bde., 32). – Mailand 1939 (in *Tragedie, sogni e misteri*). – Verona 1954–1956 (in *Tutte le opere*, Hg. E. Bianchetti, 9 Bde., 3/4; krit.). – Mailand 1966 (in *Poesie, Teatro, Prose*; Vorw. M. Praz).

LITERATUR: A. Doderet, *G. D'A. et ses œuvres françaises* (in Nouveau Mercure Français, Jan. 1924, S. 14–22). – Scenario, April 1938 [Sondernr.]. – L. Tommaleri, *G. D'A. ispiratore di musicisti; »La Pisanelle ou La mort parfumée« D'A. et I. Pizzetti* (in Rivista Musicale Italiana, 43, 1939, S. 161–233). – B. Lavagnini, *Alle fonti della Pisanella ovvero D'A. e la Grecia moderna*, Palermo 1942. – G. Gullace, *The French Writings of G. D'A.* (in CL, 12, 1960, S. 207–228).

## TRIONFO DELLA MORTE

(ital.; *Ü: Der Triumph des Todes*). Roman von Gabriele D'ANNUNZIO, erschienen 1894 als dritter und letzter Teil der *Romanzi della rosa* (vgl. *Il piacere*). – Von diesem autobiographisch gefärbten Roman, der eine lange Entstehungsgeschichte hat, waren seit 1889 in der ›Tribuna illustrata‹ Teilveröffentlichungen erschienen, die den Titel des letzten der sechs Bücher der endgültigen Fassung trugen: *L'invincible (Der Unbesiegbare)*. Nicht zu besiegen ist der Tod, der als Leitmotiv immer wieder in entscheidenden Momenten der Handlung auftaucht – erstmals im Zusammenhang mit dem Selbstmord eines Unbekannten auf dem Pincio in Rom.

Der Held des Romans, Giorgio Aurispa, ist *»angezogen von dem schrecklichen Schauspiel«*, spielt er doch selbst mit dem Gedanken an einen Freitod, mit dem er dem Beispiel seines Onkels Demetrio folgen will. Vorerst versucht er noch, diesem letzten Schritt auszuweichen. Denn Ippolita Sanzio, die seit zwei Jahren seine Geliebte ist und in ihm allmählich jeden Willen zerstört hat, ist er mit einer rasenden Eifersucht hörig, die ihn am Leben hält, weil Ippolita nach seinem Tod für einen anderen Mann frei wäre. Doch beim gemeinsamen Lesen seiner früheren Briefe erkennt Giorgio, wie künstlich die unwirklich-poetisch anmutende Atmosphäre war, in der diese Liebe begann. Unfähig, Realitäten zu bewältigen, erweist er sich auch dann, als er nach Hause gerufen wird, da der Vater die Familie gänzlich zu ruinieren droht. (Das Todesmotiv taucht hier auf mit dem rachitischen Kind der Schwester Cristina.) Wieder läßt die Einsicht in die Unvereinbarkeit von Leben und Traum in Giorgio Todessehnsucht aufkommen, und wieder ist es der Gedanke an Ippolita, der ihn hindert, einen bestimmten Plan zu verfolgen. Mit der Geliebten reist er ans Meer, um dort, in einer noch ursprünglichen Umwelt, innere Ausgeglichenheit zu finden. Doch die Monotonie der Landschaft läßt ihn lethargischer denn je werden; mehr als zuvor ist er den Verführungskünsten Ippolitas ausgeliefert, die für ihn gigantische, mythenhafte Züge annimmt. Seine Rache an ihrer Überlegenheit ist die Vorstellung, sie seit tot: *»Ich glaube, daß sie als Tote den höchsten Ausdruck ihrer Schönheit erreichen wird.«* Er, der von einer Frau Besiegte, der seinen männlichen Leidenschaften Ausgelieferte, flüchtet sich nun in den Traum von Nietzsches Übermenschentum, um sich selbst als Maßstab seines Handelns einsetzen zu können. Doch in seine so künstliche wie sterile Welt der Idealität dringt immer wieder die Wirklichkeit des Daseins ein; hinter der heiteren ländlichen Idylle stehen Armut und Elend der Bewohner. (Das Todesmotiv findet sich hier in einem nicht lebensfähigen Säugling, dem »behexten Kind«.) Die einem dumpfen Aberglauben ergebenen Bauern wollen einen »neuen Messias« erkennen, und angesichts der fanatischen Pilger glaubt Giorgio, sich in religiösem Mystizismus am ehesten verwirklichen zu können. Dann jedoch, am Ziel der Wallfahrt, kann er sich nicht *»ästhetisch entfalten«*; alptraumartige Bilder menschlicher Bestialität ekeln ihn an und werfen ihn zurück zu Ippolita. Da Giorgio nun weiß, daß er sich von dieser Frau nie wird lösen können, beschließt er, sie zu töten. Ein letzter Ausweichversuch ist Giorgios Hinwendung zur Musik, doch die ausweglose Liebe der Protagonisten von Wagners *Tristan und Isolde* wird schließlich Anlaß des gemeinsamen Todes, den Giorgio für sich und Ippolita vorbereitet. Beim nächtlichen Spaziergang lockt er die Geliebte an einen Abgrund, in den beide nach erbittertem Kampf stürzen.

Stärker als Handlungsfaden und psychologische Intensität wirkt die Atmosphäre, auf die es doch in erster Linie dem Dichter ankommt, der *»ein Werk der Schönheit und Poesie«* schaffen will, *»schaffen, eine plastische und symphonische Prosa, reich an Bildern und Musik«*. Daher die unvergeßlichen Bilder, etwa eine Aufführung von Bachs h-Moll-Messe in einer römischen Kirche, die Idylle am Meer, die Exaltation der Wallfahrer in Casalbordino; daher aber auch vor allem die Suggestivkraft der Sprache. Durch sie wird keine Wiedergabe der Realität angestrebt, sondern deren Fortführung und Erhöhung. Mögen auch immer wieder Seelenzustände in bloßer Rhetorik ersticken, so hinterläßt die symphonische Verwendung des Todesmotivs in seiner unaufhaltsamen Steigerung einen unerhört intensiven Eindruck. H.Bi.

AUSGABEN: Mailand 1889/90 (u. d. T. *L'invincibile*, in Tribuna Illustrata, 1). – Mailand 1894. – Verona 1927–1936 (in *Tutte le opere*, Hg. A. Sodini, 49 Bde., 14/15). – Mailand 1954–1956 (in *Tutte le opere*, Hg. E. Bianchetti, 9 Bde., 5; krit.). – Verona 1956. – Mailand/Neapel 1966 (in *Poesie, Teatro, Prose*, Hg. M. Praz u. F. Gerra). – Mailand 1971; [7]1983, Hg. G. Ferrata [krit.].

ÜBERSETZUNG: *Der Triumph des Todes*, M. Gagliardi, Bln. 1899. – Dass., dies., Bln. 1919.

LITERATUR: E. D'Antonio, *Il »Trionfo della morte« di G. D'A.* (in Rivista Abruzzese, 15, 1962, S. 81–86). – G. Gatti, *I romanzi della rosa* (in Osservatore Politico Letterario, 9, 1963, S. 79–99). – A. Mazzarella, *»Il trionfo della morte« contro »la volantà di potenza«* (in Atti dell'Academia di Scienze Morali e Politiche Napoli, 91, 1980, S. 429–481). – E. Paratore, *»Il trionfo della morte«* (in Lettere Italiane, 33, 1981, S. 509–528). – F. Romboli, *Temi e caratteristiche dei »Romanzi della Rosa«* (in F. R., *Un'ipotesi per D'A.*, Pisa 1986, S. 13–56).

## JÚLIO DANTAS

* 19.5.1876 Lagos
† 15.5.1962 Lissabon

**LITERATUR ZUM AUTOR:**
F. de Figueiredo, *Estudos de litteratura*, Bd. 2, Lissabon 1918. – H. Lopes de Mendoça, *J. D., esboço de perfil literário*, Lissabon 1923. – J. H. Medeiros e Albuquerque, *A obra de J. D.*, Rio 1923. – W. Giese, *Aspectos da obra literária de J. D.*, Coimbra 1937. – L. de Oliveira Guimarães, *J. D. uma vida, uma obra, uma época*, Lissabon 1963.

### A CEIA DOS CARDEAIS

(portug.; *Ü: Das Nachtmahl der Kardinäle*). Einakter in paarweise reimenden Alexandrinern von Júlio DANTAS, Uraufführung: Lissabon, 24. 3. 1902, Teatro D. Amélia. – Unter dem Pontifikat Benedikts XIV. treffen sich im Vatikan drei Kardinäle zum Nachtmahl: der Portugiese Gonzaga de Castro, der Spanier Rufo und der Franzose Montmorency. Die Verschiedenheit der Temperamente, die in der Begegnung des impulsiven Rufo, des eleganten Feinschmeckers aus Frankreich und des sanftmütigen und versöhnlichen Castro zutage tritt, soll zugleich die Verschiedenartigkeit des Nationalcharakters aufzeigen. Am deutlichsten äußert sie sich, als die drei sich ihrer Jugend erinnern. Jeder berichtet von der größten Liebe seines Lebens: Da stellt der draufgängerische Spanier in der Erzählung eines bewegten Liebesabenteuers seine Bravour zur Schau, gibt sich der Franzose als geistreicher und galanter Liebhaber, während der Portugiese die tiefe religiöse Wandlung schildert, die der frühe Tod der Jugendgespielin in ihm bewirkt und die ihn dazu bewogen hat, sich dem geistlichen Beruf zu weihen. – Der Stil des 18. Jh.s, der die Szenerie des Schauspiels bestimmt, beherrscht auch die Eleganz und Diskretion des sprachlichen Ausdrucks, den leichten Fluß der zäsurfreien Alexandriner, die halb genießerische, halb elegische Stimmung, in die der Dialog gehüllt ist. Das in verschiedene Sprachen übersetzte Stück ist auch außerhalb Portugals mit Erfolg aufgeführt worden. A.E.B.

AUSGABEN: Lissabon 1902. – Lissabon 1959. – Lissabon [52]1979.

ÜBERSETZUNG: *Das Nachtmahl der Kardinäle*, L. Ey (in *Dramat. Dichtungen*, Heidelberg 1920).

LITERATUR: A. Martins, *O teatro moderno*, Porto 1951. – G. C. Rossi, *Teatro portoghese e brasiliano*, Mailand 1956, S. 247–265 [ital. Übers., m. Einl.]. – M. S. Davis, *Dreams and Reflections... Two Plays by J. D. and S. Giovanetti* (in Papers on Romance Literature Relations, NY 1983, S. 5–14).

### A SEVERA

(portug.; *Severa*). Drama in vier Akten von Júlio DANTAS, Uraufführung: Lissabon 1901, Teatro D. Amélia. – Schauplätze der Handlung sind in diesem Stück, das Mitte des 19. Jh.s spielt, die Wohnung der Zigeunerin Severa, einer beliebten Fadosängerin, in der »Mouraria« (Maurenviertel), dem Elendsviertel Lissabons, und der Herrensitz des Grafen Marialva in der Provinz Alentejo. Es sind die Welten des »Fado« und des Stierkampfs, die diesem Stück das Gepräge geben. Der »Fado«, die portugiesische Sonderform der Volksballade, ist bei den »Asozialen« – den Zigeunern, Raufbolden und Tagedieben, den Zuhältern und Dirnen – zu Hause, der Stierkampf dagegen, mit der Welt des »Fado« in mancher Hinsicht verknüpft, ist die Sphäre der Toreros, der Pferde- und Stierzüchter, die zumeist Großgrundbesitzer, Landjunker sind und im Stierkampf zu Pferd die ihnen vorbehaltene, aristokratische Sportart sehen. Einer dieser aristokratischen Stierkämpfer ist Marialva, ein herrischer, heftiger Mann, den Severa, die viel umworbene, ihres Wertes bewußte, stolze Zigeunerin, leidenschaftlich liebt. Die Eifersucht Severas auf die Gräfin, deren Liebe Marialva kalt zurückweist, und die des Grafen auf den armen Custódia, den Severa zwar bemitleidet, doch als Bewerber verachtet, dies alles führt zu Verstrickungen, die erst mit dem Tod der schönen Zigeunerin enden.
Seine Bühnenwirksamkeit verdankt das Stück dem bunten, bewegten Milieu mit sehr verschiedenartigen Typen, das in kräftigen, lebhaften Szenen dargestellt wird. Ihm entspricht der Dialog, der in Mitteilung und Gefühlsausbruch, Roheit und Rührseligkeit, Zorn, Wut und Ergebung den rasch wechselnden, widerspruchsvollen Situationen, Stimmungen, Temperamenten und Charakteren entspricht. Dazu paßt die ausdrucksstarke, bildhafte, mit Elementen der Volkssprache und des Jargons durchsetzte Ausdrucksweise der Personen dieses Stücks, das auch verfilmt worden ist. A.E.B.

AUSGABE: Lissabon 1901.

VERFILMUNG: Portugal 1931 (Regie: L. de Barros).

LITERATUR: Anon., *»A Severa«, uma peça célebre* (in Autores, 2, 1959, Nr. 6, S. 17–21). – L. F. Rebelo, *Teatro português do romantismo aos nossos dias*, Lissabon 1961. – L. Stegagno Picchio, *Storia del teatro portoghese*, Rom 1964. – A. Osório, *O mito da »Severa«* (in O tempo e o modo, Lissabon 1966, Nr. 41, S. 836–848). – J. Dantas, *»A Severa« – recordações da estreia* (in Autores, 10, 1967, Nr. 39).

## PAULO DANTAS

* 13.1.1922 Simão Dias

### O CAPITÃO JAGUNÇO

(portug.; *Hauptmann Messerheld*). Roman von Paulo DANTAS (Brasilien), erschienen 1959. – Um António Conselheiro, den berühmten Rebellenführer des Sertão, des wilden brasilianischen Hinterlandes, bildeten sich zahlreiche Legenden, die noch heute in der Erinnerung des Volkes lebendig sind. Die politischen Ideen und sozialen Forderungen dieses Mannes blieben zwar vage, doch besaß er die ganze magische Anziehungskraft des echten Volkshelden. Zu dem Zeitpunkt, da der Roman von Dantas einsetzt, ist Conselheiro längst tot. Doch sein Andenken wird wachgehalten von seinem alten Freund und Kampfgefährten Jerónimo de Propriá, den im Sertão jedes Kind unter dem Namen »Hauptmann Messerheld« kennt. Der Capitão hat die berühmte Schlacht von Canudos mitgemacht, in welcher Conselheiro an der Spitze seiner Rebellen die brasilianischen Regierungstruppen schlug, und er hat mitangesehen, wie die Stadt Canudos dem Erdboden gleichgemacht wurde. Doch bald nach der siegreichen Schlacht von Canudos erhoben sich fanatische Wirrköpfe aus seinem eigenen Lager gegen Conselheiro, brannten sein Haus nieder und ermordeten ihn und seine Frau auf bestialische Weise. Empört über diesen hinterhältigen Anschlag und die Treulosigkeit der Fanatiker schlug sich der Capitão zu den Regierungstruppen durch und führte sie zum Schlupfwinkel der »Conselheiros«. In einem fürchterlichen Gemetzel wurden die Rebellen niedergemacht. Der Capitão aber brach zusammen, über seine eigene Tat entsetzt. Jetzt, viele Jahre später, steht er, noch in Lumpen wie das pathetische Monument einer

heroischen Vergangenheit wirkend, an den Kreuzwegen des Sertão und berichtet, von peinigenden Erinnerungen bezwungen, über Glanz und Elend des Conselheiro-Krieges.
Von der einsamen Gestalt des Capitão geht eine tiefe Schwermut aus. Der an die volkstümliche Balladendichtung erinnernde Roman, der in Brasilien weite Verbreitung fand, ist einerseits das großangelegte Epos des brasilianischen Sertão, andererseits aber ein von schmerzlicher Erkenntnis erfüllter Bericht über die ewige Tragik des Revolutionärs, der in den Sog der von ihm selbst entfesselten Bewegung gerät und schließlich den Mächten zum Opfer fällt, die er heraufbeschworen hat. Dantas hat Treue und Verrat, Heldenmut und Feigheit, Begeisterung und Niedertracht mit kräftigen Strichen gezeichnet. H.Fa.

AUSGABE: São Paulo 1959; [5]1982 [rev.].

LITERATUR: J. Rizzini, *Escritores e fantasmas*, São Paulo 1965.

## LORENZO DA PONTE

d.i. Emanuele Conegliano

* 10.3.1749 Cenéda (heute Vittorio Veneto)
† 17.8.1838 New York

LITERATUR ZUM AUTOR:
A. Marchesan, *Della vita e delle opere di L. Da P.*, Treviso 1900. – J. L. Russo, *L. da P., Poet and Adventurer*, Diss. NY 1922; Nachdr. 1966. – A. Fitzlyon, *The Libertine Librettist. A Biography of Mozart's Librettist L. da P.*, Ldn. 1955. – W. Freitag, *L. Da P. in America* (in Musica, 1960). – H. Rüdiger. *Die Abenteuer des L. Da P.* (in *Die österreichische Literatur: Ihr Profil an der Wende vom 18. zum 19. Jh. (1750–1830)*, Hg. H. Zeman, Graz 1979, S. 331–354). – S. Hernandez, *Una musa vergine. Quasi una biografia dalle »Memorie« di L. da P.*, Mailand 1980. – D. Goldin, *Mozart, Da P. e il linguaggio dell'opera buffa* (in *Venezia e il melodramma nell '700*, Bd. 2, Rom 1981). – R. Schusky, *Troppi casi, abbate, troppi casi! Der Abenteurer L. Da P.* (in Euphorion, 79, 1985, S. 295–305). – H. Goertz, *Mozarts Dichter L. Da P.*, Wien 1985. – L. Alberti, Art. *L. Da P.* (in Branca, 2, S. 93–97).

### IL DISSOLUTO PUNITO O SIA IL D. GIOVANNI. Dramma giocoso in due atti

(ital.; *Der bestrafte Wüstling oder Der Don Giovanni. Heiteres dramatisches Spiel in zwei Akten*). Opernlibretto von Lorenzo DA PONTE für Wolfgang Amadeus Mozart (1756–1791); Uraufführung seiner Oper unter dem Titel *Don Giovanni ossia Il dissoluto punito*: Prag, 29. 10. 1787, Gräflich Nostitzsches Nationaltheater. – Am 13. 10. 1781 hatte Mozart seinem Vater geschrieben: *»Bei einer Opera muß schlechterdings die Poesie der Musik gehorsame Tochter sein. – Warum gefallen denn die wälschen komischen Opern überall?... Weil da ganz die Musik herrscht, und man darüber alles vergißt. Um so mehr muß ja eine Opera gefallen, wo der Plan des Stücks gut ausgearbeitet, die Wörter aber bloß für die Musik geschrieben sind... Da ist am besten, wenn ein guter Komponist, der das Theater versteht und selbst etwas anzugeben im Stande ist, und ein gescheidter Poet als ein wahrer Phönix zusammen kommen.«* Diesen idealen Librettisten fand Mozart in dem damals vor allem für seinen Gegenspieler Salieri arbeitenden venezianischen Abbate Da Ponte, der nach einem Skandal in seiner Heimatstadt über Triest und Dresden nach Wien gelangt und dort von Joseph II. als Hofpoet engagiert worden war. Für Mozart schrieb er *Le nozze di Figaro* (1786), *Don Giovanni* und *Cosi fan tutte* (1790). Die Partitur des *Don Giovanni* wurde einen Tag vor der Uraufführung abgeschlossen, die Ouvertüre entstand, wie Mozarts Frau Constanze berichtet, erst in der letzten Nacht. (Eduard MÖRIKE legte jene denkwürdigen Tage seiner Novelle *Mozart auf der Reise nach Prag* zugrunde.)
Der Don-Juan-Stoff hatte bereits zahlreiche dramatische Gestaltungen erfahren, ehe Da Ponte ihn aufgriff: *El burlador de Sevilla*, 1630 *(Der Spötter von Sevilla)*, des TIRSO DE MOLINA, die Bearbeitung einer spanischen Legende, entsprach ganz den im 17. Jh. in den romanischen Ländern sehr beliebten moralisierenden Lehrstücken, in denen der männlich-vitale, über Gottes Gebote und menschliche Gesetze sich bedenkenlos hinwegsetzende Held schließlich vom Blitz erschlagen wird. In verschiedenen italienischen Bearbeitungen (u. a. bei GILIBERTI und CICOGNINI) wurde die strenge Lehrhaftigkeit durch das unbeschwerte Spiel der Masken aufgelockert, bei MOLIÈRE (vgl. *Dom Juan*) das erotische Raffinement des frivolen Lüstlings unterstrichen. Alle diese Fassungen dürften Da Ponte bekannt gewesen sein. Unmittelbar beeinflußt war er jedoch von GOLDONIS *Don Giovanni Tenorio o sia Il dissoluto* (1736) und vor allem von Guiseppe Gazzanigas Oper *Il convitato di pietra* (1786/87) mit dem Libretto von Giovanni BERTATI (1735–1815), aus dem er Kernszenen fast wörtlich übernahm. Da er aber *»nicht einfach ein Librettolieferant war, dem jeder beliebige Komponist einen beliebigen Text zur raschen Überarbeitung nach der Tagesmode geben konnte«* (P. H. Lang), intensivierte er die Dramatik der Vorlage in einer der Musik Mozarts kongenial entsprechenden Weise. Wieweit Mozart persönlichen Anteil an der Textgestaltung hat, ist unsicher.
*»Den Blick ganz aufs Irdische gerichtet, auf die Schönheit des Lebens und den Genuß der Frauen versessen, ... nur seiner Lust untertan und niemandem verantwortlich«*, ist Da Pontes Titelheld *»eine Ge-*

*stalt von dem gewaltigsten Ausmaß männlicher Kraft, männlichen Stolzes und männlichster Rücksichtslosigkeit, ... der männlichste Mann unter allen Urbildern menschlicher Möglichkeiten«* (A. Greither). Sein Privileg ist aber nicht nur die Eroberung, wobei erst das Gefahrenmoment ihn zur Verführung reizt, sondern auch das »Mysterium«, gerade von jenen Frauen geliebt zu werden, die er nach dem weltlichen Moralkodex beleidigt hat. Deshalb erhält bei Da Ponte die Figur des Don Giovanni erst durch das Ensemble der Frauen ihre psychologische Tiefe. Hatten sich beispielsweise sowohl Tirso als auch Molière damit begnügt, zur Charakterisierung der »Methode« ihres Helden mehrere Verführungsszenen unverbunden nebeneinanderzustellen, so verknüpft Da Ponte erstmals das Schicksal der drei eroberten (und betrogenen) Frauen, die sich im Grunde kaum kennen. Für den die Liebe weder als ethischen Wert noch als psychisches Phänomen begreifenden Verführer sind und bleiben sie allerdings nur Episoden aus dem umfangreichen Register seiner Eroberungen. (Ein dramaturgischer Kunstgriff, nämlich des Dieners Leporello »Registerarie« [I, 5], vergegenwärtigt die schier endlose Schar der Opfer.)

Die wohl problematischste Figur unter diesen Frauen ist die der Donna Anna. Die Wartezeit von einem Jahr, die sie ihrem Verlobten, Don Ottavio (bei Da Ponte ursprünglich Duca [Herzog] Ottavio: eine nicht unwesentliche Nuance, die durch den höheren Adelsstand des Beleidigten den Frevel noch verschärft), auferlegt, die sichtliche Anstrengung, die es sie kostet, ihren »Entehrer« zu verabscheuen und den Mörder ihres Vaters zu rächen, verraten, daß die ihr angetane »Gewalt« nicht gerade auf entschiedenen Widerstand gestoßen sein, ja für sie sogar eine gewisse Erfüllung bedeutet haben dürfte. Mozarts Musik unterstreicht – was Kierkegaard (vgl. *Enten-Eller*) und E. T. A. Hoffmann *(Don Juan)* in ihren Interpretationen hervorheben – die Zwiespältigkeit im Wesen dieser Frau immer wieder, vor allem in der berühmten »Rachearie« (I, 13). Die »Liebe« der Donna Anna ist zwar nicht Da Pontes Erfindung, aber er hat das Dilemma dieser Frau zwischen Neigung und Pflicht, zwischen natürlicher Empfindung und konventioneller »Moral« mit subtiler Psychologie zum latenten Konflikt vertieft.

Nicht minder überzeugend ist die Figur der bereits bei Molière mit Geist und Verantwortungsbewußtsein begabten Donna Elvira gezeichnet. Auch dafür, daß sie sogar vor der eigenen Demütigung nicht zurückscheut, ist der Schlüssel bei Molière zu finden: Donna Elvira war Nonne und ließ sich von dem Frevler aus dem Kloster entführen. Weil aber Da Pontes Don Giovanni brutale Gewaltanwendung fernliegt, erklärt der Librettist ihr exaltiertes Verhalten und ihren Fanatismus durch die Tatsache, daß sie seine Ehefrau geworden ist und nun um den Gatten kämpft, mit dem sie drei Tage lang rechtmäßig zusammengelebt hat. Aber nicht nur um ihn kämpft sie, sondern ebenso um sich selbst, da es für die entlaufene Nonne keine andere Existenz mehr geben kann als die an der Seite des ihr angetrauten Mannes. Erst nachdem das Unheil über ihn hereingebrochen ist, kann die Witwe als Büßerin in die Klausur zurückkehren. Diese Konzeption gibt Da Ponte die Möglichkeit, seiner Titelfigur einen weiteren, unerhörten Frevel anzuhängen: der seiner *»sinnlichen Genialität«* (Kierkegaard) ausgelieferte Mann verhöhnt die sich ihm zu Füßen werfende Gattin, bezeichnet sie als eine Wahnsinnige und redet sie lakonisch mit *»Signorina«* an, während er Donna Anna mit der lässigen Höflichkeit des seine liebende Geliebte wohl durchschauenden Kavaliers begegnet. Bei Molière (und ebenso bei Bertati) entsagt Elvira am Schluß dieser Welt, der sie durch *»sündiges Begehren«* verhaftet ist. Bei Mozart aber (dieser Eingriff des Komponisten in das Libretto ist nachzuweisen: er erfolgte erst 1788 für die Wiener Aufführung) verzichtet sie in ihrem letzten Auftritt demütig auf den Mann; sie weiß ihn, da er keine Reue kennt, der Hölle überantwortet und will ihn durch ihre Fürbitte retten. (Das Motiv der »Liebeserlösung« interessierte vor allem Richard Wagner bei seiner – nicht erhaltenen – Bearbeitung von 1850.)

Aber auch die Verführung der in ihren Gunstbeweisen nicht gerade kleinlichen Zerlina, die durch diese Großzügigkeit für Don Giovanni an sich uninteressant sein müßte, gibt dem Drama einen bedeutsamen Akzent: Die »leicht« zu habende Bäuerin wird von Don Giovanni an ihrem Hochzeitstag verführt, gewissermaßen *coram publico*, denn der berühmte Schrei, dem Mozart bei der Wiener Erstaufführung durch starkes Kneifen der Sängerin nachgeholfen haben soll, läßt die hinter den Kulissen sich abspielenden Vorgänge auf die offene Szene dringen.

Noch bis in die dreißiger Jahre unseres Jahrhunderts wurde bedauert, daß Mozarts in Deutschland außergewöhnlich beliebter, meist unter dem Titel *Don Juan* aufgeführter Oper ein italienisches Libretto zugrunde liegt. Über fünfzig gedruckte Übersetzungen liegen vor, von denen letzlich keine einzige wirklich befriedigen kann. Unter den ebenso zahlreichen Bearbeitungen findet sich viel Kurioses; z. B. war es im 19. Jh. üblich, die Oper mit Don Giovannis Höllensturz zu beschließen und auf das Finale-Sextett zu verzichten. Dieser Versuch, das tragische Moment zu unterstreichen, läuft jedoch dem Stil des Werks, das ausdrücklich als *dramma giocoso* bezeichnet ist, zuwider. Um das Publikum unter Tränen zum Lachen zu bringen, um es der beklemmenden Atmosphäre des »Gastmahls«, dieser Apotheose ekstatischer Lebenslust, und des Todes des Helden zu entreißen (der im Feuer, dem ihm einzig gemäßen Element, untergeht), bedienen sich Librettist und Komponist der bewährten Mittel der *commedia dell'arte* und bewältigen so zugleich die schwierige Aufgabe, noch mit den hintergründigsten Problemen des Daseins zu spielen. Die Bedeutung, die dem Werk dadurch zukommt, die Ausnahmestellung, die es einnimmt, hat schon Goethe erkannt. Am 30. 12. 1797 schrieb er an Schiller: *»Ihre Hoffnung, die Sie von* *der Oper hatten, würden Sie neulich in ›Don Juan‹ auf einen hohen Grad erfüllt gesehen haben, dafür steht aber auch dieses Stück ganz isoliert, und durch Mozarts Tod ist alle Aussicht auf etwas Ähnliches vereitelt.«* M.S.

AUSGABEN: Prag 1787. – Mailand 1957. – Lpzg. 1961, Hg. G. Schünemann [ital. u. dt.]. – Mchn. 1981; 21987 [ital. u. dt.]. – Reinbek 1984 [ital. u. dt.]. – Stg. 1986 (Nachw. St. Kunze; ital. u. dt.; RUB).

ÜBERSETZUNGEN: *Il dissoluto punito o sia Il D. Giovanni*, H. G. Schmieder, Mainz o. J. [1793; Klavierauszug]. – *Don Giovanni*, H. Levi, Mchn. 1896. – Dass., ders., Mchn. o. J. [1954]. – *Don Giovanni oder Der bestrafte Wüstling*, ders., Lpzg. 1962 (RUB). – *Don Giovanni*, G. Schünemann u. K. Soldan, Stg. 1964; zul. 1988 (Einl. W. Zentner; RUB).

LITERATUR: E. T. A. Hoffmann, *»Don Juan«* (in Allg. Musikal. Ztg., 15, 31. 3. 1813; auch Stg. o. J.; RUB). – S. Kierkegaard, *De umiddelbare erotiske Stadier eller det Musikalsk-Erotiske* (in S. K., *Enten-Eller*, Kopenhagen 1843; dt.: *Die unmittelbar-erotischen Stadien oder das Musikalisch-Erotische*, in *Entweder-Oder*, Köln 1960). – T. Epstein, *»Don Giovanni« von Mozart*, Ffm. 1870. – O. Teuber, *Geschichte des Prager Theaters*, Bd. 2, Prag 1885. – K. Engel, *Die Don-Juan-Sage auf der Bühne*, Dresden 1887. – F. Chrysander, *Die Oper »Don Giovanni« von Gazzaniga u. von Mozart* (in Vierteljahrsschrift f. Musikwissenschaft, 4, 1889, S. 352–435). – E. Hanslick, *Musikalisches u. Litterarisches (Zum Jubiläum von Mozarts »Don Juan«)*, Bln. 1890, S. 221–240. – C. Gounod, *Le »Don Juan« de Mozart*, Paris 1890. – F. De Simone Brouwer, *»Don Giovanni« nella poesia e nell'arte musicale. Storia di un dramma*, Neapel 1894. – E. Farinelli, *»Don Giovanni«*, Turin 1896; 21946. – E. Bulthaupt, *Dramaturgie der Oper*, Bd. 1, Lpzg. 21902, S. 111 ff. – H. Cohen, *Die dramatische Idee in Mozarts Operntexten*, Bln. 1915. – P. A. Merbach, *Die deutschen Übersetzungen u. Bearbeitungen des Don-Juan-Textes* (in Blätter f. Bühnenkunst, Sonderh. Scene, 1917). – F. Fuà, *»Don Giovanni« attraverso le letterature spagnuola e italiana*, Turin 1921. – H. Abert, *W. A. Mozart*, Bd. 2, Lpzg. 61924, S. 415–566. – H. Cohen, *Mozarts Operntexte* (in H. C., *Schriften zur Philosophie u. Zeitgeschichte*, Bd. 1, Bln. 1928). – L. Ziegler, *»Don Juan«. Eine Betrachtung*, Lpzg. 1936. – G. de Saint-Fox, *L'épanouissement: »Figaro«, »Don Juan« ...* (in T. de Wyzewa, *W. A. Mozart*, Paris 1936). – B. Paumgartner, *Mozart*, Zürich 21940 [m. Bibliogr.]. – P. J. Jouve, *Le »Don Juan« de Mozart*, Fribourg 1942. – E. Wellesz, *»Don Giovanni« and the Dramma Giocoso* (in Mus. Rev., 1943, 4, S. 121). – P. H. Lang, *Die Musik im Abendland*, Augsburg 1947, S. 157–176. – A. Greither, *»Don Giovanni«* (in A. G., *Die sieben großen Opern Mozarts. Versuche über das Verhältnis der Texte zur Musik*, Heidelberg 1956, S. 115–149). – W. Mönch, *»Don Juan«. Ein Drama der europäischen Bühnen. Tirso de Molina. Molière. Mozart* (in RLC, 35, 1961, S. 617–639). – G. Macchia, *Vita, avventure e morte di »Don Giovanni«*, Bari 1966. – J. Rousset, *Il mito di »Don Giovanni«*, Rom 1981. – P. Di Nepi, *›Maschile e femminile‹: I libretti di L. Da P. per Mozart* (in Veltro, 25, 1982, S. 487–490).

## LE NOZZE DI FIGARO. Comedia per musica tratta dal francese in quattro atti

(ital.; *Die Hochzeit des Figaro. Schauspiel in Musik in vier Aufzügen nach dem Französischen*). Opernlibretto von Lorenzo DA PONTE für Wolfgang Amadeus Mozart (1756–1791), Uraufführung: Wien, 1. 5. 1786, Burgtheater. – Wie vorher in Paris gab es auch in Wien Schwierigkeiten mit dem in ganz Europa so berühmten wie berüchtigten Tendenzstück von BEAUMARCHAIS, das Da Ponte als Vorlage gedient hat (vgl. *Le mariage de Figaro*). Mit der Begründung, es enthalte *»viel Anstößiges«* untersagte Kaiser Joseph II. die für den 3. 2. 1785 geplante Aufführung im Kärntnerthortheater. Mozart, der theatererfahrene Komponist, gab Da Ponte die Anregung, das anstößige Stück als Opernlibretto zu bearbeiten. Dessen Änderungen nahmen Rücksicht auf die Staatsräson. In seinen – etwas eitlen – Memoiren berichtet der Autor, er habe des Kaisers Bedenken durch den Hinweis zerstreuen können, daß *»alles das weggelassen und abgekürzet«* worden sei, *»was gegen den Anstand und die Sittlichkeit«* verstoßen hatte; und im Vorwort des Textbuchs, das bei der Uraufführung in italienischer und deutscher Sprache verkauft wurde, führt er aus: *»Die für dramatische Vorstellungen von dem Gebrauche vorgeschriebene Zeit, eine gewisse bestimmte, in denselben allgemein gewöhnliche Zahl der vorstellenden Personen, und einige andere kluge, in Rücksicht der guten Sitten, des Ortes und der Zuschauer nöthige Beobachtungen, sind die Ursache gewesen, warum ich dieses vortreffliche Lustspiel nicht übersetzet, sondern nachgeahmet, oder vielmehr nur einen Auszug davon gemacht habe.«*

Im wesentlichen kürzte Da Ponte das fünfaktige Stück zur vieraktigen Oper, indem er den dritten Akt des Schauspiels zu einem Duett, einer Arie und einem Sextett reduzierte und mit dessen viertem Akt verschmolz. Gänzlich gestrichen wurde die Prozeßszene. (Für eine Wiederaufnahme im Jahr 1906 komponierte sie Gustav Mahler nach dem Text von Beaumarchais rezitativisch.) Politische Anspielungen wurden übergangen, desgleichen allzu pikante Passagen. Überaus treffend verwandte Da Ponte die einleitenden Anmerkungen des französischen Textbuches, in denen die handelnden Personen charakterisiert werden, für Arientexte. Leopold Mozarts Sorge – *»Gott gebe, daß es in der Aktion gut gefällt; an der Musik zweifle ich nicht«* – war unbegründet: Da Ponte hat die Aggressivität der Vorlage durch ein von Ereignissen und funkelnden Einfällen überschäumendes »Spiel im Schloß« ersetzt, in dem es nicht beim üblichen Geplänkel um Liebelei, Eifersucht und Intrige bleibt. Leichtsinn, List und Koketterie dienen lediglich dazu, Personen vorzustellen, die *»in ihrer Beherztheit ..., ihrem Wissen um ihr unveräußerliches Recht ... zum erstenmal auf der Opernbühne im Bewußtsein ihres Menschentums«* (A. Greither) agieren. So wurde die Bearbeitung berühmter als das Original und – vor allem dank der Musik – zum unvergänglichen Drama der Liebe: *»Das große Liebeslied der Bühne ..., die Verherrlichung der wissenden, ihrer Gefährdung innegewordenen Liebe, ihrer lebendigen Heiterkeit und ihres das Leben erhöhenden Glanzes«* (A. Greither). KLL

Ausgaben: Wien 1786. – Wien 1807. – Mailand 1867. – NY 1956.

Übersetzungen: *Die Hochzeit des Figaro*, anon., Donaueschingen 1787. – Dass., C. A. Vulpius, Ffm. 1788. – *Gesänge aus dem Singspiele Figaro's Heyrath*, Frh. v. Knigge, Hbg. 1791. – *Figaros Hochzeit oder List über List*, anon., Passau 1793. – *Figaro's Hochzeit*, A. Frh. v. Knigge, Mchn. 1861; ern. 1882. – Dass., H. Levi, Lpzg. 1899. – Dass., C. A. Vulpius, Lpzg. ca. 1910 (RUB). – Dass., S. Aheisser, Bln. 1930. – Dass., G. Schünemann, Lpzg. 1940 (RUB). – *Die Hochzeit des Figaro*, J. Popelka [nach H. Levi], Hbg. 1962. – Dass., G. Schünemann u. K. Soldan, Stg. 1973; zul. 1987 (Einl. W. Zentner; RUB). – Dass., W. Felsenstein, Ffm. u. a. 1980.

Vertonungen: N. Piccini, *La serva onorata* (Text: L. Da Ponte, bearb. v. G. B. Lorenzi; Oper; Urauff.: Neapel 1792, Teatro dei Fiorentini). – F. Paer, *Il nuovo Figaro* (Text: L. Da Ponte; Oper; Urauff.: Parma, Jan. 1794).

Literatur: E. Blom, *The Literary Ancestry of »Figaro«* (in Musical Quarterly, 13, 1927, S. 528 ff.). – E. J. Dent, *Mozart's Operas*, Ldn. 21947. – L. Schiedermair, *Mozart*, Bonn 21948. – W. Wodnansky, *Die deutschen Übersetzungen der Mozart-Da Ponte-Opern »Le nozze di Figaro« etc. im Lichte text- und musikkritischer Betrachtungen*, Wien 1949. – A. Einstein, *Mozart*, Zürich 21953. – K. H. Oehl, *Beiträge zur Geschichte der deutschen Mozart-Übersetzungen*, Diss. Mainz 1954. – H. Abert, *Mozart*, Lpzg. 21955. – A. Greither, *Die sieben großen Opern Mozarts*, Heidelberg 1956. – Ch. Raeburn, *»Figaro« in Wien* (in Österr. Musikzs., 12, 1957, S. 273–277). – O. E. Deutsch, *Mozart, die Dokumente seines Lebens*, Kassel 1961. – Ch. Raeburn, *»Le nozze di Figaro«-Libretto u. Vorbild* (in Österr. Musikzs., 18, 1963, S. 331–343). – M. Mila, *Lettura della »Nozze di Figaro«*, Turin 1979. – J. V. Hocquard, *»Le nozze di Figaro« di Mozart*, Mailand 1981.

## luigi Da porto

* 10.8.1485 Vicenza
† 10.5.1529 Vicenza

### HYSTORIA NOVELLAMENTE RITROVATA DI DUE NOBILI AMANTI. Con la loro Pietosa Morte: Intervenuta già nella Città di Verona, Nel tempo del Signor Bartholomeo dalla Scala

(ital.; *Jüngst wiedergefundene Geschichte von zwei vornehmen Liebenden und ihrem erbarmenswürdigen Tod, wie sie sich in der Stadt Verona zur Zeit des Herrn Bartholomeo della Scala abgespielt hat*). Eine meist nur unter dem Titel *Giulietta e Romeo* zitierte Novelle von Luigi Da Porto, entstanden 1524, in zwei voneinander abweichenden Fassungen erschienen 1535. – Der Autor kannte die Geschichte der zwei unglücklichen Liebenden aus dem *Novellino* des Masuccio Salernitano (um 1420–1475). Tragen die beiden dort noch die bäuerlichen Namen Giannozza und Mariotto, gibt ihnen Da Porto die weit vornehmeren, mit denen sie in die Literaturgeschichte eingegangen sind. Auch den Handlungsort wandelt der aus Vicenza stammende, am Hof von Urbino lebende Edelmann ab; aus Siena wird das 1300–1304 von Bartolomeo della Scala regierte Verona. Ein Hauptmotiv aller späteren Fassungen, der erbitterte Streit zwischen den Familien Montecchi und Cappelletti, deren Namen er in der *Divina Commedia* fand, und die daraus entstehende tragische Wendung waren ebenfalls Da Portas Erfindung. War es bei Masuccio ein beliebiger Bürger, den der junge Held in einer Rauferei tötete, erschlägt Da Portos Romeo ausgerechnet den Vetter seiner Geliebten, Tebaldo. Die Handlung selbst, eine Folge schicksalhaft ineinandergreifender Zufälle, die jede Vereinigung der Liebenden vereiteln, dient – wie bei Boccaccio, der den großen Novellendichtern des 16. Jh.s als Vorbild galt – lediglich als Rahmen für die Schilderung der verhaltenen und doch leidenschaftlichen, allen Gefahren trotzenden Liebe des Mädchens. Seine Darstellung diente Matteo Bandello als Quelle, aus dessen Novellensammlung Shakespeare später den Stoff für seine Tragödie *Romeo and Juliet* übernahm. KLL

Ausgaben: Venedig o. J. [1535], Hg. B. Bindoni. – Venedig 1535, Hg. B. Bindoni (*Novella novamente ritrovata d'uno innamoramento: il qual successe in Verona nel tempo del signor Bartholomeo de la Scala*, Hg. B. Bindoni). – Venedig 1539 (*La Giulietta*; in *Rime et prose*, Hg. F. Marcolini). – Florenz 1906 (*Giulietta e Romeo*, Hg. C. Chiarini; Marcolini-Fassg.). – Straßburg 1937, Hg. A. Ricklin (Bibliotheca romanica; krit.). – Verona 1960.

Übersetzungen: *Geschichte der Liebe und des Todes von Romeo und Julie*, R. Motherby, Königsberg

1828. – *Romeo und Giulietta*, A. Keller (in *Italiänischer Novellenschatz*, Lpzg. 1851, Bd. 2, S. 7–39). – *Romeo und Julia*, W. Keller (in *Die schönsten Novellen der italienischen Renaissance*, Zürich 1918; ern. Stg. 1958). – *Romeo und Giulietta*, H. Floerke (in *Liebesnovellen der italienischen Renaissance*, Mchn. o. J.). – *Geschichte der Liebe und des Todes von Romeo und Julia*, H. Augustin, Basel 1964.

BEARBEITUNG: M. Bandello, *Romeo e Giulietta* (in *Novelle*, Tl. 2, Lucca 1554; Neuausg. Mailand 1934, Hg. F. Flora, Bd. 1).

LITERATUR: C. Foligno, *Appunti su L. Da P. e la sua novella*, Venedig 1912 (auch in Archivio Veneto, 12, 1912, S. 425–432). – L. Di Francia, *La novellistica*, Bd. 2, Mailand 1924, S. 44–55. – A. Torri, *Catalogo bibliografico dell'edizioni della novella di L. Da P.* (in Amor di Libro, 8, 1960, S. 177–186; 246–256). – G. Damerini, *Di plagio in plagio, Giulietta, fino all'immortalità* (in Dramma, 41, 1965, H. 345/346, S. 5–12). – J. L. Stevenson, *Romeo and Juliet before Shakespeare* (in StPh, 81, 1984).

## ABU MANṢUR MOḤAMMAD EBN-E AḤMAD DAQIQI

* zwischen 930 und 940
† zwischen 976 und 981

### ŠĀH-NĀME

(iran.-npers.; *Köngisbuch*). Heldenepos von Abu Manṣur Moḥammad ebn-e Aḥmad DAQIQI. – Dieses *Šāh-nāme* ist das Fragment eines epischen Werkes, das Daqiqi auf Wunsch des Samanidenfürsten Nuḥ ebn-e Manṣur (reg. 976–997) zu dichten begann und das durch den plötzlichen Tod des Verfassers unvollendet blieb. Die tausend Doppelverse umfassende Dichtung hat dann FERDOUSI in sein *Šāh-nāme* aufgenommen.
Daqiqi berichtet in seinem Epos über die Glaubenskriege, die zwischen Iran und Turan ausbrachen, als der legendäre König Goštāsp sich zur Lehre Zarathustras bekannte und auf Anraten des Religionsstifters sich weigerte, Arǧāsp, dem heidnischen König der Nomadenstämme, Tribut zu zahlen. Der Feldzug gegen die Turaner begann, als Arǧāsp zwei Botschafter nach Iran sandte und dem Herrscher dort anheimstellte, entweder dem neuen Glauben zu entsagen oder den Untergang seines Reiches hinzunehmen. Gleich zu Beginn des Kriegs wird Zarir, der Bruder des iranischen Königs, erschlagen. Nach blutigen Schlachten und heftigen Einzelkämpfen, in denen die Helden sich durch Tapferkeit auszeichnen, werden die Turaner in die Flucht geschlagen. Damit endet das fragmentarische Heldenepos des Daqiqi.
Wahrscheinlich hat der Autor (wie kurz nach ihm auch Ferdousi) als Quelle ein in Prosa abgefaßtes *Šāh-nāme* des ABU MANṢUR Moḥammad ebn-e ʿABDO'R-RAZZĀQ († 961) benutzt. Eine ähnliche Beschreibung des Religionskriegs zwischen Iran und Turan ist in der mittelpersischen Erzählung *Awyâtkâr i Zarêrân* erhalten geblieben, die aus der Zeit um 500 n. Chr. stammt, als der sasanidische König Pērōz I. (auch Firuz, reg. 459–484) im Kampf gegen die Hephtaliten eine schwere Niederlage erlitt. Die Behandlung eines solchen Stoffes war somit durchaus aktuell, als im 10. Jh. der Ansturm der Nomadenstämme aus dem Nordosten aufs neue den Bestand Irans bedrohte. Wiederum sollte die Pflege der Traditionen und die Verherrlichung der Vergangenheit zur Förderung des Nationalbewußtseins beitragen und als geistige Barriere gegen die fremden Eindringlinge dienen. Zwar kritisiert Ferdousi in dem von ihm verfaßten *Šāh-nāme* den Stil seines Vorgängers: Er habe dessen Dichtung als schwach empfunden, und manche Doppelverse seien ihm »ungesund« (mangelhaft) erschienen; eine zum Teil berechtigte Kritik. Zweifellos ist die Darstellung Daqiqis eintöniger, und die Sprache erreicht keineswegs die künstlerische Reife, die Ferdousis Meisterwerk auszeichnet. Unbestritten steht jedoch fest, daß Daqiqis tausend Doppelverse in dem auch von Ferdousi benutzten Metrum *motaqāreb* (Schema: ∪––∪––∪––∪–) eine Vorstufe der großen persischen epischen Dichtung darstellen. B.A.

LITERATUR: Vgl. *Šāh-nāme* v. Ferdousi. – W. Barthold u. H. Schaeder, *Zur Geschichte des persischen Epos* (in ZDMG, 98, 1944, S. 121–157). – H. Ritter, Art. *Dakīkī* (in İA, 3, S. 462–464). – M. Dabir Siyāqi, *D. wa asʿār-e u* (in *Ganǧ-e bāz yāfte*, Bd. 3, Teheran 1955, S. 1–88). – D. Ṣafā, *Tāriḫ-e adabiyāt dar Irān*, Bd. 1, Teheran 1959, S. 411 ff. – ʿA. Dastgaib, *D.* (in Payām-e nowin, 2, 1960/61, S. 31–51). – M. Ishaque, *D., the Precursor of Firdausi* (in Indo Iranica, 20, 1967, 2, S. 15–31). – A. A. Ḥariri, *D. wa Ferdausi* (in Armaġān, 39, 1970, S. 129–159). – S. Ḥ. Taqizāde, *Šāhnāmehā-ye fārsi* (in *Ferdausi wa Šāhnāme-ye u*, Hg. Ḥ. Yaġmā'i, Teheran 1970, S. 152 ff.). – C. Huart, Art. *Daḳīḳī* (in EI², 2, S. 100).

## RUBÉN DARÍO

eig. Félix Rubén García Sarmiento

* 18.1.1867 Metapa (heute Ciudad Darío)
† 6.2.1916 León

LITERATUR ZUM AUTOR:
J. Saavedra Molina, *Bibliografía de R. D.*, Santiago de Chile 1946. – Ders., *La poesía de R. D.*, Buenos

Aires 1948. – P. Salinas, *La poesía de R. D.*, Barcelona 1948; ern. 1975. – A. Marasso, *R. D. y su creación poetica*, Buenos Aires 1954. – G. Siebenmann, *Die moderne Lyrik in Spanien*, Stg. 1965, S. 52–80. – J. A. Balseiro, *Seis estudios sobre R. D.*, Madrid 1967. – J. C. Ghiano, *R. D.*, Buenos Aires 1967. – B. de Pantorba, *La vida y el verbo de R. D. Ensayo biográfico y critico*, Madrid 1967. – C. Lozano, *R. D. y el modernismo en España, 1888–1920*, NY 1968. – O. Paz, *Cuadrivio. D., López Velarde, Pessoa, Cernuda*, Mexiko 1969. – A. Rama, *R. D. y el modernismo*, Caracas 1970; ern. 1985. – F. López Estrada, *R. D. y la Edad Media*, Buenos Aires 1971. – P. A. Cuadra, *R. D. y la aventura literaria del mestizaje* (in CHA, 1983, Nr. 398, S. 307–321). – C. L. Irade, *R. D. and the Romantic Search for Unity: The Modernist Recourse to Esoteric Tradition*, Diss. Univ. of Texas, Austin 1983. – P. Rodríguez-Peralta, *Christian Elements and Aesthetic-Philosophical Expression in D.'s Poetry* (in KRQ, 32, 1985, S. 185–199). – A. Rama, *R. D. y el modernismo*, Caracas 1970. – S. A. Ingwersen, *Light and Longing. Silva and D. Modernism and Religious Heterodoxy*, NY u. a. 1986. – J. Larrea, *R. D. y la nueva poesia americana*, Valencia 1987.

## AZUL

(span.; *Blau*). Sammlung von Gedichten und Prosastücken von Rubén Darío (Nicaragua), erschienen 1888. – *Azul* markiert einen der ersten Höhepunkte des Modernismus, dieser *»großen Bewegung der Begeisterung und Freiheit für die Schönheit«* (J. R. Jiménez), die sich einerseits gegen die Formauflösung der Romantik und andererseits gegen den Zwang der Regeln, die den lebendigen Vers beengen, wendet: *»Die Kunst ist nicht ein Zusammenspiel von Regeln, sondern eine Harmonie des Kapriziösen«* (Darío). Durch die dichterische Wiedergabe subtiler Sinnes- und Klangreize und durch ungewohnte Themen und Motive wird die Sprache der platten Alltäglichkeit entrissen, werden der Dichtkunst der Bereich des Irrationalen, schlechthin Schönen neu erschlossen und dem Wort sein *»demiurgischer Charakter«* wiedergegeben. Die Sprache verschlüsselt sich, entfernt sich von der Wirklichkeit im hohen Flug einer dichterischen Einbildungskraft, die in unvereinbarem Gegensatz zu einem sinnlosen Leben steht.

Durch eine aufmerksame Kontrolle des Arbeitsprozesses gestaltet Darío das vorerst noch ungefüge Wortmaterial nach klanglichen und rhythmischen Einheiten neu und macht die spanische Sprache *»zu einem Klangkörper, in dem alle Regungen der Seele ihren instrumentalen Ausdruck finden«* (Großmann). Wie ein Goldschmied ziseliert er jeden Vers, kombiniert harmonisch Vokale und Konsonanten und akzentuiert sie rhythmisch mit wechselnden Metren, häufigen Alliterationen und intensivierenden Wiederholungen. Jeder Vers trägt außer der *»Wortharmonie eine ideale Melodie«* (Darío). So ist das Gedicht *Autumnal* ganz unter dem Einfluß einer *»inneren Musik«*, einer Art Kammermusik komponiert und in eine zarte Atmosphäre magischer Klänge getaucht, die nur von einzelnen Ausrufen *»A las tristezas íntimas«* und Bildern vergeistigter Sinnlichkeit unterbrochen wird. *»Era un jardín de oro / con pétalos de llama que titilan.«* (*»Es war ein goldener Garten / mit zitternden Blütenflammen.«*) Das Gedicht verläuft durch seine offene Form gewissermaßen im Unendlichen weiter und breitet ein weites Netz ungeahnter Vorstellungen vor dem Leser aus, ehe es sich in einem *sfumato* in der Irrealität verflüchtigt. Es ist *»ein Suchen nach etwas, was man nie so erreicht, wie man es träumt«* (Darío). Sinnträger dieses Unendlichen ist das Blau, das wie ein Leitmotiv den Zyklus durchzieht. – Die Bedeutung Daríos für die Erneuerung des spanischen Verses war ungeheuer groß, sein Einfluß ist selbst noch bei Dichtern wie Lorca und Neruda festzustellen. KLL

Ausgaben: Valparaiso 1888. – Guatemala 1890. – Madrid 1917 (in *Obras completas*, 22 Bde., 1917–1920, 4). – Madrid 1952 (in *Poesías completas*). – Santiago de Chile 1978.

Literatur: J. López Morillas, *El »Azul« de R. D. ¿galicismo mental o lingüístico?* (in RHM, 10, 1944/45, S. 9–14). – R. Silva Castro, *Génesis del »Azul« de R. D.*, Managua 1958. – J. A. Schulman, *Génesis del azul modernista* (in RI, 25, 1960, S. 251–272). – J. Loveluck, *Una polémica en torno a »Azul«* (in *Estudios sobre R. D.*, Hg. E. Mejía Sánchez, Mexiko 1968, S. 227–265). – R. W. Miller, *The Evolution of Parnassianism in Two Major Works of R. D.: »Azul« and »Prosas Profanas«*, Diss. Univ. of Colorado 1970. – C. Blanco Aguinaga, *La ideología de la clase dominante en la obra de R. D.* (in NRFH, 29, 1980, S. 520–555). – D. S. Goodrich, *»Azul«: Los contextos de la lectura* (in Hispamérica, 14, 1985, S. 3–14).

## EL CANTO ERRANTE

(span.; *Irrender Gesang*). Gedichtsammlung von Rubén Darío (Nicaragua), erschienen 1907. – Das letzte bedeutende Werk Daríos steht im Schatten seiner *Prosas profanas* und *Cantos de vida y esperanza*. Den Band eröffnen die anmutigen, volksliedhaften Strophen *»El cantor va por todo el mundo / sonriente o meditabundo ...«*, in denen der Autor sich selbst als unermüdlichen Reisenden betrachtet, der mit allen erdenklichen Transportmitteln, nicht zuletzt aber auch als Wanderer, unterwegs ist auf der Suche *»por la humanidad«*. Im Schlußbild beschreibt der Weltenbummler, gleichsam sich selbst verspottend, wie ihm sein eigener Gesang auf den Flügeln der »Harmonie« und der »Ewigkeit« entschwebt. Kennzeichnend für diese Sammlung ist der Unterton liebenswürdiger Ironie: In der *Canción de los pinos* zum Beispiel unterbricht eine an Heine erinnernde satirische Wendung auf höchst abrupte Weise eine gefühlvolle Elegie auf die Pinie und auf den Geist der Romantik. Diese Ironie kehrt auch in dem beschreibenden Gedicht *Epístola. A la Señora de Leopoldo Lugones* wieder. Daneben stehen Verse, in denen Darío dem Alter und der flüchtigen Zeit nachsinnt. Wie bereits in den *Cantos de vida y esperanza* (1905), dominiert in vielen Gedichten ein engagierter *criollismo*, der sich in der Verherrlichung des Vaterlandes und seiner Landschaft ausdrückt. Ein Beispiel dafür ist das noch heute aktuelle Gedicht *A Colón*, in dem das Elend Lateinamerikas beklagt und schließlich Christoph Kolumbus um Fürbitte für das von ihm entdeckte Land angerufen wird. *Desde la pampa* ist ein Hymnus auf Land und Volk Argentiniens überschrieben. In *Tutecotzimi* unternimmt der Dichter den Versuch, den Geist der Völker und Reiche zu deuten, die von den spanischen Eroberern ausgerottet wurden. A.M.

AUSGABEN: Madrid 1907. – Madrid 1950–1953 (in *Obras completas*, Hg. M. Sanmiguel Raimúndez). – Madrid 1961 (in *Poesías completas*, Hg. A. Méndez Plancarte; m. Einl.).

LITERATUR: E. Díez Canedo, Rezension (in La Lectura, 1907). – E. K. Mapes, *L'influence française dans l'œuvre de R. D.*, Paris 1925. – E. Anderson Imbert, *Crítica interna*, Madrid 1960, S. 163–209. – A. Oliver Belmás, *Este otro R. D.*, Barcelona 1961. – R. Cantú, *»El canto errante«* (in *Antología comentada del modernismo*, Hg. F. E. Porrata u. J. A. Santana, Sacramento 1974, S. 346–350; Explicación de textos literarios, 3).

## CANTOS DE VIDA Y ESPERANZA

(span.; *Gesänge von Leben und Hoffnung*). Gedichtsammlung von Rubén DARÍO (Nicaragua), erschienen 1905. – Von der Kritik als der Höhepunkt im Schaffen des Dichters bezeichnet, gehört dieses wohl reifste Werk Daríos, in dem Motive aus den früher erschienenen Sammlungen *Azul* und *Prosas profanas* anklingen, zu den repräsentativsten Schöpfungen des lateinamerikanischen *modernismo*. Im Vorwort begründet der Autor seine metrischen und rhythmischen Neuerungen (Verwendung von Elfsilber, Hexameter und freiem Reim) damit, daß das literarische Klima Spaniens, in dem *»der poetische Ausdruck so lahm geworden ist, daß die Mumifizierung des Rhythmus zu einem Glaubensartikel wurde«*, nach größerer Freiheit und Wendigkeit des Verses verlange. Auch der erste Gesang der Sammlung hat programmatische Bedeutung: der Dichter erklärt, daß er von seinen früheren Motiven und Bildern abgekommen sei, um einer neuen Sensibilität adäquaten Ausdruck zu geben. Der Lyriker, der sich früher in gekünstelten Fin-de-siècle-Exotismen gefiel, der Herr des »Rosen- und Schwanengartens«, der Dichter des »Elfenbeinturmes« fühlt sich nun stark in seinem Glauben an die Poesie als einen absoluten Wert, an die eigene Berufung zum Propheten und Dichter des Volkes. Mit der Sicherheit dessen, der sich im Recht weiß, nennt er nun die Dichter *»torres de Dios« (»Türme Gottes«)*, die einen Kreuzzug gegen die Feinde der Poesie – der Verkörperung aller geistigen Werte – führen. Aus dieser Haltung verteidigt er, nicht zuletzt von der spanischen »Generation von 98« (Unamuno, Machado, Azorín u. a.) beeinflußt, in zeitbezogenen Gesängen das geistige Erbe, indem er die Werte der spanischen Kultur gleichsam in titanischer Herausforderung dem drohenden US-Imperialismus und dem angelsächsischen Materialismus entgegenstellt *(A Roosevelt)*. Er nimmt hier, sich immer stärker eines spanischen Amerika bewußt werdend, zeitnahe Themen vorweg, die später im *Canto épico a las glorias de Chile* (1907) und im *Canto a la Argentina* (1910) ihre Ausprägung finden sollten. Das bewußte Bekenntnis zum kulturellen Erbe Spaniens spricht aus Gedichten wie *Goya*, *Cyrano en España* und *Letanías de nuestro Señor Don Quijote*. Daß Darío den Ästhetizismus früherer Gedichte noch nicht völlig überwunden hat, zeigt sein Zurückgreifen auf Embleme wie das der Leda mit dem Schwan. Aber solche Bilder werden bald wieder verdrängt von der bohrenden Frage nach dem Menschen, nach dem Leben, nach der Religion. Darío reflektiert über seine eigene Existenz, fragt nach dem Grund der Liebe, der Zeit, des Todes, den er als die einzige Antwort auf das Geheimnis des Lebens begreift. – So vermischen sich dennoch, ganz gegen die ursprüngliche Absicht des Dichters, die neuen Bilder und Motive dieser *Cantos* mit denen seiner früheren Gedichte aus *Prosas profanas*. A.M.

AUSGABEN: Madrid 1905. – Mexiko 1957. – Madrid 1961 (in *Poesías completas*, Hg. A. Méndez Plancarte; m. Einl.). – Madrid 1964. – Buenos Aires 1967. – Salamanca 1968. – Salamanca 1970.

LITERATUR: A. de Albornoz, *»A Roosevelt«, un poema muy actual de R. D.* (in CA, 20, 1961, S. 255–258). – C. O. Cupo, *Fuentes inéditas de »Cantos de vida y esperanza«* (in *Estudios sobre R. D.*, Hg. E. Mejía Sánchez, Mexiko 1968, S. 397–404). – J. C. Ghiano, *Análisis de »Cantos de vida y esperanza«*, Buenos Aires 1968.

## PEREGRINACIONES

(span.; *Pilgerfahrten*). Zeitungsaufsätze von Rubén DARÍO (Nicaragua), erschienen 1901. – Die dichterischen Werke Rubén Daríos haben den Ertrag seiner Tätigkeit als Journalist ganz in den Hintergrund treten lassen. Bis heute fehlt in der umfangreichen Literatur über den Begründer und bedeutendsten Vertreter des poetischen *modernismo* in Spanien und Hispanoamerika (vgl. *Prosas bárbaras*) eine eingehende Würdigung seiner journalistischen Leistung. Dabei war Rubén Darío Journalist von Beruf, und die Tätigkeit, die er vom achtzehnten Lebensjahr bis zu seinem Tod ausübte, ermöglichte ihm seinen aufwendigen Lebensstil: *»Ich kenne den Wert des Geldes nicht ... und spare nicht an Seide, Sekt und Blumen.«* Als Sonderberichterstatter der argentinischen Zeitung ›La Nación‹, deren ständiger Mitarbeiter er schon seit Jahren war, ging er 1898 nach Paris und bereiste von hier aus für seine Zeitung Spanien, wo er bereits 1892 kurz gewesen war, sowie Italien, Belgien, England, Deutschland und Österreich-Ungarn. Auf diesen wie auch auf den späteren Reisen, die er nach 1906 abwechselnd in Amerika und in Europa unternahm, entstand eine Fülle von Feuilletonbeiträgen, Berichten und Betrachtungen, die er von Zeit zu Zeit gesammelt herausgab. Außer der Sammlung *Peregrinaciones* erschienen: *La España contemporánea*, 1901 *(Das heutige Spanien), La caravana pasa*, 1903 *(Die Karawane zieht vorbei), Tierras solares*, 1904 *(Sonnige Länder), Opiniones*, 1906 *(Meinungen), Parisiana*, 1908 *(Aus Paris), Letras*, 1911 *(Literatur), Todo al vuelo*, 1912 *(Im Vorbeigehen)*. – Über seine journalistische Tätigkeit war Rubén Darío aber nicht immer glücklich; der Zwang, ständig nach Informationen jagen zu müssen, war ihm oft eine Last. So klagt er in *Peregrinaciones* nach einem Besuch in der Villa Borghese darüber, wie lästig es ihm sei, *»tausend Wege machen zu müssen, um irgendwelche Leute zu begrüßen, und Umgang mit Menschen zu pflegen«*, die ihm gleichgültig sind. Aber er besaß sehr wesentliche journalistische Qualitäten: stilistische Gewandtheit, intellektuelle Neugierde, Aufgeschlossenheit für alles, was in seiner Nähe und in der Welt geschah, einen wachen Sinn für die mannigfaltigen Erscheinungen des Kultur- und Geisteslebens, lebendiges Interesse für die gesellschaftlichen Vorgänge und Freude am vergänglichen schönen Schein des Daseins. Eine umfassende, wenn auch nicht eben gründliche Bildung, genaue Kenntnisse auf den Gebieten der Literatur- und Geistesgeschichte, Welterfahrung und kritischer Verstand erlaubten ihm ein persönliches Urteil über die Dinge, denen er sich zuwandte. Kosmopolit aus Überzeugung, ein Nomade durch den Zwang der Lebensumstände, der abendländischen Geisteswelt zutiefst verpflichtet, gelang ihm als Journalist eine faszinierende kritische Bestandsaufnahme des alten Europa vor dem Ersten Weltkrieg.

Die Sammlung *Peregrinaciones* vereinigt Berichte über eine zweimonatige Reise durch Italien über Genua, Pisa, Livorno und Rom nach Neapel, Beobachtungen und Bemerkungen über Städte, Bauwerke, Denkmäler, Museen und Friedhöfe, Betrachtungen und Gedanken über die großen italienischen Maler der Vergangenheit. Reizvoll ist unter anderem die Schilderung seiner Audienz beim Papst. Er, der Ungläubige, gesteht: *»Warum sollte ich es nicht sagen? Mich bewegten dieselben Empfindungen wie am Tag meines ersten Rendezvous und beim Erscheinen meines ersten Buches.«* – Der journalistische Stil Rubén Daríos ist leicht und gewandt, nicht immer frei von rhetorischem Pathos, das zur Tradition der spanischen Stil- und Literaturgeschichte gehört und ihn zu preziös-barocker Ausdrucksweise verleitet wie in diesem Bildnis Leos XII.: *»Ein weißes Knäuel! Eine lebende weiße Lilie!«* Trotzdem stellt die Schreibweise Rubén Daríos einen Beitrag zur Entwicklung eines sachbezogenen, vom Inhalt her bestimmten Prosastils dar, der dann von der »Generation von 98« weiter ausgebildet wurde. A.F.R.

Ausgaben: Paris 1901. – Madrid 1920 (in *Obras completas*, 22 Bde., 1917–1920, 12). – Madrid 1950–1953 (in *Obras completas*, Hg. M. Sanmiguel Raimúndez).

Literatur: J. F. Normand, *Las ideas políticas de R. D.* (in RI, 2, 1940, S. 435–440). – A. Reyes Huete, *D. en su prosa*, Granada/Nicaragua 1960. – J. V. Judicini, *R. D. y la renovación de la prosa castellana* (in RI, 30, 1964, S. 51–79).

## PROSAS PROFANAS

(span.; *Profane Prosen*). Gedichte von Rubén Darío (Nicaragua), erschienen 1896. – Mehr als durch andere Werke des Dichters (vgl. *Azul*, 1888; *Cantos de vida y esperanza*, 1905) wurde die literarische Bewegung des *modernismo*, der Rubén Darío diesen Namen gab, durch die hier vereinigten Gedichte und das programmatische Vorwort der Sammlung geformt und geprägt. Unter dem Einfluß der *Prosas profanas* tritt der hispanoamerikanische *modernismo* und in seinem Gefolge der spanische endgültig aus der Nachahmung der französischen Parnassiens und Symbolisten heraus und beschreitet eigene Wege.

Durch den Rückgriff auf die Vers- und Strophenformen der alten spanischen und portugiesischen *cancioneros* (Liederbücher), die Verwendung des Alexandriners und des Elfsilbers gelangt Darío in dieser Sammlung zu einer tiefgreifenden Erneuerung und Umgestaltung des spanischen Vers- und Strophenbaus. Schon der Titel enthält ein Programm: er kündet die Umwandlung der mittelalterlichen religiös-liturgischen Prosen- oder Sequenzendichtung in eine weltliche Dichtungsgattung an. Dabei *»taucht das Heilige das Profane in liturgisches Licht, Eros füllt den liturgischen Sinn der Wörter mit neuem Leben, die Farbe gewinnt eucharistische Bedeutung«* (Bellini). Für eine derartige Verschmelzung fand Darío das Vorbild bei Mallarmé, aber daneben wirkte die Anregung Berceos (um 1195–1268?), der seine Heiligenlegenden »Prosen«, d. i. Sequenzen, nannte. Virtuosität, Ästhetizismus und Exklusivität sind die Hauptmerkmale der Gedichte, die Darío unter solchen Vorzeichen vorlegt. Unerhört ist in ihnen die virtuose Beherrschung der spanischen Prosodie: Gewagte metrische Verbindungen, Wechsel der Betonung, Binnenreime, unerwartete Tonverlagerungen, freie Schemata, asymmetrische Strophen, Assonanzen, Konsonanzen und Dissonanzen in raschem Wechsel, rhythmische Prosa, kühne Brechungen der Klang- und Bedeutungseinheit des

Verses usw. sind formale Bereicherungen, die die spanische Dichtung Darío zu verdanken hat. Exklusivität und Ästhetizismus, die diese Gedichtsammlung auszeichnen, zeigen sich sowohl in der Thematik als auch in den Symbolen und Bildern. Die Grundhaltung ist die des *l'art pour l'art*. Es herrscht ein frivoler, hedonistischer Ton, der an Spiel, Scherz und Tanz, an der Betrachtung schöner Formen und Gesten sich entzündet, vor allem aber am erotischen Erlebnis. Der Schwan als traditionelles Symbol sexueller Energie und ästhetischer Vollkommenheit gleitet in diesen Gedichten durch exotische Landschaften und Orte, die von bleichen, schwermütigen Prinzessinnen oder von mythologischen Figuren bevölkert sind in der fiktiven Welt einer rein ästhetisierenden Lebenshaltung. Was den späteren *Cantos de vida y esperanza* nicht in gleicher Weise beschieden sein konnte, widerfuhr diesen Gedichten: *»Die Virtuosität der ›Prosas profanas‹ wurde nachgeahmt, weil sie nachahmbar war; sie waren thematisch und in der Ausführung genügend intellektuell, um Schule zu machen«* (Anderson-Imbert). KLL

AUSGABEN: Buenos Aires 1896. – Paris 1901 [erw.]. – Madrid 1907. – Madrid 1954 (in *Poesías completas*; krit.). – Mexiko 1957. – Vaduz 1979 (*Prosas profanas y otros poemas*; Faks. d. Ausg. Buenos Aires 1896).

LITERATUR: J. C. Ghiano, *Análisis de »Prosas profanas«*, Buenos Aires 1968. – B. M. Guzmán, *Notas de color en »Prosas profanas«* (in *R. D., Estudios reunidos en conmemoración del centenario 1867–1967*, La Plata 1968, S. 217–241). – E. F. Lonné, *Aspectos de la versificación de »Prosas profanas«* (ebd., S. 242–290). – R. W. Miller, *The Evolution of Parnassianism in Two Major Works of R. D.: »Azul« and »Prosas profanas«*, Diss. Univ. of Colorado 1970. – C. Blanco Aguinaga, *La ideología de la clase dominante en la obra de R. D.* (in NRFH, 29, 1980, S. 520–555).

## LOS RAROS

(span.; *Die Außenseiter*). Literaturkritische Studien von Rubén DARÍO (Nicaragua), erschienen 1893–1896. – Die hier vereinigten neunzehn Essays *»über bedeutende Schriftsteller, die mir damals extravagant oder wirklichkeitsfremd vorkamen«* wurden zuerst einzeln in der argentinischen Zeitung ›La Nación‹ veröffentlicht, 1896 auch in Buchform vorgelegt. Zusammen mit dem programmatischen, im gleichen Jahr veröffentlichten dichterischen Hauptwerk Daríos (vgl. *Prosas profanas*) bilden sie die Grundlage des literarischen *modernismo* in Lateinamerika. Als Vorbild dienten die literaturkritischen Studien Théophile GAUTIERS, *Les grotesques*, 1844 *(Die Grotesken)*, und vor allem *Les poètes maudits*, 1884 *(Dichter der Verdammnis)*, von Paul VERLAINE, auf dessen Ausspruch *»Le rare est le beau« (»Das Seltene ist das Schöne«)* der Gesamttitel der Reihe zurückgeht. Das Titelwort *raro* bezeichnet im Spanischen nicht nur das Seltene, sondern auch das Seltsame, Sonderbare und Ungewöhnliche. In diesem Sinn wollte Darío, wie er am 27. 11. 1896 in dem Artikel *Los colores del estandarte (Die Farben des Banners)* als Antwort auf die Kritik des Literaturhistorikers Paul GROUSSAC (1848–1929) erklärte, *»typische, unverwechselbare und außergewöhnliche Formen des künstlerischen Schaffens«*, aber *»keine Vorbilder«* zeigen. *»Denn die Gestaltungsprinzipien der modernen Kunst weisen keinen anderen Weg als die Liebe zu der hellen symbolischen oder verborgenen Schönheit und die freie Entfaltung der dichterischen Persönlichkeit.«* Beides sei *»in der traditionsbeladenen, in ihr Spaniertum eingemauerten spanischen Literatur«* nicht zu finden. – Unter den von Darío behandelten Dichtern befinden sich Namen, die eine kurze Augenblicksbedeutung nicht überdauert haben, wie E. DUBUS, T. HANNON und RACHILDE. Andererseits fehlen BAUDELAIRE, RIMBAUD und MALLARMÉ, vermutlich deshalb, weil sie für den gebildeten Südamerikaner keine *raros* mehr waren. Mit wenigen Ausnahmen – E. A. POE, Max NORDAU, Henrik IBSEN, Eugénio de CASTRO und A. de ARMAS – gilt das Interesse Daríos den Franzosen, von denen er Paul Verlaine, LAUTRÉAMONT, LECONTE DE LISLE, Léon BLOY, Jean MORÉAS, Catulle MENDÈS, A. VILLIERS DE L'ISLE-ADAM, Camille MAUCLAIR, Paul ADAM und Marguerite VALLETTE, gen. Rachilde, besonders eingehend behandelt. In allen Fällen ist die Darstellung panegyrisch und apologetisch; nicht kritische Distanz bestimmt die innere Haltung, sondern werbende Begeisterung für eine neue Art des Dichtens, die Darío, in Anlehnung an den Ausspruch RIMBAUDS: *»Il faut être absolument moderne« (»Man muß ganz und gar modern sein«)*, als *modernismo* bezeichnete. Die Ästhetik dieser für Spanien und Hispanoamerika bedeutsamen Bewegung, im Vorwort und in den Gedichten der *Prosas profanas*, 1896 *(Profane Prosen)*, dann weiter ausgeformt und endgültig geprägt, ist in diesen Aufsätzen bereits ansatzweise vorhanden. Vor allem verkünden sie ein neues Selbstverständnis des Dichters und eine neue Auffassung der Lyrik als Ausdruck einer weder der Religion noch der Philosophie und Wissenschaft erreichbaren Wirklichkeit, deren Erscheinungsform das Gedicht ist. A.F.R.

AUSGABEN: Buenos Aires 1896. – Madrid 1918 (in *Obras completas*, 22 Bde., 1917–1920, 6). – Madrid 1923–1929 (in *Obras completas*, 21 Bde., 18). – Madrid 1946. – San Salvador 1963 (in *Critica literaria, temas americanos*, Hg. E. Abreu Gómez; Ausw.). – Costa Rica 1972.

LITERATUR: A. Torres-Ríoseco, *Génesis de la formación literaria de R. D. »Los raros«* (in Atlante, 1, 1953, S. 149–157; auch in *Ensayos sobre literatura latinoamericana*, Mexiko/Berkeley 1953). – C. Taupin, *¿Había leído D. a Lautréamont cuando lo incluyó en »Los raros«?* (in CL, 11, 1959, S. 165–171). – A. Pagés Larraya, *Dos artículos de*

*P. Groussac sobre D.* (in Anuario de Letras, 2, 1962, S. 233–244). – D. Lagmanovich, *Lo americano en »Los raros« de R. D.* (in Cuadernos del Congreso por la Libertad de la Cultura, 90, 1964, S. 49–57). – R. Durand, *R. D. et les lettres français* (in Revista Interamericana de Bibliografía, 17, 1967, S. 157–164). – E. Carilla, *Una etapa decisiva de R. D., R. D. en la Argentina*, Madrid 1967. – R. Gardes, *Lo raro en »Los Raros«* (in *R. D., Estudios reunidos en conmemoración del centenario 1867–1967*, La Plata 1968, S. 179–192). – M. C. Rezzano de Martini, *»Los raros« y los escritores ingleses y norteamericanos* (ebd., S. 315–328). – M. A. Salgado, *El retrato como crítica literaria en »Los raros«* (in RoNo, 11, 1969, S. 30–35). – P. Lastra, *Relectura de »Los raros«* (in Texto Crítico 12, 1979).

## ELEANOR DARK

* 26.8.1901 Burwood / Sydney
† 11.9.1985 Katoomba / Sydney

### THE TIMELESS LAND

(engl.; *Ü: Der erste Gouverneur*). Erster Band einer Romantrilogie von Eleanor DARK (Australien), erschienen 1941. – Nach einer Reihe von vorwiegend psychologischen Romanen wandte sich die Autorin der historischen Erzählkunst zu, zu der sie mit *The Timeless Land* und den anderen Bänden der Trilogie, *Storm of Time* (1948) und *No Barrier* (1953), denen allerdings die Geschlossenheit des ersten Bandes abgeht, einen bleibenden Beitrag geleistet hat. Darks Trilogie stellt einen großangelegten Versuch dar, auf solider dokumentarischer Basis, aber ohne Anspruch auf strenge historische Treue, das quellenmäßig überaus reich belegte erste Vierteljahrhundert der sozusagen in einem Vakuum geborenen australischen Geschichte zu gestalten. *The Timeless Land* erzählt ohne heroisierende oder romantisierende Retuschen von dem verbissenen Ringen mit einer unwirtlichen Natur und feindlichen Umwelt in den harten Jahren von der Ankunft der »First Fleet« (1788) bis 1792. In *Storm of Time* (der Band umspannt die Zeit bis 1808) verlagert sich der Akzent von den Problemen der Landnahme und dem Verhältnis der Kolonisatoren zu den Aborigines auf die politischen Machtkämpfe und die Komplexität der sich entwickelnden Gesellschaft. Der Schlußteil – sein Titel *No Barrier* deutet die entscheidende Überwindung der Gebirgsschranken (Blue Mountains) und allgemein die Bewältigung der materiellen Hindernisse an – ist dem Zeitraum 1809–1814 in der Ära des Gouverneurs Macquarie gewidmet.

*The Timeless Land* zeichnet sich durch eine selbst von Historikern anerkannte Authentizität aus. Mit fast durchwegs konventionellen Mitteln hat Dark ein in Stil und erzählerischer Optik echt episches Werk von strenger Schönheit geschaffen, dessen geschichtliche Faktizität und chronologischer Schematismus durch eine erfindungsreiche Phantasie ergänzt und belebt werden. Verrät die verwirrende Fülle von handelnden Personen die geheime Diktatur des voluminösen Quellenmaterials, so befähigt die bereits in Darks Roman *Waterway* (1938) erprobte Technik des – in *The Timeless Land* oft filmisch abrupten – Perspektivenwechsels den Leser, die Entstehung der Kolonie aus der Sicht mehrerer Charaktere und damit der verschiedensten sozialen Schichten zu erleben. – Auch wenn einer fiktiven Gestalt – dem unter den Eingeborenen aufwachsenden Sträflingskind Johnny Prentice – die Funktion zufällt, die einzelnen Teile der Trilogie zu verbinden, so ragen in *The Timeless Land* zwei »historische« Figuren hervor, die nicht nur zueinander, sondern auch zu ihrem eigenen Lager in einem gewissen Spannungsverhältnis stehen: der in seiner furchtlosen sittlichen Stärke und seelischen Vereinsamung glänzend porträtierte erste Gouverneur, Arthur Phillip, und der Aborigine Bennilong, vielleicht der wahre Protagonist des Romans. Man hat sogar das Land mit seinem zeitlosen Rhythmus als den eigentlichen Helden bezeichnet, aber die Thematik des Buches umspannt mehr als nur die etwas künstliche Mystik des rätselhaften, unbekannten Kontinents. Weit davon entfernt, ein nationalistisches Loblied auf den Pioniergeist oder eine Apologie imperialer Haltungen anzustimmen, übt Dark beißende Kritik an der Kultur des weißen Mannes, deren Tendenz zu Friedlosigkeit und Selbstzerstörung enthüllt wird. Mit wachem Sinn für historische Umbrüche, aber letztlich mehr allegorisch als geschichtlich, demonstriert die Autorin den Zusammenprall und die Dialektik unvereinbarer Zivilisationen und Mentalitäten, den vor allem in Phillip und Bennilong, dem domestizierten und dadurch herabgewürdigten Eingeborenen, personifizierten Konflikt der Traditionen und seine tragischen Folgen: geistige Krise, Verlust der naturhaften Geborgenheit und Ganzheit. Es überrascht nicht, daß die Kritik an dieser deutlich vom Mythos des »edlen Wilden« und des idyllischen Urzustands geprägten Schwarzweißzeichnung nicht ausblieb. Der Autorin geht es bei ihrer bewußt freien (vgl. Vorwort) Behandlung der Aborigines offenbar weit mehr um Toleranzideen und um sozialkritischen und moralphilosophischen Kommentar (zu dem die von ihr mit Eigenschaften des weißen Eindringlings, etwa Artikulations- und Abstraktionsvermögen, ausgestatteten Ureinwohner die ideologischen Argumente liefern müssen) als um ein genaues anthropologisches Bild. Dadurch verliert dieser von sentimentalen Gemeinplätzen nicht freie Aspekt des Romans viel von seiner Überzeugungskraft. Daneben fallen andere beanstandete Punkte – Liebäugeln mit dem Effekt, eine etwas streberhaft seichte Intellektualität, die sich u. a. in aufdringlichen Meditationen der Hauptpersonen bekundet – weniger ins Gewicht. Auch wenn Dark ihr hochgespanntes Ziel nicht erreicht hat, darf dieser Roman, der u. a. mit HUXLEYS *Brave New World* verglichen wurde, als ihre bedeutendste Leistung gelten. J.H.T.

AUSGABEN: Sydney 1941. – Ldn. 1941; ern. 1956. – Sydney 1948 *(Storm of Time)*. – Sydney 1953 *(No Barrier)*. – Ldn. 1963, 3 Bde. [Trilogie]. – North Ryde u. a. 1986.

ÜBERSETZUNG: *Der erste Gouverneur*, Anneliese Schmundt, Hannover 1954.

LITERATUR: J. McKellar, *The Black Man and the White* (in Southerly, 9, 1948, S. 92–98). – E. Lowe, *The Novels of E. D.* (in Meanjin, 10, 1951, S. 341–349). – G. A. Wilkes, *The Progress of E. D.* (in Southerly, 12, 1951, S. 139–148). – C. Hadgraft, *Australian Literature*, Ldn. 1960, S. 235–238. – J. Schulz, *Geschichte der australischen Literatur*, Mchn. 1960, S. 145–147. – H. M. Green, *A History of Australian Literature*, Bd. 2, Sydney 1961, S. 1092–1096. – A. K. Thomson, *Understanding the Novel: »The Timeless Land«*, Brisbane 1966. – A. G. Day, *E. D.*, Boston 1976 (TWAS). – G. Collier, *Some Fictive Australian Beginnings, and Levels of Reader-Expectation* (in *English Literature of the Dominions*, Hg. K. Gross u. W. Klooss, Würzburg 1981, S. 35–48).

## CHARLES ROBERT DARWIN

* 12.2.1809 The Mount bei Shrewsbury
† 19.4.1882 Down House (heute London)

### ON THE ORIGIN OF SPECIES BY MEANS OF NATURAL SELECTION; or the Preservation of Favoured Races in the Struggle for Life

(engl.; *Über die Entstehung der Arten durch natürliche Auslese oder das Erhaltenbleiben der begünstigten Rassen im Ringen um die Existenz*). Klassisches Grundwerk zur Selektions- und Evolutionstheorie von Charles Robert DARWIN, erschienen 1859. – Die erste Auflage von 1250 Exemplaren war am Tag des Erscheinens vergriffen; die sechste Auflage (1872) war die letzte, die Darwin noch selbst besorgen konnte. Von den vorhergehenden Ausgaben unterscheidet sie sich nicht durch wesentliche Änderungen in der Auffassung des Evolutionsvorgangs, sondern hauptsächlich durch das für Darwin so überaus charakteristische, peinlich genaue Eingehen auf alle ernsthafteren Einwände, die gegen seine Theorie der Evolution der Organismen erhoben worden waren und die auch er selbst ständig dagegen vorbrachte. Ein erheblicher Teil dieser Diskussion ist heute, nachdem die moderne Biologie auf breitester Grundlage zeigen konnte und täglich weiter beweist, daß *»Darwin recht behalten«* hat (F. v. Wettstein), nur noch von historischem Interesse.

Die Entstehungsgeschichte des Werks ist durchaus merkwürdig. Der soeben graduierte Theologe Darwin ging 1831 mit dem britischen Vermessungsschiff »Beagle« auf eine Weltreise. Er war besonders nach dem Studium von William PALEYS *Natural Theology* (1802) zum überzeugten Anhänger der Schöpfungslehre geworden. Als Evolutionist aber kehrte er fünf Jahre später zurück. Durch seine unterwegs gesammelten Erfahrungen und Beobachtungen, besonders in Südamerika und auf den Galapagosinseln, hatte er erkannt, daß die heutigen Organismen das Ergebnis einer langen Evolutionsgeschichte sein müssen. Damit übertrug er die Entwicklungstheorie des Schotten Charles LYELL (*Principles of Geology*, 1830–1833) vom geologischen auf den biologischen Bereich.

Diese Auffassung in der damaligen Zeit zu vertreten, war ein Wagnis und bedeutete für Darwin eine grundlegende geistige Umstellung. *»Mir ist, als gestünde ich einen Mord ein«*, schrieb er an seinen Freund Hooker. Mit dem konzipierten Evolutionismus aber trat er nach der Rückkehr von seiner Weltreise (1836) zunächst nicht an die Öffentlichkeit. Die Beobachtungsgrundlage schien ihm bei weitem noch nicht breit genug, und überdies fehlte noch die Theorie, welche die Tatsache der Evolution, die zu seiner Zeit bereits vielfach diskutiert wurde (besonders seit dem Erscheinen des Buches Von R. CHAMBERS, *Vestiges of the Natural History of Creation*, 1844), kausal verstehbar machen würde. So sammelte er Material und legte seit Juli 1837 seine berühmt gewordenen *Note Books* an, in denen er alle Daten sammelte, die auf das Problem der *»Transmutation der Spezies«* Bezug haben könnten. Im Jahr 1838 bestärkte ihn die Lektüre des damals vielbesprochenen Werks von Th. H. MALTHUS *Essay on the Principle of Population* (1798; 6. Auflage 1826) weiter in seiner selbständig konzipierten Theorie, daß im Ringen um die Existenz die besseren Varianten überleben (Herbert SPENCER nannte dies *»survival of the fittest«*) und dadurch die Veränderung der Arten verursachen. Darwin sah sehr wohl die Konsequenzen, die sich aus seiner Theorie ergaben. Diese stand gegen das Schöpfungsdogma, gegen einen vorausplanenden Schöpfer, gegen die Theologie, gegen die Physikotheologie, nach der alles, was den Menschen umgibt, zu dessen Nutz und Frommen geschaffen sei. So schwieg er, sammelte weiterhin Material und veröffentlichte inzwischen seine Reiseberichte (*Journal of Researches into the Natural History and Geology of the Countries Visited during the Voyage of H. M. S. »Beagle« round the World*, 1839; *Voyage of a Naturalist round the World*, 1845) und geologische Werke, darunter auch die berühmte, im wesentlichen bis heute gültige Theorie über die Entstehung der Korallenriffe (*The Structure and Distribution of Coral Reefs*, 1842). Die über acht Jahre sich erstrekkende, in vier Bänden erschienene Untersuchung

einer bis dahin noch wenig bekannten Gruppe festsitzender Krebse (*Monograph on the Cirripedia*, 1851–1854) stellt zweifellos einen psychologischen Ausweichversuch dar: Darwin zögerte, die Selektionstheorie zu veröffentlichen. Nachdem er schon in den Jahren 1842–1844 mehrere Versuche unternommen hatte, die Theorie endgültig zu formulieren, veröffentlichte er 1859 *On the Origin of Species*, ein Buch, das er lediglich als Auszug eines umfassenderen Gesamtwerks betrachtete. Darwin wurde auch deshalb zur Niederschrift gedrängt, weil A. R. WALLACE zwischen 1855 und 1858 in zwei Aufsätzen die Evolutions- und Selektionstheorie formuliert hatte. Dennoch räumte dieser neidlos Darwin die Priorität ein und schuf den Ausdruck »Darwinismus«.
Die Grundsätze der Darwinschen Selektionstheorie sind die folgenden: 1. Bei den einzelnen Tier- und Pflanzenarten besteht ein Nachkommenüberschuß. 2. Trotz dieses ständigen Überschusses ändern sich die Populationsgrößen (die Individuenzahlen) nicht. 3. Die konstante Populationsgröße setzt eine partielle Vernichtung des Nachkommenüberschusses voraus. 4. Es herrscht allenthalben eine erbliche Variabilität. 5. Daraus folgt, daß im allgemeinen die der jeweiligen Umwelt besser entsprechenden Individuen mit größerer Wahrscheinlichkeit im Konkurrenzringen überleben. 6. Diese Auslese der besseren Varianten führt fortschreitend zur Verbesserung der Anpassung und zum Wandel des Artbildes.
Die Selektionstheorie bildet auch heute noch das tragende theoretische Skelett der kausalen Evolutionsforschung. Das Grundwerk Darwins bewies gegenüber früheren Versuchen anderer Autoren klar die Tatsache einer Abstammungsgeschichte der Lebewesen und schuf dazu eine plausible kausale Theorie. Dies geschah auf einer derart breiten empirischen Basis, daß sich die Überzeugung von der Richtigkeit dieser Theorie in relativ kurzer Zeit durchsetzte. Nach manchen Schwankungen in der wissenschaftsgeschichtlichen Entwicklung im Laufe der vergangenen hundert Jahre ist dann in den letzten Jahrzehnten, nachdem die Ergebnisse der experimentellen Vererbungsforschung zu einer grundsätzlichen Bestätigung der Richtigkeit der Selektionstheorie geführt hatten – in Verbindung mit fast allen biologischen Disziplinen wie Vergleichende Morphologie und Physiologie, Paläontologie, Biogeographie, Ökologie und Verhaltensforschung – der Bau einer umfassenden biologischen (DOBZHANSKY) oder synthetischen (SIMPSON) Theorie der Evolution geschaffen worden.
In dem Gründungswerk der Evolutionstheorie wird der Mensch nur am Ende mit einem prägnanten prophetischen Satz erwähnt: *»Es wird Licht fallen auf den Ursprung des Menschen und auf seine Geschichte.«* (Der erste deutsche Übersetzer des Werks, H. G. BRONN, ließ diesen Satz weg.) Daß Darwin seine Theorie auch auf den Menschen bezog, hatte er in seinen *Note Books* schon klar zum Ausdruck gebracht. Daß er zögerte, die Entwicklung des Menschen bereits in seinem ersten großen Werk über die Evolutionstheorie ausführlich zu behandeln, entsprach seiner allgemeinen Vorsicht und seiner Kenntnis der damaligen gesellschaftlichen Situation. Erst 1871 veröffentlichte er ein entsprechendes Werk: *The Descent of Man, and Selection in Relation to Sex (Die Abstammung des Menschen und die geschlechtliche Auslese)*.
Die Theorie Darwins, der »Darwinismus«, hat im Laufe eines Jahrhunderts außerhalb der biologischen Wissenschaft bis heute eine Fülle von Mißdeutungen erfahren. Der *»Kampf ums Dasein«* in der Natur, *»rot an Zähnen und Klauen«* (A. Lord TENNYSON), wurde als Rechtfertigung herangezogen für die Ausbeutungspraktiken des industriellen Zeitalters, für die Rücksichtslosigkeiten des Merkantilismus, für die sozialen Kämpfe, für die Rassendiskriminierungen u. a. – als ob sich der Industrialismus auch ohne Darwins Theorie nicht so verhalten hätte, wie er es tat, als ob Bismarck (wie R. E. D. CLARK 1948 meinte) seine »Angriffskriege« nicht auch geführt hätte, ohne vorher Darwin gelesen zu haben. Karl MARX glaubte, den Darwinismus als naturwissenschaftliche Begründung seiner Lehren benutzen zu können. Aber Darwin lehnte Marx ab. Er hat unmißverständlich betont, daß er den *»Kampf ums Dasein«*, das *»Überleben des Tauglichsten«*, nur in metaphorischem Sinne verwende: *»Ich gebrauche den Ausdruck Kampf um die Existenz nur in einem weiten und metaphorischen Sinne, der sich auf die Abhängigkeit des einen Wesens vom anderen bezieht, und, was wichtiger ist, nicht nur auf das Leben des Individuums, sondern den Erfolg durch Vermehrung.«*
Heute versteht die moderne Evolutionsgenetik unter der Selektionstheorie die unterschiedliche Fortpflanzungsquote der Träger bestimmter Gene und Genkombinationen. Diejenigen sind begünstigt, die die höhere Fortpflanzungsrate haben. Das sind – im allgemeinen – diejenigen, die an die jeweiligen und kommenden Umweltbedingungen am besten angepaßt sind. In den Populationen steigen die Konzentrationen dieser Gene unter Umständen bis zu hundert Prozent. Andere Gene verschwinden, wobei die genetisch Bevorteilten nicht immer die »Besten« zu sein brauchen. G.Heb.

AUSGABEN: Ldn. 1859; [6]1872 [erw. u. verb.]. – Ldn. 1906 [18.–23. Tsd.]. – Ldn. 1950 [Nachdr. d. Ausg. 1859]. – Philadelphia 1959, Hg. M. Peckham. – Cambridge/Mass. 1964 [Faks. d. Ausg. v. 1859; Einl. E. Mayr]. – Ldn. 1986 (in *Works*, Hg. P. H. Barrett u. a., 10 Bde., 10).

ÜBERSETZUNGEN: *Über die Entstehung der Arten im Thier- und Pflanzenreich durch natürliche Züchtung, oder Erhaltung der vervollkommneten Rassen im Kampf ums Daseyn*, H. G. Bronn, Stg. 1860; [2]1863 [verb. u. verm.]. – *Über die Entstehung der Arten durch natürliche Zuchtwahl oder die Erhaltung der begünstigten Rassen im Kampfe um's Dasein*, J. V. Carus, Stg. 1867; [7]1884 [rev.]. – *Die Fundamente der Entstehung der Arten*, M. Semon, Lpzg./Bln. 1911. – *Die Entstehung der Arten durch natürliche Zuchtwahl*, C.W. Neumann, Lpzg. 1921 (RUB zul. 1984). – Dass., ders., Stg. 1963; Nachdr. 1981 u. ö. (Nachw. G. Heberer; RUB).

LITERATUR: A. Gray, *Darwiniana. Essays and Review Pertaining to Darwinism*, NY 1876; ern. Cambridge/Mass. 1963, Hg. A. Duprée. – R. E. D. Clark, *D. Before and After. The Story of Evolution*, Ldn. 1948 (dt.: *D. u. die Folgen*, Wien/Mchn. 1954). – *A Century of D.*, Hg. S. A. Barnett, Ldn. 1958. – A. Ellegård, *D. and the General Reader. The Reception of D.'s Theory of Evolution in the British Periodical Press, 1859–1872*, Göteborg 1958. – *D.'s Biological Work. Some Aspects Reconsidered*, Hg. P. R. Bell, Cambridge 1959. – G. Canguilhem, *Les concepts de ›lutte pour l'existence‹ et de ›selection naturelle‹ en 1858: Ch. D. et A. R. Wallace*, Paris 1959. – L. C. Eiseley, *D.'s Century. Evolution and the Man Who Discovered It*, Ldn. 1959. – R. Nachtwey, *Der Irrweg des Darwinismus*, Bln. 1959. – G. Heberer, *Was heißt heute Darwinismus*, Göttingen [2]1960. – *100 Jahre Evolutionsforschung. Das wissenschaftliche Vermächtnis Ch. D.'s*, Hg. ders. u. F. Schwanitz, Stg. 1960. – *D.'s Vision and Christian Perspectives*, Hg. W. J. Ong, NY 1960. – *Darwinism and the Study of Society. A Centenary Symposium*, Hg. M. Banton, Ldn. 1961 [Einl. J. Bronowski]. – A. Comfort, *D. and the Naked Lady. Discursive Essays on Biology and Art*, Ldn. 1961. – D. Lack, *D.'s Finches. An Essay on the General Biological Theory of Evolution*, NY 1961. – G. de Beer, *Ch. D. Evolution by Natural Selection*, Ldn. 1963. – G. G. Simpson, *This View of Life. The World of an Evolutionist*, NY 1964. – A. Ch. Guttenberg, *Biologie als Weltanschauung. Eine erkenntniskritische Analyse des Darwinismus*, Ratingen 1967. – E. Mayr, *Artbegriff u. Evolution*, Stg./Bln. 1967. – J. Hemleben, *Ch. D. in Selbstzeugnissen u. Bilddokumenten*, Reinbek 1968; zul. 1985 (rm). – D. L. Hull, *D. and His Critics. The Reception of D.'s Theory of Evolution by the Scientific Community*, Cambridge/Mass. 1973; Nachdr. Chicago 1983. – *Der Darwinismus*, Hg. G. Altner, Darmstadt 1981 (WdF). – B. G. Bale, *Evolution without Evidence: Ch. D. and »The Origin of Species«*, Albuquerque 1982. – M. Galliker, *Triviales Wirtschaftsverständnis oder Was wir von D.'s Analyse der Zuchtpraxis lernen können*, Köln 1982. – *Evolutionstheorie u. ihre Evolution*, Hg. D. Henrich, Regensburg 1982. – *D. u. die Evolutionstheorie*, Bearb. K. Bayertz, Köln 1982. – S. Schmitz, *Ch. D. Leben – Werk – Wirkung*, Düsseldorf 1983 [m. Bibliogr.]. – I. Illies, *Der Jahrhundertirrtum: Würdigung u. Kritik des Darwinismus*, Ffm. 1983. – *De D. au Darwinisme. Science et idéologie. Actes du congrès ...*, Hg. Y. Conry, Paris 1983. – *D.'s Legacy*, Hg. Ch. L. Hamrum, San Francisco 1983. – R. W. Clark, *The Survival of Ch. D.*, NY 1984 (dt. *Ch. D. Biographie eines Mannes und einer Idee*, Ffm. 1985). – A. Alland, *Human Nature: D.'s View*, NY 1985. – P. Tort, *Misère de la sociobiologie*, Paris 1985. – R. M. Young, *D.'s Metaphor: Nature's Place in Victorian Culture*, Cambridge 1985. – M. Ruse, *Taking D. Seriously*, Oxford 1986. – *Geschöpfe ohne Schöpfer? Der Darwinismus als biologisches und theologisches Problem*, Hg. G. Masuch, Wuppertal 1987. – *Evolution*, Hg. R. Siewing, Stg. 1987. – F. M. Wuketits, *Ch. D., der stille Revolutionär*, Mchn. 1987 [m. Bibliogr.].

## ERASMUS DARWIN

* 12.12.1731 Elston bei Newark
† 18.4.1802 Breadsall Priory bei Derby

### ZOONOMIA OR THE LAWS OF ORGANIX LIVE

(engl.; *Zoonomie oder die Gesetze des organischen Lebens*). Biologisches Hauptwerk des Mediziners und Dichters Erasmus DARWIN, erschienen 1794 bis 1796. – Dieses historisch bedeutsamste Buch des Großvaters von Charles Robert DARWIN enthält das erste konsequent durchdachte System der Deszendenztheorie und hat deutliche Spuren in den späteren Werken des Enkels hinterlassen. Darwin wird durch diese von den Zeitgenossen stark kritisierte Darstellung noch vor LAMARCK der eigentliche Begründer der Deszendenztheorie. Nach umfangreichen medizinisch-psychologischen Ausführungen in den ersten drei Bänden behandelt Darwin im vierten Band Fragen der physischen und psychischen Vererbung, der Milieuanpassung, der Schutzfärbung bei Pflanzen und Tieren, der Probleme der insektenfressenden Pflanzen und nicht zuletzt die geschlechtliche Zuchtwahl. Mit Hilfe der Paläontologie stützt er den Nachweis, daß früher zahlreiche Organismen vorkamen, die heute nur noch als Fossilien bekannt sind. Ebenso verfolgt er im Entwicklungsprozeß die allmähliche Rückbildung ursprünglich vollwertiger zu rudimentären Organen.

Erasmus Darwin nähert sich der Deszendenztheorie seines Enkels am meisten in der Beurteilung der sexuellen Selektion, die ja auch mehr und mehr als entscheidender Evolutionsfaktor betrachtet worden ist. Schon in seinem Werk *The Botanic Garden* (1781) hatte der Autor die Auffassung vertreten, daß ein Trend zur Vollkommenheit die belebte Natur beherrsche. In der *Zoonomia* präzisiert er diese Ansicht durch umfangreiches Belegmaterial und schafft damit wichtige Voraussetzungen für die entscheidenden Forschungen seines Enkels (vgl. dazu *On the Origin of Species*). Darin liegt die große historische Bedeutung der *Zoonomia*. G.Heb.

AUSGABEN: Ldn. 1794–1796, 2 Bde. – Ldn. [2]1796 [verb.]. – Ldn. [3]1801, 4 Bde. [verb.].

ÜBERSETZUNG: *Zoonomie oder Gesetze des organischen Lebens*, J. D. Brandis, 3 Bde., Hannover 1795–1797.

Literatur: E. Krause, *E. D. u. seine Stellung in der Geschichte der Deszendenz-Theorie*, Lpzg. 1880. – Ch. Darwin, *D. D.*, Ldn. 1887. – H. Pearson, *Doctor D.*, Ldn. 1930; ern. NY 1964. – D. King-Hele, *E. D.*, Ldn. 1962. – D. M. Hassler, *E. D.*, NY 1973 (TEAS). – D. King-Hele, *Doctor of Revolution. The Life and Genius of E. D.*, Ldn. 1977.

## Petter Dass

* 1647 Nord-Herøy
† August 1707 Alstahaug

### NORDLANDS TROMPET. Eller Beskrivelse over Nordlands Amt

(norw.; *Die Trompete des Nordlands. Oder Beschreibung des Nordlanddistrikts*). Verserzählung von Petter Dass, entstanden in der Zeit zwischen ca. 1678 und 1700, erschienen 1739. – Die Entstehungsgeschichte des Werks sowie das Schicksal seines Autors spiegeln sich sehr deutlich in den vorausgeschickten, ganz im Stil der Zeit abgefaßten Widmungen: Aus kärglichen Verhältnissen stammend und erst seit 1669 durch sein Pfarramt wirtschaftlich einigermaßen gesichert, hat Dass zunächst versucht, das Werk dem einflußreichen Obersekretarius am Kopenhagener Königshof, Mathias Moth, zuzueignen, weil er sich von diesem Unterstützung erhoffte. Nach Moths Ablösung und der Thronbesteigung des Königs Frederik IV. und im Anschluß an eine Norwegenreise, die er als Begleiter des Unionskönigs unternahm, verfaßte Dass eine neue, nicht präzis datierbare und ebensowenig erfolgreiche Dedikation.

Dass beschreibt in *Nordlands Trompet* die geographischen, klimatischen, zoologischen und agronomischen Eigentümlichkeiten des Nordlands. Die mit seinem kirchlichen Amt verbundenen Dienstreisen gaben dem Dichter reichlich Gelegenheit, die Natur und das Volksleben dieses entlegenen Gebiets kennenzulernen und zu studieren: Mit wachen Augen, und ohne seine tiefe Frömmigkeit zu verhehlen, beobachtet er die Sitten und Gebräuche, z. B. bei Taufen, Hochzeiten und Begräbnissen. Andererseits gesteht er wahrheitsgemäß ein, die Gegenden außerhalb des norwegischen Nordlands nur aus der Lektüre von Chroniken und anderen Schriften zu kennen. Der von Dass selbst beteuerten Wirklichkeitstreue entspricht die Farbigkeit der Darstellung und die detailfreudige Erzählung kulturhistorisch äußerst interessanter Einzelheiten.

Da das Werk erst mehr als dreißig Jahre nach dem Tod seines Verfassers im Druck erschien und von ihm nicht eine einzige authentische Niederschrift existiert, gibt es keine auf Dass selbst zurückgehende Ausgabe. Jedoch waren die ersten – und vielleicht interessantesten – Teile der Schrift, darunter vor allem die z. T. mit frommen Betrachtungen durchsetzten Partien, längst vor der Vollendung des ganzen Buchs in Form sorgfältiger Abschriften einem größeren Leserkreis bekannt. Aber auch darüber hinaus fand das originelle, humorvolle Werk derart großen Anklang, daß vielfach ganze Passagen daraus auswendig gelernt wurden. – Erstes Zeugnis von dieser Dichtung gibt ein im Stil der Zeit gehaltener Reimbrief von Ole Hansen Nysted vom 13. 7. 1678; Ende des 17. Jh.s findet sich ein konkreter Hinweis auf das geplante Erscheinen des Buchs in einer Voranzeige der Lübecker Zeitschrift ›Nova Literaria Maris Bathici et Septemtrionalis‹ – doch auch dazu kam es nicht. Im Gegensatz zur literarischen Mode seiner Zeit orientierte sich Petter Dass, der nicht zu Unrecht als einer der größten norwegischen Dichter des 17. Jh.s angesehen wird, nicht an den antiken Vorbildern: Wenn sich seine Sprache auch gelegentlich dem Stil der gelehrsamen und belehrenden Barockliteratur nähert, überwiegen doch die eigenständigen, volkhaften Elemente, die der Autor aus seiner Muttersprache schöpft. Eigenwillig und durchaus originär, ist er stilistisch jedoch in mancher Beziehung Arrebo (1587–1637) verpflichtet, im Versmaß Anders Bording (1619–1677), wurde aber schon zu Lebzeiten zu einer volkstümlichen Gestalt und ist es bis heute geblieben. F.W.V.

Ausgaben: Kopenhagen 1739. – Bergen 1776. – Kristiania 1874 (in *Samlede Skrifter*, Hg. A. E. Eriksen, 3 Bde., 1873/74, 1). – Oslo 1927, Hg. D. A. Seip; ern. 1974. – Oslo 1980 (in *Samlede verker*, Hg. K. Heggelund u. S. I. Apenes, 3 Bde).

Übersetzung: *Die Trompete des Nordlandes und andere Gedichte*, L. Passarge, Gotha 1897.

Literatur: H. Midbøe, *P. D.*, Oslo 1947. – Ders., *P. D. 1647–1947*, Bergen 1947 [m. Bibliogr.]. – A. Jakobsen, *Norskhet i språket hos P. D.*, Oslo 1952. – H. Koht, *Historisk ramme om »Nordlands trompet«* (in H. K., *På leit etter liner i historia*, Oslo 1953). – S. I. Apenes, *Rapport om P. D. – presten som diktet makt itl folk*, Oslo 1978. – L. Hjortsvang Isaacson, *P. D.: Story-teller, Moralist and Student* (in Edda, 80, 1980, S. 297–306). – E. Lunde, *Skaperverk og sverd* (in Mot-skrift, 1987, H. 1, S. 42–61).

## ʿAli Dašti

* 1895
† Dez. 1981 / Jan. 1982

Literatur zum Autor:
B. Alavi, *Geschichte u. Entwicklung der modernen persischen Literatur*, Bln./DDR 1964,

S. 222/223. – H. Kamshad, *Modern Persian Prose Literature*, Cambridge 1966, S. 69–73. – ʿA. Dašti, *Panǧāh wa panǧ*, Teheran 1975.

## FETNE

(iran.-npers.; *Die Versuchung*). Sammlung von Erzählungen und Kurzgeschichten von ʿAli DAŠTI, erschienen 1944. – Seit Beginn des 20. Jh.s ist die Frauenemanzipation ein beliebtes Thema der iranischen Dichter und Schriftsteller. Besondere Aktualität gewann dieses Thema, als in den dreißiger Jahren die einsetzende Industrialisierung Irans auch die Einstellung weiblicher Arbeitskräfte in den entstehenden Fabrikbetrieben erforderlich machte. Während sich jedoch die jüngeren persischen Autoren in erster Linie mit dem Leben der unteren Volksschichten und mit sozialen Fragen beschäftigen, entnimmt ʿAli Dašti die Stoffe zu seinen Erzählungen mit Vorliebe dem Leben der oberen Klassen, und er ist geradezu der eigentliche Repräsentant der ihnen zur Unterhaltung dienenden schöngeistigen Prosaliteratur.

In den Geschichten dieser Sammlung befaßt sich Dašti hauptsächlich mit der Psyche der Frauen aus den vermögenden Teheraner Familien und der Darstellung ihrer Denk- und Verhaltensweise, ihrer Impulse und Probleme. Als handelnde Personen treten vorwiegend Lebemänner und Salondamen auf. Sie alle dünken sich besser und wertvoller als gewöhnliche Menschen, sie pochen auf ihre Privilegien und halten sich für berechtigt, wenig oder überhaupt nicht zu arbeiten und in vollen Zügen das Leben zu genießen. Die Damen werden als empfindsam, dabei aber eitel, oberflächlich, genußsüchtig, unbeständig und berechnend charakterisiert; auch in der Liebe verstehen sie es, ihre Interessen zu wahren, und wenden ihre Zuneigung meist nur dem zu, von dem sie sich Vorteile erhoffen. – Die Mitglieder dieser Gesellschaftskreise treffen sich bei Empfängen und auf Parties; sie tanzen, flirten, spielen Karten, machen Konversation, schmieden Zukunftspläne und betrügen einander. In der Titelerzählung *Fetne* wird berichtet, wie Hormoz, ein junger Mann, sich in die Frau seines Freundes verliebt. Als er schon zu hoffen beginnt, daß sie ihn wiederliebt, ertappt er sie in den Armen eines reichen Staatsbeamten. Diesem gesteht sie, daß sie mit dem unerfahrenen Hormoz nur ihr Spiel getrieben habe, um an ihm die Macht ihrer Reize zu erproben. – In *Māǧera-ye ān šab (Abenteuer jener Nacht)* erzählt ein junger Mann seinen Freunden von seiner Liebe zu der schönen Sofi. Als er dann erfährt, daß sie zur gleichen Zeit, als er um ihre Liebe warb, mit einem anderen Mann ein Verhältnis hatte, unternimmt der enttäuschte Liebhaber einen Selbstmordversuch. – In *Daftar-e šešom (Das sechste Heft)* läßt sich eine Frau von ihrem Gatten scheiden und verläßt ihre einzige Tochter, um den Mann zu heiraten, den sie liebt. Doch dann muß sie erfahren, daß ihre früheren Freunde und Bekannten sich von ihr abkehren und sie verachten, weil sie es vorgezogen hat, zusammen mit ihrem Geliebten ein neues Leben zu beginnen, anstatt den Gatten zu hintergehen und ein Doppelleben zu führen. – *Nāme-ye yek zan (Brief einer Frau)* handelt von den Erlebnissen einer Dame, die ihren Gatten mit einem Kunstmaler betrügt, in den sie sich verliebt hat. Er liebt sie zwar auch, doch ist er nicht bereit, sie zu heiraten, da seiner Meinung nach die Ehe das Grab jeder Liebe ist. – Neben diesen Erzählungen enthält die Sammlung eine Anzahl kleinerer Geschichten, die von der Einsamkeit, Not und Verzweiflung der Frauen berichten, die von ihren Männern verlassen wurden.

Trotz der manchmal recht sentimentalen und überschwenglichen Handlung seiner Erzählungen ist es Dašti gelungen, ein anschauliches und eindrucksvolles Bild vom Leben der wohlhabenden iranischen Oberschicht zu entwerfen. Aber selbst dort, wo die Oberflächlichkeit und Seichtheit des Lebenswandels der reichen Müßiggänger deutlich zu Tage tritt, enthält sich der Autor jeglicher Sozialkritik. Die in gewandtem Stil geschriebenen Erzählungen verraten durch die Verwendung zahlreicher französischer Ausdrücke und fremdartiger Redewendungen und nicht zuletzt durch die Darstellungsweise den Einfluß europäischer, besonders französischer Schriftsteller. B.A.

AUSGABEN: Teheran 1945. – Teheran [6]1958.

## ǦĀDU

(iran.-npers.; *Der Zauber*). Roman von ʿAli DAŠTI, erschienen 1952. – Anknüpfend an die innenpolitischen Verhältnisse Irans in der Zeit zwischen den beiden Weltkriegen, als der Diktator Reżā-Šāh (reg. 1926–1941) sich mit eiserner Strenge an der Macht hielt und jeden, der der Untreue oder des Verrats verdächtig schien, mit Kerker oder Tod bestrafte, beschreibt ʿAli Dašti das geheime Spiel der politischen Akteure, ihre Schachzüge und Intrigen, um zu Reichtum und Macht zu gelangen. Das Hauptthema des Romans ist jedoch die Liebe zwischen Šide, einem einflußreichen iranischen Staatsmann, und Frau Ǧādu, der Gattin seines Schulfreundes, den er protegiert.

Obwohl die vornehme und tugendhafte Frau Ǧādu ihren Mann liebt, vermag sie der Anziehungskraft des eleganten, selbstbewußten und erfolgreichen Šide, dessen zahlreiche Liebesaffären zwar allen bekannt sind, aber seinem Ansehen und seiner Karriere keinen Abbruch tun können, nicht zu widerstehen: entzückt von seiner Liebenswürdigkeit und beeindruckt von seiner Aufrichtigkeit, verliebt sie sich in ihn. Šide verspürt zwar Gewissensbisse, die Frau seines Jugendfreundes zu verführen, doch fühlt er sich durch ihre Schönheit, ihre Eleganz und ihr kultiviertes Wesen immer stärker zu ihr hingezogen. So unterliegen beide schließlich dem Zauber, den sie aufeinander ausüben. Ihr Liebesverhältnis ist jedoch nur von kurzer Dauer; denn Frau Ǧādu wird von Zweifeln und von Eifersucht gepei-

nigt, wozu das Verhalten des Geliebten gegenüber anderen Frauen immer wieder Anlaß gibt. Der Bruch erfolgt, als Grāndast, ein neureicher Emporkömmling, sich an Šide wendet, um durch dessen Vermittlung einen Sitz im Parlament zu erlangen. Grāndast scheut sich nicht, die eigene Frau als Köder zu benutzen, und übergibt Šide ohne Quittung eine hohe Summe in Devisen für eine Europareise. Blind vor Eifersucht, erstattet Frau Ǧādu gegen ihren Geliebten Anzeige bei den Behörden. Auf Befehl des Schahs wird er eingekerkert und stirbt kurz danach im Gefängnis an Typhus. – Dašti läßt alle diese Begebenheiten von einem Arzt berichten, der die unglückliche Frau Ǧādu wegen ihrer Depressionen behandelt. Von diesem erfährt sie auch, daß Šide an dem Tag beerdigt wurde, als der Schah das neue Parlament eröffnete.
Die Geschichte läßt autobiographische Züge des Autors erkennen, der während der Herrschaft Reżā-Šāhs im Jahre 1937 als Parlamentsabgeordneter in Ungnade fiel und eingekerkert wurde. Ungeachtet des manchmal etwas störend wirkenden romantischen Schwulstes und einiger allzu weitschweifiger Diskussionen über Gefühlsregungen beeindruckt der Roman ebenso durch seine spannende Handlung wie durch die sorgfältig gezeichneten Bilder aus dem persischen Gesellschaftsleben der dreißiger Jahre dieses Jahrhunderts und hat weite Verbreitung gefunden. B.A.

AUSGABEN: Teheran 1952. – Teheran [3]1955.

## ALPHONSE DAUDET

* 13.5.1840 Nîmes
† 16.12.1897 Paris

LITERATUR ZUM AUTOR:
*Bibliographie:*
G. E. Hare, *A. D. A Critical Bibliography*, 2 Bde., Ldn. 1978–1979.
*Gesamtdarstellungen und Studien:*
A. Gerstmann, *A. D., sein Leben und seine Werke bis zum Jahre 1883*, 2 Bde., Paris 1883. – B. Diederich, *A. D., sein Leben und seine Werke*, Bln. 1900. – E. Fricker, *A. D. et la société du Second Empire*, Paris 1938. – J.-H. Borneque, *Les années d'apprentissage d'A. D.*, Paris 1951. – M. Bruyère, *La jeunesse d'A. D.*, Paris 1955. – L. Michel, *Le langage méridional dans l'Œuvre d'A. D.*, Paris 1961. – M. Sachs, *The Career of A. D.*, Cambridge/Mass. 1965. – *A. D.*, Laval/Québec 1971. – C. Mantoux, *A. D. et la souffrance humaine*, Paris 1973. – A. V. Roche, *A. D.*, Boston 1976 (TWAS). – R. L. Williams, *The Horror of Life*, Chicago 1980. – M. T. Jouveau, *A. D., F. Mistral, La Provence et le Félibrige*, Nîmes 1980. – J. Rouré, *D.*, Paris 1982. – M. Andry, *D., la bohème et l'amour*, Paris 1985.

### L'ARLÉSIENNE

(frz.; *Die Arlesierin*). Drama in drei Akten in Prosa von Alphonse DAUDET, basierend auf Motiven der gleichnamigen Erzählung aus den *Lettres de mon moulin*, Uraufführung: Paris, 1. 10. 1872, Théâtre de Vaudeville. – Die anfängliche Ablehnung aber auch spätere Popularität des Dramas war sicherlich mit bedingt durch die Schauspielmusik von Georges Bizet (1838–1875), dessen vor dem Hintergrund der damaligen Auseinandersetzungen um Richard Wagner in Frankreich ungewohnt moderne Harmonik, Melodik und Instrumentationskunst zunächst Befremden beim französischen Publikum hervorriefen. Komponist wie Autor waren über den unerwarteten Mißerfolg überrascht, der für Bizet Anlaß war, sich verstärkt der Oper zuzuwenden; der von künstlerischen Selbstzweifeln bedrängte Daudet indes, dessen Theaterstück *Lise Tavernier* nur kurze Zeit vorher ebenfalls beim Publikum durchgefallen war, kehrte sich von der Bühne ganz ab und verlegte sich auf das Schreiben von Romanen und Erzählungen, mit denen er ein Erzählwerk schuf, dessen Stellung in der französischen Prosa bislang in seinem Facettenreichtum unterschätzt wird. Neben der Musik Bizets dürfte indes das Thema des Stückes Anlaß dafür gewesen sein, daß *L'Arlésienne* erst nach 1885 auf breitere Zustimmung traf: Die tragische Liebesgeschichte, die im bäuerlichen Milieu der Provence angesiedelt ist, fügte sich wohl nicht in die Interessen des Großstadtpublikums, das erst damit begann, die Auswirkungen des deutsch-französischen Krieges und der Pariser *Commune* zu bewältigen.
Im Zentrum des Stückes steht Frédéri, der etwa zwanzigjährige gutaussehende Sohn aus einer wohlhabenderen Bauernfamilie in der Provence, der sich rettungslos in die »Arlesierin« verliebt hat, ein Bauernmädchen, das übrigens weder in der Erzählung noch in dem Theaterstück selbst in Erscheinung tritt. Frédéri bemüht sich allerdings erfolglos um die Gunst Arlésiennes, da diese bereits mit einem Knecht ein Verhältnis hat, was Frédéri in einer Auseinandersetzung aus dessen Mund erfährt. Enttäuscht und verzweifelt verläßt Frédéri sein Elternhaus, um fortan zum Leidwesen seiner Mutter Rose Mamaï ein Hirtenleben zu führen. Die Mutter kann Frédéri jedoch zur Rückkehr bewegen, als sie sich schweren Herzens entschließt, das wegen seines Lebenswandels wenig angesehene Mädchen bei sich aufzunehmen. So ist schließlich Frédéri sogar bereit, Vivette zu heiraten, ein Dorfmädchen, das ihn schon lange Zeit liebt, ohne ihn jedoch wirklich von seiner Leidenschaft für Arlésienne heilen zu können. Auf dem Bauernhof leben außerdem der alte Hirte Balthazar, der im Stück die Funktion eines Kommentators und Sprachrohrs des Autors ausübt, und der von allen umhegte L'Innocent, Frédéris jüngerer, geistig zurückgebliebener Bruder, von dem eine Zigeunerin prophezeite, daß Frédéri sterben werde, sobald L'Innocent seinen vollen Verstand erlange. So schwebt ein tragisches Verhängnis über der Familie, das tatsächlich

an dem Tag über Frédéri hereinbricht, an dem L'Innocent beginnt, seine Umwelt mit wachem Sinn wahrzunehmen. Frédéris Eifersucht regt sich denn auch prompt aufs Neue, als er von dem Plan seines alten Rivalen erfährt: Der Knecht will die Arlésienne vom Hof entführen. Nur mit Mühe kann man Frédéri davon zurückhalten, den Konkurrenten zu töten. Aus Verzweiflung über die Unmöglichkeit, seine aussichtslose Lage zu bewältigen, beschließt Frédéri, Selbstmord zu begehen: Während L'Innocent sich seiner Identität bewußt zu werden beginnt und seinen wahren Namen, Janet, ausspricht, stürzt sich Frédéri vom Heuboden des Gehöfts.

Die dürftige Intrige der zugrundeliegenden, nur eine Handvoll Seiten umfassenden Erzählung hat Daudet durch zahlreiche zusätzliche Figuren – z. B. Balthazar, Janet – und Motive – etwa die Prophezeiung der Zigeunerin – nicht nur im Umfang erweitert, sondern auch dem Konzept einer klassischen Tragödie angenähert. So erfüllt sich, für den Zuschauer erwartet, das Orakel, das zugleich das Unglück der Familie verkündet; die unentwirrbare, psychologisch bedingte Verstrickung, die mit dem Tod Frédéris endet, findet ein Pendant in dem Verhängnis einer Prophezeiung, die sich einer modernen, individualpsychologischen Deutung des tragischen Helden zu widersetzen scheint. Dabei transponiert *L'Arlésienne* Elemente der klassischen Schicksalstragödie ins provenzalische Umfeld, ohne daß die für den damals herrschenden Realismus und beginnenden Naturalismus so wichtigen Momente des Milieus und der Umwelt bereits als bestimmende Faktoren der Charaktere zum Tragen kämen. So weist die geistige Behinderung von L'Innocent schließlich nicht so sehr realistische Züge als vielmehr metaphysische Qualitäten auf. Auch die Welt der Provence, die sich in *L'Arlésienne* immer wieder in die Haupthandlung mischt und diese gelegentlich überlagert, ist noch frei von den naturalistischen Implikationen der Dumpfheit und Rückständigkeit. Anders als etwa in dem Romanzyklus *Les Rougon Macquart*, den ZOLA annähernd zur gleichen Zeit zu entwerfen begann, behandelt Daudet die Provence, ihre Bewohner und Gebräuche hier noch ähnlich folkloristisch wie drei Jahre früher in seinem populärsten Werk, den *Lettres de mon moulin*. G.Wil.

AUSGABEN: Paris 1872. – Paris 1889 (in *Théâtre*). – Paris 1911. – Paris 1930 (in *Œuvres complètes*, Hg. A. Ebnes, 20 Bde., 19). – Paris 1965. – Paris 1968.

BEARBEITUNG: *Neue Liebe*, A. Daudet u. G. Ritter (d.i. Theophil Zolling; Drama, 3 Aufz., Wien 1877).

LITERATUR: B. Diederich, *D.s Novellen, D.s Dramen* (in B. D., *A. D.*, Bln. 1900, S. 120–199). – K. Mülbrecht, *D.s Dramatisierungen der D.schen Romane*, Diss. Königsberg 1916. – E. Marsan, *Sur »L'Arlésienne«* (in Les Cahiers d'Occident, Ser., 2, 1930, H. 8, *Hommage à A. D.*). – W. van Eeden, *»L'Arlésienne«, »Gengangere«, »L'obstacle«* (in Neoph, 33, 1949, S. 233–238). – J. W. Klein, *The Centenary of Bizet's »L'Arlésienne«* (in Music and Letters, 53, 1972, S. 367–368). – F. Dulmet, *George Bizet et »L'Arlésienne«* (in Écrits de Paris, Febr. 1975, Nr. 244, S. 105–112). – M. Hays, *Suggestions about the Social Origins of Semiotic Practice in the Theater, with the Example of D.'s »Arlésienne«* (in MD, 24, 1981, S. 367–378).

## LES AVENTURES PRODIGIEUSES DE TARTARIN DE TARASCON

(frz.; *Die wundersamen Abenteuer des Tartarin von Tarascon*). Roman von Alphonse DAUDET, erschienen 1872. – Der Held dieses bekanntesten Romans von Daudet verkörpert den Typus des prahlerischen und zugleich naiven Bewohners der Provence, den der Dichter in seinen *Lettres de mon moulin* verherrlicht hat. Tartarin ist Bürger der Kleinstadt Tarascon am nördlichen Ausgang des Rhonedeltas, einer Region, die für ihren Reichtum an legendenhafter Tradition, alten Sagen und Volksmärchen bekannt ist. Diese Fülle an abenteuerlicher und mitunter auch grotesk-komischer Überlieferung prägt gleichermaßen die Gestaltung von Daudets Erzählung und ihren Inhalt, vor allem jedoch den Charakter des Titelhelden selbst, den sein geistiger Vater zugleich mit deutlichen Zügen der Hauptfiguren von CERVANTES' *Don Quijote* ausgestattet hat – eine literarische Patenschaft, die Daudet an mehr als einer Stelle seines Werkes deutlich unterstreicht. An Leibesfülle eher ein Sancho Pansa, gleicht Tartarin in seinem Denken und Handeln einem auf provenzalische Verhältnisse zurechtgestutzten Quijote.

In seinem Haus am Stadtrand bewahrt Tartarin ein Arsenal von Jagdwaffen auf, dazu Trophäen und natürlich auch Bücher, vor allem die Romane James Fenimore COOPERS, die Reiseberichte von James COOK und verständlicherweise alle Jagdliteratur, derer der brave Tartarin habhaft werden konnte. Denn wie alle Bewohner Tarascons frönt Tartarin der Jagdleidenschaft, die lediglich durch das nahezu völlige Fehlen von jagdbaren Tieren beeinträchtigt wird, so daß man schließlich übereinkam, den letzten lebendigen Hasen der Provence, den man durch den Beinamen *Le Rapide (Der Flinke)* mythisiert hatte, gleichsam unter Naturschutz zu stellen. Stattdessen beschlossen die Tarasconeser, fortan ihre eigenen Mützen in die Luft zu werfen und mit Flintenschüssen zu durchlöchern. Tartarin genießt als bester unter diesen *Chasseurs de casquettes (Mützenjäger)* besonderes Ansehen. Als eines Tages eine Zirkusmenagerie mit exotischen Tieren vor dem Schloßplatz von Tarascon zu besichtigen ist, tut sich Tatarin durch besondere Furchtlosigkeit hervor: Als einziger bleibt er von dem schrekkenerregenden Gebrüll eines Löwen unbeeindruckt, der – in einen Käfig gesperrt – ohnehin nicht sonderlich gefährlich ist. Diese Episode, die Tartarins lokalen Ruhm als Löwenbezwinger begründet, und die Lektüre abenteuerlicher Reisebeschreibungen veranlassen den Quijote von Tarascon, seine Heimatstadt zu verlassen. Tartarin, der Selbstbeschränkung des Mützenjagens überdrüssig, beschließt, in der Fremde auf Löwenjagd zu gehen und schifft sich, mit ungewöhnlichem Aufwand ausgerüstet, nach Algerien ein. Hier hat Daudet als weitere Reverenz an den *Quijote* eine Invokation an Cervantes eingeflochten, den er in Erinnerung an dessen berühmt gewordene Gefangenschaft in Algier (1575–1580) als wahrhaftigen *genius loci* beschwört: *»Oh Miguel Cervantes Saavedra, wenn es wahr ist, daß an Plätzen, wo bedeutende Männer geweilt, etwas von ihnen in der Atmosphäre verbleibt bis ans Ende der Zeiten, so muß, was von deiner Seele am Barbareskenstrand verharrt, vor Freude erbeben, wenn du Tartarin von Tarascon an Land gehen siehst, diesen wunderbaren Südfranzosen, in dem beide Helden deines Buches, Don Quijote und Sancho Pansa, inkarniert sind.«* Die komische Fremdbestimmung durch eine völlig antiromantische und unexotische Wirklichkeit läßt den Helden, der sich dem Reiseziel gemäß als Araber verkleidet hat, in allerlei burleske Situationen geraten. Unter französischem Einfluß ist Algier für den grobschlächtigen Südfranzosen schon viel zu kultiviert, so daß sich insbesondere der Versuch, einen Löwen zu finden, als Problem erweist. So läßt sich Tartarin zunächst mit einer exotischen Schönen ein, die er nicht ohne Liebesschmerz schließlich wieder verläßt, um sein eigentliches Vorhaben anzugehen. Doch fällt der naive Tartarin einem vermeintlichen Prinzen zum Opfer, der ihn betrügt und schließlich auch um sein Geld bringt. Auch die Löwenjagd, die Tartarin schließlich doch noch unternimmt, erweist sich als ein Desaster, das dem berühmten Löwenabenteuer Quijotes in seinen komischen Effekten nicht nachsteht und durch zahlreiche Parallelen auch nahesteht. Das einzige Exemplar der Gattung Löwe, das Tartarin in Algerien antrifft und in Verkennung der wahren Umstände zur Strecke bringt, ist denn wie auch schon bei Cervantes ein zahmes und sogar blindes Tier, das von einem Bettler für Geld zur Schau gestellt wird. Die vermeintlich heldenhafte Tötung dieses Löwen bringt Tartarin in Konflikt mit der Polizei. Um die Geldbuße bezahlen zu können, ist er genötigt, seine gesamte Ausrüstung zu verkaufen. Ein Kamel, das eine unwandelbare Liebe zu Tartarin gefaßt hat, begleitet den demoralisierten Helden zurück nach Frankreich. Hier sorgt es ebenso wie das vorausgeschickte Löwenfell in Tarascon für beträchtliche Aufregung und begründet Tartarins Ruhm als Großwildjäger und Forscher bei den Bewohnern der Stadt. Ungeachtet der Ernüchterung und Demütigung durch die tatsächlich wenig abenteuerliche Wirklichkeit beginnt Tartarin folglich erneut mit aufschneiderischen Erzählungen seiner imaginären Erlebnisse als Großwildjäger.

Der Erfolg, der dem Roman bei seinem Erscheinen beschieden war, fand ein Echo in zwei Fortsetzungen, die mit ähnlichen Motiven arbeiten: *Tartarin sur les Alpes*, 1885 *(Tartarin in den Alpen)*, zeigt den Helden als Vorsitzenden des Alpinistenvereins von Tarascon. Tartarin hat hier neben einer Bergbesteigung eine Reihe witziger Abenteuer zu bestehen. Diese gipfeln schließlich in seiner Rückkehr nach Tarascon, wo er in eine Totenfeier hineinplatzt, die die Tarasconeser für den vermeintlich am Mont Blanc abgestürzten Tartarin abhalten. – *Port Tarascon*, 1890 *(Port Tarascon)*, verlegt die Handlung auf eine polynesische Insel, die sich die Bürger Tarascons von einem Hochstapler verkaufen ließen. Während die Inbesitznahme der Insel und Tartarins Hochzeit mit einer Eingeborenen noch auf karnevaleske Weise den Kolonialismus des späten 19. Jh.s karikieren, gewinnt die Handlung gegen Ende des Werks ein tragisches Gesicht. Gleichzeitig schimmert freilich die berühmte Insel-Episode aus dem *Quijote* durch. »Gouverneur« Tartarin und seine Gefährten werden nach Frankreich deportiert, wo Tartarin sich wegen verschiedener Delikte vor Gericht zu verantworten hat. Obgleich er schließlich freigesprochen wird, verläßt er Tarascon, als er Vermögen wie Ansehen eingebüßt hat. Da er jedoch fern seiner Vaterstadt nicht leben kann, stirbt Tartarin kurz darauf, indem er nun seinen eigenen quijotesken Charakter resignierend erkennt. Daudets ironisch-witziger Stil und seine Lust am Fabulieren machen die *Tartarin*-Serie zu einer realistischen und zugleich grotesk-karikaturhaften Huldigung an den Menschen des Midi, der hier in seiner ganzen Lebensfreude eingefangen ist. Referenzen an den *Don Quijote*, dessen Vorbild auf jeder Seite durchscheint, und die ironische Diskrepanz zwischen der Realität und der Reiseliteratur, die sich bis zu Zitaten aus dem Baedeker erstreckt, machen alle drei Werke darüber hinaus zu Literaturromanen von besonderem Humor und Reiz.

G.Wil.

Ausgaben: Paris 1872. – Paris 1929–1931 (in *Œuvres complètes*, 20 Bde., 4). – Paris 1968 (GF). – Paris 1968, Hg. J.-H. Bornecque (Class. Garn). – Paris 1982 (Poche). – Paris 1987 (in *Œuvres*, Hg. R. Ripoll, Bd. 1; Pléiade).

Übersetzungen: *Die wundersamen Abenteuer des Herrn Tartarin aus Tarascon*, P. Christiani, Dresden 1882. – *Tartarin von Tarascon*, P. Stefan, Bln. 1921 (Zeichngn. G. Grosz). – Dass., ders., Ffm. 1974 (Insel Tb). – *Die Abenteuer des Herrn Tartarin aus Tarascon*, Klabund, Bln. 1977. – *Tartarin von Tarascon*, T. Fein, Zürich 1979.

Literatur: B. Diederich, *»Tartarin aus Tarascon«* (in B. D., *A. D.*, Bln. 1900, S. 351–363). – L. Degoumois, *L'Algérie d'A. D. d'après »Tartarin de Tarascon« et divers fragments*, Genf 1922. – J.-M. Floret, *La vérité sur »Tartarin de Tarascon«*, Tarascon 1947. – F. Dulmet, *Le centenaire de »Tartarin«* (in RDM, Apr.–Juni 1972, S. 608–615). – L. Corman, *Tartarin de Tarascon du roman de D. »Tartarin de Tarascon«* (in L. C., *Types morphopsychologiques en littérature*, Paris 1978, S. 48–53).

## LES CONTES DU LUNDI

(frz.; *Montagsgeschichten*). Erzählsammlung von Alphonse DAUDET, nach Vorabdrucken in verschiedenen Tageszeitungen in Buchform erschienen 1873. – Für einige der Geschichten hat Daudet selbst als Gattungsbezeichnung den Begriff *fantaisies* (Fantasien) gewählt, der auch im Titel des ersten Teils der Sammlung *Fantaisie et histoire (Fantasie und Geschichte)* wiederkehrt. Eine zweite kleinere Gruppe von Erzählungen trägt die Überschrift *Caprices et souvenirs (Schrullen und Erinnerungen)*. Die Mehrzahl der Themen dieser insgesamt 42 Geschichten von geringem Umfang entstammen aus dem Umkreis des deutsch-französischen Krieges von 1870/71, der Pariser Kommune und vor allem der Beschäftigung des Autors mit den Eigenheiten des französischen und des deutschen Nationalcharakters.

Die erste Erzählskizze *La dernière classe (Die letzte Schulstunde)* behandelt das Thema von Sprache und nationaler Zusammengehörigkeit. In einer elsässischen Schule darf nach dem Einmarsch der Deutschen nicht mehr in französischer Sprache unterrichtet werden: Ein alter Französischlehrer, der so brotlos wird, verabschiedet sich mit einer patriotischen Rede vor seinen Schülern. Mitten in das Kampfgeschehen führt *La partie de billard (Die Partie Billard)*: In seinem Hauptquartier frönt ein Marschall seiner Spielleidenschaft, während draußen die Armee mangels Befehlshaber zugrundegeht. *L'enfant espion (Der kleine Spion)* handelt von dem fünfzehnjährigen Parkwächtersohn Stenne, der als Spion für die Preußen arbeitet. Der Vater, in seiner Ehre gekränkt, beschließt, dem Feind das Geld selbst zurückzubringen, das Stenne durch seine Spionagedienste verdient hat, und kommt nicht mehr zurück. *Les mères (Die Mütter)* spielt während der Belagerung von Paris. Der Ich-Erzähler besucht einen befreundeten Maler, der als Soldat auf dem Mont Valérien in Paris Wache schiebt. Dort beobachten sie beide mit dem Blick des Künstlers ein altes Ehepaar, das gekommen ist, um seinen Sohn zu sehen. Die rührende Familienszene mitten im Kasernengeschehen wird jäh durch ein Signal unterbrochen, das den Sohn zum Dienst zurückruft. *La défense de Tarascon (Die Verteidigung von Tarascon)* weist bereits auf die komischen Schrullen der Südfranzosen in Daudets *Tartarin*-Romanen voraus: Weit entfernt vom Hauptkriegsschauplatz führt man in Tarascon ein friedliches Leben. Es sind die Gesangsvereine, die zuerst – mit Änderung ihres Repertoires – auf die Meldung reagieren, die Preußen ständen vor Paris. Ab jetzt wird in Tarascon Krieg gespielt, man verkleidet sich als Freischärler, als Musketiere; sonntags veranstaltet man sogar ein Ritterturnier. Im Zentrum von *La pendule de Bougival (Die Pendeluhr von Bougival)* steht eine Pendeluhr, ein französischer Luxusartikel, den die bayrischen Soldaten als Kriegsbeute nach München geschafft haben. Der Kustos der Pinakothek, Professor Dr. Otto von Schwanthaler, erwirbt sie und stellt sie in seinem Salon neben einer marmornen Standuhr auf, die den Tagesablauf bei den Schwanthalers organisiert. Im witzig-ironischen Ton erzählt Daudet, wie diese mächtige Uhr das Leben der Familie diszipliniert. Die französische Uhr von Bougival dagegen, die die Stunden falsch ankündigt – sie schlägt acht Mal, wenn sie drei Uhr anzeigt –, bringt eine bisher nie gekannte Leichtigkeit und Fröhlichkeit in den Salon des deutschen Akademikers. Dieser schreibt ihr zu Ehren eine lange Abhandlung über »Das Paradoxon der Pendeluhr« und wandert schließlich nach allgemeiner Entrüstung mit seiner Familie und *»seinen schönsten Tizians aus der Pinakothek«* nach Amerika aus, während die Pendeluhr in den Besitz von König Ludwig II. kommt. Ein tragisches Ende nimmt *Le Turco de la commune (Der Turco der Kommune)*: Der Algerier Wadour kämpft in völliger Unkenntnis der politischen Verhältnisse auf der Seite der Kommune gegen französische Soldaten, die er für Preußen hält. Während er vermeintliche Befreier freudig begrüßt, wird er von diesen als Verräter sofort erschossen, ohne die Umstände richtig begriffen zu haben.

In der zweiten Hälfte des Bandes weichen indes die düsteren Farben der Kriegsepisoden zusehends der heiteren Schilderung familiärer Themen. In den letzten Erzählungen der Sammlung spielen die Themen der Jagd und der Gastronomie eine bedeutende Rolle, die durchweg karnevaleske Aspekte erhalten. *Les trois messes basses (Die drei stillen Messen)* ist die Geschichte des Pfarrers einer Gemeinde am Fuße des Mont Ventoux, der eine besonders hastige Christmesse in der Schloßkapelle seines Gastgebers zelebriert, um möglichst schnell in den Genuß des fürstlichen Weihnachtsfestessens zu gelangen. Er ist kaum fähig, die lateinischen Meßtexte zu sprechen, da er ständig Visionen des bevorstehenden Festmahls vor Augen hat. Die anschließende Völlerei im Schloß muß er mit dem Leben bezahlen: Er stirbt noch in der Christnacht.

Die teils skurril-grotesken, teils tragischen, gelegentlich rührseligen oder auch boshaften Kurzerzählungen gehen zu einem großen Teil auf wahre Begebenheiten und subtile Beobachtungen zurück. Mitunter werden die *Contes du lundi* im knappen Stil der Kriegsberichterstattung erzählt, die im 20. Jh. HEMINGWAYS *49 Dispatches* aus dem Spanischen Bürgerkrieg literarisch aktualisieren sollten. Eine weitere Gemeinsamkeit dieser Reportagen mit Daudets Text ist die besondere Aufmerksamkeit für die Randfiguren an den Kriegsschauplätzen. Charakteristisch ist auch der häufige Schauplatzwechsel, der dem allgegenwärtigen Zeitgeist des deutsch-französischen Krieges bald im Elsaß, bald in Paris, bald in München, bald in der südfranzösischen Provinz und sogar in Algerien nachspürt.

S.L.

AUSGABEN: Paris 1873. – Paris 1930 (in *Œuvres complètes*, Hg. A. Ebner, 20 Bde., 1930/31, 4). – Paris 1963 (Poche). – Paris 1969. – Paris 1978 (GF). – Paris 1987 (in *Œuvres*, Hg. R. Ripoll, Bd. 1; Pléiade).

ÜBERSETZUNGEN: *Montagsgeschichten*, S. Born, Basel 1880. – Dass., W. Platschek, Bln. 1894. – *Montagsgeschichten*, C. Noch, Ulm 1964; (frz.-dt.). – Dass., L. Ronte, Mchn. 1981. – Dass., E. Meyer, Ffm. 1982 (Insel Tb).

LITERATUR: B. Diederich, *Die »Montagsgeschichten«* (in B. D., *A. D.*, Bln. 1900). – J. Pohl, *Les sources de la »Partie de billard«* (in The Hebrew Univ. Studies in Literature and the Arts, 12, 1984, Nr. 3, S. 67–86).

## LETTRES DE MON MOULIN

(frz.; *Briefe aus meiner Mühle*). Erzählungen von Alphonse DAUDET, erschienen 1887. – Die von Daudet im Titel gewählte Bezeichnung »Briefe« ist nicht zutreffend. Selbst in den Fällen, in denen ein Adressat genannt ist, wird die Briefform lediglich in ein paar einleitenden Sätzen durchgehalten. Sie ist Fiktion wie der vorgegebene Entstehungsort, eine alte Windmühle in Fontvieille in der Provence. *»Von hier aus schreibe ich Ihnen, meine Tür weit dem Sonnenlicht geöffnet ... Kein Geräusch, kein Lufthauch im Lavendel, kaum von Zeit zu Zeit der Ton einer Pfeife, ein Schellenklingeln der Esel auf der Landstraße.«* Tatsächlich wurden die *Lettres de mon moulin*, die Daudets literarischen Ruhm begründeten, in Paris geschrieben. Die strittige Frage, ob Paul ARÈNE einen wesentlichen Beitrag zu den ersten Erzählungen geleistet hat, glaubt M. SACHS nach Einsicht in die Notiz- und Manuskriptbücher von 1868/69 dahingehend beantworten zu können, daß Arène, wie groß auch immer sein mündlicher Beitrag gewesen sein mag, als Hauptautor ausscheidet.

Von einigen Reiseskizzen aus Algerien und Korsika abgesehen, gibt die südfranzösische Landschaft mit ihren liebenswerten, skurrilen, schlauen oder dickköpfigen Bewohnern die beherrschenden Themen ab. Der inhaltlichen Spannweite, die die Gegenwart und die in der Überlieferung lebendige Vergangenheit umfaßt, entspricht die Vielfalt der Erzählformen, Prosaballaden und fabelartige Geschichten, mit Märchenmotiven durchsetzt – wie die vom *Mann mit dem goldenen Gehirn (La légende de l'homme à la cervelle d'or)* oder die von der Ziege, die aus übermäßigem Freiheitsdrang die sichere, saftige Wiese des Monsieur Seguin mit der wilden Bergwelt vertauscht und dort vom Wolf gefressen wird *(La chèvre de Monsieur Seguin)* –, wechseln mit realistischen Schilderungen – z. B. des harten und kargen Lebens der Jagdhüter in der Camargue – und kunstvoll gestalteten Volkslegenden: Ein Maulesel, das Lieblingstier eines der Avignoner Päpste, wird mit edlem französischem Wein getränkt; Tristet Védène, ein schlauer Bursche, bietet sich als Pfleger an, um selbst in den Genuß des köstlichen Getränks zu kommen. Der übervorteilte Esel aber lebt fortan nur noch im Gedanken an die Stunde der Rache, die ihm am Ende seiner Tage auch wirklich schlägt. *»... und so fürchterlich schlug er aus, daß man in Pampérigouste selbst den Dampf sah, einen Wirbelwind von blondem Dampf, über den hinweg eine Ibisfeder flatterte, alles, was von dem unglückseligen Tristet Védène übrigblieb. Es gibt kein schöneres Beispiel geistlichen Zorns« (La mule du Pape – Der Maulesel des Papstes)*. Augenzwinkernd überliefert Daudet die Geschichte von der doppelten Moral einiger Mönche: Sie beten unverdrossen für das Seelenheil eines der Trunksucht verfallenen Klosterbruders, der durch den Verkauf seines nach einem Geheimrezept gebrauten Likörs das Kloster vor dem wirtschaftlichen Ruin bewahrt *(L'élixier du R. P. Gaucher)*. Die Erzählung *Meister Cornilles Geheimnis (Le secret de maître Cornille)* handelt von einem stolzen, unbeugsamen Müller, dem einst »Daudets Mühle« gehörte und der sich mit seinem Dickschädel erfolgreich gegen die Konkurrenz einer modernen Mehlfabrik durchsetzt. Ein Meisterstück ist die humoristische Darstellung der Bauernschläue eines Landpfarrers in der wohl bekanntesten Erzählung dieser Sammlung: *Le curé de Cucugnan*. Eines Sonntags besteigt der Geistliche die Kanzel und erzählt, er habe in einer Vision alle seine Pfarrkinder im höllischen Feuer schmorend und von den Flammen gepeinigt gefunden. Seit jenem denkwürdigen Sonntag riecht man die Tugend der Bewohner von Cucugnan meilenweit im Umkreis.

Weniger programmatisch als Frédéric MISTRAL, der mit seinen philologischen Arbeiten und seiner Dichtung eine Renaissance der provenzalischen Sprache und Literatur anstrebte, trug Daudet mit den *Lettres de mon moulin* seinen Teil zur poetischen Unsterblichkeit der Provence bei. Er bezeichnet sein Werk selbst als *»un singulier mélange de fantaisie et de réalité« (»eine sonderbare Mischung aus Phantasie und Realität«)*, wobei er die Wirklichkeit zwar stets mit warmherziger Anteilnahme, aber nie ohne einen Schuß amüsierter Ironie beschreibt.

Sein bildkräftiger Stil, dessen verspielte Anmut, wie die vielen Korrekturen beweisen, das Ergebnis eines strengen Formwillens ist, setzte Maßstäbe für die ästhetischen Kategorien des literarischen Impressionismus. B.Sch.

AUSGABEN: Paris 1869. – Paris 1887 [endg. Fassg.]. – Paris 1899 (in *Œuvres complètes*, 3 Bde., 1899/1900, 1). – Paris 1930 (in *Œuvres complètes*, Hg. A. Ebner, 20 Bde., 1930/31, 3). – Paris 1962 (Poche). – Paris 1972 (GF). – Paris 1983, Hg. J.-H. Bornecque. – Paris 1984 (Folio). – Paris 1987 (in *Œuvres*, Hg. R. Ripoll, Bd. 1; Pléiade).

ÜBERSETZUNGEN: *Provenzalische Geschichten*, S. Born, Basel 1879. – *Briefe aus meiner Mühle*, H. Th. Kühne, Lpzg. 1894 (RUB). – Dass., C. Noch, Lpzg. 1948. – *Was meine Mühle erzählt*, N. u. H. L. Götzfried, Erlangen 1948. – *Briefe aus meiner Mühle*, A. Seiffert, Lpzg. 1960 (RUB). – Dass., H. T. Kühne, Mchn. 1969 (GGT). – Dass., I. Perker, Stg. 1971 (RUB). – Dass., R. Fenzl, Mchn. 1985 (frz.-dt.; dtv). – Dass., L. Ronte, Mchn. 1986.

LITERATUR: W. Draugelattes, *Bemerkungen über den Stil in D.s »Lettres de mon moulin«*, Progr. Eberswalde 1909. – A. Roche, *La part du provençal dans le »Curé de Cucugnan«* (in FR, 14, 1941, S. 387–402). – G. Beaume, *»Les lettres de mon moulin«*, Paris 1946. – W. Blechmann, *Die Kunstform einer Daudetschen Novelle »La chèvre de M. Seguin«* (in GRM, 12, 1962, S. 193–202). – M. Mac Namara, *Some Oral Narrative Forms in »Lettres de mon moulin«* (in MLR, 67, 1972, S. 291–299). – C. Bottin-Fourchotte, *»Le secret de Maître Cornille« ou l'avortement du drame* (in *Production littéraire et situations de contacts interéthniques*, Hg. H. Giordan u. A. Labarrère, Nizza 1974, S. 74–102). – H. U. Gumbrecht, *»Le secret de Maître Cornille«* (in *Die französische Novelle*, Hg. W. Krömer, Düsseldorf 1976, S. 202–212, 367–370). – J.-C. Berton, *»Lettres de mon moulin« de D.*, Paris 1980. – G. E. Hare, *The Unity of »Lettres de mon moulin«* (in NCFSt, 10, 1981/82, S. 317–325).

## LE PETIT CHOSE, Histoire d'un enfant

(frz.; *Der kleine Dingsda, Geschichte eines Kindes*). Roman von Alphonse DAUDET, erschienen 1868. – In diesem Frühwerk erzählt Daudet die Lebensgeschichte des zierlichen Daniel Eyssette, des »kleinen Dingsda«, in der der Dichter seine eigenen Jugendjahre und die Erfahrungen der ersten Pariser Zeit widerspiegelt. Obwohl Daudet wegen der naturgetreuen Abschilderung von Menschen und ihrer Umgebung zur naturalistischen Kunstrichtung gezählt wird, nimmt er durch seine lebensbejahende, positiv wertende Haltung, seine persönliche Anteilnahme und durch sein menschliches Verständnis eine Sonderstellung ein. Die Parallele zu DICKENS' Roman *David Copperfield* (1849/50) ist wiederholt hervorgehoben worden.

Daniel Eyssette, der Sohn eines Fabrikbesitzers, verlebt seine frühe Kindheit in einer Stadt des Languedoc. Während der Revolution von 1848 geht das Geschäft des Vaters zugrunde, und auf die glücklichen Jahre folgt eine von Geldsorgen überschattete Zeit in Lyon. Die Familie wird auseinandergerissen; die Mutter sucht bei Verwandten Zuflucht, der Vater wird Handelsvertreter, und Daniel ist gezwungen, das Gymnasium zu verlassen und seinen Lebensunterhalt als Hilfslehrer im Kolleg Sarlande zu verdienen. Dem kleingeratenen und gutmütigen Daniel wird dort von den älteren Schülern und den Lehrern das Leben zur Qual gemacht, so daß er eines Tages dem Selbstmord nahe ist. Der Abbé Germane gibt ihm in dieser Situation wieder inneren Halt, und Daniel geht auf Einladung seines Bruders Jacques, der als Sekretär bei einem Grafen arbeitet, nach Paris, wo die Brüder beschließen, der verarmten Familie wieder ein Heim zu geben. Jacques umsorgt seinen Bruder Daniel, von dem er dankbar *»ma mère Jacques«* genannt wird, und gibt ihm durch finanzielle Unterstützung die Möglichkeit, sich seinen poetischen Neigungen zu widmen. Als sich beide in Camille Pierrotte, die Tochter eines Porzellanhändlers, verlieben, tritt Jacques resigniert, doch neidlos zurück. Daniels Leben nimmt in dem Augenblick eine unglückliche Wende, als der Bruder in Begleitung des Grafen Paris verlassen muß, sein Buch, die »Comédie pastorale«, ein völliger Mißerfolg wird und er sich in Abenteuer mit einer schönen Kurtisane verstrickt. Obwohl er schließlich als Schauspieler in einer Komödiantentruppe arbeitet, kann er die Schulden nicht bezahlen, die ihm durch die Veröffentlichung seines Buches entstanden sind. Zwar rettet Jacques den Bruder nach seiner Rückkehr, doch das alte harmonische Leben läßt sich nicht wiederherstellen. Jacques stirbt an Tuberkulose, worauf Daniel aus Reue und Verzweiflung über seine Verirrungen und den Schmerz, den er Camille zufügte, gefährlich erkrankt. Von der Familie Pierrotte gesund gepflegt, verzichtet er auf den Ruhm als Schriftsteller, heiratet Camille und wird als Teilhaber des Porzellangeschäfts ein bürgerliches Leben ohne die Höhen, aber auch ohne die Tiefen des Künstlerdaseins führen. Er gibt dadurch seiner inzwischen erblindeten Mutter, die nach Paris kommt, das Heim, von dem er und Jacques einst geträumt haben.

Der Roman gliedert sich deutlich in zwei Teile, in den Rückblick auf die Kindheit des Dichters und in die Beschreibung einer mißglückten Künstlerkarriere, in die die Angst und Zweifel des jungen Daudet eingegangen sind. Wenn auch der autobiographische Gehalt des Werks offensichtlich ist und Daniels Sensibilität und seine hilflose Passivität auf den Autor selbst zurückweisen, so gewinnt die Hauptgestalt doch Eigenleben als ein Mensch, der dem Leben nicht voll gewachsen ist und dessen Schicksal es ist, trotz aller Lebenserfahrung »ein Kind« zu bleiben. – Die Technik der Aneinanderreihung einzelner Episoden wird auch in späteren Werken beibehalten. Daudets heiter-ironischer Stil zeichnet sich durch gefühlsbetonte Ausrufe aus, die mehrmaligen stilistischen Überarbeitungen bezeugen die künstlerische Gewissenhaftigkeit des Autors. *Le Petit Chose*, Daudets erster literarischer Erfolg, wurde einem breiten Leserkreis allerdings erst bekannt, als die späteren Arbeiten das Interesse auch auf das Frühwerk lenkten. R.B.-KLL

AUSGABEN: Paris 1868. – Paris 1899 (in *Œuvres complètes*, 3 Bde., 1899–1900, 1). – Paris 1930 (in *Œuvres complètes*, 20 Bde., 1930/31, 2). – Lausanne 1965 [Einl. J.-L. Curtis]. – Paris 1972 (Poche). – Paris 1977 (Folio). – Paris 1980. – Paris 1987 (in *Œuvres*, Hg. R. Ripoll, Bd. 1; Pléiade).

ÜBERSETZUNGEN: *Der kleine Dingsda, Geschichte eines Kindes*, anon., Bln. 1877, 2 Tle. – Dass., anon., Dresden 1881. – *Der kleine Dingsda*, R. Brauer, Bln. 1892. – Dass., W. Thal [d. i. W. Lilienthal], Bln. 1897. – *Der kleine Herr Dingsda*, M. Schwertschlager, Freiburg i. B. 1950; [2]1954. – *Der kleine Dingsda*, L. Kolanoske, Bln. [2]1964. – Dass., B. Foss, Lpzg. 1971.

LITERATUR: F. Dulmet, *Voici cent ans: D.* (in RDM, Juli–Aug. 1967, S. 524–536). – A. Lanoux, *»Le petit chose« des Goncourt* (in NL, 17. 7. 1969, Nr. 2182). – M.-L. Louvicourt, *La maison du »Petit chose«* (in Cultura francese, 27, 1980, S. 156–160).

### SAPHO. Mœurs parisiennes

(frz.; *Sappho*). »Pariser Sittenbild« von Alphonse DAUDET, erschienen 1884. – *Sapho*, die psychologische Analyse einer zum Scheitern verurteilten Liaison, gilt als Daudets bedeutendster Gesellschaftsroman und zugleich als ein Meisterwerk des Realismus.

Eine im Werk des Autors häufig wiederkehrende Konstellation, die Beziehung zwischen einem sensiblen jungen Mann und einer leidenschaftlichen Frau, ist hier zentrales Thema. Der Provinzadlige Jean Gaussin d'Armandy lernt Fanny Legrand, genannt Sapho, die als Künstlermodell eine zwielichtige Berühmtheit genießt, auf einem Künstlerfest in Paris kennen. In dem rasch sich entwickelnden Verhältnis weiß die erfahrene Frau ihren jungen Liebhaber immer stärker in ihren Bann zu ziehen. Als dieser nach und nach von Saphos bewegter Vergangenheit erfährt und sich von ihr zu trennen sucht, hindert ihn immer wieder sein Mitgefühl, die alternde Geliebte, die ihn auf ihre Weise zärtlich und eifersüchtig liebt, zu verlassen. Auch als Jean nach schweren Gewissensqualen schließlich in ein bürgerliches, geordnetes Leben entfliehen und mit dem jungen Mädchen Irène eine standesgemäße Ehe eingehen will, gelingt es Sapho, ihn zurückzugewinnen; er verspricht ihr ein gemeinsames Leben in Peru. Doch nun kann sich die der Unruhe und Leidenschaft überdrüssig gewordene Frau nicht mehr für einen Neubeginn entscheiden. Sie schickt Jean kurz vor der Abfahrt des Schiffes einen Abschiedsbrief, um dann für immer zu einem früheren Liebhaber zurückzukehren, in dessen treuer Ergebenheit sie eine sichere Grundlage für ihr künftiges Leben sieht.

In dieser Liebesgeschichte spiegelt sich als autobiographisches Moment die langjährige, qualvolle Verbindung Daudets mit Marie Rieu wider. Nirgendwo sonst ist seine Auffassung vom Verhältnis der Geschlechter ausführlicher und prägnanter gestaltet als hier. Die Bindung zwischen Jean Gaussin und Fanny Legrand wird vorwiegend als Abhängigkeit des willensschwächeren Mannes gesehen, woraus sich die allmähliche Zerrüttung seiner Persönlichkeit ergibt. Alle Bemühungen Jeans, dem aufreibenden Leben mit Fanny, ihrer zugleich unbeherrschten wie berechnenden Erotik zu entrinnen, scheitern. Der Mann ist das Opfer der Frau, da er der Begierde schutzlos ausgeliefert ist: Diese Anschauung demonstriert Daudet so deutlich, daß man von einem Thesenroman sprechen kann. Auch die berühmte Widmung *»Für meine Söhne, wenn sie zwanzig Jahre alt geworden sind«* mag dies belegen. Gleichwohl verfällt der Autor nur selten ins Moralisieren. Eine konzise Handlungsführung ermöglicht dramatisches Tempo; der impressionistische Stil in den Stimmungsschilderungen gehört zum Besten im Gesamtwerk Daudets. Auch die Darstellung der Boheme ist von lebendiger Anschaulichkeit. Dagegen verraten manche Nebenhandlungen – so Jeans Versuch, eine standesgemäße Ehe zu schließen – nicht mehr als die Arbeit eines Routiniers, dessen gestalterische Kraft allein dem Zentralthema gewidmet ist, der Unvereinbarkeit von ungehemmter Erotik und bürgerlichem Glück.

KLL

AUSGABEN: Paris 1884. – Paris 1929–1931 (in *Œuvres complètes*, 20 Bde., 10; als Drama, Bd. 19). – Paris 1957. – Paris o. J. [1967].

ÜBERSETZUNGEN: *Sappho, Pariser Sittenbild*, anon., Dresden 1884. – *Fanny Legrand, Roman aus der Pariser Bohème*, bearb. v. H. Giese, Bln. 1938. – *Alle Töne der Liebe. Ein Roman aus der Pariser Bohème*, H. Holscher, Wilhelmshaven 1959. – *Sappho. Ein Pariser Sittenbild*, G. Steinig, Bln. 1960. – *Fanny Legrand*, P. Wiegler, Mchn. 1961 (GGT).

LITERATUR: Auriant, *Le prototype de la »Sapho« de D.* (in Mercure, 246, 1933, S. 564–582). – Ders., *Un personnage de la »Sapho« de D. Pépita Sanchez et Alice Doré* (in Revue Politique et Littéraire, 72, 1934, S. 143/144). – H. Austruy, *A. D. »Sapho«* (in La Nouvelle Revue, 134, 1934, S. 146–150). – R. M. Berrong, *»Sapho«. »Les maladies de la volonté«* (in NCFSt, 14, 1985/86, S. 303–311).

## MIKALOJUS DAUKŠA

* 1527 (?) Babėnai / Bez. Kėdainiai
† Febr. 1613 Varniai

### POSTILLA CATHOLICKA. Tái est: Iżguldimas Ewangeliu kiekvienos Nedelos ir szwętes per wissús metus

(lit.; *Katholische Postille. Das ist: Die Darlegung der Evangelien für alle Sonn- und Feiertage des Jahres*). Dogmatisches Werk von Mikalojus DAUKŠA, erschienen 1599. – Neben MAŽVYDAS *Catechismusa prasty Szadei* (1547) ist diese *Postille* das wichtigste und älteste litauische Sprachdenkmal. Es ist die einzige Schrift aus jener Zeit, deren Text durchgehend akzentuiert ist; darauf beruht ihre Bedeutung nicht nur für die litauische Sprachwissenschaft, sondern für die Erforschung der gesamten baltoslavischen Akzent- und Intonationsverhältnisse. Das Werk ist eine Übersetzung der polnischen *Postilla mnieysza* (1579/80) des Jesuitenpaters Jakob VUJEK (1540–1597). Der litauische Text, der größtenteils

in gotischen Buchstaben gedruckt ist, wenn auch ab und zu die lateinische Schrift verwendet wird, umfaßt 628 Folioseiten.
Im polnischen Vorwort werden die Priester und Bojaren ermahnt, die litauische Sprache nicht in Vergessenheit geraten zu lassen, im Lateinischen zeigt sich Daukša als würdiger Vertreter des Humanismus. Sein litauischer Wortschatz ist sehr reich, seine Sprache bildhaft, lebendig und klangvoll. Charakteristisch für den Verfasser ist, daß er geschickt Elemente der erhabenen und der volkstümlichen Sprache verbindet. Obwohl er vom polnischen Original die an der antiken Rhetorik orientierten periodischen Satzkonstruktionen übernimmt, fehlt seiner Sprache nicht die natürliche Klarheit.
Erst mehr als zweihundert Jahre später erinnerte man sich wieder an dieses grundlegende Werk: 1823 brachte S. STANEVIČIUS einen Nachdruck des Kapitels *Ant Dievo Užgimimo* unter dem Titel *Wyjątek z kazań żmudzkirch* heraus; es folgten Teilausgaben von L. GEITLER (1875) und E. VOLTER (1903). Im Jahr 1904 begann die Petersburger Akademie der Wissenschaften unter der Leitung von E. Volter und F. FORTUNATOV mit der Edition einer Gesamtausgabe der *Postilla*; der zweite Teil (bis S. 608) wurde 1927 veröffentlicht, doch wurde die Ausgabe nicht zu Ende geführt. M. BIRŽIŠKA gab 1926 eine photokopierte Gesamtausgabe heraus. Diese Editionen ermöglichten die noch immer andauernden Forschungen zahlreicher namhafter Sprachwissenschaftler an diesem zentralen Quellenwerk der litauischen Sprachgeschichte.
L.Ba.

AUSGABEN: Wilna 1599. – Prag 1875 (in L. Geitler, *Litauische Studien*; Ausz.). – Petersburg 1904–1926, Hg. E. Volter u. F. Fortunatov, 3 Bde. [unvollst]. – Kaunas 1926, Hg. M. Biržiška [Faks. d. Ausg. 1599].

LITERATUR: B. Porżezinskij, *Neskolko dannich dlja charakteristiki jazika sočinenij litovskogo pisatelja N. D.*, Moskau 1896. – E. Nieminen, *Der urindogermanische Ausgang -ai des Nom.-Akk. Plural des Neutrums im Baltischen*, Helsinki 1922. – F. Specht, *Zur Bedeutung des Nasalvokals bei D.* (in Tauta ir Žodis, 4, 1926). – M. Biržiška, *Dėl Daukšos »Postilės«*, Kaunas 1926. – K. Jablonskis, *Kiek naujų žinių apie kanauninko M. D. kilimą ir gyvenimą*, Kaunas 1931. – P. Skardžius, *D. Akcentologija*, Kaunas 1935. – S. Kolbuszewski, *M. D. Pszedmowa do czytelnika łaskawego*, Warschau 1947. – L. Vladimorov, *Ot »Apostola« Fedorova k »Postile« D.*, Moskau 1954. – L. Drotvinas, *Uslovnije konstrukcii (sojuznije) v »Postile« N. D.*, Wilna 1958. – P. Galaunė, *Lietuvos Grafika*, Wilna 1961. – J. Lebedys, *M. D.*, Wilna 1963. – J. Jurginis, *Renesansas ir Humanizmas Lietuvoje*, Wilna 1965. – J. Lebedys, *M. D. bibliografija*, Wilna 1971. – *Istorija litovskoj literatury (Akad. Nauk)*, Wilna 1977. – *Lietuvių rašytojai*, Bd. 1, Wilna 1979 [Bibliogr.].

## AMIR DAULAT-ŠĀH SAMARQANDI

* 1431 (?)
† um 1494/95

### TAḎKERAT O'Š-ŠO'ARĀ

(iran.-npers.; *Dichterbiographien*). Werk von Amir DAULAT-ŠĀH SAMARQANDI. – Dies ist eine Sammlung von Dichterbiographien, die Aufschlüsse über die neupersische Dichtung von ihren Anfängen seit der arabischen Invasion Irans bis zum Jahr 1486/87, als das Werk abgeschlossen wurde, gibt. Neben 'AUFIS Werk *Lobāb o'l-albāb (Quintessenz der Herzen)*, von dessen Existenz der Autor anscheinend nichts gewußt hat, ist das Werk die älteste Literaturgeschichte Irans. Daulat-Šāh hat sie aufgrund eigener Forschungen geschrieben. Nach der üblichen Lobrede auf Gott, den Propheten und den herrschenden Fürsten bringt er im Vorwort die Biographien von zehn arabischen Dichtern. Es folgen sieben Kapitel, die der Verfasser *ṭabaqāt* (Klassen, Generationen) nennt. Jedes von ihnen enthält die Lebensbeschreibungen von etwa zwanzig persischen Dichtern, wobei Daulat Šāh auch über Leben und Taten der Fürsten berichtet, an deren Höfen der jeweils behandelte Autor gelebt und gewirkt hat. Nicht immer glücklich ausgewählte Proben sollen den Leser auch mit den Werken der einzelnen Dichter bekannt machen.
Die Lebensbeschreibungen beginnen mit RUDAKI († 941) und enden mit ǦĀMI (1414–1492) und dessen Zeitgenossen. Ein Prolog über den Wert der Poesie und ein Epilog, der die Taten und Feldzüge des herrschenden Fürsten schildert, umrahmen den literarhistorischen Hauptteil des Werks. – Daulat-Šāh berichtet zwar sehr viele Tatsachen, die häufig auch die politischen und sozialen Verhältnisse berühren, doch seine Angaben halten leider nicht immer einer wissenschaftlichen Kritik stand. Durch seine zahlreichen Irrtümer sind auch manche nichtiranischen Wissenschaftler irregeleitet worden. Dank einer Übersetzung ins Deutsche war das Werk lange Zeit in Europa das einzige Handbuch der persischen Literatur. Auch GOETHE hat es für seine *Noten und Abhandlungen zum West-östlichen Divan* benutzt. Trotz aller Mängel sind Daulat-Šāhs *Dichterbiographien* eine wichtige Quelle für die Erforschung der Kulturgeschichte Irans; denn das Werk bringt auch viele Nachrichten, die von anderen Autoren bestätigt werden. Die Zeitgenossen des Verfassers haben das recht unterhaltend geschriebene Werk nicht nur geschätzt, sondern z. T. auch ausgewertet.
B.A.

AUSGABEN: Ldn./Leiden 1901, Hg. E. G. Browne. – Teheran o. J.

ÜBERSETZUNG: in J. v. Hammer, *Geschichte der schönsten Redekünste Persiens, mit einer Blüthenlese aus zweihundert persischen Dichtern*, Wien 1811.

LITERATUR: E. G. Browne, *A Literary History of Persia*, Bd. 3, Ldn. 1920, S. 436/437. – M. F. Köprülü, Art. *Devletşah* (in İA, 3, S. 560–562). – M. Bahār, *Sabk-šenāsi*, Bd. 3, Teheran 1958, S. 186–189. – C. Huart, Art. *Dawlat-shāh* (in EI², 2, S. 179). – N. J. Čalisova, *Tazkirat aš-šu'ara Daulatšacha – istočnik i pamyatnik literatury* (in *Pamyatniki istorii i literatury Vostoka period feodalizma*, Moskau 1986, S. 221–236).

## RENÉ DAUMAL

* 16.3.1908 Boulzicourt
† 21.5.1944 Paris

### LE MONT ANALOGUE. Récit véridique

(frz.; *Ü: Der Analog. Ein wahrheitsgetreuer Bericht*). Unvollendetes Prosawerk von René DAUMAL, erschienen 1952. – Schon als Sechzehn- bis Siebzehnjähriger macht Daumal Versuche, die Grenzen des Bewußtseins zu überschreiten und sich einer transsubjektiven Wahrheit zu vergewissern. (Über seine diesbezüglichen Experimente mit Tetrachlorkohlenstoff liegt ein Bericht vor: *Une expérience fondamentale*, in dem 2. Band seiner gesammelten Essays, *Les pouvoirs de la parole*, 1972). Solche Überschreitung und Vergewisserung bleiben auch ferner das Ziel seines Lebens, Denkens und Schreibens. Wie sein Freund Roger GILBERT-LECOMTE nimmt Daumal Opium und Haschisch, er wendet sich dem Okkultismus zu, beginnt Sanskrit zu studieren, tritt mit den Surrealisten in Verbindung, veröffentlicht 1928–1930 mit einer Gruppe von Gleichgesinnten die drei umfangreichen Hefte der Zeitschrift ›Le Grand Jeu‹ (Das Große Spiel); unter der Führung eines Psychagogen aus dem Kreis um G. I. Gurdjieff unterwirft er sich strengen Meditations- und Konzentrationsübungen, weilt seiner Tuberkulose wegen wiederholt in den Alpen und stirbt mit 36 Jahren während des Zweiten Weltkriegs in Paris.

Zu seinen Lebzeiten erscheinen von Daumals eigenen Schriften in Buchform nur die Gedichtsammlung *Le contre-ciel*, 1936 *(Der Gegen-Himmel)*, und eine satirische Prosadichtung, *La grande beuverie*, 1938. In diesem *Die große Besäufnis* betitelten Buch schildert und geißelt er das Unwesen des modernen Geistes in Wirtschaft, Wissenschaft, Kultur und Politik, dem es, koste es was es wolle, das »wahre« Wort des Dichters oder des Eingeweihten entgegenzusetzen gilt. Nach dieser Niederfahrt ins Reich der Lüge erfolgt der Aufstieg in dem *»nicht-euklidischen und symbolisch-authentischen alpinen Abenteuerroman«* über die Expedition zu dem »Mont Analogue« als der Stätte der Verbindung und Vermittlung von Himmel und Erde. Der Analog ist ein wirklicher, doch unsichtbarer Berg, südöstlich von Australien im Pazifik gelegen; unsichtbar – und infolgedessen den Seeleuten und Kartographen bisher unbekannt –, weil eine nach oben offene Hülle gekrümmten Raumes ihn umgibt. Nur bei Sonnenauf- und -untergang bildet sich in dieser Umwandung für kurze Weile ein Spalt, durch den ein Zugang möglich ist. Der kleine »Roman« erzählt nun, wie es einer Gruppe beherzter »Alpinisten« gelingt, auf der Yacht »Impossible« in den Hafenbereich des Berges Einlaß zu finden und sich zu seiner Besteigung zu rüsten. Ehe sie jedoch zum Fuß des Berges selber gelangen, bricht der Bericht ab. Über den weiteren Plan des Buches ist wenig bekannt. Vorgesehen waren noch zwei Kapitel über das Scheitern einer Parallel-Expedition, deren Teilnehmer es auf die reichen Bodenschätze abgesehen haben, die sie in dem vorgeblich »geistigen« Berge vermuten.

Zwei Grundgedanken beherrschen das Buch und seine Symbolik, deren Ernst sich durchaus mit humoristischen Elementen in der Nachfolge RABELAIS', SWIFTS, CYRANO DE BERGERACS und Alfred JARRYS verträgt. Der erste Grundgedanke betrifft die Natur der geistigen Wirklichkeit überhaupt: Soll ein Berg die Rolle des *mons analogus* spielen, so muß den Menschen, wie die Natur sie nun einmal geschaffen hat, *»sein Gipfel unzugänglich, sein Fuß jedoch zugänglich sein«*. Er muß der *»einzige seiner Art«* und er muß *»geographisch vorhanden sein«*. *»Die Pforte zum Unsichtbaren muß sichtbar sein.«* Der zweite Grundgedanke, den Daumal im Fortgang des Buches wohl vor allem entwickelt hätte, betrifft die Gesetze des Berges: *»Um zu seinem Gipfel zu gelangen, muß man von Unterkunft zu Unterkunft (d'asile en asile) gehen. Aber bevor man eine dieser Unterkünfte verläßt, hat man die Pflicht, diejenigen, die den Platz nach einem beziehen werden, entsprechend vorzubereiten. Erst wenn man das getan hat, darf man höhersteigen.«* F.Ke.

AUSGABEN: Paris 1952 [Vorw. A. R. de Renéville; Nachw. V. Daumal]. – Paris 1981.

ÜBERSETZUNG: *Der Analog. Ein wahrheitsgetreuer Bericht*, A. Fabri, Düsseldorf 1964 [Vorw. A. R. de Renéville; Nachw. V. Daumal]. – Dass., ders., Ffm. 1983 (BS).

LITERATUR: A. Rousseaux, *L'ascension du Mont Analogue* (in FL, Mai 1954). – Cahiers du Sud, 1954, Nr. 322 (Sondernr. *R. D.*). – H. Großrieder, *Dichtung u. Innerlichkeit. Zum Werk D.s* (in SRs, 55, 1955/56, S. 578–582). – M. Lazarus, *Ein Dichter* (in Antares, 4, 1956, Nr. 5, S. 28–31). – J. Biès, *R. D.*, Paris 1967. – R. Étiemble, *»Le mont d'analogue«* (in R. É., *C'est le bouquet*, Paris 1967, S. 375–380). – *La voie de R. D. du »Grand Jeu« au »Mont Analogue«*, Paris 1967, La Grive, Juli–Dez. 1967, Nr. 35/36 [Sondernr. *R. D.*]. – L'Herne, 1968, Nr. 10 [Sondernr. *R. D.*]. – C. Mauriac, *La littérature contemporaine*, Paris ²1969, S. 193–199. – F. Trémolières, *»Le Mont Analogue«* (in NRF, Juli/Aug. 1981, Nr. 342/343, S. 191–192). –

J. Mambrino, *»Le Mont Analogue«* (in Études, Jan.–Juni 1981, Nr. 354, S. 654–656). – *D. ou le retour à soi. Textes inédits de R. D. Études sur son œuvre*, Paris 1981. – P. P. Powrie, *Theory, Structure and Symbol in the Work of D.*, Diss. Oxford 1983.

## MAX DAUTHENDEY

* 25.7.1867 Würzburg
† 29.8.1918 Malang / Java

LITERATUR ZUM AUTOR:
C. Mumm, *M. D.s Sprache u. Stil. Versuch einer stilistischen Analyse*, Ffm. 1925. – E. F. Stieber, *D.s Andacht vor dem Leben*, Diss. Wien 1941. – O. Loerke, *Gedanken an M. D.* (in O. L., *Gedichte u. Prosa*, Ffm. 1958, 2 Bde., 2). – *Sieben Meere nahmen mich auf. Ein Lebensbild*, Hg. H. Gerstner, Mchn. 1987.

**DAS LYRISCHE WERK** von Max DAUTHENDEY.

Der Autor, der in den neunziger Jahren zum Kreis der Berliner Künstlerszene um die Brüder HART und Richard DEHMEL, später zur Münchner und Pariser Boheme zählte, war mit seinem ornamentalen Sprachdekor, seiner kühnen, mitunter ins expressive reichenden Metaphorik in den Jahren um die Jahrhundertwende ein erfolgreicher und bekannter Autor des Jugendstils; seine Versuche, eigene Erfolge zu imitieren und zu verlängern, gaben besonders seiner Lyrik früh schon ein schablonenhaftes Gepränge.

Dauthendey beginnt um 1890 als naturalistisch beeinflußter Prosaautor (*Josa Gerth*, 1892) und als Dramatiker (*Das Kind*, 1895), denn, wie er rückblickend festhält, war er der Überzeugung, *»daß es vorläufig unmöglich sei, Gedichte zu schreiben in einer Zeit, die voll Maschinenlärm und Reiselärm war«*. Begegnungen mit dem Jugendstil in den Bildern der Münchner Sezessionsausstellung 1892 wie die Bekanntschaft mit Richard Dehmel führen zu einer Abkehr von der *»Prosavergötterung«*; der Band *Ultra Violett. Einsame Poesien* (1893), eine Sammlung von Prosagedichten, deren Titel bereits – Ultraviolett ist nicht sichtbares und damit auch nicht naturalistisch-deskriptiv darstellbares Licht – verweist auf die Neuorientierung des Autors. Die in ihrer Zusammenstellung ungewöhnliche Gedichtsammlung ist in 34 teils formgebundene, teils freirhythmische Gedichte gegliedert, die von 15 lyrischen Prosaerzählungen und zwei lyrischen Dramen, den *Sangdichtungen* mit den Titeln *Dornröschen* und *Sündflut* ergänzt werden. Die während Dauthendeys Aufenthalt in Schweden entstandenen Gedichte ästhetisieren Natureindrücke und -empfindungen in stimmungsreichen Synästhesien (*»Stimmblumen«, »raunende Walddüfte«, »süßätzender Nebel«*), die in ihrem Ausdruck durch eine intensive Farbsymbolik noch gesteigert werden: *»Weiße Dämmerung rauscht in den Muscheln. / Granit blank, eisengrau. / Matt im Silberflug Kranichheere / Über die Schaumsaat stahlkühler Meere« (Regenduft)*. Die lyrische Gesamtwirkung des Bandes fand bei Stefan GEORGE und Richard Dehmel verhaltene Bewunderung. Dauthendey suchte seine Technik der Bild- und Klangkomposition, die sich jedem Sinnzwang verweigerte (*»Man soll einfach nur die ›Bilder‹ genießen, die ›Wohl-‹ und ›Wehlaute‹, die immer unbewußt im Gehirn anschlagen, wenn man den Duft oder die Farben von Rosen oder Jasmin genießt, oder den Kuckucksruf hört, oder den Regenduft atmet.«*), nicht nur in der 1893–1896 entstandenen Versdichtung *Die schwarze Sonne* (1897) fortzuführen, sondern auch auf das Drama (*Sehnsucht*, 1895) und auf lyrische Prosatexte *(Im Paradies)* zu übertragen. Dauthendeys Frühwerk, und darin kommt es mit den antinaturalistischen Bewegungen der Jahrhundertwende überein, unterläuft in seinen Seelenlandschaften auf dem Wege der ästhetisierenden Fiktion die Tabus seiner Zeit; der Autor *»distanziert sich mit dieser, Freitod und uneingeschränkte Erotik bejahenden Fiktion von der Lebenseinstellung seiner realen Umwelt, die er auf diese Weise indirekt kritisiert.«* (E. Veit).

Zugleich aber operierte Dauthendey leichthändig mit den philosophischen Modethemen seiner Zeit, mit der Beschwörung der kosmischen Einigkeit aller Wesen, mit der Verklärung der Liebe, die vor allem seit der Mitte der neunziger Jahre sein Werk bestimmt. Die seit 1895 entstehenden, formal durch die häufige Verwendung des Binnenreims gekennzeichneten Gedichtbände – *Die ewige Hochzeit. Liebeslieder* (1905); *Der brennende Kalender. März bis Februar* (1905); *Singsangbuch* (1907); *Insichversunkene Lieder im Laub* (1908) – kultivieren ein idyllisches Liebesglück, geweitet auf die harmonische Einstimmung mit den Kräften der Natur und Landschaftsimpressionen, das sich selbst bald zum neoromantischen Klischee wird und auch im Rückgriff auf traditionelle Formen jeden anstößig-irritierenden Impuls bald verliert. Neben dem Band *Das Lusamgärtlein. Frühlingslieder aus Franken* (1909), dem Andenken WALTHERS VON DER VOGELWEIDE und seinem Lusamgärtlein in Würzburg gewidmet, herrscht in den folgenden Bänden – *Der weiße Schlaf. Lieder der langen Nächte* (1908); *Weltspuk. Lieder der Vergänglichkeit* (1910) – ein schwermütig-melancholischer Ton: *»Jetzt sitzt der weiße Schlaf vor allen Wintertüren, / Die Fenster sind gleich blassen Eierschalen, / Dahinter stehen Straßen voll Gespenster, / Und Stimmen, die uns ferne Menschen malen« (Alleingelassen bei Erinnerungen*, aus *Der weiße Schlaf)*. Das in trüben Nebelatmosphären und verschneiten Winterlandschaften isolierte Ich sehnt sich in seiner Einsamkeit und Verlassenheit nach Liebe und dem erlösenden Tod, wie es bereits in dem frühen Band *Reliquien* (1897) angeklungen war: *»Graue Engel gehen um mich, / Sehen trauernd auf dich, meine Seele, /*

*Sie stehen mit lahmen Flügeln / Am Aschenhügel und sinnen; / Draußen und drinnen ist es Abend, meine Seele.«*
Sieht man von der Moritatendichtung (*Balzer auf der Balz*, 1905; *Der Venusinenreim*, 1911) ab, die eine stilistische Ausnahme im Werk Dauthendeys darstellt, steht neben der Liebeslyrik vor allem die lyrische Kommentierung seiner zahlreichen Reisen. Autobiographische Reminiszenzen an die erste Weltreise 1906 enthält der Band *Die geflügelte Erde. Ein Lied der Liebe und der Wunder um 7 Meere*, ein episches Gedicht in freien Langzeilen, die umfangreichste Dichtung Dauthendeys, die trotz aller Exotik der Erlebnisschilderung nicht den Erfolg der Liebesgeschichten *Die acht Gesichter am Biwasee* (1911) erreichen konnte.
1914 unternahm Dauthendey eine zweite Weltreise. Auf Java wurde er vom Ausbruch des Ersten Weltkriegs überrascht und interniert. Weitab der Heimat, prägen Isolation und Einsamkeit die Gedichte des Bandes *Des großen Krieges Not. Kriegsgedichte und Lieder der Trennung*, von dem Dauthendey 1915 auf Sumatra Auszüge veröffentlichte. Charakteristisch ist die *»durchgängig ambivalente Wertsetzung«* (E. Veit) des Bandes, dessen Gedichte den Krieg feiern und zugleich seine Not beklagen; Appelle an das Nationalgefühl (*»O, schönes Deutschland, bist es wert, / Die große Feindschaft hoch dich ehrt.«*) stehen unvermittelt neben der Verteidigung humanitärer Ideale (*»Sind je die Zeiten trauriger gewesen? / Die Menschheit hat die Brüderlichkeit vergessen«*). Von Sehnsucht nach der Heimat, die in Sehnsucht nach dem Tod als Erlösung umschlägt, künden die *Lieder der Trennung*. In den letzten Lebensjahren – Dauthendey erlag 1918 auf Java der Malaria – wandte sich der Lyriker zunehmend einer mystischen Weltsicht zu; in *Das Lied der Weltfestlichkeit*, auf Java beendet, beschreibt er *»in Versen den Glauben an den Geist des Weltalls, der in einem ewigen Fest lebt, in Gefühl und Liebe, ein Fest der Liebe in Geist... Du kannst den Geist Gott nennen, das ist dasselbe wie der Weltallgeist des Festes vom ganzen Universum...«* Mehr noch als sein Freund und Anreger Richard Dehmel gehört Dauthendey heute zu den vergessenen Lyrikern der Jahrhundertwende, auch in der Forschung wurde ihm nach 1945 nur noch wenig Aufmerksamkeit gewidmet.

M. Me.-KLL

AUSGABEN: *Ultra Violett. Einsame Poesien*, Bln. 1893. – *Reliquien*, Mexiko 1897. – *Die schwarze Sonne. Phallus*, Mexiko 1897. – *Bänkelsang vom Balzer auf der Balz*, Stg. 1905. – *Die ewige Hochzeit. Der brennende Kalender. Liebeslieder*, Stg. 1905. – *Die Ammenballade. Acht Liebes-Abenteuer – Neun Pariser Moritaten*, Mchn. 1907. – *Singsangbuch. Liebeslieder*, Mchn. 1907. – *Insichversunkene Lieder im Laub*, Stg./Mchn. 1908. – *Der weiße Schlaf. Lieder der langen Nächte*, Mchn. 1908. – *Lusamgärtlein. Frühlingslieder aus Franken*, Bln. u. a. 1909. – *Die geflügelte Erde. Ein Lied der Liebe und der Wunder um sieben Meere*, Mchn. 1910. – *Weltspuk. Lieder der Vergänglichkeit*, Mchn. 1910. – *Der Venusinenreim. Auszug der Frau Venusine aus dem Hörselberg und Venusinens Abenteuer*, Lpzg. 1911. – *Ausgew. Lieder aus sieben Büchern*, Mchn. 1914. – *Des großen Krieges Not*, Medan/Sumatra 1915. – *GW*, 6 Bde., 4/5, Mchn. 1925. – *Gesammelte Gedichte und kleinere Versdichtungen*, Mchn. 1930. – *Die festliche Weltreise des Dichters D.*, Hg. K. Matthies, Mchn. 1935 [Ausw.]. – *Das Herz singt auf zum Reigen*, Mchn. 1937. – *Ich habe dir soviel zu sagen*, Hg. H. Gerstner, Mchn. 1959. – *Die Amseln haben Sonne getrunken*, Hg. H. D. Schmidt, Würzburg 1978. – *Das M.-D.-Buch. Erzählungen u. Gedichte*, Mchn./Wien 1979 [Ausw. u. Nachw. G. Desczyk].

VERTONUNG: O. Gerster, *Die Amsel* (für Sopranstimme u. Oboe; Bln. 1977).

LITERATUR: A. Dauthendey, *Würzburg in der Dichtung M. D.s*, Würzburg 1936. – H. G. Wendt, *M. D. Poet-Philosopher*, NY 1936. – E. Klaffki, *M. D.s lyrische Anfänge. »Ultra Violett« u. frühe Lyrik aus dem Nachlaß*, Ffm. 1975. – E. Veit, *Fiktion u. Realität in der Lyrik. Literarische Weltmodelle zwischen 1890 u. 1918 in der Dichtung M. D.s, Richard Dehmels u. Alfred Momberts*, Diss. Mchn. 1987.

## DIE ACHT GESICHTER AM BIWASEE. Japanische Liebesgeschichten

Erzählungen von Max DAUTHENDEY, erschienen 1911. – *»Am Biwasee, der hinter den Bergen, nahe der alten Kaiserstadt Kioto, liegt, haben die Japaner acht Landschaftsgesichter von unsterblicher Leidenschaft entdeckt.«* Diese acht Gesichter inspirierten den Erzähler zu acht exotischen Liebesgeschichten. – Das erste heißt *Die Segelboote von Yabase im Abend heimkehren sehen* und kündet vom *»Herannahen einer liebesseligen Schicksalswende«*. Eine junge, sehr schöne und reiche Japanerin entziffert auf den Segeln dreier Boote japanische Schriftzeichen, die sie als Vorausdeutung ihres eigenen Schicksals empfindet und die sich auch an ihr erfüllen. Das zweite Gesicht mit dem Titel *Den Nachtregen regnen hören in Karasaki* erzählt die Geschichte eines armseligen Fischers, der im Bann des »Seedämons« im 20. Jh. von seinem vergangenen, liebestrunkenen und kriegerischen Samuraidasein träumt und unter dem Eindruck seiner Visionen wirklich vom Feigling zum Nationalhelden reift. Die dritte Erzählung – *Die Abendglocke vom Miideratempel hören* – spricht von einem chinesischen Weisen, der den Sinn des Lebens erst begreift, als er lernt, daß Liebe höher als Unsterblichkeit steht. Es folgt – *Sonniger Himmel und Brise von Amazu* – die Schilderung eines liebesbetörten Polizisten namens Omiya, den seine Eifersucht bis zum Verbrechen treibt. Die fünfte Episode – *Der Wildgänse Flug in Katata nachschauen* – bietet abermals die Auslegung eines japanischen Schriftzeichens, einer in Geheimschrift gegebenen Liebeserklärung, die einem jungen Maler fast zum Verhängnis wird. Ein von zahlreichen

Wundern der Liebe plauderndes Teehausmädchen steht im Mittelpunkt der sechsten Anekdote – *Von Ishiyama den Herbstmond aufgehen sehen. »Selige Blindheit hitziger Liebesleidenschaft«* ist das Thema der siebten – *Das Abendrot zu Seta* –, in der eine wallfahrende Witwe sich in blindem Rausch einem Unbekannten hingibt, den sie für einen Gott der Abendröte hält und, als sie seine menschliche Abstammung errät, aus Enttäuschung fortan nicht mehr zu lieben vermag. In der letzten Novelle – *Den Abendschnee am Hirayama sehen* – berührt Dauthendey ein Problem unserer Tage. Er schildert die unglückliche Verbindung eines Japaners mit einem deutschen Mädchen, das aus Sehnsucht nach »Abenteuern« und »exotischen Geheimnissen« seine Heimat verließ und dessen Liebe an der ihr fremd bleibenden Mentalität ihres Mannes scheitert.

Allen Erzählungen, die letzte ausgenommen, ist der Hang zum Überwirklich-Phantastischen gemeinsam. Die weichen, dunklen und glutvollen Farben verraten den Maler Dauthendey, der lokale Hintergrund seine Kenntnis östlicher Lebensart. Landschaft wird hier in einer Sprache von großer Musikalität nicht nur geschildert oder gemalt, sondern zugleich zum Ausdrucksträger und Symbol seelischer Vorgänge erhoben. Der einführende Abschnitt deutet das mit den Worten an: *»Die Seelen der Landschaften sind uns herzliche Brüder geworden. Sie, die bisher unsichtbar waren, zeigen uns heute leidenschaftliche Gebärden.«* D.A.

AUSGABEN: Mchn. 1911. – Mchn. 1925 (in *GW*, 6 Bde., 3). – Mchn. 1973. – Mchn. 1980 (dtv). – Ffm./Bln. 1987 (Ullst. Tb).

LITERATUR: K. Seyfarth, *Das erzählerische Kunstwerk M. D.s*, Diss. Marburg 1960. – M. Rössler, *Vom Heimweg des Dichters M. D.*, Würzburg 1967. – P. Alessandri, *Espressionismo esotico e orientalismo in M. D.* (in *Il paese altro*, Neapel 1983, S. 265–279).

## SIR WILLIAM D'AVENANT

* Febr. 1606 Oxford
† 7.4.1668 London

LITERATUR ZUM AUTOR:
A. Harbage, *Sir W. D'A.*, Philadelphia 1935; ern. 1971. – A. Nethercot, *Sir W. D'A. Poet Laureate and Playwright-Manager*, Chicago 1938; ern. NY 1967. – E. L. Avery u. a., *The London Stage, 1660–1800*, 11 Bde., Carbondale 1960–1968. – L. Hönnighausen, *Der Stilwandel im dramatischen Werk Sir W. D'A.s*, Köln/Graz 1965 (Anglistische Studien, 3). – *Bibliography of English Printed Tragedy: 1565–1900*, Hg. C. J. Stratman, Carbondale 1966, S. 148–152. – H. S. Collins, *The Comedy of Sir W. D.*, The Hague/Paris 1967. – *Restoration and Eighteenth Century Theatre Research: A Bibliographical Guide, 1900–1968*, Hg. C. J. Stratman u. a., Carbondale 1971, S. 177–182. – P. Parson, *Restoration Tragedy as Total Theatre* (in *Restoration Literature: Critical Approaches*, Hg. H. Love, Ldn. 1972, S. 27–98). – M. V. De Porte, *W. D.* (in *The Later Jacobean and Caroline Dramatists*, Hg. T. P. Logan u. D. S. Smith, Lincoln 1978, S. 192–209). – W. McCarthy, *D.'s Prefatory Rhetoric* (in Criticism, 20, 1978, S. 128–143). – Ph. Bordinat u. S. B. Blaydes, *Sir W. D.*, Boston 1981 (TEAS).– M. E. Kare, *Sir W. D.*, NY 1987.

### GONDIBERT; an Heroick Poem

(engl.; *Gondibert; ein Heldengedicht*). Versepos von Sir William D'AVENANT, als Fragment erschienen 1651. – In seinem wortreich-umständlichen Vorwort, dessen Umfang dem des eigentlichen Epos fast gleichkommt und das er dem Philosophen Thomas HOBBES widmet, erläutert der Verfasser sein Vorhaben: Kühn wende er sich als erster vom epischen Beispiel HOMERS ab, der bisher von allen Dichtern mehr oder weniger sklavisch nachgeahmt worden sei. Stets hätten die Epiker ihr Augenmerk allzusehr auf das Übernatürliche gerichtet und darüber den Menschen vergessen. Immer wieder hätten die Dichter ihre Leser in den Himmel und in die Hölle zu Gast geladen und über dem Verkehr mit Göttern und Geistern die irdischen Belange vernachlässigt. So tadelt D'Avenant mit harten Worten VERGIL, PAPINIUS STATIUS, TASSO und SPENSER und kündigt an, er wolle dem Menschen in einem lehrhaften Gedicht den Menschen zeigen. Er werde sein Epos der dramatischen Form des Fünfakters angleichen, die er für die kunstreichste und wirklichkeitsgetreuste halte. Den Akten sollten die Bücher, den Szenen die in Stanzen gedichteten Cantos entsprechen. D'Avenant beschließt sein Vorwort mit gelehrten Abhandlungen über Geist und Witz und über die Stellung des Dichters unter den Führern der Menschheit, den Staatsmännern, Feldherrn, Geistlichen und Richtern. – Hobbes antwortete auf die Widmung mit einem kurzen Essay, in dem er seine Gedanken zu einer Ästhetik darlegt und der unter dem Titel *The Answer of Mr. Hobbes to Sir Will. D'Avenant's Preface before Gondibert* dem Werk beigefügt wurde. Das Epos schrieb D'Avenant (der von Karl I. zum *poeta laureatus* ernannt worden war und unter Cromwell längere Zeit im Tower gefangengehalten wurde) zum größten Teil während seiner Haft. Nach seiner Freilassung brach er es mitten im dritten Buch ab – nach immerhin 6000 Verszeilen! Er glaubte sich unterbrochen *»durch das große Experiment, das der Tod ist«* und bedauerte, sein Vorhaben, *»die Natur nackt auszuziehen und sie wieder mit der glänzenden und vollendeten Schönheit der Tugend zu bekleiden«*, nicht ausführen zu können. – In seinem nach den Regeln der klassischen Dramaturgie aufgebauten Epos, dessen Schauplatz die Lombardei ist, breitet D'Avenant ein großangelegtes Panorama menschlicher Handlungen aus. Seine vierzeiligen Stanzen mit alternierenden Reimen sind mit moralphilosophischen und naturwissenschaftlichen Exkursen, mit Vergleichen und Antithesen so überladen, daß die endlose Prozession der Aribert, Gondibert, Rhodalind, Oswald, Galtha, Thybald, Hurgonill, Hermegild, Astragon usw. immer farbloser, die feindlichen Lager und die Liebes- und Thronrivalitäten für den Leser immer unüberschaubarer werden. Held des Epos ist der Herzog Gondibert, den der alte König Aribert als Erben seines Throns und Gatten seiner Tochter Rhodalind ausersehen hat. Diese verzehrt sich in heftiger Liebe zu Gondibert, der wiederum dem Mädchen Galtha Treue schwört, obwohl es ihn freigeben will, um ihm den Weg zum Thron zu ebnen.

Es mag ein wenig bösartig klingen, aber die Vermutung liegt nahe, daß es nicht der Tod war (er hat den Dichter erst eineinhalb Jahrzehnte nach Erscheinen des Fragments ereilt), der D'Avenant vor der Vollendung des *Gondibert* zurückschrecken ließ, sondern die Erkenntnis, daß er sich mit seinem gigantischen Projekt übernommen hatte; denn über die Exposition ist er in den ersten zwanzig Cantos eigentlich nicht hinausgekommen, und dankbar vermerkt der Leser, daß es ihm erspart bleibt, die Handlung bis zu ihrem Ende verfolgen zu müssen. – Über den literarischen Wert der so ehrgeizig begonnenen Dichtung waren sich die Kritiker schon zu Lebzeiten des Verfassers nicht einig. Viele priesen sie begeistert (das Lob Hobbes' darf nicht überbewertet werden, denn, wie er selbst schrieb, er fühlte sich *»nicht kompetent, weil ich kein Dichter bin, und nicht unparteiisch, weil mir das Buch gewidmet wurde«*), andere dagegen tadelten scharf, daß D'Avenant über seinen dramaturgischen Bemühungen die Kriterien der epischen Dichtung mißachtet habe, und erklärten, weil die Musen ihm den Verrat nicht verziehen hätten, sei aus seinem *Gondibert* weder ein Epos noch ein Drama geworden. Der moderne Leser kann sich an dieser Auseinandersetzung nicht mehr recht beteiligen. Die Zeit tat ein übriges und ließ die in ihrer Bemühtheit akademisch umständlichen Verse verstauben. Es läßt sich nicht mehr feststellen, ob sie einst »schön« waren oder nicht. Sie sind es nicht mehr. Und Homer, Vergil, Tasso und Spenser haben den Versuch D'Avenants, sie kühn hinter sich zu lassen und episches Neuland zu entdecken, glücklich überlebt.

E.St.

AUSGABEN: Ldn. 1651 (zus. m. *A Discourse* ... u. der Antwort v. Hobbes). – Ldn. 1793 (in *The Poetical Works*, Hg. R. Anderson; A Complete Edition of the Poets of Great Britain, 4). – Ldn. 1831 (in *Select Works of the British Poets*, Hg. R. Southey). – Seattle 1940 (*The Lost Canto of »Gondibert«*, Hg. J. G. McManaway, in MLQ, 1, 1940; enth. Canto v. 1685). – Cambridge/Mass. 1943 (in *Selected Poems*; Vorw. D. Bush). – Urbana/Ill. 1961 (*A Critical Edition of Sir W. D.'s »Gondibert«*, Diss. Univ. of Illinois; vgl. Diss. Abstracts, 22, 1961/62, S. 3661/3662). – *A Discourse upon »Gondibert« ... with an Answer to It by Mr. Hobbes*: Paris 1650. – Oxford 1908 (in *Critical Essays of the Seventeenth Century*, Hg. J. E. Spingarn, Bd. 2). – Oxford 1971, Hg. D. F. Gladish [Faks.-Ausg.].

LITERATUR: G. Gronauer, *Sir W. D'A.s »Gondibert«*, Diss. Erlangen 1911. – C. M. Dowlin, *Sir W. D'A.'s »Gondibert«. Its Preface and Hobbes' Answer. A Study in English Neo-Classicism*, Philadelphia 1934. – A. Harbage, *W. D'A.*, Philadelphia 1935 [m. Bibliogr.]. – A. H. Nethercot, *D'A., Poet Laureate and Playwright-Manager*, Diss. Univ. of Chicago 1938. – R. H. Perkinson, *The Epic in Five Acts* (in StPh, 43, 1946, S. 465–481). – D. A. Renner, *The Poetic Theory of Sir W. D'A. in »Gondibert« and Its Preface*, Diss. Univ. of Missouri 1963 (vgl. Diss. Abstracts, 23, 1962/63, S. 2519). – E. R. Miner, *The Search for New Language and Form; Narrative Poetry From Moore to Chamberlayne* (in E. R. M., *The Restoration Mode From Milton to Dryden*, Princeton 1974, S. 53–128). – W. McCarthy, *D'A.s Prefatory Rhetoric* (in Criticism, 20, 1978, S. 128–143).

## THE SIEGE OF RHODES

(engl.; *Die Belagerung von Rhodos*). Versdrama (mit Musik) in zwei Teilen zu je fünf Akten von Sir William D'AVENANT, Uraufführung: London 1656, Rutland House Theatre (1. Teil), und 1661, Salisbury Court Theatre (2. Teil). – Das theatergeschichtlich in mehrfacher Hinsicht bedeutsame Werk kann als erstes Beispiel des für das englische Theater von 1660 bis ca. 1700 charakteristischen »heroischen Dramas« gelten. Die Bezeichnung *heroic play* wurde ebenfalls von D'Avenant (in der 1663 erschienenen Gesamtausgabe des Dramas) erstmals verwandt. Die geschichtlichen Fakten der Belagerung von Rhodos durch die Türken im Jahr 1522, bei der 600 Ordensritter und 4500 Soldaten einer Viertelmillion Angreifern ein halbes Jahr lang Widerstand leisteten, kannte der Autor aus Richard KNOWLES' *Historie of the Turks* (1603). Er komprimierte das Geschehen nach klassizistischen Regeln auf einen knappen Zeitraum und setzte es in Beziehung zu einer heroischen Liebesgeschichte: Ianthe, Gemahlin des sizilianischen Fürsten Alphonso, der den Verteidigern von Rhodos beisteht und beim überraschenden Angriff der Türken in der Stadt eingeschlossen worden ist, eilt ihrem Mann mit zwei Galeeren voller Waffen und Vorräte zu Hilfe. Diese werden von türkischen Blockadeschiffen aufgebracht, und Ianthe wird dem Sultan Soliman vorgeführt. Teils aus edler Anerkennung für die hohe Gesinnung der Gegnerin, teils aufgrund seiner rasch aufkeimenden Leidenschaft für sie, gewährt er ihr freies Geleit und läßt auch die beiden Schiffe passieren – eine Geste des Respekts vor dem tapferen Feind. In Alphonso jedoch erwacht Mißtrauen, und damit tritt zum zentralen Konflikt von Liebe und Ehre das Eifersuchtsmotiv. – Im zweiten Teil erscheint Ianthe als Unterhändlerin der vom Hungertod bedrohten Verteidiger vor Soliman. Er gibt sie in den Gewahrsam seiner Gattin Roxalana, um dieser den vorbildlichen Charakter der vermeintlichen Nebenbuhlerin vor Augen zu führen und sie so von ihrer Eifersucht zu heilen. Roxalana plant zunächst, Ianthe zu töten, lernt sie dann aber bewundern und lieben und schenkt schließlich sogar Alphonso, der, von Eifersucht gepeinigt, einen Ausfall unternommen hat und in türkische Gefangenschaft geraten ist, die Freiheit. Daraufhin gesteht der Sultan Soliman, der sich von den beiden Frauen nicht an Großmut und Ehrenhaftigkeit überbieten lassen will, den Belagerten zu, die Bedingungen für eine ehrenvolle Kapitulation selbst zu bestimmen.

Das Thema von Liebe und Ehre, Tapferkeit und Ruhm, deren idealisierende Darstellung in jener Zeit vor allem von den Tragikomödien BEAUMONTS und FLETCHERS beeinflußt war, fand in *The Siege of Rhodes* eine für das heroische Drama nach 1660 richtungweisende Gestaltung, worauf auch DRYDEN, ein Hauptvertreter dieser Gattung, in seinem *Essay of Heroick Plays* (1672) ausdrücklich hinwies. In D'Avenants Drama finden sich ferner das in diesem Genre beliebte Versmaß des *heroic couplet* sowie die rhetorisch überhöhte, bilderreiche und pathetische Sprache, die im späteren *heroic play* oft ins Bombastische ausartete, und die fast übermenschliche Dimension der Hauptfiguren. Die beiden letztgenannten Charakteristika verraten den Einfluß des idealisierenden französischen Romans des 17. Jh.s, insbesondere von Madeleine de SCUDÉRYS *Ibrahim ou L'illustre Bassa* (1641). Alle Kennzeichen des heroischen Dramas sind bei D'Avenant noch gemäßigt vertreten. U. a. fehlen noch das Element des Übernatürlichen, der Ausstattungsprunk und die Vielzahl der Personen. Das mag sich allerdings zum Teil daraus erklären, daß die Bühne im Rutland House, für die das Drama konzipiert wurde, nur sechs mal sechs Meter groß und ohne technische Einrichtungen war. Dennoch führte D'Avenant gerade dort die Verwendung von Kulissen ins englische Theater ein, wofür er auf die Maskenspiele am Hof Jakobs I. und Karls I. zurückgreifen konnte. Die Kulissenentwürfe John Webbs, dem Schüler und Neffen des berühmten Architekten und Bühnentechnikers Indigo Jones, sind erhalten, nicht aber die Musik, die nicht nur die Aktpausen füllte, sondern auch zur Begleitung der Chöre und Dialoge diente, die entweder gesungen oder *in stylo recitativo* vorgetragen wurden. Durch diese opernhaften Beigaben (die die Bezeichnung des Werks als »erste englische Oper« allerdings kaum rechtfertigen) konnte D'Avenant das Theaterverbot der Puritaner (seit 1642) umgehen und Teil 1 bereits vier Jahre vor der Rückkehr des Königs aufführen. Revolutionär war auch, daß Ianthe von einer Frau dargestellt wurde, denn vor 1642 wurden weibliche Rollen fast ausschließlich mit Knaben besetzt. Nach 1660 macht D'Avenants Beispiel Schule, obwohl gelegentlich auch weiterhin Frauenrollen von jungen Männern übernommen wurden. W.Kl.

AUSGABEN: Ldn. 1656 [1. Teil]. – Ldn. 1662, 2 Tle. [rev.]. – Edinburgh 1872–1874 (in *Dramatic Works*, 5 Bde., 4; m. Einl. u. Anm.; ern. NY 1964). – NY 1968 (in *The Works*, 2 Bde., 2). – Uppsala 1973, Hg. A. Hedbäck.

LITERATUR: A. Thaler, *Thomas Heywood, D'A., and »The Siege of Rhodes«* (in PMLA, 39, 1924, S. 624–641). – E. J. Dent, *Foundations of English Opera. A Study of Musical during the Seventeenth Century*, Cambridge 1928. – B. Dobrée, *Restoration Tragedy, 1600–1720*, Oxford 1929. – C. V. Deane, *Dramatic Theory and the Rhymed Heroic Play*, Oxford 1931. – F. Laig, *Englische u. französische Elemente in Sir W. D'A.s dramatischer Kunst*, Emsdetten 1934. – A. Harbage, *Sir W. D.'A. Poet Venturer, 1606–1668*, Philadelphia/Ldn. 1935. – Ders., *Cavalier Drama. A Historical and Critical Supplement to the Study of the Elizabethan and Restoration Stage*, NY 1936. – E. C. Marchant, *Sir W. D'A. Informal Address*, Oxford 1936. – E. W. White, *The Rise of English Opera*, Ldn. 1951. – R. H. Henigan, *English Drama per Musica. A Study of Musical Drama in England from »The Siege of Rhodes« to the Opening of the Haymarket Theatre*, Diss. Univ. of Missouri 1961 (vgl. Diss. Abstracts, 22, 1961/62, S. 1609/1610). – A. Hedbäck, *The Printing of »The Siege of Rhodes«* (in Studia Neophilologica, 45, 1973, S. 68–79). – A. A. Tadie u. J. P. Mesa, *A Problem of Audience. A Semiotical Approach to the Deistic Elements in »The Siege of Rhodes«* (in *Semiotic Themes*, Hg. R. T. De George, Lawrence 1981, S. 109–131). – A. A. Tadie, *The Popularization of English Deism: Lord Herbert of Cherbury's »De Veritate« and Sir W. D'A.s, »The Siege of Rhodes«* (in *Acta Conventus Neo-Latini Bononiensis*, Hg. R. Schoeck, Binghamton 1985, S. 621–629).

## THE WITTS

(engl.; *Die Scharfsinnigen*). Verskomödie in fünf Akten von Sir William D'AVENANT, Uraufführung: London 1634, Blackfriars Theatre (erste belegte Aufführung: ein Gastspiel bei Hofe am 18. 1. 1634). – Das Stück, das als komisches Meisterwerk D'Avenants gilt, ist eine vielsträngige Intrigenkomödie mit stark farcenhaften Elementen. Younger Pallatine, Pert und Meager, drei junge Männer, die ihr Geld durchgebracht und dann vergeblich ihr Glück im Krieg versucht haben, machen in London Jagd auf unerfahrene Besucher vom Lande. D'Avenant greift hier die etwa auch bei Ben JONSON beliebte Paarung von *sharper* und *gulf*, Betrüger und Tölpel, auf. Willkommenes Opfer sind ihnen Pallatines älterer Bruder und dessen bejahrter Freund, Sir Morglay Thwack, die ihre Güter im Norden verlassen haben, um sich in der Hauptstadt zu vergnügen und reiche Frauen um ihr Geld zu bringen. Da also durch die Intrigen des Dreigespanns keine ehrbaren Bürger, sondern lediglich andere Betrüger geschädigt werden, kann der Zuschauer seine moralischen Bedenken ausschalten und sich an der turbulenten Handlung ergötzen. Der ältere Bruder ist eindeutig an seinem Schicksal selbst schuld, denn er hat zwar beinahe das gesamte väterliche Vermögen geerbt, Younger Pallatine aber zynisch auf seinen Einfallsreichtum als Erwerbsquelle verwiesen. Ihm geschieht also Recht, als ihm der herzlos Betrogene vorspiegelt, die schöne Lady Ample habe sich in ihn verliebt und wolle ihm, da todkrank, ihr ganzes Vermögen hinterlassen. Als das Stelldichein der beiden vom Vormund der Dame, Sir Tyrant Thrift, gestört wird, verbirgt man Elder Pallatine in einem Schließkorb, befreit ihn dann aber nicht daraus, sondern sperrt ihn in die Familiengruft. Hier vermischt der Autor Motive aus Ben JONSONS *Volpone* und SHAKESPEARES *The Merry Wives of Windsor*, wie er sich überhaupt der zeitgenössischen Komödie – vor allem MIDDLETONS und FLETCHERS – verpflichtet zeigt. Im weiteren Verlauf der Handlung versuchen Elder Pallatine und Sir Morglay, ihre Widersacher zu prellen, werden aber schließlich von ihrer Einbildung, den Londonern an Geist und Witz überlegen zu sein, gründlich geheilt. Hier weist D'Avenant bereits auf den typischen Schauplatzkontrast *town country* der Restaurationskomödie voraus. Sir Morglay, der sich nur durch Zahlung einer enormen Bestechungssumme der Verhaftung als – angeblicher – Kirchenräuber entziehen kann, kehrt beschämt auf sein Gut zurück, Elder Pallatine, dem nichts anderes übrigbleibt, als die Forderungen seines Bruders zu erfüllen, heiratet Lady Ample. Ein Paar werden auch Younger Pallatine und Lucy, die das Intrigenspiel mit Rat und Tat unterstützt hat.

Mit der Betonung des *wit*, des Scharfsinns, der Schlagfertigkeit und Formulierungsgabe, greift D'Avenant ein Element auf, das z. B. auch bei seinem Zeitgenossen Fletcher zu finden ist (bereits im Titel betont in *Wit Without Money*), das aber vor allem für die Komödie nach 1660 bedeutsam wurde. Auf diese Entwicklung weist auch die Charakterzeichnung Lady Amples hin, die den Männern an Weltklugheit und Schlagfertigkeit zumindest ebenbürtig ist. (Daß sie den Dummkopf vom Lande heiratet, wäre allerdings in einer Restaurationskomödie kaum denkbar.) D'Avenants Kunstgriff, durch zahllose Anspielungen im phantasievoll-komischen Dialog ein konkretes Bild des zeitgenössischen Londoner Lebens zu vermitteln, kann und will das Vorbild Ben Jonsons und der jakobäischen *city-comedy* nicht verleugnen. – Diese Komödie, dank König Karl I., der den Einspruch der Zensurstelle außer Kraft setzte, in ihrer ursprünglichen Gestalt überliefert, zählt zu den erfolgreichsten Stücken D'Avenants. Sie wurde auch nach der Wiedereröffnung der Theater (1660) aufgeführt, wobei man die komischen Szenen um Constable Snore und seine Wachleute erweiterte, und bis weit ins 18. Jh. hinein gespielt. W.Kl.

AUSGABEN: Ldn. 1636. – Ldn. 1673 (in *The Works of Sir W. D.*). – Edinburgh 1872–1874 (in *The Dramatic Works*, 5 Bde., 2; ern. NY 1964). – Ldn. 1962 (in *Six Caroline Plays*, Hg. A. S. Knowland). – Ldn. 1965 (in *Two Excellent Plays*; mit *The Platonick Lovers*). – NY 1968 (in *The Works*, 2 Bde. [Faks.ausg. v. 1673]).

LITERATUR: K. Ehrle, *Studien zu W. D.s Tragödien u. Komödien*, Diss. Mchn. 1922. – A. Nicoll, *A History of Restoration Drama, 1660–1700*, Cambridge 1928. – F. Laig, *Englische u. französische Elemente in Sir W. D.s dramatischer Kunst*, Emsdetten 1934. – Ch. La Barge Squier, *The Comic Spirit of Sir W. D.: A Critical Study of His Caroline Comedies*, Diss. Univ. of Michigan 1963 (vgl. Diss. Abstracts, 24, 1963/64, S. 2488/2489). – J. L. Davis, *The Sons of Ben: Jonsonian Comedy in Caroline England*, Detroit 1967. – R. Blattes, *Eléments parodiques dans »The Wits« de Sir W. D.*, (in Caliban, 10, 1974, S. 127–140).

## OSKAR DAVIČO

* 18.1.1909 Šabac

LITERATUR ZUM AUTOR:
*Bibliographien:*
S. Kostić, *Bibliografija O. D.* (in O. D., *Sabrana dela*, 20 Bde., 20, Belgrad 1969, S. 1–147). – D. Moračić, *Bibliografska građa o O. D.* (in Književnost i jezik, 26, 1979, 1, S. 185–195).
*Gesamtdarstellungen und Studien:*
A. Petrov, *Ličnosti i problemi D. proze* (in Savremenik, 5, 1964; auch in *Savremena proza*, Hg. M. I. Bandić; Srpska književnost u književnoj kritici, Bd. 10, Belgrad 1965). – O. Kisić, *Mladi D.* (in Delo, 13, 1967, S. 126–138). – A. Petrov, *U prostoru proze. Ogledi o prirodi proznog izraza*, Belgrad 1968. – M. I. Bandić, *Pesnik kao romanopisac* (in *Savremena proza*, Hg. M. I. B., Belgrad 1973). – M. Danojlić, *Davičov pesnički jezik* (in Letopis Matice Srpske, 5, 1974). – *U potrazi. Radovi o književnom delu O. D.*, Hg. S. Đjorđić, Belgrad 1979. – N. B. Jakovleva, *O. D.* (in N. B. J., *Sovremennyj roman Jugoslavii*, Moskau 1980, S. 47–52). – R. Konstantinović, *D.*, Belgrad

### PESMA

(serb.; *Ü: Die Libelle*). Roman von Oskar DAVIČO, erschienen 1952. – Die Handlung des an HAUPTMANN, JOYCE und Virginia WOOLF orientierten Romans spielt während sechsunddreißig Stunden in dem von den Deutschen besetzten Belgrad des Jahres 1942. Andrija Veković, Dichter und Mitglied der Serbischen Akademie, möchte in das von den kommunistischen Partisanen kontrollierte Gebiet fliehen, wo er sein bestes Gedicht zu schreiben hofft – *»jenes einzig wahre Gedicht, für das es sich lohnt, so lange gelebt und gearbeitet zu haben«*. Die Kommunisten versprechen sich von dem Übertritt des bislang politisch neutralen Dichters eine Stärkung des Ansehens ihrer Partei und ihrer Ziele. Den Befehl des Gebietskomitees an eine illegale Belgrader Parteizelle, den Dichter sicher in das befreite Gebiet zu geleiten, sucht der Student Mića Ranović, ein überzeugter Kommunist, zu hintertreiben. Mića verbindet mit Veković seit jeher eine vor allem von seiten des Dichters geförderte Freundschaft. Mića, der zufällig Zeuge einer Liebesstunde Vekovićs mit einer Wäscherin wurde, befürchtet, der Dichter könne durch sein Verhalten in den befreiten Gebieten, wo er nicht aufhören werde, *»die Frauen auf den Rücken zu legen«*, der Partei eher schaden als nützen. Als sich seine Genossen der Aufforderung, die Moral des *»neuen Menschen«* über den Parteibefehl zu stellen, widersetzen, gibt Mića vor, Veković selbst habe seinen Wunsch aufgegeben. Durch Mićas Angriffe zutiefst verletzt, provoziert Veković seine Verhaftung durch die Deutschen. Zur Besinnung gekommen, beschließt Mića gegen den anfänglichen Widerstand der Genossen ein riskantes Befreiungsmanöver. Nach einer Liebesnacht mit Vekovićs früherer Geliebten Ana, die Mića vor seinen Verfolgern rettet, bricht er zur Befreiung des Dichters auf. Veković und seinen Helfern gelingt die Flucht, Mića aber bricht, tödlich getroffen, vor den Augen seines Vaters Žika zusammen. Dieser ist neben Veković die stärkste Gestalt des Romans. Als Vertreter der bürgerlichen Gesellschaft ein nutzloses Leben dem Andenken seiner Frau und dem Kampf um das Vertrauen des Sohnes lebend, kämpft Žika vergebens gegen seine Isolierung an. Seine Reserve gegenüber Mića rührt aus den Zweifeln an seiner Vaterschaft, seit er weiß, daß Veković seine Frau auf dem Dachboden vergewaltigte.

Davičo, der zwischen den Weltkriegen zu den führenden Vertretern des serbischen Surrealismus zählte, hat auch in seinem ersten Roman, dessen Titel wörtlich »Das Gedicht« lautet, wesentliche Elemente dieser literarischen Richtung aufgegriffen. Die Erzählstruktur des umfangreichen Werks, dessen drei Teile mit den Titeln *Nacht, Sonntag* und *Nacht* jeweils zwölf Stunden der Handlung umfassen, ist weitgehend von der psychisch-emotionellen Entfaltung der Romangestalten abhängig. Diese wird in erster Linie durch den Dialog geleistet, der mitunter den Charakter von Selbstgesprächen annimmt. Häufig bedient sich Davičo des inneren Monologs. Die Individualisierung der Personen wird jedoch durch die Methode der »Abstrahierung« der Helden beeinträchtigt, die vor allem an Mića deutlich wird; als Verkörperung des idealen Kommunisten wird er als Individuum nur selten faßbar. Eigenwillig ist die Behandlung der erzählten Zeit, die nicht allein in der Diskontinuität des Handlungsverlaufs, sondern auch in der Zusammenführung von Gegenwart und Vergangenheit auf eine Zeitebene zum Ausdruck kommt. Dem raschen Wechsel des Erzählstils zwischen Reportage, Essay, Filmszene und lyrischer Prosa entsprechen Satzbau und Sprache: Überlange Satzperioden werden abgelöst von Einwortsätzen und Satzfetzen; gehobene, lyrische Diktion wechselt mit Alltagssprache und Slang. Die Aktualität des Themas gab die Anregung zur Verfilmung des Werks und zu mehreren, nach dem übereinstimmenden Urteil der Kritik keineswegs kongenialen Bühnenbearbeitungen. B.Gr.

AUSGABEN: Belgrad 1952. – Belgrad/Sarajevo 1969 (in *Sabrana dela*, Hg. R. Njeguš, 20 Bde., 6). – Sarajevo 1978 [Vorw. M. Bogićević]; ern. 1981; [2]1985. – Belgrad 1982 [Vorw. V. Jovičić].

ÜBERSETZUNG: *Die Libelle*, W. Dohrmann, Bln. 1958.

DRAMATISIERUNG: *Pesma*, P. Ugrinov u. M. Milankov, Belgrad 1959.

LITERATUR: M. Djilas, *»Pesma« O. D.* (in Nova misao, 1, 1953). – M. I. Bandić, *Pesnik kao romanopisac. Vreme romana*, Belgrad 1958. – E. Finci, *O. D.: »Pesma«, Više i manje od života*, Belgrad 1963, S. 66–72. – R. Ivanović, *Poetični roman o revoluciji* (in Sodobnost, 27, 1979, 8/9, S. 893–902). – Z. Gavrilović, *O. D.: »Pesma«* (in Z. G., *Neizvesnosti. Ogledi i kritike*, Belgrad 1985, S. 227–231).

## ISRAEL DAVIDSON

* 27.5.1870 Janowo / Polen
† 27.6.1939 Great Neck / N.Y.

### OZAR HA-SCHIRA WE-HA-PIJUT

(hebr.; *Thesaurus der profanen und der liturgischen Dichtung*). Vierbändiges Werk von Israel DAVIDSON, erschienen 1924–1933. – Das *magnum opus* des jüdischen Gelehrten, der seit 1916 Professor am Jewish Theological Seminary in New York war, ist auch unter dem englischen Titel *Thesaurus of Medieval Hebrew Poetry (Thesaurus der mittelalterlichen hebräischen Dichtung)* bekannt. Davidson verfaßte noch einen Ergänzungsband, der 1938 nur in englischer Sprache erschien *(A New Supplement to the Thesaurus of Medieval Hebrew Poetry)*. Das monumentale Werk verzeichnet alle hebräisch geschriebenen religiösen Gedichte von den biblischen Zeiten bis zum 20. Jh. sowie alle profanen Gedichte in hebräischer Sprache bis 1740 – zusammen etwa 35 000 Gedichte, verfaßt von 2843 Autoren.

Die Gedichte sind alphabetisch nach ihren Anfängen geordnet; von jedem Gedicht ist jeweils die erste Zeile zitiert, gefolgt von textkritischen und bibliographischen Angaben.
Der Wert des Thesaurus, der bereits nach dem Erscheinen des ersten Bandes als epochemachend bezeichnet wurde, ist noch erhöht worden durch die Miteinbeziehung der um die Jahrhundertwende in der fensterlosen Rumpelkammer (Genisa) im oberen Stockwerk der alten Synagoge in Fostat (Alt-Kairo) entdeckten zahlreichen Manuskripte von Gedichten, darunter auch solche des wohl ältesten *Pijut*-Dichters JANNAI (Palästina, um 700 n. Chr.), von dem bis dahin kaum Gedichte bekannt waren. Die ungemein inhaltsreichen, in ihrer wuchtigen Ausdruckskraft einmaligen liturgischen Gedichte Jannais wurden von Davidson selbst ediert. L.Pr.

AUSGABE: NY 1924–1933, 4 Bde.; Nachdr. Hoboken/N.J. 1970, 4 Bde. [m. Suppl.; Einl. J. Schirmann].

LITERATUR: I. Elbogen, Art. *I. D.* (in *Jüdisches Lexikon*, Bd. 2, Bln.1928, S. 58). – *The Universal Jewish Encyclopedia*, Hg. I. Landman, Bd. 3, NY 1948, S. 489. – M. Waxman, *A History of Jewish Literature*, Bd. 4, NY/Ldn. 1960, S. 115/116. – A. M. Habermann, Art. *I. D.* (in EJ², Sp. 1364/1365).

## DAVID VON AUGSBURG

* um 1200 oder 1210 Augsburg
† 15./19.11.1272 Augsburg

### DE EXTERIORIS ET INTERIORIS HOMINIS COMPOSITIONE SECUNDUM TRIPLICEM STATUM INCIPIENTIUM, PROFICIENTIUM ET PERFECTORUM

(mlat.; *Von der Verfassung des äußeren und des inneren Menschen nach dem dreifachen Stand der Anfänger, der Fortgeschrittenen und der Vollendeten*). Asketisch-mystische Novizenlehre von DAVID VON AUGSBURG, wohl in den Jahren 1240–1245 verfaßt; auf Empfehlung des franziskanischen Generalkapitels allgemein als Anleitung für die neuen Zöglinge im Orden eingeführt. – Dem Traktat liegt als Quelle ein berühmtes Werk des Mittelalters zugrunde: die – meist BERNHARD VON CLAIRVAUX zugeschriebene – *Epistola ad fratres de Monte Dei* des Benediktinerabtes WILHELM VON THIERRY (um 1085–1148). Doch hat David die *»asketische Lehre der Epistola dem franziskanischen Ideale dienstbar gemacht«* (van Mierlo). Der erste Abschnitt des dreiteiligen Werks (mit dem Untertitel *De compositione exterioris hominis ad novicos*) wendet sich, wie schon die Überschrift zeigt, an die Anfänger im geistlichen Leben und gibt ihnen Regeln für das allgemeine Verhalten. Auf diesem Teil baut das zweite Buch *(De compositione hominis interioris)* weiter, das sich an die schon Fortgeschrittenen wendet und ihnen praktische Hinweise gibt, wie man den Kampf gegen die Sünde bestehen und auch die inneren Kräfte der Seele aktivieren könne. Ist das Innere des Menschen in dieser Weise neu geordnet, dann ist er bereit für das wahre asketisch-mystische Leben, das ihn zur Vollkommenheit zu führen vermag: über sieben Stufen, die in Buch drei *(De septem processibus religiosorum)* behandelt werden, gelangt er zur Vereinigung der Seele mit Gott, zur *unio mystica*.
Die drei Grundregeln der Mönche sind bei David nicht so streng formuliert wie bei dem Gründer des Franziskanerordens. FRANZ VON ASSISI hatte völlige Armut gefordert; David begnügt sich – ähnlich wie BONAVENTURA und ANTONIUS VON PADUA – mit einer gemäßigten Form der Armut, was durch die Unterscheidung von Eigentumsrecht und Gebrauchsrecht auch theoretisch begründet wird. Dagegen erwartet David vom Mönch strikte Keuschheit und einen *»opferbereiten Gehorsam«* (Krebs). Im Gegensatz zu manchen ähnlichen Schriften wird in Davids Traktat überall ein warmes Verständnis für die Nöte der Menschen und eine tiefe, dem Leben abgewonnene Kenntnis des menschlichen Herzens spürbar. H.B.

AUSGABEN: Venedig 1487. – ML, 184. – Quaracchi 1899.

ÜBERSETZUNG: *Wegweiser zur christlichen Vollkommenheit*, T. Villanova, Brixen 1902.

LITERATUR: E. Pfeiffer, *Dt. Mystiker des 14. Jh.s*, Bd. 1, Lpzg. 1845, S. 309–397. – F. Hecker, *Kritische Beiträge zu D.s v. A. Persönlichkeit und Schriften*, Göttingen 1905. – D. Stöckerl, *Bruder D. v. A., ein deutscher Mystiker aus dem Franziskanerorden*, Mchn. 1914. – M. Viller, *Le speculum monachorum et la dévotion moderne* (in Revue d'Ascétique et de Mystique, 3, 1922, S. 45–56). – J. Heerinckx, *Theologia mystica in scriptis fratris D. ab Augusta* (in Antonianum, 8, 1933, S. 49–85; 161–193). – Ders., *Influence de l'»Epistola ad fratres de Monte Dei« sur la composition de l'»Homme extérieur et intérieur« de D. d'Augsbourg* (in Études Franciscaines, 45, 1933, S. 330–347). – K. Ruh, *D. v. A. und die Entwicklung eines franziskanischen Schrifttums in deutscher Sprache* (in *Augusta*, Mchn. 1955, S. 71–82). – VL, 1, S. 404 f. (Krebs); 5, S. 147 (van Mierlo). – G. Bauer, *D. von A. und das St. Trudperter Hohe Lied* (in Euph, 56, 1962, S. 410 ff.). – K. Ruh, *Zur Grundlegung einer Geschichte der franziskanischen Mystik* (in Altdt. u. altniederländische Mystik, Hg. ders., Darmstadt 1964, S. 240–274; WdF). – Ders., Art. *D. v. A.* (in LM, 2, Sp. 47–58).

## RHYS DAVIES

* 9.11.1903 Porth
† 21.8.1978 London

### THE BLACK VENUS

(engl.; *Die schwarze Venus*). Roman von Rhys Davies, erschienen 1944. – Die Hauptgestalt des in Wales spielenden Romans ist die junge und schöne Olwen Powell, Erbin der reichen Ländereien von Ty Rhosyn und daher das begehrteste Mädchen des Dorfes Ayron. Zu Beginn des Romans wird Olwen von Dorfbewohnern beschuldigt, den alten walisischen Brauch der »Brautwerbung im Bett« (einer Sitte, bei der es übrigens nicht zum Geschlechtsverkehr kommt) allzu wahllos ausgeübt zu haben. Olwen verteidigt erfolgreich ihr Recht, vor einer Eheschließung so viele Bewerber auf die Probe stellen zu dürfen, wie ihr beliebt. – Ihr ständiger Kampf gegen Anfeindungen seitens älterer Dorfbewohnerinnen und eifersüchtiger jüngerer Rivalinnen, wie auch gegen die Vorwürfe eines Dorfgeistlichen und einer puritanischen Engländerin bildet einen Teil der Romanhandlung. Gleichzeitig werden die Erlebnisse der eigenwilligen Waliserin mit ihren zahlreichen Verehrern geschildert, die sich letzten Endes alle entweder als zu unerfahren, zu egoistisch, zu jung, zu alt, zu langweilig oder zu geldgierig entpuppen. Schließlich jedoch hat sich Olwen zwischen zwei Männern zu entscheiden, dem panhaft-natürlichen, fast primitiven Rhisiart Hughes (obwohl sie ihn liebt und ein Kind von ihm erwartet, hält sie ihn nicht für den passenden Ehepartner) und dem eher durchschnittlichen, wenn auch sympathischen Pfarrer Noah Watts. Sie heiratet letzteren, nachdem sie ihm ihre höchst eigenwilligen Bedingungen gestellt hat. Denn Olwen ist auch eine Kämpferin für die Rechte der Frau in einer von Männern beherrschten Welt.

Das Thema des weiblichen Unabhängigkeitsstrebens und des Zusammenstoßes zwischen natürlichen menschlichen Reaktionen und gesellschaftlichen Konventionen hat Davies vor dem Hintergrund des ländlichen Wales aufgerollt. Landschaft und Menschen waren dem gebürtigen Waliser ebenso vertraut wie der eigenartige Sprachrhythmus seiner Landsleute. Seine ca. 30 Romane und Kurzgeschichtensammlungen, die er z. T. auch selbst für Radio und Fernsehen bearbeitete, weisen Davies, der mit D. H. Lawrence befreundet war, als erfolgreichen, gediegenen Erzähler mit Humor und Formbewußtsein aus. J.v.Ge.-KLL

Ausgaben: Ldn. 1944. – Ldn. 1950.

Literatur: R. L. Megroz, *R. D.: A Critical Sketch*, Ldn. 1932. – J. Gasworth, *Ten Contemporaries*, Ldn. 1933 [m. Bibliogr.]. – E. Vowinkel, *Desillusion und Lebensbejahung* (in Neue Monatsschrift, 5, 1934, S. 540–552). – B. Fehr, *Englische Gegenwartskrisen und englische Zeitromane* (in NRs, 3, 1935, S. 161–171). – G. F. Adam, *Three Contemporary Anglo-Welsh Novelists: J. Jones, R. D., and H. Vaighan*, Bern 1948. – G. Jones, *The First Forty Years: Some Notes on Anglo-Welsh Writers*, Cardiff 1957. – R. Mathias, *Thin Spring and Tributary* (in *Anatomy of Wales*, Hg. R. B. Jones, Peterston-super-Ely 1972). – *R. D.* (in *Contemporary Novelists of the English Language*, Hg. J. Vinson, Ldn./Chicago 1972). – D. Rees, *R. D.*, Cardiff 1975 [m. Bibliogr.].

## ROBERTSON DAVIES

* 28.8.1913 Thamesville / Ontario

### FIFTH BUSINESS

(engl.; *Ü: Der Fünfte im Spiel*). Roman von Robertson Davies (Kanada), erschienen 1970. – *Fifth Business* ist Davies' bisher bester und bekanntester Roman. Er bildet mit *The Manticore*, 1972 *(Das Fabelwesen)*, und *World of Wonders*, 1975 *(Welt der Wunder)*, die sog. »Deptford-Trilogie«, stellt aber ein in sich geschlossenes Werk dar. Der Reiz von *Fifth Business* liegt in seiner konzeptionellen Mehrschichtigkeit (Überlagerung dreier Interpretationsebenen), seinem eleganten Prosastil, der präzisen Diktion sowie der bescheidenen, aber intelligenten Art, in der das Werk komplexe Themen wie Schuld, Kausalität und Mystik in dramatisches Geschehen umsetzt.

Durch einen Zeitungsartikel verletzt, der seine Karriere als die eines langweiligen, alten Schulmeisters herabwürdigt, schreibt Dunstan Ramsay zur Rechtfertigung seine Memoiren. Sie sollen beweisen, daß sein Leben faszinierend und nützlich war. Die Rolle, die er dabei inne hatte, war die des »Fünften im Spiel«, d. h. desjenigen, der in der Welt der Oper die Verwicklungen der beiden Paare herbeiführt. Ramsay beginnt mit einem Ereignis in seiner Heimatstadt Deptford, das sein späteres Leben prägen sollte. Der Lausbub Percy Boyd Staunton wirft einen in einem Schneeball verborgenen Stein. Er gilt seinem Freund Ramsay. Der aber weicht zur Seite und das Geschoß trifft Mary Dempster, die schwangere Frau des Pfarrers. Die Unfallfolgen – Hirnverletzung und vorzeitige Niederkunft – erwecken in Ramsay tiefe Schuldgefühle gegenüber Mary. Zugleich fühlt er sich von ihr angezogen wie von einer Schutzpatronin und kümmert sich später, als sie wegen zunehmendem Schwachsinn von ihrem Mann verlassen wird, um ihr materielles Wohl. Ramsay sorgt sich auch um den zu früh geborenen, schwächlichen Sohn Paul und bringt ihm u. a. Zaubertricks bei. Mit Ausbruch des Ersten Weltkriegs verläßt Ramsay die ihm zu eng gewordene Kleinstadt Deptford. In der

Schlacht von Passchendaele wird er schwer verwundet. Kurz bevor er in Ohnmacht fällt, erblickt er eine Statue der Hl. Maria, die Mary Dempster gleicht. Nach seiner Genesung in London und seiner Rückkehr nach Kanada besucht er die Universität von Toronto und unterrichtet dort anschließend 40 Jahre lang in einem College. Während dieser Zeit nimmt er auch den Kontakt zu Percy Boyd Staunton wieder auf, der sich inzwischen »Boy« nennt. Boy hatte in der Nachkriegszeit ein Wirtschaftsimperium aufgebaut und die Dorfschöne von Deptford, Leola Cruikshank, geheiratet. Ramsay wird zu Boys *confidant*, als dessen Ehe mit Leola langsam zerbricht; als Gegenleistung liefert ihm Boy Wirtschaftstips, die Ramsays Geldvermögen mehren und womit er später die Kosten für Mary Dempsters Unterbringung in einer Heilanstalt bezahlen kann.

In seinen Sommerferien reist Ramsay regelmäßig nach Europa, um ein Buch über Leben und Legenden der Heiligen zu schreiben. Dabei ist ihm der alte Jesuitenpater, Ignacio Blazon, von großer Hilfe. Auf einer dieser Reisen trifft er zufällig Paul Dempster. Paul war mit neun Jahren, aus Schuldgefühlen über das Schicksal seiner Mutter, für das ihn die Dorfbewohner mitverantwortlich machten, von zu Hause weggelaufen. Er ist jetzt Magier in einem Zirkus. Der gleiche Zufall scheint zu regieren, als sich Ramsay und Paul 15 Jahre später, diesmal in Mexico, begegnen. Paul ist inzwischen zum »Magnus Eisengrim« geworden und reist mit einer Truppe, die von der häßlichen Liesl Vitzlipützli geleitet wird. Ramsay schließt sich vorübergehend der Truppe an; dabei lernt er auch die hübsche Assistentin Faustina kennen. Einige Jahre später folgt Liesls Truppe einer Einladung Ramsays nach Toronto. Ramsay arrangiert ein Wiedersehen mit Boy und Eisengrim. Beide verlassen abends gemeinsam die Wohnung Ramsays. Am nächsten Morgen wird Boy auf dem Grund des Hafenbeckens von Toronto ertrunken aufgefunden. Er sitzt in seinem von innen verschlossenen Auto und hat den eiförmigen Stein im Mund, der in dem verhängnisvollen Schneeball gesteckt hatte. Der Stein hatte Ramsay jahrelang als Briefbeschwerer gedient.

Ramsays vielseitige Erlebnisse können als Stationen seiner Individuation (nach C. G. JUNG) verstanden werden, seiner allmählichen Selbstwerdung. Dieses Selbst besteht aus vielen Schichten, deren sich der einzelne erst bewußt werden muß. Der Roman verbildlicht diese Schichten durch die Personen, die in Ramsays Leben eintreten und in den Beziehungen, die er zu ihnen entwickelt. Demnach erlebt Ramsay eine Art Wiedergeburt, deren äußeres Zeichen das Glücksgefühl der inneren Ruhe ist. Die Abkehr von der rein realistischen Ebene erlaubt es Davies, den Individuationsweg des Protagonisten in allegorischer Klarheit (»Seelenbilder«) aufzuzeigen: seine jugendlichen Gefährtinnen heißen z. B. Agnes Day, Gloria Mundy und Libby Doe. Mary Dempster und Boy Staunton stellen nach dieser Lesart die Anima (den weiblichen Anteil der Psyche) und den Schatten (Zurückweisung aller ungeliebten Elemente in der eigenen Persönlichkeit) dar. Als archetypische Projektionen des kollektiven Unbewußten sind Magnus Eisengrim (als Magier), Pater Blazon (als der alte Weise), Faustina (als Gretchen), Leola (als Verführerin) und Liesl Vitzlipützli (als der Teufel) zu interpretieren.

Trotz dieser vielfältigen Anwendung Jungschen Gedankenguts bleibt der Text dennoch lesbar und spannend. Dies liegt nicht zuletzt daran, daß Davies seine Figuren in eine jeweils realistisch adäquat wirkende Umgebung stellt: Mary Dempster ist z. B. die Frau des Geistlichen und lebt nach ihrer Verletzung am Stadtrand von Deptford; Stauntons abstoßende Persönlichkeit wird angemessen durch seine Karriere in der Welt des Kommerzes und der Politik illustriert. Die vielen Zufälligkeiten der Handlung passen sich der Welt der Zirkusse und Zauberer an. Und das größte Rätsel von allen, der mysteriöse Tod Stauntons, findet seine »Erklärung« im allumfassenden Zweck des Romans: zu zeigen, daß die Menschen ein Bedürfnis nach dem Geheimnisvollen in ihrem Leben haben. H.Geh.

AUSGABEN: NY/Toronto 1970. – Ldn. 1971. – NY 1971. – Ldn. 1977. – Markham/Ont. 1977.

ÜBERSETZUNG: *Der Fünfte im Spiel*, M. Gridling, Wien 1984; ern. Mchn. 1986 (Goldm. Tb).

LITERATUR: G. Roper, *R. D. »Fifth Business« and ›That Old Fantastical Duke of Dark Corners, C. G. Jung‹* (in Journal of Canadian Fiction, 1, 1972, Nr. 1, S. 33–39). – E. Buitenhuis, *R. D.*, Toronto 1972. – W. Cude, *Miracle and Art in »Fifth Business«; or, Who the Devil is Lieselotte Vitzlipützli?* (in Journal of Canadian Studies, 9, 1974, Nr. 4, S. 3–16). – R. Brown u. D. Bennett, *Magnus Eisengrim: The Shadow of the Trickster in the Novels of R. D.*, (in MFS, 9, 1976, S. 347–363). – C. Gerson, *Dunstan Ramsay's Personal Mythology* (in Essays on Canadian Writing, 6, 1977, S. 100–108). – Journal of Canadian Studies, 12, 1977, Nr. 1 [Sondernr. *R. D.*]. – J. S. Grant, *R. D.*, Toronto 1978.

## SIR JOHN DAVIES

getauft 16.4.1569 Chisgrove
† 7.12.1626 bei London

LITERATUR ZUM AUTOR:
M. Seeman, *Sir J. D.*, Wien/Leipzig 1913. – M. D. Holmes, *The Poet as Philosopher*, Philadelphia 1921. – P. B. Rogers, *Sir J. D.'s Gulling »Sonnets«* (in Bucknell University Studies, 4, 1954, S. 193–204). – T. S. Eliot, *Sir J. D.* (in T. S. E., *On Poetry and Poets*, NY 1957). – G. A. Wilkes, *The Poetry of J. D.* (in Huntington Library

Quarterly, 25, 1962, S. 283–298). – D. Hadas, *The Mind and Art of Sir J. D.*, Diss. Columbia Univ. 1963. – T. Spencer, *Two Classic Elizabethans: Samuel Daniel and Sir J. D.* (in *Theodore Spencer: Selected Essays*, Hg. A. C. Purves, New Brunswick 1966). – J. R. Brink, *Sir J. D.: His Life and Major Works*, Diss. Univ. of Wisconsin 1972. – J. L. Sanderson, *Recent Studies in Sir J. D.* (in English Literary Renaissance, 4, 1974, S. 411–417). – Ders., *Sir J. D.*, Boston 1975 (TEAS). – P. Erlebach, *Formgeschichte des englischen Epigramms von der Renaissance bis zur Romantik*, Heidelberg 1979, S. 106–112. – M. Colthorpe, *Sir J. D. and an Elizabethan Court Entertainment* (in NQ, 33, 1986, S. 373–374).

## NOSCE TEIPSUM! This Oracle Expounded in Two Elegies. [1] Of Humane Knowledge, [2] Of the Soule of Man and the Immortalitie thereof

(engl.; *Erkenne dich selbst! Erläuterung dieses Ausspruchs in zwei elegischen Gedichten. 1. Über die menschliche Erkenntnis. 2. Über die menschliche Seele und ihre Unsterblichkeit*). Philosophisches Lehrgedicht von Sir John DAVIES, erschienen 1599. – Das Werk, das einem ästhetisch anspruchsvollen Publikum alte Wahrheiten in neuer Form bieten will, zeigt in seiner Aufgeschlossenheit gegenüber verschiedensten Denksystemen deutlich den Einfluß MONTAIGNES. Davies verbindet patristische und scholastische Gedankengänge mit neuplatonischen Ideen, schließt sich aber auch eng an die Tradition aristotelischen Denkens an (dem ersten Teil des Gedichts liegt als Gliederungsschema ARISTOTELES' *Über die Seele* zugrunde). Mögliche Quellen sind ein Traktat von Pierre de LA PRIMAUDAYE und der *Traité de la verité de la religion chrestienne* von Philippe DU PLESSIS-MORNAY (1587 von SIDNEY ins Englische übersetzt).

Die Dichtung gliedert sich in eine mehr philosophisch orientierte Analyse der Seele und ihrer verschiedenen Funktionen und Kräfte und in eine überwiegend theologisch argumentierende Darlegung der Unsterblichkeit der Seele. Der erste Teil stellt ein Kompendium elisabethanischer Psychologie dar. Hier definiert Davies in einer dialektisch fortschreitenden Erörterung früherer und zeitgenössischer Lehrmeinungen das Verhältnis von Seele und Leib, wobei er sich energisch gegen die Lehre von den *humours*, den die seelische Konstitution bedingenden Körpersäften, wendet. Ferner geht er ausführlich auf das Problem des Ursprungs der Seelen ein. Da er an die Entstehung der Einzelseelen in jeweils einem Schöpfungsakt Gottes glaubt, lehnt er die Aristotelische Idee der Seele als *entelecheia* ebenso entschieden ab wie PLATONS Mythos der Präexistenz. Es entspricht ganz dem elisabethanischen Weltbild, wenn er den Menschen in seiner leib-seelischen Ganzheit als das zentrale Glied in der *»Kette alles Seienden« (»chain of being«)* betrachtet und ihn wegen dieser Mittelstellung zwischen den körperlosen Seelen der Engel und den unbeseelten Körpern der organischen und anorganischen Natur das *»verkleinerte Modell der Welt«* nennt. Von dieser Formel her entwickelt er ein wiederum typisch elisabethanisches Analogiedenken, das darin gipfelt, daß er in der Platonischen Seelendreiteilung in vegetatives, sinnliches und intellektuelles Vermögen ein Abbild der göttlichen Trinität sieht. – Der zweite Teil zeigt eine noch strengere logische Gliederung. Auf sechs Argumente für die Unsterblichkeit der Seele folgen fünf Einwände dagegen, die jedoch sofort widerlegt werden. Der Formalismus der Darlegung und die Sophistik der Beweisführung – beispielsweise dient sowohl der Todesmut guter als auch die Todesfurcht böser Menschen als Argument für die Unsterblichkeit der Seele – müssen wohl in Zusammenhang mit Davies' juristischer Ausbildung gesehen werden. Das Gedicht klingt mit einer *acclamation* aus, einem Preis der Unsterblichkeit der Seele, durch die der Tod des Menschen zu dessen eigentlicher Geburt wird.

Davies' virtuose Handhabung des – später als *elegiac stanza* bezeichneten – Vierzeilers (kreuzweise gereimte, fünfhebige Verse), seine Fähigkeit, äußerste Verdichtung der Gedankengänge mit Klarheit der Diktion zu verbinden, und die Anschaulichkeit und Mannigfaltigkeit seiner Bildwelt, die den Bereich der Wissenschaften (Medizin, Physik, Jurisprudenz u. a.) ebenso einschließt wie alltägliche Erfahrungen, heben *Nosce teipsum!* weit über das Niveau gereimter Schulphilosophie hinaus. Das Werk blieb in zahlreichen Bearbeitungen bis ins 18. Jh. hinein lebendig, wurde von COLERIDGE in *Biographia Literaria* überschwenglich gelobt und fand im 20. Jh. die Bewunderung T. S. ELIOTS *(On Poetry and Poets)*, der vor allem Davies' *»seltene Gabe, Gedanken in Gefühle zu verwandeln«* hervorhob. M.Pf.

AUSGABEN: Ldn. 1599. – Ldn. 1602 [korr. u. erw.]. – Ldn. 1697, Hg. u. Vorw. N. Tate; [2]1714. – Ldn. 1882 (in E. Arber, *An English Garner*, Bd. 5). – NY 1903 (in E. H. Sneath, *Philosophy in Poetry*). – NY/Ldn. 1941 (in *The Poems*, Hg., Einl., Anm. u. Bibliogr. C. Howard; Faks.-Ausg.). – NY 1969 (Nachdr. d. Ausg. NY 1903). – Oxford 1975 (in *The Poems*, Hg. R. Krueger, Einl. u. Komm. R. K. u. R. Nemser).

LITERATUR: E. H. Sneath, *Philosophy in Poetry: A Study of »Nosce Teipsum«*, NY 1903. – L. J. Bredvold, *The Sources Used by D. in »Nosce Teipsum«*, Menasha 1923. – G. J. Eberle, *Sir J. D.'s »Nosce Teipsum«, 1599: A Bibliographical Puzzle* (in Papers of the Bibliographical Society of the University of Virginia, 1, 1948, S. 135–148). – C. Y. Simpson, *An Edition of Sir J. D.' »Nosce Teipsum«* (in Stanford University Abstracts of Dissertations, 1951, S. 138–140). – R. H. Bowers, *An Elizabethan Manuscript »Continuation« of Sir J. D.'s »Nosce Teipsum«* (in MPh, 58, 1960, S. 11–19). – R. L. Colie, *The Rhetoric of Transcendence* (in PQ, 43, 1964,

S. 145–170). – J. R. Brink, *The Composition Date of Sir J. D.'s »Nosce Teipsum«* (in Huntington Library Quarterly, 36, 1973, S. 19–32). – J. R. Brink, *The Rhetorical Structure of Sir J. D.'s »Nosce Teipsum«* (in Yearbook of English Studies, 4, 1974, S. 52–61).

## ORCHESTRA, OR, A POEME OF DAUNCING

(engl.; *Orchester oder Ein Gedicht über den Tanz*). Unvollendetes Lehrgedicht von Sir John DAVIES, erschienen 1596. – Bald nach seinem Erscheinen wurde das Werk in einer Reihe satirischer Epigramme (von John HARINGTON, John MARSTON u. a.) verspottet; erst neueste Forschungen, vor allem von E. M. W. TILLYARD, haben es als eine der repräsentativsten Darstellungen des hochelisabethanischen Weltbilds ausgewiesen. Drei Vorstellungsweisen, zum Teil aus der mittelalterlichen Scholastik übernommen, bestimmten dieses Weltbild: ein durchgehender Analogismus von Mikrokosmos und Makrokosmos, von Diesseitigkeit und Transzendenz, eine hierarchische Verkettung alles Kreatürlichen, von der unbelebten Natur bis hinauf zu den Erzengeln, und schließlich das auf PLATON zurückgehende Bild des Tanzes als Symbol der Ordnung und Harmonie des Universums. Davies' unmittelbare Quelle für diese Vorstellungen ist wohl Sir Thomas ELYOTS *Boke Named the Gouvernour* (1531), das auch einen Abschnitt über den Tanz und seine Bedeutung für die Fürstenerziehung enthält. Der Rückgriff auf Elyot und die Tatsache, daß die kopernikanische Wende nur in einem Nebensatz erwähnt wird, obgleich sie für das Thema der Sphärenmusik und des Tanzes der Planeten unmittelbar relevant gewesen wäre, sind Ausdruck sowohl von Davies' persönlichem Konservativismus als auch des starken konservativen Elements im gesamten elisabethanischen Weltbild.

Davies bettet seine didaktischen Ausführungen geschickt in einen epischen Rahmen ein: Antinous, witzigster und würdigster der Freier, die sich während Odysseus' Abwesenheit um Penelope versammelt haben, fordert diese zu einem Tanz auf. Daraus entwickelt sich eine regelrechte Disputation, in der Antinous die Geschichte des Tanzes zurückverfolgt bis in seine mythischen Ursprünge als Schöpfung der Göttin Liebe und in der er seine Auffassung demonstriert, daß der Tanz als Prinzip der Harmonie und der hierarchischen Ordnung sowohl dem Lauf der Gestirne als auch den Bewegungen der vier Elemente und dem Lebensrhythmus der organisch belebten Natur zugrundeliege. Der von Menschen ausgeführte Tanz sei nichts anderes als die Analogie dieses kosmischen Tanzes, und seine Funktion sei es, zu einer wiederum analogen Harmonie und Ordnung im innermenschlichen und im zwischenmenschlich-sozialen Bereich zu erziehen. Dieser Apologie des Tanzes, die das ganze Universum durchmißt, um schließlich im Menschen den End- und Gipfelpunkt zu erreichen, setzt Penelope den Hinweis auf die enge Verwandtschaft von Liebe und sündiger Lust, von Tanz und erotischem Taumel entgegen. Daraufhin zeigt Antinous ihr als zwingendstes Gegenargument in einem prophetischen Zauberspiegel den prunkvollen Tanz der Hofgesellschaft um Königin Elisabeth. Mit dem Preis ihrer Schönheit und Weisheit, mit der Vision des elisabethanischen Englands als dem Goldenen Zeitalter, in dem alle ethischen und ästhetischen Implikationen des Tanzes sich erfüllt haben, bricht das Werk ab. Offenbar sollte es damit enden, daß Penelope sich zu Antinous' Auffassung bekehrt.

*Orchestra*, Davies' erstes größeres Werk, trägt deutlich die Züge eines Spätstils: Mit seiner Verknüpfung extravaganter Bilder und Sprachfügungen mit einer akademisch-systematischen Gedankenführung gehört es zur ausgehenden Periode der *university wits*; seine reife metrische Kunst, die Glätte der Diktion, die Brillanz und Genauigkeit der einzelnen Formulierungen sind ohne SPENSERS Verskunst nicht zu denken. Die Virtuosität, mit der Davies hier eine schwierige, siebenzeilige Strophenform *(ababbcc)* meistert und durch Variationen dieses Schemas immer neue Überraschungseffekte erzielt, hat er später nur noch in seinen 26 *Hymnes of Astrea* (1599) übertroffen, Preisgedichten auf Elisabeth I., denen allen das Akrostichon »Elisabetha Regina« zugrunde liegt. M.Pf.

AUSGABEN: Ldn. 1596 (in E. Arber, *An English Garner*, Bd. 5; Nachdr. Ldn. 1882). – Ldn. 1622 (*Orchestra or A Poeme Expressing the Antiquitie and Excellencie of Dauncing*, in *Nosce Teipsum*). – Blackburn 1869–1876 (in *The Works in Verse and Prose*, Hg. A. B. Grosart, 3 Bde.). – Ldn. 1876 (in *The Complete Poems*, Hg. A. B. Grosart, 2 Bde.). – Ldn. 1889 (in *The Works*, Hg. H. Morley). – Wembley Hill 1922, Hg. R. S. Lambert. – NY 1941 (in *The Poems*, Einl. u. Anm. C. Howard; Faks.).– Ldn. 1945, Hg. E. M. W. Tillyard. – St. Clair Shores, Mich. 1971, Hg., Einl. u. Anm. E. Mandeville [Nachdr. d. Ausg. Ldn. 1947]. – Oxford 1975 (in *The Poems*, Hg. R. Krueger, Einl. u. Komm. R. K. u. R. Nemser).

LITERATUR: W. F. McNeir, *Marston versus D. and Terpsichore* (in PQ, 29, 1950, S. 430–434). – R. Krueger, *Sir J. D.: »Orchestra« Complete, Epigrams, Unpublished Poems* (in RESt, 13, 1962, S. 17–29; 113–124). – I. Sowton, *Hidden Persuaders as a Means of Literary Grace* (in University of Toronto Quarterly, 32, 1962, S. 55–69). – T. W. Craik, *Volpone's Young Antinous* (in NQ, 17, 1970, S. 66–74). – J. L. Livingston, *Sir J. D. and His »Orchestra«: Fragile Mirror of Elisabethan Order* (unveröff. Diss. Buffalo 1970; vgl. Diss. Abstracts, 31, 4723A–4724A). – J. L. Sanderson, *Bérenger de La Tour and Sir J. D.: Two Poets Who Set the Planets Dancing* (in The Library Chronicle, 27, 1971, S. 116–125). – S. Thesinger, *The »Orchestra« of Sir J. D. and the Image of the Dance* (in Journal of the Warburg and Courtauld Institute, 36, 1974,

S. 277–304). – J. R. Brink, *The 1622 Edition of Sir J. D.'s »Orchestra«* (in Library, 30, 1975, S. 25 bis 33). – R. J. Manning, *›Rule and Order Strange‹: A Reading of Sir J. D.'s »Orchestra«* (in English Literary Renaissance, 15, 1985, H. 2, S. 175–194).

## WILLIAM HENRY DAVIES

* 20.4.1871 Newport
† 26.9.1940 Nailsworth

### AUTOBIOGRAPHY OF A SUPER-TRAMP

(engl.; *Autobiographie eines Super-Tramps*). Autobiographie von William Henry DAVIES, erschienen 1908. – Als Davies an die Niederschrift seiner Lebensgeschichte ging, hatte er sich als Lyriker bereits einen Namen gemacht. Im Mittelpunkt seiner Autobiographie stehen frühe Erlebnisse als Tramp und Gelegenheitsarbeiter in Amerika und England gegen Ende des 19. und zu Anfang des 20. Jh.s. Davies, beneidenswert frei von materiellem Streben, lebte nur seinen dichterischen Ambitionen. Mittellos brach er von England nach Amerika auf und begann dort seine erstaunliche »Laufbahn«. Er beschreibt seine oft lebensgefährlichen Schwarzfahrten auf der Eisenbahn und seine Abenteuer als Viehknecht, Fruchtpflücker und Gelegenheitsarbeiter. Besonders kurios und erheiternd sind seine Berichte über Erlebnisse mit der amerikanischen Justiz. Ungekünstelt läßt Davies einen ganzen Kontinent lebendig werden: die überwältigende Freigebigkeit der Amerikaner, ihre Zähigkeit, ihren Humor, ihre gelegentliche Gewalttätigkeit (Schilderung eines Lynchaktes) und ihre rauhbeinige Gerichtsbarkeit, wie auch die Weiträumigkeit und Mannigfaltigkeit des Landes. Im Vergleich dazu erscheinen Davies' Berichte über seine Erlebnisse in England fast zahm. Hier sind es vor allem seine ersten verlegerischen Abenteuer, die den Leser gleichzeitig erheitern und bewegen.
Auch wenn dieses Buch dem geheimen Wunsch einer dem materiellen Fortschritt verschriebenen Gesellschaft entgegenkam, manchmal die Fessel des »Im-Leben-weiterkommen-Müssens« abzustreifen, gehört es dennoch nicht zur eskapistischen Literatur. Der Verfasser ist nicht nur ein ausgezeichneter Stilist und ein Erzähler mit natürlicher Begabung für profilierte Charakterzeichnung – die bis heute fortdauernde Popularität seiner Autobiographie erklärt sich wohl auch daraus, daß Davies' eigene Person in ihrer Mischung aus Arglosigkeit und Rauhbeinigkeit, aus naiver Lebensbejahung und stetem Verteidigungswillen gegen das Böse in der Welt die Leser fasziniert. Das von Bernard SHAW mit einer begeisterten Einleitung versehene Buch gilt als klassisches Beispiel der moderneren abenteurlichen Autobiographie. J.v.Ge.

AUSGABEN: Ldn. 1908 [Vorw. G. B. Shaw]. – Ldn. 1960. – Ldn. 1976. – Oxford 1980 (OUP).

ÜBERSETZUNG: *Supertramp. Autobiographie eines Vagabunden*, U. v. Wiese, Zürich 1985.

LITERATUR: T. Moult, *W. H. D.*, Ldn. 1934. – R. Church, *Brit. Authors*, Toronto 1948. – D. Thomas, *Quite Early One Morning*, Ldn. 1954. – W. Cooke, *Alms and the Supertramp: Nineteen Unpublished Letters from W. H. D. to Edward Thomas* (in The Anglo-Welsh Review, 70, 1982, S. 34 bis 59).

## ALEXANDRU DAVILA

* 12.2.1862 Goleşti
† 20.10.1929 Bukarest

### VLAICU VODĂ

(rum.; *Fürst Vlaicu*). Historisches Schauspiel in fünf Akten von Alexandru DAVILA, Uraufführung: Bukarest, 12. 2. 1902. – Dieses Schauspiel bildet den ersten Teil einer von Davila geplanten Dramentrilogie, die den Titel *Mirciada (Das Mircea-Epos)* tragen sollte. Die Handlung von *Vlaicu Vodă* stützt sich auf historische Ereignisse, die sich im 14. Jh. in der Walachei zugetragen haben. Der Protagonist des Dramas, Fürst Vlaicu, ist ein walachischer Herrscher, dem die Unabhängigkeit seines Landes und das Wohlergehen seiner Untertanen besonders am Herzen liegt. Vlaicus direkte Gegenspielerin ist seine Stiefmutter Clara, eine Ungarin und Katholikin, die das Land an den ungarischen König Ludwig auszuliefern plant. Vlaicu ist über die Unterordnung der Walachei unter die Herrschaft Ungarns empört, jedoch solange seine Schwester und sein Schwager als Geiseln am Hofe Ludwigs gefangengehalten werden, kann er nichts unternehmen. Seinen Bojaren erscheint Vlaicu als ein schwacher, unentschlossener Fürst; sie hassen Clara wegen ihrer gegen Volk und Glauben gerichteten Politik. Ein weiteres Spannungsmoment des Dramas ergibt sich aus der Liebesbeziehung zwischen Mircea, einem Neffen Vlaicus und späteren Fürsten der Walachei, und Claras Tochter Anca. Aus Gründen der Staatsräson plant Vlaicu die Heirat Ancas mit Simon Stareţ, dem König von Vidin. Clara widersetzt sich diesem Plan, da sie darin die Möglichkeit einer Schwächung des ungarischen Einflusses erkennt. Sie plant sogar Vlaicus Ermordung, doch dieser entdeckt das gegen ihn gerichtete Komplott und befreit die am Hofe Ludwigs festgehaltenen Geiseln. Als er die Heirat Ancas mit Simon Stareţ ankündigt, versucht Mircea ungeachtet der patriotrischen Beweggründe, die Vlaicu zu diesem Entschluß zwangen, diesen zu töten. Vlaicu verzeiht auch Mircea. Als auch der zweite Versuch Claras, einen Aufstand gegen Vlaicu anzuzetteln, mißlingt, wird sie in das Kloster Snagov verbannt. Die Gestalt Vlaicus ist komplex und von starker dramatischer Wirkung. Der Kritiker George CĂLINESCU (1899–1965) nennt ihn *»die Verkörperung von Machiavellis Prinzen auf rumänischem Boden«*. Das Drama ist in Langversen abgefaßt; die Spannungsentwicklung im Drama verrät einen erfahrenen und begabten Künstler. *Vlaicu Vodă* war bei seiner Premiere ein großer Erfolg und steht auch heute noch auf dem Spielplan der rumänischen Theater. Zusammen mit Barbu Ştefănescu DELAVRANCEA (1858–1918), Vasile ALECSANDRI (1821 bis 1890) und Bogdan P. HASDEU (1836–1907) gehört Davila zu den Klassikern des rumänischen historischen Dramas. G.Sc.

AUSGABEN: Bukarest 1902. – Bukarest 1929. – Bukarest 1965 [Einl. u. Anm. N. Sorin]. – Bukarest 1971; 21978. – Bukarest 1975, Hg. D. D. Panaitescu.

LITERATUR: M. Dragomirescu, *Paternitatea lui Vlaicu-Vodă* (in M. D., *Critică*, Bd. 2, Bukarest 1928, S. 37–43). – A. Vasiliu, *A. D.*, Bukarest 1965. – V. Brădăţeanu, *Drama istorică naţională*, Bukarest 1966. – V. Silvestru, *Inflexiuni actuale la »Vlaicu Vodă«* (in V. S., *Prezenţa teatrului*, Bukarest 1968, S. 149–152). – N. Davidescu, *Aspecte şi direcţii literare*, Bukarest 1975, S. 480–482. – M. Popa, *Tensiuni dramatice în Vlaicu-Vodă* (in M. P., *Forma ca deformare*, Bukarest 1975, S. 69–83). – *A. D. Antologie*, Hg. S.-C. Dumitrescu, Bukarest 1982.

## DAN DAVIN

eig. Daniel Marcus Davin

* 1.9.1913 Invercargill

### FOR THE REST OF OUR LIVES

(engl.; *Für den Rest unseres Lebens*). Roman von Dan DAVIN (Neuseeland), erschienen 1947. – Den Hintergrund der Romanhandlung bilden die Kämpfe der britischen Truppen und ihrer Verbündeten aus dem Commonwealth gegen die deutsche Afrika-Armee unter Rommel im zweiten Weltkrieg. Protagonisten sind drei junge Offiziere einer neuseeländischen Division, Tom O'Dwyer, Frank Fahey und Tom Brandon, die das Schicksal immer wieder zusammenführt, sei es an der Front, sei es in der Etappe beim Aufstellen neuer Einheiten oder während des Dienstes beim Stab in Kairo. Die Charaktere dieser Männer sind in den Umrissen kräftig gezeichnet, doch nicht scharf genug voneinander abgesetzt. Zwar werden die Reaktionen der drei Offiziere in den zahlreichen Gefahrensituationen, denen sie ausgesetzt sind, jeweils auf ihre indviduelle Veranlagung zurückgeführt, da aber alle drei von Anfang an als grundanständig und aufgeschlossen geschildert werden, weiß jeder, der einigermaßen mit der erzählenden Kriegsliteratur positiver Tendenz vertraut ist, im voraus, wie sie sich verhalten werden: Auf dem Kriegsschauplatz treten sie der Todesgefahr und allen Entbehrungen und Verlusten mit heroischem Stoizismus und mit dem Humor des echten Gentleman gegenüber; den Intrigen und dem kleinlichen Gezänk im Hauptquartier und hinter den Linien begegnen sie mit einer Mischung aus Idealismus und Ironie. Alle Landser sind einfach großartig und die Offiziere bis hinauf zum General nicht minder; die raren Exemplare, die aus dem Rahmen fallen, sind an ihren häßlichen, hinterhältigen Visagen und sonstigen unangenehmen körperlichen Eigenschaften unschwer zu erkennen. – Auch Frauen treten auf: Fahey verliebt sich ernsthaft in ein Mädchen, das ihn jedoch sitzen läßt, als sie einen besseren Fang macht; Brandon, ein ruheloser Don-Juan-Typ, fällt »ironischerweise« kurz nach seinem Entschluß, zu heiraten und seßhaft zu werden.

Die besten Szenen des Romans sind die, in denen Kampfhandlungen geschildert werden: sie sind unemotional, präzis, unmittelbar überzeugend. Im übrigen deckt sich die Einstellung des im englischen Sprachraum sehr bekannt gewordenen Buches mit der Haltung eines nicht geringen Teils der Romane, die bisher aus dem Zweiten Weltkrieg hervorgegangen sind: der Krieg wird als notwendiges Übel, gelegentlich auch als eine Art von männlichem Sport gesehen, eine Betrachtungsweise, die weit entfernt ist von derjenigen der meisten Kriegsautoren nach 1918, für die der Krieg etwas Grauenvolles war, das immer nur neues Grauen zeugen und für das es niemals irgendeine Rechtfertigung geben kann. J.v.Ge.

AUSGABE: Ldn. 1947; Nachdr. 1965.

LITERATUR: E. H. McCormick, *New Zealand Literature*, Ldn. 1959, S. 154–156.

## FRANK DALBY DAVISON

* 23.6.1893 Glenferrie
† 24.5.1970 Melbourne

### DUSTY, THE STORY OF A SHEEP-DOG

(engl.; *Ü: Dingo, Hund der weiten Steppe*). Tiergeschichte von Frank Dalby DAVISON (Australien), erschienen 1946. – Davison erzählt die Geschichte eines von einem *kelpie* (austral. Schäferhund) und einem Dingoweibchen abstammenden Hundes, der im Maranoadistrikt (Südqueensland) vom Farmarbeiter Tom Lincoln aufgezogen und zum hervorragenden, prämierten *sheep dog* geschult wird. Aber bei Dusty kommt jählings seine angeborene Wildheit zum Durchbruch: im Banne eines unwiderstehlichen Rufes wird er nachts zum reißenden Dingo (Wildhund), der die Schafherden anfällt. Der alte Tom bringt es jedoch nicht über sich, seinen geliebten Gefährten zu erschießen; um Dusty zu retten, verläßt er sogar seinen Arbeitsplatz bei einem Schafzüchter und schlägt sich in einer anderen Gegend als Fallensteller durch. Aber seine Gesundheit ist dem rauhen Freiluftleben nicht mehr gewachsen, und er erliegt einem Fieber. Dusty, der nach vorübergehender Trennung seinem Herrn bis zuletzt die Treue gehalten hat, kehrt als notorischer »Killer« ins Schafzuchtgebiet zurück, kann aber durch Schlauheit, Ausdauer und Zufall allen Nachstellungen entkommen. Ein fallender Ast macht schließlich seinem im Volksmund geradezu legendär gewordenen Räuberleben ein Ende.

Mit *Dusty* gelang Davison, zu dessen literarischen Ahnen LAWSON und FURPHY gehören, ein ähnlicher Erfolg wie fünfzehn Jahre vorher mit *Man-Shy; a Story of Man and Cattle*. Das mit der Unterstützung des »Commonwealth Literary Fund« geschriebene Tierbuch, das den Autor als naturverbundenden Vertreter eines sehr kernigen, aber poetischen Wirkungen Raum lassenden Realismus des einfachen Lebens zeigt, errang im Jahre seines Erscheinens den Romanpreis des Melbourner ›Argus‹ und der ›Australasian Post‹ und wurde ein Bestseller. *Dusty* ist mehr als ein in seiner unverbildeten Frische sympathisches Jugendbuch. Über den charakteristisch australischen Gedanken des treuen, unpathetischen Zusammenhaltens hinaus gestaltet der Autor den Konflikt zwischen anerzogener Zivilisation und elementaren Regungen, vor denen die domestizierte Welt verblaßt – ein Thema, das am Schicksal des »Mischlings« Dusty im Wechselspiel seiner beiden Naturen unaufdringlich entwickelt wird. In der trivial erscheinenden Zufälligkeit von Dustys Tod wird man wohl einen Ausdruck der *untrustworthiness of life* (Unzuverlässigkeit des Lebens) sehen dürfen, der, wie auch die dramatische Ironie der Handlung, von fern an das Weltbild von HERBERTS *Capricornia* erinnert. Davisons Stärke liegt in seiner Sachkenntnis, Liebe zur Kreatur und ungewöhnliches Einfühlungsvermögen verratenden Tierdarstellung. Der menschliche Bereich tritt im Unterschied zu *Man-Shy* stärker und plastischer hervor. Neben dem warmherzig gezeichneten schlichten, liebefähigen Tom bleibt vor allem auch die scharf umrissene Jägergestalt des Einzelgängers Railey Jordan in der Erinnerung haften. Der rhythmische Wechsel von spannendem Geschehen und geruhsamem Stimmungsbild erscheint hie und da zwar durch ein Übermaß an episch-faktischer Breite gestört, in der geschickten Überblendung der Perspektive und der Prägnanz mancher Einzelszene beweist der Autor jedoch sichere Technik. J.H.T.

AUSGABEN: NY/Sydney 1946. – Ldn. 1947. – Sydney 1962 *(Dusty, a Dog of the Sheep Country)*.

ÜBERSETZUNG: *Dingo, Hund der weiten Steppe*, I. Altrichter, Stg. 1975.

LITERATUR: *A Dogged Novel*, Rez. (in The Bulletin, Sydney, 25. 12. 1946, S. 2). – H. M. Green, *A History of Australian Literature*, Sydney 1961, Bd. 2, S. 1034–1040. – J. Hetherington, *Forty-Two Faces*, Melbourne 1962, S. 36–41. – H. Dow, *F. D. D.*, Melbourne u. a. 1971. – O. Webster, *The Outward Journey*, Canberra 1978. – L. E. Rorabacher, *F. D. D.*, Boston 1979 (TWAS).

## NEVILLE DAWES

* 16.6.1926 Warri / Nigeria

### THE LAST ENCHANTMENT

(engl.; *Die letzte Verzauberung*). Roman von Neville DAWES (Jamaika), erschienen 1960. – Ramsay und Cyril, zwei junge intellektuelle Jamaikaner, reagieren in unterschiedlicher Weise auf die Morbidität der kolonialen bürgerlichen Gesellschaft ihrer Heimat. Ramsay tritt der »People's Progressive Party« bei, einer radikalen Partei mit kommunistischer Tendenz, Cyril fügt sich allen Vorurteilen und fördert mit guten Beziehungen seine Karriere. Beide gehen zum Studium nach England, wo Ramsay mit einem Arbeitersohn Freundschaft schließt, während Cyril der Tochter einer einflußreichen Jamaikanerin den Hof macht. Nach der Heimkehr schließt sich Ramsay trotz seines Neids auf den radikalen Parteiführer Edgar noch enger an seine Partei an, Cyril hingegen fühlt sich in der korrupten bürgerlichen Gesellschaft wohl.

Der Roman vermittelt anschauliche Bilder der Bildungs- und Existenzproblematik einer jungen Generation in Jamaika, in der die eine Seite in Vergnügungen Trost findet, die andere sich um ihrer eigenen Würde willen radikalisiert. Das Erlebnis England konfrontiert die Studenten mit der psychologischen Seite der Rassenfrage und bringt sie zu der Erkenntnis: *»Die weiße Welt kann den Neger nur als Mythos akzeptieren: mythisch dumm, mythisch fröhlich und unmoralisch.«* – Die Szenen um Cyril hat der Autor mit zynischer Ironie dargestellt, Ramsay hingegen, dem seine Sympathie gilt, ist zuweilen in pathetischem Ton und nicht ohne Sentimentalität gezeichnet. J.H.J.

AUSGABE: Ldn. 1960.

ÜBERSETZUNG: in *Jubeltag auf Jamaica. Westindien in Erzählungen seiner besten zeitgenössischen Autoren*, Hg. u. Übers. J. Jahn, Herrenalb 1965.

LITERATUR: F. A. Collymore, *Writing in the West Indies. A Survey* (in Tamarack Review, 14, 1960, S. 111–124). – L. E. Brathwaite, Rez. (in Bim, Barbados 1961, Nr. 33, S. 74/75). – A. D. Drayton, *West Indian Fiction and West Indian Society* (in KR, 25, 1963, S. 129–141). – R. M. Lacovia, *English Caribbean Literature: A Brave New World* (in Black Images, 1, 1975, Nr. 1, S. 18–22). – B. McFarlane, Rez. (in Jamaica Journal, 9, 1975, Nr. 2/3, S. 51/52). – E. Fido, *Intellectual and Popular: Aspects for New Writing* (in Bim, Barbados 1977, Nr. 61, S. 73–78). – E. Baugh, *Critics on Caribbean Literature*, Ldn. 1978. – S. R. Cudjoe, *Resistance in the Caribbean Novel*, Ohio 1978.

## CLARENCE DAY

* 18.11.1874 New York
† 28.12.1935 New York

### LIFE WITH FATHER

(amer.; *Ü: Unser Herr Vater*). Autobiographische Erzählungen von Clarence DAY, erschienen 1935. – Held dieser humorigen Familiengeschichten aus Amerikas »guter alter Zeit«, die seit 1922 in Zeitschriften erschienen waren, ist Clarence Shepard Day senior, der typische New Yorker Geschäftsmann der Jahrhundertwende, dessen Patrizierallüren allerlei komische Vorfälle heraufbeschwören. Als erfolgreicher Börsenmakler ist er gewöhnt, daß alles nach seinem Kopf geht und seine Familie ihn als souveränen Herrscher respektiert. Vaters Wohlergehen ist für seine Frau (ihr ist der Erzählungsband *Life with Mother*, 1937, dt. 1938, gewidmet) und die Kinder oberstes Gebot. Oft gelingt es nur mit List und Tücke, ein väterliches Donnerwetter abzuwenden. Ob er eine neue Köchin einstellt, vom Pferd fällt, das Telefon *»ins Haus läßt«* oder Knöpfe annäht – Vater verhilft noch der trivialsten Begebenheit zu anekdotischer Bedeutung. Am ungemütlichsten kann er werden, wenn das Versagen anderer seine bourgeoise Behaglichkeit in Mitleidenschaft zieht. Dann zögert er nicht, ein ganzes Dorf in Aufruhr zu versetzen, nur weil das Eis, mit dem er seinen Wein kühlen will, nicht geliefert worden ist. Mit seinen Schrullen und seinem unerschütterlichen Selbstvertrauen ist Vater das Symbol jener sozialen und wirtschaftlichen Stabilität, die das wohlhabende amerikanische Bürgertum vor dem Ersten Weltkrieg geradezu als Privileg beanspruchte.

Day schildert den »Helden« seiner Kindheit, den Haustyrannen mit dem goldenen Herzen, mit einer Mischung aus Nostalgie und verständnisvoller Ironie. Sein im Feuilletonistischen beheimateter Humor – der Yale-Absolvent Day gehörte zu den wichtigsten Autoren des Magazins ›The New Yorker‹ – zeichnet sich durch Menschenkenntnis und karikaturistische Treffsicherheit aus. In seinen Illustrationen verschmilzt der Autor Jugendstilelemente mit James THURBERS schmucklos-komprimierter Zeichentechnik. Wie Thurber schrieb auch Day humoristische Tierfabeln. *Life with Father* wurde auf Anhieb ein Bestseller, der Days finanzielle Verluste durch den Börsenkrach von 1929 ausglich. Die Dramatisierung durch die Bühnenroutiniers Howard LINDSAY und Russel CROUSE brachte es am Broadway auf über 6000 Aufführungen. J.v.Ge.-KLL

AUSGABEN: NY/Ldn. 1935. – NY 1961. – NY 1966. – Ldn. 1969. – Cutchogue 1981. – NY 1984.

ÜBERSETZUNG: *Unser Herr Vater*, H. Fallada, Stg. 1936. – Dass., ders., Hbg. u. a. 1949. – Dass., ders., Reinbek 1963 (rororo).

DRAMATISIERUNG: H. Lindsay u. R. Crouse, *Life with Father* (Urauff.: NY 1939; dt. Erstauff.: Bremen, Dez. 1947, Künstlerhaus).

VERFILMUNG: USA 1947 (Regie: M. Curtiz).

LITERATUR: H. S. Canby, *Who Was Who* (in H. S. C., *American Memoir*, NY 1947, S. 300 bis 314). – A. A. Knopf, *Random Recollections of a Publisher* (in Proceedings of the Massachusetts Historical Society, 74, 1961, S. 92–103). – N. W. Yates, *The American Humorist: Conscience of the Twentieth Century*, Ames 1964, S. 229–239. – W. Blair u. H. Hill, *America's Humor*, NY 1978, S. 419–429. – A. A. Knopf, *Publishing C. D.* (in Yale Univ. Literary Gazette, 55, 1981, Nr. 3, S. 101–115). – R. A. Schwartz, *C. D.* (in DLB, Bd. 11, 1982, S. 108–113). – S. Bradley, *Our Native Humor [1936–1937]* (in *Critical Essays on American Humor*, Hg. W. B. Clark u. W. C. Turner, Boston 1984, S. 62–69).

## JOHN DAY

* um 1574 Cawston
† um 1640

### THE PARLIAMENT OF BEES, with Their Proper Characters

(engl.; *Das Parlament der Bienen, mit einer Beschreibung ihrer eigentümlichen Charakterzüge*). Verssatire von John DAY, älteste erhaltene Ausgabe 1641. – Sowohl der Autor als auch das Entstehungsdatum des Werks sind umstritten. Als Verfasser kommt auch Thomas DEKKER in Frage, der – wie *Henslowe's Diary* ausweist – auf dem Theater mehrfach mit Day zusammengearbeitet hat; *The Parlia-*

*ment of Bees* enthält mehrere Passagen, die wörtlich mit Stellen aus Dekkers Stücken *The Noble Soldier* und *The Wonder of a Kingdom* übereinstimmen. Durch das ungelöste Zuordnungsproblem ist auch die Datierung erschwert: Genauer als »zwischen 1625 und 1640« ist das Entstehungsdatum nicht anzugeben. *The Parliament of Bees* ist das bekannteste Werk Days, dessen Schaffen große Vielseitigkeit zeigt (Tragödien, Satiren, Romanzen); es steht in der Tradition von VERGILS *Georgica*, insbesondere dessen Buch 4, und zeigt Ähnlichkeit mit den Verssatiren von John MARSTON und John DONNE. Das Werk besteht aus einer Folge von zwölf untereinander nicht verbundenen, in paarweise reimenden fünffüßigen Jamben gesetzten Dialogen, in denen *»gute und böse Menschen in diesen unseren Tagen«* in allegorischer Maskierung als Bienen agieren. Das unter Prorex, dem irdischen Statthalter König Obrons (d. i. Oberon), einberufene Bienenparlament soll die Abwehr der Bürger gegen Gesetzesbrecher wie Hummel, Drohne, Wespe und Hornisse mobilisieren und organisieren, die durch korrupte merkantile Praktiken und durch Plünderung und Raubmord dem Staat schaden. Mehr als satirisch überzeichnete Typen denn als Charaktere werden der maßlose und egoistische Verschwender (Dialoge 3 und 7), der betrügerische Quacksalber (9), der skurpellose Wucherer (10) und andere entlarvt und eine Kritik dieser Bösewichte in moralisierenden Sentenzen beigefügt. Auf der Seite der Tugendsamen ist z. B. die gastfreie Biene (2) zu finden, die sich in vollkommener Caritas übt und ihren Reichtum in den Dienst der Armut stellt; Soldat und Dichter (Dialoge 4 und 5) sind zwar vernachlässigte Mitglieder der Gesellschaft, dieser aber dennoch in Loyalität und Verantwortungsbewußtsein verbunden. Achtung des Gesetzes und Gerechtigkeit, Huldigung der tugendhaften Frau und des mit ihrer Hilfe sich ethisch verwirklichenden Mannes sind gedankliche Schwerpunkte der Dichtung; doch werden moralisches Verhalten mehr statuiert und gelobt und unmoralisches Handeln eher kategorisch verurteilt, als in ihrer Beziehung zur Komplexität menschlichen Verhaltens und gesellschaftlicher Zustände dargestellt. Erst in MANDEVILLES *The Fable of the Bees* (1714–1729) wird eine differenzierte und eingehende Moral- und Sozialkritik entwickelt.

Stilistisch zeichnet sich das Werk durch seinen Reichtum an Wortspielen und durch die Musikalität der Verskadenzen aus; der Autor dürfte sich an MARLOWES Sprache geschult haben. Eingestreut sind bemerkenswerte idyllische Eklogen (Dialoge 6, 8 und 11), die in den Umkreis der nachelisabethanischen Schäferdichtung, in die Nähe von BROWNES *Pastorals* und MILTONS *L'Allegro*, gehören. Wenn auch die Mischung von Moralsatire und idyllischer Stimmungsdichtung fremdartig berührt und das locker gefügte Werk tieferes Eindringen in die Nuancen sozialen Verhaltens vermissen läßt, so ist doch Days Talent zu rühmen, *»mit Worten reizvolle Harmonien zu komponieren«* (S. Schoenbaum).

I.Sch.

AUSGABEN: Ldn. 1641. – Ldn. 1881 (in *The Works of J. D.*, Hg. A. H. Bullen; ern. Ldn. 1963, Hg. R. Jeffs). – Ldn. 1888; ern. 1904 (in *Nero and Other Plays*, Hg. A. Symons). – NY/Ldn. 1979, Hg. W. T. Cocke III. [krit., m. Bibliogr.].

LITERATUR: A. C. Swinburne, *Contemporaries of Shakespeare*, Ldn. 1919. – E. M. Albright, *Dramatic Publication in England, 1580–1640*, NY 1927; ern. 1971, S. 299. – S. R. Golding, *»The Parliament of Bees«* (in RESt, 3, 1927, S. 280–304). – M. E. Borrish, *J. D.*, Diss. Harvard Univ. 1931. – W. Peery, *»The Noble Soldier« and »The Parliament of Bees«* (in StPh, 48, 1951, S. 219–233). – S. Schoenbaum, *J. D. and Elizabethan Drama* (in Boston Public Library Quarterly, 5, 1953, S. 140–152). – *Henslowe's Diary*, Hg. R. A. Foakes u. R. T. Rickert, Cambridge 1961. – L. Martines, *Society and History in English Renaissance Verse*, Oxford 1985, S. 21. – W. Maynard, *Elizabethan Lyrical Poetry and Its Music*, Oxford 1986, S. 39, 181.

## DAYĀNANDA SARASVATĪ

eig. Dayāljī [Knabenname], später:
Mūlśaṅkar oder Mūljī [weltlicher Name]
Sarasvatī

* um 1824 Ṭaṅkārā / Gujarat
† 30.10.1883 Ajmer

### SATYĀRTHAPRAKĀŚAḤ

(hindi; *Das Licht der Wahrheit*). Religiöser Grundtext des Ārya-Samāj (»Gemeinde der Arier«, eine Sekte, die für Reformen des Hindutums eintritt) von DAYĀNANDA SARASVATĪ, erschienen 1875. – Der schon früh dem Asketenleben zugetane Autor hatte im Alter von 22 Jahren sein Elternhaus verlassen, um nicht die ihm von seinen Eltern bestimmte Frau heiraten zu müssen, die ihn an das »Leid der Welt« gebunden hätte. Nachdem er fünfzehn Jahre lang Indien als Wandermönch durchstreift hatte, wurde er 1860 von seinem Lehrer *(guru)* Virajānanda in Mathura zur Reform des Hindutums aufgerufen. Zunächst predigte er in Sanskrit nur für Gelehrte, aber auf den Rat von Keśav Candra SEN, dem Oberhaupt des Brāhmo-Samāj (»Gemeinde der Gottgläubigen«, eine religiöse Reformsekte) in Kalkutta hielt er ab 1872 seine Ansprachen in dem überall in Nord- und Zentralindien verständlichen Hindi. Zur Verbreitung seiner Lehren trug seine auf Wunsch des Rājā Jaykṛṣṇadās (Deputy Collector von Benares) abgefaßte Schrift *Satyārthaprakāśaḥ* bei, deren Publikation mit der Gründung seiner Sekte, des Ārya-Samāj, zusammenfällt.

Dayānanda Sarasvatī hat das Werk in Form von Lehrvorträgen *(upadeśa)* dem Pandit Candraśekhar diktiert; diese traditionelle Art der Entstehung bestimmte den Aufbau, die Gegenstände und viele Details der ersten zehn Teile des Buchs, die mehr einem religiösen Lehrbuch hinduistischer Sekten des Mittelalters gleichen als einem modernen Traktat. Sie behandeln nacheinander, doch wenig systematisch, die Namen Gottes (Teil 1), die Erziehung der Kinder (2), Lehre und Opferdienst (3), Hochzeit und Pflichten des Haushalters (4), das Waldleben der Alten und die Askese (5), die Pflichten des Königs (6), Gott und die Seele (7), die Kosmologie (8), die Erlösung (9), Verhaltensregeln und Speisevorschriften (10). Die einzelnen Lehrstücke werden mit oft langen Zitaten (in Sanskrit mit Hindi-Paraphrase) aus der vedischen Literatur und den philosophischen Schriften *(darśana)* der Hindus eingeleitet; gewöhnlich folgen darauf im Stil altindischer Unterweisung Fragen eines zweifelnden Schülers sowie den Zweifel zerstreuende Antworten. Dem jüngeren Hinduismus mit seiner Vielgötterei, seinem Kastenwesen, seiner starren Moral und seinen vielen Unsitten stellt Dayānanda Sarasvatī eine puritanische, angeblich die »Wahrheit« der *Veden* wieder ans »Licht« bringende, neuhinduistische Lehre entgegen. Obwohl seine Lehren viele nichtvedische Elemente enthalten und – indirekt – durch die christliche und die islamische Mission beeinflußt sind, hält sich der Autor für berechtigt, alle anderen hinduistischen Sekten und Glaubensformen (Teil 11), die Religionen der Jainas und Buddhisten (12), das Christentum (13) und den Islam (14) verurteilen zu müssen. (Die Teile 12 und 14 sind erst in der zweiten Auflage des Werks von 1884 hinzugekommen.)

Der *Satyārthaprakāśaḥ* ist ein wichtiges Dokument des nationalbewußten, nach Selbstsicherheit suchenden Hindutums zu Beginn des indischen Unabhängigkeitskampfes; sein Einfluß auch auf die Hindus außerhalb des Ārya-Samāj läßt sich in Nordindien fast überall nachweisen. Der indische Kongreß vor GĀNDHĪ, die Hindupolitik und die nordindischen Hindu-Literaten verdanken diesem bis 1940 allein in der Hindisprache in mehr als 400 000 Exemplaren verbreiteten Werk viele Reformideen und zugleich ihre auf Kampf gerichtete Dynamik. Seine Sprache war der erste, geglückte Versuch, dem modernen Hindi, der heutigen Reichssprache Indiens, in weiten Gebieten des Landes Geltung zu verschaffen. P.G.

AUSGABEN: Benares 1875. – Allahabad 1884 u. ö. – Delhi 1962. – Sonipat 1972, Hg. Y. Mimamshak.

ÜBERSETZUNG: *Licht der Wahrheit*, Daulat Ram Dev, Lpzg. 1930.

LITERATUR: Lajpat Ray, *The Arya Samaj*, Ldn. 1915; [2]1967 [m. Bibliogr.]. – H. v. Glasenapp, *Religiöse Reformbewegungen im heutigen Indien*, Lpzg. 1928 [m. Bibliogr.]. – V. Prakash, *Life and Teachings of Swami Dayanand*, Allahabad 1935. – Satya Prakash, *A Critical Study of Philosophy of Dayanand*, Ajmer 1938. – G. P. Upadhyaya, *The Origin, Scope and Mission of the Arya Samaj*, Allahabad 1940 [m. Bibliogr.]. – L. Gupta, *Hindī bhāṣā aur sāhitya ko Āryasamāj kī den*, Lacknau 1961 [m. Bibliogr.]. – J. Gonda, *Die Religionen Indiens II*, Stg. 1963, S. 308 ff. [m. Bibliogr.]. – P. Gaeffke, *De hindi literatuur en het Indische nationalisme*, Leiden 1966. – K. W. Jones, *Arya Dharm*, Berkeley 1976. – Aryan Singh Bawa, *D. S.: Founder of Arya Samaj*, Neu Delhi 1979.

## DAZAI OSAMU

d.i. Tsushima Shūji
* 19.6.1909 Kanagi
† 13.6.1948 Tokio

### SHAYŌ

(jap.; *Ü: Die sinkende Sonne*). Roman von DAZAI OSAMU, in Fortsetzungen erschienen Juli–Oktober 1947 in ›Shinchō‹. – Das Werk gilt als repräsentativ für das Nachkriegsschaffen des Dichters: Die aristokratische Restfamilie, die geschildert wird, symbolisiert das feudale Japan der Nachkriegszeit. Der Tod der Mutter, der »letzten Dame«, bedeutet das Ende von Adel und Würde in dieser Welt; Kazuko, die nach unglücklicher Ehe ins Elternhaus zurückgekehrte Tochter, glaubt ihre Auflehnung gegen die zerbröckelnde Gesellschaftsordnung alter Prägung – sie ist eine begeisterte Adeptin marxistischer Ideen – im offenen Eingeständnis ihrer Liebe zu dem verheirateten Maler Uehara, von dem sie sich ein Kind wünscht, unter Beweis stellen zu können; ihr Bruder Naoharu, Spätheimkehrer aus dem pazifischen Krieg, dem Trunk ergeben und drogensüchtig aus Verzweiflung über die Unmöglichkeit, trotz Selbsterniedrigung die ersehnte Gemeinschaft mit den Niedrigen herstellen zu können, sieht sich als Opfer einer Gesellschaftsordnung, gegen die zu kämpfen ihm die Kraft fehlt. Die Flucht vor seinem aristokratischen Selbst, durch Geburt und Erziehung geformt, läßt sich schließlich nur durch den Tod aus eigener Hand verwirklichen. Im Abschiedsbrief an die Schwester bekennt er seine heimliche Liebe zur Frau des Uehara, den er als gemeinen und bäurischen Menschen abqualifiziert und verachtet. Kazuko jedoch ist bereit, um des Kindes willen erneut den Kampf mit dem Leben aufzunehmen, auch nachdem der haltlose und dekadente Uehara, den sie ebenfalls als ein Opfer der Gesellschaft betrachtet, sie verlassen hat.

Die maßvolle Sprache der wohlerzogenen Frau vornehmer Herkunft – der Autor läßt seine Heldin Kazuko erzählen – verleiht diesem aus der demoralisierenden Nachkriegsatmosphäre erwachsenen Roman seinen besonderen Reiz. Der familiäre Hintergrund trägt autobiographische Züge, und in der Person des Naobaru hat der seit je depressive Schriftsteller sein eigenes Schicksal vorweggenommen. Er nahm sich im Juli 1948 das Leben. N.N.

AUSGABEN: Tokio 1947 (in Shinchō). – Tokio 1965 (in *Dazai Osamu shū*; Gendai bungaku taikei 54). – Tokio 1963 (in *Taihon Dazai Osamu zenshū*).

ÜBERSETZUNG: *Die sinkende Sonne*, O. Benl, Mchn. 1958.

LITERATUR: *Introduction to Contemporary Japanese Literature*, Tl. 2, Tokio 1959, S. 131–134. – J. Sako, *Dazai Osamu ni okeru décadence no rinri*, Tokio 1958. – T. Yamagishi, *Ningen Dazai Osamu*, Tokio 1962.

## EDMONDO DE AMICIS

* 21.10.1846 Oneglia (heute zu Imperia)
† 11.3.1908 Bordighera

### CUORE

(ital.; *Herz*). Jugendbuch von Edmondo DE AMICIS, erschienen 1886. – Bereits acht Jahre vor seinem Erscheinen hatte De Amicis seinem Mailänder Verleger Treves das geplante Jugendbuch mit den Worten angekündigt: *»Um ein neues Buch zu schreiben, muß ich es mit der Fähigkeit tun, in der ich anderen überlegen bin: mit dem Herzen.«* Die Veröffentlichung des mit Spannung erwarteten Buches fiel dann am 15. Oktober 1886 mit dem ersten Schultag der italienischen Grundschulen zusammen, kurze Zeit nach seinem Erscheinen wurde *Cuore* in mehrere Sprachen übersetzt.

In Form eines imaginären Tagebuchs des Schülers Enrico Bottini berichtet *Cuore* Begebenheiten und Ereignisse einer dritten Grundschulklasse in Turin während des Schuljahrs 1881/82: Enrico hat sein Tagebuch vier Jahre nach Beendigung seiner Aufzeichnungen mit Hilfe seines Vaters überarbeitet und veröffentlicht. Es besteht aus drei Teilen: den nach Monaten unterteilten Aufzeichnungen Enricos im Verlauf des Schuljahres und Porträts der Mitschüler und Lehrer, den tadelnden Briefen des Vaters, der Mutter und der älteren Schwester Silvia, die durch Kursivdruck vom übrigen Text abgehoben sind, und den *racconti mensili*, den vom Lehrer diktierten »monatlichen Erzählungen«, die die gute Tat eines Kindes zum Thema haben.

Diese Erzählungen mit zum Teil sehr patriotischem Unterton sind in verschiedenen Einzelausgaben erschienen und bilden gewissermaßen den literarischen Kern des Buches, wurden aber wegen ihrer Schilderungen von Grausamkeiten kritisiert und als für Kinder wenig geeignet beurteilt. Darunter findet sich die Geschichte des kleinen Schreibers aus Florenz, der seinem Vater nachts heimlich die Schreibarbeit abnimmt und am Tag von ihm wegen seiner Müdigkeit getadelt wird, oder die des kleinen sardischen Trommlers, der einen Hilferuf der eingeschlossenen Truppen durch die Reihen des feindlichen Heeres bringt und dabei ein Bein verliert. Was zählt, ist das Opfer für die Familie und, in Fortführung dessen, für das Vaterland. Die Verabsolutierung der Ziele einer bürgerlichen Klasse, aus deren Sicht Enrico Bottini erzählt, und der rührselige Patriotismus gegenüber einem Vaterland, das sich erst nach zwei Unabhängigkeitskriegen als solches konstituiert hatte, erklären sich aus der Entstehungszeit des Buches: Es wurde zu einer Zeit geschrieben, als nach der Einheit Italiens im Jahr 1861 zum ersten Mal die allgemeine Schulpflicht eingeführt wurde und sich die Angehörigen aller sozialen Schichten auf der Schulbank begegneten. *»Alle, alle lernen jetzt, Enrico«*, heißt es in einem der mahnenden Briefe des Vaters, *»und denk an die Arbeiter, die am Abend, nach den Mühen des Tages, in die Schule gehen«*. Die Schule ist nach der Konstituierung Italiens Schule der Nation, ein Ort der Begegnung. Sie schafft die Voraussetzung für den sozialen Aufstieg, sie bedeutet Fortschritt und Hoffnung.

Die in das Tagebuch eingeschobenen Porträts von Lehrern und Schülern haben schematischen Charakter: Die Lehrer werden als aufopfernde Erzieher im Dienste der Nation beschrieben, die Schüler auf gute oder schlechte Eigenschaften reduziert: Neid, Hochmut, Fleiß, Geschäftssinn, das Gute und das Böse werden auf unglaubwürdige Weise von jeweils einer Gestalt verkörpert; die Charaktere werden zum Teil bis zur Groteske überzeichnet. Die Schilderung des Schulalltags ist pathetisch und die mahnenden elterlichen Briefe wirken überzogen. Für den heutigen Leser am interessantesten ist die Beschreibung der Eltern der Schüler, in der sich die Klassengegensätze im Turin dieser Zeit widerspiegeln. Hierin zeigt sich das Buch als Ausdruck des Hochmuts der herrschenden Oberschicht: Trotz aller verbaler Forderungen nach Gleichheit wird die stolze Herablassung deutlich, mit der die sozial Privilegierten die Armen scheinbar als gesellschaftlich gleichrangig anerkennen und ihre eigene Haltung dabei als großmütig empfinden.

Die schulmeisterlichen Moralpredigten und eine stellenweise recht penetrante Rührseligkeit trugen dem Buch besonders nach dem Ersten Weltkrieg, als De Amicis' erzieherische Ideale nicht mehr ganz aktuell waren, scharfe Kritik ein. Heute haben sowohl diese negativen Beurteilungen als auch die Überschätzung durch die zeitgenössische Leserschaft einer gerechteren Würdigung Platz gemacht. De Amicis, der sich gewisser literarischer Unzulänglichkeiten deutlich bewußt war (*»Ich war eigentlich zum Schulmeister geboren«*), schrieb sein Buch zur Erbauung und Belehrung für die Jugend seiner Zeit, und gemessen an dieser bescheidenen Absicht erscheint *Cuore* heute noch als ein durchaus geglücktes Werk. D.De.-KLL

AUSGABEN: Mailand 1886. – Mailand 1936 (Edizione del cinquantenario 1886–1936). – Mailand 1945/46 (in *De Amicis* [Opere]. Hg. A. Baldini, 2 Bde.; Romanzi e racconti italiani dell'ottocento). – Mailand 1958 (Edizione per il cinquantenario della morte). – Mailand 1965. – Turin 1972, Hg. L. Tamburini [krit.]. – Mailand 1977 [Einl. u. Komm. G. Pasquali u. E. Borelli]. – Mailand 1980. – Mailand 1985, Hg. D. Carnevali.

ÜBERSETZUNGEN: *Herz. Ein Buch für die Knaben*, R. Wülser, Basel 1889 [Übers. auf d. Grundlage d. 72. Aufl.]; 41893 [Übers. rev.]. – Dass., ders., Basel 1926 [66.–71. Tsd.]. – *Herz. Ein Buch für die Jugend*, E. Schoop-Naef, Zürich 1943. – *Cuore: eine Kindheit vor hundert Jahren*, H.-L. Freese, Bln. 1986 [gek.].

VERFILMUNG: Italien 1984 (Regie: L. Comencini).

LITERATUR: – L. Ziccardi, *Il libro »Cuore«*, Catanzaro 1916. – M. Mosso, *I tempi del »Cuore«: vita e lettere di E. De A. ed E. Treves*, Mailand 1925. – A. Galasso, *Cuore. Saggio critico sul »Cuore« del De A.*, Catanzaro 1935. – S. Lopez, *»Cuore« dopo cinquant'anni* (in L'Illustrazione Italiana, 27. 9. 1936). – G. Pasquali, *Il »Cuore« di E. De A.* (in G. P., *Stravaganze quarte e supreme*, Venedig 1951). – M. Valeri, *E. De A.*, Florenz 1954. – I. Balducci, *»Cuore«. A settant'anni dalla sua pubblicazione, 1886–1956*, Mailand 1957. – L. Volpicelli, *La verità su »Pinocchio« e saggio sul »Cuore«*, Rom 21959. – L. Gigli, *De A.*, Turin 1962. – D. Provenzal, *Rilettura del »Cuora«* (in Mattino, Neapel, 11. 9. 1962, S. 3). – L. Barone, *Rievocazione deamicisiana*, Sorrent 1963. – G. Marchese, *De A., poeta della fraternità*, Palermo 1963. – F. Liffredo u. a., *Il controcuore: Analisi del »Cuore« di E. De A.*, Mailand 1977. – F. Durand, *La polemica su »Cuore«* (in Ausonia, 34, 1979, H. 5/6). – G. V. Amoretti, *»Cuore« e Pinocchio in Germania* (in Annali dell'Istituto Universitario di Lingue Moderne: Sede di Feltre, 6, 1983, S. 29–40). – *E. De A.*, Hg. F. Cotorbia, Imperia 1985. – L. Troiso, Art. *E. De A.* (in Branca, 2, S. 104–107).

## DIMČO VEL'O DEBELJANOV

* 28.3.1887 Koprivštica
† 2.10.1916 bei Demir Hisar / Griechenland

**DAS LYRISCHE WERK** (bulg.) von Dimčo Vel'o DEBELJANOV.
Als Debeljanov im Jahr 1906 seine ersten Gedichte veröffentlichte, erschienen zur selben Zeit die Lyrikzyklen *Săn za štastie (Der Traum vom Glück)* von P. P. SLAVEJKOV und *Chajduški pesni (Haidukenlieder)* von P. K. JAVOROV. Beiden Schriftstellern, die die traditionelle Literatur unter Führung Iv. VAZOVS sprengten und im Zeichen des Modernismus, Individualismus und Symbolismus die bulgarische Dichtung in thematischer und formaler Hinsicht einem neuen Höhepunkt zuführten, ist Debeljanov verpflichtet: In Slavejkov, dessen Tod (1912) er ein Gedicht widmete, verehrte er die Geistesgröße und sittliche Kraft sowie die melancholische Schönheit seines lyrischen Werks; mit Javorov dagegen verband Debeljanov die innere Unruhe, die Unzufriedenheit und das ständige, ziellose Suchen – Grundstimmungen, die sich in den Gedichten beider Dichter niederschlugen. Während sich Slavejkov an der deutschen Literatur orientierte, studierte Debeljanov die französischen und russischen Symbolisten BAUDELAIRE, VERLAINE, BRJUSOV und BLOK und ließ sich von ihren Werken beeinflussen. K. KONSTANTINOV, einer der Initiatoren der ersten Werkausgabe, nannte Debeljanov sogar den *»bulgarischen Verlaine«*.
Nur zehn Jahre blieben Debeljanov, ein Opus von über 100 Gedichten und ein Poem zu schaffen; er mußte das Schicksal so namhafter Dichterkollegen wie Chr. BOTEV, Chr. SMIRNENSKI, G. MILEV oder P. PENEV teilen, die alle nicht älter als dreißig Jahre wurden. Ein breiter literarischer Erfolg blieb Debeljanov zu Lebzeiten verwehrt; die erste Gedichtsammlung erschien 1920, der dann jedoch mehrere Ausgaben und Auflagen folgten. Von der heutigen bulgarischen Literaturwissenschaft und Literaturkritik wird Debeljanov als einer der bedeutendsten Vertreter des bulgarischen Symbolismus anerkannt und gewürdigt.
Das Werk Debeljanovs läßt sich am ehesten in drei Entwicklungsstufen und Themenkreise einteilen: die Frühphase 1906–1911 unter dem besonderen Einfluß von Slavejkov und dessen Individualismus, mit Gedichten voll von romantischen Träumen, von Sehnsucht nach Freude, Glück und Liebe, von unruhigem unstillbarem Drang nach dem Unerreichbaren und von Schmerz über das Vergangene, Unwiederbringliche; die Jahre 1912–1914 mit der Hinwendung zum Symbolismus und der Schöpfung der herausragendsten Werke; die Jahre 1915/16 unter dem Eindruck der Kriegserlebnisse und der Ahnung des nahenden Todes. Diese dichterische Entwicklung hatte in der Kritik immer wieder die Frage aufgeworfen, ob Debeljanov nun Romantiker, Symbolist oder Realist sei.
Debeljanovs Lyrik ist eine zutiefst persönliche, intime Beichte mit autobiographischen Zügen. Den Dichter umgeben Einsamkeit und Verlassenheit, plagen Sorge und tragische Ahnungen; er fühlt die Freudlosigkeit des menschlichen Lebens und empfindet schmerzlich den Konflikt der Gefühle und den Widerspruch zwischen Wirklichkeit und Ideal, zwischen Leben und Traum. Die unerfreuliche, entbehrungsreiche Kindheit findet in dem frühen, undatierten Gedicht *Plovdiv* (so hieß die Stadt der Jugendjahre) melancholische Erinnerung: *»Die*

*Kindheit war für mich voll Kümmernis,/ Mit einer Unzahl von verschluckten Tränen«.* Das lyrische Ich, das von dunklen Ahnungen gequält wird und den Konflikt mit der trostlosen Wirklichkeit empfindet, leidet unter der Zwiespältigkeit der Gefühle (*Černa pesen*, 1910 – *Das schwarze Lied*): *»Tags werd' ich ohn Ermüden stets bauen / Nachts wird mitleidlos alles zerstört«.* Die Heimatlosigkeit und Einsamkeit verbunden mit leisem Schmerz kommen in dem Gedicht *Spi gradăt*, 1911 (*Es schläft die Stadt*), zum Ausdruck: *»Von nicht treuer Nacht ein treues Kind,/ Obdachlos streif' ich voll Kümmernis, / Schläft die Stadt in tauber Finsternis / Und der Regen rinnt und rinnt...«*

Debeljanov ist auch der Verfasser melodiöser Elegien, die nicht nur wehmütig an die Kindheit erinnern, sondern auch den Wunsch nach Ruhe und seelischer Harmonie ausdrücken (*Pomlis'li, pomlis'li tichija dvor*, 1914 – *Erinnerst du dich des stillen Hofes; Da se zavărneš v baštinata kăšta*, 1912 – *Ins Vaterhaus allein zurückzukehren*): *»Dies sind des Vagabunden Klageworte,/ Der trauert um Heim und Mutter in der Fremde«.* In der Natur sucht der Dichter Zuflucht vor der fremden Stadt und empfindet sie als Hort der Harmonie, des Glücks und der Ruhe: *»Es schlafen dort die alten Märchen und hallt der Ruhe süßer Klang«* (*Gora*, 1913– *Wald*).

Den literarischen Höhepunkt seines Schaffens erreichte Debeljanov mit dem Poem *Legenda za razbludnata carkinja*, 1914 (*Legende von der buhlerischen Prinzessin*). *»Das Grundlegende der Fabel dieses Poems ist ein ständiges Auf und Ab von frohen Gefühlen und Verzweiflung. Die wunderschöne, von Sehnsüchten gepeinigte Prinzessin ist das unsterbliche Symbol der disharmonischen Gefühlswelt des Dichters. Gleich seiner verbitterten Seele stöhnt sie in ihrer Einsamkeit, hebt bittend die Hände zum Meer, doch ihre Erwartungen bleiben unerfüllt. Zweifel nehmen ihr den Glauben, und dann kommt die Stunde, in der sie aus der Sternenhöhe ihrer Träume in die Arme des Lasters und dämonischer Wollust fällt«* (P. Sarev). Debeljanov hat in seinem Poem, das ein vortreffliches Beispiel für die Einheit von Form und Inhalt ist, alle Stilmittel des Symbolismus wie zahlreiche Epitheta, Metaphern, Alliterationen, Vergleiche oder Antithesen eingesetzt.

Der einzige, vollendete Gedichtzyklus, der zu Lebzeiten Debeljanovs veröffentlicht wurde, ist *Pod surdinka*, 1914 (*Mit Sordino*), mit den vier Gedichten *Kato bezumnata zakana* (*Wie eine törichte Bedrohung*), *Izminal pătja prez lăkite* (*Im Weg begangen durch die Wildnis*), *Nazad, prez săništa stămeni* (*Zurück zu schweren, dunklen Träumen*) und *Živjach v zaključeni prostori* (*In Gegenden leb ich verstohlen*). Das Motto zu diesem kurzen Zyklus, dessen Titel auf einen italienischen Begriff aus dem Bereich der Musik (*Sordino*: der Dämpfer bei Musikinstrumenten) zurückgreift, ist einem Gedicht (*Vozmezdie*, 1909 – *Vergeltung*) von Aleksandr Blok entnommen: *»... Und es wurde erbarmungslos deutlich / das Leben verrauschte und war vorbei«.* Für die metrische Form wählte Debeljanov hier vierfüßige Jamben mit Kreuzreim, wobei jeweils vier Zeilen eine Strophe bilden. Auch diese Gedichte sind ein Spiegel der dichterischen heimatlosen Seele und die Verkörperung des Leidens und des bedrückenden Zwiespalts zwischen Traum und Wirklichkeit.

Während seines freiwilligen Kriegsdienstes schrieb Debeljanov ein halbes Dutzend Gedichte, die von humanistischer Haltung getragen und von der Vorahnung des nahenden Todes geprägt sind. In dem Gedicht *Edin ubit*, 1916 (*Ein Gefallener*), heißt es: *»Er ist nicht mehr unser Feind«.* Neben einem gefallenen französischen Soldaten hatte Debeljanov einen Brief gefunden, der ihn zu diesem Gedicht inspirierte. Dieses Gedicht wie auch das letzte mit dem Titel *Sirotna pesen*, 1916 (*Waisenlied*), kurze Zeit vor dem Tode im Felde verfaßt, haben Debeljanov einen festen Platz in vielen Anthologien eingebracht. Die Furcht vor dem Tod scheint hier schon überwunden: *»Komm ich im bösen Kriege um/ Wird dies wohl niemanden verwunden./ Die Mutter ist länger tot und stumm;/ Hab Frau und Freund ich nie gefunden.«*

Debeljanov gilt als überaus sensibler Dichter, der seine Motive nicht der Tagespolitik oder politischen Ideologien entlehnte. Mit seiner feinsinnigen Lyrik, die die vollendete Beherrschung der sprachlichen Mittel ebenso wie die technische Vollkommenheit des Verses belegt, hat Debeljanov neben Slavejkov und Javorov eine dichterische Periode bereichert, die zu den Höhepunkten in der bisherigen Entwicklung der bulgarischen Literatur gezählt werden muß. D. Ku.

AUSGABEN: *Stichotvorenija*, Hg. D. Podvărzačov u. a., Sofia 1920. – *Stichotvorenija*, Hg. N. Liliev, Sofia 1930; [3]1943. – *Stichotvorenija*, Hg. L. Stojanov, Sofia 1940; [4]1950. – *Stichotvorenija*, Hg. Chr. Radevski u. L. Kackova, Sofia 1957. – *Săčinenija*, Hg. E. Konstantinova u. Z. Petrov, 2 Bde., Sofia 1969; [3]1974. – *Săčinenija*, Hg. E. Konstantinova u. N. Aleksandrova, 2 Bde., Sofia 1983.

ÜBERSETZUNG: *Gesammelte Gedichte*, S. Ventura, Buenos Aires 1976.

LITERATUR: L. Stojanov, *D. D. Poet na žiznenija podvig. Spomeni i vpečatlenija*, Sofia 1926. – V. Rusaliev, *Bezdomnik na nošta. Životăt, ljubovta i smărtta na D. D.*, Sofia 1936; [2]1946. – C. Minkov, *D. D. Tvorčestvo i život*, Sofia 1940. – M. Debeljanova-Grigorova, *D. D. Spomeni, pisma, dokumenti*, Sofia 1956. – St. Karolev, *D. D. Lit.-krit. očerk*, Sofia 1961; [2]1965. – G. Markov, *D. D. Lit. očerk*, Sofia 1962. – S. Conev, *Poezijata na D. D.*, Sofia 1965. – G. Markov, *Poezijata na D. D.*, 2. überarb. Ausg., Sofia 1966. – G. Konstantinov, *Edno neobiknoveno prijatelstvo. Lit. očerk za D. D.*, Sofia 1967.– G. Markov, *D. D. Ličnost i tvorčestvo*, Sofia 1974. – P. Sarev, *D. D.* (in P. S., *Panorama der bulgarischen Literatur*, Sofia 1977, S. 149–153). – St. Iliev, *D. D. meždu grecha i razkajanieto*, Sofia 1985.

## RALPH DE BOISSIÈRE

* 6.10.1907 Trinidad

### CROWN JEWEL

(engl.; *Ü: Kronjuwel*). Roman von Ralph De Boissière (Trinidad), erschienen 1952. – Ralph De Boissière, Abkömmlung einer französich-stämmigen Kreolenfamilie in Trinidad, gehört mit C. L. R. James, Alfred Gomez und Albert Mendes zu einer Intellektuellen- und Künstlergruppe in Trinidad, die mit der Begründung der Zeitschrift ›Trinidad‹ und ›The Beacon‹ eine literarisch-kulturelle Bewegung mit eindeutig sozialistischer und antiimperialistischer Zielsetzung in der Karibik ausgelöst hat. De Boissières Romane *Crown Jewel* und *Rum and Coca-Cola*, die sich mit der Sozialgeschichte in dem von den letzten Auswirkungen der Weltwirtschaftskrise geschüttelten Trinidad beschäftigten, sind eindeutiger als die Romane von Mendez, Gomez und C. L. R. James am sozialistischen Realismus, aber auch am russischen Realismus des 19. Jh.s orientiert. De Boissières Romane haben jedoch ihren Weg zum Publikum in Trinidad erst mit vierzig Jahren Verspätung gefunden. Während James, Mendez und Gomez bereits in den dreißiger Jahren publiziert worden sind, konnten die gleichzeitig entstandenen Romane *Crown Jewel* und *Rum and Coca-Cola* erst in den fünfziger Jahren in Australien und Anfang der achtziger Jahre in England publiziert werden: Als einer der ästhetisch und ideologisch wichtigsten Mitgestalter des »Trinidad Awakening« wurde Ralph De Boissière erst in den achtziger Jahren entdeckt.

André de Coudray, aus dessen Perspektive die wesentlichen Teile des Romangeschehens in *Crown Jewel* berichtet werden, trägt eindeutig autobiographische Züge. Wie De Boissière stammt er aus einer französischen Kreolenfamilie, die von den britischen Vertretern des Kolonialregimes abschätzig als farbig, gemischtrassig und ohne respektablen Familienhintergrund abgetan wird. Auf der anderen Seite fühlen sich die französisch-stämmigen Kreolen den anderen Gruppierungen der trinidadischen Rassen-, Klassen- und Hautfarbenhierarchie weit überlegen: den Portugiesen, den Syrern, den alteingesessenen Mulattenfamilien und dem gemeinen Volk der Inder, Chinesen und Neger.

Wie De Boissière selbst hat André de Coudray Neigungen als Musiker und Literat. Mit Freunden gibt er ein kulturpolitisches Magazin heraus, für seinen Lebensunterhalt aber muß er als kaufmännischer Angestellter bei einem Zulieferbetrieb des Bäckergewerbes arbeiten. Andrés Verhältnis zu Frauen ist zwar nicht handlungsbestimmend, aber von weitreichender symbolischer Bedeutung für das Verhältnis der Rassen untereinander, besonders in der spannungsgeladenen Atmosphäre des sozialen Konflikts und der Arbeitskämpfe der dreißiger Jahre. Über weite Strecken des Romangeschehens schwankt Andrés Zuneigung zwischen der venezolanisch-stämmigen Farbigen Elena und Gwenneth, der Tochter des englischen Obersten Richters, der schließlich auch über die Anführer des Hungermarsches von San Fernando nach Port of Spain, Le Maître und Cassandra zu Gericht sitzt. In dem Maß, wie sich die wirtschaftliche und soziale Situation der Arbeiter auf den Zuckerrohrplantagen, den Ölfeldern oder im Kleingewerbe verschlechtert und sie unter Führung von Gewerkschaftlern mit Streiks und Protestkundgebungen die Aufmerksamkeit der politisch Verantwortlichen auf sich zu ziehen versuchen, und angesichts der zunehmenden Härte, mit der die lokalen Politiker im Einvernehmen mit der britischen Kolonialverwaltung immer repressiver reagieren,verändert sich auch Andrés Verhältnis zu den beiden Frauen. Nachdem Richter Osborne die Arbeiterführer Le Maître und Cassandra (Cassie) zu einer fünfjährigen Gefängnisstrafe verurteilt hat und André auch zu verstehen gegeben wurde, daß er als Farbiger kein Umgang für seine Tochter sei, wendet sich André wieder seiner eigenen trinidadischen Herkunft in Gestalt von Elena zu.

Neben der starken autobiographischen Komponente in einer der Hauptfiguren des Romans hat De Boissière in *Crown Jewel* zahlreiche biographische und historische Fakten aus den dreißiger Jahren verarbeitet. Ganz in der Art des sozialistischen Realismus werden unterschiedliche gesellschaftliche und politische Triebkräfte in einzelnen Figuren personalisiert; über die Anordnung der Figurenkonstellation wird dem Gesamtgeschehen eine ästhetische wie ideologisch eindeutig sozialistische Interpretation und Gestaltung gegeben. Auf der Seite der Arbeiterführer ragt der bescheidene, in revolutionärer Philosophie autodidaktisch ausgebildete Le Maître hervor. Er sieht sich als Teil der proletarischen Massen und lebt für ihre Mobilisierung als revolutionäre Kraft. Sein Gegenspieler, der weiße Bürgermeister von Port of Spain, Boisson, ist wie Le Maître selbst Veteran des Ersten Weltkriegs. Beide haben jedoch aus ihrer Kriegserfahrung gegensätzliche Schlüsse gezogen. Boisson ist zwar Führer der Arbeiterpartei und gibt sich volksnah, in Wirklichkeit erschöpft sich aber seine Politik in Selbstbereicherung und in faulen Kompromissen mit den Vertretern des Kapitals, der Handels- und Kolonialaristokratie. Auf der Seite des Proletariats treten einige weitere Führerfiguren hervor, wie Popito, der als lumpenproletarischer Faulenzer und Trinker beginnt, dann aber einen Prozeß der politischen Bewußtseinsbildung durchläuft und als Märtyrer der Arbeiterklasse und der Revolution endet. Eine ähnliche Entwicklung durchlebt Cassandra, Popitas zeitweilige Lebensgefährtin bis zu dem Zeitpunkt, da er von einem Polizeispitzel erschlagen wird. Sie ist Hausangestellte im Hause des Richters Osborne und wird durch die Ereignisse auf der Straße und die Reaktion der Familie Osborne zunehmend politisiert. Sie gewinnt eine Rosa-Luxemburg-Statur als mitreissende Rednerin bei politischen Versammlungen und wird deshalb von ihrem früheren Arbeitgeber als Aufrührerin gnadenlos zu Gefängnis verurteilt. Auf der Seite des Kapitals treten einige mittlere Geschäftsleute und zunehmend Interessensvertreter bzw. Manager von ausländischen amerikanischen Kapitalinteressen in Erscheinung. Hier zeigt De Boissière bereits eine weitere historische Entwicklungslinie auf: die Ablösung des britischen Kolonialismus durch den amerikanischen Wirtschafts- und Kulturimperialismus in der Karibik. Zwischen diesen beiden Lagern versuchen André de Coudray und Joe Elias, Sohn eines syrischen Händlers, sich zu arrangieren. Joe Elias, voller politischem Ehrgeiz und Machtbesessenheit – er träumt davon, den weißen Bürgermeister Boisson als Parlamentarier an die Wand zu spielen – sucht den typischen Ausweg des Politikers, indem er die Interessen der proletarischen Basis zwar lautstark vertritt, in den Hallen der Macht jedoch seinem verbalen Radikalismus keinen Handlungswillen folgen läßt. André Coudray, auf der anderen Seite, schlägt sich zum Ende des Romans eindeutig zu seiner trinidadischen Gesellschaft und Kultur, die für ihn automatisch eine proletarische, vielrassige, gemischtrassige Volkskultur ist. E.Bre.

AUSGABEN: Melbourne 1952; Nachdr. Ldn. 1981. – Lpzg. 1956.

ÜBERSETZUNG: *Das Kronjuwel*, E. Schumann, Bln. 1954.

LITERATUR: C. Sealy, *»Crown Jewel«: A Note on R. De B.* (in Voices, 1973, Nr. 2, S. 1 ff.). – Ders., *A Backward Glance: »Crown Jewel«* (ebd., 1977, Nr. 2, S. 8–11). – S. Rushdie, *Exemplary Lives* (in TLS, 7. 8. 1981). – J. Thieme, *Socialist Classic* (in Literary Review, Sept. 1981). – L. James, *Review of »Crown Jewel«* (in Journal of Commonwealth Literature, 17, 1982, S. 13–15). – R. W. Sander, *A Caribbean Writer in Australia: An Interview with R. De B.* (in Komparatistische Hefte, 1982, Nr. 5/6, S. 195–208). – Ders., *R. De B.* (in *Fifty Caribbean Writers*, Hg. D. C. Dance, NY 1986, S. 151–159). – Ders., *The Trinidad Awakening: West Indian Literature of the Nineteen-Thirties*, Westport/Conn. 1989.

## FRIEDRICH DEDEKIND

* 1524 Neustadt a. Rübenberge
† 21.2.1598 Lüneburg

### GROBIANUS. De morum simplicitate libri duo

(nlat.; *Grobianus. Zwei Bücher über die Einfalt der Sitten*). Erzählendes Gedicht in elegischen Distichen von Friedrich DEDEKIND, erschienen 1549. – Die erste Ausgabe umfaßt zwei Bücher: im ersten tritt Grobianus, die Titel- und Hauptfigur, als Diener, im zweiten einmal als Gast bei anderen Leuten, ein andermal als Hausherr auf.

Als Diener verbringt Grobianus sein Leben folgendermaßen: Er erhebt sich um die Zeit des Mittagessens, wenn der Tisch längst gedeckt ist. Er grüßt keinen Menschen. Er ist weder gewaschen noch gekämmt, seine Schuhe sind völlig verschmutzt. Tischmanieren fehlen ihm ganz. Personen von Stand gegenüber benimmt er sich frech, zu den Mädchen ist er schamlos. Er niest, spuckt, hustet und läßt allen Winden und Geräuschen seines Bauches freien Lauf. Am wohlsten fühlt sich Grobianus in der Gesellschaft der Schlemmer: Er sorgt für Gegröle und zettelt Schlägereien an. Die sich raufenden Gäste läßt er aus dem Hause jagen. Der Hausherr darf hernach aufräumen und die Lichter löschen, während er selbst sich in voller Kleidung ins Bett wirft. – Im zweiten Buch ist Grobianus zunächst Gast bei anderen. Vor dem Mahl noch holt er sich vom Diener eine Liste der Speisen. Bei Tisch nimmt er sich die größten Portionen. Die ganze Zeit führt er sich so laut und unflätig auf, wie es ihm gerade in den Sinn kommt. Als er sich endlich dazu entschließt, nach Hause zu gehen, ist es tiefe Nacht. – Am Ende tritt Grobianus als Hausherr auf: Gäste, die ihm nicht gefallen, macht er betrunken, anderen, die als anständige Leute bekannt sind, läßt er den guten Wein mit schlechtem mischen, so daß sie bald das Weite suchen.

Für die zweite Ausgabe (1552) fügte Dedekind noch ein drittes Buch an. Darin bitten einige junge Mädchen Grobianus um Lebensregeln. Er empfiehlt ihnen, sich schamlos zu geben, viel zu schwatzen, naschhaft und gefräßig zu sein, oft ins Wirtshaus zu gehen und ihre Liebhaber betrunken zu machen, um ihnen ein Heiratsversprechen entlocken zu können. Das Buch schließt mit Anweisungen, wie der Flohplage zu begegnen sei.

Schon 1554 erschien eine dritte – die endgültige – Ausgabe des gesamten Werks, das sich größter Beliebtheit erfreute und bis 1704 immer wieder nachgedruckt wurde. Bereits 1551 brachte Caspar SCHEIDT (1520–1565) unter dem Titel *Grobianus. Von groben sitten und unhöfflichen geberden* die erste deutsche Übersetzung heraus. Diese Version in paarweise gereimten Versen ist doppelt so lang wie das Original. Grobianus erscheint hier als Lehrmeister der Rüpelhaftigkeit, der sogar eine Schule für Grobiane eröffnet. Auf dem Titelblatt dieser Bearbeitung findet sich das Motto: *»Liß wol diß büchlin offt und vil / Und thu allzeit das widerspil.«* Auch Scheidts *Grobianus* war sehr beliebt und erschien bis 1615 in vielen Auflagen. 1567 wurde Wendelin HELLBACHS Übersetzung, ebenfalls in paarweise gereimten Versen, gedruckt. 1640 entstand die Übersetzung des Wenzel SCHERFFER in Alexandrinern. Auf ihr beruhen die beiden Übersetzungen ins Englische und ins Ungarische.

Dedekinds *Grobianus* ist, als deftige Satire, charakteristisch für die frühen Manierenvorschriften des deutschen Bürgertums und diente Norbert ELIAS als eine der Quellen für seine Abhandlung *Über den Prozeß der Zivilisation* (1936). Das getreue Bild, das sie von den studentischen Bräuchen, die damals an den deutschen Universitäten gang und gäbe waren, zu zeichnen versucht, soll den Abscheu des Lesers erregen und ihn so zum Besseren ermahnen. Die Sprache mit ihren häufigen Anklängen an antike Autoren verrät die gediegene literarische Bildung Dedekinds. KLL

AUSGABEN: Ffm. 1549. – Lpzg. 1552 *(Grobianus. De morum simplicitate libri tres)*. – Ffm. 1554 *(Grobianus et Grobiana, de morum simplicitate libri tres)*. – Bln. 1903, Hg. A. Bömer (LLD, 16); Nachdr. Darmstadt 1979 [m. d. Übers. von 1551].

ÜBERSETZUNGEN: *Grobianus. Von groben sitten und unhöfflichen geberden*, C. Scheidt, Worms o. J. [1551]; Nachdr. Halle 1882, Hg. G. Milchsack (m. Einl. u. Bibliogr.; NdL, 34/35); Nachdr. Lpzg. 1979. – *Grobianus und Grobiana. Von unfletigen groben, unhöflichen sitten und Bäuerischen gebärden*, W. Hellbach, Ffm. 1567. – *Der Grobianer und die Grobianerin, das ist, drey Bücher von Einfalt der Sitten*, W. Scherffer, Briegk 1640. – *Grobianus von groben Sitten und unhöflichen Geberden*, C. Scheidt, Hg. H. E. Müller, Ulm 1920; ern. Darmstadt 1979 [Vorw. B. Könneker]. – *Grobianus von groben Sitten und unhöflichen Gebärden*, Hg. W. Matthiessen, Mchn. 1921 [nach den Übers. v. C. Scheidt u. W. Hellbach]. – *Grobianus: von groben sitten und unhoeflichen geberden*, C. Scheidt, Hg. R. D. Fay, Stg. 1985.

LITERATUR: E. Rühl, *»Grobianus« in England. Nebst Neudruck der ersten Übersetzung »The Schoole of Slovenrie« (1605) u. erster Herausgabe des Schwankes »Grobiana's Nuptials« (ca. 1640)*, Bln. 1904. – E. F. Clark, *The »Grobianus« of H. Sachs and Its Predecessors* (in JEGPh, 16, 1917). – S. A. Gallacher, *The Proverb in Scheidt's »Grobianus«* (ebd., 40, 1941, S. 489–508). – E. H. Zeydel, *Goethe, Grobianus [of D.] and Wolfram v. Eschenbach* (in GQ, 22, 1949, S. 223–229). – B. A. Correll, *»Grobianus« and Civilization: Literary and Social Genesis of Ironic Modes ...*, Diss. Univ. of Wisconsin 1982.

## MILAN DEDINAC

* 27.9.1902 Kragujevac
† 26.9.1966 Opatija

**DAS LYRISCHE WERK** (serb.) von Milan DEDINAC.

Erst aufgrund seines vierten Lyrikbandes *Od nemila do nedraga*, 1957 *(Vom Unlieben zum Ungernen)*, kann man einzelne Phasen der dichterischen Entwicklung Dedinacs rekonstruieren. In seinem Frühwerk, in dem der Gedichtzyklus *Zar zora već? – Zora!*, 1921/22 *(Bricht die Morgenröte schon auf? – Die Morgenröte!)*, herausragt, versuchte Dedinac, seinen eigenen Worten nach, *»seinen Protest gegen das Zeitalter, (...) gegen eine Literatur, die hinter dem Leben und hinter der Zeit zurückgeblieben ist«*, zum Ausdruck zu bringen. Entscheidend für das spätere Schaffen Dedinacs waren die Jahre 1922–1923, in denen er eine intensive intellektuell-literarische Beziehung zu dem großen serbischen Schriftsteller R. PETROVIĆ pflegte. Durch die erneute gemeinsame Lektüre der serbischen Lyrik, insbesondere der Dichter des Traums und der tiefen Emotionalität (u. a. B. RADIČEVIĆ, L. KOSTIĆ und V. PETKOVIĆ-DIS), und der französischen Poesie (RIMBAUD und LAUTRÉAMONT) fand Dedinac seinen eigenen dichterischen Weg, indem er *»immer tiefer zu den Emotionsquellen«* hinunterstieg und sein Begreifen von Protest und Negation radikalisierte.

Der Gedichtzyklus *Zorilo i Noćilo pevaju*, 1923 bis 1925 *(Morgenröte und Abendröte singen)*, ist zwar dem Modernismus zuzuordnen, doch seine ungewöhnliche, die entferntesten Elemente der Realität verbindende Metaphorik bewirkte, daß der Dichter einige dieser Gedichte in den surrealistischen Zyklus *Javna ptica* einfügen konnte. Sie wurden ebenfalls ein fester Bestandteil vieler nach dem Zweiten Weltkrieg erschienener Anthologien serbischer und jugoslavischer Dichtung. Die Themen der Nacht, der Morgenröte, des Lichts, der Sonne, der Dunkelheit, des Traums und des Reisens, vor allem aber das Vogel-Symbol, bleiben die Dominante der Dedinacschen Lyrik. Der Dichter verbindet die traditionellen, regelmäßigen sylabotonischen Verse der Volkspoesie und der modernen Lyrik mit freiem Vers, unregelmäßigen Längen, Akzenten und Reimen; diese wiederum kombiniert er mit prosaischen Elementen – und schafft auf diese Weise ein Genre, das ein Merkmal seiner Dichtung bleibt.

*Javna ptica*, 1926 *(Der öffentliche Vogel)*, der erste veröffentlichte Gedichtband Dedinacs, ist eines der bedeutendsten Werke des serbischen Surrealismus. Mit seiner Form, seinem Umfang und seinen sprachlichen Mitteln ist es eine Herausforderung an die im Zeichen des Rationalismus stehende Literatur und ein Plädoyer für die Poesie als Ausdruck des Irrationalen und Unterbewußten. Die Symbole sind nicht eindeutig; so bedeutet der Vogel einmal die Liebe, einmal die geliebte Frau, dann wiederum einen bestimmten Zugvogel oder *»den Brandstummel, der ein Feuerwerk neuer Assoziationen entfachen kann«*. Der Band wurde mit großer Aufmerksamkeit aufgenommen. Der Surrealist D. MATIĆ erklärte, *Javna ptica* werde *»als ein geistreiches und getreues Dokument eines dichterischen Lebens«* bestehen bleiben; M. RISTIĆ fühlte sich durch Dedinacs Werk zu dem Text *Objava poezije*, 1927 *(Die Kundgebung der Poesie)*, inspiriert, der als erstes serbisches surrealistisches Manifest gilt; der

Kritiker Z. Mišić dagegen urteilte, daß in *Javna ptica »ein vollkommener Einklang zwischen dem surrealistischen Verfahren und dem Sprachfundament, auf dem es gebaut ist, erreicht wurde.«*
*Pesme iz dnevnika zarobljenika broj 60211*, 1947 *(Gedichte aus dem Tagebuch des Häftlings Nr. 60211)*, bilden einen Teil des Tagebuchs Dedinacs aus den faschistischen Lagern Sagan und Görlitz, in denen er die Jahre 1941–1943 verbrachte. Es findet hier eine wichtige Änderung des lyrischen Subjekts statt, eine Synekdoche des früheren, surrealistischen lyrischen Ich zum Wir-Subjekt. *»Diese erste Person, das bist du und das bin ich... Und diese Zeilen, diese einfachen Gedichte hören auf, die meinen zu sein, sie werden eure.«* Die Verse werden klarer, kommunikativer, sie enthalten jedoch nach wie vor Elemente surrealistischer Technik und Metaphorik. So stellt *Balada čoveka koji je usnio mreže, (Ballade von einem Mann, der von Netzen träumte)* die Verwandlung eines Alptraums in eine grausame Sklavenrealität dar, in der die Hungersnot als eine Metamorphose der Verhafteten in Hungervögel dargestellt wird. *»Zu jedem Krümel fliegen wir alle auf einmal, in Scharen, mit einem hungrigen Geschrei.«*
Aus den Jahren 1939–1955, die Dedinac in Montenegro verbrachte, sind zwei Titel bekannt: *I zraka i mraka prepune su zjene (Von Luft und Dunkelheit sind die Augen voll)* und *Zapisano na oblacima, po morju i mramorju (an den Wolken, am Meer und am Marmor geschrieben)*; sie gehören zu Dedinacs besten Gedichtzyklen. Zwar bedient er sich darin weiterhin der Vogel- und Nestsymbolik, doch er bereichtert sie durch die Stein-, Wolken-, Olivenbaum-, und vor allem durch die Gras-Bilder. Auf der Volkstradition basierend, schafft der Dichter seinen eigenen Gras-Mythos. Die surrealistische Erfahrung und die Tradition der Volksdichtung finden eine künstlerische Vereinigung. – Dedinacs vierter Lyrikband *Od nemila do nedraga* umfaßt alle bereits erwähnten Gedichtzyklen, diesmal mit einem Kommentar des Autors versehen, lyrische und biographische Notizen, Essays und Erinnerungen, und bildet somit ein schwer bestimmbares und innovatorisches Genre, das die Kritiker (u. a. S. Lukić) als einen subjektiven, lyrischen Roman bezeichnen.
Ein Jahr vor seinem Tod veröffentlichte Dedinac eine Auswahl seiner Gedichte, *Poziv na putovanje*, 1965 *(Einladung zur Reise)*, in der er sein früheres Thema des Wegs und der Reise aufgriff – es allerdings um weitere melancholische Nuancen vertiefte – und in die er Fragmente des Gedichts *Malo vode na dlanu (Ein wenig Wasser in der Hand)*, in dem Schwarz als eine Todesdeutung dominiert, aufnahm. Ähnlich wie den Band *Od nemila do nedraga* kennzeichnet auch dieses Werk ein bereits im Titel angedeuteter Phraseolosismus: *»Ein wenig Wasser in der Hand«* ist eine doppeldeutige Metapher – des Lebens in seinem Endstadium und des letzten dichterischen Werks. – Zwischen den Kriegen und nach dem Zweiten Weltkrieg galt die Poesie Dedinacs als innovatorisch: Sie änderte den Leser- und Kritikergeschmack, trug entschieden zur Entdogmatisierung des literarischen Lebens bei und gab der Interpretation der Dichtung neue Impulse. J. De.

Ausgaben: *Javna ptica*, Belgrad 1925. – *Jedan čovek na prozoru*, Belgrad 1937. – *Pesme iz dnevnika zarobljenika broj 60211*, Belgrad 1947. – *Od nemila do nedraga*, Belgrad 1957. – *Poziv na putovanje*, Belgrad 1965. – *Noć duža od snova*, Hg. S. Lukić, Novi Sad/Belgrad 1972. – *Sabrane pesme*, Hg. S. Lukić, Belgrad 1981.

Literatur: R. Petrović, *M. D.* (in Svedočanstva, Nr. 4, 24. 12. 1924). – D. Matić, *M. D.* (in Savremeni pregled, Nr. 6, 23. 1. 1927). – M. Ristić, *Objava poezije* (in Vijenac, Nr. 3, 4. 3. 1927). – Z. Petrović, *M. D.*, Belgrad 1968. – R. Vučković, *Lirska vizija M. D.* (in Savremenik, 1971, Nr. 1).

## EDUARDO DE FILIPPO

* 24.5.1900 Neapel
† 31.10.1984 Rom

**Literatur zum Autor:**
G. B. De Sanctis, *E. de F.: commediografo neorealista*, Perugia 1959. – G. Magliulio, *E. De F.*, Bologna 1959. – V. Viviani, *E.*, (in *Storia del teatro napoletano*, Neapel 1969, S. 879–934). – L. Coen Pizer, *L'esperienza comica di E. De F.*, Assisi 1972. – F. Frascani, *E.*, Neapel 1974. – M. B. Mignone, *Il teatro di E. De F.: Critica sociale*, Rom 1974. – J. Prasse, *E. De F.* (in *Ital. Literatur der Gegenwart in Einzeldarstellungen*, Hg. J. Hösle, Stg. 1974). – F. Di Franco, *Il teatro di E.*, Bari 1975. – Ders., *E.*, Rom 1978. – C. Filosa, *E. De F. Poeta comico del tragico quotidiano*, Neapel 1978. – G. Antonucci, *E. De F.: Introduzione e guida allo studio dell'opera eduardiana: Storia e antologia critica*, Florenz 1981. – E. Torresani, *E. De F.: appunti bibliografici (e qualche personale considerazione)* (in Otto/Novecento, 1981, Nr. 3/4). – A. Bisicchia, *Invito alla lettura di E. De F.*, Mailand 1982. – E. Frascani, *E. segreto*, Neapel 1983. – E. Giammattei, *E. De F.*, Florenz 1983. – F. Di Franco, *Le commedie di E.*, Rom/Bari 1984. – R. Radice, Art. *E. De F.* (in Branca, 2, S. 122–124).

### L'ARTE DELLA COMMEDIA

(ital.; *Ü: Die Kunst der Komödie*). Schauspiel in zwei Akten von Eduardo De Filippo, Uraufführung: Neapel, 8. 1. 1965, deutsche Erstaufführung: Berlin, 10. 4. 1982, Schaubühne. – Wie Molière mit *Impromptu de Versailles (Das Impromptu von Versailles)* hinterließ De Filippo mit *L'arte della commedia* ein szenisches Testament, das in seiner Argumentation auf einem 1959 geschriebenen, offenen Brief an den damaligen Minister für Tourismus und Schauspiel basiert, in dem der Autor und engagierte Theaterleiter De Filippo die Mißstände des Theaters anprangert, die *»Mauer des Schweigens«* durchbricht. De Filippo, der 1954 in Neapel das alte Teatro San Fernando wiedereröffnet hatte und dem neapolitanischen Dialekttheater zu neuem Glanz verhalf, formuliert darin den Vorwurf, der Staat reagiere widersprüchlich auf die allgemeine Krise des Theaters in Italien, *»scheinbar sensibel für die Probleme der Kunst, doch in Wirklichkeit tyrannisch«*, zögere er nicht, *»mäzenatisch und liberal zu erscheinen, von Heuchelei und Korruption den weitesten Gebrauch zu machen«*. Wenn das Theater sterbe, so De Filippo, werde der dramatische Autor endgültig durch den Organisator ersetzt, durch den sogenannten Experten, der nichts anderes als ein Geschäftemacher oder Politiker sei.

Das Stück spielt in der Präfektur irgendeiner Provinzhauptstadt. Der neue Präfekt De Caro, eben erst angekommen, bereitet sich darauf vor, die ersten Besuche zu empfangen. Unangemeldet erscheint der Prinzipal einer Theatergruppe, Campese. Der Präfekt, der in seiner Jugend ein wenig Theater gespielt hat, empfängt Campese und erhofft sich ein wenig Zerstreuung. So uralt der Dialog ist, der sich entspinnt, so aktuell ist er auch und zwar nicht nur in Italien: Es ist der Prototyp eines Dialoges zwischen einem Mann, der für die Kunst lebt und einem unverständigen Vertreter der staatlichen Macht. Campeses bescheidenes Streben nach professioneller Würde seiner selbst und seines Theaters trifft bei dem sich betont jovial gebenden Präfekten auf völliges Mißverständnis. Der Präfekt gewährt ihm zwar kleine Vergünstigungen für seine Truppe, wie etwa Freifahrten, ignoriert jedoch Campeses wichtigstes Anliegen: Seine Stammbühne ist abgebrannt, so daß er gezwungen ist, im Stadttheater zu spielen. Seine Volksstücke werden jedoch von den vornehmeren Herrschaften abgelehnt, und das Volk wagt es nicht, das Stadttheater zu besuchen. Campese bittet den Präfekten, eine Aufführung zu besuchen, um sich von der Sachlage selbst zu überzeugen. Dieser wendet jedoch ein: *»Ich habe Verantwortung, habe an ernsthafte Dinge zu denken, die mein Amt betreffen, ich habe keine Zeit, um Ihren ... ja... Ihren ›Aufführungen‹ beizuwohnen.«* Campese wird hinauskomplimentiert, bekommt aber in der Eile anstatt des Freifahrtscheines die Liste der angesagten Besucher in die Hand. Er tritt mit der angedeuteten Drohung ab, seine Schauspieler als Besucher auftreten zu lassen.

Im zweiten Akt treten nun nacheinander die örtlichen Persönlichkeiten auf, um ihre eigenen kleinen Tragödien aufzuführen: Der Amtsarzt, der für seine berufliche Würde kämpft, der es satt hat, daß er zwar für die Mißerfolge verantwortlich gemacht wird, die Erfolge aber Gott zugeschrieben werden; der Pfarrer, dem eine Frau androht, ihr uneheliches Kind in der Kirche zu entbinden; eine Lehrerin, die in der Isolation ihrer einsam in den Bergen gelegenen Schule den Verstand verloren hat und nun glaubt, ein Kind fahrlässig getötet zu haben; schließlich ein Apotheker, dessen Apotheke, seit jeher im Familienbesitz, einem anderen übertragen wurde, während er studieren mußte. Den Kern dieser kleinen, täglichen Tragödien, hinter denen der Präfekt Campese vermutet, bildet die Forderung Campeses *»auf der Suche nach Autorität«*. Nachdem der Apotheker schließlich in der Präfektur Selbstmord begangen hat, kehrt Campese zurück, um die Liste auszuhändigen. Er weigert sich aber, den Sachverhalt zwischen Theater und Wirklichkeit zu klären: *»Exzellenz, was kümmert es Sie, ob sie einen wirklichen oder falschen Apotheker vor sich haben? Meiner Meinung nach müßte ein falscher Toter mehr zu denken geben als ein wirklicher. Wenn in einem Drama einer einen Tod vortäuscht, dann heißt das, daß in irgendeinem Teil der Welt schon ein Toter war oder sein wird. Es sind die Umstände, die zählen ...«* – Das Stück mag in Struktur und Gehalt an Pirandello und dessen Hauptthema, die Problematik der Abgrenzung zwischen Sein und Schein, erinnern. De Filippo geht es jedoch nicht um die existentielle Problematik zwischen Schein und Wirklichkeit, sondern, im Gegenteil, um den Nachweis, daß diese Unterscheidung irrelevant ist, denn *»Schauspieler oder nicht Schauspieler, das ändert nichts an den Fakten«*. Wie bereits aus dem Titel des Stücks ersichtlich wird, in dem De Filippo wortspielerisch die klassiche Gattungsbezeichnung der Commedia dell'arte verdreht, ironisiert er mit kritischer Distanz die Tradition, in deren Nachfolge er sich selber sieht und die er mit tragikomischer Moral bereichert. H.Staf.

Ausgaben: Turin 1965. – Turin 1973 (in *Cantata dei giorni dispari*, Bd. 2).

Übersetzung: *Die Kunst der Komödie*, R. Hey (in Theater heute, 1982, H. 6).

Literatur: R. Radice, *Novità di E. in scena a Napoli* (in Corriere della Sera, 9. 1. 1965). – R. Rebora, *E., operazione sul quotidiano* (in Sipario, Mai 1966). – G. Prosperi, *Attenti al teatro di regime* (in Il Tempo, 3. 1. 1980). – F. Heibert u. M. Merschmeier, *Ein Gespräch mit E. De F.* (in Theater heute, 1982, H. 6).

## FILUMENA MARTURANO

(ital.; *Ü: Philomena Marturano*). Neapolitanische Dialektkomödie in drei Akten von Eduardo De Filippo, Uraufführung: Neapel, 7. 11. 1946; deutsche Erstaufführung: München, 27. 6. 1952, Kammerspiele. – Nach dem Zweiten Weltkrieg entstanden jene Hauptwerke De Filippos, denen auch die skeptischsten Kritiker seiner früheren Komödien Beifall zollten: neben *Le bugie con le gambe lunghe* und *Le voci di dentro* seine drei bekanntesten Stükke, nämlich *Napoli milionaria!* (1945), *Questi fantasmi* (1946) und schließlich *Filumena Marturano*,

die vor allem durch drei Verfilmungen (darunter de Sicas *Matrimonio all'italiana*) auch im Ausland populär wurde.
Domenico Soriano, der Prototyp des wohlhabenden, freilich ausgesprochen spießigen Neapolitaners, hat die aus einem Elendsviertel stammende Filumena seinerzeit in einem Freudenhaus kennengelernt. Weil er sie für sich allein haben wollte, mietete er ihr zunächst eine bescheidene Wohnung; später, nach dem Tod seiner Frau, nahm er sie bei sich auf. Fünfundzwanzig Jahre lebten sie so zusammen. Nun aber scheint es, als ginge Domenico wieder auf neue Abenteuer aus. Da ergreift Filumena die Initiative: Sie wird »todkrank« und läßt sich mit Domenico *in extremis* trauen. Kaum aber hat der Priester den Raum verlassen, springt die »Sterbende« kerngesund von ihrem »letzten Lager« und drückt dem völlig Verdutzten die Hand: *»Don Domenico, herzlichen Glückwunsch: wir sind Mann und Frau!«* Der Zornesausbruch des Überlisteten – mit dieser Szene setzt die Handlung ein – gibt Filumena die lang ersehnte Gelegenheit, ihm endlich ihre Meinung sagen zu können. Sie gesteht, daß sie die Mutter dreier erwachsener Söhne ist und, um deren Ausbildung finanzieren zu können, ihren *padrone* jahrelang nach allen Regeln der Kunst »abgestaubt« hat. Als echter Neapolitaner gibt sich Domenico durch diese Enthüllungen indessen nicht geschlagen: Er läßt den Advokaten Nocella kommen, der Filumena lakonisch darauf hinweist, daß die durch arglistige Täuschung erzwungene Ehe ungültig sei und, da *in extremis* geschlossen, erst bei ihrem Tod rechtskräftig werde. – Im nächsten Akt erklärt Filumena ihren inzwischen herbeigerufenen Söhnen – sie hatten die Mittel für ihren Unterhalt bisher durch einen Notar erhalten und waren über die familiären Zusammenhänge völlig im dunkeln gelassen worden – kurz und bündig, daß sie ihre Mutter ist und einer von ihnen Don Soriano zum Vater hat. Diesem aber wirft sie verächtlich das Haushaltsgeld und die Schlüssel vor die Füße und sichert sich damit einen großartigen Abgang. – Domenico, überwältigt von den für ihn noch ganz unfaßbaren Vorgängen, will Filumena unter allen Umständen zur Rückkehr bewegen, ja er erklärt sich sogar bereit, die Eheschließung in rechtsgültiger Form noch einmal zu vollziehen. Vorher aber soll Filumena ihm gestehen, welcher dieser drei jungen Männer – der verträumte Umberto, der Draufgänger Riccardo oder der bereits verheiratete und mit vier Kindern gesegnete Michele – denn nun sein natürlicher Sohn sei. Diese Frage weist Filumena stolz zurück; *»Kinder sind Kinder«*, und deshalb müßten, wie es sich für eine ordentliche Familie gezieme, ohne jeden Unterschied alle drei Domenico zum Vater haben. Gerührt öffnet er endlich den ihm so plötzlich »geschenkten« Söhnen die Arme und läßt sich von ihnen verlegen *»Vater«* nennen, während Filumena – vor Glück – die ersten Tränen in ihrem Leben vergießt.
In einem Interview erklärte der Autor: *»Um meine Komödien schreiben zu können, habe ich die Neapolitaner gründlich studiert, und je mehr ich dieses Studium vertieft habe, desto größer war der Erfolg meiner Stücke außerhalb Neapels und außerhalb Italiens.«* De Filippo – Schauspieler, Regisseur und Bühnenautor – führt die Tradition des Anfang des 19. Jh.s entstandenen realistischen Volkstheaters seiner Heimat fort, zu dessen führenden Vertretern Eduardo Scarpetta (1853–1925), Salvatore Di Giacomo (1860–1934), Ferdinando Russo (1868 bis 1925) und Ernesto Murolo (1875–1939) zählen. Gleich seinen Vorgängern bedient auch er sich der Farce, um seinen – für den Neapolitaner symptomatischen – Pessimismus, seine Resignation, seine Überzeugung von der Relativität ethischer Wertmaßstäbe zum Ausdruck zu bringen: *»Ich bin davon überzeugt, daß meine Komödien zutiefst tragisch sind, selbst dann, wenn sie zum Lachen reizen.«* Dementsprechend ist die resolut agierende, ihr Publikum häufig zum Lachen reizende Filumena als ausgesprochen tragische Gestalt gezeichnet. Aus dem tiefsten Elend der Hafenstadt stammend, ist sie dem brutalen Egoismus der Männer ausgeliefert, Freiwild innerhalb einer Gesetzgebung, die, wie die Frau es formuliert, *»zum Heulen«* ist. Die Verbindung von tragischen und komischen Elementen zeugt von dem starken Einfluß, den Pirandello auf De Filippo ausübte. Dies wird besonders deutlich in der »Doppelgesichtigkeit der Masken«, die die Relativität der Moralbegriffe veranschaulicht. Denn Domenico Soriano, der »Überlistete«, ist ja nicht das bemitleidenswerte Opfer eines gerissenen Frauenzimmers: Das Opfer ist vielmehr Filumena, die im Bewußtsein des ihr angetanen Unrechts als Anklägerin ihr Recht fordert und es schließlich auch erlangt.
Aufschlußreich sind die Regieanweisungen, deren Lektüre – wiederum ähnlich wie bei Pirandello – für das tiefere Verständnis des Stücks unerläßlich ist: Domenico beispielsweise sitzt *»im Pyjama, die Jacke aufgeknöpft, Filumena bleich und verkrampft gegenüber, jener Frau, die nichts hat und die nichts ist, die von ihm jahrelang wie eine Sklavin behandelt wurde und die ihn jetzt in ihrer Hand hält, um ihn wie ein Küken zu zerquetschen«*. Leider entgehen dem Theaterpublikum diese erklärenden Einschübe, die in ihrer veristischen Plastizität und in ihrem literarischen Anspruch den besten Texten Giovanni Vergas vergleichbar sind. M.S.

Ausgaben: Mailand/Turin 1947 (in Il Dramma, H. 35/36). – Turin 1951 (in *Cantate dei giorni dispari*, 2 Bde., 1951–1958, 1). – Mailand 1966; $^{2}$1982 (m. *Il sindaco del rione Sanità*). – Turin 1968; $^{4}$1971.

Übersetzungen: *Philomena Marturano*, E. Cela, Zürich 1952 [Bühnen-Ms.]. – *Filumena Marturano* (in *Komödien*, Hg. J. Meinert, Bln./DDR 1972). – Dass., R. Hey, Bln. 1979.

Verfilmungen: Argentinien 1950 (Regie: L. Mottura). – Italien 1951 (Regie: E. De Filippo). – *Matrimonio all'italiana*, Italien 1964 (Regie: V. de Sica).

Literatur: C. Aristarco, *»Filumena Marturano«* (in Cinema, 1951, 75). – T. Kezich, *Cinema su precedenti teatrali* (in Sipario, 1956, 119). – C. Filosa, *E. De F. Poeta comico del tragico quotidiano*, Neapel 1978, S. 185–208.

## NAPOLI MILIONARIA!

(ital.; *Ü: Neapel im Millionenrausch*). Neapolitanische Dialektkomödie in drei Akten von Eduardo De Filippo, Uraufführung: Neapel 1945; deutsche Erstaufführung: Baden-Baden, 11. 4. 1953, Stadttheater. – Während des Zweiten Weltkriegs blüht in Neapel der Schwarzmarkt üppiger als in jeder anderen Stadt. Auch Amalia betreibt jetzt, 1942, in ihrem *basso*, der ebenerdigen Behausung der Ärmsten, einen kleinen illegalen Handel. Einer ihrer Kunden ist Errico, ein sympathischer Bursche, der ihr den Hof macht – ohne Rücksicht auf Gennaro, ihren Mann. Eine Nachbarin hat Amalia denunziert, aus Eifersucht wie aus Konkurrenzneid, und die Polizei kann jeden Augenblick erscheinen. In aller Eile wird ein Sarg herbeigeschafft, Gennaro legt sich hinein, Amalia, ihre Kinder Amadeo und Maria Rosaria, Errico und die lieben Nachbarn stellen die Trauergemeinde, selbst zwei »Nonnen« werden nicht vergessen, die ihren Rosenkranz herunterbeten. Alles ist perfekt – zu perfekt für den Carabiniere Ciappa. Er schöpft Verdacht, stellt dem Toten und den Wehklagenden eine Falle nach der anderen – vergeblich. Selbst als die Luftschutzsirene aufheult und ganz in der Nähe Bomben einschlagen, bringen sich zwar die »Hinterbliebenen« in Sicherheit, aber der Tote rührt sich nicht. Tief beeindruckt von dieser schauspielerischen Leistung rät ihm Ciappa, bevor er sich selbst in Sicherheit bringt, in Zukunft auf der Hut zu sein. – Als die Alliierten einmarschieren, hat es Amalia zu beachtlichem Reichtum gebracht, doch sie kann nicht glücklich sein: Gennaro ist seit einem Jahr verschwunden; Rosaria war einem amerikanischen Soldaten, der sich dann schnell abgesetzt hat, allzu unvorsichtig entgegengekommen; Amadeo wurde Spezialist für den Diebstahl von Autoreifen und steht mit einem Fuß im Gefängnis. Die Familie feiert gerade den Geburtstag des Hausfreundes, als Gennaro zurückkehrt, abgerissen, halb verhungert. Man hatte ihn nach Deutschland in ein Arbeitslager verschleppt; erst jetzt konnte er sich unter tausend Gefahren bis Neapel durchschlagen. Doch seine Lieben nehmen wenig Anteil an dieser Odyssee: Krieg und Not hat man über dem so schnell erworbenen Wohlstand längst vergessen. Gennaro ist ein Fremdling im eigenen Haus, aber auch in der durch Korruption zur »Millionärin« gewordenen Stadt. Nur einer hat Gennaro nicht vergessen: Ciappa, der Carabiniere, und als er am nächsten Tag kommt, erfährt die Familie, daß Amadeo beschattet wird und festgenommen werden soll. Amalia begreift, daß es für Geld zwar viel, nicht aber Glück und häuslichen Frieden zu kaufen gibt. Niemand wendet sich dagegen, als sie ihr Warenlager verschleudert. Ein böser Alptraum ist vorüber, als sie alle – arm wie zuvor – einander in die Arme sinken.

De Filippo hat seine Landsleute *»gründlich studiert«*, und so bediente er sich auch in diesem Erfolgsstück der Farce, um ein Stück Wirklichkeit und eine Portion Lebensweisheit festzuhalten. Die Brillanz des Dialogs und der geschickt geführte Handlungsfaden heben auch dieses Stück hoch hinaus über Folklore und Amateurtheater, und seine Paraderollen bieten versierten Schauspielern dieselben Möglichkeiten wie das neapolitanische Volkslied einem gefeierten Operntenor. M.S.

Ausgaben: Turin 1950. – Turin 1951 (in *Cantata dei giorni desparsi*, 2 Bde., 1951–1958, 1). – Turin 1955. – Turin 1968; [3]1972.

Übersetzungen: *Millionärin Neapel*, anon., 1953 [Bühnenms.]. – *Neapel im Millionenrausch* (in *Komödien*, Hg. J. Meinert, Bln./DDR 1972).

Verfilmung: Italien 1949 (R.: E. De Filippo).

Literatur: F. Frascani, *La Napoli amara di E. De F.*, Florenz 1958. – M. B. Mignone, *»Napoli millionaria«* (in M. B. M., *Il teatro di E. De F.: critica sociale*, Rom 1974). – C. Filosa, *E. De F. Poeta comico del tragico quotidiano*, Neapel 1978.

## QUESTI FANTASMI

(ital.; *Ü: Huh, diese Gespenster!*). Neapolitanische Dialektkomödie in drei Akten von Eduardo De Filippo, Uraufführung: Rom, 12. 1. 1946, Teatro Eliseo. – Pasquale, einer der vielen Hungerleider, die Neapel bevölkern, will in den Augen Marias, seiner jungen Frau, als der begüterte Gentleman erscheinen, der er so gern wäre. In einem heruntergekommenen alten Palazzo mietet er ein Appartement mit achtzehn Zimmern, das ihm fünf Jahre lang gratis zur Verfügung stehen soll, wenn er bezeugen kann, daß es in dem alten Gemäuer nicht »umgeht«. An das Vorhandensein von Gespenstern aber glaubt Pasquale, als er eines Abends, im vagen Kerzenlicht, Maria und einen Fremden im Salon sieht. Wie gebannt beobachtet er die Szene der Verliebten, unfähig, auch nur ein Wort hervorzubringen, und auch Maria gegenüber schweigt er, da sie ja von der Mietklausel nichts wissen darf. Sie wiederum bekräftigt Pasquales Meinung, indem sie die Geschenke ihres Geliebten Alfredo – Geld, Schmuck und einen Plattenspieler – ganz einfach über Nacht gefunden haben will. Nun gibt es für Pasquale keinen Zweifel mehr: Es existiert ein Gespenst, und zwar ein guter Hausgeist, den er nicht verärgern darf. Für Gespenster hält er auch die ungebetenen Gäste, die plötzlich hereinschneien: Alfredos Schwager, der den Taugenichts an den häuslichen Herd zurückholen will, desgleichen Armida, die verlassene Frau, die mit ihren beiden Kindern »erscheint« und fordert, Pasquale solle die treulose

Maria umbringen. Dagegen aber sträubt sich der Ärmste entschieden, obgleich er wiederum die freundlichen Geister nicht verärgern will. So täuscht er eine Flucht vor, versteckt sich aber auf dem Balkon unter einer alten Bettdecke. Dort überrascht ihn Alfredo, der Maria entführen will. Ihm, dem guten Gespenst dieses verwunschenen Hauses, erzählt Pasquale weinend sein Unglück. Der Ehebrecher ist diesem Gefühlsschwall nicht gewachsen. Auf den Tisch legt er ein Bündel Banknoten – das Geld, mit dem er in der Fremde an Marias Seite ein neues Leben gewinnen wollte.
Diese Komödie gehört zu den Hauptwerken des neapolitanischen Dramatikers, der bereits hier den das Genre der Farce überwindenden Einfluß PIRANDELLOS zu erkennen gibt. Denn pirandellianisch ist Pasquales Versuch, aus der vorgezeichneten Misere auszubrechen, wie auch der Sieg, den der natürliche Lauf der Dinge über die von einem gewitzten Verstand angestrengte Initiative davonträgt. Daß der Deus ex machina erst im allerletzten Augenblick eingreift, da alles schon hoffnungslos verwirrt scheint, und dazu mit einer ausgesprochen sentimentalen Pointe – das ist hingegen eine Lösung, die dem ironisch-kühl kalkulierenden Sizilianer Pirandello nicht gemäß wäre. Diese Lösung entspricht einer Gefühlswelt, die spezifisch neapolitanisch ist, wie denn auch De Filippo in erster Linie für seine Landsleute geschrieben hat, die in *Questi fantasmi* weit mehr finden als bloßen Klamauk oder vordergründige Unterhaltung. M.S.

AUSGABEN: Turin 1946 (in Il Dramma, Nr. 16/17). – Turin 1951. – Turin 1951 (in *Cantata dei giorni dispari*, 2 Bde., 1951–1958, 1). – Turin 1964. – Mailand 1967. – Turin [4]1972.

ÜBERSETZUNG: *Huh, diese Gespenster!*, M. u. K. Stiller, Bln. 1977.

VERFILMUNGEN: Italien 1954 (Regie: E. De Filippo). – Italien 1967 (Regie: R. Castellani).

LITERATUR: C. Filosa, *»Questi fantasmi«* (in C. F., *E. De F. Poeta comico del tragico quotidiano*, Neapel 1978, S. 169–184).

## DANIEL DEFOE

eig. Daniel Foe

* 1660 (?) Cripplegate
† 26.4.1731 Moorgate

LITERATUR ZUM AUTOR:
*Bibliographien*:
W. L. Payne, *An Annotated Bibliography of Works about D. D., 1719–1974* (in Bull. of Bibliography, 32, 1975). – H. Hammerschmidt, *D. D.: Articles in Periodicals 1950–1980* (ebd., 40, 1980). – S. Peterson, *D. D. A Reference Guide 1731–1924*, Boston 1987.
*Biographien*:
F. Bastian, *D.'s Early Life*, Totowa/N.J. 1981. – G. Kalb, *D. D.*, Heidelberg 1985. – J. Richetti, *D. D.*, Boston 1987.
*Gesamtdarstellungen und Studien*:
R. Weimann, *D. D. Eine Einführung in das Romanwerk*, Halle 1962. – R. Baine, *D. and the Supernatural*, Athens 1968. – G. Starr, *D. and Casuistry*, Princeton 1971. – J. Sutherland, *D. D.: A Critical Study*, Boston 1971. – E. James, *D. D.'s Many Voices: A Rhetorical Study of Prose Style And Literary Method*, Amsterdam 1972. – *D.: The Critical Heritage*, Hg. P. Rogers, Boston 1972. – D. Barth, *Prudence im Werk D. D.s*, Bern 1973. – J. Richetti, *D.'s Narratives: Situations and Structures*, Oxford 1975. – E. Zimmermann, *D. and the Novel*, Berkeley 1975. – P. Earle, *The World of D.*, NY 1976. – *D. D. A Collection of Critical Essays*, Hg. M. Byrd, Ldn. 1976. – K. Degering, *D.'s Gesellschaftskonzeption*, Amsterdam 1977. – P. Alkon, *D. and Fictional Time*, Athens 1979. – D. Blewett, *D.'s Art of Fiction: »Robinson Crusoe«, »Moll Flanders«, »Colonel Jack«, and »Roxana«*, Toronto 1979. – R. J. Merrett, *D. D.'s Moral and Rhetorical Ideas*, Victoria 1980. – W. Pache, *Profit and Delight. Didaktik und Fiktion als Problem des Erzählens. Dargestellt am Beispiel des Romanwerks von D.*, Heidelberg 1980. – D. Leinster-Mackay, *The Educational World of D. D.*, Victoria 1981. – *D. D.: Schriften zum Erzählwerk*, Hg. R. u. H. Heidenreich, Darmstadt 1982 [m. Bibliogr.]. – S. L. Macey, *Money and the Novel. Mercenary Motivation in D. and His Immediate Successors*, Victoria 1983. – M. E. Novak, *Realism, Myth, and History in D.'s Fiction*, Ldn. 1983. – G. Sill, *D. and the Idea of Fiction, 1713–1719*, Ldn. 1983. – H. J. Tiddick, *D. D.'s kleinbürgerliche Gesellschafts- und Literaturkritik: Vorstudien zu einer Analyse des »Robinson Crusoe«*, Ffm. 1983. – J. Bell, *D.'s Fiction*, Ldn. 1985. – R. Haskell, *The Antagonistic Structure of the Colonial Experience in Five Novels of D. D.*, Diss. Univ of North Carolina 1985 (vgl. Diss. Abstracts, 47, 1986, S. 188A). – P. R. Backscheider, *D. D. Ambition and Innovation*, Lexington 1986. – W. Roosen, *D. D. and Diplomacy*, Cranbury 1986. – Th. K. Meier, *D. and the Defense of Commerce*, Victoria 1987.

**THE FORTUNATE MISTRESS, or: A History of the Life and Vast Variety of Fortunes of Mademoiselle de Beleau, afterwards call'd the Countess de Wintselsheim, in Germany. Being the Person Known by the Name of the Lady Roxana, in the Time of King Charles II**

(engl.; *Die glückhafte Mätresse oder Eine Geschichte vom Leben und wechselvollen Schicksal der Mademoiselle de Beleau, nachmals genannt Gräfin von Wint-*

*selsheim in Deutschland, welche Person zur Zeit des Königs Karl II. als Lady Roxana bekannt war*). Roman von Daniel DEFOE, erschienen 1724. – Diese fiktive Biographie ist der letzte große Roman des Autors. Defoe schrieb ihn in der Absicht, den großen Erfolg seines Romans *Moll Flanders* zu wiederholen. In *The Fortunate Mistress* beschreibt er das Leben einer Abenteuerin von Rang und geradezu grandioser Schamlosigkeit. Daraus erklärt es sich, daß der Roman (wie übrigens auch andere Werke Defoes) während der züchtigen Viktorianischen Ära zeitweilig ignoriert wurde; die gefühlvollen und pathetischen Typen Dickensscher Prägung hatten damals die lebensgierigen, fast animalischen Charaktere Defoes entthront.

Die Titelheldin, geboren in Poitiers als Tochter französischer Hugenotten, die 1683 nach England flohen, verbringt eine ehrbare Jugend. Die hübsche Fünfzehnjährige wird mit einem dümmlichen, aber wohlhabenden Londoner Bierbrauer verheiratet und führt acht Jahre lang das Leben einer tugendhaften Ehefrau. Eines Tages macht sich ihr Mann heimlich davon, um dem Bankrott zu entgehen, und läßt seine Frau und die fünf Kinder in Armut zurück. Daraufhin vertraut die Verlassene ihre Kinder Verwandten an und wird die Geliebte ihres Hauswirts. Defoe schildert die Entwicklung, die zum ersten »Fall« seiner Heldin führt, höchst lebensecht. Die kupplerische Dienerin Amy spielt dabei eine entscheidende Rolle. Das in gesicherten Verhältnissen lebende Paar läßt sich in Paris nieder, wo Roxana (die diesen Beinamen auf Grund eines von ihr vorgeführten Tanzes erhalten hat) durch ihre Schönheit berühmt wird. Als ihr Geliebter, ein Juwelier, ermordet wird, schließt sie sich einem Fürsten von königlichem Geblüt an, mit dem sie eine Italienreise unternimmt. (Diese Episode benutzt Defoe, um zu erklären, warum er Venedig bewundert und Rom verabscheut; hier läßt er seinen antipapistischen Ressentiments freien Lauf.) Von religiösen Skrupeln geplagt, verläßt der Fürst Roxana. Nach weiteren amourösen Abenteuern umgarnt sie in Holland einen gutmütigen Kaufmann, der sie heiraten will. Aber ihr Ehrgeiz hat sich ein höheres Ziel gesetzt: sie will ihre Mätressenkarriere dadurch krönen, daß sie die Favoritin Karls II. von England wird. Die folgenden Ereignisse deutet Defoe – wohl um nicht in politische Schwierigkeiten zu geraten – mit geheimnisvoll klingenden, im Grund aber leicht durchschaubaren Worten an. – Als Roxana das fünfzigste Lebensjahr erreicht hat, glaubt sie, sich nun die wohlverdiente Ruhe gönnen zu dürfen. Um achtbar zu wirken, beginnt sie das Leben einer Quäkerin. Sie trifft den holländischen Kaufmann wieder und heiratet ihn. Aber gerade als ihre ehrbare Zukunft gesichert scheint, droht ein Skandal: eine Tochter Roxanas erscheint auf der Bildfläche und droht, die trübe Vergangenheit der Mutter zu enthüllen. Deren Dienerin will in ihrer hündischen Ergebenheit so weit gehen, die Tochter zu ermorden.

Hier bricht der Roman ab; seine letzten Zeilen scheinen hastig geschrieben und wirr. Die Ausgabe von 1743 enthält eine als »apokryph« bezeichnete Fortsetzung, in der geschildert wird, wie Roxana ihr Leben in Reue beschließt. Danach wurden noch weitere Ergänzungsversuche unternommen, die allerdings sämtlich vor der Kritik nicht bestehen konnten.

Obwohl Defoe das Buch offensichtlich rasch niedergeschrieben hat, historische Ereignisse oft nach Belieben verschiebt (Karl II. zum Beispiel starb bereits 1685) und manchmal in penetranter Weise moralisiert, ist ihm mit diesem Roman in seinen letzten Lebensjahren noch einmal ein genialer Wurf gelungen. Nie zuvor hatte er eine ähnlich übersichtliche Handlung konzipiert, nie zuvor war ihm der Versuch, die Spannung des Lesers ganz auf eine einzige, höchst unverbrämt geschilderte Gestalt zu konzentrieren, so vollkommen gelungen. Seine Roxana, eine Art Moll Flanders bürgerlicher Herkunft, ist in ihrer Lügenhaftigkeit und Habgier, in ihrer Ungezähmtheit und ihrem Hochmut zwar keine erbauliche Figur, aber ein Geschöpf von unwiderstehlicher Vitalität. KLL

AUSGABEN: Ldn. 1724; Nachdr. 1923. – Ldn. 1926 (*Roxana, the Fortunate Mistress*, Hg. R. B. Johnson). – Oxford 1927/1928 (in *The Shakespeare Head Edition of the Novels and Selected Writings*, 14 Bde.). – Ldn. 1929. – Ldn. 1964 (*Roxana. The Fortunate Mistress* ..., Hg. J. Jack).

ÜBERSETZUNGEN: *Die glückliche Mätresse oder Geschichte des Lebens und des wechselhaften Glücks der Mademoiselle de Beleau, später in Deutschland Gräfin Wintselsheim genannt, die zur Zeit König Karls II. bekannt war unter dem Namen Roxana*, L. Krüger, Bln. 1966 [Nachw. G. Klotz]. – *Roxana*, H. Novak u. a. (in *Romane*, 2 Bde., 2, Mchn. [2]1974).

LITERATUR: S. Peterson, *The Matrimonial Theme of D.'s »Roxana«* (in PMLA, 70, 1955, S. 166–191). – D. Blewett, *»Roxana« and the Masquerades* (in MLR, 65, 1970, S. 499–502). – R. Hume, *The conclusion of D.'s »Roxana«: Fiasco or Tour de Force?* (in ECS, 3, 1970, S. 475–490). – R. Jenkins, *The Structure of »Roxana«* (in Studies in the Novel, 2, 1970, S. 145–158). – E. Zimmerman, *Language and Character in D.'s »Roxana«* (in EIC, 21, 1971, S. 227–235). – C. Kropf, *Theme and Structure in D.'s »Roxana«* (in SEL, 12, 1972, S. 467–480). – F. Pugliano, *The Trade of Morality: The Quest for Moral Regeneration in »Captain Singleton«, »Robinson Crusoe«, »Moll Flanders«, and »Roxana«*, Diss. Univ. of Pittsburgh 1977 (vgl. Diss. Abstracts, 38, 1978, S. 6146/6147A). – T. Castle, *Amy, Who Knew My Disease: A psychosexual Pattern in D.'s »Roxana«* (in ELH, 46, 1979, S. 81–96). – R. Stephanson, *D.'s Malade Imaginaire: The Historical Foundation of Mental Illness in »Roxana«* (in Huntington Library Quarterly, 45, 1982, Nr. 2, S. 99–118). – J. Maddox, *On D.'s »Roxana«* (in ELH, 51, 1984, S. 669–691). – J. Aikins, *»Roxana«: The Unfortunate Mistress of Conversation* (in SEL, 25, 1985, S. 529–556).

**THE FORTUNES AND MISFORTUNES OF THE FAMOUS MOLL FLANDERS, ETC. Who was Born in Newgate, was Twelve Year a Thief, Eight year a Transported Felon in Virginia. Written from her own Memorandums**

(engl.; *Glück und Unglück der berühmten Moll Flanders etc., die in Newgate geboren wurde, zwölf Jahre lang eine Diebin, acht Jahre lang eine deportierte Verbrecherin in Virginia war. Nach ihren eigenen Aufzeichnungen geschrieben*). Roman von Daniel DEFOE, erschienen 1722.

Angeblich den authentischen Lebenserinnerungen einer reumütigen Sünderin entnommen und dem Publikum als moralische Warnung dargebracht, berichtet der Roman in loser episodischer Reihenfolge, skandiert von den hartnäckig eingestreuten moralischen Reflexionen der zurückblickenden Sünderin, vom Leben der unverwüstlichen Moll Flanders, die im Kampf um wirtschaftliche und soziale Sicherheit keine Mittel scheut. Als uneheliches Kind einer später nach Virginia deportierten Diebin im Gefängnis geboren und abhängig von der öffentlichen Wohlfahrt aufgewachsen, beschließt Moll frühzeitig, sich aus den Niederungen der damals gerade stark aufstrebenden Klasse des Bürgertums in deren gesichertere Regionen emporzukämpfen. Nachdem ein Sohn des reichen Hauses, in dem sie arbeitet, sie verführt und im Stich gelassen hat, heiratet sie dessen ahnungslosen jüngeren Bruder. Nach fünf Jahren verwitwet, findet sie bald in einem durch Erbschaft wohlhabend gewordenen Tuchhändler ihren zweiten Gatten. Als dessen Verschwendungssucht rasch zum Bankrott führt, ist Moll wieder auf sich selbst gestellt. Mit nicht ganz ehrbaren Mitteln fängt sie sich auf dem Londoner Heiratsmarkt einen dritten Ehemann. Sie folgt ihm auf seine Besitzungen in Virginia, wo sie bald die entsetzliche Entdeckung macht, daß er ihr leiblicher Bruder ist. Während ihr Mann an dieser Enthüllung fast zugrunde geht, kehrt Moll offensichtlich ungebrochenen Mutes nach England zurück. In Bath gerät sie in eine merkwürdige Liebschaft mit einem verheirateten Gentleman aus London. Als dieser sie nach sechs Jahren verläßt, heiratet sie einen vermeintlichen Edelmann aus Lancashire, den sie von allen ihren Männern am aufrichtigsten zu lieben scheint. Am Tag ihrer Hochzeit aber müssen beide feststellen, daß sie sich gegenseitig über ihre finanzielle Lage getäuscht haben und daß sie beide ohne Mittel sind. Während er zu seinem »Beruf« als Straßenräuber zurückkehrt, wendet sich Moll, ohne die Ehe gelöst zu haben, ihrem einstigen Londoner Bankier zu, heiratet ihn, genießt aber auch mit ihm nur wenige sorglose Jahre bis zu seinem frühen Tod. Alt geworden und erneut ganz auf sich gestellt, versucht sie nun ihr Glück als Diebin, wobei sie so viel Geschick entwickelt, daß sie es in wenigen Jahren zu einem ansehnlichen Vermögen bringt. Trotzdem kann sie ihr Diebeshandwerk nicht lassen; sie wird schließlich ertappt und in das gefürchtete Londoner Gefängnis Newgate eingeliefert, wo sie einst geboren wurde. Dank der Anteilnahme eines Pfarrers entgeht sie dem Strang. In Newgate trifft sie eines Tages ihren Ehemann aus Lancashire wieder, und auf eigenes Betreiben werden beide gemeinsam nach Amerika deportiert. Dort nimmt Moll aus den Händen ihres der Ehe mit ihrem Bruder entstammenden Sohnes ein schönes Erbe entgegen, und als nunmehr reumütige Sünder mehren sie und ihr Mann den neuen Besitz und ihre eigenen Ersparnisse durch ehrliche Arbeit. In beträchtlichem Wohlstand können sie ihren Lebensabend zu Hause in England verbringen.

Nicht nur die Fülle an ungemein lebendig geschilderten Szenen und die gute Sachkenntnis sowohl der kriminellen Londoner Unterwelt mit ihrer verzweigten Organisation als auch des komplizierten Rechtssystems der Gegenseite, nicht nur die in allen erzählenden Werken Defoes bewundernswerte naturalistische Illusionskunst (hier auf zeitgenössische soziale Zustände gerichtet, die der Autor in seinem wechselvollen Leben auch von der unangenehmen Seite her gründlich kennengelernt hatte) machen diesen Roman zu einer faszinierenden Lektüre. Noch in seinen auffallendsten strukturellen und künstlerischen Schwächen oder Ungereimtheiten ist er ein höchst aufschlußreicher und unmittelbarer Zeitspiegel. Die Diskrepanz zwischen moralischen Beteuerungen und einem bedenkenlos sich darüber hinwegsetzenden, untrüglichen Erwerbssinn ist ein direkter Ausdruck des ökonomischen Individualismus der Epoche, der auch im Puritanismus – einer vorwiegend vom Bürgertum geprägten und getragenen Religionsform – seine Entsprechung fand. Ebensowenig wie man aus dieser inneren Diskrepanz eine ironische Absicht herauslesen sollte, darf man aus den psychologischen Lücken und Widersprüchen im Verhalten der Moll Flanders eindeutige Rückschlüsse auf ihren Charakter ziehen. Sie zeigen vielmehr, daß viele formale Probleme vom Autor nicht bewältigt wurden, für den ja seit je eine kaum organisierte Erzählweise und ein absichtlich volksnaher, aus langer journalistischer Übung gewonnener einfacher Stil *(plain style)* kennzeichnend waren.

Aber auch wenn der Autor solche Problem wie Erzählperspektive, Verknüpfung von Motiven und Kontinuität der menschlichen Erfahrungen selbst nicht meisterte und deshalb viele Möglichkeiten der psychologischen und moralischen Vertiefung und Bereicherung übersah oder aber mit ungewollt ironischer Wirkung mißbrauchte, so gebührt ihm doch das Verdienst, diese Probleme in den Roman eingeführt zu haben. Wo Defoe als Künstler seinem Material nicht gewachsen ist, setzen sich dennoch immer sein robuster Sinn für Realitäten und sein großer Schatz an beispielhaften Erfahrungen durch. Unter seinen Romanen stellt *Moll Flanders* die reichste und einer einheitlichen Konzeption am nächsten kommende Vereinigung dieser Elemente dar. K.E.

AUSGABEN: Ldn. 1721 [recte 1722; anon.]. – NY 1923, Hg. C. van Doren. – Oxford 1927/1928 (in *The Shakespeare Head Edition of the Novels and Se-*

*lected Writings*, 14 Bde.). – Ldn. 1929. – Oxford 1961, Hg. B. Dobrée [m. Einl. u. Anm.]. – NY 1973, Hg. E. Kelly. – Harmondsworth 1978, Hg. J. Mitchell (Penguin). – Ldn. 1981, Hg. G. Starr. – NY 1983.

ÜBERSETZUNGEN: *Moll Flanders – Begebenheiten, d. i. einer also genannten Engländerin erstaunenswürdige Glücks- und Unglücksfälle*, J. Mattheson, Hbg. 1723. – *Glück und Unglück der berühmten Moll Flanders*, H. A. Möller van den Bruck, Mchn. 1903. – *Die glücklichen und unglücklichen Begebenheiten der vielberufenen Moll Flanders*, J. Grabisch, Mchn. 1919; ern. Ffm./Bln. 1988 (Nachw. J. Möller; Ullst. Tb). – *Glück und Unglück der berühmten Moll Flanders*, M. Erler, Lpzg. 1954. – *Glück und Unglück der berüchtigten Moll Flanders*, W. M. Treichlinger, Hbg. 1958 (RKl). – *Glück und Unglück der berühmten Moll Flanders*, J. Mattheson, Lpzg. 1964; [5]1981 (Nachw. R. Weimann; RUB). – *Moll Flanders*, H. Novak u. a. (in *Romane*, 2 Bde., 2, Mchn. [2]1974). – *Glück und Unglück der berühmten Moll Flanders*, M. Erler, Stg. 1979 (Nachw. W. Pache; RUB). – Dass., dies., Ffm. 1983 (Ill. W. Hogarth; Essay N. Kohl; Insel Tb).

VERFILMUNG: England 1964 (Regie: T. Young).

LITERATUR: J. Watt, *The Rise of the Novel. Studies in D., Richardson and Fielding*, Ldn. 1957, S. 93–134. – T. Martin, *The Unity of »Moll Flanders«* (in MLQ, 22, 1961, S. 115–124). – D. Brooks, *»Moll Flanders«. An Interpretation* (in EIC, 19, 1968, S. 46–59). – W. Piper, *»Moll Flanders« as a Structure of Topics* (in SEL, 9, 1969, S. 489–522). – M. Shinagel, *The Maternal Theme in »Moll Flanders«: Craft and Character* (in Cornell Library Journal, 7, 1969, S. 3–23). – *Twentieth Century Interpretations of »Moll Flanders«* (in Literature and Psychology, 22, 1972, S. 121–138). – C. J. O'Brien, *Moll Among the Critics*, Armidale 1979. – P. Goetsch, *D.'s »Moll Flanders« und der Leser* (in GRM, 30, 1980, S. 271–288). – L. Chaber, *Matriarchal Mirror: Women and Capital in »Moll Flanders«* (in PMLA, 97, 1982, S. 212–226). – J. Richetti, *The Family, Sex, and Marriage in D.'s »Moll Flanders« and »Roxana«* (in Studies in the Literary Imagination, 15, 1982, S. 19–35). – R. Erickson, *Mother Midnight: Birth, Sex, and Fate in Eighteenth Century Fiction*, NY 1986.

## THE HISTORY AND REMARKABLE LIFE OF THE TRULY HONOURABLE COLONEL JACQUE, COMMONLY CALL'D COLONEL JACK

(engl.; *Die Geschichte und das merkwürdige Leben des sehr ehrenwerten Obristen Jacque, gemeinhin Obrist Jack genannt*). Roman von Daniel DEFOE, erschienen 1722. – Als uneheliches Kind eines »Gentleman« der Pflege von Fremden überlassen, wächst der allgemein »Colonel Jack« genannte Ich-Erzähler zusammen mit seinen hartgesottenen Spielgefährten »Captain Jack« und »Major Jack« sozusagen auf den Straßen Londons auf. Wie viele seinesgleichen schläft er auf der warmen Asche der Glasfabriken (als deren Inspektor Defoe zeitweilig fungierte) und verschafft sich, schlechtem Beispiel folgend, seinen Lebensunterhalt schon frühzeitig durch kleine Diebereien, die seiner unschuldigen Wesensart im Grund ganz ungemäß sind. Aus naiver Sicht zeichnet Defoe so ein fast noch eindringlicheres, atmosphärisch dichteres Bild der Londoner Unterwelt und ihrer Jagdgründe als in *Moll Flanders*, um so mehr, als Colonel Jack sich seiner bösen Taten keinswegs bewußt ist und sich daher auch nie in Rechtfertigungen ergehen muß. Das Kontor eines Zollhauses, die für einen Überfall auserkorenen nächtlichen Straßen der Stadt, die gestenreiche Unterhaltung zweier Kaufleute, das Aufspüren und schnelle Ergreifen einer leichten Beute, die Ratlosigkeit des unerfahrenen Kindes angesichts seines ersten Diebeslohns, seine beharrliche Weigerung, unnütze Beute zu vernichten und damit anderen sinnlos Schaden zuzufügen (hier vermeint man, Defoe den Gaunern von London einen moralischen Fingerzeig geben zu sehen, der sie von der Zerstörung sakrosankten Eigentums abhalten soll) – alles wird mit größter Unmittelbarkeit und psychologischer Treffsicherheit dargestellt und durch die Natürlichkeit des Dialogs, die vielleicht in keinem anderen Buch Defoes ihresgleichen hat, noch besonders belebt. In seiner jugendlichen Unschuld und Empfindsamkeit schreckt Jack vor größeren Raubüberfällen zurück und entgeht so dem Schlimmsten; doch gutmütig begleitet er den einen seiner abgefeimten Namensvettern auf die Flucht nach Schottland, die zu einem komischen Triumph der Diebeskunst wird, aber mit der hinterhältigen Entführung der beiden auf ein nach Virginia auslaufendes Schiff endet.

In Virginia gewinnt Jack rasch die Gunst seines Herrn, eines reichen Pflanzers, und setzt sich als Aufseher für eine menschlichere Behandlung der Negersklaven ein, was ihm neben der ergebenen Liebe der Schwarzen auch die Hochachtung und Freundschaft des Pflanzers einträgt. Der Neger Mouchat ist eine jener Gestalten, in denen Defoes Idee von der Dankbarkeit als erster zivilisatorischer Kraft im primitiven Menschen, die man durch Gnade wecken müsse, eine Verkörperung gefunden hat. Defoes Gedanken zur Sklavenhaltung fanden schon zu seinen Lebzeiten viel Beachtung und zeugen von echtem missionarischem Eifer, wenn sie auch den Nutzeffekt solcher Maßnahmen nie außer acht lassen. – Colonel Jack wird vor Ablauf seiner fünfjährigen Dienstzeit frei und kommt schnell zu Wohlstand. Er läßt seinen Besitz in den Händen eines guten Verwalters und kehrt inkognito nach England zurück, um eine Frau zu finden. Sein böser Stern läßt ihn an ein raffiniertes, launisches Wesen geraten, eine Frau, die er, als sie ihn schließlich hintergeht, fallenläßt. Bitter enttäuscht geht er unter die Soldaten und kämpft in Italien auf französischer Seite ruhmvoll gegen Prinz Eugen.

Seine zweite Frau täuscht ihn ebenfalls, seine dritte trinkt sich zu Tode. Beim vierten Versuch nimmt er ein einfaches Landmädchen, dessen früher Tod ihn tief trifft. Völlig entmutigt zieht er sich nach Virginia zurück, wo er in einer der für ihn arbeitenden Deportierten seine reumütige erste Frau erkennt. Er vergibt ihr, kann aber noch immer nicht zur Ruhe kommen und erlebt als seefahrender Kaufmann in verbotenen Gewässern zwischen Nordamerika und Mexiko noch eine Reihe wilder, letzten Endes aber sehr einträglicher Abenteuer, bevor er sich schließlich, vom Erfolg mehr als vom Umherschweifen erschöpft, in England zur Ruhe setzt. Das Buch ist im ganzen ähnlich abwechslungsreich und lebendig wie der berühmtere Roman *Moll Flanders*, hat aber in Colonel Jack einen etwas zu unkomplizierten, zu geradlinig-arglosen Protagonisten, was sich nur in den Eingangskapiteln als Vorteil erweist: Darzustellen, wie Jack allmählich erfahrener und innerlich abgehärteter wird, wäre eine interessante Aufgabe gewesen, deren Möglichkeiten Defoe jedoch verschlossen blieben. Auch zeigt das Buch weniger von der Wechselwirkung zwischen Individuum und Gesellschaft und steht so der älteren, loseren Form des Schelmenromans näher als dem Roman moderneren Stils, wie er keimartig in *Moll Flanders* angelegt ist. K.E.

AUSGABEN: Ldn. 1723 [recte 1722]. – Oxford 1927/1928 (in *The Shakespeare Head Edition of the Novels and Selected Writings*, 14 Bde.). – Ldn. 1965, Hg. S. H. Monk [m. Einl.]; ern. 1970.

ÜBERSETZUNGEN: *Leben u. Begebenheiten des Obristen Jacque*, anon., Ffm./Lpzg. 1740. – *Die merkwürdige Lebensgeschichte des sehr ehrenwerten Obersten Johannes*; J. Grabisch, Mchn. 1919. – *Oberst Hannes*, F. W. Schmidt, Lpzg. 1927. – *Obrist Jack*, R. Eger, Zürich 1942.

LITERATUR: J. R. Moore, *D.'s Use of Personal Experience in »Colonel Jack«* (in MLN, 54, 1939, S. 362/363). – D. Moore, *D. D. Citizen of the Modern World*, Chicago 1958. – M. E. Novak, *Colonel Jack's ›Thieving Roguing‹ Trade to Mexico and D.'s Attack on Economic Individualism* (in Huntington Library Quarterly, 24, 1961, S. 323–336). – W. H. McBurney, *»Colonel Jacque«: D.'s Definition of the Complete English Gentleman* (in SEL, 2, 1962, S. 321–336). – A. Leyasmeyer, *The Social Thought in D.'s »Colonel Jack«*, Diss. Princeton Univ. 1967(vgl. Diss Abstracts, 28, 1968, S. 3149A). – D. Blewett, *Jacobite and Gentleman: D.'s Use of Jacobitism in »Colonel Jack«*, (in ESC, 4, 1978, S. 15–24). – H. Mohr, *Texte als funktionale Äquivalente: Mandevilles »Fable of the Bees« and D.'s »Colonel Jack«* (in *Of Private Vices and Public Benefits. Beiträge zur englischen Literatur des frühen 18. Jh.s*, Hg. J. Schmidt, Ffm. 1979). – L. Hartveit, *A Checker-Work of Formulae. A Reading of D.'s »Colonel Jack«*, (in ES, 63, 1982, S. 122–133). – J. Dupas, *L'arbre creux ou la peur de manquer* (in *La Peur*, Hg. A. Morivan, Lille 1985, S. 71–87).

## A JOURNAL OF THE PLAGUE YEAR. Being Observations or Memorials, Of the most Remarkable Occurrences, As well Publick as Private, which happened in London During the last Great Visitation In 1665

(engl.; *Tagebuch aus dem Pestjahr. Beobachtungen oder Erinnerungen, die bemerkenswertesten öffentlichen und privaten Vorfälle betreffend, welche sich in London während der letzten großen Heimsuchung im Jahre 1665 ereigneten*). Fiktiver Dokumentarbericht von Daniel DEFOE, erschienen 1722. – Der angebliche Augenzeugenbericht über die Große Pest in London (1664/1665), die Defoe, wenn überhaupt, als kleines Kind miterlebt haben könnte, ist ein Musterbeispiel für den handfesten, detailfreudigen und scheinbar kunstlos-unmittelbaren Realismus des Autors. Was er vom Hörensagen kannte oder aus Statistiken und anderen Dokumenten ein halbes Jahrhundert nach dem historischen Ereignis zusammengetragen hatte, formte er zu einer dramatisch akzentuierten, quasi historischen Darstellung, indem er einerseits sich selbst als erwachsenen, aller Gefahren gewärtigen Erzähler in die Mitte der Ereignisse versetzt, andererseits aber auch aus zeitlicher Distanz zu diesen Ereignissen Stellung nimmt und wie einer argumentiert, der allen inzwischen entstandenen Gerüchten und Verzerrungen seine höchstpersönlichen Erfahrungen entgegensetzt und ein Fazit aus dem Geschehen zieht. Dadurch wirkt der Bericht fast wie das Plädoyer eines Advokaten (mit stark ausgeprägtem bürgerlichem Gewissen) für ein konkreteres, wirklichkeitsnäheres Bild eines unerhörten kollektiven Erlebnisses.

Der Erzähler erscheint, trotz betonter Religiosität, stets als skeptischer, aufgeklärter Realist, der sich beispielsweise auch über medizinische Dinge wenig vormachen läßt. Der Reiz des Buches liegt zu einem guten Teil darin, daß man als Leser Zeuge wird, wie ein wacher, unabhängiger Verstand sich um die nüchterne und plausbile Rekonstruktion einer Massenkatastrophe bemüht. So erlebt man mit, wie der Erzähler sich dazu durchringt, in der verseuchten Stadt zu bleiben, wie er sich, gleich unzähligen andern, mit Vorräten versehen in seinem Haus verschanzt, um der Ansteckungsgefahr zu entrinnen, wie er dann, von Neugier getrieben, einige Male durch die teilweise verödete Stadt wandert, die Totenkarren beobachtet, ihnen bis zu den Leichengruben folgt, hie und da Zeuge kennzeichnender (und wie stets bei Defoe scharf belichteter) Episoden wird oder sich seine Eindrücke durch die Berichte anderer bestätigen läßt. Gleichzeitig aber bezweifelt er, einleuchtend argumentierend, die Richtigkeit der über die Todesfälle veröffentlichten Statistiken. Würdigt er einerseits den Mut und die Entschlossenheit der Stadtbehörden, so stellt er andererseits die Frage, ob die bedenkliche psychologische und praktische Folgen zeitigende Isolierung ganzer Familien in ihren Tag und Nacht bewachten Häusern zur Eindämmung der Seuche tatsächlich ebensoviel beitragen konnte wie etwa die – allerdings nicht ausreichenden – Pesthäuser. Eindringlich schildert Defoe Menschen, die unter Anwendung mancher List aus London fliehen, andere, die sich in Zelte und Höhlen verkriechen, und wieder andere, die sich auf im Fluß ankernde Schiffe und Boote gerettet haben. Er berichtet von Quacksalbern und Wundermitteln, vom religiösen Fatalismus vornehmlich der Armen, von der anfänglichen unheilvollen Verheimlichung der Seuche und von der verfrühten Sorglosigkeit der Menschen bei ihrem Abflauen. Und immer wieder kommen die Entstehung und Verbreitung von Gerüchten und der in der heimgesuchten Stadt blühende Aberglaube zur Sprache. Nur für das schließliche Verschwinden der Seuche sucht Defoe keine rationale Erklärung – hier obsiegt offensichtlich sein religiöses Gewissen (das ja so oft mit seinem praktischen Verstand und seiner weltlich-geschäftstüchtigen Einstellung im Konflikt lag).

Am Schluß dieses »Tagebuchs« hat man den Eindruck, nicht nur einen völlig zeitgenössisch wirkenden Bericht gelesen zu haben, sondern auch ein regelrechtes Manual (für diese Art der Kompilation hatte Defoe eine Vorliebe) über Vorbeugungsmaßnahmen und Verhaltensregeln im Seuchenfall.

K.E.

AUSGABEN: Ldn. 1722. – NY 1884 [Einl. H. Morley] – Ldn. 1889 [Einl. W. Scott]. – Ldn. 1895 (in *Romances and Narratives*, Hg. G. A. Aitken, 16 Bde., 9). – NY 1900 [Einl. W. Besant]. – Oxford 1927/1928 *(The Shakespeare Head Edition of the Novels and Selected Writings)*, 14 Bde. – Ldn. 1950. – Harmondsworth 1966, Hg. A. Burgess u. Ch. Bristow [Einl. A. Burgess]. – NY 1969, Hg. L. Landa. – NY 1974.

ÜBERSETZUNGEN: *Die Pest zu London*, H. Steinitzer, Mchn. 1925. – *Die Pest in London*, R. Schaller, Bln. 1956; ern. Bln./Weimar 1978. – *Die Pest zu London*, W. Barzel, Ffm./Hbg. 1961 (Nachw. F. Wölcken; EC); ern. Ffm. 1976 (FiTb). – *Ein Bericht vom Pestjahr*, E. Betz, Bremen 1965 [Nachw. E. G. Jacob]. – Dass., H. Schultz, 2 Bde., Marburg 1987. – *Die Pest zu London*, W. Barzel, Mchn. 1987.

LITERATUR: W. Secord, *Studies in the Narrative Method of D.*, Urbana 1924. – J. R. Moore, *D. D. Citizen of the Modern World*, Chicago 1958. – M. R. Schonhorn, *D.'s Sources and Narrative Method: »Mrs. Veal«, »Journal of the Plague Year«, »Robinson Crusoe«, and »Captain Singleton«*, Diss. Univ. of Pennsylvania 1963 (vgl. Diss. Abstracts, 25, 1964, S. 485/486). – W. Füger, *Der betrunkene Pfeifer: Ein Beitrag zur Quellenkunde u. Erzählmethode von D.s »Journal of the Plague Year«* (in ASSL, 202, 1965, S. 28–36). – M. Schonhorn, *D.'s »Journal of the Plague Year«: Topography and Intention* (in RESt, 19, 1968, S. 387–402). – D. Kay, *D.'s Sense of History in »A Journal of the Plague Year«* (in Xavier Univ. Studies, 9, 1970, Nr. 3, S. 1–8). – D. Price, *D.'s ›Due Preparations for the Plague‹: An Introduction and Annotations toward an Edition*, Diss. Princeton Univ. 1970 (vgl. Diss. Abstracts, 31, 1971, S. 6564/6565A). – W. Flanders, *D.'s »Journal of the Plague Year« and the Modern Urban Experience* (in Centennial Review, 16, 1972, S. 328–348). – J. Blair, *D.'s Art in »A Journal of the Plague Year«* (in South Atlantic Quarterly, 72, 1973, S. 243–254). – G. E. Parker, *I. The Loss of the Millenium: »Paradise Lost« and the English Revolution. II. Patterns of Duality in D.'s Narratives: »Robinson Crusoe« and »A Journal of the Plague Year«. III. Lineage and History in »Tess of the D'Urbervilles«*, Diss. Rutgers Univ. 1977 (vgl. Diss. Abstracts, 38, 1978, S. 6747A). – J. Burke, *Observing the Observer in Historical Fictions by D.* (in PQ, 61, 1982, Nr. 2, S. 13–32). – E. S. Waugh, *Cognitive Drama: A Source of Verisimilitude in the Narratives of D.*, Diss. Univ. of Calif., Berkeley 1982 (vgl. Diss. Abstracts, 43, 1983, S. 2685/2686A). – E. Tavor, *Fictional Facts and Science in D.'s and Camus' »Plague Year«* (in OL, 40, 1985, Nr. 2).

## THE LIFE, ADVENTURES AND PYRACIES OF THE FAMOUS CAPTAIN SINGLETON

(engl.; *Leben, Abenteuer und Piratenstreiche des berühmten Kapitäns Singleton*). Roman von Daniel DEFOE, erschienen 1720. – Wie Robinson Crusoe in dem ein Jahr früher erschienenen Roman berichtet der Titelheld selbst von seinen Abenteuern in exotischen Ländern. Als kleines Kind wird Singleton von Zigeunern entführt, schon mit zwölf Jahren fährt er als Schiffsjunge zur See, gerät in die Hände algerischer Piraten, wird von einem alten Steuermann in Obhut genommen und beteiligt sich später, während einer Fahrt von Lissabon nach Goa, an einer Meuterei. Daraufhin werden er und 26 andere Matrosen vom Kapitän auf Madagaskar ausgesetzt. Nach einer Reihe von Abenteuern auf der Insel erreichen sie auf einem aus Wrackteilen gebauten Schiff die Ostküste Afrikas. Dort ficht die Gruppe einen Kampf mit den Eingeborenen aus und beginnt dann, unter Führung des zu ihrem »Captain« avancierten Singleton, Afrika auf dem Landweg zu durchqueren. Ihr Ziel ist die Küste von Guinea. Nun folgt die wohl faszinierendste Passage des Buches, in der Defoes Phantasie mit geradezu hellseherischen Einzelheiten über das tatsächlich erst 150 Jahre später erforschte Zentralafrika aufwartet – Schilderungen, die ihren Höhepunkt in der Beschreibung der großen Steppe finden. Im Urwald stoßen die Männer auf einen goldreichen Fluß, der sie alle Strapazen vergessen macht. Hier auch begegnen sie einem splitternackten Engländer, der lange Zeit unter den Wilden gelebt hat, sich jetzt dankbar den Seeleuten anschließt und ihnen zeigt, wo sie Gold und Elfenbein finden können. Schwerbeladen schiffen sie sich eines Tages an der Goldküste nach England ein.

In schlechter Gesellschaft vergeudet Singleton bald sein Vermögen. Von Cadiz aus geht er wieder zur

See und wird Pirat. Nachdem er die amerikanischen Gewässer unsicher gemacht hat, wählt »Captain Bob«, wie er jetzt genannt wird, Madagaskar zu seinem »Stützpunkt«. Als er wieder einmal ein Schiff kapert, findet er in einem seiner Gefangenen, dem Schiffsarzt William Walters, einen Freund. In seiner Mischung aus Lebensklugheit und Geschäftssinn ist der Quäker Walters ein bemerkenswerter Charakter. Er läßt es sich schriftlich geben, daß er zu seinem neuen Handwerk gezwungen wurde, und agiert dann munter als der Spiritus rector erfolgreicher Seeräubereien. Er wird zur eigentlichen Zentralfigur des Romans und ist die einzige wirklich individuelle Gestalt in einem Arsenal von typisierten Akteuren. Er beweist Tapferkeit im Gefecht mit einem überlegenen portugiesischen Kriegsschiff, Witz und Gerissenheit in allen möglichen Gefahren (besonders gegenüber einem wahren Heer von Wilden auf Ceylon, denen er einen holländischen Gefangenen ablistet), vor allem aber eine untrügliche Witterung für gute Geschäfte. Für sie ist er beispielsweise ohne Zögern bereit, eine Schar hilflos auf dem Meer treibender Neger zu opfern. Eine Zeitlang machen er und Singleton gemeinsame Sache mit einem damals berühmten Piraten, Captain Avery (über den Defoe 1719 eine Erzählung geschrieben hatte.) Unter dem Einfluß seines Quäkerfreundes hängt Singleton schließlich das Seeräuberleben an den Nagel, und auf abenteuerlichen Wegen, über Arabien und Italien, bringen beide ihre Beute nach England in Sicherheit. Singleton beginnt ein geordnetes Leben und heiratet Williams Schwester.

Da Defoe seine Erzählmethode – Darstellung eines fiktiven Geschehens nicht nur als erfahrbare, sondern als bereits erfahrene Wirklichkeit – in diesem Buch auch auf zahllose kleinste Details anwendet und da er dabei fast durchweg sachlich-trocken bleibt, entsteht zwangsläufig der Eindruck einer gewissen Monotonie und Uferlosigkeit. Ohne die seltenen Momente, in denen er seiner Phantasie erlaubt, sich am Unbekannten, Exotischen zu entzünden, und ohne die glückliche Erfindung des originellen Quäkers wäre die Geschichte Captain Singletons auf weite Strecken wenig mehr als die handwerklich solide Reportage einer beliebigen Abenteuer- und Schatzsuche.

Wichtige Quellen für diesen Vorläufer des englischen Seeromans waren zeitgenössische Reise- und Länderbeschreibungen: William DAMPIERS *New Voyages round the World*, John OGILBIES *Description of Africa* und Robert KNOX' *Historical Relation of Ceylon*. K.E.

AUSGABEN: Ldn. 1720. – Oxford 1840 (in *The Novels and Miscellaneous Works*, 20 Bde., 1840/1841, 3). – Ldn. 1895 (in *Romances and Narratives*, Hg. G. A. Aitken, 16 Bde., 6). – Ldn. 1906, Einl. Th. Watts-Dunton (The World's Classics). – Oxford 1927/1928 (in *The Shakespeare Head Edition of the Novels and Selected Writings*, 14 Bde., 3) – Ldn. 1963, Einl. J. Sutherland (Everyman's Library, Ldn. 1972).

ÜBERSETZUNGEN: *Leben u. Abenteuer des Kapitäns Singleton*, anon., Stg. 1942. – *Leben u. Abenteuer des weltbekannten Seeräubers Bob Singleton*, J. Grabisch, Mchn. 1919. – *Zu Fuß durch Afrika*, R. Eger, Zürich 1942 [Ausz.]. – *In tausend Gefahren durch Afrika*, ders., Mchn. o.J. [1955; Ausz.]. – *Kaptitän Singleton*, H. Novak u. a. (in *Romane*, 2 Bde., 1, Mchn. [2]1974). – *Das Leben, die Abenteuer und die Piratenzüge des berühmten Kapitäns Singleton*, L. Krüger, Bln./Weimar 1980.

LITERATUR: A. W. Secord, *Studies in the Narrative Method of D.*, Urbana 1924, S. 112–164. – B. Fitzgerald, *D. D. A Study in Conflict*, Ldn. 1954. – J. R. Moore, *D. D. Citizen of the Modern World*, Chicago 1958. – G. J. Scrimgeour, *The Problem of Realism in D.'s »Captain Singleton«* (in Huntington Library Quarterly, 27, 1963, S. 21–37). – M. Schonhorn, *D.'s »Captain Singleton«: A Reassessment with Observations* (in Papers on language and Literature, 7, 1971, S. 38–51). – T. C. Blackburn, *The Coherence of D.'s »Captain Singleton«* (in Huntington Library Quarterly, 41, 1978, S. 119–136). – V. Nemoianu, *Picaresque Retreat: From Xenophon's »Anabasis« to D.'s Singleton* (in CL, 23, 1986, S. 91–102).

## THE LIFE AND STRANGE SURPRIZING ADVENTURES OF ROBINSON CRUSOE, OF YORK, MARINER: Who lived Eight and Twenty Years, all alone in an uninhabited Island on the Coast of America, near the Mouth of the Great River Oroonoque; Having been cast on Shore by Shipwreck, wherein all the Men perished but himself. With an Account how he was at last as strangely deliver'd by Pyrates. Written by himself

(engl.; *Das Leben und die seltsamen Abenteuer des Robinson Crusoe, eines Seemanns aus York. Welcher achtundzwanzig Jahre ganz allein auf einer unbewohnten Insel vor der amerikanischen Küste, nahe der Mündung des großen Orinoco lebte, wohin er nach einem Schiffbruch, bei dem die ganze Besatzung außer ihm selbst ums Leben kam, verschlagen wurde. Nebst dem Bericht wie er auf wunderbare Weise durch Piraten gerettet wurde. Geschrieben von ihm selbst*). Roman von Daniel DEFOE, erschienen 1719. – Die Handlung dieses ersten modernen englischen Romans basiert größtenteils auf den Erlebnissen des Seemanns Alexander Selkirk, der viereinhalb Jahre lang auf der Pazifikinsel Juan Fernandez (ca. 600 km nordwestlich von Chile) gehaust hatte und dessen Rettung durch Kapitän Woodes ROGERS im England des Jahres 1709 großes Aufsehen erregte. Rogers veröffentlichte Selkirks Geschichte in *Cruizing Voyages round the Word* (1712), Richard STEELE griff sie in einer Nummer seiner Zeitschrift ›The Englishman‹ (Dezember 1713) auf. Neben diesen und anderen Reiseberichten zog Defoe eventuell auch *Historical Relation of Ceylon* (1681) von Robert KNOX heran, der neunzehn Jahre in völliger Isolation als Gefangener auf Ceylon verbracht hatte. Um nicht in den Geruch des Unseriösen und Unglaubwürdigen zu geraten, der dem spätbarocken Roman anhaftete, betont Defoe im Vorwort, daß es sich bei *Robinson Crusoe* nicht um Fiktion, sondern um einen *»echten Tatsachenbericht« (»just history of fact«)* handle. Er sei nur der Herausgeber der Geschichte, die der Ich-Erzähler wirklich erlebt habe. Damit der Eindruck vollkommener Authentizität entsteht, befleißigt sich Defoe einer bis dahin im Roman unbekannten, auch kleinste Details berücksichtigenden Faktentreue. Diese Reportagetechnik hatte er in zahlreichen journalistischen Arbeiten erprobt – seit 1704 unter anderem in der von ihm edierten Zeitschrift ›A Review of the Affairs of France‹ – und in *A True Relation of the Apparition of one Mrs. Veal* (1706), der raffinierten Dokumentation einer frei erfundenen, sensationellen Geistergeschichte, auch auf die erzählende Dichtung angewandt.

Robinson Crusoe (englische Verballhornung des Namens Kreutznaer) ist der Sohn eines aus Bremen gebürtigen Kaufmanns, der sich in York niedergelassen hat. Obwohl ihn sein Vater eindringlich davor warnt, *»die Segnungen des goldenen Mittelstandes«* aufs Spiel zu setzen, treibt ein verhängnisvoller Abenteuerdrang Robinson unwiderstehlich zur See. An Bord eines sog. Guineafahrers segelt er nach Afrika, treibt Handel mit den Eingeborenen, kehrt mit beträchtlichem Gewinn zurück und wagt eine zweite Reise, auf der er von türkischen Korsaren gefangen und als Sklave nach Marokko verkauft wird. Nachdem es ihm gelungen ist, in einem kleinen Boot zu entfliehen, nimmt ihn ein menschenfreundlicher portugiesischer Kapitän nach Brasilien mit, wo Robinson eine Plantage gründet, die schon bald gute Erträge bringt. Aber anstatt seinen Wohlstand klug zu sichern und zu mehren, läßt er sich erneut auf ein riskantes Unternehmen ein: Um für sich und seine Nachbarn billige Negersklaven zu beschaffen, bricht er nach Guinea auf. Unterwegs läuft sein Schiff während eines Orkans auf Grund, und nur Robinson kann sich mit knapper Not ans Ufer einer felsigen Insel retten. Zunächst scheint seine Lage hoffnungslos, sein Ende gewiß. Aber als sich der Sturm gelegt hat, sieht er, daß das Schiffswrack an ein Riff unweit des Strandes angetrieben worden ist. Auf kleinen Flößen schafft er in mehreren Fahrten alles an Land, was nicht niet- und nagelfest ist, darunter Werkzeug, Schußwaffen, Munition, Pulverfässer und Kleidung. Im Schutz eines Hügels errichtet er eine stabile Zeltbehausung und friedet sie mit einem undurchdringlichen Palisadenzaun ein. Seine Vorräte stapelt er in einer angrenzenden Höhle. Nachdem er die dringendsten Arbeiten erledigt hat, beginnt er ein Tagebuch, in dem er seine Erlebnisse schildert und in streng rationaler Argumentation das Für und Wider seiner Lage abwägt (Beispiel: *»Schlimm: Ich bin auf eine schreckliche einsame Insel verschlagen, ohne Hoffnung auf Erlösung. – Gut: Aber ich bin am Leben, ich bin nicht wie alle meine Gefährten ertrunken«*). Auf diese Weise gelangt er allmählich zu der Einsicht, daß Gottes unerforschliche Vorsehung dieses Schicksal über ihn verhängt hat, um ihn von seiner Torheit zu heilen und ihm die Augen für die Vollkommenheit der göttlichen Seinsordnung zu öffnen. Je mehr Robinson sein früheres Leben bereut und die Bibel zur Richtschnur seines Denkens und Handelns macht, desto freundlicher gestaltet sich sein Inseldasein: Er findet einen natürlichen Obstgarten, fängt wilde Ziegen und zähmt sie, ja, er kann sogar Getreide anbauen – einige achtlos weggeworfene Körner waren wie durch ein Wunder aufgegangen – und Brot backen. Eines Tages entdeckt er am Strand den Abdruck eines menschlichen Fußes und stößt kurz darauf auf ein verlassenes Kannibalenlager. Als die Wilden wieder einmal vom Festland auf die Insel kommen, um Gefangene zu schlachten und aufzufressen, verhilft Robinson einem der unglücklichen Opfer zur Flucht. Er gibt ihm den Namen Freitag (der Tag, an dem er ihn rettete) und erzieht ihn zu einem guten Diener und Christen. Mit Freitags Hilfe befreit er später einen Spanier und den alten Vater seines Schützlings aus der Gewalt der Menschenfresser. Diese beiden wagen die Fahrt aufs Festland, um auch die Kameraden des Spaniers in Sicherheit zu bringen. Bevor sie zurückkehren, ereignet sich ein Zwischenfall, der zu Robinsons Rettung führt: Meuternde englische Matrosen werden von ihm daran gehindert, ihren Kapitän auf der Insel auszusetzen und sich mit dem Schiff davonzumachen. Zum Dank dafür nimmt der Kapitän Robinson und Freitag mit nach England. Nach achtundzwanzig Jahren, zwei Monaten und neunzehn Tagen verläßt Robinson die Insel, auf der die Rädelsführer der Meuterei freiwillig zurückbleiben. Sie gründen mit den später hinzukommenden Spaniern einen Inselstaat, dessen wechselvolle Geschichte (Streitigkeiten zwischen englischen und spanischen Siedlern, verzweifelter Kampf gegen die Kannibalenhorden) Defoe in *The Farther Adventures of Robinson Crusoe* (1719) beschrieben hat. In dieser Fortsetzung bricht Robinson, der inzwischen seine brasilianischen Besitzungen günstig verkauft und in England eine Familie gegründet hat, noch einmal zu einer großen, abenteuerlichen Reise auf, die ihn außer zu seiner Insel, wo er ordnend eingreift, unter anderem nach Persien, Indien, China und Rußland führt. 1720 ließ Defoe einen – heute kaum mehr bekannten – dritten Teil folgen, eine Sammlung von Essays: *Serious Reflections during the Life and Surprizing Adventures of Robinson Crusoe*. Darin läßt er Robinson Reflexionen über seine innere Entwicklung während seines Inseldaseins anstellen und nennt die Einsamkeitserfahrung und das Schicksal seines Helden gleichnishaft für sein, Defoes, eigenes Leben.

Mit Robinson Crusoe schuf Defoe eines der großen, Don Juan, Faust oder Don Quijote vergleichbaren, zeitlosen Leitbilder der Weltliteratur, das dennoch sehr konkret in seiner Zeit, der englischen Aufklärung, verankert ist. Der optimistische Glaube an die Perfektibilität des Individuums, die Vorstellung von der Schöpfung als der »besten aller

Welten«, der pragmatisch-utilitaristische Kaufmannssinn Robinsons und sein philanthropischer Idealismus sind wesentliche Lebensanschauungen dieser Epoche. Defoe macht sich zum Wortführer des puritanischen Bürgertums und dessen Überzeugung, daß irdischer Wohlstand nur der gerechte Lohn Gottes für harte und ehrliche Arbeit sei. Robinson soll wirkungsvoll vor Augen führen, daß der einzelne mit gesundem Menschenverstand, Tatkraft und unerschütterlichem Gottvertrauen auch schier aussichtslose Situationen zu meistern vermag. Sein exemplarischer Charakter und seine einfache, nüchterne Sprache ließen das Werk in kurzer Zeit zu einem Welterfolg und zu einem Markstein in der Entwicklung des Romans werden: Die Fiktion des Tatsächlichen wurde zum Gattungskriterium. Die Wirkungsgeschichte des *Robinson Crusoe* setzt sich aus einer uferlosen Fülle von Übersetzungen und Nachahmungen zusammen. Eine der ersten in Deutschland erschienenen Robinsonaden war Johann Gottfried SCHNABELS *Insel Felsenburg* (1731–1743). W.D.

AUSGABEN: Ldn. 1719 [Tl. 1]. – Ldn. 1719 [Tl 2]. – Ldn. 1720 [Tl 3]. – Oxford 1840 (in *The Novels and Miscellaneous Works*, 20 Bde., 1840/1841, 1/2 [Tl. 1–3]). – Ldn. 1883 [rect. 1882], Hg. u. Einl. A. Dobson [Faks. der Erstausg., Tl. 1]. – Ldn. 1895 (in *Romances and Narratives*, Hg. G. A. Aitken, 16 Bde., 1–3 [Tl. 1–3]). – Ldn. 1925, 3 Bde., [Einl. Ch. Whibley; Tl. 1–3]. – Oxford 1927/1928 (in *The Shakespeare Head Editon of the Novels and Selected Writings*, 14 Bde. [Tl. 1–3]). – NY 1945 (*Robinson Crusoe*, Einl. G. Potock; Everyman's Library [Tl. 1–2]). – Boston 1966 (*The Adventures of Robinson Crusoe*, Hg. M. W. u. G. Thomas [Tl. 1]). – Ldn. 1972, Hg. J. Crowley. – NY 1975, Hg. M. Shinagel. – NY 1982. – Ldn. 1980, Hg. P. Rogers. – Mchn. 1981. – Ldn. 1981, Hg. J. Crowley.

ÜBERSETZUNGEN: *Das Leben u. die gantz ungemeinen Begebenheiten des berühmten Engelländers, Mr. Robinson Crusoe ...*, M. Vischer, Hbg. 1720 [Tl. 1]. – *Das Leben u. die gantz ungemeinen Begebenheiten des berühmten Engelländers, Mr. Robinson Crusoe, Zweyter u. letzter Theil*, anon., Hbg. 1720 [Tl. 2]. – *Ernstliche u. wichtige Betrachtungen Des Robinson Crusoe, welche er bey den erstaunungsvollen Begebenheiten seines Lebens gemacht hat ...*, anon., Amsterdam 1721 [Tl. 3]. – *Des Weltberühmten Engelländers Robinson Crusoe Leben u. ganz ungemeine Begebenheiten*, anon., Ffm./Lpzg. 1765, 2 Bde. [Tl. 1–2]. – *Robinson Crusoes Leben u. Abenteuer*, C. Courtin, Stg. 1836, 2 Bde., [Tl. 1–2]. – *Leben u. wunderbare Abenteuer des Robinson Crusoe, Seemanns aus York ...*, H. Reisiger, Mchn. o. J. [1921]; Zürich [3]1957 [Tl. 1]. – *Robinson Crusoe. Der Ur-Robinson nach dem Wortlaut der 1. Ausg. vom Jahre 1719 neu übertragen.* R. Mummendey, Köln 1947. – *Das Leben u. die Abenteuer des Robinson Crusoe*, A. K. Stöger, Freiburg i. B. 1949; [18]1979 [Tl. 1]. – *Leben und seltsame, überraschende Abenteuer des Seefahrers Robinson Crusoe*, B. Cramer-Nauhaus, Lpzg. 1956; [4]1972 [Nachw. R. Weimann]. – *Robinson Crusoe*, F. Riederer, Nachw. E. G. Jacob, Mchn. 1966 [Tl. 1–2]; [2]1987. – Dass., ders., Darmstadt 1966; zul. 1987 [Tl. 1–2]. – Dass., H. Novak (in *Romane*, 2 Bde., 2, Mchn. 1968; Tl. 1–2). – Dass., dies., Ffm. 1973; [6]1987 (Tl. 1–2; Insel Tb) – Dass., L. Krüger, Mchn. 1981 [Tl. 1–2].

VERFILMUNGEN: *Robinson Cruson*, Dänemark 1910 (Regie: A. Blom). – Dass., USA 1916 (Regie: H. W. Savage). – *Adventures of Robinson Crusoe*, USA 1922 (Regie: R. F. Hill). – *Robinson Crusoe*, USA 1936 (Regie: M. A. Wetherell). – Dass., Mexiko 1952 (Regie: L. Buñuel). – Dass., USA 1965 (Regie: B. Paul).

LITERATUR: H. Ullrich, *Robinson und Robinsonaden. Bibliographie, Geschichte, Kritik*, Weimar 1898. – A. Lüthi, *D. D. und seine Fortsetzungen zu »Robinson Crusoe«*, Stg. 1920. – W. Huebner, *Die Weltbücher von Robinson und Gulliver und ihre geistesgeschichtliche Bedeutung* (in Neuphilologische Zs., 1, 1949, Nr. 2, S. 33–46; Nr. 3, S. 8–32). – D. Ganzel, *Chronology in »Robinson Crusoe«* (in PQ, 40, 1961, S. 495–512). – M. Novak, *Robinson Crusoe's Fear and the Search for Natural Man* (in MPh, 58, 1961, S. 238–245). – Ders., *Robinson Crusoe and Economic Utopia* (in KR, 25, 1963, S. 474–490). – W. E. Halewood, *Religion and Invention in »Robinson Crusoe«* (in EIC, 14, 1964, S. 339–351). – M. R. Schonhorn, *D.'s Sources and Narrative Method. »Mrs. Veal«, »Journal of the Plague Year«, »Robinson Crusoe« and »Captain Singleton«*, Diss. Univ. of Pennsylvania 1963 (vgl. Diss. Abstracts, 25, 1965, S. 485/486A). – J. P. Hunter, *The Reluctant Pilgrim. D.'s Emblematic Method and Quest for Form in »Robinson Crusoe«*, Baltimore 1966. – P. Norton, *»Robinson Crusoe«. Unité et contradictions*, Paris 1967. – K. Pilgrim, *Zu D.'s Weltverständnis im dritten Teil von »Robinson Crusoe«* (in NSp, 16, 1967, S. 524–534). – *Twentieth-Century Interpretations of »Robinson Crusoe«*, Hg. F. Ellis, Englewood Cliffs/N.J. 1969. – R. Weimann, *»Robinson Crusoe«: Wirklichkeit und Utopie im neuzeitlichen Roman* (in SuF, 21, 1969, S. 453–484). – E. Zimmerman, *D. and Crusoe* (in ELH, 38, 1971, S. 377–396). – C. H. Hartog, *The Prodigal Motif in D. and »Robinson Crusoe«*, Diss. Univ. of Illinois 1971 (vgl. Diss. Abstracts, 32, 1972, S. 4611A). – C. Dewees, *»Vested with an Reasonable Soul«: A Study of »The Farther Adventures of Robinson Crusoe«*, Diss. Univ. of Pennsylvania 1973 (vgl. Diss. Abstracts, 34, 1974, S. 7744A). – C. Pahl, *Die Kürzungen des »Robinson Crusoe« in England zwischen 1719 und 1819 vor dem Hintergrund des zeitgenössischen Druckgewerbes, Verlagswesens und Leserpublikums*, Ffm. 1977. – P. Zupancic, *My Man Friday: Zum Motiv des edlen Wilden in der Robinsonade* (in Philobiblon, 22, 1978, S. 34–41). – W. Mackiewicz, *Providenz und Adaptation in D.'s »Robinson*

*Crusoe«. Ein Beitrag zum Problem des pragmatischen Puritanismus*, Ffm. 1981. – D. Petyold, *D. D.: »Robinson Crusoe«*, Mchn. 1982. – H. Ridley, *Images of Imperial Rule*, Ldn. 1983. – L. Zeitz, *A Checker-Work of Providence. The Shaping of »Robinson Crusoe«* (in ESC, 9, 1983, S. 255–271). – P. R. Backschneider, *D. and the Geography of Mind* (in Tennessee Studies in Literature, 29, 1985, S. 41–65). – C. Flint, *Orphaning the Family: The Role of Kinship in »Robinson Crusoe«* (in ELH, 55, 1988, S. 381–420).

## THE TRUE-BORN ENGLISHMAN

(engl.; *Der waschechte Engländer*). Verssatire von Daniel DEFOE, erschienen 1701. – Diese vielleicht einflußreichste Verssatire seit DRYDENS *Absalom and Achitophel* (1681/82) entstand als Erwiderung auf das satirische Pamphlet *The Foreigners* (1700) von John TUTCHIN, der sich in eitlem Nationalstolz über die Unterwanderung Englands durch Ausländer im Gefolge Wilhelms III. von Oranien entrüstet hatte. Der Whig-Journalist Defoe errang mit seiner in *heroic couplets* (paarweise gereimten, fünffüßigen Jambenversen) verfaßten Satire gegen diesen engstirnigen Patriotismus nicht nur seinen ersten großen publizistischen Erfolg (1701 erschienen neben zehn autorisierten Auflagen zahlreiche Raubdrucke, und Defoe nannte sich auf den Titelblättern seiner folgenden Schriften stolz *»the author of The True-Born Englishman«*), sondern gewann auch die Gunst des Königs, zu dessen Apologeten er sich gemacht hatte.

Seine Satire, so erklärt Defoe im Vorwort, ziele *»auf die Verblendung derer, die von ihrer Alteingesessenheit schwafeln und ihren eigenen Wert nach ihrem Stammbaum, dem Alter ihres Geschlechts und ihrer rein englischen Abstammung bemessen«*. So weist er im ersten Teil nach, daß die von Tutchin propagierte Vorstellung eines *»true-born Englishman«* (vgl. SHAKESPEARES *Richard II*, 1. Akt, 3. Szene, Z. 309) eine Fiktion ist, da das englische Volk gerade durch die Mischung verschiedenster Völkerschaften entstanden sei. Von der römischen Besatzung über die Skandinavier-Einfälle und die normannische Eroberung bis zu Karls II. *»lazy, long, lascivious reign«* (Z. 292) verfolgt Defoe in skizzenhaft-karikierender Darstellung die Geschichte seines Volks und entdeckt dabei statt »waschechter Engländer« nur räuberische Eroberer. Damit führt er nicht nur jeden Versuch einer Glorifizierung der nationalen Vergangenheit ad absurdum, sondern gleichzeitig des Prinzip des Geburtsadels, dem er als Vertreter des aufsteigenden Bürgertums im zweiten Teil das Ideal persönlichen Verdiensts gegenüberstellt: *»For fame of families is all a cheat, / 'Tis personal virtue only makes us great«* (Z. 1215 f.) Nach dem historischen Abriß des ersten Teils wendet er sich hier seinen Zeitgenossen und Landsleuten zu, wirft ihnen unbegründeten Stolz und Undankbarkeit (vor allem gegenüber Wilhelm III.) vor und macht ihnen auf diese Weise klar, daß das Prädikat *»true-born Englishman«* nicht nur eine Erfindung ist, sondern auch ein recht zweifelhafter Ehrentitel, der kaum zu nationaler Hoffart gegenüber anderen Völkern berechtigt.

Den großen Publikumserfolg verdankt diese Verssatire ebenso ihrer universal gültigen Argumentation wie der effektvollen Direktheit der sprachlichen Mittel, die vom pointiert formulierten Sprichwort – *» Wherever God erects a house of prayer, / The devil always builds a chappel there«* (Z. 56 f.) – bis zur witzigen Antithese – *»A true-born Englishman's a contradiction, / In speech an irony, in fact a fiction«* (Z. 371 f.) – reichen. Wenngleich man Defoes Selbstkritik an *»dem niederen Stil, den holprigen Versen und den sprachlichen Unkorrektheiten«* kaum widersprechen kann, und obwohl eine allzu offensichtliche satirische Taktik und unnötige Wiederholungen den künstlerischen Wert des Werks schmälern, steht es doch als erfolgreiches politisches Pamphlet auf einer Stufe mit George SAVILES *Letter to a Dissenter* (1687) und SWIFTS *The Conduct of the Allies* (1711). M.Pf.

AUSGABE: Ldn. 1701

LITERATUR: A. C. Guthkelch, *D.'s »True-born Englishman«* (in Essays and Studies, 4, 1913, S. 101–150). – J. Sutherland, *D.*, Ldn. 1937, S. 67–69. – F. Watson, *D. D.*, Ldn. 1952, S. 96–99. – J. R. Moore, *D. D. Citizen of the Modern World*, Chicago 1958, S. 233–235. – B. Dobrée, *English Literature in the Early Eighteenth Century. 1700–1740*, Oxford 1959, S. 39–41. – M. Shinagel, *D. D. and Middle-Class Gentility*, Cambridge/Mass., 1968, S. 51–56. – G. P. Prince, *Poetry and Propaganda in D.'s Three Major Verse Satires During the Reign of William III*, Diss. Univ. of Calif., Santa Barbara 1972 (vgl. Diss. Abstracts, 33, 1972, S. 2340A). – D. C. Macaree, *D. D.'s »True-Born Englishman« and Irish Affairs* (in Canadian Journal of Irish Studies, 8, 1982, S. 16–24). – G. Lamoine, *»The True-Born Englishman«: A la recherche de ses ancestres* (in Migrations IV, Univ. de Paris 1986).

# AUGUSTS DEGLAVS

* 9.8.1862 Vīganti, Semgallen
† 3.4.1922 Riga

LITERATUR ZUM AUTOR:
A. Dravnieks, *Latviešu literātūras vēsture*, Göppingen o. J., S. 135–139. – A. Upītis, *A. D.* (in A. D., *Kopoti raksti*, Bd. 17, Riga 1951, S. 146/147). – *Latviešu literaturas vēsture*, 6 Bde., Riga 1957; Bd. 4, S. 214–235. – I. Bērsons, *Augusts Deglavs stāsta un apsūdz* (in A. D., *Izlase*, Riga 1965, S. 5–12).

## RĪGA

(lett.; *Riga*). Roman von Augusts DEGLAVS, erschienen 1910/11 und 1920. – Das als Trilogie geplante, unvollendete Romanwerk, dessen Einzelbände *Patrioti (Patrioten)*, *Labākās familijas (Die besseren Familien)* und *Pa labi un pa kreisi (Rechts und links)* lauten sollten, schildert die Entwicklung des lettischen Volks zu einer von patriotischem Selbstbewußtsein erfüllten Nation. Am Schicksal des Pēteris Krauklītis, der sich in den sechziger Jahren des 19. Jh.s nach Riga begibt, um dort ein besseres Fortkommen zu finden, zeigt der Autor die Problematik, die sich aus dem Zusammenstoß des lettischen Volkstums mit der deutsch-baltischen Oberschicht ergab. Krauklītis steht stellvertretend für seine zahlreichen Landsleute, die ihre Dörfer verließen und dem Trend der Großstadt folgten, jedoch nicht bereit waren, ihre lettische Volkszugehörigkeit vor der herrschenden deutsch-baltischen Schicht preiszugeben.

Bis in die zweite Hälfte des 19. Jh.s war es den Letten noch untersagt, Vereinigungen irgendwelcher Art zu bilden. Erst durch die Russifizierung wurde dann der Einfluß der Deutschbalten auf die Gesetzgebung stark eingeschränkt und die Gründung einer lettischen Vereinigung möglich. Mit ihrer Hilfe konnten die aus den ländlichen Gebieten zugewanderten Letten nun auch Anschluß an das Wirtschafts- und Kulturleben der Stadt finden, was vordem wegen des Monopols der deutschen Zünfte unmöglich war. Es entstand das erste lettische Theater, und Zeitungen in lettischer Sprache wurden gegründet. Als Ausdruck dieses neuen Zusammengehörigkeitsgefühls wurde 1873 das erste lettische Liederfest (»Dziesmas svētki«) gefeiert. Diese Feste, die der Pflege des Volkstums dienten, wurden seitdem regelmäßig alle vier Jahre wiederholt. Indes war die zunehmende Russifizierung eine für die Letten durchaus zwiespältige Erfahrung, denn sie sahen ihre nationale Eigenständigkeit nun auch von dieser Seite bedroht. So wandten sie sich wieder mehr den ihnen toleranter entgegenkommenden deutsch-baltischen Kreisen zu.

Deglavs verarbeitete in seinem Roman eine Fülle solchen historischen Materials. Um die fiktive Gestalt des Pēteris Krauklītis sind viele dokumentarisch belegte Ereignisse der lettischen Geschichte kunstvoll angeordnet. Bekannte Gestalten, wie Krišjānis Valdemārs, Bernhards Dīriķis, Atis Kronvalds oder die Alunāns, treten auf. Der Autor versucht, ein großangelegtes Bild vom Strukturwandel der großstädtischen Gesellschaft in Lettland in der zweiten Hälfte des 19. Jh.s zu geben, ohne in polemischer Weise Partei zu ergreifen. – Der erste Teil der Trilogie wurde 1910/11 in der Zeitung ›Dienas Lapa‹ veröffentlicht und erschien 1912 als Buch. Mit dem Druck des zweiten Teils begann 1920 die Zeitung ›Latvijas Vēstnesis‹, nachdem Deglavs aus Petrograd zurückgekehrt war, wohin er vor der deutschen Besatzungsmacht, die die noch vorhandenen Exemplare des ersten Teils der Trilogie beschlagnahmt hatte, geflohen war. Noch vor der Vollendung des zweiten Teils starb der Autor. Vom dritten Teil liegen nur der Titel und eine knappe Skizze vor.

Der Roman steht seiner Konzeption nach und in seiner Gestaltung in der Tradition des realistischen historischen Romans des 19. Jh.s (L. TOLSTOJ, vgl. auch R. und M. KAUDZĪTE). Durch seine ausgeprägte nationale Tendenz hat er zur Stärkung eines lettischen Bewußtseins in entscheidenden Jahren der nationalen Selbstfindung beigetragen. KLL

AUSGABEN: Riga 1910/11 (in Dienas Lapa; T. 1). – Riga 1912 (T. 1). – Riga 1920 (in Latvijas Vēstnesis; T. 2). – Riga 1922 (T. 2). – Hanau 1947. – Riga 1951. – Minneapolis 1958/60.

LITERATUR: *Latviešu literatūras vēsture*, 6 Bde., Riga 1957; Bd. 4, S. 221–235. – M. Kalve, *Daži vārdi par »Rīgu« un tās autoru* (in A. D., *Rīga*, Bd. 3, Riga 1957, S. 593–599). – I. Kiršentāle, *Latviešu romāna sākumi un pirmie sasniegumi* (in LPSR ZA Vēstis, 1977, 1, S. 96–98).

# JANINA DEGUTYTĖ

* 6.7.1928 Kaunas

## DAS LYRISCHE WERK

(lit.) von Janina DEGUTYTĖ.

Schon in ihren beiden Gedichtbänden *Ugnies lašai*, 1959 *(Feuertropfen)*, und *Dienos – Dovanos*, 1960 *(Geschenkte Tage)*, prägt sich die Licht- und Farbensymbolik aus, die für die lyrische Sprache Degutytės insgesamt charakteristisch ist. Themen dieser Gedichte sind die grenzlosen Möglichkeiten des Menschen, die großen Fragen des Lebens – Kampf und Liebe –, die im Geiste romantischer Kompromißlosigkeit gesehen werden: *»Pasaulyje tik saule, tu ir aš« (»Auf der Welt nur die Sonne, du und ich«)*. Thematisch orientiert sich die Dichterin in dieser ersten Phase an E. MIEŽELAITIS (*1919), dessen Lyrikband *Žmogus* etwa gleichzeitig entstand, formal und sprachlich ist die Abhängigkeit von Salomėja NERIS (1914–1945) nicht zu verkennen. Die ersten Gedichte Degutytės sind im syllabotonischen Metrum geschrieben, die Zeilen- und Strophenlängen sind jedoch stellenweise – um starken Empfindungen zu entsprechen – beträchtlich variiert.

Die Thematik der frühen Gedichte erweitert sich in der Sammlung *Ant žemės delno*, 1963 *(Auf der Handfläche der Erde)*, ins Allgemeine; es geht nun um universelle Probleme wie die Beziehung des Menschen zur Erde, um den Sinn des Lebens und das Wesen des menschlichen Seins, um die Frage: *»Wer bist du? Wer bin ich diesen Morgen?«* (aus dem Gedicht *Ziemos veidas*). Vieles erinnert an die Gedichte der bedeutenden litauischen Lyrikerin Salomėja Neris, vor allem an deren Sammlung *Pėdos smėly*, 1931 *(Spuren im Sand)*. Bemerkenswert sind die Gedichte zu den Bildern des litauischen Malers M. K. Čiurlionis, *Jūros sonata* (Meeres-Sonate) und *Pavasario sonata* (Frühlings-Sonate). Musik und Farbe, Licht und Schatten sind immer noch Hauptmotive dieser lyrischen Sprache.

Erst mit dem nächsten Gedichtband, *Šiaurės vasaros*, 1966 *(Die Sommer des Nordens)*, findet die Autorin eine eigenständige Ausdrucksweise; es verstärkt sich nun der philosophische, gedanklich ins Universelle gerichtete Zug ihrer Gedichte, etwa in Bildern wie dem *»Atem der Unendlichkeit«* als dem Sinnbild der Ewigkeit und von der Begrenztheit des Daseins, die der Mensch allenfalls in seinem Gedächtnis überwinden kann: *»Nicht der Nebel ist es – die Kraniche schlafen / Nicht der Wind – nur der Atem der Erde / Nichts habe ich vergessen.«* Wie in *Neringos pusys (Die Föhren auf der Nehrung)*, einem der schönsten Texte dieser Sammlung, werden in den Gedichten nun häufiger synkopische Verkürzungen angewandt, die sich mit der äußeren, typographischen Gestalt der Gedichte verbinden. Auf den Einfluß des belgischen Symbolisten Emile VERHAEREN (1855–1916), dessen Lyrik die Dichterin ins Litauische übertrug, ist mit großer Wahrscheinlichkeit der in dieser Sammlung zum ersten Mal feststellbare Übergang zum *vers libre* zurückzuführen – eine Tendenz, die sich in den späteren Dichtungen Degutytės weiter verstärkte.

Den hier begonnenen Weg setzte die Dichterin mit ihren weiteren, bisher erschienenen Gedichtbänden fort. *Pilnatis*, 1967 *(Vollmond), Šviečia sniegas*, 1970 *(Der Schnee leuchtet), Prieblandų sodai*, 1974 *(Gärten der Dämmerung), Tarp saulės ir netekties*, 1980 *(Zwischen Sonne und Verlust)*. Die Tradition der philosophischen Lyrik Litauens, wie sie sich z. B. in den Gedichten von J. BALTRUŠAITIS (1873–1944) manifestierte, wird von J. Degutytė ebenso fortgeführt wie sie den von der dramatischen Rhetorik des Klassikers der litauischen Lyrik V. MYKOLAITIS-PUTINAS (1914–1966) ausgehenden Impuls, der für die weitere Entwicklung der Lyrik Litauens so entscheidend wurde, wieder aufgreift.

Die Skala der Themen in den Gedichtbänden der sechziger und siebziger Jahre umfaßt viele Bereiche und Ausdrucksformen: den historischen Rollen-Zyklus *(Antigonė; Judas; Don Kichotas; Šecherezada; Odisejas; Tilis Ulenspigelis; Hamletas* im Band *Pilnatis)*; abstrakter werdende Naturdichtungen in der Sammlung *Šviečia sniegas*, wo sich der Blick auch auf die Grenzzonen zwischen Wirklichkeit und Unwirklichem, zwischen lebender und toter Natur richtet: *»Aus dem Schnee ragt ein Grashalm, / Bin ich sein dunkler Schatten?«*, den Gedanken an das Schicksal, der in Bilder aus der klassischen Mythologie und in archetypischen Daseinssituationen gefaßt wird *(Der weiße Zyklus* mit *Graikija; Termopilis; Homeras; Niobės; Orfejas;* und *Der schwarze Zyklus* mit *Abschied vom Sohn; Masken; Entzauberung* u. a., im Band *Prieblandų sodai)*; schließlich das Bewußtsein menschlicher Begrenztheit und des Verlusts, das im Zyklus *Sonette der Verbannung* (im Band *Tarp saulės ir netekties*) in melancholischen Naturbildern von großer Einfachheit und Sensibilität zum Ausdruck gebracht wird, die bisweilen an RILKE erinnern. *»Sage, Schachtelhalm, woher kommst du, / aus welchem Jahrtausend atmen deine Wurzeln / unter meinen Füßen? / Was begehrst du von Sonne und Donner? / Welche Nachricht bringst du – / Welche Warnung für diesen Frühling?«* (aus dem Gedicht *Drei Zeichen der Erde*). L.Ba.

AUSGABEN: *Ugnies lašai*, Wilna 1959. – *Dienos-Dovanos*, Wilna 1960. – *Ant žemės delno*, Wilna 1963. – *Šiaurės vasaros*, Wilna 1966. – *Pilnatis*, Wilna 1967. – *Šviečia sniegas*, Wilna 1970. – *Prieblandų sodai*, Wilna 1974. – *Tarp saulės ir netekties*, Wilna 1980.

ÜBERSETZUNG: in *Litauische Lyrik*, L. Baldauf, Mchn. 1972 [17 Gedichte].

LITERATUR: V. Kubilius, *»Ugnies lašai« – mūsų jaunosios kartos balsas* (in Komjaunimo tiesa, 5. 6. 1959). – Ders., *Romantinės poezijos keliu* (in Literatūra ir menas, 18. 2. 1961). – I. Kostkevičiūtė, *Jausmo poetės sekmė ir pavojai* (in Literatūros dienovidžiai, Wilna 1964). – T. Rostovaitė, *Giesmė gražiajai žemei* (in Pergalė, 1964, Nr. 1). – R. Pakalniškis, *Tarp žemės ir saulės* (in Pergalė, 1968, Nr. 10). – K. Nastopka, *Poetinė lyrikos kalba* (in *Šiuolaikinės lietuvių literatūros bruožai*, Wilna 1969). – V. Zaborskaitė, *Gamtos vaizdas Janinos Degutytės lyrikoje* (in *Šiuolaikinės poezijos problemos*, Wilna 1977). – J. Riškutė, *Tylos valandose nėra ramybės* (in Literatūra ir menas, 4. 11. 1979). – P. Bražėnas, *Nesibaigiančiame meninės kūrybos maratone* (in Pergalė, 1980, Nr. 9). – A. Masionis, *Poetes pilnatis* (in *Poezija kritika*, Wilna 1980). – K. Ambrasas, *Subtili lyrikė* (in *Kritikos etiudai*, Wilna 1981). – R. Trimonis, *Vertybių veidrodis* (in *Žmogus ir epocha poezijoje*, Wilna 1981). – *MA. Lietuvių tarybinė literatūra*, Bd. 2, Wilna 1982. – V. Daujotytė, *J. D.*, Wilna 1984.

## M. DEHĀTI

eig. Moḥammad Mas'ud

* 1902
† 1948 Teheran (?)

LITERATUR ZUM AUTOR:
R. Lescot, *Le roman et la nouvelle dans la littérature iranienne contemporaine* (in BEO, 9, 1942/43, S. 95 ff.). – B. Alavi, *Geschichte u. Entwicklung der modernen persischen Literatur*, Bln./DDR 1964, S. 153. – H. Kamshad, *Modern Persian Prose*

*Literature*, Cambridge 1966, S. 66–69. – J. Rypka, *History of the Iranian Literature*, Dordrecht 1968, S. 408 f. – N. Šifte, *Zendeginꞌāme wa mobarezāt-e siyāsī-ye M. M. modir-e ruznāme-ye Mard-e Emruz*, Teheran 1984.

## AŠRAF-E MAḪLUQĀT

(iran.-npers.; *Das wertvollste Geschöpf*). Erzählung von M. DEHĀTI, erschienen 1934. – Wie in allen Werken Dehātis fällt hier der Einfluß von REMARQUES *Im Westen nichts Neues* auf. Dehātis Pessimismus kennt jedoch keine Grenzen, er hält nicht nur die iranische Gesellschaft in der Zeit zwischen den beiden Weltkriegen und die Diktatur für von Grund auf verderbt. Er leugnet darüber hinaus auch, daß irgendwo moralische Prinzipien die Beziehungen der Menschen zueinander bestimmen, und glaubt, daß menschliche Schicksale nur vom Spiel der Zufälle geprägt werden. Das kümmerliche Leben kleiner Angestellter, die am Tag an ihren Arbeitsstellen dösen und faulenzen und sich nachts in den Wirtshäusern betrinken und Prostituierten nachlaufen, ist das Hauptthema seiner Erzählung. Auf der Suche nach Geld gelingt es dem einen, sich durch Schiebungen und Gaunereien zu bereichern, während andere im Gefängnis oder in der Irrenanstalt ihr Leben beenden. Hinter allen Mißerfolgen stecken Frauen, die entweder ein pompöses Leben führen oder als Prostituierte ihr Dasein fristen. Die Schmähung und Beschimpfung des weiblichen Geschlechtes scheint die Hauptaufgabe zu sein, die sich Mas'ūd Dehāti gerade in dieser Erzählung gestellt hat. Die meisten Sünderinnen sind in ihrer Jugend von jungen Städtern verführt worden. Sie haben alle Laster des Stadtlebens kennengelernt und sich zu einer Gefahr für die Männerwelt entwickelt. Alle Typen in dieser Erzählung sind weder gut noch böse, sie haben keinen Begriff und keine Vorstellung, was gut und böse ist. Der Autor legt keinen Wert darauf, eine Fabel zu entwickeln. An einer fortschreitenden Handlung ist er nicht interessiert. Die Figuren, die fast alle zum Bekanntenkreis des Erzählers gehören, treten auf und verschwinden meistens wieder von der Bildfläche, ohne durch irgendeine Begebenheit mit anderen Personen der Erzählung in Verbindung gebracht zu werden. Mas'ud Dehāti vertritt die Ansicht, daß der Mensch, die Krone der Schöpfung, nichts anderes als ein gemeiner Betrüger, ein Heuchler und gieriger Verbrecher sei. B.A.

AUSGABE: Teheran 1934.

## GOLHĀ'I KE DAR ǦAHANNAM MIRUYAND

(iran.-npers.; *Rosen, die in der Hölle wachsen*). Gesellschaftskritischer Roman in zwei Teilen von M. DEHĀTI, erschienen 1942–1945. – Das Werk behandelt die Entwicklung eines dem Mittelstand angehörenden jungen Iraners in den ersten Jahrzehnten des 20. Jh.s. Nach Beendigung seines Studiums in Brüssel ist er trotz der ihm wegen seiner politischen Gesinnung drohenden Gefahren in sein Heimatland Iran zurückgekehrt, wo er sich nun schon vier Jahre lang vergeblich bemüht, Arbeit zu finden. Wir erfahren dies aus dem am Anfang des Romans zitierten Briefwechsel mit seiner in Brüssel zurückgebliebenen Frau, einer Belgierin, die er als Student geheiratet hat. Voller Bitterkeit berichtet er ihr von den in seinem Lande herrschenden Verhältnissen, die ihm von Kind an verhaßt sind. Das Milieu, in dem er aufgewachsen ist, vergleicht er mit der Hölle, in der Angst und Schrecken, Mißtrauen und Pessimismus herrschen und wo alle einander verabscheuen und verachten. Die Lüge sei das Brennholz dieses Infernos, und der Höllenfürst (damit ist der von 1926 bis 1941 Iran als Diktator beherrschende Reżā-Šāh gemeint) fresse Gold und trinke Blut, aber sein Hunger und Durst seien unstillbar. – Das Land besitze zwar demokratische Einrichtungen, doch bediene man sich ihrer nicht, und das führe zu einer stetig wachsenden Verschärfung der allgemeinen Not. Dabei habe sich eine völlige Umwertung aller Werte vollzogen: *»Diebstahl heiße nun Schutz, Betrug und Heuchelei bezeichne man als Politik, statt Wahrheitsliebe herrsche Lügenverbreitung, Unwissenheit und Verderbtheit gebe man als Erziehung und Bildung aus, Mord und Totschlag nenne man Pflichterfüllung.«*

Während der Autor im ersten Teil seines Romans die Lage in Persien nur in großen Zügen charakterisiert, bemüht er sich in den darauffolgenden Kapiteln, die von der Kindheit und Jugend des Helden handeln, die Darstellung durch ausführliche Detailschilderungen zu beleben. So berichtet der junge Iraner von der geistigen Enge in seinem Elternhaus, von den harten Prügelstrafen in der Schule, vom Leben in einer persischen Stadt, von großen Leichenbegängnissen und eindrucksvollen schiitischen Trauerfeierlichkeiten zur Erinnerung an den Tod 'Alis, von der Selbstgeißelung und Selbstverstümmelung religiöser Fanatiker, von Gauklern und Schlangenbeschwörern; er erzählt von der innigen Zuneigung zu einem Mitschüler, von der schüchternen Liebe zu einem Dienstmädchen und vom Tod eines Schulkameraden. – Noch nachhaltiger aber sind die Eindrücke, mit denen sich der allmählich zum Manne reifende Jüngling in den folgenden Jahren auseinandersetzen muß: die Besetzung des Landes durch russische Truppen während des Ersten Weltkriegs, Hungersnot und Seuchen, denen Tausende von Menschen zum Opfer fallen, so daß Geisterbeschwörung, Zauberei und Hexerei immer bedrohlicher um sich greifen und immer mehr Anhänger bei der Bevölkerung finden. Alle diese Erlebnisse bestärken den jungen Mann in der Überzeugung, daß er sein schriftstellerisches Talent dazu benützen solle, Einfluß auf die Menschen auszuüben und dadurch Macht über sie zu gewinnen.

Dehāti kam nicht mehr dazu, den auf mehrere Bände geplanten Roman zum Abschluß zu bringen, da er (wahrscheinlich aus politischen Gründen) ermordet wurde. Immerhin erfreute sich das Werk geraume Zeit großer Popularität, wohl nicht zuletzt deswegen, weil seine scharfe Kritik an den Machthabern besonders der Jugend gefiel. B.A.

AUSGABEN: Teheran 1942–1945, 2 Bde. – Teheran 1978/79, 2 Bde.

### TAFRIḤĀT-E ŠAB

(iran.-npers.; *Nächtliche Zerstreuungen*). Erzählung von M. DEHĀTI, nach Vorabdruck in einer Tageszeitung erschienen 1934. – Dieses Erstlingswerk des Autors bildet den ersten Teil einer Trilogie, deren zweiter Teil den Titel *Dar talāš-e maʿāš*, 1934 *(Im Kampf um den Lebensunterhalt)*, trägt und die mit der Erzählung *Ašrāf-e mahluqāt*, 1934 *(Das wertvollste Geschöpf)*, abschließt. In der vorliegenden Erzählung entwirft Dehāti ein Bild der iranischen Jugend aus der Zeit zwischen den beiden Weltkriegen. Mit bitteren Worten beschreibt er das sinn- und ziellose Treiben junger Menschen, die meist aus kleinbürgerlichen Verhältnissen stammen und nichts besitzen als *»eine dunkle Vergangenheit, eine ungewisse Zunkunft und eine verworrene Gegenwart«*. Tagsüber verdienen sie sich teils auf lautere, teils auf unlautere Weise ihren Unterhalt, nachts kommen sie in den Wirtshäusern und Kaschemmen zusammen, betrinken sich, randalieren auf den Straßen und gehen in Bordelle, wo sie die Freudenmädchen häufig noch um ihren kümmerlichen Verdienst prellen.

Der Verfasser schildert hier eine Jugend, die weder Prinzipien noch Ideale kennt. In der Gesellschaft, die sich während der Diktatur des Reza-Schah (reg. 1926–1941) herausgebildet hat, unterscheiden sich die einzelnen nicht durch ihre geistigen und moralischen Qualitäten, sondern durch die Fähigkeit, sich zu verstellen, zu heucheln, andere zu betrügen und die Schwächeren auszubeuten. Schuld daran ist nach Auffassung des Autors die falsche Erziehung in den iranischen Schulen, die die Schüler mit einer Unmenge von Wissen vollstopfen, ohne den Menschen zu bilden und seine Persönlichkeit zur Entfaltung zu bringen.

Dehāti reiht meist einzelne, zum Teil recht spannend erzählte Episoden aneinander, die zur Charakterisierung seiner Helden dienen. Häufig wird eine Begebenheit oder eine Situation geschildert, um daraus ethische Schlußfolgerungen zu ziehen. Mit Vorliebe stellt der Autor Erziehungsfragen in den Mittelpunkt seiner Betrachtungen (Dehāti war selbst eine Zeitlang als Lehrer tätig), auch flicht er öfters pädagogische Erörterungen in seine Monologe ein. Seine Sprache ist eine Mischung aus Vulgär- und Zeitungspersisch; sein Stil ist flüssig, aber reizlos.

Das Werk ist nicht eigentlich sozialkritisch, vielmehr spricht daraus der tiefe Pessimismus des Autors. Bemerkenswert ist die Erzählung *Tafriḥāt-e šab*, weil hier die Lebensführung und das Verhalten jener Menschen zum Ausdruck kommt, die nach Meinung der damals im Iran herrschenden Klasse »der Politik fernbleiben« sollten. B.A.

AUSGABEN: Teheran 1934. – Teheran 1947. – Teheran o. J. [um 1984].

## ʿALI AKBAR DEHḪODĀ

* 1879 Teheran
† 26.2.1956 Teheran

### ČARAND O PARAND

(iran.-npers.; *Plauderei*). Sammlung satirischer Geschichten von ʿAli Akbar DEHḪODĀ, erschienen 1962. – Die meisten dieser Geschichten und kritischen Betrachtungen wurden bereits während der iranischen Revolution (1907/08) in der Zeitung ›Ṣur-e Esrāfil‹ (Die Posaune des Auferstehungsengels Esrāfil) veröffentlicht, deren Mitarbeiter es sich zur Aufgabe gemacht hatten, dem einfachen Volk die Unwürdigkeit seiner sozialen Lage vor Augen zu führen. Der Autor hielt es in dieser Periode seines Lebens für seine Pflicht, seinen Landsleuten die Idee der Demokratie nahezubringen. Er führt den Leser in die Welt des kleinen Mannes, macht ihn mit dessen Sorgen, Nöten und Kümmernissen bekannt, um desto schärfer den Kontrast zu der Welt der Besitzenden, der Prasser und Nutznießer hervortreten zu lassen und so die Notwendigkeit sozialer Reformen darzulegen. Mit großem stilistischem Geschick behandelt Dehḫodā politische Zeitfragen und soziale Mißstände wie die Willkür der herrschenden Schichten, die Bestechlichkeit der Machthaber und Beamten, die Unterdrückung der Frau, die Charakterlosigkeit und Unzuverlässigkeit der Abgeordneten, die Habgier des Klerus. *»Wie soll man sich den Genuß des Opiums abgewöhnen?«* fragt der Erzähler und antwortet ironisch: *»Indem man sich allmählich an Morphium und Haschisch gewöhnt, genauso wie die reichen Gutsbesitzer die Städter allmählich an eine sich* Brot *nennende Masse, bestehend aus Sand, Sägespänen und Ziegelsteinstücken, gewöhnt haben.«*

*Čarand o parand* ist stofflich originell und zeichnet sich besonders durch Geist und Witz aus; aber bedeutender als der Inhalt ist der Stil des Werks. Dehḫodā, der mit den traditionellen Formen der persischen Erzählweise bricht, bedient sich einer Sprache, die sehr viele volkstümliche Züge enthält. Dadurch, daß es ihm gelungen ist, die Literatursprache weitgehend von dem Schwulst und der Ornamentik früherer Jahrhunderte zu befreien, hat er die Entwicklung eines völlig neuen Prosastils eingeleitet, den Autoren wie Moḥammad ʿAli ǦAMĀLZĀDE (*1895) und Ṣādeq HEDĀYAT (1903–1951), letzterer besonders in seinem Roman *Buf-e kur (Die* *blinde Eule)*, noch vervollkommnet haben. Als Bahnbrecher einer neuen Prosaliteratur, aber auch als Literarhistoriker und Lexikograph hat sich Dehḫodā in seiner Heimat Wertschätzung und Anerkennung erworben. B.A.

AUSGABEN: Teheran 1962. – Teheran [2]1984 (in *Maqālāt-e Dehḫodā*, Bd. 1).

ÜBERSETZUNG: in *A Literary History of Persia*, E. G. Browne, Bd. 4, Cambridge 1924, S. 469 bis 482 [Ausz.; engl.].

LITERATUR: B. Alavi, *Geschichte u. Entwicklung der modernen persischen Literatur*, Bln./DDR 1964. – G. H. Yousofi, *Dehkhoda's Place in Iranian Constitutional Movement* (in ZDMG, 125, 1975, S. 117–132). – Ders., *Didāri bā ahl-e qalam*, Bd. 2, Mašhad 1979. – *'Allāme 'A. A. D.*, Hg. 'A. Ǧanzāde, Teheran 1983. – Ch. Balay u. M. Cuypers, *Aux sources de la Nouvelle Persane*, Paris 1983.

## RICHARD DEHMEL

* 18.11.1863 Wendisch-Hermsdorf
† 8.2.1920 Blankenese

**LITERATUR ZUM AUTOR:**
J. Bab, *R. D. Die Geschichte eines Lebenswerks*, Lpzg. 1926. – A. Hösel, *D. und Nietzsche*, Diss. Mchn. 1928. – A. O. Jászi, *R. D.s Auseinandersetzung mit dem Kultus des Lebens* (in PMLA, 65, 1950, S. 46–65). – E. Kromar, *Das Weltbild R. D.s*, Diss. Innsbruck 1950. – G. Schiefler, *R. D. Ein literarisches Portrait*, Hbg. 1961. – F. Horn, *Das Liebesproblem in R. D.s Werken*, Bln. 1932; Nachdr. Nendeln 1967. – O. Loerke, *Wiederbegegnung mit R. D.* (in O. L., *Literarische Aufsätze*, Heidelberg 1967, S. 300–314). – C. Roos, *Essays om tysk litteratur*, Kopenhagen 1967, S. 144–163. – K. O. Orth, *R. D.: A Bibliographical Study*, Diss. Univ. of Virginia 1980.

**DAS LYRISCHE WERK** von Richard DEHMEL. Im literarischen Leben der Jahrhundertwende genoß der Lyriker Richard Dehmel höchste Verehrung; Frank WEDEKIND bezeichnete ihn als *»größten deutschen Dichter«* seiner Zeit, und Detlev von LILIENCRON prophezeite: *»Von uns lebenden (zur Zeit bekannten) Künstlern des Verses wird keiner auf die Nachwelt kommen. Nur ein einziger: Richard Dehmel.«* Heute ist das lyrische Werk Dehmels, der sich daneben auch als Dramatiker (*Der Mitmensch*, 1895; *Lucifer*, 1899; *Michel Michael*, 1911) versucht hatte, weitgehend vergessen; der Ruhm des Autors war eng mit der Ausstrahlung seiner Person verbunden, die Forschung, die das Werk zwar als *»repräsentativ«* (H. Fritz) für den Stilpluralismus der Jahrhundertwende bewertet, widmete sich ihm nach 1945 nur mehr sporadisch.

Dehmel stand in seinen lyrischen Anfängen dem Kreis der Berliner Naturalisten um die Gebrüder HART sowie Michael Georg CONRAD, dem Herausgeber der Zeitschrift ›Gesellschaft‹, nahe. 1891 erschien sein erster Gedichtband *Erlösungen. Eine Seelenwandlung in Gedichten und Sprüchen*, der mit dem naturalistischen Programm in der Ablehnung der konventionell empfundenen Lyrik der Gründerjahre *(Fehdebrief)* und der Hinwendung zu sozialen Themen, zu den Motiven aus Großstadt und Technik übereinstimmte. Zugleich aber nahm Dehmel in die in fünf Gruppen geordnete Sammlung einen Teil seiner Jugendlyrik auf, die, wie er selbst konzedierte, *»mit ziemlicher Unbeholfenheit die einfache Sprache der Klassiker nachahmte«*; bereits der emotional aufgeladene Untertitel der *Erlösungen* verweist auf die für Dehmel charakteristische Betonung der menschlichen Erlebens- und Gefühlswelt, die er über jede rationale Erfassung der Welt stellt und die den Lyriker alsbald über die Grenzen des Naturalismus hinausführte: *»Ich will ergründen alle Lust / so tief ich dürsten kann; / ich will sie aus der ganzen Welt / schöpfen, und stürb' ich dran.« (Bekenntnis)*.

Die Kunst solle nicht, im Sinne von Arno HOLZ, die Tendenz haben, *»wie die Natur zu sein«*, sondern, so Dehmel in einer Tagebuchnotiz (7. 1. 1894), anstreben, *»wie die Natur zu wirken, nämlich als lebender Organismus, als beseelte Erscheinungsform«*. In den folgenden Gedichtbänden *Aber die Liebe* (1893) sowie *Weib und Welt. Ein Buch Gedichte* (1896) erscheint die Kunst als autonomer Bereich neben der Welt der Natur und der Tatsachen, der Künstler wirkt als geniehafter, gottähnlicher Schöpfer: *»Dichterkraft ist Gotteskraft«*, hatte Dehmel schon programmatisch in seinem ersten Gedichtband verkündet. Für die Zeitgenossen wird Dehmel zu jenem Autor, der als einziger NIETZSCHES Lebensphilosophie adäquat in Lyrik transformiert, weshalb Emil LUDWIG prophezeit: *»In fünfzig Jahren heißt es nur noch: Nietzsche philosophus, Dehmel poeta.«* Rückblickend gesehen aber reduzieren sich die Ähnlichkeiten zwischen Dehmel und Nietzsche doch wohl mehr auf die Heftigkeit der Gebärde, mit der an den Normen und Tabus der wilhelminischen Zeit gerüttelt wird; Dehmel, in letzter Konsequenz doch mehr Eklektiker denn philosophischer Dichter, wie auch sein Werk zwischen romantischer Sentimentalität und expressivem Pathos schwankt, folgt Nietzsche nur ansatzweise, wenn er Sexualität und individuellen Genuß verherrlicht. Der Lebensbegriff, der Dehmels Lyrik zugrundeliegt, zielt bei allem vitalistischem Ungestüm, bei aller Betonung von Sinnlichkeit und Erotik, Lust und Abschiedsschmerz auf ein verklärendes Bild der Welt, gerahmt von ornamentalem Sprachdekor: *»Das Abendrot umarmte brennend / der Eichen hohe Knospenkette; / wir aber sahen nur, uns trennend, / die schwarz aufragenden Skelette«*

*(Bitte)*. Jede Kunstwirkung, so hatte Dehmel schon in seinem Vortrag *Kunst und Persönlichkeit* (in Pan, 5, 1899/1900) festgehalten, müsse sich am – letztlich doch idealistisch fundierten – *»Wunder der Liebe«* orientieren, *»das sich begrifflich nur umschreiben läßt als Ausgleichung des Widerspruchs zwischen Ichgefühl und Allgefühl, Selbstbewußtsein und Selbstvergessenheit«*. Im Medium der Liebe vollzieht sich die Aufhebung von Vereinzelung, die Erfahrung eines Ganzen, eines *»Allgefühls«*, woraus die *»fast stereotyp wiederkehrende Struktur«* (H. Fritz) der Gedichte resultiert, programmatisch gefaßt in der Eingangszeile des Gedichts *Liebe: »Du sahst durch meine Seele in die Welt, / es war auch deine Seele ...«* Die harmonistische Tendenz, die dieser Art von Weltbezug zu eigen ist, läßt Dehmels Gedichtbände bei aller Betonung eines individuellen Genuß- und Glücksanspruchs in der Konvention der bürgerlichen Werte enden. Im Band *Weib und Welt* ordnet der Lyriker dem Wechsel der Jahreszeiten die Befindlichkeit eines lyrischen Ichs zu, das zwischen erotischer Bindung und männlichem Freiheitsdrang zerrissen ist, bis es zum Ideal des in sich ruhenden Menschen *(»Denn nicht über sich / denn nicht außer sich, / nur noch in sich / sucht die Allmacht der Mensch, der dem Schicksal gewachsen ist«)* in der Ehe gelangt ist: *»Das Ausleben der Sinnlichkeit läßt Dehmel nur solange als mögliche Lebensform gelten, bis sich die Liebenden endgültig gefunden haben. Das gemeinsame Glück soll sich dann in der bürgerlichen Ehe und in der täglichen Arbeit für das Gemeinwohl realisieren«* (E. Veit). Auch Dehmels soziale Lyrik, darunter das zur Jahrhundertwende sehr bekannte *Der Arbeitsmann* aus *Aber die Liebe*, bleibt im Bann dieses harmonisierenden Weltbilds.

Dehmels Lyrik gehört den antinaturalistischen Literaturbewegungen der Jahrhundertwende an; zahlreiche seiner Erstausgaben waren mit Jugendstil-Illustrationen versehen, von Fidus stammen die Randbilder des Bandes *Aber die Liebe*, Peter Behrens gestaltete das Versepos *Zwei Menschen. Roman in Romanzen* (1903), in dem der Autor auch auf seine Begegnung mit Ida Coblenz anspielt, die er 1901, nach seiner Scheidung, heiratet. Gegliedert in drei *»Umkreisen«*, überschrieben mit *»Die Erkenntnis«*, *»Die Seligkeit«* und *»Die Klarheit«* und gefaßt in je 36 Romanzen mit je 36 Versen, eröffnet dieser Balladenzyklus, dessen Fabel sich auf den Kampf eines Bibliothekars um die Ehefrau eines Adligen reduziert, eine fiktive Liebeswelt jenseits bürgerlicher Normen und Werte; in den Bildern Dehmels entsteht das Tableau des Jugendstil-Dekors der Zeit, der Tanz im Frühling darf so wenig fehlen wie die Anbetung der Sonne, die Begegnung am Strand so wenig wie die Beschwörung der Alleinigkeit alles Seienden. *»Im kleinsten Kreis Unendliches erreichen«*, mit diesem Credo beschließt Dehmel das Werk, mit dem er das Versepos wiederbeleben wollte.

Die Feier menschlicher Sinnlichkeit wiederholte Dehmel in der Sammlung *Verwandlungen der Venus. Rhapsodie* (1907); er nimmt darin den Zyklus von 20 Venus-Gedichten auf, der am Ende des Bandes *Aber die Liebe* erschienen war, und erweitert diesen. Er habe zeitlebens, so Dehmel im Vorwort des Bandes, nur wenige Gedichte geschrieben, *»die sich in unverheuchelter Art mit den brutalen Instinkten des menschlichen Geschlechtslebens befassen«*; da es jedoch *»gewisse Leute«* gebe, die auf diese Gedichte fixiert zu sein scheinen, habe er sie in diesem Band versammelt: *»Vielleicht wird den Herrschaften da begreiflich, daß selbst den unheiligsten Sinnlichkeiten der künstlerisch betrachteten Menschheit ein heiliger Schöpfergeist innewohnt, der sich um jeden Preis, sogar um den der Verwirrung, über die Tierheit hinausringen will.«* Eine *Ouvertüre (Das entschleierte Schwesternpaar)* leitet in Thematik und Stimmung des Bandes ein, die *Rhapsodie* verknüpft die Stadien erotischer Verwandlungen; ein *»Seher der Liebe«* treibt die Visionen der einzelnen Venusgedichte (darunter *Venus Primitiva, Venus Socia, Venus Creatrix, Venus Occulta*) vor sich her, beginnend mit dem *Gebet der Sucht*, endend mit dem *Gebet der Sättigung*, dabei in einem *»Schusterkeller«* gefangen; die damit verbundenen Bilder *(»Niemals sah ich die Nacht beglänzter! / Diamantisch reizen die Fernen / Durch mein staubiges Kellerfenster / schielt der Schein der Gaslaternen«)* reizten Arno Holz bei Erscheinen des Bandes zum sarkastischen Widerspruch, während der junge Börries Freiherr von Münchhausen im Gedicht *Venus Consolatrix*, in dem Dehmel die Figuren der Venus, der Jungfrau Maria und der Maria Magdalena einander anverwandelt, eine Blasphemie sah und dagegen Anzeige erstattete; Dehmel mußte schließlich einige Zeilen des Gedichts streichen.

Nach dem Band *Kindergarten. Gedichte, Spiele und Geschichten für Kinder und Eltern jeder Art* (1909) löste sich Dehmel mit *Schöne wilde Welt. Neue Gedichte und Sprüche* (1913) aus dem feierlichen Pathos von Lust und kosmischer Hingabe und kehrte zu einer gelassenen Sprache in den traditionellen Formen der Lieder und der Ballade zurück, auch wenn seine Lyrik weiterhin von der Polarität der weiblich-*»schönen«* und der männlich-*»wilden«* Welt *(Ballade vom freien Herzen)* lebt. Die erotische Thematik ist zurückgedrängt, Bezüge auf die Gegenwart erscheinen wieder *(Bergarbeiter)*, zusammen mit Kritik an der Institution Kirche; weiterhin aber dominiert die Liebeslyrik. Der Erstausgabe folgten 1918, 1920 und 1922 erweiterte Ausgaben, die gegenüber der ursprünglichen Zweiteilung des Bandes triadisch strukturiert sind und auch die 1917 unter dem Titel *Kriegs-Brevier* erschienenen Gedichte und Lieder aufnahmen, in denen Dehmel sich auf die Seite der nationalen Sache schlägt, den Krieg als Läuterung von den Verweichlichungen der Friedensjahre feiert *(»Dumpfe Gier mit stumpfer Kralle / feilschte um Genuß und Pracht;«)* und in einem Gedicht über die Mobilmachung auch vor dem Preis der *»deutschen Pferde« (»Mit witternden Nüstern auf der Wacht / Tragen auch sie ihr Blut zur Schlacht«)* nicht zurückschreckt. 1914 meldete sich Dehmel als Freiwilliger an die Front, wo er sich ein Venenleiden zuzog, an dessen Folgen er schließlich starb; in seinen letzten Lebensjahren löste er sich

zunehmend von seiner ursprünglichen Kriegsbegeisterung.
Auch wenn rückblickend die Begeisterung der Zeitgenossen für Dehmel kaum nachvollziehbar ist, so war seine Wirkung auf die Generation der jungen Lyriker (einschließlich der Expressionisten) in den Jahren vor dem Ersten Weltkrieg doch enorm. Dehmel, dessen Gedichte in den bedeutendsten literarischen Blättern der Zeit erschienen (›Hyperion‹, ›Jugend‹, ›Simplicissismus‹), zählte zu den Begründern der Zeitschrift ›Pan‹ und war auch an der Gründung der Kleist-Stiftung 1912 beteiligt. Die Skala der Verehrer, die diesem Avantgardisten des Fin de Siècle huldigten, reicht von Johannes R. BECHER über Else LASKER-SCHÜLER und Hermann HESSE bis hin zu Arnold SCHÖNBERG, der an den Lyriker schrieb: *»Ihre Gedichte haben auf meine musikalische Entwicklung entscheidenden Einfluß ausgeübt. Durch sie war ich zum erstenmal genötigt, einen neuen Ton in der Lyrik zu suchen.«* M. Me.-KLL

AUSGABEN: *Erlösungen. Eine Seelenwandlung in Gedichten und Sprüchen*, Stg. 1891; Bln. [2]1898 [veränd.]. – *Aber die Liebe. Ein Ehemanns- und Menschenbuch*, Mchn. 1893. – *Lebensblätter. Gedichte und anderes*, Bln. 1895. – *Weib und Welt*, Bln. 1896. – *Zwanzig Dehmelsche Gedichte*, Hg. W. Schäfer, Bln. 1897. – *Ausgewählte Gedichte (1890–1900)*, Bln. 1901. – *Zwei Menschen. Roman in Romanzen*, Bln. 1903. – *GW in zehn Bdn.*, Bln. 1906–1909. – *Die Verwandlung der Venus. Rhapsodie*, Lpzg. 1907. – *Hundert ausgewählte Gedichte*, Bln. 1908. – *GW in drei Bdn.*, Bln. 1913. – *Schöne wilde Welt. Neue Gedichte und Sprüche*, Bln. 1913. – *Kriegs-Brevier*, Lpzg. 1917. – *GW in Einzelausgaben*, Bln. 1921–1928, 10 Bde. – *Dichtungen, Briefe, Dokumente*, Hg. u. Nachw. P. J. Schindler, Hbg. 1963. – *Ich radle, radle, radle. Brettlyrik und Chansons*, Bln. 1975.

VERTONUNGEN: Orchesterstücke und Liedkompositionen von Hans Pfitzner, Max Reger, Arnold Schönberg, Richard Strauss, Karol Szymanowski, Anton von Webern.

LITERATUR: K. Kunze, *Die Dichtung R. D.s als Ausdruck der Zeitseele*, Lpzg. 1914. – H. Müller, *Studien zur Wortwahl u. Wortschöpfung bei D., Liliencron und Nietzsche*, Diss. Greifswald 1926. – E. Wilhelm, *R. D.s »Zwei Menschen«*, Diss. Marburg 1930. – E. Reichert, *Das Naturgefühl in der Lyrik R. D.s*, Brandenburg/Havel 1931. – P. v. Hagen, *R. D. Die dichterische Komposition seines lyrischen Gesamtwerks*, Bln. 1932. – J. Fürsinn, *Licht und Farbe in der Dichtung R. D.s*, Diss. Wien 1956. – R. Liebold, *D.s Gedichte und ihre Umarbeitungen*, Diss. Tübingen 1957. – E. Klein, *Jugendstil in dt. Lyrik*, Diss. Köln 1957. – H. Fritz, *Literarischer Jugendstil u. Expressionismus. Zur Kunsttheorie, Dichtung u. Wirkung R. D.s*, Stg. 1969. – E. Veit, *Fiktion u. Realität in der Dichtung M. Dauthendeys, R. D.s u. A. Momberts*, Diss. Mchn. 1987.

## DIE MENSCHENFREUNDE

Drama in drei Akten von Richard DEHMEL, Uraufführung: Berlin, 10. 11. 1917, Lessingtheater; im gleichen Jahr auch in Dresden und Mannheim. – In seinen Dramen versuchte Dehmel, der in erster Linie Lyriker war, seinen Vorstellungen von christlich-sozialem Verhalten Gestalt zu geben. So fordert er immer wieder Liebe und gütiges Verstehen als Gegenpositionen zu einem Willen zur Macht im Sinne NIETZSCHES. Mit dieser Polarität knüpfen *Die Menschenfreunde* vor allem an Dehmels erstes Stück, *Der Mitmensch* (1895), an.
Zu seinem fünfzigsten Geburtstag wird der Multimillionär Christian Wach mit der Ehrenbürgerurkunde und einem hohen Orden ausgezeichnet. Seinen Reichtum verdankt Wach dem Tod einer geizigen, zänkischen Tante, die er beerbt hat. Ob die Tante eines natürlichen Todes gestorben ist oder ob Wach sie ermordet hat, bleibt ungeklärt. Er führt seit ihrem Tod ein entsagungsvolles Leben, geplagt von Zweifeln und Schuldgefühlen, und ist mit seinem Geld zum Wohltäter der Armen geworden. Sein Vetter Justus, ein Kriminalkommissar, der bei der Erbschaft leer ausgegangen ist, will den verhaßten Christian in kalter Selbstgerechtigkeit des Mordes überführen: Als Beweis dient ihm ein Brief, in dem Christian fünf Wochen vor dem Tod der Erbtante bei einer chemischen Fabrik Gift bestellt hat. Christian wird vor Gericht gestellt, jedoch freigesprochen, weil er offen bekennt, daß er die Tante in Gedanken zwar oft getötet habe, sie aber tatsächlich am Schlag gestorben sei. Justus bittet um Verzeihung. Christian, der einsam ist und sich nach Güte und Verständnis sehnt, will sich der Menschlichkeit seines Vetters versichern und bezichtigt sich nun daher ihm gegenüber selbst des Mordes. Statt aber zu verzeihen und zu helfen, schürt Justus öffentlich den Mordverdacht ein weiteres Mal. Aus Verzweiflung darüber stirbt Christian und nimmt das Geheimnis um Mord oder Gedankenschuld mit ins Grab.
Dehmels symmetrisch gebaute Akte – sie spielen im Sommer, im Herbst, im Winter, immer vormittags, stets im selben Raum und beginnen immer mit einigen Worten Christians – stellen sich als Seelenstudie in Form eines Kriminalfalls dar. Christian Wach, für die Welt Wohltäter und Menschenfreund, hält mit sich selbst Gericht darüber, wo Schuld beginnt: bei der Tat oder beim Gedanken an die Tat. Es kommt Dehmel nicht, wie etwa dem Autor eines Kriminalstücks, auf die eindeutige Beantwortung der Frage nach dem Mord an, sondern sein leidenschaftliches, dichterisches Interesse gilt dem Kampf zwischen dem Dämon und dem Willen im Menschen: Der Kampf in Christian Wach, zugleich wahrer Menschenfreund und potentieller oder wirklicher Mörder, wird zum Angelpunkt eines Geschehens, das sich, besonders in Momenten seelischer Enthüllung, durch Christians Stottern dramatisch zuspitzt und aus der antithetischen Stellung Christians zu Justus zugleich einen kontinuierlichen äußeren Antrieb empfängt. Beeinträch-

tigt wird die dramatische Wirkung des Stücks durch die etwas künstliche Herbeiführung der Konfliktsituationen und die gedanklich spröde, oft epigrammatisch verkürzte Sprache. KLL

AUSGABE: Bln. 1917.

LITERATUR: S. Jacobsohn, Rez. (in Die Schaubühne, 1917, Nr. 47, S. 492 ff.). – J. Bab, Rez. (in Frankfurter Ztg., 30. 4. 1918). – H. A. Rademacher, *R. D.s Drama und Bühne*, Diss. Mchn. 1933. – H. Wingelmayer, *R. D. als Dramatiker und Erzähler*, Diss. Wien 1948.

## LEN DEIGHTON

* 18.2.1929 Marylebone, London

LITERATUR ZUM AUTOR:
J. Symons, *Bloody Murder. From the Detective Story to the Crime Novel: a History*, Harmondsworth 1972; ern. 1974 (Penguin Books). – J. P. Becker, *Der englische Spionageroman. Historische Entwicklung, Thematik, literarische Form*, Mchn. 1973. – F. Erisman, *Romantic Reality in the Spy Stories of L. D.* (in *Proceedings of the Sixth National Convention of the Popular Culture Association*, Hg. M. T. Marsden, Chicago 1976, S. 233–250). – B. Merry, *Anatomy of the Spy Thriller*, Dublin 1977. – L. L. Panek, *The Special Branch. The British Spy Novel, 1890–1980*, Bowling Green 1981. – G. Grella, *L. D.* (in *Contemporary Novelists*, Hg. J. Vinson, NY 1982, S. 169–171). – S. M. Neuse, *Bureaucratic Malaise in the Modern Spy Novel: Deighton, Greene and Le Carré* (in Public Administration London, 60, 1982, S. 293–306). – B. Lenz, *Popularität und Krise des Agentenromans: Das England der siebziger Jahre und die Nachfolger Ian Flemings* (in anglistik & englischunterricht, 19: *Recent Novels on Society*, 1983, S. 161–178). – J. Atkins, *The British Spy Novel. Styles in Treachery*, Ldn. 1984. – L. O. Sauerberg, *Secret Agents in Fiction. Ian Fleming, John le Carré and L. D.*, Ldn. 1984. – P. Hasenberg, *›The Teuton's inbred mistake ...‹: Das Deutschlandbild im britischen Agentenroman* (in anglistik & englischunterricht, 29/30: *Images of Germany*, 1986, S. 217–245). – E. Milward-Oliver, *L. D.: An Annotated Bibliography, 1954–1985*, o. O. 1986. – Ders., *The L. D. Companion*, Ldn. u. a. 1987; ern. 1988. – K. Bangert u. J. Kamm, *Die Darstellung des Zweiten Weltkrieges im englischen Roman. Eine Untersuchung zum Problem der Fiktionalisierung von Zeitgeschichte anhand der Erzählwerke von Henry Patterson, L. D., Evelyn Waugh und William Golding*, 2 Bde., Ffm. 1987. – J. G. Cawelti u. B. A. Rosenberg, *The Spy Story*, Chicago/Ldn. 1987. – M. Denning, *Cover Stories. Narrative and Ideology in the British Spy Thriller*, Ldn./NY 1987. – B. Lenz, *FACTIFICTION. Agentenspiele wie in der Realität. Wirklichkeitsanspruch und Wirklichkeitsgehalt des Agentenromans*, Heidelberg 1987. – J. Helbig, *Der parahistorische Roman. Ein literarhistorischer und gattungstypologischer Beitrag zur Allotopieforschung*, Ffm. u. a. 1988.

### FUNERAL IN BERLIN

(engl.; *Ü: Finale in Berlin*). Roman von Len DEIGHTON, erschienen 1964. – Fast zeitgleich mit John LE CARRÉ leitete Len Deighton Anfang der sechziger Jahre eine kritische, in der Tradition von Eric AMBLER und Graham GREENE stehende Neuorientierung des Agentenromans ein, die das von Ian FLEMING geprägte Leitbild der fünfziger Jahre mit James Bond als heroisch-patriotischem Kalten Krieger in Zweifel zog. *Funeral in Berlin*, nach *The Ipcress File*, 1962 *(Ipcress – Streng geheim)*, und *Horse Under Water*, 1963 *(Fische reden nicht)*, Deightons dritter Roman, wurde von den Lesern enthusiastisch aufgenommen, war zwei Jahre später mit Michael Caine in der Hauptrolle auch als Film ein Riesenerfolg und gilt zahlreichen Kritikern noch heute als einer der besten Romane des Autors.

Der anonyme, widerwillig den Decknamen »Edmond Dorf« akzeptierende Ich-Erzähler, Agent einer Sonderabteilung des englischen Geheimdienstes, erhält den Auftrag, zusammen mit Johnnie Vulkan in Berlin das Überlaufen des sowjetischen Wissenschaftlers Semitsa zu arrangieren, dem der KGB-Offizier Stok zur Flucht in den Westen verhelfen will, weil Semitsa eine langjährige Gefängnisstrafe droht. Stok, ein gerissener Pragmatiker und Zyniker und in dieser Hinsicht ein dem Erzähler kongenialer Antagonist, soll den als Leiche getarnten Semitsa am Checkpoint Charlie der Organisation Gehlen zum Weitertransport übergeben. Bei den Vorbereitungen dieser geheimen und äußerst gefährlichen Transaktion stößt der Erzähler auf viele Ungereimtheiten, die ihn zu Nachforschungen östlich und westlich des Eisernen Vorhanges veranlassen, die Fragen des Nazitums und der Konzentrationslager tangieren und zu überraschenden Erkenntnissen führen: Sein Mitagent in Berlin, der angebliche SS-Wachposten Vulkan, entpuppt sich als ehemaliger jüdischer Insasse eines Konzentrationslagers, der Vulkan ermordete und seinen Namen als Tarnung verwendete, jetzt aber dank der Hilfe Hallams, eines bestochenen Beamten aus dem englischen Innenministerium, die für Semitsa bestimmten, jedoch auf Vulkans ursprünglichen Namen ausgestellten Papiere an sich bringen will, um mit der wiedergewonnenen Identität an sein auf einem Schweizer Bankkonto ruhendes riesiges Vermögen zu kommen. Daneben ist auch der israelische Geheimdienst an Semitsa interessiert, dessen Dienste sich die Israelis im Kampf gegen die für Ägypten arbeitenden deutschen Wissenschaftler sichern wollen. Stoks reizvolle Offerte des Semitsa-Handels erweist sich freilich nur als taktischer Zug in einem Spiel, das der Schachexperte Stok – Kommentare zum Schachspiel dienen auch als Motti zu den einzelnen Kapiteln und als Illustrationen der Handlung – inszeniert hat, um den englischen Geheimdienst aus der Reserve zu lokken. Der feierliche Leichenzug endet mit einem großen Bluff, denn der pompöse Sarg enthält nichts anderes als Propagandamaterial, das schließlich der israelische Geheimdienst in Unkenntnis des wahren Sachverhalts triumphierend entführt. Den abschließenden Höhepunkt des Romans bildet ein infernalisches Guy-Fawkes-Spektakel in London, das Hallam, um seinen Kopf zu retten, zu einem Mordanschlag auf den Erzähler auszunutzen versucht.

Deighton, den Kritiker als *»Raymond Chandler unter den Mantel-und-Degen-Autoren«* als *»eine Art Poet des Agentenromans«* oder als *»Flaubert der zeitgenössischen Thriller-Autoren«* bezeichnet haben, vereint unterhaltsam-spielerisches Anliegen mit ernsthafter Weltsicht und vertritt – ähnlich wie Ambler – eine eher ideologieneutrale Position: *»Kapitalismus ist die Ausbeutung des Menschen durch den Menschen. Ja? Nun, Sozialismus ist genau das Gegenteil«*, so verdeutlicht Stok die Angleichung der Systeme mit einem Witz. Politische Indoktrination spielt bei Deighton eine untergeordnete Rolle, Tugenden und Laster verteilen sich, anders als in Flemings Romanen, gleichmäßiger auf beide Seiten. Der Ich-Erzähler, ein aus der Arbeiterklasse stammender, politisch links orientierter Antiheld, unterminiert durch seine ironisch-distanzierte Erzählweise ideologische Positionen und übt auch Kritik am Oxbridge-Establishment. Deightons realistische Beschreibungen der Geheimdienstwelt, seine raffiniert gebauten, komplizierten Plots, seine geschliffenen Dialoge und sein elliptischer Stil haben auch zu einer literarischen Aufwertung des Genres beigetragen. Zugleich zeigen sich in diesem Frühwerk bereits typische Themen, die Deightons weitere Entwicklung wie ein roter Faden durchziehen, beispielsweise sein ausgeprägtes Interesse an historischen Sachverhalten, insbesondere seine anhaltende Faszination für die deutsche Geschichte, und – wie auch schon in *The Ipcress File* – die Erörterung des politischen und menschlichen Verrats. B.Le.

AUSGABEN: Ldn. 1964. – NY 1965. – Ldn. 1966 (Penguin Books). – Ldn. 1987.

ÜBERSETZUNG: *Finale in Berlin*, W. Thaler, Bern/Mchn. 1966. – Dass., ders., Mchn. 1988 (Knaur Tb).

VERFILMUNG: England 1966 (Regie G. Hamilton).

LITERATUR: S. Hugh-Jones, Rez. (in New Statesman, 18. 9. 1964). – A. Boucher, Rez. (in New York Times Book Review, 17. 1. 1965). – *Contemporary Literary Criticism. Excerpts from Criticisms of the Works of Today's Novelists, Poets, Playwrights, Scriptwriters, and Other Creative Writers*, Hg. S. R. Gunton u. J. C. Stine, Bd. 22, Detroit 1982.

## GAME, SET & MATCH

(engl.; *Spiel, Satz und Sieg*). Romantrilogie von Len DEIGHTON, erschienen 1983–1985. – Deightons Entwicklung wird in den siebziger und achtziger Jahren geprägt von einer intensiven Beschäftigung mit der Geschichte des 20. Jh.s, die sich in historischen Forschungen, in Romanen über den Zweiten Weltkrieg und in dem Versuch einer Synthese zwischen Geschichtsanalyse und Agentenroman dokumentiert: *»Geschichte als Hypothese«* (T. J. Binyon), aber auch »Geschichte als These«, so könnte man das umfangreiche nichtfiktionale und fiktionale Werk Deightons besonders im letzten Jahrzehnt überschreiben.

Deightons historische Ambitionen sind auch in der Trilogie *Game, Set & Match* deutlich zu spüren. Kaum ein anderer englischer Autor hat sich so eingehend mit der deutschen Geschichte von der Kaiserzeit bis zur Gegenwart auseinandergesetzt und sie so eng mit seinen Handlungen und Figuren verflochten wie Deighton. Der Protagonist Bernard Samson, dessen Name schon auf die bei Deighton häufig anzutreffende Thematik des Verrats verweist, ist als Vierzigjähriger eine gereifte Version aus dem Deightonschen Kabinett der Ich-Erzähler, nun zwar nicht mehr namenlos, aber genauso zynisch, kritisch und unheroisch wie seine Vorgänger, britischer Staatsbürger, aber im Herzen Deutscher – Samsons Vater war Leiter des Berliner Netzes, und Bernard selbst ist dort aufgewachsen. Der wesentliche Schauplatz der Trilogie ist wie schon in *Funeral in Berlin* die alte Reichshauptstadt, nun Symbol des Niedergangs und Verfalls, durch Krieg, Mauerbau und Kalten Krieg verunstaltet, ein Mekka der Spione und trotzdem immer noch – wie Deighton es jüngst in einem Interview formuliert hat – *»eine wundervolle alte Stadt, in zwei Hälften geteilt wie ein lebender Virus, den man auf den Objektträger eines Mikroskops getupft hat«*.

Das Spiel um Doppelagenten und Überläufer beginnt mit der Reaktivierung Samsons, der »Brahms Vier« alias Dr. Walter von Munte aus der DDR nach England schleusen soll. Munte hat dem englischen Geheimdienst jahrelang wichtige Wirtschaftsinformationen geliefert und will sich nun absetzen, weil offensichtlich ein »Maulwurf« in der Londoner Zentrale ihn im höchsten Maße gefährdet. *Berlin Game*, 1983 *(Ü: Brahms Vier)*, der erste Roman der Trilogie, schildert Samsons Bemühungen, diesen Doppelagenten zu entlarven, der niemand anders ist als seine eigene Frau, Fiona Kimber-Hutchinson, eine gleichfalls für den englischen Geheimdienst tätige Oxford-Absolventin. Fiona kann im letzten Monat nach Ostberlin entkommen, wie auch umgekehrt Munte die Flucht in den Westen gelingt, während Samson zunächst verhaftet, dann aber von seiner eigenen Frau, die nun ein hohes Amt beim KGB bekleidet, abgeschoben wird. Im Bild des Schachspiels ausgedrückt, das Deighton gern zur Veranschaulichung verwendet: Die Berliner Eröffnung endet mit dem Austausch einer Dame gegen einen Turm, und beide Seiten haben Verluste zu beklagen, wobei Deighton stärker als in anderen Romanen auch die Privatsphäre des Agenten – Samson hat zwei kleine Kinder, an denen er sehr hängt – einbezieht.

Durch den Verrat seiner Frau stellt Samson für seinen eigenen Geheimdienst ein großes Risiko dar und muß im zweiten Roman, *Mexico Set*, 1984 *(Ü: Mexiko Poker)*, seine Loyalität unter Beweis stellen. Das fällt ihm um so schwerer, als sein eigener Geheimdienst zerstritten ist, gekennzeichnet vom Gerangel um Positionen und Macht, von Paranoia und Standesdünkel, von der Vetternwirtschaft einer Oxbridge-Clique: eine morbide Vereinigung von Schreibtischhengsten mit einem dekadent-vertrottelten, wenngleich menschlich liebenswürdigen Chef an der Spitze. Samson wird nach Mexico City beordert, um den KGB-Offizier Erich Stinnes zum Überlaufen zu bewegen, Samsons Pendant aus dem Osten, gleichfalls in Deutschland – allerdings in der DDR – aufgewachsen, Verfechter der Theorien von Sherlock Holmes und überzeugter Kommunist. Samson gelingt es zwar trotz vieler Schwierigkeiten, Stinnes sicher nach London zu bringen, doch nun beginnt die ungleich schwierigere Aufgabe, nämlich die Wahrheit herauszufinden: Ist Stinnes ein echter Überläufer oder eine Figur in einem großangelegten Täuschungsmanöver?

Dies ist das Thema des komplexesten Romans der Trilogie, *London Match* (1985), in dem Samson seiner Frau Paroli bietet und aufdeckt, daß Stinnes' Überlaufen ein raffinierter Zug in einem taktischen Spiel ist; Samson soll weiter diskreditiert und in dem Glauben bestärkt werden, in der Londoner Zentrale sitze ein zweiter Doppelagent, nämlich der anglophile Amerikaner Bret Rensselaer. Bei einem letzten Treffen mit seiner Frau in Berlin, bei dem Deighton noch einmal die menschliche Problematik des Falles Samson versus Fiona verdeutlicht, ohne ins Sentimentale abzugleiten, wird Stinnes gegen Samsons in Ostberlin gefangengenommenen Freund Werner Volkmann ausgetauscht, und die politisch-private Auseinandersetzung zwischen den gegnerischen Lagern angehörenden Ehegatten endet mit einem Remis: *»Vergiß Spiel, Satz und Sieg, wir spielen nicht Tennis. Unser Spiel ist rauher und bietet mehr Möglichkeiten, falsch zu spielen ... Klar, es hat Wunden gegeben, klar, es werden Narben zurückbleiben, aber Spiel, Satz und Sieg gehen nicht an Fiona, gehen weder an die eine noch an die andere Seite. So klare Ergebnisse gibt es in unserem Spiel nie.«*

Deighton bestätigt in dieser Trilogie seine Fähigkeit, ein differenziertes, desillusionierendes Bild von der modernen Geheimdienstarbeit zu zeichnen: Angst, Zweifel, privater wie politischer Verrat *(»Landesverrat und eheliche Untreue haben zuviel miteinander gemeinsam«)* dominieren, nicht Heroentum und Patriotismus. Diese Sicht erinnert an LE CARRÉ, der ebenfalls in einer Trilogie, *The Quest for Karla* (1974–1980), eine Anatomie des Verrats vorgelegt hat. Doch anders als in Le Carrés Romanen, *»in denen es doch immer auch noch um Moral und Motive, um Verrat aus ideologischer Überzeugung oder privater Leidenschaft geht«* (Jochen Vogt), ist das Agentenspiel bei Deighton völlig korrumpiert und bar jeglicher politischer oder menschlicher Motive.

Deightons ambitioniertes Unterfangen, auf reißerischen Aktionismus zu verzichten und statt dessen politische Entwicklungen in den Vordergrund zu rücken, historischen Roman und Agententhriller ineinander zu überführen, kennzeichnet auch seine bislang letzten Werke. In *Winter* (1987) schildert Deighton zeitlich und zum Teil auch figurenmäßig die Vorgeschichte von *Game, Set & Match* und beleuchtet am Schicksal einer Berliner Familie zeitgeschichtliche Abläufe von der Jahrhundertwende bis zum Ende des Zweiten Weltkriegs: Das Familienepos als Spiegel deutscher Geschichte erweitert die Trilogie zur Tetralogie. Inzwischen arbeitet Deighton an einer weiteren Trilogie, deren erster Band, *Spy Hook* (1988), an die Ereignisse in *Game, Set & Match* anknüpft. Offensichtlich schwebt Deighton ein umfassender Romanzyklus vor, in dem sich Geschichte und Geheimdienstwelt, Politik und private Schicksale zutiefst durchdringen. Deighton, der in seinem Gesamtwerk eine erstaunliche Vielseitigkeit demonstriert hat, ist, ohne dem populären Agentenroman eine Absage zu erteilen, zu *»einem der ganz wichtigen Autoren des zeitgeschichtlichen Romans«* (Anthony Burgess) geworden. B.Le.

AUSGABEN: Ldn. 1983 *(Berlin Game)*; NY 1984; Ldn. 1984 (Panther Books); Ldn. 1987. – Ldn. 1984 *(Mexico Set)*; NY 1985; Ldn. 1985 (Panther Books); Ldn. 1987. – Ldn. 1985 *(London Match)*; NY 1986; Ldn. 1986 (Grafton Books); Ldn. 1987. – Einbändige Gesamtausgabe: Ldn. 1986.

ÜBERSETZUNGEN: *Brahms Vier*, H. Pänke, Ffm./Bln. 1983. – Dass., dies., Ffm./Bln. 1986 (Ullst. Tb). – *Mexico Poker*, dies., Ffm./Bln. 1984. – Dass., dies., Ffm./Bln. 1987 (Ullst. Tb). – *London Match*, P. Hahlbrock, Ffm./Bln. 1985. – Dass., ders., Ffm./Bln. 1987 (Ullst. Tb.). – Einbändige Gesamtausgabe: Ffm./Bln. 1987.

VERFILMUNG: England 1988 (TV; 13 Teile).

LITERATUR: T. J. Binyon, Rez. (in TLS, 21. 10. 1983). – D. Quammen, Rez. (in New York Times Book Review, 8. 1. 1984). – J. Fauser, Rez. (in Der Spiegel, 7. 5. 1984). – J. Schmidt, Rez. (in FAZ, 23. 8. 1984). – M. I. Kischke, Rez. (in FRs, 25. 8. 1984). – W. J. Müller, Rez. (in Bayernkurier, 17. 11. 1984). – T. J. Binyon, Rez. (in TLS, 14. 12. 1984). – R. Thomas, Rez. (in Washington Post, 27. 1. 1985). – K. Boden, Rez. (in Die Welt, 13. 7. 1985). – J. Schmidt, Rez. (in FAZ, 8. 10. 1985). – J. Lester, Rez. (in New York Times Book Review,

1. 12. 1985). – J. Vogt, Rez. (in FRs, 3. 12. 1985). – J. I. M. Stewart, Rez. (in Washington Post, 15. 12. 1985). – V. Meid, Rez. (in FAZ, 16. 7. 1986). – M. I. Kischke, Rez. (in FRs, 20. 9. 1986). – B. Lenz, *»Game, Set & Match«: Konstanten und Varianten in L. D.s geheimer Welt* (in anglistik & englischunterricht, 37: *Crime and Treachery – Neuere Kriminal- u. Spionageliteratur*, 1989).

## SS-GB: NAZI-OCCUPIED BRITAIN 1941

(engl.; *Ü: SS-GB*). Roman von Len DEIGHTON, erschienen 1978. – In seinem zwölften Roman knüpft Deighton erneut an die Gattungskonventionen der Detektiv- und Spionageliteratur an, doch gilt das Hauptinteresse der Darstellung diesmal der gedanklichen Rekonstruktion eines alternativen Geschichtsverlaufs. *SS-GB* gehört damit dem Subgenre des parahistorischen oder Alternativweltromans *(alternate history)* an, einem vornehmlich in der englischsprachigen Literatur verbreiteten Texttypus.

Mit der Möglichkeit einer britischen Niederlage im Zweiten Weltkrieg läßt sich Deighton auf eine ebenso brisante wie publikumswirksame Spekulation ein, wobei er sich auf zahlreiche literarische und filmische Bearbeitungen der gleichen Thematik stützen kann. (Vgl. vor allem N. LONGMATE, *If Britain Had Fallen*, 1972). 1940, so Deightons Ausgangsthese, wird Großbritannien von einer deutschen Invasionsarmee überrollt. Die britischen Verteidigungsmaßnahmen enden im Februar 1941 mit der Unterzeichnung einer Kapitulationsurkunde, die dem Roman als Faksimile vorangestellt ist. Die Amtsgeschäfte werden formal einer britischen Marionettenregierung übertragen, die wahre Herrschaft im Land übt jedoch die SS aus. König Georg VI. befindet sich als Gefangener im Tower von London, die übrigen Mitglieder der königlichen Familie konnten ins neuseeländische Exil entkommen. Es kursieren Gerüchte über die Hinrichtung des Premierministers. Mit Ausnahme einiger Neureicher, die aus der veränderten Situation persönlichen Vorteil ziehen, brechen für die Mehrheit der Bevölkerung in den besetzten Landesteilen schwere Zeiten an. Die Rationierung von Nahrungs- und Genußmitteln, die Plünderung englischer Kunstschätze, nächtliche Ausgangssperren, Straßenkontrollen, Bespitzelungen und Massenverhaftungen zermürben das Selbstwertgefühl der besiegten Nation. Zwar formiert sich eine Widerstandsbewegung, die durch spektakuläre Aktionen auf sich aufmerksam macht, doch bietet die weltpolitische Lage wenig Anlaß zum Optimismus: Deutschland ist nach wie vor mit der Sowjetunion alliiert, die USA bleiben vorerst neutral.

Vor diesem pseudohistorischen Hintergrund entfaltet sich eine aktionsbetonte Handlung um den Superintendenten Douglas Archer. Seine Tätigkeit für den unter der Leitung der SS stehenden Scotland Yard bringt den gänzlich unpolitischen Archer in keinen Gewissenskonflikt, da er einen Zusammenhang zwischen Politik und der Notwendigkeit zur Verbrechensbekämpfung bestreitet – eine Einstellung, die ihn als vermeintlichen Kollaborateur unweigerlich zur Zielscheibe britischer Patrioten macht. Im November 1941 wird Archer bei der Aufklärung eines Mordfalles, der enge Verbindungen zum Widerstand und zu einem geheimen Atombomben-Projekt aufweist, in ein subtiles Intrigenspiel verwickelt, an dem seine rivalisierenden Vorgesetzten, Gruppenführer Fritz Kellermann und Standartenführer Oskar Huth, ebenso beteiligt sind wie eine Widerstandsgruppe um den undurchsichtigen Oberst Mayhew und dessen einflußreiche Hintermänner. Im Widerstreit zwischen persönlichen Interessen und Loyalitätskonflikten entschließt sich Archer, an einem Plan der Widerständler mitzuwirken, den König aus der Inhaftierung zu befreien und die Unterlagen über die Nuklearforschung den USA zuzuspielen. Mit Unterstützung eines amerikanischen Kommandounternehmens gelingt das Vorhaben, doch fällt der König in einem Hinterhalt der SS. Erst im nachhinein erfährt Archer, daß der Tod des britischen Monarchen an der Seite amerikanischer Soldaten vom Widerstand intendiert war, um die USA zur Aufgabe ihrer Neutralität zu veranlassen.

Mit seiner gattungsübergreifenden Tendenz teilt *SS-GB* einen typischen Wesenszug postmoderner Romane, wenngleich die eher triviale Fabel kein adäquates Gegengewicht zu dem überzeugenden historischen Entwurf liefert. Deighton orientiert sich bei der Rekonstruktion imaginärer Geschichte am Prinzip der Wahrscheinlichkeit und vermeidet langfristige Extrapolationen ebenso wie genreübliche Klischees. Indem er konsequent auf eine Schwarz-weiß-Zeichnung der agierenden Charaktere verzichtet, gelingt ihm eine differenzierte und zugleich unbequeme Momentaufnahme des besetzten England. Somit eröffnet Deighton einerseits der Detektiv- und Spionageliteratur neue Ausdrucksmöglichkeiten, er versteht es aber vor allem, historiographisch relevante Fragen nach der Determination geschichtlicher Entwicklungsprozesse in unterhaltsamer Form zu präsentieren. J.Hg.

AUSGABEN: Ldn. 1978 u. ö.

ÜBERSETZUNG: *SS-GB*, K. Wagenseil und U. Pommer, Mchn. 1980.

LITERATUR: A. Burgess, Rez. (in Observer, 27. 8. 1978). – P. Ableman, Rez. (in Spectator, 2. 9. 1978). – J. Cameron, Rez. (in Guardian Weekly, 3. 9. 1978). – M. Howard, Rez. (in TLS, 15. 9. 1978). – J. Symons, Rez. (in The New York Times Book Review, 25. 2. 1979). – M. Leepson, Rez. (in The Christian Science Monitor, 14. 3. 1979). – H. Husemann, *When William Came; If Adolf had Come; Speculative Novels on the Military Conquest of Britain by Germany* (in *Anglistentag 1984 Passau*, Hg. M. Pfister, Gießen 1985). – A. Masters, *Literary Agents: The Novelist as Spy*, Oxford 1987. – J. Helbig, *Der parahistorische Roman*, Ffm. 1988.

## THOMAS DEKKER

* um 1572 London
† 25.8.1632 (?) London

LITERATUR ZUM AUTOR:
*Bibliographien:*
S. A. u. D. R. Tannenbaum, *Elizabethan Bibliographies: Samuel Daniel, T. D., Michael Drayton, John Ford, George Gascoigne*, Bd. 2, Port Washington/N.Y. 1967. – A. F. Allison, *T. D. A Bibliographical Catalogue of the Early Editions. (To the end of the 17th century)*, Folkestone/Ldn. 1972. – C. Hoy, *T. D., 1572? – 1632* (in *The New Cambridge Bibliography of English Literature, 600–1660*, Bd. 1, Hg. G. Watson, Cambridge 1974, S. 1673–1682). – M. L. Wine, *T. D.* (in *The Popular School. A Survey and Bibliography of Recent Studies in English Renaissance Drama*, Hg. T. P. Logan u. D. S. Smith, Lincoln 1975, S. 3–50). – D. R. Adler, *T. D. A reference guide*, Boston 1983.
*Biographien:*
M. L. Hunt, *T. D.: A Study*, NY 1911. – W. Scheffler, *T. D. als Dramatiker*, Borna/Lpzg. 1911. – M. T. Jones-Davies, *Un peintre de la vie londonienne, T. D. (circa 1572–1632)*, 2 Bde., Paris 1958. – Dies., *T. D., écrivain élisabéthain, et la société de son temps* (in *L'écrivain de langue anglais et la société de son temps*, Hg. Société des anglicistes de l'enseignement superieur, Paris 1965, S. 59–76). – G. R. Price, *T. D.*, NY 1969 (TEAS).
*Gesamtdarstellungen und Studien:*
K. L. Greg, *T. D.: A Study in Economic and Social Backgrounds* (in Univ. of Washington Publications: Language and Literature, 2, 1924, S. 55–112). – G. Bradford, *The Women of D.* (in SR, 33, 1925, S. 284–290; Nachdr. in *Elizabethan Women*, Hg. H. O. White, Cambridge/Mass. 1936, S. 104–113). – L. C. Knights, *Drama and Society in the Age of Jonson*, Ldn./Toronto 1937, S. 228–269. – M. G. M. Adkins, *Puritanism in the Plays and Pamphlets of T. D.*, (in Studies in English, Univ. of Texas, 19, 1939, S. 86–113). – G. E. Thornton, *The Social and Moral Philosophy of T. D.* (in Emporia State Research Studies, 4, 1955, S. 1–36). – A. Maugeri, *Studi su T. D.*, Messina 1958. – A. Brown, *Citizen Comedy and Domestic Drama* (in *Jacobean Theatre*, Hg. J. R. Brown u. B. Harris, NY 1960). – U. Ellis-Fermor, *T. D.* (in *Shakespeare's Contemporaries*, Hg. M. Bluestone u. N. Rabkin, Englewood Cliffs/N.J. 1961, S. 157–165). – L. M. Manheim, *Structure in the Early Popular Comedies of T. D.*, Diss. Columbia Univ. 1961. – N. Berlin, *T. D.: A Partial Reappraisal* (in SEL, 6, 1966, S. 263–277). – M. Lobzowska, *Conventional and Original Elements in T. D.'s Non-Dramatic Prose Satire* (in Kwartalnik Neofilologiczny, 13, 1966, S. 171–181). – J. Nimitz, *D.'s Use of Dramatic Techniques and Conventions*, Diss. Univ. of Southern California 1967. – N. Berlin, *The Base String: The Underworld in Elizabethan Drama*, Rutherford/N.J. 1968, S. 87–129. – J. H. Conover, *T. D. An Analysis of Dramatic Structure*, Den Haag/Paris 1969. – R. L. Horn, II, *Multiple-Plot Action in Six Representative Comedies by T. D.*, Diss. Columbia Univ. 1970. – L. M. Micheli, *The Sports of Art: Convention and Theme in the Plays of T. D.*, Salzburg 1972. – R. P. Hailes, *The Influence of Morality Plays on Drama of the English Renaissance*, Diss. Univ. of South Carolina 1973, S. 77–95. – D. M. Bergeron, *Civic Pageantry and Historical Drama* (in Journal of Medieval and Renaissance Studies, 5, 1975, S. 89–105). – C. C. Huffmann, *›The Christmas Prince‹: University and Popular Drama in the Age of Shakespeare* (in Costerus, 4, 1975, S. 51–76). – P. F. Shirley, *Serious and Tragic Elements in the Comedy of T. D.*, Salzburg 1975. – C. Hoy, *Critical and Aesthetic Problems of Collaboration in Renaissance Drama* (in Research Opportunities in Renaissance Drama, 19, 1976, S. 3–13). – N. Rabkin, *Problems in the Study of Collaboration* (in Research Opportunities in Renaissance Drama, 19, 1976, S. 7–13). – F. O. Waage, *T. D.'s Pamphlets, 1603–1609, and Jacobean Popular Literature*, Bd. 1, Salzburg 1977. – T. Bose, *The Gentle Craft of Revision in T. D.'s Last Plays*, Salzburg 1979. – D. Farley-Hills, *The Comic in Renaissance Comedy*, Totowa/N.J. 1980. – C. Hoy, *Introductions, Notes, and Commentaries to Texts in »The Dramatic Works of T. D.«*, 4 Bde., Cambridge 1980. – M. T. Jones-Davies, *T. D. et la prison pour dettes* (in *Société francaise Shakespeare: Actes du congrès 1980*, Hg. M. T. Jones-Davies, Paris 1981, S. 113–130). – F. O. Waage, *D.: Plays and Pamphlets* (in Research Opportunities in Renaissance Drama, 26, 1983, S. 23–30). – V. A. Small, R. P. Corballis u. J. M. Harding, *A Concordance to the Dramatic Works of T. D.*, 5 Bde., Salzburg 1984. – L. S. Champion, *T. D. and the Traditions of English Drama*, Ffm./Bern ²1987.

### THE HONEST WHORE

(engl.; *Die ehrbare Dirne*). Drama in zwei Teilen zu je fünf Akten von Thomas DEKKER, erster Teil (mit dem Untertitel *With the Humours of the Patient Man, and the Longing Wife*) erschienen 1604, zweiter Teil (mit dem Untertitel *With the Humours of the Patient Man, the Impatient Wife*) erschienen 1630. – Der Stoff dieses großangelegten Schauspiels, das Dekker nach Aussage des zeitgenössischen Londoner Theaterleiters Henslowe in Zusammenarbeit mit Thomas MIDDLETON verfaßte, stammt vermutlich aus dem Umkreis BOCCACCIOS und der italienischen Renaissancenovelle. – Der Herzog von Mailand läßt seine Tochter Infelice zum Schein bestatten, um sie ihrem stürmischen Freier, dem Grafen Hippolito, zu entziehen. Der wieder zum Leben Erweckten erklärt er, der Graf sei tot, und schickt sie sodann nach Bergamo. Hippolitos Freunden gelingt es nicht, den um die Geliebte Trauernden durch lockere Vergnügungen abzulenken. Im Gegenteil – er bekehrt sogar die Dirne Bellafront, die sich in ihn verliebt hat, mit einer flammenden Anklagerede gegen das Prostituiertenunwesen. Obgleich Hippolito, der ganz der Erinnerung an Infelice lebt, Bellafronts Liebe nicht zu bemerken scheint, schwört sie ihrem schändlichen Lebenswandel ab. Der Arzt, der Infelices Scheintod arrangiert hat und nun auf Befehl des Herzogs den unwillkommenen Freier vergiften soll, verrät diesem, daß das Mädchen noch am Leben ist, und verhilft den Liebenden zu einem Rendezvous im Bethlehemkloster, einer Pflegestätte für Geisteskranke. Einem Hinweis folgend, findet sich dort auch der Herzog ein, kann aber die eheliche Verbindung der beiden nicht mehr verhindern und erteilt ihnen, gerührt von soviel Liebe, seinen Segen. Die ehrbar gewordene Bellafront wird auf Geheiß des Herzogs von ihrem ersten Verführer, dem gewissenlosen Matheo, zum Altar geführt.

Im zweiten, in vieler Hinsicht mit dem vorhergehenden kontrastierenden Teil, nimmt Hippolito es mit den Ehepflichten nicht sehr genau und bemüht sich plötzlich um die einst verschmähte Bellafront. Diese aber weist ihn zurück und bleibt den Prinzipien treu, die er selbst einst so leidenschaftlich verfochten hat. Zum Zeugen ihrer Standhaftigkeit wird ihr Vater, Orlando Friscobaldo, der, als Diener getarnt, in ihrem Hause weilt. Er gibt sich als Komplice des verworfenen Matheo aus, der nun sogar seine eigene Ehefrau verkuppeln will. Von Friscobaldo wird Infelice über Hippolitos ehebrecherische Absichten aufgeklärt. Verzweifelt sucht sie dessen Liebe zurückzugewinnen: In einer ergreifenden Szene täuscht sie eigene Untreue vor, auf daß er sich der seinen um so tiefer bewußt werde. Ihr Vater setzt dem unmoralischen Treiben Matheos und Hippolitos dadurch ein Ende, daß er alle Dirnen Mailands, und mit ihnen auch Bellafront, ins Gefängnis werfen läßt. Friscobaldo gibt daraufhin seine Dienerrolle auf und sorgt, auf die ihm eigene schroffe Weise menschenfreundlich, für einen versöhnlichen Schluß.

Als Kontrast zur Haupthandlung dient in beiden Teilen eine schwankhafte Nebenhandlung, die Eheprobleme einer weniger privilegierten sozialen Schicht darstellt. Dieser Parallelstruktur entspricht die traditionelle Stiltrennung von Blankvers (Haupthandlung) und Prosa (Nebenhandlung). Auf jede erdenkliche Weise versucht die zänkische Frau des Tuchhändlers Candido ihren lammfrommen Ehemann aus der Ruhe zu bringen, aber selbst nachdem sie ihn ins Irrenhaus gebracht hat, bewahrt er seinen stoischen Gleichmut. Im zweiten Teil macht ihm seine zweite Frau das Leben sauer, besinnt sich dann aber eines Besseren und verspricht, künftig ein gutes Eheweib zu sein.

In diesem Stück entfaltet Dekker mit einem für das Stuart-Drama ungewöhnlichen moralischen Ernst einen großen tragikomischen und lehrhaften Ehebilderbogen. Gewisse Unstimmigkeiten im Handlungsaufbau zeigen freilich, daß er den Erfolg beim zeitgenössischen Theaterpublikum über künstlerische Prinzipien stellte. Unmotiviert erscheinen vor allem die jähe Wandlung des Herzogs vom grausamen Intriganten zum gütigen Vater und Herrscher, wie auch die Hippolitos vom strengen Moralisten zum sophistischen Apologeten der Unzucht. Dafür entschädigen allerdings das realistische, farbenfrohe Bild des mit italienischen Namen nur verbrämten Londoner Alltags um 1600 und die Gestalt des Orlando Friscobaldo, mit der Dekker einer der ersten jener unsentimental-hilfsbereiten Charaktere gelungen ist, die im englischen Drama des 17. Jh.s sooft die Rolle des *deus ex machina* übernehmen. – Die Art, wie Dekker die bürgerlichen Moralauffassungen seiner Zeit auf das Thema von schuldhaft gefährdeter Liebe und Ehe anwendet, weist auf das bürgerliche Trauerspiel im Zeitalter der Aufklärung voraus. E.St.-KLL

AUSGABEN: Ldn. 1604 (Tl. 1; Quartoausg.). – Ldn. 1630 (Tl. 2; Quartoausg.). – Ldn. 1873 (in *The Dramatic Works*, Hg. R. H. Shepherd, 4 Bde., 2). – Ldn. 1949 (in *T. D.*, Hg., Einl. u. Anm. E. Rhys). – Cambridge 1955 (in *The Dramatic Works*, Hg. F. Bowers, 4 Bde., 1953–1961, 2).

LITERATUR: W. Bang, *D.-Studien* (in Englische Studien, 28, 1900, S. 208–234). – W. W. Greg, *»The Honest Whore« or »The Converted Courtezan«* (in Library 15, 1934, S. 54–60). – U. Ellis-Fermor, *The Jacobean Drama*, Ldn. 1936. – S. Schoenbaum, *Middleton's Share in »The Honest Whore« Parts 1 and 2* (in NQ, 197, 1952, S. 3–4). – P. Ure, *Patient Madam and Honest Whore: The Middleton-Dekker Oxymoron* (in Essays and Studies, N.S., 19, 1966, S. 18–40; Nachdr. in *Elizabethan and Jacobean Drama. Critical Essays*, Hg. J. C. Maxwell, NY 1974, S. 186–208). – L. S. Champion, *From Melodrama to Comedy: A Study of the Dramatic Perspective in D.'s »The Honest Whore«, Parts I and II* (in StPh, 69, 1972, S. 192–204). – A. L. u. M. Kistner, *»I Honest Whore«: A Comedy of Blood* (in Humanities Association Review, 23, 1972, S. 23–27). – R. Horwich, *Wives, Courtesans, and the Economics of Love in Jacobean City Comedy* (in Comparative Drama, 7, 1973, S. 291–309). – C. Spivack, *Bedlam and Bridewell: Ironic Design in »The Honest Whore«* (in Kosmos, 3, 1973, S. 10–16). – M. Benedikt, *Bild und Bedeutung in der englischen Tragödie zwischen 1500 und 1600*, Stg./Wien 1974, S. 20–32. – A. M. Haselkorn, *Prostitution in Elizabethan and Jacobean Comedy*, Troy/N.Y. 1983, S. 115–139. – R. L. Horn, *The Thematic Structure of »The Honest Whore«, Part I* (in Durham Univ. Journal, 77, 1984, S. 7–10).

## THE PLEASANT COMEDIE OF OLD FORTUNATUS

(engl.; *Die unterhaltsame Komödie vom alten Fortunatus*). Drama in fünf Akten in Vers und Prosa von Thomas DEKKER, erste belegte Aufführung: London, 27. 12. 1599, Court Theatre. – Mit der Geschichte des Mannes, dem die Glücksgöttin Fortuna einen Geldbeutel, der niemals leer wird, geschenkt hat, griff Dekker, wie vor und nach ihm andere Autoren, auf einen bekannten Sagenstoff zurück, den er möglicherweise durch eine holländische Version des Augsburger Volksbuchs von 1509 (vgl. *Fortunatus*) kennengelernt hatte. Sein Drama war eine Auftragsarbeit für den Theaterleiter Henslowe, für die er sich auf ein älteres, bereits 1596 belegtes, aber nicht erhaltenes Werk stützen konnte. Da Stoff und Stil, letzterer besonders in den an LYLYS *Euphues* erinnernden Passagen des Anfangs mit ihren zahlreichen Alliterationen, Vergleichen, Parallelismen und Tautologien, zu Beginn des 17. Jh.s bereits überholt waren, nimmt *Old Fortunatus* unter den zeitgenössischen Dramen eine völlig isolierte Stellung ein. Nur zu MARLOWES *Doctor Faustus* kann ein vorsichtiger Vergleich gezogen werden: Ähnlich wie Marlowes Held werden Fortunatus und seine Söhne Andelocia und Ampedo, die den wunderbaren Geldbeutel erben, mit märchenhafter Macht ausgestattet. Während aber Faustus trotz der Verwerflichkeit seines Teufelspaktes als heroischer Übermensch erscheint, der dem Theaterpublikum Bewunderung abnötigt, stehen Fortunatus und seine Söhne durchweg als Exempel menschlicher Fehlbarkeit vor dem Zuschauer, der ihre Taten lediglich als Beispiele für Habgier und Narretei begreifen soll. Auch dieser Charakter als moralisches Exemplum ist um die Jahrhundertwende bereits überholt. Gleich nachdem Fortunatus von den ihm angebotenen Glücksgütern den immerwährenden Reichtum gewählt hat, tadelt ihn Fortuna dafür, daß er die Gabe der Weisheit ausschlug, und sagt ihm Kummer und baldigen Tod voraus. Noch bevor diese Prophezeiung eintrifft, hat Fortunatus den König von Babylon um sein Wunschhütlein gebracht, das den Träger sofort an jeden beliebigen Punkt der Welt befördert. Der Sterbende sieht seine Torheit ein, kann jedoch die Wahl nicht mehr rückgängig machen und hinterläßt das verderbenbringende Erbe seinen Söhnen. Im Gegensatz zu Ampedo schlägt Andelocia jede Warnung in den Wind, benützt den magischen Reichtum nur, um zu prunken und sich wichtig zu machen, und schafft sich dadurch zahlreiche Feinde. Der König von England und seine schöne, aber habgierige Tochter Agripyne stehlen ihm schließlich die Börse, die er zwar mit Hilfe des seinem Bruder geraubten Wunschhütleins zurückgewinnt, dann aber erneut an die beiden verliert. Fortuna bietet ihm nochmals die Chance, seine Schätze zurückzuerobern, aber bevor er ihr beweisen kann, daß er in Zukunft besseren Gebrauch davon machen wird, fallen er und Ampedo der Geldgier zweier Höflinge zum Opfer.

Die Einheit, die die episodische Handlung nicht zu stiften vermag, wird bis zu einem gewissen Grad dadurch erreicht, daß bis auf Ampedo alle Personen von Habgier und Geiz gezeichnet sind. Aus der moralischen Perspektive ist das Auftreten der an die mittelalterlichen Moralitäten erinnernden allegorischen Figuren »Tugend« und »Laster« gerechtfertigt, die Dekker neben Fortuna gestellt und wahrscheinlich erst für die Aufführung vor dem Hof eingeführt hat. Sie gleichen den in den Maskenspielen der Zeit üblichen Personifikationen, und ihren Zauberäpfeln, die bewirken, daß den Menschen Hörner wachsen bzw. daß sie wieder davon befreit werden, dienen im Drama zur Plausibilisierung dieser gattungstypischen Transformationen. Neben Prolog und Epilog war auch die Klimax des Stücks für die Aufführung vor der Königin bestimmt, denn allein Elisabeth I. wird ausdrücklich von der moralischen Verurteilung der Menschheit ausgenommen. Der Lobeshymnus auf die Königin ist zwar ungemein hyperbolisch, steht aber in einer breiten Tradition der elisabethanischen Dichtung.

W.Kl.

AUSGABEN: Ldn. 1600. – Ldn. 1873 (in *The Dramatic Works*, Hg. R. H. Shepherd, 4 Bde., 1). – Ldn. 1887 (in *T. D.*, Hg., Einl. u. Anm. E. Rhys; ern. 1949). – Erlangen 1901, Hg. H. Schreiner. – Ldn. 1904, Hg. O. Smeaton (Temple Dramatists). – NY/Ldn. 1926 (in *Typical Elizabethan Plays*, Hg. F. E. Schelling). – Cambridge 1953 (in *The Dramatic Works*, Hg. F. Bowers, 4 Bde., 1953–1961, 1; ern. 1963).

ÜBERSETZUNGEN: *Fortunatus und seine Söhne*, F.W. V. Schmidt, Bln. 1819. – Dass., F. A. Gelbcke (in *Die englische Bühne zu Shakespeares Zeit*, Bd. 2, Lpzg. 1890). – *Der alte Fortunatus*, A. F. Graf v. Schack (in *Die englischen Dramatiker vor, neben u. nach Shakespeare*, Stg. 1893).

LITERATUR: H. Thieme, *Zur Verfasserfrage des D.schen Stückes »The Pleasant Comedy of Old Fortunatus«*, Diss. Lpzg. 1934. – U. M. Ellis-Fermor, *The Jacobean Drama. An Interpretation*, Ldn. 1936. – W. L. Halstead, *Surviving Original Materials in D.'s »Old Fortunatus«* (in NQ, 182, 1942). – P. A. Jorgensen, *The Courtship Scene in »Henry V«* (in MLQ, 11, 1950, S. 180–188). – F. Bowers, *Essex' Rebellion and D.'s »Old Fortunatus«* (in RESt, N.F. 3, 1952, S. 365–366). – W. A. Armstrong, *Citizen Comedy and Domestic Drama* (in *Jacobean Theatre*, Hg. J. R. Brown u. B. Harris, NY 1960). – J. W. Ashton, *D.'s Use of Folklore in »Old Fortunatus«, »If This Be Not a Good Play«, and »The Witch of Edmonton«* (in PQ, 41, 1962, S. 240–248). – R. R. Reed, *The Occult on the Tudor and Stuart Stage*, NY 1965. – S. R. Homan, *»Doctor Faustus«, D.'s »Old Fortunatus«, and the Morality Plays* (in MLQ, 26, S. 497–505). – T. Bose, *D.'s Response to Tradition in »Old Fortunatus«* (in Panjab Univ. Research Bull., 3, 1972, S. 19–33). – P. C. Kolin, *A Shakespearean Echo in D.'s »Old Fortunatus«* (in NQ, 19, 1972, S. 125). – A. S. Moorin, *The Sorcerer in Elizabethan Life and Drama*, Diss. Univ. of Utah 1972, S. 84–89. – L. S. Champion, *Shakespeare and D.: Creative Interaction and the Form of Romantic Comedy* (in The Upstart Crow, 5, 1984, S. 50–63).

**THE SHOMAKERS HOLIDAY, OR THE GENTLE CRAFT. With the humorous life of Simon Eyre, Shoomaker, and Lord Maior of London**

(engl.; *Das Fest der Schuster oder Die edle Zunft. Mit der ergötzlichen Lebensgeschichte des Simon Eyre, Schuster und Bürgermeister von London*). Komödie in neunzehn Bildern, in Vers und Prosa von Thomas DEKKER, erste belegte Aufführung: London, 1. 1. 1600. – In seinem besten Schauspiel verbindet Dekker die zeitgenössische Wirklichkeit und den Wunschtraum der elisabethanischen Handwerkerschaft vom sozialen Aufstieg mit der Lebensgeschichte des in der ersten Hälfte des 15. Jh.s lebenden historischen Simon Eyre, eines rauhbeinig-humorvollen Schusters, der es bis zum Bürgermeister von London brachte und sich große Verdienste um seine Zunft erwarb. Dekker übernimmt viele Details und Motive aus Thomas DELONEYS erzählendem Bericht über Simon Eyre (vgl. *The Gentle Craft*, 1597/98), drängt aber um der dramatischen Wirkung willen das zwölf Jahre umspannende Geschehen auf wenige Wochen zusammen. Für die im Mittelpunkt der Komödie stehende Liebesgeschichte benutzt er Motive aus Deloneys im selben Werk enthaltener romanzenhafter Erzählung von Crispinus und Crispinianus.

Rowland Lacy, Neffe des Grafen von Lincoln, liebt Rose Oteley, die Tochter von Simon Eyres Vorgänger im Bürgermeisteramt, doch sein adliger Onkel und ihr bürgerlicher Vater sind beide zu standesbewußt, um die Heirat zu erlauben. Rowland verkleidet sich als holländischer Schustergeselle, findet Arbeit in Simons Werkstatt und entführt schließlich mit Hilfe der anderen Gesellen das geliebte Mädchen. Der inzwischen zum Bürgermeister gewählte Simon erwirkt beim König, der die Zuneigung der beiden höher achtet als Standesunterschiede, die Heiratserlaubnis und erklärt obendrein den Fastnachtsdienstag für alle Zeiten zum Feiertag sämtlicher Londoner Schustergesellen. – Parallel zur Haupthandlung verläuft die Nebenhandlung um ein junges Schusterehepaar: Rafe Damport zieht in den Krieg gegen Frankreich und wird totgesagt. Seine Frau Jane nimmt nach langem Zögern die Werbung des reichen Bürgers Hammon an, der sich zuvor um Rose Oteley bemüht hat (ein schwacher Versuch zur Stärkung der Handlungseinheit), aber im letzten Augenblick kehrt der kriegsversehrte Ehemann zurück und verhindert mit Hilfe der Schusterzunft die Heirat.

Dekker stellt eine Gesellschaft dar, deren Struktur zur Entstehungszeit des Stücks bereits vom Frühkapitalismus zerstört war. Die bestimmenden Werte seiner Komödie (eine Klassenschranken überwindende Solidarität, die Liebe zum Mitmenschen, die Freude am Leben und die Toleranz) findet er in der Lebensform der Zünfte. Der Loyalität innerhalb der Gilde entspricht im Bereich von Liebe und Ehe die Treue, in der Beziehung zwischen König und Untertan die Achtung vor den Rechten des anderen (ein Symptom für das wachsende Selbstbewußtsein des Bürgertums) und die Erfüllung der beiderseitigen Pflichten. – Die Märchenmotive mit Lokalkolorit mischende Liebesromanze erinnert an Robert GREENES *Friar Bacon and Friar Bungay* (1594); ihre lebendige, dem Kolloquialen angepaßte Sprache hat ihre Parallelen bei SHAKESPEARE. Der gelungene Versuch, die Realität seiner Zeit in einem handfesten Unterhaltungsstück über *merry old England* einzufangen, brachte Dekker seinen größten Publikumserfolg; auch Elisabeth I. gefiel es, wie der Verfasser selbst berichtet, *»die Fröhlichkeit und die gefällige Art des Werks gnädig aufzunehmen«*. W.Kl.

AUSGABEN: Ldn. 1600 [anon.]. – Ldn. 1873 (in *The Dramatic Works*, Hg. R. H. Shepherd, 4 Bde., 1). – Ldn. 1887 (in *Th. D.*, Hg. Einl. u. Anm. E. Rhys; ern. 1949). – Ldn. 1924, Hg. C. M. Edmonston. – NY 1950 (in *The Development of English Drama. An Anthology*, Hg. G. E. Bentley). – Cambridge 1953 (in *The Dramatic Works*, Hg. F. Bowers, 4 Bde., 1953–1961, 1; ern. 1964). – Lexington/Mass. 1964 (in *Elizabethan and Jacobean Comedy*, Hg. R. Ornstein u. H. Spencer). – Cambridge 1965, Hg. J. B. Steane. – Bari 1968 (Einl. u. Anm. V. Sanna). – Edinburgh 1968, Hg. P. C. Davies. – Ldn./Tonbridge 1975, Hg. D. J. Palmers. – Baltimore 1979, Hg. R. L. Smallwood u. S. Wells.

BEARBEITUNGEN: R. Vallance, *Shoemakers' Progress*, 1935. – T. Dorst, *Der Richter von London*, 1966.

LITERATUR: W. K. Chandler, *The Sources of the Characters in »The Shoemakers' Holiday«* (in MPh, 27, 1929, S. 175–182). – Ders., *The Topography of D.'s »The Shoemakers' Holiday«* (in StPh, 26, 1929, S. 499–504). – P. Thomson, *The Old Way and the New in D. and Massinger* (in MLR, 51, 1956, S. 168–178). – D. Novarr, *Deloney's »Gentle Craft« and the Lord Mayor of London* (in MPh, 57, 1960, S. 233–239). – H. E. Toliver, *»The Shoemakers' Holiday«: Theme and Image* (in Boston Univ. Studies in English, 5, 1961, S. 208–218). – L. M. Manheim, *The Construction of »The Shoemakers' Holiday«* (in SEL, 10, 1970, S. 315–323). – H. Fischer, *D.: »The Shoemakers' Holiday«* (in *Das Englische Drama vom MA bis zur Gegenwart*, Hg. D. Mehl, Düsseldorf 1971, S. 245–261). – A. F. Kinney Jr., *T. D.'s Twelfth Night* (in Univ. of Toronto Quarterly, 41, 1971, S. 63–73). – R. France, *»The Shoemakers' Holiday« at the Mercury Theatre* (in Theatre Survey, 16, 1975, S. 150–164). – P. Mortensen, *The Economics of Joy in »The Shoemakers' Holiday«* (in SEL, 16, 1976, S. 241–252). – L. S. O'Connell, *The Elizabethan Bourgeois Hero-Tale: Aspects of an Adolescent Social Consciousness* (in *After the Reformation: Essays in Honor of J. H. Hexter*, Hg. B. C. Malament, Philadelphia 1980, S. 257–290). – G. West, *Firk's Numismatic Joke* (in NQ, 28, 1981, S. 147). – E. B. Hughes, *The Tradition of the Fool in T. D.'s »The Shoemakers' Holiday«* (in Publications of the Arkansas Philological Association, 8, 1982, S. 6–10). – G. West, *Some Word-Play in D.'s »Shoemakers' Holiday«* (in NQ, 29, 1982, S. 135/136). – *J. Gasper, D.'s Word-Play in »The Shoemakers' Holiday«* (ebd., 32, 1985, S. 58/59). – L. D. Timms, *D.'s »The Shoemakers' Holiday« and Elizabeth's Accession Day* (ebd.).

## MARGARETA WADE DELAND

* 23.2.1857 bei Allegheny / Pa.
† 13.1.1945 Boston

### THE AWAKENING OF HELENA RICHIE

(amer.; *Das Erwachen der Helena Richie*). Roman von Margareta Wade DELAND, erschienen 1906. – Die junge Helena Richie, reizvoll, liebenswürdig und reich, hat nur ein einziges Lebensziel: Sie will so glücklich wie möglich werden. Durch die Wahl ihrer Lebensgefährten hat sie selbst allerdings dieses Ziel gefährdet: Ihr Ehemann ist ein Trinker, ihr Liebhaber ein oberflächlicher Egoist. Nach der Trennung von ihrem Mann verlegt sie ihren Wohnsitz in eine Kleinstadt Pennsylvaniens, wo sie sich selbst als Witwe und ihren gelegentlich auftauchenden Liebhaber als ihren Bruder ausgibt, um nicht der moralischen Entrüstung ihrer Umgebung ausgesetzt zu sein. Als der Arzt und der Geistliche des Ortes die zurückgezogen lebende Frau dazu überreden, ein Waisenkind zu sich zu nehmen, fühlt sie sich bald von ihr bisher unbekannt gebliebenen Pflichten ausgefüllt, ist sie zum erstenmal wirklich glücklich. Noch einmal jedoch wird dieses neue Leben aufs schwerste gefährdet: Als ein unglücklich in sie verliebter junger Mann die Wahrheit über Helena erfährt und Selbstmord begeht, bewirkt dieser Vorfall nicht nur, daß Helena unter dem Eindruck des Schocks selbst über die Leere und die moralische Anfechtbarkeit ihres bisherigen Lebens nachdenkt, sondern auch, daß man ihr das Kind nicht länger anvertrauen will. Schließlich jedoch kann sie die Verantwortlichen davon überzeugen, daß sie ihre Egozentrik aufgegeben und sich zu einem verantwortungs- und pflichtbewußten Menschen entwickelt hat.

Das Buch gehörte lange zu den beliebtesten Unterhaltungsromanen Amerikas. Die Titelfigur und ihr Adoptivsohn erscheinen auch in dem späteren Roman der Autorin, *The Iron Woman* (1911; *Die eiserne Frau*). G.Ha.-KLL

AUSGABE: NY/Ldn. 1906.

LITERATUR: A. H. Quinn, *American Fiction*, NY/Ldn. 1936, S. 464–470. – J. Humphry, *The Works of M. D.* (in Colby Library Quarterly, 2, 1944, S. 134–140). – R. McIlvaine, *Two Awakenings: Edna Pontellier and Helena Richie* (in Regionalism and the Female Imagination, 4, 1979, Nr. 3, S. 44–48). – A. S. Preussner, *The Minister's Wooing: Temptation and the Sentimental Tradition in Five British and American Works of the Late Nineteenth Century*, Diss. Univ. of Colorado 1979 (vgl. Diss. Abstracts, 40, 1980, S. 4610A). – H. F. Smith, *The Popular American Novel 1865–1920*, Boston 1980. – D. Reep, *The Rescue and Romance: Popular Novels Before World War I*, Bowling Green 1982. – Ders., *M. D.*, Boston 1985 (TUSAS).

## SHELAGH DELANEY

* 25.11.1939 Salford

### A TASTE OF HONEY

(engl.; *Ü: Bitterer Honig*). Schauspiel in zwei Akten von Shelagh DELANEY, Uraufführung: Stratford, 27. 5. 1958, Theatre Royal, deutsche Erstaufführung: Berlin, 1. 12. 1959, Berliner Theater. – Dieses vielfach preisgekrönte Erfolgsstück eines achtzehnjährigen Arbeitermädchens ist das Produkt einer selten günstigen Konstellation: Der dramatische Versuch der Autodidaktin fand die notwendige handwerkliche Ergänzung durch Joan Littlewoods experimentierfreudigen Theatre Workshop. Wie im Fall Brendan BEHANS (*The Hostage* und *The Quare Fellow*) kamen die dramatischen Qualitäten des Stücks erst durch Littlewoods inspirierte Regie zu voller Bühnenwirksamkeit. Im charakteristischen Workshopgewand (Wendung ans Publikum, Anleihen bei der Revue, getanzte Auftritte und Abgänge) wurde der Realismus des Werks in der Theateraufführung ins Überdimensionale gesteigert, erhielt die Milieustudie Züge eines Traumspiels.

Vor dem Hintergrund der Slums im Industriegebiet um Manchester entwickelt sich ein karges Geschehen. Die siebzehnjährige Jo und ihre leichtfertige Mutter Helen hausen in einer schäbigen Mansarde in einer dumpfen Atmosphäre der Lieb- und Kontaktlosigkeit. Ohne jeden Skrupel läßt Helen die Halbwüchsige allein zurück, um Peter, ihren neuesten Liebhaber, zu heiraten. Als Jo, die sich in ihrer Verlassenheit mit einem farbigen Matrosen eingelassen hat, ein Kind erwartet, findet sie in dem homosexuellen Kunststudenten Geoffrey, der sie mit uneigennütziger Zuneigung umsorgt, sich im Gegensatz zu ihr auf das Kind freut und sogar bereit ist, sie zu heiraten, eine Art Muttersatz. Doch die leise Zukunftshoffnung, die in dieser fast grotesken Episode mitschwingt, wird jäh zerstört: Helen kehrt nach dem Scheitern ihrer Beziehung in die Mansarde zurück und verdrängt in der theatralischen Pose der eifersüchtig-besorgten Mutter Geoffrey aus Jos Leben. Jo lehnt sich nicht dagegen auf: Sie akzeptiert ihre triste Umwelt und findet

sich damit ab, ihre Probleme allein bewältigen zu müssen.
Daß die Autorin sich für die Dialoge des auf den Straßen und in den Fabriken ihrer Heimatstadt gängigen Jargons bedient, trägt entschieden zur Glaubwürdigkeit der weiblichen Hauptpersonen, ihres beklemmenden Milieus und der denaturierten Mutter-Tochter-Beziehung bei. Das Stück enthält keine These, kein weltanschauliches Programm. Gegen die Nivellierung im Wohlfahrtsstaat aufzubegehren, wie es die »zornigen jungen Männer« des englischen Nachkriegstheaters taten, ist nicht Shelagh Delaneys Sache. Aber gerade weil sie die Einsamkeit und Desillusioniertheit eines jungen Menschen, der in jeder modernen Industriegesellschaft leben könnte, zum zentralen Thema macht, gewinnt ihr Stück exemplarischen Charakter. Den Erfolg ihres ersten Stücks konnte die Autorin allerdings nicht wiederholen. W.D.

AUSGABEN: Ldn./NY 1959; ern. 1967. – NY 1962 (in *Seven Plays of the Modern Theatre*, Hg. H. Clurman). – Ldn. 1974. – Ldn. 1982.

ÜBERSETZUNG: *Bitterer Honig*, E. Gilbert (in *Englisches Theater unserer Zeit*, Reinbek 1961; Einl. F. Luft).

VERFILMUNGEN: England 1961 (Regie: T. Richardson). – England 1962 (Regie: J. Littlewood).

LITERATUR: Rez. (in Der Spiegel, 13. 1. 1959, S. 54/55). – J. Noel, *Some Aspects of S. D.'s Use of Language in »A Taste of Honey«* (in Revue des Langues Vivantes, 26, 1960, Nr. 4, S. 284–290). – J. R. Taylor, *Anger and After*, Ldn. 1962 (dt. *Zorniges Theater*, Reinbek 1965, S. 99–107). – A. Wexler, *Der abgeschnittene Kopf* (in DRs, 88, 1962, S. 50–55). – J. Gindin, *Postwar British Fiction*, Berkeley 1963; ern. Westport/Conn. 1976, S. 55–58. – W. Kerr, *»A Taste of Honey«* (in W. K., *The Theatre in Spite of Itself*, NY 1963, S. 126–129). – G. E. Wellwarth, *The New English Dramatists, the Traditionalists: S. D.* (in G. E. W. *The Theatre of Protest and Paradox*, NY 1964, S. 250–253). – Anderson, *»A Taste of Honey«* (in *The Encore Reader*, Hg. Ch. Marowitz u. a., NY 1965, S. 78–80). – A. K. Oberg, *»A Taste of Honey« and the Popular Play* (in Wisconsin Studies in Contemporary Literature, 7, 1966, S. 160–167; ern. in *Das englische Drama nach 1945*, Hg. K. P. Steiger, Darmstadt 1983, S. 130–142; WdF). – W.-D. Weise, *Die »neuen englischen Dramatiker« in ihrem Verhältnis zu Brecht*, Bad Homburg u. a. 1969, bes. S. 74–79. – M. Wandor, *Understudies*, Ldn. 1981, S. 75/76. – Keyssar, *Feminist Theatre*, Ldn./Basingstoke 1984, S. 38–45. – M. Wandor, *Charry On: Understudies Theatre and Sexual Politics*, Ldn./NY 1986, S. 143/144; 147/148. – Dies., *Look Back in Gender*, Ldn./NY 1987, S. 39–43.

## BARBU ŞTEFĂNESCU DELAVRANCEA

eig. Barbu Ştefănescu
* 11.4.1858 Bukarest
† 29.4.1918 Jassy

LITERATUR ZUM AUTOR: L. Predescu, *B. D. Viaţa şi opera*, Bukarest 1937. – E. Şt. Milicescu, *D. Om – literat – patriot – avocat*, Bukarest 1940. – Ders., *B. D. Studiu biobibliografic*, Bukarest 1958. – A. Săndulescu, *D.*, Bukarest 1964. – T. Vianu, *Studii de literatură română*, Bukarest 1965, S. 443–452. – A. Săndulescu, *D.*, Bukarest 1970. – *D. interpretat de...*, Hg. A. Săndulescu, Bukarest 1975. – E. Şt. Milicescu, *D.*, Cluj 1975. – A. Niculescu, *Structura frazei în stilul lui B. D.*, (in A. N., *Între filologie şi poetică*, Bukarest 1980, S. 105–161). – C. Cubleşan, *Opera Literară a Lui D.*, Bukarest 1982. – E. Şt. Milicescu, *D.*, Bukarest 1986.

### SULTĂNICA

(rum.; *Sultanica*). Novelle von Barbu DELAVRANCEA, erschienen 1885 in der gleichnamigen Sammlung von Novellen und Erzählungen. – Obwohl Delavrancea die romantische Literatur in seinen theoretischen Schriften negativ beurteilte, stehen seine ersten Prosawerke deutlich unter romantischem Einfluß. Sultănica, die zentrale Gestalt der Novelle, ist die schöne und tugendhafte Tochter einer armen Witwe. Keinem der jungen Leute des Dorfes gelingt es, die Gunst des scheuen und zurückgezogen lebenden Mädchens zu erringen. Als der Gefreite Drăgan, der gerade seinen Militärdienst abgeleistet hat, von der Schönheit des widerspenstigen Mädchens erfährt, schließt er eine Wette darüber ab, daß es ihm gelingen werde, Sultănica zu erobern. Tatsächlich verliebt sie sich aufrichtig in Drăgan, doch dieser verläßt sie kaltblütig, nachdem er das Ziel seiner Wette erreicht hat. Aus Verzweiflung über den Verrat ihres Geliebten siecht Sultănica langsam dahin. Ihre Mutter stirbt, als sie von der »Schande« ihrer Tochter erfährt. Nach dem Tod ihrer Mutter verläßt Sultănica ihren Heimatort, um nie wieder dahin zurückzukehren.
Das Talent Delavranceas kommt besonders in der Darstellung des Gefühlslebens seiner Gestalten sowie der pittoresken Milieuschilderung zum Ausdruck, doch sein melodramatisches Pathos entspricht nicht dem modernen Geschmack. (Das empfand bereits Ion Luca CARAGIALE, der Freund des Autors, der die Novelle in der Erzählung *Smărăndiţa* parodierte.) Während in der Gestaltung von *Sultănica* und einigen weiteren Novellen und Erzählungen (wie z. B. in *Bunicul – Der Großvater, Norocul dracului – Das Teufelsglück*) romantische

und idyllische Elemente vorherrschen, spiegelt sich in einer späteren Schaffensperiode des Autors der Einfluß des französischen Naturalismus, vor allem der Prosa ZOLAS. Charakteristisch für Delavranceas Naturalismus sind Erzählungen wie *Tancu Moroi, Paraziţii*, 1893 *(Die Parasiten)*, und vor allem die Novelle *Hagi-Tudose* (1903), worin ein aktualisierter »Harpagon« auftritt, dessen übermäßiger Geiz ihn vollkommen entmenschlicht. Delavrancea hat diese Novelle auch für die Bühne umgearbeitet. Wenn man Delavrancea auch nicht als einen der bedeutendsten Prosaschriftsteller innerhalb der rumänischen Literatur bezeichnen kann, so gehört er doch zu den seinerzeit volkstümlichsten und immer noch vielgelesenen Autoren. G.Sc.

AUSGABEN: Bukarest 1885. – Bukarest 1958, Hg. E. Milicescu. – Bukarest 1961. – Bukarest 1972. – Bukarest 1973.

ÜBERSETZUNG: in *Novellen und Erzählungen*, H. Pilder-Klein, Bukarest 1955.

LITERATUR: G. Popescu-Băjenaru, *Schiţele şi nuvele lui D.*, Bukarest 1939. – D. Babeu, *Culoare lexicală în proza artistica a lui D.* (in Limbă şi literatură, 1, 1976, S. 31–39). – O. Botez, *Naturalismul în opera lui D.* (in *Scrieri*, Jassy 1977, S. 174–192).

## VIFORUL

(rum.; *Der Schnee-Sturmwind*). Historisches Drama von Barbu DELAVRANCEA, Uraufführung: Bukarest, 26. 11. 1909. – *Viforul* bildet das Mittelstück einer Trilogie über die Geschichte des Fürstentums Moldau (eine geplante weitere Trilogie zur Geschichte des Fürstentums Walachei wurde nie fertiggestellt), die mit *Apus de soare (Sonnenuntergang)* eingeleitet und mit *Luceafărul* abgeschlossen wurde. Während das lyrisch konzipierte Stück *Apus de soare* den Abgang und Tod des moldauischen Nationalhelden und Fürsten Ştefan des Großen (reg. 1457–1504) in den Jahren 1503/04 zum Thema hat, berichtet *Luceafărul* über den Beginn der Herrschaft von Ştefans unehelichem Sohn Petru Rareş (Zeitraum 1527–1538). Als Quellen verwendet Delavrancea außer historischen Werken auch Dramen des 19. Jh.s, z. B. von Vasile ALECSANDRI (1819–1890) und Bogdan HASDEU (1838–1907).

*Viforul* hat die Herrschaft von Ştefăniţă-Vodă (Fürst Jung-Stefan), dem Enkel Ştefans des Großen zum Gegenstand, besonders die Ereignisse der Jahre 1523–1527: Ein junger, unerfahrener, unfähiger, aber geltungssüchtiger Ştefăniţă sieht sich vom Schatten seines Großvaters erdrückt. Um sich selbst zu bestätigen, wählt er ungeniert den Weg der Niedertracht und des Verbrechens. Er kehrt die von seinem Ahnen geschlossenen Bündnisse um, lehnt sich gegen den Rat seiner Bojaren auf und führt ein ungezügeltes Privatleben mit nächtlichen Trinkgelagen in der Gesellschaft seiner nicht standesgemäßen Kumpane Moghilă und Mogîrdici, sowie in Begleitung der als »Graf Irmski« verkleideten polnischen Kurtisane Irma, in deren Armen er trotz seiner polenfeindlichen Politik seine Gattin Fürstin Tana vergißt. Der Konflikt mit den ehrlichen, schon seinem Großvater treu ergebenen Ratgebern verschärft sich zusehends, besonders mit dem alten und verdienten Luca Arbore, dessen Sohn Cătălin (die einzige Person, die für dieses Stück von Delavrancea erfunden wurde) mit Ştefăniţăs Tante und Ziehmutter Oana verheiratet ist. Um sich Arbores guten, aber unbequemen Rates zu entledigen, schreckt Ştefăniţă nicht davor zurück, Cătălin bei einer Jagd ermorden und den gedungenen Mörder ebenfalls zum ewigen Schweigen bringen zu lassen. Diese Tat löst weitere Wirren aus: Nachdem Oana den Verstand verloren hat, Tana ihrem Mann nicht das Versprechen entlocken konnte, Irma/Irmski zu verstoßen, nachdem Arbore aufgrund fingierter Beschuldigungen hingerichtet wurde, rebellieren die Bojaren (die hier, im Gegensatz zu ihrer Rolle in *Apus de Soare*, positiv dargestellt werden) gegen Ştefăniţă. Diesem gelingt es jedoch, der Revolte mit Hilfe einiger Getreuer Herr zu werden und dies zum Anlaß zu nehmen, fast alle Bojaren ermorden oder hinrichten zu lassen, darunter die letzten Söhne Arbores und alle von Ştefan dem Großen eingesetzte Vasallen. Nun bleibt lediglich der Weg der Verschwörung, um den Greueln ein Ende zu bereiten: Tana, Ştefăniţăs enttäuschte Gattin, vergiftet den Fürsten, um das Land von ihm zu befreien.

Unter den Theaterwerken Delavranceas ist *Viforul* sein dramatisch bestes. Das Stück stellt weniger einen negativen Helden zentral dar, sondern verlagert das Gewicht auf mehrere, sehr differenziert gezeichnete Charaktere. Der Konflikt besteht zwischen idealer Macht, die sich dem Landeswohl unterordnet, und einer Macht, die sich selbst Zweck ist. Dieses patriotische Anliegen erfährt eine an der Nachahmung der Dramen SHAKESPEARES geschulte Behandlung, die zwar durch eine typisch romantische Sicht geprägt ist, jedoch schon von der zeitgenössischen Kritik lobend herausgestellt wurde: Ştefăniţă wurde als die stärkste rumänische Charakterrolle beschrieben (C. Bacalbaşa) und mit Shakespearischen Personen wie Richard III., Jago oder Hamlet verglichen (M. Dragomirescu). Doch sind die inneren Konflikte der Protagonisten oft nicht genügend ausgereift, manche Schlüsse erscheinen unerwartet, viele Entwicklungen bleiben nur angedeutet: z. B. wurde Oanas Geistesverwirrung bereits nach der Uraufführung als ungerechtfertigt kritisiert, Tanas Eifersucht paßt nicht ohne weiteres zu ihrem politisch motivierten Mord, Ştefăniţăs Liebe zu Irma ist nicht mit seinem Polenhaß zu vereinbaren, und die Motivation seiner Untaten (Neid auf den großen Ahnherrn) wird weniger psychologisch gezeichnet, als in fast mythische Dimensionen ursprünglicher Bosheit gesteigert. Delavranceas Drama ist nicht rein psychologisch-realistisch, es grenzt, wie viele Werke der damaligen rumänischen Literatur, ans Mythopoetische. So wie Ştefan der Große die Sonne verkörpert, und Petru Rareş, Ştefăniţăs Nachfolger, den Morgenstern, so wird Ştefăniţăs Regierung durch den eisigen, todbringenden Schnee-Sturmwind symbolisiert. Dies klingt bereits im Titel an: Daher ist Dragomirescus Vorschlag, das Stück hätte besser *Stejarul (Die Eiche)* in bezug auf die Standhaftigkeit der tragenden Gestalt Luca Arbores heißen sollen, ungerechtfertigt, denn die Trilogie konzentriert sich nicht auf die Psychologie der Helden und Protagonisten, sondern auf symbolisch konzipierte, mythisch angelegte Kämpfe zwischen Gut und Böse. Aus dem symbolistischen Theater stammt wohl auch die lyrische Sprache des Stückes mit ihren oft abgehackten, in der Schwebe belassenen Sätzen von eindringlicher Einfachheit, in denen Andeutungen tieferer, größerer Zusammenhänge als solche, die menschliche Sprache fassen kann, mitschwingen. Folkloristisch-mythologische Einsprengsel färben nicht nur die Rede der verwirrten Oana, sondern auch anderer Protagonisten, nicht zuletzt Ştefăniţăs, der tiefer sinniert, als er selbst zugeben will. Delavrancea schöpft romantisch aus den Quellen der rumänischen Sprache, sein Stil wird durch Liturgismen, Archaizismen, nichtdialektale Regionalismen und Lautmalerei bereichert. Seine szenischen Anweisungen sind knapp und ergeben sich meist aus dem Text: Er bleibt zuerst Prosaschriftsteller und Dichter, dann erst Dramatiker. – *Viforul* wurde trotz einiger negativer Kritiken und Polemiken ein großer Erfolg in seiner Zeit und wird auch heute noch gelegentlich auf rumänischen Bühnen gespielt. M.G.D.

AUSGABEN: Bukarest 1909 (in Universul, 26. 11.–25. 12.). – Bukarest 1910. – Bukarest 1958 (in *Scrieri Alese II. Teatru*). – Bukarest 1967 (in *Teatru*). – Bukarest 1967 (in *Opere III*, Hg. u. Einl. E. Şt. Milicescu). – Bukarest 1971 (in *Apus de soare. Teatru*, Hg. ders.; Einl. T. Vărgolici).

LITERATUR: D. Tomescu, *O structură a dramaturgiei istorice romîneşti. De la începuturi pînă la Vlaicu-Voda si »Apus de soare«* (in Revista de istorie şi teorie literară, 19, 1970, S. 49–61). – Z. Dumitrescu-Buşulenga, *Influenţe shakespeariene în trilogia dramatică lui D.* (in Z. D.-B., *Valori şi echivalenţe umaniste*, Bukarest 1973, S. 92–107).

## SVEN DELBLANC

* 26.5.1931 Swan River / Kanada

LITERATUR ZUM AUTOR:
Å. Lundqvist, *Det mörka landets lokkelse. Sv. D.* (in Å. L., *Från sextital till åttital. Färdvägar i svensk prosa*, Stockholm 1981, S. 102–146). –
D. Brennecke, *Sv. D.* (in KLFG, 2. Nlg. 1983).

## HEDEBYBORNA

(schwed.; *Die Leute von Hedeby*). Romantetralogie von Sven DELBLANC, erschienen 1970–1976. – Die breit angelegte *Geschichte aus Sörmland (Berättelse från Sörmland)* behandelt kritisch und humorvoll die schicksalhaften Jahre 1937–1945. Die Zeiträume, in denen die einzelnen Bände spielen, sind genau ableitbar. *Åminne*, 1970 *([Strom der] Erinnerung)*, während des Jahres 1937, *Stenfågel*, 1973 *(Steinvogel)*, von 1938 bis zum Ausbruch des Krieges, *Vinteride*, 1974 *(Winterschlaf)*, reicht bis in den Januar 1942 und *Stadsporten*, 1976 *(Das Stadttor)*, beginnt im September 1944 und führt bis zum Ende des Zweiten Weltkriegs.

Das Werk ist aus zwei Voraussetzungen entstanden: erstens aus Delblancs Wiederbegegnung mit seinem Geburtsort in Kanada (er kam als Vierjähriger nach Schweden), die ihn an seine Kindheitsjahre in Trosa (Hedeby) und Tälje (Södertälje) erinnerte; zweitens aus der Lage der schwedischen Literatur in den sechziger Jahren, die ihm, dem eingefleischten Erzähler, zu akademisch, autoritär und dozierend erschien, da, wie er meinte, nur der Roman den Wunsch des Lesers, sich mit den Figuren zu identifizieren und sich in sie einzuleben, erfüllen kann. *»Das Geschwätz, der Roman sei tot, ist Quatsch«* – mit dieser lakonischen Feststellung begründete er seine Entscheidung, eine schwedische »menschliche Komödie« nach der Art BALZACS zu schreiben. Die Reaktion auf den ersten Teil des Zyklus war allerdings nicht sehr ermutigend; daraus erklärt sich auch die vierjährige Pause bis zum Erscheinen des zweiten Teils. (Über die Probleme mit dem Hedebymaterial berichtet der Autor in dem inzwischen erschienenen Buch *Trampa vatten*.)

Die Serie wird von einer großen Zahl von Figuren bevölkert, die aus allen Schichten der Gesellschaft stammen. Die Adeligen sind hier vor allem durch Carl Sebastian Kyhle, auch Mon Cousin oder Bastard genannt, vertreten, der ab und zu die Rolle des Erzählers übernimmt und seine prestigebewußten Standesgenossen wie beispielsweise Carl Gustaf Urse und dessen Gemahlin Louise, geb. Kyhle, eher mit ironischer Skepsis betrachtet. Die Geistlichkeit wird durch den Pfarrer Ahlenius vertreten, der verzweifelt mit seinem Sohn Oskar Hesekiel kämpft, der den neuerworbenen marxistischen Ideen verfallen ist. Ferner gibt es die Honoratiorengesellschaft in Gestalt der Tischrunde aus dem Stadthotel: den Arzt Lundewall, den Kassierer Müntzing und den Fischhändler »Sill-Selim« Zetterlund. Das Großbauerntum verkörpern Elof von Alby und Lille-Lars von Näsby, eine Zwischenposition hält der »Fuchsfarmer«, der ständig in Geldknappheit steckt und dessen Söhne, Erik und Elon, deshalb als Knechte ihr Brot verdienen müssen. Zu den Wohlhabenden gehört noch der Händler, bei dem die meisten Hedebyer in der Kreide stehen; sie werden von ihm entsprechend ausgebeutet wie etwa sein Mieter Nicodemus mit Frau Agda, die der Händler zu seiner Geliebten macht. Schließlich treten auch zwei Repräsentanten der durch ihren politischen Opportunismus erfolgreichen Aufsteigerschicht auf: Nicodemus, der spätere sozialdemokratische Lokalmatador, und Skumakar-Ludde, der es bis zum Abgeordneten bringt. Eine Sonderstellung nimmt die kluge Signe Svensson ein, Mutter von fünf Kindern und Frau eines unverbesserlichen Säufers, der dem »Abschaum« angehört, ebenso wie Stora Småland und Ville Vingåker. Die Kinder als gesellschaftliche Gruppe werden durch Agnes Karolina, die kluge Tochter Signes und den gleichaltrigen Buben, Axel Weber, den Sohn eines Schwedenamerikaners (zugleich ein Selbstporträt des jungen Delblanc) verkörpert.

Der erste Teil, *Åminne (Erinnerung)* eröffnet die Handlung in einer Zeit, in der die alte bäuerliche Kultur, die bisher das Leben in Hedeby bestimmte, sich radikal zu verändern beginnt. Während hier noch immer eine – von Delblanc mit milder Ironie betrachtete – Idylle der guten alten Zeit dominiert, erscheinen im zweiten Teil, *Stenfågel (Steinvogel)*, die ersten schwarzen Wolken am Himmel, die dörfliche Idylle wird von der Zeitgeschichte eingeholt, und es herrscht eine düstere Stimmung der Erwartung kommenden Unheils. Die Handlung führt bis in den letzten, durch eine Hamsterpsychose geprägten Vorkriegssommer des Jahres 1939. Die Hedebyer lamentieren wegen hoher Herings- und Branntweinpreise, es wird die Angst vor den Russen wie vor den Deutschen spürbar; aber selbst der großmäulige Urgubben, der um deftige Worte nie verlegen ist, weicht dieser Frage lieber aus und lenkt die Rede auf angenehmere Themen. Der Marxist und Pfarrerssohn Oskar Hesekiel erörtert in ironischer Weise den russisch-deutschen Freundschaftspakt, und die beliebten Worte des alten Monarchen *»über die gute Bereitschaft des Landes«* werden höhnisch zitiert. Nur den Bauern von Hedeby scheint der Krieg, aus der Ferne betrachtet, wie ein Segen. Schweden redet von Neutralität, *»verkriecht sich aber in die Erde wie eine Feldmaus«*, in der Hoffnung, das Raubtier zöge doch vorbei. Am Stammtisch des Doktor Lundewall wird die neutrale Politik der vernünftigen Zurückhaltung gepriesen, wie auch die Zensur des parlamentarischen Presseausschusses, für die auch der neugewählte sozialdemokratische Abgeordnete nur lobende Worte findet. Die Losung der Zeit heißt: *»Gott, König, Vaterland und eine orthodoxe Alleinherrschaft«* – eine lakonische Umschreibung der Sammlungsregierung, die ein paar Monate später die Macht übernimmt.

Noch tiefer getrübt ist die Stimmung im Band *Vinteride (Winterschlaf)*, verursacht nicht nur durch Schnee und Kälte, sondern vor allem durch den jenseits der Grenze tobenden Krieg: Finnland wird von der Sowjetunion überfallen, Dänemark und Norwegen sind von den Deutschen besetzt. Zwar fühlen sich die Hedebyer verunsichert, aber der Status der Neutralität zeitigt positive Wirkungen: der stagnierende Zustand der ländlichen Gebiete gerät in Bewegung, die Bauern verdienen gut, die florierende Stadt zieht immer mehr Arbeitskräfte an, das reichlich fließende Geld bestimmt immer deutlicher die unaufschiebbare Umwandlung der Gesellschaft. In diesem zentralen Teil wird also die ironische Metapher von der Feldmaus voll entfaltet. Der Pfarrer ermahnt die Hedebyer, nicht zu jammern, denn sie seien der auserwählte Stamm, dem das Böse durch die »strenge Neutralität« erspart bleibe. Doch die schwedischen Bergwerke, Erz, Eisen und Stahl, waren nicht so neutral: »Neutraler« Stahl bedeckte in Form von Bomben und Granatsplittern weite Landstriche von Paris bis Leningrad. Sarkastisch bemerkt Delblanc: *»Die, die etwas wußten, möchten am liebsten schweigen über das, was sie wußten unter der langen dunklen Zeit, in der sich Schweden zum Winterschlaf hinlegte.«*

*Stadsporten (Das Stadttor)* spielt vorwiegend in Tälje, wohin einige der Hauptpersonen umgezogen sind, aber ihre Sehnsucht nach dem sicheren, vertrauten Hedeby ist unverkennbar. Die Stadt bleibt für sie ein fremder, unwirtlicher Ort, wo der Mensch gehetzt und bis in den Tod gejagt wird. Doch das Leben wird nie in die alten Spuren zurückkehren. Manche werden damit fertig, andere, wie der Knecht Erik, der ein Bauernsohn war, scheiden aus.

Die Erzählstruktur verdient besondere Aufmerksamkeit. Man hat acht mögliche Erzählweisen, deren sich der Autor bedient, gezählt (J. MJÖBERG). Der Erzähler ist nie alleinherrschend und allwissend. Des öfteren überläßt er seine Rolle dem Adeligen Mon Cousin, der nicht die Ansichten und Meinungen des Autors teilt. Oft kommt auch Delblanc selber zu Wort, der wiederum nicht mit dem Erzähler identisch ist, oder er setzt den jungen Axel Weber in diese Funktion ein. Auch greift der Autor bisweilen zur Methode des Interviews, wobei die befragte Romanfigur mit Ironie den gestellten Fragen begegnet, oder der Erzähler selbst die Fragen beantwortet, oder eine nicht antwortende Figur anspricht, jedoch an ihrer Stelle und in ihrem Sinne die Frage beantwortet. Dieses Rollenspiel, die Abweichung von der auktorialen Erzählform, die immer eine Reduktion darstellt, ermöglicht es dem Autor, eine objektivere Sicht der Ereignisse anzubieten, er relativiert damit die einzelnen Standpunkte, bereichert so die Vielfältigkeit der Perspektive, und der Leser kann sich mit der Person seiner Wahl identifizieren, ohne daß der Autor seine Macht über das Material ganz aufgeben würde. Darüber hinaus äußert er sich mehrfach kritisch und ironisch über sich selbst. Gern benutzt er Metaphern, vor allem aus der Tierwelt und auch originelle Wörter, entweder aus dem Dialekt oder einer gehobenen, fast akademischen Sprache und viele zeittypische Ausdrücke. Daneben spielen der Humor als Grundhaltung und die vielgestaltige Symbolik eine stilbildende Rolle. Schon die Titel der einzelnen Bände weisen darauf hin. R.Ke.

AUSGABEN: *Åminne*: Stockholm 1970. – Stockholm 1973. – *Stenfågel*: Stockholm 1973. – Stockholm 1975. – *Vinteride*: Stockholm 1974. – *Stadsporten*: Stockholm 1975. – Stockholm 1978.

LITERATUR: Anon., *»Åminne«* (in BLM, 39, 1970, S. 610–612). – Th. Henriksson, *»Stenfågel«* (in BLM, 42, 1973, S. 218–220). – A. Bergsten, *»min ... orena estetik.« Om Sv. D.s romansyn* (in Tidskrift för litteraturvetenskap, 2, 1974, S. 331–346). – L. Ahlbom, *Hedeby och Sv. D.s människosyn* (in BLM, 44, 1975, S. 139–155). – J. Mjöberg, *Sv. D.s Hedebyserien. Ett försök till analys och värdering* (in Nordisk tidskrift, 1977, Nr. 2, S. 102–135). – R. Kejzlar, *D.s Hedeby als Kritik der Zeit* (in Scandinavica, 18, 1979, S. 35–47). – B. Fritzdorf, *Symbolstudier i Sv. D.s Hedebysvit*, Stockholm 1980. – M. Robinson, *Sv. D., »Åminne«*, Hull 1981. – K. A. Hunsager, *›Så sitter du åter på handlarns trapp‹: En fortellerteknisk og tematisk analyse av Sv. D.s roman »Åminne«* (in Edda, 85, 1985, S. 197–207).

## PRÄSTKAPPAN. En heroisk berättelse

(schwed., *Ü: Waldstein. Ein Roman aus barocker Zeit*). Roman von Sven DELBLANC, erschienen 1963. – Der Roman von 1963 bedeutete den definitiven Durchbruch für Delblanc, nachdem er im Jahr vorher mit *Eremitkräftan (Der Einsiedlerkrebs)* unter großer Beachtung debütiert hatte. Schon *Prästkappan* zeigt die formalen, sprachlichen und inhaltlichen Eigenheiten des Autors, die in den folgenden Jahren elaborierter und klarer hervortreten sollen. Der Roman besticht durch seine sprachliche Virtuosität und Bildhaftigkeit; er setzt sich im Gedächtnis des Lesers fest durch die Penetranz, mit der Dreck, Gestank und Lebensfülle dargeboten werden – wie überhaupt der Gestank in Delblancs Romanen zu den wiederkehrenden Eigenheiten gehört, die das Unwohlsein des Lesers ebenso provozieren wie den Brechreiz der Romanfiguren. Handlungsdichte, Sprachkraft und Phantasie gehen sozusagen unmittelbar unter die Haut, wirken auf den Magen. Diese geradezu physische Intensität der Wirkung wird durch Sprache und vor allem Handlung hervorgerufen, von der der Roman lebt, die Realität in all ihrer barocken Fülle steht ganz im Vordergrund.

Der Roman spielt im Jahr 1784, zwei Jahre vor dem Tod Friedrich des Großen, der selbst als seniler, sabbernder Greis in einem von Hundekot und -gestank durchsetzten Sanssoucci kurz auftritt, in das Hermann Anderz, der heruntergekommene, ehemalige Hilfspastor, und sein gewaltiger Begleiter Johannes Thurm, genannt Lang-Hans, auf ihrer Odyssee durch Bordelle und über Schlachtfelder entführt werden. Auf ihrer diffusen Suche nach Freiheit und Glück treiben sich die beiden in den von obrigkeitlicher Despotie heimgesuchten Landstrichen Sachsens, Schlesiens und Preußens herum. Das Verhältnis der beiden Protagonisten zueinander ist in doppelter Parallelität gebrochen – einerseits entspricht Hermanns geistige Potenz seiner Schlappschwänzigkeit, andererseits verhält sich die physische Präpotenz von Lang-Hans' proportional zu seiner geistigen Armut.

Der physischen und politischen Erniedrigung, die das Leben des Hilfspastors Hermann am Beginn des Romans kennzeichnet, steht eine relative geistige Freiheit, stehen Phantasie und Lebensfreude gegenüber; am Ende des Buches, nach einer Reise durch materielle und sexuelle Notstandsgebiete, wird Hermann nach Aufdeckung seiner Abstammung zum Baron von Prittwitz-Hohenzollern erhoben. So endet, was in Armut begann, im Reichtum, der jedoch mit politischem Zynismus, sozialer Anpassung und geistiger Verkarstung einhergeht. Die Suche nach Freiheit und Glück führt zu unbewußter Erniedrigung, mentaler Korruption und kryptischem Faschismus. Sollte es Delblancs Botschaft für uns Heutige sein, daß politische Unterdrückung mit geistiger Freiheit verbunden, daß soziale Erhöhung mit intellektueller Verarmung gekoppelt sind? Anders herum: Sind Gestank, Dreck, Sadismus und Sodomie die Gegenpole zur Sterilität unserer rechtwinkligen, weißlackierten Gegenwart?

Auf dem Höhepunkt ungetrübten materiellen Wohlstands, fortschreitenden ökonomischen Wachstums und expandierender Wohlfahrt zum Beginn der sechziger Jahre läßt Delblanc den Alten Fritz seine Lebensweisheit entfalten, die interpretatorische Stränge zur Modernitätskritik aufweist: *»Ich träumte von tausend Möglichkeiten zur Liebe und Weisheit sanfter Regierungskunst ... Merde! ... Diese Sternbilder am Himmel der Menschheit sind Fabeln, ... Ammenmärchen, Lügen!«* Am Ende seines Lebens philosophiert der Preußenkönig: *»Siehst du jetzt ein, daß es nur eine Art zu leben gibt, ohne anderen Schaden zuzufügen, nämlich in einer Hoffnungslosigkeit zu leben, die so total ist wie die arktische Nacht, und nicht nach Möglichkeiten zu streben, die das Böse nur noch schlimmer machen können.«*

Über den aktuellen Bezug hinaus ist deutlich, daß Delblanc einer derjenigen schwedischen Autoren der Gegenwart ist, der in ganz besonderer Weise das Interesse der Philosophie und der Sozialwissenschaft zu wecken weiß. In der Gegenüberstellung von aufgeklärter Hoffnung und abgebrühter Hoffnungslosigkeit, die das friderizianische Plädoyer entfaltet, wären Wurzeln aufzudecken, die bis zu SARTRE und KIERKEGAARD reichen, es kommt hinzu, daß Delblanc Zusammenhänge konstruiert und Sätze formuliert, die man dem Lebensgefühl der frühen sechziger Jahre nicht zuordnen würde, als eher die Dokumentarliteratur zu den gängigen Literaturformen gehörte. Nimmt man die Wertung der Kritiker der Hedeby-Tetralogie auf, die diese als eine moderne, schwedische Version der Balzacschen *comedie humaine* interpretieren, so ist *Prästkappan* das Dementi des *Prinzips Hoffnung*, bzw. eine literarische Version der *Krankheit zum Tode*. B.He.

AUSGABEN: Stockholm 1963. – Stockholm 1975. – Stockholm 1986.

ÜBERSETZUNG: *Waldstein. Ein Roman aus barocker Zeit*, H.-J. Maass, Stg. 1981.

Literatur: B. Nerman, *»Prästkappan«* (in B. N., *Människan som språk*, Stockholm 1970, S. 119 bis 127). – B. Agrell, *Berätta, förklara och uppenbara. Om textens intentionalitet i Sv. D.s »Prästkappan«* (in B. Ahlmo-Nilsson, *Perspektiv på prosa*, Göteborg 1981, S. 217–293). – Dies., *Frihet och fakticitet. Om oordning, ordning, lydnad och frihet i Sv. D.s roman »Prästkappan«*, 2 Bde., Göteborg 1982. – K. Krolow, Rez. (in Stuttgarter Ztg., 13. 3. 1982). – A. Carlsson, Rez. (in Die Zeit, 20. 8. 1982). – J. H. Kauri, *Eremitkräftans vändkrets: Sv. D. på 60-talet* (in Fenix, 2, 1984, Nr. 2, S. 133–156).

## SPERANZA. En samtida berättelse

(schwed.; *Ü: Speranza. Ein zeitgenössischer Roman*). Roman von Sven Delblanc, erschienen 1980. – Delblancs 23. Roman ist in hohem Maße ein politischer, nicht allein weil er streng und straff konzipiert ist und weil Delblanc selbst ihn »zeitgenössisch« nennt, sondern weil auch die Aussage ganz offensichtlich politisch-sozial und weltanschaulich akzentuiert ist.

Es handelt sich um das fiktive Tagebuch des Grafen Malte Moritz von Putbus, eines revolutionsbegeisterten, »modernen« Neunzehnjährigen, das dieser auf der Überfahrt von Bremen nach Saint Thomas auf den dänischen Westindischen Inseln im Jahre 1794 schreibt; in seiner Begleitung befinden sich sein Hauslehrer Hoffmann und der schwarze Domestik Rustan. Die Segelreise ist als Strafexpedition gedacht wegen aufgeklärt-aufsässiger Umtriebe Maltes auf dem väterlichen Gut auf der Insel Rügen, wegen seiner politischen Freiheitsbegehren, demokratischen Disputierlust und den erotischen Neigungen zu einer bürgerlichen Dorfschönheit. Der Ausflug auf die dänischen Kolonien, zum verwandten Gouverneur soll durch räumliche Distanz zu einer politisch-mentalen Umkehr führen, soll die adligen »Tugenden« des *ancien regime* angesichts bestimmter Realitätserfahrungen wieder zu erstrebenswerten Menschheitszielen machen. Diesem Anspruch wird die Reise auf gründliche Weise gerecht.

Nachdem das ursprüngliche Reisevehikel Schiffbruch erlitten hat, setzen die drei Passagiere mit reduziertem Gepäck und gegen Wucherpreise auf ein neues Schiff über, die »Speranza«. Trotz eines bisweilen (je nach Wind) unerträglichen Gestankes und trotz einschlägiger Indizien dauert es einige Zeit, bis Malte Moritz erkennt, daß er auf einem jener berüchtigten Schiffe gelandet ist, die im Dreiecksgeschäft zwischen Afrika, Westindien und Europa kreuzen, auf der einen Strecke afrikanische Sklaven geladen haben, auf der anderen Rum und Zucker, auf der dritten Branntwein und Waffen. Auftraggeber der Dreimastbark, die den schönen Namen »Hoffnung« trägt, ist die Rumdestillerie der Societas Jesu auf Puerto Rico, begleitet wird die Fracht von einem Abbé Marcello – Stellvertreter Gottes nicht nur auf der Bark, sondern omnipotenter und allgegenwärtiger, doch nahezu immer unsichtbarer Machtträger der alten Ordnung, die noch immer genügend Kraft in sich verspürt, der Menschheit den Weg zu weisen, ja zu befehlen.

Der aufklärerisch schwärmende Philanthrop, zunächst nichtsahnend, dann zunehmend leidend unter den Leiden der schwarzen Menschheit, die im Bauch der »Speranza« vegetiert und vor sich hin stirbt, hält die Strapazen der Schiffsreise nicht aus; unter den inquisitorischen Anfechtungen des allmächtigen Marcello, angesichts der wachsenden Apathie seines Hauslehrers und den immer unerträglicher werdenden hygienischen Verhältnissen ausgesetzt – dem zunehmenden, penetranten Gestank nach verwesendem, faulendem Menschenfleisch, Kot und Urin –, gequält von Hunger und Durst, gepeinigt von den Schikanen der Besatzung, wird Malte Putbus zum Menschenverächter. Sein Domestik, der schwarze Rustan, der sich unter seine nackten Brüder mischt und zum Anführer einer Sklavenrevolte wird, wird schließlich von ihm eigenhändig enthauptet; Eva, die schwarze Aphrodite, Lustobjekt seiner zahlreichen Sexualphantasien, wird beim Aufstand von den weißen Herrenmenschen als Geisel genommen und geköpft; sie war die erste Frau gewesen, die er noch unter Skrupeln gebraucht hatte, über die folgenden, nun zum erklärten Zuchtbullen sich aufschwingend, führt er Buch.

Es ist wieder der Traum von Freiheit und Glück, der mit *Speranza* thematisiert wird, und wieder auch realisiert sich der Traum und wird zur schrecklichen Wirklichkeit, die »Speranza« von Haien verfolgt; die enttäuschte Hoffnung hat sich über die praktizierte Hoffnungslosigkeit zur materialisierten Hoffnung gewandelt. Der offene Schluß läßt der Interpretation weite Möglichkeiten; es dürfte jedoch nicht zu weit hergeholt sein, die »Speranza« als Symbol für Politik zu lesen, als von Macht, Gewalt, Unterdrückung und Ausbeutung beherrschte Versinnbildlichung von Gesellschaft.

Wenn Delblanc den Abbé Marcello mit Macht, Geist und Autorität ausstattet, dann sollte nicht übersehen werden, daß der von Marcello kritisierten Utopie der freien und gleichen Gesellschaft, deren Entartungen am Wüten der Jakobiner aufgezeigt werden, daß dieser Utopie die Realität der »Speranza« gegenübergestellt ist, die für Marcello die notwendige Übergangsphase zum »Gottesreich auf Erden« darstellt. Daß diese Übergangsphase die Hölle ist, muß angesichts der verheißungsvollen Utopie als notwendiges Opfer hingenommen werden. Der jesuitische Machiavellist und der jakobinische Philanthrop, verkörpert durch den Schiffsarzt Rouet, stehen sich mit ihren Gesellschaftsentwürfen gegenüber.

Malte Moritz lernt in wenigen Tagen die Lektionen des Jesuiten und verleugnet seine demokratischen, emanzipatorischen und egalitären Aufklärungsideen, was nicht nur insofern einen therapeutischen Effekt hat, als seine Gesundheit und seine Verdauung Fortschritte machen, sondern auch die soziale Ächtung aufhebt: *»Allein gegen alle recht haben zu* *meinen, das Absurde darin, ja, das ist für mich jetzt ein Stein des Anstoßes gewesen. Hochmut und Einsamkeit! Ja, aber jetzt bin ich nicht mehr einsam … Rouets große Versündigung: einer gemäßigten Hölle das Wort zu reden. Keine halben Maßnahmen! Der Sklave der Sklaven zu sein. Alle Macht liegt bei den Sklaven in tieferem Sinne, sie sind der Schöpfung näher und Gott näher als wir … Wenn sie sich im Aufruhr gegen uns erheben, handeln sie ihren eigenen Interessen zutiefst zuwider und müssen im Namen der allgemeinen Wohlfahrt mit exemplarischer Brutalität bestraft werden … Jetzt ist mir alles klar. Vollständige Unterwerfung, Erleichterung und Freude. Endlich Friede.«* Der Traum von der Freiheit realisiert sich, und die Suche nach dem Glück endet erfolgreich – der Preis sind die Unfreiheit und das Unglück.

B.He.

AUSGABEN: Stockholm 1980. – Stockholm 1983.

ÜBERSETZUNG: *Speranza. Ein zeitgenössischer Roman*, H.-J. Maass, Stg. 1982.

LITERATUR: L. Ahlbom, *Frihetens röst tystnar. Om Sv. D.s nya roman »Speranza«* (in BLM, 49, 1980, S. 232–236). – F. Fälbel, Rez. (in FRs, 3. 8. 1982). – G. Sammet, Rez. (in Der Spiegel, 19. 9. 1982). – A. Carlsson, Rez. (in Die Zeit, 9. 10. 1982).

## GRAZIA DELEDDA

* 27.9.1875 Nuoro / Sardinien
† 15.8.1936 Rom

**LITERATUR ZUR AUTORIN:**
C. Fucini, *Le novelle e i romanzi di G. D.*, Genua [2]1925. – M. Mundula, *G. D.*, Rom 1929. – L. Falchi, *L'opera di G. D. fino al premio Nobel, con due appendici di lettere inedite*, Mailand 1937. – T. Criara, *G. D. Studio critico*, Mailand 1938. – E. De Michelis, *G. D. e il decadentismo*, Florenz 1938. – N. Zoja, *G. D. Saggio critico*, Mailand 1939. – L. Roncarati, *L'arte di G. D.*, Florenz/Messina 1949. – G. Buzzi, *G. D.*, Mailand 1953. – G. Petronio, *G. D.* (in *Letteratura italiana, I contemporanei*, Bd. 1, Mailand 1963, S. 137–158). – G. Giacalone, *Ritratto critico di G. D.*, Rom 1965. – A. Piromalli, *G. D.*, Florenz 1968. – N. Tettamanzi, *G. D.*, Brescia 1969. – R. Branca, *Il segreto di G. D.*, Cagliari 1971. – A. Tobia, *G. D.*, Rom 1971. – M. Massaiu, *La sardegna di G. D.*, Mailand 1972. – A. Scano, *G. D.*, Mailand 1972. – *Atti del Convegno nazionale di studi delleddiani*, Cagliari 1974. – C. Balducci, *A Self-made Woman: Biography of Nobel-Prize-Winner G. D.*, Boston 1975. – A. Miccinesi, *G. D.*, Florenz 1975 [mit Biogr. u. Bibliogr.]. – A. Ruschioni, *Dalla D. a Pavese*, Mailand 1977. – A. Dolfi, *G. D.*, Mailand 1979. – O. Lombardi, *Invito alla letteratura della D.*, Mailand 1979. – E. Pannain Serra, *G. D. Sebastiano Satta*, Rom 1981. – E. Caccia, Art. *G. D.* (in Branca, 2, S. 126–130).

### CANNE AL VENTO

(ital.; *Ü: Schilf im Wind*, auch: *Schweres Blut*). Roman von Grazia DELEDDA, erschienen 1913. – Der Roman spielt in einem kleinen Dorf im Osten Sardiniens und erzählt von dem alten Efix, seinen drei Herrinnen Ruth, Esther und Noemi und deren Neffen Giacinto. Den drei Frauen, Nachfahren der einst reichsten Familie der Gegend, ist von ihrem Besitz nichts geblieben als ein halbverfallenes Herrenhaus und ein kleines Landgut, das Efix für sie verwaltet und von dessen Ertrag sie leben. Eine vierte Schwester, Donna Lia, ist noch zu Lebzeiten des gefürchteten Herrn des Hauses, Don Zame, durchgebrannt und hat auf dem Festland einen Mann niederen Standes geheiratet. Die Schande, die sie damit der vornehmen Familie antat, nahm ihren Schwestern jegliche Aussicht auf eine ehrbare Heirat. Don Zame kam kurz nach Lias Flucht auf rätselhafte Weise ums Leben. Lia, inzwischen in der Fremde gestorben, hinterließ einen Sohn, Giacinto, der nach Sardinien kommt, um in der Heimat seiner Mutter Arbeit zu suchen. In seinen Gesprächen mit Efix stellt sich heraus, daß er wegen Betrugs seine Stelle als Beamter verloren hat. Giacinto verliebt sich in ein armes Mädchen aus der Nachbarschaft und erregt, als er es heiraten will, den Unwillen seiner Tanten, die trotz ihrer Armut an den Privilegien und Sitten ihres Standes festhalten wollen. Als bekannt wird, daß der Neffe das Geld, das er so großzügig ausgibt, nicht vom Festland mitgebracht, sondern bei der Wucherin Kallina mit einem gefälschten Wechsel auf Zins geliehen hat, jagt ihn der alte Efix aus dem Haus. Bei den drei Schwestern erscheint der Gerichtsvollzieher, der im Auftrag der Wucherin das auf Esthers Namen geborgte Geld samt den Zinsen zurückfordert; Donna Ruth stirbt vor Kummer, Esther und Noemi aber, die ihren Neffen nicht verklagen wollen, verkaufen ihr letztes Gütchen an den reichen Don Predu, der auch Efix in seine Dienste übernimmt. Eines Tages aber macht sich Efix auf, Giacinto zu suchen, und findet ihn völlig verwahrlost in Oliena. Seine heftigen Vorwürfe bleiben fruchtlos, denn inzwischen ist Giacinto hinter Efix' großes Geheimnis gekommen: Er war es, der damals Donna Lia zur Flucht verholfen und dann Don Zame in Notwehr durch einen Steinwurf getötet hat. Sein uneigennütziger Dienst an den drei Schwestern ist seine Sühne für diese geheime Schuld.
Esther und Noemi sind nun völlig verarmt und ganz auf Don Predus Wohlwollen angewiesen. Dieser war einst Noemis Bräutigam, hatte jedoch nach Lias Flucht das Eheversprechen gelöst und war ledig geblieben. Efix redet ihm zu, Noemi doch noch zu heiraten, diese lehnt jedoch den Antrag ab

und zerstört damit Efix' Hoffnung, daß das Zustandekommen dieser Heirat einen Teil seiner Schuld wiedergutmachen würde. Efix beschließt, heimlich das Dorf zu verlassen; er geht zunächst zu Giacinto, der als Müllerbursche Arbeit gefunden hat, und rät ihm, seine Braut Grixenda, die seit seiner Abreise an Liebeskummer krankt, doch noch zu heiraten. Giacinto aber lehnt ab: Er will Geld verdienen, um seinerseits die Schuld gegenüber seinen Tanten zu sühnen. Zusammen mit Bettlern, Blinden und Invaliden zieht Efix umher und schlägt sich kümmerlich durch. Eines Tages trifft er Don Predu, der ihn von der Sinnlosigkeit seines Büßerdaseins überzeugen kann und ihn zu seinen alten Herrinnen zurückbringt. Hier hat sich inzwischen durch das Wirken Gottes und der Zeit alles zum Guten gewendet. Giacinto und Grixenda heiraten, und auch der liebeskranke Don Predu erhält endlich Noemis Jawort. Während der Hochzeitsvorbereitungen erkrankt Efix und stirbt, von Donna Esther betreut, mit seinem Schicksal, seiner Schuld, mit Gott und der Kirche ausgesöhnt, an Noemis Hochzeitstag.

Die Werke von Grazia Deledda entstanden weitgehend außerhalb des literarischen Betriebes der Epoche und sind in ihren Ansätzen weniger der Schule des europäischen (naturalistischen) Romans als der alten, in diesem Falle sardischen Tradition mündlichen Erzählens verpflichtet. Die literarisch versierte Leserschaft der Jahrhundertwende ergötzte sich vor allem am folkloristischen Gepräge dieser Bücher, die in naivem Stil das Leben der halbvergessenen Insel abseits der zivilisierten Welt darstellen. In den bedeutendsten Romanen der Deledda (zu ihnen zählt *Canne al vento*) ist die Insel jedoch in weit mehr als deskriptiv-lokalkoloristischem Sinne literarisch nutzbar gemacht: Sardinien wird hier als einzigartiger »Ort der Handlung« entdeckt, an dem noch im 20. Jh. Leben in elementar-archaischer Form greifbar ist. Tragödien (bei Deledda von einer persönlich-christlichen Auffassung von Schuld und Sühne geprägt) werden in dieser Landschaft noch gelebt und wirken deshalb – auch wenn sie aus dem Geist dieser Landschaft erfunden wurden – wahr. Alle Gestalten der Autorin leben jenseits des Versuches, sich selbst und die Welt in Worte zu fassen. Die einfache Beschreibung offenbart mehr an Gestik, Mimik, Verhalten, ja selbst an Stummheit, als sich jemals durch pathetisches Bekenntnis oder kennerhafte Analyse erfassen ließe. C.H.

AUSGABEN: Mailand 1913. – Mailand 1941 (in *Romanzi e novelle*, Hg. E. Cecchi, 4 Bde., 1941–1955, 1; [2]1957). – Mailand 1950 (*La medusa degli Italiani*, Bd. 1). – Verona 1976. – Mailand 1985, Hg. V. Spinazzola.

ÜBERSETZUNGEN: *Schilfrohr im Winde*, Th. Lücke, Braunschweig 1930. – *Schilf im Wind*, B. Goetz, Zürich 1951. – *Schweres Blut*, D. v. Radtke, Nördlingen 1987.

## ELIAS PORTOLU

(ital.; *Ü: Elias Portolu*). Roman von Grazia DELEDDA, erschienen 1900. – Die Veröffentlichung von *Elias Portolu*, einem ihrer »sardischsten« Romane, steht am Beginn einer neuen Schaffensphase der Autorin: die veristische Erzählhaltung der frühen Romane wird aufgegeben und bleibt lediglich in der Beschreibung des sardischen Lebens erhalten, das aber, im Konflikt des Individuums, das seinem ursprünglichen sozialen Umfeld nicht mehr angehört, zu einer Art Antiidylle wird. Das Hauptaugenmerk der Verfasserin richtet sich nun auf die Krise der Institution Familie und den Niedergang von ethischen Normen, die auch die privaten Gefühle konditionieren und denen das Individuum hilflos ausgesetzt ist.

Nach einer auf dem italienischen Festland verbüßten Gefängnisstrafe, deren Grund der Leser nicht erfährt, kehrt der Hirte Elias Portolu in sein Heimatdorf zurück. Aber die Freude über die Rückkehr in die nach außen noch intakte patriarchalische Familienstruktur wird sofort zerstört, als sich Elias bei der ersten Begegnung in die Braut seines Bruders Pietro verliebt. Die Liebe erscheint als Naturgewalt, als Schicksal, dem Elias willenlos ausgeliefert ist. Im selbstzerstörerischen Konflikt zwischen seiner Leidenschaft für Maria Maddalena, seinem Ehrgefühl gegenüber dem Bruder und der Angst, ein bereits festgelegtes soziales Gebot zu übertreten, fragt Elias den Weisen Martin Monne um Rat, der als »Vater der Wildnis« in den Wäldern lebt und als einzige Gestalt des Buches noch ungebrochen der Tradition des sardischen Lebens verbunden ist. Der Weise rät ihm, zu seiner Liebe zu stehen, um nicht sich selbst, den Bruder und Maria Maddalena unglücklich zu machen. Für ihn ist die Ehe zwischen Pietro und Maria Maddalena Teufelswerk, da sie aus Gründen der Konvenienz beschlossen wurde. Doch Elias fehlt der Mut, eine Entscheidung zu treffen. Auf den inneren Zwiespalt reagiert er mit Krankheit, und er erwacht erst dann aus seiner tiefen Bewußtlosigkeit, als Pietro und Maria Maddalena bereits getraut sind.

Die Ehe zwischen den beiden wird nicht glücklich. Pietro, der spürt, daß ihn seine Frau nicht liebt, verläßt nach einem Streit in der Karnevalsnacht das Haus, um erst am anderen Morgen zurückzukehren. Elias kann seinem Begehren nicht widerstehen und verbringt die Nacht in Maria Maddalenas Kammer. Ohne sich wirklich berufen zu fühlen, faßt er danach den Entschluß Priester zu werden, um in Zukunft der Versuchung zu widerstehen. Außerdem glaubt er, daß der geachtete Status eines Priesters es ihm ermöglicht, sich um die Erziehung seines Kindes zu kümmern, das Maria Maddalena inzwischen erwartet, und das er nie als sein eigenes wird anerkennen dürfen. Doch auch in der Vorbereitung auf den geistlichen Beruf, der von der Familie als sozialer Aufstieg gutgeheißen wird, kann Elias sein früheres freies Leben als Hirte nicht vergessen. Kurz bevor er die Weihen empfangen soll, erreicht ihn die Nachricht von der Krankheit seines Bruder, der bald darauf stirbt. Ein letztes Mal versucht Maria Maddalena ihn vom religiösen Weg abzubringen, da beide wie geschaffen füreinander scheinen. Aber Elias, von inneren Konflikten zerrissen, ist auch diesmal zu keiner Entscheidung fähig. Kurz nach dem Tod des Bruders, als Maria Maddalena bereits von einem anderen Mann umworben wird, stirbt auch der kleine Sohn Berte. Elias ist nun frei und kann sich in seiner Trauer ausschließlich dem Gedanken an Gott widmen.

Elias Portolu ist nach der Rückkehr vom Festland in seiner sardischen Heimat der Entwurzelte, in dessen innerem Konflikt sich der Zusammenstoß zwischen der modernen Zivilisation des bürgerlichen Individualismus und dem archaischen Gesetz des Clans manifestiert. Die Gesellschaft, in der Elias lebt, muß in diesen Konflikt jedoch nicht eingreifen, weil derjenige, der die Grenze der geltenden Moral überschreitet, sich selbst bestraft: Nach dem Tod des Kindes verzichtet Elias auf die Leidenschaft und auf das Leben selbst. Der unauflösbare Zwiespalt des Individuums führt am Ende zum einzig anerkannten ethischen Prinzip, der Aufopferung des Selbst. Die Dramaturgie der Handlung entsteht aus der eindringlichen Beschreibung des naturverbundenen Lebens der sardischen Bauern in einer Gemeinschaft, deren eigene ethische Gesetze noch unangetastet sind, und den diesen Gesetzen widerstreitenden Gefühlen des Protagonisten Elias. Deledda analysiert diese Gefühle jedoch nicht, sondern beschreibt sie quasi als »Naturereignis«, das nicht zu beeinflussen ist und in seiner Heftigkeit ertragen werden muß; sein Ausgang ist schicksalsbestimmt. Die Autorin übernimmt dabei jeweils den Standpunkt der handelnden Person. Der Impuls, den geltenden ethischen Regeln zuwiderzuhandeln, entsteht aufgrund eines geänderten sozialen Status und einer veränderten moralischen Kondition, die als neue, bereichernde Erfahrung erlebt wird und die den Protagonisten dazu bringt, seine Welt, in der er aufgewachsen ist, erstmals mit kritischer Distanz zu sehen und sie dadurch eigentlich erst zu verstehen. D.De.

AUSGABEN: Rom 1900 (in Nuova Antologia di Lettere, Scienze ed Arti, Bd. 172/173; d. i. Serie 4, Bd. 88/89). – Turin 1903. – Mailand 1941 (in *Romanzi e novelle*, Hg. E. Cecchi, 4 Bde., 1941–1955, 1; [2]1957). – Mailand 1954. – Mailand 1970; ern. 1981, Hg. V. Spinazzola.

ÜBERSETZUNG: *Elias Portolu*, E. Berling, Stg./Bln. 1906; ern. 1927.

## LA MADRE

(ital.; *Ü: Die Mutter*). Roman von Grazia DELEDDA, erschienen 1920. – Immer wieder greift die sardische Erzählerin das Motiv der Mutterliebe auf. Ganz den magischen Vorstellungen und dem Fatalismus ihres noch spontan empfindenden und intuitiv kombinierenden Volks verhaftet (und deshalb weitgehend immun gegen Sentimentalität), erkennt sie in der Mutter-Sohn-Bindung das Ursprüngliche schlechthin, das als das letzte Geheimnis einer sich vom Kreatürlichen mehr und mehr entfernenden Welt gedeutet wird. In *Marianna Sirca* (1915) etwa sagt die Mutter, als sie den gejagten und bei der Verfolgung tödlich verwundeten Sohn heimlich aufsucht: *»Da bist du also, blutend und ohne Sinne und ächzend wie damals, als du geboren wurdest.«* Geburt und Tod des Mannes aufeinander beziehend, verbindet sich die Mutter zutiefst dem Kind aus ihrem Fleisch und Blut – nicht anders als die Magd Maddalena in *La madre*, der wohl stärksten Erzählung der Deledda.

Der für den Verismus charakteristische dramatische Ablauf der Handlung wird unterstrichen durch den weitgehenden Verzicht auf Nebenfiguren und durch eine fast szenisch anmutende Unterteilung der auf den knappen Zeitraum von kaum 36 Stunden zusammengerafften Vorgänge. Was sich in der Nacht vom Freitag zum Samstag ereignet, erscheint so als eine »Tragödie«. Die Mutter bemerkt, daß ihr Sohn, der Pfarrer von Aar, heimlich die Wohnung verläßt und ein Mädchen aufsucht. Während sie ihn zurückerwartet, erscheint ihr in einer Vision der frühere Pfarrer des Dorfs, der allen Lastern verfallen war und von dem gesagt wird, er könne nicht sterben, sondern lebe als Verdammter immer noch in einer Höhle am Fluß. Als Paolo heimkehrt, nimmt ihm die Mutter den Schwur ab, der Geliebten zu entsagen. Doch das Mädchen erleidet am nächsten Tag einen harmlosen Unfall und ruft nach dem Priester. In der Nacht vom Samstag zum Sonntag – gleichsam dem zweiten Akt – erfüllt Paolo seine seelsorgerische Pflicht, bleibt aber standhaft gegenüber Agnese, die sich durch sein Widerstreben beleidigt fühlt. Sie droht, sich zu rächen; während der sonntäglichen Messe wolle sie des Pfarrers sündhaftes Verhältnis der Gemeinde ins Gesicht schreien, um in der Verachtung, der sie Paolo damit preisgibt, endgültig mit ihm vereint zu sein. Der dritte »Akt« – die Erzählerin verzichtet widerum auf lange epische Überleitungen – spielt in der Kirche. Während Paolo die Messe liest, verfolgt die Mutter von der letzten Bank aus ängstlich das liturgische Geschehen. Da erhebt sich Agnese und geht langsam dem Altar entgegen. Kaum vermag der erregte Priester, dem es entgeht, daß die immer mehr Zögernde hinter seinem Rücken schließlich an den Altarstufen niederkniet, das Amt zu Ende zu zelebrieren. Nach dem die Liturgie beschließenden *ite missa est* findet er die Mutter, gegen die Wand gestemmt, die Lippen zusammengepreßt, damit der Schrei der Angst unterdrückt werde, tot. *»Und es schien, als gäbe sie sich Mühe, die Wand zu stützen, ganz so, als habe sie Angst, sie möchte herniederstürzen.«*

Die einem Schutzengel gleich über dem Sohn wachende Mutter, die stellvertretend seine Schuld mit ihrem Leben sühnt, sagt einmal zu Paolo: *»Ich bin nur eine ungebildete Frau, doch bin ich deine Mutter.«* Dieses »doch« reißt das Schicksal der Magd aus dem trotz sparsamer Andeutungen überaus präsenten geographischen und sozialen Raum und erhöht es zum Gleichnis. Überhaupt erhält – Parallelen finden sich vor allem bei VERGA – das impressionistisch andeutende einzelne Wort dramatische Funktion. Das ist noch der klassische *verismo*, dem auch entspricht, daß Deledda mit Überzeugung von der mythischen Bindung zwischen Mensch und Natur und der unauflöslichen Verschlungenheit des Lebens in Leiden kündet. M.S.

AUSGABEN: Mailand 1920. – Mailand 1941 (in *Romanzi e novelle*, Hg. E. Cecchi, 4 Bde., 1941–1955, 1; [2]1957). – Mailand 1954. – Mailand 1967. – Mailand 1970; ern. 1983, Hg. V. Spinazzola.

ÜBERSETZUNG: *Die Mutter*, F. Schanz, Lpzg. 1922.

VERFILMUNG: *Proibito*, Italien 1954 (Regie: M. Monicelli).

## MARIANNA SIRCA

(ital.; *Ü: Marianna Sirca*). Roman von Grazia DELEDDA, erschienen 1915. – In *Elias Portolu* (1900) hat die sardische Erzählerin, auf bloß folkloristische Beschreibung verzichtend, erstmals die Beziehung zwischen Mensch und Landschaft als eine mythische Verbundenheit gedeutet, und ähnlich verfährt sie auch in den folgenden gleichnishaften Romanen. Darin entspricht dem Parallelismus von äußeren und inneren Vorgängen der stark unterstrichene Kausalzusammenhang von Liebe und schuldhafter Verstrickung. Die Gestalten Deleddas müssen aus Liebe, zu der eine elementare Gewalt sie zwingt, sündigen, und ihre Schuld wiederum kann erst durch bedingungslos liebende Hingabe gesühnt werden.

Marianna Sirca, eines armen Hirten Tochter, der dann durch Erbschaft ein reicher Besitz zugefallen ist, begegnet in den Bergen dem stolzen Banditen Simone Sole, der auf dem jetzt Marianna gehörenden Hof früher als Knecht gedient hat. Das wortkarge Gespräch, das beide miteinander führen, kann nicht hinwegtäuschen über die Leidenschaft, die sie zueinander treibt. Marianna bittet den Mann, der sich verbergen muß, er möge sich dem Gericht stellen und seine Schuld bekennen. Sie wolle auf ihn warten, bis er seine Strafe verbüßt hat. Doch Simone, dessen Lebenselement die Freiheit ist, will sich nicht entscheiden, kann es auch dann noch nicht, als er zu Weihnachten Marianna besucht und diese ihre Bedingung wiederholt. Als der Bandit der Frau, deren Haus ständig bewacht wird, durch einen Boten schließlich seine Absage überbringen lassen will, fühlt sie sich, ohne diese Botschaft erst anzuhören, so gekränkt, daß sie ihm bestellten läßt, er sei ein Feigling. Diese Beleidigung kann Simone nicht ertragen. Alle Vorsicht mißachtend, kommt er in Mariannas Haus und wird, als er es nach einer Aussprache wieder verlassen will, von seinen Häschern niedergeschossen. Als Marianna später heiratet, wählt sei einen Mann, *»dessen Augen denen Simones ähneln«*.

Die Autorin gibt der höheren Macht, die das Geschehen lenkt, den Namen »Gott«; doch es ist die gleiche Macht, die in klassischen Tragödien dann eingreift, wenn zwei Charaktere aufeinanderprallen, die in ihrem Stolz einander ähnlich sind. Bei Simone ist es der Stolz des freien, Gesetze mißachtenden Mannes, bei Marianna hingegen der Stolz auf den Besitz des Geliebten, den sie auch dann nicht aufgeben will, als die ihr Nahestehenden sich gegen sie wenden. Ihre Leidenschaft ist *»eine erschreckende und nicht abzuschwächende Macht, jener ähnlich, die eines Nachts das Haus ihrer früheren Herrschaft zerstört hat«*. Jede Auflehnung erschiene absurd, da jedem menschlichen Prinzip das eigenwillig handelnde Schicksal entgegensteht. Das führt in der Erzählung zu der für den Verismus charakteristischen Verlagerung des Epischen auf die Ebene des Dramatischen. Die Spannung der Tragödie wird jedoch gleichzeitig – und mit diesem Kunstgriff erweist sich die Deledda als bedeutende Erzählerin – abgefangen durch einen getragenen Stil, wie die feierlich-archaische Sprache wiederum das gegenwärtige, in der wilden Bergwelt Sardiniens abrollende Geschehen in einen unwirklich fernen, legendären Raum entrückt. M.S.

AUSGABEN: Mailand 1915 – Mailand 1941 (in *Romanzi e novelle*, Hg. E. Cecchi, 4 Bde., 1941–1955, 1; [2]1957). – Mailand 1950. – Mailand 1981.

ÜBERSETZUNG: *Marianna Sirca*, F. Gasbara, Mchn. 1938. – Dass., ders., Bearb. U. Stempel, Mchn. 1989.

VERFILMUNG: *Amore rosso*, Italien 1951 (Regie: A. Vergano).

LITERATUR: M. Fuiano, *Itenerari storici e letterari*, Neapel 1977, S. 550–555.

# GILLES DELEUZE
# FÉLIX GUATTARI

Gilles Deleuze

* 18.1.1925 Paris

Félix Guattari

* 30.3.1930 Villeneuve-les-Sablons

## CAPITALISME ET SCHIZOPHRÉNIE. I: L'ANTI-ŒDIPE; II: MILLE PLATEAUX

(frz.; *Kapitalismus und Schizophrenie. I: Anti-Ödipus; II: Tausend Hochebenen*). Kulturkritisch-philosophische Untersuchungsreihe von Gilles DE-

LEUZE und Félix GUATTARI, erschienen 1972 und 1980. – Hervorgegangen ist dieses voluminöse Werk aus der freundschaftlichen Zusammenarbeit des Pariser Philosophen Deleuze mit dem Psychiater Guattari, die sich 1969 kennengelernt und den Entschluß gefaßt hatten, gemeinsam eine theoretische Verarbeitung der Erfahrungen in und mit den gegenkulturellen Protestbewegungen des Mai 1968 zu versuchen. Der politisch aktive LACAN-Schüler Guattari hatte in einer Reformklinik neuartige therapeutische Umgangsstile mit Schizophrenen erproben können. Von Deleuze, einem Weggefährten von P. KLOSSOWSKI und M. FOUCAULT, war zuvor eine im Zeichen von NIETZSCHES ewiger Wiederkunft stehende, antiplatonische Differenzphilosophie entfaltet worden, die dem idealistischen Bild des Denkens als Repräsentation ein Konzept der Weltwerdung kraft eines *»chaosmos«* einheitsloser, anarchischer Vielheiten entgegenstellt (*Différence et répétition*, 1968); zugleich hatte er das subjektphilosophische Denken einer ursprünglichen Präsenz des Sinns durch eine serielle Logik der Sinnproduktion an der phantasmatischen Aufzeichnungs-Oberfläche der Körper ersetzt (*Logique du sens*, 1969). Im *Anti-Ödipus* versuchen Deleuze und Guattari, die psychoanalytische Lehre vom Ödipuskomplex als anthropologischer Konstante der Ichbildung durch eine *»Schizo-Analyse«* außer Kraft zu setzen, das heißt durch *»eine politische und gesellschaftliche Psychoanalyse«*. Diese stellt sich die Aufgabe, *»die Existenz einer unbewußten libidinösen Besetzung der historisch-gesellschaftlichen Produktion aufzuzeigen«*, statt weiterhin die psychoanalytischen Illusionen zu nähren, *»vermittels derer sich das Bewußtsein ein seinen Wünschen angepaßtes Bild des Unbewußten erstellt«*.

Der *Anti-Ödipus*, der in einer ostentativ unreinen, bisweilen pamphletistischen, aber begrifflich kohärenten Sprache verfaßt ist, will deshalb seinem Anspruch nach auch kein Buch sein, sondern eine a-signifikante Textur für unterschiedliche Gebrauchsanschlüsse. Gegen die Versuche einer gesellschaftstheoretischen Vermittlung von Marxismus und Psychoanalyse bietet er in Anknüpfung an Nietzsches Gedanken eines aus energetischen Kraftströmen gebildeten Lebens-Triebs die Ausgangsthese einer *»Koextension von gesellschaftlichem Feld und Wunsch (désir)«* auf, einer zyklischen *»Wunschproduktion«*, die Technologien, Gesellschaftsformen und Subjektivitätstypen produzieren würde. In dieser Perspektive soll die Frage, *»wie der Wunsch bestimmt sein kann, seine eigene Repression im wünschenden Subjekt zu wünschen«*, das heißt, wie die ›freiwillige Knechtschaft‹ der Massen im Faschismus möglich wurde, erneut aufgeworfen werden. Für Deleuze und Guattari erschließt sich die von FREUD (vgl. *Das Unbehagen in der Kultur*) diagnostizierte Malaise des modernen Menschen nämlich nicht im ›Familienroman‹ neurotischer Privatsubjekte, sondern nur in einer an Nietzsche (vgl. *Zur Genealogie der Moral*) orientierten universalgeschichtlichen Rekonstruktion der gesamten abendländischen Zivilisation als einem Prozeß zunehmender Schizophrenisierung. Analog zu MARX wird die Paßhöhe dieses Prozesses im Kapitalismus erblickt, weil dieses zynische, nihilistische Produktionssystem in der ›Verdampfung‹ aller territorialen Codierungen (vgl. *Manifest der kommunistischen Partei*) die psychotische Schubkraft der Wunschproduktion gerade auch in den Bewußtseinsabläufen entfessele, aber zugleich zurückdämmen müsse, um seinen eigenen Untergang aufzuschieben: *»Man kann demnach sagen, daß die Schizophrenie die* äußere *Grenze des Kapitalismus oder den Endpunkt seiner innersten Tendenz darstellt, der Kapitalismus aber nur unter der Bedingung funktioniert, daß er diese Tendenz hemmt ... Die Ströme werden vom Kapitalismus zugleich decodiert und axiomatisiert. Folglich bildet die Schizophrenie nicht die Identität des Kapitalismus, sondern seine Differenz, seinen Abstand und seinen Tod.«*

Die Ödipalisierung des Unbewußten ist also keineswegs eine Erfindung der Psychoanalyse: diese vollstreckt bloß einen in der Psychiatrie des 19. Jh.s entstandenen Familialismus, der schließlich die über Zivilisationen, Kontinente und Rassen sich erstreckende Kraft und Reichweite der delirierenden Libido in das »ödipale Dreieck« der Kleinfamilie einzwängt. ›Ödipus‹ ist eines der repräsentierenden *»Bilder des Kapitals«*, die die decodierten Ströme in gebahnte Territorien zu lenken haben. Die Psychoanalyse ist nur der Schlußpunkt einer langen Geschichte der Verkennung des Wunsches, die vom Dualismus der platonischen Philosophie bis zur Freud-Neulektüre J. Lacans (vgl. dessen *Écrits*) reiche. Der Wunsch drücke aber nicht den Mangel an einem ersehnten Objekt aus, vielmehr sei das wirkliche, Partialobjekte verkoppelnde Funktionieren der subjektlosen *»Wunschmaschinen« (»machines désirantes«)* dieses spinozistisch konzipierten Unbewußten die zutiefst produktive und einzig reale Affirmation des *»maschinenartigen Säugetiers«* Mensch. Dessen Kulturalisierung in archaischen Gesellschaften, im Feudalismus und im Kapitalismus wird nun als *»Selektionsprozeß der Kennzeichnung oder Einschreibung«* eines *»Sozius«*, einer homogenisierenden Einheitsmaschinerie in die aleatorische Kombinatorik der über Unterbrechungen und Einschnitte fließenden Antriebsströme nachgezeichnet: als ein Oszillieren zwischen der schizophrenen *»Deterritorialisierung«* dieser Ströme und ihrer paranoischen *»Reterritorialisierung«* zum Zweck der subjektkonstituierenden Unterwerfung. Nicht nur die faschistische Stillstellung exzedierender Massenkräfte unter großen Einheitsblöcken im Spätkapitalismus lasse sich so begreifen, sondern ebenso das autoritäre Scheitern einer sozialistischen Revolution. Daher gelte es, neue, auch von Parteilinie und Programmatik losgelöste, nomadische Lebensformen der politischen Praxis zu entwickeln. – In *Mille plateaux*, dem zweiten Teil der Untersuchung, der acht Jahre später unter veränderten zeitgeschichtlichen Bedingungen in sorgfältiger Durcharbeitung und Komposition erscheint und etliche Motive des ersten Bandes aufgreift und weiterführt, spielt die Auseinandersetzung mit der Psychoanalyse kaum noch eine Rolle. Statt dessen nimmt die bisher erprobte Schreibstrategie einer anderen, an der Verflechtung von Vielheiten ansetzenden, praktischen Logik des Philosophierens positive Konturen in einer *»Rhizomatik«* an. Dieser der Botanik entlehnte Begriff des *»Rhizoms«*, mit dem ein dezentrales Wurzelgeflecht gegen die Stammbaum-Metapher des idealistischen System- und Zentrumsdenkens ins Feld geführt wird, kennzeichnet das Unternehmen von Deleuze und Guattari, *»eine Logik des* Und *einzuführen, die Ontologie umzukehren, den Grund zu entthronen, Ende und Anfang abzuschaffen«*. Der im *Anti-Ödipus* leitende Entwurf einer Biopysik der Kulturalisierung wird jetzt in einem monistischen, den Gegensatz von Natur und Kultur überschreitenden Denken der Welt als *»mécanosphère«* zugespitzt. Dem entspricht die Ersetzung der humanwissenschaftlichen Kategorie des Verhaltens durch die der *»Verkettung« (»agencement«)*, die heterogene Elemente aus Dingordnungen und Zeichengebilden in einer gemeinsamen Intensitätszone bzw. einem *»Plateau«* (G. Bateson) zusammenschließt. Dies hat eine Verstärkung des Geographismus der Analyse zur Folge, da die aus solchen ›Hochebenen‹ gebildeten Rhizome als Netze von Kraftlinien der Wunschproduktion eine *»Kartographie«* erfordern, was die Schizo-Analyse in Richtung auf eine politisch akzentuierte *»Pragmatik«* verschiebt: *»Denn vor dem Sein gibt es die Politik«*. Stets handele es sich um drei *»Lineamente«* oder Linienbündel, die die Individuen und Gruppen durchziehen und von unterschiedlicher Konsistenz und Zeitlichkeit seien, blockartige Segmentlinien, geschmeidigere Segmentierungslinien und Fluchtlinien der Entgrenzung. *Mille Plateaux*, das aus vierzehn Text-Plateaus besteht, bewegt sich auf verschiedensten Terrains, von der Soziolinguistik über Musik und Ethologie bis zur politischen Anthropologie; im *»Traktat der Nomadologie«* wird die Entstehung einer partisanenhaft schweifenden *»Kriegsmaschine«* als Erfindung und Waffe gegen die Verfestigung des Militärischen in einem den Krieg monopolisierenden *»Staatsapparat«* beschrieben. Generell stellt sich jetzt heraus, daß die früher beschworene schrankenlose Deterritorialisierung nur die Kehrseite eines Willens zu neuen Formen der Autochthonie bildete, und zu einer künstlerischen Rhythmik des Lebendigen, das durch Bewegung, Geschwindigkeit und die Fähigkeit zur Metamorphose bestimmt ist.

Der *Anti-Ödipus*, der die sogenannte ›philosophie du désir‹ im Frankreich der siebziger Jahre einleitete, erregte gewaltiges Aufsehen und erhielt im linksintellektuellen Milieu teilweise begeisterte Zustimmung, provozierte aber auch auf seiten des akademisch-philosophischen, psychoanalytischen und marxistischen Establishments schärfste Polemiken; in der Tat problematisch ist angesichts der weitreichenden politischen Verhaltensempfehlungen die rousseauistische Behauptung einer eigentlichen, uneingeschränkt zu bejahenden Natur des Unbewußten. Auf *Mille plateaux* dagegen hat es selbst in Frankreich bislang kaum Resonanzen gegeben. Jedenfalls enthält *Capitalisme et schizophrénie* ein gegenwartsdiagnostisches und philosophisch-begriffliches Potential, das für anthropologische und ökologische Forschungen wie für eine Philosophie der modernen Technik noch zu entdecken bleibt. W.Mi.

AUSGABEN: Paris 1972 *(L'Anti-Oedipe)*. – Paris 1980 *(Mille plateaux)*. – Paris 1980 (*L'Anti-Oedipe*; erw.).

ÜBERSETZUNG: *Anti-Ödipus. Kapitalismus und Schizophrenie I*, B. Schwibs, Ffm. 1974. – Dass., ders., Ffm. 1977; 31981 (stw).

LITERATUR: J.-F. Lyotard, *Capitalisme énergumène* (in Critique, 1972, Nr. 306, S. 923–956). – R. Girard, *Système du délire* (ebd., S. 957–996). – J. Donzelot, *Une anti-sociologie* (in Esprit, 1972, Nr. 418/419, S. 835–855). – P.-A. Marie, *Désir et société* (in Revue de metaphysique et de morale, 77, 1972, S. 508–525). – M. Cressole, *D.*, Paris 1973, S. 73–95. – J. Chasseguet-Smirgel, *Les chemins de l'Anti-Œdipe*, Toulouse 1974 (dt. *Wege des Anti-Ödipus*, Bln. 1978). – U. Raulf, *Der nicht-ödipale Wunsch. Notizen zu D./G.: »Anti-Ödipus«* (in *Über die Wünsche*, Hg. D. Kamper, Mchn. 1977, S. 64–81). – W. Brede, *Anmerkungen zum »Anti-Ödipus« von D./G.* (in Psyche, 33, 1979, S. 784–791). – E. Corradi, *Desiderio e norma. Il bivio dell'ultima generazione nel pensiero de »L'Anti-Oedipe«*, Mailand 1979. – M. Frank, *Die Welt als Wunsch und Repräsentation* (in Fugen, 1, 1980, S. 269–277). – V. Descombes, *Das Selbe und das Andere* [1978], Ffm. 1981, S. 198–212. – M. Frank, *Was ist Neostrukturalismus?*, Ffm. 1983, S. 400–454. – H.-T. Lehmann, *Rhizom und Maschine. Zu den Schriften von G. D. und F. G.* (in Merkur, 38, 1984, Nr. 427, S. 542–550). – *Schizo-Schleichwege*, Hg. R. Heinz u. Ch. Tholen, Bremen 1984. – A. Villani, *Géographie physique de »Mille plateaux«* (in Critique, 1985, Nr. 455, S. 331 bis 347). – F. Ewald, *La schizo-analyse* (in Mag. litt., 1988, Nr. 257, S. 52). – J. Altwegg u. A. Schmidt, *Frz. Denker der Gegenwart*, Mchn. 21988.

## GIOVANNI DELFINO

* 1617 Venedig
† 20.7.1699 Udine

### LUCREZIA

(ital.; *Lucrezia*). Verstragödie mit eingefügten Chorliedern in fünf Akten von Giovanni DELFINO, um 1656 als zweites seiner vier Dramen verfaßt und in zwei unterschiedlichen Fassungen 1730 erschienen. – Der Mord an der Paduanerin Lucrezia Obbizi, die den Tod der Schändung vorgezogen hatte, löste 1656 in ganz Europa Empörung aus und gab einem beliebten Stoff aus der Geschichte Roms neue Aktualität. Delfino griff ihn auf und suchte zwei entwicklungsfähige Motive der Darstellungen von LIVIUS und DIONYSIOS aus Halikarnaß möglichst eng miteinander zu verbinden: In seiner Tragödie fordern die Götter den Freitod der Geschändeten als notwendiges Opfer für die Befreiung Roms von der Tyrannis der lasterhaften Tarquinier. Die Handlung gipfelt in einem langen Rededuell zwischen Sextus Tarquinius, dem Sohn des Despoten, und der tugendhaften Lucrezia. Raffiniert steigert Sextus die Argumente, mit denen er sie sich gefügig machen will: Da sie den Tod der Schande vorzieht, ja sogar bereit ist, den Gatten aufzugeben, der in die Hände ihres Verführers gefallen ist, droht dieser schließlich, neben ihre Leiche die eines nackten Sklaven zu legen, um den Anschein zu erwecken, er habe sie beim Ehebruch überrascht und deshalb gerichtet. In diesem ausweglosen Dilemma entscheidet sich Lucrezia als echte Heldin des barocken Theaters, die keinen Makel an ihrem Ruf dulden kann, für die Schändung durch Sextus, weil diese ihr immerhin die Möglichkeit läßt, kompromißlos und heroisch durch den Freitod ihre verlorene Ehre wiederherzustellen, der Nachwelt ein hohes Beispiel von standhafter Keuschheit zu geben und damit ihre Tat in den Dienst für das Vaterland zu stellen. Mit dem Ruf *»Freiheit und Rache!«* wirft nach ihrem Tod Brutus die Maske des Wahnsinns ab und führt die Verbannung der Tarquinier herbei: Rom wird freie Republik.

Der von Delfino als *»edel und groß«* empfundene Stoff, der zum Repertoire der klassizistisch-akademischen Strömung in der dramatischen Dichtung des *seicento* gehört, findet in diesem Stück eine nur wenig theatergerechte Behandlung. Die Bühne wird, wie in zahlreichen italienischen und englichen Rededramen der damaligen Zeit, zum Podium für moralphilosophische Erörterungen und Meditationen; der Einfluß der Redeübungen antiker Rhetorenschulen (SENECA der Ältere) ist offensichtlich. Das Rhetorische wie das Preziöse, die starre Typisierung der Figuren, das immer wiederkehrende Motiv der Vergänglichkeit, düstere Vorzeichen und Geistererscheinungen weisen das Werk als charakteristisches, von klassizistischen Komponenten durchsetztes Barockdrama aus. Im Gegensatz zu den Helden der Renaissance können – ähnlich wie bei dem Tragiker SENECA dem Jüngeren, den sich der Dichter zum Vorbild nahm – Delfinos Gestalten ihr durch das Schicksal vorgezeichnetes Handeln nur noch reflektierend kommentieren. So schaudert Sextus vor der eigenen Verworfenheit zurück und fühlt sich als Werkzeug höllischer Mächte; selbst Lucrezias Freitod ist vorausbestimmt, und die heroische Selbstbehauptung, die sie zu einer bis ins Unpersönliche entrückten Exponentin römischen Heroentums macht, wird so im Geist eines religiös gefärbten Fatalismus relativiert. Echte Tragik kann dabei nicht entstehen. Auffallend ist eine kühle und oft sophistische Rationalität. Doch ragt dieses Werk des venezianischen Kardinals aus der Vielzahl der italienischen Römertragödien jener Zeit durch seine versöhnliche Humanität heraus. W.Dr.

AUSGABEN: Bologna 1730. – Rom 1730.

LITERATUR: F. Anselmo, *G. D. tra classico e barocco. Studio storio-critico*, Messina 1962. – F. Croce, *G. D.* (in RLI, 67, 1963, S. 262–270). – W. Drost, *Individuum u. Kollektiv im italienischen Trauerspiel* (in *Italia Viva, Fs. f. H. L. Scheel*, Hg. W. Hirdt u. R. Klesezewski, Tübingen 1983, S. 145–153).

## DANIELE DEL GIUDICE

* 1949 Rom

### ATLANTE OCCIDENTALE

(ital.; *Ü: Der Atlas des Westens*). Roman von Daniele DEL GIUDICE, erschienen 1985. – Bereits der erste Roman des zu den neuen italienischen Erzählern der achtziger Jahre zählenden Autors, *Lo stadio di Wimbledon*, 1983 *(Ü: Das Land vom Meer aus gesehen)*, thematisiert den Akt des Schreibens mit der legendären Figur des Triestiners Bobi Bazlen, einem Autor, der – je nach Perspektive – »diesseits« oder »jenseits« des Buches anzutreffen ist, jedoch nie schreibt (bzw. nie schreiben will). Italo CALVINO las diesen Roman als Ankündigung einer neuen Erzählweise, die die Subjektivität durch eine *»leidenschaftliche Beziehung zur Objektwelt«* zur Sprache bringe. Del Guidices zweiter Roman, der die Problematik des Schreib-Akts erneut aufgreift, bestätigt Calvinos Einsicht.

Die Geschichte einer distanzierten und doch von verschwiegenen Gefühlen vibrierenden Männerfreundschaft beginnt auf einem Sportflugplatz bei Genf. Der alternde Schriftsteller Ira Epstein hat mit seiner Maschine die Cessna des jungen italienischen Atomphysikers Pietro Brahe beinahe gestreift. Das als Spiel gelebte physische Risiko dieser ersten Begegnung löst die intellektuelle Neugier der beiden Männer füreinander aus. Epstein ist in seiner langen Schriftstellerkarriere an den Punkt gelangt, wo ihn nicht mehr das Erzählen, sondern die »fließende Form« der Gegenwart interessiert, die er »sehen« lernen will. Brahe lebt in der technischen Kunst-Welt des internationalen Teilchenbeschleunigers bei Genf, wo er mit einer Gruppe von Forschern versucht, einen in der Form wissenschaftlicher Theorie vorgestellten Prozeß auf Computerbildschirmen sichtbar zu machen. Der Roman besteht zum Großteil aus den Gesprächen der beiden

Hauptfiguren, die die äußerst konzentrierte und »fachspezifische« Sehweise des jeweils anderen ergründen wollen. Epstein, Autor eines »Atlas der Gangarten«, hat sich von der Beobachtung menschlicher Gestik abgewendet und imaginiert nun einen »Atlas des Lichts«. Ein Sommerabend am Genfer See bringt den ersten Höhepunkt des handlungsarmen, in Thematik und Erzählweise ganz auf die Präzision von Wahrnehmungen abzielenden Romans: Ein Feuerwerk über dem See bietet Epstein die Gelegenheit, für seinen jungen Freund eine erste Probe aus dem »Atlas des Lichts« zu improvisieren. Der zweite Höhepunkt ereignet sich unter der Erde im Teilchenbeschleuniger, als Brahe und seiner Crew die *»unglaubliche Schönheit«* eines noch nie gesehenen physikalischen Ereignisses auf den Bildschirmen zuteil wird. Der Roman endet auf dem Genfer Bahnhof; Epstein, der einen großen Literaturpreis bekommen hat, reist ab; Brahe hat sein Experiment beendet.
Einstein und Kafka, so vermerkt Epstein gesprächsweise, haben zu Beginn des Jahrhunderts eine Weile zur gleichen Zeit in Prag gelebt, ohne einander begegnet zu sein. Del Giudice konstruiert in seinem Roman die unwahrscheinliche Freundschaft dieser beiden in unseren Tagen und läßt die Welt der Nukleartechnik in utopisch anmutender Weise mit der schriftstellerischen Sensibilität für die Dinge kommunizieren. Die Zersplitterung der komplexen modernen Welt in fachlich verengte Wahrnehmungsausschnitte wird im Text versuchsweise aufgehoben. Dem Blick auf das professionelle Detail entspricht auf globaler Ebene die (in Italien vor allem von Pasolini beklagte) Einebnung aller nationalen und kulturellen Unterschiede, für die hier die mehrfach als in jedem Sinn »neutral« bezeichnete Stadt Genf steht. Ihr entspricht ein kosmopolitisches Lebensgefühl, wie es vor allem Pietro Brahe, die Reflektorfigur des Romans, empfindet. Die Phasenverschiebung zwischen der raschen, perfektionierten Wahrnehmung und der langsameren Zeit der Emotionen wird dem Naturwissenschaftler bewußt. Sie ist zugleich ein zentrales Thema des Romans, das an der zögernden, sich vorsichtig entwickelnden Freundschaft der beiden Wahrnehmungsspezialisten vorgeführt wird.
So wie mit den Nachforschungen über Bobi Bazlen in seinem ersten Roman, führt Del Giudice hier mit Hilfe der symbolischen Figur eines (nicht bzw. nicht mehr schreibenden) Schriftstellers das Entstehen einer Erzählliteratur der achtziger Jahre vor, die einer veränderten Wirklichkeit mit einer radikal offenen und Tradition bewußt abschüttelnden Wahrnehmung gerecht werden will. Bemühte sich der erste Roman um eine Abgrenzung von der klassischen Moderne, für die die großen Triestiner Autoren standen, so vollzieht der zweite den Schritt zur unmittelbaren Gegenwart. B.Wa.

Ausgabe: Turin 1985.

Übersetzung: *Der Atlas des Westens*, K. Fleischanderl, Mchn. 1987.

Literatur: C. Jenny-Ebeling, Rez. (in NZZ, 17./18. 10. 1987). – C.-U. Bielefeld, Rez. (in FAZ, 11. 2. 1988). – H. M. Henning, Rez. (in FRs, 5. 7. 1988). – A. Vollenweider, *Reisen als Metapher. Die jüngste Generation italienischer Schriftsteller* (in NZZ, 14./15. 5. 1988). – N. Thiermann, *Der Erzähler D. Del G., Senkrechtstarter* (in Zigzag Italia, April/Juni 1988).

## MIGUEL DELIBES

* 17.10.1920 Valladolid

Literatur zum Autor:
F. Umbral, *M. D.*, Madrid 1970. – J. Díaz, *M. D.*, NY 1971 (TWAS). – C. A. de los Ríos, *Conversaciones con M. D.*, Madrid 1971. – L. López Martínez, *La novelística de M. D.*, Murcia 1973. – E. Pauk, *M. D.: Desarollo de un escritor (1947–1974)*, Madrid 1975. – A. Rey, *La originalidad novelística de M. D.*, Santiago de Chile 1975. – R. F. del Valle Spinka, *La conciencia social de M. D.*, NY 1976. – E. Bartholomé Pons, *D. y su guerra constante*, Madrid 1979. – A. Gullon, *La novela experimental de M. D.*, Madrid 1980. – *Estudios sobre M. D.*, Hg. Univ. Complutense Madrid, Madrid 1983. – B. A. González, *Parábolas de identidad: realidad interior y estrategía en tres novelístas de posguerra*, Potomac/Md. 1985. – M. Alvar, *El mundo novelesco de M. D.*, Madrid 1987.

### EL CAMINO

(span.; *Ü: Und zur Erinnerung Sommersprossen*). Roman von Miguel Delibes, erschienen 1950. – Daniel, Sohn eines Käsehändlers in einem Dorf im nördlichen Spanien soll in der nahe gelegenen Stadt das Gymnasium besuchen, weil sein Vater etwas Besseres aus ihm machen will. Nur mit Widerwillen ist der Junge bereit, die Welt seiner glücklichen Kindheit zu verlassen. Nun blendet die Erzählung zurück und breitet ein buntes Gemälde dieser Welt vor uns aus. Hauptpersonen sind der zukünftige Pennäler selbst und zwei seiner Freunde, deren Streiche, Abenteuer und Erlebnisse geschildert werden. In einer raschen Szenenfolge voller anekdotischer Begebenheiten aus dem Alltag wird das Dorfleben vergegenwärtigt; mit wohlwollendem Humor, manchmal leicht karikiert, sind die Dorfbewohner in die Handlung einbezogen. Die Fabel spaltet sich so in eine Fülle lustiger Episoden und Situationen auf und bricht ab am Vorabend des Tages, an dem der Held einen Weg *(camino)* beschreiten soll, der vielleicht nicht der seinige ist. – Der Autor schreibt anspruchslos, ohne zu psychologisieren und ohne die Grenzen zwischen Wahrscheinlichkeit und Phantasie zu überschreiten. Dieses Werk, das strikt einem allzu vordergründigen Realismus folgt, steht in seiner Unkompliziertheit und naiven Erzählfreude noch abseits der Probleme des modernen Romans. A.F.R.

AUSGABEN: Barcelona 1950. – NY 1960, Hg. J. Amór y Vázquez u. R. H. Kossoff [m. Einl.]. – Barcelona 1964 (in *Obra completa*, 5 Bde., 1964–1975, 1).

ÜBERSETZUNG: *Und zur Erinnerung Sommersprossen*, A. v. Benda, Köln 1960.

LITERATUR: E. de Nora, *La novela española contemporánea*, Madrid 1958–1962 [m. Bibliogr.]. – E. A. Johnson Jr., *M. D., »El camino«, a Way of Life* (in Hispania, 46, 1963, S. 748–752). – L. González del Valle, *Semejanzas en dos novelas de M. D.* (in CHA, 1972, Nr. 270, S. 545–551). – H. R. Romero, *»El camino« de D. bajo una nueva luz* (in RoNo, 1, 1978, S. 10–15).

## CINCO HORAS CON MARIO

(span.; *Fünf Stunden zusammen mit Mario*). Roman von Miguel DELIBES, erschienen 1966. – Eine Todesanzeige informiert den Leser über die Ausgangssituation des Romans: Mario Díez Collado, Ehemann der María del Carmen Sotillo, Vater von fünf Kindern, ist am 24. März 1966 im Alter von 49 Jahren verstorben. Der wie sein epilogartiges Pendant als Er-Erzählung konzipierte erste Teil des Rahmentexts präsentiert (im Erzähltempus des Präsens) Geschehnisse vom Vorabend der Überführung des Toten. Fragmentarische, inhaltlich belanglose Dialoge zwischen Marios Ehefrau Carmen und deren Freundin Valentina im Sterbezimmer lösen bei der trauernden Witwe Erinnerungen an unmittelbar, aber auch längst Vergangenes aus: an Marios unerwarteten Tod durch Herzinfarkt, die unterschiedlichen Reaktionen der Kinder, die formelhaften Beileidsbezeugungen eines durchaus heterogenen Bekanntenkreises. Das Erinnerte setzt in Carmen einen Gedankenstrom in Gang, der sich im wesentlichen aus (in Anführungszeichen wiedergegebenen) Redezitaten und (kursiv gesetzten) Reflexionen zu offenbar signifikaten Episoden eines langen Ehelebens konstituiert. Liefert die Gedankenwiedergabe dieses ersten Rahmentexts bereits typische Merkmale der Figuren Carmen und Mario, so thematisieren die auf die Erzählgegenwart zentrierten Berichtteile die dem folgenden Haupttext zugrundeliegende Erzähl- bzw. Sprechsituation: Nachdem Valentina und Carmens Sohn Mario gegangen sind, führt Carmen, in der Bibel blätternd, während der verbleibenden fünf Nachtstunden ein (wohl eher »inneres«) Gespräch mit dem toten Lebensgefährten. Aus eben diesem Dialog mit einem zwar verstummten, aber in der Imagination der Sprecherin keineswegs inaktiven Dialogpartner, einer spezifischen Form des Inneren Monologs also, besteht der Haupttext. Der von Pausen unterbrochene Gedanken- bzw. Redefluß wird in Bewegung gehalten durch Carmens sukzessive Lektüre sämtlicher Bibelstellen, die Mario im Sinne von Lebensmaximen unterstrichen hat. Carmen rekonstruiert in ihrer an rhetorischer Intensität und argumentativer Rigorosität bis zum Ende zunehmenden Rede nicht nur die Vita und die Persönlichkeit Marios, zieht nicht nur kritische Bilanz von 23 Ehejahren, sondern legt auch mehr als 30 Jahre politischer, vor allem aber sozialer Wirklichkeit Spaniens bloß. Mario, Gymnasiallehrer und Journalist, philosophierender und politisierender, insgeheim Lyrik produzierender Essayist, ein links-liberal-progressistischer Intellektueller, entpuppt sich in lebenspraktischen Fragen als totaler Versager: Trotz seiner verschiedenen Betätigungen finanziell mäßig ausgestattet, kann er seiner Familie einen – im Verhältnis zu den vielen Bekannten und zum zeitgenössischen Standard – lediglich bescheidenen Wohlstand bieten. Die Ehe leidet unter Marios intellektuellem Hochmut, seiner Gleichgültigkeit gegenüber den Kindern, seiner Passivität im sexuellen Bereich. Carmens (unerfüllte) Sehnsüchte kulminieren im Besitz eines Kleinwagens (eines Seat 600: ein Zentralmotiv der Geschichte) und im Akzeptieren ihrer Sexualität (ein weiteres Zentralmotiv: ihr prächtiger Busen). Ihre sexuellen Emanzipationsversuche gipfeln in einem Beinahe-Ehebruch mit dem Jugendfreund Paco, der es auch ohne intellektuelle Potenz zu einem Straßenkreuzer gebracht hat. In Konfrontation mit Mario, dessen Persönlichkeitsbild freilich fast ausschließlich aus der Perspektive Carmens vermittelt wird, erweist sich Carmen als zwar ambitionierte, in ihren geistigen Mitteln allerdings beschränkte Natur. Ihre Plädoyers für den politischen und sozialen *status quo*, ihr bornierter Konservativismus sind Resultate einer auf *law and order* basierenden Erziehung in einem monarchistischen Elternhaus sowie der geringen Manövrierfähigkeit in einem starren politisch-sozialen System. Eben diese geistige Prädisposition prägt Carmens Redeweise, formt ihre nächtliche Rede an den toten Mario: Die Rede ist lesbar als einziger Katalog argumentativer und rhetorischer Klischees, wie sie das franquistische Spanien der Nachbürgerkriegszeit hervorgebracht hat. Versuche der frühen Delibes-Forschung, aus der Opposition Carmen – Mario einen politischen Kasus zu konstruieren, dem Roman, in dem tatsächlich wenig »erzählt« wird, den Status einer antifranquistischen Propagandaschrift zuzuweisen, hat die neuere Forschung weitgehend relativiert. – Carmen hat sich im Verlauf ihrer Rede bis an den Rand des Wahnsinns gesteigert. Der junge Mario findet die erschöpfte, über Nacht sichtlich gealterte Mutter im Morgengrauen vor der Leiche des Vaters kniend vor. Er plädiert für eine Überwindung des Schmerzes im Sinne moderner aufgeklärter Menschen und entwirft – wenigstens für sich und das aktuelle Spanien – ein durchaus optimistisches Zukunftsbild. Das lange Gespräch zwischen Mutter und Sohn bedeutet die letzte Ruhephase vor dem

Einsetzen der Aktivitäten des Tages: Alle Familienmitglieder begeben sich in die Seelenmesse, lesen nach ihrer Rückkehr einen Nachruf auf den Toten, nehmen (im Text wörtlich wiedergegebene) Beileidsbekundungen entgegen; Marios Anhänger und Gegner geraten beim Versuch einer adäquaten Würdigung seiner Persönlichkeit in Streit, wobei das Spektrum ihrer Meinungen von »Revolutionär« bis »Tartuffe« reicht. Friede kehrt erst wieder ein, als Leichenträger den Toten abholen.

*Cinco horas con Mario* ist neben dem frühen, mit dem »Premio Nadal« ausgezeichneten, weitaus konventioneller geschriebenen Roman *La sombra del ciprés es alargada* (1948) zum meistgelesenen Text von Delibes geworden, zu einem Text, der zwar in jeder Geschichte des modernen spanischen Romans besprochen wird, aber nur bedingt der Narrativik zuzuordnen ist. Die wissenschaftliche Literatur diskutiert ihn als originellen Beitrag zum Inneren Monolog, lobt den Psychologismus des Autors und beschreibt ihn, wie zuletzt H.-J. NEUSCHÄFER, als überragendes Sprachkunstwerk: die Sprache ist in der Tat *»der eigentliche Protagonist des Hauptteils«*. G.M.

AUSGABE: Barcelona 1966; [4]1969.

LITERATUR: G. Sobejano, *Novela española de nuestro tiempo*, Madrid [2]1970. – E. Guillermo u. J. A. Hernández, *La novelística española de los 60*, NY 1971. – A. Amorós, *Carmen y Mario: una pareja española* (in *Studia Hispanica in honorem R. Lapesa*, Bd. 2, Madrid 1974). – A. Gil Hernández, *La obra literaria como integración dinámica: »Cinco horas con Mario«* (in *Crítica semiológica*, Hg. M. del C. Bobes Naves, Oviedo [2]1977). – A. Rey, *Forma y sentido de »Cinco horas con Mario«* (in *Historia crítica de la literatura española*, Hg. F. Rico, Bd. 8, Barcelona 1980). – H.-J. Neuschäfer, *M. D.: »Cinco horas con Mario«* (in *Der spanische Roman*, Hg. V. Roloff u. H. Wentzlaff-Eggebert, Düsseldorf 1986).

## LAS GUERRAS DE NUESTROS ANTEPASADOS

(span.; *Die Kriege unserer Vorfahren*). Roman von Miguel DELIBES, erschienen 1975. – Zentrales inhaltliches Element des Romans ist die Lebensgeschichte des Pacífico Pérez, wie sie als Transkription der Tonbandaufnahmen von Gesprächen vorgelegt wird, die der Gefängnisarzt der Krankenhaftanstalt Navafría mit Pérez geführt hat, der dort einem Mordprozeß entgegensieht. Eigentümlichkeiten des Häftlings – äußerste Zurückhaltung bis Apathie, der Anschein gewisser Intellektualität bei offensichtlich bäurischem Hintergrund, die Anlegung eines kleinen Gartens im Gefängnishof – haben das medizinische, später auch menschliche Interesse des Arztes erweckt, dem es gelingt, das Zutrauen des Häftlings zu gewinnen. Dessen Kindheit in einem entlegenen kastilischen Dorf stand unter dem Eindruck einer Erziehung zu Aggressivität und Brutalität, vor allem durch Urgroßvater (El Bisa) und Großvater, aber auch immer wieder gewalttätig ausgetragener Konflikte zwischen zwei Ortsteilen. Die Alten hatten im zweiten Karlistenkrieg bzw. Marokkokrieg gekämpft und sind der Auffassung, daß jeder Mann, ohne Rücksicht auf historische Umstände, Anlässe o. ä., »seinen Krieg« bekomme und daß das Töten den Mann erst zum Mann mache. Sie versuchen, das sensible Kind durch die Erzählung selbst begangener »Heldentaten« bzw. Grausamkeiten, durch die »Hinrichtung« des Hofhunds etc. hart und bereit für »seinen Krieg« zu machen. Die Mutter stirbt, die Großmutter begeht Selbstmord *(»weil ihr böse seid«)*, der Vater – Bürgerkriegsteilnehmer, wenn auch ohne den Kriegswahn der Alten – kümmert sich nur um sein Geschäft. Verstanden wird der Junge nur von seinem Onkel Paco, mit dem ihn seine Naturliebe und eine außergewöhnliche Sensibilität verbinden. Eine Liebesaffäre mit Candi, einer emanzipierten und nonkonformistischen Studentin, führt schließlich, in einer Kurzschlußhandlung, zur Tötung Teotistas, des Bruders des Mädchens. Pacífico wird zu zwölf Jahren Haft verurteilt, gerät im Gefängnis von Góyar zusammen mit anderen unter den Einfluß eines gewissen Don Santiago, der in einem aufwendigen Unternehmen einen Ausbruch organisiert, von dem nur er profitiert. Der von ihm verübte Mord an einem Wärter wird Pacífico zur Last gelegt, der sich aus Loyalität gegenüber Don Santiago weigert, den wahren Sachverhalt preiszugeben. Pacífico wird zum Tode verurteilt, durch den Staatschef zu dreißig Jahren Haft begnadigt, stirbt aber schon acht Jahre später.

Der Inhalt konstituiert sich in verschiedenen Erzählperspektiven (einleitender und abschließender Bericht des Arztes; Interventionen des Arztes im Gespräch; Pacíficos Bericht über die Vergangenheit; seine Einschätzung des Geschehens etc.), die wohl relativierend wirken (C. Richmond), vor allem aber die Gestalt Pacíficos erhellen, wobei die Äußerungen des Arztes traditionsgemäß beglaubigend und sympathiesteuernd wirken. Die Sprache Pacíficos ist ein im Hinblick auf die Verständlichkeit leicht stilisiertes bäuerliches Umgangskastilisch. – Die Aussage des Romans zielt über Person und Schicksal des Protagonisten auf eine umfassendere Diagnose der Situation Spaniens, ein Bezug, der schon durch die Namensgebung der Figuren nahegelegt wird (Pacífico; Paco = Franziskus; Don Santiago). Der von Natur friedliche und sensible Pacífico wird bewußt zu Härte und obsoleten Ehrbegriffen erzogen, worunter er leidet, was aber wohl doch Spuren hinterläßt (Tötung Teotistas). Unkritische Loyalität gegenüber der Führerfigur Don Santiago machen ihn zum idealen Ausbeutungsobjekt. Direkt aktualitätsbezogen kann der Roman als Schilderung der ersten Jahrzehnte des Franquismus mit dem Fortdauern der Gewalt und Gewaltbereitschaft einerseits, der Hinnahme der Unfreiheit um des Friedens willen (Pacífico empfindet das Gefängnis als schützenden Raum) andererseits, gelesen werden. Trotzdem enthält der Ro-

man keine plakative politische Positionsnahme; und ähnlich doppelsinnig wie die positiven Gestalten, die entweder nichts bewirken (Paco) oder scheitern, weil sie zu passiv oder nicht passiv genug sind (Pacífico), erscheint die Natur, die für Pacífico und Paco ein Hort des Friedens ist, aber vor allem in Verbindung mit der Sexualiät auch Gewalttätigkeit impliziert.
Literaturhistorisch steht der Roman in einer Tradition der Spanienkritik, die spätestens seit M. de UNAMUNOS *Abel Sánchez* (1917) die latente Bereitschaft zu Haß und Gewalt als ein Grundübel Spaniens, häufig in der Darstellung des Bruderkonflikts oder der zerstrittenen Familie, thematisiert und die vor allem nach dem Bürgerkrieg toposhaft wurde (z. B. C. LAFORET, *Nada*; die Romane A. M. MATUTES), wobei der Kindheit jeweils großes darstellerisches Interesse entgegengebracht wird. Formale und inhaltlich-thematische Parallelen zwischen *Las guerras de nuestros antepasados* und C. J. CELAS *La familia de Pascual Duarte* (1942) sind unverkennbar. W.Kre.

AUSGABEN: Barcelona 1975. – Barcelona 1979. – Barcelona 1982.

LITERATUR: M. Martínez del Portal, *El tema guerra en M. D.*, (in *Estudios literarios dedicados al profesor M. Baquero Goyanes*, Murcia 1974). – M. I. Butler, *Relación hombre – naturaleza* (in CHA, 1975, Nr. 100, S. 572–597). – P. Carrero Eras, *Determinismo y violencia en »Las guerras de nuestros antepasados«* (in Ínsula, 1976, Nr. 350, S. 1 u. 10). – J. Ortega, *Dialéctica y violencia en tres novelas de D.* (in The American Hispanist, 1976, Nr. 1, S. 10–14). – M. G. Micci Scelfo, *M. D. e »Las guerras de nuestros antepasados«* (in AION, 19, 1977, S. 523–538). – M. Quiroga Clérigo, *»Las guerras de nuestros antepasados« de M. D.* (in CHA, 1977, Nr. 320/321, S. 532–537). – L. González del Valle, *»Las guerras de nuestros antepasados«* (in V. Cabrera u. L. G. del V., *Novela española contemporánea: Cela, D., Romero y Hernández*, Madrid 1978, S. 80–95). – J. W. Díaz u. R. Landeira, *Structural and Thematic Reiteration in D.' Recent Fiction* (in Hispania, 63, 1980, S. 674–684). – C. Richmond, *Un análisis de la novela »Las guerras de nuestros antepasados« de M. D.*, Barcelona 1982. – P. de la Puente Samaniego, *Castilla en M. D.*, Salamanca 1986.

## FRANCISCO DELICADO

* um 1480 bei Córdoba
† nach 1533

LITERATUR ZUM AUTOR:
B. W. Wardropper, *La novela como retrato: El arte de F. D.* (in NRFH, 7, 1953, S. 475–488). – B. M. Damiani, *F. D.*, NY 1974 (TWAS). – F. A. Ugolini, *Nuovi dati intorno alla biografia di F. D. desunti da una sconociuta operetta*, Perugia 1975. – G. Allegra, *Sobre una nueva hipótesis en la biografía de F. D.* (in BRAE, 209, 1976, S. 523–535). – A. Fucelli, *F. D. como scrittore »irregulare«* (in Quaderni iberoamericani, 49/50, 1976/77, S. 58–61). – D. Villanueva, *Sobre F. D., obispo de Lugo y Jaén* (in BRAE, 219, 1980, S. 135–142).

### RETRATO DE LA LOZANA ANDALUZA

(span.; *Bildnis der fröhlichen Andalusierin*). Roman in Dialogform von Francisco DELICADO, erschienen 1528. – Dieses freizügige, oft der Obszönität geziehene Werk eines sonst unbekannten Autors, über dessen Leben man wenig weiß, führt ein Schattendasein in den Literaturgeschichten. Es gilt als eine Nachahmung der 1499 erschienenen *Celestina* (vgl. *Comedia de Calisto y Melibea*), mit der Delicado selbst sein Werk vergleicht, wenn er in der Inhaltsangabe ankündigt, es passiere darin *»viel mehr als in der Celestina«*. Tatsächlich braucht man nach Übereinstimmungen nicht lange zu suchen. Durch die Dialogform nähert sich *Die fröhliche Andalusierin* der dramatischen Gattung (zu der das Lesedrama *Celestina* freilich nur bedingt gehört). Ebenso realistisch wie in diesem sind bei Delicado die Sitten- und Milieuschilderung, die Zeichnung der Charaktere und deren Ausdrucksweise. Vor allem aber ist die fröhliche Andalusierin Aldonza de Córdoba, deren Leben und Abenteuer Delicado darstellt, Celestina selbst in vielem verwandt. Sie ist Kupplerin, Hurenmutter und Prostituierte, dazu Heilpraktikerin und »weise Frau«, die mit Gesundbeten, Besprechen von Krankheiten, Zaubermitteln gegen den bösen Blick, Handlesen, Kartenschlagen, Horoskopie und ähnlichen Künsten den Leuten das Geld aus der Tasche zieht. Möglicherweise hat diese Gestalt ein historisches Vorbild. In Delicados Darstellung erscheint sie als ein Weib schlechthin, schön, skrupellos, vital, von nicht zu brechendem Selbstbehauptungswillen – *»Sie interessierte sich für alles, was ihr von Nutzen sein konnte, um frei und unabhängig zu sein«* –: eine Verkörperung jener kraftvoll-unbekümmerten Natürlichkeit, die das Ideal der Renaissance war, und ein Symbol des freisinnigen, sinnlichen, sündhaften Roms der Renaissancepäpste. In der Schilderung dieses Roms, von dem zur Zeit Delicados gesagt wurde: *»Rom ist größtenteils ein Bordell und heißt jetzt Hurenstadt«*, liegt das eigentliche literarhistorische Verdienst des Werks. Mit der Genauigkeit eines Reiseführers geleitet Delicado den Leser in lose aneinandergereihten Dialogen durch die römische Halbwelt und Unterwelt, vor allem durch die Prostituiertenviertel, in denen es von Dirnen, Zuhältern, Betrügern, Quacksalbern, Händlern aller Nationen, Klerikern, Söldnern, Stutzern, Schmarotzern und anderen Nichtstuern aller Art wimmelt, über deren Häuptern der Autor immer wieder das Menetekel der Plünderung Roms erblickt, die er 1527 selbst miterlebte und die er am Schluß des Werks lakonisch beschreibt: *»Vierzehntausend deutsche Barbaren und siebentausend waffenlose, barfüßige, hungrige und durstige Spanier drangen in die Stadt ein, züchtigten und drangsalierten uns und plünderten uns aus.«* A.F.R.

AUSGABEN: Venedig 1528. – Madrid 1871, Hg. S. Rayón y Fuensanta del Valle. – Paris 1888, Hg. A. Bonneau [m. frz. Übers.]. – Madrid 1899 (Colección de libros picarescos, 11). – Buenos Aires 1942, Hg. J. Farias. – Barcelona 1952 (*La loçana Andaluza*, Hg. u. Einl. A. Vilanova). – Madrid 1967 [Einl. J. Del Val]. – Madrid 1985, Hg. u. Einl. B. M. Damiani (Castalia). – Madrid 1985, Hg. C. Allaigre (Cátedra).

ÜBERSETZUNGEN: *Die schöne Andalusierin*, P. Hausmann, 2 Bde., Bln. o. J. [1919]. – Dass., A. Semerau, Mchn. 1965; ern. Nördlingen 1989.

LITERATUR: M. Criado del Val, *Antífrasis y contaminaciones de sentido erótico en »La lozana andaluza«* (in *Studia Philologica. Homenaje ofrecido a Dámaso Alonso*, Bd. 1, Madrid 1960, S. 431–457). – B. M. Damiani, *»La lozana andaluza«: Bibliografía crítica* (in BRAE, 49, 1969, S. 117–139). – A. I. Bagby, *La primera novela picaressa española* (in Torre, 68, 1970, S. 83–101). – B. M. Damiani, *Un aspecto histórico de »La lozana andaluza«* (in MLN, 2, 1972, S. 178–192). – S. Jüttner, *Der dramatisierte Erzähler und sein Leser: Hermeneutische Analyse der »Lozana andaluza« von F. D.* (in *Spanische Literatur im Goldenen Zeitalter. Fs. f. I. Schalk*, Hg. H. Baader u. E. Loos, Ffm. 1973, S. 175–208). – J. A. Hernández Ortiz, *La genesis artística de »La lozana andaluza«: El realismo literario de F. D.*, Madrid 1974 [Vorw. J. Goytisolo]. – B. M. Damiani, *»La lozana andaluza«: Ensayo bibliográfico II* (in Iberoromania, 6, 1977, S. 47–85). – A. E. Foley, *D., »La lozana andaluza«*, Ldn. 1977. – C. Allaigre, *Sémantique et littérature: Le »Retrato de la lozana andaluza« de F. D.*, Grenoble 1980. – J. Goytisolo, *Bemerkungen zu »La lozana andaluza«* (in J. G., *Dissidenten*, Ffm. 1984). – P. Brakhage, *The Theology of »La lozana andaluza«*, Potomac/Md. 1986.

## JACQUES DELILLE

* 22.6.1738 Aigueperse / Auvergne
† 1.5.1813 Paris

### LES JARDINS OU L'ART D'EMBELLIR LES PAYSAGES

(frz.; *Die Gärten oder die Kunst, Landschaften zu verschönern*). Gedicht in vier Gesängen von Jacques DELILLE, erschienen 1782. – Das Werk gehört zur Gattung des Lehrgedichts, das im Umfeld der Aufklärung während der zweiten Hälfte des 18. Jh.s als Beschreibungsgedicht neue Aktualität gewann. Die *poésie descriptive* geht von dem Gedanken aus, daß in einer von der Philosophie und den Wissenschaften bestimmten Welt die Künste eine veränderte Aufgabe zu erfüllen haben. Sie sollen auf die ihnen jeweils eigentümliche Weise die mit der Vernunft gewonnenen Erkenntnisse so umsetzen, daß auch die übrigen Fähigkeiten des Menschen angesprochen werden. Der Dichtkunst wird im Anschluß an den horazischen Lehrsatz *»ut pictura poesis«* das Beschreiben der Erscheinungen in der Welt zugeordnet, und sie soll durch das mit den Mitteln der Sprache vollzogene Malen bewegend auf die Sinne und Emotionen einwirken.

In seinem Gedicht über die Gärten gelingt es Delille, das traditionelle didaktische Element und die neue Technik der beschreibenden Dichtung in überaus erfolgreicher Weise zu verbinden. Er beruft sich bei der Planung des Werks auf das große Vorbild von VERGILS *Georgica*, mit dessen Übersetzung (1769/70) er erste große Anerkennung gefunden hatte. Die Anlage von Gärten, das Thema, das Vergil in seinem Lehrgedicht über den Landbau noch nicht behandelt hatte, will er zum Gegenstand seines Dichtens machen. Dabei sieht er sich im Wettstreit mit René RAPIN (1621–1687), einem neulateinischen Dichter aus dem Jahrhundert Ludwigs XIV. Während dieser in *Hortorum libri IV*, 1665 *(Vier Bücher über die Gärten)*, dem Geschmack seiner Zeit für die französische Gartenkunst gefolgt ist, neigt Delille dazu, dem englischen Landschaftsgarten den Vorzug zu geben. Der Entschluß, dem Empfinden der eigenen Epoche Ausdruck zu verleihen, findet seine Entsprechung in der dichterischen Durchführung des Themas. Das starre Belehrungskonzept, nach dem Rapin seine Vorstellungen von einer streng gegliederten Gartengeometrie poetisch realisierte, wird von Delille ersetzt durch die Absicht, in gefälliger Form mittels anmutig-anschaulicher Bilder zu unterrichten. Erklärtes Ziel ist es, im Leser durch die Wahrnehmung einer durch Kunst veredelten Natur die Empfindsamkeit zu bilden und Gefallen zu erzeugen. Seine Dichtung präsentiert sich deshalb als eine Art Spaziergang durch die nach den Ideen englischer Gartenarchitektur gestaltete und arrangierte Landschaft, die von heiterer Unregelmäßigkeit geprägt ist. Die Imagination, die sich mit suggestiven Bildern wecken läßt, soll gleichermaßen durch Thema und Form der Dichtung stimuliert werden. Von dieser Wirkungsabsicht, die Delille in einem späteren Lehrgedicht – *L'imagination* (1806) – noch explizit zum Gegenstand macht, läßt sich die präromantische Tendenz, wie sie von der neueren Forschung in seinem Werk erkannt wird, herleiten. Er bleibt aber gerade in dem Gedicht über die Gärten, dessen Verwandtschaft mit BOILEAUS *Art Poétique* (1674) von ihm selbst herausgestellt wird, zugleich den Vorstellungen der vorangegangenen Epoche verpflichtet. Das gilt nicht zuletzt für Sprache und Stil, die trotz des Bemühens um Einfachheit mit ihrer gefälligen Eleganz in den rhetorischen Konventionen der Lyrik des 18. Jh.s verharren. Für Delille ist der gekonnt arrangierte Garten als Zwischenreich der Ort, an dem sich die wohlhabende Klasse der Gesellschaft im Ancien régime zugleich ihr Bedürfnis nach der Natur und nach der Zivilisation, nach dem Leben auf dem unverdorbenen Lande und in der geistig anregenden Stadt, erfüllen kann. Der Gedanke des angenehmen Zeitvertreibs, der in seiner folgenlosen Unverbindlichkeit mit dem ökonomischen Aspekt der Kultivierung der Landschaft zum Garten verbunden wird, liefert die Begründung für die Abwandlung der Form des klassischen Lehrgedichts.

Die vier Gesänge des aus paarweise gereimten Alexandrinern bestehenden Werks behandeln, in lockerer Abfolge und mit zahlreichen Beispielen und poetischen Exkursen angereichert, die Anlage von Gärten. Zunächst werden Ratschläge für die Wahl des Orts, die Korrektur ungünstiger Gegebenheiten und die allgemeine Dekoration der zum Garten umstilisierten Landschaft erteilt, damit die erwünschten Tableaux entstehen können. Der generellen Vorstellung des Gegenstands folgen im zweiten Gesang die Belehrungen über die verschiedenen Arten der Bepflanzung, die erst den Reiz und die Schönheit der perspektivischen Durchblikke in englischen Gärten bewirken. Der dritte Gesang behandelt einzelne Landschaftselemente wie Rasen, Blumen, Felsen und Gewässer, die dem Garten sein eigentümliches Relief verleihen. Der vierte Gesang enthält schließlich die Lehre von den Gefühlswerten verschiedener Gartenkulissen sowie Empfehlungen zu geeigneten Verbindungen ihrer unterschiedlichen Formen. Delille verknüpft hier die Thematik des Landbaus und der Gartenarchitektur explizit mit derjenigen der bildenden Kunst und der Dichtung.

In seiner Gesamtheit entspricht das Werk einem Naturempfinden, wie es in der Nachfolge ROUSSEAUS dem sich allmählich vollziehenden Übergang zur Romantik entgegenkam. Für die Ausgestaltung bis ins Detail boten sich Delille zahlreiche Vorbilder in der zeitgenössischen Dichtung. Der Dichter, der in der Zeit nach der Revolution weiter an seinem Gedicht gearbeitet und in einer Reihe von Veränderungen der inzwischen vorgebrachten Kritik Rechnung getragen hatte, schwächte in der späteren Fassung, dem gewandelten Zeitgeschmack entsprechend, das didaktische Element zugunsten des beschreibenden ab. Auch nach 1800 konnte er mit dem überwältigenden Erfolg seines Werks, das in Frankreich schon weit mehr als zwanzig Auflagen erlebt hatte, zufrieden sein. Außerdem war es in viele Sprachen – darunter jeweils zweimal ins Italienische und Englische – übersetzt worden. Der deutsche Übersetzer hatte sich die Freiheit genommen, im Text erwähnte französische Gärten durch berühmte Beispiele aus der Landschaft diesseits des Rheins zu ersetzen. Das Ende von Delilles Ruhm kam durch die vernichtende Kritik, die von den Romantikern an seiner als veraltet empfundenen Auffassung vom Dichten und an der Lehrdichtung allgemein geübt wurde. Entscheidend wurde das Verdikt SAINTE-BEUVES. Erst seit wenigen Jahrzehnten bemüht man sich um ein gerechteres Urteil über den lange verkannten Dichter. Einer der ersten war der deutsche Romanist Viktor KLEMPERER, der für seine Ehrenrettung gerade das Werk über die Gärten wählte. Von denen, die ihm gefolgt sind, ist vor allem E. GUITTON zu nennen. K.L.

AUSGABEN: Paris 1782. – Paris 1810–1812 (in *Œuvres complètes*).

ÜBERSETZUNG: *Die Gärten, ein Lehrgedicht in vier Gesängen nach Delille*, Ch. F. Voigt, Lpzg. 1796.

LITERATUR: Ch.-A. Sainte-Beuve, *J. D.* (in RDM, 3, 1837, S. 273–302; ern. in Ch.-A. S.-B., *Portraits littéraires*, Bd. 2, Paris 1862, S. 64–105). – K. Rimpler, *J. D. als beschreibend-didaktischer Dichter*, Lpzg. 1913. – E. de Ganay, *Poésie et jardins au XVIIIe siècle* (in Revue de Paris, 38, 1931, 3, S. 414–432). – V. Klemperer, *D.s »Gärten«. Ein Mosaikbild des 18. Jh.s*, Bln. 1954 (SPAW, Kl. f. Sprachen, Lit. u. Kunst, 2). – L. de Nardis, *I »Giardini« o Del paesaggio travestito* (in L. de N., *Il sorriso di Reims*, Bologna 1960, S. 119–155). – *D. est-il mort?*, Hg. Ph. Auserve, Clermont-Ferrand 1967. – R. Mortier, *Ruines et jardins* (in R. M., *La poétique des ruines en France*, Genf 1974, S. 102–125). – E. Guitton, *J. D. et le poème de la nature en France de 1750 à 1820*, Paris 1974. – R. Jasinski, *Thèmes romantiques chez D.* (in R. J., *A travers le 19e siècle*, Paris 1975, S. 9–64). – R. Pongitore-Folca, *Tecnica, arte e poesia del linguaggio nei »Jardins« di D.* (in Francia, 18, 1976, S. 47–59). – J. Gury, *D. entre Versailles et les champs, ou le refus du jardin* (in Cahier Roucher-A. Chénier, 4, Rennes 1984, S. 137–151).

## DON DELILLO

* 20.11.1936 New York

### WHITE NOISE

(amer.; *Ü: Weißes Rauschen*). Roman von Don DELILLO, erschienen 1984. – Mit seinen bizarr-komischen, phantasievollen Gegenwartssatiren gilt DeLillo als Autor, der den amerikanischen Zeitgeist und die Themen der siebziger und achtziger Jahre im Visier hat. Populäre Genres wie Comics, Science Fiction, Spionage- und Sportroman werden vom Autor ohne Berührungsängste zitiert und parodiert, Slapstick-Elemente und eine geschliffen komische Sprache machen die Lektüre zum Vergnügen. Allerdings ist eine genaue Kenntnis des Alltags in den USA erforderlich, um die vielfältigen

Pointen in den collage-ähnlichen Episodenromanen zu verstehen. DeLillos weites thematisches Spektrum umfaßt mathematische und astronomische Theorien (*Ratner's Star*, 1976 – *Ratners Stern*) ebenso wie American Football und Atomkrieg (*End Zone*, 1972 – *Strafraum*), Drogenprobleme und Boulevard-Journalismus (*Running Dog*, 1978 – *Der rasende Hund*), Rockmusik (*Great Jones Street*, 1973) und Umweltkatastrophen. Wie John IRVING zwingt DeLillo mühelos Heterogenstes spielerisch zusammen, auch bei ihm wimmelt es von exzentrischen Figuren.

Für *White Noise*, seinen achten Roman, erhielt DeLillo 1985 den American Book Award. Das Thema dieses innovativen politischen Romans ist die allgegenwärtige Todesangst, verbunden mit den Segnungen und Gefahren der Technik. Es geht um eine Umweltkatastrophe, aber auch um menschliche Urängste. Der Ich-Erzähler Jack Gladney ist Professor für Hitler-Studien in der kleinen College-Stadt Blacksmith im Mittel-Westen. Zu seinen Kollegen zählen clevere Exilanten aus New York City, »Ikonologen und Mythographen«, die die Amerikanische Pop-Kultur erforschen, Seminare abhalten über berühmte Autounfälle, über Kultstars und über die Semiotik von Lebensmittelverpackungen. Jack, der bis zur Verzweiflung besessen ist vom Bewußtsein der eigenen Sterblichkeit, schafft sich durch die Erforschung jenes Mannes, der *»größer als der Tod zu sein scheint«*, einen ordnenden, beruhigenden Mythos, eine Art religiösen Glauben. Er sehnt sich nach einer ruhigen, kontemplativen Existenz und meint verzweifelt, dies sei der Weg, dem Tode zu entkommen. Den erwünschten Trost findet er bedingt bei seiner Gattin Babette, einer fröhlichen, bodenständigen Frau, die an der Volkshochschule für ältere Menschen Kurse über korrekte Körperhaltung abhält und einem blinden Mann einmal wöchentlich aus den Boulevardzeitungen vorliest. Die vier Kinder aus früheren Ehen, mit denen sie in einem chaotischen Haushalt zusammenleben, sind von den nicht artikulierten Ängsten der zeitgenössischen Welt geprägt, können aber besser als ihre Eltern mit den gefährlichen Ereignissen und dem Fehlen einer sicheren, verläßlichen und deutlichen Weltordnung umgehen. Der vierzehnjährige Heinrich (Gladney meinte, ein deutscher Name würde ihm Autorität und Furchtlosigkeit verleihen) ist launisch und introvertiert, spielt brieflich Schach mit einem inhaftierten Massenmörder und glaubt nicht an die Selbstbestimmung des Menschen. Die trotzige elfjährige Denise führt einen täglichen Kampf gegen die Gewohnheiten ihrer Eltern, die sie für verschwenderisch und gefährlich hält, und weist ununterbrochen auf die Schädlichkeit bestimmter Lebensmittelprodukte hin. Die etwas jüngere Tochter Steffie ist für die Grausamkeiten des Fernsehprogramms zu sensibel. Der dreijährige Sohn Wilder verkörpert den heiligen Unschuldigen; er verleiht der Familie eine kostbare und zugleich fragile Identität. Wenn sie sich entspannen wollen, gehen alle zusammen in den Supermarkt einkaufen.

Wegen eines Industrieunfalls wird die Wohnsiedlung von einer schwarzen Wolke tödlicher Giftgase, einem *»Luftlande-Gift-Ereignis«* bedroht, so daß die Einwohner in ein Pfadfinderlager evakuiert werden müssen. Doch auf dem Weg dorthin muß Jack tanken und ist dabei dem »Ereignis« lange genug ausgesetzt, um von den Giftgasen kontaminiert zu werden. Nach neun Tagen dürfen die Bewohner in ihre Häuser zurück und der normale Alltag setzt wieder ein. Als äußere Zeichen des »Ereignisses« bleiben nur wunderschöne chemische Sonnenuntergänge und Männer in merkwürdigen Anzügen mit kuriosen Meßgeräten, die simulierte Evakuierungen proben. Nachdem Jack bereits im Lager erfahren hat, daß seine Berührung mit dem bösartigen chemischen Stoff Nyodene D tödliche Auswirkungen haben könnte, eskalieren seine Todesängste. Doch es stellt sich heraus, daß auch die nach außen stabil wirkende Babette um ihre Sterblichkeit besorgt ist. Seit Monaten gibt sie sich körperlich einem fragwürdigen Erfinder hin, um von ihm Dylan zu erhalten, eine experimentelle Droge, die die Angst vor dem Tod eliminieren soll. Obgleich ihre geheimen Versuche mit diesem Mittel erfolglos bleiben, will auch Jack die Droge probieren. In einem letzten Versuch, seinem Leben einen Sinn zu geben, spürt er dem ominösen Erfinder nach und inszeniert einen Mordversuch. Nach dessen Scheitern bleibt als einzige Hoffnung das Baby Wilder. Die Schlußszene schildert, wie Wilder auf seinem Dreirad eine vierspurige Autobahn überquert. Unerschrocken, weil er in seiner Unschuld die Gefahr gar nicht beachtet, kommt er heil auf der anderen Straßenseite an und beginnt erst zu heulen als er in einer Pfütze ausrutscht. E.Br.-KLL

AUSGABEN: NY 1984. – Ldn. 1985.

ÜBERSETZUNG: *Weißes Rauschen*, H. Pfetsch, Köln 1987.

LITERATUR: D. Johnson, *Conspirators* (in NY Review of Books, 14. 3. 1985). – J. McInerney, *Midwestern Wasteland* (in The New Republic, 4. 2. 1985).

## HERBERT GEORGE DE LISSER

* 9.12.1878 Falmouth
† 18.5.1944 Kingston

### JANE'S CAREER

(engl.; *Janes Karriere*). Roman von Herbert George DE LISSER (Jamaika), erschienen 1913 in Fortsetzungen in ›The Daily Gleaner‹, in Buchform 1914. – *Jane's Career* ist symptomatisch für die Anfänge der Literatur in einem Land unter dem Kolonialismus, das durch »cultural absenteeism« geprägt ist, also durch die Abwanderung der Intellektuellen. *Jane's Career* wurde zuerst als Fortsetzungsroman in der Kingstoner Tageszeitung ›Daily Gleaner‹ veröffentlicht, deren Chefredakteur De Lisser war. Typisch ist das Verhältnis des Autors zu seinem Sujet. De Lisser als Weißer, als Chef der einzigen Tageszeitung, als Direktor des (Kultur-) »Institute of Jamaica« gehörte zur Oberschicht und dies wird in der herablassenden Attitüde gegenüber seinen Figuren in *Jane's Career* deutlich, besonders aber in seinen anderen, teils historischen Romanen (*Revenge*, 1918; *The White Witch of Rosehall*, 1929; *Morgan's Daughter*, 1953). Als Anhänger der Fabian Society mit ihrem Humansozialismus fühlte sich der Autor zum Fürsprecher des einfachen Bauern und Arbeiters berufen.

Die Handlungsmotive von *Jane's Career* finden sich in vielen westindischen Romanen später wieder: das Adoleszenz-Motiv, das Heranwachsen zur Erwachsenenreife, hat einen spezifischen westindischen Romantypus begründet. Der Weg vom schlichten Landleben in die Stadt mit ihren Gefahren wird als Bewährungsprobe empfunden – ebenfalls ein geläufiger Topos. Schließlich spielt De Lisser die soziale Bedeutung von Nuancen der Hautfarbe aus, also den internen Rassismus der kolonialen westindischen Gesellschaft, wie ihn Edgar Mittelholzer in *A Morning at the Office* (1950) gestaltet hat.

Jane Burell ist die erste schwarze Heldin in der westindischen Literatur, literarische Ahnfrau einer reichen Zahl von selbstbewußten, durchsetzungswilligen Charakteren aus der Unterschicht. Sie stammt aus einer Kleinbauernfamilie, die hoch in den Bergen mühsam aber redlich ihr Dasein fristet. Gleich zu Beginn läßt De Lisser damit eines der gängigsten Themen einer sozialkritischen westindischen Literatur anklingen: die Mühseligkeit, aber auch das Ethos im Leben der Klasse der Kleinbauern, des »peasant«. Mangel an landwirtschaftlicher Nutzfläche ebenso wie an gewerblichen Verdienstmöglichkeiten treiben die Jungen und Tüchtigen in die Stadt oder ins Ausland auf die Plantagen Costa Ricas oder an die Großbaustelle des Panamakanals. So ist auch Jane dazu ausersehen, als Dienstmädchen bei der prätentiösen Mittelklasse-Mulattin Mrs. Mason die Familienkasse zu entlasten. Vor der Abreise schärfen die Eltern und Dorfhonoratioren der kaum Sechzehnjährigen ein, welche Gefahren des Stadtlebens sie bedrohen könnten. Ihre Freundinnen dagegen sehen nur den Glanz von Kingston, wie er von Rückkehrern verklärend beschrieben wird. Sie beneiden Jane um ihre Chance zum Ausbruch aus der engen Welt des Dorfes. Die Stelle bei Mrs. Mason erweist sich aber keineswegs als Traumjob: Mrs. Mason repräsentiert den Typ der arroganten farbigen Mittelschicht, die ihre Dienstmädchen rücksichtslos ausnutzt und für »nager« wie Jane nur Verachtung übrig hat. Zudem stellt ihr Neffe Cecil Jane sofort nach.

In diesem Teil des Romans kommt neben der Frage der Hautfarbe ein weiteres Hauptthema westindischer Literatur erstmals zum Tragen: Sprache als sozialer Indikator. Jane und ihresgleichen sprechen jamaikanisches Creole, die Masons aber bemühen sich – oft vergeblich – um »proper English«. Janes erste Reifungsphase geht abrupt zu Ende, als sie das Haus der Masons verläßt. Sie kommt bei einer Freundin in einem Slum unter und findet Arbeit in einer Getränkefabrik. Damit hat De Lisser den typischsten und ergiebigsten Schauplatz westindischer Literatur eingeführt, den »yard«, der bis in die Reggae-Texte und die Dub-poetry der Gegenwart eine zentrale Rolle spielt.

Nach der Initiation in die Rassen-/Klassengesellschaft muß sich Jane nun im Proletariermilieu des »yard« zurechtfinden. Sie lernt schnell, wann, wie, bei wem sie Solidarität findet und vor wem sie sich in acht nehmen muß. Auch an ihrem neuen Arbeitsplatz muß sich Jane die Aufdringlichkeit des Vorarbeiters gefallen lassen. (De Lisser kommentiert hier einen der Zwänge im Leben eines Stadtmädchens – sie kann gerade überleben oder aber sich von einem Mann aushalten lassen.) Jane widersteht der Versuchung. Im Yard trifft sie Vincent Broglie, einen Schriftsetzer, der das einzige Zwei-Zimmer-Hüttchen im Yard bewohnt. Er organisiert einen Drukkerstreik, Jane kann ihm aber die Teilnahme im letzten Augenblick noch ausreden mit dem Argument, er könne sich auf die anderen Arbeiter nicht verlassen. So wird Vincent zum Streikbrecher statt zum Streikführer; im Betrieb rückt er auf und kann sich sogar ein kleines Haus außerhalb des Slums kaufen. Die Anfänge der Arbeiterbewegung in Kingston geben De Lisser Gelegenheit, sozialkritische Genrebilder zu zeichnen. Aber er kommentiert auch auktorial das Pathos der Streikversammlungen. Vincents Verhalten als Streikbrecher wird als individuelle Klugheit gewertet, nachdem gerade noch Streikbruch als Wankelmut der Massen verurteilt wurde. Den Höhepunkt von Janes Karriere stellt ihre Heirat mit Vincent Broglie dar. Die Personen, denen sie auf ihren Lebensstationen begegnete, stehen vor der Kirche Spalier. – Jane ist als Konstrukt einer Gesellschaftstheorie erkennbar, der These von der moralischen Integrität des Kleinbauern, dessen Drang nach Selbstverwirklichung mit dem Aufstieg in die Schicht der Kleinbürger belohnt wird. Die Stationen von Janes Karriere sind Beleg für die Richtigkeit der Theorie und daher erzählerisch schlüssig, aber das Bild einer charaktervollen Frauengestalt ließ sich damit nicht zeichnen. E.Bre.

Ausgaben: Kingston 1913 (in The Daily Gleaner als *Jane: A Story of Jamaica*). – Ldn. 1914 *(Jane's Career)*. – Ldn. 1972.

Literatur: W. A. Roberts, *Six Great Jamaicans*, Kingston 1952. – K. Ramchand, *The West Indian Novel and Its Background*, Ldn. 1970, S. 54–62. – J. J. Figueroa, *»Jane's Career«* (in WLWE, 12, 1973, Nr. 1, S. 97–105). – M. Morris, *H. G. De L.: The First Competent Caribbean Novelist in English*, (Carib, 1, Kingston 1979, S. 18–26). – F. Birbalsingh, *The Novels of H. G. De L.* (in International Fiction Review 9, 1982, Nr. 1, S. 41–46). – R. Cobham-Sander, *The Creative Writer and West Indian Society 1900–1950*, Diss. Univ. of St. Andrews/Großbritannien (vgl. Diss. Abstracts, 43, 1983, S. 3314/3315A).

## FRIEDRICH CHRISTIAN DELIUS

* 13.2.1943 Rom

### EIN HELD DER INNEREN SICHERHEIT

Roman von Friedrich Christian DELIUS, erschienen 1981. – Die Innenansicht von Machtzentralen war bereits bevorzugtes Thema des Autors in seinen Gedichten und Dokumentationen (*Unsere Siemenswelt*, 1972; *Ein Bankier auf der Flucht*, 1975), und auch in seinem ersten Roman erzählt Delius aus diesem Blickwinkel des Herbstes 1977, in dem der Arbeitgeberpräsident Hanns Martin Schleyer entführt wurde und gegen die in Stammheim einsitzenden Terroristen der »Rote Armee Fraktion« (RAF) ausgetauscht werden sollte. Nicht die Reaktion des Staates und der Öffentlichkeit darauf stehen im Vordergrund, sondern die Veränderungen, die sich in jener Organisation vollziehen, deren Chef gekidnappt worden ist.

Delius verfaßte keinen Tatsachen- oder Enthüllungsroman über diese mit einem Mord endende Entführung, im Roman geschehen an Alfred Büttinger, Präsident des *»Verbandes der Menschenführer«*. Im Mittelpunkt steht vielmehr der *»Chefdenker«* und *»Ghostwriter«* des Entführten, Roland Diehl, ein gewöhnlicher Karrierist, dem mit seinem Vorgesetzten jede Orientierung abhanden kommt. Zwar gibt die Verbandsleitung die Weisung aus, weiterzumachen als wäre nichts geschehen, aber in der Vorbereitung von Reden, die nicht mehr gehalten werden, sieht sich Diehl abrupt auf seine eigentlichen Arbeitsmotive zurückgeworfen. Der Inhalt seiner Tätigkeit ist beliebig, ihm geht es nur um sein berufliches Fortkommen: *»Du glaubst doch selbst nicht, daß du an diesen Problemen Interesse hast. Personalführung, Grundwerte ... du bist nicht mal sicher, ob du das Angebot der Terroristen ausschlagen würdest, mit ihnen Karriere zu machen...«*. Der absehbare tödliche Ausgang der Entführung zwingt Diehl zu Konsequenzen; er löst sich aus seiner bisherigen Identifikation mit seinem Chef, in einem Fiebertraum erscheint ihm Büttinger als *»Waldschrat«*, während er sich zum *»Helden der Nation«* emporträumt. Büttinger ist vergessen, Diehl wird Abteilungsleiter: *»Endlich Vorgesetzter.«*

Die psychischen Kosten des Opportunisten, die Mechanismen in dessen bedingungsloser Loyalität mit den Mächtigen sucht Delius in den Reflexionen und Selbstgesprächen seines Helden zu enthüllen. Er, der nur in Symbiose mit seinem Chef leben kann, muß jede persönliche und intellektuelle Eigenständigkeit unterdrücken, um seine Reden über Sinn und Nutzen des Unternehmertums mit jenem harmonistischen Glanz versehen zu können, der von ihm gefordert wird. Obgleich die Bezüge zur Realität unübersehbar sind, obgleich Delius das Sprachmaterial in Werbebroschüren und Statements der Wirtschaftsverbände und Politik entnimmt, überschreitet der Roman nie die Grenze zur Satire, weniger aus Gründen des Zeitbezugs als vielmehr deshalb, weil im kühlen, nüchternen Gestus des Romans der Werdegang des Roland Diehl jede Außergewöhnlichkeit vermissen läßt. Die Kritik las denn auch die Charakterstudie dieses Aufsteigers als lakonische Bestandsaufnahme der Bundesrepublik der späten siebziger Jahre. M.Pr.

AUSGABEN: Reinbek 1981. – Bln. (DDR)/Weimar 1982.

LITERATUR: V. Hage, Rez. (in FAZ, 21. 2. 1981). – R. Becker, Rez. (in Der Spiegel, 23. 2. 1981). – H. L. Arnold, Rez. (in NZZ, 11. 3. 1981). – H. Vormweg, Rez. (in SZ, 1. 4. 1981). – G. Zürcher, *F. Chr. D.*, (in KLG, 20. Nlg., 1985).

## GIOVANNI DELLA CASA

* 28.6.1503 Mugello
† 14.11.1556 Montepulciano

LITERATUR ZUM AUTOR:
W. Binni, *G. Della C.* (in W. B., *Critici e poeti dal cinquecento al novecento*, Florenz 1951, S. 17–30, ern. 1963). – L. Caretti, *G. Della C.* (in L. C., *Filologia e critica*, Mailand/Neapel 1955). – E. Allodoli, *Nel IV centenario de G. Della C.* (in NAn, 91, 1956, fasc. 417, S. 547–556). – L. Russo, *G. Della C.* (in Belfagor, 13, 1958, S. 385–402). – G. F. Chiodaroli-Gennaro Barbarisi, *G. Della C.* (in *Letteratura italiana. I minori*, Bd. 2, Mailand 1961, S. 1199–1230). – A. Santasuoso, *The Bibliography of G. Della C.: Books, Readers and Critics 1537–1975*, Florenz 1979. – A. Sole, *Cognizione del reale e letteratura in G. Della C.*, Rom 1981. – K. Ley, *Die ›scienza civile‹ des G. Della C.*, Heidelberg 1984. – R. Cremante, Art. *G. Della C.* (in Branca, 2, S. 131–135).

### RIME

(ital.; *Gedichte*). Gedichtsammlung von Giovanni DELLA CASA, durch seinen Sekretär Erasmo Gemini 1558 postum veröffentlicht. – Della Casas lyrisches Werk ist die Frucht einer lebenslangen, akribischen Feinarbeit, die sich nicht nur auf die Einzeltexte beschränkt, sondern auch dem Sammlungscharakter dieses *Canzoniere* besonderes Augenmerk schenkt. Er enthält 64 Gedichte, die vorwiegend in der Form von Sonetten oder Kanzonen verfaßt sind. Moderne Ausgaben schreiben dem Autor weitere fünfzehn außerhalb der Sammlung stehende Gedichte zu. – Der Zyklus wird von Liebeslyrik eröffnet, die weitgehend in der durch PETRARCA und BEMBO kanonisierten Tradition der unerfüllten Leidenschaft steht. In der zweiten Hälfte gestaltet Della Casa die Sammlung zum idealisierten, aber dennoch historisch verankerten Abbild seines persönlichen Schicksals. Wie sein Freund Pietro Bembo hatte auch er im Dienst der Kirche gestanden, jedoch bis an sein Lebensende vergeblich nach der Kardinalswürde gestrebt und sich schließlich in die Einsamkeit des Dichtens und in die Kontemplation zurückgezogen. Dieser Lebensweg wird in seinem *Canzoniere* nach dem Vorbild der aus der Antike übernommenen Typologie in Lebensstufen nachgezeichnet, die der Jugend die Liebe, dem reiferen Alter aber das Streben nach Ruhm und Ehre und schließlich nach abgeklärter Weisheit zuschreibt.

Die Liebeslyrik Della Casas steht im Zeichen heftiger Affekte; Eifersucht und Furcht bilden das Generalthema (vgl. das Sonett *Cura, che di timor ti nutri e cresci – Eifersucht, die du dich von Furcht nährst und gedeihst*). Unterbrochen wird sie immer wieder durch Lob- oder Antwortsonette an befreundete Dichter wie Bembo und Benedetto VARCHI, die so der Sammlung zeitgenössisches Kolorit verleihen. Im weiteren Verlauf wendet sich Della Casa vornehmlich dem Thema der Ruhmsucht zu, der er als Dichter und auch als kirchlicher Würdenträger verfallen ist. Hervorzuheben sind hier das Sonett *Or pompa e ostro e or fontana ed elce* sowie die Sestine *Di là, dove per ostro e pompa e oro/fra genti inermi ha perigliosa guerra, / fuggo io mendico e solo . . . (Von dort, wo um Kardinalsrot, Pomp und Gold die Menschen unbewaffnet sich bekriegen, flieh ich bettelarm und einsam)*. Zu größter Berühmtheit sind einige von Della Casas »metaphysischen« Sonetten gelangt, so der geradezu suggestive Anruf an den Schlaf *(O sonno, o de la queta, umida, ombrosa / notte placido figlio – Oh Schlaf, oh du friedlicher Sohn der stillen, feuchten, schattigen Nacht)* oder das den Zyklus beschließende Gebet *Questa vita mortal, che 'n una o 'n due / brevi e notturne ore trapassa . . . (Dieses hinfällige Leben, das in einer oder zwei kurzen und nächtlichen Stunden vergeht . . .)* In ihnen gelangt der als Aufstieg der Seele verstandene *Canzoniere* zu seinem organischen Abschluß. Della Casa steigert die schon bei Petrarca vorgeprägte Auseinandersetzung des Dichtersubjekts mit den Leidenschaften, indem er die gefühlsmäßige Betroffenheit des lyrischen Ich so verstärkt, daß dieses nur unter Aufbietung aller Kräfte zur rationalen Bewältigung der im Gedicht angesprochenen Affekte gelangt. Bezieht man diese Haltung auf Della Casas historischen Ort, so kann man vom *»Erleben der Diskontinuität im Zeichen der Gegenreformation«* (K. Ley) sprechen. Der Thematik der Texte entspricht auf stilistischer Ebene ein expressiver und gravitätischer Gestus. Nur ansatzweise folgt Della Casa dem normativen, von PLATON geprägten Petrarkismus Pietro Bembos. Vielmehr richtet er sich nach der im zeitgenössischen Italien wiederentdeckten Wirkungspoetik des ARISTOTELES, die der Dichtung eine privilegierte Rolle bei der Vermittlung von Affekten zuweist. Daher wählt Della Casa Metaphern und mythologische Figuren vor allem unter dem Gesichtspunkt ihrer expressiven Kraft aus, so z. B. in dem berühmten Sonett *Già lessi, e or conosco in me, come/ Glauco nel mar si pose uom puro e chiaro . . .* Auch den Satzbau stellt Della Casa in den Dienst seiner Ausdruckspoetik, indem er bevorzugt Figuren des hohen Stils benutzt und vor allem die Versgrenzen ständig durch Enjambements überspielt. Diese Techniken wurden von seinen Zeitgenossen sehr bewundert, so z. B. von Torquato TASSO, der sie zum Gegenstand poetologischer Vorlesungen machte. Della Casas lyrisches Werk, das erst heute in seiner vollen Bedeutung erkannt ist, wurde im 16. Jh. noch überstrahlt von *Galateo*, einem ebenfalls postum erschienenen Verhaltenskodex in Traktatform. U.P.

AUSGABEN: Venedig 1558 (in *Rime e prose*, Hg. E. Gemini Da Cesis). – Venedig 1728/29 (in *Opere*; enth. Komm. u. Studien des 16. Jh.s zu den *Rime*). – Neapel 1733 (in *Opere*). – Florenz 1944, Hg. A. Seroni. – Turin 1967, Hg. A. Ponchiroli. – Rom 1978, Hg. u. Komm. R. Fedi, 2 Bde. [krit.].

LITERATUR: E. Bonora, *Le rime di G. Della C.* (in E. B., *Gli ipocriti di Malebolge e altri saggi . . .*, Mailand/Neapel 1953). – L. Baldacci, *Il petrarchismo italiano nel Cinquecento*, Mailand/Neapel 1957. – M. Richter, *Il tema lirico del sonno: contributo per uno studio dell'inflessione stilistica nel secolo XVI* (in Convivium, 29, 1961). – R. Cremante, *Nota sull'»enjambement«* (in Lingua e Stile, 2, 1967). – D. Ph. Renard, *Travail poétique et imitation dans le »Rime« di Della C.* (in Revue des Études Italiennes, 14, 1968). – R. Fedi, *Sul Della C. lirico* (in Studi e Problemi di Critica Testuale, 6, 1973). – A. Cristiani, *Della teoria alla prassi: la ›gravitas‹ nell'esperienza lirica di G. Della C.* (in Lingua e Stile, 14, 1979). – S. Longhi, *Il tutto e le parti nel sistema di un canzoniere (G. Della C.)* (in StC, 39, 40, 1979).

## TRATTATO DI MESSER GIOVANNI DELLA CASA NEL QUALE, SOTTO LA PERSONA D'UN VECCHIO IDIOTA AMMAESTRANTE UN SUO GIOVINETTO, SI RAGIONA DE MODI, CHE SI DEBBONO O TENERE, O SCHIFARE NELLA COMUNE CONVERSATIONE, COGNOMINATO GALATHEO OVVERO DE' COSTUMI

(ital.; *Traktat des Herrn Giovanni Della Casa, worin von einem alten Analphabeten die Rede ist, der einen jungen Mann in den Formen unterweist, die man beim Umgang mit anderen wahren oder meiden muß. Diese Abhandlung ist betitelt Galateo oder Von den Sitten*). Giovanni DELLA CASA schrieb sein berühmtes Werk zwischen 1551 und 1555, es erschien 1558. – Der Titel ist eine Huldigung an den Bischof von Sessa, Galeazzo Florimonte, dessen nach Humanistenmode latinisierter Name Galatheus lautete und der den Autor wohl zur Abfassung des Traktats angeregt hat. Della Casa legt zunächst dar, daß gute Manieren für den gesellschaftlichen Erfolg überaus nützlich und *»der Tugend sehr ähnlich«* seien: *»Unangenehme und lästige Menschen werden von den meisten Leuten ebensosehr verabscheut wie Bösewichte – oder sogar noch mehr.«* Dann stellt er einige erheiternd elementare und viele noch heute nicht überholte Anstandsregeln für das Benehmen bei Tisch, für die Kleidung und für die Konversation auf; so dürfe z. B. ein Edelmann nie extravagant auftreten, nicht lügen, prahlen, spotten und Verachtung für andere zeigen. Seine Witzworte dürften nicht verletzen, seine Erzählungen müßten klar sein und anschaulich wirken. Übertrieben zeremonielle Umgangsformen, eine der aus Spanien importierten »Krankheiten«, solle er, wenn irgend möglich, vermeiden. Was immer er tut, er habe das rechte Maß zu wahren und sich den herrschenden Sitten klug anzupassen. So überträgt Della Casa, der spätere Staatssekretär Pauls IV., das klassische Ideal der Harmonie auf den Bereich der Geselligkeit.

Durch die Einführung eines Ungebildeten als Lehrmeister wollte der Autor sich zweifellos von der pädagogischen Gelehrsamkeit eines Maffeo VEGIO und eines Jacopo SADOLETO (*De liberis recte instituendis*, 1533) absetzen und betonen, daß seine Ratschläge allein auf Erfahrung beruhten und somit auch lebensnah seien. Diese Fiktion ist jedoch über weite Strecken mißglückt. Die Rhetorik vieler Perioden ist zu durchgefeilt, zu oft beruft sich der »Analphabet« auf antike Autoren, und zu präzis werden DANTES Metaphern getadelt und Stellen aus BOCCACCIO zitiert, als daß man dem Lehrer seine mangelnde Bildung glauben könnte. Die Sprache des Skeptikers Della Casa wird aber natürlich, farbig und lebendig, sobald er psychologische, moralische und ethische Betrachtungen anstellt, sobald er seine Regeln mit bezeichnenden Szenen aus dem Alltag illustriert oder Gesellschaftstypen wie den Schwätzer, den Querulanten, den Zartbesaiteten oder den Melancholiker karikierend porträtiert. Diesen frischen, ungekünstelten Passagen und den allgemeinverbindlichen Aussagen über Taktgefühl und menschliche Rücksichtnahme ist es zuzuschreiben, daß in Italien der *Galateo* ebenso sprichwörtlich geworden ist wie der »Knigge« in Deutschland, der allerdings trotz seiner Verbreitung weniger Leser gefunden haben dürfte als sein italienisches Gegenstück. R.Kl.

AUSGABEN: Venedig 1558 (in *Rime et prose*, Hg. E. Gemini de Cesis). – Mailand 1559. – Mailand 1910, Hg. C. Steiner; ern. 1931.– Mailand/Rom 1937 (in *Opere*, Hg. G. Prezzolini; krit.). – Florenz 1940, Hg. P. Pancrazi. – Mailand 1971; zul. 1983, Hg. B. Maier. – Turin 1975, Hg. R. Romano. – Mailand 1977 [Einl. G. Manganelli]. – Mailand 1977, Hg. C. Milanini. – Pordenone 1985, Hg. G. Prezzolini.

ÜBERSETZUNGEN: *Galateus: Das Büchlein von erbarn/höflichen und holdseligen Sitten*, N. Chytraeus, Ffm. 1597; [2]1607; Nachdr. Tübingen 1984, Hg. K. Ley. – *Galateus, daß ist ein buchlein, in welchen in der person eines altten, so einen iunglingh underricht, gehandelt wird, welche sitten in tegliger conversation mit andern zu folgn oder zu meiden sind*, ders. (in *Le Galatee, premierement composé en Italien ... & depuis mis en François, Latin, Allemand, & Espagnol...*, Genf 1609). – Dass., anon., Mömpelgard 1615. – *Der Galateo. Traktat über die guten Sitten*, M. Rumpf, Heidelberg 1988.

LITERATUR: G. Piquè, *Il Galateo di mons. Della C., I.: Storia e fortuna*, Pisa 1896. – G. Tinivella, *Il Galateo di mons. G. Della C.*, Mailand 1931. – E. Bonora, *Aspetti della prosa del rinascimento: Il boccaccismo del »Galateo«* (in GLI, 133, 1956, S. 349–362). – V. De Nardo, *Per una lettura del »Galateo« di G. Della C.* (in *Proceedings. Pacific Northwest Conference on Foreign Languages*, Corvallis 1972, S. 141–147). – U. Pirotti, *Il Della C. del »Galateo«* (in Studi e problemi di critica testuale, 10, 1975, S. 29–56). – A. Santosuosso, *G. Della C. and His »Galateo«: On Life and Success in the Late Italian Renaissance* (in Renaissance and Reformation, 11, 1975, S. 1–13). – G. Prosperi, *Per una lettura antropologica del »Galateo« di Della C.* (in Studium, 76, 1980, S. 379–386). – A. Di Benedetto, *Ironia e piacevolezza nel »Galateo«* (in Cultura letteraria, 10, 1981). – A. C. Fiorato, *L'occultation du savoir et l'exaltation de la raison des autres dans le »Galateo« de Della C.* (in *Le pouvoir et la plume*, Paris 1982).

## GIAMBATTISTA DELLA PORTA

* 1535 Neapel
† 4.2.1615 Neapel

### LA CINTIA

(ital.; *Cintia*). Prosakomödie in fünf Akten von Giambattista DELLA PORTA, erschienen 1601. – Hinter dem Jüngling Cintio verbirgt sich in Wirklichkeit ein Mädchen namens Cintia. Der Grund für die Geheimhaltung ihres Geschlechts liegt darin, daß Cintias Vater der Mutter die Ehe nur für den Fall versprochen hatte, daß sie einen Knaben zur Welt brächte. In der Eröffnungsszene ist Cintia nun genötigt, einem alten Diener ihre wahre Identität zu enthüllen, als der sie im Auftrage ihres Vaters zu einer Heirat mit der jungen Lidia bewegen will. Lidia, die den vermeintlichen »Cintio« liebt, ist die Schwester von dessen bestem Freund Erasto, in den sich die Titelheldin zu allem Übel auch noch verliebt hat, während er seinerseits Amasia, einer Freundin seiner Schwester Lidia, zugetan ist. Aber auch Amasia ist nicht das, was sie zu sein scheint: Hier steckt nämlich ein junger Mann, Amasio, in Frauenkleidern. Diese Tarnung als Frau war ursprünglich aus Sicherheitsgründen nötig gewesen (Amasio hatte mit seinem Vater aus Bologna fliehen müssen), dient dem jungen Mann inzwischen aber auch dazu, sich so leichter der angebeteten Lidia nähern zu können, die ihrer guten »Freundin Amasia« allerdings nur von Cintio vorschwärmt. »Cintio« hatte dem Erasto Hilfe bei der Eroberung der spröde auftretenden »Amasia« zugesagt und ihm mehrere heimliche Zusammenkünfte verschafft, zu denen natürlich nicht Amasia/Amasio, sondern Cintia selbst in Frauenkleidern gekommen war. Als Folge dieser nächtlichen Begegnungen ist die Protagonistin nun zu Beginn des Stükkes hochschwanger. Dadurch spitzt sich die Lage immer mehr zu, weshalb Cintia dem Diener ihr Geheimnis verrät. Auch der als Mädchen verkleidete Amasio greift zu dieser Waffe und zieht die Amme seiner heißgeliebten Lidia ins Vertrauen. Gleichzeitig hält Erastos Vater auf Drängen seines Sohnes hin beim Vater der vermeintlichen »Amasia« um deren Hand an, da sie ja – so meint Erasto – längst die Seine sei und bald gebären müsse; Amasios Vater lehnt den Antrag selbstverständlich ab und beteuert, sein Kind könne überhaupt nicht schwanger sein. Diese nicht vorhandene Schwangerschaft »Amasias«, für die Erasto verantwortlich sein will, stiftet viel Verwirrung. Auch bei einem erneuten nächtlichen Zusammentreffen gelingt es Cintia, unerkannt zu entkommen, und bei einer Gegenüberstellung mit »Amasia« muß Erasto zu seiner Bestürzung einsehen, daß dies nicht die Person sein kann, mit der er seine Liebesnächte verbracht hat. So bleibt nur noch eine Erklärung: sein Freund »Cintio« hat ihn hintergangen, und zwar doppelt – er hat ihm stets nachts eine fremde Frau zugeführt, um gleichzeitig Lidia, die Schwester, um ihre Ehre zu bringen. (Hier war in Wirklichkeit der verliebte Amasio am Werk gewesen.) Aus Zorn über den vermeintlichen Betrug fordert Erasto nun den »Verräter Cintio« heraus. Doch im letzten Moment klärt sich alles auf, da Cintias Amme deren Vater das wirkliche Geschlecht seines »Sohnes Cintio« offenbart und Erasto vor dem Zweikampf in seinem Gegner eine Frau erkennt. Damit wendet sich alles zum Guten, zumal Cintia schließlich noch einen Knaben zur Welt bringt!

*La Cintia* ist eine der vierzehn Komödien, bei denen die Autorschaft Della Portas gesichert ist (darüber hinaus werden ihm jedoch noch zahlreiche andere Stücke zugeschrieben). Seinen Aussagen zufolge ist diese beachtliche Bühnenproduktion aber nur *»ein Zeitvertreib in Momenten der Muße«* gewesen und am Rande seiner »ernsten«, naturwissenschaftlichen Studien entstanden. Sein Ruhm außerhalb Italiens verdankt Della Porta vor allem seiner *Magia naturalis* (1558), die vermutlich die Ursache für seine Konflikte mit der Inquisition war, und seinem Handbuch über Physiognomik, *De humana physiognomonia* (1586). Die früh zutage tretende Vorliebe für das Theater zeigt sich unter anderem daran, daß der Autor PLAUTUS-Komödien übersetzte. Della Portas gesamtes Bühnenwerk lehnt sich an antike Vorbilder an. Dem damals so beliebten improvisierten Theater der Berufsschauspieler, die sich in den (heute unter dem Begriff *Commedia dell'Arte* subsumierten) organisierten Truppen zusammengeschlossen hatten, versucht Della Porta wieder ein literarisches Theater entgegenzusetzen, auch wenn er dabei teilweise mit ähnlichen Mitteln der Komik arbeitet und häufig das gleiche Personal einsetzt, das wir in den *Commedia dell'Arte*-Stücken antreffen: den *Capitano* (den prahlenden Soldaten), die *Innamorati* (die jungen Liebenden) und die »Alten«, die in der *Commedia dell'Arte* meist unter dem Namen *Pantalone* und *Dottore* auftreten.

Interessant ist auch Della Portas Verwendung von Sprache; zum Teil arbeitet er wie die *Commedia dell'Arte* mit der Technik des *plurilinguismo*, der Vielsprachigkeit, bei der die einzelnen Figuren jeweils auch durch ihre Sprache, bzw. ihren Dialekt gekennzeichnet sind (der *Capitano* durch das Spanische, die Dienerfiguren z. B. durch das Neapolitanische usw.). Im allgemeinen verwendet Della Porta jedoch, um allgemeinverständlich zu sein, das Italienische (das ja damals nur als Koine existierte); sein Italienisch wirkt allerdings oft *»künstlich und papieren«* (R. Sirri) und häufig sehr stilisiert durch parallel oder auch antithetisch konstruierte Satzfolgen, durch die die Dialoge der *Innamorati* streckenweise zu regelrechten Duetten ausarten. Auffallend an der *Cintia* ist außerdem, daß die Dienerfiguren nicht wie in der Renaissance-Komödie und wie im *Teatro dell'Arte* eine eigene komische Handlung liefern und somit kontrapunktartig zur Ebene der hohen Liebe eingesetzt sind; hier geben sie vor allem weise Ratschläge und agieren immer nur im Sinne ihrer Herren, auf deren Liebesverstrickungen sie ihre gesamte Energie verwenden.

Aus dem Prolog, der einer allegorischen Figur, dem Flußgott Sebeto, in den Mund gelegt ist und der vor allem von Lokalpatriotismus (das Lob Neapels) und *captatio benevolentiae* gekennzeichnet ist, geht hervor, daß das Stück von einer Gruppe *»höchst angesehener Edelleute«* aufgeführt wurde. Die häufigen beiseite-gesprochenen Partien und die nur referierte, komplizierte Vorgeschichte zeigen nicht die im allgemeinen an Della Portas Stükken gerühmte Bühnenwirksamkeit (vgl. Sirri, der allerdings auch andere Stücke, etwa die *Fantesca*, 1592, und die *Trappolaria*, 1596, für gelungener hält). Aus der Widmungsepistel der venezianischen Ausgabe, der möglicherweise noch eine uns nicht bekannte Edition vorausging (das Frontispiz trägt den Vermerk *»novamente data in luce«*, also *»erneut herausgegeben«*), geht hervor, daß der Autor selbst

diese romanhaften Stücke als »*Spiegelbild ... des menschlichen Lebens*« empfand.
Della Portas Stücke scheinen im übrigen in der Folgezeit häufig von den *Comici dell'Arte* als Grundlage für ihre improvisierten Stücke verwendet worden zu sein; selbst Carlo GOLDONI griff noch bei der Abfassung seines *scenario Le trentadue disgrazie di Arlecchino (Arlecchinos zweiunddreißig Mißgeschicke)* auf Della Portas Komödie *La sorella (Die Schwester)* zurück. K.Hr.

AUSGABEN: Venedig 1601. – Neapel 1726 (in *Commedie*, Bd. 2). – Bari 1910/11 (in *Commedie*, 2 Bde., 2, Hg. V. Spampanato; krit.). – Neapel 1980 (in *Teatro II, Le commedie – primo gruppo*, Hg. R. Sirri).

LITERATUR: M. Scherillo, *G. B. Della P.* (in M. S., *La commedia dell'arte in Italia*, Turin 1884). – F. Milano, *Le commedie di G. B. Della P.*, Neapel 1900. – V. Spampanato, *Somiglianze tra due commediografi napoletani – Della P. e Bruno* (in Rassegna Critica della Letteratura Italiana, 2, 1906). – M. J. Wolff, *Molière und Della P.* (in ASSL, 1916, S. 148). – T. Beltrame, *G. B. Della P. e la commedia dell'arte* (in GLI, 1933, Nr. 200, S. 277–289). – L. G. Clubb, *G. Della P., Dramatist*, Princeton 1965. – R. Sirri, *L'attività teatrale di G. B. Della P.*, Neapel 1968. – F. Amoroso, *Modesto Della P.: Ricostruzione dell'uomo e del poeta*, Pescara 1971. – *P. Gherardini, Problemi critici e metodologici per lo studio del teatro di G. B. Della P.* (in Biblioteca teatrale, 1, 1971, S. 137–159). – M. A. Bartoletti, Art. *G. Della P.* (in Branca, 2, S. 135–137).

## DE HUMANA PHYSIOGNOMONIA

(nlat.; *Über die menschliche Physiognomie*). Anthropologischer Traktat von Giambattista DELLA PORTA, entstanden nach 1583, Erstdruck 1586. – Della Porta verfügt über recht spezielle naturwissenschaftliche Kenntnisse, die zugleich Schwerpunkte der zeitgenössischen Interessen markieren. So verfaßt er eine *Magia naturalis* (1558), ein Werk über Geheimschriften (1563), die *Phytognomica* (1583), *De humana physiognomonia* und eine *Physiognomonia coelestis* (1603). Zumal die drei letzten der genannten Werke lassen eine gemeinsame Tendenz erkennen, die auf dem Gedanken beruht, daß jede Erscheinung mit allen anderen in einem lebendigen Zusammenhang steht. In den *Phytognomica* versucht der Autor die Übereinstimmung zwischen Mineralien, Pflanzen und Tieren, Menschen und Planeten nachzuweisen. Aus der äußeren Ähnlichkeit wird auf analoge Eigenschaften und Wirkungen geschlossen. In der *Coelestis physiognomonia* stellt Della Porta eine Beziehung zwischen der menschlichen Typenlehre und den siderischen Kräften her. Die Dispositionen, die sich aus der Mischung der Körpersäfte *(humores)* ergeben, korrespondieren mit den ambivalenten Einflüssen der Planeten. Auch in *De humana physiognomonia* neigt der Autor gelegentlich zu spekulativen Gedankengängen, doch überwiegt in seinen Ausführungen hier das klassifikatorische und vor allem das deskriptive Element.
*De humana physiognomonia* steht in einer langen Tradition, die von den peripatetischen Schulschriften (darunter die ARISTOTELES zugeschriebenen *Physiognomika*) über hellenistische und arabische Fachautoren bis ins 16. Jh. reicht. Della Porta bietet eine kritische Auslese des verfügbaren physiognomischen Wissens in systematischer Zusammenschau. Die antiken Ansätze und Deutungen erleben hier eine Renaissance.
Im ersten Buch gibt Della Porta einen Überblick über den Gesamtkomplex, erörtert dessen Problematik und die bisherigen Lösungsversuche. Das zweite Buch bietet eine physiologisch fundierte Analyse der einzelnen Körperteile, das dritte behandelt das Auge. Im vierten und letzen skizziert Della Porta eine menschliche Typenlehre: Er gibt physiognomische Signalements des Rechtschaffenen und des Tückischen, des Intelligenten und des Stumpfsinnigen, des Kühnen und des Furchtsamen, des Großmütigen, Habsüchtigen, Zornigen, Traurigen, Verbitterten, des dummen Schwätzers und vieler anderer mehr.
Della Porta kommt das Verdienst zu, als erster methodisch den gesamten menschlichen Körper physiognomisch gedeutet zu haben. Bei der häufig als Charakteristikum angeführten Gegenüberstellung von Menschen- und Tiertypen, die durch Holzschnitte verdeutlicht wird, für das Gesamtbild jedoch unerheblich ist, erweist sich die Analogie als tragendes Forschungsprinzip des Jahrhunderts. Trotz manchem Irrigen und Wunderlichen, das aus dem zeitgenössischen Wissensstand zu erklären ist, bleibt doch eine Methode erkennbar: Della Porta geht stets von einem Gesamtbild aus, er bespricht die Bedeutung der einzelnen Zeichen und ist bemüht, im äußeren Bild eine seelische Signifikanz nachzuweisen.
*De humana physiognomonia* kann als wichtigstes und folgenreichstes Quellenwerk der frühen physiognomischen und charakterologischen Forschung gelten und war Ende des 17. Jh.s in einer Fülle von Ausgaben verbreitet. Zum Unterschied von anderen Teilgebieten der Psychologie, die kaum eine historische Kontinuität erkennen lassen, verläuft hier eine klare Dependenzlinie bis zu ENGEL (1741–1802), LAVATER (1741–1801) und CARUS (1789–1869). K.Rei.

AUSGABEN: Vico Equense 1586. – Hanau 1593. – Neapel 1599. – Neapel 1610 (*Della fisonomia dell'uomo*; ital. Fssg., Nachdr. Parma 1988, Hg. M. Cicognani; Ill.). – Vicenza 1615 [erste autorisierte ital. Fssg.]. – Ffm. 1618. – Leyden 1655.

ÜBERSETZUNGEN: *Menschliche Physiognomy*, anon., Ffm. 1601 – *Charakteristische Parallelköpfe*, anon., Lpzg. 1812. – *Die Physiognomie des Menschen*, W. Rink, Dresden 1930.

Literatur: L. Thorndyke, *Science and Thought in the 15th Century*, NY 1929, S. 161 ff.; 308 ff. – E. Garin, *G. Fracostoro u. G. B. Della P.* (in E. G., *Der italienische Humanismus*, Bern 1947, S. 238–240). – M. H. Rienstra, *G. B. Della P. and Renaissance Science*, Diss. Univ. of Michigan, Ann Arbor 1963. – L. G. Clubb, *G. Della P.*, Diss. Columbia Univ. Princeton 1964. – C. Caputo, *G. B. Della P. e il portoralismo nella storia della semiotica* (in Bollettino di storia della filosofia, 3, 1975, S. 335–410). – L. Muraro, *G. Della P., mago e scienzato*, Mailand 1978. – G. Simon, *Sur un mode de méconnaissance au XVIe siècle. P. et l'occulte* (in Pensée, 1981, Nr. 220, S. 50–59). – *G. B. Della P., Criptologia*, Hg. G. Belloni, Rom 1982. – C. Caputo, *La struttura del segno fisiognomico. G. B. Della P. e l'universo culturale del Cinquecento* (in Protagora, 22, 1982, S. 63–102). – G. Belloni Speciale, *Gli inediti di G. B. Della P.* (in *Le edizioni dei testi filosofici e scientifici del '500 e '600*, Hg. G. Canziani u. G. Paganini, Mailand 1986, S. 123–134).

## FEDERIGO DELLA VALLE

* um 1560 Asti
† 1628 Mailand

Literatur zum Autor:
G. Trombatore, *Le tragedie di F. Della V.* (in G. T., *Saggi critici*, Florenz 1950, S. 165–192). – L. Amelotti, *Il teatro di F. Della V.*, Genua 1951. – M. Getto, *Il teatro barroco di F. Della V.* (in Verri, 2, 1958, Nr. 2, S. 14–52). – M. Fabiani, *Sullo stile e il linguaggio poetico di F. Della V.* (in Convivium, 1958, S. 204–213). – Ders., *Elegia e dramma in F. Della V.* (in Studi Seicenteschi, 1, 1960, S. 89–104). – G. Cianflone, *L'opera tragica di F. Della V.*, Neapel 1961. – F. Croce, *F. Della V.*, Florenz 1965. – P. Tuscano, *F. Della V.*, (in Cultura e scuola, 41, 1972, S. 5–23). – S. Raffaelli, *Semantica tragica in F. Della V.*, Padua 1973. – Ders., *Aspetti della lingua e dello stile di F. Della V.*, Rom 1974. – P. De Tommaso, *L'ascosa mano, Saggio sull'ideologia religiosa di F. Della V.*, Lanciano 1979. – C. Greppi, *Un documento per la biografia di F. Della V. (e altri per Cristóbal de Virués e Cesare Negri)* (in Lettere Italiane, 32, 1980, S. 244–247). – P. Renucci, Art. *F. Della V.* (in Branca, 2, S. 137–140).

### ESTER

(ital.: *Esther*). Tragödie von Federigo Della Valle, erschienen 1627. – Mit seiner Bearbeitung des biblischen Stoffes traf Della Valle den Zeitgeschmack (allein fünf zeitgenössische französische Versionen sind bekannt). Der Autor orientiert sich streng an der Erzählung des biblischen *Esther*-Buchs. Die schöne Jüdin Esther, die Ahasvers Gemahlin geworden ist, nachdem er die widerspenstige Vasthi verstoßen hat, rettet mit Hilfe ihres Erziehers Mardochai die noch in Babylonischer Gefangenschaft befindlichen Juden vor einem aufgrund von Intrigen verhängten Judenpogrom Ahasvers. Die Darstellung der pompösen Gelage am Hofe des Ahasver (= Xerxes) nutzt Della Valle im Sinne seiner anti-höfischen Kritik. Des weiteren exemplifiziert er am Beispiel des Haman die Vergänglichkeit des irdischen Ruhms. Haman, nicht Esther, ist der eigentliche tragische Held des Dramas: Er erfährt die Bestrafung seiner Hybris durch die göttliche Vorsehung. Der intrigante Haman repräsentiert den Typus des ehrgeizigen Höflings, während Esther die christliche Tugend der *humilitas* und zugleich die renaissancespezifische *humanitas* verkörpert. Als weiblicher Widerpart steht Esther die Frau des Haman, Zares, gegenüber, die im Drama eine wesentlich bedeutendere Rolle spielt als in der biblischen Vorlage. Della Valle bedient sich bei ihrer Darstellung der misogynen Topoi der christlichen Tradition – sie ist wie Eva der Auslöser des Niedergangs.

*Ester* kreist um die im spanischen Barock so beliebte Thematik des *engaño*, des Scheincharakters der Wirklichkeit, die einem ständigen Wandel unterworfen ist. Da *Ester* als religiöses Erbauungsstück galt, ist ihm eine erwähnenswerte Rezeption versagt geblieben. Erst die neuere Literaturwissenschaft (seit B. Croce) hat die sprachlichen, dramentechnischen und ethischen Qualitäten des Dramas angemessen erkannt und gewürdigt. U.Pr.

Ausgaben: Mailand 1627. – Bari 1939 (in *Tragedie*, Hg. C. Filosa). – Mailand 1955 (in *Tutte le opere*, Hg. P. Cazzani). – Neapel 1956 (in *Teatro del seicento*, Hg. L. Fassò).

Literatur: B. Croce, *Nuovi saggi sulla letteratura italiana del seicento*, Bari 1949. – H. Mayer, *Die Esther-Dramen, ihre dramaturgische Entwicklung u. Bühnengeschichte von der Renaissance bis zur Gegenwart*, Diss. Wien 1958. – F. Croce, *L'»Esther« e la polemica anticortigiana del Della V.* (in RLI, 67, 1964, S. 3–27). – R. Senardi, *Studi sul teatro classico italiano tra manierismo ed età dell'Arcadia*, Rom 1982.

### IUDIT

(ital.: *Judith*). Tragödie von Federigo Della Valle, erschienen 1627. – Bei der Bearbeitung des biblischen Stoffes verzichtet Della Valle auf die Darstellung der Judith als treue Ehefrau und Witwe. Sie dient als Instrument der göttlichen Vorsehung, der sie sich widerspruchslos ergibt. Der göttliche Wille gilt Judith mehr als die (korrupten) weltlichen Gesetze. Holofernes stellt demgegenüber die Inkarnation der Ursünde dar, die vernichtet werden muß, um so von langer Hand die Fleischwerdung Christi sicherzustellen. Bei aller Tendenz zur Typisierung gelingt Della Valle eine ganz und gar nicht schematische Gegenüberstellung der beiden Antagonisten. Beide werden in ihren Eigenarten ernst genommen, und Della Valle macht dies besonders deutlich, wenn er ihnen beiden dieselben Worte in den Mund legt, die aber eine jeweils andere Bedeutung haben: *Speranza* (Hoffnung) bedeutet für Judith Sicherheit, Gehaltensein von ihrem göttlichen Auftrag. Holofernes dagegen benutzt die Vokabel lediglich, um seinen hochtrabenden politischen Plänen Ausdruck zu verleihen. Della Valle zeigt so auf semantischer Ebene, daß die Wirklichkeit keine Sicherheit vermitteln kann, daß in ihr alles zweideutig und trügerisch, alles *inganno* ist. Ähnlich subtil wie durch die Sprache sind die Personen auch in ihren Handlungen skizziert. Judiths verschiedene Masken – sie ist die Reine, die Verführerin und die Rächerin – wirken nie artifiziell, sie sind jeweils psychologisch ausgefeilt motiviert. Aufgrund der sprachlichen und psychologischen Qualitäten gilt *Iudit* als das gelungenste Drama Della Valles, wenngleich er auch hier stark im Sinne der katholischen Lehre der Gegenreformation argumentiert. Die biblische Judith-Erzählung wurde außerdem von Sixtt BIRCK (1532), Joachim GREEF (1536), Hans SACHS (1551) und Samuel HEBEL (1566) und später M. OPITZ (1635) bearbeitet. U.Pr.

AUSGABEN: Mailand 1627. – Bari 1939 (in *Tragedie*, Hg. C. Filosa; Scrittori d'Italia). – Mailand 1955 (in *Tutte le opere*, Hg. P. Cazzani). – Turin 1963, Hg. G. Livio. – Rom 1978, Hg. A. Gareffi.

LITERATUR: B. Croce, *Nuovi saggi sulla letteratura italiana del seicento*, Bari 1931, S. 46–74. – L. Sanguineti White, *Il teatro di F. Della V.* (in Canadien Journal of Italien Studies, 7, 1984, S. 121–131).

## LA REINA DI SCOTIA

(ital.; *Die Königin von Schottland*). Tragödie von Federigo DELLA VALLE, erschienen 1628. – Nach einer verlorengegangenen Handschrift von Tommaso CAMPANELLA (1598) sowie einer gleichnamigen Tragödie des Neapolitaners Carlo RUGGERI (1604) zählt Della Valles Drama zu den ganz frühen Werken, die sich mit der 1587 auf Anordnung von Elisabeth I. erfolgten Enthauptung der schottischen Königin Maria Stuart befassen. Im Mittelpunkt der Bühnenhandlung stehen Marias letzte Stunden; von wenigen Getreuen umgeben, die seit zwanzig Jahren den Kerker mit ihr teilen, vernimmt sie das Todesurteil, nachdem sie noch kurz vorher auf das menschliche Erbarmen ihrer Rivalin gehofft hat. Gefaßt geht sie ihrem Martyrium entgegen – sie, die »von Gott Gesalbte«, die mit ihrem Blut das Treuegelübde ihres katholischen Glaubens besiegeln darf. Von der Enthauptung berichten auf der Bühne zwei Diener; ihre Worte werden von den Gebeten und dem Wehklagen der Amme und der den Chor vertretenden Mägde begleitet. – Obgleich Della Valle seinen Stoff einem Zeitgeschehen entnahm, das gerade im katholischen Italien ungeheures Aufsehen erregt hatte, kleidete er ihn in das Gewand eines dem späten Mittelalter nachempfundenen Mysterienspiels. Denn Maria Stuart ist weniger das Opfer von Neid und Eifersucht als vielmehr die prädestinierte Heilige, auf die der Haß der anglikanischen Häretiker fällt. Trotz dieser Konzeption vermied Della Valle die pathetische Deklamation und, von einigen Passagen abgesehen, eine allzu sentenziöse Sprache. Seine Figuren sind nicht vorgezeichnete Typen, sondern dem Widerstreit ihrer Gefühle ausgesetzt. Beispielhafte Tugenden verkörpernd, leiden sie zugleich an dem ihnen auferlegten Schicksal, bis sie es als Gottes Fügung akzeptieren oder es resigniert erfüllen. Mit dieser »Vermenschlichung«, in der sich bereits der individualisierte Bühnenheld der Klassik ankündigt – und nicht zuletzt dank seiner ungezwungen dahinfließenden Verse –, schuf er eine der überzeugendsten Bearbeitungen des Stoffes, den in seinem Jahrhundert noch zahlreiche andere italienische Dramatiker aufgriffen, u. a. der Bologneser Giovan Francesco SAVARO (*La Maria Stuarda*, 1663), der Venezianer Domenico GILIBERTI (*Le barberie del caso*, 1664), der Römer Orazio CELLI (*La regina di Scozia e d'Inghilterra*, 1665) und der Venezianer Anselmo SANSONE (*Maria Stuarda*, 1672). KLL

AUSGABEN: Mailand 1628. – Bologna 1930, Hg. B. Croce. – Bari 1939 (in *Tragedie*, Hg. C. Filosa.) – Mailand 1955 (in *Tutte le opere*, Hg. P. Cazzani). – Neapel 1956 (in *Teatro del seicento*, Hg. L. Fassò). – Parma 1960, Hg. F. Doglio.

LITERATUR: B. Croce, *Ancora della »Reina di Scotia« di F. Della V.* (in Critica, 20. 9. 1936). – R. Mercuri, *»La Reina di Scozia« di F. Della V. e la forma della tragedia gesuitica* (in Calibano, 4, 1979, S. 142–161). – E. G. Gerato, *Un anima traviata: »La Reina di Scotia« di F. Della V.* (in NphM, 81, 1980, S. 7–14).

# PIETRO DELLA VALLE

* 2.4.1586 Rom
† 21.4.1652 Rom

## VIAGGI DI PIETRO DELLA VALLE IL PELLEGRINO ... descritti da lui medesimo in 54 lettere famigliari ... all'erudito ... suo amico Mario Schipano, dividi in tre parti, cioè la Turchia, la Persia e l'India ...

(ital.; *Reiß-Beschreibung in unterschiedliche Theile der Welt / Nemlich In Türckey/Egypten/Palestina/ Persien/Ost-Indien/ und andere weit entlegene Land-*

*schafften ... in vier- und fünfftzig Send-Schreiben ... verfasset ...*). Reiseschilderung von Pietro DELLA VALLE, erschienen 1650–1663. – Pietro Della Valle entstammte einem angesehenen römischen Adelsgeschlecht. Er studierte die alten Sprachen, Jurisprudenz und Musik, pflegte die Dichtkunst und war in allen ritterlichen Übungen wohl ausgebildet. Aus Liebesgram und Abenteuerlust unternahm er 1614 seine »Pilgerfahrt« in den Orient, von der er erst nach fast zwölf Jahren zurückkehren sollte. Von Neapel über Rom nach Venedig aufgebrochen, reist er zuerst nach Konstantinopel, dann nach Kairo, von dort zum Sinai und nach Jerusalem. 1616 vermählt er sich in Bagdad mit einer jungen nestorianischen Christin, Sitti Maani, die ihm auf seinen weiteren Reisen den Verkehr mit den Landesbewohnern erleichtert. Er kommt nach Persien, gewinnt das Vertrauen Schah Abbas des Großen (1557–1629), den er auf einem Heereszug gegen die Türken begleitet. Als er mit Maani und deren Pflegetochter Tinatin di Ziba (Mariuccia) über Indien heimzukehren versucht, wird er durch die Feindseligkeiten zwischen Portugiesen, Spaniern und Engländern aufgehalten. Maani hat bei Schiras eine Fehlgeburt und stirbt am 30. Dezember 1621. Della Valle läßt den Leichnam einbalsamieren und führt ihn seither mit sich. Nach mancherlei Aufenthalten und Fährnissen kehrt er teils zu Schiff, teils auf dem Landweg durch die Wüste nach Rom zurück, wo er im März 1626 eintrifft und die sterblichen Reste der geliebten Maani in Santa Maria in Aracoeli feierlich bestatten läßt. Einige Jahre später heiratet Pietro Della Valle deren Pflegetochter Mariuccia, mit der er zahlreiche Nachkommen zeugt. Kurz vor seinem Tod erscheint der erste Teil seiner Reisebriefe an den neapolitanischen Arzt und Professor Mario Schipani im Druck. Von diesen Reisebriefen werden noch im Laufe des 17. Jh.s Übersetzungen ins Französische, Englische, Holländische und eine ins Deutsche, die bis heute die einzig vollständige geblieben ist, veranstaltet.

Pietro Della Valle reist nicht als Handelsmann noch eigentlich als Forscher, sondern in erster Linie als gebildeter Weltmann zu seiner eigenen Unterrichtung und Belehrung. Er tritt als vermögender Herr von Stande auf, den ein ansehnliches Gefolge begleitet und der sich überall Zutritt und Achtung zu verschaffen weiß. Er eignet sich die Sprachen des Orients an, er sammelt Wurzeln, Kräuter und Heilpflanzen, erwirbt sich gründliche archäologische, ethnographische und historische Kenntnisse und kehrt als Weltbürger heim, der *»all die unzähligen Völker der Erde für seine Mitbürger anerkennt«.*

Was seine Schilderungen vor den meisten seiner Vorgänger und Nachfolger auszeichnet, ist nicht so sehr der wissenschaftliche Ertrag oder die Fülle des Stoffs als die Art, wie er als teilnehmend Mitlebender aus der unmittelbaren Anschauung zu schildern versteht: Immer unterhaltsam, lebhaft, sehr genau, doch niemals trocken und pedantisch. Gern auch gesteht er sein Wohlgefallen an schönen Menschen, an Musik und Tanz, stattlicher Kleidung und festlichem Schmuck. Seine Schreibart ist *ordinario e corrente*, plaudernd, lässig, mit Abschweifungen und scherzhaften Anspielungen durchsetzt, durchaus privat und fast ohne jede Beimischung des damals in Mode stehenden manieristischen Schnörkelwerks. Im Anhang zum *West-östlichen Divan* widmet GOETHE dieser Reisebeschreibung eine umfangreiche Abhandlung, die er damit entschuldigt, daß Peter della Valle derjenige Reisende gewesen sei, *»durch den mir die Eigentümlichkeiten des Orients am ersten und klarsten aufgegangen, und meinem Vorurteil will scheinen, daß ich durch diese Darstellung erst meinem ›Divan‹ einen eigentümlichen Grund und Boden gewonnen habe. Möge dies andern zur Aufmunterung gereichen ..., einen Folianten durchzulesen, durch den sie entschieden in eine bedeutende Welt gelangen, die ihnen in den meisten Reisebeschreibungen zwar oberflächlich umgeändert, im Grund aber als dieselbe erscheinen wird, welche sie dem vorzüglichen Manne zu seiner Zeit erschien«.* F.Ke.

AUSGABEN: Rom 1650 [Tl. 1]. – Rom 1658 [Tl. 2]. – Rom 1662 [Tl. 1 u. 2]. – Rom 1663 [Tl. 3]. – Turin 1843. – Florenz 1942 (*Viaggio in Levante*, Hg. L Bianconi; enth. 7 Briefe; m. Bibliogr.). – Rom 1972.

ÜBERSETZUNGEN: *Reiß-Beschreibung in unterschiedliche Theile der Welt ...*, 4 Tle., Genf 1674 – *Reisebeschreibung in Persien und Indien*, Bearb. F. Kemp; Hbg. 1981; ern. Bln. 1987.

LITERATUR: J. W. v. Goethe, *P. d. V.* (in J. W. v. G., *Noten und Abhandlungen zum besseren Verständnis des West-östlichen Divans*, Stg. 1819). – G. Branca, *Storia dei viaggiatori italiani*, Turin 1873, S. 269 ff. – A. de Gubernatis, *Storia dei viaggiatori italiani nelle Indie orientali*, Livorno 1875, S. 47 ff. – L. Ciampi, *Della vita e delle opere di P. D. V., il Pellegrino*, Rom 1880. – G. Pennesi, *P. D. V. e i suoi viaggi in Turchia, Persia e India* (in *Bolletino della R. Soc. Geografica Italiana*, Nov./Dez. 1890, Ser. III, Bd. 3, H. 11/12). – V. Lozito, *Il più importante viaggiatore italiano nel secolo XVII (P. D. V.)*, Varese 1928. – F. Angelini, *I viaggatori: Francesco Carletti e P. Della V.* (in *Letteratura Italiana. Storia e testi. Il Seicento*, Bd. 2, Rom/Bari 1974). – S. Parodi, *Cose e Parole nei »Viaggi«*, Florenz 1987.

## THOMAS DELONEY

* um 1543 Norwich (?)
† März 1600 Norwich (?)

### THE GENTLE CRAFT

(engl.; *Die edle Zunft*). Erzählendes Werk über das Schuhmachergewerbe von Thomas DELONEY, in zwei Teilen erschienen 1597/98. – Deloney, der von Beruf Seidenweber war und dessen Lieder und Balladen auf den Straßen gesungen wurden, war der erste englische Erzähler, der das Leben der Londoner Handwerker schilderte. Innerhalb von drei Jahren schrieb er »Romane« über die Zunft der Weber, der Schuster und der Tuchmacher. In *The Gentle Craft* reihte er Legende und Prosaromanze, historische Erzählung und derbkomischen Schwank bunt aneinander, um die Schuhmacherzunft zu verherrlichen. Auch stilistisch ist sein Werk heterogen. Deloney bedient sich dort, wo er »gehobene«, romantische Stoffe verarbeitet, der euphuistischen Prosa seiner Zeitgenossen John LYLY und Robert GREENE und dort, wo er ins kleinbürgerliche Milieu führt, einer sehr direkten, realistischen Sprache (teilweise Dialekt, in der komischen Nebenhandlung Einfluß des elisabethanischen Theaters), der die zeitgenössische englische Literatur ihre ausgelassensten Prosastücke verdankt.

Das Werk beginnt mit der Legende von St. Hugh, dem Schutzpatron der Schuhmacher, von seiner Liebe zu Winifred und vom Märtyrertod, den beide unter Kaiser Diokletian erlitten. Danach erscheinen in der Geschichte von Crispinus und Crispinianus Romanzenmotive mit bürgerlichen Anklängen: Der als Schuster verkleidete Prinz erobert sich das Herz der Tochter des Kaisers Maximinus. In den folgenden Erzählungen, die im England des 15. und 16. Jh.s spielen, greift Deloney auf Chroniken (Richard GRAFTON, Raphael HOLINSHED), Volksbücher und die mündliche Überlieferung zurück, macht gelegentlich Anleihen bei den Dramen SHAKESPEARES und anderer Zeitgenossen und fügt dem eigenen Lebensbereich entnommene Beobachtungen bei. Er erzählt vom Aufstieg des bereits bei Holinshed erwähnten Schuhmachers Simon Eyre, der Bürgermeister von London wurde und im Jahr 1419 Leadenhall Market gegründet haben soll, und von der »Langen Meg von Westminster«, einer kräftigen Weibsperson, die sich die Liebe des jungen Schusters Richard Casteler erobern will und über die seit 1582 Straßenballaden und Flugschriften im Umlauf waren. Dagegen dürfte die Geschichte des wackeren Master Peachey, der zwei prahlerischen Hauptleuten kräftig heimzahlt, vom Autor selbst erfunden worden sein. Für die Nebenepisoden schöpft Deloney aber auch hier aus verschiedenen Quellen. So ist der derbe Streich eines Ritters, der einen geldgierigen Priester lebendig begräbt, wahrscheinlich aus der Verschmelzung eines Novellenstoffs von Matteo BANDELLO (in England durch William PAINTERS Sammlung *Palace of Pleasure*, 1566/67, bekannt geworden) mit lokaler Erzähltradition entstanden. Dadurch, daß Deloney dem Ritter den Namen eines während der Regierungszeit Heinrichs VIII. wohlbekannten Adligen gibt, verleiht er dieser Geschichte den Anschein historischer Glaubwürdigkeit.

Die Lebendigkeit der Dialoge Deloneys wurde erst wieder von den englischen Romanciers des 18. Jh.s erreicht. Kein Wunder, daß die Zeitgenossen des Autors seine Erzählwerke schätzten und daß Thomas DEKKER (um 1572–1632) von *The Gentle Craft* zu seinem Stück um Simon Eyre, *The Shoemaker's Holiday* (1600), seiner besten Komödie, angeregt wurde. E.F.

AUSGABEN: Ldn. 1597 [1. Teil]. – Ldn. 1598 [2. Teil]. – Ldn. 1627 [1. Teil]. – Ldn. 1639 [2. Teil; verb. u. erw.]. – Bln. 1903, Hg. A. F. Lange. – Oxford 1912 (in *The Works*, Hg. F. O. Mann; m. Einl.; ern. 1967; ern. 1969). – Oxford 1928 [1. Teil, Hg. W. J. Halliday; m. Einl. u. Anm.]. – Bloomington 1961 (in *The Novels*, Hg. M. E. Lawlis; ern. Westport/Conn. 1978).

ÜBERSETZUNG: in *Tage des alten England*, E. Hirschberg, Jena 1928 [Ausz.].

LITERATUR: J. J. Jusserand, *The English Novel in the Time of Shakespeare*, Ldn. 1890. – R. Sievers, *Th. D.*, Bln. 1904 (Palaestra, 36). – A. D. Chevalley, *Th. D., Le roman des métiers au temps de Shakespeare*, Paris ³1926. – O. Reuter, *Some Aspects of Th. D.'s Prose Style* (in NphM, 40, 1933, S. 23–72). – R. Kapp, *Th. D. »The Gentle Craft«. Eine hagiologische Untersuchung* (in Anglia, 62, 1938, S. 263–285). – M. E. Habluetzel, *Die Bildwelt Th. D.'s*, Bern 1946. – E. D. Mackerness, *Th. D. and the Virtuous Proletariat* (in Cambridge Journal, 1951, S. 34–50). – S. M. Pratt, *Th. D.: A Biographical and Critical Study*, Ithaca 1951. – R. G. Howarth, *Two Elizabethan Writers of Fiction: Thomas Nashe and Th. D.*, Cape Town 1956. – M. E. Lawlis, *Apology for the Middle Class. The Dramatic Novels of Th. D.*, Bloomington 1961. – M. Schlauch, *Antecedents of the English Novel, 1400–1600: From Chaucer to D.*, Ldn. 1963. – W. R. Davis, *Idea and Art in Elizabethan Fiction*, Princeton 1969. – K.-M. Pätzold, *Historischer Roman und Realismus: Das Erzählwerk Th. D.s*, Regensburg 1972. – K.-M. P., *Th. D. and the English Jest-Book Tradition* (in ES, 53, 1972, S. 313–328). – J. Wolter, *Das Prosawerk Th. D.s*, Bonn 1976. – E. P. Wright, *Th. D.*, Boston 1981. – J. Simons, *Realistic Romance: The Prose Fiction of Th. D.*, Winchester 1983. – O. R. Reuter, *Some Notes on C.'s Indebtedness to Shakespeare* (in NphM, 87, 1986).

## JOSEPH DELTEIL

* 20.4.1894 Villar-en-Val
† 12.4.1978 Tuilerie de Massane / Montpellier

### SUR LE FLEUVE AMOUR

(frz.; *Ü: An den Ufern des Amur*). Roman von Joseph DELTEIL, erschienen 1922. – Der erste Roman des bis dahin hauptsächlich als spätsymbolistischer

Lyriker hervorgetretenen Autors wurde von Pierre MAC ORLAN (1882–1970), dessen ein Jahr zuvor erschienener Roman *La Cavalière Elsa* für Delteil Vorbildfunktion hatte, entdeckt und herausgegeben. Der Roman bedeutet nicht nur in formaler Hinsicht einen Bruch im Werk des jungen Autors, sondern ist ein brillantes Produkt der vielfältigen avantgardistischen Literatur der frühen zwanziger Jahre in Frankreich und kann als Beispiel für die narrativen Versuche im Vorfeld des Surrealismus gelten.

Delteil entfaltet ein dezidiert unrealistisches und die Grenzen des Pittoresken sprengendes Bild vom revolutionären Rußland und dem ebenfalls vom Bürgerkrieg heimgesuchten China, zwei beliebten Schauplätzen exotistischen Erzählens der Nachkriegsepoche. Die Verfolgung der geschlagenen Armee Semenoff durch die Rote Armee nach Nikolajewsk an der Mündung des Amurflusses konfrontiert zwei junge Rotarmisten, Boris und Nicolas, mit der amazonenhaften Ludmilla, der Kommandantin eines Frauenregiments und Geliebten Semenoffs. Die Liebe zu Ludmilla führt dazu, daß die beiden jungen Offiziere desertieren, um ihr zuerst nach Shanghai und Peking und dann in ihre Heimat, nach Sibirien zum Fluß Amur, zu folgen. Die zärtliche Freundschaft der beiden zueinander wird durch Ludmillas Entscheidung für den weniger tatkräftigen Nicolas auf eine harte Probe gestellt. An den Ufern des Flusses Amur, der bereits Ludmillas Kindheit nahezu als Naturgottheit beherrschte, vollendet sich diese verhängnisvolle Dreiecksgeschichte: Boris tötet Nicolas aus Eifersucht, und Ludmilla stößt den Mörder in den Fluß, als sie Nicolas' Leiche vorbeitreiben sieht. Während die Fluten des Am(o)ur die Leichen der beiden jungen Männer mit sich nehmen, gibt sie der Verlokkung nach und stürzt sich ebenfalls in den Strom; die drei Hauptfiguren sind im Tod vereint.

Die Handlung dieser in jedem Sinn unrealistischen Geschichte wird primär von sprachlich-stilistischen Spielregeln regiert. Delteils Vorliebe für das Zeugma, die syntaktische Verklammerung von inhaltlich Inkongruentem, weitet sich für ihn zu einem viel allgemeineren Gestaltungsprinzip aus; seine Ästhetik ist eine Überraschung, wozu auch die Wahl der sehr zahlreichen und frappierenden Epitheta ornantia gehört. Delteils Stärke liegt in der literarischen Umsetzung sinnlicher Erfahrungen; die Massenszenen – z. B. die Einschiffung der Armee Semenoff in Nikolajewsk, während bereits die Rote Armee in die Stadt eindringt, oder die Schlacht zweier chinesischer Heere vor den Toren Pekings – werden in einem vollendeten ästhetischen Immoralismus als Fest der fünf Sinne dargeboten. Gewalt und Tod spielen eine große, zugleich ausschließlich ästhetisch gesehene Rolle. Die Gefühle der drei Menschen füreinander kann man zugleich feurig und kühl nennen: jeder sieht im anderen einen begehrenswerten Körper; für den Autor werden sie zu Elementen eines sensualistischen fernöstlichen Gemäldes, das sich vom Exotismus des Fin de siècle durch den konsequenten Verzicht auf psychologisierendes Erzählen und die Auffassung von der Sprache als Textmaterial, dem sich narrative Zusammenhänge unterzuordnen haben, unterscheidet und sich zugleich in die Geschichte der französischen Avantgarde einschreibt.

Dem Skandalerfolg, den dieser Roman beim zeitgenössischen Publikum auslöste, steht die große Wertschätzung gegenüber, die er bei Autoren wie V. LARBAUD, Ph. SOUPAULT oder L. ARAGON fand. A. BRETON nahm den Roman zum Anlaß, Delteil in die sich bildende surrealistische Bewegung zu integrieren, zu der er als nicht sehr anpassungswilliges Mitglied bis zu seinem Hinauswurf 1925 zählen sollte. Die Frage der literarhistorischen Zuordnung zum Surrealismus stellt sich jedenfalls bereits für *Sur le fleuve Amour*, wenngleich Delteils sensualistische Schreibweise nicht den surrealistischen Vorstoß ins Irrationale vollzieht, sondern einen eigenständigen Weg verfolgt. B.Wa.

AUSGABEN: Paris 1922. – Paris 1927. – Paris 1933. – Paris 1961 (in *Œuvres complètes*). – Paris 1971. – Paris 1983.

ÜBERSETZUNG: *An den Ufern des Amur*, J. Ritter, Stg. 1988.

LITERATUR: A. de Richaud, *Vie de Saint D.*, o. O. 1928; ern. Quimper 1984. – *J. D.*, Hg. D. Pelayo (in Entretiens sur les lettres et les arts, 27, 1969). – J.-M. Drot, *Vive J. D. Prophète de l'an 2000*, Paris 1974. – *D. est au ciel! Un hommage*, Hg. C. Schmitt, Lausanne 1979. – R. Briatte, *D. inventaire*, Lodève 1984 [Bibliogr.]. – Ders., *J. D. Qui êtes-vous?*, Lyon 1988.

## ANTON ANTONOVIČ DEL'VIG

* 17.8.1798 Moskau
† 26.1.1831 Petersburg

LITERATUR ZUM AUTOR:
V. Gaevskij, *D.* (in Sovremennik, 1853, Bd. 37, Nr. 2, S. 45–88; Bd. 39, Nr. 5, S. 1–66; 1854, Bd. 43, Nr. 1, S. 1–52; Bd. 47, Nr. 9, S. 1–64). – J. Verchovskij, *Baron D.*, Petrograd 1922. – V. Uspenskij, *O D. Russkaja poėzija XIX v.*, Leningrad 1929. – O. D. Blagoj, *D.* (in Literaturnaja ėnciklopedija, Bd. 3, Moskau/ Leningrad 1930, S. 190–193). – V. N. Orlov, *D.* (in Literaturnaja učëba, 1940, Nr. 2).

### KONEC ZOLOTOGO VEKA

(russ.; *Das Ende des Goldenen Zeitalters*). Idylle von Anton A. DEL'VIG, erschienen 1829. – Ein naher Freund PUŠKINS und eine der einflußreichsten

Dichtergestalten der Puškinschen Plejade, ist Del'vig der zwar typische, aber dennoch eigenständige Vertreter der russischen Dichtung der zwanziger Jahre des 19. Jh.s. Sein Werk vereint zwei divergierende, doch gerade in ihrer Gegensätzlichkeit den Übergangscharakter dieser Dichtung exemplarisch verdeutlichende Momente: die dem Klassizismus verpflichtete Nachahmung der Antike und die auf die Romantik weisende Pflege national-volkstümlicher Genres. Klassik und Romantik begegnen einander in Del'vigs Dichtung nicht in unversöhntem Gegensatz, sondern – in der Tradition Vostokovs, Merzljakovs, L'vovs und in Nachbarschaft zu Kjuchel'beker – im Streben nach einer eigenartigen, spezifisch russischen Synthese. Unter dem Einfluß Gnedičs fand Del'vig früh von der Nachahmung der anakreontischen Dichtung und der *Epistolae* des Horaz zur Form der Idylle nach dem Vorbild Theokrits. *»Del'vigs Idyllen«*, schreibt Puškin mit einer leichten Verschiebung der Akzente, *»sind für mich ganz erstaunlich. Welch eine Einbildungskraft muß man besitzen, um sich derart vollständig aus dem 19. Jh. in das Goldene Zeitalter zurückzuversetzen.«* In Wahrheit ging es Del'vig nicht darum, in seiner Dichtung die Antike um ihrer selbst willen wiedererstehen zu lassen. Motive, Namen und Termini der Antike reduzieren sich bei ihm zu einem System konventioneller Sprachformen, zum reichhaltigen Repertoire einer periphrastischen, allegorischen Ausdrucksweise, die nicht immer frei ist von schablonenhafter Routine.

Eher formales Gestaltungsprinzip als eigenständiger inhaltlicher Vorwurf ist das antike Moment auch in Del'vigs 1828 entstandener und in einem fragmentarischen Autograph erhaltener Idylle *Konec zolotogo veka*. Die klassizistische Formgebung kann über den romantischen Charakter des Sujets nicht hinwegtäuschen. In die pastorale Szenerie des Goldenen Zeitalters transponiert, behandelt die Idylle das gleiche Motiv wie Karamzins sentimentale Novelle *Bednaja Liza*, 1791 *(Die arme Liza)*: die Geschichte des unschuldigen, vom falschen Städter verführten Bauernmädchens. Von allen Hirten Arkadiens umworben, hat Amarilla, die schönste aller Schäferinnen, ihr Herz dem stattlichen, redegewandten Stadtbewohner Meletius geschenkt. Nach einem Frühling heißer Liebesschwüre ist Meletius verschwunden. Amarilla sucht ihn in der Stadt, gerät jedoch in das rauschende Hochzeitsfest des Treulosen. Wie von Furien gehetzt, flieht sie in die Heimat. Aus den Blumen, die Eros zum Opfer bestimmt sind, flicht sie sich ein absonderliches Gewand. Mit irrem Lachen tritt sie vor ihre Eltern, die aus Kummer über ihren Zustand sterben. Amarillas wilder Gesang lockt ihre Freunde und Freundinnen, die Hirten und Schäferinnen, herbei. Betroffen ziehen sie sich von der Wahnsinnigen zurück. Mit den Blumen des Eros schmückt Amarilla einen Baum am Flußufer. Als der Ast, an dem sie sich hält, bricht, wird sie von den Fluten des Flusses davongetragen.

Del'vig hat seine wehmütige »Idylle« über den Untergang des Goldenen Zeitalters durch die hereinbrechende Zivilisation als Gespräch zwischen einem Hirten Arkadiens, dem letzten Zeugen der glücklichen Vergangenheit, und einem Wanderer konzipiert, der in allen Teilen der Welt – nicht zuletzt im rauhen, russischen Norden – dem Glück vergeblich nachgejagt ist. In einer Fußnote weist er selbst auf das zweite literarische Vorbild seines Gedichts: das Ende Ophelias in Shakespeares *Hamlet*. In dem tragischen Moment des Karamzinschen sowie des Shakespeareschen Vorbilds, in der über die Szene gebreiteten, die Gattung der Idylle überschreitenden Melancholie liegt das eigentliche, das romantische Interesse des Autors. Unmittelbar am antiken Muster orientiert, sind Versmaß und Rhythmus dennoch keine bloße Kopie klassischer Formen. Das Gedicht ist in gleichmäßigen reimlosen Hexametern verfaßt, in denen der Ersatz zweier »Kürzen« durch eine »Länge« rhythmische Akzente setzt. C.K.

Ausgaben: Petersburg 1829 (in *Stichotvorenija barona Del'viga*). – Petersburg 1850 (in *Sočinenija barona A. A. Del'viga*, Hg. A. Smirdin). – Petersburg 1893 (in *Sočinenija barona A. A. Del'viga*, Hg. V. V. Majkov; Beilage zu ›Sever‹, Juli 1893). – Leningrad 1934 (in *Poln. sobr. soč.*, Hg. B. Tomaševskij; ern. 1959). – Moskau 1983 (in *Stichotvorenija*).

Literatur: L. Koehler, *A. A. D. A Classicist in the Time of Romanticism*, Den Haag/Paris 1970.

## EMILIO DE MARCHI

* 31.7.1851 Mailand
† 6.2.1901 Mailand

Literatur zum Autor:
B. Croce, *E. De M.* (in Critica, 5, 1906, S. 260–266). – A. Sacheli-Grixoni, *La vita e l'arte di E. De M.*, Genua 1925. – N. Sammartano, *E. De M.*, Palermo 1926. – V. Branca, *E. De M.*, Brescia 1946. – M.-G. Pastura, *I romanzi di E. De M.*, Catania 1951. – A. Rossi, *Verifica della narrativa di De M.* (in Paragone, 10, 1959, S. 44–86). – F. Portinari, *Bilancio di De M.* (in Veri, Nr. 6, 1960, S. 7–32). – G. Nava, *E. De M. e la crisi di un'età*, Bologna 1964. – C. A. Madrignani, *Demarchiana. Punti fermi e punti interrogativi* (in Belfagor, Sept. 1964). – C. Colicchi, *Socialetà e arte nei romanzi di E. De M.*, Florenz 1966. – V. Spinazzola, *E. De M. romanziere popolare*, Mailand 1971. – R. Bertacchini, *Scheda critica per De M.* (in Italianistica, 8, 1979, S. 392–395). – F. Portinari, Art. *E. De M.* (in Branca, 2, S. 146–151).

## ARABELLA

(ital.; *Arabella*). Roman von Emilio De Marchi, erschienen 1892 in Fortsetzungen in der Tageszeitung ›Corriere della Sera‹. – Die weitverzweigte Familiengeschichte und Erbschaftsintrige um das Testament der Carolina Ratta schließt sich in der Handlung an De Marchis Hauptwerk *Demetrio Pianelli* (vgl. *La bella pigotta*) an. Sie konzentriert sich auf die beiden Hauptgestalten Arabella, die Tochter des Selbstmörders Cesarino Pianelli und Nichte Demetrios, und den skrupellosen Geschäftsmann Tognino Maccagno.

In der Nacht nach dem Tod der Carolina Ratta verbrennt Tognino Maccagno das zugunsten der Kirche und der ärmeren Verwandten verfaßte Testament seiner Cousine, um als nächster Verwandter einziger Erbe zu sein. Der alte Hausmeister Pietro Berretta, Zeuge der nächtlichen Aktion, wird von Maccagno erpreßt und zum Schweigen verpflichtet.

Mit dem Geld erkauft sich Maccagno die sanfte Arabella als Braut für seinen Sohn Lorenzo, denn er erhofft sich von ihr einen positiven Einfluß auf den labilen Charakter seines Sohnes. Arabella, die eigentlich im Kloster den Selbstmord ihres Vaters sühnen wollte, willigt ohne innere Überzeugung in die Ehe ein, um durch den sozialen Aufstieg ihre Familie vor der weiteren Verschuldung zu retten. Im Verlauf der Handlung wird Arabella immer mehr zur *Madonnina* (kleine Madonna) stilisiert, die in dem Geschäftsmann Maccagno die besten Seiten seines Wesens weckt und zur Fürsprecherin der Armen wird. Bei einem Besuch der um ihr Erbe betrogenen Verwandten, die Maccagno zu einem Geständnis zwingen wollen, wird in der allgemeinen Aufregung auch Arabella, die inzwischen ein Kind erwartet, beleidigt und angegriffen. Infolge der Beschimpfungen erleidet sie eine Fehlgeburt. Als sie daraufhin auch entdeckt, daß Lorenzo sie mit der Schauspielerin Olympia betrügt, beginnt sie zu verzweifeln. Im Bewußtsein, daß das Opfer ihrer Ehe vergeblich war, verliert sie den Glauben an die göttliche Gerechtigkeit. Maccagno, der sich von Arabella verurteilt glaubt und mit der Androhung eines Prozesses in die Enge getrieben wird, erkrankt und stirbt bald darauf. Arabella, die er zur Haupterbin seines Vermögens bestimmt hat, nutzt das Geld, um die üblen Geschäfte Maccagnos wiedergutzumachen. Von ihrem Lebensmut verlassen, erkrankt jedoch auch sie und stirbt kurze Zeit später.

Die Gegenüberstellung der sich aufopfernden, gütigen Arabella und des skrupellosen Maccagno, dem erst durch sie die guten Seiten seines Wesens bewußt werden, wirkt konstruiert und unglaubwürdig. Entsprechend schwerfällig ist die Durchführung dieses Themas in der Handlung des Romans. Etwas weitschweifig wirken auch die Schilderungen des kleinbürgerlichen Milieus im Mailand des ausgehenden 19. Jh.s, in denen der Einfluß des französischen Naturalismus auf De Marchi deutlich wird. D.De.

Ausgaben: Mailand 1892 (in Corriere della Sera). – Mailand 1893. – Mailand 1964. – Mailand 1967 (in *I capolavori di E. De M.*). – Turin 1978 (in *Opere*, Hg. G. De Rienzo). – Mailand 1986.

## LA BELLA PIGOTTA

(ital.; *Die hübsche Puppe*). Roman von Emilio De Marchi, erschienen 1889. – Das Hauptwerk De Marchis, das zuerst als Feuilletonroman in der Mailänder Tageszeitung ›L'Italia del Popolo‹ erschienen war, wurde ein Jahr später für die Buchausgabe nach der eigentlichen Hauptgestalt in *Demetrio Pianelli* umbenannt. Die Handlung des Romans ist in der Welt der kleinen Angestellten im Mailand der Jahrhundertwende angesiedelt, demselben Milieu, aus dem auch die begeisterte Leserschaft des Autors stammte.

Der Postangestellte Cesarino Pianelli, wegen seiner Eleganz und seines gepflegten Aussehens nur *»Lord Cosmetico«* genannt, hat mit ihm anvertrauten Geldern Spielschulden gemacht. Nach einer weiteren Wechselfälschung, mit der er die erste Unterschlagung zu vertuschen sucht, kommt man seinen Betrügereien auf die Spur. Als sein Schwiegervater sich weigert, für ihn zu bürgen, begeht Cesarino Selbstmord, um der Strafe und der Schande zu entgehen. Sein einfacher und bescheidener Bruder Demetrio, der mit ihm im offenen Konflikt gelebt hatte, übernimmt nach Cesarinos Tod die Sorge für dessen völlig mittellose Familie. Durch Selbstlosigkeit, die auch sein bisheriges Leben bestimmte, will Demetrio nicht nur seine schöne Schwägerin Beatrice und ihre drei Kinder vor dem materiellen Elend, sondern auch den Namen der Familie vor dem Ehrverlust retten. Demetrio war von seinem Bruder zu dessen Lebzeiten beschuldigt worden, mitverantwortlich für seine Verschuldung zu sein, da er angeblich einen Teil des mütterlichen Erbes zurückbehalten habe. Diesen Vorwurf hält die ebenso schöne wie ignorante Beatrice – sie ist mit *»la bella pigotta« (»hübsche Puppe«)* gemeint – aufrecht. Nur ihre Tochter Arabella erkennt Demetrios Güte an und führt ihn am Tag ihrer Kommunion in das Haus des Bruders zurück.

Demetrio, dem selbst nie menschliche Wärme zuteil wurde, verliebt sich heftig in die schöne Beatrice, die sich ihrer verführerischen Macht bewußt ist und boshaft den Antrag des gutmütigen Paolino Botta annimmt. Demetrio sieht sich erneut enttäuscht und betrogen. Als sein Vorgesetzter Balzarotti Beatrice durch mangelnden Respekt beleidigt, verteidigt er sie dennoch gegen dessen Zudringlichkeit, so daß er nach Grosseto strafversetzt wird. Erst jetzt begreift Beatrice ihr Unrecht und bittet Demetrio zutiefst betroffen um Verzeihung. Demetrio ist glücklich darüber, da es ihm durch sein Opfer und seine Liebe gelungen ist, die beste Seite ihres Wesens in ihr zu wecken.

Beatrice verkörpert das Negativbild der verführerischen Weiblichkeit, die sowohl für Demetrio als auch für Paolino zum Schicksal wird und den

Selbstmord Cesarinos mitverschuldet hat. Sie gehört – ebenso wie die Ehebrecherin Palmira Pardi in der gleichnamigen Erzählung De Marchis – zu einer Gruppe von Frauengestalten, deren *Femminilità* schicksalhaft erscheint und denen das Idealbild der gütigen, charakterstarken Frau, wie sie Arabella verkörpert, entgegengesetzt wird.
De Marchi, der an der Mailänder Accademia Scientifica Letteraria, deren Vorsitzender er auch zeitweise war, Stilistik unterrichtete, stand in Stil und Diktion in der literarischen Nachfolge Manzonis. In der naturalistischen Schilderung des kleinbürgerlichen Milieus in der Großstadt der Jahrhundertwende schuf De Marchi den Übergang zum Verismus. D.De.

Ausgaben: 1889 (in L'Italia del Popolo). – Mailand 1890 *(Demetrio Pianelli)*. – Mailand 1955 *(Demetrio Pianelli)*. – Florenz 1970, Hg. L. Baldacci. – Mailand 1983 [Einl. F. Portinari].

Literatur: B. Croce, *E. De M.* (in *La letteratura della nuova Italia*, Bd. 3, Bari [4]1943). – V. Branca, *Genesi e elaborazione del »Demetrio Pianelli«* (in La Rassegna d'Italia, 3, 1948). – D. Forni, *Il »Demetrio Pianelli« e l'umorismo di De M.* (in Convivium, 5, 1951).

## IL CAPPELLO DEL PRETE

(ital.; *Der Hut des Priesters*). Roman von Emilio De Marchi, erschienen 1887 in Fortsetzungen in den Tageszeitungen ›L'Italia del Popolo‹ und ›Corriere di Napoli‹. – Die Hauptgestalt des Romans, mit dem De Marchi den Feuilletonroman nach französischem Muster in Italien bekannt machen wollte, ist der völlig verarmte neapolitanische Baron Carlo Coriolano di Santafusca, dem, nachdem er sein Vermögen verspielt hat und bei Freunden und Verwandten nicht mehr kreditwürdig ist, nichts außer seinem ehrwürdigen Namen und dem halbverfallenen Palast Santafusca vor den Toren der Stadt bleibt. Der Baron schuldet der kirchlichen Organisation Sacro Monte fünfzehntausend Lire und wird von dem Priester Don Cirillo unter Druck gesetzt, das Geld innerhalb von zwei Wochen zurückzuzahlen. Der Baron sieht sich gezwungen, seine halbverfallene Villa an die Kirche zu verkaufen.
Don Cirillo, ein Scharlatan, der hellseherische Fähigkeiten besitzt und schönen Frauen die Gewinnzahlen der Lottoziehung voraussagt, will am Verkauf der Villa selbst verdienen, um sich aus seinem Losnummerngeschäft zurückziehen zu können. Der Baron, der Don Cirillos Absichten erkennt, baut dem Priester eine Falle, tötet ihn und wirft die Leiche in die Zisterne. Als wäre er mit dem Teufel im Bund, gewinnt der Baron in der Nacht nach dem Mord im Spiel, wodurch die Tat ihren Sinn verliert. Seine Gewissensbisse versucht er durch die Wiederaufnahme seines früheren mondänen Lebens zu beruhigen.
In einem psychologisch fundierten inneren Monolog verflucht der Baron, der bisher weder an Gott noch an den Teufel glaubte und die Theorien der modernen Naturwissenschaft für seine nihilistische Überzeugung umfunktioniert hatte, seine Tat und versucht, mit dem Verstand seine sich steigernde Angst zu bekämpfen. Währenddessen gewinnt ein armer Hutmacher, dem Don Cirillo vor seinem Tod einen neuen Hut mit drei Losnummern »bezahlte«, in der Lotterie ein unerhörtes Vermögen. Der Priester, der bereits vergessen schien, ist nun als Wohltäter in aller Munde.
Der Baron erinnert sich nun, den Hut des Priesters nach dem Mord nicht beseitigt zu haben. In einer verstrickten Handlung, die die Auflösung des Falles hinauszögert, macht er sich nun, als Jäger verkleidet, auf die Suche nach dem neuen Hut, der sich in den Händen des Landpfarrers von Santafusca, Don Antonio, befindet. Als der Baron nach Santafusca zurückkehrt, wird ihm gerade gegenüber Don Antonio, der ihn einst getauft hatte, mehr denn je schmerzlich bewußt, daß er nach dem Mord nicht mehr dem Bild des Adeligen als Wohltäter und Beschützer der Ärmeren entspricht. Seine Tat wird für ihn zum Alptraum, da sie sein Selbstverständnis vernichtet hat. Erneut versucht sich der Baron selbst zu beschwichtigen und schreibt dabei seine Tat immer mehr dem Jäger zu, als der er sich verkleidet hat, um den verräterischen Hut zu suchen. Die sich anbahnende Bewußtseinsspaltung führt schließlich, als der Baron als Verdächtiger zum Verhör geladen wird, zur völligen Schizophrenie. Ein brillant formulierter innerer Monolog des Barons während des Verhörs gibt seinen inneren Kampf zwischen seinem Willen, sich zu retten, und seinem Gewissen wieder. Don Coriolano gesteht die Tat, verliert vollends den Verstand und wird zum Spötter seiner selbst.
Im Gegensatz zu allen anderen Romanen De Marchis ist *Il cappello del prete* nicht in seiner Heimat, der Lombardei, angesiedelt, sondern im italienischen Süden. Das pulsierende Leben der Stadt Neapel bildet dabei den Gegensatz zur dekadenten Welt um die Villa Santafusca, die zum Symbol für den Ruin des Barons wird. Der Roman wurde sofort nach seinem Erscheinen zum Bestseller: bis zum Jahr 1913 gab es sieben Auflagen und Übersetzungen in mehrere Sprachen. Vor allem in den Selbstreflexionen des Barons, dem Kampf zwischen Vernunft und Gewissen, zeigt sich *Il cappello del prete* auch für den heutigen Leser als psychologisch fundiertes, brillant formuliertes Meisterwerk. D.De.

Ausgaben: Mailand 1887 (in L'Italia del Popolo). – Mailand 1887 (in Corriere di Napoli). – Mailand 1888. – Mailand 1942. – Turin 1967 *(Il cappello del prete e altri racconti)*. – Mailand 1970. – Bologna 1972, Hg. C. Magaldi Dotti. – Rom 1978.

Übersetzungen: *Don Cirillos Hut*, K. v. Torresani, 2 Bde., Stg. 1894. – *Der Hut des Prälaten*, R. Federmann, Ffm./Bln. 1970.

Literatur: F. Montanari, *»Il cappello del prete«* (in *Studi sulla cultura lombarda in memoria di Mario Apollonio*, Bd. 2, Mailand 1972, S. 165–171).

## L'ETÀ PREZIOSA. Precetti ed esempi offerti ai giovanetti

(ital.; *Das wertvolle Alter. Anweisungen und Beispiele für die Jugend*). Pädagogisches Werk von Emilio De Marchi, erschienen 1887. – Neben seinem umfangreichen Prosawerk setzte sich De Marchi in einer Reihe von psychologisch und didaktisch fundierten Schriften mit Erziehungsfragen auseinander, bei deren Abfassung er auf eigene pädagogische Erfahrungen als Lehrer der Stilistik an der Mailänder Accademia Scientifica-Letteraria zurückblicken konnte. Auf sein wichtigstes pädagogisches Werk *L'Età preziosa* folgten *L'Età fiorita* (1891) und *I nostri figlioli* (1894).

Die pädagogischen Thesen, die De Marchi in *L'Età preziosa* aufstellt und die Forderungen, die er aus ihnen ableitet, belegt und veranschaulicht er auf unterhaltsame Art durch eingestreute Erzählungen und Briefe von Schülern. In diesem Aufbau folgt er dem Beispiel von Edmondo De Amicis' Jugendbuch *Cuore* (1886); allerdings fehlt De Marchi, der auch als Erzieher der positiven und heiteren Lebensart des lombardischen Bürgertums verpflichtet war, der schulmeisterliche Unterton De Amicis'. Außerdem wendet sich De Marchi eher an heranwachsende Jugendliche, die dem *»unangenehmen«* Alter des Ungehorsams und der Unvernunft entwachsen sind und deren geistige Interessen und Fähigkeiten sich allmählich entwickeln. Die beginnende Reife wird besonders anschaulich im Briefwechsel zwischen den Schülern Guglielmo und Edoardo, in dem es um eine nichtbestandene Griechischprüfung und deren erfolgreiche Wiederholung geht. Von den eingestreuten Erzählungen zeichnen sich besonders *Aristide* und *Bellarmino disordinato (Der unordentliche Bellarmino)* durch ihren humorvollen Optimismus aus.

In der literarischen Nachfolge Manzonis stehend war De Marchi, der sich als Erzieher berufen fühlte, auch in seinen didaktischen Schriften dem romantischen Ideal vom *»Wahren und Nützlichen«* verbunden. De Marchis Werk gehört zu einer in der zweiten Hälfte des 19. Jh.s nach der nationalen Einigung Italiens (1861) entstandenen pädagogischen Literatur, die zum Teil noch dem Erziehungsideal Rousseaus verpflichtet war. Nachdem zuvor alle Kräfte des Landes in den Unabhängigkeitskriegen auf die Bekämpfung äußerer Feinde gerichtet waren, wandte man sich nun verstärkt der Bekämpfung innerer Mißstände, vor allem dem Klassendenken und der sozialen Ungerechtigkeit zu. Die allgemeine Schulpflicht wurde eingeführt und die Schule als idealer Ort der Vermittlung neuer gesellschaftlicher Werte begriffen. D.De.

Ausgaben: Mailand 1887. – Mailand 1936. – Rom 1968, Hg. B. Baldini Mezzalena.

Literatur: L. Biffi, *E. De M., educatore e critico letterario*, Mailand 1927. – V. Branca, *Rassegna demarchiana* (in Lettere Italiane, 12, 1960, S. 209 bis 217).

# DIMITRIJA DEMETER

* 21.7.1811 Zagreb
† 24.6.1872 Zagreb

## TEUTA

(kroat.; *Teuta*). Tragödie in fünf Akten von Dimitrija Demeter, erschienen 1844; Uraufführung: Zagreb 1864. – Das Hauptwerk des bedeutendsten Dramatikers des kroatischen Illyrismus behandelt einen Vorwurf aus der legendären Geschichte der Illyrer, welche der Bewegung als die gemeinsamen Vorfahren der südslavischen Völker und als romantisches Vorbild politischer und sprachlicher Einigungsbestrebungen der Südslaven im Gefolge der nationalen Wiedergeburt zu Beginn des 19. Jh.s galten.

Die Handlung des Dramas spielt im 3. Jh. v. Chr. Teuta von Skodra (Skutari), die Königin Illyriens, beschließt nach dem Tod ihres Gatten, unverheiratet zu bleiben und ihr Volk allein zu regieren. Auch in ihrem Gefolge duldet sie keine Liebesbeziehungen, weil sie darin immer eine Demütigung der Frau betrachtet. So wird das Liebespaar Cvieta und Milivoje von ihrem Hof verstoßen. Während der Jagd rettet der siegreiche Flottenführer Dimitar die Königin vor einem wilden Bären. Er gesteht ihr seine Liebe und bittet um ihre Hand. Aber Teuta folgt ihren Prinzipien und versagt sich ihm, weil sie befürchtet, nur um der Krone willen begehrt zu werden: *»Meine Hand sei dein, wenn Du König bist!«* Dimitar sinnt auf Mittel, die illyrische Krone zu erlangen. Er duldet die Seeräuberei seiner Flotte, um Rom zum Einschreiten gegen Teuta zu veranlassen. Er bietet sich den römischen Gesandten als Verbündeter an und ermutigt sie dazu, gegenüber der Königin dreist aufzutreten. Teuta läßt die Emissäre daraufhin ermorden. Der Kriegsgrund ist geschaffen, Teuta wird von den Römern geschlagen und Dimitar zum König Illyriens ausgerufen. Die Königin flieht in eine abgelegene Gegend, wo sie bei dem von ihr selbst verstoßenen Paar Cvieta und Milivoje Aufnahme findet. Dimitar macht sie ausfindig, legt ihr die Krone zu Füßen und bittet erneut um ihre Hand. Teuta hat in der Familie Cvietas ihre Bestimmung als Frau erkannt. Sie schlägt die dargebotene Krone aus und willigt in die Ehe mit Dimitar ein. Dimitar erhebt sich gegen die römische Herrschaft, um den Illyrern die Freiheit zurückzugewinnen, die er ihnen geraubt hat. Aber Rom bricht mit Hilfe des jungen Pinez den letzten Widerstand der Illyrer und besiegt schließ-

lich Dimitar in einer Seeschlacht bei Hvar. Als Teuta vom Tod des Königs hört, stürzt sie sich mit ihrem Sohn ins Meer.
Das Drama entstand in einer Zeit heftiger Auseinandersetzungen zwischen den kroatischen Illyriern und den Magyarophilen sowie aufbrechender Spannungen im Lager des Illyrismus selbst. Seine Exemplifikation der verhängnisvollen Folgen der nationalen Zwietracht und der Selbstsucht politischer Führer, durch die in einer glanzvolleren Vergangenheit die nationale Unabhängigkeit verspielt wurde, hat somit unmittelbaren Zeitbezug. Ausdrücklich gründet der Autor die Darstellung des historischen Vorwurfs auf ein gewissenhaftes Quellenstudium. In erster Linie benutzt er die Schriften des Polybios. Gleichwohl erscheint die historische Genauigkeit seiner politischen Konzeption und den Forderungen der romantischen Geschichtsauffassung untergeordnet. Anspruchsvoll in erhabenem Stil mit bedeutenden tragenden Ideen, einer Vielzahl von Personen, tragischer Schuld und Katharsis konzipiert, hat Demeter das Drama in der von Karadžić normierten Schriftsprache im Zehnsilber des Heldenliedes (Trochäen mit Zäsur nach der vierten Silbe, Einheit von metrischer und syntaktischer Pause) geschrieben. Kompositorische Schwächen (die Einführung neuer Personen im letzten Akt usf.) werden durch Handlungsreichtum, effektvollen Szenenwechsel und lebendige Dialoge ausgeglichen, die dem Werk den Ruf eines der besten zeitgenössischen kroatischen Literaturwerke eintrugen. Obgleich sich *Teuta* auch in einer vom Autor für die Aufführung gestrafften Redaktion nicht auf der Bühne durchsetzen konnte, gelang Demeter, der zuvor lediglich Dramen ragusanischer Dichter bearbeitet hatte, damit *»das erste große serbokroatische Nationaldrama«* (Wollmann), das die Tradition der ragusanischen und kajkavischen Bühnenwerke ablöst und die Grundlage zu einem eigenständigen Repertoire des kroatischen Nationaltheaters schafft. B.Gr.

Ausgaben: Wien 1844 (in *Dramatička pokušenja*, T. 2). – Zagreb 1891. – Zagreb 1919. – Zagreb 1958 (in I. Mažuranić, M. Mažuranić – *D. D., Djela*). – Zagreb 1968 (in Pet stoljeća hrvatske književnosti, Bd. 31).

Literatur: F. Marković, *O dru. D. kao dramatičaru ilirske dobe* (in Rad JAZU, Bd. 80, 1885, S. 73–99). – F. Wollmann, *Srbochorvatské drama*, Bratislava 1924, S. 77–85. – C. Lucerna, *Grillparzer-Reminiscenzen in D.s »Teuta«* (in Deutsche Zeitung in Kroatien, 1941, Nr. 53). – M. Matković, *Hrvatska drama 19. stoljeća* (in Hrvatsko kolo, 1949, Nr. 2/3). – D. Politeo, *»Teuta«* (in *Hrvatska knjizevna kritika*, Bd. 2, Zagreb 1951, S. 210–220). – S. Ježić, *D. D.* (in I. Mažuranić, M. Mažuranić – D. D., *Djela*, Zagreb 1958, S. 237–249; m. Bibliogr.). – J. Ravlic, *D. D.* (in D. D., *Članci. Grobničko polje. Teuta* – M. Bogović, *Članci. Pjesme. Šilo za ognjilo. Matija Gubec*, Zagreb 1968, S. 3–21; m. Bibliogr.). – D. Fališevac, *Dramatička pokušenja D. D. prema hrvatskoj dramskoj baštini* (in Dani hvarskog kazališta, 1979, H. 6). – M. Šicel, *Neki problemi povijesne tragedije 19. stoljeća (na primjeru Demetrove »Teute«)* (in Mogućnosti, 1979, Nr. 2/3). – N. Batušić, *D. D.* (in *Hrvatska drama 19. stoljeća*, Split 1986, S. 45–48).

## derenik karapeti Demirčyan

eig. Derenik Karapeti Demirčoġlyan
* 6.2.1877 Ahalk'aġak' (heute Ahalc'ixe / Georgien)
† 6.12.1956 Eriwan

### ERKIR HAYRENI

(arm.; *Das Land der Väter*). Historisches Drama in fünf Akten von Derenik Karapeti Demirčyan, erschienen 1950. – Die Handlung spielt in der ersten Hälfte des 11. Jh.s in Ani, der Hauptstadt Armeniens. Nach dem Tode des Königs Hovhannēs Smbat sind der Regent Vest Sargis – ein Bruder der Königin Vaskanuyš – und der Katholikos Petros bereit, die Stadt gegen den Willen der Königin an Byzanz zu übergeben, mit dem Armenien Krieg führt. General Vahram Pahlavuni zwingt den Katholikos, den Thronerben Gazik zum König zu weihen. – Vaskanuyš versucht, den jungen König mit ihrem Bruder Vest Sargis zu versöhnen; der König jedoch ist gezwungen, den Regenten zu verhaften, da dieser ihn bedroht und die Macht an sich zu reißen versucht. In diesem Moment kehrt das armenische Heer aus dem Kampf zurück; es hat gesiegt und führt den byzantinischen General und den Gesandten als Gefangene mit sich.
Die Idee des nationalen Widerstands wird am stärksten in der Gestalt der Königin verkörpert, die sich, im Zwiespalt zwischen Patriotismus und ihrer Liebe zu dem verräterischen Bruder, für das Vaterland entscheidet. J.J.

Ausgaben: Eriwan 1939 (in Graken t'ert', Nr. 34). – Eriwan 1950 (in *Piesneri zogovacu*, Bd. 1). – Eriwan 1957 (in *Erkeri žoġovacu*, Bd. 5).

Übersetzung: *Strana rodnaja*, Ja. Chačatrjan (in *Sovetskaja dramaturgija*, Bd. 5, Moskau/Leningrad 1948, S. 7–58; russ.).

Literatur: Hrajr Muradjan, *D. D.*, Eriwan 1961, S. 331–345. – T. Haxumyan, *D. D. i dramaturgyan*, Eriwan 1958. – A. G. Baġdasaryan, *D. D. i steġcagorcakan asxatank'ę ew varpetout'iunę*, Eriwan 1973. – H. T. 'Amrazyan, *D. D.*, Eriwan 1976. – S. Hovhannisyan, Art. *D. D* (in ArmEnz, 3, S. 340/341).

## William Frend De Morgan

* 16.11.1839 London
† 15.1.1917 London

### JOSEPH VANCE. An Ill-Written Autobiography

(engl.; *Joseph Vance. Eine schlecht geschriebene Autobiographie*). Roman von William Frend De Morgan, erschienen 1906. – Das zu seiner Zeit außerordentlich erfolgreiche Buch ist einer jener breitangelegten Liebesromane, wie sie seit Samuel Butlers d. J. *The Way of All Flesh*, 1903 *(Der Weg allen Fleisches)*, in der Literatur der Eduardischen Ära immer häufiger entstanden. Angeregt von alten Briefen, erzählt der fast sechzigjährige erfolgreiche Ingenieur Joseph Vance die Geschichte seines Lebens. Er wächst als Sohn eines begabten Taugenichts im Viktorianischen London auf, findet in dem gütigen Dr. Thorpe einen Mentor und zweiten Vater, wird in dessen Familie heimisch und fühlt sich vor allem zu Lossie Thorpe hingezogen, die ihn wiederum als ihren »anderen Bruder« ins Herz schließt. Aus seiner jugendlichen Schwärmerei für sie wird im Lauf der Jahre eine ihr nicht eingestandene Liebe. Lossies Verheiratung mit dem berühmten General Desprez trifft ihn tief. Aber den Kontakt zu den Thorpes verliert Joe auch in den folgenden Jahren nicht, in denen er eine Ingenieurfirma gründet und eine glückliche Ehe führt, die der tragische Tod seiner Frau nach zehn Jahren beendet. Dann begeht sein einstiger Spielkamerad Beppino Thorpe einen Vertrauensbruch: Auf einer gemeinsam mit Joe unternommenen Italienreise beginnt er eine Liebschaft mit einer Florentinerin, heiratet sie, als sie ein Kind erwartet, unter dem Namen seines Freundes Vance, kehrt dann allein nach London zurück und nimmt dort eine reiche Erbin zur Frau. Als Joe von den Verwandten der inzwischen verstorbenen Italienerin benachrichtigt wird, sein kleiner »Sohn« bedürfe seiner Hilfe, beschließt er, im Einvernehmen mit General Desprez, Beppino um Lossies willen zu decken. Zukünftig sorgt Vance für den Jungen, den er später, als er in Brasilien lebt, sogar adoptiert. Als Lossie nach dem Tod ihres Mannes nach Florenz zieht und dort Gerüchte über Joes angebliche italienische Heirat hört, stellt sie diesen brieflich zur Rede. Da er ihr Beppinos wegen nicht die Wahrheit sagen kann, reißt die Verbindung zwischen ihm und seiner Jugendliebe ab. Erst nach zwanzig Jahren findet Lossie in einer alten Mappe des verstorbenen Generals einen Brief, den Joe und Desprez damals versehentlich nicht vernichtet haben und der Lossie über den wahren Sachverhalt aufklärt und sie im Alter mit dem nach England zurückgekehrten Joe vereint.

Als der berühmte Keramiker De Morgan im Alter von fast 67 Jahren diesen seinen ersten Roman veröffentlichte, sah man in ihm den Erben von Dickens, Thackeray und Trollope. Dieses Urteil hat der Zeit nicht standgehalten. De Morgan fehlen der Humor und das soziale Bewußtsein seines großen Vorbilds Dickens ebenso wie dessen Fähigkeit, ans Phantastische grenzende Unwahrscheinlichkeiten glaubwürdig darzustellen, während er andererseits tiefer als dieser in die Psyche seiner Protagonisten, vornehmlich der Frauengestalten, eindringt. Und seine weitschweifig-gefühlvolle Art zu schreiben bringt ihn geradezu in Gegensatz zu dem jedenfalls in seinen stärksten Werken ironisch-illusionslosen Thackeray. Heute neigt man eher dazu, in De Morgans Büchern *»ein spätes Echo des achtzehnten Jahrhunderts«* (W. Allen) zu vernehmen, als ihren Autor zu den Wiedererweckern des viktorianischen Romans zu rechnen. G.Ha.

Ausgaben: Ldn. 1906. – Ldn. 1919. – Ldn./Toronto 1954 (Einl. A. C. Ward; World's Classics, 537).

Literatur: W. L. Phelps, *W. De M.* (in W. L. P., *Essays on Modern Novelists*, NY 1910, S. 1–32). – W. T. Hale, *W. De M. and the Greater Early Victorians*, Bloomington 1921 (Indiana Univ. Studies, 50). – O. Williams, *The Novels of W. De M.* (in Mercury, 6, 1922, S. 619–630; auch in O. W., *Some Great English Novelists*, Ldn. 1926, S. 235–263). – S. M. Ellis, *W. De M.* (in S. M. E., *Mainly Victorian*, Ldn. 1925, S. 193–204). – E. V. ucas, *W. De M.* (in E. V. L., *Reading, Writing, and Remembering*, Ldn. 1932, S. 271–277). – F. Wölcken, *»Joseph Vance«* (in ASSL, 191, 1955/56, S. 359/360). – A. Cruse, *After the Victorians*, Ldn. 1971, S. 230.

## Demosthenes

* 384 v.Chr. Paiania / Attika
† 322 v.Chr. Kalaureia

**Literatur zum Autor:**
*Bibliographien und Forschungsberichte:*
D. F. Jackson u. G. D. Rowe, *D. 1915–1965* (in Lustrum, 14, 1969). – L. Canfora, *Demostene: Discorsi all'assemblea*, Turin 1974, S. 107–117. – U. Schindel, *D.*, Darmstadt 1987 (WdF).
*Indices:*
C. Rehdantz, *D.' neun »Philippische Reden«*, H. 2, Abt. 2: Indices, Lpzg. 41886 [verb. Aufl., Hg. F. Blass]. – G. Dindorf u. F. Blass, *Demosthenis orationes ex rec. G. Dindorfii*, Hg. F. Blass, Bd. 3, Lpzg. 41889, S. 428–466 *(Index nominum)*. – S. Preuss, *Index Demosthenicus*, Lpzg. 1892; Nachdr. Hildesheim 1963 [o. Eigennamen].
*Biographien:*
A. Schäfer, *D. u. seine Zeit*, Lpzg. 21885–1887, 3 Bde.; Nachdr. Hildesheim 1966. – W. Jaeger, *D.*,

*der Staatsmann u. sein Werden*, Bln. 1939; ²1963. – G. Clémenceau, *Démosthène*, Paris 1924 (dt. Basel 1926). – G. Mathieu, *Démosthène. L'homme et l'œuvre*, Paris 1948.
*Gesamtdarstellungen und Studien:*
F. Blass, *Die attische Beredsamkeit*, Bd. 3/1 : *D.*, Lpzg. ²1893; Nachdr. Hildesheim 1962. – E. Drerup, *D. im Urteile des Altertums*, Würzburg 1923; Nachdr. NY/Ldn. 1968. – P. Treves, *Demostene e la libertà greca*, Bari 1933. – K. Jost, *Das Beispiel u. Vorbild der Vorfahren bei den attischen Rednern u. Geschichtsschreibern bis D.*, Paderborn 1936. – G. Ronnet, *Études sur le style de Démosthène dans le discours politiques*, Paris 1951. – A. H. M. Jones, *The Athens of D.*, Cambridge 1952. – P. Cloché, *Démosthène et la fin de la démocratie athénienne*, Paris 1937; ²1957. – J. Luccioni *Démosthène et le panhellénisme*, Paris 1961. – G. Barthold, *Studien zum Vokabular der politischen Propaganda bei D.*, Diss. Tübingen 1962. – U. Schindel, *D. im 18. Jh. Zehn Kapitel zum Nachleben des D. in Dtld., Frankreich, England*, Mchn. 1963 (Zetemata). – J. G. Plescia, *The Oath and Its Uses in D.*, Diss. Stanford Univ. 1965. – A. A. Anastassiou, *Zur antiken Wertschätzung der Beredsamkeit des D.*, Diss. Kiel 1965. – Lesky, S. 669–681. – D. Brown, *Das Geschäft mit dem Staat. Die Überschneidung des Politischen u. des Privaten im Corpus Demosthenicum*, Hildesheim/NY 1974. – J. A. Bundgaard, *D. the Victim. Studia Romana in Honorem P. Krarup*, Odense 1976, S. 28–39. – A. López Eire, *Demóstenes. Estado de la cuestión*, (in Estudios clásicos, 20, 1976, S. 207–240). – L. Pearson, *The Art of D.*, Meisenheim a. Gl. 1976. – S. Usher, *D., Statesman and Patriot* (in History To-day, 24, 1976, S. 164–171). – M. Golden, *D. and the Age of Majority At Athens* (in Phoenix, 33, 1979, S. 25–38). – D. F. McCabe, *The Prose-Rhythm of D.*, NY 1981. – P. Treves, *Gli oratori Greci* (in *Storia delle idee politiche, economiche e sociali*, Hg. L. Firpo, Bd. 1, Turin 1982, S. 421–461).

## HYPER MEGALOPOLITŌN

(griech.; *Für die Megalopoliten*). Zweite außenpolitische Rede des DEMOSTHENES, 353/352 v. Chr. vor der Volksversammlung gehalten. – *Hyper Megalopolitōn* ist das erste Werk, in dem wir Demosthenes mit eigenen politischen Gedanken operieren sehen, die von denen seiner Parteifreunde um Eubulos (vgl. *Peri tōn symmoriōn – Rede über die Symmorien*) zum Teil bereits an entscheidenden Punkten abweichen: darauf ist vielleicht auch der Mißerfolg, das Ausbleiben der zustimmenden Resonanz des Volkes, zurückzuführen (W. Jaeger).
Die unglückliche Politik, die Athen nach dem Peloponnesischen Krieg (431–404) im Verlauf von vierzig Jahren immer stärker isoliert hatte, war für Eubulos und seine Anhänger, im Gegensatz zu dem forscheren Aristophon, zum Ansporn für eine bewußte Konzentration auf die inneren Angelegenheiten geworden, was, insbesondere nach dem Scheitern des Bundesgenossenkrieges (357–355), fraglos das Vernünftigste war. Obwohl Athens Bedeutung daher in dem Machtkampf zwischen Sparta und Theben (ab 371) mehr die eines Randstaates war – die Situation legte ein Bündnis mit Sparta nahe –, hatte es, als Theben in den Phokischen Krieg (356–346) verwickelt wurde und die unter seiner Schirmherrschaft neugegründeten Staaten Messenien und Arkadien wieder dem Zugriff Spartas ausgesetzt waren, mit Messenien einen Verteidiungspakt geschlossen. Der Arkadische Bund, von der spartanischen Aufrüstung immer mehr bedroht, wandte sich – die Gesandten von Megalopolis fungierten als Sprecher – ebenfalls mit der Bitte um einen Beistandsvertrag an Athen. Zur gleichen Zeit aber tauchten dort Abgeordnete Spartas auf, um Athens Verhalten im Falle einer Reannexion des von dem in Mittelgriechenland abgelenkten Theben garantierten Arkadischen Bundesstaates zu sondieren.
Die Verwirrung war vollständig; je diffiziler das Dilemma, desto erhitzter die Gemüter, die sich einen Tag lang in der Volksversammlung über das Für und Wider der einen oder der anderen Entscheidung stritten: Beide Seiten hatten Bündnisse aufzuweisen – die selbstverständlich nur für den Verteidigungsfall galten –, die Pro-Arkadier konnten auf den Messenischen Vertrag pochen und auf die drohende Gefahr einer neuen spartanischen Hegemonie verweisen, die Pro-Spartaner hatten das Argument des gemeinsamen Feindes Theben für sich und lockten mit dem Wiedergewinn des an Theben verlorenen attischen Landes. Als letzter trat in der Ekklesie der noch junge Demosthenes auf und hielt seine berühmte Rede – kurz, präzis, sachlich, zurückhaltend, klar –, die auch in neuerer Zeit noch, so bei Lord BROUGHAM (1779–1868), als Inbegriff und Musterstück einer Politik des Gleichgewichts der Kräfte gilt. – Prinzip der attischen Politik, so formuliert Demosthenes eingangs den Leitgedanken seiner Ausführungen, kann nicht sein, was den Arkadiern hilft oder den Lakedaimoniern nützt, sondern allein, was Athen zuträglich ist, dessen natürliche Gegner Sparta und Theben in gleichem Grade sind. Auf diesen einfachen Grundsatz ist die subtile, viele Möglichkeiten aufs genaueste wägende Argumentationsreihe aufgebaut, die darauf hinausläuft, das spartanische Vorgehen, das nicht den Schein eines Rechts beanspruchen kann, abzulehnen, auch wenn dadurch die Rückeroberung des von Theben annektierten attischen Gebiets verzögert würde, zumal Lakedaimon jede Chance einer neuen Hegemonie verwehrt bleiben muß; vielmehr sind die Arkadier zu unterstützen, vorausgesetzt, sie lösen die engen Bindungen zu Theben, woran bei ihrer augenblicklichen Zwangslage im entscheidenden Moment nicht zu zweifeln ist. Diese Wahl bleibt Athen nicht erspart: denn gewinnt Sparta Arkadien, so wird es sich auch Messenien holen – was Athen in den Krieg zöge und Sparta zur stärksten Macht des Festlands werden ließe; erwehrt sich Arkadien ohne Athens Hilfe er-

folgreich der lakedaimonischen Versuche, so ist die Konsequenz eine rapide Stärkung der thebanischen Macht. Athens eigenes Interesse fordert also die Unterstützung der Megalopoliten wie überhaupt stets die der Schwächeren gegenüber dem Stärkeren.
Durchgedrungen ist Demosthenes, wie gesagt, mit dieser logisch ausgefeilten politischen Analyse nicht. Den Kreisen um Aristophon war er von vornherein verfeindet, und sein Trend zu neuer Großmachtpolitik, die – zugestanden: gezwungenermaßen und um des künftigen Friedens willen – ein Bündnis mit Arkadien in sich geschlossen hätte, trieb auch seine bisherigen Parteifreunde um Eubulos in die Reserve. Daß Demosthenes recht hatte, ist von den Historikern längst erkannt: denn die Arkadier verbündeten sich mit der neuen Macht im Norden, mit Philipp II. von Makedonien, und verschafften diesem so die willkommene Gelegenheit, künftighin, wie er wollte, in die innergriechischen Verhältnisse einzugreifen. E.Sch.

AUSGABEN: Venedig 1504 (in *Logoi dyo kai hexēkonta*). – Freiburg i. B. 1890, Hg. W. Fox [griech.-dt.; m. Komm.]. – Oxford 1903 (in *Orationes*, Hg. S. H. Butcher, Bd. 1; Nachdr. zul. 1985). – Lpzg. 1914 (in *Orationes*, Hg. C. Fuhr, Bd. 1). – Neapel 1932 (*Per i Megalopolitani*, Hg. G. Ammendola; m. Komm.). – Florenz 1938 (*Per i Megalopolitani*, Hg. L. Previtali; m. Komm.). – Ldn./Cambridge (Mass.) [2]1954 (in *D.*, Bd. 1, Hg. J. H. Vince; m. engl. Übers.; Loeb). – Paris 1955 (in *Harangues*, Hg. M. Croiset, Bd. 1; m. frz. Übers.). – Turin 1974 (*Discorsi e lettere di Demostene, I: Discorsi all' assemblea (I–XVII)*, Hg. L. Canfora; m. Komm.; griech.-ital.).

ÜBERSETZUNGEN: in *Demosthenis u. Aeschinis Reden*, J. J. Reiske, 5 Bde., Lpzg. 1764–1769. – *Rede für die Megalopoliter*, H. A. Pabst (in *Werke*, Bd. 3, Stg. 1839). – *Schutzrede für Megalopolis*, C. Beck (in *Zwölf Staatsreden*, Halle 1876).

LITERATUR: W. Jaeger, *D.*, Bln. 1939, S. 82–89. – H. G. Ingenkamp, *Die Stellung des D. zu Theben in der Megalopolitenrede* (in Hermes, 100, 1972, S. 195–205).

## KATA MEIDIU

(griech.; *Gegen Meidias*). Anklagerede des DEMOSTHENES, zur Zeit des Kampfes um Olynth (349/348 v. Chr.) entstanden. – Das Werk ist für einen Privatprozeß geschrieben (wie der gelegentlich beigefügte Nebentitel *Über die Ohrfeige* andeutet), den Demosthenes allerdings als eine Staatsaffäre zu führen versuchte: Meidias gehörte zu der Gruppe um Eubulos, mit der sich Demosthenes außenpolitischer Themen wegen immer mehr zerstritten hatte. Was wir an äußeren Daten und Fakten über das Werk wissen, ist insgesamt der Rede selbst entnommen: daß sie, weil der Prozeß ausfiel, weder gehalten noch bis ins einzelne vollendet worden ist (was in neuerer Zeit zwar bezweifelt, aber nicht endgültig widerlegt wurde); daß ihre Ausarbeitung sich über mehrere Jahre erstreckte, weil der Betroffene die Eröffnung der Verhandlung immer wieder zu verzögern wußte; daß Demosthenes mit dem durch sein immenses Vermögen einflußreichen, aber krankhaft cholerischen und gewalttätigen Protzen Meidias schon vor dem Prozeß bereits über ein Jahrzehnt bitter verfeindet war, seit sich dieser in Demosthenes' Vormund- und Erbschaftsprozesse eingemischt hatte.
Aktueller Anlaß, vor Gericht zu gehen, war der Skandal an einem Dionysosfest. Demosthenes hatte in schwieriger Zeit freiwillig für seinen heimatlichen Stadtbezirk eine Choregie (die Ausrüstung und Einstudierung eines Flötenchors für den großen musischen Wettkampf der Dionysien) übernommen. In seinem unversöhnlichen Haß suchte Meidias Demosthenes, wo irgend es ging, zu schikanieren und seinen möglichen Erfolg beim Fest zu verhindern. Er schlug vor, ihn selbst zum Festaufseher zu wählen, und hintertrieb die Militärdienstbefreiung der Männer des Chors. Später stieg er nachts beim Goldschmied ein und demolierte das Festgewand des Chorleiters und die goldenen Kränze des Chors. Den Regisseur bestach er, die Einstudierung zu sabotieren, so daß der erste Flötist diese Aufgabe übernehmen mußte. Sodann bestach er den Archonten, hetzte die anderen Chorführer gegen Demosthenes auf, setzte die Festjury zunächst mit Drohungen unter Druck und bestach sie dann gleichfalls. Als alles nichts half, verbarrikadierte er den Bühneneingang, drang schließlich, da auch dies das Auftreten des Chors nicht hinderte, bei der Vorführung in die Szene ein, riß dem Chorführer Demosthenes vor versammelter Volksgemeinde krakeelend das Festgewand vom Leib und versetzte ihm eine Ohrfeige. Es gab einen Riesentumult. Die bereits am nächsten Tag abgehaltene Volksversammlung verurteilte den Kultfrevel in einer Vorabstimmung aufs schärfste. Doch die von Demosthenes sofort eingereichte Klage fand keine Richter, da Meidias mit Hilfe seines Reichtums die Sache immer wieder zu verschleppen verstand, auch mehrfach Angebote an Demosthenes machte, den drohenden Prozeß nach Zahlung einer größeren Geldsumme fallen zu lassen. Weshalb dieser in das Ansinnen schließlich doch einwilligte, dem er, wie die Rede erwähnt, so lange widerstrebt hatte, ist nicht mehr genau auszumachen; es werden politische Erwägungen im Spiel gewesen sein.
Was schon die gleichzeitigen *Olynthiakoi (Olynthische Reden)* bekunden, das zeigt die *Rede gegen Meidias* – trotz ihres unvollendeten Zustands – in höchster Klarheit: daß Demosthenes in der Beherrschung der sprachlichen Mittel seinem Höhepunkt zustrebt. Eine kaum noch zu überbietende demagogische Gewandtheit, die Hörer in die gewünschte Stimmung zu versetzen, eine ausgeklügelte Technik, leidenschaftliche Teilnahme zu erregen, den eigenen Haß wie einen Induktionsstrom auf das Publikum zu übertragen, die raffiniertesten

rhetorischen Kunstgriffe, durch Wortwahl, Satzperiodik, steigernde Hyperbeln und schlagende Vergleiche, durch hämmernde Anaphern, brillante Antithesen und geschmeidige Parallelen aufzureizen, zu begeistern, niederzuschmettern, kurz, Affekte zu evozieren und sie nach Wunsch zu lenken, zu zügeln oder anzustacheln – all das macht die *Meidiasrede* zu einem Meisterwerk. Daß solch souveränes Können seine Gefahren birgt, tritt freilich ebenfalls recht plastisch hervor: so zum Beispiel, wenn von den drei Hauptteilen der Rede nur der erste (8–76) im strengen Sinn die Prozeßklage ausführt und begründet, der zweite, über die Vorgeschichte des Theaterskandals und den Ursprung der Feindschaft (79–127), und der dritte, über den allgemein üblen Lebenswandel und Charakter des Meidias (128–174), dagegen ausschließlich psychologisch gezielte Attacken auf den Gegner darstellen, deren juristische (und kompositorische) Berechtigung auch Prooimion (1–8) und Epilog (175–227) nicht zu erweisen vermögen. Das Bedenkliche dieser Ambivalenz wird besonders deutlich, wenn man bedenkt, wie viele von den vorgebrachten Anwürfen – nach damaliger Gerichtspraxis – pure Verleumdung sein können. Dergleichen Mittel mag man dem Politiker nachsehen, der um jeden Preis sein als richtig erkanntes Ziel zu verfolgen trachtet; in Privatprozessen und persönlichen Auseinandersetzungen kann man sie nur als diabolisch bezeichnen, auch wenn sie überzeugen: Man vergleiche etwa die *Rede über die Truggesandtschaft (Peri tēs parapresbeias)* und die *Kranzrede (Peri tu stephanu)*, deren negative Zeichnung des Aischines gleichen Geistes ist und für alle Zeiten das einseitige Bild dieses Mannes fixiert hat. E.Sch.

Ausgaben: Venedig 1504 (in *Orationes duae et sexaginta*, Hg. Scipio Carteromachus, 2 Bde.). – Oxford 1901 (*Speech against Meidias*, Hg. J. R. King; m. Komm.). – Cambridge 1906 (*Against Midias*, Hg. W. W. Goodwin; m. Komm.). – Oxford 1907 (in *Orationes*, Bd. 2/1, Hg. S. H. Butcher; Nachdr. zul. 1980). – Mailand 1935 (*L'orazione contro Midia*, Hg. D. Bassi; m. Komm.). – Ldn./Cambridge (Mass.) 1935 (in *D.*, Bd. 3, Hg. J. H. Vince; m. engl. Übers.; Loeb; Nachdr. 1956). – Lpzg. 1937 (in *Orationes*, Bd. 2/1, Hg. C. Fuhr u. J. Sykutris). – Paris 1959 (*Contre Midias*, in *Plaidoyers politiques*, Bd. 2, Hg. J. Humbert u. L. Gernet; m. frz. Übers.). – Athen 1984 (*Kata Meidiou*, Hg. G. Xanthakis-Karamanos; griech.-ngriech.).

Übersetzungen: In *Demosthenis und Aeschinis Reden*, J. J. Reiske, 5 Bde., Lemgo 1764–1769. – *Rede gegen Midias*, H. A. Pabst (in *Werke*, Bd. 7 u. 8, Stg. 1840). – *Rede gegen Meidias*, A. Westermann (in *Ausgewählte Reden*, Lfg. 7/8, Stg. 1863 u. ö.). – Dass., G. E. Benseler (in *Werke*, Bd. 9, Lpzg. 1860; griech.-dt.).

Literatur: I. Bruns, *Das literarische Porträt der Griechen*, Bln. 1896, S. 557–570. – H. Erbse, *Über die »Midiana« des D.* (in Herm, 84, 1956).

## KAT' ANDROTIŌNOS

(griech.; *Gegen Androtion*). Rede des Demosthenes. – Das Werk, das in seinem historischen Hintergrund der *Rede gegen Leptines (Pros Leptinēn)* verwandt ist, in seinen sachlich-politischen Voraussetzungen mit der *Rede gegen Timokrates (Kata Timokratus)* zusammengehört, markiert, nach zahlreichen Privatprozessen, das staatsmännische Debüt des Demosthenes. Allerdings verbirgt sich der Politiker noch hinter dem Logographen, und die Staatsrede ist noch im Gewand der öffentlichen Gerichtsrede versteckt; doch die parteipolitische Tendenz ist nicht zu übersehen, was teilweise wörtliche Parallelen in der *Timocratea* zeigen.

Nach dem vergeblichen Versuch Athens, durch die Organisation des Zweiten Seebundes seine alte Größe wiederzuerlangen, einen Versuch, der mit dem Scheitern des Bundesgenossenkrieges (357 bis 355 v. Chr.) endgültig begraben wurde, war die Partei des Aristophon bemüht, durch straffe Finanzpolitik wenigsten den Staatshaushalt im Innern zu sanieren. Androtion, den die Literaturgeschichte als Verfasser einer vielzitierten *Atthis (Beschreibung Attikas)* kennt, war als wichtigster Mann des neugeschaffenen Zehnerkollegiums zur Eintreibung rückständiger Steuern maßgeblich auf der Seite Aristophons engagiert und infolge seines scharfen Vorgehens einer der meistgehaßten Beamten der Stadt. Als er im Jahr 355 vor der Volksversammlung die nach Ablauf eines Amtsjahres übliche Ehrenbekränzung des Stadtrats forderte, benutzte die Gegenpartei des Eubulos, der sich Demosthenes angeschlossen hatte, einige formaljuristische Unebenheiten des Antrags zu einem indirekten Angriff auf die Stellung Androtions: Die Amtsperiode des Rates war noch gar nicht abgelaufen (weshalb der empfehlende Vorbeschluß des Rates, der dem öffentlichen Antrag vorangehen mußte, aus begreiflichen Gründen unterblieben war), zudem hatte der Rat den für eine solche Ehrung unabdingbaren Bau einer gesetzlich vorgeschriebenen Zahl neuer Schiffe nicht zuwege gebracht.

Soweit die geschichtlichen und faktischen Hintergründe. Die Anklage selbst wurde von zwei Strohmännern der Eubulos-Partei vorgetragen: Euktemon, ein inferiorer Politiker und Beamter, hielt die Hauptrede der Klage, Diodoros, ein Privatmann aus der Bürgermasse, die ergänzende Zweitrede – und nur diese Deuterologie liegt uns vor. Die Sprecher, das beweist dieses teilweise fast lysianisch-lebensechte Plädoyer, waren nicht ungeschickt gewählt; denn der unscheinbare, biedere Privatmann scheint die Anklage so sehr aus derb-privaten Interessen heraus zu formulieren, daß das Gros der Laien-Geschworenen, denselben Schichten wie Diodoros entstammend, von dem eigentlich politischen Ziel der Rede ebenso abgelenkt wurde, wie es andererseits sich gefühlsmäßig zur Sympathie mit dem armen Mitbürger gedrängt sah. Und da Diodoros persönlich unter dem unnachsichtigen Staatskassier Androtion zu leiden gehabt hatte, ist sogar die zweiteilige Form der Rede innerlich begründet; es gilt, wie die kurze Einleitung sagt (1–4), nicht nur, die mutmaßliche Verteidigung des Beklagten im voraus zu erschüttern (5–46), sondern auch, die Persönlichkeit des Androtion, seinen Lebenswandel und sein unwürdiges politisches Treiben zu durchleuchten (47–78). So sehr sich indes der Sprecher auch Mühe gab, so tief seine Schilderung der Zwangsmaßnahmen gegen die harmlosen Steuersünder den Hörer packen mußte: Der Gefahr, die er im Prooimion zu beschwören suchte – sein Gegner sei ein *»raffinierter Redner, der sich sein ganzes Leben nur um diese Fertigkeit gekümmert hat«* (4) –, konnte er offensichtlich nicht entgehen. Wir wissen, daß Androtion sich mit Erfolg verteidigte; auch der pathetische Aufschwung zum Schluß der Rede – unversehens tritt, in einem frühen Anflug künftiger Kunst, Demosthenes hinter Diodoros hervor – vermochte den Fehlschlag der Attacke nicht aufzuhalten. E.Sch.

AUSGABEN: Venedig 1504 (in *Orationes duae et sexaginta*, Hg. Scipio Carteromachus, 2 Bde.). – Oxford 1907 (in *Orationes*, Bd. 2/1, Hg. S. H. Butcher; Nachdr. zul. 1980). – Ldn./Cambridge (Mass.) 1935 (in *D.*, Bd. 3, Hg. J. H. Vince; m. engl. Übers.; Loeb; Nachdr. 1956). – Lpzg. 1937 (in *Orationes*, Bd. 2/1, Hg. C. Fuhr u. J. Sykutris). – Mailand 1937 (*Orazione contro Androzione*, Hg. M. Faggella). – Paris 1954 (*Contre Androtion*, in *Plaidoyers politiques*, Bd. 1, Hg. o. Navarre u. P. Orsini; m. frz. Übers.).

ÜBERSETZUNGEN: In *Demosthenis und Aeschinis Reden*, J. J. Reiske, 5 Bde., Lemgo 1764–1769. – *Rede gegen Androtion*, H. A. Pabst (in *Werke*, Bd. 8, Stg. 1840). – Dass., A. Westermann (in *Ausgewählte Reden*. Lfg. 9/10, Stg. 1868 u. ö.). – *Reden gegen Androtion und Timokrates*, anon. (in *Werke*, Bd. 10, Lpzg. 1861; griech.-dt.).

LITERATUR: F. Kahle, *De Demosthenis orationum Androtioneae, Timocrateae, Aristocrateae temporibus*, Diss. Göttingen 1909.

## KAT' ARISTOKRATUS

(griech.; *Gegen Aristokrates*). Rede des DEMOSTHENES, wohl 352/351 v. Chr. gehalten. – Das Werk gehört zwar nach Thema und Anlaß zu den Gerichtsreden des Autors, ist aber, wie Struktur und Gedankenführung erweisen, eine natürliche und konsequente Ergänzung jener drei Volksreden – *Über die Symmorien (Peri tōn symmoriōn), Für die Megalopoliten (Hyper Megalopolitōn)* und *Für die Freiheit der Rhodier (Peri tēs Rhodiōn eleutherias)* –, mit denen Demosthenes zum erstenmal seine Stimme als aktiver Politiker in der Volksversammlung erhoben hatte. Diese vier Reden sind *»kein zufälliges Konglomerat, sondern sie umgreifen mit fester Hand die vier hauptsächlichen Krisenfelder der außenpolitischen Interessen des athenischen Staates. Die Symmorienrede rollte die asiatisch-europäische Frage auf... Die Megalopolitenrede entwickelt den ganzen Komplex der peloponnesischen Angelegenheiten. Die Rhodierrede stellt die Frage der Politik Athens gegenüber den früheren Seebundstaaten. Endlich die Aristokratesrede greift das nordgriechische Problem an, dessen Bedeutung bald alles übrige weit überragen sollte«* (W. Jaeger). In ihrer Grundtendenz, das juristische Forum als Plattform politischer Demagogie zu benützen, hat die *Rede gegen Aritokrates* ihre Vorläufer. Doch in den zwei, drei Jahren seit der *Rede gegen Androtion (Kat' Androtiōnos)*, der *Rede gegen Timokrates (Kata Timokratus)* und der *Rede gegen Leptines (Pros Leptinēn)* hat sich Demosthenes vom Kommunalpolitiker zum Staatspolitiker gewandelt. Freilich, sosehr man den überlegenen Weitblick der vorangegangenen Staatsreden bewundern mag – im Fall der *Aristokratesrede* ist selbst die vorausschauende Berechnung des Demosthenes noch um vieles hinter der bald eintretenden Realität zurückgeblieben, ganz zu schweigen von der Kurzsichtigkeit des Volks, das die Rede niederstimmte und das diplomatisch-vernünftige Aktionskonzept des Demosthenes ablehnte.

Der aktuelle Anlaß der Rede scheint so dürftig, wie die historische Szenerie, vor der sie spielt, nebensächlich war. Ein ehemaliger athenischer Söldnergeneral, Charidemos aus Oreos, jetzt in Diensten des Thrakerkönigs Kersobleptes, sollte, nach dem Antrag des (sonst unbekannten) Aristokrates, mit einem ehrenden Sondergesetz bedacht werden: Wer ihn töte, solle vogelfrei sein, die Gemeinde die dem Mörder Asyl gewähre, solle von jedem Bündnis mit Athen ausgeschlossen werden. Das politische Objekt, das sich hinter diesem geplanten Sonderprivileg verbirgt, ist die Thrakische Chersonnes, Athens unersetzlicher Stützpunkt für den lebensnotwendigen Getreidehandel mit dem Schwarzmeergebiet. Das Reich des Kersobleptes war dieser Halbinsel benachbart; zudem hatte Charidemos unter der Hand zugesagt, Athen die an Philipp von Makedonien verlorene Stadt Amphipolis wiederzugewinnen. Demosthenes sah dahinter eine gefährliche Entwicklung. Man mußte seiner Meinung nach versuchen, den Kersobleptes, wo immer möglich, zu schwächen, nicht ihn zu stärken; weit ratsamer wäre es, den Bruder des Kersobleptes, den König Amadokos, der sich mit jenem um die Herrschaft ganz Thrakiens zankte, zu fördern – damit wäre ein Gleichgewicht der Kräfte hergestellt (vgl. *Hyper Megalopolitōn – Rede für die Megalopoliten*) und zugleich ein drohendes Bündnis Amadokos-Philipp vermieden. Dieses politische Argument bildet den eigentlichen Kern des Plädoyers, und es steht auch rein äußerlich im Zentrum der Rede (100–143). Das formalrechtliche Argument gegen den Antrag – gleichzeitig das einzige Stück der Rede, das nach der Verfahrensordnung sich überhaupt auf den Prozeß bezog – bildet den voraufgehenden ersten Teil (18–99, nach der Einleitung 1–17), in dem anhand zahlreicher Gesetze die Gesetzwidrigkeit des Aristokrateischen Entwurfs dargetan wird. Zur Erhärtung des juristischen und zur psychologischen Stärkung des politischen Arguments folgt im dritten Abschnitt der Nachweis, daß Charidemos eine solche Ehrung durch nichts verdient habe (144–186). Der Epilog (187–220) beleuchtet nochmals in versierter Brillanz alle Aspekte des Problems im Für und Wider.

Der durchaus politische Charakter der Rede kommt in ihrer Disposition, die das Juristische klar zurückdrängt, deutlich zum Ausdruck. Dieser Charakter ist aber ebenso an den Verhältnissen abzulesen, unter denen die Rede gehalten wurde. Denn der Antrag des Aristokrates aus dem Vorjahr war verfallen, also gar nicht zum Gesetz erhoben worden. Wenn daher Euthykles aus Thria, der als sachverständiger Bürger die Rede des Demosthenes vortrug (er hatte mit Demosthenes zusammen 359 das Amt des Trierarchen in jenem nördlichen Bezirk inne), zu Beginn erklärt, daß nichts als das sachliche Interesse ihn zu seinem Schritt treibe, werden damit die Karten rückhaltlos aufgedeckt. Daß das Volk nicht in ihnen lesen konnte oder wollte, hatte es hernach bitter zu bereuen: Amadokos wandte sich tatsächlich Philipp von Makedonien zu, und dieser benutzte natürlich die Gelegenheit, ganz Thrakien unter seinen Einfluß zu bringen und geradewegs an die Dardanellen, Athens empfindlichsten Punkt, vorzustoßen. E.Sch.

AUSGABEN: Venedig 1504 (in *Orationes duae et sexaginta*, Hg. Scipio Carteromachus, 2 Bde.). – Oxford 1907 (in *Orationes*, Bd. 2/1, Hg. S. H. Butcher; Nachdr. zul. 1980). – Mailand 1936 (*Orazione contro Aristocrate*, Hg. L. Volpis; m. Komm.). – Ldn./Cambridge (Mass.) 1935 (in *D.*, Bd. 3, Hg. J. H. Vince; m. engl. Übers.; Loeb; Nachdr. 1956). – Lpzg. 1937 (in *Orationes*, Bd. 2/1, Hg. C. Fuhr u. J. Sykutris). – Paris 1959 (*Contre Aristocrate*, in *Plaidoyers politiques*, Bd. 2, Hg. J. Humbert u. L. Gernet; m. frz. Übers.).

ÜBERSETZUNGEN: In *Demosthenis und Aeschinis Reden*, J. J. Reiske, 5 Bde., Lemgo 1764–1769. – *Rede gegen Aristokrates*, H. A. Pabst (in *Werke*, Bd. 9, Stg. 1840). – Dass., A. Westermann (in *Ausgewählte Reden*, Lfg. 9/10, Stg. 1868 u. ö.). – *Rede wider Aristokrates*, C. Beck (in *Drei Gerichts-Reden*, Halle 1876).

LITERATUR: F. Kahle, *De Demosthenis orationum Androtioneae, Timocrateae, Aristocrateae temporibus*, Diss. Göttingen 1909. – L. Vorndran, *Die »Aristocratea« des D. als Advokatenrede u. ihre politische Tendenz*, Paderborn 1922 (Rhetorische Studien, 11; zugl. Diss. Würzburg).

## KATA TIMOKRATUS

(griech.; *Gegen Timokrates*). Eine der ersten öffentlichen Reden des DEMOSTHENES, entstanden 353 v. Chr. – Das Werk ist nicht, wie die *Rede über die Symmorien (Peri tōn symmoriōn)*, als Volksrede, sondern als Gerichtsrede geschrieben, und zwar für denselben Mann wie die *Rede gegen Androtion (Kat' Androtiōnos)*: Diodoros. Daß der Sprecher ein privater Bürger ist, darf nicht über den politischen Charakter der Ansprache hinwegtäuschen: Diodoros ist von der Partei des Eubulos, der sich auch Demosthenes verpflichtet hat, vorgeschoben, um den Timokrates, einen Parteifreund Aristophons und Androtions, wegen der Einbringung eines gesetzwidrigen Gesetzentwurfs juristisch und politisch zur Rechenschaft zu ziehen.

Im Grunde ist es reines Parteigezänk, was Diodoros – er hielt die Hauptrede der Anklage – hier ausbreitet. Würde nicht schon die Tatsache, daß große Stücke aus der *Androtionrede* (46–57 und 65–78) so gut wie wörtlich in die *Timokratesrede* (160–168 und 172–186) übernommen sind, die agitatorische Tendenz sichtbar bekunden (W. Jaeger), dann dürften gewiß die näheren geschichtlichen Umstände verraten, daß hier versucht werden soll, die zwei Jahre zuvor (355) vergeblich attackierten Gegner aufs neue, nur von einer anderen Seite aus, anzugreifen. Androtion, der berüchtigte Finanzier und Steuervogt, hatte, zusammen mit zwei Freunden, einige Jahre vorher (wohl in der Zeit des Bundesgenossenkriegs, 357–355) anläßlich einer Fahrt nach Kleinasien eine beträchtliche Summe, die eigentlich dem Staat gehörte – man hatte ein fremdes Schiff gekapert –, in die eigene Tasche gesteckt. Jetzt bedrohte ein (politisch durchaus in seinem Sinne wirkendes) Gesetz ihn als Staatsschuldner mit Haft. In dieser prekären Situation verfiel Androtions Parteifreund Timokrates auf die Idee, in einer Sonderversammlung ein Gesetz zu beantragen, das Staatsschuldnern ein Jahr Aufschub der Schuldhaft gewähren sollte, wenn sie Bürgen stellen konnten, die dem Staat das dringend benötigte Geld vorschossen. Gegen diesen Gesetzentwurf, der als »Gesetz für einen Mann« nur ein eigennütziges politisches Manöver darstellt, erhebt Diodoros Einspruch: einmal, weil die Art des Gesetzantrags wie sein Inhalt bestehenden Gesetzen zuwiderlaufen (17–67), zum zweiten, weil ein solches Gesetz staatsgefährlich ist und letztlich sogar gemeinen Verbrechern zugute kommen könnte (68–109). Daß der Kläger jedoch mehr und anderes will als nur die Aufhebung dieses neuen Gesetzes – nämlich die politische Vernichtung des Gegners –, zeigt der beinahe noch einmal so lange Rest der Rede (110–218), der die Argumente weiter ausführt, die Persönlichkeit der Hintermänner des Gesetzes ins rechte – d. h. schlechte – Licht rückt und die erwartete Verteidigung des Timokrates zu zerpflücken sucht. Freilich, der Aufwand an Scharfsinn und Sprachgewalt, die ausgefeilte Proportion von Beweis und Überredung, von rationalem Kalkül und Gefühlsappell waren vergeblich, denn anscheinend zogen Androtion und seine Freunde es vor, lieber gleich zu zahlen.

So ist heute nicht mehr zu entscheiden, ob es überhaupt zum Prozeß kam und ob die Rede wirklich gehalten worden ist. Aus einigen stilistischen Unebenheiten glaubte man eine Umarbeitung des ursprünglichen Konzepts ableiten und aus dieser Tatsache schließen zu können, daß der Prozeß auch unter den veränderten Voraussetzungen schließlich doch noch zustande kam (F. Blass). Wie dem auch sei – im ganzen macht das Werk einen sehr überzeugenden Eindruck. In der Verbindung des Juristischen mit dem Politischen verrät sich hier soviel gewinnende Vernunft wie dort souveräne Routine, und man ahnt bereits manches von dem Feuer späterer Staatsreden. Den Elan einer *Kranzrede (Peri tu stephanu)*, mit dem Demosthenes seinen Widersacher AISCHINES vom forensischen Katheder und aus der Stadt fegte, darf man natürlich in der *Timocratea* nicht suchen – es bedurfte noch langer Lehr- und Reifejahre, bis Demosthenes die ganze persönliche Leidenschaft eines erfahrenen Politikers in die Waagschale werfen konnte. E.Sch.

AUSGABEN: Venedig 1504 (in *Orationes duae et sexaginta*, Hg. Scipio Carteromachus, 2 Bde.). – Oxford 1907 (in *Orationes*, Bd. 2/1, Hg. S. H. Butcher; Nachdr. zul. 1980). – Ldn./Cambridge (Mass.) 1935 (in *D.*, Bd. 3, Hg. J. H. Vince; m. engl. Übers.; Loeb; Nachdr. 1956). – Lpzg. 1937 (in *Orationes*, Bd. 2/1, Hg. C. Fuhr u. J. Sykutris). – Paris 1954 (*Contre Timocrate*, in *Plaidoyers politiques*, Bd. 1, Hg. O. Navarre u. P. Orsini; m. frz. Übers.).

ÜBERSETZUNGEN: In *Demosthenis und Aeschinis Reden*, J. J. Reiske, 5 Bde., Lemgo 1764–1769. – *Rede gegen Timokrates*, H. A. Pabst (in *Werke*, Bd. 10, Stg. 1840). – *Reden gegen Androtion und Timokrates*, anon. (in *Werke*, Bd. 10, Lpzg. 1861; griech.-dt.).

LITERATUR: F. Kahle, *De Demosthenis orationum Androtioneae, Timocrateae, Aristocrateae temporibus*, Diss. Göttingen 1909. – R. Passway, *The Manuscript Tradition. Demosthenis, »In Timocratem«, Oration 24*, Diss. NY Univ. 1975. – M. R. Dilts, *The Manuscript Tradition in the Scholia Ulpiani on Demosthenis »In Timocratem«* (in TPAPA, 105, 1975, S. 35–50). – Ders., *Apographs of Lost Codex For Demosthenis »In Timocratem«* (in Prometheus, 3, 1977, S. 204–210).

## OLYNTHIAKOI (LOGOI)

(griech.; *Olynthische Reden*). Drei Reden des DEMOSTHENES, 349/348 v. Chr. in kurzem Abstand sukzessive entstanden. – Olynth war eine mächtige Handelsstadt auf der Halbinsel Chalkidike. Seine Außenpolitik war natur- und traditionsgemäß lange durch die Rivalität zu Athens Machtansprüchen in Nordgriechenland bestimmt: Im Peloponnesischen Krieg (431–404) stand es auf seiten Spartas, später schwang es sich zum Haupt des Chalkidischen Bundes auf und wurde so zu einem bedeutenden politischen Faktor im thrakischen Raum. Der aufstrebende Makedonenkönig Philipp II. (reg. 359–336) hatte zunächst mit der seinem Land benachbarten Stadt einen Bündnisvertrag geschlossen, der, wie die Olynthier glaubten, eine Abgrenzung der beiderseitigen Interessensphären garantieren sollte. Als jedoch Philipp begann, die Städte des Umkreises, eine nach der anderen, zu unterwerfen und sich zudem in Thessalien festsetzte, erkannte man in Olynth seine wahren Absichten und schloß – vermutlich zu der Zeit, als Philipp durch seine thessalischen Unternehmungen die Hände gebunden waren – mit Athen einen Separatfrieden, obwohl der Vertrag mit Makedonien dies beiden Partnern ausdrücklich untersagte. Es war klar, daß der König ein solches Vergehen nicht ohne weiteres hinnehmen würde, und so bemühte sich Olynth um ein regelrechtes Bündnis mit Athen, das auch zustande kam – freilich, wie es scheint, zu zögernd und daher zu spät.

Die chronologischen Einzelheiten der Ereignisse bleiben vielfach im dunkeln, vor allem läßt sich – trotz mannigfacher Versuche in dieser Richtung – kaum mehr ausmachen, aus welcher speziellen Situation heraus Demosthenes seine drei *Olynthischen Reden* konzipiert hat: Fest steht jedenfalls, daß das Bündnis geschlossen wurde und daß die Olynthier, als Philipp nach einer längeren Krankheit ohne Zögern daran ging, die mit Olynth verbündeten Städte zu belagern, sich mehrfach an Athen wegen der Entsendung von Hilfstruppen wandte. – Auf diese dringlichen Bittgesuche sind alle drei Reden bezogen. Im Mittelpunkt der ersten steht der Vorschlag, der bedrohten Stadt nicht nur mit einem, sondern mit zwei Heeren beizustehen; die eine Abteilung sollte (auf dem Seeweg) Olynth unmittelbar zu Hilfe kommen, die andere (auf dem Landweg) in Makedonien einfallen, um so Philipps Kräfte zu zersplittern. Die zweite Rede rät den Athenern, neben der direkten Hilfe für Olynth die thessalischen Städte durch Gesandtschaften zum Abfall von Philipp zu bewegen, was nicht schwer sein dürfte, da seine Macht wie überall, so auch dort auf Gewalt und Lügen aufgebaut sei. Hauptproblem aller Hilfeleistungen Athens – das betont schon die erste Rede – ist das Geld für die Aufstellung der Truppen: Diesem heißen innenpolitischen Eisen ist die dritte Rede gewidmet. In beschwörenden Worten entwickelt Demosthenes den – politisch ungemein brisanten – Plan, die Ausschüttung der geheiligten Theatergelder einstellen und das Ersparte einer Kriegskasse zuführen zu lassen (seit der Zeit des Perikles erhielt jeder Athener das Eintrittsgeld für die Theatervorstellungen aus der Staatskasse zugeteilt). Hand in Hand damit müsse eine Erneuerung der inneren Ordnung der Stadt erfolgen; das Volk müsse sich aus der Abhängigkeit von den wenigen Reichen befreien, seiner politischen Bedeutung wieder bewußt werden und selbst in Gestalt eines Bürgerheeres (anstelle von Söldnertruppen) nach Olynth ziehen.

Demosthenes ist mit keinem seiner Vorschläge durchgedrungen, obgleich seine Diagnose innen- wie außenpolitisch in allen Punkten richtig war – genau so richtig wie in der den *Olynthiakoi* vorangehenden, gleichfalls erfolglosen *Ersten Philippi-*

*schen Rede* (vgl. *Philippikoi logoi*), deren Prognosen sich inzwischen exakt bewahrheitet hatten. Die Unterstützung Athens für Olynth blieb in Halbheiten stecken, Philipp konnte die Stadt Ende des Jahres 348 aufgrund eines nichtigen Vorwandes direkt angreifen und erobern, machte sie dem Erdboden gleich und verkaufte oder verschenkte ihre Einwohner in die Sklaverei. Auch die Theatergelder, nach einem Bonmot des DEMADES *»der Kitt der Demokratie«*, wurden nicht angetastet, im Gegenteil: Die von Demosthenes so überraschend attackierte plutokratische Partei des Eubulos – in deren Reihen der Redner selbst seine Laufbahn begonnen hatte (vgl. *Peri tōn symmoriōn – Über die Symmorien, Hyper Megalopolitōn – Für die Megalopoliten, Peri tēs Rhodiōn eleutherias – Über die Freiheit der Rhodier, Kata Meidiu – Gegen Meidias*) – brachte, nicht zuletzt wohl eben aufgrund des dritten *Olynthiakos*, ein Gesetz ein, das jeden, der eine Änderung der Gesetzgebung über die Theatergelder anstrebte, mit der Todesstrafe bedrohte. Die Verbindung mit den ehemaligen Freunden war dadurch in offene Gegnerschaft umgeschlagen. Daß der politische Scharfblick des Demosthenes damit aber durchaus das politisch Günstigste tat, beweisen die Reaktionen auf den Fall Olynths: Die Eubulisten fordern blindlings Krieg gegen Philipp, Demosthenes und seine Freunde bemühen sich um das einzig Mögliche – einen für Athen eben noch tragbaren Frieden mit Philipp, wie er dann 346 im sogenannten Philokrates-Frieden geschlossen wurde (vgl. *Peri tēs eirēnēs – Über den Frieden, Peri tēs parapresbeias – Über die Truggesandtschaft*).

Das in jeder Weise politisch hellsichtige, allein an sachlichen Gegebenheiten orientierte Argumentieren erklärt auch die verschiedenen Eigenarten der *Olynthischen Reden*: daß sie sich auf Gedanken stützen, die zum Teil in wörtlich gleicher Formulierung auch schon in früheren Reden *(Erste Philippische Rede; Kat' Aristokratus – Gegen Aristokrates)* begegnen; daß sie sich äußerlich so wenig auf rationales Analysieren und auf aktuelle Faktendetails berufen, sondern statt dessen die Zuhörer psychagogisch mit langen moralisierenden, ja gelegentlich fast theologisch anmutenden Gedankenketten (Charakter und Lebenswandel Philipps; hymnischer Preis des Kairos, der zu nutzenden günstigen Chance, und Reflexion über die Tyche, das einst Philipp, jetzt Athen gnädige Glück; Loblied auf die große athenische Vergangenheit) zu beeinflussen suchen; daß sie dabei doch ebenso eindringlich wie knapp formuliert sind (was, neben anderem, immer wieder dazu verlockt, sie nicht für gehaltene Reden, sondern für publizistische Broschüren zu halten); schließlich, daß sie in diesem auf »Überredung aus Einsicht« tendierenden Grundcharakter trotz ihrer äußeren Kürze alle Register leidenschaftlicher Anteilnahme, eindringlichen Zuredens und rhetorischer Überzeugungskraft ziehen (z. B. in der teils ironischen, teils höhnisch-sarkastischen Zurückweisung der mutmaßlichen gegnerischen Einwände, besonders in der dritten Rede), die dem Redner damals zu Gebote standen und die man, stünde nicht eben eindeutig das historisch richtige politische Kalkül dahinter, nur als raffiniertes Ausspielen demagogischer Finessen bezeichnen könnte. Daß alle diese Bemühungen vergeblich waren, mag vielleicht gegen den Redner Demosthenes sprechen: dem damals fünfunddreißigjährigen Politiker Demosthenes stellt jedoch paradoxerweise gerade die – von ihm von vornherein mit Bewußtsein in Rechnung zu stellende – Erfolglosigkeit das Zeugnis der Reife aus. E.Sch.

AUSGABEN: Venedig 1504 (in *Orationes duae et sexaginta*, Hg. Scipio Carteromachus, 2 Bde.). – Ldn. 1897 (*The First Philippic and the Olynthiacs*, Hg. J. E. Sandys; m. Komm.). – Oxford 1903 (in *Orationes*, Hg. S. H. Butcher, Bd. 1; Nachdr. zul. 1980). – Ldn./Cambridge (Mass.) [2]1954 (in *D.*, Bd. 1, Hg. J. H. Vince; m. engl. Übers.; Loeb). – Lpzg. 1914 (in *Orationes*, Bd. 1, Hg. C. Fuhr). – Paris 1955 (*Olynthiennes*, in *Harangues*, Bd. 1, Hg. M. Croiset; m. frz. Übers.). – Bari 1969 (*Le tre orazioni Olintiache (1–3)*, Hg. P. Treves; m. Komm.). – Syndey 1970 (*The Spectre of Philip. D.' First Philippic, Olynthiacs and Speech on the Peace (1–5)*, Hg. J. R. Ellis u. R. D. Milns; m. engl. Übers.). – Turin 1974 (*Discorsi e lettere di Demostene, I: Discorsi all'assemblea (I–XVII)*, Hg. L. Canfora; m. Komm.; griech.-ital.).

ÜBERSETZUNGEN: In *Demosthenis und Aeschinis Reden*, J. J. Reiske, 5 Bde., Lemgo 1764–1769. – J. J. Steinbrüchel (in *Vollständige und kritische Nachrichten von den besten und merkwürdigsten Schriften unserer Zeit*, Lindau 1765; nur Nr. 1). – *Olynthische Reden*, A. Westermann (in *Ausgewählte Reden*, Bd. 1, Stg. 1856; Bln. [9]1900). – Dass., anon. (in *Werke*, Bd. 1, Lpzg. [3]1861; griech.-dt.). – *Erste/Zweite/Dritte Rede in Sachen Olynths*, C. Beck (in *Zwölf Staats-Reden*, Halle 1876). – *Olynthische Reden und Rede über den Frieden*, F. Jacobs, Hg. M. Oberbreyer, Lpzg. o. J. (RUB). – in *Politische Reden*, W. Unte, Stg. 1985 (griech.-dt.; RUB).

LITERATUR: M. Gude, *A History of Olynthus*, Baltimore 1933. – P. Treves, *Le »Olintiache« di Demostene* (in Nuova Rivista Storica, 22, 1938, S. 1–19). – D. M. Robinson, Art. *Olynthos* (in RE, 18/1, 1939, Sp. 325–342). – H. Erbse, *Zu den »Olynthischen Reden« des D.* (in RhMus, 99, 1956, S. 364–380). – H. Bengtson, *Griechische Geschichte*, Mchn. [3]1965, S. 290–293; 306/307. – J. R. Ellis, *The Order of the »Olynthiacs«* (in Historia, 16, 1967, S. 108–112). – J. M. Carter, *Athens, Euboea and Olynthos* (ebd., 20, 1971, S. 418–429). – J. R. Ellis, *Philip's Thracian Campaign of 352/351 (Olynth. III, 4/5)* (in Classical Philology, 72, 1977, S. 32–39). – J. Sadourney, *À la recherche d'une politique, ou les rapports d'Éschine et de Philippe de Macédoine, de la prise d'Olynthe à Chéronée* (in Revue des Études Anciennes, 81, 1979, S. 19–36). – C. Eucken, *Reihenfolge und Zweck der »Olynthischen Reden«* (in MH, 41, 1984, S. 193–208).

## PERI TĒS EIRĒNĒS

(griech.; *Über den Frieden*). Rede des DEMOSTHENES, entstanden im Herbst 346 v. Chr. – Athen hatte im April des Jahres 346 mit König Philipp II. von Makedonien (reg. 359–336) den sogenannten Philokrates-Frieden geschlossen und damit den seit dem Olynthischen Krieg (vgl. *Olynthiakoi logoi – Olynthische Reden*) immer noch andauernden Kriegszustand beendet. Demosthenes selbst war – neben Philokrates und dem Redner AISCHINES – einer der zehn attischen Gesandten gewesen, die in Pella die Verhandlungen führten (vgl. die Reden *Peri tēs parapresbeias – Über die Truggesandtschaft*), hatte jedoch nicht verhindern können, daß nach Philipps Forderung die Phoker und die Stadt Halos (in Thessalien) aus dem allgemeinen Friedensvertrag, der allen Betroffenen ihren gegenwärtigen Besitzstand garantierte, ausgeschlossen blieben. Phillips Absicht lag klar zutage: In dem zehn Jahre zuvor (356) ausgebrochenen »Heiligen Krieg« hatte er gegen die mit Sparta und Athen verbündeten Phoker, die sich des Apollonheiligtums von Delphi bemächtigt und seine reichen Tempelschätze zur Truppenanwerbung »ausgeliehen« hatten, auf seiten der Böotier (Theben) und Thessalier Stellung bezogen und so Thessalien in seine Abhängigkeit gebracht; an den Thermopylen war er jedoch von der vereinten Streitmacht der Phoker und ihrer Bündner, darunter Athen, zu eiligem Rückzug gezwungen worden (352). Was damals mißglückt war, konnte er jetzt, nach dem Friedensschluß mit Athen, mit Erfolg zu Ende führen: Schon im Juli besetzte er die Thermopylen (den Zugang zum südlichen Mittelgriechenland und nach Attika), rückte zusammen mit thessalischen und thebanischen Truppen in Phokis ein, berief eine Versammlung der Amphiktyonie (Bundesrat der zwölf im delphischen Apollonkultus vereinten griechischen Stämme) ein und ließ sich als dem »Rächer des Gottes und Retter des Heiligtums« nebst einer Reihe anderer Vorrechte feierlich die beiden Stimmen der von nun an von den Amphiktyonen ausgeschlossenen phokischen »Tempelräuber« übertragen. Damit war der »Barbar« Philipp, zumindest äußerlich, endgültig in die Gemeinschaft der Griechen aufgenommen. Einzig die Athener hatten sich schon im Sommer geweigert, an der Strafexpedition gegen Phokis teilzunehmen und brüskierten im Herbst den Makedonenkönig, indem sie die unter seiner persönlichen Leitung stattfindenden Pythischen Spiele in Delphi boykottierten. Philipp schickte daraufhin eine Gesandtschaft nach Athen, die eine offizielle Anerkennung seiner Mitgliedschaft in der Amphiktyonie erwirken und zugleich gegen die Aufnahme böotischer und phokischer Flüchtlinge protestieren sollte.

In dieser Situation hielt Demosthenes seine Rede, in der er – offenkundig wider alles Erwarten der nicht zuletzt dank seinem Einfluß makedonenfeindlichen Mehrheit des Volkes – für die Aufrechterhaltung des Friedens plädierte: nicht allein, weil man den soeben geschlossenen Frieden nicht mutwillig brechen dürfe, sondern vor allem, weil man sämtliche übrigen Mitglieder des Amphiktyonenbundes gegen sich habe; schließlich, so argumentiert der Redner, ist diese delphische Angelegenheit inzwischen ein Streit um des Esels Schatten geworden, den zu einem Krieg aller gegen einen sich ausweiten zu lassen ein Zeichen von Einfalt und barer Tollheit wäre. Das bedeutet nicht, man solle Philipps Wünschen blindlings Folge leisten (Demosthenes bemüht sich deutlich um eine Distanzierung von der makedonenfreundlichen Partei, zumal durch seine Hinweise auf frühere Reden), es bedeutet vielmehr, das im Augenblick einzig Mögliche zu tun und im übrigen daran zu denken, daß die jetzigen griechischen Bündner Philipps dies ja auch nur unter Opfern geworden sind – was heißen soll, daß auf längere Sicht durchaus Chancen bestehen, die derzeitige makedonische Einheitsfront mit einigem politischem Geschick wieder zu spalten.

Demosthenes mag eine solche, vordergründig scheinbar im Sinne seines erbittersten außenpolitischen Feindes gehaltene Stellungnahme nicht leicht gefallen sein (antike Kritiker hegten deshalb sogar Zweifel an der Echtheit der Rede). Aber daß er in dieser schwierigen Lage überhaupt auf solche Weise zu plädieren wagte – gegen die eigenen Freunde, wie es den Anschein haben mußte, doch gleichzeitig so, daß er insgeheim schon wieder das Eisen gegen die athenische Makedonenpartei und Philipp schmiedete –, das bezeugt einmal mehr seinen untrüglichen politischen Verstand. Diese politische Nüchternheit korrespondiert zugleich mit der rednerischen Sensibilität: Leidenschaft, Pathos, mitreißende Aggressivität mochten in Ansprachen wie der *Ersten Philippischen Rede* (vgl. *Philippikoi logoi*) oder den *Olynthischen Reden* am Platze sein, wo es um eine aggressive Verteidigung der Athener Interessen ging; hier dagegen, in der aussichtslosen Defensive, sind, wie ähnlich auch noch in der *Zweiten Philippischen Rede*, rationale Überlegung, kühles, sachliches Abwägen des Für und Wider, sind Ruhe und Besonnenheit vonnöten. Daß darin nicht ein Verzicht auf die, wie man meinen möchte, so typisch Demosthenischen rhetorischen Mittel affektgeladener und affekterregender Psychagogie liegt, lehrt ein Blick auf die späteren *Philippiken*, zumal die *Dritte Philippische Rede*. Freilich – auch das sollte man nicht vergessen: Der politische Scharfblick des Demosthenes bewährt sich zwar, wie hier im Rahmen der Tagespolitik, ja sogar als politischer Weitblick innerhalb der Strategie einiger Jahre; aber aus der Rückschau erscheint er doch als historische Blindheit, vor allem verglichen mit der fast gleichzeitig erschienenen *Philippos*-Broschüre des der Tagespolitik weit entrückten ISOKRATES, der die Zeichen der Zeit erkannt hatte und Philipp als den einzig noch verbliebenen Garanten der politischen Einheit des Griechentums pries. E.Sch.

AUSGABEN: Venedig 1504 (in *Orationes duae et sexaginta*, 2 Bde., Hg. Scipio Carteromachus). – Bln. [10]1902 (in *Ausgewählte Reden*, Bd. 1, Hg. A. Westermann, E. Müller u. E. Rosenberg; m. Komm.). – Oxford 1903 (in *Orationes*, Bd. 1, Hg. S. H. Butcher; Nachdr. zul. 1980). – Lpzg. [9]1909 (in *Die neun Philippischen Reden*, Hg. C. Rehdantz, F. Blass u. C. Fuhr; m. Komm.). – Lpzg. 1914 (in *Orationes*; Bd. 1, Hg. C. Fuhr). – Mailand 1934 (*L'orazione per la pace*, Hg. V. Pellegrino; m. Komm.). – Turin 1940 (*Per la pace*, Hg. G. B. Bonelli). – Ldn./Cambridge (Mass.) [2]1954 (*On the Peace*, in *D.*, Bd. 1, Hg. J. H. Vince; m. engl. Übers.; Loeb). – Paris 1955 (*Sur la paix*, in *Harangues*, Hg. M. Croiset, Bd. 2; m. frz. Übers.). – Syrakus 1959 (*Per la pace*, Hg. V. Costa). – Salamanca 1965 (*Discurso sobre la paz*, Hg. I. Roca Melia; m. Komm.). – Sydney 1970 (*The Spectre of Philip. D.' First Philippic, Olynthiacs and Speech on the Peace (1–5)*, Hg. J. R. Ellis u. R. D. Milns; m. engl. Übers.). – Turin 1974 (*Discorsi e lettere di Demostene, I: Discorsi all' assemblea (I–XVII)*, Hg. L. Canfora).

ÜBERSETZUNGEN: In *Demosthenis und Aeschinis Reden*, J. J. Reiske, 5 Bde., Lemgo 1764–1768. – *Für den Frieden*, L. Döderlein (in *Ausgewählte Reden*, Bd. 2, Stg. 1854). – *Rede vom Frieden*, A. Westermann (in *Ausgewählte Reden*, 12 Lfgn., Stg. 1856–1873 u. ö.). – *Rede über den Frieden*, anon. (in *Werke*, Bd. 2, Lpzg. [2]1858; griech.-dt.). – Dass., H. A. Pabst (in *Werke*, Bd. 1, Stg. [4]1874). – *Über den Frieden*, C. Beck (in *Zwölf Staats-Reden*, Halle 1876). – *Rede über den Frieden*, F. Jacobs, Hg. M. Oberbreyer (in *Olynthische Reden...*, Lpzg. 1878; RUB). – In *Politische Reden*, W. Unte, Stg. 1985 (griech.-dt.; RUB).

LITERATUR: G. T. Griffith, *The So-Called koine eirene of 346 B. C.* (in Journal of Hellenic Studies, 59, 1939, S. 71–79). – P. Cloché, *Philippe de Macédoine depuis la harangue de Démosthène »Sur la paix« jusqu'à la rupture athéno-macédonienne* (in Rbph, 30, 1952, S. 677–720). – R. Sealy, *Proxenos and the Peace of Philokrates* (in Wiener Studien, 68, 1955, S. 145–152). – G. L. Cawkwell, *Aeschines and the Peace of Philokrates* (in Revue des Études Grecques, 73, 1960, S. 416–438). – Ders., *D.' Policy After the Peace of Philokrates* (in Classical Quarterly, N. S. 13, 1962, S. 120–138; 200–213; vgl. ders., *The Peace of Philokrates Again*, ebd., N. S. 28, 1978, S. 93–104). – T. T. B. Ryder, *Koine Eirene*, Ldn. 1965. – M. M. Markle, *The Peace of Philokrates. A Study in Athenian Foreign Relations, 348–346 B. C.*, Ann Arbor/Mich. 1968 [zugl. Diss. Princeton Univ. 1967]. – Ders., *The Strategy of Philip in 346 B. C.*, (in Classical Quarterly, N. S. 24, 1974). – C. Pecorella Longo, *Le ambascerie ateniesi tra il 348 e il 346 a. C.* (in SIFC, N. S. 47, 1975).

## PERI TĒS PARAPRESBEIAS

(griech.; *Über die Truggesandtschaft*). Anklagerede des DEMOSTHENES gegen seinen politischen Hauptrivalen AISCHINES (390/89–314 v. Chr.), der sich dagegen mit der gleichnamigen Verteidigungsrede zur Wehr setzte; nicht in der endgültigen, vor Gericht gehaltenen Fassung publiziert und überliefert. – Die Reden über die angeblich landesverräterisch geführte Gesandtschaft des Aischines – gemeint sind die beiden Gesandtschaften zu König Philipp II. von Makedonien, die 346 v. Chr. zur Unterzeichnung des sogenannten Philokrates-Friedens führten – gehören zu den dekuvrierendsten Zeugnissen der politischen Rhetorik des 4. Jh.s v. Chr.: Nicht nur, weil sie zeigen, bis zu welchem Grad Emotionen des Hasses und der Leidenschaft auf beiden Seiten, bei der makedonenfreundlichen wie bei der makedonenfeindlichen Partei, jedes vernünftige politische Argumentieren von vornherein aussichtslos machten, sondern vor allem, weil sie beweisen, daß beide Parteien bereit waren, sämtliche von der demokratischen Verfassung Athens gebotenen Mittel – auch die Justiz – demagogisch dazu zu benützen, den Gegner mit einer selbst vor den Grenzen des Terrors nicht zurückschreckenden Konsequenz zu verfolgen und nach Möglichkeit zu vernichten. Das dokumentiert sich mit geradezu schockierender Offenheit schon in der skanalösen *Rede gegen Timarchos (Kata Timarchu)*, mit der Aischines den von der Demosthenischen Partei gleich nach Beendigung der Gesandtschaft als Ankläger vorgeschickten Timarchos von der politischen Bühne fegte und so den Gesandtschaftsprozeß bis ins Jahr 343 verzögerte. Versteckter, doch deshalb mit keineswegs geringerer Stringenz dokumentiert sich diese *»Verwilderung«* der politischen – und der juristischen – Sitten (W. Jaeger) aber auch in dieser Demosthenischen Anklage, in der die ausführlichen Berichte über die Ereignisse während der Gesandtschaften, die aus den verschiedensten Blickwinkeln wiederholten Zurückweisungen der mutmaßlichen Rechtfertigungen des Aischines und die ständigen Hinweise auf dessen verhängnisvolle Schuld keinen Zweifel daran lassen, daß der formelle Anklagepunkt – versäumte Rechenschaftslegung nach der Gesandtschaft – nur einen notdürftigen »Aufhänger« für die persönliche Auseinandersetzung mit dem politischen Erzrivalen bildet. So sind denn die Hauptvorwürfe auch rein politischer Natur – Aischines soll schuld daran sein, daß Athen im Philokrates-Frieden seine phokischen Bundesgenossen dem Untergang preisgeben mußte und daß im Laufe des Sommers 346 wertvolle thrakische Gebiete an Philipp fielen –; die Vorwürfe der passiven Bestechung und des Verrats athenischer Interessen sind lediglich deren juristische belangbare Kristallisationskerne.

Aischines wurde bekanntlich, wenn auch nur mit knapper Stimmenmehrheit, freigesprochen. Das verdankte er gewiß ebensosehr seiner geschickten Verteidigung und der Fürsprache anderer einflußreicher Politiker (Eubulos und Phokion) wie dem entscheidenden Umstand – den Demosthenes vergebens zu verharmlosen und in günstiges Licht zu rücken sucht –, daß der Ankläger selbst beiden Gesandtschaften als Mitglied angehört hatte (einer der Gründe für das Vorschieben des zunächst unverdächtigen Timarch). Andererseits bekundet aber gerade die geringe Mehrheit, die Aischines fand, daß es Demosthenes gelang, den Makel seiner Beteiligung am Zustandekommen des »Schandfriedens« – einen Makel, den die *Rede über den Frieden (Peri tēs eirēnēs)* noch verstärkt haben mußte – allmählich abzustreifen und mit seiner antimakedonischen Kriegspolitik neuen Einfluß zu gewinnen. In dieser Hinsicht markiert der Gesandtschaftsprozeß einen wichtigen Schritt auf dem Wege von der *Zweiten Philippschen Rede* (344 v. Chr.; vgl. *Philippikoi logoi*) zur *Rede über die Angelegenheiten in der Chersones (Peri tōn en Cherronēsō)* und zur *Dritten Philippischen Rede* von 341, die den Redner auf dem Gipfel seiner Macht zeigen – und mitverantwortlich sind für den 340 wieder offen ausbrechenden Kampf, der schließlich zum Debakel von Chaironeia (338) führte. E.Sch.

AUSGABEN: Venedig 1504 (in *Orationes duae et sexaginta*, 2 Bde., Hg. Scipio Carteromachus). – Oxford 1903 (in *Orationes*, Bd. 1, Hg. S. H. Butcher; Nachdr. zul. 1980). – Lpzg. 1914 (in *Orationes*, Bd. 1, Hg. C. Fuhr). – Ldn./Cambridge (Mass.) ²1939 (*De falsa legatione*, in *D.*, Bd. 2, Hg. C. A. u. J. H. Vince; m. engl. Übers.; Loeb; Nachdr. 1953). – Paris 1956 (*Sur les forfaitures de l'ambassade*, in *Plaidoyers politiques*, Bd. 3, Hg. G. Mathieu; m. frz. Übers.).

ÜBERSETZUNGEN: In *Demosthenis und Aeschinis Reden*, J. J. Reiske, 5 Bde., Lemgo 1764–1768. – *Rede über die Truggesandtschaft*, H. A. Pabst (in *Werke*, Bd. 5, Stg. ²1866; Bd. 6, Stg. 1839). – *Rede über Gesandtschaftsverrath*, G. E. Benseler (in *Werke*, Bd. 7, Lpzg. 1859; griech.-dt.). – *Rede wider Aeschines. Ueber die Trug-Gesandtschaft*, C. Beck (in *Drei Gerichts-Reden*, Halle 1876).

LITERATUR: W. Jaeger, *D.*, Bln. 1939; ²1963, S. 164 f. – C. Mossé, *Die politischen Prozesse u. die Krise der athenischen Demokratie* (in *Hellenische Poleis*, Hg. E. Ch. Welskopf, Bd. 1, Bln./DDR 1974, S. 160–187).

## PERI TĒS RHODIŌN ELEUTHERIAS

(griech.; *Über die Freiheit der Rhodier*). Rede des DEMOSTHENES. – Nach den Reden *Peri tōn symmoriōn (Über die Symmorien)* und *Hyper Megalopolitōn (Für die Megalopoliten)* ist die *Rhodierrede* als die letzte der drei relativ kurzen Volksreden des Demosthenes entstanden, mit denen der Redner seine Laufbahn als aktiver Politiker eröffnete. Man hat nicht ohne Wahrscheinlichkeit angenommen, daß die *Rhodierrede* noch im selben Jahr verfaßt und gehalten worden ist (352 v. Chr.) wie die *Rede für die Megalopoliten*; daß sie dieser nachfolgt, wäre auch ohne das Zeugnis des DIONYSIOS aus Halikarnassos (der sie in das Jahr 351/50 setzt) aus der Haltung des Sprechers zu ersehen. Noch mehr als dort zeigt sich hier Demosthenes auf dem Weg zu ausgeprägt eigenen politischen Ideen, noch weiter als dort entfernt er sich von den seiner Meinung nach friedlich-sterilen Zielen der ehemaligen, zur Zeit der *Symmorienrede* noch eng mit ihm verbundenen Parteifreunde um Eubulos. War dort der Gedanke an ein außenpolitisches Engagement Athens, ja an ein kostspielig-gefährliches Risiko militärischer Verwicklungen noch als Mittel vorgetragen, der Stadt den Frieden zu erhalten und zugleich für die Erneuerung ihrer Größe zu wirken, so ist hier der Zweck eindeutig das Streben nach neuer Macht nach Befreiung aus der unglücklichen Randposition, in die Athen während der ersten Hälfte des Jahrhunderts gedrängt worden war. Das Schlagwort »Kein Krieg mit dem persischen Erbfeind« beispielsweise, drei Jahre zuvor in der *Symmorienrede* als ernste Überzeugung vorgetragen, ist hier bereits zur demagogischen Finte geworden – wohlfeil, weil es bei den Massen Anklang findet und den Eindruck politischer Konsequenz erweckt, dabei höchst ambivalent, weil es hart neben der Befürwortung militanter Aktionen steht, sofern sie nur der Macht Athens dienlich sind. Überhaupt erscheint dies als der eigentliche politische Kern der Rede – beinahe erschreckend in der Unverhülltheit, mit der er bloßgelegt, der nackten Folgerichtigkeit, in der mit ihm jongliert wird: den Augenblick zu nützen, mit robuster Initiative der Stadt wieder Einfluß und hegemoniale Macht zu verschaffen. Was Recht ist – der fatale »machiavellistische« Satz ist kaum zu überhören (W. Jaeger) –, wird in Hellas ohnehin allseits an der Macht gemessen.

Freilich, Demosthenes hatte für solch scharfe Agitation jeden Anlaß, sah er sich doch zu Beginn der Rede einer Volksstimmung gegenüber, die seinen Ansichten diametral entgegengesetzt war. Der einfache Bürger Athens war jenen rhodischen Demokraten, deren Abgesandte damals um aktiven Beistand für die Rückkehr in ihre Heimat baten, keineswegs wohlgesinnt: Daß die demokratische Partei von den Oligarchen, hinter denen der karische König Maussolos stand, aus Rhodos vertrieben worden war, erfüllte die meisten mit schadenfroher Genugtuung, denn dieselben Demokraten hatten sich wenige Jahre vorher von Maussolos zum Abfall von Athen und vom Zweiten Seebund verleiten lassen. Das Geschick, mit dem Demosthenes diese Stimmung berücksichtigt, hat der Rede den Ruf eines weiteren demagogischen Meisterstücks des jungen Politikers eingetragen. Vordergründig hören sich seine Worte als lautere Bejahung des allgemeinen Standpunkts an – und stehen doch nur, um von einem höheren Aspekt überwunden zu werden: Athen als Hüterin der demokratischen Ideale in den hellenischen Staaten. Zwischen Prooimion (1–2) und Epilog (30–35) ist dieses Zentralthema nicht weniger als dreimal in all seinen Bezügen zu den gängigen Anschauungen in Verbindung gesetzt (F. Blass): als politische These (3–8), in der Begründung dieser These (9–21) und in der Argumentation wider die verschiedenen Einwände gegen die These (22–29). Das Verblüffendste daran ist, daß Demosthenes in jenen Jahren seiner Überzeugung nach vermutlich noch ganz auf der Seite der exklusiven Großbürger und der Gesinnungsaristokraten stand. Das bedeutet: die Rede ist im wesentlichen noch weitgehend politische Rhetorik, taktisches Manöver in außenpolitischer Strategie, die Ideale »Demokratie« und »Freiheit« sind im politischen Denken des Redners noch nicht verschmolzen. Daß sich diese Verschmelzung dann mit innerer Konsequenz vollzog, zeigt die Reaktion der Rhodier auf die Ablehnung ihres von Demosthenes befürworteten Antrags: Wie die Arkadier im Fall der *Megalopolitenrede* wandten sie sich dem Makedonenkönig Philipp II. zu – Athen hatte eine weitere Chance vertan, Alliierte zu gewinnen.

E.Sch.

Ausgaben: Venedig 1504 (in *Orationes duae et sexaginta*, 2 Bde., Hg. Scipio Carteromachus). – Oxford 1903 (in *Orationes*, Bd. 1, Hg. S. H. Butcher; Nachdr. zul. 1980). – Lpzg. 1914 (in *Orationes*, Bd. 1, Hg. C. Fuhr). – Neapel 1932 (*Per la libertà dei Rodii*, Hg. G. Ammendola; m. Komm.). – Mailand 1935 (*Per la libertà dei Rodii*, Hg. U. Capitanio; m. Komm.). – Florenz 1952 (*Per la libertà dei Rodiesi*, Hg. T. Tomassetti Gusmano; m. Komm.) – Ldn./Cambridge (Mass.) ²1954 (*For the Liberty of the Rhodians*, in *D.*, Bd. 1, Hg. J. H. Vince; m. engl. Übers.; Loeb). – Paris 1955 (*Pour la liberté des Rhodiens*, in *Harangues*, Hg. M. Croiset, Bd. 1; m. frz. Übers.). – Turin 1974 (*Discorsi e lettere di Demostene, I: Discorsi all'assemblea (I–XVII)*, Hg. L. Canfora; m. Komm.; griech.-ital.).

Übersetzungen: In *Demosthenis und Aeschinis Reden*, J. J. Reiske, 5 Bde., Lemgo 1764–1768. – *Rede über die Freiheit der Rhodier*, H. A. Pabst (in *Werke*, Bd. 3, Stg. 1839). – *Rede für die Befreiung der Rhodier*, G. E. Benseler (in *Werke*, Bd. 6, Lpzg. 1857). – *Ueber die Unabhängigkeit von Rhodos*, C. Beck (in *Zwölf Staats-Reden*, Halle 1876).

Literatur: F. Taeger, *Der Friede von 362/61*, Stg. 1930, S. 50–53 (Tübinger Beiträge zur Altertumswissenschaft). – A. Brink, *De Demokratie bij D.*, Groningen 1939, S. 70–72. – W. Jaeger, *D.*, Bln. 1939, S. 90–97; ²1963.

## PERI TŌN EN CHERRONĒSŌ

(griech.; *Über die Angelegenheiten in der Chersones*). Volksrede des Demosthenes, im März des Jahres 341 v. Chr. gehalten. – Die *Chersonesrede* zeigt den Staatsmann auf dem Gipfel seiner rednerischen Macht. Obzwar an Leidenschaft und demagogischem Feuer gemäßigter, verhaltener als die zwei Monate später folgende *Dritte Rede gegen Philipp* (vgl. *Philippikoi logoi*), ist sie doch in der Stringenz ihrer Beweisführung, in der äußersten Konzentration auf die Darlegung der Grundgedanken und in der allseitigen und konsequenten Reduktion der Erörterung von den äußeren Anlässen auf die zentrale politische Absicht ein Meisterwerk staatsmännischer Rhetorik.

Der Anlaß der Rede ist allgemein die Ausweitung der Macht des Makedonenkönigs Philipp II. (reg. 359–336) auf Thrakien und sein drohender Griff nach den Meerengen, speziell das Verhalten des Söldnerführers Diopeithes, der die von Athen als Vorposten gegen Philipp auf der Chersones (Gallipoli) angesiedelten Kolonisten befehligte. Diopeithes hatte in der Umgegend Beutezüge unternommen, da die Athener seine Truppe nicht finanzierten, war dabei mit den von Philipp unterstützten Kardianern in Konflikt geraten und hatte sogar einen Einfall in das Makedonien gehörende thrakische Gebiet gewagt. Die Antwort war ein geharnischter Protestbrief Philipps an Athen, in dem der König mit der Aufkündigung des nominell immer noch bestehenden Philokrates-Friedens von 346 drohte. Entsprechend heftig war die Reaktion der makedonenfreundlichen Partei bei der Volksversammlung gewesen. Offenbar hatten dabei schon die Parteigänger Philipps, die natürlich zu Maßnahmen gegen Diopeithes und zur Nachgiebigkeit gegenüber Philipp rieten, auf den politischen Zündstoff hingewiesen, der in der Affäre lag; die Alternative »Krieg oder Frieden«, um die Demosthenes herumzulavieren sich bemüht (wozu er auffordert, ist jedoch nicht zu überhören), wurde also bereits von den Gegnern als Kernpunkt in die Debatte geworfen.

Das Prooimion (1–3) ist beachtlich knapp und dient nur dazu, die Akzente richtig zu setzen. Nicht um Diopeithes geht es im Augenblick – ihn kann man jederzeit wegen seiner Taten vor Gericht ziehen –, sondern um den äußeren Feind, der eben dabei ist, der Stadt nicht wiederzugewinnenden Boden abzunehmen. Diesem zentralen, weil für Athen lebenswichtigen Thema ist die Rede gewidmet. Die Frage »Krieg oder Frieden« ist in Wirklichkeit ein Scheinproblem, das durch Philipps Drohung gegen Byzanz, die Chersones, ja warum nicht sogar gegen Chalkis oder Megara, längst überständig ist. Das Gebot der Stunde lautet daher nicht, Diopeithes »zurückzupfeifen«, sondern im Gegenteil, ihm mit Geld und weiteren Truppen den Rücken zu stärken (4–20). Damit ist der aktuelle Teil beendet, dem, als Kontrast, eine Beschreibung der Blindheit der Athener folgt, die ihre Zeit mit Räsonnements gegen ihren eigenen Mann zubringen und die besten Gelegenheiten, den Gegner in Schach zu halten, verstreichen lassen (21–37: einer der Höhepunkte der Ansprache – die Griechen halten, durch den Mund des Demosthenes, eine Anklagerede gegen Athen). Der dritte Teil, den allgemeinen aktuellen Erfordernissen der Lage gewidmet, beleuchtet Philipps Verhältnis zur Stadt. Er ist ihr natürlicher Feind – Folgerung: unverzüglicher Aufbau eines schlagkräftigen Heeres (38–51). Natürlich gibt es Einwände von Leuten, die aus Bequemlichkeit den Frieden loben und von Kriegstreiberei reden: Sie sind in Wahrheit Verräter, gegen die aufs schärfste vorzugehen wäre, da sie zum Nachteil der eigenen Vaterstadt den wirklichen Kriegshetzer

untersützen (52–67). Er selbst, Demosthenes, der seine vornehmste Aufgabe darin sieht, die Mitbürger durch seine Reden wachzurütteln, ist der wahre Freund des Volkes, ein Mann, dem nichts am Herzen liegt als das Interesse des Staates (68–75); nur, wenn man auf seinen Rat hört, wenn man Steuern erhebt, eine Streitmacht sammelt, Bundesgenossen sucht und die bestochenen Beamten und Politiker aus den eigenen Reihen verjagt, nur dann kann sich die Lage – vielleicht – nochmals zum Besseren wenden (Epilog 76/77).
Bezeichnenderweise scheint Demosthenes zwar Erfolg mit der Rede gehabt zu haben – Diopeithes wurde tatkräftig unterstützt –, doch nur bedingt: Offizielle Schritte gegen den Makedonen und die Aufkündigung des Friedens blieben aus. So setzt die *Dritte Philippische Rede* wenige Wochen später noch dieselbe Situation voraus, mit einer gewichtigen Ausnahme: Sie kann ganz des aktuellen Anlasses entraten und ihre These vom hellenischen Bund und vom gemeinsamen Kampf gegen Philipp unmittelbar entfalten. Immerhin: wenn die *Chersonesrede* ihre Wirkung nicht verfehlte, so trug sie damit entscheidend auch zur Wirkung der *Dritten Philippischen Rede* bei – allerdings ebenso zur Katastrophe von Chaironeia im Jahr 338. E.Sch.

Ausgaben: Venedig 1504 (in *Orationes duae et sexaginta*, 2 Bde., Hg. Scipio Carteromachus). – Bln. [10]1902 (in *Ausgewählte Reden*, Bd. 1, Hg. A. Westermann, E. Müller u. E. Rosenberg; m. Komm.). – Oxford 1903 (in *Orationes*, Bd. 1, Hg. S. H. Butcher; Nachdr. zul. 1980). – Lpzg. [9]1909 (in *Die neun Philippischen Reden*, Hg. C. Rehdantz, F. Blass u. C. Fuhr; m. Komm.). – Lpzg. 1914 (in *Orationes*, Bd. 1, Hg. C. Fuhr). – Mailand 1932 (*Orazione sugli affari del Chersoneso*, Hg. D. Bassi; m. Komm.). – Lüttich 1938 (*Discours sur la Chersonèse*, Hg. P. Collin). – Ldn./Cambridge (Mass.) [2]1954 (*On the Chersonese*, in *D.*, Bd. 1, Hg. J. H. Vince; m. engl. Übers.; Loeb). – Paris 1955 (*Sur les affaires de la Chersonèse*, in *Harangues*, Hg. M. Croiset, Bd. 2; m. frz. Übers.). – Florenz 1956 (*Orazione per gli affari del Chersoneso*, Hg. A. Morpurgo; m. Komm.). – Lüttich 1964 (*Discours sur les affaires de Chersonèse*, Hg. P. Collin). – Turin 1974 (*Discorsi e lettere di Demostene, I: Discorsi all'assemblea (I–XVII)*, Hg. L. Canfora; griech.-ital.).

Übersetzungen: In *Demosthenis und Aeschinis Reden*, J. J. Reiske, 5 Bde., Lemgo 1764–1768. – *Chersonitische Rede*, L. Döderlein (in *AW*, Bd. 2, Stg. 1854). – *Rede über die Angelegenheiten im Chersonesos*, A. Westermann (in *Ausgewählte Reden*, 12 Lfg., Stg. 1856–1873 u. ö.). – *Rede über den Chersones*, H. A. Pabst (in *Werke*, Bd. 2, Stg. [3]1866). – *Rede über die Chersonesische Frage*, anon. (in *Werke*, Bd. 3, Lpzg. [2]1876; griech.-dt.). – *Ueber die Lage der Dinge im Chersonnes*, C. Beck (in *Zwölf Staats-Reden*, Halle 1876). – *Über die Angelegenheiten im Chersones*, E. Haerter (in *Festschrift … des Gymnasiums Stendal*, 1888). – in *Politische Reden*, W. Unte, Stg. 1985 (griech.-dt.; RUB).

Literatur: P. Foucart, *Les Athéniens dans le Chersonèse de Thrace au IV siècle* (in Mémoires de l'Académie des Inscriptions et des Belles Lettres, 38, 1909, S. 80–120). – Ch. D. Adams, *Speeches VIII and X of the Demosthenian Corpus* (in Classical Philology, 33, 1938, S. 129–144). – S. G. Daitz, *The Relationship of the »De Chersoneso« and the »Philippica quarta« of D.* (in ebd., 52, 1957, S. 145–162). – M. Montgomery, *The Way to Chaeronea. Foreign Policy, Decision Making and Political Influence in D.' Speeches*, Oslo 1983. – H. Wankel, *Die athenischen Strategen der Schlacht bei Chaironeia* (in Zs. f. Papyrologie u. Epigraphik, 55, 1984, S. 45–53).

## PERI TŌN SYMMORIŌN

(griech.; *Über die Symmorien*). Rede des Demosthenes. – Die *Symmorienrede* ist die erste der drei Volksreden (vgl. *Hyper Megalopolitōn – Für die Megalopoliten; Peri tēs Rhodiōn eleutherias – Für die Freiheit der Rhodier*; dazu die forensische Rede *Kat' Aristokratus – Gegen Aristokrates*), mit denen Demosthenes sich zwischen 354 und 351/350 v. Chr. in der attischen Volksversammlung als politischer Redner vorstellte. Nachdem Demosthenes, vordem Privatanwalt, in mehreren Prozessen mit politischem Hintergrund (vgl. *Kat' Androtiōnos – Gegen Androtion; Kata Timokratus – Gegen Timokrates; Pros Leptinēn – Gegen Leptines*) seine rednerischen Fähigkeiten unter Beweis gestellt hatte, war er von seinen Parteifreunden – den Friedenspolitikern um Eubulos, die das ganze Gewicht ihres Einflusses bewußt der attischen Innenpolitik zuwandten – mit einem Plädoyer zur Außenpolitik beauftragt worden. Ihr leidenschaftslos-eindringlicher Ton rückt die *Rede über die Symmorien* in die Nähe der *Leptinesrede*, die wohl im selben Jahr gehalten worden ist, obgleich sie mit ihrer seltsam korrekten, schon im Altertum mehrfach als thukydideisch empfundenen Sprödigkeit, mit ihrem zum monumentalen Stil tendierenden Ernst und ihrer gelegentlichen Ironie zugleich stark von jener absticht. Was beide wiederum verbindet, ist eine Ähnlichkeit des Aufbaus: hier wie dort eine Art Ringkomposition, in der das spezielle Thema (14–34) von allgemeineren Erwägungen umhüllt ist.
Werner Jaeger hat die Rede mit ihrer raffinierten Verknüpfung außen- und innenpolitischer Aspekte mit gutem Grund ein taktisches Meisterstück genannt. Das politische Problem, um das es geht, ist das Verhältnis zum Perserkönig. Obwohl man 355 einen Frieden mit Artaxerxes III. (reg. 359–338) geschlossen hatte, gab es in Athen eine starke Gruppe, die auf einen erneuten Krieg gegen den Perserkönig hinarbeitete, von dessen Großmachtplänen in der Stadt viel gemunkelt wurde: Die schaudererregenden legendären 1200 Kamele, mit deren Goldlast Söldner angeworben werden sollten, marschieren auch in Demosthenes' Ausführungen auf. Daß er mit der Antipathie des Volkes übereinstimmt, daran läßt der Redner – Anfang (1–13) und Schluß (35–41) seiner Worte rufen in den Hö-

rern die gewünschte Stimmung hervor – keinen Zweifel. Aber ein Krieg ist kein Turnier, wie manche offenbar glauben; dazu bedarf es, ganz nüchtern, einer Rüstung, es bedarf der Schiffe – und es bedarf des Geldes. Geld aber steht nicht zur Verfügung; es ist im Besitz der Reichen, und wäre die Stadt wirklich in Gefahr, dann würden jene schon nicht damit geizen. Auch Schiffe gibt es zu wenige. Zu allererst wäre daher wichtig, die Symmorien – die Steuergenossenschaften, die für den Bau der Schiffe finanziell verantwortlich waren – von 1200 auf 2000 Mann zu erweitern, um die Rüstung auf eine breitere und sicherere Basis zu stellen. Hat man aber erst eine gesunde Flotte, dann kann man getrost und ohne voreilige Präventivhandlungen das Vorgehen des Großkönigs abwarten.

Die Fäden, an denen Demosthenes zieht, sind nicht zu übersehen: Das klare finanzpolitische Kalkül dämpft zunächst den unkontrollierten Kriegseifer des Volkes – das dient den Friedensabsichten der Eubulianer; wird eine Erweiterung des Flottenbaus nicht erreicht, so gewiß eine Konzentration und Intensivierung der bisherigen Anstrengungen – das dient der generellen Sicherheit der Stadt nach außen, was Ruhe und freie Möglichkeiten im Innern verschafft; die Erweiterung der Symmorien kommt einer Steuerreform gleich, die den Etat des Staates kräftigt – das dient der städtischen Finanzpolitik des Eubulos und zugleich den Privatinteressen seiner Gruppe, die ja die Partei des großbürgerlichen Kapitals und der Grundbesitzer ist. Der Erfolg der Rede in der Volksversammlung – der persische Krieg fand nicht statt – und der Beifall bei den Parteifreunden des Redners waren ein guter Einstand; und obgleich die Manöver in der Androtion-Affäre weniger Resultate zeitigten, konnte Demosthenes auch in der problematischen Frage der Peloponnes-Politik es wagen, mit seiner *Rede für die Megalopoliten* sich noch riskanter in der Öffentlichkeit zu exponieren. E.Sch.

AUSGABEN: Venedig 1504 (in *Orationes duae et sexaginta*, 2 Bde., Hg. Scipio Carteromachus). – Oxford 1903 (in *Orationes*, Bd. 1, Hg. S. H. Butcher; Nachdr. zul. 1980). – Lpzg. 1914 (in *Orationes*, Bd. 1, Hg. C. Fuhr). – Florenz 1932 (*Per le simmorie*, Hg. M. Ravà; m. Komm.). – Mailand 1935 (*Delle simmorie*, Hg. G. Camelli; m. Komm.). – Ldn./Cambridge (Mass.) ²1954 (*On the Navy-Boards*, in *D.*, Bd. 1, Hg. J. H. Vince; m. engl. Übers.; Loeb). – Paris 1955 (*Sur les symmories*, in *Harangues*, Hg. M. Croiset, Bd. 1; m. frz. Übers.). – Turin 1974 (*Discorsi e lettere di Demostene, I: Discorsi all' assemblea (I–XVII)*, Hg. L. Canfora; m. Komm.; griech.-ital.).

ÜBERSETZUNGEN: in *Demosthenis und Aeschinis Reden*, J. J. Reiske, 5 Bde., Lemgo 1764–1768. – *Rede über die Besteuerungsklassen*, H. A. Pabst (in *Werke*, Bd. 3, Stg. 1839). – *Rede über die persische Frage*, G. E. Benseler (in *Werke*, Bd. 6, Lpzg. 1857; griech.-dt.). – *Ueber die Steuer-Gruppen (Symmorien)*, C. Beck (in *Zwölf Staats-Reden*, Halle 1876).

LITERATUR: A. Momigliano, *Contributi alla caratteristica di Demostene* (in Civiltà Moderna, 3, 1931, S. 711–744). – W. Jaeger, *D.*, Bln. 1939, S. 71–82; ²1963. – F. Taeger, *Der Friede von 362/361*, Stg. 1930, S. 46–50 (Tübinger Beiträge zur Altertumswissenschaft). – E. Link, *Untersuchungen zur »Symmorienrede« (XIV) des Demosthenes*, Limburg/L. 1940 [Diss. Ffm.]. – H. Bengtson, *Griechische Geschichte*, Mchn. ³1965, S. 305. – F. Martín García, *Sobre las Simorías de Demóstenes*, Ciudad Real 1981 [zugl. Diss. Madrid 1975].

## PERI TU STEPHANU

auch: *Hyper Ktēsiphōntos peri tu stephanu* (griech.; *Über den Kranz*, auch: *Für Ktesiphon, über den Kranz*). Verteidigungsrede des DEMOSTHENES. – Im Frühjahr 336 v. Chr. hatte Ktesiphon in der Athener Volksversammlung beantragt, Demosthenes am Großen Dionysenfest einen goldenen Ehrenkranz als Anerkennung dafür zu verleihen, daß er im Jahr zuvor als Beamter in verschiedenen Positionen der Stadt namhafte Summen aus seinem Privatvermögen zukommen ließ; dies war zweifellos zugleich als politische Demonstration gegen König Philipp II. von Makedonien und die promakedonische Partei in Athen gedacht. AISCHINES, schon seit Jahren politischer Erzfeind des Demosthenes (vergl. *Kata Timarchu – Gegen Timarchos* und die Reden *Peri tēs parapresbeias – Über die Truggesandtschaft*), hielt die Gelegenheit für günstig, seinen alten Gegner in einem Prozeß in aller Öffentlichkeit endgültig zu desavouieren (vgl. die Anklagerede *Kata Ktēsiphōntos – Gegen Ktesiphon*): Der Antrag war seiner Meinung nach formell verfassungswidrig – Ehrungen seien erst nach der Rechenschaftslegung der Beamten zulässig, Ehrenkränze dürften nur in der Volksversammlung nicht im Theater verliehen werden –, und außerdem glaubte er beweisen zu können, daß Demosthenes einer solchen Ehrung weder als Person noch als Politiker überhaupt würdig sei. Der Prozeß fiel jedoch zunächst aus – vor allem wohl aufgrund von Philipps plötzlichem Tod – und kam erst im Jahr 330 zustande: Der Ehrenantrag war offenbar erneuert worden, und Aischines mußte daraufhin seine Klage wohl oder übel wieder aufnehmen. Es war ein Sensationsprozeß, wie ihn auch das prozeßfreudige Athen nicht alle Tage erlebte: Aus allen Gegenden Griechenlands strömten die Menschen herbei, um Zeugen dieseses so geschichtsträchtigen Duells zu sein. Durch die zeitliche Verzögerung schob sich natürlich der eigentliche Kern der Attacke – der Angriff auf den antimakedonischen Politiker Demosthenes – noch mehr in den Vordergrund: Wesentlich wird so für Demosthenes nicht die Verteidigung des Ktesiphon, auch nicht die Abwehr der formaljuristischen Anklagepunkte, wesentlich wird vielmehr allein seine Selbstverteidigung, die Rechenschaft über sein vergangenes politisches Wirken, über sein aufopferndes Leben im Dienst der Vaterstadt, als konsequenter und erbitterter

Gegner der makedonischen Herrschaftsansprüche über Griechenland und ihrer athenischen Befürworter, allen voran Aischines.

Unter solchen Voraussetzungen konnte es nicht ausbleiben, daß Demosthenes, wo immer es angeht, die Rechtfertigung seines Wirkens mit schneidenden Anklagen gegen das Treiben des Anklägers paart, um durch den Kontrast zu dessen angeblicher moralischer und politischer Nichtswürdigkeit die eigene Lauterkeit doppelt strahlend erscheinen zu lassen. Dies erreicht er dadurch, daß er seine ganze Rede weithin als erzählenden und reflektierenden Rückblick auf die wichtigsten Stationen seines mit der Geschichte der Stadt so eng verknüpften Lebens vorträgt. So beginnt er nach der Einleitung (1–8; 9–16) zunächst mit einer Erörterung seiner ersten Jahre in der politischen Arena und der Anfänge seines Kampfes gegen König Philipp, bis hin zu den Ereignissen in Zusammenhang mit dem Philokrates-Frieden von 346 (17–52). Erst dann schickt er sich an, die Anklagepunkte im einzelnen zu widerlegen, kehrt aber die Reihenfolge des Aischines genau um, so daß er wiederum zuerst von seinen Verdiensten um die Stadt reden kann – er führt den Bericht weiter bis zum Jahr 340, Höhepunkt ist seine erste Ehrung durch einen goldenen Kranz (53–109). Auf diese Weise wird die anschließende Widerlegung der juristischen Details (110–122) zu einer fast belanglosen Abschweifung – wovor Aischines in seiner Rede (220 ff.) vergeblich gewarnt hatte –, denn die Zuhörer sind selbstverständlich begierig auf die weitere Darstellung der Ereignisse, die ja in der vernichtenden Niederlage von Chaironeia (338 v. Chr.) kulminierten. Dieser dramatische dritte Teil der Erzählung, eingeleitet mit einer den gegnerischen Methoden nicht nachstehenden Erwiderung der Schmähungen des Aischines, bildet den Höhepunkt der ganzen Rede: Der Schock nach der Besetzung der phokischen Stadt Elateia durch Philipp (339), das von Demosthenes durchgesetzte Bündnis mit Theben, die ersten Erfolge des vereinten Heeres (Demosthenes erhielt darauf zum zweitenmal einen goldenen Kranz) – das alles wird ausführlich und unter ständigem Hinweis auf das jeweilige Verhalten des Aischines geschildert. Daß es dennoch zur Niederlage kam, ist nicht Demosthenes' Schuld: Die Stadt konnte aufgrund ihrer geschichtlichen Verpflichtung und ihrer politischen Lage zu keinem Zeitpunkt anders handeln, als er empfahl; das beweisen auch die Vertrauensbekundungen, die ihm nach der Niederlage zuteil wurden (123–254). Den Rest der Rede bildet eine einzige lange, in Form einer biographischen Synkrisis gehaltene Schlußabrechnung mit dem Gegner (255–323): Ihrer beider Lebenslauf, ihr Auftreten als politische Redner, ihre politischen Leistungen für die Stadt lassen, kritisch betrachtet, keinen Zweifel daran, wer von ihnen mehr für Athen getan hat und gerechterweise mit den großen Staatsmännern vergangener Zeiten verglichen werden kann. Ein leidenschaftliches Haßgebet auf alle Verräter Athens greift am Ende (324) ringförmig noch einmal auf den Eingang des Prooimions zurück, wo der Redner die Götter demütig um das Wohlwollen der Richter angefleht hatte.

*Peri tu stephanu* ist Demosthenes' letzte Rede und galt zu allen Zeiten als sein Meisterwerk. Das Geschick, mit dem er die Anklagepunkte durch Verlagerung der Akzente zu parieren wußte, die psychagogisch meisterhafte Disposition der einzelnen Teile des Lebensberichtes (daß er als offizieller Sprecher der Stadt die Grabrede auf die Gefallenen von Chaironeia halten durfte, wird beispielsweise nicht am Schluß der Erzählung referiert, sondern als eines der Glanzlichter seiner Laufbahn für die abschließende Synkrisis aufgespart), der raffiniert die Perspektiven mischende Wechsel von Angriff und Verteidigung, von Referat und Argumentation, nicht zuletzt aber die souveräne Beherrschung aller rhetorischen Stilhöhen und Stilmittel – Ernst und Schlichtheit, mitreißender Elan, Ironie und Sarkasmus, zügellose Beschimpfung, wildes und aufwühlendes Pathos – haben in der politischen Beredsamkeit der Griechen nicht ihresgleichen.

Diese mit höchster Bewußtheit gehandhabte stilistische Meisterschaft – man vergleiche etwa die beiden Gebete zu Beginn und am Ende – hat schon CICERO empfunden, der im *Orator (Der Redner)* bemerkt (8, 26): *»Er, der alle anderen überragte, beginnt die Rede für Ktesiphon – seine weitaus beste – zunächst in ganz ruhigem Ton; dann, als er über die verschiedenen Gesetze spricht, wird der Stil gedrängter; hernach versetzt er die Richter allmählich in Feuer, und sobald er sie brennen sieht, wird er kühn jeden weiteren Zwang ab.«* Freilich offenbart gerade dieses bewußte und gekonnte Verfügen über die rhetorischen Mittel die demagogische Bedenklichkeit, die solcher Beredsamkeit nach unserem Urteil eigen ist: Die überschäumende Leidenschaft, die alle Maße sprengende Gehässigkeit gegenüber dem Gegner, der wahre Fluten entehrender Epitheta und Anwürfe über sich und seine Familie ergehen lassen muß, müssen auf Richter, Prozeßpublikum und spätere Leser den Eindruck aus berechtigtem Zorn geborener Temperamentsausbrüche machen – und sind doch nur Ausfluß einer durch Jahrzehnte hindurch geschulten Fähigkeit zu kühler Berechnung der Wirkungen, eines zuletzt beinah instinktiv wirkenden Kalküls, das selbst eine unvorhergesehene Verzögerung bei der Verlesung eines Aktenstücks noch zu einem schmähenden Exkurs gegen den Rivalen auszunützen versteht. Allerdings ist zu bedenken, daß Demosthenes derartige Methoden weder erfunden noch als einziger angewandt hat – der auch vor Lüge und Verleumdung nicht zurückschreckende persönliche Angriff war allgemeiner Usus. Und wenn er mit diesen Mitteln vor den Augen ganz Griechenlands einen solch spektakulären Erfolg hatte – der Ankläger konnte nicht einmal 300 der 1501 Richterstimmen für sich buchen und verfiel einer hohen Konventionalstrafe, was ihn ins Exil trieb –, so führte er damit schließlich nur jenes Ergebnis herbei, das sein Opponent ihm selbst zugedacht hatte: die Vernichtung seiner politischen Existenz. E.Sch.

AUSGABEN: Venedig 1485 (in *Cicero. De oratore*, Hg. Hieronymus Squarzaficus; lat. Übers. von Leonardo Bruni Aretino). – Venedig 1504 (in *Orationes duae et sexaginta*, 2 Bde., Hg. Scipio Carteromachus). – Cambridge 1901 (*On the Crown*, Hg. W. W. Goodwin; m. Komm.). – Bln. [7]1903 (in *Ausgewählte Reden*, Bd. 2, Hg. A. Westermann, E. Müller. u. E. Rosenberg; m. Komm.). – Oxford 1903 (in *Orationes*, Bd. 1, Hg. S. H. Butcher; Nachdr. zul. 1980). – Lpzg. [2]1910 (*Die Rede vom Kranze*, Hg. C. Rehdantz, F. Blass u. C. Fuhr; m. Komm.). – Lpzg. 1914 (in *Orationes*, Bd. 1, Hg. C. Fuhr). – Mailand 1933 (*L'orazione per la corona*, Hg. P. Treves; m. Komm. – Ldn./Cambridge (Mass.) [2]1939 (*De corona*, in *D.*, Bd. 2, Hg. C. A. u. J. H. Vince; m. engl. Übers; Loeb; Nachdr. 1953). – NY 1941 *The Oration on the Crown*, Hg. F. P. Donnelly; m. engl. Übers. v. F. P. Simpson). – Paris 1947 (*Sur la couronne*, in *Plaidoyers politiques*, Bd. 4, Hg. G. Mathieu; m. frz. Übers.). – Turin 1971 (*L'orazione sulla corona (18)*, Hg. G. Ballaira). – Darmstadt 1983 (*Rede für Ktesiphon über den Kranz (18)*, Hg. W. Zürcher; m. Anm.; griech.-dt.).

ÜBERSETZUNGEN: In *Demosthenis und Aeschinis Reden*, J. J. Reiske, 5 Bde., Lemgo 1764–1768. – *Für die Krone*, G. F. Seiler, Coburg 1768. – *Rede für die Krone*, F. Jacobs, Lpzg. 1833 u. ö. – *Rede für Ktesiphon wegen der Bekränzung*, R. Rauchenstein (in *Ausgewählte Reden*, Bd. 1, Stg. 1856). – *Rede vom Kranze*, H. Köchly (in *Werke*, Bd. 5, Lpzg. 1857; griech.-dt.). – *Rede für die Krone*, H. A. Pabst (in *Werke*, Bd. 4 u. 5, Stg. [2]1861–1866). – *Rede für Ktesiphon vom Kranze*, A. Westermann (in *Ausgewählte Reden*, 12 Lfgn., Stg. 1856–1873 u. ö.). – *Rede vom Kranze*, C. Beck (in *Zwölf Staats-Reden*, Halle 1876). – Dass., F. Heerdegen, Erlangen 1911/12. – *Rede über den Kranz*, W. Waldvogel, Stg. 1968 (RUB). – *Rede vom Kranz*, F. Jacobs, Bearb. M. Müller, Mchn. 1967 (GGT).

LITERATUR: W. Schmid, *Die rednerische Bedeutung und Wirkung der Urkunden in der demosthenischen »Kranzrede«* (in Korrespondenz-Blatt für die höheren Schulen Württembergs, 1917, S. 215–232). – P. L. Schlaepfer, *Untersuchungen zu den attischen Staatsurkunden und den Amphictyonenbeschlüssen der Demosthenischen »Kranzrede«*, Paderborn 1939. – P. Treves, *Les documents apocryphes du »Pro corona«* (in Études Classiques, 1940, S. 138–174). – J. R. Eguillor, *La causa »Por la corona«* (in Humanidades, 1, 1949, S. 105–118). – W. E. Gwatkin Jr., *The Legal Arguments in Aischines' »Against Ktesiphon« and D.'»On the Crown«* (in Hesperia 26, 1957, S. 129–141). – R. Chevallier, *L'art oratoire de Démosthène dans le »Discours sur la couronne«* (in Bull. de l'Association G. Budé, 19, 1960, S. 200–216). – H. Strohm. *Eine Demosthenes-Interpretation* (in Gymn, 69, 1962, S. 326–335). – G. O. Rowe, *The Portrait of Aeschines in the Oration »On the Crown«* (In TPAPA, 97, 1966, S. 397–406). – G. L. Cawkwell, *The Crowning of D.* (in Classical Quarterly, N. S. 19, 1969, S. 163–180). – C. Mossé, *Die politischen Prozesse u. die Krise der athenischen Demokratie* (in *Hellenische Poleis*, Hg. E. Ch. Welskopf, Bd. 1, Bln./DDR 1974, S. 160–187). – H. Wankel, *Rede für Ktesiphon über den Kranz (18), Kommentar*, 2 Bde., Heidelberg 1976.– E. M. Burke, *»Contra Leocratem« and the »De corona«, Political Collaboration?* (In Phoenix, 31, 1977, S. 330–340). – A. R. Dyck, *The Function and Persuasive Power of D.' Portrait of Aeschines in the Speech »On The Crown«* (in Greece and Rome, 32, 1985, S. 42–48).

## PHILIPPIKOI (LOGOI)

(griech.; *Philippische Reden*). Sammlung von politischen Reden des DEMOSTHENES gegen König Philipp II. von Makedonien (reg. 359–336 v. Chr.). – Im weiteren Sinn rechnet man zu den *Philippischen Reden* des Demosthenes alle Ansprachen, die der Redner im Lauf seines langen politischen Wirkens vor der athenischen Volksversammlung gegen den Makedonenkönig und seine attischen Parteigänger gehalten hat: angefangen von der sogenannten *Ersten Philippischen Rede* über die drei *Olynthischen Reden* (vgl. *Olynthiakoi [logoi]*), die *Rede über den Frieden* (vgl. *Peri tēs eirēnēs*), die *Zweite Philippische Rede*, die – nach dem Zeugnis antiker Kritiker von HEGESIPPOS aus Sunion stammende – *Rede über Halonnesos (Peri Halonnēsu)* und die *Rede über die Angelegenheiten in der Chersones (Peri tōn en Cherronēso)* bis hin zu der *Dritten* und der *Vierten Philippischen Rede*; die auf einen ebenfalls im Demosthenes-Corpus überlieferten Brief Philipps aus dem Jahr 340 antwortende *Rede gegen Philipps Brief (Pros tēn epistolēn tēn Philippu)* ist, dem Demosthenes-Kommentar des DIDYMOS CHALKENTEROS zufolge, sehr wahrscheinlich ein Stück aus dem siebten Buch der *Philippika (Geschichte Philipps)* des ANAXIMENES aus Lampsakos (2. Hälfte des 4. Jh.s). Auch einige der erhaltenen Gerichtsreden des Demosthenes gehören durchaus in den Umkreis seiner *Philippiken*: so die *Rede über die Truggesandtschaft (Peri tēs parapresbeias)* und vor allem seine letzte Rede, die autobiographische Apologie *Über den Kranz* (vgl. *Peri tu stephanu*). Gegenüber diesem – schon in der antiken Tradition verwurzelten – sehr weiten Begriff der »Philippischen Reden« faßt man heute meist nur noch die exakt so benannte *Erste* bis *Vierte Philippische Rede (Kata Philippu A B. Γ, Δ)* unter dem Kennwort *Phillipkoi logoi* zusammen. Freilich stellen auch sie weniger ein in sich geschlossenes Konvolut als vielmehr ein nur durch die gemeinsame Stoßrichtung der Einzelstücke zusammengehaltenes Konglomerat dar, das seinen Titel wie seine äußere Einheit späteren Philologen verdankt (vielleicht dem großen Bibliothekskatalog, den *Pinakes [Tafeln]*, des KALLIMACHOS): Sie stammen aus verschiedenen Zeiten, beruhen auf ganz verschiedenen historischen Voraussetzungen und spiegeln demgemäß nicht nur – wie natürlich – verschiedene Entwicklungsstufen der rednerischen Fähigkeiten des Demosthenes, sondern vor allem verschiedene Stadien seiner politischen Haltung.

Die *Erste Philippische Rede*, wohl im Frühjahr 351 gehalten und 349 in etwas redigierter Form publiziert, gehört in die Zeit nach der letzten der drei »hellenischen Volksreden«, der Rede *Über die Freiheit der Rhodier (Peri tēs Rhodiōn eleutherias)*, sowie nach der Gerichtsrede *Gegen Aristokrates (Kat' Aristokratus)*: Was dort in Andeutungen als die möglicherweise große Gefahr für Athens Zukunft am Horizont sichtbar wird, Philipps immer ungehemmtere Machtausdehnung im Norden Griechenlands, das steht hier – zum ersten-, doch, wie sich zeigen sollte, nicht zum letztenmal – im Zentrum einer ganzen Rede. Daß Philipp sich im Norden so unbeschwert im einstigen athenischen Machtbereich breitmachen kann, das liegt nach Demosthenes' Meinung nicht zuletzt an Athens sorgloser Fahrlässigkeit und Konzeptionslosigkeit. Was not tut, so führt er im ersten Hauptteil aus (13–30; 1–12 Prooimion), ist eine vor allem militärische Vorausschau, die sich zum einen in der Bereitstellung einer schlagkräftigen Flotte, zum andern in der Stationierung eines stehenden Heeres im Krisengebiet selbst konkretisieren muß, so daß man Philipp notfalls von zwei Seiten bedrohen kann (vgl. die *Erste Olynthische Rede*); das Geld dazu ist vorhanden. Voraussetzung für dieses ebenso notwendige wie erfolgversprechende Unternehmen ist allerdings, daß sich das Volk endlich dazu aufrafft, notfalls auch selbst in den Krieg zu ziehen und nicht alles der Sorge seiner Feldherrn zu überlassen (zweiter Hauptteil, 31–50). Der Ton, in dem Demosthenes mit diesen Vorschlägen vor die Volksversammlung tritt, hat sich gegenüber den früheren Demegorien *(Peri tōn symmoriōn – Über die Symmorien, Hyper Megalopolitōn – Für die Megalopoliten, Peri tēs Rhodiōn eleutherias)* in mehrfacher Hinsicht entscheidend gewandelt. Herrschte dort ein teilweise geradezu unterkühltes, überlegendes Argumentieren, so tritt hier erstmals die später so typische Demosthenische Leidenschaftlichkeit hervor: nicht mehr nur Überzeugung durch plausible Argumente, sondern darüber hinaus Überredung durch das Sichtbarmachen des persönlichen Engagements des Redners, der zeigt, daß er erbittert, ungeduldig, erregt, ja zornig ist und nicht umhin kann, seinen säumigen Landsleuten die Leviten zu lesen. Stilistisch äußert sich das beispielsweise darin, daß hier zum erstenmal die zugespitzten, zum Teil sehr sarkastischen Vergleiche begegnen, mit denen der Redner einen Sachverhalt schonungslos aufzudecken versteht (etwa der Vergleich der bisherigen athenischen Kriegsführung gegen Philipp mit dem Boxer, der, anstatt Übersicht zu bewahren und auf seine Deckung zu achten, nach jedem erhaltenen Schlag mit beiden Händen an die schmerzende Stelle faßt und daher gleich anschließend an einer anderen Stelle nicht weniger empfindlich getroffen wird, 40).

Die *Zweite Philippische Rede*, 344 v. Chr. gehalten, scheint auf den ersten Blick genau dem gleichen Anliegen gewidmet zu sein wie die *Erste*: der eindringlichen Warnung vor den für Athen verderblichen Umtrieben des Makedonenkönigs. Doch die allgemeine Lage hatte sich inzwischen radikal geändert: Athen hatte nicht auf Demosthenes' Warnungen und Ratschläge gehört und in der olynthischen Affäre 349/48 eine böse Schlappe erlitten (vgl. *Olynthiakoi [logoi]*); eine starke promakedonische Partei drängte in der Stadt auf einen Ausgleich mit Philipp, und 346 mußte man einen beschämenden Frieden (den sogenannten Philokrates-Frieden) akzeptieren, der dem Makedonen nicht nur Mittelgriechenland (Thessalien) als Einflußsphäre auslieferte, sondern ihm auch noch die mit Athen verbündeten Phoker preisgab; man mußte tatenlos zusehen, wie Philipp, der »Barbar«, nach Beendigung des Dritten Heiligen Kriegs (356–346) in den delphischen Kultverband (die Amphiktyonie) Einzug hielt und von der überwiegenden Mehrheit der griechischen Stämme als gleichberechtigter Partner und Mitglied der griechischen Stammesgemeinschaft anerkannt wurde. Man sah den Feind vor den Toren der Stadt und rüstete zum Krieg, so daß Demosthenes in seiner *Rede über den Frieden* allen Ernstes zum Festhalten an dem ihm so verhaßten Philokrates-Frieden aufzurufen gezwungen war. Indes, die *Friedensrede* vom Herbst 346 war nur ein taktisches Manöver; sobald sich die Situation etwas beruhigt hatte, begann Demosthenes – und eben das dokumentiert die *Zweite Philippische Rede* – aufs neue, offen gegen Philipp und seine Anhänger in Athen aufzutreten. Das Hauptproblem der Stadt bestand darin, neue Bundesgenossen zu finden, und so hatte Demosthenes kurz zuvor an einer Gesandtschaft teilgenommen, die Argos und Messenien zum Abfall von Philipp bewegen sollte; doch der Versuch schlug fehl, ja die beiden Stämme schickten sogar Gesandte, die eine Beschwerde wegen Athens gutem Verhältnis zu Sparta vorbrachten. Um diese Beschwerde geht es vordergründig; der eigentliche Kernpunkt der Rede aber ist die Stellung Philipps zu Athen, wie schon die äußere Disposition enthüllt: Der erste Teil (6–19; 1–5 Prooimion) ist ausschließlich dem Nachweis von Philipps nach wie vor andauernder Feindseligkeit gegenüber Athen gewidmet, und auch der zweite Teil (20–28) demonstriert den anwesenden Gesandten in der Rückschau auf Philipps bisherige Politik das, was ihre Staaten von ihm zu erwarten haben, vor allem um der abschreckenden und aufrüttelnden Wirkung auf Demosthenes' eigene Landsleute willen; der Epilog schließlich (29–37) bringt eine scharfe Abrechnung mit denen, die in Athen ständig von Philipps angeblich friedlichen Absichten reden und dabei aufgrund ebendieser Ansicht doch an der ganzen gegenwärtigen Misere Schuld tragen (gemeint sind AISCHINES und Philokrates). Der Ton der Ausführungen ist, ähnlich der *Friedensrede*, verhältnismäßig ruhig, soweit es um Argumentation und historisches Referat geht (Teil 1 und 2): Für leidenschaftliche Aufrufe zur Aktion war die Zeit noch nicht wieder reif (der gegenteilige Eindruck zu Beginn rührt sicher daher, daß das

Prooimion bei anderer Gelegenheit geschrieben wurde). Gereizter und heftiger zeigt sich der Redner lediglich bei seinen Schlußattacken gegen die Makedonenfreunde: Hier sieht man, wie Demosthenes bei jeder Gelegenheit auf den seit Friedensschluß schwebenden Prozeß hinarbeitet, der dann im folgenden Jahr endlich zur Verhandlung kommen sollte (vgl. *Peri tēs parapresbeias*).

Die weitere Entwicklung verlief durchaus im Sinne des Demosthenes, sowohl innen- wie außenpolitisch: Der Gesandtschaftsprozeß bot trotz der knappen Niederlage des Demosthenes den schlagenden Beweis, daß die Athener Anhänger Philipps allmählich ins Hintertreffen gerieten; und als Philipp im Jahr 342 Thrakien endgültig seinem Herrschaftsbereich einverleibt hatte und unmittelbar an den Grenzen der von athenischen Kolonisten besiedelten Halbinsel Gallipoli stand, war klar, daß Demosthenes' unablässig vorgebrachte Warnungen nur zu berechtigt waren. Schon stellten sich auch die ersten handgreiflichen Verwicklungen ein, und Philipp drohte offiziell mit der Aufkündigung des Philokrates-Friedens. Demosthenes nahm kurz hintereinander in zwei Ansprachen, die nach allgemeinem Urteil zu seinen besten und bedeutendsten politischen Reden gehören, vor der Volksversammlung zu der brisanten Lage Stellung: in der *Rede über die Angelegenheiten in der Chersones* sowie in der (in zwei verschieden langen Fassungen überlieferten) *Dritten Philippischen Rede*. Beide Reden sind eng aufeinander bezogen: Sie setzen dieselbe Situation voraus, nur daß jene detailliert auf den konkreten Anlaß bezogen ist – Was soll man in der Chersones tun? –, während diese die Problematik der nunmehr erforderlichen athenischen Politik von allgemeineren und übergeordneten Gesichtspunkten betrachtet – Wie soll man sich jetzt gegenüber Philipp verhalten? Beide Stücke weisen auch eine sehr ähnliche Disposition auf. Wie in der *Chersonesrede* folgt in der *Dritten Philippischen Rede* auf das – hier recht ausführliche und eindringliche – Prooimion (1–5) eine gründliche Diskussion des Kardinalproblems »Krieg oder Frieden mit Philipp?« (6–19), eines Problems, das nach der Ansicht des Demosthenes aufgrund von Philipps Verhalten gar kein Dilemma mehr bieten kann, denn schon immer hat der Makedonenkönig Friedensverträge nur dazu benutzt, seine kriegerischen Machtgelüste um so ungehinderter befriedigen zu können. Ein zweiter Teil (19–46) weitet den Blick und legt in mehrfachem Anlauf dar, daß dieses Vorgehen Philipps ja keineswegs Athen allein bedroht, sondern eine Herausforderung an alle Griechen darstellt; nur hat aufgrund der allgemeinen Korruption im Land bisher noch niemand sich dazu aufraffen können, etwas dagegen zu unternehmen (kritische Abrechnung, wie in Teil 2 der *Chersonesrede*). Was also ist zu tun, um die drohende Gefahr von der Stadt abzuwenden (dritter Teil mit den konkreten Vorschlägen, wieder wie in der *Chersonesrede*)? Nun, zum einen muß man endlich aufhören, auf die von Philipp bestochenen Beschwichtigungspolitiker zu hören, zum andern gilt es, sich nunmehr mit Nachdruck der Aufrüstung zu widmen, als drittes schließlich ist forciert ein Bündnis mit den anderen griechischen Staaten anzustreben; denn niemand anders als Athen ist jetzt noch in der Lage, durch vereinte Anstrengung all seiner Bürger Griechenland vor dem Untergang zu retten (47–75; 76 Epilog). Dies alles wird in leidenschaftlicher Verve vorgetragen, mit einer geradezu erdrückenden Fülle von Exempeln aus der unmittelbaren Vergangenheit belegt, weitgehend ohne verklausulierte begründende Argumentation – die gehäuften reinen Fakten sollen für sich allein sprechen und in den Zuhörern die gleiche zornige Erregung hervorrufen, die auch den Redner beseelt. Und in der Tat scheint dieser unverhohlene Aufruf zum panhellenischen Krieg gegen Philipp seine Wirkung nicht verfehlt zu haben: Die Gesandtschaften an die griechischen Städte wurden ausgeschickt, das allgriechische Bündnis kam im Frühjahr 340 zustande, und im Herbst 340 wurde die offizielle Kriegserklärung ausgesprochen.

Die – nach langer Zeit des Schwankens heute wieder für echt gehaltene – *Vierte Philippische Rede* gehört zeitlich und sachlich eng mit den beiden vorhergenannten Reden zusammen. Sie ist anscheinend als Flugblatt konzipiert und kurz nach der Abfassung der *Dritten Philippischen Rede* veröffentlicht worden, vermutlich vor der Publikation der *Chersonesrede*, aus der größere Stücke wörtlich zitiert werden (ein kleinerer Abschnitt stammt aus der *Zweiten Philippischen Rede*). Im Mittelpunkt steht der schon in der *Dritten Philippischen Rede* kurz angedeutete Vorschlag, in die Bündnisbemühungen auch den persischen Großkönig einzubeziehen und ihn vor allem um finanzielle Unterstützung gegen Philipp anzugehen. Diese – wie sich erweisen sollte, vergebliche – Hoffnung auf persische Geldmittel ist augenscheinlich der Anlaß, das Volk – die Armen wie die von Zwangsleistungen bedrohten Reichen – hinsichtlich der geheiligten Theatergelder (vgl. die *Dritte Olynthische Rede*) zu beruhigen, ein taktisches Manöver, das möglicherweise Befürchtungen zurückdämmen sollte, die im Volk nach den beiden vorangegangenen »Aufrüstungsreden« laut geworden sein könnten. Im übrigen besteht die »Broschüre« aus antimakedonischen Gemeinplätzen, die sich weithin mit Gedanken anderer Reden gegen Philipp berühren; am Schluß wird mit heftigen Worten ein uns unbekannter Aristomedes beschimpft. Das Ganze macht einen ziemlich disparaten, ja zerfahrenen Eindruck (einer der Gründe für die oft versuchte Athetese) und kann sich in der Komposition so wenig wie in der rhetorischen Stringenz und Brillanz mit der *Dritten Philippischen Rede* messen, die man gelegentlich einmal die *»vielleicht gewaltigste«* Rede genannt hat, *»welche jemals auf Erden gesprochen«* worden ist (C. Rehdantz).

Das Urteil der Nachwelt über Demosthenes hat sich vielfach immer wieder gerade an den *Philippischen Reden* entzündet. Man sah in ihm zumeist den enthusiastischen Patrioten, der mit allen Mitteln taktischer Raffinesse und rhetorischen Könnens seiner Stadt Athen die verlorene politische Größe zurückzugewinnen suchte und im Kampf gegen den Makedonenkönig hierfür die geeignete Plattform fand. Diese Betrachtungsweise verkennt freilich, daß gerade die späteren *Philippischen Reden* das Konzept einer attischen Hegemonie über die anderen griechischen Staaten, das zweifelsohne im Zentrum der frühen »hellenischen Demegorien« stand, entscheidend variieren: Es geht Demosthenes jetzt nicht mehr um Herrschaftsansprüche Athens über seine Nachbarn, sondern um ein gemeinsames Vorgehen aller Griechen – unter Athens Führung – gegen die unübersehbare Bedrohung ihrer Freiheit von außen (W. Jaeger). Diese Wendung zum Postulat der panhellenischen Einheit als des einzig möglichen Schutzes gegen den außenpolitischen Gegner verbindet den leidenschaftlichen Politiker Demosthenes mit dem so ganz anders gearteten Rhetor ISOKRATES: Auch dieser denkt an ein Großgriechenland mit attischer Gloriole, freilich heißt dessen politischer Führer bei ihm Philipp, und der äußere Feind ist, genau umgekehrt wie bei Demosthenes, der persische Großkönig (vgl. *Philippos*). Letztlich muß man beide als Träumer bezeichnen: Doch während der an aktuellen politischen Möglichkeiten orientierte Traum des Real- und Machtpolitikers in der Katastrophe von Chaironeia (338) endete, erfüllte sich der von klassizistischen Idealen inspirierte Traum des politischen Publizisten in der Person Alexanders des Großen. Die Diagnose des Isokrates erwies sich also, aus historischer Rückschau, fraglos als die richtigere: Und so erscheint uns denn heute auch Demosthenes zwar als eine Zentralfigur der griechischen Geistes- und Literaturgeschichte, aber als eine fast anachronistische Randfigur der politischen Geschichte – was nicht hindert, in ihm eines der eindruckvollsten Beispiele der Weltliteratur und der Weltgeschichte für die Macht zu sehen, die das virtuos gehandhabte Wort in der Politik auszuüben vermag. E.Sch.

AUSGABEN: Venedig 1504 (in *Orationes duae et sexaginta*, 2 Bde., Hg. Scipio Carteromachus). – Bln. [10]1902 (in *Ausgewählte Reden*, Bd. 1, Hg. A. Westermann, E. Müller u. E. Rosenberg; m. Komm.). – Oxford 1903 (in *Orationes*, Bd. 1, Hg. S. H. Butcher; Nachdr. zul. 1980). – Lpzg. [9]1909 (*Die neun Philippischen Reden*, Hg. C. Rehdantz, F. Blass u. C. Fuhr; m. Komm.). – Lpzg. 1914 (in *Orationes*, Bd. 1, Hg. C. Fuhr). – Neapel 1936 (*La terza Filippica*, Hg. P. Treves; m. Komm.). – Neapel 1937 (*La seconda Filippica*, Hg. ders.; m. Komm.). – Lüttich 1938 (*La troisième Philippique*, Hg. P. Treves; m. Komm.). – Mailand 1939 (*La prima Filippica*, Hg. U. E. Paoli). – Florenz 1951 (*La prima Filippica*, Hg. A. di Prima; m. Komm.). – Ldn./Cambridge (Mass.) [2]1954 (*Philipics*, in *D.*, Bd. 1, Hg. J. H. Vince; m. engl. Übers.; Loeb). – Florenz [3]1956 (*La prima Filippica*, Hg. A. Ronconi; m. Komm.). – Paris 1955 (*Philippiques*, in *Harangues*, Hg. M. Croiset, 2 Bde.; m. frz. Übers.). – Lüttich [5]1965 (*Première Philippique*, Hg. P. Collin). – Athen 1969 (*Ho A'kata Philippu logos (4)*, Hg. N. D. Vasilopoulos; m. Anm.). – Sydney 1970 (*The Spectre of Philip. D.' First Philippic, Olynthiacs and Speech on the Peace (1–5)*, Hg. J. R. Ellis u. R. D. Milns; m. engl. Übers.). – Turin 1971 (*Discorsi all' assemblea per ambascerie in Asia e in Grecia (terza Filipica) (9)*, Hg. L. Canfora). – Turin 1974 (*Discorsi e lettere di Demostene, I: Discorsi all' assemblea (I–XVII)*, Hg. ders.; m. Komm.; griech.-ital.).

ÜBERSETZUNGEN: *Vier Schöne und zierliche Orationes oder Reden, des allerfürnemmsten redners demosthenis, wider den Künig Philipsen, auss Macedonien, der eyn vater des grossen Alexaners gewesen ist. An seine Mitbürger zu Athen gethon*, H. Boner, Augsburg 1543. – *Erste und zweite Rede wider den Philippus*, J. Ch. Gottsched (in J. Ch. G., *Ausführliche Redekunst*..., Lpzg. 1743, S. 417–440). – In *Demosthenis und Aeschinis Reden*, J. J. Reiske, 5 Bde., Lemgo 1764–1768 (fehlt ein Teil von Nr. 4). – *Philippische Reden*, A. G. Becker, 2 Bde., Halle [2]1824–1826. – *Die philippischen Staatsreden*, L. Döderlein (in *Ausgewählte Reden*, Bd. 2, Stg. 1854). – *Reden gegen Philippos/Philippische Reden*, anon. u. G. E. Benseler (in *Werke*, Bd. 2, Lpzg. [2]1858; Bd. 3, Lpzg. [2]1876; Bd. 4, Lpzg. 1856; griech.-dt.). – *Reden gegen Philipp*, A. Westermann (in *Ausgewählte Reden*, 12 Lfgn., Stg. 1856–1873 u. ö.). – *Reden gegen Philippus*, H. A. Pabst (in *Werke*, Bd. 1, Stg. [4]1874; Bd. 2, Stg. [4]1884). – *Reden wider Philipp*, C. Beck (in *Zwölf Staats-Reden*, Halle 1876). – in *Politische Reden*, W. Unte, Stg. 1985 (griech.-dt.; RUB).

LITERATUR: A. Körte, *Zu Didymos' D.-Commentar, I. Die vierte »Philippika«* (in RhMus, 60, 1905, S. 388–410). – A. Puech, *Les »Philippiques« de Démosthène*, Paris 1929. – G. M. Calhoun, *D.' »Second Philippic«* (in TPAPA, 64, 1933, S. 1–17). – P. Treves, *La politica di Demostene e la seconda orazione filippica* (in Civiltà Moderna, 1935, S. 497–520). – Ch. D. Adams, *Speeches VIII and X of the Demosthenian Corpus* (in Classical Philology, 33, 1938, S. 129–144). – W. Jaeger, *D.*, Bln. 1939 ([2]1963), S. 115–124; 161–173 u. ö. – P. Treves, *La composition de la troisième »Philippique«* (in Revue des Études Anciennes, 1940, S. 354–364). – S. G. Daitz, *The Relationship of the »De Chersoneso« and the »Philippica quarta« of D.* (in Classical Philology, 52, 1957, S. 145–162). – H. Bengtson, *Griechische Geschichte*, Mchn. [3]1965, S. 290–319. – J. R. Ellis, *The Date of D.' »First Philippic«* (in REG, 79, 1966, S. 636–639). – I. Roca Melia, *»La segunda Filípica«, momento histórico y valoración de su contenido* (in Helmantica, 17, 1966, S. 77–106). – L. Canfora, *Per una storia della »terza Filippica« di Demostene* (in Belfagor, 22, 1967, S. 152–165). – V. I. Isajeva, *The Political Programme of Isocrates in the Philippus* (in Vestnik Drevnej Istorij, 1974, Nr. 128, S. 162–176). – M. M. Markle, *The Strategy of Philip in 346 B. C.* (in Classical Quarterly, N. S. 24, 1974, S. 253–268). – A. Michel, *Cicéron entre Démosthène et Shakespeare. L'esthétique des »Philippiques«* (in *Hommage à K. Kumaniecki*, Hg. ders. u. R. Verdière, Leiden 1975, S. 167–180). – M. Opitz, *Das Bild Philipps II. v. Makedonien bei den attischen Rednern im ersten Jahrzehnt seiner Herrschaft*, Diss. Düsseldorf 1976. – J. R. Ellis, *Philip II and Macedonian Imperialism*, Ldn. 1976. – R. Sealy, *Philipp II. u. Athen; 344/343 u. 339* (in Historia, 27, 1978, S. 295–316). – W. D. Pence, *D.' Use of Epideictic Commonplaces in His Deliberative Speeches Against Philip*, Diss. Princeton Univ. 1981 (vgl. Diss. Abstracts, 42, 1981, S. 1134A). – M. M. Markle, *D.' »Second Philippic«. A Valid Policy For the Athenians Against Philip* (in Antichthon, 15, 1981, S. 62–85). – D. H. Kelly, *D., »First Philippic«* (in *Hellenika. Essays on Greek History and Politics*, Hg. G. H. R. Horsley, North Ryde 1982, S. 165–174).

## PROS LEPTINĒN

(griech.; *Gegen Leptines*). Gerichtsrede mit politischem Hintergrund von DEMOSTHENES, entstanden etwa 354 v. Chr., zwischen *Kat' Androtiōnos (Gegen Androtion)* und *Kata Timokratus (Gegen Timokrates)*. – Die historischen Umstände, denen dieses frühe Meisterwerk seine Entstehung verdankt, sind dieselben wie in den beiden verwandten Reden. Die Stadt Athen befand sich in jenen Jahren in einer politisch dürftigen, finanziell miserablen Situation; eine einflußreiche Schar etwas grobschlächtiger Politiker, um den Finanzexperten Aristophon geschart, versuchte durch rigorose Maßnahmen die Staatskassen wieder zu füllen. Der Gesetzesantrag des Leptines, die seit Jahrzehnten immer weiter um sich greifenden Privilegien der Steuerbefreiung (Atelie) aufzuheben – allein die Nachkommen der Tyrannenmörder sollten ausgenommen sein –, war in diesem Bestreben nur ein Pendant zur Tätigkeit des »staatlichen Gerichtsvollziehers« Androtion. Doch wer, wie Demosthenes, an Athens Größe dachte, konnte in diesem Vorschlag nur eine lächerliche reaktionäre Geste sehen, die in der Praxis ebenso nutzlos wie dem Ansehen der Stadt schädlich war, zumal die Sonderrechte nur auf einen äußerst schmalen Sektor beschnitten wurden. Die Sache hatte allerdings ihre Komplikationen; der Antragsteller eines Gesetzes war nach dessen Annahme ein Jahr lang persönlich haftbar: Weil jedoch der ursprüngliche Kläger verstorben war und erst sein Sohn Apsephion in die Nachfolge der Klage hatte eingeführt werden müssen, war diese Frist verstrichen, und das Geseetz war definitiv in Kraft getreten. Wenn nun doch noch Einspruch erhoben wurde, so ging der Prozeß gegen den Staat; ein Komitee von fünf namhaften Anwälten, unter ihnen Aristophon selbst, hatten das Gesetz zu verteidigen.

Für den Kläger bedeutete das vor den Geschworenen des Volkes eine bedeutende Erschwernis: Er mußte seine Motive ganz auf politische Argumente gründen, der spektakuläre und zugkräftige Angriff auf den Urheber des Gesetzes war verbaut. Die Zurückhaltung des Sprechers, die überlegene Leichtigkeit der Gedankenführung sind also sachbedingt; Demosthenes gehorcht dem Gebot der Situation. Doch hat die lässige Eleganz, die an dieser Rede von den Kritikern immer wieder betont wird, noch eine andere Ursache: Die Hauptrede der Anklage darf man sich bereits vorgetragen denken, die von Demosthenes verfaßte Ansprache ist die Zweitrede, die Deuterologie, vor allem dazu bestimmt, die bereits bekannten Beweisgänge zu untermauern und mögliche Entgegnungen von vornherein zu widerlegen – aus dieser Sicht ist lockere Fügung ebenfalls nicht fehl am Platz.

Der Sprecher stimmt das Auditorium gleich zu Beginn auf diesen mehr überredend-ratenden als sophistisch-beweisenden Grundton ein. Er spricht nicht nur über seine Sorge um die Stadt, sondern ganz unverbindlich auch für den noch unmündigen Sohn des unvergessenen, zu Beginn des Bundesgenossenkrieges in der Seeschlacht bei Chios (357 v. Chr.) gefallenen Admirals Chabrias. Daß dann im Verlauf der Rede die einzelnen Argumente und Beweise mehr aneinandergereiht als ineinander verwoben oder steigernd geschichtet werden, verrät diesselbe Tendenz. Allerdings heißt dies nicht, daß die Komposition der Rede diffus wäre, im Gegenteil – selten tritt eine Gliederung so klar zutage wie hier. Mit der einleitenden Zurückweisung der mutmaßlichen Einwände des Leptines wird eine allgemeine Kritik des fraglichen Gesetzes verbunden (2–28). Am Beispiel einiger Privilegierter von besonderem Ansehen – neben dem befreundeten Fürsten Leukon, dem Herrn des Bosporanischen Reiches, unter anderem insbesondere Konon und Chabrias – wird die Schädlichkeit des Gesetzes dargetan (29–87), worauf, gewiß zur nicht geringen Überraschung des Volkes, der Entwurf eines neuen, von Apsephion ausgearbeiteten Gesetzes vorgebracht wird: Privilegien jeder Art sollen bei Unwürdigkeit durch Gerichtsurteil wieder entzogen werden können (88–104). Nachdem so die beiden Zentralpunkte dargetan sind und das Ziel der Deuterologie erfüllt ist, wendet sich der Sprecher – die Klammerfügung ist deutlich erkennbar – wieder den eventuellen Erwiderungen des Leptines zu (105–133), um schließlich im Epilog (134–164) die allgemeinen Mängel des deplazierten Gesetzes hervorzuheben.

Die Überlieferung gibt Anthaltspunkte dafür, daß die Legislatur des Leptines nicht revidiert wurde. Demosthenes vermochte also nicht durchzudringen. Dem sprachlichen Rang der Rede tut dieser Mißerfolg freilich keinen Abbruch. Seit über zwei Jahrtausenden gehört sie zu den Lieblingen der Literaturgeschichtler, ja, man hat sie so eng mit dem Leben des Demosthenes verknüpft, daß man glaubte, sie sei einer Neigung zu der Witwe des Chabrias zu verdanken (andere wollen sogar von einer Ehe des Redners mit ihr wissen). Daß Demosthenes das Plädoyer persönlich gehalten habe – es wäre sein Debut in öffentlichen Reden –, wurde gleichfalls schon in der Antike behauptet, und es ist eine Vorstellung, die immer wieder besticht, würde man doch den im Kontrast zum Feuer späterer Staatsreden fast aristokratisch kühlen Charakter dieser *»anmutigsten und zierlichsten seiner Reden«* – so DIONYSIOS aus Halikarnassos – mit nichts lieber verbinden als mit dem Bild des jungen Demosthenes selbst. E.Sch.

AUSGABEN: Venedig 1504 (in *Orationes duae et sexaginta*, 2 Bde., Hg. Scipio Carteromachus). – Bln. 71903 (in *Ausgewählte Reden*, Bd. 2, Hg. A. Westermann, E. Müller u. E. Rosenberg; m. Komm.). – Oxford 1907 (in *Orationes*, Bd. 2/1, Hg. S. H. Butcher; Nachdr. zul. 1980). – Mailand 1935 (*L'orazione contro la legge per la soppressione dell'immunità proposta da Leptine*, Hg. C. Cessi; m. Komm.). – Lpzg. 1937 (in *Orationes*, Bd. 2/1, Hg. C. Fuhr u. J. Sykutris). – Ldn./Cambridge (Mass.) 21954 (*Against Leptines*, in *D.*, Bd. 1, Hg. J. H. Vince; m. engl. Übers.; Loeb). – Paris 1954 (*Contre la loi de Leptine*, in *Plaidoyers politiques*, Bd. 1, Hg. O. Navarre u. P. Orsini; m. frz. Übers.).

ÜBERSETZUNGEN: in *Demosthenis und Aeschinis Reden*, J. J. Reiske, 5 Bde., Lemgo 1764–1768. – *Rede gegen das Gesetz des Leptines*, anon., Ansbach 1822. – *Rede gegen Leptines*, H. A. Pabst (in *Werke*, Bd. 7, Stg. 1840). – Dass., A. Westermann (in *Ausgewählte Reden*, 12 Lfg., Stg. 1856–1873 u. ö.). – Dass., G. E. Benseler (in *Werke*, Bd. 8, Lpzg. 1860; griech.-dt.). – *Rede gegen Leptines*, C. Beck (in *Drei Gerichts-Reden*, Halle 1876).

LITERATUR: S. Dusanic, *The Political Background of D.' »Speech Against Leptines«* (in Ziva Antika, 29, 1979). – M. H. Hansen, *Ahtenian Nomothesia in the Fourth Century B. C.* (in Classica et Mediaevalia, 32, 1971–1980).

## MARCO DENEVI

* 1922 Sáenz Peña

### ROSAURA A LAS DIEZ

(span.; *Ü: Rosaura kam um zehn*). Roman von Marco DENEVI (Argentinien), erschienen 1955. – In dem Absteigequartier »Zum Roten Halbmond« in Buenos Aires wird eines Abends Rosaura ermordet aufgefunden. Als mutmaßlichen Mörder verhaftet die Polizei Camilo Canegato, einen armen Maler italienischer Abstammung, der das Mädchen eben an diesem Tag geheiratet hat und beobachtet worden ist, wie er verstörten Blicks das Hotel verließ, kurz nachdem er es mit seiner Braut betreten hatte. Der Beobachter ist David Réguel, ein Jurastudent, wohnhaft in »La Madrileña«, einer billigen Pension, in der auch Camilo Canegato bis dahin gewohnt hat. Außer diesen beiden verhört die Polizei noch Milagros, die Pensionswirtin, und einen weiteren Gast der Pension, Eufrasia Morales. Aus den äußerst widersprüchlichen Aussagen dieser vier Personen ergibt sich im Lauf des Romans folgendes Bild: Canegato, ein harmloser Phantast, hatte in der Pension erzählt, er sei heimlich mit Rosaura, der Tochter eines reichen Patriziers verlobt, der ihr jedoch die Heirat mit einem armen Maler nicht erlauben wolle. Als eines Abends um zehn ein Mädchen in »La Madrileña« nach Canegato fragt, glauben alle, es sei Rosaura. In Wirklichkeit ist es eine frühere Bekannte, Maria Correa, eine auf Abwege geratene Person, die soeben eine fünfjährige Gefängnisstrafe verbüßt hat und Canegato um Geld bitten möchte. Die vermeintliche Rosaura wird von allen äußerst zuvorkommend behandelt. Da Canegato den Irrtum nicht richtigzustellen wagt, wird er ein Opfer seiner eigenen Flunkereien und landet mit dem Mädchen vor dem Standesamt. In dem elenden Hotelzimmer, in dem sie abgestiegen sind, kommt es dann zu einer heftigen Auseinandersetzung, in deren Verlauf Canegato seine Frau am Halse würgt und danach fluchtartig das Haus verläßt. Das plötzliche Verschwinden Canegatos benutzt der Zuhälter des Absteigequartiers, um an Maria Correa Rache für eine Beleidigung zu nehmen, die sie der Hotelwirtin zugefügt hat. Er ist der Mörder »Rosauras«, nicht Canegato.

Das alte literarische Motiv vom Träumer, dem eine erträumte Figur zum Schicksal wird, hat hier eine reizvolle Abwandlung gefunden. Ähnlich wie in manchen Romanen DOSTOEVSKIJS oder in den Erzählungen von J. L. BORGES wird die äußere Form des Kriminalromans benutzt, um Hintergründiges sichtbar zu machen: die Relativität aller Erkenntnis und die Fragwürdigkeit dessen, was wir für Wahrheit halten. Die kunstvolle Verquickung von Phantasie und Wirklichkeit, Traum und Leben in den Aussagen der Personen wird dadurch dramatisch gesteigert, daß der Autor ganz hinter seine Figuren zurücktritt und jede von ihnen in ihrem durch Charakter und Herkunft geprägten Stil sprechen läßt. Meisterhaft parodiert der spannende Roman staatsanwaltliche und gerichtsgutachtliche Beweisführung in der Aussage des Jurastudenten. Unter Berufung auf Psychologie und Psychoanalyse und unter Heranziehung von philosophischen Zitaten, Beispielen aus der Weltgeschichte und lateinischen Phrasen beweist er, daß Canegato der geborene Mörder ist. »Rosaura« aber, in die er sich beim ersten Anblick verliebt hat, schildert er als ein Idealbild hehrer Weiblichkeit. A.F.R.

AUSGABEN: Buenos Aires 1955. – NY 1964, Hg. D. A. Yates [m. Einl.]. – Buenos Aires 1972. – Buenos Aires 1984 [vom Autor rev. Fassg.].

ÜBERSETZUNG: *Rosaura kam um zehn*, C. Meyer-Clason, Köln/Bln. 1961. – Dass., ders., Ffm. 1980.

VERFILMUNG: Argentinien 1958 (R: M. Soffici).

LITERATUR: D. A. Yates, *M. D. An Argentine Anomaly* (in Kentucky Foreign Language Quarterly 9, 1962, S. 162–167). – Ders., *El cuento policial latino-*

*americano*, Mexiko 1964. – L. A. Gyurko, *Romantic Illusion in D.'s »Rosaura a las diez«* (in IR, 3, 1971, S. 357–373). – D. A. Yates, *Un acercamiento a M. D.* (in *El cuento hispanoamericano ante la crítica*, Hg. E. Pupo-Walker, Madrid 1973, S. 223 bis 234). – J. R. Grove, *La realidad calidoscópica de la obra de M. D.*, Mexiko 1974. – T. Feeny, *The Influence of W. Collins' »The Moonstone« on M. D.'s »Rosaura a las diez«* (in RLM, 31, 1978, S. 225–229). – H. M. Jofre Barroso, *M. D. Descubrimiento del hombre y encuentro con el escritor* (*Obras completas*, Buenos Aires 1980, Bd. 1). – S. Ranisavljevic, *The Prose Fiction of M. D.*, Diss. Northwestern Univ. 1980 (vgl. Diss. Abstracts, 41, 1981, S. 4052 A). – C. Piña, *M. D.: Soledad y disfraces* (in C. P., *Ensayos de crítica literaria año 1983*, Buenos Aires 1983, S. 311–417).

## SIR JOHN DENHAM

* 1615 Dublin
† März 1669 London

### COOPER'S HILL

(engl.; *Cooper's Hill*). Lehrgedicht von Sir John DENHAM, erschienen 1642. – Die berühmteste Dichtung des Lyrikers, Dramatikers, Vergil-, und Homer-Übersetzers Denham wurde von Dr. Samuel JOHNSON als hervorragendes Beispiel für die Verbindung von Landschaftsbeschreibung, historischen Rückblicken und meditativen Betrachtungen in einem Gedicht bezeichnet. – Nachdem er das nahe der Themse gelegene »Cooper's Hill« mit dem griechischen Parnaß verglichen hat, schweift der Blick des Dichters hinüber nach London. Denham rühmt die Architektur der St.-Pauls-Kathedrale und schildert den Gegensatz zwischen dem hektischen Treiben in der Stadt und der Ruhe des Landlebens. Dann wendet er sich der Landschaft um Schloß Windsor zu, ergeht sich in lehrhaften Betrachtungen über historische Ereignisse und Gestalten, etwa über Eduard III. (den »Schwarzen Prinzen«) und seinen eigenen Freund und Gönner, den unglücklichen Karl I. Der Anblick der nahe gelegenen Ruine der Abtei von Chertsey, die von Heinrich VIII. geplündert wurde, inspiriert Denham zu einer beißenden Satire auf den unmäßigen Tudor-Monarchen. Der Autor, dem manche Zeitgenossen Atheismus vorwarfen, verdammt in diesem Zusammenhang religiösen Fanatismus ebenso wie Indifferenz und Lethargie in Glaubensfragen. Die nachfolgende Beschreibung der Themse (von Denham in der revidierten Ausgabe von 1653 erweitert) ist die erste in der englischen Lyrik und wurde so berühmt, daß englische Schulkinder noch heute diese Verse lernen: *»O could I flow like thee, and make thy stream / my great example, as it is my theme.«* Beschreibungen des Flußtales und einer historischen Jagdszene leiten zu einer Würdigung der in dieser Landschaft im Jahre 1215 unterzeichneten Magna Charta über. Auf die in ihr formulierten Pflichten des Monarchen und Privilegien seiner Untertanen geht Denham am Schluß der Dichtung ein. – *Cooper's Hill* hatte als Muster einer halbepischen, aus Reimpaaren *(heroic couplets)* bestehenden Dichtform starken Einfluß auf die englische Verskunst bis weit ins 18. Jh. hinein. So regte das Gedicht Alexander POPE zu seiner Idylle *Windsor Forest* (1713) an. R.B.

AUSGABEN: Ldn. 1642. – Ldn. 1650. – Ldn. 1655 [rev., 1. autor. Ausg.]. – New Haven/Ldn. 1928 (in *The Poetical Works of Sir D.*, Hg. T. H. Banks; m. Einl. u. Anm.); ern. Hamden/Conn. 1969. – Berkeley/Los Angeles 1969 (in *Expans'd Hieroglyphicks: A Study of Sir J. D.'s »Cooper's Hill« with a Critical Edition of the Poem*, Hg., Einl. u. Komm. B. O Hehir).

LITERATUR: T. H. Banks, *»Cooper's Hill«* (in MLR, 21, 1926, S. 269–277). – Ders., *Sir J. D. and »Paradise Lost«* (in MLN, 41, 1926, S. 51–54). – G. Williamson, *Rhetorical Pattern of Neoclassical Wit* (in MPh, 33, 1935/36, S. 55–81). – R. A. Aubin, *Topographical Poetry in 18th Century England*; NY 1936. – R. Putney, *The View from »Cooper's Hill«* (in University of Colorado Studies in Language and Literature, 6, 1957, S. 13–22). – E.-R. Wasserman, *The Subtler Language*, Baltimore 1959, S. 45–100. – D. Bush, *English Literature in the Earlier Seventeenth Century 1600–1660*, Oxford 1962, S. 177–179. – B. O Hehir, *Vergil's First »Georgic« and D.'s »Cooper's Hill«* (in PQ, 42, 1963, S. 542–547). – Ders., *D.'s »Cooper's Hill« and Poole's »English Parnassus«* (in MPh, 61, 1964, S. 253–260). – Ders., *»Lost«, »Authorized« and »Pirated« Editions of J. D.'s »Cooper's Hill«* (in PMLA, 79, 1964, S. 242–253). – B. O Hehir, *Harmony From Discords: A Life of Sir J. D.*, Berkeley/Los Angeles 1968. – H. Berry, *Sir J. D. at Law* (in MPh, 71, 1974, S. 266–277). – R. Cohen, *Innovation and Variation: Literary Change and Georgic Poetry* (in Neohelicon, 3, 1975, S. 149–182). – J. Turner, *Seeds From »Cooper's Hill«* (in NQ, 26, 1979, S. 428–430). – A. Feinberg, *The Perspective of Fear in Sir J. D.'s »The Sophy«* (in Studia Neophilologica, 52, 1980, S. 311–322). – W. Hutchings, *›The Harmony of Things‹: D.'s »Cooper's Hill« as Descriptive Poem* (in Papers on Language and Literature, 19, 1983, H. 4, S. 375–384). – R. Grove, *Nature Methodiz'd* (in The Critical Review, 26, 1984, S. 52–68). – D. Wiesner, *Bacon's Influence on Sir J. D.* (in NQ, 31, 1984, S. 335–337). – R. Cummings, *D.'s »Cooper's Hill« and »Carolus Rex et Leo Papa«* (in PQ, 64, 1985, H. 3, S. 337–346). – H. Kelliher, *J. D.: New Letters and Documents* (in The British Library Journal, 12, 1986, S. 1–20). – D. H. Radcliffe, *›These Delights from Several Causes Move‹* (in Papers on Language and Literature, 22, 1986, H. 4, S. 352–371).

## NIGEL DENNIS

* 16.1.1912 Bletchingley

### CARDS OF IDENTITY

(engl.; *Identitätsnachweis*). Roman von Nigel DENNIS, erschienen 1955. – In seinen Schauspielen und Romanen stellt der Gesellschaftskritiker Dennis geistreich-satirisch die Schwächen moderner Menschen, Berufsgruppen, Vereine und Weltanschauungen bloß. Absurdes wird in ernsthaft-überzeugendem Ton als etwas fast Selbstverständliches beschrieben, Scharade und Klamauk erhalten metaphysische Obertöne. Entscheidende Anregungen zu seinem zweiten Roman erhielt Dennis von dem österreichischen Psychologen Alfred ADLER, dessen Werke er 1935/36 in New York übersetzte. Adlers Theorie, persönliche Identität sei im wesentlichen eine vom Wunschdenken geprägte Fiktion, inspirierte Dennis nach eigenem Bekunden, psychologische Fiktionen im Medium literarischer Fiktion darzustellen (nach dem Motto »Jedermann sein eigener Roman«).

Im Mittelpunkt des Romans steht der »Identity Club«, dessen Mitglieder es als ihre vornehmste Aufgabe betrachten, anderen Menschen durch Suggestion und Hypnose die Identität zu stehlen und sie quasi in eine andere »Haut« zu stecken, in der sie dann dem Club dienlich sein können. Die Mitglieder wollen ihr Jahrestreffen diesmal auf dem Land abhalten und senden zur Quartierbeschaffung ein Team ihrer besten Organisatoren voraus: Captain Mallet, eine als seine Frau auftretende Dame (übrigens das einzig weibliche Mitglied des Clubs) und einen jungen Mann namens Beaufort, der sich als Sohn Mallets ausgibt. Unter dem Vorwand, die Erben der verstorbenen Miss Mallet zu sein, lassen sie sich auf einem schloßähnlichen Landsitz nieder, der sich vortrefflich für die Konferenz eignen würde, wenn die nötigen Dienstboten vorhanden wären. Um dieses Problem zu lösen, werden die ersten Besucher, die auf dem Landsitz auftauchen, kurzerhand ihrer Identität beraubt und als Butler, Köchin, Hausmädchen, Gärtner und Gärtnergehilfe beschäftigt. Die Pointe dieses Identitätstausches ergibt sich daraus, daß der Oberst und seine Helfer trotz ihrer egoistischen Beweggründe die geheimen Sehnsüchte ihrer Opfer erraten haben, die diese in ihren neuen Rollen nun endlich stillen können. So kann sich z. B. der Arzt nun seinen geliebten Rosen widmen, und seine Oberschwester darf ihm dabei helfen.

Bei ihrer Tagung halten die Clubmitglieder dann endlose pseudo-psychologische Vorträge über besonders interessante Fälle aus ihrer Praxis, wobei sie die strenge Wissenschaftlichkeit ihrer (letztlich fiktionalen) Methoden betonen. Dogmenstreit bricht aus, und insgeheim entbrennt ein mörderischer Kampf um die Präsidentschaft des Clubs. Am Ende ist der alte Vorsitzende tot, und Captain Mallet übernimmt die Führung. Zum Abschluß des Kongresses führen die fünf Verwandelten unter der Regie der Oberschwester ein Schauspiel auf, das – frei nach SHAKESPEARES *Sommernachtstraum* – im Spiel von Schein und Sein die Identitätsthematik künstlerisch spiegelt. Am Ende der Vorstellung klopft ein Polizist an die Tür, und die Clubmitglieder verschwinden unauffällig. Nach allerlei komischen Verwicklungen finden die »Dienstboten« wieder zu ihrer alten Identität zurück.

Das von Kritikern wie W. H. AUDEN und Walter ALLEN überschwenglich gelobte intellektuelle Brillantfeuerwerk des Romans erwies sich in gestraffter Form auch als bühnenwirksam. Dennis' eigene Bühnenbearbeitung wurde 1956 am Londoner Royal Court Theatre unter der Regie von George DEVINE unmittelbar nach OSBORNES *Look Back in Anger* aufgeführt und trug Dennis zeitweilig die unzutreffende Charakterisierung als »Angry Young Man« ein. R.B.-H.Thi.

AUSGABEN: Ldn. 1955. – NY 1955. – NY 1960. – Harmondsworth 1960; ern. 1966. – NY 1984.

DRAMATISIERUNG: N. Dennis, *Cards of Identity* (in *Two Plays and a Preface*, Ldn. 1958).– NY 1959.

LITERATUR: J. D. Scott, Rez. (in Specatator, 11. 2. 1955, S. 64). – Rez. (in Times, 12. 2. 1955, S. 9). – G. Devine, *The Royal Court Theatre: Phase One* (in International Theatre Annual, 2, 1957, S. 152–162). – K. Allsop, *The Angry Decade*, Ldn. 1958, S. 139–145. – K. Tynan, *Curtains*, NY 1961, S. 138–140, 183–185. – G. Ewart, *N. D.: Identity Man* (in London Magazine, 3, Nov. 1963, S. 35–46). – G. Wellwarth, *N. D.: The Return of Intellectual Satire* (in G. W., *The Theatre of Protest and Paradox*, NY 1964, Ldn. 1965, S. 261–267). – J. Onley, *»Cards of Identity« and the Satiric Mode* (in Studies in the Novel, 3, 1971, S. 374–389). – D. J. Dooley, *The Satirist and the Contemporary Nonentity* (in Satire Newsletter, 10, 1972, S. 1–9). – A. Saltzmann, *»Cards of Identity« and the Case of the Sundered Self* (in Studies in Contemporary Satire, 9, 1981, S. 9–16). – D. H. Walker, *N. D.* (in DLB, 15, 1983, S. 79–86).

## ALBERTO DENTI DI PIRAJNO

* 7.3.1886 La Spezia
† 1969 Rom

### IPPOLITA

(ital.; *Ü: Ippolita*). Roman von Alberto DENTI DI PIRAJNO, erschienen 1961. – Als der Autor diesen Roman, seinen ersten, schrieb, hatte er eine außergewöhnliche politische Karriere hinter sich: Er war Privatarzt des Duca d'Aosta, Kabinettchef des Vizekönigs von Abessinien und Gouverneur von Tripolis; 1943 geriet er in englische Kriegsgefangenschaft, nach seiner Entlassung wollte er sich als freier Schriftsteller versuchen. Seine *Ippolita* entstand in zwölfjähriger Arbeit. Der Roman ist in zwei Teile gegliedert und spielt in einem nicht näher bezeichneten oberitalienischen Miniaturherzogtum in der erster Hälfte des 19. Jh.s. In der Form eines »historischen Sittengemäldes« wird durch Jahrzehnte ein Frauenschicksal verfolgt, das eng verflochten ist mit der Geschichte des abwechselnd französischen und habsburgischen Landes.

Die Bewohner von San Lio führen ein von der Zeitentwicklung kaum berührtes, patriarchisches Dasein. In ihrer Mitte lebt die Gutsbesitzerin Ippolita, die den damaligen italienischen Landadel mit seiner krankhaften Habgier verkörpert. Weil sie in ihrer Pensionatszeit Geschmack an der großen Welt gewann, heiratete sie den Baron von Grueber, einen deutschen Husaren und Abenteurer von hünenhafter Gestalt, um in seiner Person das »Heilige Römische Reich« ihrem Besitztum einzuverleiben. Doch entpuppt sich der hergelaufene Baron als Verschwender und Genießer, der die ältesten Flaschen ihres kostbaren »Vaiano« leert, ihre fettesten Masthennen verschlingt und den größten Teil ihres Besitzes verjubelt. Mit seinem Tod endet der erste Teil des Romans. – Im zweiten wird zunächst Ippolitas erneuter Kampf um den »Besitz« eines Menschen geschildert: Sie adoptiert Ippolito, den außerehelichen Sohn ihres Gatten, der später, trotz des italienischen Bluts in seinen Adern und gegen den Willen seiner Adoptivmutter, die aus ihm einen stolzen italienischen Gutsbesitzer machen möchte, als deutscher Baron in den Dienst der habsburgischen Obrigkeit tritt. Schauplatz dieses zweiten Teils ist die Residenzstadt des untergehenden Herzogtums; es ist von Metternich und von Mazzini, von den ersten Aufständen der »Giovine Italia« die Rede. Denti zeigt hier die Ironie und die Tragik in Ippolitos politischem Schicksal: Als Sohn eines italienischen Findelkinds und eines deutschen Barons in Italien geboren und aufgewachsen, trägt er die Uniform eines deutschen Husaren auf *»italienischer Haut«*, kämpft er als Italiener für Habsburg und stirbt zufällig bei einem von den *carbonari* verübten Attentat. Ippolita, die durch ihn – wie vormals durch seinen Vater – ihren Besitz gefährdet sah, weint ihm nicht nach. *»Eine geheime, uneingestandene Dankbarkeit glättete die Furchen in ihrem Gesicht und ließ sie jünger erscheinen.«*

Dentis Stilmittel sind nicht die des modernen Erzählers, sondern ausgesprochen konventionell, aber er benutzt sie geschickt, vor allem als Porträtist. Gemessen an der Forderung, daß Literatur zugleich unterhalten und belehren müsse, ist der mit Intelligenz und feinem Humor geschriebene Roman sowohl in der italienischen als auch in der vom Autor selbst stammenden englischen Fassung ein Meisterwerk. C.H.

AUSGABEN: Mailand 1961. – Garden City/N. Y. 1961 [engl.].

ÜBERSETZUNG: *Ippolita*, M. v. Schweinitz, Mchn. 1962.

## RENÉ DEPESTRE

* 29.8.1926 Jacmel

LITERATUR ZUM AUTOR:
R. Depestre, *Bonjour et adieu à la négritude*, Paris 1980. – Th. Obenga, *Sur les chemins des hommes*, Paris 1984. – C. Bouygues, *Négrisme, négritude et après; analyse-entretien avec R. D.*, Univ. of British Columbia 1986. – C. Couffon, *R. D.*, Paris 1986.

**DAS LYRISCHE WERK** (frz.) von René DEPESTRE (Haiti).

Depestres umfangreiches, in zehn Ausgaben publiziertes und in 35 Jahren entstandenes lyrisches Werk hat neben der künstlerischen vor allem zeitgeschichtliche Bedeutung. Bereits mit zwanzig Jahren hatte der zu dieser Zeit schon überzeugte Kommunist seine Heimat verlassen; als *»Nomade«* – so bezeichnet er sich selbst – lebte er bis 1958 in Paris, Prag, in Chile und bereiste fast die ganze Welt, bis er sich 1959 in Kuba niederließ, das er erst 1979 wieder verließ, um für die UNESCO zu arbeiten. Im Laufe dieses bewegten Lebens schloß er zum Teil enge Bekanntschaft mit vielen Linksintellektuellen und Künstlern, die die Zeit geprägt hatten: Jacques Stephen ALEXIS, Aimé CÉSAIRE, André BRETON, Paul ÉLUARD, Pablo NERUDA, Louis ARAGON, Jorge AMADO, Jean-Paul SARTRE, Il'ja ERENBURG, Che Guevara und viele andere, die in seinen Gedichten meist offen angesprochen werden. Andere Gedichte sind an weniger bekannte Zeitgenossen gerichtet, vor allem an Frauen: Dito, seine jüdisch-ungarische erste Ehefrau; Nelly Campano, ihre kubanische Nachfolgerin; aber auch die unbekannte Milizionärin, die er während der US-amerikanischen Invasion an der kubanischen Schweinebucht geliebt hatte und viele andere.

Den ersten Erfolg als Lyriker erlangte er bereits 1945 mit dem Gedichtband *Étincelles (Funken)*, den er mühsam auf eigenen Kosten veröffentlicht hatte und der ihm sofort einen Namen unter den Intellektuellen Haitis sicherte. Es sind bereits Gedichte der Revolte und des Aufbruchs, in denen auch Themen der Négritude aufgegriffen werden: *»Me voici / fils de l'Afrique lointaine...« (»Hier bin ich, Sohn des fernen Afrikas...«)*. Ein unmittelbar folgender Band, *Gerbes de sang (Blutgarben)*, reflektiert die Enttäuschungen und bitteren Erfahrungen, die der haitianischen Revolution von 1946 folgten: Statt der erträumten sozialistischen Regie-

rung erlebte Depestre einen kurzen Gefängnisaufenthalt *(Cellule Nº 1 – Zelle Nr. 1)* und nahm, zusammen mit Alexis, Abschied von Haiti. Die Pariser Studienzeit war angefüllt mit politischer Arbeit und Lektüre; erst 1951 folgte ein weiterer Gedichtband, *Végétations de clarté (Vegetationen der Helligkeit)*, ein Versuch, die Grenzen engagierter Dichtkunst auszuloten. Depestre distanzierte sich später selbst von diesen zeitentsprechenden Bemühungen politischer Dichtung, die sich in Preisliedern an Stalin oder Maurice Thorez äußern.
Bereits ein Jahr später erschien *Traduit du grand large (Übersetzt aus dem großen Weiten)* und zeugt von Depestres Bemühungen um neue dichterische Inhalte und auch Formen. Geblieben ist seine ausdrückliche Weigerung, sich engen poetischen Regeln zu unterwerfen: Zeilen- wie Strophenmaß folgen der Gedankenführung und den Emotionen. Ausgangspunkt sind nun Episoden und Erinnerungen aus dem eigenen Leben: Reisen, wie z. B. sein vergeblicher Versuch, nach Haiti zurückzukehren, der in einem Gefängnis in Havanna endete. Sie werden verbunden mit Bildern aus der Geschichte, Kindheitserinnerungen sowie politischen Reflektionen; diese unterschiedlichen Inhalte fügen sich zusammen zu sehr langen Gedichten, deren epischer Charakter immer wieder zu der Bestimmung der eigenen politischen und menschlichen Rolle hinführt. Inhaltlich wie formal erinnern Depestres Gedichte in vieler Hinsicht an Aimé Césaire; es ist nicht zufällig, daß er sich in den folgenden Jahren intensiv mit der Négritude und dem Surrealismus auseinandersetzte, um dann schließlich 1980 eine »Abrechnung« *(Bonjour et adieu à la Négritude – Guten Tag und Wiedersehen an die Négritude)* zu publizieren. Was das lyrische Werk angeht, so finden wir Spuren dieser Auseinandersetzung der ersten kubanischen Jahre in einer bewußt karibische Grenzen überspielenden Hinwendung zu seiner Heimat: *Minerai noir (Schwarzes Mineral), Journal d'un animal marin (Tagebuch eines Meerwesens), Un arc-en-ciel pour l'Occident chrétien (Einen Regenbogen für den christlichen Okzident), Cantate d'Octobre à la Vie et à la Mort du Commandant Ernesto Che Guevara (Oktoberkantate auf das Leben und den Tod des Kommandanten Ernesto Che Guevara)* und *Poète à Cuba (Poet auf Kuba)*, d. h., Depestres eigentlich »kubanische« Dichtungen stellen den immer wiederholten Versuch dar, die kubanische und haitianische Erfahrung in ihrer historischen und aktuell politischen Dimension zu integrieren. Symbol für diese Bemühungen wird die immer wieder auftauchende Evozierung der haitianischen Voodoo-Götter, die zu einem Symbol »schwarzen« und karibischen Widerstandes werden *(Un arc-en-ciel...)* und daher auch in späteren Gedichten dazu berufen sind, Depestres eigene Trauer über den Tod Che Guevaras vorzustellen. Diese »regionalistische« Orientierung stellt die wesentlichste Phase der Depestre'schen Lyrik dar. Sie endet mit seinem Abschied von Kuba (1979); der danach veröffentlichte Gedichtband *En état de poésie* 1980, *(Im Zustand der Poesie)*, zeigt neue Züge: das Vorherrschen kurzer aphorismenartiger Gedichte, mit denen Depestre abgeklärt, aber auch resigniert seine Erfahrungen resümiert und über Rolle und Möglichkeiten des Dichters nachdenkt. Er vermittelt hier den Eindruck eines Abschieds von der Poesie, was sich auch daran zeigt, daß er nun – zum ersten Mal in seinem Leben – vorwiegend Prosatexte schreibt. U.F.

AUSGABEN: *Étincelles*, Port-au-Prince 1945; Nachdr. Nendeln 1970. – *Gerbe de sang*, Port-au-Prince 1946; Nachdr. Nendeln 1970. – *Végétations de clarté*, Paris 1951. – *Traduit du grand large. Poèmes de ma patrie enchaînée*, Paris 1952. – *Minerai noir*, Paris 1956. – *Journal d'un animal marin*, Paris 1964. – *Un arc-en-ciel pour l'Occident chrétien. Poème-mystère vaudou*, Paris 1967. – *Cantate d'Octobre à la Vie et à la Mort du Commandant Ernesto Che Guevara (Cantate de Octubre a la Vida y a la Muerte del Comandante Ernesto Che Guevara)*, Havanna 1968 / Algier 1969. – *Poète à Cuba*, Paris 1976. – *En état de poésie*, Paris 1980.

LITERATUR: B. Cailler, *L'efficacité poétique du voudou...* (in FR, 53, 1979, Nr. 1). – J. Dayan, *»A Rainbow for the Christian West«*, Amherst/Mass. 1977. – P. Degras: *Le bestiaire fabuleux dans »Un arc-en-ciel pour l'Occident chrétien« de R. D.* (in *Itinéraires et contacts de cultures*, Bd. 3, Paris 1983, S. 67–82). – R. Depestre, *Pour la Révolution, pour la Poésie*, Montreal 1974. – J. Leiner, *R. D. ou du surréalisme comme moyen d'accès à l'identité haïtienne* (in J. L., *Imaginaire – Langage – Identité culturelle – Négritude*, Tübingen 1980). – J.-C. Michel, *Les écrivains noirs et le surréalisme*, Sherbrooke 1982.

## ALLÉLUIA POUR UNE FEMME-JARDIN

(frz.; *Halleluja für eine Garten-Frau*). Erzählungen von René DEPESTRE (Haiti), erschienen 1973, in erweiterter Form 1981. – Der Titel, der zugleich der Titel der ersten Erzählung ist, aber auch in den folgenden angesprochen wird, enthält ein in Depestres Lyrik häufig verwendetes Bild von dem Körper der Frau als »Garten«, der auf seine Bepflanzung wartet. Der Zusammenhang mit dem christlichen Hochruf ist nicht als eine Profanierung zu verstehen, sondern als Ausdruck des Anliegens, den weiblichen Körper und den Liebesakt in einen quasi-religiösen Zusammenhang zu rücken (z. B. in *Roséna dans la montagne – Roséna im Gebirge*) und damit auch bestimmten erotischen Freiheiten des Voodoo-Kultes (vgl. *La visite – Der Besuch*) nahezukommen, mit dem sich Depestre in den siebziger Jahren intensiv auseinandergesetzt hat. Der bemerkenswert unpolitische Band enthält ausschließlich ungewöhnliche Liebesgeschichten. Ihre Verbindung mit dem lyrischen Werk und der Person Depestres ist am deutlichsten in der zentralen Erzählung *Mémoires du géolibertinage* gegeben: In seinem Studentenzimmer erinnert sich der Autor der unzähligen Frauen, die er gekannt und geliebt

hat und deren vor allem körperliche Eigenschaften er – wie in der Poesie dieser Zeit – in langen litaneiartigen Anrufungen heraufbeschwört.
Die anderen Erzählungen sind stärker handlungsbezogen; sie schildern Episoden, die, auch wenn sie anderen Personen zugeteilt werden, fast immer ein persönliches Erlebnis des Autors zum Ausgangspunkt haben. Ort der Handlung ist meistens die haitianische Provinzstadt Jacmel, in der Depestre seine Jugend verbracht hatte. Hier lebte die *femme-jardin* der Titelgeschichte, eine schöne Witwe und Tante des Helden, in deren Armen er die Liebe erlernt; hier lebte die ältliche Tantine Rézile, die versucht, das Mädchen Georgina an einen reifen Beau zu verkuppeln und durch Mißverständnisse selbst in den Geruch einer Affäre kommt *(De l'eau fraîche pour Georgina – Frisches Wasser für Georgina)*; auch die »Bekehrung« des Priesterzöglings Adrien durch ein schönes Dienstmädchen *(Roséna dans la montagne)*, die Verkuppelung von Braut und Brautführer durch eine Voodoo-Priesterin *(La visite – Der Besuch)* und die Abenteuer des Arztes Braget *(Un retour à Jacmel – Eine Rückkehr nach Jacmel)* spielen sich in der Stadt und ihrem Umland ab und vermitteln den Eindruck einer (in dieser Form sicherlich unzutreffenden) sexuellen Freizügigkeit auf dem Lande Haitis. Nur einige Erzählungen gehen auf spätere Erlebnisse Depestres zurück: seine Liebe zu einer schönen Spanierin in einem kubanischen Internierungslager *(Noces à Tiscornia – Hochzeit in Tiscornia)* und ein Liebesabenteuer zu dritt in Rio de Janeiro *(L'enchantement d'une heure de pluie – Der Zauber einer Regenstunde)*. Durch ihren politischen Hintergrund fällt die Erzählung *Une ambulance pour Nashville (Ein Krankenwagen für Nashville)*, die die Ermordung eines schwarzen Liebespaares in den USA durch den Ku-Klux-Klan schildert, völlig aus dem Rahmen.
Die Unterschiedlichkeit der Erzählungen verweist darauf, daß diese zu verschiedenen Zeitpunkten, vor allem während Depestres Kubaaufenthalt (1959–1979) entstanden sind; einige Erzählungen erscheinen auch erst in der zweiten Ausgabe (1981). Eigentümlichkeiten in Formen und Bildern zeigen, daß sie parallel zu lyrischen Texten, vor allem zu den Liebesgedichten Depestres geschrieben wurden. Wie diese sind die Erzählungen Zeugen eines Kultes der Vitalität und Lebenslust, der trotz aller Diesseitsbezogenheit auch mystische Anklänge erhält: Die Verehrung des weiblichen Körpers spiegelt sich in einer Verehrung des Landes und der Erde und einer im Voodoo verankerten »ursprünglichen« Religiosität. U.F.

AUSGABEN: Montreal 1973. – Paris 1981. – Paris 1986 (Folio).

## LE MÂT DE COCAGNE

(frz.; *Ü: Der Schlaraffenbaum*). Roman von René DEPESTRE (Haiti), erschienen 1979. – Als erstes größeres Prosawerk hat der Lyriker Depestre einen burlesken Schlüsselroman vorgelegt, dessen realer Hintergrund offenkundig ist: Die Handlung spielt in Haiti (hier: *»Grand pays zacharien«*), dessen Herrscher Zoocrate (!) Zacharie sich wie der Ex-Diktator Duvalier phantastische Titel zugelegt hat: Er ist der *»Grand Électrificateur des âmes«*, der mit einer von Barbotog (in Wirklichkeit: Barbot) geführten Terrorpartei ONEDA das Land in Schach hält. Ein mit der jüngeren haitianischen Geschichte vertrauter Leser hat keine Schwierigkeiten, Zeit und Ort der erzählten Ereignisse (Mitte der sechziger Jahre) festzulegen.
Neben diese einfache Verschlüsselung tritt eine komplexere Symbolik, die erst der grotesken Handlung Sinn verleiht. Zunächst verwendet Depestre das in diesem Zusammenhang beliebte Bild der *Zombies*, der »lebenden Toten« des haitianischen Volksglaubens, die willenlos ihrem Herren unterworfen sind. Die modernen Diktatoren brauchen allerdings nicht mehr die traditionellen Zaubermittel; sie isolieren und marginalisieren vielmehr ihre Gegner. Ein solches Schicksal hat den Ex-Senator Henri Postel getroffen, einen vormals vitalen und aktiven Politiker, der nun dazu verurteilt ist, in einem abgelegenen Viertel einen Lebensmittelladen ohne Kunden zu führen. Als er sich dieser Strategie der Herrschenden bewußt wird, versucht er, sich das für eine Flucht notwendige Geld durch die Ermordung eines syrischen Kaufmannes zu besorgen, schreckt jedoch im letzten Moment vor dieser feigen Tat zurück und stellt sich statt dessen einem von der Diktatur ausgerufenen Wettbewerb um das Erklettern eines eingeseiften Mastes. Damit gerät dieses volkstümliche Spiel zu einer Herausforderung der herrschenden Clique selbst, die, beraten von ihren finsteren Zauberern, den Mast zur *»érection permanente de l'État phallocratique«* ernennt. Postel richtet sich auf den Zweikampf ein, indem er die Voodoo-Priesterin Sor Cisa aufsucht; sie führt ihm ihre Cousine Zaza zu, die als echte *femme-jardin* ihm Kraft und Vitalität verleiht. Postel kann die Spitze des Mastes erreichen und findet dort als Preis einen Revolver, mit dem er auf die Machtclique das Feuer eröffnet, bevor er selbst heruntergeschossen wird. In einem Nachwort erfahren die Leser aus einem von Zaza an den Autor gerichteten Brief, daß der Kampf um den Mast das Regime so verunsichert hatte, daß es die Lage nur durch eine Welle blutiger Unterdrückung in den Griff bekommen konnte.
Depestre folgt in Inhalt wie in der sprachlichen Form der Forderung É. GLISSANTS (* 1928), der *»kolonisierte«* Schriftsteller möge sich der Disziplin der europäischen Sprachen und Erzählformen durch die *»barocke Üppigkeit«* seines Textes entziehen. Hinter der oft ins Groteske ausufernden Parabel des nutzlosen Zweikampfes am Klettermast finden sich auch deutlich Spuren der politischen Überzeugungen von Depestre: Die Diktatur beruht nicht so sehr auf der Ausübung physischer Gewalt als auf der Bemächtigung der Seelen der Unterworfenen. Postel weist die Möglichkeit der Flucht, aber auch die des bewaffneten Kampfes in

einer Guerrilla-Truppe zurück. Sein symbolischer Kampf auf dem Klettermast gibt ihm jedoch Vitalität und Handlungsfähigkeit zurück und stellt damit das Regime an sich in Frage. Quelle, aber auch konkreter Ausdruck dieser neugewonnenen Kraft ist Postels Beziehung zu einer *femme-jardin*, die in ihrem Zusammenhang mit den magischen Kräften des Voodoo-Kultes dem finsteren Zauber der Gegner Paroli bietet. Sein Tod innerhalb eines symbolischen Kampfes ist nicht nutzlos, da er die Berechtigung der Diktatur an sich in Frage stellt. U.F.

AUSGABE: Paris 1979.

ÜBERSETZUNG: *Der Schlaraffenbaum*, E. Schewe, Zürich 1987.

LITERATUR: J. Jonaissant, *R. D.* (in J. J., *Le pouvoir des mots. Les maux du pouvoir. Des romanciers haïtiens de l'exil*, Paris/Montreal 1986, S. 186 bis 217).

## THOMAS DE QUINCEY

* 15.8.1785 Manchester
† 8.12.1859 Edinburgh

**LITERATUR ZUM AUTOR:**
D. Masson, *De Q.*, Ldn. 1885. – H. H. Eaton, *Th. De Q. A Biography*, Ldn. 1936. – E. Sackville-West *A Flame in Sunlight. The Life and Work of Th. De Q.*, Ldn. 1936; ern. 1974, Hg. J. E. Jordan. – W. H. Bonner, *De Q. At Work*, Buffalo 1936. – J. E. Jordan, *De Q. and Wordsworth. A Biography of a Relationship*, Berkeley 1962. – H. S. Davies, *Th. De Q.*, Ldn. 1964. – F. Moreux, *Th. De Q. La vie – L'homme – L'œuvre*, Paris 1964. – A. Goldman, *The Mine and the Mint. Sources for the Writings of Th. De Q.*, Carbondale/Ill. 1965. – R. Wellek, *De Q.'s Status in the History of Ideas* (in R. W., *Confrontations*, Princeton 1965, S. 114–152). – J. S. Lyon, *Th. De Q.*, NY 1969 (TEAS). – L. Stapleton, *The Virtù of De Q.* (in L. S., *The Elected Circle. Studies in the Art of Prose*, Princeton 1973, S. 119–165). – R. M. Maniquis, *Lonely Empires. Personal and Public Visions of Th. De Q.* (in Literary Monographs, 8, 1976, S. 47–127). – H. O. Dendurent, *Th. De Q. A Reference Guide*, Boston 1978. – V. A. De Luca, *Th. De Q.: The Prose of Vision*, Toronto 1980. – G. Lindop, *Th. De Q. The Life of The Opium-Eater*, NY 1981. – J. C. Whale, *Th. De Q.'s Reluctant Autobiography*, Ldn. 1984. – R. Caseby, *Th. De Q. The Opium-Eating Editor and The Westmorland Gazette*, Kendal 1985. – *Th. De Q.: Bicentenary Studies*, Hg. R. L. Snyder, Norman 1985.

### CONFESSIONS OF AN ENGLISH OPIUM-EATER

(engl.; *Bekenntnisse eines englischen Opiumessers*). Autobiographisches Werk von Thomas DE QUINCEY, erschienen 1821–1822. – Als diese Bekenntnisse im ›London Magazine‹ erstmals erschienen, erregten sie größtes Aufsehen: niemals vorher waren die Wirkungen des Opiumgenusses – einer zu Beginn des 19. Jh.s in England weitverbreiteten Gepflogenheit – mit solcher Offenheit in allen Einzelheiten dargestellt worden. Als persönlichen Hintergrund rekapituliert der Autor in den »Vorbekenntnissen« seine Jugenderlebnisse: die Flucht aus der bürgerlichen Gesichertheit der Kaufmannsfamilie in Manchester in die Slums von London und das gescheiterte Studium in Oxford. Als Neunzehnjähriger erliegt er zum erstenmal der Versuchung des Opiums. Zunächst dient es ihm nur dazu, die durch einen Gesichtsrheumatismus verursachten Schmerzen zu lindern, doch bald greift er regelmäßig danach, etwa um sich für einen Opernabend mit der gefeierten Grassini oder für einen Streifzug durch die Londoner Slums in die geeignete seelische Stimmung zu versetzen oder um seinen Horizont über den öden Alltag hinaus zu erweitern. De Quincey propagiert die Vorzüge der »wahren Religion vom Opium«, das Gefühl eines seelischen Ausgleichs, eine optische Bereicherung des Schauens, ein stetes *pensieroso* des Charakters: *»Man fühlt den göttlichen Teil seines Wesens emporsteigen.«* – Eine Magenerkrankung zwingt ihn schließlich, seinen auf täglich achttausend Tropfen angestiegenen Opiumkonsum einzuschränken. Als Folge stellen sich Depressionen, Wahnträume und Arbeitsunfähigkeit ein. Doch es gelingt ihm, sich der Droge zu entwöhnen und damit die Möglichkeit der Abkehr vom Rauschgift auch nach langem und starkem Gebrauch zu belegen. – Im Anhang der *Confessions* macht De Quincey genaue Angaben über die psychischen und physischen Phänomene, die er beim Entzug des Suchtmittels an sich beobachtete. Von den Ansichten der Mediziner, mit denen er sich polemisch auseinandersetzt, weichen seine Erfahrungen freilich erheblich ab.
Die bruchstückhaften Aufzeichnungen und Erinnerungen werden durch unverbindliche Übergänge nur lose zusammengehalten. Immer wieder, insbesondere in den Fußnoten, schweift De Quincey vom Hauptthema ab und äußert sich zu literarischen und philosophischen Fragen. Durchaus modern muten seine psychologischen Erkenntnisse an: er definiert das Gedächtnis als eine Art Palimpsest, dessen untere Schichten in Ausnahmezuständen (etwa im Opiumrausch) wieder klar lesbar werden, während sie sonst durch die Überlagerung mit anderen Schichten häufig eine Verzerrung erfahren. *»Der Traum weiß es am besten«*, schreibt der Autor, und die Visionen seiner Träume werden für ihn zu Poesie. So beginnt mit den *Confessions »eine lange Reihe poetisch-anthropologischer Dokumente, die das Poetische überhaupt in engste Beziehung zum Rausch und zum Rauschgift setzen, eine Reihe, die*

*über Coleridge, Baudelaire und E. A. Poe bis zu Aldous Huxley und Gottfried Benn reicht«* (W. Schmiele). C.F.

Ausgaben: Ldn. 1821/22 (in London Magazine, Sept./Okt. 1821; Dez. 1822). – Ldn. 1822 [anon.]. – Ldn. 1853 [veränd. Ausg.]. – Edinburgh 1856 (in De Q., *Selections Grave and Gay, from Writings, Published and Unpublished*, 14 Bde., 1853 –1860, 5; erw. Fassg.). – NY 1867 [m. Anhang: *Notes from the Pocket-Book of a Late Opium-Eater*]. – Edinburgh 1890 (in *Collected Writings*, Hg. D. Masson, 1889/90, 3; Nachdr. NY 1969). – Ldn. 1896 [erw. Fassung]. – NY/Ldn. 1907 [Neudr. des Textes von London Magazine, Hg. A. Beatty, m. Einl. u. Anm.]. – Ldn. 1956, Hg. M. Elvin; Neudr. NY 1969 [beide Fassungen]. – Harmondsworth 1971, Hg. A. Hayter (Penguin). – Totowa 1983. – NY 1985. – Ldn. 1985 (in *Confessions/and other Writings*, Hg. G. Lindop).

Übersetzungen: *Bekenntnisse eines Opiumessers*, L. Ottmann, Stg. 1886. – *Bekenntnisse eines englischen Opiumessers*, W. Schmiele, Stg. 1962 [m. Essay]. – Dass., P. Meier, Mchn. 1985 (m. Essay v. R. Kussner; dtv).

Literatur: L. Cooper, *The Prose Poetry of Th. de Q.*, Lpzg. 1902, S. 21–41. – E. Frisby, *Notes on De Q.s »Confessions«*, Ldn. 1905. – M. H. Abrams, *Milk of Paradise*, Cambridge/Mass. 1934. – I. Jack, *De Q. Revises His »Confessions«* (in PMLA, 72, 1957, S. 122–146). – R. André, *Les rêves de Th. de Q.* (in NRF, 12, Apr. 1964, S. 681–690). – A. Hayter, *Opium and the Romantic Imagination*, Ldn. 1971, S. 101–132; 226–255. – R. Ready, *De Q.'s Magnificent Apparatus* (in *Interspace and Inward Sphere: Essays in Romantic and Victorian Self*, Hg. N. A. Andersen u. M. E. Weis, Macomb 1978, S. 43–50). – R. Roger, *The Structure of De Q.'s »Confessions of an English Opium-Eater«* (in Prose Studies 1800–1900, 1, 1978, S. 21–29). – J. Lent, *Th. De Q., Subjectivity, and Modern Literature: A Consideration of the Release of Vision in »Confessions of an English Opium-Eater« and »Suspiria de Profundis«* (in Sphinx, 9, 1979, S. 36–58). – K. Lever, *De Q. as Gothic Hero. A Perspective on »Confessions of an English Opium-Eater« and »Suspiria de Profundis«* (in Texas Studies in Literature and Language, 21, 1979, S. 332–346). – W. C. Spengemann, *Philosophical Autobiography. Episodes in the History of a Literary Genre* (in W. C. S., *The Forms of Autobiography*, New Haven 1980, S. 62–109).

## THE DAUGHTER OF LEBANON

(engl.; *Die Tochter des Libanon*). Traumerzählung von Thomas De Quincey, erschienen 1856. – Ein Evangelist und Arzt – offenbar Lukas – kommt nach Damaskus, wo er einem engelhaft schönen Mädchen begegnet. Sie stammt aus vornehmem Hause, muß aber – von einem Liebhaber verführt und von ihrem Vater verstoßen – als Prostituierte ihr Leben fristen. Als der Evangelist sie zum Gebet auffordert und ihr verspricht, Gott werde ihr einen Wunsch erfüllen, bittet sie darum, in ihres Vaters Haus zurückkehren zu dürfen. Der Evangelist prophezeit, daß Gott sie erhören werde, bevor die Sonne dreißigmal untergegangen sei. Inzwischen bricht jedoch in Damaskus eine schwere Epidemie aus, und am dreißigsten Tage liegt die »Tochter des Libanon« im Sterben. Es gelingt dem Evangelisten, sie davon zu überzeugen, daß Gott gerade dadurch ihren Wunsch erfüllt, daß er ihn scheinbar verweigere, und daß sie durch den Tod wahrhaftig in das Haus ihres Vaters zurückkehre.

Bei diesem kurzen Prosatext handelt es sich um einen der zahlreichen Opiumträume, die De Quincey aufgezeichnet hat. Er selbst hat darauf hingewiesen, daß das Motiv der edlen Prostituierten wohl eine Reminiszenz an jene Anna darstelle, die er in seinen Londoner Hungerjahren kennengelernt und von der er in den *Confessions of an English Opium-Eater* berichtet hat. Im Vorwort zur erweiterten Ausgabe der *Confessions* motiviert er seinen Entschluß, *The Daughter of Lebanon* als Anhang hinzuzufügen, damit, daß diese Erzählung besonders geeignet sei, *»einen Bericht abzuschließen, in welchem der Fall der armen Anna nicht nur das denkwürdigste und rührend-pathetischste Detail darstellt, sondern auch eines, das ... dem Großteil meiner Opiumträume Gestalt und Form gegeben hat«.*

Dennoch muß man De Quinceys Biographen Sackville-West darin zustimmen, daß vom künstlerischen Standpunkt aus schwer einzusehen ist, warum der Autor gerade diesen Traum an das Ende der *Confessions* gesetzt hat, *»der in Moore-Byronscher Art einen orientalischen Stoff mit dem Stil des 17. Jh.s verbindet«*, also die durchaus eigentümliche Ausdruckskraft des Verfassers von vornherein einem Klischee unterwarf. J.F.

Ausgaben: Edinburgh 1856 (in *Selctions Grave and Gay, from Writings, Published and Unpublished*, 14 Bde., 1853–1860, 5). – Edinburgh 1889/90 (in *The Collected Writings*, Hg. D. Masson, 14 Bde., 5; Nachdr. NY 1969). – Ldn. 1956 (in *Confessions of an English Opium-Eater*, Hg. M. Elwin; Neudr. 1960).

Literatur: L. Cooper, *The Prose Poetry of Th. De Q.*, Lpzg. 1902. – E. Frisby, *Notes on De Q.'s »Confessions«*, Ldn. 1905. – I. Jack, *De Q. Revises His »Confessions«* (in PMLA, 72, 1957, S. 122 bis 146). – H. Amer, *»Les confessions« de Th. de Q.* (in NRF, 10, Okt. 1962). – R. André, *Les rêves de Th. de Q.* (in NRF, 12, Apr. 1964).

## KLOSTERHEIM, or: The Masque. By the English Opium-Eater

(engl.; *Klosterheim oder Die Maske. Verfaßt vom englischen Opiumesser*). Roman von Thomas De Quincey, erschienen 1832. – Der einzige Roman

des Autors, dessen Nachruhm vor allem auf seinem Bekenntniswerk, *Confessions of an English Opium-Eater*, und einigen Essays (vgl. *On Murder considered as One of the Fine Arts*) beruht, ist stark von der Schauerromantik beeinflußt, unterscheidet sich aber von den meisten *gothic tales* durch die streng rationale Erklärung anscheinend gespenstischer Phänomene und den klaren Handlungsaufbau.
Schauplatz des im Dreißigjährigen Krieg spielenden Buchs ist das fiktive süddeutsche Universitäts- und Residenzstädtchen Klosterheim, dessen Bürger, katholisch und kaisertreu, es mit dem Hof in Wien halten, während ihr Fürst mit den Schweden sympathisiert, um durch Machtzuwachs seine dubiosen Rechte auf den Landgrafentitel zu festigen. Im Winter 1633 kommt eine Reisegesellschaft aus Wien in Klosterheim an, nachdem sie kurz vor der Stadt von Marodeuren überfallen wurde. Unter den Reisenden ist Gräfin Paulina, deren Geliebter, der kaiserliche Obrist Maximilian, bei dem Zwischenfall verwundet wurde und seitdem verschollen ist. – Dem tyrannischen Landgrafen ist es bisher zwar gelungen, die aufsässigen Bürger in Schach zu halten, die rebellischen Studenten dagegen läßt er verhaften. Nun geschehen mysteriöse Dinge: Eine stumme, maskierte Gestalt, die mit gespenstischer Geschwindigkeit kommt und geht, befreit die Studenten aus dem Kerker; dann verschwinden, anscheinend unter gewaltsamen Umständen, zahlreiche Bürger, und schließlich erscheinen am Schloßtor Anschläge, die die Herrschaft des Landgrafen als unrechtmäßig bezeichnen und mit »Die Maske« unterzeichnet sind. Auf dem Höhepunkt der Unruhe veranstaltet der Landgraf einen Kostümball. »Die Maske« erscheint, flüstert dem Gastgeber etwas zu, das ihn erblassen läßt, und macht sich während des allgemeinen Tumults aus dem Staub. Bevor der Geheimnisvolle wieder auftaucht, um den Landgrafen *»vor ein Gericht, das nur der Unschuld Schutz gewährt«* zu fordern, läßt dieser Paulina gefangennehmen, die er verdächtigt, über die gegen ihn gerichteten kaiserlichen Pläne informiert zu sein. Doch gelingt es der Gräfin, zusammen mit seiner Tochter zu fliehen. Auf einem zweiten Ball im Schloß überführt »Die Maske« den durch das plötzliche Auftauchen Hunderter von kaiserlichen Soldaten in die Enge getriebenen Fürsten des Mordes an seinem Vorgänger. Noch einmal scheint das Böse zu triumphieren, als der Tyrann höhnisch erklärt, er habe wenigstens die Geliebte Maximilians – denn kein anderer als dieser, der Sohn des ermordeten Landgrafen, verbirgt sich hinter der Maske – noch rechtzeitig umbringen lassen. Doch da taucht Paulina vor ihm auf, und er muß erfahren, daß auf Grund seiner überstürzten Befehle seine eigene Tochter getötet wurde. Die Einwohner von Klosterheim, die die Pläne der »Maske« willig unterstützt und sich in einem unterirdischen Gang verborgen hatten, jubeln ihrem neuen Landgrafen, Maximilian, zu.
Die spannende Handlung und die detaillierten Zeit- und Milieuschilderungen machen *Klosterheim* zu einer reizvollen Mischung aus Kriminalgeschichte und historischem Roman, die sich am Schluß dem Märchen nähert: Der Anblick des neuen Herrscherpaares *»erweckte in der Bevölkerung Klosterheims nach langem Leid die Hoffnung auf glücklichere Tage und eine gerechtere Regierung«*.

J.Dr.

Ausgaben: Edinburgh/Ldn. 1832. – Edinburgh 1890 (in *The Collected Writings*, Hg. D. Masson, 14 Bde., 1889/90, 12; Nachdr. NY 1969). – Santa Barbara 1982, Hg. J. Weeks.

Literatur: L. Cooper, *The Prose Poetry of Th. De Q.*, Lpzg. 1902. – G. A. Astre, *Th. De Q., mystique et symboliste* (in RHeb, 23. 10. 1937, S. 459–483). – Ch. I. Patterson, *De Q.'s Conception of the Novel as Literature of Power* (in PMLA, 70, 1955, S. 375–389). – R. L. Snyder, *»Klosterheim«: De Q.'s Gothic Masque* (in Research Studies, 49, (3), 1981, S. 129–142).

## ON MURDER CONSIDERED AS ONE OF THE FINE ARTS

(engl.; *Der Mord als schöne Kunst betrachtet*). Essay von Thomas De Quincey, in zwei Teilen erschienen 1827 und 1839; ein Postskriptum fügte der Autor 1854 im vierten Band der Erstausgabe seiner *Gesammelten Werke* hinzu. – De Quinceys Interesse für die Psychologie des Mordes zeigte sich bereits in den Berichten über Mordprozesse, die er 1818 in der von ihm herausgegebenen ›Westmorland Gazette‹ veröffentlichte, später in dem brillanten literarkritischen Essay *On the Knocking at the Gate in Macbeth* (1823) und schließlich in den makaber-parodistischen Betrachtungen über den Mord als ästhetisches Phänomen. Den fiktiven Rahmen dieses Essays bildet die »Gesellschaft der Connoisseure des Mordes«, ein Londoner Club, dessen Mitglieder sich treffen, sobald eine neue Bluttat bekanntgeworden ist, um diese kritisch zu erörtern, *»wie sie es mit einem Bild, einer Statue oder einem andern Kunstwerk tun würden«*. Im ersten, *Lecture* genannten Teil, gibt sich der Autor als Herausgeber einer der Vorlesungen aus, die monatlich in diesem Club gehalten werden, den er zwar (wie er in der Vorrede einen Anonymus sagen läßt) moralisch verdammt, dessen ästhetische Betrachtungsweise er jedoch einer neutralen Berichterstattung wert findet. Mit parodierter Gelehrsamkeit, stilistischer Eleganz und unter Ausschaltung jeder moralischen Wertung wird eine Theorie der Perfektion des Bösen und des Verbrecherischen entwickelt, das, wie der Vortragende betont, durchaus seine eigene Idealität besitzen könne. Die Vorlesung, ein Kabinettstück intellektuellen schwarzen Humors und eben wegen ihrer Amoralität von morbider Komik, beschäftigt sich im weiteren mit guten und schlechten Morddarstellungen bei Shakespeare und Milton sowie mit historischen Morden, Mordversuchen und -befürchtungen, die wegen bestimmter

subtiler, tragischer und ironischer Akzente gewissermaßen als exemplarische Morde gelten und *»vom fortgeschrittenen Connoisseur mit Nutzen studiert«* werden können. Die grotesk-komische Wirkung der Ausführungen erklärt sich daraus, daß die Betonung häufig auf skurrilen, nur ästhetisch relevanten Nebenerscheinungen des jeweils interpretierten Mordes liegt. Schließlich werden einige konkrete Probleme des Mordens – wen?, wo?, wann? – erörtert und *»Prinzipien des Mordes«* aufgestellt, die *»echte künstlerische Wirkungen«* gewährleisten sollen; hier ist z. B. von der passenden Beleuchtung, Kleidung und Tageszeit die Rede sowie von Möglichkeiten, den pathetischen Effekt der Tat zu steigern.
Im zweiten Teil, *Supplementary Paper on Murder*, berichtet der »Herausgeber« von einer Sitzung des Clubs, bei der ältere Mitglieder, wahre Fanatiker des Mordstudiums, in geradezu jugendliche Begeisterung geraten, als sie von einem künstlerischen Mord par excellence erfahren. Nach zahlreichen Trinksprüchen auf ästhetisch untadelige Mörder, Mordwerkzeuge und Mordarten sind schließlich alle Connoisseure betrunken und beginnen lauthals zu singen. Zweifellos ist dieser Teil auch als Satire auf das englische Clubwesen zu verstehen, dessen seltsame Auswüchse kurz zuvor DICKENS in *The Posthumous Papers of the Pickwick Club* (1836/37) aufs Korn genommen hatte. – In dem umfangreichen *Postscript* von 1854 gibt De Quincey einen meisterhaften, spannenden Dokumentarbericht über die sogenannten Ratcliffe-Morde, die im Dezember 1812 von einem gewissen John Williams begangen wurden, der *»sämtliche Mitglieder zweier Haushalte ausrottete und damit seine Überlegenheit über alle anderen Nachfahren Kains demonstrierte«*. Die detailfreudige Schilderung der Persönlichkeit und der Methode des Verbrechers sowie der Reaktion der Londoner Bevölkerung auf seine Taten erinnert an DEFOES Flugschriften über Jack Sheppard und Jonathan Wild, die berüchtigtsten Verbrecher der damaligen Zeit. Gleichzeitig aber wirkt De Quinceys scharfsinnige Rekonstruktion auf den modernen Leser wie eine Art Vorläufer von Truman CAPOTES Bericht über die unfaßbare Banalität eines vierfachen Mordes (*In Cold Blood*, 1965).
Der dreiteilige Essay steht in der Tradition der englischsprachigen Mordepik; seine Besonderheit liegt darin, daß er das intellektuelle Spiel mit Horroreffekten nahezu bis zur ästhetischen Rechtfertigung des Mordes treibt. J.Dr.

AUSGABEN: Edinburgh 1827 u. 1839 (in Blackwood's Magazine, Febr. 1827, Tl. 1; Nov. 1839, Tl. 2). – Edinburgh 1854 (in *Selections Grave and Gay, From Writings Published and Unpublished*, 14 Bde., 1853/54, 4, m. Postscript.; Authors Collected Ed.). – Ldn. 1897 (in *Collected Writings*, Hg. D. Masson, 14 Bde., 1896/97, 13; erw.; Nachdr. NY 1969). – Ldn. 1925, Hg. Ph. B. M. Allan. – Ldn. 1965 (in *Th. De Qu.*, Hg. u. Anm. B. Dobrée).

ÜBERSETZUNGEN: *Der Mord als eine schöne Kunst betrachtet*, A. Peuker, Minden 1913. – Dass., W. Schmiele, Stg. 1962. – *Mord als eine schöne Kunst betrachtet*, Ffm. 1976 (Insel Tb).

LITERATUR: T. Burke, *The Obsequies of Mr. Williams: New Light on De Qu.'s Famous Tale of Murder* (in Bookman/USA, 68, 1928, S. 257–263). – R. H. Super, *De Qu. and a Murderer's Conscience* (in TLS, 5. 12. 1936).

## LUDWIG DERLETH

* 3.11.1870 Gerolzhofen / Unterfranken
† 13.1.1948 Stabio / Schweiz

LITERATUR ZUM AUTOR:
P. van der Meer de Walcheren, *Heimweh nach Gott*, Freiburg i. B. 1937. – F. v. Dauber, *L. D. Der Dichter und sein Werk*, Diss. Wien 1943. – D. Jost, *L. D. Gestalt und Leistung*, Stg. 1965. – Ders., *L. D. Bericht über ein verschollenes Lebenswerk* (in Der Monat, 17, 1965, H. 203, S. 66–74). – A. Ratzki, *Die Elitevorstellung im Werk L. D.s und ihre Grundlagen in seinem Bild vom Menschen, von der Geschichte und vom Christentum*, Diss. Mchn. 1968. – Ch. Derleth, *Das Fleischlich-Geistige. Meine Erinnerungen an L. D.*, Bellnhausen 1973. – D. Jost, *Die Dichtung L. D.s. Einführung in das Werk*, Gladenbach/Hessen 1975. – J. Aler, *L. D. Ein katholischer Mystiker, der auch auf Nietzsche und Kierkegaard hörte* (in *Gestalten um Stefan George*, Amsterdam 1983, S. 89–137); ern. 1984, Hg. ders.

### DER FRÄNKISCHE KORAN

Religiös-philosophisches Versepos von Ludwig DERLETH, erschienen 1932. – An den als *»des Werkes erster Teil«* veröffentlichten 15000 Verszeilen, die nach F. v. DAUBERS Angaben nur etwa ein Fünftel des Gesamtmanuskripts ausmachen, arbeitete der aus Franken stammende Autor von 1919 bis 1932. Sie sind in neun stilistisch und inhaltlich eng miteinander verknüpfte, nur drucktechnisch durch Initialen kenntlich gemachte Abschnitte gegliedert. Das Proömium läßt bereits das Programm, die kompositorische Konzeption und die esoterisch gehobene Sprache des Werks erkennen, in dem sich pantheistisches, mythologisches und mystisches Gedankengut mit der Überzeugung des gläubigen Katholiken verbindet.
Hymnische und liturgische Formen beherrschen das Anfangskapitel, Anrufungen und Gebete, in denen Gott als die Integration aller Götter, Christus, der Heilige Geist und Maria, die *»goldene Nike am Steuerruder der Welt«*, gefeiert werden. Mit der

programmatischen These: *»Die ganze Welt ist sein Koran«*, bezeichnet der Autor den Raum, den er in seinem Epos zu durchmessen gedenkt. Im zweiten Abschnitt wird das Grundthema, die geistige Erneuerung der Welt, klar ausgesprochen: *»Laßt uns aufbrechen und eine neue Himmelserde suchen.«* Die Paradieses-Sehnsucht nach der *»Fülle des Seins«* ist ins Bild eines Argonautenzuges gefaßt, das antike und christliche Sagenelemente vereint. Die drei folgenden Kapitel – Frühlingsfeier, Weinlieder und Liebeslieder – schließen sich inhaltlich an; sie preisen die Einzigartigkeit des Diesseits, ohne das Jenseits zu entwerten: Wein und Liebe werden nicht nur als Mittel höchsten Daseinsgenusses, sondern auch – wie in der persischen Dichtung – als Wege zur mystischen Vereinigung mit dem Göttlichen verstanden. Die Erfahrung der Vergänglichkeit – *»eine unstete Figur ist diese Welt« (Buch der Enttäuschung)* – leitet zu einer von Pessimismus beherrschten Kritik an der Wissenschaft und an der Geschichte über. Der erkenntnistheoretische Skeptizismus wird als Dogma gesetzt, der Glaube als einzig mögliches Medium der Erkenntnis inthronisiert. Geschichte und Politik werden aus antidemokratischem Elitedenken heraus verurteilt. Der letzte Abschnitt greift das Argonautenthema wieder auf und zeigt einen positiven Ausweg aus dem drohenden Nihilismus: Sinn und Seligkeit des Daseins liegen in der einsamen geistigen Suche.

Die im Titel vollzogene Zusammenfassung okzidentaler und orientaler Elemente ist im weitesten Sinne zu verstehen: Derleth versucht, von thomistischen Ideen ausgehend, das allumfassende Weltbild eines auf seine Grundlagen zurückgeführten Christentums zu entwerfen, eines Kosmos, in dem von jedem beliebigen Punkt aus ein direkter Weg zu Gott führt. In stilistischer Hinsicht entspricht dem eine eklektische Mischung aller möglichen Elemente: Derleths Sprache gefällt sich zwar in orientalisch-barocker Pracht ebenso wie im manieristisch-feierlichen Pathos der George-Anhänger, ist aber auch reich an lyrisch-dichterischen Bildern; neben herber, verhaltener Naturlyrik stehen deftige Kneipenlieder, mystische Liebesgedichte und in Verszeilen gebrachte Prosa. In gewissen Zügen knüpft Derleth an die orientalisierenden Tendenzen der Romantik an; gattungsgeschichtliche Beziehungen bestehen zu Holz' *Phantasus*, zu Däublers *Nordlicht* und zu Nietzsches *Zarathustra*: Das Werk ist ein Ausläufer der Kulturkritik der Jahrhundertwende, neben Spengler und den marxistischen Theorien ein christlicher Versuch historisch-philosophischer Ganzheitsbetrachtung. Bedeutsam ist dabei, daß Derleths Grundgedanke, die christliche Lehre aus dem Ursprung und der katholischen Tradition neu zu formen, gewissen Reformtendenzen des Katholizismus der Gegenwart entgegenkommt. W.Cl.

Ausgaben: Weimar 1932. – Kassel 1933. – Kassel 1937 (*Die Lebensalter*; Ausz.). – Bellnhausen üb. Gladenbach/Hessen 1971/72 (in *Das Werk*, Hg. D. Jost in Verb. mit C. Derleth; 6 Bde., 2–6).

Literatur: D. Jost, *L. D. u. sein Hauptwerk »Der fränkische Koran«* (in SchwRs, 56, 1956/57, S. 509–515). – Ders., *Einführg. in L. D.s »Der fränkische Koran«* (in *L. D.-Gedenkbuch*, Amsterdam 1958, S. 104–127; Castrum Peregrini, 36/37).

## FEDERICO DE ROBERTO

* 16.1.1866 Neapel
† 26.7.1927 Catania

### I VICERÈ

(ital.; *Ü: Die Vizekönige*). Historischer Roman von Federico De Roberto, erschienen 1894. – Der Autor, neben Verga und Capuana ein Hauptvertreter des italienischen Naturalismus (und gleichfalls sizilianischer Abstammung), behandelt in diesem berühmten Werk die Geschichte einer Familie, die geeignet ist zu verdeutlichen, wie sehr das junge demokratische System in Süditalien durch den Fortbestand traditioneller Formen und Verhaltensweisen unterminiert war. Es handelt sich um die Geschichte des spanischen, vor Jahrhunderten nach Catania verpflanzten Adelsgeschlechts der Uzeda zwischen 1855 und 1882. Nach dem Tod der Fürstin Teresa wird ihr Sohn Gaspare Chef des Hauses, und um seinen angeborenen Machtgelüsten frönen zu können, behauptet er, das übernommene Erbe sei total verschuldet. An die Opferbereitschaft aller Familienmitglieder appellierend, setzt er sie moralisch wie auch pekuniär unter Druck und wird dadurch zum direkten Anlaß zahlreicher Konflikte und Auseinandersetzungen. Egoistisch und kalt berechnend wie er ist auch sein jüngerer Bruder Raimondo, der gleich Gaspare die erste Frau sitzenläßt und eine zweite, vornehmlich von materiellen Interessen bestimmte Ehe eingeht – ein launischer Despot wie im Grunde fast alle anderen Angehörigen des Hauses. Don Blasco, Gaspares und Raimondos Onkel, ein fanatischer Konservativer, wechselt 1860 nach dem Sturz der Bourbonen zu den Liberalen über, um sich die Besitztümer reicher Ordensgemeinschaften aneignen zu können. Ein anderer Onkel der beiden Brüder, Herzog Raimondo, treibt es mit seinem Gesinnungswechsel noch ärger und läßt sich gar als Parlamentarier der Liberalen wählen. Ihm vor allem eifert der junge Consalvo nach, Gaspares Sohn, dem familiäre Belange gleichgültig sind und der mit dem Vater kurzerhand bricht, als dieser ihm einen leichtsinnigen Lebenswandel und Verschwendungssucht vorwirft. Seine Schwester Teresa versucht vergeblich, Vater und Bruder miteinander auszusöhnen. Durch Bestechungen gelingt es Consalvo, sich im Turiner Parlament zu etablieren, und als er nach Don Raimondos Tod Familienoberhaupt wird, re-

sidiert er wie seine Vorgänger, die »Vizekönige«, und hält die Angehörigen unter Kuratel.
*I vicerè* lassen als *»histoire naturelle et sociale«* (vgl. *Les Rougon-Macquart*) sowohl Bezüge zu ZOLA als auch zu Verga (vgl. *Mastro Don Gesualdo*) erkennen, wollte doch De Roberto am Beispiel einer Familie, durch drei Generationen hindurch, die Ereignisse und Gefühle einer ganzen Epoche schildern. Die schematische Vereinfachung, der weitgehende Verzicht auf psychologische Individualität und das immer wieder variierte Motiv vererbter atavistischer Triebe sind jedoch Schwächen des Romans. Seine Figuren gleichen Marionetten, die an allzu straffen Fäden hängen. Allerdings mußte der historische Pessimismus des Autors in einem Land, dessen Geschichte stets dem Wandel unterworfen war, mit der vollen Anteilnahme einer breiten Leserschaft rechnen können. *I vicerè* interpretieren somit die auf negative Erfahrungen gründende Volksmeinung, daß sich zwar Regierungen ändern können, die sozialen Verhältnisse aber stets die gleichen bleiben. KLL

AUSGABEN: Mailand 1894. – Mailand 1950, Hg. L. Russo. – Turin 1982 (*I vicerè e altre opere*, Hg. G. Guidice). – Mailand ⁴1983, Hg. M. Lavagetto.

ÜBERSETZUNG: *Die Vizekönige*, L. M. Kutzer, Mchn. 1959.

LITERATUR: L. Russo, *Prefazione a De R.*, Mailand 1950. – V. Spinazzola, *F. De R. e il verismo*, Mailand 1962. – G. Grana, *F. De R.*, Mailand 1963 [m. Bibliogr.]. – N. Tedesco, *La concezione mondana dei »Vicerè«*, Caltanisetta/Rom 1963. – G. Spagnoletti, *De R. novelliere* (in NAn, 107, 1972, Nr. 514, S. 358–391). – C. A. Madrignani, *Illusione e realtà nell'opera di F. De R.*, Bari 1972. – F. Spera, *Il vaniloquio dei »Vicerè«* (in Lettere Italiane, 29, 1978, S. 446–461). – C. A. Madrignani, *F. De R., l'inattuale* (in Belfagor, 36, 1981, S. 334–342). – N. Tedesco, *La norma del negativo. De R. e il realismo analitico*, Palermo 1981. – *F. De R.*, Hg. S. Zappulla Muscara, Palermo 1984, S. 92–107. – A. A. Mastri, *Socio-Physical Determinism in De R.'s »Vicerè«* (in Association of Teachers of Italian Journal, 46, 1986, S. 10–26). – S. Briosi, Art. *F. De R.* (in Branca, 2, S. 151–153).

## JACQUES DERRIDA

* 15.7.1930 El-Biar / Algerien

### DE LA GRAMMATOLOGIE

(frz.; *Ü: Grammatologie*). Philosophische Abhandlung von Jacques DERRIDA, erschienen 1967. – Wie der Autor in seiner »Vorbemerkung« betont, stehen die beiden Teile seines »Essays« über die »Wissenschaft von der Schrift« (= Grammatologie) in enger Beziehung zueinander: obliegt es dem ersten Teil unter dem Titel *Die Schrift vor dem Buchstaben*, die theoretischen Grundlagen sowie das begriffliche Inventar der »Grammatologie« zu erarbeiten, so ist es Aufgabe von Teil II – *Natur, Kultur, Schrift* –, am Leitfaden der Lektüre eines Textes von Jean Jacques ROUSSEAU *(Essai sur l'origine des langues)* jene theoretischen Überlegungen und Thesen auf exemplarische Weise zur Anwendung zu bringen und ihre philosophiegeschichtliche sowie sprachphilosophische Reichweite und Bedeutung aufzuzeigen.
Thema des gesamten Essays bildet die Erörterung des die abendländische Philosophie seit ihren griechischen Ursprüngen beherrschenden Verhältnisses zwischen »Schrift« einerseits (im Sinne der phonetischen bzw. Buchstabenschrift) und »Stimme« (verstanden als »erfülltes« gesprochenes Wort) andererseits. Die grundlegende These des Autors lautet, daß die Geschichte der abendländischen Metaphysik sich als *»Logozentrismus«* charakterisieren lasse, dessen Eigentümlichkeit in einer *»Erniedrigung der Schrift«*, einer *»Verdrängung der Schrift«* aus dem erfüllten gesprochenen Wort zu sehen ist. Gegen eben diese »logozentrische« Degradierung der Schrift zu einer *»Hilfsform der Sprache«*, zu einem *»einfachen Supplement zum gesprochenen Wort«* wendet sich Derridas ganze Denkanstrengung unter dem Titel *»Dekonstruktion«*. Mit diesem von ihm geprägten Ausdruck kennzeichnet der Autor ebenso seine ideologie- und sprachkritische Lektüre der okzidentalen Philosophie wie auch seine mit dieser Lektürebewegung einhergehende, von ihr hervorgebrachte Freilegung und Entfaltung einer von jener offiziellen Schriftgläubigkeit »verdrängten«, verschwiegenen und unterdrückten Textualität, die ihre eigene, erst noch zu explizierende Terminologie besitzt. Wird solchermaßen der Vorrang der Sprache (im Sinne eines in seiner Fülle präsenten gesprochenen Worts) gegenüber der Schrift, der insofern nur noch eine sekundäre, instrumentelle Funktion zukäme, von Derrida »dekonstruiert«, so bildet folgerichtig die Konzeption eines Begriffs der Schrift, für den die Sprache (im oben angegebenen Sinn) nur einen, keineswegs privilegierten Aspekt darstellt, den komplementären Pol der vom Autor inaugurierten Dekonstruktionsbewegung. Dieser fallen die Idee der Episteme, die Idee der Historia nicht weniger als die Idee der Wahrheit anheim, die im Duktus der abendländischen Philosophie die Geschichte und das Wissen immer schon *»im Hinblick auf die Wiederaneignung der Präsenz bestimmt«* haben und denen zufolge die Schrift nie mehr als die geschriebene Übersetzung der (gesprochenen) Sprache sein konnte. In eben diesem Sinn sagt der Autor vom *»Logozentrismus«*, er sei ein *»Phonozentrismus«*: die historische Sinn-Bestimmung des Seins als Präsenz bzw. die Bestimmung des Seins des Seienden als Präsenz (in der stimmlichen Verlautbarung, der Phonie, im *»Sich im-Sprechen-Vernehmen«* affiziert das Subjekt sich

selbst). Somit zielt Derridas Lektüre der gesamten abendländischen Philosophie(-Geschichte) als einer *»Philosophie der Präsenz«* darauf, diese als die *»Epoche der Metaphysik«* zu demaskieren, die sich ebensowohl durch das Privileg des Logos wie die *»Exteriorität der Schrift«* charakterisieren läßt. Gegen diese entstellende Auffassung der Schrift wendet der Autor sich mit seiner an Nietzsche angelehnten Idee der Schrift als einer *»ursprünglichen Operation«*, mit der die *»Ontologie und Seinsprivileg stiftenden Begriff-Wörter (Ursprung, Geschichte, Wissen, Wahrheit) außer Kraft«* zu setzen sind.
Dieser dynamischen Konzeption von Schrift entspricht in Derridas Denken der ökonomische Begriff der Differenz *(différance)*, der gegenüber der logozentrischen Privilegierung des Seins als Präsenz die grammatologische Operation der Schrift nicht als Ursprung, sondern als *»Urspur«*, als *»signifikante Spur«* geltend macht. Jenen anderen Schriftbegriff, der diese als einen *»Einfall des Draußen in das Drinnen«*, als eine Verletzung der lebendigen Selbstpräsenz der Seele, bzw. des bei sich selbst seienden Worts bestimmt, verfolgt Derrida durch die Geschichte der okzidentalen Metaphysik hindurch am Beispiel von Philosophen wie Platon, Aristoteles, Rousseau, Hegel, Husserl, de Saussure und Lévi-Strauss im ersten Teil seiner Abhandlung. Dabei stößt er immer wieder auf die für diese Tradition maßgebende Grundopposition von einerseits Innerlichkeit (mit den Paradigmen ›Seele‹, ›Atem‹, ›Wort‹, ›Geist‹, ‹Logos‹) und andererseits Äußerlichkeit (mit der komplementären Reihe ›Körper‹, ›Schrift‹, ›Materie‹). Abwechselnd wird die Schrift in der logozentrischen Epoche als Verstellung der natürlichen und unmittelbaren Präsenz von Sinn und Seele im Logos (Platon), als Bruch mit der Natur (Rousseau) oder als Bild bzw. Repräsentation des gesprochenen Worts (de Saussure) charakterisiert. Die »Dekonstruktion« eben dieser begrifflichen Totalität ist Programm und Ziel der *Grammatologie*, die, wie Derrida sagt, nicht eine der Wissenschaften vom Menschen sein kann, weil sie vielmehr von Anfang an die für sie grundlegende *»Frage nach dem Namen des Menschen«* stellt.
Im zweiten Teil seiner Abhandlung – *»Natur, Kultur, Schrift«* – stellt der Autor die zuvor gewonnenen Erkenntnisse in den Dienst einer detaillierten Untersuchung eines Textes von J.-J. Rousseau *(Essai sur l'origine des langues)*, der ihm zufolge in der Epoche des Logozentrismus deshalb eine privilegierte Stellung einnimmt, weil er als erster die Reduktion der Schrift thematisiert und systematisiert hat. Für Rousseau ist die Schrift ein *»gefährliches Supplement«*: »gefährlich« deshalb, weil die Repräsentation (die Schrift) sich für die Präsenz (die Erfülltheit des gesprochenen Wortes), das Zeichen für die »Sache selbst« ausgeben will. In Rousseaus *Essai*, der die Stimme der Schrift entgegensetzt wie die Präsenz der Absenz und die Freiheit der Knechtschaft, artikuliert sich nach Derrida in paradigmatischer Weise der die gesamte Epoche der Metaphysik beseelende Wunsch nach der wiederhergestellten Präsenz, nach lautlicher Selbstaffektion als Metapher für die größte Selbstpräsenz des Lebens, die größte Freiheit. Derridas dekonstruktive Rousseau-Lektüre und damit die der logozentrischen Epoche entwickelt gerade aus der Kritik des dort vorherrschenden Schrift- bzw. Supplement-Begriffs eine heterogene Konzeption der Schrift – und d. h. für Derrida: der Philosophie –, die in einem Zug mit den die Präsenz-Metyphysik charakterisierenden Oppositionen (Drinnen/Draußen, Böse/Gut, Repräsentation/Präsenz, Schrift/gesprochenes Wort) bricht und an ihrer Stelle die Ursprünglichkeit und Irreduzibilität der Schrift bzw. des Supplements als einer Struktur geltend macht. Die Auseinandersetzung mit diesem Modell eines »originären Supplements«, eines »Ursprungssupplements«, von dem Derrida sagt, daß keine Ontologie seine Strategie und Wirkung zu denken vermag, ist mit der *Grammatologie* auf meisterhafte Art eröffnet und einer sich in deren Licht konstituierenden post-logozentrischen, d. h. grammatologischen Philosophie als ihr Programm aufgegeben.

C.Ld.

Ausgabe: Paris 1967.

Übersetzung: *Grammatologie*, H.-J. Rheinberger u. H. Zischler, Ffm. 1974; ern. Ffm. 1982 (stw).

Literatur: J. Thomas, *J. D.* (in *Frz. Literaturkritik in Einzeldarstellungen*, Hg. W. D. Lange, Stg. 1975). – H. Parret, *Het denken van de grens. 4 opstellen over D.'s grammatologie*, Löwen 1975. – J. Greisch, *Herméneutique et grammatologie*, Paris 1977. – N. Garver, *D. on Rousseau on Writing* (in Journal of Philosophy, 71, 1977, S. 663–673). – J. L. Ulmer, *J. D. and Paul de Man on/in Rousseau's Faults* (in The Eighteenth Century, 20, 1979, S. 164–181). – C. V. McDonald, *J. D.'s Reading of Rousseau* (ebd., S. 82–95). – C. Norris, *Deconstruction. Theory and Practice*, Ldn. 1982. – M. Frank, *Was ist Neostrukturalismus?*, Ffm. 1983. – S. Kofman, *Lecture de D.*, Paris 1984.

## L'ÉCRITURE ET LA DIFFÉRENCE

(frz.; *Ü: Die Schrift und die Differenz*). Philosophische Textlektüren von Jacques Derrida, in Buchform erschienen 1967. – Parallel zu seinem großangelegten Entwurf einer »De-konstruktion« der abendländischen Metaphysik (vgl. *De la grammatologie*) macht der in Paris lehrende Philosoph Derrida mit diesem als elliptisches »Nicht-Buch« konzipierten Sammelband Aufsätze zugänglich, die von 1963–1967 verstreut erschienen waren und in denen die philosophisch-literarischen Bezüge und Horizonte seines Denkens hervortreten. Auch Derridas Differenz-Schrift steht in der Perspektive eines *»verallgemeinerten Anti-Hegelianismus«* (G. Deleuze, *Différence et répétition*, 1968); doch hat sich für Derrida die im Zeichen Nietzsches,

FREUDS und HEIDEGGERS stehende Subversion des platonischen Einen durch eine irreduzible Alterität vor dem empiristischen Kurzschluß zu hüten, der Philosophie einfach *»den Rücken zuzukehren (was meistens schlechte Philosophie zur Folge hat)«*. Deshalb sucht Derrida eine Verwindung der Metaphysik zu denken, die mit der Unvermeidlichkeit der metaphysischen Syntax und Lexik rechnet, statt vom reinen Denken einer reinen Differenz zu träumen: *»Man entgeht dem, so scheint es, nur, wenn man die Differenz außerhalb der Bestimmung des Seins als Präsenz ... denkt, indem man die Differenz als ursprüngliche Unreinheit, das heißt als ›différance‹ in der endlichen Ökonomie des Selben denkt«*.

Derridas Denken hat in der Absetzung von der Phänomenologie E. HUSSERLS seinen Ausgang genommen; dabei stützt er sich neben Heidegger auch auf das Alteritätsdenken von E. LÉVINAS, dessen aus jüdischen Quellen gespeiste Kritik an der griechischen Herrschaftskonzeption des Logos im umfangreichsten Beitrag des Bandes *(Gewalt und Metaphysik)* erörtert wird. Auf der Linie dieser doppelten Radikalisierung der Phänomenologie bemüht sich Derrida um die Freilegung der präsenzmetaphysischen Grundannahmen in der strukturalen Literaturkritik der Genfer Schule *(Kraft und Bedeutung)* wie im ethnologischen Strukturalismus von C. LÉVI-STRAUSS *(Die Struktur, das Zeichen und das Spiel im Diskurs der Wissenschaften vom Menschen)*; selbst M. FOUCAULT sei in *Histoire de la folie* der Versuchung eines *»strukturalistischen Totalitarismus«* erlegen *(Cogito und Geschichte des Wahnsinns)*. Eine entschiedene semiologische *»Dezentrierung« (décentrement)* des *Cogito* sei nämlich nur im Verzicht auf eine zentrierte Struktur und in der Transformation des *»stets als Zeichen-von«*, als Anzeichen einer Präsenz konzipierten Zeichenbegriffs, zu erreichen. Bestimmend für das Problemfeld Sprechen/Denken sei nunmehr der Begriff des *»Spiels, das heißt unendlicher Substitutionen in der Abgeschlossenheit eines begrenzten Ganzen«*. Infolge einer unaustilgbaren, für die Sinnbildung konstitutiven Nicht-Gegenwart könne die Bezeichnung nur über eine flottierende Ergänzung funktionieren, die *»die Supplementierung eines Mangels auf seiten des Signifikats erfüllt«*, die dem Systematizitätszwang der strukturalen Analyse jedoch entgehen müsse.

Doch glaubt Derrida *»die Urverdrängung«* der unterscheidend-aufschiebenden, Sinn und Präsenz ermöglichenden, skripturalen Operation der ›différance‹ als symptomatische *»Spuren« (traces)* auch in Texten dechiffrieren zu können, deren metaphysik- und subjektkritische Stoßrichtung offenkundig ist, so in A. ARTAUDS vehementer Attacke auf den neuzeitlichen Geist-Körper-Dualismus, mit der er doch nur die *»Metaphysik eigentlicher Subjektivität«* an sich selbst exekutiert habe *(Die soufflierte Rede)*; oder in S. FREUDS Abwertung der Materialität des Aufgezeichneten *(inscription)* zugunsten des psychischen Gedächtnisses *(Freud und der Schauplatz der Schrift)*. Gleichwohl schließt Derrida an die Psychoanalyse, aber auch an die jüdische Tradition des Schrift-Denkens *(Edmond Jabès und die Frage nach dem Buch)* an, um formgewordene, textuelle Sinneinheiten in einen aus Spuren und Differenzen gewobenen ›Text‹ einzuschreiben, der nie präsent war und immer schon Umschrift ist. Statt Hermeneutik zu treiben, sucht Derrida mit seiner wiederholenden Lektüre der *»Theologischen Enzyklopädie«* des »Buches«, die in HEGELS Denken kulminiert und zugleich den *»Austritt des Identischen in das Selbe«* eröffnet, die Oberflächenkohärenz des philosophischen Textes als ein Spiel von Kräften des Nicht-Sinns zu erweisen, das den Sinn zeitigt. *»Indem man die Geschlossenheit (clôture) des Buches verdoppelt, legt man sie auseinander«*. Derrida schwebt ein *»rückhaltloser Hegelianismus«* des Denkens vor, der in den Schriften von G. BATAILLE bereits praktiziert worden sei *(Von der beschränkten zur allgemeinen Ökonomie)*. In Derridas Lesart nimmt diese »Schrift der Souveränität« die Gestalt einer dem Exzeß geweihten, das *»Sagen-Wollen« (vouloir-dire)* des Repräsentationsdiskurses zersetzenden, »allgemeinen Ökonomie« der Schrift an: *»Sie vermehrt die Wörter, sie schleudert sie gegeneinander und reißt sie in den Abgrund einer endlosen und grundlosen Substitution ... Sie ist kein Rückhalt und keine Zurücknahme ..., sondern eine Art Zeichenpotlatch, der die Wörter in der fröhlichen Affirmation des Todes verbrennt, aufzehrt und verschwendet: ein Opfer und eine Herausforderung«*.

Diese Strategie einer vervielfältigend-demontierenden Lese- und Schreibpraxis ist in späteren Veröffentlichungen Derridas (*Glas*, 1974; *La vérité en peinture*, 1978; *La carte postale de Socrate à Freud et au-delà*, 1980; *Parages*, 1986) vorangetrieben worden, deren Nachvollzug die Kenntnis der Erstlingsschriften voraussetzt. Sie hat Derrida den Vorwurf des Obskurantismus und der Scharlatanerie eingetragen. Gerade im Hinblick auf *Die Schrift und die Differenz*, ein Werk, das noch einen Einblick in die Verfertigung von Derridas Gedanken erlaubt, wird man aber gut daran tun, sein Denken als einen Typus des Philosophierens ernst zu nehmen, der Verfahrensweisen der schriftstellerischen Avantgarde (J. JOYCE, M. BLANCHOT) wirkungsvoll im Feld der philosophischen Exegese einsetzen kann, weil im kulturellen Erfahrungsraum der Moderne die Verflechtung der »Arbeit des Begriffs« mit unterschiedlichen skripturalen Praktiken stärker hervorgetreten ist. W.Mi.

AUSGABE: Paris 1967.

ÜBERSETZUNG: *Die Schrift und die Differenz*, R. Gasché u. U. Köppen, Ffm. 1972; ern. Ffm. 1976 (stw).

LITERATUR: F. Wahl, *La structure, le sujet, la trace 2* (in *Qu'est-ce que le structuralisme?*, Paris 1968; dt.: Ffm. 1973). – M. Frank, *Eine fundamental-semiologische Herausforderung der abendländischen Wissenschaft (J. D.)* (in Philos. Rundschau, 23, 1/2, 1976, S. 1–16). – D. Giovannangeli, *Ecriture et répétition. Approche de J. D.*, Paris 1979. – I. E. Harvey, *D. and the Economy of différance*, Bloomington 1986. – A. Münster, *Die Differänz und die Spur. J. D.s Dekonstruktion des Logozentrismus in der abendländischen Metaphysik* (in A. M., *Pariser philosophisches Journal*, Ffm. 1987, S. 123–143).

## TIBOR DÉRY

* 18.10.1894 Budapest
† 18.8.1977 Budapest

Literatur zum Autor:
*Bibliographie:*
*T. D.*, Hbg. 1969 [Einl. G. Lukács u. T. Ungvári].
*Biographien:*
M. Szenessy, *T. D.*, Stg. 1970. – T. Ungvári, *D. T. alkotásai és vallomásai tükrében*, Budapest 1973. – B. Pomogáts, *D. T.*, Budapest 1974.
*Gesamtdarstellungen und Studien:*
P. Egri, *Survie et réinterprétation de la forme proustienne. M. Proust, T. D., J. Sempun*, Debrecen 1969. – P. Egri, *Kafka- és Proust-inditások D. müvézsetben; D. modernsége*, Budapest 1970. – G. Monica, *L'Ungheria del secondo dopoguerra nei racconti di T. D.* (in Quaderni Italo-Ungheresi, 1970, Nr. 1, S. 23–36). – B. Oltyán, *D. és az egzisztencializmus* (in Literatura, 1977, Nr. 1, S. 47–60). – B. Oltyán, *A novellaforma módosulása D. korai epikájában* (in Irodalomtörténet, 1977, S. 567–585). – M. Trócsányi, *»Képzeletem ...« Lirai képek D. T. kései regényeiben* (in Irodalomtörténet, 1978, S. 922–943). – E. Illés, *Odüsszeusz D. T.* (in E. I., *Mestereim, barátaim, szerelmeim*, Bd. 2, Budapest 1979, S. 303–321). – L. Kántor, *D. T. utolsó évei* (in L. K., *Korváltás*, Bukarest 1979, S. 298–315). – *Az irónia D. T. müveiben. Béládi M., Bodnár Gy., Pomogáts B., Szabolcsi M. és Tóth D. beszélgetése* (in Jelenkor, 1980, S. 549–557). – Gy. Sebestyén, *D. oder Die Überwindung der Ideologie* (in Gy. S., *Studien zur Literatur*, Eisenstadt 1980, S. 342–349). – A. Szalai, *Csereforgalom. Magány és közösség D. T. regényeiben*, Budapest 1982. – Gy. Báron, *Változatok a hüségre. D. T. és Makk Károly* (in Filmkultúra, 1983, Nr. 4, S. 22–31). – *Találkozások, interferenciák. Illyés Gyula – D. T. Emlékkiallitás*, Budapest 1985.

### A BEFEJEZETLEN MONDAT

(ung.; *Ü: Der unvollendete Satz*). Roman von Tibor Déry, entstanden zwischen 1934 und 1938; erschienen 1947. – Den »unvollendeten Satz« des weitausgreifenden Romans ruft die junge Kommunistin Éve aus dem abfahrenden Schnellzug ihrem in Wien zurückbleibenden Geliebten zu, mit dem sie die kurz bemessene Zeit einer Liebe verband, die sie zum erstenmal ihre Parteiarbeit vergessen ließ: *»Lebe anständig von nun an: denn sonst komme ich, das schwöre ich dir, niemals zu dir zurück! Glaubst du vielleicht, du bist allein auf der Welt? Meinst du, daß ein solches Leben eines erwachsenen Menschen würdig ...«* Unvollendet wie dieser von kommunistischer Moral geformte Satz ist auch die Welt des in den dreißiger Jahren spielenden Romans. Er führt eine von erbittertem Klassenkampf gespaltene Gesellschaft vor: die Budapester Großbourgeoisie, in der Hauptsache vertreten von dem weitverzweigten Familienclan der Parcen-Nagy, und das Proletariat, das in den Csepeler Industriewerken um sein tägliches Brot ringt. Beide Machtblöcke, von Déry bis in ihre finstersten Winkel durchforscht, bewegen sich nach eigenen, unumstößlichen Gesetzen innerhalb ihrer von den Verhältnissen der kapitalistischen Gesellschaftsordnung gezeichneten Grenzen, die den Proletarier ebenso vom Bourgeois trennen, wie sie den Bürger vom Arbeiter fernhalten. Der Kampf der beiden Mächte gegeneinander spielt sich vor dem politischen Hintergrund des erstarkenden deutschen Faschismus, der Februarrevolution in Wien (1934), der illegalen Tätigkeit der KP Ungarns und der Arbeiterrevolten in Csepel ab, ist jedoch ohne Bezug zur Weltwirtschaftskrise und zu den Nachwirkungen der Inflation. Er bricht offen aus, als Károly Parcen-Nagy, der Generaldirektor der Csepeler Werke, immenser Unterschlagungen wegen Selbstmord begeht, das wirtschaftliche Fundament des Trustes zusammenbricht, mehrere Fabriken stillgelegt und Tausende von Arbeitern dem Hunger preisgegeben werden. In dieser taktisch günstigen Situation holt die illegale KP zum Schlag aus (Organisation der Werktätigen, Festigung des Proletariats durch politische Agitation, Streiks in den noch arbeitenden Fabriken); sie muß jedoch unterliegen, da es ihr nicht gelingt, aus der – in sich gespaltenen – Arbeiterschaft eine geschlossene, unter ihrer Führung stehende revolutionäre Kampfgemeinschaft zu bilden. Mit Hilfe des Polizeiapparats schlägt die Bourgeoisie die Aufstände nieder, kerkert die politischen Führer ein und vernichtet die illegale Organisation der KP.

Das eigentliche Spannungsfeld des Romans aber liegt zwischen den Fronten in einem Niemandsland, das der Held des Erzählwerks, Lörinc Parcen-Nagy, einsam durchschreitet. Nicht einzuordnen ist sein Leben, das seine Impulse weder von der einen noch der anderen der kämpfenden Klassen empfängt. War der junge Mann seiner Familie bislang nur in der Rolle eines fügsamen, höflichen »Idioten« bekannt, der sich täppisch seiner ungewöhnlich großen, bäurisch roten Hände schämte, so wird nach dem Selbstmord seines Vaters bald klar, daß er diese Maske nur dazu gebrauchte, um seinen Ekel vor der Familie, seinen Haß gegen die eigene Klasse zu verbergen. Seine Bedeutungslosigkeit erlaubt es ihm, sich unbeachtet von der Familie in ein Leben zurückzuziehen, das gesellschaftlich gleichsam in einem luftleeren Raum liegt: heimlich heiratet er eine junge Bankangestellte, die zwei Jahre lang seine Geliebte war und taucht unter im Alltag der Mittelmäßigkeit. Als die Frau kurz nach der Heirat stirbt, weiß Lörinc nicht mehr, wozu jetzt noch sein Dasein verwendbar sein könnte: er ist wieder der Einsamkeit ausgeliefert, die jetzt um so quälender für ihn ist, als sie ihm auch physisch bewußt wird. Nach einer deprimierenden Tätigkeit als Angestellter des Trustes (die Familie kann das begonnene Jurastudium nicht weiter finanzieren) bricht für Lörinc eine neue Lebensphase an. Sie ist unmittelbar an die Existenz des *»apollinischen, heiteren«* Arbeiterjungen Péter Rózsa gebunden. Nicht Mitleid, sondern Faszination und der Egoismus des Einsamen bewegen Lörinc dazu, den ausgehungerten kleinen Proleten mit dem früh ausgebildeten, starren Bewußtsein seiner Klasse zu sich zu nehmen. In diesem Jungen, der seine Kindheit wie ein Erwachsener erlebt, erkennt Lörinc sich selbst wieder, jenes *»frühreife Kind mit dem zu zarten Nervensystem«*, wie er einmal über sich selbst sagt, das *»mit überempfindlichen Augen der Wirklichkeit entgegentrat, zu deren Erkennen mich keine erklärende und behütende Liebe an die Hand nahm. In gewissem Sinne wuchs ich daher auf wie ein Proletenkind ... Niemand liebte mich, und so lernte ich früh hassen.«* Seine *»erklärende und behütende Liebe«* richtet Lörinc auf Péter, ohne jedoch den Panzer seines Bewußtseins durchdringen zu können, im Gegenteil: Péter ist es, der in Lörincs Leben Veränderungen bringt. Unerwidert bleibt Lörincs Liebe zu Péter, der ihm ebenso entgleitet wie das Mädchen Éve, die *»moderne Nonne«* der Arbeiterbewegung, deren *»hinter ihrem Körper verborgenen Körper«* Lörinc sucht: *»Diesem Wesen hinter der Fassade ihres Wesens jagte er unablässig nach, und da er sie niemals erreichte, lag die Vermutung nahe, ihre wahre Natur verwirkliche sich nur in seiner Abwesenheit, nur dort, wo Éve für ihn unerreichbar blieb.«*

Dieses Verhältnis zu der jungen Kommunistin ist symptomatisch für Lörincs Existenz, die keinen Halt an einer Ideologie und keinen Ruhepunkt in einer Liebe findet. Und wenn er sich zuletzt auch freiwillig in die Hölle der Armut begibt (er nimmt in einer Arbeitermietskaserne Wohnung), das *»Wesen hinter dem Wesen«* findet er nicht. An seiner Bereitschaft, so zu sein wie die Armen, entzündet sich der Haß eben dieser Armen, die von Anfang an seiner Redlichkeit mißtrauen, da er für sie der Bourgeois bleibt, als der er sich selbst nicht fühlen kann. Die Rolle des höflichen Narren, die er einst der bürgerlichen Gesellschaft vorspielte, wird ihm jetzt von den Proletariern zugewiesen. Spott, Hohn und Haß schlagen um in offene Feindschaft, als er – zu Unrecht – für den Tod eines Kindes verantwortlich gemacht wird. Märtyrer des Mitleids und der helfenden Liebe, geht er unter in den Wogen entfesselten Hasses (nicht zufällig ist in diesem Zusammenhang die Anspielung auf Christus). Daß jedoch am Ende nicht ihn das Mordmesser trifft, sondern den Arbeiterjungen Péter, der Lörinc – einem unerklärlichen Reflex gehorchend – mit seinem Körper deckt, ist einer der Höhepunkte Déryscher Dialektik. Diese Dialektik ist auch in der Zeichnung der Kommunistin Rózsa zu finden: gleich ihrem Mann hat Frau Rózsa, eine der monumentalen Frauengestalten der Weltliteratur, ihr Leben ganz der Partei und dem Kampf um eine menschenwürdige Zukunft verschrieben; gerade daraus aber resultiert auch ihre Schuld als Mutter, ihren Kindern nicht die Liebe und Wärme entgegengebracht zu haben, die ihren jüngsten, an Gehirnhautentzündung erkrankten Sohn Jancsi vor dem Tod, den ältesten, Péter, vor der Entwurzelung gerettet hätten.

Hier wie da steht gegen die Vollendbarkeit des unvollendeten Satzes die konkrete gesellschaftliche Wirklichkeit, die Déry in einem eingeschobenen Schlußteil weiterträumt und so der Realität entzieht: zwanzig Jahre später ist der Rechtsanwalt Lörinc wieder in seiner hauptsächlich von Arbeitern besuchten Stammkneipe anzutreffen; doch auch jetzt noch bleibt der fragmentarische Satz unvollendbar, da die Verhältnisse die gleichen geblieben sind wie vor zwanzig Jahren – ein Anachronismus, der, von der Wirklichkeit nachgewiesen, gegen die ausschließlich auf Realität gebaute Ordnung des Romans verstößt. Zu diesem Experiment mag den Autor die Faszination vom *»Geheimnis der Zeit und ihres Hingangs«* ebenso verführt haben wie das *»seltsame Wirken der Erinnerung, die plötzlich eine vergangene Wirklichkeit fast leibhaftig auferstehen läßt«* (R. Hartung). Doch nicht nur hierin erweist sich Dérys Verwandtschaft mit PROUST (die sich schon in der Suche nach dem Wesen hinter der Fassade eines Wesens zeigte): Der *Unvollendete Satz* hat, wie Ivan NAGEL urteilt, *»ein Vorbild, dessen durchdringende Wirkung jeder Leser (zuweilen verwirrend) spüren muß: Prousts* Suche nach der verlorenen Zeit. *Bei seinem Entschluß zur subjektiven Epik wählte Déry zwar nicht die Form des Ichromans. Aber er stellte den Bürgerssohn Lörinc Parcen-Nagy in den Mittelpunkt der Handlung und machte ihn zu deren eigentlichem fühlendem und erkennendem Subjekt. Die Lebensgeschichte dieser Gestalt wurde erfüllt – wie die von Prousts Erzähler – mit autobiographischen Erfahrungen des Autors, die sich zu einer Art Bildungsroman zusammenschließen. Wie die innerste, ›expressionistische‹ Schicht des Buches Péter Rózsa, dem Menschen als Kreatur, gehört, so gehört die mittlere, ›proustsche‹ Schicht Lörinc Parcen-Nagy, dem Menschen als Individuum, als innere Unendlichkeit des Bewußtseins. Denn nur individuelle Empfindung, Erfahrung und Erkenntnis in ihrer unverminderten Tiefe und Vielfalt vermögen es, die leidgesprengte Einheit des Wirklichen neu zu entwerfen.«* M.Gru.

AUSGABEN: Budapest 1947, 3 Bde.; [6]1976. – Budapest 1974 (in *Munkai*, Bd. 6). – Bukarest 1978. – Budapest/Bratislava 1980.

ÜBERSETZUNGEN: *Der unvollendete Satz*, I. Szent-Iványi u. R. Flierl, 2 Bde., Bln./DDR 1954. – Dass., Ch. Ujlaky, Ffm. 1962; ern. 1986.

VERFILMUNG: *141 perc a Befejezetlen mondatból*, Ungarn 1974 (Regie: Z. Fábri).

LITERATUR: A. Németh, *Széljegyzetek egy nagy regényhez* (in Forum, Budapest 1947, S. 934–948). – G. Lukács, *Levél Németh Andornak D. T. regényéről* (ebd., 1948, S. 40–49). – I. Nagel, *Größe als Merkmal* (in Der Monat, 14, 1962, H. 168, S. 70–75). – F. A. Hoyer, *Die Hoffnung stirbt einsam* (in Dalhousie Review, 88, 1962, S. 1093–1097). – B. Pomogáts, *Eszme és társadalom D. T. A befejezetlen mondat cimü regényében* (in *Vár egy új világ*, Budapest 1975, S. 404–429). – A. Komlós, *D. T.: »A befejezetlen mondat«*, (in A. K., *Kritikus számadás*, Budapest 1977, S. 309–312). – Gy. Bölöni, *D. T.: »A befejezetlen mondat«* (in Gy. B., *Egy forradalmi nemzedék*, Budapest 1983, S. 274–279). – I. Hermann, *Miért maradt a mondat befejezetlen?* (in I. H., *Veszélyes viszonyok*, Budapest 1983, S. 197–223).

## FELELET

(ung.; *Ü: Die Antwort*). Roman in zwei Teilen von Tibor DÉRY, erschienen 1950–1952. – Nach Veröffentlichung seines Romans *A befejezetlen mondat*, 1947 *(Der unvollendete Satz)*, mit dem er sich unter die führenden Schriftsteller Ungarns einreihte, begann Déry die Arbeit an einer neuen Trilogie, deren Thema er in einem Interview folgendermaßen umriß: er wollte die Geschichte eines einfachen ungarischen Arbeiters, seines menschlichen und geistigen Bewußtwerdens in der Zeit von 1920 bis nach dem Zweiten Weltkrieg, schreiben; am Ende sollte der Held als überzeugter Kommunist glücklich im neuen Ungarn leben.

*Felelet* schildert die Schulzeit des jungen Bálint Köpe, seine Arbeit in einer Eisfabrik, sein wachsendes politisches Interesse, seine Beteiligung an der großen Arbeiterdemonstration in Budapest im Jahr 1930. Köpe ist die Verkörperung der idealen Vorstellung, die der Humanist und optimistische Kommunist Déry von einem jungen Proletarier hat. Obwohl seine Entwicklungsmöglichkeiten von vornherein beschränkt zu sein scheinen, wächst er zu einem weltoffenen, hilfsbereiten Mann heran. Seinem Wesen ist das einseitige Denken, das Rädchen-im-Räderwerk-Dasein in einem vom Dogma beherrschten Machtapparat fremd. – Die andere zentrale Gestalt des Romans ist der Universitätsprofessor Farkas, der eine junge Studentin liebt, die aktiv an der illegalen kommunistischen Bewegung teilnimmt. Farkas – vielleicht die gelungenste, auf jeden Fall aber die interessanteste Gestalt des Romans – vertritt die »fortschrittliche Intelligenz«. Typisch für ihn ist, daß er die hohe, an einer Kette zu tragende Auszeichnung des Horthy-Regimes für jeden sichtbar neben dem Klosettschlüssel an einem Nagel aufhängt.

Obgleich Déry sich bemüht hatte, den unklaren und widersprüchlichen Anforderungen des Sozialistischen Realismus gerecht zu werden, geriet ihm der zweite Teil des Romans zu wirklichkeitsnah und wohl auch zu menschlich für den Geschmack von Kulturfunktionären. Der Parteitheoretiker RÉVAI stellte ihn wegen seiner Darstellung zur Rede, klagte ihn der *»Entstellung der Wirklichkeit«* an und warf ihm vor, er habe den Einfluß der kommunistischen Partei auf Bálint Köpes Entwicklung unterschätzt und zuviel Sympathie für den politisch indifferenten Professor gezeigt. Anklagen dieser Art leiteten die ideologische »Felelet-Diskussion« im Jahre 1952 ein, die zum ersten offenen Konflikt zwischen kommunistischen Schriftstellern und Funktionären in Ungarn führte und das Vorspiel zur Auflehnung der Schriftsteller in den Jahren 1955/56 war. Révais engstirniger Kritik ist es zuzuschreiben, daß Déry den dritten Band des Romans unvollendet ließ. G.G.-KLL

AUSGABEN: Budapest 1950 (Bd. 1: *A gyermekkor felelete*). – Budapest 1951. – Budapest 1952 (Bd. 2: *Az ifjúkor felelete*). – Budapest 1954, 4 Bde.; [4]1965. – Budapest 1973. – Budapest 1977. – Budapest 1981.

ÜBERSETZUNGEN: *Die Antwort*, I. Szent-Iványi u. R. Flierl, Bln./DDR 1952; [3]1964 [Bd. 1]. – *Die Antwort der Jugendzeit*, I. Szent-Iványi, Bln./DDR 1965 [Bd. 2].

DREHBUCH: T. Déry, *Bálint elindul*, Budapest 1953 [zu Bd. 1].

LITERATUR: Anon., *»Felelet«. Vita irodalmunk helyzetéről*, Budapest 1952. – P. Nagy, *A »Felelet« második kötetéről* (in N. P., *Mérlegen*, Budapest 1955). – T. Déry, *Levelek a »Felelet«-ről* (in T. D., *Útkaparó*, Budapest 1956). – M. Sükösd, *D. T. regényírása* (in Új irás, 1970, Nr. 10, S. 102–117). – I. Tamás, *Kérdések a Felelet-ről* (in I. T., *Tizenhárom hónap*, Budapest 1977, S. 253–257). – L. Illés, *A »Felelet«-vitától D. T. visszatéréséig* (in Kortárs, 1980, S. 422–426 u. in L. I., *Titkos fiók*, Budapest 1981, S. 140–152).

## G. A. ÚR X.-BEN

(ung.; *Ü: Herr G. A. in X*). Roman von Tibor DÉRY, erschienen 1964. – Nach Verlassen der letzten Bahnstation und einer dreitägigen Fahrt in einem Eselskarren muß Herr G. A. noch viele Tage damit verbringen, scheinbar unendlich sich hinziehende Schrottabladeplätze zu überqueren, auf denen ausrangierte Lokomotiven und ganze Züge, verrottete Kanonen und Panzer, Autowracks und verrostete Geräte aller Art sich in berghohem Durcheinander stapeln. Endlich erreicht Herr G. A. unter Aufbietung seiner letzten Kräfte die Stadt X, die zur Hälfte aus Ruinen besteht. Ihre Bewohner leben in uneingeschränkter Freiheit; ihre Verhaltensmaßregeln sind willkürlich und für Herrn G. A. undurchschaubar. Ein Mann namens Leone führt auf offener Straße, vor den Augen der interessiert zuschauenden Passanten, eine »Operation« durch: er schneidet einem Vorbeieilenden die Halsschlagader durch und setzt daraufhin unbehindert seinen

Weg fort. Erst nach einem Jahr wird er vor ein Gericht geladen, dessen Richter und Geschworene wegen *»Verletzung der Freiheit anderer«* zu lebenslänglichem Zuchthaus verurteilt sind. Das Wolkenkratzer-Gefängnis inmitten der heruntergekommenen Stadt gleicht dem New Yorker »Waldorf-Astoria«. Die Insassen (die das Gefängnis jederzeit verlassen dürfen) führen zur »Strafe« ein Schlemmerleben. Statt Straßenbahnen gibt es in der Stadt eine Dampf-Schmalspurbahn, von der man allerdings nie wissen kann, wo sie halten und in welchen Stadtteil sie fahren wird. Ebenso unberechenbar ist der Hotel-Fahrstuhl, der die Gäste stundenlang die Stockwerke hinauf- und hinabfährt, bis er endlich – zufällig – im richtigen Stockwerk hält. Alles bleibt in dieser Stadt dem Zufall überlassen, auch an dem Tag, als sich plötzlich eine schwelende Unruhe verbreitet, von der niemand weiß, welche Gründe sie hat. Am nächsten Tag formiert sich dann aus Tausenden von Menschen eine Marschkolonne. Jeder in der Kolonne führt seine wertvollsten Gebrauchsgegenstände mit sich. Von den weinenden Angehörigen und dröhnender Operettenmusik begleitet, maschieren sie ihrem »Ableben« entgegen. Niemand weiß, was am Ende wirklich mit ihnen geschieht.

Unberechenbar ist auch die Liebe des Mädchens Erzsébet, in das sich Herr G. A. verliebt. Die Schilderung dieses traumhaften, verzehrend schönen Liebesverhältnisses, das ständig vom Abschiednehmen, dem Einander- und Sich-selbst-Verlieren bedroht ist, gehört wohl zu den besten Passagen dieses Romans. Als Herr G. A. sich endlich – wie der Dichter PETŐFI – entschließt, *»sein Leben für seine Liebe und seine Liebe für seine Freiheit«* zu opfern (d. h. in seine Welt zurückzukehren), folgt ihm Erzsébet nicht nach.

Dérys Stadt X, eine Vision der Auflösung und des Zusammenbruchs, wird erkennbar als eine »Stadt hinter dem Strom« (vgl. Hermann KASACKS gleichnamigen Roman, in dem der Archivar Dr. Lindhoff etwa die gleiche Funktion hat wie Herr G. A.), die irgendwo auf dem »Stern der Ungeborenen« liegt (vgl. Franz WERFELS gleichnamigen Roman). Mit diesem Werk kehrt Déry zu den surrealistischen Ansätzen seiner ersten Schaffensperiode zurück. Den größten Teil des Buches schrieb er – der sein Leben lang für die Ideen des Kommunismus gekämpft hatte – mutmaßlich im Gefängnis (nach seiner Teilnahme am Oktoberaufstand 1956 wurde er zu neun Jahren Gefängnis verurteilt und erst 1961 begnadigt). Es liegt nahe, seinen Roman als ein Exempel der von Peter WEISS formulierten De-Sade-Psychologie aufzufassen *(»Mein Leben ist die Imagination. / Die Revolution / interessiert mich nicht mehr«)*. Dem steht jedoch Dérys Vorwort entgegen, in dem er behauptet, in der von ihm geschilderten Welt beschreibe er den Endzustand des Kapitalismus mit seinem inhaltlosen Freiheitsbegriff; und nur der Sozialismus könne dem Menschen die Entwicklung zu diesem Endzustand hin ersparen. Es erhebt sich die Frage, ob dieses Vorwort eine zusätzliche artifizielle Verfremdung zu den Brechungen und schwankenden Vieldeutigkeiten des Romaninhalts darstellt oder ob es nur ein Vorwand war, der dem Buch die Publikation ermöglichen sollte. Letzteres scheint wohl der Wahrheit am nächsten zu kommen. M.Sz.

AUSGABEN: Budapest 1964; [2]1972. – Budapest 1983. – Bratislava 1983.

ÜBERSETZUNGEN: *Reiseerlebnisse des Herrn G. A.*, M. v. Schüching (in NRs, 75, 1964, S. 523–553; enth. 2 Kap.). – *Herr G. A. in X*, S. u. E. Vajda, Ffm. 1966.

LITERATUR: L. Nagy, Rez. (in Kortárs, 1964, Nr. 7, S. 1152). – D. Tóth, Rez. (in Új írás, 1964, S. 1139). – G. Blöcker, Rez. (in FAZ, 12. 11. 1966). – A. Kloss, *A történelem lehetőségei. Tanulmány D. T. két regényéről* (in Eletünk, 1974, S. 393–401). – B. Pomogáts, *Egymásnak felelő két regény* (in Literatura, 1974, Nr. 2, S. 78–90). – D. Tóth, *Elő hagyomány, élő irodalom*, Budapest 1977, S. 610–618.

## KEDVES BÓPEER!

(ung.; *Ü: Lieber Schwiegervater*, auch *Lieber Beau-Père*). Roman von Tibor DÉRY, erschienen 1973. – Dérys Romane und Erzählungen befassen sich vornehmlich mit den Problemen der menschlichen Gesellschaft: Von *A befejezetlen mondat (Der unvollendete Satz)*, der nur mit zehnjähriger Verspätung nach dem Zweiten Weltkrieg erscheinen konnte, über *Niki*, jener Geschichte eines Hundes, die ihn weltberühmt machte, bis zu der nach dem ungarischen Volksaufstand von 1956 im Gefängnis entstandenen Untergangsvision *G. A. úr X.-ben (Herr G. A. in X)* und *A kiközösítő (Ambrosius)*, einem Roman um den heiligmäßigen Mailänder Bischof im 4. Jh., in dem totalitäres Verhalten subtil analysiert und mit souveräner Ironie demaskiert wird, führt – aller Mannigfaltigkeit zum Trotz – eine einzige Linie. Auch in seinen Alterswerken beschäftigt ihn immer wieder das Wesen von Freiheit und Unfreiheit. Eine Ausnahme bildet der in seinem 79. Altersjahr entstandene Kurzroman *Kedves bópeer*, in dem er sich privaten Belangen, dem unentrinnbaren Problem des einzelnen, dem Altwerden zuwendet.

Der Ich-Erzähler ist ein bejahrter Budapester Schriftsteller, der verwitwet und zurückgezogen in Gesellschaft seiner alten Haushälterin lebt. Sein Sohn studiert in Genf. Obwohl er ihm teilweise die eigenen Züge und das eigene Milieu verleiht, ist Déry mit seiner Romangestalt nicht identisch: Weder lebte er einsam und verwitwet, noch hatte er einen Sohn. Es handelt sich um eine mit autobiographischen Zügen verbrämte künstlerische Fiktion, in der mit unerbittlicher Klarsicht, durchdringender Schärfe und hinterhältiger Selbstironie der physische und seelische Habitus des alten Menschen kartographiert wird. Er gibt sich egoistisch,

hochmütig und illusionslos; an die Ideale seiner Jugend glaubt er nicht mehr: *»Was eigentlich wird aus einem Menschen am Ende eines langen Lebens, frage ich mich mit Bestürzung. Seine Ideale? Sieh sie dir doch einmal an. Wozu sind sie gut? Um die Menschheit bis aufs Blut zu peinigen... Wandern noch die hehren Ideale durch Stadt und Land in demütiger Haltung und mit frommem Gesicht, und wer sich ihnen anschließt, wird unversehens früher oder später zum Mörder oder Opfer. Hehre Ideale sind die besten Zuhälter des Sadismus. Die hehren Ideale...«*
Nach und nach zieht er sich hinter eine harte Schale von Skepsis und Misanthropie zurück. Als die einzige ihm verbliebene Freude betrachtet er die Schadenfreude, mit der er bei seinen Bekannten und Schriftstellerkollegen den untrüglichen Symptomen des Altwerdens nachspürt und ihnen hämisch zu verstehen gibt, daß diese ihm nicht entgangen sind. Am genauesten beobachtet er jedoch sich selbst: *»Werde ich es überhaupt merken, wenn die Gehirnverkalkung auf meine Feder übergreift? Wann wird das sein, und wer wird es mir sagen? Und werde ich es glauben?«* Mit erbarmungsloser und selbstquälerischer Offenheit zeichnet er die Wunden auf, die ihm das Alter zufügt, Veränderungen der Persönlichkeit, den Verlust der Manneskraft, des Selbstvertrauens, des Gedächtnisses.
Die Darstellung der inneren Abwehr, der Auflehnung gegen die Vergänglichkeit ist von feiner Ironie oder zärtlichem Humor durchzogen; Imponderabilien werden in solcher Vollendung gemischt, daß die Waage der Ambivalenz zwischen Trauer und Lächeln stets im Gleichgewicht bleibt. Von hinreißender Komik ist etwa der Besuch einer jungen und hübschen Möchtegern-Schriftstellerin, die ihre Reize – mit denen der alte Mann nichts mehr anzufangen weiß – dem Altar der Literatur darbringen will. In der marktschreierisch zur Schau getragenen Luzidität, in der Spiegelung des Erotischen im Ironischen schwingt der Gram über den Verfall mit; der alte Mann hadert mit der Gleichgültigkeit der Natur, dem Vergehen, dem Tod, eifersüchtig beobachtet er die Erscheinungen des vorbeihuschenden Lebens, in dem ihm nur mehr die – allerdings scharfe – Waffe der Ironie verbleibt. Der Abwehrmechanismus wird auf Hochtouren eingestellt, als plötzlich eine sonnige, entzückende Gegenwart das Haus belebt. Der Sohn des Erzählers kehrt mit seiner jungen Frau Catherine – halb Genferin, halb Ungarin – aus der Schweiz heim. Die Vater-Sohn-Beziehung: Dichterfürst auf hohem Roß und respektvoller »Nur«-Ingenieur. Eine komplexe und liebevoll-sarkastisch dargestellte Beziehung, in der auch die Kastrationsangst der alten Generation, die sich vom eigenen Blut und Fleisch verdrängt fühlt, mitschwingt.
Die durch das Haus klingende frische Stimme, das zutrauliche Wesen des »Fräuleins« (wie die siebzehnjährige Schwiegertochter hartnäckig tituliert wird) erscheinen dem alten Mann allmählich unentbehrlich, auch wenn er dies vor sich selbst lange abstreitet. Das von ihm immer mehr Besitz ergreifende Gefühl ist vollkommen passiv. Mit der Schlauheit des Alters erwartet er vom Tag stets weniger, als er verlangen könnte, um mehr zu bekommen, als er erwartet hatte. Eine schwere Krankheit wird Anlaß zu einem tiefen Glückgefühl, weil Catherine ihn mit ihrer Gegenwart umgibt. Im Unterschied zu weltliterarischen Darstellungen später Liebe – wie etwa Gerhard Hauptmanns *Vor Sonnenuntergang* – liegt die Schönheit dieser Liebe allein im sorgfältig gehüteten, verschwiegenen Gefühl, darin, daß der sich ausgetrocknet und illusionslos wähnende Mensch am Rande des Grabes zu dieser die Resignation und die Hinfälligkeit des Leibes so triumphierend überwindenden Empfindung noch fähig ist.
Doch die jungen Leute bestehen auf ihre Selbständigkeit, und als Catherine ein Kind erwartet, ziehen sie in eine eigene Wohnung. »Die Stärke des Alters liegt im Verzicht«: Der Verzicht des alten Mannes ist ebenso groß wie die wiedergewonnene menschliche Dimension. Wenn nun auch Glanz und Zauber aus seiner Welt verschwinden, erfährt er, allen Erkenntnissen zum Trotz, die geraden Weges zur Verzweiflung führen könnten, eine Hinwendung zum Leben.
Der kleine Roman ist eine moderne *Marienbader Elegie*, in der vielleicht keine Katharsis stattfindet wie in der *Aussöhnung* von GOETHE, dem die Musik mit »Engelsschwingen« Trost gewährt, aber möglicherweise noch mehr: ein Bekenntnis zum künstlerischen Schaffen. *»So hat dich also die Jugend für immer verlassen, dachte ich während meines Spazierganges. Alter Narr, wohin sind deine Hoffnungen entschwunden? Letzte Liebe, lebe wohl! Ich ging zurück ins Haus, ein wenig müde schon, und setzte mich an meinen Schreibtisch. Als ich zum ersten Mal nach meiner Krankheit wieder den Kugelschreiber in die Hand nahm, packte mich die gleiche Erregung wie jedesmal in all den sechs Jahrzehnten, die hinter mir lagen, wenn ich mich an die Arbeit setzte. Das gab mir etwas von meiner Ruhe wieder.«*
Um diese letzten Weisheiten, dieses zerbrechliche Gewebe um Leben, Liebe, Schaffen und Tod einzufangen, hat Déry einen unverwechselbaren Ton, eine Sprache gefunden, die in seinen Werken schon seit langem gegenwärtig, im Alter aber mit immer neuen Elementen bereichert wurde. Stilles Leuchten zwischen Skepsis, Ironie, Liebe und Entsagen, bis zum sprühenden Bekenntnis zum Leben um des Lebens, um des Schaffens willen, bildet die dichte Textur dieses Spätwerks. E.Ha.

AUSGABE: Budapest 1973.

ÜBERSETZUNGEN: *Lieber Schwiegervater*, H. Grosche, Ffm. 1976. – *Lieber Beau-Père*, I. Szent-Iványny, Bln./DDR 1976.

## A KIKÖZÖSÍTŐ

(ung.; *Ü: Ambrosius*, auch *Die Geschichte vom Leben und Sterben des hl. Ambrosius, Bischof von Mailand*). Roman von Tibor DÉRY, erschienen 1966. – Die

Vita des heiligen Ambrosius, des Kirchenvaters und Bischofs von Mailand, wird von Déry unter Verwendung der zugänglichen literarischen Quellen, wie der *»Biographie von Paulinus«, »der Werke und Episteln des Verewigten«*, neu erzählt. In den äußeren Ereignissen hält sich der Roman streng an die historischen Begebenheiten: die überraschende, einstimmige Wahl des damals noch ungetauften kaiserlichen Statthalters von Ligurien und Aemilien zum Bischof von Mailand im Jahre 374, sein mit allen Mitteln geführter Kampf gegen die *»illegalen Lehren«* der Arianer und die letzten Reste des römischen Heidentums, die Führung der nizänischen Partei zur Alleinherrschaft innerhalb der Kirche und der entscheidende Einfluß des Bischofs auf die Kaiser Gratian, Valentian II. und vor allem Theodosius I.
In seiner Jugend für die staatsmännische Laufbahn erzogen, umfassend gebildet und als römischer Statthalter mit den Problemen der Politik vertraut, erfährt Ambrosius die späte, ihm selbst nicht ganz verständliche Berufung zum Vorstreiter des alleinseligmachenden Glaubens. Der Bischof leidet unter dem daraus entstehenden inneren Zwiespalt, und sein frommes, gottergebenes, von der Glaubenswahrheit überzeugtes *»besseres Ich«* ringt manche Nacht mit seinem anderen, dem erfahrenen, staatsmännischen Ich um die Richtigkeit einer Entscheidung. Doch ist es gerade diese Doppelseitigkeit seines Wesens, die ihn zum besten Streiter Gottes macht; seinem Amtsbruder von Aquileia, dem tief gläubigen, aber etwas einfältigen Valerianus, ist Ambrosius weit überlegen, wenn es gilt, den Ketzern eine empfindliche Niederlage beizubringen. Mit hinreißender Rhetorik, diplomatischen Winkelzügen, offenem Widerstand gegen die Staatsgewalt, Intrigen, Organisationsgeschick und diktatorischer Leitung eines pseudoparlamentarischen Konzils, Bannflüchen, Schauprozessen etc. führt der heilige Bischof den Kampf gegen die Häresie und wird einer der mächtigsten Männer des Abendlandes.
Die der Erzählung eingefügten Kommentare des Autors, der ironische Stil lassen immer wieder die Parallelen zur Gegenwart durchscheinen, ohne daß sie Déry jemals deutlich aufzeigt. Daher wurden einige Stellen des Romans auch im Rahmen einer sozialistischen Gesellschaftsordnung als berechtigte Kritik an konkreten Einzelheiten des Regimes interpretiert. Ein weltanschaulich weniger fixierter Leser jedoch wird im *Ambrosius* vielmehr eine künstlerisch glänzende Darstellung des Gesamtvorgangs von Machtergreifung und -behauptung mit ideologischen Mitteln sehen. – In dem Werk lassen sich zwei Sprachebenen unterscheiden. Während die Sprache der eigentlichen Erzählung gehoben ist und, altertümliche Wendungen und stets gleichbleibende Epitheta verwendend, an den mittelalterlichen Quellen orientiert zu sein vorgibt, kennzeichnet die Kommentare eine moderne, nüchterne, mit Elementen der Umgangssprache stark durchsetzte Diktion. Beiden Sprachbereichen ist brillante Ironie gemeinsam. Diese Ironie, resultierend aus der humorvoll versöhnlichen Haltung des Autors, prägt zusammen mit dem Bemühen um Realitätsnähe, »Entmythologisierung« der Geschichte und souveräne Beherrschung der Sprache den Altersstil Dérys und erinnert nicht selten an Thomas MANN. K.Si.

AUSGABEN: Budapest 1966. – Bukarest 1968. – Budapest 1971. – Budapest 1983. – Bratislava 1983.

ÜBERSETZUNGEN: *Ambrosius*, E. Vajda, Ffm. 1968. – *Die Geschichte vom Leben und Sterben des hl. Ambrosius, Bischof von Mailand*, I. Szent-Iványi, Bln./DDR 1977.

LITERATUR: L. Sz. Kováts, Rez. (in Kortárs, 1966, Nr. 9, S. 1490). – I. Örkény, Rez. (in Új írás, 1966, Nr. 7, S. 115). – A. Kloss, *A történelem lehetőségei. Tanulmány D. T. két regényéről* (in Eletünk, 1974, S. 393–401). – B. Pomogáts, *Egymásnak felelő két regény* (in Literatura, 1974, Nr. 2, S. 78–90). – Z. Simon, *Változó világ, változó irodalom*, Budapest 1976, S. 71–90. – I. Pavercsik, *D. T.: »A kiközösítő«* (in *Stilisztikai elemzések*, Budapest 1976, S. 155 bis 169).

## NIKI. Egy kutya története

(ung.; *Ü: Niki oder Die Geschichte eines Hundes*). Roman von Tibor DÉRY, erschienen 1956. – Der anspruchslos erscheinende, aber meisterhaft konzipierte Kurzroman – er spielt zwischen 1949 und 1953 – ist als Parallelbiographie eines Hundes und seiner Besitzer angelegt. Dem Ingenieur János Ancsa, einem verantwortungsvollen Kommunisten in führender Stellung, und seiner Frau läuft eines Tages eine junge Foxterrierhündin zu. Trotz des anfänglichen Widerstrebens besonders des Mannes (hier klingt ein häufiges Motiv Dérys auf, die Frage, ob nicht jegliche Bindung die individuelle Freiheit beschränkt) gelingt es Niki, sich einen Platz im Hause Ancsa zu erobern. Einen Sommer lang genießt Niki in Csobánka, einem dörflichen Vorort Budapests, volle Freiheit, dann folgen der Umzug in die Großstadt und mühsame Anpassung an die veränderten Lebensbedingungen. Zu dem Mangel an Freiheit und notwendiger Bewegung tritt bald der Verlust des geliebten, selbstgewählten Herrn: Nachdem man den Ingenieur zunächst in immer niederere Stellungen abgeschoben hat, wird er ohne Angabe von Gründen verhaftet und abgeführt. Seine Frau findet in der zunehmend schwieriger werdenden Versorgung des Hundes anfänglich noch seelischen Halt, nach und nach aber wird ihr das Nicht-Sprechen und Nicht-Verstehen-Können des Tieres gleichbedeutend mit der eigenen, erzwungenen schweigsamen Duldung unverständlicher Grausamkeit und Willkür. Als der Ingenieur nach Jahren – ebenfalls ohne Angabe der Gründe – wieder freigelassen wird, findet er seine gealterte, seelisch zermürbte Frau verstört neben der Leiche der Hündin. Der Verlust des Herrn, die Beschränkung der Freiheit und unzureichende Ernährung hatten der Lebenskraft Nikis so zugesetzt, daß das Tier – unter dem Schrank verkrochen – in der Nacht vor der Rückkehr seines Herrn gestorben war. »*Dieser Tod symbolisiert das vergeblich gebrachte Opfer – aber vielleicht ist er auch Ausdruck dafür, daß der Mensch das mit freiem Willen und Selbstdisziplin zu überstehen vermag, was das Tier nicht mehr erträgt. Wie jede Parabel ist auch diese mehrdeutig. Sie beinhaltet ebenso die Unmöglichkeit, derartige Kränkungen wiedergutzumachen, wie auch jenes Vertrauen und jenen Optimismus, die Ancsa erneut zu seiner Frau führen*« (Tamás Ungvári). K.Si.

AUSGABEN: Budapest 1956. – Ldn. 1960 (in *Vidám temetés*; Magyar Könyves Ceh, 1, Einf. I. Mészáros). – Budapest 1977 (in *Munkai*, Bd. 7). – Budapest 1979. – Bratislava 1979. – Budapest 1982.

ÜBERSETZUNG: *Niki oder Die Geschichte eines Hundes*, I. Nagel, Ffm. 1958; [3]1984.

LITERATUR: F. Hajdu, *Levél a »Niki« irójáról* (in Magyarország, 1957). – H. Schwab-Felisch, *Der Freiheit gedenkend* (in NDH, 4, 1957/58). – G. Vasy, *A kisregény és a »Niki«* (in Tiszatáj, 28, 1974, Nr. 10, S. 42–48). – I. Bori, *D. T. kisrégényeiről* (in Hîd, 1977, S. 137–148; 465–478).

## GAVRILA ROMANOVIČ DERŽAVIN

* 14.7.1743 Karmači od. Sokura / Gouvernement Kazan'
† 20.7.1816 Gut Svanka / Gouvernement Novgorod

LITERATUR ZUM AUTOR:
J. K. Grot, *Žizn' D. po ego sočinenijam i pis'mam i po istoričeskim dokumentam*, 2 Bde., St. Petersburg 1880–1883. – B. Ėjchenbaum, *Poėtika D.* (in Apollon, 8, 1916, S. 23–45). – N. D. Chechulin, *O stichotvorenijach D.*, Petersburg 1919 (in Izvestija Akademii Nauk. 2, S. 51–112). – V. F. Chodasevič, *D.* (in V. F. Ch., *Stat'i o russkoj poėzii*, Petersburg 1922, S. 43–57). – B. Ėjchenbaum, *D.* (in B. Ė., *Skvoz' literaturu*, Leningrad 1924). – G. Gukovskij, *Pervye gody poėzii D.* (in *Russkaja poezija XVIII veka*, Leningrad 1927). – V. F. Chodasevič, *D.*, Paris 1931 [Nachdr. Mchn. 1975; Paris 1986; Moskau 1988]. – G. Gukovskij, *Lit. nasledstvo D.*, (in Lit. nasledstvo, 1933, 9/10, S. 369–396). – D. D. Blagoj, *D.*, Moskau 1944. – A. V. Zapadov, *D.*, Moskau 1958. – Ders. *Masterstvo D.*, Moskau 1958. – H. Kölle, *Farbe, Licht und Klang in der malenden Poesie D.s*, Mchn. 1966. – J. Clardy, *G. R. D. A Political Biography*, Den Haag/Paris 1967. – A. R. Springer, *The Public Career and Political Views of G. R. D.*, Phil. Diss. Univ. of Calif. 1971. – Th. Watts, *G. R. D.'s Path to the Pre-Romantic Lyric*, Diss. NY Univ. 1976. – O. N. Michajlov, *D.*, Moskau 1977. – P. Hart, *G. R. D.: A Poet's Progress*, Columbus 1978. – A. V. Zapadov, *Poety XVIII veka. M. V. Lomonosov, G. R. D. Lit. očerki*, Moskau 1979.

### BOG

(russ.; *Gott*). Ode von Gavrila R. DERŽAVIN, erschienen 1784. – Von allen Werken des russischen Klassizisten erlangte die Ode *Bog* die größte Berühmtheit; sie trug den Namen ihres Verfassers in alle Welt hinaus und kann mit ihren vielen Übertragungen in fremde Sprachen (allein fünfzehnmal ins Französische, achtmal ins Deutsche) als die erste russische Dichtung gelten, die weltliterarischen Rang erreichte. In einem streng harmonischen Aufbau, der die von LOMONOSOV der Gattung vorgeschriebenen Regeln des »hohen Stils« verwirklicht, preisen die ersten fünf Strophen im Geist einer liturgischen Doxologie »*IHN, der sich aus sich selbst erhält, der war, der ist und ewig sein wird*«. Die sechste Strophe fungiert als Symmetrieachse, auf der von Gott zum Menschen, vom Du zum Ich übergeleitet und beider Verhältnis zueinander antithetisch umrissen wird:
»*Ein kleiner Tropfen tief im Meere / Ist dieses Firmament vor DIR; / Was ist vor mir des Weltalls Leere? / Was bleibt vor DIR, o GOTT, von mir?*«
In den letzten fünf Strophen deutet Deržavin schließlich den Menschen in seiner Ambivalenz als selbständigen Gestalter der Welt einerseits und unselbständiges Geschöpf Gottes andererseits:
»*Ich bin der Welten Band und Bindung, / Bin, was den Sinn des Seins erfüllt, / Der Schöpfung Mitte und Begründung, / Ich bin der Gottheit Ebenbild. / Mein Körper muß zu Staub zerfallen, / Mein Geist befiehlt dem Donnerhallen, / Zar, Sklave, Gott und Wurm bin ich! / Ja, wunderbar bin ich bereitet, / Doch woher komm ich? – Ungeleitet, / Aus mir zu sein vermöcht' ich nicht.*«
Aus diesen Zeilen spricht jene religiöse Stimme der Aufklärung, die das katharinäische Rußland kennzeichnet. Und dieses neue Humanitätsideal stellt auch die eigentliche Intention der thematisch stark von KLOPSTOCK, GELLERT und vor allem BROCKES beeinflußten Ode dar, die die dogmatische Erläuterung des Mensch-Gott-Verhältnisses in Richtung auf den Menschen lenkte. W.Sch.

AUSGABEN: Petersburg/Moskau 1784 (in Sobesednik). – Petersburg 1851 (in *Sočinenija*, Hg. A. Smirdina, Bd. 1). – Leningrad 1957 (in *Stichotvorenija*, Hg. D. D. Blagoj; m. Einf.). – Moskau 1958 (in *Stichotvorenija*, Hg. A. J. Kučerov; m. Einf.).

ÜBERSETZUNGEN: *Gott*, A. v. Kotzebue (in *Gedichte*, Bd. 1, Lpzg. 1793). – Dass., F. Notter (in *Aus russ. Dichtern*, Hg. A. Tschernow, Halle 1889).

LITERATUR: J. Tynjanov, *Oda kak oratorskij žanr* (in Poètika, 3, Leningrad 1927, S. 120–124 u. ö.). – P. R. Hart, *D.'s Ode »God« and the Great Chain of Being* (in SEEJ, 14, 1970, S. 1–10).

## FELICA

(russ.; *Felize*). Ode von Gavrila R. DERŽAVIN, erschienen 1783. – Sowohl in Deržavins Biographie als auch in der russischen Odendichtung des 18. Jh.s nimmt *Felica* eine entscheidende Rolle ein. Das Werk verschaffte Deržavin nicht nur schlagartig literarischen Ruhm, sondern auch die Gunst der Zarin KATHARINA II., der es gewidmet war, und damit Zugang zu hohen politischen Ämtern. Als Ode entfernt sich *Felica* wesentlich von der konventionellen Panegyrik durch Einbeziehung realistischer und satirischer Elemente sowie eine Vermischung des eigentlich obligatorischen hohen Stils mit einer natürlichen Alltagssprache. Traditionell ist lediglich die Strophenform (26 Strophen im 4füßigen Jambus mit einheitlichem Schema AbAbCCdEEd).

Mit dem Namen *»Felica«*, den er anstelle der direkten Apostrophe an die Zarin wählt, bezieht sich Deržavin auf das von Katharina selbst verfaßte Märchen vom Prinzen Chlorus, das in einem orientalisch anmutenden Phantasiereich spielt. Hierauf verweist das Ich des Gedichts zu Beginn, indem es von Felica, die (im Märchen) dem Prinzen den Weg zur Rose ohne Dornen, d. h. zur Tugend, gewiesen habe, das gleiche für sich, den lasterhaften und zur Beherrschung unfähigen Menschen, erbittet. Die Gegenüberstellung von tugendhafter Felica und den *»Murzas«* – gemeint sind die Günstlinge bei Hofe – mit ihren luxuriösen Vergnügungen bestimmt die Anlage der Ode. Als Murza bezeichnet sich auch der Sprecher und bezieht die recht breit geschilderten Laster und unnützen Beschäftigungen (insbesondere in den Strophen 5–10) wie Rauchen, Kaffeetrinken, reiches und ausgefallenes Essen, Musik, Jagd, Lektüre etc. unter anderem auf sich selbst. Für die Zeitgenossen waren dahinter jedoch unschwer die mächtigen Würdenträger zu erkennen, deren Schwächen und Neigungen allgemein bekannt waren. Felica hingegen erscheint nicht, wie es die Gattung verlangt, als entrückte, gottgleiche Idealgestalt, vielmehr werden Einfachheit, Natürlichkeit, Bescheidenheit, Arbeitsamkeit, Freundlichkeit, Nachsicht und Liberalität als ihre wesentlichen Charakterzüge herausgestellt. Erst gegen Ende kehrt Deržavin – zumindest auf einer Ebene – in panegyrische Schemata zurück: Sein Vergleich Felicas mit Gott (22.–24. Strophe) soll zunächst die Größe Katharinas unterstreichen, in der inhaltlichen Durchführung begrüßt Deržavin aber zugleich deren politische Entscheidungen, die – seinen eigenen Vorstellungen entsprechend – die adligen Gutsbesitzer begünstigen.

Wegen des informellen Tons und der Spitzen auf die höfische Gesellschaft wagte Deržavin nach Fertigstellung der Ode (1782) nicht, sie auch zu veröffentlichen. Als sie ohne sein Wissen durch die Fürstin Daškova in deren neu gegründeter Zeitschrift »Sobesednik« gedruckt wurde, fühlte sich die Zarin jedoch durchaus geschmeichelt, da sie mit einem Bild von sich konfrontiert wurde, mit dem sie sich identifizieren konnte. – Deržavins *Felica* markiert nicht nur den Beginn der Auflösung des klassizistischen Gattungskanons, sondern bildet einen Vorläufer des Realismus und *»beeinflußte damit sogar die Entwicklung des russischen Romans«* (Chodasevič). F.G.

AUSGABEN: St. Petersburg 1783 (in Sobesednik, Nr. 1). – St. Petersburg 1808 (in *Sočinenija*, Bd. 1). – St. Petersburg 1864–1883 (in *Sočinenija*, Hg. J. K. Grot, 9 Bde.). – Leningrad 1957 (in *Stichotvorenija*, Hg. D. D. Blagoj). – Moskau 1958 (in *Stichotvorenija*, Hg. A. Ja. Kučerov).

ÜBERSETZUNG: *Felize*, A. v. Kotzebue (in *Gedichte*, Lpzg. 1793).

## NA SMERT' KNJAZJA MEŠČERSKOGO

(russ.; *Auf den Tod des Fürsten Meščerskij*). Ode von Gavrila R. DERŽAVIN, erschienen 1779. – Die Ode, die wie viele Gedichte Deržavins über den engen Rahmen der klassizistischen Gattungsnormen hinausgeht, nimmt den plötzlichen Tod des mit ihm bekannten Fürsten A. I. Meščerskij zum Anlaß einer tiefen Reflexion über Tod und Vergänglichkeit. Es geht nicht darum, die Tugenden des Verstorbenen zu preisen, der kein großer Staatsmann oder Feldherr, sondern ein *»Sohn von Pracht, Genuß und Glück«* war – und entsprechend auch nur in einer von insgesamt elf Strophen erwähnt wird (5. Strophe); vielmehr macht Deržavin in einer äußerst prägnanten und rhetorisch stark durchformten Sprache das Allgegenwärtige und Allumfassende des Todes deutlich. Auch die Tatsache, daß der Dichter als Subjekt der Betrachtungen persönliche Gestalt annimmt, indem er z. B. über sein Altern nachdenkt (9. und 10. Strophe), ist für die Zeit ungewöhnlich.

Ein zentrales Darstellungsmittel ist die Personifizierung des Todes zum Sensenmann (1. und 7. Strophe) oder zum Dieb, der den Menschen überrascht und ihm das Leben stiehlt (4. Strophe). Der Tod macht nicht nur die Menschen gleich (*»Monarch wie Sträfling – Würmerfraß«*; 2. Strophe), sondern erfaßt *»Sterne«*, *»Sonnen«* und *»Welten«* (3. Strophe). Vor ihm erscheint das Leben als Traum (8. Strophe) und das Glück wird zum Trug (9. Strophe). Einen wesentlichen Teil ihrer Wirkung bezieht die Ode aus der klanglichen Gestaltung, z. B. der Verwendung von Binnenreimen, Alliterationen und Assonanzen, die die regelmäßige Reimstruktur (aBaBcDDc) auflockern und bereichern. Unter den rhetorischen Mitteln ragt die Anapher in der siebten Strophe heraus, die die Eindringlichkeit dieses *memento mori* unterstreicht: *»Da jammert jetzt die Totenklage, / Und blasser Tod* *auf alle starrt... / Starrt alle an – auch deren Macht, / Wenn sie gekrönt, zu eng die Welten, / Starrt auf die Reichen, die in Pracht / Für Gold- und Silbergötzen gelten; / Starrt auf die Schönheit, Süßigkeit, / Starrt auf die Schätze geist'gen Gutes, / Starrt auf die Kräfte kühnsten Mutes – / Und macht die Sense schnittbereit.«* F.G.

AUSGABEN: St. Petersburg 1779 (in Sankt Peterburgskij vestnik, Nr. 9). – Moskau 1798 (in *Sočinenija D.*). – St. Petersburg 1864–1883 (in *Sočinenija*, Hg. Ja. K. Grot, 9 Bde.). – Leningrad 1957 (in *Stichotvorenija*, Hg. D. D. Blagoj). – Moskau 1958 (in *Stichotvorenija*, Hg. A. Ja. Kučerov).

ÜBERSETZUNGEN: *Auf den Tod des Fürsten Meschtscherskij*, A. v. Kotzebue (in *Gedichte*, Lpzg. 1793). – Dass., W.-D. Keil (in *Russische Lyrik*, Hg. E. Etkind, Mchn. 1981).

## ANITA DESAI

* 24.6.1937 Mussoorie

LITERATUR ZUR AUTORIN:
R. Rao, *The Novels of A. D.*, Delhi 1978. – R. S. Sharma, *A. D.*, New Delhi 1981. – M. Prasad, *A. D. the Novelist*, Allahabad 1982.

### CLEAR LIGHT OF DAY

(engl.; *Das helle Licht des Tages*). Roman von Anita DESAI (Indien), erschienen 1980. – Anita Desais sowohl gedanklich wie erzählerisch bisher vielleicht anspruchsvollster Roman greift in gewisser Weise die bereits 1977 in *Fire on the Mountain* thematisierte Problematik von der Bedeutung der Vergangenheit für die Gegenwart wieder auf. In *Clear Light of Day* geht es freilich nicht ausschließlich um das individuelle Verhältnis einzelner Figuren zu ihrer Vergangenheit, sondern auch um die Beziehung zur Geschichte. Damit reiht sich der Roman in eine in den siebziger Jahren einsetzende Entwicklung der indo-englischen Romanliteratur ein, die der Frage nach der Bedeutung der indischen Geschichte für die Gegenwart zunehmend mehr Beachtung schenkt.
Wie bereits in ihren früher publizierten Werken gliedert Anita Desai auch diesen Roman in mehrere Teile und verwendet hierbei neben unterschiedlichen Erzählperspektiven verschiedene Zeitebenen. Die eigentliche Erzählung spielt an wenigen Tagen im Sommer 1970 in einem alten Haus der Familie Das in Delhi. Hierzu bilden die Kapitel eins und vier die Gegenwartshandlung. In ihren Erinnerungen an Kindheit und Jugend, Familie, Schule und Nachbarschaft rekonstruieren die beiden Schwestern Tara und Bim nach langen Jahren der Entfremdung die gemeinsame Vergangenheit. Tara, die zu Besuch weilt, und Bim, die sich um den geistig zurückgebliebenen Bruder Baba und das Haus kümmert, erkennen, daß es unerläßlich ist, den Doppelcharakter der Zeit, ihre bewahrende wie zerstörerische Kraft hinzunehmen. Nur wenn die Vergangenheit mit allen ihren schmerzlichen Erfahrungen akzeptiert wird, ist der Weg zur eigenen Identität zu finden.
Stellen Eingangs- und Schlußkapitel die inneren Stationen auf dem Weg zu diesem Ziel dar, so bildet das zweite Kapitel einen Rückblick auf die Jahre 1947 und 1948, in denen das Ende einer geschichtlichen Epoche Indiens und der Beginn einer neuen Zeit zu verzeichnen sind, in denen aber auch die Auflösung der Familie Das erfolgt. Die Eltern und eine Tante sterben, Tara und der Bruder Raja heiraten und verlassen das Haus, Bim lehnt einen Heiratsantrag ab und beginnt sich Baba zu widmen. Noch weiter zurück in die Vergangenheit greift schließlich das dritte Kapitel, aus dem nun erst ersichtlich wird, wie das gestörte Verhältnis der Eltern zu ihren Kindern und deren Entfremdung voneinander beschaffen war. Zum Schluß versöhnt die beiden Schwestern die Offenheit ihrer Vergangenheitsbewältigung. Bim gesteht Tara zu, daß sie nicht nur selbstlos Pflichten übernommen hat und deshalb auf das persönliche Eheglück verzichtete, sondern daß ihr Handeln auch als ein Akt der Liebe für die anderen verstanden werden kann. Tara dagegen, von Schuldgefühlen getrieben, erkennt, daß Bim längst keine Vorwürfe mehr an sie richtet.
Neben dieser versöhnlichen, doch durchaus einsichtig gestalteten Konfliktlösung übersieht Anita Desai freilich nicht, daß Frauen auch weiterhin Opfer der Gesellschaft sind. So schildert sie am Schicksal der Tante Mira, die als Fünfzehnjährige verwitwet, von den Angehörigen verstoßen und als Last empfunden, von der Familie Das aufgenommen wird und schließlich als Alkoholikerin endet, wie gnadenlos die orthodoxe indische Gesellschaft mit alleinstehenden Frauen umgehen kann. Auch die Mutter scheint kaum in der Lage, ihr Leben befriedigend gestalten zu können, denn sie verbringt einen Großteil der Zeit kartenspielend im Club. Die Nachbarinnen dagegen, allzu jung verheiratet, werden bald von ihren Männern vernachlässigt und vegetieren unbeachtet und verspottet dahin. Keinem Mann wird ein ähnliches Schicksal zuteil, im Gegenteil: der zurückgebliebene Baba wird über Jahrzehnte von seiner Schwester versorgt und Raja konnte stets tun und lassen, was er wollte.
Mit *Clear Light of Day* gelingt es der Autorin, Wege aufzuzeigen, wie indische Frauen trotz der ihnen von einer traditionellen Gesellschaft immer noch weitgehend aufgezwungenen Rollen zur eigenen Identität und Selbstverwirklichung finden können. Eine der entscheidenden Hürden, die es hierbei zu überwinden gilt, liegt darin, die Isolation voneinander zu durchbrechen. Nur in der Bereitschaft, über sich selbst, die eigenen Ängste, Schmerzen, Frustrationen und Hoffnungen offen zu sprechen,

liegt die Möglichkeit der Selbstbefreiung. Der Roman beeindruckt durch seine innere Geschlossenheit, die thematische Auflösung und die Charakterstudien, aber auch durch eine assoziative Erzähltechnik, die die komplexe Wirklichkeit einfängt, von einer Figur zur anderen überleitet und ein dichtes Netz menschlicher Beziehungen webt. Der zeitgenössische Hintergrund wird funktional in die Familiengeschichte einbezogen und verleiht ihr eine umgreifendere Symbolik. Die Jahre der Unabhängigkeit Indiens, die Moslemkultur Delhis, die Atmosphäre der christlichen Schulen oder auch die Welt Alt-Delhis mit seiner trägen, allmählich verfallenden Kultur verleihen hierbei der Erzählung jenen sinnlich-anschaulichen Hintergrund, der den Roman nicht nur als Geschichte zweier indischer Frauen ausweist, sondern auch als ein Dokument des wohl wichtigsten Umbruchs in der indischen Geschichte seit der Mitte des 19. Jh.s. *Clear Light of Day* hat zum Ansehen Anita Desais als einer der eindrucksvollsten indischen Autorinnen der Gegenwart beigetragen. D.Ri.

AUSGABEN: Ldn. 1980. – Neu Delhi 1980.

LITERATUR: D. Riemenschneider, *History and the Individual in A. D.'s »Clear Light of Day« and Salman Rushdie's »Midnight's Children«* (in WLWE, 23, 1984, Nr. 1, S. 196–207).

## FIRE ON THE MOUNTAIN

(engl.; *Ü: Berg im Feuer*). Roman von Anita DESAI (Indien), erschienen 1977. – Die Romane und Kurzgeschichten der indischen Autorin Anita Desai lassen sich in doppelter Weise als repräsentative Werke der indo-englischen Erzählliteratur der jünsten Zeit begreifen. Zum einen setzt mit ihnen die eigentliche Entwicklung der modernen indo-englischen Frauenliteratur ein, die sich in den siebziger Jahren breit entfaltet. Zum anderen verstärken und untermauern sie die Tendenz indo-englischer Autoren, sich von den großen, nationalen Themen der Literatur der vorangegangenen Epoche abzuwenden und sich mit der Individualität junger, vereinzelter städtischer Menschen zu beschäftigen. In *Fire on the Mountain* setzt Anita Desai dabei die Porträtierung indischer Frauen fort, wie sie dies schon in ihren vier vorangegangenen Romanen getan hatte. Im Gegensatz zu *Cry, the Peacock* (1963) oder *Where Shall We Go this Summer?* (1975) stehen hier aber nicht verheiratete Frauen und die Problematik ihrer Rollenidentität im Mittelpunkt, sondern zwei ältere, alleinlebende Frauen und ein Mädchen. Damit erweitert die Autorin zum ersten Male ihr Spektrum und lenkt den Blick auf die Frage nach der Lebensbewältigung alleinstehender Frauen im heutigen Indien.

Der Roman ist in drei Teile gegliedert und umfaßt eine erzählte Zeit von nur wenigen Tagen. *Nanda Kaul at Carignano* porträtiert eine alte Frau, die sich nach dem Tod ihres Mannes in die Einsamkeit der Berge des Himalaja zurückgezogen hat, um hier, zum ersten Male in ihrem Leben, ganz den eigenen Bedürfnissen genügen zu können. Natur, Ruhe und Einsamkeit sollen ihr helfen, immer größeren Abstand zur Vergangenheit zu finden, die durch Lärm, Hektik, Arbeit, Gewalt und die Ansprüche ihrer Familie gekennzeichnet war. Doch ihr Leben im eigenen Haus erscheint plötzlich bedroht, als ihre Urenkelin Raka eintrifft, die aus einer zerrütteten Familie fortgeschickt wird, um Erholung zu finden. *Raka Comes to Carignano* schildert das Verhältnis zwischen Nanda Kaul und Raka, das paradoxerweise die alte Frau verunsichert, weil Raka sie offen ablehnt. Alle Versuche Nandas scheitern, das junge Mädchen für sich zu gewinnen. *Ila Das Leaves Carignano* führt eine dritte weibliche Figur ein, die alte, unverheiratete und völlig verarmte Ila Das, die Nanda aus ihrer Jugendzeit kennt. Nach einem Besuch bei Nanda, während dem Ila nostalgisch in Erinnerungen schwelgt, wird sie auf dem Heimweg vergewaltigt und ermordet. Nanda erfährt die erschütternde Nachricht, während der Berg in einer Feuersbrunst versinkt, die Raka herbeigeführt hat.

*Fire on the Mountain* kontrastiert Vergangenheit und Gegenwart im Leben zweier alter indischer Frauen. Während Nanda Kaul versucht, ganz in der Gegenwart aufzugehen, um die Vergangenheit zu vergessen, klammert sich Ila Das an die Vergangenheit, denn zu schmerzlich erniedrigend ist für sie die Gegenwart. Doch beide Frauen scheitern schließlich. Nanda erzählt ihrer Urenkelin von ihrem Vater und ihrer glücklichen Kindheit, will Vergangenes also durchaus auch positiv sehen und erreicht dennoch nicht ihr Ziel, Raka für sich einzunehmen. Ilas Erinnerungen enthalten dagegen durchaus unübersehbare Verweise auf erfahrene Gewalt, eine Gewalt, die sie schließlich in der Gegenwart einholt und zerstört. Während sich für sie die Wahrheit als tödlich erweist, gesteht sich Nanda ein, ihr augenblickliches Leben auf Lügen aufgebaut zu haben. So entwickelt Anita Desai aus der Porträtierung zweier einsamer, alter Frauen die Frage nach der Bedeutung der Vergangenheit für die Gegenwart, eine Frage, die im Zentrum des folgenden Romans, *Clear Light of Day* (1980), stehen wird. Zugleich läßt die Autorin freilich offen, welche Möglichkeiten der Selbstverwirklichung sich Frauen vom Typ Nanda Kauls oder Ila Das' in Indien bieten. Beide finden keine Antwort, stehen möglicherweise noch allzusehr in der Tradition einer Gesellschaft, die ihnen nie die Möglichkeit geboten hat, nach eigenen Wegen zu suchen. *Fire on the Mountain* spiegelt damit auch das Dilemma der indo-englischen Autorinnen wider, trotz Zweifeln an den vorgegebenen Frauenrollen Alternativen aufzeigen zu können. Das Symbol des Feuers, das zugleich das Tote vernichtet und die Seele reinigt, verweist noch nicht auf das, was folgen wird. Und auch die Gestalt der Raka birgt – wenn sie als völlig sich selbst genügend, die Einsamkeit der Geselligkeit vorziehend und fasziniert von der Welt der Berge gezeichnet wird – weniger das Potential einer

sich von allen Zwängen befreienden Frau, als daß sie als Katalysator eingesetzt wird: Ihre Zurückweisung der Urgroßmutter veranlaßt diese, der Wahrheit ins Auge zu sehen; daß sie von der Macht des Feuers gefangengenommen wird und den Berg in Flammen setzt, unterstreicht diesen Aspekt.
Anita Desai ist mit ihrem Roman eine eindrucksvolle Studie der Welt zweier indischer Frauen gelungen, die nicht nur deren Dilemma überzeugend vor Augen führt, sondern auch die Fähigkeit der Autorin aufzeigt, einfühlsam, genau beobachtend und beschreibend psychische und emotionale Prozesse darzustellen. Dies geschieht sprachlich auf äußerst sinnlich-anschauliche Weise, indem immer wieder symbolische Bezüge zwischen Innen und Außen, Seele und Natur hergestellt werden. Die Kritik hat überwiegend positiv auf Anita Desais Werke reagiert, wobei *Fire on the Mountain* eine zweifache Auszeichnung durch den Winifred Holtby Memorial Preis der Royal Society of Literature und den Sahitya Akademi Award erfahren hat.

D.Ri.

Ausgaben: Ldn. 1977. – NY 1977. – Ldn. 1982.

Übersetzung: *Berg im Feuer*, H. Pfetsch, Mchn. 1986.

Literatur: V. K. Sunwani, *Carignano – A Quiet Place* (in Journal of Literary Studies, 2, 1979, S. 79–92). – R. Schostack, Rez. (in FAZ, 26. 6. 1986).

## FRANCESCO DE SANCTIS

* 28.3.1817 Morra Irpina (heute Morra De Sanctis bei Avellino)
† 29.12.1883 Neapel

### STORIA DELLA LETTERATURA ITALIANA

(ital.; *Geschichte der italienischen Literatur*). Werk von Francesco De Sanctis, erschienen 1870/71. – Diese Darstellung, ein Hauptwerk der italienischen Historiographie des 19. Jh.s, ist die Synthese des kritischen Denkens De Sanctis', wie es besonders in der Zeit seiner Verbannung in Turin (1853–1856) und während seiner Zürcher Vorlesungen (1856–1860) herangereift war: Unter Hegels Einfluß vertritt er eine »Ästhetik der Form«, d. h., er sieht in der Kunst die eigenständige Entfaltung von Ideen, allerdings in Abhängigkeit von der Persönlichkeit des Künstlers. Damit verbindet De Sanctis zugleich – und dies macht seine Literaturgeschichte zu einem paradigmatischen Werk der romantischen Historiographie – den Begriff der *»Entwicklung«*. Er geht dabei von einer organischen Einheit, dem *»Nationalgeist«* aus, in dem politisches, soziales, literarisches, historisches und philosophisches Schaffen eine spezifische Einheit bilden. Deshalb stellt der Autor seine ästhetische Interpretation auf eine geschichtliche Grundlage. So beseitigt er, im Gegensatz zur Darstellungsmethode der Literaturkritik des 18. Jh.s und der zeitgenössischen positivistischen Geschichtsschreibung, jede scharfe Unterscheidung einzelner Epochen und liefert der forschreitenden Entwicklung entsprechend eine kohärente Darstellung *»des religiösen, politischen und moralischen Lebens Italiens ... vom 13. bis zum 17. Jahrhundert, sei es, daß sich dieses in der Dichtung spiegelt und verwandelt, sei es, daß es auf der Dichtung lastet, sie zerstört und entstellt«* (Croce). De Sanctis sah sich dabei sehr schwierigen Problemen gegenüber: Zunächst mußte eine Verbindung zwischen Kunst und Geschichte herausgearbeitet werden; dann war der Charakter der Einzigartigkeit eines Kunstwerks mit dem organischen Prinzip in Einklang zu bringen; das schöpferische Element der Kunst mußte in einer Weise gewahrt werden, daß sie weder nur als einfaches Produkt der Geschichte erscheint noch als eine gewöhnliche Aufeinanderfolge von Phänomenen; schließlich mußte auch das geschichtliche Urteil mit dem ästhetischen Urteil harmonisiert werden.
Für De Sanctis vollzieht sich die Entwicklung der italienischen Literatur in drei Hauptstufen: Die erste ist das Mittelalter mit seiner an religiösen, ethischen und politischen Idealen reichen Literatur, in der die Einheit zwischen Glauben und Handeln noch gewahrt ist und deren höchste Entwicklungsform Dante Alighieris *Divina Commedia* verkörpert. Die Ablösung vom Mittelalter vollzieht sich im Werk Petrarcas, in dem die Welt der schönen Formen, der schönen Natur und der schönen Frau den transzendentalen Aspekt verdrängt. Boccaccio vermenschlicht dann das Übernatürliche vollends. Die künstlerische und philosophische Krönung dieses Prozesses wird durch den Immanenzbegriff der Renaissance erreicht. Hier bricht der Zwiespalt zwischen Kunst und Leben, zwischen Denken und Handeln auf und endet in den Melodramen Metastasios mit der Auflösung des Wortes in Musik. Er wird jedoch zugleich Ausgangspunkt für einen neuen und schmerzvollen Übergang, dessen Verkünder Tasso ist. Das Denken der Renaissance wird fruchtbar in der »Neuen Wissenschaft« Brunos, Campanellas, Galileis und Vicos, und die »Neue Literatur« bringt in den Schöpfungen Goldonis, Parinis und Alfieris eine neue Auffassung des Wahren und Natürlichen. Wie ehemals Petrarca und Tasso wird Foscolo der Hauptvertreter eines dritten Übergangs zu einer letzten Verbindung des Idealen mit dem Glauben, die, getragen von einer neuen Einheit des Bewußtseins, in Manzoni ihren Ausdruck findet. – Die zweite Hälfte des 19. Jh.s streift De Sanctis lediglich auf wenigen, stofflich überaus konzentrierten Seiten.
Der patriotischen Kritik des *risorgimento* entsprechend verbindet De Sanctis die Literatur mit dem

Leben, erhebt sie zum *»Spiegel der Zeiten«*, zu einer Geistesgeschichte des Volks, reich an politischen und staatsbürgerlichen Lehren. Das Kunstwerk wird gesehen *»als echte dynamische Biographie, die die Bezüge zur Gesellschaft und zum Geist der Epoche aufmerksam beachtet, indem diese Gesellschaft wie Zeitgeist in wesenhafter Weise in der lebendigen Entwicklung einer Persönlichkeit in Raum und Zeit reflektiert werden«* (W. Binni). Das bedeutet Vollendung und zugleich vorläufigen Abschluß der romantischen Kritik. – Der aufkommende Positivismus beeinträchtigte anfänglich die Breitenwirkung des als Handbuch für höhere Schulen bestimmten Werks, dessen Erweiterung bis zur Gegenwart des 19. Jh.s am Widerstand des Verlegers scheiterte. Die Bedeutung der *Storia della letteratura italiana* als Grundlage einer ästhetischen Kritik wurde erst zu Beginn des 20. Jh.s erkannt und vor allem von De Sanctis' Landsmann Benedetto CROCE verfochten. S.C.-KLL

AUSGABEN: Neapel 1870/71, 2 Bde. – Bari 1912, Hg. B. Croce, 2 Bde. (Scrittori d'Italia, 31/32). – Neapel 1936/37, Hg. N. Cortese (in *Opere complete*, 14 Bde., 1930–1941, 1 u. 2). – Turin 1960, Hg. G. Luti u. G. Innamorati. – Mailand/Neapel 1961 (in *Opere*, Hg. N. Gallo). – Turin 1968, Hg. G.-F. Contini. – Turin 1971; [3]1981, Hg. N. Gallo, 2 Bde. – Mailand [8]1982, Hg. M. T. Lanza, 2 Bde.

ÜBERSETZUNG: *Geschichte der italienischen Literatur*, L. Sertorius, 2 Bde., Stg. 1941–1943 (KTA).

LITERATUR: B. Croce, *Gli scritti di F. De S. e la loro varia fortuna*, Bari 1917. – E. Cione, *F. De S., il romanticismo e il risorgimento*, Rom 1932. – L. A. Breglio, *Life and Criticism of F. De S.*, NY 1941. – L. Russo, *La »Storia« del De S.* (in Belfagor, 5, 1950, S. 257–270). – G. Raya, *F. De S.*, Mailand 1952. – R. Wellek, *F. De S.* (in Italian Quarterly, 1, 1957, S. 5–43). – L. Biscardi, *De S.*, Palermo 1960. – F. Flora, *De S., Croce e la critica contemporanea* (in Letterature Moderne, 11, 1961, S. 5–33). – M. Mirri, *F. De S., politico e storico della civiltà moderna*, Messina/Florenz 1961. – N. Sapegno, *Introduzione alla »Storia« del De S.* (in *Ritratto di Manzoni e altri saggi*, Bari 1961). – S. Romagnoli, *Studi sul De S.*, Turin 1962. – E. u. A. Croce, *F. De S.*, Turin 1964. – B. Moretti, *La lingua di F. De S.*, Florenz 1970. – M. Casu, *De S. scrittore*, Mailand 1971. – *F. De S. e la critica*, Hg. G. R. Zitarosa, Neapel 1971. – *Positivismo pedagogico italiano. De S., Villari, Gabelli*, Bd. 1, Hg. D. Bertoni Jovine u. R. Tisato, Turin 1973. – G. Guglielmi, *Metodo e struttura in De S.* (in Verri, Ser. 5, 1975, Nr. 11, S. 5–46). – C. Muscetta, *F. De S.*, Bari 1975. – G. Guglielmi, *Da De S. a Gramsci. Il linguaggio della critica*, Bologna 1976. – *F. De S. e il realismo*, 2 Bde., Neapel 1978. – C. Muscetta, *Studi sul De S. e altri scritti di storia della critica*, Rom 1980. – N. Longo, *Il ritorno di De S.: Storia ideologica mistificazione*, Rom 1980. – M. Ricciardi, *Il libro e il pubblico: la »storia« per De S., il »brevario« per Croce* (in *L'Arte dell'interpretare: Studi critici offerti a Giovanni Getto*, Cuneo 1984). – V. Stella, *Il rapporto poesia-arte nella »Storia della Letteratura Italiana« di De S.* (in *Scrittura e Società*, Rom 1985). – C. Muscetta, Art. *F. De S.* (in Branca, 2, S. 153–162).

## GOVINDAS VISHNUDAS DESANI

* 8.7.1909 Nairobi / Kenia

### ALL ABOUT H. HATTERR

(engl.; *Alles über H. Hatterr*). Roman von Govindas Vishnudas DESANI (Indien), erschienen 1948. – Desani leistete mit seinem einzigen Roman einen außergewöhnlichen Beitrag zur indo-englischen Erzählliteratur, indem er nicht wie seine Zeitgenossen Mulk Raj ANAND, R. K. NARAYAN oder Raja RAO auf realistische Weise, sondern in der Form einer Parabel der Frage nach der Möglichkeit eines sinnerfüllten Lebens nachgeht. Aus der Sicht Hatterrs, eines geistig-spirituellen Wanderers zwischen Orient und Okzident, schildert Desani erzähltechnisch-formal wie sprachlich einzigartig in der bis dahin vorliegenden indoenglischen Romanliteratur die Bemühungen seines Helden darum, das Gesetz des Lebens zu erforschen, so daß er sich gegen alle Schicksalsschläge wappnen kann.

Hatterr erläutert zunächst, daß er seine Autobiographie niedergeschrieben habe, um selbst hieraus zu lernen, aber auch um aufzuzeigen, daß das Leben letztlich unergründlich ist. Um dies zu illustrieren, verknüpft er in sieben Kapiteln jeweils drei verschiedene Zugriffe auf die Wirklichkeit. Zunächst schildert er seine Begegnungen mit einer Reihe von weisen Männern, die ihm sehr unterschiedliche Ratschläge mit auf den Weg geben, mit deren Hilfe er sein Leben meistern möge. Diesen »Anweisungen« betitelten Teilen folgen die jeweiligen »Präsumtionen«: Hatterr versucht in ihnen, moralische Schlüsse aus den Lehren der weisen Männer zu ziehen. Schließlich folgt der dritte und längste Abschnitt der jeweiligen Kapitel, in denen eine Umsetzung der Anweisungen erfolgt. Unglücklicherweise negiert die Lebenspraxis, verneinen die *»life-encounters«* stets, was Hatterr für bare Münze genommen hatte. Die desillusionierenden Erfahrungen mit der Wirklichkeit münden schließlich in den meisten Kapiteln in Reflexionen oder einen philosophischen Diskurs Hatterrs mit seinem Freund Banerrji. Dieser bietet ihm als Lösung aller seiner Probleme die Weisheit der großen europäischen Denker und Dichter an. Doch Hatterr erkennt allmählich, daß weder der »praktische« Orient noch der »weise« Okzident ihm die Wahrheit vermitteln können, nach der er sucht.

Was auf den ersten Blick wie ein ungeordnetes Nebeneinander verschiedener Lebensmaximen und ernüchternder Lebenserfahrungen aussieht, erweist sich in der Sequenz der Ereignisse als Fortgang der Hatterrschen »Queste«. Das findet bereits seine symbolische Entsprechung in der Folge von Hatterrs Begegnungen mit den Weisen, die ihn, im Uhrzeigersinne voranschreitend, von Kalkutta über Rangun, Madras, Bombay und Delhi bis in den Himalaja führen, jenem »Ort«, wo die Götter wohnen und wo man sich ihnen und ihrer Weisheit am nächsten fühlen kann. In gleicher Weise führen Hatterr die *»life-encounters«* zu immer umfassenderer Einsicht in das Wesen der Welt. Er lernt auf schmerzliche Weise, daß unser sinnliches Erkenntnisvermögen uns einen nur sehr unzureichenden Einblick in die Wirklichkeit des Seins vermittelt und daß der Sexualtrieb als Urtrieb des Menschen durchaus nicht allein Welt erschafft. Gleichermaßen ist das Dasein weder ausschließlich durch Meditation zu ertragen noch durch ungezügelte Anhäufung materiellen Besitzes. Immer wieder erweist sich das Leben als genau das Gegenteil dessen, was Hatterr sich hierunter vorstellt, so daß er den Gegensatz, *»contrast«*, als bestimmendes Seinsgesetz erkennt. In den abschließenden Episoden gilt die Aufmerksamkeit des Helden nun der Frage, auf welchem Gesetz diese erfahrene Dualität gründet: Macht sich ein göttliches Wesen einen Scherz daraus, die Menschen an der Nase herumzuführen? Verkleidet sich das Böse als Gutes, als Wahrheit, um Gott in seinem Plan ins Handwerk zu pfuschen? Oder »reguliert« gar der Zufall, das Schicksal, *kismet*, den Lauf der Dinge? Hatterr findet keine Antwort und begnügt sich damit, das Leben so hinzunehmen, wie es ist. Damit zeigt *All About H. Hatterr* seine Nähe zur Existenzphilosophie, wie Desani sie während seines Aufenthalts in Europa in den vierziger Jahren wohl kennengelernt hatte. Meditation und mystische Versenkung, die sich Hatterr in einer Episode ebenfalls als Möglichkeit der Wirklichkeitsbewältigung bieten, werden hier noch zurückgewiesen. Desani sollte sich ihnen erst nach seiner Rückkehr nach Asien widmen, wo er in den fünfziger und sechziger Jahren in verschiedenen Klöstern lebte, sich der Philosophie zu- und von der Schriftstellerei abwandte.

*All About H. Hatterr* variiert auf ganz eigene Weise eins der zentralen Themen indischen Denkens, das der menschlichen Selbstverwirklichung. Das geschieht philosophisch eher auf westliche denn indische Weise, erzählerisch dagegen weniger in der europäischen Tradition des Romans oder der Autobiographie als in der für die indische Literatur typischen Form der Lehrerzählung und des philosophischen Diskurses. Sprachlich schließlich schuf Desani mit diesem Buch seinen eigenen Stil, das »Hatterresische«, eine Mischung aus britischem Slang, Umgangsenglisch, indischem Englisch, Übersetzungen und Wortmaterial aus indischen Sprachen, SHAKESPEAREscher Rhetorik und Neuprägungen. Hatterrs Sprache erscheint zunächst oberflächlich, ja zynisch, doch hinter ihr verbirgt sich die Sensibilität des Betroffenen, des Leidenden und Suchenden, der immer wieder die eigene Begrenztheit und die Unzulänglichkeit der Wirklichkeit erfahren muß. Die aus Sprache und Haltung erwachsende Spannung wird oft in Komik, Witz, Absurdität und Farce aufgelöst und läßt so den Roman zu einer außerordentlich unterhaltsamen Lektüre werden. Hierin und in Desanis Stiloriginalität hat die europäische Kritik vor allem den literarischen Rang von *All About H. Hatterr* gesehen, während die indische Rezeption erst in den letzten Jahren eingesetzt hat und sich erwartungsgemäß vorwiegend mit dem inhaltlichen Problem des Buches beschäftigt. Desanis Roman hat erst in jüngster Zeit in der indo-englischen Erzählprosa Nachwirkungen gezeitigt, so etwa in Salman RUSHDIES *Midnight's Children*, 1981 *(Mitternachtskinder)*, oder Amitav GHOSHS *The Circle of Reason* (1986).

D.Ri.

AUSGABEN: Ldn. 1948. – NY 1970. – Ldn. 1972 [Nachw. G. V. Desani].

LITERATUR: S. C. Harrex, *The Fire and the Offering*, Bd. 2, Kalkutta 1978. – M. Ramanujan, *G. V. D.*, Neu-Delhi 1980. – M. K. Naik, *The Method in the Madness: A Thematic Analysis of »All About H. Hatterr«* (in *Perspectives on Indian Fiction in English*, Hg. ders., Neu-Delhi 1985, S. 104–118). – D. Riemenschneider, *»All About H. Hatterr« and the Problem of Cultural Alienation* (in Literary Criterion, 20, 1985, Nr. 2, S. 23–35).

## MARCELINE DESBORDES-VALMORE

* 20.6.1786 Douai
† 23.7.1859 Paris

**DAS LYRISCHE WERK** (frz.) von Marceline DESBORDES-VALMORE.

Kaum einzuordnen, in seinem Gesamtbestand nicht leicht zu beurteilen, entzieht das lyrische Werk der Marceline Desbordes-Valmore sich jedem raschen Zugriff. Sie gehörte der Generation der Romantiker an; ihre erste Gedichtsammlung erschien 1819, ein Jahr vor LAMARTINES *Méditations poétiques*. Doch glaubt man aus ihren Liebeselegien deutliche Nachklänge PARNYS und CHÉNIERS herauszuhören. RACINE ist nicht ferne – der Racine etwa der Tragödie *Bérénice* –, wo es ihr gelingt, sich in schmerzlich-großartiger Einfachheit zu fassen. Andererseits begegnen uns früh schon gewisse Bilder und Gleichnisse von traumhaftschwebender Unbestimmtheit, die es dem jungen RIMBAUD angetan haben. Er war es, der seinen Freund VERLAINE nötigte, das *alles* zu lesen, was dieser bisher für Wust und Plunder mit einigen schönen Stellen gehalten hatte. Beide Dichter über-

nahmen einige von Marceline bevorzugte Formen und entwickelten sie weiter.
Marceline Desbordes' Leben war abenteuerlich und unstet, voller Drangsale, Verluste und Enttäuschungen; innige Zuneigung, leidenschaftliche Hingabe, bittere Schwermut kennzeichnen ihre Verse; doch bieten Helle, Frische, Unbeugsamkeit dem Widerpart. Immer wieder verdüstern Gewitter ihre Seelenlandschaft; sie entladen sich im Blitz, im Schrei, in einer Flut von Tränen. Von dem Tau dieser Tränen überronnen, funkeln ihre Verse; die Kraft des schmerzlichen, des freudigen Schreis dringt ungebrochen an unser heutiges Ohr.
Sie wuchs im nordfranzösischen Flandern auf. Nachdem die Revolution ihren Vater, der Wappen-, Kutschen- und Kirchenmaler war, um sein Brot gebracht hatte, verließ die Mutter 1797 mit Marceline Douai, um bei einem vermögenden Vetter auf den Antillen Hilfe zu erbitten. Auf langwierigen Umwegen gelangen die beiden Frauen nach Bordeaux, wo sie sich Ende 1801 nach Guadeloupe einschiffen. Bei ihrer Ankunft treffen sie dort auf einen Sklavenaufstand, der Vetter ist gestorben, das gelbe Fieber wütet, dem die Mutter bald erliegt. Es gelingt der Sechzehnjährigen nach Frankreich zurückzukehren, wo sie sich endgültig der Bühne zuwendet. (Ihre frühreife Begabung fürs Theater war ihr schon vor ihrer Abreise zunutze gewesen.) Als geschätzte Schauspielerin und Sängerin tritt sie in Douai, Rouen, Paris und Brüssel auf. 1808 macht sie die Bekanntschaft des jungverheirateten Henri de Latouche (1785–1851), der eine unauslöschliche Leidenschaft in ihr erweckt. 1810 wird ein unehelicher Sohn geboren; Marceline verbringt drei Jahre bei einer ihrer Schwestern in der Normandie; Latouche bricht mit ihr und begibt sich auf eine lange Reise in die Schweiz, nach Südfrankreich und Italien. 1813 nimmt Marceline ihre Bühnenlaufbahn wieder auf, versöhnt sich mit Latouche, bricht abermals mit ihm. 1816 stirbt ihr Sohn, 1817 ihr Vater; im September des gleichen Jahres heiratet sie in Brüssel den um sieben Jahre jüngeren Schauspieler François-Prosper Lanchantin, der unter dem Namen Valmore auftritt. Vier Kinder werden geboren, von denen nur ein Sohn sie überleben sollte. Marceline führt nun als Hausfrau, Mutter und Begleiterin ihres mittelmäßig begabten Mannes ein entbehrungsreiches Wanderleben in Paris, Lyon, Bordeaux und Brüssel. Es kommt zu einer Aussöhnung mit Latouche, der sich der Familie annimmt. Erst 1840 bricht sie endgültig mit ihm, als sein Betragen ihrer jüngsten Tochter Ondine gegenüber ihr verdächtig vorkommt. Sie argwöhnt, er wolle Ondine verführen; man darf jedoch vermuten, daß Latouche diese (zu Recht oder Unrecht) für seine Tochter hielt, die er zu sich herüberzuziehen sucht. 1846 stirbt die älteste Tochter Inès an Schwindsucht, 1851 stirbt Latouche, 1853 Ondine; Valmore findet endlich einen mäßig besoldeten Posten als Angestellter der Bibliothèque Nationale.
Diese und andere biographische Details wären nicht berichtenswert, wenn sie nicht ihren Niederschlag in Marcelines Gedichten gefunden hätten, deren persönliche und allzu persönliche Bezüge überall erkennbar, häufig jedoch so sehr verschlüsselt sind, daß sie das Verständnis erschweren und die Interpreten bisweilen zu unhaltbaren Auslegungen verführt haben. Mehr oder minder sicheren Grund unter den Füßen haben wir erst heute, nachdem die von M. BERTRAND so behutsam wie eindringlich kommentierte kritische Ausgabe der *Œuvres poétiques* vorliegt.
Marceline Desbordes-Valmore geht es nicht um Kunst, sie will sich bekennen, sich mitteilen; sie spricht sich aus; alle sollen sie vernehmen; niemand aber soll das ihr selber Unbegreifliche ihres Lebens durchschauen. Man vergesse nicht: Sie war Schauspielerin, ihre Natürlichkeit war zugleich Spiel, so sehr Spiel, Handlung, Bewegung, Auftritt, Ausdruck, daß es dieser zweiten Natürlichkeit gelingt, sich zum Anschein reiner Unmittelbarkeit zu steigern. Nicht immer, nicht überall, aber so häufig doch, daß gewisse Gedichte, je öfter man sie liest, immer wahrer, immer unwillkürlicher erscheinen. Nicht alle freilich besitzen diese hohe Qualität; mitunter muß man Schiefes, Schwaches, Banalitäten und Sentimentalitäten mit in Kauf nehmen. Marceline schrieb manches, vor allem ihre erzählenden Bücher für Kinder und Erwachsene, um damit etwas zu verdienen. Als Dichterin anfangs geschätzt und erfolgreich, gelang es ihr nicht mehr, ihren letzten Gedichtband, der vielleicht ihre schönsten Stücke enthält, noch selber bei einem Verlag unterzubringen. Er erschien erst nach ihrem Tode. In ihm findet sich ihr berühmtestes Gedicht, das seither in keiner Anthologie fehlt: *Les Roses de Saadi (Saadis Rosen)*: *»J'ai voulu ce matin te rapporter des roses;/ Mais j'en avais tant pris dans mes ceintures closes/ Que les nœuds trop serrés n'ont pu les contenir.// Les nœuds ont éclaté. Les roses envolées/ Dans le vent, à la mer s'en sont toutes allées./ Elles ont suivi l'eau pour ne plus revenir.// La vague en a paru rouge et comme enflammée./ Ce soir, ma robe encore en est toute embaumée.../ Respires-en sur moi l'odorant souvenir.« (»Rosen wollte ich dir bringen heut früh, doch allzu viele hatte ich in meines Kleides Bausch gesammelt, daß sie die allzu strengen Knoten sprengten.// Nichts hielt sie mehr; der Wind trug sie fort, zum Meer entflogen alle, folgten den Fluten ohne Wiederkehr.// Rot erstrahlte die Woge und wie entflammt. Ganz durchwürzt ihr Duft heut abend noch mein Kleid... Du atme des Erinnerns Wohlgeruch an mir!«)*.
Zu ihren Freunden und Bewunderern gehörten Lamartine, BALZAC, SAINTE-BEUVE und, unerwarteterweise, BAUDELAIRE, der 1859 einen der schönsten und gerechtesten Texte über sie schrieb: *»Nie war ein Dichter natürlicher; keiner war je weniger künstlich. Niemand hat diesen Zauber nachahmen können, weil er ganz ursprünglich und angeboren ist... Marceline Desbordes-Valmore war Frau, war immer Frau, ganz und gar nichts anderes als Frau; aber sie war in einem ungewöhnlichen Grade der dichterische Ausdruck aller natürlichen Schönheiten der Frau...«*

Am häufigsten bedient sie sich, wie in dem zitierten Gedicht, des Alexandriners, doch meistert sie auch die *mètres impairs*, den Fünf-, den Sieben- und den Elfsilber; sie liebt den Wechsel im Versmaß, und gelegentlich unterbricht sie breiter schildernde Partien durch kurzzeilige, locker assoziierende Improvisationen, die wie ein Geläute, ein Trällern, wie kurze Schreie aus einer ängstlichen oder jubelnden Kehle sind. In der Vorrede zu dem Versband *Bouquets et prières (Sträuße und Gebete)*, der zuerst den Titel *Les Bruits dans l'herbe (Die Geräusche im Gras)* tragen sollte, vergleicht sie ihre Poesie mit dem schwachen Lied der Grille, *»das nicht ohne Anmut ist inmitten des prächtigen Tumultes der Natur«*. Ihre Poesie hat auch das Emsige, das Insistierende, das Unaufhörliche des Grillengesangs. Die Nähe zur Musik ist immer spürbar; viele ihrer Gedichte wurden von ihrer nächsten und treuesten Freundin Pauline Duchambge vertont.

Marcelines Hauptthemen sind Kindheit, Mutterschaft und Familie, Liebe und die Schmerzen der Liebe, Freundschaft und eine sehr persönliche, unkonfessionelle Frömmigkeit. Hervorzuheben sind einige politische Gedichte von erstaunlichem Freimut der Klage und Anklage; sie betreffen den Arbeiteraufstand von Lyon im April 1834 und dessen blutige Unterdrückung, deren nahe Zeugen die Familie Valmore war. Die Gedichte der Liebe sind größtenteils entweder an Latouche oder an Valmore gerichtet oder von einem der beiden inspiriert. Darüber, ob wir es mit einem Gedicht der unbezwingbaren Leidenschaft oder der herzlichen ehelichen Zuneigung zu tun haben, entscheidet allein der Ton. In den Versen an Latouche kommt oft eine gewisse Wehrlosigkeit, ein Gefühl des Ausgeliefertseins zum Ausdruck; in denen an Valmore klingt etwas Sorgendes, Mütterliches mit. Was sich in diesen und jenen bis zur Widersprüchlichkeit ausdrückt, miteinander verrechnen oder in Übereinstimmung bringen zu wollen, ist unmöglich: Dieses liebende Herz ist so sehr ein dichterisches, daß es jeden Anlaß rücksichtslos ausgestaltet und nicht innehält, bis er Aktion und Figur geworden ist. Beispiele zu geben ist schwer, doch sei von den Gedichten an Latouche ein epigrammatischer Achtzeiler *Souvenir (Erinnerung)* zitiert: *»Quand il pâlit un soir, et que sa voix tremblante/ S'éteignit tout à coup dans un mot commencé;/ Quand ses yeux, soulevant leur paupière brûlante,/ Me blessèrent d'un mal dont je le crus blessé;/ Quand ses traits plus touchants éclairés d'une flamme/ Qui ne s'éteint jamais,/ S'imprimèrent vivants dans le fond de mon âme;/ Il n'aimait pas, j'aimais!« (»Als er erbleichte eines Abends, als zitternd seine Stimme jäh in einem angefangnen Wort erlosch; als brennend unter heißen Lidern seine Augen mich verwundeten, daß ich erkrankte, an einem Übel, dran ich ihn verwundet glaubte; als seine Züge, rührender, von einer Flamme erhellt, die nie erlischt, lebendig sich mir in die tiefste Seele prägten, – er nicht, ich liebte«.)* F.Ke.

AUSGABEN: *Élégies, Marie et Romances*, Paris 1819. – *Poésies*, Paris 1820. – *Élégies et poésies nouvelles*, Paris 1825. – *Poésies*, Paris 1830. – *Les pleurs*, Paris 1833. – *Pauvres Fleurs*, Paris 1839. – *Bouquets et prières*, Paris 1843. – *Les anges de la famille*, Paris 1849. – *Poésies inédites*, Genf 1860. – *Œuvres poétiques*, Paris 1886–1922, 4 Bde.; Nachdr. Genf 1972. – *Œuvres poétiques*, Hg. J. M. Bertrand, Grenoble 1973, 2 Bde.; ern. Paris 1974. – *Poésies*, Hg. Y. Bonnefoy, Paris 1983 [Ausw.].

ÜBERSETZUNGEN: *Gedichte*, R. Z. Emde, Ldn. 1840. – *Gedichte/Briefe*, G. Etzel-Kühn (in St. Zweig, *M. D.-V.*, Lpzg. 1938, S. 71–324). – *Ausgewählte Gedichte*, K. Schwedhelm, Bühl in Baden 1947 [frz.-dt.]. – *Gewitter der Liebe*, K. Borowsky, Tübingen 1988 [frz.-dt.].

LITERATUR: C.-A. Sainte-Beuve, *Notice pour Poésies de Madame D.-V.*, Paris 1842. – Ch. Baudelaire, *M. D.-V.*, (in Ch. B., *Réflexions sur quelques-uns de mes contemporains*, Paris 1869). – C.-A. Sainte-Beuve, *Madame D.-V. Sa vie et sa correspondance*, Paris 1870. – P. Verlaine, *Les Poètes maudits, Deuxième série*, Paris 1888. – S.-J. Boulenger, *M. D.-V. D'après ses papiers inédits*, Paris 1909. – L. Descaves, *La vie douloureuse de M. D.-V.*, Paris 1910. – Ders., *La Vie amoureuse de M. D.-V.*, Paris 1925. – J. Boulenger, *M. D.-V. Sa vie et son secret*, Paris 1926. – St. Zweig, *M. D.-V., Ein Lebensbild*, Lpzg. 1928. – G. Cavallucci, *Bibliographie critique de M. D.-V., d'après des documents inédits*, Paris 1942. – J. Moulin, *M. D.-V.*, Paris 1955. – E. Jasenas, *M. D.-V. devant la critique*, Paris/Genf 1962. – Ders., *Le poétique: D.-V. et Nerval*, Paris 1975.

## RENÉ DESCARTES

* 31.3.1596 La Haye / Touraine
† 11.2.1650 Stockholm

LITERATUR ZUM AUTOR:
*Bibliographien:*
G. Sebba, *Bibliographia Cartesiana. A Critical Guide to the D. Literature 1800–1960*, Den Haag 1964. – R. Klibansky, *D. A Selected Bibliography*, Ldn. 1970. – *Bull. cartésien*, Hg. L'Équipe D. C.N.R.S. (in Archives de philos; jährl. Bibliogr. seit 1972). – A. J. Guibert, *Bibliographie des œuvres de R. D. publiées au XVIIe siècle*, Paris 1976.
*Forschungsberichte:*
A. Carlini, *Il Problema di C.*, Bari 1948. – C. Ferro, *Intorno ad alcune recenti interpretazioni del pensiero cartesiano* (in Rivista di Filos. neoscolast., 42, 1950, S. 194–221). – M. Giorgiantonio, *D. e i suoi recenti interpreti (1937–1950)* (in Sophia, 19, 1951, S. 313–322). – G. Lewis, *Bilan de cinquante ans d'études cartésiennes* (in Revue philosoph. France et l'étranger, 141, 1951, S. 249–267). –

M. Wundt, *Wandlungen des D.-Bildes* (Zs. für philos. Forschung, 7, 1953, S. 315–325). – W. Röd, *Richtungen der gegenwärtigen D.-Forschung* (in Philosoph. Rundschau, 18, 1971, S. 78–92). – J. Vandenbulcke, *Die dt. D.-Lit. Anfang der Siebzigerjahre* (in Tijdschr. voor filos., 37, 1975, S. 95–111).

*Biographien:*
A. Baillet, *La vie de Monsieur D.*, 2 Bde., Paris 1691; ern. Hildesheim/NY 1972 [Faks. der 1. Ausg., Bd. 1, NY 1987]. – K. Fischer, *D.' Leben, Werk u. Lehre*, Heidelberg 1894; [5]1912. – F. Alquié, *D. l'homme et l'œuvre*, Paris 1956; [2]1963 (dt. *D.*, 1962). – R. Specht, *R. D. In Selbstzeugnissen u. Bilddokumenten*, Reinbek 1966 (rm). – J. R. Vrooman, *R. D.*, NY 1970. – E. Garin, *Vita e opere di C.*, Rom u. a. [2]1970; ern. 1986.

*Gesamtdarstellungen und Studien:*
P. Natorp, *D.' Erkenntnistheorie*, Marburg 1882. – E. Cassirer, *D.' Kritik der mathematischen und naturwissenschaftlichen Erkenntnis*, Marburg 1899. – O. Hamelin, *Le système de D.*, Paris 1911; ern. 1921. – A. Koyré, *D. u. die Scholastik*, Bonn 1923; Nachdr. Darmstadt 1971. – G. Milhaud, *D., savant*, Paris 1921. – H. Gouhier, *La pensée religieuse de D.*, Paris 1924; [2]1973. – K. Jaspers, *D. u. die Philosophie*, Bln. 1937; [4]1966. – H. Gouhier, *Essais sur D.*, Paris 1937; [3]1973. – E. Cassirer, *D.: Lehre, Persönlichkeit, Wirkung*, Stockholm 1939; ern. NY 1941 [Faks. der 1. Ausg. Hildesheim 1978]. – F. Alquié, *La découverte métaphysique de l'homme chez D.*, Paris 1950. – M. Guéroult, *D. selon l'ordre des raisons*, 2 Bde., 1953; ern. 1968. – H. Gouhier, *La pensée métaphysique de D.*, Paris 1962; [2]1969. – C. F. v. Weizsäcker, *D. u. die neuzeitliche Naturwissenschaft*, Hbg. 1962. – W. Röd, *Die innere Genesis des cartes. Systems*, Mchn./Basel 1964; erw. 1982. – G. Schmidt, *Aufklärung und Metaphysik. Die Neubegründung des Wissens durch D.*, 1965. – R. Specht, *Commercium mentis et corporis. Über Kausalvorstellungen im Cartesianismus*, 1966. – D. Mahnke, *Der Aufbau des philosophischen Wissens nach R. D.*, Mchn./Salzburg 1967. – W. Halbfaß, *D.' Frage nach der Existenz der Welt*, Meisenheim a.Gl. 1968. – J. D. Collins, *D.' Philosophy of Nature*, Oxford 1971. – A. Klemmt, *D. u. die Moral*, Meisenheim a.Gl. 1971. – W. Röd, *D.' Erste Philosophie*, Bonn 1971. – *Cartesian Studies*, Hg. R. J. Butler, Oxford 1972. – L. Gäbe, *D.' Selbstkritik. Untersuchungen zur Philosophie des jungen D.*, Hbg. 1972. – F. H. Caton, *The Origin of Subjectivity. An Essay on R. D.*, New Haven/Ldn. 1973. – H. Yarvin, *Some Cartesian Questions*, Diss. Brown Univ. 1973. – B. E. O'Neill, *Epistemological Direct Realism in D.' Philosophy*, Albuquerque 1974 [m. Bibliogr.]. – J. Rée, *D.*, Ldn. 1974 [m. Bibliogr.]. – J.-L. Marion, *Sur l'ontologie grise de D.*, Paris 1975; ern. 1981 [rev.]. – J. F. Scott, *The Scientific Work of R. D.*, Ldn. 1976. – F. Grayeff, *D.*, Ldn. 1977. – L. Pearl, *D.*, Boston 1977 [m. Bibliogr.]. – E. M. Curley, *D. against the Skeptics*, Cambridge/Mass., 1978. – *D. Critical and Interpretative Essays*, Hg. M. Hooker, Baltimore/Ldn. 1978 [m. Bibliogr.]. – M. D. Wilson, *D.*, Ldn. 1978. – F. Bader, *Die Ursprünge der Transzendentalphilosophie bei D.*, Bonn 1979–1983 ff. – J. J. Blom, *D.: His Moral Philosophy and Psychology*, Hassoks/Sussex 1978. – J.-M. Beyssade, *La philosophie première de D. Le temps et la cohérence de la métaphysique*, Paris 1979. – D. J. Marshall jr., *Prinzipien der D.-Exegese*, Freiburg i.B./Mchn. 1979. – *D. Actes du 8. Colloque de Marseille*, 1979. – P. A. Cahné, *Un autre D. Le philosphe et son langage*, Paris 1980. – G. Canziani, *Filosofia e scienza nella morale di D.*, Florenz 1980. – J.-L. Marion, *Sur la théologie blanche de D.*, 1981. – *Actes de New Orleans*, Hg. F. L. Lawrence, Paris u. a. 1982. – L. Alanen, *Studies in Cartesian Epistemology and Philosophy of Mind*, Helsinki 1982. – A. Beckermann, *D. über die wirkliche Verschiedenheit von Körper u. Seele: eine Untersuchung zum Cartes. Dualismus*, Osnabrück 1982. – D. M. Clarke, *D.'s Philosophy of Science*, Manchester 1982. – G. Kimmerle, *Kritik der identitätslogischen Vernunft: Untersuchungen zur Dialektik der Wahrheit bei D. u. Kant*, Königstein/Ts. 1982. – Ch. Krejtman, *Pour D.: Le processus logique de la pensée confuse*, Paris 1982. – A. Bortolotti, *Saggi sulla formazione del pensiero di D.*, Florenz 1983. – P. Guenanica, *D. et l'ordre politique: critique cartés. des fondements de la politique*, Paris 1983. – G. Kruck, *R. D.: 1596–1650; eine Auseinandersetzung mit seiner Philosophie im Vergleich zu Kant u. aus heutiger Sicht*, Zürich 1983. – J. C. Evans, *The Metaphysics of Transcendental Subjectivity: D., Kant and W. Sellars*, Amsterdam 1984. – G. Herbst, *Wissenschaft und Moral bei D.*, Diss. Mannheim 1985. – M. Green, *D.*, Minneapolis 1985. – G. Rodis-Lewis, *Idées et vérités éternelles chez D. et ses successeurs*, Paris 1985. – S. Turró, *D.: del hermetismo a la nueva ciencia*, Barcelona 1985. – A. Beckermann, *D.' metaphysischer Beweis für den Dualismus: Analyse u. Kritik*, Freiburg i.B./Mchn. 1986. – J. P. Cavaille, *La politique révoqué: notes sur le statut du politique dans la philosophie de D.*, San Domenico 1986. – J. Cottingham, *R. D.*, Oxford u. a. 1986. – P. Markie, *D.' Gambit*, Ithaca u. a. 1986. – J. L. Marion, *Sur le prisme de métaphysique de D.*, 1986. – *A D. Issue* (in Journal of the Hist. of Philos. 1988, Nr. 3; Sondernr.). – B. Williams, *D. Das Vorhaben der reinen philosophischen Untersuchung*, Ffm. 1988.

**DISCOURS DE LA MÉTHODE pour bien conduire sa raison et chercher la vérité dans les sciences**

(frz.; *Abhandlung über die Methode, seine Vernunft richtig zu leiten und die Wahrheit in den Wissenschaften zu suchen*). Philosophische Schrift in sechs Teilen von René DESCARTES, anonym erschienen 1637 zusammen mit den ersten Ergebnissen ihrer

Anwendung, den Essays *La dioptrique, Les météores* und *La géométrie*. – Als Descartes, der nach der Verurteilung GALILEIS nichts mehr hatte veröffentlichen wollen, auf Drängen seiner Freunde diese Sammlung herausgab, verzichtete er aus Vorsicht nicht nur darauf, sie unter seinem Namen erscheinen zu lassen, es sollte auch verborgen bleiben, in welchem Ausmaß die Erkenntnisse, die diesen Schriften zugrundeliegen, die gesamte traditionelle Philosophie in Frage stellten. Er erweckte deshalb bewußt den Eindruck, als handle es sich hier um einen ganz persönlichen Bericht über die Suche eines einzelnen nach Erkenntnis, und es ist gerade diese ständige Anwesenheit des Denkenden selbst – eines *»wunderbaren und denkwürdigen Ich«*, dessen Rang nach VALÉRYS Meinung den seiner Lehre noch übersteigt –, die dem *Discours* seine einzigartige Lebendigkeit verleiht. Dieses Ich hat nicht die Absicht, *»die Methode zu lehren, nach der jeder seinen Verstand gebrauchen soll, sondern will nur veranschaulichen, auf welche Weise ich versucht habe, von der meinen Gebrauch zu machen«*.

Descartes beginnt mit einem Bekenntnis zur Universalität des menschlichen Geistes und der in ihm angelegten Fähigkeit, die Wahrheit zu erkennen; aber sogleich folgt die Feststellung, daß ohne methodischen Einsatz des Verstandes diese Möglichkeiten unausgeschöpft bleiben und alle Anstrengungen sich in einer Fülle verschiedener Meinungen verlieren müssen. Im ersten Teil betont Descartes deshalb die Notwendigkeit, allgemeinste Voraussetzungen wissenschaftlichen Denkens zu finden, und weist auf das Mißverhältnis zwischen dem hohen Ansehen der Wissenschaft und der Geringfügigkeit ihrer bisherigen Resultate hin. Als einziges akzeptierbares Vorbild einer Methodik, die Gewißheiten zu verschaffen vermag, erörtert der Autor die der Mathematik, und äußert seine Verwunderung darüber, daß trotz so fest gegründeter Erkenntnisse die alten Moralisten ihre stolzen Gebäude auf sehr schwankenden Fundamenten errichtet hätten. Deshalb beschließt er, auf Reisen und in einsamer Meditation das zu suchen, was er in der Kultur nicht finden konnte: die klare und sichere Erkenntnis dessen, was im Leben nützlich ist.

Im zweiten Teil wird die ungeheure Bewegung, in die Descartes' Denken geraten war, als er während eines Feldzugs im Winterlager an der Donau lag, nur angedeutet. Damals hatte er in einem inspirierten Augenblick, der ihn wie ein Fieber überfiel, *»die Grundlagen einer wunderbaren Wissenschaft«* entdeckt und in der gleichen Nacht paradoxerweise durch drei Träume seine Erkenntnis der Rationalität der Welt und des Seins bestätigt gesehen. Von dieser Erschütterung läßt der zweite Teil des *Discours* nichts erkennen. Er verfolgt lediglich, auf welche Weise der Mann, der eine innere Revolution erlebt hatte, es unternahm, alle seine bisherigen Meinungen daraufhin zu prüfen, inwieweit sie auf bloßem Glauben beruhten und ob sie mit der Vernunft in Einklang gebracht werden könnten.

Als Leitfaden dienen ihm vier Regeln, zu denen er die 1628 verfaßten *Regulae ad directionem ingenii* verkürzt hatte. Ihre ursprüngliche Herkunft aus der Geometrie außer acht lassend, erweitert er ihren Anwendungsbereich zugleich beträchtlich. *»Die erste hieß, daß ich niemals eine Sache als wahr anerkennen solle, deren Wahrheit nicht evident ist ... die zweite, daß ich jede der zu prüfenden Schwierigkeiten in soviel Parzellen teilen solle, wie es möglich und wie es erforderlich ist, um sie zu lösen ... die dritte, meinen Gedankengang zu ordnen, derart, daß ich, bei den einfachsten und leichtesten Dingen beginnend, schrittweise zur Erkenntnis der komplizierteren aufsteige ... die vierte, alles* [d. h. Gründe, Hypothesen, Beobachtungen] *so vollständig aufzuzählen und in solchem Umfang zu erfassen, daß mit Sicherheit nichts ausgelassen ist.«*

Im dritten Teil befaßt sich Descartes mit der beunruhigenden Frage, nach welchen sittlichen Regeln der Mensch denn leben solle, solange nicht alle Probleme mit Hilfe dieser Methode gelöst seien. Er beschließt, sich vorläufig mit einer Moral *»par provision«*, einem moralischen Grundbestand zu begnügen. Auch für diese provisorische Moral entwirft er Maximen: *»Die erste war, den Gesetzen und Gewohnheiten meines Landes zu gehorchen und an der Religion festzuhalten, in der Gott in seiner Gnade mich seit meiner Kindheit erziehen ließ, und mich in jeder andern Hinsicht nach den maßvollsten und von Übertreibungen am weitesten entfernten Ansichten zu richten ... Meine zweite Maxime war, so fest und entschlossen zu handeln, wie ich irgend konnte ... meine dritte war, zu versuchen, lieber mich selbst zu besiegen als das Geschick und lieber meine Wünsche zu ändern als die Ordnung der Welt.«* Dieser loyale Pakt mit der Welt und dem Geschick *(fortune)* macht es ihm möglich, *»so einsam und zurückgezogen wie in den entlegensten Wüsten«* zu leben und dort das geistige Abenteuer zu bestehen, das der vierte Teil nachzeichnet: den Verzicht auf ein Urteil, das sich auf bloßes Meinen und Glauben gründet. Einmal in seinem Leben muß man den radikalen Zweifel, den die erste Regel der Methode zur Voraussetzung jeder Beschäftigung mit einem Problem erklärt, bis zum äußersten treiben.

Aber wenn alles, auch die sinnlichen Wahrnehmungen und die Vernunftschlüsse in Frage gestellt sind und die Welt nichts anderes als ein Traum zu sein scheint, dann wird *»bald darauf«* evident, daß man notwendigerweise zumindest »sein« muß, um denken zu können, und sei es auch nur, einen Traum zu denken.

Nichts ist fester und sicherer als diese ursprüngliche Wahrheit: *Je pense, donc je suis.« (»Ich denke, also bin ich.«)* Im Augenblick seiner größten Ausdehnung stößt der Skeptizismus an seine Grenze und schafft sich selbst einen unerschütterlichen Ausgangspunkt für eine Wiedergewinnung der Gewißheit. Dieses *»Ich denke, also bin ich«* enthüllt dem Menschen zugleich seine wahre Natur: *»Substanz, deren Wesen oder Natur nichts anderes ist als zu denken.«* Dieses Prinzip begründet auch die Unterscheidung von denkender und (räumlich) ausgedehnter Substanz, von Seele und Leib. Und diese erste Begegnung mit der klaren und deutlichen Evidenz erfüllt

auch das Kriterium jeder Wahrheit, wie Descartes es in der ersten Regel der Methode definierte: Die Methode wird gefunden und gelebt im Akt der Suche nach ihr.
Aber er geht noch weiter: Da das denkende Ich sich zugleich seiner Unvollkommenheit bewußt wird, kann dieses Bewußtsein sich nur auf eine Idee des Vollkommenen beziehen, dessen Quelle das Ich nicht sein kann, denn es ist unmöglich, daß Vollkommenes aus weniger Vollkommenem hervorgeht. Daraus folgt also, daß die Idee des Vollkommenen dem seine Begrenztheit erlebenden Ich etwas enthüllt, das vollkommener ist als es selbst – und das ist Gott, der alles ist, was es selbst nicht ist, was es aber denken kann: unendlich, ewig, unveränderlich, allwissend, allmächtig. – Die Meditation über die Körperwelt und den geometrischen Raum mündet in einen zweiten Gottesbeweis, der zu dem Schluß führt, daß nur die Existenz Gottes die Gültigkeit dessen, was uns evident ist, garantiere. Sie allein erlaubt uns, mit einer äußeren Welt zu rechnen, die vom Verstand als reine, ausgedehnte Substanz erfaßt werden kann, deren Modifikationen alle nach Gestalt und Bewegung zu bestimmen sind. Denn wir können unmöglich annehmen, daß Gott uns die Evidenz als Illusion erscheinen lassen will. Der fünfte Teil, in dem Descartes diese mechanistische Erklärung der Körperwelt weiter ausführt, macht den geheimen Widerspruch zwischen der ersten und den beiden folgenden Regeln der Methode deutlich: Sein manchmal naives Vertrauen in die Evidenz verleitet ihn dazu, gegen das Gesetz der Vorsicht zu verstoßen und imaginierend eine Physik auf Gesetze zu gründen, *»die Gott solcherart in der Natur errichtet und deren Erkenntnis er derart in unsere Seelen eingeprägt hat, daß, wenn wir genügend darüber nachgedacht haben, wir nicht daran zweifeln können, daß sie in allem, was in der Welt ist und geschieht, genau befolgt werden«*. Descartes schließt mit einem Appell an die Mäzene der Naturwissenschaft, in dem er sich zur Nützlichkeit der empirischen Methoden bekennt, *»die um so notwendiger werden, je weiter man in der Erkenntnis fortgeschritten ist«*. Zwar war die ihm vorschwebende Vereinigung von Experiment und Hypothese nach seiner Methode noch nicht zu realisieren. Doch leitete diese eine Rückbesinnung auf die Bedeutung der Analyse ein, ohne die die Entwicklung einer mathematischen Physik in den folgenden Jahrhunderten unmöglich gewesen wäre.
Von den Zeitgenossen, denen die Kartesianische Philosophie vornehmlich durch die *Meditationes de prima philosophia* (1641) und die *Principia philosophiae* (1644) vertraut wurde, scheint der *Discours* zunächst nur als ein erläuterndes Vorwort zu den im gleichen Band veröffentlichten wissenschaftlichen Schriften verstanden worden zu sein. Doch übte er in der Folgezeit als das eigentliche Manifest des *»Cogito, ergo sum«* einen Einfluß aus, der dem des gesamten übrigen Werks nicht nachsteht. Die breite Wirkung erklärt sich zum Teil vielleicht auch daraus, daß der *Discours* das erste französisch geschriebene wissenschaftlich-philosophische Werk ist. Seine Sprache weist, noch stark vom jahrhundertealten Zwang des lateinischen Stils geprägt, manche Schwerfälligkeit auf. Nicht aus seinen literarischen Qualitäten, sondern aus jener Proklamation der unbedingten Herrschaft der *raison* wird sich das Programm der klassischen Dichtung ableiten, das BOILEAU in dem Satz *»Rien n'est beau que le vrai«* und in den Gesetzen seines *Art poétique* (1674) formulierte. Hier entspringt auch die von nun an zu berücksichtigende Forderung nach Ordnung und Klarheit, nach Nüchternheit und Präzision der Vorstellungen – *»clarae et distinctae perceptiones«*.
In der Geschichte des Denkens bedeutet der *Discours* das Programm für die mechanistischen Versuche der Welterklärung, das die Rationalisten des 18. Jh.s inspirierte und noch die scientistischen Utopien des 19. Jh.s beeinflussen sollte. KLL

AUSGABEN: Leiden 1637 (anon.; Faks. Osnabrück 1973). – Amsterdam 1644 (*Specimina philosophiae: seu Dissertatio de methodo*, lat. Übers. E. de Courcelles). – Paris 1902 (in *Œuvres*, Hg. C. Adam u. P. Tannery, 13 Bde., 1897–1913, 6; ern. 1973). – Paris 1925, Hg. E. Gilson [m. Komm.; ern. 1947]. – Paris 1931, Hg. P. Gaxotte. – Reutlingen 1948, Hg. W. Weischedel. – Paris 1963 (in *Œuvres philosophiques*, Hg. F. Alquié, Bd. 1). – Paris 1986.

ÜBERSETZUNGEN: *Abhandlung über die Methode, richtig zu denken und die Wahrheit in den Wissenschaften zu suchen*, K. Fischer, Mannheim 1863. – *Abhandlung über die Methode des richtigen Vernunftgebrauchs und der wissenschaftlichen Wahrheitsforschung*, ders. (in *Hauptschriften*, Mannheim 1863). – Dass., L. Fischer, Lpzg. 1898; ern. 1962 (Nachw. M. Starke; RUB). – *Abhandlung über die Methode*, A. Buchenau (in *Philos. Werke*, Bd. 1, Lpzg. 1905; Philos. Bibl. einzeln: Lpzg. 1922 u. ö.; Nachdr. Hbg. 1952; ern. u. d. T. *Von der Methode des richtigen Vernunftgebrauchs und der wissenschaftlichen Forschung*, Hg. L. Gäbe, Hbg. 1960; Nachdr. 1978; Philos. Bibl.). – *Abhandlung über die Methode* ..., K. Fischer, Vorw. K. Jaspers, Mainz 1948 [frz.-dt.; enth. J.-P. Sartre, *Descartes und die Freiheit*]. – Dass., ders., Hg. H. Glockner, Stg. 1961 (RUB). – *Discours de la Méthode*, L. Gäbe, Hbg. 1960 (frz.-dt.; Nachdr. 1969; Philos. Bibl.).

LITERATUR: J. Iriarte Agirrezabal, *Kartesischer oder Sanchezischer Zweifel?*, Diss. Bonn 1935. – L. Roth, *D., »Discourse on Method«*, Oxford 1937; Nachdr. Norwood 1976. – G. Gadoffre, *Sur la chronologie du »Discours de la méthode«* (in Revue d'Histoire Philosophique, 2, 1943, S. 45–70). – E. Denissoff, *Les étapes de la rédaction du »Discours de la méthode«* (in Revue Philosophique de Louvain, 54, 1956, S. 254–282). – E. Denissoff, *D., premier théoricien de la physique et mathématique. Trois essais sur le »Discours de la méthode«*, Paris 1970. – H. Caton, *The Status of Metaphysics in the »Discourse on Method«* (in Man and World, 5, 1972, S. 468–474). –

H. Gouhier, *D. Essais sur le »Discours de la méthode«, la métaphysique et la morale*, Paris ³1973. – R. Aron, *Discours contre la méthode*, Paris 1974 [Einl. A. Dandieu]. – P. Munot, *Un Extrait du »Discours de la méthode«*, (in Cahiers d'analyse textuelle, 16, 1974, S. 48–60). – N. Fóscolo de Merckaert, *Les trois monuments moraux du »Discours de la méthode«* (in Revue philos. de Louvain, 73, 1975, S. 607–627). – P.-A. Cahné, *Index du »Discours de la méthode« de R. D.*, Rom 1977. – A. Hartle, *Death and the Desinterested Spectator: An Inquiry into the Nature of Philosophy*, Albany/N.Y. 1986.

## MEDITATIONES DE PRIMA PHILOSOPHIA, IN QUA DEI EXISTENTIA ET ANIMAE IMMORTALIS DEMONSTRATUR

(nlat.; *Meditationen über die metaphysischen Grundlagen der Philosophie, in der die Existenz Gottes und der unsterblichen Seele bewiesen wird*). Philosophisches Hauptwerk von René DESCARTES, geschrieben zwischen 1628 und 1629, erschienen 1641, unter Berücksichtigung der Verbesserungen des Autors ins Französische übersetzt vom Herzog von Luynes unter dem Titel *Les méditations métaphysiques de René Des-Cartes touchant la première philosophie..., et les objections faites contre ces méditations par diverses personnes très doctes, avec le réponses de l'auteur* (1647). – Descartes entwickelt in diesem Werk seine Lehre über die Existenz Gottes und die Unsterblichkeit der Seele ausführlicher und vollständiger als in seinem *Discours de la méthode* (1637), wo er sich damit begnügt hatte, lediglich einige Prinzipien zu erläutern. Dem Werk ist ein Brief an die Professoren der Theologischen Fakultät in Paris vorangestellt, von der Descartes die offizielle Approbation seines philosophischen Systems erhoffte. Schon vor der Veröffentlichung machte Descartes das Werk einer Reihe von Philosophen und Theologen zugänglich, deren Einwände zusammen mit seinen eigenen Antworten in einem Anhang abgedruckt sind.

An den Anfang der insgesamt sechs Meditationen setzt Descartes das Verfahren des methodischen Zweifels, dem zunächst alle durch Wahrnehmung und Denken gewonnenen Erkenntnisse unterworfen werden. Dadurch gelangt er zu dem Fundamentalsatz, der uneingeschränkt gewiß und selbst noch im Zweifel von unmittelbarer Evidenz ist: *»Cogito, ergo sum« (»Ich denke, also bin ich«)*. Denn solange man zweifelt, kann nie daran gezweifelt werden, daß man zweifelt. Dieses Bewußtsein impliziert zugleich die Existenz dessen, der zweifelt. Das Wahrheitskriterium des Descartesschen Basissatzes, die unmittelbare Deutlichkeit und Klarheit der Erkenntnis des Ich als einer *res cogitans*, wird dann auf alle übrigen Erkenntnisse ausgeweitet: *»Alles das ist wahr, was ich ganz klar und deutlich erfasse.«* Um diesen allgemeinen, über die bloße Erkenntnis der eigenen Existenz hinausreichenden Satz zu beweisen, muß die mögliche Irreführung des Erkennenden durch einen bösen Gott ausgeschlossen werden. Bei dem Nachweis, daß Gott wirklich existiert und daß er wahrhaftig ist, d. h. daß er den Menschen nicht täuscht, stützt sich Descartes nicht auf den zunächst gewonnenen Fundamentalsatz, sondern auf das *»natürliche Licht«*, der Vernunft. Er geht davon aus, daß die Vorstellung von Gott dem Menschen von Natur aus eingegeben ist. Diese Vorstellung von einer allmächtigen, unendlichen und vollkommenen Substanz könnte nicht in dem unvollkommenen und begrenzten menschlichen Wesen existieren, wenn sie nicht von einem Urheber stammte, dessen Realität ebenfalls unendlich ist. Der zweite, in den Augen Descartes' *»vorzüglichste und evidenteste Beweis«* der Existenz Gottes ergibt sich aus dem Begriff selbst: denn die Vorstellung des vollkommensten Wesens, die nicht zugleich dessen Existenz impliziert, würde diesem Wesen ein Prädikat absprechen und damit einen Mangel postulieren. Da also die Existenz nicht vom Wesen Gottes zu trennen ist und da diese Existenz ihrerseits nicht durch eine höhere Ursache bewirkt sein kann, fallen in Gott Existenz und Essenz zusammen.

Aus diesem Beweis ergibt sich unmittelbar auch die Wahrhaftigkeit Gottes. Denn gäbe Gott Anlaß zum Irrtum, so wäre das ein Mangel, der jedoch angesichts seiner Vollkommenheit nicht denkbar ist. Deshalb kann nichts, sofern es nur klar und deutlich erkannt ist, bezweifelt werden. Der Irrtum rührt nicht etwa von Vorstellungen her, die immer, sofern sie klar und deutlich erkannt sind, auch wahr sind, weil sie letztlich alle auf die Ursächlichkeit Gottes zurückgehen, sondern aus einem Gebrechen des Willens. Dieser ist in der Urteilsbildung frei und kann daher auch ein Urteil fällen, das nicht ausschließlich auf klaren Vorstellungen beruht und deshalb dem Irrtum unterliegt.

Das Wahrheitskriterium der Klarheit und Deutlichkeit, das Descartes an seinem Fundamentalsatz aufgezeigt hat, gilt auch für die Erkenntnis der mathematischen Ideen (Vorstellungen) und der Körperwelt, deren Vorstellungen ihrer Form nach von der subjektiven Willkür des Erkennenden unabhängig sind. Der passive Vorgang des Erkennens setzt in diesem Zusammenhang die Wirkung eines anderen voraus, das nicht Gott sein kann. Daher bleibt nur die Möglichkeit, daß die Vorstellungen von Körpern durch wirklich existierende körperliche Substanzen hervorgerufen werden, die neben dem Ich und Gott ebenfalls objektive Realität besitzen. Die vielfältige und oft enge Verknüpfung von Körper und Geist kann nicht über den wesentlichen Unterschied hinwegtäuschen, daß jeder noch so kleine Körper stets teilbar, der Geist jedoch absolut unteilbar ist. An diesem Punkt angelangt, geht Descartes freilich nicht weiter auf die Unsterblichkeitsfrage ein, *»teils, weil das Gesagte hinreicht, um darzulegen, daß aus der Zerstörung des Körpers der Untergang des Geistes nicht folgt, und so den Sterblichen Hoffnung auf ein anderes Leben zu machen, teils auch deshalb, weil die Prämissen, aus denen eben diese Unsterblichkeit des Geistes erschlossen wer-*

*den kann, von der Darstellung der ganzen Physik abhängen«.*
Gegen diese Lehre wurden von Gelehrten, denen Descartes seine Untersuchung schon vor der Veröffentlichung vorgelegt hatte, zahlreiche Einwände erhoben, etwa von CATERIUS, HOBBES, ARNAULD und GASSENDI: Wie kann es beispielsweise, wenn die Existenz Gottes wesenhaft verknüpft ist mit der Essenz, möglich sein, jene als gegeben zu beweisen, während man von dieser keinen klaren Begriff hat? Wie kann man ferner von Gott, zumal er unendlich ist, diese *»klare und deutliche Idee«* haben, die für Descartes die notwendige Bedingung ist, um die Wahrheit einer Idee gelten lassen zu können? Ist es nicht ein *circulus vitiosus*, die Wahrheit jeder klaren und deutlichen Idee vorauszusetzen, da Gott wahr ist, der sie in uns hervorruft, und andererseits gelten zu lassen, daß ein wahrer Gott existiert, da wir von ihm eine klare und deutliche Idee haben? Geben die Klarheit und Deutlichkeit einer Vorstellung die Gewähr für die Wahrheit eines darauf basierenden Urteils; oder ist nicht vielmehr die ganze Geschichte des Irrtums ein Beweis des Gegenteils? Descartes wurde auch vorgeworfen, daß er zunächst die Existenz »angeborener Ideen« vorausgesetzt hat, während er in der Antwort an Hobbes erklärt, daß in gewissem Sinn allein die Fähigkeit, Ideen hervorzubringen, angeboren sei, da diese im Geist jedes Menschen sich notwendig erst bilden. Zu den umstrittensten Punkten der Descartesschen Lehre gehört der Dualismus von Seele und Leib als zweier sich gegenseitig ausschließender Substanzen, während sie im Menschen doch wieder voneinander durchdrungen sind und wechselseitig in einer Art aufeinander reagieren, die ebenso evident wie unerklärlich ist. Schließlich hat auch die Entwertung all der Kategorien geistiger Tätigkeit, die sich nicht auf klare und deutliche Ideen reduzieren lassen (Kunst, Geschichte, Intuition, Instinkt) viel später die Reaktion der Romantik gegen den cartesianischen Rationalismus hervorgerufen.
Die *Meditationen* übten dennoch einen entscheidenden Einfluß aus: Sie führten nicht nur ein neues Wahrheitskriterium ein und rückten die Vernunft in den Mittelpunkt der Lebensauffassung, indem sie sich gegen die autoritative Vorrangstellung der hergebrachten Tradition richteten, sondern sie warfen auch bestimmte, für die Metaphysik außerordentlich bedeutsame Probleme auf, für die bislang noch keine Lösungen erbracht werden konnten. So wurde diese Lehre für das spätere philosophische Denken zu einem wirksamen Ferment, indem sie erklärte Befürworter oder Gegner fand: MALEBRANCHE, SPINOZA, LEIBNIZ, LOCKE, BERKELEY, HUME, bis schließlich Intellektualismus und Empirismus im Werk KANTS ihre Vollendung erreichten. Unter diesem Gesichtspunkt darf Descartes als der Begründer der modernen Philosophie betrachtet werden. KLL

AUSGABEN: Paris 1641. – Paris 1642 (*Meditationes de prima philosophia ... in quibus Dei existentia et animae humanae a corpore distinctio demonstratur*). – Paris 1647; [3]1673 [frz.]. – Ffm. 1697 (in *Opera philosophica omnia*, 3 Bde., 1). – Paris 1835 (*Méditations métaphysiques*, in *Œuvres philosophiques*, Hg. u. Anm. A. Garnier, 4 Bde., 1; frz.). – Paris 1904 (*Méditations métaphysiques*, in *Œuvres*, Hg. Ch. Adam u. P. Tannery, 13 Bde., 1897–1913, 7; frz. Fassg. 9, 1; ern. 1973). – Paris 1924 (*Méditations métaphysiques*, in *Œuvres*, Hg. V. Cousin, 11 Bde., 1924–1926, 1; frz.). – Paris 1963, Hg. F. Khodoss. – Paris 1966 (*Méditations métaphysiques*, in *Œuvres*, Hg. S. de Sacy, 4 Bde., 1; frz.).

ÜBERSETZUNGEN: *Meditationen über die Grundlagen der Philosophie*, A. Buchenau (in *Philosophische Werke*, Hg. A. Buchenau, 2. Abt., Lpzg. 1904). – Dass., ders., Lpzg. 1915; Nachdr. 1953. – *Meditationen über die erste Philosophie*, ders. u. E. Ch. Schröder, Hbg. 1956. – Dass., ders. u. L. Gäbe, Hbg. 1959; ern. 1977 [lat.-dt.]. – *Meditationen über die Grundlagen der Philosophie*, Hg. L. Gäbe, Hbg. 1960 [beruht auf den Ausg. v. A. Buchenau]; ern. 1976 [durchges. v. H. G. Zekl]. – Paris 1970, Duc des Luynes [Einf., Anm. G. Rodis Lewis; lat.-frz.].

LITERATUR: E. Husserl, *Cartesianische Meditationen u. Pariser Vorträge*, Den Haag 1950. – W. Brüning, *Möglichkeiten u. Zweifel des methodischen Zweifels bei D.* (in Zs. für philos. Forschung, 14, 1960, S. 536–552). – D. Farias, *Teologia e cosmologia nelle »Meditazione cartesiane«* (in Rivista di Filosofia Neoscolastica, 54, 1962, S. 267–288). – H. M. Manteau-Bonamy, *Réflexions critiques sur les »Méditations« de D.* (in RTh, 63, 1963, S. 37–72). – L. J. Beck, *The Metaphysics of D. A Study of the »Méditations«*, Oxford 1965. – K. W. Peukert, *Der Wille u. die Selbstbewegung des Geistes in D.' »Meditationen«* (in Zs. für philos. Forschung, 19, 1965, S. 87–109; 224–247). – B. Williams, *The Certainty of »cogito«* (in *D.*, Hg. W. Doney, NY 1967, S. 88–107). – F. Broadie, *An Approach to D.'s »Méditations«*, Ldn. 1970. – H. P. Caton, *On the Interpretation of the »Meditations«* (in Man and World, 3, 1970, S. 224–245). – H. G. Frankfurt, *Demons, Dreamers and Madmen. The Defense of Reason on D.' »Méditations«*, Indianapolis/NY 1970. – J. W. Lynes, *D. Hintikka and the Cogito*, Urbana 1972. – W. F. Niebel, *Das Problem des »Cogito, ergo sum«*, Ffm. 1972. – D. Morris, *D.'s Natural Light* (in Journal of the History of Philosophy, 11, 1973, S. 169–187). – H. Rosnerowa, *Das »Cogito« im Licht der Sprachphilosophie* (in Studia philos. christianae, 9, 1973, S. 123–151). – S. Herman, *Clearness and Distinctness in D.*, Diss. Univ. of Massachusetts 1975. – M. Hocker, *D.'s Argument for the Claim that his Essence is to Think* (in Grazer philos. Stud., 1, 1975, S. 143–163). – L. D. McCargar, *The Problem of the Other Minds in D.'s »Méditations«*, Diss. Brandeis Univ. 1976. – R. Rubin, *D.' Valididation of Clear and Distinct Apprehension* (in Philos. Revue, 86, 1977). – *Essays on D.'s »Meditations«*, Hg. A. Oksenberg Rorty, Berkeley u. a. 1986. – S. Bordo, *The Flight to Objectivity*, Albany 1987.

## LE MONDE DE M. DESCARTES, ou le Traité de la lumière et des autres principaux objets des sens

(frz.; *Die Welt des Herrn Descartes oder die Abhandlung über das Licht und die anderen Hauptgegenstände der Sinnenwelt*). Naturphilosophisches Werk von René DESCARTES, entstanden 1632/33, erschienen 1664. – Der Autor schrieb dieses Buch, das oft auch unter dem Titel *Traité du monde* zitiert wird, während seines Aufenthalts in den Niederlanden (1629–1649). Er wollte durch seine naturwissenschaftlichen Forschungen der Jahre 1629–1637 *»alle Phänomene der Natur, d. h. die ganze Physik«* (Brief an Mersenne vom 13. 11. 1629) von neuen Prinzipien her erklären. Aus diesen Studien sind neben verschiedenen mathematischen Schriften und *Le monde* auch die *Dioptrique*, die *Géométrie* und die *Météores* hervorgegangen. Da der Autor seinem System das Weltbild GALILEIS zugrunde legte und die aristotelisch-scholastische Lehre von der Form, von Akt und Potenz, von den Eigenschaften usw. offen verwarf, mußte er Anfeindungen durch die Inquisition befürchten. Deshalb verkleidet er in *Le monde* seine Hypothese als Beschreibung einer fingierten neuen Welt. Descartes sieht das Ziel seiner Abhandlung darin, *»die Natur des Lichts zu behandeln, die Sonne und die Fixsterne, von denen es ausgeht; die Himmel, die es übertragen, die Planeten, die Kometen und die Erde, die es widerspiegeln; alle Körper, die auf der Erde sind, farbige, durchsichtige oder leuchtende; schließlich den Menschen, der sein Betrachter ist«*. Er legt seiner Welterklärung das Prinzip des mathematisch-homogenen Raums zugrunde. Räumliches Ausgedehntsein sei das Charakteristikum der Materie, wie auch der Raum notwendig stets mit Materie erfüllt gedacht werden müsse. Deshalb führt Descartes neben der wahrnehmbaren Materie eine aus feinsten Teilen bestehende *»primäre Materie«* ein. Von den verschiedenen Bewegungsarten des ARISTOTELES läßt er lediglich die räumliche Bewegung nach den Gesetzen der Trägheit, der Geradlinigkeit und der Erhaltung der Bewegungsenergie gelten. Unter diesen Voraussetzungen formuliert er seine berühmte Wirbeltheorie: Die Primärmaterie kreist in einem ungeheuren Wirbel um die Sonne; in ihm schwimmen die übrigen Himmelskörper, wobei sich um jeden wiederum ein kleinerer Wirbel bildet. Da die kreisende Bewegung analog zur Nähe des Mittelpunkts zunimmt, erklärt Descartes, sei dies der Grund für die schnelleren Umlaufphasen der sonnennahen Planeten. – Aus der Kontinuität der Materie, die von der atomistischen Konzeption EPIKURS und GASSENDIS abweicht, folgt, wie SPINOZA später konsequent schließt, die Unendlichkeit der Materie, obgleich Descartes ihre Begrenztheit vertritt und alle pantheistischen Folgerungen sorgfältig zu vermeiden sucht.

Im achtzehnten Kapitel erörtert Descartes die biologischen Lebensvorgänge im menschlichen Körper, ein Abschnitt, der zuweilen als Separatausgabe unter dem Titel *Traité de l'homme ou du foetus* erschienen ist. Er deutet den Körper lediglich als Maschine, *»in der alle Funktionen nur aus der Abgestimmtheit der Organe herrühren, nicht mehr und nicht weniger als die Bewegungen einer Uhr oder eines anderen Automaten aus der Anordnung der Gegengewichte und Spiralfedern«*. Es ist offenkundig, daß Descartes bei dieser Reduktion des menschlichen Körpers gewissermaßen auf eine Maschine im Raum, deren Teile nur durch Bewegung aufeinander wirken, dieselben Prinzipien anwendet wie bei seiner Welterklärung. Hatte er zuvor die Schranken zwischen Physik und Mathematik beseitigt, so reißt er sie im *Traité de l'homme* auch zwischen Physik und Biologie nieder.

Der Autor hat das Werk weder abgeschlossen noch publiziert. Schuld daran war nicht zuletzt der Inquisitionsprozeß gegen Galilei (1633). Als Descartes von der Verurteilung Galileis erfuhr, schrieb er an Mersenne: Dieses Ereignis *»hat mich so sehr erschüttert, daß ich fast entschlossen bin, alle meine Aufzeichnungen zu verbrennen oder sie wenigstens keinen Menschen sehen zu lassen ... Ich gestehe, wenn sie (die Bewegung der Erde) falsch ist, sind auch alle Fundamente meiner Philosophie falsch.«* Das physikalische Weltsystem, vor allem die Wirbeltheorie, hat NEWTON zwar schon bald widerlegt, doch bildet *Le monde* ein zentrales Werk innerhalb der cartesischen Naturwissenschaft, das den technischen Zug in der Geisteshaltung Descartes' besonders deutlich illustriert. Der Gedanke, daß auch der Organismus der Lebewesen lediglich als verfeinerte Maschine zu betrachten sei, hat später vor allem bei LA METTRIE nachgewirkt, der (vgl. *L'homme plus que machine*, 1748) auch die Ideenwelt in seine materialistische Betrachtungsweise einbezieht. KLL

AUSGABEN: Paris 1664. – Paris 1677 (*Mundus, sive Dissertatio de lumine*, in *L'homme de R. Descartes, et la formation du foetus*; Anm. L. de La Forge). – Paris 1897–1913 (in *Œuvres*, Hg. Ch. Adam u. P. Tannery, 13 Bde., 11; ern. 1974, ²1986).

ÜBERSETZUNG: *Über den Menschen sowie Beschreibung des menschlichen Körpers*, K. E. Rothschuh, Heidelberg 1969 [nach der 1. Ausg. von 1664, m. Einl. u. Anm.].

LITERATUR: K. Jungmann, *»Le monde« de D.* (in *Congrès International de Philosophie 2ième Session 1904. Rapports et comptes rendus*, Genf 1905, S. 247–251). – F. Enriques, *D. et Galilée* (in Revue de Métaphysique et de Morale, 44, 1937, S. 221–235). – A. Koyré, *Études galiléennes*, Bd. 3, Paris 1939. – R. Specht, *D.: Veränderung der Physik* (in R. S., *Innovation u. Folgelast*, Stg. 1972, S. 93–135). – A. E. Shapiro, *Light, Pressure and Rectilinear Propagation* (in Studies in Hist. and Philos. of Science, 5, 1974, S. 239–296). – R. Love, *Revision of D.' Matter Theory in »Le Monde«* (in British Journal of the Hist. of Science, 8, 1975, S. 127–137). – R. Ariew, *D. as Critic of Galileo's Scientific Methodology* (in Synthese, 67, 1986, S. 77–90).

## LES PASSIONS DE L'ÂME

(frz.; *Die Leidenschaften der Seele*). Philosophische Abhandlung von René DESCARTES, erschienen 1649, als letztes der von ihm selbst für den Druck fertiggestellten Werke. – Den Anstoß zur Abfassung dieses Buchs erhielt Descartes im Verlauf seiner Korrespondenz mit der Prinzessin Elisabeth von der Pfalz. Seit dem Beginn dieses Briefwechsels im Jahre 1643 bemühte sich die zunächst von Descartes' Schüler REGIUS unterwiesene Prinzessin, stets in kritischer Verständnisbereitschaft, vor allem um Klärung der Frage nach dem Verhältnis von Körper und Geist, deren verfängliche Position innerhalb der Cartesianischen Lehre in der Folgezeit oft hervorgehoben wurde. Die als »Cartesianischer Dualismus« bekannte rigorose und prinzipielle Trennung von Geist und Körper (Bewußtsein und Ausdehnung) hindert Descartes nicht, andererseits die Auffassung zu vertreten, daß im Menschen beide Seinsbereiche in konkreter *»substantialer Einheit«* und in einem Gefüge der Wechselwirkung gegeben seien; auf die im Anschluß an seine Lehre gezogene Konsequenz des Okkasionalismus läßt er selbst sich nicht ein. In der brieflichen Diskussion des Geist-Körper-Themas mit Elisabeth nimmt die Untersuchung über die *passions* allmählich Gestalt an; endgültig wird sie fixiert, nachdem die Königin Christine von Schweden ihr Interesse an der Cartesianischen Philosophie bekundet hat.

Am Beginn seiner Untersuchung weist Descartes im Sinne seiner grundsätzlichen metaphysischen Auffassungen darauf hin, daß die Funktionen von Körper und Geist wesensmäßig verschieden und sorgfältig auseinanderzuhalten seien. Auf der Grundlage solcher Wesensverschiedenheit werden die *passions* als psychische Erregungen, Affekte expliziert, die durch körperliche, mechanistisch erklärbare Vorgänge hervorgerufen werden. Sie sind somit in besonderem Maße Symptome der leibseelischen Einheit, speziell der Affizierbarkeit des Geistes durch den Körper. Als Träger der affizierenden körperlichen Impulse werden die – selbst rein materiellen – *esprits animaux* (»Lebensgeister«) bestimmt; als Übertragungszentrum gilt die Zirbeldrüse. In umgekehrter Richtung und in moralphilosophischer Blickstellung wird nach den Möglichkeiten der kontrollierenden Einwirkung des Geistes (Bewußtseins) auf körperliche Vorgänge und somit der Herrschaft über die Affekte gefragt; es sind vor allem indirekte Maßnahmen, die eine Technik der Beherrschung ermöglichen und die Kraft der Affekte dem Menschen nutzbar machen sollen. – Der zweite Teil des Werks bietet eine Klassifikation der *passions*; als fundamental und elementar werden aufgeführt: Bewunderung *(admiration)*, Liebe, Haß, Verlangen, Vergnügen, Unbehagen. Die zahlreichen weiteren Affekte, die der Autor außerdem, großenteils in Anlehnung an die Tradition, aufzählt, werden dieser Gruppe fundamentaler *passions* subsumiert. Der zunächst vornehmlich psychologischen Analyse folgen Erörterungen über die physiologischen Ursachen und Begleiterscheinungen, über die äußeren Symptome sowie über die medizinische Relevanz der Affekte. Zum Schluß dieses Teils wird wiederum so etwas wie eine moralphilosophische Nutzanwendung präsentiert – weitere Hinweise auf die Technik der Selbstbeherrschung, die zwar gelegentlich in die Nähe stoischer Äußerungen geraten, jedoch nie auf die »Ausschaltung« der Affekte zielen. – Der dritte und letzte Teil gibt im wesentlichen eine genaue Bestandsaufnahme der im zweiten Teil lediglich aufgezählten »sekundären« Affekte: »Schätzung« *(estime)*, Mißachtung, »Selbstvertrauen« *(générosité)* oder Stolz, Demut oder Unterwürfigkeit usw. – Daß die Existenz der Affekte nicht *eo ipso* negativ zu bewerten sei, hebt Descartes mehrfach hervor; es geht lediglich um das rechte Maß und um die rechte Einstellung, darum, sich an die Grenzen der eigenen Macht und Verantwortung zu halten, freilich nicht nur im Sinne der stoischen Indifferenzlehre: Es bleibt ein spezifisch kartesianisches Autonomiebewußtsein, das für die ethische Haltung der *Passions de l'âme* maßgeblich ist – die Entschlossenheit, auf eigenem Grund und Boden, aus eigener Kraft und Verantwortung zu denken und zu leben, die schon den Anfang beim *Cogito, ergo sum* bestimmt. – Der Affekt *générosité*, der freilich viel eher im Sinne einer Tugend konzipiert ist, hat in diesem Zusammenhang und überhaupt für die Cartesianische Ethik fundamentale Bedeutung: *Générosité* ist Selbstvertrauen, Selbstbewußtsein in emphatischem Sinn, ist Entschlossenheit, die eigenen Möglichkeiten in optimaler Weise einzusetzen und das Ideal des freien Selbstbesitzes, der Souveränität im Denken und Handeln zu realisieren; zugleich soll sich die *générosité* als Sedativ für die übrigen *passions* bewähren können.

Nicht nur die im Cartesianischen Traktat behandelte Thematik, auch die Art ihrer Darstellung weist mancherlei Anklänge an eine reiche, in die Antike zurückführende Tradition auf, und besonders in der ersten Hälfte des 17. Jh.s erscheinen zahlreiche Werke, die das Wort *passion* bereits im Titel führen. Das Eigentümliche des Cartesianischen Werks liegt vor allem in der Weise, in der es die Grundsätze einer streng mechanistischen, antivitalistischen Naturauffassung mit der im *Cogito, ergo sum* gründenden Bewußtseinsanalyse sowie mit einer vom Gedanken der Autonomie beherrschten ethischen Grundhaltung kombiniert. – In der Geschichte der Ausbreitung des Kartesianismus im 17. und beginnenden 18. Jh. spielt der Traktat, der zumindest einen Teil der von Descartes mehrfach angekündigten, jedoch nie systematisch ausgeführten Anthropologie und Ethik enthält, eine bedeutsame Rolle; in der späteren Einschätzung ist er dagegen etwas zurückgetreten. W.Ha.

AUSGABEN: Amsterdam/Paris 1649. – Paris 1909 (in *Œuvres*, Hg. Ch. Adam u. P. Tannery, 13 Bde., 1897–1913, 11; ern. 1974/1986). – Paris 1955 [Einl. u. Anm. G. Rodis-Lewis]; [2]1964. – Paris 1988 [m. Aufsatz v. J.-M. Monnoyer].

ÜBERSETZUNGEN: *Von den Leidenschaften der Seele*, B. Tilesius, Halle 1723. – *Über die Leidenschaften der Seele*, J. H. v. Kirchmann, Bln. 1870. – Dass., A. Buchenau, Lpzg. ³1911. – *Die Leidenschaften der Seele*, K. Hammacher, Hbg. 1984 [frz.-dt.].

LITERATUR: P. Plessner, *Die Lehre von den Leidenschaften bei D.*, Lpzg. 1888. – P. Mesnard, *Essai sur la morale de D.*, Paris 1936. – C. Serruier, *D., l'homme et le penseur*, Paris 1951. – G. Krüger, *Die Herkunft des philosophischen Selbstbewußtseins*, Darmstadt 1962. – A. Matheron, *Psychologie et politique: D. La noblesse du chatouillement* (in Dialectiques, 6, 1974, S. 79–98). – P. Livet, *Le Traitement de l'information dans le »Traité des passions«* (in Revue philosoph. France et de l'étranger, 103, 1978, S. 3–35).

## PRINCIPIA PHILOSOPHIAE

(nlat.; *Die Prinzipien der Philosophie*). Eines der Hauptwerke von René DESCARTES, erschienen 1644 mit einer Widmung an Elisabeth, Pfalzgräfin bei Rhein. – Das Buch enthält eine systematische Zusammenfassung der kartesianischen Metaphysik, Kosmologie und Physik. In diesem Werk trägt Descartes keine neu erarbeiteten Gedankengänge vor, er stellt vielmehr die längst feststehenden, teils publizierten, teils in zurückgehaltenen Schriften niedergelegten Ergebnisse seines bisherigen Denkens und Forschens in Form eines Kompendiums und in didaktischer Zielsetzung zusammen. Der lateinischen Originalausgabe von 1644 folgte 1647 die von Descartes autorisierte, stellenweise mit geringfügigen Änderungen versehene französische Übersetzung des Abbé PICOT. Als Vorwort ist ihr ein für Descartes' philosophisches Selbstverständnis und für die lebenspraktischen Intentionen seines Denkens aufschlußreiches Schreiben an den Übersetzer vorangestellt, das auch das oft zitierte Gleichnis vom Baum der Philosophie enthält.

Der erste der vier Teile der *Principia* handelt von den *Prinzipien der menschlichen Erkenntnis (De principiis cognitionis humanae)*. Er faßt in Thesen und Definitionen zusammen, was zuvor im *Discours de la méthode* (1637) und in den *Meditationes de prima philosophia* (1641) eingehend expliziert und begründet worden ist: die Lehre von der Notwendigkeit des universalen Zweifels und seiner Aufhebung in der Selbstgewißheit, die fundamentale Konfrontation von Bewußtsein und Ausdehnung, die Einführung Gottes als des Garanten der Zulänglichkeit menschlicher Erkenntnis, die Lehre von Irrtum und Vorurteil und das Postulat der Evidenz. Nach Descartes' eigenem Zeugnis soll der erste Teil der *Principia* leichter faßlich sein als die entsprechenden Ausführungen der *Meditationes*; in der Tat ist die denkpraktische Disziplin dieses Werkes, sein strikt analytischer, d. h. an der *ratio cognoscendi* orientierter Aufbau, preisgegeben. – Der zweite Teil, *De principiis rerum materialium (Über die Prinzipien der körperlichen Dinge)*, beginnt mit dem Nachweis der faktischen Existenz materieller Gegenstände. Die Körperwelt als das Universum materieller *concreta* ist für Descartes nichts als konkrete dreidimensionale Ausdehnung; die darauf bezogene Wissenschaft, die Physik, ist ins Konkrete gewendete Geometrie. Der ausschließlich geometrisch-mathematische Charakter der im materiellen Kosmos herrschenden Gesetze und Ordnungsprinzipien ist für die kartesianische Physik und Kosmologie schlechthin verbindliche Grundvoraussetzung. Den ungeheuren Apparat *»substantialer Formen«, »realer Qualitäten«* usw.; der die scholastische Physik beherrscht, reduziert Descartes, durchaus in Übereinstimmung mit einigen seiner Zeitgenossen, wie GALILEI, auf die zur Körperlichkeit als solcher gehörenden bzw. ihr von Gott ursprünglich mitgegebenen Momente der Dreidimensionalität, Figürlichkeit und Bewegung. Ein Vakuum wird ebensowenig anerkannt wie Atome; der Kosmos ist ein unbegrenztes Kontinuum einer ins Grenzenlose teilbaren Materie, ein von der prinzipiellen Konstanz und gewissen einfachen Regeln seiner ursprünglichen Bewegtheit durchwalteter Mechanismus. Im einzelnen werden vor allem phoronomische Fragen erörtert; u. a. findet sich eine der ersten korrekten Formulierungen des Trägheitsgesetzes. – Im dritten Teil, *De mundo adspectabili (Über die sichtbare Welt)*, gibt Descartes eine Darstellung seiner kosmologischen und astronomischen Auffassungen. Er unterscheidet drei Arten von Materie (nach Graden ihrer Feinheit und Beweglichkeit) und expliziert mit ihrer Hilfe seine berühmte kosmologische Lehre von den »Wirbeln« (lat. *cortices*, frz. *tourbillons*): Das Universum ist ein Spannungsgefüge von Materiewirbeln, in deren Zentrum jeweils ein Stern sich befindet. Auf der Basis dieser Hypothese werden zahlreiche astronomische Spezialprobleme erörtert. Den im Galilei-Prozeß von 1633 anstößigen Punkt der Bewegung der Erde um die Sonne versucht Descartes durch Berufung auf die Relativität der Bewegung zu umgehen. – Der vierte Teil, *De terra (Von der Erde)*, behandelt vor allem die Physik im engeren Sinne. Unter den Problemen, deren Lösung auf der Grundlage der vorangegangenen Ausführungen hier versucht wird, befinden sich die der Schwerkraft und des Magnetismus; außerdem werden zahlreiche chemische, meteorologische, geographische, auch einige physiologische Fragen diskutiert. – Einen fünften und sechsten Teil, über Pflanzen und Tiere sowie über den Menschen, hat Descartes nach seinem eigenen Zeugnis (*Principia* IV, § 188) geplant, jedoch nicht ausgeführt. – Die letzten drei Teile der *Principia* stützen sich weithin auf Descartes' kosmologisches Werk *Le monde*, das, zwar weitgehend ausgearbeitet, unter dem Eindruck des Galilei-Prozesses unveröffentlicht blieb.

Die Kosmologie der *Principia* wurde in der zweiten Hälfte des 17. Jh.s weithin für Descartes' bedeutendste Leistung gehalten und hat einen tiefgreifenden Einfluß auf das Weltverständnis der Zeit nach seinem Tode ausgeübt. Seit NEWTONS scharfem Verdikt *(»hypotheses non fingo«)* war die Theorie der Wirbel jedoch allgemein diskreditiert, mag sie auch durch KANTS *Allgemeine Naturgeschichte und Theorie des Himmels* eine gewisse Rehabilitierung erfahren haben. Daß die *Principia*, im Gegensatz zu den Schriften Galileis, dem Fortschritt naturwissenschaftlicher Erkenntnis so wenig standzuhalten vermochten, liegt vor allem an ihrem unzureichenden Bezug zur Erfahrung und zum Experiment. Freilich betont Descartes selbst mehrfach den bloß hypothetischen Anspruch und den Modellcharakter seines Weltsystems. – Obwohl die meisten Thesen der *Principia* nicht mehr zu halten sind und obwohl das Werk in der heutigen Einschätzung gegenüber dem *Discours*, den *Meditationes* und den *Regulae* deutlich zurücktritt, ist seine geistesgeschichtliche Relevanz doch unbestreitbar: Es bietet, in seiner rigorosen Durchführung des Prinzips mechanistischer Naturerklärung und in seiner imposanten Reduktion aller Phänomene auf wenige Prinzipien, die zunächst wirksamste Alternative zur aristotelisch-scholastischen Physik. – Erwähnung verdient SPINOZAS Paraphrase zu den *Principia*. W.Ha.

AUSGABEN: Amsterdam 1644; [6]1677. – Paris 1647 [frz. Fassg.]. – Paris 1824–1826 (in *Œuvres*, Hg. V. Cousin, 11 Bde., 3; frz. Text). – Paris 1905 (in *Œuvres*, Hg. Ch. Adam u. P. Tannery, 13 Bde., 1897–1913, 8/1; frz. Fassg., Bd. 9/2; ern. 1973). – Paris 1966 (in *Œuvres*, Hg. Einl. u. Anm. S. de Sacy, 2 Bde., 1).

ÜBERSETZUNGEN: *Die Prinzipien der Philosophie*, K. Fischer (in *Hauptschriften zur Grundlegung seiner Philosophie*, Mannheim 1863; Tl. 1). – Dass., J. H. v. Kirchmann, Bln. 1870. – Dass., A. Buchenau, Lpzg. 1908. – Dass., ders., Hbg. 1955 (m. Erl.; Nachdr. 1965).

LITERATUR: F. Alquié, *Notes sur la première partie de »Principes de la philosophie« de D.*, Carcassone 1933. – I. Dąmbska, *Sur certains principes méthodologiques dans les »Principia philosophiae« de D.* (in Revue de Métaphysique et de Morale, 62, 1957, S. 57–66). – M. Queroult, *Le cogito et l'ordre des axiomes métaphysiques dans les »Principia philosophiae cartesianae« de Spinoza* (in Archives de Philosophie, 23, 1960, S. 171–185). – M. Beyssade, *L'ordre dans les »Principia«* (in Études philosoph., 1976, Nr. 4, S. 387–403). – Y. Belaval, *Premières Animadversions de Leibniz sur les »Principes« de D.* (in Y. B., *Études Leibniziennes*, Paris 1977, S. 57–85).

## REGULAE AD DIRECTIONEM INGENII

(nlat.; *Regeln zur Leitung des Geistes*). Philosophisches Jugendwerk von René DESCARTES, das, von ihm selbst unveröffentlicht und als Fragment hinterlassen, gleichwohl als eines seiner Hauptwerke anzusehen ist. Die Schrift, die um das Jahr 1628 verfaßt sein dürfte, ist zwar erst 1701, also 51 Jahre nach Descartes' Tod im lateinischen Originaltext publiziert worden, jedoch nicht ohne Einfluß auf die Philosophie des 17. Jh.s geblieben. CLERSELIER, der zunächst die Verantwortung für die Edition der Kartesianischen Nachlaßmanuskripte übernahm, legte schließlich zwar nur eine Ausgabe der Korrespondenz vor; jedoch machte er auch die übrigen ihm anvertrauten Texte ernsthaften Interessenten in Manuskriptform zugänglich. U. a. erhielten ARNAULD und NICOLE auf diesem Weg Kenntnis von den *Regulae* – von den ursprünglich geplanten 36 »Regeln« hat Descartes nur achtzehn voll ausgeführt, drei weitere skizziert – und nutzten sie für die 1664 erschienene zweite Auflage der *Logique de Port Royal* (vgl. *La logique ou L'art de penser*). Auch LEIBNIZ ließ sich die von Clerselier in Paris verwahrten *inedita* zeigen. Aber nicht in Paris, sondern wahrscheinlich in Amsterdam erwarb er die Abschrift der *Regulae*, die FOUCHER DE CAREIL um die Mitte des 19. Jh.s in Hannover entdeckte. – Bereits 1684, siebzehn Jahre vor dem Erscheinen der *edito princeps*, erschien eine von J. H. GLAZEMAKER nach handschriftlicher Vorlage angefertigte holländische Übersetzung, die allerdings keine nachhaltige Wirkung hatte. In vollem Umfang wird die eminente philosophische Bedeutung des Werks erst seit Ende des 19. Jh.s gewürdigt.

Der Grundgedanke, der die Konzeption der in den *Regulae* entwickelten Methodologie bestimmt, ist die Idee der Einheit der menschlichen Vernunft und der daraus resultierenden prinzipiellen Einheitlichkeit und Zusammengehörigkeit alles menschenmöglichen Wissens: Die Grenzen und Möglichkeiten der menschlichen Vernunft sind verbindliches Maß für die Art und den Anspruch jeder Erkenntnisbemühung, und sie begründen das Postulat einer universalen, der Struktur menschlichen Wissens angemessenen Methode, die überall da anwendbar sein soll, wo überhaupt sicheres Wissen zu erhoffen ist, die alle Einzelwissenschaften zu einem einzigen Kontext menschlichen Wissens zusammenschließt. Daraus ergibt sich für Descartes die Idee der *mathesis universalis*, einer *»allgemeinen Wissenschaft, die all das erklären wird, was der Ordnung und dem Maß unterworfen ist«* (4. Regel), die nicht auf den Gegenstandsbereich der Mathematik beschränkt ist und doch unter dem Anspruch gleichwertiger Gewißheit und Klarheit stehen soll. Mit ihrer Hilfe soll der Umfang menschenmöglichen Wissens erschlossen werden können. – Als zentrale Instanz aller Erkenntnis fungiert der *intuitus*: Er ist Betätigung des reinen Intellekts und nicht, wie Sinnlichkeit, Imagination und Gedächtnis, eine Funktion der Körperlichkeit des Menschen. Er ist das Ziel und setzt auch die jeweiligen Wegmarken jeder Erkenntnisbemühung; jeder Schritt auf dem Weg zur Erkenntnis muß, wie die jeweils resultierende Erkenntnis selbst, im Idealfall ein *intuitus* sein. *Deductio*, die zweite Instanz der Erkenntnis, die Descartes anführt, ist nur eine Verkettung von *intuitiones*. Es ist weder nötig noch möglich, den Vollzug des *intuitus* zu lehren oder zu erklären; man muß nur lernen, das Evidente und

Selbstverständliche als solches klar und eindeutig zu fassen und sich seiner in der rechten Weise zu bedienen. Das Einfache und ohne weiteres Einsichtige, das dem *»natürlichen Licht« (lumen naturale)* des menschlichen Denkens vor jeder Anstrengung des Erkennenwollens zugänglich ist, nennt Descartes *»einfache Naturen« (naturae simplices)*, elementare Inhalte, Bausteine des Wissens. Die Erkenntnis von etwas, welchem Gegenstandsbereich es auch angehören mag, ist insofern gewährleistet, als sie deutlich voneinander getrennte und zugleich in ihren formalen und materialen Zusammenhängen und Implikationsverhältnissen durchschaute *naturae simplices* aufweist. Die Arbeit der Bemühung um gesicherte Erkenntnis und die Aufgabe einer philosophischen Methodologie besteht wesentlich darin, überschaubare Gefüge solcher Zusammenhänge herzustellen und sie dem *intuitus* verfügbar zu machen.

In den speziellen, methodologischen Anweisungen, die Descartes gibt, geht es vor allem um die Abgrenzung des Problemcharakters von Problemen, um die Aufteilung von Problemfeldern, um die Disposition von Gedankengängen, um Weisen der Reduktion schwieriger Fragen auf zugängliche Ausgangspunkte. Neben objektiv verbindlichen Regeln werden auch denkpraktische Anleitungen zur Übung und Erweiterung der Kapazität des erkennenden Bewußtseins gegeben. – Die in den *Regulae* mit den Ausdrücken *intuitus* und *natura simplex* benannte Thematik faßt Descartes in seinen späteren Schriften, freilich in modifizierter Blickstellung, mit den Termini *clara et distincta perceptio (»klare und deutliche Auffassung«)* und *idea innata (»eingeborene Idee«)*.

Unter den in Descartes' Zeit nicht seltenen Traktaten zur Methode sind die *Regulae* das eigenständigste und am weitesten in die Zukunft weisende Werk; sie übertreffen in mancher Hinsicht den 1637 veröffentlichten *Discours de la méthode*, in den einige methodologische Konzeptionen der *Regulae* in veränderter Fassung eingegangen sind. Sie bieten ein ausgeführtes Programm der Erkenntniskritik und des menschenbezogenen, autonomen Wissens, das den antik-mittelalterlichen Gedanken einer als Teilhabe verstandenen Erkenntnis entschieden zurückweist, das jedoch auf der anderen Seite noch nicht als transzendentalphilosophische Reflexion auf die Bedingungen der Möglichkeit der Erkenntnis im Sinne KANTS aufzufassen ist. Die grundsätzliche ontologische Valenz der *»einfachen Naturen«* und die metaphysische Reichweite seines Erkenntnisprogramms bleibt für Descartes außer Frage. Gleichwohl gilt, daß die *Regulae* eine größere Affinität zur Kantischen Vernunftkritik besitzen als irgendein anderes Werk ihrer Zeit und daß ihre volle Bedeutung erst im Lichte der zu Kant und der nachkantischen Erkenntnistheorie führenden Entwicklung sichtbar wird. Den Neukantianern der Marburger Schule bleibt trotz mannigfacher Mißverständnisse das Verdienst, mit allem Nachdruck auf die Wichtigkeit der *Regulae* innerhalb dieser Entwicklung hingewiesen zu haben. W.Ha.

AUSGABEN: Amsterdam 1701 (in *Opuscula posthuma, physica et mathematica*). – Lpzg. 1907, Hg. A. Buchenau. – Paris 1908 (in *Œuvres*, Hg. Ch. Adam u. P. Tannery, 13 Bde., 1897–1913, 10; ern. 1974). – Paris 1930, Hg. H. Gouhier; [3]1959 [frz.]. – Den Haag 1966, Hg. G. Crapulli [m. ndl. Übers. von 1684; krit.]. – Hbg. 1973, Hg. H. Springmayer u. a. [lat.-dt.; krit.-rev.]. – Hbg. 1973, Hg. ders. u. H. G. Zekl.

ÜBERSETZUNGEN: *Regeln zur Leitung des Geistes*, A. Buchenau, Lpzg. 1906; ern. 1962. – *Règles utiles et claires pour la direction de l'esprit en la recherche de la vérité*, Den Haag 1977. – *Regeln zur Ausrichtung der Erkenntniskraft*, L. Gäbe, Hbg. 1972; ern. 1979.

LITERATUR: L. J. Beck, *The Method of D. A Study of the »Regulae«*, Oxford 1952. – H. H. Joachim, *D.' »Rules for the Direction of the Mind«*, Ldn. 1957. – J. P. Weber, *La Méthode de D. d'après les »Regulae«* (in Archives de philos., 35, 1972, S. 51–60) J.-R. Armogathe u. J.-L. Marion, *Index des Regulae ad directionem ingenii de R. D.*, Rom 1976. – P. Costabel, *Les »Regulae« et l'actualité scientifique de leur temps* (in Études philos., 1976, S. 415–423).

## EUSTACHE DESCHAMPS

* 1344 Vertus / Marne
† 1404

### L'ART DE DICTIER ET DE FERE CHANÇONS

(frz.; *Kunst der Diktion und des Verseschmiedens*). Poetik von Eustache DESCHAMPS, entstanden 1392; erschienen 1891. – Die um die Mitte des 14. Jh.s von GUILLAUME DE MACHAUT ausgehende Erneuerung der französischen Lyrik, die vor allem die Gedichte mit vorgeprägter Form wie *rondel, chant royal, ballade, lai, virelai* betraf, fand ihren didaktischen Niederschlag in diesem Werk. Es ist die erste Schrift über französische Verskunst, die nicht in lateinischer, sondern in französischer Sprache geschrieben ist. Die Poesie wird hier als Zweig der Musikkunst und nicht, wie sonst im Mittelalter üblich, als der Rhetorik zugehörend dargestellt. Die Schrift beginnt mit einer kurzen Beschreibung der sieben freien Künste: Grammatik, Logik, Rhetorik, Geometrie, Arithmetik, Astronomie und Musik. Über die Musik äußert sich Deschamps ausführlicher; er unterscheidet zwischen einer *»musique artificiele«* und einer *»musique naturele«*. Unter *»künstlicher Musik«* versteht er die mit Instrumenten erzeugte Musik, unter *»natürlicher«* die Laute der menschlichen Stimme. Zu ihr gehört die Verskunst.

Nach diesen grundsätzlichen Erörterungen geht Deschamps zur Darstellung der am Ende des 14. Jh.s in Blüte stehenden Gedichtformen über. *Lai, virelai, ballade, rondel* usw. werden beschrieben, ihre typischen Eigenheiten hervorgehoben und an Beispielen erläutert. Leiden die theoretischen Darlegungen oft an Unklarheit, so zeigen die gewählten Beispiele, die alle aus Deschamps' Feder stammen, den damaligen Stand der Entwicklung um so deutlicher. Für didaktische Zwecke bestimmt, hat das Werk auf die zeitgenössischen Dichter einen großen Einfluß ausgeübt. Heute zeigt es dem Literarhistoriker, daß einzelne dieser lyrischen Formen um 1400 den Höhepunkt ihrer Entwicklung noch nicht erreicht hatten. A.K.

AUSGABE: Paris 1891 (in *Œuvres complètes*, Hg. A. de Queux de Saint-Hilaire u. G. Raynaud, 11 Bde., 1878–1903, 7).

LITERATUR: E. Hoepffner, *E. D. Leben u. Werke*, Straßburg 1904. – G. Cote, *Quelques remarques sur »l'Art de dictier« d'E. D.* (in *Mélanges à E. Hoepffner*, Paris 1949, S. 361–367). – R. Dragonetti, *La poesie ... ceste musique naturelle* (in *Fin du moyen âge et renaissance. Mélanges à R. Guiette*, Antwerpen 1961, S. 49–64). – D. Poirion, *Le poète et le prince*, Paris 1965; ern. Genf 1978. – K. Varty, *E. D.s »Art de dicter«* (in FS, 19, 1965, S. 164–167). – H. Heger, *Die Melancholie bei den frz. Lyrikern des Spätmittelalters*, Bonn 1967. – G. Olson, *D.s »Art de dictier« and Chaucer's Literary Environment* (in Speculum, 48, 1973, S. 714–723). – D. Poirion, *E. D. et la société de cour* (in *Littérature et société au moyen âge*, Hg. D. Buschinger, Paris 1978).

## BERNAT DESCLOT

13. Jh.

### LIBRE DEL REY EN PERE D'ARAGÓ E DELS SEUS ANTECESSORS PASSATS

(kat.; *Buch über den König Peter von Aragon und seine Vorgänger*). Chronik von Bernat DESCLOT, geschrieben 1283–1288. – Über den Verfasser dieser Chronik, die zu den vier klassischen mittelalterlichen Chroniken der katalanischen Sprache gehört, ist nichts außer seinem Namen bekannt. Nach M. COLL I ALENTORN handelt es sich vermutlich um Bernat ESCRIVÀ, der bis zu seinem Tod (1289) hohe Ämter am katalanischen Hof innehatte. Die Chronik setzt ein mit der Eheschließung zwischen Ramon Berenguer IV. von Katalonien und Petronilla von Aragon (1137), einer Verbindung, der das katalanisch-aragonesische Königreich seine Entstehung verdankt, und führt bis zum Tode Peters II., des Großen (reg. 1276–1285). Hatte Jaume I. (reg. 1213–1276) mit der Eroberung von Valencia, Murcia und Mallorca das Königreich vergrößert, so richtete sich der Expansionsdrang seines Sohnes Pere auf weitere Bereiche des Mittelmeers bis hin zur nordafrikanischen Küste. Nach seiner Heirat mit Konstanze von Sizilien, einer Tochter Manfreds, eroberte er Sizilien, einen Aufstand der Sizilianer gegen das Haus Anjou nutzend, geriet so in den Brennpunkt der damaligen Weltpolitik und zog sich die Feindschaft des Papstes und des französischen Königs zu. Mit der Provence schon seit der Gotenzeit verbunden, wurde Katalonien-Aragon nun zum mächtigsten Reich im Mittelmeergebiet.

Desclots Darstellung dieser Vorgänge ist vom Bewußtsein der Macht und Größe seines Landes und vor allem seines glorreichen Herrschers getragen. Peter II., *»ein zweiter Alexander seiner Ritterlichkeit und seiner Eroberungszüge wegen«*, wird durch diese Chronik zur legendären und symbolischen Figur, die auch in die Weltliteratur Eingang gefunden hat (bei DANTE, BOCCACCIO, SHAKESPEARE, SWINBURNE und MUSSET). Desclot behandelt im Gegensatz zu vielen Chronisten des Mittelalters, die lediglich Daten und Geschehnisse festhalten, den gegebenen Stoff kritisch; er sichtet die Dokumente, wertet die Materialien aus und ist zugleich bemüht, seinen Bericht über das Geschehen sinnvoll und künstlerisch zu gestalten. Seine Darstellung kennzeichnet nüchterne Sachlichkeit und sie ist andererseits so lebendig, dramatisch und anschaulich, daß sie wie ein Heldenepos in Prosa wirkt; tatsächlich sind Einflüsse der französischen *chansons de geste* überall spürbar. A.F.R.-T.D.S.

AUSGABEN: Barcelona 1616 (*Historia de Cataluña*, Hg. R. Cervera; kastil. Übers.). – Barcelona 1949–1951, Hg. M. Coll i Alentorn, 5 Bde. [m. Einl.]. – Barcelona 1982, Hg. ders.

LITERATUR: J. Rubió y Balaguer, *Consideraciones generales acerca de la historiografía catalana medieval y particular de la »Crònica de Desclot«*, Barcelona 1911 (vgl. ders. in Estudis Universitaris Catalans, 6, 1912, S. 1–12; 129–158). – L. N. d'Olwer, *L'expansió de Catalunya en la Mediterrània oriental*, Barcelona 1926. – M. Coll i Alentorn, *Notes per a l'estudi de la influència de les cançons de gesta franceses damunt la »Crònica de Bernat Deslot«* (in Estudis Universitaris Catalans, 12, 1927, S. 46–58). – F. Soldevila, *Les cançons de gesta i la »Crònica de Desclot«* (in Revista de Catalunya, 8, 1928). – J. Rubió, Rez. d. Ausg. von Coll (in Estudis Romànics, 5, 1955/56, S. 211–225).– F. Soldevila, *Les prosificacions en els primers capitols de la »Crònica de Desclot«*, Barcelona 1958. – M. de Montoliu, *Les quatre grans cròniques*, Barcelona 1959 [m. Bibliogr.]. – M. de Riquer, *Història de la literatura catalana*, Bd. 1, Barcelona [2]1980, S. 429–448. – P. D. Rasico, *Estudi fonològic i complementari de la »Crònica de Bernat Desclot« (ms. 486 de la Biblioteca de Catalunya)* (in *Actes del tercer col·loqui d'estudis catalans a Nord-America*, Hg. P. Boehne u. a., Montserrat 1983, S. 32–52).

## LOUIS-RENÉ DES FORÊTS

* 28.1.1918 Paris

### LE BAVARD

(frz.; *Ü: Der Schwätzer*). Roman von Louis-René DES FORÊTS, erschienen 1946. – Irgendein Ich, das sich gern selbst bespiegelt und endlich erkannt hat, daß es sich in nichts von jedem beliebigen anderen Ich unterscheidet, beginnt scheinbar richtungslos und widerspruchsvoll drauflos zu reden; ein Schwätzer, der, ohne ein Anliegen vertreten zu wollen oder die üblichen peinlich-intimen Bekenntnisse abzulegen, einfach spricht, weil er gerade Lust dazu hat. Er wendet sich nicht einmal ausdrücklich an einen Zuhörer (oder Leser), zeigt also ganz das Verhalten eines Mannes, dessen Monolog sich selbst genügt. Dennoch nimmt er alle nur möglichen Einwände vorweg, verdreht sie und spielt, wenngleich mit großem Ernst, mit ihnen. Ein hoher Grad von Bewußtheit zeichnet diesen Schwatzhaften aus. Hinter den Arabesken einer funkelnden Rhetorik vollzieht sich seine Suche nach den Quellen dieser »Redekrankheit«. Wann und wie fing sein Redebedürfnis eigentlich an?

Was in Des Forêts' Mischgebilde aus Essay und Roman vorliegt, kann als Parodie jeder Art von Selbstanalyse bezeichnet werden. Zeitlich verschobene, inkongruente Erinnerungsbilder reihen sich aneinander: ein einsamer Strand; der Besuch eines Tanzlokals im Freundeskreis, wo der in Gesellschaft meist schweigsame Schwätzer von einer »Redekrise« befallen wird; eine Frau, mit der er tanzt; ein kleiner eifersüchtiger Rothaariger; überstürzte Flucht aus dem Lokal durch winterliche Straßen, über öffentliche Plätze bis in den Stadtpark im Gefühl, verfolgt zu werden. Im Park erscheint ihm der Rothaarige aus der Bar als der *»gerechte Vollstrecker, berufen, ihn von seinem Makel zu reinigen«*, und er läßt sich ohne Gegenwehr von ihm niederschlagen. Am nächsten Morgen glaubt er Stimmen eines Kinderchors aus dem benachbarten Seminar zu vernehmen. Aber der bewußt klischeehafte Symbolismus der »reinigenden« Kinderstimmen wird schon beim Erzählen zerstört; denn alle Bilder sind immer wieder von Zweifeln, Vermutungen und Hypothesen unterbrochen. Entspringt diese ganze erzählte Vergangenheit nicht weit mehr der Fabulierfreude als einem persönlichen Gedächtnis, das sich auf »wahre Begebenheiten« stützen kann? Führten ihn nicht auch alle Versuche, im Bereich der Logik zu verharren und aus dem jeweils Gesagten eindeutige Schlußfolgerungen zu ziehen, in eine dunkle Sackgasse, in der sich »wahr« und »falsch« heillos verloren und in der sich auch der Leser nicht mehr zurechtfinden soll? Das Werk schließt mit der bei solcher Anlage einzig konsequenten Lösung: der Schwätzer ist seines Wortschwalls überdrüssig und überliefert sich ermüdet und erleichtert dem Schweigen. Nie wird man erfahren, ob der »Schwätzer« noch log, als er gestand, daß er lüge.

Des Forêts' Buch ist ein beachtliches Dokument des Leidens an der Unfaßbarkeit von Realität und Identität der Person. Es steht mit dieser Haltung innerhalb einer Entwicklung des modernen französischen Romans, in der sich das Mißtrauen gegenüber der »Wahrheit« dichterischer Erfindungen in Form von »Lügenromanen« äußert, wie z. B. auch im Prosawerk Jean GENETS oder in Jean LAGROLETS Roman *Les vainqueurs du jaloux*. H.Hu.

AUSGABEN: Paris 1946. – Paris 1978 (Nachw. M. Blanchot). – Paris 1984.

ÜBERSETZUNG: *Der Schwätzer*, F. Kemp u. E. Tophoven, Stg. 1968. – Dass., dies., Stg. 1983.

LITERATUR: G. Zeltner, *Ein Bruder der Lügner* (in Der Monat, 1969, Nr. 245, S. 88–90). – C. Bouche, *Un bavard entre deux discours* (in MR, 21, 1971, S. 129–138). – M. Blanchot, *La parole vaine* (in *Les critiques de notre temps et le Nouveau Roman*, Hg. R. Quellet, Paris 1972, S. 94–98). – J. L. Seylaz, *»Le bavard«* (ebd., S. 113–124). – S. Ungar, *Rules of the Game* (in EsCr, 20, 1980, S. 66–77). – J. Roudaut, *»Le bavard« ou le secret diffusé* (in NRF, 1. 1. 1981, Nr. 336, S. 63–76). – C. J. Murphy, *D.' Dizzy Narrator* (in SFR, 5, 1981, S. 353–362). – V. Kaufmann, *Contraste sans paroles* (in Texte, 2, 1983, S. 35–47). – S. Canadas, *D., l'inabordable question* (in Critique, 40, 1984, S. 229–244). – P. Quignard, *Le vœu de silence*, Paris 1985. – D. Rabaté, *»Le bavard«, or the Drama of Speech* (in RomR, 77, 1986, S. 104–115).

### LA CHAMBRE DES ENFANTS

(frz.; *Das Kinderzimmer*). Erzählsammlung von Louis-René DES FORÊTS, erschienen 1960. – Die Sammlung enthielt in ihrer ersten Ausgabe als erstes Stück eine frühere Erzählung, *Un malade en forêt (Ein Kranker im Wald)*, die 1945 entstanden war und eine Episode aus den Kämpfen der Résistance schildert; eine Verlegenheitslösung, die der Autor später rückgängig machte. – Die erste Erzählung *Les grands moments d'un chanteur (Die großen Augenblicke eines Sängers)* kann wie eine Parabel von dem betrügerischen Schein der Kunst gelesen werden. Anna Fercovitz liebt die Stimme des Sängers Frédéric Molieri, der sie als Mensch und Mann enttäuscht und dem sie mit ihrer Bewunderung zur Last fällt. Molieri, der die längste Zeit seines Lebens ein braver Oboist in einem Opernorchester war, hatte sich eines Tages, als man für einen während der Vorstellung erkrankten Darsteller des Don Giovanni in Mozarts gleichnamiger Oper einen Ersatz benötigte, unerwarteterweise als einzigartiger Künstler erwiesen, der alsbald auf den ersten Bühnen Europas auftrat. Angewidert von diesem Ruhm, dieser Liebe, die seiner Stimme und nicht ihm gelten, zerstört er selber öffentlich, durch ein bis zur Karikatur getriebenes würdeloses Spiel und vorsätzliches Falschsingen, das Bild des genialen Sängers, um in die Authentizität seiner Mittelmäßigkeit zurückzukehren. Anna und der Erzähler sind die Zeugen dieser ebenso unbegreiflichen wie konsequenten Rückverwandlung.

In allen vier Erzählungen wird nicht geradlinig berichtet, vielmehr wird der Bericht selber mehr oder minder inszeniert und durch häufigen Standpunktwechsel in Frage gestellt. Laufen Beobachtung und Erinnerung nicht Gefahr, die Wirklichkeit jeder Schilderung schon im Ansatz zu verfälschen? Ist das Niederschreiben von Erinnerungen nicht das sicherste Verfahren, das Ereignis um seine Wahrheit zu bringen? Muß man nicht immerfort zu Konjekturen seine Zuflucht nehmen, um den sich entziehenden Sinn, wenn schon nicht zu ergreifen, so doch wenigstens als sich entziehenden zu beschwören? Nicht umsonst ja umkreisen die übrigen drei Erzählungen eine schweigende Person und ihr erinnertes oder vorgestelltes Verhalten. Als gäbe es gegen die Täuschungen der Sprache nur eine Zuflucht: das Schweigen; das sich, derart überakzentuiert, weil jedes Verhalten andern gegenüber als Mitteilung verstanden wird, in eine von hinterhältigen Bedeutungen überladene Form des Redens verkehrt. Wer schweigt, weiß, daß er etwas verbirgt; weiß, daß er mit seinem Schweigen vermutlich lügt. Dem Redenden oder Schreibenden hingegen muß erst ein Licht aufgehen über das immer Unzulängliche seines Tuns.

*Une mémoire démentielle (Ein wahnhaftes Gedächtnis)* ist der Versuch, das zentrale Ereignis einer Jugendkrise in mehreren »Sequenzen« durch immer eindringlichere Rückerinnerung zu »bewältigen«: den Entschluß eines Vierzehnjährigen in einem von Geistlichen geleiteten Internat, nach einem Fehlverhalten als »Angeber«, von nun an mit seinen Mitschülern kein Wort mehr zu wechseln. Dieser »heroische« Entschluß stürzt ihn und den sich seiner Erinnernden in unabsehbare Schwierigkeiten. Manche Erinnerungen betreffen offensichtlich keine Vorkommnisse, sondern Träume und Wunschvorstellungen, und das ganze Stück ist, eingestandenermaßen, ein sehr persönliches Bekenntnis. Der Schreibende, heißt es zuletzt, *»erfuhr die komischen Qualen des Literaten. Ich bin dieser Literat. Ich bin dieser Wahnsinnige. Doch ich war vielleicht dieses Kind.«*

Die Titelerzählung ist wahrscheinlich die rätselhafteste. Auch hier schweigt jemand, aber wir erfahren nicht wer, noch ob es ihn überhaupt gibt. Wir hören nur die, offensichtlich verstellten, Stimmen der Kinder, die diesen Schweigenden zum Reden verlocken wollen; bis (in einem Traum, wie sich am Ende herausstellt) dem hinter der Tür zum Kinderzimmer sie Belauschenden zuletzt der Verdacht kommt, dieser wortlose Schemen, der allen Späßen und Listen so beharrlich Widerstand leistet, sei niemand anders als er selber.

Die letzte Erzählung *Dans un miroir (In einem Spiegel)* bietet ein quälendes Verwirrspiel gebrochener Reflexe, das sich nicht nacherzählen läßt. Sie zieht den Leser in ein vielverschlungenes Labyrinth von Unterstellungen, Verdächtigungen, Geständnissen, Erfindungen, Lügen, durch die zwei, drei, vielleicht vier Menschen einander unentwegt zu fangen und zu entlarven versuchen. Je mehr man dem andern gegenüber gerne man selbst wäre, um so unkenntlicher wird man sich in dem Spiegel, den er einem vorhält. Wir sind unsere Vorstellung von uns, wir sind zugleich das Bild, das der andere sich von uns macht, und alle verzweifelten Bemühungen, alle Winkelzüge, um unserer selbst im Umgang mit dem anderen habhaft zu werden, verstrikken uns nur in tiefere Ratlosigkeit. Als letzter Behelf, des sich Entziehenden, des Verdrängten habhaft zu werden, bietet sich die Fiktion an. Wie aber halten wir diese unter Kontrolle, daß sie das Ungreifbare nicht durch zudringliche, möglicherweise verdeckende Feststellungen ins ganz und gar Uneigentliche verfremdet?

Man kann diese Geschichten sehr verschieden lesen: als Denunziationen der Sprache und Literatur, als umständlich ins Werk gesetzte Vereitelungen, um zu beweisen, daß wir, je mehr wir reden und schreiben, desto weniger eines Sinnes habhaft werden; oder als Versuche einer hyperkritischen Einbildungskraft, durch immer neue Zurüstungen auf die Spur einer Wahrheit zu geraten, die der mit Sicherheit verfehlt, der die Sprache, statt als Mittel und Werkzeug, als Selbstzweck behandelt. F.Ke.

AUSGABEN: Paris 1960. – Paris 1983.

ÜBERSETZUNG: *Große Augenblicke im Leben eines Sängers*, W. M. Guggenheimer (in DRs, 73, 1962, H. 4, S. 762–794). – *Das Kinderzimmer*, F. Kemp, Mchn. 1989.

LITERATUR: P. Quignard, *Le vœu de silence*, Paris 1985. – Y. Bonnefoy, *Une écriture de notre temps* (in Y. B., *La verité de parole*, Paris 1988).

## LES MÉGÈRES DE LA MER

(frz.; *Die Megären des Meeres*). Gedicht von Louis-René DES FORÊTS, erschienen Paris 1967. – Der Schauplatz dieses einzigen längeren Gedichtes des Autors, das sich aus einem größeren unvollendet gebliebenen erzählerischen Komplex abgelöst und verselbständigt hat, ist die nämliche bretonische Küste wie in der Erzählung *Une mémoire démentielle (Ein wahnhaftes Gedächtnis)*. Der Knabe, von dem hier erzählt wird, ist, leicht erkennbar, ein Doppelgänger des Vierzehnjährigen, der sich dort hinter Mauern des Schweigens verschanzt. Die Megären sind sechs alte Vetteln, die vor einer Höhle zwischen den Klippen, um ein Faß versammelt, ihre Hexenmahlzeit halten: Gestalten von mythischer Großartigkeit, die zu beschleichen es den Jungen unwiderstehlich lockt. Sie sind faszinierende Inkarnationen des gräßlich Widrigen; so werden sie denn auch Harpyien, Medusen, Gorgonen genannt. Ausgeburten der elementaren Lebenstiefe, sind sie zugleich Phantome oder Phantasmen, in deren blauem Blick die erwachende Begierde der Pubertät sich spiegelt. Sie sind Scheusale, doch sie sind auch »Mütter«; eine vor allem, hochgewachsen, eine weißhaarige Greisin. Das Wort *mère* durchklingt schon den Titel des Gedichtes, und in den ersten Versen kündigt der Dichter der eigenen Mutter sein Vorhaben an, *»das ihr Ähnliche im Gesang zu feiern«*, ihre heimliche Verwandtschaft mit diesen grotesken Schreckgestalten, die ihn in ihren Bann zu ziehen versuchen. Das Grundthema ist: die aus Süße und Grauen gemischte Erfahrung der Geschlechtlichkeit und ihrer bedrohlichen Dämonie. Wüste Kupplerinnen sind diese Megären, von Lumpen und strähnigem Haar umflattert, vor dem festlichen Hintergrund der andonnernden Wogen, Ausgeburten der Unbegreiflichkeit des Lebens-im-Tode, des Todes-im-Leben: *»Son doigt m'agrafe à distance, mais je ne puis bondir / Tant m'étouffent peur et jubilation, tant me mord au cœur / Dans un bruit cavalier d'écume et de tambour / Le désir vertigineux qui me crucifie au sable!« (»Ihr Finger schnappt mich aus der Ferne, doch hinspringen kann ich nicht, so sehr ersticken Furcht mich und Jubel, so sehr beißt, in einem Reiterlärm von Schaum und Trommel, schwindelnde Begierde mein Herz, die mich im Sande kreuzigt!«)*

Das Gedicht umfaßt an die dreihundert Verse: Langzeilen von wechselnder Silbenzahl, gelegentlich reimend, oft assonierend; manchmal klassische Alexandriner, meist metrisch freie Gebilde, durch die eine wie Brandungswellen an- und abschwellende Bewegung hindurchgeht; reich orchestriert, von hoher Dichte klanglicher Parallelismen, Reprisen, Variationen; die Haltung feierlich, der Wortschatz vielstufig; jedes sinnliche Detail fast überdeutlich herausgearbeitet, das Ganze dennoch durchzogen von der orakelhaften Nachdenklichkeit eines intimen Geständnisses. Eine scheinbare Lautheit des Gedichtes ist irreführend: Sie dient dazu, viele scheue Nebenstimmen verdeckt mitzuführen; man muß sich da einlesen, jede Partie wiederholt durchspielen, um der fortwährenden Verlagerungen und Verschiebungen gewahr zu werden. Dann erfährt man auch, daß es hier um eine frühe Einweihung geht, um die Überschattung durch künftige Verhängnisse: *»Emmuré dans les mots, tâtonnant dans la nuit des images. Un enfant cruel en moi réclame de ne rien ensevelir / Et celui qui te parle est comme le rescapé d'un naufrage« (»Eingemauert in den Worten, tastend in der Nacht der Bilder, verlangt ein grausames Kind in mir danach, nichts zu begraben, und der hier zu dir spricht, ist wie einer, der einem Schiffbruch entrann«)*. F.Ke.

AUSGABEN: Paris 1967. – Paris 1983.

## JEAN DESMARETS DE SAINT-SORLIN

* 1595 Paris
† 28.10.1676 Paris

### LES VISIONNAIRES

(frz.; *Die Verrückten*). Komödie von Jean DESMARETS DE SAINT-SORLIN, Uraufführung: zwischen 15. 2. und 6. 3. 1638, Théâtre du Marais, Paris; erschienen 1638. – Desmarets, der seine literarische Aktivität seit 1634 im Rahmen der Literaturpolitik RICHELIEUS entfaltet und mit Autoren wie CONRART, GODEAU, CHAPELAIN und GOMBAULD zu den Gründungsmitgliedern der Académie française gehört, läßt seine Komödie *Les visionnaires* unmittelbar nach der Veröffentlichung seines ersten Theaterversuchs *Aspasie* (1636) erscheinen. Da er nach dem Tod Richelieus seine Theaterproduktion aufgibt (1642), ist anzunehmen, daß die Wahl des Mediums Theater durch dessen Kulturprogramm angeregt wurde. Die zeitlich und formgeschichtlich benachbarte Theaterproduktion repräsentieren neben CORNEILLES *Illusion comique* einige typensatirische Komödien, die in den Jahren 1635/36 in Paris zur Aufführung kamen. Dazu gehören vor allem die Tragikomödie *L'hospital des fous* von BEYS, von deren Typenarsenal Desmarets Anregungen bekommt, sowie die Komödie *Le railleur ou La satyre du temps* (1638) von MARESCHAL, deren satirische Technik Desmarets aufgreift. Weitere Materialgrundlagen findet er in den zeitgenössischen Hofballetten vor (RACAN, BORDIER, SOREL u. a.), in deren Formbestand Elemente der literarischen Parodie Tradition geworden waren.

In einem *argument* (Inhaltsangabe) erklärt Desmarets die Konzeption seiner Komödie und besonders deren Typenstruktur: *»In dieser Komödie werden mehrere Arten von schmimärischen oder von einer fixen Idee besessenen Geistern (esprits chimériques ou visionnaires) dargestellt, die alle von einer besonderen Gattung von Verrücktheit befallen sind; aber es handelt sich dabei lediglich um solche Verrücktheiten, um derentwillen man niemand einsperrt; jeden Tag begegnen wir unter uns ähnlichen Geistern, die wenigsten ebenso große Extravaganzen im Kopf haben, wenn sie sie auch nicht aussprechen ...«* – Im Rahmen einer satirischen Darstellung literarischer Modeerscheinungen will der Autor die Figuren seiner Komödie verstanden wissen, was zugleich seine Vernachlässigung der Intrigenstruktur erklärt, deren Funktion sich im äußerlichen Schema erschöpft. Die Intrige wird auf eine Art Rahmenhandlung reduziert: Alcidon verspricht den vier männlichen *visionnaires* je eine seiner drei ebenfalls ihren *visions* verfallenen Töchter und gerät in Bedrängnis, als jeder der vier Bewerber die Einlösung seines Versprechens fordert. Dieses Handlungsschema ist nur Vorwand für komikerzeugende Konfrontationen und Verwechslungen zwischen den verschiedenen Typen der *esprits chimériques*, die aufgrund ihrer fixen Idee nicht zu einer ernsthaften Begegnung gelangen können.

Die Reihe der männlichen *visionnaires* führt Artabaze an, im Personenverzeichnis als »Capitan« bezeichnet; es handelt sich um die konventionelle Figur des bramarbasierenden, aber feigen militärischen *fanfaron*, deren Tradition in der europäischen Komödienliteratur auf den *Miles gloriosus* von PLAUTUS zurückgeht und über das Typenarsenal der italienischen und spanischen Komödie (daher die in der Folge auch in der französischen Komödie übliche Bezeichnung Matamore-Maurentöter) bereits im 16. Jh. vom französischen Theater rezipiert wird. Die in dieser Figur typisierte übertriebene Großsprecherei bietet Gelegenheit zu satirisch-politischen Anspielungen auf zeitgenössische Kriegsschauplätze. Desmarets macht jedoch primär die beliebte Chargenrolle seinen literaturparodistischen Absichten dienstbar, indem er in der Hyperbolik der Vergleiche, in denen Artabaze seine Vorzüge preist, die französische Huldigungslyrik mit ihrem großangelegten mythologischen Anspielungsapparat ironisiert.

Der dominierenden literaturparodistischen Absicht gemäß kommt der Dichterfigur Amidor eine zentrale Stellung zu. Desmarets persifliert in ihr (es war eine der Glanzrollen des Schauspielers Mondory) die Pléiade-Tradition oder vielmehr die literarisch überholte Praxis der Pléiade-Epigonen. Amidors Metaphorik und Wortschöpfungen finden sich zum Teil wörtlich bei RONSARD, DU BARTAS und DU BELLAY. Seine Beschreibung der idealen Geliebten häuft literarische Topoi der petrarkistischen Tradition, die Hespérie – eine der Töchter Alcidons, laut Personenverzeichnis *»qui croit que chacun l'aime«* – auf sich selbst anwendet. Während Desmarets in Hespéries Schwester Sestiane *(»amoureuse de la comédie«)* die Komödie in ironischer Weise thematisch werden läßt, zielt er mit der Figur ihrer zweiten Schwester Mélisse *(»amoureuse d'Alexandre le Grand«)* auf den exzentrischen, besonders von den gelehrten Damen der Gesellschaft propagierten Romangeschmack der preziösen Salons, in denen die Mode pseudohistorischer Romane herrscht. Die literarische Satire, die sich der burlesken Karikatur und der Parodie als Sprachverfahren bedient, geht so überall in indirekte Gesellschaftssatire über (Preziosität, Salonatmosphäre). Von hier aus ergibt sich eine Kontinuität, die zu der sozialkritisch orientierten Komödienpoetik MOLIÈRES führt, der die *Visionnaires* seit 1569 mit großem Erfolg in sein Repertoire aufnimmt, während er zur gleichen Zeit in seinen *Précieuses ridicules* ein ähnliches sprachparodistisches komisches Verfahren anwendet. Ungeachtet der auch für Molière richtungweisenden Reduzierung der Intrigenstruktur hält Desmarets sich an das Regelsystem der drei Einheiten, wie es von der offiziellen Poetik gefordert wurde. Die poetologisch relevanten Stellen der *Visionnaires* enthalten eine Apologie der Gattung Komödie, die der Tragödie im literarischen Rang keineswegs nachzustehen brauche, sofern sie der Regelpoetik Folge leistet. Während in dem höchst verwickelten Plan einer Tragikomödie, den die Komödienfanatikerin Sestiane dem Dichter Amidor entwickelt, eine Kritik am herrschenden romanesken Tragikomödiengeschmack formuliert wird, enthält die hochmütige Ablehnung des komischen Genres von seiten der extravaganten Poeten in satirischer Verkehrung eine Rechtfertigung der Komödie.

Die *Visionnaires* – *»l'inimitable comédie«*, wie man sie allgemein nannte – war vor CORNEILLES *Menteur* das bekannteste Stück der Gattung Komödie. Durch ihre breite Publizität bleibt der Name ihres Autors noch lange nach Desmarets' Verzicht auf eine weitere Theaterproduktion im literarischen Bewußtsein gegenwärtig. RAPIN nennt das Werk in seinen *Réflections sur la poétique d'Aristote* (1674) in einem Zug mit Corneilles *Cid* und TRISTANS *Marianne* und rechnet vom Jahr ihres Erscheinens *»die Anfänge jener Perfektion, die unser Theater seither erreicht hat«*. U.H.

AUSGABEN: Paris 1638. – Paris 1963, Hg. u. Einl. H. G. Hall (STFM).

LITERATUR: A. Reibetanz, *D. de S.-S., sein Leben und sein Werk*, Diss. Lpzg. 1910. – R. Gebhardt, *J. D. de S.-S.*, Erlangen 1912. – P. Kohler, *L'esprit classique et la comédie*, Paris 1925. – L. Lacour, *Richelieu dramaturge et ses collaborateurs*, Paris 1926. – M.-A. Caillet, *Un visionnaire du 17e siècle. J. D. de S.-S.*, Paris 1935. – J. H. Stellwagen, *The Drama of J. D. de S.-S. 1636–1643*, Chicago 1944. – R. Schober, *D. de S.-S. und die Krise des Neoaristotelismus* (in BRP, 7, 1968, S. 54–73).

## VLADAN DESNICA

* 17.9.1905 Zadar
† 4.3.1967 Zagreb

### PROLJEĆA IVANA GALEBA. Igre proljeća i smrti

(kroat.; *Die Frühlinge des Ivan Galeb. Spiele von Frühling und Tod*). Roman von Vladan DESNICA, erschienen 1957. – Die aus Assoziationen und oft unzusammenhängenden Einzelepisoden gefügte Fabel des in der Ichform erzählten Romans verläuft auf zwei Ebenen: der Ebene der Tagebuchnotizen des Helden über seine gegenwärtige Situation und der seiner Erinnerungen an die entscheidenden Stationen seiner Vergangenheit. Im Angesicht des Todes erlebt der vordem berühmte Geiger Ivan Galeb nach einem Verkehrsunfall, der seine künstlerische Laufbahn beendet, sein Leben ein zweites Mal und analysiert es mit dem Blick des gereiften Mannes.

Galebs Aufzeichnungen beginnen im Jahre 1936 im Krankenhaus. Die Komplikationen einer schweren Operation, die die Genesung des Verunglückten in Frage stellen, regen den Erzähler zu Meditationen über Leben und Tod an. Der Tod eines Zimmernachbarn, der eben noch den Besuch einer ausgelassenen Gesellschaft empfing, das bevorstehende Ende eines vielbeschäftigten Generals, dem die Ärzte seinen Zustand verschweigen, schließlich der Tod eines Studenten, der an den Folgen eines Polizeiverhörs stirbt, beschäftigen den Kranken. In ungeordnetem Gedankengang vertieft sich der Erzähler in ästhetische und philosophische Probleme, vor allem jedoch in die Frage nach dem Ethos künstlerischen Schaffens. In chronologischer Ordnung tragen die Erinnerungen des Erzählers das frühere Leben des Geigers nach. Ausgiebig verweilt er bei seiner Kindheit, die er in einer dalmatinischen Kleinstadt im Hause seines Großvaters verbrachte, dessen Familie an Thomas MANNS *Buddenbrooks* erinnert. Seinen auf mysteriöse Weise ums Leben gekommenen Vater hat Galeb nie gekannt. Nach dem Tod der Mutter geht er in jener Stadt zur Schule, in deren Krankenhaus er jetzt auf seine Genesung wartet. Während seiner Zeit an der Musikakademie an Tuberkulose erkrankt, verbringt Galeb längere Zeit in Italien. Der Tod der Großeltern und der Selbstmord eines Mädchens, in das er sich zu Hause während eines Urlaubs verliebte, lassen ihn die Bindung an die Heimat verlieren. Galebs Erinnerungen werden sprunghaft – ein Reflex seines unsteten Lebens, an dem seine Ehe scheitert. Den Tod seiner Frau empfindet Galeb als Erlösung, da ihre Gegenwart ihm fortwährend seine eigenen Schwächen bewußt machte. Erst der unerwartete Verlust der Tochter regt die innere Wandlung des Helden an. Vergeblich sucht Galeb jedoch – den Helden PROUSTS vergleichbar – in der Heimat Ruhe und inneren Frieden. Auch die Nähe der früheren Freunde schenkt ihm nicht die ersehnte Ausgeglichenheit. Das Ende des Tagebuchs führt in die Gegenwart des Erzählers zurück. Noch einmal erlebt Galeb nach einer zweiter Operation den Zustand zwischen Leben und Tod. Als er das Krankenhaus verläßt, zeigt nicht nur die Natur alle Anzeichen der Wiedergeburt. Den letzten Zweifel an der wiedergewonnenen Identität – ist die gefundene Ruhe ein Zeichen resignierender Müdigkeit oder ein Ausfluß überlegener Weisheit? – läßt der Erzähler offen.

Desnicas Roman steht auf der Grenze zwischen der erzählenden und der essayistischen Prosa. Tritt in den Erinnerungen des Erzählers das epische Moment in den Vordergrund, so nähern sich seine philosophischen und ästhetischen Betrachtungen der diskursiven Erörterung. Der Autor hat sein bislang erfolgreichstes Werk, das auf die einhellige Zustimmung des Publikums und der Kritik stieß, in späteren Ausgaben einer leichten Überarbeitung unterzogen. N.P.

AUSGABEN: Sarajevo 1957. – Zagreb 1958. – Belgrad 1960; 61968. – Zagreb 1975 (in *Sabrana djela Vladana Desnice*, Bd. 2). – Zagreb 1977 (in Pet stoljeća hrvatske književnosti, Bd. 117/2). – Novi Sad 1979. – Belgrad 1982.

LITERATUR: G. Peleš, *Od općega do esejističke introspekcije* (in *Poetika suvremenog jugoslavenskog romana 1945–1961*, Zagreb 1966, S. 120–145). – M. Šicel, *Književno djelo V. D.* (in Republika, 1967, Nr. 5). – N. Milošević, *Duh modernog vremena u romanu V. D.* (in V. D., *Proljeća Ivana Galeba*, Belgrad 1967). – Zadarska revija 1968, Nr. 17 [V. D. gewidmet]. – V. Pavletić, *V. D. između realizma i strukturalnosti* (in Kolo, 1968, Nr. 8/9). – Ders., *V. D.* (in V. D., *Zimsko ljetovanje, Povijesti*; Pet stoljeća hrvatske književnosti, Bd. 117, Zagreb 1968, S. 3–32; m. Bibliogr.). – J. Rotar, *Misaoni i izražajni slojevi u strukturi »Proljeća Ivana Galeba« V. D.* (in Izraz, 1974, Nr. 35, S. 155–176). – D. Jelčić, *V. D. u potrazi za individualnom slobodom* (in V. D., *Proljeća Ivana Galeba*, Zagreb 1975). – M. Mišković, *Desničina sumnja. Kritika pjesničke vizije romana »Proljeća Ivana Galeba«* (in Izraz, 1975, Nr. 37, S. 23–43). – S. Korać, *Ličnost i djelo V. D.* (in Savremenik, 1980, Nr. 51, S. 274–292). – D. Stojanović, *Jas života i jas smrti* (in V. D., *Proljeća Ivana Galeba*, Belgrad 1982). – R. Mikić, *»Proljeća Ivana Galeba« V. D.*, Belgrad 1985.

## ROBERT DESNOS

* 4.7.1900 Paris
† 8.6.1945 KZ Theresienstadt

### CORPS ET BIENS

(frz.; *Mit Leib und Seele*). Gedichte von Robert DESNOS, entstanden 1919–1929, erschienen 1930. – Der in dreizehn Gruppen eingeteilte Gedichtzyklus stammt aus der Periode der surrealistischen Hochblüte. Desnos hatte sich dem Begründer der Bewegung, André BRETON, angeschlossen und an allen »surrealistischen Aktivitäten« teilgenommen. Die 1919 entstandenen Gedichte *Le fard des Argonautes (Die Schminke der Argonauten)* und *L'ode à Coco (Die Ode an Coco)* eröffnen die Sammlung. Beide sind im klassischen Alexandriner abgefaßt. Die mythologischen Gestalten des Argonautenzuges erscheinen teils verfremdet, teils durch obszöne Attribute pervertiert. Der exotische Hauch des *Trunkenen Schiffes* von RIMBAUD weht durch die 26 Strophen des Gedichts, das eher in später Nachfolge der Symbolisten als am Anfang des Surrealismus steht. In der *Ode an Coco* treten die surrealen Elemente bestimmter hervor. Coco ist ein grüner Papagei, eine Kokosnuß, Loths Weib, die Hure mit zerfallener Schminke und anderes mehr.

Erst die drei folgenden Gruppen *Rrose Sélavy*, *L'aumonyme* und *Langage cuit* (1923) zeigen die ungehemmte Entfaltung der surrealistischen Wortspiele und Sprachexerzitien. Aus »Sélavy« und anderen Wortgebilden entstehen durch Umstellungen, Silbentausch und Ausnutzung homophoner Effekte neue Sinn- und Unsinnswörter, Anagramme, absurde Aphorismen. Lettristische Anordnungen und beigegebene Noten ergänzen mit optischen Mitteln die magische Beschwörung des Wortes. *»Damit war der Sprache«*, sagt René Bertelé im Vorwort, *»eine Kur der intellektuellen Erschlaffung verordnet.«* In der folgenden Gedichtgruppe *A la mystérieuse (An die Mysteriöse)* verzichtet Desnos auf solche Spielworte, auch auf Reim und Versmaß, um in freier rhythmischer Prosa seine Sprache, seinen Akzent, *»die Stimme des Robert Desnos«*, zu finden. Sein Thema ist die Liebe. Der Dichter redet die Traum- und Schlafgeliebte an, setzt sie in Beziehung zum kosmischen Geschehen, zu allem Wunderbaren der Welt. Diese Lyrik ist Nerval sehr nahe. In *Les ténèbres (Finsternisse)* schleicht sich das surrealistische Paradigma wieder ein. *»Wanderpferde«* brechen auf im *»Galopp zerbrochener Gläser und knirschender Wandschränke«*. Eine Gruppe für sich bildet das Gedicht der *Anemonen-Sirene* (1929). Die Form wechselt zwischen Sechssilbern, Alexandrinern und freien gereimten, reimlosen Versen. Ebenso mischen sich Phantasie, Traum, Erlebnis und Abenteuer. Liebesklage, Sang und Hymne des Dichters kreisen um das imaginäre, herrliche, furchtbare Wesen der *Sirène-Anémone*. Das Gedicht *Die Blinde* ist dem morbiden Sujet wie der strengen Versform nach von Baudelaireschem Geist geprägt. Dahin weist vor allem die makabre Mischung von Tod, Verbrechen und Liebe. Den Schluß bildet *Das Gedicht an Florence* – datiert mit 4. 11. 1929. Darin klingen die Themen der ganzen Sammlung noch einmal an: Liebesklage, Abschied und Ende. Hier auch erscheint der Titel der ganzen Sammlung, *Corps et biens: »Ich verzeichne deinen Namen jenseits der anonymen Trauer! Wo so viele Geliebte mit Leib und Gut und Seele untergingen!«* Reminiszenzen an Baudelaire durchziehen wieder bis zum Ende das Gedicht: Schiffbruch, Abgrund, Hoffnungslosigkeit und schließlich der Wein als Nothelfer aus der Verzweiflung. Das Schlußgedicht war auch der Abschied von der surrealistischen Gruppe: 1930 trennte Desnos sich mit einigen anderen von André Breton. J.Th.

Ausgabe: Paris 1930; ern. 1968 [Vorw. R. Bertelé].

Literatur: P. Berger, *D., une étude*, Paris 1949; ern. 1970 (dt.: *R. B. Ausgewählte Texte*, Neuwied/Bln. 1968; Einl. u. Anh. W. Schäfer). – R. Buchole, *L'évolution poétique de D.*, Brüssel 1956. – Europe, Mai/Juni 1972, Nr. 517/518 [Sondernr. *R. D.*]. – P. Laborie, *R. D.*, Paris 1975. – R. J. A. Pohl, *Die Metamorphosen des negativen Helden*, Diss. Hbg. 1977. – M. A. Caws, *The Surrealist Voice of R. D.*, Amherst/Mass. 1977. – M.-C. Dumas, *R. D. ou l'exploration des limites*, Paris 1980. – H. Laroche-Davis, *R. D., une voix, un chant, un cri*, Paris 1981. – M.-C. Dumas, *Études de »Corps et biens«*, Paris 1984. – *R. D. »Corps et biens«*, Hg. dies. (in Textuel, 16, Paris 1985). – P. Berger, *D.*, Paris 1986.

## leone De' sommi

auch Jehuda de' Sommo Portaleone

* nach 1520 Mantua

† um 1591 Mantua

### QUATTRO DIALOGHI IN MATERIA DI RAPPRESENTAZIONI SCENICHE

(ital.; *Vier Gespräche über Theateraufführungen*). Traktat von Leone De' Sommi, verfaßt um 1570. – Die *Quattro Dialoghi* weisen eine deutliche Zweiteilung auf: Während die ersten beiden Dialoge sich mehr mit theoretischen, poetologischen Fragen beschäftigen, sich also auf das Abfassen von dramatischen Texten beziehen, sind die beiden letzten praxisorientiert und richten sich an diejenigen, die einen Bühnentext tatsächlich zur Aufführung bringen wollen. Nach einer recht ungewöhnlichen Erklärung über den Ursprung des Dramas, das De' Sommi nicht aus der griechischen Kultur, sondern aus dem Buche *Hiob* ableiten will, äußert sich Veridico (De' Sommis Sprachrohr in den *Dialoghi*) über die Regeln, die beim Verfassen eines Stückes zu beachten sind: etwa die Verwendung einer historischen Vorlage oder die einer frei erfundenen Geschichte als Tragödienstoff, die Begrenzung der Anzahl der sprechenden Personen in einem Auftritt auf drei; der Gebrauch von Vers oder Prosa in Bühnentexten, die Bevorzugung von ein oder zwei Handlungssträngen im »plot« des Stückes (erster Dialog); seine Gesamtstruktur und Aufbau und Proportionierung der einzelnen Akte (zweiter Dialog). Im dritten und vierten Dialog, den praxisbezogenen, erklärt der Autor seinen Zuhörern vor allem die Aufgaben eines Regisseur und die Grundregeln der Schauspielkunst: Er nennt die Kriterien, die bei der Wahl der Interpreten zu beachten sind («gute Stimme«, »angemessenes Aussehen« etc.), kommt auf die Ausbildung der Schauspieler zu sprechen, auf Mimik und Gestik und auf die Notwendigkeit eines zuschauerorientierten, flotten Spielens (dritter Dialog), auf Fragen der Ausstattung (Kostüm, Bühnenbild und -dekor, etc.), auf Beleuchtungstechniken und spezielle Bühneneffekte, wie etwa die mythologischen Intermezzi, die zwischen den Akten eingeschoben wurden (vierter Dialog).

Im Unterschied zu den nach 1548 so zahlreich erschienenen Poetiken und Aristoteleskommentaren (Robortello, Scaliger u. a.), die Regelsysteme für das Abfassen von dramatischen Werken liefern, sind De' Sommis *Vier Dialoge* das erste Buch, das sich mit Fragen der Aufführungspraxis beschäftigt. Diese Sonderstellung innerhalb der Traktatliteratur ist vor allem durch die Figur des Autors bedingt, der sich in einer Außenseiterposition befand, durch die er an zwei voneinander getrennten Kulturen teilhatte: Einerseits war De' Sommi Vorstand der jüdischen Gemeinde in Mantua, die den Gonzaga-Herzögen als Gegenleistung für den gewährten Schutz eine Schauspielertruppe zu stellen hatte; andererseits hatte er häufig Kontakt mit dem Gonzaga-Hof, dessen Hoffeste, Theateraufführungen, Turniere u. ä. er organisierte. Diese Aufgabe scheint er mit so viel Geschick ausgeführt zu haben, daß er als Fachmann (offenbar der erste professionelle Regisseur) zu derartigen Anlässen auch an andere Höfe gerufen wurde (z. B. 1588 nach Turin). Die *Quattro dialoghi* sind nicht das einzige literarische Werk dieses Autors, der übrigens auch der angesehenen »Accademia degli Invaghiti« angehörte (allerdings nur als »Schreiber«, da er als Jude kein reguläres Mitglied werden konnte); von ihm stammen z. B. eine Verteidigungsschrift auf das weibliche Geschlecht (*Magen nashim – Der Stern der Frauen*), mehrere italienische Komödien (u. a. *Le tre sorelle – Die drei Schwestern* und *Hirifile*, eine Pastorale) und eine hebräische Komödie, vermutlich die erste in dieser Sprache (*Zahoth b'dihutha d'Kiddushin – Die Heiratskomödie*). Bei den *Quattro dialoghi* handelt es sich um ein Traktat, das – wie so oft in der damaligen Zeit – in Dialogform verfaßt ist. Die Schrift verrät eine gute Kenntnis des zeitgenössischen Theaters, und zwar nicht nur des italienischen (z. B. befaßt sich Veridico/De' Sommi auch mit den Innenraumszenen, die im spanischen Theater vorkommen). Das Interesse für alles Neue im Theaterbereich bedingt auch De' Sommis Begeisterung für das neue Genre, die Pastorale, und für bestimmte technische Lösungen, wie etwa die Ausgestaltung der Intermezzi, der Zwischenakte.

Die relative Indifferenz gegenüber theoretischen Aspekten wie poetologischen Problemen und der breite Raum, der praktischen Fragen eingeräumt wird, sind nicht das einzige Moment, das De' Sommis Werk von der sonstigen zeitgenössischen Traktatliteratur unterscheidet; ebenso ungewöhnlich ist auch seine tolerante Haltung, etwa gegenüber einer gewissen Freizügigkeit in Sprache und Handlungselementen bei Komödien – und das in einer Zeit, in der sich überall die gegenreformatorischen Tendenzen durchzusetzen begannen. In vieler Hinsicht nimmt De' Sommi also eine Zwischenstellung ein: Z. B. ist Theater in seiner Vorstellung noch eng mit dem Hoffest verbunden, in das die Bühnenaufführung neben anderen höfischen Festivitäten, wie etwa dem Bankett, dem Turnier usw. eingebettet ist; daneben ist bei ihm aber auch schon die neue Tendenz spürbar, die auf eine Autonomie des Theaterbetriebs hinzielt, um vor einem zahlenden Publikum in einem eigens gemieteten Saal nicht dramatische Meisterwerke, sondern bühnenwirksame Stücke zuschauergerecht aufzuführen (einer Bittschrift an den Herzog zufolge, hatte der Autor die Absicht, einen festen Theatersaal für Profi-Aufführungen auf mehrere Jahre zu mieten). Hierin zeichnet sich in der Figur des Autors auch der Übergang vom Dilettantentheater zur sogenannten *Commedia dell'Arte* ab, die gerade in den Jahren im Raum Norditalien um die Theaterzentren der Po-Ebene herum entstand (aus De' Sommis Feder stammen höchstwahrscheinlich auch einige Huldigungsgedichte auf Vincenza Armani, eine der ersten großen Berufsschauspielerinnen).

Die *Quattro dialoghi* sind von entscheidender Bedeutung für das Verständnis des Renaissance-Theaters und seiner Ästhetik, die darauf abzielte, charakteristische Merkmale einer Bühnenfigur durch Stilisierung zu visualisieren und über farbenfrohe, aufwendige Kostüme, edles Dekor und Beleuchtung Pracht und Glanz zu vermitteln. Im übrigen sollte der »freudige« Charakter des Theaters selbst bei der Tragödie gewahrt bleiben, die für De' Sommi (entsprechend der damaligen Poetik) durchaus mit einem Happy-end aufhören kann. Nach De' Sommis Schrift, die – nach den Worten des Verfassers – für den Eigenbedarf oder bestenfalls für einen kleinen Kreis von potentiellen »Berufskollegen«, also Regisseuren, bestimmt war, beschäftigt sich erst wieder Angelo Ingegneri, der Regisseur der *Ödipus*-Aufführung, die 1586 zur Einweihung des »Teatro Olimpico« in Vicenza stattfand, mit Fragen der Regie. K.Hr.

Ausgabe: Mailand 1968, Hg. F. Marotti [m. Bibliogr.].

Literatur: J. Schirmann, *Eine hebräisch-italienische Komödie des XVI. Jh.s* (in MGWJ, 75, 1931, S. 97–118). – D. Almagor, Art. *Sommo* (in EJ², 15, Sp. 137–139). – K. Hecker, *Dall'»Arte rappresentativa« all'attore come artista creatore. La visione dell'attore dal Cinque al Settecento* (in Quaderni di teatro, 10, 1987, Nr. 37, S. 95–122). – *L. De'S. and*

## Bonaventure Des Périers

* um 1510 Arnay-le-Duc / Burgund
† 1543/44 Südwestfrankreich

### LE CYMBALUM MUNDI, EN FRANCOYS, CONTENANT QUATRE DIALOGUES POÉTIQUES, FORT ANTIQUES, IOYEUX ET FACETIEUX

(frz.; *Das französische Cymbalum mundi, das vier poetische, sehr antike, fröhliche und spaßhafte Dialoge enthält*). Satirische Dialoge von Bonaventure Des Périers, erschienen 1537 unter dem Pseudonym Thomas de Clerier. – Des Périers gab vor, eine lateinische Vorlage ins Französische übertragen zu haben. In Wirklichkeit handelt es sich um ein allegorisch verschlüsseltes Pamphlet, ähnlich denen von Lukian, das zu seiner Zeit beträchtliches Aufsehen erregte. Unter der Maske harmloser Dialoge sind diese Allegorien, Anagramme und Parabeln eine scharfe, in der Zeit der Reformation und Gegenreformation nicht ungefährliche Satire auf die Kirche und ihre Dogmen. Anspielungen auf die Kämpfe zwischen Calvinisten und Katholiken sind klar erkennbar. Des Périers kritisiert die Intoleranz dieser Gruppen in einem sarkastischen Ton, der an Rabelais erinnert.

Im ersten Dialog behauptet Merkur, den der Autor, wie man heute annimmt, für Jesus Christus sprechen läßt, von Jupiter (Gott Vater) geschickt worden zu sein, um ein Buch neu binden zu lassen. Dieses wird ihm aber in einer Herberge von zwei jungen Spaßvögeln gestohlen, die den Leuten versprechen, sie gegen ein Entgelt in das »Buch der Unsterblichkeit« einzutragen. Offensichtlich karikiert der Autor in diesem Dialog das Ablaßwesen der katholischen Kirche; die beiden jungen Leute repräsentieren dabei die Ablaßprediger.

Der zweite Dialog behandelt den Streit der Theologen um die eine wahre Religion. Die Gesprächspartner sind Trigabus (der »dreifache Spaßmacher« – *triple gabeur*), Rhetulus (Anagramm für Lutherus), Cubercus (Bucerus) und Drarig (Girard, der Familienname des Erasmus von Rotterdam). Sie alle suchen nach dem Stein der Weisen, dem Sinnbild der Wahrheit. Merkur, verkleidet als alter Mann, hat diesen Stein aber schon in viele kleine Stücke zerbrochen zum Beweis dafür, daß es nicht nur eine Wahrheit gibt. Er erteilt den Suchenden den Rat, lieber in der Welt gut und hilfreich zu sein, als einer utopischen letzten Wahrheit nachzujagen.

Im dritten Dialog entpuppt sich das gestohlene Buch als das »Buch der Schicksale« *(Livre des destins)*. Es endet mit satirischen Ausfällen gegen Astrologen und Wahrsager, die behaupten, den Menschen ihr Geschick voraussagen zu können.

In dem berühmten vierten Dialog, der Paraphrase einer Metamorphose des Ovid, unterhalten sich zwei Hunde, die dadurch, daß sie ihren in einen weißen Hirsch verwandelten Herren Actéon verschlangen, die Redegabe erhalten haben. Der eine Hund, Hylactor, ist begierig darauf, mit seiner Gabe zu prunken und bei den Menschen zu Ehren zu gelangen; der klügere Pamphagus dagegen möchte sogleich wieder ein gewöhnlicher Hund sein, denn er verabscheut die menschliche Sensationslust und den weltlichen Ruhm, die nur von kurzer Dauer sind. Des Périers wendet sich damit gegen die Neigung seiner Zeitgenossen, aus Opposition oder Eitelkeit ihre Thesen zu verkünden, zu streiten um des Streites willen und mit leeren Phrasen sich Gehör zu verschaffen.

Nach seiner Wiederentdeckung wurde das Werk zunächst nur als literarischer Versuch eines Spaßvogels angesehen. Eine Aufschlüsselung der Allegorien, in denen Des Périers alle kritisiert, die glauben, eine besondere Wahrheit predigen und verteidigen zu müssen, erweist ihn als Vertreter jener religiösen Skepsis, die sich in Frankreich seit dem Eindringen des Gedankenguts der italienischen Renaissance auszubreiten begann. Mit den italienischen Humanisten teilt Des Périers auch die Neigung zur ausführlichen Verarbeitung antiker Überlieferungen, sei es literarischer, sei es mythologischer Art. Seine Umwelt verstand seine Anspielungen, und ihm wurde der Prozeß gemacht. Aber als *valet de chambre* am Hof der humanistenfreundlichen Marguerite d'Angoulême hatte er mächtige Fürsprecher und ging frei aus; nur der Drucker des *Cymbalum mundi* – Jehan Morin – wurde verurteilt, das Werk selbst bis auf ein Exemplar, das diesem Schicksal entging, vom Henker verbrannt.

U.F.

Ausgaben: Paris 1537 [unter Pseud. Thomas de Clerier]. – Lyon 1544 (in *Recueil des œuvres*). – Paris 1842, Hg. P. L. Jacob. – Paris 1856 (in *Œuvres françoyses*, Hg. M. L. Lacour, 2 Bde.). – Paris 1914, Hg. P. P. Plan [Faks. d. Ausg. 1537]. – Manchester 1958, Hg. P. H. Nurse. – Genf 1983, Hg. ders. (Vorw. M. A. Screech; TLF).

Literatur: L. Delaruelle, *Étude sur le problème du »Cymbalum mundi«* (in RHLF, 32, 1925, S. 1–23). – L. Febvre, *Une histoire obscure. La publication du »Cybalum mundi«* (in Revue du XVIe siècle, 17, 1930, S. 1–41). – Ders., *Origène et Des Périers ou L'énigme du »Cymbalum mundi«* (in BdHumR, 2, 1942, S. 7–131). – H. Just, *La pensée secrète de B. Des Périers et le sens du »Cymbalum mundi«*, Casablanca 1948. – V. L. Saulnier, *Le sens du »Cymbalum mundi« de B. Des Périers* (in BdHumR, 13, 1951, S. 43–69; 137–171). – D. Neidhardt, *Das »Cymbalum mundi« des B. Des P. Forschungslage und Deutung*, Genf/Paris 1959. – N. C. W. Spence, *Sidelights on the »Cymbalum mundi«* (in RJ, 12, 1961, S. 94–104). – F. M. Weinberg, *›La parolle faict le jeu‹. Mercury in the »Cymbalum mundi«* (in EsCr, 16, 1976, S. 48–62). – I. R. Morrison, *The »Cymbalum mundi« Revisited* (in BdHumR, 39, 1977, S. 263–280). – W. Börner, *Das »Cymbalum mundi« des B. Des P.*, Mchn. 1980. – C. A. Mayer, *Des P.* (in C. A. M., *Lucien de Samosate et la Renaissance française*, Genf 1984, S. 165–190). – E. Kushner, *Structure et dialogue dans le »Cymbalum Mundi« de D.* (in *Crossroads and perspectives*, Hg. C.-M. Grisé u. C. D. E. Tolton, Genf 1986, S. 181–189).

## LES NOUVELLES RÉCRÉATIONS ET JOYEUX DEVIS

(frz.; *Die neuen Schwänke und lustigen Unterhaltungen*). Novellensammlung von Bonaventure Des Périers, erschienen 1558. – Die erste in Lyon gedruckte Auflage der Novellen enthielt 90 Geschichten; zahlreiche Neuauflagen des 16. Jh.s fügten Erweiterungen hinzu, deren Authentizität jedoch umstritten ist. Daß man Des Périers die Autorschaft überhaupt absprach und das Werk seinem

Freund PELETIER DU MANS oder DENISOT zuschrieb, ist auf die heitere Erzählweise zurückzuführen, die sich von dem zu Lebzeiten des Autors gedruckten ernsteren Pamphlet, dem *Cymbalum mundi*, abhebt. Dieser Unterschied in der Darstellungsweise kann aber nicht über die ähnliche satirische Grundtendenz hinwegtäuschen, die sich in den Novellen allerdings nicht gegen den religiösen Fanatismus der Zeit richtet, sondern gegen die Übel und kleineren Übertretungen der Gesellschaft des 16. Jh.s. Der heitere Grundton mag als Ausweichmanöver des derben Satirikers angesehen werden, der nach der Veröffentlichung des *Cymbalum mundi* in den Streit der religiösen Parteien geriet und die Kammerdienerstelle bei seiner Gönnerin Margarete von Navarra verlor. Der Erfolg der Werke RABELAIS' (*Pantagruel*, 1532; *Gargantua*, 1535) mag ihn in dieser Richtung ermutigt haben. Die Nachahmung der Rabelaisschen Manier wird in der ersten, in der Form einer Präambel geschriebenen Novelle deutlich, in welcher Des Périers auf die heilsamen Folgen der Erheiterung in einer Zeit der Widerwärtigkeiten (Anspielung auf den wenig dauerhaften Waffenstillstand zwischen Karl V. und Franz I.) hinweist: *»Außerdem ließ mir die Erwägung, daß es die Kranken sind, die der Medizin bedürfen, just diese Zeit als die beste erscheinen. Ihr müßt aber nicht denken, daß ich Euch nur einen geringen Dienst leiste, indem ich Euch etwas gebe, was Euch erheitern kann: Etwas Besseres kann der Mensch überhaupt nicht tun.«* Die Lebensregel *»bene vivere et laetari« (»gut leben und lustig sein«)*, die Des Périers dem Leser anempfiehlt, soll in der Folge durch das Erzählen heiterer und unproblematischer Geschichten, die teilweise in pointierte Wechselreden aufgelöst werden, in die Tat umgesetzt werden. Die Novellen, die gallischen Humor in einer bewußt einfachen Sprachform darbieten, bestehen aus einer bunten, durch keine kunstvolle Rahmenerzählung zusammengehaltenen Reihe kurzer Geschichten, die zum Teil bloßes Wortspiel, zum Teil kleine Sittenkomödien sind. Sie stellen Listen, Heucheleien, Schelmenstücke, auch derbe Späße meist einfacher Menschen aus dem Bereich des alltäglichen Lebens dar. Aus dem Blickpunkt des Skeptikers werden geschickt ausgewählte Einzeltypen anschaulich gemacht: betrogene Ehemänner, leichtfertige Frauen, allzu unternehmungslustige junge Leute, habgierige Geistliche usw.

Des Périers schöpft vor allem aus der französischen Tradition des *fabliaux*, aus mündlichen Erzählungen, den *Cent nouvelles nouvelles* sowie aus dem Werk seines Zeitgenossen NOËL DU FAIL (*Les propos rustiques de maître Léon Ladulfi*, 1547), weniger aus den Klassikern dieses Genres, den *Facetiae* des POGGIO und dem *Decamerone* des BOCCACCIO. Geschichten der *Récréations* werden ihrerseits von Henri ESTIENNE in seiner *Apologie pour Hérodote* (1566) aufgegriffen. Im 17. Jh. wertet LA FONTAINE den zu seiner Zeit wenig gelesenen Autor systematisch aus; seine Erzählung *Les lunettes (Die Brille)* geht auf die 62. Novelle der *Récréations* zurück: *»... von dem jungen Burschen, der sich Thoinette nannte, um in ein Nonnenkloster aufgenommen zu werden, und wie er die Brille der Äbtissin, welche die vorgebliche Nonne bei der Nacktparade visitierte, springen ließ.« La laitière et le pot au lat (Das Milchmädchen und der Milchtopf)* ist die Wiedergabe der zwölften Novelle: *»Vergleichung der Alchimisten mit der guten Frau, die einen Topf voll Milch zum Markte trug.«* Der Einfluß Rabelais' ist vor allem stilistisch nachweisbar, im ironischen Gebrauch gelehrter Wörter, den Latinismen, in den zahlreichen Neuschöpfungen und im Erzählstil der gesprochenen Sprache. – Der Erfolg der *Nouvelles récréations*, die durch ihre freimütige und respektlose Darbietungsform dem Geist der französischen Renaissance entsprachen, war seit ihrem Erscheinen bedeutend. R.L.

AUSGABEN: Lyon 1558. – Amsterdam 1735, 3 Bde. (*Les contes ou Les nouvelles récréations et joyeux devis*). – Paris 1841 (*Les contes ou Les nouvelles récréations et joyeux devis*). – Paris 1856 (in *Œuvres françoyses*, Hg. L. Lacour, 2 Bde., 2). – Lyon 1914. – Paris 1961, Hg. u. Einl. V. J. Sirot. – Paris 1965 (in *Conteurs français du 16e siècle*, Hg. P. Jourda; Pléiade). – Paris 1980, Hg. K. Kasprzyk.

ÜBERSETZUNGEN: *Aus den Contes ou Nouvelles Récréations et joyeux Devis* (in *Altfranzösische Schwänke*, Hg. E. Lebus, Lpzg. 1907). – *Die neuen Schwänke und lustigen Unterhaltungen gefolgt von der Weltbimmel*, H. Floerke, Mchn. 1910, 2 Bde. – *Aus den Contes ou nouvelles récréations*, W. Widmer (in *Ein französischer Hexameron*, Hg. ders., Stg. 1948). – *Die neuen Schwänke und lustigen Unterhaltungen*, H. Floerke, Mchn. 1969.

LITERATUR: R. Haubold, *»Les nouvelles récréations et joyeux devis« des B. Des P. in literaturhistorischer und stilistischer Beziehung. Ein Beitrag zur französischen Novellenliteratur des 16. Jh.s*, Diss. Lpzg. 1888. – Ph. A. Becker, *B. Des P. als Dichter und Erzähler*, Wien/Lpzg. 1924. – L. Sainéan, *Problèmes littéraires du 16e siècle. »Le cinquième livre«, »Le moyen de parvenir«, »Les joyeux devis«*, Paris 1927. – H. W. Hassel Jr., *Sources and Analogues of the »Nouvelles récréations et joyeux devis« of B. Des P.*, 2 Bde., Chapel Hill 1957–1969. – W. Pabst, *Patois als erlebte Rede bei D.* (in *Syntactica und Stilistica, Fs. für E. Gamillscheg zum 70. Geburtstag*, Hg. E. Reichenkron u. a., Tübingen 1957, S. 411–420). – K. Kasprzyk, *L'authenticité de la 2ième partie des »Nouvelles récréations«* (in Kwartalnik Neofilologiczny, 10, 1963, S. 143–145). – L. Sozzi, *Les contes de B. Des P. Contribution à l'étude de la nouvelle française de la renaissance*, Turin 1965. – F. Rigolot, *L'émergence du nom propre dans la nouvelle* (in MLN, 92, 1977, S. 676–690). – J. W. Woodrow, *Notes on Des P.'s »Nouvelles récréations et joyeux devis«* (in *La nouvelle française à la Renaissance*, Hg. V. L. Saulnier, Genf/Paris 1981, S. 297–305). – I. D. Mc Farlane, *Le personnage du narrateur dans les »Nouvelles récréations et joyeux devis«* (ebd., S. 307–318). – J. P. Siméon, *Classes sociales et anta-*

*gonismes sociaux dans les »Nouvelles récréations et joyeux devis«* (ebd., S. 319–351). – R. Aulotte, *Fous et farceurs dans les »Nouvelles récréations et joyeux devis« de Des P.* (in *Le génie de la forme. Mélanges J. Mourot*, Nancy 1982, S. 97–106). – J. Harris, *The Arrangement of Stories in Des P.'s »Nouvelles récréations et joyeux devis«* (in FS, 38, 1984, S. 129–144).

## PHILIPPE DESPORTES

* 1546 Chartres
† 5.10.1606 Abtei Bonport / Normandie

### LES AMOURS D'HIPPOLYTE

(frz.; *Liebesgedichte an Hippolyta*). Lyrischer Zyklus von Philippe DESPORTES, Erstdruck 1573. – Desportes, der Hofdichter der letzten Valois, steht literarisch in der Nachfolge der »Pléiade«, der einflußreichen französischen Dichterschule des 16. Jh.s. Seine *Amours d'Hippolyte* erschienen zuerst in den *Premieres œuvres* von 1573; zum Unterschied von den *Amours de Diane* waren nur wenige Stücke des Zyklus handschriftlich verbreitet. Im Aufbau orientiert er sich am Muster des petrarkischen *Canzoniere*; er umfaßt in der Hauptsache Sonette, Chansons und Stances. In Übereinstimmung mit der dichterischen Praxis seiner Zeit lehnt sich Desportes bisweilen eng an die italienischen Lyrikanthologien des Quattrocento an. Seine bevorzugten Autoren sind COSTANZO, TEBALDEO, SANNAZARO und PETRARCA selbst.

Desportes, den eine souveräne Beherrschung der Stilmittel und eine flüssige Diktion auszeichnet, schreibt im allgemeinen verfeinerte, anmutig gefühlvolle Verse, durchsetzt mit geistvoll pointierten Konzeptismen. Dem entspricht die Verwendung typisch petrarkistischer Motive, wie Lobpreis der Frauenschönheit, schweigende Liebesqual oder Augenblicke ephemeren Glücks. Die *Amours d'Hippolyte* enthalten jedoch Strukturelemente, die den Zyklus von seinen übrigen Dichtungen deutlich abheben.

Zu den traditionellen Klagen über die Härte der Geliebten gesellen sich von Anfang an ungewohnte Töne, eine Mischung von latenter Todesdrohung, Katastrophik und Fatalität. Hippolyta gleicht bald einem Gestirn, bald einer Göttin; fern und unerreichbar hält sie den Liebenden in ihrem Bann. Das Verlangen nach ihrer Liebe erscheint als ein Wagnis, riskant und todbringend, dem Unterfangen des Icarus oder Phaëton vergleichbar. Aber Untergang und Tod dieser Gestalten der antiken Mythologie halten den Liebenden nicht zurück, sehenden Auges dem Verderben entgegenzugehen.

Als Dominante der Thematik ist das höchst ungewöhnlich. Aufgrund des historischen Hintergrundes wie auch bestimmter Einzelstellen – schon MALHERBE hatte den besonderen Respekt hervorgehoben, den der Dichter seiner Dame entgegenbringt – hat man in der Adressatin Marguerite de Valois, die Schwester Heinrichs III., vermutet. Desportes hätte die Liebesgedichte an sie im Namen eines befreundeten Edelmanns geschrieben, dessen Identität letztlich ungewiß bleibt, wenn auch einige in ihm Bussy d'Amboise haben sehen wollen.

Wie viele seiner Dichtungen sind auch Teile der *Amours d'Hippolyte* von den besten Komponisten der Zeit, Le Blanc, Chardavoine, Pevernage, Caietan und Claude le Jeune vertont worden. Malherbe sah sich zu ausführlichen Randbemerkungen veranlaßt; sein Kommentar beeinflußte nachhaltig die dichtungstheoretischen Vorstellungen des 17. Jh.s und erledigte zugleich Desportes als dichterisches Vorbild der neuen Generation. Seine Wiederentdeckung erfolgte zu Beginn des 19. Jh.s durch SAINTE-BEUVE. K.Rei.

AUSGABEN: Paris 1573 (in *Premieres œuvres*). – Paris 1858 (in *Œuvres*, Hg. A. Michiels). – Straßburg 1925 (in *Œuvres*). – Genf/Paris 1960, Hg. V. E. Graham [krit.].

LITERATUR: R. Sorg, *Une fille de Ronsard, la bergère Rosette* (in RDM, 1923, S. 128–144). – J. Lavaud, *Ph. D., un poète de cour au temps des derniers Valois, 1546–1606*, Paris 1939. – M.-Th. Marchand-Roques, *La vie de Ph. D.*, Paris 1949. – R. M. Burgess, *Platonism in D.*, Chapel Hill 1954. – A. Verchaly, *D. et la musique* (in Annales Musicologiques, 3, 1954, S. 271–345). – R. J. Clements, *D. and Petrarch* (in R. J. C., *The Peregrine Muse*, Chapel Hill 1959, S. 43–52). – P. Rappaport, *D., a Study in Late Petrarchan Style*, Diss. NY 1963/64. – R. M. Burgess, *Mannerism in D.* (in Esprit Créateur, 6, 1966, S. 270–281). – C. Faisant, *Les relations de Ronsard et de D.* (in BdHumR, 28, 1966, S. 322–353). – M. Morrison, *Ronsard and D.* (ebd., S. 294–322). – M. McGowan, *The French Court and Its Poetry* (in M. M., *French Literature and Its Background, the 16th Century*, Oxford 1968, S. 63–78). – F. Brunot, *La doctrine de Malherbe d'après son commentaire sur D.*, Paris 1969. – R. J. Clements, *D. and Petrarch* (in R. J. C., *The Peregrine Muse*, Chapel Hill 1969, S. 62–73). – G. Losfeld, *L'abbé de tiron, chantre oublié* (in G. L., *Le livre des rencontres*, Paris 1969, S. 30–43). – A. LaBranche, *Imitation. Getting in Touch* (in MLQ, 31, 1970, S. 308–329). – S. Hager, *Le mythe d'Icare. Étude esthétique des »Amours d'Hippolyte«*, Diss. Berkeley 1975 (vgl. Diss. Abstracts, 36, 1975/76, S. 6137A). – J. Sacré, *Un bonheur toujours mortel. D. »Les amours d'Hippolyte«* (in J. S., *Un sang manièriste*, Neuchâtel 1976, S. 91–109). – A. L. Prescott, *D.* (in A. L. P., *French Poets and the English Renaissance*, New Haven/Ldn. 1978, S. 132–166). – C. Teissier, *Malherbe lecteur de D.* (in Reforme, Humanisme, Renaissance, 19, 1984, S. 38–47).

## CRISTÒFOR DESPUIG

* 1510 Tortosa
† zwischen 1561 und 1580

### LOS COLLOQUIS DE LA INSIGNE CIUTAT DE TORTOSA

(kat.; *Dialoge über die bedeutsame Stadt Tortosa*). Von Christòfor DESPUIG, entstanden 1557. – In sechs mit großer Gelehrsamkeit geführten Dialogen unterhalten sich zwei Katalanen und ein Valenzianer über Themen wie die ersten Institutionen, die Karl der Große in Katalonien begründete, die Geschichte Kataloniens und über die Stadt Tortosa, ihre Eroberer, Privilegien und ihre wirtschaftliche Situation. Gewissenhaft benutzt Despuig alte und zeitgenössische Dokumente (von denen einige verlorengegangen sind) und erweist sich als ausgezeichneter Kenner auf dem Gebiet der Geschichte, der Literatur und auch der Archäologie. Als einer der ersten bezieht er sich auf Ausgrabungsfunde. Legenden und Anekdoten, Erlebtes und Gesehenes runden das eindrucksvolle Bild ab, das Despuig von Tortosa entwirft. Ein starkes Nationalgefühl durchdringt das Werk. Despuig betont, daß Katalonien nicht Kastilien ist, und wirft als nüchternsachlicher Katalane den Kastiliern »großsprecherisches Getue« vor. Die geistvoll geführten Dialoge, in denen sich humanistische Einflüsse, so von ERASMUS, niedergeschlagen haben (Skepsis gegenüber den Wundern, Kritik am weltlichen Machtstreben der Kirche), sind literarisch und kulturgeschichtlich von großem Interesse (so bewertet Despuig z. B. das Bürgertum höher als das Rittertum). Dieses Werk gilt als der bedeutendste katalanische Prosatext des 16. Jh.s. A.F.R.-T.D.S.

AUSGABEN: Barcelona 1877, Hg. F. Fita. – Tortosa 1906–1924 (zus. m. *Reflecciones sobre los Dialogos de D.... escritas por entretenimiento en las noches de invierno de 1765*). – Barcelona 1981, Hg. E. Duran.

LITERATUR: M. de Riquer, *Història de la literatura catalana*, Bd. 3, Barcelona [2]1980, S. 587–594.

## GIUSEPPE DESSÌ

* 7.8.1909 Cagliari
† 6.7.1977 Rom

### IL DISERTORE

(ital.; *Ü: Das Lösegeld*). Roman von Giuseppe DESSÌ, erschienen 1961. – Die für den italienischen Neorealismus charakteristische Beschränkung auf eine exakte Wiedergabe der Wirklichkeit unter Anwendung einfachster Mittel gelang nur selten in so suggestiver Weise wie in dem 1962 mit dem »Premio Bagutta« ausgezeichneten *Disertore*, einer archaisch konzentrierten Parabel des Schweigens.
Mariangela Eca, eine sardische Tagelöhnerin, die während des Ersten Weltkriegs – *»und für sie war es, als sei von da an die Zeit stillgestanden«* – ihre beiden einzigen Kinder, ihre Söhne Giovanni und Saverio, verlor, erwacht selbst dann nicht aus ihrer Lethargie, als Don Pietro, der Pfarrer des im Südwesten der Insel gelegenen Dorfes, sie daran erinnert, daß sie nicht die einzige Mutter ist, die ihre Söhne opfern mußte. Ihr Schmerz ist *»etwas Privates«*, ihr ganz persönliches und darum von ihr eifersüchtig gehütetes Eigentum. Andere »Werte« bedeuten ihr nichts, und als für ein Kriegerdenkmal gesammelt wird, gibt sie heimlich ihre gesamten Ersparnisse her, die sie von ihrem Lohn als Dienstmagd des Pfarrers im Lauf vieler Jahre zurückgelegt hat. Dieses geplante Mahnmal übt eine geradezu magische Gewalt über Mariangela aus; der leblose Stein wird zum Sinnbild ihres Schweigens, das – neben der Beichte, als intimes metaphysisches Gespräch mit Gott letztlich auch ein Schweigen vor der Welt – die einzige ihr gemäße Aussage geworden ist. Dieses Schweigen, durch das Mariangela und ihr Pfarrer sich einander verbunden wissen, gründet auf einem Geheimnis, das sie gemeinsam hüten: Saverio ist nicht, wie jeder im Dorf glaubt und das Mahnmal später stolz verkündet, im Kampf gefallen, sondern droben am Berg in einer der Mutter gehörenden Hütte als *disertore* (Deserteur) an der Malaria gestorben. Keiner weiß, daß der »Held« sein Grab unter dem Boden der Hütte gefunden hat: ein Grab, *»das im Schweigen des Berges verbleiben wird«*.
Einem Leitmotiv gleich durchzieht das große Schweigen den Gang der sich retrospektiv entwikkelnden Handlung. Während der fade Wortschwall der einsetzenden faschistischen Propaganda – »Heldentod« und »Sühneopfer« sind nur *»unnütze und dumme Worte«* für sie – an Mariangelas Ohr brandet, sagt sie *»kein Wort«*. Aber dieses Schweigen ist nicht Resignation, nicht Abwehr: Es zeugt von einem Menschen, der ganz aus jener Wahrheit lebt, *»die man nicht in eine Formel bringen kann«*. Ihre Verhaltensweise stempelt Mariangela zu einem Prototyp der vom gesellschaftlichen Fortschritt noch weitgehend unberührten Sarden, deren patriarchalisches Dasein vor Dessì vor allem Grazia DELEDDA literarisch gestaltet hatte. Und ähnlich wie bei der großen Vorgängerin unterstreicht auch hier die Intensität der Aussage noch die poetische Faszination des Stoffs. M.S.

AUSGABEN: Mailand 1961. – Mailand 1985.

ÜBERSETZUNG: *Das Lösegeld*, Y. u. H. Meier, Olten/Freiburg i. B. 1962.

LITERATUR: N. Santovito Vichi, *La narrativa di G. D.* (in La Parola e il Libro, 45, 1962, S. 469–473). – C. Menck, Rez. (in FAZ, 27. 10.

1962). – A. Vollenweider, Rez. (in NDH, Jan./Febr. 1963). – A. De Lorenzi, *D.*, Florenz 1971 [m. Bibliogr.]. – V. Stella, *Introspezione e storia nella narrativa di G. D.* (in Trimeste, 5, 1972, S. 359–394). – A. Dolfi, *G. D.: Ipotesi di un narratore alla ricerca del personaggio* (in Studi Novecenteschi, 12, 1975, S. 271–297). – M. Miccinesi, *Invito alla lettura di G. D.*, Mailand 1976. – A. Dolfi, *La parola e il tempo: Saggio su G. D.*, Florenz 1977. – E. Ragni, *G. D.* (in *Letteratura Italiana Contemporanea*, Bd. 2, Hg. G. Mariani u. M. Petrucciani, Rom 1980, S. 659–666). – J. C. Barnes, *G. D. (1909–1977). A Bibliography* (in Bull. of the Society for Italian Studies, 1982, Nr. 15, S. 26–36). – G. Trisolino, *Ideologia, scrittura e Sardegna in D.*, Lecce 1984. – S. Briosi, Art. *G. D.* (in Branca, 2, S. 162/163).

## PHILIPPE NÉRICAULT DESTOUCHES

* 9.4.1680 Tours
† 4.7.1754 Schloß Fortoiseau

### LE GLORIEUX

(frz.; *Der Ruhmredige*). Verskomödie in fünf Akten von Philippe Néricault DESTOUCHES, Uraufführung: Paris, 18. 1. 1732, Comédiens français ordinaires du Roi. – Lisimon, ein reicher Bürger, will seine einzige Tochter, Isabelle, mit einem Adligen verheiraten, dem eitlen, adelsstolzen, »ruhmredigen« Grafen Tufière. Der Mutter des Mädchens wäre ein Bewerber bürgerlicher Herkunft, der schüchterne und linkische Philinte, willkommener. Doch die Kammerzofe Lisette, von Lisimon und seinem Sohn Valère gleichermaßen umworben, unterstützt den Plan des Vaters. Lisette selbst kennt ihre Herkunft nicht, fühlt aber, daß sie nicht zum Dienen geboren ist, und wird von einem alten Bettler namens Lycandre ermutigt, ihrem Gefühl zu vertrauen. Nach mancherlei Intrigen führt dieser Mann die Lösung herbei, denn es stellt sich heraus, daß er der Vater Lisettes und des Grafen ist. Einst hatte er eine hohe Stellung am Hof des Königs inne, die er aber durch dunkle Machenschaften verlor. Verarmt lebt er nun inkognito in der Nähe seiner Kinder. Als sein Sohn, der arrogante Graf, dies erfährt, versucht er zunächst, seinen Vater zu entfernen; doch gewinnt schließlich sein besseres Ich die Oberhand. Er bekennt sich zu seiner Familie und will auf Isabelle verzichten. Durch diesen Gesinnungswandel gewinnt er die Neigung des Mädchens, das sich bisher von seinem unnatürlichen Wesen abgestoßen fühlte. Lisimon sieht sich am Ziel seiner Wünsche, denn da Tufière arm ist, wird ihm all sein Dünkel nichts nützen, er wird von seinem wohlhabenden bürgerlichen Schwiegervater abhängig sein. Das Stück endet mit einer Doppelhochzeit: Isabelle heiratet den Grafen und ihr Bruder Valère die ehemalige Kammerzofe Lisette.

Thema der erfolgreichen Komödie, die als Destouches' beste gilt, ist der Gegensatz zwischen Bürgertum und Adel, repräsentiert durch Lisimon und den jungen Grafen Tufière. Während dieser vom verblichenen Ruhm seiner Familie lebt, weiß jener, daß die Macht und die Zukunft dem gehören, der Geld hat. Der moralische Ausgang, der etwas plötzliche, psychologisch wenig überzeugende Gesinnungswandel des *glorieux*, ist für das gesamte dramatische Werk des engagierten, von den ›Moral Weeklies‹ beeinflußten Destouches typisch, entspricht aber auch ganz dem Geschmack einer Zeit, in der die *comédie larmoyante*, das erbauende Rührstück, Mode war. KLL

AUSGABEN: Paris 1732. – Paris 1745 (in *Œuvres de théâtre*, 9 Bde., 1745–1750, 6). – Paris 1884 (in *Théâtre choisi*). – Paris 1922. – Paris 1972 (in *Théâtre du 18e siècle*, Hg. J. Truchet; Pléiade).

ÜBERSETZUNGEN: *Der Ruhmredige*, anon. Lpzg. 1745. – Dass., J. E. Schlegel (in *Die deutsche Schaubühne zu Wien*, Tl. 10, Wien 1761). – *Der Ruhmsüchtige*, A. G. Meißner u. C. S. Mylius (in *Destouches f. Deutsche*, Lpzg. 1779).

LITERATUR: J. Hankiss, *P. N. D.: l'homme et l'œuvre*, Debrecen 1918, S. 153–165. – D. Jonas, *Untersuchungen zu den Komödien von P. N. D.*, Diss. Köln 1969. – A. Hoffmann-Lipónska, *P. N. D. et la comédie moralisatrice*, Posen 1979.

## SOPHIE DETHLEFFS

* 10.2.1809 Heide / Holstein
† 10./13.3.1864 Hamburg

### DE FAHRT NA DE ISENBAHN

(nd.; *Die Fahrt zur Eisenbahn*). Idylle von Sophie DETHLEFFS, erschienen 1850. – Das schlichte, kaum mehr als 350 Zeilen umfassende Gedicht beschreibt ein für die erste Hälfte des 19. Jh.s außergewöhnliches Ereignis: die Fahrt des Bauern Hans und seiner Familie zur Besichtigung der ersten, soeben eröffneten Eisenbahnstrecke Schleswig-Holsteins von Kiel nach Hamburg. In diesem zarten, von inniger Naturverbundenheit und ländlichem Frieden erfüllten Stimmungsbild ersteht das Porträt jenes beschaulich in dörflicher Gemeinschaft lebenden Menschen, der die Vorboten des technischen Zeitalters zwar staunend und verwundert zur Kenntnis nimmt, dabei jedoch nicht die feste Überzeugung verliert, seine eigene Welt vor solchen unheimlichen Gewalten schützen zu können.

Die in der heimatlichen Dithmarscher Mundart der Autorin geschriebene Idylle bewirkte eine Renaissance der plattdeutschen Dichtung, die allzu lange von Gelegenheitsdichtern und Possenreißern beherrscht worden war. Schon vor seinem Erscheinen im Druck war das kleine Werk im ganzen Land beliebt und in zahlreichen Abschriften verbreitet. Dieser außergewöhnliche Erfolg ist nur aus der damaligen geschichtlichen Situation heraus zu verstehen. Die niederdeutsche Sprache schien zum Untergang verurteilt zu sein. Sie wurde verspottet und bekämpft, verachtet und – wie u. a. Klaus GROTH klagte – aus moralischen, ästhetischen und politischen Gründen für gemeingefährlich erklärt: sie verdumme das Volk, mache es plump und unbeholfen und verhindere die deutsche Einheit. Sophie Dethleffs hat diesen Bann gebrochen. Zwar ist ein direkter Einfluß der *Fahrt na de Isenbahn* auf Groth nicht anzunehmen, denn seine Arbeit am *Quickborn* war damals schon ziemlich weit gediehen; *»doch ermutigte mich der Erfolg dieses Gedichtes, mit der gefährlichen Arbeit, die ich seit Jahren vor allen Freunden versteckt heimlich betrieb – denn man würde damals jeden, der so etwas unternahm, einfach für verrückt gehalten haben, ehe ein durchschlagender Erfolg für ihn sprach –, rascher fortzufahren und namentlich meine Entwürfe zu größeren Idyllen gleich mit auszuarbeiten«*. Darin liegt die bleibende Bedeutung des Gedichts für die Entwicklung der neueren niederdeutschen Literatur. H.J.B.

AUSGABEN: Altona 1850 (in *Volksbuch für das Jahr 1850 für Schleswig, Holstein und Lauenburg*, Hg. K. Biernatzki). – Heide 1850 (in *Gedichte*; Nachdr. Mchn. 1921). – Heide [2]1851 (in *Gedichte*). – Hbg. [5]1878 (in *Gedichte in hochdeutscher und plattdeutscher Mundart*, Hg. K. Groth). – Garding 1926 (in *S. D.s ut'e Heid un annere voer Klaus Groth*).

LITERATUR: K. Groth, Art. *S. D.* (in ADB, 5, S. 80/81).

## JOÃO DE DEUS

eig. João de Deus Nogueira Ramos

* 8.3.1830 São Bartolomeu de Messines
† 11.1.1896 Lissabon

LITERATUR ZUM AUTOR:
C. Oulmont, *J. de D., l'homme, le poète et le penseur*, Lissabon 1948; Straßburg/Paris [2]1970. – A. J. da Costa Pimpão, *J. de D. e as edições das suas poesias* (in A. J. da C. P., *Gente grada*, Coimbra 1952, S. 143–162). – N. Sáfadi, *O sentido humano do lirismo de J. de D.*, Assis 1961. – D. Mourão-Ferreira, *Evocação de J. de D.* (in Ocidente, 72, 1967, Nr. 347, S. 131–144). – F. Garcia, *J. de D.*, (in Papers on Romance Literary Relations, NY 1978, S. 3–9).

### CAMPO DE FLORES

(portug.; *Blumenfeld*). Sammlung lyrischer, satirischer und epigrammatischer Gedichte von João de DEUS, erschienen 1893. – Die Gedichte des ersten Bandes – Lieder, Oden, Gesänge, Elegien, Idyllen, Sprüche und Fabeln – lenken die Gefühle und Stimmungen, die seit CAMÕES (1525?–1580) die Hauptthemen der portugiesischen Lyrik sind – Liebe, Anbetung, Trauer –, in die Enge bürgerlicher Empfindsamkeit. Die Liebesgedichte geben übrigens, wie der Dichter gesteht, nicht Erlebnisse, sondern Traumbilder wieder *(resposta)*. Der Einfachheit der Motive entspricht eine natürliche, schlichte Sprache mit flüssigen, leicht reimenden Versen. Ihr Wortschatz ist gering, der Vorrat an Bildern begrenzt. Die Monotonie der Gefühle und Gedanken, die in diesen Gedichten nur einen begrenzten sprachlichen und bildlichen Ausdruck finden, wird überspielt von einer Vielfalt metrischer und strophischer Formen und rhythmischer Wechsel, über die der Dichter mit größter Leichtigkeit zu gebieten scheint. – In den Satiren und Epigrammen des zweiten Bandes glossiert er nicht minder kunstfertig politische und moralische Zustände und Zeiterscheinungen – insbesondere im Zusammenhang mit seinen Bemühungen um das Volksbildungswesen. Eine in diesem Band – im Unterschied zum ersten – sich äußernde Neigung zu Wortspielen mildert den Sarkasmus dieser Gedichte. Das letzte Drittel des Bandes füllen Übersetzungen und Nachdichtungen von *Psalmen*, dem *Hohenlied* und den *Sprüchen König Salomos*, von Gedichten SAPPHOS, HORAZ', DANTES, MICHELANGELOS, André CHÉNIERS, Victor HUGOS und anonymer spanischer, französischer und deutscher Lyrik. A.E.B.

AUSGABEN: Lissabon 1893, Hg. T. Braga; [9]1966. – Porto 1982. – Mem Martins 1981 (LB-EA).

LITERATUR: V. Nemésio, *O erotismo de J. de D.* (in Instituto, 79, 1930, S. 331–361; vgl. auch Biblos, 6, 1930). – J. G. Simões, *O mistério da poesia*, Porto [2]1971, S. 63–76.

## JOHN DEWEY

* 20.10.1859 Burlington / Vt.
† 1.6.1952 New York

LITERATUR ZUM AUTOR:
E. Baumgarten, *Der Pragmatismus. R. W. Emerson, W. James, J. D.*, Ffm. 1938. – *J. D. Philosopher of*

*Science and Freedom*, Hg. S. Hook, NY 1950. – *The Philosophy of J. D.*, Hg. P. A. Schilpp, Chicago 1951. – G. R. Geiger, *J. D. in Perspective*, NY 1958. – L. Marcuse, *Amerikanisches Philosophieren. Pragmatisten, Polytheisten, Tragiker*, Hbg. 1959. – E. C. Moore, *American Pragmatism. Peirce, James, and D.*, NY 1960. – M. H. Thomas, *J. D., a Centennial Bibliography*, Chicago 1962. – R. E. Dewey, *The Philosophy of J. D. A Critical Exposition of His Method, Metaphysics and Theory of Knowledge*, Den Haag 1977. – *Checklist of Writings About J. D. 1887–1977*, Hg. J. A. Boydston u. K. Poulos, Carbondale 1978. – R. W. Sleeper, *The Necessity of Pragmatism. J. D.'s Conception of Philosophy*, New Haven 1986. – F. H. Peterson, *J. D.'s Reconstruction in Philosophy*, NY 1987.

## ART AS EXPERIENCE

(amer.; *Ü: Kunst als Erfahrung*). Philosopisch-ästhetische Abhandlung von John Dewey, erschienen 1934. – Wie alle seine Werke, so ist auch *Art as Experience* von der demokratischen Grundhaltung des Pädagogen Dewey geprägt, der nicht umsonst der *»Philosoph des kleinen Mannes«* genannt wurde. Bereits der Titel weist darauf hin, daß sich Dewey auch bei der Behandlung ästhetischer Probleme der empirischen Methode bedient. *»Art for art's sake«* lehnt er ab als eine welt- und wesensfremde Kunst, die es dem Durchschnittsmenschen nicht erlaube, eigene Erlebnisse, Einsichten und Erfahrungen in ihr wiederzuerkennen: Wo kein Ansatzpunkt sei, könne sich auch kein Verständnis entwickeln, und der Sinn des Kunstwerks bleibe dem Menschen dann für immer verschlossen. Könne der Mensch jedoch im Kunstwerk etwas ihm Verwandtes entdecken, so erwache sein Interesse, er werde zu Erinnerungen, Wünschen oder neuen Gedanken angeregt und damit innerlich bereichert. Die Einzigartigkeit des ästhetischen Prozesses liegt für Dewey darin, daß er Phantasie und Imagination stimuliert und auf diese Weise auch der Erkenntnis neue Bahnen erschließt. Kunst wird damit zum Zwischenglied in einer langen Kette von Erfahrungen, die das geistige Wachstum des Menschen fördern – sie ist also gleichermaßen ästhetisches Vergnügen wie Bildungsinstrument und in dieser Funktion von Bedeutung für die gesamte Gesellschaft. Dewey sieht in ihr einen dynamischen Prozeß, im dem Energien ausgestrahlt und aufgenommen werden (Künstler und Betrachter) und der damit zum Schlüssel für ganze Epochen der Weltgeschichte werden kann: nicht der toten Vergangenheit, sondern der Summe menschlicher Triebkraft und Vitalität.

Als Beispiel für Deweys einfache und direkte Sprache sei ein Satz zitiert, der gleichsam als Quintessenz seiner Kunstbetrachtung gelten darf: *»As long as art is in the beauty parlor of civilization, neither art nor civilization is secure.« (»Solange sich die Kunst im Schönheitssalon der Zivilisation befindet, sind weder Kunst noch Zivilisation gesichert.«)* R.B.

Ausgaben: NY 1934. – NY 1959 (Capricorn Paperback, 1).

Übersetzung: *Kunst als Erfahrung*, Ch. Velten, Ffm. 1980; ern. Ffm. 1987 (stw).

Literatur: E. A. Shearer, *D.'s Aesthetic Theory* (in Journal of Philosophy, 32, 1935, S. 617–627; S. 650–664). – G. Melvin, *The Social Philosophy Underlying D.'s Theory of Art* (in Mills College Faculty Studies, 1937, H. 1, S. 124–136). – E. Vivas, *A Note on the Emotion in Mr. D.'s Theory of Art* (in Philosophical Review, 1938, S. 522–531). – V. M. Ames, *J. D. as Aesthetician* (in Journal of Aesthetics and Art Criticism, 12, 1953, S. 145–168). – J. L. Jarret, *Art as Cognitive Experience* (in Journal of Philosophy, 50, 1953, S. 681–688). – E. G. Ballard, *An Estimate of J. D.'s »Art as Experience«* (in Tulane Studies in Philosophy, 1955, H. 4, S. 5–18). – P. M. Zeltner, *J. D.'s Aesthetic Philosophy*, Amsterdam 1975.

## DEMOCRACY AND EDUCATION. An Introduction to the Philosphy of Education

(amer.; *Ü: Demokratie und Erziehung*). Einführung in die Erziehungsphilosophie von John Dewey, erschienen 1916. – Das wichtigste Werk des Autors enthält die Quintessenz seines Denkens und übte auf das amerikanische Schulsystem eine revolutionierende Wirkung aus. Es ist das Resultat seiner Erfahrungen an der Universität von Chicago, wo er 1896 eine Modellschule *(laboratory school)* gründete, um seine pädagogischen Ideen in die Praxis umzusetzen. Dewey gilt neben Emerson und William James als einer der größten amerikanischen Denker und als der moderne Philosoph der amerikanischen Kultur.

In dieser Schrift weist er nach, daß Demokratie und Erziehung wechselseitig aufeinander angewiesen sind und daher zusammenwirken müssen. Er fordert vom demokratischen Staat, allen Schülern, ohne Rücksicht auf ihre soziale Herkunft, gleiche Chancen für die Berufsausbilung zu geben. Das Buch enthält scharfe Angriffe auf die autoritären Methoden der veralteten aristokratischen Erziehung, die nur einer Elite zuteil wurde, die Kinder wie kleine Erwachsene behandelte und ihnen ein rein formales, totes Wissen eintrichterte. Demokratie ist – nach Dewey – kein Wahlresultat, sondern eine Weltanschauung, eine Lebensform, die bis in die kleinsten Belange des Alltagslebens reicht. Vor allem die Jugenderziehung soll von dieer Weltanschauung durchdrungen sein. Die jungen Menschen dürfen nicht schablonenhaft zu Kollektivwesen erzogen werden, da es keine absolute Norm, kein *summum bonum* gibt. Ihre Leistungen sind nicht mit dem Zentimetermaß zu messen, sondern die individuellen Fähigkeiten müssen berücksichtigt und entwickelt werden. Die Schule soll nicht nur Vorbereitung auf einen späteren Beruf sein, sondern soll dem jungen Menschen helfen, sich selbst und seine Umwelt zu entdecken und seinen Platz in der Gesellschaft zu finden. Der moderne Schüler soll nicht stupide auswendig lernen und kritiklos hinnehmen, was als unveränderliches, seit Jahrhunderten fixiertes Wissen gelehrt wird, sondern die Schule hat seine Intelligenz zu entwickeln und zu fördern, damit er sich als demokratischer Bürger sein eigenes Urteil bilden kann. Fragend und diskutierend soll er aktiv am Unterricht teilnehmen und seine geistigen Möglichkeiten erkennen lernen. Ein letztes Wachstumsstadium der Intelligenz darf es nicht geben, denn Stillstand ist Rückschritt; dynamisches Weiterstreben und fortschreitendes Reifen aber zeugen von der Vervollkommnungsfähigkeit *(perfectibility)* des Menschen, an die Dewey als Schüler DARWINS und der Evolutionisten glaubte. Doch nicht nur Geist und Körper des Kindes, auch sein Charakter soll geformt werden. Die Schule wird damit zu einer Gesellschaft im kleinen, die in enger Wechselbeziehung zu der Gemeinschaft der Nation steht.

Eine Erziehung, die die Anteilnahme am öffentlichen Leben anregt und die Schüler zu verantwortungsbewußten Demokraten heranbildet, ist im tiefsten Grunde sittlich. Praktische Erfahrung hat dabei den Vorrang vor abstrakt-theoretischem Wissen: Dewey wurde nach dem Tode von William James der Führer der pragmatischen Schule und lehnte alle Apriori-Lösungen ab. Intelligenz muß vor allem im Dienst praktischer Ziele stehen. Die Erörterung metaphysischer, rein akademischer Probleme gilt dem Autor als unfruchtbar. So zieht er auch die Naturwissenschaft ihrer Exaktheit wegen den schöngeistigen Fächern vor. Die Besichtigung von Werften, Sternwarten, Fabriken, Bergwerken usw. soll zu lebendigem, praktisch verwertbarem Wissen führen. Auch schätzt Dewey die Kenntnis von Fremdsprachen zum Zweck der unmittelbaren Verständigung im Ausland höher ein als die schulmäßige Übermittlung fremden Kulturgutes.

Viele Forderungen Deweys sind heute überholt, viele aber wurden in die verschiedenen Erziehungssysteme eingebaut. Als der Autor mitten im Ersten Weltkrieg seine Vorschläge (die er in präzisem Umgangsenglisch niedergeschrieben hat) veröffentlichte, wirkten sie revolutionär und epochemachend. R.B.

AUSGABEN: NY 1916. – NY 1961.

ÜBERSETZUNG: *Demokratie und Erziehung*, E. Hylla, Breslau 1930. – Ffm. 1964.

LITERATUR: J. A. Newlon, *J. D.'s Influence in the Schools* (in School and Society, 30, 1929, S. 691 bis 700). – E. C. Moore, *J. D.'s Contribution to Educational Theory* (ebd., 31, 1930, S. 37–47). – F. Rippe, *Die Pädagogik D.s unter Berücksichtigung ihrer erfahrungswissenschaftlichen Grundlage*, Diss. Breslau 1934. – J. Nathanson, *J. D. The Reconstruction of the Democratic Life*, NY 1951. – M. C. Baker, *Foundations of J. D.'s Educational Theory*, NY 1955. – J. L. Childs, *American Pragmatism and Education*, NY 1956. – M. G. Gutzke, *J. D.'s Thought and Its Implications for Christian Education*, NY 1956. – W. W. Brickman u. S. Lehrer, *J. D. Master Educator*, NY 1959. – O. Hawdlin, *D.'s Challenge to Education*, Ldn. 1961. – A. G. Wirth, *J. D. as Educator. His design for work in Education*, N.Y. 1966. – J. Nathanson, *J. D. The Reconstruction of the Democratic Life*, NY 1967. – I. Morrish, *Education since 1800*, Ldn. 1970. – H. J. Apel, *Theorie der Schule in einer demokratischen Industriegesellschaft. Rekonstruktion des Zusammenhangs von Erziehung, Gesellschaft und Politik bei J. D.*, Düsseldorf 1974. – F. Bohnsack, *Erziehung zur Demokratie. J. D.s Pädagogik und ihre Bedeutung für die Reform unserer Schule*, Ravensburg 1976. – A. J. Damico, *Individuality and Community. The Social and Political Thought of J. D.*, Gainesville 1978. – A. Gallitto, *Etica e pedagogia nel pensiero di J. D.*, Messina 1981. – F. F. Cruz, *J. D.'s Theory of Community*, NY 1987.

## EXPERIENCE AND NATURE

(amer.; *Erfahrung und Natur*). Zehn Vorlesungen von John DEWEY, in Buchform erschienen 1925. – In diesem Werk setzt sich Dewey mit dem Begriff der Erfahrung auseinander, der nach Ansicht vieler Philosophen mit dem Denkprozeß eng verknüpft ist und der auf die verschiedenartigste Weise definiert wurde. Für Dewey ist Erfahrung ein rein empirischer Vorgang, in dem »Haben oder Besitzen« und »Sein« eine wesentliche Rolle spielen, wie das folgende Zitat zeigt: *»Jede erkenntnishaltige Erfahrung muß damit beginnen und enden, daß sie auf eine einzigartige, unersetzliche, zwingende Weise etwas ist und etwas besitzt.«* Denken dagegen ist für ihn lediglich ein im Verlauf der Evolution entwickeltes »Instrument«. Der im Titel formulierten Problemstellung liegt der folgende Gedanke zugrunde: *»It is not experience which is experienced but nature.« (»Nicht die Erfahrung wird erfahren, sondern die Natur.«)*

Erfahrung, für Dewey eine »Transaktion«, umfaßt alle Vorgänge, die sich zwischen dem Organismus und der Umwelt abspielen. Erfahrung *(»die einzige Realität«)* ist also für Dewey ein viel weiter gefaßter Begriff als Wissen, ein Begriff, mit dem er alle Beziehungen zwischen dem Menschen und seiner Umgebung, die inneren wie die äußeren, die politischen und sozialen, die intellektuellen wie die ästhetischen und religiösen bezeichnet. Dabei sind keineswegs alle Erfahrungen von gleichem Wert. Am erstrebenswertesten ist die, die das Wachstum des Individuums im höchsten Maß fördern kann. Ein Wissen a priori gibt es für Dewey nicht; ehe der Mensch etwas positiv weiß und dieses Wissen dann anwendet, muß er es erfahren und erlernt haben. Die Erfahrung des Individuums als Quelle des Wissens liefert dem einzelnen den Maßstab für eine immer neue Überprüfung dessen, was er als Wahrheit und Wert erkannt hat. Je besser das Erfahrene

geeignet ist, zu ästhetischen und moralischen Erkenntnissen zu führen, um so größer ist der Gewinn für den einzelnen und damit für die Gesellschaft, an die das Individuum seine Erfahrungen in konkreter Form als »Leistung« weitergibt.
Die pragmatische Auslegung des Begriffs »Erfahrung« ist von Deweys Gegnern (und vor allem in Europa hatte er deren viele) mit Urteilen wie »vulgär«, »bourgeois«, »materialistisch«, »im üblen Sinne praktisch« und »typisch amerikanisch« bedacht worden. Doch auch sie mußten zugeben, daß Dewey nach William JAMES der bedeutendste und einflußreichste Vertreter des Pragmatismus war. (Er selbst zog es allerdings vor, seine Philosophie »Instrumentalismus« zu nennen.) SANTAYANA hat, obwohl er sich in Denken, Temperament und Stil grundlegend von dem in jeder Hinsicht dem Praktischen, Zweckdienlichen verschriebenen John Dewey unterschied, über dessen *Experience and Nature* gesagt: *»Mich persönlich haben die Aufrichtigkeit und Tiefgründigkeit von Deweys Ansichten, innerhalb der Grenzen seiner Methode und so verstanden, wie er selbst sie meint, völlig überzeugt.«* R.B.

AUSGABEN: Chicago/NY 1925. – NY 1929 [korr.]. – La Salle/Ill. 1958.

LITERATUR: G. Santayana, Rez. (in Journal of Philosophy, 22, 1925, S. 673–688; vgl. dazu J. Dewey, *Half-Hearted Naturalism*, ebd., 1927, S. 57–64). – E. W. Hall, *Some Meanings of Meaning in D.'s »Experience and Nature«* (ebd., 25, 1928, S. 169–181; vgl. dazu J. Dewey, *Meaning and Existence*, ebd., S. 345–353). – W. E. Hocking, *D.'s Concepts of Experience and Nature* (in Philosophical Review, 49, 1940, S. 228–244). – B. Wolstein, *Experience and Valuation. A Study in J. D.'s Naturalism*, NY 1949. – *J. D. and the Experimental Spirit in Philosophy*, Hg. C. W. Hendel, NY 1959. – J. E. Smith, *J. D.: Philosopher of Experience* (in Review of Metaphysics, 13, 1959, S. 60–78). – G. Kennedy, *D.'s Concept of Experience: Determinate, Indeterminate, and Problematic* (in Journal of Philosophy, 56, 1959, S. 801–814). – R. J. Bernstein, *J. D.'s Metaphysics of Experience* (ebd., 58, 1961, S. 5–14). – M. Mayeroff, *Neglected Aspect of Experience in D.'s Philosophy* (ebd., 60, 1963, S. 146–153). – G. Deledalle, *L'idée d'expérience dans la philosophie de J. D.*, Paris 1967. – A. Child, *Fare e conoscere in Hobbes, Vico e D.*, Neapel 1970. – R. B. Webb, *The Presence of the Past. J. D. and Alfred Schutz on the Genesis and Organization of Experience*, Gainesville 1976.

## HUMAN NATURE AND CONDUCT. An Introduction to Social Psychology

(amer.; *Ü: Die menschliche Natur. Ihr Wesen und ihr Verhalten*). Philosophisch-psychologisches Werk von John DEWEY, erschienen 1922. – Diese streng pragmatische Analyse der psychischen Struktur des Menschen geht von der Voraussetzung aus, daß die Lebensführung ausschließlich das Produkt der Wechselwirkung zwischen Elementen des menschlichen Organismus und der durch die Natur und Gesellschaft bestimmten Umwelt sei. Daher weist Dewey die seit PARMENIDES geläufige dualistische Aufspaltung der Welt in einen Bereich der vergänglichen Erscheinungen und einen der absoluten Ideen ebenso zurück wie die Vorstellung, daß das Individuum schon von Geburt an ein psychisch und moralisch »fertiges« Produkt sei. Er fordert eine Ethik, die nicht auf jenseitige, wirklichkeitsfremde Ziele gerichtet ist, sondern sich in Verbindung mit der Biologie, Physik, Geschichte, den Gesellschafts- und Wirtschaftswissenschaften am Zusammenhang von Natur, Mensch und Gesellschaft orientiert.
Der Verfasser rückt drei Hauptfaktoren in den Mittelpunkt seiner Psychologie: die Gewohnheit, den Trieb und die Intelligenz. Unter ihnen kommt wiederum der ersteren grundlegende Bedeutung zu: Die Gewohnheiten sind ihrem Wesen nach Haltungen oder Gemütsbewegungen, die aus dem Zusammenwirken von Organismus und Umwelt entstanden sind. In ihrer Gesamtheit sind sie das »Selbst« des Menschen, sein »Wille«, und bestimmen je nach dem Grad ihrer gegenseitigen Durchdringung den Charakter des Individuums. Als Gemeinschaftsgewohnheiten manifestieren sie sich in Sitten und Bräuchen und schließlich in der Sittlichkeit überhaupt. Diese kann freilich nicht in starre, stets gültige Sätze gefaßt werden, denn ihr Inhalt wandelt sich, wenn die Umwelt sich verändert. Da die Gesellschaft nur aufgrund eines beständigen Erneuerungsprozesses zu existieren vermag, ist auch eine stetige Neubildung oder Veränderung von Gewohnheiten erforderlich. Aber gerade diese sind der Beharrungsfaktor und recht eigentlich »der alte Adam« im Menschen, weshalb die Neuorientierung durch die bewegende Kraft der Triebe veranlaßt werden muß. Abweichend von der herkömmlichen Psychologie bestreitet Dewey eine ursprüngliche Determination dieser Kräfte etwa in der Form des Selbsterhaltungs-, Macht- oder Gesellschaftstriebs und sieht in ihnen lediglich das formlose energetische Moment im Wandlungsprozeß der Gewohnheiten. – Der Intellekt ist eine besonders differenzierte Verbindung von hochorganisierten Gewohnheiten und unorganisierten Trieben. Er hat den Zweck, die durch den Zusammenstoß der beiden anderen Faktoren entstandenen Unstimmigkeiten durch Erinnern, Urteilen und Vorausplanen zu beheben und beide in einer neuen Form zu harmonisieren. Dewey hält also auch hier an seinem schon aus früheren Werken bekannten »Instrumentalismus« fest, indem er – zweifellos unter dem Einfluß DARWINS – durch das Instrument des Denkens die Anpassung des geistig-körperlichen menschlichen Organismus an die Umwelt und damit das Fortbestehen des einzelnen und der Gesellschaft gewährleistet sieht.
Am Schluß seines Werks gibt der Verfasser in einer Auseinandersetzung mit der herkömmlichen Ethik einige Hinweise für eine neue Sozialpsychologie. Er nennt hier das sittliche Urteil eine »Experiment-

sache«, die stets einer Revision unterworfen sein kann. Sittlichkeit ist ein fortlaufender Prozeß, sie bedeutet *»Sinnentwicklung im menschlichen Verhalten zum mindesten ... die Art von Steigerung des Sinns, die aus der Beobachtung der Bedingungen und Ergebnisse des Verhaltens folgt«* – als kategorischer Imperativ formuliert: *»Handle so, daß du den Sinn des gegenwärtigen Erlebens mehrst.«* – Diese von Dewey auch in anderen Werken vertretene Lehre hat in Amerika in den ersten Jahrzehnten des 20. Jh.s beträchtlichen Einfluß ausgeübt, doch wurde sie wie andere positivistische Theorien nicht nur von Gegnern wie SANTAYANA, sondern auch durch Erkenntnise in der Atomwissenschaft in Frage gestellt. Vor allem zeigte WHITEHEAD, daß in der Bewegung der Elementarteilchen das mechanistische Ursache-Wirkungs-System durchbrochen und damit auch die Grundhypothese des Positivismus erschüttert wird. KLL

AUSGABEN: NY 1922. – Madison 1944.

ÜBERSETZUNG: *Die menschliche Natur. Ihr Wesen u. ihr Verhalten*, P. Sackmann, Stg. 1931.

LITERATUR: G. P. Adam, *Activity and Objects in D.'s »Human Nature and Conduct«* (in Journal of Philosophy, 20, 1923, S. 596–603). – W. McDougall, *Can Sociology and Social Psychology Dispense with Instincts?* (in American Journal of Sociology, 29, 1924, S. 657–670). – J. Nathanson, *J. D.*, NY 1951. – H. W. Stewart, *D.'s Ethical Theory* (in *The Philosophy of J. D.*, Hg. P. A. Schilpp, NY 1951, S. 313–319). – A. Bansola, *L'etica di J. D.*, Mailand 1960. – M. Manno, *Il comportamento transcendentale. Saggio per J. D.*, Messina 1973. – D. W. Marcell, *Progress and Pragmatism. James, D., Beard and the American Idea of Progress*, Ldn. 1974. – V. Kestenbaum, *The Phenomenological Sense of J. D. Habit and Meaning*, Atlantic Highlands/N.J. 1977.

## LODEWIJK VAN DEYSSEL

eig. Karel Johan Lodewijk Alberdingk Thijm

* 22.9.1864 Hilversum
† 26.1.1952 Haarlem

LITERATUR ZUM AUTOR:
P. H. Ritter, *L. van D.*, Baarn 1912; ²1921. – F. Jansonius, *L. van D.*, Lochem 1954. – H. G. M. Prick, *L. van D. Dertien close-ups*, Amsterdam 1964. – K. Reijnders, *Couperus bij van D.*, Amsterdam 1968. – F. Jansonius, *Van D. op weg naar James Joyce* (in De nieuwe taalgids, 66, 1973, S. 120–136). – Ders., *Van D.'s taalcreativiteit* (ebd., 71, 1978, S. 416–445). – Bzzlletin, 1979, Nr. 69 [Sondernr. *L. van D.*, Hg. H. G. M. Prick]. – F. Jansonius, *Van D.'s metonymia's: een stijlhistorische en stijlvergelijkende analyse* (in De nieuwe taalgids, 74, 1981, S. 313–329). – Ders., *Van D.'s metaforen en vergelijkingen* (ebd., 75, 1982, S. 313–328).

### DE DOOD VAN HET NATURALISME

(ndl.; *Der Tod des Naturalismus*). Kulturkritischer Essay von Lodewijk van DEYSSEL, erschienen 1891. – Der Essay geht polemisch auf das in literarischen Kreisen mit Schadenfreude aufgenommene *Manifeste des Cinq*, 1888 *(Manifest der Fünf)*, ein, in dem sich ein Teil der Schüler und Freunde ZOLAS von ihrem Meister lossagte, und bricht eine Lanze für den großen Franzosen, wobei festgestellt wird: *»Zwei nur haben das Recht, den Tod* [des Naturalismus] *zu konstatieren: die Symbolisten und ich.«* Der Autor definiert den »Tod« einer literarischen Strömung als den Zeitpunkt, da die Strömung nur noch sich selbst wiederholende und darum formal sterile Werke produziert *(»Wenn ich sage: der Naturalismus ist tot, bedeutet das: ein Buch wie ›L'argent‹ gibt mir Affekte warmer Erinnerung und herrlichen Wiedererkennens ... aber es erfüllt mich nicht mit einem so blendenden Morgenstunden-Glück, wie es die Entdeckungen einer neuen, beginnenden Kunst tun«)* und charakterisiert nach einer knappen Formanalyse von *L'argent (»Die Komposition ist nicht neu, das ganze Werk ist aus alten Motiven zusammengesetzt«)* den Naturalismus mit Hilfe eines Bildes, dessen Treffsicherheit bisher kaum übertroffen wurde: *»Die Frage ist nicht, ob ich etwas lieber habe, das Wesen dieser Kunst schließt die Möglichkeit dieser Frage aus ... Wenn ich ein Schwein sehe, das sich borstig-rosa und prächtig im Schlamm wälzt und suhlt, die Schnauze im grünbraunen Spülicht, dann finde ich das herrlich, dann denke ich nicht: ich würde doch lieber mit einem hübschen Mädchen zusammensitzen. Es überwältigt alle meine Sinne zu sehr, ich habe keine Zeit, um das zu denken.«*
Dieses Exempel veranschaulicht eine Literaturauffassung, die sich von allen ethischen Postulaten der zeitgenössischen Kritik befreite, ein bedingungsloses Eintreten für ästhetische Qualitätsmaßstäbe, das die Literaturtheorie der Moderne mitbegründet hat. Van Deyssels Toleranz ist eine Absage an jede kunstkritische Kannegießerei, ein Markstein in der Geschichte der niederländischen und europäischen Literaturbetrachtung: *»Darum sollen wir, die wir beinahe Nicht-Naturalisten sind, die spöttische Klugschwätzerei jener Dichter und Prosaisten, die den einzigen und alleinigen großen Zola geringschätzen oder verleugnen, nicht mitmachen.«* W.Sch.

AUSGABEN: Amsterdam 1891. – Amsterdam 1895 (in *Verzamelde opstellen*, Bd. 3).

LITERATUR: K. Reijnders, *»Het naturalisme is dood« De aanleiding tot het opstel van van D.* (in Schans, 1978, Nr. 6, S. 39/40).

## EEN LIEFDE

(ndl.; *Eine Liebe*). Roman von Lodewijk van DEYSSEL, erschienen 1887. – Der Roman, verfaßt in der frühen, »heroisch-individualistischen« Periode des Autors, zählt zu den bedeutendsten Literaturdokumenten der »Achtziger Bewegung«. Zwar ist das Werk im Geist des Naturalismus in der Nachfolge ZOLAS konzipiert, sprengt jedoch durch betonten Subjektivismus und durch seine impressionistische Form den engen Rahmen dieses Genres. Der Stoff als solcher ist recht anspruchslos: Mathilde, ein stilles, verträumtes Bürgermädchen, heiratet Jozef, einen unscheinbaren Kaufmann. Zuerst trifft sie der Tod des Vaters schwer – er stirbt, während sie auf der Hochzeitsreise ist –, später muß sie sich damit auseinandersetzen, daß sich ihr Mann nach der Geburt des ersten Kindes von ihr fernhält und in Amsterdam bleibt, während sie in Hilversum genest. Obwohl ihre Ehe bis dahin durchaus konventionell und »normal« verlief, erwacht in Mathilde nun eine ungeahnte und unerwartete leidenschaftliche Neigung zu ihrem abwesenden Mann – ihre Gefühle und Reflexionen angesichts dieses überraschenden Erlebnisses bilden das Kernstück des Romans. Als Jozef jedoch tatsächlich zu ihr zurückfindet, ist sie enttäuscht, denn sie sieht in ihm nur noch *»eine Imitation ihres Mannes«*. Wieder versandet die Ehe im Mittelmaß des Alltagslebens.

Der Reiz des Romans besteht darin, daß der Autor hier versucht, sinnliche und vergeistigte Liebe in einen unmittelbaren Zusammenhang mit der Umwelt zu setzen. Phantasie und Wirklichkeit lassen sich trotz ihrer Divergenz nicht voneinander trennen, jedoch zerstört die Wirklichkeit die Idealvorstellungen spätestens dann, wenn diese zu einer Ekstase des Gefühls ausarten. In *Een liefde* gab Van Deyssel *»das Drama irdischer Liebe, die sich bis zur Verzückung steigert, um in Ernüchterung zu enden«* (Knuvelder). Diesem Konzept opferte der Autor seinen ursprünglichen epischen Plan, um mit den artistischen Mitteln der »Tachtigers« die Psyche seiner weiblichen Hauptfigur ausloten zu können. Die minuziöse Registrierung innerer und äußerer Regungen hat eine psychologisch wie stilistisch hohe Erzähldichte von derartiger Präzision zur Folge, daß einige Zeitgenossen sogar den Vorwurf der »Unsittlichkeit« erhoben. Ungeachtet dessen, ob in der Schilderung des Gefühlslebens viel Selbsterlebtes wiedergegeben wird oder nicht, ist die Mentalität der Mathilde als Durchschnittsbürgerin freilich überfordert. Dieser »Fehler« nach den Maximen des Naturalismus entspricht jedoch den Ansprüchen jenes höheren artistischen Realismus, wie ihn die Bewegung von Tachtig kreierte und wie er für die Prosa der Moderne entscheidend war. W.Sch.

AUSGABEN: Amsterdam 1887; [2]1899. – Den Haag 1947. – Den Haag 1975 [Nachw. H. G. M. Prick].

LITERATUR: H. G. M. Prick, *J. A. Alberdingk Thijm en de roman »Een Liefde«* (in De nieuwe taalgids, 47, 1954, S. 107–111). – K. D. Beekman, *L. van D.'s »Een liefde« en de kritiek* (in Spektator, 1, März 1972, S. 246–258). – H. G. M. Prick, *Bij de heruitgave van de eerste druk van L. van D.'s »Een liefde«* (in Maatstaf, 22, 1974, Nr. 10, S. 1–10). – A. G. H. Anbeek van der Meijden, *De schrijver tussen de coulissen*, Amsterdam 1978. – W. F. Hermans, *De verboden boeken van de Tachtigers (I): »Een liefde«* (in W. F. H., *Houten leeuwen en leeuwen van goud*, Amsterdam 1979, S. 306–314). – T. Anbeek, *De naturalistische roman in Nederland*, Amsterdam 1982.

# AUGUSTO D'HALMAR

d.i. Augusto Goemine Thomson

* 1882 Santiago de Chile
† 27.1.1950 Santiago de Chile

## PASION Y MUERTE DEL CURA DEUSTO

(span.; *Leidensweg und Tod des Priesters Deusto*). Roman von Augusto D'HALMAR (Chile), erschienen 1924. – Dieser Roman gehört zusammen mit denen des Argentiniers Enrique RODRÍGUEZ LARRETA, *La gloria de Don Ramiro* (1908), und des Uruguayers Carlos REYLES GUTIÉRREZ, *El embrujo de Sevilla* (1922), zu einer Gruppe von Werken des hispano-amerikanischen *modernismo*, in denen die Auseinandersetzung mit Spanien, dem ehemaligen Mutterland zum Ausdruck kommt. Dabei bildet wie bei Reyles auch in D'Halmars Roman Sevilla das engere Thema, und ähnlich wie in MÉRIMÉES berühmter Novelle *Carmen* (1845) ist es ein Baske, der der Verführung dieser Stadt erliegt. Gegenstand des Romans ist die verhängnisvolle homoerotische Leidenschaft des baskischen Geistlichen Deusto, eines bekannten Musikers und Komponisten, zu dem jungen Zigeuner Pedro Miguel, einem Sänger und Tänzer des beliebten *flamenco*. Bei der Wahl dieses Stoffs von so heikler Thematik ließ D'Halmar sich ebenso von seiner Neigung für das Antibürgerliche und Außenseitige leiten wie von seiner Vorliebe für literarisch vorgeprägte Motive. Die Konfliktsituation der homosexuellen Liebe übernahm er von Oscar WILDE (1854–1900). Für die besondere Note der Liebesverstrickung eines durch geistliche Gelübde gebundenen Menschen fand er ein Vorbild in dem Roman *La hermana San Sulpicio*, 1889 *(Schwester Sulpitius)*, von Armando PALACIO VALDÉS, dessen Schauplatz ebenfalls Sevilla ist. Das psychologische Problem der zwischen Askese und Weltsinnlichkeit hin und her gerissenen Seele gehörte zu den bevorzugten Themen des experimentierfreudigen amerikanischen *modernismo*. Die Kürze der Zeit, knapp acht Monate, die D'Halmar auf die Niederschrift seiner Erzählung verwandte, erklären die Unvollkommenheiten des

Werks. Vor allem fehlt es an der erforderlichen psychologischen Tiefe, die Gestalt des jugendlichen Zigeuners beispielsweise wirkt wie eine Operettenfigur. Wichtiger als die Personen und ihr Konflikt war D'Halmar offenbar die Stadt, die Beschreibung ihrer Architektur, ihrer sagenumwobenenen Bauten und Gassen, ihres Brauchtums und ihrer Feste, in denen sich christliche Weltflucht und heidnische Lebenslust begegnen. In Sitten- und Stimmungsbildern, die den unergründlichen, gleichzeitig düster dämonischen und oberflächlich verspielten *genius loci* Sevillas einfangen, erreicht D'Halmars Kunst ihren Höhepunkt. Sie verdankt dies der einzigartigen Sprache dieses Autors, die als »Imaginismus« Schule gemacht und eine neue Epoche der chilenischen Stilgeschichte eingeleitet hat: *»Niemals zuvor hatte man eine Prosa von solcher formalen Vollendung geschrieben, eine so geschmeidige und ausdrucksvolle, von einem Hauch des Geheimnisses umgebene Prosa, der Musik und der Malerei nah verwandt«* (Alone). A.F.R.

AUSGABEN: Barcelona 1924. – Santiago de Chile 1938.

LITERATUR: G. Labarca Garat, *Semblanza de A. D'H.* (in Atenea, 298, April 1950, S. 21–29). – E. Montenegro, *De descubierta*, Santiago de Chile 1951, S. 59–80. – A. Ramírez, *A. D'H. Obras, estilo, técnica*, Santiago de Chile 1958. – M. Ferrero, *La prosa chilena del medio siglo*, Santiago de Chile 1960. – R. Silva Castro, *Historia crítica de la novela chilena, 1843–1956*, Madrid 1960. – Alone [d. i. H. Díaz Arrieta], *Historia personal de la literatura chilena*, Santiago de Chile [2]1962. – L. Bourgeois, *A. D'H.: el Loti hispanoamericano* (in Hispanófila, 39, 1970, S. 43–54).

## DHAṆAVĀLA

frühestens 10. Jh.

### BHAVISATTA-KAHA

(apabhraṃśa; *Die Geschichte von Bhaviṣyadatta*). Umfängliches mehrschichtiges Dichtwerk von DHAṆAVĀLA, geschrieben in Apabhraṃśa, der zwischen dem Prakrit und dem Frühneuindischen stehenden Dichtersprache. Seine Auffindung und Herausgabe durch H. JACOBI (1918, zusammen mit einem zweiten Opus, das einen anders zu lokalisierenden Apabhraṃśa aufweist) hat in der Indologie Epoche gemacht: eine nach Sprache und Form neue Literatur, die bisher nur wenig bekannt war, bot sich der Forschung dar, zwischen Alt- und Neuindisch war eine Brücke geschlagen. – Die *Bhavisatta-Kaha* hat 22 Kapital *(sandhi)*. Sie weist eine verfeinerte Verskunst auf, die durchweg den Reim anwendet. Zwar sollte man ihren dichterischen Wert nicht überschätzen, doch weiß Dhaṇavāla seine Zuhörer und Leser durch anschauliche, lebhafte Darstellung zu fesseln. Der Dichter war ein Digambara-Jaina; seine *Bhavisatta-Kaha* ist kein geistliches, sondern ein – wohl von älteren Vorlagen inspiriertes – volkstümliches Werk, von Interesse auch der kulturellen Daten wegen, die ihm zu entnehmen sind.

Im ersten Hauptteil (Sandhi 1–12) werden die Abenteuer Bhaviṣyadattas geschildert. Mit seinem Stiefbruder Bandhudatta tritt er die Seereise nach einem Goldland an; während der Rast auf einer Insel wird er aber von jenem böswillig zurückgelassen. In einer im übrigen völlig menschenleeren Stadt findet er die schöne Bhaviṣyadattā und vermählt sich mit ihr. Als endlich ein Schiff anlangt, gehen sie an Bord. Es steht aber unter dem Befehl Bandhudattas, und so freundlich sich dieser gebärdet, gelingt es ihm doch, seinen Stiefbruder abermals zurückzulassen und mit dessen Frau davonzusegeln. In der Heimat gibt er sie, die sich ihm standhaft versagt hat, als seine zukünftige Gattin aus. Schon rüstet man die Hochzeit, als mit göttlicher Hilfe plötzlich der Verlorene aus der Luft landet: Bandhudatta wird vor Gericht gezogen und verbannt; die Ehre der treuen Bhaviṣyadattā ist wiederhergestellt. – Im ganzen muß man diesen ersten Teil als ein zum Roman erweitertes, im Kern nicht einmal jinistisches Märchen bezeichnen (so Jacobi in seiner eingehenden Analyse). – Der zweite Teil (Sandhi 13–15 Anfang) ist die Schilderung eines Völkerkampfes, in dem Bhaviṣyadatta als Heerführer die Entscheidung herbeiführt und zum Thronfolger gemacht wird. Der dritte Teil erzählt, wie bei den Jainas unvermeidlich, von der früheren Existenz des im ersten Teil so viel erduldenden Paares und gibt, wie ebenfalls üblich, einen Ausblick in seine Zukunft: beide sind Mönch und Nonne geworden und werden zu ihrer Zeit das Freiwerden aus der Existenz erlangen. W.S.

AUSGABEN: Mchn. 1918, Hg. H. Jacobi (ABAW, phil. Kl., 24/4). – Baroda 1923 (*Bhavisayattakahā by Dhanapāla*, Hg. Dalal u. Gune; Gaekwad Oriental Series, 20; Nachdr. 1967).

LITERATUR: D. K. Shastri, *Bhavisayattakahā tathā Apabhraṃśa-kathākāvya*, Delhi 1970.

## DEVARAKṢITA JAYABĀHU DHARMAKĪRTI

Ende 14.Jh. Ceylon (heute Sri Lanka)

LITERATUR ZUM AUTOR:
P. Sannasgala, Siṃhala Sāhitya Vaṃśaya, Colombo 1961, S. 224–230.

## NIKĀYASAṄGRAHAYA

(singhal.; *Kompendium über die [buddhistischen] Sekten*). Werk des Devarakṣita Jayabāhu DHARMAKĪRTI von Gaḍalādeṇiya, abgeschlossen kurz nach 1375. – Der Autor war Sangharāja (Oberhaupt der gesamten buddhistischen Geistlichkeit) von Ceylon und Vorsteher des Klosters von Gaḍalādeṇiya im heutigen Distrikt von Kandy in Ceylon. – Der *Nikāyasaṅgrahaya*, auch unter dem Namen *Śāsanāvatāraya (Herabkunft der buddhistischen Religion)* bekannt, ist die älteste uns überlieferte zusammenhängende Darstellung der Geschichte der buddhistischen Ordensgemeinschaft in singhalesischer Sprache.

Das *Kompendium* schließt sich inhaltlich eng an die ältere historiographische Tradition Ceylons an, die mit der altsinghalesischen *Sīhalaṭṭhakathā* schon in der Zeit vor unserer Zeitrechnung einsetzte und in der Pāli-Chronik *Mahāvaṃsa* einen ersten Höhepunkt erreichte. Neben den Pāli-Werken existierten in der singhalesischen Literaturtradition schon damals mehrere buddhistische historische Schriften, die jedoch sämtlich nicht als Gesamtdarstellung der Geschichte der Religion konzipiert waren, sondern vielmehr die Geschichte berühmter Reliquienschreine (so *Thūpavaṃsaya*), Reliquien (so *Dhātuvaṃsaya*), Klöster (so *Attanagaluvaṃsaya* – vgl. dort) usw. schildern. Daneben gab es eine Tradition der Königschroniken.

Der Verfasser des *Nikāyasaṅgrahaya* brach nun mit der traditionellen Form der ceylonesischen Geschichtsschreibung, die in einer verhältnismäßig einfachen Aneinanderreihung der einzelnen Berichte bestand und deshalb häufig keine sinnvollen Motive für die Auswahl des Materials bot. Dharmakīrti wählte ein Grundthema, dem er seine Darstellung unterordnet, und zwar das Problem des immer wieder einsetzenden sittlichen Verfalls im Mönchsorden, der mit dem Zerfall der Einheit des *saṅgha* (Mönchsorden) in verschiedene *nikāyas* (Sekten) und mit der Verfälschung der reinen Lehre durch üble Mönche einhergeht. Die Feinde der wahren Lehre werden jedoch glücklicherweise immer wieder durch fromme Mönche überwunden, die mit Hilfe buddhistischer Könige für eine Reform sorgen. So wird die Darstellung der Geschichte des *saṅgha* auf die Perioden des Konflikts und den jeweils am Ende stehenden Sieg der Anhänger der reinen Lehre und der strengen Ordenszucht hin konzentriert und gleicht einer Schnur, die immer wieder zu Knoten geknüpft ist. Der Verfasser nennt alle Könige Ceylons und benützt so das Gerüst der Königschronik, füllt es aber nur an den für sein Thema wichtigen Stellen mit Inhalt.

Als Stilist ist Dharmakīrti der unübertroffene Meister der klassischen singhalesischen Literatursprache und hat die weitere Entwicklung entscheidend geprägt; Einzelheiten werden unten bei der Besprechung seines Hauptwerkes *Saddharmālaṅkāraya* erörtert. Dharmakīrtis *Nikāyasaṅgrahaya* schließt sich inhaltlich eng an die in den bekannten Hauptwerken der historischen und kirchenhistorischen Pāli-Literatur (*Mahāvaṃsa* u. a.) enthaltenen Überlieferungen an, verarbeitet aber auch nicht mehr erhaltene ältere Traditionen, deren Zuverlässigkeit z. B. anhand der Liste von Texten des tantrischen Buddhismus nachweisbar ist. Besonders wertvoll sind natürlich Dharmakīrtis Mitteilungen über zeitgenössische oder nur wenig zurückliegende Ereignisse. Das Werk hat somit als Quelle für die Kenntnis der Geschichte des Buddhismus große Bedeutung; die darin enthaltenen Listen von Verfassern buddhistischer Literaturwerke geben dem um die Erforschung der Literaturgeschichte Ceylons bemühten Indologen eine wichtige Datierungshilfe für die frühe singhalesische Literatur.

H.Bt.

AUSGABEN: Colombo 1890, Hg. N. Don M. de Z. Wickremasinghe. – Colombo 1922, Hg. S. de Silva u. a. – Colombo 1955, Hg. Vēragoḍa Amaramoli. – Colombo 1960, Hg. D. P. R. Samaranāyaka.

ÜBERSETZUNG: *The Nikáya Saṅgrahawa*, C. M. Fernando, Colombo 1908 [engl.].

LITERATUR: Munidāsa Kumāraṇatuṅga, *»Nikāyasaṅgraha« vivaraṇaya*, Colombo 1922. – Rāhula Sāṅkṛtyāyana, *Recherches bouddhiques* (in JA, 1934, S. 201 ff.). – C. E. Godakumbura, *Postscript to the Kaḍadora Grant* (in Journal of the Ceylon Branch of the Royal Asiatic Society, N. S. 3, 1953, S. 72 ff.). – H. Bechert, *Zur Geschichte der buddhistischen Sekten in Indien u. Ceylon* (in La Nouvelle Clio, 7–9, 1955–1957, S. 312 ff).

## SADDHARMĀLAṄKĀRAYA

(singhal.; *Der Schmuck des guten Dharma* [d. h. der buddhistischen Religion]). Buddhistisches Werk von Devarakṣita Jayabāhu DHARMAKĪRTI. – Der *Saddharmālaṅkāraya* ist eine singhalesische Bearbeitung des Pāli-Werks *Rasavāhinī* (vgl. Vedeha: Rasavāhinī); diesem sind – vom Stoff her betrachtet – drei Einleitungskapitel und zwei zusätzliche Erzählungen hinzugefügt worden. Dharmakīrti hat die Erzählungen seiner Quelle nicht nur anders angeordnet, sondern er hat, obwohl er sich – wie es bei einem religiösen Text dieser Art naheliegt – weitgehend an seine Vorlage anlehnte, ein literarisches Werk ganz anderer Art geschaffen; allerdings wurden von ihm sämtliche Pāli-Verse seiner Vorlage unverändert übernommen.

Während VEDEHA in seiner *Rasavāhinī* ein flüssiges und leicht lesbares Pāli schrieb, bediente sich Dharmakīrti der Formen der singhalesischen Kunstprosa. Der Autor, der vor dem *Saddharmālaṅkāraya* bereits die kirchenhistorische Abhandlung *Nikāyasaṅgrahaya (Kompendium über die Nikāyas [Sekten])* und einen ausführlichen Kommentar zu der Pāli-Grammatik *Bālāvatāra (Einführungsbuch für Kinder)* verfaßt hatte, hat dem seit dem 12. Jh. sich herausbildenden Stil die für die Folgezeit verbindliche Form gegeben. Diese ist

charakterisiert: a) durch das Abwechseln von Partien in reinem Singhalesisch mit solchen in stark sanskritisierter Sprache; b) durch die Bevorzugung von Sanskrit-Wörtern (statt der Pāli-Formen) auch für buddhistische Termini; c) durch die Häufigkeit von Pāli-Versen (und die Seltenheit von singhalesischen Versen); d) durch den fast regelmäßigen Wechsel von sehr langen und kurzen Sätzen. Der auf Kontraste abzielenden äußeren Form entspricht eine hoch entwickelte Vielfalt im Ausdruck, für die dem Dichter sowohl der Wortschatz des Singhalesischen wie praktisch der gesamte Wortschatz des Sanskrit zur Verfügung stand. Der traditionellen singhalesischen Literaturwissenschaft gilt bis heute der *Saddharmālaṅkāraya* als das vorzüglichste Werk der Kunstprosa Ceylons.
Inhaltlich fällt der – überhaupt in jener Zeit in Ceylon zu beobachtende – Einfluß der buddhistischen Sanskrit-Literatur auf; man kann literarische Beziehungen zur *Jātakamālā* von ĀRYAŚŪRA und zu ähnlichen Werken feststellen. Dharmakīrtis Anliegen war es, eine zusammenfassende Darstellung der buddhistischen Religion zu bieten; das der *Rasavāhinī* entnommene Erzählungsmaterial wurde deshalb durch Einleitungskapitel ergänzt, die hauptsächlich von der Predigt der Religion und (in einer diesem Werk eigentümlichen Anordnung des Stoffes) von den Bodhisattva-Gelübden des Buddha in seinen früheren Existenzen handeln, sowie durch ein Schlußkapitel über den zukünftigen Buddha Metteyya (Maitreya). – Die Darstellung seiner Stoffe, in die der Dichter viele Züge des zeitgenössischen Lebens hat einfließen lassen, läßt Dharmakīrtis Werk auch als Quelle für die Kenntnis der Kultur-, Religions- und Sozialgeschichte Ceylons von hohem Werk erscheinen. H.Bt.

AUSGABEN: Colombo 1889–1898, Hg. Mahagoḍa Ñāṇissara u. Kaluṭara Sārānanda. – Pānadurā 1934, Hg. Bentara Śraddhātiṣya. – Colombo 1954, Hg. Kiriälle Ñāṇavimala.

ÜBERSETZUNG VON AUSZÜGEN (engl.): C. H. B. Reynolds, *An Anthology of Sinhalese Literature up to 1815*, London 1970, S. 233–265.

LITERATUR: C. E. Godakumbura, *Sinhalese Literature*, Colombo 1955, S. 89–93.

## DHARMASENA

13.Jh. Ceylon (heute Sri Lanka)

### SADDHARMARATNĀVALIYA

(singhal.; *Die Edelsteinreihe des guten Dharma* [d. h. der buddhistischen Religion]). Buddhistisches Werk von DHARMASENA. – Die in klassischer singhalesischer Prosa geschriebene *Saddharmaratnāvaliya* ist eine Bearbeitung der von BUDDHAGHOSA (5. Jh.) in Pāli abgefaßten *Dhammapadaṭṭhakathā (Kommentar zum Dhammapada)*. Die *Dhammapadaṭṭhakathā* enthält volkstümliche Erzählungsstoffe, Legenden und erbauliche Geschichten in Form von Predigten, die dem Buddha zugeschrieben werden und zu denen jeweils ein oder mehrere Verse des *Dhammapada* gehören. Der Verfasser der *Saddharmaratnāvaliya*, ein ceylonesischer buddhistischer Mönch, hat die Vorlage frei wiedergegeben und oft durch Zusätze erweitert. Die Bearbeitung unterscheidet sich von der Vorlage insbesondere durch die schärfere Charakterisierung der Personen, durch einen ausgeprägten Sinn für Humor und durch zahlreiche Hinweise auf das Leben der Dorfbevölkerung. Die Sprache des Textes beruht auf der Sprache der volkstümlichen buddhistischen Predigt, die sich zu allen Zeiten gern der Erzählungen des *Dhammapada-Kommentars* bediente. Dharmasenas Werk ist insofern ein Vorläufer der singhalesischen *Jātaka*-Übersetzung von PARĀKRAMABĀHU IV. (14. Jh.), wobei freilich Dharmasena der Volkssprache weniger entgegenkommt als Parākramabāhu. Die *Saddharmaratnāvaliya* ist bis heute eines der beliebtesten Werke der klassischen singhalesischen Literatur geblieben; insbesondere moderne singhalesische Autoren, die sich von dem vorherrschenden gelehrten Stil der späteren klassischen Literatur frei machen wollten, haben sich von Dharmasenas Werk beeinflussen lassen. H.Bt.

AUSGABEN: Colombo 1929–1934, Hg. D. B. Jayatilaka. – Colombo 1953, Hg. M. Piyaratana. – Colombo 1954, Hg. V. Amaramoli. – Colombo 1961, Hg. K. Ñāṇavimala.

ÜBERSETZUNG VON AUSZÜGEN (engl.): C. H. B. Reynolds, *An Anthology of Sinhalese Literature up to 1815*, London 1970, S. 192–212.

LITERATUR: C. E. Godakumbura, *Sinhalese Literature*, Colombo 1955, S. 81–88.

## ROLFES ROBERT REGINALD DHLOMO

* 1901 Siyamu bei Pietermaritzburg
† 1971 Siyamu

### AN AFRICAN TRAGEDY

(engl.; *Eine afrikanische Tragödie*). Roman von Rolfes Robert Reginald DHLOMO (Südafrika), erschienen 1928. – Dhlomos erster Roman, sein einziger auf englisch, ist zugleich der erste veröffentlichte Roman eines schwarzen Südafrikaners über-

haupt. Herausgegeben von der Lovedale Mission, die ihn als »Beitrag zur Verhinderung des Niedergangs des Lebens der Eingeborenen in den Großstädten« vorstellte, wird das Werk des erst siebenundzwanzigjährigen, als Schreibkraft bei den Bergwerken von Johannesburg arbeitenden Autors, der regelmäßige Beiträge für die Zeitung ›Ilanga lase Natal‹ schrieb, von dem tiefen christlichen Glauben eines auf Missionsschulen erzogenen jungen Mannes und von der Beobachtungsgabe eines angehenden Journalisten getragen.
Der im Untertitel als *»A Novel in English by a Zulu Writer«* bezeichnete Roman ist eher eine in fünf Kapitel gegliederte Erzählung. Der Autor hat sein Werk als *»Ergebnis seiner Untersuchung der Faktoren, die den Frieden und die Glückseligkeit der neugegründeten Herde der Jungvermählten untergraben«* beschrieben. Dies erläutert er anhand des traurigen Schicksals eines Paares, Robert Zulu und Jane Nhlauzeko. Um den von Janes Vater sehr hoch angesetzten Brautpreis zahlen zu können, begibt sich der christliche Lehrer Robert auf Arbeitsuche nach Johannesburg. Dort gerät er in schlechte Gesellschaft, wird zum Trinker, besucht Bordelle. Als er sich nach der Sperrstunde für Schwarze ohne Erlaubnis in der Stadt aufhält, sucht er Unterschlupf im Hause eines Freundes. Dort wird er in ein Kartenspiel verwickelt, das einen tödlichen Ausgang findet. Obwohl unschuldig, flüchtet er nach Hause, um seiner Verhaftung zu entgehen. Als nach der Hochzeit mit Jane keine Kinder zur Welt kommen, wird auch ihr – wie es der Tradition entspricht – vorgeworfen, daran mitschuldig zu sein. Das Kind, um das Jane Gott angefleht hat und das sie dann auch bekommt, erblindet und stirbt. Sie zweifelt nach diesem Schicksalsschlag an der Existenz Gottes. Robert, der Trunksucht erneut verfallen, wird schließlich von zwei Männern, deren Frauen er verführt hat, vergiftet. Auf dem Sterbebett bekennt er, in Johannesburg geschlechtskrank geworden zu sein – und so auch den Tod des eigenen Kindes verschuldet zu haben. Einen Priester bittet er, für ihn zu beten.
Der Einfachheit dieser Geschichte entspricht die Schlichtheit des Stils, dessen moralisierender Ton durch Bibelzitate und didaktische Exkurse des Autors erhöht wird. Dhlomos Roman ist ein Dokument der frühen Industrialisierungsphase Südafrikas. Robert Zulu verkörpert exemplarisch die Konfliktsituation des entwurzelten Afrikaners zwischen Traditionsgebundenheit in den ländlichen Gebieten einerseits und den sozialen Folgen der Verstädterung andererseits: in die Stadt fährt er, um sich den Brautpreis zu verdienen; dort verfällt er dem Laster.
Dhlomos Kritik erschöpft sich aber nicht in christlicher Empörung über die Auswirkungen von Alkoholismus und Immoralität auf das Familienleben der Schwarzen: Er zeigt, wie Glaube und Bildung zunichte gemacht werden, sorgt sich um die Gefährdung der schwarzen Einheit und prangert die seit 1913 in Kraft getretene Politik der Rassentrennung (Passgesetze usw.) an, die das Leben eines Robert Zulu bestimmt. Die Bedeutung des Romans liegt in der Thematisierung der bis heute existierenden Probleme und Erfahrungen vieler schwarzer Südafrikaner, die, um Arbeit zu finden, in die Großstädte ziehen und sich dort mit den Bestimmungen einer fremden Gesetzgebung konfrontiert sehen. Damit begründete er den in Südafrika unter der Rubrik »Jim comes to Jo'burg« bekannten Romantypus, dessen berühmtestes Beispiel Alan PATONS *Cry, the beloved country* (1948) ist. G.V.D.

AUSGABE: Lovedale 1928.

LITERATUR: Anon.; Rez. (in Ilanga lase Natal, 11. 1. 1929). – A. S. Gérard, *Four African Literatures: Xhosa, Sotho, Zulu, Amharic*, Berkeley 1971, S. 220–225. – English in Africa, 2, 1975, Nr. 1 [Sondernr. *R. R. R. D.*]. – T. Couzens, *The New African. A Study of the Life and Work of H. I. E. Dhlomo*, Johannesburg 1985, S. 57–62.

## BAKARY DIALLO

* 1892 M'Bala
† 1980 M'Bala

LITERATUR ZUM AUTOR:
R. Cornevin, *Hommes et Destins IV*, Paris 1981, S. 252–253. – D. S. Blair, *Senegalese Literature*, Boston, S. 42–44. – *European Language Writing in Sub-Saharan Africa*, Hg. A. Gérard, Budapest 1986, S. 118–121.

### FORCE-BONTÉ

(frz.; *Die große Güte*). Autobiographischer Roman von Bakary DIALLO (Senegal), erschienen 1926. – Diallos Roman gehört zu den ersten fiktionalen Texten, die von Afrikanern in französischer Sprache verfaßt wurden. Der Erzähler schildert aus naiver Perspektive seine Jugend als Rinderhirte, den Dienst in der französischen Kolonialarmee und seine Genesungsjahre in Krankenhäusern in Frankreich nach dem Ersten Weltkrieg. Die Handlung umspannt die Zeit von etwa 1895 bis 1925 und spielt in Senegal, Marokko und Frankreich. Der Roman gehört zum Typus der Lebenserinnerungen eines afrikanischen Kolonialsoldaten, eines sogenannten »tirailleur sénégalais«. Es handelt sich um die Arbeit eines Autodidakten, der nicht die geringste Schulbildung besaß und die Kenntnis der französischen Sprache im harten Selbststudium während der Soldatenjahre erworben hatte. Der Titel *Force-Bonté* verweist auf die optimistische Grundhaltung des Autors, der trotz seiner Verwundung und Diskriminierungen an die Möglich-

keit der Gleichberechtigung und der Verständigung aller Völker glaubt und der, obwohl er Soldat ist, energisch die Prinzipien der Gewaltlosigkeit und gegenseitigen Liebe vertritt.
In der Form einer Ich-Erzählung berichtet der Autor von seiner Kindheit als Schaf- und Rinderhirte in dem Dorf M'Bala im Norden Senegals. Von dort zieht es ihn nach Saint-Louis, wo sich damals das Zentrum der französischen Kolonialverwaltung befand. Da ihm die schwere körperliche Arbeit, mit der er seinen Lebensunterhalt verdienen muß, nicht behagt, verpflichtet er sich, inzwischen achtzehnjährig, zusammen mit seinem Freund Demba Sow für vier Jahre zum Dienst in der französischen Kolonialarmee. Ein Schiff bringt die Soldaten von Dakar nach Casablanca, wo die französische Kolonialarmee im Kampf gegen aufsässige Berbervölker eingesetzt wird. Als bedingungslosen Anhänger der französischen Zivilisationsidee und ihrer qualitativen Überlegenheit überrascht den Erzähler der Widerstand der einheimischen nordafrikanischen Bevölkerung. Er glaubt, alle Völker müßten wie er selbst von der »zivilisatorischen Mission« der Franzosen überzeugt sein und sich ihrer Oberherrschaft bereitwillig unterordnen. Als der Erste Weltkrieg ausbricht, kommt Bakary Diallo nach Frankreich und wird an der Marne-Front eingesetzt. Infolge einer schweren Kieferverletzung, die ihm das Sprechen und Essen beschwerlich macht, wandert er von einem Krankenhaus zum anderen. Er findet keine Heilung und wird von den Ärzten mitunter schlecht behandelt. Bakarys Glaube an die große Güte Frankreichs *(Force-Bonté)*, zu der er sich nach wie vor bedingungslos bekennt, wird durch die Ereignisse desavouiert. Er erfährt, wie Zehntausende anderer afrikanischer Soldaten im Dienste Frankreichs die ganze Härte des Widerspruchs zwischen den Versprechungen und Losungen der Rekrutierungskampagnen sowie der Kriegspropaganda und der bitteren Not seiner Lage. Als er am Ende des Romans aus der Armee entlassen wird, irrt er ziellos in Paris umher und befindet sich im Ungewissen darüber, ob er eine Invalidenrente bekommen wird.
Der autobiographische Roman ist bis in die 60er Jahre als kolonialapologetische Schrift ohne literarischen Wert nahezu unbeachtet geblieben. Heute gilt er als Pionierwerk der europäischsprachigen Literatur Afrikas, in dem sich hinter einer zeitbedingten Verherrlichung Frankreichs eine eigenständige afrikanische Stimme in der Sprache des französischen Kolonialherrn Gehör verschafft. Das überschwengliche Lebensgefühl und das spezifische Realitätsbewußtsein eines einfachen afrikanischen Kolonialsoldaten, der mühelos von der begrenzten Welt seines senegalesischen Heimatdorfes zu universellen Gedanken über die Einheit des Menschengeschlechtes fortschreitet, kommen hier in klassischer Einfachheit und Unmittelbarkeit zum Ausdruck. P.S.D.

AUSGABEN: Paris 1926. – Nendeln 1973. – Dakar 1985 [m. Einl. v. M. Kane].

LITERATUR: D. S. Blair, *»Force-Bonté«* (in A. Kom, *Dictionnaire des œuvres littéraires négro-africaines de langue française*, Sherbrooke 1983, S. 261–262).

## DI'AN SHANREN

d. i. Chang Boshan
17. Jh.

### PING SHAN LENG YAN

(chin.; *Ping, Shan, Leng und Yan*.) Roman in zwanzig Kapiteln, dessen Titel aus den Familiennamen der vier Helden – zwei junge Literaten (Ping, Yan) und zwei junge Mädchen (Shan, Leng) – gebildet ist, entstanden Anfang der zweiten Hälfte des 17. Jh.s, erschienen 1680. – Sein Autor ist nur unter dem Pseudonym DI'AN SHANREN bekannt; der Philologe SHENG BOER (18. Jh.) identifizierte dieses erstmalig mit ZHANG SHAO (erscheint meist unter seinem Großjährigkeitsnamen als Chang Boshan), worin ihm seitdem nahezu alle Literaturhistoriker gefolgt sind.
Die Handlung des Romans spielt in einer nicht lokalisierbaren Vergangenheit. Als ein Hofastrologe von Anzeichen berichtet, daß ein literarischer Genius aufgetaucht sein müsse, befiehlt der Kaiser, diesen ausfindig zu machen, und stellt zu diesem Zweck seinen Beamten die Aufgabe, Gedichte über eine weiße Schwalbe zu schreiben, deren er gerade ansichtig geworden ist. Doch das Ergebnis des literarischen Wettbewerbs fällt unbefriedigend aus. Da präsentiert der Kanzler Shan Xianren ein Gedicht seiner zehnjährigen Tochter Shan Dai, in der man daraufhin den neuen Stern am Himmel der Poesie erkennt. Shan Dai wird sogar vom Kaiser empfangen und beschenkt. In der Folgezeit bildet sie ihr Talent weiter aus und wird auch in anderen Künsten, wie der Kalligraphie, berühmt. Als sie sich in einem Gedicht über einen jungen Edelmann lustig macht, wittern ihre Feinde und Neider die Chance zu einer Verleumdungskampagne, die jedoch auf die Verleumder selbst zurückschlägt, nachdem Shan Dai als Siegerin aus einem literarischen Wettbewerb hervorgegangen ist, den der Kaiser eigens hat austragen lassen. Nun erscheint das arme Dorfmädchen Leng Jiangxue auf der Szene, das sich ebenfalls früh in der Dichtkunst geübt hat. Sie wird an die Familie des Kanzlers Shan verkauft, wo man ihre Begabung entdeckt, und auch sie wird rasch mit ihren Gedichten am Kaiserhof bekannt. Im Zusammenhang mit Leng Jiangxue taucht nun Ping Ruheng auf, ein junger Student, der sie auf dem Weg von ihrem Dorf zur Familie Shan in die Hauptstadt kennengelernt hat; über ihn findet auch sein Freund, der brillante Poet Yan Baihan, Kontakt zu den beiden Mädchen. Eine Reihe von Verwicklungen, unter anderem auch li-

terarische Wettkämpfe, in denen die beiden Mädchen die jungen Männer ausstechen, treibt die Handlung dann etwas umständlich und nicht sehr überzeugend voran, bis eine Doppelhochzeit, herbeigeführt auch durch den Willen des Kaisers, das Buch beschließt. Nachdem die beiden aufstrebenden Studenten die höchsten Staatsexamina als Beste absolviert haben (dies ist geradezu eine Stereotype im Leben chinesischer Romanhelden), heiratet Yan Baihan die Shan Dai und Ping Ruheng wird mit Leng Jiangxue vermählt.

Vom literaturästhetischen Standpunkt aus kann der Roman kaum Interesse beanspruchen. Auch die Beispiele, die von der so hochgelobten Dichtkunst der vier tragenden Figuren gebracht werden, erweisen sich als fast peinlich mittelmäßig. Was das Buch lesenswert macht, ist sein soziologischer Gehalt. Es vermittelt ein anschauliches Bild von der verfeinerten Bildung der chinesischen Oberschicht, insbesondere aber von der Anerkennung, die sich begabte Frauen in ihr erobern konnten. R.T.

AUSGABEN: o. O. 1680. – Shanghai 1932. – Taipei 1980 (in *Zhongguo jindai xiaoshuo liaohui*, Bd. 20; Nachdr.).

ÜBERSETZUNG: *Les deux jeunes filles lettrées*, St. Julien, 2 Bde., Paris 1826; [2]1860 [frz.].

LITERATUR: Kong Lingjing, *Zhongguo xiaoshuo shiliao*, Shanghai 1957, S. 150 f. – Sun Kaidi, *Zhongguo tongsu xiaoshuo shumu*, Peking 1957, S. 133 f. – *Zhongguo wenxue shi*, Bd. 2, Peking 1958, S. 358–360. – Lu Hsun, *A Brief History of Chinese Fiction*, Peking 1959, S. 248–251. – Meng, *Zhongguo xiaoshuo shi*, Bd. 3, Taipeh 1966, S. 459 f. – W. B. Crawford, *Beyond the Garden Wall: A Critical Study of Three »Ts'ai-tzu chia jeh« Novels*, Diss. Indiana Univ. 1972. – R. C. Hessney, *Beautiful, Talented and Brave: Seventeenth-Century Chinese Scholar-Beauty Romances*, Diss. Columbia Univ. 1979.

## ANDRÉ DIAS

auch Andreas Hispanus, Andreas de Escobar, Andreas de Rendufe

* 1348 Lissabon
† 1440 (?)

LITERATUR ZUM AUTOR:
M. Candal, *A. de E., Tractatus polemico-theologicus de Graecis errantibus*, Madrid/Rom 1952. – A. D. de Sousa Costa, *Mestre André Dias de Escobar, figura ecuménica do século XV*, Rom/Porto 1967. – M. Martins, *Introdução histórica à vidência do tempo e da morte, I*, Braga 1969, S. 75–91. – Ders., *Alegorias, símbolos e exemplos morais da literatura portuguesa medieval*, Lissabon 1975, Kap. 26.

### LAUDAS E CANTIGAS SPIRITUAAES E ORACOOES CONTEMPLATIUAS

(portug.; *Lauden, geistliche Lieder und betrachtende Gebete*). Religiöses Erbauungsbuch von André DIAS. – Während eines Aufenthalts in Florenz stellte der siebenundachtzigjährige portugiesische Benediktinerabt, der als Bischof, Prediger, Universitätslehrer und theologischer Schriftsteller in der Kirchen- und Konzilpolitik seiner Zeit eine bedeutende Rolle spielte, 1435 für die von ihm drei Jahre zuvor in Lissabon begründete »Bruderschaft vom Namen Jesu« dieses Erbauungsbuch zusammen. Nach dem Vorbild der von gewissen Laienbruderschaften in Italien seit dem späten 13. Jh. gepflegten volkssprachlichen religiösen Laudendichtung verfaßte der lyrisch weniger begabte Geistliche zahlreiche zwischen Vers und rhythmischer Prosa schwankende, formal sehr uneinheitliche und freie Stücke, die unter musikalischer Begleitung im Verlauf des Kirchenjahres bei liturgischen Anlässen verwendet wurden. Zur musikalischen, ja geradezu szenischen Darbietung seiner Lobgesänge ruft der Mönch ausdrücklich in der Vorrede seiner Sammlung auf. Die unterschiedlich als *cantares, canticas, laudas, hymnos* und *prosas* bezeichneten und großenteils unveröffentlichten Texte (in der Nationalbibliothek Lissabon, cod. illum. 61) stehen in der mittelalterlichen portugiesischen Literatur einzigartig da. Dias versprach sich von der Umformung der italienischen *laude* eine erneuernde und belebende Wirkung auf die religiöse Dichtung und Musik seines Landes, fand jedoch offensichtlich keine Nachfolge.

Er behandelt in Form von Betrachtungen und Gebeten Gestalten und Begebenheiten der Heilsgeschichte, das Leben und Leiden Jesu, das Leben Mariens und der Heiligen sowie die Glaubenswahrheiten und die Eucharistie. Nur selten werden dabei Vorlagen aus dem Schatz kirchlicher Sequenzen und Hymnen oder Lauden von IACOPONE DA TODI übersetzt bzw. paraphrasiert (wie z. B. *Jubilus rhythmicus de nomine Jesu* und *Del pianto de la chiesa redutta a mal stato*). Anregungen aus den *Psalmen*, dem *Hohenlied*, der geistlichen mittellateinischen Dichtung und den italienischen Lauden fließen – mannigfaltig abgewandelt – ineinander. Rhythmische lateinische Strukturen lassen sich erkennen, wenngleich die Handschrift keine Versabteilung gibt. Reime und Refrains wirken zuweilen hämmernd eintönig. Sie unterstreichen den psalmodierenden, litaneiartigen Eindruck der Lobgesänge, deren Sprache und Bilder von theologisch-asketischen Allgemeinvorstellungen des Mittelalters geprägt sind. Die dialogische und dramatische Anlage einiger Gedichte erscheint bereits bei Iacopone und in den beliebten Marienklagen vorgebildet.

Für die Geschichte der portugiesischen Spiritualität und Volksfrömmigkeit bezeugt das Werk den Einfluß des franziskanischen Armutsideals und der pathetischen, gefühlsbetonten Betrachtung von Jesu Menschsein und Leiden, wie sie das Spätmittelalter liebte. Besonders empfohlen wird die Verehrung des Namens Jesu. Neben allerdings wohl erst nachträglich eingeschobenen und zensierten Äußerungen magischen religiösen Denkens stehen mystische Herzensanmutungen zum *»boo Jhesu«* voll kindlicher Einfalt. D.B.

AUSGABE: Lissabon 1951, Hg. M. Martins [m. Einl. u. Komm.].

LITERATUR: M. Martins, *Estudos de literatura medieval*, Braga 1956, S. 327–348; ern. Lissabon 1969. – Ders., *Ladainhas de N. Senhora em Portugal* (in Lusitania Sacra, 5, 1960/61, S. 121–220).

## ANTÔNIO GONÇALVES DIAS

* 10.8.1823 Caxias
† 3.11.1864 bei Guimarães

LITERATUR ZUM AUTOR:
*Bibliographien:*
J. Montello *G. D.*, Rio 1942. – M. Nogueira da Silva, *Bibliografia de G. D.*, Rio 1942. – Carpeaux, S. 118–125.
*Biographien:*
L. Miguel-Pereira, *A vida de G. D.*, Rio 1943. – M. Bandeira, *G. D., esboço biográfico*, Rio 1952. – Ders., *Poesia e vida de G. D.*, São Paulo 1962. – J. Montello, *G. D. na Amazônia* (in Cultura, 9, Rio 1968, S. 31–46). – A. do Amaral, *A. G. D.: historiador e pesquisador* (in Revista do Instituto Histórico e Geográfico, 72, São Paulo 1975, S. 243–259; m. Teilbibliogr.).
*Gesamtdarstellungen und Studien:*
F. Ackermann, *Die Versdichtung des Brasilianers A. G. D.*, Diss. Hamburg 1938 (portug.: *A obra poética de A. G. D.*, São Paulo 1964). – W. Machado, *G. D. e a expressão social de sua poesia*, Rio 1940. – *G. D., conferências da Acad. Brasileira de Letras*, Rio 1948. – O. M. Garcia, *Luz e fogo no lirismo de G. D.*, Rio 1956. – L. Fagundes Telles, *O indianismo, origens e influências: G. D.* (in Anhembi, 30, 1958, Nr. 88, S. 9–29). – C. Ricardo, *O indianismo de G. D.*, São Paulo 1964. – C. Nunes, *G. D. e a estética do indianismo* (in LBR, 4, 1967, Nr. 1, S. 35–49). – Coutinho, 2, S. 65–129. – A. S. Amora, *O romantismo*, São Paulo ³1970, S. 140–152. – O. B. Silva, *»I Juca Pirama«* (in Brotéria, 97, 1973, Nr. 11, S. 403–415). – D. T. Haberly, *Three Sad Races: Racial Identity and National Consciousness in Brazilian Literature*, Cambridge 1983, S. 18–31. – M. Graf, *G. D. und die Problematik des nationalen Dichters*, Rheinfelden 1985. – Moisés, 2, S. 33–42.

### LEONOR DE MENDONÇA

(portug.; *Leonor de Mendonça*). Drama in drei Akten und fünf Bildern von Antônio Gonçalves DIAS (Brasilien), erschienen 1847. – Dies ist eines der vier Dramen, die *»der erste und bisher unübertroffene Lyriker rein brasilianischer Prägung«* (José Veríssimo) hinterließ, das einzige, das zu seinen Lebzeiten veröffentlicht und aufgeführt wurde, allerdings nur im Staat Maranhão im äußersten Nordosten Brasiliens. Als Dramatiker blieb Dias, den die Zeitgenossen als großen lyrischen Dichter und Schöpfer des romantischen *indianismo* feierten, also nahezu unbekannt. Dabei ist zumindest dieses Stück der übrigen dramatischen Dichtung Brasiliens jener Zeit literarisch durchaus überlegen. Der Stoff – der Mord, den der Herzog von Bragança in einem Anfall von krankhafter Eifersucht an seiner Gattin und deren angeblichem Liebhaber begeht – ist der *História genealógica da Casa Real portuguesa (Familiengeschichte des portugiesischen Königshauses)* von António Caetano de SOUSA (1674–1759) entnommen, doch verwandelt Dias den trockenen Bericht des Chronisten in lebendige dichterische Wirklichkeit. In dem Stück erscheint der Herzog als labiler, leicht erregbarer, von den Schatten der Vergangenheit und düsteren Visionen der Zukunft verfolgter Mensch, dem die sehr viel jüngere, reizvolle, aber durchaus passive Gattin in einer Mischung von Furcht und Achtung gegenübersteht. Zwischen die beiden tritt der junge Alcoforado, dessen jugendliches Feuer durch strenge Erziehung und Charakterreinheit gedämpft wird, und löst die Katastrophe aus.

Nach Absicht des Autors ist die bewegende Kraft des Stücks das Schicksal. Aber es ist, wie er im Vorwort schreibt, ein *»irdisches Schicksal«*, ein Schicksal, *»das nichts Göttliches, sondern nur Menschliches an sich hat, eine Frucht der Umstände ist, unseren Gewohnheiten und unserer Daseinsordnung entspringt«*, ein Schicksal, *»das den Menschen schuldig werden läßt, weil er in einer bestimmten Zeit, in diesen oder jenen Verhältnissen lebt«*. Dies sind erstaunliche Worte in einer Zeit, in der in Brasilien die Romantik ihren Siegeszug antrat. Vom Naturalismus, dessen Theorie sie vorwegzunehmen scheinen, zeigt das Stück jedoch nichts. *Leonor de Mendonça* ist nach Gesinnung und Form ein klassizistisch-romantisches Drama. R.M.P.-KLL

AUSGABEN: Rio 1847. – São Luis do Maranhão 1868/69 (in *Obras posthumas*, 6 Bde., 5). – Rio 1910 (in *Teatro*). – Rio 1972. – Belo Horizonte 1976. – Rio 1979 (in *Teatro completo*).

LITERATUR: R. Jacobbi, *Goethe, Schiller, G. D.*, Pôrto Alegre 1958, S. 46–84. – J. P. Galante de Sousa, *O teatro no Brasil*, Rio 1960. – S. Magaldi,

*Panorama do teatro brasileiro*, São Paulo 1962, S. 67–74. – A. S. Amora, *G. D., dramaturgo* (in Comentário, 6, 1965, S. 366–368). – N. L. Swigger, *G. D.'s Dramas*, Diss. Indiana 1969 (vgl. Diss. Abstracts, 30, 1970, S. 5005A). – D. de Almeida Prado, *»Leonor de Mendonça« de G. D.* (in Revista do Instituto de Estudos Brasileiros, São Paulo 1970, Nr. 8, S. 91–106). – L. Hessel u. G. Raeders, *O teatro no Brasil sob D. Pedro II*, 1.ª parte, Porto Alegre 1979, S. 92–108.

## PRIMEIROS CANTOS

(portug.; *Erste Gesänge*). Gedichte von Antônio Gonçalves DIAS (Brasilien), erschienen 1846. – Die meisten hier vereinigten Gedichte des »ersten großen brasilianischen Romantikers« entstanden in Coimbra, wo der junge Student der Philosophie und Rechtswissenschaft sich dem Kreis um die von João de LEMOS (1818–1890) begründete Zeitschrift ›O Trovador‹ (Der Troubador) anschloß, dessen Mitglieder sich als »kontemplative« Dichter bezeichneten und sich in ihren Dichtungen oft selbst als Kreuzfahrer, Seemann oder Eremit aus dem Mittelalter darstellen. Diese der eigenen nationalen Vergangenheit zugewandte Romantik brachte Gonçalves Dias mit seinen *Primeiros Cantos* nach Brasilien. Dabei ist die nationale Vergangenheit, deren Elemente er aufnimmt, die amerikanische. *Poesias americanas (Amerikanische Gedichte)* lautet bezeichnenderweise der Titel des ersten Teils der Sammlung, der aus sieben Gedichten besteht: *Canção do exílio (Gesang aus dem Exil)*, dann vier Gedichte, in denen der Dichter die indianische Geschichte Brasiliens beschwört: *O canto do guerreiro (Gesang des Kriegers), O canto do piaga (Gesang des Priesters), O canto do índio (Gesang des Indianers) und Deprecação (Anrufung)*, ferner *Caxias (Caxias)* und *O soldado espanhol (Der spanische Soldat)*. Außer den *Poesias americanas* enthält die Sammlung 36 Gedichte, die unter den Titeln *Poesias diversas (Verschiedenes), Visões (Visionen)* und *Hinos (Hymnen)* zu Gruppen zusammengefaßt sind. Uneinheitlich in der Thematik und mannigfaltig in der Form, sind die *Primeiros cantos* in erster Linie wegen der darin enthaltenen *Amerikanischen Gedichte* von Bedeutung. Durch sie gelangte, wie in Portugal Alexandre HERCULANO (1810–1877) sogleich erkannte, eine neue Thematik in die portugiesische Dichtung. Gonçalves Dias gab damit den Anstoß zu einer Entwicklung, die rasch zur völligen Eigenständigkeit der brasilianischen Literatur gegenüber der Literatur des früheren Mutterlandes führen sollte. Formal jedoch steht dieser Dichter ganz in der portugiesischen Tradition und unter dem Einfluß der Strömungen, die er in Portugal kennengelernt hatte. Unter den brasilianischen Romantikern besitzt er die größte formale Variationsbreite, verwendet verschiedene Versmaße oft in demselben Gedicht. Jedoch liegt darin nichts Originelles oder gar Revolutionäres. Gonçalves Dias bleibt durchaus im Rahmen der von Frankreich ausgehenden Modeströmung der Zeit. Doch besticht er *»durch die brasilianische Intensität seiner Empfindungen und durch die bemerkenswerte Harmonie seines Verses«* (Ébion de Lima). R.M.P.-KLL

AUSGABEN: Rio 1846. – São Paulo 1944 (in *Obras poéticas*, Hg. M. Bandeira; m. Einl.; krit.); [5]1969. – Rio 1965 (in *Poesias completas*; völlig rev. Ausg.; Einl. J. Montello u. M. Nogueira da Silva; ern. 1971).

LITERATUR: H. J. Rogmann, *Die Thematik der Negerdichtung in spanischer, französischer und portugiesischer Sprache*, Diss. Mchn. 1966. – M. Franzbach, *G. D.s »Canção do exílio« und Goethes »Mignon«* (in GRM, N. F., 19, 1969, S. 270 –277). – G. Müller, *Das Gedicht »Minha terra tem palmeiras« von A. G. D. und Goethes Mignon-Lied* (in Boletín de Estudios Germánicos, 9, Córdoba 1972, S. 263–272). – P. A. Brandt, *La chanson de l'exile, ou l'euphorie de contrat* (in Lingua e Stile, 8, Bologna 1973, S. 539–544). – C. Segre, *»La Canção do exílio« di G. D. ovvero le strutture del tempo* (in Strumenti critici, 7, 1973, S. 186–215).

## OS TIMBIRAS

(portug.; *Die Timbiras*). Epische Dichtung von Antônio Gonçalves DIAS (Brasilien), erschienen 1857. – Gonçalves Dias, der als erster die indianische Vergangenheit Brasiliens für die portugiesische Dichtung thematisierte (vgl. *Primeiros cantos*), ist allerdings nicht der erste brasilianische Dichter, bei dem die Indianer in einem epischen Gedicht auftreten. Schon in den Epen *O Uruguai*, 1769 *(Uraguay)*, von José BASÍLIO DA GAMA (1740 bis 1795) und *Caramuru*, 1781 *(Caramuru)*, von Frei José de SANTA RITA DURÃO (um 1722–1784) war dies der Fall. Während aber bei Gama und Santa Rita Durão der Indianer nur im Verhältnis zum weißen Mann – sei es als Opfer des Kolonialsystems der Jesuiten oder als dekorative Figur im Szenarium der ersten Jahrhunderte brasilianischen Lebens – dargestellt wird, ist bei Gonçalves Dias der Indianer selbst Gegenstand seiner epischen Dichtung, die als eine Art »amerikanische Ilias« gedacht war.

Der Verlauf der Handlung wird, da das Gedicht unvollendet geblieben ist (nur die ersten vier Gesänge liegen vor), nicht recht klar. Am Arm verwundet durch einen Unterführer der Gamelas, stellt Itajuba, der Häuptling der Timbiras, den Gegner zum Kampf und besiegt ihn. Den Friedensboten Jurucei, den er danach an den Stamm der Gamelas entsendet, empfängt Häuptling Gurupema mit allen Zusicherungen und Ehren, die das Gastrecht vorschreibt, versammelt jedoch insgeheim die Seinen zum Kriegsrat, der einen Rachezug gegen die Timbiras beschließt. Jurucei, der mit der ganzen Arroganz und Selbstsicherheit des furchtlosen Helden den versammelten Kriegern der Gamelas entgegentritt, beschimpft den

Häuptling offen als einen feigen Schwächling und droht mit der Rache der Timbiras.
Seine Absicht, das Leben des Indianers in seiner rauhen, kriegerischen Ursprünglichkeit darzustellen, verwirklicht Gonçalves Dias nicht immer. Charakter und Verhaltensweise seiner Helden sind von Elementen eines vornehmen, »zivilisierten« Heldentums bestimmt, und das Liebesverhältnis zwischen Itajuba und Coema, das sich inmitten der kriegerischen Ereignisse anspinnt, besitzt die ganze Scheu und Zärtlichkeit »zivilisierter« Liebe. Ursprünglich und echt sind dagegen die tiefe Anteilnahme und Sympathie, die Gonçalves Dias dem Indianer und seinem tragischen Schicksal entgegenbringt. So unterbrechen zu Beginn des dritten Gesangs den Gang der Handlung die Klage des Erzählers über die *»drei herrlichen Dörfer Itajubas«*, die jetzt *»versteinert unter der Erdkruste ruhen«*, und die Anklage gegen die Zerstörungswut des weißen Mannes: *»So will ich, bescheidener Sänger des erloschenen Volkes, klagen in den weltweiten Gräbern, die da reichen vom Meer zu den Anden und vom La Plata zum breiten Süßwassermeer des Amazonas.«* Gegen die Ausrottung der Eingeborenen, die Wegnahme ihres Bodens durch die Europäer lehnt der Dichter sich auf. Wie die römischen Wachsoldaten um Christi Rock, so stritten sich um das Land, das den Indianern gehörte: *»Handelsschiffe aus Holland, Galeonen aus Spanien, Fregatten aus Frankreich und Karavellen und Schiffe aus Portugal«*. Mit ernster, drohender Warnung beschließt der Dichter das düstere Bild: *»Die Verbrechen der Völker vergißt Gott nicht.«*. M.A. de C.B.S.

AUSGABEN: Lpzg. 1857. – São Paulo 1944 (in *Obras poéticas*, Hg. M. Bandeira; m. Einl.; krit.); [5]1969. – Rio 1959 (in *Poesia completa*; Einl. A. Houaiss). – Rio 1965 (in *Poesias completas*; völlig rev. Ausg.; Einl. J. Montello u. M. Nogueira da Silva; ern. 1971).

## JORGE DÍAZ

* 20.3.1930 Rosario / Argentinien

### LAS CICATRICES DE LA MEMORIA

(span.; *Ü: Die Narben der Erinnerung*). Drama in zwei Akten von Jorge DÍAZ (Chile), Uraufführung: Madrid, 23. 2. 1987, Teatro de Bellas Artes; deutsche Erstaufführung als Hörspiel im Westdeutschen Rundfunk, 23. 10. 1988. – Das 1985 mit dem »Premio Tirso de Molina« ausgezeichnete Stück ist das jüngste von bisher 57 aufgeführten Werken (davon 22 für das Kindertheater) des seit 1968 in Spanien lebenden Autors. Einige davon wurden auch im deutschen Sprachraum auf die Bühne gebracht, so *El lugar donde mueren los mamíferos*, 1963 (*Der Ort, an dem die Säugetiere sterben*), *Variaciones para muertos de percusión*, 1964 (*Variationen für Tote mit Schlagzeug*), *Mata a tu prójimo como a ti mismo*, 1974 (*Töte deinen Nächsten wie dich selbst*), *Toda esta larga noche*, 1978 (*Diese ganze lange Nacht*), *Piel contra piel*, 1982 (*Zahn um Zahn*), und *Fulgor y muerte de Pablo Neruda*, 1984 (*Glanz und Tod Pablo Nerudas*).
Nach vierzehn Jahren Ehe sind Ana und Teo am Ende und wollen auseinandergehen. Die letzten gemeinsamen Stunden in der Wohnung dienen der Gütertrennung: Schallplatten, Bücher, Küchengeräte usw. Mit all diesen Dingen sind Erinnerungen an die gemeinsamen Jahre, ihre Vorgeschichte und die allmähliche Zerstörung ihrer Beziehung verbunden. Gefunden hatten sich die Tochter aus wohlhabendem Hause auf dem Land und der Sohn aus einfacher Familie im gemeinsamen Kampf gegen Franco und die Repression der letzten Jahre seines Regimes. Typische Angehörige der »68er-Generation« sind die beiden, in deren Lebenshaltung sich Politisches und Privates unteilbar und undurchdacht vermischt hat. Als Teo ein Stipendium nach Berkeley erhalten hatte, zwang Ana ihn – im zweiten Monat schwanger – in eine Ehe, die nun nach vierzehn Jahren ihr klägliches Ende findet. Dazwischen lag das Ende der Franco-Ära, der Neubeginn, den Ana für Teo erfolgreich zu regeln schien, denn ihre guten Verbindungen haben Teos gesellschaftlichen und beruflichen Aufstieg garantiert bis zu einer Funktion bei den europäischen Behörden in Brüssel. Die Anpassungen haben in diesen Jahren jedoch alles aufgebraucht, was einst unveräußerliche gemeinsame Überzeugung zu sein schien. Übrig geblieben sind Verletzungen und Bitterkeit, Narben bürgerlicher Beziehungslügen wie dünner Schorf über nässenden Wunden des Verrats und der Enttäuschung. Alles läßt sich teilen – bleibt nur noch das Kind. Mitten im Streit um dieses Kind zwingt der Sohn die Eltern, sich noch einmal der gescheiterten Gemeinsamkeit zu stellen, statt sie – ohne Auseinandersetzung – zu verlassen. Vielleicht haben sie am vorläufigen Ende die Chance für einen neuen Anfang, denn sie stellen fest, daß sie sich gegenseitig brauchen.
Díaz bezeichnet *Las cicatrices de la memoria* im Untertitel als *»Diálogo costumbrismo con humor«*. Ein böser Humor, keineswegs grotesk, sondern zwischen Trauer und Lächerlichkeit die Gewichte verschiebend, kennzeichnet diese dramaturgisch einfach gebaute, in der Personenführung erschreckend und glaubwürdig schonungslos geschilderte Ehegeschichte, die zugleich ein kritisches Porträt Spaniens darstellt. Stellvertretend für die »Generation der 68er« mit ihren gescheiterten Hoffnungen und selbstverschuldeten Enttäuschungen vollzieht dieses Paar eine Art Trauerarbeit. Als Geschichte einer Ehe, als Bild der spanischen Entwicklung der letzten fünfzehn Jahre, in der es viele Parallelen zu deutschen Erfahrungen der gleichen Generation gibt, leistet das Stück eine unsentimentale und doch bewegende, Privates und Politisches klug vermischende Vergangenheitsbewältigung und Ge-

genwartsbestimmung. Díaz charakterisierte sich selbst als einen »untypischen« Theaterautor und begründet dies mit seiner Biographie. *»In Chile habe ich eine Reihe von Stücken geschrieben, die dem lateinamerikanischen ›costumbrismo‹ zuzurechnen sind; in Spanien sehe ich mich einerseits als Zeuge für das, was in Lateinamerika geschieht, andererseits schreibe ich aus dem spanischen Kontext heraus.«* H.Kg.

AUSGABE: Madrid 1986.

ÜBERSETZUNG: *Die Narben der Erinnerung*, W. Zurbrüggen, Köln 1988 [Hörspielms.]. – Ffm. 1988 [Fischer Textbuch].

LITERATUR: G. W. Woodyard, *J. D. and the Liturgy of Violence* (in *Dramatists in Revolt*, Austin/Ldn. 1976).

## BERNAL DÍAZ DEL CASTILLO

* zwischen Okt. 1495 und März 1496 Medina
† 3.2.1584 Mexiko

### HISTORIA VERDADERA DE LA CONQUISTA DE LA NUEVA ESPAÑA

(span.; *Wahrhafte Geschichte der Eroberung Neuspaniens*). Erlebnisbericht von Bernal DÍAZ DEL CASTILLO, erschienen 1632. – Diese 240 Kapitel umfassenden Kriegserinnerungen eines Veteranen Cortés' zählen zu den zuverlässigsten und reichhaltigsten Quellen für die Eroberungsgeschichte Mexikos und sind zugleich eine der lebendigsten Chroniken, die in spanischer Sprache geschrieben wurden. Der Verfasser, der die Feldzüge des großen Konquistadors als einfacher Soldat mitgemacht hat und sich rühmt, er habe in 119 Schlachten gekämpft, ist das genaue Gegenteil des Rhetorikprofessors Francisco LÓPEZ DE GÓMARA, dessen *Historia general de las Indias* er mit grimmiger Ironie bedenkt. Rein aus dem Gedächtnis schreibt er, der fast Siebzigjährige (das Werk entstand zwischen 1557 und 1562), seinen Bericht nieder, ohne sich um stilistische oder formale Probleme zu kümmern, ja, er macht sich über die geschliffene Sprach Gómaras sogar lustig und kehrt bewußt den rauhen Krieger hervor. Die Heldenverklärung, die Gómara dem Feldherrn angedeihen läßt, ärgert ihn, und er betont den Anteil der Kameraden – nicht zuletzt auch den eigenen – an dem großen Unternehmen, ohne Cortés unrecht zu tun. Andererseits verurteilt er aber auch aus seiner offenen Sympathie für die Indianer heraus das Handeln von Cortés rückhaltlos, so z. B. das Todesurteil über Quauthémoc. Er reduziert den strahlenden Übermenschen auf menschliches Maß und tut das gleiche mit den gewaltigen Schlachtenbildern, die Gómara entwirft. Sein voluminöses Werk besteht aus einer Fülle ungeordneter Einzelheiten und breit ausgeführter Beschreibungen, aber die Sprache ist, obgleich völlig ungeformt, so ursprünglich lebhaft, daß der Leser nicht ermüdet. Díaz del Castillo schildert die »inoffizielle« Seite der Eroberung; er gibt zu, daß es nicht allein heldischer Tatendurst und das Bestreben, *»Gott und Seiner Majestät zu dienen«*, waren, die die Spanier vorantrieben, sondern auch die Hoffnung, *»Reichtümer zu erlangen, die wir Menschen alle gemeinhin zu suchen pflegen«*. Er zeichnet genaue physische und charakterliche Bilder seiner Kameraden – *»ich erinnere mich so deutlich an alle, daß ich ihre Gesichter malen könnte«* –, beschwört die Mühsale der langen Märsche, die Angst vor jeder Schlacht herauf und versagt auch den Gegnern die Anerkennung nicht, etwa dem Aztekenkaiser Moctezuma, nach dessen tragischem Tod er sagt: *»Wir liebten ihn alle wie einen Vater, und das ist kein Wunder, wenn man bedenkt, wie gütig er war.«*
In dem Satz, mit dem der Veteran das Ergebnis der ganzen Expedition zusammenfaßt, klingen auf eigenartige Weise das Gefühl für die Größe des Unternehmens und eine noch immer jungenhafte Freude am Abenteuer zusammen: *»Auf dieser herrlichen Fahrt hatten wir alle unsere Kräfte erschöpft und kehrten wundenbedeckt und arm wie Bettler nach Kuba zurück.«* – Unverkennbar ist der Einfluß der zur Entstehungszeit dieser Chronik in Spanien außerordentlich populären Ritterromane, die auch von den Konquistadoren eifrig gelesen wurden und die ihr Selbstverständnis und ihren Erfahrungshorizont bestimmten. So können die Eroberer die auf sie einstürmenden Realitäten der Neuen Welt nur als *»Zaubereien, wie sie im Amadisroman erzählt werden«* begreifen. Nicht zu Unrecht bezeichnete der kolumbianische Schriftsteller Gabriel GARCÍA MÁRQUEZ (* 1928) dieses Werk deshalb als wichtigen Wegbereiter des lateinamerikanischen *realismo mágico*, einer literarischen Darstellungsform, die von einem Neben- und Ineinander verschiedenster Zeit und Wirklichkeitsebenen geprägt ist. A.F.R.-KLL

AUSGABEN: Madrid 1632, Hg. A. Remon. – Madrid 1853 (*Verdadera Historia de los sucesos de la conquista de la Nueva-España*; BAE). – Mexiko 1955, Hg. u. Einl. J. Ramírez Cabañas. – Mexiko 1960. – Mexiko 1965. – Madrid 1982, Hg. u. Einl. C. Sáenz de Santa María, 2 Bde. [krit.]. – Madrid 1984/85, Hg. u. Einl. M. León-Portilla, 2 Bde. – Madrid 1985 (Austral).

ÜBERSETZUNGEN: *Denkwürdigkeiten des Hauptmanns B. D. del C., oder Wahrhafte Geschichte der Entdeckung u. Eroberung von Neu-Spanien*, Ph. H. Rehfues, 4 Bde., Bonn 1838. – *Wahrhafte Geschichte der Entdeckung u. Eroberung von Mexiko*, G. A. Narciß, Stg. 1965. – Dass., ders., Ffm. 1982.

LITERATUR: R. Iglesia, *Introducción al estudio de B. D. del C. y de su »Verdadera Historia«* (in Filosofiá y Letras, 1, 1941, S. 127–140; auch in R. I.,

*El hombre Colón y otros ensayos*, Mexiko 1944). – C. Saénz de Santa Mariá, *B. D. del C., historia interna de su crónica* (in Revista de Indias, 16, 1956, S. 585–604). – A. Valbuena Briones, *Epica e historia* (in Archivum, 8, 1958, S. 83–110). – J. C. Ghiano, *Veracidad y naturalidad de B. D. del C.* (in Revista de Literatura Argentina e Iberoamericana, 1, 1959, S. 47–73). – J. A. Bardón Rodríguez, *Fuentes y construcción histórica y literaria en la obra de B. D. del C.*, Diss. Madrid 1961. – H. Cervin, *B. D. Historian of the Conquest*, Norman/Okla. 1963 [m. Bibliogr.]. – W. H. Prescott, *History of the Conquest of Mexico*, Ldn. 1963. – J. J. de Madariaga, *B. D. y Simón Ruiz*, Madrid 1966. – M. Rodriguez Fernandez, *B. D. del C. y su concepto de verdad y idealidad* (in Anales de la Univ. de Chile, 124, 1966, S. 17–34). – C. Sáenz de Santa María, *Introducción crítica a la »Historia verdadera« de B. D. del C.*, Madrid 1967. – C. Rublúo, *Estética de la »Historia verdadera« de B. D. de C.* (in CA, 28, 1969, ›S. 179–200). – M. Alvar, *Americanismos en la »Historia« de B. D. del C.*, Madrid 1970. – R. Eberenz-Greoles, *Interioridad y estructura textual en la historia de las Indias: Analisis de fragmentos paralelos de H. Cortés, B. D. del C. y F. Lopez de Gómara* (in TLL, 17, 1979, S. 295–318). – A. J. Cascardi, *Chronicle towards Novel: B. D.'s History of the Conquest of Mexico* (in Novel, 1982, Nr. 3, S. 187–212). – C. Sáenz de Santa María, *Historia de una historia. La crónica de B. D. del C.*, Madrid 1984. – J. G. Johnson, *B. D. and the Women of the Conquest* (in Hispanófila, 1984, Nr. 1, S. 67–77).

## MANUEL DÍAZ RODRÍGUEZ

* 28.2.1871 Caracas
† 24.8.1927 New York

### ÍDOLOS ROTOS

(span.; *Zerbrochene Idole*). Roman von Manuel Díaz Rodríguez (Venezuela), erschienen 1901. – Dieser erste Roman des Autors trägt deutlich autobiographische Züge. Díaz Rodríguez, neben José Enrique Rodó und Enrique Rodríguez Larreta einer der großen Prosaschriftsteller des hispanoamerikanischen Modernismus, hatte in Italien und Frankreich gelebt, kannte Paris, die »zweite Heimat jedes Hispanoamerikaners«, und die verfeinerte ästhetisierende Kunst des Fin de siècle hatte ihn tief beeindruckt. *Ídolos rotos* ist seine pessimistische Antwort auf die Konfrontation mit der Wirklichkeit seines Vaterlands.

Alberto Soria, der Held des Romans, ist zum Studium des Ingenieurwesens nach Paris gegangen, hat aber seine wahre Berufung in der Bildhauerei entdeckt und genießt das kunst- und schönheitstrunkene Leben der französischen Metropole in vollen Zügen. Als er auf Bitten seines kränkelnden Vaters nach Caracas zurückkehrt – voller Ideale und entschlossen, seine künstlerische Tätigkeit daheim fortzusetzen –, wirkt der primitive Materialismus, der in Venezuela herrscht, wie ein Schock auf ihn. Doch er findet rasch Anschluß an die kleine geistige Elite seines Landes und kann sich in Ruhe seiner Arbeit widmen. Mit Maria, einer Freundin seiner Schwester, verbindet ihn eine zarte, romantische Liebe. Dann zieht eine verheiratete Frau ihn in ihren Bann – Teresa Farias, eine Heidin *»mit katholischer Seele«*, fromm und lüstern, mystisch und pervers: *»Zur Liebe brauchte sie eine mystische, das Sinnliche steigernde Atmosphäre«*, um als höchsten Genuß *»zu fühlen, wie sie in die Sünde glitt und unrein wurde, nachdem sie ihre Seele mit Gebeten und Bußübungen von allem Schmutz befreit hatte«*. In der rauschhaften Hingabe an Teresa und an seine Kunst vergißt Soria die Alltagswirklichkeit, bis sie zerstörend in sein Leben eindringt. Über Nacht bricht eine der häufigen Militärrevolten los; an der Spitze seiner zusammengewürfelten Truppen besetzt der siegreiche General die Hauptstadt, die Kunstakademie wird in eine Kaserne verwandelt, alle Bilder und Plastiken, auch die Werke Sorias, werden von der Soldateska besudelt und zerschlagen. Mit Sorias bitteren Worten *»Finis patriae«* endet der Roman.

Im individuellen Schicksal des Helden zeichnet Díaz Rodríguez das Schicksal der ganzen Generation der hispanoamerikanischen Modernisten. Wie Alberto Soria, wie der Autor selbst kamen diese jungen Künstler und Literaten aus sozial, politisch und wirtschaftlich unentwickelten Ländern nach Paris, lernten dort die kosmopolitische Boheme kennen, verfielen dem Dandytum Oscar Wildes, dem Übermenschentum Nietzsches, waren fasziniert vom Symbolismus, von Baudelaires bekennender Verworfenheit, von D'Annunzios Heldenpose und gerieten, wieder in der Heimat, in einen unlösbaren Konflikt zwischen einem künstlerischen Ideal und der sozialen Wirklichkeit, deren Symbol nicht Apoll oder Venus sein konnte, sondern bestenfalls ein *»eingeborener Gott, halb barbarisch, kriegerisch, grausam, ein Gott der Lüsternheit, der Habgier und des Blutrausches«*.

In der Behandlung der Sprache, der die besondere Sorgfalt der Modernisten galt, erreicht Díaz Rodríguez eine außerordentliche Vollkommenheit. Seine Prosa ist vorwiegend lyrisch, bilder- und figurenreich, verschwenderisch im Gebrauch von Metaphern und Epitheta, die ästhetische Eindrükke vermitteln. Die Sprache erschöpft sich nicht in der Funktion des Nennens und Sagens, sie gewinnt Eigenwert im Wohlklang des Worts, in der rhythmischen und melodischen Struktur des Satzes – der Untergang der modernistischen Idole hätte nicht besser ausgedrückt werden können als durch dieses Medium, das sich in seiner Schönheit rechtfertigt, das selbst ein Idol ist. A.F.R.

Ausgaben: Paris 1901. – Madrid o. J. [1919]. – Caracas 1964 (in *Obras completas*, Bd. 1).

LITERATUR: A. Torres-Ríoseco, *M. D. R.* (in A. T.-R., *Novelistas contemporáneos de América*, Santiago de Chile 1940, S. 353–378). – H. Holland, *M. D. R. y la significación de su obra literaria*, Diss. Madrid 1951/52. – O. Araujo, *El modernismo literario* (in Revista Nacional de Cultura, 20, 1958, 126, S. 7–24). – M. de Unamuno, *Una novela venezolana: »Ídolos rotos« de M. D. R.* (in M. de U., *Obras completas*, Bd. 8, Madrid 1958, S. 104–116). – L. Dunham, *M. D. R. Vida y obra*, Mexiko 1959.

## RAMÓN DÍAZ SÁNCHEZ

* 14.8.1903 Puerto Cabello
† 8.11.1968 Caracas

### CUMBOTO. Cuento de siete leguas

(span.; *Cumboto. Erzählung von sieben Meilen*). Roman von Ramón DÍAZ SÁNCHEZ (Venezuela), erschienen 1950. – Sieben Meilen am Meer entlang erstreckt sich der Landbesitz Cumboto, dessen Chronik der Neger Natividad niederschreibt. Der Ich-Erzähler führt kurz in die gegenwärtige Handlung ein und gibt dann rückblickend Kindheitserinnerungen aus den neunziger Jahren wieder: Szenen aus dem Leben der weißen Herren mit den farbigen Arbeitern, die schrittweise Entdeckung der ihn umgebenden Natur, die Freundschaft mit den Kindern seines Herrn, Mord als Selbstjustiz, von Aberglauben geprägte Bräuche der Neger, Totenklagen. – Die Heirat mit der zarten Beatriz Lamarca, die nach schrecklichen Erlebnissen in geistige Umnachtung gefallen ist, macht den groben und herrischen Deutschen Guillermo Zeus zum Besitzer des Gutes. Beider Kinder – Federico und Gertrudis – werden von einer deutschen Erzieherin unterrichtet, bis deren jahrelanges heimliches Liebesverhältnis mit einem Mulatten von Zeus entdeckt und der Liebhaber von ihm niedergeschossen wird. Die Kinder reisen zur weiteren Erziehung nach Europa. Der bis dahin im Herrenhaus geduldete Natividad zieht in eine Negerhütte, wo er heimlich Zeuge wird, wie man, um sich an Zeus zu rächen, eine Klapperschlange beschwört. Einige Tage darauf stirbt Zeus an Schlangenbissen. Berechnende Verwandte kümmern sich um das herrenlose Gut und um die kranke Doña Beatriz, bis nach fünf Jahren Europaaufenthalt Federico zurückkehrt. Durch seine Abstammung und Erziehung Europa verbunden, aber auch dem Erbe, Cumboto, verpflichtet, fällt ihm die Eingewöhnung in seiner Heimat sehr schwer. Für kurze Zeit bindet ihn ein leidenschaftliches Liebesverhältnis an die Negerin Pascua, die jedoch plötzlich verschwindet und trotz Federicos verzweifelter Suche unauffindbar bleibt. Gleichzeitig muß er entdecken, daß der seinerzeit vom Vater erschossene Mulatte Frucht der heimlichen Liebe der blutjungen Doña Beatriz, seiner Mutter, und ihres schwarzen, vom alten Lamarca rachsüchtig getöteten Klavierlehrers war. Viele Jahre lebt Federico einsam in der Begleitung seines dienenden Freundes und ständigen Schattens Natividad, bis als erste und einzige Botschaft Pascua ihm den fast erwachsenen gemeinsamen Sohn sendet.

Neben- und Gegeneinander von Weiß und Schwarz prägen den Ablauf der Handlung. Der bis zur Selbstaufgabe seinem Herrn Federico treue Freund Natividad beobachtet und erfährt die Verachtung des Weißen für den Schwarzen, ist aber wiederholt auch Zeuge der unwiderstehlichen sinnlichen Anziehungskraft, die der Schwarze auf den Weißen ausübt. Es geht Díaz Sánchez nicht so sehr um die Darstellung rassischer Gegensätze, sondern im Hintergrund seiner sinnbildhaften Erzählung steht der Gedanke einer Symbiose von Weiß und Schwarz, angedeutet in dem Sohn Federicos und Pascuas. H.Mo.

AUSGABEN: Buenos Aires 1950. – Santiago de Chile 1967. – Barcelona 1972. – Barcelona 1973.

LITERATUR: R. Clemente Arráiz, *Sobre novela en relación con D. S.* (in Revista Nacional de Cultura, 3, 32, Caracas 1942). – O. Sambrano Urdaneta, *Apuntes críticos sobre »Cumboto«*, Boconó/Venezuela 1952. – M. Rojas, *R. D. S., escritor venezolano* (in Atenea, 110, 1953, fasc. 334). – Ders., (in Anales de la Universidad de Chile, 117, 1959, Nr. 114, S. 82–88). – H. Schneider, *Das Bild der Deutschen im Roman »Cumboto« von R. D. S.* (in *Fs. W. Giese: Beiträge zur Romanistik und allgemeinen Sprachwissenschaft*, Hg. H. Haarmann u. M. Studemund, Hbg. 1972.)

## MOHAMMED DIB

* 21.7.1920 Tlemcen

LITERATUR ZUM AUTOR:
F. Sari-Mostefa Kara, *L'Ishraq dans l'œuvre de M. D.* (in Revue de l'occident musulman et de la Méditerranée, 22, 1976, S. 109–118). – J. Déjeux, *M. D., écrivain algérien*, Sherbrooke 1977. – Ders., *La passion de l'Homme. Les derniers romans de M. D.* (in *Il Banchetto maghrebino*, Hg. G. T. Rodinis, Padua 1981, S. 7–32). – A. Moser, *Littérature dominée – littérature de l'exil. Thematische und strukturelle Aspekte im Romanwerk M. D.s*, Diss. Wien 1983. – *Hommage à M. D.* (in Kalim, 6, Algier 1985; Sondernr.). – A. Moser u. M. Aldouri-Lauber, *Sozialkonflikte im Maghreb am Beispiel algerischer Literatur I: M. D.* (in Französisch heute, 17, 1986, H. 3, S. 165–179). – J. Déjeux, *M. D.*, Philadelphia 1987.

## LA GRANDE MAISON

(frz.; *Ü: Das große Haus*). Roman von Mohammed DIB (Algerien), erschienen 1952. – Der Roman gehört zu jenen ersten Werken autochthoner algerischer Literatur, die das französische bzw. französischsprachige Leserpublikum noch vor dem Beginn des Algerienkriegs 1954 mit dem Schicksal der Algerier konfrontierten. Anfang der fünfziger Jahre unternahmen Mohammed Dib, Mouloud FERAOUN (1912–1962) und Mouloud MAMMERI (* 1917) in ihren Romanen eine sozio-kulturelle Selbstdarstellung des Algeriers, die vor allem an den Kolonisator adressiert ist und deshalb seine Sprache wählt. Dibs »Algerientrilogie«, der außer *La grande maison* auch die Romane *L'incendie*, 1954 *(Der Brand)*, und *Le metier à tisser*, 1957 *(Der Webstuhl)*, angehören, ist eine soziologische Studie über die Algerier in den Jahren vor und während des Zweiten Weltkriegs. Schauplatz des ersten Romans ist Dar Sbitar, ein »großes Haus« in Tlemcen. Dieser Darstellung städtischer Sozialstruktur stellt Dib in *L'incendie* die Schilderung des Fellachendorfs Bni Boublen gegenüber, um schließlich in *Le métier à tisser* das elende Leben der in den Kellern der Großstadt vegetierenden Weber zu beschreiben, die in ihrer Armut nur noch von den massenhaft in die Stadt ziehenden hungernden Landbewohnern übertroffen werden.
Für den kleinen Omar aus *La grande maison* ist das Leben vor allem vom Hunger bestimmt. Dennoch ist das große Haus seine Welt, während er in der Schule mit der Welt der »anderen«, der Franzosen und der Reichen, konfrontiert wird. Omar erlebt leidvoll den Kontrast zwischen seinem Leben und der Lesebuchidylle einer französischen Klischeefamilie. Vergebens sucht der Lehrer dieses aufgezwungene Weltbild in Frage zu stellen. Aïni, Omars Mutter, muß nach dem Tod des Vaters ihn und seine Schwestern allein aufziehen. Im ständigen Kampf ums Überleben, der Aïni zwingt, schlecht bezahlte Heimarbeit zu übernehmen, ist sie verbittert und hart geworden. Am meisten haben Omar und die kranke Großmutter unter Aïnis Aggressionsausbrüchen zu leiden. Eine weitere wichtige Figur in Omars Leben ist die wohlhabende Tante Hasna. Bei ihren Besuchen im großen Haus glaubt sie, ihre muslimische Pflicht des Almosengebens erfüllen zu können, indem sie Aïnis Familie trockenes Brot mitbringt. Ihre selbstgefällige Frömmigkeit wird zum Zynismus, wenn sie Omar ermahnt zu arbeiten, anstatt zur Schule zu gehen. Auch Aïni hält sie Moralpredigten, weil diese mit Schmuggelgeschäften ihre Familie notdürftig zu ernähren sucht. Politisch vertritt Tante Hasna eine konservative Auffassung: Sie verurteilt Hamid Saraj, einen jungen Mann und Bewohner von Dar Sbitar, dem großen Haus, wegen seiner politischen Aktivitäten im Kampf gegen die koloniale Unterdrückung, gegen die sich schließlich auch Omar auflehnt. Das Schicksal der todkranken Großmutter, die aus ihrer geistigen Umnachtung noch einmal ins Leben zurückkehrt, steht im Roman für den Weg der Algerier, deren Identitätsfindung einer Neugeburt gleicht. Die Nachricht vom Ausbruch des Zweiten Weltkriegs, die den Roman beschließt, löst in Algerien gleichzeitig Angst und Hoffnung aus und ist ein Signal zum Aufbruch. Für Omar, der auf seiner Suche nach Brot durch die nächtlichen Straßen Tlemcens läuft, tut sich eine neue Welt auf.
Während die beiden späteren Romane der Algerientrilogie eine durchgehende Handlung aufweisen, setzt sich *La grande maison* mosaikartig aus Einzelerzählungen zusammen. Die ohne strengen Handlungsablauf aneinandergereihten Episoden erlauben eine Absprengung einzelner Kapitel. So erschienen in der Novellensammlung *Au café*, 1955 *(Im Kaffeehaus)*, einige Erzählungen, die thematisch *La grande maison* zuzuordnen sind. – Von allen drei Romanen der Algerientrilogie genießt *La grande maison* als Klassiker der algerischen Literatur den größten Bekanntheitsgrad sowohl in Algerien als auch in Frankreich. Der knappe, die verschiedenen Schichten individueller und sozialer Strukturen höchst sensibel erforschende Realismus Dibs bewog einige Kritiker, ihn mit russischen Autoren, insbesondere DOSTOEVSKIJ, zu vergleichen.

A.Mo.

AUSGABEN: Paris 1952. – Paris 1984.

ÜBERSETZUNG: *Das große Haus*, H. Bräuning, Bln./DDR 1956.

LITERATUR: J. Bryson, *»La grande maison« et sa réception critique dans la presse* (in Œuvres et critiques, 4, 1979, Nr. 2). – L. Stecca, *Verso il paesaggio interiore. »La grande maison« di D.* (in *Il Banchetto maghrebino*, Hg. G. T. Rodinis, Padua 1981, S. 43–58). – W. Bouza, *Un classique de la littérature algérienne – »La grande maison« de M. D.* (in *Lectures maghrébines. Essai*, Paris 1984).

## HABEL

(frz.; *Abel*). Roman von Mohammed DIB (Algerien), erschienen 1977. – Entsprechend der in diesem Werk zentralen Exilthematik wählt Dib zum ersten Mal Paris als Schauplatz. Der europäische und speziell der französische Leser glaubt sich in bekannter Umgebung: Im »Brunnen« erkennt er die Fontaine Saint Michel, in der »Kathedrale« die Kathedrale Notre Dame de Paris. Dieses Paris bildet den Raum, in dem sich Habel, ein neunzehnjähriger Emigrant aus Nordafrika, bewegt. Stationen auf Habels Weg sind ein Café im Quartier latin, die Toiletten im Untergeschoß eines Cafés, eine stark frequentierte Kreuzung, das Seine-Ufer. Oberflächlich betrachtet erscheinen auch Habels Bekanntschaften eher alltäglich: Mit Sabine verbindet ihn fast ausschließlich eine intensive sexuelle Beziehung; seine neue Freundin Lily ist eine exzentrische Verrückte, die ihm immer wieder davonläuft. Er findet sie dann stets in verschiedenen Verkleidungen an irgendeiner Straßenecke wieder. Zu einem alten Schriftsteller namens Eric Merrain, der sich als Transvestit den Namen »Dame de la Merci« gibt, hat Habel ein ambivalentes Verhältnis. Dib läßt jedoch den Leser niemals darüber im Zweifel, daß dieser vordergründig vertraute Aspekt der Erzählung nur einen, überdies sehr engen Blickwinkel darstellt, aus dem die Existenz Habels zu betrachten ist. Denn eigentlich ist es der in Algerien verbliebene Bruder, der Habels Leben bestimmt. Die konfliktgeladenen Appelle, die Habel in Form innerer Monologe an seinen Bruder richtet, sind zugleich Abrechnung und Selbstrechtfertigung. Die Rollen der beiden Brüder sind austauschbar, jeder ist zugleich Ankläger und Angeklagter. In der Figur Habels zeichnet Dib den Exilierten, den Vertriebenen, aber auch den, der sich der Verantwortung den Seinen gegenüber zu entziehen sucht. Der in Algerien lebende Bruder sonnt sich in seinem guten Gewissen der Gesellschaft gegenüber, aber durch seine Intoleranz vertreibt und vernichtet er gewissermaßen Habel.

Habel/Abel ist das Opfer Kains, und sein Schicksal als Exilierter manifestiert sich in einer ewigen Suche nach dem Tod. Fast zwanghaft *(»les mêmes choses aux mêmes endroits«)* kehrt er immer wieder zu der Kreuzung zurück, an der er einmal beinahe von einem Auto überfahren worden wäre. Auch die Beziehung zu Sabine, der schwarzhaarigen, überaus erotischen Mutterfigur, die als Symbol für die algerische Heimat steht, wird von der Todessehnsucht Habels genährt. Als er begreift, daß es unmöglich ist, körperlich völlig in ihr aufzugehen, verläßt er sie. Lily erscheint als das Gegenstück Sabines. Habel ergreift mitten in der Menschenmenge ihre Hand in dem Gefühl, sie schon immer gekannt zu haben. Sie ist das Symbol des Lebens und der Liebe, unhaltbar, flüchtig. Ihre Verkleidungen – einmal ist sie Pierrot, einmal Tänzerin, – sind Manifestationen ihrer geistig-seelischen Existenz. Habel verliert sie vorübergehend, als sie wegen ihres gestörten Geisteszustandes in die psychiatrische Klinik eingewiesen werden muß. Mit dem Alten, der »Dame de la merci«, stellt Dib seinem Protagonisten eine Komplementärfigur gegenüber, die diesen mit zahlreichen Facetten der Selbstzerstörung konfrontiert. Die »Dame de la merci«, ein pervertiertes Symbol der jungfräulich gebliebenen Mutter, schläft mit Habel und erniedrigt ihn, indem sie ihn für diese Liebesnacht bezahlt. Der Alte nimmt Habel mit in ein Nobeletablissement, wo die beiden Zeugen der kulthaft zelebrierten Selbstkastration eines jungen Mannes werden. Habel erfährt schließlich aus der Zeitung, daß sich der Alte umgebracht hat. Aber Habel wird sein *alter ego* nicht los: Der Alte hat ihm alle seine Manuskripte vermacht. In seinem Zorn über diese neuerliche »Befleckung« und Erniedrigung durch den Alten vollzieht Habel einen Akt der Befreiung: Er verbrennt die Papiere des Alten und geht zu Lily in die Klinik, um für immer bei ihr zu bleiben.

Erzähltechnisch steht der Roman in der Linie von *Qui se souvient de la mer* und *Cours sur la rive sauvage* und setzt sich damit von den vorigen beiden Werken *Dieu en barbarie* und *Le maître de chasse* ab, die eine eher realistische Grundtendenz aufweisen. Die zum Teil sehr extremen Schwankungen in der Erzähltechnik, die Dibs Romanwerk aufweist, sind durch das Objekt der Darstellung erklärbar. Wo die vielfältigen Beziehungen eines Kollektivs im Vordergrund stehen, rekonstruiert Dib dieses Kollektiv und dessen Figuren aus bestimmten Sprachmustern, die den Eindruck des Realismus erwecken. Auf der anderen Seite verwendet Dib in jenen Werken, in denen die existentielle Erfahrung der Identitätssuche im Zentrum steht, die Ich-Erzählung mit allen Möglichkeiten der Sprengung des chronologischen Zeitablaufes. Symbole und Mythen, die nur auf dem Hintergrund arabisch-islamischer Kulturtradition und speziell der mystischen Bewegung des Sufismus verständlich sind, werden von Dib als Träger einer vielschichtigen Bedeutungsstruktur eingesetzt.

Habels spirituelle Zentralerfahrung ist die Vision des Todesengels Azrail. Gemäß den bildhaften Erzählungen der sufischen Mystik trägt der Engel einen Mantel, der von (Pfauen-)Augen übersät ist. Wer von diesen ein Paar bekommt, der sieht die Welt »mit anderen Augen«. Habel hat solche Augen bekommen, und die Konsequenz seiner Selbsterfahrung ist, in Dienen und Schweigen den Weg des Irrationalen zu gehen. – Der Roman stellt eine radikale Auseinandersetzung Dibs mit seiner Existenz als algerischer Exilschriftsteller dar, dessen Ambivalenz in den Figuren Habels und des Alten allegorisch dargestellt wird. Der Autor setzt das Kain-Abel-Motiv ein, um die politische Dimension, die sich in verschiedenen Abhängigkeiten (Verpflichtung gegenüber der algerischen Heimat, Opferrolle des Exilierten, Prostitution des Schriftstellers und besonders des Exilschriftstellers) manifestiert, transparent zu machen. A.Mo.

AUSGABE: Paris 1977.

LITERATUR: A. Bonn-Gualino, Rez. (in Annuaire de l'Afrique du Nord, 16, 1977, S. 1086–1090). – G. Guillot, Rez. (in Le Figaro, 23./24. 7. 1977, S. 13).

## LE MAÎTRE DE CHASSE

(frz.; *Der Jagdmeister*). Roman von Mohammed DIB (Algerien), erschienen 1973. – Thematisch knüpft Dib hier an den 1970 erschienenen Roman *Dieu en barbarie* an. Die beiden Romane bilden die ersten beiden Teile einer weiteren geplanten, jedoch nie fertiggestellten Algerientrilogie. Schauplatz in beiden Romanen ist das Algerien nach der Unabhängigkeit (1962). Die Probleme des Landes spiegeln sich in der Vielfalt der Charaktere wider. Zentrale Figur der beiden Romane ist Kamal Waed, ein junger Intellektueller, der in Frankreich studiert hat und bei der Rückkehr in seine Heimat eine schwere Identitätskrise durchleben mußte. In *Le maître de chasse* erscheint Kamal als der etablierte Technokrat: Er ist Vertreter der Staatsverwaltung und engagiert sich mit all seinen Kräften für den Fortschritt des Landes. Irrationales gilt in seinen Augen als reaktionär und fortschrittshemmend. So bekämpft Kamal die *mendiants de Dieu* (Bettler Gottes, eine Gruppe islamischer Mystiker), die es sich zur Aufgabe gemacht haben, den in der Wüste lebenden Bauern bei der Wassersuche zu helfen. Hakim Madjar, ein naher Bekannter Kamals, leitet die Gruppe. Auch der französische Entwicklungshelfer Jean-Marie Aymard, Kamals Studienkollege und bester Freund, schließt sich den Wassersuchern an. Aber seine Versuche, mit der Wünschelrute Wasser aufzuspüren, werden von den Bauern unterbunden. Sie glauben nicht, daß ihnen Wasser beschieden sei, solange sie keinen Dorfheiligen haben. So müssen die Bettler Gottes unverrichteter Dinge wieder abziehen. Da sich Aymard dem Verbot Kamals, mit den *mendiants de Dieu* zu arbeiten, widersetzt, läßt er ihn festnehmen und nach Frankreich zurückschicken. Hakim wird bei einem neuerlichen Besuch im Fellachendorf von einer Polizeitruppe Kamal Waeds erschossen. Für Kamal ist nun der Widerstand gebrochen und der Fall erledigt, als er aber den Leichnam Hakims holen will, ist er verschwunden: Die Fellachen haben ihn geholt und ihn in ihrem Dorf begraben. Endlich haben sie einen Dorfheiligen. Kamal muß erkennen, daß der Tod Hakim Madjars genau das fördert, was er bekämpft hat, nämlich ein spirituelles Zusammengehörigkeitsgefühl der Fellachen, das sich über logisch-rationales Denken hinwegsetzt. Nach dem Tod Hakim Madjars gelingt es Lâbane, einem jungen Mann aus der Gruppe der *mendiants de Dieu*, Hakim Madjars Frau Marthe zu überzeugen, daß ihr Mann auf geistiger Ebene präsent ist.

Der Figur Lâbanes kommt im Roman sehr große Bedeutung zu. In seinen Visionen erlebt er die Konfrontation mit der Symbolgestalt des *maître de chasse*, dessen schicksalshafte Macht auf dem *»Bösen, das die Welt reinigen wird«* beruht. Durch seine Zeugenschaft am Tod Hakim Madjars wird Lâbane zum spirituellen Baumeister der Gemeinschaft. Auch Marthe, Madjars Frau, erfüllt wichtige Funktionen: Einerseits ist sie als Französin für den Algerier Inbegriff der Entfremdung, andererseits wird sie aber durch die Liebe zu Hakim Madjar zur Mittlerin seiner Botschaft. Lâbane sieht in ihr eine geistige Mutter des Volkes.

Die Darstellung der verschiedenen Figuren im Roman ist außerordentlich plastisch. Dib erzielt diese Wirkung durch eine besondere Erzähltechnik: Die Kapitel sind ausschließlich als Monologe der Romanfiguren konzipiert. So formen die vielfachen Perspektiven die einzelnen Gestalten und strukturieren gleichzeitig das Beziehungsnetz. Einzelne Handlungsdetails werden durch die Darstellung eines Ereignisses aus vielen Perspektiven zeitmäßig »überdehnt«. Umgekehrt lassen starke Rückgriffe große Zeiträume in einem Augenblick verschmelzen. So greift Dib im letzten Kapitel mit Marthes Erinnerung an Hakim in die Zeit vor dem Beginn der Romanhandlung zurück, um eine kreisförmige Zeitstruktur zu erzeugen bzw. jede Linearität zeitlichen Denkens aufzuheben.

Der Roman fand bei der Kritik ein starkes Echo. J. DÉJEUX sieht in *Le maître de chasse* gar Parallelen zum christlichen Erlösungsgedanken. Immerhin sprachen sowohl formale (der Autor imitiert mit seiner Erzähltechnik den Kanon mystischer Schriften) als auch inhaltliche Aspekte dafür, daß Dib, der tief in der Sufitradition der islamischen Mystik verwurzelt ist, seinen Roman als Weg Algeriens zu einer individuellen und kollektiven Identität konzipiert hat. A.Mo.

AUSGABEN: Paris 1973. – Paris 1983.

LITERATUR: M. Léturmy, *Repères pour un retour à l'écriture* (in NRF, Juli 1973, Nr. 47). – J. C. Vatin, *Structure romanesque et système social. Sur quatre romans parus en 1973* (in Annuaire de l'Afrique du Nord 12, 1973). – M. Alloula, Rez. (in Algérie – Actualité, 1. 9. 1974 u. 8. 9. 1974).

## QUI SE SOUVIENT DE LA MER

(frz.; *Wer sich ans Meer erinnert*). Roman von Mohammed DIB (Algerien), erschienen 1962. – Auf ein Publikum, das Dib als den Autor der Algerientrilogie und speziell von *La grande maison* kannte, mußte das Erscheinen eines Werkes wie *Qui se souvient de la mer* im Jahr 1962, also gegen Ende des Algerienkrieges, verwirrend und provozierend wirken. Werden doch realistische Passagen zunehmend mit Science-fiction-Elementen durchsetzt und mit Mythen und Symbolen angereichert. Die in Tagebuchform gehaltene Ich-Erzählung erlaubt vielfältige Brechungen zwischen Erzählinstanz und Erzähltem. Die Vielschichtigkeit des Romans läßt mehrere Lesarten zu: als Kriegsroman, in dem die Ereignisse des Algerienkriegs 1954–1962 ihren Niederschlag finden; als Liebesroman zwischen dem Erzähler und Nafissa, seiner Frau; als Roman der Ichsuche des Erzählers, dessen Kindheitserinnerungen in seine ständig fortschreitende Entwicklung eingeschmolzen werden; als Weg des Erzählers ins innere und/oder äußere Exil; als mystische Erfahrung, die ihn individuelle und kollektive Aspekte der Realität als Ganzes erleben läßt.

Die Hauptfigur des Romans ist ein arbeitsloser Familienvater, der seine Tage in einer Art Dämmerzustand verbringt. Wenn er nicht gerade in El Hadj's Spelunke sitzt oder in der Stadt spazierengeht, lungert er zu Hause herum. Seine Frau Nafissa verschwindet nachts des öfteren, offensichtlich arbeitet sie in einer Untergrundorganisation. Nach und nach beginnt die Welt, in der der Erzähler zu überleben versucht, an verschiedenen Stellen brüchig zu werden. Die Stadt wird zum Labyrinth, in dem bedrohlich wuchernde und sich ständig verschiebende Mauern alles Lebendige erdrücken. Die Kreuzungen als Knotenpunkte der feindlichen Strukturen der »oberen Stadt« bilden den Schauplatz ge-

waltiger Explosionen. Mumifizierte Wesen erweisen sich als Vertreter feindlicher Mächte, aggressive Phantasievögel überfliegen die Stadt und säen Zerstörung. Aber die Rose Nafissas (*nafs* = arab. »Atem«) öffnet dem Erzähler die Tür zu einer anderen Welt. Der Gesang des Meeres, der Stern in der Nacht begleiten den, *»der sich an das Meer erinnert«* (oder an die Mutter = *la mère*), auf seinem Weg. Das Leben, der Atem, verkörpert in der archetypischen Weiblichkeit Nafissas, rettet den Ich-Erzähler, der durch die Korruption und Zerstörung der »oberen Stadt« einen totalen Identitätsverlust erlitten hat. Als Ismael, ein Bekannter des Erzählers, verschwindet, verwandelt sich dessen Frau vor Schmerz in einen Blutstrom, der sich in den Straßen der Stadt netzartig ausbreitet und alle Menschen miteinander verbindet. Dib überträgt in diesem Bild die Zentralthemen Identitätsverlust und mystische Wiedergewinnung auf die Ebene des Kollektivs, indem er mit dem Namen Ismael auf den legendären Stammvater der Araber Bezug nimmt. Im letzten Kapitel liefert Dib eine Vision der »unteren Stadt«, in die der Erzähler endlich eingetreten ist, nachdem er alles hinter sich gelassen hat – das Meer, Nafissa. Die »neuen Bauten« der feindlichen Mächte sind zerstört. Staunend bewundert der Erzähler die Organisationsform der »unteren Stadt«, der Stadt des Lebens, die die Last der oberen Stadt trägt. Sie besteht aus vielen Vitalzentren, die jeweils Teile des Ganzen sind, aber autonom und jedes für sich ein Abbild der Stadt.
Im Nachwort zu *Qui se souvient de la mer* beruft sich Dib zur Rechtfertigung seiner phantastisch-surrealistischen Darstellungsweise auf Picassos Gemälde *Guernica*. Auch für Dib ist der Mythos in seiner strukturbildenden Komplexität der einzig mögliche Zugang zu den Leiden und Schrecken des Krieges. Als *»accoucheur des rêves«* (Geburtshelfer der Träume) will Dib die Mythen des »kollektiven Unbewußten« zutage fördern, in denen Gut und Böse, Wünsche und Schrecken, Paradies und Hölle noch oder wieder eine Ganzheit bilden. A.Mo.

AUSGABEN: Paris 1962. – Paris 1976.

LITERATUR: H. El Nouty, *Roman et révolution* (in Présence francophone, Frühjahr 1971, S. 142 ff.).

## JOAQUÍN DICENTA

* 3.2.1863 Calatayud / Aragón
† 20.2.1917 Alicante

### JUAN JOSÉ

(span.; *Juan José*). Drama in vier Akten von Joaquín DICENTA, Uraufführung: Madrid, 29. 10. 1895, Teatro de la Comedia. – Der junge Fabrikarbeiter Juan José lebt mit der hübschen, aber etwas koketten Rosa zusammen, die er leidenschaftlich liebt. Auch Paco, Juans Arbeitgeber, macht ihr den Hof, und dank den kupplerischen Diensten der alten Isidora erreicht er, daß sie sich mit ihm trifft. Juan überrascht die beiden, es kommt zu einem heftigen Wortwechsel, fast zum Kampf, doch Freunde trennen die Rivalen. Tags darauf ist Juan entlassen. Er findet keine neue Arbeit. Um Rosa halten zu können, begeht er Diebstähle, wird jedoch ertappt und zu einer langen Freiheitsstrafe verurteilt. Im Gefängnis erfährt er, daß Rosa Pacos Geliebte geworden ist. Er bricht aus, lauert dem Rivalen auf und tötet ihn. Rosa schreit ihm die Wahrheit ins Gesicht: Sie hat Paco geliebt und wird ihn immer lieben. Rasend vor Eifersucht erwürgt Juan sie, dann bricht er weinend über ihrer Leiche zusammen.
Dieses einfach und wirkungsvoll gebaute Stück, das in seiner pathetischen Darstellungsweise, in seinem Übermaß an theatralischen Effekten, aufgewühlten Leidenschaften und dramatischen Konflikten den Autor als Nachfolger José ECHEGARAYS ausweist, gehörte lange Zeit zu den meistgespielten Bühnenwerken Spaniens und wurde in mehrere europäische Sprachen übersetzt. Weitaus größer als sein künstlerischer Wert ist jedoch seine historische Bedeutung: Zum erstenmal versucht hier ein spanischer Autor, Gedanken des Klassenkampfs – wenn auch noch nicht sehr scharf ausgeprägt – auf die Bühne zu bringen. Zwar ist Juan José keineswegs ein klassenbewußter Proletarier, sondern eher ein romantischer Held im Arbeitergewand, der sich in Verhalten und Redeweise nicht weit von den stolz deklamierenden Protagonisten der Ehrendramen Lope de VEGAS und CALDERÓNS entfernt, zwar hat auch Paco mehr von der Gestalt des lüsternen und gewissenlosen Don Juan als von einem kapitalistischen Ausbeuter, doch die Tatsache, daß Dicenta hier einen Vertreter des einfachen Volks, einen Arbeiter, auf die Bühne stellt, der sich seiner Rechte bewußt ist und gegen die etablierte Gesellschaftsordnung – wenn auch in bescheidenem Maß – protestiert, war Grund genug für den Versuch, eine sozialistische Tradition zu stiften: Das Stück wurde einige Jahre am Vorabend des Ersten Mai aufgeführt, so wie ZORRILLAS *Don Juan Tenorio* am Abend vor Allerseelen gespielt wird. A.F.R.

AUSGABEN: Madrid 1895. – Barcelona 1936. – Madrid 1982, Hg. u. Einl. J. Más Ferrer (Cátedra).

LITERATUR: E. S. Morby, *Notes on D.'s Material and Method* (in HR, 9,1941, S. 383–393). – H. B. Hall, *D. and the Drama of Social Criticism* (ebd., 20, 1952, S. 44–66). – F. García Pavón, *J.D.* (in F. G. P., *Teatro social en España*, Madrid 1962, S. 36–62). – J. Hunter Peak, *Social Drama in 19th-Century Spain*, Chapel Hill 1964, S. 109–115. – J. L. Mainer, *Literatura y pequeña burguesía en España*, Madrid 1972, S. 29–57. – A. Bensoussan, *E. Zola sur la scène espagnole: de »L'Assommoir« à »Germinal«, de »Juan José« à »Daniel«* (in *Fs. für*

*C. V. Aubrun*, Bd. 1, Paris 1975, S. 69–77). – J. Más Ferrer, *Vida, teatro y mito de J. D.*, Alicante 1978.

## STEFAN NIKOLOV DIČEV

* 9.1.1920 Veliko Tărnovo

LITERATUR ZUM AUTOR:
L. Georgiev, *St. D.* (in Lit. misăl, 8, 1964, 4, S. 105–117). – G. Dimov, *Osvoboždenieto na Bălgarija i nacionalnata ni literatura* (in *Osvoboždenieto na Bălgarija. 1878–1968.* Hg. Iv. Undžiev u. a., Sofia 1970, S. 135–145). – G. Dimov, *St. D.* (in Rečnik na bălgarskata literatura, Hg. G. Canev, Bd. 1, Sofia 1976, S. 363). – St. Kolarov, *Văpreki goljamata tema* (in Septemvri, 32, 1979, 2, S. 250–253). – G. Tachov, *Istorijata – ot izvorite na istinata* (in Plamăk, 24, 1980, 1, S. 168–171). – A. K'osev, *Pisateljat i istorijata* (in Septemvri 33, 1980, 1, S. 230–232). – E. Bayer u. D. Endler, *St. D.* (in E. B. u. D. E., *Bulgarische Literatur im Überblick*, Lpzg. 1983, S. 330–331).

### PĂTJAT KĂM SOFIJA

(bulg.; *Ü: Der Weg nach Sofia*). Roman von Stefan N. DIČEV, erschienen 1962. – Nach Stefan Dičev soll *»der historische Roman jene fehlenden Glieder in unserer Geschichte ergänzen, die die Verbindung zwischen den Jahren, Daten und Ereignissen herstellen«.* Diese Aufgabe hat Dičev in einer Reihe von Romanen und Erzählungen in den sechziger und siebziger Jahren verwirklicht. Zusammen mit *Eskadronăt*, 1968 *(Die Schwadron)*, und *Kreposti*, 1974 *(Die Festungen)*, gehört *Pătjat kăm Sofija* zu jenen historischen Werken des Autors, in deren Mittelpunkt der russisch-türkische Krieg 1877/78 steht. Sofia im November und Dezember 1877: Rußland befindet sich seit dem Frühjahr im Krieg mit der Türkei, um das christliche bulgarische Brudervolk von der fünfhundertjährigen Osmanenherrschaft zu befreien. Noch ist Sofia vom Krieg verschont geblieben, doch wollen Gerüchte wissen, daß der Stadt ein ähnliches Schicksal wie Pleven droht. Pleven ist seit Monaten von türkischen Soldaten unter Marschall Osman Pascha besetzt und wird von russischen Truppen belagert. Die Stationierung der türkischen Heeresleitung, die Anwesenheit zahlreicher ausländischer Berater und die Tätigkeit der Konsulate bestimmen das äußere Bild und das pulsierende Leben in Sofia. – Vor dem Hintergrund des öffentlichen Lebens spielen sich die Ereignisse in zwei benachbarten, aber verfeindeten bulgarischen Familien ab. Die Familie Budinov mit den drei Söhnen, dem Lehrer Andrea, dem Arzt Kliment und dem Jüngsten, Kosta, zählt zu den Bulgaren, die sich von Rußland die Befreiung ihres Landes erhoffen und bereit sind, selbst gegen die türkischen Unterdrücker in den Kampf zu ziehen. Die wohlhabende Kaufmannsfamilie Zadgorski mit den westeuropäisch erzogenen Philipp und Neda schließt sich dagegen den in Sofia tätigen Ausländern an und wünscht keine Veränderung der politischen und sozialen Situation. Die hübsche und selbstbewußte Neda hat sich in den französischen Konsul Leandre Le Gay verliebt; die Verlobung steht bevor. Le Gay erfährt, daß in Sofia türkische Truppenverstärkungen eintreffen sollen, die die Lage der Bulgaren noch verschlimmern würden. Andrea trifft mit Neda zusammen und fordert sie auf, Le Gay Informationen über die bevorstehenden militärischen Bewegungen zu entlocken. Nach einem inneren Kampf horcht Neda Le Gay aus und erfährt, daß Marschall Suleiman Pascha in Sofia eintreffen soll. Mit dieser Nachricht machen sich Andreas Brüder Kliment und Kosta auf den Weg zu den Russen. Neda gibt dem Franzosen den Laufpaß und erklärt ihre Liebe zu Andrea. Der Vater Nedas tobt: *»Du machst mich zum Gespött der ganzen Stadt! Wir verloben sie mit dem angesehensten Ausländer, und sie treibt mit einem Haiduken ihr schamloses Spiel!«* In Sofia trifft die Nachricht ein, daß Pleven gefallen ist und sich Osman Pascha ergeben hat. Es kommt zu Unruhen und Brandschatzungen, an denen Andrea beteiligt ist. Nach der Ankunft des Oberbefehlshabers Suleiman findet vor dem Konak (türk.: Regierungsgebäude) eine große Parade statt. Inzwischen überqueren die russischen Soldaten unter General Gurko das Balkangebirge und nähern sich Sofia. Nach einer Niederlage vor Sofia flüchten die türkischen Truppen und die türkische Bevölkerung aus Sofia. Andrea befreit die gefangene Neda aus den Händen Amirs, des Adjutanten des Stadtkommandanten. Die bulgarischen Einwohner empfangen schließlich die eintreffenden Russen als Befreier.

*»Auf den ersten Blick scheint es sich um das alte Thema ›Romeo und Julia‹ zu handeln. Zwei bulgarische Nachbarsfamilien sind miteinander verfeindet. Aber unmerklich bauen zwei Liebende eine Brücke über diesen Abgrund des Hasses.«* Mit diesen Worten stellt der Autor selbst die sich entwickelnde Liebesgeschichte zwischen Andrea und Neda in den Mittelpunkt des Romans. Die Familien der beiden Liebenden repräsentieren zwei typische Haltungen des bulgarischen Volkes dieser Zeit, das in sich gespalten war und sich als patriotische Gegner der osmanischen Herrschaft und als Mitläufer oder gar Verteidiger der bestehenden Ordnung gegenüberstand. Diese Handlungslinie zieht sich durch die gesamte einschlägige bulgarische Literatur. Dičev erweitert dieses bewährte Schema aber erheblich um die Einbeziehung der türkischen Machthaber wie des Polizeikommandanten der Stadt, Oberst Dshani Bey, oder des Adjutanten Amir und der Ausländer, z. B. des französischen Konsuls, des italienischen Konsuls Marquis Vittorio Positano, des Leiters des englischen Geheimdienstes bei der türkischen Armee Georges Saint Claire oder der exal-

tierten amerikanischen Journalistin Margaret Jackson. Damit überwindet die Handlung eine provinzielle Enge und wird in einen europäischen Zusammenhang gestellt. D.Ku.

AUSGABE: Sofia 1962; [4]1969.

ÜBERSETZUNG: *Der Weg nach Sofia*, H. Grantscharowa, Wien 1968 (Bulgarische Bibliothek, Bd. 6).

LITERATUR: L. Georgiev, *St. D.* (in Lit. misăl, 8, 1964, 4, S. 116–117). – *St. D. »Der Weg nach Sofia«* (in Am bulgarischen Horizont, 2, 1968, 5, S. 9–10). – G. Dimov, *Osvoboždenieto na Bălgarija i nacionalnata ni literatura* (in *Osvoboždenieto na Bălgarija. 1878–1968*. Hg. Iv. Undžiev u. a., Sofia 1970, S. 142–144).

## PHILIP KINDRED DICK

* 16.12.1928 Chicago
† 2.3.1982 Kalifornien

LITERATUR ZUM AUTOR:
*Bibliographie*:
D. Levacks, *A P. K. D. Bibliography*, Columbia 1988.
*Gesamtdarstellungen und Studien:*
*Die seltsamen Welten des P. K. D.*, Hg. U. Anton, Meitingen 1985. – *P. K. D.*, Hg. M. H. Greenberg u. J. D. Olander, NY 1983. – G. Rickman, *P. K. D.: In His Own Words*, Long Beach/Calif. 1984. – Ders., *P. K. D.: The Last Testament*, Long Beach/Calif. 1984. – P. Williams, *Only Apparently Real – The World of P. K. D.*, NY 1986. – *P. K. D. – The Dream Connection*, Hg. D. Scott Apel, San José/Calif. 1987. – P. Warrick, *Minds in Motion – The Fiction of P. K. D.*, Carbondale/Ill. 1988. – D. A. Mackey, *P. K. D.*, Boston 1988.

### CONFESSIONS OF A CRAP ARTIST

(amer.; *Ü: Eine Bande von Verrückten*). Roman von Philip Kindred DICK, erschienen 1975. – Während sich Dick in den ersten Jahren seiner Karriere vor allem als Verfasser zahlreicher Science-fiction-Kurzgeschichten und -Novellen einen Namen machte, schrieb er insgesamt dreizehn allgemein literarische Romane über das amerikanische Kleinstadtleben in den fünfziger Jahren, von denen *Confessions of a Crap Artist* als einziger noch zu Lebzeiten des Autors veröffentlicht wurde. Erst die 1984 einsetzende sukzessive Publikation der übrigen erhalten gebliebenen Manuskripte hat diese Bücher als einen gewichtigen Teil seines Gesamtwerks erkennen lassen. Im Hinblick auf Stil, Charakterisierung, Millieuschilderung und Handlungsführung kann *Confessions of a Crap Artist* gegenwärtig als der gelungenste Titel dieser Werkgruppe gelten.
Ein durchgängiger Zug in Dicks Romanen ist die Verwendung einer Anzahl grundlegender Figurentypen, die in Abwandlungen immer wieder auftreten. Ist es in seinen Science-fiction-Büchern vor allem die Gestalt des *»repair man«*, des Technikers oder Mechanikers, der die Welt im kleinen am Laufen zu halten versucht, so findet hier der Typus des *»crap artist«* (eine originelle Wortschöpfung, die sich im Deutschen näherungsweise mit »Schmutz- und Schund-Künstler« wiedergeben ließe), des naiven, aber moralisch integren Menschen seine reinste Ausprägung.
Die Titelfigur Jack Isidore aus Seville, California, nach Dicks Anmerkungen eine moderne Entsprechung des ISIDORUS AUS SEVILLA (um 570–636), ist dem vordergründigen Anschein nach ein reiner Tor, der die Ideen trivialer Science-fiction-Autoren ernst nimmt, pseudowissenschaftliches Schrifttum verschlingt und in seinen eigenen obskuren Hobbys ernsthafte wissenschaftliche Forschungen sieht. Hinter dieser Fassade ist er jedoch ein Mensch mit erstaunlichem Scharfblick für das Seelenleben und die Beziehungen seiner Mitmenschen, ist loyal, hilfsbereit und menschenfreundlich. Zu Anfang des Romans wird er von seiner Schwester Fay Hume, die mit ihrem Mann Charley, Besitzer einer kleinen Fabrik, und zwei Kindern in einem Anwesen in Point Reyes Station im Großraum San Francisco lebt, in ihr Haus geholt, um Zeuge von Ereignissen zu werden, die sich – wie in Dicks Romanen *The Man Whose Teeth Were All Exactly Alike* (1984) und *Puttering About in a Small Land* (1985) – aus der Beziehung zweier befreundeter Ehepaare entwickeln. Fay Hume ist die eigentliche Hauptfigur dieses Buches; sie wird sowohl aus ihrer eigenen wie aus Jacks und Charleys Perspektive geschildert und ist geradezu ein Paradigma jener egozentrischen, dunkelhaarigen Frauen, wie Dick sie immer wieder schildert. Fay ist eine resolute, attraktive Frau, die ihre Beziehungen zu anderen Menschen im wesentlichen so gestaltet, daß sie ihr die gewünschten Vorteile einbringen. Charley ist Vater und Ernährer ihrer Kinder, stellt ihr ein großes Haus zur Verfügung, spielt aber menschlich keine Rolle für sie. Jack Isidore wird als Hausdiener und Babysitter geduldet und selbst Nat Anteil, ein jungverheirateter Geschichtsstudent, den Fay aus einer Laune zu ihrem Geliebten macht, nachdem die Humes mit ihm und seiner Frau bekannt geworden sind, ist für sie nach Charleys Herzinfarkt vor allem deshalb von Interesse, weil er, wie sie offen sagt, »gutes Material für einen Ehemann abgibt«. Fay verbirgt ihre Motivationen nicht einmal, niemandem ist wohl in der Rolle, die er in ihrem Leben spielt, aber sowohl Charley als auch Nat kommen nicht von dieser Frau los. Charley bringt sich nach seiner Rückkehr aus dem Krankenhaus um und verschont Fay nur der Kinder wegen. Nat verläßt ihretwegen seine Frau und muß am Ende des Romans bestürzt feststellen, daß er vor den Trümmern seines bisherigen Lebens steht.

Fay sieht durchaus, was sie auslöst, kritisiert sich selbst, ist innerlich zerrissen, ständig unzufrieden, mürrisch, aber sie kennt sich gut genug, um zu wissen, daß sie nicht anders kann.
Indem Dick in dieser Dreiecksgeschichte Charaktere einander gegenüberstellt, deren Konstellation zwangsläufig in eine Katastrophe führen muß, spiegelt er die Beschaffenheit des Lebens, wie sie seiner Daseinsauffassung entspricht, schildert Menschen in einer Welt, in deren Abläufe sie nicht eingreifen können und in der es einfache Lösungen und Auswege nicht gibt. Wie in seinen Science-fiction-Romanen, die dieselbe Weltsicht illustrieren, ist Dick aber auch hier weit davon entfernt, ein Fatalist zu sein. Als Jack, der scheinbar lebensuntüchtige Idiot herausfindet, daß die Welt entgegen der Voraussagen des UFO-Clubs, dem er sich zwischenzeitlich angeschlossen hat, doch nicht bald untergeht und er seit Jahren Scharlatanen aufgesessen ist, als für ihn also ebenso drastisch Illusionen zerplatzen wie für alle Figuren dieses Romans, ist dabei für ihn viel weniger zu Bruch gegangen. Der *»crap artist«* erscheint als Antithese zum vorgeblich normalen Menschen.
Innerhalb der genreunabhängigen Bücher des Autors bewährt sich vor allem in diesem Roman Dicks Meisterschaft, von alltäglichen Details ausgehend, präzise, ausführlich, voller Anteilnahme und ungemein unterhaltsam Charaktere zu entwikkeln. Sprachlich ist *Confessions of a Crap Artist* der oft nachlässigen Diktion seiner Science-fiction-Romane, die erst in seinem Spätwerk in einen Ton brillanter Selbstironie mündete, deutlich überlegen. Die unkonventionelle Form, die Jacks lockere Aufzeichnungen, Ich-Erzählungen verschiedener Figuren und aus der Sicht eines neutralen Erzählers verfaßte Abschnitte zu einer zusammenhängenden Handlung integriert, mag dazu beigetragen haben, daß der Roman erst siebzehn Jahre nach seiner Abfassung erscheinen konnte. Insgesamt ergeben die Romane Dicks ein eindrucksvolles Zeitbild des Lebens an der Westküste der USA in den fünfziger Jahren und sind inzwischen als wichtiger Beitrag zur amerikanischen Literatur dieser Zeit gewürdigt worden. M.K.I.

Ausgaben: G. Allen, Calif. 1975 [Einl. P. Williams]. – Ldn. 1979. – NY 1982.

Übersetzung: *Eine Bande von Verrückten*, G. Reimann u. J. K. Klipp-Reimann, Hbg. 1987.

Literatur: U. Anton, *Life in the West: P. K. D.s Mainstream-Romane* (in Science-fiction-Times, 2, 1988, S. 5–12). – K. S. Robinson, *The Novels of P. K. D.*, Ldn. 1984.

## UBIK

(amer.; *Ü: Ubik*). Roman von Philip Kindred Dick, erschienen 1969. – Unter den zahlreichen Science-fiction-Romanen Dicks wird dieser allgemein als sein bedeutendster angesehen. Er steht am Ende seiner zweiten Schaffensperiode zwischen 1962 und 1970, als in rascher Folge nahezu alle Werke veröffentlich wurden, die Dicks beträchtlichen Einfluß auf die weitere Entwicklung des Genres begründeten, von *The Man in the High Castle* (1962) über *Martian Time Slip* (1964) bis *The Three Stigmata of Palmer Eldritch* (1965). In dieser Zeit vervollkommnete er seine sich bereits in den Romanen und Erzählungen der fünfziger Jahre andeutende Methode, Klischees und Versatzstücke der konventionellen Science-fiction wie Roboter, Telepathen, Zeitreisen usw. in Ausdrucksmittel für eine sehr persönliche metaphysische Weltsicht umzuwandeln, die im Zerfall von Raum, Zeit und Wirklichkeit nur den Durchhaltewillen seiner als Jedermann konzipierten Antihelden als letzte Konstante stehenläßt. *Ubik* ist in dieser Hinsicht einer seiner typischsten Romane.
Am Ende des 20. Jh.s kann die medizinische Wissenschaft den Tod zwar nicht rückgängig machen, ihn aber für einige Zeit aufschieben. Die »Halblebenden«, tödlich Verunglückte oder Erkrankte, die im *»cold pack«* vor dem körperlichen Verfall bewahrt werden, erleben dabei ihre simulierte Umwelt als ebenso real wie die authentische Wirklichkeit, bis sich die letzten Reste ihres Bewußtseins verflüchtigt haben. Joe Chip, die Hauptfigur des Romans, einer jener Alltagsmenschen, denen Dicks besondere Sympathie galt, ist Angestellter eines Unternehmens, das zur Abwehr telepathisch begabter Spione entsprechende Antiagenten bereitstellt, die über neutraliserende Gegenbegabungen verfügen. Als Chip und eine Gruppe ausgesuchter Mitarbeiter auf dem Mond zu einer schwierigen Mission eingesetzt werden, geraten sie in eine offenbar von ihrem großen Gegenspieler Herb Hollis gestellte Falle. Ihr Chef Glen Runciter kommt bei dem Attentat ums Leben und wird in ein Institut in der Schweiz gebracht, in dem bereits seine Frau Ella liegt, um dort der *»cold pack«*-Behandlung unterzogen zu werden. Während die Techniker des Instituts sich vergeblich bemühen, mit Runciters Bewußtsein Kontakt aufzunehmen, macht die Umgebung der Überlebenden eine seltsame Verwandlung durch. Ein schleichender Verfallsprozeß, der sich anfangs in winzigen Indizien wie vertrockneten Zigaretten und abgestandenem Kaffee äußert, kostet einigen Mitarbeitern das Leben. Die Zeit scheint rückwärts zu laufen. Alltägliche Gegenstände werden von ihren technischen Vorläufern abgelöst. Bei Runciters Beerdigung findet sich die Gruppe um Chip schließlich im Jahr 1939 wieder. Parallel dazu erreichen sie auf Zigaretten- und Streichholzschachteln, über Graffiti-Sprüche und Werbespots immer wieder geisterhafte Botschaften Runciters, die darauf hindeuten, daß alle außer Runciter selbst bei dem Attentat getötet wurden und sich nun in der Pseudorealität des *»cold pack«* befinden. Eine Szene deutet an, daß Runciter auf diese Weise mit den Halblebenden Kontakt aufzunehmen versucht. Chip wird ständig mit dem Begriff *Ubik* konfrontiert, zunächst ein in

einem Werbespot angepriesenes Spray, das gegen den Degenerationsprozeß wirksam sein soll, dem alle Mitglieder der Gruppe zu erliegen drohen. Chip selbst wird nur gerettet, weil es Runciter gelingt, sich endlich persönlich in der Realität der Halblebenden zu manifestieren und ihn mit Ubik zu behandeln. Was sich aber hinter Ubik verbirgt, weiß auch er nicht. Offenbar sind zwei gegenläufige Mächte am Werk, von denen eine für, die andere gegen Chip und seine Kollegen arbeitet. Letztere enthüllt sich am Ende des Romans als der Psychopath Jory, der wie ein Parasit in den »*cold pack*«-Anlagen haust und sein eigenes Halbleben verlängert, indem er in die persönliche Realität anderer eindringt und ihr Bewußtsein aufsaugt. Seine Gegenspielerin ist Ella Runciter, die Chip dazu aufbauen möchte, an ihre Stelle zu treten, wenn ihre verlängerte Lebensspanne abgelaufen ist. Jener Umkehrprozeß der Zeit, so berichtet sie, sei eine ebenso übliche Erscheinung im Halbleben wie solche über die Realität anderer dominierende Persönlichkeiten vom Schlage Jorys. Der qualvolle Schwächetod, dem Chips Kollegen erlagen, ließe sich zwar hinausschieben, gehöre letztlich aber unausweichlich zum Schicksal jedes Halblebenden.

Obwohl dem Roman, wie Stanisław LEM nachweisen konnte, sinnvolle wissenschaftliche Ideen zugrunde liegen, galt Dicks Interesse vornehmlich seiner zentralen Frage, inwieweit die Wirklichkeitswahrnehmung des einzelnen durch andere manipulierbar ist. In seinen Hauptwerken der sechziger Jahre brach Dick radikal mit der herkömmlichen Science-fiction, indem er jegliche positivistische Weltdeutung aufgab und an die Stelle einer objektiven Wirklichkeit die Schöpfung eines Demiurgen setzte, in dessen Händen Raum und Zeit zu Werkzeugen gerieten gegen jene unausgeglichenen, neurotischen, aber unermüdlichen Alltagsmenschen, wie sie die Figur Joe Chip universell repräsentiert. Während sich frühere Romane Dicks in ihrer komplexen Handlungsführung zu existentiellen Dramen entwickelten, in denen Dicks unaufdringlicher Humor nur gelegentlich aufschien, so bereichert *Ubik* das Thema um eine satirische und parodistische Komponente. Joe Chips alltäglicher Kampf gegen sprechende elektronische Türschlösser, Kühlschränke und Kaffeeautomaten, die nie wie erwünscht funktionieren, weitet sich aber bald zu einem Anrennen gegen die Mächte der Entropie überhaupt aus. In einer Schlüsselszene, die paradigmatisch für Dicks Hauptwerke stehen könnte, schleppt sich Chip, den Tod vor Augen, mühsam die Treppe zu seinem Hotelzimmer hinauf, während die Doppelagentin Pat seine Anstrengungen zynisch kommentiert. Gelegentlich ist kritisiert worden, daß der Roman vor allem in seinen Eingangskapiteln an »*einer Art struktureller Verwirrung und einem comichaft-schnörkeligen Stil*« (M. Bishop) leide; die karikierende Darstellung vieler Figuren verträgt sich mit dem Thema des Buches aber insofern, als die Zukunftswelt, die Dick schildert, mit ihren Errungenschaften insgesamt einen vordergründigen, an die Oberflächlichkeit von Werbespots erinnernden Charakter hat, hinter dessen Anschein sich erst die eigentlichen existentiellen Abgründe auftun.

Mit seinem umfangreichen Gesamtwerk gehört Dick nebem dem Engländer J. G. BALLARD (* 1930) zu den einflußreichsten Science-fiction-Autoren der westlichen Welt und hat über dreißig Jahre hinweg wesentlich zur Ausbildung literarisch anspruchsvoller Tendenzen im Genre beigetragen. Innerhalb der neuen Autorengeneration, die nach seinem Tod 1982 die amerikanische Science-fiction zu dominieren begann, stehen zahlreiche Autoren (Rudy RUCKER, William GIBSON, Tim POWERS, K. W. JETER u. a.) in seinem unmittelbaren Einflußbereich. M.K.I.

AUSGABEN: NY 1969. – Ldn. 1973.

ÜBERSETZUNG: *Ubik*, R. Laux, Ffm. 1977.

LITERATUR: S. Lem, Nachwort zu P. K. D. *Ubik* (in S. L., *Essays*, Bd. 1, Ffm. 1986). – P. Fitting, *Ubik: The Destruction of Burgeois SF* (in Science-fiction Studies, 3, 1975, S. 47–54). – M. Bishop, *Auf Ubiks Spuren* (in Science Fiction Times, 6, 1982). – S. Lem, *P. K. D.: A Visionary among Charlatans* (in Science Fiction Studies, 3, 1975, S. 54–67). – Ders., *Science Fiction: ein hoffnungsloser Fall – mit Ausnahmen* (in *Essays*, Bd. 3, Ffm. 1987).

## CHARLES DICKENS

* 7.2.1812 Landport
† 9.6.1870 Gadshill

LITERATUR ZUM AUTOR:
*Bibliographien:*
F. G. Kitton, *Dickensiana. A Bibliography of the Literature Relating to Ch. D. and His Writings*, NY 1886; ern. 1971. – J. Gold, *The Stature of D. A Centenary Bibliography*, Toronto 1971. – M. Slater, *D.* (in *The English Novel: Select Bibliographical Guides*, Hg. A. E. Dyson, Ldn. 1974, S. 179–199). – R. C. Churchill, *A Bibliography of Dickensian Criticism 1836–1975*, Ldn. 1975. – J. J. Fenstermaker, *Ch. D. 1940–1975. An Analytical Subject Index to Periodical Criticism of the Novels and Christmas Books*, Boston 1979.
*Zeitschriften:*
The Dickensian. A Magazine for D. Lovers, Ldn. 1905 ff. – D. Studies, Boston 1965 ff., seit 1970 NY. – D. Studies Annual. D. Studies Newsletter, Carbondale/Ill. 1970 ff.
*Forschungsberichte:*
*Ch. D. Sein Werk im Lichte neuer deutscher Forschung*, Hg. H. Reinhold u. H. Oppel, Heidelberg 1969. – S. Monod, *Bilan et perspectives*

*d'une recherche Dickensienne française* (in Etudes anglaises, 23, 1970, S. 197–207). – K. Tetzeli v. Rosador, *D. 1970. These Goblin Volumes* (in ASSL, 208, 1971, S. 298–309). – M. Bachman, *Some Recent Tendencies in Contemporary D. Criticism* (in Studia Anglica Posnaniensia, 4, 1972, S. 173–182). – I. Leimberg u. L. Černy, *Ch. D.*, Darmstadt 1978 (EdF).

*Biographien:*
J. Forster, *The Life of Ch. D.*, Ldn. 1872–1874, 3 Bde.; ern. NY 1928 (dt. Bln. 1872–1875). – H. Pearson, *D. His Character, Comedy, and Career*, Ldn. 1949. – E. Johnson, *Ch. D. His Tragedy and Triumph*, NY 1952, 2 Bde.; ern. 1977 [rev. u. gek.]. – M. Fido, *Ch. D. An Authentic Account of His Life and Times*, Feltham 1969. – A. Wilson, *The World of Ch. D.*, Ldn. 1970; ern. Chicago 1984. – J. N. Schmidt, *Ch. D. in Selbstzeugnissen und Bilddokumenten*, Reinbek 1978; zul. 1987 (rm). – N. u. J. MacKenzie, *D. A Life*, Ldn. 1979 (dt. Ffm. 1983).– P. D. Goetsch, *D.*, Zürich 1986. – M. Allen, *Ch. D.' Childhood*, Ldn. 1988.

*Gesamtdarstellungen und Studien:*
G. K. Chesterton, *Appreciations and Criticisms of the Works of Ch. D.*, NY 1911; ern. Oxford 1966. – G. Gissing, *Ch. D. A Critical Study*, Ldn. 1924; ern. Port Washington 1966. – G. K. Chesterton, *Ch. D.*, Ldn. [22]1949. – G. H. Ford, *D. and His Readers*, Princeton 1953. – J. E. Butt u. K. Tillotson, *D. at Work*, Ldn. 1957. – J. H. Miller, *Ch. D., the World of His Novels*, Cambridge 1958. – G. H. Ford u. L. Lane Jr., *The D. Critics*, Ithaca 1961. – A. O. Cockshut, *The Imagination of Ch. D.*, Ldn. 1961. – P. Collins, *D. and Education*, Ldn. 1963. – E. Davis, *The Flint and the Flame. The Artistry of Ch. D.*, Columbia/Mo. 1963. – P. Collins, *D. and Crime*, Ldn. 1965. – R. Garis, *The D. Theatre. A Reassessment of the Novels*, Oxford 1965. – K. J. Fielding, *Ch. D.*, Ldn. 1965. – S. Marcus, *D. From Pickwick to Dombey*, Ldn. 1965. – R. H. Dalney, *Love and Property in the Novels of D.*, Ldn. 1967. – H. Burton, *D. and His Works*, Ldn. 1968. – B. Hardy, *D.: The Later Novels*, Ldn. 1968. – S. Monod, *D. the Novelist*, Norman 1968. – *Ch. D., 1812–1870. A Centenary Volume*, Hg. E. Tomlin, Ldn. 1969. – E. Johnson, *Ch. D.: An Introduction to His Novels*, NY 1969. – G. L. Brooke, *The Language of D.*, Ldn. 1970. – H. M. Daleski, *D. and the Art of Analogy*, NY 1970. – B. Hardy, *The Moral Art of D. Essays*, NY 1970; ern. Dover 1985. – M. Slater, *D. 1970. Centenary Essays*, Ldn. 1970. – H. P. Sucksmith, *The Narrative Art of Ch. D.*, Oxford 1970. – *D. The Critical Heritage*, Hg. P. Collins, Ldn. 1971. – T. A. Jackson, *Ch. D. The Progress of a Radical*, NY 1971. – J. R. Kincaid, *D. and the Rhetoric of Laughter*, Oxford 1971. – S. B. Manning, *D. as Satirist*, New Haven 1971. – J. Gold, *Ch. D.: Radical Moralist*, Minneapolis 1972. – Ph. Hobsbaum, *A Reader's Guide to Ch. D.*, Ldn. 1973. – J. Carey, *Here Comes D.: The Imagination of a Novelist*, NY 1974. – H. D. Gelfert, *Die Symbolik im Romanwerk von Ch. D.*, Stg. u. a. 1974.– G. Stewart, *D. and the Trials of Imagination*, Cambridge 1974. – L. Černy, *Erinnerung bei D.*, Amsterdam 1975. – F. Kaplan, *D. and Mesmerism. The Hidden Springs of Fiction*, Princeton 1975; ern. 1985. – A. Zambrano, *D. and Film*, NY 1976. – G. Spence, *Ch. D. as a Familiar Essayist*, Salzburg 1977. – B. Westburg, *The Confessional Fictions of Ch. D.*, DeKalb 1977. – R. Camerer, *Die Schuldproblematik im Spätwerk von Ch. D.*, Bern/Ffm. 1978. – R. L. Patten, *Ch. D. and His Publishers*, Oxford 1978. – P. Scott, *Reality and Comic Confidence in Ch. D.*, NY 1978. – D. Schwarz, *D.'s Fiction*, Ldn. 1979. – J. Lucas, *The Melancholy Man: A Study of D.' Novels*, Brighton 1980. – H. Stone, *D. in the Invisible World*, Ldn. 1980. – H. S. Nelson, *Ch. D.*, Boston 1981 (TEAS). – D. Walden, *D. and Religion*, Ldn. 1981. – J. Carlisle, *The Sense of an Audience. D., Thackeray and G. Eliot at Mid-Century*, Brighton 1982. – K. Dierks, *Handlungsstrukturen im Werk von Ch. D.*, Göttingen 1982. – *The Changing World of Ch. D.*, Hg. R. Giddings, Ldn. 1983. – M. Slater, *D. and Women*, Ldn. 1983. – A. Adrian, *D. and the Parent-Child Relationship*, Athens 1984. – A. Grant, *A Preface to D.*, Ldn. 1984. – M. Hollington, *D. and the Grotesque*, Ldn. 1984. – N. Page, *A D. Companion*, Ldn. 1984. – S. Conner, *Ch. D.*, Oxford 1985. – J. L. Larson, *D. and the Broken Scriptures*, Athens 1985. – M. Magnet, *D. and the Social Order*, Philadelphia 1985. – P. Schlicke, *D. and Popular Entertainment*, Ldn. 1985. – Ph. Bolton, *D. Dramatized*, Ldn. 1986. – C. Ericsson, *A Child is a Child, you know: The Inversion of Father and Daughter in D.' Novels*, Stockholm 1986. – D. den Hartog, *D. and Romantic Psychology*, Ldn. 1986. – G. Daldry, *Ch. D. and Form of the Novel*, Ldn. 1987. – J. McMaster, *D. the Designer*, Ldn. 1987. – G. Watkins, *D. in Search of Himself. Recurrent Themes and Characters in the Work of Ch. D.*, Ldn. 1987.

## BARNABY RUDGE

(engl.; *Barnaby Rudge*). Roman von Charles DICKENS, erschienen 1841. – Dickens' erster Versuch auf dem Gebiet des historischen Romans hat die Gordon-Aufstände von 1780 zum Gegenstand, eine antikatholische Bewegung, die schnell in Gewalttätigkeiten ausartete und ganz London tagelang in Atem hielt. Der Titelheld, ein mitleiderregender Geisteskranker, Sohn eines Mörders, spielt bei diesen Vorgängen zusammen mit dem Stallknecht Hugh – dem illegitimen Sohn Sir John Chesters – und Dennis, dem Henker, eine führende Rolle. Der Aufstand wird heimlich von dem aalglatten Schurken John Chester geschürt, dessen Sohn Edward die Nichte (Emma) des Katholiken Geoffrey Haredale liebt, mit dem Chester tödlich verfeindet ist. Haredales Besitz wird vom Pöbel zerstört; Edward aber rettet Haredale und Emma das Leben und gewinnt dadurch diese zur Frau.

Chester fällt in einem Duell mit Haredale. Dieser entdeckt endlich in dem Verwalter Rudge, dem Vater des Titelhelden, den langgesuchten Mörder seines Bruders Reuben Haredale und übergibt ihn der irdischen Gerechtigkeit.
In der Darstellung einiger Episoden des Romans – etwa der Aufstände und des Angriffs auf das Londoner Gefängnis – wie auch in der des Helden selbst ist der Einfluß von SCOTTS *Heart of Midlothian* spürbar, in den Szenen um den Mörder Rudge mehr noch der des romantischen Schauerromans im Stil von AINSWORTH. Dickens' Originalität jedoch beweist sich in den grimmig realistischen Szenen, in der außergewöhnlichen Kenntnis der Massenseele und in der Fähigkeit, angefangen bei dem ursprünglich sanften und dann doch in religiösen Fanatismus getriebenen Lord George Gordon bis hin zum eitlen Sim Tappertit, von der koketten Dolly Varden bis zur schrulligen alten Jungfer Miss Miggs, ein breit gefächertes Spektrum unterschiedlichster Charaktere zu schaffen. Am wenigsten überzeugend wirkt die Titelfigur selbst, die teils als realistisches Porträt, teils als halbsatirisches Symbol gezeichnet erscheint. Die wichtige Gestalt des Henkers Dennis dagegen ist ein Musterbeispiel für Dickens' ungewöhnlichen psychologischen Spürsinn, mit dem er schon früh durchschaute, daß Respekt vor Gesetz und Verfassung sich mit gewalttätiger Veranlagung zu einer Mischung verbinden kann, die es bürokratischen Sadisten möglich macht, im Namen des Gesetzes ihren infamen Leidenschaften zu frönen. J.v.Ge.

AUSGABEN: Ldn. 1841. – Ldn. 1953. – Oxford 1954 (in *The New Oxford Ed.*; m. Einf.). – Harmondsworth 1973. – Baltimore 1974.

ÜBERSETZUNGEN: *Barnaby Rudge*, E. A. Moriarty, Lpzg. 1852, 2 Bde. – Dass., M. v. Schweinitz, Mchn. 1963 [Ill. v. H. K. Browne u. G. Cattermole].

LITERATUR: J. K. Gottshall, *Devils Abroad, the Unity and Significance of »Barnaby Rudge«* (in NCF, 16, 1961, S. 133–146). – E. Johnson, *C. D. His Tragedy and Triumph*, NY 1952, S. 332–337. – A. E. Dyson, *»Barnaby Rudge«: The Genesis of Violence* (in Critical Quarterly, 9, 1967, S. 142–160). – *D.: A Collection of Critical Essays*, Hg. M. Price, Englewood Cliffs/N. J. 1967. – A. O'Brien, *Benevolence and Insurrection: The Conflicts of Form and Purpose in »Barnaby Rudge«* (in D. Studies, 5,1969, S. 26–44). – T. J. Rice, *C. D. as Historical Novelist: »Barnaby Rudge« (1841)*, Diss. Princeton 1971 (vgl. Diss. Abstracts, 32, 1972, S. 6448A). – J. P. McGowan, *Mystery and History in »Barnaby Rudge«* (in D. Studies Annual, 9, 1981, S. 33–52). – D. F. Sadoff, *The Dead Father: »Barnaby Rudge«, »David Copperfield«, and »Great Expectations«* (in Papers on Language and Literature, 18, 1982, Nr. 1, S. 36–57). – J. McMaster: *Better to be Silly: From Vision to Reality in »Barnaby Rudge«* (in D. Studies Annual, 13, 1984, S. 1–17).

## BLEAK HOUSE

(engl.; *Bleakhaus*). Roman von Charles DICKENS, erschienen 1852. – Ein sich jahrelang hinschleppender Erbschaftsprozeß, der Fall Jarndyce contra Jarndyce, bildet in der Romanhandlung den Pol des Geschehens, auf den Dickens seine zahlreichen Figuren hinordnet. Sie alle stehen durch diesen Prozeß direkt oder indirekt in Beziehung zueinander. Zugleich benutzt Dickens den Fall zu satirischen Angriffen auf die Mißstände im Rechtswesen seiner Zeit.
In der berühmten Einleitung des Romans symbolisiert der dichte Londoner Nebel die irreleitende Undurchsichtigkeit des Gesetzes. Die Zentralgestalten sind Richard Carstone und seine Kusine Ada Clare, die als Mündel des Gerichts bei ihrem freundlichen alten Verwandten John Jarndyce in Bleak House leben. Sie lieben sich und heiraten heimlich. Richard ist jeder kontinuierlichen Arbeit abgeneigt und verläßt sich auf das Vermögen, das ihm am Ende des Prozesses zufallen wird; er verkommt immer mehr, erkrankt und stirbt in hoffnungsloser Verzweiflung. Der Prozeß wird abgebrochen, als sich herausstellt, daß seine Kosten das ganze umstrittene Vermögen aufgezehrt haben. Ein weiterer Handlungsknoten wird durch die Einführung der Gestalt der Esther Summerson geschürzt, die mit Ada zusammen bei Jarndyce lebt. Sie ist die längst totgeglaubte Tochter aus einer vorehelichen Verbindung der schönen und hochmütigen Lady Dedlock mit Hauptmann Rawdon. Jo, ein ständig von der Polizei gejagter Straßenkehrer, führt Lady Dedlock zum Grab ihres einstigen Liebhabers, bringt aber damit, ohne es zu wollen, den gefühlskalten, gesetzesfrommen Rechtsanwalt Tulkinghorn auf die Spur des Geheimnisses. Nachdem der Anwalt gedroht hat, Sir Leicester, dem Ehemann Lady Dedlocks, ihre Vergangenheit zu enthüllen, wird er ermordet. Bucket – einer der ersten Detektive in der Romanliteratur, dessen Methoden in vielen späteren Kriminalgeschichten wiederzufinden sind – überführt eine ehemalige Zofe der Lady als Täterin. Als Sir Leicester von Bucket die Wahrheit erfahren hat, flüchtet Lady Dedlock und wird am Grab ihres Geliebten tot aufgefunden. – In einer Nebenhandlung wird die komplizierte Liebesgeschichte der Esther Summerson erzählt. Der Roman hat alle für Dickens typischen Schwächen: Weitschweifigkeit, Sentimentalität und Vorliebe für das Melodramatische, Geheimnisumwitterte, also für Elemente, die schon damals einer fast überlebten literarischen Tradition zugerechnet wurden. Doch diese Mängel werden mehr als ausgeglichen von der Gestaltung eines alle Schichten umfassenden sozialen Panoramas, wie Dickens es in dieser Weite und Farbigkeit kaum je wieder entrollt hat. Um die Hauptfiguren gruppiert sich eine ganze Galerie schrulliger, rührender und finsterer Gestalten, wie etwa der halbverrückte Trödler, Mr. Krook; Miss Flite mit ihren eingesperrten Vögeln; Harold Skimpole, eine der berühmtesten Dickensschen Figuren, ein charmanter Pickwick ohne Geld,

der seinen krassen Egoismus unter gespielter Naivität verbirgt; und eine ganze Reihe mit grimmiger Treffsicherheit karikierte Heuchler und Frömmler, wie z. B. Mrs. Jellyby, die das Glück ihrer eignen Kinder ihrer spektakulären Aktivität in der öffentlichen Wohlfahrtsarbeit opfert, und Ehrwürden Chadband, der mit öliger Selbstgerechtigkeit gegen die Sünden anderer wettert, seine eigenen jedoch ignoriert. Mit klarem Blick für die Verflochtenheit aller menschlichen Beziehungen innerhalb eines sozialen Gefüges zeigt Dickens, wie der Mißbrauch des Rechts an einer bestimmten Stelle des Organismus sich bis in alle Verzweigungen dieses sozialen Bereiches schädigend auswirkt. Damit führt Dickens' Angriff auf das Rechtswesen seiner Zeit über die historisch bedingte und begrenzte Gesellschaftskritik hinaus auf eine Ebene, wo dem Roman, einem der besten des Autors, dauerndes Interesse sicher sein kann. J.v.Ge.-KLL

AUSGABEN: Ldn. 1852. – Ldn. 1947. – Ldn. 1955. – NY 1970. – Harmondsworth 1971.

ÜBERSETZUNGEN: *Bleakhaus*, A. Ritthaler, Mchn. o. J. – Dass., C. Kolb, Mchn. 1959; [2]1977. – Dass., G. Meyrink, Zürich 1984 (detebe).

LITERATUR: L. Crompton, *Satire and Symbolism in »Bleak House«* (in NCF, 12, 1958, S. 284–303). – K. Sørensen, *Subjective Narration in »Bleak House«* (in ES, 40, 1959, S. 431–439). – R. A. Donovan, *Structure and Idea in »Bleak House«* (in ELH, 29, 1962, S. 175–201). – P. M. Weinstein, *Structure and Collapse, a Study of »Bleak House«* (in D. Studies, 4, 1968, S. 4–18). – *Twentieth Century Interpretations of »Bleak House«*, Hg. J. Korg, Englewood Cliffs/N.J. 1968. – A. Dyson, *»Bleak House«: A Casebook*, Nashville/Tenn. 1970. – G. Smith, *C. D.: »Bleak House«*, Ldn. 1974. – A. M. Belmont Jr., *Qualitative Progression and the Dual Narrative in D.' »Bleak House«* (in Publications of the Arkansas Philological Association, 7, 1981, Nr. 2, S. 1–8). – C. I. Schuster, *Style and Meaning in »Bleak House«* (in Sphinx, 4, 1984, Nr. 15, S. 166–174). – R. Newson, *D. and the Romantic Side of Familiary Things. »Bleak House« and the Novel Tradition*, NY 1977. – J. Larsen, *Biblical Reading in the Later D.: The Book of Job according to »Bleak House«* (in D. Studies Annual, 13, 1984, S. 35–84). – J. McMaster, *»Bleak House«. Looking in Darkness Which the Blind Do See* (in J. McM., *D. the Designer*, Ldn. 1987). – S. Shatto, *The Companion to »Bleak House«*, Ldn. 1988.

## A CHRISTMAS CAROL. In Prose. Being a Ghost Story of Christmas

(engl.; *Ein Weinachtslied in Prosa. Eine weihnachtliche Geistergeschichte*). Erzählung von Charles DICKENS, erschienen 1843. – In diesem Weihnachtsmärchen, das zu den beliebtesten Werken des Autors gehört, schildert Dickens mit unverhüllter Gefühlsseligkeit, wie der herzlose alte Geizhals Ebenezer Scrooge in einer Weihnachtsnacht zu einem gütigen, hilfsbereiten Menschen wird. Unbeeinflußt von der allgemeinen Weihnachtsstimmung befindet sich Scrooge am Heiligen Abend in seinem Londoner Büro. Wie immer benimmt er sich seinem ärmlichen Schreiber Bob Cratchit gegenüber kleinlich und boshaft, ja er bedauert sogar, daß er ihm zum Fest einen Tag Urlaub geben muß. Die gutgemeinte Einladung seines Neffen zum Weihnachtsessen lehnt er schnöde ab, und einige Bittsteller, die für Wohltätigkeitszwecke sammeln, jagt er mit barschen Worten davon. Als er später allein in sein Haus zurückgekehrt ist, wird er von dem Geist Marleys, seines ehemaligen Geschäftspartners, und von den Geistern der vergangenen, gegenwärtigen und zukünftigen Weihnachtsfeste heimgesucht. Sie zeigen ihm das Glück, das er durch seine Habgier und Selbstsucht versäumt hat, aber auch die Einsamkeit, in der er einst sterben wird, falls er nicht vorher sein Leben ändert. Vor Scrooges Augen erscheinen nun Szenen aus seiner Kindheit, der weihnachtliche Haushalt seines Neffen und seines Angestellten und schließlich sein eigener Grabstein. Er ist zutiefst betroffen, und von diesem Augenblick an wandelt er sich von Grund auf: Aus dem herzlosen Egoisten wird ein Muster an Nächstenliebe und Hochherzigkeit, aus dem boshaftesten alten Mann Englands der Lieblingsgroßvater aller Kinder.

Daß die Sentimentalität dieser Erzählung niemals penetrant wirkt, ist Dickens' Fähigkeit zu verdanken, seiner eigenen Warmherzigkeit künstlerischen Ausdruck zu verleihen. Der Geizhals Scrooge, vor seiner Bekehrung sicherlich einer der widerwärtigsten Charaktere im englischen Schrifttum, ist, wie viele andere Gestalten des Autors, zum literarischen Typus geworden; sein Name ist als Bezeichnung für niederträchtige Gesinnung und abnormen Geiz in die englische Umgangssprache eingegangen. – *A Christmas Carol*, ein Musterbeispiel dafür, wie Dickens die moralisierende Erzählung des Viktorianischen Zeitalters ausformte, gehört längst zum klassischen Bestand der Jugendliteratur und wird als beliebte Weihnachtslektüre für Erwachsene und Kinder immer wieder neu aufgelegt. J.v.Ge.

AUSGABEN: Ldn. 1843. – Ldn. 1907 (in *National Ed. of the Works*, Hg. B.W. Matz, 40 Bde., 1906–1908, 16). – Ldn. 1937 (in *The Nonesuch Dickens*, Hg. A. Waugh u. a., 23 Bde., 1937/38, 11). – NY 1956, Hg. E. Johnson [Faks.-Ausg.]. – Ldn. 1958. – NY 1967 (Faks. d. Ms. d. Pierpont Morgan Library). – NY 1971.

ÜBERSETZUNGEN: *Der Weihnachtsabend. Eine Geistergeschichte*, E. A. Moriarty (in *SW*, Bd. 53, Lpzg. 1844). – Dass., J. Seybt, Lpzg. o. J. [ca. 1875]. – *Ein Weihnachtslied in Prosa*, R. Zoozmann (in *Fünf Weihnachtsgeschichten*, Lpzg. 1909). – Dass., C. Kolb (in *Weihnachtserzählungen*, Mchn. [2]1961;

ern. 1976; m. Ill. der Erstausgabe). – *Ein Weihnachtslied*, nach älteren Übers. neu bearb. v. I. Tönnies (in *Werke*, Bd. 5, Hbg. 1963).– *Der Weihnachtsabend: ein Weihnachtslied in Prosa oder eine Geistergeschichte zum Christfest*, T. Geissler, Stg. 1972 (RUB). – Dass., L. Feld, Ffm. 1979 (Insel Tb). – *Eine Christnachtsgeistergeschichte*, C. Kolb, Mchn. 1983. – *A Christman Carol in Prose, Being a Ghost Story of Christmas. Weihnachtslied in Prosa. Eine weihnachtliche Geistergeschichte*, H. Raykowski, Mchn. 1985 (engl.-dt.; dtv).

VERFILMUNG: England 1972 (Regie: R. Williams).

LITERATUR: E. A. Osborne, *The Facts about »A Christmas Carol«*, Ldn. 1937. – P. Calhoun u. H. J. Heaney, *D.' »Christmas Carol« after a Hundred Years. A Study in Bibliographical Evidence* (in Papers of the Bibliographical Society of America, 39, 1945, S. 271–317). – M. Morley, *Curtain Up on »A Christmas Carol«* (in Dickensian, 47, 1951). – J. Butt, *»A Christmas Carol«: Its Origin and Design* (ebd., 51, 1955). – W. B. Todd, *D.' »Christmas Carol«* (in Book Collector, 10, 1961, S. 449–454). – K. A. Carolan, *A Study of Christmas in the Works of C. D., with Special Attention to the Christmas Books*, Diss. George Washington Univ. 1972 (vgl. Diss. Abstracts, 33, 1972, S. 1717A). – E. L. Gilbert, *The Ceremony of Innocence: C. D.' »A Christmas Carol«* (in PMLA, 90, 1975, S. 22–31). – P. McM. Pittmann, *Time, Narrative Technique, and the Theme of Regeneration in »A Christmas Carol«* (in Bull. of the West Viriginia Association of College English Teachers, 2, 1975, Nr. 2, S. 34–49). – Dies., *»A Christmas Carol«: Review and Assessment* (in Victorians Institute Journal, 4, 1975, S. 25–34). – H. Stone, *»A Christmas Carol«: The Ghost of Things to Come* (in Angel's Flight, 4, Herbst-Frühjahr 1978/79, S. 48–54).

## DEALINGS WITH THE FIRM OF DOMBEY AND SON

(engl.; *Geschäfte mit der Firma Dombey und Sohn*). Roman von Charles DICKENS, erschienen 1847/48. – Paul Dombey, ein angesehener, reicher Londoner Geschäftsmann, ist die Hauptgestalt dieses Romans, der den menschlichen Hochmut und die Geldsucht der zeitgenössischen Gesellschaft anprangert. Dombeys Mangel an Verständnis für andere, seine kalt-autokratische Einstellung führen den Tod seines kränklichen Sohnes Paul herbei; sie sind auch die Ursache seines menschlichen Versagens gegenüber seiner Tochter Florence, deren Liebe er abwehrt, und gegenüber seiner zweiten Frau, deren Jawort er sich praktisch erkauft hat und deren Stolz er rücksichtslos zu brechen sucht. Eine Folge seiner Arroganz ist seine bis zur absoluten Blindheit reichende Unfähigkeit, Menschen richtig zu beurteilen: Schmeicheleien akzeptiert er als einen ihm selbstverständlich gebührenden Tribut, zur Katastrophe führt seine schlechte Menschenkenntnis im Falle seines Managers James Carker, dessen Intrigen die Firma »Dombey and Son« ruinieren und der mit Dombeys zweiter Frau nach Paris flieht.

Dickens stellt in diesem Roman vor allem die seelische Isolierung der Reichen überzeugend dar: Die innere Einsamkeit Dombeys, seiner Kinder und seiner Frau wird kontrastiert mit der Geselligkeit und der natürlichen gegenseitigen Zuneigung der Menschen aus den ärmeren Schichten, repräsentiert durch Captain Cuttle, Solomon Gills, Susan Nipper und die Toodles. Das Milieu der Reichen wie der Armen ist mit dem für Dickens bezeichnenden, ins Detail gehenden Realismus beschrieben; die einzelnen Gestalten sind liebevoll, mit fast übertriebener Sorgfalt gezeichnet. Aber auch die für den Autor charakteristischen Schwächen fehlen nicht: neben brillanten Charakterporträts wie dem Dombeys stehen weniger überzeugende: Captain Cuttle und Major Bagstock (letzterer, wie auch Mrs. Skewton, mehr satirische Karikatur als komische Figur) sind kaum mehr als Konglomerate aus Spleens und Sprachnarreteien. Dem lebensechten, gerissenen Intriganten James Carker steht das farblose junge Liebespaar Walter Gay und Florence Dombey gegenüber. Dickens' Neigung zu Sentimentalitäten macht sich überall in dem Roman bemerkbar, besonders in der Todesszene des kleinen Paul; doch wird dadurch die treffende Darstellung des Vater-Sohn-Verhältnisses nicht ernstlich beeinträchtigt, ebensowenig wie die Schilderung der Erziehung der Kinder im Internat des Dr. Blimber, die sich dem Gedächtnis unvergeßlich einprägt. Im ganzen entfernt sich der Roman von der episodenhaften Erzählweise der frühen Werke des Autors und tendiert zu geschlossener Handlungsführung und größerer thematischer Einheit. In seinem ausgeprägten Pessimismus und seinen verschärften Attacken gegen die Gesellschaft kündigt sich bereits der Tenor der späteren Erzählungen Dickens' an. J.v.Ge.

AUSGABEN: Ldn. 1848. – Ldn. 1907 (in *National Ed. of the Works*, Hg. B. W. Matz, 40 Bde., 1906–1908, 18/19). – Ldn. 1937 (in *The Nonesuch D.*, Hg. A. Waugh u. a., 12 Bde., 1937/38, 6). – Ldn. 1954. – Harmondsworth 1970, Hg. P. Fairclough (Penguin). – Oxford 1974, Hg. A. Horsman *(The Clarendon D.)*. – Ldn. 1982, Hg. ders.

ÜBERSETZUNGEN: *Dombey und Sohn*, J. Seibt, 10 Tle., Lpzg. 1847/48. – Dass., M. v. Schweinitz, Mchn. 1960. – Dass., dies., Mchn. 1978.

LITERATUR: J. Butt u. K. Tillotson, *D. at Work on »Dombey and Son«* (in *Essays and Studies*, Hg. G. Tillotson, Bd. 2, Ldn. 1951, S. 70–93). – F. R. Leavis, *»Dombey and Son«* (in SR, 70, 1962, S. 177–201). – P. Collins, *D. and Education*, Ldn. 1963. – W. Axton, *»Dombey and Son«. From Stereotype to Archetype* (in ELH, 31, 1964, S. 301–317). – D. Donoghue, *The English D. and »Dombey and*

*Son«* (in NCF, 24, 1970, S. 383–403). – I. Milner, *The D. Drama: Mr. Dombey* (ebd., S. 477–487). – M. Steig, *Structure and the Grotesque in D.: »Dombey and Son«; »Bleak House«* (in Centennial Review, 14, 1970, S. 313–330). – B. Tomlinson, *D. and Individuation: »Dombey and Son«, »Bleak House«* (in Critical Review, 15, 1972, S. 64–81). – N. Auerbach, *D. and Dombey: A Daughter After All* (in D. Studies Annual, 5, 1976, S. 95–105). – A. M. Jackson, *Reward, Punishment, and The Conclusion of »Dombey and Son«* (ebd., 7, 1978, S. 128–150). – S. R. Horton, *Interpreting, Interpreting: Interpreting D.' Dombey*, Baltimore 1979. – R. Clark, *Riddling The Family Firm: The Sexual Economy in »Dombey and Son«* (in ELH, 51, 1984, S. 69–84). – L. Zwinger, *The Fear of the Father* (in NCF, 40, 1985, S. 420–440). – A. M. Stuby, *Die Allegorisierung der Zeit als Kapitalismuskritik in D.' Roman »Dombey and Son«* (in ZAA, 34, 1986, S. 116–127). – J. McMaster, *»Dombey and Son«. The Cold Hard Armour of Pride* (in J. McM., *D. the Designer*, Ldn. 1987, S. 120–149).

## GREAT EXPECTATIONS

(engl.; *Große Erwartungen*). Roman von Charles DICKENS, zuerst erschienen 1860/61 in der Zeitschrift ›All the Year Round‹. – Zusammen mit *Our Mutual Friend*, 1864/65 *(Unser gemeinsamer Freund)*, und dem Romanfragment *The Mystery of Edwin Drood*, 1870 *(Edwin Droods Geheimnis)*, bezeichnet dieses Werk die letzte Schaffensphase Dickens'. Gemeinsam ist den drei Spätwerken das in die Zukunft weisende Experimentieren mit neuen Ausdrucksmitteln, eine außergewöhnliche Verdichtung der Atmosphäre und die dominierende Rolle, die ein Geheimnis oder eine Folge von Geheimnissen und ihre sensationelle Aufdeckung im Handlungsaufbau spielen. Letzteres dürfte auf den Einfluß des mit Dickens befreundeten Wilkie COLLINS, des damals berühmtesten Autors von Detektivromanen, zurückzuführen sein. Im Gegensatz zu den beiden anderen Werken hat Dickens die Handlung von *Great Expectations* in die Zeit seiner eigenen Kindheit, die zwanziger Jahre des 19. Jh.s verlegt.

Die neblige Marschlandschaft an der unteren Themse, wo Dickens einige Jugendjahre verbrachte, ist Hauptschauplatz und prägt fast durchgehend die Stimmung des Romans. Der verwaiste Philip Pirrip, genannt Pip, wächst dort bei seiner älteren Schwester und deren Mann, dem biederen Dorfschmied Joe Gargery, auf. Eines Abends begegnet der Knabe auf dem Friedhof einem entsprungenen Sträfling, dem er hilft, sich seiner Ketten zu entledigen. – Eine ihm fremde, unheimliche Welt lernt Pip kennen, als er bei Miss Havisham eingeführt wird, um ihr und ihrer Pflegetochter Estella Gesellschaft zu leisten. In dem verfallenen Haus ist stets die Hochzeitstafel gedeckt, genau wie an jenem Tag, als Miss Havisham von ihrem Bräutigam verlassen wurde. Getrieben von einer an Wahnsinn grenzenden Rachsucht, hat sie Estella zu einem lieblosen Geschöpf erzogen, das einst an ihrer Statt Vergeltung am männlichen Geschlecht üben soll. Der nichtsahnende Pip sieht zu dem vornehmen kleinen Mädchen auf und beginnt davon zu träumen, selbst einmal ein feiner Herr zu werden. Als er heranwächst, wird aus seiner Bewunderung für Estella Liebe.

Eines Tages ändern sich Pips Verhältnisse mit einem Schlag: Der Anwalt Jaggers teilt ihm mit, daß ein Wohltäter, der ungenannt bleiben wolle, seine Erziehung zum Gentleman finanzieren und ihm sein Vermögen hinterlassen möchte. Von nun an wird Pips Leben von seinen großen Erwartungen bestimmt, die sich nicht nur auf ein sorgloses Dasein und Reichtum richten, sondern – da er insgeheim Miss Havisham für seine Gönnerin hält – auch auf Estellas Hand. Gemäß dem Wunsch des anonymen Wohltäters, daß er *»Geld ausgeben soll wie ein Gentleman«*, führt Pip in London das müßige Leben eines Snobs und bricht mit den schlichten Verwandten, die ihn aufgezogen haben. Doch wenige Jahre später werden seine Illusionen zerstört: Estella, die grausam mit seinen Gefühlen gespielt hat, heiratet einen brutalen Nichtsnutz, und eines Tages meldet sich der geheimnisvolle Unbekannte bei Pip. Es ist Abel Magwitch, jener Sträfling, dem er als Junge geholfen hat. Vor Jahren nach Australien deportiert und dort reich geworden, ist Magwitch jetzt illegal nach England zurückgekehrt, um Pip wiederzusehen. Das Auftauchen des Mannes, den ein tragisches Geschick zum Außenseiter der Gesellschaft gemacht hat, führt nicht nur zu Aufklärung mehrerer in der Vorgeschichte geschilderter Verbrechen, sondern auch zur Erhellung der komplizierten Beziehungen zwischen einigen Haupt- und Nebenfiguren. Unter anderem stellt sich heraus, daß Estella Magwitchs Tochter, also Pip keineswegs gesellschaftlich überlegen ist. – Als Magwitch von der Polizei verfolgt wird, versucht Pip erfolglos, ihm außer Landes zu helfen. Magwitch, der erst im Gefängnis erfährt, daß seine Tochter lebt, stirbt dort in Gegenwart Pips; sein Vermögen verfällt der Krone. Arm wie zuvor, beginnt Pip, im Ausland sein Geld auf ehrliche Weise zu verdienen, und als er nach Jahren in Joe Gargerys Schmiede zurückkehrt, finden er und die ebenfalls geläuterte, inzwischen verwitwete Estella zueinander.

In seiner 1872–1874 erschienenen Dickens-Biographie hat John FORSTER darauf hingewiesen, daß sein Freund Dickens diesem Roman erst auf Anraten BULWER-LYTTONS einen glücklichen Ausgang gab, während er ihn ursprünglich im Ton der Desillusionierung und Resignation enden lassen wollte. Manche Kritiker haben den Schluß als »aufgepfropft« bezeichnet, anderen freilich schien er in Einklang mit der moralistischen Absicht zu stehen, die Dickens auch in *Great Expectations* verfolgt, obzwar sie hier weit weniger aufdringlich wirkt als etwa in dem vier Jahre älteren Roman *Little Dorrit*. – Unter gesellschaftskritischen Vorzeichen steht vor allem die Geschichte Abel Magwitchs: Von dem »Gentleman« Compeyson zum Verbrechen verführt, wird er höher bestraft als der feine Herr. Von da an ist er besessen von der Idee, daß das Gesellschaftssystem seines Landes nur einem Gentleman erlaube, es im Leben zu etwas zu bringen, und aus dieser Besessenheit heraus will er dem einzigen Menschen, der ihm Gutes getan hat, dem jungen Pip, ein müßiges Leben ermöglichen. In Wirklichkeit aber lädt er ihm den Fluch der »großen Erwartungen« auf.

Finden sich auch in diesem Spätwerk noch die melodramatischen Ereignisse, die Fülle der Nebengestalten, die absurden Karikaturen und die vielen Sensationen früherer Romane Dickens', so werden sie hier doch von einem auffallend geradlinigen Handlungsablauf zusammengehalten, zu dessen Übersichtlichkeit die Gliederung in drei Teile (Pips Kindheit, Pip als Gentleman, Aufdeckung der wahren Zusammenhänge) beiträgt. Der erste, in dem aus der Sicht des Jungen eine oft alptraumartige Welt geschildert wird, deren Zusammenhänge ihm fremd bleiben, steht sowohl hinsichtlich der erzählerischen Mittel als auch des Verständnisses für die kindliche Psyche dem *David Copperfield* nicht nach, ja er wird von vielen Kritikern sogar über diesen gestellt. *»Dickens erfaßt bereits in der Art der Moderne alle Bezirke des inneren Erlebens, neben dem Handeln auch Stimmungen, Erinnerungen, Assoziationen und Empfindungen aller Art, bis in die Bereiche des Neurotischen.«* (L. Borinski) Damit steht dieser im Viktorianischen Zeitalter entstandene und vor seinem Anbruch spielende Roman auf der Schwelle zwischen der Literatur des 19. und des 20. Jh.s. G.Ba.

AUSGABEN: Ldn. 1860/61 (in All the Year Round). – Ldn. 1861, 3 Bde. – Ldn. 1907 (in *National Ed. of the Works*, Hg. B. W. Matz, 40 Bde., 1906–1908, 29). – Ldn. 1937 (in *The Nonesuch D.*, Hg. A. Waugh u. a., 12 Bde., 1937/38, 7). – Ldn. 1947 [Einl. G. B. Shaw]. – NY 1956, Hg. E. Wagenknecht. – NY 1970, Hg. R. D. McMaster. – Ldn. 1974, Hg. J. Symonds. – Harmondsworth 1976 (Penguin).

ÜBERSETZUNGEN: *Große Erwartungen*, H. v. Hammer, 3 Bde., Lpzg. 1862. – Dass., P. Heichen (in *Sämtl. Romane*, Bd. 20, Naumburg 1895). – Dass., J. Thanner, Mchn. 1956 [Ill. F. W. Pailthorpe]. – Dass., W. Anton (in *Werke*, Bd. 5, Hbg. 1963). – Dass., J. Thanner, Mchn. 1978. – Dass., M. Meyer, Ffm. 1978 (Insel Tb).

VERFILMUNGEN: USA 1917 (Regie: P. West). – Dänemark 1921 (Regie: A. W. Sandberg). – USA 1934 (Regie: S. Walker). – England 1946 (Regie: D. Lean).

LITERATUR: L. Trilling, *Manners, Morals, and the Novel* (in *Forms of Modern Fiction. Essays Collected in Honor of J. W. Beach*, Hg. W. V. O'Connor, Minneapolis 1948, S. 144–160). – L. Borinski, *D.' Spätstil* (in NSp, 6, 1957, S. 405–428). – M. Spilka, *D.' »Great Expectations«: A Kafkan Reading* (in *Twelve Original Essays on Great English Novels*, Hg. Ch. Shapiro, Detroit 1960, S. 103–124). – H. Stone, *Fire, Hand, and Gate, D.' »Great Expectations«* (in KR, 24, 1962, S. 662–691). – J. A. Hynes, *Image and Symbol in »Great Expectations«* (in ELH, 30, 1963, S. 258–292). – D. Roll-Hansen, *Characters and Contrasts in »Great Expectations«* (in *The Hidden Sense and Other Essays*, Hg. M. S. Røstvig, Oslo/NY 1963, S. 197–226). – W. Killy, *Der Roman als Märchen: D., »Great Expectations«* (in W. K., *Romane des 19. Jh.s: Wirklichkeit und Kunstcharakter*, Göttingen 1967). – H. Stone, *The Genesis of a Novel: »Great Expectations«* (in *Ch. D. 1812–1870; a Centenary Volume*, Hg. E. W. F. Tomlin, NY 1969, S. 109–131). – R. Barnard, *Imagery and Theme in »Great Expectations«* (in D. Studies Annual, 1, 1970, S. 238–251). – A. D. Hutter, *Crime and Fantasy in »Great Expectations«* (in *Psychoanalysis and Literary Process*, Hg. F. C. Crews, Cambridge 1970, S. 25–65). – G. D'Hangest, *D. et les personnages de »Great Expectations«* (in Etudes anglaises, 24, 1971, S. 126–146). – A. B. Dobie, *Early Stream-of-Consciousness Writing: »Great Expectations«* (in NCF, 25, 1971, S. 405–416). – W. F. Axton, *»Great Expectations« Yet Again* (in D. Studies Annual, 2, 1972, S. 78–93). – E. Rosenberg, *A Preface to »Great Expectations«. The Pale Usher Dusts His Lexicons* (ebd., S. 294–335). – A. L. French, *Beating and Cringing: »Great Expectations«* (in EIC, 24, 1974, S. 147–168). – C. W. Thomsen, *Das Groteske in Ch. D. »Great Expectations«* (in Anglia, 92, 1974, S. 113–142). – C. C. Barfoot, *»Great Expectations«: The Perception of Fate* (in Dutch Quarterly Review of Anglo-American Letters, 6, 1976, S. 2–33). – M. Ron, *Autobiographical Narration and Formal Closure in »Great Expectations«* (in Hebrew University Studies in Literature, 5, 1977, S. 37–66). – E. L. Gilbert, *In Primal Sympathy: »Great Expectations« and the Secret Life* (in D. Studies Annual, 11, 1983, S. 89–113). – J. P. Rawlings, *»Great Expectations«, D. and the Betrayel of the Child* (in SEL, 23, 1983, S. 667–683). – P. Brooks, *Reading for the Plot. Design and Intention in Narrative*, NY 1984. – D. Gervais, *The Prose and Poetry of »Great Expectations«* (in D. Studies Annual, 13, 1984, S. 85–114). – C. H. MacKay, *A Novel's Journey into Film: The Case of »Great Expectations«* (in Literature/Film Quarterly, 13, 1985, S. 127–134). – G. J. Worth, *»Great Expectations«. An Annotated Bibliography*, NY 1986. – G. Daldry, *»Great Expectations«* (in G. D., *Ch. D. and the Form of the Novel*, Ldn. 1987, S. 131–163).

## HARD TIMES. For These Times

(engl.; *Harte Zeiten. Für diese Zeiten*). Roman von Charles DICKENS, erschienen 1854. – Schon im Titel ausdrücklich als Zeitroman gekennzeichnet, ist dieses Werk fast als programmatische Schrift zu bezeichnen, in der Dickens das in der zweiten Jahrhunderthälfte sich anbahnende Maschinen- und

Massenzeitalter mit seinen sozialen Ungerechtigkeiten und seinem rationalistischen Denken vorausblickend anklagte. Offenbar stark beeindruckt von Thomas CARLYLES Aufsätzen über die Zukunft der Arbeiterbewegung und von Charles KINGSLEYS sozialreformerischen Schriften, zog er in *Hard Times* gegen das Manchestertum und den Utilitarismus zu Felde, wobei er eigene Beobachtungen in den Textilzentren Manchester und Preston verwertete.

Sein Roman spielt um 1850 in der fiktiven nordenglischen Industriestadt Coketown. Thomas Gradgrind, angesehener Bürger, Mitglied des Unterhauses, hat seine Kinder Louisa und Tom nach den Prinzipien erzogen, die er auch als einstiger Schulleiter strikt angewandt hat. Sein Motto ist: *»Tatsachen, Tatsachen, Tatsachen!«* Seiner Überzeugung nach soll nicht das Herz, sondern der Verstand gebildet werden, sind nicht Geist und Phantasie, sondern Zahlenwissen und Fakten erforderlich, um das Leben zu meistern. Daß sein Erziehungsergebnis seine stolzen Erwartungen nicht erfüllt, lehrt ihn erst das bittere Schicksal seiner Kinder. Er verheiratet Louisa mit seinem gleichaltrigen Freund Josiah Bounderby, einem Webereibesitzer und Bankier, der sich brüstet, ein Selfmademan zu sein. Louisa, deren warmherzige Veranlagung im Vaterhaus verkümmert ist, sieht keinen Grund, sich gegen diese Vernunftehe zu wehren, zumal sie ihrem bei Bounderby angestellten Bruder, dem bis dahin einzigen Objekt ihrer Zuneigung, damit zu helfen glaubt. Tom hat sich zu einem egozentrischen, labilen Menschen entwickelt. Als seine Spielschulden sich häufen, fingiert er einen Überfall auf die Bank seines Schwagers, raubt Geld und lenkt den Verdacht auf den von Bounderby entlassenen Webereiarbeiter Stephen Blackpool. Dieser ist als Vertreter der ausgebeuteten Masse der Gegenspieler des skrupellosen Industriellen Bounderby. Er hat es nicht nur gewagt, diesem die Wahrheit über die Lage der Arbeiter zu sagen, die, wie er es ausdrückt, von der besitzenden Klasse taxiert werden wie *»Zahlen oder Maschinen ohne Liebe und Zuneigung, ohne Gedächtnis, ohne Seele«*, sondern hat sich auch den Haß seiner Arbeitskameraden zugezogen, als er sie vor Demagogen innerhalb der Arbeiterbewegung gewarnt hat. Noch bevor Tom als der wahre Verbrecher entlarvt wird und im letzten Augenblick nach Amerika entkommen kann, erweist sich das Erziehungsprinzip des alten Gradgrind auch im Fall seiner Tochter als falsch. Nachdem sie beinahe den Verführungskünsten eines glattzüngigen jungen Politikers erlegen ist, flieht sie verzweifelt zu ihrem Vater. Aber nicht er ist es, der ihr neuen Mut und die Kraft gibt, Bounderby zu verlassen, sondern Sissy Jupe, die einst im Haus der Gradgrinds aufgenommene Tochter eines Zirkusclowns, deren warmer Menschlichkeit die leeren Theorien Thomas Gradgrinds nichts anhaben konnten.

Wie stets gruppiert Dickens um seine Hauptgestalten eine ganze Galerie von Nebenfiguren, unter ihnen Mrs. Sparsit, die Karikatur einer Haushälterin, und die geheimnisvolle Mrs. Pegler, die sich schließlich als Bounderbys Mutter zu erkennen gibt und dessen Selbstbeweihräucherung höchst wirkungsvoll ein Ende macht, als sie enthüllt, daß er sich nicht aus der Gosse hochgearbeitet, sondern ein ordentliches Elternhaus gehabt hat. – Die kritische Einschätzung von *Hard Times* schwankt noch heute zwischen so extremen Urteilen wie dem, dies sei der mißlungenste Roman Dickens', und dem, es sei ein Meisterwerk. Der programmatische Charakter des Buches macht es auf weite Strecken schwer, rein künstlerische Maßstäbe anzulegen. So bewundernswert es ist, daß es Dickens hier gelungen ist, sich vor allzu üppig wuchernden Handlungsverästelungen, stilistischen Tiraden und penetranter Sentimentalität zu hüten, so überzeugend er die Tragödie der Familie Gradgrind entwickelt, so erweisen sich doch seine recht oberflächliche Kenntnis der Verhältnisse im Norden Englands, seine – ausgenommen im Fall Bounderbys – papieren wirkende Charakterisierung (vor allem der Arbeiter Blackpool ist ihm mißlungen) und seine bei aller Ablehnung skrupelloser Ausbeuterei im Grund antagonistische Einstellung gegenüber der organisierten Arbeiterschaft als unübersehbare Mängel.

J.v.Ge.

AUSGABEN: Ldn. 1854. – Ldn. 1907 (in *National Ed. of the Works*, Hg. B.W. Matz, 40 Bde., 1906–1908, 17). – Ldn. 1937 (in *The Nonesuch D.*, Hg. A. Waugh u. a., 23 Bde., 1937/38, 7). – Ldn./NY 1954 (Everyman's Library). – NY 1966, Hg. G. H. Ford u. S. Monod *(Norton Critical Ed.)*. – Harmondsworth 1969 (Penguin).

ÜBERSETZUNGEN: *Schwere Zeiten*, A. Banner, Stg. 1855. – *Harte Zeiten*, J. Seybt, Lpzg. 1880 (RUB). – Dass., P. Heichen (in *Sämtl. Romane*, Bd. 8, Naumburg 1894). – Dass., O. v. Schaching, Regensburg 1915. – Dass., Ch. Hoeppener, Bln. 1959. – Dass., H. Scheibe, Ffm. 1964 (EC). – Dass., J. Seybt (zus. m. *Eine Geschichte zweier Städte*), Mchn. 1964. – Dass., P. Heichen, Ffm. 1986, (Insel Tb). – Dass., Ch. Hoeppener, Reinbek 1987 (rororo). – *Schwere Zeiten*, U. Jung-Grell, Stg. 1989 (RUB).

LITERATUR: F. R. Leavis, *The Novel as Dramatic Poem: »Hard Times«* (in Scrutiny, 14, 1947, S. 185–203). – Ders., *»Hard Times«. An Analytic Note* (in F. R. L., *Great Tradition*, Oxford 1949, S. 227–248). – *Twentieth Century Interpretations of »Hard Times«: A Collection of Critical Essays*, Hg. P. E. Gray, Englewood Cliffs/N.J. 1969. – K. J. Fielding u. A. Smith, *»Hard Times« and the Factory Controversy* (in NCF, 24, 1970, S. 404–427). – J. M. Benn, *A Landscape with Figures: Characterization and Expression in »Hard Times«* (in D. Studies Annual, 1, 1970, S. 168–182). – G. Bornstein, *Miscultivated Field and Corrupted Garden: Imagery in »Hard Times«* (in NCF, 26, 1971, S. 158–170). – I. Leimberg, *»Hard Times«, Zeitbezug und überzeitliche Bedeutung* (in GRM, 21, 1971, S. 269–296). – R. E. Lougy, *D.'»Hard Times«. The*

*Romance as Radical Literature* (in D. Studies Annual, 2, 1972, S. 237–254). – W. Winters, *D.' »Hard Times«. The Lost Childhood* (ebd., S. 217–236). – A. Sedgely, *»Hard Times«: Facts or Fantasy?* (in Critical Review, 16, 1973, S. 116–132). – J. Butwin, *»Hard Times«: The News and the Novel* (in NCF, 32, 1977, S. 166–187). – T. M. Linehan, *Rhetorical Technique and Moral Purpose in D.' »Hard Times«* (in Univ. of Toronto Quarterly, 47, 1977, S. 22–36). – S. M. Smith, *The Other Nation: The Poor in English Novels of the 1840s and 1850s*, Oxford 1980. – S. Manning, *»Hard Times«: An Annotated Bibliography*, NY 1984. – S. J. Spector, *Monsters of Metonymy* (in ELH, 51, 1984, S. 365–384). – N. Coles, *The Politics of »Hard Times«. D. the Novelist versus D. the Reformer* (in D. Studies Annual, 15, 1986, S. 145–179). – R. Fabrizio, *Wonderful No-Meaning. Language and the Psychopathology of the Family in D.' »Hard Times«: ›Black and White‹* (in J. McM., *D. the Designer*, Ldn. 1987, S. 177–192).

## THE LIFE AND ADVENTURES OF MARTIN CHUZZLEWIT

(engl.; *Leben und Abenteuer Martin Chuzzlewits*). Roman von Charles DICKENS, erschienen 1843/44. – Nachdem er seinen Verlegern versprochen hatte, seine Eindrücke in einem Reisebericht und in einem Roman zu verwerten, trat Dickens im Januar 1842 seine erste Reise in die USA an. Er brannte darauf, das Land kennenzulernen, das für viele mit den reaktionären Verhältnissen in Europa Unzufriedene zum Inbegriff der Freiheit, des Fortschritts und der sozialen Gerechtigkeit geworden war. Um so größer war seine Enttäuschung: Land und Leute entsprachen keineswegs dem idealistischen Bild, das er sich von ihnen gemacht hatte. Sein Eintreten für ein internationales Copyright und für die Abschaffung der Sklaverei sowie seine Kritik an gewissen nationalen Eigenheiten brachten die amerikanische Öffentlichkeit gegen ihn auf. In Cairo, einem Elendsnest am Zusammenfluß von Ohio und Mississippi, das durch den Grundstücksschwindel der »Cairo Company« traurige Berühmtheit erlangt hatte (zu den Geschädigten soll Dickens selbst gehört haben), schwand seine Amerikabegeisterung vollends. Zu Hause in England berichtete er in *American Notes for General Circulation* (1842) über seine Erlebnisse, und noch im gleichen Jahr begann er die Arbeit an *Martin Chuzzlewit*.

In den ersten Kapiteln wird die Vorgeschichte der Auswanderung des jugendlich-naiven Titelhelden nach Amerika geschildert. Martin Chuzzlewit hat einen reichen Großvater, der gegenüber seinen Verwandten besonders mißtrauisch ist, weil er – nicht zu Unrecht – glaubt, sie hätten es nur auf sein Geld abgesehen. Der einzige Mensch, dem der Alte bedingungslos vertraut, ist Mary Graham, eine Waise, der er wie eine leiblichen Tochter zugetan ist. Als er entdeckt, daß Martin das Mädchen liebt, hält er ihn für ebenso selbstsüchtig wie alle andern und erreicht, daß der Enkel von seinem scheinheiligen Verwandten und Lehrherrn, dem Architekten Pecksniff, hinausgeworfen wird. Martin sieht keine andere Möglichkeit, als zusammen mit dem ihm treu ergebenen, stets gutgelaunten Mark Tapley (einem an Mr. Pickwicks Diener Sam Weller erinnernden Original) nach Amerika auszuwandern. Dort verdingt er sich als Architekt bei der »Eden Land Corporation«, einer Gaunerfirma, die ihn um sein Geld und seine Illusionen bringt. Das feuchtheiße Klima am Mississippi tut ein übriges: Eine schwere Fieberkrankheit wirft ihn darnieder. Aber während dieser Krise reift er zum Mann. Er kehrt nach England zurück, wo sein Großvater inzwischen in das Haus Pecksniffs gezogen ist, um diesen auf die Probe zu stellen. Bald ertappt er den Heuchler bei dem Versuch, ihn zu betrügen und sich um der Erbschaft willen Mary als Ehemann aufzudrängen. Daraufhin söhnt sich der alte Misanthrop mit Martin aus und gibt ihm und Mary den Segen.

Im Vorwort zu einer Volksausgabe erklärt Dickens, er habe in *Martin Chuzzlewit* zeigen wollen, *»wie Selbstsucht immer wieder Selbstsucht gebiert und zu welch abscheulichem Riesen sie sich aus kleinen Anfängen entwickeln kann«*. Die meisten Romangestalten sind auf dieses Thema hingeordnet, allen voran Pecksniff, dessen Name in der englischen Sprache zu einem landläufigen Synonym für abgefeimte Heuchelei geworden ist. Von den zahlreichen komischen Randfiguren verdient besonders Mrs. Gamp Erwähnung, eine fette, ständig beschwipste, schlampige Hebamme und Krankenpflegerin, die ein Kauderwelsch aus Arbeiterslang und verstümmelten Bibelzitaten spricht. Die Episoden, in denen Dickens den amerikanischen Lebensstil satirisch überzeichnet, ernteten in den USA heftige Kritik. Die amerikanische Gesellschaft sah sich dargestellt als ein Panoptikum von Schwachköpfen, Angebern, Betrügern und Halsabschneidern. Fünfundzwanzig Jahre später, während einer triumphalen Vortragsreise durch die Vereinigten Staaten, schlug der Autor versöhnlichere Töne an und bescheinigte seinen Gastgebern, sie hätten seit seinem ersten Besuch auf allen Gebieten kolossale Fortschritte gemacht. J.v.Ge.-KLL

AUSGABEN: Ldn. 1843/44 [19 Tle.]. – Ldn. 1844, 3 Bde. [Ill. H. K. Browne]. – Ldn. 1907 (in *National Ed. of the Works*, Hg. B. W. Matz, 40 Bde., 1906–1908, 14 u. 15). – Ldn. 1937 (in *The Nonesuch D.*, Hg. A. Waugh u. a., 23 Bde., 1937/38). – Ldn./NY 1957 (Einl. G. K. Chesterton; Everyman's Library). – Harmondsworth 1968, Hg. P. N. Furbank (Penguin). – NY 1981. – Oxford 1982, Hg. M. Cardwell *(The Clarendon D.)*.

ÜBERSETZUNGEN: *Leben und Abenteuer Martin Chuzzlewits*, E. A. Moriarty, 2 Bde., Lpzg. 1843/44. – *Martin Chuzzlewit*, J. Seybt, Lpzg. o. J. [1890] (RUB). – Dass., G. Meyrink (in *Ausgew. Romane u. Geschichten*, Bd. 13–15, Mchn. 1912). – Dass.,

E. Kraus (in *Ausgew. Romane u. Novellen*, Hg. S. Zweig, Bd. 4, Lpzg. 1922). – Dass., C. Kolb u. A. Ritthaler, Mchn. 1958 [Ill. H. K. Browne]. – Dass., C. Kolb, Mchn. 1977. – Dass., G. Meyrink, Zürich 1986 (detebe).

Dramatisierungen: E. Stirling, *Martin Chuzzlewit* (Urauff.: Ldn. 9. 7. 1844, The Lyceum). – T. Higgie u. T. H. Lacy, *Martin Chuzzlewit; or, His Wills and His Ways* (Urauff.: Ldn., 29. 7. 1844, The Queen's Theatre).

Verfilmung: *Martin Chuzzlewitt*, USA 1912 (Regie: J. S. Dawley).

Literatur: O. Williams, *»Martin Chuzzlewit«* (in O. W., *Some Great English Novels*, Ldn. 1926, S. 26–52). – A. B. Nisbet, *The Mystery of »Martin Chuzzlewit«* (in *Essays Critical and Historical Dedicated to L. B. Campbell*, Berkeley 1950, S. 201–216). – H. Stone, *D.' Use of His American Experiences in »Martin Chuzzlewit«* (in PMLA, 72, 1957, S. 464–478). – R. H. Dabney, *Love and Property in the Novels of D.*, Ldn. 1967, S. 35–50. – S. Curran, *The Lost Paradises of Martin Chuzzlewit* (in D. Studies Annual, 2, 1972, S. 51–67). – J. Gold, *›Living in a Wale‹. »Martin Chuzzlewit«* (ebd., S. 150–162). – W. M. Scott, *Shifting Masks and Multiple Plots: A Study of »Martin Chuzzlewit«*, Diss. Case Western Reserve Univ. 1972 (vgl. Diss. Abstracts, 34, 1973, S. 286/287 A). – A. J. Guerard, *»Martin Chuzzlewit«. The Novel of Comic Entertainment* (in Mosaic, 9, 1976, S. 107–129). – E. L. Martin, *The Maturity of D.' »Martin Chuzzlewit«*, Diss. Emory Univ. 1976 (vgl. Diss. Abstracts, 38, 1977, S. 1412/1413 A). – R. M. Polhemus, *D.' »Martin Chuzzlewit«: The Comedy of Expression* (in R. M. P. *Comic Faith. The Great Tradition from Austen to Joyce*, Chicago 1980, S. 88–129). – S. Monod, *»Martin Chuzzlewit«*, Ldn. 1985. – J. Hildebidle, *Hail Columbia: Martin Chuzzlewit in America* (in D. Studies Annual, 15, 1986, S. 41–54). – G. Joseph, *The Labyrinth and the Library: A View from the Temple in »Martin Chuzzlewit«* (ebd., S. 1–23). – C. H. McKay, *The Letter-Writer and the Text in »Martin Chuzzlewit«* (in SEL, 26, 1986, S. 737–758).

## THE LIFE AND ADVENTURES OF NICHOLAS NICKLEBY

(engl.; *Leben und Abenteuer Nikolas Nicklebys*). Roman von Charles Dickens, erschienen 1838/39. – Nach dem frühen Tod des Vaters müssen der neunzehnjährige Titelheld und seine Schwester Kate für ihren und ihrer Mutter Lebensunterhalt sorgen. Um sich die armen Verwandten vom Hals zu schaffen, vermittelt der skrupellose alte Wucherer Ralph Nickleby seinem Neffen eine Stelle als Aufseher in Mr. Squeers' Privatschule Dotheboys Hall, wo vierzig verängstigte, ausgemergelte Jungen den sadistischen »Erziehungsmethoden« des Direktors und seiner Frau ausgeliefert sind. Mit seinem Mitschüler Smike, der den Mißhandlungen der Squeers in besonders grausamer Weise ausgesetzt war, gelingt Nicholas schließlich die Flucht. Nach einer kurzen Zeit bei einem Wanderzirkus findet er schließlich im Londoner Kontor der herzensguten Brüder Cheeryble eine Stellung. Schließlich gelingt es ihm nicht nur, die üblen Absichten seines Onkels zu durchkreuzen, der die als Putzmacherin beschäftigte Kate an einen seiner Gläubiger, den widerlichen Sir Mulberry Hawk, regelrecht verkaufen will, sondern auch Ralph Nicklebys Komplicen Arthur Gride, der hinter der hübschen, von Nicholas verehrten Madeline Bray her ist, einen Strich durch die Rechnung zu machen. Daß er über seinen Onkel triumphieren kann, verdankt Nicholas nicht zuletzt dessen schrulligem Sekretär Newman Noggs, der ihm mit Rat und Tat zur Seite steht. Nachdem alle seine Pläne gescheitert sind und er überdies erfahren muß, daß der inzwischen verstorbene Smike, der sich von den Mißhandlungen in Dotheboys Hall nie mehr erholt hatte, sein leiblicher Sohn war, erhängt sich der alte Nickleby. Nicholas und Madeline, Kate und Frank Cheeryble, ein Neffe der menschenfreundlichen Kaufleute, finden zueinander. In Dotheboys Hall löst die Nachricht von Squeers Verhaftung einen Aufstand der Schüler aus, die der Direktorsfrau eine drastische Lektion erteilen und sich dann in alle Winde zerstreuen.

Wie in dem kurz vorher erschienenen *Oliver Twist* die Armenhäuser, so prangert Dickens auch in diesem Buch eine skandalöse Institution des frühviktorianischen England an: die sogenannten Yorkshire-Schulen, deren Zöglinge – meist ungeliebte und unerwünschte Kinder – mehr geschunden als erzogen wurden.

Das formal und streckenweise auch inhaltlich dem Schelmenroman angenäherte Werk hatte einen ähnlich großen Erfolg wie die *Posthumous Papers of the Pickwick Club* (1837). Für das gelegentlich penetrante Moralisieren des damals noch nicht dreißigjährigen Autors und für seine Neigung zu allzu verschlungener, melodramatisch überzogener Handlung wird der Leser durch vortreffliche Londoner Milieuschilderungen und eine Fülle origineller Typen entschädigt, unter denen der Wanderbühnendirektor Crummles, die Modistin Mantalini und der Sekretär Noggs besondere Erwähnung verdienen. Es gilt als erwiesen, daß das Vorbild der redseligen, eingebildeten, egozentrischen Mutter von Nicholas und Kate Dickens' eigene Mutter war, der er es nie verziehen hat, daß sie ihn, den damals Zwölfjährigen, nach der Entlassung des Vaters aus dem Schuldgefängnis weiter auf Arbeit schickte. J.v.Ge.-KLL

Ausgaben: Ldn. 1838/39 [19 Tle.]. – Ldn. 1839, 3 Bde. [Ill. H. K. Browne]. – Ldn. 1906 (in *National Ed. of the Works*, Hg. B. W. Matz, 40 Bde., 1906–1908, 6 u. 7). – Ldn. 1938 (in *The Nonesuch D.*, Hg. A. Waugh u. a., 23 Bde., 1937/38). – Ldn./NY 1957 (Einl. G. K. Chesterton). – Harmondsworth 1978, Hg. M. Slater (Penguin).

ÜBERSETZUNGEN: *Leben u. Schicksale Nikolas Nickelby's u. der Familie Nickelby*, H. Roberts, Lpzg. 1838–1840 [6 Tle.]. – *Nikolas Nickelby*, J. Seybt, Lpzg. o. J. [1890] (RUB). – *Nikolas Nickleby*, G. Meyrink (in *Ausgew. Romane u. Geschichten*, Bd. 11/12, Mchn. 1911). – Dass., L. Feld (in *Ausgew. Romane u. Novellen*, Hg. S. Zweig, Bd. 5, Lpzg. 1922). – *Nicholas Nickleby*, C. Kolb u. P. Th. Hoffmann (in *Werke*, Bd. 4, Hbg. 1963). – Dass. M. v. Schweinitz, Mchn. 1966 [Ill. H. K. Browne]. – *Nickolas Nikleby*, G. Meyrink, Zürich 1982.

DRAMATISIERUNG: E. Stirling, *Nicholas Nickleby. A Farce* (Urauff.: Ldn., 19. 11. 1838, The Adelphi Theatre).

VERFILMUNGEN: *Nicholas Nickleby*, USA 1903. – Dass., USA 1912. – Dass., England 1947 (Regie: A. Cavalcanti).

LITERATUR: T. W. Hill, *Notes on »Nicholas Nickleby«* (in Dickensian, 46, 1950, S. 99–104). – Ph. Collins, *D. and Education*, Ldn. 1963, S. 98–113. – A. Roulet, *A Comparative Study of »Nicholas Nickleby« and »Bleak House«* (in Dickensian, 60, 1964, S. 117–124). – J. Meckier, *The Faint Image of Eden: The Many Worlds of »Nicholas Nickleby«* (in D. Studies Annual, 1, 1970, S. 129–146). – R. Hannaford, *Fairy-Tale Fantasy in »Nicholas Nickleby«* (in Criticism, 16, 1974, S. 247–259). – M. Ganz, *»Nicholas Nickleby«: The Victories of Humor* (in Mosaic, 9, 1976, S. 131–148). – M. J. Magnet, *D. and the Nature of Society. »Nicholas Nickleby« and »Barnaby Rudge«*, Diss. Columbia Univ. 1976 (vgl. Diss. Abstracts, 38, 1977, S. 2813A). – L. Rubin, *The »Nicholas Nickleby« Story. The Making of the Historic Royal Shakespeare Company Production*, Ldn. 1981.

## LITTLE DORRIT

(engl.; *Klein Dorrit*). Roman von Charles DICKENS, erschienen 1855–1857. – Die düsteren Kindheitserinnerungen des Autors an die Zeit, in der sein Vater im Schuldgefängnis Marshalsea saß, wohin ihm seine Frau und die jüngeren Kinder folgten, fanden in diesem Werk der Spätzeit noch einmal ihren Niederschlag. Amy Dorrit, zu Beginn der Handlung zwanzigjährig, ihrer zierlichen Statur wegen »Little Dorrit« genannt, ist in eben diesem Schuldgefängnis zur Welt gekommen. Die Geschichte der Dorrits, in der auch der gutherzig-senile Onkel Frederick sowie Fanny und Edward (Tip), die sich im Gegensatz zu ihrer Schwester Amy die snobistischen Ambitionen des Vaters zu eigen machen, eine Rolle spielen, ist nur einer der vielen Handlungsstränge des Romans. Falsche gesellschaftliche Ansprüche, Bürokratie, Geldgier und Betrug sind die wichtigsten verbindenden Themen.

Das England dieses Romans wird von der Sippe der Barnacles – ein sprechender Name, der sowohl Kneifer als auch eine Muschelart bezeichnet, die nur schwer von ihrem Untergrund zu lösen ist – beherrscht. Die Barnacles betrachten den Staat als ihre Sinekure und üben ihre Macht durch das »Circumlocution Office« (»Amt für Umschweife«, »Komplikationsamt«) aus, das sich ausschließlich damit beschäftigt, den Fortschritt und überhaupt jede Art von Tätigkeit zu verhindern. Vertreter der tonangebenden Gesellschaftsschicht sind ferner das snobistische Ehepaar Gowan, der allmächtige Bankmagnat Merdle und seine mit Juwelen überladene Frau. Ihr Sohn, Edmund Sparkler, trotz seines Namens ganz und gar keine Leuchte, gehört zu den Lords des »Circumlocution Office« und verlobt sich mit der reichen Erbin Fanny Dorrit. Doch Mr. Merdle (dem zeitgenössischen Finanzier Sadleir nachgezeichnet) entpuppt sich als Betrüger, dessen Spekulationen Tausende, darunter auch die Kinder des auf einer Italienreise gestorbenen Dorrit, um ihr Geld bringen und der durch Selbstmord endet. Die stark satirischen Züge dieses Porträts und die Angriffe auf Aristokratie und Regierungsinstitutionen sind mit der Desillusionierung Dikkens' während der Zeit des Krimkriegs in Verbindung gebracht worden. Die aktuelle Gesellschaftskritik ist dem künstlerischen Gefüge des Romans integriert, der auch mit rein fiktiven Figuren, etwa mit dem seine Mieter im »Bleeding Heart Yard« ausbeutenden Mr. Casby und mit Mrs. Clennam, die ihren Sohn Arthur mit ihrem fanatischen Puritanismus peinigt und Little Dorrit ein Legat vorenthält, eine ähnliche Absicht verfolgt.

Die verschiedenen Figuren- und Handlungskreise sind kunstvoll miteinander verknüpft, wobei das etwas melodramatische Geschehen zwischen der stets gleichbleibend edlen Titelheldin und Arthur Clennam im Schatten der thematischen Bezüge steht, die es zum Schlüssel umfunktionieren, mit dem dem Leser das ganze komplizierte Gefüge zugänglich gemacht wird: Nach seiner Rückkehr aus Fernost begegnet Arthur der bedeutend jüngeren Amy im baufälligen Haus seiner Mutter, wo er einem ungesühnten Unrecht auf die Spur kommt, das schließlich mit der unfreiwilligen Hilfe des Verbrechers Blandois aufgedeckt wird. Arthur läßt den Dorrits Unterstützung zukommen und wird von ihnen über das »Circumlocution Office« informiert, mit dem er dann wegen einer Erfindung seines Geschäftspartners Doyce einen aussichtslosen Kampf aufnimmt. Nachdem der alte Dorrit aus dem Gefängnis befreit ist, verliert Arthur durch den Merdle-Schwindel sein Geld und landet nun selbst in Marshalsea. (Die Gefängnismauern – vom Marseiller Gefängnis, in dem Blandois zu Beginn des Romans eine Strafe verbüßt, über das Londoner Schuldgefängnis bis hin zu Mrs. Clennams »Selbsteinmauerung« im eigenen Haus – sind eine Art Leitmotiv dieses Buches, ein Symbol der Unfreiheit, in die Milieu und Gesellschaft den Menschen zwingen.) Little Dorrit steht Arthur in der Not bei und wird, nachdem er endlich ihre Liebe erkannt hat, seine Frau. Für diese beiden führen die unglücklichen Ereignisse zu einem glücklichen Ende, aber es ist ein hart erkauftes Glück. Und ihre Umwelt, die Welt des »Circumlocution Office« und der Barnacles, ist dieselbe geblieben. – Während viele Zeitgenossen Dickens' die düstere Symbolik und die zornige Satire dieses Werks nicht erfaßten (Thackeray nannte es *»verdammt albern«*), vertrat eine Generation später SHAW die Meinung, es sei *»ein aufrührerischeres Buch als ›Das Kapital‹«*.

J.v.Ge.-KLL

AUSGABEN: Ldn. 1855–1857 [19 Tle.]. – Ldn. 1957, 3 Bde. [Ill. H. K. Browne]. – Ldn. 1907 (in *National Ed. of the Works*, Hg. B. W. Matz, 40 Bde., 1906–1908, 24 u. 25). – Ldn. 1937 (in *The Nonesuch D.*, Hg. A. Waugh u. a., 23 Bde., 1937/38). – Ldn./NY 1953 (Einl. G. K. Chesterton; Everyman's Library). – NY 1970, Hg. R. D. MacMaster. – Oxford 1979, Hg. H. P. Sucksmith *(The Clarendon D.)*. – Harmondsworth 1988, Hg. J. Martimer.

ÜBERSETZUNGEN: *Klein Dorrit*, M. Busch, Lpzg. 1856/57, 2 Bde. – Dass., G. Walther, Wien 1856/57, 2 Bde. – Dass., M. Färber (in *Illustrierte Werke*, Bd. 2, Lpzg./Meersburg 1927; ern. Bln. 1967, 2 Bde.). – Dass., M. Busch u. A. Ritthaler, Mchn. 1961 [Ill. H. K. Browne]; ern. 1978.

DRAMATISIERUNG: F. v. Schönthan, *Klein Dorrit* (Urauff.: Dresden, 5. 10. 1905, Königliches Schauspielhaus).

VERFILMUNGEN: *Lille Dorrit*, Dänemark 1924 (Regie: A. W. Sandberg). – *Klein-Dorrit*, Deutschland 1934 (Regie: C. Lamač).

LITERATUR: L. Trilling, *»Little Dorrit«* (in L. T., *The Opposing Self*, NY [2]1955, S. 50–65; auch in *The D. Critics*, Hg. G. H. Ford u. L. Lane Jr., Ithaca/NY 1961, S. 279–293). – R. H. Dabney, *Love and Property in the Novels of D.*, Ldn. 1967, S. 93–124. – J. C. Reid, *Ch. D. »Little Dorrit«*, Ldn. 1967. – D. Gervais, *The Poetry of »Little Dorrit«* (in The Cambridge Quarterly, 4, 1969, S. 38–53). – E. B. Barrett, *»Little Dorrit« and the Disease of Modern Life* (in NCF, 25, 1970, S. 199–215). – R. Stang, *»Little Dorrit«: A World in Reverse* (in *D. the Craftsman*, Hg. R. B. Partlow, Carbondale/Ill. 1970, S. 140–164). – R. Barnard, *The Imagery of »Little Dorrit«* (in ES, 52, 1971, S. 520–532). – W. Meyers, *The Radicalism of »Little Dorrit«* (in *Literature and Politics in the Nineteenth Century*, Hg. W. J. Lucas, Ldn. 1971, S. 77–104). – R. S. Librach, *The Burdens of Self and Society. Release and Redemption in »Little Dorrit«* (in Studies in the Novel, 7, 1975, S. 538–551). – T. Linehan, *The Importance of Plot in »Little Dorrit«* (in Journal of Narrative Technique, 6, 1976, S. 116–131). – P. Christmas, *»Little Dorrit«: The End of Good and Evil* (in D. Studies Annual, 6, 1977, S. 134–153). – I. B. Nadel, *Wonderful Deception. Art and the Artist in »Little Dorrit«* (in Criticism, 19, 1977, S. 17–33). – E. Showalter, *Guilt, Authority and the Shadow of »Little Dorrit«* (in NCF, 34, 1979, S. 20–40). – J. Larson, *The Arts in These Latter Days: Carlyean Prophecy in »Little Dorrit«* (in D. Studies Annual, 8, 1980, S. 139–196). – R. D. Lund, *Genteel Fictions: Caricature and Satirical Design in »Little Dorrit«* (ebd., 10, 1982, S. 45–66). – J. R. Zimmerman, *Sun and Shadow in »Little Dorrit«* (in Dickensian, 83, 1987, S. 93–103). – M. Squires, *The Structure of D.' Imagination in »Little Dorrit«* (in Texas Studies in Literature and Language, 30, 1988, S. 49–64).

## THE MYSTERY OF EDWIN DROOD

(engl.; *Das Geheimnis um Edwin Drood*). Romanfragment von Charles DICKENS, erschienen in sechs Fortsetzungen 1870. – Das in seinem Gesamtwerk zu beobachtende wachsende Interesse Dickens' an der Psychologie des Verbrechens intensivierte sich in den späteren Jahren unter dem Einfluß seines Freundes Wilkie COLLINS, des führenden zeitgenössischen »Thriller«-Autors. In den letzten Romanen, *Great Expectations, Our Mutual Friend* und *The Mystery of Edwin Drood* rückte Dickens düstere Geheimnisse und ihre Aufdeckung immer mehr in den Mittelpunkt, widmete er sich immer dezidierter der Schilderung psychisch labiler Charaktere, die verbrecherischer Handlungen fähig sind. Der Gegensatz zwischen der kleinbürgerlichen Atmosphäre des Schauplatzes – des Domstädtchens Cloisterham, einer Nachbildung der Dickens' Wohnsitz benachbarten Stadt Rochester – und den erregenden Geschehnissen erhöht die Spannung seines letzten Romans.

Edwin Drood und Rosa Bud sind einander von ihren inzwischen verstorbenen Vätern versprochen worden, haben aber erkannt, daß sie nur freundschaftliche Gefühle füreinander hegen. Edwins Onkel und Vormund, der Kantor John Jasper, scheint liebevoll besorgt um den jungen Mann, ist aber insgeheim eifersüchtig auf ihn, da er Edwins Braut leidenschaftlich begehrt. Rosa selbst fühlt sich instinktiv von Jasper abgestoßen, hinter dessen ehrbarer Fassade sich ein dem Opium verfallener Psychopath verbirgt. Jasper trägt nach Kräften dazu bei, daß es zwischen Edwin und dem erst seit kurzem in Cloisterham ansässigen jungen Neville Landless, der sich in Rosa verliebt hat, zu Streitigkeiten kommt. Nachdem die beiden im Haus des Kantors heftig aneinandergeraten sind, arrangiert der gutherzige Geistliche Crisparkle für den Weihnachtsabend ein Versöhnungstreffen, das ebenfalls bei Jasper stattfindet. Am nächsten Morgen ist Edwin spurlos verschwunden, verschiedene Indizien lassen ein Verbrechen vermuten, und Jasper ist der erste, der den Verdacht auf Neville lenkt. Als er erfährt, daß Rosa und Edwin ihr Verlöbnis bereits gelöst hatten, zeigt er sich seltsam betroffen. Obwohl die Suche nach der Leiche Edwins ergebnislos bleibt und die Verhaftung Nevilles rückgängig gemacht wird, steht die Öffentlichkeit diesem so feindlich gegenüber, daß er sich gezwungen sieht, zusammen mit seiner Schwester Helena nach London zurückzukehren. Als Monate später Rosa Bud aus Furcht vor dem sie bedrängenden und Drohungen gegen Neville ausstoßenden Jasper zu ihrem Vormund Grewgious nach London flieht, schöpft dieser Verdacht und beschließt, gemeinsam mit den Geschwistern Landless, Pfarrer Crisparkle und dessen Freund, dem einstigen Marineoffizier Tartar, das Rätsel um Edwin Drood zu lösen. In Cloisterham ist inzwischen ein älterer Herr namens Datchery aufgetaucht, der Jasper ebenfalls zu beobachten scheint und von der Besitzerin einer Londoner Opiumhöhle in seinem Verdacht bestärkt wird. Hier bricht der Roman ab.

Mit dem unenthüllten Geheimnis haben sich seither Generationen von Lesern beschäftigt, und es wurden »Fortsetzungen« und Lösungsversuche veröffentlicht. Obwohl der Dickens-Biograph John FORSTER, gestützt auf nachgelassene Notizen, die weiteren Ereignisse, die vermutlich zur Entlarvung Jaspers als Mörder Droods führen sollten, in groben Umrissen skizzierte, entzündete sich die Phantasie der Leser vor allem an der Frage, ob Edwin Drood vielleicht gar nicht ermordet worden und eventuell verkleidet – womöglich als der geheimnisvolle Mr. Datchery – nach Cloisterham zurückgekehrt sei. Das Romanfragment hat aber mehr zu bieten als ein kriminalistisches Rätsel. Es enthält – vor allem in der auf das düstere Geschehen abgestimmten, atmosphärisch dichten Milieu- und Landschaftsschilderung – für das gesamte Spätwerk des Autors charakteristische Züge und fügt der langen Reihe skurriler Dickensfiguren einige weitere zu, beispielsweise Mr. Sapsea, den ebenso aufgeblasenen wie beschränkten Bürgermeister, Grewgious' Schreiber Bazzard, einen verhinderten Tragödiendichter, und Durdles, den ewig betrunkenen, lemurenhaften Steinmetz. J.v.Ge.

AUSGABEN: Ldn. 1870, 6 Tle. [Ill. S. Fields; Fragm.]. – Brattleboro 1873 *(The Mystery of Edwin Drood. Part Second. By the Spirit-Pen of Ch. D., through a Medium i. e. Th. James)*. – Ldn. 1912, Hg. J. C. Walter [vollst.; Ill. S. L. Fields u. a.; m. Bibliogr.]. – Ldn. 1908 (in *National Ed. of the Works*, Hg. B. W. Matz, 40 Bde., 1906–1908, 33). – Ldn. 1937 (in *The Nonesuch D.*, Hg. A. Waugh u. a., 23 Bde., 1937/38, 11). – Ldn. 1952. – Ldn. 1956 [Einl. C. D. Lewis u. E. Wilson]. – Oxford 1972, Hg. M. Cardwell *(The Clarendon D.)*. – Harmondsworth 1974, Hg. A. Cox (Penguin).

ÜBERSETZUNGEN: *Edwin Drood. Eine geheimnisvolle Geschichte*, E. Lehmann, Lpzg. 1870. – *Das Geheimnis Edwin Droods*, P. Heichen (in *Sämtl. Romane*, Bd. 28, Naumburg 1897). – *Das Geheimnis um Edwin Drood*, C. Christensen [d. i. O. C. Recht], Mchn. 1955. – *Das Geheimnis um Edwin Drood*, E. Lehmann, Mchn. 1978.

DRAMATISIERUNGEN: O. C. Kerr, *The Cloven Foot*, NY 1870. – E. J. Evans, *John Jasper's Secret*, Ldn. 1951.

VERFILMUNG: USA 1934 (Regie: S. Walker).

LITERATUR: A. Lang, *The Puzzle of D.' Last Plot*, Ldn. 1905. – J. C. Walters, *Clues to D.' »Edwin Drood«*, Ldn. 1905. – W. R. Nicoll, *The Problem of »Edwin Drood«*, Ldn. 1912 [m. Bibliogr.]. – M. Kavanagh, *A New Solution of the »Mystery of Edwin Drood«*, Ldn. 1919. – P. C. Squires, *Ch. D. as Criminologist* (in Journal of Criminal Law and Criminology, 29, 1938, S. 170–201). – R. M. Baker, *The Genesis of »Edwin Drood«* (in NCF, 3, 1949, S. 281–296; 4, 1950, S. 37–50). – Ders., *The Drood Murder Case. Five Studies in D.' »Edwin Drood«*, Berkeley/Los Angeles 1951. – W. W. Bleifuß, *A Re-Examination of »Edwin Drood«* (in Dickensian, 50, 1954, S. 110–115; 176–186). – L. Borinski, *D.' Spätstil* (in NSp, 1957, S. 405–428). – R. Stelzmann, *»The Mystery of Edwin Drood«. Ein neuer Lösungsversuch* (in ASSL, 193, 1957, S. 285–291). – A. J. Cox, *The Morals of »Edwin Drood«* (in Dickensian, 58, 1962, S. 32–42). – Ph. Collins, *D. and Crime*, Ldn. 1962; ern. 1965. – F. Aylmer, *The Drood Case*, Ldn. 1964. – A. E. Dysôn, *»Edwin Drood«: A Horrible Wonder Apart* (in Critical Quarterly, 11, 1969, S. 138–157). – P. Gottschalk, *Time in »Edwin Drood«* (in D. Studies Annual, 1, 1970, S. 265–272). – L. D. Frank, *The Intelligibility of Madness in »Our Mutual Friend« and »The Mystery of Edwin Drood«* (ebd., 5, 1976, S. 150–195). – I. R. Hark, *Marriage in the Symbolic Framework of »The Mystery of Edwin Drood«* (in Studies in the Novel, 9, 1977, S. 154–168). – Ch. Forsyte, *The Decoding of »Edwin Drood«*, NY 1980. – J. Beer, *»Edwin Drood« and the Mystery of Apartness* (in D. Studies Annual, 13, 1984, S. 143–191). – A. Peterson, *D. and Detection* (in A. P., *Victorian Masters of Mystery*, NY 1984). – W. S. Jacobsen, *The Companion to »The Mystery of Edwin Drood«*, Ldn. 1986.

## THE OLD CURIOSITY SHOP

(engl.; *Der Raritätenladen*). Roman von Charles DICKENS, in Fortsetzungen erschienen 1840/41. – Das ursprünglich als kurze Erzählung geplante Werk wollte Dickens in ›Master Humphreys Clock‹, einer Wochenzeitschrift im Stil von ADDISONS ›Spectator‹, erscheinen lassen. Als Rahmen für die darin enthaltenen Erzählungen hatte er eine dem Pickwick-Club ähnliche Herrengesellschaft erfunden, deren Mitglieder die Manuskripte ihrer Geschichten in der Standuhr des Gastgebers deponieren sollten. Aber Dickens ließ diesen Plan bald fallen, da das Lesepublikum Fortsetzungsromanen den Vorzug vor kurzen Erzählungen gab, und weitete, nach seinen eigenen Worten vom Stoff mitgerissen, sowohl den ebenfalls für ›Master Humphreys Clock‹ vorgesehenen *Barnaby Rudge* als auch *The Old Curiosity Shop* zu Romanen aus. Hauptfiguren der Geschichte sind die junge, elternlose Nelly Trent (»Klein Nell«) und ihr Großvater, der nahe dem Markt von Covent Garden einen Trödelladen betreibt und von Nell hingebungsvoll betreut wird. Der alte, von Natur gutmütige Mann ist dem Glücksspiel verfallen, hat seine gesamten Ersparnisse verloren und sich, in der Hoffnung, aus seinem geschäftlichen Ruin etwas für die Enkelin zu retten, von dem Wucherer Daniel Quilp Geld geliehen. Nells skrupelloser Bruder Fred bedient sich seines Freundes Dick Swiveller, um an die vermeintliche Mitgift der Schwester heranzukommen. Nachdem Dick dem Mädchen einen Heiratsantrag gemacht hat, gesteht der alte Trent Nell die Wahrheit. Quilp, der dieses Gespräch belauscht, leitet sofort die Pfändung ein und verfolgt von nun an die beiden heimlich Geflohenen. Großvater und Enkelin wandern durch London und die Vorstädte, dann weiter auf der Landstraße, finden Gelegenheitsarbeit bei einem Puppentheater und einer Wachsfigurenschau und begegnen eines Tages einem hilfsbereiten Schulmeister, der ihnen schließlich ein Dach über dem Kopf und eine bescheidene Aufgabe – Instandhaltung der Dorfkirche – verschafft. Doch ihr elendes Wanderleben und die ständige Furcht vor dem unerbittlichen Quilp haben die Kräfte der beiden aufgezehrt. Nell stirbt (eine Szene, die das viktorianische Publikum zu Tränen rührte, Oscar WILDE dagegen zu dem Kommentar bewog: *»Man muß schon ein Herz von Stein haben, um Klein Nells Sterbeszene lesen zu können, ohne zu lachen«*), und der Großvater, der über all dem den Verstand verloren hat, folgt ihr bald nach.

In der melodramatischen Geschichte dieser beiden klingen romantisch-märchenhafte Motive an, etwa das von der grausam verfolgten Unschuld (hier noch verstärkt durch die Tatsache, daß Nell fast noch ein Kind ist), die bis zum Tod der Macht der Hölle widersteht (hier personifiziert durch den überdimensionalen Bösewicht Quilp, eines mit zynischem Galgenhumor begabten Meisters der Verstellung, dessen Namen die englische Sprache das Epitheton *quilpish* verdankt). Es gilt als erwiesen, daß Dickens in der Gestalt der Nell seine von ihm vergötterte, frühverstorbene Schwägerin Mary Hogarth idealisierte; darüber hinaus hat er in diese Figur, wie stets, wenn er jugendliche Romanhelden mit der Erwachsenenwelt konfrontierte, seine eigenen deprimierenden Kindheitserfahrungen projiziert. Wie so oft bei Dickens sind unter den Nebenfiguren Typen zu finden, die bei aller Skurrilität weit überzeugender wirken als die eigentlichen Protagonisten. Auf der Seite der Schurken ist vor allem der Winkeladvokat Brass zu nennen, der zusammen mit seiner Schwester Sally, einem wahren Drachen, seines Herrn und Meisters Quilp würdig ist, auf der Seite der Guten der im bürgerlichen Leben gescheiterte Dick Swiveller, ein verhinderter Poet von abgerissener Eleganz, der am Schluß die unglückliche kleine »Marquise«, eine ebenfalls unvergeßliche Dickensfigur, aus ihrem Sklavendasein bei den Geschwistern Brass befreit. Der vom Autor bewußt überzeichnete Kontrast zwischen dem ländlichen Idyll, in dem Nell und ihr Großvater ihr Leben beschließen, und der vom industriellen Fortschritt geprägten Szenerie ihrer Wanderschaft ist der interessanteste Aspekt des Romans. Besondere Erwähnung verdient außerdem die Schilderung der Londoner Docks, von wo aus Quilp seine Wuchergeschäfte betreibt. J.v.Ge.

AUSGABEN: Ldn. 1840/41 (in Master Humphrey's Clock, April 1840–Febr. 1841). – Ldn. 1841. – Ldn. 1907 (in *National Ed. of the Works*, Hg. W. Matz, 40 Bde., 1906–1908, 8/9). – Ldn. 1937 (in *The Nonesuch D.*, Hg. A. Waugh u. a., 23 Bde., 1937/38, 16). – NY/Ldn. 1956 (Einl. G. K. Chesterton). – Ldn. 1958 (in *Master Humphrey's Clock*; Einl. D. Hudson). – Harmondsworth 1972; ern. 1980, Hg. A. Easson.

ÜBERSETZUNGEN: *Der Raritätenladen*, E. A. Moriarty, Lpzg. 1852, 2 Bde. – Dass., L. Feld, Lpzg. 1922 (in *Ausgew. Romane u. Novellen*, Hg. S. Zweig, Bd. 2). – Dass., M. v. Schweinitz, Mchn. 1962; ern. 1985. – Dass., L. Feld, Ffm. 1984.

DRAMATISIERUNG: E. Stirling, *The Old Curiosity Shop; or, One Hour from Master Humphrey's Clock*, Ldn. 1844.

VERFILMUNGEN: Frankreich 1912. – England 1913 (Regie: C. Hepworth u. T. Bentley). – England 1921 (Regie: T. Bentley). – England 1935 (Regie: T. Bentley).

LITERATUR: J. B. Priestley, *The English Comic Characters*, Ldn. 1928, S. 224–240. – R. H. Dabney, *Love and Property in the Novels of D.*, Ldn. 1967. – *D. the Craftsman*, Hg. R. B. Partlow, Carbondale/Ill. 1970, S. 44–94. – J. C. Field, *Fantasy and Flaw in »The Old Curiosity Shop«* (in RESt, 22, 1971, S. 609–622). – R. Bennett, *Punch versus Christian in »The Old Curiosity Shop«* (ebd., S. 423–434). – M. Engel, *A Kind of Allegory: »The Old Curiosity Shop«* (in *The Interpretation of Narrative Theory and Practice*, Hg. W. Bloomfield, Cambridge 1970, S. 135–147). – Ph. Rogers, *The Dynamics of Time in »The Old Curiosity Shop«* (in NCF, 28, 1972, S. 127–144). – J. W. R. Ellis, *A Critical Analysis of Ch. D.' »The Old Curiosity Shop«*, Diss. Ball State Univ. 1975 (vgl. Diss. Abstracts, 37, 1976, S. 329A). – R. Maxwell, *Crowds and Creativity in »The Curiosity Shop«* (in JEGPh, 78, 1979, S. 49–71). – L. Langbauer, *D.' Streetwalkers: Women and the Form of Romance* (in ELH, 53, 1986, S. 411–431). – G. Daldry, *»The Old Curiosity Shop«* (in G. D., *Ch. D. and the Form of the Novel*, Ldn. 1987, S. 38–69). – J. McMaster, *»The Old Curiosity Shop«. Rough and Smooth* (in J. McM., *D. the Designer*, Ldn. 1987, S. 95–119).

## OLIVER TWIST, or, The Parish Boy's Progress

(engl.; *Oliver Twist oder Der Weg eines Fürsorgezöglings*). Roman von Charles DICKENS, in Fortsetzungen erschienen 1837/38. – Dickens läßt seinen zweiten Roman im Armeleute- und Verbrechermilieu spielen, ohne dieses Leben romantisch zu verklären, wie es in den zeitgenössischen »Newgate Novels« (nach dem berühmten Londoner Gefängnis benannt) eines AINSWORTH, COLLINS oder BULWER-LYTTON geschah. Der Held, Sohn unbekannter Eltern, wächst im Armenhaus einer Kleinstadt unter dem harten Regiment des selbstgefälligen Büttels, Mr. Bumble, auf. Er wird unverzüglich zu dem brutalen Mr. Sowerberry, dem Leichenbestatter, in die Lehre gegeben, als er es wagt, mit der Bitte um eine zusätzliche Ration gegen die kärgliche Essenszuteilung – dreimal täglich Wassergrütze – zu protestieren, eine Szene, in der Dickens die unmenschlichen Zustände in der Armenfürsorge geißelt, und zugleich eine seiner berühmtesten Szenen überhaupt. Auch während seiner Lehrlingszeit steht Oliver Twist, dem seine Peiniger von Anfang an ein Ende am Galgen prophezeien (ein Motiv, das sich durch die ganze Handlung zieht), im Schatten des Todes. Das ändert sich auch nicht, als er nach einem Streit mit Noah Claypole, einem anderen Fürsorgezögling, der dem verderblichen Einfluß seiner Umwelt völlig erlegen ist, nach London flieht. In den düsteren Gassen der Armenviertel (die Dickens realistisch schildert) verfängt sich Oliver wie in einem Labyrinth. Er gerät in die Gewalt des jüdischen Hehlers Fagin, der eine Bande von jugendlichen Taschendieben anführt und dem es schließlich mit Hilfe seiner Komplizin Nancy gelingt, Oliver zum Mittäter an einem Einbruch in einer Villa auf dem Lande zu machen. Oliver wird dabei verwundet und entdeckt, dann aber von Mrs. Maylie, der Hausbesitzerin, die seine innere Unschuld erkannt hat, vor der Polizei geschützt. Bei ihr und ihrer Pflegetochter Rose findet er, wie zuvor während des kurzen Aufenthaltes bei Mr. Brownlow, einem früheren Opfer der Bande, jene Liebe und Fürsorge, die er bis dahin entbehren mußte. Durch Nancy, die ihr kriminelles Leben zu bereuen beginnt, erfahren Olivers Gönnerinnen schließlich von einem Freund Fagins namens Monks, der als treibende Kraft hinter dem teuflischen Plan stand, Oliver in Verbrechen zu verwikkeln und dadurch zu vernichten: Er ist der Halbbruder des unehelich geborenen Oliver, hat dessen väterliches Erbteil unterschlagen und alle Spuren verwischt, die zur Entdeckung der wahren Herkunft Olivers geführt hätten. Nancy wird wegen ihres Verrats an der Bande in einer alptraumartigen Szene von Bill Sikes ermordet, Sikes erdrosselt sich auf der Flucht versehentlich mit seinem eigenen Strick, Fagin wird verhaftet und hingerichtet, und auch Monks büßt für seinen Betrug. Der Held aber, der dem Verbrechen fast wie in einem christlichen Moralitätenspiel widerstanden hat, wird von Mr. Brownlow adoptiert und mit dem Platz in der Gesellschaft belohnt, der ihm von Anfang an zustand. In diesem Sinngefüge hat der Zufall, der ihn ausgerechnet mit Mr. Brownlow, dem Freund seines verstorbenen Vaters, und Mrs. Maylie, der Ziehmutter seiner Tante Rose, zusammenführte, seinen durchaus berechtigten Platz.

Im Gegensatz zu seinem ersten Roman, *The Posthumous Papers of the Pickwick Club* (der noch nicht beendet war, als die ersten Fortsetzungen von *Oliver Twist* entstanden), hat Dickens die Handlung dieses Romans so konsequent durchkonstruiert, daß kein loses Ende bleibt. Um den Leser in Spannung zu halten, hat er beträchtliche Anleihen beim Kolportageroman gemacht. Das Werk entstand während der Kontroversen um das Armengesetz von 1830 und attackiert ziemlich unreflektiert die in diesem Zusammenhang vieldiskutierten Wirtschaftstheorien von BENTHAM und MALTHUS. So realistisch Olivers Leiden geschildert werden – der Protagonist selbst gerät wegen seines überzogenen Edelmuts und der seiner beschriebenen Herkunft wenig entsprechenden »bürgerlichen« Wohlerzogenheit wenig überzeugend. Psychologisch ungleich glaubwürdiger sind einige der auf die schiefe Bahn geratenen Altersgenossen Olivers, z. B. den gerissenen und schlagfertigen »Artful Dodger«, gezeichnet. Die dominierenden Figuren des Romans sind die – wie stets bei Dickens überlebensgroß angelegten – Bösewichte. Vor dem Hintergrund der höhlenartigen Dachkammern, Schuppen und Kellergewölbe, in denen sie ihr Wesen treiben, verkörpern Gestalten wie Fagin und Bill Sikes die Nachtseite großstädtischen Lebens. – Beim zeitgenössischen Publikum erregte der Roman (der seither zu den meistgelesenen Werken Dickens' gehört) nicht zuletzt deshalb Aufsehen, weil er in denkbar schärfstem Kontrast zu der liebenswürdig-humorvollen Geschichte der Pickwickier stand. J.v.Ge.

AUSGABEN: Ldn. 1837/38 (in Bentley's Miscellany, Febr. 1837–März 1838). – Ldn.1838, 3 Bde. [Ill. G. Cruikshank]. – Ldn. 1906 (in *National Ed. of the Works*, Hg. B. W. Matz, 40 Bde., 1906–1908, 5). – Ldn. 1937 (in *The Nonesuch D.*, Hg. A. Waugh u. a., 23 Bde., 1937/38, 17). – Ldn. 1960 [Einl. G. K. Chesterton]. – Ldn. 1962, Hg. D. Dickens. – Oxford 1966, Hg. K. Tillotson *(The Clarendon D.)*. – Harmondsworth 1966, Hg. A. Wilson (Penguin). – NY 1984. – Oxford 1985.

ÜBERSETZUNGEN: *Oliver Twist oder Die Laufbahn eines Waisenknaben*, A. Diezmann, Bln. 1838 [3 Tle]. – *Oliver Twist*, H. Roberts, Lpzg. 1838/39. – Dass., M. Beheim-Schwarzbach, Mchn. 1955. – Dass., C. Kolb, Mchn. 1957. – Dass., W. Anton (in *Werke*, Bd. 2, Hbg. 1963). – Dass., C. Kolb, Reinbek 1964 (RKl; Einf. u. Bibliogr. D. Mehl). – Dass., C. Kolb, Mchn. 1979 (dtv). – Dass., R. Kilbel, Ffm. [3]1982 (Insel Tb). – Dass., G. Meyrink, Zürich 1982 (detebe).

DRAMATISIERUNGEN: G. Almar, *Oliver Twist, or the Parish Boy's Progress* (Urauff.: Ldn., 19. 11. 1838, Royal Surrey Theatre). – M. Morley, *Early Dramas of »Oliver Twist«* (in Dickensian, 43, 1947).

VERFILMUNGEN: USA 1909 (Regie: J. Stuart Blackton). – Frankreich 1910 (Regie: C. de Morlhon). – *Storia di un orfano*, Italien 1911. – England

1912 (Regie: C. Hepworth u. T. Bentley). – USA 1912 (Regie: H. A. Spanuth). – USA 1916 (Regie: J. Young). – Ungarn 1919 (Regie: Garas M.). – USA 1921 (Regie: M. Webb). – USA 1922 (Regie: F. Lloyd). – USA 1933 (Regie: W. C. Cowen). – England 1948 (Regie: D. Lean). – *Oliver*, England 1967 (Regie: C. Reed; Filmmusical).

LITERATUR: F. Fiedler, *Die Entstehungsgeschichte von D.' »Oliver Twist«*, Diss. Halle 1912. – A. Lucas, *»Oliver Twist« and the Newgate Novel* (in Dalhousie Review, 34, 1954, S. 381–387). – L. Lane, *The Devil in »Oliver Twist«* (in Dickensian, 52, 1956, S. 132–136). – K. Tillotson, *»Oliver Twist«* (in English Association. Essays and Studies, 12, 1959, S. 87–105). – V. P. Tartella, *C. D.' »Oliver Twist«. Moral Realism and the Uses of Style*, Diss. Univ. of Notre Dame 1961 (vgl. Diss. Abstracts, 22, 1961/62, S. 1616/1617). – Ph. Collins, *D. and Education*, Ldn./NY 1963. – R. A. Colby, *»Oliver Twist«: The Fortunate Foundling* (in R. A. C., *Fiction with a Purpose; Major and Minor Nineteenth-Century Novelists*, Columbus 1967, S. 105–137). – L. Černy, *›A General Number One‹: Utilitarismuskritik in D.' »Oliver Twist«* (in *Studien zur engl. u. amerikanischen Sprache u. Literatur: Fs. für Helmut Papajewski*, Hg. P. G. Buchloh u. a., Neumünster 1974, S. 119–156). – R. P. Fulkerson, *»Oliver Twist« in the Victorian Theatre* (in Dickensian, 70, 1974, S. 83–95). – B. Tharaud, *Two Film Versions of »Oliver Twist«. Moral Vision in Film and Literature* (in D. Studies Newsletter, 11, 1980, S. 41–46). – B. M. Wheeler, *The Text and Plan of »Oliver Twist«* (in D. Studies Annual, 12, 1983, S. 41–61). – R. F. Anderson, *Structure, Myth, and Rite in »Oliver Twist«* (in Studies in the Novel, 18, 1986, S. 238–257). – D. Paroissien, *»Oliver Twist«: An Annotated Bibliography*, NY 1986.

## OUR MUTUAL FRIEND

(engl.; *Unser gemeinsamer Freund*). Roman von Charles DICKENS, in Fortsetzungen erschienen 1864/65. – Als der junge John Harmon nach dem Tod seines tyrannischen Vaters, eines reichen, geizigen Abfallhändlers, aus dem Exil nach England zurückkehrt, um die Erbschaft anzutreten, entgeht er auf dem Schiff nur knapp einem Mordanschlag, der einem andern das Leben kostet. Mit dessen Papieren siedelt sich der totgeglaubte Heimkehrer unter dem Namen John Rokesmith in London an, um sich unerkannt ein Bild der ihm vom Erblasser als Ehefrau zugedachten Bella Wilfer machen zu können. Als Sekretär bei dem gutherzigen Noddy Boffin, dem inzwischen das Erbe seines einstigen Dienstherrn Harmon zugefallen ist, lernt John die von den Boffins aufgenommene Bella kennen, verliebt sich in sie und macht ihr einen Heiratsantrag, den sie, die aus ärmlichen Verhältnissen stammt und auf einen reichen Mann aus ist, zurückweist. Boffin entdeckt, wer Rokesmith wirklich ist. Um Bella die Augen für ihre eigene Hartherzigkeit zu öffnen, benimmt er sich wie ein alter Geizkragen, beschimpft John und entläßt ihn schließlich. Tief betroffen erkennt Bella den verderblichen Einfluß des Reichtums und wird schließlich Johns Frau. – Durch die Person des Anwalts und Testamentsvollstreckers Wrayburn ist diese Handlung mit einem zweiten *plot* verknüpft. Wrayburn, ein gebildeter Mann und ein Ästhet, verliebt sich in Lizzie Hexam, die Tochter eines höchst zwielichtigen Fischers: Jesse Hexam plündert Leichen aus, die auf der Themse treiben. Wrayburn schützt Lizzie vor den Nachstellungen des krankhaft eifersüchtigen Lehrers Headstone; sie wiederum rettet ihm nach einem Mordversuch Headstones das Leben. Am Ende heiratet Wrayburn gegen alle Bedenken der Gesellschaft das Mädchen. – Kriminalistische Elemente durchziehen den ganzen Roman: Erst gegen Schluß werden die Umstände des Mordanschlags aufgeklärt, dem John zum Opfer fallen sollte, und inzwischen haben sich zwei Fälle von Erpressung, ein Mord und ein Selbstmord ereignet. Am Rande tritt eine ganze Reihe skurriler Charaktere auf, von denen die neureichen Veneerings und Podsnaps besondere Erwähnung verdienen.

Die Welt ist düsterer geworden in diesem späten Roman Dickens': Viele seiner Gestalten sind kriminell oder pathologisch veranlagt, den Schauplatz des Geschehens bilden häufig dunkle Gassen, Läden und Kneipen der nebelverhangenen Hafengegend, der berühmte Humor des Autors ist spärlich geworden, sein souveränes Schalten in der Welt seiner Erzählung wirkt nicht mehr so unbekümmert wie einst, seine Gesellschaftskritik entzündet sich an allem und jedem: *»In ›Pickwick‹ war ein schlechter Geruch ein schlechter Geruch; in ›Our Mutual Friend‹ ist er ein Problem«* (Humphry House). Henry JAMES urteilte – ähnlich wie das zeitgenössische Publikum – kurz nach Erscheinen des Buchs: »Our Mutual Friend *ist, unserer Meinung nach, das schlechteste von Dickens' Werken ... Was für eine Welt wäre dies, wenn die Welt von* Our Mutual Friend *ihre getreue Spiegelung wäre!«* Doch schon SHAW nannte den Roman ein Meisterwerk, und die neuere Literaturwissenschaft wertet sowohl seine vor allem gegen die Geldgier der viktorianischen Gesellschaft gerichteten Angriffe als auch seine psychologische Einsicht und seinen Symbolgehalt positiv. Zwei düstere Symbole werden von Dickens leitmotivisch verwandt: die *dust-heaps*, die überall auftauchenden Abfallhaufen (*dust* ist u. a. ein viktorianischer Euphemismus für menschliche Exkremente), die Johns Vater zu Geld gemacht hat, und die zum Abwässerkanal gewordene Themse, die wie das Sinnbild eines schmutzig und schäbig gewordenen Lebens erscheint und die doch ironischerweise der im Titel genannte »gemeinsame Freund« der Romanfiguren ist, deren Schicksal sie auf verschiedene Weise, aber immer entscheidend beeinflußt. J.v.Ge.-KLL

AUSGABEN: Ldn. 1864/65, 19 Tle. – Ldn. 1865, 2 Bde. [Ill. M. Stone]. – Ldn. 1907 (in *National Ed. of the Works*, Hg. B. W. Matz, 40 Bde.,

1906–1908, 31/32). – Ldn. 1938 (in *The Nonesuch D.*, Hg. A. Waugh u. a., 23 Bde., 1937/38, 18). – Ldn. 1957 [Einl. J. B. Priestley]. – Harmondsworth 1971, Hg. S. Gill (Penguin).

ÜBERSETZUNGEN: *Unser gemeinschaftlicher Freund*, M. Scott, Bln. 1867. – *Unser gemeinsamer Freund*, L. Dubois (in *SW*, Bd. 24/25, Lpzg. 1860–1878). – Dass., E. Wacker, Göttingen 1952. – Dass., H. Wolf, 2 Bde., Weimar 1961. – Dass., M. Scott, Mchn. 1967.

DRAMATISIERUNG: I. M. Pagan, *Mr. Boffin's Secretary*, Ldn. 1902.

VERFILMUNG: *For Faelles Ven*, Dänemark 1919 (Regie: A. W. Sandberg).

LITERATUR: E. Boll, *The Plotting of »Our Mutual Friend«* (in MPh, 42, 1944, S. 96–122). – S. Monod, *L'expression dans »Our Mutual Friend«: Manière ou maniérisme?* (in Études anglaises, 10, 1957, S. 37–48). – H. Oppel, *Ch. D.: »Our Mutual Friend«* (in *Der moderne englische Roman. Interpretationen*, Hg. ders., Bln. 1965, S. 15–33). – K. Muir, *Image and Structure in »Our Mutual Friend«* (in English Association. Essays and Studies, 19, 1966, S. 92–105). – U. C. Knoepflmacher, *»Our Mutual Friend«: Fantasy as Affirmation* (in U. C. K., *Laughter and Despair: Readings in Ten Novels of the Victorian Era*, Berkeley 1971, S. 137–167). – S. Friedman, *The Motif of Reading in »Our Mutual Friend«* (in NCF, 28, 1973, S. 38–61). – G. Stewart, *The »Golden Bower« of »Our Mutual Friend«* (in ELH, 40, 1973, S. 105–130). – R. S. Baker, *Imagination and Literacy in D.' »Our Mutual Friend«* (in Criticism, 18, 1976, S. 57–72). – R. Newsom, *›To Scatter Dust‹: Fancy and Authenticity in »Our Mutual Friend«* (in D. Studies Annual, 8, 1980, S. 39–60). – A. D. Hutter, *Dismemberment and Articulation in »Our Mutual Friend«* (ebd., 11, 1982, S. 135–175). – J. Bratin u. B. G. Hornbeck, *»Our Mutual Friend«. An Annotated Bibliography*, NY 1985. – J. Kucich, *D.' Fantastic Rhetoric. The Semantics of Reality and Unreality in »Our Mutual Friend«* (in D. Studies Annual, 14, 1985, S. 167–196). – M. Cotsell, *The Companion to »Our Mutual Friend«*, Ldn. 1986. – G. Daldry, *»Our Mutual Friend«* (in G. D., *Ch. D. and the Form of the Novel*, Ldn. 1987, S. 164–193). – J. McMaster, *»Our Mutual Friend«. A Heap of Broken Images* (in J. McM., *D. the Designer*, Ldn. 1987, S. 193–221).

## THE PERSONAL HISTORY, ADVENTURES, EXPERIENCE, AND OBSERVATION OF DAVID COPPERFIELD, THE YOUNGER

(engl.; *Die Lebensgeschichte, Abenteuer, Erfahrungen und Beobachtungen David Copperfields des Jüngeren*). Roman von Charles DICKENS, in Fortsetzungen erschienen 1849/50. – Von allen Büchern Dickens' trägt dieses beliebte und vielgepriesene Werk, eine Mischung aus Bildungs- und pikaresken Roman, die deutlichsten autobiographischen Züge. Auf seinem Lebensweg durchläuft der Titelheld ähnliche Stationen wie der Autor selbst. Nach dem frühen Tod des Vaters muß der kleine David mit ansehen, wie die Mutter von seinem Stiefvater Murdstone und dessen herrschsüchtiger Schwester Jane mit einer seelischen Grausamkeit, die der heuchlerische Murdstone für Charakterstärke hält, langsam zu Tode gequält wird. Einen Teil seiner Kindheit verbringt der Junge in Salem House, der Schule des engstirnigen und gewalttätigen Mr. Creakle, die kaum besser ist als Dotheboys Hall in *Nicholas Nickleby* (1838/39), und bereits als Zehnjähriger muß er in einer Fabrik Murdstones unter erbärmlichen Bedingungen arbeiten. Schließlich flieht er zu seiner Tante Betsey Trotwood nach Dover, die es ihm ermöglicht, die ideale Schule des Dr. Strong in Canterbury zu besuchen. Später findet er in London freundliche Aufnahme im Haus des Advokaten Wickfield, und in der Folgezeit entwickelt er sich vom Schreibstubenlehrling der Anwaltsfirma Spenlow und Jorkins zum Parlamentsreporter und Schriftsteller.

Dieser Hauptfaden der Erzählung wird von verschiedenen Nebenhandlungen durchbrochen und umrankt. Im Mittelpunkt der ersten steht der aristokratische James Steerforth, ein byronischer Held, der »Little Emily«, die Adoptivtochter des Fischers Peggotty, entführt. Peggottys Neffe Ham, der mit Emily verlobt ist, verfolgt das geflohene Paar durch mehrere Länder, bis er schließlich die inzwischen von ihrem Verführer verlassene Emily wiederfindet. Später ertrinkt er vor Davids Augen bei dem vergeblichen Versuch, Steerforth aus einem Schiffbruch zu retten – eine Szene, der so berühmte Zeitgenossen wie TOLSTOJ und Mark TWAIN hohes Lob zollten. Eine andere Nebenhandlung kreist um Wickfields Angestellten Uriah Heep, der mit infamen Mitteln gegen seinen Arbeitgeber intrigiert, schließlich aber von Mr. Micawber entlarvt wird, mit dem David seit seiner Ankunft in London eine herzliche Freundschaft verbindet. Weitere Zwischenepisoden sind mit Mr. Spenlow, dem ersten Londoner Lehrherrn des jungen Copperfield, verknüpft: David verliebt sich in Spenlows verzogene Tochter Dora und heiratet das kindliche Mädchen, dem jeder Sinn für menschliche Verantwortung abgeht. Nach Doras Tod findet er Erfüllung in der Ehe mit seiner Jugendfreundin Agnes Wickfield.

Bis heute gilt *David Copperfield* als einer der bedeutendsten Kindheits- und Jugendromane der Weltliteratur. Nicht zuletzt seine eigenen Erfahrungen befähigten Dickens, der den Helden des Buchs sein »Lieblingskind« nannte, zu dieser scharfsichtigen Schilderung einer grausamen Erwachsenenwelt, in der ein intelligentes und sensibles Kind sich einem lieblosen Zuhause, einem pervertierten Schulsystem und dem Elend harter Fabrikarbeit ausgeliefert sieht. Die Ich-Erzählung stellt die verschiedenen Stadien des Heranreifens jeweils aus der dem Alter des Erlebenden angemessenen Sicht dar. Mit psychologischem Verständnis wird gezeigt, wie die kritiklose Bewunderung des jungen David für einige der fragwürdigen Gestalten seiner Umwelt allmählich einem ausgewogenen Urteil weicht, das auch die Schattenseiten der einzelnen Charaktere einbezieht. Im Namen der Menschlichkeit übt Dickens Kritik an vielen Mißständen seiner Zeit, vor allem aber an der Mißachtung des Kindes in der viktorianischen Erwerbswelt. Weitere Attacken gelten der populären Standardfigur des byronischen Schurken-Helden in der nachromantischen Trivialliteratur und dem Kriechertum rücksichtsloser Intriganten, exemplarisch verkörpert durch den aalglatten Uriah Heep, der seither in England als Symbolfigur des hinterhältigen Speichelleckers gilt. Zu noch größerer Popularität gelangte der humorvolle, verantwortungsscheue, trotz ständiger Verschuldung stets optimistische Mr. Micawber, eine der denkwürdigsten Gestalten dieses Romans.

J.v.Ge.

AUSGABEN: Ldn. 1849/50 (in Household Words, 19 Tle., Mai 1849–Nov. 1850). – Ldn. 1850. – Ldn. 1907 (in *National Ed. of the Works*, Hg. B. W. Matz, 40 Bde., 1906–1908, 20/21). – Ldn. 1937 (in *The Nonesuch D.*, Hg. A. Waugh u. a., 23 Bde., 1937/38, 19). – NY 1953 (Einl. G. K. Chesterton; Everyman's Library). – Boston 1958, Hg. G. H. Ford. – Harmondsworth 1966, Hg. T. Blount (Penguin). – Ldn. 1967, Hg. A. Calder-Marshall. – Oxford 1981, Hg. N. Burgis *(The Clarendon D.)*. – Oxford 1983, Hg. ders.

ÜBERSETZUNGEN: *Lebensgeschichte, Abenteuer, Erfahrungen und Beobachtungen David Kopperfields des Jüngeren*, J. Seybt, Lpzg. 1849–1851. – *David Copperfield*, E. Wortmann, Bln. 1909. – Dass., J. Thanner, Mchn. 1955. – Dass., C. Kolb, Zürich 1961. – Dass., C. u. P. Kolb u. P. Th. Hoffmann (in *Werke*, Bd. 3, Hbg. 1963). – Dass., J. Thanner, Mchn. 1978. – Dass., G. Meyrink, Zürich 1982 (detebe). – Dass., K. Heinrich, Mchn. 1983 (Goldm. Tb).

VERFILMUNGEN: USA 1911 (Regie: E. Thanhouser [?]). – England 1911 (Regie: F. Powell). – England 1913 (Regie: C. Hepworth u. T. Bentley [?]). – Dänemark 1922 (Regie: A. W. Sandberg). – USA 1934 (Regie: G. Cukor).

LITERATUR: G. B. Needham, *The Undisciplined Heart of »David Copperfield«* (in NCF, 9, 1954, S. 81–107). – A. Kettle, *Thoughts on »David Copperfield«* (in Review of English Literature, 2, 1961, S. 65–74). – R. Gard, *»David Copperfield«* (in EIC, 15, 1965, S. 313–325). – J. R. Kincaid, *The Darkness of »David Copperfield«* (in D. Studies, 1, 1965, S. 65–75). – W. K. Kraus, *C. D. »David Copperfield«*, NY 1966. – P. Collins, *»David Copperfield«: A Very Complicated Interweaving of Truth and Fiction* (in English Association. Essays and Studies, 23, 1970, S. 71–86). – C. B. Cox, *Realism and Fantasy in »David Copperfield«*, (in Bull. of the John Rylands Library, 52, 1970, S. 267–283). – M. Steig, *The Iconography of »David Copperfield«* (in Hartford Studies in Literature, 2, 1970, S. 1–18). – S. G. Barnes, *D. and Copperfield: The Hero as Man of Letters* (in *The Classic British Novel*, Hg. H. M. Harper u. Ch. Edge, Athens 1972, S. 85–102). – F. Hughes, *Narrative Complexity in »David Copperfield«* (in ELH, 41, 1974, S. 89–105).– A. L. Zambrano, *»David Copperfield«. Novel and Film* (in Hartford Studies in Literature, 9, 1977, S. 1–16). – R. D. Lougy, *Remembrances of Death, Past and Future: A Reading of »David Copperfield«* (in D. Studies Annual, 6, 1977, S. 72–101). – J. P. McGowan, *»David Copperfield«. The Trial of Realism* (in NCF, 34, 1979, S. 1–19). – W. C. Spengemann, *Poetic Autobiography* (in W. C. S., *The Forms of Autobiography*, New Haven 1980, S. 110–165). – R. J. Dunn, *»David Copperfield«: An Annotated Bibliography*, NY 1982. – P. M. Weinstein, *The Nocturnal D.* (in P. M. W., *The Semantics of Desire. Changing Models of Identity from D. to Joyce*, Princeton 1984, S. 21–72). – G. Seehase, *Eine ›englische‹ Geschichte des jungen Menschen. Zur literaturgeschichtlichen Stellung des Romans »David Copperfield« (1849) von Ch. D.* (in ZAA, 32, 1984, S. 221–229). – S. Edwards, *»David Copperfield«. The Decomposing Self* (in Centennial Review, 29, 1985, S. 328–352). – C. R. Vanden Bossche, *Cookery, not Rookery. Family and Class in »David Copperfield«* (in D. Studies Annual, 15, 1986, S. 87–110). – E. M. Eigner, *Death and the Gentleman. »David Copperfield« as Elegiac Romance* (ebd., S. 39–60). – G. Daldry, *»David Copperfield«* (in G. D., *Ch. D. and the Form of the Novel*, Ldn. 1987, S. 99–130). – R. Mundhenk, *»David Copperfield« and »The Oppression of Remembrance«* (in Texas Studies in Literature and Language, 29, 1987, S. 323–341).

## THE POSTHUMOUS PAPERS OF THE PICKWICK CLUB

(engl.; *Die nachgelassenen Aufzeichnungen des Pickwick-Klubs*). Roman von Charles DICKENS, in Fortsetzungen erschienen 1836/37. – Der Buchtitel erklärt sich aus der allerdings bald zugunsten einer einfachen Er-Erzählung aufgegebenen Fiktion, es handle sich hierbei um die Edition der Berichte und Protokolle eines Klubs von Forschern, den der exzentrische Samuel Pickwick gegründet hat. Er und seine Freunde haben sich die Aufgabe gestellt, England zu durchreisen und ihre Entdeckungen der Fachwelt mitzuteilen. Die eigene Insel war seit dem späteren 18. Jh. neben den Kontinent als Reiseland getreten und erfüllte mit ihren Attraktionen die Engländer mit Stolz. Diese Fahrten bringen keine wirklich neuen historischen und naturwissenschaftlichen Erkenntnisse – wenn Pickwick die Entstehung der Teiche bei Hampstead erforscht oder eine scheinbar uralte Inschrift auf einem Stein entdeckt, so entwickelt er in seinem Enthusiasmus lächerlich unhaltbare Thesen über banale Dinge –, sondern dienen Dickens dazu, neben dem Steckenpferd der Titelfigur auch anderen charakterlichen Eigentümlichkeiten, insbesondere der Naivität Pickwicks und seiner drei Freunde, komische Wirkungen abzugewinnen. Das *hobbyhorse* hatte besonders Laurence Sterne durch seinen Roman *Tristram Shandy* als literarisches Thema beliebt gemacht; die Zeichnung der Hauptfiguren als verschrobene Typen folgt der Tradition der *humour*-Charakterisierung, die im 18. Jh. eine Umwertung ins Positive erfahren hatte. Augustus Snodgrass' dichterische Ambitionen dienen diesem komischen Zweck ebenso wie Tracy Tupmans Versuche als Frauenheld und Nathaniel Winkles sportlicher Ehrgeiz. Besonders das *hunting* der letzteren Figur war als Anspielung auf eine typisch britische Leidenschaft gedacht. Schon auf der ersten Reise nach Dingley Dell, Eatanswill und Muggleton treten die Charakterzüge der Hauptfiguren zutage: Zuerst lassen sich alle vier von einem Wanderschauspieler namens Jingle täuschen, den sie dann auch noch ehrenvoll bei ihrem neuen Freund Mr. Wardle einführen. Dort blamiert sich zunächst Winkle, indem er auf der Jagd Tupman anschießt, und dann wählt letzterer ausgerechnet den Gauner und Heiratsschwindler Jingle zum Fürsprecher bei Rachel Wardle, einer alten Jungfer, für die er sein Herz entdeckt hat. Jingle entführt die keineswegs unwillige Miss Wardle und gibt sie erst gegen ein ansehnliches Lösegeld frei. Bei der Verfolgung des Hochstaplers lernt Mr. Pickwick Samuel Weller, einen Schuhputzer, kennen, der ihm von nun an auf seinen quijotesken Abenteuern als Diener folgt. Weller, seinem Herrn wie Cervantes Sancho Pansa an Weltklugheit weit überlegen, sorgt besonders durch seine freundlich-unverschämte Art und seine im Cockney-Dialekt vorgebrachten, mit Vergleichen und Anekdoten gewürzten Reden für die Erheiterung des Lesers. Mit diesem Diener schuf Dickens eine seiner berühmtesten Figuren, die bis heute als Glorifizierung des einfachen Londoners gilt. Wie er ist auch der Großteil der über achtzig mit Namen genannten Gestalten (die Personen der eingeschalteten Erzählungen sind hier nicht mitgezählt) eindeutig karikierend gezeichnet.

Das Geschehen wirkt durch die einzelnen Situationen, eine logisch-kausal verknüpfte Handlung fehlt weitgehend. Neben der Verfolgung Jingles durch Pickwick zieht sich nur noch der auf einem komischen Mißverständnis beruhende Rechtsstreit, den der Held mit seiner Vermieterin Bardell wegen eines angeblich gebrochenen Heiratsversprechens führt, als roter Faden durch die Vielfalt der Episoden. Mrs. Bardell wird schließlich durch ihre eigenen Rechtsanwälte Dodson und Fogg um des unbezahlten Honorars willen ins gleiche Gefängnis wie ihr Prozeßgegner gebracht, wo es zum Vergleich kommt und wo Mr. Pickwick auch gleich noch Jingle, der in Schuldhaft sitzt und inzwischen in sich gegangen ist, auslöst. Der äußeren Verbindung der beiden Handlungsstränge entspricht eine thematische Parallele: Es geht jeweils um den Versuch, menschliche Gefühle in Geld umzumünzen, und um die Lösung dieses Konflikts durch menschliche Güte. Das Buch, das in der Tradition des Schelmenromans steht und die Vorliebe des jungen Dickens für Tobias SMOLLETT und Robert S. SURTEES (mit seiner für das 1831 begründete ›New Sporting Magazine‹ erfundenen komischen Figur des der Jagdleidenschaft verfallenen Gemüsehändlers John Jorrock) zeigt, endet mit zahlreichen Heiraten und der Auflösung des Pickwick-Klubs. Daß damit kein echter Abschluß erreicht wird, erklärt sich daraus, daß Dickens in seinem ersten Roman der Handlung weit weniger Bedeutung beimaß als dem immer neuen Ausspielen statischer Figuren, von denen besonders der Titelheld bald nach Erscheinen des Romans in den Volksmund eingegangen und inzwischen zu einer unsterblichen Gestalt geworden ist. W.Kl.

AUSGABEN: Ldn. 1837, 2 Bde. [Ill. R. Seymour u. H. K. Brown]; ern. 1904. – Ldn.1847 (in *The Works*, 9 Bde., 1847–1852; *Cheap Ed.*). – Ldn. 1906 (in *National Ed. of the Works*, Hg. B. W. Matz, 40 Bde., 1906–1908, 3/4). – Ldn. 1930 [Ill. C. E. Brock]. – Ldn.1953 [Einl. A. Waugh]. – NY 1964 [Einl. S. Marcus]. – Harmondsworth 1972, Hg. R. L. Patten (Penguin). – Oxford 1986, Hg. J. Kinsley *(The Clarendon D.)*.

ÜBERSETZUNGEN: *Die Pickwickier, oder Herrn Pickwicks Kreuz- und Querzüge, Abentheuer und Thaten*, H. Roberts, 5 Bde., Lpzg. 1837/38. – *Die Pickwicker*, C. Kolb (in *SW*, Bd. 1/2, Lpzg. 1878). – *Die Pickwickier*, J. Thanner, Mchn. 1956; ern. 1968. – *Die Pickwickier*, O. v. Czarnowsky, Mchn. 1968 [Nachw. Ch. Enzensberger]. – Dass., J. Thanner, Mchn.1977 (dtv). – Dass., Ch. Hoeppener, Mchn. 1984 (Goldm. Tb). – Dass., Ffm. 1986 (Insel Tb). – Dass., G. Meyrink, Zürich 1986 (detebe).

DRAMATISIERUNGEN: W. T. Montcrieff, *Sam Weller, or, the Pickwickians*, Ldn. 1837. – F. E. Emson, *The Weller Family*, Saffron Walden 1878. – O. K. Notowich, *Mr. Pickwick und seine Freunde*, Bln. 1908. – C. Hamilton u. C. Reilly, *Pickwick*, NY/ Ldn. 1927.

BEARBEITUNGEN: H. M. Paget, *Pickwick Pictures*, Ldn. 1891. – *Five Humorous Sketches from »The Pickwick Papers«*, Ldn. 1912 [Ill. E. H. u. E. M. Lucas].

VERTONUNGEN: R. Pollitt, *The Great Pickwick Case* (Text: ders.; Operette, Abel Heywood's Musical Dramas, 1, Manchester 1884). – J. M. Parker, *An Evening with Pickwick* (Text: ders.; Musical, NY 1889). – E. Solomon, *Pickwick* (Text: F. C. Burnand; Kantate, Ldn. 1889).

VERFILMUNGEN: England 1913 (Regie: L. Trimble). – England 1952 (Regie: N. Langley).

LITERATUR: J. B. Priestley, *The English Comic Characters*, Ldn. 1928, S. 198–223. – W. Dexter u. J. W. T. Ley, *The Origin of »Pickwick«. New Facts Now First Published in the Year of the Centenary*, Ldn. 1936. – H. N. Maclean, *Mrs. Pickwick and the Seven Deadly Sins* (in NCF, 8, 1953, S. 198–212). – D. M. Bevington, *Seasonal Relevance in »The Pickwick Papers«* (ebd., 16, 1961, S. 219–230). – R. F. Fleissner, *D. and Shakespeare*, NY 1965. – R. H. Dobney, *Love and Property in the Novels of Ch. D.*, Ldn. 1967. – A. C. Coolidge, *Ch. D. as Serial Novelist*, Ames/Iowa 1967. – J. A. Kestner, *Elements of Epic in »The Pickwick Papers«* (in Univ. of Dayton Review, 9, 1972, S. 15–24). – S. Marcus, *Language into Structure. Pickwick Revisited* (in Daedalus 101, 1972, S. 183–202). – Ph. Rogers, *Mr. Pickwick's Innocence* (in NCF, 27, 1972, S. 21–37). – R. Roopnaraine, *Reflexive Techniques in »The Pickwick Papers«*, Diss. Cornell Univ. 1971 (vgl. Diss. Abstracts, 33, 1972, S. 1739A). – W. Goldfarb, *The Hoofs of the Scoundrels. Mr. Pickwick and the Law*, Diss. Columbia Univ. 1974 (vgl. Diss. Abstracts, 35, 1975, S. 6137A). – S. Rubin, *Spectator and Spectacle. Narrative Evasion and Narrative Voice in »Pickwick Papers«* (in Journal of Narrative Technique, 6, 1976, S. 188–263). – P. Fitzgerald, *Pickwickian Studies*, Folcroft 1977 [Nachdr. d. Ausg. 1891]. – E. H. Zasadinski, *The Social and the Private. Conflicting Worlds in »Pickwick Papers«*, Diss. Univ. of St. John 1978 (vgl. Diss. Abstracts, 40, 1979, S. 2671A). – J. McMaster, *»Pickwick Papers«. ›Vidth and Visdom‹* (in J. McM., *D. the Designer*, Ldn. 1987, S. 75–94).

## SKETCHES BY BOZ, Illustrative of Every-Day Life and Every-Day People

(engl.; *Skizzen von Boz. Bilder aus dem Alltagsleben*). Stimmungsbilder, Charakterskizzen und Kurzgeschichten von Charles DICKENS, zwischen 1833 und 1836 in verschiedenen Londoner Zeitschriften veröffentlicht, in Buchform erschienen 1836 (2 Bde.) und 1837 (1 Bd.). Das Pseudonym »Boz« bezieht sich auf den Kosenamen, den Dikkens für einen jüngeren Bruder verwandte und der eine Verballhornung des aus GOLDSMITHS *The Vicar of Wakefield* übernommenen Namens »Moses« darstellte. – Die thematische Skala dieser frühen Skizzen spiegelt sich am besten in der Gliederung, die man ihnen in der Ausgabe *The New Oxford Illustrated Dickens* (1957) gegeben hat. *Unsere Pfarrgemeinde, Szenen, Charaktere* und *Erzählungen* lauten dort die Obertitel der vier Hauptgruppen; Art und Inhalt der einzelnen Stücke lassen sich an einigen repräsentativen Einzeltiteln ablesen: *Die Straßen am Morgen, Die Straßen am Abend, Scotland Yard, Droschkenstand, Schnapsläden, Londoner Vergnügungen, Der Fluß, Kriminalgericht, Jahrmarkt in Greenwich* und – bei den Charakterskizzen – *Der Hilfspfarrer, Die alte Dame, Der Küster, Der Schulmeister, Unser Nachbar nebenan* u. ä. In ihrer Gesamtheit liefern diese bunten Genrebilder ein facettenreiches Panorama des damaligen Lebens in und um London, ein Stück frühviktorianischer Wirklichkeit, das dem Leser um so nähergebracht wird, als Dickens aus seinen Gefühlsreaktionen auf das Beobachtete kein Hehl macht. Sein eigner Erfahrungsbereich war das London der mittleren und unteren Klassen, insbesondere die kleine Welt der Büros, Läden und Kneipen, der billigen Pensionen, der Leihhäuser und Polizeigerichte. Die Kluft zwischen den Aufstrebenden oder bereits Etablierten und den von ihnen ausgebeuteten Dienstboten und Angestellten (deren Perspektive Dickens schon hier bevorzugt) ist in den meisten Skizzen spürbar. Dabei scheut der Autor nicht davor zurück, für Armut und Krankheit, Gewalt und Verbrechen, Schmutz und Korruption eine höchst ungerechte Sozialordnung verantwortlich zu machen. Der Journalist Dickens wird hier zum Zeitkritiker (vgl. etwa die aufsehenerregende Gefängnisreportage *A Visit to Newgate*, wohl das bekannteste Stück der Sammlung) und zum sozialen Gewissen seiner vom Utilitaritätsdenken beherrschten Epoche.

Vom literarischen Standpunkt aus sind diese frühen Arbeiten als Vorstufen zu werten, Vorstufen allerdings, die bereits die ganze Fülle von Dickens' Erzähl- und Charakterkunst ahnen lassen. Man mag an den *Sketches by Boz* den Hang zu Sentimentalität und Melodrama tadeln, sie bleiben dennoch Texte von hohem dokumentarischem Wert, die sich durch scharfe Beobachtungsgabe, persönliches Engagement und unmittelbare Lebendigkeit vom klischeehaft trockenen Journalismus jener Zeit abheben. Im Vorwort einer späteren Ausgabe hat Dickens von der *»Unvollkommenheit«* der *Sketches* gesprochen und auf *»deutliche Zeichen von Hast und Unerfahrenheit«* hingewiesen – Züge, die dem Werk tatsächlich anhaften (man denke z. B. an den abrupten Schluß von *Mr. Minns and His Cousins* oder an die vom Schauerroman übernommenen Klischees in *The Black Veil*). Dennoch verdienen die *Sketches* bleibendes Interesse als authentisches Zeitbild und als Frühwerk eines großen Erzählers, das bereits verschiedene Vorbilder seiner unsterblichen Romanfiguren enthält. J.v.Ge.

AUSGABEN: Ldn. 1836, 2 Bde. – Ldn. 1850 (in *The Works*, 9 Bde., 1847–1852, 8; *Cheap Ed.*). – Ldn. 1906 (in *National Ed. of the Works*, Hg. B. W. Matz, 40 Bde., 1906–1908, 1/2). – Ldn. 1947 (*Scenes of London Life, from Sketches by Boz*; Ausw. u. Einl. J. B. Priestley; Ill. G. Cruikshank). – Ldn./NY 1958 [Einl. Ch. Dickens Jr.; Ill. G. Cruikshank]. – Ldn./NY 1968 (Einl. G. K. Chesterton; Everyman's Library).

ÜBERSETZUNGEN: *Londoner Skizzen*, H. Roberts, Lpzg. 1839 [Ill. G. Cruikshank]. – Dass., ders (in *SW*, Bd. 19–22, Lpzg. 1845). – Dass., ders. (in *GW*, Bd. 19, Lpzg. 1852). – Dass., J. Seybt, Lpzg. o. J. [1920] (RUB). – Dass., N. Kiepenheuer u. F. Minckwitz, Weimar 1957 [Ausz.]. – Dass., I. Tönnies (in *Werke*, Bd. 5, Hbg. 1963). – Dass., H. Roberts, Mchn. 1975.

LITERATUR: D. K. De Vries, *D.' »Sketches by Boz«, Exercises in the Craft of Fiction*, Diss. Michigan State Univ. 1964 (vgl. Diss. Abstracts, 25, 1964/65, S. 5273/5274). – M. Ganz, *Humor's Alchemy: The Lesson of »Sketches by Boz«* (in Genre, 1, 1968, S. 290–306). – K. Wilkie, *Ch. D.: The Inimitable Boz*, Ldn. 1970. – J. W. Breslow, *»Sketches by Boz«: D.' First Formulation of the Problem of Communication*, Diss. John Hopkins Univ. 1973 (vgl. Diss. Abstracts, 35, 1974, S. 3726A). – V. Grillo, *Ch. D.' »Sketches by Boz«: End in the Beginning*, Boulder 1974. – Th. O. Knight, *The Novelist as Essayist: A Study of Narrative Voice and Strategy in Ch. D.' »Sketches by Boz«*, Diss. Univ. of Buffalo/NY 1974 (vgl. Diss. Abstracts, 36, 1975, S. 1144A). – E. Costigan, *Drama and Everyday Life in »Sketches by Boz«* (in RESt, 27, 1976, S. 403–421). – J. W. Breslow, *The Narrator in »Sketches by Boz«* (in ELH, 44, 1977, S. 127–149). – N. Freedman, *Essays by Boz: The Eighteenth-Century Periodical Essay and D.' »Essays by Boz«*, Diss. Columbia Univ. 1976 (vgl. Diss. Abstracts, 38, 1977, S. 277A).

## A TALE OF TWO CITIES

(engl.; *Eine Geschichte aus zwei Städten*). Roman von Charles DICKENS, in Fortsetzungen erschienen 1859. – Der Titel des zweiten und letzten historischen Romans Dickens' (der erste, *Barnaby Rudge*, war 1841 erschienen) spielt in London und Paris vor und während der Französischen Revolution. Als Quelle für die historischen Szenen diente dem Autor das berühmte Werk *The French Revolution* von CARLYLE, dessen Stil er bewunderte und dessen Geschichtsbild seinen Roman geprägt hat. Eine der beiden Hauptgestalten ist Charles St. Evrémonde, der, abgestoßen von der Tyrannei der französischen Aristokratie, insbesondere seines Onkels, des Marquis St. Evrémonde, im Jahr 1775 nach England emigriert ist, wo er unter dem Namen »Charles Darnay« französischen Sprachunterricht gibt. Fünf Jahre später wird er von zwei Berufsspitzeln der Spionage beschuldigt, vom Gericht aber freigesprochen. Während des Prozesses hat er sich in die Zeugin Lucie verliebt, die Tochter des Arztes Alexandre Manette, der, nach achtzehnjähriger Haft in der Bastille geistesgestört, heimlich nach England in Sicherheit gebracht worden ist. Auch er, Zeuge eines scheußlichen Verbrechens des Marquis, zählt zu dessen Opfern. Noch nach seiner Genesung verfällt er zeitweilig in einen Schockzustand. Dies geschieht immer dann, wenn die Romanhandlung einen dramatischen Höhepunkt erreicht, etwa als Darnay, der nichts von seines Onkels Schandtat an Manette ahnt, kurz vor seiner und Lucies Hochzeit, seine wahre Identität enthüllt, oder beim Wiedersehen mit der befreiten Heimat, dem blutdürstigen Frankreich der erfolgreichen Revolution. Dort macht Charles, der nach dem gewaltsamen Tod des Marquis dessen Titel geerbt hat, den kühnen, aber unbedachten Versuch, einen treuen Diener seiner Familie vor der Rache der Revolutionäre zu retten. Dr. Manettes Popularität als Opfer des Ancien Régime bewahrt Charles vor der Guillotine, doch der fanatische Aristokratenhaß der Madame Defarge bringt ihn erneut vors Tribunal, das ihn zum Tod verurteilt. Seine endgültige Rettung verdankt er dem englischen Anwalt Sydney Carton, der ihn vor Jahren bei jenem Spionageprozeß brillant verteidigt hat. Carton, der Charles verblüffend ähnlich sieht, besteigt an seiner Stelle das Schafott: Er, der Lucie geliebt hat, opfert sich, um ihr den Ehemann zu erhalten und um seinem eigenen, durch Ausschweifungen und Müßiggang verpfuschten Leben wenigstens im Tod einen Sinn zu geben. So wird er, die zweite Hauptgestalt, in der großen Schlußszene zum eigentlichen Helden des Romans. Um Carton, der in seiner selbstzerstörerischen Getriebenheit an Byronische Helden erinnert, ranken sich zahlreiche Nebenhandlungen.

Trotz des für Dickens ungewöhnlich raschen Erzähltempos und der ausgewogenen Konstruktion lebt der Roman fast ausschließlich von den farbkräftigen, atmosphärisch äußerst dichten Szenen aus dem revolutionären Frankreich. In seinem berühmten Essay über Dickens hat George ORWELL darauf hingewiesen, daß die grausamen Aspekte der Revolution den Autor wie ein Alptraum verfolgt haben müssen und daß wohl deshalb seine Darstellung den Eindruck eines *»jahrelangen wahnsinnigen Massakers«* vermittelt. Dem Roman sei einerseits zu entnehmen, daß Dickens sich der Unvermeidlichkeit der Revolution bewußt war und *»in viel stärkerem Maße mit ihr sympathisierte als die meisten Engländer seiner Zeit«*, andrerseits aber auch, daß er zu wenig politisch dachte, um sich dem Einfluß der damals vorherrschenden Meinung zu entziehen, jede Revolution sei ein Ungeheuer, das nach dem ersten Sieg über die Feinde die eigenen Kinder verschlinge. Besonders deutlich ist diese Auffassung an der Gestalt der Madame Defarge abzulesen, die neben Daniel Quilp aus *The Old Curiosity Shop* (1841/42) zu den eindrucksvollsten Verkörperungen des Bösen im Werk Dickens' zählt. J.v.Ge.

AUSGABEN: Ldn. 1859 (in All the Year Round, 30. 4. 1859–26. 11. 1859). – Ldn. 1905 [Einl. u. Anm. A. A. Barter]. – Ldn. 1907 (in *National Ed. of the Works*, Hg. B. W. Matz, 40 Bde., 28). – Ldn. 1934 [Einl. G. K. Chesterton; Anm. G. Boas]. – Bloomsbury 1937 (in *The Nonesuch D.*, Hg. A. Waugh u. a., 23 Bde., 20). – Ldn. 1955 [Einl. G. K. Chesterton]. – NY/Ldn. 1962 [Nachw. C. Fadiman; Ill. R. M. Powers]. – Bronxville/NY 1968 (Einl. F. B. Tromly; Cambridge Classics Library). – Harmondsworth 1970, Hg. G. Woodcock (Penguin).

ÜBERSETZUNGEN: *Zwei Städte*, J. Seybt (in *SW*, Bd. 103–106, Lpzg. 1859/60). – Dass., ders., Lpzg. 1880 (RUB). – *Die Geschichte zweier Städte*, R. Zoozmann, Lpzg. 1910. – *Zwei Städte. Roman aus der französischen Revolution*, B. Dedek, Bln. 1924 (Der gute Bildroman, 9; ern. 1928). – *Eine Geschichte aus zwei Städten*, anon., Lpzg. 1939 [m. Ill.]. – *Zwei Städte*, C. Kolb u. P. Th. Hoffmann (in *Werke*, Bd. 2, Hbg. 1963). – *Eine Geschichte zweier Städte*, J. Seybt, Mchn. 1964. – *Eine Geschichte aus zwei Städten*, Ffm. 1987 (Insel Tb).

DRAMATISIERUNG: F. C. Wills, *The Only Way* (Urauff.: Ldn., 1899, Lyceum Theatre).

LITERATUR: H. Reinhold, *Ch. D.' Roman »A Tale of Two Cities« u. das Publikum* (in GRM, 36, 1955, S. 319–337). – C. Spatz, *»A Tale of Two Cities«. Chapter Notes and Criticism*, NY [2]1965. – G. Orwell, *Ch. D.* (in *The Collected Essays, Journalism and Letters of George Orwell*, Hg. S. Orwell u. I. Angus, Bd. 1, NY 1968, S. 413–460). – W. Wagenknecht, *»A Tale of Two Cities«* (in *D. and the Scandelmongers*, Hg. ders., Norman/Okla. 1965, S. 121–131). – B. P. Lange, *D. und der historische Roman: »A Tale of Two Cities«* (in GRM, 20, 1970, S. 426–442). – S. Monod, *Some Stylistic Devices in »A Tale of Two Cities«* (in *D. the Craftsman*, Hg. R. B. Partlow, Carbondale/Ill. 1970, S. 165–186). – Ders., *D.' Attitude in »A Tale of Two Cities«* (in NCF, 24, 1970, S. 488–505). – A. Fleishman, *D.: Visions of Revolution* (in A. F., *The English Historical Novel. Walter Scott to Virginia Woolf*, Baltimore 1971, S. 102–126). – *Twentieth Century Interpretations of »A Tale of Two Cities«. A Collection of Critical Essays*, Hg. Ch. E. Beckwith, Englewood Cliffs/N.J. 1972. – J. Kucich, *The Purity of Violence. »A Tale of Two Cities«* (in D. Studies Annual, 8, 1980, S. 119–137). – C. R. Vanden Bossche, *Prophetic Closure and Disclosing Narrative: The French Revolution and »A Tale of Two Cities«* (ebd., 12, 1983, S. 209–221). – M. Timko, *Splendid Impressions and Pictoresque Means: D., Carlyle and the French Revolution* (ebd., S. 177–195). – R. Borgmeier, *Gegenbilder der Geschichte: D.' »A Tale of Two Cities« (1859)* (in Anglistik u. Englischunterricht, 22, 1984, S. 109–127). – J. M. Rignall, *D. and the Catastrophic Continuum of History in »A Tale of Two Cities«* (in ELH, 51, 1984, S. 575–587). – K. Tetzeli von Rosador, *Geschichtsrhetorik und Geschichtsauffassung in Ch. D.' »A Tale of Two Cities«* (in GRM, 35, 1985).

## JAMES DICKEY

* 2.2.1923 Atlanta / Ga.

**DAS LYRISCHE WERK** (amer.) von James DICKEY.

Die Einladung des greisen Robert FROST zur Inauguration Präsident Kennedys im Jahr 1961 war zum großen Ereignis für die amerikanischen Lyriker/innen geworden. Daß sie in den sechziger und frühen siebziger Jahren das Mandat ernst nahmen, zeigt das Beispiel Robert LOWELLS, der sich weigerte, zur Zeit des Vietnamkriegs an kulturellen Veranstaltungen des Weißen Hauses teilzunehmen und damit seinen Protest gegen die Außenpolitik der USA zum Ausdruck brachte. James Dickey, der mit *Buckdancer's Choice* (1965) und *Poems 1957–1967* (1967) zum Konkurrenten Lowells um den Status des bedeutendsten amerikanischen Lyrikers der Zeit geworden war und der 1966–1968 als Nachfolger Stephen SPENDERS das Amt des Lyrikberaters *(Consultant in Poetry)* der Washingtoner Kongress-Bibliothek innehatte, folgte dem Beispiel Frosts und verlas 1977 bei Präsident Carters Inauguration das Titelgedicht seines 1979 veröffentlichten Lyrikbandes *The Strength of Fields*. Nicht nur der halboffizielle Status als *poeta laureatus*, sondern auch die Resonanz, die der Südstaatler Dickey bei der Jugend fand, machen ihn zu einem kulturgeschichtlich relevanten Lyriker. Dabei fällt die Tatsache ins Gewicht, daß er in seiner Lyrik inhaltliche Risiken auf sich nahm: Der Fliegeroffizier Dickey bekannte sich zur Notwendigkeit des Krieges, gewann Bombereinsätzen metaphysische Dimensionen ab und wagte sich auch sonst vielfach in tabuisierte Bereiche vor.

Bevor Dickey 1961 freier Schriftsteller wurde, arbeitete er 1955–1960 in New York und Atlanta als Werbetexter. Nach Gastprofessuren an verschiedenen Universitäten erhielt er 1968 an der Universität von South Carolina eine Lebenszeitprofessur als *poet-in-residence*.

Dickey fand erst spät zur Lyrik. Als Luftwaffenoffizier flog er zwischen 1942 und 1946 etwa hundert sog. »Missionen«. Nach dem Krieg studierte er an der Vanderbilt University in Nashville/Tenn., einer Universität mit ausgeprägter literarischer Tradition. Hier hatten sich in den zwanziger Jahren die sog. Southern Agrarians versammelt, konservative Südstaatler, die 1922–1925 die Literaturzeitschrift ›The Fugitive‹ und 1930 ihr berühmtes Manifest *I'll Take My Stand (Ich werde Stellung beziehen)* veröffentlichten; aus diesem Kreis ragten New Critics und Lyriker wie John Crowe RANSOM, Robert Penn WARREN und Allen TATE heraus. Dickeys Prioritäten waren jedoch zunächst sportlicher Natur: Er profilierte sich als Hürdenläufer und *American Football*-Star. Diese implizite Distanzierung vom agrarisch-ideologischen Erbe wurde später in Dickeys Essays und Interviews offen ausgesprochen. Auch in seiner Lyrik unterscheidet er sich von der intellektuellen, traditionsbetonten Schreibweise der *Fugitive*-Autoren, ohne dabei andere Aspekte des Südstaatenerbes, etwa im Bereich der Rhetorik, verleugnen zu können.

Dickey ging, hierin D. H. LAWRENCE vergleichbar, in seiner Lyrik von der Grundüberzeugung aus, daß der sich allseits dokumentierende Weltverlust des Individuums durch Positivismus, Spezialisierung und Technologisierung des gesellschaftlichen Lebens- und Arbeitsprozesses verursacht sei. Er versuchte deshalb, besonderes in seinen frühen Gedichten, an präkognitive körperlich-sinnliche Erfahrungen anzuknüpfen. Eine mit regenerativen Funktionen bedachte Lyrik, die für Dickey das Zentrum des *»kreativen Rades«* ausmachte, hatte für ihn immer auch eine *»physische Dimension«*. Voraussetzung war gediegenes handwerklich-poetisches Geschick. Seine Gedichte sollten *»offen«* und *»konklusionslos«* sein, sollten revitalisierende Erfahrungen stimulieren.

In diesem Zusammenhang mißt Dickey auch seinen zahl- und erfolgreichen Dichterlesungen große Bedeutung bei, die ihm, ähnlich wie zuvor Robert Frost, Breitenwirkung und Bekanntheit sichern. Kaum ein anderer amerikanischer Schriftsteller der Moderne hat seit Henry JAMES mehr für seine öffentliche Imagepflege getan (u. a. *Babel to Byzantium*, 1968; *Self-Interviews*, Hg. B. u. J. Reiss, 1970). In seinen theoretischen Schriften grenzte er sich – oft rüde – von seinen Dichterkollegen der sechziger Jahre ab. Seine Ressentiments, breit gestreut, richteten sich zunächst gegen die in Donald ALLENS *New American Poetry* (1960) anthologisierten Autoren und Autorinnen, später gegen die Vertreter der »Confessional Poetry« (besonders Sylvia PLATH) und der Black-Mountain-Schule des *projective verse* (Robert CREELEY). Sein konzentrierter Zorn galt jedoch den literarischen »Rebellen« der sechziger Jahre, besonders Allen GINSBERG, dessen Lyrik er als »Benzedrin-, Pot- und Whiskey-Poetik« abqualifizierte. Im Gegensatz zur lyrischen Avantgarde der liberalen und radikalen sechziger Jahre blieb Dickey der Traditionalist, der auch dann noch auf die Wiedergeburt der Unschuld des Individuums setzte, als die USA in Vietnam die nationale Unschuld endgültig verloren.

Dickeys Lyrik ist durch zwei miteinander zusammenhängende Themen- und Motivkomplexe bestimmt: Bewältigung von Kriegserlebnissen und mystisches, atavistisches Naturerleben als Chance der Revitalisierung. Auch sein einziger, erfolgreich nach seinem eigenen Drehbuch verfilmter Roman *Deliverance* (1970, dt. *Flußfahrt*, 1971) gehört in dieses thematische Spektrum. Daß Dickey als Romanautor besonders erfolgreich war, ist kein Zufall, denn auch in den Gedichten ist das narrative Element stark entwickelt, schätzt Dickey das narrative Rollenspiel (verschiedene Personae und Perspektiven). Hatte er zunächst das Kriegsabenteuer im Südpazifik (1942–1946) als ein Unternehmen betrachtet, bei dem es wie im Sport allein um Siegen oder Verlieren ging, so arbeitet seine »Persona« in Gedichten wie *The Firebombing* (*Napalmbomber*, in *Buckdancer's Choice*, 1965) die verdrängten Gewissenskonflikte des Überlebenden zweier Kriege auf (Dickey war auch im Koreakrieg aktiver Offizier). *Drinking from the Helmet* (*Aus dem Stahlhelm trinkend*, in *Helmets*, 1964) erzählt von Toten, deren Bärte unterirdisch wachsen, während der Sprecher des Gedichts über ihnen hockt. Dickey, der als Flieger politisch naiv zwischen persönlichem Erlebnis und dem Kontext seiner »Missionen« trennen konnte und diese Ambivalenz in *The Firebombing* einbringt, läßt seine lyrische Persona, einen Familienvater und Hausbesitzer, den Widerspruch zwischen nationalem Heroismus (der Kampf für die Sicherheit des Vaterlands verschafft ein gutes Gewissen) und der Faktizität gelebter Erfahrung als napalmwerfender Flieger nachdrücklich empfinden.

Atavistische Naturerlebnisse in der Szenerie der Südstaatenlandschaft bilden einen zweiten großen Themen- und Motivkomplex. Jagd, Initiation und Fruchtbarkeitsriten zeigen in archaischen Erlebnissen oder modernen Transformationen (wie im Fall der nach einem Flugzeugunglück ihrem Tod auf der Erde befreit entgegenstürzenden Stewardess in *Falling* aus dem Band *Poems 1957–1967*) Revitalisierungsmöglichkeiten für den entfremdeten modernen Menschen auf. In *Springer Mountain* versucht die Persona, sich einem Hirsch anzuverwandeln. Die Kleider abwerfend, sucht sie physischen Kontakt zu der sie umgebenden Natur. Die Jagd wird zur spirituell belebenden *quest* mit der Hoffnung, Körper und Geist durch Eintauchen in ein »wildes« Leben wieder aneinanderzukoppeln. Die Südstaatenlandschaft in Georgia und South Carolina findet Dickeys Interesse nicht als wirtschaftliches und soziales Notstandsgebiet, sondern als Hollywoodkulisse für den Mythos vom wilden Leben. Die Abstraktion von der sozialen Wirklichkeit wirkt forciert, auch in *The Slave Quarters (Das Sklavenquartier)*, dem Schlußgedicht in *Buckdancer's Choice*, in dem sich Dickey als weißer Südstaatler mit dem Rassenproblem und der sexuellen Ausbeutung der Schwarzen auseinandersetzt. Ob Dickeys Auseinandersetzung mit gesellschaftlichen Problemen in Gedichten wie *The Firebombing* und *The Slave Quarters* über den Rahmen individuellen Moralisierens hinausgeht, bleibt unter den Kritikern umstritten. Besonders der Lyriker Robert BLY spricht Dickey die soziale Dimension seines Denkens kategorisch ab und vergleicht ihn in dieser Hinsicht mit Rudyard KIPLING *(»a sort of Georgia cracker Kipling« – »ein Kipling nach Art der Hinterwäldler aus Georgia«)*. Auch die Gedichte in *The Strength of Fields*, 1979 *(Die Kraft der Felder)*, lassen einen grundlegenden Bewußtseinswandel Dickeys in Richtung auf soziales Engagement nicht erkennen.

Vielmehr umkreist seine Lyrik das Ideal eines neuen, *»energetisierten Menschen«*, bei dessen Darstellung Dickey auch vor bizarren Bildkombinationen wie in *Falling* nicht zurückschreckt. Noch im Fliegen läßt er die Stewardess eine Ehe mit *»Mutter Erde«* eingehen. Rituell entledigt sie sich ihrer Kleider und sinkt hymnensingend in einem kosmischen Tanz in die Erde von Kansas ein. Ähnlichkeiten zwischen Dickeys Darstellung dieser *unio mystica* und der rhetorischen Tradition der Südstaatenliteratur, die großen Wert auf extravagante, hyperbolische Bilder und Darstelllungsweisen legte, sind nicht von der Hand zu weisen. Bei anderen Dichtern der sechziger Jahre stieß Dickey mit solchen Extravaganzen auf deutliche Abwehr; so warf ihm Thom GUNN vor, in seiner Lyrik in nicht mehr zu rechtfertigender Weise auf die Leistungen der diskursiven Vernunft verzichtet zu haben. Auch *The Zodiac* (1976), ein langes erzählendes Gedicht über den im Atlantik ertrunkenen niederländischen Dichter Hendrik Marsman, ist stark rhetorisch geprägt. In alkoholinduzierter Umneblung ruft der Poet, mit dessen Persona der lyrische Erzähler partiell verschmilzt, den vorsokratischen Mystiker Pythagoras an, der – nach PLATONS Dialog *Timaios* – die Grundformen der materiellen Welt auf zwei unterschiedliche Dreiecke reduzieren zu können glaubte.

Der Lyriker Dickey schwimmt nach wie vor gegen den Strom. Zum Streit der Kritik um Rationalität und Mystik, politisches Bewußtsein und männliche Machtphantasien in seinem Werk hat Dickey mit provozierenden Äußerungen und kritischen Angriffen auf seine Kontrahenten selbst nachhaltig beigetragen. Dennoch ist die lyrische Qualität der Sprache in seinen besten Werken unbestreitbar. Die Popularitätskurve seiner Lyrik wird auch in Zukunft Gradmesser des öffentlichen Bewußtseins bleiben. I.K.

AUSGABEN: *Drowning with Others*, Middletown/Conn. 1962. – *Helmets*, ebd. 1964. – *Buckdancer's Choice*, ebd. 1965. – *Poems 1957–1967*, ebd. 1967. – *Babel to Byzantium: Poets and Poetry Now*, NY 1968. – *Deliverance*, Boston 1970, Ldn. 1970. – *The Eye-Beaters, Blood, Victory, Madness, Buckhead and Mercy*, Garden City/N.Y. 1970, Ldn. 1971. – *Sorties: Journal and New Essays*, Garden City 1971. – *The Zodiac*, ebd. 1976. – *The Strength of Fields*, ebd. 1979. – *Puella*, ebd. 1982. – *The Central Motion: Poems 1968–1979*, ebd. 1983.

LITERATUR: R. Bly, *The Work of J. D.* (in Sixties, 7, 1964, S. 41–57). – P. O'Neill, *J. D. – Athlete, Pilot, Ad Man and a Fresh, Emerging Voice: The Unlikeliest Poet* (in Life, 61, 4, 22. 7. 1966). – R. Bly, Rez. *Buckdancer's Choice* (in Sixties, 9, 1967, S. 70–79). – B. DeMott, *The »More Life« School and J. D.* (in Saturday Review, 53, 6. 3. 1970, S. 25 f). – E. Glancy, *J. D.: The Critic as Poet. An Annotated Bibliography*, Troy/N.Y. 1971. – N. M. Niflis, *A Special Kind of Fantasy: J. D. on the Razor's Edge* (in Southwest Review, Autumn 1972). – *J. D.: The Expansive Imagination*, Hg. R. J. Calhoun, Deland/Fla. 1973. – J. Bobbit, *Unnatural Order in the Poetry of J. D.* (in Concerning Poetry, 11, 1978, S. 39–44). – E. Faas, *Toward a New American Poetics*, Santa Barbara 1978. – L. Mizejewski, *Shamanism toward Confessionalism: J. D., Poet* (in Georgia Review, 32, 1978, S. 409–419). – *South Carolina Review*, 10, April 1978 (J. D.-Sondern.). – R. W. Hill, *J. D* (in DLB, Bd. 5, 1980, S. 174–191). – J. Elledge, *J. D.: A Supplementary Bibliography, 1975–1980* (in Bull. of Bibliography, 38, 2, 1981, S. 92–100). – F. E. Skipp, *J. D.'s »The Zodiac«: The Heart of the Matter* (in Concerning Poetry, 14, 1, 1981, S. 1–19). – R. J. Calhoun u. R. W. Hill, *J. D.*, Boston 1983 (TUSAS). – *The Imagination as Glory: The Poetry of J. D.*, Hg. B. Weigl u. T. R. Hummer, Urbana 1984. – H. Bloom, *J. D. From »The Other« Through »The Early Motion«* (in Southern Review, 21, 1, Winter 1985, S. 63–68). – R. Baughman, *Understanding J. D.*, Columbia/S.C. 1985.

## EMILY DICKINSON

* 10.12.1830 Amherst / Mass.
† 15.5.1886 Amherst / Mass.

LITERATUR ZUR AUTORIN:
H. W. Wells, *Introduction to E. D.*, Chicago 1947. – Th. H. Johnson, *E. D.: An Interpretative Biography*, Cambridge/Mass. 1955. – *The Recognition of E. D.*, Hg. R. C. Blake u. C. F. Wills, Ann Arbor/Mich. 1964. – D. Higgins, *Portrait of E. D.*, New Brunswick/N.J. 1967. – *E. D.: An Annotated Bibliography*, Hg. W. J. Buckingham, Bloomington/Ind. 1970. – J. Cody, *After Great Fall: The Inner Life of E. D.*, Cambridge/Mass. 1971. – R. B. Sewall, *The Life of E. D.*, Ldn. 1976. – J. Myerson, *E. D.: A Descriptive Bibliography*, Pittsburgh 1984. – Ch. Benfey, *E. D.: Lives of a Poet*, NY 1986.

**DAS LYRISCHE WERK** (amer.) von Emily DICKINSON.

Emily Dickinson, die äußerlich das durch Beschränkungen aller Art geprägte Leben einer (zudem unverheirateten) Frau des 19. Jh.s führen mußte und nur bei einigen kurzen Gelegenheiten ihren Geburtsort verließ (so entstand der Mythos der »Klausnerin von Amherst« in weißen Kleidern, von denen sie als »Recht der weißen Wahl« in Gedicht Nr. 528 spricht), hinterließ mit ihren 1775 die lyrischen Konventionen der Zeit überschreitenden Texten, von denen überhaupt nur sieben anonym vor ihrem Tode im Druck erschienen, das Zeugnis einer geistig-seelischen Befreiung im Akt des Schreibens.

Obwohl ihre Erziehung in einem puritanischen Elternhaus und durch einen Vater, der ein erfolgreicher Rechtsanwalt und Kämmerer von Amherst College war, die spezifisch neuenglische Religiosität prägte, zweifelte Dickinson an der Möglichkeit des »Erwecktwerdens« ebenso wie an den kirchlichen Dogmen der Erbsünde und der Gnade; sie blieb daher auch bald der Kirche fern (*»The Bible is an antique Volume«*, Nr. 1545, ca. 1882). Zwar schlägt sich der Verlust der Glaubensgewißheit und der Drang, die innere Freiheit zu bewahren, auch thematisch in ihrer Dichtung nieder; aber der Erfahrungsbereich des Religiösen bleibt derart bestimmend, daß man sie andererseits nicht als Atheistin bezeichnen könnte (besser ein *»Irrlicht«* als überhaupt kein Licht, betont sie in *»Those – dying *then«*, Nr. 1551), obwohl immer wieder auch ein leiser Ton des Spotts vernehmbar ist (*»Lightly stepped a yellow star«*, Nr. 1672). So wie ihre Gedichte auch formal dem protestantischen Kirchenlied und dem von ihr allerdings immer wieder durchbrochenen und abgewandelten alternierend vier- bzw. dreihebigen jambischen Metrum (dem sog. *»common metre«*) verpflichtet sind, so haben sie inhaltlich ihre Wurzeln in der geistigen Welt des neuenglischen Puritanismus. Allerdings ist auch andererseits vom optimistischen Transzendentalismus R. W. EMERSONS, dessen Position des göttlich inspirierten Dichters sie in *»I taste a liquor never brewed«* (Nr. 214, ca. 1860) verhalten parodiert, und der Gewißheit, Gott in den Analogien der Natur zu finden, kaum mehr etwas vorhanden: vielmehr liegt ihrem Denken das Konzept dynamischer Prozesse zugrunde, das sie radikalisiert, so daß die Vorstellungen von Diskontinuität und Differenz die Basis ihres lyrischen Schaffens bilden (R. HAGENBÜCHLE).

Ihre Gedichte haben aufgrund des Glaubensverlustes und der daraus resultierenden intellektuellen Folgerungen oft eine epigrammatische oder aphoristische Form und sind zuweilen von derart bohrender Intensität, die aber keine festen Lösungen zuläßt, daß der Leser mit sprachlichen Rätseln konfrontiert ist: *»Das Rätsel, das wir erraten könnten, verachten wir schnell«*, heißt es in Nr. 1222 (ca. 1870). Ihre Gedichte, die zumeist aus vierzeiligen Strophen bestehen, haben zudem keinerlei verständnisleitende Titel. Eines ihrer bekanntesten Gedichte beginnt mit der programmatisch-poetologisch zu verstehenden Aufforderung: *»Sage die ganze Wahrheit, aber sage sie schräg«* (Nr. 1129), ein Satz, der eine Weiterführung der Sprachskepsis von Hawthorne und Melville darstellt und auf das wenig später etwa von H. v. HOFMANNSTHAL diagnostizierte, spezifisch moderne Bewußtsein des tiefgreifenden Sprachverlusts vorausdeutet. Insofern sind ihre auf tradierte Bedeutungszuweisungen verzichtenden Gedichte durch die Technik der Indirektion oder ein den Aussagekern umkreisendes Sprechen geprägt.

Entscheidender Anstoß für das unbeirrte Festhalten an dieser Technik des indirekten Sagens und des Rückzugs der Dichterin in eine weitgehend abgeschlossene eigene Welt war wohl – neben einer geheimnisvollen Liebesenttäuschung durch einen verheirateten Mann – auch das mangelnde Verständnis der Öffentlichkeit, insbesondere des Kritikers Th. W. HIGGINSON, dem sie im April 1862 vier Gedichte zugesandt hatte. Higginson zufolge, der allerdings durchaus das Talent Dickinsons' erkannte, hätten die Gedichte grammatisch, metrisch und im Hinblick auf den Reim überarbeitet werden müssen, da sie den Normen der zeitgenössischen Lyrik, wie sie etwa in E. C. STEDMANS *An American Anthology* (1901) repräsentiert sind, grundlegend widersprechen (E. Dickinson wurde dann allerdings doch mit »geglätteten« Gedichten in diese Sammlung aufgenommen). Freilich ist die Erfahrung einer Einsicht in die der eigenen poetischen Sprache mit Unverständnis begegnenden Umwelt bereits in dem verhalten spöttischen Gedicht *»I'm Nobody! Who are you?«* (Nr. 288, ca. 1861) ausgedrückt. Obwohl die anschließende Korrespondenz mit Higginson einen wichtigen Kontakt der Autorin mit der Außenwelt darstellt, führt die Einsicht in ihre Andersartigkeit zu einer bewußten Geste des Sich-Abschließens: *»The Soul selects her own Society«* (*»Die Seele wählt sich ihre eigene Gesellschaft«*, Nr. 303, ca. 1862). Erst der Rückzug aus dem Bereich der Öffentlichkeit scheint es Dickinson ermöglicht zu haben, in der Begegnung mit dem eigenen Ich zugleich befreit zu dichten: *»Publication – is the Auction / Of the Mind of Man –«* (Nr. 709, ca. 1863).

Tatsächlich weisen die Gedichte Dickinsons eine individuelle Form auf, mit der sie neue Wege ging: so gibt es neben einer variablen Metrik, Halbreimen, syntaktischen Regelverletzungen, neuen metaphorischen Kollokationen bei weitgehendem Festhalten an der Umgangssprache (aber gleichzeitiger Verwendung eines naturwissenschaftlichen Wortschatzes) und einer verstärkten metonymischen Diktion sowie abrupten Gedankenfolgen ohne verknüpfende Bindeglieder vor allem die zahlreichen Gedankenstriche (die allerdings in den Manuskripten zuweilen nicht von anderen Zeichen zu unterscheiden sind): sie haben – obwohl das nicht mit letzter Sicherheit zu sagen ist – offensichtlich die Funktion, Emphasen oder Sprechpausen anzudeuten.

Während die Lyrik W. WHITMANS, dem neben Dickinson bedeutendsten Lyriker des 19. Jh.s, öffentliche Dichtung ist, und der Poet mit der Geste des spezifisch amerikanischen Sehers auftritt, für den das Land und dessen zukunftsgerichtete demokratische Kultur den eigentlichen poetischen Gegenstand darstellt, ist in E. Dickinsons Gedichten jeder Bezug zu brennenden Fragen oder den einschneidenden Ereignissen der zeitgenössischen Wirklichkeit ausgespart (etwa zum Bürgerkrieg, währenddessen sie ihre bedeutendsten Gedichte schrieb – allein 350 Texte lassen sich auf das Jahr 1862 datieren). Allenfalls in *»I like to see it lap the Miles –«* (Nr. 585, ca. 1862) erfährt man einmal etwas von ihrer Reaktion auf die neue Eisenbahn. Dagegen spricht sie immer wieder über das Alltagsleben in ihrem Ort, in der Familie, über die Details des häuslichen Lebens, die Nachbarn (etwa in *»There's been a Death, in the Opposite House«*, Nr. 389). Daneben kreisen ihre Gedichte thematisch häufig auch um grundsätzliche persönliche Probleme wie das Leben und den Tod, Zeit und Ewigkeit, Liebe und Enttäuschung, aber auch den jahreszeitlichen Wechsel, der dem alles überschattenden Gefühl eines wohl biographisch letztlich nicht faßbaren, eher spätromantisch zu verstehenden Verlustes Ausdruck verleiht (etwa *»As imperceptibly as Grief«*, Nr. 1540; in mehreren Fassungen vorliegend; oder in *»I never lost as much but twice«*, Nr. 49).

Aber weniger die objektive und sinnlich erfahrbare Realität, über die sie keine *»Elegien«* schreiben will

(*»Some things that fly there be«*, Nr. 89), als vielmehr die Imagination und die dichterische Subjektivität sind für den Leser die zentralen Bezugspunkte. So evoziert Dickinson in *»Like Some Old fashioned Miracle«* (Nr. 302) nicht etwa die Atmosphäre des Sommers, sondern lediglich die Erinnerung an die entschwundene Zeit des Jahres; auf ähnliche Weise spricht sie in *»After great pain a formal feeling comes«* (Nr. 341, ca. 1862) nicht vom Schmerz selbst, sondern von der Reaktion auf ihn: es ist – wie auch in anderen Gedichten – der *»Ton des bewußten, konstatierenden und distanzierenden Sprechens«* (T. A. Riese), das immer wieder auch die Wahrnehmung des eigenen Bewußtseins zu umschreiben versucht (*»Me from Myself – to banish –«*: Nr. 642, ca. 1862).

Obwohl einige Gedichte den Freunden und Bekannten durch briefliche Mitteilung bekannt waren, fand man doch erst nach ihrem Tode die Fülle nachgelassener Texte: ca. 900 in Faszikeln zusammengebundene (ob damit bewußt geordnet, muß offenbleiben), mehrfach überarbeitete Gedichte (es gibt also keine definitiv endgültigen Fassungen), teilweise auf Briefumschlägen, Zeitungsrändern, Packpapier. Seit 1890 wurde ein Teil durch M. L. TODD und Th. W. HIGGINSON veröffentlicht: allerdings waren beide der Meinung, daß der amerikanische Leser nicht durch die Originale verwirrt werden dürfte; daher glätteten sie die Texte, fügten auch Titel hinzu und machten ihre Ausgabe damit zu einem großen Verkaufserfolg, während die Kritik – mit Ausnahme des Dickinson mit HEINE und BLAKE vergleichenden D. HOWELLS – negativ reagierte. Beträchtlichen Anteil an der plötzlichen Popularität hatten sicherlich auch die Legenden, die die Herausgeber um die Person der geheimnisvollen Autorin spannen, und dieses Interesse an der Person ist bis heute nicht abgeebbt. Erst 1914 erschien eine den originalen Wortlaut weitgehend wiederherstellende Ausgabe, obwohl Dickinsons Nichte M. D. BIANCHI Schwierigkeiten mit der Entzifferung der Handschrift hatte. Erst nachdem R. HILLYER 1922 und dann C. AIKEN mit seiner Ausgabe der *Selected Poems* 1924 sowie dem psychoanalytischen Deutungsansatz auch das Interesse der Kritik und der Literaturwissenschaft geweckt hatte, stellte M. L. Todd noch einmal 668 Gedichte und Fragmente, die sie zurückgehalten hatte, für eine weitere Ausgabe zur Verfügung, ehe 1955 eine kritische Edition der Gedichte in drei Bänden eine bessere Ausgangssituation für die literaturwissenschaftliche Analyse ihres Werkes schuf.

U. Bö.

AUSGABEN: *The Poems of E. D.*, 3 Bde., Hg. Th. H. Johnson, Cambridge/Mass. 1955; Nachdr. 1963. – *Selected Poems*, Hg. J. Reeves, Lnd. 1959. – *Complete Poems*, Hg. Th. H. Johnson, Boston 1960. – *Choice of Verse*, Hg. T. Hughes, Lnd. 1968.

ÜBERSETZUNGEN: M. Mathi, *Der Engel in Grau: Aus dem Leben und Werk der amerikanischen Dichterin E. D.*, Mannheim 1956. – *Gedichte*, G. Liepe, Stg. 1970 (RUB). – *Ich bin niemand. Bist auch Du niemand?*, H. B. Schiff, Alfeld 1983. – *Guten Morgen, Mitternacht*, L. Gruenthal, Bln. 1987.

VERTONUNGEN: Cl. Dickinson, *Six Songs* (1887). – A. Copland, *12 Poems by E. D.* (1950). – Zu weiteren Vertonungen: M. Hovland, *E. D.* (in *The New Grove Dictionary of American Music*, Hg. H. Wiley Hitchcock u. S. Sadie, Bd. 1, Ldn. 1986, S. 616). – Oper: *E. E.* (Musik zu F. Gardners Drama *Eastward of Eden* von J. Meyerowitz, 1951).

LITERATUR: Ch. R. Anderson, *E. D.'s Poetry: Stairway of Surprise*, NY 1960. – *E. D.: A Collection of Critical Essays*, Hg. R. B. Sewall, Englewood Cliffs 1963. – S. P. Rosenbaum, Hg., *A Concordance to the Poems of E. D.*, Ithaca/NY 1964. – C. Griffith, *The Long Shadow: E. D.'s Tragic Poetry*, Princeton/NJ 1964. – A. Gelpi, *E. D.: The Mind of the Poet*, Cambridge/Mass. 1965. – D. T. Porter, *The Art of E. D.'s Early Poetry*, Cambridge/Mass. 1966. – J. B. Pickars, *E. D.: An Introduction and Interpretation*, NY 1967. – T. A. Riese, *E. D. und der Sprachgeist amerikanischer Lyrik* (in *Amerika: Vision und Wirklichkeit*, Hg. F. H. Link, Ffm. 1968, S. 229–244). – H. Galinsky, *Wegbereiter moderner amerikanischer Lyrik: Interpretations- und Rezeptionsstudien zu E. D. und W. C. Williams*, Heidelberg 1968. – K. Lubbers, *E. D.: The Critical Revolution*, Ann Arbor/Mich. 1968. – R. Miller, *The Poetry of E. D.*, Middletown/Conn. 1968. – J. Diehl, *D. and the Romantic Imagination*, Princeton 1981. – D. Porter, *D.: The Modern Idiom*, Cambridge/Mass. 1981. – G. Grabher, *E. D.: Das transzendentale Ich*, Heidelberg 1981. – B. A. C. Mossberg, *E. D.: When an Daughter is a Writer*, Bloomington/Ind. 1982. – S. Juhasz, *Feminist Critics Read E. D.*, Bloomington/Ind. 1983. – *Critical Essays on E. D.*, Hg. P. J. Ferlazzo, Boston 1984. – Ch. Benfey, *E. D. and the Problem of Others*, Amherst/Mass. 1984. – D. Dickenson, *E. D.*, Leamington Spa 1985. – Cr. Miller, *A Poet's Grammar*, Cambridge/Mass. 1987. – R. Hagenbüchle, *E. D.: Wagnis der Selbstbegegnung*, Tübingen 1988.

## DICUIL

* Irland
† nach 825 Niederrhein (?)

### DE MENSURA ORBIS TERRAE

(mlat.; *Vom Maß des Erdkreises*). Geographische Schrift – die erste ihrer Art im Frankenreich – von dem Gelehrten DICUIL, entstanden im Jahre 825. – Das kleine Werk beginnt mit einem Prolog; ihm folgen neun Kapitel. Die ersten drei behandeln die Provinzen Europas, Asiens und Afrikas; das vierte

befaßt sich mit Ägypten und Äthiopien; im fünften ist von der Länge und der Breite des Erdkreises die Rede, im sechsten hauptsächlich von den fünf größten Flüssen (Nil, Euphrat, Tigris, Ganges, Donau), im siebenten von einigen Inseln; das achte bespricht die Ausmaße des Tyrrhenischen Meeres (d.h. Mittelmeer), das letzte die sechs höchsten Berge (Olymp, Athos, Atlas, Pelion, Alpen, Solurius/Pyrenäen), denen auch die abschließenden 31 Hexameter gelten.
Dicuil hat weitgehend ältere geographische Literatur exzerpiert. Zu nennen sind hier vor allem die *Divisio orbis terrae (Einteilung des Erdkreises)*, die Theodosius II. im Jahre 435 anfertigen ließ, ferner die Kosmographien des Iulius Honorius (4./5. Jh.) und des sogenannten Aethicus Ister (vielleicht Virgil von Salzburg, † 784 ?); das meiste stammt direkt aus der *Naturgeschichte* des älteren Plinius (23–79) oder aus Solinus (3. Jh.), manches aus Isidor von Sevilla (570–636), aus der *Periegesis* des Priscian (6. Jh.) und aus Orosius (5. Jh.). Diese Quellenkenntnis ist für das frühe 9. Jh. sehr beachtlich.
Das Bild, das Dicuil von der Erde gibt, entspricht – aus diesem Grunde – freilich nicht der karolingischen, sondern der spätrömischen Zeit. Für uns sind von besonderem Wert die wenigen Dinge, von denen der Autor aufgrund eigener Erfahrung oder eigener Erkundung berichten kann: So erwähnt er den Elefanten, den Kalif Harun al Raschid 804 Karl dem Großen ins Frankenreich sandte. Im sechsten Buch gibt er die Erzählung eines Pilgers Fidelis wieder, der auf dem Weg nach Jerusalem auf dem Kanal, der den Nil mit dem Roten Meer verbunden hat, gereist sein will. Besonders interessant sind Dicuils Ausführungen über die Irland und Schottland vorgelagerten Inseln, die er teilweise selbst bereiste. Zur Insel Thile (Thule: Island) weiß er – abgesehen von den Nachrichten antiker Gewährsmänner, die er zuerst anführt – noch von Geistlichen zu berichten, die sich vom 1. Februar bis zum 1. August 795 dort aufgehalten und Beobachtungen über das Klima und das Phänomen der Mitternachtssonne angestellt haben. G.Hü.

Ausgaben: Paris 1807, Hg. C.A. Walckenaer. – Paris 1814, Hg. A. Letronne [m. Komm.]. – Bln. 1870, Hg. G. Parthey. – Dublin 1967, Hg. J.J. Tierney [m. Einl. u. engl. Übers.].

Literatur: C. Raymond Beazley, *The Dawn of Modern Geography*, Ldn. 1897, S. 317–327. – F. Nansen, *In Northern Mists*, Bd. 1, Ldn. 1911, S. 162–167. – Manitius, Bd. 1, S. 647–653; Bd. 2, S. 813. – A. van de Vyver, *D. et Micon* (in Rbph, 13, 1935, S. 25–47). – *Dictionnaire d'histoire et de géographie ecclésiastiques*, 14, 1960, S. 397 f. [Bibliogr.]. – F. Brunhölzl, *Geschichte der lateinischen Literatur des MA*, Bd. 1, Mchn. 1975, S. 306–309; 552.

## denis Diderot

* 5.10.1713 Langres
† 30.7.1784 Paris

Literatur zum Autor:
*Bibliographie:*
F. A. Spear, *Bibliographie de D.*, Genf 1980.
*Forschungsberichte:*
H. Dieckmann, *Stand u. Probleme der D.-Forschung*, Bonn 1931. – A. Miller, *The Annexation of a »philosophe«. D. in Soviet Criticism, 1917–1960*, Genf 1971. – J. Proust, *Lectures de D.*, Paris 1974. – A. M. Chouillet, *État actuel des recherches sur D.* (in DHS, 12, 1980, S. 443–470).
*Zeitschrift:*
Diderot Studies, Hg. O. E. Fellows u. N. L. Torrey, Genf 1949 ff. [m. fortlauf. Bibliogr.].
*Biographien:*
Th. Lücke, *D. D.*, Bln. 1949. – L. G. Crocker, *The Embattled Philosopher. A Biography of D. D.*, Ldn. 1955. – R. Friedenthal, *D., ein biographisches Porträt*, Mchn./Zürich 1984.
*Gesamtdarstellungen und Studien:*
A. Billy, *D.*, Paris 1932. – D. Mornet, *D., l'homme et l'œuvre*, Paris 1941; ern. 1952. – R. Mortier, *D. en Allemagne, 1750–1850*, Paris 1954; Nachdr. Genf 1986 (dt. Stg. 1967). – A. Wilson, *D.*, 2 Bde., NY 1957; 1972 (frz. Paris 1985). – G. May, *D. et Baudelaire, critiques d'art*, Genf 1957. – J. Seznec, *Essais sur D. et l'antiquité*, Oxford 1957. – C. Dédéyan, *L'Angleterre dans la pensée de D.*, Paris 1958. – H. Dieckmann, *Cinq leçons sur D.*, Genf/Paris 1959. – Ders., *D. und Goldoni*, Krefeld 1961. – P. Casini, *D. philosophe*, Bari 1962. – R. Kempf, *D. et le roman*, Paris 1964. – M.-L. Roy, *Die Poetik D.s*, Mchn. 1966. – R. Pomeau, *D.*, Paris 1967. – J.-L. Leutrat, *D.*, Paris 1968. – M. T. Cartwright, *D. critique d'art et le problème d'expression*, Genf 1969. – J. Catrysse, *D. et la mystification*, Paris 1970. – U. Winter, *Der Materialismus bei D.*, Genf 1972. – H. Dieckmann, *D. und die Aufklärung*, Stg. 1972. – G. B. Rodgers, *D. and the Eighteenth-Century French Prose*, Oxford 1973. – J. Chouillet, *La formation des idées esthétiques de D., 1745–1763*, Ffm. 1973. – B. L. McLaughlin, *D. et l'amitié*, Banbury 1973. – D. Berry, *The Technique of Literary Digression in the Fiction of D.*, Banbury 1974. – L. G. Crocker, *D.s Chaotic Order*, Princeton 1974. – *Essays on D. and the Enlightenment*, Hg. J. Pappas, Genf 1974. – G. Sauerwald, *Die Aporie der D.schen Ästhetik, 1745–1781*, Ffm. 1975. – R. Lewinter, *D. ou les mots de l'absence*, Paris 1976. – C. Sherman, *D. and the Art of Dialogue*, Genf 1976. – J. Chouillet, *D.*, Paris 1977. – O. E. Fellows, *D.*, Boston 1977 (TWAS). – J.-P. Séguin, *D. le discours et les choses*, Paris 1978. – J. Undank, *D., Inside, Outside and In-between*, Madison 1979. – *D. und die Aufklärung*, Hg. H. Dieckmann, Mchn. 1980. – R. Galle, *D. – oder die Dialogisierung der Aufklärung* (in *Neues*

*Handbuch der Literaturwissenschaft*, Hg. J. v. Stackelberg, Wiesbaden 1980, S. 209–247). – E. B. Potulicki, *La modernité de la pensée de D. dans les œuvres philosophiques*, Paris 1980. – E. M. Bukdahl, *D., critique d'art*, 2 Bde., Kopenhagen 1980–1982. – E. de Fontenay, *D. ou le matérialisme enchanté*, Paris 1981. – M. L. Perkins, *D. and the Time-Space Continuum*, Banbury 1982. – H. Lefebvre, *D. ou les affirmations fondamentales du matérialisme*, Paris 1983. – *D. Insel Almanach auf das Jahr 1984*, Hg. H. Günther, Ffm. 1983. – J. v. Stackelberg, *D., eine Einführung*, Zürich 1983. – R. Groh, *Ironie und Moral im Werk D.s*, Mchn. 1984. – J. Chouillet, *D. poète de l'énergie*, Paris 1984. – J.-C. Bonnet, *D.*, Paris 1984. – *D. D. 1713–1784, Zeit, Werk, Wirkung, Zehn Beiträge*, Hg. T. Heidenreich, Erlangen 1984. – *Interprèter D. aujourd'hui*, Hg. E. de Fontenay u. J. Proust, Paris 1984. – *D., 1713–1784*, Hg. A. M. Chouillet, Paris 1985. – *D., les dernières années, 1770–1784*, Hg. P. France u. A. Strugnell, Edinburgh 1985. – *D., Digression and Dispersion*, Hg. J. Undank u. H. Josephs, Lexington 1985. – *D. Vielheit u. Einheit der Aufklärung. Internationales Kolloquim, Halle 1984* (in BRP, 24, 1985, S. 183–352). – X. Baumeister, *D.s Ästhetik der ›Rapports‹*, Ffm./Bern 1985. – R. Davison, *D. et Galiani*, Banbury 1985. – K. Dirscherl, *Der Roman der Philosophen, D., Rousseau, Voltaire*, Tübingen 1985. – G. Daniel, *Le style de D. Légende et structure*, Genf 1986.

## LES BIJOUX INDISCRETS

(frz.; *Die geschwätzigen Kleinode*). Roman von Denis DIDEROT, erschienen 1748. – Der Sultan des Kongoreichs, Mangogul, langweilt sich und läßt sich auf den Rat seiner Favoritin vom Hofzauberer einen magischen Ring geben, der es ihm ermöglicht, alles, was am Hof passiert, wahrheitsgemäß zu erfahren, insbesondere die Liebesabenteuer der Damen seines Hofstaates. Sobald er nämlich den Edelstein des Zauberrings auf das »Kleinod« einer Frau richtet, wird diese veranlaßt, alle ihre Liebesaffären zu enthüllen. Selbstverständlich kommt dem Motiv des Kleinods ein zweideutiger Sinn zu. Im weiteren Verlauf des Romans handelt es sich um die unfreiwilligen skandalösen Bekenntnisse, die abzulegen jene Damen bei öffentlichen Empfängen sich genötigt fühlen.

Der in der Tradition von *Tausendundeine Nacht* stehende Roman, der außerdem auf eine Fabel von den »sprechenden Juwelen« (*Fabliaux*, 13. Jh.) zurückgeht, ist jedoch mehr als nur eine frivole Erzählung im Stil des *Heptaméron* der MARGUERITE DE NAVARRE. Diderot intoniert bereits in seinem ersten, der literarischen Libertinage verpflichteten Roman die Themen und Erzählformen seines späteren Werks; er dient ihm als Vorwand für die satirische Kritik an zeitgenössischen Erscheinungen auf allen nur denkbaren Gebieten. Unter der Fülle der angeschnittenen Themen sind neben den Ausführungen über Schlaf, Traum und Unterbewußtsein, in denen Erkenntnisse der modernen Tiefenpsychologie vorweggenommen werden, Diderots Theorien des Romans und des Theaters bemerkenswert. In einer Zeit, da ganz Frankreich in Abenteuer und Intrigenromanen schwelgt, fordert er vom Roman Schlichtheit der Handlung – eine Forderung, die indessen in den *Bijoux indiscrets* keineswegs erfüllt wird – und Realismus in der Darstellung. Seine Kritik des damals in ganz Europa bewunderten klassischen französischen Dramas hat den Anstoß zu LESSINGS *Hamburgischer Dramaturgie* gegeben. Nicht die Antike, postuliert Diderot, sondern die Natur soll dem Dramatiker, wie übrigens auch dem Schauspieler, als Vorbild dienen. Die berühmten drei Einheiten (des Ortes, der Zeit und der Handlung) werden als wirklichkeitsfern verworfen. Hier, wie auch in seinen Äußerungen zu Fragen der Philosophie, der Jurisprudenz, der Wirtschaft usw., zeigt sich Diderot nicht nur als ein Geist von enzyklopädischen Interessen und Kenntnissen, sondern auch als Wegbereiter der Moderne. J.H.K.-KLL

AUSGABEN: Paris 1748, 2 Bde. [anon.]. – Paris 1875–1877 (in *Œuvres complètes*, Hg. J. Assézat u. M. Tourneux, 20 Bde., 6; Nachdr. Nendeln 1966). – Paris 1959 (in *Œuvres romanesques*, Hg. H. Bénac; Class. Garn.; ern. 1981). – Paris 1962 (in *Œuvres*, Hg. A. Billy; Pléiade). – Paris 1968 (GF). – Paris 1978 (in *Œuvres complètes*, Hg. H. Dieckmann u. a., 1975 ff., Bd. 3; krit.). – Paris 1981 (Folio).

ÜBERSETZUNGEN: *Die geschwätzigen Muscheln*, J. B. v. Knoll, 2 Bde., Augsburg 1776. – *Die geschwätzigen Kleinode oder die Verräter*, L. Schmidt, Mchn. 1921. – *Die indiskreten Kleinode*, Bearb. J.-U. Fechner, Karlsruhe 1965. – Dass., H. Hinterhäuser (in *Das erzählerische Gesamtwerk*, Hg. ders., 4 Bde., 2, Bln. 1966; ern. Ffm./Bln. 1987; Ullst. Tb). – Dass., ders. (in *Sämtl. Romane u. Erzählungen*, Hg. ders., 2 Bde., 1, Mchn. 1979; ern. 1982). – *Die geschwätzigen Kleinode*, C. Gersch (in *Das erzählerische Werk*, Hg. M. Fontius, 4 Bde., 1, Bln./DDR 1978).

LITERATUR: O. Fellows, *Metaphysics and the »Bijoux indiscrets«* (in StV, 1967, Nr. 56, S. 509–540). – A. Freer, *Ricerche sulla fortuna dei »Bijoux indiscrets«* (in SRLF, 11, 1971, S. 87–131). – J. McFadden, *»Les bijoux indiscrets«: A Deterministic Interpretation* (in StV, 1973, Nr. 116, S. 109–135). – R. P. Thomas, *»Les bijoux indiscrets as a Laboratory for D.s Later Novels* (ebd., 1975, Nr. 135, S. 199–211). – D. Adams, *Experiment and Experience in »Les bijoux indiscrets«* (ebd., 1979, Nr. 182, S. 303–317). – A. Vartanian, *The Politics of »Les bijoux indiscrets«* (in *Enlightenment Studies in Honour of L. G. Crocker*, Hg. A. J. Bingham u. V. W. Topazio, Oxford 1979, S. 349–376). – J. Proust, *Des bijoux trop discrets* (in J. P., *L'objet et le texte*, Genf 1980, S. 127–145). – J. Ozdoba, *Heuristik der Fik-*

*tion. Künstler u. philosophische Interpretation der Wirklichkeit in D.s »Contes«, 1748–1772*, Ffm. u. a. 1980. – J. Rustin, *Le personnage et la fonction de Sélim dans »Les bijoux indiscrets«* (in Études sur le 18e siècle, Straßburg 1982, S. 57–105). – P. Hoffmann, *Note sur la signification philosophique du personnage de Sélim dans »Les bijoux indiscrets«* (ebd., S. 108–125). – J. P. Seguin, *»Les bijoux indiscrets« discours libertin et roman de la liberté* (in *Eros philosophique*, Hg. F. Moreau u. A. M. Rieu, Paris 1984, S. 41–55). – B. Didier, *L'opéra fou des »Bijoux indiscrets«* (in Europe, 1984, Nr. 661, S. 142–150).

## CECI N'EST PAS UN CONTE

(frz.; *Dies ist keine Erzählung*). Kurzerzählung von Denis DIDEROT, erschienen 1773. – Das Werk, dessen Thema sowohl der Erzählvorgang, d. h. das Gespräch zwischen Erzähler und Zuhörer, als auch das erzählte Geschehen ist, besteht aus zwei Erzähleinheiten. Im ersten Teil schildert der Autor, wie eine herzlose Kurtisane ihren Liebhaber betrügt und ausbeutet. Tanié, ein armer und seit seiner Kindheit herumgestoßener Provinzler, ist Mme. Reymer, einer umworbenen Schönheit aus dem Elsaß, in leidenschaftlicher Liebe verfallen. Er scheut keine noch so erniedrigende Arbeit, um das zur Erfüllung ihrer Ansprüche nötige Geld zu verdienen. Schließlich geht er sogar nach Amerika, um für sie Reichtümer zu erwerben; zuvor nimmt er ihr jedoch das Versprechen ab, während seiner Abwesenheit keine Verbindung einzugehen, die sie für immer voneinander trennen würde. Mme. Reymer fügt sich zum Schein seiner Bitte und erfreut sich zehn Jahre lang ohne Skrupel des Geldes, das Tanié ihr regelmäßig schickt. Sie hat in dieser Zeit einen Liebhaber nach dem anderen. Tanié kehrt schließlich als wohlhabender Mann zurück, doch kann er auf die Dauer die Habsucht der schönen und grausamen Frau nicht befriedigen. Nicht Liebe interessiert sie, sondern Reichtum. Tanié fügt sich ein weiteres Mal und begibt sich, um mehr Geld herbeizuschaffen, verzweifelt auf die Reise nach Kanada. Schon nach wenigen Tagen überfällt ihn ein Fieber, und er stirbt.

Der zweite Teil der Erzählung bringt gewissermaßen die Umkehrung dieser Geschichte: Eine selbstlose Frau geht an einem egoistischen Mann zugrunde: Fräulein de la Chaux, ein Mädchen aus guter Familie, verläßt die Geborgenheit ihres Elternhauses, um sich einem Manne namens Gardeil in die Arme zu werfen. Sie opfert ihm Vermögen und Ehre. Viele Jahre studiert sie, um ihrem Geliebten einen Teil seiner Arbeit abnehmen zu können. Ohne Bedenken sieht er zu, wie sie ihre Gesundheit für ihn ruiniert; als sie schließlich jede Anziehung für ihn verloren hat, verläßt er sie kaltblütig. Ihre Familie will nichts mehr von ihr wissen. So stirbt sie nach Jahren der Sorge, der Krankheit und des bitteren Elends verlassen in einer Dachkammer, während Gardeil als angesehener Arzt im Wohlstand lebt.

Diderots Erzählungen sind markante Vorläufer der modernen Kurzgeschichte, deren Charakteristikum, die äußerste Konzentration aller Mittel auf eine Pointe, schon hier voll ausgeprägt ist. Jede Unklarheit, jedes überflüssige Detail ist vermieden. Der straffe Bau der Erzählung erinnert an eine knappe dramatische Szene: Der Bericht entsteht aus Rede und Gegenrede von Erzähler und fiktivem Zuhörer, dem angeblich eine wahre Geschichte erzählt wird, wobei Diderot mit dem Begriff der Fiktion spielt. – Diese Geschichte ist vermutlich 1772 entstanden, konnte aber wegen zahlreicher Anspielungen auf lebende Personen in Frankreich zunächst nicht veröffentlicht werden. So erschien sie zuerst in Melchior GRIMMS *Correspondance littéraire*, die nur im Ausland kursierte. Im 19. Jh. wurde die Erzählung von BALZAC wiederentdeckt, der sie im Vorwort zu *Les parents pauvres* (1847) als Diderots Meisterwerk pries. J.H.K.

AUSGABEN: Paris 1773 (in *Correspondance Littéraire, Philosophique et Critique*, Hg. Grimm, D., Raynal, Meister u. a.). – Paris 1798. – Paris 1875–1877 (in *Œuvres complètes*, Hg. J. Assézat u. M. Tourneux, 20 Bde., 4–6; Nachdr. Nendeln 1966). – Paris 1959 (in *Œuvres romanesques*, Hg. H. Bénac; Class. Garn; ern. 1981). – Paris 1962 (in *Œuvres*, Hg. A. Billy; Pléiade). – Genf 1964 (in *Quatre contes*, Hg. J. Proust; krit.; TLF). – Paris 1977 (GF).

ÜBERSETZUNGEN: *Eine wahre Geschichte*, H. Pfeifer, Bln. 1920. – *Dies hier ist kein Märchen*, nach der Myliusschen Übers. (in *Gesammelte Romane und Erzählungen*, Bd. 4, Hg. H. Floerke, Mchn. 1921). – *Eine wahre Geschichte*, F. Herse (in *Moralische Erzählungen*, Lpzg. 1925; RUB). – *Das ist gar keine Erzählung*, W. Kraus (in SuF, 14, 1962, S. 166–186). – *Eine wahre Geschichte*, H. Pfeiffer, Zürich 1968.

LITERATUR: R. Niklaus, *D. et le conte philosophique* (in CAIEF, 13. 6. 1961, S. 299–315). – H. Dieckmann, *The Presentation of Reality in D.'s Tales* (in *D. Studies*, 3, 1961, S. 117f.). – W. Krauss, *Zu einer Prosa D.s* (in SuF, 14, 1962, 2, S. 161–165). – K. Wais, *M. Grimm »antiphilosophe« et D.* (in Europe, 1963, Nr. 405/406, S. 95–103). – W. Krauss, *Essays zur frz. Literatur*, Bln./Weimar 1968, S. 195–296. – L. L. Bongie, *D.s ›femme savante‹*, Oxford 1977. – J. Ozboda, *Heuristik der Fiktion. Künstler u. philosophische Interpretation der Wirklichkeit in D.s »Contes«, 1748–1772*, Ffm. u. a. 1980. – W. F. Edmiston, *The Role of the Listener. Narrative Techniques in D.'s »Ceci n'est pas un conte«* (in D. Studies, 20, 1981, S. 61–75). – L. Pérol, *Quand un récit s'intitule »Ceci n'est pas un conte«* (in *Frontières du conte*, Hg. F. Marotin, Paris 1982, S. 95–101). – P. Rodriguez, *La mise en scène polyphonique dans »Ceci n'est pas un conte«* (in Francofonia, 3, 1983, S. 37–52). – J. Lietz, *›Je savais tout cela‹. Bemerkungen zur Rolle des Zuhörers in zwei Erzählungen von D.* (in RJb, 34, 1983, S. 118–135).

## ENCYCLOPÉDIE OU DICTIONNAIRE RAISONNÉ DES SCIENCES, DES ARTS ET DES MÉTIERS, PAR UNE SOCIÉTÉ DE GENS DE LETTRES

(frz.; *Enzyklopädie oder Auf Vernunfterkenntnis gegründetes Lexikon der Wissenschaften, der Kunst und des Handwerks, herausgegeben von einer Gesellschaft von Gelehrten*). Großes lexikalisches Kollektivwerk der französischen Aufklärung; das Werk umfaßt siebzehn Foliobände und elf Bände mit Kupferstichen, die zwischen 1751 und 1772 erschienen; sowie fünf nachgelieferte Supplementbände und zwei Registerbände; konzipiert und herausgegeben von Denis Diderot und Jean le Rond d'Alembert (bis 1758). – Im 1750 veröffentlichten *Prospectus*, der Vorankündigung der *Enzyklopädie*, formuliert Diderot das Programm des großangelegten enzyklopädischen Unternehmens: *»Bei der lexikalischen Zusammenfassung alles dessen, was in die Bereiche der Wissenschaften, der Kunst und des Handwerks gehört, muß es darum gehen, deren gegenseitige Verflechtungen sichtbar zu machen, und mit Hilfe dieser Querverbindungen die ihnen zugrundeliegenden Prinzipien genauer zu erfassen und die Konsequenzen klarer herauszustellen; es geht darum, die entfernteren und näheren Beziehungen der Dinge aufzuzeigen, aus denen die Natur besteht und die die Menschen beschäftigt haben, ein allgemeines Bild der Anstrengungen des menschlichen Geistes auf allen Gebieten und in allen Jahrhunderten zu entwerfen.«*

Das Projekt geht auf eine Initiative des Pariser Verlegers Le Breton zurück, der – möglicherweise ermutigt durch den Duc d'Antin, Großmeister der Pariser Freimaurerloge – 1745 die Lizenz für die Übersetzung der ersten englischen Enzyklopädie erwarb, die *Cyclopaedia or Universal Dictionary of Arts and Sciences* (1728) von Ephraim Chambers. Mit der Überarbeitung der von Anfang an wesentlich umfassender angelegten französischen Ausgabe betraute der Verleger zunächst den Gelehrten Jean Paul de Gua de Malves, der sich um die Mitarbeit namhafter Intellektueller und Wissenschaftler bemühte, unter ihnen d'Alembert, Condillac, Diderot. Auf Drängen des Verlegers trat Gua de Malves die Herausgeberschaft 1747 an Diderot und d'Alembert ab, die die Konzeption des Unternehmens entscheidend veränderten und ein eigenständiges Werk in Angriff nahmen. Im Juli 1751 erschien der erste Band, im Januar 1752 der zweite. Auf Betreiben der Jesuiten und Jansenisten, die – wie bereits in Diderots 1749 erschienenen *Lettre sur les aveugles* – das theologische Weltbild in Frage gestellt sahen, wurden die beiden ersten Bände unterdrückt bzw. verboten. Es bedurfte der Intervention der Madame de Pompadour sowie des Prestiges d'Alemberts, der zwischenzeitlich in die Akademie der Wissenschaften aufgenommen worden war, um das Verbot aufzuheben sowie die Konfiszierung der vorliegenden Manuskripte und nicht zuletzt den finanziellen Ruin des Verlegers zu verhindern. Wirksam wurde auch die informelle Unterstützung des gegenüber dem Projekt der Aufklärung positiv eingestellten Staatssekretärs Malesherbes, dem das Buchwesen unterstand. Nachdem d'Alembert, der insbesondere für das Sachgebiet Mathematik verantwortlich war und der den großangelegten *Discours préliminaire (Einleitung zur Enzyklopädie)* verfaßt hatte, der Angriffe und Intrigen überdrüssig war, zog er sich aus dem Unternehmen zurück; eine Auseinandersetzung mit Rousseau über d'Alemberts Artikel *Genf* (1758) war der Anlaß, Diderot die alleinige Herausgeberschaft der Encyclopädie zu überantworten.

Von 1753 bis November 1757 erschienen die Bände III–VII in einer Auflage von bis zu 4000 Exemplaren, eine vergleichsweise hohe Auflage, die der Anzahl der eingegangenen Subskriptionen entsprach. Die folgenden zehn Bände sowie die Herausgabe der Bildbände (Abbildungen aus den Bereichen Handwerk, Technik, Wissenschaften) besorgte Diderot, der darüber hinaus für die Koordination der Beiträge von mindestens 160 Autoren, für die Verhandlungen mit Buchhändlern und Subskribenten, die Endredaktion, die Überwachung des Drucks usw. verantwortlich war. Er selbst verfaßte mehrere tausend Artikel, die von kurzen Notizen bis hin zu umfassenden Abhandlungen reichen (allein für die ersten beiden Bände über 3000). Nach Erscheinen der ersten sieben Bände wurde aufgrund eines Attentats auf Ludwig XV. (Januar 1757) die Zensur verschärft; 1759 verdammte Papst Clemens XIII. die *Encyclopédie* und anschließend wurde ihr die Druckgenehmigung entzogen. Daß angesichts dieser bewegten Entstehungs- und Publikationsgeschichte 1765 die siebzehn Bände schließlich vorlagen, ist dem Engagement und der hartnäckigen Arbeit Diderots zu verdanken. Offen oder insgeheim unterstützt von offiziellen Kreisen und hochgestellten Persönlichkeiten sowie dank der Hilfe des unermüdlichen Mitarbeiters Louis de Jaucourt, der zahlreiche Artikel verfaßte und sein ganzes Vermögen investierte (Diderot würdigt ihn eigens im *Avertissement* von Band VIII), konnte dieses monumentale Werk nach zwanzigjähriger Arbeit konsequent zum Abschluß gebracht werden.

Aufgebaut nach alphabetisch angeordneten Stichwörtern sollte die *Encyclopédie* im Interesse der Aufklärung über sämtliche Wissensgebiete Auskunft geben; d. h. eine kritische Bestandsaufnahme des verfügbaren Wissens darstellen, die im Unterschied zu den bisherigen Nachschlagewerken auch die handwerklichen und technischen Berufe umfassend berücksichtigt. Im Artikel *Encyclopédie* formuliert Diderot emphatisch die Intention der Enzyklopädisten: *»Es ist in der Tat das Ziel einer ›Enzyklopädie‹, die auf der Erdoberfläche verstreuten Kenntnisse zu sammeln, deren System den Menschen, mit denen wir leben, und denjenigen, die nach uns kommen, darzulegen, auf daß die Arbeit der vergangenen Jahrhunderte für die kommenden nicht unnütz gewesen sei, unsere Enkel, indem sie wissender werden, zugleich besser und glücklicher werden und wir nicht sterben, ohne uns um die Menschheit verdient gemacht zu haben.«*

Namhafte Schriftsteller und Wissenschaftler der Zeit beteiligten sich: so konnte Diderot u. a. für den Bereich Philosophie Condillac, D'HOLBACH und HELVÉTIUS gewinnen; für den Bereich Volkswirtschaft zeichneten die Physiokraten QUESNAY und TURGOT; die Literatur wurde von MARMONTEL bearbeitet; BUFFON war für die Naturgeschichte zuständig; MORELLET, DE PRADES, YVON behandelten die Theologie; VOLTAIRE verfaßte die Artikel *Eleganz, Geschichte, Beredsamkeit, Geist, Imagination*; MONTESQUIEU sollte ursprünglich die Beiträge *Demokratie* und *Despotismus* verfassen, lehnte es jedoch ab und schrieb statt dessen über den *Geschmack*; Rousseau verfaßte den Artikel *Politische Ökonomie* sowie Beiträge zur Musik, DUMARSAIS schrieb Beiträge zur Grammatik. Daß diese bedeutendste Publikation der Aufklärung nur als Werk einer Gruppe von engagierten Fachleuten und nicht als Auftrag einer staatlichen Akademie realisiert werden konnte, begründet Diderot in seinem Artikel *Encyclopédie* – eine detaillierte Darlegung technischer Fragen sowie ein aufschlußreiches Dokument seiner Erfahrungen als Herausgeber, der auch hier die Gelegenheit eines optimistischen Glaubensbekenntnisses zur Aufklärung wahrnimmt. In einem Brief an Sophie Volland (26. 9. 1762) formuliert er das Ziel der Enzyklopädisten noch deutlicher: *»Dieses Werk wird sicher mit der Zeit eine Umwandlung der Geister mit sich bringen, und ich hoffe, daß die Tyrannen, die Unterdrükker, die Fanatiker und die Intoleranten dabei nicht gewinnen werden. Wir werden der Menschheit gedient haben, aber man wird uns dafür erst danken, wenn wir längst in kalte und fühllose Asche verwandelt sind.«*

Diderot bemühte sich auch erfolgreich um die Mitarbeit von Handwerkern und Technikern, die entweder selbst über ihre Fachgebiete schrieben oder Auskunft über ihre Kenntnisse und Arbeitsweisen gaben; im *Prospectus* berichtet er darüber: *»Alles veranlaßte uns, uns an die Arbeiter selbst zu wenden ... Wir haben uns die Mühe gemacht, in ihre Werkstätten zu gehen und sie zu befragen, nach ihren Anweisungen zu schreiben, ihre Gedanken und ihr Wissen genau darzustellen, uns ihre Spezialausdrücke anzueignen und mit ihrer Hilfe die Illustrationen anzufertigen und zu beschriften.«* Diderot verfaßte selbst viele solcher Beiträge, beispielsweise den Artikel *Coutelier (Messerschmied)*; ein junger Uhrmacher übernahm die Gebiete der Uhrmacherei und der astronomischen Instrumente; ein Kartograph der Marine verfaßte Beiträge über Geographie; Architekten gaben über ihr Fach Auskunft; im Artikel *Bas (Strumpf)* wird beispielsweise das Funktionieren einer neuen Strumpfwirkmaschine erläutert und auf der entsprechenden Tafel abgebildet. Die von den Zeitgenossen allgemein geteilte Begeisterung über das reichhaltige und kunstvolle Bildmaterial, das etwa ein Drittel des Gesamtumfangs des Werks ausmacht und erheblich zum Erfolg der *Enzyklopädie* beitrug, hat GOETHE in *Dichtung und Wahrheit* (11. Buch) festgehalten: *»Wenn wir von den Enzyklopädisten reden hörten, oder einen Band ihres ungeheuren Werkes aufschlugen, so war es uns zu Mute, als wenn man zwischen den unzähligen bewegten Spulen und Weberstühlen einer großen Fabrik hingeht, und vor lauter Schnarren und Rasseln, vor allem Aug und Sinne verwirrenden Mechanismus, vor lauter Unbegreiflichkeit einer auf das mannigfaltigste in einander greifenden Anstalt, in Betrachtung dessen, was alles dazugehört, um ein Stück Tuch zu fertigen, sich den eignen Rock selbst verleidet fühlt, den man auf dem Leibe trägt.«*

Der arbiträren Systematik und der chaotischen Scheinordnung des Alphabets kommt die *Enzyklopädie* gewissermaßen durch die Siglen zuvor, die jeden der alphabetisch angeordneten Artikel derjenigen Wissenschaft zuordnen, in die er gehört; das ausgeklügelte, von Pierre BAYLE in seinem *Dictionnaire historique et critique* (1695–1697) eingeführte System von Verweisen auf andere Artikel erweist sich u. a. als Versuch, die Einzelerkenntnisse in einen erkenntniskritischen Zusammenhang zu stellen. Diderot nimmt zu dieser »enzyklopädischen Systematik« bzw. »Taktik« des Unternehmens ebenfalls im Artikel *Encyclopédie* Stellung.

Der »genealogische Baum« der Erkenntnis, den d'Alembert im *Discours préliminaire* entworfen hat, soll das systematische Vorgehen der Enzyklopädisten veranschaulichen. Wissenschaftsgeschichtlich betrachtet vollzieht sich hier ein Paradigmawechsel: An die Stelle der um 1750 noch immer vorherrschenden Disziplinen (Mathematik oder Geometrie) tritt die Wissenschaft vom Menschen; daß es bei der Präsentation neuer Fragestellungen auch darum ging, sich vom überlieferten, klassifikatorischen Diskurs zu trennen, veranlaßte die Autoren, insbesondere Diderot, nicht selten zu ironischen und polemischen Formulierungen, die Zweifel am verbürgten Wissen zum Ausdruck bringen (vgl. seinen Artikel *Homme–Mensch*). Skepsis tritt an die Stelle der Gewißheit; unterschiedliche Formen der Darstellung verweisen auf die Vielgestaltigkeit des Wissens und letztlich auf das Paradox des Unternehmens, das einerseits mit dem Anspruch antritt, den letzten Stand der Kenntnisse möglichst vollständig zu erfassen, und andererseits tendenziell unabschließbar ist. Daß die meisten Mitarbeiter, allen voran Voltaire, tatsächlich noch dem klassischen, durch Klarheit und Formulierbarkeit der Gedanken gekennzeichneten (sozusagen ›zeitlosen‹) Diskursideal verpflichtet sind, kann nicht darüber hinwegtäuschen, daß insbesondere Diderot (vor allem in seinem philosophisch-ästhetischen Werk) bemüht war, einen neuen, der Wissenschaft vom Menschen adäquaten Diskurs zu praktizieren.

Unverkennbar parteiisch, aufgeklärt-polemisch nehmen erwartungsgemäß die Artikel aus dem Bereich Politik Stellung gegen Willkürherrschaft und Absolutismus. Berühmt geworden ist Diderots Artikel *Autorité*, in dem er einen auf dem Naturrecht basierenden Freiheitsbegriff propagiert: *»Kein Mensch hat von der Natur das Recht erhalten, über andere zu gebieten. Die Freiheit ist ein Geschenk des Himmels, und jedes Individuum, sofern es mit Ver-*

*nunft begabt ist, hat ein Recht darauf. Der Fürst empfängt allein von seinen Untertanen die Herrschaft, die er über sie ausübt, und diese Herrschaft wird von den Gesetzen der Natur und des Staates begrenzt ... er darf diese Herrschaft niemals anwenden, um den Akt oder den Vertrag zu brechen, durch welchen ihm diese übertragen wurde.«* Obwohl Diderot zum Schluß die *Bibel* zitiert, rief sein Artikel unverzüglich die Jesuiten auf den Plan, denen der revolutionäre Tenor des Beitrags nicht entgangen war.

Die Mitarbeiter der Physiokraten um Turgot fanden in der *Enzyklopädie* ein Forum für ihre volkswirtschaftlichen Reformvorstellungen; der Artikel *Steuern* übt rückhaltlose Kritik am Zustand der französischen Landwirtschaft und an der Ausbeutung der in miserablen Verhältnissen lebenden Bauern. Die Freiheit des Handels wurde ebenso gefordert wie die Reform des Strafrechts.

Durch besondere Kühnheit zeichnen sich die Angriffe auf die Religion aus; im Geiste der Aufklärung wird der Kampf gegen alle Formen des Aberglaubens und des Obskurantismus geführt, wobei der Leser auf das System von Verweisen angewiesen ist, um auf Umwegen das Panorama der Argumente und Meinungen erfassen zu können. In diesem Zusammenhang erwähnt Diderot den Artikel *Cordelier (Franziskanermönch)*, in dem zunächst die Verdienste der Franziskaner vorteilhaft dargestellt werden; doch im selben Artikel wird auf den Artikel *Kapuze* verwiesen, in dem dann die Scholastik und mithin die Franziskaner einer grundsätzlichen Kritik unterzogen werden. Die Polemik gegen die Religion bzw. das Christentum gipfelt in der damals neuen Vorstellung vom Glück: *»Die Natur hat uns allen unser Glück zum Gesetz gegeben. Alles, was nicht Glück ist, ist uns fremd; nur es allein hat Macht über unser Herz; wir stürzen alle einen steilen Abhang hinunter und auf es zu, von mächtigem Zauber, von einer unauslöschlichen, unvergänglichen, natürlichen Anziehungskraft getrieben, die die Natur unserm Herzen eingegeben hat: im Glück allein ist Zauber und Vollkommenheit.«* Es war diese Vorstellung vom diesseitigen menschlichen Glück, die die Enzyklopädisten in ihrem Unternehmen, die Menschen von den Zwängen tradierter Normen und Werte zu befreien, beflügelte und sie darin bestärkte, nicht davor zurückzuschrecken, mit den Herrschenden in Konflikt zu geraten.

Hinsichtlich des Informationsgehaltes oder der Form der Darstellung sind die einzelnen Beiträge so unterschiedlich wie ihre Verfasser. D'Alembert verglich das Werk mit einer »Narrenjacke«, in die sehr gute und sehr schlechte Stoffetzen eingearbeitet seien; doch insgesamt ist jedes Sachgebiet mit brillianten, nicht zufällig berühmt gewordenen Beiträgen vertreten. Obwohl die *Enzyklopädie* in Frankreich offiziell verboten blieb, fand sie in ganz Europa Verbreitung (bereits 1758 wurde in Italien der erste Nachdruck in Angriff genommen) und trug entscheidend zur Propagierung der Aufklärung und zur Vorbereitung des wissenschafts- und mentalitätsgeschichtlichen Umbruchs bei, der seinen gesamtgesellschaftlichen Ausdruck in der Französischen Revolution finden sollte. Diderot war es nicht vergönnt, den Ausbruch der Revolution zu erleben; er starb fünf Jahre vor dem Sturm auf die Bastille, am 30. 7. 1784 in Paris.

B.We.-KLL

AUSGABEN: Paris 1751–1780, 35 Bde.; Faks. Stg. 1966/67. – Paris 1976 (in *Œuvres complètes*, Hg. H. Dieckmann u. a., 1975 ff., Bd. 5–8; krit.). – Mailand/Paris 1979, Hg. F. M. Ricci, 18 Bde. [Ausg. d. Bildtafeln].

ÜBERSETZUNGEN: *Artikel der von Diderot und D'Alembert herausgegebenen Enzyklopädie*, Th. Lücke, Ffm. 1972; [2]1985 [Ausw.]. – *Diderots Enzyklopädie 1762–1777*, Bearb. G. Zill, 4 Bde., Mchn. 1979 [Ausg. d. Bildtafeln].

LITERATUR: J. Morley, *D. and the Encyclopédistes*, Ldn. 1886. – R. Hubert, *Les sciences sociales dans l'»Encyclopédie«*, Paris 1923. – Ders., *Rousseau et l'»Encyclopédie«*, Paris 1927. – J. Legras, *D. et l'»Encyclopédie«*, Amiens 1928. – A. Cazes, *Grimm et les Encyclopédistes*, Paris 1933. – R. Naves, *Voltaire et l'»Encyclopédie«*, Paris 1938. – J. E. Barker, *D's Treatment of the Christian Religion in the »Encyclopédie«*, NY 1941. – P. Grosclaude, *Un audacieux message. L'»Encyclopédie«*, Paris 1951. – *L'»Encyclopédie« et le progrès des sciences et des techniques*, Paris 1952 [Sammelbd. d. Beitr. aus Revue d'Histoire des Sciences]. – J. Mayer, *D., homme des sciences*, Rennes 1959. – J. Proust, *D. et l'»Encyclopédie«*, Paris 1962. – F. Venturi, *Le origini dell' »Encyclopédia«*, Turin 1963. – J. Lough, *Essays on the »Encyclopédie« of D. and d'A.*, Ldn. 1968. – Ders., *L'»Encyclopédie«*, Ldn. 1971. – R. N. Schwab, *Inventory of D.s »Encyclopédie«*, 7 Bde., Genf 1971–1984. – J. Lough, *The Contributors to the »Encyclopédie«*, Ldn. 1973. – J. Dörflinger, *Die Geographie in der »Encyclopédie«*, Wien 1976. – R. Darnton, *The Business of Enlightenment. A Publishing History of the »Encyclopédie«*, Cambridge/Mass. 1979. – S. Auroux, *La sémiotique des Encyclopédistes*, Paris 1979. – *Essai et notes l'»Encyclopédie« de D. et d'A.*, Parma 1979 [Vorw. J. L. Borges]. – *Guida alla nuova edizione de l'»Encyclopédie« di D. e d'A.*, Mailand 1980. – R. Darnton, *L'aventure de l'»Encyclopédie«*, Paris 1982. – *Autour de l'»Encyclopédie«*, Hg. A. Becq, Caen 1983. – P. Swiggers, *Les conceptions linguistiques des Encyclopédistes*, Heidelberg/Löwen 1984. – J. Proust, *Marges d'un utopie. Pour une lecture critique des planches de l'»Encyclopédie«*, Cognac 1985. – *L'»Encyclopédie et D.*, Hg. E. Mass u. P.-E. Knabe, Köln 1985.

## L'ENTRETIEN ENTRE D'ALEMBERT ET DIDEROT

(frz.; *Das Gespräch zwischen d'Alembert und Diderot*). Philosophischer Dialog von Denis DIDEROT, entstanden 1769. Wegen der hier verfochtenen, Diderot selbst sehr gewagt erscheinenden Thesen wurde das Werk, ergänzt durch die Aufsätze *Le rêve de d'Alembert (Der Traum d'Alemberts)* und *La suite de l'entretien (Fortsetzung des Gesprächs)*, erst 1830 veröffentlicht. – In keinem anderen Werk kommen Diderots Originalität, seine philosophische Vorstellungskraft und die seiner Zeit weit vorauseilenden Ansichten zur Entwicklung der Wissenschaften so klar zum Ausdruck wie in diesen Gesprächen, deren innovatorische Wirkung nicht nur in der Neuartigkeit der Gedankengänge, sondern auch in der dialogischen Gestaltung liegt: Diderot entfaltet einen für ihn typischen Stil der Beweglichkeit, der mit Assoziationen, Einfällen, labyrinthischen Abwegen der Phantasie jongliert und die Arbeit der Vernunft »inszeniert«, so daß das Denken prozeßhaft zur Darstellung gelangt.

Der Mathematiker d'Alembert eröffnet den Dialog mit einem Bekenntnis zum Deismus, in dem er den Glauben an die Existenz eines höchsten Wesens als unerläßliche Voraussetzung jeder Forschung bezeichnet. Diderot pflichtet d'Alemberts Auffassung, die Lebewesen seien nicht aus sich spontan entfaltenden, präexistenten Keimen entstanden, im Ansatz bei. Seine Hypothese zielt auf eine Art Urzeugung und eine allgemeine, auch umkehrbare Evolution: *»Der kaum sichtbare Wurm, der sich im Kot bewegt, entwickelt sich vielleicht zu einem gewaltigen Tier, und umgekehrt ist das riesige Tier, das uns durch seine Größe erschreckt, vielleicht auf dem Weg zurück zum Wurmzustand und nur ein merkwürdiges, vorübergehendes Produkt dieses Planeten.«* Es folgen Betrachtungen über die Beziehungen zwischen Kraft und Materie. Die traditionelle Unterscheidung dreier Naturbereiche sei willkürlich und unvertretbar: *»Jedes Tier ist mehr oder weniger Mensch; jedes Mineral mehr oder weniger eine Pflanze; jede Pflanze mehr oder weniger Tier.«* Der Erfahrung nach könne man in der Natur lediglich zwischen einer »nicht-tätigen Empfindungsfähigkeit« *(sensibilité inerte)* und einer »tätigen Empfindungsfähigkeit« *(sensibilité active)* unterscheiden. Auch das höchste menschliche Streben lasse sich auf Bewegungen und Veränderungen der Elementarteilchen, aus denen jedes Wesen zusammengesetzt ist, zurückführen. Wenn man von diesen Prinzipien ausgeht, kann natürlich von einem freien Willen nicht mehr die Rede sein. – Der einzige Unterschied zwischen den »exakten« Wissenschaften, wie Physik und Mathematik, und *»den auf Vermutung beruhenden«* Wissenszweigen, wie Geschichte, Morallehre und Politik, besteht nach Diderots Auffassung darin, daß bei den ersteren unsere Kenntnisse sichere Voraussagen ermöglichen, bei den letzteren nur ungenügende Schlußfolgerungen gezogen werden können; denn wenn wir genaue Kenntnisse von allen Zuständen und wirksamen Kräften hätten, wären wir göttlich. D'Alembert bleibt all diesen Argumenten gegenüber skeptisch. Darauf versucht sein Gesprächspartner ihm mit unwiderstehlicher Dialektik zu beweisen, daß Skepsis mit Vernunft nicht zu vereinen sei.

*Le rêve de d'Alembert*, das Hauptwerk von Diderots philosophischem Schaffen, thematisiert das Verhältnis von Körper und Seele, die Unterscheidbarkeit von Mensch und Tier sowie die Frage nach der gemeinsamen Grundlage des natürlichen Universums. Diderot vertritt hier die für seine Zeit revolutionäre These von der generellen Sensibilität der Materie und mithin eine neue Auffassung vom Menschen. Zunächst wird beschrieben, wie der Mathematiker in der Nacht nach dem Gespräch von Alpträumen geplagt wird. D'Alemberts Freundin, Mademoiselle de l'Espinasse, wacht an seinem Krankenbett und zeichnet alle seine Äußerungen auf. Sie legt sie Doktor Bordeu, einem berühmten Arzt jener Zeit, zur Diagnose vor. Doktor Bordeu tritt als Verfechter der Diderotschen Theorien auf. Während d'Alembert allmählich aus seinem Fiebertraum erwacht, unterhalten sich der Arzt und die junge Frau. Ihre zwangslose Unterredung wechselt scheinbar ziellos von einem Thema zum anderen und wird immer wieder von d'Alemberts Gedanken – oder Traumbildern – unterbrochen; dabei kristallisiert sich ein unabschließbarer Denkprozeß heraus, dessen sprachliche Form nicht nur auf ein Experimentieren mit der Sprache der Wissenschaft hinausläuft, sondern der adäquate Ausdruck der kühnen Thesen darstellt: Befreit von den Zwängen der Logik, formuliert Diderot in diesem vielstimmigen Text die Auffassung vom Menschen, den man sich als ein aus Mikroorganismen bestehendes provisorisches Ganzes vorzustellen habe, dessen momentane Ganzheit in einen nicht abschließbaren Prozeß involviert sei.

In der *Suite de l'entretien* unterbreitet Doktor Bordeu Mademoiselle de l'Espinasse eine Schlußfolgerungen, die sich aus den in *Le rêve de d'Alembert* berührten Themen für die Moral ziehen lassen. Da man nach einer vorurteilslosen Prüfung der Natur des Menschen die Vorstellungen von Willensfreiheit und Verantwortlichkeit, Verdienst und Schuld nicht aufrechterhalten könne, seien die Begriffe Tugend und Laster nur Bezeichnungen für verschiedene physiologische Zustände. Es sei darum auch unsinnig, von *»Handlungen gegen die Natur«* zu sprechen. *»Alles, was ist, kann weder gegen die Natur noch außerhalb derselben sein.«* Bordeu (abermals Sprachrohr Diderotscher Gedanken) gelangt damit an einen Punkt, wo er alle Verirrungen der menschlichen Sinne und sogar die bedenklichen Praktiken der Eugenik akzeptieren muß. Entsetzt über die Konsequenzen seiner eigenen Argumente bricht er ab. – In dieser außergewöhnlichen, nicht zur Veröffentlichung bestimmten Schrift hat Diderot vorbehaltlos seine philosophischen und wissenschaftlichen Vorstellungen aufgezeichnet; er kommt auch hier wieder, ohne sich durch Einwände gegen Einzelheiten aufhalten zu lassen oder sich in Abstraktionen zu verlieren, zu extremen Schlußfolgerungen, die die spätere Entwicklung der Wissenschaft, einschließlich des Relativismus, weitgehend vorwegnehmen.

In ihrer Mischung aus Reflexion und entfesselter, die Zukunft vorwegnehmender Phantasie, die ihren Ausdruck in Metaphern, Analogien, Vergleichen findet und das »Unsagbare« nicht ausspart, sind die Gespräche weit entfernt vom trockenen Stil konventioneller gelehrter Abhandlungen. Vor allem gefällt sich Diderot darin, die naiven oder beunruhigten Reaktionen, das Zweifeln und Zögern seiner Gesprächspartner herauszustellen, die sich immer wieder – hoffnungslos – im Netz seiner Dialektik verfangen. KLL

AUSGABEN: Paris 1830 (in *Le rêve de d'Alembert, L'entretien entre d'Alembert e Diderot, Suite de l'entretien*). – Paris 1875–1877 (in *Œuvres complètes*, Hg. J. Assézat u. M. Tourneux, 20 Bde., 1–4; Nachdr. Nendeln 1966). – Paris 1921 [Einl. u. Anm. G. Maire]. – Paris 1951 (in *Le rêve de d'Alembert*, Hg. u. Anm. P. Vernière; krit.). – Paris 1962 (in *Œuvres*, Hg. A. Billy; Pléiade). – Paris 1965 (GF). – Paris 1977 (in *Œuvres philosophiques*, Hg. P. Vernière; Class. Garn). – Paris 1984 (*Le rêve de d'Alembert*, Hg. R. Desné u. J. Varloot).

ÜBERSETZUNG: *Gespräche mit d'Alembert*, Th. Lükke (in *Philosophische Schriften*, Bd. 1, Bln. 1961, S. 511 ff.; ern. 1984). – *Der Traum d'Alemberts*, S. Gutkind, Stg. 1923 [Einl. R. Koch]. – In *Erzählungen und Gespräche*, K. Scheinfuss, Ffm. 1981 (Insel Tb).

LITERATUR: H. Dieckmann, *T. Bordeu und D.s »Rêve de d'Alembert«* (in RF, 52, 1938, S. 55–122). – J. Pommier, *La copie Naigeon du »Rêve de d'Alembert« est retrouvée* (in RHLF, 52, 1952, S. 25–47). – J. De Booy, *Quelques renseignements inédits sur un manuscrit du »Rêve de d'Alembert«* (in Neoph, 40, 1956, S. 81–93). – Y. Belaval, *Les protagonistes du »Rêve«* (in D. Studies, 3, 1961, S. 27–53). – J. Varloot, *Les copies du »Rêve de d'Alembert«* (in CAIEF, 13, 1961, S. 353–366). – Ders., *D.s Philosophie im »Rêve de d'Alembert«* (in SuF, 14, 1962, S. 704–728). – Ders., *Le projet ›antique‹ du »Rêve de d'Alembert«* (in BRP, 2/2, 1963, S. 49–61). – J. Proust, *Variations sur un thème de »L'entretien avec d'Alembert«* (in RSH, 28, 1963, S. 453–470). – A. Vartanian, *D. and the Phenomenology of the Dream* (in D. Studies, 8, 1966, S. 217–253). – H. Dieckmann, *Die künstlerische Form des »Rêve de d'Alembert«*, Köln 1966. – E. Hill, *Materialism and Monsters in D.s »Rêve de d'Alembert«* (in D. Studies, 10, 1968, S. 67–93). – G. Daniel, *Autour du »Rêve de d'Alembert«: réflexions sur l'esthétique de D.* (ebd., 12, 1969, S. 13–73). – U. Winter, *Der Materialismus bei D.*, Genf 1972. – *Studies on the »Rêve de d'Alembert«*, Hg. F. A. Spear (in D. Studies, 17, 1973, S. 13–106). – J. Starobinski, *Le philosophe, le géomètre, l'hybride* (in Poétique, 21, 1975, S. 8–23). – Y. Belaval, *Trois lectures du »Rêve de d'Alembert«* (in D. Studies, 18, 1975, S. 15–32). – Ders., *L'horizon matérialiste du »Rêve de d'Alembert«* (in *D. und die Aufklärung*, Hg. H. Dieckmann, Mchn. 1980, S. 113–122). – S. L. Pucci, *Metaphor and Metamorphosis in D.s »Rêve de d'Alembert«* (in Symposium, 35, 1981, S. 325–340). – E. de Fontenay, *D. ou le matérialisme enchanté*, Paris 1981. – H. Lefebvre, *D. ou les affirmations fondamentales du matérialisme*, Paris 1983. – P. Casini, *La revanche de l'inconscient. D'Alembert vu par D.* (in DHS, 16, 1984, S. 17–25). – L. Perol, *Quelques racines encyclopédiques du »Rêve de d'Alembert«* (in *L'»Encyclopédie« et D.*, Hg. E. Mass u. P.-E. Knabe, Köln 1985, S. 229–245).

## ESSAIS SUR LA PEINTURE

(frz.; *Versuche über die Malerei*). Sammlung von sieben Aufsätzen über Malerei und Architektur von Denis DIDEROT. Die bereits im Juli 1766 beendeten und im Zusammenhang mit dem *Salon de 1765*, einer lockeren Folge von Ausstellungsberichten, entstandenen *Essais* erschienen zwar erst 1796 im Druck, waren jedoch schon vom 15. Oktober bis 15. Dezember 1766 als Beilage zu der von Diderots Freund Melchior GRIMM geleiteten *Correspondance littéraire* veröffentlicht worden, die von Paris aus in zahlreichen handschriftlichen Kopien an mehrere europäische Fürstenhofe versandt wurde. Sie erregten jedoch weniger in Frankreich als vielmehr in Deutschland Aufsehen, wo GOETHE und SCHILLER sie, unabhängig voneinander, sofort nach Erscheinen der französischen Ausgabe lasen und exzerpierten. 1799 veröffentlichte Goethe in den ›Propyläen‹ eine deutsche Ausgabe der beiden ersten Essays, die, über die bloße Übersetzung hinaus, einen durchlaufenden, systematischen Kommentar bot, in welchem der Autor eigene, denen Diderots teilweise schroff entgegengesetzte ästhetisch-kunstphilosophische Anschauungen formulierte.

Diderots Ästhetik, die mit der LESSINGS in engstem zeitlichen und problemgeschichtlichen Zusammenhang steht, entwickelt sich in der Auseinandersetzung mit den herrschenden ästhetischen Doktrinen von J.-B. DUBOS und vor allem von Charles BATTEUX, dem er mit seiner *Lettre sur les sourds et les muets*, 1751 *(Brief über die Taubstummen)*, offen entgegengetreten war. Allerdings sind seine *Essais sur la peinture* – ähnlich wie der durchaus mißverständliche Artikel *Imitation* in der *Encyclopédie* – weniger als etwa die teilweise späteren Veröffentlichungen *Paradoxe sur le comédien*, 1770 *(Paradox über den Schauspieler)*, *Les salons* (1759–1781) oder *Pensées détachées sur la peinture, la sculpture et la poésie*, 1775 *(Verstreute Gedanken über Malerei, Bildhauerei und Poesie)*, geeignet, ein repräsentatives Bild seiner Kunstphilosophie zu vermitteln. Zumal der erste Essay – *Mes pensées bizarres sur le dessin (Meine wunderlichen Gedanken über die Zeichnung)* –, in dem Diderot gegen den pedantischen preziösen Manierismus der zeitgenössischen französischen Akademien mit pädagogischer Emphase für ein intensives Studium der Natur eintritt, hat ihm den Ruf eines »Naturalisten« eingetragen, den jedoch schon Goethe vorsichtig korrigierte, als er erkannte, daß Diderots Ausführungen *»nur zu einem Übergang vom Manierierten, Konventionellen, Habituellen, Pedantischen zum Gefühlten, Begründeten, Wohlgeübten und Liberalen einladen sollten«*, wenn er auch andererseits

Diderots keineswegs eindeutiger begrifflicher Fassung des Verhältnisses von Kunst und Natur, von *»Kunst- und Naturprodukt«* verschiedentlich entgegentrat.
*»Die Natur macht nichts Inkorrektes. Jede Gestalt, sie mag schön oder häßlich sein, hat ihre Ursache, und unter allen existierenden Wesen ist keins, das nicht wäre, wie es sein soll.«* Dieser Grundsatz führt Diderot alsbald zu der Folgerung, daß Schönes und Häßliches in gleicher Weise vom Künstler hingenommen und auf ihre schwer aufzuklärenden Ursachen zurückgeführt zu werden verdienten. *(»Wenn die Ursachen und Wirkungen nun völlig anschaulich wären, so hätten wir nichts Besseres zu tun, als die Geschöpfe darzustellen, wie sie sind; je vollkommener die Nachahmung wäre, je gemäßer den Ursachen, desto zufriedener würden wir sein.«)* Da aber diese Wirkungen und Ursachen des *»organischen Baus«* unbekannt sind und wahrscheinlich unbekannt bleiben müssen, haben sich die Maler an *»konventionelle Regeln«* binden müssen, die eine *»genaue Nachahmung«* als Stilideal nicht mehr zulassen. Das Problem der genauen Nachahmung reduziert sich also auf das der relativ genauen Wiederholung, das das Studium z. B. der Anatomie nach wie vor nötig macht. Diderot schlägt jedoch, anstelle der *»akademischen Stellungen, gezwungen, zugerichtet, zurechtgedrückt wie sie sind«*, die zu zeichnen man von den jungen Malern in der *»Krambude der Manier«* (der Akademie) verlangt, einfache und natürliche Haltungen vor, die den *»übel verstandenen Kontrasten«* des Akademismus vorzuziehen seien.
Der zweite und dritte Essay wenden sich dem Problem der Farbe, des »Kolorits« zu, deren oberstes Ordnungsprinzip, an dem Diderot festhält, das des Regenbogens, mit dem Generalbaß in der Musik verglichen wird. Der vierte Essay – *Ce que tout le monde sait sur l'expression, et quelque chose que tout le monde ne sait pas (Was jedermann über den Ausdruck weiß und etwas, das jeder nicht weiß)* – ist insofern von Interesse, als Diderots hier zu beinahe denselben Ergebnissen kommt wie Lessing in seinem *Laokoon* (1766): Er rühmt die antiken Maler und Bildhauer als Meister in der Darstellung körperlichen und psychischen Schmerzes. Dem Nachahmungsprinzip wird insofern eine Grenze gesetzt, als Diderot den gänzlich ungemilderten Ausdruck des Leidens mißbilligt. Der leidende Mensch scheint um so mehr des Mitleids würdig, je weniger er klagt. *»Laokoon leidet, er grimassiert nicht; währenddessen durchzuckt ihn der grausame Schmerz von den Zehenspitzen bis zum Scheitel. Er rührt tief, ohne Schrecken einzuflößen. Arbeitet darauf hin, daß ich weder die Augen verschließen noch sie von eurer Leinwand losreißen kann.«*
Ausgehend von der Frage, welche Kunst vorzuziehen sei – diejenige, die schön, aber nicht wahr ist, oder diejenige, die wahr, aber nicht schön ist – polemisiert er zunächst gegen die Bestimmung des *beau absolu*, aber auch gegen das *beau rélatif*, um letztlich ein (auch für ihn nicht unproblematisches) *beau réel* zu fordern; d. h. ein Ineins von Natur und Kunst. Während seine theoretischen Äußerungen, wie Goethe feststellt, darauf abzielen, *»Natur und Kunst zu konfundiren, Natur und Kunst völlig zu amalgamieren«*, läßt Goethe es sich angelegen sein, *»beide in ihren Wirkungen getrennt darzustellen«*. Er denkt Kunst und Natur *»ohne sonderliches Verhältnis«* zueinander. *»Der Künstler muß den Kreis seiner Kräfte kennen, er muß innerhalb der Natur sich ein Reich bilden; er hört aber auf Künstler zu sein, wenn er mit in die Natur verfließen, sich in ihr auflösen will.«* Was der Künstler der Oberfläche der *»natürlichen Erscheinung«* hinzugefügt, ist die *»Würde der Bedeutung«*. Die Natur organisiert ein *»lebendiges gleichgültiges Wesen«*, der Künstler ein *»totes, aber ein bedeutendes«*. In diesen beiden Positionen, die jedoch nicht so verschieden sind, daß Goethe Diderot nicht über weite Strecken zustimmen könnte, zeigt sich deutlich die Entwicklung von der vorklassischen zur klassisch-idealistischen Ästhetik, auf die Diderot (und in gleichem Maße Lessing) entscheidend eingewirkt hat. H.H.H.

AUSGABEN: Paris 1796, Hg. E. Buisson. – Paris 1798 (in *Œuvres*, Hg. J.-A. Naigeon, 15 Bde., 13). – Paris 1875–1877 (in *Œuvres complètes*, Hg. J. Assézat u. M. Tourneux, 20 Bde., 10; Nachdr. Nendeln 1966). – Paris 1959 (in *Œuvres esthétiques*, Hg. P. Vernière; Class. Garn). – Paris 1962 (in *Œuvres*, Hg. A. Billy; Pléiade). – Paris 1984 (in *Œuvres complètes*, Hg. H. Dieckmann u. a., 1975 ff., Bd. 14; krit.). – Paris 1984, Hg. J. Chouillet u. G. May.

ÜBERSETZUNGEN: *Versuch über die Malerei*, K. F. Cramer (in *SW*, Bd. 1, Riga/Lpzg. 1797). – *D.s Versuch über die Mahlerey*, J. W. v. Goethe (in Propyläen. Eine periodische Schrifft, 1799, 1, S. 1–44; 2, S. 4–47; auch in WA, Bd. 45, S. 245–322). – *Über Malerei, Bildhauerei und über Kupferstich*, anon., Lpzg. 1802.

LITERATUR: L. Werner, *D. als Kunstphilosoph*, Erlangen 1918. – W. Folkierski, *Entre le classicisme et le romantisme, étude sur l'esthétique et les esthéticiens du 18e siècle*, Bd. 2, Paris 1925, S. 355–516. – P. Trahard, *Les maîtres de la sensibilité française au 18e siècle*, Paris 1932, S. 49–286. – J. Rouge, *Goethe et »L'essai sur la peinture« de D.* (in EG, 1949, S. 227–234). – Y. Bélaval, *L'esthétique sans paradoxe de D.*, Paris 1950. – L. G. Crocker, *Two D. Studies. Ethics and Esthetics*, Baltimore 1952. – A. Lemke, *D.s Einfluß auf die deutsche Klassik* (in WZ Lpzg., 3, 1953/54, S. 221–246). – A. Mortier, *D. en Allemagne (1750–1850)*, Paris 1954; Nachdr. Genf 1986. – G. May, *D. et Baudelaire. Critiques d'art*, Genf/Paris 1957. – E. John, *Goethes Bemerkungen zu D.s »Versuch über die Malerei«* (in WB, Sonderh. 1960: *Kolloquium über Probleme der Goethe-Forschung*, S. 1029–1039). – F. Fosca, *D.* (in F. F., *De D. à Valéry. Les écrivains et les arts visuels*, Paris 1960, S. 145–168). – K. Heitmann, *Ethos des Künstlers und Ethos der Kunst. Eine problemgeschichtliche Studie anläßlich D.s*, Münster 1962. – M. T. Cartwright, *D. critique d'art et le problème de l'expression*, Genf 1969. – P. Du Colombier, *Goethe: »L'Essai sur la peinture« de D. traduit et accompagné de remarques* (in Gazette des beaux arts, 74, 1969, S. 287–304). – R. Fargher, *Life and Letters in France: The Eighteenth Century*, NY/Ldn. 1970, S. 155–164. – J. Chouillet, *La formation des idées esthétiques de D.*, Paris 1973. – G. Sauerwald, *Die Aporie der D.schen Ästhetik*, Ffm. 1975. – E. M. Bukdahl, *D. critique d'art*, 2 Bde., Kopenhagen 1980–1982.

## EST-IL BON? EST-IL MÉCHANT? OU CELUI QUI LES SERT TOUS N'EN CONTENTE AUCUN

(frz.; *Ist er gut? Ist er böse? oder Wer allen dienen will, stellt keinen zufrieden*). Komödie in vier Akten von Denis DIDEROT, vollendet 1781; postum erschienen 1834; Uraufführung: Paris, 30. 3. 1951, Salle Valhubert. – Diderot macht sich in dieser ursprünglich für eine private Aufführung verfaßten Sprichwortkomödie einen Spaß daraus, in der Gestalt eines ergebenen und äußerst hilfsbereiten, aber indiskreten und taktlosen Freundes vieler Freunde eine maliziöse und ironische Karikatur seiner selbst auf die Bühne zu bringen. *»Altruist, barmherzig mit all denen, die Kummer haben und leiden, stets bereit, sich in warmen Worten, Gütebeweisen, Ergebenheit und Wohltaten zu ergehen, das ist Denis, der Philosoph«* so zeichnet einer seiner Kritiker (GILLOT) diesen Aspekt seines vielseitigen und widersprüchlichen Wesens. Hinzu kommt eine bizarre Neigung zur Selbstverschleierung, die der Autor selbst einmal seine *»Perversität«* nennt. All diese Züge finden sich wieder in Monsieur Hardouin, der Hauptperson der Komödie. Er ist eine Art philanthropischer Scapin, dem eine Reihe von Freunden und Bekannten ihre Kümmernisse berichten, damit er ihnen helfe. Das gelingt ihm zwar, aber auf eine Weise, die alle erbost. Madame Chepy engagiert ihn, den talentierten Literaten, weil sie schnellstens ein Spektakel braucht, mit dem sie ihre Freundin zum Geburtstag erfreuen will: Monsieur Hardouin läßt es von einem anderen schreiben. Der jungen Witwe Madame Bertrand hilft er bei einer Pensionsregelung, indem er sie als seine Geliebte und ihren Sohn als den seinen ausgibt. Ein Liebespaar vereint er, indem er der widerstrebenden Mutter des Mädchens mit Hilfe falscher Briefe einredet, der junge Mann habe ihre Tochter bereits verführt. Das Protektionsgesuch, das dieselbe Dame für einen jungen Abbé einreicht, unterstützt Hardouin mit dem Erfolg, daß ihr Schützling mit einem Rivalen verwechselt wird und dieser die begehrte Stelle erhält. Nachdem er geschickt, aber bedenkenlos alle Probleme gelöst hat, sieht sich der »Philanthrop« vor ein Gericht der unzufriedenen Freunde gestellt, die ihm dann aber Absolution erteilen.

1854 entdeckte Baudelaire dieses Stück *»von so wunderbarer Tragweite«*, in dem sich Diderot eine Rolle gegeben habe, *»in der sich die Sensibilität mit der Ironie und mit dem bizarrsten Zynismus verbindet ... Dieses Stück ist eigentlich das einzig wahrhaft dramatische Werk Diderots.«* Doch Baudelaires Versuche, die Komödie zur Aufführung zu bringen, blieben erfolglos. 1984 brachte H. M. Enzensberger in Berlin ein auf *Est-il bon? Est-il méchant?* basierendes Stück unter dem Titel *Der Menschenfreund* auf die Bühne. I.P.

AUSGABEN: Paris 1834. – Paris 1875–1877 (in *Œuvres complètes*, Hg. J. Assézat u. M. Tourneux, 20 Bde., 7/8; Nachdr. Nendeln 1966). – Genf 1961, Hg. J. Undank. – Paris 1962 (in *Œuvres*, Hg. A. Billy; Pléiade). – Paris 1981 (in *Œuvres complètes*, Hg. H. Dieckmann u. a., 1975 ff., Bd. 23; krit.). – Paris 1984.

ÜBERSETZUNG: *Ist er gut? Ist er böse?*, anon., Bln. 1922 [Nachw. F. Schulz].

LITERATUR: S. Guggenheim, *Drammi e teorie drammatiche di D.* (in Studi Italiani, 1921, S. 27–35; 155–169). – R. Niklaus, *Le méchant selon D.* (in SRLF, 2, 1961, S. 139–150). – F. Schalk, *Zur frz. Komödie der Aufklärung* (in *Europäische Aufklärung*, Hg. H. Friedrich u. ders., Mchn. 1967, S. 247–259). – P. Murphy, *D.s »Est-il bon? Est-il méchant?«* (in FR, 45, 1971/72, S. 401–408). – O. Fellows, *D.s »Est-il bon?« Rediscovered* (in *Enlightenment Studies in Honour of L. G. Crocker*, Hg. A. J. Bingham u. V. W. Topazio, Oxford 1979, S. 87–109). – J. Undank, *The Open and Shut Case of »Est-il bon?«* (in D. Studies, 20, 1981, S. 267–285). – G. J. Brogyanyi, *D.'s »Est-il bon? Est-il méchant?«. Drama as Embodied Semiosis* (in RomR, 75, 1984, S. 432–442). – E. de Fontenay, *Un impromptu deux fois mis sur le rouet* (in Comédie-Française, 1984, Nr. 125/126, S. 25–34). – J. Undank, *Simultaneité, conflit et discours »Est-il bon?«* (in *D., Les dernières années 1770–1784*, Hg. P. France u. A. Strugnell, Edinburgh 1985, S. 197–212).

## LE FILS NATUREL OU LES ÉPREUVES DE LA VERTU

(frz.; *Der natürliche Sohn oder Die auf die Probe gestellte Tugend*). Prosakomödie in fünf Akten von Denis DIDEROT, erschienen 1757; Uraufführung 1771. – Zwei erfolgreiche zeitgenössische Bühnenstücke dienten Diderot als Vorlage: GOLDONIS *Il vero amico*, 1750 *(Der wahre Freund)*, und Nivelle de LA CHAUSSÉES *Mélanide* (1741).

Dorval und Clairville sind in das gleiche Mädchen verliebt. Clairville, der von den Gefühlen seines Freundes nichts ahnt, bittet ihn, bei Rosalie als sein Fürsprecher aufzutreten. Der gewissenhafte Dorval möchte ihm das nicht abschlagen und stattet der jungen Frau einen Besuch ab. Bei dieser Gelegenheit bekennt Rosalie ihm jedoch, daß er es sei, den sie liebt, und auch er gesteht ihr daraufhin seine Zuneigung. Gleichzeitig gibt er aber seinen Entschluß zu erkennen, die Stadt zu verlassen, um dem Glück seines Freundes nicht im Wege zu stehen.

Der Brief, in dem er Rosalie seine Abreise mitteilt, gerät in die Hände Constances, der Schwester Clairvilles, die nun annimmt, sie selbst sei die Geliebte, auf die er zugunsten eines anderen verzichten will. Als Clairville die wahren Zusammenhänge erfährt, versucht er, die Großmut des Freundes noch zu überbieten, doch braucht er sie nicht unter Beweis zu stellen, denn Lysimonde, Rosalies Vater, der nach abenteuerlicher Seefahrt aus Amerika ankommt, um seine Tochter mit Clairville zu verheiraten, stellt fest, daß Dorval sein natürlicher Sohn und damit der Halbbruder Rosalies ist. Die muntere Constance nützt die Situation, um den betroffenen Dorval für sich einzunehmen, und so endet die Probe der Freundschaft und Tugend mit der glücklichen Vermählung der beiden Paare.

Das Stück, dem kein bemerkenswerter Bühnenerfolg vergönnt war, ist eine Demonstration der dramatischen Theorien, die Diderot in einem dem Schauspieltext vorangestellten *Entretien sur le fils naturel* und in der ein Jahr später veröffentlichten Abhandlung *De la poésie dramatique* entwickelt. Er vertritt darin die Auffassung, daß zwischen den beiden extremen Formen des Theaters, der Komödie, die das Publikum zum Lachen bringen, und der Tragödie, die es zum Mitleid bewegen soll, auf einer mittleren Ebene Raum sei für Bühnenstücke, in denen Menschen in ihrer alltäglichen Umgebung und mit ihren gewöhnlichen Gefühlen dargestellt werden. Das von ihm geforderte und mit dem *Fils naturel* kreierte bürgerliche Drama (bei Diderot heißt es *genre sérieux*) soll sich durch größere Wirklichkeitsnähe und besseren Handlungszusammenhang auszeichnen. Das Leben auf der Bühne soll nicht, nach den Geboten der Klassik, »wahrscheinlich«, sondern, nach den Gesetzen der Natur, »wahr« sein. »Natürlich« müsse auch die schauspielerische Darstellung wirken. Für den Zuschauer müsse die Illusion entstehen, einem tatsächlichen Geschehen beizuwohnen, und die Distanz Betrachter – Bühne aufgehoben werden. Daher müssen sowohl die typenhaften Figuren der klassischen Komödie als auch die Charaktere der Tragödie ersetzt werden durch Gestalten, in denen ein jeder seine eigene Existenzform wiedererkennen könne. *»Bisher ist der Charakter das Hauptwerk gewesen, und der Stand war nur etwas Zufälliges: nun aber muß der Stand das Hauptwerk und der Charakter das Zufällige werden. Aus dem Charakter zog man die ganze Intrige: man suchte stets die Umstände, in welchen er sich am besten äußert, und verband diese Umstände untereinander. Künftig müssen der Stand, die Pflichten, die Vorteile, die Unbequemlichkeiten desselben zur Grundlage des Werkes dienen.«*

Diderot, der vom Theater begeistert war, entwickelte ein neues Theaterkonzept, um direkt auf die Sitten seiner Zuschauer einwirken zu können. Das bürgerliche Drama sollte erbaulich wirken und unter dem Vorzeichen der Empfindsamkeit der damit einhergehenden Auffassung von Tugend zum Durchbruch verhelfen: Tugend als eine Stärke des Bürgertums, das sich dergestalt zumindest moralisch gegenüber dem Adel behauptete. Daß damit die radikale Absage an die Ständeklausel des klassichen Theaters einherging, ist eines der Indizen für den politischen Gehalt von Diderots Theaterreform. – Obwohl Diderot in der Praxis, d. h. auf dem Theater, scheiterte, fanden seine dramaturgischen Überlegungen große Beachtung, und zwar zunächst mehr in Deutschland als in Frankreich. LESSING, der *Das Theater des Herrn Diderot* ins Deutsche übertrug und sich in seiner *Hamburgischen Dramaturgie* (84.–89. Stück) sehr eingehend damit beschäftigte, war der Ansicht, daß sich nach ARISTOTELES *»kein philosophischerer Geist mit dem Theater abgegeben habe als er«.* KLL

AUSGABEN: Amsterdam 1757. – Amsterdam 1772 (in *Œuvres de théâtre*, 2 Bde., 1). – Paris 1875–1877 (in *Œuvres complètes*, Hg. J. Assézat u. M. Tourneux, 20 Bde., 7; Nachdr. Nendeln 1966). – Paris 1959 (*Entretiens sur Le fils naturel*, in *Œuvres esthétiques*, Hg. P. Vernière; Class. Garn). – Paris 1962 (*Entretiens sur Le fils naturel*, in *Œuvres*, Hg. A. Billy; Pléiade). – Paris 1967 (*Entretiens sur Le fils naturel*; GF). – Paris 1970, Hg. J. P. Caput. – Paris 1974 (in *Théâtre du 18e siècle*, Hg. J. Truchet; Pléiade). – Paris 1980 (in *Œuvres complètes*, Hg. H. Dieckmann u. a., 1975 ff., Bd. 10; krit.).

ÜBERSETZUNGEN: *Der natürliche Sohn oder Die Proben der Tugend*, G. E. Lessing (in *Das Theater des Herrn Diderot*, Bln. 1760, Bd. 1; verb. Aufl. 1781). – Dass., anon., Wien 1766. – Dass., anon., Lpzg. 1775.

LITERATUR: H. Baader, *D.s Theorie d. Schauspielkunst u. ihre Parallelen in Deutschland* (in RLC, 33, 1959, S. 200–223). – H. R. Jauss, *D.s Paradox über d. Schauspiel: »Entretien sur le fils naturel«* (in GRM, N. F., 11, 1961, S. 380–413). – J. Proust, *Le paradoxe du »Fils naturel«* (in D. Studies, 4, 1963, S. 209–220). – R. Lewinter, *D. et son théâtre: pour une psychocritique formelle* (in Les temps modernes, 24, 1968, S. 698–721). – B. McLaughlin, *A New Look at D.'s »Fils naturel«* (in D. Studies, 10, 1968, S. 109–119). – A. Guedj, *Les drames de D.* (ebd., 14, 1972, S. 15–95). – H. Dieckmann, *Zu einigen Motiven in »Le fils naturel«* (in H. D., *D. und die Aufklärung*, Stg. 1972). – M. Hobson, *Notes pour les »Entretiens sur Le fils naturel«* (in RHLF, 74, 1974, S. 203–213). – L. Pérol, *Une autre lecture du »Fils naturel«* (ebd., 76, 1976, S. 47–58). – A. M. Chouillet, *Dossier du »Fils naturel«* (in StV, 1982, Nr. 208, S. 73–166). – C. Albert, *Der melancholische Bürger. Ausbildung bürgerlicher Deutungsmuster im Trauerspiel D.s und Lessings*, Ffm./Bern 1983.

## JACQUES LE FATALISTE ET SON MAÎTRE

(frz.; *Jakob, der Fatalist, und sein Herr*). Roman von Denis DIDEROT, entstanden 1773–1775; Auszüge wurden erstmals 1778–1780 in *Correspon-*

*dance littéraire* von Melchior GRIMM veröffentlicht. 1785 brachte SCHILLER in der ›Rheinischen Thalia‹ unter dem Titel *Merkwürdiges Beispiel einer weiblichen Rache. Aus einem Manuskript des verstorbenen Diderot gezogen* die Episode der Mme. de la Pommeraye in eigener Übersetzung heraus. 1792 erschien eine vollständige deutsche Übersetzung von W. Ch. S. MYLIUS. Das französische Original wurde erstmals 1796 in Paris veröffentlicht. – Die kritische Durchleuchtung einer philosophischen These, deren mögliche praktische Konsequenzen am Verhalten der Hauptfiguren demonstriert werden, steht – wie im *Candide* von VOLTAIRE – thematisch im Vordergrund des Romans. Diderot verzichtet dabei – darin unterscheidet er sich von Voltaire – auf ein abgeschlossenes und in sich sinnvolles Geschehen; der Fortgang der äußeren Ereignisse wird vielmehr immer wieder vom Erzähler unterbrochen, der sich mit ironischen Kommentaren, Reflexionen, erzähltechnischen Überlegungen und Hinweisen auf das weitere Schicksal der Romanhelden zu Wort meldet und zunehmend den Leser in den Erzählvorgang einbezieht, dabei spielt er mit den traditionellen Lesererwartungen, in der Absicht, Illusionen zu zerstören und den Leser zum kritischen Mitdenker zu erziehen. Das Resultat, eine scheinbar willkürliche Zeit- und Handlungsstruktur, bezeugt den unmittelbaren Einfluß von Laurence STERNES *Tristram Shandy*.

Der Diener Jacques und sein adliger Herr reisen mit unbestimmtem Ziel und ohne ersichtlichen Zweck zu Pferd durch Frankreich. Die beiden diskutieren, wenn sie nicht gerade über die amourösen Abenteuer des Dieners plaudern, bei jeder sich bietenden Gelegenheit über das Problem der Willensfreiheit. Paradoxerweise ist der weltgewandte, tatkräftige und vorwitzige Jacques Anhänger eines stoischen Fatalismus und betont bei allem, was passiert, es habe in der großen himmlischen Schicksalsrolle geschrieben gestanden *(»c'était écrit là-haut«)*, während sich sein gelangweilter und schläfriger Herr zur Freiheit des Willens bekennt, ohne von ihr im Leben wirklich Gebrauch zu machen. Aus diesen gegensätzlichen Ansichten und Temperamenten entwickelt Diderot eine stark mit sozialkritischen Elementen durchsetzte Darstellung des Herr-Knecht-Verhältnisses. Der Herr *»wußte nicht, was er ohne seine Uhr, ohne Tabaksdose und ohne Jacques anfangen sollte. Das waren die drei großen Hebel seines Lebens, welches er damit zubrachte: Tabak zu nehmen, nachzusehen, wieviel Uhr es sei, und Fragen über Fragen an Jacques zu richten.«* Der lebenskluge Diener dagegen wäre sehr wohl imstande, ohne seinen Herrn auszukommen, und bleibt ihm nicht nur aus Gutmütigkeit treu, sondern auch aufgrund des intrikaten Verhältnisses zwischen Herr und Knecht. – Die dritte Hauptperson, der stark in den Vordergrund tretende Erzähler, befindet sich gleichfalls in einem Dilemma zwischen Notwendigkeit und Freiheit. Einerseits verfügt er über die Freiheit, die Geschichte nach seinem Belieben zu erzählen, auf der andern Seite aber fühlt er sich streng der Wahrheit verpflichtet. Um die Authentizität seines Berichts zu beglaubigen, stellt er Erwägungen über Lücken in seinen Quellen an und diskutiert die Verläßlichkeit dreier Manuskripte, die von einander abweichende Schlußfassungen der Lebensgeschichte seiner Helden bieten.

Unbedeutende Zufälligkeiten, die in das Geschehen einbezogen werden, um den Anschein der Wirklichkeitstreue noch zu erhöhen, tragen entscheidend zu der von Diderot mit überlegener Ironie gestalteten Vielschichtigkeit der Handlung bei, die der Komplexität des Lebens weitaus adäquater erscheint als die traditionelle Form des Romans. – Neben der philosophischen Position ist es tatsächlich das Experimentieren mit der Romanform, das *Jacques le Fataliste* in die Reihe der mit Cervantes' *Don Quijote* einsetzenden Antiromane stellt: Diderot stellt hier nicht nur den allwissenden auktorialen Erzähler in Frage, sondern schreibt seinem Roman geradezu eine Geschichte der Romantheorie ein, nicht ohne alle Formen des Dogmatismus und jede trügerische Selbstgewißheit des Romanciers abzulehnen.

Die Meinungen über den Roman gehen weit auseinander. Sie reichen vom Vorwurf eines *»ermüdenden Durcheinanders«* (D. Mornet) bis zu der Feststellung: *»Diderot hat den Grund gelegt zum modernen Roman. ... er ist das erste Genie des neuen Frankreich«* (Edmond und Jules de Goncourt). GOETHE nannte das Buch eine *»sehr köstliche und große Mahlzeit, mit großem Verstand zugericht' und aufgetischt«*; HEGEL, der ebenso wie MARX ein Kenner und Verehrer Diderots war, entfaltete unter Bezug auf *Jacques le fataliste* die Dialektik von Herrschaft und Knechtschaft an herausragender Stelle in der *Phänomenologie des Geistes* (1807); Hans MAYER sieht in Diderots Roman den Anfang einer dialektischen Gesellschaftsbetrachtung, aufs poetischste vermittelt durch eine hintergründigheitere Erzählweise voll doppelbödigen Humors.

J.Dr.

AUSGABEN: Paris 1796, 2 Bde. – Paris 1875–1877 (in *Œuvres complètes*, Hg. J. Assézat u. M. Tourneux, 20 Bde., 6; Nachdr. Nendeln 1966). – Paris 1959 (in *Œuvres romanesques*, Hg. H. Bénac; Class. Garn; ern. 1981). – Paris 1962 (in *Œuvres*, Hg. A. Billy; Pléiade). – Paris 1970 (GF). – Genf 1976, Hg. S. Lecointre u. J. Le Galliot (krit.; TLF). – Paris 1977 (Folio). – Paris 1978, Hg. P. Vernière (Ill.). – Paris 1981 (in *Œuvres complètes*, Hg. H. Dieckmann u. a., 1975 ff., Bd. 23; krit.).

ÜBERSETZUNGEN: *Merkwürdiges Beispiel einer weiblichen Rache*, F. v. Schiller (in Rheinische Thalia, 1, 1785; Ausz.). – *Jakob u. sein Herr*, W. Ch. S. Mylius, 2 Tle., Bln. 1792. – *Bekenntnisse eines Kammerdieners*, E. Berg, Bln. 1910. – *Jakob u. sein Herr*, H. Floerke (in *Gesammelte Romane u. Erzählungen*, Bd. 3, Mchn. 1921). – Dass., W. Ch. S. Mylius, Ffm. 1961; ern. 1984 (Insel Tb). – *Jacques, der Fatalist und sein Herr*, J. Ihwe (in *Das erzählerische Gesamtwerk*, Hg. H. Hinterhäuser, 4 Bde., 3, Bln.

1967; ern. Ffm./Bln. 1987; Ullst. Tb). – Dass., ders. (in *Sämtl. Romane u. Erzählungen*, Hg. ders., 2 Bde., 2, Mchn. 1979; ern. 1982). – Dass., E. Sander, Stg. 1972 (RUB). – Dass., C. Gersch (in *Das erzählerische Werk*, Hg. M. Fontius, 4 Bde., 3, Bln./DDR 1979).

LITERATUR: J. R. Loy, *D.'s Determined Fatalist*, NY 1950. – H. Mayer, *D. u. sein Roman »Jacques le fataliste«* (in H. M., *Deutsche Literatur u. Weltliteratur*, Bln. 1957, S. 317–349). – H. Dieckmann, *Cinq leçons sur D.*, Genf 1959. – P. Vernière, *D. et l'invention littéraire à propos de »Jacques le fataliste«* (in RHLF, 59, 1959, S. 153–167). – L. G. Crocker, *»Jacques le fataliste«, an ›expérience morale‹* (in D. Studies, 3, 1961, S. 73–99). – R. Laufer, *La structure et la signification de »Jacques le fataliste«* (in RSH, 1963, S. 517–535). – R. Manzi, *La parodie romanesque dans »Jacques le fataliste«* (in D. Studies, 6, 1964, S. 89–132). – R. Warning, *Illusion u. Wirklichkeit in »Tristram Shandy« u. »Jacques le fataliste«*, Mchn. 1965. – J. Smietanski, *Le réalisme dans »Jacques le fataliste«*, Paris 1965. – E. Köhler, *›Est-ce que l'on sait où l'on va?‹* (in RJb, 16, 1965, S. 128–148). – M. Butor, *D. le fataliste et ses maîtres* (in M. B., *Repertoire III*, Paris 1968, S. 103–158). – F. Pruner, *L'unité secrète de »Jacques le fataliste«*, Paris 1970. – T. M. Kavanagh, *The Vacant Mirror. A Study of Mimesis through D.'s »Jacques le fataliste«*, Banbury 1973. – S. Werner, *D.'s Great Scroll. Narrative Art in »Jacques le fataliste«*, Banbury 1975. – R. Warning, *Opposition und Kasus. Zur Leserrolle in D.s »Jacques le fataliste«* (in *Rezeptionsästhetik*, Hg. ders., Mchn. 1975, S. 467–493). – H. Cohen, *La figure dialogique dans »Jacques le fataliste«*, Oxford 1976. – A. G. Raymond, *La genèse de »Jacques le fataliste«*, Paris 1977. – C. Colletta, *›Sta scritto lassù‹. Saggio su »Jacques le fataliste« di D.*, Neapel 1978. – S. Jüttner, *Experimentell-exploratorisches Erzählen* (in RF, 90, 1978, S. 192–225). – J. Geffriaud-Rosso, *»Jacques le fataliste«, l'amour et son image*, Pisa 1981. – M. Kundera, *Jacques et son maître*, Paris 1981. – B. Didier, *›Je‹ et subversion du texte* (in Littérature, 48, 1982, S. 92–105). – G. Ferrari, *D. »Jacques le fataliste et son maître«* (in LR, 36, 1982, S. 213–233; 295–315). – J.-M. Goulemot, *Figures du pouvoir dans »Jacques le fataliste«* (in SFR, 8, 1984, S. 321–333). – H. Guédon, *Lecture encyclopédique de »Jacques le fataliste«* (ebd., S. 335–347). – J. R. Loy, *»Jacques le fataliste« Reconsidered* (in *D., Digression and Dispersion*, Hg. J. Undank u. H. Josephs, Lexington 1985, S. 166–179). – Ders., *A Select Bibliography of Critical Studies on »Jacques le fataliste« 1936–1982* (ebd., S. 278–282). – T. Kavanagh, *»Jacques le fataliste«* (ebd., S. 150–165). – M. Hobson, *»Jacques le fataliste«, l'art du probable* (in *D., Les dernières années, 1770–1784*, Hg. P. France u. A. Strugnell, Edinburgh 1985, S. 180–196). – G. Bremner, *D. »Jacques le fataliste«*, Ldn. 1985. – P. Campion, *D. et le »conatus« de la narration. Pour une poétique spinoziste de la narration dans »Jacques le fataliste«* (in Poétique, 17, 1986, S. 63–76).

## LETTRE SUR LES AVEUGLES À L'USAGE DE CEUX QUI VOIENT

(frz.; *Brief über die Blinden zum Gebrauch der Sehenden*). Philosophische Schrift von Denis DIDEROT, erschienen 1749. – Dieses erste philosophische Hauptwerk, das die Zensurbehörde zum Anlaß nahm, den Verfasser in Vincennes einzukerkern, zeichnet sich bereits durch den von Diderot künftig bevorzugten Sprachduktus aus: An Stelle des monologischen Traktats tritt der Dialog, das vielstimmige Gespräch, der Brief. Das Werk ist an Madame de Puisieux gerichtet, die ursprünglich einer Augenoperation beiwohnen wollte. Im ersten Teil des Briefes berichtet Diderot von seinen Gesprächen mit einem Blindgeborenen, denen er einige allgemeine Bemerkungen über den Erkenntnisprozeß voranstellt und dergestalt das Ergebnis der Gespräche vorwegnimmt: Er habe nie daran gezweifelt, *»daß der Zustand unserer Organe und unserer Sinne großen Einfluß auf unsere Metaphysik und unsere Moral hat«*. Der Blinde präzisiert dann im folgenden Diderots weitreichende Schlüsse, indem er zunächst eine Umwertung der Moralprobleme durchführt. So erweise sich beispielsweise für den Blinden der Diebstahl, dem er in besonderem Maße ausgeliefert sei, als ein größeres Problem, als etwa die Beachtung des Schamgefühls, da es ihm nicht einsichtig sei, daß manche Körperteile bedeckt werden müßten und andere nicht. Die unmittelbare Verknüpfung der moralischen Normen mit der sinnlichen Wahrnehmung führt zu einer Relativierung der Moralvorstellungen. Auch der Begriff der sichtbaren Schönheit wird weitgehend entwertet, und aus der Tatsache, daß der Blindgeborene mathematische und geometrische Begriffe allein durch Tastempfindungen nachvollziehen kann, schließt Diderot auf einen hochgradig abstrakten Charakter der Vorstellungskraft des Blinden. Die weitestgehende Konsequenz aus diesem Gespräch gipfelt in der Aufkündigung des Konsens über ein aus den Wundern der Natur abgeleitetes göttliches Wesen: dem Blinden sind diese, auf die göttliche Ordnungsinstanz verweisenden Wunder nicht zugänglich, so daß letztlich nicht nur die Moral, sondern auch die Metaphysik einem grundsätzlichen Relativismus anheimgestellt wird. Denn es zeige sich, so Diderot, daß *»die Moral der Blinden von der unsrigen verschieden ist, daß die eines Taubstummen sich überdies von der eines Blinden unterscheiden dürfte und daß ein Wesen, das über einen weiteren Sinn verfügte, unsere Moral unvollständig finden dürfte.«* Im Mittelpunkt des Briefes steht Diderots Wiedergabe eines Gesprächs zwischen dem blindgeborenen englischen Mathematiker Saunderson und dem Geistlichen Holmes, das, ausgehend von der These, daß *»unsere in ihrer Intellektualität reinsten Ideen sehr eng von der Übereinstimmung mit unserem Körper abhängen«*, die großen metaphysischen Fragen des 18. Jh.s behandelt. Während der Geistliche das providentielle, von einem gottgelenkten Ordnungsgedanken geprägte Weltbild verteidigt, formuliert das radikale, materialistisch-sensualistische

*»Glaubensbekenntnis des englischen Mathematikers«* die vernichtende Kritik am herrschenden Idealismus: *»Idealisten nennt man die Philosophen, die nur das Bewußtsein der eigenen Existenz und jene Empfindungen, die sie in sich wahrnehmen, besitzen und darüber hinaus nichts gelten lassen: ein närrisches System, dessen Ursprung ... nur bei Blinden gesucht werden kann, ein System, das, obgleich das absurdeste von allen, zur Schande des menschlichen Geistes und der Philosophie am schwersten zu zerstören ist.«* In der Konfrontation zweier Weltbilder läßt Diderot den blinden Mathematiker nicht nur erkenntnistheoretisch, sondern vor allem naturwissenschaftlich argumentieren, indem er seine Blindheit als Beispiel für eine moralisch indifferente Beschädigung der Natur anführt, die jedweder harmonischen bzw. providentiellen Ordnungsvorstellung zuwiderlaufe. In einer Synthese aus den Theorien Lockes und Condillacs einerseits und Berkeleys Individualismus andererseits skizziert Diderot seine komplexe Vorstellung von Kontingenz, indem er den damals neuen Evolutionsbegriff und das Wahrscheinlichkeitskalkül zu bedenken gibt und im Rahmen seines Interesses an einer erfahrungsbezogenen Auffasung der Welt und des Menschen die metaphysische Tradition suspendiert. B.We.-KLL

Ausgaben: Ldn. 1749. – Paris 1875–1877 (in *Œuvres complètes*, Hg. J. Assézat u. M. Tourneux, 20 Bde., 1; Nachdr. Nendeln 1966). – Paris 1962 (in *Œuvres*, Hg. A. Billy; Pléiade). – Genf [2]1963, Hg. R. Niklaus (krit.; TLF). – Paris 1973 (in *Premières œuvres*, Hg. J. Varloot, Bd. 2). – Paris 1972 (GF). – Paris 1977 (in *Œuvres philosophiques*, Hg. P. Vernière; Class. Garn). – Paris 1978 (in *Œuvres complètes*, Hg. H. Dieckmann u. a., 1975 ff., Bd. 4; krit.).

Übersetzung: *Brief über die Blinden. Zum Gebrauch der Sehenden*, Th. Lücke (in *Philosophische Schriften*, Bd. 1, Bln. 1961; ern. 1984).

Literatur: P. Villey, *À propos de la »Lettre sur les aveugles«* (in Revue du 18e siècle, 1, 1913, S. 410–433). – J. Pommier, *La »Lettre sur les aveugles«* (in Revue des Cours et Conférences, 1937/38, S. 251–260). – A. Vartanian, *From Deist to Atheist* (in D. Studies, 1, 1949, S. 49–63). – R. J. White, *The Anti-philosophes: a Study of the Philosophers in Eighteenth-Century France*, Ldn./NY 1970, S. 58–65. – U. Winter, *Der Materialismus bei D.*, Genf 1972. – C. M. Singh, *The »Lettre sur les aveugles«, Its Debt to Lucretius* (in *Studies in Eighteenth-Century French Literature Presented to R. Niklaus*, Hg. J. H. Fox u. a., Exeter 1975, S. 233–242). – E. de Fontenay, *D. ou le matérialisme enchanté*, Paris 1981. – H. Lefebvre, *D. ou les affirmations fondamentales du matérialisme*, Paris 1983. – M. B. Kelly, *Saying by Implicature. The Two Voices of D. in »La lettre sur les aveugles«* (in Studies in Eighteenth Century Culture, 12, 1983, S. 231–241). – S. Willis, *Lettre sur des taches aveugles* (in EsCr, 14, 1984, S. 85–98).

## LETTRE SUR LES SOURDS ET MUETS À L'USAGE DE CEUX QUI ENTENDENT ET QUI PARLENT

(frz.; *Brief über die Taubstummen zum Gebrauch derer, welche hören und sprechen können*). Sprachphilosophische Untersuchung von Denis Diderot, 1751 während des Erscheinens der ersten beiden Bände der *Encyclopédie* veröffentlicht. – Die Parallelität des Titels dieser Schrift zu *Lettre sur les aveugles à l'usage de ceux, qui voient* (1749) deutet den beiden Werken gemeinsamen sensualistischen Grundcharakter an. Den Anstoß zur Niederschrift des *Briefs über die Taubstummen* gab ursprünglich Batteux' Werk *Les Beaux Arts réduits à un même principe* (1746). Dort wird im zweiten Band unter dem Titel *Lettres sur la phrase française comparée avec la phrase latine* auch die syntaktische Eigentümlichkeit der Inversion behandelt. Diese Frage bildet auch das Hauptthema des Diderotschen Traktats, der sich rasch von der direkten Auseinandersetzung mit Batteux entfernt und einem selbständig entwickelten Gedankengang folgt.

Der Verfasser zeigt auf theoretische Weise, daß im Anfangsstadium der Sprache die mit den Sinnen wahrgenommenen Eindrücke ihrer natürlichen Reihenfolge entsprechend angeordnet werden, etwa *colorée, étendue, impénétrable substance*. In einer späteren Phase, nachdem die Begriffe gleichsam als gegenständlich empfunden wurden, wird die ursprüngliche Wortstellung durch eine rationale Wortstellung *(l'ordre d'institution, l'ordre scientifique)*, abgelöst, indem der Begriff den Eigenschaftsbezeichnungen vorangeht, also *une substance étendue, impénétrable, colorée*. Die syntaktische Erscheinung der Inversion in den höheren Kultursprachen ist ein Rückgriff auf die ursprüngliche »natürliche« Anordnung. Entsprechend dieser Analyse unterscheidet Diderot drei Stufen der Sprachentwicklung: 1. »Sprache« ist anfänglich eine Kombination aus Gesten und Wörtern ohne Genus und Flexion. 2. Um der größeren Klarheit willen entwikkelt sie Genus, Flexion und Tempora der Verben. 3. Darüber hinaus wurde von der vollkommenen Sprache Harmonie verlangt, weil man glaubte, *»dem Ohr schmeicheln zu müssen, wenn man zum Geist sprach«*. Eines dieser Stilmittel ist die Inversion. Um zu zeigen, daß sie tatsächlich ein sekundäres sprachliches Phänomen ist, führt Diderot den Taubstummen an, der gezwungen ist, sich durch eine Sprache der Gesten und des sichtbaren Ausdrucks verständlich zu machen; auch um zu verstehen muß der Taubstumme artikulierte Rede und sonstige Schallereignisse in eine Art Musik für die Augen übersetzen. Die Abfolge dieser Sprache ist nach Diderot identisch mit der ursprünglichen, natürlichen Reihenfolge der Wörter; und von allen Sprachen, toten wie lebendigen, ist die französische diejenige, welche die natürliche Reihenfolge der Wörter im Satz am meisten bewahrt hat und somit klarer ist als alle anderen Sprachen. Mit dieser Erkenntnis hat Diderot eine Entdeckung vorweggenommen, die den romanistischen Sprachwissenschaftlern erst etwa 150 Jahre später »neu« gelang und der sie den Namen *»impressionistische Syntax«* gaben: In der Tat folgt die französische Sprache in ihren Anfängen mehr dieser »impressionistischen« (z. B. im *Rolandslied*) als der rationalen Syntax. Ferner überschreitet Diderot in diesem weniger systematisch als assoziativ aufgebauten Traktat die Grenzen der zeitgenössischen Wissenschaft mit einer Attacke gegen die Homerübersetzungen von LONGIN, BOILEAU und LAMOTTE. Er erkennt, daß die Sprache auch in ihrer »natürlichen« Ordnung den wirklichen Seelenvorgang nicht adäquat wiedergibt, sondern die im Geist stets mit- und ineinander verwobenen Eindrücke in ein Nacheinander der Impressionen auflöst. Diderot, der in diesem Gedankenexperiment letztlich den Versuch unternimmt, die sensiblen Fähigkeiten des Menschen sowie deren Antriebskräfte zu bestimmen, vertritt hier die These, daß die Tätigkeit der menschlichen Seele nicht auf physiologische Antriebspotentiale reduziert werden kann, es sei denn, man wolle den Menschen als maschinelles System begreifen. Auch könne die Bedeutung von Zeichen, welcher Art auch immer, nicht ausschließlich aus der sensiblen Fähigkeit des Menschen abgeleitet werden. Es sei indessen die Sprache des Dichters, die die Komplexität der Empfindungen zum Ausdruck bringen könne. Deshalb betont Diderot so sehr den emblematischen Charakter der dichterischen Aussage, das poetische *»Hieroglyphengewebe«*, das unnachahmlich und letztlich unübersetzbar ist. Und in den Gesten der Taubstummen entdeckt er nicht nur die natürliche Reihenfolge der Wörter, sondern eben jene Ausdruckskraft, die besonders auf der Bühne stärker sein kann als die des gesprochenen Worts. Hier finden sich keimhaft Diderots spätere Ideen über die Kunst der Dramatik, die bis zu BAUDELAIRES Verteidigung des Wagnerschen Musiktheaters nachgewirkt haben. A.K.

AUSGABEN: o. O. 1751. – Paris 1875–1877 (in *Œuvres complètes*, Hg. J. Assézat u. M. Tourneux, 20 Bde., 1; Nachdr. Nendeln 1966). – Genf 1965, Hg. P. H. Meyer (D. Studies, 7). – Paris 1973 (in *Premières œuvres*, Hg. J. Varloot, Bd. 2). – Paris 1978 (in *Œuvres complètes*, Hg. H. Dieckmann u.a., 1975 ff., Bd. 4; krit.).

LITERATUR: H. J. Hunt, *Logic and Linguistics. D., a ›Grammarian-Philosopher‹* (in MLR, 33, 1938, S. 215–233). – J. Pommier, *Autour de la »Lettre sur les sourds et les muets«* (in RHLF, 51, 1951, S. 261–272). – E. Bernauer, *Die Sprachkritik D.s*, Diss. Freiburg i. B. 1956. – P. H. Meyer, *The »Lettre sur les sourds et les muets« and D.'s Emerging Concept of Critic* (in D. Studies, 6, 1964, S. 133–155). – R. L. Caldwell, *Structure de la »Lettre sur les sourds et muets* (in StV, 1971, Nr. 84, S. 109–122). – U. Winter, *Der Materialismus bei D.*, Genf 1972. – H. Josephs, *The ›philosophe‹ as Poet: Metaphor and Discovery in D.'s »Lettre sur les sourds et muets«* (in KRQ, 20, 1973, S. 143–151). – J.-M. Bardez, *D. et la musique*, Paris 1975. – M. Hobson, *»La lettre sur les sourds et muets« de D.* (in Semiotica, 16, 1976, S. 291–327). – R. Macchia, *Le teorie linguistiche e l'estetica di D.*, Rom 1980. – H. Cohen, *The Intent of the Digressions on Father Castel and Father Porée* (in StV, 1982, Nr. 201, S. 163–183).

## LE NEVEU DE RAMEAU. Satire seconde

(frz.; *Rameaus Neffe. Zweite Satire*). Philosophisch-satirischer Dialog von Denis DIDEROT, entstanden um 1762, mehrmals überarbeitet bis 1774. – Bekannt wurde das Werk zuerst in der deutschen Übersetzung GOETHES (1805), dem die Abschrift aus der Petersburger Eremitage – hier hatte sie sein Jugendfreund Maximilian KLINGER, damals General im Dienst des Zaren, entdeckt – durch die Vermittlung SCHILLERS und Melchior GRIMMS in die Hände fiel. Nach dem Verschwinden dieser Abschrift erschienen 1821 und 1823 die ersten, nur unzulänglichen französischen Fassungen; erst 1891 fand Georges MONVAL durch Zufall das Original von 1774 in einem Pariser Antiquariat.

Jean-François Rameau, ein Neffe des bekannten Komponisten und Zeitgenosse Diderots – man nannte ihn auch den *»verrückten«* Rameau – trifft im Café de la Régence im Palais Royal mit dem *»Ich«* der Erzählung zusammen und führt mit ihm, umgeben von Schachspielern und Müßiggängern, eine lebhafte Unterhaltung, die um die Grundfragen von Individuum und Gesellschaft, von Kunst und Moral kreist. Im Plauderton weltmännischer Gelassenheit wird dabei die Widersprüchlichkeit der menschlichen Natur ironisch aufgedeckt und bis in die Form (den Dialog) hinein als unauflösbare dialektische Antinomie dargestellt. Diderot projizierte die Spannung seines eigenen Wesens, in dem Sensibilität für das Schreckliche und Abgründige sich mit der optimistischen Menschenliebe des Aufklärers verband, in die perspektivische Sicht zweier komplementärer Figuren.

Rameau, das pockennarbige, häßliche Pariser Original, ein Nachfahre des »Parasiten« der antiken Komödie, der sich mit charakteristischer Selbstironie als *»armer Teufel im Harlekinsgewand«* bezeichnet, rühmt sich ohne Heuchelei seiner würdelosen Existenz im Dienst der Reichen. Dem philanthropischen Moralismus des Philosophen, der sich hinter dem »Moi« seines Gesprächspartners verbirgt, setzt er den illusionslosen »Realismus« des Welt- und Menschenerfahrenen entgegen, der unseren Planeten für ein einziges Narrenhaus hält: *»Die Stimme des Gewissens und der Ehrbarkeit klingt recht schwach, wenn die Därme ächzen.«* Gleichermaßen betroffen von so offen zur Schau getragener Verworfenheit und Wertblindheit wie von der Wahrheit und Unabwendbarkeit dieser skeptischen Weltsicht bekennt der Philosoph: *»Ich litt.«* Zwar entpuppt sich auch Rameau schließlich als enttäuschter und innerlich vereinsamter Idealist, doch er überspielt die weiche Stimmung, die ihn am Ende des Dialogs zu überkommen droht, mit der Gebärde der Selbstironie: »*Hätte ich doch dieses Elend noch wenigstens vierzig Jahre zu ertragen! Wer zuletzt lacht, lacht am besten.*« Zynismus gedeiht in der Atmosphäre eines mondänen Zirkels zweifelhafter Literaten und Schauspielerinnen, die sich um den opulenten Steuerpächter Bertin geschart haben. Diderot will damit – hier liegt der polemische Kern der Satire – die sog. »Antiphilosophen« (PALISSOT, POINSINET, FRÉRON u.a.) treffen, die unter einflußreicher Protektion und in breiter Front mit Pamphleten und Schmähschriften (vgl. Palissots *Les philosophes*, 1760) gegen das aufklärerische Lager der »Philosophen« (Diderot, D'ALEMBERT, VOLTAIRE) aufgetreten waren. Obwohl seine materielle Existenz auch auf ihn gestützt ist, verachtet Rameau diesen Kreis, wie alle, denen er seine Dienste gegen Geld bietet. – Von besonderem Reiz sind die eingestreuten Genreszenen, die das Bild eines großstädtischen Alltags zeichnen: Die Karikatur seiner Klavierstunden bei Standestöchtern und die beiden musikalischen Pantomimen, mit denen der geniale Komödiant in grotesker Verzückung einen Violin- und Klavierspieler und schließlich ein ganzes Orchester imitiert. Ganz en passant entwickelt er dabei – hierin ausdrücklich das Sprachrohr Diderots – eine neue, am »echten« und »wahren« Gefühlsausdruck orientierte Musiktheorie in Auseinandersetzung mit der akademischen Richtung Lullys und Rameaus. Hier wird für Momente die Tragik des Epigonen offenbar, dem die Berühmtheit des Onkels ein dauernder Ausweis für die eigene Nichtigkeit ist. Nicht ohne Charme und Humor bleibt er dennoch dem renaissancehaften und – am historischen Urbild seiner Gestalt gemessen – überzeichneten Idealtypus treu, der in manchem auf die »genialischen Kraftkerls« des deutschen Sturm und Drang vorausweist.

Goethe hat Diderots *Zweite Satire*, der die 1798 postum veröffentlichte *Satire I, sur les caractères* vorausgegangen war, ein »Juwel« genannt. Kostbar ist dieses Glanzstück der Diderotschen Produktion der Nachwelt vor allem aus zwei Gründen geworden: Sie ortet seismographisch die Gebrechen und die Dekadenz der vorrevolutionären Gesellschaft, und sie entwickelt einen Geniebegriff, der eine seit der Antike gültige Position verläßt und den außerordentlichen Menschen der Verpflichtung zu moralischer Integrität entzieht. – HEGEL bezieht sich in der *Phänomenologie des Geistes* in den Kapiteln über die Welt des sich entfremdeten Geistes auf Diderots Dialog und exemplifiziert daran seine Diagnose über moderne Lebensverhältnisse. Auch FOUCAULT begreift in *Historie de la folie à l'âge classique* (1961) Diderots Text als Interpretation von Modernität und akzentuiert die Ironie des *Neveu de Rameau* als Parodie auf die Rationalität der Aufklärung, deren andere Seite – der Wahnsinn, die Unvernunft – in ein neues Verhältnis zur Vernunft gesetzt werde. R.M.-KLL

AUSGABEN: Paris 1821 (in *Œuvres*, 21 Bde., 21; Rückübers. d. Goetheschen Übers.). – Paris 1891 [nach dem Originalms.; Einl. u. Anm. G. Monval]. – Paris 1959 (in *Œuvres romanesques*, Hg. H. Bénac; Class. Garn; ern. 1981). – Paris 1962 (in *Œuvres*, Hg. A. Billy; Pléiade). – Genf 1963, Hg. J. Fabre (krit.; TLF). – Paris 1978 (Folio). – Paris 1982, Hg. J. Chouillet. – Paris 1983 (GF).

ÜBERSETZUNGEN: *Rameaus Neffe, ein Dialog*, J. W. v. Goethe, Lpzg. 1805. – Dass., ders., Lpzg. o. J. [um 1880] (RUB). – *Der Neffe des Rameau*, O. v. Gemmingen, Bln. 1925. – *Rameaus Neffe*, T. Dorst, Köln/Bln. 1963. – Dass., J. W. v. Goethe, Stg. 1967 (RUB). – Dass., R. Rütten (in *Das erzählerische Gesamtwerk*, Hg. H. Hinterhäuser, 4 Bde., 4, Bln. 1967; ern. Ffm./Bln. 1987; Ullst. Tb). – Dass., ders. (in *Sämtl. Romane u. Erzählungen*, Hg. ders., 2 Bde., 2, Mchn. 1979; ern. 1982). – Dass., C. Gersch (in *Das erzählerische Werk*, Hg. M. Fontius, 4 Bde., 4, Bln./DDR 1979). – Dass., J. W. v. Goethe, Ffm. 1984 (frz.-dt.; Insel Tb).

LITERATUR: R. Schlösser, *»Rameaus Neffe«. Studien und Untersuchungen zur Einführung in Goethes Übersetzung des Diderotschen Dialogs*, Bln. 1900. – H. Dieckmann, *Goethe und D.* (in DVLG, 10, 1932, S. 478–503). – E. Schramm, *Goethe und D.s Dialog »Rameaus Neffe«* (in Zs. für Musikwissenschaft, 16, 1934, S. 294–307). – E. R. Curtius, *D.s »Neveu de Rameau«* (in RF, 56, 1942, S. 128–143). – M. F. Seiden, *J.-F. Rameau and D.'s »Neveu«* (in D. Studies, 1, 1949, S. 143–191). – E. Gamillscheg, *D.s »Neveu de Rameau« und die Goethesche Übersetzung der Satire* (in E. G., *Ausgewählte Aufsätze*, Bd. 2, Tübingen 1962, S. 299–333). – R. Mortier, *D. en Allemagne, 1750–1850*, Paris 1954; Nachdr. Genf 1986. – K. Wais, *Französische Marksteine von Racine bis St. John Perse*, Bln. 1958, S. 58–71. – J. Doolittle, *»Rameau's Nephew«. A Study of D.'s Second Satire*, Genf/Paris 1960. – P. H. Meyer, *The Unity and Structure of D.'s »Neveu de Rameau«* (in Criticism, 2, 1960, S. 362–386). – G. May, *L'angoisse de l'échec et la genèse du »Neveu de Rameau«* (in D. Studies, 3, 1961, S. 285–307). – D. Mornet, *Le neveu de Rameau«*, Paris 1964. – G. Daniel, *Fatalité du secret et fatalité du bavardage au 18e siècle. La Marquise de Merteuil, J. F. Rameau*, Paris 1966. – M. Duchet u. M. Launay, *Entretiens sur »Le neveu de Rameau«*, Paris 1967. – H. Josephs, *D.'s Dialogue of Language and Gesture, »Le neveau de Rameau«*, Columbus/Oh. 1969. – D. O'Gorman, *D., the Satirist. »Le neveu de Rameau« and Related Works*, Toronto 1971. – D. Couty, *»Le neveu de Rameau«*, Paris 1972. – Y. Sumi, *»Le neveu de Rameau«*, Tokio 1975. – J. Kristeva, *La musique parlé ou remarques sur la subjectivité dans la fiction à propos du »Neveu de Rameau«* (in *Langue et langages de Leibniz à l'Encyclopédie*, Hg. M. M. Duchet u. M. Salley, Paris 1977, S. 153–206; 207–224). – H. Dieckmann, *D.s »Neveu de Rameau« und Hegels Interpretationen des Werkes* (in *D. und die Aufklärung*, Hg. ders., Mchn. 1980, S. 161–194). – B. Lypp, *Die Lektüren um »Le neveu de Rameau« durch Hegel und Foucault* (ebd., S. 137–159). – W. E. Rex, *Two Scenes from »Le ne-*

*veu de Rameau«* (in D. Studies, 20, 1981, S. 245–266). – B. Lypp, *Das authentische Selbst* (in NRs, 92, 1981, S. 87–97). – J. Starobinski, *L'incipit du »Neveu de Rameau«* (in NRF, 1981, Nr. 347, S. 42–64). – A. P. Kuidis, *»Le neveu de Rameau« and the »Praise of Folly«*, Salzburg 1981. – H. Hamm, *Die frz. Übersetzung u. Kommentierung von Goethes Anmerkungen zu »Rameaus Neffe« von D.* (in WB, 29, 1983, S. 1309–1315). – D. J. Adams, *»Le neveu de Rameau« since 1950* (in StV, 1983, Nr. 217, S. 371–387). – J.-L. Filoche, *»Le neveu de Rameau« et la querelle des bouffons* (in D. Studies, 21, 1983, S. 95–106). – H. R. Jauß, *Der dialogische u. der dialektische »Neveu de Rameau«* (in *Das Gespräch*, Hg. K. H. Stierle u. R. Warning, Mchn. 1984, S. 393–419). – J. Starobinski, *Diogène dans »Le neveu de Rameau«* (in SFR, 8, 1984, S. 147–165). – Ders., *Sur l'emploi du chiasme dans »Le neveu de Rameau«* (in Revue de métaphysique et de morale, 89, 1984, S. 182–196). – M. Hobson, *Pantomime, spasme et parataxe. »Le neveu de Rameau«* (ebd., S. 197–213). – J. F. Falvey, *»Le neveu de Rameau«*, Ldn. 1985. – J. Cox, *The Parasite and the Puppet. D.'s »Neveu« and Kleists »Marionettentheater«* (in CL, 37, 1986, S. 256–269). – J. Kolb, *Presenting the Unpresentable. Goethe's Translation of »Le neveu de Rameau«* (in Goethe Yearbook, 3, Columbia/S.C. 1986, S. 149–163).

## PARADOXE SUR LE COMÉDIEN

(frz.; *Paradox über den Schauspieler*). Essay in Dialogform von Denis DIDEROT, erschienen 1830. – Die schmale Schrift, die in einer skizzenhaften, pamphletistischen Vorfassung unter dem Titel *Observations sur une brochure intitulée Garrick ou les acteurs anglais (Bemerkungen über die Broschüre Garrick oder die englischen Schauspieler)* bereits 1770 in Melchior GRIMMS *Correspondance littéraire* abgedruckt wurde und um 1777/78 ihre endgültige Gestalt erhielt, wird heute als Diderots *»meistgelesenes, meistkommentiertes, umstrittenstes und lebenskräftigstes Werk«* (P. Vernière) betrachtet. Der Autor, der sich von ROUSSEAU abgewandt hat, verficht in diesem Dialog, in dem der eine der beiden Gesprächspartner fragt, der andere im Sinne des Autors antwortet, eine pointiert intellektualistische Ästhetik der Schauspielkunst, die auf einer Kritik der *sensibilité*, d. h. der Gefühlsempfänglichkeit und Gefühlsergriffenheit basiert.

In einem Brief (an Grimm, vom 14. 11. 1769) formuliert Diderot den Kern seines – nicht nur für die Bühnendarstellung, sondern für jede Kunstform geltenden – »Paradoxes«: *»Ich behaupte ..., daß ein hohes Maß von Sensibilität nur bornierte Schauspieler, daß allein ein kühler Kopf den wahrhaft hervorragenden Schauspieler macht.«* Nicht die Stärke der Emotionen, sondern das sorgfältige und wohlkalkulierte Einstudieren von Text, Mimik und Gestik ermöglicht, dem Darsteller die Meisterung der Rolle und ihre nicht nur auf zufällige Höchstleistung beschränkte gleichmäßige Wiederholung. Gefühle können für den großen Schauspieler nur ein Objekt des Studiums sein. Die Tränen des fühlenden Menschen und der schlechten Schauspieler fließen aus dem Herzen *(d'âme)*, die des guten Schauspielers aber aus dem Kopf *(de réflexion)*. Der seiner großen Rolle bewußte Darsteller muß – die Schauspielerinnen Clairon und Dumesnil sind dafür Musterbeispiele – im Augenblick des Spiels sich »verdoppeln« *(dédoubler)*, sich in die eigene und in die Bühnenfigur aufspalten. *»Man hat gesagt, die Schauspieler hätten keinen Charakter, weil sie durch das Spielen aller Charaktere den ihnen von der Natur verliehenen verloren hätten ... Ich glaube, daß man dabei Ursache und Wirkung verwechselt; daß sie vielmehr gerade deshalb befähigt sind, alle Charaktere zu spielen, weil sie keinen eigenen besitzen.«*

Die blinde Hingabe an das Gefühl erschien Diderot als »Selbstentfremdung« *(aliénation)*, eine Art von Verrücktheit und Narrheit, die keinen Teil hat am schöpferischen Akt. Der Dichter, der Maler, der Redner, der Musiker *»trifft die entscheidenden Züge nicht im Eifer des ersten Wurfs, sondern in den stillen Augenblicken der kühlen Überlegung«*. (BAUDELAIRE wird später programmatisch formulieren: *»Die Empfindungsfähigkeit des Herzens ist dem dichterischen Arbeiten nicht günstig.«*) Dennoch schwebt dem Aufklärer Diderot kein artifizieller Klassizismus vor: Die *sensibilité* ist für den Autor zwar eine selbstverständliche Voraussetzung künstlerischen Schaffens, gegen ihre Überbewertung glaubt er sich freilich in Reaktion auf den Gefühlskult der vorausgegangenen Jahrzehnte wehren zu müssen (vgl. auch seine Artikel *sénsibilité* und *écletisme* in der *Encyclopédie*).

Diderots *Paradoxe*, mit dem sich die größten französischen Schauspieler, von Talma, Sarah Bernhardt, Coquelin bis zu Copeau, Dullin, Jouvet und Barrault auseinandergesetzt haben, fand aus ungeklärten Gründen keine Aufnahme in die Gesamtausgabe von 1798. Die meist geringe Beachtung des Traktats an den deutschen Schauspielschulen dürfte in seinem scharf antisentimentalistischen, aufklärerischen Ausgangspunkt begründet sein. – Eine moderne Weiterentwicklung fand Diderots von F. RICCOBONI (*L'art du théâtre*, 1750) und Garrick inspirierte Theorie bei einem anderen kämpferischen Reformer des Theaters: BRECHTS antiillusionistische Ästhetik knüpft, wie vor allem R. GRIMM dargelegt hat, in mehr als einem Punkt direkt an Diderot an. W.Kr.-KLL

AUSGABEN: Paris 1830. – Paris 1902, Hg. E. Dupuy (krit.; Nachdr. Genf 1968). – Paris 1959 (in *Œuvres esthétiques*, Hg. P. Vernière; Class. Garn). – Paris 1962 (in *Œuvres*, Hg. A. Billy; Pléiade). – Paris 1967 (GF). – Paris 1980 (in *Œuvres complètes*, Hg. H. Dieckmann u. a., 1975 ff., Bd. 13; krit.).

ÜBERSETZUNGEN: *Das Paradox über den Schauspieler*, K. Scheinfuss, Ffm. 1964 (Nachw. R. Grimm; IB). – Dass., Hg. F. Bassenge (in *Ästhetische Schriften*, Hg. ders. u. Th. Lücke, Ffm. 1968; ern. Bln. 1984).

LITERATUR: J. Bédier, *»Le paradoxe sur le comédien« est-il de D.?* (in J. B., *Études critiques*, Paris 1903). – M. Blanquet, *D., »Paradoxe sur le comédien«. Discuté? Admis? Réfuté*, Paris 1950. – G. Capone Brage, *Il significato del »Paradoxe sur le comédien« di D.* (in Annali della Fac. di Letteratura e Filosofia e di Magist. della R. Univ. di Cagliari, 18, 1951, S. 13–56). – H. Baader, *D.s Theorie der Schauspielkunst u. ihre Parallelen in Deutschland* (in RLC, 33, 1959, S. 200–223). – H. Dieckmann, *Le thème de l'acteur dans la pensée de D.* (in CAIEF, 13, Juni 1961, S. 157–172). – A. M. Wilson, *The Biographical Implications of C.'s »Paradoxe sur le comédien«* (in D. Studies, 3, 1961, S. 369–383). – H. R. Jauß, *D.s Paradox über das Schauspiel* (in GRM, 11, 1961, S. 380–413). – J. Chouillet, *Une source anglaise du »Paradoxe sur le comédien«* (in DHS, 2, 1970, S. 209 bis 226). – G. Cerruti, *»Le paradoxe sur le comédien« et le paradoxe sur le libertin: D. et Sade* (in RSH, 37, 1972, S. 235–351). – M. Hobson, *»Le paradoxe sur le comédien« est un paradoxe* (in Poétique, 4, 1973, S. 320–339). – Dies., *Sensibilité et spectacle: Le contexte médical du »Paradoxe sur le comédien« de D.* (in Revue de métaphysique et de morale, 82, 1977, S. 145–164). – P. Tort, *L'origine du »Paradoxe sur le comédien«*, Paris 1980. – G. Bremer, *An Interpretation of D.s »Paradoxe sur le comédien«* (in British Journal of Eighteenth-Century Studies, 4, 1981, S. 28–43). – V. E. Swain, *D.s »Paradoxe sur le comédien«* (in StV, 1982, Nr. 208, S. 1–71). – R. Niklaus, *La portée des théories dramatiques de D. et de ses réalisations théâtrales* (in *Das frz. Theater des 18. Jh.s*, Hg. D. Rieger, Darmstadt 1984, S. 124–140). – P. Szondi, *Tableau und coup de théâtre* (ebd., S. 339–357). – J. Creech, *Us and Them: »Le paradoxe sur le comédien«* (in EsCr, 24, 1984, S. 33–42). – A. Grear, *A Background to D.'s »Paradoxe sur le comédien«* (in FMLS, 21, 1985, S. 225–238). – A. Pizzorusso, *Riflessioni sul »Paradoxe«* (in SRLF, 25, 1986, S. 201–217).

## PENSÉES SUR L'INTERPRÉTATION DE LA NATURE

(frz.; *Gedanken über die Interpretation der Natur*). Philosophische Aphorismen von Denis DIDEROT, erschienen 1754. – In dem Werk haben sich die Gedanken niedergeschlagen, die Diderot während des Erscheinens der ersten Bände der *Encyclopédie* beherrschten. D'ALEMBERT hatte in seiner berühmten Einführung in die *Encyclopédie* stellenweise eine unverkennbar idealistische Tendenz befolgt: so, wenn er behauptete, daß die erste Wahrnehmung des Menschen diejenige seiner eigenen Existenz sei oder daß die Vorstellungen über die Bildung der Materie nicht festgehalten werden könnten, und schließlich wenn er bestrebt war, alle Wissenschaften auf den Nenner der abstrakten mathematischen Begriffe zu bringen. Gegen diese Theorien, vor allem auch gegen die kartesianische Behauptung einer geistigen Evidenz der Mathematik, wandte sich nun Diderot vom materialistischen Standpunkt aus, den er seit dem Ausgang der vierziger Jahre eingenommen hatte. Der einzige Autor, dem Diderot bei der Abfassung dieser 58 Aphorismen verpflichtet blieb, war Francis BACON.

Im zweiten und in den folgenden Aphorismen greift der Verfasser *»die Region der Mathematiker«* an, *»bei der das, was man für rigorose Wahrheiten hält, unfehlbar verlorengeht, wenn man diese auf unsere Erde übertragen wollte«*. Im übrigen wurde die Mathematik schon vom Anfang des 18. Jh.s her in Frage gestellt und den Naturwissenschaften zunehmendes Interesse geschenkt. Diderot zeigt, daß die experimentelle Methode, die den Rationalismus ablösen soll, ein dauerndes Hin und Her zwischen kolligierender Beobachtung, kombinierender Reflexion und verifizierendem Experiment erfordert. Dabei muß man der leidigen Tatsache Rechnung tragen, daß die menschlichen Sinne nur einzelne Bruchstücke *»der großen, alles verbindenden Kette«* zu erfassen vermögen. Mit den letzteren Worten ist nun aber ein Sachverhalt von fundamentaler Bedeutung ausgesprochen: die Erkenntnis der Einheit der Natur. Daraus ergibt sich notwendig eine neue Entdeckung: Es muß einen Zusammenhang zwischen allen Formen des irdischen Daseins geben. Das Gesetz, das sie verbindet, ist das der Evolution. Gewiß hatte Diderot für seinen Transformismus das Vorbild von MAUPERTUIS, dem nachmaligen Präsidenten der Preußischen Akademie der Wissenschaften, vor Augen. Aber Diderot demonstriert die seiner Ansicht nach innere Inkonsequenz dieses Denkers, der seine Entdeckungen mit einem an LEIBNIZ orientierten Idealismus und mit dem Respekt vor der Religion vereinbaren zu können glaubte. – Die *Interprétation de la nature* erweist sich als eine wichtige Vorstufe für die Ausarbeitung einer Weltanschauung, die im *Rêve de d'Alembert* jeden Widerspruch auszuschließen scheint. W.Kr.

AUSGABEN: o. O. 1754. – Paris 1875–1877 (in *Œuvres complètes*, Hg. J. Assézat u. M. Tourneux, 20 Bde., 2, Nachdr. Nendeln 1966). – Paris 1977 (in *Œuvres philosophiques*, Hg. P. Vernière; Class. Garn). – Paris 1981 (in *Œuvres complètes*, Hg. H. Dieckmann, 1975 ff., Bd. 9; krit.). – Paris 1983, Hg. A. M. Chouillet.

ÜBERSETZUNGEN: *in Gedanken über Philosophie und Natur*, I. Lange u. M. Bense, Weimar 1948. – *Gedanken zur Interpretation der Natur*, Th. Lücke (in *Philosophische Schriften*, Bd. 1, Bln. 1961; ern. 1984). – Dass., ders., Lpzg. 1965 (RUB).

LITERATUR: M. Landrieu, *Lamarck et ses précurseurs* (in Revue Anthropologique, 16, 1906, S. 152 bis 169). – H. Dieckmann, *The Influence of F. Bacon on D.'s »Interprétation de la nature«* (in RomR, 34, 1945, S. 303–330). – A. Lerel, *D.s Naturphilosophie*, Wien 1950. – P. Casini, *D., le philosophe*, Bari 1962. – J. Rostand, *Biologie et humanisme*, Paris 1964, S. 211–233. – L. K. Luxembourg, *F. Bacon and D.*, Kopenhagen 1967. – J. Roger, *Les sciences de la vie dans la pensée française du 18e siècle*, Paris 1971. – U. Winter, *Materialismus bei D.*, Genf 1972. – M. Guédès, *L'édition originale des »Pensées sur l'interprétation sur la nature«* (in Revue française d'histoire du livre, 50, 1981, S. 625–634). – E. de Fontenay, *D. ou le matérialisme enchanté*, Paris 1981. – H. Lefebvre, *D. ou les affirmations fondamentales du matérialisme*, Paris 1983. – A.-M. Chouillet, *D. »Pensée sur l'interprétation de la nature«. Concordances*, Paris 1983. – J. Borek, *Ästhetisierung der Natur* (in J. B., *Sensualismus und Sensation*, Köln/Graz 1983, S. 53–73).

## LE PÈRE DE FAMILLE

(frz.; *Der Hausvater*). Prosakomödie in fünf Akten von Denis DIDEROT, entstanden 1757/58, Uraufführung: Marseille, November 1760; Paris 1761, Comédie-Française. – Nach seiner Entlassung aus dem Gefängnis von Vincennes, wo er unter Anklage des Atheismus und des Materialismus eingekerkert war, wandte sich Diderot der theoretischen und praktischen Grundlegung des *drame bourgeois* zu, das er *»genre sérieux«* nannte, einer »lebensnahen« Mittelgattung zwischen Komödie und Tragödie, die das Bürgertum in seiner eigenen Welt auf die Bühne bringen sollte. Den beiden Stücken, die aus dieser Bestrebung hervorgingen, läßt der Autor jeweils theoretische Abhandlungen folgen: dem *Fils naturel* (1757) die *Entretiens sur le fils naturel*, dem *Père de famille* den *Discours sur la poésie dramatique*. Darin wird der *Hausvater* dem Genre der *»comédie sérieuse«* zugewiesen, die sich, die tragische Zuspitzung vermeidend, mit den Pflichten und Tugenden des bürgerlichen Lebens befaßt.

Die dramatische Struktur des Stücks baut auf dem Vater-Sohn-Konflikt auf. Gemäß Diderots eigener Forderung beruht dieser Konflikt nicht auf einem Gegensatz der Charaktere, sondern der Rollen. »Hausvater« d'Orbesson, wesensverwandt mit dem ehrbaren, ebenso gutmütigen wie tyrannischen Vater des Philosophen (für Diderot blieb das väterliche Prinzip stets ein Pfeiler seiner moralischen Weltordnung), verbietet seinem Sohn Saint-Albin die Verbindung mit der zwar tugendsamen, aber unvermögenden Waise Sophie. Während der Vater die Gehorsamspflicht gegenüber den Geboten des eigenen Standes hervorkehrt *(»Wie? Ich sollte einer schändlichen Schwäche nachgeben, der Unordnung in der Gesellschaft, der Vermischung des Blutes, der Entartung der Familie?«)*, hält ihm der Sohn im Geiste ROUSSEAUS das Recht der freien Gefühlsentscheidung entgegen: *»Sie werden alles umstürzen, alles zerstören, die Natur Ihren miserablen Konventionen unterwerfen!«* Als die eigentlich Handelnden schlagen sich auf die Seite d'Orbessons der intrigante »Commandeur« und Schwager d'Aulnoi, der menschliche Rücksicht bedenkenlos der Unterwerfung unter die Konventionen opfert und sogar einen Verhaftungsbefehl gegen Sophie durchsetzt, auf die Seite Saint-Albins dagegen der junge Habenichts Germeuil, der dessen Schwester Cécile liebt. Der ständische Konflikt kommt jedoch nicht zum Austrag: Sophie entpuppt sich im letzten Moment als Nichte des Commandeurs (das alte Komödienmotiv der Anagnorisis). Der im Grunde eher sanfte und einsichtige Vater läßt sich jetzt leicht umstimmen, so daß, wie im *Fils naturel*, eine glückliche Doppelhochzeit das Stück beschließen kann.

Die angestrebte lebensvolle Handlung – die Szenenanmerkungen schreiben mit minuziöser Genauigkeit die Bewegungen der Schauspieler vor – ist nicht mit dem Maßstab eines modernen skeptischen Realismus zu messen. Die bürgerlich-emanzipatorische Tugendauffassung schließt die Niederlage der Tugend von vornherein aus, und der versöhnliche Schluß stellt zunächst die durch den Ständegegensatz gefährdete Weltordnung wieder her. Eine »Lösung« des Konflikts kam für den Dialektiker Diderots überdies nicht in Frage: Die gegensätzlichen Positionen werden trotz einiger revolutionärer Töne durchaus abgewogen dargestellt. Da es dem Autor hier mehr auf rhetorische und gedankliche Erhellung als auf dramatische Aktion und Entscheidung ankommt, fallen – im Urteil des heutigen Lesers – die Dialoge so steif, die Tugend so redselig, die Leidenschaften so trocken aus. – LESSING, der Diderots bürgerliche Dramen ins Deutsche übertrug (1760, anonym), sich in der *Hamburgischen Dramaturgie* (84.–89. Stück) ausführlich mit dem *Hausvater* auseinandersetzte und die Gattung schließlich mit *Minna von Barnhelm* (1767) auf ihren Gipfel führte, stellte das *»vortreffliche Stück«* dem deutschen Theater als zukunftweisendes Muster einer *»weder französischen noch deutschen«*, sondern *»bloß menschlichen«* Bühne vor Augen. – Kein anderer als BEAUMARCHAIS (vgl. *La mère coupable*) sollte Jahrzehnte später auf Diderots »bürgerliches Drama« zurückgreifen. R.M.

AUSGABEN: Amsterdam 1758. – Paris 1772. – Paris 1875–1877 (in *Œuvres complètes*, Hg. J. Assézat u. M. Tourneux, 20 Bde., 7; Nachdr. Nendeln 1966). – Paris 1974 (in *Théâtre du 18e siècle*, Hg. J. Truchet, Bd. 2; Pléiade). – Paris 1980 (in *Œuvres complètes*, Hg. H. Dieckmann u. a., 1975 ff., Bd. 10; krit.).

ÜBERSETZUNGEN: *Der Hausvater*, G. E. Lessing (in *Das Theater des Herrn Diderot*, Bd. 2, Bln. 1760). – Dass., anon., Münster 1775. – Dass., G. E. Lessing, Lpzg. o. J. [um 1888] (RUB; ern. Stg. 1986; Nachw. K.-D. Müller).

LITERATUR: E. Howald, *Die Exposition von D.s »Père de famille«* (in *Überlieferung und Gestaltung, Festgabe für Th. Spoerri*, Zürich 1950, S. 51–76). – H. C. Lancaster, *The Cast and the Reception of D.'s »Père de famille«* (in MLN, 69, 1954, S. 416–418). – R. Lewinter, *D. et son théâtre, pour une psychocritique formelle* (in Les temps modernes, 24, 1968, S. 698–721). – R. P. Whitmore, *Two Essays on »Le père de famille«* (in StV, 1973, Nr. 116, S. 137–209). – D. G. Carr, *»Le père de famille« et sa descendance anglaise* (in *Enlightenment Studies in*

*Honour of L. G. Crocker*, Hg. A. J. Bingham u. V. W. Topazio, Oxford 1979, S. 49–58). – H. Coulet, *»Le père de famille« à Marseille en 1760* (in *La vie théâtrale dans les provinces du Midi*, Hg. Y. Giraud, Tübingen/Paris 1980, S. 201–207). – A. M. Chouillet, *Dossier du »Fils naturel« et du »Père de famille«* (in StV, 1982, Nr. 208, S. 73–166). – C. Albert, *Der melancholische Bürger. Ausbildung bürgerlicher Deutungsmuster im Trauerspiel D.s und Lessings*, Ffm./Bern 1983. – R. Behrens, *D.s »Père de famille«* (in RZL, 9, 1985, S. 41–77).

## LA RELIGIEUSE

(frz.; *Die Nonne*). Roman in Briefform von Denis DIDEROT, entstanden um 1760, erschienen 1796. – Die berühmt-berüchtigte »Klostersatire« hat eine anekdotenhafte Entstehungsgeschichte: Ein im Jahr 1758 Aufsehen erregender Prozeß der um Aufhebung ihrer Gelübde kämpfenden Nonne Suzanne Simonin beschäftigte Diderot und seinen Freundeskreis so stark, daß man hoffen konnte, einen auf seinen Besitzungen weilenden Freund, den philanthropisch gesinnten Marquis de Croismare, mit an ihn gerichteten fingierten Briefen der nun angeblich aus der Klosterhaft entflohenen Nonne wieder nach Paris zurückzuholen. Aus dem Scherz wurde der Ernst eines Romans, in dem – empfindsames Gegenstück zu *Jacques le fataliste* – der Autor mit dem Abscheu vor der den Menschen verbiegenden und zerstörenden Widernatürlichkeit des Klosterlebens bzw. der christlichen Askese insgesamt seine innersten Überzeugungen zum Ausdruck bringt. Diderot, den die eindrucksvollen Schilderungen des Werks selbst zu Tränen gerührt haben sollen, bemerkte später, es sei *»niemals eine blutigere Satire über die Klöster geschrieben worden«*.
Ausgangspunkt des Romans ist der in Diderots philosophischem Weltbild fest verankerte und auch in der Auseinandersetzung mit ROUSSEAU immer wieder vertretene Glaube an die gesellschaftliche Natur des Menschen: *»Der Mensch ist für die Gesellschaft geboren. Trennt ihn von ihr, isoliert ihn, und seine Begriffe werden auseinanderfallen, sein Charakter wird sich verkehren, tausend lächerliche Begierden werden in seinem Herzen erwachen, überspannte Gedanken werden in seinem Geist keimen wie Unkraut auf wilder Erde.«* Der Autor ist davon überzeugt, daß die klösterlichen Gelübde – Gehorsam, Armut, Keuschheit – eine Verkümmerung und Depravation des Menschen hervorrufen müssen, die weder mit humanistischen noch mit christlichen Wertvorstellungen vereinbar sein. Suzannes Leidensweg durch drei verschiedene Klöster soll diese erzwungene Selbstentfremdung des Menschen paradigmatisch vor Augen führen.
Suzanne Simonin, ungeliebtes außereheliches Kind einer einflußreichen Familie, wird von der Mutter und dem Ziehvater als junges Mädchen unter Drohungen gezwungen, den Schleier zu nehmen. Auf der ersten Station ihres Martyriums, dem Kloster von Sainte-Marie, hat sie es mit einer raffinierten, scheinheiligen Oberin zu tun, die ihr mit falscher Freundlichkeit und Schmeicheleien das Klosterleben schmackhaft zu machen sucht. Suzanne unterzieht sich zwar der Zeremonie der Einkleidung, beschwört aber durch die mutige öffentliche Ablehnung der Profeß einen Skandal herauf. Im Kloster von Longchamp, wo sie von neuem auf die Gelübde vorbereitet werden soll, gerät sie nacheinander an zwei grundverschiedene Oberinnen: eine »Heilige«, deren Güte und Menschlichkeit sie mit der Kirche und dem Kloster fast zu versöhnen vermag, und, nach deren baldigem Tod, an eine intrigante, jansenistisch gesonnene Sektiererin, die sie mit Entbehrungen, Züchtigungen und Kerkerhaft sadistisch terrorisiert. Vorsichtig eingeleitete Kontakte zur Außenwelt ermöglichen es der grausam gequälten Nonne schließlich, einen Prozeß auf Widerruf der inzwischen unter Zwang abgeleisteten Gelübde anzustrengen, den sie allerdings – zum Gespött ihrer Peinigerinnen – verliert. Doch die intensiven Bemühungen ihres Anwalts Manouri und das Einschreiten des Generalvikars bewirken die Einweisung in ein anderes Kloster. Hier, in St. Eutrope, regiert eine Oberin, die ob ihrer lesbischen Neigungen Suzanne sogleich zur Favoritin erhebt. Die anfängliche, in Suzannes Unschuld begründete Ahnungslosigkeit weicht nach den Drohungen des Beichtvaters einer furchtbaren Gewissensnot, aus der sie erst die mit Hilfe eines jungen Geistlichen (Dom Morel) bewerkstelligte endgültige Flucht aus dem Kloster befreit.
Besonders die Schlußhandlung dieses Briefromans – bevorzugtes Ausdrucksmedium der Empfindsamkeit – ist, stilistisch prägnant, mit sicherem psychologischem Gespür geschildert. Der um nachträgliche, an die Adresse des Empfängers gerichtete Erläuterungen erweiterte Erlebnisbericht der fiktiven Erzählerin erreicht hier ein Höchstmaß an Eindringlichkeit und Objektivität. Beides fügt sich unterstützend in das Schema des barocken Märtyrerdramas, das Diderot – wie RICHARDSON in seiner *Pamela* – übernimmt, um so die Kirche mit ihren eigenen Waffen zu schlagen. Entscheidend ist, daß die Nonne in kein amouröses Abenteuer verstrickt, keinem Konflikt zwischen Liebeserfüllung und Bindung an das Gelübde ausgesetzt wird – darin unterscheidet sich dieser kämpferisch-aufklärerische Protest von anderen zeitgenössischen Klostergeschichten –, sondern als frommes und gottesfürchtiges Wesen allein an der Unmenschlichkeit und »Unchristlichkeit« der Klosterinstitution zu zerbrechen und schließlich auch an ihrem Glauben irre zu werden droht: *»Können solche Gelübde, die dem Wesen der Natur zuwiderlaufen, jemals eingehalten werden, es sei denn von einigen mißgebildeten Geschöpfen, in denen die Keime der Leidenschaft verwelkt sind?«* W.Kr.-KLL

AUSGABEN: Paris 1796. – Paris 1875–1877 (in *Œuvres complètes*, Hg. J. Assézat u. M. Tourneux, 20 Bde., 5; Nachdr. Nendeln 1966). – Paris 1959 (in *Œuvres romanesques*, Hg. H. Bénac; Class. Garn; ern. 1981). – Paris 1962 (in *Œuvres*, Hg.

A. Billy; Pléiade). – Genf 1963, Hg. J. Parrish (krit.; TLF). – Paris 1975 (in *Œuvres complètes*, Hg. H. Dieckmann u. a., 1975 ff., Bd. 11; krit.).

ÜBERSETZUNGEN: *Die Nonne*, anon., Zürich 1797. – *Die Nonne. Sittenroman*, W. Thal [d. i. W. Lilienthal], Fürstenwalde/Stg. 1899; [13]1913. – *Die Nonne*, H. R. Floerke (in *Gesammelte Romane und Erzählungen*, Bd. 2, Mchn. 1921). – Dass., Bln. 1959 [Vorw. V. Klemperer]. – Dass., H. Hinterhäuser (in *Das erzählerische Gesamtwerk*, Hg. ders., 4 Bde., 1, Bln. 1966; ern. Ffm./Bln. 1987; Ullst. Tb). – Dass., ders. (in *Sämtl. Romane u. Erzählungen*, Hg. ders., 2 Bde., 1, Mchn. 1979; ern. 1982). – Dass., U. Lehr, bearb. nach der ersten Übers., Ffm. 1966; ern. 1973 (Insel Tb). – Dass., C. Wohlmut, Karlsruhe 1967. – Dass., C. Gersch (in *Das erzählerische Werk*, Hg. M. Fontius, 4 Bde., 2, Bln. 1978).

VERFILMUNG: Frankreich 1965 (Regie: J. Rivette).

LITERATUR: H. Dieckmann, *The Préface-Annexe of »La religieuse«* (in D. Studies, 2, 1953, S. 21–147). – G. May, *D. et »La religieuse«*, Paris 1954. – R. J. Ellrich, *The Rhetoric of »La religieuse« and 18th Century Forensic Rhetoric* (ebd., 3, 1961, S. 129–154). – J. Parrish, *Conception, évolution et forme finale de »La religieuse«* (in Revue Française, 74, 1962, S. 361–384). – A. J. Freer, *Une page de »La religieuse« jugée par la génération romantique. D. et l'»Amende honorable« de Delacroix* (in Rivista di Letterature Moderne e Comparate, 16, 1963, S. 180–208). – J. Proust, *Recherches sur »La religieuse«* (in D. Studies, 6, 1964, S. 197–214). – J. de Boy u. A. J. Freer, *»Jaques le fataliste« et »La religieuse« devant la critique révolutionnaire, 1796–1800*, Genf 1965. – E. Lizé, *»La religieuse«, un roman épistolaire* (in StV, 1972, Nr. 98, S. 143–163). – R. Godenne, *Les nouvellistes des années 1680–1750 et »La religieuse«* (in D. Studies, 10, 1973, S. 55–68). – H. Josephs, *D.s »La religieuse«* (in MLN, 91, 1976, S. 734–755). – K. Dirscherl, *Ist D.s »Religieuse« ein antireligiöser Roman?* (in ZfrzSp, 88, 1978, S. 1–27). – V. Mylne, *D., »La religieuse«*, Ldn. 1981. – Dies., *What Suzanne knew, Lesbianism and »La religieuse«* (in StV, 1982, Nr. 208, S. 167–173). – H. Cohen, *Jansenism in D.'s »La religieuse«* (in Studies in Eighteenth Century Culture, 11, 1982, S. 75–91). – F. Luoni, *»La religieuse«* (in Littérature, 54, Mai 1984, S. 79–99). – P. B. Knight, *D.'s »La religieuse«* (in NFSt, 14, 1985, S. 15–25). – D. Goodman, *Story-Telling in the Republic of Letters. The Rhetorical Context of D.'s »La religieuse«* (in Nouvelles de la République des Lettres, 1, 1986, S. 51–70). – J. C. Hayes, *Retrospection and Contradiction in D.'s »La religieuse«* (in RomR, 27, 1986, S. 233–242). – M. D. Ryan, *Search for Identity in D.'s »La religieuse«*, Diss. Univ. of Utah 1986 (vgl. Diss. Abstracts, 47, 1986/87, S. 2178/2179A). – D. Th. Valahu, *D.'s »La religieuse« and Richardson. Textual Convergence and Disparity* (in StV, 1986, Nr. 241).

## LES SALONS

(frz.; *Kunstausstellungsberichte*). Neun kritische Berichte über Ausstellungen der Pariser Kunstakademie von Denis DIDEROT, erschienen zwischen 1759 und 1781 in der *Correspondance littéraire* von Melchior de GRIMM, die, handschriftlich verfertigt, für einen Kreis von Abonnenten im Ausland, vor allem Fürstenhäuser, bestimmt war. Die *Salons* wurden erst nach dem Tode Diderots gedruckt und blieben somit ohne Einfluß auf die Kunstkritik des 18. Jh.s. – Die Anfänge der modernen Kunstkritik in Frankreich sind mit der Geschichte der Pariser Kunstausstellungen eng verbunden. Schon in der zweiten Hälfte des 17. Jh.s veranstaltete die Pariser Akademie in unregelmäßigen Abständen Ausstellungen, aber erst im 18. Jh. wurden diese zu einem alle zwei Jahre stattfindenden Ereignis ersten Ranges. Kritische Ausstellungsberichte, nach dem Ausstellungsort (seit 1725 der »Salon Carré« im Louvre) *Salons* genannt, erschienen in Zeitungen, Korrespondenzen und zahlreichen Broschüren und erregten zunächst den heftigsten Widerstand der Künstler. Das Recht des Laien auf Kritik an den Werken der bildenden Kunst, die Angemessenheit seines Urteils blieben lange umstritten, und auch Diderots *Salons*, die erstmalig den Dilettantismus der damaligen Kunstkritik hinter sich lassen, zeugen von diesem Zwiespalt. – Die Aufmerksamkeit Diderots und seiner Zeitgenossen konzentrierte sich vor allem auf die Malerei, die in Opposition zur zerfallenden Tradition des Rokokostils spezifisch bürgerliche Ausdrucksformen wie den Sentimentalismus Greuzes und den Naturalismus Chardins entwickelte. Den Siegeszug des Klassizismus hat Diderot, der noch die ersten Bilder Davids sah, nicht mehr erlebt.

Wie der Abbé J. B. DUBOS in den *Réflexions critiques sur la poésie et sur la peinture* (1719) geht Diderot in den *Salons* von der emotionalen Wirkung der Kunst aus: *»Die Malerei ist die Kunst, die Seele mittels der Augen zu rühren.«* Rührung und Gefallen werden wiederum durch genaue Naturnachahmung, d. h. eine vollkommene Illusion erweckt. Eine Malerei, die sich von der Naturnachahmung so sehr entfernt hat wie die mechanisch gewordene Rokokomanier eines Boucher, wird in den *Salons* mit zunehmender Schärfe bekämpft. Die Polemik gegen den *»Maler der Busen und Hintern«* trifft zugleich die frivole aristokratische Gesellschaftskultur des Rokoko, die Diderot für falsch und verlogen hält. Dieser hält Diderot die sentimentalen bürgerlichen Familienszenen Greuzes entgegen, in denen das Bürgertum der Zeit gerührt wahre Menschlichkeit und damit die eigene Selbstlegitimation wiederzufinden glaubte. Dubos' sensualistischer Begriff der Rührung hat sich hier in eine moralische Ergriffenheit verwandelt, die die Liebe zur Tugend und den Abscheu vor dem Laster stärken soll. Die zeittypische Allianz von Kunst und Moral kennzeichnet jedoch nur eine Seite von Diderots Kunstkritik. Zu erstaunlich neuen Einsichten gelangt er dort, wo er nicht von ideellem Gehalt *(l'idée)* und moralischer Wirkung ausgeht, sondern der Faszinationskraft einer meisterhaften formalen Ausführung *(le faire)* erliegt. Insbesondere im Umgang mit Malern von hohem technischem Können wie La Tour, Vernet und Chardin lernt er, im Genie nicht nur eine Funktion der Sensibilität zu sehen und auch ein *»Genie des Technischen«* anzuerkennen. Das Dargestellte mag widrig sein, wie in dem Stilleben *Raie dépouillée* (Enthäuteter Rochen), aber *»der Ekel wird aufgehoben, weil die wirklichkeitsgestaltende Macht der Kunst so groß ist«* (H. Dieckmann). Im hingerissenen Staunen über die »Magie« der Bilder Chardins kommt Diderot der Ahnung von der schöpferischen Expressivität und dem persönlichen Stil des Künstlers vielleicht am nächsten. Bemerkenswert ist zudem das Abrücken von einer zu engen Ästhetik des Schönen, die der konkreten, alltäglichen Wirklichkeit keinen Platz einräumt. Mit der *»Nachahmung der schönen Natur«* (Batteux, 1713–1780) ist das Verlangen nach den intensiven emotionalen Wirkungen des Malerischen *(Le pittoresque)* und Erhabenen *(Le sublime)* nicht mehr zu vereinbaren. Dies führt in den *Salons* zu einer Aufwertung des Tragischen, Häßlichen und Grausigen und kündigt damit ein zentrales Thema der modernen Ästhetik an.

Diderot hat den Stil und die Technik seiner Kunstkritik erst allmählich ausgebildet. Die ersten *Salons* wirken, verglichen mit den Meisterleistungen der Jahre 1763, 1765 und 1767, wie tastende Versuche. Die späteren Ausstellungsberichte sind schwungloser, kürzer und plagiieren z. T. Urteile und Formulierungen der zeitgenössischen Kunstkritik. Bewunderungswürdig bleiben der Enthusiasmus und Wirbel von Ideen, Einfällen, Anekdoten in den besten *Salons*. Themen, Tempo und Tonfall wechseln unaufhörlich, und die Unmittelbarkeit des Arrangements – als Brief, Dialog, Traum und sogar fiktive Wanderung in gemalten Landschaften – verleiht der Beschreibung und Kritik eine zupakkende Direktheit. Die Problematik seiner systematisch registrierenden Gemäldebeschreibung bei dem Versuch einer »Übersetzung« der Bildkunst in Sprache ist Diderot nicht entgangen. In den späteren *Salons* hat er meist auf eine genaue Beschreibung verzichtet und mit der Forderung nach einer Bildbeigabe für seine Berichte zumindestens theoretisch den Übergang von der Bildbeschreibung zur Bilderklärung vollzogen.

Die kritischen Würdigungen der Leistung Diderots betonen oft einseitig all das, »was er noch nicht wußte«, oder aber sie ziehen allzu ungebrochene Verbindungslinien von den *Salons* zur Kunstkritik etwa eines BAUDELAIRE. Die Kategorien von Diderots Kunsttheorie und Kunstkritik sind jedoch weder dem Pol der Naturnachahmungslehre noch dem entgegengesetzten der Schöpfungstheorie eindeutig zuzurechnen. Nachahmung heißt in den *Salons* nicht nur Kopie der Wirklichkeit, sondern setzt ein *»ideelles Modell« (Salon* 1767) im Künstler voraus. Vom *»Ekel am Wirklichen«* und der zentralen Stellung der schöpferischen Imagination bei Baudelaire ist dies jedoch noch weit entfernt. Diderot attackiert die akademische Kunstdoktrin seiner Zeit, ohne ihre wesentlichen Prinzipien aufzugeben. Diderot hat mit seinen *Salons* die Kunstkritik zu einem seitdem in Frankreich anerkannten literarischen Genre entwickelt. Bahnbrechend war seine Berücksichtigung des Urteils der Künstler, mit denen er – als Kunstkritiker – ins Gespräch kommt. Neben der traditionell hohen Bewertung des Stoffes, des ideellen Gehaltes macht sich in den *Salons* ein zunehmendes Interesse an der formalen Realisierung und farblichen Gestaltung eines Bildes bemerkbar. P.Mo.-KLL

AUSGABEN: Paris 1795 (*Salon de 1765*; zus. m. *Essais sur la peinture*). – Paris 1798 (*Salon de 1767*, in *Œuvres*). – Paris 1813 (*Salon de 1759*, in Correspondance Littéraire). – Paris 1819 (*Salon de 1761* u. die 5 letzten Briefe des *Salon de 1769* in *Supplément aux Œuvres*). – Paris 1829/30 (*Salons de 1763, 1771, 1775, 1781*, in *Mémoires, correspondance et ouvrages inédits*, 4 Bde.). – Paris 1875 (*Salons de 1763, 1771, 1775, 1781* u. die ersten 12 Briefe des *Salon de 1769*, in Revue de Paris, Bde. 38–40). – Oxford/Paris 1957–1967, Hg. J. Seznez u. J. Adhémar, 4 Bde. – Paris 1959 (in *Œuvres esthétiques*, Hg. P. Vernière; Class. Garn). – Paris 1980–1984 (in *Œuvres complètes*, Hg. H. Dieckmann u. a., 1975 ff., Bd. 13/14; krit.). – Paris 1984, Hg. J. Chouillet u. G. May *(Salons de 1759, 1761, 1763)*.

ÜBERSETZUNGEN: *Diderots Kritik der bildenden Kunst. Salons*, Th. Lücke, Dresden 1954. – In *Ästhetische Schriften*, F. Bassenge u. Th. Lücke, 2 Bde., Ffm. 1968; ern. Bln. 1984.

LITERATUR: A. Dresdner, *Die Entstehung der Kunstkritik im Zusammenhang mit der Geschichte des europäischen Kunstlebens*, Bd. 1, Mchn. 1915. – J. Pommier, *»Les salons« de D. et leur influence au 19e siècle* (in Revue des Cours et Conférences, 1935/36, Bd. 2, S. 289–306; 437–452). – A. Langen, *Die Technik der Bildbeschreibung in D.s »Salons«* (in RF, 61, 1949, S. 324–387). – Y. Belaval, *L'esthétique sans paradoxe de D.*, Paris 1950. – G. May, *D. et Baudelaire, critiques d'art*, Genf/Paris 1957. – Ders., *In Defense of D.'s Art Criticism* (in FR, 37, 1963/64, S. 11–21). – H. Dieckmann, *Die Wandlung des Nachahmungsbegriffes in der französischen Ästhetik des 18. Jh.s* (in *Nachahmung und Illusion. Kolloquium Gießen 1963*, Hg. H.-R. Jauß, Mchn. 1964, S. 28–59). – H. Mølbjerg, *Aspects de l'esthétique de D.*, Kopenhagen 1964. – J. Seznec, *Les derniers »Salons« de D.* (in FSt, 19, 1965, S. 111–124). – E. M. Bukdahl, *D. est-il l'auteur du »Salon de 1771«?*, Kopenhagen 1966. – M. Cartwright, *D. et l'expression: un problème de style dans la formation d'un critique d'art* (in StV, 1967, Nr. 55, S. 345–359). – A. Nahon, *Le comique de D. dans les »Salons«* (in D. Studies, 10, 1968, S. 121–132). – H. Dieckmann, *Das Abscheuliche u. Schreckliche in der Kunsttheorie des 18. Jh.s* (in *Die nicht mehr schönen Künste*, Hg. H.-R. Jauß, Mchn. 1968, S. 271–317). – M. T. Cartwright, *D. critique* *d'art et le problème de l'expression*, Genf 1969. – S. Jüttner, *Die Kunstkritik D.s (1759–1781)* (in *Beiträge zur Theorie der Künste im 19. Jh.*, Hg. H. Koopman u. J. A. Schmoll, Bd. 1, Ffm. 1971/72, S. 13–29). – T. Besterman, *Art in the Age of Reason* (in StV, 1972, Nr. 87, S. 17–36). – J. Chouillet, *La formation des idées esthétiques de D.*, Paris 1973. – G. Sauerwald, *Die Aporie der D.schen Ästhetik (1745–1781)*, Ffm. 1975. – E. M. Bukdahl, *D. critique d'art*, 2 Bde., Kopenhagen 1980–1982. – R. Virolle, *D., la critique d'art comme création romanesque dans les »Salons« de 1765 et 1767* (in *La critique artistique*, Vorw. J. Gaulmier, Paris 1983). – J. Proust, *Le »Salon de 1767« et les »Contes«* (in SFR, 8, 1984, S. 257–271). – J. Chouillet, *La poétique du rêve dans les »Salons« de D.* (ebd., S. 245–256). – J. Hayes, *D.'s Elusive Self* (in KRQ, 31, 1984, S. 251–258). – S. Kofman, *La ressemblance des portraits* (in EsCr, 24, 1984, S. 13–32). – G. May, *Relire et redécouvrir les »Salons« de D.* (in *Interprèter D. aujourd'hui*, Hg. E. de Fontenay u. J. Proust, Paris 1984, S. 17–30). – D. J. Adams, *Les derniers »Salons« – continuité ou rupture de la pensée diderotienne?* (in *D., les dernières années 1770–1784*, Hg. P. France u. A. Strugnell, Edinburgh 1985, S. 107–118). – M. E. Blanchard, *Writing the Museum* (in *D., Digression and Dispersion*, Hg. J. Undank u. H. Josephs, Lexington 1985, S. 21–36).

## SUPPLÉMENT AU VOYAGE DE BOUGAINVILLE ou Dialogue entre A. et B. sur l'inconvénient d'attacher des idées morales à certaines actions physiques qui n'en comportent pas

(frz.; *Nachtrag zu Bougainvilles Reise oder Dialog zwischen A. und B. über das Unwesen, moralische Ideen an gewisse physische Handlungen zu knüpfen, zu denen sie nicht passen*). Philosophischer Dialog von Denis DIDEROT, erschienen 1796. – 1771 war der Reisebericht *Voyage autour du monde* des ersten französischen Weltumseglers Louis-Antoine de BOUGAINVILLE (1729–1814), der von seiner Weltumseglung einen Eingeborenen aus Tahiti mitbrachte und ihn in den Pariser Salons vorführte, erschienen; um 1772 hat Diderot seine eigene vorangehende Besprechung des sehr erfolgreichen Buches, die er für die ›Correspondance Littéraire‹ seines Freundes Melchior GRIMM abgefaßt hatte, zu einer vierteiligen Abhandlung umgearbeitet und erweitert. Sie lag 1775 in der endgültigen Fassung vor. – Der Autor verfolgte mit seinem *Supplément*, eine seiner kühnsten Schriften, eine doppelte Absicht: zum einen sollten dem hochfahrend-kolonialistischen Bericht des Seefahrers über die Liebesfreiheit in Polynesien einige skeptische Aspekte hinzugefügt werden (zwei Einschübe werden deshalb als dessen unterdrückte eigene Nachträge deklariert), zum anderen sollte durch den relativierenden Blick auf eine zwar primitive, doch glückliche Gesellschaftsform Kritik geübt werden an der Naturwidrigkeit der europäischen Sitten und Gesetze, vor allem im Bereich von Ehe und Sexualität. Denn die christliche Religion hat *»die Namen Laster und Tugend an Handlungen geknüpft, auf die der Begriff der Moralität nicht anwendbar ist«*.

Das erste und das letzte Kapitel bilden den Rahmendialog: Die Gesprächspartner A. und B. (letzterer ist als die Stimme des Autors aufzufassen) beleuchten die Ergebnisse der Bougainvilleschen Unternehmung und versuchen in ihrer Schlußbetrachtung aus den bisherigen Erkenntnissen die notwendigen Folgerungen zu ziehen. Der zweite Abschnitt, *Les adieux du vieillard*, enthält die fiktive Abschiedsansprache eines tahitischen Greises an die aussegelnde Fregatte, der gegen die skrupellosen Kolonisatoren bittere Vorwürfe erhebt, die in einer antikolonialen Darstellung der Korruptheit des alten Europa gipfelt: Die Europäer hätten die grenzenlose Gastfreundschaft der Tahitianer mißbraucht und über das glückliche Land durch die Berührung mit einer fremden Zivilisation, Religion und Moral sowie durch die Ansteckung mit der venerischen Krankheit Unglück und Schuld gebracht. – Das dritte Kapitel, *Entretien de l'aumônier et d'Orou*, enthält einen fiktiven Dialog zwischen dem Schiffskaplan der Fregatte und einem tahitischen Familienvater. Orou legt seinem Gast im einzelnen das Familiensystem und die Liebesbräuche der Polynesier dar und bietet ihm Frau und Töchter zum Beischlaf an. Der Geistliche macht trotz Gewissenspein von dem Angebot Gebrauch und verfällt von einer Nacht zur anderen den ihm nacheinander aufgedrängten Reizen. Er lernt, daß die Tahitianer ihr ganzes Kapital im Kinderreichtum erblicken und daß ihre fast vollständige sexuelle Freiheit, von der nur die minderjährigen, unfruchtbaren und schwangeren Frauen ausgeschlossen sind, in erster Linie der Mehrung dieses Reichtums dient. Als der Kaplan auf die Bitte des Gastgebers erklären soll, was er unter Religion versteht, muß er die stärkeren Argumente bald dem anderen überlassen, der ihn von der Unnatur seiner europäischen Auffassung fast zu überzeugen weiß.

Schon in diesem Gespräch erfahren die an J.-J. ROUSSEAUS Frühschrift *Discours sur l'inégalité* (1754) anklingenden Gedanken eine – nach dialektischer Methode gewonnene – Präzisierung: Auch Tahiti kennt Tabus und Sitten: *»Was den fremden Besucher als Erfüllung erotischer Träume berauschte, erweist sich als Fruchtbarkeitsgesetz einer ihre Erhaltung unbekümmert verfolgenden Physis«* (H. Dieckmann). Das Wissen um die Verschiedenartigkeit der beiden Zivilisationsstufen hindert den Autor daran, den Europäern eine Rückkehr zum »rohen, wilden Naturzustand« zu predigen, doch sieht er die größeren Vorteile bei dem Naturvolk, denn diesem *»fällt es ja leichter, sich seiner allzu weitgehenden Naturwüchsigkeit zu entledigen, als uns, umzukehren und unsere Mißbräuche zu beseitigen«*. Das Glück der Menschen wird aus der Kongruenz von Gesetz und Moral mit der Natürlichkeit hervorgehen, denn *»die Herrschaft der Natur kann nicht aufgehoben werden«*. Diderot erkennt, daß das Elend des zivilisierten Menschen, die sado-masochistische

Struktur seiner Moral, aus den verschiedensten Formen der staatlichen und individuellen Tyrannei, aus der Macht- und Besitzgier einzelner resultiert. Am Ende der Abhandlung stehen ein klar formulierter Reformwille und eine Absage an die Anarchie: *»Wir werden gegen die unvernünftigen Gesetze reden, bis man sie ändert, und uns ihnen für die Zwischenzeit unterwerfen.«*
Die Schärfe der aufgeworfenen Fragen, die Offenheit, mit der sie behandelt werden, lassen dieses Meisterwerk kulturkritischer Schriften der Aufklärung, dessen Wirkungsgeschichte lange Zeit unter der Verfemung einer prüden Kritik zu leiden hatte, heute so aktuell wie zur Zeit seiner Entstehung erscheinen. Direkt angeknüpft an seinen antikolonialistischen Charakter hat später J. GIRAUDOUX mit seinem *Supplément au voyage de Cook* (1937). KLL

AUSGABEN: Paris 1796, Hg. Bourlet de Vaucxelles. – Paris 1875–1877 (in *Œuvres complètes*, Hg. J. Assézat u. M. Tourneux, 20 Bde., 2; Nachdr. Nendeln 1966). – Paris 1935 (*...publié d'après le manuscrit de Léningrad*; Einl. u. Anm. G. Chinard). – Genf/Lille, 1955, Hg. H. Dieckmann (TLF). – Paris 1962 (in *Œuvres*, Hg. A. Billy; Pléiade). – Paris 1966 (in L. de Bougainville, *Voyage autour du monde*; 10/18). – Paris 1972 (in *Le neveu de Rameau*; Folio). – Paris 1972 (GF). – Paris 1977 (in *Œuvres philosophiques*, Hg. P. Vernière; Class. Garn).

ÜBERSETZUNG: *Nachtrag zu »Bougainvilles Reise« oder Gespräch zwischen A. und B. über die Unsitte, moralische Ideen an gewisse physische Handlungen zu knüpfen, zu denen sie nicht passen*, Th. Lücke (in *Philosophische Schriften*, Bd. 2, Bln. 1961; ern. 1984). – Dass., ders., Ffm. 1965 [Nachw. H. Dieckmann].

LITERATUR: J. V. Johansson, *Études sur D. D. Recherches sur un volume-manuscrit conservé à la bibliothèque publique de l'État à Leningrad*, Paris 1927. – H. Hinterhäuser, *Utopie u. Wirklichkeit bei D. Studien zum »Supplément du voyage de Bougainville«*, Heidelberg 1957. – M. Duchet, *Le »Supplément du voyage de Bougainville« et la collaboration de D. à »L'histoire des deux Indes«* (in CAIEF, 13, 1961, S. 173–187). – H. Schlumberger, *Der philosophische Dialog*, Göppingen 1971, S. 96–180. – S. Werner, *D.'s »Supplément« and Late Enlightenment Thought* (in StV, 1971, Nr. 86, S. 229–292). – G. Benrekassa, *Loi naturelle et loi civile* (ebd., 1972, Nr. 87, S. 115–144). – Ders., *Dit et non dit idéologique: à propos du »Supplément«* (in DHS, 5, 1973, S. 29–40). – M. L. Perkins, *Community Planning in D.s »Supplément«* (in KRQ, 21, 1974, S. 399–417). – L. Okon, *›Nature‹ et ›Civilisation‹ dans le »Supplément au voyage de Bougainville« de D. D.*, Ffm. u. a. 1980. – P. Casini, *Tahiti, D. et l'utopia* (in StV, 1980, Nr. 191, S. 653–660). – D. Goodman, *The Structure of Political Argument in D.s »Supplément«* (in D. Studies, 21, 1983, S. 123–137). – W. W. Stowe, *D.s »Supplément«* (in PQ, 62, 1983, S. 353–365). – A. A. Santucci, *D. e il viaggio di Bougainville* (in Studi storici, Jan.–Juni 1983, S. 165–188). – M. Mat, *Le »Supplément«* (in Revue internationale de philosophie, 38, 1984, S. 158–170). – J. Proust, *D., Bougainville et les mirages de la Mer du Sud* (in RZL, 8, 1984, S. 473–484).

## SUR L'INCONSÉQUENCE DU JUGEMENT PUBLIC DE NOS ACTIONS PARTICULIÈRES

(frz.; *Die Unzuverlässigkeit des öffentlichen Urteils über das Handeln eines Menschen*). Erzählung von Denis DIDEROT, entstanden wahrscheinlich 1772 etwa gleichzeitig mit *Supplément au Voyage de Bougainville* und *Ceci n'est pas un conte*, 1798 aus Diderots Nachlaß von J.-A. NAIGEON veröffentlicht. – Der Titel, der zweifellos vom Herausgeber stammt, umreißt zwar die Absicht des Autors: das schwankende und durchaus unangemessene Urteil der Menge zu zeigen, die sich zum Richter über Vorgänge aufwirft, in die sie keinen Einblick hat; er läßt jedoch nicht erkennen, daß es sich hier um eine meisterhafte psychologische Studie in der Form einer dialogischen Erzählung handelt.
Der junge Chevalier Desroches wird nach einem Sturz vom Pferd in das Schloß der Madame de La Carlière gebracht. Sie pflegt ihn gesund, er verliebt sich und hält um ihre Hand an. Madame de La Carlière, die schon als Vierzehnjährige mit einem alten Mann unglücklich verheiratet gewesen ist, zögert, eine neue Verbindung einzugehen, zumal Desroches zuvor ein üppig-wildes Leben geführt hat. Während eines Diners schließlich, zu dem alle Freunde und Verwandten geladen werden, gibt sie ihre Zustimmung. Sie fordert von Desroches absolute Treue, weist darauf hin, daß ein neuerlicher Fehlschlag ihrer Vernichtung gleichkäme, und läßt alle Gäste schwören, sich vom Chevalier im Fall eines Fehltritts abzuwenden. Als sie nach einigen glücklichen Jahren – kurz nach der Geburt ihres Kindes – tatsächlich entdeckt, daß Desroches wieder eine Affäre mit einer ehemaligen Freundin begonnen hat, verläßt sie ihn und zieht zu ihrer Mutter. Kurz darauf stirbt zunächst ihr Kind, dann die Mutter; ihr Bruder, der im Heer Desroches' frühere Stellung eingenommen hat, fällt in der Schlacht. Schließlich ereilt der Tod auch Madame de La Carlière selbst.
Diese Vorgänge werden im Spiegel des Urteils der Gesellschaft geschildert: Alle Außenstehenden waren zunächst der Meinung, daß die von Madame de La Carlière vollzogene Trennung für den unglücklichen Desroches eine allzu harte Strafe war *(»das hieße ja Dreiviertel aller Ehepaare zu trennen«)*. Die öffentliche Meinung schlägt aber mehr um, nachdem bekannt wird, wie sehr Madame de La Carlière unter dem Vertrauensbruch leidet. Die spätere Unglücksserie wird also in vollem Umfang Desroches angelastet, dem rücksichtslosen Libertin und dem Mörder einer ganzen Familie. Diderot verfolgt diesen Meinungsumschwung in allen Phasen und Folgen. Er verwirft aber auch unverhohlen, in welcher

Unkenntnis der ausschlaggebenden Hintergründe hier der Stab über einen Menschen gebrochen wird. So wird die Erzählung, etwa wie *Le neveu de Rameau* oder *La religieuse*, zur offenen Gesellschaftskritik, diesmal unter dem Aspekt des Dünkels und der Dummheit einer »standesgemäßen« Gesellschaft. In der Originalität des denkkritischen Ansatzes dokumentiert die Erzählung ein wichtiges Moment der Aufklärung, die Verbindung von künstlerischer Einfühlung und Unvoreingenommenheit des Urteils hat stark auf die deutsche Klassik, insbesondere GOETHE, ausgestrahlt. KLL

AUSGABEN: Paris 1798 (in *Œuvres*, Hg. J.-A. Naigeon). – Paris 1875–1877 (in *Œuvres complètes*, Hg. J. Assézat u. M. Tourneux, 20 Bde., 4–6; Nachdr. Nendeln 1966). – Paris 1959 (in *Œuvres romanesques*, Hg. H. Bénac; Class.Garn; ern. 1981). – Paris 1962 (in *Œuvres*, Hg. A. Billy; Pléiade). – Ldn. 1963 (in *Contes*, Hg. H. Dieckmann).

ÜBERSETZUNG: *Über die Unzuverlässigkeit des öffentlichen Urtheils über einzelne Handlungen*, K. Spazier (in *Erzählungen*, Magdeburg 1799).

LITERATUR: R. Grimsley, *L'ambiguité dans l'œuvre romanesque de D.* (in CAIEF, 13, 1961, S. 223 bis 238). – J. L. Waldauer, *Society and the Freedom of the Creative Man in D.'s Thought*, Genf/Paris 1964. – J. Ozdoba, *Heuristik der Fiktion. Künstler u. philosophische Interpretation der Wirklichkeit in D.s »Contes«, 1748–1772*, Ffm. u. a. 1980.

## JOAN DIDION

* 5.12.1934 Sacramento / Calif.

### DEMOCRACY

(amer.; *Ü: Demokratie*). Roman von Joan DIDION, erschienen 1984. – Die in Kalifornien lebende Autorin, die nach dem Studienabschluß in Berkeley (1956) zunächst beim Magazin ›Vogue‹ arbeitete und auch nach ihrem ersten Roman *Run River* (1963) für verschiedene Zeitschriften schrieb, gestaltet in ihren Romanen, Erzählungen und journalistischen Texten immer wieder von der Basis einer postmodernistisch radikalen Ästhetik aus, die den narrativen Erkenntnisskeptizismus auf die Spitze treibt, die Thematik eines geschichtslosen, innerlich entleerten »amerikanischen Traums«.

*Run River*, der Roman eines Mordes und seiner nur bruchstückhaft rekonstruierbaren familiär-sozialen Vorgeschichte, die für Didion eine Reihung von Zufällen und ziellosen Handlungen ist, geht der Essaysammlung *Slouching Toward Bethlehem* (1968) voraus. Der Titel ist ein Zitat aus der letzten Zeile von W. B. YEATS' Gedicht *The Second Coming* mit der Beschwörung einer auseinanderfallenden Welt und eines *»wilden Tieres«*, das seiner Geburt *»entgegenschlurft«*; er deutet Didions kulturkritischen Standpunkt an, der sich in Essays über San Francisco-Hippies, Las Vegas-Heiraten, Joan Baez, Howard Hughes oder John Wayne artikuliert: *»Die Zukunft sieht im goldenen Land immer gut aus, weil sich niemand der Vergangenheit erinnert«.*

In den beiden nächsten, kommerziell erfolgreichen Romanen *Play It As It Lays*, 1970 *(Spiel dein Spiel)*, und *A Book of Common Prayer*, 1977 *(Ü: Wie die Vögel unter dem Himmel)*, stellt Didion erneut das sich der Kohärenz verweigernde oder narrativer Sinngebung gegenüber radikal skeptische Bewußtsein von Frauen ins Zentrum: Realität läßt sich ihrer Meinung nach nicht generalisierend beschreiben, sondern nur in Form einer sehr individuellen Sicht menschlicher Existenz, konkretisierend wie es der von ihr deswegen geschätzte G. GREENE tut, darstellen. Wie sie in der Prosasammlung *The White Album*, 1979 *(Das weiße Album)*, betont, entspricht ihr Bild von der Wirklichkeit *»Blitzlichtbildern in einer variablen Abfolge, jenseits ihrer zeitlichen Anordnung ohne ›Bedeutung‹, keine Film-, sondern eine Schneideraumerfahrung«*. Dementsprechend fehlt ihren häufig in der Kritik als »kinematographisch« bezeichneten Romanen, die immer wieder mit Hilfe von Rückblenden Vergangenes im Leben geschichtslos existierender Figuren darzustellen versuchen, die konventionelle Handlungskohärenz. Didions radikaler Erkenntnisskeptizismus erlaubt den teilweise namentlich mit der Autorin selbst identifizierten Erzählerinnen lediglich die Position des empirischen Sammelns von Aussagen oder bruchstückhaften Daten, ohne tatsächlich einen Sinn aufdecken zu können.

Aus diesem Grunde ist auch politisches Handeln entweder ausgespart, oder es erscheint, wie in *A Book of Common Prayer*, als sinnentleerte revolutionäre Rhetorik oder Selbsttäuschung. Didion, die mit den Reiseimpressionen aus dem innerlich zerrissenen mittelamerikanischen Staat in *Salvador* (1983) oberflächlich gesehen ein politisches Thema aufgriff, aber wiederum nur mit Hilfe von konkreten Details die Atmosphäre der Zusammenhanglosigkeit evozieren konnte, verfaßte mit *Democracy* einen Roman, der wegen des Hintergrundes – die letzte Phase des Engagements der USA in Vietnam mit dem Rückzug im Frühjahr 1975 – das amerikanische Selbstbewußtsein der siebziger Jahre zentral berührt. Wenn Henry ADAMS (Didion spielt in *Democracy* auf ihn an) 1880 in seinem politischen Roman gleichen Titels über die *»Degradierung des demokratischen Dogmas«* im Nachbürgerkriegs-Washington noch von einem festen moralischen Standpunkt aus den Opportunismus und die Korruption der Regierenden decouvrierte, kann Didion – im Unterschied auch zu manchem Roman oder Film über den Krieg – nur noch Ereignisfragmente, Dialogfetzen, Erinnerungsbilder montageartig kombinieren.

Die Erzählerin, die als Joan Didion immer wieder ihrem Zweifel an der konventionellen Erzählme-

thode Ausdruck verleiht, stellt in den Mittelpunkt ihres Rekonstruktionsversuches die Beziehungen zwischen der mit einem Senator von Hawaii verheirateten vierzigjährigen Inez Victor und Jack Lovett, einem durch geschäftliche Transaktionen vom Krieg Profitierenden, für den es keine Zufälle, sondern nur zweckbestimmte Informationsauswertung gibt; der erzählerische Kern, von dem die narrativen Rekonstruktionen ausgehen, ist der Mord des Vaters Paul Christian an Inez' Schwester Janet Ziegler und dem Richter Wendell Omura am 25. 3. 1975. Motive dafür sind ebenso ausgespart wie für den Entschluß von Inez' heroinsüchtiger Tochter Jessie, gerade im Augenblick des überstürzten amerikanischen Rückzugs einen »Job« in Vietnam zu suchen, oder für Lovetts Rückholaktion und – nach seinem Tod – das Zurückbleiben Inez' in Kuala Lumpur.
Obwohl sich der Zusammenhang zwischen den verschiedenen Handlungssträngen und Geschehnissen der Deutung entzieht, ist doch der Roman als Ganzes keineswegs inkohärent. Die Erzählerin versucht – entgegen ihrer Sicht der Realität, im Kontrast zu den Trivialinformationen von ›Vogue‹ oder ›Life‹ und gegen die Geschichtslosigkeit ihrer Figuren – im Rekonstruktionsversuch dessen Vergeblichkeit zu demonstrieren: Das Fließende dieses Versuches, der die Phase des *»work in progress«* in die Darstellung mit hineinnimmt *(»Scherben eines Romans, den ich nicht mehr schreibe«)*, deutet sich im Bild der geologischen Bewegungen gegenüber instabilen (hawaiischen) Inseln an, die wiederum vor dem Hintergrund von J. DONNES Satz *»Kein Mensch ist eine Insel«* (Motto von HEMINGWAYS *For Whom the Bell Tolls* – Didion bezieht sich anderswo auf beide) mit dem Ich verglichen werden, das wie ein *»Hügel einer vorübergehenden Anpassung an den Druck«* standhält, ehe ein Erdbeben, ein Atombombenversuch im Pazifik (so der Beginn des Romans), der Mord an der Schwester dessen Struktur verändert. Paul Christians Tat, Jessies Vietnam-Ausflug oder Lovetts Suche entziehen sich ebenso der Deutung, wie die symbolträchtigen Eigennamen (Christian, Victor, Lovett [love it]) in die Irre führen: Realität besteht für Didion aus inselartigen Partikeln, die allenfalls im Erzählprozeß durch die ihren Stil prägenden (im Sinne des *Book of Common Prayer* liturgieartigen) Repetitionen und Variationen eine im wahrnehmenden Bewußtsein lokalisierbare und unter Druck umformierte Kohärenz besitzen, die jedoch der konventionellen, generalisierenden Oberflächensemantik nicht zugänglich ist. »Demokratie« ist angesichts des *»Spezifischen des Charakters, des Milieus, des anscheinend unbedeutenden Details«* bloße Fiktion. U.Bö.

AUSGABEN: NY 1984. – Ldn. 1987.

ÜBERSETZUNG: *Demokratie*, K. Graf, Köln 1986.

LITERATUR: F. R. Jacobs, *J. D. – A Bibliography*, Keene/Calif. 1977. – P. R. Feldmann, *J. D.* (in *American Novelists since World War II, Dictionary of Literary Biography*, Bd. 2, Hg. J. Helterman u. R. Rayman, Detroit 1978, S. 121–127). – M. R. Winchell, *J. D.*, Boston 1980 (TUSAS). – K. U. Henderson, *J. D.*, NY 1981. – E. G. Friedman, *J. D.*, Princeton/N.J. 1984. – J. G. Parkes, *Human Destiny and Contemporary Narrative Form* (in Western Humanities Review, 38, 1984, S. 99–107).– S. Coale, *D.s Disorder* (in Crit, 25, 1984, S. 160–170). – E. Kaiser, Rez. (in FAZ, 16. 5. 1986). – J. Kaiser, Rez. (in SZ, 9. 8. 1986). – M. Lüdke, Rez. (in Die Zeit, 12. 9. 1986). – M. Doll, *J. D.* (in DLB, Yearbook 1986, S. 247–252).

## GERARDO DIEGO CENDOYA

* 3.10.1896 Santander
† 8.7.1987 Madrid

### ALONDRA DE VERDAD

(span.; *Wie eine richtige Lerche*). Gedichtsammlung von Gerardo DIEGO CENDOYA, erschienen 1941. – Die Einheit der in vier Gruppen unterteilten, zwischen 1926 und 1936 geschriebenen Sonette liegt, so Diego selbst, *»eher im Ton und in der Temperatur«*, als in einem durchgängigen Thema: *»Ich bin nicht dafür verantwortlich, daß mich Stadt und Land, Tradition und Zukunft gleichzeitig anziehen, daß mich die moderne Kunst fasziniert und die alte bezaubert . . .«* Die 42 Gedichte enthalten neue, vielfältige Themen in der alten Metrik des klassischen Sonetts, dessen schwierige Form Diego wiederbelebt hat und mit großer Sicherheit beherrscht. Sie sind streng chronologisch angeordnet, die Gruppeneinteilung entspricht in diesem persönlichen Tagebuch bestimmten Erlebniszeiträumen. Dennoch lassen sich thematische Hauptakzente – über alle vier Gruppen verteilt – feststellen.
In den fünf Sonetten, die Musikerpersönlichkeiten gewidmet sind, versucht der Dichter-Musiker Diego deren unaussprechliche musikalische Welten in Poesie zu fassen. Die musikalische Harmonie ist für ihn das Abbild der intellektuellen, der poetischen: *»Wenn meine Gedichte eine Beständigkeit und eine Struktur aufweisen, dann verdanken sie dies der Musik.«* Beethovens Sonaten werden zu Seen, auf denen der Dichter navigiert: *»Contigo voy, a navegar los lagos / de tus sonatas, cálidas halagos, / madres de almas salvadas de la nada« (»Mit dir befahr' ich die Seen / deiner Sonaten, zärtliche Wärme, / Mütter von aus dem Nichts geretteter Seelen«)*. Und im Sonett *»A C. A. Debussy« (An C. A. Debussy)*, dem Komponisten von *Iberia*, läßt er iberische Bilder defilieren: *»y metales en flor, celestes leños / elevan al nivel de las mejillas / lágrimas de claveles y azanares« (»und unberührte Metalle, himmlische Hölzer / erheben bis hoch zu den Wangen / Tränen aus Nelken und Orangenblüten«)*. Wie der Gesang der Lerche im achten

Sonett, das der Sammlung den Namen verleiht, klingen seine musikalischen Themen; denn dieser Vogel symbolisiert nichts anderes als Diegos hohes dichterisches Ideal *»einer leuchtenden und schwebenden Poesie, einer authentischen und lebendigen Poesie«*.
Von den Liebessonetten ist *Insomnia (Schlaflosigkeit)* eines der bewegendsten. Diego betrachtet hier die Anmut und Sanftheit der schlafenden Geliebten. *»Die Unschuld der Bilder, die Reinheit des Themas, die kontrastierende Technik, die überschäumende Zärtlichkeit machen dieses zu einem der schönsten Liebessonette, ... das je in spanischer Sprache geschrieben wurde«* (D. Alonso). Die vielfältigen Schattierungen und Kombinationen gipfeln in dem Bild: *»Las naves por el mar, tú por tu sueño« (»Die Schiffe auf dem Meer, Du in Deinem Traum«)*. Eindrücke von spanischen Landschaften oder Monumenten sind ein weiteres Thema, so etwa im kubistischen Bild, das er von der Giralda von Sevilla – *»Giralda en prisma pura de Sevilla« (»Giralda im reinen Prisma von Sevilla«)* – malt, oder in der impressionistischen Skizze der Kathedrale von Santiago de Compostela. Impressionen und Visionen der Rückreise zu Schiff von den Philippinen bestimmen die gesamte dritte Gruppe der Sammlung. In ihr sind geographische Erscheinungen und Erinnerungen an abwesende Figuren festgehalten oder die Ungeduld, mit der der Dichter der Ankunft entgegenfiebert, so in *Radiograma (Radiogramm): »Socorred a esta nave de fortuna / remoto caracol, torpe camella. / La adelantan la brisa, el sol, la luna« (»Kommt diesem Schicksalsdampfer zu Hilfe / entfernte Schnecke, ungelenkes Kamel. / Es überholen ihn der Wind, die Sonne, der Mond«)*. Objekten der modernen Zivilisation, die mit der Mythologie konfrontiert werden, und ebenso alltäglichen wie unbegreiflichen Naturerscheinungen (Nebel, Wind, Gezeiten, etc.) sind die restlichen Sonette gewidmet.
*Alondra de verdad* weist deutliche Einflüsse aus Diegos Entwicklungsphase auf, in der er aktiv an den künstlerischen Bewegungen des *Creacionismo* und *Ultraismo* teilhatte. Die Poesie dieser Sammlung bewegt sich im Grenzbereich zwischen reinen Bildern und einer wirklichen Vision nachempfundenen Bildern, was ihr den Eindruck ätherischer Leichtigkeit vermittelt. Die Sonettform, die den verstreuten Elementen die Einheit gibt, verleiht der Sammlung eine klassische Perfektion. W.Ste.

AUSGABEN: Madrid 1941. – Madrid 1985, Hg. u. Vorw. F. J. Díez de Revenga (Castalia).

LITERATUR: J. M. Cossío, *De la poesía de G. D.* (in Escorial, 5, 1941, S. 440–451). – R. Gullón, *Aspectos de G. D.* (in Insula, 1958, Nr. 137, S. 1 u. 4). – D. Alonso, *Poetas españoles contemporáneos*, Madrid 1969, S. 233–255. – J. G. Manrique de Lara, *G. D.*, Madrid 1969. – L. F. Vivanco, *Introducción a la poesía española contemporánea*, Bd. 1, Madrid 1974, S. 177–220. – R. Gullón, *G. D. y el Creacionismo* (in Insula, 1976, Nr. 354, S. 1 u. 10). – A. del Villar, *La poesía total de G. D.*, Madrid 1984.

## FRAY DIEGO DE ESTELLA

d.i. Diego Ballesteros de San Cristobal

* 1524 Estella
† Mitte 1578 Salamanca

### LIBRO DE LA VANIDAD DEL MUNDO

(span.; *Buch von der Eitelkeit der Welt*). Religiöser Traktat von Fray DIEGO DE ESTELLA, erschienen 1562, in erweiterter Fassung 1574. – Dieses Werk der spanischen Mystik, das weder inhaltlich noch sprachlich den literarischen Rang etwa eines JUAN DE LA CRUZ oder LUIS DE LEÓN erreicht, auch nicht den des JUAN DE LOS ANGELES, dem Diego de Estella als Franziskaner nahesteht, verdient vor allem wegen der außerordentlichen Verbreitung, die es gefunden hat, Erwähnung. In alle wichtigen Sprachen, sogar ins Arabische übersetzt, erlebte es bis ins 18. Jh. hinein rund achtzig Ausgaben. In 300 Kapiteln, die er in drei Teile gliedert, erläutert und kommentiert Fray Diego, oft in eindringlich lehrhafter Weise und im Predigerton, Vers 1, 2 aus dem *Prediger Salomo: »O Eitelkeit der Eitelkeiten, sprach der Prediger, es ist alles ganz eitel«* und schildert in kernig-handfester, volkstümlich-biederer Ausdrucksweise den Weg der Seele zu Gott. Auf diesem Weg, so schreibt er, *»kann der Verstand die Seele nicht speisen«* – eine Feststellung, in der ein Grundmotiv des antithomistischen, neuplatonisch beeinflußten, nicht auf rationales Begreifen, sondern auf die verzückte Anschauung Gottes gerichteten Strebens der Mystik erklingt. Doch vermißt man bei Fray Diego jenen ekstatischen Aufschwung, durch den der Seele, von aller Erdenschwere befreit, die mystische Vereinigung mit dem Geliebten gelingt und dem – psychologisch immer feiner zergliedernd – die großen Mystiker in immer neuen Bildern sprachliche Gestalt verleihen wollten. Weil ihm dieser Anspruch fehlt, ist das *Buch von der Eitelkeit der Welt* mehr ein Hausbuch für Mönche und Prediger als ein Werk der hohen religiösen Literatur. In dessen Fortsetzung, den 1576 erschienenen *Cien meditaciones del amor de Dios (Hundert Betrachtungen über die Liebe zu Gott)* führt Fray Diego das Thema der mystischen Vereinigung mit Gott weiter. A.F.R.-KLL

AUSGABEN: Toledo 1562. – Salamanca 1574 [erw.]. – Madrid 1908. – Madrid 1925 (*Oro espiritual. Pensamientos selectos de Fray D. de E. sobre la vanidad del mundo*, Hg. C. Nievas; Ausz.). – Oñate 1980, Hg. u. Einl. P. Sagües Azcona.

ÜBERSETZUNG: *Weltlicher Eytelkait Verachtung ...*, J. Lorich u. J. Hubert, Köln 1586.

LITERATUR: *Centenario del nacimiento del Padre Fray D. de E.* (Sondernr. Archivo Ibero-Americano, 21/22, 1924). – *Fray D. de E. y su IV centenario*,

Estella 1924. – F. de Ros, *Estudio histórico-crítico sobre la vida y obras de Fray D. de E.* (in Archivo Ibero-Americano, 22, 1924; 24, 1925). – J. Zalba, *Fray D. de E. Estudio histórico*, Pamplona 1924. – A. Andrés, *Fray D. de E.* (ebd., 1942, Nr. 2). – P. Sagües, *Fray D. de E. Apuntes para una biografía crítica*, Madrid 1950. – P. Groult, *Un disciple espagnol de Thomas a Kempis, D. de E.* (in LR, 5, 1951, S. 287–304; 6, 1952, S. 23–56; 107–128). – E. A. Peers, *Studies of the Spanish Mystics*, Bd. 2, Ldn. 1960, S. 171–195. – J. M. de Bajunda, *D. de E. (1524–1578). Estudio de sus obras castellanas* (in Anthologica Annua, 17, 1970, S. 187–367).

## PIETER VAN DIEST

d.i. wahrscheinlich Petrus Dorlandus

* 1454 Walcourt
† 1507 Zelem

### DEN SPIEGHEL DER SALICHEIT VAN ELKHERLIJC

(ndl.; *Der Spiegel von Jedermanns Seligkeit*). Allegorisches Spiel von Pieter van DIEST, entstanden ca. vor 1495; erste nachgewiesene Aufführung: Antwerpen 1496. – Ob der Jedermann-Stoff zuerst in seiner mittelniederländischen Bearbeitung den abendländischen Kulturkreis erobert hat, ist immer noch umstritten. Sicher ist jedoch, daß keine der zahlreichen niederländischen Moralitäten, die aus jener Zeit überliefert sind, die chiliastische Lebensauffassung (Erwartung des tausendjährigen Reiches Christi auf Erden, bei dessen Beginn jeder Mensch vor Gott Rechenschaft ablegen muß) so allgemeingültig und zugleich so bühnenwirksam zu einem individuellen Schicksal dramatisiert zum Ausdruck bringt wie das Spiel des Pieter van Diest, der – ob mit DORLANDUS identisch oder nicht – jedenfalls ein humanistisch gebildeter Theologe gewesen sein muß. *»Es ist ein klassisches Spiel im besten Sinne des Wortes«*, so kennzeichnet Van MIERLO *»die Direktheit, die Schlichtheit und doch Fülle der Ausgestaltung bei Ausmerzung aller unnützen Blähungen oder nebensächlichen Verschnörkelungen«.*
Beunruhigt durch das Schwinden der Frömmigkeit unter den Menschen, beauftragt Gott *»den Tod, der niemanden schont«*, Jedermann zur ewigen Reise abzuholen. Nach anfänglichem Erstaunen bietet dieser vergeblich ein Lösegeld und fleht schließlich um Aufschub; der Tod gewährt ihm die Frist, damit er sich einen Begleiter suchen könne. »Gesellschaft« und »Verwandtschaft« beteuern Jedermann zunächst ihre Zuverlässigkeit, *»fallen jedoch auf ihren Hintern«*, als sie seinen Wunsch hören. Auch der geliebte »Besitz« weist seine Bitte zurück, weil *»die Liebe zu ihm das Gegenteil derer zum Himmelreich«* und er darum wohl nicht der geeignete Reisegenosse sei. Ein erster Lichtblick ist »Tugend«, die zwar dahinsiecht, Jedermann jedoch an ihre Schwester »Wissen« verweist; diese macht ihn mit der »Beichte« bekannt, die ihm die »Buße« zum Geschenk macht, worauf »Tugend« langsam gesundet. Beide Schwestern führen ihm »Schönheit«, »Kraft«, »Weisheit« und »Die fünf Sinne« als neue Freunde zu und veranlassen ihn, sich durch den Empfang der Sakramente und der letzten Ölung auf die Reise vorzubereiten. Alle verlassen ihn allerdings wieder, als er die Pilgerfahrt antritt, nur die Tugend bleibt bei ihm. Der Epilog erläutert: *»Schönheit, Kraft, Weisheit und die fünf Sinne/ sind nur zu vergänglich, seid des inne:/ ohne die Tugend kein Hülfe hernach./ Doch wenn die Tugend so schwach,/ daß sie weder mit mag noch kann: –/ Armer Jedermann, wie trittst du dann/ zur Abrechnung vor unseren Herrn?«*
Die dramatische Qualität des Werks liegt vor allem in der lebendigen und individuellen Gestaltung der allegorischen Figuren, die ihrer Zeit weit vorausgreift. Die Sprache ist auf die Besonderheiten der einzelnen Rollenträger zugeschnitten – die der »weiblichen« Akteure klingt zurückhaltender als die gelegentlich recht derbe der »männlichen«. Ebenso ausdrucksvoll differenziert ist die Darstellung von Jedermanns wechselnder seelischer Verfassung. Mehr als seine Zeitgenossen legte der Verfasser Wert auf Bühnenwirksamkeit, ohne jedoch sein didaktisches Ziel aus dem Auge zu verlieren. So gefährden die volkstümlichen Passagen des Spiels keineswegs dessen würdevollen Ernst, sondern betonen ihn sogar noch durch ihre Unmittelbarkeit. – Der lange währende Philologenstreit, welche Fassung des Jedermann-Stoffs die ursprüngliche sei, die niederländische oder die englische, hat noch zu keiner endgültigen Klärung geführt, doch sprechen die neuesten Forschungsergebnisse eindeutig für die niederländische Version. In der ersten Hälfte des 16. Jh.s entstanden zwei lateinische Bearbeitungen von *Elkherlijc*, der *Homulus* (1536) von ISCHYRIUS und der *Hecastus* (1539) von MACROPEDIUS. W.Sch.

AUSGABEN: Delft 1495. – Gent 1892 (*Elckerlijc and Everyman, a Nearly Contemporary Translation*, Hg. H. Logeman). – Groningen 1897, Hg. K. H. de Raaf [krit.]. – Amsterdam 1940 (in *Vijf geestelijke toneelspelen der middeleeuwen*, Hg. H. J. E. Endepohls). – Antwerpen 1950; [8]1985, Hg. A. v. Elslander [m. Bibliogr.]. – Zwolle 1956, Hg. G. J. Steenbergen. – Leiden 1979, Hg. A. van Elslander [enth. 4 Fassungen]. – Amsterdam 1985 (*The Mirror of Everyman's Salvation*; ndl.-engl.).

ÜBERSETZUNG: *Jedermann*, W. Cordan, Düsseldorf/Köln 1950.

BEARBEITUNG: H. Teirlinck, *Elckerlyc*, Antwerpen 1937 [m. Einl.].

Literatur: J. M. Manly, *»Elckerlijk« – »Everyman«. Question of Priority* (in MPh, 8, 1910 S. 219–277; 279–302). – W. Brecht, *Die Vorläufer von Hofmannsthals »Jedermann«* (in Oesterr. Rundschau, 20, 1924, S. 271–287). – H. Lindner, *Hofmannsthals »Jedermann« u. seine Vorgänger*, Diss. Lpzg. 1928. – J. van Mierlo, *»Den spyeghel der salicheyt van Elckerlijc«* (in J. v. M., *Beknopte geschiedenis van de oud- en middelnederlandse letterkunde*, Antwerpen 1930, S. 121 f.; ern. 1954). – L. Willems, *Elckerlijk-studiën*, Den Haag 1934. – E. R. Tigg, *Is »Elckerlijc« Prior to »Everyman«?* (in JEGPh, 38, 1939, S. 568 f.). – *Geschiedenis van de letterkunde der Nederlanden*, Hg. F. Baur, Bd. 2, Herzogenbusch 1940, S. 241–244. – H. de Vocht, *»Everyman«. A Comparative Study*, Ldn. 1947. – J. van Mierlo, *De prioriteit van »Elckerlÿck« tegenover »Everyman gebandhaafd*, Antwerpen 1948. – Ders., *Petrus Dorlandus Diesthemius, de dichter van »Elckerlijc«* (in Ons Geestelijk Erf, 27, 1953, S. 89–98). – L. Peeters, *»Elckerlijcs's« roeyken* (in Tijdschrift voor Nederlandse taal- en letterkunde, 76, 1959, S. 228–234). – E. Van der Heijden, *Een moeilijke plaats uit »Elckerlijc« en de enscenering als basis voor de verklaring* (in Spiegel der letteren, 6, 1963, S. 216–222). – R. Vos, *Het motief van »Elckerlijc« van Chinese oorsprong?* (in De nieuwe taalgids, 56, 1963, S. 165–168.). – P. Maximilianus, *Bij twee teksten van »Elckerlijc«* (ebd., 57, 1964, S. 165 ff.). – J. J. Parker, *The Development of the »Everyman« Drama from »Elckerlyc« to Hofmannsthal's »Jedermann«*, Doetinchem 1970. – J. Deschamps, *Petrus Diesthenius, »Den spieghel der salicheit van elckerlyc« en andere rederijkersteksten* (in *Vijf jaar aanwinsten 1969–1973*, Brüssel 1975, S. 141–144). – Meta, 10, 1975, Nr. 3 [Sondernr. *»Elckerlijc«*]. – H. H. Meier, *Middle English Styles in Translation: A Note on »Everyman« and Caxton's »Reynard«* (in *From Caxton to Becket*, Hg. J. B. H. Alblas u. R. Todd, Amsterdam 1979, S. 13–30). – L. Swerts, *Peter van Doorland en »Elckerlyc«* (in Tijdspiegel, 37, 1982, Nr. 1, S. 11–16). – B. Verschelde, *Macropedius' »Hecastus« (1539), Ischyrius' »Homulus« (1536) en »Elckerlijc«* (in Handelingen van de Koninklijke Zuidnederlandse maatschappij voor taal- en letterkunde en geschiedenis, 37, 1983, S. 235–254).

## WALTER MATTHIAS DIGGELMANN

* 5.7.1927 Zürich
† 29.11.1979 Zürich

### DIE HINTERLASSENSCHAFT

Roman von Walter Matthias Diggelmann, erschienen 1963. – *»Wir Schweizer«*, sagt der Held, David Boller alias Fenigstein, *»müssen endlich erwachen! Auch wir haben eine unbewältigte Vergangenheit, haben Schmach und Schande auf uns geladen.«* Von dieser »unbewältigten Vergangenheit« eines (per definitionem) neutralen Landes handelt Diggelmanns *»erfundener Tatsachenroman«*. Er beschreibt die Entstehung eines Berichts, »Die Hinterlassenschaft«, und schildert, wie ein Zwanzigjähriger erfährt, daß er der Sohn eines Juden ist, daß der Mann, der ihn aufgezogen, den er stets für seinen Vater gehalten hat und der jetzt gestorben ist, in Wirklichkeit sein Großvater war. Wer sind seine Eltern? Die Sicherheit des bürgerlichen Lebensgefüges aufs Spiel setzend bricht der junge Boller auf, *»besessen von einer«*, wie er sagt, *»unterkühlten Leidenschaft, die Wahrheit zu finden und die Schuldigen«*. Wer ist verantwortlich für den Tod seiner Eltern? Von den einen als *»verwirrter Jüngling«* abgetan, den andern als *»Wahrheitsfanatiker«* geachtet, schafft er sich ein Publikationsorgan, beginnt er Lebensläufe zu schreiben, Gesprächsprotokolle zu verfassen; er sammelt Zeitungsartikel, Briefe, Dokumente. Die »Hinterlassenschaft« als ein Erbe, das Boller, dem fragenden Hinterbliebenen, vom Schicksal in die Hände gelegt wurde, umfaßt jedoch weit mehr als die verschüttete Tatsache des *»ungeheuerlichen Verhaltens gegenüber den Juden vor und während des Zweiten Weltkriegs«*. Aus dem Aufbegehren gegen Tabuzwang und Konformismus wird Rebellion des Gewissens schlechthin. Seiner Grundthematik: Lenkbarkeit der Haßgefühle entsprechend verbindet Diggelmanns Montageroman drei Problemkreise. Wie habe es dazu kommen können, fragt der verbissen die Schuldfrage verfolgende David Boller, daß jene, die einst mit den deutschen Nazis sympathisierten, mit frivolem Pragmatismus den Verfolgten die helfende Hand verweigerten, heute als die antikommunistischen Hexenjäger auftreten? Ja, mehr noch, wie sei es zu erklären, daß es jetzt, 1956, in der Schweiz zu Pogromen komme, die an die Reichskristallnacht erinnerten? Seine Antwort: *»Weil bei uns noch der gleiche Geist vorherrscht wie in den dreissiger und vierziger Jahren.«* Der Antikommunismus, wie er in der Schweiz betrieben wurde, sei nur eine »Flucht« – Flucht vor Schuldannahme und -bewältigung. David Bollers Bericht, *Modell eines Pogroms*, der die Aktionen gegen den Wissenschaftler und Kommunisten Alois Hauser beschreibt, hebt die Zusammenhänge ins Licht. Nachdem der junge Journalist ihn als Teil der »Hinterlassenschaft« in seiner Zeitschrift ›Zukunft‹ veröffentlicht hat, bekommt er die Folgen sogleich am eigenen Leibe zu spüren. Er wird diffamiert, bedroht, geächtet. *»Vergessen wir nicht, daß dieser Boller ein Jude ist, zumindest ein Halbjude«*, argumentiert sein Hauptgegner, der Nationalrat Ulrich Frauenfelder, der in seiner rechtsorientierten ›Demokratischen Presseagentur‹ ein scheinbar unschlagbares Instrument zur Meinungsmanipulation besitzt. Die Juden hätten wieder einmal mehr bewiesen, zu was für *»Taten und Untaten«* sie fähig seien. Bei einer Auseinandersetzung mit anschließender Schlägerei wird David verletzt, auf dem Transport ins Krankenhaus stirbt

er. Die selbsterwählte Mission des wahrheitssuchenden Schweizers findet damit allerdings nicht ihr Ende. Ein Freund des Erschlagenen, ironischerweise Mitarbeiter und »Intimus« Frauenfelders, nimmt, von David als Erbe eingesetzt, die Erbschaft an: Er wird die ›Zukunft‹ weiterführen.
Mit diesem sprachlich zurückhaltenden, doch souverän gefügten Erzählmosaik, dessen Entstehungszeit in die Jahre des kalten Kriegs zurückreicht, rührt der Schweizer Autor an ein von seinen Landsleuten lange hartnäckig tabuisiertes Thema. Aktualität bewahrt diese »Anatomie eines Skandals« dadurch, daß sie über die Themenbereiche schweizer Antisemitismus und Antikommunismus in der Vorkriegs-, Kriegs- und Nachkriegszeit hinausgreift und einem Problem nachfragt, das so zeitlos wie für die moderne Gesellschaft bestimmend ist: das Thema der Manipulierbarkeit des menschlichen Aggressionstriebs. O.F.B.

Ausgabe: Mchn. 1963.

Literatur: H. Karasek, Rez. (in SZ, 13. 10. 1965). – W. Grasshof, Rez. (in FAZ, 23. 11. 1965). – B. Bondy, Rez. (in Die Zeit, 20. 5. 1966). – W. Schmitz, *W. M. D.* (in KLG, 12. Nlg., 1982).

## SALVATORE DI GIACOMO

* 12.3.1860 Neapel
† 4.4.1934 Neapel

**Literatur zum Autor:**
B. Croce, *S. Di G.* (in B. C., *La letteratura della Nuova Italia*, Bd. 3, Bari 1915; [5]1949, S. 74–102). – K. Vossler, *S. Di G. Ein neapolitanischer Volksdichter in Wort, Bild u. Musik. Fs. für F. Neumann*, Heidelberg 1908. – F. Gaeta, *S. Di G.*, Florenz 1911. – F. T. Marinetti, *L'originalità napoletana di S. Di G.*, Neapel 1936. – L. Russo, *S. Di G.* (in L. R., *Scrittori poeti e scrittori letterati*, Bari 1945, S. 7–204). – F. D. Maurino, *S. Di G. and the Neapolitan Dialect Literature*, NY 1951. – P. P. Pasolini, *Poesia dialettale del Novecento*, Parma 1952. – B. Zampano, *S. Di G.* (in *Letteratura italiana. I minori*, Bd. 4, Mailand 1962, S. 3273–3293). – S. Rossi, *S. Di G.. Storia della critica (1903–1966)*, Catania 1968. – F. Schlitzer, *S. Di G., Ricerche e note bibliografiche*, Florenz 1966. – U. Piscopo, *S. Di G., Dialetto, impressionismo, antiscientismo*, Neapel 1984. – M. Scotti, Art. *S. Di G.* (in Branca, 2, S. 167–169).

**DAS LYRISCHE WERK** (ital.) von Salvatore Di Giacomo.
Verfaßt nicht in der italienischen Standardsprache, sondern im Dialekt seiner Heimatstadt Neapel, gehört das (mit mehr als 220 Gedichten relativ umfangreiche) lyrische Werk Salvatore Di Giacomos nicht nur zu den »typischsten« und erfolgreichsten literarischen Produkten des italienischen Südens der Jahrhundertwende, sondern auch zu den wichtigsten Beispielen der italienischen Dialektliteratur nach der Einigung des Landes zu einem einheitlichen Staat (1860). Zugleich verkörpert seine Lyrik eine wesentliche Variante des *verismo* und von dessen, an das Vorbild Zolas und Vergas angelehnten literarischen Entdeckung der »unteren« populären Volksschichten Italiens (die *»bassi«*) und ihrer Kultur.
Die *Sonetti* von 1884, die früheste Sammlung des Autors, bleiben dabei noch weitgehend dem entscheidenden Vorbild der neueren italienischen Dialektlyrik, dem Römer Gioachino Belli (1791–1863), verhaftet. Wie dieser, wenn auch mit weniger sozialkritischen Zügen, schildert Di Giacomo in der klassischen Form des Sonetts Lebenssituationen der einheimischen Bevölkerung, die am Ende des Textes jeweils humoristisch zugespitzt und aufgelöst werden. In *Carmela* beispielsweise, einer Folge von drei zusammengehörigen Sonetten, wird zunächst die Heirat eines einfachen Mädchens aus dem neapolitanischen Volk mit einem »besseren Herrn« geschildert: *»porta cappiello e veste commifò ... essa se scorda de lu primm' ammore« (»nun trägt sie einen Hut ... vergessen ist die erste Liebe«)*, im zweiten Teil grüßt sie den noch immer in sie verliebten Erzähler immerhin aus ihrer Karosse heraus, bis sich im dritten Teil herausstellt, daß sie gar nicht verheiratet war und nun, verstoßen, zurückkehrt, wo sie trotzdem vom Erzähler wieder angenommen wird: *»Overo me vuo' bene? overamente? – Embè! ... chello ch'è stato ... è stato niente!« (»Und du liebst mich wirklich noch immer? ... Ah ja, was gewesen ist ... ist nichts gewesen.«)*
Erkennbar wird bereits in dieser ersten Sammlung die Vorliebe Di Giacomos für spezifische Charaktere und Orte: für Blinde, Kranke, »gefallene Mädchen«, Melancholiker, Kleinkriminelle und Schausteller; für Plätze und Winkel der Altstadt (wie sie zumeist der Sanierung Neapels nach der Choleraepidemie von 1884 zum Opfer fielen), für Klosterhöfe und Kirchplätze. Auch was Benedetto Croce, der wichtigste Literaturkritiker der Zeit, in einem berühmten Aufsatz (*La Critica*, 1903) als das entscheidende Kennzeichen von Di Giacomos Gesamtwerk hervorhob, nämlich sein *»Hang zu tragischen, humoristischen, makabren Situationen voller Komik, Leidenschaft, Sentimentalität«*, läßt sich bereits hier erkennen.
Innerhalb der folgenden Werke – vor allem in Di Giacomos zweitem Gedichtzyklus, *'O Fùnneco verde*, 1886 (*Das grüne Lagerhaus*; gemeint ist eine Straßenecke im Hafenviertel Neapels), – steht der Versuch im Vordergrund, die Vorliebe für dieses plebeisch-pikareske Milieu mit einer Erweiterung der ästhetischen Möglichkeiten der Dialektverwendung in der Lyrik zu verbinden. Hatte Di Giacomo in einer Art »fiktiver Mündlichkeit« schon zuvor stets Situationen entworfen, in denen das Gesche-

hen einem oder mehreren Zuhörern gesprächsähnlich erzählt wird, so bestehen zahlreiche Gedichte der zweiten Sammlung ausschließlich aus gegeneinandergesetzten Dialogen. Der Handlungsrahmen wird nun nicht mehr aus dem Text selbst deutlich, sondern durch eine Art »Szenenanweisung«, die über dem eigentlichen Gedicht steht, angegeben. Berühmt geworden ist hier vor allem der Text *»Ll' appuntamento p' 'o dichiaramento« (Die Verabredung zur Forderung)*, in dem in einer ins Extrem gesteigerten Lakonik des Sprechens zwei Camorra (Unterwelt)-Angehörige den Termin für das Duell um eine Frau vereinbaren. – In den Sammlungen *Zi' munacella* (1888) und *'O munasterio*, 1887 *(Die kleine Nonne* bzw. *Das Kloster)*, sowie in *A San Francisco*, 1895 (*In San Francesco*; nach dem gleichnamigen neapolitanischen Gefängnis), versuchte Di Giacomo demgegenüber, in größeren zusammenhängenden Gedichtzyklen eine durchgängig gestaltete Handlung zu erzählen. Alle drei schildern die Probleme von unglücklicher Liebe, Eifersucht und daraus entstehendem Mord; *A San Francisco* wurde 1896 vom Autor mit einem gewissen Erfolg auch als Drama bearbeitet und kurz darauf mit Caruso auch als Oper aufgeführt. – Seine größte Popularität erreichte Di Giacomo jedoch erst nach der Jahrhundertwende mit Texten, die zunehmend nicht mehr veristisch-naturalistisch argumentieren, sondern mit ihren kurzen Versen und einfachen Reimen deutlichen Liedcharakter besitzen und in der Vertonung u. a. von Costa und Tosti, den beiden Meistern des künstlerischen neapolitanischen »Volkslieds«, in hohen Auflagen, häufig mit Noten und Illustrationen versehen, verbreitet wurden. Einige der Gedichte (etwa *A Marechiare – In Marechiaro*, und *Pianneffòrte 'e notte – Klavier in der Nacht*) gehören auch heute noch zu den bekanntesten Texten des italienischen Südens.

Historisch sind Di Giacomos Gedichte vor allem als Dokumente einer dezidierten Regionalkultur (ähnlich den Werken VERGAS, Grazia DELEDDAS, Matilde SERAOS) in der Phase des zum einheitlichen Staat verschmolzenen »neuen Italien« interessant, die versucht, die Traditionen des Südens gegen diejenigen Roms und des wirtschaftlich stärkeren Nordens zu behaupten. Von daher ist es kein Zufall, daß sich gerade der ebenfalls in Neapel geborene und lebende Croce nachhaltig für Di Giacomo (wie für die künstlerische Berechtigung der Dialektlyrik insgesamt) einsetzte und darauf hinwies, wie stark sich in der Lyrik des Autors Reales und Phantastisches mischten und dadurch Alltagsvorgänge und Zeitungsnotizen in vollwertige Gedichte transponiert würden. In der Folge Croces haben auch zahlreiche andere Kritiker (GAETA, FLORA, RUSSO; später auch PASOLINI und die völlig anders schreibenden Autoren MARINETTI und MONTALE) Di Giacomos Texte zum Kanon der italienischen Lyrik gezählt; Gianfranco CONTINI ging sogar soweit, von ihm als der *»vielleicht wichtigsten lyrischen Stimme«* zwischen 1890 und 1920 zu sprechen. Trotzdem ist der immer wieder geäußerte Vorwurf, Di Giacomos Verse hätten einen sentimentalen Zug und bildeten eine falsche Idyllisierung sozialer Zustände, nicht ganz von der Hand zu weisen. Das gilt vor allem für die späteren Texte, die manchen Kompromiß mit dem Publikumsgeschmack schließen und bei denen, auch wenn die Spontaneität ihres stilistischen und thematischen Ausgangspunktes durchaus ausgearbeitet ist und sich für zahlreiche Gedichte mehrere Versionen nachweisen lassen (F. Schlitzer), gelegentlich die Gefahr besteht, daß die Dialektverwendung lediglich veredelt, was in der Standardsprache künstlerisch nicht akzeptabel wäre.

Verstehen muß man diese Lyrik, die sich einer zwar traditionsreichen, doch nicht der »eigentlichen« Literatursprache bedient und sich darüber hinaus mit nicht ohne weiteres »literaturakzeptablen« Gegenständen und Personen beschäftigt, als eine deutliche Gegentendenz gegen den hymnischen Brustton zahlreicher anderer Lyriker der Epoche, vor allem D'ANNUNZIOS. Daß sich dabei in der Umbruchphase der beginnenden Industrialisierung des Landes und in der allgemeinen gesellschaftlichen Krise Italiens um die Jahrhundertwende in einem lyrischen Werk Widersprüche ergeben, das durch seinen bewußten Impressionismus und einen deutlich *»antiwissenschaftlichen«* Zug (U. Piscopo) gekennzeichnet ist, ist selbstverständlich: Probleme eines Autors, der sich selbst einmal als einen *»sentimentalen Veristen des Dialekts«* bezeichnet hat (Brief an G. Hérelle, 1894). T.Bre.

AUSGABEN: *Sonetti*, Neapel 1884. – *'O fùnneco verde*, Neapel 1886. – *'O munasterio*, Neapel 1887. – *Zi' munacella*, Neapel 1888. – *Canzoni napoletane*, Neapel 1891. – *A San Francisco*, Neapel 1895. – *Ariette e sunette*, Neapel 1898. – *Poesie*, Neapel 1907, Hg. B. Croce u. F. Gaeta. – *Canzone e ariette nove*, Neapel 1916. – *Poesie*, Neapel 1926. – *Opere*, Hg. F. Flora u. M. Vinciguerra, Bd. 1, Mailand 1946; [10]1975. – *Poesie e prose*, Hg. E. Croce u. L. Orsini, Mailand 1977.

ÜBERSETZUNGEN: *Fantasia/Das Kloster*, G. Carel, Halle 1898. – In K. Vossler, *S. Di G., ein neapolitanischer Volksdichter*, Heidelberg 1908 [Ausw.; z. T. mit Noten].

LITERATUR: S. Di Massa, *Storia della canzone napoletana*, Neapel 1961. – F. Schlitzer, *Le tre redazioni di un poemetto di S. Di G.*, Florenz 1969. – S. Di Massa, *La poesia d'amore e altri studi digiacomiani*, Assisi 1971. – F. E. Albi, *Neapolitan and Di G.* (in Forum Italicum, 8, 1974, S. 390–400). – M. Aversano, *Il »fantastico« in S. Di G.* (in Otto/Novecento, 9, 1985, S. 247–260).

## ASSUNTA SPINA

(ital.; *Assunta Spina*). Drama in zwei Akten von Salvatore DI GIACOMO, Uraufführung: Neapel, 27. 3. 1909, Teatro Nuovo (Comp. Pantalena). –

Innerhalb der alten (und mit den Stücken u. a. Eduardo DE FILIPPOS bis heute reichenden) Tradition des neapolitanischen Dialekttheaters nimmt *Assunta Spina* wegen seiner ästhetischen Neuerungen eine historische Schlüsselstellung ein. Als eine Reaktion gegen den Einfluß der ästhetizistischen Theaterkonzeption D'ANNUNZIOS bemüht sich Di Giacomos Drama, die Prinzipien des italienischen *Verismo* im Sinne VERGAS (dessen dramatisches Hauptwerk *Cavalleria rusticana* 1884 uraufgeführt und stilbildend geworden war) für das italienische Theater wiederzubeleben, nämlich die Lebensnähe der Handlung, ihre Ansiedlung im Bereich der »kleinen Leute«, die deutliche sozialkritische Komponente sowie die Einfachheit und den Realismus der szenischen Darstellung.

Kennzeichnend für diese Betonung des »Wahren«, die in den Stücken des *Verismo* zu einer breit angelegten Milieuschilderung führt, sind in *Assunta Spina* bereits die exakten Bühnenanweisungen und die große Anzahl der (Statisten-)Rollen: Der erste Akt des Stücks spielt im Inneren des Schwurgerichts von Castelcapuano; *»vi stanno donne e uomini, signori e plebei, qualche prete, qualche Guardia di Finanza o di Pubblica Sicurezza, dei contadini, ecc... Il va e vieni e il vocio duranno l'atto intero. Dei venditori ambulanti... vendono cerini, panini e carta da scrivere.« (»Dort befinden sich Frauen und Männer, bessere Herren und Volk, einige Priester, sowie Zoll- und Polizeibeamte, Bauern, usw. ... Das Kommen und Gehen und das Stimmengewirr dauern den ganzen Akt über; fliegende Händler verkaufen Streichhölzer, Brötchen und Schreibpapier«)*. Erst nach einer ganzen Fülle szenischer Details, die ein Sittenbild des neapolitanischen Justizalltags der Jahrhundertwende bieten, kristallisiert sich die eigentliche Handlung heraus: Im Justizgebäude wird der Fall des jähzornigen Metzgers Michele verhandelt, der der Büglerin Assunta Spina, seiner Verlobten, aus Eifersucht eine schwere Gesichtswunde beigebracht hat und deswegen zu zwei Jahren Gefängnis verurteilt wird. Noch im Gerichtssaal bietet sich jedoch der Justizbeamte Federigo an, für bessere Haftbedingungen für Michele zu sorgen, wenn ihm als Gegenleistung Assunta Spina gefällig sei. Das so begonnene Verhältnis entwickelt sich im Lauf der zwei Jahre weiter; doch kommt es zur Katastrophe, als Michele, dank der Manipulationen Federigos drei Monate früher aus dem Gefängnis entlassen, durch ein Geständnis der – psychologisch höchst ambivalent als zwischen beiden Männern stehend gezeichneten – Assunta von der Beziehung erfährt. Als in diesem Moment Federigo zu einer letzten Aussprache erscheint, bevor er Neapel verläßt, ersticht Michele seinen Retter und Rivalen. Von Reue übermannt, nimmt Assunta das Verbrechen auf sich und läßt sich verhaften.

Zusammen mit den Stücken *Mala vita*, 1888 (*Welt des Verbrechens*; später unter dem Titel *'O voto – Der Schwur*), und vor allem *'O mese mariano*, 1900 *(Der Marien-Monat)*, gehört *Assunta Spina* zu den Bemühungen Di Giacomos, das neapolitanische Theater, das um 1880 erbitterte Polemiken um seine angemessene szenische Modernisierung erlebte, mit zeitgenössischen Theatermitteln und -inhalten zu aktualisieren. Wie in seinen Gedichten versucht Di Giacomo auch hier, alte Traditionen der süditalienischen Kultur (etwa die Figur der in vielen Texten auftretenden *donna nziste*, der bis zur Selbstaufgabe couragierten und leidenschaftlichen Frau aus dem Volk) mit den zeitgenössischen Vorstellungen modernen Theaters zu verbinden. Dabei kommt es ihm ebenso darauf an, die wissenschaftlichen Strömungen der Zeit (hier vor allem die vom Positivismus beeinflußten Überlegungen des Kriminologen Cesare LOMBROSO zur Entstehung und Verhütung von Verbrechen) in die Literatur einzuführen, als auch darauf, die alte Trennung zwischen einem zeitlosen nationalen und einem auf die jeweilige Region beschränkten und thematisch angeblich nicht entwicklungsfähigen Dialekttheater in Italien aufzuheben. In Briefen an seine spätere Frau Elisa, die erst 1973 durch Zufall auf einem römischen Flohmarkt wiederauftauchten, hat Di Giacomo mehrfach die Bedeutung von *Assunta Spina* in diesem Zusammenhang unterstrichen. – Die ersten Aufführungen hatten ihren Erfolg nicht zuletzt Adelina Magnetti, der »Duse der neapolitanischen (Dialekt-)Bühne«, zu verdanken; noch größere Wirkung erzielte 1915 die Verfilmung mit der berühmten Stummfilmdiva Francesca Bertini. T.Bre.

AUSGABEN: Lanciano 1910 (in *Teatro*). – Lanciano 1920 (in *Teatro*, Bd. 1). – Mailand/Verona 1946 (in *Opere*, Hg. F. Flora u. M. Vinciguerra, Bd. 2; [10]1975). – Mailand 1977 (in *Poesie e prose*, Hg. E. Croce u. L. Orsini).

VERFILMUNGEN: Italien 1915 (Regie: G. Serena). – Italien 1947 (Regie: M. Mattoli).

LITERATUR: G. A. Borgese, *Il teatro di S. Di G.* (in G. A. B., *La vita e il libro*, Turin 1910, S. 164–173). – O. Apicella, *Il mondo dialettale nel teatro di S. Di G.* (in Arena, 2, 1954, Nr. 6, S. 22–36). – V. Viviani, *Storia del teatro napoletano*, Neapel 1969, S. 677–728. – L. Pasquazi Ferro Luzzi, *Esperienze teatrali di S. Di G. nel carteggio inedito con Edoardo Boutet* (in Otto/Novecento, 4, 1980).

## ELMER RAFAEL DIKTONIUS

* 20.1.1896 Helsinki
† 23.9.1961 Helsinki

**DAS LYRISCHE WERK** (schwed.) von Elmer Rafael DIKTONIUS (Finnland).

Ein *»Ausverkauf der Ideale«*, wie Henry PARLAND, der ebenso wie Diktonius zu den Autoren der schwedischsprachigen Minderheit in Finnland gehörte, das bestimmende inhaltliche Moment nicht nur der modernistischen Lyrik Skandinaviens charakterisierte, findet im lyrischen Werk Elmer Diktonius' nicht statt. Im Unterschied zu vielen bürgerlichen Modernisten begriff Diktonius die alte Gesellschaftsordnung und ihren ideologischen Überbau nicht nur als erstarrte und überlebte Konvention, sondern weitergehend als *»verrotteten Humus«*, auf dem die Revolution eine neue, sozialistische Gesellschaft errichten sollte. Diese sozialrevolutionäre Einstellung zieht sich fast durch das gesamte Werk, klingt jedoch in der späten Lyrik Diktonius' in pantheistischen Naturidyllen aus.

Unter schwierigen materiellen Bedingungen nahm Diktonius zunächst ein Kompositionsstudium am Konservatorium in Helsinki auf. Seine von Schönberg inspirierten eigenen Kompositionsversuche endeten jedoch schon nach einer einzigen Aufführung in einem Fiasko. Während er sich mit Musikunterricht den Lebensunterhalt verdiente, wurde auch der Abgeordnete der finnischen Arbeiterpartei Otto Vilhelm Kuusinen sein Musikschüler, der in Diktonius das Interesse an der Literatur weckte. Kuusinen muß im Nachhinein als einer der einflußreichsten finnischen Politiker der Geschichte angesehen werden: 1918 als außenpolitischer Berater Lenins nach Moskau emigriert, stieg er unter Stalin zum stellvertretenden Vorsitzenden des Präsidiums des Obersten Sowjet auf (1940–1958) und wurde unter Hruščev Präsidiumsmitglied des ZK der KPdSU. – *»Wenn Diktonius Kuusinen Musiktheorie beibrachte, so lernte er umgekehrt von Kuusinen fast alles andere von Bedeutung«* (B. Holmqvist). Kuusinen prägte Diktonius' Kunst- und Weltauffassung, ermöglichte ihm eine erste Auslandsreise nach Paris und London und verschaffte ihm die Verleger für seine ersten Gedichtsammlungen *Min dikt*, 1921 *(Meine Dichtung)*, und *Hårda sånger*, 1922 *(Harte Gesänge)*.

In Paris hatte Diktonius den Führer der französischen Clarté-Bewegung, Henri Barbusse, und den Expressionisten Yvan Goll kennengelernt. Heimgekehrt nach Finnland, nahm er wegen der Gründung einer finnischen Clarté-Sektion Kontakt zu anderen inzwischen in Finnland in Erscheinung getretenen Modernisten auf, in erster Linie zu der Literaturkritikerin Hagar Olsson und der ersten finnlandschwedischen Expressionistin, Edith Södergran. Literarische Zeitschriften (›Ultra‹, 1922 und ›Quosego‹, 1928) und ein Verlag für *»junge, radikale Literatur«*, Daimon, wurden in der Folgezeit auf Betreiben Diktonius' gegründet; auf der Kulturseite der sozialdemokratischen Tageszeitung ›Arbetarbladet‹ kritisierte er das literarische Establishment und gab den Nachlaß der 1923 früh verstorbenen Edith Södergran heraus. Neben dem Autor ist also auch die Kulturpersönlichkeit Diktonius herauszustellen. Sie war die eigentliche Antriebskraft und Integrationsfigur für die Formierung einer modernistischen Bewegung in Finnland, die sich schließlich in den dreißiger Jahren, früher als in den übrigen nordischen Ländern, tonangebend durchsetzte.

Diktonius eigene Lyrik war von Beginn an entschieden modernistisch. Schon in der Debütsammlung *Min dikt* (1921) sind feste Metren und Reime durch syntaktisch gegliederte Freie Verse ersetzt, die Bildsprache ist oft gewaltsam expressionistisch verfremdet: *»Stenar talar, köttet skriker,/ lyktstolparna vrider sig av livshunger,/ ... med ett väldigt brak exploderar solen/ ... det är Van Gogh.« (»Steine reden, Fleisch schreit,/ Laternenpfähle winden sich vor Lebenshunger,/ ... mit einem gewaltigen Krach explodiert die Sonne/ ... das ist Van Gogh.«)* In diesem Textbeispiel wird Diktonius' wichtigstes künstlerisches und menschliches Vorbild benannt, dessen expressionistische Malweise und soziales Engagement ihn gleichermaßen beeindruckten. Neben van Gogh übten Walt Whitman und Friedrich Nietzsche großen Einfluß auf Diktonius aus.

Das übergeordnete Thema seiner Gedichte war zunächst das Leben als ewig sich wandelnde und erneuernde Kraft, die sich rechtmäßig und ohne Bedenken über jede Art von Stagnation hinwegsetzt. Mit *Hårda sånger* (1922) stellte sich der Dichter in den Dienst dieser Kraft und thematisierte diese Aufgabe auch später immer wieder in Gedichten, die programmatisch das Verhältnis des Künstlers zu seiner Kunst und zum Leben reflektieren: *»Heiße Diktonius – / lüge wie alle andern./ Nicht Lieder singe ich – / Beton,// ... Nicht die flittersaitige Harfe/ ist mein Instrument,/ ... sondern die Trillerpfeife, die gellend schreit/ zwischen wundgefrorenen Lippen./ Doch, ich weiß:/ die setzt den Zug der Zeit/ in Bewegung.«* Aus diesem Anliegen heraus griff Diktonius gern tabuisierte Themen wie z. B. Sexualität und Erotik auf, um der Erneuerung, wenn nötig auch mit (moralischer) Gewalt, einen Weg zu ebnen. *»Att bita är ett tvång så länge bett ger liv/ att riva är en helighet så länge ruttet stinker« (»Zu beißen ist ein Zwang, so lange Bisse Leben geben/ zu reißen ist heilig, so lange Verrottetes stinkt«)*, sagt der *Jaguar seines Herzens* in Diktonius' wohl bekanntestem Gedicht, das nach Zarathustras Wappentier in Nietzsches *Also sprach Zarathustra* benannt ist. *Jaguar* wurde bereits ein Jahr nach Erscheinen von Yvan Goll in seiner Anthologie *Les cinq continents* (1923) einem internationalen Publikum vorgestellt. In Finnland aber stießen expressionistische Gedichte zunächst auf vehemente Ablehnung, die vor allem in politischen Vorbehalten gründete. Nicht zuletzt Diktonius' Verquickung von nietzscheanischem Lebenskult mit dem unverhüllten Aufruf zur sozialen Revolution dürfte dem Modernismus in Finnland die häufige Diffamierung als »Kulturbolschewismus« eingetragen haben.

In *Jaguar* war das Programm von Diktonius' Lyrik noch in recht allgemeinen Oxymora verkündet worden. Im Nachhinein konkretisierte sich Diktonius' Aufbegehren, und die ekstatische Beschwörung des Lebenstriebs zum Kampf gegen das Erstarrte und Tote wich der Einzelschilderung von Arbeiterschicksalen und dem daraus abgeleiteten Aufruf zur Revolution. Das gilt vor allem für die Lyriksammlungen *Taggiga lågor*, 1924 *(Dornige Flammen)*, *Stenkol*, 1927 *(Steinkohle)*, und *Stark men mörk*, 1930 *(Stark, aber düster)*. Besonders in *Stenkol* mit Gedichten wie *Marseljäsen (Marseillaise)*, *Hjältegravar (Heldengräber)* und *Hymn (Hymne)* kulminierte das revolutionäre Pathos. Mit diesem Buch, in dem die Emphase sich meist an konkreten Beobachtungen wie etwa dem Mord an Sacco und Vanzetti entzündete, gelang ihm jedoch der endgültige literarische Durchbruch in Finnland. In *Taggiga lågor* erscheint als neues Thema in Diktonius' Dichtung der Finnische Bürgerkrieg. Schon allein die Stoffvorgabe verleiht den Bürgerkriegsgedichten ein fast episches Gepräge, am deutlichsten vielleicht in einem seiner populärsten Gedichte, *Röd-Eemeli (Roter-Emil)*, bezeichnenderweise untertitelt *Ballad från anno 18 (Ballade von Anno 18)*. Die allmähliche Bewältigung der Trauer über den verlorenen Bürgerkrieg läßt sich in den Gedichten Schritt für Schritt verfolgen und endet schließlich mit dem resignativen, aber auch versöhnlichen *Världshjärtat 1938 (Das Herz der Welt 1938)* aus der Sammlung *Jordisk ömhet*, 1938 *(Irdische Empfindsamkeit)*.

Zunehmend verlagerte sich seine Dichtung von den großen Abstrakta auf das bildkräftig über sich hinausweisende Detail. In *Taggiga lågor* und *Stenkol* finden sich z. B. aus Einzelbeobachtungen zusammengesetzte *»Blitzporträts«* ihm besonders wichtiger Schriftsteller und Musiker. Diktonius' starke Affinität zur Musik ist jedoch nicht nur an bestimmten Titeln, Themen oder Kompositionsmustern nachweisbar, sondern vor allem aus der Rhythmik seiner Gedichte herauszuhören. Dies gilt insbesondere für seine sogenannten *»zeitgemäßen Gedichte« (Tidsenlig dikt)* in *Stark men mörk*, die zwar thematisch den Einfluß des Futurismus andeuten, inhaltlich aber ganz und gar nicht Maschinenverherrlichung oder Technikgläubigkeit verkünden, sondern vielmehr die Industriemaschinerie als »Menschenfresserei« bloßstellen. Einige dieser Gedichte des »intuitiven Experimentierens« weisen aufgrund der Sprachverwendung eher in Richtung Dadaismus oder konkrete Poesie.

Weitere Formexperimente bildeten seit den dreißiger Jahren nur noch einen Nebenzweig in Diktonius' lyrischem Werk. Das Hauptaugenmerk richtete er zunehmend auf das Aufspüren des alltäglichen Elends der am stärksten Benachteiligten, der Industriearbeiter, einfachen Soldaten, Frauen und Kinder. Seinem zehnten Gedichtband *Stark men mörk* (1930) stellte Diktonius eine Vorrede voran, in der er ein Fazit seiner weltanschaulichen Entwicklung und eine Standortbestimmung seiner Lyrik gab: *»Pantheist seit meiner frühesten Kindheit und Sozialist und Modernist seit etwa 15 Jahren ... Was meine derzeitige Dichtung betrifft ... scheint sie sich in zwei Richtungen zu teilen: eine zeitgemäße Dichtart, die intuitiv experimentierend zu neuen künstlerischen Zielen strebt, und eine allgemeinmenschliche, die nur ist.«* – Zu den eindrucksvollsten dieser »allgemeinmenschlichen« Gedichte zählen zweifellos Diktonius' Kindergedichte, die auf jede angestrengte oder gar exaltierte Diktion verzichten und sich statt dessen mit raffinierter Schlichtheit einer fast kindlichen Naivität in Tonfall und Ausdruckswahl bedienen, um am Ende einen umso frappierenderen Schlußeffekt zu produzieren.

Einem engagierten Sozialisten wie Diktonius mußte die politische Entwicklung in den dreißiger Jahren als fortgesetzte Kette von Niederlagen erscheinen. Das galt besonders für den Vormarsch des Faschismus – und die offene Sympathie, die ihm in Finnland von bürgerlichen Kreisen und der finnlandschwedischen Oberklasse entgegengebracht wurde. Doch wenn sich auch in den Gedichtbänden Diktonius' aus der Zeit vor und während des Zweiten Weltkriegs Titel finden wie *Diktatorns grav (Das Grab des Diktators)*, so fehlt ihnen nun doch der frühere vehemente politische Einspruch. Die Titel der folgenden Veröffentlichungen zeigen, daß Diktonius zunehmend resignierend Trost und Vergessen suchte in Naturschönheit. In *Gräs och granit*, 1936 *(Gras und Granit)*, bezeichnet das leitmotivisch in seinen Gedichten immer wiederkehrende Gestein noch einmal die für Diktonius bis dahin charakteristische Haltung von Härte und Entschlossenheit, doch das Gras ist bereits Chiffre für das Zarte und Zerbrechliche, wie es in Diktonius' nächstem Buch, *Jordisk ömhet*, 1939 *(Irdische Empfindsamkeit)*, dann endgültig dominierend wird. Auf *Varsel*, 1942 *(Mahnung)*, – auch in diesem Titel zeigt sich die zunehmende Zurückhaltung des früheren Weltenzerstörers – folgen *Annorlunda*, 1948 *(Andersartig)*, und *Novembervår*, 1951 *(Novemberfrühling)*, dessen paradoxale Verknüpfung von Herbst und Frühling tröstend auf die ewige Wiederkehr im Zyklus der Natur hindeutet. *»Till sist jag lärt mig se/ med blommors ögon«* (»Zuletzt lernte ich sehen/ mit den Augen von Blumen«). Fast emotionslos und immer stiller werdend variierte Diktonius Stimmungsbilder aus der Natur, bis er schließlich zehn Jahre vor seinem Tod, durch Krankheit und Alkoholmißbrauch körperlich ruiniert, als Dichter verstummte.

Die fortdauernde Bedeutung von Diktonius' lyrischem Werk gründet sich vor allem auf seine Gedichte aus den zwanziger Jahren. Zumindest seine formale Innovationskraft beginnt mit dem Anfang des nächsten Jahrzehnts bereits zu erlahmen. Inhaltlich korrespondiert dem eine zunehmende Verengung des Blickfelds, abzulesen an Themen, Motiven und Bildern. Pantheistisch war seine Weltsicht von Beginn an; doch den Anspruch auf das große Ganze des Lebens gab er mit fortschreitender politischer Desillusionierung allmählich auf und kompensierte ihn durch Vertiefung in die Natur. Andererseits gewann seine Lyrik durch die zunehmende Konkretisierung von Thematik und Bildsprache an Anschaulichkeit und differenzierter Weltsicht gegenüber dem kraftstrotzenden, aber abstrakten Pathos in den frühen Versuchen, die Welt nach eigenen Vorstellungen umzuformen.

K.L.W.

AUSGABEN: *Min dikt*, Stockholm 1921; [2]1971. – *Hårda sånger*, Helsinki 1922. – *Taggiga lågor*, Helsinki 1924. – *Stenkol*, Helsinki 1927. – *Stark men mörk*, Helsinki 1930. – *Mull och moln*, Helsinki 1934. – *Gräs och granit*, Helsinki 1936. – *Jordisk ömhet*, Helsinki 1938. – *Varsel*, Helsinki 1942. – *Hård början*, Helsinki 1946 [enth. *Min dikt* u. *Hårda sånger*]. – *Annorlunda*, Stockholm 1948. – *Novembervår*, Stockholm 1951. – *Ringar i stubben*, Hg. J. Donner, Stockholm 1954 [bisher unveröff. Gedichte]. – *Dikter 1912–1942*, Helsinki 1956. – *Dikter och prosa*, Helsinki 1975.

ÜBERSETZUNGEN: In *Der Ruf des Menschen. Finn. Gedichte aus 2 Jh.en*, F. Ege, Bln. 1953. – in *Nordischer Dreiklang. Gedichte*, Hg. E. Künast u. a., Mchn. 1959. – in *Panorama moderner Lyrik. Gedichte des 20. Jh.s in Übersetzungen*, Hg. G. Steinbrinker, Gütersloh 1960; [2]1962. – in *Neuere schwed. Lyrik*, E. Furreg, Wien 1965. – in *Finn. Lyrik aus hundert Jahren*, F. Ege, Hbg. 1973. – in *Schwed. Lyrik aus diesem Jh.*, Hg. K. Windisch, Vaterstetten 1973; [2]1979.

LITERATUR: O. Enckell, *Den unge D.* 1946. – H. Olsson, *E. D. En modernistisk pionjär* (in Samtid och framtid, 1947, S. 18–43). – B. Holmqvist, *E. D.* (in B. H., *Modern finlandssvensk litteratur*, Stockholm 1951, S. 86–106). – K. Stjärne-Nilsson, *»Musikens skygga rikedomar«. Om musiken i E. D.' diktning* (in Svensk litteraturtidskrift, 25, 1962, S. 27–44). – Th. Henrikson, *Romantik och marxism. Estetik och politik hos Otto Ville Kuusinen och D. till och med 1921*, Stockholm 1971. – Kj. Espmarck, *Den utslungade själen* (in Kj. E., *Själen i bild*, Stockholm 1977, S. 86–101). – B. Romefors, *Expressionisten E. D.*, Stockholm 1978.

## WILHELM DILTHEY

* 19.11.1833 Biebrich am Rhein
† 1.10.1911 Seis bei Bozen

### DER AUFBAU DER GESCHICHTLICHEN WELT IN DEN GEISTESWISSENSCHAFTEN

Philosophische Untersuchung von Wilhelm DILTHEY, erschienen als Abhandlung der Berliner Akademie der Wissenschaften 1910. – Die Schrift bildet das letzte Glied in einer langen Reihe von Versuchen Diltheys, das Programm einer erkenntnistheoretisch-logischen und methodologischen Grundlegung der Geisteswissenschaften auszuführen, wie es im ersten Band seiner *Einleitung in die Geisteswissenschaften* (1883) umrissen war. Alle hierauf folgenden systematischen Arbeiten Diltheys sind Teilrealisationen dieses Gesamtprojekts einer »Kritik der historischen Vernunft«, deren zweiter Band freilich nie erschienen ist. Auch der *Aufbau* präsentiert nur Teilaspekte einer Weiterführung und ist erst in Verbindung mit den Fragmenten einer Fortsetzung in seiner Bedeutung als Hauptquelle für Diltheys hermeneutische Grundlegung der Geisteswissenschaften erkannt worden. Die Hervorhebung der Eigenständigkeit der Geisteswissenschaften gegenüber den Naturwissenschaften ist Thema des Anfangsteils der Abhandlung, dem sich in einer *»historischen Orientierung«* eine Schilderung des *»Aufgangs des geschichtlichen Bewußtseins«* in der Wende vom 18. zum 19. Jh. anschließt. Das Fehlen einer erkenntnistheoretischen Grundlagenbesinnung der Historischen Schule führt zu der zentralen Aufgabe, vom erkenntnistheoretischen Problem aus den Aufbau der geschichtlichen Welt in den Geisteswissenschaften zu untersuchen. Dies bedeutet, daß von einer Strukturlehre des gegenständlichen Auffassens, wie es Natur- und Geisteswissenschaften gemeinsam ist, also von einer allgemeinen erkenntnistheoretisch-logischen Basis aus das Spezifische der Aufgaben und Methoden der Geisteswissenschaften zu entwickeln ist.

Ausgangspunkt ist dabei die Verschiedenheit der Verwurzelung der beiden Wissenschaftsgruppen im Leben bzw. im Erlebnis. Während die Natur als Zusammenhang nur hypothetisch erschlossen und durch die Verbindung abstrakter Begriffe ausgedrückt werden kann, ist die gesellschaftlich-geschichtliche Welt als Zusammenhang dem Individuum von seinem eigenen Erleben her unmittelbar zugänglich. Das Leben in seinem aller wissenschaftlichen Bearbeitung vorausliegenden »Rohzustand« zeigt sich als ein im jeweiligen Individuum zentriertes Netz von *Lebensbezügen*: Personen und Sachen um uns her sind nicht neutrale Gegenstände, sondern erhalten ihre je eigene »Färbung« durch ihren Bezug zu uns als Druck oder Förderung, Nähe oder Distanz usw. Die in diesen Lebensbezügen enthaltenen Verhaltensweisen des Menschen erfahren ihre vorwissenschaftliche Vergegenständlichung durch Aussagen individueller und überindividueller Lebenserfahrung (sprichwörtliche Aussagen, Lebensregeln usw.). In diesem Sinne ist die *»gedankenbildende Arbeit des Lebens«* Grundlage für das wissenschaftliche Schaffen. Dieser in den Naturwissenschaften nicht gegebene Zusammenhang zwischen Leben und Wissenschaft bestimmt auch den weiteren Aufbau der Geisteswissenschaften. Für ihn ist der strukturelle Zusammenhang von Erleben, Ausdruck und Verstehen konstitutiv. *»Leben erfaßt hier Leben.«* Eigenes und fremdes Erleben wird vermittelt durch den Ausdruck, auf den allein das Verstehen sich beziehen kann. Hieraus ergibt sich ein *»Verhältnis gegenseitiger Abhängigkeit im Verstehen«*, indem das Individualerlebnis einerseits die Grundlage bildet für das Verstehen fremder Erlebnisausdrücke und andererseits nur durch dieses Verstehen aus der bloßen Singularität in ein allgemeineres Wissen verwandelt werden kann. Diese Grunderfahrung der Gemeinsamkeit bestimmt das Auffassen der geschichtlichen Welt in den Geisteswissenschaften, in denen eine *»allmähliche Aufklärung der Lebensäu-*

*ßerungen«* und eine beständige Ausdehnung des historischen Horizonts stattfindet. Das *»Medium von Gemeinsamkeiten«*, in dem sich alltägliche Kommunikation so gut wie wissenschaftliche Begriffsbildung vollziehen, wird von Dilthey als *»objektiver Geist«* bezeichnet. Mit diesem von HEGEL entlehnten, inhaltlich stark veränderten Begriff gewinnt die hermeneutische Theorie des späten Dilthey insofern neues Terrain, als damit das (später von HEIDEGGER thematisierte) immer schon vorgegebene Feld von Sinnstrukturen, Ordnungen und Normen als Basis für höhere Verstehensleistungen in den Blick kommt. Schon bevor wir sprechen lernen, sind wir eingetaucht in dieses Medium.

Als methodologische Konsequenz aus diesen Voraussetzungen ergibt sich die Anerkennung einer dreifachen Wechselbeziehung, nämlich zwischen Erleben und Verstehen, singularem und generellem Wissen und der Auffassung von Teil und Ganzem. Es handelt sich dabei nicht um ein einliniges Fundierungsverhältnis, sondern um *»ein logisch nie vollständig darstellbares Ineinandergreifen von Leistungen«*. Gegenüber dem heute üblichen Begriff des »hermeneutischen Zirkels« bevorzugt Dilthey die Rede von der *»gegenseitigen Abhängigkeit der Verfahrensweisen«*. Forschungsgegenstand dieser zirkulären Verstehensoperationen sind geschichtlich-gesellschaftliche *»Wirkungszusammenhänge«*, die von dem einfachen Zusammenhang zwischen Individuum und Milieu bis zu Kultursystemen, ganzen Epochen und schließlich zur Universalgeschichte reichen.

In ihnen werden in Analogie zur Struktur der Einzelpsyche Werte gesetzt und Zwecke realisiert. Die begriffliche Repräsentation solcher *»in sich selbst zentrierter«* Zusammenhänge geschieht durch *»Energiebegriffe«*, in denen Dynamik und Kohärenz der Geschichte zum Ausdruck gebracht werden. Es sind *»Kategorien des Lebens«*. Unter ihnen hat die Kategorie der Bedeutung eine fundierende Rolle, da jeder Lebenszusammenhang für das erlebende Subjekt primär Bedeutungszusammenhang innerhalb eines Lebenshorizonts ist. Dies begründet den paradigmatischen Charakter, den Dilthey der Autobiographie gegeben hat.

Die Edition der Abhandlung im Kontext von Band 7 der Gesammelten Schriften (1927) und ihre Interpretation durch G. MISCH, L. LANDGREBE und O. F. BOLLNOW führte zu einer Neubewertung des späten Dilthey, dessen hermeneutische Philosophie nun scharf von den psychologischen Ansätzen einer mittleren Periode abgesetzt wurde. Neuerdings hat man die Einheit des Gesamtwerks wieder stärker betont und sieht die Spätschriften eingebettet in die kontinuierliche, nie zu einem Abschluß gekommene Arbeit an der Grundlegung der Geisteswissenschaften. F.R.

AUSGABEN: Bln. 1910. – Göttingen 1927 (in GS, Hg. B. Groethuysen, Bd. 7; 71979). – Ffm. 1970. Einl. M. Riedel. – Ffm. 1981 (stw).

LITERATUR: M. Heidegger, *Sein und Zeit*, Halle 1927. – L. Landgrebe, *W. D.s Theorie der Geisteswissenschaften* (in Jb. f. philos. u. phänomenolog. Forschung, 9, 1928, S. 237–241; 360–366). – O. F. Bollnow, *D., Eine Einführung in seine Philosophie*, Bln./Lpzg. 1936; Stg. 41980. – H. G. Gadamer, *Wahrheit und Methode*, Tübingen 1960; 41975. – G. Misch, *Lebensphilosophie und Phänomenologie*, Darmstadt 31967. – J. Habermas, *Erkenntnis und Interesse*, Ffm. 21973. – H. Johach, *Handelnder Mensch u. objektiver Geist. Zur Theorie der Geistes- u. Sozialwissenschaft bei W. D.*, Meisenheim a. Gl. 1974. – O. Stephan, *Rekonstruktion der Geschichte: Zur Kritik der historischen Vernunft*, Mchn. 1982. – H.-U. Lessing, *Die Idee einer Kritik der historischen Vernunft*, Freiburg i. B./Mchn. 1984. – *Materialien zur Philosophie W. D.s*, Hg. F. Rodi, Ffm. 1984 (stw; darin auszugsweise die Beiträge von Heidegger u. Landgrebe). – G. Fütterer, *Historische Phantasie u. praktische Vernunft: eine kritische Auseinandersetzung mit D.s Theorien historischer Rationalität*, Würzburg 1985. – J. H. Helle, *D., Simmel u. Verstehen: Vorlesungen zur Geschichte der Soziologie*, Ffm. 1986.

## DAS ERLEBNIS UND DIE DICHTUNG. Lessing · Goethe · Novalis · Hölderlin

Sammlung von Essays zu Gestalten und Problemen der deutschen Geistesgeschichte von Wilhelm DILTHEY (1833–1911), erschienen 1906. Die drei ersten Aufsätze waren – abgesehen von dem für diesen Sammelband neu geschriebenen Hölderlin-Essay – bereits erheblich früher veröffentlicht worden (und zwar *Gotthold Ephraim Lessing* 1867, *Goethe und die dichterische Phantasie* 1877 und *Novalis* 1865). Die Sammlung wurde anläßlich der dritten Auflage (1910) um ein zusammenfassendes Vorwort mit dem Titel *Gang der neueren europäischen Literatur* erweitert. – Dilthey gebührt das Verdienst, den empiristischen Positivismus, dem im 19. Jh. unter dem Einfluß der ungestüm sich entwickelnden Naturwissenschaften auch Geschichts- und Literaturgeschichtsschreibung huldigten, überwunden und diese Disziplinen mit seiner *»Philosophie des Lebens«* als Geisteswissenschaften erst begründet zu haben.

Der Schlüsselbegriff, aus dem heraus Dilthey seine philosophische Methodik entfaltet, ist der des *»Verstehens«*, das auf einer ersten, erkenntnistheoretischen Stufe als produktive Leistung bestimmt wird, in der *»aus sinnlich gegebenen Äußerungen seelischen Lebens dieses zur Erkenntnis kommt«*. Verstehen ist jedoch, als Vorgang, durch den *»Leben über sich selbst«* Aufklärung sucht, auf das *»Erlebnis«* und dessen im weitesten Sinne sinnlich-objektivierten *»Ausdruck«* angewiesen, in dem sich Leben artikuliert und festlegt. Der Zirkel von Leben (Erlebnis), Ausdruck und Verstehen verlangt eine eigene, allgemeine Hermeneutik, die Dilthey, ausgehend von SCHLEIERMACHER und dessen Definition der Hermeneutik als *»vollkommenes Verstehen einer Rede oder Schrift«*, nicht nur auf das kommentierende

Verstehen sprachlicher *»Lebensäußerungen«*, sondern auf die Analyse allen gestalteten Ausdrucks im Bereich des *»objektiven Geistes«* anwendet – ein Begriff, den der Autor von HEGEL übernimmt und dessen Inhalt von *»dem Stil des Lebens, den Formen des Verkehrs zum Zusammenhang der Zwecke, den die Gesellschaft sich gebildet hat, zu Sitte, Recht, Staat, Religion, Kunst, Wissenschaften und Philosophie«* reicht. Das zentrale Motiv seiner Philosophie, *»das Leben aus ihm selbst verstehen zu wollen«*, trifft mit einer Tendenz zusammen, die, indem sie »Verstandenes« als objektiven Geist auffaßt, es auf ein dem verstehenden Geist gleiches Prinzip zurückführt: Objekt und Subjekt seines Philosophierens sind – als aufgehobene Gegensätze – in einer Weise aufeinander bezogen, die seine berühmte Formel *»Leben erfaßt hier Leben«* ausdrückt.

Wenn die Begriffe des »Erlebens« und »Verstehens« schon in elementaren, praktischen Lebenszusammenhängen eine so dominierende Rolle spielen, muß ihre Bedeutung im Verhältnis von Leben und dichterischem Schaffensprozeß vollends offensichtlich werden. *»Poesie ist Darstellung und Ausdruck des Lebens. Sie drückt das Erlebnis aus, und sie stellt die äußere Wirklichkeit des Lebens dar ... Ihr Gegenstand ist nicht die Wirklichkeit, wie sie für einen erkennenden Geist da ist, sondern die in den Lebensbezügen auftretende Beschaffenheit meiner selbst und der Dinge.«* Ausgangspunkt für alles poetische Schaffen ist nach Dilthey immer die *»Lebenserfahrung«*, als persönliches Erlebnis oder als Verstehen anderer Menschen. SHAKESPEARES *»ungeheure Welterfahrung«*, GOETHES *»nacherlebendes Verstehen alles Menschlichen«*, seine *»außerordentliche Energie des Erlebens*, LESSINGS *»gesundes, männliches Lebensgefühl«* oder HÖLDERLINS *»zusammenhaltendes, gemischtes Gefühl des Lebens«* sind in allen Essays Schlüsselkategorien für das Verständnis ihrer Dichtungen, die unaufhörlich auf die in ihnen sich aussprechende Persönlichkeit, auf ihr *»Naturell«* verweisen, das sich seinerseits wieder am oder im Gegensatz zu umgreifenden, kollektiven *»Seelenverfassungen«* (etwa der *»moralischen Seelenverfassung der deutschen Aufklärung«)* gebildet und entwickelt hat. Die persönliche *»Seelenverfassung«* eines Autors wird mit einer Art von deskriptiver psychologischer Analyse erfaßt, in der die Individualität und Totalität seines Selbst- und Weltverständnisses und seines seelischen Entwicklungsverlaufs aufgesucht werden. *»Erlebnisse sind die Quellen, aus denen jeder Teil eines dichterischen Werkes gespeist wird, in eminentem Sinn aber wird das Erlebnis dadurch schöpferisch in dem Dichter, daß es ihm einen neuen Zug des Lebens offenbart.«*

Der Strukturzusammenhang zwischen dem Erleben selbst und dem Ausdruck des Erlebens besteht darin, daß das Erlebnis vollständig in den Ausdruck eingeht, daß Erlebnis und Ausdruck einander entsprechen, ja entsprechen müssen, weil sie eines sind. (Eine der Schwächen der Poetik Diltheys ist sicherlich darin zu suchen, daß die zwischen Erlebnis und Ausdruck vermittelnde Dimension der Sprache – ihre Widerstände und objektivierten Konventionen – weitgehend unberücksichtigt bleibt.) Im Fall Goethes, dessen verstehende Auslegung des erlebten Zusammenhangs beständig aus dem Leben selbst, nicht aus spekulativer Abstraktion hervorgeht, steigert sich *»im Verstehen ... der Seherblick des wahren Dichters ins Unendliche. Denn er überträgt verstehend all seine innere Erfahrung in die fremde Existenz, und zugleich führt ihn doch die unergründliche fremdartige Tiefe eines anderen großen Daseins oder mächtigen Schicksals über die Grenzen seines eigenen Wesens hinaus; er versteht und gestaltet, was er nie erleben könnte«*. Wenn Goethe neben VOLTAIRE als der universellste Mensch des 18. Jh.s bezeichnet wird, so deshalb, weil er, wie schon die Aufklärung auf ihrem Höhepunkt, Diltheys philosophischem Programm am nächsten kommt, indem er die *»höchste dichterische Aufgabe«* gelöst hat, nämlich jenseits aller vorgegebenen Religion, Metaphysik und Wissenschaft das *»Leben in seiner Totalität«* aus ihm selber zu schöpfen und zu begreifen. In diesem Zusammenhang wird für Dilthey Goethes Formulierung, seine Dichtungen seien ausschließlich *»Bruchstücke einer großen Konfession«*, bedeutsam und beweiskräftig. Inbegriff der *»Seelenprozesse«*, aus denen die poetische Welt nach Dilthey hervorgeht, ist die Phantasie. Das Ende jener ersten Epoche der *»Phantasiekunst«* – das Jahrhundert Shakespeares – wurde durch das Anwachsen des durch die Aufklärung und ihr Ideal der teleologischen Vervollkommnung der Welt geförderten *»Wirklichkeitssinnes«* im 18. Jh. beschleunigt. Aus dieser Wissenschaftsabhängigkeit, die allerdings die Entwicklung so bedeutender Faktoren wie der psychologischen Analyse im Drama begünstigte, befreite erst Goethe die Dichtung wieder durch jene sprachgewaltige *»Umformung der Bilder und bildlichen Zusammenhänge«*, wie sie auch im Erinnern stattfindet, aber erst in der Phantasie als bewußte Seelentätigkeit aus den Tiefen eines Gemüts aufsteigt, *»das vom Leben mannigfach zu Lust, Leid, Stimmung, Leidenschaft, Streben bewegt wird«*.

H.H.H.

AUSGABEN: Lpzg. 1906. – Lpzg. [2]1907 [erw.]. – Lpgz. [3]1910 [erw.]. – Stg. 1957. – Göttingen [14]1965; [16]1985.

LITERATUR: W. Heynen, *D.s Psychologie des dichterischen Schaffens*, Halle 1916. – O. F. Bollnow, *D. Eine Einführung in seine Philosophie*, Bln./Lpzg. 1936; Stg. [4]1980. – G. Misch, *Vom Lebens- u. Gedankenkreis W. D.s*, Ffm. 1947. – H. H. Deissler, *Die Geschichtlichkeit bei W. D.*, Diss. Freiburg i. B. 1949. – H. Hennecke, *W. D. u. die Geisteswissenschaften* (in H. H., *Dichtung u. Dasein*, Bln. 1950, S. 63–77). – M. Scherer, *W. D. u. die Wissenschaft von der Dichtung*, Diss. Mchn. 1950. – M. Jolles, *W. D. u. die Bedeutung der Kunst für das Leben* (in *Deutschland u. Europa, Fs. f. H. Rothfels*, Hg. W. Conze, Düsseldorf 1951, S. 355–374). – G. Mawer, *W. D. and the History of Ideas* (in Journal of the Hist. of Ideas, 13, 1952, S. 94–107). – W. Israel, *Die Dichtung u. Weltlichkeit des moder-*

*nen Menschen: eine Interpretation des Wesens der Dichtung bei W. D.*, Diss. Freiburg i. B. 1952. – H. Dormagen, *W. D.s Konzeption der geschichtlich-psychischen Struktur der menschlichen Erkenntnis* (in Scholastik, 29, 1954, S. 363–386). – R. Wellek, *W. D.s Poetik u. literar. Theroie* (in Merkur, 14, 1960, S. 426–436). – J.-F. Suter, *Philosophie et histoire chez W. D. Essai sur le problème de l'historicisme*, Basel 1960. – K. Müller-Vollmer, *Towards a Phenomenological Theory of Literature. A Study of W. D.'s »Poetik«*, Den Haag 1963. – F. Rodi, *Morphologie und Hermeneutik. Zur Methode von D.s Ästhetik*, Stg. 1969. – B. Peschke, *Versuch einer germanistischen Ideologiekritik. Goethe, Lessing, Novalis, Tieck, Hölderlin, Heine in W. D.s u. Julian Schmidts Vorstellungen*, Stg. 1972. – K. Sauerland, *D.s Erlebnisbegriff. Entstehung, Glanzzeit und Verkümmerung eines literaturhistorischen Begriffs*, Bln./NY 1972. – M. Heinen, *Die Konstitution der Ästhetik in W. D.s Philosophie*, Bonn 1974. – J. C. Maraldo, *Der hermeneutische Zirkel. Untersuchungen zu Schleiermacher, D. und Heidegger*, Freiburg i. B./ Mchn. 1974. – C. Zöckler, *D. und die Hermeneutik. D.s Begründung der Hermeneutik als »Praxiswissenschaft« und die Geschichte ihrer Rezeption*, Stg. 1975. – D. Weber, *Zum Problem des ästhetischen Erkennens bei W. D.*, Diss. Köln 1983.

## BLAGA NIKOLOVA DIMITROVA

* 2.1.1922 Bjala Slatina

LITERATUR ZUR AUTORIN:
R. Likova, *Poetičnoto tvorčestvo na B. D.* (in R. L., *Săvremenni avtori i problemi*, Sofia 1968, S. 384–418). – P. Žarev, *B. D.* (in P. Z., *Preobrazena literatura*, Sofia 1969, S. 414–426). – N. Bozduganov, *V sărceto na Vietnam* (in Septemvri, 1970, 1). – Z. Petrov, *B. D.* (in Z. P., *Profili na săvremennici*, Sofia 1973). – M. Caneva u. G. Canev, *B. D.* (in G. C., *Srešta s minaloto*, Sofia 1977, S. 452–459). – M. Miteva, *Romanite na B. D. – žanrovi osobenosti* (in Ezik i literatura, 1981, 3, S. 76–82). – A. Swilenow, *B. D.* (in *Literatur Bulgariens 1944 bis 1980. Einzeldarstellungen*, Bln. 1981, S. 350–358, 568 f.). – P. Velčev, *B. D.* (in Lit. misăl, 1982, 1, S. 113–121). – E. Bayer u. D. Endler, *B. D.* (in E. B. u. D. E., *Bulgarische Literatur im Überblick*, Lpzg. 1983, S. 312–313).

### OSĂDENI NA LJUBOV

(bulg.; *Zur Liebe Verurteilte*). Gedichtzyklus von Blaga N. DIMITROVA, erschienen 1967. – In sechsundachtzig Gedichten versucht die Autorin die Eindrücke und Erlebnisse einer Reise nach Vietnam im Jahre 1966 dichterisch zu verarbeiten. Mittelpunkt des lyrischen Reise- und Lageberichts aus einem jahrelang vom Krieg heimgesuchten Land ist der leidgeprüfte Mensch, der mit seinem Heimatland zu einer Einheit verschmilzt; die häufigsten Gestalten sind trauernde Frauen, getötete Kinder und verwundete Soldaten, alle Opfer der Verteidigung der Heimat. Tod und Zerstörung ziehen sich als Leitmotiv durch den Zyklus. Dahinter wird nach dem Sinn des Lebens und der Vergänglichkeit des einzelnen Menschen geforscht. *»Er selbst ist aus Lehm geschaffen, / und wird wieder zu Lehm werden. / Aber in dem dazwischenliegenden Augenblick, / solange er noch lebt, / ragt er immer aus dem Lehm hervor / einen Fußbreit nur, aber immerhin.«* Die Verkettung von Geburt, Leben und Tod legt die Frage nach dem Wesen der menschlichen Natur, nach ihrem Recht auf Leben und Liebe nahe. Nirgendwo sonst wird das Leben so intensiv erlebt wie hier, angesichts von Chaos und Tod. Trotz Trauer und Verlassenheit in jedem einzelnen gibt es die Idee des sich immer wieder neu schaffenden Lebens und der sich stets regenerierenden Welt. Und die Dichterin kommt zu dem Ergebnis: *»Ich fand den inneren Frieden / in diesem Land des Kriegs.«*

Viele Gedichte wollen weniger äußere Begebenheiten widerspiegeln als vielmehr Empfindungen und Impressionen. Die Aussage wird in einzelnen reimlosen Versen scharf akzentuiert, der Stil ist manchmal deklamatorisch-emotional, nie aber politisch-agitatorisch. Blaga Dimitrova verzichtet auf vordergründige ideologische Auseinandersetzungen und subjektive politische Parteinahme, die das Thema anbietet; sie erhöht dadurch die Allgemeingültigkeit und Überzeugungskraft ihres Aufrufs gegen das Unrecht des Kriegs und ihrer Klage über menschliches Leid.

Von der Kritik zunächst abgelehnt, hat sich Blaga Dimitrova einen festen Platz in der bulgarischen Nachkriegslyrik geschaffen. In den späteren Gedichtbänden *Migove*, 1968 *(Augenblicke)*, *Kak*, 1974 *(Wie)*, oder *Glas*, 1985 *(Stimme)*, neigt die Schriftstellerin einer philosophisch-intellektuellen Lyrik mit stark assoziativen Bezügen zu, behandelt weiterhin aktuelle Zeit- und brennende Sinnfragen ebenso wie das ewige Thema der Liebe und offenbart in der Vielfalt von Gefühlen und Konflikten durch persönliche Betroffenheit und Beichte hohes soziales Engagement. Mit Elisaveta BAGRJANA und Dora GABE gehört Dimitrova zu den bedeutendsten Lyrikerinnen, die die bulgarische Literatur hervorgebracht hat. D.Ku.

AUSGABE: Sofia 1967.

LITERATUR: Ju. Krăsteva, *B. D.* (in Septemvri, 16, 1963, S. 216–224). – N. N[ikiforov], *»Osădeni na ljubov«* (in Puls, 20, 1967). – S. Iliev, *Văv toja svjat ošte măžki ...* (in Plamăk, 6, 1967, S. 57–64). – Z. Petrov, *Stranstvuvanijata na B. D. ili za njakoi čerti na tvorčeskija ì portret* (in Narodna kultura, 3. 6. 1967). – R. Likova, *Poetičeskoto tvorčestvo na B. D.* (in Septemvri, 4, 1968, S. 199–217).

## OTKLONENIE

(bulg.; *Ü: Liebe auf Umwegen*). Roman von Blaga N. DIMITROVA, erschienen 1967. – Die literarhistorisch gebildete und musisch interessierte Wissenschaftlerin, bedeutende Übersetzerin aus dem Altgriechischen, Polnischen und Russischen und erfahrene Literaturkritikerin hat sich als Schriftstellerin nicht nur auf dem Gebiet der Lyrik betätigt, sondern die bulgarische Literatur der sechziger und siebziger Jahre auch mit einer Reihe von Romanen um neue Akzente erweitert. Große Umwälzungen, die sie selbst erlebt hat, wie den Aufbau des sozialistischen Bulgariens oder den von mehreren Reisen bekannten Vietnamkrieg, verarbeitete Dimitrova in ihren Prosa-Werken ebenso wie die Selbsterkenntnisversuche einer Frau und allgemeine philosophisch-ethische Fragen (*Otklonenie Pătuvane kăm sebe si*, 1965 – *Reise zu sich selbst; Strašnija săd*, 1969 – *Das jüngste Gericht; Lavina*, 1971 – *Die Lawine; Podzemnonebe. Vietnamski dnevnik*, 1972 – *Unterirdischer Himmel. Vietnamesisches Tagebuch*).
*»Ich empfinde das kostbarste Glück dieser Welt: frei zu sein. Mein Leben in die eigenen Hände zu nehmen, ein Experiment mit der Liebe zu machen, mir etwas auszudenken, mich nach etwas zu sehnen und den Mut zur Verwirklichung zu haben. So werden die Menschen der Zukunft sein«*, schreibt die junge, verliebte Geschichtsstudentin Neda Veleva in ihr Tagebuch. Auf einer Studentenversammlung hatte sie den Bauingenieur Bojan Danailov, den Sekretär der Studentenorganisation, kennengelernt. Das Diskussionsthema *»Liebe in der neuen klassenlosen Gesellschaft«* hatte Neda zu einem Einfall inspiriert, der ein folgenreiches Erlebnis nach sich ziehen sollte: Sie wettete mit ihren Freundinnen um eine Limonade, daß sie dem Diskussionsleiter Bojan den Kopf verdrehen würde. Das Ungewöhnliche daran ist, daß die Handlung nicht lange nach dem Septemberumsturz 1944, *»in jenen unmündigen Jahren«* des Aufbaus des Sozialismus spielt: *»In jenen Tagen versuchten wir, alles von unserem revolutionären Standpunkt aus genau zu definieren, um selbst an die geringfügigsten Erscheinungen der Wirklichkeit wissenschaftlich heranzugehen und uns für die Meisterung der Praxis bis an die Zähne mit Theorie zu wappnen«*. Neda und Bojan gehen eine Probeehe auf zehn Tage ein, um sich dann wieder zu trennen. Nach siebzehn Jahren treffen sie sich zufällig wieder: Neda, die als Archäologin frühthrakische Amphoren ausgräbt, und Bojan, vielbeschäftigter Baukonstrukteur mit Auslandsdienstreisen.
Die zeitlich weit auseinanderliegenden Erzählebenen werden nicht nur dazu benutzt, Bilanz zu ziehen, sondern auch – in Form von Monologen und Dialogen – das Damals und Heute gegenüberzustellen. Aus der unabhängigen, widerspenstigen, nach Selbstverwirklichung strebenden Neda ist eine reife, selbstbewußte, verheiratete Frau geworden; der kühl-rational denkende, gebieterische Bojan hat seinen energisch-selbstsicheren Gang ebenso wenig verloren wie seine Ungeduld und hektische Art. Der Roman, in dem sich möglicherweise autobiographische Züge niederschlagen, ist das Psychogramm Nedas, einer »modernen« Frau: *»Ich will mich selbst besiegen, ich will die in Jahrhunderten gewachsene Art, zu denken und zu handeln, ablegen, meine instinktive, mädchenhafte Angst und dumme Scham brechen, Vorurteile, Zweifel, Hemmungen zertreten. Das gleicht einer Revolution.«* Mit dieser Thematik nähert sich Dimitrovas Roman – trotz unterschiedlichen Genres – der Lyrik von Elisaveta BAGRJANA und Dora GABE. Das Aufbegehren der Frau gegen überkommene Konventionen verbindet sich hier mit der Suche nach dem tieferen Sinn des Lebens. Von anderen Werken gleicher Thematik unterscheidet den Roman ein distanzierteres, weniger emotionales Verhältnis zu den Zeitereignissen der frühen Aufbaujahre. Das Neue in Dimitrovas Prosaschaffen ist die am Beispiel von *Otklonenie* sichtbare Sprengung der bis dahin im bulgarischen Roman geltenden traditionellen Form und konventionellen Komposition durch die Einführung von essayistischen Elementen und *»eine fast herausfordernde Vernachlässigung der Einheit von Zeit und Handlung«* (Swilenow). D.Ku.

AUSGABE: Sofia 1967.

ÜBERSETZUNGEN: *Liebe auf Umwegen*, B. Sparing, Bln. 1969. – *Experiment mit der Liebe*, dies., Bln. 1971.

VERFILMUNG: Bulgarien 1967.

LITERATUR: *B. D. »Otklonenie«. Abweichung. Roman* (in Am bulgarischen Horizont, 2, 1968, 5, S. 11–12). – J. Molochov, *Prozata na B. D.* (in Narodna kultura, 1969, Nr. 38). – M. Miteva, *Romanite na B. D., žanrovi osobenosti* (in Ezik i literatura, 26, 1981, 3, S. 76–81).

## DIMITĂR TODOROV DIMOV

* 25.4.1909 Loveč
† 1.4.1966 Bukarest

LITERATUR ZUM AUTOR:
*D. Talev, S. Minkov, D. D. v spomenite na săvremennicite si*, Sofia 1973. – E. Ivanova, *D. D. v svojata semejna sreda* (in Septemvri, 26, 1973, 12, S. 195–223). – K. Kujumdžiev, *D. D. i Ispanija* (in Literaturen Front, 6. 12. 1973 u. 13. 12. 1973). – L. Tenev, *Dramaturgăt D. D.* (in Septemvri, 27, 1974, 11, S. 195–211). – E. Ivanova, *D. D. v grad Plovdiv* (ebd., 28, 1975, 11, S. 204–226). – P. Zarev, *D. D.* (in *Istorija na bălg. literatura*, Bd. 4, Sofia 1976, S. 800–838). – J. Vučkov, *Dramaturgijata na D. D.* (in Septemvri, 29, 1976, 2, S. 201–223). – K. Kujumdžiev, *D. D. 1909–1966* (in *Beležiti Bălgari*, Bd. 6, Sofia 1978,

S. 255–269). – V. A. Zacharževskaja, *D. D.*, Kiew 1978. – L. Georgiev, *Dramaturgijata na D. D.* (in Septemvri, 33, 1980, 7, S. 188–215). – L. Georgiev, *D. D.*, Sofia 1981. – E. Ivanova, *Stranici ot žiznenija i tvorčeskija păt na D. D.*, Sofia 1981. – D. Endler, *D. D.* (in *Literatur Bulgariens 1944–1980. Einzeldarstellungen*, Bln. 1981, S. 252–268 u. 547–550). – N. Dospevska, *Poznatijat i nepoznat D. D.* (in Septemvri, 35, 1982, 10, S. 236–246). – Ders., *Poznatijat i nepoznat D. D.*, Sofia 1985.

## OSĂDENI DUŠI

(bulg.; *Ü: Verdammte Seelen*). Roman von Dimităr Dimov, erschienen 1945. – Da die bulgarischen Schriftsteller von jeher die engen Landesgrenzen nicht überschritten und sich ihren literarischen Stoff vor allem in der eigenen Geschichte suchten, kommt Dimovs psychologisch-historischem Roman besondere Bedeutung zu, weil hier erstmals der Versuch unternommen wird, Charaktere und Schicksale aus der jüngsten Vergangenheit eines anderen Volkes zu gestalten. Der Verfasser verbrachte die Jahre 1943 und 1944 in Spanien und konnte bei dieser Gelegenheit das Volk kennenlernen, mit dessen Geschichte, Sprache und Literatur er sich jahrelang intensiv beschäftigt hatte.

Dimovs Roman spielt während des Spanischen Bürgerkriegs. In einem Hotel in Madrid begegnen sich die Engländerin Fanny Horn, seit ihrem Aufenthalt in Südfrankreich Morphinistin, und der ungeratene Nachkomme eines angesehenen spanischen Adelsgeschlechts, Luis Romero de Heredia y Santa Cruz, der jahrelang im Ausland gelebt hat und sich als solider Kaufmann gibt, in Wirklichkeit aber ein internationaler Schmuggler ist. Fanny Horn erzählt ihm ihre Lebensgeschichte, die engstens mit dem jüngsten Mitglied der Familie Heredia, dem Arzt und Jesuiten Ricardo, verbunden ist. Luis Romero hat von seinem Bruder, dem reaktionären Admiral Indalesio, erfahren, daß Ricardo im Typhuslager bei Peña Ronda an Flecktyphus gestorben sein soll.

Auf einer Autoreise nach Avila mit zwei amerikanischen Gästen und dem französischen Arzt Jacques Murier hat die geschiedene Fanny Horn die Bekanntschaft des Jesuiten Ricardo Heredia gemacht. Vom ersten Augenblick an ist sie fasziniert von seiner Erscheinung, *»seinen feinen Gesichtszügen, den Augenbrauen, der Nase, den Lippen, die die kühle Verträumtheit und die Ruhe eines heidnischen Gottes ausstrahlten; in der matten Hautfarbe und seinen kohlschwarzen Augen glühten aber das Temperament und die heiße Sonne Andalusiens«*. Nach langen Nachforschungen erfährt sie seinen Namen und Beruf: Ricardo ist von seinem Orden mit der Leitung eines Krankenlagers für Flecktyphus bei Peña Ronda betraut worden. In der Hoffnung, ihn zu erobern bzw. wenigstens sein Interesse zu erregen, errichtet Fanny mit eigenen Geldern ebenfalls ein Krankenlager, dessen Leitung sie Murier, ihrem früheren Geliebten, überträgt. Als Krankenpflegerin sucht sie jede Gelegenheit, in Ricardos Nähe zu sein und ihn für sich zu gewinnen. Sie setzt sogar ihr Leben aufs Spiel, als Ricardo, der Monarchist, von den Anarchisten entführt werden soll, gelangt jedoch zu der Einsicht, daß es kaum etwas Unerreichbareres gibt als den willensstarken, fanatisch gläubigen Mann, der seinem Orden bedingungslos die Treue hält. Fannys unerfüllte Liebe zu Ricardo verwandelt sich schließlich in maßlosen Haß: Eines Nachts ermordet sie den Jesuiten aus Rache für die erlittenen Demütigungen. Nach dem Tod ihres französischen Freundes erkrankt auch sie an Flecktyphus.

In dem Roman, der neben *Tjutjun*, 1951 *(Tabak)*, das bedeutendste Werk Dimovs darstellt, übt der Dichter scharfe Kritik an der Gesellschaftsordnung und der katholischen Kirche Spaniens. Das persönliche Schicksal der Protagonisten ist eingebaut in die Wirren des Spanischen Bürgerkriegs, des Kampfs zwischen Reaktion und Fortschritt, wobei Dimov sich eindeutig für die Vertreter des republikanischen Spanien engagiert. Symbolhaft stehen die »verdammten Seelen« für den unausweichlichen Untergang der alten, morschen Welt. Im Mittelpunkt der spannungsgeladenen Handlung steht die in Dostoevskijscher Manier minuziös-analytisch gestaltete Tragödie der Fanny Horn. Die von Leidenschaft beherrschte Frau flüchtet sich vor der frustrierenden Realität in den Morphiumrausch, ein menschliches Wrack, das nur noch dank der betäubenden Wirkung des Gifts am Leben bleibt. Der Jesuit Ricardo steht exemplarisch für eine ganze absterbende Gesellschaft und deren rückschrittliche Ideologie. – Neben der psychologischen Analyse der Hauptgestalten legt Dimov besonderen Wert auf die Darstellung des kontrastreichen spanischen Alltagslebens und auf die realistische Wiedergabe der Szenen im Krankenlager. K.Ha.

Ausgaben: Sofia 1945. – Sofia 1967 (in *Săbrani săčinenija*, Hg. E. Stanev u. a., 6 Bde., 2). – Sofia 1970. – Sofia 1977. – Sofia 1981 (in *Săčinenija*, Hg. K. Kujumdžiev u. a., Bd. 1).

Übersetzung: *Verdammte Seelen*, E. Moskowa, Bln. 1971.

Literatur: S. Karolev, *Idejnost i obraznost v romana na D. D. »Osădeni duši«* (in Izkustvo, Sofia, 2, 1946, S. 407–419). – Ja. Molchov, *D. D.* (in Lit. misăl, Sofia, 8, 1964, S. 55–78). – D. Dinekov, *Literaturni obrazi*, Bd. 3, Sofia 1968, S. 311–317. – L. Bumbalov, *Psichologičeskoto majstorstvo na D. D. i njakoi tipologični osobenosti na romana »Osădeni duši«* (in L. B., *Văprosi na psichologičeskoto majstorstvo*, Sofia 1976, S. 64–88). – J.-E. Suniga, *Onzi Madrid na »Osădeni duši«* (in Septemvri, 29, 1976, 10). – E. Ivanova, *Iz tvorčeskata istorija na romana »Osădeni duši«* (ebd., 31, 1978, 7, S. 166–187). – Dies., *Novi dokumenti za romana »Osădeni duši« i negovija avtor* (in Plamăk, 1981, 2, S. 151–155).

## TJUTJUN

(bulg.; *Ü: Tabak*). Roman von Dimităr Dimov, erschienen 1951; zweite, überarbeitete Auflage 1954. – Der eigenbrötlerische Boris Morev verläßt das Gymnasium, um als einfacher Arbeiter in ein Tabaklager der »Nikotiana« einzutreten: *»Hier sah er eine Möglichkeit, mit seinem Verstand und seiner Menschenverachtung über die Lande zu herrschen.«* Er beginnt seine Karriere, indem er Spiridonov, dem Generaldirektor der Firma, die Einführung der mechanisierten Tabakzubereitung vorschlägt. Als Stellvertreter des Oberexperten in der Zentrale heiratet Boris Spiridonovs nervenkranke Tochter Maria. Die Angestellten der Firma sind mit der Entlohnung und den herrschenden Arbeitsbedingungen unzufrieden. In der illegalen kommunistischen Bewegung formiert sich der Widerstand gegen das kapitalistische System. Eine Parteiversammlung bereitet einen großangelegten Tabakarbeiterstreik vor. Am Streiktag wird der Polizeiwachtmeister Čakăr, der Vater der Medizinstudentin Irina, erschossen. Irina begegnet in Sofia Boris, ihrem Jugendfreund, und wird seine Geliebte. Der wirtschaftliche Aufschwung der »Nikotiana« unter dem inzwischen zum Generaldirektor avancierten Boris geht unaufhörlich weiter, zumal ein Deutscher Zigarettenkonzern nach Ausbruch des Zweiten Weltkriegs Hauptabnehmer des bulgarischen Tabaks ist. Boris' Bruder Pavel schließt sich als Kommunist einer Partisanenabteilung an. Boris, Irina und der Experte Kostov reisen ins griechische Kavalla, um über Tabaktransaktionen zu verhandeln. Hier treffen sie von Geier, den Vertreter des Deutschen Zigarettenkonzerns. Boris erkrankt in Saloniki an Malaria und stirbt. Irina, Kostov und von Geier kehren mit dem toten Boris nach Bulgarien zurück. Partisanen halten die Reisenden an einer umkämpften Bahnstation auf und erschießen den gesuchten von Geier. Irina muß dem Partisanenführer Dinko, ihrem Vetter, ärztliche Hilfe leisten. In Sofia hat inzwischen die Vaterländische Front die Macht übernommen. Boris' Besitz ist beschlagnahmt. Irina erhält eine Wohnung in ihrem früheren Haus, in dem jetzt der Generalmajor Pavel Morev residiert. Kostov erschießt sich, wenig später vergiftet sich Irina.

Der anfangs umstrittene Roman bietet eine breitangelegte Zeitanalyse Bulgariens zwischen 1933 und 1944. Die zum Untergang verurteilte kapitalistische Welt steht dem Aufbau neuen Lebens, der sozialistischen Zukunft des Landes, entgegen. Beide Sphären sind im Roman durch gleichermaßen überzeugende Charaktere verkörpert. Den Kapitalismus repräsentieren der kaltblütige Menschenverächter Boris Morev, der weniger vom Geld als von der Macht, die es ermöglicht, beherrscht ist; seine Geliebte Irina, die sich der Fesseln ihres patriarchalischen Milieus entledigt, sich in die sogenannte große Welt stürzt und darin trotz kritischer Selbsterkenntnis zugrundegeht; die Vertreter des Deutschen Zigarettenkonzerns – von Geier, Baron Lichtenfeld und Preibisch – als Verkörperung der *»Idee des Übermenschen und der Mission des deutschen Wesens«*. Pavel Morev, parteigeschulter und lebenserfahrener Kommunist; seine Freundin Lila, tapfere und kritische Kommunistin, und die große Zahl der Partisanen, die selbstlos für die Befreiung des Menschen kämpfen, schicken sich als Gegenspieler an, den Kapitalisten die Macht zu entreißen und eine für alle Menschen gerechtere Ordnung aufzubauen.

Dimov schuf mit seinem Roman ein literarisches Prosawerk, das in der bulgarischen Nachkriegsliteratur herausragt. Der Autor selbst sagt über sein bedeutendstes Werk: *»Der Roman ›Tabak‹ stellt einen Versuch dar, aus den Schemata auszubrechen, die unsere Kritik als Methode des Sozialistischen Realismus aufgestellt hat.«* Dimov hat die Parteilichkeit, ein Grundprinzip des Sozialistischen Realismus, auf das erträgliche Maß des persönlichen Engagements der Kommunisten reduziert. Im Bulgarischen Schriftstellerverband wurde Dimovs Roman im Februar 1952 öffentlich diskutiert und kritisiert. Nach Meinung der Kritik huldigte Dimov einer *»reaktionären Philosophie«* und *»einer falschen Methode der Darstellung der Wirklichkeit«*. Ihm wurde angelastet, daß er seine Kommunisten ohne alle Idealisierung mit ihren kleinen menschlichen Schwächen und Fehlern zeichnet – ein Verfahren, das vor allem ihrer Glaubwürdigkeit und Überzeugungskraft zugute kommt. Ebensowenig tut es dem Gesamtgedanken des Werks Abbruch, wenn der Autor sinnliche Wünsche, Eifersuchtsszenen, persönliche Eitelkeiten und parteipolitische Differenzen der Kommunisten wiedergibt. Als bedeutender Repräsentant der bulgarischen Nachkriegsliteratur hat es Dimov verstanden, einen Roman zu schaffen, der den Linien des Sozialistischen Realismus folgt, dabei aber jeden Schematismus der positiven wie der negativen Helden vermeidet und so zu einem glaubwürdigen Zeitdokument geworden ist. Dimov hat die Angriffe seiner Kritiker in teilweise scharfer, doch überzeugender Form zurückgewiesen, erklärte sich jedoch auch zu Änderungen bereit, die in der zweiten Auflage verwirklicht wurden. In mehr als zwei Dutzend Sprachen übertragen, wurde Dimovs Roman 1952 mit dem Dimitrov-Preis erster Klasse ausgezeichnet. D.Ku.

Ausgaben: Sofia 1951. – Sofia 1954. – Sofia 1967 (in *Săbrani săčinenija*, Hg. E. Stanev u. a., 6 Bde., 3/4). – Sofia 1974 (in *Săčinenija*, Hg. K. Kujumdžiev u. a., 5 Bde., 2/3); ern. Sofia 1981.

Übersetzung: *Tabak*, J. Klein, Bln. 1957; [4]1968.

Literatur: Ja. Molchov, *D. D.* (in Lit. misăl, 8, 1964, Nr. 4, S. 55–78). – K. Kujumdžiev, *Geroite na D. D. Opit za socialna i psichologičeska charakteristika* (in Plamăk, 1965, Nr. 5, S. 89–102). – Ders., *Komunistite v tvorčestvoto na D. D.* (in Lit. misăl, 9, 1965, Nr. 6, S. 46–58). – Ders., *Geroite na D. D.* (in Očerci za bălgarski pisateli, 3, Sofia 1966, S. 345–370). – D. Dimov, *Za svoja roman »Tjutjun«* (in D. D., *Săbrani săčinenija*, Bd. 6, Sofia

1967, S. 225–261). – St. Karolev, *D. D.* (in Lit. misăl, 12, 1968, Nr. 1, S. 3–31). – P. Zarev, *D. D. i negovija roman »Tjutjun«* (in Plamăk, 13, 1969, 16). – K. Kujumdžiev, *Iz predistorijata na romana »Tjutjun«* (in Septemvri, 26, 1973, 12, S. 187 bis 194). – Ders., *Po sledite na geroite na »Tjutjun«* (in Otečestven Front, 7.–12. 8. 1973). – E. Ivanova, *Koga e săzdavan neozaglavenijat roman na D. D.* (in Ezik i literatura, 33, 1978, 4, S. 105–112). – L. Georgiev, *Otnovo za romana »Tjutjun«* (in Lit. misăl, 23, 1979, 6).

## Dīnabandhu Mitra

* 1829 Jessore
† 1874

### NĪLDARPAṆ

(bengali; *Der Indigospiegel*). Drama in fünf Akten von Dīnabandhu Mitra, erschienen 1860; Uraufführung: Kalkutta 1872, National Theater. – Die Verhältnisse in den Hauptanbaugebieten der Indigopflanze und die elende Lage der auf den Indigoplantagen der reichen englischen Pflanzer beschäftigten indischen Bauern waren dem aus Jessore (Nordbengalen) stammenden Autor seit seiner frühen Kindheit bekannt. Später, als er im Dienst der britischen Verwaltung Inspektor von Poststationen geworden war, konnte er sich davon überzeugen, daß in weiten Gebieten Nordostindiens ganz ähnliche Zustände herrschten wie in Nordbengalen. Indigo war damals der wichtigste Exportartikel der britischen East India Company, die den Handel mit diesem begehrten Farbstoff völlig beherrschte und die Produktion durch englische Beamte überwachen ließ. Kurz nachdem in der bengalischen Presse die sozialen Verhältnisse in den Indigoanbaugebieten und die von den Pflanzern den Bauern gegenüber angewendeten Methoden kritisiert worden waren, berichtete die Zeitung ›The Hindu Patriot‹ von der gewaltsamen Entführung eines Hindumädchens durch einen englischen Pflanzer. Daraufhin beschloß Mitra, die Mißstände in den Indigoanbaugebieten in einem Schauspiel anzuprangern und die Öffentlichkeit auf die Not und das Elend der von den englischen Besitzern der großen Indigoplantagen rücksichtslos ausgenützten Bauern aufmerksam zu machen.

Am geeignetsten für diesen Zweck schien ihm die aus England übernommene Form des fünfaktigen Dramas. Im Mittelpunkt der Handlung steht der Untergang der in dem Dorf Svarapur lebenden wohlhabenden Kāyastha-(Schreiber)Familie des Golokcandra Basu. Dieser hatte Indigo unter einem Kontrakt angebaut, aber von den englischen Pflanzern kein Geld bekommen. Nun will man ihm einen neuen Kontrakt aufzwingen, in dem aber nichts darüber gesagt ist, daß er den üblichen Vorschuß *(dādan)* für die ihm entstehenden Unkosten erhalten soll. Als Golokcandra sich weigert, diesen Kontrakt einzugehen, lassen ihn die Pflanzer verhaften. – In die Haupthandlung ist hier eine episodenhafte Nebenhandlung eingeblendet: Die Gehilfen eines englischen Plantagenbesitzers wollen Kṣetramaṇi, die Tochter eines Nachbarn Golokcandras, ihrem reichen Herrn als Geliebte zuführen. Da sie sich aber nicht verlocken läßt, lauert man ihr auf und schleppt sie gewaltsam in die Indigofabrik, wo sie schwer mißhandelt wird. Golokcandras Sohn Navīnmādhav und andere Bauern befreien zwar die Verschleppte, aber sie stirbt kurz darauf an den erlittenen Verletzungen. – Golokcandra, der nach allem, was er erlebt hat, nicht mehr daran glaubt, daß ihm noch Gerechtigkeit zuteil wird, erhängt sich voller Verzweiflung im Gefängnis. Als sein Sohn Navīnmādhav wutentbrannt einem der englischen Pflanzer einen Tritt versetzt, wird er erbarmungslos zusammengeschlagen. Angesichts dieser Ereignisse verliert Navīnmādhavs Mutter den Verstand; sie tötet ihre Schwiegertochter und stirbt in völliger geistiger Umnachtung.

Da er Beamter im Dienst der Engländer war, veröffentlichte Dīnabandhu Mitra sein Drama zunächst anonym. Es wurde – wahrscheinlich von Michael M. Dutt (1824–1873), dem Verfasser des *Meghanādavadha* – sofort ins Englische übersetzt und gewann sowohl in Indien als auch in Großbritannien rasche Verbreitung. Die darüber aufgebrachte Vereinigung der englischen Pflanzer in Indien verklagte den Herausgeber der englischen Version des Dramas, Reverend James Long, wegen Beleidigung, und er wurde 1861 zu einem Monat Gefängnis und tausend Rupien Geldstrafe verurteilt. Durch diesen Prozeß wurde *Nīldarpaṇ* berühmt, obwohl die Kritiker das Stück wegen seines Aufbaus und seiner gekünstelten Sprache tadelten. Tatsächlich weist Mitras Drama mancherlei Mängel auf: Bereits am Anfang werden so viel Grausamkeiten verübt, daß der Autor, um noch eine Steigerung zu erzielen, sich schließlich genötigt sieht, ein Übermaß von Mord- und Selbstmordszenen zu bringen. – Bemerkenswert ist, daß damals, kurz nach dem Aufstand von 1857, die englischen Behörden ihren Kritikern gegenüber vorsichtige Zurückhaltung übten und 1872 die Uraufführung des Dramas in Kalkutta zuließen. Allerdings sollen sie – wie verlautet – die Karriere des Autors im britischen Verwaltungsdienst nicht mehr gefördert haben. P.G.

Ausgaben: Dacca 1860. – Kalkutta 1946 (*Dīnabandu-granthāvalī*, Hg. V.N. Banerjī u. S.K. Dās).

Übersetzung: *The Indigo-Planting Mirror*, anon., Kalkutta 1861 [Vorw. J. Long; engl.].

Literatur: Lalit Chandra Mitra, *History of Indigo Disturbance*, Kalkutta 1909. – P. Guha Thakurta, *The Bengali Drama*, Ldn. 1930, S. 107 ff. – Āśutos

Bhaṭṭācārya, *Bāṅglā nāṭyasāhityer itihās*, Bd. 1, Kalkutta 1960, S. 208 ff. – S. K. Sen, *History of Bengali Literature*, Neu-Delhi 1960, S. 200 ff.

## JAKOB DINESON

* 1856 Neusager bei Kovno
† 1919 Warschau

### DER SCHWARZER JUNGER MANTSCHIK

(jidd.; *Der schwarze junge Mann*, hebräischer Untertitel: *ha-N'ehawim we-ha n'imin – Die Liebenden und die Freunde*). Roman von Jakob DINESON, erschienen 1877. – Der Autor, neben N. M. SCHAJKEWITZ (Schomer) populärster Vertreter des aus der volkstümlich moralisierenden Erzählung hervorgegangenen, von Tradition und Geist vor allem der deutschen moralischen Wochenschriften beeinflußten und von Eisik Me'ir DICK vorbereiteten empfindsamen Romans, betrachtete es als Aufgabe des Schriftstellers, *»keine Luftballons«*, sondern wirklich *»gesehenes und gehörtes Leben«* zu beschreiben. Von seinen Vorgängern unterscheidet er sich u. a. dadurch, daß er auf satirische Intentionen verzichtet und das Böse als unabänderliche, im Leben verankerte Macht hinnimmt. Der vorliegende Roman (sein zweiter) brachte dem Verfasser Ruhm und großen Erfolg.

Mit der tiefsten inneren Ergriffenheit, mit der Ruhe und Sicherheit des subjektiven, souveränen, sich an den *»tajeren gefilfolen leser«* wendenden und mit ihm räsonierenden Erzählers berichtet Dineson von der unglücklichen Liebe des aus armen Verhältnissen stammenden klugen, fleißigen und tugendsamen Josef Rosenberg und der schönen, ebenso tugendsamen Rose Fridman. Scheinbar unproblematische, wenn auch gegensätzliche Naturen, da Josef, von Ideen der Aufklärung erfüllt, Medizin studieren will, Rose aber mit keinem Gedanken die autoritäre Position der Eltern antastet, sind sie doch durch die strengen Moralvorschriften der orthodoxen bürgerlichen jüdischen Gesellschaft, die keine zwanglose Aussprache der beiden Liebenden zuläßt, an klärender Rede gehindert. Das Böse, das in Dinesons einschichtiger Welt dem Guten schroff gegenübersteht, hat deshalb leichtes Spiel. Der Titel umschreibt den Inhalt: die Liebenden bleiben getrennt, weil »der schwarze Mann« zwischen ihnen steht. Böse *per definitionem*, doch als Chassid sich gebärdend, schreckt er vor keinem noch so heimtückischen Mittel zurück, um den armen Talmudschüler, den er seiner Tüchtigkeit und Intelligenz wegen beneidet, aber umwirbt und deshalb in das Haus seiner Schwiegereltern aufgenommen hat, von Rose, seiner Schwägerin, fernzuhalten, ja er greift, um dies zu erreichen, zur Brieffälschung. In dem Augenblick, da alles sich zum Guten zu wenden scheint, bringt eine neue, geschickt von ihm eingefädelte Intrige (Falschgeld) Josef ins Gefängnis. Rose wird auf Rat und Drängen des Schwagers einem Schwachsinnigen zur Frau gegeben; gebrochen und den Eltern in Gehorsam zugetan, fügt sie sich in ihr Schicksal. Einer Verbindung mit Roses jüngerer Schwester, emanzipierter und couragierter als jene, steht, nach oberflächlicher Klärung des Vorgefallenen, nichts im Wege. Zuvor will Josef, seinen einstigen Plänen entsprechend, die Universität besuchen. Als er sich nach fünf Jahren wiedereinfindet – seine Braut hatte ihr Leben selbst in die Hand genommen und sich geweigert, vor 21 zu heiraten –, wirbt der Schwarze erneut um seine Freundschaft. Von Josef zurückgewiesen, nimmt er Rache, indem er am Tag der Hochzeit das Haus in Brand steckt. An den Folgen der Erkältung, die er sich zuzog, als er seine Braut aus den Flammen rettete, stirbt Josef; jene folgt ihm nach. Der schwarze Mann, Inbegriff des Bösen, erweist sich als der Stärkere. Reich und ungestört lebt er im Kreis der Familie, obwohl jeder von seiner Schuld weiß; die Familienehre und der durch ihn verbürgte Wohlstand sichern ihm Schonung. Dieser Verzicht auf Lösung, Austragung des Wertkonflikts ist charakteristisch für Dinesons statische, unpsychologische Schreibweise. Im Fehlen des Happy-Ends mag sich Kritik äußern. Zwar erleichterte es den leidenden Volksmassen den Schritt zur Identifikation, zugleich aber verdeutlichte es, daß der Drang nach Bildung allein noch keine Veränderung bewirkt und daß tränenreiche Briefe die Bereitschaft zur Selbstwehr nicht zu ersetzen vermögen. Auch das tugendhafteste Verhältnis, die eindeutigste Liebe – lautet die Lehre des für den modernen Leser zu viele Fragen offenlassenden Werks – können zu keinem glücklichen Leben führen, wenn das Böse nur eschatologisch klassifiziert, aber nicht durch vernünftige Aktion neutralisiert wird. O.F.B.

AUSGABE: Wilna 1877.

LITERATUR: S. Niger, *Dertseyler un romanistn*, Bd. 1, NY 1946, S. 78–83 [jidd.]. – S. Liptzin, *Flowering of Yiddish Literature*, NY 1963.

## FRANZ FREIHERR VON DINGELSTEDT

* 30.6.1814 Halsdorf bei Wora / Oberhessen
† 15.5.1881 Wien

LITERATUR ZUM AUTOR:
B. Klostermann, *F. D., sein Jugendleben u. die Entwicklung seiner polit. Dichtung*, Diss. Münster 1912. – H. Sperling, *F. D.s Lyrik auf ihre Quellen u.*

*Vorbilder untersucht*, Diss. Münster 1927. – C. Chalaupka, *F. D. als Regisseur. Von d. szenischen Stimmungsmalerei zum Gesamtkunstwerk*, Diss. Wien 1958. – H. Knudsen, *Aus D.s hess. Jugendzeit*, Bad Nauheim 1964. – H.-P. Bayersdörfer, *Laudatio auf einen Nachtwächter. Marginalien zum Verhältnis von Heine u. D.* (in Heine-Jb., 15, 1976, S. 75–95). – *F. Frh. v. D. Der Dichter d. Weserliedes*, Bearb. E. Sindermann, Rinteln 1981.

## LIEDER EINES KOSMOPOLITISCHEN NACHTWÄCHTERS

Politische Gedichte von Franz Freiherr von DINGELSTEDT, anonym erschienen 1841. – Die mehr als achtzig Lieder der Sammlung machten Dingelstedt für kurze Zeit zu einem der maßgeblichen Wortführer der liberal-republikanischen Opposition im Deutschland des Vormärz. – In einem ersten Abschnitt, *Nachtwächters Stilleben*, inszeniert der Dichter mit burschikosen schwungvollen Vierzeilern (*»Weib, gib mir Deckel, Spieß und Mantel, / Der Dienst geht los, ich muß hinaus.«*) die Nachtwächter-Fiktion. In einsamen Nachtwachen von der Sorge um die politische Zukunft erfüllt, sieht er sich in einer deutschen Kleinstadt die Runde machen und stößt dabei wie zufällig auf die Mißstände der Restaurationszeit: Im Gefängnis schmachten verschuldete Bauern, der wie eine Festung verriegelte Dom ist dem suchenden Gläubigen verschlossen. Den Abschluß bildet ein aktuelles *Rheinlied – nota bene ohne Becker –!* (eine Anspielung auf Nikolaus BECKER, den Autor der *Wacht am Rhein*), das den auf beiden Seiten des Rheins entstandenen patriotischen Pamphleten ein kosmopolitisches Bekenntnis zur Aussöhnung der Nachbarvölker entgegensetzt. – Im eigentlichen Hauptteil, *Nachtwächters Weltgang. Deutschland*, zeichnet Dingelstedt in sieben sogenannten »Stazionen« sarkastische Bilder feudaler Kleinstaatlichkeit (Motto: *»Welt in Duodez; / Der Deutsche versteht's!«*). Aus dem Nachtwächter wird, der politischen Schlagkraft zuliebe, ein Weltenbummler, der sich in den Zentren des Deutschen Reiches umsieht: Frankfurt, die Residenz des deutschen Bundestags, erscheint ihm als *»feiles Nest«* (Staz. 1); in München, der *»wunderreichen Stadt der Neuhellenen«*, fordert der Gegensatz zwischen dem Griechenkult Ludwigs I. und der ungebrochenen Vormachtstellung des Klerus und des Biers seinen – diesmal in Sonette gefaßten – Spott heraus (Staz. 2); im *»eitlen, kalten, falschen«* Berlin werden vor allem die leeren Versprechungen Friedrich Wilhelms IV. und die mangelhafte Lebensart dieses Königs und seiner Untertanen gegeißelt (Staz. 6); auch in Wien, der *»schönen Buhldirne«*, Sitz des kaiserlichen Hofs, sieht der spätere Leiter der Wiener Hofoper und des Burgtheaters die Sache der Freiheit verraten, und er beschwört die österreichischen Dichter Anastasius GRÜN und Nikolaus LENAU, ihre Muse weiterhin in den Dienst einer besseren politischen Ordnung zu stellen (Staz. 7). Das dritte »Staziönchen« enthält u. a. parodistische Kontrafakturen zu den feudal-patriotischen Liedern *Das Volk steht auf, der Sturm bricht los, Heil unser'n Fürsten, Heil* und *Hoch klingt das Lied vom braven Mann*. – Die Abschnitte *Empfindsame Reisen* und *Letzte Liebe*, die die Sammlung beschließen, sind ohne politische Tendenz. Das rhetorische Pathos, das dieser Lyrik insgesamt eigen ist, vermischt sich hier mit frei strömender Empfindsamkeit.

Weder Dingelstedts Talent zur Variation der dichterischen Form (Vierzeiler wechseln mit Sonetten, Stanzen und Ghaselen) noch einzelne schlagkräftige Wendungen versöhnen mit dem moralisierenden Pathos seiner politischen Lyrik. Die metrischen Freiheiten, die er sich nimmt, sollen einen gewaltsam skandierenden Tonfall wahren, der mehr den früheren Provinzpädagogen als den souveränen Weltenbummler verrät. (Nicht anders verhält es sich mit den späteren Gedichtsammlungen Dingelstedts, die den politischen Barden u. a. nach Paris und London führen.) Spürbar klingt die Phraseologie der Tagespresse in den Versen nach, die vom satirischen Witz der politischen Lyrik eines HEINE weit entfernt sind. Andererseits ließ sich Heine von dieser Sammlung zu dem Zyklus *Deutschland. Ein Wintermärchen* anregen. R.M.

AUSGABEN: Hbg. 1841 [anon.]. – Bln. 1877 (in *SW*, 3 Abt., 12 Bde.; Abt. 2, Bd. 7/8). – Lpzg. 1923, Hg. H. H. Houben (Klinkhardt-Drucke, 1). – Tübingen 1978 (Einl. H.-P. Bayersdörfer).

# DING LING

d.i. Jiang Bingzhi

* 12.10.1904 Linli / Hunan
† 4.3.1986 Peking

LITERATUR ZUR AUTORIN:
*Gespräch mit Ding Ling* (in W. M. Schwiedrzik, *Literaturfrühling in China? Gespräche mit chinesischen Schriftstellern*, Köln 1980, S. 126–141). – Wang Zhongchen u. Shang Xia, *Ding Ling shenghuo yu wenxue de daolu*, Changchun 1982. – Yuan Liangjun, *Ding Ling yanjiu ziliao*, Tianjin 1982. – *Ding Ling* (in W. Bartke, *Die großen Chinesen der Gegenwart*, Ffm. 1985, S. 66–69). – Yang Enlin, *Nachwort* (in Ding Ling, *Hirsekorn im blauen Meer, Erzählungen*, Köln 1987, S. 289–317).

## SHAFEI NÜSHI DE RIJI

(chin.; *Ü: Das Tagebuch der Sophia*). Tagebucherzählung von DING LING, erschienen 1928 in der Erzählsammlung *Zai heian zhong (In der Finster-*

*nis)*. – Diese zweite veröffentlichte Erzählung der Autorin, geschrieben im Winter 1927/28 in Peking, machte sie über Nacht berühmt. Das Tagebuch, mit dem Ding Ling ihre Freundin Wang Jianhong porträtiert, in das aber auch eigene Züge eingeflossen sind, spiegelt den Zeitraum von etwa drei Monaten im Leben von Sophia, einer gerade zwanzigjährigen, tuberkulosekranken jungen Frau in einem Pekinger Winter der zwanziger Jahre. Sophia sehnt sich nach einem modernen, emanzipierten Leben, das ihr die den Traditionen verhafteten Freunde, von denen sie umsorgt wird, nicht bieten können. Die aufrichtige, aber hausbackene Liebe Bruder Weis zu ihr, die treue, aber platonische Liebe des Paares Yufang und Yunlin zueinander können in Sophia bei aller Zuneigung nur Mitleid und Spott hervorrufen. Es ist kein Zufall, daß sie sich in den attraktiven Auslandschinesen Ling Jishi verliebt: Ling ist selbstbewußt, modern und weltgewandt und vor allem besitzt er eine sexuelle Ausstrahlung, die Sophia fasziniert – in allem das gerade Gegenteil von Bruder Wei. Doch Lings Idole sind Geld, gesellschaftlicher Status und schöne Frauen. Sophia ist hin- und hergerissen zwischen der Versuchung, Lings körperlichen Reizen zu erliegen und dem Ekel vor seiner geistigen Welt. Auf der einen Seite findet sich Sophia in der Gesellschaft von Menschen wie Yufang, Yunlin und Wei, die noch ganz der feudalen Sexualmoral mit ihren Tabus und ihrem Keuschheitsdenken verhaftet sind, auf der anderen Seite steht Ling als aufgeklärter Repräsentant des jungen, aufstrebenden Kapitalismus in China – dazwischen lebt sie selbst, die das eine wie das andere verabscheut, in völliger sozialer Entfremdung und emotionaler Isolation. Sophias seelischer Zustand findet seinen Ausdruck in ihrer Krankheit – ein häufig gebrauchtes Stilmittel in der chinesischen Literatur jener Zeit: individuelle körperliche Krankheit als Widerspiegelung kranker gesellschaftlicher Zustände. In der unerfüllten Liebesbeziehung zu Ling spitzt sich Sophias innerer Konflikt zu und sie ersehnt den Tod als Erlösung und Befreiung aus ihrer ausweglosen Lage. Zuletzt zieht sie sich ganz zurück und beschließt, Peking zu verlassen: *»Glücklicherweise geht mein Leben in dieser Welt ausschließlich mich etwas an, bin ich auch noch so maßlos damit umgegangen. All das, was ich durchgemacht habe, hat mich in die tiefste Traurigkeit gestürzt, aber im Grunde ist auch dies von minderer Bedeutung. Doch ich will nun nicht mehr in Peking bleiben und schon gar nicht in die Westberge gehen. Ich will mit der Bahn in den Süden fahren, an einen Ort, wo mich niemand kennt, und dort den Rest meines Lebens verschwenden. So erwächst meinem Herzen aus dem Schmerz eine Begeisterung.«*

Der durchschlagende Erfolg von *Shafei nüshi de riji* erklärt sich aus der Tatsache, daß hier zum ersten Mal von einer jungen Frau freimütig über weibliche Sexualität gesprochen, die widersprüchliche Gefühlslage bei der Suche nach der eigenen Identität offengelegt und beißende Kritik an der bestehenden Gesellschaft mit ihrer verstaubten Sexualmoral geübt wird. Ding Ling kritisiert jedoch keineswegs nur die Gesellschaft als Hemmfaktor, genauso ist es ihrer Ansicht nach das eigene Bewußtsein, das sich vom konventionellen Denken nicht lösen kann und die Menschen daran hindert, unabhängig zu handeln. Sophia ist abhängig von der gesellschaftlichen Meinung, denn sie wagt es nicht, sich offen zu Ling zu bekennen, aus Angst vor der moralischen Verurteilung durch die anderen.

Sprache und Inhalt von *Shafei nüshi de riji* sind emotionsgeladen und subjektiv und dem entspricht die literarische Form des Tagebuchs. Ohne den Einfluß der »4. Mai-Bewegung« wäre ein solches Werk nicht möglich gewesen. Ding Ling schrieb es in ihrer subjektiv-realistischen Frühphase (1927–1930), in der sie feministischen und anarchistischen Ideen zugeneigt war. Der Name Sophia ist denn auch eine Anspielung auf die russische Anarchistin Sofija Perowskaja, die 1881 führend an dem – erfolgreichen – Attentat auf den Zaren beteiligt gewesen war. Damals schien der Anarchismus, der den Individualismus betonte, eine Perspektive für weibliche Emanzipation zu bieten. Individualismus war notwendig, um sich aus der Enge des konfuzianischen Familienverbands mit seinem strengen Verhaltenskodex lösen zu können, der den Frauen keine Chance zu eigenständiger Entwicklung ließ. Später wandte Ding Ling sich dem Kommunismus zu. Die Emanzipation der Frau verwirklichte sich in ihren Augen nun durch aktive Teilnahme an der Revolution. Daß auch die kommunistische Praxis in China nicht immer der Theorie von der Gleichberechtigung der Geschlechter entsprach, kritisierte Ding Ling in ihrem politischen Essay *Sanbajie yougan (Gedanken zum 8. März)*, den sie 1942 im roten Stützpunktgebiet Yenan schrieb. In den fünfziger Jahren und später in der Kulturrevolution wurde Ding Ling wegen des Tagebuchs heftig angegriffen. Man setzte sie mit der Sophia gleich und wollte sie auf diese Weise moralisch unglaubwürdig machen. Zwanzig Jahre lang stand sie unter Schreibverbot und lebte in der Verbannung. 1979 wurde sie, die bedeutendste Schriftstellerin des modernen China, rehabilitiert und blieb bis zu ihrem Tod eine der führenden Figuren in der chinesischen Literaturszene. B.Cl.

AUSGABEN: Shangahi 1928 (in *Zai heian zhong*; [10]1939). – Shanghai 1947 (in *Ding Ling wenji*). – Peking 1951 (in *Ding Ling xuanji*). – Changsha 1984 (in *Ding Ling wenji*). – Peking 1981 (in *Ding Ling duanpian xiaoshuo xuan*). – Peking 1987.

ÜBERSETZUNG: *Das Tagebuch der Sophia*, Arbeitskreis Moderne Chinesische Literatur am Ostasiatischen Seminar der Freien Universität Berlin (Redaktion W. Kubin, J. M. Nerlich), Ffm. 1980.

LITERATUR: W. Kubin, *Sexuality and Literature in the People's Republic of China, Problems of the Chinese Woman before and after 1949 as seen in Ding Ling's »Diary of Sophia« (1928) and Xi Rong's Story »An unexceptional Post« (1962)* (in *Essays in Modern Chinese Literature and Literary Criticism*, Hg.

W. Kubin u. R. G. Wagner, Bochum 1982, S. 168–191). – A. Gerstlacher, *Ding Ling: »Das Tagebuch der Sophia«*, Bln. 1984. – T. E. Barlow, *»Gedanken zum 8. März« und der literarische Ausdruck von Ding Lings Feminismus* (in *Moderne chinesische Literatur*, Hg. W. Kubin, Ffm. 1985, S. 283–312). – *Woman and Literature in China*, Hg. A. Gerstlacher u. a., Bochum 1985. – Yi-Tsi Mei Feuerwerker, *Ding Ling's Fiction*, Cambridge/Mass. 1982.

## TAIYANG ZHAO ZAI SANGGANHE SHANG

(chin.; *Ü: Sonne über dem Sanggan*). Roman von DING LING, erschienen 1948. – Im vielgestaltigen Œuvre der Schriftstellerin nimmt dieses Werk eine besondere Stellung ein: zum einen deshalb, weil es neben zahlreichen kürzeren literarischen Produkten der einzige umfangreiche Roman ist, den Ding Ling vollendete; zum anderen gelangte die kommunistische Autorin damit zu internationaler Anerkennung, die sich in zahlreichen Übersetzungen sowie 1951 in der Verleihung des Stalin-Preises für Literatur niederschlug.

Ding Ling hatte sich um die Umsetzung der 1942 von Mao Zedong formulierten Forderungen bemüht, wonach es Aufgabe der Literatur sei, *»sich bestmöglich in den allgemeinen Mechanismus der Revolution einzupassen«* und *»eine schlagkräftige Waffe zur Einigung und Erziehung des Volkes zu werden« (Reden auf der Konferenz für Literatur und Kunst in Yanan)*. Im Sinne dieses Postulats thematisierte sie die kurz nach der japanischen Kapitulation begonnenen Maßnahmen zur »Bodenreform«, d. h. die Zwangsenteignung von Grundbesitzern und Neuverteilung des Landes an mittellose Bauern, die in den kommunistisch kontrollierten Gebieten im Norden und Nordosten Chinas durchgeführt wurden. Ding Ling selbst hatte als Parteiaktivistin an Bodenreformmaßnahmen und sie begleitenden Propagandaaktivitäten teilgenommen, und konnte sich daher bei ihrer Darstellung auf einschlägige Erfahrungen auch im Bereich der politischen Propaganda stützen.

Ein Dorf am Sanggan-Fluß ist Schauplatz der Ereignisse, die mit der gespannten Erwartung der Bewohner auf sich anbahnende »Umwälzungen« einsetzen, und wenige Wochen später – nach der »Abrechnung« mit den Gutsbesitzern – in einem Freudenfest zum Lobe der Partei und ihres Vorsitzenden Mao gipfeln. In mehr als fünfzig Kapiteln werden aus verschiedenen Perspektiven das Verhalten und die Beziehungen der Dorfbewohner untereinander in einer Situation radikalen Umbruchs geschildert, wobei der Fortgang der Handlung vor allem durch die programmatisch geforderte Darstellung der »revolutionären Entwicklung« formale Einheit und inhaltliche Kohärenz erhält. Bei aller bewußt vereinfachenden, typisierenden Darstellung der Personen und Ereignisse entwickelt Ding Ling mit erzählerischem Talent ein anschauliches Panorama menschlicher Existenzen zwischen Furcht vor dem Verderben und Hoffnung auf ein besseres Leben. Wie sehr der Gehalt des Romans freilich insgesamt politischen Tagesforderungen untergeordnet bleibt, zeigt sich auch daran, daß die Autorin einige Stellen, die zu ideologisch kontroversen Interpretationen Anlaß gaben, in späteren Ausgaben durch Korrektur bereinigte. Als exemplarisches Werk sozialistisch-realistischer Erzählliteratur, aber auch als Zeitdokument aus einer entscheidenden Phase der chinesischen Revolution, ist Ding Lings Roman noch heute von literarhistorischem Interesse.

Nur wenige Jahre nach Erscheinen ihres Romans wurde Ding Ling von politischen Entwicklungen eingeholt, die sie als engagierte Schriftstellerin für zwei Jahrzehnte zum Verstummen brachten: als »Rechtsabweichlerin« wurde sie ihrer Ämter enthoben und aus der Partei ausgeschlossen, und mußte später auf Kritikversammlungen ein ähnliches Los erfahren wie die Grundbesitzer, deren Verurteilung durch die »revolutionären Massen« sie zuvor eindringlich beschrieben hatte. S.v.M.

AUSGABEN: Harbin 1948. – Peking 1950; [2]1952. – Peking 1955 [korr. Ausg.]; ern. 1979.

ÜBERSETZUNG: *Sonne über dem Sanggan*, A. Nestmann, Bln./DDR 1952 (2., korr. Ausg. 1954; a. d. Russ.).

LITERATUR: Yi-tsi Mei Feuerwerker, *Ding Ling's Fiction*, Cambridge (Mass.)/Ldn. 1982.

## JÚLIO DINIS

d.i. Joaquim Guilherme Gomes Coelho

* 14.11.1839 Porto
† 12.9.1871 Porto

LITERATUR ZUM AUTOR:
*Bibliographie:*
L. Cruz, *J. D. Análise bio-bibliográfico, 1839–1871* (in ArCCP, 5, 1972, S. 672–701; rev.).
*Biographien:*
M. J. de Oliveira Monteiro, *J. D. e o enigma da sua vida*, Porto 1958. – C. Malpique, *Alguns aspectos do perfil de J. D.* (in O Tripeiro, 11, Porto 1971, S. 289–298; vgl. Museu, Porto 1971, Nr. 14, S. 29–38). – A. Pimentel, *J. D., esboço biográfico*, Porto 1972.
*Gesamtdarstellungen und Studien:*
E. Moniz, *J. D. e a sua obra*, 2 Bde., Lissabon 1924; [6]1946. – H. Woischnik, *J. D. als Romandichter und Liebespsychologe*, Köln 1940. – M. J. da Costa Ferreira, *Do romantismo ao realismo, J. D. e sua obra*, Figueira da Foz 1956. – J. G. Simões, *J. D.*, Lissabon 1963. – L. Cruz, *J. D. e o sentido social da*

*sua obra* (in Colóquio/Letras, 1972, Nr. 7, S. 31–39). – I. Stern, *J. D. e o romance português (1860–1870)*, Porto 1972 [m. Bibliogr.; zugl. Diss. NY 1972; vgl. Diss. Abstracts 32, 1972, S. 7007A]. – J. do Prado Coelho, *O monólogo inteiro em J. D.* (in J. do P. C., *A letra e o leitor*, Lissabon [2]1977, S. 125–137). – M. A. Santilli, *J. D. romancista social*, São Paulo 1979. – M. L. D. de Araújo Marchon, *A arte de contar em J. D.*, Coimbra 1980. – A. Pagliaro Micieli, *Per un'analisi delle novelle di J. D.* (in AION, 27, 1985, Nr. 1). – Saraiva/Lopes, S. 833 ff.

## UMA FAMÍLIA INGLESA. Cenas da vida do Porto

(portug.; *Eine englische Familie. Bilder aus dem Leben in Porto*). Roman von Júlio Dinis, erschienen 1867 im ›Jornal do Porto‹, in Buchform 1868. – Der Roman spielt um die Mitte des 19. Jh.s in der bürgerlich-kaufmännischen Welt der Handelsstadt Porto. Charles, der Sohn des englischen Kaufmanns Richard Whitestone, umwirbt Cecília, die Tochter des portugiesischen Buchhalters Manuel Quintino. Konflikte ergeben sich daraus, daß die Aufrichtigkeit der Neigung des unstet und sorglos dahinlebenden jungen Mannes bezweifelt wird und daß sein enttäuschter und besorgter Vater seine Handlungen mißdeutet. Aber alle Verwicklungen lösen sich dank der selbstlosen Hilfsbereitschaft von Charles' Schwester Jenny, alle inneren Widerstände werden durch seinen eigenen Gesinnungswandel überwunden, und die gesellschaftlichen Hindernisse, die der Verbindung entgegenstehen, werden durch die Großzügigkeit des alten Whitestone beseitigt, der seinen Angestellten Quintino zum Mitinhaber der Firma macht. Entwicklung und Ausgang der Romanhandlung entsprechen dem Ethos des rechtschaffenen und strebsamen, praktisch und liberal denkenden Bürgertums, dessen Gesinnung der Autor teilte und am Beispiel seiner Hauptgestalten als vorbildlich darstellte. Dinis' Erzählkunst zeichnet sich vor allem durch ihre Wirklichkeitsnähe aus. Sie bewährt sich sowohl in der gegenständlichen Schilderung und atmosphärischen Vergegenwärtigung des Milieus – englische und portugiesische Häuslichkeit und Geselligkeit, Arbeitswelt der Kaufleute – als auch in der eindringenden psychologischen Charakterisierung seiner Gestalten. Sie bestimmt auch – namentlich in den häufigen Dialogen – die einfache, natürliche Sprache. Der Humor des Erzählers äußert sich besonders in den Kommentaren, in denen der Leser direkt angesprochen wird. Unverkennbar ist das Vorbild der englischen Romanciers Fielding und Dickens, mit deren Werk Dinis, mütterlicherseits englischer Abkunft, vertraut war. A.E.B.

Ausgaben: Porto 1867 (in Jornal do Porto). – Porto 1868. – Lissabon 1909. – Lissabon o. J. [1952], 2 Bde. – Porto 1964; [5]1980. – Mem Martins 1977 (LB-EA). – Lissabon 1985.

Literatur: M. A. Santilli, *O romance urbano de J. D.: o homem e a sociedade burguesa* (in RLA, 11, 1968, S. 127–152). – O. Lopes, *De »O Arco de Sant'Ana« a »Uma família inglesa«* (in O. L., *Álbum de família*, Lissabon 1984, S. 11–26).

## A MORGADINHA DOS CANAVIAIS. Crónica de aldeia

(portug.; *Das Fräulein dos Canaviais. Eine Dorfchronik*). Roman von Júlio Dinis, erschienen 1868. – Dem jungen Herrn von Souselas, Henrique, rät ein vernünftiger Arzt, dem Müßiggang und der Langeweile seines Lebens in Lissabon zu entfliehen und eine Zeitlang aufs Land zu gehen, um seine Schwermut und Hypochondrie loszuwerden. Bei seiner Tante auf dem Dorf vergißt Henrique alsbald seine eingebildeten Leiden und fühlt sich inmitten der Landbevölkerung, deren Leben und Tätigkeit ihn fesseln, und im Umgang mit der Familie des Majoratsherrn, Hofrat Manuel Bernardo dos Canaviais, eines politisch einflußreichen, fortschrittlich denkenden Mannes, wohler als je zuvor. Er verliebt sich in Madalena, die Tochter des Hofrats, bekommt jedoch einen Korb und muß feststellen, daß dem Fräulein der Dorfschullehrer Augusto, ein armer, schüchterner, doch intelligenter und strebsamer junger Mann, keineswegs gleichgültig ist. Beide, Augusto und Henrique, werden in die politischen Unruhen hineingezogen, die, ausgelöst durch gewisse Neuerungen und Verbesserungen, die der Hofrat durchzuführen gedenkt und gegen die das vom Klerus aufgewiegelte Volk revoltiert, den Frieden des Dorfes erschüttern. Als Henrique dabei schwer verletzt wird, pflegt ihn Cristina, die arme Kusine Madalenas. Die Standesunterschiede und die ungleichen Vermögensverhältnisse außer acht lassend, heiraten am Schluß der Dorfschullehrer und die Erbin des Majorats, die arme Waise und der reiche Neffe.

Überwindung des Klassensystems, Sieg der Vernunft und des Guten im Menschen, Liberalisierung der Kirche, Fortschritt durch Verbesserung der Verkehrswege, Ausbau des Unterrichtswesens, neue Methoden der Bodenbewirtschaftung usw.: Diese Postulate eines naiven Liberalismus verleihen dem Buch jenen heiter-optimistischen Ton, der für Júlio Dinis kennzeichnend ist und auf dem der große, bis heute fortwirkende Erfolg dieses Autors in weiten Kreisen des mittleren Bürgertums beruht. Hinzu kommt in diesem Roman wie in *As pupilas do Sr. Reitor*, 1866 *(Die Mündel des Herrn Rektors)*, die Idealisierung des Landlebens, das Júlio Dinis aus eigener Anschauuung von langen Kuraufenthalten her kannte, und dessen sittenverbessernden Einfluß, dessen heilsame Wirkung auf Leib und Seele er in romantischer Schönfärberei ebenso *»penetrant lyrisch«* beschreibt wie den Ablauf des Tages, die häuslichen Abende, die jährlichen Feste auf dem Dorf. Dieser heute unglaubwürdig anmutende, treuherzige Idealismus mindert jedoch nicht die Verdienste des *»ersten moder-*

*nen Romanschriftstellers der portugiesischen Literatur«* (Saraiva-Lopes): seine Kunst der Beobachtung und Beschreibung, der Charakterzeichnung und vor allem des Dialogs, den er unter geschickter Verwendung volkssprachlicher Elemente außergewöhnlich frisch und lebendig gestaltet. K.H.D.

AUSGABEN: Porto 1868. – Porto 1961 (in *Obras*). – Porto 1964; [5]1980. – Mem Martins 1973 (LBEA).

VERFILMUNG: Portugal 1949 (Regie: C. Bonucchi).

LITERATUR: I. Stern, *Jane Austen and J. D.* (in Colóquio/Letras, 1976, Nr. 30, S. 61–68).

## AS PUPILAS DO SENHOR REITOR. Crónica de aldeia

(portug.; *Die Mündel des Herrn Rektors. Eine Dorfchronik*). Roman von Júlio DINIS, erschienen 1866. – In diesem Roman gibt es keinen bösen oder schlecht veranlagten Menschen. Die einzige Sünde, die darin vorkommt, ist die Klatschsucht, die einzigen menschlichen Schwächen sind Unbesonnenheit und Leichtsinn. Aber das Unglück, das daraus beinahe entsteht, wird durch den Rektor António Pereira, den Dorfpfarrer, abgewendet, der in providentieller Allgegenwart immer gerade noch rechtzeitig erscheint, um Unheil zu verhüten und die Dinge wieder zurechtzurücken, wenn sie in Unordnung geraten sind.
*»Dieser Rektor«*, so heißt es, *»war ein alter, ehrlicher Priester, der sich schon längst alle Pfarrkinder zu Freunden gemacht hatte. Er trug das Evangelium im Herzen – und das ist noch viel mehr wert, als es im Kopfe zu haben.«* Der würdige Herr ist Vormund der beiden Halbschwestern Margarida und Clara, der schönsten und tugendhaftesten Mädchen des Dorfs, von denen die erste arm, die zweite von der Mutter her wohlhabend ist. Seit dem Tod von Claras Mutter, der zweiten Frau ihres gemeinsamen Vaters, wohnen die beiden, einander zärtlich liebend, allein im elterlichen Hause, wo Margarida, die ältere, die Dorfkinder im Lesen und Schreiben unterrichtet, während Clara fröhlich und ein bißchen unbedacht in den Tag hinein lebt. Sie verlobt sich alsbald mit Pedro, dem ältesteten Sohn des wohlhabenden Bauern José das Dornas, der wie sein Vater ein kräftiger, heiterer Mensch, arbeitsam und tüchtig und der geborene Bauer ist. Margarida aber, die ernste, hängt in inniger, ängstlich verschwiegener Liebe an Daniel, dem jüngeren Bruder Pedros, dem »Intellektuellen« in der Familie der Dornas, der in Porto Medizin studiert. Als Kinder waren die beiden unzertrennlich gewesen; täglich hatte Daniel die kleine Guida auf der Weide besucht, wo sie die Schafe hüten mußte, und hatte ihr Lesen und Schreiben beigebracht. Doch als er, ein zartgliedriger, blonder, fremdartiger Typ, den Kopf voll verworrener, moderner Ideen, endlich als fertiger Arzt aus Porto zurückkommt, interessiert er sich nicht mehr für Margarida, sondern – verhängnisvollerweise – für Clara, die Verlobte des Bruders. Die Verwirrung, die er dadurch stiftet und die bis an den Rand der Katastrophe führt, wird mit Hilfe des Rektors durch den aufopferungsvollen Edelmut Margaridas gelöst: Um unabsehbares Unglück zu verhindern, kompromittiert sie sich öffentlich anstelle ihrer Schwester. Angesichts dieser Großherzigkeit erkennt Daniel den inneren Wert und edlen Charakter Margaridas, erinnert sich der gemeinsamen Kindheit und faßt eine tiefe, unwandelbare Neigung zu der einstigen Gespielin. Mit der Ankündigung einer Doppelhochzeit schließt das Buch.
Der noch vor dem Erstlingswerk des Verfassers (vgl. *Uma família inglesa*) veröffentlichte Roman – *»der erste Roman des Jahrhunderts«*, wie Alexandre HERCULANO (1810–1878) ihn begeistert pries – hatte einen überwältigenden Erfolg. Vor allem der spannende Aufbau der Handlung sichert ihm auch heute noch einen großen Leserkreis. F.I.

AUSGABEN: Porto 1867 (zuerst in O Jornal do Porto). – Lissabon 1959, Hg. V. Nemésio. – Porto 1961 (in *Obras*). – Lissabon 1982.

LITERATUR: L. Cruz, *J. D., »As pupilas do Senhor Reitor«* (in Centre d'études hispaniques, Rennes 1973, 9, S. 29–40).

## SERÕES DE PROVÍNCIA

(portug.; *Abendunterhaltungen in der Provinz*). Vier Erzählungen von Júlio DINIS, erschienen 1870. – Diese noch aus der Studentenzeit des *»ersten modernen Romanschriftstellers der portugiesischen Literatur«* (vgl. *A morgadinha dos Canaviais*) stammenden und zunächst im Feuilleton des ›Journal do Porto‹ veröffentlichten Erzählungen gehören zu den wenigen Zeugnissen der portugiesischen Novellistik im 19. Jh. Sie handeln von ungewöhnlichen, doch keineswegs sonderbaren Begebenheiten, bei denen ein rätselhaft erscheinender Vorgang zum Schluß seine natürliche Erklärung, eine kritische Situation – mit einer Ausnahme – ihre versöhnliche Lösung findet.
In *Apreensões de uma mãe (Besorgnisse einer Mutter)* verbietet die Mutter ihrem Sohn trotz großer Bedenken nicht die Liebe zu einem Mädchen niederen Standes, besteht aber darauf, daß die Liebenden sich trennen, bis der Jüngling großjährig ist und sein Studium beendet hat. In dieser Zeit sorgt sie für die Erziehung und Bildung des Mädchens, damit in der künftigen Ehe keine Schwierigkeiten aus den Unterschieden des Geschmacks, der geistigen Fähigkeiten und Interessen der Eheleute erwachsen. Dank dieser klugen Vorsorge der Mutter wird die Krise, die in der jungen Ehe tatsächlich eintritt, dann rasch überwunden. – In *O espólio do senhor Cipriano (Der Nachlaß des Herrn Cipriano)* hat der Verstorbene, der aus Geiz sehr ärmlich gelebt hat,

entgegen der allgemeinen Erwartung anscheinend doch kein beträchtliches Vermögen hinterlassen. Aber der Sohn, der verarmt aus Brasilien zurückkommt, überrascht seine Tante, die Schwester des Herrn Cipriano, dabei, wie sie mit Papiergeldscheinen das Feuer anzündet. Es sind Banknoten aus dem Nachlaß des Toten, die sie für bloßes Papier gehalten hat und aus Sparsamkeit zum Feuermachen benutzt. Gott sei Dank sind noch genug davon übrig, um Neffen und Tante ein sorgloses Leben zu sichern. – Die Geschichte *Os novelos da tia Filomena (Die Wollknäuel Tante Filomenas)* handelt von einer Witwe, die kummervoll und verzweifelt einsam im Walde lebt, weil ihre Tochter die Geliebte eines Mannes ist, der sie aus Standesrücksichten nicht heiraten darf. Unerbittlich weist sie alle Versuche der Tochter zurück, sich mit ihr zu versöhnen und ihre Not durch heimliche Zuwendung zu lindern. Bei den Bauern in der Nachbarschaft gilt sie als Hexe. Diese Meinung wird durch das Gerücht von rätselhaften Wollknäueln genährt, die man ihr insgeheim bringt und die sich unangetastet bei ihr stapeln. Erst nach ihrem Tod klärt der Pfarrer, dem sie sich anvertraut hat, das Geheimnis auf. – Die Novelle *Uma flor d'entre o gelo (Eine Blume im Eis)* erzählt die Tragikomödie eines alternden Arztes, der sich in eine junge Patientin verliebt. Durch ihr Mitleid ebenso gedemütigt wie durch ihren Spott, verfällt er in Wahnsinn.

In diesen frühen Erzählungen sind die besonderen Vorzüge bereits sichtbar, die den Verfasser von *As pupilas do senhor Reitor*, 1867 *(Die Mündel des Herrn Rektors)*, mit einem Schlag berühmt machen sollten: die einfache, natürliche Sprache, die Eindringlichkeit der psychologischen Charakterisierung, der an FIELDING und DICKENS gemahnende Humor (vgl. *Uma família inglesa*), der frei von satirischer Schärfe die Spannung der Darstellung lokkert und gut zu den Tugenden des Verstehens, der Herzensgüte und des Verzeihens paßt, mit denen Júlio Dinis seine Gestalten gern ausstattet. A.E.B.

AUSGABEN: Porto 1870; [3]1879 [erw.]. – Porto 1968; ern. 1978. – Mem Martins 1971 (LBEA).

LITERATUR: C. Meireles, *Presença feminina na obra de J.D.* (in Ocidente, 9, 1940, S. 32–45). – L. Cruz, *Os romancezinhos de J.D.* (in Sillages, 1974, Nr. 4, S. 43–56).

## DIODOROS AUS AGYRION

1. Jh.v.Chr.

### BIBLIOTHĒKĒ HISTORIKĒ

(griech.; *Historische Bibliothek*). Vierzigbändige Universalgeschichte des DIODOROS aus Agyrion in Sizilien. – Das in dreißigjähriger Arbeit entstandene Werk ist – leider zu Recht – eines der meistgeschmähten Bücher, die aus der Antike überliefert sind: Bar jedes historischen Sinns und aller Fähigkeit zu methodischer Darstellung versucht der Autor, aus den divergentesten älteren Monographien, Handbüchern und Quellensammlungen eine synoptisch aufgebaute Weltgeschichte von mythologischen Uranfängen bis in seine Tage zu arrangieren (das letzte chronologisch fixierbare Ereignis stammt aus dem Jahr 36 oder 21 v. Chr.). Daß er dabei die vier Jahrhunderte zuvor von den großen griechischen Forschern mit Geschick und Verstand eliminierte Sagenwelt wieder in sein Fachgebiet einführt, ist noch der verzeihlichste seiner Fehler; schwerer wiegt schon sein verantwortungsloser Eifer, mit aller Gewalt Synchronismen herzustellen (besonders auffällig etwa in den Gleichungen Archonten – Konsuln, Olympiadenrechnung – römisches Kalenderjahr); anderes wiederum zeugt von reiner Unkenntnis oder platter Dummheit. Trotzdem ist es bedauerlich, daß von dem umfangreichen Werk nicht einmal ganz die Hälfte (15 Bücher) einigermaßen unversehrt und der Rest nur zum Teil in knappen Exzerpten und Inhaltsangaben überliefert ist. Denn gerade die einfältige Arbeitsweise, von Thema zu Thema und Epoche zu Epoche mit bescheidener Verbissenheit die frühere Sekundärliteratur abzuschreiben und sie dabei – die einzige namhafte Leistung Diodoros' – in die literarische *koinē* der Zeit umzusetzen, ermöglicht es heute Philologen und Historikern, jene Vorlagen wieder herauszulösen.

Die Disposition des Werkes – dem einleitenden Prooimion entsprechend – ist dreiteilig: einer mythischen *Archäologie* (Buch 1–6: von den Ägyptern über die alten Mesopotamier, Inder, Araber, Äthiopen zu den Griechen) folgt die ältere Geschichte (Buch 7–17: die Zeit vom Kampf um Troia bis zu Alexander dem Großen); die neuere Geschichte (Buch 18–40) behandelt die rund 300 Jahre von den Diadochenkämpfen bis zu Iulius Caesars gallischen Unternehmungen.

Welche Aufnahme das zwischen 50 und 20 v. Chr. in Rom erschienene Opus bei den gebildeten, bildungshungrigen und bildungsoptimistischen Zeitgenossen Diodoros' fand, ist nicht mehr festzustellen; immerhin darf die Tatsache, daß – außer einer Erwähnung seines Namens bei PLINIUS dem Älteren – sämtliche griechische und römische Schriftsteller heidnischer Herkunft sein Werk mit gebührendem Stillschweigen honorierten, als sprechendes Zeugnis gewertet werden: Erst den christlichen Kirchenschriftstellern – EUSEBIOS etwa und IUSTINUS MARTYR – galt er als höchstrenommierter Historiograph. E.Sch.

AUSGABEN: Bologna 1472 (*Historiarum priscarum ... liber*; lat. Übers. [Buch 1–5] v. G. F. Poggio Bracciolini). – Basel 1539 (*Historiōn biblia tina*, Hg. Vincentius Obsopoeus). – Paris 1559, Hg. H. Stephanus. – Lpzg. [3]1888–1906, Hg. F. Vogel u. C. T. Fischer; Nachdr. Stg. 1964. – Ldn./Cambridge (Mass.) 1933–1967, Hg. C. H. Oldfather, C. L. Sherman, R. M. Geer u. F. R. Walton (m. engl. Übers.; Loeb). – Athen 1968. – Florenz 1969 (*Bibliothecae liber XVI*; Komm. M. Sordi). – Paris 1972–1978 (*Bibliothèque historique, livres XII, XV, XVIII, XIX*; m. frz. Übers. v. M. Casevitz u. a.).

ÜBERSETZUNGEN: *Heyden Weldt und irer Götter anfängcklicher Ursprung*, J. Herold, Basel 1554 [Ausz.]. – *Bibliothek d. Geschichte*, F. A. Stroth u. J. F. S. Kaltwasser, 6 Bde., Ffm. 1782–1787. – *Histor. Bibliothek*, J. F. Wurm, 19 Bde., Stg. 1827–1840. – *Geschichtsbibliothek*, A. Wahrmund, Stg. 1865–1868 [Ausw.].

LITERATUR: E. Schwartz, Art. *D. (38)* (in RE, 5, 1905, Sp. 663–704; auch in E. S., *Griechische Geschichtsschreiber*, Lpzg. 1957, S. 35–97). – Schmid-Stählin, 2/1, S. 403–409. – J. Palm, *Über Sprache und Stil des D. v. S.*, Lund 1955. – G. Perl, *Kritische Untersuchungen zu D.s römischer Jahrzählung*, Bln. 1957. – W. Spoerri, *Späthellenist. Berichte über Welt, Kultur u. Götter*, Basel 1959. – J. Harmand, *D. IV, 19; V, 24; Herakles, Alesia, Cesar le Dieu* (in Latomus, 26, 1967, S. 956–986). – K. Meister, *Die sizilische Geschichte bei D. von den Anfängen bis zum Tod des Agathokles. Quellenuntersuchungen zu Buch IV–XXI*, Diss. Mchn. 1967. – J. Bergman, *Isis – Seele und Osiris – Ei. Zwei ägyptologische Untersuchungen zu D. Siculus I, 27 – 4/5*, Uppsala 1970. – Lesky S. 871 f. – A. Burton, *D. Siculus, Book 1. A Commentary*, Leiden 1972. – F. Cássola, *D. e la storia romana* (in ANRW, 2/30. 1, 1982, S. 724–773). – N. G. L. Hammond, *Three Historians of Alexander the Great: The So-Called Vulgate Authors, D., Justin, Curtius*, Cambridge 1983. – J. I. MacDougall, *Lexicon in D. Siculum*, 2 Bde., Hildesheim 1983. – L. Pearson, *Ephorus and Timaeus in D. Laqueur's Thesis Rejected* (in Historia, 33, 1984, S. 1–20). – M. Sartori, *Storia, utopia e mito nei primi libri della »Bibliotheca historica« di D. Siculo* (in Athenaeum, 62, 1984, S. 492–536). – A. Scarpa Bonazza Buora, *Libertà e tirannide in un discorso siracusano di D. Siculo*, Padua 1984. – M. Caozza, *Richezza e povertà in D. Note di lettura dei libri 28–40* (in Index, 12, 1985, S. 135–155).

## DIOGENES LAERTIOS

3. Jh.n.Chr.

### BIOI KAI GNŌMAI TŌN EN PHILOSOPHIA EUDOKIMĒSANTŌN

(griech.; *Leben und Meinungen der berühmten Philosophen*). Zehnbändige Philosophengeschichte in Einzelbildern von DIOGENES LAERTIOS, entstanden um 200–250 n. Chr. und unter verschiedenen Titeln (z. B. auch *Philosophōn bioi – Philosophenleben*) überliefert. – Das Werk ist im antiken Raum unbekannt geblieben, in Byzanz wurde es zumindest beachtet; seit dem Spätmittelalter und der Renaissance gehört es zu den geschätzten Kronzeugen der altgriechischen Philosophie. Diesen Rang verdankt es nicht etwa der Qualität seiner wissenschaftlich fundierten Darstellung, sondern allein der Zufallsgunst der Überlieferung, die den Diogenes bewahrte und die von ihm Beschriebenen untergehen ließ; methodisch und stilistisch ist das Buch im Gegensatz zum Inhalt recht wertlos. Das Material, das Diogenes verarbeitet, hat er selbst nur Handbüchern entnommen, und auch dort, wo er primäre Quellen zitiert – seien es die Schriften der Philosophen, ihre Testamente und Briefe oder Sammlungen mündlicher Aussprüche –, stammt sein Text aus der Sekundärliteratur. Meist werden zwischen den Originalwerken und des Diogenes Kompilation mindestens zwei Vermittlungsglieder stehen, so daß dieser weithin allenfalls Quartärquelle ist: Die Werke eines philosophischen Autors wurden zunächst einmal in der wissenschaftlichen Philosophiegeschichte der alten Akademie und des alten Peripatos, der von ARISTOTELES gegründeten Philosophenschule, gesammelt und ausgewertet. Diese philosophiehistorischen und später (von ARISTOXENOS begründet) biographischen Darstellungen fanden ihrerseits in alle möglichen und unmöglichen Handbücher Eingang. Frühestens aus diesen dürfte in der Regel Diogenes seine Ansichten wie seine – vordergründig so vertrauenerweckenden – Primärzitate haben. Der Wert der Darstellung ist unter diesen Umständen jeweils der Wert, den ihre Vorlage (oder deren Vorlage usw.) besitzt, ganz gleich, ob Diogenes seinen unmittelbaren Gewährsmann exakt zitiert oder eine selbstformulierte Zusammenfassung gibt. Natürlich will er stets den Eindruck erwecken, er sei originär, und ist auch bemüht, seine Glaubwürdigkeit zu erweisen, so etwa, wenn er aus den Briefen der großen Philosophen zitiert und sie zugleich als Fälschungen bezeichnet. Das am leichtesten zu durchschauende Beispiel für seine Methode ist die Disposition der Abhandlung – die ideengeschichtlich wie didaktisch und chronologisch völlig unsinnige Einteilung in *Ursprung der Philosophie* (die Weisen von THALES und SOLON bis zu EPIMENIDES und PHEREKYDES, Buch 1), *Ionische Linie der Philosophie* (von ANAXIMANDER, ANAXIMENES, ANAXAGORAS zu SOKRATES und den Sokratikern, PLATON und den alten bis mittleren Akademikern, ARISTOTELES und den Peripatetikern, Buch 2–7), *Italische Linie der Philosophie* (von PYTHAGORAS ausgehend, merkwürdigerweise mit EUDOXOS aus Knidos endend, Buch 8), *Vereinzelte Philosophen*, die aber im Prooimion an die Italiker angehängt werden (z. B. HERAKLIT, PARMENIDES, DEMOKRIT, PROTAGORAS, PYRRHON, Buch 9, und EPIKUR, Buch 10): Dieses widersinnige Bauprinzip hat Diogenes nur gewählt, weil es in einer seiner Vorlagen stand.

Die Bedeutung des Werkes liegt in den so überaus wertvollen, oft unersetzlichen Nachrichten, Werkverzeichnissen, Fragmenten, Daten, die diese als einzige gerettete komplette Philosophengeschichte des Altertums bietet. Für den recht geistlosen Kompilator bleibt jedoch nur scharfe Kritik übrig. Großartig leitet er die Philosophie von den Barbaren, von den persischen Magiern, den babylonischen Chaldäern, den indischen Gymnosophisten und keltischen Druiden her und betont voll Stolz die herausragende Leistung der Griechen: »*Indes man täuscht sich und legt fälschlich den Barbaren die Leistungen der Griechen bei; denn die Griechen waren es, die nicht nur mit der Philosophie, sondern mit der Bildung des Menschengeschlechts überhaupt den Anfang gemacht haben. Hat doch Musaios seine Heimat bei den Athenern und Linos bei den Thebanern.*« Des Diodoros einziger wirklich selbständiger Beitrag zur Geschichte dieser Philosophie sind die Grabgedichtchen, die er zu fast jedem großen griechischen Philosophen anführt; dies ist zugleich einer der wenigen liebenswerten Züge dieses Autors. E.Sch.

Ausgaben: Rom [ca. 1472], Hg. A. F. Marchisius [lat. Version des Ambrosius Traversarius]. – Basel 1533 *(De vitis, decretis, responsis celebrium philosophorum)*. – Paris 1862 (*D. L. libri decem*, Hg. C. G. Cobet). – Ldn./Cambridge (Mass.) [2]1938 (*Lives of Eminent Philosophers*, Hg. R. D. Hicks, 2 Bde.; m. engl. Übers.; Loeb; Nachdr. 1949/50). – Oxford 1964 (*Vitae philosophorum*, Hg. H. S. Long, 2 Bde.; m. Nachweis der Einzelausg.). – Como 1985 (in *Crisippo: il catalogo degli scritti e i frammenti dai papiri*).

Übersetzungen: *Xenophons Leben*, J. E. Goldhagen (in *Xenophons VII Bücher der griechischen Geschichte*, Bln. 1762). – *Philosophische Geschichte, oder von dem Leben, den Meinungen und merkwürdigen Reden der berühmtesten Philosophen Griechenlands*, anon., Lpzg. 1806. – *Leben und Meinungen berühmter Philosophen*, O. Apelt, 2 Bde., Lpzg. 1921 [m. Bibliogr. u. Erl.]. – Dass., ders., Hg. H. G. Zekl, Hbg. 1967 [Anm. K. Reich].

Literatur: E. Schwartz, Art. *D. (40) L.* (in RE, 5, 1905, Sp. 738–763; auch in E. S., *Griech. Geschichtsschreiber*, Lpzg. 1957, S. 453–491). – Schmid-Stählin, 2/2, S. 862–866. – W. Seidl, *Studien zur Sokratesvita des D. L.*, Diss. Graz 1950. – P. Moraux, *La composition de la »Vie d'Aristote« chez D. L.* (in REG, 68, 1955, S. 124–163). – Lesky S. 954 f. – J. Janda, *Die Berichte über Heraklits Lehre bei D. L.* (in Listy Filologické, 92, 1969, S. 97–115). – G. Morelli, *Sugli epigrammi di Diogene Laerzio* (in Giornale italiano di filologia, 23, 1971, S. 121–140). – M. Naddei Carbonara, *Platone e Posidonio in Diogene Laerzio III* (in Logos, 1, 1970, S. 523–540). – M. Gigante, *Per una interpretazione di Diogene Laerzio* (in Rendiconti dell'Accademia di Archeologia, Lettere e Belle Arti, 47, 1972, S. 119–137). – Ders., *Diogene Laerzio storico e cronista dei filosofi antichi* (in Atene e Roma, 18, 1973, S. 105–132). – J. Meyer, *D. L. and His Hellenistic Background*, Wiesbaden 1978. – M. Naddei Carbonara, *Socrate e i socratici minori in Diogene Laerzio e nello Zibaldone* (in Atti dell'Accademia Pontaniana, 30, 1981, S. 247–268).

## Dionysios aus Halikarnassos

1. Jh.v.Chr.

### RHŌMAÏKĒ ARCHAIOLOGIA

(griech.; *Römische Altertumskunde*). Monumental angelegtes Geschichtswerk in zwanzig Büchern von Dionysios aus Halikarnassos; entstanden während des zweiundzwanzigjährigen Aufenthalts des Autors in Rom (30–8 v. Chr.), veröffentlicht 7 v. Chr.; später scheint, wohl vom Autor selbst, noch eine gekürzte Fassung in fünf Büchern veröffentlicht worden zu sein. – Von der ursprünglichen Fassung ist nur stark die Hälfte erhalten: Buch 1–10 und ein Teil von Buch 11, die Zeit von den mythischen Anfängen bis zu den Dezemvirn (451/450 v. Chr.) umspannend. Für den Rest sind wir auf einen von Angelo Mai 1816 in einer Mailänder Handschrift entdeckten Auszug angewiesen sowie auf Exzerpte des byzantinischen Kaisers Konstantinos VII. Porphyrogennetos (reg. 913–959).

Für seinen Bericht setzte Dionysios von vornherein ein markantes Ende fest: den Ausbruch der Auseinandersetzung Roms mit Karthago (264 v. Chr.). Darin wird deutlich, an welchen Maßstäben der Autor sich gemessen sehen will: an den *Historiai; (Geschichte)* des Polybios, die mit dem Ersten Punischen Krieg beginnen. Zu erkennen, daß damit für seine Zeit, erst recht aber für ihn selbst Unmögliches geplant war, vermochte der in der Rhetorenschule auf die routinierte Darstellung aller möglichen Motive gedrillte Autor freilich nicht. In jenen Jahren des aufblühenden Prinzipats waren Sinn und Verständnis für exakte historische Wahrheitserforschung, die sich aus ihrer Wissenschaft Gewinn für das aktuelle politische Geschehen und Handeln erhofft, ohnehin verloren – oder noch nicht wiedergewonnen –, trotz der großen Worte, die unser Autor selbst darüber macht. Was das historiographische »Handwerkszeug« angeht, steht Dionysios auf der gleichen Stufe wie der unglückliche Diodoros, wie sich vor allem bei der Synopse und Kompilation griechischer und römischer Daten zeigt.

Trotz des riesigen Umfangs kann das Werk keineswegs als ein von den heutigen Gelehrten dankbar benutztes Hilfsmittel bezeichnet werden. Was bei ihm in elf Büchern berichtet wird, steht bei Livius in dreien (die mannigfachen Querbezüge zwischen beiden Werken sind nicht geklärt). Doch die vorgebliche Fülle von Fakten ist in Wirklichkeit nichts als rhetorischer Ballast: Nicht selten ist ein Drittel oder die Hälfte eines Buches vollgepfropft mit Reden, die weder der Charakteristik der Personen oder den Verhältnissen noch programmatischen Reflexionen dienen, sondern allein den Berufsambitionen des Verfassers, der seine angelernten Fähigkeiten als Rhetor mit monotoner Stereotypie in Szene zu setzen versucht. Ein einziges Nebenziel wird noch spürbar, doch auch dieses ist so ahistorisch wie alles übrige: seinen griechischen Landsleuten die Unübertrefflichkeit römischer *virtus*, die Vorzüglichkeit römischer Institutionen (und die Römer sind ja, sagt er, Nachkommen, Stammverwandte der Griechen) mahnend vor Augen zu stellen. Freilich muß man annehmen, daß auch dieser erzieherische Eifer nichts anderes als die Attitüde eines an ISOKRATES geschulten Redners ist. Nimmt man noch die sprachlichen Aspekte dazu – eine exaltierte Mimesis altgriechischer Stilideale, von THUKYDIDES bis XENOPHON, von ISOKRATES bis DEMOSTHENES –, so verstärkt sich der Eindruck zur Gewißheit, daß Dionysios in seinem »Geschichtswerk« am falschen Objekt und mit unglücklichem Erfolg zu demonstrieren versuchte, was er in seinen stilkritischen Essays weitaus besser und glaubwürdiger auszudrücken verstanden hat. Erst in den Büchern *Über die alten Redner, Über die Sprache des Demosthenes*, vor allem aber *Über die Wortfügung* kann der Leser gewahr werden, daß dieser versierte und dabei doch als ein unbeholfener Schwätzer erscheinende Autor ein Mann von Geschmack und Geist war, der mit Sensibilität auf die hinreißende Wirkung geschliffener Prosa zu reagieren pflegte, ein ästhetischer Analytiker, der nur eben dort versagte, wo er die Grenze vom Kritiker zum Literaten überschreiten wollte. E.Sch.

AUSGABEN: Venedig 1480 (*Originum sive antiquitatum Romanorum libri*; lat. Übers. des Lampus Biragus). – Paris 1546 (*Rhōmaikēs Archaiologias Biblia deka*, Hg. R. Stephanus). – Ffm. 1817 (*Rhōmatikēs archaiologias ta mechri tude elleiponta*, Hg. A. Mai). – Lpzg. 1885–1925 (*Antiquitatum Romanorum quae supersunt*, Hg. C. Jacoby, 4 Bde. u. Suppl.bd.; Nachdr. 1967). – Ldn./Cambridge (Mass.) 1837–1950 (*The Roman Antiquities*, Hg. E. Cary, 7 Bde.; m. engl. Übers.; Loeb; z. T. in Nauaufl. u. Nachdr.). – Paris 1978 (*Denys d'Halicarnasse*, Bd. 1, Hg. G. Anjac; m. frz. Übers.). – Paris 1981 (dass., Bd. 3, Hg. ders.; m. frz. Übers.).

ÜBERSETZUNGEN: *Römische Alterthümer*, J. L. Benzler, 2 Bde., Lemgo 1771/72. – *Urgeschichten der Römer*, G. J. Schaller u. A. H. Christian (in *Werke*, Bd. 1–12, Stg. 1827–1849).

LITERATUR: E. Schwartz, Art. *Dionysios (113)* (in RE, 5, 1905, Sp. 934–961; ern. in E. S., *Griechische Geschichtsschreiber*, Lpzg. 1957, S. 319–360). – F. Halbfas, *Theorie und Praxis in der Geschichtsschreibung bei Dionys von Halikarnaß*, Münster 1910. – Schmid-Stählin, 2/1, S. 472–475. – E. Gaida, *Die Schlachtschilderungen in den »Antiquitates Romanae« des Dionys von Halikarnaß*, Diss. Breslau 1934. – A. Klotz, *Zu den Quellen der »Archaiologia« des D. von Halikarnassos* (in RhMus, 87, 1938, S. 32–50). – Ders., *Livius und seine Vorgänger*, Bd. 3, Lpzg./Bln. 1941, S. 218–272 (Neue Wege zur Antike, II/11). – S. Ek, *Herodotismen in der »Archäologie« des Dionys von Halikarnass*, Lund 1942. – Ders., *Eine Stiltendenz in der römischen »Archäologie« des D. von Halikarnass* (in Eranos, 43, 1945, S. 198–214). – E. Gabba, *Studi su Dionigi da Arlicarnasso* (in Athenaeum, 38, 1960, S. 175–225; 39, 1961, S. 98–121; 42, 1964, S. 29–41). – H. Hill, *Dionysius of Halicarnassus and the Origins of Rome* (in The Journal of Roman Studies, 51, 1961, S. 88–93). – O. Tomasini, *Per l'individuazione di fonti storiografiche anonime latine in Dionisio d'Alicarnasso* (in Annali della Facoltà di Lettere e Filosofia, Triest, 1, 1964/65, S. 153–174). – W. Pabst, *Quellenkritische Studien zur inneren röm. Geschichte der älteren Zeit bei Titus Livius u. Dionys v. Halikarnass*, Diss. Innsbruck 1969. – P. M. Martin, *La propagande augustéenne dans les »Antiquités romaines«: de Denys d'Halicarnasse (Livre I)* (in Revue des Études Latines, 49, 1971, S. 162–179). – Lesky, S. 929 u. 945. – C. Saulnier, *L'histoire militaire de la Rome archaïque chez Denys d'Halicarnasse* (in Bull. de l'Association G. Budé, 1972, S. 283–295). – H. Verdin, *La fonction de l'histoire selon Denys d'Halicarnasse* (in Ancient Society, 5, 1974, S. 289–307). – A. Hurst, *Un critique grec dans la Rome d'Auguste: Denys d'Halicarnasse* (in ANRW, 30/1, 1982, S. 839 bis 865). – K. S. Sachs, *Historiography in the Rhetorical Works of D. of Halicarnassus* (in Athenaeum, 41, 1983, S. 65–87). – E. Gabba, *Dionigi e la dittatura a Roma* (in *Scritti in onore di Arnaldo Momigliano, Bibl. Athenaeum I*, Como 1983).

## BIRAGO DIOP

* 12.12.1906 Ouakam bei Dakar

### LES CONTES D'AMADOU KOUMBA

(frz.; *Die Erzählungen des Amadou Kumba*). Erzählungen von Birago DIOP (Senegal), erschienen 1947. – In diesen neunzehn Erzählungen, die zum Teil weitere Geschichten in sich bergen, werden Weisheit, Erfahrungsschatz und Erzählweise der Völker am Senegal, in denen sich negroafrikanisches und islamisches Erbe mischen, in eine neue Form gebracht. Den allegorischen, märchenhaften und didaktischen Charakter des alten Stoffs hat der neoafrikanische Erzähler getreu bewahrt. So wird z. B. erzählt, wie »Wahrheit« und »Lüge« zusammen auf die Reise gehen. Da man immer die Wahrheit sagen soll, geht »Wahrheit« um Nahrung bitten, erhält aber nichts, weil man »Wahrheit« für unverschämt hält; »Lüge« hingegen behauptet, sie

könne die verstorbene Geliebte des Königs für die Hälfte seines Besitzes lebendig aus dem Grabe holen. Der König geht darauf ein, doch »Lüge« überlistet ihn: Des Königs Ahnen wollen auch aufgeweckt werden und versprechen »Lüge« sämtliche Güter. Der entsetzte König zahlt den vereinbarten Preis, wenn »Lüge« die Ahnen samt der Geliebten im Grabe läßt. Moral: Man lasse die Toten in Ruhe. – Manche der mit äußerster Konzentration erzählten Geschichten sind voll heiterer Ironie. So hat Mbile, die Hindin, von dem Gras gefressen, auf das der Speichel eines Weisen gefallen war, und kann daher Koli, dem Jänger, ein Schnippchen schlagen: *»Wütend stopfte Koli eine im Feuer geröstete und in Tamarindenpulver zerstoßene Termitenkönigin in den Gewehrlauf, und so streckte er Mbile nieder. Als er sie über die Schulter warf, flüsterte Mbile: ›Sotegul!‹ «* (Es ist noch nicht aus!) Er schneidet der Hindin den Hals durch *(»Sotegul!«)*, häutet sie ab *(»Sotegul!«)*, zerteilt sie *(»Sotegul!«)* und kocht das Fleisch sieben Tage lang *(»Sotegul!«)*. *»Schließlich kostet Koli ein Stück, und das blieb ihm in der Kehle stecken, wo es anschwoll, bis es ihm den Hals sprengte. ›Sotina!‹* (Jetzt ist es aus!) *rief Mbile, die heil aus dem Kochtopf sprang und im Dickicht verschwand.«*
Die Geschichte, die nicht als afrikanische Märchen anzusprechen sind – denn das Phantastische ist nur Mittel zum didaktischen Zweck –, zeigen den Übergang von mündlicher afrikanischer Tradition zur Literatur. Diop läßt sie von Amadou Kumba erzählen, einem *griot*, d. h. einem Erzähler, Sänger, Geschichtskundigen, Bewahrer aller mündlichen Überlieferungen. Typische Geschehnisse werden festgehalten, Beispiele moralischen und juridischen Verhaltens gesetzt – ein weiser Mann erklärt, warum die Welt so ist, wie sie ist.
Den immer wieder neu aufgelegten und in zahlreiche Sprachen übersetzten *Contes d'Amadou Koumba* folgten 1958 *Les Nouveaux Contes d'Amadou Koumba (Die Neuen Erzählungen von Amadou Koumba)* mit einem Vorwort von Léopold SENGHOR, und 1963 *Contes et Lavanes (Erzählungen und Anekdoten)*, für die Diop 1964 den »Grand Prix Littéraire d'Afrique Noire« erhielt. Unter dem Titel *Contes d'Awa (Erzählungen Awas)* veröffentlichte er 1978 seine für ein jugendliches Publikum geschriebenen Geschichten. Im gleichen Jahr erschien der erste Band seiner Memoiren, *La Plume raboutée (Die zusammengenähte Feder)*, deren zweiter und dritter Band die Titel *À rebrousse-temps*, 1982 *(Gegen den Strom der Zeit)*, und *À rebroussegens*, 1985 *(Gegen den Strom der Leute)*, tragen. Viele seiner Geschichten sind auch – von professionellen wie Laienensembles – auf die Bühne gebracht worden und haben ihnen auf diese Weise größte Popularität in Senegal und Westafrika gesichert.

J.H.J.-KLL

AUSGABEN: Paris 1947. – Paris 1969. – Paris 1978.

ÜBERSETZUNG: *Aus den Geschichten des Amadou Koumba*, Chr. Dobenecker u. a., Bln. 1974 [Ausw.].

LITERATUR: L. Sainville, *Romanciers et conteurs négro-africains*, Paris 1963, S. 143–148. – *B. D.: écrivain sénégalais*, Hg. R. Mercier u. M. u. S. Battestini, Paris 1964. – M. Kane, *B. D., l'homme et l'œuvre*, Paris 1971. – Ders., *Essai sur »Les contes d'Amadou Coumba«*, Abidjan u. a. 1981.

## BOUBACAR BORIS DIOP

* 26.10.1946 Dakar

### LE TEMPS DE TAMANGO

(frz.; *Die Zeit des Tamango*). Roman von Boubacar Boris DIOP (Senegal), erschienen 1981. – Diop macht in seinem ersten Roman den Versuch, die westafrikanische Geschichte von der Sklaverei im 18. Jh. bis zu einer sozialistischen Revolution im 21. Jh. durch eine originelle Verknüpfung der Zeitebenen als eine Fabel darzustellen, deren einzelne Elemente eng zusammengehören, deren Verbindung untereinander aber von den Nachgeborenen nicht mehr als solche erkennbar ist. Die formale Vielschichtigkeit ist Ausdruck des Gehalts, wonach die eigene Vergangenheit aus dem Bewußtsein verschwindet und nur als Mythos überlebt. Geschichte ist demnach nur noch als Ideologie der Geschichte lebendig. Formal werden die verschiedenen historischen Zeitebenen durch einen Erzähler verknüpft, der im Jahre 2063 das überlieferte Material zusammenträgt. Er stirbt, bevor es ihm gelingt, die Verbindung zwischen den einzelnen Fragmenten zu erarbeiten, so daß der Roman als Fragmentsammlung eines nicht weiter genannten Herausgebers präsentiert wird.
Die Haupthandlung spielt zwischen 1960 und 1980 in Dakar. Der Protagonist N'Dongo verläßt 1968 im Alter von neunzehn Jahren Afrika, um in Deutschland zu studieren. Er schreibt dort einen ersten Roman über seine Kindheit, den er aber später wieder vernichtet, weil ihm die Erinnerung an die Kindheit wie ein »Talisman« erscheint, den er sich geschaffen hat, um sich vor den Unbilden der Gegenwart zu schützen. Nach seiner Rückkehr aus Deutschland engagiert er sich in der politischen Untergrundorganisation M. A. R. S. und schreibt weiterhin Romane und Theaterstücke, so ein Drama über das Massaker von afrikanischen Soldaten in Thiaroye bei Dakar. Im Dezember 1944 waren meuternde afrikanische tirailleurs (Kolonialsoldaten) von französischem Militär erschossen worden. (Die historisch verbürgte Episode gilt im heutigen Senegal als Beispiel für den antikolonialen Widerstand. Der Autor B. B. Diop hat selbst ein Theaterstück über Thiaroye geschrieben, das Ende der 80er Jahre verfilmt wurde.) N'Dongo gilt in der Untergrundbewegung M. A. R. S., die den Sturz des Unabhängigkeitsregimes anstrebt, als intellektueller

Außenseiter. Er beteiligt sich zwar an revolutionären Aktionen, gerät aber immer stärker in Isolation. Weder in seinem privaten Verhältnis zu seiner Geliebten, noch in seiner öffentlichen Rolle in der revolutionären Bewegung findet er Erfüllung und Identität. Er verfällt in geistige Umnachtung und zieht sich in eine Hütte am Meer zurück. Als er im Jahre 1986 öffentlich einen Griot tötet – zugleich Symbol der alten Gesellschaft und Vorläufer des heutigen Schriftstellers –, wird er von der aufgebrachten Menge zu Tode gesteinigt. N'Dongo wird nach der siegreichen sozialistischen Revolution im Jahre 2015 zum Nationalhelden und Opfer der Foltern deklariert, die vom französischen Militärberater der ehemaligen afrikanischen Unabhängigkeitsregierung praktiziert wurden. Was ist an all den gesammelten Lebensdaten Mythos und was Geschichte?, fragt sich der Erzähler und berichtet zum Vergleich die Geschichte von Tamango, der nach der siegreichen Revolution ebenfalls zum frühen Helden des antikolonialen Widerstandes stilisiert wurde. Der Autor B. B. Diop bezieht sich hierbei auf die 1829 erschienene gleichnamige Novelle von Prosper MÉRIMÉE, der im Geiste der abolitionistischen Bewegung und unter Verwendung authentischer Vorfälle die Geschichte der Revolte auf einem Sklavenschiff erzählt hatte, um das Gewissen seines europäischen Publikums aufzurütteln. Bei Mérimée endet Tamango in einer Blaskapelle auf Jamaika und stirbt als Alkoholiker. B. B. Diop bietet in seinem Roman eine Gegenvision, die für ein afrikanisches Publikum geschrieben ist und die im Geiste des antikolonialen Widerstandes eine Perspektive der Hoffnung und des Sieges aufzeigt. Tamango wird als ehemaliger Sklavenhändler dargestellt, der im Alkoholrausch seine Geliebte verkauft. Als er versucht, sie zurückzubekommen, wird auch er von den Europäern in Ketten gelegt. Auf dem Atlantik befreit er sich und seine Mitgefangenen; sie ermorden die weißen Sklavenhändler, und trotz Unkenntnis der Bordinstrumente gelangen sie an die heimische Küste zurück. Tamango ist durch die Erfahrung geläutert und wird zum berühmten Führer seines Volkes im Kampf gegen europäische Sklavenhändler und ihre afrikanischen Komplizen. Die beiden Handlungsstränge von Tamango (von 1730 bis 1750) und N'Dongo (von 1960 bis 1980) werden auf kunstvolle Weise miteinander verwoben, indem Mythos als parteiliche Interpretation der Geschichte entwickelt wird. Die individuelle Teilnahme am geschichtlichen Geschehen wird ihrerseits als Problem des einzelnen Subjekts beschrieben, das unter den widersprüchlichen Anforderungen der öffentlich-kollektiven Geschichtlichkeit und der privaten Subjektivität zerbricht.
Der Roman ist von der Kritik als vielversprechender Versuch der afrikanischen Gegenwartsprosa gewürdigt worden, einen neuen Weg zu beschreiten. Die großen Themenkomplexe »Mythos und Geschichte« sowie »Subjektivität und Gemeinschaft« sind zentrale Fragen der afrikanischen Literatur, die bei B. B. Diop auch als literarisches Darstellungsproblem aufgeworfen werden. Der Autor verweist im Roman auf einen Einfluß von Gabriel GARCÍA MÁRQUEZ. W.Gl.

AUSGABE: Paris 1981.

LITERATUR: L. Houédanou, *Entretien avec B. B. D.* (in Afrique nouvelle, 26. 5. 1982). – S. Dabla, Rez. (in Notre Librairie, 68, 1983). – A. King, *Le temps de Tamango: Eighteen Hundred Years of Solitude* (in Komparatistische Hefte, 12, 1985, S. 77–89). – A. Rouch u. G. Clavreuil, *Littératures nationales d'écriture française*, Paris 1987, S. 407–409.

## DAVID MANDESSI LÉON DIOP

* 9.7.1927 Bordeaux
† 29.8.1960 Dakar

### COUPS DE PILON

(frz.; *Im Mörser zerstoßen*). Gedichtzyklus von David Mandessi DIOP (Senegal), erschienen 1956. – *Coups de pilon* umfaßt in der Originalausgabe siebzehn Gedichte. Dieser Zyklus bildet nach der Veröffentlichung von fünf Gedichten in L. S. SENGHORS *Anthologie de la Nouvelle Poésie Nègre et Malgache* (1948) das erste und einzige Bändchen lyrischer Texte des senegalesischen Autors, welches in zwei Neuauflagen 1961 und 1973 vom Herausgeber jeweils eine Erweiterung um wiedergefundene Gedichte erfuhr.
Diop gehört zu den Vertretern der Négritude-Bewegung, insofern er einen Gegendiskurs zum kolonialistischen Diskurs der Europäer entwickelt und sich dabei auf eine Vision von Afrika beruft, die das Gegenbild zur Kolonialideologie darstellt. Diop grenzt sich jedoch gleichzeitig vehement gegen das Négritudekonzept L. S. Senghors ab, wenn er kompromißlos die Beseitigung jeglicher europäischer Fremdbestimmung befürwortet und nur im Kampf gegen diese einen Weg zur politischen und kulturellen Unabhängigkeit Afrikas sieht. Seine Gedichte versteht Diop als Mittel im Kampf um diese Befreiung. Ein immer wiederkehrendes Thema in seinen Texten ist die Aufdeckung der Heuchelei und Doppelzüngigkeit, auf der das System des Kolonialismus gründete.
*»Und der monotone Rhythmus der Vater-Unser überdeckte die Schreie in den Profitplantagen«* heißt es in dem *Les vautours (Die Geier)* betitelten Gedicht, und an die Unterdrücker gewandt: *»Eigenartige Menschen, die ihr keine Menschen wart / Ihr kanntet alle Bücher aber ihr kanntet die Liebe nicht.«* Der als »morbid«, »leblos« und »starr« charakterisierten Denk- und Handlungsweise der Europäer wird ein afrikanisches Modell entgegengesetzt, dem die Vorstellungen von Vitalität, Emotionalität und

Virilität zugeordnet sind: *»Euren Nächten voller frommen Schweigens und endloser Predigten / setzen wir den Hymnus an die straffen Muskeln entgegen / der den strahlenden Aufbruch begrüßt / den einzigartigen Hymnus des zerfetzten Afrika / der das jahrhundertelang aufrechterhaltene Dunkel durchbricht.«* In den Gedichten, die die Schönheit und Sinnlichkeit afrikanischer Frauen besingen, wird deren Loblied mit dem Hymnus auf Afrika verbunden. In *À une danseuse noire (An eine schwarze Tänzerin)* heißt es: *»Du bist das Gesicht des Initiierten / Der seine Verrücktheit am Wächterbaum ablegt / Du bist die Idee des Ganzen und die Stimme des Alten«.*
Derartige Idealvorstellungen an Afrika existieren in Diops Texten jedoch nur als Projektionen in die Vergangenheit oder in die Zukunft. Die Gegenwart wird bestimmt von Unterdrückung und Korruption, für die auch diejenigen Afrikaner verantwortlich gemacht werden, die sich zu Lakaien des Kolonialsystems machen ließen. So heißt es in *Le Renegat (Der Abtrünnige)*: *»Mein Bruder mit den Zähnen, die bei den heuchlerischen Komplimenten aufblitzen / ... Du tust uns leid / Die Sonne deines Landes ist nur noch ein Schatten / Auf deiner sanften Stirn eines Zivilisierten«.*
Diop versteht es, in einer einfachen, zumeist der Alltagssprache entnommenen Diktion dichte poetische Bilder zu schaffen, die ihren afrikanischen Ursprung nicht verleugnen. Die gelungene Integration von politischer Botschaft und ästhetischem Gehalt machte Diop zum Vorbild für zahlreiche afrikanische Autoren der nächsten Generation wie beispielsweise Cheikh A. NDAO, Theophile OBENGA oder Francesco NDITSOUNA. C.O.

AUSGABE: Paris 1956; [3]1980.

LITERATUR: G. Moore, *Seven African Writers*, Ldn. 1962. – R. Simmons, *La pertinence de la poésie de D. D. pour les jeunes Noirs aux Etats-Unis* (in Présence Africaine, 1970, Nr. 75, S. 91–96). – S. Adeoya Ojo, *D. D.: The voice of Protest and Revolt (1927–1960)* (ebd., 1977, Nr. 103, S. 19–42). – M. Diop, *Biographie de D. D.*, Paris 1980. – *D. D.*, Paris 1982. – Société Africaine de Culture, *D. D. (1927–1960). Témoignages – Etudes*, Paris 1983.

## PAUL ADRIEN MAURICE DIRAC

* 8.8.1902 Bristol
† 20.10.1984 Tallahassee / Fla.

### THE PRINCIPLES OF QUANTUM MECHANICS

(engl.; *Ü: Die Prinzipien der Quantenmechanik*). Theoretisch-physikalisches Werk von Paul Adrien Maurice DIRAC, erschienen 1930. – Die insbesondere von HEISENBERG (vgl. *Die physikalischen Prinzipien der Quantentheorie*) erstellte Quantenmechanik bzw. die Wellenmechanik nach SCHRÖDINGER (vgl. *Quantisierung als Eigenwertproblem* und M. BORN, *Quantenmechanik der Stoßvorgänge*) liefern die theoretische Beschreibung der Bewegung von Partikeln, deren Geschwindigkeiten relativ klein sind, das heißt klein gegenüber der Lichtgeschwindigkeit. Diese Theorie, bei der man mit einem partikulären Lorentz-Bezugssystem arbeitet, ist analog zur klassischen nichtrelativistischen Dynamik aufgebaut, während bei Partikeln mit hohen Geschwindigkeiten – vergleichbar oder annähernd der Lichtgeschwindigkeit – relativistische Effekte zu berücksichtigen sind. Im Jahr 1928 veröffentlichte Dirac seine Theorie des Elektrons, die infolge der Invarianz bei Lorentz-Transformationen mit den Prinzipien der speziellen Relativitätstheorie übereinstimmt. Es gelang ihm, Differentialgleichungen erster Ordnung zu ermitteln, die das Verhalten eines Elektrons im elektromagnetischen Feld richtig beschreiben; sie führen zu der Schrödingerschen Gleichung als einem speziellen Näherungsfall und führen darüber hinaus auf das Phänomen des »Spins« (das heißt des Eigendrehimpulses eines Elektrons bzw. Elementarteilchens), ohne daß dieses Phänomen Gegenstand einer selbständigen Hypothese bilden müßte.
Die *Principles* bieten eine Zusammenfassung der Erkenntnisse der damaligen Zeit in übersichtlicher Form. Dirac behandelt zunächst das Prinzip der Superposition, die dynamischen Variablen und Observablen und erörtert dann die Vorstellungen der nichtrelativistischen Quantentheorie der Ein- und Mehr-Teilchen-Systeme. Diese grundlegenden Ausführungen bilden die Basis, auf der sich die Diracsche Theorie des Elektrons aufbauen läßt und die wiederum die Überleitung zur Quantenelektrodynamik darstellt: Die relativistische Theorie des Elektrons erfordert keine unbedingte Konformität mit der allgemeinen Relativitätstheorie, da Gravitationskräfte bei atomaren Ereignissen völlig unwichtig sind. Entscheidend war die Frage, wie die Grundideen der Quantentheorie mit dem relativistischen Standpunkt in Übereinstimmung zu bringen sind, so daß die durch die Relativitätstheorie geforderte Symmetrie von Raum und Zeit verifiziert werden kann. Eine generelle Forderung der Quantenmechanik ist die Linearität der Wellengleichung hinsichtlich der Operatoren, die auch in der relativistischen Form beibehalten werden muß. Durch die Einführung neuer Variabler, die Operatoren sind, ergibt sich eine relativistisch invariante Wellengleichung, aus der sich zusätzlich der Spin des Elektrons – in völliger Übereinstimmung mit dem Experiment – berechnen läßt. Ein weiteres Ergebnis ist aus der Theorie Diracs abzuleiten: Die die Bewegung des Elektrons betreffenden Aussagen Schrödingers konnten als Spezialfall bestätigt werden. Die für uns sichtbare langsame Bewegung des Elektrons überlagert eine sehr hochfrequente Oszillationsbewegung bei kleiner Amplitude. Die Geschwindigkeit des Elektrons bei der Oszilla-

tionsbewegung ist zu jedem Zeitpunkt gleich der Lichtgeschwindigkeit. Diese Aussage ist durch das Experiment nicht nachweisbar, sie muß aber als gültig und richtig angesehen werden, da die relativistische Quantentheorie eine selbstkonsistente Theorie ist, deren übrige Konsequenzen experimentell bestätigt wurden, wie z. B. die Feinstruktur des Wasserstoffatoms.
Aus den erstellten Berechnungen konnte Dirac überdies die Existenz des sogenannten Positrons voraussagen, ein elektrisch positiv geladenes Elementarteilchen, das die gleiche Masse und gleich große, jedoch entgegengesetzte elektrische Ladung wie das Elektron hat. Dieses Positron konnte kurze Zeit später experimentell nachgewiesen werden. Aufgrund der Eigenschaften dieser beiden Elementarteilchen konnte Dirac die Prozesse der Annullierung beim Zusammentreffen eines Elektrons mit einem Positron postulieren. Auch diese Aussage wurde später durch das Experiment bestätigt.
Wenn auch die Diracsche Theorie nur auf Elementarteilchen, denen ein Spin zukommt, anwendbar ist und überdies bei den schwereren Teilchen versagte, so konnten doch sehr weitgehende Hypothesen über den Aufbau der Materie und deren Auftreten im Universum aufgestellt werden: Wenn es eine vollständige und perfekte Symmetrie zwischen der positiven und der negativen elektrischen Ladung gibt und wenn diese Symmetrie wirklich ein fundamentales Naturgesetz ist – was heute in der modernen Physik allgemein angenommen wird –, muß es möglich sein, die Ladung jeder Art von Partikeln zu reversieren, und muß es mehr als ein Zufall sein, daß die Erde und unser ganzes Sonnensystem überwiegend aus negativen Elektronen und positiven Protonen besteht. Bei einigen Sternen bzw. Sonnensystemen könnte die entgegengesetzte Möglichkeit vorherrschen, nämlich, daß diese vornehmlich aus Positronen und negativen Protonen aufgebaut sind. In der Tat könnte die Hälfte der Sterne von jeder der beiden Arten sein, sie würden genau das gleiche Spektrum aufweisen und wären damit mit den gegenwärtigen Meßmethoden nicht zu unterscheiden. A.M.Bo.

Ausgaben: Oxford 1930; ern. 1962. – Oxford [4]1958; ern. 1967 [rev.; Nachdr. 1981].

Übersetzung: *Die Prinzipien der Quantenmechanik*, W. Bloch, Lpzg. 1930.

Literatur: *Die moderne Atomtheorie. Die bei der Entgegennahme des Nobelpreises 1933 in Stockholm gehaltenen Vorträge von W. Heisenberg, E. Schrödinger, P. A. M. D.*, Hg. W. Heisenberg, Lpzg. 1934. – W. Macke, *Quanten u. Relativität. Ein Lehrbuch der theoretischen Physik*, Lpzg. 1963. – P. A. M. Dirac, *Lectures on Quantum Mechanics*, NY 1964. – *Aspects of Quantum Theory*, Hg. A. Salam u. E. P. Wigner, Ldn. 1982. – *The Development of Quantum Mechanics*, Hg. P. A. M. Dirac, Rom 1974. – Ders., *Directions in Physics*, NY 1978. – J. Llosa, *Relativistic Action at a Distance: Classical and Quantum Aspects*, Bln. 1982. – K. Sundermeyer, *Constrained Dynamics*, Bln. 1982. – F. Rohrlich, *The Art of Doing Physics in D.'s Way* (in *High Energy Physics*, Hg. St. L. Mintz u. A. Perlmutter, NY 1985, S. 17–29). – *Tributes to P. D.*, Hg. J. G. Taylor, Bristol 1987 [m. Bibliogr.].

## BENJAMIN DISRAELI

Earl of Beaconsfield

* 21.12.1804 London
† 19.4.1881 London

Literatur zum Autor:
F. K. Otto, *Autobiographisches aus D.s Jugendromanen*, Coburg 1913. – H. Seikat, *Die Romankunst D.s*, Diss. Jena 1933. – M. Masefield, *Peacocks and Primroses, a Survey of D.'s Novels*, Ldn. 1953. – H. Pearson, *D.*, NY 1960. – P. Bloomfield, *D.*, Ldn./NY 1961. – R. Maître, *D., homme de lettres*, Paris 1963. – R. Blake, *D.*, Ldn. 1966. – R. A. Levine, *B. D.*, NY 1968 (TEAS). – A. Ch. Janiesch, *Satire und politischer Roman: Untersuchungen zum Romanwerk B. D.s*, Amsterdam 1975. – *D.'s Novels Reviewed 1826–1968*, Hg. R. W. Stewart, Metuchen 1975. – H. Mayer, *Außenseiter*, Ffm. 1975, S. 366 ff. [D. und Lassalle]. – R. O'Kell, *The Autobiographical Nature of D.'s Early Fiction* (in NCF, 31, 1976, S. 253–284). – N. Clausson, *English Catholics and Roman Catholicism in D.'s Novels* (ebd., 33, 1979, S. 454–474). – D. R. Schwarz, *D.'s Fiction*, Ldn. 1979. – Th. Braun, *D. the Novelist*, Ldn. 1981. – S. Bradford, *D.*, Ldn. 1982. – J. Matthews, *Literature and Politics: A Disraelian View* (in English Studies in Canada, 10, 1984, S. 172–187).

### CONINGSBY, OR THE NEW GENERATION

(engl.; *Coningsby oder Die neue Generation*). Roman von Benjamin Disraeli, erschienen 1844. – Mit diesem ersten Teil seiner politischen *Young England Trilogy* (1845 folgte *Sybil, or The Two Nations*, 1847 *Tancred, or The New Crusade*) wollte Disraeli nach seinen eigenen Worten die Aufmerksamkeit auf die Entwicklung und den damaligen Zustand der politischen Parteien Englands lenken, seiner Ablehnung der Politik der Whigs und der Utilitaristen wie auch seiner Vorstellung von einer dem Fortschritt aufgeschlossenen konservativen Partei Ausdruck verleihen. (Der Begriff »New Generation« im Titel steht für Disraelis »Junges-England«-Programm.)
Coningsby ist der verwaiste Enkelsohn des reichen Herzogs von Monmouth. Seine Erziehung ist des-

sen skrupellosem Sekretär Rigby anvertraut. In Eton begegnet Coningsby dem jungen Oswald Millbank, dessen Vater, ein reicher Industrieller, seinen Sohn von Kind auf dazu erzog, den Adel zu verachten, und als erbitterter Feind Monmouths gilt. Nach einer Periode offener Feindseligkeit entwickelt sich zwischen den beiden Jungen eine enge Freundschaft. Coningsby verliebt sich in Oswalds Schwester Edith, aber deren Vater und sein Großvater widersetzen sich energisch einer Heirat. Der alte Monmouth, der sich inzwischen mit der jungen und leichtlebigen Lucrezia verheiratet hat, läßt sich von dieser und Rigby dazu überreden, seinen Enkel nach Hause zu beordern. Nachdem der Herzog von Rigby über die Untreue seiner Frau aufgeklärt worden ist, jagt er sie aus dem Haus und hinterläßt seiner unehelichen Tochter Flora Villebecque sein großes Vermögen. Dadurch ist Coningsby nach dem Tod seines Großvaters gezwungen, auf eigenen Füßen zu stehen. Er beschließt, sich der Politik zu widmen, und kandidiert für das Parlament. Nun sieht der alte Millbank ein, daß Coningsby in der Lage ist, seinen Mann zu stehen, und gewährt ihm die Hand seiner Tochter. Als Flora Villebecque stirbt, erbt Coningsby, der inzwischen ins Parlament gewählt worden ist, von ihr das Monmouth-Vermögen.

Die Gestalt des Lord Monmouth ist dem Politiker Lord Hertford nachgebildet, den kurz darauf auch THACKERAY in *Vanity Fair (Jahrmarkt der Eitelkeit)* in der Figur des Lord Steyne persifliert hat. Mit Sekretär Rigby wird das Treiben gewisser Wahlhandlanger bitter angeprangert; Vorbild war der umstrittene Tory-Politiker Cooker. In der Gestalt des Coningsby zeigt Disraeli eine Möglichkeit der Versöhnung zwischen Aristokratie und Mittelstand im Sinne des neuen Toryismus, der nach seiner Vorstellung weite Kreise des Volkes ansprechen sollte. Der Roman ist charakteristisch für den lebhaften und flüssigen Erzählstil Disraelis. Empfindsamer Idealismus, feiner Humor, aber auch Sinn für Realität halten sich die Waage; letzterer tritt vor allem dort hervor, wo die Engherzigkeit und politische Blindheit der alten herrschenden Klasse angeprangert wird. KLL

AUSGABEN: Ldn. 1844, 3 Bde. – Ldn. 1870 (in *Collected Edition of the Novels and Tales*, 10 Bde., 2). – Ldn. 1904/05 (in *The Works*, Hg. E. Gosse, 20 Bde., 12/13). – NY 1934 (in *The Bradenham Ed.*, 12 Bde., 8). – NY 1961, Hg., Einl. u. Anm. B. N. Langdon-Davies. – NY 1962, Einl. v. Asa Briggs. – Ldn. 1982, Hg. S. M. Smith. – Harmondsworth 1983, Hg. Th. Braun (Penguin).

ÜBERSETZUNG: *Coningsby oder Die neue Generation*, A. Kretzschmar, 1845.

LITERATUR: A. H. Frietzsche, *The Monstrous Clever Young Man; the Novelist D. and His Heroes*, Logan 1959. – B. R. Jerman, *The Production of D.'s Trilogy* (in Papers of the Bibliogr. Society of America, 58, 1964, S. 239–251). – J. D. Merritt, *The Novels of B. D. A Study*, Diss. Univ. of Wisconsin (vgl. Diss. Abstracts, 24, 1963/64, S. 4702). – T. J. Kemme, *A Study of B. D.'s »Coningsby; or, the New Generation«*, Diss. Univ. of Chicago (vgl. Diss. Abstracts, 32, 1971, S. 1476). – P. Mitchell, *The Initiation Motif in B. D.'s »Coningsby«* (in Southern Quarterly, 9, 1971, S. 223–230). – R. O'Kell, *D.'s »Coningsby«: Political Manifesto or Psychological Romance?* (in Victorian Studies, 23, 1979, S. 57–78).

## CONTARINI FLEMING. A Psychological Autobiography

(engl.; *Contarini Fleming. Eine psychologische Autobiographie*). Roman von Benjamin DISRAELI, erschienen 1832. – Disraeli nannte seinen in der Ichform geschriebenen Roman eine psychologische, romantische Erzählung. Man könnte das Buch aber auch einen Bildungs- oder Schlüsselroman mit stark autobiographischen Zügen nennen. Sein Thema ist die Entwicklung des phantasievollen Contarini Fleming zum echten Künstler. Contarinis Jugend ist nicht glücklich; seine halb mediterrane, halb nordische Herkunft macht ihn zu einem zwiespältigen Menschen. Seine Mutter, die bei seiner Geburt starb, gehörte einer alten venezianischen Adelsfamilie an, der Vater, ein begabter junger Politiker aus sächsischem Adel, heiratet wieder und läßt sich in Österreich nieder, wo er Privatsekretär des Ministerpräsidenten wird. Contarini fühlt sich vernachlässigt und ungeliebt, er sehnt sich nach der toten Mutter und seinen italienischen Verwandten. Er läuft aus der Schule weg, um nach Venedig, seiner Geburtsstadt, zu gehen, kehrt aber, nachdem er von einem vagabundierenden Schauspieler ausgeplündert worden ist, nach Hause zurück. Baron Fleming erweist sich als verständnisvoller Vater. Contarini bezieht die Universität, wo er, trotz der väterlichen Mahnung, seine Phantasie zu zügeln, eine Räuberbande organisiert, die in romantischem Idealismus gegen soziale Ungerechtigkeit rebelliert. Diesem wunderlichen Unternehmen wird von der Polizei ein Ende gemacht, ohne daß Contarinis Beziehungen zu der Bande entdeckt werden. Er verläßt die Universität und kehrt zu seinem Vater zurück, der ihn zu seinem Privatsekretär macht. Als Baron Fleming selbst Ministerpräsident geworden ist, steigt Contarini in die österreichische Hofgesellschaft auf. Er schreibt einen Schlüsselroman »Manstein« (eine Anspielung auf Disrealis eigenes Erstlingswerk *Vivian Grey*), in dem Persönlichkeiten der Wiener Gesellschaft bloßgestellt werden. Als die Autorschaft dieses sensationellen Buches entdeckt wird, verläßt Contarini Wien, um an der österreichischen Botschaft in Paris einen Posten zu übernehmen. Auf dem Wege dorthin beschließt er, nach Venedig zu fahren. Dort begegnet ihm eine entfernte Verwandte, Alceste, in die er sich verliebt und die er heiratet. Als sie kurz danach stirbt, verfällt Contarini in tiefe Melancholie. Dem Rat seines Vaters folgend, unternimmt er eine Reise durch Griechenland und den Vorderen Orient;

in Ägypten erreicht ihn die Nachricht vom Tod seines Vaters. Gereift und erfahren kehrt er nach Europa zurück und widmet sich auf seinem Schloß bei Neapel dem »Studium des Schönen« und der schöpferischen Arbeit.
Contarinis Entwicklung vom begabten, aber introvertierten, hochmütigen jungen Mann zum selbstbeherrschten Schriftsteller weist viele Parallelen zu Disraelis eigenem Weg als Staatsmann und Autor auf, wie auch die Londoner Gesellschaft zur Zeit Disraelis sich in der großen Welt Wiens widerspiegelt. Psychologisch interessant ist, daß immer dann, wenn Contarini von dem Konflikt zwischen der nordischen und der lateinischen Komponente seines Wesens, zwischen politischen und künstlerischem Ehrgeiz spricht, der Ton der Erzählung innere Anspannung verrät: Hier klingt das persönliche Dilemma Disraelis an, dessen Lösung der Autor mit diesem melodramatischen Roman allerdings nicht viel näher kam. J.D.Z.

AUSGABEN: Ldn. 1832, 4 Bde. – Ldn. 1870 (in *Collected Ed. of the Novels and Tales*, 10 Bde., 7). – Ldn. 1904/05 (in *The Works*, Hg. E. Gosse, 20 Bde., 5/6). – NY 1934 (in *The Bradenham Ed.*, 12 Bde., 4; Einl. Ph. Guedalla).

ÜBERSETZUNG: *Contarini Fleming*, O. Levy, Bln. 1909.

LITERATUR: A. H. Frietzsche, *The Monstrous Clever Young Man; the Novelist D. and His Heroes*, Logan 1959. – J. D. Merritt, *The Novels of B. D. A Study*, Diss. Univ. of Wisconsin (vgl. Diss. Abstracts, 24, 1963/64, S. 4702). – L. Turk, *D. and the Reviewers*, Diss. Univ. of Mass. (vgl. Diss. Abstracts, 33, 1973, S. 6886). – C. C. Nickerson, *B. D.'s »Contarini Fleming« and »Alroy«* (in Journal of the Rutgers University Library, 39, 1977, S. 72–97). – J. Beaty, *Jane Eyre at Gateshead: Mixed Signals in the Text and Context* (in *Victorian Literature and Society, Essays Presented to Richard D. Altick*, Hg. J. R. Kincaid u. A. J. Kuhn, Columbus 1983).

## ENDYMION

(engl.; *Endymion*). Roman von Benjamin DISRAELI, erschienen 1880. – Kurz nach seiner zweiten Amtsperiode als Premierminister und ein Jahr vor seinem Tod schrieb Disraeli seinen romantisch-märchenhaft anmutenden Roman über den Aufstieg eines politischen Abenteurers: Endymion und seine Zwillingsschwester Myra sind die Kinder des angesehenen Politikers William Pitt Ferrars. Zu Beginn der dreißiger Jahre des 19. Jh.s verliert dieser aufgrund politischer Veränderungen sein Amt. Seine Versuche, wieder im öffentlichen Leben Fuß zu fassen, scheitern. Es gelingt ihm lediglich, seinem Sohn eine untergeordnete Stellung im Finanzministerium zu verschaffen. Nach dem Tod der Mutter und dem Selbstmord des Vaters scheint die Situation der Geschwister hoffnungslos. Doch es gelingt Myra, die Gesellschafterin einer reichen Bankierstochter geworden ist, ihrem Bruder einflußreiche Bekanntschaften zu vermitteln und die Karriere des intelligenten jungen Mannes zu fördern. Als sie den Führer der Whig-Partei, den Außenminister Lord Roehampton heiratet, beginnt auch der steile Aufstieg Endymions. Er versteht es geschickt, die tonangebenden Damen der Londoner Gesellschaft für sich einzunehmen, deren Fürsprache er bald einen Parlamentssitz verdankt. Nach Roehamptons Tod wird Endymion sein Nachfolger in der Parteiführung. Er heiratet eine in politischen Kreisen einflußreiche Witwe, wird Außenminister und schließlich Premier. – Der Roman endet damit, daß Endymion und Myra, die inzwischen den zum König von Frankreich ernannten Emporkömmling Florestan geheiratet hat, sich an Ereignisse ihrer Kindheit erinnern.
In diesem letzten Roman Disraelis bilden phantastische Übersteigerungen und realistische Schilderungen, überladener Stil und nüchterne Beobachtungsgabe eine heterogene Mischung. Während die politischen Konflikte zwischen den Tories und den Whigs (Roehampton steht eindeutig für Lord Palmerston, der zwischen 1830 und 1851 dreimal britischer Außenminister war), die Auseinandersetzungen über Stellung und Aufgabe der Kirche (Oxford Movement) und andere Zeiterscheinungen mit großer Lebendigkeit dargestellt werden, bleiben die handelnden Figuren stereotyp. Die Auffassung, daß es die Frauen sind, die den politischen Kurs einer Nation bestimmen, erscheint – obzwar sie sicher nicht ganz unbegründet ist – in den von Disraeli gewählten Beispielen ad absurdum geführt. J.D.Z.

AUSGABEN: Ldn. 1880, 3 Bde. – Ldn./NY 1900. – Ldn. 1904/05 (in *The Works*, Hg. E. Gosse, 20 Bde., 19/20). – NY 1934 (in *The Bradenham Ed.*, 12 Bde., 12).

ÜBERSETZUNG: *Endymion*, C. Böttger, Lpzg. 1881.

PARODIE: H. F. Lester, *Bend' Ymion, Middlemarch and Other Novelettes*, Ldn. 1887.

LITERATUR: J. D. Merritt, *The Novels of B. D. A Study*, Diss. Univ. of Wisconsin (vgl. Diss. Abstracts, 24, 1963/64, S. 4702). – Ders., *The Novelist St. Barbe in D.'s »Endymion«. Revenge on Whom?* (in NCF, 23, 1968, S. 85–88). – A. Jones, *D.'s »Endymion«. A Case Study* (in *Essays in the History of Publishing in Celebration of the 200th Anniversary of the House of Longman, 1724–1974*, Hg. Asa Briggs, Ldn. 1974, S. 141–186).

## LOTHAIR

(engl.; *Lothar*). Roman von Benjamin DISRAELI, erschienen 1870. – Nach einer mehr als zwanzigjährigen, durch die Tätigkeit als Staatsmann bedingten Unterbrechung seiner literarischen Arbeit schuf Disraeli mit diesem seinem vorletzten Roman ein Werk, das trotz zahlreicher zeitgeschichtlicher Bezüge kein politischer Roman im Sinn seines Frühwerks ist, sondern eine Art vermächtnishafter Bekenntnisdichtung mit romantischen Handlungselementen. – Der verwaiste, einer steinreichen Adelsfamilie entstammende Lothair wird in jungen Jahren in die Obhut des schottischen Lords Culloden und des genialischen Geistlichen Grandison gegeben, der kurz danach zum Katholizismus konvertiert. Lothair, der eine streng protestantische Erziehung erhält, wird 1866 mündig, gerade als Garibaldi die weltliche Macht des Papstes bedroht. Der inzwischen zum Kardinal ernannte Grandison versucht, unterstützt von seinem Sekretär, Monsignore Catesby, und der schönen Clara Arundel, einer überzeugten Katholikin, Lothairs Einfluß und Vermögen für die römische Kirche nutzbar zu machen. Gegner dieser Pläne sind neben Lord Culloden vor allem Lady Corisande, die Lothair schon während seiner Studienzeit in Oxford zur Frau begehrt hatte, und Theodora, die sich mit Leib und Seele der italienischen Freiheitsbewegung verschrieben hat. Während des Feldzugs, den Garibaldi führt, um den Kirchenstaat dem neuen Königreich Italien einzuverleiben, wird Theodora tödlich verwundet. Bevor sie stirbt, nimmt sie Lothair das Versprechen ab, niemals Katholik zu werden. Dem im Kampf gegen die französischen Truppen bei Mentana (1867) verwundeten Lothair will Grandison erneut die Sache der römischen Kirche schmackhaft machen. Dabei greift der Kardinal zu recht merkwürdigen – von Disraeli brillant wiedergegebenen – Mitteln, etwa wenn er dem jungen Mann einzureden sucht, die Erlebnisse bei Mentana habe ihm lediglich seine Phantasie vorgegaukelt, und darauf hinweist, daß ja auch Georg IV. sich nur eingebildet habe, bei der Schlacht von Waterloo Oberbefehlshaber der Engländer gewesen zu sein. Schließlich gelingt es Lothair, sich dem Einfluß des Kardinals und seiner Helfer zu entziehen und nach Haus zurückzukehren, wo ihm die Hand Lady Corisandes zuteil wird.

Als Ganzes gesehen, stellt der Roman die Summe von Disrealis religiösem Denken dar. In Form einer milden Satire auf die englische Gesellschaft schildert der Autor einige geistige Spannungsfelder der damaligen Zeit, vor allem den Kampf revolutionärer Sekten gegen das Papsttum, die katholische Proselytenmacherei in England und den Konflikt zwischen jüdischen und hellenischen Lebensidealen. Das Buch ist reich an lebensvollen Gestalten, deren bizarrste der sich republikanisch gebärdende Lord St. Aldegonde ist: Er will alle Privilegien abschaffen, ausgenommen die der Herzöge, und alles Eigentum aufteilen, ausgenommen den Grundbesitz. Aus der Fülle scharf beobachteter Details entsteht ein farbiges Gesamtbild der Periode. Nicht zuletzt dieser Brillanz wegen wurde *Lothair* zum erfolgreichsten Roman Disrealis. Zu Unrecht werden dessen im engeren Sinn politische Romane heute gelegentlich höher eingestuft. KLL

Ausgaben: Ldn. 1870, 3 Bde. – Ldn. 1870 (in *Collected Ed. of the Novels and Tales*, 10 Bde., 1). – Ldn./NY 1905 (in *The Works*, Hg. u. Einl. E. Gosse, 20 Bde., 12/13). – NY 1934 (in *The Bradenham Ed.*, 12 Bde., 11). – Ldn. 1957 [Einl. A. N. Jeffares]. – Ldn. 1975, Hg. V. Bogdanor.

Übersetzung: *Lothair*, A. Würm, 4 Bde., Lpzg. 1874.

Literatur: J. Ingle, *»Lothair« and Its Author*, Ldn. 1870. – G. E., *»Lothair«. Its Beauties and Blemishes*, Ldn. 1873. – I. Hermann, *B. D.s Stellung zur katholischen Kirche*, Diss. Freiburg i. B. 1932. – A. H. Fritzsche, *The Monstrous Clever Young Man. The Novelist D. and His Heroes*, Logan 1959. – J. D. Merritt, *The Novels of B. D. A Study*, Diss. Univ. of Wisconsin 1964 (vgl. Diss. Abstracts, 24, 1963/64, S. 4702). – Th. Braun, *Thomas Longman and »Lothair«* (in Publishing History, 6, 1979, S. 79–83). – M. Buschkühl, *Die Irische, Schottische und Römische Frage: D.s Schlüsselroman »Lothair« (1870)*, St. Ottilien 1980.

## SYBIL, OR THE TWO NATIONS

(engl.; *Sybil oder Die beiden Nationen*). Roman von Benjamin Disraeli, erschienen 1845. – Mit dem zweiten Roman der sogenannten *Young England Trilogy* (*Coningsby* erschien 1844, *Tancred* 1847) wollte Disraeli die Öffentlichkeit auf die sozialen Mißstände aufmerksam machen, durch die er England in »zwei Nationen« gespalten sah: in die der Reichen und in die der Armen. Die Wurzel des Übels erblickte er im Egoismus der Fabrik- und Großgrundbesitzer, die Voraussetzung für eine Beendigung des Arbeiterelends in der Rückbesinnung auf das Prinzip der christlichen Nächstenliebe und nicht etwa – wie der Journalist Morley in seinem Roman – in der Abschaffung der kapitalistischen Gesellschaftsordnung.

Um sich mit ihm zu versöhnen und die Finanzierung seiner Parlamentskandidatur mit ihm zu besprechen, besucht Charles Egremont seinen älteren Bruder, Lord Marney, auf den Ländereien der Familie in Nordengland. Realistische Schilderungen der Notlage der dort lebenden Land-, Fabrik-, Heim- und Grubenarbeiter und der daraus resultierenden Zersetzung der Familie und der moralischen Werte wechseln mit Szenen aus dem gesellschaftlichen Leben der ausbeuterischen adligen Grundbesitzer. Egremont, den sein berechnender Bruder mit einer Erbin aus der reichen Familie Mowbray verheiraten will, verkehrt nicht nur in Adelskreisen, sondern kommt durch die Begegnung mit Sybil Gerard auch mit der Arbeiterschicht in Berührung. Sybil, ein im Kloster erzogenes, strenggläubiges Mädchen, das alle Eigenschaften des viktorianischen Frauenideals in sich vereint, arbeitet mit ihrem Vater, dem Weber Walter Gerard, und dessen Freund Stephan Morley an der Verbesserung der Lage der Armen; doch während sie sich auf Krankenpflege und Almosen beschränkt, setzen sich die beiden Männer für umfassende Reformen ein und schließen sich der Chartistenbewegung an. (Über die dem Parlament eingereichte »People's Charter« versuchten 1838 organisierte Arbeiter erstmals, sich politische Gleichberechtigung und sozialen Schutz gesetzlich zu sichern.) Egremont, der sich unter einem Decknamen als Journalist ausgibt, um sich genau über die Lage der Arbeiter zu informieren, freundet sich mit Morley und Gerard an, verliebt sich in Sybil und wird mit sozialistischem Gedankengut vertraut. In einer Parlamentsrede unterstützt er die Petition der Chartisten, die jedoch vom Unterhaus abgelehnt wird. Als die Chartisten daraufhin den »National Holiday«, den Generalstreik, proklamieren, brechen in Birmingham und anderen Industriestädten Unruhen aus. Ein Überfall auf das Schloß der Mowbrays kostet Egremonts Bruder, aber auch Gerard und Morley das Leben. Während des Kampfes wird ein von Gerard seit langem gesuchtes Dokument entdeckt, das den Anspruch seiner Familie auf Titel und Güter der Mowbrays beweist. Egremont, der neue Lord Marney, und die ihm jetzt ebenbürtige Sybil finden einander und wollen gemeinsam den Kampf um soziale Gerechtigkeit fortsetzen.

Das Buch, in dem der Autor sowohl amtliche Statistiken als auch seine Eindrücke während einer Reise durch Lancashire verwertete, verdient als einer der ersten Romane, die auf das Elend des Industrieproletariats eingehen, und im Hinblick auf Disraelis kurz danach beginnenden politischen Aufstieg noch heute Interesse. Sein künstlerischer Anspruch ist dagegen gering. Die Charakterzeichnung ist konventionell, in der Liebesgeschichte herrscht das romantische Klischee vor; lediglich die Dialoge verraten etwas vom Esprit und von der treffsicheren Ironie des Verfassers. E.Ma.

AUSGABEN: Ldn. 1845, 3 Bde. – Ldn. 1870/71 (in *Collected Ed. of the Novels and Tales*, 10 Bde., 3). – Ldn./NY 1904/05 (in *The Works*; Einl. E. Gosse, 20 Bde., 14/15). – NY 1934 (in *The Bradenham Ed.*, 12 Bde., 9; Einl. Ph. Guedella). – Ldn./NY 1956. – Ldn./NY 1957 (Einl. A. N. Jeffares). – Harmondsworth 1980 (Penguin), Hg. Th. Braun. – Ldn. 1982, Hg. S. M. Smith.

ÜBERSETZUNGEN: *Sybil oder Die beiden Nationen*, F. Herrmann, Grimma 1846, 3 Tle. (Europäische Bibl. der neuen belletristischen Lit., 75). – *Sybil oder Die gedoppelte Nation*, V. F. L. Petri, 4 Bde., Lpzg. 1846. – *Sybil. Sozialpolitischer Roman*, Bln. 1888 [m. Vorw.].

LITERATUR: J. Holloway, *D.'s View of Life in the Novels* (in Essays in Criticism, 2, 1952, S. 413–433). – R. Blake, *D.'s Political Novels* (in History Today, 16, 1966, S. 459–466). – P. Smith, *Disraelian Conservatism and Social Reform*, Ldn./Toronto 1967. – P. Brantlinger, *Tory-Radicalism and »The Two Nations« in D.'s »Sybil«* (in Victorian Newsletter, 41, 1972, S. 13–17). – D. R. Schwarz, *Art and Argument in D.'s »Sybil«* (in Journal of Narrative Technique, 4, 1974, S. 19–31). – M. Fido, *The Treatment of Rural Distress in D.'s »Sybil«* (in Yearbook of English Studies, 5, 1975, S. 153–163). – M. Fido, *›From His Own Observation‹; Sources of Working Class Passages in D.'s »Sybil«* (in MLR, 72, 1977, S. 268–284). – G. Himmelfarb, *Social History and the Moral Imagination* (in *Art, Politics, and Will. Essays in Honor of Lionel Trilling*, Hg. Q. Andersen u. a., NY 1977, S. 28–58). – M. McCully, *Beyond Convent and the Cottage. A Reconsideration of D.'s »Sybil«* (in CLA, 29, 1986, S. 318–335).

## TANCRED, OR THE NEW CRUSADE

(engl.; *Tancred oder Der Neue Kreuzzug*). Roman von Benjamin DISRAELI, erschienen 1847. – Im letzten Roman der sogenannten *Young England Trilogy* (vgl. *Coningsby* und *Sybil*) versucht Disraeli, seiner Überzeugung vom befruchtenden Einfluß des Judentums auf das sittliche und politische Denken des christlichen Abendlands Ausdruck zu verleihen. Dem Anspruch, die Notwendigkeit einer spirituellen Erneuerung aus dem Geist des Judentums sinnfällig zu machen, wird das Buch im ganzen freilich nicht gerecht. Gegenüber *Coningsby* und *Sybil* wirkt der Roman unabgerundet, da die Ideen des Autors in den erzählenden Passagen weniger Niederschlag gefunden haben als in den Dialogen.

Der nach seinem kreuzfahrenden Urahn genannte Tancred, Lord Montacute, einziges Kind des zurückgezogen lebenden Herzogs Bellamont und seiner gottesfürchtigen Frau, schlägt bei Erreichen der Volljährigkeit die ihm angetragene Heirat und eine Parlamentskandidatur aus. Statt dessen äußert er, mit der schwärmerisch-tiefsinnigen Begründung, den Sinn des Lebens finden zu wollen, den Wunsch, nach Jerusalem zu reisen. Dort hofft er, durch göttliche Eingebung Erleuchtung in ethischen und religiösen Fragen zu erlangen. Um ihn von diesem Plan abzulenken, schickt man ihn aufs Londoner Parkett (wo Disraeli Figuren aus den beiden vorausgegangenen Romanen auftreten läßt), erreicht damit aber nur eine Verzögerung seiner Abreise. Ideell und materiell von dem jüdischen Finanzier Sidonia unterstützt, macht Tancred sich auf den Weg. Im Heiligen Land verliebt er sich in Eva, die schöne, kluge Tochter des jüdischen Kaufmanns Basso, die ihm neue Erkenntnisse über die im Christentum fortwirkenden Lehren ihrer Religion vermittelt. Dann gerät er in das Intrigenspiel feindlicher arabischer Parteien und wird von Evas Pflegebruder, dem bei allem persönlichen Ehrgeiz von menschheitsbeglückenden Ideen erfüllten Emir Fakreddin, als Geisel festgehalten. Eines Nachts hat er am Berg Sinai eine Vision, in der der »Schutzgeist Arabiens« ihm rät, weiterhin für die Erneuerung christlich-jüdischer Moralprinzipien einzutreten, die allein die Errichtung des Reiches

Gottes auf Erden gewährleisten könnten. Im folgenden splittert die Schilderung der politischen Intrigen Fakreddins, der sich mit Tancred angefreundet hat, die Handlung in zahlreiche Nebenepisoden auf. Der Roman endet abrupt mit der Ankunft des Herzogpaars Bellamont in Jerusalem, wo Tancred gerade um Eva angehalten hat.
Disraelis Zeitgenossen beurteilten das Werk unterschiedlich. Die meisten lobten zwar die Beschreibung orientalischen Lebens, konnten aber dem Roman, in dem sie vor allem lebensvolle Charaktere und dramatische Höhepunkte vermißten, im großen und ganzen wenig abgewinnen. E.Ma.

AUSGABEN: Ldn. 1847, 3 Bde. – Ldn. 1870 (in *Collected Ed. of the Novels and Tales*, 10 Bde., 4). – Ldn. 1904/05 (in *The Works*, 20 Bde., 15/16; Einl. E. Gosse). – NY 1934 (in *The Bradenham Ed.*, 12 Bde., 10).

ÜBERSETZUNG: *Tancred oder Der neue Kreuzzug*, O. Levy, Bln./Mchn. 1914. – Dass., ders., Bearb. J. Elbau, Bln. 1936.

LITERATUR: B. Segalowitsch, *B. D.s Orientalismus*, Diss. Bln. 1930. – *Victorian Fiction. A Guide to Research*, Hg. L. Stevenson, Cambridge/Mass. 1964, S. 21–35. – R. A. Levine, *D.'s »Tancred« and »The Great Asian Mystery«* (in NCF, 22, 1967, S. 71–85).

## TOVE DITLEVSEN

* 14.12.1918 Kopenhagen
† 7.3.1976 Kopenhagen

### ERINDRINGER

(dän.; *Erinnerungen*). Lebenserinnerungen von Tove DITLEVSEN, bestehend aus den Bänden *Barndom*, 1967 *(Kindheit)*, *Ungdom*, 1967 *(Jugend)*, und *Gift*, 1971 *(Sucht)*. – In *Barndom* schildert Tove Ditlevsen ihre Kindheit bis zum Ende der Schulzeit. Diese Lebensphase ist gekennzeichnet durch eine ausgeprägte Spaltung: Nach außen lebt Tove den ganz normalen Alltag eines Mädchens im Kopenhagener Arbeiterviertel Vesterbro, in ihrem Inneren jedoch fühlt sie sich durchdrungen von der Macht der Poesie: Dichterin will sie werden. Ihr soziales Umfeld begegnet dieser Neigung mit Unverständnis, deshalb begibt sich das sensible Mädchen immer mehr mit seinem Wunschtraum in eine seelische Isolation, stets bemüht, den »Gesang« in seinem Herzen, die »Girlanden von Wörtern« in seiner Seele hinter einer bewußt aufgesetzten »Maske aus Dummheit« zu verbergen. Das in ihrer Schilderung durchweg graue und regenverhangene Vesterbro, in dem Tove aufwächst, engt sie im doppelten Sinne – physisch und psychisch – ein. Sie träumt davon, einmal einen Menschen zu treffen, dem sie ihre heimlich geschriebenen Gedichte anvertrauen kann und der ihr hilft, den Straßen der Kindheit zu entkommen und einen Zipfel dieser anderen Welt, die sie nur aus Büchern kennt, zu fassen.
In *Ungdom (Jugend)* beschreibt Tove Ditlevsen die Zeit nach ihrem Schulabgang als Vierzehnjährige. Sie arbeitet in wechselnden Stellungen, als Hausgehilfin, Küchenmädchen und Lagerangestellte, schließlich als Bürokraft und Sekretärin, schreibt daneben aber weiterhin Gedichte und erlebt in einer kurzen freundschaftlichen Beziehung zu einem Antiquariatsbuchhändler zum ersten Mal das Gefühl, in ihren literarischen Neigungen angenommen zu werden. Ihre sonstige Beziehungen zu Männern ihres Alters und Milieus sind mehr oder weniger oberflächliche Zufallsbekanntschaften. Mit 18 Jahren zieht sie von zu Hause aus, lebt endlich in einem – wenn auch kalten, spärlich eingerichteten und obendrein von einer fanatischen Nazi-Anhängerin vermieteten – eigenen Zimmer. Es gelingt ihr, eines ihrer Gedichte in einem kleinen literarischen Blatt, ›Wilder Weizen‹, zu veröffentlichen. In Viggo F. Møller, dem Redakteur dieser Zeitschrift, meint sie, den Menschen gefunden zu haben, von dem sie immer träumte. Mit seiner Unterstützung gibt sie 1939 ihren ersten Gedichtband *Pigesind (Mädchenseele)* heraus. Endlich glaubt sie, der Isolation ihrer Jugend entronnen zu sein.
Im dritten und letzten Band der Erinnerungen beschreibt Tove Ditlevsen ihr Leben vor dem Hintergrund von Besatzungs- und Nachkriegszeit. Der Titel dieses Buches, *Gift (Sucht)*, ist bewußt doppeldeutig, er kann im Dänischen sowohl »Sucht« als auch »verheiratet« meinen. *Gift* enthält denn auch im ersten Teil die Schilderung ihrer beiden ersten Ehen, im zweiten Teil die Beschreibung des Narkotikamißbrauchs, dem sie in ihrer dritten Ehe jahrelang verfallen war. Den um viele Jahre älteren Viggo Møller heiratete Tove Ditlevsen noch in dem irrigen Glauben ihrer Kindheit, nur durch einen literarisch versierten und einflußreichen Mann als Dichterin voranzukommen. Ihre zweite Ehe mit einem Studenten aus den Kopenhagener Künstler- und Intellektuellenkreisen, in denen die inzwischen erfolgreiche Schriftstellerin verkehrt, bleibt unerfüllt, vor allem wegen ihres Unvermögens, ihre dichterischen Ambitionen mit der Sehnsucht nach Geborgenheit in einer bürgerlichen Ehe in Einklang zu bringen. Ihren dritten Mann, einen psychotischen Arzt, heiratete Tove Ditlevsen nicht aus Liebe, sondern ausschließlich wegen seiner Verfügungsgewalt über Pethidin, ein Narkotikum, das sie von ihm bei einem Schwangerschaftsabbruch zum ersten Mal erhält. Dem Gefühl der Glückseligkeit, das ihr diese erste Spritze vermittelt, folgt die fünfjährige Verstrickung in eine Sucht, aus der sie sich mit letzter Kraft nur durch die Angst rettet, nicht nur ihre Kinder zu verlieren, sondern vor allem auch, nie wieder schreiben zu können. *Gift* endet mit der Schilderung des leidvollen Entzugs und

dem Beginn eines neuen Lebensabschnitts an der Seite ihres vierten Ehemannes.
In den Erinnerungen Tove Ditlevesens werden immer wieder bestimmte seelische Konflikte angesprochen, die – oft eng miteinander verwoben – ihr Leben und Schreiben prägten. Grundlegend für ihre Persönlichkeitsentwicklung war die von Furcht und Unsicherheit geprägte Beziehung zur Mutter. Geborgenheit fand bereits das junge Mädchen allein in der Poesie. Diese frühe Entfremdung vom familiären Milieu erzeugte in Tove Ditlevsen eine Wurzellosigkeit, die durch ihren späteren Ausbruch aus der Welt Vesterbros in die Kreise der Künstler und Literaten eher verstärkt als gemildert wurde. Obwohl sie sich zeitlebens nach der Sicherheit und Normalität eines bürgerlichen Ehe- und Familienlebens sehnte, verließ die innere Unrast sie nie und sie fühlte sich wirklich nur dann glücklich, wenn sie am Schreibtisch saß und in ihrer Arbeit aufgehend den Alltag vergessen konnte. In ihrem literarischen Werk stellt die Beschreibung der Angst in ihren unterschiedlichsten Erscheinungsformen ein durchgängiges Thema dar. Im Privatleben äußerte sich ihre seelische Zersplitterung in immer wiederkehrenden depressiven Psychosen und Tove Ditlevsen selber sah darin auch den Hauptgrund für das Scheitern ihrer Ehen.
Charakteristisch für die Darstellung in allen drei Bänden der Erinnerungen ist die Knappheit des Stils. Personen und Situationen werden mit wenigen Zügen intensiv gezeichnet. Die Perspektive ist durchgängig die subjektive Sicht der Autorin, wobei ein spürbares Bemühen um Aufrichtigkeit dem Dargestellten Glaubwürdigkeit verleiht. Besonders deutlich wird dies bei der Beschreibung ihrer Sucht, in der sie den mit der zunehmenden Abhängigkeit verbundenen allmählichen körperlichen und seelischen Verfall eindringlich schildert. Sozialkritik findet sich im Werk nie als direkte Aussage; sie geht vielmehr ein in die Schilderungen der unterschiedlichen Milieus, vor allem in die Beschreibung der Atmosphäre ihrer Kindheit in Vesterbro. Die dort herrschende soziale Not in den zwanziger und dreißiger Jahren und die sich daraus ergebende Beschränkung materieller und intellektueller Entfaltungsmöglichkeiten werden von der Autorin atmosphärisch dicht dargestellt.
Die Bände *Barndom* und *Ungdom* schrieb Tove Ditlevsen 1967 kurz nacheinander zur Bewältigung einer schweren Krise, ausgelöst durch das Scheitern auch ihrer vierten Ehe. In dem Roman *Vilhelms værelse*, 1975 *(Wilhelms Zimmer)*, hat sie diese Beziehung später literarisch verarbeitet. *Gift* erregte 1971 großes Aufsehen, vor allem weil die darin beschriebenen Männer die ihrer Meinung nach einseitig subjektive und daher falsche Darstellung kritisierten. Die Autorin selbst meinte dazu in einem Interview ironisch: *»Mein Leben ist kein Geheimnis. Sie sollten erst mal wissen, was ich schweigend übergangen habe.«* M.A.H.

AUSGABEN: Kopenhagen 1967 (*Erindringer*, Bd. 1: *Barndom*, Bd. 2: *Ungdom*). – Kopenhagen 1971 *(Erindringer: Barndom, Ungdom)*. – Kopenhagen 1976 (*Det Tidlige Forår: Barndom, Ungdom*; ern. 1984). – Kopenhagen 1971 (*Gift. Erindringer*; ern. 1979). – Kopenhagen 1979 *(Gift; Vilhelms Værelse)*.

ÜBERSETZUNG: *Sucht. Erinnerungen*, E. Plett u. E. Kjær, Ffm. 1980 (es).

LITERATUR: A. B. Richard, *Kvindelitteratur og kvindesituation. Socialisering, offentlighed og æstetik*, Kopenhagen 1976, S. 11–28. – A. Scott Sørensen, *T. D.-Erindringen som selvterapi og udtryksform* (in Årbog for Kvindestudier ved AUC, 1983, S. 159–209). – R. Bæklund, Rez. (in Ekstrabladet, 21. 9. 1967). – E. Frederiksen, Rez. (in Berlingske Tidende, 23. 9. 1967). – A.-K. Gudme, Rez. (in Information, 27. 9. 1967). – P. Hesselaa, Rez. (in Dannevirke, 23. 9. 1967). – P. Stig Møller, Rez. (in Berlingske Tidende, 26. 9. 1967). – K. Rifbjerg, Rez. (in Politiken, 21. 9. 1967). – L. Thorbjørnsen, Rez. (in Aktuelt, 21. 9. 1967). – E. Ulrichsen, Rez. (in Berlingske Aftenavis, 25. 9. 1967). – H. Andersen, Rez. (in Jyllands-Posten, 26. 3. 1971). – N. Barfœd, Rez. (in Politiken, 26. 3. 1971). – E. Frederiksen, Rez. (in Berlingske Tidende, 26. 3. 1971). – Ch. Kampmann, Rez. (in Information, 26. 3. 1971). – H. Neiiendam, Rez. (in Berlingske Aftenavis, 26. 3. 1971). – P. Ramløv, Rez. (in Kristelig Dagblad, 26. 3. 1971). – C. Rude, Rez. (in Aktuelt, 26. 3. 1971). – O. Schrøder, Rez. (in Ekstrabladet, 26. 3. 1971). – H. Stangerup, Rez. (in Berlingske Tidende, 26. 3. 1971).

## TAHAR DJAOUT

* 11.1.1954 Azeffoun / Kabylei

### LES CHERCHEURS D'OS

(frz.; *Die Knochensammler*). Roman von Tahar DJAOUT (Algerien), erschienen 1984. – Djaout ist zusammen mit Rachid MIMOUNI Angehöriger einer neuen Generation französisch schreibender maghrebinischer Schriftsteller, denen es im Unterschied zu ihren Vorgängern nicht mehr darum geht, den Konflikt zwischen der traditionellen Gesellschaft und der Moderne darzustellen oder ideologisch die nationale Befreiungsbewegung zu unterstützen. Die Handlung in *Les chercheurs d'os* spielt vielmehr in der Zeit nach der 1962 erlangten Unabhängigkeit Algeriens von Frankreich. Während die Alten von der Vergangenheit träumen, wird der junge, namenlos bleibende Protagonist des Romans von seiner Familie beauftragt, die Überreste seines Bruder zu suchen, der irgendwo, weit weg vom heimatlichen Dorf in der Kabylei,

umgekommen ist: Erst dann kann man ihn neben den Seinen offiziell begraben.
Der Bruder des Toten ist sich klar über den tieferen Sinn dieses makabren Auftrags, und er versteht nur zu gut, daß die Überlebenden des Krieges der neuen Wirklichkeit zu entfliehen suchen und sich mit letzter Kraft an die untergehende alte Welt klammern; ein hoffnungsloses Unterfangen, weil die Tradition und ihre Normen nicht mehr respektiert werden: *»Jede Familie, jeder Mensch braucht seine Handvoll Knochen, um vor sich selbst und gegenüber den anderen die Arroganz und die Wichtigtuerei rechtfertigen zu können, die künftig das eigene Verhalten auf dem Dorfplatz kennzeichnet. Diese Knochen sind eine fast ironische Ankündigung der Flut an Ausweisen, Zeugnissen und Bescheinigungen, die wenig später hereinbricht und zum unüberwindbaren Gesetz aufsteigt. Wehe dem, der keine Knochen oder Ausweise den ungläubigen Augen seiner Zeitgenossen präsentieren kann! Gnade dem, der nicht mitbekommen hat, daß das gegebene Wort nichts mehr gilt und daß die Zeit der mündlichen Vereinbarung ein für allemal vorbei ist.«* In diesem Sinne fühlt sich der Held der Geschichte als jemand, der *»Knochen stiehlt«* bei seiner Suche *»nach den Knochen als Beweismittel«*; denn die Alten wollen unbedingt ihre Toten wiederfinden. Doch fragt sich, *»warum man unter allen Umständen jene glorreichen Toten umbetten will. Will man sich etwa vergewissern, daß sie wirklich tot sind?... oder will man sie einfach nur tiefer begraben als andere Tote?«* Was sind das doch für alte Leute, *»wild gewordene Kröten«, »Lumpen«, »Egoisten«, »unwürdige Väter«*, die alle in der Sonne sitzen wollen, anstatt sich den in ihren Augen unausstehlichen neuen Gewohnheiten anzupassen! Vielleicht erklärt sich so ihr Drang, die jungen, aber toten Helden wiederzufinden, die diese unbeweglich gewordene Welt haßten, die lieber in den Tod gegangen waren als in einer solchen Welt weiter leben zu müssen. – In Begleitung anderer *»Knochensammler«* verläßt der Held sein Dorf in den Bergen. In der Stadt leidet er unter der Gleichgültigkeit der nur noch als Masse empfundenen Menschen, entdeckt aber auch eine andere, ihm fremde, problemreiche Welt des Alltags. Da begegnen ihm z. B. *»die alten Schwiegermütter, die nun ohne Zähne und Appetit sind und es nicht ausstehen können, daß ihre Schwiegertöchter sich den Bauch vollschlagen. Selbst die ehrwürdigen Heiligen, mit ihrem klaren Blick für Strafe und gerechtes Maß wären machtlos angesichts der beleidigenden Fülle und dem Luxus der neuen Zeit.«*
In kraftvollen Worten beschreibt Djaout die Entdeckungen des jungen Romanhelden, der naiv und fasziniert zugleich *»mit Herz und Seele das schillernde Blau der Wirklichkeit aufnehmen will«*. Dabei verweist der Autor ironisch auf eine Anzahl bekannter Klischees: So ist z. B. die Sonne nicht nur herrliche Helle, sondern auch *»ein brennendes Auge«*, in dessen Hitze Menschen vergehen; die Beschreibung des Paradieses, des Schlaraffenlandes scheint *»für die erfunden worden zu sein, deren leerer Bauch sich ununterbrochen meldet«*. Die jungen, im Krieg gefallenen Helden werden *»zu Liedern auf den Lippen der Frauen und zu vielstimmigem Geschwätz in den Versammlungen der Männer«*. Schließlich haben in der neuen Gesellschaft *»die Menschen den Ehrenkodex und die Tradition der Vorfahren durch einen Kodex aus Papieren, Aktenauszügen, unterschiedlichen Bescheinigungen, verschiedenfarbigsten Ausweisen ersetzt«*. – Djaouts Roman erinnert an den (allerdings in einer anderen Zeit spielenden) Roman *Gjenerali i ushtriesë së vdekur*, 1963 *(Der General der toten Armee)* des albanischen Schriftstellers Ismaïl KADARÉ. Hier wie da suchen Familien nach den sterblichen Überresten im Krieg gefallener Soldaten, um den »Heldentod« der Angehörigen für eigene Zwecke auszunützen. L.H.G.

AUSGABE: Paris 1984.

## ASSIA DJEBAR

d.i. Fatima Zohra Imalayène

* 4.8.1936 Cherchell

LITERATUR ZUR AUTORIN:
J. Déjeux, *Littérature maghrébine de langue française*, Sherbrooke 1973, S. 247–274. – E. Accad, *Veil of Shame: The Role of Women in the Contemporary Fiction of North Africa and the Arab World*, Sherbrooke 1978. – J. Déjeux, *A. D., romancière algérienne, cinéaste arabe*, Sherbrooke 1984. – *Propos d'A. D. recueillis par S. Barrado-Smaoui* (in Jeune Afrique, 27. 7. 1984, Nr. 1225). – J. Ph. Monego, *Maghrebian Literature in French*, Boston 1984 (TWAS). – W. Bouzar, *Lectures maghrébines*, Algier 1984. – A.-M. Sardier-Gouttebroze, *La femme et son corps dans l'œuvre d'A. D.*, Diss. Paris 1985. – T. Ben Jelloun, *Entretien avec A. D.* (in Le Monde, 29. 5. 1987).

### L'AMOUR, LA FANTASIA

(frz.; *Liebe und Kampf*). Roman von Assia DJEBAR (Algerien), erschienen 1985. – Der sechste Roman der algerischen Erfolgsautorin ist zugleich eine in Bruchstücken erzählte Lebensgeschichte und ein historisierender Bericht über Begebenheiten aus der Zeit der französischen Kolonialherrschaft in Algerien, wobei die Autorin auf jede chronologische Ordnung verzichtet. Verschiedene Episoden berichten vom 1830 einsetzenden Kolonialkrieg, andere wieder handeln vom Unabhängigkeitskampf der Algerier, der 1962 schließlich zur nationalen Selbständigkeit führte. Das besondere Augenmerk der Autorin gilt dabei den militanten Frauengestalten, die sich gegen die französischen

Eindringlinge wehren. Ihre Hoffnungen auf eine Verbesserung ihrer Stellung als Frauen in einem freien Algerien werden jedoch bald wieder gedämpft, als der führende Widerstandskämpfer Khider einigen militanten Frauen im Gefängnis allen Ernstes erklärt: *»Nach der Befreiung werdet ihr wohl wieder zu eurem Kuskus zurückkehren müssen.«* Am Beginn des Romans *L'Amour, la fantasia* steht das Bild eines *»arabischen Mädchens, das eines Herbstmorgens zum ersten Mal an der Hand ihres Vaters in die Schule geht«*, eines Mädchens aus dem algerischen Süden. Damit entgeht sie dem traditionellen Schicksal der verschleierten, ans Haus gefesselten Frauen, deren Männer arabisch oder Berberdialekte sprechen, aber weder lesen noch schreiben können. Die französische Schulbildung bedeutet für das Mädchen *»Licht statt Schatten«*, Zugang zu einer europäisch geprägten moderneren Lebensform. Damit aber beginnen auch die Spannungen, die ihr gefühlvolles Verhältnis zur Muttersprache andeuten. Sie ist sich bewußt, in einem schönen und an Traditionen reichen Land zu leben, doch wirft das Schicksal ihrer moslemischen Altersgenossinnen einen Schatten auf das schöne Bild, *»als hätte die französische Sprache Augen, mit denen ich in die Freiheit habe sehen können, während die französische Sprache die nach Mädchen suchenden Männer meines Klans so blendete, daß ich frei herumlaufen, die Straßen durcheilen, mir die äußere Welt aneignen konnte, stellvertretend für meine ins Haus verbannten Gefährtinnen, für die Frauen meiner Vorfahren, die schon vor ihrem Ende gestorben waren«.*
In dem hier angedeuteten Sinne sieht Djebar ihre Freiheit eingebettet in die Erinnerung, möchte sie für all diejenigen sprechen, die sich nicht ausdrükken können. Aber das ihr zur Verfügung stehende sprachliche Medium ist selbst noch eine Erinnerung an die Fremdherrschaft, verweist sie selbst in einen *»revolutionären Raum«*, *»verstößt mich aus dem Alltag meiner Geburtsstadt und aus dem Schoße meiner Familie«*. Nebeneinander – oder besser gegeneinander? – stehen das Arabische als Sprache der Revolution und der Unabhängigkeit, abgekapselt vom Alltag, in dem sich die Bevölkerung in arabischen oder Berberdialekten ausdrückt, und das Französische, die andere Sprache, die Sprache des fremden Eindringlings. Haben nicht die Franzosen die klassische Koranschule, die traditionellen und religiösen Moralvorstellungen der Familie und Gesellschaft verworfen und zugleich eben damit Grundlagen für eine mögliche Befreiung größten Ausmaßes gelegt? Dieses Paradox führt immer wieder zu Skrupeln, inneren Konflikten, die im Roman in Gestalt der beiden Kriege wiederkehren, die Algerien und Frankreich gegeneinander geführt haben. Der Leser wird Zeuge der Einnahme Algiers, im Sommer 1830, durch die französische Militärmacht, der Unterwerfung eines ganzen Landes unter die Fremdherrschaft trotz eines heldenhaften, mit dem Mute der Verzweiflung geführten Widerstandes. Auch der Unabhängigkeitskrieg, über hundert Jahre später, ist begleitet von den Grausamkeiten militärischer Auseinandersetzungen, auch wenn man weiß, daß an ihrem Ende die Befreiung Algeriens stand. Der Reiz dieses Romans liegt in der kompositorischen Meisterschaft, in der existentielle Probleme des Bewußtseins und historische Ereignisse einer fernen und nahen Vergangenheit miteinander verwoben sind. Pathos und Realismus, Autobiographisches und Romanhandlung, Geschichte und Erzählung bilden ein Handlungsgeflecht, das in der Ich-Form (auch diese aufgelöst, da nicht immer die gleiche Person spricht) und in der dritten Person vorgetragen wird. Eine derartige Romantechnik erinnert an eine Partitur, in der auf verschiedenen Ebenen unterschiedliche Inhalte zusammenhängend vorgetragen werden, von denen sich Frauenstimmen abheben, *»erstickte, verschleierte, verschüttete Stimmen«*, wie Jean DÉJEUX sie umschrieben hat. Formal verwirklicht dieser Roman unter anderem modernste Erzählformen der französischen Literatur: Die vielstufigen Erzählebenen, die Verwendung unterschiedlicher Perspektiven in der gleichen Handlung, die Aufhebung der Einheit durch eine abgestufte Aufgliederung bewirken, so Jacques BERQUE, *»eine Art afrikanischer Latinität«*. L.H.G.

AUSGABE: Paris 1985.

LITERATUR: M. Bourbone, Rez. (in Jeune Afrique, April 1985, Nr. 15). – J. Berque, Rez. (in Nouvel Observateur, 30. 8. 1985). – D. Guéchi, Rez. (in Révolution africaine, 6. 9. 1985). – J. Déjeux, Rez. (in Hommes et migrations, 15. 9. 1985, Nr. 1084).

## OMBRE SULTANE

(frz.; *Die Sultanin und ihr Schatten*). Roman von Assia DJEBAR (Algerien), erschienen 1987. – Der siebte Roman Djebars führt den Leser in die verborgene Welt zweier Frauen, die mit einem ihre Existenz bestimmenden, aber nie näher bezeichneten Mann leben. Zwei sehr unterschiedliche Lebensweisen, Anschauungen werden kunstvoll, mosaikartig vorgestellt: Auf der einen Seite steht Isma, sanft, voller Sehnsüchte, sinnlich, wollüstig; ihr gegenüber, Hajila, aufbegehrend, zögernd, hager, schroff. Der Gegensatz zwischen Wolle und Seide, Leinen und Satin symbolisiert die unterschiedlichen Charaktere der beiden Hauptpersonen, der Sultanin und ihres Schattens, *»zweier Frauen, die keine Schwestern, nicht einmal Rivalinnen sind, auch wenn die eine mit ihrem Wissen, die andere, ohne es zu wissen, sich als die Frauen desselben Mannes begegnen... Isma, Hajila: Arabeske aus verschlungenen Namen. Welche von beiden Schattengestalten wird Sultanin, welche Sultanin der Morgenstunden löst sich auf, wird Schatten zur Mittagszeit?«* In diesem Roman geht es Djebar weniger darum, eine Geschichte zu erzählen, in der Intrigen und spannende Handlungsabläufe das Interesse des Lesers wecken. Vielmehr zeichnet sich vor dessen Augen allmählich das Bild dreier Charaktere ab:

Der erste ist der Mann, ohne Namen, ohne Umschreibung, nur Mann, Prototyp aller Männer, dem sich die Frau in der dritten Person nähert, mit einem majestätischen »Er«, wie einem Gott, oder auch mit der Anrede »Sie«, die man gegenüber einem Fremden benutzt. Diese Männer haben in den Ländern des Islam das große Los gezogen: *»Sie erheben sich zur Sonne! Jeden Morgen waschen Sie sich mit viel Wasser ..., nicht als Vorbereitung zum Gebet, nein, ... als Vorbereitung auf den Ausgang. Ausgehen! ... Sie überschreiten die Türschwelle, alle Schwellen. Die Straße erwartet Sie .... Sie stellen sich der Welt vor, Sie Glücklicher! Jeden Morgen jeden Tages führen Sie Ihren Körper dem Glanz des Lichts zu, an jedem Tag, den Allah geschaffen hat!«* Der Mann ist der Herr und Gebieter, er ruft, damit man ihn bediene, ihm das Essen, den Kaffee, den Aschenbecher reiche; er geht, ohne zu danken, er verlangt abends die Frau an seiner Seite, um seine sexuelle Lust zu stillen.

Die Frauen, *»die nachts verliebt sein sollen und die zu Sklavinnen werden, sobald die Sonne aufgeht«*, sind Dienerinnen des Mannes. Isma ist jung, zwar vor der Tradition geschützt, so scheint es, weil sie die französische Schule besucht hat. Doch sie ist die sinnliche Frau, die fortwährend verliebt im Banne der Liebe lebt und ihr Glück in der Umarmung der Körper findet; die Müdigkeit beim Erwachen ist für sie Erinnerung an leidenschaftliche Liebesspiele, die ihre Wollust nur noch verstärkt und sie den ganzen Tag in Erwartung der nächsten Nacht verbringen läßt. Doch auf einmal verläßt sie den Mann, den sie zu lieben glaubte . – Hajila ist die zweite Frau, die Isma selbst für ihren Mann und als »Mutter« für ihre Tochter auserwählt hat. Für Touma, die Mutter Hajilas, ist es ein Glücksfall, denn als Witwe mit drei Kindern, ohne den Schutz ihres Vaters, muß sie gegen bittere Armut ankämpfen; dank dieser Heirat wird eine bessere Zukunft denkbar, kann die Familie die Wohnung im Elendsviertel verlassen. Doch Hajila ist wiederspenstig. Wider Erwarten will sie sich nicht fügen, nicht den Frauen gleichen, die wie weiße Gespenster in den Straßen herumlaufen, mit einem Schleier wie einem Leichentuch vor dem Gesicht. Sie verwirft die traditionelle Verbannung der Frau ins Haus und beschließt, in die Lebenswelt des Mannes vorzudringen, wenn *»sie das Haus verläßt, Besitz vom inneren Raum ergreift: kaum ist der Mann weg, füllen sich die Zimmer: durchsichtige Luftschleier«.* Ihr reicht das nicht mehr, sie will die Grenzen ihres zugewiesenen Raumes übertreten, will hinaus. Es ist faszinierend, wie Djebar diese heimlichen Ausgänge Hajilas, ihre »Ausbrüche«, die Angst, die sie dabei erfaßt, gestaltet, wenn sie voller Staunen, wie ein Wunder, das Meer, das Licht, die Leute und die Dinge um sich herum entdeckt. Sie nimmt ihren Gesichtsschleier ab, fühlt sich benommen, zittert vor Erregung; denn nun ist sie dem Blick der anderen zugängig, »nackt«. Aber noch viel größer ist ihre Freude, Gerüche, Geräusche, Farben der Außenwelt in sich aufnehmen zu können. Ein Gefühl der Freiheit erfüllt sie wie eine Betrunkene, verunsichert sie einen Augenblick, gibt ihr dann die Kraft, dem Verlangen des Mannes in der Nacht zu widerstehen, der nicht auch ihren Durst nach Zärtlichkeit stillt, sondern sie beschmutzt.

Als Hajila schwanger wird, beginnt ihr Mann zu trinken. Eines Abends sieht er, daß sie in seiner Abwesenheit das Haus verlassen hat: Sie hat ihn »verraten«. Er schlägt sie, verletzt sie mit einer Scherbe, will sie wieder zu seiner Sklavin machen. Aber sie fühlt sich schon frei genug, leistet Widerstand, aber nicht mit Schreien, wie es die in der Ehe unterdrückten Frauen tun, wenn sie sich fragen: *»Bis wann soll dieses verfluchte arbeitsreiche Leben dauern? Jeden Tag, morgens, mittags, abends arbeiten meine Hände über dem Kuskustopf! Nachts finden wir Unglücklichen keine Ruhe! Sie, unsere Herren, müssen wir noch ertragen, ... die Beine entblößt im Angesicht der Sonne!«* Nein! Hajila stürzt sich die Treppe hinab, um so ihr Kind zu verlieren. Sie selbst überlebt und läßt die Spuren einer skandalösen Freiheit hinter sich.

Djebars Roman entwirft nicht nur ein eindrucksvolles Bild der algerischen Frau, sondern besticht auch durch seinen kunstvollen Aufbau, der an die Technik des *»Nouveau Roman«* erinnert. Das Äußere der Handlung ist immer wieder Hinweis auf die inneren Erkenntnisse der Menschen (und damit auch des Lesers), die in ihrem Suchen und Zögern Teile einer abgründigen Wahrheit entdecken.

L.H.G.

AUSGABE: Paris 1987.

LITERATUR: A. Ben Alem, Rez. (in Algérie Actualité, 26. 3. 1987, Nr. 1119). – Rez. (in Jeune Afrique, 9. 9. 1987, Nr. 1392). – M. Berrah, Rez. (in Révolution africaine, 6. 3. 1987). – Ph. Gardenal, Rez. (in Libération, 6. 5. 1987).

## MILOVAN DJILAS

* 12.6.1911 Podbišće / Kolašin

LITERATUR ZUM AUTOR:

*Bibliographie:*

*M. D.: An Annotated Bibliography 1928–1975*, Hg. M. M. Milenkovitch, Ann Arbor 1976.

*Gesamtdarstellungen und Studien:*

T. T. Hammond, *The D. Affair and Yugoslav Communism* (in Foreign Affairs, 33, 1955, 2). – E. Halperin, *M. D.* (in Der Monat, 10, 1957, S. 9–13). – R. Löwenthal, *Führt Titos Weg zurück? D. und das jugoslawische Dilemma* (ebd., S. 31–37). – N. R. Pribić, *M. D. and the Continuation of the Heroic Genre in Modern Yugoslav Literature* (in Canadian Slavonic Papers, 20, 1978, 3, S. 385–397). – Ders., *M. D.: Unsong Bard of Montenegro* (in Südost-Forschungen, 38, 1979,

S. 152–162). – A. Hetzer, *Spontaneität und Gewalt. M. D.' historische Prosa 1930–1970*, Bremen 1980. – P. Boris, *D. M. Politiker und Schriftsteller* (in P. B., *Die sich lossagten*, Köln 1983, S. 69–70). – D. Marković u. S. Kržavac, *Zašto su smenjivani*, Belgrad 1985. – *»In der Geschichte zählt nur das, was geschieht«* (Gespräch m. M. D.; in Börsenblatt, 18. 9. 1987). – V. Kalezić, *M. D. – miljenik i otpadnik komuniszma*, Belgrad 1988.

## THE NEW CLASS. An Analysis of the Communist System

(amer.; *Ü: Die neue Klasse. Eine Analyse des kommunistischen Systems*). Politische Schrift von Milovan DJILAS (Montenegro/Jugoslavien), erschienen 1957. – Als einer der hervorragenden Führer des jugoslavischen antifaschistischen Widerstands war Djilas jahrelang mit hohen Funktionen innerhalb des Bundes der Kommunisten Jugoslaviens, u. a. auch mit der Stellvertretung seines persönlichen Freundes Josip Broz Tito betraut. 1954 verlor er wegen tiefgreifender Differenzen mit der Partei seine Ämter und wurde kurz darauf gefangengesetzt. Wegen der Veröffentlichung der *Neuen Klasse* – Freunde hatten sein Manuskript *Nova klasa. Kritika savremenog komunizma (Die neue Klasse. Eine Kritik des zeitgenössischen Kommunismus)* in die USA gebracht – wurde Djilas erneut verurteilt. Die scharfe Kritik am Kommunismus machte seine Schrift im Westen zum Bestseller.

Die Grundthese des Autors ist, daß der europäische Kommunismus, weit entfernt, die klassenlose Gesellschaft der marxistischen Theorie zu verwirklichen, eine neue auf Herrschaft und Unterdrückung gegründete Ordnung geschaffen hat. Ihre Träger beschreibt Djilas als »neue Klasse«, deren ökonomische Grundlage er in ihrer Verfügungsgewalt über die Produktionsmittel erblickt. Diese bürokratische Schicht – nicht zu verwechseln mit der in jeder modernen Gesellschaft unabdingbaren Verwaltungsbürokratie – administriert und kontrolliert die Nutzung der Produktionsmittel und damit das gesamte Leben und Denken im Staat. Die »neue Klasse« der kommunistischen Staaten ist die Parteibürokratie, die ihren Ursprung in der Gruppe von Berufsrevolutionären hat, welche den Führungskern der Bewegung vor der Revolution bildete. Sie nehmen eine privilegierte Stellung ein und verwalten die Spitzenpositionen in Partei und Staat. Anstatt sich auf die notwendige Organisation des ökonomischen Lebens zu beschränken, wird der Staat in den Händen der Partei erneut zum Machtmittel der Sicherung bestehender Verhältnisse. Ihrer Herkunft nach sind die Vertreter der »neuen Klasse« Proletarier. Sie bleiben um den intensiven Kontakt mit dem Proletariat bemüht, weil sie in ihm Stütze und Legitimation ihrer Herrschaft finden. Die Ideologie des *»Kollektiveigentums«* benutzen sie zur Verschleierung der gesellschaftsfeindlichen Auswirkungen ihres *»administrativen Monopols«*. Auf dem Boden der Parteibürokratie entsteht der *»Parteistaat«*, in dem die Partei die Verhaltensnormen der Bürger sanktioniert. An die Stelle formeller Gesetze, die ohne Belang bleiben, treten ungeschriebene Verhaltensvorschriften, deren Einhaltung die Partei polizeilich überwacht. Die »neue Klasse« hält alle Fäden fest in der Hand, um Abweichungen von der festgelegten Linie auszuschließen.

Während die im Jahre 1953 in der ›Borba‹ (dem Zentralorgan der jugoslavischen Kommunisten) veröffentlichten Artikel von Djilas – im Westen unter dem Titel *Anatomy of a Moral*, 1959 *(Anatomie einer Moral)*, erschienen – noch im Rahmen einer immanenten Kritik blieben, markiert die *Neue Klasse* den Bruch des Autors mit dem Kommunismus. Dementsprechend charakterisierte Tito Djilas mit den schonungslos-freundschaftlichen Worten: *»Der Mann hat große Verdienste um unser Land. Wir haben lange zusammen gekämpft. Aber er hat sich in wirklichkeitsferne Phantasien verstiegen. Er glaubt, der Sozialismus sei bei uns bereits verwirklicht und so könne Lenins Prophezeiung vom Absterben des Staates bei uns akut werden. Die Vorschläge Djilas sind völlig verfrüht. Sie stellen einen Rückfall in die Ideen der Anarchisten dar, die den Sozialismus ohne Staat und Partei durchführen zu können meinten. Schade um den Mann.«*

Bei der Einschätzung von Djilas' Ansichten darf man nicht aus dem Auge verlieren, daß er in erster Linie die stalinistischen Deformationen des Sozialismus angreift: exzessive, unkontrollierte Machtausübung durch eine privilegierte, von den Massen isolierte Bürokratie, Dogmatismus im Wirtschafts- und Kulturleben, Rechtsunsicherheit usw. Inzwischen sind – gerade in Jugoslavien – einige wesentliche Fehler korrigiert worden. Die wissenschaftliche Auseinandersetzung mit dem Stalinismus (L. KOŁAKOWSKI, H. MARCUSE, I. DEUTSCHER, W. HOFMANN) ist in vielem über die oft unbedenklich simplifizierenden, apodiktisch-pauschalen Urteile von Djilas, insbesondere über seinen zweifelhaften Begriff der »neuen Klasse«, hinweggegangen. Djilas' Buch ist also eher ein Zeitdokument der Epoche der einsetzenden Entstalinisierung als eine wirkliche *»Analyse des kommunistischen Systems«*. KLL

AUSGABE: NY 1957; [7]1957.

ÜBERSETZUNG: *Die neue Klasse. Eine Analyse des kommunistischen Systems*, R. Federmann, Mchn. 1957; ern. Mchn. 1963.

LITERATUR: S. Jovanovič, *O D. knjizi (»Nova klasa«)* (in Pomka, 46, 1957, S. 13 f.). – E. J. Salter, *Der Fall D. zum Buch: »Die neue Klasse«* (in Die politische Meinung, 2, 1957, S. 84–87). – J. Meynaud, *Sur une interprétation du communisme* (in Revue Française de Science Politique, 8, 1958, S. 412–422). – C. A. Zebot, *Lumières sur le communisme: D.* (in Études. Revue Chatholique d'Intérêt Général, 296, 1958, S. 69–78).

## WELTEN UND BRÜCKEN

Dreiteiliger Roman von Milovan DJILAS (Montenegro/Jugoslavien), erschienen in deutscher Sprache 1987; der Titel des 1964/65 entstandenen und nur in Manuskriptform existierenden Originals lautet *Svetovi i mostovi*. – Der auf authentischen Ereignissen basierende Roman spielt in Montenegro im Frühherbst des Jahres 1924. Der montenegrinische Regionalheld Bulat Bulatović wird ermordet. Die allgemeine Stimmung, die sich gegen die Moslems bzw. »Neutürken« (zum Islam übergetretene Montenegriner) richtet, läßt keinen Zweifel daran, daß diese für die Ermordung des auch unter den Christen nicht unumstrittenen Stammeshäuptlings verantwortlich sind. In dem Provinzstädtchen Dabar beginnt es zu gären. Es werden Stimmen laut, die die Moslems des Meuchelmordes bezichtigen. Der Großteil der christlichen Bevölkerung schließt sich dieser Haltung an, andere sehen die Verurteilung der Moslems als unbillig an, wagen jedoch nicht, etwas zu unternehmen. Die Moslems verbarrikadieren sich in ihren Häusern. Nur wenige angesehene Persönlichkeiten, darunter der Gerichtspräsident Ugrinov, versuchen ernsthaft, sich für die Moslems einzusetzen. Bei den Begräbnisfeierlichkeiten für Bulat in dessen Heimatdorf wird die Stimmung durch Klagegesänge und Hetzreden weiter angeheizt und ein großer Teil der Trauergemeinde bricht, teils in generalstabsmäßig organisierter Form, teils in stillschweigender Übereinstimmung zu einem Pogrom gegen die Moslems auf. In der Folge werden Dörfer niedergebrannt und geplündert, Frauen vergewaltigt und alle männlichen Moslems zwischen 15 und 60 Jahren, derer man habhaft wird, getötet. Eine mehr als 50köpfige Gruppe prominenter Moslems, die in dem Dorf Šabovići angeblich in Schutzhaft genommen wurde, wird dem Mob ausgeliefert und ebenfalls massakriert. Die Neutürken in Dabar selbst, besonders aber eine dort in Schutzhaft genommene Gruppe, werden durch das eher zufällige Eingreifen der serbischen Armee gerettet. Zum Schluß sind mehr als 300 Tote zu beklagen.

*Welten und Brücken* ist nach dem *Gorski vijenac* von Petar II. Petrović NJEGOŠ das zweite große montenegrinische Nationalepos. Auch im *Gorski vijenac* geht es um ein Pogrom an zum Islam übergetretenen Montenegrinern (Ende des 17. bzw. Anfang des 18. Jh.s). Während Njegoš die montenegrinische Bartholomäusnacht zwar nicht rechtfertigt, sie aber im Rahmen seiner geschichtsmetaphysischen Auffassung und als Verkünder des nationalen Prinzips als unumgänglich darstellt, versucht Djilas, der eher als Verkünder des Endes des nationalen Prinzips gelten kann, Brücken zu schlagen zwischen Nationen und Fronten. Er kann eine mystische Gesetzmäßigkeit der Geschichte, die die Ausrottung einer Volksgruppe fordert, nicht akzeptieren. – Die Dimensionen faschistoider Handlungsweise und Denkensart beleuchtet Djilas von vielen Seiten. Den Schulinspektor Cukić läßt er beispielsweise sagen: *»Die wahren Schuldigen sind nicht diejenigen, die eine Idee irregemacht hat, sondern jene, die das Unheil kennen und sich in ihren Löchern verkriechen, bis es sich ausgetobt hat.«* Der Rektor Bojović, der zwar gegen ein Pogrom ist, dem es aber an Entschlossenheit mangelt, hat seine eigene Interpretation des Moslemhasses: *»... – irgendein wahnwitziges Verlangen nach Gewaltanwendung, nach Bösem, nach der Zerstörung der eigenen moralischen, menschlichen Grundlagen ...«*; d. h., der Haß ist im Innersten vorhanden, bei geeigneter Gelegenheit wird er auf eine passende Gruppe projiziert. – Djilas hält sich bei der Schilderung physischer Grausamkeiten weitgehend zurück, er operiert vielmehr mit der Offenlegung der Geisteshaltung der Gewalttäter und Unterdrücker. Die Situation beim Pogrom stellt sich um so tragischer dar, als sich die Moslems fatalistisch ihrem Los ergeben und sich kaum wehren: *»Sie wehren sich nicht, weil sie ohne Schuld angegriffen werden. Sobald der Mensch schuldlos ist, erwartet er keinen Angriff; dem Gerechten genügt es, daß er gerecht ist ...«*

Milovan Djilas ist nicht der wortgewaltige Erzähler wie etwa Ivo ANDRIĆ mit seinem überreichen, stark nuancierten Wortschatz. Djilas ist ein moderner Erzähler, der in einer knappen, flüssigen Sprache schreibt, wobei er aber keineswegs auf spezifische Termini, Lokalkolorit erzeugende Regionalausdrücke – vor allem in den Dialogen – verzichtet. Eine besondere Leistung ist der Aufbau einer doppelten Spannung. Geschickt benutzt Djilas Szenen- und Themenwechsel; durch entsprechende Anordnung von Augenzeugenberichten sowie verschiedenen von der zentralen Handlung abschweifenden Episoden erzeugt er eine Spannung der Handlung, die zum Ende hin wieder abgebaut wird. Darüber hinaus aber entsteht eine durch die sich in der Geschichte der Menschheit ständig wiederholende Tragik der Unfähigkeit zum Zusammenleben zwischen verschiedenen Nationen und Gruppen implizierte Spannung, die über das Ende des Romans hinaus bestehen bleibt. In vielen einzelnen Episoden, die z. T. auch als selbständige literarische Werke bestehen könnten, zeichnet Djilas ein Bild des Montenegro der zwanziger Jahre, gleichzeitig aber auch ein Bild der jugoslavischen Verhältnisse vom Beginn der Befreiung von der Türkenherrschaft bis heute, ja gar ein Bild der Menschheit und der immer wieder zwischen verschiedenen »Welten« ausbrechenden Konflikte. Wie es Djilas in seinem Werk belegt, gibt es durchaus »Brücken«, die diese »Welten« verbinden könnten, doch fehlt ihnen bisher das rechte Fundament. W.Kü.

ÜBERSETZUNG: *Welten und Brücken*, B. Pejakovic, Mchn. 1987.

LITERATUR: A. Surminski, Rez. (in Welt am Sonntag, 4. 10. 1987). – M. Beham, Rez. (in SZ, 7. 10. 1987). – G. Bartsch, Rez. (in Kontinent, 1988, 3, S. 102–103). – K.-M. Gauß, Rez. (in Die Zeit, 1. 4. 1988). – V. Ulrich, Rez. (in Mittelbayerische Zeitung, 4. 5. 1988). – M. Bethke, Rez. (in Wetzlarer Neue Zeitung, 24. 5. 1988).

## jens christian Djurhuus

genannt Sjóvarbóndin
* 21.8.1773 Næs / Austurey
† 29.11.1856 Sjóvgaard

Literatur zum Autor:
C. Matras, *Føroysk bókmentasøga*, Kopenhagen 1935, S. 39/40. – Á. Dahl, *Bókmentasøga I*, Tórshavn 1981, S. 56–59.

### ORMURIN LANGI

(fär.; *Die lange Schlange*). Tanzballade von Jens Christian Djurhuus, entstanden vor 1819, wahrscheinlich um 1810. – Das 85 Strophen umfassende Lied, das zu den populärsten färöischen Langballaden gehört und heute noch sehr häufig zum Rundtanz gesungen wird, wurde zunächst nur mündlich weiterverbreitet und erschien erstmals 1884 in der färöischen Amtszeitung ›Dimmalætting‹ im Druck. Die stoffliche Grundlage bilden einige Abschnitte (vor allem Kap. 88 und 101–111) der *Óláfs saga Tryggvasonar* aus der *Heimskringla* von Snorri Sturluson, die den Bau des bei den Zeitgenossen und noch Jahrhunderte später berühmten Schiffs Ormr inn langi (anord.; fär.: Ormurin langi) sowie die Seeschlacht von Svold im Jahr 1000 zum Inhalt haben. In Snorris historischem Werk spielen naturgemäß die politischen Hintergründe eine bedeutende Rolle, die zu der für die künftige Geschichte der skandinavischen Länder wichtigen Schlacht führten, in der der Norwegerkönig Óláfr (Olaf) Tryggvason gegen den Dänenkönig Sveinn Tjúguskegg (Sven Gabelbart), den Schwedenkönig Óláfr Eiriksson und den norwegischen Jarl Eiríkr (Erich) von Hlaðir (Lade) Sieg und Leben verlor.
In Djurhuus' Umdichtung werden in gattungstypischer Verkürzung unter reicher Verwendung direkter Rede nur Einzelszenen herausgegriffen, und die objektiven Schilderungen von Geschehnissen in der Saga werden in der Ballade auf den Kampf einzelner Personen verdichtet. Allerdings bietet gerade dieser Teil der Saga bereits vorzügliche Ansatzpunkte für eine solche Darstellungsart: Während des Kampfes bringt z. B. einer der Gefolgsleute Olafs, Einarr Pambarskelfir (Einar Bogenschüttler), den gefährlichsten der Gegner, den Lade-Jarl Erich, in arge Bedrängnis, doch wird sein gespannter Bogen selbst von einem Pfeil getroffen und birst mit lautem Krach. Auf des Königs Frage, was hier mit solchem Lärm zerbrochen sei, antwortet Einar: *»Norwegen aus deinen Händen, König!«* Solche Szenen hat Djurhuus fast unverändert übernommen, andere Abschnitte der Prosa in ähnlich lebendiger Weise umgearbeitet, und so wurde dieses Lied aufgrund der geschickten Anordnung der einzelnen Episoden, der Hinzufügung anschaulicher Einzelheiten sowie einer knappen, sehr lebendigen und spannungsvollen Darstellung zu einer der besten skandinavischen Balladen aus neuerer Zeit.
Die auf den Färöern zum Rundtanz gesungene Langballade, die vor allem Stoffe aus der Helden- und Rittersage sowie der Geschichte zum Inhalt hatte, war zwar seit dem Mittelalter kontinuierlich gepflegt worden, hatte sich aber nach allem, was bekannt ist, im 18. Jh. nicht mehr lebendig weiterentwickelt; in dieser Zeit wurden allerdings anekdotenhafte Stoffe der eigenen Umwelt in Liedform behandelt. Mit den Liedern von Djurhuus setzte indes eine erneute und betonte Zuwendung zu den alten Stoffen ein; neben *Ormurin langi* ist vor allem noch das (jüngere) *Sigmundarkvædi* zu nennen. – Es ist erwogen worden, ob der Neubeginn der Langballadendichtung auf den Färöern nicht durch die dänische Romantik beeinflußt worden sein könnte, die wenige Jahre zuvor mit Oehlenschlägers *Digte*, insbesondere mit dem berühmtesten Gedicht der Sammlung, *Guldhornene*, gleichsam schlagartig begonnen hatte. Aber die Unterschiede sind deutlich erkennbar: Im Gegensatz zu den Romantikern des Kontinents bedeutet für Djurhuus die Verwendung von Stoffen aus der skandinavischen Geschichte nicht eine reflektierende Rückwendung zur eigenen Vergangenheit – gelegentlich sogar unter programmatischen Aspekten –, sondern die Fortführung einer seit dem Mittelalter niemals unterbrochenen literarischen Tradition. Die romantische Resignation Oehlenschlägers, den unmittelbaren Kontakt mit der Welt der Götter verloren zu haben, liegt Djurhuus völlig fern; seine in diesem Sinn naiven Dichtungen sind deshalb weit eher der Volksballade als der romantischen Kunstballade zuzurechnen. – Es ist kein Zufall, daß über das Leben des Autors nur sehr wenig bekannt ist, und man kann vermuten, daß seine Balladen anonym geblieben oder wie die anderen färöischen Tanzballaden auch bald in der Anonymität versunken wären, hätte nicht gerade zu dieser Zeit das wissenschaftliche Interesse an diesen Überlieferungen eingesetzt. K.S.

Ausgaben: Tórshavn 1884 (in Dimmalætting). – Kopenhagen 1891 (in V. U. Hammershaimb, *Færøsk anthologi*, Bd. 1).

### PÁLL Í LORVÍK

auch *Lorvíks Páll* (fär.; *Paul von Lorvík*, auch: *Lorvíks Paul*). Tanzballade von Jens Christian Djurhuus, verfaßt in den ersten Jahrzehnten des 19. Jh.s, erschienen 1934. – Djurhuus gilt als der Erneuerer der färingischen Tanzballadendichtung aus dem Mittelalter (vgl. *Ormurin langi*), hat aber auch einige *tættir* verfaßt; sein bedeutendster, noch heute sehr beliebter *táttur* ist dieses 64 Strophen umfassende Lied. – Neben die färingischen Tanzballaden mit mittelalterlichen, zum großen Teil historischen Stoffen *(kvæði)* waren seit dem 18. Jh. kürzere Lieder über aktuelle Stoffe getreten, die anfangs vor allem in scherzhafter Weise Ereignisse aus dem Alltagsleben der Färinger zum Inhalt hatten, eine Art gesungener und getanzter Schwänke (wie etwa *Ánaniasar táttur* und *Brókar táttur*). Die *Táttur*-Dichtung seit dem frühen 19. Jh. trägt dagegen stärker satirische Merkmale und richtet sich gegen aktuelle Mißstände, dumme Fremdtümelei (vgl. *Jakup á Møn*) und die Unterdrückung durch die dänische Verwaltung (*vgl. Fuglakvæði*). Dabei ist es ein probates Mittel, geradezu lächerlich banale Ereignisse zu schildern und zuweilen breit auszumalen, um damit die Enge und Armseligkeit der Verhältnisse auf den Färöern zu Beginn des 19. Jh.s drastisch sichtbar zu machen. Da sich die besten dieser Lieder – so vor allem auch *Páll í Lorvík* – durch mündliche Tradierung rasch im ganzen Land verbreiteten und überall getanzt und gesungen wurden, gewannen diese Satiren noch an Aggressivität. Auch der Inhalt von *Páll í Lorvík* ist in diesem Sinne überaus trivial und aggressiv zugleich.

Das Lied berichtet von den Widerwärtigkeiten, die einem Knecht namens Páll aus dem kleinen Ort Lorvík auf seiner Fahrt nach der Hauptstadt Tórshavn widerfuhren. Ausführlich werden Aussehen und Kleidung des groben, ungeschlachten Kerls beschrieben, und man erfährt bis in die Einzelheiten, wo Páll auf seiner (nicht einmal zwei Tage währenden) Reise einkehrte und was er jedesmal zu essen erhielt. In Tórshavn will er einige Einkäufe erledigen; zu dieser Zeit (und noch bis 1856) war der Handel auf den Färöern Monopol der dänischen Krone. Die Färinger mußten ihre Erzeugnisse (in erster Linie Wollwaren) bei der Monopolverwaltung abliefern und erhielten dafür eine Gutschrift, gegen die sie bei einem der offiziellen Handelsgeschäfte Waren einkaufen konnten. Häufig herrschten hierbei jedoch Mißstände, da nötige Waren nicht vorhanden, andere von außerordentlich schlechter Qualität, ja verdorben waren und zu grotesk hohen Preisen verkauft wurden. Dies eben wird nun in drastischer Weise in *Páll í Lorvík* geschildert: Páll liefert zwar seine gestrickten Strümpfe beim Handelsverwalter ab, es gelingt ihm aber nicht, das zu erhalten, was er braucht, und statt Lebensmittel findet man zuletzt auf dem Boden einer Tonne nur noch ein paar mit Mäusedreck vermischte Krümel. – Diese Szene bildet zwar das zentrale Stück des Liedes, das Unheil, das Páll widerfährt, ist damit aber noch nicht zu Ende. Er kommt zu einem Bauern namens Ellindur in dem Nachbarort Velbastaður, wird wohl aufgenommen und bewirtet und verdingt sich dort. Später jedoch kommt es zu einer Rauferei, in deren Verlauf Páll seinen Brotherrn so unglücklich niederwirft, daß dieser stirbt.

Der Kern dieses Liedes ist wohl eine ältere Geschichte, und ein paar Ungereimtheiten – vor allem der etwas abrupte Schluß – sind sicher darauf zurückzuführen. Aber der äußere Handlungsablauf ist schon in den Hintergrund gerückt, denn jetzt geht es in erster Linie um den Angriff auf das dänische Handelsmonopol, und Djurhuus nimmt mit diesem Lied an den vielfachen Bestrebungen zu Beginn des 19. Jh.s teil, auf den Färöern freiere Lebensbedingungen zu schaffen. Dichtungen wie *Páll í Lorvík* und NOLSØES *Fuglakvæði* bildeten durch ihre große Popularität ein nicht zu unterschätzendes Stimulans für die färingische Bevölkerung in ihrem Kampf um wirtschaftliche (und später politische) Selbständigkeit. K.S.

AUSGABE: Tórshavn 1934 (in Táttabók. I, Hg. J. Patursson).

## JAN DŁUGOSZ

* 1415 Brzeźnica bei Radomsko
† 19.5.1480 Krakau

LITERATUR ZUM AUTOR:
M. Bobrzynsky, S. Smolka, *J. D., jego życie i stanowisko w piśmiennictwie*, Krakau 1893. – J. Krzyżanowski, *Historia literatury polskiej*, Warschau 1953, S. 24–26. – *Vita Joannis Dlugosch Senioris canonici Cracoviensis*, Hg. M. Brożek, Warschau 1961. – J. Dąbrowski, *Dawne dziejopisarstwo polskie*, Breslau 1964. – D. Turkowska, *Études sur la langue et sur le style de Jean Długosz*, Breslau 1973. – K. Pieradzka, *Związki D. z. Krakowem*, Krakau 1975. – J. Mitkowski, *J. D.*, Warschau 1976. – *Dlugossiana. Studia historyczne w pięćsetlecie śmierci J. D.*, Hg. S. Gawęda, Krakau 1980. – U. Borkowska, *Treści ideowe w dziełach J. D.: Kościół i świat poza kościołem*, Lublin 1983. – *J. D.: w 500 rocznicę śmierci; materiały z sesji (Sandomierz 24./25. maja 1980 r.)*, Olsztyn 1983. – W. Szelińska, *J. D. Storico e primo geografo polacco*, Breslau u. a. 1984.

### ANNALES SEU CRONICE INCLYTI REGNI POLONIAE

(nlat.; *Annalen oder Chroniken des berühmten Königreichs Polen*). Auch unter dem Titel *Historia Polonica* bekanntes Geschichtswerk in zwölf Büchern des Krakauer Domherrn Jan DŁUGOSZ, von den ältesten Zeiten bis zum Todesjahr des Verfassers reichend. Seine systematische Arbeit an dem Werk läßt sich seit 1455 nachweisen. – Die *Annales* sind das einzige Dokument europäischer Geschichtsschreibung aus dem 15. Jh. Sie gelten als eine typische Arbeit aus der Übergangsepoche vom Mittelalter zur Neuzeit, der in der historiographischen Literatur nichts Vergleichbares gegenübersteht. *»Dieses stattliche Werk, auf (wie in jenen Zeiten üblich) sehr kritisch erforschtes Quellenmaterial gestützt, war der erste und für ganze Jahrhunderte einzige Versuch eines wissenschaftlichen Konspekts der Geschichte des polnischen Mittelalters – und darauf beruht eigentlich seine ausnehmende Bedeutung in der*

*Geschichte der wissenschaftlichen Kultur in Polen«* (Krzyżanowski).
Die Chronik wird heute als Denkmal des geistlichen Humanismus betrachtet. Diesem Aspekt entsprechen auch ihr Inhalt und ihr Geist. Sie vereinigt geographisches Wissen, historische, legendäre und erdichtete Nachrichten aus den verschiedensten Quellen, politische Exkurse, Literarisches, Wappenkunde und Adelsgeschichte, Gesellschaftsschilderungen und Darstellungen der Lebensgewohnheiten aller Stände zu einem höchst eigenartigen Bild. Auch die vielschichtige Persönlichkeit des Autors entspricht dieser Charakteristik seines Werks. Obwohl Długosz als Geistlicher den Ideen des Humanismus ziemlich distanziert gegenüberstand, hatte er sich doch dessen Arbeitsmethoden und Ausdrucksformen angeeignet. So betrieb er für die *Annales* umfangreiche Quellenstudien in Polen und im Ausland, begnügte sich auch nicht mit der chronologischen Aneinanderreihung historischer Tatsachen, sondern strebte eine ganzheitliche Schau der einzelnen Epochen sowie deren kritische Würdigung an. Wahrhaft kritischer Objektivität aber stand die Überzeugung des katholischen Geistlichen entgegen, daß Gott allein die Geschichte lenke und der Kirche die Herrschaft über den Staat gebühre. Typisch für diese Haltung sind die Ausfälle des Verfassers gegen das Hussitentum. Długosz, der jahrelang in den Diensten des Krakauer Bischofs Zbigniew Oleśnicki stand und in dessen Auftrag die Chronik schrieb, vertrat pflichtschuldig auch dessen ungarophile Politik. Als national denkender Pole wollte er die Taten der Väter als Vorbild für die Söhne (seine Leser aus dem Ritterstande) hinstellen und übersah dabei alle Schwächen der führenden Schichten. In erster Linie war er aber der geborene Erzähler. Diesem Talent verdanken die *Annales* ihre ausgezeichnete stilistische Form. Ein Musterbeispiel für seinen kunstvollen Stil ist die Schilderung der Schlacht bei Grunwald-Tannenberg (1410) mit dem Sieg der polnischen Heere über den Deutschen Ritterorden (Buch XI). Gleichzeitig geriet aber dieses Talent in unlösbare Konflikte mit der erforderlichen Nüchternheit des Historikers. Die Ergebnisse der Quellenforschung erscheinen bei Długosz in sehr subjektiver Darstellung; wo für die ältesten und älteren Zeiten die Quellen fehlten, ergänzte er die Lücken mit poetischen Erfindungen. Auf diese Weise hat er sein literarisches Vorbild LIVIUS noch übertroffen.
Aus allem ergibt sich, daß die *Annales* ein mit größter Vorsicht zu verwendendes Geschichtswerk sind. Dies gilt vor allem für die ersten zehn Bücher. Erst das 15. Jh. (Buch XI und XII), das Długosz aus eigener Anschauung kannte, erfährt eine wirklichkeitsgetreuere Darstellung. Dieser letzte Teil hat den gleichen Umfang wie alle zehn vorangehenden Bücher zusammengenommen. Da alle polnischen Historiker bis zu Beginn des 19. Jh.s sich auf Długosz stützten, entstand durch die *Annales* mancherlei Schaden. Heute haben sie nur noch Materialwert, wenn auch einzelne Textpartien dank ihres lebendigen Stils noch die Lektüre lohnen. J.H.

AUSGABEN: Dobromil 1614, Hg. F. Herburt. – Lpzg. 1711/12, Hg. H. v. Huyssen. – Krakau 1873–1878 (in *Opera omnia*, Hg. A. Przezdziecki, Bd. 10–14). – Krakau 1878–1887 (in *Opera omnia*, Hg. A. Przezdziecki, Bd. 2–14). – Warschau 1964–1978, Hg. J. Dąbrowski u. a.

ÜBERSETZUNG: *Roczniki, czyli Kroniki sławnego Królestwa Polskiego. Ks. 1–10*, 6 Bde., Warschau 1961–1981.

LITERATUR: A. Potthast, *Bibliotheca historica medii aevi*, Bln. [2]1896, Bd. 1, S. 380–382 [m. Bibliogr.]. – *Bitwa Grunwaldzka (z Historji Polski)*, Bearb. J. Dąbrowski, Krakau 1925 (Biblioteka Narodowa, I, Nr. 31). – P. Dawid, *Sources pour l'histoire de la Pologne sous les Piasts*, Paris 1934. – *Rozbiór krytyczny »Annalium Poloniae« J. D.*, Hg. S. Gawęda u. a., 2 Bde., Breslau 1961–1965. – *Lata wojny trzynastoletniej w »Rocznikach, czyli Kronikach« inaczej w »Historii polskiej« J. D.*, 2 Bde., Breslau 1964/65. – G. Labuda, *Zaginiona kronika z pierwszej połowy XIII wieku w »Rocznikach Królestwa Polskiego« J. D.: próba rekonstrukcji*, Posen 1983.

## ĐOÀN-THỊ-ĐIỂM

* 1705 Hiên Pham / Prov. Băc Ninh
† 1748 Nghê An

### CHINH-PHỤ NGÂM-KHÚC

(vietn.; *Klage einer Kriegersfrau*). Langgedicht in 412 Versen, verfaßt von der Dichterin ĐOÀN-THỊ-ĐIỂM nach der gleichnamigen chinesischen Vorlage des Mandarin-Gelehrten ĐĂNG-TRÂN-CÔN († um 1750). – Das *Chinh-phụ ngâm-khúc*, dessen Autorschaft von vietnamesischen Literarhistorikern wie HOÀNG-XUÂN-HÃN neuerdings auch dem Literaten PHAN-HUY-ICH (1750–1822) zugeschrieben wird, gehört wie das artverwandte *Cung-oán ngâm-khúc (Klage der Palastdame)* zur eigenständigen Literaturgattung der *Ngâm-khúc* (Klagelieder) und gilt neben den bedeutenden Versromanen *Truyện Thúy-Kiều* (auch *Kim-Vân-Kiều*) und *Truyện Hoa-Tiên* als ein Meisterwerk der klassischen Literatur Vietnams. Thematisch von der chinesischen Dichtung der T'ang-Periode (618–922), z. B. von TU FUS *Zug der Kriegswagen* und LI POS *Grenzgesängen* beeinflußt, schildert das im wechselreichen »Doppel-Sieben-Sechs-Acht-Versmaß« geschriebene Gedicht in Versen von zart verhaltener Melancholie, deren einzigartige Musikalität sich in keiner westlichen Sprache wiedergeben läßt, das Schicksal einer Kriegersfrau. Ihre Sorge um den unerwartet zum Kriegsdienst gegen die aufständischen Barbaren des Nordens eingezogenen Gatten (Vers 1–12), der schmerzliche Abschied (Vers 13–64), ihre Hilflosigkeit und Vereinsamung (Vers 65–368) und die Hoffnung auf die Rückkehr des Geliebten (Vers 369–412) werden eingefangen in ständig wechselnden, ausdrucksvollen Bildern des jahreszeitlichen Ablaufs der Natur. Wenn auch das Geschehen nach China verlegt ist, sind doch die Anspielungen auf das aktuelle Zeitgeschehen keineswegs zu übersehen: Es ist die Zeit der Bauernaufstände (1737–1769). Das von einer selbstherrlichen, korrupten Beamtenschaft durch untragbare Steuern ausgeplünderte und durch Fronarbeiten geschundene Volk erhob sich gegen seine Unterdrücker. Tag für Tag wurden von der Hauptstadt Truppen gegen die Aufständischen aufgeboten, doch nur wenige Soldaten kehrten aus den blutigen Kämpfen nach Hause zurück. Zwischen den Zeilen prangert der Dichter, dessen Sympathie dem darbenden Volk gilt, die Sinnlosigkeit des Krieges an: *»Die Seelen der gefallenen Krieger raunen im Wind, / maskengleich im fahlen Mondlicht das Antlitz der Kämpfer. / Oh, wie viele von ihnen ruhen hier? / Wer wird jemals eure Gesichter zeichnen, jemals für eure Seelen beten?«* O.K.

AUSGABE: Saigon 1950.

ÜBERSETZUNGEN (frz.): Bùi-Văn-Lăng, *Complainte de la femme d'un guerrier*, Hanoi 1943. – M. Durand, *La complainte de l'épouse du guerrier* (in Bull. de la Soc. des Étud. Indochin. XXVIII/1, 1953). – Huỳnh-Khăc-Dụng, *Femme du guerrier*, Saigon [3]1969. – Lê-Văn-Chât, *Plainte d'une femme dont le mari est parti pour la guerre*, Hanoi 1963. – Lê-Thanh-Khôi, *Chant de la femme du combattant*, Paris 1967. – Phạm-Xuâ-Thái, *Warrior's Wife's Plaintive Ballad*, Saigon 1957 [engl.].

LITERATUR: Hoàng-Xuân-Hãn, *Chinh-phụ ngâm bị-khao*, Paris 1953. – Lê-Tuyên, *Chinh-phu-ngâm và tâm thu'c lang man cua ke lu'u dày*, Huê 1961.

## NIKOLAJ ALEKSANDROVIČ DOBROLJUBOV

* 5.2.1836 Nižnij Novgorod
† 29.11.1861 Petersburg

LITERATUR ZUM AUTOR:
S. A. Rejser, *Letopis' žizni i dejatel'nosti N. A. D.*, Moskau 1953. – M. A. Naumova, *Sociologičeskie, filosofskie i ėstetičeskie vzgljady N. A. D.*, Moskau 1960. – G. Solov'ëv, *Ėstetičeskie vzgljady N. A. D.*, Moskau 1963. – A. R. Kuhn, *The Literary Criticism of N. A. D.*, Diss., Columbia Univ. 1968. – G. A. Solov'ëv, *Ėstetičeskie vozzrenija Černyševskogo i D.*, Moskau 1974. – Vl. S. Kruzkov, *N. A. D. Žizn', dejatel'nost', mirovozzrenie*, Moskau 1976. – W. Banneur, *Les nihilistes russes*, Paris 1978. – Vl. R. Scerbina, *Revoljucionno-demokratičeskaja kritika i sovremennost'. Belinskij, Černyševskij, D.*, Moskau 1980.

### TËMNOE CARSTVO

(russ.; *Das Reich der Finsternis*). Literaturkritischer Aufsatz von Nikolaj A. DOBROLJUBOV, erschienen 1859. – Wie ČERNYŠEVSKIJ, dem er durch die gemeinsame Mitarbeit an NEKRASOVS ›Sovremennik‹ verbunden war, sah Dobroljubov die Aufgabe der Literatur in der umfassenden und typischen Darstellung der sozialen Wirklichkeit. Ästhetische Kritik lehnte er als *»Angelegenheit empfindsamer Mädchen«* ab. Die Interpretation des »Sinns« der in der Literatur dargestellten Wirklichkeit diente ihm zur Propagierung seiner aufklärerisch-demokratischen Gesellschaftskritik, die auf die revolutionäre Lösung der russischen Bauernfrage zielte. Aus Anlaß der Veröffentlichung einer zweibändigen Ausgabe der Dramen von Aleksandr N. OSTROVSKIJ (1859) beschrieb Dobroljubov das darin geschilderte Milieu der russischen Mittelschichten als das ausweglose *»Reich der Finsternis«*, dessen stumpfsinnige Stagnation für die gesamte zaristische Gesellschaft charakteristisch sei, in welcher die *»Despoten« (samodury)* die materiell von ihnen abhängigen *»Unterwürfigen« (bezotvetnye)* unterdrücken. Anders als der Literatur des *»überflüssigen Menschen« (lišnij čelovek)*, als deren krönenden Abschluß Dobroljubov im gleichen Jahre GONČAROVS *Oblomov*, 1859 *(Oblomov)*, besprach, maß er Ostrovskijs Dramen *»eine Bedeutung für das ganze Volk«* bei. Die Diskussion der Kritiker über die eigentliche Intention Ostrovskijs schnitt Dobroljubov durch die klare Trennung des objektiven Gehalts der Dramen von den künstlerisch nicht objektivierten Ansichten des Autors ab. *»Nicht abstrakte Ideen und allgemeine Prinzipien interessieren den Künstler, sondern lebendige Bilder, in denen eine Idee erscheint; in diesen Bildern kann der Dichter – sogar ohne es zu merken – ihren inneren Sinn bei weitem früher einfangen und ausdrücken, als er ihn mit dem Verstand bestimmt.«* Diese Unterscheidung, die von BELINSKIJ, Černyševskij, Dobroljubov und PISAREV ebenso verfochten wird wie später von der marxistischen Literaturtheorie eines ENGELS, PLECHANOV, LUKÁCS u. a., birgt die Gefahr willkürlicher Schlußfolgerungen, weil der objektive Gehalt des Kunstwerks als *»dargestellte Wirklichkeit«* aus dem ästhetischen Zusammenhang gerissen wird. So deutet der Autor ein Jahr später Ostrovskijs *Groza*, 1859 *(Das Gewitter)*, als einen *Lichtstrahl im Reich der Finsternis* (*Luč v tëmnom carstve*, 1860): In der schuldbewußsten, tragisch endenden Heldin des Dramas wollte er, beständig auf der Suche nach einem »positiven Helden«, eine Revolutionärin aus Instinkt sehen. Auf diese Weise verriet Dobroljubov selbst sein Prinzip, dem Kunstwerk ohne vorgefaßtes ästhetisches Postulat zu begegnen: Seine eigene Konzeption von der richtigen Darstellung der Wirklichkeit in der Literatur zur Norm erhebend, kritisiert er in seiner letzten Arbeit (*Zabitye ljudi*, 1861 – *Eingeschüchterte Leute*) Dostoevskijs Darstellung des irrationalen Elements der menschlichen Psyche als Unfähigkeit der Charakterzeichnung. B.K.

Ausgaben: Petersburg 1859 (in Sovremennik). – Petersburg 1859 (in *Sočinenija*, 2 Bde., 2). – Moskau 1923, Hg. I. Kubikov. – Moskau 1956 (in *Stat'i ob Ostrovskom*). – Moskau 1962 (in *Sobr. soč*, Hg. B. I. Bursov u. a., 9 Bde., 1961–1964, 5).

Übersetzung: *Das finstere Reich*, G. Dudek (in *Aus den ästhetischen Schriften*, Dresden 1953; Ausw.; m. Einl.).

Literatur: G. V. Plechanov, *D. i Ostrovskij* (in G. V. P., *Sočinenija*, Bd. 24, Moskau 1925, S. 37–64). – F. M. Golovenčenko, *N. A. D. v bor'be za realizm i tipičnost' v literature* (in Učёnye zap. Mosk. gos. ped. in-ta im. Lenina, 4, 1954, S. 111–160). – R. Wellek, *Social and Aesthetic Values in Russian Nineteenth-Century Literature Criticism* (in *Continuity and Change in Soviet and Russian Thought*, Hg. E. J. Simmons, Cambridge/Mass. 1955, S. 381–397). – Ch. Corbet *D. als Literaturkritiker* (in ZslPh, 24, 1956, S. 156–173).

## Josef Dobrovský

* 17.8.1753 Ďarmoty / Ungarn
† 6.1.1829 Brünn

Literatur zum Autor:
*Bibliographie:*
M. Krbec u. M. Laiske, *J. D. 1. Bibliographie der Veröffentlichungen von J. D.*, Prag 1970.
*Gesamtdarstellungen und Studien:*
J. Ritter v. Rittersberg, *Abbé J. D.*, Prag 1829. – F. Palacký, *J. D.s Leben und gelehrtes Wirken*, Prag 1833. – A. A. Legis-Glückselig, *Biographie des Abbé J. D. ...*, Prag 1837. – A. Novák, *J. D.*, Prag 1928. – *J. D. 1753–1829, Sborník statí k stému výročí smrti J. D.*, Prag 1929. – J. Ludvíkovský, *Dobrovského klasická humanita*, Preßburg 1953. – J. u. M. B. Volf, *Příspěvky k životu a dílu J. D.*, Prag 1935. – *J. D. 1753–1953*, Prag 1953. – F. Vodička, *Cesty a cíle obrozenské literatury*, Prag 1958. – M. Machovec, *J. D.*, Prag 1964. – M. Krbec, *Nová literatura o J. D.* (in Slavia, 1977). – *Sborník k 150 výročí úmrtí J. D.*, Brünn 1980.

### GESCHICHTE DER BÖHMISCHEN SPRACHE UND LITTERATUR

Tschechische Literaturgeschichte von Josef Dobrovský (Böhmen; heute: Tschechoslovakei), erschienen 1792. – Von früheren, mehr oder minder unzulänglichen Versuchen einer Gesamtdarstellung der tschechischen Literatur unterscheidet sich das sprach- und literaturgeschichtliche Hauptwerk des »Patriarchen« der Slavistik, der zu Recht als Begründer auch der modernen wissenschaftlichen Bohemistik gilt, vor allem dadurch, daß es seinen Gegenstand zuerst mit den historisch-kritischen Methoden der aufklärerischen Philologie und Geschichtswissenschaft untersucht und unter dem Gesichtspunkt seiner inneren Entwicklung wie seiner kultur- und zeitgeschichtlichen Beziehungen im historischen Gesamtzusammenhang darstellt. Neu an Dobrovskýs Begriff der »böhmischen Literatur« war die konsequente Anwendung nationalsprachlicher Kriterien. Der Autor schloß die deutschsprachige und lateinische Literatur Böhmens aus, berücksichtigte dagegen die »böhmische« Literatur Mährens, teilte also den modernen Begriff des Tschechischen und förderte so das Wiedererwachen eines überregionalen tschechischen Sprach- und Nationalbewußtseins. In Anlehnung an Adelung unternahm Dobrovský als erster den Versuch einer Gliederung der tschechischen Sprach- und Literaturgeschichte in sechs *»Perioden der Kultur der böhmischen Sprache«*, deren Umrisse bis heute für die tschechische Literaturgeschichtsschreibung grundlegend blieben. Eine zweite, erweiterte und berichtigte Auflage des Werks (1818) mit dem Titel *Geschichte der böhmischen Sprache und älteren Literatur* beschränkte sich auf die Sprach- und Literaturentwicklung bis zum Jahre 1526.
Trotz der objektiven Verdienste des Autors um die Wiederbelebung des Tschechischen stieß seine *Geschichte* auf Unverständnis und Widerspruch. Die Gründe dafür lagen weniger im Gehalt des Werks als in der Prognose des Verfassers, daß sich das Tschechische aus dem zeitgenössischen Niedergang nicht mehr zu einer modernen Literatursprache zu erheben vermöge. Gegen die aufklärerische Skepsis opponierte die neue, »romantische« Generation (Jungmann, Palacký, Šafárik), die den Weg zum Anschluß an die Weltkultur nicht in der Aneignung der deutschen Fremdsprache, sondern in der Rekultivierung der tschechischen Muttersprache erblickte. Ihre Haltung beherrschte das 19. Jh. Erst gegen Ende des Jahrhunderts, als die Aufgabe der kulturellen und sprachlichen Erneuerung im wesentlichen gelöst war, kam es zu einer objektiven Würdigung des Autors. So konnte ihn T. G. Masaryk 1895 als den ersten Bohemisten verstehen, der alle Voraussetzungen für das Wesensverständnis des tschechischen Volkes und seines Nationalcharakters geliefert hat. Im tschechischen Geschichtsbild von heute nimmt Dobrovský die wissenschaftliche Schlüsselstellung zwischen den unkritischen Kompilationen seiner Vorgänger und den romantisierenden Geschichtskonzeptionen seiner Nachfolger ein. Stellen- und Eigenwert seines Werks liegen vor allem in seiner historisch-kritischen Grundhaltung, in der systematischen Periodisierung des Literaturprozesses und in der konsequenten Durchführung des nationalsprachlichen Konzepts der »böhmischen Literatur«. E.Pá.

AUSGABEN: Prag 1792; ²1818. – Prag 1936 (in *Spisy a projevy*; krit.). – Halle 1955 [Hg. u. Vorw. H. Rösel].

ÜBERSETZUNG: *Dějiny české řeči a literatury*, B. Jedlička, Prag 1951.

LITERATUR: M. Murko, *Das Wiederaufleben der böhmischen Sprache und Literatur – J. D.* (in M. M., *Deutsche Einflüsse auf die Anfänge der böhmischen Romantik*, Graz 1897). – J. Hanuš, *J. Dobrovského »Geschichte der böhmischen Sprache ...«* (in Bratislava, 3, 1929, S. 494–574). – B. Jedlička, *Prokop Lupáč z Hlaváčkova a Dobrovského »Geschichte der böhmischen Sprache und Litteratur«* (in Listy filologicke, 1931). – Ders., *Dobrovského »Geschichte« ve vývoji české lit. historie* (in Archiv pro badání o životě a dile J. D., 1, Prag 1934). – J. Bělič, *Základy historigického a srovnávacího chápání jazyka u D.* (in Slavia, 23, 1954, Nr. 2/3, S. 114–151). – J. Macůrek, *Dobrovského pojeti českých dějin a stanovisko k našemu hist. vývoji* (in Slavia, 23, Prag 1954, S. 164–190). – Z. Svobodová, *D. a německá filologie*, Prag 1955. – J. Kábrt, *J. Dobrovského »Böhmische (und mährische) Literatur« a její význam pro bibliografii* (in Česká bibliografie, 1959).

## E(DGAR) L(AURENCE) DOCTOROW

* 6.1.1931 New York

### RAGTIME

(amer.; *Ü: Ragtime*). Roman von E. L. DOCTOROW, erschienen 1975. – Doctorows »nonfiction novel« hebt die traditionelle Trennung von Geschichtsschreibung und Literatur auf und bietet durch die Ästhetisierung historischer Personen und Ereignisse eine innovative Variante des historischen Romans. Wie in seinen Romanen *Welcome to Hard Times* (1960), *The Book of Daniel* (1971), *Loon Lake* (1980) und *World's Fair* (1985) verfolgt Doctorow auch in *Ragtime* die Absicht, den Geist einer Epoche zu verdeutlichen, in der sich für die USA eine historische Weichenstellung vollzog. *Ragtime* spielt in den Jahren 1902 bis 1917 hauptsächlich in New York City und New Rochelle/NY und beleuchtet anhand des Schicksals dreier Familien, deren Wege sich mehrfach kreuzen, das sog. *Age of Innocence*, die Zeit der industriellen Gründerjahre vor dem Ersten Weltkrieg.

Die drei Familien stehen stellvertretend für typische Segmente der amerikanischen Gesellschaft jener Jahre: die weiße Mittelschicht, die neuen Einwanderer und die Schwarzen. Die Namen der Personen bezeichnen, mit einer Ausnahme, lediglich ihre familiären und sozialen Rollen, obwohl sie andererseits genügend individualisiert sind, um als Romanfiguren plastisch zu werden. Doctorow hält eine mittlere Distanz zu seinen Charakteren, deren Subjektivität repräsentativ bleibt, ohne leer zu wirken. Dementsprechend ist die Sprache des Erzählers (meist der kleine Junge) präzise, kühl, kontrolliert und oft ironisch. – Die erste Familie besteht aus Vater, Mutter, dem kleinen Jungen und Mutters jüngerem Bruder. Durch Vaters Fabrik für Fahnen und Feuerwerk profitiert die Familie vom wachsenden amerikanischen Nationalismus und ist zu Beginn des Romans typisch für die Bevölkerungsgruppe der WASPs (White Anglo-Saxon Protestant). Im Verlauf des Romangeschehens setzt jedoch bei den erwachsenen Mitgliedern der Familie eine Persönlichkeitsentwicklung ein: Vater lockert seinen moralischen Rigorismus, Mutter emanzipiert sich in Teilbereichen, und ihr gehemmter, jüngerer Bruder entwickelt sich zum gewalttätigen Terroristen. – Die zweite Familie wird dagegen fast zum Opfer von Ausbeutung und sozialer Diskriminierung: Den jüdischen Sozialisten Tateh (jiddisch für Vati), einen Scherenschnittkünstler, und seine Tochter (das kleine Mädchen), die aus Lettland eingewandert sind, zwingt die Armut, New York City zu verlassen und den Lebensunterhalt in den Textilfabriken von Lawrence/Mass. zu verdienen. Nach einem brutalen Polizeieinsatz während eines Streiks fliehen sie erneut. Um seine Tochter zu unterhalten, bastelt Tateh ein »Daumenkino« (flip book), das er mit großem Gewinn verkaufen kann. Am Ende des Romans ist er als »Baron Askenazy« ein erfolgreicher Filmproduzent, Symbol für den »American Dream«. – Die dritte Familie bleibt gegenüber der Gewalt der Verhältnisse letztlich ohnmächtig; doch bilden die Ereignisse um den selbstbewußten schwarzen Jazzpianisten Coalhouse Walker jr., seine Verlobte Sarah und ihr uneheliches Kind den zentralen Konflikt des Romans. Nachdem Sarah und ihr Baby von Mutter aufgenommen worden sind, verspricht Coalhouse, stolzer Besitzer eines neuen Ford Model T, Sarah zu heiraten. Nach einem seiner Besuche bei Sarah wird Coalhouse mit seinem Wagen vor einer Feuerwache eingekeilt. Die Feuerwehrleute, fanatische Rassisten, die zu den »poor whites« zählen, betrachten Coalhouses Statussymbol als Provokation und beschädigen den Wagen mutwillig. Voller Entrüstung wendet sich Coalhouse an die Behörden, die sein Streben nach Gerechtigkeit jedoch ins Leere laufen lassen. Als Sarah bei dem Versuch, Coalhouses Fall dem Vizepräsidenten der USA vorzutragen, für eine Attentäterin gehalten und erschossen wird, entwickelt sich Coalhouse zum bewaffneten Revolutionär. Er versammelt eine Gruppe desillusionierter schwarzer Jugendlicher um sich, denen sich als verschmähter Liebhaber der Lebedame Evelyn Nesbit auch Mutters jüngerer Bruder anschließt, und übt blutige Rache, indem er Feuerwachen in Brand steckt und Feuerwehrleute tötet. Schließlich besetzt die Gruppe die mit unersetzlichen Kunstschätzen angefüllte Bibliothek des Milliardärs J. P. Morgan und droht, sie in die Luft zu sprengen, falls ihre Forderungen (vollständige Reparatur des Wagens, Auslieferung des Anführers der Feuerwehrleute, freier Abzug von Coalhouses Komplizen) nicht erfüllt werden. Die Polizei geht auf die Bedingungen ein, erschießt Coalhouse jedoch, als er schließlich allein das Gebäude verläßt.

Vorbild für die Figur des schwarzen Künstlers Coalhouse Walker ist Michael Kohlhaas, der Held der gleichnamigen Novelle von Heinrich von KLEIST aus dem Jahre 1810. Wie dieser wird Coalhouse ein Opfer seines Glaubens an die von der Gesellschaft propagierten Werte, die sich als brüchig erweisen. Coalhouse muß erfahren, daß die Gesellschaft der USA zutiefst von Machtinteressen geprägt ist, die sie hinter ihren selbstgesetzten Anspruch der Gerechtigkeit zurückfallen lassen. Wer die Gesellschaft beim Wort nimmt, fällt der herrschenden Doppelmoral zum Opfer. Der Konflikt um Coalhouse Walker stellt die politische Ebene des Romans dar, auf der Doctorow seine Gesellschaftskritik formuliert und den Mythos der »Unschuld« (»innocence«) als Selbsttäuschung entlarvt, hinter der sich Rassismus und Klassenkampf verbergen.

*Ragtime* erschöpft sich jedoch nicht in der Kritik sozialer Ungerechtigkeit, sondern erreicht durch das stilistische Experiment der Fiktionalisierung historischer Gestalten, die in das Romangeschehen einbezogen werden, eine radikale Neubestimmung des historischen Romans. Einige dieser Personen (Sigmund Freud, Henry Ford, der Polarforscher Robert Peary, der schwarze Bürgerrechtler Booker T. Washington oder der Architekt Stanford White) sind kaum mehr als Randfiguren. Andere hingegen, wie der Entfesselungskünstler Harry Houdini, die skandalträchtige Evelyn Nesbit, die Anarchistin und Feministin Emma Goldman und der Finanzier J. P. Morgan, sind für die Entfaltung zentraler Themen und für die Atmosphäre des Romans konstitutiv. Doctorow läßt durch die Integration realer Personen die Grenzen zwischen historischen Tatsachen und fiktionalem Geschehen verschwimmen, um Geschichte als permanenten Prozeß kreativer Wiederaneignung von Wirklichkeit bewußt zu machen. In den Figuren von Tateh (Film) und Evelyn Nesbit (Starkult, Sexsymbole) spürt er zugleich die Wurzeln der heutigen kommerzialisierten Massenkultur in den USA auf. Diese überraschenden Verbindungen zur Gegenwart machen nicht unwesentlich die Wirkung des Romans aus, den auf einer erkenntnistheoretischen Meta-Ebene die Frage nach der Authentizität der »popular culture«, nach der Austauschbarkeit und Reproduzierbarkeit von Wirklichkeit durchzieht.

Große Breitenwirkung entfaltete das in *Ragtime* ausgebreitete Panorama der US-Gesellschaft um die Jahrhundertwende durch die für Doctorow typische Mischung aus unterhaltenden Elementen, Intellektualität und Nostalgie. Das meistverkaufte Buch des Jahres 1975 in den USA erhielt nicht nur den National Book Critics Circle Award, sondern wurde durch die Verfilmung von Milos Forman (1981) wiederum Medienereignis. Mit *Ragtime* bestätigte Doctorow auch international seinen Ruf als einer der bedeutendsten Autoren der amerikanischen Gegenwartsliteratur. P.Hs.

AUSGABEN: NY 1975. – Ldn. 1985.

ÜBERSETZUNG: *Ragtime*, A. Praesent, Reinbek 1976.

VERFILMUNG: USA 1981 (Regie: M. Forman).

LITERATUR: G. Stade, Rez. (in New York Times Book Review, 6. 7. 1975). – W. Clemons, Rez. (in Newsweek, 14. 7. 1975). – R. Sale, Rez. (in New York Review of Books, 7. 8. 1975). – M. Green, *Nostalgia Politics* (in American Scholar, 45, 1975/76, S. 841–845). – J. Ditsky, *The German Source of »Ragtime«: A Note* (in Ontario Review, 4, 1976, S. 84–86). – J. Seelye, *D.'s Dissertation* (in New Republic, 10. 4. 1976, S. 21–23). – K. L. Donelson, *Teaching Guide to E. L. D.'s »Ragtime«*, NY 1976. – B. Foley, *From »U. S. A.« to »Ragtime«: Notes on the Forms of Historical Consciousness in Modern Fiction* (in AL, 50, 1978, S. 85–105). – D. S. Gross, *Tales of Obscene Power: Money and Culture, Modernism and History in the Fiction of E. L. D.* (in Genre 13, 1980, S. 71–92). – C. Strout, *Historizing Fiction and Fictionalizing History: The Case of E. L. D.* (in Prospects, 1980, S. 423–437). – *E. L. D.: Essays and Conversations*, Hg. R. Trenner, Princeton 1983. – P. Levine, *E. L. D.*, Ldn./NY 1985.

## HEIMITO VON DODERER

* 5.9.1896 Hadersdorf-Weidlingau bei Wien
† 23.12.1966 Wien

LITERATUR ZUM AUTOR:
H. v. D., *Grundlagen und Funktion des Romans*, Nürnberg 1959. – H. Spiel, *H. v. D.*, 1960 (in *Dt. Literaturkritik der Gegenwart*, Hg. H. Mayer, Stg. 1972, Bd. 2, S. 59–63; ern. Ffm. 1983). – E. Stengel, *Die Entwicklung von H. v. D.s Sprachstil in seinen Romanen*, Diss. Wien 1963. – D. Weber, *H. v. D. Studien zu seinem Romanwerk*, Mchn. 1963. – H. Eisenreich, *Reaktionen*, Gütersloh 1964. – H. Rieser, *D. und Gütersloh. Metaphorik und »totaler« Roman*, Diss. Salzburg 1968. – M. Swales, *Ordnung und Verworrenheit. Zum Werk H. v. D.s* (in WW, 18, 1968, S. 96–130). – T. H. Falk, *H. v. D.'s Concept of the Novel. Theory and Practice*, Diss. Univ. of Southern California 1970. – I. Justin, *Das Problem der Selbstdarstellung bei H. v. D.*, Diss. Graz 1971. – E. Meingassner, *Wirklichkeitsdimensionen im kurzepischen Werk H. v. D.s*, Diss. Wien 1972. – *Erinnerungen an H. v. D.*, Hg. X. Schaffgotsch, Mchn. 1972. –

A. Close Ulmer, *A D. Repertoire. With an Essay on Characterization in His Novels*, Diss. Yale Univ. 1973. – P. Dettmering, *Dichtung und Psychoanalyse*, Mchn. 1974. – A. Reininger, *Die Erlösung des Bürgers. Eine ideologiekritische Studie zum Werk H. v. D.s*, Bonn 1975. – H. J. Schröder, *Apperzeption und Vorurteil. Untersuchungen zur Reflexion H. v. D.s*, Heidelberg 1976. – *H. v. D. Symposium anläßlich des 80. Geburtstags*, Hg. W. Schmidt-Dengler u. W. Kraus, Wien 1976. – M. Bachem, *H. v. D.*, Boston 1981. – W. Düsing, *Erinnerung und Identität. Untersuchung zu einem Erzählproblem bei Musil, Döblin und D.*, Mchn. 1982. – *Begegnung mit H. v. D.*, Hg. M. Horowitz, Wien/Mchn. 1983. – K. H. Schneider, *Die technisch-moderne Welt im Werk H. v. D.s*, Ffm. u. a. 1985. – D. Weber, *H. v. D.*, Mchn. 1987.

## DIE DÄMONEN. Nach der Chronik des Sektionsrates Geyrenhoff

Roman von Heimito von DODERER, erschienen 1956. – Die Entstehungsgeschichte der *Dämonen* ist ein einzigartiges Beispiel für die Zeitgebundenheit eines literarischen Textes und seiner ästhetischen Erscheinungsform: Das Buch hat im Rahmen von Doderers Auseinandersetzung mit Ideologie und Politik des Nationalsozialismus mehrere einander ablösende Konzeptionen erfahren und innerhalb eines Zeitraumes von fünfundzwanzig Jahren zu seiner endgültigen Gestalt gefunden; von 1930 bis 1936 wurde der erste Teil eines auf zwei Teile veranschlagten Romans fertiggestellt, von 1951 bis 1956 arbeitete Doderer den Roman in seiner endgültigen Form aus. Dazwischen liegen Jahre der Reflexion über den Fortgang des Projektes und die Niederschrift der *Strudlhofstiege*, die als Gesellschaftschronik des Wien der zwanziger Jahre quasi eine Vorstufe zu den *Dämonen* bildet. Obwohl die Lebensgeschichte einiger Figuren hier wieder aufgenommen wird, stehen beide Werke nach außen hin unabhängig nebeneinander.

Die Gattungsbezeichnung im Titel erfaßt präzise die epische Eigenart dieses komplexesten Werkes Doderers: der Roman, erzählt aus der objektiven Er-Perspektive, enthält eine in Ich-Form verfaßte Chronik, wobei im Verlauf der Entwicklung der Roman die Chronik überformt: der Chronist und seine Aufzeichnungen werden allmählich zum Objekt des Romans. Dementsprechend uneinheitlich ist die Zeitebene, sie wechselt zwischen der Erzählergegenwart (fünfziger Jahre) und der Handlungsgegenwart (Sommer 1926 und Winter 1927/28). Hierin manifestieren sich bereits Elemente des *»totalen Romans«*, dessen Erzählhaltung Doderer als *»Schweben des Schriftstellers zwischen der klaren Konstruktion und der ständigen Auflösung«* beschrieben hat. Ebensowenig wie eine kompositorische kennt der *»totale Roman«* als das *»universale Journal des Autors«* eine thematische oder stilistische Einheitlichkeit. Das ursprüngliche Hauptthema der *Dämonen* bricht Doderer im Fortschreiben durch ein Gegenthema, statt einer Haupthandlung und einem Protagonisten gibt es immer neue Situationen und ein Nebeneinander von etwa fünfzig Figuren. Jede Figur wird in immer neuen Situationen dargestellt, so daß sich aus sich überschneidenden Vorgängen und sich kreuzenden Schicksalen ein Kontinuum ergibt. Strukturprinzip des Erzählens ist die *»Anatomie des Augenblicks«* (Doderer), aus diesen kleinsten Bauteilen bildet sich nach und nach das »Lebensgewebe« des Romans (*»in der Tat gälte es nur, den Faden an einer beliebigen Stelle aus dem Geweb' des Lebens zu ziehen, und er liefe durchs Ganze, und in der nun breiteren offenen Bahn würden auch die anderen, sich ablösend, einzelweise sichtbar«* [*Dämonen*, S. 11]), es entsteht ein umfassendes Bild Wiens und seiner Bewohner: Straßen und Wohnungen, Kaffeehäuser und Branntweinschenken, Adelspalast, Bibliothek und Zeitungsredaktion sind bevölkert von Gestalten des Großbürgertums und Adels, von Intellektuellen und Arbeitern, Typen der Halb- und Unterwelt. Als Orientierungsfiguren gehen drei Objektivierungen der Person des Autors (»Spiegelfiguren«) durch die Handlung: Sektionsrat Geyrenhoff, René Stangeler und Kajetan von Schlaggenberg.

Den einzigen *durchlaufenden* Handlungsfaden des breit angelegten Zeitpanoramas der *Dämonen* bildet die Geschichte einer versuchten Erbschaftsunterschlagung und Aufdeckung verborgener Verwandtschaftsverhältnisse: Kammerrat Levielle gibt den Plan, das Erbe Charlottes von Schlaggenberg, genannt »Quapp«, der unehelichen Tochter eines im Weltkrieg gefallenen Offiziers, zu unterschlagen, schließlich auf, nachdem sich der Verdacht gegen ihn erhärtet hat.

Thema der Geyrenhoffschen Chronik im ersten Teil der *Dämonen* ist die *»Zerreißung der Wiener Gesellschaft durch den totalitär werdenden Antisemitismus«* (Doderer, *Tangenten*, 30. 1. 1940), ihr Gegenstand die Geschichte von Entstehung und Zerfall einer Gesellschaftsgruppe, die nach dem Vorbild DOSTOEVSKIJS *»Die Unsrigen«* genannt wird. Aus einer großen Gesellschaft *(»Troupeau«)* bei dem Rittmeister Eulenberg kristallisiert sich eine kleinere Figurenkonstellation heraus: Zu ihr gehören Sektionsrat Geyrenhoff, der Schriftsteller Kajetan von Schlaggenberg, »Quapp«, angeblich die Schwester Schlaggenbergs, fünfundzwanzigjährig, schon durch ihren Spitznamen charakterisiert, der junge Historiker René Stangeler, ein *»Subjektivist«*, durch seine Heftigkeit und Egozentrik in dauernder Spannung mit der äußerst sensiblen, eher bürgerlichen Grete Siebenschein, das Paar Dr. Neuberg – Angelika Trapp (eine Spiegelung von René und Grete) sowie der Ungar Imre von Gyurkicz, von Beruf Zeichner, zeitweise »Quapps« Liebhaber. Höhepunkt des ersten Teils, in dem die menschlichen, erotischen und geistigen Spannungen dieser Gruppe im Mittelpunkt stehen, ist das abschließende Kapitel *Der Eintopf*, das zu einem *»Tischtennis-Fünfuhrtee«* bei Siebenscheins fast alle Figuren zusammenführt, die in der kaum übersehbaren Gesellschaft schlußendlich zum Verschwinden gebracht werden. Ein kompositorischer Einschnitt liegt aber nicht hier, sondern nach dem ersten Kapitel *(Auf offener Strecke)* des zweiten Teils: der bisher als Chronist fungierende Geyrenhoff wird nun zu einer den anderen gleichgeordneten Figur. Dies ist die Stelle, an der Doderer die Arbeit an den *Dämonen* abbrach und sich der *Strudlhofstiege* zuwandte. Erst vom neunten Kapitel *(Der Sturz vom Steckenpferd)* des zweiten Teils ab ist Geyrenhoff wieder *»Chronist«*, zugleich aber auch Akteur. Im zweiten und dritten Teil des Romans weiten sich der Rahmen und die Perspektiven. Die *»Schicksalsgesunden«* treten auf den Plan, die im Gegensatz zu den *»Unsrigen«* frei von ideologischer Befangenheit sind. Der Arbeiter Leonhard Kakabsa, eine Lieblingsfigur Doderers, wird nunmehr der eigentliche Held des Romans: er ist ein normaler, zur Selbstveränderung fähiger und darin schon idealer Mensch, der gegen die Dämonie der *»zweiten Wirklichkeit«* steht (Doderers Terminus für alle Manien und Ideologien, die das Leben, die erste Wirklichkeit, verzerren und verstellen). Die Reifungsgeschichte Kakabsas ist eng mit seiner *»erotischen Biographie«* verbunden, er gerät in Verstrikkungen mit drei Frauen, der Buchhändlerstochter Malva, Trix, der Tochter von Mary K., und Elly. Sein Lateinstudium macht ihn zur *»Person«* und innerlich frei für die Beziehung zur, von Doderer philosemitisch heroisierten, Mary K. Unfrei bleibt dagegen Ian Herzka, ein Geschäftsmann mit sadistischen Neigungen (von Doderer aus seiner frühen Erzählung *Die Bresche* übernommen).

Das Ereignis, auf das die *Dämonen* von Anfang an zulaufen, ist der Brand des Wiener Justizpalastes am 15. Juli 1927 (Kapitel *Das Feuer*), von Doderer als das *»österreichische Cannae«* bezeichnet. Erzähltechnisch bewältigt Doderer die Schilderung dieses Tages in einer kontrastierenden Verschränkung des anonymen politischen Geschehens mit dem individuellen Alltagsleben der Figuren. Die Arbeiterunruhen und Demonstrationen kündigen symbolisch den Verlust der persönlichen Freiheit, das Vordringen der Masse an. An diesem Tag der Katastrophe klären sich aber auch die Lebensprobleme vieler Figuren: Quapp bekommt ihr Erbe und wird die Frau des jungen Diplomaten Orkay, Geyrenhoff findet zu der reichen Witwe Friederike Ruthmayr, Leonhard zu Mary (ein »schicksalsgesundes« Paar). Das Verhältnis von René und Grete hellt sich auf, die »unsichtbare Wand« zwischen ihnen scheint sich aufzulösen. Und Imre schließlich, der ewige Poseur, gewinnt in den letzten Minuten vor seinem Tod bei den Unruhen eine feste innere Haltung. Doch das Unheil des Tages gerät darüber niemals in den Hintergrund, der Mörder Meisgeier treibt sein dämonisches Unwesen, ehe er im Wiener Kanalsystem umkommt.

Der 15. Juli 1927 als Fanal der drohenden politischen Katastrophe wird von Doderer durch Meinungen und Ansichten der *»Unsrigen«* vorbereitet, die auf den Faschismus hinweisen: etwa die Ablehnung des Intellekts, eine Romantisierung und Glorifizierung der Tat, selbst der sinnlosen, selbst des Verbrechens. Als weiteres Symptom *»zweiter Wirklichkeit«* tritt, gleichsam als private Vorwegnahme eines lebensfeindlichen Systems, die Schilderung sexueller Komplexe und Neurosen auf (Schlaggenbergs *»Dicke-Damen-Doktrinär-Sexualität«* und Herzkas *»Hexenpeinigungs«*-Wunschvorstellung: Kapitel *Die Falltür*). Das Dämonische verdichtet sich im Roman auch in den Visionen – Vorstellungen von Kraken, die aus der Tiefe auftauchen und die Menschen mit ihren Fangarmen hinabziehen – der Frau Kapsreiter, deren Neffe Pepi ein Opfer der bürgerkriegsähnlichen Unruhen *(»Schattendorfer Morde«)* ist, oder erscheint exemplarisch in Form eines fiktiven, frühneuhochdeutschen Dokuments eines privaten Hexenprozesses (Manuskript des Achaz von Neudegg *»Dort unten«*). Hierbei handelt es sich um den thematischen Schlüssel des Romans, den intensivsten Fall von *»zweiter Wirklichkeit«*, Beispiel einer *»Sexualideologie«* als Zustand extremster Befangenheit. Schutz und Heilung vermag der Mensch in einer Haltung der Offenheit *(»Apperceptivität«)* zu finden: dieser positive Gegensatz gegenüber dem Dämonischen wird dem Traktat des Renaissance-Humanisten PICO DELLA MIRANDOLA *De dignitate hominis*, 1496 *(Über die Würde des Menschen)* entnommen, dessen Lektüre den Höhepunkt der *»Geistes-Geschichte«* Kakabsas bildet: *»Als Mitte der Welt hab' Ich dich aufgestellt, daß du um dich blickest, was dir da wohl anstehe. Wir haben dich nicht himmlisch, nicht irdisch, nicht sterblich, nicht unsterblich gemacht, damit du, gleichsam dein eigner Urteiler und Einschätzer, dich als dein Bildner und Gestalter in der von dir bevorzugten Weise vorstellen mögest. Du kannst herabkommen in die Tiefe, die tierisch ist, du kannst neu geschaffen werden empor in's Göttliche, nach deines Geistes eigenem Entscheidungs-Spruche.«* (S. 658) Annahme des Lebens und Selbstgestaltung führen zusammen zur *»Menschwerdung«* und *»zweiten Geburt«*, am reinsten verkörpert durch Leonhard und Mary K., die, nach dem Verlust eines Beines (das Unglück schildert Doderer in der *Strudlhofstiege*), sich in der neuen Lebenssituation einrichten muß.

Die Beziehungen der Menschen untereinander sind in den *Dämonen* ungemein differenziert gezeichnet. Jede Person wird unverwechselbar in ihrem Habitus, zuweilen mit erhellenden Vergleichen prägnant charakterisiert. Auch im Äußeren der Geschehnisse offenbaren sich die Charaktere; die *Dämonen* sind kein psychologischer Roman. Gleich zu Beginn hält der Chronist Geyrenhoff fest, daß er einen Bericht über Ereignisse schreibe. Doderer zitiert mehrmals einen Satz seines von ihm verehrten Lehrers Albert Paris GÜTERSLOH (der in den *Dämonen* als Kyrill Scolander auftritt): *»Die Tiefe ist außen«*. Den Roman beschließt eine Abschiedsszene: *»Mit jener schleichenden Lautlosigkeit und Langsamkeit, mit der jeder Expreßzug die Halle verläßt ..., glitt auch dieser hinaus und entzog uns rasch das Bild, welches vor uns in dieser Dunkelheit der Nacht zurückwich ... Mir war in diesen Augenblikken, als sollte ich weder sie noch irgend jemand von der*

*Gruppe, die mit erhobenen Armen und winkenden Tüchern auf dem sonst fast leeren Bahnsteige stand, jemals im Leben wiedersehen.«* Dem Erzähler Geyrenhoff bleibt als tiefste Verbundenheit eines Alternden mit dem Leben nur, das Vergehende in der Erinnerung festzuhalten. So bilden die *Dämonen* eine von Wehmut kontrapunktierte *»Synopsis des Lebens«* (Doderer in den *Tangenten*). H.O.-KLL

AUSGABEN: Mchn. 1956; ern. 1962. – Mchn. 1985 (dtv).

LITERATUR: H. Politzer, *H. v. D.s Demons and the Modern Kakanian Novel* (in *The Contemporary Novel in Germany*, Hg. R. R. Heitner, Austin/Ldn. 1967, S. 37–62). – W. Schmidt-Dengler, *Die Thematisierung der Sprache in H. v. D.s »Dämonen«* (in *Sprachthematik in der österreichischen Literatur des 20. Jh.s*, Hg. Institut für Österreichkunde, Wien 1974, S. 119–134). – A. Barthofer, *L. Kakabsa. Success or Failure? Marginalia to a Key Character in D.'s Novel »Die Dämonen«* (in FMLS 14, 1978, S. 304–315). – P. Dettmering, *Zum Entfremdungserleben in H. v. D.s »Dämonen«* (in *Perspektiven psychoanalytischer Literaturkritik* 1978, S. 9–22). – P. A. Batke, *Autobiograph. Elements in H. v. D.s »Die Dämonen«*. Diss. Univ. of N. C. 1979. – E. C. Hesson, *H. v. D.s »Die Dämonen«: Its Genesis. Structure and Purport*, Diss. Oxford Univ. 1980. – B. I. Turner, *The Politics of Marriage: Personal and Social History in D.s »The Demons«*, Diss. Univ. of Virginia 1981; ern. Stg. 1982 u. d. T. *D. and the Politics of Marriage*. – E. C. Hesson, *Twentieth Century Odyssey. A Study of H. v. D.s »Die Dämonen«*, Columbia/S. C. 1982. – G. Stieg, *Früchte des Feuers. Der 15. Juli 1927 in der »Blendung« und in den »Dämonen«* (in *Elias Canetti. Blendung als Lebensform*, Hg. F. Aspetsberger u. G. Stieg, Königstein/Ts. 1985, S. 143–175). – I. Werkgartner-Ryan, *Zufall und Freiheit in H. v. D.s »Dämonen«*, Wien u. a. 1986.

## DIE MEROWINGER ODER DIE TOTALE FAMILIE

Roman von Heimito von DODERER, entstanden 1950–1962, erschienen 1962. – Nach Doderers Äußerung *»in der Hauptsache nebenhin«* verfaßt, bilden die *Merowinger* – der *»Gipfel der Wut-Literatur«* (D. Weber) – gleichsam das Satyrspiel zu Doderers epischen Meisterwerken. Die Geschichte von Aufstieg und Sturz des Erzwüterichs Childerich III. von Bartenbruch, eines der letzten Merowinger im 20. Jh., weist nach Form und Gehalt große Ähnlichkeit mit einer Farce auf.

Grundmotiv des 28 Kapitel umfassenden, aus ungebrochen epischer Perspektive erzählten Romans ist das Phänomen der *»apperceptions-verweigernden«* Wut, die sich in Hauen und Verprügeln äußert und darin zugleich ihr Heilmittel sieht. Diesem komplementären Verhältnis entsprechen zwei Handlungsstränge. Zum einen das Bemühen Childerichs, nach der Devise *»la famille c'est moi«* seine fixe Idee von einer *»totalen Familie«* zu realisieren, indem er durch verschiedene Verwandtenehen und Adoption sein eigener Großvater, Vater, Schwager, Oheim und Neffe wird. Zum andern die Karriere des Psychiaters und Wut-Spezialisten Professor Horn, von dessen grotesken, auf Ansetzen von *»Nasenzangen«* und Zertrümmerung von Figuren beruhenden Heilmethoden Childerich eine Besänftigung seines Ingrimms erhofft. Zwischen beiden Strängen und ihren Nebenverästelungen sind die Kräfte der ominösen Firma *»Hulesch & Quenzel«* wirksam, eines Instituts für *»artificielle Vexationen«*, das weltweit die *»Tücke des Objekts«* verwaltet und vertreibt. Während Childerichs Versuch familiärer Totalisierung am Widerstand des Karolingers Pipin, den er der *»Unübersichtlichkeit«* der Familie wegen als Majordomus eingestellt hat, und eines Teils der eigenen Familie scheitert (man entmannt ihn schließlich und beraubt ihn seines komplizierten Bartsystems, dessen einzelne Teile seine diversen familiären Funktionen symbolisieren), gelingt Professor Horn nach verschiedenen Rückschlägen durch die Konkurenz der *»Beutelstecher«*, die eine schonendere Behandlungsmethode praktizieren, die Verfeinerung seines Verfahrens und die Krönung seiner Laufbahn als Psychiater mit der Erfindung des maschinell betriebenen *»Horn'schen Wuthäusleins DBP«* zur *»Verhebung«* von *»affektivem Geschehen auf eine sachliche Ebene«*.

Der Epilog enthüllt diese Monstrositätenschau als Opus *(»Mordsblödsinn«)* des im Roman auftretenden Schriftstellers Doctor Döblinger. Der skurril-anachronistische Reiz der Karikatur und Satire des Romans ergibt sich aus der ernsthaft-wissenschaftlichen Beschreibung eines mittelalterlichen Grobianismus und dessen Ansiedlung im technisierten, von den Erkenntnissen der modernen Seelenkunde geprägten Heute. Doderer betreibt ein geistreiches, selbstironisches Spiel mit der eigenen Wutanfälligkeit; er entwirft ein grotesk-komisches Kompendium der Wut, das alles in Betracht kommende enthält: *»Praxis und Theorie, Phänomenologie und Psychologie, Charakterologie und Philosophie, Juristerei und Medizin, ja selbst Theologie der Wut«* (D. Weber). Darüber hinaus verarbeitet Doderer gleichsam im Zerrspiegel seine Ansichten, etwa über die hypertrophe *»Fachwissenschaft«* im Geist des 19. Jh.s, die Antiquiertheit des Adels im *»Zeitalter der Masse«*, die Problematik physiognomischer Beurteilung und Ambivalenz totalitärer Systeme. Doch auch ohne tieferes Verständnis von Doderers hochkomplexer gedanklicher Konstruktion und ihrer gesellschafts- und zeitkritischen Bedeutung bieten die *Merowinger* eine vergnügliche Lektüre. O.F.B.-KLL

AUSGABEN: Mchn. 1962. – Mchn. 1965 (dtv).

LITERATUR: P. v. Tramin, *Zu H. v. D.s »Merowingern«* (in Wort in der Zeit, 8, 1962, H. 12, S. 34–41). – E. Stengel, *Doctor D.s Wuthäuslein* (in Forum, 9, 1962, S. 501). – A. M. dell'Agli, *Postilla a D. »I Merovingi«* (in AION, 6, 1963, S. 83–99). – E. Koller, *Von Abergeil bis Zilken. Zur Wortwahl und Wortbildung in D.s Roman »Die Merowinger«* (in *Studien zur Literatur des 19. u. 20. Jh.s in Österreich*, Hg. J. Holzner u. a., 1981, S. 219–229).

## DIE STRUDLHOFSTIEGE oder Melzer und die Tiefe der Jahre

Roman in vier Teilen von Heimito von DODERER, erschienen 1951. – Von Doderer das »Zentrum der Substanz meines Schreibens überhaupt« genannt, wird der *Strudlhofstiege* von der Forschung eine Sonderstellung unter den Romanen der fünfziger Jahre zugewiesen. Doderers Werk hat Teil an der Konzeption des »totalen Romans«. Die atmosphärische Dichte des Werks, sein wienerisch-saloppen Ton verleihen dem komplexen Gefüge Einheitlichkeit und Stimmigkeit. Die *Strudlhofstiege* ist Entwicklungs- und Familienroman, Zeit- und Gesellschaftsroman, Liebes- und Intrigenroman in einem. Technisch bewältigt Doderer das komplizierte Geflecht von Ereignissen und Gestalten durch ein *»polygraphisches Erzählmuster«* (D. Weber): Der Hauptfigur wird eine *»Umweg-Figur«*, über die der Autor sich dem Protagonisten annähert, zur Seite gestellt, beide sind umgeben von zahlreichen weiteren, prinzipiell ebenbürtigen Akteuren; alle Episoden, die sämtlich ihren Ausgang von einem jeweils mit einer Figur in einer bestimmten Situation gesetzten Zentrum nehmen, beziehen sich auf einen *»festen Finalpunkt«*, den 21. September 1925. Wissend um allfällige Schwierigkeiten bei der Lektüre der *Strudlhofstiege*, erläutert Doderer in einem *»Entwurf für den Verlag« (Tangenten*, 28. 1. 1948) sein Thema: *»Das Buch zeigt, was alles zum Dasein eines verhältnismäßig einfachen Menschen gehört. Und welcher langer Hebel – von Konstantinopel bis Wien, von Budapest bis Buenos Aires – das Leben bedarf und sich bedient und wievielerlei Kräfte es daran wendet, um auch nur einen einzigen solchen einfachen Mann durch die Etappen seines Schicksals zu bewegen; welches so sehr zum Kreuzungspunkt vieler Schicksale wird, daß es mitunter fast nur als deren Verbindendes erscheint ...«*. Der Roman durchkreuzt das suggerierte klassische Bildungsromanschema jedoch gründlich. Gewiß gelangt der ehemalige k. u. k. Infanterieleutnant Melzer, nach dem Ersten Weltkrieg als Amtsrat bei der österreichischen Tabak-Regie angestellt, kraft des alle Fäden seines Schicksals souverän in der Hand haltenden Erzählers zu tieferer Einsicht in seinen Lebensweg, dessen Etappen analytisch erhellt werden und der schließlich ein idyllisches glückliches Ende in der Hochzeit mit der Kleinbürgerin Thea Rokitzer findet. Die *»wesentliche Biographie«*, Melzers Entwicklungs- und Reifungsgeschichte, wird gekreuzt und parallelisiert mit der Bildungsgeschichte der *»Umweg-Figur«* der autobiographischen Figur des Gymnasiasten, Studenten und Historikers René Stangeler; diese beiden Lebensschicksale sind eingebettet in eine Fülle von Romanfiguren, deren eigene Geschichten zu beziehungsreich verschränkten Romanen im Roman auswuchern – ein fast unüberschaubares Panorama der Wiener Gesellschaft aller Schichten vor und nach dem Ersten Weltkrieg.

Diese Zeiträume, genauer: die Jahre 1911 und 1925, bilden die beiden Spannungspole des Romangeschehens, der Fahrt in die »Tiefe der Jahre«. Der personellen Verflechtung entspricht die temporäre, die erfahrene und gelebte Vergangenheit wird zur erinnerten Gegenwart, durch die bunte Oberfläche des Präsens brechen die verworrenen Wurzeln eines erst im Erzählen sich vollendenden imperfekten Perfekts. Das durchsichtige Prinzip dieser epischen Fahrten in die Vergangenheit und Vorvergangenheit ist der Verzicht auf einen eindeutig linearen, kontinuierlichen Handlungsablauf. Der Roman beginnt im Jahre 1923, weist voraus auf den Anfang und Ende wie eine Klammer zusammenhaltenden Unfall der Mary K. am 21. September 1925, blendet im ersten und zweiten Teil immer wieder auf die Jahre 1911 und 1918–1925 zurück und voraus, um dann schließlich doch im dritten und vierten Teil vom Sommer bis in den Herbst 1925 kontinuierlich fortzuschreiten.

Das ruhende, »mythische« Zentrum in der brodelnden Dynamik der personellen und temporären Verschränkungen ist die topographisch exakt vergegenwärtigte, durch Doderers Roman berühmt gewordene Strudlhofstiege, ein verwinkeltes, mit Treppen und Rampen ausgestattetes Verbindungsbauwerk zwischen zwei Wiener Straßen, dessen Erbauer der Roman preziös gewidmet ist. Die Stiege ist ein die Zeiten überdauerndes und zugleich verknüpfendes Monument, gewählter oder zufälliger Treffpunkt der Figuren, *»die Lebensbühne dramatischen Auftrittes«* – der *»Nabel einer Welt«*: Ihre mehr als nur kulissenhafte Topographie versinnbildlicht allegorisierend die Struktur des Romans, der vom *genius loci* lebt und diesem zugleich in seiner komplexen Form episches Leben verleiht. *Die Strudlhofstiege*, von Doderer als *»Rampe«* zu seinem umfangreichsten Romanwerk *Die Dämonen* (1956) verstanden, weil dort die Fäden der Lebensschicksale einiger Figuren weitergesponnen werden, erweist sich gleichwohl als geschlossenes Ganzes einer höchst artistischen Formkunst, als hermetische Selbstreflexion des Romans. Zwar scheint in der Schilderung der Lokalitäten, in der geradezu unheimlichen, bisweilen manierierten Imitation österreichischen Kanzleistils wie im sozialpsychologisch breitgefächerten Figurenreigen das Wien der Zeit unverwechselbar präsent zu sein. Aber diese Elemente sind nur konstituierende Funktionsträger des Romanganzen, der allegorischen Bühne der Wirklichkeit – einer Wirklichkeit freilich, die das Filter von Doderers Überzeugung passiert hat, derzufolge der *»Einhieb«* von 1918, der Zusammenbruch der Donaumonarchie, dem Vergangenheit und Gegenwart überbrückenden Kontinuum des *»übernationalen«* österreichischen Bewußtseins nichts anhaben konnte.

M.Schm.-KLL

Ausgaben: Mchn. 1951. – Mchn. 1955. – Mchn. 1976 (dtv). – Mchn. 1985.

Literatur: A. Haslinger, *Wiederkehr und Variation. Bildkette und Bildgefüge in D.s Roman »Die Strudlhofstiege«* (in *Sprachkunst als Weltgestaltung*, Hg. ders., Salzburg/Mchn. 1966, S. 88–130). – A. Boelckevy, *Rhetorische Darstellungsmittel in H. v. D.s »Strudlhofstiege«*, Diss. Univ. of Pennsylvania 1970. – H. v. D., *Ouvertüre zu »Die Strudlhofstiege«* (in H. v. D., *Die Wiederkehr des Drachen*, Hg. W. Schmidt-Dengler, Mchn. 1970, S. 263–272; Vorw. W. H. Fleischer). – R. Fischer, *Studien zur Entstehungsgeschichte und zum Aufbau der »Strudlhofstiege« H. v. D.s*, Diss. Wien 1971; ern. Wien/Stg. 1975. – M. Wiedenhofer, *Die Konfiguration in H. v. D.s »Strudlhofstiege«*, Diss. Wien 1971. – P. Dettmering, *Trennungsangst und Zwillingsphantasie in H. v. D.s Roman »Die Strudlhofstiege«* (in Psyche, 26, 1972, S. 549–580). – W. Schmidt-Dengler, *»Die Strudlhofstiege«* (in Das größere Österreich, 1982, S. 387–391). – A. Davies, *A Study of Structure, Narrative Technique and Imagery in H. v. D.s »Die Strudlhofstiege«*, Diss. London 1983. – A. Kluba, *Wie entstand »Die Strudlhofstiege«?* (in *Interpretationen und Polemiken*, Hg. K. Koczego u. K. Skrzypczak, Kattowitz 1984, S. 105–117). – L. Rohner, *»Die Strudlhofstiege«* (in Roman et société, 1984, S. 193–204).

## TANGENTEN. Tagebuch eines Schriftstellers 1940–1950

Tagebuchaufzeichnungen von Heimito von Doderer, erschienen 1964. – Doderer bezeichnete seine Tagebücher, die er in beinahe lückenloser Folge von 1920 bis zu seinem Tod im Dezember 1966 geführt hat, als *»Quellgrund, aus welchem alles kam, was Form gewann« (Tangenten*, Vorwort). Tatsächlich sind diese Aufzeichnungen ein »repertorium existentiale« des Dichters, das einen tiefen Einblick in seine Gedankenwelt, seine Auseinandersetzung mit philosophischen, psychologischen und ästhetischen Problemen gewährt. In den *Tangenten* entwickelt Doderer seine poetologische Konzeption des »totalen Romans« und seine künstlerischen Leitvorstellungen; eine Bezugnahme auf aktuelle politische Ereignisse fehlt beinahe ganz, ebenso bleiben Schilderungen von persönlichen Erlebnissen eher im Hintergrund. Solcherart stellt Doderers Tagebuch das intellektuelle Substrat lebendiger Erfahrung dar: *»Es scheint, als leugnete ich die Möglichkeit des Tagebuches. Aber das wirkliche – nämlich auf seinen Verfasser wirkende – Tagebuch besteht aus einer aufbewahrten Reihe von Momentaufnahmen der Stellungen, mit welchen unsere Intelligenz jeweils auf das anschwemmende und andrängende Leben reagierte, ob nun dieses Leben in Lesen, Kriegführen, Arbeiten oder Verliebt-Sein besteht: hier wird es für den Augenblick definiert, für den augenblicklichen Bedarf des Existenzkampfes einer Persönlichkeit bezwungen, erleichtert«.*

Fünfzehn chronologisch geordnete Tagebücher bilden zusammen mit dem *Epilog auf den Sektionsrat Geyrenhoff (Tangenten II., 1940/44)* das Textcorpus der nur teilweise in der Form eines Diariums gehaltenen Aufzeichnungen; Aphorismen, Abhandlungen, Gedankensplitter zu Stichworten (wie *»Denken und Schreiben«, »Sympathie und Antipathie«, »Konservativismus«, »Nationalismus«, »Vom Indirekten«*), Lesefrüchte, Chroniken stellen die disparaten Elemente der von Doderer beabsichtigten *»perfekten Formlosigkeit«* des Tagebuches dar. Nachdem er 1940 zur deutschen Wehrmacht einberufen worden war, verbrachte Doderer die Kriegsjahre als Offizier in Frankreich und Rußland. Seine literarische Arbeit konzentrierte sich in dieser Zeit notgedrungen auf das Tagebuch. Doderers schriftstellerische Entwicklung war im Zuge der politischen Ereignisse in eine Krise geraten: 1940 war die Frage nach der Fortführung des bis zum 1. Teil fertiggestellten Romans *Die Dämonen* unentschieden, aus den in den Tagebüchern festgehaltenen Reflexionen über die gescheiterte ursprüngliche Konzeption des Romans und spontanen Erinnerungsaufzeichnungen an den Wiener Stadtteil Alsergrund und eine Mary K., bei der Doderer Ende der zwanziger Jahre einmal kurzzeitig gewohnt hatte, *»konstituierte sich plötzlich«* ein neuer Roman, *Die Strudlhofstiege*: die Entstehungsgeschichte der beiden großen epischen Werke Doderers ist also eng mit den Tagebüchern jener Jahre verbunden (vgl. Doderers kommentierende Eintragung vom 25. 10. 1957 vor dem Abschnitt III. der *Tangenten*). Zugleich liefert das letzte der aufgenommenen Tagebücher, das *Blaue Buch* von 1950 (XVI.), einen ausführlichen Kommentar des Autors zur *Strudlhofstiege*.

Im Zusammenhang mit der Analyse der *»autobiographischen Figuren«* jener Romane, des Sektionsrates Geyrenhoff *(Die Dämonen)* im *Epilog* und des Studenten René Stangeler *(Die Strudlhofstiege)* im *Roten Heft* (*IV.*, 1942/43), versucht Doderer eine Ortung seiner schriftstellerischen Existenz: Indem er diesen Figuren seine Probleme zuschreibt, dienen die Tagebücher einer indirekten Selbstklärung und werden dadurch gleichzeitig zu einem Dokument der Selbststilisierung. Aus diesen Erörterungen entwickelt Doderer jene Kategorien, die für seine Romantheorie von zentraler Bedeutung sind: Er beruft sich auf die für die klassische Ästhetik höchst bedeutsame Idee der Wechselbeziehung zwischen dem Besonderen und dem Allgemeinen und schließt sich Goethes Universalitätsforderung an, die wiederum ihre konsequente Ergänzung in Doderers Postulat einer *»universalen Apperception«* findet, der absoluten Bedingung für den die Totalität des Lebens umgreifenden Roman. Aus dem Gegensatz von *»Apperception«*, jener *»chymischen Bindung von Innen und Außen« (V., Das kahle Zimmer* 1942/43), der Offenheit des Menschen für das Hier und Jetzt, und der *»Deperception«*, der Verschließung gegenüber dem Leben (in der Doderer nicht nur selbstkritisch seinen eigenen Mangel, sondern global die Krankheit seiner Zeit gesehen hat), er-

stellt Doderer das für sein Zeit- und Menschenbild eminent wichtige Schema zweier Wirklichkeiten: im Gegensatz zur *»ersten, faktischen Wirklichkeit«* mit einem Mindestmaß an *»beziehungsreicher Dekkung der Innenwelt des Menschen mit seiner Außenwelt«* stehe die *»zweite, phantasmagorische, durch Ideologien errichtete Wirklichkeit« (X., Grünes Buch* 1946); *Die Dämonen* als Zustandsbeschreibung einer solchen Befangenheit sind die poetische Umsetzung dieses Leitgedankens Doderers.
Ihre Fortsetzung fanden die Tagebücher mit den in zwei Bänden postum herausgegebenen *Commentarii* (1951–1956, erschienen 1976; 1957–1966, erschienen 1986), deren Titel Doderer bereits in den *Tangenten* mit Überlegungen bedacht hatte, die auf sein gesamtes Tagebuchwerk zutreffen: *»Die Alten dachten bei dem Ausdrucke ›Commentarii‹ an Aufzeichnungen, die sich ohne Plan ergeben haben, ohne Komposition, und doch den Gegenstand mitunter sogar durchdringend, meistens anleuchtend, sei's auch nur mit einem Streiflichte, jedenfalls aber wortausführlich apperzipierend.«* C.Fi.

AUSGABE: Mchn. 1964. – Mchn. 1968 (dtv).

LITERATUR: E. Buddeberg, *»Tangenten«* (in Dt. Beiträge zur geistigen Überlieferung, 7, 1972).

## EIN UMWEG

Roman von Heimito von DODERER, entstanden 1931, Neufassung 1934, erschienen 1940. – Der kleine Roman *»aus dem Zeitstoffe des österreichischen Barocks«* veranschaulicht Doderers *»fatologische«* Existenzphilosophie, die eng mit der Vorstellung des *»Indirekten«* verbunden ist: indirekt, auf Umwegen, verlaufen die Schicksalsgesetzlichkeiten des Lebens.
In einem auf historischen Studien beruhenden Genrebild von Stadt und Land in Österreich unmittelbar nach Ende des Dreißigjährigen Krieges werden zwei schicksalhaft miteinander verknüpfte Lebensgeschichten erzählt: in der Rahmenhandlung die des jungen Korporals Paul Brandtner und in der Binnenhandlung die des spanischen Grafen Manuel Cuendias. Im Gefängnis erkennt der aus dem Dreißigjährigen Krieg verabschiedete Korporal, daß seine bevorstehende Hinrichtung konsequenter Abschluß eines verwilderten Lebens sein wird; als er unter dem Galgen trotzdem um Gnade fleht, löst ihn ein Mädchen aus der Menge in leidenschaftlichem Kampf unter der Bedingung der Heirat aus der Hand des Henkers. Der wachhabende spanische Leutnant Cuendias findet, tief betroffen, in dieser *»Galgenbraut«* Hanna, die Dienstmagd eines befreundeten Hauses, wieder und schenkt dem Paar einen Beutel Goldmünzen. Cuendias, der sich vor einer um dieses Geldgeschenk entstandenen Verleumdung aus der Wiener Hofgesellschaft zurückzieht, versucht vergeblich, seine insgeheim entstandene Liebe zur Dienstmagd aus Charakter- und Standesprinzipien zu unterdrükken. Nach dem Scheitern einer anderen Liebesbeziehung trifft er in einem steirischen Dorf scheinbar aus purem Zufall Brandter und Hanna wieder. Dort hat man den beiden, nachdem die kriminelle Vergangenheit Brandters bekannt geworden war, das Leben verleidet. Als Cuendias, seiner Sehnsucht schließlich doch nachgebend, nachts zu Hanna schleicht, ersticht ihn Brandter. Er wird verurteilt und endet kurz darauf am Galgen.
Wenn Brandter zunächst der Hinrichtung entgeht, nach Jahren aber doch durch den Strick umkommt, dann erscheint der zwischen beiden Gerichtsszenen liegende Handlungsverlauf, wie der Titel besagt, als *»Umweg«*. Ebenso endet Cuendias' Versuch, der von Hanna ausgehenden erotischen Faszination zu entkommen, nach vielfachen Anstalten endlich doch in der Annahme dieser Bindung. Doderers psychologisches Theoriegebäude liefert den Schlüssel für die Charakterzeichnung der Figuren: Manuel, der seine Ansichten bedingungslos und direkt durchsetzen will, versperrt sich mit dieser *»Apperceptionsverweigerung«* der *»Universalität des Lebens«*; seine *»Menschwerdung«* beginnt, als er sich den Schicksalsmächten öffnet und nachgibt. Immer jedoch handeln die Figuren wider ihr eigenes Wissen *»schicksalsrichtig«*, abgründig ist das Verhältnis von Wahrheit und Irrtum, Leben und Tod. In das erzählerische Gedankenspiel über das Leben als Umweg zum Tod fügt sich stimmig der »Fortuna«-Begriff des Barock ein, demzufolge der Mensch der willkürlichen Macht des Schicksals ausgeliefert ist. Das Werk entstand während der Arbeit an den *Dämonen*, es wird, ebenso wie *Die Bresche* (1924), *Das Geheimnis des Reichs* (1930) sowie der nach dem *Umweg* verfaßte Roman *Ein Mord den jeder begeht* (1938) vom Autor zu den *»Jugendwerken«* gerechnet, obgleich es charakteristische Erzählmittel von Doderers großen Romanen bereits vorwegnimmt. E.H.V.-KLL

AUSGABEN: Mchn./Bln. 1940, [2]1950. – Mchn. 1978.

LITERATUR: S. Hayward-Jones, *Fate, Guilt and Freedom in H. v. D.'s »Ein Mord, den jeder begeht« and »Ein Umweg«* (in GLL, 14, 1961, S. 160–164).

## ALFRED DÖBLIN

* 10.8.1878 Stettin
† 26.6.1957 Emmendingen

LITERATUR ZUM AUTOR:
*Bibliographien:*
W. Preiz, *A.-D.-Bibliographie 1905–1966*, Freiburg i. B. 1966. – L. Huguet, *Bibliographie A. D.*, Bln./Weimar 1972.

*Gesamtdarstellungen und Studien:*
*A. D.*, Hg. H. L. Arnold, Mchn. 1966; [2]1972 (Text + Kritik). – H. Elshorst, *Mensch u. Umwelt im Werk A. D.s*, Diss. Mchn. 1966. – L. Kreutzer, *A. D. Sein Werk bis 1933*, Stg. 1970. – W. Veit, *Erzählende u. erzählte Welt im Werk A. D.s Schichtung u. Ausrichtung der epischen Konzeption in Theorie u. Praxis*, Tübingen 1970. – W. Weyembergh-Boussart, *A. D., seine Religiosität in Persönlichkeit u. Werk*, Bonn 1970. – K. Blessing, *Die Problematik des ›modernen Epos‹ im Frühwerk A. D.s*, Meisenheim a. Gl. 1972. – K. Müller-Salget, *A. D. Werk u. Entwicklung*, Bonn 1972 [rev. u. erw.]. – *A. D. im Spiegel der zeitgenössischen Kritik*, Hg. I. Schuster u. I. Bode, Bern/Mchn. 1973. – M. Prangel, *A. D.*, Stg. 1973; [2]1987 (neubearb.; Slg. Metzler). – M. Auer, *Das Exil vor der Vertreibung. Motivkontinuität u. Quellenproblematik im späten Werk A. D.s*, Bonn 1977. – L. Huguet, *L'Œuvre d'A. D. ou la dialectique de l'exode 1878–1918. Essai de psychocritique structurelle*, Lille 1978. – K. Schröter, *A. D. in Selbstzeugnissen und Bilddokumenten*, Reinbek 1978 (rm). – A. Wichert, *A. D.s historisches Denken*, Stg. 1978. – *A. D. 1878–1978*, Hg. J. Meyer u. U. Doster, Marbach [2]1978 [Ausst. Kat.]. – *Zu A. D. Interpretationen*, Hg. I. Schuster, Stg. 1980. – R. Links, *A. D. Leben u. Werk*, Bln./DDR [3]1980 [bearb.]; ern. Mchn. 1981. – E. Kobel, *A. D. Erzählkunst im Umbruch*, Bln. u. a. 1985. – *Internationale A. D. – Kolloquien 1980–1983*, Hg. W. Stauffacher, Bern u. a. 1986. – H. Kiesel, *Literarische Trauerarbeit. Das Exil- und Spätwerk A. D.s*, Tübingen 1986.

## BABYLONISCHE WANDRUNG ODER HOCHMUT KOMMT VOR DEM FALL

Roman von Alfred DÖBLIN, erschienen 1934. – Noch Ende 1932 begonnen und 1933 auf der Flucht aus dem nationalsozialistischen Deutschland in Zürich und Paris fertiggestellt, ist die *Babylonische Wandrung* einer der wenigen bedeutenden komischen Romane der deutschen Literatur der Moderne. Das Werk scheint erzähltechnisch wie inhaltlich als Gegenstück zu *Berlin Alexanderplatz* (1929) konzipiert zu sein. Hier wie dort ist der Held ein Gescheiterter, der nach einer Phase der Weltentzogenheit – in Form des Götterschlafes oder des Gefängnisaufenthalts – zu einer büßenden Rückeroberung seiner früheren Wirkungsstätte aufbricht und am Ende Tod und Auferstehung durchlebt. Hier wie dort kommentiert der Autor selbst immer wieder seine Montagen, die allerdings in der *Babylonischen Wandrung* größtenteils zu witzigen Grotesken überzogen sind.

Als Jude selbst auf der Flucht aus Deutschland, erzählt Döblin die Geschichte des *»babylonisch-chaldäisch-assyrischen«* Gottes Konrad – historisch Marduk – der, vom jüdischen Propheten Jeremias durch einen Fluch entmachtet, eines Tages in der Gegenwart des 20. Jh.s erwacht und seinen Bußweg durch die Welt antritt. Wie ein Neurotiker, dessen eingebildete Realität mit der wahren, aus der er sich entfernt hat, in Konflikt gerät, macht sich Konrad auf zu seiner »Wandrung« durch die Welt, um die narzißtische Kränkung seines Falls zu überwinden; er vollzieht dabei die religiös vermittelte Wandlung zum Menschen. Als der vom Himmelsthron vertriebene Gott jedoch seine Heimatstadt Babylon für immer unter Schutt begraben findet, wird aus seiner Wanderung eine heitere Großstadttour mit längeren Aufenthalten in Konstantinopel, Zürich und Paris. Zunächst allerdings durchlebt Konrad unter Führung seines mephistophelischen Untergottes Georg in einem satirischen Kurzlehrgang die Primärstadien menschlicher Sozialisation: Analphase, Oralphase und Spracherwerb. Er lernt Leidenschaften und Begierden, Liebe und Weltgenuß kennen, und es sind seine Erfahrungen mit Frauen, die ihn davor bewahren, wie seine mitexilierten Götterkollegen Georg und Waldemar – beide je ein polares Alter ego Konrads – auf die schiefe Bahn zu geraten: Der eine wird zum korrupten Kapitalisten, der andere Alkoholiker.

Nach einem für die Romane Döblins typischen Muster macht Konrad in der *Babylonischen Wandrung* einen schmerzhaften *»Prozeß der persönlichen Enthüllung und Erfüllung«* auf den verschiedenen Stufen der Menschwerdung durch, bis er, als ein an Depressionen und manischen Zuständen leidender *»Vertreibungsneurotiker«* (Kiesel), seinen »himmlischen« Hochmut ablegt und sich bescheidet, in Gottes vortrefflicher Weltordnung ein kleiner Teil zu sein. Drei erkenntnisreiche Zusammenbrüche sind nötig, um den versteinerten Konrad, der als Clochard in Paris lebt, aus seiner Verzweiflung über die Ungerechtigkeit und Grausamkeit der Zeit zur Einsicht in den großen, letzten Sinn der Welt zu führen: Der Tod seiner Geliebten Alexandra in Konstantinopel, von der er emotional abhängig war, die *»Sonderfahrt«*, die Georg mit ihm unternimmt, um ihm die ganze Schlechtigkeit dieser Welt zu zeigen, schließlich die Schwermut, die ihn nach vielen Jahren in der Großstadt Paris überfällt und ihn veranlaßt, den Städten den Rücken zu kehren. Konrads *»großes Weinen über die Städte«* steht am Ende seiner *»geschichtlichen Trauerarbeit«* (Kiesel), und er gewinnt die Einsicht: *»Eine große Führung durchzieht diese Welt und sichtet alles, was geschieht. Gerechtigkeit ist noch das Geringste, was hier geschieht.«* Die quasi-religiöse Wendung des Romans beginnt vor der Gestalt des Gekreuzigten, des *»Schmerzenmannes«*, in Notre-Dame de Paris. Konrad widersteht dem Versucher Satan-Georg, der ihn zur zynischen Bejahung der schlechten Welt anstiften will, und beschließt, Gott zu helfen: Er entdeckt die Möglichkeit der Tat. Gereift akzeptiert er sein Dasein als einfacher Mensch und gründet mit seiner Familie (er hat in Paris geheiratet) eine Landkommune, um schließlich, nach einem letzten psychotischen Schub seines göttlichen Größenwahns, friedlich zu entschlafen. Humor ist zuletzt das Heilmittel, mit dem er Exilierungsdepression und narzißtische Gottesneurose überwindet.

Ungeachtet ihrer grotesk-surrealistischen Züge und ihres burlesken Witzes, wozu auch die Zeichnungen von P. L. Urban beitragen, wurde die *Babylonische Wandrung* bis heute kaum rezipiert. Einige zeitgenössische Kritiker hatten den Roman als mit den *»dümmsten nationalsozialistischen Dichtungen«* (A. Stübs) vergleichbar abgelehnt. Der Schluß des Romans gilt zu Unrecht als mißlungen (W. Muschg), obwohl er mit seiner Naturideologie recht genau Döblins damaligen theoretischen Anschauungen entspricht, wie er sie in den Essays *Das Ich über die Natur* (1928) und *Unser Dasein* (1933) festgehalten hatte. Danach trägt der Mensch die *»Ursubstanz der Welt«* in sich, hat sich aber als Individuum aus der ursprünglichen Einheit mit der Welt entzweit, um in einer *»Hin- und Herbewegung«* wieder zu dieser Einheit zurückzufinden. Dieser Austausch, in dem sich der Mensch sowohl organisch wie sozial an seine Umwelt anpaßt und den Döblin mit den physikalischen Phänomenen Resonanz und Schwingung anschaulich vergleicht, begründet die Auflösung des Romanendes. Größtenteils in der Zürcher Zentralbibliothek und der Bibliothèque Nationale de Paris geschrieben, stellt sich der Roman als riesige Collage aus Zitaten, Zeitungsartikeln, Bildungsbonmots und Buchexzerpten dar; naturwissenschaftliche Exkurse stehen neben mythologischen Sequenzen aus dem Gilgamesch-Epos, der griechischen Mythologie oder der Bibel. Der Autor entwirft ein groteskes Zerrbild der Welt, durchbrochen von direkten Anreden an den Leser und poetologischen Selbstreflexionen (*»Das läßt sich von der Zentralbibliothek in Zürich aus schwer sagen, ich bediene mich deshalb einer vieldeutigen Unbestimmtheit im Ausdruck«)*.

Generell läßt sich die *Babylonische Wandrung* als Auseinandersetzung mit der Stadt als Schreibbedingung und mit der Exilsituation lesen. Als geradezu enzyklopädisches Unternehmen erscheint dieser Roman, der hinter all seinen Grotesken und absurden Bildwelten Döblins Verzweiflung über die Ereignisse seiner Zeit deutlich werden läßt: *»Den sinkenden, versunkenen Göttern, den sinkenden, versunkenen Völkern, den sinkenden, versunkenen Menschen ist unser Buch gewidmet! Eines unserer Augen lacht, eines weint.«* Damit ist zugleich das Gestaltungsprinzip des Werks beschrieben, das in seiner Verbindung von Schelmen- und Bildungsroman unbeirrt an der Vorstellung einer höheren, sinnhaften Ordnung der Welt festhält: *»Zu zeigen, wie das Böse, das Chaos, hinter allem Menschentum lauert, wie die gesamte Weltgeschichte eine babylonische Wanderung ist: Das ist das großangelegte und stilistisch gewagte Vorhaben des Romans. Das andere ist moralisch-didaktischer Natur: An Konrads Werdegang soll deutlich werden, daß ›Wandrung‹ zu ›Wandlung‹ führen kann, daß der Mensch einen Ziel- und Bezugspunkt im Leben finden kann«* (O'Neill).

H.B.H.

Ausgaben: Amsterdam 1934. – Olten/Freiburg i. B. 1962 (*AW*, Hg., Nachw. W. Muschg). – Mchn. 1982 (dtv).

Literatur: A. Stübs, Rez. (in Neue deutsche Blätter, 1, 1933/34). – L. Marcuse, *D. über Gott und die Welt und einiges mehr* (in Das Neue Tagebuch, 2, 1934, S. 523 f.). – N. Mairs Watt, *A Critical Analysis of A. D.'s Novel: »Babylonische Wandrung oder Hochmut kommt vor dem Fall«*, Ldn. 1977. – P. O'Neill, *Babylonische Wandrung* (in *Zu A. D.*, Hg. I. Schuster, Stg. 1980, S. 149–159). – H. Kiesel, *Literarische Trauerarbeit. Das Exil- und Spätwerk A. D.s*, Tübingen 1986, S. 96–131.

## BERGE, MEERE UND GIGANTEN

Roman von Alfred Döblin, erschienen 1924. – Nach den historisch orientierten Romanen *Die drei Sprünge des Wang-lun* sowie *Wallenstein* beabsichtigte Döblin ursprünglich, den naturmystischen Tendenzen dieser Werke die gelungene Utopie einer technisierten Welt entgegenzustellen. Tatsächlich entstand mit *Berge, Meere und Giganten* die erste episch bedeutende Vision in deutscher Sprache über die Zukunft einer Welt, die von Naturwissenschaft und Technik beherrscht wird, an deren Ende jedoch eine nur demütig-bescheidene Perspektive steht. Das Werk entstand in den Jahren 1921 bis 1923 und spiegelt auch die politische Resignation des Autors wider, der sich 1919 bis 1921 mit provokant antibürgerlichen Essays (unter dem Pseudonym »Linke Poot«) in der ›Neuen Rundschau‹ zu aktuellen Problemen zu Wort gemeldet hatte. Rückblickend schreibt Döblin 1948, das eigentliche Thema des Romans sei gewesen: *»Was wird aus dem Menschen, wenn er so weiterlebt?«*

Die Fortentwicklung der modernen Technik hat bis zum 24. Jh. zu einer riesigen Überschußproduktion geführt, in deren Verlauf die Staaten sich auflösen. *»Stadtschaften«* bilden sich, die die Verteilung der Güter organisieren, zunehmend aber von neuen Herrscherschichten dominiert werden; die westlichen Stadtschaften schließen sich im Imperium London-New York zusammen. Die Erde verstädtert, *»Lichtstädte«* und *»Glasstädte«* entstehen, die Frauen emanzipieren sich und erscheinen als Heerführer und Diktatorinnen. Mit der Erfindung der künstlichen Lebensmittelsynthese vollzieht sich die völlige Ablösung des Menschen von der Natur, der einzelne geht in der Masse unter. Ein an Genuß orientierter Lebensstil breitet sich aus, entartet jedoch in Zerstörungswut und provoziert Krieg. Der Kampf der westlichen Stadtschaften gegen die chinesisch-japanische Welt fordert zahllose Opfer; dieser Uralische Krieg endet mit dem Rückzug des Westens.

In der Folgezeit kommt es, ausgehend von der Stadtschaft Berlin, zu einer Erneuerung des natürlichen Lebens, eine Bewegung der *»Siedler«* entsteht, die autarke, selbstbestimmte Lebensformen anstrebt. Energie- und Nahrungsvorräte werden vernichtet, Massentötungen mit Strahlenwaffen und überdimensionierten Brandwerfern sollen – vergebens – die Übervölkerung der Erde stoppen. Neue Siedlungsräume müssen gefunden werden,

die Vulkane Islands geben schließlich die Energie für jene *»Turmalinschleier«*, mit deren Hilfe die Insel Grönland enteist wird. Das Unternehmen gelingt, jedoch beleben sich zugleich die Keime vorzeitlicher Ungeheuer und Pflanzen, die jahrtausendelang im Eis konserviert waren. Die Kreidezeit kehrt auf die Erde zurück, die Welt der Saurier breitet sich aus und droht, das gesamte Abendland zu zerstören. Mit Hilfe der *»Turmalinschleier«* gelingt es, Menschen mit gigantischen Maßen zu züchten; auch Mischformen von Menschen und Pflanzen entstehen. Diese Wesen wehren die Angriffe der Saurier ab, aber die Menschheit, die ihre Siedlungen mittlerweile unter die Erde verlegt hat, zerfleischt sich schließlich selbst. Nur die autark lebenden *»Siedler«* überleben; sie führen – der Roman spielt mittlerweile im 27. Jh. – ein genügsames Leben in einer Gemeinschaft ohne Technik, verehren das Feuer und die Natur und gedenken der *»Giganten«* in Denkmälern.
Leitmotivisches Thema des Romans ist letztlich die *»Ohnmacht der menschlichen Kraft«* gegen die Natur, die in der dem Text vorangestellten *Zueignung* umschrieben wird als *»Tausendfuß, Tausendarm, Tausendkopf«*, als *»dunkle rollende tosende Gewalt«*, gegenüber der sich der Mensch nur in einem bewußt harmonischen Verhältnis behaupten kann. Wie in *Die drei Sprünge des Wang-lun* unterscheidet sich Döblin hierin vom futuristischen Programm MARINETTIS, obgleich formal in *Berge, Meere und Giganten* der Einfluß Marinettis wie in kaum einem anderen Werk Döblins sichtbar wird; in den grotesk-bizarren Bildern, dem Verzicht auf jegliche Psychologie oder dem individualisierten Helden, vor allem aber in einer Sprache, die in der Orientierung auf Klang, Geschwindigkeit und Verkürzung sich von jeder grammatikalischen Konvention emanzipiert.
1932 veröffentlichte Döblin eine zweite, um etwa ein Drittel gekürzte, Selbständigkeit beanspruchende Fassung des Romans, die, gerade auch weil die *»veränderte Quantität sogleich veränderte Qualität«* war (wie das *Nachwort* sagt), die Grundidee modifiziert und zugleich deutlicher herausstellt. Döblin befindet sich nun nicht mehr auf der Seite der Natur, die schon im Titel der ersten Fassung den Vorrang hatte, sondern, wenn sie über den Menschen herfällt, auf der Seite des Giganten, obwohl dieser nur die *»gigantische Entartung des Menschen«* ist. *»Jede Natur«*, so erläutert das Nachwort, *»müssen wir wie Eierschalen hinter uns lassen.«* Folgerichtig heißt die zweite Fassung nur noch *Giganten, ein Abenteuerbuch*. Sie soll die *»geschichtliche Situation der heutigen Menschheit«* vorführen, wie sie sich *»im Maschinenwesen einkrusten will, wie die Kruste erstickend wird und wie die Menschen sie unter unsäglichen Anstrengungen sprengen«*. L.D.

AUSGABEN: Bln. 1924. – Bln. 1932 (*Giganten, ein Abenteuerbuch*; gekürzte Fassg.). – Olten/Freiburg i. B. 1977 (in *Jubiläums-Sonderausg. z. 100. Geburtstag A. D.s*). – Olten/Freiburg i. B. 1978, Hg. E. Pässler (*AW*, Hg. W. Muschg).

LITERATUR: A. Döblin, *Bemerkungen zu »Berge, Meere u. Giganten«* (in NRs, 35, 1924, 1, S. 600–609). – M. Herchenröder, *»Berge, Meere u. Giganten«* (in *A. D. zum 70. Geburtstag*, Wiesbaden 1948). – A. Arndt, *Die Lit. des Expressionismus*, Stg. 1966, S. 80–106. – A. W. Denlinger, *A. D. »Berge, Meere u. Giganten«. Epos und Ideologie*, Amsterdam 1977. – V. Klotz, *D.s epische Penetranz. Zum sinnvoll-sinnlichen Umgang mit »Berge, Meere u. Giganten«* (in Sprache im technischen Zeitalter, 1977, S. 213–231).

## BERLIN ALEXANDERPLATZ. Die Geschichte vom Franz Biberkopf

Roman von Alfred DÖBLIN, erschienen 1929. – Das Werk ist der bisher bedeutendste deutsche Großstadtroman. Erzählt wird die Geschichte eines gutwilligen, aber schwachen *»kleinen Mannes«*, den dunkle, ungreifbare Mächte und Kräfte in ständiger Abhängigkeit halten, bis er am Ende seines Lebens endlich zur Besinnung kommt, seinen *»alten Menschen«* wegwirft und von nun an seine *»Vernunft«* zu gebrauchen beschließt. Die als ein Pandämonium geschilderte Großstadt – Häusergewirr und Menschentrubel, Zeitungs- und Reklamegeschrei, unterirdisch brodelndes Verbrechertum, Schlachthausdunst und Jazzrhythmen, Hurenwinkel und Kaschemmenphilosophie, Zuhälterpack, Flittermoral und strahlender Lichterglanz – ist der eigentliche Gegenspieler des ehemaligen Transportarbeiters Biberkopf, der aus dem Zuchthaus kommt und nun beschließt, *»anständig zu sein«*. Ehrlich will er bleiben, wenn er als Straßenhändler und Zeitungsverkäufer am Berliner Alexanderplatz steht, in Bierschwemmen, Tanzlokalen und Zuhälterkaschemmen seine Abende verbringt, und ist doch, ohne es selbst zu wissen, schon verloren. Denn *»verflucht ist der Mensch, der sich auf Menschen verläßt«*, das ist das Leitmotiv des Romans. Biberkopf, immer auf der Flucht vor der eigenen Vergangenheit, verläßt sich auf den Ungeeignetsten, einen skrupellosen Verbrecher, dessen dämonischer Macht er hörig wird. Er läßt sich von seinem neuen »Freund« Reinhold im Tauschhandel mit Frauen versorgen, wird in Verbrechen hineingezogen, verliert dabei einen Arm, weil der »Freund« den gefährlichen Mitwisser unter ein Auto stößt, und gelangt schließlich zu der Überzeugung, daß das Anständigbleiben in dieser Welt nicht lohne. Er sucht und findet eine »Braut« und wird ihr Zuhälter; jetzt arbeitet er nicht mehr und macht wieder dunkle Geschäfte. Doch Freund Reinhold, der Dämon der Unterwelt und immer auf Biberkopfs Spuren, raubt ihm die Geliebte, vergewaltigt und erwürgt sie. *»Ganz aus ist es mit dem Mann Franz Biberkopf«*, der als vermeintlicher Täter verhaftet wird: Er bricht zusammen und kommt in die Irrenanstalt. Nach dem Prozeß, der die Wahrheit zutage fördert, kann er vor Erschöpfung kaum noch nach Hause gehen, doch ist ihm nun endlich der *»Star gestochen«: »Man fängt nicht sein*

*Leben mit guten Worten und Vorsätzen an, mit Erkennen und Verstehen fängt man es an und mit dem richtigen Nebenmann.«*
Mit *Berlin Alexanderplatz* erreichte der Berliner Armenarzt Döblin, der das Milieu und seine Sprache genau kannte, einen Höhepunkt expressiver Sprachgestaltung, einen neuen Naturalismus, der *»den Bezug zur Metaphysik wiedergefunden«* hat (R. Minder). Die Technik der pausenlosen Monologe, der ununterbrochenen assoziierten Bilder und Vorstellungen scheint auf JOYCES *Ulysses*, der dauernde Wechsel der Szenerie auf Dos PASSOS' Großstadtroman *Manhattan Transfer* hinzudeuten, und tatsächlich »schneidet« Döblin wie Dos Passos nach Art der Filmtechnik Bilder und Szenen bis zu scheinbarer Zusammenhanglosigkeit. Aber W. Benjamin wies schon bald nach Erscheinen des Romans darauf hin, daß der »innere Monolog« bei Joyce eine *»ganz andere Zielsetzung«* und daß das Stilprinzip der Montage bei Dos Passos seine eigentlichen Wurzeln im Dadaismus habe, zu dessen ältesten und echtesten Vätern eben der Frühexpressionist Döblin gehöre. Die verschiedenen Handlungsstränge und ihre Funktion innerhalb des Romanganzen werden durch dauernden Wechsel der sprachlichen Mittel – Berliner Jargon, Bibelsprache, Schlager- und Moritatenton, Werbeslogans, Zeitungsdeutsch, Statistiken, schnoddrige Einwürfe des Autors – deutlich gemacht. Döblin will im Gegensatz zu Don Passos die Großstadtatmosphäre nicht nur realistisch beschreiben: Biblische Leitmotive überhöhen die Turbulenz der Massenwelt ins Apokalyptische; Berlin wird zu Sodom in der Hektik vor dem Untergang; die Hure Babylon reitet durch die Stadt (Verkündigungen aus den Büchern *Jeremia* und *Hiob* sind in den Text eingefügt), die schrecklichen Engel schreiten unsichtbar durch die Straßen, auf denen sich Menschenmassen im Totentanz wiegen. Urteilende, belehrende, erklärende, warnende, skeptische Kapitelüberschriften kommentieren das Geschehen. Diese ganze expressionistisch-naturalistisch-mystische Vielstimmigkeit ist, nach Döblins eigenen Worten, nicht wie Dos Passos' *USA*-Trilogie polyphon, sondern homophon komponiert, bezogen auf den kleinen Mann Biberkopf, die aus der Masse zum Leiden und zur Erlösung auserwählte Kreatur. Er, der typische *»Mitläufer«* (R. Minder), in dem Döblin ahnungslos den Menschentypus der wenig später beginnenden Schreckenszeit schilderte, muß sich von der Faszination einer Stärke freimachen, die ihn zum willenlosen Werkzeug eines Verbrechers erniedrigt hatte. Wie ein Spruchband hängt der Bänkelsängervers über dem demütigen *»neuen Menschen«* Biberkopf: *»Wach sein. Dem Menschen ist gegeben die Vernunft, die Ochsen bilden statt dessen eine Zunft.«* B.B.-KLL

AUSGABEN: Bln. 1929. – Bln. [50]1933. – Olten/Freiburg i. B. 1961 (*AW*; darin auch Selbstäußerungen D.s u. Nachw. v. W. Muschg; [4]1972). – Olten/Freiburg i. B. 1977 (in *Jubiläums-Sonderausg. zum 100. Geburtstag A. D.s*).

LITERATUR: F. Martini, *Das Wagnis d. Sprache*, Stg. 1954, S. 339–372. – H. Regensteiner, *Die Bedeutung d. Romane A. D.s von »Die 3 Sprünge d. Wang-lun« bis »Berlin Alexanderplatz«*, Diss. New York 1954. – H. Becker, *Untersuchungen zum epischen Werk A. D.s am Beispiel seines Romans »Berlin Alexanderplatz«*, Diss. Marburg 1962. – A. Schöne, *D.: »Berlin Alexanderplatz«* (in *Der deutsche Roman vom Barock bis zur Gegenwart: Struktur und Geschichte*, Hg. B. v. Wiese, Bd. 2, Düsseldorf 1963, S. 146–189). – G. Anders, *Der verwüstete Mensch. Über Welt- und Sprachlosigkeit in D.s »Berlin Alexanderplatz«* (in *Fs f. Georg Lukács*, Hg. Frank Benseler, Neuwied/Bln. 1965, S. 420–442). – E. Hülse, *A. D.: »Berlin Alexanderplatz«* (in *Möglichkeiten des modernen deutschen Romans*, Hg. Rolf Geißler, Ffm. u. a. [2]1965, S. 45–101). – J. H. Reid, *»Berlin Alexanderplatz«. A Political Novel* (in GLL, 21, 1967/68, S. 214–223). – Hans-Peter Bayerdörfer, *Der Wissende und die Gewalt. A. D.s Theorie des epischen Werks und der Schluß von »Berlin Alexanderplatz«* (in DVLG 44, 1970, S. 318–353). – M. Beyer, *Die Entstehungsgeschichte von A. D.s Roman »Berlin Alexanderplatz«* (in Wiss. Zs. d. Univ. Jena 20, 1971, S. 391–423). – Breon Mitchell, *Joyce and D. At the crossroads of »Berlin Alexanderplatz«* (in Contemporary Literature, 12, 1971, S. 173–187). – Th. Ziolkowski, *A. D., »Berlin Alexanderplatz«* (in Th. Z., *Strukturen des modernen Romans*, Mchn. 1972, S. 94–126; zuerst Princeton 1969). – W. Mieder, *Das Sprichwort als Ausdruck kollektiven Sprechens in A. D.s »Berlin Alexanderplatz«* (in Muttersprache 83, 1973, S. 405–415). – E. Kämmerling, *Die filmische Schreibweise. Am Beispiel: A. D., »Berlin Alexanderplatz«* (in Jb. f. Internationale Germanistik 5, 1973, H. 1, S. 45–61). – *Materialien zu A. D.s »Berlin Alexanderplatz«*, Hg. M. Prangel, Ffm. 1975. – W. Muschg, *A. D.s Roman »Berlin Alexanderplatz«*, (in *Der deutsche Roman im 20. Jh.*, Bd. 1, Hg., M. Brauneck, Bamberg 1976, S. 168–180). – H. S. Schoonover, *The Humorous and Grotesque Elements in D.'s »Berlin Alexanderplatz«*, Bern/Ffm. 1977. – M. Sibley Fried, *The City as Metaphor of the Human Condition: A. D.'s »Berlin Alexanderplatz«* (in Modern Fiction Studies, 24, 1978, S. 41–64). – H. Scherer, *Individuum und Kollektiv in D.s Roman »Berlin Alexanderplatz«* (in *Das literarische Leben in der Weimarer Republik*, Hg. K. Bullivant, Königstein/Taunus 1978, S. 146–163). – O. F. Best, *Zwischen Orient und Okzident: D. und Spinoza. Einige Anmerkungen zur Problematik des offenen Schlußes von »Berlin Alexanderplatz«* (in Colloquia Germanica 12, 1979, S. 94–105). – O. Keller, *D.s Montageroman als Epos der Moderne. Die Struktur der Romane »Der schwarze Vorhang«, »Die drei Sprünge des Wang-lun« und »Berlin Alexanderplatz«*, Mchn. 1980. – R. W. Fassbinder, *A. D., Berlin Alexanderplatz* (in *Zeit-Bibliothek der 100 Bücher*, Hg. F. Raddatz, Ffm. 1980, S. 361–369). – H. Jähner, *Erzählter, montierter, soufflierter Text. Zur Konstruktion des Romans »Berlin Alexanderplatz« von A. D.*, Ffm./Bern 1984.

## DIE DREI SPRÜNGE DES WANG-LUN. Chinesischer Roman

Roman von Alfred DÖBLIN, entstanden 1912/13, erschienen 1915. – Äußerer Anlaß des Werks soll eine Zeitungsnotiz über die blutige Niederschlagung eines Aufstands chinesischer Goldwäscher an der Lena durch zaristische Truppen gewesen sein. Ursprünglich war ein chinesisch-russischer Roman in zeitkritischer Absicht intendiert, wovon auch noch jenes Einleitungskapitel *(Der Überfall auf Chao-Lao-Sü)* zeugt, das auf Veranlassung Martin BUBERS aus der Druckvorlage gestrichen und erst 1921 gesondert, in der Zeitschrift »Genius«, veröffentlicht wurde. Unter dem Einfluß der taoistischen Philosophie weitet Döblin das Werk zu einem bildmächtigen Diskurs über die altchinesische Lehre vom »Wu-Wei«, vom »Nicht-Widerstreben« gegen das Schicksal, das dem einzelnen zugedacht ist. Er widmet den Roman dem chinesischen Philosophen Lieh-tzu (Liä-Dsi), der im 6. Jh. v. Chr. gelebt haben soll und eine nach ihm benannte Schriftsammlung hinterlassen hat, der *»fast alle philosophischen Weltbetrachtungen«* (I. Schuster) des Romans entnommen sind und woraus die vorangestellte *Zueignung* zitiert: *»Wir gehen und wissen nicht wohin. Wir bleiben und wissen nicht wo. Wir essen und wissen nicht warum. Das alles ist die starke Lebenskraft von Himmel und Erde: wer kann da sprechen von Gewinnen, Besitzen.«*

Der Roman spielt im China des 18. Jh.s, in der Regierungszeit von Kien-lung (Ch'ien-lung), dem wohl mächtigsten Mandschu-Kaiser; nach W. MUSCHG handelt es sich bei Wang-Lun um eine historische Figur, der 1774 einen Aufstand gegen den Kaiser inszenierte.

In die Berge der Provinz Tschili ziehen sich immer größere Teile der Bevölkerung zurück; sie haben ihr von Sorgen um die Zukunft bestimmtes normales Leben aufgegeben und leben bettelnd nur noch für den Augenblick, gemäß jenem Gleichnis von einem Mann, der sich vor seinem Schatten und vor seinen Fußspuren fürchtet und vergebens davor zu flüchten suchte: *»Er hatte nicht gewußt, daß er nur an einem schattigen Ort zu weilen brauchte, um seinen Schatten los zu sein, daß er sich nur ruhig zu verhalten brauchte, um keine Fußspuren zu hinterlassen.«* Die Anhänger dieser Bewegung nennen sich die *»Wahrhaft Schwachen«*, sie haben sich dem Prinzip des Nicht-Handelns (»Wu-wei«) verpflichtet. Haupt der Bewegung wird Wang-lun, einst ein Rohling und Dieb, bis er als Augenzeuge die Ermordung seines Freundes Su-koh durch Soldaten erlebt. Zwar rächt er seinen Freund, aber die Erschütterung durch die Erfahrung des Todes führt zu einer tiefgreifenden Wandlung seines Verhaltens. Er, der grausam war, um nicht selbst leiden zu müssen, flüchtet sich in die Berge, lernt den ehemaligen Buddhistenmönch Ma-noh kennen und wird schließlich zur beherrschenden Autorität der Menschen in den Wäldern, zum eigentlichen Gründer der Wu-Wei-Sekte: *»Das Höchste des Redens: nicht zu reden, das Höchste des Handelns: nicht zu handeln.«* Letztlich zielt die Lehre vom »Wu-Wei« auf ein Leben, das sich im Einklang mit den Gesetzen der Natur bewegt. Die Anhänger der Sekte erreichen dies jedoch nur bedingt; sie verhalten sich vor allem gleichgültig gegen ihre Umwelt und erscheinen so als *»die zuverlässigste Avantgarde jeder, jeder Lehre«*.

Das zweite Buch des Romans schildert den zwangsläufigen Zerfall der Bewegung, als Ma-noh sich mit seiner Gruppe *»Die Gebrochene Melone«* abspaltet und die Lehre des »Nicht-Widerstrebens« auf die menschlichen Triebe überträgt: dem *»Gelüste nach den Frauen«* muß nachgegeben werden, die »heilige Prositution« wird eingeführt und Ma-noh ruft ein geistliches Königreich aus. Vor den Angriffen der kaiserlichen Truppen flüchtet die Sekte sich in eine Mongolenstadt Yang-chou-fu, nachdem Wang-lun vergeblich versucht hatte, Ma-noh zur Auflösung seines Bundes zu bewegen. Die Entwicklung verändert Wang-luns Einstellung zum Prinzip des Wu-wei: *»Je mehr er litt, um so mehr drängte es ihn heraus aus der Rolle des friedlichen wahrhaft Schwachen.«* In seiner Verzweiflung vergiftet er die Brunnen der Stadt, wodurch die Anhänger Ma-nohs umkommen, und zieht sich in das einfache Leben eines Fischers am Jang-tse-Fluß zurück, wo er sich verheiratet und sich in den dörflichen Alltag einfügt.

Das dritte Buch, *»Der Herr der gelben Erde«*, verlagert den Schauplatz an den Hof von Peking, wo Kaiser Khien-lung residiert. Seine Stellung ist mit dem Auftrag verknüpft, die Lehre des Tao, des harmonischen Verhältnisses zwischen Himmel und Erde zu bewahren. Ihn beunruhigt weniger die militärische Macht der Wu-Wei-Sekte als vielmehr ihre ideologische Überzeugungskraft. Der Kaiser deutet das Entstehen des Bundes als Folge eigener Versäumnisse. Die Grausamkeit, mit der seine Truppen die Anhänger der Wu-wei-Sekte verfolgen, stört auch Wang-lun in seinem Fischerdorf auf und bewegt ihn schließlich dazu, gerade um in einem zweiten Schritt das Prinzip des Nicht-Widerstehens realisieren zu können, in den bewaffneten Kampf gegen den Kaiser zu ziehen: *»Ein wahrhaft Schwacher kann nur Selbstmörder sein ... Und das ist Unsinn.«* Er sammelt seine Anhänger, schließt sich mit dem Bund der *»Weißen Wasserlilie«* zusammen und führt sein Heer bis nach Peking, dessen Eroberung jedoch mißlingt.

Das vierte Buch *(»Das westliche Paradies«)* schildert den Untergang der *»wahrhaft Schwachen«*, die von kaiserlichen Truppen eingekesselt werden. Wang-lun vollzieht seine letzte Wandlung, zurück zum Wu-Wei: *»Entschlüsse helfen dem Menschen nichts, wenn er unruhig ist. Man bezwingt mit Beschlüssen nichts in sich. Es muß alles von selbst kommen.«*

Die Wandlungen seines Verhaltens veranschaulicht Wang-lun seinem Freund Gelbe Glocke in Form dreier Sprünge über einen schmalen Bach, den Wang-lun als Totenfluß *(»Nai-ho«)* bezeichnet: Der erste Sprung führte Wang-lun geradezu ins Totenreich, wobei er sein Schwert zurückließ; der zweite Sprung führte zurück zum Schwert und damit zum Kampf gegen den Kaiser. Beide Haltungen sind dem Wu-wei nicht gerecht geworden. Der dritte Sprung führt anscheinend wieder vom Schwert weg, aber vom anderen Ufer des Baches ruft Wang-lun seinem Freund zu, er möge ihm folgen und Wang-luns Schwert mitbringen: *»...denn hier muß gekämpft werden.«* Die Versöhnung der Welt ist für die Zukunft in Aussicht gestellt, Wang-lun geht mit seiner Sekte unter, er war der Zeit voraus, aber auch die Dynastie des Kaisers ist dem Untergang geweiht. Am Schluß des Romans reist die Frau des siegreichen Generals Chao-hoei, die ihre beiden Söhne im Kampf verloren hat, in ihre Heimat, um im Tempel jener Liebes- und Fruchtbarkeitsgöttin zu beten, die einst die Bekehrung Wang-luns zum Wu-wei begleitete. Der Roman endet mit der Frage: *»Stille sein, nicht widerstreben, kann ich es denn?«*

In einer ungeheuer explosiven Sprache, in einer ungestümen Flut von Bildern und Motiven gestaltet das Werk die Idee des Nicht-Widerstrebens; sie bemächtigt sich zunächst eines einzelnen, springt, von ihm gelenkt, auf die Masse über, schlägt hier aber notwendig in ihr Gegenteil um und wird erst durch die Ausrottung ihrer Anhänger wieder zu sich selbst zurückgeführt. Döblin verbleibt stets in Distanz zum Geschehen, das einer eigenen, antithetischen Logik zu folgen scheint; Wang-lun und sein Gegenspieler, der Kaiser, reagieren wechselseitig aufeinander, und doch haben sie sich beide auf die taoistische Idee des Ausgleichs aller Gegensätze verpflichtet. In ihrer Zeit aber erscheint die Abfolge der Geschichte als Kampf aller gegen alle. Die Protagonisten wirken austauschbar, typisiert, verlieren sich immer wieder in Massenszenen, deren expressionistisch gefärbte Gestaltung *»fast schon alles (enthält), was den neuen Erzählungsstil des zwanzigsten Jahrhunderts kennzeichnet«* (A. Muschg) und in dessen Montagetechnik bereits die Verfahrensweise des aufkommenden Mediums Film antizipiert: *»Atemlose Stille. Offene Bühne. Kreischen der gebundenen Schwestern, Entblößen der zarten Leiber, knallende Stockschläge auf die Köpfe der Brüder, Gebrüll, trappelnde Pferde, unsicheres Wimmern der Kranken, leere Ebene, Regen.«*

Döblins Roman bildet zugleich ein deutsches Gegenstück zu MARINETTIS Roman *Mafarka-le-futuriste. Roman africain* (1910), aber auch eine Absage an Marinettis Idee einer futuristischen Literatur, weshalb das Werk von jenen Künstlerkreisen, die sich um Herwarth WALDENS ›Sturm‹ sammelten, ignoriert wurde. Hatte sich Marinettis Held Mafarka mit Hilfe der Technik zum Herrn über die Natur aufgeschwungen, so erstrebt Wang-lun gerade den Einklang von Mensch und Natur, zwar nicht in Ablehnung der Technik, aber doch, wie in der *»Zueignung«* bereits deutlich wird, im Verweis darauf, daß die technisierte Realität nicht die alleinige Wirklichkeit darstellt: *»Die Straßen haben sonderbare Stimmen in den letzten Jahren bekommen...Ich tadle das verwirrende Vibrieren nicht. Nur finde ich mich nicht zurecht.«* Der Roman erlebte bis 1923 zwölf Auflagen, seine Stilelemente führte Döblin in den Romanen *Wadzecks Kampf mit der Dampfturbine* (1918) und *Wallenstein* (1920) fort. Ein Nachhall der taoistischen Idee des Nicht-Handelns findet sich in Ernst TOLLERS *Masse-Mensch* (1920) ebenso wie in Lion FEUCHTWANGERS *Warren Hastings* (1916) und, in kritischer Ablehnung, in BRECHTS *Im Dickicht der Städte* (1923). M.Pr.

AUSGABEN: Bln. 1915. – Olten/Freiburg i. B. 1960 (*AW*, Hg. W. Muschg; m. Nachw.). – Olten/Freiburg i. B. 1977 (in *Jubiläums-Sonderausg. zum 100. Geburtstag A. D.s*). – Olten/Freiburg i. B. 1977, Hg. W. Muschg [enth. G. Grass, *Über meinen Lehrer A. D.*].

LITERATUR: O. Loerke, *D.s Werk 1928* (in O. L., *Gedichte und Prosa*, Bd. 2, S. 560–604). – H. Regensteiner, *Die Bedeutung der Romane A. D.s von »Die drei Sprünge des Wang-lun« bis »Berlin Alexanderplatz«*, Diss. NY 1954. – A. L. Jennings, *A. D.'s Quest for Spiritual Orientation with Special Reference to the Novels »Die drei Sprünge des Wang-lun«, »Berlin Alexanderplatz«, »Babylonische Wandrung«*, Diss. Univ. of Ill. 1959. – W. Muschg, *Zwei Romane A. D.s* (in W. M., *Von Trakl zu Brecht*, Mchn. 1961, S. 198–243). – W. Falk, *Der erste moderne deutsche Roman. »Die drei Sprünge des Wang-lun* (in ZfdPh, 89, 1970, S. 510–531). – Fang-hsiung Dscheng, *A. D.s Roman »Die drei Sprünge des Wang-lun« als Spiegel des Interesses moderner deutscher Autoren an China*, Ffm./Bern 1979. – O. Keller, *D.s Montageroman als Epos der Moderne*, Mchn. 1980. – J. Schuster, *»Die drei Sprünge des Wang-lun«* (in *Zu A. D.*, Hg. dies., Stg. 1980, S. 82–97). – O. Durrani, *Shen Te, Shui Ta and »Die drei Sprünge des Wang-lun«* (in Oxford German Studies, 12, 1981, S. 111–121).

## DIE ERMORDUNG EINER BUTTERBLUME

Erzählung von Alfred DÖBLIN, erschienen 1910. – Die Erzählung ist eine Satire auf das Bürgertum und seine Vorstellung von einer Harmonie zwischen Mensch und Natur, die vor allem der Bestätigung der eigenen bürgerlichen Werte dient. Michael Fischer, ein friedliebender Bürger, gerät in ein geheimnisvolles Schuldverhältnis zu einer Butterblume, der er auf einem Spaziergang in sinnloser Wut den Blütenkopf abschlägt. *»Er fixierte die verwachsenen Blumen, um dann mit erhobenem Stock auf sie zu stürzen und mit blutrotem Gesicht auf das stumme Gewächs loszuschlagen. Die Hiebe sausten rechts und links. Über den Weg flogen Stiele und Blätter.«* Durch die gedankenlose Tat verwandelt sich ihm die Natur, bis dahin gefällige Kulisse seiner Sonntagsspaziergänge, zu einer nicht begreifbaren Macht, deren Zorn es zu beschwichtigen gilt. Als Kaufmann versucht er dies zunächst mit kaufmännischen Mitteln, indem er der von ihm ermordeten Butterblume ein Konto eröffnet. Doch bald *»drängte es ihn, ihr von Speise und Trank zu opfern.*

*Ein kleines Näpfchen wurde jeden Tag für sie neben Herrn Michaels Platz gestellt ... Er büßte, büßte für seine geheimnisvolle Schuld. Er trieb Gottesdienst mit der Butterblume, und der ruhige Kaufmann behauptete jetzt, jeder Mensch habe seine eigene Religion; man müsse eine persönliche Stellung zu einem unaussprechlichen Gott einnehmen. Es gebe Dinge, die nicht jeder begreift.«* Erst nach längerer Zeit und zaghaft wagt Herr Fischer, sich gegen die Ansprüche seines Opfers aufzulehnen: *»Er betrog sie in kleinen Dingen, stieß hastig, wie unabsichtlich, ihren Napf um, verrechnete sich zu ihrem Nachteil, behandelte sie manchmal listig wie einen Geschäftskonkurrenten.«* In einer Gesellschaft nach seinem Leibgericht gefragt, *»fuhr er mit kalter Überlegung heraus: Butterblumen; Butterblumen sind mein Leibgericht ... Er fühlte sich als scheusäliger Drache, der geruhsam Lebendiges herunterschluckt, dachte an wirr Japanisches und Harakiri. Wenngleich er heimlich eine schwere Strafe von ihr erwartete.«* Allmählich wird sein Schuldgefühl schwächer, und seine Bereitschaft zur Buße erlahmt; in seiner Vorstellung wird die Blume von der gemordeten Geliebten zur gemordeten Schwiegermutter, deren Tod er sühnt, indem er eine junge Butterblume in einen vergoldeten Porzellantopf einpflanzt und in sein Haus aufnimmt. Sie fällt nach einiger Zeit der Betriebsamkeit seiner Wirtschafterin zum Opfer; dieser »Unfall« befreit ihn endgültig von jeder Bußpflicht.

*Die Ermordung einer Butterblume* stellt eines der frühen Beispiele expressionistischer Prosa dar, obgleich bei Erscheinen des Textes dieser Terminus noch fast ausschließlich auf das Gebiet der Malerei bezogen wurde. Kurt HILLER übertrug den Begriff 1911 auf die Literatur und Kurt PINTHUS kennzeichnete wohl als erster in seiner Besprechung des Sammelbandes *Die Ermordung der Butterblume und andere Erzählungen* (1913) Döblins Prosa als expressionistisch. Der Verzicht auf eine psychologisierende Gestaltung, die Zerstörung realistischer Wahrnehmungsweisen, verbunden mit einem komprimierten, auf Geschwindigkeit zielenden Stil, in dem sich subtile Kritik am wilhelminischen Bürgertum verbinden mit der detailgetreuen Studie neurotischer Verhaltensformen: Diese Merkmale lassen sich bei Döblin bereits nachweisen, noch bevor er mit MARINETTIS futuristischem Manifest bekannt wurde: *»Merkwürdigerweise ist diese Entwicklung manchmal gänzlich übersehen worden, hat man alle Kurzgeschichten zusammen mit dem »Schwarzen Vorhang« in den Topf der neuromantischen Dekadenz geworfen und die These aufgestellt, Döblins Stil habe sich erst 1912 ›schlagartig‹ geändert, und zwar unter dem Einfluß Marinettis.«* (J. Duytschaever). C.H.-KLL

AUSGABEN: Bln. 1910 (in Der Sturm, 8. u. 15. 10. 1910, Nr. 28 u. 29). – Mchn./Lpzg. 1913. – Neuwied 1958 (in *Ahnung und Aufbruch. Expressionistische Prosa*, Hg. u. Einl. K. Otten). – Freiburg i. B./Olten 1962 (*AW*, Hg., Nachw. W. Muschg). – Olten/Freiburg i. B. 1977 (in *Jubiläums-Sonderausg. zum 100. Geburtstag A. D.s*).

LITERATUR: H. Liede, *Stiltendenzen expressionistischer Prosa. Untersuchungen zu Novellen von A. D., C. Sternheim, K. Edschmid, G. Heym und G. Benn*, Diss. Freiburg i. B. 1960. – J. Streika, *Der Erzähler A. D.* (in GQ, 33, 1960, S. 197–210). – W. Jens, *Statt einer Literaturgeschichte*, Pfullingen 1962. – W. Zimmermann, *A. D.: »Die Ermordung einer Butterblume«* (in ders., *Deutsche Prosadichtungen unseres Jh.s*, Bd. 1, Düsseldorf 1966, S. 177–188). – J. Duytschaever, *Eine Pionierleistung des Expressionismus. A. D.s Erzählung »Die Ermordung der Butterblume«* (in Amsterdamer Beiträge zur neueren Germanistik 2, 1973, S. 27–43). – H. Stegemann, *Studien zu A. D.s Bildlichkeit. »Die Ermordung der Butterblume« u. a. Erzählungen*, Bern/Ffm. 1978.

## HAMLET ODER DIE LANGE NACHT NIMMT EIN ENDE

Roman von Alfred DÖBLIN, entstanden 1945/46, erschienen 1956. – Seinen letzten Roman begann Döblin gegen Ende des Zweiten Weltkriegs im amerikanischen Exil. Er vollendete das Werk in Baden-Baden, als er sich am kulturellen Wiederaufbau im Nachkriegsdeutschland maßgeblich beteiligte. Beide Situationen, die des analysierenden Beobachters und die des helfen wollenden Pädagogen, sind in den Roman eingegangen. Die Diagnose des Zeitgeschehens und der Versuch, angesichts des europäischen Zusammenbruchs, der für Döblin eine persönliche Katastrophe bedeutete, einen Ausweg zu religiös verankerter Humanität zu finden, werden am Schicksal eines Heimkehrers dargestellt, der, seiner Familie fremd geworden, Verwirrung stiftet, eine Katastrophe auslöst und durch sie neuen Lebenswillen gewinnt.

Der englische Soldat Edward Allison wird auf dem Weg zum asiatischen Kriegsschauplatz verwundet; er verliert ein Bein und erleidet einen seelischen Schock. Trotz psychotherapeutischer Behandlung kann er nicht geheilt werden, so daß ihn seine Mutter heimholt. Er kehrt zurück, *»zwar lebend, aber verstümmelt, sehr ernst, gespannt und verschlossen, als wenn er sich in eine Gefahrenzone begebe.«* Mit bohrender Hartnäckigkeit fragt er nach dem Sinn, den Ursachen des Krieges, nach der kollektiven Schuld. Seine Mutter, die ihn mit besitzergreifender Hingabe pflegt, vermag ihm ebensowenig zu antworten wie sein Vater Gordon, ein berühmter Schriftsteller, der den Krieg in Geduld, beruhigende Fettpolster ansetzend, am Schreibtisch überstanden hat. Um den *»ewigen abstrakten Streit über Schuld und Verantwortlichkeit* [zu] *beenden«*, schlägt der Schriftsteller vor, *»durch Erzählen zu unterhalten ..., nicht zu diskutieren, sondern zu erzählen, und es jedem zu überlassen, seine Schlüsse zu ziehen«*. – In loser Form werden von Familienmitgliedern und Freuden des Hauses nun scheinbar entlegene Geschichten und bekannte Sagen erzählt, die abwechselnd in biblische Urzeiten, in die Welt der Mythen und des Märchens, in ein exotisches Mittelalter und in die aktuelle Gegenwart führen. Was anekdotisch, humoristisch, parodistisch in schwereloser Leichtigkeit begann, verdichtet sich jedoch alsbald zu einem Netz von Anspielungen auf die verborgene Vergangenheit der Familie Allison. Edwards Eltern, Alice und Gordon, enthüllen ihre unter der Maske des Alltags versteckte Feindschaft und die höllische Qual ihrer Ehe. Edward sieht sich in der Rolle Hamlets, der nach seiner Heimkehr ein dunkles Familienschicksal erhellen muß, *»den man belügt, den man zerstreuen will und den man schließlich auf Reisen schickt – weil man ihn fürchtet –, weil er weiß, was geschehen wird«*. Er erkennt, daß seine Mutter mit ihren Erzählungen einen alten Rachewunsch befriedigen will; Gordon schlägt, schließlich aufgestachelt, wie ein *»wilder Eber«* auf seine Frau ein, beide fliehen aus dem Haus. Zwar ist für Edward nun die *»lange Nacht der Lüge«* vorbei, doch bricht er vor dem Ausmaß der fremden Schuld, die sich ihm offenbart hat, erneut zusammen.

Die bisher fiktiven Erzählungen werden jedoch für Gordon und Alice nun zur gegenwärtigen Wirklichkeit, wie sie vordem auf verborgene Zusammenhänge vergangener Geschehnisse hindeuteten. Alice macht ihre Erzählung vom Weg Theodoras in die Verworfenheit und ihren Traum von der lüsternen Salome wahr. Sie wird zur Dirne und gibt sich in verzweifelter Selbstaufgabe preis. Gordon Allison aber reist gleich »Lord Crenshaw«, der Titelfigur einer seiner Erzählungen, von Ort zu Ort, ohne daß er – im Gaukelspiel seiner Phantasie gefangen – seine Bestimmung erkennt. In einem Pariser Vorortvarieté, wo Alice als Hellseherin auftritt, begegnen sich Edwards Eltern wieder. Im Angesicht des Todes – Gordon wird von Alices Zuhälter tödlich verletzt, Alice stirbt an Auszehrung – erkennen sie ihre Schuld und vergeben einander im gemeinsamen Gebet. *»Pluto und Proserpina sind zur Oberwelt hinaufgestiegen.«* In einem Aschiedsbrief erzählt Alice ihrem Sohn den Schluß der Theodora-Geschichte, den Weg der Sünderin zur Buße. Edward ist befreit vom *»Hamlet-Spuk«*. Er verschenkt sein Erbe bis auf einen kleinen Teil, den er für den Beginn eines neuen Lebens braucht. Die Druckfassung des in Ost-Berlin erstmals erschienen Romans endet mit dem Satz: *»Ein neues Leben begann.«* In der Manuskriptfassung jedoch ließ Döblin Edward Allison ins Kloster gehen.

In diesem Alterswerk Döblins klingen Themen der früheren Romane des Autors an, die zugleich kritisch reflektiert werden: In der Auseinandersetzung zwischen dem hemmungslosen Phantasten Gordon und seinem die Wahrheit, die *»Redlichkeit«* suchenden Sohn übt Döblin Kritik an der Flucht des Schriftstellers ins Unverbindliche, als welche ihm im Rückblick auch sein eigenes Schaffen erscheint. Der Roman wird damit zum poetischen Selbstgericht des Erzählers. Döblin findet in zweifachem Sinne zu sich selbst zurück: Der Künstler, der in seinen vorausgegangenen Exilromanen gescheitert war, erzählt hier über weite Passagen mit einer Meisterschaft, die an die frühen Romane *(Wang-lun, Manas, Berlin Alexanderplatz)* gemahnt; der Deuter der *»Schöpfung«* und ihres mythischen *»Urgrundes«* (Religionsgespräch *Der unsterbliche Mensch*) entdeckt im christlichen Glauben den metaphysischen Bezugspunkt seines Erzählens. Allerdings reduziert sich die Dichtung an den Stellen zur Bekenntnisformel, wo die Glaubensinhalte des Konvertiten (Döblin trat im Exil zum Katholizismus über) ausgesprochen werden, vor allem im Vaterunser-Gebet der Eltern vor ihrem Tod. Die Leistung jedoch, mit den wenigen Figuren eines intimen Familienporträts das Bild der verstörten Welt zu zeichnen, beruht auf der neu gewonnenen Einsicht Döblins, daß nicht mehr die von anonymen Massen bewegte Natur, sondern der Mensch als *»zentrale Figur der Schöpfung« (Der unsterbliche Mensch)* fungiert, daß das Individuum den Kosmos repräsentiert. W.F.S.

AUSGABEN: – Olten/Freiburg i. B. 1966 (*AW*, Hg. W. Muschg; 31978). – Olten/Freiburg i. B. 1977 (in *Jubiläums-Sonderausg. zum 100. Geburtstag A. D.s*).

LITERATUR: A. Donath, Rez. (in Texte u. Zeichen, 3, 1957, S. 309–315). – K. A. Horst, Rez. (in Merkur, 11, 1957, S. 886–890). – L. Pesch, Rez. (in FH, 13, 1958, S. 804–808). – B. Reifenberg, Rez. (in Die Gegenwart, 13, 1958, S. 117 f.). – S. Moherndl, *»Hamlet oder Die lange Nacht nimmt ein Ende«*, Diss. Graz 1964. – H.-A. Walter, *A. D. Wege u. Irrwege. Hinweise auf ein Werk u. eine Edition* (in FH, 19, 1964, S. 866–878). – A. Steinmann, *A. D.s Roman »Hamlet...« Isolation und Öffnung*, Diss. Zürich 1971. – A. W. Riley, *Zum umstrittenen Schluß von A. D.s »Hamlet oder die lange Nacht nimmt ein Ende«* (in Lit.wiss. Jb. 13, 1972, S. 331–358). – J. Grand, *Projektionen in A. D.s Roman »Hamlet...«*, Bern/Ffm. 1974. – W. M. Bauer, *Gegensatz und Ambivalenz. Überlegungen zu A. D.s Roman »Hamlet...«* (in Sprachkunst 6, 1975, S. 314–329). – W. Stauffacher, *»Hamlet...«* (in *Zu A. D.*, Hg. I. Schuster, Stg. 1980, S. 82–97). – R. Geißler, *Die Suche nach der Wahrheit in D.s Hamlet-Roman* (in Lit. für Leser, 1982, H. 2, S. 110–128).

## NOVEMBER 1918. EINE DEUTSCHE REVOLUTION. Erzählwerk

Roman in vier Bänden von Alfred DÖBLIN. – Der in den Jahren 1937–1943 im französischen und amerikanischen Exil entstandene und mit fast 2000 Seiten umfangreichste Roman Döblins kann als sein eigentliches Hauptwerk betrachtet werden. Der Experimentcharakter vieler früherer Werke ist hier überwunden, inhaltlich wie formal tritt in *November 1918* eine klare Linie zutage. Druckgeschichte, Editionslage und Rezeption dieses Romans spiegeln ein trauriges aber bezeichnendes Kapitel der Literaturgeschichte des 20. Jh.s wider: Der erste Band des ursprünglich als Trilogie konzipierten Werks konnte noch 1939, vor Döblins

Flucht aus Paris in die Vereinigten Staaten, unter dem Titel *Bürger und Soldaten 1918* erscheinen. Bis Herbst 1943 lagen dann drei weitere Bände (den zweiten Band hatte Döblin wegen des großen Umfangs geteilt) druckfertig vor: *Verratenes Volk, Heimkehr der Fronttruppen* sowie *Karl und Rosa.* Vergeblich bemühte sich Döblin in den letzten Kriegsjahren einen Verleger dafür zu finden. Obgleich der Autor 1945 selbst als französischer Zensuroffizier nach Deutschland zurückkehrte, wurde der Druck seiner Tetralogie zensiert: Die Elsaßthematik des ersten Bandes schien der französischen Besatzungsmacht nicht opportun zu sein. Unter Verzicht auf den ersten Band wurden 1948–1950 schließlich die Bände 2–4 als dreibändige Ausgabe in Freiburg verlegt. Die Rezeption des Romans blieb aber selbst in der Literaturwissenschaft spärlich. In die große Ausgabe der Ausgewählten Werke in den sechziger Jahren wurde er gar nicht aufgenommen, weil der Herausgeber Walter Muschg, wie lange Zeit auch andere Literaturwissenschaftler (E. Ribbat, K. Müller-Salget, W. G. Sebald), den Roman formal und inhaltlich als mißlungen betrachtete. Erst 1978 erschien die vollständige – allerdings nicht kritische – Ausgabe.

Schon wegen seines historisch politischen Inhalts war der Roman, zumal zur Zeit seiner Abfassung, brisant. Döblin, der die Ereignisse der November-Revolution 1918 persönlich im Elsaß und in Berlin miterlebte, führt in seinem Werk das Scheitern dieser deutschen Revolution – im Gegensatz zur russischen von 1917 – vor. Der Roman ist *»als umfassende Diagnose der sozialen und politischen Krankheiten der Deutschen angelegt«* (H. Osterle). Er zeigt die grundsätzlich unrevolutionäre Mentalität der Soldaten wie den hoffnungslosen Mangel an politischem Bewußtsein weiter Bevölkerungsteile. Demonstrativ führt Döblin dabei den alten, bürgerlichen Kalender in Form von Kapitelüberschriften fort, quasi als Zeichen, daß diese Revolution für Deutschland kein einschneidendes Datum war. Die Möglichkeit zu einer grundlegenden Veränderung der Welt wird nur von einzelnen wahrgenommen. Doch selbst sie verfolgen dabei lediglich ihre privaten Obsessionen. Mit Spott und Ironie verzeichnet Döblin an manchen Stellen den Gang der Revolution, der ansonsten den historischen Ereignissen entsprechend widergegeben wird. Surrealistische Allegorien auf mögliche, historisch aber nicht eingetretene Geschehnisse der Revolution zeigen die Kontingenz der Geschichte.

Das Werk setzt sich aus verschiedenen, voneinander völlig unabhängigen Handlungssträngen zusammen, die, ineinander geschoben, ihren einzigen Zusammenhalt im zeitlichen und szenischen Rahmen der Revolution haben. Einige dieser Handlungsstränge könnten von ihrer Masse und Abgeschlossenheit her durchaus eigenständige Romane oder Novellen abgeben. Zeitlich bewegt sich das umfangreiche Werk – von kurzen Rück- bzw. Ausblicken abgesehen – lediglich zwischen den Randdaten der Revolution, dem 10. November 1918 und dem 15. Januar 1919.

Der erste Band, *Bürger und Soldaten 1918*, berichtet in detaillierten Milieustudien vom Beginn der Revolution im Elsaß. Kriegsende und Revolutionsbeginn werden aus der Sicht von Arbeitern, Soldaten, Offizieren und Bürgerlichen geschildert, so daß ein umfassendes historisches Spektrum stets subjektiver Perspektiven entsteht. In den weiteren Bänden verlagert sich die Schilderung des Revolutionsgeschehens nach Berlin. Döblin zeigt den verwirrenden Kampf um die politische Macht in Deutschland. Drei Gruppen sind daran maßgeblich beteiligt: der reaktionäre deutsche Generalstab in Kassel unter Leitung von Hindenburg und Groener, die provisorische Regierung, der »Rat der Volksbeauftragten«, der sich aus Sozialdemokraten und linksradikalen Unabhängigen unter Führung von Friedrich Ebert zusammensetzt, sowie der bolschewistische Spartakusbund mit Karl Liebknecht an der Spitze, der eine Revolution nach russischem Vorbild anstrebt. Ebert paktiert heimlich mit den Generälen und fällt dem Volk damit in den Rücken. Auf der Gegenseite werden politische Diskussionen über die Revolutionsführung zwischen Rosa Luxemburg, Karl Liebknecht und Karl Radek, dem Abgesandten Lenins, konstruiert. Im entscheidenden Moment versagt Liebknecht: Die bereits mobilisierten Massen bleiben ohne Führung, die Revolutionschance ist vertan; er ist kein zweiter Lenin. Der Kampf der Spartakisten und die konterrevolutionäre Niederschlagung der Revolution durch General Maerckers Freikorps und Gustav Noskes Truppen werden in all ihrer Brutalität geschildert und mal in spöttisch-ironischen, mal in bitter ernsten Passagen kommentiert. Vor der Folie der historischen Ereignisse entwickelt Döblin die Lebenswege seiner Figuren in ihrer je unterschiedlichen Verwicklung in die Revolution.

Die drei Haupthelden des Romans, Friedrich Bekker, Erwin Stauffer und Rosa Luxemburg, die erst nach und nach eingeführt werden – Becker im ersten, Stauffer im zweiten, Luxemburg im vierten Band –, haben jeweils ein von der Revolution völlig unabhängiges Wiedergeburtserlebnis, das einen entscheidenden neuen Lebensabschnitt einleitet: Becker erfährt nach tödlicher Verwundung seine Genesung und Bekehrung zum Christentum, Stauffer entdeckt nach krisenbedingtem alkoholischem Scheintod seine vor 20 Jahren verlorene große Liebe und Rosa Luxemburg erlebt im Gefängnis die mystisch-psychedelische Wiedervereinigung mit ihrem verstorbenen Geliebten, an dessen Tod sie sich schuldig fühlt. Alle drei sind Döblinsche *»Sonden«*, Prototypen verschiedenartiger Lebensvollzüge und Handlungsoptionen. Alle drei suchen einen legitimen und angemessenen Weg in einer historischen Umbruchsituation, sind auf der Suche nach ihrer Identität und tragen deutlich autobiographische Züge.

Der Oberleutnant Friedrich Becker, der in einem elsäßischen Lazarett seine schwere Kriegsverletzung auskuriert, und sein Freund Leutnant Maus lieben beide die Krankenschwester Hilde. Becker leidet unter schweren Depressionen, aus denen ihm

auch seine Bekehrung zum wahren Christentum durch die mystische Erscheinung seines himmlischen Begleiters Johannes Tauler, eines spätmittelalterlichen Mystikers, nicht hilft, in dessen Äußerungen Döblins KIERKEGAARD-Rezeption aufscheint. Nach Berlin zurückgekehrt, läßt sich Bekker von seiner Mutter pflegen. Als Kriegsneurotiker unterliegt er halluzinatorischen Wahnvorstellungen, in denen ihm Satan erscheint, und die ihn schließlich in einen Selbstmordversuch treiben. Seine Freundin Hilde reist ihm nach, rettet ihn auch vor dem Tod, kann ihm aber nicht wirklich helfen. Allein das Bibelstudium bereitet ihm Trost.
Der »berühmte Dramatiker« Erwin Stauffer, der sich in einer schöpferischen Krise befindet, nimmt, nachdem er zufällig die Briefe seiner ehemaligen Geliebten Lucie entdeckt, die Suche nach ihr auf, ohne sich von der Brisanz der politischen Ereignisse berühren zu lassen. Er findet Lucie, die er stark idealisiert, tatsächlich und beginnt mit ihr ein neues Leben. Im Lauf der Zeit lernen sich die beiden jedoch als ganz normale, mit Fehlern und Schwächen ausgestattete Menschen kennen und ergeben sich schließlich in die ihnen gemäße bürgerliche Existenz.
Der vierte Band, *Karl und Rosa*, ist sowohl hinsichtlich seines Umfangs als auch seines Inhalts wegen der Höhepunkt, oder, wie Döblin es formuliert, die »Engführung« des Romans. Zunächst wird in einer Rückblende die Gefängnishaft Rosa Luxemburgs geschildert. In Halluzinationen begegnet sie ihrem verstorbenen Geliebten Hannes Düsterberg (historisch Hans Diefenbach), später auch dem Teufel persönlich; Rosa ist von der Idee besessen, den toten Hannes in sich wiederzugebären. Die beschriebene, historisch nicht nachweisbare Psychose prägt bei Döblin die Schilderung Rosas während der letzten Revolutionstage. Sie enden mit der Ermordung Karl Liebknechts und Rosa Luxemburgs, deren Seele kurz vor ihrem Tod von einem Cherub dem Teufel entwunden wird. Rosa entsagt dem Fortschrittsglauben des Teufels, die literarische Vorlage ist MILTONS *Paradise Lost*, 1667 *(Das verlorene Paradies)*, und akzeptiert die prinzipielle Vertriebenheit des Menschen aus dem Paradies.
Becker lehrt nach seiner Genesung als Altphilologe an einem preußischen Gymnasium und hält einige – für das Romangeschehen inhaltlich zentrale – Unterrichtsstunden, in denen er über die *Antigone* des SOPHOKLES doziert. Er stellt die Frage nach der Bedeutung des Staates für eine praktische Ethik und fragt nach der Kriegsschuld und der daraus erwachsenden Verantwortung für den Frieden. Der deutsche Nationalismus aber erweist sich als unbelehrbar: Becker scheitert an der reaktionären preußischen Gesellschaft, als er sich für seinen homosexuell veranlagten Schuldirektor einsetzt und ihn schließlich, nach dessen Ermordung, bestattet. Eher zufällig verteidigt er auf seiten der Spartakisten das Polizeipräsidium, wird verwundet und muß, als er sich freiwillig stellt, für drei Jahre ins Gefängnis. Er verliert seine Geliebte, die als weibliche Doppelfigur – Verführerin und Erlöserin – gestaltete Hilde, scheitert beruflich völlig, zieht sich innerlich immer mehr zurück und durchwandert nach dem Tod seiner Mutter im religiösen Erwekkungswahn als Prediger das Land. In Becker spielt sich ein permanenter innerer Kampf zwischen Gut und Böse ab, wobei Döblin dämonische Elemente sozusagen rechristianisiert. Beckers psychotische Schübe nehmen zu, bis er endlich seiner als satanische Wette halluzinierten Schizophrenie erliegt und bei einem Raubüberfall erschossen wird. Seine Seele erfährt am Schluß eine Apotheose.
Nach der Figur der Antigone gestaltet, stehen sowohl Becker wie Luxemburg für die menschliche Suche nach Identität und Handlungslegitimation, Für beide liegt sie in einem klaren inneren Gefühl, das aus der Sicherheit der Selbstliebe kommt. Der religiöse Becker sucht es über den Umweg der Liebe Gottes, die Revolutionärin in der Identifikation mit der Masse. Beide scheitern allerdings: Becker durch totale Kontaktverarmung, Luxemburg durch endlose Selbstzweifel an ihrer Führungslegitimation.
Innerhalb des Döblinschen Gesamtwerks bezeichnet der *November*-Roman einen deutlichen Wendepunkt und zwar aufgrund seiner konsequenten Gestaltung der Trauer oder, psychologisch gesprochen, der Depression als Lebensweg (Kiesel), sowie aufgrund seiner Konzentration auf individuelle Perspektiven, trotz der Thematik eines historischen Massengeschehens. Biographisch entspricht dieser Wende die 1941 im amerikanischen Exil vollzogene Konversion des Juden Döblin zum Katholizismus.
Die Struktur des Romans wird bestimmt von der reflektierten Spannung zwischen Innen- und Außenschau sowie dem ständigen perspektivischen Wechsel zwischen Massenszenen und individuellem Geschehen. *»Es verbinden sich hier zwei Grundtendenzen des modernen Romans: Die Kollektivierung des Menschen als Masse oder Typ und die Analyse des individuellen Bewußtseins.«* (H. Osterle) Döblin verknüpft dabei die Traditionslinie des sozialkritischen Romans (Zola, Dostoevskij, Dos Passos) mit der des modernen Bewußtseinsromans (Proust, Joyce, Broch, Musil). Dabei schöpft Döblin die für ihn typischen epischen Stilmittel voll aus: Dialog, erlebte Rede, innerer Monolog, Montage, Verwendung von Originaldokumenten, direkte Erzählereingriffe, ironische Fiktionsdurchbrechung sowie alle Formen seiner subtilen Komik. Ironie, Satire, Farce, Groteske und einfach Spott machen aus diesem *Revolutionsdrama* eine traurig-tragische Komödie. Eine niemals eindimensionale Mischung aus persönlicher Stellungnahme und historischem Bericht, aus Historizität und Fiktion – Döblins programmatische *»parteiliche Fiktionalität«* (E. Kleinschmidt) – sowie die Konfrontation von objektiver und subjektiver Zeit beherrschen den Roman. Dieser Umgang mit Geschichte war häufig Gegenstand der Kritik (H. Osterle, H. Th. Tewarson). Dabei fügt Döblin *»den historischen Fakten eine phantastische Poten-*

*tialität hinzu, die das Geschichtsbild aufklärerisch verändert, indem sie Bezüge aufzeigt, die zwar in der Realität nicht objektivierbar sind, die aber in ihr nach Döblins Urteil grundsätzlich angelegt waren.«* (E. Kleinschmidt) Durch den schnitthaften Wechsel der Perspektiven entsteht eine filmartige Struktur, in der szenische Darstellungen und Detailaufnahmen mit epischen Berichten verbunden werden. Für die Gestaltung der Hauptfiguren, Becker und Rosa Luxemburg, hat der Antigone-Mythos eine Schlüsselfunktion: *»Döblin hat (...) Rosa Luxemburg als moderne Antigone gesehen: als eine über die Barbarei ihrer Zeit zutiefst Trauernde. Als solche hat er sie zu gestalten versucht, indem er sie – psychologisch gesprochen – zur pathologisch Trauernden machte.«* Er folgte damit seiner Tendenz, *»in seinen Romanen gerade jene Figuren, die ›wirklichkeitsdurchstoßende‹ Einsichten gewinnen und vermitteln sollen, zu ›pathologisieren‹«* (Kiesel). H.B.H.

Ausgaben: Stockholm/Amsterdam 1939 (Bd. 1, *Bürger und Soldaten 1918*). – Freiburg i. B. 1948–1950 (Bd. 2–4, *Verratenes Volk, Rückkehr der Fronttruppen, Karl und Rosa*). – Mchn. 1978 (Nachw. H. D. Osterle; dtv).

Literatur: M. Auer, *Das Exil vor der Vertreibung: Motivkontinuität u. Quellenproblematik im späten Werk A. D.s*, Bonn 1977. – A. W. Riley, *The Aftermath of the First World War: Christianity and Revolution in A. D.s »November 1918«* (in *The First World War in German Narrative Prose*, Hg. Ch. N. Genno u. H. Wetzel, Toronto u. a. 1980). – W. Düsing, *Erinnerung u. Identität. Untersuchungen zu einem Erzählproblem bei Musil, D. u. Doderer*, Mchn. 1982. – D. Dollenmayer, *Der Wandel in D.s Auffassung von der deutschen Revolution 1918–1919* (in *Internat. A. D.-Kolloquien 1983–1986*, Hg. W. Stauffacher, Bern u. a. 1986, S. 56–63). – H. Thomann Tewarson, *A. D.s Geschichtskonzeption in »November 1918. Eine Deutsche Revolution«. Dargestellt an der Figur der Rosa Luxemburg in »Karl und Rosa«* (ebd., S. 64–75). – H. D. Osterle, *Auf den Spuren der Antigone. Sophokles, D., Brecht* (ebd., S. 86–115). – E. Kleinschmidt, *Parteiliche Fiktionalität. Zur Anlage historischen Erzählens in A. D.s »November 1918«* (ebd., S. 116–132). – W. Frühwald, *Rosa u. der Satan. Thesen zum Verhältnis von Christentum u. Sozialismus im Schlußband von A. D.s Erzählwerk »November 1918«* (ebd., S. 239–256).

## SCHICKSALSREISE. Bericht und Bekenntnis

Erlebnisbericht in drei Büchern von Alfred Döblin, erschienen 1949. – Am Tag nach dem Reichstagsbrand, dem 28. Februar 1933, floh der Arzt und Schriftsteller Döblin aus Berlin in die Schweiz und rettete sich dadurch vor der drohenden Verhaftung. Sieben Jahre später zwang der »Westfeldzug« der deutschen Wehrmacht den seit 1936 naturalisierten Franzosen erneut zur Flucht. Im Juni 1940 verließ Döblin sein Pariser Exil und erreichte nach Irrfahrten durch Mittel- und Südfrankreich im letzten Augenblick über Spanien und Portugal die USA. Gleich nach der Ankunft in Kalifornien im Hersbt 1940 drängte es ihn, diese Erlebnisse in einem kleinen Buch mit dem Titel *Robinson in Frankreich* festzuhalten. Aufgrund der prekären Verlagssituation für die in Übersee weitgehend isolierte Exilliteratur blieb es, wie alle übrigen Werke Döblins aus dieser Zeit, vorerst ungedruckt. 1945, nach der Rückkehr des Autors aus dem Exil, wurden die »Schubladen-Texte« in rascher Folge publiziert; 1948 vervollständigte Döblin sie anhand seiner Notizen aus dem Exil und fügte aktuelle Beobachtungen aus dem Nachkriegsdeutschland hinzu.

Die vom Autor angestrebte Konzeption paralleler Faktenschilderung und -interpretation ist nur im ersten Buch *Europa, ich muß dich lassen*, dem Kernstück des Werks, voll erreicht. Die Ereignisse während seiner Flucht durch Frankreich schildert Döblin *»nicht wegen ihres besonderen, historischen Charakters, sondern um das Auffällige, Eigentümliche, Unheimliche dieses Zeitabschnittes festzuhalten«*, der ihn eine Einsicht erlangen ließ, die über seiner *»gewöhnlichen«* lag. *»Zu dieser Einsicht will ich wieder dringen. Sie will ich festhalten und sicherstellen. Darum schreibe ich dies auf.«*

Döblin, der seine mit dem jüngsten Sohn nach Mittelfrankreich evakuierte Frau wieder ausfindig machen wollte, wird von der Massenflucht durch das Innere Frankreichs mitgerissen und erlebt schließlich einsam und verzweifelt die Schreckenswochen der französischen Niederlage und Kapitulation. Doch erkennt er, herumgestoßen und bis zur Selbstentfremdung gedemütigt, in der Niederlage seines Asyllandes eine Parallele zum Zusammenbruch seiner eigenen Lebensgrundlage; seine Irrwege begreift er als *»Schicksalsreise«* in eine neue Existenz und als *»Willensäußerung einer Urmacht«* die ihn seiner alten Existenz, die *»auf nichts gestellt«* war, beraubt. *»Mein Ich, meine Seele, meine Kleider wurden mir genommen«* und ein neues Fundament gelegt in dem ewigen *»Urgrund, durch dessen Akt wir sind«*. In eindringlicher Selbstbefragung, skeptisch und zweifelnd, überprüft der Autor sein bisheriges Leben und Werk. Seine *»diesseitig und pantheistisch (gebliebene) Weltanschauung«* gewinnt eine neue Dimension, die christliche Vorstellungen einbezieht, ohne den *»Durchbruch zum Christentum als institutionalisierter Religion«* (M. Weyembergh-Boussart) schon zu vollziehen. Mit der Maxime: *»Man darf sich den geheimen Kräften nicht widersetzen, die unser Schicksal leiten«*, bricht Döblin seine geistigen Exerzitien ab, die ihn im Lager zu Mende (Languedoc) beschäftigten. Dem von Entbehrungen gezeichneten Autor gelingt es nur mit Hilfe seiner umsichtigen und resoluten Frau, die er schließlich in Toulouse gefunden hat, den Nationalsozialisten, die seine Auslieferung nach Artikel 19 des Waffenstillstandsabkommens gefordert hatten, zu entkommen.

Im zweiten Buch, *Amerika*, wird offenkundig, wie tief die Ereignisse in Frankreich auf Döblin gewirkt haben, wie sehr sein Leben durch sie neu bestimmt wurde. Seinen formellen Übertritt zum Katholizismus (der in der 1940–1943 entstandenen exegetischen Schrift *Der Unsterbliche Mensch. Ein Religionsgespräch*, 1946, erläutert wird) möchte er zunächst nicht publik werden lassen. Erst in dem Band *Briefe*, 1970, finden sich Dokumente darüber, welche Probleme Döblin zu dieser Vorsichtsmaßnahme bestimmten.

Seine religiöse Haltung und sein *»Hang zum Didaktischen«* (R. Minder) veranlaßten Döblin als einen der ersten zur Rückkehr nach Deutschland, zu dessen Neubeginn er beitragen wollte. Das dritte Buch, *Wieder zurück*, gibt eine eindringliche Schilderung der Nachkriegsszenerie und stellt den materiellen Zerstörungen schonungslos die geistigen Verwüstungen des Dritten Reiches gegenüber: *»Es wird viel leichter sein, ihre Städte wieder aufzubauen als sie dazu zu bringen, zu erfahren, was sie erfahren haben, und zu verstehen, wie es kam.«*

*Die Schicksalsreise »ist kein ›großes‹ Buch, ... sie steht dem Erlebten zu nahe und verliert sich zu sehr ins Persönliche. Aber als Bekenntnis ist sie unersetzlich. Sie zeigt, wie ein großer Dichter das Grauen dieser Jahre überstand...«* (W. Muschg). P.Gl.

AUSGABEN: Ffm. 1949. – Olten/Freiburg i. B. 1977 (in *Jubiläums-Sonderausg. zum 100. Geburtstag A. D.s*).

LITERATUR: *A. D. Zum 70. Geburtstag*, Hg. P. E. H. Lüth, Wiesbaden 1948. – B. Uhse, *Notizen zu D.s »Schicksalsreise«* (in Aufbau, 13, 1957, H. 2, S. 160–163; ern. in B. U., *Gestalten u. Probleme*, Bln. 1959). – W. Heist, *Der Fall D.* (in NDH, 4, 1957/58, S. 1114–1120). – W. Muschg, *Ein Flüchtling, A. D.s Bekehrung* (in W. M., *Die Zerstörung der dt. Literatur*, Mchn. 1960). – *A. D., Drei Briefe an R. Minder* (in *Verbannung. Aufzeichnungen dt. Schriftsteller im Exil*, Hg. E. Schwarz u. M. Wegner, Hbg. 1964). – H.-A. Walter, *A. D. – Wege u. Irrwege. Hinweise auf ein Werk u. eine Edition* (in FH, 19, 1964, H. 12, S. 866–878). – R. Minder, *Begegnung mit A. D. in Frankreich* (in Text u. Kritik, 13/14, Juni 1966, S. 57–64). – Ders., *A. D. zwischen Ost u. West* (in R. M., *Dichter in der Gesellschaft, Erfahrungen mit dt. u. frz. Literatur*, Ffm. 1966, S. 155–190). – M. Wegner, *Exil und Literatur. Dte. Schriftsteller im Ausland 1933–1945*, Ffm./Bonn 21968. – *A. D., Briefe*, Olten/Freiburg i. B. 1970.

## WALLENSTEIN

Roman von Alfred DÖBLIN, erschienen 1920. – Eines der bedeutendsten Werke nicht nur im Œuvre des Dichters, sondern in der modernen Romanliteratur überhaupt, entwirft Döblins *Wallenstein* als weiträumiges und suggestives Prosaepos ein vielfarbiges Panorama des Dreißigjährigen Kriegs, sprengt zugleich durch die Intensität unmittelbarer Evokation die historisierende Schematik des herkömmlichen deutschen Geschichtsromans und knüpft damit an FLAUBERTS *Salammbô* oder COSTERS *La légende d'Ulenspiegel* an.

Die erzählte Zeitspanne erstreckt sich von der Schlacht am Weißen Berg bis zur Ermordnung Wallensteins und umfaßt somit die Feldzüge Tillys und Wallensteins sowie die Schlachten und diplomatischen Verhandlungen Gustav Adolfs von Schweden, Christians von Dänemark und vieler anderer Monarchen und Generale. Zentrale Figur des Romans ist nicht so sehr Wallenstein als vielmehr Ferdinand II., Kaiser von Österreich: *»Um dessen Seele geht es«* (Döblin, *Aufsätze zur Literatur*). Gegenüber dem hektischen Kampfgetümmel elementarer Triebe, verkörpert in den Repräsentanten der politischen und militärischen Macht, verharrt Ferdinand in einer bald vital genießenden, bald mystisch-asketischen Passivität, in einer – durch das kaiserliche Amt mitbedingten – naturhaften Latenz. Durch das Auftreten Wallensteins, der als zynischer Spekulant und brutaler Ausbeuter, als »Potenz der Potenzen«, mythisiert als Ungeheuer oder Drache erscheint, gewinnt Ferdinand eine vollkommene, von jeder konkreten Bindung losgelöste Sicherheit der eigenen Existenz, aus der heraus er am Ende auch sein Amt von sich abstreift und ins anonyme, vom Krieg umhergetriebene Volk eintaucht. Schließlich ist er, von einem tierhaften Waldmenschen ermordet, nur noch Element in dem vegetativen Kosmos der Natur.

Die für Döblin schon früh zur Gewißheit gewordene Überzeugung, daß die subjektive Individualität des bürgerlichen Menschen scheinhaft und nichtig ist gegenüber der zeitlosen Substanz und allumfassenden Dynamik der kollektiven Natur, prägt auch den primär am Weg Ferdinands ablesbaren Sinn und die auf epische Totalität zielende Sprachgestalt des *Wallenstein*: Wenn Döblin in seinem ersten Roman *Die drei Sprünge des Wang-lun* (1915) das chinesische Ethos des »Nicht-Widerstrebens« bereits als einzig sinnvollen Weg in der tragischen Verwicklung des Lebens akzentuiert hat, so wird hier die groteske Absurdität der europäischen Geschichte mit ihren chaotischen Mischungen aus Finanzspekulation und Theologie, aus nationalen Machtansprüchen und privaten Leidenschaften erkennbar als ein millionenfaches qualvolles oder rauschhaftes Sterben.

Stilistisch realisiert *Wallenstein* die Forderungen, die Döblin – beeinflußt durch den Futurismus wie durch Arno HOLZ – seit 1913 an den modernen Roman stellte: »Tatsachenphantasie« äußert sich in ausschweifender Verwendung einer großen Fülle historischer Dokumente, die die abstrakten Linien der herkömmlichen Geschichtsschreibung mit drastisch konturierten Details überschüttet, zugleich aber auch in der rigorosen Integration der Einzelfakten in die *»unendliche Melodie«* der epischen Totalität. »Depersonation« ist ein weiteres provokatives Ziel des von unüberschaubar vielen Figuren sinnlich-affektiv erzählenden Epikers: Er entwirft

keine in sich gerundeten Charakterbilder, sondern notiert nur präzise Abläufe, unterscheidbare Verhaltensweisen und protokolliert strikt situationsbezogene Gespräche. Die rapide Lebensdynamik wird an keiner Stelle zum Typischen fixiert, vielmehr in der atemlosen Folge einander gleichwertiger Szenen sprachlich repräsentiert.
In der Forschung wurde dem Roman ein dichtes Kompositionsprinzip, das über seine Großgliederung in sechs Bücher hinausgeht, immer wieder abgesprochen. Neuere Arbeiten zeigen jedoch, daß *»hinter dem vordergründig chaotischen Eindruck des Romanablaufs ... ein Bauwille spürbar (ist), wenn man die Bautypen der Bücher, den ausbalancierten Einsatz der verschiedenen Erzählweisen, der Haupthandlung und der episodenhaften Erzählstränge, das ausgewogene Gegenüber von Zeitdehnung und Zeitraffung erkennt.«* (D. Mayer) Der Erzähler tritt an keiner Stelle auktorial-einheitsstiftend auf, sondern bleibt hinter einer verwirrenden Pluralität der Perspektiven verborgen; er benennt die Realität lediglich, Kommentierung und Kritik überläßt er dem Wechselspiel seiner Figuren. *»Ein Romanautor«*, so Döblin 1913 in seinem Essay *Über Roman und Prosa*, *»muß vor allem schweigen können«*. Diese »Amoralität« sichert die artistische Geschlossenheit des Romans, sie ist zugleich aber Reflex des Autors auf die Kriegsjahre, in denen das Werk entstand und die bei Döblin primär den Eindruck umfassender Sinnlosigkeit hinterließen; im *Wallenstein* wie im Deutschland des Ersten Weltkriegs hat der Krieg sich verselbständigt: *»Es kommt«* so resigniert Döblin 1915 in einem Brief an Herwarth Walden, *»wie es scheint auf gar nichts an, auf gar nichts.«* E.Ri.

Ausgaben: Bln. 1920, 2 Bde. – Olten/Freiburg i. B. 1965 (*AW*, Nachw. W. Muschg; ern. 1976). – Olten/Freiburg i. B. 1977 (in *Jubiläums-Sonderausg. zum 100. Geburtstag A. D.s*).

Literatur: O. Loerke, *Das bisherige Werk A. D.s*, Bln. 1928 (in *A. Döblin. Im Buch – Zu Haus – Auf der Straße*, Bln. 1928, S. 115 ff.). – J. Strelka, *Der Erzähler A. D.* (in GQ, 33, 1960, S. 197–210). – A. Döblin, *Aufsätze zur Literatur*, Hg. W. Muschg, Olten/Freiburg i. B. 1963. – W. Rasch, *D.s »Wallenstein« u. die Geschichte* (in ders., *Zur deutschen Literatur seit der Jahrhundertwende*, Stg. 1967, S. 228–242). – G. Grass, *Über meinen Lehrer D.* (in Akzente, 14, 1967, S. 290–309). – E. Ribbat, *Die Wahrheit des Lebens im frühen Werk A. D.s*, Münster 1970. – U. Harnisch, *Sozialpsych. Studien zu A. D.s Roman »Wallenstein«*, Diss. Bln. 1971. – D. Mayer, *A. D.s »Wallenstein«. Zur Geschichtsauffassung und zur Struktur*, Mchn. 1972. – K. Solha-Lipnicka, *A. D.s »Wallenstein« als historischer Roman* (in Studia Germanica Posnaniensia, 4, 1975, S. 13–20). – B. A. Brown, *Alchemical Themes and Gnostic Myth in A. D.'s Novel »Wallenstein«*, Diss. Rice Univ. 1980/81.

## PETER DÖRFLER

* 29.4.1878 Untergermaringen bei Kaufbeuren
† 10.11.1955 München

Literatur zum Autor:
*P. D. zum 50. Geburtstag. Ein Almanach*, Mchn. 1928. – P. D., *Im Dienst d. Mnemosyne: ein Selbstporträt* (in Wort u. Wahrheit, 8, 1953, S. 153 ff.). – O. Heuschele, *Gedenkwort f. P. D.* (in Dt. Akad. f. Sprache u. Dichtung in Darmstadt, Jb. 1955, S. 131–141 [Werkverz. P. D. S. 134–141]). – F. Braig, *P. D.* (in Stimmen d. Zeit, 160, 1956/57, S. 43–54). – J. Bernhart, *P. D.* (in *Lebensbilder aus dem bayr. Schwaben*, Hg. G. v. Pölnitz, Bd. 7, Mchn. 1959, S. 406–454; m. Werkverz.). – A. M. Miller, *Die Vorausgegangenen. P. D. u. J. Bernhart. Begegnungen im Zeichen d. Freundschaft*, Memmingen 1973.

### JUDITH FINSTERWALDERIN

Roman von Peter Dörfler, erschienen 1916. – Der Roman spielt in der Zeit nach dem Dreißigjährigen Krieg im schwäbischen Voralpenland. An ihrem 46. Geburtstag bringt die Frau des wohlhabenden Brauers und Gastwirts Finsterwalder ein Mädchen, Judith, zur Welt. Schon früh zeigt das Kind, dessen Lieblingswendung *»Ich mag nit!«* ist, ausgeprägten Eigensinn. In ihrem schwäbischen Heimatstädtchen läßt Judith sich besonders von dem »Weltenbummler« Egwolf, einem Gescheiterten, beeindrucken, dessen enttäuschende Erfahrungen ihre Einstellung zum Leben nachhaltig bestimmen. Sie entwickelt Interessen und Ansichten, die sie frühreif und altklug wirken lassen. Als sie das Geschäft ihres Vaters übernehmen soll, zeigt sie keinerlei Neigung für eine solche Aufgabe, verlangt vielmehr nach Wissen und Erkenntnis, so daß der Vater gezwungen ist, sein Anwesen zu verkaufen. Die Elementarschule genügt Judith nicht, sie erwirbt noch die höhere Bildung und ist bei philosophischen Disputationen ihrem ersten Verehrer, Gottlieb Jakob, durchaus gewachsen. Der junge Mann, ein als Stadtkammerschreiber sehr geachteter Bürger, außerdem Poet und glühender Liebhaber, bemüht sich, die Finsterwalderin zur Frau zu gewinnen, aber Judith, obgleich wegen ihrer strahlenden Schönheit überall gerühmt und begehrt, beschließt, allein zu bleiben. Als französische Truppen ins Land kommen, gelingt es ihr, eine Feuersbrunst abzuwenden, die die Franzosen als Vergeltungsmaßnahme für die Tötung von drei Soldaten beschlossen haben; daß die Rettung der Stadt Judiths mutigem Handeln zu danken ist, bleibt ihr selbst jedoch aufgrund von Intrigen verborgen. Nach dem Abzug der Franzosen bricht die Pest aus. In aufopfernder Hingabe hilft Judith den Kranken und findet so erstmals eine echte Aufgabe – zu-

gleich aber den Tod: Im Kampf mit dem verkommenen Jakob Freudberger, alias Giacomo Gaudimontius, der sie vergewaltigen will, trägt sie tödliche Verletzungen davon.
Obgleich Dörfler ein anschauliches Bild der Zeit nach dem Dreißigjährigen Krieg und des Landes, aus dem er selbst stammt, entwirft, geht es ihm in diesem Roman nicht so sehr um Historiendarstellung und Heimatdichtung als vielmehr um die Schilderung individueller Problematik. Das unterscheidet *Judith Finsterwalderin* von seinen späteren Werken, z. B. den beiden Trilogien *Apollonia* (1930–1932) und *Allgäu* (1934–1936), in denen die Thematik der »Volksgemeinschaft« im Vordergrund steht; Dörfler blieb in der Tradition des konventionellen Bauern- und Heimatromans befangen, der die Funktionalisierung durch den Nationalsozialismus nicht suchte, dem aber auch nicht entgegenstand. Für die Gestalt der Judith übernahm er charakteristische Wesenszüge der alttestamentarischen Judith und der Jungfrau von Orleans; auch sie handelt im Auftrag Gottes, zu dem sie in großer Einsamkeit inbrünstig betet: *»Zeige mir ein Ziel, und kein Weg wird mir zu sauer sein.«* Die theologischen und philosophischen Exkurse des katholischen Priesters und Pädagogen Dörfler lassen den Roman etwas trocken wirken, doch geben ihm vor allem die Dialoge in alemannischer Mundart Lebendigkeit und Farbe. A.Ge.

AUSGABEN: Kempten/Mchn. 1916. – Mchn. 1955.

## JULIUS DÖRR

* 23.6.1850 Prenzlau / Uckermark
† 1930

### DE GÖDERSCHLÄCHTER. För min plattdütsch Landslüd vertellt

(nd.; *Die Güterschlächter. Für meine plattdeutschen Landsleute erzählt*). Erzählung von Julius DÖRR, erschienen 1884. – Thema der Erzählung ist der betrügerische Aufkauf und die rücksichtslose Ausschlachtung eines Bauernhofs durch zwei abgefeimte Makler. Ein Gespräch der Bauern im Dorfkrug von Wullenberg hat zwei Ereignisse zum Gegenstand: das Liebesverhältnis des jungen Wilhelm Rohrbeck mit der Schmiedstochter Dürt Hartwig und die drohende Versteigerung des Rohrbeckschen Anwesens. Das über dem Hof schwebende Unheil belastet auch die junge Liebe. Dürtens Vater verweigert dem unverschuldet in Not geratenen jungen Rohrbeck jede Hilfe und weist ihn aus dem Hause. Auch bei seinem eigenen Vater, dessen Wirtschafterin, eine nur auf ihren Vorteil bedachte Person, den Verkauf des Anwesens betreibt, kann der junge Mann kein Verständnis finden. Als der Kaufvertrag unterschrieben ist, verläßt er das Dorf, um bei den Soldaten sein Glück zu machen. – Die großartige Schilderung der nun folgenden Versteigerung mit all ihren dunklen und gewinnbringenden Machenschaften brandmarkt die betrügerischen Makler schonungslos. Eine vorübergehende Erlösung bringt die handfeste, mit nassen Tüchern und endlosem Redeschwall herbeigeführte Klärung durch die Wäscherin Wendt, die den Maklern das Konzept und das Geschäft verdirbt und sie vorerst zum Rückzug zwingt.
Inzwischen hat sich Wilhelm bei den Soldaten verdient gemacht. Während eines Urlaubs versöhnt er sich mit der Familie Hartwig und wird wieder herzlich aufgenommen. Sein väterliches Anwesen findet er verwahrlost vor. Während der Vater vor Gericht zu seinem Recht zu gelangen sucht, verläßt die Haushälterin unter Mitnahme der letzten Habe den Hof. Bei einer erneuten schamlosen Erpressung durch den Makler Nathan läßt sich der Bauer zu Handgreiflichkeiten hinreißen und verletzt ihn schwer. Nathan dämmert jedoch während seiner langsamen Genesung die Einsicht in die Verwerflichkeit seines Handelns. In der Gerichtsverhandlung wird der andere Makler, Pimpel, eines Meineids und eines Scheckbetrugs überführt und in Haft genommen, der er durch Selbstmord ein Ende setzt. – Wilhelm, im Krieg 1870/71 verletzt, wird von Nathans Sohn, einem bedeutenden Arzt, geheilt. Dieser erfährt von dem Unglück der Rohrbecks und veranlaßt seinen Vater, dem alten Bauern Genugtuung zu geben und den Kauf rückgängig zu machen. Der Hof wird mit Hilfe der Familie Wendt wieder hergerichtet und nach der Hochzeit von den jungen Leuten in Besitz genommen.
Die Erzählung ist bewußt als Hinweis auf die der bäuerlichen Welt im Umkreis aufblühender Großstädte drohende Gefahr geschrieben und vom Thema her wie auch in seiner Art der schonungslosen Darstellung des Verwerflichen und des Elends der großen literarischen Zeitströmung des Naturalismus verpflichtet. Die Anlehnung an Fritz REUTER ist nur formal. Die beiden Makler Nathan und Pimpel, vor allem aber die redegewandte und tüchtige Wäscherin Wendt gehören zu den gelungensten Gestalten niederdeutscher Erzählkunst und können einem Pomuchelskopp oder Unkel Bräsig an die Seite gestellt werden. Bei den Volksszenen im Krug und bei der Versteigerung sind die verschiedenen Bauerntypen mit wenigen Strichen treffsicher gezeichnet. Der nur spärlich aufleuchtende Humor vermag den düsteren Hintergrund des Geschehens kaum zu erhellen. – Mit Dörrs Erzählung hat die Mundartdichtung einen vollwertigen Beitrag zur aktuellen Zeitliteratur und ihrer großen geistigen Strömung geleistet, doch ist es wahrscheinlich auf das unbekannte uckermärkische Plattdeutsch zurückzuführen, daß dem Werk größere Verbreitung und gebührende Anerkennung versagt blieben. W.L.

AUSGABEN: Bln. 1884. – Lpzg. o. J. [1912; umgearb. u. erw.; Vorw. V. Blüthgen].

Literatur: H. K. Krüger, *Geschichte der nd. oder plattdt. Literatur von »Heliand« bis zur Gegenwart*, Schwerin 1913. – W. Stammler, *Geschichte der nd. Literatur*, Lpzg. 1920, S. 112.

## Dōkō

* 1430
† 1501

### KAIKOKU-ZAKKI

(jap.; *Verschiedene Notizen über meine Reise durch die Provinzen*). Reiseschilderung des buddhistischen Mönchs Dōkō, entstanden 1486/87. – Der Verfasser entstammt dem Hause Konoe, einer Zweigfamilie der ehemals mächtigen, mit dem Kaiserhaus versippten Fujiwara. Großvater und Vater hatten höchste Ämter am kaiserlichen Hof bekleidet, der freilich von der ebenfalls in Kyōto residierenden, von den Ashikaga geführten Shōgunatsregierung abhängig war; zudem hatte ein 1477 beendeter Bürgerkrieg eine verwüstete Residenzstadt und ein entmachtetes Shōgunat hinterlassen. Dōkō selbst war aufgrund seiner verwandtschaftlichen Beziehungen zum Kaiserhaus Abt des Tendai-Klosters Shōgoin (»Schutztempel für den heiligen [Leib des Kaisers]«) in Kyōto geworden und übte damit die Aufsicht über wichtige Zentren der Yamabushi (Bergasketen) aus. Diese geistliche Funktion kompensierte das machtpolitische Vakuum seiner Familie und motivierte zugleich seine Reise, die Mitte des 18. Jahres Bummei (1486) begann und bis in den Dritten Monat des folgenden Jahres beschrieben wird. Dōkō zieht zunächst nach Norden, durchreist Wakasa und folgt der Nordküste durch die Provinzen Echizen, Kaga, Noto, Etchū und Echigo, um dann in südöstlicher Richtung zu ziehen und die Gegend zwischen Fujisan, Kamakura und Nikkō kreuz und quer zu durchwandern. Schließlich reist er über die berühmte Grenzsperre von Shirakawa nach Matsushima im tiefsten östlichen Hinterland (im Norden des heutigen Sendai). Hier enden die Aufzeichnungen.

Der Verfasser leitet sie mit einer ziemlich genauen Schilderung der Reisevorbereitungen ein: Er bittet um Urlaub bei Hofe und beim Shōgunat, er tauscht mit dem amtierenden Shōgun Ashikaga Yoshihisa und dessen Vater Yoshimasa Abschiedsgedichte aus; auch das Abschiedsbankett für seinen fünfundachtzigjährigen Vater, der ihn von seiner Reise abzuhalten versucht hatte, gipfelt in einem poetischen Dialog, der so ergreifend ist, *»daß die ganze Gesellschaft, alt und jung, den Tränen nicht widerstehen kann«*. Von lyrischer Empfindsamkeit ist das ganze Werk gezeichnet; Landschafts- und Ortsnamen finden wortspielerischen Eingang in das Kurzgedicht, auch wenn sie nicht zu den klassischen lyrischen Topoi gehören. Neben einer Fülle von einunddreißigsilbigen Kurzgedichten gibt es auch die in dieser Zeit aufkommenden *hokku* (Dreizeiler) oder gemeinschaftliche Kompositionen in der Art der Kurz-*renga* (Kettengedichte). Für die gediegene Bildung des Autors sprechen die eingestreuten chinesischen Passagen und chinesischen Kurzgedichte, die auch gelegentlich zur literarischen Unterhaltung eingesetzt werden. So begegnet er in einem Zen-Kloster in der Provinz Wakasa einem alten Mönch, *»der ein wenig literarisches Talent zu besitzen scheint«*, und widmet ihm einen chinesischen Vierzeiler, vermißt jedoch am nächsten Morgen das erwartete Antwortgedicht *»in Reimharmonie«*, was ihn ironisch urteilen läßt: *»Das ist der Gipfel der Gedankenlosigkeit«* – die stünde einem Zen-Mönch in Meditation wohl an.

Berichte von derlei Kontakten mit Vertretern der buddhistischen Geistlichkeit sichern dem *Kaikoku zakki* mehr Beachtung als sein gering veranschlagter literarischer Wert allein verdienen würde. Hervorzuheben sind Dōkōs Bergbesteigungen, die durch den Besuch von Übungsstätten der Yamabushi (Tateyama, Kiyosumiyama z. B.) oder aber durch Schreinverehrung (mit Darbringen von Gedichten) motiviert sind, wie etwa am legendenreichen Tsukuba-Berg in Hitachi, wo *»erster Schnee gefallen ist und das Herbstlaub in hellem Rot erscheint«*. Erinnerungen an den wandernden Mönch und Dichter Saigyō, Vorwegnahme von Routen der *Oku no hosomichi* von Bashō, der seinerseits Saigyō nachstrebte, erheben dieses Werk in den Rang eines Bindeglieds zwischen diesen vielgerühmten Dichtern. W.N.

Ausgaben: o. O. 1701. – Tokio 1928; [3]1959 (Gunsho-ruijū, 337).

Literatur: Y. Sekioka, *»Kaikoku-zakki« hyōchū*, o. O. 1825. – H. Plutschow, *Japanese Travel Diaries of the Middle Ages*, Diss. Columbia University 1973, S. 270–275.

## Lodovico Dolce

* 1508 Venedig
† 1568 Venedig

### LA MARIANNA

(ital.; *Mariamne*). Verstragödie in fünf Akten von Lodovico Dolce, erste Aufführung: Venedig 1565. – Nach dem Drama *Der Wüterich König Herodes* (1552) von Hans Sachs ist Dolces *Marianna* die erste bedeutende Gestaltung des in *Peri tu Iudai'ku polemu (Über den jüdischen Krieg)* von Flavius Iosephus berichteten Geschehens, das dann im 17. Jh. von vielen Bühnendichtern aufgegriffen wurde (u. a. von CALDERÓN, TIRSO DE MOLINA, TRISTAN L'HERMITE, GRYPHIUS, Alexandre HARDY). – Durch den kühlen Empfang seiner Frau nach der Rückkehr aus Rom argwöhnisch geworden, schließt Herodes voreilig auf ihre Untreue. Die Verleumdung seiner intrigierenden Schwester Salome, Mariamne habe ihn vergiften wollen, bestärkt des Königs unbegründeten Verdacht. Er ahnt nicht, daß Mariamne seine in ihrer Leidenschaft maßlose (und, wie sie ihm vorwirft, nur sinnliche) Liebe deshalb nicht erwidert, weil ihr des Königs Befehl, man solle sie umbringen, falls er nicht mehr zurückkehre, bekanntgeworden ist. Den vermeintlichen Nebenbuhler Soemo läßt Herodes hinrichten. Auch die Schwiegermutter und Mariamne selbst sowie die beiden blutjungen Söhne des Königs, die sich auf die Seite ihrer Mutter stellen, werden das Opfer der blinden Eifersucht. Zu spät widerruft der Rasende seinen Urteilsspruch. Nach einer psychologisch nicht motivierten Wandlung erscheint er am Schluß gebrochen als reuiger, auf Gottes Vergebung hoffender Sünder.

Dolce, der Tragödien von EURIPIDES und von SENECA übersetzt hat, schuf mit seiner *Marianna* ein theatergeschichtlich bedeutsames Werk, das noch der Renaissance verpflichtet ist und schon das Barock ankündigt. Die moralisch-lehrhafte Tendenz, die im Sinne der Stoa die Vernunft und die Bändigung der Leidenschaften verherrlicht, ist für beide Epochen charakteristisch. Doch die auf üppige Metaphorik fast völlig verzichtende Sprache weist in ihrer klaren (und allerdings oft recht unoriginellen) Einfachheit auf die klassizistische Komponente, der die zügige und knappe Dialog- und Szenenführung entspricht. Dem Typus des tragischen Helden der Barockbühne wiederum steht die Gestalt des Wüterichs Herodes nahe, die zugleich den Einfluß erkennen läßt, den Senecas Dramen auf Dolce ausübten. Diese Nachwirkung des Römers macht sich auch in dem Topos von der Vergänglichkeit irdischer Größe bemerkbar, vor allem aber in der Freude am Exzessiven und Grellen, die bereits in GIRALDIS *Orbecche* (1541) und in *Canace* (1546) von SPERONI stark akzentuiert erschien. Die bis in physiologische Einzelheiten gehende aufrüttelnde Ausmalung der Sterbeszenen im Botenbericht sowie das aufdringliche Vorzeigen von Soemos abgetrenntem Haupt sollten, in barocker Übersteigerung der Aristotelischen Lehre, Furcht und Mitleid im Zuschauer wecken. Aber auch das die Gegenreformation ankündigende religiöse Element ist zu beachten; unüberhörbar äußert es sich in dem Gottvertrauen der gleich Märtyrern leidenden Unschuldigen und in ihrer unerschütterlichen Hoffnung auf ein Weiterleben im Jenseits. Gerade diese Gestalten beeindruckten Benedetto CROCE so stark, daß er *Marianna* als Dolces gelungenstes Werk bezeichnete. W.Dr.

AUSGABEN: Venedig 1565. – Venedig 1593 [bearb.]. – Mailand 1809 (Collezione de'Classici Italiani).

LITERATUR: A. Salza, *Delle commedie di L. D.*, Melfi 1899. – M. Landau, *Die Dramen von Herodes und Mariamne*, NY 1940. – M. Apollonio, *Storia del teatro italiano*, Bd. 2, Florenz 1940, S. 178–182. – F. Neri, *La tragedia italiana del cinquecento*, Turin [2]1962. – R. H. Terpening, *Topoi tragici del '500: la figura del capitano nella »Rosmunda« del Rucellai e nella »Marianna« del D.* (in *Il Rinascimento. Aspetti e problemi attuali*, Hg. V. Branca, Florenz 1982).

## DANILO DOLCI

* 28.6.1924 Sesana bei Triest

### INCHIESTA A PALERMO

(ital.; *Ü: Umfrage in Palermo*). Dokumentation von Danilo DOLCI, erschienen 1956. – Das Werk, in dem zuverlässiges, soziologisch bedeutsames statistisches Material geliefert wird, ist die literarisch unpersönlichste, zugleich aber auch wichtigste unter Dolcis Schriften. Sie faßt die Ergebnisse einer Befragung von sechshundert Personen über die Lebensbedingungen der in Sizilien *industriali* genannten Arbeitslosen zusammen. Über sie sagt der Autor: *»Wenn wir unter Arbeit eine Tätigkeit verstehen, die nicht nur einen, sondern allen Nutzen bringt, so leisten sicher der Henker, der Großgrundbesitzer oder die Prostituierte keine Arbeit. Aber die Prostituierte bezahlt, sozusagen, mit dem Einsatz ihrer Person, während der Feudalherr darauf aus ist, die anderen bezahlen zu lassen. Diese Studie handelt nur von denjenigen, die mit Einsatz ihrer Person zahlen.«*
Dolcis Dokumentation ist in zwei Teile gegliedert, deren erster Antworten enthält, in denen vor allem die Arbeits- und Verdienstmöglichkeiten der Befragten behandelt werden. (1. *»Wenn du nicht arbeitest, wie versuchst du dich durchzubringen?«* – 2. *»Will Gott, daß du arbeitslos bist?«* – 3. *»Was sollen die Parteien in Italien tun und wie?«* – 4. *»Sind die Wahlen geheim?«* – 5. *Was, glaubst, du, muß jeder tun, um die Arbeitslosigkeit zu beseitigen?«*) Die Antworten enthüllen eine fast völlige Ignoranz auf allen Gebieten und zeugen zugleich vom Fatalismus der Sizilianer, von ihrer totalen Verlassenheit und ihrer Unfähigkeit, einen Ausweg aus der Misere zu finden. – Der zweite Teil berichtet von den Ärmsten, die in den Slums der Stadt Palermo und in deren Hinterland vegetieren. Tagelöhner, kleine Krämer, ambulante Barbiere, Schuster, Kranke, Kinderreiche kommen dabei zu Wort – Menschen, die nur drei oder vier Monate im Jahr arbeiten und nicht wissen, wie sie die Zwischenzeit überleben sollen. Meist sind ihre Unterkünfte für die vielköpfigen Familien zu klein, ohne Stromversorgung und fließendes Wasser, ja, oft fehlen nicht nur sanitäre Anlagen, sondern auch Fußböden; viele Familien hausen mit ihrem Vieh in einem Raum. Diese

Menschen sind zum großen Teil Analphabeten, und sie kennen oft nicht einmal ihr eigenes Geburtsdatum. Einer der Befragten will noch niemals Geld gesehen haben. Manche wissen nicht, was »Amerika« oder wer »der Papst« ist. Viele betrachten es als natürlichen Zustand, daß sie von ihrem *padrone* ausgebeutet werden. Nur selten zeichnet sich ein – wenn auch noch so vages – Vertrauen auf die Möglichkeit einer Besserung ihrer Lage ab. Die elementarsten Beziehungen zur Religion sind von tiefer Resignation überschattet. (Frage: *»Will Gott, daß du arbeitslos bist?«* Antwort: *»Ich weiß nicht, was mit diesem Gott los ist. Ich möchte ihn einmal sehen und ihn fragen, ob er zufrieden ist, daß ich arbeitslos bin, oder nicht.«*) Groß ist die Versuchung, auf ungesetzliche Weise – sei es durch Diebstahl, Betrug oder Raub – zum Notdürftigsten zu kommen, doch stärker ist oft die Angst, sich zu kompromittieren. *(»Die Taschendiebe sind besser daran, sie haben zu essen, aber dafür muß man geboren sein.«)* Dolci hat auch in der Praxis versucht, die in weiten Teilen Siziliens menschenunwürdigen Lebensbedingungen zu bessern. An Hand seiner Dokumentation will er einer ganzen Nation die Augen öffnen für die sozialen Mißstände, die – in der Mitte des 20. Jh.s – in einem der ehemals kulturträchtigsten Teile ihres Landes herrschen. Die Voraussetzung für Abhilfe will Dolci schaffen, indem er eine unfähige (oder zumindest indifferente) Regierung, eine korrupte Gesellschaft und eine in ihrer karitativen Entschlußlosigkeit träge verharrende Kirche anprangert. I.W.F.

AUSGABEN: Turin 1956. – Turin 1957.

ÜBERSETZUNG: *Umfrage in Palermo*, H. v. Hülsen, Freiburg i. B. 1959 [Nachw. W. Dirks].

LITERATUR: J. Steinmann, *Pour ou contre D. D.*, Paris 1957, S. 33–37. – A. Capitani, *D. D.*, Fasano di Puglia 1958, S. 107–113. – B. Pingaud, *La non-violence de D. D.* (in Les Lettres Nouvelles, 6, 1958, S. 574–581). – H. Hinterhäuser, *D. D. – literarisch betrachtet* (in Merkur, 14, 1960, S. 495–500). – A. Bianchini, *The Poetics of D. D.* (in Mediterranean Review, 2, 1972, S. 31–38). – J. Vitello u. M. Polidoro, *D. D.: Clarifying the Myths* (in Italian Americana, 6, 1980, S. 193–209). – G. Fontanelli, *D. D.*, Florenz 1984.

## AUGUSTÍN DOLEŽAL

* 27.3.1737 Skalica / Bezirk Senica
† 21.3.1802 Sučany / Bezirk Martin

LITERATUR ZUM AUTOR:
J. B. Čapek, *Československá literatura toleranční 1781–1861*, Bd. 1, Prag 1933, S. 290–296. – J. Vilikovský, *K životu a dílu A. D.* (in Bratislava, 8, 1934, S. 394–396). – J. Ďurovič, *Evanjelická literatúra do tolerancie*, Martin 1940, S. 306–310. – A. Mráz, *Die Literatur der Slowaken*, Bln. 1943, S. 65. – M. Pišút u. a., *Dejiny slovenskej literatúry II. Literatúra Národného obrodenia*, Preßburg 1960, S. 60–64. – T. Münz, *Filozofia slovenského osvietenstva*, Preßburg 1961. – M. Pišút u. a., *Dejiny slovenskej literatúry*, Preßburg 1962, S. 175–176.

### PAMĚTNÁ CELÉMU SVĚTU TRAGOEDIA ANEBOŽTO VERŠOVNÉ VYPSÁNÍ ŽALOSTNĚHO PRVNÍCH RODIČŮ PÁDU

(slovak.; *Eine für alle Welt denkwürdige Tragödie oder Versbeschreibung über den traurigen Fall der Ureltern ...*). Philosophischer Reimdialog von Augustín DOLEŽAL, erschienen 1791. – Gegenstand der »Tragödie« ist der seit der Renaissance vertraute, im Zeitalter der Aufklärung zu erneuter Aktualität gelangte Streit über die wechselseitigen Vorzüge von Wissenschaft und Religion, von Ratio und Glaube. Die umfangreiche Disputation fußt auf der Philosophie LEIBNIZ' (1646–1716), die der Autor während seiner Studien in Deutschland kennenlernte. Ihr Kernproblem ist die Frage, warum der Allmächtige den Sündenfall der ersten Menschen und den Eintritt des Bösen, des Unrechts und des Leidens in seine Schöpfung zuließ. Mit diesen Fragen bedrängt Seth seine Eltern Adam und Eva. Seths Argumentation ist die wissenschaftlich-rationale der Enzyklopädisten der Aufklärung, die Position der Älteren entspricht Leibniz' Lehre von der wirklichen als der besten aller möglichen Welten, in der die Entwicklung des Menschen von dem Stadium niederster physischer Arbeit bis zur modernen Kulturstufe höchster geistiger und wissenschaftlicher Leistungen mit deterministischer Unausweichlichkeit vorgezeichnet ist. Seth läßt sich durch die Argumente seiner Gesprächspartner keineswegs überzeugen. Bei aller Sympathie für den Standpunkt Adams enthält sich der Autor eines entschiedenen, abschließenden Urteils.

Als Summe des zeitgenössischen philosophischen Denkens war das Werk, das Doležal selbst einen *»heiligen Roman«* nennt, von großer Bedeutung für das slovakische Geistesleben. Da es in erster Linie an ungeschulte Leser gerichtet war, ließ der Autor das Problem von einfachen Menschen in einer faßlichen, bisweilen humorvollen Sprache erörtern. Die literarische Bedeutung des Textes tritt beträchtlich hinter seiner gedanklich-didaktischen zurück. Der kunstlose, paarweise gereimte Alexandriner erfüllt zwar die Ansprüche der zeitgenössischen Poetik, doch erhebt sich die Sprache des Werkes selten über die herkömmliche Topik der aufklärerischen Rhetorik. Ohne Vorbild und Gegenstück in der zeitgenössischen tschechischen Literatur, ist Doležals Versdisput der Höhepunkt der didaktischen Poesie jener Epoche. KLL

AUSGABE: Skalica 1791.

LITERATUR: Š. Krčméry, *Literárne súvislosti (Milton - Leibniz - D. - Madách)* (in Zborník Matice slovenskej, 6, 1928, S. 1-10). - J. B. Čapek, *A. D. a jeko »Tragoedia«* (in Bratislava, 5, 1931, S. 565-633). - R. Brtáň, *Pri prameňoch slovenskej obrodeneckej literatúry*, Preßburg 1970, S. 239 bis 267.

## RADOJE DOMANOVIĆ

* 17.2.1873 Ovsište / Kragujevac
† 17.8.1908 Belgrad

**LITERATUR ZUM AUTOR:**
J. Prodanović, *R. D.*, Belgrad 1933. - Ders., *R. D.* (in Naša stvarnost, 1938, 15/16). - D. Vučenov, *R. D. Život, doba i geneza dela*, Belgrad 1959. - G. I. Safronov, *Sel'skie rasskazy R. D.* (in *Razvitie realizma v slavjanskih literaturach*, Leningrad 1962, S. 58-70). - E. Štampar, *Zbrano delo satirika R. D.* (in Jezik i slovstvo, 10, 1065, S. 153-154). - D. Vučenov, *Osobenosti Domanovićeve satirične pripovetke* (in Književnost i jezik, 17, 1970, S. 156-171, 204-213). - P. Bachmaier, *Der serbische Satiriker R. D. und die Krise der serbischen Gesellschaft am Ende des 19. Jh.s*, Diss. Graz 1971. - D. Jovanović, *R. D. u svome dobu i današnjici* (in *Epoha realizma*, Hg. M. Prostić, Belgrad 1972). - M. Vladimirovič, *R. D. i Požarevac* (in Braničevo, 19, 1973, 2/3, S. 210-217). - P. Bachmaier, *Der serbische Satiriker R. D. Die Krise d. serbischen Gesellschaft am Ende des 19. Jh.s* (in Österreichische Osthefte, 20, 1978, S. 235-243). - D. Vučenov, *Domanovićeva satira kao pripovetka*, Belgrad 1983.

### DANGA

(serb.; *Das Zeichen*). Satirische Erzählung von Radoje DOMANOVIĆ, erschienen 1899. - In der als Traumerzählung angelegten Satire berichtet der Dichter, wie er in das (allegorische) Land Stradija kommt, das ihn stark an seine Heimat Serbien erinnert. Er trifft gerade an dem Tag ein, an dem die neue Regierung befohlen hat, alle Bürger müßten sich zum Zeichen ihrer Ergebenheit die Stirn abstempeln lassen. Bereitwilligst leisten die Bürger dieser erniedrigenden Anordnung Folge, ja sie agitieren sogar noch für ihre Durchführung, um sich bei den neuen Machthabern besonders beliebt zu machen. Dies beobachtend, erinnert sich der Dichter daran, daß auch er zu einem tapferen Volk gehört, und um zu zeigen, welch edles serbisches Blut in seinen Adern fließt, bietet er seine Stirn dar, um sich nicht nur zwei, sondern zehn Stempel aufdrükken zu lassen. Schon nahen sich die in weiße Kittel gekleideten Beamten, um seinen Wunsch zu erfüllen - da schreckt der Dichter zusammen und erwacht aus seinem Alptraum. - Diese politisch-allegorische Satire gehört zu den besten Kurzerzählungen, die Domanović, der erste ausgeprägt satirische Schriftsteller in der serbischen Literatur, geschrieben hat. L.V.

AUSGABEN: Belgrad 1899. - Belgrad 1901 (in *Kraljević Marko po drugi put medju Srbima. Danga. Vodja*). - Belgrad 1928 (in *Celokupna dela*, Hg. B. Mil'ković, 2 Bde., 1). - Novi Sad 1953 (in *Satire*, Vorw. B. Popović). - Belgrad 1959 (in *Danga i druge pripovetke*); ern. 1961; 1963. - Novi Sad/Belgrad 1969 (in *Satire*). - Belgrad 1979 (in *Realistička pripovetka jugoslovenskih naroda*, Hg. J. Deretić). - Belgrad 1983 (in *Izabrane satire*, Hg. V. Jovičić).

ÜBERSETZUNG: *Das Brandmal*, M. Dor u. R. Federmann (in Frankfurter Hefte, 5, 1953). - Dass., dies. (in Heute, 11, 1960).

LITERATUR: J. Protić, *Kraljević Marko po drugi put medju Srbima. Danga. Vodja* (in Zora, 6, 1901, 11/12, S. 420-428).

### STRADIJA

(serb.; *Die Leiden*). Erzählung von Radoje DOMANOVIĆ, erschienen 1902. - Obwohl aus aktuell tagespolitischem Anlaß entstanden, haben Domanovićs Satiren die »seriöse« Prosa des Autors überlebt. Ihr Gegenstand ist das Serbien des ausgehenden 19. Jh.s - eine bürgerliche parlamentarische Demokratie mit aufgeblähtem Verwaltungsapparat.
Am ungeschminktesten ist Domanovićs Sprache in *Stradija* (*stradati* bedeutet »dulden«, aber auch »verunglücken«). Unter diesem doppelbödig ironischen Namen erscheint Serbien als ein Land, in dem es außer Schweinen (damals der wichtigste Exportartikel) fast nur Minister gibt. Domanović bespöttelt die Unfähigkeit der höchsten Staatsbeamten (der Außenminister ist Land- und Forstwirtschaftler, der Landwirtschaftsminister Literat, der Kriegsminister Theologe usw.), die Amoralität und den Gesinnungswandel der Parlamentsabgeordneten, die Fragwürdigkeit manipulierter Wahlen, Korruption und Nepotismus, die das Land an den Rand des Ruins treiben - ein bürgerliches Staatswesen, das zum Zerrbild seiner selbst geworden ist.
Während jedoch der Autor in *Stradija* bei einer mehr oder weniger deskriptiven und theoretischen Darstellung bleibt - der Erzähler ist hier ein fremder Gast, der seine Eindrücke in Form einer Reisebeschreibung festhält - geht er in *Kraljević Marko po drugi put medju Srbima (Kraljević Marko zum zweitenmal unter den Serben)* zur Aktion, zum konkreten Einzelfall über. Kraljević Marko, der legendäre Held des Amselfelds, hört im Himmel die Wehklagen seiner serbischen Brüder; er steigt herab, um sein geplagtes Volk zum Rachefeldzug für alle seit der Niederlage gegen die Türken erlittene Unbill zu mobilisieren, und er wird schmählich ver-

raten. Nicht nur, daß er wegen Aufruhrs und staatsfeindlicher Umtriebe ins Räderwerk der bürokratischen Justiz gerät (lediglich seine anerkannten historischen Verdienste retten ihn davor, zum Tode verurteilt zu werden) – er muß auch erkennen, daß die allenthalben proklamierte Besinnung auf die Ideale einer heroischen nationalen Vergangenheit bloßes Lippenbekenntnis ist; oberstes Gebot sind Ruhe und Ordnung, und deshalb hat man ihm nur den Posten eines Panduren anzubieten.
Bürgerliches Wohlverhalten und Untertanengeist ironisiert Domanović auch in *Danga (Das Brandmal)* und *Vodja (Der Führer)*, zwei Erzählungen, in denen bereits der fiktive Handlungsort auf die überregionale Bedeutung hinweist. In der ersten drängen sich die Bewohner einer Stadt, wie Herdenvieh mit dem Zeichen der Ergebenheit für ihren Bürgermeister – einem schmerzhaften Brandmal auf der Stirn – dekoriert zu werden; in der zweiten folgt eine Menge willenlos einem unbekannten Führer und erkennt erst nach dem Sturz in einen Abgrund, daß dieser Führer blind ist.
Domanovićs Satiren lassen gesellschaftskritische Absichten weitgehend vermissen. Das »Volk« erscheint hier meist als undifferenzierte Menge, und nur andeutungsweise wird der schwerarbeitende Bauer dem schmarotzenden städtischen Beamten *(Kraljević Marko)* oder der respektlose Lumpenproletarier dem wohlanständigen Spießer *(Danga)* gegenübergestellt. Aber obwohl sich Domanović auf eine vehemente Absage an Dummheit, Duckmäusertum und Egoismus in der manipulierten Gesellschaft beschränkt, so ist doch aus seinen pessimistisch gefärbten Satiren die vage Hoffnung auf eine wie auch immer geartete Veränderung des Bestehenden herauszuhören. B.Sp.

Ausgaben: Belgrad 1902 (Srpski književni glasnik, Bd. 5–7; Vorw. B. Popović). – Belgrad 1928 (in *Celokupna dela*, 2 Bde., 2). – Belgrad 1964 (in *Sabrana dela*, 3 Bde., 2). – Belgrad 1973 (in *Stradija itd. Izabrane satire*, Hg. Lj. Manojlović). – Belgrad 1980. – Sarajevo 1982 (in *Stradija i druge pripovetke*).

Literatur: R. Tautović, *Estetika »Stradije«*, Kruševac 1966.

## Jurij Osipovič Dombrovskij

* 12.5.1909 Moskau
† 29.5.1978 Moskau

### CHRANITEL' DREVNOSTI

(russ.; *Der Bewahrer des Altertums*). Roman von Jurij O. Dombrovskij, erschienen 1964 in der Moskauer Literaturzeitschrift ›Novyj mir‹, in Buchform 1966.– Nach *Deržavin* (1939) und *Obez'jana prichodit za svoim čerepom*, 1959 *(Der Affe kommt, seinen Schädel zu holen)*, ist dies der dritte Roman Dombrovskijs. Mit großer Anerkennung aufgenommen, gewährt er Einblick in die von Mißtrauen und Beklemmung geprägte Stimmung zur Zeit der stalinistischen Säuberungen. Die Handlung beruht auf eigenen Erfahrungen: Bevor er Ende der dreißiger Jahre verhaftet und ins Straflager gebracht wurde, war der Autor als wissenschaftlicher Mitarbeiter am Zentralmuseum von Kasachstan beschäftigt. So auch sein anonymer Held und Ich-Erzähler, ein junger Historiker aus Moskau, der in Alma-Ata, der Hauptstadt der Sowjetrepublik Kasachstan, am Museum arbeitet, das in einer säkularisierten Kathedrale eingerichtet wurde. Im Dachgeschoß eines Turmes untergebracht, bereitet er Ausstellungen vor, klassifiziert archäologische Funde und verfolgt nur aus der Ferne das politische Geschehen des Jahres 1937. Er freundet sich mit den schlichten, geradlinigen Charakteren des Romans an, wie etwa dem unqualifizierten, aber menschlich einnehmenden Museumsdirektor, einem ehemaligen Offizier, oder einem volkstümlich-verschmitzten, dem Wodka zugetanen Schreiner. Mit den eifrigen, der Obrigkeit ergebenen Bürokraten und mit einem dilettantischen Amateurarchäologen, der ihm seine Dienste aufdrängen will, gerät der aufrichtige, nicht anpassungswillige Held dagegen bald in Konflikt.
Neben alltäglichen Erlebnissen werden seltsame Vorkommnisse geschildert, die trotz ihres mitunter anekdotenhaften Charakters eine unheilvolle Entwicklung bekunden. Sie wecken immer wieder beklemmende Zweifel am Regime, die der Held zu verdrängen versucht. Die meist unbegründeten, oft absurden Anklagen, denen in der Stalinära unzählige zum Opfer fielen, werden insbesondere von einem Vorgang illustriert. Es fängt mit dem Gerücht um eine entflohene Boa constrictor an, das ein betrügerischer Schausteller in die Welt setzt, um sich aus der Affäre zu ziehen, als sein Publikum die angekündigte, aber nicht existierende Schlange zu sehen verlangt. Im verdachtvollen Klima der leise fortschreitenden Säuberung gewinnt diese wie eine Farce begonnene Angelegenheit zunehmend grotesk-bedrohliche Züge und wächst schließlich zu einem angeblichen Spionagefall heran, in den der Held verwickelt wird. Nach dem Versuch, einem wie er selbst unschuldigen Kolchosarbeiter zu helfen, die Gegenstandslosigkeit der auf ihm lastenden Bezichtigung nachzuweisen, ahnt der Protagonist, daß auch ihm die Verhaftung droht.
Der an vielfältigen, meist historischen Digressionen reiche Roman entwickelt sich chronologisch an einer scheinbar ungezwungen geknüpften Handlung entlang. Deren Elemente bieten Aufschluß über verschiedene Ausprägungen der seelischen und geistigen Verfassung sowie über die von administrativer Willkür und chaotischen Arbeitsbedingungen gekennzeichneten Verhältnisse des zentralistischen Staates. Ihre innere Kohärenz bezieht die Handlung jedoch aus dem Umstand, daß die Welt,

in die sich der Held flüchtet, nur vermeintlich von der politischen Realität entrückt ist. Zugleich aber symbolisiert das im Titel hervorgehobene Hegen der Altertümer sein Bewußtsein eines in Jahrtausenden gewachsenen Zivilisationserbes, dessen Werte nun verlustig gehen. Der lebhafte, mitunter mit lakonischer Ironie durchsetzte Erzählstil, in dem Beschreibungen mittelasiatischer Vegetation oder der Restbestände kasachischer Kultur lyrische Akzente setzen, vermittelt nur indirekt die Grauen stalinistischer Schuldfahndung. Deutlich veranschaulicht der Roman aber die unter der Oberfläche des Alltags anschwellende Welle staatlichen Terrors, deren Auswirkungen später in Dombrovskijs Meisterwerk, *Fakul'tet nienužnych veščej*, 1978 *(Die Fakultät der unnützen Dinge)*, eingehend geschildert werden, in das die Handlung von *Chranitel' drevnosti* mündet. O.Sz.

AUSGABEN: Moskau 1964 (in Novyj mir, Nr. 7 u. 8). – Moskau 1966. – Paris 1978.

LITERATUR: A. Flaker, Rez. (in Československa rusistika, 1966, Nr. 11). – F. Svetov, Rez. (in Prostor, 1969, Nr. 7).

## FAKUL'TET NENUŽNYCH VEŠČEJ

(russ.; *Die Fakultät der unnützen Dinge*). Roman von Jurij O. DOMBROVSKIJ, erschienen 1978. – Die zehnjährige Arbeit an diesem Buch begann im Anschluß an die Veröffentlichung von *Chranitel' drevnosti*, 1964 *(Der Bewahrer des Altertums)*, als die Verschärfung der ideologisch-politischen Reglementierung unter Brešnev einsetzte. Unter diesen Voraussetzungen sah der Autor kaum Aussichten auf eine Veröffentlichung des Werkes, weshalb er keinerlei Rücksicht auf die Zensur nahm. Er vermittelt unverhohlen seine Erkenntnisse über den sozialistischen Staat und – selbst ein ehemaliges Opfer der stalinistischen Säuberungen – veranschaulicht die Wirkungsweise des NKWD-Apparates sowie den im Titel anklingenden Verlust ethischer und kultureller Werte in einer durch Personenkult und Denunziation korrumpierten Gesellschaft. Dombrovskij verstand seinen Roman als *»ein Buch über die Philosophie des Rechts«*: Mit der *Fakultät der unnützen Dinge* ist ironisch die juristische Fakultät der Epoche gemeint, in der Wahrheits- und Rechtsbegriffe – Elemente der in Jahrtausenden entwickelten Zivilisation – noch nicht dem Prinzip »sozialistischer Zweckmäßigkeit« gewichen waren. Das sogleich als eines der scharfsinnigsten Zeugnisse über Stalins Gewaltherrschaft gefeierte Meisterwerk erschien kurz vor dem Tod des Autors in einem Exilverlag in Paris.

Die in fünf Teile gegliederte Handlung setzt da ein, wo *Chranitel' drevnosti* endet. Schauplatz ist weiterhin Alma-Ata im Jahre 1937. Derselbe Protagonist, der hier den Namen Zybin erhält und von dem in der dritten Person erzählt wird, leitet zu Beginn des Buches die archäologische Abteilung am Zentralmuseum von Kasachstan und freut sich auf das Wiedersehen mit seiner Geliebten. Nachdem Fabrikarbeiter antiken Goldschmuck, der einen einmaligen archäologischen Fund darzustellen verspricht, entdecken und, ohne die Fundstelle anzugeben, das Weite suchen, wird Zybin unter dem Vorwurf »antisowjetischer Umtriebe« verhaftet und überdies beschuldigt, das dem Staat zustehende Gold entwendet zu haben. Der in der Untersuchungshaft einsetzende zweite Teil gibt die Wortgefechte wieder, die sich der Held und die Untersuchungsrichter liefern, sowie seine Gespräche mit einem alten Häftling, die eine präzise, historisch fundierte Analyse des pervertierten Legislatur- und Justizsystems beinhalten. Der dritte Teil schildert, wie zwei Museumsmitarbeiter, Zybins Untergebener Kornilov und der Expriester Vater Andrej, vom NKWD geschickt gegeneinander ausgespielt und zu Denunziantendiensten gezwungen werden. Ihre langen Debatten um die Leidensgeschichte Christi erläutern, zusammen mit dem im vierten Teil geführten Dialog des leitenden Untersuchungsrichters Neuman mit dem ihm verwandten, dem NKWD unterstellten Oberstaatsanwalt Stern (für den die historische Gestalt Lev Šejnins Modell stand), sowohl das komplexe, intime Verhältnis zwischen Peinigern und Gepeinigten als auch ihre Beziehungen untereinander. Dieses Thema – eines der Hauptanliegen des Romans – wird u. a. durch den auf einem authentischen Vorfall beruhenden Bericht von Zybins späterem Zellengenossen vertieft, der vor der Revolution Stalin geholfen hatte und – im fünften Teil – auf dessen Intervention hin nach zehnjähriger Haft begnadigt wird. Die Kritik sah in der Darstellung des Begnadigungsentschlusses, bei der sich der Diktator als ein dem Gesetz unterworfenes Oberhaupt eines demokratischen Staates gebärdet, eines der satirisch schärfsten Kapitel des Buches. Zybin läßt sich trotz Folter kein falsches Geständnis entreißen und wird schließlich halbtot entlassen, nachdem Neuman, der kurz danach seines Amtes enthoben wird, das Gold wie durch ein Wunder ausfindig machen konnte.

Doch nicht die Standhaftigkeit, sondern vielmehr der Zufall und die Willkür des Systems (der selbst einige NKWD-Beamte bei dieser Gelegenheit zum Opfer fallen) liegen der Rettung des Helden zugrunde, weshalb diese keine optimistische Aussicht impliziert. Die äußere Handlung veranschaulicht u. a. die auf Lüge und Erpressung fußenden Ermittlungsmethoden des Geheimdienstes, der zur »Produktion« wahnwitziger Verbrechen angehalten wird und sich, wie die Inquisition, nach dem Grundsatz richtet, daß es keine Unschuldigen gibt. Den inneren Vorgängen kommt jedoch, in dem mehr an Deutung als an Anklage interessierten Roman, eine größere Bedeutung zu. Neben Emotionen und Bewußtsein der Opfer – die wie Zybin ihren sittlichen Kategorien treu bleiben, sich wie Kornilov partiell, oder wie Vater Andrej restlos zu Spitzeldiensten verleiten lassen – durchleuchtet Dombrovskij als einer der ersten das Innenleben des NKWD-Stabes.

Die in *Chranitel' drevnosti* aus Zensurgründen notwendigen Aussparungen werden hier zum Stilmittel erhoben. Der dichten, vielschichtigen Struktur entsprechen die metaphorische Beziehung zwischen Geträumtem und Erlebtem sowie der durch Wiederholung der Motive geschaffene Widerhalleffekt. Dadurch wird eine größere Einheit in dem reichhaltigen Roman erzielt, dessen Referenzen bis zu TACITUS und SENECA zurückreichen. Unter Heranziehung der Evangelien und Apokryphen entfalten sich kontrapunktisch Reflexionen über Fragen des Gewissens, der Resignation, der Schuld und der Freiheit, die an DOSTOEVSKIJS Christologie anknüpfen. Darüber hinaus erweitern die Parallelen zur römischen Geschichte die historische Dimension des Romans und gliedern den Stalinismus in die Reihe der Tyranneien ein. Die durchgehende Analogie zum Verhör Jesu, über das realistischer als in BULGAKOVS *Master i Margarita*, 1966/67 *(Der Meister und Margarita)*, berichtet wird, mündet in eine wirkungsvolle Schlußszene, die Zybin, mit Neuman und Kornilov wie mit den beiden Schächern an seiner Seite, darstellt. O.Sz.

AUSGABEN: Paris 1978. – Moskau 1988 (in Novyj mir, Nr. 8–11).

LITERATUR: F. Svetov, *Novyj roman J. D.* (in Vestnik RHD, 1977, Nr. 123). – H. v. Ssachno, *»Die Fakultät der unnützen Dinge«* (in SZ, 1./2. 7. 1978). – I. Szenfeld, *Krugi žyzni i tvorčestva J. D.* (in Grani, 1979, Nr. 111–112, S. 351–377).

## DOMENTIJAN TEODOSIJE HILANDARAC

Domentijan

* um 1210

† nach 1264 Kloster Hilandar / Athos

Teodosije Hilandarac

* um 1246

† um 1328 Kloster Hilandar / Athos

LITERATUR ZU DEN AUTOREN:
J. M. Dinić, *D. i. T.* (in Prilozi za književnost, 25, 1959). – P. Popović, *D.* (ebd. S.209–225). – Dj. Trifunović, *Pesnik svetlosti* (in Književnost, 17, 1962, 11/12, S. 510–530). – Ders., *D.*, Belgrad 1963. – *D.*, Belgrad 1963. – Dj. S. Radojičić, *Književna zbivanja i stvaranja kod Srba u srednjem veku i u tursko doba*, Novi Sad 1967, S. 61–94. – *Stara književnost*, Hg. Dj. Trifunović, Belgrad 1972. – *Hilandarski zbornik*, Hg. V. J. Đurić, Bde. 2–4, Belgrad 1972–1983. – D. M. Dačić, *Monah T. H. najraznovrsniji umetnik srednjeg veka*, Belgrad 1974. – M. Kašanin, *Jeromonah D.* (in M. K., *Srpska književnost u srednjem veku*, Belgrad 1975, S. 152–178). – R. C. Scoles, *T. H. An Investigation into Early Serbian Literature*, Diss. Ohio State University 1976; Nachdr. Ann Arbor/Mich. 1977. – D. Bogdanović, *T.* (Vorw. zu T., *Žitije svetog Save*, Belgrad 1984, S. 7–40).

### VITA DES HEILIGEN SAVA

(aserb.). Lebensbeschreibung des serbischen Erzbischofs Sava (1175–1235). – Die *Vita des hl. Sava* liegt in zwei Fassungen aus der Feder des Athosmönchs DOMENTIJAN und seines Schülers TEODOSIJE vor. Die Sava-Vita Domentijans, der sich selbst als »letzten Schüler« des Heiligen bezeichnet, ist das umfangreichste und bei weitem eigentümlichste biographische Werk der altserbischen Literatur. Seine Bedeutung ist nicht ohne die genauere Kenntnis der serbischen und überhaupt der orthodoxen Vitentradition sowie der politischen, ideologischen und kulturellen Hintergründe zu erfassen. – Aus den vereinzelten Sippenverbänden der Serben hatten sich seit der zweiten Hälfte des 9. Jh.s die ersten größeren staatlichen Zusammenschlüsse herauszubilden begonnen. Das bei weitem dauerhafteste dieser Gebilde war das Reich der Raška (Rascien), das durch Stefan Nemanja (1168) unter die Herrschaft einer starken Dynastie gelangte und die übrigen Staatsansätze in Serbien rasch überflügelte. Der Staat der Nemanjiden konnte sich von Anfang an auch gegen den gefährlichen Feind Byzanz behaupten. Die rasche und sichere Konsolidierung des jungen Reiches war vor allem das Werk dreier Herrscher: der weltlichen Herren Stefan Nemanja und seines Sohnes Stefan Prvovenčani sowie des Bischofs Sava, des zweiten Sohnes von Stefan Nemanja. Der neuerstandene Staat bedurfte zur Begründung seines Herrschaftsanspruches und zur Festigung seiner Einheit einer staatstragenden Ideologie, die, den Umständen der Zeit entsprechend, keine andere als eine christliche sein konnte. Es waren die Mitglieder des Herrscherhauses selbst, die als erste die Entstehung dieser Ideologie zu ihren Zwecken betrieben: Sowohl Sava als auch Stefan Prvovenčani verfaßten eine Lebensbeschreibung ihres Vaters, in der sie die Legitimität der Herrschaft auf den Gedanken des Gottesgnadentums gründeten. Ihr Werk sollte der Beginn einer ganzen Reihe von ähnlichen Herrscherviten werden. Seine erste Fortsetzung fand es in den Arbeiten Domentijans, vor allem in dessen *Sava-Vita*. Sie ist in zwei Handschriften überliefert, welche die Jahre 1242/43 resp. 1252/53 als Entstehungszeit des Werks angeben. Die jüngere Forschung hat sich für die Authentizität des ersteren Datums ausgesprochen. In Aufbau und Stil fußt die Vita auf der Gattung des byzantinischen rhetorischen Heiligenlebens. Als Quelle benutzt sie u. a. das *Slovo o zakone i blagodati (Rede über das Gesetz und die Gnade)* des Kiewer Metropoliten ILARION. Zunächst zur Lektüre bestimmt, fand die Vita auch zu litur-

gischen Zwecken Verwendung. Sie schildert das gesamte Leben des Heiligen.
Sava wird als letztes Kind Stefan Nemanjas geboren und erhält in der Taufe den Namen Rastko. Der junge Fürst wächst in allen Reichtümern des irdischen Lebens auf. Schon mit fünfzehn Jahren erhält er einen Teil des Reiches zur Verwaltung. In der Lektüre der Heiligen Schrift erzogen, läßt er sich jedoch von den Gütern dieser Welt nicht blenden, sondern entzieht sich heimlich durch die Flucht auf den Heiligen Berg. Die Boten der Eltern finden ihn in dem russischen Kloster Pantelejmon, können seinen Eintritt in den Mönchsstand jedoch nicht mehr verhindern. Nach seinem Übertritt in das griechische Batopedion-Kloster und einer ausgedehnten Reise über den Athos ruft Sava seinen Vater zu sich. Stefan Nemanja übergibt die Regierung seinem Sohne Stefan (Prvovenčani), zieht zu Sava auf den Heiligen Berg und gründet mit ihm das serbische Kloster Hilandar. Nemanja stirbt nach kurzer Zeit. Seine Gebeine werden auf Bitten Stefans II. von Sava nach Serbien zurückgebracht. Sava bleibt als Archimandrit des Klosters Studenica in Serbien, um seinem Bruder bei der Überwindung äußerer und innerer Feinde zu helfen.
Nach der Bewältigung der Schwierigkeiten kehrt Sava auf den Athos zurück, begibt sich aber bald an den Hof des Theodoros Laskaris, um von ihm die Autokephalie der serbischen Kirche zu erwirken, deren erstes Oberhaupt er wird. Mit seinem Bruder gründet er das Kloster Žiča, den Sitz des neuen Archiepiskopats. Aus Rom erlangt er für den Bruder die westliche Königskrone und vermag ihn vor den Einfällen des Ungarnkönigs zu schützen. Nach dem Tod Stefans II. krönt Sava dessen ältesten Sohn Radoslav, nach dessen Sturz seinen Bruder Vladislav. Bei der Rückkehr von seiner zweiten Reise ins Heilige Land stirbt Sava in der bulgarischen Hauptstadt Trnovo (1235). – Vermutlich ist Domentijans *Sava-Vita* auf Anregung Vladislavs I. (1233–1243) entstanden. Daß es ihr in erster Linie um die Verherrlichung des Heiligen und die feste Verankerung seines Kultes ging, ist offenkundig. Die Vita schließt die letzte Lücke in der neuentstandenen serbischen Staatsideologie.
War es das Ziel Savas gewesen, als er die Vita Stefan Nemanjas schrieb, die kultische Verehrung seines Vaters zu sichern, so ging es Stefan Prvovenčani mit seiner Vita um die Rechtfertigung der eigenen Herrschaft. Domentijan holt mit der *Sava-Vita* die ideologische Legitimierung des kirchlichen Hauptes der serbischen Dynastie nach. Die Forschung hat ihm beharrlich den Vorwurf gemacht, das panegyrische Element seines Werks überwuchere in unangemessener Weise sein erzählerisches Fundament und mache es zusammen mit seiner überladenen, den hesychastischen Stil vorwegnehmenden Sprache zu einer wenig ersprießlichen Lektüre. Verständnisvollere Untersuchungen (A. SCHMAUS) haben jedoch gezeigt, daß Domentijans Sprachbehandlung und Komposition keineswegs zufällig oder Zeichen dichterischen Unvermögens, sondern Ausdruck einer konsequent durchgeführten Konzeption der Rolle seines Heiligen sind. Der Autor bemüht sich zu zeigen, daß Savas Gestalt und Wirken nicht von den Zufälligkeiten des irdischen Lebens, sondern von einer Zeit und Raum überschreitenden göttlichen Vorsehung bestimmt werden. Von ihr ist schon beim Bericht von der Geburt des Heiligen die Rede, wo Sava ein *»Geschenk Gottes«* genannt wird, dessen Bestimmung es in Zukunft sein werde, *»seine Heimat zu großer Gottesfurcht zu führen und das unvollendete Werk seiner Eltern zu vollenden«*.
Die eingehende Untersuchung von Sprache und Stil Domentijans steht – nicht zuletzt bedingt durch die veraltete Edition des Textes – vorerst aus.
Die *Sava-Vita* des Teodosije stammt vermutlich aus den Jahren 1290–1292. Sie ist in mehr als 60 Handschriften überliefert, deren älteste (aus dem Jahre 1336) verlorenging. Die Vielzahl der Handschriften zeugt von der Verbreitung und Beliebtheit des Werks im mittelalterlichen Serbien. Die *Sava-Vita* des Teodosije ist eine Bearbeitung des Textes Domentijans, die Änderungen der kirchenpolitischen Situation Rechnung trug. Das Abhängigkeitsverhältnis beider Viten gab Anlaß zu Meinungsverschiedenheiten über den literarischen Wert der Arbeit Teodosijes. Sprach P. ŠAFAŘIK von den *»widerlichen Zerrbildern«*, die in seiner Vita die *»mit biblischer Unbefangenheit und Kürze erzählten Wunder«* Domentijans ersetzen, so nannten jüngere Forscher Teodosije den *»besten Stilisten«* und *»ersten psychologischen Schriftsteller«* der altserbischen Literatur (Bašić). Entspricht die *Sava-Vita* Teodosijes kompositionell dem hagiographischen Schema, so befreit sie sich stilistisch vielfach von den überkommenen Traditionen. Ihre Schreibweise ist durch eine Objektivierung der Beschreibung, durch Einfachheit und Lebendigkeit charakterisiert. Im Gegensatz zu Domentijan vermeidet der Autor die Paraphrase, die Häufung von Bibelzitaten und die Parallele zu biblischen Berichten. Auffallend ist seine Neigung zur Beschreibung von Details. Teodosije überträgt die Bildlichkeit des hohen hagiographischen Stils in den natürlich-menschlichen Bereich. Jedes Geschehen wird psychologisch motiviert und erklärt, wodurch das Werk an Natürlichkeit und Wahrhaftigkeit gewinnt. Teodosijes Stil verrät eine von Domentijan verschiedene Konzeption des Heiligen und seiner Vita. Der Autor gibt Sava wie Nemanja menschliche Züge. Sein Werk soll nicht allein erbauen, sondern unterhalten. Es pflegt daher die sachliche Beschreibung und mitunter die szenische Darstellung, die den eigentlichen literarischen Wert der Vita ausmachen. KLL

AUSGABEN: Belgrad 1860 (*Život svetoga Save, napisao Domentijan*, Hg. Dj. Daničić). – Belgrad 1865 (*Život svetoga Simeuna i svetoga Save, napisao Domentijan*, Hg. Dj. Daničić). – Belgrad 1924 (in M. Bašić, *Stare srpske biografije I.*; serb.). – Belgrad 1938 (in L. Mirković, *Domentijan* in *Stare srvske biografije IV.*; serb.). – Belgrad 1975 (in *Primeri iz stare srpske književnosti*).

LITERATUR: V. Jagić, *Ein Beitrag zur serbischen Annalistik mit literaturgeschichtlicher Einleitung* (in AslPh, 2, 1877, S. 1–109). – P. Srećković, *Tvorenija D. i T.* (in Spomenik, 33, 1898, S. 65–120). – A. Schmaus, *Die literarhistorische Problematik von D.s »Sava-Vita«*, Göttingen 1963. – C. Müller-Landau, *Studien zum Stil der »Sava-Vita« T.s*, Mchn. 1972. – T. Jovanović, *Pohvala svetome Simeonu i svetome Savi T. H.* (in Književna istorija, 20, 1973, S. 703–778). – G. Ignjatović, *Sveti Sava*, Pozarevac 1974. – M. Matejić, *Biography of Saint Sava*, Columbus 1976. – D. Bogdanović, *Kratko žitije svetog Save* (in Književnost i jezik, 24, 1976, S. 5–32). – *Sveti Sava. Spomenica povodom osamstogodišnjice rođenja 1175–1975*, Belgrad 1977.

## HILDE DOMIN

* 27.7.1912 Köln

**DAS LYRISCHE WERK** von Hilde DOMIN. *»... am Rande der Welt, wo der Pfeffer wächst und der Zucker und die Mangobäume, aber die Rose nur schwer, und Äpfel, Weizen, Birken gar nicht, ich verwaist und vertrieben, da stand ich auf und ging heim in das Wort.«* Die jüdische Lyrikerin Hilde Domin war fast vierzig Jahre alt, als sie zu schreiben begann. 1932 hatte sie Deutschland verlassen, promovierte im italienischen Exil über *Pontanus als Vorläufer von Macchiavelli* und lebte von 1940 bis 1954 in der Dominikanischen Republik, als Lektorin, Übersetzerin und als Mitarbeiterin ihres Mannes, des Kunsthistorikers Erwin W. Palm. In diesem Leben ohne festen Stützpunkt bedeutete die *»Heimkehr ins Wort«* für die Lyrikerin Rettung vor der Entwurzelung durch das Exil: *»Ich richtete mir ein Zimmer ein in der Luft / unter den Akrobaten und Vögeln.«* Die biographische Erfahrung des Exils ist in einem großen Teil ihrer poetischen Texte präsent. Neben sechs Gedichtbänden und vorwiegend autobiographisch gefärbten Prosatexten (*Das zweite Paradies*, 1968; *Von der Natur nicht vorgesehen*, 1974) veröffentlichte Hilde Domin Essays, übersetzte Lyrik und Prosa aus dem romanischen Sprachraum und gab verschiedene Lyrikanthologien heraus sowie, 1966, den Band *Doppelinterpretationen*, in dem zu jeweils einem Gedicht der betreffende Autor und ein Kritiker Stellung nehmen. 1954 konnte die Autorin ihr erstes Gedicht in Deutschland veröffentlichen, in der Zeitschrift ›Hochland‹, weitere Publikationen folgten in ›Akzente‹ sowie in der ›Neuen Rundschau‹. Die literarische Kritik nahm Domins Lyrik von Anfang an mit Zustimmung auf, als neuen Ton in der Trümmer- und Kahlschlagliteratur, als *»Überwindung der apokryphen Lyrik«* der Zeit, wie Walter Jens schrieb, der in seiner Rezension des Bandes *Nur eine Rose als Stütze* im Bild der Rose eine Chiffre auf die neu entdeckte und neu zu entdeckende deutsche Sprache sah. Die Bildsprache von Hilde Domin ist geprägt von der Literatur des romanischen Sprachraums, von Schriftstellern wie Vicente ALEIXANDRE, Rafael ALBERTI, Pablo NERUDA oder Giuseppe UNGARETTI. Die selbstverständliche Integration surrealistischer Metaphorik in einfache, oft alltägliche Sprache, der gleitende Sprachduktus der Dominschen Lyrik entstanden unter solchem Einfluß. Aus dieser Tradition heraus ist auch der appellative Charakter vieler ihrer Gedichte zu erklären. Die Vermittlung der Inhalte, das genaue Benennen der Wirklichkeit wird zu einer wesentlichen Aufgabe des Autors: *»Dies ist unsere Freiheit / die richtigen Namen nennend / furchtlos mit der kleinen Stimme« (Salva nos)*.

Die ersten beiden Gedichtbände, *Nur eine Rose als Stütze* (1959) sowie *Rückkehr der Schiffe* (1962), thematisieren die Spannung zwischen Exil und Heimkehr, zwischen dem Zwang zum Aufbruch und dem Wunsch nach Geborgenheit. Das Paradoxon von Hoffnung trotz Hoffnungslosigkeit, trotz ziellosen Umhergetriebenseins erweist sich hier letztendlich als Vertrauen in die Kraft der Poesie: *»Kirschblütensprache, Apfelblütenworte« (Linguistik)*. Ausgehend von autobiographischen Erfahrungen zielt die Lyrik Hilde Domins jedoch auf allgemein menschliche Probleme. Die Leichtigkeit der Gedichte wird erreicht durch syntaktische und metaphorische Einfachheit, durch einen freien, offenen Rhythmus, durch Beschränkung auf das notwendige, das genaue Wort. Diese lyrische Ökonomie verstärkt sich in den weiteren Lyrikbänden, erkennbar bereits im zweiten Gedichtband *Rückkehr der Schiffe*. Unsentimental, fast lakonisch werden Heimatlosigkeit, Verlorensein, Angst vor Identitätsverlust geschildert: *»Von Herberge zu Herberge / Vergessenheit. / Der eigene Name / wird etwas Fremdes« (Unterwegs)*. Erst in dem 1964 erschienenen Band *Hier* verschieben sich die Akzente. Die Orts- und Identitätsbestimmung nach der Rückkehr in die Heimat steht im Vordergrund. *»In diesem Land / wo wir das Fremdsein zu Ende kosten« (Hier)* wird Exil zu einem unaufhebbaren inneren Zustand, *»Wüste / einsteckbar« (Silence and exile)*. Die Texte registrieren menschliche Abgestumpftheit gegenüber den Ereignissen der Zeitgeschichte *(Aktuelles)*, greifen das Thema der Judenvernichtung während des Nationalsozialismus auf *(Anstandsregel für allerwärts)*, entwerfen Visionen vom Ende der Menschheit *(Seids gewesen, seids gewesen)*. Gegen Resignation und Anpassung setzt die Autorin die Kraft des Wortes, *»immer das Wort / das heilige Wort« (Ars longa)*.

Lyrik, Kunst überhaupt, so führt Hilde Domin später in dem Band *Wozu Lyrik heute* (1968) aus, schaffe Freiräume, einen *»Atemraum«* für das Denken und Fühlen des Menschen in der *»gesteuerten Gesellschaft«*, sie widerstehe der *»größten Gefahr der Menschheit«*, der *»anonymen Gleichgültigkeit der funktionierenden Menschen in einer funktionierenden Gesellschaft«*. Damit wendet sie sich gegen die im

Umfeld der Studentenbewegung vertretene These, literarischen Texten ließe sich *»keine wesentliche gesellschaftliche Funktion«* zuschreiben, wie dies Hans Magnus ENZENSBERGER programmatisch in seinem Essay *Gemeinplätze, die Neueste Literatur betreffend* (Kursbuch, 15, 1968) formuliert hatte. Dabei verfolgte Hilde Domin, wie der Band *Ich will dich* (1970) zeigt, mit ihren Gedichten keine politische Programmatik: *»Thematische Programmierung ... macht unfrei und ist poesiefeindlich.«* Aber sie nimmt in ihren sogenannten »öffentlichen Gedichten« Stellung zu zeitgeschichtlichen Ereignissen *(Graue Zeiten; Nach dem Fernsehbericht; Napalm Lazarett)*. Diese Zeitgedichte werden im Umfang wieder länger, während ansonsten Verknappung und Konzentration im Werk von Hilde Domin vorherrschen. Einige Gedichte nähern sich sogar der kurzen Form des japanischen Haikus an: *»Lyrik / das Nichtwort / ausgespannt / zwischen / Wort und Wort« (Lyrik)*. Insgesamt sind Domins Gedichte durch eine starke Rhythmik bestimmt, häufig hervorgerufen durch die Setzung von Wiederholungen sowie durch eine offene Dialogstruktur. Die Tendenz zur Reduktion hat die Auflösung realer Bezüge zur Folge, das Paradoxon prägt häufig die Gedichte.

Innerhalb der deutschen Nachkriegslyrik nimmt Hilde Domin aufgrund ihrer Prägung durch die romanische Literatur einen besonderen Platz ein. Eine Parallele ließe sich, vorwiegend unter biographischen Aspekten, zu anderen deutsch-jüdischen Exilautorinnen ziehen, wie Rose AUSLÄNDER oder Nelly SACHS. Letzterer gegenüber hob Hilde Domin in einem offenen Brief die Gemeinsamkeit der Verfolgten und ins Exil Getriebenen hervor: *»Da wird einer ausgestoßen und verfolgt, ausgeschlossen von einer Gemeinschaft, und in der Verzweiflung ergreift er das Wort und erneuert es, macht das Wort lebendig, das Wort, das zugleich das Seine ist und das der Verfolger... Das äußerste Vertrauen und die Panik fallen hier zusammen, das Ja und Nein sind nie mehr zu trennen.«* D.R.M.

AUSGABEN: *Nur eine Rose als Stütze. Gedichte*, Ffm. 1959; ern. 1988. – *Rückkehr der Schiffe. Gedichte*, Ffm. 1962; ern. 1985. – *Hier. Gedichte*, Ffm. 1964; ern. 1986. – *Höhlenbilder. Gedichte 1951/52.* Mit Originalgraphiken von H. Mack, Duisburg 1968. – *Wozu Lyrik heute. Dichtung und Leser in der gesteuerten Gesellschaft*, Mchn. 1968; erw. 1975. – *Ich will dich. Gedichte*, Ffm. 1970; ern. 1985. – *Abel steh auf. Gedichte, Prosa, Theorie*, Stg. 1979 (Hg. G. Mahr; Auswahlband; RUB). – *Traum I.* Mit Originalgraphiken von S. Juritz, Dreieich 1981. – *Gesammelte Gedichte*, Ffm. 1987 (enth. neben Übertragungen auch bislang Unveröffentlichtes).

VERTONUNGEN: K. Boßler, *Lieder zur Ermutigung*, 1966. – Ensemble Kluster, *Abel steh auf* (Platte), 1971. – N. Bethge, *Appell*, Op. 15 *(Wen es trifft)*, 1978. – F. Wiefler, *Auf der anderen Seite des Mondes*, 1979. – Ensemble Soma, Marl, *Hiob heute: Wen es trifft*, 1981. – H. Vogt, *Historie vom Propheten Jona*. Kammeroratorium *(Wen es trifft; Es kommen keine nach uns; Irgendwann)*, 1981.

LITERATUR: W. Jens, Rez. (in Die Zeit, 27. 11. 1959). – D. C. Stern, *H. D. From Exile to Ideal*, Diss. Bern 1979. – *Heimkehr ins Wort. Materialien zu H. D.*, Hg. B. v. Wangenheim, Ffm. 1982 (FiTb). – W. Woesler, *Lyrik vor dem Ende des Exils. Zu H. D.s ›Herbstzeitlosen‹* (in *Gedichte und Interpretationen*, Bd. 6, Hg. W. Hinck, Stg. 1982, S. 103–112). – E. Pulver, *H. D.* (in KLG, 14. Nlg., 1983). – I. Hammers, *H. D.: Dichtungstheoretische Reflexion und künstlerische Verwirklichung*, Diss. Köln 1984. – R. Venske, *»Flucht zurück als Flucht nach vorn«?: H. D. und die »Rückkehr ins zweite Paradies«* (in *Frauenlit. ohne Tradition?*, Hg. I. Stephan, R. Venske, S. Weigel, Ffm. 1987, S. 39–70). – G. Stern, *In quest of a regained paradise: the theme of return in the works of H. D.* (in GR, 62, 1987).

## HERNANDO DOMÍNGUEZ CAMARGO

* 1601 (?) Bogotá
† 1656 (?) Tunja

### SAN IGNACIO DE LOYOLA, FUNDADOR DE LA COMPAÑÍA DE JESUS.
**Poema heroico**

(span.; *Der hl. Ignatius von Loyola, Gründer der Gesellschaft Jesu. Ein Heldengedicht*). Epische Dichtung von Hernando DOMÍNGUEZ CAMARGO (Kolumbien), erschienen 1666. – Über zweihundert Epen entstanden zwischen 1550 und 1700 in spanischer Sprache, darunter viele, die das Leben eines Heiligen zum Gegenstand haben. Unter diesen nimmt die Dichtung Camargos insofern eine Sonderstellung ein, als darin der Gongorismus auf die Spitze getrieben erscheint. »Góngoras Erstgeborener«, wie man den Dichter panegyrisch nannte, übertrifft darin noch seinen Meister an gewollter Dunkelheit und sprachlicher Künstlichkeit. In nahezu 10 000 Versen schildert das unvollendet gebliebene Werk das Leben des hl. Ignatius von der Taufe bis zu den Präliminarien der Gründung der Gesellschaft Jesu. Jedoch sind greifbare informatorische Substanz und gedanklicher Gehalt dieser gewaltigen Wortmasse gering. Um so umfangreicher ist die mühsam hineinverpackte alexandrinisch-scholastische, kulturanistisch aufgebauschte Gelehrsamkeit. *»Eine finstere Mißgeburt«* nannte MENÉNDEZ Y PELAYO dieses Werk – ein Urteil, das in der heutigen Zeit keine ungeteilte Zustimmung mehr finden dürfte. Symbolismus, Modernismus, Ultraismus und andere literarische Bewegungen unserer Zeit haben eine positivere Bewertungsgrundlage für eine Dichtung geschaffen, in der zwar vieles nach wie vor als schlechterdings lächerlich und abstrus gelten muß, von der man weder Wirklichkeitsgestaltung noch Erkenntnisse noch überhaupt einen Sinn erwarten darf, die jedoch als rein sprachliches, linguistisch-rhetorisches Phänomen, als phantasmagorische Wortkunst nicht ohne Reiz ist. Konsequent wird die direkte Aussage mit den geläufigen lexikalischen Mitteln vermieden. An ihre Stelle treten ingeniöse, häufig obskure, manchmal groteske Umschreibungen, Allegorien, Vergleiche und Metaphern. Der Heilige Geist heißt grundsätzlich nur »der Paraklet«, Loyolas Amme wird *»Stellvertreterin der mütterlichen Brustwarze«* genannt, die Taufe ist die durch Gnade bewirkte *»Korrektur des schlechten Lateins, das Adam von der Schlange lernte«*. Darüber hinaus wird der Sinn durch eine latinisierende, der kompliziertesten Figuren der klassischen Rhetorik sich bedienende Syntax verdunkelt. Wie alle hermetische Dichtung von LYKOPHRON (2. Jh. v. Chr.) über GÓNGORA (1561–1627) bis MALLARMÉ (1842 bis 1898) ist das Werk Camargos zu einer Fundgrube für Kommentatoren, Grammatiker und Stilforscher geworden. A.F.R.

AUSGABEN: Madrid 1666. – Bogotá 1960 (in *Obras*, Hg. R. Torres Quintero; m. Einl. u. Anm.).

LITERATUR: E. Carilla, *El gongorismo en América*, Buenos Aires 1946. – J. A. Peñalosa, *H. D. C., primogénito de Góngora* (in Estilo. Revista de Cultura, San Luis Potosi, 49, 1959, S. 7–17. – G. Diego, *La poesía de H. D. C.* (in Thesaurus, 16, 1961, S. 281–310). – R. Torres Quintero, *Homenaje al poeta H. D. C.* (in Boletín de la Academia Colombiana, 13, 1963). – F. Pierce, *La poesía épica del siglo de oro*, Madrid 1961. – G. Meo Zilio, *Estudio sobre H. D. C. ...*, Messina/Florenz 1967. – E. Gimbernat de González, *En el espacio de la subversión barroca* (in Thesaurus, 37, 1982, S. 523–543). – C. de Mora Valcárcel, *Naturaleza y barroco en H. D. C.* (in Thesaurus, 38, 1983, S. 59–81). – J. Perea Rodríguez, *H. D. C. (1606–1659)* (in Boletín Cultural y Bibliográfico, Bogotá 1983, S. 89–106). – E. Gimbernat de Gonzáles, *›El nieto ciego de la blanca espuma‹* (in REH, 11, 1984, S. 153–162).

## DOMINUS HADTON

15./16. Jh.

### BEUNANS MERIASEK

(korn.; *Das Leben Meriaseks*). Mysterienspiel in 4568 Versen aus dem Jahr 1504, vermutlich von DOMINUS HADTON verfaßt; die Spieldauer des Stücks beträgt zwei Tage; der ursprüngliche Titel lautet: *Hic incipit ordinale de vita Sancti Mereadoci Episcopi et Confessoris (Hier beginnt das Mysterienspiel vom Leben des hl. Meriasek, des Bischofs und Bekenners)*. – Meriasek, der sich schon früh durch Intelligenz, Güte und Frömmigkeit auszeichnete, steht bald in so hohem Ansehen, daß der König von Armorika ihm seine Tochter zur Frau geben will. Meriasek jedoch schlägt des Königs Angebot aus und wird Priester. – Er vollbringt die ersten Wunder und gründet in Camborne, wohin er auf seiner Reise nach Cornwall verschlagen wird, ein Oratorium. Vor der Drohung des heidnischen Herrschers Teudar, ihn töten zu lassen, falls er seinem Glauben nicht abschwöre, flieht er in die Bretagne und erbaut bei Pontivy eine Kapelle. – Um Heilung von seinem Lepraleiden zu finden, soll Kaiser Konstantin sich im Blut von dreitausend unschuldigen Kindern waschen; als er aber die Kinder vor sich sieht, empfindet er Mitleid. Die Apostel Peter und Paul steigen auf die Erde herab und verkünden ihm, Papst Silvester werde ihn heilen. Der Herrscher, der anfänglich die Christen verfolgt hat, läßt sich taufen und führt das Christentum als Staatsreligion ein. – Der Herzog von Rohan bittet Meriasek, ihm bei der Vertreibung der Räuber aus der Bretagne zu helfen. Diese unterwerfen sich Meriasek und nehmen das Christentum an. – Als der Herzog von Cornwall erfährt, daß Meriasek das Land verlassen mußte, zieht er gegen Teudar; nachdem er den heidnischen Tyrannen getötet hat, ruft er seine Spielleute, damit man tanzen kann.

Mit der kurzen Erwähnung, daß Konstantin in seinem Reich das Christentum festigt, beginnt der zweite Teil der Aufführung. Nach dem Tod des Bischofs von Vannes wird der wundertätige Meriasek einmütig als sein Nachfolger bezeichnet. Meriasek läßt sich – nach längerem Zögern – in der Kirche von St. Sampson in Dol zum Bischof weihen. – Es folgt eine Episode aus den *Miracula de Beato Mereadoco*: Eine Frau, deren einziger Sohn von einem heidnischen Tyrannen gefangengenommen wurde, fleht vergeblich die Hl. Jungfrau um Hilfe an. Da entreißt sie den Armen der auf dem Bild dargestellten Muttergottes das Jesuskind, woraufhin Maria den Gefangenen befreit und ihn seiner Mutter zurückgibt, die ihrerseits das Jesuskind wieder dem Bild einfügt. Nach der Aufzählung wundertätiger Heilungen folgt der Bericht über zwei heidnische Fürsten, die von einem Drachen angefallen werden. Die Heiden bringen die Existenz des Drachen mit der Bekehrung Konstantins in Zusammenhang. Als Papst Silvester den Drachen besiegt, nehmen die beiden Fürsten das Christentum an. – Der Schluß des Stücks berichtet vom Tod Meriaseks, dessen Seele der Himmel aufnimmt. Alle angesehenen Männer der Bretagne sind bei der Trauerfeier versammelt. Der Herzog von Vannes erfleht den Segen Meriaseks, der Maria von Comborne sowie der Apostel und ruft die Spielleute, damit alles tanzen kann.

*Beunans Meriasek* ist auf mittelkornisch geschrieben; seine Sprache ist moderner, die Entlehnungen aus dem Englischen sind zahlreicher als in der *Passion* (vgl. *Pascon Aga Arluter*) oder den *Ordinalia*. Die Stanzen weisen zwischen vier und zwölf siebensilbigen Versen auf. Es sind vor allem die komischen Szenen, die diesem Mysterium einen spezifisch kornischen Charakter verleihen. Vom Inhalt her ist es eine ziemlich ungeschickte Kompilation dreier Geschichten: Leben und Tod Meriaseks *(Meriadec)* nach einer bretonischen Quelle; die Legende von St. Silvester und Konstantin; und die Geschichte von der Befreiung des *filius mulieris* durch die Hl. Jungfrau. L.B.

AUSGABE: Ldn. 1872 (*Beunans Meriasek – The Life of Saint Meriasek, Bishop and Confessor*, Hg., engl. Ü., Anm. W. Stokes).

LITERATUR: H. Jenner, *A Handbook of the Cornish Language, Chiefly in Its Latest Stages with Some Account of Its History and Literature*, Ldn. 1904, S. 29/30; 186/187. – A. Le Braz, *Le théâtre celtique*, Paris 1904, S. 125–138. – F. E. Halliday, *The Legend of the Rood, with the Three Maries and the Death of Pilate from the Cornish Miracle Plays Done into English Verse with an Introduction*, Ldn. 1955.

## DONATUS

Aelius Donatus

4. Jh.n.Chr.

### ARS MAIOR. ARS MINOR

(lat.; *Größeres/Kleineres Lehrbuch*). Grammatikalisches Doppelwerk von DONATUS. – Der in Rom wirkende Lehrer des heiligen HIERONYMUS war der berühmteste Grammatiker seiner Epoche und darf als einer der geschicktesten Didaktiker aller Zeiten gelten. Die *Ars minor*, eine Art »Unterstufe der Grammatik«, bietet, in Fragen und Antworten, einen Grundkurs über die acht sogenannten Redeteile *(partes orationes)*: Substantiv, Adjektiv, Pronomen, Verb, Adverb, Präposition, Konjunktion und Interjektion. Der darauf aufbauende zweite Teil, die *Ars maior*, ist systematisch gegliedert: In drei Teilen behandelt diese »Oberstufe« zunächst die Elemente der Sprache wie Laute, Buchstaben, Silben usw. *(phonologia)*, bringt sodann eine Theorie der im ersten Teil *in praxi* vorgeführten acht Redeteile *(morphologia)* und endet mit einer Erörterung der möglichen Schönheiten und Fehler einer Rede *(stilistica)*.

Donats lateinische Grammatik wurde für ein Jahrtausend zur Grundlage des grammatischen Unterrichts: Ihre Gedrängtheit und Übersichtlichkeit machten sie zum idealen Elementarbuch, auf dem dann PRISCIANS *Institutio de arte grammatica (Unterweisung in der Grammatik)*, die ausführlichste lateinische Darstellung des Gegenstandes, als »höheres Lehrbuch« aufbauen konnte. Der Name »Donat« war zeitweise – im Altenglischen und Altfranzösischen – ein Synonym für »Grammatik«. Erst gegen Ende des 12. Jh.s regte sich das Bedürfnis nach einer Neubehandlung des Stoffes: Es entstanden die versifizierten Grammatiken des ALEXANDER DE VILLA DEI *(Doctrinale)* und des EBRARDUS BETHUNIENSIS *(Grecismus)*. Eigentlich »unmodern« wurden die spätantiken Standardwerke aber erst in der Humanistenzeit.

Obwohl das Lehrbuch *»wissenschaftlich alles andere eher als eine selbständige Leistung«* (P. Wessner) ist, verdient es als pädagogisches Gebäude höchste Anerkennung. Sein Erfolg, der sich nicht zuletzt in zahlreichen Kommentaren niederschlug (der erste stammt bereits von dem um 360–420 lebenden Vergil-Erklärer SERVIUS), ist in diesem Fall ein echter Spiegel seines Wertes. E.Sch.

AUSGABEN: *Ars minor*: Zahlreiche frühe Mainzer und niederländische Wiegendrucke, z. T. m. Holztypen (vgl. *Gesamtkatalog der Wiegendrucke*, Bd. 7, Lpzg. 1938). – *Ars maior*: Venedig o. J. [1471; Teil 3]. – Venedig o. J. [1742; Teil 2 u. 3]. – Venedig o. J. [1476/77; Teil 1 u. 3]. – Lpzg. 1864 (in *Grammatici Latini*, Hg. H. Keil, Bd. 4; Nachdr. Hildesheim 1961).

ÜBERSETZUNGEN: in E. Ising, *Die Anfänge der volkssprachlichen Grammatik in Deutschland und Böhmen. Dargestellt am Einfluß der Schrift des Aelius Donatus »De octo partibus orationis ars minor«*, Bd. 1; *Quellen*, Bln. 1966 [enth. die Übers. des Conrad Bücklin von 1473 und des Henricus Glareanus, Nürnberg nach 1532].

LITERATUR: P. Wessner, Art. *Donatus (6)* (in RE, 5, 1905, Sp. 1545–1547). – Schanz-Hosius, Bd. 4/1, bes. S. 161–165. – W. S. Chase, *The »Ars minor« of Donatus*, Madison/Wisc. 1926. – J. P. Elder, *The Missing Portions of the »Commentum Einsidlense« on Donatus' »Ars Grammatica«* (in Harvard Studies in Classical Philology, 56/57, 1947, S. 129–160). – R. H. Robins, *Ancient and Mediaeval Grammatical Theory in Europe*, Ldn. 1951 [s. Index]. – E. R. Curtius, *Europäische Literatur und lateinisches Mittelalter*, Bern/Mchn. 41963 [s. Index].

## ANTON NIKOLOV DONČEV

* 14.9.1930 Burgas

LITERATUR ZUM AUTOR:
L. Cvetkov, *A. D.* (in *Rečnik na bălgarskata literatura*, Hg. G. Canev, Bd. 1, Sofia 1976,

S. 370). – Jo. Kuzeva, *V tǎrsene na rodovata pamet* (in Septemvri, 33, 1980, 9, S. 243–245). – E. Bayer u. D. Endler, *A. D.* (in E. B. u. D. E., *Bulgarische Literatur im Überblick*, Lpzg. 1983).

## VREME RAZDELNO

(bulg.; *Ü: Schwur unter dem Halbmond*). Roman von Anton N. DONČEV, erschienen 1964. – Im Gegensatz zu den Romanen *Skazanieto za vremeto na Samuila*, 1961 *(Erzählung über die Zeit Samuils)*, und *Skazanie za chan Asparuch, knjaz Slav i žreca Teres*, 1982–1984 *(Erzählung über den Khan Asparuch, den Fürsten Slav und den Priester Teres)*, die eine Bearbeitung von Stoffen aus der mittelalterlichen Geschichte Bulgariens darstellen, nimmt Dončev als Vorlage für *Vreme razdelno* ein schicksalhaftes Ereignis aus der bulgarischen Geschichte des 17. Jh.s.

Nach der grausamen, gewaltsamen Bekehrung der bulgarischen Bewohner von Čepino zum Islam kommt Kara Ibrahim mit seinen Reitern im Jahr 1668 ins Tal Elindenja im Herzen der Rhodopen, um *»dieses Tal zum wahren Glauben zu bekehren«*. Manol, als Findelkind von vielen Müttern aufgezogen und deshalb *»Bruder von hundert Brüdern«* genannt, empfängt mit dem Popen Aligorko auf den Dorfhöhen Flüchtlinge aus Čepino; die fast hundertjährige Srebra berichtet dabei von der Versklavung und Verwüstung Čepinos. Kara Ibrahim läßt die Dorfältesten, unter ihnen Manol, in den Konak (türk.: Regierungsgebäude) rufen und eröffnet ihnen, daß die Bulgaren ihrem Glauben abschwören müßten und Moslems werden sollten. Die Ältesten werden im Konak eingesperrt. Elica, die mit vielen anderen bulgarischen Mädchen und Frauen von den Türken ebenfalls im Konak gefangengehalten wird, bittet den Venezianer, den Adjutanten Kara Ibrahims, seinen Herrn zu ermorden. Dieser schreckt in letzter Sekunde von der Tat zurück und wird selbst eingesperrt. Nach zehn Tagen wird mit der Vollstreckung des Todesurteils an den gefangengehaltenen Ältesten begonnen. Bei einem Gemetzel wird Manol getötet; sein jüngerer Sohn Mirčo überlebt. Hundert junge Schäfer verschwören sich, eine Haidukenschar zu bilden und Rache für Manol zu nehmen.

Eines Tages rät der Pope Aligorko den Bewohnern, sich Kara Ibrahim zu ergeben. Die Bevölkerung ist in sich gespalten; die einen wollen ihrem Glauben nicht abschwören und werden hingerichtet, die anderen verleugnen ihn und werden Moslems. Zum Beweis ihrer Glaubensänderung müssen die Bulgaren Kirchen und Häuser niederreißen. Die Aufgabe Kara Ibrahims scheint erfüllt. Sein Wunsch ist es noch, Manols Sohn Momčil habhaft zu werden. Mirčo, der Jüngere, bringt den Kopf seines Bruders und ersticht Kara Ibrahim. Daraufhin erdolcht der Venezianer den Hodscha und flieht mit Elica. Der Venezianer wird Anführer einer Haidukenschar und überfällt den Konak, der nach der Ermordung vieler Türken angezündet wird.

Dončev bedient sich einer interessanten Erzähltechnik, indem er seinen Roman auf den parallel laufenden, fiktiven Aufzeichnungen zweier Augenzeugen der berichteten Ereignisse aufbaut: eines bulgarischen Athosmönches Aligorko und eines in türkische Gefangenschaft geratenen, der Venezianer genannten, französischen Edelmannes. Die 41 Kapitel der drei Romanteile stammen fast je zur Hälfte abwechselnd von den beiden Chronisten mit deren unterschiedlicher Betrachtungsweise und differenzierter sprachlicher Darstellung. Während der Venezianer erst im Verlauf der Handlung selbst in die Ereignisse eingreift, durchlebt der bulgarische Pope Aligorko von Anfang an das Schicksal seines Volkes.

Als gehaltlicher Höhepunkt des Romans ist die Entscheidung des Popen Aligorko (als Folge eines Schlüsselerlebnisses) anzusehen, seinen Landsleuten zur Verleugnung ihres christlichen Glaubens zu raten. Auf seinen Wanderungen war der Pope in ein Dorf mit türkischer und moslemischer bulgarischer Bevölkerung gekommen: *»Diese Menschen hier hatten den türkischen Glauben angenommen und waren keine Janitscharen geworden und hatten auch die Hand nicht gegen ihre Brüder erhoben.«* Mit seiner Entscheidung stellt der Geistliche das bulgarische Volkstum und die Erhaltung und Bewahrung des bulgarischen Volkes über die Frage der Religionszugehörigkeit. Von hier aus ist der Roman als eine Apotheose des bulgarischen Volkes in einer seiner dunkelsten Geschichtsepochen zu begreifen. Unterstrichen wird dies durch die Verwendung zahlreicher Stilmittel aus der Volksdichtung und die Einbeziehung der Natur als Symbol des Ewigen, Stolzen und Unbezwingbaren und damit als Spiegel der Haltung des Volkes. Während Manol den Helden der Haidukenlieder und der epischen Volkslieder verkörpert, versinnbildlicht die alte Srebra das ewige Gedächtnis des bulgarischen Volkes. Wenn dagegen als Antipoden die Türken in ihrer Grausamkeit geschildert werden, enthält sich der Autor einer moralisierenden Geschichtsbetrachtung. D.Ku.

AUSGABE: Sofia 1964; [6]1978.

ÜBERSETZUNG: *Schwur unter dem Halbmond*, E. Hartmann, Bln. 1969. – Dass. u. d. T. *Manol und seine hundert Brüder*, ders., Stg. 1969.

LITERATUR: G. Konstantinov, *»Vreme razdelno«* (in Literaturen front, 1964, Nr. 43). – T. Žečev, *Za nacionalnata samobitnost na literaturnoto razvitie* (in Lit. misǎl, 10, 1966, 3, S. 16–39). – Vl. Svintila, *Epos za Rodopite* (in Literaturen front, 1966, Nr. 19). – K. Topčieva, *»Vreme razdelno« i njakoi problemi na istoričeskija roman* (in Lit. misǎl, 11, 1967, 4, S. 80–94). – S. Pravčanov, *Kniga za bǎlgarskija narod* (in Slavjani, 1968, 8, S. 3–7). – G. Penčev, *Za njakoi čerti ot obraza na bǎlgarina v istoričeskija roman* (in Septemvri, 27, 1974, 3, S. 227–232).

## KRISTIJONAS DONELAITIS

eig. Christian Donalitius
* 1.1.1714 Lazdynėliai (heute Gusevas / Bez. Kaliningrad)
† 18.2.1780 Tolminkiemis (heute Čistyje Prudy)

### METAI

(lit.; *Die Jahreszeiten*). Versepos von Kristijonas DONELAITIS, erschienen 1818. – In vier, nach den Jahreszeiten benannten, breitangelegten Bildern *(Frühlingsfreuden, Sommermühen, Herbstfülle und Wintersorgen)* zeichnet Donelaitis den Jahreslauf der litauischen bäuerlichen Bevölkerung in Ostpreußen um die Mitte des 18. Jh.s. Die Art seiner Schilderung hat allerdings nichts gemeinsam mit der üblichen bukolischen Dichtung des 18. Jh.s, die – in der Nachfolge ROUSSEAUS – das Leben der Bauern aus der Sicht des Städters poetisch verklärt und empfindsam verniedlicht darstellte. Donelaitis' Poem ist durchaus realistisch (eine Tatsache, die schon A. MICKIEWICZ hervorgehoben hat) und der darin geschilderte, von Mühsal und Plage bestimmte bäuerliche Alltag aus der Sicht eines leibeigenen Bauern gesehen, mit dem der Autor sich weitgehend identifiziert.

Schauplatz der Handlung ist die Gemeinde Vyžlaukiai. Die wichtigsten agierenden Personen sind durchweg Leibeigene. Einzelheiten über die Gutsherren erfährt der Leser nur indirekt aus den Erzählungen der Bauern. Deutlich teilt der Autor, ein lutherischer Pastor, den Personenbestand seines Epos in zwei Lager, die »Anständigen« (vertreten durch Selmas, Lauras, Krizas und Pričkus) und die »Taugenichtse« (vertreten durch Plaučiūnas, Dočys, Slunkius und Pelėda). Nur Enskys nimmt eine Zwischenstellung ein. Die positiven Gestalten, denen der Autor eigene Gedanken und Lehren in den Mund legt, sind durchweg tugendhaft und gläubig. Innerhalb dieser Personengruppe am ausgeprägtesten charakterisiert ist der Aufseher Pričkus, ein lebhafter und gewandter Mensch, der dank seiner Stellung als Mittler zwischen Herren und Leibeigenen wirkt. Seine Treue zum Gutsherrn wird ihm jedoch schlecht gelohnt: Wegen eines einzigen Talers, der nach dem Verkauf des Getreides fehlt, prügelt ihn sein Herr zu Tode. Pričkus nimmt auch im Zusammenhang mit der inneren Ordnung des Gedichts eine Schlüsselstellung ein: Ihm legt der Dichter seine lyrische Klage über das schwere irdische Los, die verflossene Jugend und das beschwerliche Alter in den Mund. Außerdem fungiert Pričkus gewissermaßen als Bindeglied zwischen den einzelnen Episoden des Ganzen. Er allein tritt in allen vier Teilen des Poems auf und behält dabei stets die für ihn charakteristischen Züge bei. Als Individualist mit negativen und positiven Merkmalen ist außerdem Enskys interessant. Den ausgesprochen negativen Typen ist weniger Raum gewidmet, doch sind sie dafür um so drastischer gestaltet.

Wie BUDDENSIEG bemerkt, hat das litauische Epos die Realität des Bauernlebens sehr genau beobachtet und unverblümt eingefangen, so daß es ein Gegenstück zu den Werken eines Pieter Breughel oder Sebald Beheim bildet, deren Bilder in *Metai* gleichsam »Wort geworden« sind. Wenn das schwere Dasein der Bauern auch nicht idyllisiert wird, so versucht der Autor doch andererseits keineswegs, die Kraßheit der sozialen Mißstände anzuprangern und die Möglichkeit einer Umwälzung anzudeuten. Noch wird das Los der Leibeigenen als unabänderlich angesehen, noch fehlt der bloße Gedanke einer Auflehnung gegen die bestehende, in gläubiger Ergebenheit hingenommene Ordnung, der Wille zur Erhebung, der erst dem folgenden Jahrhundert, der Zeit der nationalen Romantik und Erweckung des Nationalbewußtseins, vorbehalten sein sollte. – *Metai* ist in vollklingenden Hexametern geschrieben. Die ›Jenaische Allgemeine Literaturzeitung‹ urteilte darüber gleich nach dem Erscheinen des Werks: *»Donelaitis fand eine Sprache, reich an Spondeen, an Diphtongen, an Vokalen; eine Sprache, in welcher die Quantität nicht von Akzent und Ton abhing ... Im ernsten Gedichte, das mehr als klingende Daina werden sollte, mußte sich hier der Hexameter dem Dichter unwillkürlich selbst dann darstellen, wenn er nie den Homer oder Vergil gelesen. Ihm ist der Hexameter keine Fessel; er ist ein Blumengürtel, den er um seine Muttersprache schlingt, die sich frei und ungehindert in ihm bewegt.«* – Donelaitis ist der Begründer der litauischen Kunstliteratur und – gerade mit seinem *Metai* – der Initiator eines für das 18. Jh. bemerkenswerten, da realistischen Stils geworden, der in der litauischen Literatur bis auf den heutigen Tag nachwirkt. L.Ba.-KLL

AUSGABEN: Königsberg 1818. – Petersburg 1865, Hg. A. Schleicher. – Königsberg 1869, Hg. G. H. F. Nesselmann. – Wilna 1945. – Wilna 1956. – Wilna 1977 (in *MA. Kr. Donelaičio Raštai*).

ÜBERSETZUNGEN: *Das Jahr in vier Gesängen*, D. L. J. Rhesa, Königsberg 1818. – In Ch. D., *Litauische Dichtungen*, G. H. F. Nesselmann, Königsberg 1869. – *Die Jahreszeiten*, H. Buddensieg, Mchn. 1966 [m. Nachw.].

LITERATUR: F. Tetzner, *Ch. D.* (in Altpreußische Monatsschrift, 33, 1896, S. 195–200; 34, 1897, S. 295–298). – M. Biržiška, *Donelaičio gyvenimas ir raštai*, Kowno 1927. – P. Gailiūnas, *Vaizdiniai veiksmažodžiai D. »Metuose«* (in Židinys, 29, 1939). – K. Korsakas, *K. D. ir jo »Metai«* (in Literatura ir Kritika, 5, 1949). – G. Adomaitis, *Studija apis K. D. »Metus«* (in Pergalė, 1954, Nr. 12, S. 101 bis 105). – I. Kostkevičiūtė, *K. D. »Metai« XVIII. amž poezijos fone* (in Literatūra ir menas, 1955, Nr. 12). – L. Gineitis, *K. D. ir jo poema »Metai«*, Wilna 1955. – K. Korsakas, *Lietuvių Literatūros istorija*, Bd. 1, Wilna 1957, S. 251–301. – T. Buch,

*Die Akzentuierung des Ch. D.*, Warschau 1961. – V. Biržiška, *K. D.* (in V. B., *Aleksandrynas, Senuju lietuvių rašytojų rasiusių prieš 1865 m.*, Bd. 1, Chicago 1963, S. 73–92). – L. Gineitis, *K. D. ir jo epocha*, Wilna 1964. – J. Kabelka, *K. D. raštu leksika*, Wilna 1964. – J. Lebedienė, *Kr. Donelaičio bibliografija*, Wilna 1964. – E. Pronckus u. J. Petronis, *K. D. Jubiliejiniai metai*, Wilna 1965. – J. Lebedys, *Naujas Kr. Donelaičio »Metų« vertimas į vokiečių kalbą* (in *Lituanistikos barai*, Wilna 1972, S. 48–61). – E. Kuosaitė, *Kaimo gyvenimo vaizdai 18 a. poemoje* (in Literatura, 14, 1972, 3, S. 45–71). – Ders., *Gamta Dž. Tomsono ir Kr. Donelaičio kūryboje* (ebd., 15, 1973, 1, S. 81–101). – *Istorija litovskoj literatury (Akad. Nauk)*, Wilna 1977. – *Lietuvių rašytojai*, Bd. 1, Wilna 1979 [Bibliogr.].

## EMMANUEL BOUNDZÉKI DONGALA

* Juli 1941 Alindao / Zentralafrikan. Republik

### UN FUSIL DANS LA MAIN, UN POÈME DANS LA POCHE

(frz.; *Ü: Der Morgen vor der Hinrichtung*). Roman von Emmanuel Boundzéki DONGALA (Kongo), erschienen 1973. – Dongalas Roman beschreibt die sozio-politische Entwicklung in Schwarzafrika, die vor allem durch den Kampf gegen die koloniale und rassistische weiße Herrschaft und die Konsolidierungsbestrebungen der jungen Staaten geprägt ist. Ausgangspunkt des Romans ist eine Gefängniszelle, in der sich der Protagonist Mayéla dia Mayéla, ehemaliger Präsident der fiktiven Demokratischen Volksrepublik Anzika, befindet. Er wartet auf seine Hinrichtung, die noch am gleichen Tag vollstreckt werden soll. Kurz vor dem Sterben denkt Mayéla über sein Leben nach.

Das rituelle Glas Rum, das ihm versagt wird, erinnert ihn daran, daß er selber den Import von Alkohol verboten hat. Die Schritte der Wächter auf dem Gang versetzen ihn zurück in die Zeit der Guerillakämpfe in Zimbabwe. Der Bericht darüber ist die erste von drei großen narrativen Einheiten, aus denen sich der Roman zusammensetzt. Aus der Zeit im Maquis sind Mayéla zwei seiner Mitkämpfer besonders gut in Erinnerung geblieben: der Schwarzamerikaner Meeks und der Südafrikaner Marobi. An diesen beiden Figuren thematisiert Dongala den Kampf der Schwarzamerikaner für ihre Bürgerrechte und die sozio-politischen Verhältnisse im rassistischen Südafrika. Litamu, eine strategisch wichtige Stadt, fällt für kurze Zeit in die Hände der Nationalisten. Der Gegenstoß der weißen Armee überwindet jedoch den heroischen Widerstand der Guerilleros und Mayéla muß in ein Nachbarland fliehen. Zurück in die Gegenwart löst der bevorstehende Tod bei Mayéla eine ähnliche Angst aus wie seinerzeit ein Attentatsversuch.

Im zweiten Abschnitt des Romans beschreibt Dongala, wie Mayéla in jenem Nachbarland, in das er damals geflohen war, ins Gefängnis geworfen wurde. Dort lernte er den Arzt Nkoua kennen, dem Mayéla erzählte, wie er zum Guerillero wurde. Mayéla war Student in Frankreich gewesen. Wegen der rassistischen und paternalistischen Ansichten seines wissenschaftlichen Betreuers hatte er sein Studium abgebrochen und den Entschluß gefaßt, nach Afrika zurückzukehren, um an der Seite der Guerilleros zu kämpfen. Der Arzt half ihm, aus dem Gefängnis auszubrechen und in die Heimat zurückzufahren. Unterwegs erinnerte sich Mayéla an seine Jugend. Er wird aus seinen Träumen der Erinnerung gerissen, als draußen vor der Zelle der Wächter nach dem passenden Schlüssel sucht. Mayéla denkt an sein Gespräch mit Adilène. Er hatte sich geweigert, das Gnadengesuch zu unterschreiben, das Adilène beim Besuch im Gefängnis mitgebracht hatte.

Der dritte Abschnitt beschreibt Mayélas letzten Lebensabschnitt, sein idyllisches Leben auf dem Dorf, seine Übersiedlung in die Stadt und seine politische Arbeit, die ihn schließlich an die Spitze des politischen Apparats seines Landes brachte. Nach einem Volksaufstand kam er an die Macht, gab dem Land einen neuen Namen und proklamierte den »anzikanischen« Sozialismus. In den ersten Jahren seiner Amtszeit hatte er Erfolg. Als er sich dann entschloß, die Ressourcen seines Landes zu verstaatlichen, wurde er von der westlichen Kapitalmacht boykottiert. Arbeitslosigkeit, soziale Unzufriedenheit und Schwarzmarkt waren die Folgen dieses Boykotts. Die Volksmilizen, die die anzikanische Revolution vor Destabilisierungsmanövern schützen sollten, wurden zum repressiven Machtinstrument. Schließlich wurde Mayéla von der Nationalarmee gestürzt, festgenommen und in einem Schauprozeß zum Tode verurteilt. Die Tür der Zelle öffnet sich, Mayéla wird abgeführt und erschossen.

Die Abschnitte des Romans weisen erzählerisch keine Kontinuität auf. Einzelne Lebensetappen werden scheinbar zusammenhanglos aneinandergereiht und in Form von Monologen, Dialogen und Exzerpten aus Reden Mayélas wiedergegeben. Der immer wieder durch neue Erinnerungen unterbrochene Erzählfluß und der dadurch bedingte ständige Wechsel der Zeitebenen, spiegeln den psychischen Zustand des Protagonisten und zeigen auch das letztendliche Scheitern seines Lebens, das nur noch aus Bruchstücken der Erinnerung besteht. Mayéla wird als Intellektueller mit aufrichtigen revolutionären Ambitionen charakterisiert, aber auch mit Schwächen wie Macht- und Beifallshunger und einem übergroßen Glauben an die Magie des Wortes. Er trägt für das Scheitern der Revolution jedoch nicht allein die Verantwortung. Die inneren Widersprüche seines Landes und der Druck des internationalen Kapitals haben weit mehr zum Scheitern der Revolution beigetragen.

Mayélas Schicksal zeigt, wie lange und schwierig der Weg ist, den die afrikanischen Länder bis zur völligen politischen Souveränität noch zurücklegen müssen. K.An.

AUSGABEN: Paris 1973.

ÜBERSETZUNG: *Der Morgen vor der Hinrichtung*, T. Schücker, Bln/DDR 1976.

LITERATUR: M. T. Bestmann, *Structure narrative et aventure révolutionnaire dans »Un fusil dans la main...«* (in Peuples Noirs/Peuples Africains, 1982, Nr. 30, S. 138–158; 1983, Nr. 31, S. 79–85). – T. Ravell-Pinto, Rez. (in Journal of Black Studies, 1983, Nr. 3, S. 369–371).

## DONG ZHONGSHU

* um 179 v.Chr. Provinz Guangzhou
† um 104 v.Chr.

### CHUNQIU FANLU

(chin.; *Üppiger Tau zum Frühling und Herbst*). Systemphilosophisches Werk in 82 Abschnitten von DONG ZHONGSHU. – Dong Zhongshu war Minister des Han-Kaisers Wu (reg. 140–87 v. Chr.) und hatte maßgeblichen Anteil an dessen staats- und kulturpolitischen Reformen (Einführung der Beamtenprüfungen, Errichtung konfuzianisch orientierter Bildungsstätten). Insbesondere war es ihm gelungen, den bis dahin mit einer Vielzahl anderer philosophischer Strömungen konkurrierenden Konfuzianismus zur staatstragenden Lehre zu erheben, wobei er die überwiegend sozialethisch orientierte konfuzianische Doktrin durch naturwissenschaftliche und staatspolitische Ideen anderer Schulen erweiterte. – Wie der Titel *Chunqiu fanlu* andeutet, soll das Werk eine Art philosophischer Kommentar zum *Chunqiu* sein, vergleichbar etwa den *Acht Flügeln des Yijing*. Doch als ein Lehrbuch, in dem alle Bereiche des öffentlichen Lebens erörtert werden, überschreitet es nach Inhalt und Umfang bei weitem das Maß eines Kommentars zu einem historischen Text. Die wichtigsten der behandelten Themenkreise sind: kosmische Grundlagen der Regierungsgewalt; Beziehungen zwischen sozialen und politischen Verhältnissen (in diesem Zusammenhang legt der Autor dem KONFUZIUS z. B. das Wort in den Mund: *»Was mich besorgt, ist nicht Armut, sondern Ungleichheit«*); Individual- und Sozialethik; Deutung natürlicher und (scheinbar) übernatürlicher Erscheinungen; Geschichtsphilosophie.
Der Stil des *Chunqiu fanlu* ist sachlich und schmucklos. Die in dem Werk entwickelten Gedanken wurden bereits während der 2. Han-Zeit von einer rationalistischen Strömung des Konfuzianismus in den Hintergrund gedrängt. Erst in neuerer Zeit sind sie von Denkern wie KANG YOUWEI wiederaufgenommen und fortgeführt worden. M.P.

AUSGABEN: *Wanyou wenku*, Shanghai 1937. – Taipei 1975.

ÜBERSETZUNGEN: O. Franke, *Studien zur Geschichte des konfuzianischen Dogmas und der chinesischen Staatsreligion: Das Problem des »Tsch'un-ts'iu« und Tung Tschung-schus »Tsch'un-ts'iu fan lu«*, Hbg. 1920, S. 89–308 [Ausw.]. – Peking 1945 (in Lectures Chinoises, 1, S. 1–17; Teilübers. aus Kap. 44 u. 74; engl.). – *Ch'un-ch'iu fan-lu – Üppiger Tau des Frühlings- und Herbst-Klassikers. Übers. u. Annotation der Kap. 1–6* von Robert H. Gassmann, Bern 1988 (Schweizer Asiatische Studien, Monographien, 8).

LITERATUR: Yao Shan-yu, *The Cosmological and Anthropological Philosophy of Tung Chung-shu* (in JNRAS, 73, 1948, S. 40–68). – Fung Yu-lan, *A History of Chinese Philosophy*, Bd. 2, Princeton 1953, S. 7–87. – St. C. Davidson, *Tung Chung-shu and the Origins of Imperial Confucianism*, Diss. Univ. of Wisconsin-Madison 1982.

## ANTON FRANCESCO DONI

* 16.5.1513 Florenz
† Sept. 1574 Monselice bei Padua

### I MARMI

(ital.; *Die Marmorstufen*). Sammelwerk in vier Teilen von Anton Francesco DONI, erschienen 1552/53. – Dank seiner thematischen Vielfalt und aufgelockerten Form – der von den Humanisten nach klassischen Vorbildern verwandte Dialog enthält bei Doni Novellen, Anekdoten und Aphorismen, ja sogar geschlossene Traktate – fand dieses ausgefallene Werk zu seiner Zeit großen Anklang und wird es heute wieder als erstaunliche literarische Leistung des *cinquecento* geschätzt. Im Einleitungskapitel erzählt der Verfasser, er sei als riesiger Vogel über Venedig, Rom und Neapel geflogen und habe dabei einen Blick auf das unter den Dächern sich abspielende Leben werfen können. (Dieses Motiv griff zweihundert Jahre später LESAGE in *Le diable boiteux* auf.) In Florenz, wo sich die Menschen am besten auf die Lebenskunst verstünden, habe er sich auf den *marmi*, den Domstufen, niedergelassen und Bürger, Gelehrte und Künstler bei ihren abendlichen Gesprächen belauscht. *»Denen zuliebe, die sich am Seltenen und Wunderbaren ergötzen«* habe er diese Gespräche niedergeschrieben. Wovon erzählt man sich auf den Domstufen zu

Florenz? Von Alexander dem Großen, von Dantes Liebe zu Beatrice (und in diesem Zusammenhang von der neuesten Ausgabe der *Divina Commedia*), von der Keuschheit der Diana, vom Regierungssystem des Kaisers Augustus und von den himmlischen Visionen des Fra Angelico, von Boccaccio, Petrarca, Caesar, Michelangelo, Platon und von dem Propheten Habakuk; hier wird die republikanische Verfassung der Stadt Venedig, dort das Wirken des Benediktinerordens gelobt, hier über den »Antichrist« Luther hergezogen, dort Staunenswertes von den Hochzeitsbräuchen der Teutonen berichtet; man diskutiert darüber, daß in Rom das Kolosseum als Wäschebleiche verwendet wird und welchen Aufwand man in Florenz bei der Einrichtung des Palazzo Strozzi getrieben hat, daß das Toskanische eine Literatursprache sei, die weder mit dem Florentinischen noch mit dem *volgare* oder der allgemeinen italienischen Amtssprache etwas zu tun habe; man konstatiert, daß abgehäutete Frösche noch lange nach ihrem Tod zucken, daß endlich etwas gegen die verheerenden Überschwemmungen im Arnotal unternommen werden und daß Sokrates zwei Frauen gehabt haben müsse. Der Narr Carafulla, einer der vielen Gesprächspartner, berichtet dem Händler Ghetto (I, 1): *»Stände die Erde fest, würde sie sich im Nu mit dem Wasser vermengen, mit dem Feuer und mit der Luft, und die Welt würde nicht von Bestand sein. Doch sie dreht sich immerzu, und deshalb drehen auch wir uns mit ihr. Die Sonne dreht sich nicht, wir drehen uns, denn es ist die Erde, die sich bewegt.«* Fast ein Jahrhundert vor GALILEI wird hier also in einer – allerdings auf groteske Effekte abzielenden – Unterhaltung zum Zeitvertreib das ptolemäische Weltbild gestürzt. Auf Ghettos erstaunte Frage, wieso denn bei den Umdrehungen der Erde das Wasser nicht von oben herabstürze, erwidert der »Narr«, das werde er verstehen, wenn er einen mit Wasser gefüllten Eimer am Henkel fasse und sich dann mit gestrecktem Arm rasch um sich selbst drehe – eine plausible Erklärung der Fliehkraft.

So vermitteln die *Marmi* einen Querschnitt durch die vielseitigen Interessen des 16. Jh.s. Die Vorliebe für das Groteske und thematisch Ausgefallene läßt den gleichen Manierismus erkennen, der mit unkonventionellen Formen und unruhigen, gebrochenen Farben in der florentinischen Malerei der Spätrenaissance herrschte. Doni – zuerst Mönch, dann Weltpriester, anfänglich ARETINOS Freund, später sein erbitterter Gegner, Verleger, Drucker und Schriftsteller – war eine jener abenteuerlichen Existenzen, wie sie im 16. Jh. nicht selten in Erscheinung traten. In seinem eigenwilligen Hauptwerk scheint er, noch ausgeprägter als Aretino, den modernen Journalismus vorwegzunehmen, indem er Tagesereignisse und seine Mitbürger bewegende Entwicklungen und Ideen aufgreift. Mit der gleichen intuitiven Sicherheit, mit der er vom Inhalt her den Publikumsgeschmack trifft, bedient er sich einer erstaunlich verständlichen Sprache, die gängige Redewendungen aufgreift und mit einfallsreichen Wortspielen brilliert. KLL

AUSGABEN: Venedig 1552/53, 4 Tle. – Venedig 1609. – Florenz 1863, 2 Bde., Hg. P. Fanfani. – Bari 1928, 2 Bde., Hg. u. Einl. E. Chiorboli (Scrittori d'Italia). – Turin 1951 (in P. Aretino u. A. F. D., *Scritti scelti*, Hg. G. G. Ferrero; Classici italiani; Ausw.).

LITERATUR: S. Stevanin, *Ricerche ed appunti sulle opere di A. F. D.*, Diss. Florenz 1903 (vgl. dazu G. Petraglione in GLI, 44, 1904, S. 443–449). – E. Chiorboli, *A. F. D.* (in NAn, 63, 1928, fasc. 1347, S. 43–48). – E. Savino, *Le cicalate letterarie nei »Marmi« del D.*, Lecce 1941. – B. Croce, *Intorno ad A. F. D.* (in Critica, 40, 1942, S. 32–41; auch in B. C., *Poeti e scrittori del pieno e del tardo rinascimento*, Bd. 1, Bari 1945, S. 260–273). – F. Chiappelli, *Sull'espressività della lingua nei »Marmi« de D.* (in Lingua Nostra, 7, 1946, 2, S. 33–38). – C. Ricottini Marsili-Libelli, *A. F. D. Scrittori e stampatore. Bibliografia delle opere e della critica e annali tipografici*, Florenz 1960. – P. F. Grendler, *A. F. D. Cinquecento Critic*, Diss. Univ. of Wisconsin 1964 (vgl. Diss. Abstracts, 25, 1964/65, S. 3535). – C. Cordié, *A. F. D.* (in Cultura e scuola, 36, 1970, S. 24–33). – C. Delfino, *Tematica di D.* (in Italianistica, 8, 1979, S. 227–245). – M. Messina, *A. F. D.* (in *Enciclopedia dantesca*, Bd. 2, Rom 1970, S. 570). – M. Badaloni, *Utopisti e moralisti: A. F. D., G. B. Gelli, F. Patrizi* (in *Letteratura Italiana. Storia e testi. Il Cinquecento*, Bari 1978, S. 396 bis 408). – M. A. Bartoletti, Art. *A. F. D.* (in Branca, 2, S. 175 ff.).

## DONIZONE DI CANOSSA

* um 1070
† nach 1136 Canossa

### VITA MATHILDIS

(mlat.; *Das Leben Mathildes*). Panegyrisches Epos auf die Markgräfin Mathilde von Tuscien (1046–1115) von DONIZONE DI CANOSSA. – Dieses zwei Bücher umfassende Epos des Benediktinermönchs aus dem von Mathilde gestifteten Kloster Canossa ist die Hauptquelle für die Geschichte der Markgräfin, die in dem Kampf zwischen Papsttum und Kaisertum unter den letzten Saliern eine hervorragende Rolle spielte.

Der Dichter verherrlichte zunächst die Eltern und Vorfahren Mathildes. Als er damit fertig war, beschloß er, ein zweites Buch den ruhmvollen Taten der Markgräfin selbst zu widmen. Gerade als er die Reinschrift beider Bücher, mit schönen Bildern verziert, der Markgräfin übersenden wollte, erhielt er die Nachricht von ihrem Tod (24. Juli 1115). Daraufhin fügte er dem Werk noch eine Totenklage an. Das Autograph des fast 3000 Hexameter

umfassenden Epos, das von Zeitgenossen wie von Späteren selten abgeschrieben und gelesen wurde, liegt heute in der Biblioteca Vaticana.
Nach einem Brief an Mathilde und einem akrostichischen Prolog beginnt das erste Buch seine Darstellung mit Sigfrid, dem Stammvater des Canusinischen Hauses, und berichtet dann weiter bis zum Tod der Beatrix von Lothringen (1076). Das zweite Buch, über Mathildes Taten, reicht von 1077 bis zum Vertrag zwischen der Markgräfin und der Stadt Mantua im Jahr 1114. Der Dichter schildert Mathilde als eine überragende Persönlichkeit. Alles, was sie und ihre Ahnen in den Augen der Nachwelt herabsetzen könnte – auch Wesentliches –, schiebt er bewußt beiseite oder stellt es in anderem Licht dar. Der Autor ist durchaus parteiisch, zeigt große Verehrung gegenüber dem Papsttum und Rom und ebenso großen Haß gegenüber den Deutschen. Gleich nach Mathildes Tod ließ er allerdings alle bisherigen Rücksichten fallen und fügte seinem Werk ein kurzes, schmeichlerisches Begrüßungsgedicht zum Empfang Kaiser Heinrichs V. in Canossa an.
Obwohl in Versbau, Sprache und Darstellung *»mit mehr Eifer als Geschick«* (Wattenbach) verfaßt, ist die *Vita Mathildis* doch als ein zum Teil originaler Augenzeugenbericht eine unentbehrliche Geschichtsquelle; freilich ist das Werk nur mit äußerster Vorsicht zu verwerten. M.Ze.

AUSGABEN: Ingolstadt 1612 (in Tengnagel, *Vetera monumenta contra scismaticos*). – ML, 148. – Hannover/Lpzg. 1856, Hg. L. C. Bethmann (MGH, 12). – Bologna 1940, Hg. L. Simeoni.

LITERATUR: L. Simeoni, *La »Vita Mathildis« di Donizone e il suo valore storico* (in Atti e Memorie della R. Deputaz. di Storia Patria per la provincia Modenese, 7, 1927, S. 18–64). – F. Ermini, *La memoria di Virgilio e l'altercatio fra Canossa e Mantua nel poema di D.* (in Studi Medievali, 3, 1932, S. 187 bis 197). – N. Ferraro, *D., il cantore di Matilde* (in Convivium, 10, 1938, S. 643–661). – G. Fasoli, *Rileggendo la »Vita Mathildis« di D.* (in Studi Matildici, Biblioteca, N. S., 1971, Nr. 16, S. 15–39). – M. Nobili, *L'ideologia politica in D.* (ebd., 1978, Nr. 44, S. 263–279).

## JAMES PATRICK DONLEAVY

* 23.4.1926 New York

### THE GINGER MAN

(engl.; *Ü: Ginger Man*). Roman von James Patrick DONLEAVY, erschienen 1955. – Der erste Roman des in Irland lebenden Amerikaners erschien, da er das bereits 1951 abgeschlossene Werk in seiner Wahlheimat nicht veröffentlichen durfte, zuerst im Pariser Verlag Olympia Press (bekannt als Hort der Pornographie, aber auch als Verlag eines Henry MILLER, Jean GENET und Vladimir NABOKOV). Eine »gereinigte« Fassung wurde 1956 in England und 1958 in den USA herausgebracht, der ungekürzte Roman schließlich 1963 in England und 1965 auch in Amerika.
Sebastian Dangerfield, der seinem Autor in vielem ähnliche »Ginger Man« (*ginger* – Ingwer – steht hier für »scharf gewürzt«, »gepfeffert«), ist der Sohn reicher irisch-amerikanischer Eltern. Wie einst die »verlorene Generation« nach dem Ersten Weltkrieg hat er, der abgemusterte G. I. des Zweiten Weltkriegs, der etablierten Gesellschaft, in die er hineingeboren wurde, den Rücken gekehrt. Mit einem G.-I.-Stipendium hat er an Dublins traditionsreichem Trinity College das Jurastudium aufgenommen. Der bescheidene Monatsscheck reicht nicht weit, zumal Dangerfield bereits eine Frau – Marion, Tochter eines englischen Admirals – und eine kleine Tochter hat. Zu Beginn des Romans ist er des Studiums bereits überdrüssig wie der Spielregeln des »bürgerlichen« Daseins, zu denen er die Sorge für Frau und Kind, den geregelten Tagesablauf, Reinlichkeit und dergleichen rechnet. Er ist ganz und gar in den Sog Dublins geraten, jener Stadt, für deren muffige irisch-katholische Wohlanständigkeit er in den Bars und Kneipen, in nächtlichen Straßenwinkeln und in den Armen lebenshungriger jüngerer und älterer Mädchen reichlich Entschädigung findet. Nachdem seine Frau den elenden Wohnverhältnissen und Sebastians unberechenbaren Ausbrüchen und Quälereien entflohen ist, gleichen seine Versuche, zu Geld zu kommen und seinen Hunger nach Leben zu stillen, einem einzigen Amoklauf. Warum aber läuft er und warum immer ins Leere? Dieser bramarbasierende Phantast, dieser monomanische Nichtsnutz träumt jetzt, da er die mit Verkommenheit bezahlte Ungebundenheit besitzt, von der etikettierten Sicherheit, die er aufgegeben hat. Je tiefer er in den Sumpf gerät, desto stärker klammert er sich an die Hoffnung auf die »große Wende«. Er ist verletzlich und ohne Standort, bald ein amerikanischer Protestant, der über *»diesem Humbug«* steht, bald ein irischer Katholik; in einem Augenblick der von Selbstmitleid überfließende verlorene Sohn, dem es das Herz umdreht, wenn er an einen sonnigen Nachmittag im gepflegten Neuengland denkt, im nächsten der amoralische Filou mit der ansteckenden, geräuschvollen Fröhlichkeit, der am liebsten ganz Irland ans Herz drücken möchte. – Sebastian Dangerfields Geschichte hat weder Anfang noch Ende. Zwar verläßt er eines Tages Dublin, zwar überkommt ihn angesichts der grauen Londoner City das heulende Elend (*»... ich bin meines schrecklichen Herzens müde«*), zwar hat er am Schluß eine apokalyptische Vision – aber er wird auch danach mitnehmen, was sich ihm bietet, denn er ist keine tragische Gestalt, sondern ein Schelm, und Schelme sind fürs Abenteuer, nicht für die Katharsis bestimmt.

Wenig bekümmert um die unvermeidlichen Vergleiche mit James JOYCES Dublin, läßt Donleavy die greifbare Wirklichkeit und die Atmosphäre dieser Stadt mitspielen. In den Monologen des frei assoziierenden Ginger Man, die fließend in die Erzählpassagen übergehen, ist Joyces Nachwirkung deutlich zu spüren; sklavische Nachahmung herrscht aber auch hier nicht. Über den Leser ergießt sich eine oft unwiderstehlich komisch, oft nur diffus und geschwätzig wirkende amerikanisch-englisch-irische Mischung aus Kneipenslang und Zoten, echtem Humor und reinem Unsinn, Poesie und bewußt (manchmal allerdings auch unbewußt) verwendeten sentimentalen Klischees. Dieser Stil wurde zum Markenzeichen des Kultautors Donleavy, dessen spätere Romane und Dramen inhaltlich und materiell nicht an den Erfolg des *Ginger Man* anknüpfen konnten. – Wie manches andere Buch, das seiner skandalumwitterten Veröffentlichungsgeschichte wegen berühmt-berüchtigt wurde, ist *The Ginger Man* bei näherem Hinsehen nicht der pornographische »Schocker«, als der er häufig bezeichnet wurde. Donleavys Dramatisierung des Romans, 1959 in London und Dublin aufgeführt, provozierte zwar nochmals Skandale, doch war der im angelsächsischen Bereich traditionell enge Moralkodex für die Bühne nicht der Hauptgrund für das Scheitern eines mißlungenen Stücks. Auf der Bühne wirkte der *Ginger Man* flach. G.Ba.

AUSGABEN: Paris 1955. – Ldn. 1956 (gek.). – NY 1958. – Ldn. 1963 [ungek. Ausg.]. – NY 1965. – NY 1970. – Harmondsworth 1970. – NY 1971. – NY 1987. – NY 1988.

DRAMATISIERUNGEN: J. P. Donleavy, *The Ginger Man*, NY 1961. – Dass., Ldn./Dublin 1959; NY 1961. – Ldn. 1962 *(What They Did in Dublin With the Ginger Man)*. – Dass., NY 1963.

ÜBERSETZUNGEN: *Ginger Man*, G. Kemperdick, Mchn. 1965. – Dass., ders., Ffm./Hbg. 1970. – Dass., ders., Mchn. 1981. – Dass., ders., Bergisch-Gladbach 1983.

LITERATUR: T. J. Ross, Rez. (in New Republic, 9. 3. 1958, S. 17/18). – J. Moynahan, Rez. (in NY Times Book Review, 5. 12. 1965). – H. Kesten, Rez. (in WdL, 6. 1. 1966). – J. Schmidt, Rez. (in FAZ, 14. 2. 1966). – U. Jenny, Rez. (in SZ, 5./6. 3. 1966). – R. A. Corrigan, *The Artist as Censor: J. P. D. and »The Ginger Man«* (in Midcontinent American Studies Journal, 8, 1967, S. 60–72). – W. D. Sherman, *J. P. D.: Anarchic Man as Dying Dionysian* (in TCL, 13, 1968, S. 216–228). – D. Cohen, *The Evolution of D.'s Hero* (in Crit, 12, 1971, S. 95–109). – T. LeClair, *A Case of Death: The Fiction of J. P. D.* (in ConL, 12, 1970, S. 329–344). – K. P. S. Jochum, *J. P. D.* (in Amerikanische Literatur der Gegenwart, Hg. M. Christadler, Stg. 1973, S. 233–247). – P. W. Shaw, *The Satire of J. P. D.'s »Ginger Man«* (in Studies in Contemporary Satire, 1, 1975, S. 9–16). – J. Johnson, *Tears and Laughter: The Tragic Comic Novels of J. P. D.* (in Michigan Academician, 9, 1976, S. 15–24). – D. L. Kubal, *Our Last Literary Gentleman: The Bourgeois Imagination* (in Bucknell Review, 22, 1976, S. 27–49). – C. G. Masinton, *Etiquette for Ginger Man: A Critical Assessment of D.'s Unexpurgated Code* (in Midwest Quarterly, 18, 1977, S. 210–215). – J. A. Norstedt *Irishmen and Irish-Americans in the Fiction of J. P. D.* (in Irish-American Fiction, Hg. D. J. Casey u. R. E. Rhodes, NY 1979, S. 115–125). – D. W. Madden, *A Bibliography of J. P. D* (in Bull. of Bibliography, 39, 1982, S. 170–178).

## MAURICE DONNAY

* 12.10.1859 Paris
† 31.3.1945 Paris

### AMANTS

(frz.; *Ü: Liebesleute*). Komödie in fünf Akten von Maurice DONNAY, Uraufführung: Paris 6. 11. 1895, Théâtre de la Renaissance. – Nach einem bewegten Leben hat die Schauspielerin Claudine Rozay beschlossen, sich aus dem beruflichen und gesellschaftlichen Leben zurückzuziehen und das Angebot ihres Gönners, des alten Grafen Ruyseux und Vaters ihrer Tochter, anzunehmen, sich von diesem aushalten zu lassen. Die Eintönigkeit dieses Daseins entspricht zwar ihrer Sehnsucht nach Ruhe und innerer Ausgeglichenheit, doch als die Gelegenheit einer reizvollen Abwechslung winkt, wird sie schwach. Georges Vétheuil, ein skeptischer junger Mann, entfesselt ihre Leidenschaft. In einem aufreibenden Spiel von Nähe und Distanz, von Hingabe und Zwist, verzehren sie sich: Liebe als Passion. Vétheuil fordert von Claudine als Beweis ihrer Liebe, daß sie sich von Ruyseux trennt; doch trotz seiner rasenden Eifersucht wagt sie es nicht, ihn zu besänftigen und seine Erwartung zu erfüllen, denn sie fürchtet um ihr Auskommen und vor allem um die Versorgung ihrer Tochter. Da indes sowohl sie als auch Vétheuil Vertreter des durchaus prosaischen 19. Jh.s sind, befreien sie sich aus dem Teufelskreis ihrer anarchischen Liebe auf höchst »vernünftige« Weise: Sie trennen sich in gutem Einvernehmen. Der Held begibt sich auf eine Reise nach Afrika und die Heldin heiratet den inzwischen geschiedenen Grafen. Bei soviel Vernünftigkeit landet denn auch der leidenschaftliche Vétheuil im Hafen der Ehe. Über die Torheiten ihrer Liebesgeschichte können die beiden Protagonisten zu guter Letzt nur noch leise lächeln.

Örtlich und zeitlich begrenzt, in einem zurückhaltend skizzierten »Anderswo« inszeniert Donnay das stellenweise an die Komödien des 18. Jh.s erinnernde Spiel der Liebe. Insbesondere die Abschiedsszene im vierten Akt lotet den labilen Zustand des Sowohl-als-auch aus: die beiden *Liebesleute* lieben sich noch immer, haben aber beschlossen, auseinanderzugehen. Die kaum verhüllte Sinnlichkeit dieser Szene, symbolisiert im blühenden Magnolienbaum, evoziert am eindringlichsten den Zeitgeist des Fin de siècle. B.We.-KLL

AUSGABEN: Paris 1897. – Paris 1908–1927 (in *Théâtre*, 8 Bde., 2). – Paris 1921.

ÜBERSETZUNG: *Liebesleute*, S. Estienne, Bln. 1906.

LITERATUR: R. Doumic, *»Amants« de D.* (in Revue des Deux Mondes, 1. 12. 1895, S. 704–709). – A. Brisson, *Le théâtre et les mœurs*, Paris 1907; 1909. – Nozière, *»Amants« de D.* (in Avenir, 9. 2. 1928). – P. Bathille, *M. D. Son œuvre*, Paris 1932. – P. Gaxotte, *D., homme de théâtre* (in P. G., *Le purgatoire*, Paris 1982, S. 187–196).

## JOHN DONNE

* 22.1.(?)1572 London
† 31.3.1631 London

LITERATUR ZUM AUTOR:
*Bibliographien und Forschungsberichte*:
G. Keynes, *A Bibliography of Dr. J. D.*, Cambridge 1914; Oxford [4]1973. – E. White, *J. D. Since 1900*, Boston 1942. – L. E. Berry, *A Bibliography of Studies in Metaphysical Poetry 1939–1960*, Madison 1964. – J. R. Roberts, *J. D.: An Annotated Bibliography of Modern Criticism 1912–1967*, Columbia/Mo. 1973. – *An Annotated Bibliography of Modern Criticism* 1969–1978, Hg. ders., Plymouth 1982.
*Konkordanz*:
H. C. Combs u. Z. R. Sullens, *A Concordance to the English Poems of J. D.*, Chicago 1940; ern. NY 1969.
*Zeitschrift*:
*J. D. Journal: Studies in the Age of D.*, Raleigh/N.C. 1982 ff.
*Biographien*:
E. Gosse, *The Life and Letters of J. D.*, 2 Bde., Ldn. 1899; ern. Gloucester/Mass. 1959. – E. Le Comte, *Grace to a Witty Sinner*, Ldn. 1965. – M. Clive, *Jack and the Doctor*, Ldn. 1966. – R. C. Bald, *J. D.: A Life*, Oxford 1970. – D. Parker, *J. D. and His World*, Ldn. 1975.
*Gesamtdarstellungen und Studien*:
J. B. Leishman, *The Monarch of Wit*, Ldn. 1951; ern. 1965. – K. W. Grandsen, *J. D.*, Ldn. u. a. 1954. – M. Praz, *J. D.*, Turin 1958 [m. Bibliogr.]. – A. Alvarez, *The School of D.*, Ldn. 1961. – *J. D.: A Collection of Critical Essays*, Hg. H. Gardner, Englewood Cliffs/N.J. 1962. – D. L. Guss, *J. D., Petrarchist*, Detroit 1966. – N. J. C. Andreasen, *J. D.: Conservative Revolutionary*, Princeton 1967. – W. von Koppenfels, *Das Petrarkistische Element in der Dichtung von J. D.*, Mchn. 1967. – R. E. Hughes, *The Progress of the Soul: The Interior Career of J. D.*, Ldn. 1969. – V. Deubel, *Tradierte Bauformen und lyrische Struktur*, Stg. u. a. 1971. – J. W. Sanders, *J. D.'s Poetry*, Cambridge 1971. – G. H. Carruthers, Jr., *D. at Sermons*, Albany 1972. – *Just So Much Honor*, Hg. P. A. Fiore, University Park/Pa. 1972. – *New Essays on D.*, Hg. G. A. Stringer, Salzburg 1972. – B. A. Doebler, *The Quickening Seed: Death in the Sermons of J. D.*, Salzburg 1974. – M. Roston, *The Soul of Wit: A Study of D.*, Oxford 1974. – D. Cathcart, *Doubting Conscience: D. and the Poetry of Moral Argument*, Ann Arbor/Mich. 1975. – *Essential Articles for the Study of J. D.'s Poetry*, Hg. J. R. Roberts, Hamden/Conn. 1975. – H.-H. Freitag, *J. D.: Zentrale Motive und Themen seiner Liebeslyrik*, Bonn 1975. – *J. D.: The Critical Heritage*, Hg. A. J. Smith, Ldn. 1975. – D. Novarr, *The Disinterred Muse*, Ithaca/Ldn. 1980. – J. Carey, *J. D.: Life, Mind and Art*, Ldn./Boston 1981. – W. Zunder, *The Poetry of J. D.*, Brighton/Totowa 1982. – D. J. McKevlin, *A Lecture in Love's Philosophy*, Lanham u. a. 1984. – T. G. Sherwood, *Fulfilling the Circle*, Toronto u. a. 1984. – T. Docherty, *J. D. Undone*, Ldn./NY 1986. – J. Klein, *Astronomie und Anthropozentrik*, Ffm. 1986. – A. F. Marotti, *J. D.: Coterie Poet*, Madison/Wisc. 1986. *The Eagle and the Dove: Reassessing J. D.*, Hg. C. Summers u. T.-L. Pebworth, Columbia/Mo. 1986.

### AN ANATOMIE OF THE WORLD. Wherein, by Occasion of the Untimely Death of Mistris Elisabeth Drury the Frailty and the Decay of this Whole World is Represented

(engl.; *Eine Analyse der Welt*). Gedicht von John DONNE, erschienen 1611. – Dieses Gedicht, bereits 1612 mit dem Zusatztitel *The First Anniversarie* wieder veröffentlicht, gehört zu den wenigen Dichtungen Donnes, die zu seinen Lebzeiten gedruckt wurden. Äußerer Anlaß zu seiner Entstehung war der Tod der Elisabeth Drury, die 1610 im Alter von 15 Jahren gestorben war. Donne, der damals auch eine *Funerall Elegie* für seinen großzügigen Freund Sir Robert Drury schrieb, die Ausdruck der Klage und Trost zugleich sein sollte, macht in seiner *Anatomie of the World* die Verstorbene zum Symbol einer reinen Seele und zum Inbegriff weltlicher Vollkommenheit. In einer mehrfach sich steigernden Gedankenbewegung, in der zunächst Elisabeth Drury als Verkörperung und zugleich auch Garant des Guten apostrophiert, sodann ihr Tod lapidar beklagt und schließlich als Ergebnis ihres Ablebens die Unentrinnbarkeit des Verderbens und des Verfalls der Welt festgestellt wird, kommt die innere Zerissenheit des Menschen in ergreifender Weise

zum Ausdruck. Dabei entsteht der Eindruck, daß die gedankliche Ausleuchtung der schroffen Gegensätze und somit des Zustands der Welt die Bereitschaft zur Analyse und die Intensität der Klage immer wieder neu beflügelt.
Einleitend rechtfertigt der Dichter sein Vorhaben: mit dem Verlust eines lichten Wesens wie Elisabeth Drury an die Ewigkeit ist für ihn die zeitliche Verdammnis des *»Kadavers der Welt«* hinreichend bewiesen, die Hoffnung auf Erneuerung endgültig vernichtet. Indem er die Struktur des morschen Gebäudes durchleuchtet, verschafft sich Donne Gewißheit über die apokalyptische Bestimmung des Endlichen. Stufe für Stufe durchleidet er die desillusionierende Gegenüberstellung der düsteren Welt seiner Erfahrung mit dem harmonischen Weltbeginn. Der Mensch, einst strahlende Krönung der Schöpfung, siecht seit dem Sündenfall seinem Tod entgegen, von unheilbaren Gebrechen entstellt, den Keim schnellen Verfalls schon bei seiner Geburt in sich tragend. In seinen Denk- und Anschauungsformen gerät er allenthalben aus dem Gleichgewicht, dem Schlüsselbegriff Donnescher Argumentation, der idealen Seinsweise sowohl des Mittelalters als insbesondere auch der Renaissance. Ergebnisse dieses Sachverhalts sind der um sich greifende Zweifel angesichts »doppelter Wahrheiten« und die Angst vor dem Nichts, da die Aufspaltung der Ganzheit den Zusammenhalt der Dinge unmöglich macht:
*»And new philosophy calls all in doubt/The element of fire ist quite put out/The sun ist lost, and th'earth, and no man's wit/Can well direct him where to look for it/ And freely men confesse that this world's spent/... they see that this/Is crumbled out againe to his Atomies/'Tis all in peeces, all cohaerence gone.«*
Emanzipierte Naturwissenschaft und empiristische Philosophie, die sich verabsolutieren und den Bezug zur transzendenten Mitte und ihrer ordnenden Kraft verloren haben, vermitteln dem Menschen das Gefühl der Desorientierung, der Leere und der drohenden Vernichtung, da sie an die Stelle der herkömmlichen Ordnung keine neue tragfähige Ordnung setzen können. Im Verlust der unbefleckten, wahrhaft seienden Seele beklagt der Dichter daher um so leidenschaftlicher den Verlust der großen, universalen Harmonie von Gott, Kosmos und Kreatur, beklagt er das Verlöschen der letzten hellen und tröstenden Erinnerung an die beseelte, göttliche Ganzheit der Welt. Die Klage ist existentiell; keinerlei metaphysisches Analogiedenken, das die weltliche Lyrik Donnes auch in denkerischer Hinsicht auszeichnet, eröffnet hier Ausblick oder gar Trost. Die im Rahmen des Barock bezeichnende Antithetik von irdischer Vergänglichkeit und jenseitiger Dauer beschränkt sich auf die vernichtende Bestandsaufnahme des Diesseits. Die Präsenz der Gnade Gottes in der Welt ist ihr offensichtlich unbekannt. Das eigentliche Leben der Seele beginnt erst in der Ewigkeit. Der Tod stellt daher im Sinne des bekannten Paradoxons geistlicher Dichtung jener Zeit die Geburt zum Leben dar.
Donne handhabt den paarweise gereimten, fünfhebigen Jambus in eher episch als lyrisch wirkender Weise. Er schafft metrisch gesehen blockartige Einheiten, die die Prägnanz seiner Argumente gebührend hervorheben. Die Bildersprache, deren Kühnheit im *conceit* der Lyrik eigentlicher Argumentträger ist, unterstützt in der *Anatomie* den Gedanken und ist imaginativer Zusatz. Gedankenreichtum, Tiefe und künstlerische Brillanz des weltbezogenen metaphysischen Lyrikers Donne begegnen in der *Anatomie* eher in einsträngiger Gebundenheit. Diese markiert den Übergang zum geistlichen Verkünder des Wortes Gottes. P.E.

AUSGABEN: Ldn. 1611. – Ldn. 1633 (in *Poems, with Elegies on the Author's Death*; Nachdr. Amsterdam/NY 1970 u. Hildesheim 1974). – Ldn. 1950 (in *Poems*, Hg. Hayward). – Ldn. 1951, Hg. G. L. Keynes [Faks.]. – Ldn. 1955 (in *Complete Poetry*). – Ldn./NY 1958 (in *Poems*, Hg. u. Einl. H. I. A. Fausset). – Baltimore 1963 (in *The Anniversaries*, Hg., Einl. u. Komm. F. Manley). – Oxford 1978 (in *The Epithalamions, Anniversaries, and Epicedes*, Hg., Einl. u. Komm. W. Milgate).

LITERATUR: R. Dunlap, *The Date of D.'s »Anatomy of the World«* (in MLN, 63, 1948). – C. Coffin, *J. D. and the New Philosophy*, NY 1958. – H. Love, *The Argument of D.'s »First Anniversary«* (in MPh, 64, 1966, S. 125–131). – P. Mahony, *The »Anniversaries«: D.'s Rhetorical Approach to Evil* (in JEGPh, 68, 1969, S. 407–413). – A. E. Voss, *The Structure of D.'s »Anniversaries«* (in English Studies in Africa, 12, 1969, S. 1–30). – P. Mahony, *The Heroic Couple in D.'s »Anniversaries«* (in Style, 4, 1970, S. 107–117). – C. M. Sicherman, *D.'s Timeless »Anniversaries«* (in Univ. of Toronto Quarterly, 39, 1970, S. 127–143). – W. M. Lebans, *D.'s »Anniversaries« and the Tradition of Funeral Elegy* (in ELH, 39, 1972, S. 545–559). – B. Lewalski, *D.'s »Anniversaries« and the Poetry of Praise*, Princeton 1973. – J. Morris, *A Study of Humor in D.'s »Anniversaries«: ›How Witty's Ruin?‹* (in English Miscellany, 28/29, 1979 H/80, S. 157–170). – Z. Pollock, *›The Object and the Wit‹: The Smell of D.'s »First Anniversary«* (in English Literary Renaissance, 13, 1983, S. 301–318).

## BIATHANATOS. A declaration of that paradoxe, or thesis, that Self-homicide is not so Naturally Sinne, that it may never be otherwise

(engl.; *Biathanatos. Eine Erklärung des Paradoxons oder der These, daß der Selbstmord seiner Natur nach nicht so unbedingt Sünde ist, als daß er niemals auch etwas anderes sein könnte*). Prosatraktat von John DONNE, erschienen 1646 [?]. – In diesem bereits um 1608 entstandenen, aber zu seinen Lebzeiten nicht veröffentlichten Werk greift Donne die in der Antike und im Mittelalter geführte Diskussion des

Selbstmordproblems wieder auf. Einem wohlfundierten Überblick über die früher bei der Behandlung dieses prekären Themas ins Feld geführten Argumente läßt er eine kritische, seinem tiefen Interesse an dem Phänomen des Gewissens entspringende Erörterung folgen. Donne wußte um die Gefährlichkeit seines Unternehmens und kalkulierte Mißverständnisse seitens der traditionellen Dogmatiker von vornherein ein, ließ sich aber dadurch in seiner Konzeption nicht beirren. Seine skeptische Voraussicht erwies sich als berechtigt: erst um die Jahrhundertmitte konnte der Erstdruck des Manuskriptes erfolgen, das allerdings schon vorher lange Zeit in Fachkreisen von Hand zu Hand gegangen und dort sowohl auf Zustimmung als auch auf heftige Kritik gestoßen war.

In der Einleitung zu *Biathanatos* spricht Donne von seiner intensiven persönlichen Beziehung zum Thema des Selbstmordes: er selbst habe von Jugend an bisweilen den unerklärlichen, ekstatischen Drang nach Selbsterlösung, nach Vergessen und Heimgang durch einen selbstbereiteten Tod gefühlt. Aus dieser intimen Mitwisserschaft des fast Betroffenen heraus vermag er die Selbstmörder nicht kategorisch zu verdammen, sondern fordert für sie verstehende christliche Güte. Vor allem versucht er, sie gegen unerbittliche Richter zu verteidigen, deren Argumentation er kritisch überprüft. – Der Hauptteil des Traktats gliedert sich, entsprechend den drei Hauptargumenten gegen den Selbstmord, in drei Abschnitte. Sie beschäftigen sich mit den aus dem *»Law of nature«*, dem *»Law of reason«* und dem *»Law of God«* abgeleiteten Gegengründen. Es geht Donne nicht darum, den Selbstmord an sich zu verteidigen, vielmehr plädiert er für die individuelle Beurteilung jedes Einzelfalles. Die Ausnahmen, die das Gesetz bei Mord zuläßt, fordert Donne auch bei Selbstmord. Den Hinweis auf das Naturgesetz lehnt er als Urteilsbegründung ab: Tiere wie Menschen wüßten ihr Sein einem höheren Gesetz verpflichtet, dessen Unbedingtheit beispielsweise die christlichen Märtyrer zur begeisterten Hingabe ihres Lebens veranlaßt hätte. Griechen und Römer hätten die Selbsttötung sogar im Rahmen ihres Strafvollzugs propagiert (Beispiel SOKRATES). Im zweiten Abschnitt behandelt Donne die Verurteilung des Selbstmords im bürgerlichen und kanonischen Recht und kritisiert die Äußerungen von Verfechtern dieser Auffassung wie etwa ARISTOTELES, THOMAS VON AQUIN, AUGUSTINUS und TOLET. Seine Einwände stützt er mit zahlreichen Beispielen aus der Kirchengeschichte. Dabei greift er oft auf eigenartige Fälle zurück, die jedoch alle die überzeugte Verpflichtung gegenüber dem Höchsten als Tatmotiv erkennen ließen. Schließlich wendet sich Donne im letzten Abschnitt den verschiedenen Schriften über den Selbstmord zu und bemängelt die *»elende Armseligkeit und Schwäche«* ihrer Argumente. Einzig das Gottesgebot »Du sollst nicht töten« erkennt er als eindeutig und gültig an. Wenn aber auch hier Ausnahmen geduldet werden müßten, so deshalb, weil die an sich abstoßende, äußere Handlung des Selbstmörders stets in Verbindung mit seinem inneren Motiv zu sehen sei: so blieb Simsons übermenschlicher Tod nicht ein bloßer gigantischer Akt der Selbstzerstörung, sondern konnte gesteigertes Opfer zum Ruhme Gottes werden.

Donnes Traktat ist eine eindrucksvolle Studie zu Problemen der Kasuistik. Der erdrückende gelehrte Apparat, den der Autor benutzte und über den er kraft seiner eminenten Belesenheit wie selbstverständlich verfügte, war ihm nicht Selbstzweck, sondern wurde zum lebendigen Hintergrund seiner dialektisch-sachlichen Argumentationskunst. Der Stil mußte freilich unter der engagierten Gründlichkeit leiden, mit der Donne sein schwieriges Thema anging, und läßt daher den Glanz anderer Prosawerke des Dichters vermissen. Das Werk als Ganzes ist das eindringliche Bekenntnis eines unbestechlichen Geistes. W.D.

AUSGABEN: Ldn. 1646 [?]. – Ldn. 1929 (in *Complete Poems and Selected Prose*, Hg. u. Einl. J. Hayward [Ausz.]; [9]1962). – NY 1930, Hg. J. W. Hebel; Faks. NY 1980. – Oxford 1957 (in *Selected Prose*, Hg. H. Gardner u. T. Healy). – Salem 1977, Hg. R. Kastenbaum. – NY/Ldn. 1982, Hg., Einl. u. Komm. M. Rudick u. M.-P. Battin. – Bristol 1983, Hg. W. A. Clebsch. – Newark 1984, Hg. E. W. Sullivan.

LITERATUR: G. Williamson, *Libertine D.: Comments on »Biathanatos«* (in PQ, 13, 1934, S. 276 bis 291). – H. R. Fedden, *Suicide*, Ldn. 1938. – R. B. Oake, *Diderot and D.'s »Biathanatos«* (in MLN, 51, 1941, S. 114 f.) – E. M. Simpson, *A Study of the Prose Works of J. D.*, Oxford 1948 [rev. Ausg.] – R. M. Frye, *J. D. jun. on »Biathanatos«* (in NQ, 197, 1952, S. 495 f.). – W. D. Roy, *Der Todesgedanke bei J. D.*, Diss. Freiburg i. B. 1957. – A. E. Malloch, *The Definition of Sin in D.'s »Biathanatos«* (in MLN, 72, 1957, S. 332–335). – S. E. Sprott, *The English Debate on Suicide from D. to Hume*, La Salle/Ill. 1961. – N. R. McMillan, *D.'s »Biathanatos« and the Tradition of the Paradox*, Diss. Univ. of Michigan 1972 (vgl. Diss. Abstracts, 32, 1973, S. 3958A). – J. Sparrow, *Manuscript Corrections in the Two Issues of D.'s »Biathanatos«* (in Book Collector, 21, 1972, S. 29–32). – E. W. Sullivan, II., *Post Seventeenth-Century Texts of J. D.'s »Biathanatos«* (in PBSA, 68, 1974). – Ders., *The Genesis and Transmission of D.'s »Biathanatos«* (in Library, 31, 1976). – P. D. Green, *Unraveling the True Thread in D.'s »Biathanatos«* (in Selected Papers from the West Virginia Shakespeare and Renaissance Association, 73, 1978, S. 67–77).

## DEVOTIONS UPON EMERGENT OCCASIONS, AND SEVERALL STEPS IN MY SICKNESS

(engl.; *Andachtsübungen für Notfälle des Lebens, und einige Stufen meiner Krankheit*). Andachtsbuch von John DONNE, erschienen 1624. – Das zu seiner

Zeit vielgelesene kleine Werk (zwischen 1624 und 1638 erlebte es mehrere Auflagen) vereinigt die *Meditations upon Our Humane Condition (Betrachtungen zum menschlichen Dasein), Expostulations, and Debatements with God (Vorhaltungen und Diskussionen mit Gott)* und *Prayers (Gebete)*, die Donne während seiner schweren Krankheit im Winter 1623 aufgezeichnet hat. Diese Dreiteilung gibt zugleich die großen Perioden der Krankheit wieder – Ausbruch, Krise und Genesung. Ihre Fieberkurve ist in 23 Abschnitten festgehalten, die die Struktur der *Devotions* bestimmen. Jede Krankheitsphase ist auf diese Weise durch eine Meditation, eine *disputatio* und ein Gebet vertreten.

Die 23 Betrachtungen erscheinen als zyklische Variationen der großen metaphysischen Themen und Probleme, mit denen sich Donne seit seiner Weihe zum Dekan von St. Paul in immer stärkerem Maße und immer im Spannungsfeld zwischen einer tiefen, unerschütterlichen Gläubigkeit und einem hochsensiblen, kritischen Intellekt stehend auseinanderzusetzen hatte. Jede Meditation leistet einen Beitrag zur Selbstanalyse des Dichters während seiner Krankheit. Die Stufen ihres äußeren Ablaufs, bezeichnet durch die lateinischen Titel der einzelnen Abschnitte, werden zu Stationen eines geistigen Weges, der von der Verzweiflung über die Paradoxien des menschlichen Daseins bis zu Todesgedanken und der tröstlichen Gewißheit der göttlichen Verheißung ewigen Lebens reicht. Wie sehr die in knappen, den kurzen Kapiteln vorangestellten Beschreibungen skizzierten Vorgänge in und um den Kranken immer wieder Anlaß zu bohrenden Fragen, skeptischen Einsichten und grundsätzlichen Erörterungen geben, wie jede Betrachtung von einer persönlich-konkreten Situation ausgeht, um in der Sondierung fundamentaler Sachverhalte zu enden, macht jeder Teil für sich und der Zyklus als Summe aller Meditationen deutlich. – In den ersten Abschnitten versucht der plötzlich Erkrankte die Widersprüchlichkeit der menschlichen Erscheinung zu begreifen: Wie kann der Mensch *»eine kleine Welt«* in sich darstellen, seinen Geist weit über die Grenzen von Raum und Zeit schweifen lassen und doch im Innern die Keime ausbrüten, die den sublimen Bau zu einer *»Handvoll Staub«* und den alles fassenden Geist in Nichts verwandeln? Donne kommt zu dem Schluß, daß des Menschen Los Unsicherheit und Verzweiflung ist, daß all seine Größe nicht gegen die in ihm lauernden zerstörerischen Kräfte aufkommt. In den Betrachtungen des Mittelteils vergleicht der Kranke sich mit einem Staat, an dessen Untergang ein Heer von Intriganten arbeitet. In Abschnitt 10 drückt Donne seine bisherigen Überlegungen in einem der für ihn so charakteristischen Gedankenbilder aus: Himmel, Erde, Städte und Menschen bewegen sich in konzentrischen Kreisen um einen gemeinsamen Mittelpunkt – *»Verfall, Untergang«*. – Während die Krise der Krankheit sich im Fleckfieber ankündigt und die Ärzte alle verfügbaren Mittel zur Linderung anwenden, zieht das auch in diesem Stadium scharf und nüchtern argumentierende Bewußtsein des Dichters eine neue Parallele: Ebenso ungleich wie das geographische Verhältnis von westlicher und östlicher Hemisphäre ist der Anteil von *»misery«* und *»happinesse«* (Trübsal und Glückseligkeit) am menschlichen Leben (13). Die Klage über die Vergänglichkeit des Glücks führt in Abschnitt 14 zu einer Reflexion über das Phänomen der Zeit, jener unbeständigen, unbestimmbaren Größe, die nur *»ein kurzer Einschub in einer langen Periode«* ist. Alle diese Gedanken gipfeln in den Abschnitten 16, 17 und 18: Vom nahen Kirchturm hört Donne die mahnende Totenglocke läuten, und er fragt sich: *»Könnte nicht genauso gut ich an der Stelle dessen sein, der da jetzt zu Grabe getragen wird?«* Wenn ein Mensch stirbt, betrifft sein Tod auch alle anderen; denn jeder einzelne ist ein Teil des Ganzen. *»Und deshalb frage nie, wem die Stunde schlägt; sie schlägt dir.«* Mit dieser Gewißheit ist der dramatische Höhepunkt der *Devotions* ebenso überschritten wie die Krise der Krankheit. Die letzten Betrachtungen dienen der Wiederholung und Zusammenfassung der Einsichten in die erbärmliche Preisgegebenheit des Menschen an Krankheit, Sünde und Tod sowie der Warnung vor einem Rückfall.

Wenn auch die Prosa des Andachtsbuches nicht die Brillanz anderer Werke Donnes, z. B. der *Sermons (Predigten)*, aufweist, trägt doch kaum ein zweites so deutlich den Stempel des persönlichen Engagements. Die geradezu dramatische Eindringlichkeit, mit der die fundamentalsten Fragen und Probleme erörtert werden, weist formalen Kriterien eine untergeordnete Bedeutung zu. Aber auch hier sind die von Donne bevorzugten Stilfiguren zu finden, wie antithetische Konstruktionen, Parallelismen und Klimax. Das Werk ist reich an intellektuellen Anspielungen, Gleichnissen und überraschenden Verknüpfungen entfernter Bereiche in »metaphysischen« Bildern. – Daß die barocke Behandlung der Todesthematik auch moderne Dicher zu fesseln vermochte, zeigt das Beispiel Ernest HEMINGWAYS, dessen Romantitel *For Whom the Bell Tolls* ein Zitat aus Donnes siebzehnter Betrachtung ist. W.D.

AUSGABEN: Ldn. 1624 – Cambridge 1923, Hg. J. Sparrow. – Ldn. 1929 (in *Complete Poetry and Selected Prose*, Hg. u. Einl. J. Hayward; [9]1962). – Oxford 1957 (in *Selected Prose*, Hg. H. Gardner u. T. Healy). – Ann Arbor/Mich. 1959. – Folcroft 1973. – Salzburg 1975, Hg., Einl. u. Komm. Sister E. Savage, S. S. J., 2 Bde. [krit.]. – Montreal/Ldn. 1975, Hg. A. Raspa. – Oxford 1987, Hg. ders.

ÜBERSETZUNG: *Nacktes denkendes Herz*, A. Schimmel, Köln 1969.

LITERATUR: H. C. White, *English Devotional Literature*, Madison 1931. – E. M. Simpson, *A Study of the Prose Works of J. D.*, Oxford 1948 [rev. Ausg.]. – W. D. Roy, *Der Todesgedanke bei J. D.*, Diss. Freiburg i. B. 1957. – T. F. Van Laan, *J. D.'s »Devotions« and the Jesuit Spiritual Exercises* (in StPh, 60, 1963, S. 191–202). – J. Webber, *Contrary Music. The Prose Style of J. D.*, Madison 1963. – N. C. Andreason. *D.'s »Devotions« and the Psychology of Assent* (in MPh, 62, 1965, S. 207–216). – J. M. Mueller, *The Exegesis of Experience: Dean D.'s »Devotions Upon Emergent Occasions«* (in JEGPh, 67, 1968, S. 1–19). – G. H. Cox, II., *D.'s »Devotions«: A Meditative Sequence of Repentance* (in Harvard Theological Review, 66, 1973, S. 331–351). – R. H. Friederich, *Strategies of Persuasion in D.'s »Devotions«* (in Ariel, 9, Calgary 1978, S. 51–70). – Th. J. Morissey, *The Self and the Meditative Tradition in D.'s »Devotions«* (in Notre Dame English Journal, 13, 1980, S. 29–49). – E. F. J. Tucker, *D.'s Apocalyptic Style: A Contextual Analysis of »Devotions«* (in Interpretations, 12, 1980, S. 92–99). – R. L. Abrahamson, *The Vision of Redemption in D.'s »Devotions«* (in Studia Mystica, 6, 1983, S. 62–69).

## AN EPITHALAMION, OR MARRIAGE SONG ON THE LADY ELIZABETH, AND COUNT PALATINE BEING MARRIED ON ST. VALENTINE'S DAY

(engl.; *Epithalamion oder Hochzeitslied auf Lady Elisabeth und den Pfalzgrafen, anläßlich ihrer Trauung am St. Valentinstag*). Gedicht von John DONNE, entstanden 1613: postum erschienen 1633. – Während Donne sich in einem früheren Versuch mit dem Genre des Hochzeitsgedichts, dem *Epithalamion Made at Lincolnes Inne*, noch weitgehend der farbenfrohen, freskoartigen Bildwelt von SPENSERS berühmten *Epithalamion* verpflichtet zeigt, nähert er sich hier dem konventionellen Thema mit der für seine Liebeslyrik charakteristischen intellektuellen Nüchternheit. Hinzu tritt allerdings ein hymnisch-festlicher Ton, der weitab von allem vordergründigen Pathos und mythologischen Klischee der besonderen Konzeption des Dichters entspringt. Diese wirkt auf den ersten Blick nicht gerade originell. Das Vorbild für eine Strophenform fand Donne, wie Spenser, in der italienischen Kanzone. Er übernahm die traditionellen Motive des Genres, ebenso die technischen Mittel des Refrains und des Abgesangs. Die Struktur wird bestimmt durch die Begrenzung des Dargestellten auf den Zeitraum eines Tages. Donnes individuelle dichterische Leistung liegt in der gedanklichen Intensität seiner Bilder, in die er jene überlieferten Elemente funktional integriert hat. Er verfolgt die Hochzeitsfeier nicht mit dem schönheitstrunkenen Auge eines zuschauenden Gastes. Durch alles zeremonielle Beiwerk und alle Dekoration dringt der nüchterne Blick des Dichters zum geistigen Kern des Geschehens vor, erfaßt er das Zeitlose im Verhältnis von Braut und Bräutigam; hier liegt die Quelle seiner gestaltenden Interpretation. Der reale Ablauf des Hochzeitstages dient dabei nur als Anhaltspunkt; in der dichterischen Reflexion wird er zu einer sich steigernden Folge von drei Vereinigungsriten konzentriert. Drei Bildkomplexe verdeutlichen diesen Rhythmus. Am Anfang steht die Sphäre des »Bischofs Valentin«. Sein Tag ist das Hochzeitsfest der Vögel, sein Segen gilt kreatürlicher Paarung. Von diesem Hintergrund hebt sich das Bild zweier Phönixe ab, in deren Vereinigung die Valentinswelt überwunden wird. Auf der nächsten Stufe vergleicht der Dichter das Brautpaar mit zwei Flammen, die verschmelzen und zum Fanal untrennbarer Einheit werden. Hier wird der Ehebund durch die liturgische Weihe des »Bischofs Religion« ein zweites Mal geschlossen, dem ersten »Knoten« ein weiterer hinzugefügt. Doch erst auf der dritten Stufe, wenn die Brautleute sich selbst einander liebend darbringen, vollzieht sich die wahre dauernde Synthese. Donne feiert dieses Geschehen in einem *conceit* (Metapher) von reinster Stimmigkeit und Ausdruckskraft. Wie Sonne und Mond in steter Wechselbeziehung stehen und so das Trennende überwinden, so schließen Braut und Bräutigam im körperlichen Vollzug ihrer Ehe ein ewiges Bündnis. Diesem Zustand einer höheren Einheit gilt in Wahrheit Donnes Festgesang. Die Einswerdung wird in Donnes Liebeslyrik auf verschiedene Weise dargestellt und bewertet, zuversichtlich oder zweifelnd; stets aber kreist sein Denken um das Geheimnis der Dauer, die durch Untreue, mangelnde Hingabe und Tod immer wieder zerstört wird. In der dreifachen Besiegelung des Ehebundes aber scheint sie gesichert. Im Vergleich mit Spensers *Epithalamion* fällt die größere formale Beweglichkeit des Donneschen Gedichtes auf. Der zwölfsilbige Refrain, der jede Strophe beschließt, wird geschmeidiger gehandhabt und ist nur noch auf das letzte Wort festgelegt. Wo Spenser episch schildert, greift Donne dramatische Höhepunkte heraus. Durch Verzicht auf den mythologischen Apparat und die illusionistische Detailmalerei, wie sie die Renaissance liebte, vermag Donne die Vorherrschaft des sinnlichen Eindrucks zu brechen. Befreit von den Fesseln des Milieus und der Konvention haben Verstand und Gefühl gleichen Anteil am bewußt produzierten Bild; Gegensätzliches wird amalgamiert, Technik und Inhalt werden analog. Die Bedeutung, die Donne der Eigengesetzlichkeit der Liebe beimißt, erklärt sich sowohl aus seiner Abkehr vom platonischen Liebesideal und dessen Erscheinungsformen in der petrarkistischen Literatur, als auch aus seiner entschiedenen Ablehnung naturfeindlicher Moralauffassungen. Für ihn ist Liebe kein idealistischer Begriff, sondern konkreter Besitz und Hingabe. Im *Epithalamion* preist er vor diesem Hintergrund das *unum sacrum* der Ehe. W.D.

AUSGABEN: Ldn. 1633 (in *Poems, With Elegies on the Author's Death*, Nr. 76; Nachdr. Amsterdam/NY 1970 u. Hildesheim 1974). – Ldn. 1635 [erw.]. – Oxford 1912 (in *Poems*, Hg. H. J. C. Grierson, 2 Bde.; krit.; [7]1963; Nachdr. 1968). – Ldn. 1955 (in *Complete Poetry*). – Ldn./NY 1958 (in *Poems*, Hg. u. Einl. H. I. A. Fausset). – Ldn./NY 1967 (in *The Complete Poetry*, Hg. J. T. Shawcross, krit.). – Harmondsworth 1971 (in *Complete English Poems*, Hg. A. J. Smith). – Oxford 1978 (in *The Epithalamions, Anniversaries and Epicedes*, Hg., Einl. u. Komm. W. Milgate).

LITERATUR: K. Wöhrmann, *Die englische Epithalamiendichtung der Renaissance und ihre Vorbilder*, Diss. Freiburg i. B. 1927. – M. Novak (in NQ, 200, 1955, S. 471/472). – T. F. Merill, *The Christian Anthropology of J. D.*, Diss. Univ. of Wisconsin (vgl. Diss. Abstracts, 25, 1964/65, S. 2497). M. B. Raizis, *The Epithalamian Tradition and J. D.* (in Wichita State Univ. Bull., 42, 1966, S. 3–15).

## HOLY SONNETS

(engl.; *Geistliche Sonette*). Zyklus von neunzehn Sonetten von John DONNE. Zwölf Sonette erschienen 1633 in der Erstausgabe der Werke, vier weitere, aus einem anderen Manuskript stammende, kamen in der Zweitausgabe von 1635 hinzu. 1894 schließlich legte Sir Edmund GOSSE die restlichen drei Sonette aus dem bis dahin verschollenen Westmoreland-Manuskript vor. – Mit der späten Entdeckung der Sonette 17, 18 und 19 schien zugleich das schwierige Problem der Datierung der *Holy Sonnets* annähernd gelöst. Daraus, daß der Dichter in Sonett 17 den Tod seiner 1617 verstorbenen Frau Anne beklagt, schlossen sowohl Gosse als auch Sir Herbert GRIERSON, der 1912 die erste textkritische Gesamtausgabe von Donnes Gedichten edierte, daß auch alle anderen geistlichen Sonette nach diesem Datum und somit auch nach Donnes Priesterweihe (1615) entstanden seien. In ihrer Studie (1952) zu den religiösen Gedichten Donnes hat jedoch Helen GARDNER diese Auffassung an Hand der Überlieferungsgeschichte der Sonette und ihrer theologischen Argumentation einleuchtend widerlegt. Aufgrund dieser Analyse, die die zyklische, auf dem Meditationsschema des 16. Jh.s (IGNATIUS VON LOYOLA) basierende Einheit der ersten zwölf Sonette erweist, muß die Entstehungszeit um 1609, also noch vor Donnes Ordination, angenommen werden. Das fast alle Sonette kennzeichnende leidenschaftliche Bemühen um die Reinheit des Glaubens, die Überwindung intellektueller Zweifel und ein ganz persönliches Verhältnis zu Gott weisen die Mehrzahl der *Holy Sonnets* jenen Jahren der kritischen Selbsterforschung Donnes zu, die der Übernahme des geistlichen Amtes vorausgingen.

Die zwölf Sonette der Erstausgabe bilden zwei aufeinander bezogene Gruppen. Die Themen der ersten sechs Gedichte, Tod und Jüngstes Gericht, entstammen der christlichen Eschatologie. Gemäß Loyolas Meditationsregeln in *Exercitia spiritualia* (1548) beginnt Donne sein erstes Sonett mit einem Gebet (Oktett), dem die Klage über die Macht des Teufels folgt (Sextett). Die Sonette 2–4 variieren in ihrem Aufbau die zweite Meditiationsstufe, die sogenannten Präludien. Im Oktett wird jeweils die *compositio loci* des ersten Präludiums, die bildhafte Vorstellung eines der großen christlichen Themen und Motive, gegeben, z. B. im vierten Sonett das Jüngste Gericht. Im Sextett folgt nach dem Vorbild des zweiten Präludiums die dem Thema des Oktetts entsprechende Fürbitte. Hatte der Dichter in den voraufgegangenen Sonetten seiner Verzweiflung über Krankheit und über die Anfechtungen Satans Ausdruck verliehen, so erreicht diese Sequenz ihren Höhepunkt mit dem im Geiste der Heilsgewißheit entwickelten Paradoxon der Vernichtung des Todes durch den Übergang in das Leben der Ewigkeit im sechsten Sonett, das mit den Worten *»Death, be not proud«* beginnt und mit den Worten *»Death, thou shalt die!«* endet. Die Sonette 7–12 argumentieren im Sinn der als »Gespräch« bezeichneten vierten Meditationsstufe. Ihr Thema ist die im Gekreuzigten sich offenbarende Liebe Gottes zur sündigen Menschheit und die persönliche Teilhabe des Dichters an diesem Mysterium. Die von Donne selbst im elften Sonett als *»heilsame Meditation«* charakterisierte Sequenz gipfelt im dramatischen zehnten Sonett (*»Batter my heart, three person'd God«*), in dem das Herz des Menschen, als eine vom Bösen beherrschte Stadt thematisiert, zum Zweck der Erlösung seine eigene Zertrümmerung und in *conceit*-artiger Zusammennahme sexueller und theologischer Bildlichkeit sogar seine eigene Schändung erfleht. Die vier 1635 angefügten Sonette sind Meditationen über die Sünde und die Gnade der Buße. In den Sonetten 17, 18 und 19 schließlich wirbt Donne im Stil der weltlichen *Songs and Sonnets* als Liebender um seinen Gott. Die durchgehende Spannung der *Holy Sonnets* resultiert aus dem intellektuellen Realismus dieses von Gedicht zu Gedicht intensiver werdenden Dialogs mit Gott. Gott erscheint als Partner des Dichters auf einer mit eigenwilligen sprachlichen und metrischen Mitteln vergegenwärtigten imaginären Bühne. Dieser dramatischen Konzeption entspricht auch der eher auf die Sonettform WYATTS und SIDNEYS als auf die SURREYS und SHAKESPEARES weisende Oktett-Sextett-Aufbau. Für die von H. Gardner ermittelte zyklische Einheit der ersten zwölf Sonette spricht neben inhaltlichen Indizien, daß in jeder der beiden Sequenzen drei Sonette *abba/abba/cddc/ee* und drei *abba/abba/cdcd/ee* reimen. Das metrische Grundmaß ist ein aus zehn Silben mit fünf Hebungen bestehender Vers, ein Metrum, dem Donne unerwartete Wirkungen abgewinnt, wenn er die dramatischen Akzente seiner Argumentation gegen den regelmäßigen Grundtakt rhythmisiert. Der Stil ist reich an paradoxalen Wendungen. Sein besonderer Reiz besteht darin, daß religiöse Gedankengänge durch Bilder aus ganz anderen Bereichen, wie etwa dem militärischen, anschaulich gemacht werden. W.D.

AUSGABEN: Ldn. 1633 (in *Poems, With Elegies on the Author's Death*; Nachdr. Amsterdam/NY 1970 u. Hildesheim 1974). – Ldn. 1635 (in dass.; erw.). – Ldn. 1894 (in E. Gosse, *Jacobean Poets*; 3 Sonette). – Ldn. 1896 (in *The Poems*, Hg. E. K. Chambers, 2 Bde.). – Oxford 1912 (in *Poems*, Hg. H. J. C. Grierson, 2 Bde., 1; krit.; [7]1963; Nachdr. 1968). – Ldn. 1929 (in *Complete Poetry and Selected Prose*, Hg. J. Hayward; 19 Sonette). – Oxford 1952 (*The Divine Poems*, Hg. H. Gardner; ern. 1979). – Ldn. 1956 (in *Songs and Sonnets*, Hg., Einl. u.

Anm. Th. Redpath; [5]1973; Nachdr. 1979). – Oxford 1965 (in *The Elegies, and The Songs and Sonnets*, Hg., Einl. u. Komm. H. Gardner; Nachdr. 1970). – Ldn./NY 1967 (in *Complete Poetry*, Hg. J. T. Shawcross; krit.). – Harmondsworth 1971 (in *The Complete English Poems*, Hg. A. J. Smith; ern. 1982). – Winchester 1986.

ÜBERSETZUNGEN: *Geistliche Gedichte*, W. Vordtriede (in *Metaphysische Dichtungen*, Ffm. 1961; Ausw.). – Dass., A. Schimmel (in *Nacktes denkendes Herz*, Köln 1969).

LITERATUR: H. A. Eaton, *Songs and Sonnets of J. D.* (in SR, 22, 1914, S. 50–72). – H. C. White, *English Devotional Literature*, Madison 1931. – Ders., *Metaphysical Poets*, NY 1936. – H. A. Fausset, *The »Holy Sonnets« of J. D.*, Ldn. 1938. – E. M. Simpson, *The Text of D.'s »Divine Poems«* (in Essays and Studies by Members of the English Association, 26, 1940, S. 88–105). – H. A. Fausset, *Poets and Pundits*, Ldn. 1947. – C. Hunt, *D.'s Poetry*, New Haven/Conn. 1954. – A. Esch, *Religiöse Lyrik des 17. Jh.s*, Tübingen 1955. – D. E. Zimmermann: *The Nature of Man: J. D.'s »Songs« and »Holy Sonnets«*, Emporia/Ka. 1960. – S. Archer, *Meditation and the Structure of D.'s »Holy Sonnets«* (in ELH, 28, 1961, S. 137–147). – D. M. Ricks, *The Westmoreland Manuscript and the Order of D.'s »Holy Sonnets«* (in StPh, 63, 1966, S. 187–195). – P. Grant, *Augustinian Spirituality and the »Holy Sonnets« of J. D.* (in ELH, 38, 1971, S. 542–561). – R. J. Blanch, *Fear and Despair in D.'s »Holy Sonnets«* (in American Benedictine Review, 25, 1974, S. 476–484). – P. Grant, *D., Pico, and »Holy Sonnet« 12* (in Humanities Association Bull., 24, 1973, S. 39–42). – J. N. Wall, *D.'s Wit of Redemption: The Drama of Prayer in the »Holy Sonnets«* (in StPh, 73, 1976, S. 189–203). – Th. Hahn, *The Antecedents of D.'s »Holy Sonnet« 11* (in American Benedictine Review, 30, 1979, S. 69–79). – R. B. Bond, *J. D. and the Problem of ›Knowing Faith‹* (in Mosaic, 40, 1981, S. 25–35). – J. Stachniewski, *J. D.: The Despair of the »Holy Sonnets«* (in ELH, 48, 1981, S. 677–705). – A. Fenner, *D.'s »Holy Sonnet« 12* (in Explicator, 40, 1982, S. 4 ff.). – S. E. Linville, *Contrary Faith: Poetic Closure and the Devotional Lyric* (in Papers on Language and Literature, 20, 1984, S. 141–153).

## OF THE PROGRES OF THE SOULE.
### Wherein, By Occasion of the Religious Death of Mistris Elizabeth Drury, the Incommodities of the Soule in this Life, and Her Exaltation in the Next, are contemplated

(engl.; *Vom Weg der Seele. Worin aus Anlaß von Elizabeth Drurys Tod in Gott die Beschwernisse der Seele in diesem und ihre Erhöhung im nächsten Leben betrachtet werden*). Religiöses Gedicht von John DONNE, erschienen 1612. – Wie den ersten nahm Donne auch den zweiten Todestag der frühverstorbenen Elizabeth Drury zum Anlaß einer Meditation über die Nichtigkeit des Erdendaseins und die Freuden der Seele in der Unsterblichkeit. Wiederum werden die Bereiche des Diesseits und Jenseits in unversöhnlichen Kontrast gesetzt, nun aber sehr viel stärker unter dem Aspekt des Emporsteigens der Seele aus Sünde und Tod zu göttlicher Reinheit. Anders als in *An Anatomie of the World* (1611), dem ersten der beiden *Anniversaries*, wird die Negation einer durch und durch morbiden und sündhaften Welt sekundär gegenüber der Affirmation jenes Zustands der Gottähnlichkeit, der dem Menschen mit dem Sündenfall verlorenging und dem sich die Seele nach dem Tod in einem Akt der Befreiung von ihrer irdischen Bedingtheit wieder nähert. Der spirituellen Vergegenwärtigung dieses Emanzipierungsprozesses und des Eintretens in den Zustand der Gottähnlichkeit ist das Gedicht gewidmet, das, wie L. MARTZ gezeigt hat, Meditationsformen der Mystik strukturell abwandelt: Es gliedert sich in sieben Abschnitte, die je eine »Meditation« (Beschreibung der menschlichen Unvollkommenheit) und eine »Eloge« (Preis der zu Gottähnlichkeit aufgestiegenen Seele) umfassen. Auch in der Argumentation ergeben sich zahlreiche Parallelen zu mittelalterlichen Mystikern wie BERNHARD VON CLAIRVAUX. Die Formzüge von Meditation und Mystik unterscheiden *Of the Progress of the Soule* von *The first Anniversary*, der *Anatomie of the World*. Überwogen in jener Analyse Ungewißheit und Klage, so liegen hier Gewißheit, Anschauung und letztlich Anbetung vor. Wie schon aus dem Untertitel hervorgeht, will Donne den Tod der Elizabeth Drury nun vollends als religiösen Symbolvorgang verstanden wissen, als Paradigma für die Heimkehr der Seele zu Gott. Die petrarkistische Bildersprache, in der *Anatomie* vorrangig zur Analyse geistiger Sachverhalte und Oppositionen verwendet, unterstreicht in diesem Gedicht den in sich ruhenden Sachverhalt des Exemplarischen.

Wie die *Holy Sonnets* sind auch die beiden *Anniversaries* Ausdruck der mystischen Gewißheit, daß die Macht des Todes gebrochen, die Erlösung der Seele garantiert ist. Beide Gedichte erschließen sich als religiöse Exerzitien eines Mannes, der jahrelang selbstquälerisch sein Gewissen erforschte, ehe er 1613 die Priesterweihe empfing. W.D.

AUSGABEN: Ldn. 1612. – Ldn. 1621; Faks. Ldn. 1926. – Ldn. 1653 (in *Poems*). – Ldn. 1929 (in *The Complete Poetry and Selected Prose*, Hg. J. Hayward; [9]1962). – Baltimore/Ldn. 1963 (in *The Anniversaries*, Hg. F. Manley; krit.). – Ldn./NY 1968 (in *The Complete Poetry*, Hg. J. T. Shawcross; krit.). Ldn./NY 1958 (in *Poems*, Hg. u. Einl. H. I. A. Fausset). – Harmondsworth 1971 (in *The Complete English Poems*, Hg. A. J. Smith; ern. 1982). – Oxford 1978 (in *The Epithalamions, Anniversaries and Epicedes*, Hg., Einl. und Komm. W. Milgate).

LITERATUR: I. Husain, *The Dogmatic and Mystical Theology of J. D.*, Ldn. 1938. – M. M. Mahood, *Poetry and Humanism*, Ldn. 1950. – D. Louthan,

*The Poetry of J. D. A Study in Explication*, NY 1951. – L. L. Martz, *The Poetry of Meditation. A Study in English Religious Literature of the Seventeenth Century*, New Haven 1954, S. 211–248. – R. E. Hughes, *The Woman in D.'s »Anniversaries«* (in ELH, 34, 1967, S. 307–326). – G. Williamson, *D.'s Satirical »Progresse of the Soule«* (ebd., 36, 1969, S. 250–264). – R. A. Fox, *D.'s »Anniversaries« and the Art of Living* (ebd., 38, 1971, S. 528–541). – L. L. Martz, *J. D. in Meditation: »The Anniversaries«*, NY 1970; ern. 1982. – P. Mahony, *The Structure of D.'s »Anniversaries« as Companion Poems* (in Genre, 5, 1972, S. 235–256). – B. K. Lewalski, *D.'s »Anniversaries« and the Poetry of Praise*, Princeton 1973. – S. Snyder, *D. and Du Bartas: »The Progresse of the Soule« as Parody* (in StPh, 70, 1973, S. 329–407). – *That Subtile Wreath: Lectures Presented at the Quatercentenary Celebration of the Birth of J. D.*, Hg. M. W. Pepperdene, Atlanta 1973 [m. Bibliogr.]. – P. L. Rudnytsky, *›The Sight of God‹: D.'s Poetics of Transcendence* (in Texas Studies in Literature and Language, 24, 1982, S. 185–207). – J. T. Shawcross, *The Making of the Variorum Text of the »Anniversaries«* (in J. D. Journal, 3, 1984, S. 63–72).

## SONGS AND SONNETS

(engl.; *Lieder und Gedichte*). Liebesgedichte von John DONNE, 1635 in der zweiten postumen Werkausgabe unter diesem Titel veröffentlicht. – Obwohl die Sammlung keine Sonette im heutigen Verständnis des Wortes enthält, soll ihr Titel auf die Liedhaftigkeit hinweisen, die man zumindest einigen Gedichten (z. B. *The Indifferent* oder *Break of Day*), mitunter auch in parodistischer Verwendung von Melodien der Liebeslyrik des 16. Jh.s, nicht absprechen kann. Nach Gardner läßt sich der Bezug von sechs Gedichten zu vorhandenen Liedern und Melodien nachweisen. Der Titel sollte darüber hinaus auch den Bezug zu dem *Book of Songs and Sonnets (Tottel's Miscellany)*, der großen Sammlung von Liebesgedichten des 16. Jh.s, herstellen.

Die Entstehungszeit der Gedichte ist ungewiß, die Biographie des Dichters für die Datierung wenig hilfreich. Mit Recht ist zu vermuten, daß die Liebeslyrik vor seiner Weihe zum anglikanischen Geistlichen 1615 entstand. Die stilistischen Eigenheiten der meisten Verse deuten eher auf ein dichterisches Frühwerk, das jedoch jegliche Vollkommenheit seiner Art bereits besitzt. Schon vor seinem Studium, das er mit 16 Jahren in Oxford abschloß, sind bei dem jungen Katholiken wacher Geist, Problembewußtheit und ästhetisches Empfinden vorauszusetzen – Eigenschaften, die sich in der kultivierten Gesellschaft der Londoner Juristenschule, in der er sich von 1592 bis 1597 aufhielt, noch verstärkt haben dürften. Vielleicht ist somit Ben JONSON recht zu geben, nach dessen Einschätzung alle weltlichen Gedichte von Donne bis zu dessen 25. Lebensjahr geschrieben wurden. Andererseits sind jedoch auch zu bedenken die intensive Liebesbeziehung zu Anne More 1597–1601, die heimliche Heirat 1601, die Jahre der inneren Erschütterung und des Widerspruchs zur höfisch-bürgerlichen Gesellschaft seit der Verhaftung seines Bruders sowie der Beginn vielseitiger Studien ab 1601, die den gedanklichen Horizont und das Analogiedenken im Bereich der Bildersprache beflügelt haben dürften. Die kritischen Textausgaben gehen jedenfalls davon aus, daß Donne auch noch nach 1601/02 Liebesgedichte schrieb.

Aus der Sicht der Literaturwissenschaft ist die Frage nach der Datierung deshalb wichtig, weil sich mit den Gedichten Donnes ein deutlicher Umbruch in der Liebeslyrik des 16. Jh.s vollzieht. Dieser ist gekennzeichnet durch eine bis dahin ungekannte Konkretisierung und Aussageintensität, durch ein hohes Maß an personaler Sensibilität, durch überraschende, oftmals befremdende, vorwiegend jedoch intellektuell-argumentativ angelegte Präsentation der Liebesthematik auf der einen Seite, durch Drastik und Offenheit des Ausdrucks, Abruptheit, despektierlichen Umgang mit tradierten Formen und Inhalten der Liebespoesie, Heftigkeit, Zynismus, sogar mitunter erotischen Doppeldeutigkeiten, schließlich ganz unpoetischen Bildern und Vergleichen auf der anderen Seite. Mit dieser Art von Lyrik erteilte Donne dem literarischen Petrarkismus, dem hohen, jedoch manierierten Stil inhaltlos gewordener Bilder, Vergleiche und Wendungen der Liebeslyrik des 16. Jh.s und der Sonettpraxis der Zeit eine unmißverständliche Absage. Die *Songs and Sonnets* sind somit Belege einer Empfindungsfähigkeit, die den Ästhetizismus und die Wirklichkeitsferne des *estilo culto* in der Liebesdichtung verwirft, die Kunst als Abbild konkreten Fühlens jedweder Schattierung einschließlich des Zweifels und der Verzweiflung versteht, die die Wiedergabe einer wahrhaft konkreten *Conditio humana* fordert und hohes Ideal nur dann sein möchte, wenn es gelebt, existentiell verankert und kein lediglich gedankliches Leitbild ist.

Die Brüchigkeit der Renaissanceideale und die Erneuerungsbedürftigkeit des Denkens und der Ästhetik haben auch andere Literaten am Ende der Epoche wie etwa Thomas NASHE in der Epik und insbesondere SHAKESPEARE im Drama zum Ausdruck gebracht und damit den Frühbarock eingeleitet. Am konsequentesten innerhalb seines Mediums war jedoch John Donne. Seine Methode bestand darin, bereits den Gedichtanfang wie z. B. in *The Sun Rising* oder *The Canonization* eindeutig un- bzw. antipetrarkistisch zu gestalten und somit jede Konvention zu ignorieren, um sodann die Gedanklichkeit eigener, zumeist durch die Bildkraft des *conceit* paradox gestalteter Art zu entwickeln. Diese überrascht durch die Zusammenfügung entlegener und auf den ersten Blick kaum zueinander passender Sinnbereiche, eröffnet jedoch letztlich durch die postulierten Analogien ganz neue Einblicke in den behandelten Gegenstand, da sie bisher nicht beachtete Seiten seines Wesens heraushebt. Sie vertieft auf diese Weise unsere Erkenntnis beträchtlich, und zwar vordergründig gesehen vorwiegend intellektuell, hintergründig gesehen jedoch ebensosehr imaginativ aufgrund der Bildersprache. Als Ergebnis aber tritt uns in der dichterischen Definition der Liebe und der Liebessensibilität Donnes eine qualitativ und existentiell verankerte Idealität von wesentlich höherem Niveau als die im Platonismus gründende, gleichsam allgemeine und öffentliche Idealität der Renaissance entgegen.

Den Eindruck der Frische und des Unmanierierten erzielt Donne durch den burschikosen Umgang mit den Stilistika der traditionellen Liebeslyrik. Seine Sprache ist nicht nur bewußt unpoetisch, sie wirkt darüber hinaus auch geradezu unrhetorisch und direkt; sie enthält viele umgangssprachliche Wendungen. Dialoge, Empfindungen, Überlegungen, Darstellungen erwecken daher den Eindruck, als zeichnete sie die Stilkunst des Autors während ihres Vollzuges und nicht erst *post festum* dichterisch nach. Der Vorrang des Satzrhythmus vor dem Versrhythmus, d. h. die Unterordnung der Metrik unter die suggerierte Spontaneität des lyrischen Sprechens, ist dabei insgesamt der prominente und übergreifende Formzug einer letztlich immer zugrundeliegenden mono-dialogischen Darlegungsweise, die der Dichter selbst »dialogue of one« nannte und die »den angesprochenen Partner und die Liebessituation erstaunlich gegenwärtig macht« (W. v. Koppenfels).

Geht man von der Haltung aus, die das lyrische Ich gegenüber der Geliebten und der Liebe einnimmt, so werden drei Themenbereiche sichtbar. Der erste Bereich umfaßt etwa zwanzig Gedichte. Er betrifft die Wandelbarkeit der Liebe und entwirft aus oftmals zynischer Grundhaltung ein unidealistisches Bild: die Falschheit der Geliebten in *Woman's Constancy (Frauen und Treue)* und *Song: »Goe, and catche a falling starre« (Lied: »Hasch mir den Kometenschweif«)*, sexuelle Freizügigkeit der Dame in *Confined Love (Eingesperrte Liebe)*, Überredungsstrategien des hier als deutlich maskulin hervortretenden Liebhabers in *The Prohibition (Das Verbot)* sowie den beiden dramatischen Monologen *The Flea (Der Floh)* und *The Dream (Der Traum)*. Der zweite Themenbereich handelt von der unerwiderten Liebe in Gedichten wie *The Paradox (Das Paradoxon), The Blossom (Die Blüte)* oder *Image and Dream (Bild und Traum)*. Diese Gedichte widmen sich zwar einem klassischen Thema petrarkistischer Liebeslyrik in unpetrarkistischer Weise, stehen jedoch dem Idealismus nicht ablehnend gegenüber. Der Nachruhm Donnes beruht jedoch auf seiner Formleistung in dem dritten Themenbereich, der personal und somit existentiell verankerten gegenseitigen Liebe. In diesem Bereich begegnen die überraschenden Bildanalogien und Gleichsetzungen, die in oftmals hyperbolischer Begeisterung und unter kühner Umkehrung der Realitäten das Ideal des gemeinsamen Liebesempfindens vielfältig und mit zumeist epigrammartigem Gedankenabschluß eindringlich vor Augen führen: die Metapher vom Überseehandel; das Verhältnis von Staat und Staatslenker; die hyperbolische Darstellung der Liebenden als der einzig existenten Welt, außerhalb der es nichts gibt *(»She' is all States, and all Princes, I/ Nothing else is... « – »Alle Reiche ist sie, ich alle Herrscher – Sonst gibt es nichts«)*; die Verdunklung der Sonne durch den Glanz der Liebe in *The Sun Rising (Der Sonnenaufgang)*; die Gleichsetzung der Liebe und insbesondere des Liebesvollzugs mit der Askese, die Hineinnahme in den christlichen Begriff des Mysteriums und die Sakralisierung der Liebe in *The Canonization (Die Heiligsprechung)*; das oft zitierte *conceit* aus *A Valediction: forbidding mourning (Ein Abschied: Mit dem Verbot zu trauern)*, in dem die Liebenden mit den beiden Schenkeln eines Zirkels verglichen werden, die sich zwar voneinander wegbewegen, jedoch in Zentrum und Art ihrer Bewegung immer aufeinander zugeordnet bleiben; der Vergleich der erogenen Zonen der Geliebten mit der Entdeckung des neuen Landes Amerika, von der der Liebende alsbald herrschaftlichen Gebrauch machen wird, in *To His Mistress Going to Bed (An seine Geliebte: Beim Zubettgehen)*. Eher »philosophisch« reflektierend und von geringerer poetischer Kraft sind hingegen die Gedichte *Love's Alchemy (Alchemie der Liebe)* und *Farewell to Love (Abschied von der Liebe)*, in denen der Dichter wieder deutliche Zweifel an der Idealität der Liebe äußert.

Die radikale, der Moderne so außergewöhnlich entsprechende Offenheit in der Behandlung des Gegenstands der Liebe sucht in anspruchsvoller Dichtung der Zeit ihresgleichen, auch wenn sie im Zusammenhang mit dem sich damals wandelnden Liebesverständnis gesehen werden muß. Die auf den ersten Blick kaum erkennbaren Formzüge metaphysischer Dichtung sind in *Songs and Sonnets* unzweifelhaft vorhanden. Sie bestehen einerseits in der generellen Analogie der Bildbereiche, in der die geistige Natur der Liebe wechselseitig erhellt wird; andererseits in der Qualifizierung der Liebe durch das Sakrale und die Werke geistlicher Liebe. In dieser Sakralisierung des anscheinend nur Profanen wird die Verbundenheit aller Dinge und ihre Orientiertheit auf Gott hin sichtbar. Somit werden weder Liebesleidenschaft, noch Erotik, noch Despektierlichkeiten außerhalb des Systems gestellt, weshalb letztlich auch die Barockdichter und Theologen TERESA DE JESÚS, JOHANNES DE LA CRUZ und Richard CRASHAW in ähnlicher Weise, wenn auch nicht genauso freimütig, dichten konnten. Der hohe Grad an personaler Bewußtheit in der Liebeslyrik Donnes ist in seiner Zeit einmalig. Es ist deshalb der Frage nachzugehen, ob bereits hier und nicht erst, wie allgemein angesetzt, seit der Romantik Dichtung als Ausdruck personaler Individualität vorliegt. Die Frage ist zu verneinen. Trotz aller Donne eigenen Empfindungsfähigkeit und der Originalität im Umgang mit seinem Gegenstand sowie der Tradition, der ausgesprochen glücklichen Verbindung von Intellekt und Lyrik in einer Sternstunde englischer Dichtung sind Liebe und Empfinden dennoch letztlich kategorial und repräsentativ, reicht die vermeintliche Individuali-

tät nicht über ein allerdings bemerkenswertes Maß an Individuation hinaus.
Die Rezeptionsgeschichte ist auf das engste mit dieser Individuation und den frühbarocken Eigenheiten der Lyrik Donnes verbunden. Der sich anbahnende Klassizismus, angefangen von Ben JONSON über John DRYDEN bis zu Dr. JOHNSON, bewundert die gedankliche Kraft Donnescher Dichtung, lehnt aber seinen Stil entschieden ab, so daß schließlich auch seine Argumentationsweise immer mehr ins Hintertreffen geriet. Erst die neukritische Bewegung in England und Amerika rückte die inzwischen vergessene metaphysische Dichtung und insbesondere Donne, ihren prominentesten Vertreter, wieder in den Blickpunkt des Interesses, wie überhaupt das 20. Jh. von der Modernität seines Denkens und seiner Kunst regelrecht fasziniert war. Der Widerspruch gegen unkritische Begeisterung und überzogenes Lob, den Literaten wie C. S. LEWIS artikulierten, hat inzwischen einer sachgerechten Betrachtungsweise Platz gemacht. P.E.

AUSGABEN: Ldn. 1635 (in *Poems, With Elegies on the Author's Death*). – Oxford 1912 (in *Poems*, Hg. H. J. C. Grierson, 2 Bde.; krit.; [7]1963; Nachdr. 1968). – Ldn. 1956; [5]1973; Nachdr. 1979, Hg., Einl. u. Anm. Th. Redpath. – Oxford 1965 (in *The Elegies, and The Songs and Sonnets*, Hg. Einl. u. Komm. H. Gardner; Nachdr. 1970).

ÜBERSETZUNGEN: *Zwar ist auch Dichtung Sünde*, C. Schneuke u. M. Hamburger, Lpzg. 1983. – *Alchimie der Liebe*, W. v. Koppenfels, Bln. 1986.

LITERATUR: L. Unger, *D.'s Poetry and Modern Criticism*, NY 1962. – A. J. Smith, *J. D.: The Songs and Sonnets*, Ldn. 1964. – K. W. Grandsen, *J. D.*, Hamden 1969. – A. J. Smith, *J. D. Essays in Celebration*, Ldn. 1972. – J. Loveluck, *J. D. Songs and Sonnets: A Casebook*, Ldn. 1973. – H. H. Freitag, *J. D. Zentrale Motive und Themen in seiner Liebeslyrik*, Bonn 1975. – W. G. Müller, *Das lyrische Ich*, Heidelberg 1979, S. 61–86. – P. G. Pinka, *This Dialogue of One: The Songs and Sonnets of J. D.*, Alabama 1982. – D. J. McKevlin, *A Lecture in Love's Philosophy. D.'s Vision of the World of Human Love in the Songs and Sonnets*, Lanham 1984. – H. Bloom, *J. D. and the Seventeenth-Century Metaphysical Poets*, NY 1986. – Vgl. auch Lit. zu *Holy Sonnets*.

## JOSÉ DONOSO

* 5.10.1925 Santiago de Chile

LITERATUR ZUM AUTOR:
C. M. Tatum, *The Fiction of J. D.: The First Cycle (1950–1970)*, Diss. Univ. of New Mexico 1971. – H. Vidal, *J. D. Surrealismo y rebelión de los instintos*, Barcelona 1972. – A. Cornejo Polar u. a., *D., la destrucción de un mundo*, Buenos Aires 1975. – J. Quinteros, *Una insurrección contra la realidad*, Madrid 1978. – H. Achugar, *Ideología y estructuras narrativas en J. D.*, Caracas 1979. – P. R. Hill, *The Narrative Interrelationship of Author, Narrator, Protagonist and Reader in the Novels of J. D.*, Diss. Univ. of Texas 1979 (vgl. Diss. Abstracts, 40, 1979, S. 5885A). – G. R. McMurray, *J. D.*, Boston 1979 (TWAS). – L. A. Miller, *La técnica del punto de vista en J. D.*, Diss. Univ. of Arizona 1980 (vgl. Diss. Abstracts, 41, 1981, S. 4414A). – G. J. Castillo-Feliú, *The Creative Process in the Works of J. D.*, NY 1982.

### CASA DE CAMPO

(span.; *Ü: Das Landhaus*). Roman von José DONOSO (Chile), erschienen 1978. – Auch das Landhaus ist, wie viele von Donosos Romanschauplätzen, ein Ort des Schreckens. Hinter einer die großbürgerliche Idylle demonstrierenden Fassade verbirgt sich das Grauen einer ganz anderen Realität, die der Roman Stück für Stück bloßlegt. Dabei wendet sich der Erzähler immer wieder unterbrechend an den Leser, distanziert sich aber in seinen Kommentaren gleichzeitig von dieser konventionellen Erzählerrolle, besonders von einer unkritischen Ineinssetzung von Roman und Wirklichkeit und fördert damit eine Distanz des Lesers zum Roman, auf dessen Fiktionalität und »Künstlichkeit« Donoso immer wieder hinweist.
Das in einer weiten Wollgras-Ebene gelegene Landhaus Marulanda ist die Sommerresidenz der Venturas, einer Familie, die es mit Goldhandel zu unermeßlichem Reichtum gebracht hat. Die Hauptfiguren des Romans sind die Kinder der Familie, 33 Cousins und Cousinen, die tagsüber der autoritären Herrschaft der Erwachsenen, nachts der nicht minder autoritären Dienerschaft ausgeliefert sind. Außerhalb des Landhauses, und am unteren Ende der Machthierarchie, leben die Eingeborenen, die *»Menschenfresser«*, wie sie von den Venturas genannt werden, die seit Generationen in den nahegelegenen Goldminen ausgebeutet und betrogen werden. Ein Tagesausflug der Erwachsenen, zu dem auch die gesamte Dienerschaft mitgenommen wird, bringt diese Welt des schönen Scheins aus dem Gleichgewicht. Während dieses Tages, der im Landhaus ein ganzes Jahr dauert, verbrüdern sich die zurückgelassenen Kinder mit den Eingeborenen und verwandeln die alte Ordnung in Chaos. Der Versuch, eine neue Ordnung unabhängig von den bestehenden Strukturen zu etablieren, scheitert. Indessen schafft Malvina, ein von der Familie wegen ihrer unehelichen Geburt als Ausgestoßene behandeltes Mädchen, mit Hilfe einiger Eingeborener das Gold aus den Kellern des Landhauses heimlich in die Stadt. Bei ihrer Rückkehr finden die Erwachsenen in einer Kapelle, die in der Ebene vor dem Landhaus liegt, zwei ihrer Kinder halb verhungert und zerlumpt vor. Als diese ihnen von den

ungeheuerlichen Ereignissen während ihrer Abwesenheit berichten, bestehen die Venturas darauf, nur einen Tag fortgewesen zu sein und erklären die Berichte der Kinder für Hirngespinste. Unter dem Vorwand, sich um ihre Geschäfte kümmern zu müssen, fliehen sie in die Stadt. Die Diener werden, mit allen Vollmachten und Waffen ausgestattet, ins Landhaus geschickt, um, sollte irgend etwas vorgefallen sein, wieder Ordnung zu schaffen. Mit brutaler Gewalt werden die aufständischen Eingeborenen und die mit ihnen verbündeten Kinder verfolgt, getötet oder gefangengenommen, nur einige »Kollaborateure« bleiben verschont.

Im nächsten Sommer kehren die Erwachsenen, immer noch alles ignorierend, was sie nicht verstehen und nicht verstehen wollen, zurück, um ihre Ländereien mit dem halbverwüsteten Landhaus und die Goldminen zu verkaufen. Als sie mit den ausländischen Käufern zur Besichtigung der Minen aufbrechen wollen, taucht Malvina mit prunkvollem Gefolge auf. In einem lange geplanten rachevollen Akt der Verschwörung überrumpeln ihre Leute die Venturas und ziehen mit den Ausländern, mit denen Malvina längst ins Geschäft gekommen ist, und der übergelaufenen Dienerschaft der Venturas zu den Minen. Entmachtet und gedemütigt, ohne Transportmittel und Bedienstete, befinden sich die Erwachsenen nun in der Lage, in der sie im letzten Sommer die Kinder zurückgelassen haben. Da bricht der Herbst an, und mit ihm der undurchdringliche, alles Leben erstickende Sturm der Wollgras-Samenfäden, den die Kinder im vergangenen Jahr nur mit Hilfe der Eingeborenen überlebten. Einige der Erwachsenen kommen darin um, die anderen folgen den Kindern ins Haus, wohin sich auch der überlebende Rest der Eingeborenen zurückgezogen hat. Den Anweisungen der »Menschenfresser« folgend, können sie überleben.

*Casa de campo*, sicher ein für viele Lesearten offener Roman, berührt einmal das in Lateinamerika seit D. F. SARMIENTO (1811–1888) immer wieder behandelte Thema »Zivilisation und Barbarei«, kann aber auch als Allegorie für die jüngsten politischen Ereignisse in Chile interpretiet werden: Zu denken ist an die kurze Zeit der Verbrüderung und sozialen Reformen unter Allende, wohingegen die Dienerschaft des Landhauses an die Rolle des chilenischen Militärs erinnert, das sich den veränderten Machtverhältnissen ohne Skrupel anpaßt. Auf jeden Fall handelt der Roman von den Mächtigen und von der Macht, wie Donoso sie sieht: *»jener offiziellen, tauben und blinden Autorität ..., die am Ende das einzige ist, was zählt«*. E.G.R.

AUSGABEN: Barcelona 1978. – Barcelona 1981.

ÜBERSETZUNG: *Das Landhaus*, H. Adler, Hbg. 1986. – Dass., dies., Mchn. 1988.

LITERATUR: L. Pérez-Blanco, *»Casa de campo«, de J. D., valoración de la fábula en la narrativa actual hispanoamericana* (in Anales de la Literatura Hispanoamericana 6, 1978, S. 259–289). – L. J. Madrigal, *Alegoría, historia, novela (a propósito de »Casa de campo«, de J. D.)* (in Hispamérica, 9, 1980, S. 5–31). – R. Gutiérrez Monat, *Carnevalización de la literatura en »Casa de campo« y »Cien años de soledad«* (in Sin Nombre, 13, 1982, S. 50–64). – J. Iriarte Aristu, *La simbología en »Casa de campo« de J. D.* (in Anales de la Literatura Hispanoamericana 11, 1982, S. 131–147). – P. Bacarisse, *D. and Social Commitment: »Casa de campo«* (in BHS, 60, 1983, S. 319–332).

## CORONACIÓN

(span.; *Krönung*). Roman von José DONOSO (Chile), erschienen 1957. – Das Werk erzählt die Geschichte des allmählichen und unabwendbaren Verfalls einer bürgerlichen Familie in der chilenischen Hauptstadt Santiago.

Der Roman beginnt mit dem Dienstantritt der Pflegerin Estela im Haushalt der letzten Vertreter der Familie Abalos: Elisa, der neunzigjährigen Mutter, und ihres unverheirateten Sohnes André. Estela bringt jugendliches Leben, ja Aufruhr in das alte Haus – zuviel Bewegung für seine Bewohner, deren ohnehin labiles Gleichgewicht dadurch endgültig gestört wird. Die Mutter,die schon seit langem an Anfällen von Geistesgestörtheit leidet, wird durch die »Liebessünde« des Mädchens – Estela erwartet ein Kind – Aufregungen ausgesetzt, die ihre Gesundheit weiter zerrütten. Der Sohn sieht plötzlich seine festgefügte Welt, in der es keine heftigen Gemütsbewegungen gab, durch eine erwachende Leidenschaft für Estela ins Wanken geraten; als sie ihn schließlich jäh zurückstößt, verfällt er dem Wahnsinn. Auch an den Nebenfiguren des Romans demonstriert der Autor den Verfall: an René, einem jungen Mann, der unter Asozialen und Prostituierten lebt, an seiner »Lebensgefährtin« Dora und an seinem Bruder Mario, der in Estela verliebt ist. Sie alle werden schließlich zu Verbrechern. Düsterer Höhepunkt der Handlung ist eine groteskmakabre »Krönungsfeier«, just zur selben Zeit, als das Gaunertrio mit Estelas Hilfe einen großangelegten Einbruch in das Haus der Abalos versucht. Im ersten Stock feiert die Greisin ihren Namenstag inmitten der Geschenke, die zwei alte Dienerinnen für sie vorbereitet haben: einem Krönungskleid, einem Zepter und einer silbernen Krone. Angetan mit diesen königlichen Attributen, stirbt die Alte. Diese »Krönung« ist die symbolische Bestätigung dessen, was der Sohn als Quintessenz seiner Lebenserfahrung in Worte faßt: *»Es gibt nur eine Ordnung im Leben ... das ist die Unordnung und Ungerechtigkeit. Und darum gibt es nur einen Weg zur Wahrheit: den Wahnsinn.«*

Die Sprache des in der Erzählform eher konventionellen Romans ist überaus kontrastreich: auf der einen Seite die derbe Ausdrucksweise des realistisch dargestellten Lumpenproletariats, auf der anderen Seite virtuose Lyrismen und geradezu barock anmutende Vergleiche und Metaphern: *»Und wie die* *orientalischen Händler der Sagen breiteten die Dienerinnen zu Füßen der Königin den Glanz ihrer Geschenke aus: ein über und über mit Sternen benähtes Gewand, eine lange weiße Schlange aus Federn, ein mit Bändern und Kerzen geschmücktes Zepter, eine Krone, aus der ein Garten voller Silberblumen herauswächst...«* F.P.R.

AUSGABEN: Santiago de Chile 1957. – Barcelona 1968. – Barcelona 1970 [Vorw. P. Gimferrer]. – Barcelona 1981.

LITERATUR: R. Chacel, *»Coronación«* (in Sur, 258, 1959, S. 86–90). – R. Silva Castro, *»Coronación«* (in RI, 24, 1959, S. 199–201). – J. Goldenberg, *»Coronación« de J. D. o los límites del aislamiento* (in Mundo Nuevo, 36, 1969, S. 74–80). – R. Lagos, *Inconsciente y ritual en »Coronación« de J. D.* (in Concepción. Acta Literaria, 1, 1975, S. 79–101). – G. J. Castillo-Feliú, *Reflexiones sobre el perspectivismo en »Coronación« de J. D.* (in Hispania 63, 1980, S. 699–705). – *Table ronde: »Coronación« de J. D.* (in *Littérature latino-américaine d'aujourd'hui*, Hg. J. Leenhardt, Paris 1980, S. 212–248).

## EL JARDÍN DE AL LADO

(span.; *Der Garten von nebenan*). Roman von José DONOSO (Chile), erschienen 1981. – Dieser Roman ist das Protokoll einer persönlichen Krise, der Lebens- und Schaffenskrise eines in Spanien lebenden Exil-Chilenen. Julio Méndez sieht sich als Schriftsteller, Ehemann und Vater gescheitert. Er hat einen Roman über seine sechstägige Inhaftierung während des chilenischen Militärputsches geschrieben. Es sollte *der* Roman über den Staatsstreich von 1973 werden, mit dem Méndez in die Riege der lateinamerikanischen Autoren des sogenannten »Boom« aufsteigen wollte. Doch das Manuskript wird von der allmächtigen Verlegerin Núria Monclús aus Barcelona als mittelmäßiger »Schnee von gestern« abgelehnt. Während der Sommermonate, die er mit seiner Frau Gloria in der Villa eines Madrider Freundes verbringt, will Méndez den Roman überarbeiten, verbringt jedoch den Großteil seiner Zeit damit, *»den Garten von nebenan«*, der dem Roman den Titel gibt, und seine aristokratischen Bewohner zu beobachten. Er erscheint ihm als perfekte Idylle, die mit seinem chaotischen Seelenzustand kontrastiert. Der Garten ist eine Metapher mit vielfältiger Bedeutung. In das »Hier und Jetzt« geht die Vorstellung eines »Dort und Damals« des elterlichen Gartens in Santiago de Chile ein. Julio träumt von der Rückkehr zu diesem Haus und Garten. Die Sehnsucht nach dem *»schützenden Uterus«*, den Chile trotz aller bekannter Gefahren für den im Exil Lebenden immer noch darstellt, ist groß. Doch Julio will nicht zurückkehren, ohne Erfolge vorweisen zu können. Seiner Familie gegenüber fühlt er sich als Versager. Der fast erwachsene Sohn Patricio, der sich in Europa Patrick nennt und sein chilenisches Erbe zu verleugnen sucht, hat sich von den Eltern getrennt und führt ein jugendliches Nomadenleben am Rande der Legalität. Während Gloria in Madrid eine durch exzessiven Alkohol- und Tablettenkonsum ausgelöste depressive Krise durchlebt, gelingt es Julio, eine zweite Fassung seines Romans zu schreiben, die jedoch wiederum abgelehnt wird. In seiner Verzweiflung belügt Julio die genesende Gloria und verreist mit ihr nach Marokko. Er möchte seine Identität abstreifen, in die Haut eines anderen schlüpfen, und sei es der geringste und schmutzigste aller Bettler, das Symbol seines Scheiterns. Nach einer Nacht des Umherirrens kehrt er in das gemeinsame Hotelzimmer zurück, um mit Gloria nach Sitges heimzufahren.

Von dieser Wendung der Geschichte erfährt man im letzten Kapitel des Romans, dessen Erzählerin Gloria Méndez ist. Während Julios persönliche Krise ihn zur Aufgabe des Schreibens führt, wandelt sich Glorias Depression in einen Reifungsprozeß, der sie zum Schreiben bringt. Julios Geschichte ist ihr Roman, Julio selbst nur der von ihr eingesetzte Erzähler des Hauptteils, so erfährt man im letzten Kapitel von *El jardín de al lado*. Gloria hat damit nicht *den* Roman unserer Zeit geschrieben, an dem Julio mit seinen überzogenen, gerade auch politischen Ansprüchen scheiterte. Ihre Lösung für die im Roman immer wieder thematisierte Frage nach dem Verhältnis zwischen Literatur und Politik liegt in der Trennung der beiden Bereiche, d. h. in einer Anerkennung der Autonomie des literarischen Diskurses gegenüber dem politischen Handeln. Ihr Roman, der sich der persönlichen Geschichte der Krise zweier Menschen und ihrer Überwindung annimmt, findet Gnade vor den Augen der großen Verlegerin Monclús, die ihn in seiner Authentizität für überzeugend hält.

Mit dem Scheitern eines Schriftstellers und dessen Stellung am Rande einer literarischen Bewegung greift Donoso romanhaft ein Thema wieder auf, mit dem er sich bereits essayistisch in *Historia personal del »boom«* (1972) beschäftigt hatte. Daneben ist *El jardín de al lado* auch die Geschichte einer literarischen Produktion und ihrer Vermarktung, ein bisweilen *»ironischer Kommentar zum Mythos des literarischen Erfolges«* (O. Montero). – Das ganz aktuelle Thema der Rückkehr der Exilchilenen und ihre Eingliederung in die oppositionelle Szene des Landes hat der Autor nach seiner eigenen Rückkehr nach Chile erneut zum Gegenstand eines Romans gemacht. In *La desesperanza*, 1986 *(Die Toteninsel)*, läßt sich der heimkehrende Liedermacher Mañungo Vera als Revolutionsheld feiern, der er niemals war. Anläßlich der Totenwache für Pablo Nerudas Witwe Matilde und deren Beerdigung werden Eitelkeiten, Verletzlichkeiten, persönliche Dramen und die heillose Zerstrittenheit der einzelnen Oppositionsgruppen schonungslos entlarvt. Donoso entwirft dabei ein sehr kritisches Bild der chilenischen Regimegegner und natürlich auch des Lebens unter der Diktatur. E.G.R.

AUSGABE: Barcelona 1981.

LITERATUR: L. Kerr, *Authority in Play: J. D.'s »El jardín de al lado«* (in Criticism, 25, 1983, S. 41 bis 65). – O. Montero, *»El jardín de al lado«: La escritura y el fracaso del éxito* (in RI, 49, 1983, S. 449 bis 467). – M. Escala, *Aspectos de una estética negativa: »El jardín de al lado« de J. D.* (in *Studi di letteratura iberoamericana offerti a G. Bellini*, Hg. M. Cattaneo u. a., Rom 1984, S. 291–299).

## EL LUGAR SIN LÍMITES

(span.; *Ü: Ort ohne Grenzen*). Roman von José DONOSO (Chile), erschienen 1966. – Dieser kurze Roman schildert beispielhaft, wie die Bewohner eines kleinen chilenischen Dorfes in starren, seit jeher festgelegten Verhaltensmustern und dumpfer Hoffnungslosigkeit verharren. Die Aussage einer Romanfigur verdeutlicht diese Haltung: *»Die Dinge, die aufhören, bringen Frieden, und die Dinge, die sich nicht verändern, gehen zu Ende. Sie gehen immer zu Ende. Das Schreckliche ist nur die Hoffnung.«*
Das Dorf an der Bahnstation El Olivo, jener *Ort ohne Grenzen*, geht seinem Verfall entgegen. Don Alejo, Besitzer riesiger Weingüter, hatte das Dorf einst aus dem Boden gestampft und läßt es nun, nachdem jede Hoffnung auf Elektrifizierung oder Anschluß an eine neu erbaute Fernstraße begraben ist, zugrunde gehen. Ihm gehört hier alles, bis auf das Haus der alten Japonesa, ein Bordell, das diese Don Alejo bei einer Wette abgewonnen hat. Seit dem Tod der Japonesa wird das Bordell von ihrer Tochter Japonesita und deren Vater weitergeführt. Dieser, die Hauptfigur des Romans, ist ein Homosexueller, der sich »Manuela« nennt. Im Stil einer Novelle erzählt der Roman eine Begebenheit, die den äußeren Frieden, das dumpfe Dahindämmern der Menschen jäh zerstört. Pancho Vega, ein Lastwagenfahrer, der sich von Don Alejo freigekauft hat, kommt eines Abends in das Bordell von El Olivo, um seine neu gewonnene Unabhängigkeit zu feiern. Er will sich mit Manuela amüsieren. Nach anfänglicher Scheu gibt die *»alte Tunte«*, wie Manuela sich selbst bezeichnet, eine Tanz-Darbietung im verschlissenen Flamencokleid. Auf dem Höhepunkt der Stimmung verläßt Manuela mit dem angetrunkenen Pancho und dessen Freund Octavio das Lokal, um im Bordell der nahegelegenen Stadt weiterzufeiern. Auf dem Weg zum Lastwagen versucht Manuela Pancho zu küssen. Er wehrt sich zunächst nicht, bekommt aber Angst, als Octavio ihn beobachtet und zur Rede stellt. Er bestreitet daraufhin den Kuß, beschimpft und bedroht Manuela. Der Beschuldigte läuft davon, um auf dem Gut Don Alejos Schutz zu suchen. Die beiden Männer holen ihn jedoch auf halbem Wege ein. Die Szene endet in einer Gewalt-Orgie, die wahrscheinlich den Tod des Homosexuellen bedeutet: *»Heiße Münder, heiße Hände, sabbernde und harte Körper verletzten ihn und lachten und beschimpften und wollten zerstören, zerbrechen und zerreißen.«*
José Donoso entwirft hier, wie in anderen seiner Romane und Erzählungen, das Bild einer von Grausamkeit geprägten Welt, die kein Ende und keine Veränderung kennt, eine permanente Hölle, aus der kein Weg herausführt, es sei denn *»in den Wahnsinn, in den Tod oder in noch schrecklichere Bereiche«*. Es ist eine Welt, *»deren Antlitz entstellt und verzerrt ist«* (I. González). Die Eindringlichkeit, Dichte und Prägnanz dieses Kurzromans machen ihn zu einem Meisterwerk des chilenischen Autors, das auch zum Verständnis der lateinamerikanischen *violencia* beiträgt. E.G.R.

AUSGABEN: Barcelona 1966. – Barcelona 1977. – Barcelona 1979; [3]1985.

ÜBERSETZUNG: *Ort ohne Grenzen*, H. Adler, Düsseldorf 1976. – Dass., dies., Ffm. 1979 (st).

LITERATUR: V. G. Aguera, *Mito y realidad en »El lugar sin límites« de J. D.* (in Explicación de textos literarios, 4, 1975/76, S. 69–74). – F. Moreno Turner, *La inversión como norma: a propósito de »El lugar sin límites«* (in *Bibliothekswelt u. Kulturgeschichte*, Hg. P. Schweigler, Mchn. 1977, S. 73–100). – I. González, *J. D.* (in Eitel, S. 225–235). – H. R. Morell-Chardon, *Estética expresionista en »El lugar sin límites« de J. D.*, Diss. Univ. of Wisconsin 1979 (vgl. Diss. Abstracts, 40, 1979/80, S. 3334A). – Dies., *Visión temporal en »El lugar sin límites«: Circularidad narrativa, teatralidad cíclica* (in Explicación de textos literarios, 11, 1982/83, S. 29–39).

## EL OBSCENO PÁJARO DE LA NOCHE

(span.; *Ü: Der obszöne Vogel der Nacht*). Roman von José DONOSO (Chile), erschienen 1970. – Schauplatz des Romans ist das »Haus für Geistige Exerzitien der Inkarnation von Chimba«. Das ehemalige Kloster, das sich seit Generationen im Besitz der Familie Azcoitía befindet, soll abgerissen werden. Es beherbergt vierzig alte Frauen, frühere Hausangestellte der reichen Familien am Ort, und fünf Waisenmädchen. Erzähler des Geschehens ist der gebrechliche alte Hausmeister Mudito (der Stumme), dessen verschiedene Identitäten oder Metamorphosen sich dem Leser erst allmählich enthüllen. Humberto Peñaloza, so sein wirklicher Name, ist ein in all seinen Ambitionen und Wünschen Gescheiterter, der abwechselnd von Gefühlen absoluter Ohnmacht und grandioser Allmacht heimgesucht wird. Aus dem sozialen Nichts kommend, nimmt er nach ersten erfolglosen schriftstellerischen Versuchen als junger Mann eine Stelle als Sekretär bei dem reichen Grundbesitzer Don Jerónimo de Azcoitía an und erlebt das Herr-Diener-Verhältnis als Ausbeutung seiner gesamten Person. Als Don Jerónimos Ehe kinderlos bleibt, muß der Diener sogar zur Zeugung des Erben herhalten, vermag nach diesem erneuten Akt der Demütigung aber nicht mehr zu entscheiden, ob er nun bei Jerónimos begehrenswerter Frau Inés oder deren Amme, einer abstoßenden Alten, die im Ruf einer Hexe steht, gelegen hat.

Das Kind, das aus dieser mysteriösen Verbindung geboren wird, ist ein Monster. In einem abgelegenen Landgut wird es von anderen Mißgestalteten großgezogen. Humberto Peñaloza, der die Chronik der Welt Boys, des letzten Erben der Azcoitía, schreiben soll, verkörpert als einzig normales Wesen das Anomale unter den »Freaks« bis zu dem Tag, als er von Boys Arzt durch mehrere Operationen verstümmelt und entstellt wird. Aus Humberto wird der Krüppel Mudito. Er weiß, er wird *»niemals mehr eine Person sein ..., nur ein Kulturboden für Stücke anderer Personen«* und flieht ins Haus der Inkarnation von Chimba, um vor Don Jerónimo und seiner Familie sicher zu sein. Eingebunden in die reale Familiengeschichte der Azcoitía und unentwirrbar mit ihr verquickt ist die Legende von Inés, der Tochter des Familiengründers, die angeblich als Hexe, die nachts mit ihrer greisen Amme magische Praktiken vollzog, Not und Elend über den ganzen Landstrich brachte und deshalb von ihrem Vater in dem eigens dafür errichteten Haus der Inkarnation von Chimba für immer verwahrt wurde. In der Erzählung verschmilzt die Zauberin mit einer Inés de Azcoitía, die in demselben Kloster Wunder getan haben soll, zu einer Person, und auch deren Amme Peta Ponce ist gewissermaßen eine Reinkarnation der ersten Hexen-Amme.

Als Jéronimos Frau Inés nach erfolglosen Verhandlungen über die Seligsprechung ihrer Vorfahrin aus Rom zurückkehrt, legt sie ein Armutsgelübde ab und zieht in das ehemalige Kloster. Verwahrlost wie die anderen Alten und geistig wirr, läßt sie sich schließlich als heilige Inés verehren und wird in eine Anstalt verbracht. Auch Jerónimos Ende ist dramatisch. Als er das Interesse an den Monstern verliert und ihre Welt zerstören will, rebellieren diese gegen ihren Schöpfer und treiben ihn schließlich in den Tod. Mudito wird von den alten Frauen im Asyl zunächst als Puppe, dann als das Neugeborene des schwangeren Waisenmädchens Iris Mateluna verwendet, auf deren angeblich unbefleckt empfangenes Kind die Alten wie auf den Messias warten. Am Ende nähen sie ihn in mehrere Säcke ein, damit niemand ihnen das Kind stehlen kann. So bleibt er zurück, als alle Bewohnerinnen das Haus verlassen und erwartet die einstürzenden Mauern beim Abbruch des ehemaligen Klosters. Damit findet das Verschwimmen der Identitäten, das Auflösen und Verflüchtigen individueller Konturen – eines der Hauptmotive, die das Romangeschehen bestimmen – einen schauerlichen Höhepunkt. Humberto/Mudito verwandelt sich in einen *imbunche*, ein Wesen der chilenischen Volksmythologie, dem alle Körperöffnungen zugenäht werden und das so zu einem Werkzeug und willenlosen Instrument der Hexen und Zauberer gemacht wird. In der Welt des Grauens, die Donoso in diesem Roman entwirft, ist dies das Sinnbild des Ausgeliefertseins eines hilflosen, vergewaltigten Objektes an fremde Mächte und Individuen. E.G.R.

AUSGABEN: Barcelona 1970. – Barcelona 1979. – Barcelona 1985.

ÜBERSETZUNG: *Der obszöne Vogel der Nacht*, H. Adler, Düsseldorf 1975.

LITERATUR: J. A. Pujals, *El bosque indomado, donde chilla el obsceno pájaro de la noche: Un estudio sobre la novela de D.*, Miami 1981. – M. del C. Cerezo, *»El obsceno pájaro de la noche«, Ejercicio creacional*, Diss. Univ. of Toronto 1984 (vgl. Diss. Abstracts, 45, 1985, S. 2539/2540A). – P. Swanson, *Binary Elements in »El obsceno pájaro de la noche«* (in REH, 19, 1985, S. 101–116). – P. Bacarisse, *»El obsceno pájaro de la noche«: The Novelist as Victim* (in MLR, 81, 1986, S. 82–96). – J. Martínez-Tolentino, *La familia como fuente de todo mal en »El obsceno pájaro de la noche«* (in Revista de crítica literaria latinoamericana, 11, 1986, S. 73–79).

## JUAN DONOSO CORTÉS

eig. Juan de la Salud Donoso Cortés, Marqués de Valdegamas

* 6.5.1809 Valle de la Serena bei Badajoz
† 3.5.1853 Paris

### ENSAYO SOBRE EL CATOLICISMO, EL LIBERALISMO Y EL SOCIALISMO CONSIDERADOS EN SUS PRINCIPIOS FUNDAMENTALES

(span.; *Essay über den Katholizismus, den Liberalismus und den Sozialismus unter Berücksichtigung ihrer Grundprinzipien*). Geschichtsphilosophischer Essay von Juan DONOSO CORTÉS, erschienen 1851. – Wie in Spanien der Philosoph Jaime BALMES (1810–1848) gegen den englischen Sozialisten Robert OWEN (1771–1858) polemisierte und in Frankreich Joseph de MAISTRE (1753–1821) und der Vicomte de BONALD (1754–1840) versuchten, den Absolutismus und die feudale Gesellschaftsordnung zu rechtfertigen, so kämpfte auch der spanische Staatsmann Donoso Cortés, der mit Fürst Metternich freundschaftlich verkehrte, auf der Seite der Restauration gegen die revolutionären Ideologien.

Als konservativer katholischer Dogmatiker stützt er die Polemik gegen die rationalistischen Tendenzen der Zeit auf die Theologie, die für ihn *»der Ozean ist, der alle Wissenschaften enthält und umfaßt«*. Die rationalistische Grundhaltung des Liberalismus und damit seine Indifferenz gegenüber der Theologie verurteilen ihn zu geschichtlicher Unfruchtbarkeit, während der Sozialismus, der auf seine Art versucht, das Universum einem System unterzuordnen, der eigentliche, ernsthafte Gegner des Katholizismus ist. Donoso Cortés sieht in dem französischen Sozialrevolutionär Pierre-Joseph PROUDHON (1809–1865) seinen Hauptwidersa-

cher, dessen Ideen er mit allen Mitteln zu widerlegen und als absurd hinzustellen trachtet, um ihn schließlich als Personifikation schlechthin aller ketzerischen Systeme, die von der Reformation ihren Ausgang nahmen, zu verdammen: »*... er ist die Konsequenz aller verschrobenen Ideen, aller widersprüchlichen Prinzipien, aller absurden Prämissen, die der moderne Rationalismus seit drei Jahrhunderten bis heute aufgestellt hat.*«
Der Kern der Problematik liegt für Donoso in der unterschiedlichen Auffassung vom Bösen. Der Katholizismus lehrt, daß jeder Mensch der Erbsünde unterliegt, daß dadurch aber gleichzeitig die Gottes Allmacht beweisende menschliche Willensfreiheit garantiert wird: da Gott barmherzig und gerecht ist, erkennt der Mensch mit dem Bösen oder der Sünde zugleich auch Gott an, und es ist seiner Wahl überlassen, sich dem Bösen zuzuwenden und sich damit Gottes Gerechtigkeit zu überantworten oder es zu unterdrücken und somit Gottes Gnade zu genießen. Der Sozialismus jedoch, der das Böse nicht im Menschen, sondern in der Gesellschaft sucht, negiert eben dadurch die Willensfreiheit des Menschen, »*die man nicht begreifen kann ohne die Sünde oder wenigsten, ohne daß man der menschlichen Natur die Fähigkeit zugesteht, ihre Unschuld in Sündhaftigkeit zu verwandeln. Mit der Negation der Freiheit wird wiederum die Verantwortlichkeit des Menschen negiert. Die Negation der Verantwortlichkeit bringt ihrerseits die Negation der Strafe mit sich. Wird diese negiert, so ergibt sich daraus einerseits die Negation der göttlichen Weltregierung, andererseits die Negation der menschlichen Regierungen. Die Negation der Sünde führt also schließlich ... zum Nihilismus.*« Die Konsequenzen dieser, wie Donoso sie nennt, »*satanischen Theologie*« erstrecken sich seiner Ansicht nach von der Abschaffung der Todesstrafe bis zur völligen Anarchie, von der Ausrottung der Tugend bis zum völligen Chaos. Diese Gefahr kann nur durch die katholische Kirche gebannt werden, und der Menschheit ist es anheimgestellt, sich kraft des Glaubens an ihre Dogmen zu retten und in Christus den Beweis für Gottes allumfassende Liebe zu erkennen.
Der umfangreiche Essay entfesselte eine weltweite Diskussion und wurde bald in viele Sprachen übersetzt. Die liberalen Katholiken versuchten, sich von der maßlosen Härte der Streitschrift zu distanzieren. So erhob Gaduel, der Generalvikar des Bischofs von Orleans, schwere Vorwürfe gegen einige Punkte, in denen der Autor die Lehrmeinungen der Kirche verfälscht wiedergegeben habe. Gegen Gaduels Angriffe wurde das Werk in der von den Jesuiten herausgegebenen römischen Zeitschrift ›La Civiltà Cattolica‹ verteidigt. Weiter wurde kritisiert, daß Donoso geschichtliche Fakten verfälscht habe, um argumentieren zu können, daß z. B. Richelieu und Alberoni deshalb gute Staatsmänner gewesen seien, weil sie sich ebenso als große Theologen hervorgetan hätten. – Der Stil des Werks verrät weniger die philosophische Bildung – die Beweisführung ist die der mittelalterlichen Scholastik – als das demagogische Rednertalent des Autors. Mit Hohn und Spott werden die unlogischen Argumente der Sozialisten angegriffen, mit poetischer Emphase wird die Schönheit einer gotischen Kirche beschrieben. Die Deduktionsketten und die Tautologien der Schlußfolgerungen sollen schließlich, wie in einem Schauprozeß der Inquisition, den vom Teufel besessenen Häretiker zermürben und zu Umkehr und Buße bewegen. D.R.

AUSGABEN: Madrid 1851. – Madrid 1946 (in *Obras completas*, 2 Bde., 2; BAC, 13; ern. 1970). – Madrid 1978, Hg. J. V. Selma. – Barcelona 1985, Hg. J. L. Gómez.

ÜBERSETZUNGEN: *Versuch über den Katholizismus, den Liberalismus und Socialismus*, C. B. Reiching, Tübingen 1854. – *Der Staat Gottes*, L. Fischer, Karlsruhe 1933; Nachdr. Darmstadt 1966.

LITERATUR: E. Schramm, *D. C. Leben und Werk eines spanischen Antiliberalen*, Hbg. 1935. – A. Dempf, *Christliche Staatsphilosophie in Spanien*, Salzburg 1937. – P. Leturia, *Previsión y refutación del ateísmo comunista en los últimos escritos de J. D. C., 1848–1853* (in Greg, 18, 1937). – D. Westermeyer, *D. C., Staatsmann und Theologe*, Münster 1940. – F. Aragues Pérez, *D. C., liberalismo y estado católico* (in Universidad, 18, 1941, S. 25–40; 189–210). – D. del Corral, *El liberalismo doctrinario*, Madrid 1945. – C. Schmitt, *D. C. in gesamteuropäischer Interpretation. Vier Aufsätze*, Köln 1950. – D. Sevilla Andrés, *Polémica española sobre el »Ensayo« de D. C.* (in Anales de la Universidad de Valencia, 25, 1951/52, S. 87–122). – S. Galindo Herrero, *D. C. en la última etapa de su vida* (in Arbor, 25, 1952, S. 1–17). – J. Chaix-Ruy, *D. C., théologien de l'histoire et prophète*, Paris 1956. – S. Galindo Herrero, *D. C. y su teoría política*, Badajoz 1957. – J. Ruiz Giménez, *Balmes y el sentido de la libertad* (in Revista de Estudios Políticos, 1961, Nr. 120, S. 13–54). – F. Suárez, *Introducción a D. C.*, Madrid 1964. – J. Th. Graham, *D. C. Utopian Romanticist and Political Realist*, Columbia/Mo. 1974 [m. Bibliogr.]. – B. Perrini, *D. C. La concezione della storia e la sua polemica con i liberali e i socialisti*, Mailand 1980. – J. M. Beneyto, *Apokalypse der Moderne. Die Diktaturtheorie von D. C.*, Stg. 1988.

## AAGE DONS

* 19.8.1903 Svanholm

### SOLDATERBRØNDEN

(dän.; *Der Soldatenbrunnen*). Roman von Aage DONS, erschienen 1936. – Anna, von einem wohlhabenden, aber äußerst sparsamen und streng religiösen Fräulein in einer Kleinstadt aufgezogen, findet in Kopenhagen zwar eine gute Stellung, jedoch keine Freunde. Nach Monaten der Einsamkeit wird sie eine leichte Beute des galanten Nichtstuers Fred; sie opfert ihm ihre Unberührtheit und ihr Sparbuch, und schließlich veruntreut sie sogar noch Gelder der Firma, in der sie arbeitet. Fred indessen verläßt sie. Als wenig später Annas schwerfälliger und von ihr im Grunde verabscheuter Jugendfreund Martin auftaucht, gesteht sie diesem alles, und da er bereit ist, ihre noch nicht entdeckten ansehnlichen Schulden zu decken, folgt sie ihm auf sein Gut nach Litauen.

Dieses Gut ist der Schauplatz des Romans. Am »Soldatenbrunnen« verträumt Anna, in Erwartung der Erbschaft, die ihr eine Scheidung ermöglichen soll, ihre Tage. Die Pflegemutter stirbt, aber Martin ist als Verwalter des Erbes eingesetzt, und Anna muß an der Seite des zuckerkranken Mannes, der weder Liebe noch Begierde in ihr zu wecken vermag, ausharren. Die jahrelang ertragene Frustration bewirkt, daß Fred sie ein zweites Mal verführen kann, als sie ihn zufällig in einer litauischen Stadt wiedertrifft. Nach ihrer Rückkehr findet Martin sie verändert, strahlender, und in einem Anfall von schwelender Eifersucht wirft er einen an Anna adressierten Brief ungelesen in den Brunnen. Kurz darauf braucht Martin wegen einer Infektion eine Injektion, und Anna gibt ihm bewußt eine falsche, tödliche. Das Verbrechen wird zwar nicht entdeckt, doch Anna bereut ihre Tat und beginnt endlich, ihren Geliebten und sich selbst zu durchschauen: Sie überwindet ihre Triebhaftigkeit, trennt sich endgültig von Fred und entschließt sich zu einer tätigen Buße.

In diesem seinem zweiten Roman entfaltete Dons bereits das ganze reiche Register seiner stilistischen Möglichkeiten und fand in dem sorgfältig gefügten Mosaik von Gegenwärtigem und Vergangenem die seinen meist düsteren psychologischen Studien adäquate Form. Die exakte Vorbereitung aller Details der durchaus dramatischen Ereignisse und die Logik, die alle Handlungen Annas bestimmt, machen das Werk, das heute als das bedeutendste des Verfassers gilt, zu einem psychologischen Roman von mustergültiger Geschlossenheit und lassen es über den naturalistischen Pessimismus hinauswachsen, der immer wieder als Dons' Ausgangspunkt bezeichnet wird: Anna tut an keiner Stelle etwas, wozu Martin im Prinzip nicht ebenfalls imstande wäre, nur tut sie es kälter und mit größerer Überlegung. Sogar der Mord an Martin ist in diesem Sinne von langer Hand vorbereitet: Martin hatte sich einst mit einem offenen Messer auf Anna stürzen wollen, war jedoch im letzten Augenblick daran gehindert worden. – Frei von politischer, religiöser oder sozialer Tendenz, ist das Buch ganz sachlich und objektiv geschrieben. Die litauische Landschaft, deren Darstellung in *Soldaterbrønden* viel gerühmt worden ist, war dem Autor von monatelangen Aufenthalten her so vertraut, daß sie als atmosphärischer Hintergrund das Geschehen mitbestimmt. M.M.M.

Ausgaben: Kopenhagen 1936. – Kopenhagen 1963. – Kopenhagen 1967.

Verfilmung: *Synd*, Schweden 1948 (Regie: A. Sjöstrand).

Literatur: *Dansk biografisk leksikon*, Hg. Sv. Cedergreen Bech, 16 Bde., 4, Kopenhagen 1979 bis 1984, S. 14/15. – Chr. Kampmann, *Isolerede tilfælde* (in *Tilbageblik paa 30'erne*, Hg. H. Hertel, Bd. 2, Kopenhagen [2]1981, S. 110–117). – *Danske digtere i det 20. århundrede*, Hg. T. Brostrom u. M. Winge, 5 Bde., 3, Kopenhagen 1980–1982, S. 147–159.

## A. den Doolaard

d.i. Cornelis Spoelstra

* 7.2.1901 Zwolle

### DE DRUIVENPLUKKERS

(ndl.; *Die Traubenpflücker*). Roman von A. den Doolaard, erschienen 1931. – Den Doolaards erstes Prosawerk ist während einer Reise durch vier europäische Länder entstanden. Es erzählt von Vladja Jurgov, einem in Frankreich lebenden slovakischen Arbeiter, und seiner Freundschaft zu André *»mit dem wüsten Auge«*, einem ehemaligen Zuchthäusler, der eine Art primitiver Kohlhaas ist. Auf der Suche nach dem »Fuchskopf« Henri, der Andrés Frau entführt hat, verdingen sich die beiden zur Weinlese in der südfranzösischen Camargue. Dort begegnet André dem steinalten Marquis de Saporta, der sich als Vater jenes Schürzenjägers entpuppt, dem André seine Zuchthausstrafe verdankt. Saporta zerbricht an der Wahrheit über seinen schon vor Jahren verstorbenen Sohn, für den er stets Achtung empfunden hat. André, dessen Rachedurst sich unter Vladjas Einfluß bereits abgekühlt hat, fühlt sich durch die Reaktion des Marquis in seinem eigenen Gerechtigkeitsfanatismus bestätigt: *»Es geht ums Recht; um die Strafe für einen Diebstahl, um den sich das Gesetz nicht kümmert.«* Er spürt Henri auf, bringt ihn um und wird dafür in Toulon zum Tode verurteilt und erschossen. Vladja dagegen – seiner slovakischen Heimat inzwischen zu sehr entfremdet – will auf dem Weingut Saportas ansässig werden: *»Überall, wo Arbeit war und Brot und ehrlicher Schweiß und sengende Sonne und eine Frau, die dich liebt, da war Leben.«*

Der in seiner Thematik geschlossen wirkende Roman weist gewisse tektonische Schwächen auf: der Autor konnte seine ausgeprägte Neigung zum Psychologisieren nicht mit seiner Fabulierkunst in Einklang bringen: so haben die popularphilosophischen Sentenzen der Hauptpersonen keinerlei ideelle Verbindung zu dem treffsicher gezeichneten Milieu. In der Gestaltung Andrés und des Marquis wird den Doolaards Hang zu selbstquälerischer Grübelei und übersteigerten Emotionen allzu spürbar; glaubhaft ist lediglich die Figur des maßvollen Vladja, dessen Erinnerungen an die Heimat nicht nur ihm selbst, sondern wie eine Art Leitmotiv auch der etwas dissonanten Handlung Halt geben. W.Sch.

AUSGABEN: Amsterdam 1931. – Amsterdam 1957.

LITERATUR: J. Florquin, *A. den D.* (in J. F., *Ten huize van... 9*, Brügge 1973, S. 87–136). – G. H.'s Gravezande, *A. den D.* (in G. H.'s G., *Al pratende met...*, Den Haag 1980, S. 135–144). – H. van de Waarsenburg, *A. den D.: Gesprekken over zijn leven en werk*, Amsterdam 1982.

## ROLAND DORGELÈS

eig. Roland Lecavelé

* 15.6.1886 Amiens
† 18.3.1973 Paris

### LES CROIX DE BOIS

(frz.; *Ü: Die hölzernen Kreuze*). Kriegsroman von Roland DORGELÈS, erschienen 1919. – Dem Erzähler Jacques Larcher – durch den der Autor selbst spricht – kommt es weniger auf die Schilderung von Kriegserlebnissen an als vielmehr auf eine Analyse des Krieges selbst, seiner unmittelbaren und sekundären psychologischen Wirkungen auf alle Beteiligten und Betroffenen. Im Vordergrund des Berichts stehen der Bataillonskommandeur Sulphart, der Typ des geborenen Soldaten, für den der Krieg eine Feuerprobe persönlicher Bewährung ist, und der Jurastudent Gilbert Demachy, der mit scharfem Blick den heroischen Wahn durchschaut, sich jedoch ohne Illusionen freiwillig gestellt hat. Trotz der Verschiedenheit ihrer Herkunft und ihrer Anschauungen schätzt einer des anderen menschliche Qualitäten, und beide verbindet bald eine enge Freundschaft. Der langsame, verlustreiche Vormarsch der Kompanie endet »siegreich« in einem ungeheuren Blutbad, in dem Gilbert den Tod findet und Sulphart schwer verwundet wird. Nichts bleibt als die Erinnerung an einen mit ungeheuren Verlusten an Menschenleben erkauften Sieg.
Die Beschreibung des Lebens in den Schützengräben, des Vormarsches und der Schlachten ist, bei aller Eindringlichkeit, nicht Selbstzweck. Sie dient dazu, die wirklichen spontanen Reaktionen der Menschen angesichts fremden oder eigenen Leidens und Sterbens zu enthüllen, die eigentlichen Motive ihres Handelns, die wahre Einstellung des Soldaten zum Krieg, zum Feind, zu seinen eigenen Landsleuten ans Licht zu bringen, kurz, die Wirklichkeit des Krieges hinter der Fassade heroischer Legenden und zweckbestimmter Presseberichte zu zeigen. Diese Wirklichkeit heißt für Dorgelès: Barbarei, Schmutz und Zerstörung, seelische Abstumpfung, die sich gegen das Leiden des anderen verhärtet, morbider Zynismus, der die Tragödie zur geschmacklosen Farce macht, geistiger Tod und, grausam, doch lebensnotwenig, schnelles Vergessen oder Verdrängen der Kriegserlebnisse, die im normalen Leben nur noch als eine Erinnerung unter anderen weiterbestehen, kaum länger als die schlichten Holzkreuze am Rande der Schlachtfelder. – Dorgelès' dunkles Bild des Krieges hat nicht nur künstlerischen Rang; es gibt der Sehnsucht des Menschen nach humaneren Lebensformen machtvoll Ausdruck. J.H.K.

AUSGABEN: Paris 1919. – Paris 1962, Hg. H. de Montherlant. – Paris 1964 [m. Vorw. des Autors].

ÜBERSETZUNG: *Die hölzernen Kreuze*, T. Kellen u. E. Wittek, Luzern 1930.

VERFILMUNG: Frankreich 1931 (Regie: Raymond Bernard).

LITERATUR: M. Azaïs, *Le chemin des Gardies, essais critiques*, Paris 1926. – A. Dubeux, *R. D.*, Paris 1930. – R. Dorgelès, *»Les croix de bois«* (in Historia, 25, Paris 1959, S. 392–397). – Y. Gandon, *D. ou Le style oral* (in Y. G., *Le démon du style*, Paris 1960, S. 179–187). – H. Bazin, *Les noces d'or des »Croix de bois«* (in NL, Nr. 2167). – Les amis de D., Paris 1974 ff. [Zs.]. – J. Flower, *The Soldier's Stage* (in *The First World War in Fiction*, Hg. H. Klein, Ldn. 1976). – J. Meyer, *»Les croix de bois«* (in RDM, Jan./März 1977, S. 67–80). – *R. D.*, Hg. F. Bertrand Py, Paris 1978. – M. Dupray, *L'empreinte des »Croix de bois«* (in Les amis de D., April 1979, Nr. 11). – *Colloque R. D.*, Paris 1980. – J. Despert, *A propos des »Croix de bois«* (in Les amis de D., April 1984, Nr. 21, S. 12). – M. Dupray, *D., un siècle de la vie littéraire française*, Paris 1986.

## EFIM JAKOVLEVIČ DOROŠ

d.i. Efim Jakovlevič Gol'berg

* 25.12.1908 Elizavetgrad / Gouvernement Cherson
† 20.8.1972 Moskau

LITERATUR ZUM AUTOR:
M. Kuźmin, *Reportaż literacki J. D.* (in Slavia Orientalis, 1973, 22, S. 47–55). – G. Žekulin,

*E. D.* (in *Russian and Slavic Literature*, Hg. R. Freeborn u. a., Cambridge/Mass. 1976, S. 425–448).

## RAJGOROD V FEVRALE

(russ.; *Eine Bezirksstadt im Februar*). Erzählung von Efim Ja. DOROŠ, erschienen 1962. – Die Skizze des talentierten Schriftstellers, eine der (1958 ff. in der Zeitschrift ›Novyj mir‹ veröffentlichten) Fortsetzungen seines in dem Sammelband *Literaturnaja Moskva*, 1956 *(Literarisches Moskau)*, publizierten Erstlingswerks *Derevenskij dnevnik (Ländliches Tagebuch)*, hat keinen zentralen Helden. In ungezwungenem Erzählton werden Szenen und Motive des sowjetischen Landalltags, verbunden durch den identischen sozialen Hintergrund und die Gestalt des Beobachters, aneinandergereiht. Ein Außenstehender, zeichnet der Ich-Erzähler – Korrespondent einer Zeitung oder in vergleichbarer Funktion – engagiert, mit Wärme und Sympathie, doch objektiv das Bild einer sowjetischen Provinzstadt mit ihren unverwechselbaren Gestalten. Das Kompositionsprinzip der nivellierenden Detailreihung verleiht allen Beobachtungen hinsichtlich ihrer gesellschaftlichen Bedeutsamkeit gleiches Gewicht. Charaktere, Schicksale und Ereignisse fügen sich zu einem nachhaltigen Eindruck des in revolutionärer Umformung begriffenen dörflichen Lebens in seiner vollen ökonomischen und sozialen Problematik. Fremd sind dieser Erzählung die *»allgemeinen, gewaltigen Kategorien«* (B. Bode) der zwischen 1945 und 1953 üblichen schönfärberischen Landwirtschaftsromane angesehener Stalinpreisträger wie NIKOLAEVA, BABAEVSKIJ, MAL'CEV, MEDYNSKIJ u. a. Sie erfüllt – ein Jahr vor F. ABRAMOVS exemplarischen Dorfskizzen *Vokrug da okolo (Rund ums Dorf)* erschienen sowie thematisch und formal mit V. OVEČKINS meisterlichen ländlichen Skizzen verbunden – eher die Forderung nach einer Dorferzählung *»jenseits von Utopia und Paysanismus«* (H. v. Ssachno), die V. POMERANCEV und derselbe Abramov in ihren unmittelbar nach Stalins Tod erschienenen literaturkritischen Aufsätzen erhoben haben. Dabei gilt ihre Aufmerksamkeit weniger den weitreichenden Entwicklungsperspektiven der sowjetischen Landwirtschaft, als dem scheinbar zufälligen, doch unvergleichlich aussagekräftigeren Detail, in dem der Fortschritt des sozialistischen Aufbaus für das geübte Auge seinen unmittelbaren Niederschlag findet. Die Schicksale der Protagonisten reichen aus der Gegenwart zurück in die stalinistische Vergangenheit, in die ersten nachrevolutionären Jahre, ja in die Zeit der zaristischen Unterdrückung.

Die in ihrer Gegensätzlichkeit komplementären Figuren bilden ihrer sozialen Stellung gemäß drei Gruppen: Die Kolchoswirtschaft vertreten der achtungsgebietende Vorsitzende Ivan Fedoseevič, der seine auf praktische Erfahrung gestützten Fähigkeiten zur Leitung des landwirtschaftlichen Produktionsprozesses mit einer kundigen Liebe zur russischen Literatur vereinigt, die 23jährige Kolchosarbeiterin Son'ka, die, von ihrem Geliebten verlassen und Mutter eines unehelichen Kindes, mit ungebrochener Energie ihre Familie unterhält, sowie die aufgeschlossene Natal'ja Kuz'minišna, die unmittelbaren Anteil an dem Schicksal ihres Kolchos nimmt, obwohl die Bauern einst ihren Mann als *kulak* (Großbauer) verleumdet und zum Selbstmord getrieben haben. Städtischer, bürgerlicher wirken die Träger des provinziellen Kulturlebens um den Architekten Sergej Semënovič, den Restaurator des Stadtkreml', und die Familie des feinsinnigen Lehrers Zjablikov. Über den beiden Gruppen steht das Gebietskomitee der KPdSU, dem die Erzählung ein weniger günstiges Zeugnis ausstellt: Vasilij Vasil'evič, der Sekretär des Rajkom, hat sich noch nicht von dem bürokratischen Dirigismus der Zeit des Personenkults zu lösen vermocht; über den Kopf der erfahreneren Kolchosarbeiter hinweg setzt er seine weniger von dem Gedanken an die Sache als von der Sorge um die eigene Autorität getragenen Anordnungen durch. Gegen die von dem Gebietssekretär vertretenen Administrationsformen und ihre negativen sozioökonomischen Auswirkungen richtet sich die wesentliche Argumentation der Erzählung, ihr Plädoyer für das Vertrauen in die Mündigkeit und die Eigeninitiative der in der sowjetischen Landwirtschaft Tätigen. Doroš' ländliche Chronik *»ist das demokratischste literarische Werk, daß Rußland heute besitzt, weil es gleichsam ›von unten‹, vom Leben, von der atmenden Substanz her und damit in Kontraststellung, wenn auch nicht in Gegnerschaft zur Partei die verschwiegenen Seiten des russischen Lebens auf dem Niveau der besten künstlerischen Prosa beleuchtet«* (Ssachno). Gliedernde Funktion haben die das Werk durchziehenden Naturschilderungen, deren Bezug auf die bekannte Tauwettersymbolik der nachstalinistischen Literatur offen bleibt. KLL

AUSGABE: Moskau 1962 (in Novyj mir, Nr. 10).

LITERATUR: B. Bode, *Sowjetliteratur 1962/63, Tl. 1* (in Osteuropa, 1963, Nr. 13). – H. v. Ssachno, *Der Aufstand der Person*, Bln. 1965).

## TANKRED DORST

* 19.12.1925 Sonneberg / Thüringen

LITERATUR ZUM AUTOR:
S. Onderdelinden, *Fiktion und Dokument. Zum Dokumentarischen Drama* (in Amsterdamer Beiträge zur neueren Germanistik, 1972, S. 173–206). – *Werkbuch über T. D.*, Hg. H. Laube, Ffm. 1974 (es). – K. Prümm, *Das Buch nach dem Film. Aktuelle Tendenzen des multimedialen Schreibens bei T. D. und Heinar*

*Kipphardt* (in *Li-Li 10. Fernsehforschung-Fernsehkritik*, Hg. H. Kreuzer, Göttingen 1979). – B. C. Sucher, *Ein Film das ist eine Erzählung mit neuen Zeichen. Ergebnisse eines Gespräches mit dem Buch- und Filmautor T. D.* (in Der Deutschunterricht, 1981, H. 4, S. 76–82). – W. Hinck, *Reden an die Mauern der Geschichte. Dorst wird 60* (in FAZ, 19. 12. 1985). – P. Bekes, *T. D.* (in KLG, 24. Nlg., 1986).

## AUF DEM CHIMBORAZO

Komödie von Tankred DORST, unter Mitarbeit von Ursula Ehler; Uraufführung: Berlin, 23. 1. 1975, Schloßpark-Theater. – Das Stück, 1974 bereits als Hörspiel vom Bayerischen Rundfunk gesendet, gehört zu Dorsts Versuch, deutsche Zeitgeschichte aus der Perspektive von Familiengeschichten nachzuzeichnen; dazu zählen auch die Theaterstücke *Die Villa* (1980) und *Heinrich oder Die Schmerzen der Phantasie* (1985), in denen die Situation der Familie Merz in der Nachkriegszeit sowie der Krieg aus der Sicht des Gymnasiasten Heinrich Merz geschildert werden, sowie die Filme *Dorothea Merz* (1976) und *Klaras Mutter* (1978). Nicht die Wandlung der historischen Situation findet das Interesse von Dorst, sondern das sich wandelnde Selbstbild seiner Figuren unter dem Eindruck der sich ändernden Umstände ihres Lebens: *»Menschen haben eine bestimmte Vorstellung davon, wie Leben sein muß, wie man leben soll; sie haben eine Utopie, und diese Utopie bringt sie in Schwierigkeiten mit der Realität, in der sie leben müssen.«*

Mit dem Chimborazo ist nicht der höchste Berg der Kordilleren in Ecuador gemeint, sondern ein Höhenzug unbekannten Namens an der bundesdeutschen Grenze zur DDR, der von Dorothea Merz, ihren Söhnen Tilman und Heinrich sowie zwei Begleiterinnen bestiegen wird, um Verwandte und Bekannte *»drüben«* zu grüßen. Schon während des Aufstiegs kommt es zwischen der Mutter und ihren Söhnen zu kleineren Auseinandersetzungen, die sich auf dem Gipfel fortsetzen und sich schließlich zu einer Abrechnung mit den Lebenslügen der Familie ausweiten. Dorothea, die sich nach dem Krieg in bescheidenen Verhältnissen einrichten mußte, lebt immer noch in verklärender Erinnerung an das großbürgerliche Leben der Vorkriegszeit und verdrängt in ihrem Egozentrismus das Scheitern ihrer Kinder im Westen. Der schwächliche Tilman hat es nur zum kleinen Angestellten beim TÜV gebracht, der im Studium gescheiterte Heinrich arbeitet als Hilfskraft in der Universitätsbibliothek und ist zum Zyniker geworden, während sich Tilman weiterhin von seiner Mutter bevormunden läßt. Dorotheas Projektionen, Hoffnungen und ungebrochene Ansprüche haben sich zu einer fast undurchdringlichen Lebenslüge verdichtet, die Heinrich behutsam, aber beharrlich während des Spaziergangs zerstört.

Dorst ist mit *Auf dem Chimborazo* eine melancholische Komödie gelungen, die ohne heftige Zerwürfnisse und Selbstanklagen, ohne dramatische Steigerungen auskommt; ein Konversationsstück, das in seinen Dialogen indirekt die Verdrängungen der bundesdeutschen Geschichte auf einer sehr privaten Ebene aufzeigt: *»Die Form der Revue, zum Beispiel beim ›Toller‹, machte es möglich, sehr viele verschiedene Aspekte und Facetten einer historischen Realität zu zeigen, anzureißen, während die realistische, enge Form von ›Eiszeit‹ dem widerborstigen, starren Charakter der Figur des Alten mehr entspricht. Und die Intimität des ›Chimborazo‹-Stücks entspricht der Intimität der Konflikte, die hier aufgerissen werden. Mir ist es wichtig, die Realität der Personen nicht einer dramaturgischen Konstruktion zu opfern ... das Stück sollte sozusagen die Dramaturgie eines Spaziergangs haben.«* R.Di.-KLL

AUSGABEN: Ffm. 1974. – Ffm. 1975 (in *Spectaculum*, Bd. 22). – Ffm. 1985 (in *Werkausgabe*, Bd. 1: *Deutsche Stücke*).

VERFILMUNG: BRD 1976 (TV; Regie: T. D.).

LITERATUR: G. Hensel, Rez. (in FAZ, 25. 1. 1975). – F. Luft, Rez. (in Die Welt, 25. 1. 1975). – J. Kaiser, Rez. (in SZ, 25./26. 1. 1975). – H. Karasek, Rez. (in Der Spiegel, 27. 1. 1975). – R. Michaelis, Rez. (in Die Weltwoche, 29. 1. 1975). – I. Keller, Rez. (in Vorwärts, 30. 1. 1975). – H. Rischbieter, Rez. (in Theater heute, 1975, H. 3).

## EISZEIT

Schauspiel von Tankred DORST unter Mitarbeit von Ursula Ehler; Uraufführung: Bochum, 17. 3. 1973, Schauspielhaus. – Der Charakterstudie über das Altern wie über die Frage nach der politischen und moralischen Verantwortung des Schriftstellers in der Gesellschaft liegt der authentische, hier jedoch ins Fiktive gewendete Fall des norwegischen Autors und Literatur-Nobelpreisträgers Knut HAMSUN (1859–1952) zugrunde. Hamsun war nach dem Ende des Zweiten Weltkriegs der Kollaboration mit den deutschen Besatzern beschuldigt und auch verurteilt worden.

Der neunzigjährige *»Alte«*, der nicht mit Namen bezeichnet wird, lebt seit geraumer Zeit zurückgezogen in einem ländlichen Seniorenheim. Eine angereiste Untersuchungskommission konfrontiert ihn eines Tages in mühsamen Verhören mit seiner Vergangenheit. Doch alle Anwürfe, selbst die Beschlagnahme seines nicht unbeträchtlichen Vermögens können den Alten nicht in seinem knorrigen Individualismus und in seinem starren Selbstbehauptungswillen erschüttern, geschweige denn ihn von seinem reaktionären, patriarchalischen Denken abbringen. Er ruht in sich, im Bewußtsein eines bewegten Lebens, und nur der Gedanke an sein Alter, an die verlorene Jugend, beschäftigt ihn wirklich. Die Vergangenheit ist für ihn ein Konglomerat von Erfahrungen, von Eindrücken, die sich einer nachträglichen, pauschalen Qualifizierung entziehen. Ebenso wie der Zuschauer schwankt auch der junge, ehemalige Widerstandskämpfer Oswald gegenüber dem »Alten« zwischen Abscheu und Sympathie. Er wollte 1940 den Alten wegen seines Aufrufs an die Bevölkerung *(»Norweger, werft die Waffen weg, die Deutschen kommen als Freunde!«)* ermorden, konnte sich dazu aber nicht durchringen, als er ihn inmitten von vermeintlichen Naziofﬁzieren *(»Es waren Germanisten. Ja, es waren deutsche Germanisten von der Universität, die mich besucht haben.«)* als *»Popanz«* erlebte. Die Abrechnung mit der Vergangenheit jedoch gelingt nicht mehr, beide verbindet schließlich eine respektvolle Feindschaft, beruhend auf dem Wissen um die Ähnlichkeit ihrer Radikalität. Als Oswald sich mit jener Handgranate tötet, die eigentlich für den Alten bestimmt war, erkennt dieser, daß Oswald auch an seiner Unfähigkeit zur Reue, an seiner Starrheit zerbrochen ist. Er wird sich seiner Einsamkeit und seines Alters bewußt, nunmehr ohne provokanten Gesprächspartner, der nur noch auf seinen Tod warten und mit dieser Erwartung spielen kann.

Hamsun hat in seinem letzten Buch *På gjengrodde Stier*, 1949 *(Auf überwachsenen Pfaden)* seine Handlungsweise während des Krieges zu rechtfertigen versucht. Dorsts Stück geht über den »Fall Hamsun« hinaus, es nimmt lediglich *»die Situation Hamsuns in seinen letzten Lebensjahren zum Anlaß für eine erfundene Handlung mit erfundenen Personen«* (Dorst) um, wie auch in *Toller* (1968) oder in seiner FALLADA-Revue *Kleiner Mann – was nun?* (1972), den Zuschauer nicht mit historischen Vorgängen, sondern mit individuellen, meist intellektuellen Haltungen und damit verbundenen Rollen zu konfrontieren. Dorst *»hebt den Vorgang, der zwischen Spiel und Wirklichkeit heruntergelassen ist, zeigt uns den Sprung, der zwischen Schein und Sein hindurchgeht, führt uns an den Abgrund, der zwischen Rolle und Leben klafft – und trennt dennoch nicht die Naht auf, die die Paradoxien zusammenhält«* (L. Harig). R.Di.-KLL

AUSGABEN: Ffm. 1973 (es). – Ffm. 1973 (in *Spectaculum*, Bd. 19).

VERFILMUNG: BRD 1975 (TV; Regie: P. Zadek).

LITERATUR: H. Rischbieter, Rez. (in SZ, 19. 3. 1973). – H.-D. Seidel, Rez. (in Stuttgarter Ztg., 19. 3. 1973). – H. Schwab-Felisch, Rez. (in FAZ, 21. 3. 1973). – H. Karasek, Rez. (in Die Zeit, 23. 3. 1973). – R. H. Wiegenstein, Rez. (in FRs, 16. 9. 1973). – M. Lange, Rez. (ebd., 13. 4. 1979). – Vgl. auch Th. Hansen, *Der Hamsun Prozess*, Hbg. 1979.

## MERLIN ODER DAS WÜSTE LAND

Schauspiel von Tankred DORST, Uraufführung: Düsseldorf 24. 10. 1981, Schauspielhaus. – Waren Dorsts Schauspiele vorwiegend auf privat-intimer Ebene sich vollziehende Rollen- und Charakterstudien, stets angesiedelt in der Realität des 20. Jh.s, so greift er mit *Merlin* überraschend auf die mythische Welt der mittelalterlichen Ritterepen zurück. *»Was mich an ›Merlin‹ interessiert hat«*, so Dorst selbst zu diesem Versuch, *»das war die Möglichkeit, größere Bilder hervorzubringen, die Phantasie des Zuschauers auf etwas Größeres zu richten und beim Schreiben zu erleben, wie der Kleinrealismus irgendwo eine Grenze hat.«* Er greift dabei auf die im 12. Jh. entstandene, auf das England der Völkerwanderungszeit verweisende Artusepik zurück: Der Zauberer Merlin, gezeugt von einem Dämon und einer Jungfrau, gibt König Artus die Anregung zu einer Tafelrunde, der Versammlung edler Ritter, wozu schließlich neben Parzival auch Lancelot oder Iwein gehören. Neben den mittelalterlichen Überlieferungen und Ausgestaltungen der Heldensagen (CHRÉTIEN DE TROYES, WOLFRAM VON ESCHENBACH), die bereits die Verbindung der Artusdichtung mit der Sage vom Gral leisteten, zieht Dorst auch moderne Bearbeitungen, von Richard WAGNER über Mark TWAIN bis zu R. TOLKIEN, heran, ohne allerdings in einen modischen Mythenzauber zu verfallen. Er entwickelt vielmehr einen skeptischen, gleichwohl bildmächtigen Diskurs über das *»Scheitern von Utopien«*, den er in 97 Szenen entfaltet. Die Aufführung nimmt mit den Abschnitten *»Prolog«*, *»Die Tafelrunde«*, *»Der Gral«* sowie *»Untergang«* zwei Abende in Anspruch.

Im Mittelpunkt des monumentalen Bühnenszenariums steht Merlin, der auf der Bühne gezeugt wird, sofort zur Zeitung greift, aber alsbald von seinem teuflischen Vater den Auftrag erhält, den Menschen *»den Schrecken vor dem Bösen zu nehmen«*. Doch Merlin widersetzt sich, er will es mit den Menschen noch einmal im Guten versuchen und ist der eigentliche Urheber der elitären Tafelrunde von König Artus, die eine Welt der gerechten Ordnung erreichen soll. Zwar versammeln die Ritter sich an einem runden Tisch, an dem alle Plätze gleich sind, doch gegenseitige Eifersucht und Rivalitäten bedrohen bald die Gemeinschaft: *»Die Ritter von Dorsts Tafelrunde gehorchen Gott, schlagen frohgemut einander tot, reden gemäßigt anachronistisch und schützen eine literarische Liebe vor, wenn sie mit einer Frau ins Bett wollen. Dorst übersetzt das hohe Pathos des Rittertums immer in die Psychologie … und manchmal auch in die Banalität unserer Tage«* (G. Hensel). Die Figur des Merlin hält die zahlreichen Einzelepisoden, die sich um Artus und seine Gattin Ginevra, um den in Ginevra verliebten Lancelot, um seinen Sohn Galahad und um Parzival ranken, zusammen, er inszeniert, lenkt und korrigiert als Regisseur der mythischen Welt die Schicksale, ohne doch seiner Utopie näherzukommen.

Auch Parzival, der naive Held, kann mit seiner Suche nach dem Gral, dem Sinnbild der durch Christi Tod gestifteten menschlichen Seligkeit, der Ritterschar keinen dauerhaften Zusammenhalt geben. Als sich Mordred, unehelicher Sohn von König Artus, gegen den Vater und die von ihm repräsentierte Ordnung erhebt, kommt es zum endgültigen, blutigen Entscheidungskampf, an dessen Ende ein hoffnungs- und utopieloses *»wüstes Land«* (der Untertitel verweist auf das Epos von T. S. ELIOT *The Waste Land*, 1922) steht. Merlin, der stets das Gute wollte, hat zuletzt doch den Auftrag seines Vaters erfüllt. Er verabschiedet sich aus der Geschichte angesichts der Dummheit seiner Helden (*»Ich bin sie alle leid! Ich will keinen mehr sehen! Keinen Moralisten! Keinen Sozialisten! Keinen Kapitalisten! Keinen Strukturalisten! ...«)*. Von der Nymphe Viviane läßt er sich in eine Weißdornhecke bannen, während draußen der Kampf tobt und schließlich die *»heidnischen Götter«*, die im Prolog von Christus vertrieben wurden, wieder um das Schlachtfeld schleichen.

Handlungen und Personen sind vielfältig gebrochen: durch kabaretthafte Einlagen, trivial-umgangssprachliche Distanzierungen, die das erhabene Pathos der Heldenepen konterkarieren, durch Stimmungswechsel, die vom Zynisch-Obszönen bis zum Märchenhaft-Sentimentalen reichen; neben Baron Rothschild darf auch Mark Twain erscheinen, ohne daß die Szenerie in Klamauk abgleitet. Die Kritik fühlte sich angesichts der Bildmächtigkeit der Tableaus an die Visionen eines Hieronymus Bosch oder an die Kinoepen eines Fellini oder Kurosawa erinnert, sie sprach vom *»phantastisch grausigen Realismus«* (P. v. Becker), vom *»ersten großen Theaterstück der achtziger Jahre«* und nahm das Stück begeistert auf. R.Di.-KLL

AUSGABEN: Ffm. 1980. – Ffm. 1983 (st).

LITERATUR: P. v. Becker, Rez. (in SZ, 6.–8. 6. 1981). – G. Hensel, Rez. (in FAZ, 17. 10. 1981 u. 26. 10. 1981). – C. B. Sucher, Rez. (in SZ, 26. 10. 1981). – H. Schödel, Rez. (in Die Zeit, 30. 10. 1981). – J. Kaiser, Rez. (in SZ, 3. 2. 1982). – W. Schreiber, Rez. (in NZZ, 10. 2. 1982). – H. Klunker, *Untergang des Abendlandes mit Goldrand* (in Theater heute, 1982, H. 3, S. 31–33). – R. Baumgart, *Parsifal 1982* (ebd., H. 10, S. 18–25). – U. Müller, *Parzival 1980, auf der Bühne, im Fernsehen u. im Film* (in *MA – Rezeption*, Bd. 2, Hg. J. Kühnel u. a., Göttingen 1982, S. 523–640). – W. Haug, *»Merlin oder Das wüste Land«* (in Arbitrium, 1983, H. 1, S. 100–108). – R. Krohn, *Die Geschichte widerlegt die Utopie. Zur Aktualität von T. D.s Bühnenspektakel »Merlin oder Das wüste Land«* (in Euphorion, 78, 1984, S. 160–179). – Ders., *Mehrfach gebrochenes MA* (in *MA – Rezeption*, Hg. P. Wapnewski, Stg. 1986, S. 296–307). – Ders., *»Merlin oder Das wüste Land«* (in *Im Dialog mit der Moderne. Fs. f. J. Steiner*, Hg. R. Jost u. H. Schmidt-Bergmann, Ffm. 1986, S. 425–438).

## TOLLER

Schauspiel von Tankred DORST; Uraufführung: Stuttgart, 9. 11. 1968, Staatstheater. – In einer Revue, deren einzelne Szenen teilweise simultan auf verschiedenen Spielflächen aufgeführt werden sollen, zeigt Dorst in Spotlights einzelne Vorgänge aus dem Zeitraum zwischen der Proklamation und dem Scheitern der Münchner Räterepublik von 1919. Das Stück will keine erschöpfende historische Dokumentation liefern, sondern die Problematik eines aktiven politischen Engagements in einer bestimmten historischen Situation aufzeigen. Dorst wählte dafür den Schriftsteller Ernst Toller, der erster Vorsitzender der Münchner Räteregierung war.

Um die Handlungsweise Tollers zu charakterisieren, stellt Dorst ihm den Funktionär Leviné gegenüber. Levinés Selbstverständnis ist durch seine Funktion, seine Tätigkeit im Rahmen einer Organisation – in diesem Fall der Kommunistischen Partei – vermittelt. Tätigkeit und Funktion sind aber nicht notwendig an eine bestimmte Person gebunden; Leviné ist in der Partei austauschbar, er kann sich als Einzelperson in ihr nur insofern für wichtig halten, als er dazu beiträgt, die Gesellschaft zu revolutionieren. – Anders hingegen Toller, der sich über seine Tätigkeit als Schöpfer von Kunst definiert. Sein Selbstverständnis ist an sein Verständnis von Kunst gebunden. Das Kunstwerk aber wird als etwas Einmaliges aufgefaßt, das nur von einem einzigen, besonders begnadeten Geist geschaffen werden kann. Diese Vorstellung vom Individuum als Genie steht in der Tradition des deutschen Idealismus. Als geniales Individuum will Toller ebenso wie Kunst Revolution machen. Ziel der Revolution, die er anstrebt, ist Freiheit für die einzelnen Menschen, die er als Träger der Geschichte ansieht. Ein Begriff von Freiheit, der ganz für den einzelnen verstanden wird, trägt die Möglichkeit der Entwicklung zur absoluten Anarchie in sich: Toller sieht die Verwirklichung von Freiheit nur in dem Augenblick gewährleistet, in dem *»die alte Ordnung zerschlagen ist und eine neue sich noch nicht etabliert hat«*. Die Revolution wird zum Selbstzweck. Als »schöpferischer Akt« gerät sie in die Nähe von Kunst. Für Toller ersetzen revolutionäres Pathos und große Gesten die revolutionäre Organisation. Dorst zeichnet ihn als einen Schauspieler, der Revolution spielt. Die Revolution wird zur Literatur. Das irrationale Element rückt in den Vordergrund. Toller stützt sich auf den emotionalen Impuls der Massen, zu deren »Führer« er sich berufen glaubt. Seine Popularität ist aber nur deshalb so überwältigend, weil in seiner Kunst der Praxisbezug durch dichterisches Pathos ersetzt wird. Toller trägt seine sozialistischen Forderungen vor, ohne die Möglichkeit einer Realisierung aufzuzeigen; er formuliert im Grunde nur moralische Appelle, die allein in einer unaufgeklärten Gesellschaft Massenwirksamkeit erringen können. Gerade diese Massenwirksamkeit bestätigt Toller aber wiederum in seinem Glauben, eine »Revolution der Liebe« durchführen zu können. Tollers Plan einer gesellschaftlichen Umwälzung entspringt nicht sozio-ökonomischen Analysen; diese würden ihn davon überzeugen, daß der Augenblick für eine Revolution noch nicht gekommen ist, die Räteregierung in dieser historischen Situation also scheitern muß. Diese Tatsache macht für Dorst *»alle ihre* [gemeint sind die idealistischen Literaten in der Räteregierung: Toller, Landauer, Lipp und Mühsam] *Aktionen, ihre Hoffnungen, ihre Auseinandersetzungen zu einer blutigen Farce«.* – Leviné hingegen ist aufgrund der von der kommunistischen Partei geleisteten Analysen zu der politischen Überzeugung gekommen, daß der Klassenkampf die einzige Möglichkeit ist, eine sozialistische Gesellschaftsform herbeizuführen. Klassenkampf setzt aber Information, politisches Bewußtsein und die Solidarität der Arbeiterklasse voraus. Da diese Voraussetzungen noch nicht erfüllt sind, distanzieren sich die Kommunisten von dem revolutionären Versuch und glauben erst dann eingreifen zu müssen, als die Freikorps anrücken. Die Partei übernimmt die Führung, um die Arbeiterschaft zu verteidigen.

Die Situation ist eingetreten, die Toller hätte voraussehen müssen. Seinen moralischen Ansprüchen kann die Revolutionspraxis nicht mehr genügen. Seine Moral verbietet ihm zu töten, also dürfte er, wenn die Gegner der Revolution zum Angriff übergehen, nur kapitulieren. Auf Drängen Levinés übernimmt Toller dennoch die Führung der unorganisierten Arbeiterarmee, erringt in Dachau einen Sieg, kann aber nicht verhindern, daß die Freikorps in München eindringen. Die Mitglieder der Räteregierung werden vor Gericht gestellt. Das Bürgertum beeilt sich, Toller positive Gutachten auszustellen, in denen vor allem sein »Dichtertum« als mildernder Umstand für sein Verhalten angeführt wird. Wenn Toller von seinen bürgerlichen Richtern verlangt, sie mögen ihn verurteilen – damit er in heroischer Pose sterben kann –, bekennt er sich zu ihnen, obwohl er sich gerade von ihnen distanzieren will. Er wird als einziger nicht hingerichtet. Jahre später liest er einem Damenkränzchen aus seinen Erinnerungen vor: Dorst zeigt, wie die literarisch konzipierte Revolution eines Literaten zur Literatur geworden ist. D.Pl.

AUSGABE: Ffm. 1968 (es). – Ffm. 1978 (in *Stücke*, Bd. 2, Hg. G. Mensching; st).

LITERATUR: R. Grimm, *Spiel u. Wirklichkeit in einigen Revolutionsdramen* (in Basis, 1, 1970, S. 49–93). – R. D. Theisz, *Alfons Paquets »Fahnen« u. T. D.s »Toller«*, Diss. NY 1972. – W. H. Rey, *Der Dichter und die Revolution. Zu T. D.s »Toller«* (in Basis, 5, 1975, S. 166–194). – K. H. Hilzinger, *Theatralisierung des Dokuments? T. D. »Toller«* (in ders., *Die Dramaturgie des dokumentar. Theaters*, Tübingen 1976, S. 121 ff.). – R. Taëni, *Toller. Grundlagen und Gedanken zum Verständnis des Dramas*, Ffm. 1977. – F. Trommler, *Ein Schauspieler der Revolution. T. D.s »Toller«* (in *Geschichte als Schauspiel*, Hg. W. Hinck, Ffm. 1981, S. 355–370). – E. Schürer, *Georg Büchners »Dantons Tod« und T. D.s »Toller«. Zwei Revolutionsdramen* (in *Preis der Vernunft*, Hg. K. Siebenhaar u. H. Haarmann, Bln./Wien 1982, S. 187–203). – D. Hensing, *T. D.: »Von der offenen zur geschlossenen Figurenkonzeption«* (in *Studien zur Dramatik in der Bundesrepublik Deutschland*, Amsterdam 1983, S. 177–223).

## METROPOLIT DOSOFTEI

d.i. Dimitrie Barila (Bărila)
* 26.10.1624
† 13.12.1693 Zolkiew (heute Nesterov) / UdSSR

LITERATUR ZUM AUTOR:
A. Apostol, *Viaţa şi activitatea lui D. mitropolitul Moldovei*, Botoşani 1897. – Şt. Ciobanu, *D. Mitropolitul Sucevei şi activitatea lui literară*, Jassy 1918. – D. Dan, *D., mitropolitul Moldovei, 1624–1696*, Cernăuţi 1927. – D. Gazdaru, *Contribuţii privitoare la originea, limba şi influenţa Mitropolitului D.*, Jassy 1927. – V. Kernbach, *Un poet uitat: D.* (in Limbă şi literatură, 1, 1955, S. 142–164). – D. Simonescu, *D. traducător din dramaturgia cretană* (in Manuscriptum, 3, 1972, Nr. 3, S. 28–41). – A. Podgoreanu u. C. Chiţimia, *D.*, Bukarest 1974. – I. D. Lăudat, *350 de ani de la naşterea lui D.*, Jassy 1975. – D. H. Mazilu, *Barocul în literatura română din secolul al XVII-lea*, Bukarest 1976, S. 145 ff., 283–306. – M. Ursache, *D.: geneză şi stil* (in Limbă şi literatură, 2, 1978, S. 226–233). – I. C. Chiţimia, *Coordonate fundamentale ale literaturii române vechi* (in Revista de istorie şi teorie literară, 29, 1980, S. 223–234).

### PSALTIREA ÎN VERSURI

(rum.; *Psalter in Versen*). Versübersetzung der biblischen *Psalmen* von dem moldauischen Metropoliten DOSOFTEI, erschienen 1673. – Der Psalter Dosofteis stellt das erste, in Versen abgefaßte rumänische Literaturdenkmal dar, das auch gedruckt wurde. Außerdem gilt diese Übersetzung als die erste versifizierte Psalmendichtung in der Sprache eines orthodoxen Volkes. Als Vorbild wählte sich Dosoftei den Psalter in Versen des polnischen Lyrikers Jan KOCHANOWSKI (1530–1584). Die Versübersetzung Dosofteis stützt sich dabei auf eine – wahrscheinlich in Prosa verfaßte – kirchenslavische Version, die der 1680 erschienenen zweisprachigen (rumänisch-kirchenslavischen) Ausgabe zugrunde lag. Es hat schon vor dem Erscheinen von Dosofteis Psalter Versuche gegeben, Versfassungen einzelner Psalmen zu liefern, so von dem Metropoliten VARLAAM (in dem 1643 erschienenen Werk *Cartea romaneasca de invataturi – Rumänisches Buch der Lehren*) und von dem Chronisten Miron COSTIN (1633–1691). Diesen ungeschickten Experimenten ist Dosofteis Psalter jedoch nicht nur qualitativ, sondern auch quantitativ (das Werk umfaßt 8000 Verse) weit überlegen. Trotz seines »Imitatio«-Charakters ist das Werk von großer schöpferischer Originalität; unter dem Einfluß der rumänischen Volkslyrik realisiert Dosoftei eine gewisse Unabhängigkeit von seinem Modell. Während seine Langverse (Zehn-, Zwölf- und Vierzehnsilber) oft noch hart und schwerfällig klingen, gelingt ihm in den sechs-, sieben- und achtsilbigen »volkstümlichen« Versen ein sehr effektvoller und beschwingter Rhythmus. Dosoftei entnimmt der Volkslyrik nicht nur Versstrukturen, sondern auch die volkstümliche Technik der Assonanz – hier hat Dosofteis Beispiel bis zu Mihail EMINESCU (1850–1889) fortgewirkt – sowie folkloristische Sprachelemente. Er erlaubt sich sogar inhaltliche Freiheiten gegenüber dem Original, wenn er seinem Haß gegen die türkische Gewaltherrschaft in der Moldau Ausdruck verleiht.

Zweifellos ist diese erste Erprobung der rumänischen Sprache als vollwertiges poetisches Medium nicht ohne Schwächen. Dem modernen Leser mißfallen besonders einige Dialektausdrücke sowie griechische und kirchenslavische Neologismen, die von der Sprache niemals assimiliert worden sind. Die enge formale Verwandtschaft einiger Psalmen (z. B. Nr. 46, 48, 94, 98) mit der Volksdichtung führte dahin, daß sie mit der mündlichen Tradition verschmolzen und in der von Anton PANN (1797–1854) im Jahre 1830 veröffentlichten Volksliedersammlung *(Cîntări de stea – Sternlieder)* auftauchen. Besonders berühmt wurde die rumänische Version der Klage des Propheten Jeremias, worin auch Dosofteis eigene Trauer um den Verlust seines Landes mitschwingt.

Die Wirkung der Psalmenübersetzung Dosofteis auf die rumänische Literatur ist unabschätzbar: Sie hat das Instrument, dessen sich die größten Lyriker bedienten, entscheidend vorgeprägt. Auch im liturgischen Bereich war ihr Einfluß so nachhaltig, daß sie auch durch spätere rumänische Versübersetzungen nicht verdrängt wurden. Zu diesen Werken gehört der 1720 erschienene Psalter von Teodor Ivanocivi CORBE sowie derjenige des Calvinisten Istvan FOGARASI, der in einer Abschrift von 1697 überliefert ist. G.C.

AUSGABEN: Kiew 1673. – Bukarest 1887. – Bukarest 1974. – Bukarest 1978 (in *Opere*, Bd. 1: *Versuri*, Hg. N. A. Ursu).

LITERATUR: A. Rosetti u. B. Cazacu, *Istoria limbii române literare*, Bd. 1, Bukarest 1961, S. 111–145. – H. Misterski, *»Psaltirea în versuri« metropolity moldawskiego D. a Psalterz Dawidów Jana Kochanowskiego*, Posen 1970. – P. Zugun, *Comparaţia în »Psaltirea în versuri« a lui D.* (in Mitropolia Moldovei şi Sucevei, 52, 1976, S. 37–55). – L. Gáldi, *Introducere în istoria versului românesc*, Bukarest 1977, S. 71–89. – M. Dinu, *Sistemul rimei la mitropolitul D.: o fonologie sui generis* (in Studii şi cercetări lingvistice, 29, 1978, S. 197–207).

## VIAŢA ŞI PETRECEREA SFINŢILOR

(rum.; *Leben und Begebenheiten der Heiligen*). Sammlung von Heiligenlegenden, zusammengestellt von dem moldauischen Metropoliten DOSOFTEI, erschienen 1682–1686. – Die Legendensammlung umfaßt die Lebensbeschreibung aller Heiligen der orthodoxen Kirche mit Ausnahme derer, die vom 11. bis 31. Juli und im August gefeiert werden. Das Werk ist eine Kompilation nach alt- und neugriechischen sowie – in geringerem Maße – kirchenslavischen Vorbildern, insbesondere nach den Schriften von Maximos MARGUNIONS, Matthäus CIGALA und Agapios LANDOS. Dank der oft sehr originellen Überarbeitung seiner Vorbilder schuf Dosoftei, dessen literarische Bedeutung vor allem in seiner Psalmendichtung begründet ist, ein für die Kirche und die Literatur Rumäniens gleicherweise bedeutendes Werk. Neben vielen etwas ungeschickt oder schematisch gestalteten Legendenstoffen enthält die Sammlung zahlreiche Erzählungen, deren Dynamik und pittoreske Details auch den heutigen Leser noch ansprechen. Am meisten verbreitet waren diejenigen Legenden, in denen Elemente des Wunderbaren und Übernatürlichen besonders plastisch in Erscheinung treten: Einige dieser phantastisch überhöhten Legenden wurden zu einem Bestandteil der rumänischen Folklore. Zu dieser Gruppe gehört die Legende des heiligen Evastatie Plachida, der – ähnlich wie der heilige Hubertus in Dürers Kupferstich – durch die Erscheinung eines ein Kreuz im Geweih tragenden Hirschs zum Christentum bekehrt wird, oder die Legende der heiligen Paraschiva. Die Legende von Avgar, jenem Heiligen, der die Syrer zum Christentum bekehrte, hat Spuren in der rumänischen Volkskunst und in volkstümlich überlieferten religiösen Praktiken hinterlassen. Diese Legende erzählt, daß Avgar während einer schweren Krankheit den Maler Ananias zu Christus sandte, um ein Bildnis des Erlösers zu malen. Ananias kehrte ohne das Bildnis, jedoch mit einem Tuch zu Avgar zurück, auf dem das Bildnis Christi dargestellt war. Das Tuch mit dem Bildnis wurde zu einem Grundmotiv der rumänischen Kirchenmalerei, die in der Legende erwähnten, zwischen Christus und Avgar ausgetauschten Briefe wurden zu Amuletten (genannt *avgare, avdare* oder *argare*). Literarisch interessant ist auch der »Prolog« der Heiligen Serghie, Righin und Theophil, der eine märchhenhafte Schilderung einer Reise zu den Menschenfressern in Indien, zu dem Land der Zwerge und in die Unterwelt darstellt.

Die Sprache der Legenden erscheint manchmal etwas schwerfällig, was vor allem auf eine allzu wortgetreue Übersetzung zurückzuführen ist. Hingegen sind viele von Dosofteis Entlehnungen aus dem Griechischen und Kirchenslavischen inzwischen dem rumänischen Wortschatz einverleibt worden. G.C.

AUSGABEN: Jassy 1682–1686, 4 Bde. – Bukarest 1891. – Bukarest 1895. – Bukarest 1903.

Literatur: S. Dinulescu, *Viaţa şi scrierile lui D. Mitropolitul Moldovei*, Tschernowitz 1885. – G. Lacea, *Untersuchung über die Sprache der »Viaţa şi Petrecerile sfinţilor« des Mitropoliten D.* (in Jahresbericht des Instituts für rumänische Sprache zu Leipzig, 5, 1898, S. 51–144). – S. Dragomir, *Contribuţii privitoare la relaţiile bisericii româneşti cu Rusía în veacul XVII* (in Analele Academiei Române, Bd. 34, Serie 2, 1912). – A. Z. N. Pop, *Glosări la opera Mitropolitului D.*, Tschernowitz 1944. – M. Bordeianu, *Versurile Mitropolitului D. din »Viaţa şi petrecerea svinţilor«* (in Mitropolia Moldovei şi Sucevei, 52, 1976, S. 160 ff.).

## John Dos Passos

* 14.1.1896 Chicago
† 28.9.1970 Baltimore

Literatur zum Autor:
*Bibliographien:*
V. S. Reinhardt, *J. Dos P. Bibliography 1950–1966* (in TCL, 19, 1967, S. 167–178). – J. D. Rohrkemper, *J. Dos P.: A Reference Guide*, Boston 1980. – D. Sanders, *J. Dos P.: A Comprehensive Bibliography*, NY 1987.
*Biographien:*
R. G. Davis, *J. Dos P.*, Minneapolis 1962. – M. Landsberg, *Dos P.'s Path to U.S.A.: A Political Biography, 1912–1936*, Boulder 1972. – T. Ludington, *J. Dos P.: A Twentieth-Century Odyssey*, NY 1980. – V. S. Carr, *Dos P.: A Life*, NY 1984.
*Gesamtdarstellungen und Studien:*
M. Geismar, *J. Dos P.: Conversion of a Hero* (in M. G., *Writers in Crisis*, Boston 1942, S. 87–139). – G. A. Astre, *Thèmes et structures dans l'œuvre de J. Dos P.*, 2 Bde., Paris 1956–1958. – J. H. Wrenn, *J. Dos P.*, NY 1961 (TUSAS). – J. D. Brantley, *The Fiction of J. Dos P.*, Den Haag/Paris 1968. – *Dos P., the Critics, and the Writer's Intention*, Hg. A. Belkind, Carbondale/Ill. 1971. – G. J. Becker, *J. Dos P.*, NY 1974. – J. P. Diggins, *Vision of Chaos and Vision of Order: Dos P. as Historian* (in AL, 46, 1974, S. 329–346). – *Dos P.*, Hg. A. Hook, Englewood Cliffs/N.J. 1974. – Lost Generation Journal, 5, 1977 [Sondernr. *J. Dos P.*]. – I. Colley, *J. Dos P. and the Fiction of Despair*, Ldn. 1978. – L. W. Wagner, *Dos P.: Artist as American*, Austin 1979. – MFS, 26, 1980 [Sondernr. *J. Dos P.*]. – F. Fingerhuth, *John Steinbeck and J. Dos P.*, Hbg. 1981. – H. Isernhagen, *Ästhetische Innovation u. Kulturkritik: Das Frühwerk von J. Dos P., 1916–1938*, Mchn. 1983. – M. Schiller, *Geschichte als Erinnerung bei J. Dos P.*, Heidelberg 1983. – S. Donaldsen, *Dos and Hem: A Literary Friendship* (in Centennial Review, 29, 1985, S. 163–185). – R. Syare, *Anglo-American Writers, The Communist Movement and the Spanish Civil War: The Case of J. Dos P.'s* (in Revue Française d'études américaines, 11, 1986, S. 263–274). – M. Clark, *Dos P.'s Early Fiction, 1912–1938*, Ldn./Toronto 1987.

### MANHATTAN TRANSFER

(amer.; *Ü: Manhattan Transfer*). Roman von John Dos Passos, erschienen 1925. – Neben Alfred Döblins *Berlin Alexanderplatz* (1929) gilt *Manhattan Transfer* als der moderne Großstadtroman schlechthin. Nach experimentellen Ansätzen in *Three Soldiers* (1921) gelang es Dos Passos mit diesem Roman, etwas vollkommen Neues zu schaffen, eines der bahnbrechenden Erzählexperimente des 20. Jh.s.

Der Titel bringt das Thema des Buches auf eine zwingende Formel: New York als Umschlagplatz, der Ballungsraum Manhattan als eine Umsteigestation ständig in Bewegung befindlicher Bevölkerungsmassen. Aus dieser ungeheuer vielschichtigen Bevölkerung »schneidet« Dos Passos ein Segment heraus: Aus kurzen Porträts und simultanen Momentaufnahmen montiert er *»ein komplexes Stück Alltag«* zusammen, *»ein System kollektiv geprägter Lebensaugenblicke«* (V. Klotz). Da sind die legalen und illegalen Einwanderer, die hoffnungsvoll ins Land der unbegrenzten Möglichkeiten gekommen sind und es entweder enttäuscht wieder verlassen, als »unerwünscht« abgeschoben werden oder aber, wie Congo Jake, allmählich Fuß fassen. Die Einheimischen der Mittelschicht werden u. a. vertreten durch den erfolgreichen, innerlich aber unbefriedigten Anwalt und Politiker George Baldwin, durch Stan Emery, einen überschäumend vitalen Playboy mit brachliegenden architektonischen Interessen, und vor allem durch die Schauspielerin und spätere Herausgeberin einer Frauenzeitschrift Ellen Thatcher und den jungen Journalisten Jim Herf. In den Porträts von Gus McNiel, Joe O'Keefe und vielen anderen, die für die Arbeiterklasse stehen, spiegeln sich der beginnende Arbeitskampf und die Unzufriedenheit der Heimkehrer des Ersten Weltkriegs mit der Regierung Wilson. (Insgesamt umfaßt *Manhattan Transfer* den Zeitraum 1900–1924.) Und schließlich sind da die Vagabunden und Tramps der Großstadt, von dem Landjungen Bud Korpenning, der in Notwehr seinen Vater erschlagen hat, in der Masse untertaucht und nach jahrelanger vergeblicher Arbeitssuche Selbstmord begeht, bis zu dem Alkoholiker, Taglöhner und Bettler Joe Harland, der einst ein erfolgreicher Wallstreetspekulant war. Die Wege dieser Menschen kreuzen sich mehr oder weniger zufällig, verflechten sich sogar in einigen Fällen, wenn auch meist nur für kurze Zeit. Allmählich schält sich um die Gestalten Ellen Thatchers und Jim Herfs eine Art Handlung heraus. Ellen, von ihrem ersten Mann geschieden, treibt nach dem Ende ihrer einzigen echten Liebeserfahrung (mit Stan Emery, der schließlich in einer Protestgebärde seine

Wohnung und sich selbst in Flammen aufgehen läßt) von einer unglücklichen Affäre in die andere. Jim, für kurze Zeit Ellens zweiter Mann, dessen Widerwillen gegen die Pseudowerte eines nur vom Business bestimmten Daseins Ausdruck seiner Verlorenheit in der Massengesellschaft ist, ringt sich schließlich zum Verlassen der Stadt durch und trampt auf der Landstraße weiter: Wer in dieser Stadt nicht funktioniert, wer nicht bereit ist, sich anzupassen, hat nur die Wahl zu gehen, lebendig oder tot. Die Stadt als Protagonistin steuert die Lebensläufe: So wie Ellen und Jim in Manhattan aufeinander zugetrieben wurden, gehen sie unter dem Diktat des städtischen Lebensrhythmus ohne dramatischen Konflikt wieder auseinander. (In dritter Ehe heiratet Ellen dann den Anwalt Baldwin.) Nur selten hellen heitere Episoden (z. B. Congo Jakes Erlebnisse als Alkoholschmuggler) das düstere Panorama auf. Zumeist aber enden auch solche Episoden als bittere Groteske.

Thema und Form des Werks entsprechen einander. Auf die Bauelemente des herkömmlichen Romans verzichtend, entwickelte Dos Passos in *Manhattan Transfer* jene Standpunkt- und szenische Montagetechnik, jene Aneinanderreihung und Übereinanderblendung von Realitätssplittern, die er in seiner *U.S.A.*-Trilogie vervollkommnete und zuletzt in *Midcentury*, 1961 *(Jahrhundertmitte)*, anwandte. Jedem Kapitel ist ein Streiflicht vorangestellt (in *U.S.A.* wird daraus das »Kameraauge«), das jeweils eine bestimmte Atmosphäre suggeriert: den Anfang eines typischen Arbeitstages in den morgendlichen Straßen, die Mittagspause der Berufstätigen im Central Park, den abendlichen Stoßverkehr und das beginnende Nachtleben der City, das festlich-patriotische Gesicht New Yorks am Unabhängigkeitstag, die Spannung der auf Nachrichten wartenden Massen nach Amerikas Kriegseintritt. Innerhalb der einzelnen Kapitel jagen sich die Momentaufnahmen. Häufig geben sie Gespräche oder bruchstückhafte Unterhaltungen wieder, die vor allem für die Reaktionen der Sprechenden auf das hektische Leben der Riesenstadt kennzeichnend sind, oft bestehen sie aber auch aus inneren Monologen. Ironische Kontraste ergeben sich durch das regelmäßige Einblenden von Zeitungsschlagzeilen, Zitaten aus populären Liedern und Schlagern und wie im Vorbeigehen aufgefangenen Gesprächsfetzen. Beschreibungen fehlen fast völlig; Unfälle, Brände, Feuerwehreinsätze und die Mobilität der Massen bestimmen den Gezeitenrhythmus der Stadt und des Romans.

Die epochale Bedeutung von *Manhattan Transfer* wurde früh erkannt. Schon 1926 setzte sich Sinclair Lewis nachdrücklich für den Roman ein, stellte ihn sogar über Joyces *Ulysses*. Unter den europäischen Autoren fühlte sich besonders Jean-Paul Sartre Dos Passos und dessen Stadtromanen verpflichtet.

G.Bj.-H.Thi.

Ausgaben: NY/Ldn. 1925. – Ldn. 1927. – Ldn. 1951. – NY 1959. – Boston 1963. – NY 1963. – NY 1980.

Übersetzung: *Manhattan Transfer. Der Roman einer Stadt*, P. Baudisch, Bln. 1927. – Dass., ders., Bln./Ffm. 1948 [Vorw. S. Lewis]. – Dass., ders., Reinbek 1960; ern. 1977 (rororo).

Literatur: S. Lewis, *J. Dos P.'s »Manhattan Transfer«*, NY/Ldn. 1926. – E. A. Lowry, *»Manhattan Transfer«. Dos P.'s Wasteland* (in Univ. of Kansas City Review, 30, 1963, S. 47–52). – G. W. Ruoff, *Social Mobility and the Artist in »Manhattan Transfer« and the »Music of Time«* (in Wisconsin Studies in Contemporary Literature, 5, 1964, S. 64–76). – R. Schmidt v. Bardeleben, *Das Bild New Yorks im Erzählwerk von Dreiser u. Dos P.*, Mchn. 1967. – V. Klotz, *Die erzählte Stadt*, Mchn. 1969, S. 317–371. – E. D. Lowry, *The Lively Art of »Manhattan Transfer«* (in PMLA, 84, 1969, S. 1628–1638). – L. Titche, *Döblin and D. P.: Aspects of the City Novel* (in MFS, 17, 1971, S. 125–135). – J. B. Lane, *»Manhattan Transfer« as a Gateway to the 1920's* (in Centennial Review, 16, 1972, S. 293–311). – E. A. Lowry, *D. P.'s »Manhattan Transfer« und die Technik des Films* (in *Der amerikanische Roman des 19. und 20. Jh.s*, Hg. E. Lohner, Bln. 1974, S. 238–257). – C. Carver, *The Newspapers and Other Sources of »Manhattan Transfer«* (in Studies in American Fiction, 3, 1975, S. 167–179). – P. Green, *The Crossing Pathways of »Manhattan Transfer«* (in Recovering Literature, 4, 1975, S. 19–42). – D. F. McCormick, *A Pessimistic View of New York in Literature: »Manhattan Transfer«* (in Centerpoint, 1, 1975, S. 9–13). – L. Hughson, *Narration in the Making of »Manhattan Transfer«* (in Studies in the Novel, 8, 1976, S. 185–198). – S. F. Mizener, *Manhattan Transients: A Critical Essay*, Hicksville/NY 1977. – D. L. Vanderwerken, *»Manhattan Transfer«: D. P.'s Babel Story* (in AL, 49, 1977, S. 253–267). – P. Arrington, *The Sense of Ending in »Manhattan Transfer«* (ebd., 54, 1982, S. 438–443).

## THREE SOLDIERS

(amer.; *Ü: Drei Soldaten*). Roman von John Dos Passos, erschienen 1921. – Wie seine Freunde E. E. Cummings und Hemingway nahm Dos Passos als Sanitätsfreiwilliger am Ersten Weltkrieg teil, wie ihre Romane *The Enormous Room* (1922) und *A Farewell to Arms* (1929) gehört *Three Soldiers* zu den vom Kriegserlebnis der »verlorenen Generation« geprägten Werken. In seinem wichtigsten Roman aus der Schaffensperiode vor *Manhattan Transfer* (1925) stellt Dos Passos die Zerstörung dreier junger Menschen verschiedenster Herkunft durch die Armee dar, die er als Institution eines gegen das freie Individuum gerichteten Gesellschaftssystems ebenso hart verurteilt wie den Krieg selbst. Die sechs Teile des Romans tragen programmatische Überschriften, in denen Krieg und Armee als zerstörerische Maschine erscheinen.

In einer amerikanischen Kaserne werden Rekruten vor der Einschiffung nach Frankreich hart geschliffen, unter ihnen der Italo-Amerikaner Dan Fuselli, ein kleiner Angestellter aus San Francisco, der, in konformistischem Denken befangen, möglichst rasch Korporal werden will; der New Yorker John Andrews, ein Harvard-Absolvent, dessen Liebe der Musik gilt und der sich, seiner selbst nicht gewiß, freiwillig gemeldet hat, um mit den *»wirklichen Dingen«* leben zu lernen; und Chrisfield, genannt »Chris«, ein Farmerssohn aus Indiana, der gegen jede Reglementierung aufbegehrt und sich bald in eine Heimwehpsychose hineinsteigert. In Frankreich müssen die Soldaten zunächst stumpfen Routinedienst leisten. Fuselli wird trotz seines Eifers nicht befördert und fühlt sich betrogen. Schließlich kommt es zum Fronteinsatz. Während eines Angriffs verliert Chrisfield seine Kompanie aus den Augen, stößt dann auf einen Sergeanten, den er seit der Ausbildung haßt, und tötet ihn in einem Wutanfall mit der Handgranate. – Der verwundete Andrews, der seinem Autor in vielem ähnelt, gelangt im Lazarett zu der Erkenntnis, daß er den Mut hätte aufbringen müssen, sich gegen die Erniedrigung durch die Armee aufzulehnen. Als er nach dem Waffenstillstand zu seiner Einheit zurückkehrt, verschafft ihm ein Kamerad die Versetzung ins Universitätscorps, damit er an der Sorbonne Musik studieren kann. In relativer Freiheit genießt er Paris, die Zuneigung eines einfachen Mädchens und die Einladungen einer kultivierten Familie. Bei einem Ausflug nach Chartres wird er von einer Streife ohne Urlaubsschein angetroffen und festgenommen. Er wird zu einem Strafbataillon abkommandiert, ein Schicksal, das auch der inzwischen schwer erkrankte Fuselli erlitten hat. Desertiert und in Paris untergetaucht, erfährt Andrews bei einer zufälligen Begegnung mit Chrisfield, daß auch dieser zum Deserteur geworden ist. Wenige Wochen später wird Andrews in einem Dorfgasthof aufgespürt und verhaftet. Zurück bleiben, vom Wind durcheinandergewirbelt, die Notenblätter mit seinem unvollendeten Werk über John Brown, den Kämpfer gegen die Sklaverei, einen – wie Andrews ihn bitter nennt – *»Verrückten, der das Volk befreien wollte«*.

Im Verlauf der Handlung wird der sensible Andrews immer mehr zur zentralen Figur. Da er zu denken sowie sich und andere zu beobachten gelernt hat, leidet er bewußter als seine beiden Kameraden unter der Knebelung des freien Geistes. Ähnlich wie der gleichfalls autobiographische Held Martin Howe in Dos Passos' erstem Roman, *One Man's Initiation – 1917* (1920), schwankt er zwischen ästhetischen und sozialen Entscheidungen: Er versenkt sich in sich selbst und seine Kompositionen, träumt aber zugleich davon, seine Sympathie für revolutionäre Bewegungen durch die Tat zu beweisen.

Dos Passos wurde in Harvard von Theorien des Ästhetizismus, aber auch von Thorstein VEBLENS Kritik am amerikanischen Kapitalismus beeinflußt, und beide Einflüsse sind in *Three Soldiers* deutlich zu spüren: Strebt die farblich nuancierte Wiedergabe der subjektiven Eindrücke Andrews' die Wirkung impressionistischer Gemälde an, so manifestieren sich in den nüchternen Schilderungen des Kasernenlebens und den naturalistischen Dialogen ein starkes politisch-soziales Engagement und die Absicht, größere gesellschaftliche Zusammenhänge zu dokumentieren. C.Schw.

AUSGABEN: NY 1921. – Ldn. 1922. – NY 1932. – NY 1947. – NY 1964. – NY 1988.

ÜBERSETZUNG: *Drei Soldaten*, J. Gumperz, Bln. 1922; Nachdr. Kiel 1987. – Dass., ders., Reinbek 1960 (rororo).

LITERATUR: S. Cooperman, *J. D. P.'s »Three Soldiers«: Aesthetics and the Doom of Individualism* (in *The First World War in Fiction: A Collection of Critical Essays*, Hg. H. Klein, Ldn. 1976, S. 23–31). – W. O. Gilman, *J. D. P.'s »Three Soldiers« and Thoreau* (in MFS, 26, 1980, S. 470–481). – E. Johnson, *The Anarchist Theme of J. D. P.'s »Three Soldiers«* (in Markham Review, 16, 1981, S. 68–71).

## U.S.A.

(amer.; *U.S.A.*). Romantrilogie von John DOS PASSOS, bestehend aus *The 42nd Parallel*, 1930 *(Der 42. Breitengrad), 1919* (1932) und *The Big Money*, 1936 *(Hochfinanz)*, zusammen erschienen 1938 u. d. T. *U.S.A.* – Mit dem Ziel, die gesellschaftliche Entwicklung der Vereinigten Staaten im ersten Viertel des 20. Jh.s (1900–1929) umfassend und kritisch darzustellen, schrieb Dos Passos in dieser Trilogie sein Hauptwerk; wie *Manhattan Transfer* (1925) zählt es zu den Höhepunkten des amerikanischen Romans. Dos Passos verwendete das für *Manhattan Transfer* entwickelte, erzähltechnisch revolutionäre Instrumentarium erneut und perfektionierte es. Er war so in der Lage, die verwirrende Fülle und Vielfalt des amerikanischen Lebens überzeugend zu strukturieren. Zur Zeit der Weltwirtschaftskrise entstanden, zeichnet die Trilogie in einer Montage von exemplarischen Schicksalen, Kurzbiographien prominenter Amerikaner, autobiographischen Erinnerungen des Autors (meistens innere Monologe, »Camera Eye«, Kameraobjektiv, benannt) und Textcollagen aus Nachrichtensplittern, Rede- und Liedfragmenten, Slogans und Zeitungstexten (»Newsreel«, Wochenschau, genannt) eine krisenhafte historische, soziale und moralische Entwicklung nach. Nicht nur in den »Camera Eye«-Passagen kommt dabei die kritische Auseinandersetzung des Autors mit Ideologien jedweder Provenienz zum Ausdruck. Galt der im öffentlichen Leben engagierte Radikalliberale Dos Passos beim Erscheinen der beiden ersten Bände noch allgemein als Kommunist, so wurde spätestens 1936 deutlich, daß er auch dem Kommunismus kritisch gegenüberstand. Als Folge von Dos Passos' angeblichem Gesinnungswandel war die Rezeption der Trilogie in den dreißiger Jahren zunächst emotional geprägt: Weltanschaulich motivierte Kritikerkontroversen galten eher dem Autor als seinen Romanen. Erst seit den frühen sechziger Jahren ist der Rang des Werkes wohl doch unumstritten.

Der Grundgedanke der Trilogie ist bereits in Dos Passos' früheren Werken vorgeprägt: Der »amerikanische Traum« von den Selbstverwirklichungs- und Karrieremöglichkeiten *als Individuum* ist ausgeträumt; die Institutionen des kapitalistischen Systems und die mit dem Diktat von Markt und Kapital einhergehende Änderung der Lebensgewohnheiten haben zu Karrieredenken, Vermassung, Armut und Feigheit geführt. Solidarischer Einsatz ist auch unter Arbeitern nicht weit verbreitet. Dos Passos schildert diese Entwicklung scheinbar objektiv, doch implizit moralisierend. In *Three Soldiers* war das zerstörerische System die Armee; hier wie im zweiten Roman der Trilogie, *1919*, wird der Erste Weltkrieg als der Zeitpunkt identifiziert, der dem Großkapital zum endgültigen Durchbruch verhalf. In *Manhattan Transfer* ist der Feind des Individuums der (im expressionistischen Sinne) Moloch Großstadt. Der einzelne hat keine Wahl als sich anzupassen oder auszuweichen und die Stadt zu verlassen, wenn er Individuum bleiben will. Entsprechend endet auch die Trilogie: Ein hungriger Anhalter, Vag genannt (vagrant = Landstreicher), steht an einer Fernstraße. Über ihm fliegen satte, reiche Geschäftsleute zu ihren Terminen über den Kontinent.

Kurz vor dem Ende der Trilogie, in »Camera Eye« Nr. 50, kommentiert Dos Passos engagiert jenes Ereignis, das für Mary French, die idealistische Aktivistin in *The Big Money*, wie für ihn selbst zum Schlüsselerlebnis wurde, den Fall Sacco/Vanzetti (1927). Der Justizskandal, der im Zuge grassierender Kommunistenfurcht in Massachusetts trotz lückenhafter Beweise in einem Mordprozeß und trotz massiver Proteste im ganzen Land zur Hinrichtung von zwei anarchistischen italienischen Einwanderern führte, zeigte, daß das Land gespalten war: in die Mächtigen und die Entrechteten. Die USA waren in Dos Passos' Augen zum Gefangenen eines geldgierigen, mächtigen Clans verkommen, einer artfremden Gruppe von Kapitalisten, Technokraten, Juristen und Politikern, gegen die aller Widerstand der an alten amerikanischen Werten Festhaltenden zum Scheitern verurteilt war: *»Amerika, unser Land, ist von Fremden geschlagen, die unsere Sprache umgekrempelt haben, die die sauberen Wörter unserer Väter genommen und sie schleimig und korrupt gemacht haben ... Na gut, dann sind wir eben zwei Nationen«.* Hier und in einigen anderen Passagen, z. B. in der sarkastischen Satire vom Begräbnis des Unbekannten Soldaten am Ende von *1919*, tritt das sonst nur versteckte moralische Engagement des Autors offen zutage: Trotz der Fülle sozialgeschichtlicher Details ist *U.S.A.* kein fiktionalisiertes Lehrbuch der Soziologie, sondern ein Plädoyer für das Individuum.

*The 42nd Parallel* ist nach Kriegseintritt der Vereinigten Staaten im Jahr 1917. Fünf fiktive Hauptfiguren treten auf: der Drucker Fenian McCreary (»Mac«), ein Junge aus den Slums, der sich zum überzeugten Linksradikalen entwickelt, Gewerkschaftsmitglied wird, nach desillusionierenden beruflichen und privaten Erfahrungen nach Mexiko trampt und dort in Arbeitskampf und Revolution verstrickt wird, ehe er sich als Buchhändler niederläßt; der wendige opportunistische Journalist J. Ward Moorehouse, dessen glänzende Karriere als Public-Relations-Spezialist im Kielwasser des *big business* im zweiten Band weiter verfolgt wird; die aus der spießbürgerlichen Atmosphäre ihres Elternhauses ausbrechende frigide Eleanor Stoddard, die einem verkrampften Ästhetizismus huldigt, Innenarchitektin wird und Moorehouse in einem platonischen Verhältnis verbunden ist; Moorehouses Sekretärin Janey Williams, ein warmherziges Mädchen aus kleinen Verhältnissen, das später einen berühmten Arbeiterführer liebt; und schließlich der junge Mechaniker Charlie Anderson aus Fargo, North Dakota, den Moorhouses skrupellose Reklame für das kapitalistische System abstößt und der 1916 als Kriegsfreiwilliger nach Europa geht. Sein Nachkriegsschicksal steht im Mittelpunkt des letzten Bandes der Trilogie. Der Aufstieg des Opportunisten Moorhouse, der nichts produziert, sondern Reklame macht, ist kennzeichnend für den Trend des neuen Jh.s: mehr Schein als Sein. Jeder dieser privaten Lebensläufe ist in einem ganz auf die dominierende Gestalt und ihr Milieu zugeschnittenen Prosastil wiedergegeben.

Für die eingeschobenen acht Kurzbiographien wählte der Autor bekannte Amerikaner, aus deren Charakterbild und aus deren Tätigkeit während der beschriebenen Periode sich gewisse Parallelen oder Kontraste zum Leben der erfundenen Romangestalten ergeben: z. B. den Arbeiterführer und mehrmaligen Präsidentschaftskandidaten Eugene Debs, den Erfinder Thomas Alva Edison, Luther Burbank, den Pionier auf dem Gebiet der Pflanzenzucht, und den Industriemagnaten Andrew Carnegie. Diese pointierten Kompaktporträts im expressionistischen Stil kommen (wie auch »Camera Eye«- und »Newsreel«-Passagen, die, thematischen Assoziationen folgend, in die erzählenden Abschnitte eingelagert sind) Prosagedichten nahe; typographisch wirken sie wie freie Verse.

*1919* vermittelt eine Totalansicht der Vereinigten Staaten während des Ersten Weltkriegs und der unmittelbar darauf folgenden Monate. Die amerikanische Hochfinanz erweist sich angesichts des verwüsteten Europa und der gescheiterten sozialreformerischen Bestrebungen im eigenen Land als der wahre Sieger dieses Kriegs, und der Wirtschaftsboom der zwanziger Jahre bahnt sich an. Die fünf fiktiven Hauptgestalten, deren private, weitgehend durch das jeweilige Milieu determinierte Schicksale durch die eingeblendeten Zeitereignisse dokumentarischen Charakter erhalten, entstammen wiederum der mittleren und der unteren Gesellschaftsschicht. Joe Williams, Sohn eines Schlepperkapitäns und Bruder der aus *The 42nd Parallel* bekannten Janey Williams, desertiert aus der Kriegsmarine, fährt mit falschen Papieren auf englischen und amerikanischen Frachtschiffen, erlebt dort und während seiner Landaufenthalte den Krieg als innerlich Unbeteiligter, als ruheloser Wanderer zwischen zwei Kontinenten, und stirbt am Waffenstillstandstag einen sinnlosen Tod: In St. Nazaire wird er bei einem Streit im Vergnügungsviertel erschlagen. – Richard Ellworth Savage meldet sich als Havard-Student freiwillig zum amerikanischen Sanitätskorps, wird in Frankreich und Italien eingesetzt, muß wegen seiner Kritik an den Politikern, die seiner Meinung nach den Krieg, *»diese dreckige Schiebung«*, angezettelt haben, in die USA zurückkehren, hält es dann aber für opportun, einer regulären Einberufung aus dem Weg zu gehen und sich von einem einflußreichen Gönner als Leutnant auf einen Etappenposten in Frankreich schicken zu lassen (vgl. John Andrews in *Three Soldiers*). Kurz vor Kriegsende wird er zum Hauptmann befördert. In Paris, wo er später als Kurier für die Friedenskonferenz arbeitet, begegnet er J. W. Moorhouse, dem gerissenen Reklamefachmann großer Konzerne, der bei den Wirtschaftsverhandlungen des internationalen Kapitals mitmischt und in dessen Firma Savage später Karriere macht (vgl. *The Big Money*). – Vor dem gleichen Hintergrund vollzieht sich der moralische Niedergang Eveline Hutchins', einer emanzipierten Pfarrerstochter mit künstlerischen Ambitionen und wenig Talent, die zusammen mit ihrer Freundin Eleanor Stoddard (vgl. *The 42nd Parallel*) in der Propagandaabteilung des amerikanischen Roten Kreuzes arbeitet und sich in einer Gesellschaft bewegt, die aus der Tragödie ein Vergnügen macht. Die Hohlheit ihres Lebens sucht Eveline mit immer neuen Liebesaffären zu kompensieren (in *The Big Money* begeht sie dann Selbstmord). – Anne Elizabeth Trent (»Daughter«), verwöhnte Tochter eines texanischen Anwalts, die sich während ihres Studiums in New York den Textilarbeiterstreik in Paterson, New Jersey, »angesehen« hatte und seitdem an »solchen Sachen« interessiert ist, kommt nach Kriegsende im Auftrag des Hilfswerks für den Nahen Osten nach Europa; in Paris wird sie Savages Geliebte, aber nach kurzer Zeit fallengelassen. Sie kommt bei einem Flugzeugabsturz um. – Ben Compton, Sohn jüdischer Kleinbürger, verweigert den Kriegsdienst, agitiert für die Arbeiterorganisation »Industrial Workers of the World«, sehnt die kommunistische Weltrevolution herbei, wird wiederholt verhaftet und kurz vor dem Waffenstillstand aufgrund des Spionagegesetzes zu einer langen Gefängnisstrafe verurteilt. (Seine späteren enttäuschenden Erfahrungen mit der Gewerkschaft werden in *The Big Money* geschildert).

Dokumente der Niederlage des Individuums in einer Industriegesellschaft, deren Mächtige der Krieg nur noch mächtiger macht, der Fruchtlosigkeit eines vagen Idealen entspringenden Protests gegen soziale Ungerechtigkeit, der korrumpierenden Wirkung von Geld und Macht sind auch die neun ätzend sarkastischen Kurzbiographien prominenter Zeitgenossen, unter ihnen Teddy Roosevelt, Woodrow Wilson, der Arbeiterführer Joe Hill und der Bankier Morgan. Die »Camera Eye«-Kommentare des Autors vermitteln düstere Momentaufnahmen aus dem Sanitätsdienst an der Front und aus der Zeit der Pariser Friedenskonferenz.

Glanz und Elend der zwanziger Jahre sind das Thema von *The Big Money*. Im Mittelpunkt der romanhaften Passagen stehen wiederum fünf Personen, vor allem aber Charlie Anderson, dessen Anfänge als Mechaniker bereits im ersten Band der Trilogie geschildert wurden. Als hochdekorierter Jagdflieger aus dem Krieg heimgekehrt, läßt er sich in der New Yorker Gesellschaft feiern. Er findet Gefallen am Lebensstil der Reichen und begibt sich auf die Jagd nach dem großen Geld, nicht zuletzt, um bei verwöhnten Frauen Chancen zu haben (hier ergibt sich ein inhaltlicher Berührungspunkt zu den Romanen F. Scott FITZGERALDS). Nach kurzem Intermezzo am alten Arbeitsplatz in Minneapolis wird er Flugzeugbauer in New York und Partner einer kleinen, aufstrebenden Fabrik. Mit Börsenspekulationen kommt er jedoch schneller zu Geld als mit seiner Arbeit, steigt in das Management einer großen Firma auf, die seine kleine Fabrik aufkaufte, wird zum Spielball des Großkapitals. Aus der Firma verdrängt, verliert er auch seine großbürgerliche Frau. Er beginnt ein Verhältnis mit der Schauspielerin Margo Dowling, die aus kleinen Verhältnissen zum Hollywood-Star aufstieg, und kommt betrunken bei einem selbstinszenierten Wettrennen seines Autos mit einem Schnellzug zu Tode.

Weitere Hauptfiguren neben Margo Dowling sind die junge Idealistin Mary French, die sich dem Linksradikalismus und der Gewerkschaftsarbeit verschreibt und trotz zahlreicher Enttäuschungen ihre Ideale länger vertritt als irgendeine andere Figur des Romans; und Richard Ellsworth Savage, der, opportunistisch eingestellt, den Anschluß an die Hochfinanz sucht und findet. Er wird nach dessen Tod Nachfolger von Moorehouse.

Die neun eingestreuten Biographien befassen sich unter anderen mit dem Präsidenten Woodrow Wilson, dem Wirtschaftswissenschaftler Thorstein Veblen, der Tänzerin Isadora Duncan, den Auto- und Zeitungskönigen Henry Ford und William Hearst und dem Filmidol Rudolf Valentino. Auch hier gerät *The Big Money* zur kritischen Darstellung der vor allem in der Rückschau oft nostalgisch verklärten »goldenen Zwanziger«.

Mit seiner eigenwilligen literarischen »Montage« hat Dos Passos einen kaum abzuschätzenden Einfluß auf andere Schriftsteller ausgeübt, etwa – um nur zwei Beispiele zu nennen – auf SARTRE *(Les chemins de la liberté – Die Wege der Freiheit)* und auf Norman MAILER *(The Naked and the Dead – Die Nackten und die Toten)*. J.v.Ge.-H.Thi.

Zu *The 42nd Parallel*:

AUSGABEN: NY/Ldn. 1930. – NY 1937 (recte 1938, in *U.S.A.*; Vorw. J. Dos Passos). – Boston 1946 (in *U.S.A.*, 3 Bde., 1). – Harmondsworth 1966; ern. 1976 (in *U.S.A.*; Penguin).

Übersetzung: *Der 42. Breitengrad*, P. Baudisch, Bln. 1930. – Dass., ders., Hbg. 1961. – Dass., ders., Reinbek 1979.

Literatur: B. H. Gelfant, *The American City Novel*, Norman/Okla. 1954, S. 133–174. – B. Maine, *Representative Men in Dos P.'s »The 42nd Parallel«* (in Journal of Literature, History and the Philosophy of History, 12, 1982, S. 31–43). – G. Foster, *J. Dos P.'s Use of Film Technique in »Manhattan Transfer« and »The 42nd Parallel«* (in Literature/Film Quarterly, 14, 1986, S. 186–194).

Zu *1919*:

Ausgaben: NY/Ldn. 1932. – NY 1937 (recte 1938, in *U.S.A.*, Vorw. J. Dos Passos). – Boston 1946 (in *U.S.A.*, 3 Bde., 2). – NY 1954; ern. 1961 [Einl. M. Geismar]. – Harmondsworth 1966; ern. 1976 (in *U.S.A.*; Penguin).

Übersetzung: *Auf den Trümmern. Roman zweier Kontinente*, P. Baudisch, Bln. 1932. – *Neunzehnhundertneunzehn. Roman zweier Kontinente*, ders., Hbg. 1962. – Dass., ders., Reinbek 1979.

Literatur: J.-P. Sartre, *J. Dos P. and »1919«* (in J.-P. S., *Literary and Philosophical Essays*, Ldn. 1955, S. 88–96). – B. Foley, *History, Fiction, and Satirical Form: The Example of Dos P.'s »1919«* (in Genre, 12, 1979, S. 357–378).

Zu *The Big Money*:

Ausgaben: NY/Ldn. 1936. – NY 1937 (recte 1938, in *U.S.A.*; Vorw. J. Dos Passos). – Boston 1946 (in *U.S.A.*, 3 Bde., 3). – NY 1955; ern. 1961 [Einl. M. Geismar]. – Harmondsworth 1966; ern. 1976 (in *U.S.A.*; Penguin).

Übersetzungen: *Der große Schatten*, K. Lambrecht, Zürich/Prag 1939. – *Hochfinanz*, P. Baudisch, Hbg. 1962. – Dass., ders., Reinbek 1979.

Literatur: B. Foley, *The Treatment of Time in »The Big Money«: An Examination of Ideology and Literary Form* (in MFS, 26, 1980, S. 447–467). – H. Isernhagen, *Dos P.'s Deficient Constable and Some of Its Implications* (in ASSL, 220, 1983, S. 367–370). – D. Pizer, *The ›Only Words Against Power Superpower‹ Passage in Dos P.'s »The Big Money«* (in Papers of the Bibliographical Society of America, 79, 1985, S. 427–434).

Zu der Romantrilogie *U.S.A.*:

Literatur: L. Gurko, *J. Dos P.' »U.S.A.«: A 1930's Spectacular* (in *Proletarian Writers of the Thirties*, Hg. D. Madden, Carbondale/Ill. 1968, S. 46–63). – U. Schubert, *Reportage u. Reportageroman als Kunstformen bei J. Dos P.*, Diss. Heidelberg 1969. – H.-A. Walter, *Auf dem Wege zum Staatsroman II. Die »U.S.A.« – Trilogie von J. Dos P.* (in FH, 24, 1969, S. 192–202). – A. Goldman, *Dos P. and His »U.S.A.«* (in New Literary History, 1, 1970, S. 471–483). – *The Merrill Studies in »U.S.A.«*, Hg. D. Sanders, Columbus/Oh. 1971. – L. Hughson, *In Search of the True America: Dos P.'s Debt to Whitman in »U.S.A.«* (in MFS, 19, 1973, S. 179–192). – J. Morse, *Dos P.'s »U.S.A.« and the Illusion of Memory* (in MFS, 23, 1977, S. 543 bis 555). – D. L. Vanderwerken, *»U.S.A.«: Dos P. and the ›Old Words‹* (in TCL, 23, 1977, S. 193–228). – B. Foley, *From »U.S.A.« to »Ragtime«: Notes on the Forms of Historical Consciousness in Modern Fiction* (in AL, 50, 1978, S. 85–105). – D. Buttjes, *Der proletarische Roman in den Vereinigten Staaten von Amerika*, Meisenheim a. Gl. 1977. – H. Levin, *Revisiting Dos P.'s »U.S.A.«* (in Massachusetts Review, 20, 1979, S. 401–415). – C. Marz, *»U.S.A.«: Chronicle and Performance* (in MFS, 26, 1980, S. 394–415). – P. G. Christiansen, *Dos P.'s Use of Biography in »U.S.A.«* (in FMLS, 18, 1982, S. 201–211). – M. Clark, *The Structure of J. Dos P.'s »U.S.A.«* (in Arizona Quarterly, 38, 1982, S. 229–234). – R. J. Butler, *The American Quest for Pure Movement in Dos P.'s »U.S.A.«* (in TCL, 30, 1984, S. 80–99). – D. Seed, *Media and Newsreels in Dos P.'s »U.S.A.«* (in Journal of Narrative Technique, 14, 1984, S. 182–192). – B. Maine, *»U.S.A.«: Dos P. and the Rhetoric of History* (in South Atlantic Review, 50, 1985,

## CARLO DOSSI

eig. Carlo Alberto Pisani Dossi

* 27.3.1849 Zenevredo
† 16.11.1910 Cardina bei Como

**Literatur zum Autor:**
B. Croce, *C. D.* (in Critica, 3, 1905, S. 453–470). – L. Chadourne, *L'œuvre de C. D.*, Florenz 1914. – A. Romanò, *Decadentismo ironico di C. D.* (in FiL, 6. 3. 1949). – R. Schira, *D.*, Mailand 1949. – C. Varese, *L'arte di C. D.* (in Cultura, 1950, S. 57–78). – D. Isella, *La lingua e lo stile di C. D.*, Mailand/Neapel 1958. – P. Nardi, *C. D.* (in *La letteratura italiana. I Minori*, Bd. 4, Mailand 1962). – G. P. Lucini, *L'oro topico di C. D.*, Mailand 1973. – F. Spera, *Il prinicipio dell'antilettura: D., Faldella, Imbraini*, Neapel 1976. – *La critica e D.*, Hg. L. Avellini, Bologna 1978. – F. Portinari, Art. *C. D.* (in Branca, 2, S. 177–180).

### LA DESINENZA IN A. Ritratti umani

(ital.; *Die Endung auf a. Menschliche Porträts*). Erzählungen von Carlo Dossi, erschienen 1878. – Die Erzählungen gehören – zusammen mit *Campionario (Mustersammlung)*, *Dal calamaio di un medico (Aus dem Tintenfaß eines Arztes)* und *Altri ri-*

*tratti umani (Andere menschliche Porträts)* – zu dem Zyklus *Ritratti umani (Menschliche Porträts)*. Im Vorwort zur *Desinenza*, seinem bekanntesten Werk, polemisiert Dossi scharf gegen jene Kritiker, die den aufkommenden literarischen Realismus und Verismus mit moralischen Argumenten bekämpften. Die einzelnen Erzählungen sind, an sich selbständig, nur durch ihre Thematik miteinander verbunden: Dossis ausgesprochenen Frauenhaß. Er läßt kein einziges gutes Haar an der *donna*, der *»auf a endenden«* Menschengattung. Die Kürze der einzelnen Erzählungen entspricht Dossis Vorliebe für die Skizze, seiner Neigung zur Zerstückelung eines Komplexes in Einzelbilder. In der ironischen Darstellung menschlicher Schwächen und Exzentrizitäten war der Autor von Laurence STERNE, in seiner Vorliebe für das Skurrile, für das Erfinden (oder Entdecken) extremer Charaktere von JEAN PAUL beeinflußt; er selbst wirkte wiederum, vor allem durch *La desinenza in a*, auf Alberto CANTONI (1841–1904), den PIRANDELLO als seinen eigentlichen Vorläufer bezeichnete.

*La desinenza in a* ist als satirisches Bild der Gesellschaft zweifelsohne eines der grausamsten, als Angriff auf den herrschenden Intellektualismus zugleich aber auch eines der mutigsten Bücher seiner Zeit. Als eines der Hauptwerke der *scapigliatori*, jener italienischen Avantgardisten, die in den siebziger und achtziger Jahren des 19. Jh.s als »zornige junge Männer« allen Konventionen entgegentraten, ist es wegen seiner Frauendarstellung dem nüchternsten und ernüchterndsten Realismus zuzuordnen. Dieser Realismus zeichnet sich, ähnlich wie bei Jules RENARD (1864–1910), durch den knappen und suggestiven Ausdruck einer scharf beobachteten Wirklichkeit aus und gewinnt ihr neue Dimensionen ab. Mehr noch als in seinen anderen Werken besticht Dossis Sprache in *La desinenza in a* durch Archaismen und preziöse Formulierungen, durch Neologismen und Dialektfärbung, aber auch durch die Extravaganzen in Orthographie und Interpunktion. Hinter diesem so extremen Subjektivismus, der sich gegen die dominierenden, erstarrten literarischen Prinzipien auflehnt, zuweilen – bewußt oder unbewußt – aber durchaus auch Pose sein kann, verbirgt sich die eigenbrötlerische Haltung Dossis, der sich in dem Raffinement seiner Wortkunst in erster Linie als Lyriker zu erkennen gibt. Seine syntaktischen Spielereien sind Ausdruck eines oft ans Virtuose grenzenden stilistischen Formalismus, der gerade in der oberitalienischen Literatur – bis zu Carlo Emilio GADDA – immer wieder in Erscheinung getreten ist. KLL

AUSGABEN: Mailand 1878. – Mailand 1913 (in *Opere*, 5 Bde., 1910–1927, 3). – Mailand 1944 (in *D.*, Hg. C. Linati). – Florenz 1972 (m. *L'altrieri* u. *Vita di Alberto Pisano*; Einl. E. Ronconi). – Turin 1981. – Mailand 1981 [Komm. L. Barile].

LITERATUR: L. Tonelli, *Alla ricerca della personalità*, Mailand 1923, S. 133–151. – R. Schira, *Il linguaggio di C. D.* (in Saggi di Umanesimo Christiano, 2, 1947, S. 3–16). – M. Serri, *C. D. e il racconto*, Rom 1975. – G. Pacchiano, *Approssimazioni alla »Desinenza in a«* (in GLI, 156, 1979, S. 335–356).

## VITA DI ALBERTO PISANI

(ital.; *Das Leben des Alberto Pisani*). Roman von Carlo DOSSI, erschienen 1870. – Der große literarische Subjektivist und zugleich wichtige Vertreter der Mailänder *scapigliatori*, von dem aus sich direkte Verbindungen zu PIRANDELLO wie auch GADDA herstellen lassen, hat diesen fantastischen Roman so stark autobiographisch eingefärbt, daß er dem Protagonisten folgerichtig seinen eigenen Taufnamen verlieh. Ihn läßt er entscheidende Episoden aus der eigenen Jugend, aber auch seine damaligen pubertären Vorstellungen, bizarren und morbiden Träume erleben. Inhaltlich an den vorausgegangenen, wenig signifikanten Roman *L'altrieri (Vorgestern)* anknüpfend, erzählt der Dichter vom Heranwachsen des furchtsamen, hypersensiblen Knaben Alberto, dessen Vater schon vor seiner Geburt gestorben war und dessen geistig labile Mutter früh durch Selbstmord endet. Von der gutmütigen Großmutter erzogen, wächst er in der düster-unheimlichen Atmosphäre eines der familiären Wärme mangelnden geräumigen Hauses auf, nicht Menschen, sondern fast ausschließlich Dingen, Stimmungen und Stimmen zugewandt. Nach dem Tod der Großmutter projiziert Alberto sein lädiertes Weltgefühl auf vorgetäuschte oder eingebildete Krankheiten, ergötzt sich an der nutzlosen Analyse bizarrer gedanklicher Konstruktionen, die er beseelt und seine individuelle Welt werden läßt. Der einzige Mensch aus Fleisch und Blut, dem er sich zutiefst verbunden weiß, ist die Mailänder Modistin Claudia Salis, die er freilich nur ein einziges Mal, nach ihrem Sterben, unmittelbar ansprechen kann und in die Arme zu schließen wagt. Alberto hat nämlich einen Totengräber bestochen, ihm die exhumierte Tote für eine einzige Nacht zu überlassen. Die körperliche Wirklichkeit dieser Frau erschüttert den Jüngling in unerhörter Weise: In der panischen Angst, Claudia könne in der verzweifelten Glut seiner Liebe zum Leben erweckt werden und ihn dann verlassen, feuert er seine Pistole auf den Leichnam ab, anschließend auf sich selbst; aus seinen Händen fällt die Waffe in einen Strauß duftender Rosen.

Dieses nur sehr bedingt der »schwarzen Romantik« angehörende Werk ist als weitgehend grotesk angelegte Dichtung vornehmlich Ausdruck eines ganz persönlichen, grüblerischen, versponnenen Welterlebens. Indem der Dichter durch den Akt des Gestaltens dieses gedachte und empfundene Erleben gewissermaßen verselbständigt, löst er sich von ihm, hebt er in der Distanz Spannungen auf, zugleich freilich auch sich selbst in Frage stellend und die abstrusen Tendenzen seines Geistes kritisierend. Darum gibt der Roman kein Beispiel von Morbidität und Dekadenz; vielmehr verdeutlicht er den pirandellianischen »Humor« (vgl. *L'umore*) und statuiert zugleich ein beachtliches Exempel der romantischen Ironie für den italienischen Sprachraum. Tatsächlich ist Dossi sowohl von ROVANI (vgl. *Cento anni*) wie auch von dem häufig zitierten JEAN PAUL stark beeinflußt. Der Formalismus des Autors, der Rück- und Innenschau ineinander übergehen läßt, selbständige größere Binnenerzählungen einflicht und in dessen Naturalismus frühe expressionistische Elemente spürbar sind, erregte zu Recht beträchtliches Aufsehen. M.S.

AUSGABEN: Mailand 1870. – Mailand 1910 (in *Opere*, 5 Bde., 1910–1927, 1). – Florenz 1972 (m. *L'altrieri* u. *La desinenza in a*; Einl. E. Ronconi). – Turin 1976 [Einl. A. Arbasino].

LITERATUR: F. Tancini, *La parodia del romanzo ottocenteschо nella »Vita di Alberto Pisani« di C. D.* (in GLI, 157, 1980, S. 431–444).

## FËDOR MICHAJLOVIČ DOSTOEVSKIJ

* 11.11.1821 Moskau
† 9.2.1881 Petersburg

LITERATUR ZUM AUTOR:
*Bibliographien:*
*F. M. D. Bibliografija proizvedenij F. M. D. i literatury o nëm. 1917–1965*, Moskau 1968. – S. V. Belov, *Bibliografija proizvedenij F. M. D. i literatury o nëm. 1966–1969*, Leningrad 1971. – Ders., *F. M. D. i teatr. 1846–1977. Bibliogr. ukazatel'*, Leningrad 1980.
*Wörterbuch:*
R. Chapple, *A. D. Dictionary*, Ann Arbor 1982.
*Zeitschriften:*
International Dostoevsky Society Bulletin, Washington 1972–1979. – Dostoevsky Studies: Journal of the International Dostoevsky Society, Klagenfurt 1980 ff.
*Biographien:*
E. Solov'ev, *D., ego žizn' i literaturaja dejatel'nost'*, Kasan 1922. – K. V. Močul'skij, *D. Žizn' i tvorčestvo*, Paris 1947. – D. I. Zaslavskij, *F. M. D. Kritiko-biografičeskij očerk*, Moskau 1956. – P. S. R. Payne, *D. A Human Portrait*, NY 1961. – Ė. M. Rumjanceva, *F. M. D. Biografija pisatelja*, Leningrad 1971. – L. Grossman, *D. A Biography*, Ldn. 1974. – P. Hingley, *D. His Life and Work*, NY 1978. – J. Seleznev, *D.*, Moskau 1981.
*Gesamtdarstellungen und Studien:*
N. Berdjajew, *Die Weltanschauung D.s*, Mchn. 1925. – L. Grossman, *Poėtika D.*, Moskau 1925. – D. Gerhardt, *Gogol u. D. in ihrem künstlerischen Verhältnis*, Diss. Halle 1940. – R. Lauth, *Die Philosophie D.s*, Mchn. 1950. – R. Guardini, *Religiöse Gestalten in D.s Werk*, Mchn. 1951. – J. Eng, *D. – romancier*, Den Haag 1957. – V. Šklovskij, *Za i protiv. Zametki o D.*, Moskau 1957. – *D. A Collection of Critical Essays*, Hg. R. Wellek, Englewood Cliffs/N. J. 1962. – N. Gus', *Idei i obrazy F. M. D.*, Moskau 1962. – M. Bachtin, *Problemy poėtiki D.*, Moskau 1963 [dt. Ü: Mchn. 1971]. – N. M. Čirkov, *O stile D.*, Moskau 1963; ²1967. – G. Fridlender, *Realizm D.*, Moskau/Leningrad 1964. – J. Holthusen, *Prinzipien der Komposition u. des Erzählens bei D.*, Köln 1969. – F. Thiess, *D. Realismus am Rande der Transzendenz*, Stg. 1971. – W. Schmid, *Der Textaufbau in den Erzählungen D.s*, Mchn. 1973 [enh. Bibliogr.]. – M. Braun, *Das Gesamtwerk als Vielfalt u. Einheit*, Göttingen 1976. – L. Müller, *D.*, Tübingen 1977. – *D. & Gogol. Texts and Criticism*, Hg. P. Meyer u. St. Rudy, Ann Arbor 1979. – G. M. Fridlender, *D. i mirovaja literatura*, Moskau 1979. – R. Neuhäuser, *Das Frühwerk D.s. Literarische Tradition u. gesellschaftlicher Anspruch*, Heidelberg 1979 [enth. Bibliogr.]. – S. M. Solov'ev, *Izobrazitel'nye sredstva v tvorčestve F. M. D. Očerki*, Moskau 1979. – F. Ph. Ingold, *D. u. das Judentum*, Ffm. 1981. – J. L. Rice, *D. and the Healing Art: An Essay in Literary and Medical History*, Ann Arbor 1985. – W. Baumann, *Orientierungen oder Desorientierungen zu D.?*, Hbg. 1986.

### BEDNYE LJUDI

(russ.; *Arme Leute*). Roman von Fëdor M. DOSTOEVSKIJ, erschienen 1846. – Die Geschichte *»eines Beamtenherzens, rein und redlich, und eines jungen Mädchens, gekränkt und traurig«* machte den jungen Dostoevskij über Nacht zu einem gefeierten Schriftsteller (darüber Dostoevskij in *Dnevnik pisatelja – Tagebuch eines Schriftstellers* – für das Jahr 1877). Ein alter, ärmlich lebender Beamter führt einen schlichten Briefwechsel mit seiner jungen, hübschen, entfernten Verwandten Varja, die – indem sie einen reichen, ungeliebten Gutsbesitzer heiratet – in selbstverständlicher und für ihn grausamer Ahnungslosigkeit an ihm vorübergeht, dem eigenen, wahrscheinlich glücklosen Schicksal entgegen.

Dostoevskij setzt die auf GOGOL' zurückgehende Tradition der »Natürlichen Schule« fort und stellt in den Mittelpunkt seiner Geschichte eine »Departementsratte«, den kleinen Mann – den Antihelden. Aber indem er seinen Titularrat Makar Devuškin (*devuška*: Jungfrau) in selbstloser Liebe leiden läßt, setzt er ihn gegen Gogol's erbarmungsloses und ironisches Porträt Akakij Bašmačkins (*bašmak*: Schuh) ab, der für einen Mantel lebt (vgl. *Šinel'*). – Außer der für Dostoevskij typischen Form der direkten Rede läßt der Erstlingsroman noch andere Merkmale erkennen, die auf die großen Romane hindeuten: der Kontrast als spannungsbildender Faktor (jung – alt, gefühlvolles Herz – lächerliches Äußeres, Sentimentalismus bei der Schilderung des Seelischen – Naturalismus bei der Darstellung der

Außenwelt); das Vorbild als Mittel zur Selbstidentifikation; der gebannt auf die menschliche Seele gerichtete Blick des Autors. Die Armut stellt sich diesem Blick als ein spezifisches psychisches Erlebnis, nicht nur als ein soziales Anliegen dar. Dieses Erlebnis führt seinen Antihelden vor die tragische Frage: *»Woher kommt es, daß gerade der gute Mensch im Unglück einherwandelt?«* Eine Frage, die in den großen Romanen Dostoevskijs den Menschen zur Rebellion verführen wird. S.G.

AUSGABEN: Petersburg 1846 (in Petersburgskij sbornik). – Moskau 1956 (in *Sobr. soč.*, Hg. L. Grossman u. a., 10 Bde., 1956–1958, 1). – Moskau 1982 (in *Sobr. soč.*, 12 Bde., 1).

ÜBERSETZUNGEN: *Arme Leute*, A. L. Hauff, Dresden 1887. – Dass., E. K. Rahsin (in *SW*, Hg. D. Mereschkowski u. A. Moeller van den Bruck, Bd. 1, Mchn. 1910). – Dass., G. Jarchow, Mchn. 1959 (GGT, 543). – Dass., E. K. Rahsin (in *SW*, Bd. 1, Mchn./Zürich 1977). – Dass., Chr. Ganzer, Stg. 1985.

LITERATUR: N. S. Trubeckoj, *The Style of »Poor Folk« and »The Double«* (in Amer. Slavic and East Europ. Review, April 1948, S. 150–170). – D. Barlesi, *La vision sociale de Petersbourg chez D. Des »Pauvres gens« à »Crime et châtiment«*, Aix-en-Provence 1961. – H. Günther, *Die Bewußtseinsentwicklung des kleinen Beamten in D.s »Armen Leuten«* (in *Aus der Geisteswelt der Slaven. Dankesgabe an Erwin Koschmieder*, Mchn. 1967, S. 176–188). – R. Neuhäuser, *Rereading »Poor Folk« and »The Double«* (in International Dostoevsky Society Bull., 1976, 6, S. 29–32). – J. Timm, *Das Seinsverständnis der Helden in D.s »Bednye ljudi« und in der »Krotkaja«*, Kiel 1981. – G. Rosenshield, *Old Pokrovskij: Technique and Meaning in a Character Foil in D.s »Poor Folk«* (in *New Perspectives on Nineteenth-Century Russian Prose*, Columbus 1982, S. 99–110). – V. Terras, *The Young D.: an Assessment in the Light of Recent Scholarship* (in *New Essays on D.*, Cambridge 1983, S. 21–40).

**BELYE NOČI. Sentimental'nyj roman. Iz vospominanij mečtatelja**

(russ.; *Helle Nächte, Sentimentaler Roman. Aus den Erinnerungen eines Träumers*). Roman von Fëdor M. DOSTOEVSKIJ, erschienen 1848. – Die Handlung spielt in vier hellen nordischen Nächten und an einem Morgen: Die Nächte sind ausgefüllt von Dialogen zwischen dem Erzähler, einem *»halbkranken Städter«*, und der jungen Nasten'ka, die auf ihren Geliebten wartet und immer wieder der Obhut ihrer Großmutter zu entweichen versteht. Der Morgen bringt die Lösung: Der erwartete, herbeigesehnte Bräutigam Nasten'kas kehrt zurück, nachdem der Chronist ihm einen Brief des verlassenen Mädchens überbracht hat. Das Mädchen entschwindet den Augen des Autors.

Dieser Roman ist unmittelbar aus Dostoevskijs journalistischer Tätigkeit hervorgegangen: Seit dem Frühjahr 1847 schrieb er für die Zeitung ›Petersburger Annalen‹. Er übte sich in scheinbar absichtsloser, weitschweifiger und ungezwungen vertraulicher Causerie. Der Feuilletonist Dostoevskij ist es, der Petersburg und den Petersburger Träumer entdeckt. Die *»künstlichste aller Städte«* wird von da an nicht nur zur bestimmenden Komponente im Leben seiner Helden, sondern auch zum unheimlichen Akteur in den Katastrophen ihres Lebens (vgl. *Zapiski iz podpol'ja – Aufzeichnungen aus einem Kellerloch; Prestuplenie i nakazanie – Schuld und Sühne; Podrostok – Der Jüngling*). Der Petersburger Träumer ist der *»Alpdruck, die verkörperte Sünde, er ist eine Tragödie, eine stumme, geheimnisvolle, düstere, ungeheuerliche, mit all ihren Schrecken, allen Katastrophen, Peripetien, allen Konflikten und Lösungen ... Unmerklich verliert er die Gabe des wirklichen Lebens.«* In den *»Hellen Nächten«* erfahren diese beiden Motive ihre erste künstlerische Konkretisierung. Bei der Begegnung des Träumers mit der lebensvollen Nasten'ka findet die Gegenüberstellung einer literarischen (Schein-) und einer naiven (Sein-)Existenz statt, ein Thema, das von da an aus seinem Werk nicht mehr wegzudenken ist. Die Idee des Träumers *(»Er selbst ist der Künstler seines Lebens und gestaltet es stündlich nach seinem Willen«)* ist der Ansatz zu Dostoevskijs Idee der Freiheit, dem »selbständigen Wollen«, das sich im willkürlichen Verhalten *(nadryv)* offenbart (vgl. *Besy – Die Dämonen; Brat'ja Karamazovy – Die Brüder Karamasov*). S.G.

AUSGABEN: Petersburg 1848 (in Otečestvennye zapiski). – Moskau 1956 (in *Sobr. soč.*, Hg. L. Grossman u. a., 10 Bde., 1956–1958, 2). – Moskau 1982 (in *Sobr. soč.*, 12 Bde., 1).

ÜBERSETZUNGEN: *Weiße Nächte*, L. A. Hauff, Bln. 1888. – *Helle Nächte*, H. Röhl, Lpzg. 1928 (IB, 254). – *Weiße Nächte*, A. Eliasberg, Mchn. 1923. – *Helle Nächte*, E. K. Rahsin (in *SW*, Bd. 15, Mchn. 1911). – Dass., A. Luther (in *Die kleineren Romane*, Mchn. 1963). – *Helle Nächte*, E. K. Rahsin (in *SW*, Bd. 1, Mchn./Zürich 1977). – *Weiße Nächte*, E. Hirsch, Wien 1983.

VERFILMUNG: *Le notti bianche*, Italien 1957 (Regie: L. Visconti).

LITERATUR: V. Nečaeva, *Rannij D. 1821–1849*, Moskau 1979. – T. Seifrid, *Theatrical Behavior Redeemed: D.'s »Belye Noči«* (in SEEJ, 26, 1982).

**BESY**

(russ.; *Die Dämonen*). Roman von Fëdor M. DOSTOEVSKIJ, erschienen 1871/72. – Der Roman war ursprünglich vom Autor als ein Pamphlet gegen die russische Form des Atheismus – den Nihilismus – gedacht; im Verlauf der Arbeit trat jedoch die beabsichtigte zeitkritische Tendenz hinter philosophische und künstlerische Problematik zurück. Der Handlung liegt die Geschichte des Studenten Ivanov zugrunde, der sich mit einer anarchistisch-revolutionären Gruppe entzweit hatte und von deren Anführer Nečaev im Park der Landwirtschaftlichen Akademie zu Moskau ermordet worden war (November 1869). Die Geschichte eines Mordes aus politischer Räson ist zu einem Element der Handlung auf der Ebene der »Söhne« geworden. Die Ebene der »Väter« (in Analogie zu TURGENEVS *Otcy i deti – Väter und Söhne*) wird von Stepan Verchovenskij repräsentiert. Das eigentliche dynamische und thematische Zentrum des Romans, die letzte Ursache und das eigentliche Ziel aller Peripetien ist das Geheimnis der Schönheit und der Macht Nikolaj Stavrogins.

Vater Verchovenskij, der *»fünfzigjährige Säugling«*, Idealist, Ästhet und begeisterter Liebhaber der deutschen Philosophie, fristet sein Leben in einer abgelgenen Provinzstadt im Haus der reichen Witwe Varvara Stavrogina. Er ficht Dostoevskijs Kampf gegen den Utilitarismus der jungen Generation aus und proklamiert die Schönheit – nicht das Brot – als das bestimmende Prinzip der Geschichte, als die *»eigentliche Frucht der Menschheit«*. Doch sein geistiger Sieg führt endgültig zu seiner Entwurzelung: Er flieht aus dem Haus seiner Wohltäterin und stirbt als Pilger. Vor seinem Tod (er läßt sich aus dem *Lukas-Evangelium* die Geschichte von der Austreibung der Teufel vorlesen – Entschlüsselung des Titels und des Romans) findet seine ästhetisierende Frömmigkeit zu der religiösen Erkenntnis: *»Die Liebe ist höher denn das Sein, die Liebe ist die Krönung des Seins.«*

Stepan Verchovenskij war der Erzieher Nikolaj Stavrogins, des Sohns der reichen Stavrogina. Stavrogin taucht drei Wochen vor seinem Selbstmord auf; vier Männer umgeben ihn, von denen jeder Stavrogins Antinomie (Glauben – Vernichtung) als individuelles Schicksal erleidet. Der wie Stavrogin erst kürzlich aus dem Ausland zurückgekehrte Anarchist und Führer eines revolutionären *»Fünferkomitees«*, Pëtr Verchovenskij (Sohn des alten Stepan Verchovenskij und damit geistiger Bruder Stavrogins), überträgt dessen Losung: *»Alles ist allem gleich«* (letzte Konsequenz der Idee des »eingekerkerten Bewußtseins« bei Dostoevskij) auf das politische Leben. Er ermordet den Studenten Šatov, angeblich, weil von ihm Denunziation drohe, in Wirklichkeit aber, um seiner konspirativen Tätigkeit einen Inhalt zu geben. Hinter der Maske eines Intriganten und Narren verbirgt sich ein von der Idee der Zerstörung um ihrer selbst willen Besessener. Ihm steht in der *»grenzenlosen Despotie«* Šigalëvs eine Utopie von der Herrschaft des außergewöhnlichen Menschen über die Kommune der Entmündigten gegenüber (Ideen Raskol'nikovs und des Großinquisitors treffen hier zusammen). Der junge Ingenieur Kirilov kennt, gleich Fürst Myškin *(Der Idiot)*, die ekstatische Erfahrung der *»ewigen Harmonie«* des Seins, das *»Alles ist gut!«*. Sie aber steht im Widerspruch zu der alltäglichen Erkenntnis: *»Leben ist Schmerz und Angst.«* Aus Angst schuf der Mensch die Lüge: einen Gott. Die Überwindung der Angst, die Aufhebung des Unterschieds zwischen Leben und Tod bedeutet für Kirilov die Überwindung Gottes und die Gottwerdung des Menschen: Kirilov ist bereit, sich – und damit Gott – zu töten, da für ihn der Selbstmord, der *»höchste Punkt des Eigenwollens«*, den Menschen zum Menschgott macht und Mensch und Natur neue Impulse gibt. Allein seine *»furchtbare Freiheit«* wird für das konspirative Treiben eingespannt: Genötigt, sich als Mörder des Studenten Šatov auszugeben, stirbt er als Opfer einer grauenvollen Mystifikation.

Šatov ist (neben dem alten Stepan Verchovenskij) die Lieblingsfigur Dostoevskijs und spricht dessen Credo aus: *»Ich glaube an Rußland, ich glaube an eine Orthodoxie ... Ich glaube an den Leib Christi ... Ich glaube, daß Christi Wiederkunft in Rußland stattfinden wird ...«* Šatov – der leidenschaftlichste Anhänger und der heftigste Antipode Stavrogins – glaubt an Rußland, ohne an Gott glauben zu können; darin liegt sein Verhängnis. Die Freude über die Rückkehr seiner Frau, die ihn Stavrogins wegen verlassen hatte, könnte ihn vielleicht wieder zum Glauben zurückführen; doch ehe es dazu kommt, wird er ermordet. Den innersten Kreis um Stavrogin bilden vier Frauen: das kleine Mädchen, das er frevelhaft zugrunde richtete; die hinkende Schwachsinnige, die er aus *»Leidenschaft zur Qual«* heiratete (und die mit Hilfe Pëtr Verchovenskijs ermordet wird); die schöne Liza, die ihm das Wunder der Liebe erschließen sollte (und die vom Pöbel umgebracht wird), und Daša, die ihm bis zu seinem Selbstmord in mütterlicher Barmherzigkeit standhielt. Die Frauen entlarven die Macht Stavrogins als die Ohnmacht eines *»falschen Prinzen«*; der Mönch Tichon – der *»positiv schöne Mensch«* als Verkörperung potentieller Kraft – durchschaut das Geheimnis seiner *»widerlichen Schönheit«*.

Das erst 1923 gedruckte, ursprünglich neunte Kapitel des dritten Teils mit der Überschrift *Bei Tichon* enthält die Beichte Stavrogins und sein Bekenntnis: *»Ich glaube an den Teufel«* – äußerste Dokumentation des vollzogenen Abfalls vom Sein bei Dostoevskij. Die Verwirklichung des Menschgottes erweist sich nicht als Triumph des Menschen, sondern als Zerstörung der Persönlichkeit. Der realisierte Unglaube ist Besessenheit. – Die dynamische Achse des Romans (die Antithese: Wahrheit der göttlichen Schönheit – Lüge der gottfernen Schönheit) ist durch ein undurchdringliches Geflecht von Intrige und Mystifikation getarnt. In den *Dämonen* erreicht Dostoevskijs Romantechnik ihren Höhepunkt. Monolog und Dialog sind Kraftfelder ständig wachsender Spannung, erzeugt vor allem durch die Katastrophen, die Stavrogin sowohl erleidet als auch auslöst. S.G.

AUSGABEN: Petersburg 1871/72 (in Russkij vestnik). – Moskau 1957 (in *Sobr. soč.*, Hg. L. Grossman u. a., 10 Bde., 7). – Moskau 1982 (in *Sobr. soč.*, 12 Bde., 8, 9, 10).

ÜBERSETZUNGEN: *Die Besessenen*, H. Putze, 3 Bde., Dresden 1888. – *Die Dämonen*, E. K. Rahsin (in *SW*, Hg. Moeller van den Bruck, Bd. 5–6, Mchn. 1906; m. Einl.). – Dass., H. Röhl, Gütersloh 1962. – Dass., E. K. Rahsin (in *SW*, Bd. 8, Mchn./Zürich 1977). – Dass., ders., Mchn. 1985.

DRAMATISIERUNGEN: *Nikolaj Stavrogin*, Moskau 1913 [Uraufführung im Künstlertheater]. – V. Burenin u. M. Suvorin, *Besy*, Petersburg 1908. – A. Camus, *Les possédés* [Uraufführung: Paris 1959; *Ü: Die Besessenen*, G. G. Meister, Hbg. 1960].

VERFILMUNG: Frankreich/Polen 1987 (Regie: A. Wajda).

LITERATUR: A. Moeller van den Bruck, *»Die Dämonen«* (in Die Zukunft, 14, 1906, 45). – A. Bem [Böhm], *Die Entwicklung d. Gestalt Stawrogins* (in *D.-Studien*, Hg. D. Čyževski, Reichenberg 1931, S. 69–98). – S. Hessen, *Stavrogin als philos. Gestalt. Die Idee d. Bösen in den »Dämonen«* (ebd., S. 51–68). – R. Guardini, *Religiöse Gestalten in D.s Werk*, Mchn. 1951, S. 290–353. – R. Lauth, *Die Bedeutung d. Schatow-Ideologie f. d. philos. Weltanschauung D.s* (in *Münchner Beiträge z. Slawenkunde, Festgabe P. Diels*, 1953, S. 240–252). – K. Hermanns, *»Die Dämonen«* (in K. H., *Das Experiment d. Freiheit*, Diss. Köln 1956, S. 89–120). – F. I. Evnin, *Roman »Besy« D.* (in *Tvorčestvo D.*, Moskau 1959, S. 215–264). – E. Stenbok-Fermor, *Lermontov and D.'s Novel »The Devils«* (in SEER, 17, 1959, S. 215–230). – F. Stepun, *D.s prophet. Analyse d. bolschewist. Revolution* (in F. S., *D. u. Tolstoj*, Mchn. 1961, S. 51–79). – M. S. Gus, *Idei i obrazy D.*, Moskau 1962, S. 345–368. – D. Bradbury, *The Narrative Structure of »Besy« by F. M. D. A Formal Analysis*, Edinburgh 1974. – B.-V. Gretzmacher, *Die Gestalt des Stavrogin in dem Roman »Die Dämonen« von F. M. D.*, Tübingen 1974. – G. M. Hucko, *The Uses of Narrator in D.'s »The Devils«*, Diss. Yale Univ. 1974 [enth. Bibliogr.]. – V. Černý, *D. and His »Devils«*, Ann Arbor 1975. – S. Vladiv, *Narrative Principles in D.'s »Besy«. A Structural Analysis*, Bern/Ffm. u. a. 1979 [enth. Bibliogr.].

## BOBOK. Zapiski odnogo lica

(russ.; *Bobok. Aufzeichnungen einer gewissen Person*). Erzählung von Fëdor M. DOSTOEVSKIJ aus dem *Dnevnik pisatelja (Tagebuch eines Schriftstellers)*, erschienen 1873. – An einem grauen Oktobertag besucht der Erzähler einen Petersburger Friedhof und hört – während er sich auf einer Grabplatte ausruht – die Stimmen der Toten. Er wird Zeuge ihrer Unterhaltung, die sich nur in ihrer schamlosen Offenheit von dem albernen und selbstsüchtigen Treiben in der Welt unterscheidet. Zu erfahren ist, daß der Mensch nach seinem Tod noch eine letzte Möglichkeit zur Besinnung erhält – solange sein Körper nicht endgültig zerfallen, sein Bewußtsein also noch im Stofflichen verankert ist: *»Es gibt hier jemand unter uns, der ist fast gänzlich verwest, aber ungefähr alle sechs Wochen murmelt er ein Wort vor sich hin, ein sinnloses natürlich, irgendein »Böhnchen«.* [*bobok*: Böhnchen]. *Böhnchen, Böhnchen – also glimmt auch in ihm noch ein Funken Leben ...«* Die Frist verstreicht ungenutzt, denn das während eines ganzen Lebens mißbrauchte Bewußtsein und die vernachlässigte Seele haben nicht mehr die Kraft, sich von den schablonenhaften Vorstellungen und animalischen Trieben zu befreien. Die kleine Farce – Totentanz der Gegenwart – ist ein Meisterstück der Erzählkunst Dostoevskijs. Wesentlichstes Merkmal sind die frappierenden oder paradoxen Details (*»Überraschende Kleinigkeiten«* nach Dostoevskij), die scheinbar zusammenhanglos in den sachlichen, fast nüchternen Bericht eingestreut werden. Indem das banale Detail (ein Böhnchen) einer metaphysischen Frage (Leben nach dem Tod) zugeordnet wird, gibt Dostoevskij dieser eine eigentümliche und suggestiv wirkende Realität. S.G.

AUSGABEN: Petersburg 1873 (in Graždanin). – Moskau 1956–1958 (in *Sobr. soč.*, Hg. L. Grossman u. a., 10 Bde., 10). – Moskau 1986 (in *Selo Stepančikovo i ego obitateli*).

ÜBERSETZUNGEN: *Bobok*, E. K. Rahsin (in *SW*, Bd. 20, Mchn. 1907). – Dass., dies. (in *SW, Tagebuchs eines Schriftstellers*, Mchn. 1963; revid.). – Dass., J. Hahn (in *Erzählungen*, Mchn. 1962). – Dass., E. K. Rahsin (in *SW*, Bd. 4, Mchn./Zürich 1977). – *Bobok. Aufzeichnungen eines Ungenannten*, E. K. Rahsin (in *Sämtl. Erzählungen*, Mchn./Zürich 1984).

LITERATUR: R. L. Jackson, *Quelques considérations sur »Le rêve d'un homme ridicule« et »Bobok« du point de vue esthétique* (in Russian Literature, 1, 1971, S. 15–27). – R. W. Phillips, *D.'s »Bobok«: Dream of a Timid Man* (in SEEJ, 18, 1974, S. 132–142).

## BRAT'JA KARAMAZOVY. Roman v 4 castjach s ėpilogom

(russ.; *Die Brüder Karamazov*). »Roman in vier Büchern und einem Epilog« von Fëdor M. DOSTOEVSKIJ, erschienen 1879/80. – Dostoevskijs letzter Roman gibt eine Zusammenfassung seiner Meditationen über das Schicksal der Menschheit aus den letzten Jahrgängen des *Tagebuch eines Schriftstellers (Dnevnik pisatelja)*, gipfelnd in dem Satz: *»Ohne eine höhere Idee kann weder ein einzelner Mensch noch eine Nation existieren. Es gibt nur eine höchste Idee auf Erden – die Idee der Unsterblichkeit der menschlichen Seele, denn alle übrigen hohen Ideen, von denen der Mensch leben kann, entspringen ihr allein ... Kurz, die Idee der Unsterblichkeit ist das Leben selber, das lebendige Leben.«* Darüber hinaus spiegelt der Roman die gesamte dichterische Welt Dostoevskijs und weist wie kein anderer in sublimierter Form

Züge seiner eigenen inneren Biographie auf. Die Freundschaft mit Vladimir S. Solov'ëv, dem Verkünder der Philosophie des Christentums, wirkte sich bedeutsam auf die Gestaltung und auf die gedankliche Intensität dieses Romans einer Idee aus; eine weitere wichtige Anregung brachte Dostoevskij die Begegnung mit der »Philosophie des gemeinsamen Tuns« von Nikolaj F. Fëdorov. Die Fabel des Romans ähnelt wie keine andere bei Dostoevskij einer Kriminalstory, da der wahre Täter bis zuletzt für den Leser unbekannt bleibt (im Gegensatz zu *Prestuplenie i nakazanie – Schuld und Sühne*). Die drei Brüder Karamazov kehren als Erwachsene in ihr Elternhaus zurück und treten dort ihrem Vater Fëdor gegenüber, einem alternden Lüstling und Narren, dem sie nichts als Verachtung und Haß entgegenbringen können. Alle drei wünschen seinen Tod. Als er eines Tages ermordet wird, fällt der Verdacht auf den ältesten Bruder Dmitrij, einen Rivalen des alten Karamazov bei der schönen Grušenka. Sämtliche Indizien sprechen gegen ihn, er wird schuldig gesprochen und zu Zwangsarbeit in Sibirien verurteilt. Der tatsächliche Mörder ist der Epileptiker Smerdjakov, unehelicher Sohn des alten Karamazov. Er setzt die Maxime des zweitältesten Bruders Ivan: *»Alles ist erlaubt«* in die Wirklichkeit um. Aus Langeweile, aus Ekel am Leben, jedoch ohne das geringste Schuldgefühl, erhängt sich Smerdjakov. Die drei Brüder nehmen ihre reale Mitschuld auf sich, als Voraussetzung einer Sühne.

Als Roman einer Idee ist dieses Werk nicht nur die Geschichte der Familie Karamazov, sondern die der menschlichen Situation schlechthin. Fëdor Karamazov (biologischer Vater, Pol der Zeugung und des Todes) steht Starec Zosima (geistiger Vater, Pol des Opfers und der Auferstehung) gegenüber. Die drei Brüder manifestieren die Trichotomie: das Denken ist das Element Ivans, Leidenschaft bestimmt das Leben Dmitrijs, der schöpferische Wille die Haltung Alëšas. Alle drei entstammen dem »Karamazovschen Element« (Erdhaftigkeit und Sinnlichkeit) und müssen sich gegen ihren illegitimen Halbbruder, die Personifikation von Sünde und Versuchung, behaupten. Alle drei stehen den gleichen tragischen Konflikt (Vaterhaß) durch und tragen die gleiche Schuld (Vatermord) wie Smerdjakov. Jedem der drei Brüder ist eine weibliche Gestalt zugeordnet, die ihm gegenüber eine tragende und charakterisierende Funktion erfüllt: Ivan – Katerina (Stolz und Selbstvergewaltigung), Dmitrij – Grušenka (Sinnlichkeit und Schönheit), Alëša – Liza (das Wunder der Heilung). Jeder ist von seiner eigenen Welt umschlossen: Ivan steht seinen Doppelgängern gegenüber, Dmitrij lebt in Schenken und Gassen, Alëša in der Welt des Klosters und der Kinder.

Die Haupthandlung wird von den Biographien der Brüder flankiert, die den tragischen Konflikt im *nadryv* ausleben müssen (Überschrift zu Buch 4). *Nadryv* – eine der wichtigsten Entdeckungen Dostoevskijs seit seinen *Aufzeichnungen aus dem Kellerloch* (*Zapiski iz podpol'ja*, 1864) – ist ein nicht zu übersetzender Terminus, abgeleitet von dem Verb *nadryvat'* (zerreißen). Dostoevskij meint damit den willentlichen Selbstbetrug und die gewollte Selbstzerstörung als Ausdruck des in der Natur des menschlichen Seins begründeten »Eigenwollens« und den Vollzug des Selbstbeweises. *Nadryv* ist *»Vergewaltigung der eigenen Person und Vergewaltigenwollen des Schicksals«* als Ausdruck ontologischer Stabilität. Alëša erlebt in der Ekstase die Vision der verklärten Welt; Dmitrijs Traum von einem unglücklichen Kindlein weist seine Leidenschaftlichkeit in die Bahn des Mitleids; Ivan dichtet eine *Legende vom Großinquisitor*.

Der Sinn dieser Legende ist nur im Rahmen des gesamten Romans zu erfassen: Christus erscheint im mittelalterlichen Spanien; er wird sofort erkannt und auf Geheiß des Großinquisitors eingekerkert. In einem Monolog klagt der Greis den Heiland an, er habe die Gaben des Versuchers: Brot, Wunder und Macht zugunsten seiner Freiheit verschmäht und damit das Unglück und Leid des Menschen besiegelt. Der Großinquisitor bekennt sich zum Antichrist, mit dessen Hilfe für den entwürdigten Menschen das Paradies auf Erden errichtet und *»bloß der Tod«* ins Jenseits verwiesen werden soll. Schweigend küßt ihn Christus auf den Mund, und schweigend verläßt er den Kerker. Der erste Aspekt der Legende ist die Kritik Dostoevskijs am westeuropäischen Christentum und an der römischen Kirche als der Verkörperung weltlicher Macht; der zweite ist die Selbstdarstellung Ivans, die Beziehungslosigkeit seines Mitleids, das nur das irdische Schicksal des Menschen zu erfassen vermag; der dritte ist Dostoevskijs Analyse der Freiheit als einer Offenbarung des göttlichen Prinzips im Menschen, die er in der Gegenüberstellung der Legende und der Reden des Starec Zosima durchführt. Zosima verkündet eine ekstatische spirituelle Erfahrung: die Unsterblichkeit des Menschen und die Göttlichkeit der Welt. Seine Gewißheit, daß das Sein eine Einheit ist, führt ihn zu der Erkenntnis: *»Alle sind an allem schuld«* und zur Praxis der *»werktätigen Liebe«* als einem Weg zur Verwirklichung selbstloser Freiheit.

Damit korrigiert und vollendet Dostoevskij die Gedanken aus seinen früheren Romanen, in denen er das Prinzip der menschlichen Existenz ohne Gott in Gestalten wie Kirilov, Stavrogin *(Besy)* und noch in den *Brüdern Karamazov* (Ivan) bis in seine letzten Konsequenzen verfolgte. *»Und zweifellos hat niemand in dem Maße wie Dostoevskij der absurden Welt so eindringliche und so quälende Reize zu geben vermocht«* (Albert Camus). Alëšas Antwort auf die Frage nach der Auferstehung – *»Gewiß, wir werden uns wiedersehen, wir werden uns fröhlich erzählen, was alles geschehen ist«* – zieht gleichsam die Schlußfolgerung. Der Selbstmord Kirilovs, Ivans Wahnsinn (*»wie Nietzsche, der berühmteste Gottesmörder, endet er im Wahnsinn«*, bemerkt Camus) sind überholt. Schillers Idee des *»höheren Menschen«* hat in Alëša die Gedankenspiele mit dem Übermenschen (Raskol'nikov) und dem Menschgott (Kirilov) überwunden. S.G.

AUSGABEN: Petersburg 1879/80 (in Russkij vestnik). – Moskau 1958 (in *Sobr. soč.*, Hg. L. Grossman u. a., 10 Bde., 1956–1958, 9. u. 10). – Moskau 1982 (in *Sobr. soč.*, 12 Bde., 11 u. 12).

ÜBERSETZUNGEN: *Die Brüder Karamasow*, anon., Lpzg. 1884, 4 Bde. – *Die Brüder Karamasoff*, E. K. Rahsin (in *SW*, Bd. 9/10, Mchn. 1906; ern. in *SW*, Mchn. 1952; revid.). – *Die Brüder Karamasow*, K. Nötzel (in *Sämtl. Romane u. Novellen*, Bde. 23, 24, u. 25, Lpzg. 1921). – Dass., H. Ruoff, Mchn. 1958. – *Die Brüder Karamasoff*, E. K. Rahsin (in *SW*, Bd. 10, Mchn./Zürich 1977). – Dass., dies., Mchn. 1985.

DRAMATISIERUNGEN: 12. 10. 1910 aufgef. im Moskauer Künstlertheater. – V. Hochmann, Hbg. 1949.

VERTONUNG: *Bratři Karamazoví*, O. Jeremiaš, Prag 1930 (Oper).

VERFILMUNGEN: Rußland 1914. – Dtschld. 1920. – Frankreich 1921. – Dtschld. 1931. – Italien 1947. – USA 1957.

LITERATUR: A. L. Wolynski (Flekser), *Das Reich d. Karamazow*, Mchn. 1920. – V. Rozanov, *Legenda o »Velikom inkvisitore« D.*, Bln. 1924. – H. Hesse, *Die »Brüder Karamasow« oder d. Untergang Europas* (in H. H., *Betrachtungen*, Bln. 1928, S. 104 ff.). – *Die Urgestalt d. »Brüder Karamasow«. D.s Quellen, Entwürfe u. Fragmente*, Hg. R. Fülöp-Miller u. F. Eckstein, Mchn. 1928. – O. Piper, *Der »Großinquisitor« v. D.* (in Die Furche, 17, 1931, S. 249–273). – A. Rammelmeyer, *D.s Begegnung m. Belinski. Z. Deutung d. Gedankenwelt Iwan Karamasows* (in ZslPh, 21, 1951, S. 1–21). – A. Maceina, *»Der Großinquisitor«. Geschichtsphilosoph. Deutung d. Legende D.s*, Heidelberg 1952. – V. V. Ermilov, *D.s Roman »Die Brüder Karamazow* (in Sowjetwissenschaft; Ser. Kunst u. Lit., 4, 1956, S. 608–638). – K. Sereżnikov, *D. Auftakt z. Legende »Der Großinquisitor«* (in *Fs. M. Vasmer*, Wiesbaden 1956). – A. A. Belkin, *»Brat'ja Karamazovy«; social'no-filosofskaja problematika* (in *Tvorčestvo D.*, Moskau 1959, S. 265–292). – M. Markovitch, *Problème du style dans »Les Frères Karamasow«* (in *Stil- u. Formprobleme der Literatur*, Hg. P. Böckmann, 1959, S. 402 ff.). – H. Slochower, *Incest in »The Brothers Karamasow«* (in Amer. Imago, 16, 1959, S. 127–145). – W. Lettenbauer, *Z. Deutung d. »Legende v. Großinquisitor« D.s* (in WdS, 5, 1960, S. 329–333). – W. Rehm, *Die »Legende v. Großinquisitor«* (in W. R., *Jean Paul – D. Eine Studie z. dichter. Gestaltung d. Unglaubens*, Göttingen 1962, S. 65–93). – Ja. E. Golosovker, *D. i Kant. Razmyšlenie čitatelja nad romanom »Brat'ja Karamazovy« i traktatom Kanta »Kritika čistogo razuma«*, Moskau 1963. – J. van der Eng u. J. Meijer, *»The Brothers Karamazov« by F. M. D. Essays*, Den Haag/ Paris 1971. – H.-J. Gerigk, *Die zweifache Pointe der »Brüder Karamazow«. Eine Deutung mit Rücksicht auf Kants »Metaphysik der Sitten«* (in Euphorion, 69, 1975, S. 333–349). – St. Sutherland, *Atheism and the Rejection of God. Contemporary Philosophy and »The Brothers Karamasow«*, Oxford 1977. – V. E. Vetlovskaja, *Poėtika romana »Brat'ja Karamazovy«*, Leningrad 1977. – R. Miller, *The Biblical Story of Joseph in D.'s »The Brothers Karamasow«* (in Slavic Review, 41, 1982, S. 653–665). – V. Kirpotin, *»Brat'ja Karamazovy« kak filosofskij roman* (in Voprosy literatury, 12, 1983, S. 106–135).

## CHOZJAJKA

(russ.; *Die Wirtin*). Erzählung von Fëdor M. DOSTOEVSKIJ, erschienen 1847. – Der Held dieser Geschichte, Ordynov, gehört in die Reihe jener »Petersburger Träumer« Dostoevskijs, die *»das Talent des wirklichen Lebens«* verloren haben. Ordynovs Welt ist die Welt der wissenschaftlichen Erkenntnis *(nauka)*; als er vor einer praktischen Aufgabe steht, nämlich sich ein neues Zimmer zu suchen, irrt er verloren durch die Straßen der Stadt. Hierbei begegnet er einem ungleichen Paar: dem finsteren Greis Murin und der jungen blühenden Katerina. Katerina nimmt ihn bei sich auf und erfüllt seine Seele mit einer neuen Leidenschaft, die sich ihm als Krankheit und Besessenheit ankündigt – doch Liebe ist. Im Fiebertraum erfährt er die Lebensgeschichte der jungen Frau, die aus dem Elternhaus mit dem Geliebten ihrer eigenen Mutter geflohen war und durch neue Verbrechen an ihren greisen Verführer gekettet bleibt. Dessen Bann zu brechen gelingt Ordynov nicht. Er verliert Katerina, verläßt ihre Wohnung, findet jedoch in seine alte Traumwelt nicht mehr zurück.

Unter den Zeitgenossen Dostoevskijs rief *Chozjajka* allgemeine Ablehnung hervor. Man sah darin eine formlose Anlehnung an die Märchenerzählung *Strašnaja mest' (Die furchtbare Rache)* von GOGOL' und mißbilligte sie. Heute erkennt man hinter dem stilistischen und thematischen Experiment die Kunst Dostoevskijscher Umdichtung, die zu den großen Romanen überleitet: Das Ewig-Weibliche erscheint hier zum erstenmal zwischen zwei polar entgegengesetzten und einander spiegelbildlich ergänzenden Rivalen *(Večnyj muž – Der ewige Gatte; Idiot – Der Idiot)*; die Leidenschaftlichkeit erweist sich als weit- und schicksalsbildende Kraft. Und ebenfalls zum erstenmal wird hier das Urteil eines Mächtigen (wie später Raskolnikov, Großinquisitor) über die *»schwachen Herzen«* ausgesprochen, die die Freiheit nicht ertragen, sie *»selbst binden«* und dem Mächtigen *»selbst zurückgeben«*. S.G.

AUSGABEN: Petersburg 1847 (in Otečestvennye zapiski). – Bln. 1922 (in *Bednye ljudi. Povesti i rasskazy*). – Moskau 1956 (in *Poln. sobr. soč.*, Hg. L. Grossman u. a., 10 Bde., 1956–1960, 1).

ÜBERSETZUNGEN: *Die Wirtin*, E. K. Rahsin (in *SW*, Bd. 15, Mchn. 1911). – Dass., H. Röhl (in *Sämtl. Romane u. Erzählungen*, Bd. 4, Lpzg.

1921). – Dass., A. Luther, Lpzg. 1924. – *Ein junges Weib (Die Wirtin)*, E. K. Rahsin (in *Der Doppelgänger*, Mchn. 1961). – *Die Hauswirtin*, A. Luther (in *Erzählungen*, Mchn. 1962). – *Die Wirtin*, E. K. Rahsin (in *SW*, Bd. 1, Mchn./Zürich 1977). – Dass., dies. (in *Sämtl. Erzählungen*, Mchn. 1984; [9]1987).

Literatur: F. F. Seeley, *D.'s Women* (in SEER, 39, 1961, S. 291–312).

## DJADJUŠKIN SON. Iz Mordasovskich letopisej

(russ.; *Onkelchens Traum. Aus der Chronik der Stadt Mordasov*). Erzählung von Fëdor M. Dostoevskij, erschienen 1859. – Nach einem leichten Unfall unterbricht der greise Fürst K. die Reise auf sein Gut und macht in der Stadt Mordasov halt. Seine Gastgeberin faßt sofort den Plan, den reichen Narren mit ihrer schönen Tochter Zina zu verheiraten. Es gelingt ihr, dem ahnungslosen Fürsten einen Heiratsantrag abzulisten. Ein Verehrer Zinas aber belauscht Mutter und Tochter und macht ihre Absichten zunichte, indem er dem Bräutigam einredet, er habe den Heiratsantrag nicht in Wirklichkeit, sondern in einem *»reizenden Traum«* gemacht. Die Schlußkatastrophe spielt sich vor dem Chor triumphierender Provinzdamen ab: Der Fürst flieht und stirbt in einem Gasthof, Mutter und Tochter verlieren ihren guten Ruf. – 1873 spricht Dostoevskij selbst das Urteil über seine Novelle: *»Ich habe meine Erzählung fünfzehn Jahre nicht wiedergelesen. Jetzt, nachdem ich sie gelesen habe, finde ich sie schlecht. Ich habe sie damals in Sibirien geschrieben, unmittelbar nach dem Zuchthaus, mit dem einzigen Ziel, die literarische Tätigkeit wiederaufnehmen zu können, und in furchtbarer Angst vor der Zensur (als ehemaliger Häftling). Deshalb habe ich unwillkürlich ein Stück von wahrhaft taubengleicher Sanftmut und ausgesprochener Arglosigkeit geschrieben.«*

S.G.

Ausgaben: Petersburg 1859 (in Russkoe slovo). – Moskau 1956 (in *Sobr. soč.*, Hg. L. Grossman u. a., 10 Bde., 1956–1958, 2). – Moskau 1982 (in *Sobr. soč.*, 12 Bde., 2).

Übersetzungen: *Des Onkels Traum*, L. A. Hauff, Bln. 1889. – *Onkelchens Traum*, E. K. Rahsin, Mchn. 1960. – *Onkelchens Traum. Aus den Chroniken der Stadt Mordasoff*, dies. (in *SW*, Bd. 2, Mchn./Zürich 1977). – *Onkelchens Traum: 3 Romane*, dies., Mchn. 1986.

Dramatisierungen: russ. 1870; Moskau 1929. – dt. O. J. Bierbaum, *Der Bräutigam wider Willen. Komödie in 4 Aufz.*, Wien 1906. – K. Vollmoeller, *Onkelchen hat geträumt. Eine altmodische Komödie in 3 Akten*, Mchn. 1918 [Auff. Bln., 17. 5. 1924, Kammerspiele]. – A. Hopp u. Enns, *Onkelchens Traum* [Auff. Lübeck 1936].

## DNEVNIK PISATELJA

(russ.; *Tagebuch eines Schriftstellers*). In Einzelteilen fortlaufend veröffentlichte Tagebuchaufzeichnungen von Fëdor M. Dostoevskij, erschienen 1873–1881. – Ursprünglich ein Beitrag in der von ihm redigierten konservativen Zeitschrift ›Graždanin‹ (Januar 1873 bis März 1874), erschienen die Tagebuchaufzeichnungen nach einer Pause von drei Jahren in monatlichen Abständen im Selbstverlag und erreichten im Dezember 1877 eine Auflage von über siebentausend Exemplaren. Die Arbeit an den *Brat'ja Karamazovy (Die Brüder Karamazov)* bedeutete eine neue Unterbrechung bis zum Augustheft 1880; das letzte Heft erschien im Januar 1881, bereits nach Dostoevskijs Tod.

Die Aufzeichnungen (über 200 Einzelstücke) lassen sich ihrem Inhalt nach unter folgenden Gesichtspunkten zusammenfassen: 1. Autobiographisches: Kindheits- und Jugenderinnerungen; Porträts seiner Zeitgenossen (u. a. Belinskij, Nekrasov). 2. Literarisches: Stoff für seine Romane, den er dem russischen Alltag entnahm; Auseinandersetzung mit Werken anderer Autoren und Problemen der russischen Literatur (Leskov, Tolstoj); das Augustheft 1880 enthält Dostoevskijs literarisches Credo: die Rede vor der »Gesellschaft der Freunde der russischen Literatur« anläßlich einer Puškin-Feier im Juni 1880 und die eingehende Begründung seiner Thesen. 3. Politisches: Sozialpolitisches (Rechtsprechung, Jugendrecht usw.); Außenpolitisches (Rolle und Aufgabe der europäischen Nationen, Ursprung und Ziel des römischen Katholizismus und des Sozialismus). 4. Novellen: *Bobok* (1873), *Mal'čik u Christa na jolke*, 1876 *(Der Knabe bei Christo zur Weihnacht)*, *Krotkaja*, 1876 *(Die Sanfte)*, *Son smešnogo čeloveka*, 1877 *(Der Traum eines lächerlichen Menschen)*.

Das *Tagebuch eines Schriftstellers* ist für Dostoevskij ein *»vollständiges Tagebuch in voller Bedeutung des Wortes, d. h. ein Bericht darüber, was mich persönlich am meisten interessierte – hier liegt sogar eine Laune vor«*. Der Drang aus der Anonymität in die verbindliche Intimität ist ein Erbe Gogol's, der als erster russischer Künstler die Fragwürdigkeit der Kunst gegenüber dem christlichen Sein als ein persönliches Verhängnis erlebte und daran zugrunde ging. Dostoevskij versucht in seinen Reflexionen einen Durchbruch zur direkten Aussage zu verwirklichen, die eine engagierte ist und sein soll. Sein Streben nach einer absolut verbindlichen Aussprache mit dem Leser ist Ausdruck seines unstillbaren Verlangens nach unausgesetzter Beichte (*»Beichte vor dir selber unaufhörlich«*, sagt Starec Zosima in den *Brüdern Karamazov*) und das eigentliche Kraftzentrum seiner Werke. Sowohl das fingierte Selbstgespräch in den Romanen als auch das authentische in den Tagebüchern ist für Dostoevskij ein Experiment der Selbsterfahrung.

S.G.

Ausgaben: Petersburg 1873/74 (in Graždanin). – Leningrad 1982–1984 (in *Poln. sobr. soč.*, 30 Bde., 24, 25, 26, 27).

Übersetzungen: *Tagebuch eines Schriftstellers*, A. Eliasberg, 4 Bde., Mchn. 1921–1923. – *Aus dem Tagebuch eines Schriftstellers*, ders., Hbg. 1962 (RKl, 111/112; Ausw.; Nachw. S. Geier). – *Tagebuch eines Schriftstellers*, E. K. Rahsin (in *SW*, Bd. 5, Mchn./Zürich 1977).

Literatur: I. L. Volgin, *D. i carskaja cenzura: k istorii izdanija »Dnevnika pisatelja«* (in Russkaja Literatura, 1970, 13, S. 106–120). – D. V. Grishin, *D. – čelovek, pisatel' i mify*, Melburn 1971. – Ders., *Nravstvennye osnovy publicistiki D. (Vostočny vopros v Dnevnike pisatelja)* (in Izvestija Akademii Nauk, 1971, 30, S. 312–324). – G. Morson, *D. »Writer's Diary« as Literature of Process* (in Russian Literature, 1976, 4, S. 1–14). – Ders., *The Boundaries of Genre. D.'s »Diary of a Writer« and the Traditions of Literary Utopia*, Austin 1981. – N. Perlina, *Vozdejstvie gertsenovskogo žurnalizma na architektonku i polifoničeskoe stroenie »Dnevnika pisatelja« D.* (in Dostoevsky Studies, 1984, 5, S. 141–155).

## DVOJNIK. Priključenija gospodina Goljadkina

(russ.; *Der Doppelgänger. Die Abenteuer des Herrn Goljadkin*). Roman von Fëdor M. Dostoevskij, erschienen 1846; 1861–1864 überarbeitet und mit dem neuen Untertitel *Peterburgskaja poėma (Ein Petersburger Poem)* versehen. – Bereits das erste Kapitel des Romans zeigt den Titularrat Goljadkin (*golod*: Hunger; *golyj*: nackt, bloß, kahl) in Aufbruchstimmung und äußerster Erregung. Ein junger Amtskollege ist zum Assessor befördert und von dem Staatsrat Olsufij Ivanovič, dem früheren Gönner Goljadkins, zum Schwiegersohn auserkoren worden. Goljadkin, der Olsufij Ivanovičs Tochter Klara zu lieben glaubt, fühlt sich verraten und bedroht. Durch eine Intrige gegen seinen Rivalen hofft er, sich und Klara zu retten. Seine dunkel verworrenen Warnungen vor dem *»Unreinen«* und seine hartnäckigen Anspielungen auf die eigene Ehrenhaftigkeit finden jedoch kein Gehör, im Gegenteil: Als im Haus seines Gönners Klaras Geburtstag gefeiert wird, weist man dem Querulanten die Tür und läßt ihn, als er sich später doch in den Festsaal einschleicht, unter demütigenden Umständen aus dem Haus entfernen. In derselben Nacht begegnet ihm auf dem Nachhauseweg zum erstenmal sein Doppelgänger, Personifikation der Bewußtseinsspaltung, die sich in ihm vollzogen hat, und schon am nächsten Morgen unbegreifliche Realität ist: Ein Titularrat gleichen Namens und gleichen Aussehens nimmt als neueingestellter Beamter des Ministeriums Goljadkin gegenüber an seinem Schreibpult Platz. In der Folge entspinnt sich zwischen Goljadkin und seinem Doppelgänger ein grotesker, undurchschaubarer Kampf, der mit der Einlieferung des wirklichen Goljadkin in die Irrenanstalt endet.

Den Hintergrund des Romans, dessen Haupthandlung eine Genesis des Wahnsinns ist, bilden das neblige Petersburg und ein anonymes, von einer starren Beamtenhierarchie gelenktes Ministerium. Menschen, die alle in eine ebenso undurchsichtige wie gefahrenträchtige Intrige verwickelt zu sein scheinen, sind die Gegenspieler des Herrn Goljadkin. Er versucht, sich gegen die tötende Öde einer gesichtslosen Welt zu wehren *(»Ich bin ganz für mich«)*, aber der Wille zur Selbstbehauptung geht in der gespenstischen Beziehungslosigkeit unter. Auf seiner Flucht vor dem Leben gibt er *»seinen Platz«* auf und kapituliert: *»Ich bin nicht ich, sondern jemand ganz anderer, der mir verblüffend ähnlich ist.«* Der Doppelgänger verkörpert in einem so vollkommenen Maße alle Eigenschaften, die Goljadkin sich erträumt (Geistesgegenwart, Geschicklichkeit, Anpassungsvermögen), daß es ihm schließlich gelingt, den wirklichen Herrn Goljadkin seiner Existenz zu berauben.

Mit dem *Doppelgänger*, der formal noch in der Tradition der Gogol'-Schule steht, setzen die Erzählungen über die »Kellerlochbewohner« ein. Dostoevskijs Ringen um die Identität des Ich nimmt seinen Anfang (vgl. Stavrogin in *Besy – Die Dämonen*, Versilov in *Podrostok – Der Jüngling*, Ivan Karamazov in *Brat'ja Karamazovy – Die Brüder Karamazov*). S.G.

Ausgaben: Petersburg 1846 (in Otečestvennye zapiski). – Petersburg 1866 (*Dvojnik. Peterburgskaja poėma*; in *Poln. sobr. soč.*, 4 Bde., 1865–1870, 3; überarb. Fassg.). – Moskau 1956 (in *Sobr. soč.*, Hg. L. Grossman u. a., 10 Bde., 1956–1958). – Moskau 1979 (in *Povesti i rasskazy*, 2 Bde., 1).

Übersetzungen: *Der Doppelgänger*, L. A. Hauff, Bln. 1889. – Dass., E. K. Rahsin (in *SW*, Bd. 14, Mchn. 1910; ern. in *Frühe Romane und Erzählungen*, Mchn. 1961). – Dass., A. Luther (in *Die kleineren Romane*, Mchn. 1963). – Dass., E. K. Rahsin (in *SW*, Bd. 1, Mchn./Zürich 1977). – *Der Doppelgänger: eine Petersburger Dichtung*, dies., Mchn. 1986.

Literatur: O. Rank, *»Der Doppelgänger«. Eine psychoanalytische Studie*, Wien 1925. – D. Tschischewski, *Goljadkin-Stawrogin bei D.* (in ZslPh, 7, 1930, S. 359–362). – Ders., *Zum Doppelgängerproblem bei D.* (in D. T., *D.-Studien*, Reichenberg 1931, S. 19–50). – N. S. Trubeckoj, *The Style of »Poor Folk« and »The Double«* (in American Slavic and East European Review, 1948, S. 150–170). – R. Tymms, *Doubles in Literary Psychology*, Cambridge 1949. – R. de Saussure, *Le »Double« de D.* (in RHeb, 44, 1950, S. 214–222). – E. Krag, *The Riddle of the Other Goljadkin: Some Observations on D.'s »The Double«* (in *Fs. Roman Jakobson*, Den Haag 1956, S. 265–272). – U. Kirsten, *Zur Frage der künstlerischen Methode D.s in den 40er Jahren – »Arme Leute«, »Doppelgänger«* (in WZ Rostock, 10, 1961, Sonderh., S. 139–153). – N. Reber, *Studien zum Motiv des Doppelgängers bei D. und E. T. A. Hoffmann*, Gießen 1964. – R. Anderson,

*D.'s Hero in »The Double«: A Re-examination of the Divided Self* (in Symposium, 1972, 26, S. 101 bis 113). – W. Schmid, *Die Interferenz von Erzählertext u. Personentext als Faktor ästhetischer Wirksamkeit in D.s »Doppelgänger«* (in Russian Literature, 1973, 4, S. 100–113). – R. Neuhäuser, *Rereading »Poor Folk« and »The Double«* (in International Dostoevsky Society Bull., 1976, 6, S. 29–32).

## IDIOT

(russ.; *Der Idiot*). Roman von Fëdor M. DOSTOEVSKIJ, erschienen von Januar 1868 bis Februar 1869 in der Zeitschrift ›Russkij vestnik‹. – *»Der Hauptgedanke des Romans«*, in dessen qualvollen und langwierigen Entstehungsprozeß die lückenlos erhaltenen Notizbücher Einblick gewähren, *»ist die Darstellung des im positiven Sinne schönen Menschen«*. Da das Schöne für Dostoevskij keine ästhetische Fiktion, vielmehr ein Sein von höchster sittlicher Kraft darstellt, erscheint ihm Christus als der einzig vollkommen schöne und freie Mensch. Um darzutun, wie sehr der heillose Zustand irdischer Verhältnisse des Guten und Reinen bedarf, richtet Dostoevskij seine geistige und künstlerische Anstrengung auf die Nachbildung jener beispielhaften, in selbstloser Liebe sich erfüllenden Existenz. Don Quijote und Mr. Pickwick, die im Konflikt mit der unvollkommenen Welt komisch erscheinen und eben dadurch die Fähigkeit des Mitleidens erwecken, zählen für ihn zu den literarischen Nachfolgern Christi, und *»Fürst Christus«* nennt er in den Entwürfen seinen eigenen Helden, den Fürsten Myškin. Die Einzigartigkeit dieses Menschen – *»on nevinen« (»er ist unschuldig«)* –, der nicht nur wegen seiner Geisteskrankheit und seines schweren epileptischen Leidens, sondern auch wegen der Ungewöhnlichkeit seines demütigen, bescheidenen und zutiefst einsamen Wesens als Idiot bezeichnet wird, übt auf seine Umgebung eine unwiderstehliche Anziehungskraft aus. *»Alle Geschehnisse, so entfernt sie auch von ihm verlaufen mögen, besitzen eine Gravitation auf ihn zu, und dieses Gravitieren aller Dinge und Menschen gegen den Einen macht den Inhalt des Buches aus«* (W. Benjamin).

Myškin, letzter Sproß eines alten Geschlechts, kehrt nach langem Aufenthalt in einer Schweizer Heilanstalt nach Rußland zurück und begegnet im Eisenbahnabteil dem Kaufmann Rogožin, der ihm von seiner Leidenschaft zu Nastas'ja Filippovna erzählt. Am gleichen Tag sieht der Fürst im Haus des Generals Epančin, dessen Frau eine entfernte Verwandte von ihm ist, ein Bild der ungewöhnlich schönen Nastas'ja und erfährt, daß sie mit Ivolgin, dem Sekretär des Generals, verheiratet werden soll, um ihrem reichen Verführer Tockij die Ehe mit einer der drei Töchter Epančins zu ermöglichen. Wenig später steht Myškin der jüngsten Tochter des Generals, der anmutigen Aglaja, gegenüber. Zwei starke Empfindungen bestimmen von nun an sein Verhalten: die Liebe zu Aglaja und tiefes Mitleid mit Nastas'ja, in der er als einziger nicht eine Frau von zweifelhaftem Ruf sieht, sondern den leidenden Menschen erkennt. Noch am gleichen Abend macht er ihr einen Heiratsantrag, weil er glaubt, sie vor dem berechnenden Ivolgin und dem von Haßliebe verzehrten Rogožin schützen zu müssen. Für Nastas'ja scheint in der Begegnung mit dem Fürsten eine lebenslange Sehnsucht ihr Ziel zu finden, doch das Bewußtsein ihrer eigenen Minderwertigkeit – *»sie war tief davon überzeugt, das lasterhafteste, am tiefsten gefallene Geschöpf von der Welt zu sein«* – und ein unwiderstehlicher selbstzerstörerischer Drang lassen sie Rogožin folgen und später die Verbindung zwischen Myškin und Aglaja fördern. Für Aglaja aber wird gerade das zum Anlaß, der ihr unerklärlichen Beziehung des Fürsten zu Nastas'ja den Kampf anzusagen. Vor Rogožin und Myškin erhebt sie Anklage gegen die Nebenbuhlerin. Ihr Angriff, verständlich und unbarmherzig zugleich, zwingt den Fürsten, sich wiederum schützend vor Nastas'ja zu stellen. In ihrem Selbstbewußtsein zutiefst verletzt, verläßt Aglaja ihn für immer. Nastas'ja aber flieht unmittelbar vor der Trauung mit dem Fürsten zu Rogožin, der sie in derselben Nacht ersticht. Gemeinsam mit seinem Gegenspieler wacht Myškin am Bett der Toten. *»Dann als die Tür nach vielen Stunden aufging und Leute kamen, fanden sie den Mörder fiebernd und völlig bewußtlos vor. Der Fürst saß reglos neben ihm auf den Kissen und fuhr bei den Fieberphantasien des Kranken diesem liebkosend und beruhigend mit zitternder Hand über Haare und Wangen. Doch er verstand nichts mehr von dem, was man ihn fragte.«* Rogožin wird zu fünfzehn Jahren Zuchthaus verurteilt, Myškin aber in die Heilanstalt zurückgebracht, wo sein gestörtes Bewußtsein allmählich erlischt.

Fürst Myškin ist einer der wenigen Helden Dostoevskijs, die nicht im *nadryv* (vorsätzliche Selbstzerstörung als Ausdruck der Selbstbestätigung) leben. Er wird sich vielmehr seiner inneren Identität in der Erfahrung einer höheren Realität bewußt. *»Bei epileptischen Anfällen gibt es kurz vor dem Ausbruch der Krankheit immer einen Augenblick, wo das Gehirn mitten in seiner bekümmerten Erregung, mitten in seiner seelischen Dunkelheit und Bedrücktheit plötzlich gleichsam aufflammt. Der Verstand und das Herz werden mit ungewöhnlichem Licht erfüllt, und aller Kummer, aller Zweifel, alle Unruhe lösen sich in Frieden auf... Kann es die geringste Bedeutung haben, daß dieser Zustand der Gespanntheit unnormal ist, wenn sich einem das Resultat... als höchst Harmonie und Schönheit offenbart, wenn er einem das bisher unbekannte und ungeahnte Gefühl des Lebens, das Bewußtsein seiner selbst, der Versöhnung und der leidenschaftlichen religiösen Vereinigung mit der höchsten Synthese des Lebens schenken kann?«* Die mit den Begriffen Frieden und Harmonie evozierten Vorstellungen gehören im Seinsverständnis Dostoevskijs, in dem die Sphären des Metaphysischen und des *hic et nunc* Geschehenden – sich wechselseitig erhellend – aufeinander bezogen werden, durchaus in den Umkreis der im Rußland des 19. Jh.s von Theoretikern und Schriftstellern verschiedenster geistiger Herkunft entwickelten und auf die Veränderung der bestehenden Verhältnisse ausgerichteten utopischen Denkmodelle. In Dostoevskijs eschatologischem Geschichtsbewußtsein entsteht das potentielle Paradies, die als Einheit mit Gott verstandene höchste Synthese des Lebens als Folge eines zur Verbrüderung aller Menschen führenden Erlösungswerks des als Christusträger apostrophierten russischen Volks. *»Es ist aber notwendig, daß unser Christus, den wir bewahrt haben, als eine Gegenwehr gegen den Westen erstrahlt.«* Doch nicht die Verkündigung einer – vor allem im *Dnevnik pisatelja*, 1873–1881 *(Tagebuch eines Schriftstellers)*, und der Puškin-Rede vertretenen – von der Geschichte widerlegten politisch-religiösen Idee macht die Größe des Romans aus, sondern die Tatsache, daß der in der Hauptgestalt inkarnierte utopische Gedanke die künstlerische Einheit des Werks garantiert. *»Das Gravitieren aller Dinge und Menschen gegen den Einen«* bestimmt nicht nur den Inhalt, sondern auch die Form des Romans, dessen labyrinthisch verschlungene Handlungsstränge auf einen Kern hin zentriert sind. *»Die gesamte Bewegung des Buchs gleicht einem ungeheuren Kratereinsturz«* (Benjamin). Die permanente Spannung zwischen der Sphäre einer vollkommenen Welt und einer heillosen Gegenwirklichkeit, die die explosive, übersteigerte Sprache aufs genaueste kennzeichnet, löst sich in der Katastrophe, die, als Kompositionselement verstanden, an die Stelle *»der üblichen Einheit schaffenden Formkräfte des klassischen russischen Realismus«* tritt und diesem, wie den andern großen Romanen Dostoevskijs, *»eine unerhört geschlossene Wirkungskraft verleiht«* (Stender-Petersen). KLL

AUSGABEN: Petersburg 1868/69 (in Russkij vestnik). – Moskau 1957 (in *Sobr. soč.*, Hg. L. Grossman u. a., 10 Bde., 1956–1958, 6). – Moskau 1982 (in *Sobr. soč.*, 12 Bde., 6 u. 7).

ÜBERSETZUNGEN: *Der Idiot*, A. Scholz, 3 Bde., Bln. 1889. – Dass., E. K. Rahsin, Mchn. 1910; ern. 1961 (in *SW*, Bd. 3). – Dass., A. Luther, Mchn. 1959. – Dass., K. Brauer, Ffm. 1962. – Dass., A. Scholz, Reinbek 1964 (RKl, 149–152). – Dass., E. K. Rahsin (in *SW*, Bd. 7, Mchn./Zürich 1977). – Dass., H. Röhl, Ffm. 1983.

DRAMATISIERUNG: F. Weyl u. J. W. Bienenstock, *L'idiot*, Paris 1931 [frz.].

VERFILMUNGEN: Frankreich 1946 (Regie: G. Lampin). – *Hakuchi*, Japan 1951 (Regie: A. Kurosawa). – UdSSR 1958 (Regie: I. Pyrjew).

LITERATUR: E. Liatzky, *Zwei Schatten, zwei Flügel. Studie zu D.s Roman »Der Idiot«* (in E. L., *Der russische Gedanke*, Bonn 1931, S. 184–198). – C. A. Manning, *Problema »Idiota« D.* (in Slavia, 14, 1936, S. 96–107). – B. Tonnies, *Die Genialität der Menschenliebe. Gedanken über D.s »Idiot«* (in Philosophische Studien, 2, 1950, S. 81–90). – R. Guardini, *Myschkins Persönlichkeit* (in R. G., *Religiöse Gestalten in D.s Werk*, Mchn. 1951, S. 361–370; ern. 1964). – W. Benjamin, *Der »Idiot« von D.* (in W. B., *Schriften*, Bd. 2, Ffm. 1955, S. 127–131). – V. V. Ermilov, *D.s Roman »Der Idiot«* (in Sowjetwissenschaft, Kunst u. Literatur, 4, 1956, S. 299–318). – W. Nigg, *D.s »Idiot«* (in W. N., *Der christliche Narr*, Stg. 1956, S. 349–403). – S. O. Lesser, *Saint and Sinner – D.'s »Idiot«* (in Modern Fiction Studies, 4, 1958, S. 211–224). – R. Fridlender, *Roman »Idiot«* (in *Tvorčestvo D.*, Hg. L. Grossman, Moskau 1959, S. 173–214). – B. Schultze, *Aspekte der szenischen Darbietungsweise u. der Romanszene in F. M. D.'s »Idiot«* (in WdS, 1973, 18, S. 329–341). – Dies., *Der Dialog in F. M. D.'s »Idiot«*, Mchn. 1974. – R. Miller, *The Multi-voiced Narrator of the »Idiot«*, Diss. Columbia University 1977. – H.-P. Beer, *Die Gestalt des Evgenij Pavlovič Radomskij in D.s Roman »Der Idiot«*, Tübingen 1978. – *Studien u. Materialien zu D.s Roman »Der Idiot«*, Hg. D. Schwarz u. a., Tübingen 1978 [enth. Bibliogr.]. – R. Neuhäuser, *Semantisierung formaler Elemente im »Idiot«* (in Dostoevsky Studies, 1980, 1, S. 47–63). – R. Miller, *D. and the »Idiot«. Author, Narrator and Reader*, Cambridge/Mass. 1981.

## IGROK. Iz zapisok molodogo čeloveka

(russ.; *Der Spieler. Aus den Erinnerungen eines jungen Mannes*). Roman von Fëdor M. DOSTOEVSKIJ, erschienen 1867. – Im Jahre 1863 reiste Dostoevskij zum zweiten Mal nach Westeuropa, diesmal mit dem Ziel, sich in Paris mit seiner Geliebten Polina Suslova zu treffen. Finanzielle Schwierigkeiten, verursacht durch das Verbot der von ihm mitherausgegebenen Zeitschrift ›Vremja‹, waren wohl der Anlaß zum Besuch der Wiesbadener Spielbank; dort kam seine über Jahre anhaltende, verhängnisvolle Spielleidenschaft zum Ausbruch. Ende 1863 kehrte Dostoevskij vorübergehend nach Rußland zurück, doch schon im Sommer 1865 fuhr er wieder nach Wiesbaden und verspielte dort in kurzer Zeit die 3000 Rubel, die ihm sein Verleger Stellovskij für die Rechte an einer Ausgabe seiner bisherigen Werke und unter der Bedingung, daß er bis zum 1. November 1866 einen neuen Roman vorlege, ausgezahlt hatte. Unter dem Druck dieser vertraglich festgelegten Forderung diktierte Dostoevskij im Oktober 1866 in knapp vier Wochen seiner späteren zweiten Frau, Anna Grigorjevna, den kurzen Roman *Igrok*, in dessen Hauptgestalt, dem Erzähler Aleksej Ivanovič – nach dem ursprünglichen Entwurf *»ein vielseitiger, aber unfertiger Charakter«* –, er sich selbst porträtierte.

In einer fiktiven deutschen Stadt, die den bezeichnenden Namen Ruletenburg trägt, wartet die Familie eines verschuldeten russischen Generals voller Ungeduld auf eine in Aussicht gestellte reiche Erbschaft. Doch statt des ersehnten Geldes trifft eines Tages die reiche Moskauer Verwandte persönlich ein und verspielt in wenigen Tagen ihr gesamtes Vermögen. In dieser verzweifelten Situation sucht Polina, die Tochter des Generals – von ihrem Liebhaber, einem jungen Franzosen, verlassen –, Zuflucht bei dem Erzähler, dem Hauslehrer der Familie, und gesteht ihm, den sie bislang mit kapriziöser Grausamkeit gequält hat, ihre Liebe. Obwohl die Leidenschaft zu Polina sein eigentlicher Lebensinhalt war, stürzt er unmittelbar darauf fort, um das dringend benötigte Geld zu beschaffen, setzt das letzte Goldstück ein und gewinnt an einem Abend 100 000 Florin. Als er zu Polina zurückkehrt, fühlen beide, daß eine unbezähmbare Sucht ihn wieder zum Spieltisch ziehen wird, daß seine Liebe einer mächtigeren Leidenschaft gewichen ist. Polina verläßt Aleksej, als sie erkennen muß, daß er dem Spiel, das nun für ihn das wahre Leben bedeutet, rettungslos verfallen ist.

In diesem unter Zeitdruck geschriebenen, eher improvisierten als durchkomponierten Werk klingen bereits Zentralmotive der späteren großen Romane an: die Haßliebe – die Aleksej und Polina verbindet, wie sie im Leben Dostoevskij und die Suslova verband – und die am Reichtum sich entzündende Machtgier. Die *»Poesie des Spiels«*, vom Erzähler als Herausforderung des Schicksals und als Lust an der Selbstzerstörung erlebt, muß so als eine existentielle Ausdrucksform jener Entwurzelung und Gespaltenheit erklärt werden, die Dostoevskij in der Gestalt des Kellerlochmenschen – *Zapiski iz podpol'ja*, 1864 *(Aufzeichnungen aus einem Kellerloch)* – exemplifizierte. S.G.

AUSGABEN: Petersburg 1867. – Moskau 1956 (in *Sobr. soč.*, Hg. L. Grossman u. a., 10 Bde., 1956 bis 1958, 4). – Moskau 1982 (in *Sobr. soč.*, 12 Bde., 3).

ÜBERSETZUNGEN: *Der Spieler. Aus den Erinnerungen eines jungen Mannes*, L. A. Hauff, Bln. 1890. – *Der Spieler*, E. K. Rahsin, Mchn. 1949; [2]1959. – Dass., A. Eliasberg, Reinbek 1960 (RKl, 67). – Dass., E. K. Rahsin (in *SW*, Bd. 4, Mchn./Zürich 1977). – *Der Spieler: aus den Aufzeichnungen eines jungen Mannes*, dies., Mchn. 1986.

DRAMATISIERUNG: H. Tielmann, *Der Spieler* (Urauff.: Rostock, 26. 2. 1959).

VERTONUNG: S. Prokofieff, *Igrok* (Text: S. P.; Oper; Urauff.: Brüssel, 29. 4. 1929, Théâtre de la Monnaie).

VERFILMUNGEN: Deutschland 1938 (Regie: R. G. Lamprecht). – *The Great Sinner*, USA 1949 (Regie: R. Siodmak). – *Le joueur*, Frankreich 1958 (Regie: R. C. Autant-Lara).

LITERATUR: *D. am Roulette*, Hg. R. Fülöp-Miller u. F. Eckstein, Mchn. 1925. – A. Dempf, *Die drei Laster. D.s Tiefenpsychologie*, Mchn. 1946. – D. S. Savage, *The Idea of »The Gambler« of D.* (in Sewanee Review, 58, 1950, S. 281–298). – A. Vinograde, *»The Gambler«: Prokof'ev's Libretto and D.'s Novel* (in SEEJ, 1973, S. 414–418).

## KROKODIL. Neobyknovennoe sobytie ili Passaž v Passaže

(russ.; *Das Krokodil. Ein ungewöhnliches Ereignis oder Eine Passage in der Passage*). Groteske Satire von Fëdor M. DOSTOEVSKIJ, erschienen 1865. – Der Beamte Ivan Matveič besucht zusammen mit seiner Frau und einem Hausfreund (dem Erzähler) die Tierschau eines Deutschen in der Petersburger Passage. (In den sechziger Jahren fanden dort Ausstellungen und Konzerte statt.) Während seine Begleiter sich dem Käfig mit Affen zuwenden, kitzelt er ein Krokodil mit seinem Handschuh und wird von dem Ungeheuer *»ganz und gar«* verschlungen. Sehr bald weiß Ivan Matveič sein Unglück zu nutzen: Er richtet sich im Inneren des Reptils häuslich ein und plant, da sein ungewöhnliches Abenteuer ihm das Interesse der Öffentlichkeit, ja Berühmtheit sichert, die Welt durch neue wissenschaftliche und soziale Theorien in Atem zu halten und zu beglücken. Seine Frau sieht er als Mittelpunkt eines auserwählten Salons und seinen Freund als einen dienstbeflissenen Sekrektär. In Wirklichkeit aber bleibt sein Verschwinden fast unbeachtet; seine junge Frau genießt das Leben als Strohwitwe, und sein Freund hegt den mißgünstigen Gedanken, das Krokodil zu kaufen und den »Gefangenen« wider dessen Willen zu befreien.

Die Erzählung blieb unvollendet. Sofort nach ihrem Erscheinen wurde gegen Dostoevskij der Vorwurf erhoben, das »ungewöhnliche Ereignis« sei eine Anspielung auf das Schicksal von N. G. ČERNYŠEVSKIJ (1828–1889), dem Autor des vieldiskutierten sozialutopischen Romans *Čto delat' (Was tun?)*, der sich zu diesem Zeitpunkt im Gefängnis befand.

Viele Details (z. B. Namen wie ›Golos‹: Die Stimme – eine liberale Zeitung) und Schlagworte, die aus dem »Krokodilsbauch« tönen, stammen aus dem Arsenal der liberalen Presse der sechziger Jahre, so daß der erwähnte Vorwurf wohl zu Recht besteht. Der Einfluß von GOGOL's grotesker Novelle *Nos (Die Nase)* ist ganz deutlich; thematisch muß *Das Krokodil* im Zusammenhang mit der Kritik Dostoevskijs an den Ideen des utopischen Sozialismus gesehen werden: Das positivistische Zukunftsbild, die Idee vom »Goldenen Zeitalter« entbehren für ihn jeder Realität und können – bildlich gesprochen – nur im Bauch eines Krokodils verwirklicht werden. S.G.

AUSGABEN: Petersburg 1865 (in Ėpocha). – Moskau 1956 (in *Sobr. soč.*, Hg. L. Grossman u. a., 1956–1958, 4). – Moskau 1982 (in *Sobr. soč.*, 12 Bde., 2).

ÜBERSETZUNGEN: *Das Krokodil*, E. K. Rahsin (in *SW*, Hg. Moeller van den Bruck, Bd. 17, Mchn. 1909). – Dass., H. Röhl (in *Sämtl. Romane und Erzählungen*, Bd. 5, Lpzg. 1921). – Dass., E. K. Rahsin (in *Der Spieler. Späte Romane und Novellen*, Mchn. 1959). – Dass., A. Luther (in *Erzählungen*, Mchn. 1962).– Dass., E. K. Rahsin (in *SW*, Bd. 4,

Mchn./Zürich 1977). – *Das Krokodil. Ein ungewöhnliches Ereignis*, dies. (in *Sämtl. Erzählungen*, Mchn./Zürich 1984).

LITERATUR: Z. Efimova, *Problema groteska v tvorčestve D.* (in Nauč. zap. kafedry ist. evrop. kul'tury, Dnepropetrovsk, 1927, H. 2, S. 145–170). – D. Zaslavskij, *Zametki o jumore i satire v proizvedenijach D.* (in *Tvorčestvo D.*, Moskau 1959, S. 445–471).

**KROTKAJA. Fantastičeskij rasskaz**

(russ.; *Die Sanfte. Eine phantastische Erzählung*) von Fëdor M. DOSTOEVSKIJ, erschienen 1876. – Die ersten Entwürfe der Erzählung stammen aus dem Jahr 1869 und enthalten das Schlüsselwort zu dem Charakter des Helden: *»Ein echter Kellerlochtypus ... Eine Zeitlang stellt sich zwischen ihm und seiner Frau wirkliche Liebe ein, aber er bricht ihr das Herz.«* Im Oktober 1876 beschäftigt sich Dostoevskij mit dem Selbstmord einer jungen Näherin (sie sprang mit einer Ikone in den Händen aus dem Fenster) und schreibt anschließend in wenigen Wochen die vollendetste seiner Erzählungen. Sie besteht aus zwei Kapiteln und einer Vorrede. Er selbst bezeichnet dort die Erzählung als *»phantastisch und in höchstem Maße real«*. »Real« nennt er den Anlaß und den Ablauf der Geschichte, »phantastisch« ihre Form, ein »Stenogramm« des inneren Monologs des Haupthelden. Als literarisches Vorbild nennt Dostoevskij die Erzählung *Le dernier jour d'un condamné*, 1829 *(Der letzte Tag eines Verurteilten)*, von V. HUGO (1860–1862 von Dostoevskijs Bruder Michail ins Russische übersetzt), in der ein Verurteilter bis zu seiner Hinrichtung in Monolog-Form berichtet.

Im *monologue interieur* des Witwers vor der aufgebahrten Leiche seiner durch Selbstmord aus dem Leben geschiedenen Frau wiederholt sich das Geschehene noch einmal: Ein Offizier, der sich nicht entschließen wollte, sich für die Ehre seines Regiments zu duellieren, wird gezwungen, seinen Abschied zu nehmen. Er verliert allmählich jeden Halt und sinkt immer tiefer, wobei die selbstgewollte Isolation das Bewußtsein der eigenen Unzulänglichkeit überdecken soll. Eine kleine Erbschaft wird ihm zum Anlaß, Pfandleiher zu werden und Rache an den Menschen zu nehmen, von denen er sich ausgestoßen glaubt. Eines Tages besucht ihn ein junges Mädchen, dessen Reinheit und Armut auf ihn wie eine Verheißung wirken. Er heiratet sie, um in der Unterwerfung der »Sanften« durch gespielte Gleichgültigkeit, lähmendes Schweigen und unerbittliche Strenge seinen unstillbaren Machttrieb auszuleben. Die junge Frau, die ihrem Mann vertrauensvoll entgegenkommt, versucht nach einiger Zeit aufzubegehren. Es kommt zu einer entscheidenden Kraftprobe, nach der es nur noch den »Sieger« und die »Besiegte« gibt. Als die Sanfte von ihrem Mann in Versuchung geführt wird, mit einem Revolver auf ihn zu schießen (eine Parallele zu dem Duell Dunja-Svidrigajlov in *Prestuplenie i nakazanie – Schuld und Sühne*), erweist sich, daß Kampf und Selbstbehauptungstrieb ihr wesensfremd sind. Sie erkrankt und lebt fortan stumm und gefügig neben ihrem triumphierenden Mann, bis dieser, als er sie eines Tages mit gebrochener Stimme singen hört, von Reue und Leidenschaft übermannt, sich ihr zu Füßen wirft und abermals um sie wirbt. Um nicht Liebe heucheln zu müssen, flieht die Frau in den Tod und springt nach einem Gebet mit einer Ikone in der Hand aus dem Fenster. Die Erzählung setzt wenige Stunden später ein.

Der Machtanspruch über die Seele des geliebten Menschen ist der elementare Ausdruck der Selbstbehauptung und der Übersteigerung des Ichs bei Dostoevskij. Der Monolog (wie auch alle Tagebuchaufzeichnungen und Beichten ein Weg der Selbsterkenntnis) gipfelt in einem »Punkt«, der von dem Protagonisten mit gleicher Intensität gesucht wie gemieden wird – in der Übereinstimmung von Geschehenem und Erkanntem: *»Ich habe sie zu Tode gequält – das ist es!«* Mit *Krotkaja* hat der Dichter die höchste Steigerung bei der Wiedergabe seelischer Vorgänge seit den *Zapiski iz podpol'ja (Aufzeichnungen aus dem Kellerloch)* erreicht. Dostoevskijs Gedanke der Vereinsamung des Menschen (»Kellerloch«) und des Zwangs zum Selbstbeweis im *nadryv* (Dostoevskijs Terminus für gewollte Selbstzerstörung) wird hier als eine universale Erscheinung gesehen. Der einzige Weg, der aus der Isolation führen kann, ist die Liebe, ein Verbrechen gegen die Liebe aber macht den namenlosen Erzähler zu einem lebenden Leichnam in einer toten Welt: *»Die Menschen sind einsam auf Erden – das ist das Unglück! ... Man sagt, die Sonne belebe das Weltall. Aber seht sie euch nur an, die Sonne, wenn sie aufgeht, ist sie vielleicht kein Leichnam? Alles ist tot, überall sind Leichen. Die Menschen sind einsam und von Schweigen umgeben – das ist die Erde! ›Menschen, liebet einander – wer hat das gesagt?‹ ... Nein, im Ernst, wenn man sie morgen forttragen wird, was soll ich dann?«* S.G.

AUSGABEN: Petersburg 1876 (in Dnevnik pisatelja, Nov.). – Moskau 1958 (in *Sobr. soč.*, Hg. L. Grossman u. a., 10 Bde., 1956–1958, 10). – Moskau 1982 (in *Sobr. soč.*, 12 Bde., 12).

ÜBERSETZUNGEN: *Krotkaja. Eine phantastische Erzählung*, M. v. Bröndsted, Dresden 1887. – *Die Sanfte*, J. v. Guenther (in *Meistererzählungen*, Hbg./Mchn. 1961). – Dass., A. Luther (in *Erzählungen*, Mchn. 1962). – Dass., E. K. Rahsin (in *SW*, Bd. 4, Mchn./Zürich 1977). – Dass., dies. (in *Sämtl. Erzählungen*, Mchn./Zürich 1984).

LITERATUR: F. F. Seeley, *Dostoevsky's Women* (in SEER, 39, 1961, S. 291–312). – J. David, *Le suicide chez D.* (in Esprit, 1956, S. 544–549). – I. Malow, *Der Pfandleiher u. der Mann aus dem Kellerloch. Versuch eines Vergleichs d. Hauptgestalten in D.s »Krotkaja« u. »Zapiski iz podpol'ja«* (in Zeitschrift für den Russischunterricht, Hbg. 1971, 7,

S. 38–59). – L. Grossman, *About the Meek One* (in Soviet Literature, 1981, 12, S. 57–59). – R. Neuhäuser, *F. D. »Die Sanfte«* (in *Die russische Novelle*, Hg. B. Zelinsky, Düsseldorf 1982, S. 73–83).

## NETOČKA NEZVANOVNA

(russ.; *Netočka Nezvanovna*). Erzählung von Fëdor M. DOSTOEVSKIJ, erschienen 1849. – Als Beginn eines umfangreichen Romans mit dem Untertitel »Geschichte einer Frau« konzipiert, erschien das Werk zunächst in drei Kapiteln mit den Überschriften *Detstvo (Kindheit), Novaja žizn' (Neues Leben)* und *Tajna (Das Geheimnis)*. Die Verhaftung Dostoevskijs wegen seiner Teilnahme an dem revolutionären Petraševskij-Kreis und seine langjährige Inhaftierung in Sibirien vereitelten die Fortsetzung der Arbeit. Für die Ausgabe seiner gesammelten Werke im Jahre 1860 arbeitete der Autor das Romanfragment zu einer Erzählung um, wobei er die Kapitelüberschriften und alle Passagen strich, die auf eine Fortführung der Handlung deuteten.

Die Erzählung, von der Titelheldin in Ichform vorgetragen, besteht aus drei in sich geschlossenen, durch das Schicksal der Erzählerin miteinander verknüpften Teilen: Netočka ist die Tochter einer jungen, schwärmerisch veranlagten Witwe, die in zweiter Ehe mit dem Musiker Efimov verheiratet ist. Efimov, ein armer Klarinettist, der bei einem geheimnisvollen Italiener das Geigenspiel erlernt hat, wird ein Musiker von großer Anziehungskraft, der, ganz im Bann der eigenen Begabung, die Kunst als Selbstbestätigung und Selbstverwirklichung betrachtet. Sein Leben wird zu einem verzweifelten Rückzug vor der Wirklichkeit: Je deutlicher es wird, daß sein Talent veruntreut und verloren ist, um so hartnäckiger klammert er sich an den Gedanken seiner Genialität. Die ganze Schuld schreibt er seiner Frau, der Mutter der Erzählerin, zu und schwört, bis zum Tode der Unglücklichen seine Geige nicht mehr anzurühren. Sie stirbt an dem gleichen Abend, an dem Efimov beim Spiel eines berühmten Geigers die Wahrheit über sein Talent bewußt wird. Efimov selbst folgt ihr zwei Tage später ins Grab, *»zusammen mit seiner starren Idee, der er sein Leben geopfert hatte«*.

Die Feindseligkeit zwischen den Eltern bestimmt die innere Entwicklung Netočkas. Äußert sich ihre *»krankhafte Empfindsamkeit«* in der Kindheit in einer quälenden, seltsam unkindlichen Liebe zu ihrem Stiefvater und der Abneigung gegen ihre Mutter, so konzentriert sie, als Waise in der Familie des Fürsten Ch... gegeben, ihre Zuneigung auf die gleichaltrige, schöne Tochter des Hausherrn. Doch Katja weist sie schroff und hartnäckig zurück und gesteht erst dann ihre aus Stolz zurückgehaltene Liebe, als Netočka sich einmal an ihrer Stelle bestrafen läßt. – Unmittelbar darauf werden die Mädchen getrennt. Netočka kommt in die Familie von Katjas Halbschwester Aleksandra Michajlovna, unter deren liebevoller Aufsicht sie acht Jahre lebt. Aus einem vergilbten Brief, den sie in einem Buch findet, erfährt Netočka, daß die empfindsame und kränkliche Aleksandra Michajlovna während ihrer Ehe eine schwesterliche Freundschaft zu einem Unglücklichen unterhielt und sich den Verdächtigungen und der Nachrede der Gesellschaft aussetzte. Ihr Mann stellte sich zwar schützend vor die *»unschuldige Sünderin«*, vergab ihr jedoch nicht, sondern rächte sich, indem er seine Großmut als raffiniertes Werkzeug seelischer Tyrannei gebrauchte.

Obwohl die Erzählung weder stilistisch noch kompositorisch eine Einheit bildet, ist sie in ihrer Bedeutung nicht zu unterschätzen: Sie zeigt zum ersten Mal die beiden Urbilder der Frau, die »Sanfte« und die »Stolze«, die sich in Dostoevskijs großen Romanen wiederholen, variiert das Motiv der Macht des Stärkeren über die *»schwachen Herzen«*, verfolgt die Bedeutung vorbewußter, traumatischer Eindrücke auf das Bewußtsein und deutet die kindlich-pubertären Erscheinungsformen des Erotischen bei seiner jungen Heldin. S.G.

AUSGABEN: Petersburg 1849 (in Otečestvennye zapiski, Jan./Febr./Mai). – Moskau 1956 (in *Sobr. soč.*, Hg. L. Grossman u. a., 10 Bde., 1956–1958, 2; m. Einf.). – Moskau 1982 (in *Sobr. soč.*, 12 Bde., 1).

ÜBERSETZUNGEN: *Nettchen Neswanow*, L. A. Hauff, Bln. 1889. – *Njetotschka Neswanowa*, E. Walter (in *Erzählungen*, Mchn. 1962). – *Njetotschka Neswanowa*, E. K. Rahsin (in *SW*, Bd. 3, Mchn./Zürich 1977).

LITERATUR: F. F. Seely, *Dostoevsky's Women* (in SEER, 39, 1961, S. 291–312). – M. Jones, *An Aspect of Romanticism in D.* (in Renaissance & Modern Studies, 1973, 17, S. 38–61).

## PODROSTOK

(russ.; *Der Jüngling*). Roman von Fëdor M. DOSTOEVSKIJ, erschienen 1875. – Die Notizbücher Dostoevskijs lassen erkennen, daß in diesem Roman Motive und Ideen eines geplanten fünfteiligen Werks *(Žitie velikogo grešnika – Das Leben eines großen Sünders)* und seine Stellungnahme zu den aktuellen Problemen der siebziger Jahre verschmolzen sind. Die Geschichte einer »zufälligen« Familie – zu ihr gehören der verarmte Gutsbesitzer Versilov, seine frühere Leibeigene Sof'ja sowie die unehelichen Kinder von beiden, Arkadij und Liza – war Dostoevskijs Antwort auf die Scheinwelt der überlebten Gutsbesitzerliteratur TOLSTOJS und TURGENEVS. Der Roman hat die Form eines Tagebuchs. Arkadij Dolgorukij – seinen Namen hat er von Sof'jas legitimem Ehemann Makar Dolgorukij, einem weisen Bauern, der als Pilger und *»großer Dulder«* von Kloster zu Kloster zieht – ist der Autor der Tagebuchaufzeichnungen, deren Niederschrift der Verständigung mit sich selbst dient und die mit der Lebensgeschichte seines Vaters beginnen. Andrej

Versilov hatte sich als fünfundzwanzigjähriger Witwer in die Gutsmagd Sof'ja verliebt und sie von Makar losgekauft. Er ging, nachdem die Kinder in die Obhut fremder Menschen gegeben worden waren, mit Sof'ja auf längere Auslandsreisen. Arkadij wird in einer Moskauer Adelspension erzogen, wo er wegen seiner unehelichen Herkunft von Mitschülern und Lehrern geschlagen und verachtet wird. All seine Träume, in die er sich mehr und mehr zurückzieht, sind auf den Vater bezogen, den er bewundert, obwohl er ihn nur ein einziges Mal kurz gesehen hat. In seiner Vereinsamung und Isolierung entwickelt sich in Arkadij langsam die »Idee«, mit Fleiß und Ausdauer, durch Sparen und Fasten Geld anzuhäufen und ein *»Rothschild zu werden«*. Die Macht, die er sich von dem Reichtum verspricht, soll den Makel seiner unehelichen Geburt tilgen und ihn unabhängig machen. Seine »Idee«, eine Philosophie des starren Individualismus, isoliert ihn noch stärker, da er sich von allem fernhält, was ihn in seiner Zielsetzung schwankend machen könnte. Mit neunzehn Jahren lernt er seinen Vater näher kennen, der nun sofort zum Mittelpunkt seiner Interessen und Pläne wird. Die Analyse der Figur des Vaters verläuft in Etappen, die der Selbsterkenntnis des Sohnes entsprechen. Arkadijs Verhältnis zu Versilov ist ambivalent; eine Art Haßliebe empfindet er für ihn: Wohl achtet er die Persönlichkeit seines Vaters, haßt ihn aber auch, da Versilov die Schuld an Arkadijs illegitimer Herkunft trägt. Nach Beendigung des Moskauer Internatsaufenthalts kommt der junge Dologorukij nach Petersburg, wo er seine Familie in bedrängten familiären Verhältnissen antrifft. Er verzichtet auf ein Universitätsstudium, um möglichst schnell unabhängig zu werden, verläßt nach einem Streit die »zufällige« Familie, mietet sich ein Zimmer und nimmt auf Empfehlung Versilovs die Stellung eines Privatsekretärs bei dem alten Fürsten Sokol'skij an, mit dessen Familie sein Vater um eine Erbschaft prozessiert. Als erster besucht Versilov seinen Sohn, worüber Arkadij sehr glücklich ist. Eine lange und herzliche Unterredung bringt beide einander näher.

Der Zufall spielt Arkadij einen Brief in die Hand, den Katerina Achmakova, die verwitwete Tochter des alten Fürsten, an den Juristen Andronikov geschrieben hatte. Hierin bat sie um Auskunft darüber, wie sie ihren Vater für geisteskrank und unmündig erklären lassen könne. Der Besitz dieses Dokuments gibt dem jungen Arkadij, der sich in Katerina verliebt hat, das Gefühl der Macht über eine schöne Frau. – In dem Streben, von seiner Umwelt ernst genommen zu werden und einen Platz im Leben einzunehmen, stürzt sich Arkadij in das gesellschaftliche Treiben der Stadt, stößt aber auf Ablehnung und Verachtung. Er gerät in einen anarchistischen Zirkel – die Beschreibung des Zirkels geht auf Zeitungsmeldungen über den Prozeß gegen den Revolutionär Dolgušin zurück –, wo er einmal eine Rede über Atheismus und freie Liebe hält. Sein Verhältnis zu den Frauen ist, seinem Alter gemäß, zwiespältig; einerseits empfindet er Verachtung für sie (*»denn ich habe mir geschworen, daß ich mein ganzes Leben auf sie spucken werde«*), andererseits nähert er sich ihnen bewundernd und ritterlich. Seine erste Liebe gehört Katerina Achmakova, die auch in Versilov eine Leidenschaft geweckt hat. Arkadij wird zum Rivalen seines Vaters, wodurch sich die Beziehungen zwischen ihnen erneut komplizieren. Durch Vermittlung des Fürsten Sergej Sokol'skij, mit dem er sich angefreundet hat und von dem seine Schwester Liza ein Kind erwartet, findet Arkadij Eingang in die »höhere Gesellschaft«. Er beginnt zu spielen, gerät in Schulden, und gewinnt schließlich eine beträchtliche Summe. In der zweifelhaften Gesellschaft von Spielern und Erpressern ereignet sich ein für Arkadij peinlicher Vorfall, in dessen Verlauf er ohne Grund für einen Dieb gehalten und aus dem illegalen Spielsalon gewiesen wird. Ziellos irrt er durch die Stadt, stürzt bei dem Versuch, eine Mauer zu erklimmen, und fällt in tiefe Bewußtlosigkeit. In diesem Zustand findet ihn sein ehemaliger Moskauer Schulfreund Lambert, ein gewissenloser Schurke, der in der Folgezeit einen unheilvollen Einfluß auf ihn ausübt. Man bringt Arkadij in das Haus seiner Mutter, wo er seinem gesetzlichen Vater Makar begegnet, der krank von einer seiner Pilgerreisen zurückgekehrt ist. Makars Einfalt und die Heiterkeit seines Herzens, seine Uneigennützigkeit und Menschenliebe hinterlassen bei dem sich langsam erholenden Arkadij einen tiefen Eindruck. – Makars Tod bewirkt, daß die »zufällige« Familie wieder näher zusammenrückt: Arkadij söhnt sich mit Versilov aus und beschließt, ein Universitätsstudium zu beginnen; Versilov entsagt seiner Leidenschaft zu der schönen und stolzen Achmakova und kehrt zur stillen und demütigen Sof'ja zurück.

Der Roman, der durch die Ichform Unmittelbarkeit und Frische erhält, umfaßt einen Handlungszeitraum von knapp drei Monaten, von denen der Erzähler sechzehn Tage genau in ihrem Verlauf schildert. Zentrum der Handlung und Bezugspunkt aller Geschehnisse im Roman ist Arkadij, dessen pubertäre Gefühlswelt mit psychologischer Meisterschaft dargestellt ist. In dieser Hinsicht (so H.-J. Gerigk) befindet sich *Der Jüngling* auf einer Linie mit FLAUBERTS *Novembre* (entstanden 1842) und JOYCES *A Portrait of the Artist as a Young Man* (1916). – Die Erzählperspektive wird vom jeweiligen Entwicklungsstadium des Helden bestimmt, dem als »Heranwachsenden« nicht alle Fakten und Ereignisse zugänglich sind. Er muß sie allmählich enträtseln und erforschen. Deshalb erscheint auch die Fabel nicht in ihrem chronologischen Zusammenhang, sondern sie wird kaleidoskopartig dargeboten. Hauptthema ist der Aufbruch des Jünglings in die Welt. Der durch die weltfeindlichen Vorstellungen Arkadijs verursachte Konflikt mit der Umwelt wird erst nach vielen qualvollen Erlebnissen des nach der *»Wahrheit des Lebens«* suchenden Helden gelöst: Arkadij befreit sich von der wirklichkeitsfeindlichen »Idee« und findet, in die Gesellschaft zurückkehrend, zu einer bejahenden Weltschau.

Der Roman, in der Forschung oft als weniger bedeutsames, chaotisches Nebenwerk des Dichters abgetan, wird neuerdings in die Tradition des westeuropäischen Schelmenromans gestellt, GERIGK weist eine Reihe typisch pikaresker Wesensmerkmale nach: die Verstrickung des Helden in den Strudel des Lebens, das Erlebnis der »Gefährlichkeit des Glücks«, der physische Zusammenbruch, die Begegnung mit Repräsentanten der verschiedenen Gesellschaftsschichten und die Perspektive »von unten«. J. HOLTHUSEN stimmt jedoch der Charakterisierung des *Podrostok* als eines pikaresken Romans nicht vorbehaltlos zu und schlägt die Bezeichnung »Entwicklungsroman« vor. S.G.

AUSGABEN: Petersburg 1875 (in Otečestvennye zapiski). – Moskau 1957 (in *Sobr. soč.*, Hg. L. Grossman u. a., 10 Bde., 1956–1958, 8). – Moskau 1982 (in *Sobr. soč.*, 12 Bde., 10).

ÜBERSETZUNGEN: *Junger Nachwuchs*, W. Stein, 3 Bde., Lpzg. 1886. – *Der Jüngling*, E. K. Rahsin, Mchn. 1922; ern. 1957. – Dass., M. Grace-Racié, Mchn. 1965. – Dass., E. K. Rahsin (in *SW*, Bd. 9, Mchn./Zürich 1977). – Dass., dies., Mchn. 1986.

LITERATUR: P. Wohlfart, *Psychologische Entwicklung von D.s »Jüngling«* (in Zs. f. Individualpsychologie, 13, 1935, S. 104 ff.). – M. Braun, *Das Nachwort zum »Jüngling«. (Zur Frage des aktuellen Romans bei D.)* (in WdS, 6, 1961, S. 16–25). – A. S. Dolinin, *Poslednie romany D. Kak sozdavalis' »Podrostok« i »Brat'ja Karamazovy«*, Moskau/Leningrad 1963. – *F. M. D. v rabote nad romanom »Podrostok«. Tvorčeskie rukopisi*, Moskau 1965 (Literaturnoe nasledstvo, 77). – H.-J. Gerigk, *Versuch über D.s »Jüngling«. Ein Beitrag zur Theorie des Romans*, Mchn. 1965 (zugl. Diss. Heidelberg; Forum Slavicum, 4). – E. I. Semenov, *U istokov »Podrostka«* (in Russkaja Literatura, 1973, 3, S. 107–116). – E. I. Kijko, *Russkij tip »vsemirnogo bolenija za vsech« v »Podrostke«: Po materialam černovogo avtografa* (in Russkaja Literatura, 1975, 18, S. 155–161). – T. V. Civ'jan, *O strukture vremeni i prostranstva v romane D. »Podrostok«* (in Russian Literature, 1976, 4, S. 203–255). – E. I. Semenov, *Byl li Michajlovskij idejnym vdochnovitelem avtora »Podrostka?«* (in Filologičeskie Nauki, 1976, 18, S. 92–99). – Ders., *Roman D. »Podrostok«: Problematika i žanr*, Leningrad 1979. – H. Rothe, *Quotations in D.'s »A Raw Youth«* (in MLR, 1984, 79, S. 131–141).

## PRESTUPLENIE I NAKAZANIE. Roman v 6 častjach s ėpilogom

(russ.; *Schuld und Sühne*). »Roman in sechs Teilen mit einem Epilog« von Fëdor M. DOSTOEVSKIJ, erschienen 1866. – Der Titel des großen Romans ist mit *Schuld und Sühne* nicht ganz zutreffend übersetzt. Die russischen Termini sind mehr juristische als moralphilosophische Begriffe, enthalten allerdings auch den Hinweis auf die ethischen Grundlagen des Rechts. Besser als der in Deutschland eingebürgerte Titel wäre deswegen »Verbrechen und Strafe«, noch genauer: »Übertretung und Zurechtweisung«. Ein Mensch »übertritt« durch einen Mord die ehtischen und bürgerlichen Gesetze; er wird »zurechtgewiesen« zuerst durch die sühnende Kraft der Strafe, dann durch die heilende Kraft der Liebe.

Der aus verarmter bürgerlicher Familie stammende dreiundzwanzigjährige Student Raskol'nikov ist, wie schon sein Familienname (von russ. *raskol*: Schisma, Abspaltung) andeutet, losgelöst, »abgespalten« von den tragenden Kräften des menschlichen Seins: als Bewohner eines engen, schrank- und sargähnlichen Zimmers in dem unnatürlichen, künstlichen Gebilde Petersburg »abgespalten« vom Boden, von der Erde, dem nach Dostoevskij unersetzbaren Kraftquell des Menschen; als Angehöriger der russischen Intelligenzschicht »abgespalten« vom russischen Volk, dem Träger wahrhaften, ganzheitlichen Lebens; endlich als Rationalist »abgespalten« von den Kräften der tieferen, elementaren Schichten der menschlichen Persönlichkeit. Die organische Einheit des Seins ist in ihm verlorengegangen, der »euklidische Verstand«, der Diener des Lebens sein soll, ist Herrscher geworden.

Raskol'nikov ist besessen von der Idee des Nutzens. Um eines unklar gefaßten naturwissenschaftlichen oder sozialen »Fortschritts« willen ist es seiner Meinung nach dem »großen Menschen« erlaubt, »lebensunwertes Leben« zu vernichten, um »lebenswertes« zu erhalten und zu fördern, das heißt in seinem Falle: eine alte Wucherin, die *»nicht besser ist als eine Laus«*, zu töten und mit dem geraubten Geld sein Studium zu finanzieren. Obwohl Raskol'nikovs Herz sich vor der geplanten Tat ekelt und sein Unterbewußtsein sich (im Traum von der Mißhandlung eines Pferdes) gegen sie aufbäumt, führt er sie doch aus, weil er, bestimmt vom euklidischen Verstand und noch dazu gedrängt von sozialer Not, hier nichts anderes zu sehen vermag als ein Rechenexempel (*»ein Tod gegen hundert Leben«)*, dessen rationaler Klarheit er kein gleich starkes rationales Argument entgegenzusetzen hat. Die Idee des Verbrechens, einmal von der *ratio* bejaht, drängt den von ihr Besessenen zur Tat. *»Es war, als habe ihn jemand bei der Hand genommen und zöge ihn hinter sich her, unwiderstehlich, blindlings, mit übernatürlicher Kraft, die jeden Widerspruch ausschloß. Es war, als habe das Rad einer Maschine seinen Rockzipfel erfaßt und er würde nun hineingezogen und mit forgerissen«* (I, 6).

Mit Hilfe einer Reihe »glücklicher« Zufälle, die beinahe von einer metaphysischen Kraft (dem »Teufel«, der hier wiederholt genannt wird) gelenkt zu sein scheinen, gelingen der Mord und die Flucht vom Tatort. Aber in dem auf den Mord folgenden physischen Zusammenbruch Raskol'nikovs zeigt sich, daß der euklidische Verstand, der die Tat erdacht und ihre Ausführung gefordert und gelenkt hat, nicht die einzige und nicht die allein bestimmende Schicht der menschlichen Persönlichkeit ist. – Nach dem Erwachen aus tagelangem Delirium fühlt Raskol'nikov sich grenzenlos vereinsamt. Durch Mitleid (mit dem verunglückten Marmeladov und seiner Familie) und durch das Erwachen der Liebe (zu Marmeladovs Tochter Sonja, die, um ihrer Familie zu helfen, Prostituierte geworden ist) glaubt Raskol'nikov für Augenblicke, die verlorene Menschlichkeit zurückgewonnen zu haben. Aber Sonja und der scharfsinnige, tiefblikkende Untersuchungsrichter Porfirij zeigen ihm, und er selbst erkennt in immer neuen leidvollen Erfahrungen, daß der Weg aus der Vereinsamung nur über Geständnis und Strafe gehen kann. Der Verbrecher selbst braucht die Strafe als Sühne. Die Strafe ist noch nicht seine Rettung, aber der Übergang aus der Hölle ins Fegefeuer. Die Rettung, die »Auferstehung« kommt durch Sonja. In der Mitte des Romans (IV, 4) läßt Raskol'nikov sich von ihr die Geschichte von der Auferweckung des Lazarus (*Johannes-Evangelium*, Kap. 11) vorlesen. Ihre Hoffnung, daß er dadurch *»jetzt gleich, im nächsten Augenblick schon«* zum Glauben kommen werde, erfüllt sich nicht. Aber am Ende der Erzählung, als er sich in Sibirien als Strafgefangener in einer Arbeitspause plötzlich ganz von der Liebe zu Sonja, die ihm freiwillig gefolgt ist, einnehmen läßt, erfüllt sich an ihm jene »Auferweckung eines Toten«, an die er früher nicht hat glauben können. Die legendäre Erzählung des *Neuen Testaments* bewährt ihren tieferen Sinn an Raskol'nikov: Er selbst nämlich war jener Lazarus, der *»krank war«* (an den finsteren, lebensfeindlichen Ideen des Jahrhunderts) und *»gestorben ist«* (durch den Mord hat er nicht nur die Wucherin und ihre Schwester, sondern vor allem sich selbst getötet, sich ausgestoßen aus dem Kreis der Lebenden, sich entfernt vom »lebendigen Leben«); »auferweckt« wird er durch die erlösende Liebe Sonjas, in der sich Mitleid und sexuelle Zuneigung verbinden. Jetzt *»tritt an die Stelle der Dialektik das Leben«*; damit ist die *»Krankheit zum Tode«* überwunden, und das neue Leben hat begonnen.

*Schuld und Sühne*, die erste und in formaler Hinsicht vielleicht vollkommenste der fünf großen philosophischen Roman-Tragödien Dostoevskijs, ist ein Kriminalroman von atemberaubender Spannung und gleichzeitig vollendeter künstlerischer Ausdruck wesentlicher Probleme der Weltanschauung des späten Dostoevskij, wie sie sich seit seiner sibirischen Zuchthauszeit herausgebildet hatte.

L.Mü.

AUSGABEN: Petersburg 1866 (in Russkij vestnik, Jan.–Dez.). – Petersburg 1867 [rev.]. – Moskau 1957 (in *Sobr. soč.*, Hg. L. Grossman u. a., 10 Bde., 1956–1958, 5; m. Einf.). – Leningrad 1980.

ÜBERSETZUNGEN: *Raskolnikow*, W. Henckel, 3 Bde., Lpzg. 1882. – *Rodion Raskolnikoff. Schuld und Sühne*, E. K. Rahsin, Mchn. 1909; zul. 1964. – *Schuld und Sühne*, R. Hoffmann, Mchn. 1960; ern. 1968. – *Raskolnikow*, H. Röhl, Bln. 1963. – *Raskolnikov. Schuld und Sühne*, S. Geier, Reinbek 1964 (RKl, 166–169; m. Essay). – *Rodion Raskolnikoff (Schuld und Sühne)*, E. K. Rahsin (in *SW*, Bd. 6, Mchn./Zürich 1977). – *Schuld und Sühne*, W. Bergengruen, Zürich 1985.

DRAMATISIERUNGEN: R. Ackland, *Crime and Punishment*, NY 1948. – L. Ahlsen, *Raskolnikoff* (Urauff.: Berlin, 20. 9. 1960, Schloßparktheater).

VERTONUNG: H. Sutermeister, *Raskolnikow* (Oper; Stockholm 1948).

VERFILMUNGEN: Rußland 1910 (Regie: V. Gončarov). – Rußland 1913 (Regie: I. Vronskij). – *Raskolnikov*, Ungarn 1916 (Regie: Deésy A.). – Dass., Deutschland 1922/23 (Regie: R. Wiene). – *Crime and Punishment*, USA 1935 (Regie: J. von Sternberg). – *Crime et châtiment*, Frankreich 1935 (Regie: P. Chenal). – *Brott och Straff*, Schweden 1945 (Regie: E. Faustman). – *Crime et châtiment*, Frankreich 1956 (Regie: G. Lampin). – Rußland 1969 (Regie: L. Kulidžanov).

LITERATUR: O. Knaus, *Die Träume in D.s »Raskolnikoff«*, Mchn. 1926. – *Raskolnikows Tagebuch. Mit unbekannten Entwürfen, Fragmenten u. Briefen zu »Raskolnikow« u. »Idiot«*, Hg. R. Fülöp-Miller u. F. Eckstein, Mchn. 1928. –M. Beebe, *The Three Motives of Raskolnikov. A Re-Interpretation of »Crime and Punishment«* (in College English, 17, 1955, S. 151–158). – V. V. Ermilov, *Der Roman »Schuld und Sühne«* (in Sowjetwissenschaft, 4, 1956, S. 299–318). – M. Doerne, *Richterliche u. schöpferische Menschenkenntnis. »Schuld und Sühne« von D.* (in M. D., *Gott und Mensch in D.s Werk*, Göttingen 1957, S. 26–38). – V. B. Šklovskij, *Za i protiv. Zametki o D.*, Moskau 1957, S. 165–220. – F. Hahn, *D.s Roman »Schuld und Sühne«. Versuch einer theologischen Deutung* (in *Erziehung als Beruf u. Wissenschaft. Festgabe f. F. Trost zum 60. Geburtstag*, Ffm. 1961, S. 25–36). – N. I. Gus', *Idei i obrazy D.*, Moskau 1962, S. 261–308. – J. Lavrin, *F. M. D. in Selbstzeugnissen u. Bilddokumenten*, Reinbek 1963, S. 68–75 (rm). – G. A. Mejer, *Svet v noči (O »Prestuplenii i nakazanii«). Opyt medlennogo čtenija*, Ffm. 1967. – V. J. Kirpotin, *Razočarovanie i krušenie Rodiona Raskol'nikova. Kniga o romane F. M. D. »Prestuplenie i nakazanie«*, Moskau 1970. – J. F. Karjakin, *Samoobman Raskol'nikova. Roman F. M. D. »Prestuplenie i nakazanie«*, Moskau 1976. – H.-J. Gerigk, Nachw. zu F. M. D., *Schuld u. Sühne*, Mchn. 1977, S. 709–735. – E. Lehrman, *A »Handbook« to the Russian text of »Crime and Punishment«*, Den Haag/Paris 1977. – Chr. Heim, *Die Gestalt Svidrigajlovs in D.s Roman »Verbrechen und Strafe«*, Tübingen 1978. – R. Neuhäuser, *D. »Schuld und Sühne«* (in *Der russische Roman*, Hg. Bodo Zelinsky, Düsseldorf 1979, S. 164–187; 415–419). – L. Simon, *Subjective Time in »Crime and Punishment«*, Diss. NY Univ. 1980 [enth. Bibliogr.]. – W. Potthoff, *Zu D.s Konzeption des lite-*

*rarischen Helden in den 1860er Jahren. Am Beispiel von »Schuld und Sühne«* (in Dostoevsky Studies, 2, 1981, S. 69–81).

## SELO STEPANČIKOVO I EGO OBITATELI. Iz zapisok neizvestnogo

(russ.; *Das Gut Stepančikovo und seine Bewohner. Aus den Aufzeichnungen eines Unbekannten*). Roman von Fëdor M. DOSTOEVSKIJ, erschienen 1859 in der Zeitschrift ›Otečestvennye zapiski‹. – Auf Stepančikovo, dem Gut des vierzigjährigen verabschiedeten Obersten und Witwers Rostanev, eines etwas naiven, aber grundgütigen, bescheidenen Menschen mit einem überfein entwickelten Taktempfinden, leben außer ihm und den Bauern seine beiden Kinder und deren Erzieherin, ferner seine Mutter, eine Generalswitwe, mit einem ganzen Hofstaat von geschäftigen Nichtstuern; unter ihnen der gescheiterte Literat Foma Fomič Opiskin, ein aufgeblasener, anmaßender, unverschämter Besserwisser, Frömmler und Moralist. Rostanev beugt sich ganz dem Einfluß Opiskins, dessen scheinbare Gelehrsamkeit, Frömmigkeit und hohe Moral er bewundert und dessen offenkundige Fehler er durch frühere unglückliche Lebensverhältnisse immer wieder entschuldigt. An ihre Grenze gelangt diese Unterordnung aber, als Foma Fomič zusammen mit der Mutter Rostanevs energisch gegen dessen Plan, die Erzieherin seiner Kinder zu heiraten, intrigiert und sie, um dies zu vereiteln, öffentlich beschimpft. Der in seiner Liebe und Ritterlichkeit verletzte Rostanev wirft in einer höchst effektvollen Szene den frömmelnden Intriganten buchstäblich zur Tür hinaus. Tief gekränkt geht Opiskin, angeblich, um als ruheloser Pilger und wandernder Moralprediger sein Leben zu vollenden. Aber ein furchtbares Gewitter, das gerade jetzt hereinbricht, läßt den Gutsherrn sein hartes Vorgehen schon wieder bedauern und gibt Opiskin die willkommene Gelegenheit, umzukehren. Er hat sich rasch auf die neue Situation eingestellt: Da er einsieht, daß sein Einfluß an diesem Punkt an eine unüberwindliche Grenze gekommen ist, ändert er seine Position. Er erklärt sich einverstanden mit der Eheschließung, gibt selbst die Hände des Paares zusammen, und Rostanev fühlt sich ihm von neuem verpflichtet als dem Stifter seines Glücks und dem ihm vom Himmel gesandten weisheitsvollen Ratgeber und väterlichen Freund. Er läßt ihn bis an sein Lebensende bei sich wohnen.

Der Roman ist aufgebaut nach den Strukturprinzipien der klassischen Komödie. Die Handlung, räumlich und zeitlich eng zusammengedrängt, läßt sich leicht in fünf Akte einteilen: Der vierte schließt wirkungsvoll mit dem Hinauswurf Opiskins, der fünfte enthält dessen Rückkehr und das Happy-End. Auch einige Einzelepisoden machen den Eindruck von Theaterszenen. Nach den episch gestalteten Werken der Frühzeit hat Dostoevskij hier und in dem etwa gleichzeitig geschriebenen *Djadjuškin son (Onkelchens Traum)* zum ersten Mal das Strukturprinzip des Dramas auf den Roman angewandt. Auch das Sujet berührt sich eng mit einem berühmten Bühnenwerk, mit MOLIÈRES *Tartuffe*. In beiden Werken versteht es ein Frömmler, die Gunst und das blinde Vertrauen eines gutmütigen, vermögenden Menschen zu gewinnen und in schamloser Weise auszunutzen. Erst dadurch, daß der Frömmler die Liebesempfindungen seines Gönners verletzt, verscherzt er sich dessen Gunst. Auch Einzelheiten entsprechen sich, z. B. die, daß außer dem Gönner selbst nur dessen Mutter für den Frömmler ist, die übrige Familie gegen ihn.

Offenbar wollte Dostoevskij bewußt und offenkundig mit dem berühmten Vorbild in Wettstreit treten, dessen Sujet modernisieren und die Durchführung durch psychologische Vertiefung übertreffen. Molières Hauptgestalt, Organ, ist in gewisser Hinsicht widerspruchsvoll: Er ist einerseits empfänglich für die (geheuchelte) Frömmigkeit Tartuffes, andererseits rücksichtslos gegen seine eigene Frau und tyrannisch gegen seine Kinder. Dostoevskijs Rostanev ist psychologisch aus einem Guß; er ist durch und durch gütig, rücksichtsvoll, edelmütig. Molières Tartuffe ist ein einfacher Betrüger, seine Frömmigkeit ist eine Maske. Dostoevskijs Opiskin ist von viel komplizierterer Psychologie. Seine Frömmigkeit ist zwar nicht echt, aber auch nicht geheuchelt, er glaubt selbst an sie; sie ist – ihm selbst unbewußt – Instrument seiner Herrschaft über Rostanev, dessen engelreine, stets zum Verzicht bereite Güte der unverschämten Selbstsicherheit Opiskins keinen Widerstand zu leisten vermag. Aber auch die maßlose Eigenliebe Opiskins ist kein Zufall, sondern *»ein falsches, ein schon im Ursprung entstelltes Gefühl für die eigene Würde, die, zum ersten Mal vielleicht schon in der Kindheit, beleidigt war von Unterdrückung, Armut, Schmutz, bespien vielleicht schon im Antlitz der Eltern des künftigen Herumtreibers, vor seinen Augen«* (I, 1). Von allen verachtet, muß er sich maßlos überschätzen, um vor sich selbst bestehen zu können. Auch der unterschiedliche Ausgang der beiden Werke ist bezeichnend. Bei Molière wird der heuchlerische Gauner entlarvt und der gerechten Strafe zugeführt; bei Dostoevskij siegt die krankhafte Unverschämtheit letztlich doch über den kindlichen Edelmut. Das Werk, von Thomas MANN mit Recht bezeichnet als *»eine komische Creation ersten Ranges, unwiderstehlich an Shakespeare und Molière heranreichend«*, weist doch gleichzeitig voraus auf die Tragödie des *Idioten*.

Der Roman fand bei seinem Erscheinen wenig Anklang. Zwei angesehene Zeitschrift lehnten den Druck ab. Dostoevskij war darüber erbittert und erstaunt. Er selbst, der seinen eigenen Arbeiten gegenüber im allgemeinen sehr kritisch war, hielt ihn 1859, nach Abschluß des Manuskripts, für das beste seiner Werke. Er schrieb darüber: *»Es sind darin zwei hochbedeutsame Charaktertypen, an denen ich fünf Jahre lang geschaffen und geschrieben habe, die meiner Meinung nach tadellos ausgearbeitet sind, Charaktere, die typisch russisch sind und trotzdem in der russischen Literatur bisher nur unzulänglich ver-*

*treten sind ... Es gibt darin Szenen von einer hohen Komik, Szenen, unter die Gogol' sofort seinen Namen gesetzt hätte.«* L.Mü.

AUSGABEN: Petersburg 1859 (in Otečestvennye zapiski). – Moskau 1956 (in *Sobr. soč.*, Hg. L. P. Grossman u. a., 10 Bde., 1956–1958, 2). – Moskau 1982 (in *Sobr. soč.*, 12 Bde., 2).

ÜBERSETZUNGEN: *Tollhaus oder Herrenhaus? Stepantschikowo u. seine Bewohner*, L. A. Hauff, Bln. 1890. – *Das Gut Stepantschikowo u. seine Bewohner. Humoristischer Roman*, E. K. Rahsin (in *SW*, Bd. 16, Mchn. 1909). – *Das Gut Stepantschikowo*, dies. (in *SW*, Bd. 2, Mchn./Zürich 1977). – *Das Gut Stepantschikowo und seine Bewohner: aus den Aufzeichnungen eines Unbekannten*, M. Kegel, Mchn.1982; [2]1985.

LITERATUR: A. V. Čičerin, *Tvorčestvo D.*, Moskau 1959, S. 417–444. – D. O. Zaslavskij, *Tvorčestvo D.*, Moskau 1959, S. 445–471. – N. M. Cirkov, *O stile D. Problematika, idei, obrazy*, Moskau [2]1967, S. 31–35. – B. Monter, *The Quality of D.'s Humor: »The Village of Stepančikovo«* (in SEEJ, 1973, 17, S. 33–41). – A. Van Holk, *Verbal Aggression and Offended Honour in D.'s »Selo Stepančikovo i ego obitateli«: A Text-Grammatical Approach* (in Russian Literature, 1976, 4, S. 67–107).

## SLABOE SERDCE

(russ.; *Ein schwaches Herz*). Erzählung von Fëdor M. DOSTOEVSKIJ, erschienen 1848 in der Zeitschrift ›Otečestvennye zapiski‹. – Zwei arme Petersburger Beamte, Arkadij Nefëdevič und Vasja Šumkov, leben in inniger, sentimentaler Freundschaft gemeinsam in einer bescheidenen Wohnung. Einer von ihnen verlobt sich am Tag vor Neujahr. Im Gefühlsüberschwang seiner Verliebtheit hat er eine große Schreibarbeit, die zum 2. Januar abgegeben werden soll und für die er die Bezahlung schon bekommen hat, wochenlang vernachlässigt. In übermenschlicher Anstrengung versucht er jetzt, das Versäumte nachzuholen, um seinem »Wohltäter« gegenüber, der ihm den Auftrag gegeben hat, nicht undankbar zu erscheinen. Das »schwache Herz« Vasjas hält diese Belastungen durch starke, einander widerstreitende Gefühle und durch übermäßige, geist- und seelentötende Arbeit nicht aus. Er verliert den Verstand. Nach Ausbruch der Krankheit stellt sich heraus, daß die Arbeit gar nicht so dringlich war; der »Wohltäter« bedauert die sinnlose Zerstörung einer menschlichen Existenz. Arkadij, der zunächst erklärt hatte, sein Freund sei aus Dankbarkeit gegen den Wohltäter um den Verstand gekommen, erkennt am Abend des Tages beim Anblick der kalten Pracht des winterlichen Petersburg, *»warum sein Freund Vasja, der sein Glück nicht hatte ertragen können, um den Verstand gekommen ist ... Seine Lippen zitterten, seine Augen traten hervor, er erbleichte und blickte in diesem Augenblick gleichsam hindurch zu etwas Neuem.«*

Die Erzählung ist eine Charaktertragödie. Vasja ist ein Mensch von übergroßer, fast pathologischer Empfindsamkeit; eng mit ihr verbunden ist sein »Träumertum«. Er träumt von der allgemeinen Harmonie des Menschen mit der Natur, der Menschen untereinander, und darum leidet er unter dem Widerspruch zwischen der Innenwelt und der Außenwelt, zwischen der Höhe seines Glücksgefühls und der Öde seiner endlosen Schreibarbeit. Beides zusammen führt zu falschem Verhalten: In den Wochen der seelischen Hochstimmung vermag er die öde Alltagspflicht nicht zu erfüllen; aber dann bauscht seine Empfindsamkeit das harmlose Versäumnis zu einem Akt unverzeihlicher Undankbarkeit, ja zu einem Verbrechen auf. Zur Katastrophe führt die Verbindung von Empfindsamkeit und Träumertum dadurch, daß Vasja ein »schwaches Herz« hat. Das ist kein Zufall: Es wird motiviert einerseits durch einen körperlichen Mangel, andererseits durch die Tatsache, daß er unter großen Entbehrungen aus niedrigsten sozialen Verhältnissen aufgestiegen ist und auch jetzt noch Not und soziale Abhängigkeit erdulden muß. Dieses schwache, innerlich unsichere Herz ist den Gefühlen nicht gewachsen, denen es ausgesetzt ist.

Aber die Erzählung ist noch mehr als die Schilderung einer Tragödie pathologischer Empfindsamkeit. Neben Vasja steht Arkadij; auch er ist empfindsam, auch er träumt von der allgemeinen Harmonie (daher vielleicht sein Vorname); aber er hat nicht das schwache Herz Vasjas, darum geht er nicht zugrunde wie jener; er dringt sogar durch zum Verständnis des tragischen Geschehens: Er begreift, daß Vasja, der von der allgemeinen Harmonie träumte, zugrunde gegangen ist an der Disharmonie, die in der Welt der Zivilisation und der hierarchischen Sozialordnung herrscht – in der Welt, deren Symbol das prachtvolle, aber eiskalte Petersburg ist, der absolute Gegensatz des erträumten Arkadien. Aber bei Arkadij bleibt es bei der Erkenntnis; wir treffen ihn im letzten Absatz in der Kirche: Vielleicht will Dostoevskij sagen, daß er nun in der Religion die in der Wirklichkeit nicht zu findende Erfüllung seines Wunschtraums sucht. Über ihn hinaus führt eine ganz episodisch auftauchende, scheinbar funktionslose Gestalt: ein *»unbeteiligter Zuschauer«* bei der Katastrophe Vasjas, den *»jeder Skandal, jede entsetzliche Szene gleichzeitig erschreckt und doch irgendwie freut«*. Er sagt zu allen, zu denen er zu sprechen wagen darf: Er wisse, woher dies komme, und dies sei nicht eine einfache, sondern eine sehr wichtige Angelegenheit, und vor allem: *»Man darf das nicht so lassen.«* Offenbar schildert der Dichter hier sich oder einen seiner Freunde aus dem Kreis der Anhänger des »utopischen Sozialismus«, zu dem Dostoevskij damals gehörte: Dieser *»unbeteiligte Zuschauer«* interessiert sich für die scheinbar banalen Skandalgeschichten nicht aus oberflächlicher Neugier, sondern er versteht sie als Symbole, erkennt in ihnen Symptome einer tiefen Krankheit der Kultur und flüstert allen, denen man so etwas anvertrauen darf, ins Ohr, *»daß man es nicht so lassen darf«*. – Die kleine Erzählung fasziniert durch die Kunst der Darstellung, die die Idylle allmählich zur Tragödie werden läßt, durch ihren bedeutsamen menschlichen Gehalt und durch ihre weltanschauliche Hintergründigkeit. L.Mü.

AUSGABEN: Petersburg 1848 (in Otečestvennye zapiski, Febr.). – Moskau 1956 (in *Sobr. soč.*, Hg. L. Grossman u. a., 10 Bde., 1956–1958, 1). – Moskau 1979 (in *Povesti i rasskazy*, 2 Bde., 1).

ÜBERSETZUNGEN: *Ein schwaches Herz*, H. Roskoschny, Lpzg. 1888. – *Ein schwaches Herz. Eine Novelle*, E. K. Rahsin (in *Der Doppelgänger. Frühe Romane u. Erzählungen*, Mchn. 1961). – Dass., A. Luther (in *Erzählungen*, Mchn. 1962). – *Ein schwaches Herz*, E. K. Rahsin (in *SW*, Bd. 1, Mchn./Zürich 1977). – Dass., dies. (in *Sämtl. Erzählungen*, Mchn./Zürich 1984, [9]1987).

LITERATUR: K. Strelsky, *D.'s Early Tale »A Faint Heart«* (in Russian Review, 1971, 30, S. 146–153). – W. J. Leatherbarrow, *Idealism and Utopian Socialism in D.'s »Gospodin Procharčin« and »Slaboe serdce«* (in SEER, 1980, 58, S. 524–540).

## SON SMEŠNOGO ČELOVEKA. Fantastičeskij rasskaz

(russ.; *Der Traum eines lächerlichen Menschen. Eine phantastische Erzählung*). Erzählung von Fëdor M. DOSTOEVSKIJ, erschienen 1877. – Der Held der Erzählung, der seine Geschichte selbst erzählt, galt von Jugend auf als ein lächerlicher Mensch. Er hat auf die Verachtung und den Spott seiner Umgebung zuerst mit Stolz geantwortet, dann mit völliger Gleichgültigkeit gegenüber den Menschen und der Welt überhaupt. Er beschließt, sich zu erschießen, weil er keinen Grund sieht, weiterzuleben. Aber kurz bevor er die Tat ausführen will, bittet ihn im nächtlichen Petersburg ein kleines Mädchen auf der Straße um Hilfe. Obwohl er Mitleid verspürt und helfen könnte, jagt er das Mädchen grob fort, weil er sich sagt, daß ihm angesichts seines bevorstehenden Todes, seines Übergangs in absolutes Nichtsein, die fremde Not und auch die Scham über sein eigenes Verhalten völlig gleichgültig sein müßten. Beunruhigt von diesem ungelösten Konflikt zwischen Herz und Verstand, schläft der Erzähler auf seinem Sessel ein. Er träumt, er schieße sich ins Herz und werde begraben. Aus dem Grab wird er von einem unbekannten Wesen durch unendliche Räume getragen und schließlich abgesetzt auf einem »Doppelgänger« unserer Erde, im griechischen Archipelag. Dort leben Menschen wie wir, aber es sind Menschen ohne Sünde. Sie leben in vollkommener, harmonischer Einheit miteinander, mit der Natur, mit dem All. Sie kennen Liebe, Geburt und Tod, nicht aber Eifersucht, Haß und Schmerz. Durch die Schuld des Erzählers gelangt die Sünde in diese paradiesische Welt. Alle werden von ihr angesteckt, und nun entwickeln sich die Weltanschauungen und die sozialen Institutionen, so wie wir es aus der Geschichte der Menschheit bis ins 19. Jh. kennen. Der Erzähler bekennt (noch im Traum) seine Schuld an dieser Entwicklung, möchte dafür büßen, gekreuzigt werden, aber er wird nur verlacht; man droht, ihn ins Irrenhaus zu sperren. Er erwacht, stößt die geladene Pistole von sich, ist voll von Jubel und Entzücken, will jetzt leben und die Wahrheit verkünden, die er im Offenbarungstraum gesehen hat.

Die Erzählung antwortet auf die Frage: Was kann einen Menschen unserer Zeit, der durch Charakter und Schicksal zu einem freudlosen Dasein verurteilt ist, der durch Reflexion und Aufklärung den unreflektierten Willen zum Leben und die Furcht vor dem Sterben und vor ewiger Strafe verloren hat, auf der Erde festhalten? Der Wille und der Verstand kommen zur Einsicht, daß die Behauptung des Selbst gegen die Umwelt und gegen den Tod letztlich unmöglich ist, und von daher zu der Folgerung, daß »alles egal« und es deswegen besser ist, das Leben wegzuwerfen als es weiterzuleben. – Das Erlebnis mit dem Mädchen zeigt, daß es eine dritte Kraft im Menschen gibt, die die Devise des »Alles egal« Lügen straft – das Herz. In dem darauffolgenden Traum erkennt, »sieht« der Erzähler, daß die Menschen nicht erst in irgendeinem Jenseits, sondern auf dieser Erde glücklich und schön sein können und daß er selbst schuld daran ist, daß unsere Erde kein Paradies ist. Nach dem Erwachen ergeben sich aus der Offenbarung des Traums zwei Folgerungen. Erstens: Wenn es auch nicht in der Macht des einzelnen steht, die ganze Welt in das (an sich mögliche) irdische Paradies zu verwandeln, so kann er doch durch seine »Predigt« und durch das Vorbild seines Lebens (eines Lebens, dessen wesentliche Triebkraft nicht mehr der euklidische Verstand und nicht mehr der sich selbst wollende Wille, sondern das Herz ist) daran mitwirken, daß die Welt sich wenigstens in seinem Wirkungskreis zum Besseren wandelt. Zweitens: Damit ist die Anschauung des »Alles ist egal« überwunden, als falsch erwiesen, das Leben hat Inhalt und Sinn bekommen, die Bande, die den Erzähler an die Erde fesselten und die fast zerrissen waren, sind neu geknüpft, der Selbstmord ist sinnlos geworden.

Das kleine Werk ist eine Art Fortsetzung der dreizehn Jahre früher geschriebenen *Zapiski iz podpol'ja*, 1864 *(Aufzeichnungen aus dem Kellerloch)*, und gleichzeitig ein ideologischer Entwurf zu dem letzten großen Roman Dostoevskijs *Brat'ja Karamazovy*, 1879/80 *(Die Brüder Karamazov)*. In diesem Roman werden die möglichen Verhaltensweisen des Menschen und deren Folgen für den Menschen selbst und für seine Umgebung inkarniert in den Gestalten und Schicksalen der drei Brüder: das Leben aus dem Willen in Dmitrij, das Leben aus dem Verstand in Ivan, das Leben aus dem Herzen in Alëša. In der Erzählung *Son smešnogo čeloveka* folgen sie nacheinander als Stufen im Werdegang eines einzigen Menschen.

Trotz der stark ideologischen Konzeption ist *Der Traum eines lächerlichen Menschen* nicht bloße Reflexion, sondern wirkliches, dramatisches Geschehen. – Die Vision vom irdischen Paradies ist die Fortentwicklung der Vision Stavrogins in *Besy*, 1871/72 *(Die Dämonen)*, und Versilovs in *Podrostok*, 1875 *(Der Jüngling)*. Letztlich geht sie offenbar zurück auf ein eigenes Erleben Dostoevskijs, das mit der Betrachtung der Gemälde von Claude Lorrain in der Dresdener Gemäldegalerie verbunden war und das ihn wegen seiner Tiefe und Bedeutsamkeit zu immer neuer Gestaltung und Deutung drängte. L.Mü.

AUSGABEN: Petersburg 1877 (in Dnevnik pisatelja, April). – Moskau 1958 (in *Sobr. soč.*, Hg. L. Grossman u. a., 10 Bde., 1956–1958, 10). – Moskau 1982 (in *Sobr. soč.*, 12 Bde., 12).

ÜBERSETZUNGEN: *Der Traum eines lächerlichen Menschen. Eine phantastische Erzählung*, E. K. Rahsin (in *SW*, Bd. 20, Mchn. 1907). – Dass., dies. (in *Aus dem Dunkel der Großstadt*, Mchn. 1922). – Dass., A. Luther (in *Erzählungen*, Mchn. 1962). – *Traum eines lächerlichen Menschen*, E. K. Rahsin (in *SW*, Bd. 4, Mchn./Zürich 1977). – Dass., dies. (in *Sämtl. Erzählungen*, Mchn./Zürich 1984, [9]1987).

LITERATUR: W. Lettenbauer, *Russische Visionsliteratur im 19. Jh.* (in ByZ, 44, 1951, S. 397–404). – V. Setschkareff, *D. u. das Goldene Zeitalter* (in *Fs. f. D. Čyževs'kyj*, Bln. 1954, S. 271–274). – R. Mortimer, *Dostoevsky and the Dream* (in MPh, 54, 1956, S. 106–116). – E. W. Trahan, *The Golden Age – »Dream of a Ridiculous Man«* (in SEEJ, 17, 1959, S. 349–371). – K. Onasch, *D. als Verführer*, Zürich 1961, S. 58–70. – G. Fridlender, *Realizm D.*, Moskau/Leningrad 1964, S. 34–43. – R. Phillips, *»Dream of a Ridiculous Man«. A Study in Ambiguity* (in Criticism, 1975, 17, S. 355–363). – N. Rosen, *The Defective Memory of the Ridiculous Man* (in Canadian-American Slavic Studies, 1978, 12, S. 323–338). – R. Lauth, *Der »Traum eines lächerlichen Menschen« als Auseinandersetzung mit Rousseau und Fichte* (in Dostoevsky Studies, 1980, 1, S. 89–101).

## UNIŽENNYE I OSKORBLËNNYE

(russ.; *Die Erniedrigten und die Beleidigten*). Roman von Fëdor M. DOSTOEVSKIJ, erschienen 1861. – Nach seiner sibirischen Verbannung (1849 bis 1859) sucht sich Dostoevskij systematisch einen festen Platz im literarischen Leben Rußlands zu sichern. Hierzu tragen hauptsächlich bei die *Zapiski iz mërtvogo doma*, 1861/62 *(Aufzeichnungen aus einem Totenhaus)*, ein gattungsgemäß schwer festlegbares Werk, sowie *Die Erniedrigten und die Beleidigten*, ein bewußt sensationell, sentimental und sozialkritisch gehaltener Roman, der die zur europäischen Mode gewordene Großstadtmisere effektvoll ins Bild bringt. Schauplatz ist Petersburg, die Brutstätte jener *»düsteren und qualvollen Geschichten, die sich so oft und unbemerkt, fast heimlich unter seinem lastenden Himmel begeben, in den dunklen, verschwiegenen Winkeln der großen Stadt, inmitten des unabsehbar siedenden Lebens, inmitten des blinden Egoismus, der gegenläufigen Interessen, der finsteren Ausschweifungen, der sorgsam gehüteten Verbrechen, inmitten dieser unerträglichen Hölle sinnlosen und unmoralischen Lebens ...«* Die Meister solchen Kolorits, BALZAC und DICKENS, sind unabweislich präsent. Dostoevskij verfeinert hier sein erzähltechnisches Instrumentarium: Das Resultat ist noch ziemlich heterogen; die Stärke liegt in den Einzelszenen, im Aufbau einzelner Charaktere.
Integrierende Figur ist der Ich-Erzähler Ivan Petrovič, ein desillusionierter Romanschriftsteller, der, todkrank im Hospital, seine Erinnerungen zu Papier bringt. In ihnen verflechten sich zwei Geschehniskomplexe. Die Geschichte beginnt mit dem Tod des alten Smitt, einer um den Verstand gekommenen Elendsgestalt der Petersburger Slums. Der völlig allein zurückbleibenden Enkelin des Verstorbenen nimmt sich der Erzähler an. Die psychologische Gestaltung seiner verhaltenen Zuneigung zur verschlossenen, frühreifen und kranken Nelly gehört zweifellos zu den echten Leistungen des Werks. Nelly stirbt schließlich, und der Erzähler erfährt, daß sie die Tochter des Fürsten Valkovskij ist, der ihre Mutter einst um ein Vermögen betrog und der Armut preisgab. Fürst Pëtr Valkovskij, ein zynischer und heuchlerischer Mann, der schon wesentliche Charakteristika der negativen Gestalten in Dostoevskijs späten Romanen aufweist, ist auch maßgebend am zweiten großen Geschehniskomplex beteiligt: Sein willensschwacher Sohn Alëša wird von Nataša Ichmeneva, der Tochter aus lange schon verarmtem Adelshaus, fast mütterlich geliebt. Valkovskij hintertreibt systematisch diese Beziehung, da er seinem Sohn eine reiche Erbin zugedacht hat, und Alëša verläßt schließlich seine entführte Geliebte. Der Erzähler, der mit Nataša aufwuchs und eine Zeitlang mit ihr verlobt war, wird, gequält, aber ohne Haß, zum Intimzeugen ihrer Zuneigung zu Alëša. So mündet für die drei Zentralfiguren: den Erzähler, Nataša und Nelly, all ihr Hoffen in bitterste Frustration.
In der Gestalt der 13jährigen Nelly nimmt Dostoevskij wesentliche Züge seines großangelegten und niemals abgeschlossenen Werks *Netočka Nezvanova* (1849) wieder auf, in dessen Zentrum die Entwicklung einer weiblichen Psyche, vor allem in der Phase der Pubertät, stehen sollte. Der Erzähler Ivan Petrovič ist eine direkte Fortsetzung der Gestalt des Träumers in Dostoevskijs Frühwerk, der zum Leben die Haltung eines Voyeurs bezieht und seine Kränkungen masochistisch mit sich herumträgt. – Hervorzuheben ist, daß der Titel des Werks eher pittoresk-sentimental als wahrhaft sozialkritisch eingesetzt wird und ganz gewiß nicht als Kennmarke für Dostoevskijs Gesamtwerk herhalten darf.
H.J.G.

AUSGABEN: Petersburg 1861 (in Vremja, Januar bis Juli). – Moskau 1956 (in *Sobr. soč.*, Hg. L. P. Grossman u. a., 10 Bde., 1956–1958, 3). – Moskau 1982 (in *Sobr. soč.*, 12 Bde., 4).

ÜBERSETZUNGEN: *Erniedrigte und Beleidigte*, K. Jürgens, Stg. 1885 (Collection Speman, 84). – *Die Erniedrigten und Beleidigten*, E. K. Rahsin, Mchn. 1910; ern. in *Onkelchens Traum*, Mchn. 1961. – *Erniedrigte und Beleidigte*, H. Röhl (in *Sämtl. Romane und Novellen*, Bd. 8/9, Lpzg. 1922). – *Die Erniedrigten und Beleidigten*, E. K. Rahsin (in *SW*, Bd. 2, Mchn./Zürich 1977). – *Erniedrigte und Beleidigte*, M. Kegel, Mchn. 1983.

LITERATUR: N. A. Dobroljubov, *Zabitye ljudi* (in Sovremennik, 1861, Bd. 89; auch in N. A. D., *Poln. sobr. soč.*, Bd. 2, Leningrad 1935, S. 367–405; dt.: *Eingeschüchterte Menschen*, in N. A. D., *Ein Lichtstrahl im finsteren Reich*, Lpzg. 1961). – B. G. Reizov, *O zapadnom vlijanii v tvorčestve D. (Nekotorye zapadnye istočniki romana »Unižennye i oskorblënnye«)* (in Izvestija Severo-Kavkazskogo gos. universiteta, Rostow 1927, Bd. 1, S. 95–104). – R. Nazirov, *Tragedijnoe načalo v romane »Unižennye i oskorblënnye«* (in Filologičeskie nauki, 1965, Nr. 4, S. 27–40). – R. Neuhäuser, *F. M. D.: »Die Erniedrigten und Beleidigten.« Ein bisher unbekanntes Manuskript des Dichters aus dem Nachlaß Stefan Zweigs* (in WSlJb, 1975, 21, S. 158–172). – Ders., *The Structure of the »Insulted and Humiliated.«* (in Forum International, 1980, 3, S. 48–61). – T. Iu. Rigina, *Chudožestvennye priemy D.-portretista: »Unižennye i oskorblënnye«* (in Filologičeskie Nauki, 1983, 6, S. 16–21).

## VEČNYJ MUŽ

(russ.; *Der ewige Gatte*). Erzählung von Fëdor M. DOSTOEVSKIJ, entstanden August bis November 1869, erschienen 1870 in der Zeitschrift ›Zarja‹, in Buchform veröffentlicht 1871. – Zwischen den Romanen *Idiot*, 1869 *(Der Idiot)*, und *Besy*, 1872 *(Die Dämonen)*, schrieb Dostoevskij diese düstere und morbide Erzählung von Pavel Trusockij, dem harmlos-trivialen Provinzler, der durch die plötzliche Konfrontation mit der Untreue seiner Frau in eine Konfliktlage gestürzt wird, die seine Seelenkräfte fundamental übersteigt. Das Unverwindbare bricht sich Bahn in skurriler Selbstverhöhnung und desperaten Mordplänen. Zielscheibe des Hasses ist Aleksej Vel'čaninov, der Liebhaber, der die neun Jahre zurückliegende Affäre mit Natal'ja Trusockaja, einer mageren Endzwanzigerin von despotischer Sinnlichkeit, längst vergessen hat. Nicht vergessen kann indessen Trusockij, der »ewige Gatte«, denn er muß nach dem plötzlichen Tod seiner Frau aus einem nichtabgeschickten Brief erfahren, daß seine Tochter Liza, die er abgöttisch liebt, ein Kind Vel'čaninovs ist. Trusockij verläßt mit Liza sein Heim in der Provinz und macht sich daran, im schwülen und staubigen Petersburg den Rivalen, der ihm seinerzeit ein Freund war, aufzuspüren. Vel'čaninov (von russ. *velikij*: groß) sieht sich eines Nachts in seiner Junggesellenwohnung dem gespenstisch sich gebärdenden Trusockij (von russ. *trus*: Feigling) gegenüber, der ihn systematisch zu seinem Opfer zu machen sucht. Es kommt zu mehreren bedrückenden nächtlichen Dialogen zwischen dem leberkranken Liebhaber und dem stets betrunkenen Ehemann, der sich mit dem Aggressor zu identifizieren versucht und ihn küßt, bevor er schließlich mit einem Rasiermesser auf den erkrankten Rivalen einsticht und von ihm, dem Stärkeren, abgeschüttelt wird. Nach diesem Beweis seiner Fähigkeit zur Rache – die zarte Liza ist inzwischen an der ihr plötzlich verweigerten Liebe gestorben – verschwindet Trusockij aus Petersburg. Der Epilog zeigt ihn erneut als Ehemann: Auf einer Bahnstation in der tiefsten Provinz weist seine neue Frau dem zufällig anwesenden Vel'čaninov erneut die Rolle des Verführers zu. Doch Vel'čaninov verabschiedet sich.

Die Erzählung zeichnet sich durch ein auch für Dostoevskij ungewöhnliches Pendeln zwischen grausigem Ernst und burlesker Komik aus. Ohne Übertreibung läßt sich sagen, daß dieses Werk neben Lev TOLSTOJS *Krejcerova sonata*, 1891 *(Die Kreutzersonate)*, als die bedeutendste Darstellung der Eifersucht innerhalb der russischen Literatur anzusehen ist. Dostoevskijs kühne und sichere Linienführung fand die uneingeschränkte Bewunderung solch diverser Kenner wie Marcel SCHWOB, André GIDE und Henry MILLER. Innerhalb des Dostoevskijschen Gesamtwerks wird hier die Thematik der frühen Erzählungen *Čužaja žena (Die fremde Ehefrau)* und *Revnivyj muž (Der eifersüchtige Ehemann)* aus dem Jahre 1848 wiederaufgegriffen. Was dort rein burlesk und possenhaft durchgeführt wurde, steht nun ganz im Licht der Psychologie der *Zapiski iz podpol'ja*, 1864 *(Aufzeichnungen aus einem Kellerloch)*. H.J.G.

AUSGABEN: Petersburg 1870 (in Zarja, Jan./Febr.). – Moskau 1956 (in *Sobr. soč.*, Hg. L. P. Grossman u. a., 10 Bde., 1956–1958, 4). – Moskau 1982 (in *Sobr. soč.*, 12 Bde., 12).

ÜBERSETZUNGEN: *Der Hahnrei*, A. Scholz, Bln. 1888. – *Der ewige Gatte*, E. K. Rahsin (in *SW*, Bd. 21, Mchn. 1910). – *Der lebenslängliche Ehemann*, H. Röhl (in *Sämtl. Romane und Novellen*, Bd. 17, Lpzg. 1922). – *Der ewige Gatte*, A. Luther (in *Erzählungen*, Mchn. 1962). – Dass., E. K. Rahsin (in *SW*, Bd. 4, Mchn./Zürich 1977). – Dass., dies., Mchn. 1987.

LITERATUR: M. A. Petrovskij, *Kompozicija »Večnogo muža«* (in *D.*, Moskau 1928, S. 115–163). – H.-J. Gerigk, *Elemente des Skurrilen in D.s Erzählung »Der ewige Gatte«* (in U. Busch u. a., *Gogol' – Turgenev – D. – Tolstoj*, Mchn. 1966, S. 37 ff.). – W. Schmid, *Zur Erzähltechnik und Bewußtseinsdarstellung in D.s »Večnyj muž«* (in WdS, 13, 1968, S. 294–307). – B. Pratt, *The Role of the Unconscious in »The Eternal Husband«* (in Literature and Psychology, 1971, 21, S. 29–40). – M. Ju. Lučnikov, *D. i Černyševskij: »Večnyj muž« i »Čto delat'?«* (in Russk. Lit., 1978, 21, S. 54–67). – Ders., *Kompozicija charaktera: Obraz Trusockogo v povesti F. M. D. »Večnyj muž«* (in Vestnik Leningradskogo Universiteta, 1978, 14, S. 61–68). – H.-J. Gerigk, Nachw. zu F. D., *Der ewige Gatte*, Mchn. 1982, S. 157–164. – I. Verč, *»Večnyj muž« D. i nekotorye voprosy o žanre proizv.* (in Dostoyevsky Studies, 1983, 4, S. 69–79).

## ZAPISKI IZ MËRTVOGO DOMA

(russ.; *Aufzeichnungen aus einem Totenhaus*). Roman von Fëdor M. DOSTOEVSKIJ, erschienen 1860–1862. – Auf der Grundlage seiner sibirischen Erfahrungen (1849–1859) schreibt Dostoevskij ein gattungsgemäß schwer einzuordnendes Werk. Die Wesenszüge des Dokumentarischen, die deutlich hervortreten, dürfen nicht vergessen machen, daß es sich hier um eine Dichtung handelt. Zwar wird die Darstellung von einem Pathos getragen, das sehr wohl die Kennzeichnung gravierender Mißstände im Strafvollzug unter Nikolaus I. intendiert, doch übersteigt das Anliegen des Werks die Bindung an eine historische Situation. Es wird eine Deskription des Menschen unter erschwerten Lebensbedingungen gegeben: das sibirische Zuchthaus fungiert als Metapher für Gemeinschaft schlechthin, die für das Individuum stets eine erzwungene ist.

Der Erzähler Aleksandr Gorjančikov, zugleich zentrales Bewußtsein, schildert seine allmähliche Eingewöhnung ins absolut Ungewohnte. Dostoevskij führt ihn als Gattenmörder ein, der eine zehnjährige Strafe zu verbüßen hat. Gorjančikovs Verbrechen bleibt indessen undiskutiert, weil es nur als nowendiger Anlaß für reguläres Sträflingsdasein ins Spiel gebracht wird. Die Technik der Präsentation ist an der Empirie der Erinnerung orientiert: Begonnen wird mit den »ersten Eindrücken« aus dem Einlieferungsmonat des Erzählers. Sie gipfeln in einer Weihnachtsfeier, die Anlaß gibt, Volksstücke und Volkslieder zu demonstrieren. Die sprachlichen Eigentümlichkeiten verdienen besondere Beachtung. Wie man weiß, hat Dostoevskij in einem erhaltenen *Sibirischen Notizbuch (Sibirskaja tetrad')* systematisch Ausdrücke der Volkssprache, Sprichwörter und verschiedene Absonderlichkeiten gesammelt, die, vereinzelt, auch in seinen anderen Werken wiederkehren. Der zweite Teil des Werks präsentiert das Zuchthausleben im Wandel der Jahreszeiten und endet, nach der Erörterung spezieller Probleme (Möglichkeiten der Flucht, Stellung der politischen Häftlinge usf.), mit dem Tag der Freilassung des Erzählers. Vor dem Hintergrund der russisch-orthodoxen Glaubenshaltung kommt es zu antisemitischen und antipolnischen Seitenhieben, die auch für Dostoevskijs Spätwerk typisch bleiben. – Dostoevskij zeigt beispielhaft, wie unter dem Druck einer zum Alltag werdenden Ausnahmesituation *(»Sich mit diesem Leben abzufinden, war unmöglich, es als vollendete Tatsache anzuerkennen, indessen längst gefordert«)* sämtliche Lebensvorgänge und menschlichen Eigenheiten ein Übermaß an Bedeutsamkeit erhalten. Nichts ist mehr tivial. Die Gemeinschaft derer, die mit dem Brandmal gesellschaftlicher Untauglichkeit versehen wurden, läßt die Zwänge jener, die die Strafe verhängte, überscharf erkennen. Die Frage nach der Berechtigung von institutionalisierter Strafe erlangt hier höchste Brisanz. Zum Höhepunkt zynisch unterkühlter Optik wird nicht zufällig die Beschreibung der Bestrafungsriten. *»Nicht mit Unrecht hat Dostoiewsky von den Insassen jener sibirischen Zuchthäuser gesagt, sie bildeten den stärksten und wertvollsten Bestandteil des russischen Volkes«*, notiert Friedrich NIETZSCHE im *Willen zur Macht*. Hervorzuheben ist die hohe Kunst der ganzheitlichen Personenzeichnung, die gelegentlich zu eigenständigen anekdotischen Gebilden führt, wie der ein ganzes Kapitel füllenden Erzählung *Akul'kin muž (Akulkas Mann)*.

Das Werk macht Dostoevskij weithin berühmt und fand sogar die uneingeschränkte Zustimmung TURGENEVS und TOLSTOJS, die seinem Gesamtwerk mit großer Zurückhaltung begegneten. Auch GERCEN und PISAREV spendeten hohes Lob. In unserer Zeit hat Aleksandr SOLŽENICYN mit seinem Kurzroman *Odin den' Ivana Denisoviča*, 1962 *(Ein Tag im Leben des Ivan Denissowitsch)*, und insbesondere mit seiner »künstlerischen Exploration« des *Archipelag Gulag: 1918–1956* (1973–1975), die metaphorischen Möglichkeiten des *Totenhauses* überzeugend aktiviert. Im Bannkreis des Themas stehen, wenngleich mit anderen Intentionen verfaßt, George KENNANS *Siberia and the Exile System*, 1891 *(Sibirien und das System der Verbannung)*, und ČECHOVS *Ostrov Sachalin*, 1895 *(Die Insel Sachalin)*. Im europäisch-amerikanischen Kontext sind der weiteren zu nennen: KAFKAS *In der Strafkolonie* (1914), E. E. CUMMINGS' *The Enormous Room*, 1922 *(Der ungeheure Raum)*, Welly SACHS' *In den Wohnungen des Todes* (1947) und MacKinlay KANTORS *Andersonville* (1955). H.J.G.

AUSGABEN: Moskau 1860/61 (in Russkij mir, 1860, Nr. 67; 1861, Nr. 1, 3, 7; Ausz.). – Petersburg 1861/62 (in Vremja, 1861, April; Sept.–Nov.; 1862, Jan.–März; Mai; Dez. vollst.). – Moskau 1956 (in *Sobr. soč.*, Hg. L. P. Grossman, 10 Bde., 1956–1958, 3). – Moskau 1982 (in *Sobr. soč.*, 12 Bde., 3).

ÜBERSETZUNGEN: *Aus dem todten Hause*, anon., Dresden 1886. – *Aus einem Totenhaus*, E. K. Rahsin (in *SW*, Bd. 18, Mchn. 1908). – *Memoiren aus einem Totenhaus*, H. Moser, Lpzg. o. J. – *Das tote Haus*, A. Scholz, Bln. 1921. – *Erinnerungen aus einem Totenhause*, F. Scharfenberg, Mchn. 1922. – *Aufzeichnungen aus einem Totenhaus*, A. Eliasberg, o. O. 1923. – Dass., E. K. Rahsin (in *Aus einem Totenhaus u. drei Erzählungen*, Mchn. 1958). – *Aufzeichnungen aus einem toten Haus*, R. E. Riedt,

Mchn. 1985. – *Aufzeichnungen aus einem Totenhaus*, E. K. Rahsin (in *SW*, Bd. 3, Mchn./Zürich 1977).

VERTONUNG: L. Janáček, *Z mrtvého domu* (Urauff.: 1930; Oper).

LITERATUR: S. F. Mstislavskij, *»Zapiski iz mërtvogo doma«* (in Ėkran, 1921, Nr. 6). – N. S. Deržavin, *»Mërtvyj dom« v russkoj literature XIX veka*, Petrograd 1923. – G. Berliner, *D. kak izobrazitel' doreformennoj katorgi* (in Katorga i ssylka, 1933, Nr. 10, S. 48–84). – Ders., *Kak rabotal D. nad »Zapiskami iz mërtvogo doma«* (in Novyj kraj, 1937, S. 80–85). – M. Judalevič, *D. i ego »Zapiski iz mërtvogo doma«* (in Molodoj bol'ševik, 9. 2. 1941). – I. T. Mišin, *Problematika romana F. M. D. »Zapiski iz mërtvogo doma«* (in Uč. zap. Armavirskogo ped. instituta, 1957/3, 2, S. 109–161). – Ders., *Obraznaja struktura romana F. M. D. »Zapiski iz mërtvogo doma«* (ebd., 1958/3, 1, S. 89–139). – A. P. Mogiljanskij, *K istorii pervoj publikacii »Zapisok iz mërtvogo doma«* (in Russk. Liter., 1969, 12, S. 179–181). – W. Koschmal, *Semantisierung von Raum und Zeit. D.s »Aufzeichnungen aus einem toten Haus« und Čechovs »Insel Sachalin«* (in Poetica, 1980, 3/4, S. 397–420). – I. P. Smirnov, *Otchuždenie v otchuždenii: O »Zapiskach iz mërtvogo doma«* (in WSlA, 1981, 7, S. 37–48). – I. Serman, *Tema narodnosti v »Zapiskach iz mërtovogo doma«* (in Dostoevsky Studies, 1982, 3, S. 101–144). – L. Bagby, *On D.'s Conversion: the Introduction to »Notes from a Dead House«* (in Symposium, 1985, 39, S. 3–18).

## ZAPISKI IZ PODPOL'JA

(russ.; *Aufzeichnungen aus einem Kellerloch*). Erzählung von Fëdor M. DOSTOEVSKIJ, erschienen 1864. – Mit gutem Recht läßt sich sagen, daß Dostoevskij mit diesem Werk entscheidende Züge der europäischen »Dekadenz« exemplarisch und damit zweideutig formuliert hat. Mit der Ausleuchtung des »Kellerlochs«, des lichtlosen Orts des Verdrängten und Verpönten, beginnt die Hauptphase des Dostoevskijschen Schaffens. Der hier entworfene Problemhorizont bleibt auch bestimmend für die unmittelbar nachfolgende Phalanx seiner fünf großen Romane. Der Mensch aus dem Kellerloch, verbittert, krank und von höchster Intelligenz, sucht sich die Autarkie des Subjekts gegenüber dem Lauf der Dinge einzureden. Dabei erscheint die Außenwelt als beherrscht von der Idee des »Kristallpalasts« der Londoner Weltausstellung, des Emblems einer vernünftigen, vom Fortschritt bestimmten Weltordnung, die den Einzelmenschen zur Klaviertaste und zum Drehorgelstift entmündigen muß. In seiner Ablehnung des Diktats der Vernunft (*»Wie wäre es, meine Herren, wenn wir diese ganze Vernünftigkeit mit einem einzigen Fußtritt davonjagen würden?«*) erschließt der namenlose Räsoneur des Kellerlochs das paradoxe Reich der freiwilligen Verrücktheit, des Widersinns, der sorgsam kultivierten Kränkungen und Sadismen. Die Erzählung zerfällt in zwei in der Darstellungsweise wesentlich differierende Teile. Zunächst wird ein mit allen Mitteln subtilster Rhetorik ausgestalteter Monolog der morbid-sensiblen Hauptfigur präsentiert, die im Rampenlicht der Argumente eines imaginären Publikums ihre absonderlichen Maximen entwickelt. Dostoevskij verwendet hier die für ihn typische *»Rede mit einer Hintertür«* (Bachtin) mit denkbar höchstem Raffinement. Der zweite Teil zeigt den zur Zeit der Niederschrift vierzigjährigen »Helden« in einer Reihe von Situationen, die bereits sechzehn Jahre zurückliegen und sein Versagen im Bereich des Berufslebens, der privaten Geselligkeit und der Intimbeziehungen vorführen. Charakteristisch ist dabei der Übergang von einer masochistischen zu einer rein sadistischen Einstellung: Eine Zusammenkunft mit Schulkameraden trägt noch die Züge rein passiver Selbstvergiftung, während die Begegnung mit einer Prostituierten aktiven Zynismus freiwerden läßt. Beherrschend wird schließlich die Vorstellung vom »nassen Schnee«, der sich wie ein Leichentuch über das winterlich unwirtliche Petersburg legt und allen Unglücklichen, die vom Kellerlochmenschen mit diabolischer Hingabe beschworen werden, zum wohlfeilen Grab wird.

Die Erzählung fand die uneingeschränkte Bewunderung NIETZSCHES (*»ein wahrer Geniestreich der Psychologie«*), hat nachhaltigen Einfluß auf die russische Literatur (GARŠIN, SOLOGUB, ANDREEV, OLEŠA) ausgeübt und maßgebende Strömungen der westeuropäischen Moderne vorgezeichnet (Henry MILLER, CAMUS, GENET). Hans SEDLMAYR nennt gerade dieses Werk wegen der Ablehnung totaler Ordnung, *»den tiefsten Kommentar, der zu den surrealistischen Manifesten je geschrieben worden ist, ante festum, und der je geschrieben werden kann«*. Daß Dostoevskijs Verführungskraft zum im höchsten Sinne Asozialen insbesondere innerhalb der sowjetrussischen Kritik – aber auch bereits bei SALTYKOV-ŠČEDRIN (1864) – auf Ablehnung stößt, ist verständlich. H.J.G.

AUSGABEN: Petersburg 1864 (in Ėpocha, Nr. 1/2; 4). – Moskau 1956 (in *Sobr. soč.*, Hg. L. Grossman u. a., 10 Bde., 1956–1958, 4). – Moskau 1982 (in *Sobr. soč.*, 12 Bde., 2).

ÜBERSETZUNGEN: *Aus dem dunkelsten Winkel der Großstadt*, A. Markow, Bln. 1895 [m. Einl.]. – *Aus dem Dunkel der Großstadt*, E. K. Rahsin (in *SW*, Bd. 20, Mchn. 1907). – Dass., H. Röhl (in *Aus dem Dunkel der Großstadt – Helle Nächte*, Lpzg. 1921). – *Aufzeichnungen aus einem Kellerloch*, A. Luther (in *Erzählungen*, Mchn. 1962). – *Aufzeichnungen aus dem Untergrund*, E. K. Rahsin (in *Der Spieler und andere Romane*, Mchn. 1969).– *Aufzeichnungen aus dem Untergrund*, E. K. Rahsin (in *SW*, Bd. 4, Mchn./Zürich 1977). – *Aufzeichnungen aus einem Kellerloch: Erzählungen*, F. Bennewitz, Mchn. 1983.

LITERATUR: G. Gorbačëv, *Social'nye korni propovedi D.* (in Bor'ba klassov, 1924, S. 172–207). – M. C. Beardsley, *D.'s Metaphor of the Underground* (in Journal of History of Ideas, 3, 1942, S. 265–290). – P. N. Berkov, *Ob odnom otraženii »Kamennogo gostja« Puškina u D.* (in *Puškin. Issledovanija i materialy*, Bd. 2, Moskau/Leningrad 1958, S. 394–399). – R. E. Matlaw, *Structure and Integration in »Notes from the Underground«* (in PMLA 73, 1958, S. 101–109). – R. L. Jackson, *D.'s Underground Man in Russian Literature*, Den Haag 1958. – D. Zaslavskij, *Spor s džentl'menom* (in Literaturnaja gazeta, 7. 11. 1961). – J. Frank, *Nihilism and Notes from the Underground* (in Sewanee Review 69, 1961, S. 1–33). – M. Gus, *Idei i obrazy F. M. D.*, Moskau 1962, S. 224–244. – V. Kirpotin, *»Zapiski iz podpol'ja« F. M. D.* (in Russkaja literatura, 1964, Nr. 1, S. 27–48). – G. Zimmermann, *Bildersprache in F. M. D.s »Zapiski iz podpol'ja«*, Göttingen 1971. – W. Holdheim, *Die Struktur von D.s »Aufzeichnungen aus dem Kellerloch«* (in DVLG, 1973, 47, S. 310–323). – B. Lambeck, *D.s Auseinandersetzung mit dem Gedankengut Černyševskijs in »Aufzeichnungen aus dem Untergrund«*, Phil. Diss. Tübingen 1980. – J. A. Hall, *Abstraction in D.s »Notes from the Underground«* (in MLR, 1981, 76, S. 129–137). – P. Villadsen, *The Underground Man and Raskolnikov. A Comparative Study*, Odense 1981. – M. Jones, *D.: »Notes from Underground«* (in *The Voice of a Giant: Essays on Seven Russian Prose Classics*, Hg. R. Cockrell u. D. Richards, Exeter 1985, S. 55–65).

## ZIMNIE ZAMETKI O LETNICH VPEČATLENIJACH

(russ.; *Winterliche Aufzeichnungen über sommerliche Eindrücke*). Reisebericht von Fëdor M. DOSTOEVSKIJ, erschienen 1863. – Im Sommer 1862 unternimmt Dostoevskij, vierzigjährig, seine erste Reise ins Ausland. Sein Blick ist vorgeprägt vom Fazit: Rußland kann von Europa nichts lernen. *»Ich war in Berlin, in Dresden, in Wiesbaden, in Baden-Baden, in Köln, in Paris, in London, in Luzern, in Genf, in Genua, in Florenz, in Mailand, in Venedig, in Wien, an manchen Orten sogar zweimal, und das alles, das alles habe ich in genau zweieinhalb Monaten bereist.«* Für Nikolaj KARAMZINS bewahrende Einfühlung (*Pis'ma ruskogo putešestvennika*, 1791–1801 – *Briefe eines reisenden Russen*) ist nirgends ein Anlaß. Bittere Polemik mischt sich mit leichtestem Witzwort. Die Argumentation ist ganz und gar in unbekümmertem Plauderton gehalten: parteiisch vorschießend, scheinbar zurücknehmend, gezielt abschweifend und stets zutiefst literarisch. Angeredet ist der russische Zeitungsleser, der, durchaus gebildet, von den Tagesfragen und ihren Hintergründen weiß. Das chauvinistische Sentiment des *Dnevnik pisatelja*, 1873–1881 *(Tagebuch eines Schriftstellers)*, spricht sich bereits deutlich aus. Auch der Seitenhieb gegen Rom, das Dostoevskij nicht besuchte, fehlt nicht. Das Hauptgewicht der Betrachtung liegt auf Frankreich und England. Gipfelpunkt visionärer Analyse ist das Bild eines von Baal beherrschten London: Das ausgebeutete Proletariat sucht, in babylonischem Taumel, seine Rettung in Gin und Laster. Über dem Fortschrittsglauben der Londoner Weltausstellung mit ihrem Wahrzeichen im »Kristallpalast« wird die Misere der arbeitenden Menge ignoriert. So kultiviert sich der Schein, es stehe alles zum Besten. Als Kennmarke für Frankreich fungiert der »Bourgeois«, der in vollkommener Erstarrung die ihm verbürgten Gewohnheiten auslebt. Die innere Misere Westeuropas wird Dostoevskij zum Fingerzeig dafür, daß Rußland nur in radikaler Rückbesinnung auf sein ureigenstes Erbe lebensfähig bleiben kann. Die Reisenotizen apostrophieren so, mit bereits scharfen Umrissen, ein durchgehendes Thema der nachfolgenden fünf großen Romane. Unmittelbarer Schauplatz ist Westeuropa nur noch in Dostoevskijs Kurzroman *Igrok*, 1867 *(Der Spieler)*. H.J.G.

AUSGABEN: Petersburg 1863 (in Vremja, Febr./März). – Moskau 1956 (in *Sobr. soč.*, Hg. L. Grossman u. a., 10 Bde., 1956–1958, 4). – Moskau 1986 (in *Selo Stepančikovo i ego obitateli*).

ÜBERSETZUNGEN: *Winteraufzeichnungen über Sommereindrücke*, E. K. Rahsin (in F. M. D., *Aufzeichnungen aus einem Totenhaus u. drei Erzählungen*, Mchn. 1958). – *Winterliche Aufzeichnungen über sommerliche Eindrücke*, S. Geier, Reinbek 1962 (RKl, 111/112; zus. m. *Ausführungen aus dem Kellerloch* u. *Aus dem Tagebuch eines Schriftstellers*).

LITERATUR: *Europa und Rußland*, Hg. D. Tschižewskij u. D. Groh, Darmstadt 1959. – U. Kristen, *Die Auseinandersetzung F. M. D.s mit dem bürgerlichen Wesen des Egoismus in den »Zimnie zametki o letnich vpečatlenijach«* (in ZfSl, 1983, 28, S. 720–730).

# CARLO DE' DOTTORI

* 1618 Padua
† 1685 Padua

## ARISTODEMO

(ital.; *Aristodemos*). Tragödie in fünf Akten von Carlo de' DOTTORI, erschienen 1657. – Dottoris Hauptwerk fußt auf einer von PAUSANIAS erzählten Begebenheit aus dem Krieg zwischen Messene und Sparta. Aristodemos, Herrscher der Stadt Itome und ehrgeiziger Anwärter auf den Königsthron, muß, um eine von den Messeniern begangene frevelhafte Tat zu sühnen, eine Jungfrau opfern. Das Los soll zwischen Arena, einer entfernteren Blutsverwandten und seiner eigenen Tochter Merope entscheiden. Es fällt auf Arena. Ihr Vater Liciscos verhilft ihr jedoch zur Flucht, so daß Aristodemus die eigene Tochter opfern muß. Merope bietet bereitwillig ihr Leben als Opfergabe. Aristodemus vollbringt die Tat und erfährt zu spät, daß auch Arena, die inzwischen in Sparta umgekommen ist, eine Tochter von ihm war. Von Schuldgefühlen gepeinigt, tötet er sich selbst. – In der den aristotelischen Regeln verpflichteten Tragödie kontrastiert Dottori psychologisch geschickt die innere menschliche Größe Meropes, die das christliche Ideal der reinen Seele verkörpert, mit der Haltung des Aristodemus, der im Zeichen der Opferbereitschaft für das Vaterland das eigene Leid stoisch zu tragen bereit ist. Die Ehre ist jedoch der eigentliche Beweggrund seines Handelns und Leidens.

Das Werk zählt neben den Tragödien von DELLA VALLE zu den besten italienischen Tragödien des Barock, die jedoch alle nicht den Rang der gleichzeitig in England und Frankreich entstandenen Tragödien SHAKESPEARES, CORNEILLES oder RACINES erreichten. Vicenzo MONTI lehnte sich in seiner Bearbeitung desselben Stoffs (1786) an Dottoris Werk an. KLL

AUSGABEN: Padua 1657. – Florenz 1948, Hg. B. Croce. – Mailand/Neapel 1956 (in *Teatro del Seicento*, Hg. L. Fassò). – Turin 1963 (in *La tragedia classica dalle origini al Maffei*, Hg. G. Gasparini). – Turin 1976 [Nachdr. aus *Teatro del Seicento*].

LITERATUR: V. Trombatore, *La concezione tragica dell'»Aristodemo« di C. de' D.*, Palermo 1903. – G. I. Lopriore, *Saggio nell'»Aristodemo« di C. de' D.*, Pisa 1950. – F. Croce, *L'»Aristodemo« del D. e il Barocco* (in *La critica stilistica e il barocco letterario*, Florenz 1957, S. 177–199). – G. Getto, *L'»Aristodemo«, capolavoro del barocco* (in NAn, 94, 1959, S. 455–472). – C. L. Golino, *C. de' D. and the Italian Baroque* (in Italica, 39, 1962, S. 31–43). – W. Drost, *C. de' D.s Tragödie »Aristodemo«* ... (in RF, 76, 1964, S. 353–393). – M. Ariani, *Note sullo stile tragico dell'»Aristodemo« di C. de' D.* (in Studi Secenteschi, 13, 1972, S. 163–182). – C. Bélla, *›Le dieu caché‹: »L'Aristodemo« di C. de' D.* (in Paragone, 29, 1978, Nr. 340). – A. Daniele, *Note sull'»Aristodemo« di C. de' D.* (in *Studi di Filologia romanza e italiana offerti a G. Folena*, Modena 1980, S. 373–388). – M. Cottino Jones, *Il dramma di un personaggio: »Aristodemo«* (in Canadien Journal of Italien Studies, 5, 1981/82, S. 1–8). – A. V. Santi, *A Few Considerations on the »Aristodemo« of C. de' D.* (in RoNo, 23, 1982, S. 106–112). – M. L. Doglio, Art. *C. de' D.* (in Branca, 2, S. 180–183).

## L'ASINO

(ital.; *Der Esel*). Heroisch-komisches Gedicht in zehn Gesängen von Carlo de' DOTTORI, erschienen 1652. – Die unter dem Pseudonym Iroldo Crotta erschienene Nachahmung von TASSONIS *Secchia rapita (Der geraubte Eimer)*, erreicht in ihrer Komik das Vorbild nicht. – In einem von der Furie Megara verursachten Scharmützel verlieren die Bürger von Vicenza ihr Banner mit dem gestickten Konterfei eines Esels an die Paduaner. Den Gesandten von Vicenza, die das Banner zurückfordern, bereiten sie einen besonderen Empfang und hängen das Banner provokativ an einer Mistgabel auf. In den Verlauf der anschließenden Gefechte greifen die Götter ein und sorgen für weitere Verwicklungen, bis das Banner schließlich gegen eine Anzahl von Würsten an die Nachbarstadt zurückgegeben wird. – In einem Geflecht von Haupthandlung und vielen – meist nicht motivierten – Nebenschauplätzen läßt Dottori seine Protagonisten dunkle Abenteuer bestehen und Liebesidyllen erleben, parodiert klassische Mythen und liefert eine Satire auf Advokaten, Notare und Pedanten. Die facettenreiche Handlung vermag dem Epos jedoch nicht seine Langatmigkeit zu nehmen. KLL

AUSGABEN: Venedig 1652. – Padua 1695.

LITERATUR: N. Busetto, *C. de' D., letterato padovano del secolo 17*, Città di Castello 1902. – K. Schmidt, *Vorstudien zu einer Gesch. d. komischen Epos*, Halle 1953. – C. L. Golino, *C. de' D. and the Italian Baroque* (in Italica, 39, 1962, S. 31–43).

# CHARLES MONTAGU DOUGHTY

* 19.8.1843 Theberton Hall
† 20.1.1926 Sissinghurst

LITERATUR ZUM AUTOR:
B. Fairley, *C. M. D.: A Critical Study*, Ldn. 1927. – D. G. Hogarth, *The Life of Ch. M. D.*, Oxford 1928; Nachdr. 1972. – A. Treener, *Ch. M. D.: A Study of His Prose and Verse*, Ldn. 1935. – H. Davis, *Ch. D. 1843–1926*, NY 1945. – T. J. Assad, *Three Victorian Travellers: Burton, Blunt, D.*, Ldn. 1964. – H. MacDiarmid, *Ch. D. and the Need for Heroic Poetry* (in H. M., *Selected Essays*, Hg. D. Glen, Ldn. 1969). – L. (Riding) Jackson, *The »Right English« of Ch. M. D.* (in University of Toronto Quarterly, 46, 1977, S. 309–321). – G. Davenport, *The Geography of the Imagination*, San Francisco 1980. – R. M. Robbins, *The Word Notes of Ch. M. D.* (in Agenda, 18, 1980, S. 78–98). – St. E. Tabachnick, *Ch. D.*, Boston 1980 (TEAS). – R. Gay, *Ch. D.: Man and Book* (in American Scholar, 50, 1981).

## ADAM CAST FORTH

(engl.; *Der vertriebene Adam*). Dramatisch-sakrale Dichtung in fünf »Gesängen« von Charles Montagu DOUGHTY, erschienen 1908. – In diesem Alterswerk wird – am Leitfaden einer »judäoarabischen« Legende – die Periode im Leben des biblischen ersten Menschenpaares beschrieben (oder: zelebriert), die zwischen der Vertreibung aus dem Paradies und der Herausbildung einer ersten, keimhaft-zivilisierten menschlichen Daseinsform lag und mit der Geburt der Kinder endet (sie werden hier – eine der kleineren Seltsamkeiten des zu hochstilisierter Simplizität tendierenden Werkes – als Drillinge geboren: die zwei berühmt-berüchtigten Söhne und eine Tochter, Noaba). Der übernatürliche Wirbelwind »Sarsar« hatte Adam, getrennt von der Gefährtin »Adama«, in die furchtbare, verfluchte Landschaft »Harisuth« getragen, in der noch einmal die grausige Lavalandschaft des Moahib lebendig wird, die Doughty vielleicht mehr als irgend etwas sonst aus seiner Arabienreise (vgl. *Travels in Arabia*) unvergeßlich war. In fünf »Gesängen« wird der schmerzensreiche Weg des Menschenpaares zur eigentlichen Erde, der bewohnbaren menschlich-irdischen Sphäre, erzählt; Sprechende sind, neben den zwei Protagonisten, himmlische, mythische und allegorische Erscheinungen, ein »Chorus« und die personifizierte Stimme Gottes. – Doughtys starke und eigentümliche Sprachkraft hatte schon in seinem Reisebuch eine nicht jedem Geschmack zusagende Neigung zum Archaischen in Wortwahl und Syntax gezeigt, die hier wohl durch die Absicht, die merkwürdig suggestive und dabei hart-sachliche Gestaltung einer fremden Welt, gerechtfertigt erschien. In seinen späteren Werken, und vor allem in *Adam*, führte diese Neigung zu einer kaum unterbrochenen Archaismen-Orgie. Er hatte – und praktizierte – eine Theorie über *»pure English prose«* , nach der alles Nach-Elisabethanische in Syntax und Wortschatz eigentlich Verfall bedeutete; ja, er ging zuweilen noch weiter zurück, zu Wendungen und Worten, die vielleicht selbst CHAUCER, sicher aber SHAKESPEARE nicht ganz geheuer erschienen wären.

Doughtys überzeugte Anhänger sehen in der Sprache des *Adam* einen genialen (und erfolgreichen) Versuch, die immense Ferne und Einmaligkeit dieser Urwelt adäquat zu Wort kommen zu lassen. Letztlich ist es wohl eine Frage des Geschmacks, ob Zeilen wie *»Aye and I a waterpool see nigh our path«* oder *»That canst thou another Adama to him give!«* mehr sind als Proben eines bizarren manieristischen Sprachexperiments. H.L.

AUSGABEN: Ldn. 1908; Nachdr. NY 1976. – Ldn. 1912.

LITERATUR: J. Freeman, *M. D.*, Ldn. 1926. – J. Holloway, *Poetry and Plain Language: The Verse of D.* (in EIC, 4, 1954, S. 58–70).

## THE DAWN IN BRITAIN

(engl.; *Die Morgendämmerung in Britannien*). Versepos von Charles Montagu DOUGHTY, erschienen 1906. – Diesem höchst eigenartigen Gewebe aus (weitgehend privater) Mythologie, Vorgeschichte und mit sehr persönlichen erdichteten Zusätzen versehener Geschichte liegt die Idee zugrunde, die vielschichtige Entwicklung der neuen historischen Wesenheit »Britannien« (um den viel jüngeren Begriff »England« hier zunächst zu vermeiden) vor dem Hintergrund der Mittelmeerwelt lebendig werden zu lassen. Doughty mißt diesem Vorgang eine Dauer von annähernd einem halben Jahrtausend zu. Das Werk ist von immenser Länge: seine sechs Bände umfassen vierundzwanzig Bücher oder Gesänge. Da der Inhalt auch in skizzenhafter Form kaum wiedergegeben werden kann, müssen einige Hinweise auf Absicht, Sinn und Charakter des Werkes genügen. Seine dichterische »Materie« scheint bei erster Annäherung derjenigen verwandt, die wir aus der halb mittelalterlichen Welt eines ARIOST, eines SPENSER kennen; aber die Vorstellung, daß wir es hier einfach mit »Romantik« zu tun haben, verfliegt angesichts der Sprache Doughtys. Sie ist – wie es sich schon in der Prosa seiner *Travels in Arabia Deserta (Reisen in der Arabischen Wüste)* ankündigt – auch im Vers hart, plastisch, direkt, nie im »Unsagbaren« verschwebend; die Worte wirken oft wie Gegenstände, mit denen »gebaut« wird. Eine andere Eigenart dieser Sprache ist ihr berühmter – oder berüchtigter – Archaismus. Da Doughty im Grund die gesamte englische Sprachentwicklung etwa seit Spenser für Verfall hielt, haben Wortschatz, Wortstellung und Satzbau bei ihm etwas nahezu Groteskes, Befremdendes; da er aber andererseits keineswegs ein bloß historisierender Imitator war, ergibt sich eine Diktion, die man am treffendsten mit »Privatsprache« bezeichnen kann. Die kraftvolle, harte Schönheit, die er in und dank dieser Sprache an vielen Stellen erreicht, darf nicht darüber hinwegtäuschen, daß ein derartiges Unternehmen der Sprachrückbildung im Grunde keinen Erfolg haben kann: kein einzelner ist imstande, den Strom der lebendigen Sprachentwicklung – mag diese auch abwärts führen – für seine Person zu negieren, und nur wenige werden eine solch außerordentliche, maßlos anspruchsvolle Dichtung wie die Doughtys tatsächlich lesen.

Der Inhalt steht unter einer weitgespannten Idee, der vom Hin- und Herfluten in einem sehr weiten Sinn »kultureller« Einflüsse zwischen einem östlichen »Pol«: Palästina als der Geburtsstätte des Christentums – und einem westlichen: der »äußersten Insel« Britannia, von der (in Doughtys Geschichtsvision) ein gewaltiger keltischer Wanderungsimpuls (personifiziert in dem sagenhaften Brennus, der höchst willkürlich als Brite aufgefaßt wird) ausgeht und bis Syrien dringt. Das Geschichtliche bleibt bei alledem äußerst phantastisch, so z. B. die Englandfahrt frühester Christen (Simons des Kanaaniters und seiner Genossen), die unterwegs in Frankreich Lazarus (sic!) treffen – eine Darstellung, die sich an eine im 11. Jh. entstandene Legende anlehnt. Es folgt das Eindringen der Römer und ihrer Kultur und schließlich – als Synthese all dieser Beziehungen und polaren Spannungen – das Erscheinen des britischen, ja, des englischen Menschentyps und seines Kulturideals. Die erstaunliche Fülle dichterischer Einzelheiten, die dieses hier dürr definierte Handlungsskelett umkleiden, ist verwirrend, obgleich das Werk mit größter Sorgfalt, im ständigen Hinblick auf das Ganze komponiert ist. H.L.

AUSGABEN: Ldn. 1906, 6 Bde. – Ldn. 1935 [Einl. B. Fairley; Ausz.]. – Ldn. 1943. – Ldn. 1945 [Einl. R. M. Robbins]. – NY 1950 (in *Poets of the English Language*, Hg. W. H. Auden u. N. Holmes, Bd. 5; Ausz.).

LITERATUR: Anon., *»The Dawn in Britain«* (in Edinburgh Review, April 1908). – F. Brie, *D. und sein Epos »The Dawn in Britain«* (in Anglia, 64, 1940, S. 256–295). – J. Holloway, *Poetry and Plain Language: The Verse of C. M. D.* (in EIC, 4, 1954, S. 58–70). – B. Fairley, *»The Dawn in Britain« after Fifty Years* (in University of Toronto Quarterly, 26, 1957, S. 149–164). – B. F., *The Historic Present in »The Dawn in Britain«* (ebd., 41, 1972, S. 256–262). – J. A. Tucker, *A Study Towards an Edition of »The Dawn in Britain« by Ch. M. D.*, Diss. Univ. of Toronto 1975.

## GEORGE NORMAN DOUGLAS

* 8.12.1868 Schloß Falkenhorst / Vorarlberg
† 9.2.1952 Capri

### SOUTH WIND

(engl.; *Ü: Sirokko*). Roman von George Norman DOUGLAS, erschienen 1917. – In dem von Thomas L. PEACOCKS satirischen »Konversationsromanen« beeinflußten Buch stellt Douglas, der aristokratisch-weltmännische Schotte, dessen kulturelles Weltbild auf einem Karlsruher Gymnasium geprägt wurde, wo er mit griechischer Philosophie im Geiste NIETZSCHES in Berührung kam, der modernen europäischen Zivilisation die alte Kultur des Mittelmeerraums gegenüber: der christlich-puritanischen Moral die heidnische Daseinsfreude, der institutionalisierten Religion die individuelle Glaubensentscheidung, dem Fanatismus die Toleranz. Schauplatz des Romans ist eine Mittelmeerinsel, die Douglas »Nepenthe« (nach einer im Altertum verwandten Droge) genannt und seiner Wahlheimat Capri nachgebildet hat. Die Insel ist zu einem Refugium für kultivierte, zum Teil exzentrische oder kauzige Ausländer geworden, deren Gespräche über eine Vielzahl von Themen (von der Kunst, Philosophie und Mythologie der Antike bis zu den Problemen der modernen Industriegesellschaft) zusammen mit den essayistischen Abschweifungen des Autors und den Rückblicken auf die Geschichte der Insel den gewichtigsten Teil des Buches ausmachen. Den Handlungsfaden bildet die Begegnung des anglikanischen Geistlichen Thomas Heard mit der Welt von Nepenthe. Heard, der als Bischof im afrikanischen Bampopo gewirkt hat und auf der Rückreise nach England ist, will auf der Insel seine Kusine, Mrs. Meadows, abholen. Seine missionarischen Erfahrungen haben seinen religiösen Eifer bereits etwas gemildert, auf Nepenthe jedoch wandelt sich, wie unter dem Einfluß einer Droge, seine Einstellung zum Leben überhaupt. Die ungewohnten klimatischen Verhältnisse – während seines ganzen Aufenthalts weht der Schirokko –, der Aschenregen, der nach einem Vulkanausbruch auf die Insel niedergeht, die starken heidnischen Elemente im religiösen Leben der Einheimischen und deren freizügige Auslegung von Gesetz und Recht tragen entscheidend zu seiner Wandlung bei, die auch durch seine Gespräche mit der »Insel-Society« gefördert wird. Besonders beeinflussen Heard der Aristokrat Caloveglia, der, obwohl verarmt, ein Lebenskünstler *par excellence* ist, und der weltoffene, agnostische Schotte Keith, der scharfen Intellekt mit Humanität zu verbinden weiß. Daß in dieser Atmosphäre auch Heards Auffassung von Gut und Böse, von Schuld und Sühne ins Wanken kommt, zeigt der brillant satirische Schlußteil des Romans. Heard beobachtet, wie seine Kusine ihren plötzlich aufgetauchten ersten Ehemann, der sie schamlos erpreßt, über die Klippen stößt, und entschließt sich, sie durch sein Schweigen dem Leben und ihrer Familie zu erhalten. Damit handelt er nicht anders als die Inselbewohner, für die nach dem Freispruch des Dorfjungen, den man jenes Mordes angeklagt hat, die Welt wieder in Ordnung ist.
Douglas' zeitkritischer, geist- und phantasievoller Roman, der, wie Virginia WOOLF schrieb, *»jene Dinge behandelt, die das Salz des Lebens sind«*, blieb nicht nur sein meistgelesenes und -gelobtes Werk, sondern erwies sich auch als literarisch einflußreich. Eine seiner Nebenfiguren, der Student und Poet Denis Phipps, wurde zum Prototyp jener von existentieller Unsicherheit gequälten Romanhelden, denen man in der englischen Literatur der zwanziger Jahre immer wieder begegnet, insbesondere bei Aldous HUXLEY, dessen Romane auch die diskursive Handlungsführung mit *South Wind* gemeinsam haben. J.v.Ge.

AUSGABEN: Ldn. 1917. – Ldn. 1922. – NY 1925 [Einl. G. N. Douglas]. – Ldn. 1935. – NY 1939 [Ill. C. Petrina]. – Ldn. 1944. – Ldn. 1946. – St. Clair Shores/Mich., 1971. – Harmondsworth 1975. – NY 1982. – NY 1987.

ÜBERSETZUNGEN: *Sirokko*, H. Giese, Bln. 1937. – *Südwind*, A. Gräfe, Wien/Hbg. 1966.

LITERATUR: E. D. McDonald, *A Bibliography of N. D.*, Philadelphia 1927. – D. Scarborough, Introduction (in N. D., South Wind, NY 1929). – H. M. Tomlinson, *N. D.*, NY 1931. – R. R. Mac-

Gillivray (d. i. R. M. Dawkins), *N. D.*, Florenz 1933; ern. Ldn. 1952 [rev.]. – L. Golding, *Terrace in Capri. A Imaginary Conversation with N. D.*, Ldn. 1934. – C. Fitzgibbon, *N. D.: A Pictorial Record*, Ldn. 1953. – N. Cunard, *Grand Man: Memories of N. D.*, Ldn. 1954. – J. Davenport, *N. D.* (in Atlantic Monthly, 194, 1954, S. 69–72). – C. Woolf, *A Bibliography of N. D.*, Ldn. 1954. – I. Greenlees, *N. D.*, Ldn. 1957, S. 22 f. – R. Lindeman, *N. D.*, NY 1965. – Ders., *N. D.* (in DLB 34, 1985, S. 97–107). – L. Leary, *N. D.*, NY/Ldn. 1968. – D. M. Johnson, *N. D.'s »South Wind«: A Discussion Novel of the Lost Generation*, Diss. Univ. of Washington (vgl. Diss. Abstracts 32:6, 6429A). – C. Fitzgibbon, *N. D.: Memoir of an Unwritten Biography* (in Encounter, 43, 1974, S. 23–37). – G. Jackson, *N. D. and Aldous Huxley's »House-Party Novels«*, Wien 1975. – M. Holloway, *N. D.: A Biography*, Ldn. 1976. – P. Fussell, *Abroad: British Literary Traveling Between the Wars*, NY 1980. – G. Woodcock, *N. D.: The Willing Exile* (in Ariel: A Review of International English Literature, 13, 1982, S. 87–101). – M. Holloway, *N. D.* (in *The Craft of Literary Biography*, Hg. J. Meyers, NY 1983, S. 89–105). – H. Postma, *»Could You Oblige Me With a Fairy Tale«: N. D. (1868–1952) and »South Wind«* (in Horen, 31, 1986, H. 2, S. 128–141).

## LLOYD CASSEL DOUGLAS

* 27.8.1877 Columbia City / Ind.
† 13.2.1951 Los Angeles

### THE BIG FISHERMAN

(amer.; *Ü: Der große Fischer*). Roman von Lloyd Cassel DOUGLAS, erschienen 1948. – Der im Titel genannte »große Fischer« ist Simon Petrus, Apostel Christi. Er erscheint in dem Roman als ungläuber Skeptiker mit modern anmutenden Zweifeln an »abergläubischen« Vorstellungen und Wundern, bis er von Jesus zum Glauben bekehrt wird und sich aufmacht, das Evangelium zu verkünden. Der Roman lehnt sich eng an die Evangelienberichte über die Geschehnisse im Leben Christi an. Eingeflochten ist die Geschichte von Fara, der halbarabischen Tochter des Herodes Antipas, die geschworen hat, die Vergehen des Herodes an ihrer Mutter zu rächen und ihn zu ermorden, die aber von Johannes dem Täufer und Christus selbst überredet wird, ihren Racheplan aufzugeben und sich statt dessen dem Heiland anzuschließen. Ihren Spuren folgt ihr arabischer Liebhaber Voldi, dem es schließlich gelingt, sie nach Arabien zurückzubringen und zu heiraten.
Charakterisierung, Motivierung und Erzählstil folgen dem Muster erfolgreicher Unterhaltungsromane. Douglas vermeidet erotische Szenen und die Schilderung von Gewalttätigkeiten und erzählt die Geschichte des Petrus nicht ohne Würde. Das Werk gehört zu jenen bei allem modernen Realismus naivgläubigen Nacherzählungen biblischer Stoffe, die sich seit H. SIENKIEWICZ' *Quo vadis* (1895/96) und L. WALLACE' *Ben-Hur* (1880) großer Popularität erfreuen. J.v.Ge.

AUSGABEN: Boston 1948. – NY 1959. – Ldn. 1967.

ÜBERSETZUNG: *Der große Fischer*, R. Jordan, Zürich 1949.

LITERATUR: Rez. (in Saturday Review of Literature, 13. 11. 1948). – C. Bode, *The Half-World of American Culture*, Carbondale/Ill. 1965. – M. A. U. Russell, *L. C. D. and His Larger Congregation*, Diss. Peabody College 1970 (vgl. Diss. Abstracts, 31, 1970).

### THE ROBE

(amer.; *Ü: Das Gewand des Erlösers*). Roman von Lloyd Cassel DOUGLAS, erschienen 1942. – Ausgangspunkt des Romans ist die Episode, in der die römischen Exekutionsoffiziere nach der Kreuzigung Christi um dessen Gewand würfeln. Gewinner ist, nach Douglas, Marcellus Gallio, der einer vornehmen und einflußreichen Familie entstammt. Mit dem kaiserlichen Hof in Streit geraten und strafversetzt, hatte er als Befehlshaber der römischen Garnison in Minoa die Kreuzigung auszuführen. Die Persönlichkeit Christi und die trotz der Unschuldsbeweise aus politischen Gründen erfolgte Exekution, an die das Gewand ihn immer von neuem erinnert, stürzen Marcellus in schwere seelische Konflikte. Um mit sich ins Reine zu kommen, reist er nach Athen, muß dann aber auf Befehl des Kaisers Tiberius nach Palästina zurückkehren, wo er, stets von seinem treuen griechischen Sklaven Demetrius begleitet, Menschen begegnet, die ihm aus persönlicher Erfahrung von Jesus berichten. Nun wendet auch er sich dem neuen Glauben zu. Von dem greisen Tiberius, dem Onkel seiner Geliebten Diana, nach Capri gerufen, trägt er ihm seine Überzeugung vor, stößt jedoch auf schwere Bedenken, da die neuen Ideen die kaiserliche Autorität gefährden. Als nach Tiberius' Tod der intolerante Caligula den Thron besteigt, läßt dieser, auch weil er Diana für sich begehrt, Marcellus verfolgen und verurteilen. Diana geht mit ihrem Geliebten in den Märtyrertod.
Trotz historischer Fundierung, aufrichtiger Frömmigkeit und ernsthafter moralischer Zielsetzung bleibt Douglas, der selbst lutherischer Pfarrer war, ehe er Schriftsteller wurde, im Genre des Unterhaltungsromans. *The Robe* wurde wie einige andere Romane des Autors ein Bestseller. J.v.Ge.-KLL

AUSGABEN: Boston 1942. – NY 1947. – Boston 1953.

ÜBERSETZUNGEN: *Das Gewand des Erlösers*, E. Rotten, Zürich 1945; ern. 1956. – Dass., dies., Stg. 1954. – *Das Gewand*, dies., Mchn. 1976 (Heyne Tb).

VERFILMUNGEN: USA 1953 (Regie: H. Koster). – *Demetrius and the Gladiators*, USA 1954 (Regie: D. Daves).

LITERATUR: E. Wilson, *Literary Chronicle 1920 to 1950*, Garden City/NY 1956, S. 309–313. – C. Bode, *L. D. and America's Largest Parish* (in C. B., *The Half-World of American Culture*, Carbondale/Ill. 1965, S. 175–183). – Ders., *L. D. Loud Voice in the Wilderness* (ebd., S. 141–157). – M. A. U. Russell, *L. C. D. and His Larger Congregation: The Novels and a Reflection of Some Segments of the American Popular Mind of Two Decades*, Diss. Peabody College 1970 (vgl. Diss. Abstracts, 31, 1970, S. 2397A).

## FREDERICK DOUGLASS

* 1818 bei Easton / Md.
† 20.2.1895 Washington, D.C.

### NARRATIVE OF THE LIFE OF FREDERICK DOUGLASS AN AMERICAN SLAVE – WRITTEN BY HIMSELF

(amer.; *Das Leben des Frederick Douglass als Sklave in Amerika, von ihm selbst erzählt*). Autobiographie von Frederick DOUGLASS, erschienen 1845. – Die *Narrative of the Life of Frederick Douglass* ist die erste und zugleich bekannteste der insgesamt drei Autobiographien, die der ehemalige Sklave und wortgewaltige Agitator der von William Lloyd Garrison und Wendell Phillips angeführten abolitionistischen Bewegung verfaßt hat. Wie in den meisten der um die Mitte des 19. Jh.s in großer Zahl entstandenen sogenannten *slave narratives*, gab es auch für Frederick Douglass handfeste politische Motive, seine Erfahrungen unter der Sklaverei sowie die Umstände, die 1838 schließlich zur Flucht in den »freien«, liberaleren Norden der USA, nach New Bedford, geführt hatten, in Form eines glaubhaften und knappen Erlebnisberichts niederzuschreiben. So sollte der 1845 von der »Boston Anti-Slavery Society« herausgegebene Text nicht nur weitere Unterstützung und Sympathien im Kampf um die Aufhebung der Sklaverei auslösen, sondern ebenso den zunehmend lauter werdenden Gerüchten Einhalt gebieten, ihr bereits nach wenigen Jahren zugkräftigster und international anerkannter Mitstreiter könne sich seine – selbst für weiße Maßstäbe – außergewöhnlichen intellektuellen und rhetorischen Fähigkeiten unmöglich in so kurzer Zeit angeeignet haben und daher sei zu bezweifeln, daß es sich bei Frederick Douglass tatsächlich um einen geflüchteten Sklaven handle. Neben ihrer wichtigen Funktion als anschauliche, authentische Dokumentation des Unrechtssystems der Sklaverei markieren die *slave narratives* aber auch einen entscheidenden Abschnitt in der Entwicklung der afroamerikanischen Literatur, deren auffällige Symbiose von autobiographischen, gruppenspezifischen und auf Widerstand gegen den offenen Rassismus der dominanten Kultur zielenden Elementen hier bereits vorgeprägt ist. Gerade in dieser Hinsicht erlangt die Lebensbeschreibung von Frederick Douglass, deren literarische Qualität heute kaum noch bestritten wird, ihren herausragenden Stellenwert.

Gemäß den Konventionen der autobiographischen Form versucht Douglass, den Leser zunächst über Umstände, Zeit und Ort seiner Geburt – natürlicher Anfang jeder Lebensgeschichte – aufzuklären. Doch die gezielte Nichtaufnahme von Sklaven in das öffentliche Geburtenregister, die ihm für immer die Möglichkeit zur exakten Datierung dieses Ereignisses und damit seines Lebensalters nimmt, stellt ihn nicht nur außerhalb der historischen Kontinuität seiner Umgebung, sondern verhindert im Grunde gerade jenes Bewußtsein von Individualität und Persönlichkeit, das als Voraussetzung für eine Autobiographie eigentlich unerläßlich ist. Konsequent beschreibt Douglass deshalb die Situation seiner Leidensgenossen als die von Arbeitstieren, deren Dasein allein vom Rhythmus der Jahreszeiten bzw. den Zyklen agrarischer Produktion bestimmt wird. Diesem totalen Ausschluß aus der menschlichen Gemeinschaft setzt die *Narrative* dann allerdings eine ebenso radikale wie scharfsichtige Analyse der Psychologie des Sklavenhalters entgegen, die den Autor – stellvertretend für alle Schwarzen – im selben Maße als kognitiv und menschlich überlegen erweist, in dem das kulturelle, ethische und religiöse Wertsystem seiner Unterdrücker sich zur bloßen Farce, zur Fassade entmenschlichter, pervertierter Kreaturen reduziert.

Zentrale Momente dieser Menschwerdung – *»You have seen how a man was made a slave; you shall see how a slave was made a man«* heißt es an einer Stelle – sind zum einen die Tatsache, daß Douglass es verstand, sich heimlich und autodidaktisch das Leben und Schreiben beizubringen, zum anderen aber sein physischer Widerstand gegen den *»negro breaker«* Covey, einen armen und als besonders brutal bekannten weißen Farmer, an den Douglass, zugunsten seines Besitzers, für ein Jahr zur Feldarbeit ausgeliehen worden war. Äußerst wirkungsvoll stehen sich in dieser Szene die heuchlerische Religiosität des Weißen, der ihn nach einem Fluchtversuch zunächst – es ist Sonntag und die Zeit des Kirchgangs – unbehelligt läßt und die brüderliche Hilfe und Solidarität eines in Magie bewanderten Mitsklaven (Sandy) gegenüber. Als Douglass am folgenden Morgen dann erwartungsgemäß ausgepeitscht werden soll, entschließt er sich, nicht zuletzt aufgrund der ermutigenden Wirkung einer »Wurzel«, die ihm Sandy zum Schutz vor Bestrafung mitgegeben hatte, spontan zur Gegenwehr. Derartig durch die suggestive Kraft heidnischer, afrikanischer Zauberkunst unterstützt, gelingt es ihm, eine der entscheidenden, systemimmanenten Prämissen der Sklaverei, die Demoralisierung ihrer Opfer, zu durchbrechen.

Doch für seine spätere Flucht und tatsächliche Befreiung nicht weniger bedeutsam war die Kenntnis des Alphabets. Als ihn glückliche Umstände in das relativ durchlässige, großstädtische Milieu Baltimores verschlagen, wo er einige Jahre bei Verwandten seines »masters« verbringt, nutzt er die Gelegenheit, sich trotz zahlreicher Schwierigkeiten und massiver Verbote im Lesen und Schreiben zu unterrichten. Damit aber sind ihm nicht nur die instrumentellen Voraussetzungen einer erfolgreichen Flucht – das Ausstellen gefälschter Papiere – an die Hand gegeben, sondern ebenso, und vielleicht noch entscheidender, die Mittel zu ihrer Rechtfertigung. Geschickt eignet er sich anhand der haßerfüllten Tiraden des sklavenhaltenden Südens auf den vorwiegend im Norden betriebenen »Abolitionismus« die für ihn existentielle Bedeutung dieses Begriffs an und sucht begierig alle verfügbaren Zeitschriften und Bücher nach Hinweisen auf ihn ab. Mit der Erfahrung, daß es sich bei der *peculiar institution*, wie die Sklaverei verharmlosend genannt wurde, um keine gottgewollte, den Schwarzen aufgrund einer Urschuld aufgebürdete Einrichtung, sondern vielmehr um ein durchaus veränderbares und in anderen Teilen der USA heftig kritisiertes System der Profitmaximierung handelt, waren schließlich jegliche Zweifel an der Rechtmäßigkeit einer Flucht, denen selbst ein rebellischer Geist wie Frederick Douglass sich lange nicht entziehen konnte, aus dem Weg geräumt.

Im Gegensatz zu den beiden später erschienenen Autobiographien, die neben den Erlebnissen in der Sklaverei auch sein Engagement für die Abolition, die Meinungsverschiedenheiten mit Garrison und eine Begegnung mit dem Anarchisten John Brown (in *My Bondage and My Freedom*, 1855) sowie seine Reisen nach Europa, seine Tätigkeit als Herausgeber mehrerer Zeitschriften und schließlich als Generalkonsul der USA in Haiti (*Life and Times of Frederick Douglass*, 1881, erweitert 1892) einbeziehen, beschränkt sich die *Narrative* auf wenige, für ihren Gegenstand symptomatische Ereignisse und arbeitet auch formal mit einer äußerst knappen, elliptischen Diktion. Als politisches Instrument im Kampf für die Beendigung der Sklaverei liegt dem Autor zwar an der größtmöglichen Authentizität seiner Erzählung, er vermeidet jedoch Details und Namen überall dort, wo sie ehemalige Helfer gefährden bzw. Fluchtwege verschließen würden. Das vorrangige Anliegen der *Narrative*, und hierin unterscheidet sie sich von den späteren Versionen, ist nicht die Darstellung eines sich allmählich ausdifferenzierenden Einzelschicksals, wie die autobiographische Form zunächst vermuten läßt, sondern die kritische Auseinandersetzung mit der religiösen und humanitären Heuchelei, den psychologischen Mechanismen und kulturell vermittelten Stereotypen, die die institutionalisierte Unterdrückung der Afro-Amerikaner überhaupt erst ermöglicht haben. K.Ben.

AUSGABEN: Boston 1845. – NY 1984.

ÜBERSETZUNG: *Das Leben des Frederick Douglass als Sklave in Amerika, von ihm selbst erzählt*, D. Haug, Bornheim 1986.

LITERATUR: B. Quarles, *F. D.*, Washington, D. C. 1948. – A. Bontemps, *Free at Last: The Life of F. D.*, NY 1971. – *Black American Writers: Bibliographical Essays*, Hg. Th. Inge u. a., Ldn. 1978. – P. F. Walker, *Moral Choices: Memory, Desire, and Imagination in Nineteenth-Century American Abolition*, Baton Rouge 1978. – F. Smith Foster, *Witnessing Slavery – Development of Ante-Bellum Slave Narratives*, Westport 1979. – H. Bus, *Afroamerikanische Autobiographien von F. D. bis Eldrige Cleaver* (in *Black Literature – zur afrikanischen und afroamerikanischen Literatur*, Hg. E. Breitinger, Mchn. 1979). – *Theory in Practice – Three Studies of Frederick Douglass' Narratives* (in *Afro-American Literature – The Reconstruction of Instruction*, Hg. Dexter Fisher/Robert B. Stepto, NY 1979). – N. I. Huggins, *Slave and Citizen: The Life of F. D.*, Boston 1980. – *The Art of Slave Narrative – Original Essays in Criticism and Theory*, Hg. J. Sekora u. D. Turner, Macomb/Ill. 1982. – W. L. Andrews, *To Tell a Free Story – The First Century of Afro-American Autobiography, 1760–1865*, Urbana/Ill. 1986.

## VALDOMIRO FREITAS AUTRAN DOURADO

* 18.1.1926 Patos de Minas / Minas Gerais

LITERATUR ZUM AUTOR:
F. Lucas, *A narrativa de A. D.* (in Colóquio/Letras, 1972, Nr. 9, S. 17–24). – A. Brasil, *A nova literatura. O romance*, Rio 1973, S. 87–99. – M. S. Camargo, *Linguagem e silêncio na obra de A. D.*, Rio 1973. – M. L. Lepecki, *A. D. Uma leitura mítica*, São Paulo 1976. – M. Silverman, *A. D. and the Introspective-Regionalist Novel* (in Revue des langues vivantes, 42, 1976, S. 609–619; portug. in M. S., *Moderna ficcão brasileira*, Rio 1982). – H. M. Caminha, *Architecture, corps et société: prolégomènes à une lecture d'A. D.*, Diss. Paris 1979. – A. A. Bourdon, *Phèdre au Brésil* (in BEP, 41, 1980, S. 191–200). – M. C. C. Campos, *Coronéis e jagunços na ficcão de A. D.* (in RBLL, 6, 1980, S. 20–26). – D. Patai, *Myth and Ideology in Contemporary Brazilian Fiction*, Rutherford u. a. 1983, S. 191–219. – E. Spielmann, *A. D.* (in KLFG, in Vorb.).

## A BARCA DOS HOMENS

(portug.; *Ü: Das Schiff der Menschen*). Roman von Valdomiro Freitas Autran DOURADO (Brasilien), erschienen 1961. – Der 1961 in Brasilien zum »Buch des Jahres« gewählte Roman soll *»eine Geschichte von Jagd und Fischfang«* sein. Jagen und Fischen, der tägliche Kampf mit dem Meer in der Gluthitze des Sommers bestimmen den Lebensrhythmus der Bewohner einer kleinen Insel. Sie werden plötzlich aus ihrem geordneten, gleichförmigen Dasein aufgestört, als der halbirre Fortunato in den Verdacht gerät, einen Revolver gestohlen zu haben. Die Jagd auf Tiere wird zur Menschenjagd, und für einen Tag und eine Nacht herrscht in der schmutzigen kleinen Stadt der Ausnahmezustand. In der Panik brechen die bisher vom Gleichmaß der Tage in Schach gehaltenen Leidenschaften und Triebe aus: zwischen den Eheleuten Maria und Godofredo kommt es zum offenen Zerwürfnis. Der Polizeileutnant nutzt seine dienstliche Befehlsgewalt aus, um seine Gier nach Maria zu befriedigen, der Erfolgsmensch Godofredo wird zum Feigling, als er es nicht wagt, den Fund des angeblich gestohlenen Revolvers zu melden; der versoffene Fischer Tonho rafft sich zu einer letzten Fahrt auf, um Fortunato, den Sohn der alten Negerin Luzia, zu retten, und findet einen ehrenvollen Tod; Dominico, ein junger Soldat, erlebt zum erstenmal die Liebe und erschießt wenig später den halbirren Fortunato. Am folgenden Morgen ist der chaotische Spuk vorüber: die Fischer fahren wieder aus, das Meer liegt ruhig, Luzia begibt sich auf die Suche nach der Leiche ihres Sohns, im Freudenhaus wird ein Kind geboren, das den Namen des Getöteten erhält.

»Jagd und Fischfang« sind die symbolhaltigen Leitmotive dieses Romans. Für die Inselbewohner auf ihrer »Barke der Menschen« stellt sich das ganze Leben in sich kaleidoskopartig immer wieder neu zusammenfügenden Bildern von Meer und Seefahrt dar. Der Verfall des Säufers Tonho spiegelt sich im Verfall seines Boots, mit dem er redet wie mit einem Menschen. Für die alte Luzia werden die Fische zu menschenähnlichen Wesen, und sie glaubt, daß die Männer, die auf See blieben, von den Fischen gefangengehalten werden. In der Vorstellung dieser Menschen verschwimmt die Grenze zwischen Natur, Menschenwerk und Menschenschicksal; mag dieses von den Mächten des Bösen und der Unordnung gefährlich leicht zu verwirren sein – auf geheimnisvolle Weise wird es immer wieder einbezogen in den stetigen Rhythmus der Naturelemente, des Wechsels von Tag und Nacht, Sonnenaufgang und -untergang, der gleichmäßigen Brandung des Meers. So rückt der Autor das diffuse Geschehen der Nacht, dessen Schilderung er durch strenge räumliche und zeitliche Begrenzung eine feste Struktur gibt, in einen großen Zusammenhang, der in seiner Vielfarbigkeit ein Bild des Lebens ist, das unfaßbar bleibt, obgleich ein all seinen Erscheinungen gemeinsames Prinzip sich ahnen läßt. U.F.

AUSGABEN: Rio 1961. – Rio 1971. – Lissabon 1976 [vom Autor rev.]. – São Paulo [5]1979 [vom Autor rev.; def. Fassg.]. – Rio [7]1983.

ÜBERSETZUNG: *Brandung*, K. Strauß, Mchn. 1964. – *Das Schiff der Menschen*, ders., Ffm. 1988 (FiTb).

LITERATUR: L. T. Tiihonen, *Imagética, alegoria e simbolismo: sua função na criação de um universo mítico-poético em duas obras de A. D.*, Diss. Los Angeles 1983 (vgl. Diss. Abstracts, 45, 1984, S. 197A). – L. Pollmann, *Geschichte des lateinamerikanischen Romans*, Bd. 2, Bln. 1984, S. 120–123.

## ÓPERA DOS MORTOS

(portug.; *Ü: Oper der Toten*). Roman von Valdomiro Freitas Autran DOURADO (Brasilien), erschienen 1967. – Der Roman Dourados ist beispielhaft für die sogenannte *Nova Literatura*, eine in Brasilien seit 1956 auftretende literarische Strömung, die in Poesie und Prosa, formal und inhaltlich, neue ästhetische Wertmaßstäbe setzen will. Mit dem Erscheinen des Romans *Grande Sertão: Veredas* von João Guimarães ROSA (1908–1967) und der Zeitschrift »Jornal do Brasil«, die zum führenden Organ für die Kunst und Literatur der Avantgarde wurde, wird das Jahr 1956 zum Wendepunkt einer Literatur, die seit 1922 von den verschiedenen Etappen des Modernismus (Neo-Modernismus, Post-Modernismus) und den durch ihn vorgegebenen Richtlinien bestimmt wird. – Während sich im Hinblick auf den strukturellen Aufbau und die stilistische Durchführung im Werk Dourados Unterschiede nachweisen lassen, finden sich in allen Romanen übereinstimmende Wesensmerkmale wieder, die sie als für den Autor typisch kennzeichnen: eine, teils sehr verdichtete, *cor local*, ein Lokalkolorit, das den Lebenslauf seiner Protagonisten von außen und innen her definiert und den Handlungsablauf der Erzählung auf einen engen Bereich einkreist, sowie eine vom Autor angewandte Form der »inneren Aktion«, die den Figuren etwas Gelenktes, Marionettenhaftes verleiht. Die Protagonisten präsentieren sich dem Leser vornehmlich durch ihre Gedanken und Empfindungen in Form eines inneren direkten oder indirekten Monologs. Dourados Romane und Erzählungen vermitteln Beispiele menschlicher Verhaltensweisen. Es sind problembeladene, selbstzerstörerische, verunsicherte Typen, die im Mittelpunkt der Handlung stehen. Dourado schuf in seinen Werken einen Archetyp: *»Homem ou mulher, moço ou velho, rico ou pobre ... com a coincidência que algo vai mal – ou está faltando (geralmente as duas coisas)«* (*»Mann oder Frau, jung oder alt, reich oder arm ... immer in der Übereinstimmung, daß irgendetwas nicht gut geht oder etwas fehlt, meistens beides«*, Malcolm Silverman). In der Art wie sich seine Protagonisten ihrer Umwelt gegenüber verhalten und ihre Probleme anderen gegenüber äußern, lösen sie gleichzeitig Konflikte

zwischen sich und ihrer Umwelt aus, die sie immer mehr in die eigene Psychose verstricken.
Im Mittelpunkt des Handlungsablaufs von *Ópera dos mortos* steht Rosalina. Sie ist der letzte Sproß der Familie Honório Cauta, Erbin einer Kaffeeplantage und eines pompösen Stadthauses, in dem sie allein nur mit ihrer alten, stummen Dienerin und Amme Quinquina lebt. In Rosalina vereinen sich zwei Naturen: die des starken, herrschsüchtigen Großvaters – Großgrundbesitzer, Weiberheld und Sklavenantreiber – Lucas Procópio Honório Cota, und die des Vaters – konservativ, würdevoll und unbedeutend – João Capistrano Honório Cota. Diese beiden Figuren, die die Handlung historisch umrahmen, bilden die Basis für den inneren Konflikt, die innere Spaltung, an der Rosalina zugrunde geht. Nach dem Tod des Vaters, der das Opfer einer politischen Kleinstadtintrige wird, an der er innerlich zerbricht, zieht sich Rosalina mit ihrer Dienerin in das Stadtpalais zurück und lebt in freiwilliger und völliger Isolation von den übrigen Bewohnern der Kleinstadt. In einem exaltierten Gefühl, für die Verteidigung der Familienehre und der Schmach, die man ihrem Vater angetan hat, Rache zu nehmen, rekompensiert Rosalina ihre selbstgewählte Einsamkeit. Ihre feindselige Haltung gegenüber ihrer Umwelt wird im Roman symbolhaft durch das »Haus« unterstrichen, das wie seine Bewohnerin zu einem anklagenden Mahnmal umgewandelt wird, nachdem es seine Position als glanzvoller Mittelpunkt gesellschaftlichen Lebens verloren hat. Rosalina verbringt ihre Tage mit Reflektionen über vergangene Zeiten und der Herstellung von Seidenblumen, die ihre Dienerin für sie verkauft. In diese Zurückgezogenheit, die durch keine Unterhaltung mit der stummen Dienerin aufgelockert werden kann, dringt eines Tages ein vagabundierender Maulheld ein, den sie versuchsweise als Dienstboten bei sich aufnimmt. Juca Passarinho (Juca Vögelchen), auch Juca Feliciano (Juca der Glückliche) genannt, wird von Rosalina anfangs sehr auf Distanz gehalten. Seine lästige, plumpvertrauliche Art, sich in ihr Leben einzumischen, wird von Rosalina mit Argwohn verfolgt: *»Sie wollte Abstand bewahren, sich Achtung verschaffen.«* Trotz seiner aufdringlichen Art tritt mit Juca Passarinho ein tatsächlicher Gesprächspartner in Rosalinas Leben, das damit eine neue Dimension gewinnt und bisher verdrängte Sehnsüchte und Empfindungen der jungen Frau aufdeckt: *»Wie war es nur möglich, daß sie so lange gelebt hatte? ... Sie war ein Ding geworden ... Sie wußte nicht genau, wann ihr langsames Erwachen begann. Plötzlich, eines Nachts, sah sie sich im Spiegel. ... Ja, noch bin ich hübsch, bin noch ein junges Mädchen.«* Die Tragik der Rosalina, die bis zur Schizophrenie führt, entwickelt sich aus dem Umstand, daß ihrem erwachenden Lebens- und Liebesbedürfnis kein gleichwertiger standesgemäßer Partner gegenübersteht. In Anlehnung an den Vater und das Vorbild einer auf Abstand und Würde beruhenden Erziehung, fühlt sie sich von den plumpen und primitiven Annäherungsversuchen Jucas abgestoßen. Die lange, freiwillige Enthaltsamkeit weckt in ihr jedoch ein Verlangen nach sexueller Hingabe, in deren Zügellosigkeit sich nach und nach das Erbe des Großvaters Geltung verschafft. In dem Maße, in dem sie sich in eine sexuelle Bindung mit Juca begibt, spalten sich Person und Leben Rosalinas in ein Tag- und Nacht-Dasein. Der innere Zwiespalt, den sie nicht zu lösen vermag, macht sie zur Alkoholikerin. Der seelische und moralische Verfall Rosalinas, belastet durch die Vorstellung einer unterschiedlichen Veranlagung, der sie keine Persönlichkeit entgegenstellen kann, die aus eigenen Anschauungen und Erleben geprägt wurde, endet schließlich, nachdem aus der Verbindung mit Juca ein Kind geboren und getötet wird, im Irrsinn.
*Ópera dos mortos* vermittelt, wie schon im Titel ausgedrückt, den Eindruck eines Bühnendramas. Die Protagonisten gleichen Schauspielern, die solo, im Duett oder im Chor mehr den Regieanweisungen Folge leisten, als selbst agieren, mit dem Erzähler im Vorspann und dem großen Finale, in dem das Haus noch einmal Mittelpunkt des städtischen Geschehens wird, als die wahnsinnige Rosalina ihren letzten großen Abgang hat: *»... descendo as escadas para o reino inegável da loucura« (»... die Treppen hinabschreitend in das unabwendbare Reich des Wahnsinns«)*. – Es bleibt festzustellen, daß die Konzentration auf den inneren Monolog in *Ópera dos mortos* nicht gleichzeitig einen Verlust an Vitalität und Realitätsnähe von Personen und Handlung bedeutet. Mit den Mitteln der Sprache und der psychischen Analyse übermittelt Dourado eine enge Verbindung zwischen Mensch und Umfeld, das Ausgeliefertsein in der Gesellschaft und in der Isolation des eigenen Ichs. In diesem Sinn reichen seine Romane über einen brasilianischen Regionalismus hinaus, sind zeitlos und universal, Ausdruck der Verunsicherung des Individuums in der modernen Gesellschaft unseres Jahrhunderts. Im Hinblick auf die Isolation des Einzelnen in der Gesellschaft, haftet seinen Romanen und Erzählungen etwas Kafkaeskes an: *»... atmósfera de mistério a maneira de Kafka. ... macabra, opressiva, torturante« (»... Atmosphäre eines Mysteriums wie bei Kafka. ... makaber, bedrückend, selbstquälerisch«)*. – Experimentelle Züge, wie sie dem Nouveau roman in Frankreich eigen sind, lassen sich bei Dourado formal und stilistisch nachweisen. Daneben zeigen seine Romane aber auch soziales Engagement und gezielte Gesellschaftskritik und heben sich damit von der Künstlichkeit des französischen Nouveau roman ab. M.Gr.

AUSGABEN: Rio 1967. – Rio [6]1977 [vom Autor rev.; def. Fassg.]. – São Paulo [7]1979.

ÜBERSETZUNG: *Oper der Toten*, C. Meyer-Clason, Mchn. 1986. – Dass., ders. Ffm. 1988 (FiTb).

LITERATUR: J. E. Pollock-Chagas, *Rosalina e Amelia: A Structural Approach to Narrative* (in LBR, 12, 1975, S. 263–272). – C. C. McClendon, *A Rose for Rosalina: From Yoknapatawpha to »Ópera dos mortos«* (in Comparative Literature Studies, 19, 1982, S. 450–458). – H. Thorau, Rez. (in Die Zeit, 27. 3. 1987). – S. Ledanff, Rez. (in SZ, 29. 4. 1987).

### UMA VIDA EM SEGREDO

(portug.; *Ü: Ein Leben im Verborgenen*). Erzählung von Valdomiro Freitas Autran DOURADO (Brasilien), erschienen 1964. – Dourados Erzählung lehnt sich an die Erzählung *Un cœur simple* 1877 *(Ein schlichtes Herz)* von Gustave FLAUBERT an. Beide Werke erzählen die Lebensgeschichte eines verwaisten Landmädchens, doch wird bei Dourado Flauberts Magd Félicité zur reichen Farmerstocher Biela (Gabriela) gemacht. Dem Heiligen Franziskus von Assisi vergleichbar, der als Sohn eines reichen Tuchhändlers geboren wurde, sich aber in freiwilliger Armut der Nächstenliebe widmete, entschließt sich auch Biela für ein selbstloses Leben in Armut, das sich nicht mehr von dem der Magd Félicité unterscheidet. Biela hat schon in früher Kindheit ihre Mutter verloren und ist im Zusammenleben mit Mägden und Knechten aufgewachsen. Als auch ihr Vater stirbt, sieht sich die achtzehnjährige Alleinerbin genötigt, in die Stadt zu ziehen, zu ihrem Onkel Conrado und dessen Frau Constança. Diese bemühen sich zwar, aus der Landpomeranze eine moderne, gesellschaftsfähige junge Dame zu machen, und auch Biela versucht, sich die bürgerlichen Wertvorstellungen ihrer Tante zu eigen zu machen – sie läßt sich in kostspielige Kleider stekken und stimmt, wenn auch widerstrebend, ihrer Verlobung mit Modesto zu –, aber zu einer echten Integration in die neue Lebensgemeinschaft kommt es nicht: Biela spürt instinktiv, daß sie mehr und mehr ihre Identität verliert. Als Modesto sie ohne Erklärung verläßt, zerreißt sie die modischen Kleider und kehrt zu ihrer ländlichen Tracht aus der Zeit der Fazenda zurück. Im Bewußtsein der wiedergewonnenen Identität reduziert sie das Gemeinschaftsleben mit ihren Verwandten auf das unabdingbar Notwendige und nimmt ihre Mahlzeiten zusammen mit dem Dienstpersonal in der Küche ein. Zum eigentlichen Lebensinhalt macht sie die karitative Betreuung von Armen und Notleidenden. Trotzdem vereinsamt sie immer mehr, altert schnell und erkrankt schließlich an Tuberkulose. Die Einsamkeit der letzten Monate ihres Lebens wird nur gemildert durch die enge Bindung an einen herrenlosen und kranken Hund, den sie zu sich nimmt und pflegt. Als Conrado und Constança das Siechtum Bielas endlich bemerken, ist die Krankheit schon unheilbar. Auf eigenen Wunsch wird sie ins Armenkrankenhaus eingeliefert, wo sie kurze Zeit später stirbt.

Das eigentliche Neue an *Uma vida em segredo*, gemessen an *Un cœur simple*, ist die allegorische Bedeutung, die der Typus des schlichten Herzens bei Autran Dourado erhält. Biela verkörpert das archaische Brasilien, das durchweg positiv gewertet wird und in unüberbrückbaren Gegensatz zur modernen Konsumgesellschaft gerät. In Augenblikken, in denen Biela sich besonders bedroht fühlt, sucht sie Zuflucht bei einer alten Truhe, in der sie ihre Habseligkeiten aus dem Sertão aufbewahrt. Diese Truhe evoziert in ihrer Erinnerung die väterliche Fazenda, die sich als die heile Welt darbietet und zum Mythos wird. Der Wechsel von der Fazenda in die Stadt wird von Biela als eine Art Vertreibung aus dem Irdischen Paradies gesehen, mit der sie sich, obwohl sie weiß, daß die Rückkehr unmöglich ist, nicht abfinden kann. Fortwährend mißt sie die Wirklichkeit des Hier und Jetzt im Bürgerhaus der Stadt an den Visionen ihres Erinnerungsvermögens, aber alle Versuche, die mythische Idealwelt in der Bedingtheit ihrer Alltagsexistenz Wirklichkeit werden zu lassen, sind zum Scheitern verurteilt.

Dourados Romane und Erzählungen zeichnen sich in der Regel durch eine labyrinthische Erzählstruktur und eine abgründige Ironie aus, die dem Leser den Zugang nicht immer leicht machen. Wenn *Uma vida em segredo* Dourados meistgelesenes Werk hat werden können, dürfte es nicht zuletzt dem Legendenstil dieser einfachen, rührenden »Heiligenvita« zu verdanken sein. Clarice LISPECTOR (1925–1977) hat mit ihrem Roman *A hora da estrela*, 1977 *(Die Sternstunde)*, Dourados Erzählung exemplarisch mit Blick auf eine reiche Tradition neorealistischer und regionalistischer Erzählliteratur, die sich des Mythos vom schlichten Herzen bedient, um die soziale Realität des »einfachen Volkes« darzustellen und zu romantisieren, satirisch parodiert. H.Fe.

AUSGABEN: Rio 1964. – Rio 1971. – Rio 1973. – Rio [8]1979.

ÜBERSETZUNG: *Ein Leben im Verborgenen*, R. Körner, Mchn. 1967. – Dass., dies., Ffm. 1988 (FiTb).

## SERGEJ DONATOVIČ DOVLATOV

* 3.9.1941 Ufa

### NAŠI

(russ.; *Die Unsrigen*). Familienerinnerungen von Sergej D. DOVLATOV, erschienen 1983. – Das siebente Buch des in den USA lebenden Exilschriftstellers erzählt die Geschichte seiner Familie anhand von dreizehn Kapiteln, in denen je ein Mitglied porträtiert wird. Der Weg wird nachgezeichnet aus der märchenhaften Urzeit der Familie, verkörpert durch die beiden Großväter, über das moderne Leben in der sowjetischen Großstadt, dargestellt durch die Eltern- und Kindergenerationen, bis hin zu der Verpflanzung in die fremde Welt der

USA, symbolisiert durch den hier neugeborenen Sohn des Erzählers.
Die beiden Großväter leben zeitlich und räumlich entrückt, in fernen Provinzen, in Vladivostok der eine, im Kaukasus der andere. Sie sind, wie Folklorefiguren, ganz auf eine zum Extrem gesteigerte Eigenschaft reduziert: Der Großvater väterlicherseits ist unvorstellbar groß und stark, der Großvater mütterlicherseits ungeheuer jähzornig und tyrannisch. Aber auch von den psychologisch differenzierter gezeichneten Familienmitgliedern der jüngeren Generationen prägt jedes ein exzentrischer Charakterzug. Ein Onkel, ein ehemaliger Oberst, ist ein Sportfanatiker und verachtet alle »Schwächlinge und Intellektuellen«. Ein anderer mit praktisch ausschließlich materiellen Interessen macht schon als Kind trickreiche Geschäfte und flieht später in den Westen. Über eine Tante, die Lektorin ist, werden viele Anekdoten mit berühmten Schriftstellern erzählt. Die Biographie ihres Mannes *»spiegelt die Geschichte unseres Staates«* wider. Der Reihe nach liebt er Stalin, Malenkov, Chruščëv, Lenin, Solženicyn und Sacharov – dann ist seine seelische Kraft verbraucht. Was bleibt, ist ein schizophrenes, von seiner physischen Befindlichkeit determiniertes Bewußtsein: Solange er gesund ist, streitet er erbittert mit dem vom Leninismus abgefallenen Erzähler, als er aber schwer erkrankt, gibt er seinem Widersacher plötzlich Recht und bezichtigt sich selbst des Irrtums und der Feigheit. Des Erzählers Mutter, eine altmodische, einfache Frau, spricht im Gegensatz zu manchen »ahnungslosen« Intellektuellen zu Hause deutlich über Stalins Verbrechen. Vater, ein Opportunist, Possenreißer und Schauspieler, lebt dagegen nicht in der Wirklichkeit, sondern auf der Bühne. Ein Cousin, hochbegabt, aber mit selbstzerstörerischem Abenteuerdrang, wird zum Kriminellen, weil er immer wieder mit spontanen Eskapaden seine jedesmal neu steil ansteigende Karriere zerstört. Als »normales« Familienmitglied erscheint die Hündin Glaša, deren Heldentaten und Liebesproblemen ein eigenes Kapitel gewidmet ist. Die Ehefrau des Erzählers ist die verkörperte Unerschütterlichkeit. Sie ist mit ihm verheiratet, weil einer seiner Saufkumpane sie einmal bei ihm »vergessen« hat, woraufhin sie sich völlig selbstverständlich bei ihm niedergelassen hat. Später, als er ihr nach längerer Trennung in die USA nachfolgt, findet er bei seiner Ankunft von ihr nur einen Zettel: *»Bin um 8 zurück.«* Gegenüber seiner Tochter ist er ähnlich hilflos wie gegenüber seiner Frau: Seine literarische Welt ist ihr fremd, sie vermißt an ihm sichtbare, äußere Erfolge und Autorität. Den Schluß bildet die Vorstellung des jüngsten Sohnes, eines amerikanischen Staatsbürgers.
Dovlatovs Erzählweise ist anekdotisch, steht in der Tradition des humoristisch-psychologischen *bytopisatel'stvo* (Alltagsbeschreibung). Die Figuren werden einzeln geschildert, wodurch die extremen und komischen Züge sowie die Seltsamkeit des jeweiligen Charakters prägnanter hervortreten. *Naši* ist das Bild einer zugleich alltäglichen und absonderlichen Familie mit ihren kuriosen Figuren, exzentrischen Charakteren und ihrem schwierigen Schicksal. Gleichzeitig ist es eine Parabel auf die wechselvolle Geschichte seines Volkes, besonders seine Schriftstellergeneration, von der so viele im Ausland neu beginnen mußten. K.Hm.

AUSGABE: Ann Arbor 1983.

LITERATUR: D. M. Fiene, Rez. (in SEEJ, 1983, 2). – M. Taranov, Rez. (in Kontinent, 36, 1983).

## LIUDAS DOVYDĖNAS

* 1.1.1906 Trumpiškis / Bez. Rokiškis

### BROLIAI DOMEIKOS

(lit.; *Die Brüder Domeika*). Roman von Liudas DOVYDĖNAS, erschienen 1936. – Das Thema des Romans, der in den dreißiger Jahren in einem litauischen Dorf spielt, ist die Prozeßsucht der Bauern und der Neid auf die Güter des anderen. Wenn Dovydėnas an den Anfang seines Romans die Schilderung des Kampfes zweier Hähne stellt, die den Zwillingsbrüdern Domeika gehören, darf man eine Groteske in der Art von GOGOL's *O tom, kak posorilis' Ivan Ivanovič s Ivanom Nikiforovičem (Wie sich Ivan Ivanovič mit Ivan Nikiforovič verfeindete)* erwarten. Die Zwillingsbrüder, zu gleichen Teilen Besitzer des ererbten väterlichen Hofes, verfeinden sich, als die Frau des einen Hühner von einer besonders guten Rasse anschafft und der Rassehahn täglich mit dem Hahn des Bruders Streit sucht und ihn besiegt. Eines Tages nun ist einer der Hähne spurlos verschwunden und damit der Anlaß zum ersten Prozeß geschaffen. Obwohl sich schließlich herausstellt, daß der Hahn von einem Habicht geraubt wurde, so kann doch jetzt von einem Frieden zwischen den Brüdern und ihren Frauen nicht mehr die Rede sein. Zum nächsten Streitobjekt wird eine am Grenzstreifen wachsende Birke, die die Frau des einen Bruders fällt, worauf der andere Bruder den ganzen Grenzstreifen umpflügt und ihn auf diese Weise zu seinem Besitz erklärt. Die darauf folgenden Prozesse, mit guten Anwälten geführt, kosten so viel Geld, daß die Brüder schließlich bei einem Wucherer Geld leihen müssen. Die Höfe verfallen; der Prozeß des einen der Brüder gegen den betrügerischen Wucherer wird verloren, und die Zwillinge müssen nicht nur die geliehene Summe, sondern auch noch ebensoviel Zinsen an ihn zahlen. Jetzt endlich sehen sie ein, daß aus ihrem Zwist nur die Betrüger Nutzen ziehen, sie selbst aber aus nichtigen Gründen ihre Höfe ruiniert haben. Sie versöhnen sich, müssen aber, da die Hälfte ihrer Ackerländer dem Geldleiher verfallen ist, ein ärmliches Leben führen. Nur der Trost der

Schadenfreude wird ihnen später vergönnt: Die auf ihrem einstigen Grund und Boden erbauten Liegenschaften des Wucherers gehen eines Tages in Flammen auf.

Humorvoll und nicht ohne Bosheit erzählt Dovydėnas diese Geschichte, in der das ostlitauische Dorfleben in seiner ganzen Stupidität gegenwärtig wird. Im Gegensatz etwa zu seinem Zeitgenossen ANDRIUŠIS hält er sich ganz an die negativen Erscheinungsformen des ostlitauischen ländlichen Alltags, so wenn er beispielsweise den wucherischen Geldverleiher als eifrigen Kirchgänger charakterisiert, der zudem noch den Ordnungsdienst in der Kirche versieht. Ihm gegenübergestellt wird einer der Zwillingsbrüder, Adomas Domeika, der robust und stark genug ist, sein Leben ohne die Kirche führen zu können. Ihm gehört die ganze Sympathie des Autors. V.N.

AUSGABEN: Kaunas 1936. – Chicago 1952.

LITERATUR: J. Butenas, *Romanas apie brotių Domeikų bylą* (in Literatūros naujienos, 1937, Nr. 1–3). – H. Korsakienė, Rez. (in Kultūra, 1937, Nr. 2). – P. Skardžius, Rez. (in Gimtoji kalba, 1937, Nr. 10). – B. Sruoga, *Karūna be karaliaus* (in Prošvaistė, 1937, Nr. 1). – P. Petrauskas, *Novelė ir romanas apie dviejų seimų rungtynes* (in Ateitis, 1939, Nr. 2). – K. Ambrasas, *Pažangioji lietuvių kritika*, Wilna 1966. – V. Kazakevičius, *Ar tai naujo, gilesnio susimąstymo pradžia?* (in Pergalė, 1967, Nr. 11). – *Lietuvių rašytojai*, Bd. 1, Wilna 1979 [Bibliogr.].

## OLEKSANDR DOVŽENKO

* 11.9.1894 Sosnycja bei Černigow
† 25.11.1956 Moskau

LITERATUR ZUM AUTOR:
Ju. Barabaš, *Čyste zoloto pravdy. Dejaki pytannja estetyki i poetyky O. D.*, Kiew 1962. – S. P. Plačynda, *O. D. Žyttja i tvorčist'*, Kiew 1964. – L. Schnitzer u. a., *A. D.*, Paris 1966. – M. Carynnyk, *A. D., The Poet as Filmmaker*, Cambridge/Mass. 1975. – M. Kucenko, *Storinky z žyttja i tvorčosti O. D.*, Kiew 1975. – S. Koba, *O. D.: Literaturnyj portret*, Kiew 1979. – I. Koszeliwec, *O. D.*, Mchn. 1980. – R. Sobolev, *A. D.*, Moskau 1980.

### ZAČAROVANA DESNA

(ukr., *Ü: Verzauberte Desna*). Autobiographische Erzählung von Oleksandr DOVŽENKO, erschienen 1957. – Der Filmregisseur und Erzähler Dovženko verwirklicht in seiner 1955 geschriebenen Erzählung jene Erweiterung der ästhetischen Ausdrucksformen, für die er als einer der ersten Sowjetschriftsteller der fünfziger Jahre eingetreten ist. Er wendet sich in seinem Werk erneut der ukrainischen Thematik zu, die ihm – wie der Aufenthalt im Land – zwanzig Jahre lang verboten war, um dem Schmerz über die Trennung von Landschaft und Bewohnern der Ukraine Ausdruck zu verleihen.

Die Erlebnisse seines Helden Saško tragen autobiographischen Charakter. Bei der Beschreibung seiner Kindheit zeichnet Dovženko farbenreiche Bilder aus dem ukrainischen Volksleben. Sie schildern die Osterweihe auf Kähnen und Dächern bei der Frühjahrsübung der Desna, die geisterhaften Züge blinder Bettelsänger, eine Mahd auf den Uferwiesen, ein weihnachtliches Sternsingen und die traumhafte Reise Saškos in einem alten Kahn. Traum und Wirklichkeit wechseln in überraschenden Bildern. Die Phantastik der Metaphern und die integrierten Märchenelemente erinnern an GOGOL'S *Večera na chutore bliz Dikan'ki*, 1832 *(Abende auf dem Vorwerk bei Dikan'ka)*. Dovženkos dichterische Kraft zeichnet Bilder, die an Chagall erinnern, sie haben vorwiegend symbolischen Charakter und offenbaren seine tiefe Verbundenheit mit der ukrainischen Folklore, in deren vielfältigen Ausdrucksweisen sich mythische und historische Reminiszenen an die Zeit der Skythen, das Kiewer Fürstentum, die Tatareneinfälle und den Kosakenstaat widerspiegeln. Dovženko bevorzugt Hyperbeln und zu umfassenden Konstruktionen ausgeweitete Metaphern. Mit anderen, gleichzeitig entstandenen Werken des Autors war die Erzählung ein wichtiger Beitrag zur ukrainischen Sowjetliteratur der fünfziger Jahre. A.H.H.

AUSGABEN: Kiew 1957. – Kiew 1959 (in *Tvory*, 3 Bde., 1958–1960, 2). – Kiew 1964 (in *Tvory*, 5 Bde., 1964–1966, 1).

ÜBERSETZUNG: *Verzauberte Desna*, A.-H. Horbatsch (in *Blauer November*, Heidelberg 1959). – Dass., dies. (in *Ein Brunnen für Durstige u. andere ukrainische Erzählungen*, Tübingen/Basel 1970).

VERFILMUNG: Rußland 1965 (Regie D.-Ju. Solnceva).

## SIR ARTHUR CONAN DOYLE

* 22.5.1859 Edinburgh
† 7.7.1930 Crowborough

LITERATUR ZUM AUTOR:
*Bibliographien:*
R. B. de Waal, *The World Bibliography of Sherlock Holmes and Dr. Watson*, NY 1974. – R. L. Green u.

J. M. Gibson, *A Bibliography of A. C. A.*, Oxford 1983.
*Zeitschriften:*
The Baker Street Journal, Hg. E. W. Smith, Morristown/N.J. 1946 ff.; ab 1951 N. S. – The Sherlock Holmes Journal, Hg. P. M. Donegall, Ldn. 1959 ff. – The Baker Street Gasogene, Hg. P. A. Ruber, NY 1961 ff.
*Biographien:*
H. Pearson, *C. D.: His Life and Art*, Ldn. 1977; zul. 1977. – J. D. Carr, *The Life of Sir A. C. D.*, Ldn. 1949; ern. NY 1975. – M. Hoehling, *The Real Sherlock Holmes – A. C. D.*, NY 1965. – R. Pearsall, *C. D.*, Ldn./NY 1977. – J. Symons, *Portrait of an Artist – C. D.*, Ldn. 1979.
*Gesamtdarstellungen und Studien:*
H. E. Bates, *Sir A. C. D.: The Man and His Books*, Ldn. 1925. – H. W. Bell, *Sherlock Holmes and Dr. Watson*, Ldn. 1932; ern. Morristown/N.J. 1953. – *Baker Studies*, Hg. H. W. Bell, Ldn. 1934; ern. Morristown/N.J. 1955. – *Studies in Sherlock Holmes*, Hg. V. Starrett, NY 1940; ern. 1969. – *Exploring Sherlock Holmes*, Hg. E. W. McDiarmid u. T. C. Blegen, La Crosse/Wisc. 1957. – S. T. Bigelow, *Sherlock Holmes: An Irregular Anglo-American Glossary of More or Less Unfamiliar Words, Terms and Phrases in the Sherlock Holmes Saga*, Toronto 1959. – D. M. Dakin, *A Sherlock Holmes Commentary*, NY 1972. – W. S. Baring-Gould, *Sherlock Holmes*, St. Albans 1975 [m. Bibliogr.]. – *The Encyclopaediana Shelockiana*, Hg. J. Tracy, NY 1977. – T. H. Hall, *Sherlock Holmes and His Creator*, NY 1978. – H. R. F. Keating, *Sherlock Holmes: The Man and His World*, NY 1979. – D. R. Cox, *A. C. D.*, NY 1985.

## THE ADVENTURES OF SHERLOCK HOLMES

(engl.; *Ü: Sherlock Holmes' Abenteuer*). Detektivkurzgeschichten von Sir Arthur Conan DOYLE, erschienen 1891/92. – Obwohl die Detektivgeschichten E. A. POES seit 1850 in England von Juristen und vereinzelt von Autoren billiger Unterhaltungsliteratur rezipiert wurden, verhinderte die den (dreibändigen) Roman bis 1894 favorisierende Publikationspolitik von Verlagen und Leihbüchereien zunächst eine breitere Aufnahme des als Begründer der Gattung geltenden Amerikaners. Erst als im Gefolge der Bildungsreform von 1871 sich das Lesepublikum bis hin zu den »Viertelgebildeten« (G. Gissing) erweiterte und neue Verfahren die Massenproduktion von Druckerzeugnissen – insbesondere von Magazinen für die gehobene Unterhaltung – ermöglichten, konnte sich in England die Gattung der Kurzgeschichte – inklusive spezieller Untergattungen – entwickeln.
Doyle, dessen Vorliebe eigentlich dem historischen Roman galt (*Micah Clarke*, 1889; *The White Company*, 1891), hatte bereits in *The Study in Scarlet* (1887) mit Sherlock Holmes einen Detektiv vorgestellt, dessen Kenntnis der »Sensationsliteratur« dem ständigen Begleiter Dr. Watson als »immens« erschienen war und der Poes und E. GABORIAUS Detektive bei seiner Erläuterung der »Wissenschaft der Deduktion« als »Stümper« bezeichnet hatte. Diese Wissenschaft, die Doyle erneut in *The Sign of Four* (1890) explizierte und die den späteren Falllösungen zugrundeliegt, basiert auf der »naturwissenschaftlich« genauen (d. h. positivistischen) Beobachtung von Fakten, die innerhalb eines durch gleichbleibende Gesetzmäßigkeiten auch im sozialen Bereich bestimmten Universums gültige Schlüsse zuläßt; nur aufgrund solcher Gesetzmäßigkeiten ist es dem Detektiv möglich, sich – ähnlich wie Poes Dupin – imaginativ in andere Personen hineinzuversetzen und deren Gedankengänge nachzuvollziehen. Doyle knüpft somit an den intellektuellen, auf das Lösen schwieriger Rätsel gerichteten Anspruch Poes an, führt jedoch mit dem gebildeten Begleiter Dr. Watson, der als Icherzähler zugleich die Sichtweise des Lesers bestimmt, einen wegen seiner eingeschränkteren Deduktionsfähigkeit zwischen Rezipienten und Detektivhelden vermittelnden, in dialogische Situationen führenden Frager ein, der Holmes so zur Preisgabe seiner Denkoperationen veranlaßt.
Sowohl die Reorganisation der Detektivabteilung bei Scotland Yard nach französischem Vorbild (1878) und das Verschwinden der Vorbehalte gegenüber den häufig als »Spione« verschrienen Polizei- oder Privatdetektiven als auch die Tatsache, daß der intellektuelle Anspruch der neuen Detektivliteratur die Vorbehalte gegenüber der als Vorläufer anzusehenden, aber an Prestige einbüßenden sogenannten *»sensational literature«* (Mrs. BRADDON, W. COLLINS) hinfällig machte, erklärt zum Teil den Erfolg Conan Doyles.
Hinzu kommen jedoch weitere Faktoren. Während Doyle wie Poe sich der narrativen Techniken der zeitlich-kausalen Umstellung und einer Spannung erzeugenden elliptischen Handlungspräsentation bedient, die gattungskonstituierend geworden ist, legt er doch mehr Gewicht auf die szenisch-dialogische Vermittlung der Fallösung, die auch nicht mehr nur intellektuell vom Lehnstuhl aus erfolgt, sondern mit physischem Einsatz an verschiedenen Orten geleistet wird. Während die ersten beiden Detektiverzählungen Doyles mehrsträngige, wenn auch kurze Romane waren, ermöglichte das 1891 mit großem Erfolg nach amerikanischem Vorbild gegründete ›Strand Magazine‹ die Publikation zwar in sich abgeschlossener, aber durch das Personal miteinander verknüpfter und daher zum Zyklus tendierender kompakterer Kurzgeschichten von fünf- bis sechstausend Wörtern. Hinzu kommen die zum neuen Publikationsstil des ›Strand Magazine‹ gehörenden Illustrationen: Holmes wurde nicht nur sprachlich als bohemienhafter, mit spezifischen Merkmalen unverwechselbarer Art ausgestatteter (künstlerisch dilettierender, Opium rauchender, nicht verheirateter) Meisterdetektiv vorgestellt, sondern auch durch einprägsame, die Handlungsdramatik abbildende Zeichnungen dem Leser visuell vermittelt.

Während die Fälle unterschiedlicher Art sind und von der Verhinderung von Skandalen bis zur Aufdeckung von Morden reichen, der nicht am finanziellen Gewinn interessierte Detektiv aber stets dem Gentlemanideal verpflichtet ist und eigentlich – obwohl nicht nach den Ursachen von Kriminalität fragend – zur Wiederherstellung einer heilen bürgerlichen Welt jenseits offiziellen staatlichen Handelns beitragen will, folgen Doyles Geschichten einem gleichbleibenden Aufbauschema. Auf eine Szene in Holmes' Wohnung in der Baker Street, wo ihn Klienten aufsuchen und er selbst eine erste Probe seiner geistigen Fähigkeiten geben kann, folgt die – meist mit der von Scotland Yard kontrastierte – Aufklärungstätigkeit des sich als »consulting detective« bezeichnenden Holmes, die in eine den Täter entlarvende und dessen Schuldbekenntnis provozierende Szene einmündet, ehe Holmes seinem verblüfften Begleiter Watson die falschen Fährten und die richtigen Schlüsse erläutert, die nach Meinung des Autors selbst in der medizinischen Krankheitsdiagnostik des Dr. Bell, Doyles Lehrer an der Universität von Edinburgh, ihr unmittelbares Vorbild hatten.

Nachdem Doyle, dem bereits die erste Serie von Holmes-Geschichten großen finanziellen Erfolg gebracht hatte, den Meisterdetektiv zum Schluß der zweiten Serie aus Überdruß an der Figur im November 1893 in der Schweiz umkommen ließ, setzte ein Entrüstungssturm gegen den »Rohling« ein (so ein Leserbriefschreiber). Damit begann ein Holmes-Kult, der bis heute etwa in Form von Briefen an die fiktive Adresse in der Londoner Baker Street anhält. Holmes ließ seinen Helden deshalb später mit dem Hinweis, er habe sich doch retten können, wieder auferstehen (*The Return of Sherlock Holmes*, 1905).

Doyle ist – wie H. GREENES zweibändige Sammlung *The Rivals of Sherlock Holmes* (1970–1973) zeigt – von vielen spätviktorianischen und edwardianischen Autoren – wie etwa dem Realisten A. MORRISON – nachgeahmt worden. Gegen die Übersteigerung des zum großen Mann stilisierten Superdetektivs, der in anderer Form bei A. CHRISTIE wieder auftaucht, entstand bald als Gegenreaktion die Figur des großen Verbrechers (E. W. HORNUNGS Raffles) bzw. die des unscheinbaren, menschlich tiefsinnigen Priesterdetektivs in G. K. CHESTERTONS Father Brown-Geschichten. Während die von Doyle ausgehende Tradition der Detektivgeschichte in den dreißiger und vierziger Jahren zum verengten »Kreuzworträtsel-Typus« führte (etwa bei A. Christie), brachte die amerikanische Form der *»hard-boiled novel«* mit dem ehrlichen Helden in der korrupten Gesellschaft (R. CHANDLER, D. HAMMETT) einen neuen Entwicklungsanstoß. U.Bö.

AUSGABEN: Juli 1891–Juni 1892 (in The Strand Magazine). – Ldn. 1892. – NY 1930 (in *The Complete Sherlock Holmes*). – Ldn. 1957. – Ldn. 1967 (in *The Annotated Sherlock Holmes*, Hg., Einl., Anm. u. Bibliogr. W. S. Baring-Gould, 2 Bde., 1). – Ldn./Basingstoke 1976. – Harmondsworth 1981. – Ldn. 1985 (in *The Complete Illustrated Stories*). – NY 1986 (in *The Complete Novels and Stories*, Hg. u. Einl. L. D. Estleman, 2 Bde.).

ÜBERSETZUNGEN: *Die Abenteuer des Dr. Holmes*, L. Ottmann u. M. Jacobi, Stg. 1895. – M. Jacobi u. a. (in *Ges. Detektivgeschichten*, 10 Bde., Stg. 1908–1924). – *Sherlock Holmes Abenteuer*, H. Herlin, Hbg. 1960. – Dass., H. Herlin, B. Schott u. T. Terek, 3 Bde., Ffm./Bln. 1977. – *Sherlock Holmes' Abenteuer*, H. Herlin, Ffm./Bln. 1980 (Ullst. Tb). – Dass., A. u. K. Berger, Lpzg./Weimar 1983. – *Die Abenteuer des Sherlock Holmes*, G. Haefs (in *Sherlock Holmes Werkausg.*, Zürich 1984, 9 Bde., Erzählungen: 1).

DRAMATISIERUNGEN: *Sherlock Holmes. A Drama in Four Acts*, A. C. D. u. W. Gillette (Urauff.: Ldn. 12. 6. 1899, Duke of York's Theatre). – *Sherlock Holmes: A Comedy in Two Acts*, W. Gilette, Ldn. 1976.

LITERATUR: F. Depken, *Sherlock Holmes, Raffles u. ihre Vorbilder*, Heidelberg 1914. – W. S. Baring-Gould, *The Chronological Holmes*, NY 1955. – J. E. Holyroyd, *Baker Street Byways*, Ldn. 1959. – M. Harrison, *In the Footsteps of Sherlock Holmes*, NY 1960. – W. S. Baring-Gould, *Sherlock Holmes of Baker Street*, NY 1962. – W. Klinefelter, *Sherlock Holmes in Portrait and Profile*, NY 1963. – S. Rosenberg, *Naked is the Best Disguise: The Death and Resurrection of Sherlock Holmes*, Indianapolis 1974. – M. Pointer, *The Public Life of Sherlock Holmes*, NY 1975. – W. V. Koppenfels, *Mysterium und Methode: Sherlock Holmes als Heldenfigur des ›Fin de Siècle‹* (in *Die Nineties: Das englische Fin de Siècle zwischen Dekadenz und Sozialkritik*, Hg. M. Pfister u. B. Schulte-Middelich, Mchn. 1983, S. 164–180). – *The Bakerstreet Reader: Cornerstone Writings About Sherlock Holmes*, Westport/Conn. 1984.

## THE HOUND OF THE BASKERVILLES

(engl.; *Ü: Der Hund der Baskervilles*). Roman von Sir Arthur Conan DOYLE, erschienen 1901/02. – Nachdem Doyle seinen Meisterdetektiv in der letzten Geschichte seiner zweiten Serie *The Memoirs of Sherlock Holmes* (1893) am *»Napoleon des Verbrechens«*, Professor Moriarty, hatte scheitern und sterben lassen, gestattete er ihm bereits vor seiner »Wiederauferstehung« (1905 in *The Return of Sherlock Holmes*) die Rolle des Aufklärers in dem Roman *The Hound of the Baskervilles*. Wenn er bereits in der entscheidenden Erzählung von 1893 abweichend von den bis dahin erschienenen Kurzgeschichten das schauerromantische Handlungselement auf Kosten der Detektionshandlung akzentuiert hatte, dann macht er es nunmehr zum beherrschenden Gestaltungsmittel.

Die Handlung, die in gewohnter Weise in der Baker-Street-Wohnung von Holmes beginnt, wird im zweiten Kapitel in einem die Vorliebe Doyles für historische Stoffe andeutenden Rückblick in die Zeit der Glorreichen Revolution vor Ende des 17. Jh.s geführt: Ein altes Manuskript berichtet von dem Fluch, der auf dem in Devonshire beheimateten Geschlecht der Baskervilles liegt. Auf geheimnisvolle Weise sind bis in die Gegenwart hinein immer wieder Mitglieder der Familie zu Tode gekommen. Der letzte Todesfall, in dem Doyle auf Bitten des aus Kanada angereisten Erben Sir Henry ermitteln soll, ist der des alten Sir Charles Baskerville. Der riesige schwarze »Höllenhund«, von dem in der Familiengeschichte berichtet wird, scheint, wie der vorausgeschickte Dr. Watson feststellen muß, tatsächlich zu existieren. Er ist das wesentliche Mittel Doyles, um die mit dem Nächtlichen und Dunkeln assoziierte Atmosphäre des Schauerlichen zu erzeugen. Allerdings läßt die dem Leser vertraute Figur des die »Wissenschaft der Deduktion« perfekt beherrschenden Meisterdetektivs – im Sinne des »rational erklärbaren Übernatürlichen« des gotischen Romans der Cl. REEVE oder A. RADCLIFFE – eine vollkommene Aufklärung des Schauerlichen erwarten, auf die sich die Leserspannung richtet. Tatsächlich handelt es sich, wie Holmes seinem Mitarbeiter Watson in einem den Konventionen des Genres entsprechenden Schlußkapitel erklärt, um die Machenschaften eines Kriminellen, der den alten Sir Charles Baskerville mit Hilfe eines zu diesem Zwecke hergerichteten Hundes planvoll zu Tode erschreckt hat, der aber den in der Erbfolge noch vor ihm rangierenden Sir Henry nicht beseitigen kann.

Während Doyle im Moriarty-Fall das Thema der Konspiration eines europaweiten Verbrechersyndikats gegen den englischen Staat gestaltet hatte, wird das Motiv in *The Hound of the Baskervilles* durch Übertragung auf einen Erbfall zwar seiner gesellschaftspolitischen Relevanz entkleidet; wesentlich bleibt jedoch die in der Figur des Verbrechers Stapleton konkretisierte Gefährdung der von der englischen Oberklasse gewährleisteten Eigentumsordnung. Während in einzelnen Romanen von H. JAMES (*The Princess Casamassima*, 1885/86), J. CONRAD (*The Secret Agent*, 1906/07) oder E. WALLACE (*The Four Just Men*, 1905) die Gefahr von der kriminalisierten Arbeiterklasse, den Anarchisten oder den Sozialisten ausgeht, verlegt Doyle sie hier in die Führungsschicht, der sich seine bis auf die Plantagenets zurückgeführte Familie selbst zugehörig empfand. *The Hound of the Baskervilles* ist deshalb auch im Kontext der politischen Positionen des 1904 zum Ritter geschlagenen Autors zu sehen, der mit *The Great Boer War* (1900) und *The War in South Africa. Its Cause and Conduct* (1902) auch die englische Kolonialpolitik in Afrika zu rechtfertigen versuchte. U.Bö.

AUSGABEN: Ldn. 1901/02 (in The Strand Magazine). – Ldn. 1902. – Garden City/N.Y. 1930 (in *The Complete Sherlock Holmes*). – Ldn. 1959. – Ldn. 1967 (in *The Annotated Sherlock Holmes*, Hg., Einl., Anm. u. Bibliogr. W. S. Baring-Gould, 2 Bde., 2). – Ldn./Basingstoke 1975. – Harmondsworth 1981. – Exeter 1985 [Faks.]. – NY 1986 (in *The Complete Novels and Stories*, Hg. u. Einl. L. D. Estleman, 2 Bde.).

ÜBERSETZUNGEN: *Der Hund von Baskerville*, H. Darnoe, Stg. 1905. – Dass., ders., Mchn. 1950. – Dass., H. Kotthaus, Hbg. 1960. – Dass., ders., Bln./Weimar 1966. – Dass., ders., Ffm./Bln. 1967. – Dass., B. Schott, Ffm./Bln. 1977 (in *Die Sherlock-Holmes-Romane*). – Dass., T. Fein, Zürich 1981 (in *Sherlock-Holmes-Geschichten*). – Dass., W. K. Weidert, Stg. 1982. – Dass., R. Wyler, Bern u. a. 1983. – *Der Hund der Baskervilles*, G. Haefs (in *Sherlock Holmes Werkausgabe*, 9 Bde., Zürich 1984, Romane: 3).

BEARBEITUNG: F. Bonn, *Der Hund von Baskerville. Schauspiel aus dem Schottischen Hochland*, Lpzg. 1907 (RUB).

VERFILMUNGEN: Frankreich 1915. – USA 1922 (Regie: M. Elvey). – England 1932 (Regie: V. Gareth Gundrey). – Deutschland 1937 (Regie: C. Lamac). – USA 1939 (Regie: S. Lanfield). – England 1958 (Regie: T. Fisher).

LITERATUR: F. Depken, *Sherlock Holmes, Raffles u. ihre Vorbilder*, Heidelberg 1914. – M. Harrison, *In the Footsteps of Sherlock Holmes*, NY 1960, S. 36–39. – M. L. Burton, *On the Hound* (in Baker Street Journal, 25, 1975, S. 154–158). – P. Anderson, *The Hound of Hell and the Hound of Heaven* (ebd., 27, 1977, S. 93–95). – P. Christensen, *The Nature of Evil in »The Hound of the Baskervilles«* (ebd., 29, 1979, S. 209–211; 213). – T. Brown, *Notes on A. C. D.'s »The Hound of the Baskervilles«*, Ldn. 1980. – P. F. Ferguson, *Narrative Vision in »The Hound of the Baskervilles«* (in Clues, 1, 1980, S. 24–30). – T. F. u. J. F. O'Brien, *The Holmes-Baskerville Connection* (in Baker Street Journal, 35, 1985, S. 219–221).

## MARGARET DRABBLE

* 5.6.1939 Sheffield

LITERATUR ZUR AUTORIN:
V. K. Beards, *M. D.: Novels of a Cautious Feminist* (in Crit, 15, 1973, S. 35–47). – V. G. Myer, *M. D.: Puritanism and Permissiveness*, Ldn. 1974. – M. V. Libby, *Fate and Feminism in the Novels of M. D.* (in ConL, 16, 1975, S. 175–192). – E. Showalter, *A Literature of Their Own: British Women Novelists from Brontë to Lessing*, Princeton/N.J. 1977. – G. Fensterling, *Die Frau im zeitgenössischen englischen Roman (1953–1975)*, Bonn 1978. – E. Fox-Genovese, *The Ambiguity of Female*

*Identity: A Reading of the Novels of M. D.* (in Partisan Review, 46, 1979, S. 234–248). – C. Seiler-Franklin, *Boulder-Pushers: Women in the Fiction of M. D., D. Lessing, and I. Murdoch*, Bern u. a. 1979. – D. Barnouw, *M. D.s populäre Romane* (in Merkur, 34, 1980, S. 1162–1167). – M. F. Harper, *M. D. and the Resurrection of the English Novel* (in ConL, 23, 1982, S. 145–168). – M. H. Moran, *M. D.: Existing Within Structures*, Carbondale/Ill. 1983. – S. Roxman, *Guilt and Glory: Studies in M. D.'s Novels 1963–1980*, Stockholm 1983. – S. Whitehill, *Two for Tea: An Afternoon with M. D.* (in Essays in Literature, 10, 1984, S. 67–76). – J. V. Creighton, *M. D.*, NY 1985.

## THE MILLSTONE

(engl.; *Ü: Der Mühlstein*). Roman von Margaret DRABBLE, erschienen 1965. – Wie in allen ihren frühen Romanen konzentriert Margaret Drabble sich auch hier auf den überaus schwierigen Identitätsfindungsprozeß einer jungen Frau in der entscheidenden Phase zwischen Studium und Beruf, Ungebundenheit und emotionaler Bindung, Elternhaus und eigenem Lebensentwurf. Der Eintritt ins Erwachsenenalter fordert auch die Entscheidung für eine bestimmte Frauenrolle. Doch die Suche nach der adäquaten Lebensform ist durch tiefgreifende Orientierungslosigkeit gekennzeichnet; der Druck der Gesellschaft mit ihren halbherzigen Emanzipationsangeboten und die Unfähigkeit der Frauen, sich von den Fesseln ihrer angelernten Überlebensstrategien zu befreien, lassen, wie Margaret Drabble darzustellen vermag, diese Suche oft genug in unbefriedigende Kompromisse münden.
Rosamund Stacey, die Ich-Erzählerin in *The Millstone*, tut, was von ihr erwartet wird. Um es allen recht zu machen, setzt sie eine Art emotionale Tarnkappe auf; direkte Gefühle wie Haß, Liebe, Wut oder Trauer werden sofort umgemünzt in Fragen von Schuld oder moralischer Gerechtigkeit, eine direkte Kommunikation mit ihren Mitmenschen ist nicht mehr möglich. Zur Zerreißprobe kommt es durch eine ungewollte Schwangerschaft. Der Romantitel bezieht sich auf eine Äußerung Jesu über die Kinder (*Matthäus 18*, 6), und in der Tat belastet die bevorstehende Geburt ihres unehelichen Kindes die Heldin wie ein Mühlstein den Ertrinkenden, zwingt sie jedoch auch zu inneren Veränderungen.
Rosamund Stacey ist die Tochter intellektueller Sozialisten: Ihre Eltern sind aktive Anhänger der »Fabian Society«. Beide leben vorübergehend im Ausland; sie haben Rosamund ihre Londoner Wohnung überlassen, wo sie an ihrer literaturwissenschaftlichen Doktorarbeit schreibt. Rosamund wünscht sich nichts sehnlicher, als alle Ansprüche ihrer Eltern zu erfüllen und eine moderne, emanzipierte junge Frau zu sein, obgleich ihre persönliche Entwicklung weit hinter diesen Ansprüchen herhinkt. Unfähig, anderen Menschen ihre panische Angst vor der Sexualität einzugestehen, geht sie mit zwei Männern aus, denen sie jeweils erzählt, sie habe eine sexuelle Beziehung zu dem anderen. Diese Konstruktion hält jedoch nur so lange, bis ihre erste und einzige sexuelle Erfahrung mit einem dritten Mann zur Schwangerschaft führt. Während sie in ihrer Umwelt nun erst recht als bewundernswerte »Emanze« gilt, beginnt für Rosamund eine qualvolle Zeit schwerer innerer Kämpfe. Trotz großer Sehnsucht und dem Wunsch nach Geborgenheit und Hilfe verbietet sie es sich immer wieder, zu George, dem Vater ihres Kindes, Kontakt aufzunehmen. Ein gescheiterter Abtreibungsversuch, die Arztbesuche während der Schwangerschaft und schließlich die Geburt selbst zwingen sie zur Auseinandersetzung mit der Außenwelt und mit dem eigenen Körper. Als ihre Tochter wenige Monate nach der Geburt schwer erkrankt, der Mutter das Besuchsrecht im Krankenhaus jedoch verweigert wird, rebelliert Rosamund zum ersten Mal gegen die von außen gesetzten Ansprüche, überwindet die eigene Angst, anderen mit ihren Wünschen und Bedürfnissen zur Last zu fallen. So entsteht zu ihrer Tochter zwar die erste verbindliche Liebesbeziehung ihres Lebens, doch die Liebe zu einem gleichen Partner ist immer noch nicht möglich geworden: Ein Jahr nach der Geburt der gemeinsamen Tochter kommt es zu einer zufälligen Begegnung mit George. Beide sprechen von ihrem Wunsch nach Nähe, und für kurze Zeit scheint eine gegenseitige Öffnung möglich. Doch Rosamund läßt George in dem Glauben, das Kind sei von einem anderen Mann. Die beiderseitige Angst vor Zurückweisung und die Unfähigkeit, Gefühle direkt zu äußern, lassen eine wirkliche Beziehung nicht zustande kommen.
Der Roman, der mit großem Erfolg aufgenommen wurde und der Autorin zu internationaler Anerkennung verhalf, verdeutlicht die Schwierigkeit, innere Barrieren zu überwinden, die durch ein anerzogenes Normensystem entstehen – und zwar auch dann, wenn es sich um Normen handelt, die über das gesellschaftlich Gesetzte hinausgehen und sich nach außen hin fortschrittlich geben. Die Diskrepanz zwischen äußerer Selbstdarstellung und Innenleben wird sehr sensibel nachgezeichnet; die konsequent durchgehaltene Ich-Erzählung erweist sich als adäquate Form dieser Darstellung. I.E.

AUSGABEN: Ldn. 1965. – Harmondsworth 1968 (Penguin). – NY 1984.

ÜBERSETZUNG: *Der Mühlstein*, I. Erckenbrecht, Mchn. 1987.

VERFILMUNG: *A Touch of Love*, England 1968 (Regie: W. Hussein).

LITERATUR: C. Butler, *M. D.: »The Millstone« and »Wordsworth«* (in ES, 59, 1978, S. 353–360). – S. Spitzer, *Fantasy and Femaleness in M. D.'s »The Millstone«* (in Novel, 11, 1978, S. 227–245). –

R. Sherry, *M. D.'s »The Millstone«: A Feminist Approach* (in Edda, 79, 1979, S. 41–53). – L. R. Sørbø, *The Way Contemporary Woman Write: An Analysis of M. D.'s »The Millstone«* (in ebd., 81, 1981, S. 93–101).

## THE RADIANT WAY

(engl.: *Ü: Die Elite nach dem Fest*). Roman von Margaret DRABBLE, erschienen 1987. – *The Radiant Way* ist die Geschichte dreier recht unterschiedlicher Frauengestalten, die sich zu einer Chronik der englischen Gesellschaft unter der Regierung Thatcher verdichtet. Durch eine vielschichtige, fast mosaikartige Erzählstruktur gelingt es der Autorin, die inneren Entwicklungsprozesse der drei Charaktere ebenso lebendig werden zu lassen wie die äußeren Ereignisse des täglichen politischen Lebens. Die Orientierungs- und Ratlosigkeit, mit der die linken Intellektuellen auf die konservative Wende reagieren, führt zu einer recht düsteren Beschreibung des zeitgenössischen Englands. *The Radiant Way*, Titel einer Lesefibel aus der Kindheit der Hauptfiguren und einer engagierten Fernsehserie des inzwischen längst auf Karriere- und Erfolgskurs übergeschwenkten Charles Headleand, stellt nur noch eine schwache Erinnerung an andere Träume und Hoffnungen dar.

Der Roman beginnt mit einer Silvesterparty. Ein neues Jahrzehnt, das der achtziger Jahre, beginnt – für England ein Jahrzehnt der konservativen Restauration, für die ehemaligen Cambridge-Studentinnen Liz Headleand, Esther Breuer und Alix Bowen ein Jahrzehnt sich wandelnder sozialer und persönlicher Strukturen. Schon die Silvesterparty endet mit einem Paukenschlag: Liz erfährt, daß ihr Mann Charles seit langem eine heimliche Affäre mit der schwerreichen Lady Henrietta unterhält, sich von Liz scheiden lassen und Henrietta heiraten will. Über fünf Jahre hinweg wird nun die weitere Entwicklung der drei Freundinnen verfolgt. Verschiedene politische Ereignisse prägen diese Entwicklung und lösen unterschiedliche Reaktionen aus: der Falkland-Krieg, die Unruhen in Brixton und Toxteth, die Kürzungen im Sozialbereich, die zunehmende Verbreitung von Aids, das »Orwell-Jahr« 1984 usw. In dem von der wirtschaftlichen Entwicklung besonders bedrohten Norden, in der Stadt Northam, mit der sowohl Liz als auch Alix verwandtschaftliche Beziehungen verbinden, herrscht hohe Arbeitslosigkeit und eine düstere Atmosphäre enttäuschter Hoffnungen. Den großstädtischen Gegenpol bildet London, doch auch hier hat die politische Situation weitreichende Veränderungen herbeigeführt: Ganze Stadtteile verelenden, in den Kanälen treiben tote Fische, die Behörden verhalten sich gleichgültig gegenüber den zahlreichen Umweltvergehen. Vor diesem Hintergrund treibt der sogenannte »Harrow-Road-Mörder«, eine Art Jack the Ripper der achtziger Jahre, sein Unwesen, und auf geheimnisvolle Weise sind alle drei Frauen mit diesem Mörder verstrickt.

Liz Headleand ist in den im Roman beschriebenen Jahren von 1980 bis 1985 vor allem mit der Bewältigung ihrer Vergangenheit beschäftigt. Selbst Psychoanalytikerin, hat sie doch ein völlig ungeklärtes Verhältnis zu ihrer Mutter, mit der sie jeden Kontakt vermeidet. In ihrer eigenen Lehranalyse hat sie sich nicht an ihre frühe Kindheit erinnern können und ihren Analytiker mit erfundenen Geschichten hinters Licht geführt. Erst nach dem Tod der Mutter kommt sie der eigenen Vergangenheit auf die Spur: Der angeblich im Krieg gefallene Vater war in Wirklichkeit ein Sexualstraftäter, der sich auch seinen Töchtern sexuell genähert hatte und im Gefängnis Selbstmord beging – eine ebenso unheilvolle, ins Gewand des Biedermanns gekleidete Figur wie der Harrow-Road-Mörder. – Alix Bowen ist sozial engagiert und unterrichtet junge Strafgefangene in einem Frauengefängnis. Sie und ihr Mann Brian sind von den Kürzungen im Sozialbereich besonders betroffen; beide werden arbeitslos. Die Arbeitslosigkeit und politische Meinungsverschiedenheiten belasten ihre Ehe. Eine von Alix' ehemaligen Schülerinnen wird vom Harrow-Road-Mörder umgebracht, der abgetrennte Kopf der Leiche wird in Alix' Auto gefunden. – Am wenigsten berührt von all den äußeren Ereignissen scheint Esther Breuer, eine etwas exzentrische Kunsthistorikerin, die in einen italienischen Kollegen und dessen Schwester verliebt ist und sich um das Wohlergehen ihrer Topfpalme größere Sorgen macht als um die Veränderungen, die um sie herum geschehen. Doch da stellt sich heraus, daß der gesuchte Mörder ausgerechnet in der Wohnung über Esther wohnt und verhaftet wird – ein freundlicher, scheuer Mann, mit dem sie über ihre Topfpalme zu plaudern pflegte. – Der Roman endet mit Esthers 50. Geburtstag im Jahr 1985. Esther wird nach Italien ziehen. Alix und ihr Mann Brian haben befristete Stellen in Northam gefunden. Auch Liz ist unsicher, ob es sich lohnt, in London zu bleiben.

Zahlreiche Nebenfiguren und Exkurse über verschiedene politische Ereignisse lassen ein sehr genaues, detailliertes Bild der zeitgenössischen englischen Gesellschaft entstehen. Wenn manche dieser Nebenfiguren auch etwas blaß bleiben, ist es der Autorin doch gelungen, sowohl eine pointierte Gesellschaftsanalyse als auch eine sehr sensible Darstellung dreier außergewöhnlicher Frauenpersönlichkeiten zu geben. I.E.

AUSGABEN: Ldn. 1987. – Harmondsworth 1988, (Penguin). – NY 1989.

ÜBERSETZUNG: *Die Elite nach dem Fest*, A. Heemann-Singe, Reinbek 1988.

## THE REALMS OF GOLD

(engl.; *Ü: Gold unterm Sand*). Roman von Margaret DRABBLE, erschienen 1975. – Nach den ersten Romanen mit reiner Ich-Erzählstruktur und einigen formalen Experimenten gegen Ende der sechziger Jahre entwickelte Margaret Drabble in den siebziger Jahren schließlich jene formale Struktur, die für ihre späteren Werke typisch ist, nämlich das perspektivische Erzählen durch mehrere Hauptpersonen. Dabei treten nun auch männliche Figuren gelegentlich in den Vordergrund. *The Realms of Gold* ist in vier Teile gegliedert. Wie so oft stellt Margaret Drabble der Metropole London neben einigen internationalen Schauplätzen eine eher spießige englische Kleinstadt gegenüber. Hier laufen die Fäden der familiären Vergangenheit von Frances Wingate zusammen, nach der die Heldin ebenso forscht und gräbt wie nach den Goldschätzen längst vergangener Kulturen unter dem Wüstensand.

Allseits als erfolgreiche Archäologin und Spezialistin für nordafrikanische Kulturen geschätzt, pendelt Frances zwischen einem aktiven, befriedigenden Berufsleben und ihrem Heim in London hin und her, in dem ihre drei Kinder aus einer glücklich abgelegten Ehe auf sie warten. Von allen Heldinnen Margaret Drabbles vermittelt sie das weitaus optimistischste Bild der Möglichkeiten weiblicher Selbstverwirklichung. Die Autorin bezeichnet Frances als eine »Ausnahmefrau« mit »Ausnahmebegabungen«. Kontrastiert wird ihr aktives Leben durch das eintönige, beklemmende Hausfrauendasein, das ihre Cousine Janet in der Kleinstadt Tockley fristet. Nach dem Tod ihrer gemeinsamen Großtante lernt Frances Janet und weitere bislang unbekannte Verwandte kennen, geht der Vergangenheit ihrer Familie nach, erkennt ihre sozialen Ursprünge und vervollkommnet so ihr Selbstbild. Dennoch können diese Erfolge sie nicht zufriedenstellen. In einer Phase großer beruflicher Fortschritte und persönlicher Unabhängigkeit richten sich alle ihre Bemühungen darauf, die Beziehungen zu Karel, ihrem früheren Geliebten, wieder aufzunehmen. Die Verbindung war gescheitert, weil Karel nicht in der Lage gewesen war, sich aus seiner unbefriedigenden Ehe zu lösen. Das scheinbar glückliche Ende des Romans läßt jedoch einige Zweifel aufkommen. Allzu durchsichtig wirkt der Kunstgriff, mit dem Karels Frau aus dem Weg geräumt wird (sie entdeckt, daß sie lesbisch ist, verläßt Karel und zieht in eine Frauenwohngemeinschaft). Und allzu unglaubwürdig erscheint Frances' Abschied von einer glänzenden Karriere, ihre Rückbesinnung auf die Familie und ihre Ehe mit Karel. Ein wichtiges, zuvor ausdrücklich positiv geschildertes Ziel, nämlich die berufliche und finanzielle Unabhängigkeit, bleibt auf der Strecke. In *The Realms of Gold* illustriert Margaret Drabble besonders deutlich eine wichtige These, die alle ihre Romane wie ein roter Faden durchzieht: Die gegebenen Umstände verwehren den Frauen eine vollständige Selbstverwirklichung als Mütter, Partnerinnen und erfolgreiche Kolleginnen. Der berufliche Erfolg allein ist unbefriedigend und muß mit dem Verlust emotionaler Wärme und familiärer Bindungen bezahlt werden. Berufliche Unabhängigkeit und emotionale Geborgenheit widersprechen einander. Jede Frau ist gezwungen, Opfer zu bringen. Und wie auch immer sie sich entscheidet, einen Teil ihres Selbst muß sie dabei zwangsläufig verleugnen. I.E.

AUSGABEN: Ldn. 1975. – Harmondsworth 1979.

ÜBERSETZUNG: *Gold unterm Sand*, A. Anders, Reinbek 1978.

LITERATUR: S. Roger, *»The Realms of Gold«* (in Hudson Review, 28, 1975/76, S. 616–628). – P. Sharpe, *On First Looking into »The Realms of Gold«* (in Michigan Quarterly Review, 16, 1977, S. 225–231). – C. Davis, *Unfolding Form: Narrative Approach and Theme in »The Realms of Gold«* (in MLQ, 40, 1979, S. 390–402). – J. Little, *M. D. and the Romantic Imagination: »The Realms of Gold«* (in Prairie Schooner, 55, 1981, S. 241–252). – *M. D.: Golden Realms*, Hg. D. Schmidt u. J. Seale, Edinburg/Tex. 1982 [m. Bibliogr.]. – J. A. Quinn, *Christianity and Secularism in the Later M. D.* (in Univ. of Windsor Review, 18, 1984).

## IVAN DRAČ

* 17.10.1936 Teližynci / Gebiet Kiew

**DAS LYRISCHE WERK** (ukr.) von Ivan DRAČ. Das Werk des führenden sowjetukrainischen Lyrikers, eines bedeutenden Repräsentanten der »Sechziger«-Gruppe, umfaßt etwa zehn Gedichtsammlungen, einige dramatische Poeme und Filmdrehbücher. Nach einem Studium der russischen Philologie und kurzer Unterrichtszeit an sowjetukrainischen Schulen studierte Drač in Moskau an der Filmhochschule und schloß sich nach seiner Rückkehr in die Ukraine der »Sechziger«-Dichtergruppe an, einem Kreis von jungen Literaten, die sich vorgenommen hatten, mit den verkrusteten literarischen Formen und inhaltlichen Klischees des sozialistischen Realismus zu brechen und neue Ausdrucksformen zu suchen. Mit seinem provokanten Werk gehörte der junge Drač zu jenen Dichtern, die sich gegen die dreißig Jahre lang vorherrschende Schönfärberei der Sowjetliteratur wandten. Es war eine Generation, die Mitte der fünfziger Jahre herangereift war und das schöpferische Denken und die Dichtung als eine wagemutige gesellschaftspolitische Herausforderung empfand.

Dračs farbenreiches Frühwerk ist gekennzeichnet von herausforderndem Antitraditionalismus und risikofreudigem Relativieren der poetischen Bilder. Im Mittelpunkt seiner ersten Gedichtsammlungen – *Sonjašnyk*, 1962 *(Die Sonnenblume)*, *Protuberanci sercja*, 1965 *(Protuberanzen des Herzens)*, *Balady budniv*, 1967 *(Balladen des Alltags)* – stehen das schlichte Leben und der einfache Mensch, Bauer oder Arbeiter, wobei Drač seine Figuren in einer innigen Harmonie mit der umgebenden Natur sieht. So in einem Gedicht über die Vögel: *»Sie halten den Himmel über uns./ Die Störche. Die Lerchen. Die Schwalben./ Bis die Söhne an unsere Stelle treten./ bis die Jahre zu Asche ergrauen./ Sie halten die himmlischen Tiefen,/ ihre Flügel reinigen die Brunnen der Bläue,/ damit wir als Menschen unter ihnen verweilen.«* In seinen Balladen besingt Drač die Fähigkeit des ukrainischen Landmenschen, Dichtkunst, Schönheit und Arbeit miteinander zu vereinen.

Seine dramatischen Poeme hat Drač dem ukrainischen Nationaldichter Taras ŠEVČENKO (*Smert' Ševčenka*, 1962 – *Ševčenkos Tod*), dem chilenischen Nobelpreisträger Pablo NERUDA und dem bedeutenden sowjetukrainischen Pädagogen Mykola SUCHOMLYNS'KYJ (*Duma pro vcytelja*, 1977 – *Duma vom Lehrer*) gewidmet. In dem letzteren konfrontiert er den Pädagogen, dessen Frau und neugeborenes Kind von der Gestapo grausam ermordet worden sind, auf einer Lehrerkonferenz in der DDR mit dem Sohn des Mörders. Dieser Sohn, ein überzeugter Kommunist und Demokrat, der dem Faschismus seines Vaters abgeschworen hat, versöhnt den alten Pädagogen mit Deutschland. Drač läßt in diesem Poem auch andere bedeutende Pädagogen wie PESTALOZZI, SKOVORODA, MAKARENKO, KORCZAK zu Wort kommen. Das Poem ist eine Bejahung des Humanismus und der Toleranz sowie der Verbundenheit des Menschen mit seinem Land und Volk.

Es überraschen beim jungen Drač seine kosmologischen Motive, die er mit historiosophischen Gedanken über die Vergangenheit der Ukraine phantasievoll zu vereinen versteht. In diese Zeit fallen auch zwei bedeutende Filmdrehbücher: *Idu do tebe (Ich komme zu dir)*, das eine aufopferungsvolle Lebensepisode der bedeutenden ukrainischen Dichterin Lesja UKRAJINKA zum Thema hat, und *Krynycja dlja sprahlych (Ein Brunnen für Durstige)*, in dessen Mittelpunkt ein ukrainisches Dorf während und nach dem Zweiten Weltkrieg steht. Es ist ein Loblied auf die Ausdauer und Lebenskraft der leidgeprüften ukrainischen Bauern. Diese Merkmale rufen immer wieder die Bewunderung des intellektuellen Dichters hervor, so auch im frühen Poem *Niž v sonce*, 1961 *(Messerstich in die Sonne)*.

Während in der ersten Schaffensperiode Vereinigungsversuche von Phantastischem und Realistischem dominieren, überwiegt in Dračs reiferer Lyrik die Meditation. Der Dichter erwägt ethische Probleme der Kunst, stellt die Frage nach der Verantwortung des Menschen für seine Handlungen, so in *Korin' i krona*, 1974 *(Wurzel und Krone)*. – Wie ein roter Faden durchzieht alle Gedichtsammlungen die innere Verbundenheit des Dichters mit den herausragenden Persönlichkeiten alter und neuer Kulturen: den Dichtern, Musikern, Künstlern und Architekten, die Unvergängliches geschaffen und die Kultur bereichert haben. Es ist ein Zeugnis seiner kulturellen Beflissenheit und auch eine Hymne an die ewigen Werte, die alle Menschen über die Grenzen hinweg verbinden.

Dračs Werk ist von sozialem Denken durchdrungen. Verlangen nach Gerechtigkeit, Haß gegen alles Widernatürliche, das das Leben des Menschen deformiert, stehen im Vordergrund der publizistischen Lyrik *Amerykans'kyj zošyt*, 1980 *(Amerikanisches Tagebuch)*, das allerdings nicht frei ist von Vorurteilen und Schwarz-Weiß-Malerei. – Bereits in seinem Frühwerk hat Drač ökologische Themen angeschnitten. Den Höhepunkt bildet *Čornobyl's'ka madonna (Die Madonna von Tschernobyl)*, ein Poem aus dem Jahre 1987, das eine Anklage gegen ein seelen- und verantwortungsloses Umgehen mit den Naturkräften enthält und das stumme Entsetzen und die durch die Katastrophe ausgelöste Hilflosigkeit zum Ausdruck bringt. Auch hierbei hat Drač den einfachen, leidgeprüften Menschen nicht vergessen, der nicht ahnt, welche Todesfallen die Technik rund um seine Lebensstätten errichtet hat. Dračs künstlerische und menschliche Devise ist eine ständige Erneuerung des Individuums, das bestrebt sein muß, die Verbindung zu seinen Lebensquellen nicht zu verlieren.

Als Dichter steht Drač sowohl in der Tradition der ukrainischen Klassiker Ševčenko, FRANKO und Lesja Ukrajinka als auch der bedeutenden Vertreter der ukrainischen Moderne wie BAŽAN und RYLS'KYJ; doch auch GARCÍA LORCA und Neruda, die er vielfach ins Ukrainische übersetzt hat, sind seine dichterischen Vorbilder. – Dračs poetische Sprache ist gekennzeichnet von üppiger Metaphorik und kühnen Assoziationen. Der Dichter schafft eine eigene Verschmelzung von überraschenden neuen Elementen, die sich im ersten Augenblick mit den traditionellen Bildern und Formen nicht vereinen lassen: *»Ich hör der Gräser grünen Schrei,/ des Regens träumerische Lieder« (Protuberanzen des Herzens)*. A. H. H.

AUSGABEN: *Sonjašnyk*, Kiew 1962. – *Protuberanci sercja*, Kiew 1965. – *Balady budniv*, Kiew 1967. – *Do džerel*, Kiew 1972. – *Korin' i krona*, Kiew 1974. – *Kyjivs'ke nebo*, Kiew 1976. – *Sonjačnyj feniks*, Kiew 1978. – *Amerykans'kyj zošyt*, Kiew 1980. – *Šablja i chustyna*, Kiew 1981. – *Teližynci*, Kiew 1985. – *Vybrani tvory*, 2 Bde., Kiew 1986.

LITERATUR: *Ukrajins'ki pys'mennyky*, 5 Bde., 4, Kiew 1960–1965, S. 479. – *Pys'mennyky radjans'koji Ukrajiny*, Kiew 1981, S. 77. – M. Il'nyc'kyj, *I. D. Narys tvorčosti*, Kiew 1986.

## ALBERT DRACH

* 17.12.1902 Wien

LITERATUR ZUM AUTOR:
K. H. Kramberg, *Der Teufel des Aneinandervorbei. Einfalt und Ironie im Werk A. D.s* (in Wort in der

Zeit, 12, 1966, H. 5, S. 32–37). – J. Schondorff, *Von Mödling nach Mödling. A. D. ...* (in J. S., *Ein Bündel Modellfälle*, Wien 1981, S. 241–247). – E. Schlant, *An introduction to the prosa narratives of A. D.* (in Modern Austrian Literature, 13, 1980, Nr. 3, S. 69–85).

## DAS GROSSE PROTOKOLL GEGEN ZWETSCHKENBAUM

Roman von Albert Drach, erschienen 1964. – Das im französischen Exil entstandene, erst 25 Jahre später publizierte Buch verhalf dem damals 62jährigen Rechtsanwalt Drach zu seinem literarischen Durchbruch; gleichwohl blieb der glänzende Stilist ein Außenseiter der zeitgenössischen Literatur. In seinem Roman führt Drach eine Variante des Ahasvermotivs vor: In dem Schicksal des Protagonisten Zwetschkenbaum, dem sein »vegetarischer Bruder«, der Baum, nach dem er benannt ist, zum unablässigen Memento wird, daß er keine Wurzeln schlagen darf, vollzieht sich das Schicksal des Juden überhaupt. Seine tragikomische Note bezieht das Buch aus dem Milieu kakanischer Amtsstuben unmittelbar nach dem Ende des Ersten Weltkriegs; nach dem Anschluß Österreichs an das nationalsozialistische Deutschland rettet Drach mit seinem Roman noch einmal die nunmehr endgültig untergegangene Welt der Donaumonarchie und den Typus des frommen ostgalizischen Juden für die Literatur.

Stilisiert als Protokoll, das von einem jungen Referendar als »Lehrlings- und Gesellenstück in Absicht zur Erlernung auch ländlicher Gerichtspraxis« verfertigt worden ist, wird die merkwürdige Geschichte des Angeklagten Schmul Leib Zwetschkenbaum, 24 Jahre alt, Talmudschüler, gebürtig aus Brody, erzählt. Als Landstreicher unter Anschuldigung des Zwetschkendiebstahls festgenommen, bescheinigt ein gerichtsärztliches Attest dem wunderlichen Juden »sittliches Irresein«, was seine Einweisung in die Landesirrenanstalt zur Folge hat. Zum »Fall Zwetschkenbaum« geworden, bleibt Schmuls Existenz weiterhin bestimmt von dem jüdischen Los, »mit allen Fingern zu finden Unglück und mit jeder Zehe zu treten in Unglück, aber den Kopf aufgerichtet zu haben von Gott zu Wonne und Frohlocken«. In der Irrenanstalt wird er Zeuge schamloser Unzucht und verläßt mit dem Fluch »soll verbrennen« das im Augenblick feuerfangende Haus; wenig später liefert ein betrügerischer Bauer, der seine eigene Scheune angezündet hat, Zwetschkenbaum als Brandstifter der Polizei aus. Da Schmul bei der Vernehmung die Möglichkeit einräumt, der Herrgott habe ihn als Werkzeug benutzt, wird sein Akt an das Kreisgericht weitergeleitet. Dort bricht Zwetschkenbaum nach Verlesung der Anklage infolge starker seelischer Erschütterung zusammen und wird ins Inquisitenspital überstellt, wo er die Bekanntschaft zweier kleiner Gauner, des Reporters Stengel und des Friseurgehilfen Himbeer, macht. Der Gerichtsarzt indessen hält Zwetschkenbaum (»ein wahrer Christ, bester Mensch«) für außerstande, die Brände gelegt zu haben, worauf das Verfahren eingestellt wird. Das Blatt wendet sich nun zugunsten Schmuls: Als »Vorzugsirrer« erhält er im Irrenhaus ein behagliches Einzelzimmer und ausgezeichnete Verpflegung, bis ihm eine angebliche Erbschaft nach seinem Bruder Salomon ermöglicht, bei kleinen jüdischen Geschäftsleuten in Kost und Quartier zu gehen. Bei dem Versuch, der von unsichtbarer Hand verwalteten Erbschaft auf die Spur zu kommen, erfriert Schmul beinahe, er wird von Stengel und Himbeer gerettet, die sogleich in den Genuß von Zwetschkenbaums Vermögen zu gelangen trachten. Als Vorleistung richten sie ihm einen Konfektionsladen ein, der ihnen gleichzeitig dazu dient, Diebesgut zu verhökern. Schließlich entdeckt sich das Geheimnis um Schmuls Finanzier: Das Geld stammt von all jenen, die in irgendeiner Weise an Zwetschkenbaum schuldig geworden sind und, um weiteres Aufsehen zu vermeiden, einer entsprechenden Aufforderung des Verteidigers Dr. Schimaschek nachgekommen sind. Zwetschkenbaum allerdings wird nach Lage der Dinge als der Hehlerei verdächtig festgenommen und dem Richter Baron Dr. Xaver Bampanello von Kladeritsch vorgeführt, der zunächst die Anfertigung besagten Protokolls anordnet.

Die scheinbar unbeteiligte Darstellung der Leidenserfahrungen und Traumvisionen des duldsamen Helden durch den Autor, der sich hinter einem umständlichen Protokollstil verbirgt, läßt eine fatalistische Haltung durchscheinen, die auch für das Folgewerk des Büchner-Preisträgers 1988 konstitutiv ist. Mit seiner Kunst originell charakterisierter Figuren von Nestroyschem Zuschnitt, verwirrend-skurril gestalteter Handlungsabläufe und der virtuosen Beherrschung der verschnörkelten Amtssprache reiht sich Drach in die österreichische Literaturtradition ein, wobei ihm der Status eines literarischen Unikums zugemessen wurde, das sich »dem sowieso schon breiten Spektrum zwischen Gütersloh und Lebert, zwischen Doderer und Celan, zwischen Lernet-Holenia und Hochwälder als eine neue Nuance einfügt« (H. Eisenreich). C.Fi.

Ausgabe: Mchn. 1964. – Mchn. 1967 (dtv). – Mchn. 1989.

## UNSENTIMENTALE REISE. Ein Bericht

Roman von Albert Drach, erschienen 1966. – Das Werk, 1945/47 unmittelbar nach Drachs Rückkehr aus dem französischen Exil verfaßt, trägt autobiographische Züge: In drei Teilen wird das bewegte Schicksal des Ich-Erzählers Peter Kucku alias Pierre Coucou, *»Exösterreicher, derzeit ohne Profession«*, als jüdischer Flüchtling in Frankreich erzählt, der sich auf abenteuerliche Weise und mit allen erlaubten und unerlaubten Mitteln einer Auslieferung an Hitler-Deutschland zu entziehen weiß. Die Fülle der Schauplätze, Figuren und abenteuerlichen Episoden vermittelt nach dem Muster des Picaro-Romans ein eindrucksvolles Panorama einer politisch bewegten Epoche: *»Die Zeit, in der wir leben, ist ein Mosaik aus Grauen und Entsetzen. Jede Sekunde läßt den Mord an Tausenden von Menschen voraussehen, die in keinerlei Schuld verstrickt sind. Ein einzelnes ziviles Unrecht, das noch dazu menschlich verständlich wäre, hat aufgehört zu zählen.«* Vor diesem stets präsenten Hintergrund des Völkermordes führt Kucku ein fremdbestimmtes Leben, das *»vom Standpunkt der Zweckmäßigkeit und Nützlichkeit nicht anders als ein Vegetieren auf Widerruf genannt werden darf«*. Die jäh umschlagenden politischen Verhältnisse (zunächst Vichy-Regierung, dann deutsche, schließlich alliierte Besatzung) haben jeweils auch eine Neubestimmung seiner Identität zur Folge.

Der Bericht setzt ein mit dem Zugtransport der *»Juden zu Verbrennungszwecken«* ins Auslieferungslager Rives Altes *(»hier werden bestimmungsgemäß alle Krematoriumsanwärter gesammelt, geordnet und exportiert«)*, doch gelingt es Kucku zu entkommen, wie schon zuvor aus dem Internierungslager Les Milles. Er kann der Lageraufsicht plausibel machen, daß die Abkürzung I. K. G. (»Israelitische Kultusgemeinde«) auf seinem Heimatschein »im katholischen Glauben« bedeutet, und führt daraufhin die gefährdete Existenz eines nichtjüdischen, nichtwehrpflichtigen, den Behörden und Einheimischen gleichermaßen suspekten Deutschen. In Nizza erhält Kucku vom deutschen Rekrutierungsbüro die Einberufung zum Arbeitsdienst, doch der bestechliche italienische Polizeipräsident stellt ihn unter seinen persönlichen Schutz. Das Leben in dem ihm zugewiesenen Flüchtlingsort Moustier-Sainte-Marie kommt Kucku allerdings zu teuer, er geht zurück nach Nizza und verdingt sich als Mittelsmann bei illegalen Goldgeschäften. Nach dem Waffenstillstand herrscht in der »deutschen Reichsstadt« Nizza die Gestapo. Kucku flüchtet sich nach Val-de-Blore, einem Gebirgsdorf in den französischen Seealpen nahe der italienischen Grenze, in dessen oberen Teil deutsche Truppen stationiert sind, und ernährt sich dort vorwiegend vom Pilzesammeln. Er verliebt sich in Sybille »Darling« Withorse, eine junge Engländerin, die es mit ihrer Familie hierher verschlagen hat. Gegen Ende des Krieges wird Kucku zum Helden, als er den Ort vor der Vernichtung durch die Deutschen rettet, indem er die Nähe amerikanischer Truppen vortäuscht. In Anerkennung dafür wird er als Refractaire in die Résistance aufgenommen und zum Bürgermeister ernannt. Kucku folgt aber der Geliebten nach Nizza und verdingt sich als Dolmetscher in einem Hotelbetrieb der USA-Riviera-Recreation-Area. Schließlich beginnen sich die politischen Verhältnisse in Europa zu normalisieren, die Amerikaner bereiten ihren Abzug vor. Nachdem Kucku die letzte Gelegenheit versäumt hat, sich »Darling« Sybille zu erklären, bleibt er in mythisch überhöhtem Zwiegespräch mit der Stimme seines vergasten Reisegefährten Dr. Honigmann allein zurück.

Drach vermittelt ein authentisches Bild vom Exil mit seiner Atmosphäre aus Angst, bürokratischer Willkür, Zukunftslosigkeit und Geldnöten; er berichtet von Denunziation durch die Franzosen, Verrat der Juden untereinander und von den Flügelkämpfen zwischen den Kommunisten und Gaullisten in der Résistance. Aus dem Anspruch auf Wahrhaftigkeit in der Darstellung erwächst ein gleichsam immoralistischer Erzählstandpunkt, der sich einer radikalen Offenlegung auch vulgärer, niederträchtiger und zynischer Regungen und Handlungen des Ich-Erzählers nicht verschließt. Die lakonisch-ironische Stilhaltung steht in krassem Gegensatz zum objektiv grauenvollen Geschehen; vermittelst dieses unangemessenen poetischen Verfahrens wahrt Drach eine unsentimentale Perspektive, die *»Absurdität, Zufall, Sinnlosigkeit und Unmoral von geschichtlichen Zeiträumen«* (A. Fischer) transparent werden läßt. C.Fi.

AUSGABEN: Wien/Mchn. 1966. – Mchn. 1987.

LITERATUR: A. Fischer, *Die Eintracht des Vergessens. Der Fall A. D. oder die Schnellebigkeit des Literaturmarktes* (in SZ, 11. 8. 1987). – J. Manthey, *Schwejk kommt ins KZ. Zur Neuausgabe der »Unsentimentalen Reise« des Büchnerpreisträgers A. D.* (in Die Zeit, 27. 5. 1988).

## HOLGER DRACHMANN

* 9.10.1846 Kopenhagen
† 14.1.1908 Hornbaek

LITERATUR ZUM AUTOR:
*Bibliografien:*
J. Ursin, *Bibliografi over H. D.s forfatterskab*, Kopenhagen 1956. – Ders., *Bibliografi over litteraturen om H. D.*, Kopenhagen 1959.
*Gesamtdarstellungen und Studien:*
V. Vedel, *H. D.*, Kopenhagen 1909; ern. 1965, Hg. Aa. Jørgensen. – P. V. Rubow, *H. D.*, 3 Bde., Kopenhagen 1940–1950. – J. Ursin, *H. D. Liv og værker*, 2 Bde., Kopenhagen 1953. – *Breve til og fra H. D.*, Hg. M. Borup, 4 Bde., Kopenhagen 1968–1970. – *Dansk litteraturhistorie*, Bd. 4, Hg. H. Stangerup u. F. J. Billeskov Jansen, Kopenhagen 1977, S. 96–142. – *Dansk Biografisk Leksikon*, 16 Bde., Kopenhagen 1979–1984, 4, S. 32–36. – M. Loerges, *D.s muser*, Kopenhagen 1981. – *Dansk litteraturhistorie*, Bd. 6, Hg. L. Busk-Jensen u. a., Kopenhagen 1985.

**DAS LYRISCHE WERK** (dän.) von Holger DRACHMANN.

Der literarische Ausgangspunkt für die Dichtung Drachmanns, der die Kunstakademie besucht und das Hauptgewicht auf die Marinemalerei gelegt hatte, war der 1871 von dem Philologen und Kritiker Georg BRANDES eingeleitete »moderne Durchbruch«. Bis zu seinem Bruch mit dem »Linksbrandesianismus« im Jahre 1883 gehörte Drachmann dem Autorenkreis um Brandes an. Drachmanns schillernde Persönlichkeit, die sich von äußeren Umständen und Liebesverhältnissen leicht beeinflussen ließ, schuf ein lyrisches Werk, das nach Inhalt, Ton und Stil sehr unterschiedlich ist: die Gedichte weisen sowohl radikal-pathetische wie auch romantisierende, schwärmerisch-verträumte Züge auf; in der individualisierten Wiedergabe erreichen sie jedoch mitunter einzigartige lyrische Höhepunkte.

Die Begegnung mit Flüchtlingen der Pariser Kommune und das Kennenlernen der sozialen Not englischer Arbeiter während eines Londonaufenthaltes 1871 waren entscheidend für den Charakter von Drachmanns erstem Gedichtband, *Digte*, 1872 *(Gedichte)*, den er seinem Förderer G. Brandes widmete. Drachmann thematisiert hier den Gegensatz zwischen dem biedermeierlichen Idyll Dänemark und der unruhigen Welt, wo die Umwälzungen stattfinden *(Ude og Hjemme – Draußen und Zu Hause)*. In Übereinstimmung mit dem naturalistisch-realistischen Tenor des »modernen Durchbruchs« wird behauptet, daß nur derjenige, der sich tatsächlich »draußen« den Tatsachen stellt und diese wahrnimmt, die Realität kennt und sie künstlerisch wiedergeben kann *(Da Bygen kom op – Als der Regenschauer kam)*. Eine Steigerung der Gesellschaftskritik gibt es in den eigentlichen Tendenzgedichten wie *Engelske Socialister (Englische Sozialisten)* und *King Mob (König Mob)*. Mit einem Hauch des Pathetisch-Theatralischen wird die antibürgerliche Botschaft der Revolution in einem dramatisierend-agitatorischen, aber auch lyrisch-symbolischen Ton aufgenommen – wie etwa die Rolle des Lichtes in *Engelske Socialister* zeigt oder das Symbol des *»King Mob«*. Die romantisierenden Züge, die den Zeitgedichten anhaften, treten in einer anderen Lyrikform aus dieser Sammlung noch deutlicher hervor: den Rollengedichten, wo der Seemann *(Skipperen Synger – Der Schiffer singt)* und der Landsknecht *(Landsknægtens Vise – Des Landsknechts Lied)* ihr Leben besingen. Auch die Stimmungslieder des Debütbandes (z. B. *I de lyse Nætter – In den hellen Nächten*) weisen auf einen anderen Drachmann als den politischen Lyriker hin und sind Vorboten der kommenden Lyrik. Die Sammlung *Dæmpede Melodier*, 1875 *(Gedämpfte Melodien)* setzt die eingeschlagene Richtung fort mit Zeit- und Rollengedichten sowie epischen Liedern, die historische Stoffe aufgreifen. Einen Höhepunkt dieser Phase bildet das große, von eigenen Erlebnissen und Gefühlen getragene Gedicht *Med høj Horisont (Mit hohem Horizont)*: darin erscheint dem Dichter die erste, nun von ihm geschiedene Ehefrau gleich einer faustischen Gretchen-Vision, um ihn zu inspirieren.

Sowohl dänische Schriftsteller – A. OEHLENSCHLÄGER, C. RICHARDT, H. V. KAALUND – wie auch Dichter aus anderen Literaturen Europas – BYRON, GOETHE, HEINE, IBSEN, BJØRNSON – dienten Drachmann als Vorbild. Mit der Form der Gedichte experimentierte er häufig: die achtzeilige, erzählende Strophe, die er in der Vers- und Strophenlänge nach Belieben unterschiedlich erweiterte oder verkürzte, ergibt zusammen mit den wechselnden, wogenden Rhythmen, die auch die unbetonten Silben zur Geltung kommen lassen, die typisch Drachmannsche Form. Die Sprengung der klassischen Formen verdeutlicht sich darüber hinaus in den unregelmäßigen Reimen, deren Plazierung die Musikalität, die Stimmungen, die Symbolismen oder übertragenen Sinnesebenen des Gedichtes hervorhebt. Der Lyrikband *Sange ved Havet*, 1877 *(Lieder am Meer)* stellt den ersten Höhepunkt dieser selbständigen Form dar. Die Sammlung gliedert sich in vier Teile: die eigentlichen Meerlieder (an Heine und Drachmanns Marinemalerei erinnernd), das Italien-Intermezzo, den Veneziazyklus über die todgeweihte Stadt und die ichbezogenen Epiloggedichte. Das Meer thematisiert Drachmann einerseits durch die Beschreibung des Elements an sich und der damit verbundenen Menschenschicksale. Andererseits spürt der Dichter eine Affinität mit dieser Naturgewalt, und dadurch wird das Meer zum Sinnbild (u. a. *Kan du forklare mig, Hav? – Kannst Du mir erklären, Meer?; Bøn – Bitte*). Der Übergang zu den nächsten Lyrikbänden ist fließend: *Ranker og Roser*, 1879 *(Ranken und Rosen)* und *Ungdom i Digt og Sang*, 1879 *(Jugend in Gedicht und Lied)*. Sie enthalten sowohl Gedichte aus dieser Zeit wie auch aus der Jugendphase und aus den Romanen Drachmanns, siehe z. B. das bekannte, exotisch-erotische *Sakuntala* aus dem Roman *En Overkomplet*, 1876 *(Ein Überflüssiger)*.

Es ist bezeichnend für Drachmanns umfangreiches lyrisches Werk, daß sich neben gehaltvollen Gedichten auch burschikose und volkstümliche Lieder finden. So wie die ästhetische Qualität seiner Lyrik wechselt, schwankt Drachmann zwischen der Lebensart und Gesinnung des Bürgers und der des Bohemiens. Dies schlägt sich in der Motivik nieder. Einer eher bürgerlichen Phase zuzurechnen sind die Gedichte über den hohen Wert der Mutterschaft, durch die die Frau ein Teil der umfaßenden »All-Natur« wird (*Det tabte Paradis – Das verlorene Paradies; Hvem kalder paa mig? – Wer ruft mich?*; der Zyklus *Vor Moders Saga – Die Saga unserer Mutter*, darin insbesondere *Ved Arnen – Am Herd*; alle Stücke aus der Sammlung *Gamle Guder og nye*, 1881 – *Alte Götter und Neue*). Antibürgerlich mutet dagegen das von der Romantik her übernommene Motiv des freien, umherziehenden Dichters, »des fahrenden Gesellen«, an (u. a. *Hallo i Kroen derinde! – Hallo, dort drinnen im Krug!; Jeg er kun det skøre Kar – Ich bin nur das spröde Gefäß*). Im Spätwerk, wie *Sangenes Bog*, 1889 *(Buch der Lieder)* und *Unge Viser*, 1892 *(Junge Lieder)*, greift Drachmann bisweilen soziale Themen wieder auf, und er besingt – angeregt durch die Verbindung mit seiner neuen Muse, Edith genannt – erneut die freie Liebe.

Drachmann war ein gefeierter Dichter seiner Zeit. Obwohl er durch seine Volkstümlichkeit und die Liedhaftigkeit vieler seiner Gedichte ein breites Publikum erreichte, war ihm – vor allem nach der Versöhnung mit Brandes 1892 – wegen seiner Stoffe und Motive, die dem »modernen Durchbruch« entsprachen, zugleich ein Platz in dieser bedeutenden literarischen Strömung gesichert. Heute richten die Philologen fast ausschließlich die Aufmerksamkeit auf sein Prosawerk. Es lohnte sich jedoch immer noch, die Gedichte ins Blickfeld zu rücken, um die lyrische Umsetzung der von Drachmann aufgegriffenen Motive genauer herauszuarbeiten. I.F.R.

Ausgaben: *Digte*, Kopenhagen 1872. – *Dæmpede Melodier*, Kopenhagen 1875. – *Sange ved Havet*, Kopenhagen 1877. – *Ranker og Roser*, Kopenhagen 1879. – *Ungdom i Digt og Sang*, Kopenhagen 1879. – *Gamle Guder og nye*, Kopenhagen 1881. – *Rejsebilleder*, Kopenhagen 1882. – *Dybe Strenge*, Kopenhagen 1884. – *Sangenes Bog*, Kopenhagen 1889. – *Tusind og en Nat*, Kopenhagen 1889. – *Unge Viser*, Kopenhagen 1892. – *Den hellige Ild*, Kopenhagen 1899. – *Broget Løv*, Kopenhagen 1901. – *Vagabundus*, Kopenhagen 1910.– *Samlede poetiske Skrifter*, Kopenhagen 1906–1909, 12 Bde. – *Lyrik i Udvalg*, Hg. u. Einl. M. Borup, Kopenhagen 1938 [Ausw.]. – *Der vælder Lyd*, Hg. P. Lange, Kopenhagen 1958 [Ausw.].

Übersetzung: *Gedichte*, O. Hanser, Weimar 1917.

Vertonungen: Einige Drachmann-Lieder sind u. a. im dänischen »Folkehøjskolesangbog« (Liederbuch der Heimatvolkshochschule, Standard-Liederbuch) aufgenommen worden.

Literatur: P. V. Rubow, *H. D.s Sangbøger* (in *Gejstlige og verdslige Breve*, Kopenhagen 1937, S. 98–129). – J. Fafner, *Det metriske særpræg i D.s verskunst*, Kopenhagen 1953. – T. Broström, *Versets Løvemanke*, Kopenhagen 1960. – J. Breitenstein, *H. D.s Venezia* (in Danske studier, 1967, S. 46–70). – K. Petersen, *Hellere drøm end død – en analyse af H. D.s »Engelske Socialister«* (in Meddelelser fra Dansklærerforeningen 1, 1973, S. 40–50). – L. L. Albertsen, *D. og socialismen* (in Danske studier, 1975, S. 27–39).

## KIRKE OG ORGEL. En Landsby-Elegi

(dän.; *Kirche und Orgel. Eine Dorf-Elegie*). Erzählung von Holger Drachmann, erschienen 1904. – Die Liebe zur Musik, die Meister Olliviers Orgelspiel bei seinem »Privatgottesdienst« in der jungen, verwaisten Grethi weckt, treibt das Mädchen in den frühen Morgenstunden zur alten Kirche auf den Hügel, wo sie heimlich den Improvisationen des Organisten lauscht. Die Kirche ist schon so baufällig, daß die gewaltige Orgel wegen der Einsturzgefahr nur noch »gedämpft« erklingen darf. Ohne ihren Willen mit dem machthungrigen und verschlagenen Amtsschreiber Peer Pommerenck verlobt, bringt Grethi dem in der Gemeinde fremden Meister Ollivier ihre ganze Verehrung entgegen. Zwischen ihr und dem einsamen, alternden Künstler – *»Ich habe das Leben hinter mir – und die Kunst bei mir und vor mir!«* – entwickelt sich eine tiefe Zuneigung und eine zarte Freundschaft. Da kündigt ihr einflußreicher Verlobter dem zurückgezogen lebenden Organisten, den er schon lange als »Schmarotzer« und »Atheisten« betrachtet, namens des Kirchenrats die Stellung; nur noch zu seiner für die nächsten Tage angekündigten Hochzeit dürfe er spielen. Voll Würde gibt sich Meister Ollivier erst jetzt als Josef Marcel Ollivier, Marquis von Rochefière, zu erkennen; er ist der letzte Sproß einer von Verfolgungen heimgesuchten Familie. Grethi verspricht ihm in einem Brief, am Morgen vor ihrer Hochzeit noch einmal zu ihm auf die Orgelempore zu kommen. Dort beschwört sie ihn dann, sie mitzunehmen; nur an seiner Seite könne sie ihre Erfüllung finden. Da beginnt Meister Ollivier auf der Orgel zu spielen. Immer leidenschaftlicher wird seine Musik, während draußen der Sturm heult und an dem morschen Gemäuer der Kirche rüttelt. Grethi, die erkannt hat, daß nur der Tod sie mit dem Geliebten vereinen könne, zieht ein Register nach dem anderen: Immer voller ertönt die Orgel, ihr Brausen vermischt sich mit dem des Sturms – bis die Kirche unter Getöse zusammenbricht und die Liebenden unter sich begräbt. Als sich der Staub gelegt hat, ragen nur noch zwei Orgelpfeifen aus dem Schutt, eine *»männlich-kräftige«* und eine *»weiblich-schlanke«*.

Am 3. 12. 1904 veröffentlichte Drachmann in der Zeitung ›Politikken‹ das Gedicht *Den gamle Kirke og det stærke Orgel (Die alte Kirche und die starke Orgel)*, die Nachdichtung eines Gedichts von H. V. Kaalund. Es steht, um einige Strophen verkürzt, am Anfang der Erzählung *Kirke og Orgel*, die als Drachmanns bedeutendstes Alterswerk in Prosa angesehen wird. Geschrieben in seinem Lieblingsdomizil Skagen, zeugt die Erzählung, wie P. V. Rubow nachgewiesen hat, von der Liebe des alternden Dichters zu der achtzehnjährigen Ingeborg Andersen, die er dort kennenlernte – eine Episode, die an Goethes Erlebnis mit Ulrike von Levetzow in Marienbad gemahnt. – Abgesehen von den deutlichen autobiographischen Bezügen, ist die eher lyrische als epische Erzählung auch allegorisch zu verstehen – Drachmann deutet es an anderer Stelle selbst an. Die Zerbrechlichkeit der Kirche ist in diesem Sinn ein Bild für den Dichter, den die Gewalt der Inspiration zerstört. Die Worte der Mutter, an die sich Grethi bei ihrer Begegnung mit dem Organisten erinnert, können wohl als Selbstzeugnis Drachmanns gelten. *»Du ahnst nur wenig, mein Kind, was die Musik, was die Kunst überhaupt einen Menschen kostet. Der Künstler bezahlt mit seinen eigenen Leiden die Freude eines andern, kauft mit seiner Unruhe den Frieden eines andern – ja, fügt die Sorge, vielleicht den Verlust eines andern zu seinen eigenen.«*

F.J.K.

AUSGABEN: Kopenhagen 1904 [Ill. H. N. Hansen]. – Kopenhagen 1909 (in *Samlede poetiske Skrifter*, 12 Bde., 1906–1909, 12). – Kopenhagen 1927 (in *Poetiske Skrifter*, Hg. V. Andersen, 10 Bde., 6).

ÜBERSETZUNG: *Kirche u. Orgel. Eine Dorf-Elegie*, anon., Mchn. 1906.

VERTONUNG: J. Hye Knudsen, *Kirke og Orgel* (Text: F. Lynge; Oper; Urauff.: Kopenhagen, 8. 11. 1947, Det kgl. Teater).

VERFILMUNG: Dänemark 1931 (Regie: George Schneevoigt).

LITERATUR: L. Nielsen, *H. D. Hovedtræk af en tragisk Digterskæbne*, Kopenhagen 1942. – P. V. Rubow, *D. H. Sidste Aar*, Kopenhagen 1950, S. 45–50.

## VØLUND SMED

(dän.; *Völund der Schmied*). »Melodrama« von Holger DRACHMANN, erschienen 1894, Uraufführung: Kopenhagen, 13. 3. 1898, Det kgl. Teater (Musik: Fini Henriques). – Der alternde Schmied Völund findet zusammen mit seinen beiden Gesellen Lysalf und Svartalf die schlafende Jungfrau Alvide-Hervör. Er ist der Mann, der bestimmt ist, sie aus ihrem Zauberschlaf zu erwecken. Nach einer Zeit glücklicher Liebe zwischen Völund und ihr gibt sie sich als Walküre zu erkennen, die wieder fortziehen muß. Von der über alles Geliebten verlassen, wird Völund wegen seiner reichen Schmuckschätze und seiner Schmiedekunst von dem habgierigen König Nidung und dessen Söhnen Grimur und Gramur überwältigt; auf Anraten der Königstochter Bödvild werden ihm die Kniesehnen durchschnitten, damit er nicht fliehen kann. Durch dieses furchtbare Geschick ist Völund jetzt hin- und hergerissen zwischen dem guten Element (Lysalf) und dem bösen (Svartalf), und letzteres gewinnt die Oberhand.
In einem traumhaften Zwischenspiel mit Elfen und Zwergen wird Völund die Wiedervereinigung mit Hervör-Alvide verheißen. Im folgenden Akt vollzieht der Schmied sodann seine Rache. Als die beiden Königssöhne in seine Werkstatt kommen, läßt er sie von Svartalf umbringen. Aus den Schädeln schmiedet er prunkvoll verzierte Trinkschalen für den König; Bödvild, die wie ihre Brüder zu ihm kommt, demütigt er, und, nachdem er ihr von seiner edlen Abkunft berichtet hat, schwängert er sie. – Der nächste Akt spielt in der Halle des Königs beim Julfestgelage. König Nidung glaubt, seine Söhne seien von wilden Tieren zerrissen worden. Seine Tochter Bödvild soll unter den geladenen Jarlen ihren künftigen Gatten auswählen, der dann Nidungs Nachfolger würde. Auf ihren Wunsch hin wird Völund herbeigeholt, und dieser berichtet dem König, der ihm erst Straffreiheit zusichern mußte, wie grausam er sich an ihm gerächt hat. Bödvilds Freier ziehen ihre Anträge zurück, als sie von der Schande hören, aber Bödvild will ohnehin nur noch einen zum Mann: den starken Völund. Dieser jedoch weist sie stolz zurück. Es entsteht ein allgemeiner Tumult, Bödvild schießt einen Pfeil auf Völund ab, aus den Lüften steigen die Ejnherier hernieder, Hervör hebt Völund zu sich empor: Es ist Ragnarok. – In einem »Schlußspiel« sind Völund und Hervör für immer vereint. Die Welt ist erneuert; der Meister der Schmiede wird nun *»Frieden über der Erde – Menschenglück«* schmieden. Die alte Welt mußte untergehen, damit sich die Liebenden in einer neuen, besseren finden können.
Der Stoff zu diesem in einer außerordentlich poetischen Sprache verfaßten Stück entstammt dem *Edda*-Lied *Vǫlundarkviða*; in der verklärten Schlußszene hat der Dichter auch die *Vǫlospá* herangezogen. Die drei Mittelszenen, in denen es um Haß und Rache geht, sind umrahmt von den beiden Akten, in denen die große Liebe besungen wird. Den äußeren Rahmen bilden das Lied *So singt der ergraute Skalde* – Drachmann selbst – zu Anfang und *So singt der kleine Knappe* am Ende des großangelegten Melodramas. – In seiner sogenannten Edith-Periode (vgl. *Forskrevet*) hat Drachmann eine Reihe von »Melodramen« verfaßt, doch dürfte *Vølund Smed* schon wegen der leidenschaftlich-heißblütigen Sprache der bedeutendste Beitrag des Dichters zu diesem Genre sein. R.D.P.

AUSGABEN: Kopenhagen 1894. – Kopenhagen 1909 (in *Samlede poetiske Skrifter*, 12 Bde., 1906–1909, 11). – Kopenhagen 1927 (in *Poetiske Skrifter*, Hg. V. Andersen, 10 Bde., 10).

LITERATUR: L. Nielsen, *H. D. Hovedtraek af en tragisk Digterskæbne*, Kopenhagen 1942. – J. Fafner, *Det metriske særpræg i D.s verskunst*, Kopenhagen 1953. – I. Boye, *D. og teatret*, Kopenhagen 1983.

# ION DRAGUMIS

* 2.9.1878 Athen
† 31.7.1920 Athen

## MARTIRON KE IROON EMA

(ngriech.; *Blut der Märtyrer und Helden*). Längere Erzählung von Ion DRAGUMIS, entstanden 1902–1904, veröffentlicht 1907 unter dem Pseudonym Idas. – Den Hintergrund der Handlung bildet der Volkstumskampf um Mazedonien in den Jahren 1900–1908, dargestellt aus der Sicht eines griechischen Nationalisten; als griechischer Konsulatsbeamter in verschiedenen Städten des damals noch türkischen Mazedonien hatte der Autor Gelegenheit, sich ein Bild von der Situation zu machen und aktiv den Kampf zu schüren.

Der Held der Geschichte ist ein junger Jurist in der mazedonischen Stadt Monastiri (Bitolj oder Bitola, heute jugoslavisch), der voll enthusiastischer Ideen steckt; enttäuscht von der Untätigkeit der Athener Politiker angesichts des Terrors, mit dem die bulgarischen Komitatsbanden das Land zu slavisieren versuchen, nimmt er die Organisation des griechischen Widerstands in die Hand. – Das Werk ist in guter Volkssprache *(dimotiki)* geschrieben, die Dragumis besonders in den Jahren 1905–1912 als Mittel zur schnelleren Gräzisierung der anderssprachigen Bevölkerungsteile Mazedoniens und Thrakiens propagierte. Die Handlung beschränkt sich auf eine Wiedergabe der Reisen und Unternehmungen des Helden sowie auf die Darstellung der Probleme, die der Autor hervorheben will; einen breiten Raum nimmt die Kritik ein. Das Werk steht stark unter dem Eindruck des heroischen Todes von Pavlos Melàs († 1904), der Offizier der griechischen Armee war und in Mazedonien kämpfte, und wendet sich an die Jugend mit der Forderung, Mazedonien zu retten. E.Ka.

AUSGABEN: Athen 1907. – Athen 1914. – Athen 1940.

LITERATUR: K. Paraschos, *I. D.*, Athen 1936. – Nea Estia, Nr. 342, 1941 [Sondernr. I. D.]. – Ellinikí Dimiurgia, Nr. 112, 1952 [Sondernr. I. D.]. – Th. Papakonstantinu, *O I. D. ke i politikí arthrografía*, Athen 1957. – G. Theotokas, *Pnevmatikí Pxoría*, Athen 1961, S. 248–268. – A. Karandonis, *Neoellinikí logotechnía: fisiognomíes*, Bd. 1, Athen [3]1977.

## FILIPPOS DRAKONTAIDIS

* 1940 Chalkida

### STA ICHNI TIS PARASTASSIS

(ngriech.; *Auf den Spuren der Vorstellung*). Roman von Filippos DRAKONTAIDIS, erschienen 1982 als letzter Teil eines Zyklus, den der Autor *Ta evriskómena (Das Vorgefundene)* nennt und der aus vier in sich selbständigen Werken besteht. – Den frühesten Roman dieses Zyklus, erschienen 1972 mit dem Titel *Ioi (Geschrei)*, betrachtet der Autor als eine theoretische Studie über die Geschichte allgemein. 1978 folgte *Scholia schetika me tin periptosi (Anmerkungen zum Fall)*; Gegenstand dieses Werks ist der »Fall« des Vaters des Autors, der im Zweiten Weltkrieg von der deutschen Besatzungsmacht hingerichtet wurde: aus dem Charakter dieses Mannes und aus seinem sozialen – dörflich armen – Umfeld heraus wird den Beweggründen nachgegangen, die ihn zu seiner Politisierung geführt haben.

Der Roman *Pros Ofrinio (Nach Ofrinio)*, der 1980 als dritter Teil des Zyklus erschien und für den der Autor mit dem Griechischen Staatspreis für den besten Roman des Jahres ausgezeichnet wurde, ist in seinem Aufbau das konventionellste der vier Werke: Ein Personenwagen mit drei Frauen, zwei alternde Jungfern und eine zweifache Witwe, bricht von Athen zu einem Ausflug auf. Gleichzeitig ist ein Lastwagenfahrer auf dem Weg zu seinem Standort in Thessaloniki unterwegs. An der Abzweigung nach Ofrinio prallt der Pkw frontal gegen den Lastwagen, wobei die drei Frauen getötet werden. In dialogischer Form und in Form äußerer wie innerer Monologe werden die Lebensgeschichten und -probleme der beteiligten Personen entwickelt. In wechselnden Schilderungen entfalten sich diese Lebensläufe, von der Vergangenheit ausholend bis zum Tag des Unfalls, parallel mit der verhängnisvollen Gegeneinanderbewegung der beiden Fahrzeuge, bis zu den Gedanken, die die Frauen und den Lkw-Fahrer im Augenblick des Zusammenstoßes beschäftigen, mit dem der Roman endet.

Der vierte Teil des Zyklus, *Sta ichni tis parastassis*, ist thematisch als Parallelwerk zum zweiten Werk des Zyklus angelegt: Hier wird das bürgerliche Milieu, dem die Mutter des Autors entstammte, untersucht und ihr Weg zum Kommunismus. Der Roman besteht aus 22 Kapiteln, die – oft in sich abgeschlossen – ein Gesellschaftsbild einer griechischen Insel bis in die fünfziger Jahre des 20. Jh.s bilden; betrachtet wird dieses Bild unter dem Aspekt der Wirkung der kommunistischen Idee (mit dem Ausdruck »Vorstellung« im Titel ist die Geschichte des Marxismus in Griechenland gemeint). Charakteristisch ist die komprimierte Vielschichtigkeit des Romans, nicht nur im Hinblick auf die Vielzahl der auftretenden Personen, sondern auch in seiner weiten zeitlichen Dimension. Der Autor erzählt Ereignisse aus drei Generationen der zentralen Familie und blendet zusätzlich Anekdoten um legendär gewordene Vorfahren ein, wobei die Form der Darstellung ständig wechselt. Oft gibt der Erzähler die Zeugnisse über bestimmte Ereignisse unvermittelt weiter: Erzählungen der Mutter oder der Tante, Gespräche der Beteiligten untereinander, amtliche Dokumente, schriftliche Aufzeichnungen, Beschreibungen von Fotografien. Entsprechend ändert sich die sprachliche Form: Dialektale wörtliche Rede steht neben der älteren Amts- und Schriftsprache *(Katharevussa)*, das amerikanisierende Griechisch des ausgewanderten Onkels neben den orthographischen Fehlern des Chionis. Entsprechend der Auffassung des Autors, die Interpretation müsse dem Leser überlassen bleiben, beschränkt sich der Roman auf die bloße Beschreibung. Blickwinkel der Darstellung ist das nostalgische Nacherleben der Ereignisse in der Erinnerung nach dreißig Jahren, in der Erfahrung des entmenschlichten Großstadtlebens.

Der Roman beginnt mit einer Art historischem Abriß der Geschichte des halb realen, halb erfundenen Schauplatzes Agia Mavra (d. i. die ionische In-

sel Levkas). Dem folgt eine Vorstellung der zentralen Familie mit ihrem Mittelpunkt, dem Großvater. Am Ende dieses einleitenden Teils tritt der Erzähler selbst auf, der in Athen aufgewachsen ist. Seine Lebensumstände durchziehen den Roman bis zur letzten Szene wie ein roter Faden. In den späteren Kapiteln werden die Schicksale einzelner Personen geschildert – des »Räuberpopen«, der an einem Erbschleicher Rache nimmt und dafür hingerichtet wird (7. Kap.), der Magd, die zum Opfer ihrer Schwiegertochter wird (8. Kap.), des Karkunaras, der mit unsauberen Geschäften reich und später zum Selbstmord getrieben wird (10. Kap.), des Nachbarn Gabriel, eines Opfers des dörflichen Aberglaubens (12. Kap.), des Onkels Panajotis, der nach dem Zweiten Weltkrieg aus italienischer und deutscher Gefangenschaft wiederkehrt und danach atheistische Artikel veröffentlicht (14. Kap.), des Onkels Zisimos, der in Ägypten ein berühmter Arzt und Herzensbrecher wird (15. Kap.), des Mitläuferkommunisten Chionis, der eine Widerrufserklärung abgibt und den später die Dorfgemeinschaft deswegen ächtet (16. Kap.), des Bauern Bakelos, der an Priapismus leidet (17. Kap.) und des zugelaufenen Hundes, der bei einer kommunistischen Veranstaltung von der Polizei erschossen wird (19. Kap.). Daneben finden sich weitere charakteristische Episoden – z. B. die Geschichte des Weiberhelden Onkel Jannis, der mit einer Schauspielerin durchbrennen möchte (9. Kap.) oder die Erzählung, wie aus Anlaß eines Besuches bei einem reichen Geschäftsmann diverse Vorstellungen von sozialer Gerechtigkeit entwickelt werden (11. Kap.). Im letzten Kapitel schließt der Autor die Schilderung der Ereignisse auf Agia Mavra mit dem Untergang der Insel im Meer und läßt das Werk in einem Bild des seiner Umwelt entfremdeten modernen Menschen enden. Die Darstellung wird leitmotivartig von Stellungnahmen etwa der Mutter Nana oder der Tante Lela, die einen klischeehaften Kommunismus vertreten, oder des kleinbürgerlichen Onkels Jannis begleitet.
Auch wenn in der Fülle des Erzählstoffes einige der geschilderten Personen keine deutlichen Konturen gewinnen, überzeugt der Roman doch durch seine Ausgewogenheit in der Anordnung des reichen Materials und durch die Harmonie zwischen der Darstellung und der sprachlichen Form.
Die vier Werke »illustrieren« die griechische Geschichte – vornehmlich des 20. Jh.s, aber auch rückblickend des 19. Jh.s – auf dem Niveau der sozialen Lebensumstände des Individuums; jede der vorgestellten Personen, deren Historizität der Autor zu Beginn der einzelnen Bücher betont, unterliegt allgemeinen Gesellschaftsstrukturen, wodurch der Einzelfall typisch, stellvertretend für viele, wird. Wenn der Autor also von einem Zyklus spricht, so meint er einen gemeinsamen – soziologischen und politischen – Blickwinkel und einen gemeinsamen Bezug auf dieselbe Zeit und denselben Raum der vier Werke, nicht aber einen gemeinsamen Handlungsfaden, der die einzelnen Teile im Sinne einer Fortsetzung miteinander verbindet. U.Moe.

Ausgaben: *Ioi*: Athen 1972. – *Scholia schetika me tin periptosi*: Athen 1978. – *Pros Ofrinio*: Athen 1980; 2Athen 1982. – *Sta ichni tis parastassis*: Athen 1982.

Übersetzungen: *Ioi: Clamores* (span.), Ch. Zaragora, Barcelona 1972. – *Scholia schetika me tin periptosi: Commentaires sur le cas*, S. Le Bret, Paris 1985. – *Sta ichni tis parastassis: Saint-Maure*, Michael Volkovitch, Paris 1984.

Literatur: S. Tsaknias, Rez. von *Sta ichni* (in I Lexi, 17, 1982, S. 582–584). – M. Meraklis, Rez. von *Sta ichni* (in Diavazo, 57, 1982, S. 156–158). – Interview mit F. D. (ebd., 102, 1984, S. 62–72).

## MICHAEL DRAYTON

* 1563 Hartshill / Warwickshire
† 23.12.1631 London

**DAS LYRISCHE WERK** (engl.) von Michael Drayton.
Über Michael Drayton, einen der zahlreichen neuen, für Mäzene und den Markt schreibenden professionellen Autoren der Jahre zwischen 1590 und 1630, ist kaum etwas bekannt, obwohl er ein vielfältiges und umfangreiches Werk hinterlassen hat. Der während seiner Jugend im Haushalt des Landadligen Sir Henry Goodere dienende Drayton ging 1591 nach London, wo er sich in den gängigen Gattungen der Zeit versuchte und auch einige Jahre lang zusammen mit anderen Autoren Theaterstükke schrieb. In der folgenden Zeit war er immer wieder im Dienst adliger Gönner und behielt – anders als die das urbane Leben vorziehenden Kollegen – seine Vorliebe für das Land bei. Der den Dichter als den Sprecher der ganzen Nation sehende Drayton, dessen Werk durch starken Patriotismus geprägt ist und den man daher auch als den *»am vehementesten englischen Dichter seiner Zeit«* (R. F. Hardin) bezeichnet hat, mußte allerdings im Zusammenhang mit seinem monumentalen topographischen Gedicht *Poly-Olbion* (1612; 1622), in dem er durch die Provinzen der Insel reisend den Ruhm der englischen Vergangenheit und Gegenwart verkündet, von der *»barbarischen Ignoranz und der niedrigen Verleumdung«* sprechen; und in *To Master George Sandys* (1621) bittet er den Schatzmeister der Kolonie Virginia, er möge die in England mißachteten Musen ins verheißene Land locken.
Bereits in seiner *Ode to the Virginian Voyage* (1606) hatte er anläßlich der bevorstehenden Überfahrt dreier Schiffe Virginia als *»der Erde einziges Paradies«* besungen: Die wenig später auch in Shakespeares *The Tempest* aufgegriffene Vorstellung vom gesegneten Land am westlichen Rand der be-

kannten Welt verschmilzt in diesem Gedicht mit dem ökonomischen Streben des frühen Kolonialismus: Drayton will *»die heroischen Geister«* zu Heldentaten anstacheln, erhofft aber zugleich selbst den Lohn des Lorbeers, der jenseits des Meeres im Überfluß wachse. Andererseits feiert Drayton 1606 in der *Ode Written in the Peak* (südliche Ausläufer der Pennine-Berge) die der kalten, aber »gesunden« Luft des winterlichen England trotzende Muse, die durchaus mit jener des Südens konkurrieren könne. Schließlich ist auch *To the Cambro-Britans und Their Harp, His Ballad of Agincourt* (1606) ein patriotisches, stellenweise sogar martialisch-aggressives Gedicht, das wie die Oden der gleichen Sammlung für den Gesang gedacht ist und mit der Erinnerung an die ruhmreiche Schlacht von Agincourt (1415) zugleich als Verpflichtung für das England der Gegenwart – seit 1603 regiert als Nachfolger Elizabeths James I. – hingestellt wird. Aus derart patriotischen Überlegungen heraus hat Drayton auch immer wieder historische Stoffe aufgegriffen und in Form von Verserzählungen und ähnlichem gestaltet: etwa in *Mortimeriados. The Lamentable civell warres of Edward the second and the Barrons* (1596; 1603 neu als *The Barrons Warres*) oder in seinem populärsten Werk, den *Heroicall Epistles* (1597, später mehrfach ergänzt), in denen er formal an OVID und stofflich an HOLINSHEDS Chroniken anschließend Liebesbriefe zwischen den Großen der englischen Geschichte und Frauen (etwa Heinrich II. und Rosamund) gestaltet.

Drayton ist sich wie alle Renaissancedichter der literarischen Tradition bewußt, in die er bereits als Page bei Henry Goodere eingeführt wurde: In *To My Most Dearly-loved Friend Henery Reynolds Esquire* läßt er die wichtigsten englischen Autoren vom *»edlen Chaucer«* bis zu seinem frühen Vorbild SPENSER Revue passieren. Wenn er dabei CHAUCERS Verdienst in der Tatsache sieht, daß er die Muttersprache bereichert habe, entspricht das seiner eigenen Neigung zur intensiven sprachlichen Überarbeitung eigener Werke mit dem Ziel einer klareren und verständlicheren Diktion *(»plain style«)*, um so den rhetorischen Bombast und den manierierten Stil mancher elisabethanischer Dichter zu überwinden. Dieses Bestreben wird besonders deutlich in den zahlreichen (insgesamt 11) Revisionen seiner Sonettsammlung *Ideas Mirrour*, die zunächst 1594 auf dem Höhepunkt der Sonettmode der neunziger Jahre erscheint und mit der er im Anschluß an SIDNEYS Zyklus *Astrophel and Stella* (1591) zudem ebenfalls ein derartiges in sich geschlossenes Werk vorlegt. Drayton, der gegen den Zeitgeschmack an der Gattung festhält, läßt die zahlreichen Überarbeitungen unter dem Titel *Idea* (letzte Fassung 1619) folgen. Sie dokumentieren eindringlich seine allmähliche Abwendung von den zunächst übernommenen petrarkistischen Konventionen, seine – allerdings letztlich nicht ganz konsequenten – metrischen Glättungen, die Versuche, stärker rational den Sinn zu verdeutlichen, gleichzeitig dramatischer, unsentimentaler und umgangssprachlicher zu dichten. Während die Sonettrepliken auf seine Kritiker vor allem von literarhistorischem Interesse sind, ähnlich wie die geographisch-patriotischen Gedichte *(To the River Ankor)*, mit denen er freilich immer noch der traditionellen Geliebten (Idea) huldigt, gehört das erst 1619 hinzugefügte Sonett *Since there's no helpe, Come let us kiss and part* zu den schönsten Beispielen dieser Gattung in der englischen Literatur.

Während Drayton etwa mit seinen religiösen Gedichten (*The Harmonie of the Curch*, 1591; *Moyses in a Map of His Miracles*, 1604), der an Ovid orientierten erotisch-mythologischen Verserzählung *Endimion and Phoebe* (1595; überarb. 1606 als *The Man in the Moon*) oder den Satiren (*The Owle*, eine 1604 veröffentlichte Tierfabel im Stil von Chaucer und Spenser) im Rahmen der literarischen Konventionen bleibt, hat er mit den Oden – zu denen *To the Virginian Voyage* gehört –, abgesehen von den ihm hierin teilweise 1590 vorausgehenden J. SOUTHERN, Neuland betreten. Drayton, der zwischen der pindarischen, der anakreontischen und der horazischen Ode unterscheidet, wollte die letztere Spielart in der englischen Literatur heimisch machen; metrisch orientierte er sich dabei vor allem an RONSARD, aber auch an SKELTON *(A Skeltoniad)*. Drayton weicht in seinen Oden allerdings beträchtlich vom klassischen Vorbild HORAZ ab: Wie etwa *An Ode Written in the Peak* zeigt, wird die Gattung bei ihm zum Träger eines neuen historischen und am Regionalen orientierten patriotischen Denkens und Fühlens.

Nachdem Drayton sich bereits früh, an Spenser anknüpfend, mit *Idea, The Shepheard's Garland* (1593; revidierte Fassung: *Eclogs*, 1606) in der Pastoraldichtung versucht hatte, kehrte er in seinem letzten Werk zu dieser Gattung zurück: Allerdings scheint er sich in *The Muses Elizium* (1630) und dem Entwurf eines Paradieses für ausgewählte Dichter einen die Gegenwart auch nicht mehr nur indirekt meinenden imaginativen Rückzugsraum geschaffen zu haben: Hier verbringen *»glückliche Seelen«*, unbehelligt von *»gemeinen Menschen ... ihre Stunden / in harmloser Heiterkeit und Kurzweil«*.

U.Bö.

AUSGABEN: *Poems*, Hg. J. Buxton, 2 Bde., Cambridge/Mass. 1953. – *The Complete Works*, Hg. J. W. Hebel u. a., 5 Bde., Oxford 1931–1941; [2]1962.

LITERATUR: O. Elton, *M. D.: A Critical Study*, Ldn. 1905. – R. R. Cowley, *Drayton and the Voyagers* (in PMLA, 38, 1923, 530–556). – R. Noyes, *M. D.s Literary Vogue Since 1631*, Bloomington/Ind. 1935. – B. Newdigate, *M. D. and His Circle*, Oxford 1941. – S. A. Tannenbaum, *M. D.: A Concise Bibliography*, NY 1941. – Th. P. Harrison, *They Tell of Birds: Chaucer, Spenser, Milton, D.*, Austin/Tex. 1956. – A. La Branche, *The Twofold Vitality of D.s Odes* (in CL, 15, 1963, S. 116–129). – J. A. Berthelot, *M. D.*, NY 1967. – J. Schönert, *D.s Sonett-Revisionen. Zum Problem des Übergangsdichters* (in Anglia, 85, 1967, S. 161–183). – A. La

Branche, *Poetry, History and Oratory: The Renaissance Historical Poem* (in SEL, 9, 1969, S. 1–9). – G. G. Hiller, *D.s ›Muses Elizium‹* (in RESt, 21, 1970, S. 1–13). – R. F. Hardin, *M. D. and the Passing of Elizabethan England*, Lawrence/Kans. 1973. – L. H. Wrestling, *The Evolution of M. D.s Idea*, Salzburg 1974. – P. Johnson, *M. D.: Prophet Without Audience* (in Studies in the Literary Imagination, 11, 1978, S. 45–55). – W. A. Oram, *The Muses Elizium: A Late Golden World* (in StPh, 75, 1978, S. 10–31). – J. L. Harner, *Samuel Daniel and M. D.: A Reference Guide*, Boston/ Mass. 1980.

## POLY-OLBION OR A CHOROGRAPHICALL DESCRIPTION OF TRACTS, RIVERS, MOUNTAINES, FORESTS AND OTHER PARTS OF THIS RENOWNED ISLE OF GREAT BRITAINE

(engl.; *Polyolbion oder Eine Beschreibung von Landstrichen, Flüssen, Gebirgen, Wäldern und anderen Gegenden unserer berühmten Insel Großbritannien*). Topographisches Gedicht von Michael DRAYTON. Der erste Teil (Gesänge 1–18) erschien 1612, der zweite (Gesänge 19–30) wurde erstmals in der Gesamtausgabe von 1622 veröffentlicht. – Das monumentale Werk, dessen griechischer Titel »reich gesegnet« bedeutet, ist als Frucht des nationalen Hochgefühls der englischen Renaissance zu verstehen – man vergleiche etwa SHAKESPEARES Königsdramen und SPENSERS *Faerie Queene*. Die Hauptquellen sind William CAMDENS *Britannia* (1586), die Chroniken von HOLINSHED, eine Geschichte von Wales sowie die Landkarten des zeitgenössischen Kartographen Saxton. Das Werk, das andere Dichter der Zeit vielfältig beeinflußte (ein Beispiel dafür ist MILTONS Elegie *Lycidas*, 1637), erfreute sich trotz seines Umfangs und der Fülle von gelehrten Anspielungen und mythologischen Abschweifungen noch in den folgenden Jahrhunderten einer gewissen Beliebtheit. Während POPE und GOLDSMITH es geringer einschätzten, äußerten sich Samuel JOHNSON, LAMB und HAZLITT teilweise begeistert darüber.

Die dreißig Gesänge in paarweise reimenden Alexandrinern werden jeweils durch ein Argument eingeleitet, das den Inhalt des folgenden Textes resümiert. Über die bloße geographisch-topographische Reihung hinaus sind durch die Gestalt der geflügelten Muse Ansätze zu einer handlungsmäßigen Gliederung gegeben. Die Reise der Muse beginnt bei den Kanalinseln, führt über Cornwall und Wales durch die Grafschaften der Westküste, sodann (im 13. Gesang) nach Warwickshire, der Heimat des Dichters, und findet in Gesang 18 ihren vorläufigen Abschluß in Kent. Im zweiten Teil werden vor allem die Grafschaften der Ostküste und des Mittellandes bis hinauf zur schottischen Grenze besucht. – Der disparate Stoff und die Vielfalt der Gestaltungsmittel eröffnen kontrastreiche Perspektiven: Im 1. Gesang wird ein unmittelbarer Bezug zwischen Britannien und dem antiken Troja hergestellt. Den Mythos von der Herrschaft des Brutus, eines Nachkommens Äneas', im frühgeschichtlichen England benutzt Drayton, um der eigenen Nation die Aura antiker Größe zu verleihen (eine Vorstellung, die noch in der Zeit Elisabeths I. in dynastische Konstruktionen einbezogen wurde): »*The Goddesse that both knew and lov'd the Trojan race, Reveal'd to him in dreames, that furthest to the West, He should discrie the Isle of Albion, highly blest* ...« Im achten Gesang wird sogar behauptet, Albion habe lange vor der Blütezeit Roms eine hohe Zivilisationsstufe erreicht und die kriegerische Überlegenheit besessen. – Bezeichnend für Draytons Darstellungsweise ist die Personifizierung landschaftlicher Gegebenheiten und abstrakter Begriffe: Im vierten Gesang streiten England und Wales um den Besitz der Insel Lundy, die selbst als »*Nymphe, müßigen Spielen zugeneigt*«, vorgestellt wird; in Gesang 12 erzählt der Fluß Ouse von den Schlachten, die an seinen Ufern geschlagen wurden, von Hastings (1066) bis in die Regierungszeit Eduards VI. (1547–1553); der elfte Gesang enthält eine Zeitklage des Flusses Ver, der die ehrwürdige Vergangenheit mit der sittenlosen Gegenwart kontrastiert. – Der Gegensatz zwischen Stadt und Land wird geschildert, und in den Klagen über den Verlust der Wälder und der Verherrlichung pastoraler Einfachheit entscheidet sich der Dichter eindeutig für das Landleben. Dabei vereint er Ideal und Wirklichkeit in Bildern landschaftlicher Schönheit und bäuerlicher Lebensfreude (die bewaldeten Hügel der Cotswolds, ein ländlicher Tanz in Lincolnshire u. a.). Ausführlich geht er auf den naturkundlichen Wissensstand der Zeit ein (Beispiel: der Vogelkatalog von Warwickshire).

Draytons *Poly-Olbion* stellt innerhalb der englischen Literatur einen der letzten großen Versuche dar, »*die auseinanderstrebenden Elemente von Dichtung und Alltag, von Sage und Geschichte, von Geschichte und Gegenwart, noch einmal zusammenzufassen*« (P. G. Buchloh). W.Hü.

AUSGABEN: Ldn. 1612 [Tl. 1]. – Ldn. 1622 [Tle. 1 u. 2]. – Ldn. 1753 (in *The Complete Works*, Hg. W. Reeve, 4 Bde., 3). – Ldn. 1876 (in *The Complete Works*, Hg. R. Hooper, 3 Bde.). – Manchester 1889/90 (Publications of the Spenser Society, New Series 1–3). – Oxford 1933 (in *The Works*, Hg. J. W. Hebel, 6 Bde., 1931–1933, 4; Einl. u. Anm. Bd. 5; *Tercentenary Ed.*, ern. 1961). – Ldn. 1953 (in *The Poems*, Hg. J. Buxton, 2 Bde., 2; Ausz.). – NY 1966.

LITERATUR: A. C. Powell, *»Poly-Olbion«. Its Sources, Contents and Literary Value*, Diss. Univ. of Cincinnati 1907. – O. Elton, *M. D.: A Critical Study*, Ldn. 1905; ern. NY 1966. – R. R. Cawley, *D. and the Voyagers* (in PMLA, 38, 1923, S. 530–556). – R. R. C., *D.'s Use of Welsh History* (in StPh, 22, 1925, S. 234–255). – V. E. N. Hull, *The English and Welsh Topographical Sources of M. D.'s »Poly-Olbion«*, Diss. Harvard Univ. 1926. – I. Gourvitch, *The Welsh Element in the »Poly-Olbion«. D.'s Sources* (in RESt, 4, 1928, S. 69–77). – M. Merten, *M. D.'s »Poly-Olbion« im Rahmen der englischen Renaissance*, Diss. Münster 1934. – S. A. Tannenbaum, *M. D.: A Concise Bibliography*, NY 1941. – B. H. Newdigate, *M. D. and His Circle*, Oxford 1941; ern. 1961. – W. H. Moore, *The Fusion of History and Poetry in D.'s »Poly-Olbion«*, Diss. Harvard Univ. 1963. – P. G. Buchloh, *M. D.: Barde und Historiker, Politiker und Prophet*, Neumünster 1964. – J. A. Berthelot, *M. D.*, NY 1967. – J. S. Buxton, *A Tradition of Poetry*, NY 1967. – G. Guffey, *Elizabethan Bibliographies Supplements VII: Samuel Daniel, 1952–1965, M. D. 1941–1965...*, Ldn. 1967. – J. Schönert, *D.'s Sonett-Revisionen* (in Anglia, 85, 1967, S. 161–183). – W. H. Moore, *Sources of D.'s Conception of »Poly-Olbion«* (in SP, 65, 1968, S. 783 –803). – A. d'Haussy, *»Poly-Olbion« ou l'Angleterre vue par un Elisabétain*, Paris 1972. – R. F. Hardin, *M. D. and the Passing of Elizabethan England*, Lawrence u. a. 1973; ern. 1986. – H. Hülsbergen, *M. D.'s »Englands Heroicall Epistles« und Hofmann von Hofmannswaldaus »Helden-Briefe«* (in *Europäische Tradition und deutscher Literaturbarock*, Hg. G. Hoffmeister, Bern/Mchn. 1973, S. 427–448). – L. H. Westling, *The Evolution of M. D.'s »Idea«*, Salzburg 1974. – *The English Spenserians: The Poetry of G. Fletcher, G. Wither, M. D., Ph. Fletcher, and H. More*, Hg. W. B. Hunter, Salt Lake City 1977. – S. P. Revard, *The Design of Nature in D.'s »Poly-Olbion«* (in SEL, 17, 1977, S. 105–117). – B. C. Ewell, *D.'s »Poly-Olbion«* (in StPh, 75, 1978, S. 297–315). – J. L. Harner, *Samuel Daniel and M. D.: A Reference Guide*, Boston/Mass., 1980.

## JAN DRDA

* 4.4.1915 Příbram / Böhmen
† 28.11.1970 Dobříš / Böhmen

LITERATUR ZUM AUTOR:
J. Lederer, *Na psacím stole J. D.* (in Večerní Praha, 5. 4. 1958, S. 3). – N. V. Grafskaja, *O J. D.* (in *Očerki istorii češskoj literatury XIX-XX vekov*, Moskau 1963, S. 667–676). – A. M. Píša, *Stopami prózy*, Prag 1964. – B. Balajka, *Padesátiny J. D.* (in Plamen, 1965). – J. Nejedlá, *Proměny vypravěče* (in Impuls, 1966). – Dies., *Dvě studie o stylu v próze J. D.* (in *Acta Universitatis Carolinae*; Slavica Pragensia, 12, Prag 1970).

### NĚMÁ BARIKÁDA

(tschech.; *Ü: Die stumme Barrikade*). Erzählungszyklus von Jan DRDA, erschienen 1946. – Der Band umfaßt elf antifaschistische Erzählungen, in denen der Autor an den Schicksalen einfacher Menschen zeigt, wie seine Landsleute auf die Verfolgungen im Zusammenhang mit der Heydrich-Affäre reagierten und sich während des Volksaufstandes (5.–9. Mai 1945) an den verhaßten Okkupanten rächten.

Die Titelgeschichte handelt von einem lahmgeschossenen ehemaligen Spanienkämpfer, einem Schutzmann und einem namenlosen Holländer, »Kamerad Nederland«, die, nur auf sich gestellt, eine Barrikade an einer wichtigen Moldaubrücke gegen den Ansturm weit überlegener Fallschirmjäger verteidigen. – Die Erzählung *Nenávist (Haß)* berichtet von einem Buchhalter namens Babánek, der sich in Schießbuden zu einem Meisterschützen ausbildet und auf den Barrikaden schließlich seinen von den Nazis erschossenen Sohn rächen kann. – Der Held der Geschichte *Vyšší princip (Das höhere Prinzip)* ist ein schrulliger Lehrer der klassischen Philologie, der seine Schüler stets im Namen des *»höheren Prinzips der Moral«* zur Redlichkeit ermahnt. Als drei siebzehnjährige Gymnasiasten aus seiner Klasse von der Gestapo fortgeschleppt und erschossen werden, weil sie das Attentat auf den Reichsprotektor *»gutgeheißen haben«*, setzt er sein Leben aufs Spiel, indem er in aller Öffentlichkeit erklärt: *»Vom Standpunkt des höheren moralischen Prinzips ... Tyrannenmord ist kein Verbrechen!«*

In seinen noch unter dem frischen Eindruck der Okkupation geschriebenen Erzählungen gelang es Drda, die Gefühle und Ansichten des überwiegenden Teils seines Volkes auszudrücken. Der Autor erweist sich in der virtuosen Handhabung der Umgangssprache und ihrer nahtlosen Verknüpfung mit einer knappen, harten Diktion als einer der Erben Karel ČAPEKS. – Durch die Darstellung volkstümlicher Helden und ihrer Redeweise zeichneten sich schon die früheren Werke Drdas aus, vor allem sein an Gabriel CHEVALIERS *Clochemerle* (1934) orientierter Roman *Městečko na dlani*, 1940 *(Das Städtchen Gotteshand)*, eine humorvolle Chronik, die die Atmosphäre der Geburtsstadt des Autors (Příbram) genrebildhaft einfängt. – Die dramatischen, erschütternden Skizzen und die psychologisch eindrucksvolle Zeichnung der schlichten Helden in unverwechselbarer Einmaligkeit unterscheiden *Němá barikáda* wohltuend von dem Schematismus der späteren Arbeiten Drdas. Der Erzählband ist der erste gelungene Versuch in der tschechischen Literatur, sich mit dem Schweigen, dem Widerstand und der Erhebung des Volkes auseinanderzusetzen. H.Ga.

AUSGABEN: Prag 1946; [16a]1956 (in *Mimočít. četba*; Nachw. V. Kamelský). – Prag 1957 (*Němá barikáda a jiné povídky*; erw.). – Prag [20]1963 [erw.]. – Prag 1964 [erw.].

ÜBERSETZUNGEN: *Die stumme Barrikade*, A. Albertová u. W. Bergsträsser, Bln. 1951. – In *Vier tschechische Erzählungen*, H. Gaertner, Prag 1957.

VERFILMUNGEN: ČSSR 1949 (Regie: O. Vávra). – *Vyšší princip*, ČSSR 1960 (Regie: J. Krejčík).

LITERATUR: V. Tichý, *Hrdinství bez pathosu* (in Kult. politika, 1946/47, Nr. 22, S. 7). – V. Černý, *Hrst poznámek k socialistickému realismu* (in Kritický měsíčník, 1947). – K. Ružička, Rez. (in Kritický měsíčnik, 1947, Nr. 8, S. 243/244; 348–355). – V. Bor, *Film o pražské revoluci* (zur Verfilmung; in Kulturní politika, 4, 1949, Nr. 19, S. 6). – M. Koukalová, *Vých. užití »Němé barikády«* (in Český jazyk, 1951/52, Nr. 2, S. 53–57). – I. Dvořák, *Vyšší princip* (zur Verfilmung; in Film a doba, 6, 1960, Nr. 11, S. 770–772). – J. Hrabák, *Hrdinství a hrdinové. Zamyšlení nad »Němou barikádou«* (in Host do domu, 1961, Nr. 11, S. 512–514). – M. Jungmann, *Vypravěč dobré pohody* (in J. D., *Němá barikáda*, Prag 1961).

## THEODORE DREISER

* 27.8.1871 Terre Haute / Ind.
† 28.12.1945 Los Angeles

LITERATUR ZUM AUTOR:

*Bibliographien u. Forschungsberichte:*
H. C. Atkinson, *Checklist of Th. D.*, Columbus 1969. – W. M. Frohock, *The State of D. Criticism in His Centenary* (in *Geschichte und Gesellschaft in der amerikanischen Literatur*, Hg. K. Schubert u. U. Müller-Richter, Heidelberg 1975, S. 132–139). – D. Pizer u. a., *Th. D.: A Primary and Secondary Bibliography*, Boston 1975. – T. P. Riggio, *The Divided Stream of D. Studies* (in Studies in the Novel, 9, 1977, S. 211–216). – J. Boswell, *Th. D. and the Critics, 1911–1982: A Bibliography with Selective Annotations*, Metuchen/Ldn. 1986.
*Biographien:*
D. Dudley, *Forgotten Frontiers: D. and the Land of the Free*, NY 1932; ern. 1970. – R. H. Elias, *Th. D.: Apostle of Nature*, NY 1949; ern. Ithaca 1970. – H. Dreiser, *My Life with D.*, Cleveland 1951. – F. O. Matthiessen, *Th. D.*, NY 1951. – W. A. Swanberg, *D.*, NY 1965.
*Zeitschrift:*
Dreiser Newsletter, Indiana State Univ. 1970 ff.
*Gesamtdarstellungen und Studien:*
*The Stature of Th. D.*, Hg. A. Kazin u. Ch. Shapiro, Bloomington 1955; ern. Gloucester/Mass. 1965. – K. H. Wirzberger, *Die Romane Th. D.s*, Bln. 1955. – Ch. Shapiro, *Th. D.: Our Bitter Patriot*, Carbondale/Ill. 1962. – P. L. Gerber, *Th. D.*, NY 1964. – M. Tjader, *Th. D.: A New Dimension*, Norwalk 1965. – R. Schmidt-von Bardeleben, *Das Bild New Yorks im Erzählwerk von D. und Dos Passos*, Mchn. 1967. – J. J. McAleer, *Th. D.: An Introduction and Interpretation*, NY 1968. – R. Lehan, *Th. D.: His World and His Novels*, Carbondale/Ill. 1969. – Ch. Shapiro, *Guide to Th. D.*, Columbus 1969. – H. M. Block, *Naturalistic Triptych: The Fictive and the Real in Zola, Mann, and D.*, NY 1970. – E. Moers, *Two D.s*, NY 1970. – *D.: A Collection of Critical Essays*, Hg. J. Lydenberg, Englewood Cliffs/N.J. 1971. – R. P. Warren: *Homage to Th. D.*, NY 1971. – *Th. D.: The Critical Reception*, Hg. J. Salzman, NY 1972. – R. Lundén, *The Inevitable Equation: The Antithetic Pattern of Th. D.'s Thought and Art*, Uppsala 1973. – J. Lundquist, *Th. D.*, NY 1974. – R. N. Mookerjee, *Th. D.: His Thought and Social Criticism*, Delhi 1974. – P. L. Gerber, *Plots and Characters in the Fiction of Th. D.*, Hamden 1976. – D. Pizer, *The Novels of Th. D.: A Critical Study*, Minneapolis 1976. – *Special Issue: Th. D.*, Hg. J. Salzman (in MFS, 23, 1977, Nr. 3; Sondernr.). – *Critical Essays on Th. D.*, Hg. D. Pizer, Boston 1981. – L. E. Hussman, *D. and His Fiction*, Philadelphia 1983.

### AN AMERICAN TRAGEDY

(amer.; *Ü: Eine amerikanische Tragödie*). Roman von Theodore DREISER, erschienen 1925. – Clyde Griffiths, die Zentralgestalt von Dreisers letztem bedeutenden Roman, ist der Sohn eines Straßenpredigers in Kansas City. Er erwartet vom Leben sehr viel mehr, als ihm die ärmlichen Verhältnisse und die engstirnigen, an religiöse Hysterie grenzenden Moralbegriffe seiner Eltern bieten können (autobiographische Bezüge werden in diesen Voraussetzungen seiner Charakterentwicklung deutlich). Der luxuriöse Lebensstil der reichen Gäste des Hotels, in dem er als Page arbeitet, ist für ihn eine Erscheinungsform dessen, was er mit dem vagen Begriff »besseres Leben« bezeichnet. Durch Zufall wird Clyde in einen Autounfall verwickelt, dem ein Kind zum Opfer fällt; in panischer Angst flieht er aus der Stadt. Im zweiten der drei Bücher des Romans findet er eine Anstellung in der Fabrik seines reichen Onkels in Lycurgus im Staat New York. Hier erhält er nicht nur weitere Einblicke in das »bessere« Leben, sondern auch die Chance, selbst daran teilzunehmen. Zwar wird er anfangs betont als armer Verwandter behandelt, aber sein gutes Aussehen und sein liebenswürdiges Wesen verschaffen ihm endlich Zugang zum Freundeskreis seiner begüterten Vettern. Er verliebt sich in die junge Erbin Sondra Finchley, und als diese seine Gefühle erwidert, sieht die Zukunft für ihn rosiger denn je aus. Doch hat er sich bereits in ein intimes Verhältnis mit der jungen Fabrikarbeiterin Roberta Alden eingelassen, die nun ein Kind von ihm erwartet. Als der Versuch, einen ärztlichen Eingriff vornehmen zu lassen, fehlschlägt, besteht Roberta auf der Eheschließung. Clyde sieht seine Zukunft gefährdet und versucht in seiner Verzweiflung, einen Bootsunfall vorzutäuschen, bei dem Roberta ums Leben kommen soll. Obwohl ihn im letzten Augenblick Gewissensbisse von dem Mord abhalten, ertrinkt Roberta durch einen unglücklichen Zufall. Wenngleich er sich lediglich, wie schon bei dem Autounfall am Ende des ersten

Buches, unterlassener Hilfeleistung schuldig gemacht hat, wird Clyde im dritten Buch des langen Romans verhaftet, unter Mordanklage gestellt und hingerichtet.
Wie alle Werke Dreisers ist auch *An American Tragedy* ein realistisch-naturalistischer Roman in der Nachfolge BALZACS und ZOLAS. Dreiser, Sohn armer, fanatisch religiöser deutscher Einwanderer, versuchte, in großem Maßstab ein Porträt der amerikanischen Gesellschaft seiner Zeit zu zeichnen, und hat mit Zola eine Art von deterministischem Pessimismus gemeinsam, der sich teilweise auch aus seiner Lektüre von HUXLEY, DARWIN und SPENCER ableiten läßt. In *An American Tragedy* bleibt dennoch unklar, wodurch eigentlich Clyde Griffiths' Charakter geformt wurde. Nett, sympathisch und im Grund anständig, ist er ein Mann, dessen typischer Wesenszug die Schwäche ist: Er ist zu schwach, um Verantwortung zu übernehmen, zu schwach zum Verbrechen, ja sogar zu schwach zur Flucht aus allen Komplikationen. Er endet auf dem elektrischen Stuhl, weil er mit einer Situation konfrontiert wird, deren Bewältigung Eigenschaften erfordert, die er nicht besitzt.
Clyde kommt allerdings auch wegen der Vorurteile seiner Richter zu Tode. In diesem Sinn scheint das Wort »Tragödie« im Titel angebracht, nicht jedoch im Hinblick auf die Beziehung zwischen dem vom Schicksal benachteiligten Individuum und der von dem Leitbild des finanziellen Erfolgs geprägten Gesellschaft. Zwar sah Dreiser den Fall, der auf einer wahren Begebenheit beruht (einem Mordprozeß aus dem Jahre 1906), als archetypisch amerikanisch an, weil er die Kehrseite des »amerikanischen Traums« beleuchtet, aber Clyde Griffiths scheitert (anders als der historische Mörder Chester Gillette) vor allem daran, daß er seiner Verantwortung nicht gewachsen ist. Doch deutet der Autor Clydes Versagen nicht in erster Linie moralisch, sondern zeigt besonders, daß die gegebene Situation eines Menschen in einer gegebenen Umwelt unweigerlich bestimmte Ereignisse nach sich zieht, daß also Clydes Ende unvermeidlich ist. Wie die meisten Werke Dreisers, darunter auch die dramatische Vorstudie zu diesem Roman, *The Hands of the Potter*, 1919 *(Ton in des Schöpfers Hand)*, löste *An American Tragedy* bei seinem Erscheinen Kontroversen unter den Kritikern und Angriffe auf Dreisers Einstellung zu ethischen Problemen aus.
Der Stil ist oft schwerfällig, überladen und weitschweifig. Die Tatsache, daß Dreiser lange Zeit als Journalist für Zeitungen und Magazine verschiedenster Qualität tätig war, kam weniger seiner Sprache als seinen Milieuschilderungen zugute. – In der amerikanischen Literatur hat der Roman, der heute als Dreisers Meisterwerk gilt, einen festen Platz, nicht zuletzt weil er wegbereitend war für die sozialistischen und die sogenannten »proletarischen« Romane von Autoren wie James T. FARRELL und John Dos PASSOS. J.v.Ge.-H.Thi.

AUSGABEN: NY 1925. – NY 1959, Hg. A. Kazin [m. Einl.]. – NY 1973 (Penguin). – Ldn. 1983.

ÜBERSETZUNG: *Eine amerikanische Tragödie*, M. Schön, Wien 1927. – Dass., dies., Bln./Wien 1955. – Dass., dies., Wien 1959. – Dass., dies., Hbg./Wien 1962. – Dass., dies., Bln./Weimar 1965. – Dass., dies., Ffm./Bln. 1966 (Ullst. Tb). – Dass., dies., Reinbek 1978 (rororo).

VERFILMUNG: *A Place in the Sun*, USA 1951 (Regie: G. Stevens).

LITERATUR: S. M. Eisenstein, *Un projet: l'adaptation de »An American Tragedy«* (in RLMod, 1958, S. 88–97). – T. Dreiser, *Background for »An American Tragedy«* (in Esquire, Okt. 1958, S. 155–157). – R. Lehan, *D.'s »An American Tragedy«* (in CE, 25, 1963, S. 187–193). – J. T. Flanagan, *D.'s Style in »An American Tragedy«* (in Texas Studies in Language and Literature, 7, 1965, S. 285–294). – L. Lane, *The Double in »An American Tragedy«* (in MFS, 7, 1966, S. 213–220). – C. L. Campbell, *»An American Tragedy«: Or, Death in the Woods* (ebd., 15, 1969, S. 251–259). – *The Merrill Studies in »An American Tragedy«*, Hg. J. Salzman, Columbus 1971. – R. P. Warren, *Th. D.: »An American Tragedy«* (in *Der amerik. Roman im 19. und 20. Jh.*, Hg. E. Lohner, Bln. 1974, S. 152–161). – J. T. Farrell, *D.'s »Tragedy«: The Distortion of American Values* (in Prospects, 1, 1975, S. 19–27). – M. Bucco, *The East-West Theme in D.'s »An American Tragedy«* (in WAL, 12, 1977, S. 177–183). – B. Hayne, *Sociological Treatise, Detective Story, Love Affair: The Film Versions of »An American Tragedy«* (in Canadian Review of American Studies, 8, 1977, S. 131–153). – T. P. Riggio, *American Gothic: Poe and »An American Tragedy«* (in AL, 49, 1978, S. 515–532). – M. Spindler, *Youth, Class, and Consumerism in D.'s »An American Tragedy«* (in Journal of American Studies, 12, 1978, S. 63–79). – H.-J. Gerigk, *Schuld und Freiheit: Dostoevskij, D. und Richard Wright* (in Dostoevsky Studies, 1, 1980, S. 123–139). – C. M. Micklus, *»An American Tragedy«* (in ALR, 14, 1981, S. 9–15). – P. A. Orlov, *Technique as Theme in »An American Tragedy«* (in Journal of Narrative Technique, 14, 1984, Nr. 2, S. 75–93). – L. C. Mitchell, *And Then Rose for the First Time': Repetition and Doubling in »An American Tragedy«* (in Novel, 19, 1985, S. 39–56).

## THE FINANCIER

(amer.: *Ü: Der Finanzier*). Roman von Theodore DREISER, erschienen 1912. – Zusammen mit *The Titan*, 1914 *(Der Titan)*, und *The Stoic*, 1947 *(Der Unentwegte)*, bildet dieser Roman eine Trilogie, deren Hauptthema die Karriere eines skrupellosen Finanzgenies ist. Das historische Vorbild war Charles T. Yerkes (1837–1905), der als Grundstücksmakler und Börsenspekulant 1880–1898 das Verkehrswesen in Chicago weitgehend unter seine Kontrolle brachte und einer der großen »Räuberbarone« des »Gilded Age«, der »vergoldeten« amerikanischen Gründerzeit, wurde. Seine Karriere hatte Dreiser schon als Journalist recherchiert. *The Financier* behandelt den ersten Karriereabschnitt (1837–1873), *The Titan* den zweiten (1873 bis 1898). Dem Protagonisten Frank Algernon Cowperwood ist das Talent, Geld und Macht anzuhäufen, ebenso angeboren wie anderen Menschen eine künstlerische Begabung. Für ihn ist das Leben eine Art von simplifizierter Version der Lehren Spencers und Darwins; er glaubt, daß die Starken stets die Schwachen verschlingen. Als Kind hatte er einmal den Kampf zwischen einem Hummer und einem Tintenfisch beobachtet, bei dem der Sieg des ersteren von vornherein sicher war. Seitdem war Cowperwood entschlossen, im Lebenskampf zu den Hummern zu gehören.

In *The Financier* schildert Dreiser, wie der Bankierssohn Cowperwood in Maklerkreisen Philadelphias einen raschen Aufstieg erlebt und wie dieser Erfolg auch während des Bürgerkrieges anhält. Die Schwierigkeiten beginnen erst, als die Auswirkungen des Brandes von Chicago (1871) zu einer Baisse führen und in Philadelphia ein finanzpolitischer Skandal aufgedeckt wird, in den Cowperwood verwickelt ist. Politisch einflußreiche Geschäftsleute, geführt von Edward Butler, mit dessen Tochter Aileen er ein Verhältnis unterhält, bringen Cowperwood an den Rand des Ruins. Er wird der Unterschlagung öffentlicher Gelder beschuldigt und zu einer Gefängnisstrafe verurteilt. Aber der Finanzier beweist, daß er wirklich zur Familie der Hummer gehört: Nach seiner Entlassung aus dem Gefängnis beginnt er eine neue Karriere, und die nächste Baisse wirkt sich zu seinen Gunsten aus. Am Ende des Romans ist der Sechsunddreißigjährige bereits Millionär, ein mächtiger Mann und auf dem besten Wege, in der Finanzwelt Chicagos seine Laufbahn fortzusetzen.

Eindeutiger als aus den anderen Romanen des Autors spricht aus dieser Charakterstudie Dreisers Überzeugung, daß der Mensch weder über eine unsterbliche Seele noch über Willensfreiheit verfügt, sondern daß seine Handlungen und Reaktionen determiniert sind, als sei er nichts anderes als eine komplizierte chemische Verbindung oder ein ungewöhnlich denkbegabtes Tier. Die Gesetze dieses Determinismus sind die des Dschungels; Glaube und Moral sind, soweit sie überhaupt nicht nur von den Starken als Machtmittel zur Unterwerfung der Schwachen mißbraucht werden, nur Illusion und Selbsttäuschung. Jeder bestehende Moralkodex kann von den ihrer Natur nach zu den »Hummern« gehörenden Individuen umgestoßen werden, wann immer sie dies als ihren Zwecken nützlich erachten.

Der Roman wirkt im ganzen formlos und sprachlich flach. Wie sehr Dreiser dem Naturalismus Zolascher Prägung verpflichtet ist, zeigt seine minuziöse und mitleidlose Milieuschilderung. Die Charaktere sind zuweilen stark simplifiziert, erfüllen aber ihre Funktion als Prototypen jener Kreise, die Dreiser in dieser sozialkritischen Chronik amerikanischen Lebens anprangert. J.v.Ge.-KLL

Ausgaben: NY/Ldn. 1912. – NY 1961 [Vorw. A. Kazin]. – NY 1967 (Nachw. L. Ziff). – Ldn. 1968. – Philadelphia 1986.

Übersetzung: *Der Finanzier*, M. Schön (in *Der Titan. Trilogie der Begierde*, Bd. 1, Wien 1928). – Dass., dies. (in *Trilogie der Begierde*, Bd. 1, Bln. 1954). – Dass., dies., Konstanz [1957]. – Dass., dies., Reinbek 1979 (rororo).

Literatur: M. Anderson, *The Decadent in Literature* (in Trend, Nov. 1913). – M. Geismar, *Rebels and Ancestors: The American Novel 1890–1915*, Cambridge/Mass. 1953, S. 309–317. – M. Millgate, *T. D. and the American Financier* (in Studi Americani, 7, 1961, S. 133–145). – R. E. Wilkinson, *A Study of Th. D.'s »The Financier«*, Diss. Pennsylvania State Univ. 1966 (vgl. Diss. Abstracts, 26, 1965, S. 3356/3357). – P. L. Gerber, *D.'s Financier: A Genesis* (in Journal of Modern Literature, 1, 1971, S. 354–374). – Ders., *The Financier Himself: D. and C. T. Yerkes* (in PMLA, 88, 1973, S. 112–121). – C. S. Smith, *D.'s »Trilogy of Desire«: The Financier as Artist* (in Canadian Review of American Studies, 7, 1976, S. 150–162). – J. O'Neill, *The Disproportion of Sadness: D.'s »The Financier« and »The Titan«* (in MFS, 23, 1977, S. 409–422). – J. E. Wallace, *The Comic Voice in D.'s Cowperwood Narrative* (in AL, 53, 1979, S. 56–71). – W. B. Michaels, *D.'s »Financier«: The Man of Business as Man of Letters* (in *American Realism: New Essays*, Hg. E. J. Sundquist, Baltimore 1982, S. 278–295). – L. Hughson, *D.'s Cowperwood and the Dynamics of Naturalism* (in Studies in the Novel, 16, 1984, S. 52–71).

## THE »GENIUS«

(amer.; *Ü: Das »Genie«*). Roman von Theodore Dreiser, erschienen 1915. – Der allgemein zu Dreisers schwächeren Werken gezählte Roman ist innerhalb des Gesamtwerks aus zwei Gründen beachtenswert: Zum einen trägt die bereits 1911, direkt nach *Jennie Gerhardt*, entstandene Geschichte eines wechselvollen Künstlerschicksals in Amerika stark autobiographische Züge, zum andern löste sie nicht nur – wie fast alle anderen Werke Dreisers – Kontroversen aus, sondern wurde wegen Gefährdung der Sittlichkeit mit Strafverfolgung bedroht und ein Jahr nach Erscheinen unter dem Druck der öffentlichen Meinung aus dem Handel gezogen. Obwohl zahlreiche amerikanische Schriftsteller, unter ihnen H. L. Mencken, Ezra Pound, Robert Frost und Willa Cather, gegen das Verbot protestierten, wurde nach langen Rechtsstreitigkeiten erst im Jahr 1923 die Verbreitung des Buches wieder gestattet.

Titelheld des Romans ist Eugen Witla, der in den neunziger Jahren als junger Mann aus der Provinz nach Chicago kommt, um Maler zu werden. Tagsüber verdient er seinen Unterhalt mit Gelegenheitsarbeiten, nachts widmet er sich seinen Malstudien. Besessen von dem Drang nach Erfolg, Wohlstand und sexueller Erfüllung, gelingt es ihm, sich als Illustrator und Maler einen Namen zu machen. Seine erste Ausstellung ist nicht nur ein finanzieller Erfolg, sie trägt ihm auch den Ruf eines Genies ein. Aber sein ausschweifendes Leben führt zu einem Nervenzusammenbruch, seine schöpferische Kraft erlahmt, und er sinkt zurück in die Armut. Doch verbissen kämpft er sich wieder hoch, erst als einfacher Arbeiter, dann als Gebrauchsgraphiker. Schließlich erhält er einen hochdotierten Posten im Illustriertengeschäft. Aber auch jetzt hat er außereheliche Affären. Ein Skandal droht, er verliert seine Stellung und ist wiederum finanziell ruiniert. Fast scheitert auch seine Ehe, aber dann gelingt es seiner Schwester, ihn mit seiner Frau zu versöhnen, die kurz danach im Kindbett stirbt. Eugene übernimmt die Verantwortung für die Erziehung seines Kindes.

In nuancenarmem, rein zweckbestimmtem Stil projiziert Dreiser die Gestalt des Künstlers, der ständig im Gegensatz zu einer philisterhaften Gesellschaft steht und dennoch die materiellen Errungenschaften dieser Gesellschaft teilen will, auf einen mit Akribie geschilderten Hintergrund. Sein Versuch, Witlas Ausschweifungen ebenso wie das selbstzerstörerische Aufsspielsetzen seiner künstlerischen Begabung und später seines materiellen Erfolgs mit dem jedem Künstler innewohnenden Streben nach dem Außergewöhnlichen zu erklären, klingt trotz der bemüht objektiven Darstellung allzusehr nach eigener Rechtfertigung. J.v.Ge.-KLL

AUSGABEN: NY 1915. – NY 1963. – NY 1981 (Penguin). – Philadelphia 1986.

ÜBERSETZUNG: *Das »Genie«*, M. Schön, Wien 1929. – Dass., dies., Bln./Weimar 1968. – Dass., dies., Hbg./Wien 1968.

LITERATUR: W. Blackstock, *D.'s Dramatizations of Art, the Artist, and the Beautiful in American Life* (in Southern Quarterly, 1, 1962, S. 63–86). – W. Blackstock, *The Fall and Rise of Eugene Witla: Dramatic Vision of Artistic Integrity in »The ›Genius‹«* (in Language Quarterly, 5, 1967, Nr. 1–2, S. 15–18). – J. Katz, *Dummy: »The ›Genius‹«, by Th. D.* (in Proof, 1, 1971, S. 330–357). – L. J. Oldani, *A Study of Th. D.'s »The ›Genius‹«*, Diss. Univ. of Pennsylvania 1973 (vgl. Diss. Abstracts, 33, 1973). – Ders., *Bibliographical Description of D.'s »The ›Genius‹«* (in Library Chronicle, 39, 1973, S. 40–56). – T. P. Riggio, *Another Two D.s: The Artist as »Genius«* (in StN, 9, 1977).

## JENNIE GERHARDT

(amer.; *Ü: Jennie Gerhardt*). Roman von Theodore DREISER, erschienen 1911. – Wie schon in seinem skandalumwitterten Erstling *Sister Carrie* (1900) gestaltete Dreiser auch in seinem zweiten Roman das Schicksal einer seiner Schwestern. Doch anders als die aufstiegsorientierte, rücksichtslose Carrie Meeber ist die Titelheldin dieses Romans der Inbegriff von Altruismus und Loyalität. Trotzdem setzen ihr, nach naturalistischer Manier, »die Verhältnisse« zu.

Jennie Gerhardt, die achtzehnjährige Tochter eines arbeitslosen, bigotten Glasbläsers und einer Wäscherin, wird zum gefallenen Mädchen, weil die furchtbare Armut, in der sie mit Eltern und Geschwistern lebt, ihr keine andere Wahl läßt. Um ihren wegen Diebstahls verurteilten Bruder freizubekommen, gibt sich Jennie dem sehr viel älteren, einflußreichen Senator Brander hin. Zwar verspricht ihr der aufrechte Mann die Ehe, doch bevor er sie zu seiner Frau machen kann, stirbt er. Jennie, die ein Kind von ihm erwartet, wird von ihrem Vater verstoßen (der engstirnige Vater und das Familienleben ähneln stark Dreisers eigenen Jugenderlebnissen, wie sie in der Autobiographie *Dawn* (*Morgengrauen*, 1931) dargestellt werden). Im Haus ihrer neuen Arbeitgeber in Cleveland lernt Jennie den Fabrikantensohn Lester Kane kennen, der, nachdem sie seine Geliebte geworden ist, ihre gleichfalls nach Cleveland gezogene Familie großzügig unterstützt. Er hegt ihr gegenüber ebenso ehrliche Absichten wie einst Brander und findet sich sogar mit der ihm anfangs verheimlichten Tatsache ab, daß Jennie eine uneheliche Tochter hat. Obwohl er alles versucht, um von seiner über diese Liaison entsetzten Familie unabhängig zu werden, gelingt es ihm nicht, außerhalb seiner Gesellschaftsschicht Fuß zu fassen. Schließlich beugt er sich der testamentarischen Verfügung seines Vaters, daß er nur erben solle, wenn er auf Jennie verzichtet, und heiratet eine attraktive reiche Witwe. Jennie, an Enttäuschungen gewöhnt, fügt sich ohne Bitterkeit, aber auch ohne Reue in ihr Schicksal.

Der Lebensweg dieser Frau ist um so ergreifender, als gerade sie, die von der öffentlichen Moral verdammt wird, niemals ihre persönliche Integrität verliert, niemals aus niedrigen Beweggründen handelt. Diejenigen, die ihr Unglück gebracht haben, sind ebenfalls weitgehend Opfer der sich hinter einem starren Sittenkodex verschanzenden Gesellschaft. Die peinlich genauen Milieustudien Dreisers unterstreichen die Inhumanität dieser Lebensordnung und geben – auf Kosten der erzählerischen Durchformung – dem Roman oft den Charakter einer Dokumentation. Dafür, daß in Dreisers *»naturalistischen Sagas ein menschliches Erbarmen mitklingt, wie man es bei keinem anderen Schriftsteller dieses Genres findet«* (M. Cunliffe), ist *Jennie Gerhardt* ein überzeugendes Beispiel. Der von dem mit Dreiser verbündeten Zivilisationskritiker H. L. MENCKEN überschwenglich gepriesene Roman fand bei den Zeitgenossen eine positivere Aufnahme als *Sister Carrie*; heute steht das Werk jedoch zu Unrecht im Schatten von *Sister Carrie* und *An American Tragedy*. J.v.Ge.-KLL

AUSGABEN: NY/Ldn. 1911. – Ldn. 1928. – Garden City/N.Y. 1934. – NY 1963 [Einl. A. Kazin]. – Ldn. 1969. – NY 1982.

ÜBERSETZUNG: *Jennie Gerhardt*, A. M. Nuese, Bln. 1928. – Dass., ders., Wien 1952. – Dass., ders., Hbg. 1960 (rororo). – Dass., ders., Bln./Weimar 1965. – Dass., ders., Ffm./Bln. 1983 (Ullst. Tb).

VERFILMUNG: USA 1933 (Regie: M. Gering).

LITERATUR: H. L. Mencken, Rez. (in Smart Set, Nov. 1911). – Ch. Shapiro, *»Jennie Gerhardt«: The American Family and the American Dream* (in *Twelve Original Essays on Great American Novels*, Hg. ders., Detroit 1958, S. 177–195). – R. N. Mookerjee, *The Social Content of D.'s »Jennie Gerhardt«* (in Bhanasthali Patrika, 11, 1968, S. 31–36; Sondernr., Hg. R. Gupta). – D. C. Dance, *Sentimentalism in D.'s Heroines, Carrie and Jennie* (in CLA, 14, 1970, S. 127–142). – H.-J. Lang, *D.: »Jennie Gerhardt«* (in *Der amerikanische Roman*, Hg. H.-J. L., Düsseldorf 1972, S. 194–218). – M. Marcus, *Loneliness, Death, and Fulfillment in »Jennie Gerhardt«* (in Studies in American Fiction, 7, 1979, S. 61–73).

## SISTER CARRIE

(amer.; *Ü: Schwester Carrie*). Roman von Theodore DREISER, erschienen 1900. – Im Jahr 1889 verläßt Caroline (»Carrie«) Meeber, achtzehnjährige Tochter eines Mühlenarbeiters, ihren Heimatort in Wisconsin, um in Chicago ihr Leben in die eigenen Hände zu nehmen. Carrie, hübsch, naiv und voller Erwartungen, wohnt zunächst bei ihrer Schwester, deren Mann als Kühlwagenreiniger im Schlachthof einen kümmerlichen Lohn bezieht. Von der rauhen Großstadtumwelt entmutigt, findet Carrie endlich Arbeit in einer Schuhfabrik, doch der Verdienst reicht kaum für ihren Unterhalt. Nach einer Krankheit schreckt sie vor erneuter demütigender Arbeitssuche zurück und läßt es zu, daß der Handlungsreisende Drouet ihr Geschenke macht und ein Zimmer mietet. Sein leichthin gegebenes Heiratsversprechen genügt ihr, um gemeinsam mit ihm eine Wohnung zu beziehen. Durch ihn lernt sie George Hurstwood kennen, der sich vom Mixer zum Manager einer renommierten Bar emporgearbeitet hat. Beeindruckt von seinen guten Manieren und seiner glänzenden Erscheinung, gibt sie hinter Drouets Rücken seinem Werben nach. Er verschafft ihr eine Rolle in einer Laienaufführung seines Clubs, wo sie großen Beifall erntet. Als sie erfährt, daß Hurstwood verheiratet und Vater zweier Kinder ist, bricht sie die Beziehung ab. Die Drohung seiner Frau, ihn durch einen Scheidungsskandal zu ruinieren, falls er nicht sein Vermögen auf sie und die Kinder überschreiben lasse, und seine wachsende Leidenschaft für Carrie treiben Hurstwood zu einer Kurzschlußhandlung: Aus dem zufällig unverschlossenen Safe der Bar entwendet er eine große Summe und flieht mit Carrie, die er durch eine List dazu überredet hat, nach New York. Unterwegs lassen sie sich unter falschem Namen trauen. – Die Firma kommt Hurstwood auf die Spur, sieht aber unter der Bedingung, daß er das Geld zurückzahlt, von einer strafrechtlichen Verfolgung ab. Gemeinsam mit einem Partner kauft Hurstwood eine Bar, aber das Geschäft geht schlecht. Gerade als Carrie sich vom Glanz des Broadways, der eleganten Geschäfte und Restaurants blenden läßt, muß er mit der Überwachung ihrer Ausgaben beginnen. Ein Jahr später ist er gezwungen, seinen Geschäftsanteil mit Verlust zu verkaufen, und bei der Suche nach neuer Arbeit verfällt er in eine rätselhafte Tatenlosigkeit. Carrie, die sich ihm immer mehr entfremdet, kann als Ensembletänzerin einer Revue bald ein unabhängiges Leben führen, während Hurstwood sich auf ihre finanzielle Unterstützung verläßt. Zur gleichen Zeit, als er verzweifelt versucht, während eines Streiks als Straßenbahnfahrer eingestellt zu werden, zieht Carrie aus. Beim Theater gelangt sie zu Erfolg und Reichtum, Hurstwood hingegen führt einen aussichtslosen Kampf gegen Elend und Krankheit. In einem Obdachlosenheim vergiftet er sich schließlich mit Gas. Am gleichen Tag tritt Mrs. Hurstwood mit Tochter und Schwiegersohn eine luxuriöse Europareise an. Auch Carrie ahnt nichts von seinem Ende. Sie hat äußerlich alles erreicht, wovon sie einst geträumt hat, ist aber innerlich einsam und unglücklich geworden.

Dreisers Verleger Doubleday fand das Buch unmoralisch und druckte es, um nicht vertragsbrüchig zu werden, nur in wenigen Exemplaren. So blieb der Erstlingsroman Dreisers bis zur Neuauflage sieben Jahre später fast unbekannt. Dann entrüsteten sich die Leser darüber, daß Carrie für ihren schlechten Lebenswandel weder getadelt noch bestraft wird; außerdem störte sie, die an romantisierende »schöne« Literatur gewöhnt waren, die realistische Schilderung der Alltagswelt, des Arbeitsmilieus und der Armut. Dreiser selbst hatte weder die puritanischen Empfindungen noch den Geschmack der Leser attackieren wollen, sondern lediglich seine Erfahrungen als Sohn eines verarmten deutschen Einwanderers niedergeschrieben, wobei er vor allem das Schicksal einer seiner Schwestern gestaltete. Die Welt seines Romans ist aus einer Fülle von beobachteten Fakten aufgebaut, deren massive Wirkung nicht zuletzt auf der Bedächtigkeit beruht, mit der sie (in oft schwerfälliger, ja unbeholfener Sprache) ausgebreitet werden. Aber die Fakten selbst sind nicht das Entscheidende. Wenn Dreiser z. B. die ersten Großkaufhäuser oder Telefonzellen Chicagos beschreibt, so nicht in historisch-soziologischer Absicht, auch nicht zum Zweck der Materialsammlung für eine Anklageschrift wie Upton SINCLAIRS *The Jungle* (1906), sondern weil er angesichts des raschen Wandels der gesellschaftlichen Verhältnisse die Wirklichkeit jener Jahre festhalten will, wie er es von BALZAC gelernt hatte. (Der generische Titel des Romans spielt auf Balzacs *Cousine Bette* und *Père Goriot* an.) Kennzeichnend für diese in Bewegung geratene Gesellschaft ist die gegenläufige soziale Entwicklung der beiden Hauptgestalten, die auch die Struktur des letzten Romanteils bestimmt. Am Ende des Buchs nimmt Dreiser die verschiedenen Handlungsfäden nochmals auf, nur um sie sogleich wieder fallenzulassen und damit die Vereinzelung des Menschen in der modernen Gesellschaft sinnfällig zu machen. Obgleich seine Romanfiguren dem Druck der Verhältnisse und Gewalten jenseits ihrer Kontrolle ausgeliefert sind, werden sie von ihnen nicht einfach zerrieben. In seiner Fähigkeit, Leid zu ertragen, ist Hurstwood, das eigentliche Zentrum des Romans, eine große Gestalt. Mit der Schilderung der Schutz- und Hilflosigkeit solcher Charaktere beweist Dreiser, daß er trotz des Einflusses von SPENCER und DARWIN des Mitleids mit dem zum Untergang bestimmten Individuum fähig geblieben ist. Der Roman gilt heute als Hauptwerk des amerikanischen Naturalismus. C.Schw.

AUSGABEN: NY 1900. – London 1901 (vom Autor gek.). – NY 1907. – NY 1912. – NY 1932 [Vorw. Th. D.]. – NY 1949, Hg. u. Einl. M. Geismar. – NY 1957 [Einl. K. S. Lynn]. – NY 1960 [Einl. A. Kazin]. – NY 1962 [Nachw. W. Thorp]. – NY 1965. – Ldn. 1965 [Einl. M. Millgate]. – Columbus/Oh. 1969 [Einl. L. Auchincloss]. – Oxford 1965. – Indianapolis 1970, Hg. J. Salzman. – NY/Ldn. o. J., Hg. D. Pizer. – NY 1981 (Penguin). – Philadelphia 1981, Hg. J. C. Berkey u. a. [m. Komm.]. – NY 1981 [Einl. E. L. Doctorow].

ÜBERSETZUNG: *Schwester Carrie*, A. Nußbaum, Wien 1929. – Dass., dies., Hbg. 1953 (rororo). – Dass., dies., Hbg./Bln. 1954; ern. 1963. – Dass., dies., Mchn. 1963 (Kindler Tb, 25/26). – Dass., dies., Bln./Weimar 1965. – Dass., dies., Reinbek 1978 (rororo).

VERFILMUNG: *Carrie*, USA 1952 (Regie: W. Wyler).

LITERATUR: L. Ahnebrink, *D.'s »Sister Carrie« and Balzac* (in Symposium, 7, 1953, S. 306–322). – W. J. Handy, *A Re-Examination of D.'s »Sister Carrie«* (in Texas Studies in Literature and Language, 1, 1959, S. 381–393). – B. Rascoe, *»Sister Carrie« Reconsidered* (in Southwest Review, 44, 1959, S. 44–53). – W. A. Freedman, *A Look at D. as Artist: The Motif of Circularity in »Sister Carrie«* (in MFS, 8, 1963, S. 384–392). – Ph. Williams, *The Chapter Titles of »Sister Carrie«* (in AL, 36, 1964, S. 359–365). – C. M. Simpson, *Th. D.: »Sister Carrie«* (in *The American Novel from J. F. Cooper to W. Faulkner*, Hg. W. Stegner, NY 1965, S. 106 bis 116). – J. Salzman, *The Publication of »Sister Carrie«: Fact and Fiction* (in Library Chronical, 33, 1967, S. 119–133). – C. C. Walcutt, *»Sister Carrie«: Naturalism or Novel of Manners* (in Genre, 1, 1968, S. 76–85). – J. Salzman, *The Critical Recognition of »Sister Carrie«* (in Journal of American Studies, 3, 1969, S. 123–133). – R. J. Griffin, *Carrie and Music: A Note on D.'s Technique* (in *From Irving to Steinbeck*, Hg. M. Deakin u. P. Lisca, Gainesville 1972, S. 73–81). – M. A. Burgan, *»Sister Carrie« and the Pathos of Naturalism* (in Criticism, 15, 1973, S. 336–349). – C. Griffith, *»Sister Carrie«: D.'s Wasteland* (in American Studies, 16, 1975, Nr. 2, S. 41–47). – C. Gekuld, *Wyler's Suburban Sister: »Carrie« 1952* (in *The Classic American Novel and the Movies*, Hg. G. Peary u. R. Shatzkin, NY 1977, S. 152–164). – S. Petrey, *The Language of Realism, the Language of False Consciousness: A Reading of »Sister Carrie«* (in Novel, 10, 1977, S. 101–113). – F. G. See, *The Text as Mirror: »Sister Carrie« and the Lost Language of the Heart* (in Criticism, 20, 1978, S. 144–166). – *Essays in Honor of Th. D.'s »Sister Carrie«*, Hg. W. E. Miller u. N. M. Westlake (in Library Chronicle, 44, 1979, Nr. 1; Sondernr.). – W. B. Michaels, *»Sister Carrie«'s Popular Economy* (in Critical Inquiry, 7, 1980, S. 373–390). – K. Müller, *Identität und Rolle in Th. D.s »Sister Carrie«, Teil I u. II* (in LJB, 21, 1980, S. 253–282; 22, 1981, S. 209 bis 239). – P. Fisher, *Acting, Reading, Fortune's Wheel: »Sister Carrie« and the Life History of Objects* (in *American Realism: New Essays*, Hg. E. J. Sundquist, Baltimore 1982, S. 259–277). – D. M. Garfield, *Taking a Part: Actor and Audience in Th. D.'s »Sister Carrie«* (in ALR, 16, 1983, S. 223–239).

## THE TITAN

(amer.; *Ü: Der Titan*). Roman von Theodore DREISER, erschienen 1914. – An *The Financier* (1912) anknüpfend, erzählt der Roman vom Aufstieg des skrupellosen Frank Algernon Cowperwood in der Finanzwelt Chicagos. Von den etablierten Drahtziehern der Macht wegen seiner Rücksichtslosigkeit, seines fast unfehlbaren Gespürs fürs große Geschäft und seiner anrüchigen Vergangenheit bis aufs Messer bekämpft, gelingt es Cowperwood, auf dem Weg übers Getreide- und Gasgeschäft die Kontrolle über die öffentlichen Verkehrsmittel der Stadt an sich zu reißen, wobei ihm die Manipulierbarkeit der Verwaltungs- und Justizbehörden zustatten kommt. Die Gesetze des Dschungels, die seinen Aufstieg ermöglicht haben, führen auch seine Niederlage im Kampf um einen Vertrag herbei, der ihm die Nutzung von städtischem Grund und Boden für seine private Bahnlinie sichern sollte. Ein Volksbegehren bringt das Komplott korrupter Politiker und Kapitalisten zu Fall. Aber noch immer ist Cowperwood Multimillionär, noch immer ist der Machtwille des fast Sechzigjährigen ungebrochen. Gleichwohl ruft der Schluß des Romans den des *Financier* ins Gedächtnis, in dem es von Cowperwood heißt, er sei *»Herrscher und doch nicht Herrscher, Fürst einer Welt aus Träumen, deren einzige Realität die Desillusionierung war«.*

Die Cowperwood-Trilogie erhielt von Dreiser den Untertitel *A Trilogy of Desire (Trilogie der Begierde)*, der sich nicht nur auf die Macht- und Geldgier des Protagonisten, sondern auch auf seine sexuelle Triebhaftigkeit bezieht. Nachdem Cowperwood seine erste Frau in Philadelphia skrupellos verlassen und ein offenes Verhältnis mit der ehrgeizigen Aileen Butcher begonnen hatte, wird diese in Chicago seine zweite Frau. Als dem Paar jedoch der Zugang zur besseren Gesellschaft Chicagos hartnäckig verweigert wird, verläßt Cowperwood auch Aileen. Er sammelt Gemälde und Frauen, immer auf der Suche nach innerer Befriedigung. Erst die junge Berenice Fleming vermag es, Cowperwood an sich zu binden. Doch Aileen läßt sich nicht scheiden, und so zieht Cowperwood mit beiden Frauen und seinen Gemälden am Ende von *The Titan* nach New York, statusgemäß in ein repräsentatives Haus an der Fifth Avenue.

Der postum veröffentlichte, zum Teil aus Aufzeichnungen Dreisers konstruierte Roman *The Stoic*, 1947 *(Der Unentwegte)*, beschreibt Cowperwoods Versuche, sich mit einem neuen gigantischen Projekt – Vereinheitlichung und Ausbau des Londoner U-Bahn-Systems – einen neuen Machtbereich zu erobern. Während Aileen verbittert im New Yorker Haus zurückgeblieben ist, erlebt Berenice in London Cowperwoods Zusammenbruch. Gerade als er Aussichten hat, seine Monopolisierungspläne zu verwirklichen, erkrankt er schwer und stirbt bald darauf in New York. Mit dem Giganten stürzt sein Imperium – auch dies kein Sieg »moralischer« Gegenkräfte (denn bis zuletzt spricht Dreiser kein Urteil über seinen Protagonisten), sondern das Wirken eines Mechanismus, der so erbarmungslos abläuft, wie er in Gang gesetzt wurde.

Wegen seiner thematischen und rechtlichen Brisanz – das zeitgenössische Publikum las *The Titan* als Schlüsselroman, dessen Hauptakteure z. T. noch lebten – wurde *The Titan* vom New Yorker Verlag Harper's zunächst unterdrückt (vgl. *Sister Carrie*); als der Roman dann vorlag, löste er wegen Cowperwoods freizügigem Sexualleben heftige Kontroversen aus. Als auch Dreisers nächster Roman, *The »Genius«* (1915), radikal gegen sexuelle Tabus verstieß, schlug die Zensur zu.

J.v.Ge.-H.Thi.

AUSGABEN: NY 1914. – Ldn. 1928 (in *Novels*, Bd. 4). – NY 1947 *(The Stoic)*. – NY 1965 (Penguin). – Ldn. 1968.

ÜBERSETZUNGEN: *Der Titan. Trilogie der Begierde*, Bd. 2, M. Schön u. W. Cremer, Wien 1928. – Dass., W. Cremer, Bln. [2]1954. – *Der Unentwegte*, P. Baudisch u. I. Muehlon, Konstanz/Stg. 1953. – Dass., E. Schumann, Bln. 1954. – *Der Titan*, W. Cremer, Bln./Weimar 1977 (in *Trilogie der Begierde*, Bd. 2). – Dass., ders., Reinbek 1980 (rororo).

LITERATUR: M. Geismar, *Rebels and Ancestors: The American Novel 1890–1915*, Cambridge/Mass. 1953, S. 317–325. – W. E. Wilson, *The Titan and the Gentleman* (in Antioch Review, 23, 1963, S. 25–34). – J. O'Neill, *The Disproportion of Sadness: D.'s »The Financier« and »The Titan«* (in MFS, 23, 1977, S. 409–422). – C. Drescher-Schröder, *Das Bild Chicagos in der Cowperwood-Trilogie Th. D.s mit besonderer Berücksichtigung von »The Titan«*, Ffm. 1980.

## ALEKS STAVRE DRENOVA

* 11.4.1872 Drenova
† 11.12.1947 Bukarest

### ËNDRA E LOTË

(alban.; *Träume und Tränen*). Gedichtsammlung von Aleks Stavre DRENOVA, erschienen 1912. – Die Gedichtsammlung, in die hundert meist schon vorher in albanischen Zeitungen und Zeitschriften abgedruckte Gedichte eingegangen sind, schließt sich, auch im Blick auf ihre Thematik, dem von Drenova 1904 veröffentlichten Gedichtband *Reze dielli (Sonnenstrahlen)* an. Der zweite Band läßt erkennen, daß der Dichter an poetischen Erfahrungen reicher und reifer geworden ist, und markiert den Höhepunkt dessen dichterischen Schaffens überhaupt.

Die Gedichte entstanden in den letzten Jahren jener Bewegung, die von den in der Diaspora lebenden Albanern im letzten Viertel des 19. Jh.s eingeleitet wurde und das Nationalbewußtsein ihrer Landsleute wachrütteln und sie ermutigen sollte, auch im Lande selbst für nationale Selbstbestimmung und politische Eigenständigkeit zu kämpfen. Die gesammelten Gedichte kamen gerade in dem Jahre heraus, in dem Albanien seine Unabhängigkeit tatsächlich erlangte. Der Dichter, der aus Drenova bei Korça stammte und seine südostalbanische Heimat bereits als Dreizehnjähriger verlassen hatte, lebte und wirkte seitdem fast ununterbrochen in Bukarest, wo eine ansehnliche Albanerkolonie bestand und wo sich ein bedeutendes Zentrum der albanischen Nationalbewegung gebildet hatte.

*»Träume und Tränen«* – das sind die mit diesen Bestrebungen verbundenen Hoffnungen und Erwartungen und zugleich die leidvollen Erfahrungen des in der Fremde lebenden Dichters. Daher rührte der Drang, Dichtung in den Dienst der nationalen Sache zu stellen. *»In jeder Nation«*, meint Drenova im Vorwort zu seinem Gedichtband, *»hat jede Bewegung der Gesellschaft ihren Anfang damit genommen, daß die Literatur mit der Politik Hand in Hand gegangen ist ... Die Literatur wirkt auf den gesellschaftlichen und politischen Zustand einer Nation ein.«* Gewidmet ist die Gedichtsammlung der englischen Balkanforscherin Edith DURHAM (1863 bis 1944), deren besondere Liebe den Albanern galt und die eine vorzügliche Kennerin von Land und Leuten war.

Von zentraler Bedeutung und am reichsten vertreten sind die Gedichte, die dem Themenkreis *Vaterland (Atdheu)* zugeordnet sind. Ihr kämpferischer

Tenor soll den Lesern – und Hörern – Mut und Kraft geben, die Fremden *(të huaj)* aus dem Lande zu jagen, das Joch der seit Jahrhunderten auf den Albanern lastenden osmanischen Herrschaft abzuschütteln. Aber auch die eigenen Landsleute mahnt der Dichter, sich nicht in inneren Zwistigkeiten zu verlieren: Einigkeit sei die Voraussetzung für einen albanischen Nationalstaat. Wandlungen der politischen Situation spiegeln sich in Inhalten und Themen der Gedichte wider. *Gekommen ist der Tag (ardhi dita)* hatte Drenova 1901 ein Gedicht überschrieben, in dem er aufrief, zu den Waffen zu greifen und alle Hoffnung auf die Waffen zu setzen: *»Mit ganzem Herzen und ohne Erbarmen schlagt auf den treulosen Hund ein!... Erhebt eure Köpfe, schüttelt das Joch ab, damit ihr hernach glücklich seid!«* In dem 1912 auf der Schwelle zur Unabhängigkeit entstandenen *Lied der Einigung (Kënga e bashkimit)* nimmt er einleitend jenes *Gekommen ist der Tag* wieder auf, jetzt aber beschwört er seine Landsleute, über die Grenzen der Stammeszugehörigkeit, des religiösen Bekenntnisses und der sozialen Stellung hinweg zusammenzustehen, alles für die innere Einheit des albanischen Volkes zu tun, für ein unteilbares und starkes Albanien. – Kritik an den sozialen Verhältnissen ist unüberhörbar, wenn Drenova den Begüterten, die sich der Annehmlichkeiten des Lebens erfreuen können, ins Gewissen redet, die albanischen Aufständischen, die ihr Leben aufs Spiel setzen, nicht allein zu lassen, sondern mit *»Waffen und Brot«* zu unterstützen.
Ein Thema, das immer wieder anklingt, ist die Sehnsucht nach dem Vaterland. Heimweh erfaßt nicht nur den Dichter selbst, sondern auch viele seiner Landsleute, die aus Not oder Abenteuerlust ihr Elternhaus, ihr Heimatdorf, die ihnen vertraute albanische Landschaft verlassen haben und nun in der Fremde leben. Von der Erinnerung an die Heimat inspiriert sind aber auch jene Gedichte, die in die Themenkreise *Natur (Natyra)* und *Schönheit (Bukuria)* geordnet sind: lyrisch gestaltete Szenen aus dem Alltag der einfachen Menschen, aus dem Leben des albanischen Dorfes mit seinem Brauchtum und seinen Festen sowie Gedichte, die die Schönheit der Landschaft schildern oder die Natur im Wechsel der Jahreszeiten beschreiben.
Drenova bedient sich zwar des toskischen Dialektes, wie er in Naim FRASHËRIS (1846–1900) literarischen Werken Verwendung gefunden hatte, doch gleichzeitig ist seine Sprache nicht frei von Eigenwilligkeiten, die ihr einen artifiziellen Habitus verleihen. Hierhin gehört das Bestreben, das Toskische durch gegische Dialektzüge zu bereichern, aber auch die Neigung, die sprachliche Gestalt immer wieder dem Versmaß aufzuopfern. Eine recht persönliche Note geben seiner Sprache die gelegentlich aus seiner Korçanischen Heimatmundart einfließenden Eigenheiten. – Auch literarisch steht der vor allem mit der französischen Literatur wohlvertraute Drenova unter dem Einfluß seines toskischen Landsmannes Frashëri. Gerade als dieser starb, begann Drenova seine literarische Tätigkeit. Und sein Freund Andon ZAKO-ÇAJUPI (1866 bis 1930) schrieb ihm begeistert: *»Jetzt bin ich überzeugt, dass Naim Bei nicht gestorben ist, denn die Stelle, die er leer gelassen hat, hast du eingenommen.«* Dessen Meisterschaft hat Drenova freilich nicht erreicht. Aber er war einer der talentiertesten Dichter der albanischen Nationalbewegung. C.Ha.

AUSGABEN: Bukarest 1912. – Prishtina 1971. – Tirana 1976.

LITERATUR: Dh. S. Shuteriqi u. a., *Historia e letërsisë shqipe*, Bd. 2, Tirana 1959, S. 481–516; Neudr. Prishtina 1968, S. 582–605. – V. Bala u. a., *Historia e letërsisë shqiptare që nga fillimet deri te lufta antifashiste nacionalçlirimtare*, Tirana 1983, S. 417 bis 438. – R. Qosja, *Asdreni, jeta dhe vepra e tij*, Prishtina 1972.

## JEREMIAS DREXEL

* 15.8.1581 Augsburg
† 19.4.1638 München

LITERATUR ZUM AUTOR:
J. Kehrein, *Geschichte der katholischen Kanzelberedsamkeit der Deutschen von der ältesten bis zur neuesten Zeit*, Regensburg 1834. – F. X. Glasschroeder, *J. D. SJ* (in Beilage zur Augsburger Postzeitung, 1889, Nr. 70, S. 1; Nr. 71, S. 2 f.). – B. Duhr, *Geschichte der Jesuiten in den Ländern deutscher Zunge*, Bd. 2, Freiburg i. B. 1921, S. 444–449. – G. Müller, *Höfische Kultur der Barockzeit*, Halle 1929, S. 79 ff. (DVLG, Buchreihe, Bd. 17). – Ders., *Geschichte der deutschen Seele*, Freiburg i. B. 1939, S. 63 ff. – J. de Guibert, *La spiritualité de la Compagnie de Jésus*, Rom 1953, S. 321–323. – K. Pörnbacher, *J. D.* (in K. P., *Lebensbilder aus dem Bayerischen Schwaben*, Mchn. 1961, S. 228–255). – Ders., *J. D., Leben und Werk eines Barockpredigers*, Mchn. 1965 (Beitr. zur altbayer. Kirchengeschichte, 24/2).

### NICETAS seu triumphata incontinentia

(nlat.; *Nicetas oder Sieg über die Unenthaltsamkeit*). Aszetischer Traktat von Jeremias DREXEL, erschienen 1624. – Obwohl protestantischer Herkunft, besuchte Jeremias Drexel das Gymnasium der Jesuiten in Augsburg. Noch während seiner Schulzeit trat er zum Katholizismus über und ließ sich 1598 in den Orden aufnehmen. 1612 wurde er als Nachfolger des Dramatikers Jakob BIDERMANN Leiter des Münchner Jesuitengymnasiums, und ab 1615 bis zu seinem Tode wirkte er unter Kurfürst Maximilian I. als Prediger am herzoglichen Hof.
1620 erschienen *De aeternitate considerationes (Betrachtungen von der Ewigkeit)*, der erste von drei-

undzwanzig zu Drexels Lebzeiten und sechs postum erschienenen lateinischen Traktaten, die er als nachträgliche Bearbeitungen seiner deutschen Predigten verfaßt hat. Fast sämtliche dieser Traktate wurden unter Drexels Beihilfe von Ordensgenossen und Freunden (Joachim MEICHEL, Conrad VETTER u. a.) ins Deutsche übersetzt; zahllose weitere Übersetzungen ins Englische, Französische, Holländische, Italienische, Polnische, Spanische, Ungarische sowie kompendiöse lateinische und deutsche Gesamtausgaben folgten. Drexel dürfte einer der meistgedruckten und durch Europa weitestverbreiteten Autoren seiner Zeit gewesen sein; nach Auskunft seines Münchner Verlegers Leysser wurden von seinen Drucken zwischen 1620 und 1642 über 170 000 Exemplare abgesetzt.
Es handelt sich um aszetische Schriften für Weltleute, nicht eigentlich Erbauungsliteratur im Sinne des 19. Jh.s, sondern um ebenso belehrende, ermahnende wie durch eingestreute Beispiele und Geschichten unterhaltende Abhandlungen aus dem Geiste der ignatianischen Frömmigkeit. Von nachhaltigem Einfluß auf Drexel dürften unter anderen die durch Aegidius ALBERTINUS (um 1560–1620) übersetzten Schriften des spanischen Hofpredigers Antonio de GUEVARA (um 1480–1545) gewesen sein. Die einzelnen Traktate sind straff und übersichtlich gegliedert, der Stil ist einfach, verständlich und auf Anschaulichkeit bedacht. Die deutschen Übersetzungen lassen eine starke Vorliebe für die Umgangssprache und süddeutsche Mundart erkennen; sie sind in hohem Grade lesbar und unterhaltsam geblieben.
Einige dieser Traktate sind in Dialogform geschrieben, so als erster der *Nicetas*, in dem der Lehrer Parthenius (der Jungfräuliche) sich mit dem Schüler Aedesimus (der Keusche) über *»Der unlauterkeit Anraitzungen und Würckungen«* und, in dem zweiten Buch des Traktats, über die *»Artzneyen wider die Unkeuschheit«* unterhält. Als Vorbilder dienen im ersten Teil der römische Jüngling Nicetas, der, wie der heilige Hieronymus berichtet, seiner Keuschheit dadurch *»verhülfflich«* war, daß er, wehrlos *»zum gailen Wollust geraitzet«*, der ihn bedrängenden Dirne seine abgebissene Zunge ins Gesicht spie; im zweiten Teil der heilige Benedikt, der als Eremit der fleischlichen Anfechtung sich dadurch erwehrte, daß er sich nackt in *»einer dicken, in einander verwachsnen, stechenden Dornhecken«* wälzte. Beide gehen als Sieger aus einem heldenhaften Kampf hervor, ihnen soll der Leser nacheifern; durch Enthaltsamkeit vom Müßiggang, von Fraß und Völlerei, von unzüchtigen Büchern (Drexel nennt namentlich HELIODOR, APULEIUS den *Amadís de Gaula* und das *Volksbuch vom Doctor Faust*, auch PETRARCA, RONSARD, TASSO) und unehrbaren Bildern, durch Vermeidung schlechter Gesellschaft, durch strenge Zucht in Worten, Blikken und Gebärden. Als Heilmittel gegen die Unkeuschheit werden vor allem empfohlen: Gebet, Beichte, Fasten, Arbeit, das Lesen heiliger Bücher und die Kasteiung des Leibes. Zum warnenden Exempel beschließt Drexel sein Buch mit einem ausführlich erzählten Bericht aus seinen Tagen, von einem verlorenen Sohn in Lübeck, der sich zuletzt auf gräßliche Weise selbst entleibt. Auffällig und charakteristisch für den Geist der Zeit ist eine Art Naturscheu, die sich bis zum Naturhaß steigern kann, ebenso die Neigung zu einer gewissen Verdinglichung des Ethischen. Dem entspricht und hält zugleich die Waage ein derber Humor, dem es doch nicht an Anmut fehlt. F.Ke.

AUSGABEN: Mchn. 1624. – Douai 1636 (in *Opera omnia*). – Antwerpen 1643. – Mainz 1645.

ÜBERSETZUNG: *Nicetas das ist Ritterlicher Kampf und Sig wider alle unrainigkeit, und fleischlichen wollust*, Ch. Agricola, Mchn. 1625. – In *Opera omnia germanica*, Mainz 1645.

## ORBIS PHAETON. Hoc est de universis vitiis linguae

(nlat.; *Entzündeter Weltkreis, das heißt: Über die allverbreiteten Zungenlaster*). Aszetischer Traktat von Jeremias DREXEL, erschienen 1629. – Dieser neunte Traktat des Jesuiten stellt, wie seine übrigen 28 aszetischen Schriften, die lateinische Bearbeitung deutscher Predigten dar. Im Jahre 1616 hatte Drexel vor dem kurfürstlichen Hof Herzog Maximilians I. über die »Zungenlaster« gepredigt, 1629 erschien das Ergebnis seiner Bearbeitung in zwei Bänden.
Den Titel *Phaeton* trägt das Werk nach dem Jüngling der griechischen Sage, der, ein Sohn des Helios, von diesem für einen Tag die Erlaubnis erlangte, den Sonnenwagen zu lenken. Da er zu schwach war, die feurigen Rosse zu zügeln, wich das Gespann bald von seiner Bahn ab, Himmel und Erde drohten in Brand zu geraten, so daß Zeus selber eingreifen mußte und den Verwegenen mit dem Blitz erschlug. Ebenso wie *»des Weltenbrenners Pferde, Zügel und Zaum abgerissen, Zaumloß in dem Lufft herum schweben, also kan auch die Zung den Zaum und Zügel deß Stillschweigens nicht leiden«* und richtet allenthalben die schrecklichsten Verwüstungen an. Die einzigen Sünden der Zunge werden in zweimal 31 Kapiteln nach dem Alphabet abgehandelt, derart, daß ein, zwei oder drei *vitia*, die mit dem gleichen Buchstaben beginnen, zusammengefaßt werden; z. B. *De mendaci linguà, De mordaci lingua* und *De murmurante lingua* (»Die Lug-Zung«, »Die Stech- oder Beiß-Zung« und »Die murrende Zung«). Zu jedem Buchstaben gehört ein allegorisches Kupfer von Christoph Sadeler, auf welchem man die betreffenden Zungen in Aktion sieht, jede in Gestalt eines feurigen Schwertes (nach Psalm 57, 5: *»... die Menschenkinder sind Flammen ... und ihre Zungen scharfe Schwerter«*). Am Schluß des ersten Teils ist als 31. Kapitel eine kontrastierende Betrachtung *Von Gnad und Gab der Zungen* eingeschoben, und unter den letzten drei Buchstaben X, Y, Z findet man eigene kleine

Abhandlungen, wie man die Zunge bewahren soll, wie man eine böse Zunge wieder gut machen und wie man seiner Mitmenschen arge Zungen ertragen kann.
Diese umfangreichere Schrift verfolgt, wie auch der *Nicetas*, einen didaktischen Zweck. Drexel will keineswegs nur als literarischer Satiriker tadeln, sondern auch Anweisungen geben, wie man seine Fehler verbessern soll. Erbauliche Exempel und Geschichten, geistreich erfundene und ausgelegte Kupfer sollen den Leser zugleich unterhalten und sich seinem Gedächtnis einprägen. – Die deutsche Übersetzung von Joachim Meichel bevorzugt umgangssprachliche, mundartliche Formen sowie eingestreute Sprichwörter und Merkverse. Kurioserweise finden sich bereits in den Fußnoten des lateinischen Erstdrucks gelegentlich freie Verdeutschungen einzelner Sätze und Wendungen, die aus den ursprünglichen Predigten stammen dürften.

F.Ke.

Ausgaben: Mchn. 1629, 2 Bde. – Douai 1636 (in *Opera omnia*). – Antwerpen 1643. – Mainz 1645.

Übersetzungen: *Zungen Schleiffer oder Brinnende Weltkugel von bösen Zungen angezündet*, J. Meichel, Mchn. 1631. – *Tractat, Der brennende Welt-Kugel oder Zungen-Schleiffers Das ist: Von Zungen-Lastern*, ders. (in *Opera omnia Germanica*, Bd. 1, Mainz 1645).

## max Dreyer

* 25.9.1862 Rostock
† 27.11.1946 Göhren auf Rügen

### DER PROBEKANDIDAT

Schauspiel in vier Akten von Max Dreyer, Uraufführung: Berlin, 18. 11. 1899, Deutsches Theater. – Die Kritik an veralteten Erziehungsmethoden, die Satire auf das groteske Mißverhältnis zwischen dem beharrlich tradierten Bildungsauftrag der Schule und der konkreten historischen und sozialen Wirklichkeit ist ein Thema, das sich in der Wilhelminischen Ära geradezu aufdrängte. Sein Spielraum reicht vom harmlosen Pennälerjux über die Schülertragödie (vgl. etwa Frank Wedekinds *Frühlingserwachen*, 1891) bis zur umfassenden Gesellschafts- und Zeitkritik (vgl. etwa Heinrich Manns *Professor Unrat*, 1905).
In den Mittelpunkt seines Stückes stellt Dreyer, selbst zeitweise im Schuldienst tätig, einen angehenden jungen Lehrer, dessen fortschritts- und wissenschaftsgläubiger Idealismus an den konfessionell gebundenen und allen Neuerungen feindlichen Denkschematismen seiner Vorgesetzten scheitert. Freilich kommt dieses Scheitern nicht von ungefähr. Dr. Fritz Heitmann, der »Probekandidat«, bei aller Begeisterungsfähigkeit und Aufgeschlossenheit für einen zeitgemäßen Unterricht naiv und weltfremd, ist kein gleichwertiger Gegenspieler für den aalglatten und routinierten Direktor Dr. Eberhard und den einflußreichen Präpositus Dr. theol. von Korff. Er ist ein *»rosenrotes Gemüt«*, wie sein Freund Paul treffsicher bemerkt; für ihn gibt es *»nichts Schöneres ... auf der Welt«* als den Schuldienst: *»Die hellen Augen der Jungen ... das ist wie der Sternenhimmel.«* Ihm widerstrebt die *»gesinnungstüchtige«* Angepaßtheit, das opportunistische Mit-dem-Strom-Schwimmen, das Paul mit unverbindlichem Zynismus meisterhaft beherrscht: *»Ich bin Manns genug, meine Meinung zu sagen – da, wo es mir nicht schadet!«* Allen »wohlmeinenden« Ratschlägen zum Trotz besitzt Fritz die unerhörte, ja »revolutionäre« Kühnheit, im Biologieunterricht den als Schulstoff vorgeschriebenen Schöpfungsplan mit Darwins evolutionistischen Theorien zu konfrontieren und den Schülern die neugewonnenen Einsichten auf einem naturwissenschaftlichen Ausflug *in concreto* vorzuführen. So nimmt denn das absehbare Verhängnis seinen Lauf, beschleunigt durch allerlei melodramatische Verwicklungen. Heitmanns Kusine, heimlich verliebt in ihren Vetter, doch als überangepaßte Volksschullehrerin neidisch auf seinen Enthusiasmus, verleitet ihren Onkel, einen verkommenen ehemaligen Rittergutsbesitzer, zu einer ausgiebigen Spiel- und Sauftour. Der Betrunkene stört ein Gartenfest bei den Eltern von Heitmanns Braut und vereitelt damit die wohlinszenierten Vermittlungs- und Bekehrungsversuche der anwesenden Schulprominenz. Auf der am darauffolgenden Tage stattfindenden Probeunterrichtsstunde verweigert Fritz endgültig den geforderten Gehorsam, bekennt sich – mit Goethe-Zitaten aufwartend – freimütig zu seinen »revolutionären« Anschauungen und hält auch nach seiner unvermeidlichen Entlassung und der Auflösung seines Verlöbnisses unbeirrt an seinem reichlich naiven Idealismus fest: *»Das Lebendige behält den Sieg! Überall und immer! Mit dieser Gewißheit läßt es sich leben.«*
Die unübersehbaren Schwächen des seinerzeit wohl wegen seiner aktuellen Thematik erfolgreichen Stücks liegen in der unglaubwürdigen klischeehaften Charakterisierung der Figuren wie in den hohlen und unfreiwillig komischen Phrasen des papierenen Idealismus, zu dem die von Dreyer intendierte Schul- und Bildungskritik erstarrt.

M.Schm.

Ausgabe: Bln. 1900.

Literatur: P. Wittko, *M. D.* (in Mecklenburgische Monatsh., 8, 1932, S. 420–422). – H. Zerkaulen, *M. D. Der Dichter u. sein Werk*, Lpzg. 1932. – H. Lilienfein, *M. D.* (in Ostdt. Monatsh., 13, 1932/33, S. 436–437). – P. Babendererde, *M. D., der Dichter der Ostsee*, Greifswald 1942.

## YOUENN DREZEN

* 1899 Pont-l'Abbé
† 1972 Lorient

### ITRON VARIA GARMEZ

(bret.; *Unsere liebe Frau vom Karmel*). Roman von Youenn DREZEN, erschienen 1940. – Das Buch trägt als Titel den Namen der bedeutendsten Kirche der bretonischen Stadt Pont-l'Abbé. – Paol Tirili, ein Schuster, hat den Plan gefaßt, für die Kirche Unserer lieben Frau vom Karmel in seiner freien Zeit eine Statue der Heiligen Jungfrau zu schaffen, der er das Gesicht Jani Dréos, der Geliebten von Joz Gouzien geben will. Der Dekan von Pont-l'Abbé ist indes der Ansicht, daß Jani zu jung sei, um als Modell für eine Muttergottes zu dienen; doch Paol hält an seiner Meinung fest: *»Meine Jungfrau Maria ist jung und strahlt vor Freude, ja vor Stolz, wie jene zwanzigjährigen Mütter, die Eure Kirche am Wallfahrtstag der Kleinen Kinder füllen.«* Die Stadt Pont-l'Abbé macht nach dem ersten Weltkrieg eine sehr schlimme Zeit durch. Auch Bürgermeister Larnikol, ein energischer Mann, der während des Krieges sehr viel Geld mit Kartoffelhandel verdient hat und durch finanzielle Hilfe, die er nach dem Krieg jungen Ehepaaren gewährte, populär geworden ist, steht der wirtschaftlichen Krise machtlos gegenüber, da er aus Paris keinerlei Unterstützung erhält. Angesichts dieser Misere tun sich die Vertreter aller politischen Parteien zusammen und beschließen, einen Generalstreik von unbegrenzter Dauer auszurufen. Die Bretonen wollen nicht mehr länger ihre Energie und ihre Intelligenz für die Franzosen arbeiten lassen. Um Ausschreitungen vorzubeugen, schicken die französischen Behörden einen Militärtrupp in die Stadt. Als eine alte Frau durch den Huftritt des Pferdes eines Soldaten getötet wird, kommt es zu schweren Unruhen, in deren Verlauf Joz verhaftet, von der empörten Menge befreit, wieder verhaftet und zu sechs Wochen Gefängnis verurteilt wird. Jani Dréos Vater widersetzt sich jetzt erst recht der Heirat zwischen seiner Tochter und Joz Gouzien, den er für keine gute Partie hält. Als ihm seine Frau zu verstehen gibt, ihre Tochter sei schwanger, gerät er in großen Zorn und will wissen, wer der Vater des Kindes ist. Er begibt sich zu dem inzwischen schwer erkrankten Paol, der sehr darunter leidet, seiner Statue, die weder Mund noch Nase hat, nun nie mehr das Symbol seines Glaubens, das paradiesische Lächeln Unserer lieben Frau von Karmel, einmeißeln zu können. Auf sein eigenes Leben zurückblickend, das er für vergeudet hält, weil er sein Werk, *»das aus seinem Fleisch, seinem Blut, seinem Glauben, seinem Leben gemacht war»*, nicht vollenden konnte, spricht Paol mit Janis Vater so überzeugend von der Liebe der beiden jungen Menschen und dem Glück, ein Kind zu haben, daß Herr Dréo seinen Widerstand aufgibt. Paols Zustand verschlimmert sich mehr und mehr, und eines Tages, als er allein zu Hause ist, verläßt er sein Bett, betrachtet seine Statue und zerschlägt sie mit dem Hammer: *»Mein Traum gehört mir. Ich werde nicht die Karikatur meines Traumes hinterlassen.«* Erschöpft von seiner Vernichtungstat, stirbt er neben seinem Bildwerk.

*Itron Varia Garmez* ist in einem literarischen Bretonisch geschrieben, das reich an mundartlichen Ausdrücken der Gegend von Pont-l'Abbé ist. Die Sprache ist poetisch und geschmeidig, doch nicht immer korrekt; das Vokabular ist abwechlungsreich, oft rauh. *Itron Varia Garmez* ist ein kraftvolles, lebendiges und durchaus realistisches Werk und darf als einer der bedeutendsten und eindrucksvollsten Romane der bretonischen Literatur gelten. L.B.

AUSGABE: Brest 1940.

ÜBERSETZUNG: *Notre-Dame Bigouden*, Y. Drezen, Paris 1943 [frz.].

LITERATUR: Y.-M. Rudel, *Panorama de la littérature bretonne des origines à nos jours*, Rennes 1950, S. 86. – Y. Olier, *Y. D.* (in Al Liamm, 28, 1951, S. 54–63). – Abeozen, *Istor Lennegezh vrezonek an Amzer-vreman*, La Baule 1962, S. 121–124.

## PIERRE DRIEU LA ROCHELLE

* 3.1.1893 Paris
† 16.3.1945 Paris

LITERATUR ZUM AUTOR:
P. Andreu, *D. la R., témoin et visionnaire*, Paris 1952. – P. Vandromme, *P. D. la R.*, Paris 1958. – F. J. Grover, *D. la R. and the Fiction of Testimony*, Berkeley 1958. – Ders., *D. la R.*, Paris 1962. – J. Mabire, *D. la R. parmi nous*, Paris 1963. – B. Pompili, *D. la R.*, Ravenna 1969. – A. Pfeil, *Die frz. Kriegsgeneration u. der Faschismus. P. D. la R. als politischer Schriftsteller*, Mchn. 1971. – J.-M. Pérusat, *D. la R. ou le goût du malentendu*, Ffm. u. a. 1977. – P. Du Bois, *D. la R., une vie*, Lausanne 1978. – D. Desanti, *D. la R., le séducteur mystifié*, Paris 1978. – J. Hervier, *Deux individus contre l'histoire, D. la R., E. Jünger*, Paris 1978. – M. Zimmermann, *Die Literatur des frz. Faschismus. Untersuchungen zum Werk D. la R., 1917–1942*, Mchn. 1979. – F.-J. Grover, *D. la R.s, vie, œuvres, témoignages*, Paris 1979. – Ders. u. P. Andreu, *D. la R.*, Paris 1979. – M. Reboussin, *D. la R. et le mirage de la politique*, Paris 1980. – R. Soucy, *Fascist Intellectual, D. la R.*, Berkeley 1979. – M. Reboussin, *D. la R. et le mirage de la politique*, Paris 1980. – B. Franck, *La panoplie littéraire*, Paris 1980. – J. M. Hanotelle, *D. la R. et la déchéance du héros*, Paris 1980. – B. Cadwallader, *Crisis of the*

*European Mind*, Cardiff 1981. – *P. D. la R.*, Hg. M. Hanrez, Paris 1982. – R. B. Leal, *D. la R.*, Boston 1982. – J.-L. Saint-Ygnan, *D. la R. ou l'obsession de la décadence*, Paris 1984. – M. Balvel, *Itinéraire d'un intellectuel vers le fascisme, D. la R.*, Paris 1984. – J. Lansard, *D. la R. ou la passion tragique de l'unité*, Paris 1985. – M. Ebel, *Identitätssuche u. Affektdenken im Erzählwerk von D. la R. Das gefangene u. das verlorene Ich*, Rheinfelden 1986.

## GILLES

(frz.; *Ü: Die Unzulänglichen*). Roman von Pierre DRIEU LA ROCHELLE, erschienen 1939. – Der Held dieses autobiographischen Romans, in dem Drieu la Rochelle die geistige Entwicklung eines jungen Franzosen zwischen den beiden Weltkriegen aufzeichnet, ist Gilles Gambier. Es entsteht das Bild eines von innerer Unsicherheit getriebenen Menschen, der verzweifelt versucht, seinem Leben einen Sinn zu geben, und diesen schließlich, symptomatisch für viele seiner Generation und in Übereinstimmung mit der eigenen Entscheidung des Autors, in der Ideologie des Faschismus findet.

Gilles, ein Findelkind, wurde gleich nach Beendigung der Schule in den Krieg geschickt. 1917 kommt er während eines Genesungsurlaubs nach Paris und ist entschlossen, diese Zeit vollauf zu genießen. Er hat mehrere Liebschaften, doch keine der Frauen vermag ihn ganz für sich zu gewinnen. Die Ehe, die er aus Geldgier mit einer reichen, intelligenten Jüdin eingeht, zerbricht. Seine hervorstechenden Charakterzüge: Unentschlossenheit, Schwäche, mangelnde Selbstdisziplin, treten immer deutlicher hervor. Gilles schwankt ständig zwischen Mut und Schlappheit, zwischen Kontaktfreudigkeit und dem Bedürfnis, sich zu isolieren, zwischen sexuellem Begehren und Enthaltsamkeit. Am Ende eines jeden Abenteuers findet er sich allein, und er glaubt, daß diese Einsamkeit sein Los sei. Nach Kriegsende schlägt er die Diplomatenlaufbahn ein und wird Presseattaché. Doch trotz seiner glänzenden Fähigkeiten gelingt es ihm nicht, ernstgenommen zu werden. Er amüsiert und schockiert seine Umwelt und gilt als Dilettant. Der Zeitgeist ist nicht dazu angetan, Beständigkeit in ihm zu wecken. Alles scheint ihm in Auflösung begriffen: Überzeugungen, Ideen, Traditionen. In einer politisch-literarischen Gruppe, »Die Revolte« genannt, die sich auch mit Traumdeutung beschäftigt (gemeint sind die Surrealisten, deren Bewegung Drieu la Rochelle eine Zeitlang angehörte), findet er Geistesverwandte. In dem Chef dieser Vereinigung, Caël, porträtiert der Autor offensichtlich André BRETON. Als ein von Caël aus egoistischem Machtstreben geplantes Attentat auf den Präsidenten der Republik scheitert – man wollte sich zu diesem Zweck des Präsidentensohns bedienen, der dann jedoch nach einer Liebesenttäuschung alle politischen Pläne aufgab und Selbstmord beging –, bricht Gilles mit ihnen. Nachdem auch eine zweite Ehe gescheitert ist, gibt er die diplomatische Karriere auf und gründet mit Hilfe reicher Freunde eine Zeitschrift mit dem Titel »Apokalypse«, in der sein leidenschaftliches Interesse an soziologischen Problemen sich in Artikeln über aktuelle Themen, wie Vaterland, Klasse, Partei, Maschine und Revolution, niederschlägt. Als militanter Faschist stellt er sich jedem zur Verfügung, der die Regierung zu stürzen bereit ist, und prangert selbst heftig die Dritte Republik an. Nach den Unruhen im Februar 1934, aus denen das »Kabinett der nationalen Einigung« hervorgeht, flieht Gilles, an Frankreich verzweifelnd, nach Spanien, um auf seiten Francos zu kämpfen. Hier findet er endlich *»das wilde Glück, das er immer gesucht hatte ... das Wunder, endlich in den anderen sich und in sich die anderen lieben zu können. So leicht zerbrechlich und so faszinierend ist das Wunder, daß nur der Tod allein das Siegel der Gewißheit zu geben vermag«*. Verschanzt hinter den Trümmern einer Stadt erwartet er, mit Begeisterung auf den Gegner feuernd, in ekstatischer Todesbereitschaft die feindliche Kugel.

Dieser Schlüsselroman, der die politische, geistige und gesellschaftliche Situation zwischen den beiden Weltkriegen spiegelt, soll demonstrieren, wie ein lebenshungriger, bedenken- und haltloser junger Mann nach vielen Irrtümern und Niederschlägen durch die »Bekehrung« zum Faschismus seine Schwäche abwirft und zum kraftvollen Helden heranreift; doch man erkennt, daß im Gegenteil gerade die Schwäche Gilles für die berauschende Idee totalitärer Machtausübung anfällig gemacht hat. An die Stelle des Selbstmords, den der Held eines ersten autobiographischen Romans *Le feu follet*, 1931 *(Das Irrlicht)*, verübt, ist in den *Unzulänglichen* die Hinwendung zum Faschismus getreten. – Der Handlungsverlauf ist mit subtilen psychologischen Deutungen durchsetzt. Drieu la Rochelle hat selbst den Anspruch erhoben, in der französischen Erzähltradition zu stehen; seine Romane seien *»sehr humanistisch, fast abstrakt, kaum üppig zu nennen«*. KLL

AUSGABEN: Paris 1939. – Paris 1942. – Paris 1962. – Paris 1973 (Folio).

ÜBERSETZUNG: *Die Unzulänglichen*, G. Heller, Bln./Darmstadt 1966.

LITERATUR: M. Arland, *»Gilles« par D. la R.* (in NRF, 54, März 1940, S. 403–406). – F. Bondy, *Ein Roman und sein Fall* (in Der Monat, Okt. 1966, Nr. 217, S. 68–72). – K. H. Bohrer, *»Die Unzulänglichen«* (in NRs, 78, 1967, S. 132–136). – C. Wardi, *Décadence et nationalisme dans »Gilles« de D.* (in TLL, 15, 1977, S. 263–274). – M. A. Santa d'Usall, *Deux versions différentes de la Guerre d'Espagne* (in *La guerre et la paix dans les lettres françaises de la guerre du Rif à la guerre d'Espagne, 1925–1939*, Reims 1983, S. 243–251). – Y. Stalloni, *»Gilles«, lecture dirigée* (in L'École des lettres, 75, 1. 2. 1984, S. 2–16; 1. 3. 1984, S. 3–26).

## RÊVEUSE BOURGEOISIE

(frz.; *Ü: Verträumte Bourgeoisie*). Roman von Pierre DRIEU LA ROCHELLE, erschienen 1937. – Der Roman erschien im gleichen Jahr, in dem der Autor die tagespolitischen Artikel, die aus seinem Engagement für die faschistische »Französische Volkspartei« (Parti Populaire Français/PPF) entstanden waren, in einem Band gesammelt herausbrachte: *Pour Doriot (Für Doriot)*. Nach seinem Selbstmord 1945, mit dem er seinen gewundenen Weg durch fast alle politischen Lager, der ihn nach 1940 konsequent in die Kollaboration mit den Nazis geführt hatte, abschloß, stellte sich schon bald bei Kritik und Publikum ein Erfolg ein, wie ihn Drieu zu Lebzeiten kaum gekannt hatte. Nicht zuletzt die Veröffentlichung seines hinterlassenen *Récit secret (Geheimbericht)*, in dem er sein Versagen offen darlegt, hat zu seiner Rehabilitierung beigetragen.

Gaëtan PICON hat die wohl zutreffendste Erklärung für die postume Sympathie gefunden, die das geistige Frankreich diesem in einem so offensichtlichen intellektuellen Bankrott Geendeten entgegenbringt; in seinem *Panorama de la nouvelle littérature française* schrieb er 1960: *»Das Scheitern Drieus ist im Grunde ein Scheitern der Aufrichtigkeit: er hat sich nie belügen können ...«.* Der Charme dieser Aufrichtigkeit ließ oft vergessen, daß das literarische Werk dieses Autors insgesamt doch recht ungleichwertig ist, daß er immer wieder in die Nähe billiger Kolportage geriet – etwa in den Romanen *L'homme couvert de femmes (Der Mann unter der Last der Frauen), Blèche, Une femme à sa fenêtre (Eine Frau am Fenster)* – und daß er als Politiker sehr oft die klare Einsicht vermissen läßt und sich dem Rausch großer Worte hingibt. Auch sein Hauptwerk, der Roman *Gilles* – Picon nennt ihn *»einen der großen Romane des Jahrhunderts«* –, ist, ganz abgesehen von den darin enthaltenen platten faschistischen Tiraden, stellenweise von einer unerträglichen prätentiösen Banalität und erreicht nur an wenigen Stellen das Format jener Autoren, die sich der späte Drieu – er hatte einst als Surrealist begonnen – zu seinen Meistern erkor: CÉLINE, MONTHERLANT, MALRAUX. Es mag mit seiner Aufrichtigkeit zusammenhängen, daß Drieu la Rochelle jene Werke am besten gelangen, in denen er ein Versagen, Scheitern, einen Untergang schildert, etwa in der frühen, Paul ÉLUARD gewidmeten Novelle *La valise vide* (1924) oder dem Bericht vom Tod eines rauschgiftsüchtigen Freundes *Le feu follet* (*Das Irrlicht*, 1931). – Einen Gipfel dieser »Literatur des Versagens« stellt zweifellos der Roman *Rêveuse bourgeoisie* dar. Drieu la Rochelle hat anscheinend zeitlebens selbst das Gefühl gehabt, den Zielen, die er sich als Dichter oder als politischer Mensch setzte, nicht gerecht zu werden, und wo er dieses Gefühl ohne den Versuch einer beschönigenden Theorie gestaltet, da entstehen bezwingende Werke, erfüllt von einer echten Melancholie.

*Rêveuse bourgeoisie* ist weniger der Roman des Verfalls einer bürgerlichen Familie als der Roman von der Unmöglichkeit einer bestimmten überkommenen bürgerlichen Haltung in der um 1890 beginnenden hochkapitalistischen Zeit. Camille Le Pesnel, ein begabter Provinzler aus der Normandie, kommt in diesen Jahren nach Paris, mit den Illusionen eines Rastignac oder Julien Sorel, aber es reicht in der veränderten Wirtschaftswelt der Dritten Republik nur noch zu barer Lächerlichkeit ohne jegliche Größe. Er heiratet die schwerreiche Agnès Ligneul, aber nur, um auch sie und ihre Familie mit in seinen schicksalhaften Ruin zu ziehen. Als er 1930 in einem Altersheim in der Provinz stirbt, wohin ihn seine Tochter gebracht hat, die sich als erfolgreiche Schauspielerin von ihrer vergangenheitssüchtigen Familie freimachen konnte, da hat er als einziges Aktivum seines Lebens nur die unwandelbare Anhänglichkeit an seine Geliebte zu verbuchen, jene unkomplizierte, »echte« Modistin Rose. In seinem letzten Viertel geht der Roman über den Bericht vom Untergang der Familien Le Pesnel-Ligneul hinaus. Während in den ersten drei Teilen das allmähliche Debakel Camilles samt der Tragikomödie seiner Ehe in aller Ausführlichkeit geschildert wird, erteilt Drieu zu Beginn des vierten Teils der Tochter Geneviève das Wort, die, in der Ichform, als arrivierte Schauspielerin des Jahres 1925 nicht nur die Familiengeschichte zu Ende erzählt, sondern sie gleichzeitig mit kaltschnäuzig-kritischen Akzenten einer Zeit versieht, die den bourgeoisen »Traum« endgültig überwunden hat. Geneviève berichtet ausführlich vom Schicksal ihres älteren Bruders Yves, dem es schwerer fällt, sich von der Ähnlichkeit mit dem Vater und dem Sog der Vergangenheit freizumachen. Er rettet sich in die Flucht nach vorn, tritt als Freiwilliger bei der Kolonialtruppe ein, stürzt sich in die Kämpfe in Marokko und geht schließlich ohne Widerspruch dem Tod im Ersten Weltkrieg entgegen. W.Ht.

AUSGABEN: Paris 1937. – Paris 1960. – Paris 1976 (Folio).

ÜBERSETZUNG: *Verträumte Bourgeoisie*, G. Heller, Ffm./Bln. 1969 [m. einem Essay von G. Picon].

LITERATUR: H. Grössel, *Ein verträumter Bourgeois* (in Akzente, 21, 1974, S. 315–328).

# JOHN DRINKWATER

* 1.6.1882 Leytonstone
† 25.3.1937 London

## ABRAHAM LINCOLN

(engl.; *Abraham Lincoln*). Schauspiel in sechs Szenen von John DRINKWATER, Uraufführung: Birmingham, 12. 10. 1918, Repertory Theatre. – In lockerer, zeitlich gegliederter Szenenfolge, verknüpft durch die Kommentare zweier »Chronisten«, behandelt das Stück die Periode von 1860, als Lincoln in Springfield/Illinois seine Nominierung zum republikanischen Präsidentschaftskandidaten annahm, bis zum Karfreitag des Jahres 1865, als er nach Beendigung des Bürgerkrieges durch den Sieg über die Südstaaten von dem Schauspieler John W. Booth im Ford-Theater in Washington ermordet wurde.

Lincoln hat sich die schwere Aufgabe gestellt, den Zerfall der Union aufzuhalten. Im Konflikt zwischen leidenschaftlicher Verfassungstreue und Respekt vor der Auffassung der Gegner, erfüllt von tiefem Mitgefühl für die unsäglichen Leiden, die das Volk während des Bürgerkriegs erduldet, entwickelt er sich zu einem Staatsmann von außergewöhnlicher menschlicher Größe. In Auseinandersetzungen mit Abgeordneten der Südstaaten, mit seinen Kabinettsmitgliedern (William Seward, Stanton, Blair, Chase), mit extrem patriotischen oder kriegsmüden Teekränzchengästen seiner Frau (Mrs. Goliath Blow, Mrs. Otherly), mit dem rachedurstigen Neger Frederick Douglas, den Generälen Grant und Meade und einem zum Tod verurteilten jungen Patrioten (William Scott) ringt sich der von Natur aus friedliebende Präsident zur Kriegführung, zur vorzeitigen Proklamation der Sklavenbefreiung und zu zahllosen, allein von seiner Autorität getragenen Entscheidungen durch, ohne dabei der Illusion zu verfallen, er hätte eine rein idealistische Mission zu erfüllen. Das Stück endet mit seinen historischen Worten: *»Ohne Groll gegen irgend jemanden, mit Barmherzigkeit für alle, ist es unsere Aufgabe zu entscheiden, daß die Nation, unter Gott, in Freiheit neugeboren wird; und daß die Regierung des Volkes durch das Volk und für das Volk nicht untergeht auf der Erde.«*

In dem Schauspiel wechseln Verse (verwendet für die Chronistenkommentare) mit Prosadialogen ab, wobei allerdings manchmal der Reim noch auf die Dialoge übergreift. Trotz der stellenweise naiv idealisierten Titelgestalt und der meist nur als Sprachrohr einseitiger Meinungen dienenden Nebenfiguren haben manche zeitgenössische Literaturkritiker dem Stück literarischen Wert zugesprochen. Dies konnte indes nicht verhindern, daß das Schauspiel, nachdem es sich zunächst erstaunlich lange auf Londoner und New Yorker Bühnen gehalten hatte, beim Publikum rasch wieder vergessen wurde. Die puritanisch-idealistische Einstellung John Drinkwaters, des Biographen Cromwells, ist auch in seinem *Abraham Lincoln* unverkennbar. Der Autor, der als Lyriker, Herausgeber, Dramatiker und Biograph hervortrat, wurde durch sein Schauspiel über die Amtszeit des populärsten amerikanischen Präsidenten mit einem Schlag berühmt. Aufgrund der siegreichen englisch-amerikanischen Allianz und der nach dem Ersten Weltkrieg hochgespannten Hoffnungen auf eine heile, friedliche Welt ließ sich das englische Sentiment damals bereitwillig von der Figur Lincolns begeistern. R.G.

AUSGABEN: Ldn. 1918. – Boston/NY 1921. – Ldn. 1925 (in *Collected Plays*, 2 Bde., 2; ern. St. Clair Shores/N.J. 1968). – Bielefeld 1940, Hg. A. Kroitzsch. – Bielefeld u. a. 1952 [mit Wörterbuch]. – Ldn. 1957 (in *Modern Short Play*).

ÜBERSETZUNG: *Abraham Lincoln*, K. Dehmann, Karlsruhe 1951.

LITERATUR: A. E. Morgan, *Tendencies of Modern English Drama*, Ldn. 1924; NY 1924 S. 257; 277–290; 301. – G. Sutton, *Some Contemporary Dramatists* Ldn. 1924; NY 1925, S. 53–72. – G. W. Mathews, *The Poetry of J. D.*, Liverpool 1925. – A. W. Roeder, *D. als Dramatiker*, Gießen 1927. – C. Clemens, *J. D.: The Poet of Highgate* (in SR, 40, 1932, S. 422–445). – F. T. Wood, *On the Poetry of J. D.* (in Poetry Review, 24, 1933, S. 27–51). – P. Thonless, *Modern Poetic Drama*, Oxford 1934. – C. Ghidelli, *D. and His Historical Plays*, 1937. – H. Papajewski, *J. D., »Abraham Lincoln«* (in ASSL, 195, 1958, S. 1–19). – H. H. Gowda, *The Revival of English Poetic Drama*, Bombay 1972, S. 180–219. – L. Abercrombie, *The Drama of J. D.* (in Four Decades of Poetry 1890–1930, 1, 1977, S. 271–281). – W. Morris, *J. D.*, Philadelphia 1977. – M. J. Pearce, *J. D.: A Comprehensive Bibliography of His Works*, Ldn. 1977. – P. Berven, *J. D.: An Annotated Bibliography of Writings About Him* (in English Literature in Transition, 1880–1920, 21, 1978, S. 9–66).

## CARLOS DROGUETT

* 15.12.1912 Santiago de Chile

### ELOY

(span.; *Ü: Eloy*). Roman von Carlos DROGUETT (Chile), erschienen 1960. – Wie sein erstes Werk, *Sesenta muertos en la escalera (Sechzig Tote auf der Treppe)* – ein Roman über ein polizeiliches Massaker in der Universität von Santiago im Jahre 1938 –, geht auch dieses auf eine tatsächliche Begebenheit der jüngeren chilenischen Lokalgeschichte zurück: Im Juli 1941 wurde der mehrfache Mörder und Straßenräuber Eloy, eine fast legendäre Gestalt in Chile, im Gebiet von Rancagua von der Polizei gestellt und nach einem mehrstündigen Kugelwechsel erschossen. Der Roman behandelt die letzten Stunden des Banditen, von Mitternacht bis zu seinem Tod im Morgengrauen. Während er umzingelt ist und mehrfach verwundet wird, erinnert er sich an Gestalten und Ereignisse aus seinem Leben. Anfangs denkt er noch konkret an Rosa, die einen Sohn von ihm hat, oder malt sich ein Rendezvous mit einer Frau aus, in deren Hütte er eingebrochen ist, um sich vor seinen Verfolgern zu verschanzen.

Allmählich aber verschwimmen seine Vorstellungen zu undifferenzierten Assoziationen zwischen Gegenwart und Vergangenheit, Tatsachen und Ahnungen und gehen über in die Wundfieberphantasien seiner Agonie.
Die Gestaltungstechnik wurde als *»langer innerer Monolog«* (R. Silva Castro) bezeichnet. Die nur durch gelegentliche Absätze gegliederte Darstellung und die assoziative Diktion, die auf den normalen Satzbau kaum Rücksicht nimmt, rechtfertigen diese Bezeichnung jedoch nur bedingt, denn das Thema ist nicht das Bewußtsein, sondern die Existenz des Banditen, die bruchstückhaft aus seinem tierhaft primitiven Fühlen und Denken auftaucht und sich in ungeordneten Fragmenten zu einer Serie von Träumen zusammenfügt, die immer stärker von Eloys zunehmender körperlicher Schwäche beeinflußt werden. Auch soll die Sprache, deren Präzision und Nüchternheit an die Kurzgeschichten von Jorge Luis BORGES erinnern, nicht die psychische Struktur des Protagonisten spiegeln; sie dient vielmehr dazu, diese Struktur zu beschreiben. D.R.

AUSGABEN: Barcelona 1960. – Santiago de Chile 1967. – Buenos Aires 1969. – La Habana 1970.

ÜBERSETZUNG: *Eloy*, H. Frielinghaus, Ffm. 1966.

LITERATUR: R. Silva Castro, *Panorama literario de Chile*, Santiago de Chile 1961, S. 335. – L. Díaz Márquez, *Algunas reflexiones sobre los estratos del »narrador« y el »mundo« en la novela »Eloy«, de C. D.* (in Horizontes, 29, Puerto Rico 1971, S. 5–21). – M. de la Selva, *C. D. y »Eloy«* (in CA, 31, 1972, Nr. 180, S. 266–269). – F. Moreno, *Sobre la estructura de »Eloy« de C. D.* (in Revista de Crítica Literaria Latinoamericana, 2, Lima 1975, S. 73–85). – J. Concha, *C. D.* (in Eitel, S. 210–224). – A. M. Díaz-Moreno, *Un estudio de »Eloy«, de C. D.*, Univ. de Poitiers 1980. – T. A. Noriega, *La novelística de C. D.: Aventura y compromiso*, Madrid 1983. – C. Zokner, *O jogo de informações e as relações do contar – em »Eloy«* (in Revista Letras, 33, 1984, S. 187–192). – J. Quintana, *La aventura comprometida de C. D.* (in CHA, 138, 1984, Nr. 414, S. 130–134).

## GEORGIOS DROSINIS

* 9.12.1859 Athen
† 3.1.1951 Athen

### AMARILLÌS

(ngriech.; *Amaryllis*). Roman von Georgios DROSINIS, erschienen 1885. – Neben Lyrik, mit der er in der neugriechischen Literaturgeschichte einen gewissen Rang einnimmt, veröffentlichte Drossinis verschiedene Prosawerke, von denen *Amaryllis* einen beachtlichen Erfolg hatte. Zu diesem Roman, geschrieben in der »Schriftsprache«, hatte ihn das bäuerliche Leben rings um sein Besitztum auf der Insel Euböa angeregt. »Amaryllis« nennt der Held des Buches, Stephanos, das schöne und reizende Mädchen, das er auf dem Lande kennenlernt, wo er sich seinem Onkel zuliebe für einige Tage aufhält. Die Bekanntschaft mit Amaryllis läßt ihn so lange dort verweilen, bis er eines Tages von ihrem Vater um seine Meinung über die bevorstehende Verlobung seiner Tochter mit einem außergewöhnlichen jungen Mann befragt wird. Der enttäuschte Stephanos entflieht unter einem Vorwand nach Athen; dort erfährt er von seinem Onkel, daß er selbst jener Heiratskandidat ist. Der Roman beginnt damit, daß Stephanos den ersten Teil der Geschichte einem Freund erzählt, und endet – nach dem glücklichen Ausgang – mit einem Brief aus dem Dorf. – *Amaryllis* enthält wenig Handlung. Am gelungensten ist die Beschreibung der Natur und der Menschen, die in ihr leben. E.Ka.

AUSGABEN: Athen 1885 (in Estia, 20, H. 517 bis 522). – Athen 1886 (in *Diigimata ke Anamnisis*). – Athen o. J. [2.–4. Aufl.].

ÜBERSETZUNG: *Amaryllis*, anon., Ldn. 1892 (The Pseudonym Library; engl.).

LITERATUR: G. D., *Skórpia fílla tis zoís mu*, Athen 1940; ern. 4 Bde., Athen 1982–1986. – A. Karandonis, *Neoellinikí logotechnía: fisiognomíes*, Bd. 1, Athen 1959, S. 160–184. – F. P. Logothetis, *G. D.*, Athen 1960. – K. Stergiopulos, *To afigimatikó érgo tu G. D.* (in Nea Domi, 6, 1976, S. 70–72). – T. Agras, *Kritika II*, Athen 1981.

## AARNOUT DROST

* 15.3.1810 Amsterdam
† 5.11.1834 Amsterdam

### HERMINGARD VAN DE EIKENTERPEN. Een oud vaderlandsch verhaal

(ndl.; *Hermingard von den Eikenterpen. Eine alte vaterländische Erzählung*). Historischer Roman von Aarnout DROST, erschienen 1832. – Als zur Regierungszeit Konstantins des Großen, im Sommer des Jahres 320, die Franken die germanischen Stämme erneut zum Aufstand aufwiegeln, ergeht der Ruf auch an Herzog Thiedric, den batavischen Herrscher der Eikenterpen. Da er selbst zu alt ist für den Kampf, wird Siegbert, sein Sohn, ihn vertreten. Bald nach dessen Abschied vom Vater und von Hermingard, seiner Verlobten, kommt zu den Ei-

kenterpen ein Greis, Caelestius genannt, der die Stämme des Nordens zum Christentum bekehren will. Tief beeindruckt von der neuen Lehre, will Hermingard sich von Caelestius taufen lassen. Sie, die nicht nach weltlichen Ehren strebt, läßt sich durch nichts von ihrem Vorhaben abbringen, und als sie von ihren Stammesgenossen eingekerkert wird, ist sie sogar zum Martyrium bereit. Überraschend kehrt Siegbert heim. Aus Liebe zu Hermingard läßt auch er sich zum Christentum bekehren. Als während der Trauung ein Anschlag auf die Braut verübt wird, fängt Siegbert mit seinem Körper den todbringenden Speer ab und stirbt. Bald schon folgt Hermingard ihm in den Tod. Der Stamm der Eikenterpen weiß sich jedoch gegen alle Einflüsse zu behaupten und bleibt ungetauft.
Wie viele Schriftsteller seiner Zeit war auch Drost beeinflußt von Walter SCOTT, und seine Vorrede zu *Hermingard van de Eikenterpen* entwirft gewissermaßen das Programm für die romantische Schule der niederländischen Literatur. Doch ausschlaggebend für Drosts Erzählhaltung war sein Studium der evangelischen Theologie. Im Mittelpunkt des historischen Romans, der als das erste bedeutende Werk dieses Genres in den Niederlanden gelten kann, steht deshalb die Gestalt der Hermingard, in der sich des frühvollendeten Dichters Idealvorstellungen von fraulicher Tugend und einem undogmatischen, allein im Evangelium begründeten Christentum verkörpern. P.J.H.V.

AUSGABEN: Haarlem 1832. – Amsterdam 1939, Hg. P. N. van Eyck.

LITERATUR: J. M. de Waal, *A. D.*, Utrecht 1918. – P.N. van Eyck, *D.-studies* (in Tijdschrift voor Nederlandse taal- en letterkunde, 60, 1941, S. 161–206). – W. Drop, *Verbeelding en historie*, Den Haag 1959. – G. Kamphuis, *A. D. en het Réveil* (in De nieuwe taalgids, 52, 1959, S. 1–12). – G. Kamphuis, *Religieuze achtergronden in A. D.'s »Hermingard van de Eikenterpen«* (in Tijdschrift voor Nederlandse taal- en letterkunde, 90, 1974, S. 202–229). – G. Kamphuis, *Het verhaal van Welf en de Germaanse oudheid in D.'s »Hermingard van de Eikenterpen«* (ebd., 91, 1975, S. 213–237).

## ANNETTE FREIIN VON DROSTE-HÜLSHOFF

* 10.1.1797 Wasserburg Hülshoff bei Münster
† 24.5.1848 Meersburg am Bodensee

LITERATUR ZUR AUTORIN:
*Bibliographien:*
E. Arens u. K. Schulte-Kemminghausen, *D.-Bibliogr.*, Münster 1932. – C. Heselhaus, *D.-Bibliogr. 1932–1948* (in Jb. der D.-Ges., 2, 1948–1950, S. 334–352). – W. Theiss, *D.-Bibliogr. 1949–1969* (in Jb. der D.-Ges., 5, 1972, S. 147–244). – H. Thiekötter, *Auswahlbibliogr.*, 2. erw. Aufl. Münster 1968.
*Zeitschriften:*
Jb. der D.-Ges., Hg. C. Heselhaus, Münster 1947 ff. – Kleine Beiträge zur D.-Forschg., Hg. W. Woesler, Münster 1971 (Nr. 1), Dülmen 1972 ff.
*Forschungsberichte:*
G. Häntzschel, *A. v. D.-H.* (in *Zur Literatur der Restaurationsepoche 1815–1848. Forschungsreferate und Aufsätze*, Hg. J. Hermand u. M. Windfuhr, Stg. 1970, S. 151–201). – F. Sengle, *A. v. D.-H.* (in ders., *Biedermeierzeit*, Bd. 3, Stg. 1980). – W. Woesler, *Modellfall der Rezeptionsforschung. D.-Rezeption im 19. Jh. Dokumentation, Analysen, Bibliogr.*, 3 Bde., Ffm. u. a. 1980.
*Biographien:*
H. Hüffer, *A. v. D.-H. und ihre Werke. Vornehmlich nach dem literarischen Nachlaß und ungedruckten Briefen der Dichterin*, Gotha 1887; 3. Aufl. bearb. v. H. Cardauns 1911. – P. Berglar, *A. v. D.-H. In Selbstzeugnissen und Bilddokumenten*, Reinbek 1967 u. ö. (rm). – C. Heselhaus, *A. v. D.-H., Werk und Leben*, Düsseldorf 1971. – M. E. Morgan, *A. v. D.-H. A Biography*, Ffm. u. a. 1984.
*Gesamtdarstellungen und Studien:*
B. Badt, *A. v. D.-H. Ihre dichterische Entwicklung und ihr Verhältnis zur englischen Literatur*, Lpzg. 1909. – G. P. Pfeiffer, *Die Lyrik der A. v. D.-H.*, Bln. 1914. – G. Weydt, *Naturschilderung bei A. v. D.-H. und Adalbert Stifter*, Bln. 1930. – F. Gundolf, *A. v. D.-H.*, Bln. 1931. – E. Staiger, *A. v. D.-H.*, Horgen-Zürich/Lpzg. 1933; ern. Frauenfeld 1962. – R. A. Schröder, *A. v. D.-H.* (in ders., *GW*, Bd. 2, Ffm. 1952). – R. Schneider, *Über Dichter und Dichtung*, Köln 1953. – D. Jehl, *Le monde religieux et poétique d'A. v. D.-H.*, Paris 1965. – H. M. Gensch, *Versuch einer statistischen Stilanalyse von Gedichten der A. v. D.-H.*, Diss. Univ. of Cincinnati 1967. – J. Nettesheim, *Die geistige Welt der Dichterin A. D. zu H.*, Münster 1967. – W. Nigg, *Glanz der ewigen Schönheit. A. v. D.-H.*, Zürich/Stg. 1968. – G. Häntzschel, *Tradition und Originalität. Allegorische Darstellung im Werk A. v. D.-H.s*, Stg. u. a. 1968.– S. Bonati-Richner, *Der Feuermensch. Studien über das Verhältnis von Mensch und Landschaft...*, Bern 1972. – J. Nettesheim, *A. D. zu H. Naturwissenschaftliches Lexikon. Lyrik und Epik*, Münster 1973. – R. Schneider, *Realismus und Restauration. Untersuchungen zu Poetik und epischem Werk der A. v. D.-H.*, Kronberg/Taunus 1976. – Ders., *A. v. D.-H.*, Stg. 1977 (Slg. Metzler). – B. Kortländer, *A. v. D.-H. und die deutsche Literatur. Kenntnis, Beurteilung, Beeinflussung*, Münster 1979. – E. M. Toegel, *E. Dickinson and A. v. D.-H.: Poets as Women*, Diss. Washington 1980. – D. Maurer, *A. v. D.-H. Ein Leben zwischen Auflehnung und Gehorsam*, Bonn

1982. – W. Gössmann, *A. v. D.-H. Ich und Spiegelbild. Zum Verständnis der Dichterin und ihres Werkes*, Düsseldorf 1985. – L. Folkerts, *»... nichts Lieberes als hier – hier – nur hier ...« Haus Rüschhaus, A. v. D.-H.s Einsiedelei in Literatur und Kunst einst und jetzt*, Münster 1986. – H. Kraft, *Mein Indien liegt in Rüschhaus*, Münster 1987.

**DAS LYRISCHE WERK** von Annette von DROSTE-HÜLSHOFF.

Die Autorin veröffentlichte zu Lebzeiten nur zwei Gedichtbände. Die Sammlung *Gedichte* von 1838, die auf Druck der Familie anonym erscheinen mußte, enthielt außer den drei Verserzählungen *Das Hospiz auf dem großen St. Bernhard, Des Arztes Vermächtnis* sowie *Die Schlacht im Loener Bruch* zehn Gedichte, wovon acht zu dem damals bereits abgeschlossenen ersten Teil des *Geistlichen Jahres* gehörten. Der schmale Band des Jahres 1838 wurde ein Mißerfolg; Levin SCHÜCKING erst spornte die Droste zu reicherem lyrischen Schaffen an und vermittelte ihr den Kontakt zur zeitgenössischen Literatur. Die überarbeitete und erweiterte Sammlung, 1844 bei Cotta erschienen, brachte der Autorin den Beifall der Kritik und enthielt fast alle Gedichte und Balladen, die zwischen 1838 und 1843 entstanden waren, während die geistlichen Gedichte 1851 im *Geistlichen Jahre* erschienen, einer Sammlung von 72 Gedichten auf alle Sonn- und Festtage des Jahres. 1860 veröffentlichte Levin Schücking ihren lyrischen Nachlaß unter dem Titel *Letzte Gaben*.

Die locker-zyklische Anordnung der maßgeblichen Sammlung von 1844 umfaßte Zeitbilder; Heidebilder; Fels, Wald und See; Gedichte vermischten Inhalts; Scherz und Ernst; Balladen. Freilich ergeben sich aufschlußreiche Zuordnungen auch aus dem Entstehungskontext und der zeitlichen Folge der Gedichte. So befindet sich das an Schücking gerichtete Gedicht *Die Schenke am See*, das den Kontrast von Jugend und Alter melancholisch umspielt, auf demselben Manuskriptblatt mit *Junge Liebe*; offenbar gruppierten sich die schöpferischen Einfälle der Droste um bestimmte Themen.

Die Rezeption ihres Werkes war gespalten. Einerseits – von Ferdinand FREILIGRATH und dem jungen Friedrich ENGELS – wurde ihre *»Virtuosität im Schildern westfälischer Moor- und Heidegegenden«* gerühmt; der katholischen Literaturbewegung jedoch empfahlen sich ihre geistlichen Gedichte zur *»Erfrischung des religiösen Sinnes«* (Eichendorff). Annette von Droste-Hülshoff war in ihrer Weltsicht der Frömmigkeitshaltung der katholischen Erneuerung verpflichtet, die nicht nur ihre geistliche Dichtung, sondern auch die Naturlyrik und Zeitbilder prägt. In einer sich zunehmend säkularisierenden Zeit sucht sie die Natur weiterhin als Teil göttlicher Offenbarung zu lesen, doch ist das schlichte *Irdische Vergnügen in Gott*, wie es Berthold Hinrich BROCKES 1721 noch feiern konnte, dem Zweifel gewichen. Bereits das Gedicht *Am dritten Sonntag nach Ostern* aus dem *Geistlichen Jahr* sucht Gott vergebens in der Natur; das lyrische Ich nimmt die traditionellen Zeichen war, ohne ihre lebendige Botschaft zu erfahren: *»Warum denn, ach! / Warum nur fällt mir ein was ich gelesen?«* Denn: *»O bittre Schmach! / Mein Wissen mußte meinen Glauben töten.«* Aus dem Gegensatz von Wissen und Glauben entspringt die zweifelnd und fast verzweifelt hochgetriebene Spannung zwischen empirischem Naturbild und christlich allegorischer Zeichensprache im *Geistlichen Jahr*, eine Spannung, die auch die bekannten Natur- und Heidebilder der Droste prägt. Die Bilder werden weit über die allegorische Konvention hinaus in *»einer radikalen Subjektivierung umgedeutet«* (Berning) und zu ganzen Bildfeldern erweitert. Weil die Droste verwandte Sinnbilder so kombiniert, daß ein scheinbar realistisches, detailgetreues Naturbild entsteht, können sich die einzelnen Zeichen verselbständigen, bis ihr allegorischer Sinn rätselhaft wird. So ist nicht nur die *»Wüste«* in dem geistlichen Gedicht *Am achten Sonntag nach Pfingsten (»Ach, nicht die Wüste neben mir, / Die Wüste mir im Busen liegt!«)*, sondern auch die ebenso ausgedehnte, unfruchtbare, nur ein Scheinleben gewährende *»Moor«*-Landschaft bei der Droste eine Chiffre des Lebens ohne Glauben; das *»Irrlicht«*, das im Moor umgeht, verweist auf den anmaßenden Verstand, der nicht das Geborgenheit vermittelnde Licht der Glaubensgemeinschaft zu spenden vermag, sondern den Menschen in den *»Schlamm«* der Sünde verlockt. Das berühmte, oberflächlich als Schauerballade gelesene Gedicht *Der Knabe im Moor* enthüllt sich so als sinnbildliche Gestaltung der Gefährdung des Menschen in glaubensloser Zeit.

Die *»Zeitbilder«*, die den Gedichtband von 1844 eröffnen, suchen den Dialog zwischen geschichtlichem und heilsgeschichtlichem Dasein. *Die Stadt und der Dom* tadelt die religiös-nationale Bewegung zum Ausbau des Kölner Doms als *»eine Karikatur des Heiligsten«*; *An die Weltverbesserer* entwirft *»Prinzipien für eine Ethik der Öffentlichkeit«* (Gössmann), und *Die Verbannten* schildert visionär die Begegnung mit den allegorischen Figuren der Kindesliebe, der Gattenliebe, der christlichen Liebe, die sich aus der Gesellschaft und Geschichte in die Natur flüchteten.

Das Bewußtsein, nicht im Einklang mit der Zeit zu stehen, ›zu früh‹ oder ›zu spät‹ geboren zu sein, ist freilich ein Epochenthema der Restauration, das bei dem fortschrittlich gesinnten HEINE wie dem katholisch konservativen EICHENDORFF begegnet; auch an der Droste lobte dieser die Abkehr von der *»modernen Bildung«*. Tatsächlich beabsichtigte sie, *»nie auf den Effekt zu arbeiten, keiner beliebten Manier, keinem anderen Führer als der ewig wahren Natur durch die Windungen des Menschenherzens zu folgen und unsere blasierte Zeit und ihre Zustände gänzlich mit dem Rücken anzusehen. Ich mag und will jetzt nicht berühmt werden«* (An Elise Rüdiger, 1843). Zwar verschloß sie sich keineswegs dem literarisch Gängigen: Frühe Gedichte huldigen der – später bei FREILIGRATH forcierten – Orientmode; mit dem kleinen Zyklus *Volksglauben in den Pyre-*

*näen* (1845) folgte sie der – in Heines *Atta Troll* (1843) ironisierten – Begeisterung der Zeit für diese letzte Region unverfälschten Volkslebens in Europa. Die Droste freilich suchte auch sonst den bildungsfernen Raum, vergleichbar darin den englischen »Lake poets« um William WORDSWORTH, deren Programm einer volksnahen Dichtung ihr dank ihrem Mentor Schlüter spätestens seit 1834 bekannt war.

Zum Sinnbild ihres Ideals stilisiert sie ihre Heimat Westfalen. Wie andere Dichter der Biedermeierzeit entdeckt die Droste im Abgelegenen das Ursprüngliche, in der Provinz das Unverdorbene. In Prosa und Gedichten wird diese Verwandlung der Natur ins poetische Sinnbild reflektiert. Obgleich ihre *Heidebilder* (1841/42) diejenigen Nikolaus LENAUS in der Treue zur heimischen Landschaft weit übertrafen, will dieser Zyklus doch das Verhältnis von Poesie und Landschaft erst erkunden. Im Eingangsgedicht *Die Lerche* wird der verspielt-allegorische Aufputz der Heidelandschaft im Lied erschaffen und verschwindet, sobald die Lerche verstummt; die Kunstpoesie drapiert eine nüchterne Wirklichkeit. Elementare, dämonische Volkspoesie läßt *Das Hirtenfeuer* aus der Heidenatur erwachsen. *Der Heidemann* steigert – wie *Der Knabe im Moor* – in ständigem Perspektivenwechsel die Dämonie der Natur zum Schaurigen für den Menschen, der ihre Zeichen deutet, bis zuletzt Natur und Geschichte übermenschlich drohend erscheinen.

In der auf die Jahre 1840–1842 konzentrierten Balladenproduktion hatte sich die Droste dem Formtypus der Schauerballade angeschlossen, um ihn aufzulösen. Die romantische Naturwissenschaft, Magnetismus und Mesmerismus hatten ihr gezeigt, daß die »Nachtseiten der Natur« bis in die Seele des Menschen reichten. Das Schaurige entsteht erst aus der Begegnung von Geist und Natur. Obschon es objektiv auf den Menschen wirkt, spiegelt es dessen Seele. In der Zeichensprache der Natur begegnen dem Menschen verschlüsselt die Geheimnisse seines Selbst. Die christliche Reue vermag ihn deshalb in der Großballade *Der Spiritus familiaris des Roßtäuschers* (1842) aus dem magischen Zusammenhang des Bösen zu retten. In den berühmten Schicksalsballaden – wie *Der Geierpfiff* und *Die Vergeltung* – wird der scheinbar zufällige Weltlauf durchsichtig für die höhere Ordnung Gottes; sie verleiht den Zeichen der Natur ihren Sinn. Mit ihren Balladen für Freiligraths und Schückings *Malerisches und romantisches Westfalen* (1841) – etwa dem *Fegefeuer des westphälischen Adels, Kurt von Spiegel, Der Tod des Erzbischofs Engelbert von Köln* – nahm die Droste an der Westfalendichtung teil, die diese junge preußische Provinz als eine alte eigenständige Kulturregion vorstellen wollte. Über den Regionalismus ihrer Epoche hinaus wurzeln die Abkehr von »Weimar« – im Widmungsgedicht zum Epos *Walter* (1819) –, die Abwehr des exzentrisch Romantischen und raffiniert Literarischen bei der Droste noch in der traditionellen heimischen Adels- und Dilettantenkultur und markieren die konservative Position in der Frauenkultur ihrer Epoche.

Immer wieder speisen sich Schaffenskraft und Schaffenswille der Droste aus ihrem privaten Lebenskreis. Die Familie und ein oft provinzieller Freundeskreis ersetzen ihr – gelegentlich bis zur Zensur – die literarische Öffentlichkeit. Befreiend wurde die Zuneigung zu Levin Schücking. Das Gedicht *O frage nicht, was mich so tief bewegt* (1841/42), in Schückings Ausgabe 1860 *Spiegelung. An Levin Schücking* genannt, vertieft Anregungen, die sie dem jungen Freund verdankte, bis in den innersten Bezirk der Bildsprache: *»Da ist es mir, als ob Natur mein Bild / Mir aus dem Zauberspiegel vorgehalten.«* Freiligrath hatte Schücking sein Gedicht *Die Rose* mit dem Motiv der zaubrisch-gespenstischen Spiegelung im Freunde übersandt. Das Motiv der Doppelgänger-Begegnung hatte in der Droste-Ballade *Das Fräulein von Rodenschild* (1841) erklärt, warum das *»tolle Fräulein«* so *»schön und wild«* wurde: im Gedicht *Das Spiegelbild* (1842), das Motive aus Freiligraths Gedicht wie aus ihren eigenen an Schücking variiert, wird das gespiegelte *»Phantom«* zum Sinnbild der Entfremdung. Der Spiegel ist für die Droste die Chiffre existenziell erfahrener Poesie. Denn der Spiegel verwandelt das Wirkliche in ein schaurig-gespenstisches Zeichen und hebt damit magisch die Grenzen der Realität auf. In den Schücking-Gedichten der Droste wird die Zuneigung zu dem Jüngeren so wie die Hingabe an die Poesie erlebt, die er wiederum geweckt hatte.

Halluzinative Zustände der Ich-Entgrenzung sind für die Droste eine Grundlage des Poetischen. Sie beschreibt sie physiologisch genau mit dem Wortschatz zeitgenössischer Naturforschung. Die Verführung des Verstandes wird hier weiter vorangetrieben als im *Geistlichen Jahr*. In *Die Mergelgrube* – wie im vorangehenden »Heidebild« *Der Hünenstein* – wird die verlockende Hingabe an die Natur grade noch ironisch abgebrochen. Zunächst taucht das Ich visionär bis nahe dem Selbstverlust in die Natur und damit in die Tiefe der Zeit ein. Die anschließende Schäferidylle relativiert die bedrohlichen *»Träume«* des wissenschaftlich Gebildeten, ohne eine beschränkt religiöse Weltsicht des Volkes zu verklären. Komplementär wird in der *Vogelhütte* die beschränkte Gebildetenkultur ironisiert und der echten Poesie der Natur kontrastiert.

Die Kennchiffren und damit die verschiedenen Gedichte der Droste kommentieren sich wechselseitig: Ausbruchswille – seit den Jugendgedichten – und Gefangenschaft, Ich-Entgrenzung und Bewahrung sind die Pole ihres Erlebens; daß auch die Naturbilder auf das erlebende Ich hin als Chiffren ausgelegt werden, verleiht den Gedichten der Droste ihren *»meditativen Charakter«* (Schneider). – *»Süße«* und beängstigende Wach-*»Träume«* werden dem Ich in *Durchwachte Nacht* (1845) zuteil, das um eine aus *Doppelgänger* (1844) übernommene Vision zentriert ist; aus der *»Träume Zauberturm«* erwacht das Ich – wie es in dem Gedicht *Spätes Erwachen* (1844) auf den Lebenslauf bezogen heißt – zu Leben und Liebe. *Am Turme* (1841/42) mit der Poesie-Metapher im Titel klagt – aggressiv und doch bereits verheimlichend und verzichtend – die Befreiung des Weiblichen von den Fesseln der Konvention ein. Im Abschiedsgedicht an das Ehepaar Schücking *Lebt wohl (Zum 30. Mai 1844)* wird der scheinbar an den *»Turm«* Gebannten, der nur der Ausblick auf die Landschaft der Freiheit bleibt, dann von ihrer *»wilden Muse«* eine unantastbare innere Freiheit und damit die Gemeinschaft mit der Welt gewährt. *Die Taxuswand* (1841/42) zeigt das Ich, das die *»Krone«* des Lebens verlor und die Umwallung des verlorenen Paradieses nicht mehr zu durchdringen vermag. Trotz der resignierten Schlußgeste hier – dem *Hamlet*-Zitat der Lebensmüdigkeit – überwindet die Droste in ihrer Lyrik immer wieder die unerfüllbare romantische Sehnsucht und stellt sich der Aufgabe, *»nach dem verlorenen Paradies ein menschliches Dasein in Übereinstimmung mit dem Wort Gottes aufzubauen«* (Heselhaus). Erst aus jener Zweideutigkeit von bedrohlich lockendem Selbstverlust und Selbsterkenntnis, wie sie im Spiegelmotiv verdichtet ist, löst sich im Werk der Droste der ethische Appell. Nicht Rückkehr zur Natur, Öffnung zum Volk, Wende zur Vergangenheit können daher aus der Verführung zur grenzenlosen Freiheit und der Verwirrung der Epoche retten. Vielmehr muß dies alles im *Gemüt*, wie es ihr Gedicht von 1844 preist, aufgenommen und zu einer Ethik christlicher Gemeinschaft geläutert werden.

So hebt auch das Gedicht *Im Grase* mit verführerisch entgrenzendem, *»ekstatischem«* Sprechen (Rölleke) an: *»Süße Ruh, süßer Taumel im Gras, / Von des Krautes Arome umhaucht / Tiefe Flut, tief tief trunkne Flut«* – bis das Ich, berauscht versunken in die Natur, dem menschlichen Dasein abstirbt: *»Tote Lieb, tote Lust, tote Zeit«*. Im ethisch-religiösen Appell *»Dennoch, Himmel ...«* findet das Gedicht wieder Halt in der Flucht der Visionen: Was ekstatisch erlebt wurde, wird nun erinnernd *»in dauernden Sinnbesitz«* verwandelt; so stellt sich zuletzt das Gedicht als *»zeitlicher Dienst am Ewigen«* dar (Rölleke). Unverschlüsselte Dichtergedichte finden sich im *Geistlichen Jahr* wie in den *Zeitbildern* – mit dem aufsehenerregenden *An die Schriftstellerinnen in Deutschland und Frankreich. Mein Beruf* (1841/42) rechtfertigt das Dichter-Amt *»von Gottes Gnaden«* mit dem Dienst an denen, die zu Gott pilgern. Gegen die – wohl von Schücking verfochtene, jungdeutsche – These: *Das Ich der Mittelpunkt der Welt* (1844) bekennt sich die Droste zu christlicher Nächstenliebe und Entsagung. Auf demselben Manuskriptblatt stehen *Der Dichter* und *»Locke nicht, du Strahl aus der Höh'«*. Jenes stellt den *»Geisteskrösus«* und Prometheus vor, der die *»Seele«* für die Eigenmacht von Kunst und Wissen – seine ›Lampe‹ – preisgibt; dieses nimmt das Prometheus-Motiv auf, vertieft es mit Anspielungen auf GOETHES und SCHILLERS Balladen ins Existenzielle und stellt Selbstherrlichkeit und Wagemut in der zweiten Strophe dem Zwang zum Opfer gegenüber: *»Ach soll ich denn die Rose sein, / Die zernagte, um andre zu heilen.«* Nach der Lehre damaliger Naturheilmediziner nistete in einer Distelart, welche den Rosen-Vergleich erlaubte, schmarotzend eine heilkräftige Larve. In dem Fragment *Siri und Bettina* klärt sich an dieser Motivik die Stellung der Droste in der Literatur ihrer Zeit. Schlüter hatte sie beauftragt, das Hauptthema aus Frederika BREMERS Roman *In Dalekarlien* (1845) poetisch zu behandeln. Die Droste nahm sich – ihn mißverstehend – vor, die Hauptfigur, das Naturkind Siri, mit Bettine von ARNIM, die die Jungdeutschen als verkörperte Naturpoesie feierten, zu vergleichen – *»zwei Feuerrosenknospen im Garten der Poesie«*. In den ausgeführten Strophen geschickt Bettinische Motive kombinierend, unterschiebt die Droste dieser die Grunderfahrung ihres eigenen Dichtens: Bettine befreit sich aus der träumenden Naturversunkenheit in einer *»grünen Kerkerhülle«*; doch wird diese Reminiszenz an *Im Grase* einem Kontrastschema zwischen den *»alten Göttern«* und dem *»Gotte der am Kreuze hing«*, eingepaßt, wie es HEINE im Sinn jungdeutscher Emanzipation vom Christentum popularisiert hatte. Bettine wählt die erwachten heidnischen *»Marmorbilder«* und wird damit zur wahrhaft ›kranken Rose‹. Indem die Droste die emanzipatorischen Strömungen ihrer Zeit als eigene Sucht nach Ich-Entgrenzung erlitt, sie als Teil ihrer dichterischen Begabung erfuhr und bestürzend modern gestaltete, wurde ihre konservative Ethik der Entsagung und des Mitleids glaubwürdig. Aus derselben Aufgabe Schlüters entstand im August 1846 ihr letztes größeres Gedicht *»An einem Tag, wo feucht der Wind« (Die ächzende Kreatur)*, die Vision der wahrhaftigen Befreiung und Entgrenzung des Ich zur Schuldgemeinschaft mit der Schöpfung Gottes. W.Schm.

AUSGABEN: *Gedichte*, Münster 1838 [2. Faks. 1978; Nachw. W. Woesler]. – *Gedichte*, Stg. 1844 [veränd. u. erw.]. – *Das geistliche Jahr. Nebst einem Anhang religiöser Gedichte*, [Hg. Ch. B. Schlüter], Stg./Tübingen 1851; ern. 1857. – *Letzte Gaben. Nachgelassene Blätter*, Hg. L. Schücking, Hannover 1860; ern. 1871. – *SW*, Hg. K. Schulte-Kemminghausen in Verbindg. m. B. Badt u. K. Pinthus, 4 Bde., Mchn. 1925 ff. [hist.-krit. m. Erstdr.]. – *SW*, Hg. C. Heselhaus, Mchn. 1952; zul. 1986 u. d. T. *Werke in einem Band*. – *SW*, Hg. G. Weydt u. W. Woesler, 2 Bde., Mchn. 1973. – *Werke. Briefwechsel*, Hg. W. Woesler, Tübingen 1978 ff., Bd. 1–7 [hist.-krit.].

LITERATUR: W. Kayser, *Sprachform und Redeform in den »Heidebildern« der A. v. D.-H.* (in FDH, 1936/40; auch in *Interpretationen 1. Deutsche Lyrik*, Hg. J. Schillemeit, Ffm. 1965). – J. Müller, *»Durchwachte Nacht«* (in *Gedicht und Gedanke*, Hg. H. O. Burger, Halle 1942). – J. Nettesheim, *Die Droste und der Kölner Dombau. Eine geistesgeschichtliche Studie zu dem Gedicht »Die Stadt und der Dom«* (in Jb. der D.-Ges., 2, 1948/50). – C. Heselhaus, *A. v. D.-H., »Das Spiegelbild«* u. *»Mondesaufgang«* (in *Die deutsche Lyrik*, Hg. B. v. Wiese,

Bd. 2, Düsseldorf 1956). – W. Höllerer, *Zwischen Klassik und Moderne*, Stg. 1958. – E. Rotermund, *Die Dichtergedichte der Droste* (in Jb. der D.-Ges., 4, 1962). – G. Hasenkamp, *Das verlorene Paradies der Tiere. Zu dem Gedicht »Die ächzende Kreatur«* (ebd.). – H. Kunisch, *A. v. D.-H., Der Knabe im Moor* (in H. K., *Kleine Schriften*, Bln. 1968). – R. Böschenstein-Schäfer, *Die Struktur des Idyllischen im Werk der A. v. D.-H.* (in Kleine Beiträge zur Droste-Forschung, 3, 1974/75). – W. Preisendanz, *»... und jede Lust, so Schauen nur gewähren mag«. Die Poesie der Wahrnehmung in der Dichtung A. v. D.-H.s* (in Kleine Beiträge zur Droste-Forschung, 4, 1976/77). – B. Kortländer u. A. Marquardt, *Poetische Kontaktstellen. Die Anregungen Ch. B. Schlüters zu Gedichten der Droste* (ebd.). – H. Laufhütte, *Die deutsche Kunstballade*, Heidelberg 1979. – H. Schulz, *Form und Inhalt. Vers- und Sinnstrukturen bei Joseph von Eichendorff und A. v. D.-H.*, Bonn 1981. – W. Woesler, *A. v. D.-H.: »Der Knabe im Moor«* (in *WW*, 1981). – A. Binder, *Vormärz als Kontext. Zu A. v. D.-H.s Gedicht »Das Ich der Mittelpunkt der Welt«* (in Kleine Beiträge zur Droste-Forschung, 5, 1978–1982). – H. Rölleke, *»Dennoch, Himmel ...« Zu A. v. D.-H.s Gedicht »Im Grase«* (in *Gedichte und Interpretationen*, Bd. 4, Hg. G. Häntzschel, Stg. 1984).

## DES ARZTES VERMÄCHTNIS

Versepos von Annette von DROSTE-HÜLSHOFF, entstanden 1834 in Rüschhaus, erschienen 1838. – Als Vorstufe kann das Fragment *Des Arztes Tod* gelten, veröffentlicht 1905 von Pierre Masclaux, jenem Hauslehrer auf Hülshoff, der auch die mit *Theodora* überschriebene Erstfassung der Dichtung nach Paris entführt haben soll, wo das Manuskript verlorenging; nachprüfbare Belege dafür gibt es jedoch nicht. Das eigentliche Epos ist in eine kurze Rahmenhandlung eingeschlossen: Der Sohn des Arztes, dessen Geschichte erzählt wird, löst zögernd das Band von einer Schriftrolle, um in *»ein Geheimnis, das nicht sein«* war, einzudringen.

Sein Vater, der *»Wissenschaft und Armut Sohn«*, hat sich als Jüngling zum Studium in ein kleines Häuschen im Wald zurückgezogen. Eines Nachts klopft es an der Tür, zwei Männer rufen ihn zu einem Verwundeten. In unheimlicher Finsternis begleitet er die Unbekannten durch den Wald. Dort werfen sie ihm eine Binde um die Augen; der Rest des Weges wird zu Pferd zurückgelegt. Er endet in einer weiten Grotte; der dort Liegende und, wie der Arzt sofort sieht, zu Tode Verwundete ist offenbar das Opfer eines mörderischen Anschlags. Des Arztes Blick fällt *»auf Züge, edel, doch gefällig nicht«*. Seine Bemühungen um Rettung sind vergebens. Neben dem Sterbenden bemerkt der Arzt eine ungewöhnlich schöne, bleiche Frau, die er vor drei Jahren auf einem Maskenfest in Wien als umschwärmte Tochter aus reichem Hause kennengelernt hat. Er versucht, sie heimlich anzusprechen, bekommt aber keine Antwort; auch wer der Verwundete ist oder war, erfährt er nicht. Dagegen wird ihm mit Entsetzen klar, daß er in die Hände von Räubern gefallen ist und für sein eigenes Leben Gefahr besteht. Er wird noch Zeuge einer leisen Unterhaltung des Sterbenden mit einem schönen jungen Mann, in der die unheilvollen Worte *»Sie folgt dir!«* fallen. *»Und dann, und dann – hält um den Arzt man Rat.«* Der Verwundete entscheidet mit einer letzten Geste der Hand, daß er entlassen werden solle. Ein zweiter Nachtritt, ebenso unheimlich wie der erste, bringt ihn in die Freiheit zurück. Der junge Mann, der dem Toten offenbar nahestand, führt ihn. Unterwegs glaubt er, der sich in einer *»Art Starrsucht oder magnetischen Schlafs«* befindet, zu sehen, wie die Geliebte des Toten, Theodora, von drei Angehörigen der Räuberbande über Klippen zu Tode gestürzt wird. Am nächsten Tag kehrt der Arzt nicht an den Schauplatz des Geschehens zurück, sondern verdrängt, zunächst erfolgreich, seine Eindrücke als Alptraum. Doch das Erlebnis dieser Nacht, das *»hart Geschick, / Was mich betraf in Jugendmut und Glück«*, manifestiert sich in einer körperlichen Anfälligkeit (*»die stets heiße Stelle am Kopfe«*) und steigert sich schließlich zu Wahnvorstellungen. Der Lebensbericht an den Sohn ist ein letzter Versuch, über das Vergangene sich Rechenschaft abzulegen. Erschüttert sucht der Sohn des Arztes, nachdem er das Vermächtnis gelesen hat, in der Einsamkeit des Waldes Frieden.

Inhaltlich betrachtet ist die Dichtung, in der die Autorin erstmals die Form der Ich-Erzählung wählt, eine reine Gruselgeschichte, in der, vom blutigen Messer bis zum edlen Räuber und dem Tod der verführten Unschuld, kein Versatzstück der Raubritterromantik fehlt. Die Zusammenhänge bleiben fast im dunkeln, man erfährt nichts von der Vorgeschichte, wenig von den Personen und ihren Beziehungen zueinander. Die Autorin verfaßte zu dieser Verserzählung eine Prosazusammenfassung, in der sie unterstreicht, daß es ihr nicht um den *»gewöhnlichen«* Stoff, sondern um die Intensität der Darstellung gegangen sei, durch die das Geschehen Analogien zum Sündenfall des Menschen erhält. Anders als die Mönche in *Das Hospiz auf dem großen St. Bernhard* ist der Arzt während der Schreckensnacht vor allem von der Sorge um seine eigene Rettung beherrscht, er arrangiert sich mit den Räubern, sein Verhalten stellt sich als *»Sünde«* dar. Erst mit diesem »Fall« gewinnt die Natur für den Arzt den Charakter des Bedrohlich-Gespenstigen, erscheint sie in ihrer Zweideutigkeit, als Manifestation göttlicher Ordnung wie als Hort des Bösen. Das weitere Schicksal des Arztes kann auch gelesen werden als gescheiterter Versuch, die Verfehlung jener Nacht zu sühnen.

Das Werk markiert den Wendepunkt in der künstlerischen Entwicklung der Autorin, die hier erstmals zu den für sie charakteristischen Naturbildern findet, die bei allem Realismus stets auf einen *»transzendent-theologischen Sinnzusammenhang«* verweisen: erstmals gelingt Droste-Hülshoff hier jene *»Synthese von realistischer und religiös-restaura-*

*tiver Gestaltungsabsicht, die ›Des Arztes Vermächtnis‹ zugleich sein läßt, was zunächst unvereinbar scheinen will: psychologische Fallstudie und religiöses exemplum«* (R. Schneider). M.Be.-KLL

AUSGABEN: Münster 1838 (in *Gedichte*). – Mchn. 1925 (in *SW*, Hg. K. Schulte-Kemminghausen u. a., 4 Bde., 1925–1930, 2/1). – Mchn. 1952 (in *SW*, Hg. C. Heselhaus; zul. 1986 u. d. T. *Werke in einem Band*). – Tübingen 1980 (in *Werke. Briefwechsel*, Hg. W. Woesler, Bd. 3/1; hist.-krit.).

LITERATUR: H. Cardanus, *»Des Arztes Vermächtnis«* (in Hochland, 4, 1907, H. 11, S. 626 ff.). – B. Badt-Strauß, *Das entführte Manuskript der Droste* (in Dt. Allg. Ztg., Lit. Beilage, 26. 2. 1930).

## DAS GEISTLICHE JAHR

Gedichtzyklus von Annette von DROSTE-HÜLSHOFF, erschienen 1851. – Die ersten 25 Gedichte (*Am Neujahrstage* bis *Am Ostermontage*) entstanden 1819/20, die folgenden 47 (*Am ersten Sonntage nach Ostern* bis *Am letzten Tage des Jahres*) erst 1839/40. Im Jahre 1819 beabsichtigte die junge Droste, für ihre Großmutter Maria Anna von Haxthausen eine Reihe *»geistlicher Lieder«* zu verfassen, womit zunächst naiv-fromme Andachtlieder gemeint waren. 1820 bewirkte vermutlich (C. Heselhaus) die sog. *»Jugendkatastrophe«* der Droste die Unterbrechung der Arbeit, die Autorin war familiären Sanktionen ausgesetzt, als sie sich zwischen zwei Verehrern nicht entscheiden konnte. Die Aufarbeitung dieses Erlebnisses, das auch in einer religiösen Krise kulminierte, führte zur Neugestaltung des Gedichtzyklus; statt beschaulicher Andacht dienen die Gedichte nun religiöser Selbstreflexion, die Großmutter ist nicht mehr als Adressatin vorausgesetzt und beabsichtigt ist nun, Lieder *»auf alle Sonn- und Festtage«* des Kirchenjahres zu verfassen; mit dem Lied auf den Ostermontag schloß die Droste die Arbeit zunächst ab, die sie mit einem Widmungsschreiben am 9. Oktober 1820 ihrer Mutter überreichte: *»... mein Werk ist jetzt ein betrübendes, aber vollständiges Ganze ... ich habe ihm die Spuren eines vielfach gepreßten und geteilten Gemütes mitgeben müssen ... Es ist für die geheime, aber gewiß sehr verbreitete Sekte jener, bei denen die Liebe größer wie der Glaube.«* Erst neunzehn Jahre später vollendete sie auf Drängen ihrer Freunde Christoph Bernhard Schlüter und Wilhelm Junkmann den Zyklus. Der zweite Teil ist nur im Entwurf mit zahllosen Korrekturen überliefert und war, wie auch der erste, zunächst nicht zur Veröffentlichung bestimmt.

Statt, wie ursprünglich beabsichtigt, zu einem Erbauungsbuch für die fromme Seele, war schon der erste Teil zu einer Beichte der um religiöse Wahrheit ringenden Dichterin, zum Geständnis der Glaubensschwäche eines modernen Menschen geworden. Neben konventionell wirkenden Gedichten in der Tradition des geistlichen Volkslieds tragen viele der Sonntagslieder des ersten Teils den Charakter individueller Bekenntnisse, aus denen *»immer wieder ... der apostolische Rettungsruf: ›Ich glaube, Herr, hilf meinem Unglauben!‹«* ertönt (J. Schwering). Die pesönliche Erfahrung religiöser Ungeborgenheit ist immer gegenwärtig, auch wenn die Gefühle der Angst und Schuld aus Glaubensnot durch ein bewußt starres Festhalten an den gewohnten Formen der Frömmigkeit am Ende meist gewaltsam zurückgedrängt oder, in der Hoffnung auf die verzeihende Liebe und Gnade Gottes, für Augenblicke überwunden werden. *Am fünften Sonntage in der Fasten* ist – weit ab von aller klassisch-romantischen Dichtung – die Grunderfahrung des 19. Jh.s von der Gott entfremdeten Menschennatur ausgesprochen: *»Hab ich grausend es empfunden / Wie in der Natur ... / Oft dein Ebenbild verschwunden / Auf die letzte Spur: / Hab ich keinen Geist gefunden, / Einen Körper nur!«*

Im zweiten Teil findet das Hauptthema des Zyklus – die als Schuld erlebte Gottferne, *»die Spannung zwischen dem Verlangen nach ewiger Geborgenheit ... und dem Instinkt eines Menschen des 19. Jahrhunderts, der alles nicht mit Händen Greifbare verleugnet«* (E. Staiger) – Ausdruck in dem Gedicht *Am dritten Sonntage nach Ostern: »Ich seh dich nicht! / Wo bist du denn, o Hort, o Lebenshauch? / Kannst du nicht wehen, daß mein Ohr es hört? ... / O bittre Schmach: / Mein Wissen mußte meinen Glauben töten!«* Einen weiteren Themenkreis bilden Gedichte, die zur Einkehr und Buße mahnen, aufrütteln sollen und Sendungscharakter haben (z. B. *Am vierten Sonntage nach Ostern*); wieder andere betonen *»das Hineingestelltsein in den Widerstreit von Nacht und Helle«* (C. Heselhaus). Höhepunkte der religiösen Bekenntnisdichtung des *Geistlichen Jahres* sind das Schlußgedicht *(Sylvester)* mit der Bitte *»O Herr, ich falle auf das Knie: / Sei gnädig meiner letzten Stund!«* und die unvergeßliche Strophe aus dem Lied *Am siebenundzwanzigsten Sonntage nach Pfingsten*, die an Clemens BRENTANOS *Frühlingsschrei eines Knechtes aus der Tiefe* und Gottfried KELLERS *Winternacht* erinnert: *»Sei Menschenurteil in Unwissenheit / Hart wie ein Stein, du, Herr, erkennst das Winden / Der Seele, und wie unter Mördern schreit / Zu dir ein Seufzer, der sich selbst nicht finden / Und nennen kann. Kein Feuer brennt so heiß / Als was sich wühlen muß durch Grund und Steine; / Von allen Quellen reißender rinnt keine, / Als die sich hülflos windet unterm Eis.«*

Der Gedichtzyklus ist das Zeugnis einer tiefen, undogmatischen, überkonfessionell christlichen Religiosität. Diese Charakterisierung kennzeichnet jedoch zugleich die Ursache für seine künstlerischen Schwächen. Der Dichterin, deren lyrisches Werk aus der Schärfe der sinnlichen Wahrnehmung, aus dem gesehenen Bild lebt, mußte die abstrakte Gedankenlyrik im Grunde fremd sein. Dem Bedürfnis, sich zu bekennen und im Bekenntnis Erlösung zu suchen, stellt sich in manchen Gedichten merkbar das Unvermögen zu künstlerischer Gestaltung des Gedankens entgegen. Ungenau oder inkonsequent durchgeführte Bilder (z. B. *Am zweiten*

*Weihnachtstage*), Anhäufungen von Metaphern (z. B. *Am zwanzigsten Sonntage nach Pfingsten*), Ungeschicklichkeiten, ja Geschmacklosigkeiten *(»Ich lange mit des Wurmes Dehnen / Sehnsüchtig nach der Arzenei«)* sind die Folge. Auch die formale Vielfalt der 72 Gedichte, die, sich nur ein einziges Mal in Versmaß und Strophenform wiederholend, einen Blick in *»eine große Werkstätte des Strophenbaus«* (W. Kayser) gewähren, ist stellenweise mit störenden Satzverschachtelungen und unnatürlichen Wortstellungen erkauft. Heißt es so auch zu Recht von den Gedichten des *Geistlichen Jahres*, sie hätten *»so originell sie sind ... niemals ausgereicht, Annetten in der Ruhmeshalle deutscher Dichterinnen den ersten Platz zu sichern«* (B. Pelican), so geben sie – besonders dort, wo ihre Diktion in die Form des Chorals gebunden ist *(Am fünften Sonntage in der Fasten)* – doch ergreifende Kunde von einem um den Glauben ringenden *»Gemüt in seinen wechselnden Stimmungen«* (Widmungsschreiben an die Mutter).

Die neuere Forschung hat diese kritische Beurteilung, die letztlich der Deutung Emil STAIGERS entspringt, im Ansatz revidiert. G. HÄNTZSCHEL sah den Zyklus in der Tradition rhetorischer und allegorischer Figuren, die sich aus der Zeit des Brock erhalten hatten, S. BERNING deutete das Werk im Kontext der Gattungsentwicklung des lyrischen Perikopenzyklus, vor dessen Hintergrund er die in einem modernen Sinne subjektivierende Aufnahme biblisch-religiöser Bilder als eigentliche Leistung des Textes herausstellen konnte. K.Re.-KLL

AUSGABEN: Stg./Tübingen 1851, Hg. B. Schlüter u. W. Junkmann; $^{3}$1876. – Bln. 1912 (in *SW*, Hg. J. Schwering, 6 Tle. in 3 Bdn., 2). Münster 1920, Hg. F. Jostes [krit.]. – Mchn. 1925 (in *SW*, Hg. K. Schulte-Kemminghausen, B. Badt u. K. Pinthus, 4 Bde., 1925–1930, 2/2; krit.). – Lpzg. 1939 (in *SW*, Hg. W. Kayser). – Münster 1939, Hg. C. Schröder; $^{2}$1951. – Mchn. 1952 (in *SW*, Hg. C. Heselhaus; zul. 1986 u. d. T. *Werke in einem Band*). – Tübingen 1980 (in *Werke. Briefwechsel*, Hg. W. Woesler, Bd. 4/1).

LITERATUR: C. Flaskamp, *Das »Geistliche Jahr« der A. Freiin v. D.-H.*, Mchn. 1915. – K. Möllenbrock, *Die religiöse Lyrik der D. und die Theologie der Zeit. Versuch einer theologischen Gesamtinterpretation u. theologiegeschichtlichen Einordnung des »Geistlichen Jahres«*, Bln. 1935. – C. Heselhaus, *A. v. D.-H. Die Entdeckung des Seins in der Dichtung des 19. Jh.s*, Halle 1943, S. 83 ff.; 101 ff. – C. Schröder, *Zur Textgestaltung des »Geistlichen Jahres« der D.* (in Jb. d. Droste-Ges., 1, 1947, S. 111–128). – C. Heselhaus, *Das »Geistliche Jahr« der D.* (ebd., 2, 1948–1950, S. 88–115). – M. Bruneder, *Das Glaubensproblem bei A. v. D.-H.*, Diss. Wien 1948. – E. Eilers, *Probleme religiöser Existenz im »Geistlichen Jahr«. Die D. und S. Kierkegaard*, Werl 1953. – W. Woesler, *Probleme der Editionstechnik. Überlegungen anläßlich der neuen krit. Ausg. des »Geistlichen Jahres« der A. v. D.-H.*, Münster 1967. – S. Berning, *Sinnbildsprache. Zur Bildstruktur des »Geistlichen Jahres« der A. v. D.-H.*, Tübingen 1975. – W. Woesler, *Religiöses Sprechen und subjektive Erfahrung. A. v. D.s »Am letzten Tage des Jahres (Sylvester)«* (in *Gedichte und Interpretationen*, Bd. 4, Hg. G. Häntzschel, Stg. 1984). – H. Heinz, *Die schuldverscheuchte Unterwelt. Zu A. v. D.-H.s »Das Geistliche Jahr«*, Bd. 1, Essen 1986.

## DAS HOSPIZ AUF DEM GROSSEN SANKT BERNHARD

Verserzählung von Annette von DROSTE-HÜLSHOFF, entstanden von 1828–1834, erster und zweiter Gesang erschienen 1838, dritter Gesang 1879 in einer unvollständigen Fassung in den von L. SCHÜCKING herausgegebenen *Gesammelten Schriften*; ein vollständiger, philologisch befriedigender Text befindet sich erst in der historisch-kritischen Ausgabe von 1925. – Angeregt durch die Alpendichtungen von MATTHISSON und durch Erzählungen, die sich 1827 im Unterhaltungsblatt des ›Westfälischen Merkur‹ fanden, entstand diese, nach der Verserzählung *Walter* (1818) zweite epische Dichtung der Autorin, deren Thema der Sieg der christlichen Nächstenliebe über feindliche Naturgewalten ist. Ursprünglich sollte allerdings die dem Menschen hilfreiche Überlegenheit des tierischen Instinkts eine noch größere Rolle spielen: *Barry, der Hund vom Großen Sankt Bernhard* war der von der Dichterin zunächst vorgesehene Titel des Werks.

Drei Hochgebirgswanderungen – in jedem Gesang eine – stehen im Zentrum der Erzählung. Der greise Senner Benoit, der seinen verwaisten Enkel Henri über den Sankt Bernhard nach Savoyen zu seiner zweiten Tochter Rose bringen will, verliert in einem Lawinenfeld den Weg und sucht bei einbrechender Dunkelheit in einer Totenkapelle Zuflucht. Doch schreckt ihn und seinen Enkel die gespenstische Gegenwart der Toten, und er macht sich wieder auf, um doch noch das Hospiz der Mönche zu erreichen; aber im Schneesturm verlassen ihn die Kräfte, und er sinkt mit dem Enkel im Arm in den Schnee. – Im zweiten Gesang bringt der Bernhardinerhund Barry, der auf seinen allnächtlichen Suchgang ausgeschickt worden ist, den kleinen Henri ins Hospiz; der Prior sendet daraufhin sechs Mönche aus, um den Begleiter des Knaben zu bergen. Unter dem anfeuernden Beispiel des alten Mönchs Denis holen die wackeren Brüder Benoit, den sie allerdings schon für tot halten, ins Kloster. Bruder Clavendier wird nach Saint-Remy geschickt, um Rose die Todesnachricht zu überbringen. – Der dritte Gesang beginnt mit einer Schilderung der schönen savoyischen Landschaft, die in einem heiter-versöhnlichen Kontrast zu dem nächtlichen Schneesturm in der Hochgebirgsregion steht. Rose wird aus dem vergnügten Jahrmarktstreiben des Dorfs nach Hause gerufen, wo ihr der Mönch den Tod ihres Vaters mitteilt. Mit ihrem Mann und dem Mönch zieht sie in tiefer Trauer hinauf ins

Hospiz; doch da erfährt sie, daß Bruder Eleuthère in der Überzeugung, *»Es sei nur Ohnmacht, Todes Schein / Was auf dem alten Sennen liege«*, die Wiederbelebungsversuche fortgesetzt und am Ende auch Erfolg gehabt hat. In der abschließenden Erzählung des Großvaters wird die Vorgeschichte nachgeholt: der Tod der Eltern des kleinen Henri und der Aufbruch nach Saint-Remy. Am nächsten Morgen geben die gastfreundlichen Mönche vier glücklichen Menschen das Geleit ein Stück bergabwärts.

Mehr als sechs Jahre beschäftigt sich die Autorin mit dem *»endlos gezupften und geplagten Gedichte«*, dessen dritten Teil sie nie zu ihrer Zufriedenheit abschloß und deshalb, obgleich sie nach dem Bericht von L. Schücking darüber *»mit ihren Freunden viel verhandelt und gestritten«* hat, zu Lebzeiten nicht veröffentlichte. In jambischen Vierzeilern mit Paar- und Kreuzreimen gehalten, weist das Epos als Frühwerk durchaus noch Brüche auf; die Natur erscheint ebenso als Ort göttlicher Offenbarung wie menschlicher Bedrohung, durchsetzt mit »schauerromantischen« Passagen, das Epos wirkt bis zum Ende des zweiten Gesangs eher als eine Versnovelle mit unglücklichem Ausgang, während der dritte Gesang es zum heiteren Kleinepos abrundet. Die Forschung betrachtet das Werk daher meist als Vorstufe zu den rasch entstehenden Versepen der Folgezeit, *Des Arztes Vermächtnis* und *Die Schlacht im Loener Bruch*. J.Dr.

AUSGABEN: Münster 1838 (in *Gedichte*; enth. 1. u. 2. Gesang). – Stg. 1879 (in *GS*, Hg. L. Schücking, 3 Bde., 2; enth. 3. Gesang; unvollst.). – Mchn. 1925 (in *SW*, Hg. K. Schulte-Kemminhausen, B. Badt u. K. Pinthus, 4 Bde., 1925–1930, 2; krit.). – Mchn. 1952 (in *SW*, Hg. C. Heselhaus; zul. 1986 u. d. T. *Werke in einem Band*). – Tübingen 1980 (in *Werke. Briefwechsel*, Hg. W. Woesler, Bd. 3/1; hist.-krit.).

LITERATUR: B. Badt, *A. v. D.-H. Ihre dichterische Entwicklung u. ihr Verhältnis zur englischen Literatur*, Lpzg. 1909, S. 28–42. – M. Uher, *A. v. D.-H. »Das Hospiz auf dem Großen St. Bernhard«*, Diss. Wien 1942. – W. Winkler, *Metapher u. Vergleich im Schaffen der A. v. D.-H.*, Winterthur 1954, S. 46–62.

## DIE JUDENBUCHE. Ein Sittengemälde aus dem gebirgichten Westfalen

Erzählung von Annette von DROSTE-HÜLSHOFF, erschienen 1842. – Der Novelle liegt eine wahre Begebenheit zugrunde, die der Dichterin seit ihrer Kindheit aus Erzählungen vertraut war und die ihr Onkel August von Haxthausen unter dem Titel *Geschichte eines Algierer Sklaven* nach Gerichtsakten über den Judenmörder Johannes H. Winkelhagen (1764–1808) aufzeichnete und 1818 veröffentlichte. Indem die Droste eine Vorgeschichte dazu erfindet, gelingt es ihr, das historisch beglaubigte Ereignis als Folge einer Störung der menschlichen Gemeinschaft darzustellen, in der *»die Begriffe von Recht und Unrecht einigermaßen in Verwirrung geraten waren«*. Das Verhängnisvolle dieser allgemeinen gesellschaftlichen Situation enthüllt sich in einem individuellen Schicksal, das sich einer Reihe von ungewöhnlichen Ereignissen zunehmend verdichtet und dramatisch zuspitzt.

Die Geschichte spielt um die Mitte des 18. Jh.s in einem westfälischen Dorf, das *»inmitten tiefer und stolzer Waldeinsamkeit«* liegt und in dem Holz- und Jagdfrevel an der Tagesordnung sind. Den begangenen Rechtsverletzungen begegnet man jedoch *»weniger auf gesetzlichem Wege, als in stets erneuten Versuchen, Gewalt und List mit gleichen Waffen zu überbieten«*. So ist Friedrich Mergel bereits durch seine Herkunft für seinen späteren Lebensweg geprägt. In seinem Elternhaus herrscht *»viel Unordnung und böse Wirtschaft«*; sein Vater ist ein chronischer Säufer und wird zu den *»gänzlich verkommenen Subjekten«* gezählt. Nachdem ihm seine erste Frau weggelaufen ist, heiratet er die stolze und fromme Margret Semmler, die jedoch auch bald den verwahrlosten Verhältnissen im Mergelschen Hause unterliegt, so daß Friedrich schon vor seiner Geburt *»unter einem Herzen voll Gram«* getragen wird. Es dauert nicht lange, bis auch das gesunde Kind in das Unheil, das der Vater verbreitet, hineingezogen wird. Als Friedrich neun Jahre alt ist, kommt der Vater in einer *»rauhen, stürmischen Winternacht«* nicht nach Hause; man findet ihn tot im Brederholz. Nach diesem schauerlichen Ereignis haftet dem scheuen und verträumten Jungen in den Augen seiner Altersgenossen etwas Unheimliches an. Er gerät auch wirklich mehr und mehr in den Bannkreis verhängnisvoller Mächte, die in dem *»unheimlichen Gesellen«* Simon Semmler Gewalt über ihn gewinnen. Unter dem Einfluß seines Onkels verschafft sich der häufig verspottete und geringgeachtete Junge einen *»bedeutenden Ruf«* im Dorf: Wegen seiner Tapferkeit und seines *»Hangs zum Großtun«* wird er bewundert und zugleich gefürchtet. Sein ständiger Begleiter, Johannes Niemand, Simons Schweinehirt, verkörpert gleichsam sein abgelegtes Ich, er ist *»sein verkümmertes Spiegelbild«*. Je gewaltsamer Friedrich sich jedoch von dem Makel seiner Herkunft zu befreien sucht, desto mehr zieht er das Unheil auf sich. Er wird – ohne daß man ihm vor Gericht etwas nachweisen kann – mitschuldig an dem Tod des Oberförsters Brandes, der von den Blaukitteln, einer besonders listigen Holzfrevlerbande, im Brederholz erschlagen wird, und begeht schließlich aus verletztem Ehrgefühl einen Mord an dem Juden Aaron, nachdem dieser ihn wegen einer Restschuld von zehn Talern öffentlich bloßgestellt hat.

Da Friedrich jedoch mit seinem »Schützling« Johannes Niemand flieht, kann er des Mordes nicht überführt werden, ja der Recht sprechende Gutsherr ist später sogar geflissentlich bemüht, *»den Fleck von Mergels Namen zu löschen«*. Nach 28 Jahren – der Mord ist längst verjährt – kehrt Mergel als alter, *»armseliger Krüppel«* aus türkischer Gefangenschaft in die Heimat zurück, gibt sich als Johannes Niemand aus und verdient sich sein Gnadenbrot mit leichten Botengängen. Das Brederholz meidend und doch unwiderstehlich von ihm angezogen, erhängt er sich schließlich an der sogenannten Judenbuche. In seinem Selbstmord erfüllt sich der an den Judenmord mahnende Spruch, den die Glaubensgenossen Aarons zu seiner Rache in den Stamm eingehauen hatten: *»Wenn du dich diesem Orte nahest, so wird es dir ergehen, wie du mir getan hast!«*

Entsprechend der Buche, der die Juden die Rache an dem Mörder anvertrauen, erscheint die Natur in der Novelle stets als Richter und Zeuge; sie ist nicht Stimmung oder Kulisse, sondern wesenhaft *»mitverschuldet und mitgesegnet, Quell der Beunruhigung und Versuchung, Quell der Sicherheit und Bestärkung«* (H. Kunisch). Die Droste veranschaulicht durch diese enge Verbindung zwischen dem Handeln des Menschen und der ihn umgebenden Natur, daß, verliert er sein »inneres« Rechtsgefühl, er zugleich die kreatürliche Einheit von Mensch und Natur stört, die – wie aus dem Gesamtwerk der christlichen Dichterin hervorgeht – in der göttlichen Seinsordnung festgelegt ist. Bezeichnenderweise geschehen in der *Judenbuche* alle furchtbaren Ereignisse in der Nähe der Buche im Brederwald, während einer stürmischen und monderhellten Nacht. Der Brederwald wird zu einem magischen Raum, die Buche zum *»Dingsymbol für ein Geschehen des Unheils«* (B. v. Wiese). Der sachlich-nüchterne, durch genaue Zeitangaben äußerst distanzierte Berichtstil läßt die ständige Bedrohung des Menschen in einer scheinbar gesicherten Wirklichkeit durch die Macht des Dunklen und Irrealen noch unheimlicher hervortreten, wobei Anklänge an das Genre der »Kriminalgeschichte« von der Autorin beabsichtigt waren: *»Die ›Judenbuche‹ ist indes nicht nur eine Kriminalgeschichte, der durch Komposition und Bildlichkeit hintergründig-religiöse Dimensionen zuwachsen, sie ist auch und zuvor noch ›Sittengemälde‹ und Milieustudie, ist die Darstellung eines Kriminalfalles und einer Verbrecher-Vita als ethnographisches Exempel«* (R. Schneider). S.E.

Ausgaben: Stg. 1842 (in [Cottasches] Morgenblatt für gebildete Leser, Nr. 96–111). – Stg. 1879 (in *GS*, Hg. L. Schücking, 3 Bde., 2). – Dortmund 1925, Hg. K. Schulte-Kemminghausen [m. Vorarbeiten]. – Mchn. 1925 (in *SW*, Hg. K. Schulte-Kemminghausen, B. Badt u. K. Pinthus, 4 Bde., 1925–1930, 3). – Mchn. 1952 (in *SW*, Hg. C. Heselhaus; zul. 1986 u. d. T. *Werke in einem Band*). – Tübingen 1978 (in *Werke. Briefwechsel*, Hg. W. Woesler, Bd. 5/1; Bd. 5/2: *Dokumentation*, Tübingen 1984; hist.-krit.). – Ffm.1979 (Insel Tb).

Literatur: H. Schulte, *A. v. D.-H. und ihre Novelle »Die Judenbuche«*, Diss. Marburg 1924. – L. Hoffmann, *Die Erzählkunst der D. in der »Judenbuche«*, Diss. Münster 1948. – B. v. Wiese, *Die dt. Novelle von Goethe bis Kafka*, Düsseldorf 1956, S. 154–175. – H. Rölleke, *A. v. D.-H.: »Die Judenbuche«*, Bad Homburg u. a. 1970. – W. Huge, *A. v. D.-H., »Die Judenbuche«*, Diss. Münster 1977. – *A. v. D.-H., »Die Judenbuche«. Erläuterungen und Dokumente*, Hg. W. Huge, Stg. 1979 (RUB). – K. P. Moritz, *A. v. D.-H.: »Die Judenbuche«. Sittengemälde und Kriminalnovelle*, Paderborn 1980. – *A. v. D.-H., »Die Judenbuche«. Neue Studien und Interpretationen* (in ZfdPh, 99, 1980, Sonderheft). – P. Leiser, *A. v. D.-H., »Die Judenbuche«. Interpretationen und Hinweise*, Hollfeld 1983.

## DIE SCHLACHT IM LOENER BRUCH

Versepos in zwei Gesängen von Annette von Droste-Hülshoff, entstanden 1837, erschienen 1838. – Anders als in den vorangegangenen Epen – *Das Hospiz auf dem Großen Sankt Bernhard* (1838) und *Des Arztes Vermächtnis* (entstanden 1834) – behandelt die Dichterin in diesem in vierhebigen gereimten Jamben abgefaßten »westfälischen Epos« ein historisches, durch Quellenstudien und beigegebene Erläuterungen rekonstruiertes Ereignis: die Schlacht zwischen Tilly und dem von der Liga abgefallenen »tollen Herzog« Christian von Braunschweig, die im Dreißigjährigen Krieg am 6. August 1623 auf einem Heidefeld in der Nähe von Münster stattfand. Die Autorin beabsichtigte weniger eine detailgetreue Wiedergabe des historischen Geschehens, weshalb sie mit den Fakten auch großzügig umging, als vielmehr – wie R. Schneider nachweisen konnte – eine Studie über mögliches Verhalten gegenüber dem Bösen und seinen Ursprüngen. Ohne das Kriegsgeschehen nachträglich zu legitimieren und ohne Partei für eine der beiden Seiten zu ergreifen, erscheint der gläubigen Katholikin der Krieg nur als Folge des Sündenfalls und als Verfehlung des Menschen gegen die Stimme seines Gewissens erklärbar.

Zum Beginn des ersten Gesangs entfaltet die Dichterin das Bild einer friedlichen Landschaft, ein Biedermeier-Idyll, um sodann die Zeit des Dreißigjährigen Krieges in Erinnerung zu rufen, als der Herzog von Braunschweig in dieser Gegend mit seinem geschlagenen Heer Zuflucht suchte. Eine ausführliche Charakteristik des Herzogs schließt sich an, sein wechselvoller Lebensweg wird nachgezeichnet. Den Terror der Soldateska veranschaulichen eine Kirchenschändung und die Mißhandlung des Waisenmädchens Gertrude, das von Herzog Christian im letzten Moment vor dem Ärgsten bewahrt wird. Gertrudes Warnung vor den Mordabsichten eines Soldaten schlägt ihr Retter in den Wind. Als Tillys Truppen nahen, flieht Gertrude mit Eberhard, ihrem Verlobten, zum Oheim nach Ottenstein. – Der zweite Gesang schildert die eigentliche Schlacht: die Beratung der Liga-Offiziere im Schloß Ahaus, Tillys nächtlichen Alleingang ins Lager des Braunschweigers, die Aufstellung der Heere, den lange unentschiedenen, blutigen Verlauf des Kampfes und den schließlich glückenden Sieg der Tilly-Truppen. Die letzte, grausamste

Phase, in der die Reste des unterlegenen Heeres von den Siegern unbarmherzig niedergemacht werden, beobachten Gertrude und ihr Bräutigam von einem Fenster in Ottenstein. Der Epilog kehrt in die Gegenwart zurück und hebt die Greuel des Krieges in der Zeit- und Geschichtslosigkeit der Landschaft auf: *»Wie trübt die Zeit der Kunde Lauf! / ... Am Moore nur trifft wohl einmal / Der Gräber noch auf rost'gen Stahl, / Auf einen Schädel; und mit Graus / Ihn seitwärts rollend, ruft er aus: / ›Ein Heidenknochen! Schau, hier schlug / Der Türke sich im Loener Bruch!‹«*

Droste-Hülshoffs Rückgriff auf die schon totgeglaubte Gattung der Versepik ist in der Epoche des Biedermeier durchaus nicht singulär. Das – heute weithin vergessene – Werk zeigt alle Merkmale biedermeierlichen Stils: Genrerealismus, eine affektbetonte, hyperbolische Sprache, Abschwächung des Schauerlichen und Häßlichen durch einen distanzierenden Rahmen, allegorisch-kulissenhafte Naturschilderung. Die Sprache in dem »novellistischen« Epos ist eher durch ein dramatisches Spannungsmoment bestimmt als durch epische Monumentalität. Oft genug wird sie,emphatisch aufgeladen und vom Zwang des Metrums und des Reims behindert, in schwerfällige syntaktische Konstruktionen gepreßt oder durch Inversionen und Elisionen zurechtgestutzt. – Die zeitgenössische Kritik warf der Autorin nicht nur eine *»allzu männliche Neigung zu Krieg und Schlachtgetümmel«* vor, sondern auch – von katholischer Seite – ein allzu deutliches Sympathisieren mit den Liga-Gegnern. KLL

AUSGABEN: Münster 1838 (in *Gedichte*). – Stg./Tübingen 1844 [veränd. u. erw.]. – Stg. 1879 (in *GS*, Hg. L. Schücking, 3 Tle., 2). – Mchn. 1925 (in *SW*, Hg. K. Schulte-Kemminghausen, B. Badt u. K. Pinthus, 4 Bde., 1925–1930, 2). – Mchn. 1955 (in *SW*, Hg. C. Heselhaus; zul. 1986 u. d. T. *Werke in einem Band*). – Tübingen 1980 (in *Werke. Briefwechsel*, Hg. W. Woesler, Bd. 3/1; hist.-krit.). – Opladen 1986 (Hg., Einl., Komm. L. Jordan).

## DER SPIRITUS FAMILIARIS DES ROSSTÄUSCHERS

Balladeskes Versepos von Annette von DROSTE-HÜLSHOFF, entstanden 1842, erschienen 1844 in einer vermehrten Neuauflage der Sammlung *Gedichte*. – Die Sage vom »Spiritus familiaris« aus der von den Brüdern GRIMM herausgegebenen Anthologie *Deutsche Sagen* (1816–1818), von der Dichterin als umfangreiches Motto wie als Interpretationshilfe für den Leser dem Epos vorangestellt, schildert den diabolischen Talisman als groteske Insektenkreuzung, *»nicht recht wie eine Spinne, nicht recht wie ein Skorpion«*: Aufbewahrt *»in einem wohlverschlossenen Gläslein«*, verschafft er seinem Besitzer zu Lebzeiten Glück und Reichtum, nach dessen Tod aber ewige Höllenqual.

Motivgeschichtlich (der »Teufelspakt«) an GOETHES *Faust*, CHAMISSOS *Peter Schlemihl's wunderbare Geschichte* und die zeitgenössischen Alraun-Geschichten anknüpfend, verwandelt die Droste die gnadenlose Grausamkeit der Volkssage in das psychologisch und theologisch vertiefte Spannungsverhältnis von Magie und Gnade. Das Epos stellt acht Höhe- und Wendepunkte der Sage unvermittelt nebeneinander, deren Zusammenhang erst durch den Verweischarakter der vorangestellten Volkssage gestiftet wird. Während dem Roßtäuscher nach dem Verenden seines letzten Pferdes *»der Verzweiflung Schlange«* kalt nach dem Herzen greift, steht schon der Versucher in Gestalt eines Kärrners hinter ihm und verweist ihn an eine mysteriöse »Gesellschaft«, die alljährlich in der Silvesternacht im verlassenen Haus eines verstorbenen Wucherers hinter dem Kirchhof zusammenkomme und ihm für *»zwei Worte nur auf weißem Bogen«* sein Glück erneuern werde. Auf seinem Gang dorthin läßt er einen sterbenden Greis hilflos am Weg liegen, beugt sein Knie nicht vor der geweihten Hostie und überhört damit die warnenden Stimmen der Gnade. Nachdem der Roßtäuscher seine Seele mit Blut dem Teufel verschrieben hat – die eigentliche Paktszene ist ausgespart –, gelangt er mit Hilfe des neuen Hausgeistes wieder zu Reichtum und Glück, wird aber von seiner Umwelt gemieden und verachtet; vergeblich versucht er, sich des teuflischen Begleiters zu entledigen – die weggeworfene Phiole kehrt zu ihm zurück. Erst ein geweihter Kreuzesnagel vermag sie zu zerbrechen und die Magie zu bannen. Nach erneuter Armut und einem entbehrungsreichen Büßerleben wird der Roßtäuscher der göttlichen Gnade teilhaftig und findet seine letzte Ruhestätte dort, *»Wo sich der Engelsflügel neigt / Und nicht des Drachen Kralle reicht«*.

Mit ihrer harten Metaphorik zu den *»sprachmächtigsten Dichtungen der Droste«* (P. Berglar) gehörend, stehen die siebzig Strophen des balladesken Versepos in thematischer Nähe zum Gedichtzyklus *Das geistliche Jahr*. Bei aller atmosphärischen Dichtheit und realistischen Detailfreudigkeit der Natur- und Situationsschilderungen ist das religiöse Leitmotiv des Werks, in dem sich, anders als in der *Judenbuche*, dem Protagonisten die göttliche Gnade erschließt, unüberhörbar; der Text *»läßt sich weder als Ballade noch als Versepos angemessen begreifen, am ehesten vielleicht noch als legendenhafte Verserzählung, der sich die Stiltradition des sagenhaften Versepos und der religiösen Lyrik auf höchst eigenwillige Weise verbinden«* (R. Schneider). KLL

AUSGABEN: Stg./Tübingen 1844 (in *Gedichte*). – Stg. 1879 (in *GS*, Hg. L. Schücking, 3 Bde., 2). – Mchn. 1925 (in *SW*, Hg. K. Schulte-Kemminghausen, B. Badt u. K. Pinthus, 4 Bde., 1925–1930, 2). – Mchn. 1952 (in *SW*, Hg. C. Heselhaus; zul. 1986 u. d. T. *Werke in einem Band*). – Münster o. J. [1957], Hg. ders. [m. Studie]. – Tübingen 1985 (in *Werke. Briefwechsel*, Hg. W. Woesler, Bd. 1/1; hist.-krit.)

LITERATUR: R. Zing-Zollinger, *A. v. D.s »Spiritus familiaris des Roßtäuschers«*, Diss. Zürich 1950.

## JOHANN GUSTAV DROYSEN

* 6.7.1808 Treptow an der Rega
† 19.6.1884 Berlin

LITERATUR ZUM AUTOR:
M. Duncker, *J. G. D.* (in *Abhandlungen aus der Neueren Geschichte*, Lpzg. 1887, S. 350–393). – G. Droysen, *J. G. D., 1. Teil: Bis zum Beginn der Frankfurter Tätigkeit*, Lpzg. 1910. – B. Becker, *J. G. D.s Geschichtsauffassung*, Diss. Hbg. 1929. – *J. G. D. Briefwechsel*, Hg. R. Hübner, Stg. 1929. – O. Hintze, *J. G. D. und der deutsche Staatsgedanke im 19. Jh.* (in Zs. für die gesamte Staatswissenschaft, 88, 1930, S. 11 ff.). – F. Meinecke, *J. G. D. Sein Briefwechsel u. seine Geschichtsschreibung* (in HZ, 141, 1930, S. 249 ff.). – F. Gilbert, *J. G. D. und die preußisch-deutsche Frage* (in HZ, 1931; Beih. 20). – H. Urner-Astholz, *Das Problem der ›Geschichte‹ untersucht bei J. G. D.*, Bln. 1933; Nachdr. Vaduz 1965. – J. Wach, *Das Verstehen. Grundzüge einer Geschichte der hermeneutischen Theorie im 19. Jh.*, Bd. 3, Tübingen 1933, S. 134–188. – H. Rother, *Geschichte u. Politik in der Gedankenwelt J. G. D.s*, Bln. 1935; Nachdr. Vaduz 1965. – W. Schultz, *Der Einfluß lutherischen Geistes auf Ranke und D.* (in ARG, 39, 1942, S. 108–142). – W. Kaegi, *Burckhardt und D.* (in *Fs. für G. Ritter zu seinem 60. Geburtstag*, Tübingen 1960, S. 345 ff.). – F. Frank, *Die Geschichtsauffassung von J. G. D. und ihre geisteswissenschaftlichen Grundlagen*, Diss. Bln. 1951. – B. Ottnad, *Mensch und Geschichte bei J. G. D.*, Diss. Freiburg i. B. 1952. – H. Diwald, *Das historische Erkennen. Untersuchungen zum Geschichtsrealismus im 19. Jh.*, Leiden 1955 (ZRG, Beih. 2). – W. Hock, *Liberales Denken im Zeitalter der Paulskirche. D. und die Frankfurter Mitte*, Münster 1957. – H. Schleier, *Die kleindeutsche Schule (D., Sybel, Treitschke)* (in *Die dt. Geschichtsschreibung vom Beginn des 19. Jh.s bis zur Reichseinigung von oben*, Hg. J. Streisand, Bln. 1963, S. 271–310). – O. Hintze, *J. G. D.* (in *Soziologie und Geschichte*, Göttingen 1964, S. 453–499). – G. Birtsch, *Die Nation als sittliche Idee. Der Nationalstaatsbegriff in Geschichtsschreibung u. politischer Gedankenwelt J. G. D.s*, Köln 1964. – D. Fischer, *Die dt. Geschichtswissenschaft von J. G. D. bis O. Hintze in ihrem Verhältnis zur Soziologie. Grundzüge eines Methodenproblems*, Diss. Köln 1966. – P. Hünerman, *Der Durchbruch des geschichtlichen Denkens im 19. Jh.*, Freiburg i. B. 1967. – J. Rüsen, *Politisches Denken und Geisteswissenschaft bei J. G. D.* (in *Politische Ideologien u. nationalstaatliche Ordnung. Fs. f. Th. Schieder zum 60. Geburtstag*, Hg. K. Kluxen u. W. J. Mommsen, Mchn. 1968, S. 171–187). – H. J. Weymar, *D.s Theorie der historischen Erfahrung*, Diss. Mchn. 1968. – R. H. Handy, *J. G. D. The Historian and German Politics in the 19th Century*, Ann Arbor/Mich. 1969. – J. Rüsen, *Begriffene Geschichte. Genesis u. Begründung der Geschichtstheorie J. G. D.s*, Paderborn 1969. – G. G. Iggers, *Deutsche Geschichtswissenschaft*, Mchn. 1971. – J. Rüsen, *J. G. D.* (in *Deutsche Historiker*, Hg. H.-U. Wehler, Bd. 2, Göttingen 1971, S. 7–23). – D. Jähnig, *Wissenschaft u. Geschichte bei D.* (in *Wirklichkeit u. Reflexion. Fs. f. W. Schulz zum 60. Geburtstag*, Pfullingen 1973, S. 313 ff.). – S. Lewark, *Das politische Denken J. G. D.s*, Diss. Göttingen 1975. – Th. Nipperdey, *Historismus u. Historismuskritik heute* (in *Die Funktion der Geschichte in unserer Zeit*, Hg. E. Jäckel u. E. Weymar, Stg. 1975, S. 82 ff.). – C. Gaedeke, *Geschichte u. Revolution bei Niebuhr, D. und Mommsen*, Bonn 1978. – W. Schiffer, *Theorien der Geschichtsschreibung und ihre erzähltheoretische Relevanz. Danto, Habermas, Baumgartner, D.*, Stg. 1980.

### GESCHICHTE DES HELLENISMUS

Historisches Werk von Johann Gustav DROYSEN, erschienen zunächst unter den Einzeltiteln *Geschichte Alexanders des Großen* (1833), *Geschichte der Nachfolger Alexanders* (1836) und *Geschichte der Bildung des hellenistischen Staatensystems* (1843), in stark veränderter Neufassung unter dem gemeinsamen Titel *Geschichte des Hellenismus* (1877).

Droysen bezeichnet mit dem Terminus »Hellenismus« eine neue Form der Kultur, die sich nach den Eroberungszügen Alexanders in einem großen Teil der damals bekannten Welt ausbreitete und ihrem Ursprung nach griechisch war, die jedoch durch die Berührung mit den Kulturen anderer Völker deren Eigentümlichkeiten teilweise in sich aufgenommen und damit universalen Charakter erhalten hatte. Der Verfasser erkannte als erster, daß dieser Prozeß nicht als Verfall der griechischen Welt, sondern als Aufblühen einer neuen, ihrem Wesen nach ganz und gar anderen, aber desungeachtet bedeutungsvollen historischen Phase zu betrachten sei: nicht als letzte Zuckungen, sondern als eine Expansion des hellenischen Genius. Der Autor trat mit dieser Auffassung der seit den Befreiungskriegen in Deutschland sich verstärkenden Tendenz entgegen, die Modelldemokratie der klassischen Zeit mit ihrem von Demosthenes verherrlichten Souveränitätsbegriff zu idealisieren und dementsprechend die Makedonenkönige als Totengräber der griechischen Kultur zu brandmarken. Denn die spätere Generation, der Droysen angehörte und die in der nationalen Einigung Deutschlands unter der Führung Preußens ihre erste politische Aufgabe sah, erblickte in der Einigung Griechenlands durch die Makedonen eine Parallele zur deutschen Geschichte.

Aus dieser Sicht konnte Droysens Urteil über Alexander, dessen Handeln das Gesicht dieser Epoche entscheidend bestimmt hatte, nur bewundernd ausfallen. Droysen glorifiziert den Makedonen, wobei er sich bemüht, auch seine charakterlichen Schwächen und seine weniger rühmlichen Taten zu rechtfertigen. Ganz besonders preist er Alexanders Absicht, die Griechen und Barbaren völlig miteinander zu verschmelzen, eine Idee, die all jene Ziele zu verleugnen scheint, um derentwillen der Makedone gegen die Perser in den Krieg zog, die andererseits aber auch die notwendige Voraussetzung dafür war, daß griechischer Geist sich in der Welt verbreiten und eine neue Kultur entstehen konnte. Alexanders letztes Ziel war die Vereinigung von Orient und Okzident in einer Monarchie nach orientalischem Muster. Sein früher Tod setzte solchen Plänen ein Ende. Droysen interpretiert die kampfreiche Geschichte seiner Nachfolger als den Gegenschlag negativer Kräfte, den Alexanders Werk zwangsläufig auslösen mußte. Die Zeit der Diadochen definiert er im Teil 2 seiner *Geschichte des Hellenismus* als die »Antistrophe« zum Zeitalter Alexanders. Der ungeheuren Ausbreitung folgt der Zusammenbruch des makedonischen Reichs, den auch die Anstrengungen des Perdiccas und später des Polyperchon im Abendland und die des Eumenes im Morgenland nicht aufzuhalten vermochten. Nach vielen vergeblichen Einigungsversuchen kommt es schließlich zur Bildung verschiedener hellenistischer Reiche.

Der dritte Teil zeichnet eingangs in einem großen Rückblick noch einmal die Entwicklung der hellenistischen Kultur beiderseits der Ägäis. Dann wendet sich der Autor wieder den politischen Problemen zu. Während sowohl Makedonien als auch Thessalien durch nicht endende Kämpfe, durch die Pest und durch keltische Invasionen heimgesucht werden, brechen sich neue historische Mächte Bahn: in Griechenland der Ätolische und der Achäische Bund, im Westen der Handelsstaat Karthago und der Agrarstaat Rom. An der ersten Auseinandersetzung zwischen diesen beiden Staaten sind die Griechen des Okzidents wesentlich interessiert, doch steht ihnen keiner der hellenistischen Staaten bei: Ägypten, Syrien und Makedonien sind von den Fehden, die sie untereinander austragen, völlig in Anspruch genommen. Das gespannte Verhältnis dieser drei Großen begünstigt die Bildung kleinerer Staaten, die ihrerseits untereinander wieder in ständiger Spannung und Unzufriedenheit leben und dadurch der Eroberung durch die Römer den Weg ebnen. Diese Eroberung wiederum bringt neue, diesmal religiöse Kämpfe mit sich, in denen es um Monotheismus oder Polytheismus geht; sie enden mit dem Sieg des Monotheismus, der unter dem Einfluß des Christentums seinen ursprünglich nationalen Charakter verliert und zur Weltreligion wird.

Hegels Philosophie mußte in der Geschichtsbetrachtung eines Mannes ihre Spur hinterlassen, dessen ungewöhnliche Begabung für das Durchschauen und Ordnen von Zusammenhängen zum Erfassen großer Entwicklungsbewegungen und zu ihrer Synthese drängte. Der Lauf der Geschichte erscheint ihm als eine Folge von Wirkungen und Gegenwirkungen, die jeweils einem bestimmten Ziel zusteuern. Mehr noch als die *Geschichte Alexanders* läßt die seiner Nachfolger Droysens außerordentliche Fähigkeit erkennen, den Leitgedanken zu finden, der durch den gewaltigen Komplex der Fakten führt und ihm ermöglicht, unter der Oberfläche die eigentlichen treibenden Kräfte zu entdecken. Seine Geschichte ist, obgleich sie über Ereignisse berichtet, im Grund eine Ideengeschichte, und zwar sieht er die Ideen im Dienste eines höheren Willens, der die Geschehnisse einem ganz bestimmten Ziel zutreibt. Droysen fühlte sich vielleicht nicht zuletzt deshalb von der Zeit Alexanders des Großen so angezogen, weil sich ihm in ihr klarer als in irgendeiner anderen Epoche der Geschichte ein solcher Wille zu manifestieren schien. – Das Bemühen um Klarheit und Klärung charakterisiert auch den Stil, der äußerst komplizierte Gedankengänge gedrängt und flüssig zugleich wiederzugeben sucht. Droysens Begeisterung für seinen Gegenstand äußert sich in der Lebendigkeit, mit der die einzelnen Charaktere beschrieben werden, einer Lebendigkeit, die heute vielleicht emotional und subjektiv erscheint, die jedoch seiner Sprache, insbesondere in der ursprünglichen Fassung der *Geschichte Alexanders des Großen*, einen Glanz verleiht, der bis heute nicht erloschen ist. In der Neubearbeitung indessen verwirft Droysen wie schon in seinem methodologischen Werk *Grundriß der Historik* (1868) die künstlerische Ausschmückung von Geschichtsdarstellungen und scheut nicht davor zurück, den Stil der Erstfassung an vielen Stellen zugunsten einer nüchtern-sachlichen Beschreibung abzudämpfen.

KLL

Ausgaben: *Geschichte Alexanders des Großen*: Hbg. 1833. – Bln. 1917, Hg. A. Rosenberg. – Lpzg. 1931, Hg. H. Berve (KTA; 31941). – Mchn. 1955, Hg. F. Taeger. – Düsseldorf 1966, Hg. G. Ressing [Einl. E. Boehringer; gek.]. – Zürich 1984, Hg. P. König [nach dem Text der Erstausg.]. – *Geschichte des Hellenismus*, Bd. 1: *Geschichte der Nachfolger Alexanders*, Hbg. 1836; Bd. 2: *Geschichte der Bildung des hellenistischen Staatensystems*, Hbg. 1843. – Gotha 21877, 3 Bde. (Bd. 1: *Geschichte Alexanders des Großen*; überarb.). – Basel/Tübingen 1952/53, Hg. E. Bayer; Nachdr. 1980 (dtv).

Literatur: R. Andreotti, *Die Weltmonarchie Alexanders des Großen in Überlieferung und Wirklichkeit* (in Saeculum, 8, 1957, S. 120–166). – B. Bravo, *Philologie, Histoire, Philosophie de l'Histoire. Étude sur J. G. D., Historien de l'Antiquité*, Breslau 1968.

## HISTORIK. Vorlesungen über Enzyklopädie und Methodologie der Geschichte

von Johann Gustav Droysen, gehalten an der Universität Berlin erstmals im Sommer 1857, zum letzten Mal im Wintersemester 1882/83; 1858 in stark verkürzter Form *(Grundriß der Historik)* als Manuskript für die Hörer der Vorlesung gedruckt; aus dem Nachlaß vollständig herausgegeben 1937 von Rudolf HÜBNER. – Im Zusammenhang mit der angesichts des erstarkenden Positivismus (COMTE, BUCKLE) entstandenen Diskussion über Berechtigung, Eigenwert und Möglichkeiten einer spezifisch historischen Wissenschaft entwickelte Droysen eine bis in die Gegenwart fortwirkende *»Wissenschaftslehre der Geschichte«*, in deren Rahmen er die erkenntnistheoretischen Voraussetzungen *(Methodik)*, die Anwendungsbereiche *(Systematik)* und die Darstellungsformen *(Topik)* der Geschichtswissenschaft untersucht. Droysen definiert Geschichte als *»das Werden der menschlich-sittlichen Welt«*. Die geschichtliche Welt zeigt *»ein stetes Werden neuer individueller Bildungen. Jede neue nicht bloß eine andere als die frühere, sondern aus früheren hervorgehend und von ihnen bedingt, so daß sie die früheren voraussetzt und ideell in sich hat, sie weiterführend und in der Weiterführung schon auf die noch weitere Gestaltung, die ihr folgen wird, hinweisend«*. In der Natur dagegen tritt das zeitliche Element als konstituierender Faktor zurück. In ihren Erscheinungen *»fassen wir nur das Stetige, Stoffliche, an dem sich die Bewegung vollzieht, die Regel, das Gesetz, nach dem sie sich vollzieht, – suchen wir das im Wechsel Gleiche, das in der Veränderlichkeit Bleibende auf; das Moment der Zeit scheint uns überall hier sekundär«*. Daraus ergibt sich für ihn der fundamentale Gegensatz zwischen Natur- und Geschichtswissenschaft. Die Geschichte, für Droysen ein aus dem sittlichen Willen des Einzelnen bewegter, stetig fortschreitender Prozeß, kann nur mit Hilfe einer spezifischen Methode in ihrer eigentümlichen, individuellen Vielfalt wahrgenommen werden. Im Zentrum dieser historischen Erkenntnislehre steht der Begriff des »Verstehens«: *»Unsere Methode ist, forschend zu verstehen.«*

Diese in Droysens Untersuchung zum ersten Mal umfassend begründete historische Hermeneutik bot mit ihrer entschiedenen Abwendung von den rationalistischen Typisierungen des Geschichtsverlaufs den theoretischen Unterbau für die seit NIEBUHR und RANKE praktizierte individualisierende Geschichtsforschung. In den nach *Heuristik*, *Kritik* und *Interpretation* gegliederten Unterabschnitten seiner Methodenlehre erschloß Droysen unter Heranziehung vieler konkreter Beispiele Zugänge zur geschichtlichen Erkenntnis, die auf einer entscheidenden Modifikation der Geschichtsauffassung HEGELS beruhen, weil sie die Wirkungsmacht des Einzelnen in der Geschichte kraftvoll zur Geltung kommen lassen. *»Das Einzelne wird verstanden in dem Ganzen, aus dem es hervorgeht, und das Ganze aus diesem Einzelnen, in dem es sich ausdrückt. Der Verstehende, wie er selbst ein Ich, eine Totalität in sich ist, wie der, den er zu verstehen hat, ergänzt sich dessen Totalität aus der einzelnen Äußerung und die einzelne Äußerung aus dessen Totalität.«* Droysen nimmt damit die Verstehenslehre SCHLEIERMACHERS wieder auf, dessen Vorlesungen über *Hermeneutik und Kritik mit besonderer Berücksichtigung des Neuen Testaments* 1838 erschienen waren. Schleiermacher war davon ausgegangen, *»daß der Mensch nicht nur ein Individuelles, sondern auch ein Identisches sei und somit als Teil der allgemeinen Gattungsvernunft das in allen Menschen wirkende Vernünftige zu erkennen imstande sei«* (Meister). Auf dieser von Droysen mit konkreter historischer Erfahrung angereicherten und durch die Betonung des Willensmomentes als wirkender Kraft geschichtlicher Prozesse weiterentwickelten Voraussetzung beruhen im weiteren Verlauf der geistesgeschichtlichen Entwicklung die methodischen Überlegungen, aus denen DILTHEY, später dann RICKERT und WINDELBAND die Geschichtswissenschaft *»auf eine Logik des Individuellen zu gründen«* unternahmen (Rothacker). Droysens *Historik* kann insofern als einer der wirkungsmächtigsten geisteswissenschaftlichen Systementwürfe des 19. Jh.s gelten. Erst die Geschichtswissenschaft der letzten Jahrzehnte ist angesichts der zunehmenden Anonymität historischer Wirkursachen zu neuen methodologischen Erörterungen gezwungen worden. R.Rr.

AUSGABEN: Jena 1858 (*Grundriß der Historik*; als Ms. gedruckt; ern. 1862). – Lpzg. 1868 (*Grundriß der Historik*; [3]1882). – Halle 1925 (*Grundriß der Historik*, Hg. E. Rothacker; Philosophie und Geisteswissenschaften. Neudrucke, 1). – Mchn./Bln. 1937 (*Historik* ..., Hg. R. Hübner; vollst. Ausg. mit dem *Grundriß* und weiteren Beilagen; [8]1977). – Stg. 1977 (Rekonstruktion der ersten vollst. Fassg. der Vorlesungen 1857. *Grundriß der Historik* in der ersten handschriftlichen, 1857/58, u. in der letzten gedruckten Fassg., 1882, Hg. P. Leyh, 3 Bde.; dazu *Materialien*, 3 Bde., Stg. 1978 u. *Apparat*, 3 Bde., Stg. 1978).

LITERATUR: C. D. Pflaum, *J. G. D.s »Historik« in ihrer Bedeutung für die moderne Geschichtswissenschaft*, Gotha 1907 (Geschichtl. Untersuchungen, 5, H. 2). – E. Meister, *Die geschichtsphilosophischen Voraussetzungen von J. G. D.s »Historik«* (in HVj, 23, 1926, S. 25–63; 199–221). – H. Marcuse, *Rezension von J. G. D.s »Historik«* (in Zs. für Sozialforschung, 6, 1937, S. 421 f.). – G. Ritter, *Rezension von J. G. D.s »Historik«* (in DLz, 1937, H. 39, Sp. 1553 ff.). – E. Rothacker, *J. G. D.s »Historik«* (in HZ, 161, 1940, S. 84–92). – F. Meinecke, *D.s »Historik«* (in F. M., *Vom geschichtlichen Sinn und vom Sinn der Geschichte*, Lpzg. [3]1941). – U. Trappe, *Phantasie und Historik. Eine Untersuchung über ein ungeschichtliches Ordnungselement im historischen Denken bei L. v. Ranke, J. Burckhardt und J. G. D.*, Diss. Mainz 1950. – M. Müller, *Historie und Geschichte im Denken J. G. D.s* (in *Speculum Historiale, Fs. f. J. Spoerl zum 60. Geburtstag*, Mchn. 1965, S. 694–702). – K. H. Spieler, *Untersuchungen zu J. G. D.s »Historik«*, Bln. 1970. – *Texte zur Geschichtstheorie. Mit ungedruckten Materialien zur »Historik«*, Hg. G. Birtsch u. J. Rüsen, Göttingen 1972. – J. Rüsen, *Für eine erneute Historik. Vorüberlegungen zur Theorie der Geschichtswissenschaft* (in *Denken über Geschichte. Aufsätze zur heutigen Situation des geschichtlichen Bewußtseins und der Geschichtswissenschaft*, Hg. F. Engel-Janosi u. a., Wien

1974, S. 227 ff.). – I. Kohlstrunk, *Logik und Historie in D.s Geschichtstheorie. Eine Analyse von Genese und Konstitutionsprinzipien seiner »Historik«*, Wiesbaden 1980. – T. Gil González, *Das Handlungskonzept in der »Historik« J. G. D.s*, Diss. Münster 1981.

## VASIL NIKOLOV DRUMEV

d.i. Metropolit Kliment von Tărnovo
* um 1841 Šumen
† 10.7.1901 Sofia

LITERATUR ZUM AUTOR:
J. Trifonov, *V. D., život, dejnost i charakter*, Sofia 1926. – G. Konstantinov, *V. D., život i tvorčestvo*, Sofia 1937. – M. Ralčev, *V. D., kritičeski etjud*, Sofia 1947. – P. Dinekov, *V. D.* (in *Istorija na bălg. literatura*, Bd. 2, Sofia 1966, S. 385–408). – K. Genov, *V. D. v rusloto na romantizma* (in *Ot Paisij do Botev*, Sofia 1967). – G. Dimov, *V. D.* (in *Beležiti Bălgari*, Bd. 3, Sofia 1969, S. 477–490). – *Iz archiva na V. D. (Kliment Tărnovski)*, Hg. D. Lekov, Sofia 1973. – V. Rajnova, *V. D. i ruskata istoričeska dramaturgija* (in Godišnik na Visšija institut za teatralno izkustvo »Krăstju Sarafov«, 15, 1974, S. 128–175). – D. Lekov, *V. D. – život i delo*, Sofia 1976. – Ders., *V. D.* (in *Tvorci na bălgarskata literatura*, Sofia 1980, S. 417–431). – M. Băčvarov, *Sociologičeskite văzgledi na V. D.* (in Sociologičeski problemi, 13, 1981, 6, S. 22–32). – M. Ljuljušev, *Prosvetna dejnost i pedagogičeski schvaštanija na Dobri Vojnikov i V. D. v Braila prez 60-te i 70-te godini na XIX v.* (in Trudove na Velikotărnovskija universitet »Kiril i Metodij«, 19, 1983, 4, S. 7–44).

### IVANKO UBIECĂT NA ASENJA I

(bulg.; *Ivanko, der Mörder Asens I.*). Romantische Tragödie in fünf Akten von Vasil DRUMEV, erschienen 1872 (in Rumänien). – Die Handlung dieses wohl bedeutendsten Dramas der bulgarischen Literatur vor der Jahrhundertwende ist – in didaktisch-patriotischer Absicht – der bulgarischen Geschichte entnommen; sein künstlerischer Wert fand erst spät Würdigung, weil seine formalen Qualitäten nur von wenigen Zeitgenossen – darunter KARAVELOV, der das Werk als *»erste Großtat«* bezeichnete – erkannt wurden: *»Sooft ich ... Urteile über ›Ivanko‹ hörte, mußte ich feststellen, daß die Leute weder meine Idee begreifen, noch Gefühlswert und Situation der Personen im Drama verstehen.«*
Drumev stellt drei Charakterpaare einander gegenüber: den Zaren Asen und seinen Bruder Petăr (passiver Heroismus), den Heerführer Ivanko und dessen Bruder (triebhafte Machtgier), den ehedem byzantinischen Sebastokrator Isak – jetzt gefangener Subalterner am Preslaver Hof – und dessen Tochter (intrigante Heuchelei); die Motive ihres Handelns werden in der Exposition (1. Akt) dargelegt. Die äußere Handlung entwickelt sich auf ein zentrales Ereignis am Ende des dritten Akts zu: den Zarenmord. Im Fortgang des Dramas vollzieht sich in zwei Figuren eine innere Wandlung: Der Zarenmörder Ivanko bricht, von seinem Gewissen gemartert, zusammen und ist nicht in der Lage, die gewonnene Macht auszuüben; Petăr hingegen, der Bruder des Ermordeten, legt seine romantische Melancholie ab, als er seine schuldlos in die Tat verstrickte und darüber irrsinnig gewordene Nichte Marija erblickt. Das Schauspiel endet damit, daß Petăr die Zarenresidenz erobert und Ivanko vertrieben wird.
Die Vermutung, Drumev habe sich an SHAKESPEARES *Macbeth* orientiert, liegt nahe, obgleich der Held Ivanko keinem vorherbestimmten Schicksal unterliegt, sondern an seiner eigenen charakterlichen Minderwertigkeit scheitert, die er allerdings erst nach dem vollzogenen Verbrechen in sich entdeckt: eine Erkenntnis, die ihn zu einer selbstzerstörerischen Idealisierung seines Opfers veranlaßt. Seine Gewissensnot ist nicht Ausdruck der Angst, sondern der Reue: *»Ich denke nicht daran, ob Petăr Erfolg hat, noch fürchte ich mich vor den byzantinischen Legionen. Aber ich finde keinen Seelenfrieden.«* Die Figur der Marija (Ophelia-Motiv) steht dem Gretchen in GOETHES *Faust* nahe, formal auffallend in einer Szene, in der sie, verelendet und gefesselt, mit einem elegischen Volkslied ihr Schicksal beklagt: *»Was hast du mich, Mutter, geboren, / Warum hast du mich nicht erschlagen?«* – Von einigen Merkmalen des Šumener Dialekts und wenigen Russizismen abgesehen, ist die Sprache des Werks, das einen tiefgreifenden Einfluß auf die weitere Entwicklung der dramatischen Literatur Bulgariens ausübte, lebensecht und frei von dem falschen Pathos der Dramen VOJNIKOVS. W.Sch.

AUSGABEN: Braila 1872. – Sofia 1928. – Sofia 1948 (in *Săčinenija*, 2 Bde., 1). – Sofia 1967 (ebd.). – Sofia 1976 (in *Chudožestveno tvorčestvo. Kritika*).

### NEŠTASTNA FAMILIJA

(bulg.; *Unglückliche Familie*). Novelle von Vasil DRUMEV, erschienen 1860; von ZIDAROV und NEGENCOV dramatisiert 1884. – Von einer literarischen Konzeption der »Tatsachen« (*»die Kirdschalis, Janitscharen, Delibaschis* [türkische, durch ihre Grausamkeit berüchtigte Räuberhorden] *und viele andere Bösewichter haben in fast jedem bulgarischen Herzen Material für Erzählungen hinterlassen«*) ausgehend, schildert Drumev in diesem Jugendwerk das unstete Leben, die Verfolgung und schließlich die Ausrottung einer bulgarischen Familie, die der Rache eines türkischen Bey anheimgefallen ist (*»Allah wird mich nicht strafen, weil ich ungläubige Hunde quäle. Und ein anderer wird es*

*nicht wagen, die Janitscharen zur Verantwortung zu ziehen«)*, als Allegorie der Situation des bulgarischen Volkes im Osmanischen Reich, denn diese *»Erzählung enthält das fürchterliche Unglück, das die ganze bulgarische Familie erduldet hat«.*
Neben dem spürbaren Einfluß des fast gleichzeitig (1857 bzw. 1861) erschienenen *Gorskij pătnik (Der Bergwanderer)* von Georgi S. RAKOVSKI trägt das Werk eindeutig Charakterzüge des französischen Historien- und Sensationsromans, dessen anonyme Wiedereinführung der Personen (mit nachträglicher Enthüllung) als Pseudobelebung des epischen Stroms und andere Kunstgriffe, ohne Rücksicht auf die novellistische Kürze, schablonenhaft übernommen wurden. In der Art von SUES Technik bietet sich der Erzählinhalt durch ineinandergeschachtelte, den Stoff jeweils vor dem Beginn eines neuen Handlungsabschnitts nachholende Erzählungen dar; wie bei DUMAS (Vater) wird der Zufall über Gebühr bemüht, um die versprengten Glieder der Familie wieder zueinanderfinden zu lassen, wobei nicht nur die vorausgehende anonyme Rettung aus Gefahren, sondern auch die ständige Beschreibung des »Tränenflusses« dem empfindsamen Gemüt des Lesers Rechnung trägt. Dem Untergang der Familie ist insofern etwas von seiner Tragik genommen, als ein Gottesurteil das Gerechtigkeitsgefühl des Lesers befriedigt: Der Bey und die anderen Übeltäter finden ihre gerechte Strafe.
Die große Popularität verdankt die Novelle, die erste in der neubulgarischen Literatur, ihrem patriotischen Gehalt, der turbulenten Szenenfolge und nicht zuletzt ihrer schwungvollen Diktion. Als nationales Werk, das vor allem die Jugend begeisterte, stand sie gleichwertig neben den seinerzeit allgemein beliebten französischen Abenteuerromanen und übte keinen geringen Einfluß auf die zeitgenössische bulgarische Erzählliteratur (vgl. z. B. BLĂSKOVS Novelle *Izgubena Stanka*) aus. W.Sch.

AUSGABEN: Konstantinopel 1860 (in Bălgarski knižici). – Sofia 1926–1943 (in *Săčinenija*, Hg. G. St. Pašev, 2 Bde.). – Sofia 1948 (in *Săčinenija*, Hg. E. Stefanov, 2 Bde., 1; krit.). – Sofia 1967 (ebd.). – Sofia 1976 (in *Chudožestveno tvorčestvo)*.

LITERATUR: G. Stoilov, *Nameren e planăt za načalnija zamisăl na Drumevata povest »Neštastna familija«* (in Ezik i literatura, 1961, H. 2, S. 60–62).

## JOHN DRYDEN

* 9.8.1631 Aldwinckle
† 1.5.1700 London

LITERATUR ZUM AUTOR:
*Bibliographien und Forschungsberichte:*
H. MacDonald, *J. D.: A Bibliography of Early Editions and of Drydeniana*, Oxford 1939. – S. H. Monk, *J. D.: A List of Critical Studies Published From 1895 to 1948*, Minneapolis 1950. – J. A. Zamonski, *An Annotated Bibliography of J. D.: Texts and Studies, 1949–1973*, NY/Ldn. 1975. – D. J. Latt u. S. H. Monk, *J. D.: A Survey and Bibliography of Critical Studies, 1895–1974*, Minneapolis 1976. – J. M. Hall, *J. D.: A Reference Guide*, Boston 1984.
*Konkordanz:*
*Concordance to the Poetical Works of J. D.*, Hg. G. Montgomery u. a., Berkeley/Cambridge 1959; ern. NY 1967.
*Biographien:*
J. M. Osborn, *J. D.: Some Biographical Facts and Problems*, NY 1940; ern. Gainesville 1965. – K. Young, *J. D.: A Critical Biography*, Ldn. 1954; ern. NY 1969. – Ch. E. Ward, *The Life of J. D.*, Chapel Hill 1961. – *The Life of J. D. by Sir Walter Scott*, Hg. B. Kreissman, Lincoln 1963. – Ch. E. Ward, *Challenges to D.'s Biographer* (in *J. D.*, Los Angeles 1967, S. 3–21; Einl. J. Loftis).
*Zeitschrift:*
Drydeniana, NY 1974–1976, Nr. 1–14.
*Gesamtdarstellungen und Studien:*
D. N. Smith, *J. D.*, Ldn./NY 1950; ern. Folcroft/Pa. 1969. – B. Dobree, *J. D.*, NY/Ldn. 1956. – W. Bleuler, *Das heroische Drama J. D.'s als Experiment dekorativer Formkunst*, Bern 1957. – M. Nänni, *J. D.'s poetische Rhetorik*, Bern 1959. – A. W. Hoffmann, *J. D.'s Imagery*, Gainesville 1962. – *D.: A Collection of Critical Essays*, Hg. B. Schilling, Englewood Cliffs/N.J. 1963. – G. R. Wassermann, *J. D.*, NY 1964 [m. Bibliogr.]. – *Essential Articles for the Study of J. D.*, Hg. H. T. Swedenberg Jr., Ldn. 1966. – B. King, *D.'s Major Plays*, Edinburgh 1966. – E. Miner, *D.'s Poetry*, Bloomington/Ldn. 1967. – D. Davison, *D.*, Ldn. 1968. – Ph. Harth, *Contexts of D.'s Thought*, Chicago/Ldn. 1968. – E. Späth, *D. als Poeta Laureatus*, Nürnberg 1969. – A. Th. Barbeau, *The Intellectual Design of J. D.'s Heroic Plays*, New Haven/Conn. 1970. – *D.'s Mind and Art*, Hg. B. King, Edinburgh 1970. – R. D. Hume, *D.'s Criticism*, Ithaca/Ldn. 1970. – G. Scharf, *Charaktergestaltung und psychologischer Gehalt in D.'s Shakespeare-Bearbeitungen*, Hbg. 1970. – *D.: The Critical Heritage*, Hg. J. u. H. Kinsley, NY 1971. – *J. D.*, Hg. E. Miner, Ldn. 1962. – A. C. Kirsch, *D.'s Heroic Drama*, NY 1972. – B. Straumann, *J. D.: Order and Chaos*, Zürich 1972. – *Critics on D.*, Hg. R. McHenry u. D. Lougee, Ldn. 1973. – W. Myers, *D.*, Ldn. 1973. – J. D. Garrison, *D. and the Tradition of Panegyric*, Berkeley u. a. 1975. – E. Pechter, *D.'s Classical Theory of Literature*, Ldn. 1975. – D. Wykes, *A Preface to D.*, Ldn. 1977. – G. McFadden, *D.: The Public Writer, 1660–1685*, Princeton 1978. – D. Hughes, *D.'s Heroic Plays*, Ldn./Basingstoke 1981. – S. W. Zwicker, *Politics and Language in D.'s Poetry*, Princeton 1984. – D. Hopkins, *J. D.*, Cambridge u. a. 1986. – J. Sloman, *D.: The Poetics of Translation*, Toronto u. a. 1986.

## ABSALOM AND ACHITOPHEL

(engl.; *Absalom und Achitophel*). Satirisches Gedicht von John DRYDEN, erschienen 1681. – Das Gedicht gilt in England, das an satirischen Begabungen so reich ist, als Musterbeispiel für dichterische politische Satire. Dryden wandte sich damit 1681 gegen die von Shaftesbury und dem Prinzen Monmouth gelenkten Versuche der Whigs, im Volk Unzufriedenheit gegen den König, Karl II., zu schüren und es gegen die katholische Erbfolge aufzubringen. Als königstreuer Tory, vielleicht sogar im Auftrag des Königs, griff Dryden mit seiner Dichtung unmittelbar in ein politisches Geschehen ein und hat wohl auch wirksam dazu beigetragen, daß die begonnene Auflehnung zusammenbrach und die Aufrührer verhaftet wurden oder fliehen mußten. Besonders gelungen scheint uns auch heute noch Drydens überaus geschickte Transponierung seiner unverhüllten politischen Stellungnahme in die alttestamentliche Geschichte von Absalom und Achitophel, die so bekannt und der politischen Auseinandersetzung so leicht anzupassen war, daß man von einer Verschlüsselung kaum noch sprechen kann. Da also die Interpretation keine Schwierigkeiten machte, stand dem populären Erfolg nichts im Weg.

Mit beißendem Spott erzählt Dryden die biblische Geschichte von Absalom (der königliche Prinz, Herzog von Monmouth), der von Achitophel (Lord Shaftesbury) verführt wird, sich an die Spitze der aufrührerischen Bewegung zu stellen. Dryden verfällt dem Predigerton oder der didaktischen Prinzipiendiskussion ebensowenig wie der Versuchung, seinen Stoff rein poetisch zu gestalten und ihm so die kämpferische Unmittelbarkeit zu nehmen. In wenigen Zeilen faßt er karikierende Porträts der Feinde des Königs in den Rahmen der biblischen Namen, entlarvt diese Feinde in ihrer Dummheit, Eitelkeit, Ehrsucht und in ihrem blinden Herdentrieb mit so scharfer Feder, daß die Opfer der Lächerlichkeit preisgegeben waren, als stünden sie in einer Drydenschen Komödie auf der Bühne.

Kaum jemals in der Literaturgeschichte gelang einem Dichter eine so scharfsinnige Analyse einer Gruppe von Unzufriedenen und einer Masse von Plebejern, *»die zu wenig denken und zu viel reden«*. Immer wieder wurde diskutiert, inwieweit sich Dryden aus persönlicher Rankküne hie und da in seiner Satire zu einem Rufmord hatte hinreißen lassen, inwieweit er möglicherweise käuflich war, ob er nicht die Treue zum König ein wenig ins reaktionäre Extrem trieb und aus opportunistischen Gründen etwas zu eifrig Demokratie und liberales Denken überhaupt in Grund und Boden verdammte. Auch im Zusammenhang mit seiner späteren Konversion zum Katholizismus oder mit dem nur zum geringen Teil von ihm selbst verfaßten Teil 2 des *Absalom und Achitophel*, eines heute nicht mehr so interessanten Anhangs, im Zusammenhang auch mit den Satiren *The Medal (Die Medaille)* und *Mac Flecknoe* wurde Drydens politische Redlichkeit ausführlich untersucht und wohl mit Recht manchmal in Frage gestellt. – Hier interessiert jedoch vor allem die unvergleichliche Brillanz des Stils und der polemischen Charakterbeschreibung, die beispielhaft sind für eine engagierte Literatur und für schriftstellerischen, der Form nach sogar poetischen Journalismus. Mit Recht stellt sich Dryden das Eigenlob aus, man müsse seine Satiren in einer Reihe mit den Dialogen LUKIANS, dem *Encomium moriae* des ERASMUS und mit *Mother Hubberd's Tale (Mutter Hubberds Geschichte)* von SPENSER sehen. An entlarvendem Sarkasmus aber, der sich gegen noch lebende Zeitgenossen wendet, übertrifft seine Satire alle diese Werke. E.St.

AUSGABEN: Ldn. 1681. – Ldn. 1682 [T. 2; Verf. Nahum Tate, v. D. umgearb.]. – Oxford [2]1953 (in *Poetical Works*, Hg. J. Sargeaunt). – Ldn./NY 1961, Hg. J. u. H. Kinsley. – Ldn. 1966 (in *D.'s Satire*, Hg. D. R. Elloway). – Menston 1970 (Faks. d. Ausg. Ldn. 1681/82). – Berkeley/Los Angeles 1973 (in *The Works*, Hg. E. N. Hooker u. H. T. Swedenberg, 19 Bde., 1956 ff., 2). – Plymouth 1975, Hg. P. Roberts. – Oxford/NY 1987 (in *J. D.*, Hg., Einl. u. Anm. K. Walker; m. Bibliogr.).

LITERATUR: R. F. Jones, *The Originality of »Absalom and Achitophel«* (in MLN, 46, 1931). – J. G. McManaway, *Notes on a Key to »Absalom and Achitophel«* (in NQ, 19. 6. 1943). – J. Kinsley, *Historical Allusions in »Absalom and Achitophel«* (in RESt, N. S., 6, 1955). – C. H. Cable, *»Absalom and Achitophel« as Epic Satire* (in *Studies in Honor of John Wilcox*, Detroit 1958, S. 51–60). – Ch. Ricks, *D.'s »Absalom and Achitophel«* (in EIC, 11, 1961, S. 273–289). – B. N. Schilling, *D. and the Conservative Myth, a Reading of »Absalom and Achitophel«*, New Haven 1961. – W. Graham, *»Absalom and Achitophel«*, Oxford 1964. – N. Foxell, *Ten Poems Analyzed*, Oxford 1966, S. 23–40. – L. L. Brodwin, *Miltonic Allusion in »Absalom and Achitophel«: Its Function in the Political Satire* (in JEGPh, 68, 1969, S. 24–44). – L. M. Guilhamet, *D.'s Debasement of Scripture in »Absalom and Achitophel«* (in SEL, 9, 1969, S. 395–413). – D. Griffin, *D.'s Charles: The Ending of »Absalom and Achitophel«* (in PQ, 57, 1978, S. 359–382). – R. H. Bell, *Metamorphoses of ›Heroic Enterprise‹ in D. and Pope* (in Massachusetts Studies in English, 9, 1983, S. 22–35). – R. W. McHenry Jr., *»Absalom and Achitophel«*, Hamden/Conn. 1986. – R. Selden, *J. D. »Absalom and Achitophel«: A Critical Study*, Harmondsworth 1986.

## ALL FOR LOVE, OR THE WORLD WELL LOST

(engl.; *Alles für die Liebe oder Eine Welt verloren*). Tragödie von John DRYDEN, Uraufführung: London, Dezember 1677, Drury Lane Theatre. – *All for Love* ist eine Neubearbeitung des in England damals oft aufgegriffenen Antonius-und-Kleopatra-

Stoffs. Dryden behandelte ihn siebzig Jahre nach Shakespeare, bewußt in Anlehnung an dessen Stil – eine klare Absage an die von ihm selbst bisher gepflegte Gattung des heroischen Dramas. Jedoch beschränkte er sich im Unterschied zu Shakespeare auf die Darstellung der leidenschaftlichen Liebe des römischen Imperators und der ägyptischen Königin, auf die letzten Stadien dieser Liebe und die endliche Katastrophe. Während die Handlung bei Shakespeare weit ausgreift, von Syrien nach Rom, von Rom nach Alexandria, von Alexandria nach Athen, von Athen wieder nach Rom, von Rom nach Actium heftig hin und her schwingt, beschränkte sich Dryden in für das englische Theater einmaliger Strenge auf die Aristotelischen Einheiten der Handlung, des Ortes und der Zeit. So genügt ihm für seine Tragödie der Stoff, den Shakespeare in den letzten zweieinhalb Akten verarbeitet hatte. Diese Beschränkung aber erlaubte Dryden zugleich eine klare und eindringlich sparsame Führung der Handlung. – Ventidius, ein treuer Offizier des an allen Fronten geschlagenen Antonius, beschwört seinen Freund, der in Alexandria auf die endgültige Unterwerfung durch Octavian wartet, er möge die für ihn und für Rom gefährliche Cleopatra verlassen und mit den Resten seines Heeres neuen Siegen entgegenziehen. Aber Cleopatra ist dem vor Liebe machtlosen Imperator mehr wert als alle Welten, die er verlieren könnte. Ventidius, dem die Sorge um Antonius und das Reich keine Ruhe läßt, versucht zunächst eine rettende Intrige auszuspinnen, die Antonius eifersüchtig machen und ihn endlich von Cleopatra befreien soll, und führt schließlich noch des Imperators Gattin und seine beiden Töchterchen zu ihm. Antonius erklärt sich endlich beschämt für besiegt. Jedoch Octavia verläßt in gekränkter Würde ihren eben zurückgewonnenen Ehemann, als sie sieht, wie sehr er der Liebe nachtrauert, die er von Cleopatra verraten glaubt. – Beim Nahen des feindlichen Heeres beschließen Antonius und Ventidius, zusammen zu sterben, doch selbst diesen letzten römisch-mannhaften Entschluß macht die leidenschaftliche Liebe zu Cleopatra zunichte: Ein tückischer Eunuch überbringt die falsche Nachricht, Cleopatra habe sich getötet, um dem Geliebten ihre Unschuld und die Reinheit ihrer Liebe zu beweisen, und Antonius stürzt sich in sein Schwert. Cleopatra eilt zu dem Sterbenden, und die Liebenden versichern sich noch ein letztes Mal ihrer alles besiegenden Liebe, um dann zusammen zu sterben.

*All for Love* gilt als das dramatische Meisterwerk Drydens. Von einer bloßen Kopie des Shakespeare-Stückes kann entgegen manchen Behauptungen nicht die Rede sein. Dryden hat versucht, die Theorie des klassizistischen französischen Theaters mit der reichen Bühnentradition der Shakespearezeit in Einklang zu bringen, und zwangsläufig leidet unter diesem künstlichen Unterfangen der unmittelbare tragische Ausdruck. Immerhin – Dryden hat den für die englische Bühne unglücklichen Reim seiner heroischen Dramen zugunsten des Blankverses aufgegeben und den leeren Bombast der Ausstattungsstücke zugunsten eines echten dramatischen Vorwurfs. Das englische Theater wußte den Wert dieses Dramas zu schätzen, es wurde bis Mitte des 19. Jh.s häufig mit blendenden Besetzungen gespielt, und noch 1922 erlebte es in London eine vielgelobte Wiederaufführung. Eine Wirkung über England hinaus hatte *All for Love*, das in der Literaturgeschichte als das glücklichste Resultat des französischen Einflusses auf die englische Tragödie gilt, jedoch nicht. E.St.

Ausgaben: Ldn. 1678; Faks. Menston 1969. – Ldn. 1932 (in *Dramatic Works*, Hg. M. Summers, 6 Bde., 1931/32, 4; ern. Staten Island/N.Y. 1968). – Ldn. 1938, Hg., Einl. u. Anm. A. Sale; ern., 1961. – NY 1966, Hg. J. J. Enck. – Chicago 1967 (in *Four Tragedies*, Hg. u. Einl. L. A. Beaurline u. F. Bowers; m. Bibliogr.). – Ldn. 1975, Hg. N. J. Andrew. – Philadelphia 1984, Hg. W. Strunk. – Berkeley/Los Angeles 1984 (in *The Works*, Hg. E. N. Hooker u. H. T. Swedenberg, 19 Bde., 1956 ff., 13).

Übersetzung: *Antonius und Kleopatra*, F. Ohlsen, Altona 1886.

Vertonung: J. D., *All For Love; or, The World Well Lost*, New Rochelle/N.Y. o. J. (Regie: E. Carroll u. R. Culp; A Theatre-Guild Production).

Literatur: F. R. Leavis, *»Antonius and Cleopatra« and »All for Love«* (in Scrutiny, 5, 1936). – K. Muir, *The Imagery of »All for Love«* (in Proceedings Leeds Philosophical and Lit. Soc., 5, 1940). – M. E. Prior, *Tragedy and the Heroic Play »Aureng-Zebe« and »All for Love«* (in M. E. P., *The Language of Tragedy*, NY 1947). – N. Suckling, *Drama in Egypt: Reflexions on »All for Love«* (in Durham Univ. Journal, 14, 1952). – S. C. Osborn, *Heroical Love in D.'s Heroic Drama* (in PMLA, 73, 1958, S. 480–490; m. Bibliogr.). – J. H. Hagstrum, *The Sister Arts: The Tradition of Literary Pictorialisme and English Poetry from D. to Gray*, Chicago 1958, S. 173–209. – O. Reinert, *Passion and Pity in »All for Love«: A Reconsideration* (in *The Hidden Sense and Other Essays*, Hg. K. Schmidt, Oslo 1963, S. 159–195). – L. P. Goggin, *›This Bow of Ulysses‹* (in *Essays and Studies in Language and Literature*, Hg. H. H. Petit, Pittsburgh 1964, S. 49–86). – A. A. D. Ferry, *Milton and the Miltonic Dryden*, Cambridge u. a. 1968; Tl. 2. – *»All for Love«: A Collection of Critical Essays*, Hg. B. King, Englewood Cliffs/N.J. 1968. – C. H. Hinnant, *»All for Love« and the Heroic Ideal* (in Genre, 16, 1983, S. 57–74). – D. Hughes, *Art and Life in »All for Love«* (in StPh, 80, 1983, S. 84–107). – H. M. Solomon, *Tragic Reconciliation: An Hegelian Analysis of »All for Love«* (ebd., 81, 1984, S. 185–211). – J. M. Armistead, *Egypt in the Restoration: A Perspective on »All for Love«* (in Papers on Language and Literature, 22, 1986, S. 139–153). – J. A. Vance, *Antony Bound: Fragmentation and Insecurity in »All for Love«* (in SEL, 26, 1986, S. 421–438).

## AMPHITRYON, OR THE TWO SOSIAS

(engl.; *Amphitryon oder Die beiden Sosias*). Komödie von John DRYDEN, Uraufführung: London, September 1690, Drury Lane Theatre. – Wie der Autor im Vorwort bescheiden zugibt, ist sein *Amphitryon* eine Bearbeitung der Komödien von PLAUTUS und MOLIÈRE. Mit seiner Fassung, die sich bis spät ins 19. Jh. immer wieder im englischen Spielplan behaupten konnte, leistete Dryden dem englischen Theater einen wertvollen Mittlerdienst; denn er zeigte mit Erfolg, wieviel die englische Komödie der Restaurationszeit vor allem von Molière lernen konnte, und bereicherte sie wieder um das Tragikomische. Einer Zeit, in der die Liebe in der Wirklichkeit wie auf der Bühne zum frivolen Gesellschaftsspiel geworden war, führte Dryden mit seinem *Amphitryon* noch einmal Charaktere vor, die wirklicher Gefühle fähig sind. Seine Alkmene ist sicher die zarteste Frauengestalt des Restaurationstheaters. – Dryden hat seinen Vorlagen (vor allem dem *Amphitryon* Molières) nichts Bedeutsames hinzugefügt; er entwickelte lediglich in ein paar handfesten Episoden die Sosias-Nebenhandlung kräftiger, als es bisher geschehen war. So läßt er den Merkur-Sosias nicht nur unter der xanthippischen Frau des irdischen Sosias leiden, vielmehr verliebt Merkur sich wirklich – wie sein Herr Jupiter. Eine schöpferische Weiterentwicklung des Stoffs, von der manche seiner Kritiker sprechen, gelang Dryden jedoch nicht. E.St.

AUSGABEN: Ldn. 1690. – Ldn. 1931/32 (in *The Dramatic Works*, Hg. M. Summers, 6 Bde., 6; ern. Staten Island/N.Y. 1968). – Rochester 1954 [Nachdr. d. Ausg. Ldn. 1691]. – Berkeley/Los Angeles 1976 (in *The Works*, Hg. E. N. Hooker u. H. T. Swedenberg, 19 Bde., 1956 ff., 15).

LITERATUR: C. Hartmann, *Der Einfl. Molières auf D.s komisch-dramat. Dichtungen*, Lpzg. 1885. – P. Ott, *Über das Verhältnis des Lustspieldichters D. zur gleichzeit. franz. Komödie*, Diss. Mchn. 1885. – N. B. Allen, *The Sources of J. D.'s Comedies*, Ann Arbor/Mich. 1938. – M. K. Merzbach, *The Third Source of D.'s »Amphitryon«* (in Anglia, 73, 1955, S. 213 f.). – Ö. Lindberger, *The Transformations of »Amphitryon«*, Stockholm 1958. – M. K. Merzbach, *Kleist und D.* (in South-Central Bull., 21, 1961, S. 11–16). – Th. E. Barden, *D.'s Aims in »Amphitryon«* (in Costerus, 9, 1973, S. 1–8). – A.-R. Shaheen, *Satiric Characterization in J. D.'s Later Comedies* (in Forum, 17, Houston/Tex., 1979, S. 2–10).

## ANNUS MIRABILIS

(engl.; *Das Jahr der Wunder*). Lehrgedicht von John DRYDEN, erschienen 1667. – Bei der Vielfalt der Begabungen des lyrischen und dramatischen Dichters, des Kritikers und Hofhistoriographen Dryden und in Anbetracht der allgemeinen politischen Unsicherheit zu seinen Lebzeiten ist der ihm häufig gemachte Vorwurf eines prinzipienlosen Opportunismus *cum grano salis* zu nehmen. Dieser Vorwurf gilt wohl vor allem den 305 Strophen des *Annus Mirabilis*, die König Karl II. und seine zweifelhafte Kriegsunternehmung gegen Holland verherrlichen.
Dryden apostrophiert den *»höchst gerechten und notwendigen«* Krieg und flicht dem Helden dieses Krieges in gelehrten und feinsinnigen Metaphern Lorbeerkränze. Fast zwei Drittel des Gedichtes sind der Seeschlacht von Bergen (1665) gewidmet. Im zweiten Teil des Werks berichtet der Dichter über den furchtbaren Brand Londons im Jahr 1666, der – nach Dryden – von belgisch-holländischen Winden immer wieder neu entfacht, dank königlicher Gebete sich endlich beruhigt habe. Für sein in vierzeiligen, alternierend reimenden Stanzen geschriebenes Gedicht hatte Dryden das romantische Epos *Gondibert* von D'AVENANT zum Vorbild genommen. In *Annus Mirabilis*, dem ersten in einer langen Folge von Lehrgedichten, gelingt Dryden in genialer Weise die formale Bändigung eines höchst vielfältigen – und zweifelhaften – Stoffes. Er erweist sich darin als Meister der neuen Dichtung der Restaurationsperiode, der in spezifisch britischer Geisteshaltung ein Loblied auf London, auf Handel, Seefahrt und auf einen England wohlgesinnten Gott singt. E.St.-KLL

AUSGABEN: Ldn. 1667. – Oxford 1893, Hg. W. D. Christie. – Oxford 1927 [Faks.]. – Oxford [2]1953 (in *Poetical Works*, Hg. J. Sargeaunt). – Berkeley/Los Angeles 1956 (in *The Works*, Hg. E. N. Hooker u. H. T. Swedenberg, 19 Bde., 1956 ff., 1; [3]1974). – Oxford/NY 1987 (in *J. D.*, Hg., Einl. u. Anm. K. Walker; m. Bibliogr.).

LITERATUR: E. Koelbing, *Zu D.s »Annus Mirabilis«* (in Engl. Studien, 16, 1892). – F. Adams, *Brief Notes on »Annus Mirabilis«*, Newark/NY 1916. – E. N. Hooker, *The Purpose of D.'s »Annus Mirabilis«* (in Huntington Library Quarterly, 10, 1946). – A. M. Crinò, *J. D.*, Florenz 1957. – R. Nevo, *The Dial of Virtue: a Study of Poems on Affairs of State...*, Princeton 1963 [Kap. 6]. – D. Novarr, *Swift's Relation with D. and Gulliver's »Annus Mirabilis«* (in ES, 47, 1966, S. 341–354). – E. Miner, *In Satire's Falling City* (in *The Satirist's Art*, Hg. J. Jensen u. M. R. Zirker, Bloomington 1972, S. 3–27). – M. McKeon, *Politics and Poetry in Restoration England: The Case of D.'s »Annus Mirabilis«*, Cambridge 1975. – M. G. Ketcham, *Myth and Anti-Myth and the Poetics of Political Events in Two Restoration Poems* (in Studies in 18th Century Culture, 13, 1984).

## AURENG-ZEBE

(engl.; *Aureng-Zebe*). Verstragödie von John DRYDEN, Uraufführung: London, November 1675, Drury Lane Theatre. – Vier Brüder liegen miteinander im Kampf um die indische Kaiserkrone, die ihr greiser Vater, Shah Jehan, trägt. Zwei der Widersacher sind bald besiegt, und schließlich steht dem skrupellos-ehrgeizigen Prinzen Morat nur noch Aureng-Zebe gegenüber, Prototyp des strahlenden, guten Helden, der als einziger nicht aus eigensüchtigen Motiven kämpft, sondern in der redlichen Absicht, dem greisen Vater seine Würde zu bewahren. Der Kaiser jedoch – in später Liebe zu der Braut Aureng-Zebes, der gefangenen Prinzessin Indamora, entbrannt – verbannt den getreuen Sohn nach dessen Sieg und freit dann, allerdings vergeblich, um die Prinzessin. Nun wird das Reich von dem ruhmsüchtigen, ebenfalls Indamora begehrenden Sohn Morat und seiner Mutter Nourmahal beherrscht, die mit ihrer Inzestliebe zu Aureng-Zebe zur allgemeinen Verwirrung der Gefühle beiträgt. Doch schließlich siegt das Reine über all diese Lasterhaftigkeit: Aureng-Zebe erobert die Stadt und das Herz seines Vaters zurück, und dieser ist nun bereit, auf Indamora zu verzichten. Morat muß sterben, und die alte Kaiserin wird wahnsinnig. Zwei heftige Eifersuchtsszenen Aureng-Zebes – der Morat von seiner Braut geliebt glaubt – können das glückliche Ende der Tragödie zwar noch verzögern, aber nicht mehr verhindern: Der Held und alleinige Thronerbe führt endlich die Braut heim. – Mit diesem Stück nimmt Dryden Abschied von der *heroic tragedy*, dem unglücklichen Zwittergenre, das er selbst im Jahr 1664 mit *The Indian Queen (Die indische Königin)*, in Zusammenarbeit mit Sir Robert HOWARD, begründet hatte. Zwar wirkt die Handlung noch gekünstelt, sentimental und in ihrer Schwarzweißmalerei unglaubhaft, aber der Vers ist freier geworden, der Dialog wahrhaftiger und spontaner. Mit *Aureng-Zebe* tat Dryden einen entscheidenden Schritt auf *All for Love (Alles um Liebe)* zu, die Tragödie, in der er die Fesseln des französischen Stils sprengte und zum Blankvers zurückkehrte. Gegen Ende des 17. Jh.s und während des ganzen 18. Jh.s. wurde *Aureng-Zebe*, die Schauer-, Edelmuts- und Liebestragödie mit dem versöhnlichen Ausgang, häufig gespielt: Noch lange nachdem Dryden sich von dieser Gattung abgewandt hatte, schenkte also das Publikum historischen Bühnenmonstrositäten dieser Art seine Gunst. E.St.

AUSGABEN: Ldn. 1676. – Ldn. 1932 (in *The Dramatic Works*, Hg. M. Summers, 6 Bde.; ern. Staten Island/N.Y. 1968). – NY 1957 (in *Three Plays*, Hg. u. Einl. G. Saintsbury). – Chicago u. a. 1967 (in *Four Tragedies*, Hg. u. Einl. L. A. Beaurline u. F. Bowers; m. Bibliogr.). – Lincoln 1971, Hg. F. M. Fink.

LITERATUR: M. E. Prior, *Tragedy and the Heroic Play: »Aureng-Zebe« and »All for Love«* (in M. E. P., *The Language of Tragedy*, NY 1947). – R. Morton, *By no Strong Passion Swayed, a Note on J. D.'s »Aureng-Zebe«* (in English Studies in Africa, 1, 1958, S. 59–68). – S. C. Osborn, *Heroical Love in D.'s Heroic Drama* (in PMLA, 73, 1958, S. 480–490; m. Bibliogr.). – A. C. Kirsch, *The Significance of D.'s »Aureng-Zebe«* (in ELH, 29, 1962, S. 160–174). – U. Broich, *Libertin u. heroischer Held: das Drama der englischen Restaurationszeit u. seine Leitbilder* (in Anglia, 75, 1967, S. 34–57). – R. S. Newman, *Irony and the Problem of Tone in D.'s »Aureng-Zebe«* (in SEL, 10, 1970, S. 439–458). – H. F. Brooks, *D.'s »Aureng-Zebe«: Debts to Corneille and Racine* (in RLC, 46, 1972, S. 5–34). – L. H. Martin, *Consistency of D.'s »Aureng-Zebe«* (in StPh, 70, 1973, S. 306–328). – W. Frost, *»Aureng-Zebe« in Context: D., Shakespeare, Milton, and Racine* (in JEGPh, 74, 1975, S. 26–49). – D. W. Tarbet, *Reason Dazzled: Perspective and Language in D's »Aureng-Zebe«* (in *Probability, Time, and Space in Eighteenth Century Literature*, Hg. P. R. Bachscheider, NY 1979, S. 187–205). – H. R. Spielmann, *Zum ›Sensibility‹-Begriff im engl. frühbürgerlichen Drama* (in LWU, 17, 1984).

## THE CONQUEST OF GRANADA BY THE SPANIARDS

(engl.; *Die Eroberung Granadas durch die Spanier*). Heroische Tragödie von John DRYDEN, Uraufführung: London, Dezember 1670 (1. Teil) und Januar 1671 (2. Teil, mit dem Titel *Almanzor and Almahide, or The Conquest of Granada, the Second Part*), Royal Theatre. – In zwei Teilen zu je fünf Akten breitet der Dichter in seiner vielleicht berühmtesten heroischen Tragödie ein Mammutpanorama aller nur vorstellbaren Konflikte zwischen Liebe und Ehre auf der Bühne aus. Das Drama spielt in Granada um 1490, in den letzten Jahren des spanischen Befreiungskrieges, als Ferdinand und Isabella diese letzte maurische Bastion belagerten und schließlich eroberten. – Almanzor, ein kriegerischer Übermensch, in dem Dryden alle Vorzüge Achills, Rinaldos und des »fier Artaban« vereint, liebt die edle und tugendhafte Almahide, die er jedoch trotz schüchtern angedeuteter Gegenliebe nicht für sich gewinnen kann, da sie dem feigen, schwachen und plumpen König von Granada, Boabdelin, versprochen ist. Dieser wäre ohnmächtig den Machtkämpfen zweier sich befehdender Familienparteien ausgeliefert und hätte sein Königreich auch längst schon an Spanien verloren, stünde ihm nicht Almanzor aus Liebe zu Almahide zur Seite. Zwar wechselt Almanzor aus gekränkter Eitelkeit ein paarmal die maurischen Fronten und zieht sich auch an einer dramatischen Wende grollend wie Achill in ein Exil zurück, doch kann ihn Almahide immer wieder zurückrufen. Treu und ohne Aussicht auf Erhörung steht er in unbesiegbarer Heldenhaftigkeit der Angebeteten und ihrem dümmlich-eifersüchtigen Gemahl zur Seite. – Die Mauren verstricken sich von Szene zu Szene immer unrettbarer in ein Netz giftiger Kabalen und Intrigen; ein Verrat jagt den andern, bis schließlich keiner mehr recht weiß, wer wen gerade noch oder schon nicht mehr verrät. Einige wenige schöne Jünglinge und Jungfrauen halten das Banner der Ehre und Tugend hoch über dem schmutzigen Treiben ihrer bösen Verwandten, die endlich besiegt werden. – Almanzor wird durch Verrat zu Fall gebracht, so daß schließlich das fromme und tapfere Königspaar Ferdinand und Isabella von Spanien triumphiert. In einem Zweikampf erschlägt Almanzor beinahe noch seinen Vater, den spanischen Herzog von Arcos, der jedoch den Sohn an einem Armband erkennt. Almanzor, nun Christ und fürstlichen Blutes, wirbt jetzt wieder um die zur Christin bekehrte Almahide, da Boabdelin gefallen ist. Almahide sträubt sich, die Liebe der Seele Wirklichkeit werden zu lassen, doch wird sie auf Geheiß Isabellas nach einem Trauerjahr Almanzor erhören.

Diese zehn Akte sind ein Musterbeispiel für die in der Restaurationszeit in England entwickelte und vor allem von Dryden selbst gepflegte Gattung der heroischen Tragödie, die nach dem Vorbild der Heldenepen in Reimpaaren den ewigen Konflikt von Liebe und Ehre behandelte. Dryden wählte aus seinen Vorlagen, der spanischen »Historia mixta« *Las guerras civiles (Die Bürgerkriege)* von Ginés PÉREZ DE HITA und der »romance« *Almahide ou L'esclave Reine (Almahide oder Die Sklavin als Königin)* der Mlle. de SCUDÉRY, alle für die Bühne verwertbaren Charaktere und Fakten aus und stellte sie zu einem grellbunten Fächer tugend- und heldenhafter Handlungen zusammen, die gekrönt werden durch die gänzlich unwahrscheinlichen Taten Almanzors, des freien Helden, der nur dem König untertan ist. Freilich kommt es über der manischen Hast, dem hohlen Bombast und Pathos, den Dutzenden wilder Schlachten, Duelle und Morde, den unfreiwillig komischen Geistererscheinungen nicht zu der Entfaltung eines echten dramatischen Konflikts, ja nur selten zur Entfaltung einer poetischen Sprache. Wir stehen heute eher auf der Seite von Drydens prominentem Gegner, dem Duke of BUCKINGHAM, der schon 1671, im Jahr der Erstaufführung von *The Conquest of Granada*, in seiner Satire *The Rehearsal (Die Bühnenprobe)* die heroische Tragödie mit beißendem Spott parodierte. Und doch, die Äußerung COLERIDGES, bei Dryden *»fingen die Räder vor lauter Geschwindigkeit Feuer«*, charakterisiert gut, was an diesem Stück theatergeschichtlich interessant ist. Es ist ein lebhafter – wenn auch in der Wahl der Mittel übertriebener – Ausdruck des Heimwehs der Dichter der Restauration nach den verlorenen Idealen, nach dem verlorenen echten Pathos und nach dem verlorenen bunten, sinnlichen Übermut der Dichtergenerationen vor ihnen. E.St.

AUSGABEN: Ldn. 1672. – Ldn. 1931/32 (in *Dramatic Works*, Hg. M. Summers, 6 Bde., 3; ern. Staten Island/N.Y. 1968). – NY 1957 (in *Three Plays*, Hg. u. Einl. G. Saintsbury). – Berkeley/Los Angeles 1978 (in *The Works*, Hg. E. N. Hooker u. H. T. Swedenberg, 19 Bde., 1956 ff., 11).

LITERATUR: T. H. Fujimura, *The Appeal of D.'s Heroic Plays* (in PMLA, 1960, S. 37–45). – E. M. Waith, *The Herculean Hero in Marlowe, Shakespeare and D.*, Ldn. 1962. – A. Kirsch, *D., Corneille and the Heroic Play* (in MPh, 1962, S. 248–264). – J. Loftis, *The Hispanic Element in D.* (in Emory University Quarterly, 20, 1964, S. 90–100). – A. C. Kirsch, *D.'s Heroic Drama*, Princeton 1965. – A. Roper, *D.'s Poetic Kingdoms*, NY 1965. – S. A. Zebouni, *D.: A Study in Heroic Characterization*, Baton Rouge 1965. – G. H. Compton, *The Metaphor of Conquest in D.'s »The Conquest of Granada«*, Diss. Univ. of Florida 1968. – J. D. Ebbs, *The Principle of Justice Illustrated in Reformation Tragedy*, Salzburg 1973. – E. E. N. Rauch, *J. D.'s Use of Classical Rhetoric in »The Conquest of Granada«*, Diss. Ohio State Univ. 1983 (vgl. Diss. Abstracts, 44, 1984, S. 2775A). – *M. Berry, Almanzor and Coxinga: Drama West and East* (in Comparative Literature Studies, 22, 1985, S. 97–109).

## DON SEBASTIAN, KING OF PORTUGAL

(engl.; *Don Sebastian, König von Portugal*). Verstragödie von John DRYDEN, Uraufführung: London, Dezember 1689, Drury Lane Theatre. – Das Stück behandelt Leben und Tod des portugiesischen Königs, nicht wie sie uns die Geschichte überliefert, sondern beginnend erst mit der Schlacht von Alcazar (Kasr el-Kebir), in der der historische Don Sebastian fiel. Dryden geht von der Legende aus, der vom Volk geliebte König habe überlebt und sich als Einsiedler in die Berge des Atlas zurückgezogen. – Der muselmanische Kaiser und Tyrann Muley-Moluch gewinnt die Schlacht nicht zuletzt dank der Hilfe eines portugiesischen Renegaten namens Dorax, der einst Günstling am Hofe Don Sebastians in Lissabon war und nun sein erbittertster Feind ist, weil ihm der König sein Mündel Violante nicht zur Frau geben wollte. – Der Ministerpräsident des Kaisers, der Intrigant Benducar, verschwört sich mit dem Mufti und dem kaiserlichen Bruder Muley-Zeydan gegen Muley-Moluch; der Zeitpunkt für eine Revolte ist günstig gewählt, denn der Tyrann begnadigt nicht nur den gefangenen König Sebastian, sondern auch die muselmanische Königin Almeyda, deren Vater und Bruder er als unliebsame Kronprätendenten ermorden ließ. Als er dann aber erfährt, daß Almeyda, die er liebt, Christin geworden und mit Sebastian vermählt ist, läßt Eifersucht seine Brutalität wiederaufflammen. Es kommt zu einem Gemetzel, aus dem Dorax und Muley-Zeydan als Sieger hervorgehen. Dorax hat indes nur deshalb zugunsten Sebastians eingegriffen, weil er danach Rache an ihm üben will. Sebastian aber vermag den Feind umzustimmen und ihn zu seinem besten Freund zu machen. Auch verspricht er ihm die noch jungfräuliche Violante. Doch nimmt die Geschichte kein gutes Ende: Ein alter Höfling tut kund, daß Almeyda eine natürliche Schwester Sebastians ist. Die Liebenden müssen sich trennen, Sebastian wird Eremit, Almeyda geht ins Kloster.

Aus der Überfülle allzu konstruiert wirkender Ereignisse fügte Dryden zwar eine eindrucksvolle

»heroische Tragödie«, nicht aber ein lebensvolles Schauspiel. Die Inzestliebe, die völlig unvermutet erst am Schluß das dramatische Hin und Her zur Katastrophe wendet, mutet wie ein exotisch-grotesker Handlungseinfall unter vielen an und vermag die erlahmende Aufmerksamkeit nicht mehr auf die ohnehin recht bläßlich wirkenden Kümmernisse des Königs zu konzentrieren. Dryden selbst berichtet, sein Premierenpublikum habe die Tragödie unerträglich lang gefunden und man habe 1200 Verse streichen müssen, die er jedoch dem Leser nicht vorenthalten wolle. Doch sind es sicher nicht nur diese 1200 Verse, die uns heute den Eindruck eines heroisch-eitlen Zuviel vermitteln. E.St.

AUSGABEN: Ldn. 1690. – Ldn. 1932 (in *Dramatic Works*, Hg. M. Summers, 6 Bde., 1931/32, 6; ern. Staten Island/N.Y. 1968). – Chicago 1967 (in *Four Tragedies*, Hg. u. Einl. L. A. Beaurline u. F. Bowers; m. Bibliogr.). – Berkeley/Los Angeles 1971 (in *The Works*, Hg. E. N. Hooker u. H. T. Swedenberg, 19 Bde., 15; ern. 1976).

BEARBEITUNGEN: J. Bickerstaffe, *The Captive*, 1796. – F. Reynolds, *The Renegade. A Drama*, Ldn. 1812.

LITERATUR: A. M. Crinò, *J. D.*, Florenz 1957. – J. A. Winterbottom, *Stoicism in D.'s Tragedies* (in JEGPh, 61, 1962, S. 868–883). – B. King, *»Don Sebastian«: D.'s Moral Fable* (in SR, 70, 1962, S. 651–670). – D. W. Jefferson, *›All, all of a piece throughout‹: Thoughts on D.'s Dramatic Poetry* (in *Restoration Theatre*, Hg. J. R. Brown u. B. Harris, Ldn. 1965, S. 159–176). – J. W. Lemly, *Into Winter Quarters Gone: The Last Plays of Jonson and D.*, Diss. Yale Univ. 1972. – D. Hughes, *D.'s »Don Sebastian« and the Literature of Heroism* (in Yearbook of English Studies, 12, 1982, S. 72–90). – D. Bywaters, *D. and the Revolution of 1688: Political Parallel in »Don Sebastian«* (in JEGPh, 85, 1986).

## THE HIND AND THE PANTHER

(engl.; *Die Hindin und der Panther*). Allegorisch-satirische Dichtung in drei Teilen von John DRYDEN, erschienen 1687. – Fünf Jahre nach der *Religio Laici*, seiner protestantischen Streitschrift, veröffentlichte Dryden, der zum Katholizismus konvertierte, nachdem der katholische König Jakob II. den Thron bestiegen hatte, *The Hind and the Panther*, das Hohelied eines Laien auf die katholische Kirche und ihre Unfehlbarkeit. Dankerfüllt besingt er die Kirche, die ihn aus der Not seiner Zweifel, dem sinnlosen Glauben an die Wissenschaft und dem kläglichen Vertrauen auf die Sinne befreit und ihm den Weg zum wahren Glauben gewiesen habe. – In seiner Fabel begegnen sich eine unschuldige Hindin (die katholische Kirche) und ein gefährlicher Panther (die anglikanische Kirche) in einer Landschaft, in der es von bösen und dummen Tieren wimmelt, alles Gott nicht wohlgefällige Kreaturen, die die Vielzahl der protestantischen Sekten repräsentieren, von denen die *»milchweiße«* Hindin verfolgt und beschmutzt wird, bis der britische Löwe sie huldreich in seine Obhut nimmt. Aus der kaum zu übersehenden Menge der teilweise grob karikierten Reformierten, Lutheraner, Independenten, Quäker, Freidenker, Anabaptisten, Arianer und Presbyterianer ragt einzig der anglikanische Panther hervor. Dieses edlen, aber mißgeleiteten Tieres erbarmt sich die Hindin, würdigt es eines Gesprächs und bietet ihm ihren heiligen Schutz und Frieden an. Im Verlauf ihrer Auseinandersetzung diskutieren Hindin und Panther alle theologischen Fragen, die die beiden Kirchen voneinander trennen (Abendmahlslehre, Bibel und Tradition, Konzilien, Unfehlbarkeit u. a.), doch liegt ihnen – sie sind englische Fabeltiere! – vor allem die Politik am Herzen, und mit dem sicheren englischen Instinkt für aktuelle irdische Probleme wechseln sie vom Dogmatischen stets rasch wieder zum Zeitgeschehen über. Mit einer boshaften Schärfe, die der von *Absalom and Achitophel* (1681) in nichts nachsteht, zeichnet der Dichter ein satirisches Bild seiner anglikanischen Widersacher.

Die politischen Einzelheiten des Streitgesprächs, ja selbst die theologischen Dispute mögen den Leser von heute langweilen, nicht gealtert aber ist die Schönheit der Verse (vorwiegend *heroic couplets*), die von bekennerischer Inbrunst getragen sind und eine Ehrlichkeit ausstrahlen, wie man sie in einem Gedicht, das Pamphlet und Hymnus in einem ist, nicht leicht erwartet. Zusammen mit seinem so völlig konträren Vorläufer *Religio Laici* ist *The Hind and the Panther* überdies ein wichtiges biographisches und zeitgeschichtliches Dokument. – Noch im selben Jahr veröffentlichten Matthew PRIOR und Charles MONTAGU (der spätere Lord Halifax) eine gegen Drydens Dichtung gerichtete Satire unter dem Titel *The Hind and the Panther Transvers'd to the Story of the Country Mouse and the City Mouse*. E.St.

AUSGABEN: Ldn. 1687. – Ldn. 1900, Hg. W. H. Williams [m. Einl. u. Anm.]. – NY 1934 (in *Poems*, Hg. B. Dobree; ern. 1966). – Oxford 1958 (in *The Poems*, Hg. J. Kinsley, 4 Bde., 2; Komm. in Bd. 4). – Berkeley/Los Angeles 1969 (in *The Works*, Hg. E. N. Hooker u. H. T. Swedenberg, 19 Bde., 1956 ff., 3).

LITERATUR: W. H. Martz, *D.'s Religious Thought. A Study of »The Hind and the Panther« and Its Background*, Diss. Yale Univ. 1957. – A. M. Crinò, *D. Poeta satirico*, Florenz 1958, S. 75–96. – H. J. Ellis, *A Critical Analysis of J. D.'s »The Hind and the Panther«*, Diss. Univ. of Pennsylvania (vgl. Diss. Abstracts, 22, 1961/62, S. 563 f.). – C. H. Miller, *The Styles of »The Hind and the Panther«* (in JEGPh, 61, 1962, S. 511–527). – E. Miner, *The Significance of Plot in »The Hind and the Panther«* (in Bull. of the New York Public Library, 69, 1965, S. 446–458). – V. M. Hamm, *D.'s »The Hind and the Panther« and »Roman Catholic Apologetics«* (in

PMLA, 83, 1968, S. 400–415). – W. Myers, *Politics in »The Hind and the Panther«* (in EIC, 19, 1969, S. 19–33). – Th. H. Fujimura, *The Personal Drama of D.'s »The Hind and the Panther«* (in PMLA, 87, 1972, S. 406–416). – D. R. Benson, *D.'s »The Hind and the Panther«: Transubstantiation and Figurative Language* (in Journal of the History of Ideas, 43, 1982, S. 195–208). – J. F. Leonard, *The Character of D.'s »Hind«* (in Southern Review, 15, 1982, S. 291–305). – D. W. Jefferson, *The Poetry of »The Hind and the Panther«* (in MLR, 79, 1984, S. 32–44).

## KING ARTHUR, or, The British Worthy

(engl.; *König Arthur oder Der britische Held*). »Dramatische Oper« von John DRYDEN, Musik von Henry Purcell (1658?–1695); Uraufführung: London, Mai 1691, Dorset Garden. – König Arthur (Artus), der legendäre König der Briten, steht kurz vor der entscheidenden Schlacht gegen die heidnischen Sachsen unter Oswald, der ihm nicht nur die Herrschaft, sondern auch seine blinde Braut Emmeline streitig macht. Höhere Mächte – böse Geister im Dienst des Heidenkönigs und Philidel, ein um dessen Seelenheil bemühter Engel im Dienst des Christenkönigs – sorgen dafür, daß die Auseinandersetzung zunächst aufgeschoben wird. Daß Arthur Emmeline schließlich aus der Gewalt Oswalds befreit und daß sie ihr Augenlicht wiedererhält, ist das Verdienst des berühmten Zauberers Merlin. Die Verlierer sind beschämt, Arthur und Emmeline feiern Hochzeit.

Dryden hatte ursprünglich ein großes Artus-Epos geplant, verzichtete aber, ähnlich wie vor ihm MILTON, darauf und schrieb statt dessen dieses bei aller Phantastik hochpolitische Libretto, in dem er Karl II. gegen die Anhänger seines Opponenten Lord Shaftesbury verteidigte, die 1683 den »Rye House Plot«, eine mißlungene Verschwörung, angezettelt hatten.

Auch in dem als Vorspiel zu *King Arthur* entworfenen allegorischen Maskenspiel *Albion und Albanus*, einer Verherrlichung der Stuarts, geißelt der Dichter die Gegner des Königs, allen voran die Whigs. Seine Parteinahme für die Restauration mag Dryden bewogen haben, dieses Stück bereits 1685, dem Jahr der Krönung Jakobs II., auf die Bühne zu bringen. Die »Glorious Revolution« von 1688 überholte ihn gleichsam bei der Arbeit an *King Arthur* und zwang ihn, alle reaktionären Anspielungen auszumerzen. Übrig blieb ein extravagantes romantisches Drama mit viel barockem Bühnenzauber und drastischen Schauereffekten (beispielsweise waren die Schauspieler laut Regieanweisung in den Kampfszenen mit blutgetränkten Schwämmen ausgerüstet), dessen künstlerischen Wert Dryden selbst mißmutig in Frage stellte. Die Verschmelzung von mythologischen und patriotischen Motiven findet ihren charakteristischsten Ausdruck in einer hymnischen Liebeserklärung an England: *»Fairest isle, all isles excelling / Seat of pleasures and of loves; / Venus here will choose her dwelling, / And forsake her Cyprian groves.«* Zu ihrem ungewöhnlichen Erfolg verhalf der Oper aber weniger Drydens Libretto als Purcells melodiöse Vertonung. E.St.

AUSGABEN: Ldn. 1691. – Cambridge 1928, Hg. D. Arundell. – Ldn. 1932 (in *The Dramatic Works*, Hg. M. Summers, 6 Bde., 1931/32, 6; ern. Staten Island/N.Y. 1968). – NY 1981 [Nachdr. d. Ausg. Ldn. 1770].

VERTONUNG: H. Purcell, *King Arthur; or, the British Worthy* (dramat. Oper; Ldn. 1960).

LITERATUR: E. Dent, *Foundations of English Opera*, Cambridge 1928. – R. F. Brinkley, *Arthurian Legends in the 17th Century*, Baltimore 1932. – F. Bowers, *D. as Laureate. The Cancel Sheet in »King Arthur«* (in TLS, 10. 4. 1953). – P. J. Hitchman, *»King Arthur« at Nottingham, a Notable Revival* (in Theatre Notebook, 11, 1957, S. 121 bis 128). – R. E. Moore, *Henry Purcell and the Restoration Theatre*, Cambridge/Mass. 1961, S. 70–99. – L. Gottesman, *The Arthurian Romance in English Opera and Pantomime* (in Restoration and 18th Century Theatre Research, 8, 1969, S. 47–53). – M. W. Alssid, *The Impossible Form of Art: D., Purcell and »King Arthur«* (in Studies in the Literary Imagination, 10, 1977, S. 125–144). – J. Altieri, *Baroque Hieroglyphics: D.'s »King Arthur«* (in PQ, 61, 1982, S. 431–451). – D. Charlton, *»King Arthur«: Dramatic Opera* (in Modern Languages, 64, 1983, S. 183–192). – J. Vaché, *›The Numbers of Poetry and Vocal Music‹ in »King Arthur«: The Internal Evidence* (in Cahiers Elisabethains, 30, 1986, S. 59–70).

## MARRIAGE À-LA-MODE

(engl.; *Ehe nach der Mode*). Komödie in fünf Akten von John DRYDEN, Uraufführung: London 1671 oder 1672, Lincoln's Inn Fields Theatre. – Neben den ersten Dramen ETHEREGES und WYCHERLEYS gehört dieses Stück Drydens zu den frühesten Beispielen der *comedy of manners*, der geistreichen und moralfreien Komödie der Restaurationszeit. Wie in Ethereges *Comical Revenge* (1664) und Drydens früherem Werk *Secret Love* (1667) erscheint neben dem heiteren Geschehen eine zweite, ernste Handlungslinie im Stil des damaligen *heroic play*. *Marriage-à-la-Mode* spielt in einem imaginären Sizilien, hinter dem manchmal das zeitgenössische England aufleuchtet. Polydamas, der Usurpator auf dem Thron, fahndet nach seinem verlorenen Kind und entdeckt in pastoraler Umgebung ein junges Paar in der Obhut seines alten Bekannten Hermogenes, der sich jahrelang vor ihm verborgen hatte. Hermogenes gibt zunächst den jungen Mann, Leonidas, als den Sohn des Herrschers aus. Weil er sich weigert, von seiner Jugendliebe Palmyra zu lassen und statt ihrer Amalthea, die Tochter eines Höflings, zu heiraten, gerät Leonidas in Konflikt mit Polydamas. Als Palmyra zur Strafe hingerichtet werden soll, eröffnet Hermogenes dem König, daß sie in Wirklichkeit dessen verlorenes Kind ist, und behauptet, Leonidas sei sein eigener Sohn. Dieser Rollentausch bleibt nicht der letzte, denn im weiteren Verlauf entpuppt sich der junge Mann als Sohn des verstorbenen rechtmäßigen Herrschers. Er wird gefangengenommen, kann sich aber auf dem Schafott von seinen Schergen losreißen und besiegt mit einer Handvoll Getreuer Polydamas, dem er um Palmyras willen das Leben schenkt. Heroischen Konflikten ist nicht nur der Prinz, sondern die zwischen Vater und Geliebtem stehende Palmyra ausgesetzt; hierbei handelt es sich um den traditionellen Widerstreit von *love* und *honour* im *heroic play*. Aber auch Amalthea sieht sich vor die übermenschliche Aufgabe gestellt, alle persönlichen Ansprüche auf den geliebten Leonidas aufzugeben und ihm, als er in Ungnade gefallen ist, sogar bei seiner Werbung um Palmyra zu helfen.

Neben diesem heroischen Geschehen läuft – nur an einigen wenigen Punkten handlungsmäßig damit verbunden – die komische Handlung zwischen den beiden Freunden Palamede und Rodophil, dessen Frau Doralice und Palamedes Braut Melantha. Die Beziehungen dieses Quartetts verwirren sich bereits im ersten Akt. Palamede verliebt sich nebenbei in Doralice, und Rodophil, ehemüde, wie es die Konvention der *comedy of manners* verlangt, will bei Melantha Abwechslung suchen. Die Freunde kommen einander bald auf die Schliche und erproben nun ihre Intelligenz und ihren Einfallsreichtum an dem Problem, sowohl die Dame des anderen zu erobern als auch die eigene für sich zu behalten. Die beiden Frauen sind durchaus nicht ahnungslose Opfer des gefährlichen Spiels, sondern nur zu bereit, eine aktive Rolle darin zu übernehmen. Ihre Dialoge mit dem jeweiligen Verehrer sind geistreiche Auseinandersetzungen um ein eindeutiges Ziel, strotzen von witzigen erotischen Doppeldeutigkeiten und stellen Musterbeispiele für den sogenannten Sex-Antagonismus, ein typisches Motiv der zeitgenössischen Komödie, dar. Nachdem der Zufall die Paare zweimal an der Ausführung ihrer Pläne gehindert hat, schließt das Quartett einen Vertrag, der das weitere Zusammenleben regelt, eine typische »Proviso-Szene«, wie sie nach Drydens Vorbild in der *comedy of manners* modisch wurde und in CONGREVES *The Way of the World* ihre höchste Vollendung fand.

Jede der beiden Handlungen, die nach dem poetologischen Gesetz der Stilreinheit strikt gegeneinander abgesetzt sind (die heroische ist in Blankversen, die komische in Prosa gehalten), spiegelt sich in Ablauf, Figurenzeichnung, Personenkonstellation und besonders in ihrem Liebesbegriff fortwährend in der anderen, ohne jedoch diese parodistisch aufzuheben. Erst zusammengenommen ergeben beide ein ausgewogenes Ganzes, das zerschlagen wurde, als Colley CIBBER (1671–1757) den heroischen Strang herausschnitt und nur das komische Geschehen unter dem Titel *The Comical Lovers* aufführte. W.Kl.

AUSGABEN: Ldn. 1673. – Ldn. 1701 (in *Works*, 2 Bde., 1). – Edinburgh 1883 (in *The Works*, Hg. W. Scott, Rev. G. Saintsbury, 18 Bde., 1882 bis 1893, 4; krit). – Ldn. 1932 (in *The Dramatic Works*, Hg. M. Summers, 6 Bde., 1931/32, 3; ern. Staten Island/N.Y. 1968). – NY 1957 (in *Three Plays*, Hg. u. Einl. G. Saintsbury). – Ldn. 1934, Hg. J. Sutherland. – Chicago 1967 (in *Four Comedies*, Hg. L. A. Beaurline u. F. Bowers). – Berkeley/Los Angeles 1967 (in *The Works*, Hg. E. N. Hooker u. H. T. Swedenberg, 19 Bde., 1956 ff., 11; ern. 1978). – Lincoln 1981, Hg. M. S. Auburn.

LITERATUR: G. Saintsbury, *D.*, Ldn. 1881. – B. Dobrée, *Restoration Comedy*, Oxford 1924. – K. M. Lynch, *D'Urfé's »L'Astrée« and the »Proviso-Scenes« of D.'s Comedies* (in PQ, 4, 1925, S. 302–308). – N. B. Allen, *The Sources of D.'s Comedies*, Ann Arbor 1935. – L. Kronenberger, *D.: »The Spanish Fryar«, »Marriage à-la-Mode«* (in L. K., *The Thread of Laughter: Chapters on English Stage Comedy from Jonson to Maugham*, NY 1952, S. 81–92). – F. H. Moore, *The Nobler Pleasure. D.'s Comedy in Theory and Practice*, Chapel Hill 1963, S. 101–111. – B. King, *D.'s »Marriage à la Mode«* (in Drama Survey, 4, 1965, S. 28–37). – B. R. Schneider Jr., *The Ethos of Restoration Comedy*, Urbana u. a. 1971. – R. D. Hume, *The Date of D.'s »Marriage à-la-Mode«* (in Harvard Library Bull., 21, 1973, S. 161–166). – D. Hughes, *The Unity of »Marriage à-la-Mode«* (in PQ, 61, 1982, S. 125–142). – M. McKeon, *Marxist Criticism and »Marriage à-la-Mode«* (in The Eighteenth Century: Theory and Interpretation, 24, 1983, Nr. 2).

## THE MEDALL, A SATYRE AGAINST SEDITION

(engl.; *Die Medaille, eine Satire gegen den Aufruhr*). Satirisches Gedicht von John DRYDEN, erschienen im März 1682. – *The Medall* ist – nach dem vier Monate zuvor veröffentlichten Gedicht *Absalom and Achitophel* (vgl. dort) – die zweite Verssatire, mit der der Hofdichter Dryden in die sogenannte *exclusion crisis* eingegriffen hat, in jenen Konflikt um die Thronfolge des katholischen Duke of York, die sich in den Jahren 1679–1682 zur bedrohlichen Staatskrise und zum fehlgeschlagenen Vorspiel der Revolution von 1688 ausweitete.

Die scharfen Attacken des Gedichts richten sich zum einen gegen den Ersten Earl of Shaftesbury, der seit seiner Entlassung aus hohen Regierungsämtern zum Führer der oppositionellen Whigs avanciert war, zum andern gegen die Stadt London, die sich, nach Ansicht der Royalisten, erneut zur Hochburg der Opposition und Agitation gegen die Krone entwickelt hatte.

Nachdem es dem unerwartet wieder genesenen Karl II. gelungen war, die oppositionelle Bewegung zu schwächen, ließ er Shaftesbury verhaften und wegen versuchter Konspiration zum Zwecke des bewaffneten Widerstands gegen König und

Regierung vor Gericht stellen. Das Londoner Geschworenengericht aber wies die auf Aussagen unglaubwürdiger Zeugen beruhende Anklage am 24. 11. 1681 mit einem *Ignoramus*-Urteil ab. Die Opposition feierte den Freispruch ihres Führers als ihren und der City Sieg über den Hof, die Tories und den König. Als Zeichen ihres Triumphes ließen die Londoner Whigs eine »Jubelmünze« prägen, auf deren Vorderseite eine Büste Shaftesburys zu sehen ist und deren Rückseite eine Ansicht der – wie die Inschrift *Laetamur (Wir freuen uns)* verdeutlicht – frohlockenden City zeigt, über welcher, als Symbol für den Anbruch einer neuen Epoche, die Morgensonne aufsteigt.

Mit Bezug auf die Vorder- und Rückseite dieser *medall* entwickelt der Hofdichter Dryden, wie er in der umfangreichen Vorrede zu dem Gedicht ausführt, die beiden Hauptthemen seiner *Satyre against Sedition*: die Verdammung Shaftesburys und die Anklage gegen die mit der Oppositionsbewegung sympathisierende Metropole. Dabei gliedert Dryden sein in *heroic couplets* und *triplets* geschriebenes Gedicht in fünf Teile: Auf den einleitenden Abschnitt (Verse 1–21), in dem mit der Darstellung der Kapitale als eines die Menschen um ihren Verstand bringenden Pflasters eine erste Erklärung für den Aufstieg eines »Monsters« zum Idol und König der Massen gegeben wird, folgt im ersten Hauptteil (22–166) das zum skrupellosen Opportunisten und satanischen Demagogen ausgemalte Porträt Shaftesburys, das deutlich an die entsprechenden Passagen aus *Absalom and Achitophel* erinnert. Im zweiten, als Apostrophe an die korrumpierte und korrumpierende City angelegten Hauptteil (167–255) vermitteln skatologische und pathologische Metaphern von London den Eindruck einer mit schleimigem Schlamm überzogenen Stadt, die die Entstehung und Verbreitung physisch und moralisch deformierter Kreaturen begünstigt, jener Schar scheinheiliger Profitjäger, die sich auf Kosten ihrer Kunden und Kollegen bereichern, die den König um die ihm zustehenden Steuern betrügen und die sich schließlich in kriminellen Vereinigungen zusammenrotten, um nach der Beseitigung der Monarchie ihre eigenen Machtansprüche durchzusetzen.

Im vierten, als direkte Anrede formulierten Teil (256–286) wird Shaftesbury vorausgesagt, daß schließlich auch er, sollten seine teuflischen Umsturzpläne Wirklichkeit werden, von den von ihm selbst aufgewiegelten Massen entthront und vernichtet werden wird. Das Gedicht schließt (287–322) mit einer apokalyptischen Vision der Folgen, die, wie es heißt, der Ausschluß des legalen Thronfolgers notwendig nach sich ziehen müßte: Die in London ausbrechende Anarchie würde dem ganzen Land die unheilvolle Geschichte der vierziger und fünfziger Jahre des 17. Jh.s, die Sequenz von Bürgerkrieg, Commonwealth, Protektorat und Militärdiktatur, noch einmal aufzwingen.

Verglichen mit der allegorischen Darstellungstechnik seiner Satire *Absalom and Achitophel*, in welcher Dryden Shaftesburys und Monmouths Agitation gegen die legale Thronfolge mit horazischer Ironie in die bekannte alttestamentarische Geschichte transponiert, erschien Kritikern *The Medall* mit ihrer juvenalschen Unerbittlichkeit und ihren ungebrochenen pathetischen Invektiven eher eintönig und eindimensional. Mit dem konsequent in der Rolle des Anklagevertreters in Erscheinung tretenden Sprecher, der Konzentration auf einen Charakter und ein Geschehen und der mit großer Folgerichtigkeit und Variationsbreite entwickelten skatologischen und pathologischen Metaphorik kann Drydens *The Medall* aber als meisterhaftes Paradigma für die Umsetzung forensischer Rhetorik in politische Satire gelten.

Bereits Ende März 1682 erschien von Elkanah Settle (1648–1724) eine poetische Replik auf *The Medall* mit dem Titel *The Medal* [sic] *Revers'd, A Satire against Persecution*, die Drydens Satire in Stil und Aufbau kunstvoll nachahmt und ihre Anklagen aus der Sicht der Whigs gleichsam Punkt für Punkt widerlegt. Dabei kontert Settle das satanische Shaftesbury-Porträt aus *The Medall* mit einem sarkastischen Konterfei Drydens, in welchem er, mit dem Hinweis auf die Cromwell-Elegie des Hofdichters, den Vorwurf des opportunistischen Seitenwechsels gegen diesen selbst wendet. Parallel zu Drydens Beschreibung des Aufruhrs der Whigs zeichnet Settle in der folgenden Passage den gemeinen Charakter der jüngsten, von den Tories inszenierten Whig-Verfolgungen. In der Londonpassage erschüttert er zuerst die Glaubwürdigkeit von Drydens Stadtschelte dadurch, daß er dessen skatologische Invektiven als Ausdruck des bloßen Hasses entlarvt, um in der Folge die Qualitäten und Tugenden der Londoner Bürger und Amtsträger hervorzuheben und die gegen Absolutismus und Katholizismus opponierende Metropole als »Vorkämpfer und Bollwerk von Wohlstand, Freiheit und Gerechtigkeit« zu preisen. Wie Drydens *The Medall* endet auch Settles Replik mit einer Prophezeiung: Für den Fall, daß die papistische Fraktion die Krönung eines Katholiken im protestantischen Inselreich erzwingt, werden die Massen in ihrer Not schließlich die Waffen gegen die Unterdrücker ihrer politischen und religiösen Freiheiten erheben.

Wenige Wochen nach Settles Replik erschien mit Thomas Shadwells *The Medal of John Bayes* noch eine weitere, ähnlich argumentierende »whiggistische« Erwiderung auf Drydens Satire. M.Ga.

Ausgaben: Ldn. 1682. – Edinburgh/Dublin 1682. – Oxford ²1953 (in *Poetical Works*, Hg. J. Sargeaunt). – Oxford 1962; ern. 1980 (in *Poems and Fables*, Hg. J. Kinsley). – Berkeley/Los Angeles 1972 (in *The Works*, Hg. E. N. Hooker u. H. T. Swedenberg, 19 Bde., 1956 ff., 2).

Literatur: A. R. Roper, *Dryden's »Medall« and the Divine Analogy* (in ELH, 29, 1962). – A. E. Wallace Maurer, *The Design of Dryden's »The Medall«* (in Papers on Language and Literature, 2, 1966). – M. Gassenmeier, *Londondichtung als Politik*, Tübingen 1989.

## OF DRAMATICK POESIE: AN ESSAY

(engl.; *Über dramatische Dichtung. Ein Essay*). Prosaschrift von John DRYDEN, erschienen 1668. – Diese epochemachende literarhistorische und -kritische Abhandlung ist in Form eines Dialogs zwischen vier Freunden verfaßt. Den Rahmen bildet eine Bootsfahrt auf der Themse am 3. 6. 1665, dem Tag, an dem in der Flußmündung eine für Drydens Zeitgenossen historisch wichtige Schlacht zwischen der englischen und der holländischen Flotte stattfand. Der Leser vergißt diese Einkleidung aber schnell über dem Streitgespräch, das sich zwischen Crites und Eugenius darüber entspinnt, ob das antike oder das moderne Drama das dichterisch bessere sei. Dryden greift damit die Frage des Primats von *ancients* oder *moderns* auf, die von BACON in die englische Literatur eingeführt wurde, im europäischen Bereich aber bis auf das 15. Jh. zurückgeht. Bis ins 18. Jh. wurde sie eifrig diskutiert: SWIFTS *Battle of the Books* (1704) ist ein berühmtes Beispiel für diese Kontroverse. – Crites und Eugenius bedienen sich bei der Erörterung des Theaters der von ARISTOTELES geprägten literartheoretischen Begriffe, wobei für ihre Debatte die »Mimesis« und die »drei Einheiten« (Ort, Zeit, Handlung) im Drama am wichtigsten sind. Obwohl niemand ein abschließendes Urteil fällt, ist Eugenius als der Befürworter der Moderne doch deutlich im Vorteil, unter anderem schon deshalb, weil Dryden ihn als zweiten zu Wort kommen läßt und ihm dadurch die Möglichkeit gibt, auf die Argumente seines Widersachers einzugehen; außerdem wird seiner Beweisführung mehr Raum zugestanden. Als nächstes Thema wird die Frage aufgeworfen, ob die Franzosen oder die Engländer bessere Dramen zu schreiben verständen, eine Auseinandersetzung, die Samuel SORBIÈRE mit seiner *Relation d'un voyage en Angleterre* (1664) entfesselt hatte. Lisideius tritt für die stärker klassizistischen und damit auch antiken Formvorstellungen entsprechenden französischen Dramen ein, während Neander die englischen als die phantasievolleren und thematisch abwechslungsreicheren verteidigt und insbesondere SHAKESPEARE, BEAUMONT, FLETCHER und Ben JONSON preist. Vor allem letzterer wird wegen der Regelmäßigkeit seiner Dramen hervorgehoben und seiner Komödie *Epicoene, or The Silent Woman* ein »Examen« gewidmet, ein Verfahren, für das Dryden auf das Vorbild CORNEILLES zurückgreift, dessen literartheoretische Abhandlungen (vgl. *Discours* ...) in vielen Argumenten für *Of Dramatick Poesie* Pate gestanden haben. Drydens Eintreten für die heimische Tradition entspricht zwar dem englischen Patriotismus, ist aber von ungewohnter Kühnheit, da seine Zeitgenossen im allgemeinen das englische Drama vor 1642 (Beginn des Bürgerkriegs, Schließung der Theater) als altmodisch, fehlerhaft und von gewöhnlichem Geschmack abzutun pflegten.

Das dritte und letzte Thema liefert der für die zeitgenössische Tragödie wichtige Streit darüber, ob Reim (speziell das fünfhebige heroische Reimpaar) oder Blankvers das richtige Medium für das Drama sei. Crites spricht gegen, Neander für den Reim, wobei hinter den beiden Gestalten deutlich die Positionen Sir Robert HOWARDS und des Autors selbst sichtbar werden. Howard, der mit seinem Schwager Dryden noch bei der Abfassung des *heroic play The Indian Queen* erfolgreich zusammengearbeitet hatte, nahm ihm dieses Verfahren übel und griff ihn scharf an, worauf Dryden in einer *Defence* seiner Schrift (als Vorwort zur 2. Auflage von *The Indian Emperor* erschienen) hart reagierte. Die völlige Identifizierung von Crites mit Howard und von Neander mit Dryden, schon in sich widerspruchsvoll, verleitete dazu, hinter Lisideius den Dramenautor Sir Charles SEDLEY und hinter Eugenius den Lyriker und Satiriker Charles SACKVILLE (6th Earl of Dorset) zu sehen. Für diese Gleichsetzungen finden sich aber kaum Anhaltspunkte, außerdem widersprechen ihnen die Figurenzeichnung und der Gesamtaufbau des Essay, der seine Teile in einer dialektischen Wechselbeziehung beläßt. – Nachdem SIDNEY (vgl. *The Defence of Poesie*), Jonson und DANIEL Vorformen geschaffen hatten, stellt Drydens urteilsscharfes Werk die erste große literarkritische Abhandlung in England dar.

W.Kl.

AUSGABEN: Ldn. 1668; Nachdr. Elmsford 1974. – Oxford ³1903, Hg. W. T. Arnold [rev.]. – Ldn. 1928 (m. *Dialogue on Poetic Drama* v. T. S. Eliot). – NY 1961 (in *Essays*, Hg. W. P. Ker, 2 Bde., 1). – Ldn./NY 1962 (in *Critical Essays*, Hg. u. Einl. G. Watson, 2 Bde., 1; ern. 1967). – Ldn. 1964, Hg. u. Einl. J. T. Boulton. – NY 1965, Hg., Einl. u. Anm. J. L. Mahoney; ern. 1982. – Berkeley/Los Angeles 1971 (in *The Works*, Hg. E. N. Hooker u. H. T. Swedenberg, 19 Bde., 1956 ff., 17). – Ldn. 1976. – Oxford/NY 1987 (in *J. D.*, Hg., Einl. u. Anm. K. Walker, m. Bibliogr.).

LITERATUR: H. Trowbridge, *D.'s »Essay of Dramatic Poesy«* (in PQ, 22, 1943, S. 240–250). – G. Williamson, *The Occasion of »An Essay of Dramatic Poesy«* (in MPh, 44, 1946, S. 1–9). – F. L. Huntley, *On D.'s »Essay of Dramatic Poesy«*, Ann Arbor/Mich. 1951 (Contributions in Modern Philology, 16). – D. Davie, *»Dramatic Poetry«: D.'s Conversation-Piece* (in Cambridge Journal, 5, 1952, S. 553 bis 561). – J. Aden, *D., Corneille and the Essay »Of Dramatic Poesy«* (in RESt, 6, 1955, S. 147 bis 156). – D. Mace, *D.'s Dialogue on Drama* (in Journal of the Warburg and Courtauld Institute, 25, 1962, S. 87–112). – M. Thale, *D.'s Dramatic Criticism* (in CL, 18, 1966, S. 36–54). – L. C. Gatto, *An Annotated Bibliography of Critical Thought Concerning D.'s »Essay of Dramatic Poesy«* (in Restoration and 18th Century Theatre Research, 5, 1966, Nr. 1, S. 18–29). – R. V. LeClercq, *Corneille and »An Essay of Dramatic Poesie«* (in CL, 22, 1970, S. 319–327). – Ders., *The Academic Nature of the Whole Discourse of »An Essay of Dramatic Poesie«* (in Papers on Language and Literature, 8, 1972, S. 27–38). – H. N. Davies, *D.'s ›Rahmenerzäh-*

*lung‹: The Form of »An Essay of Dramatick Poesie«* (in *Fair Forms: Essays in English Literature from Spenser to Jane Austen*, Hg. M.-S. Røstvig, Totowa/N.J. 1975, S. 119–146; 219–222). – E. Miner, *Renaissance Contexts of D.'s Criticism* (in Michigan Quarterly Review, 12, 1973, S. 97–115). – C. D. Reverand II., *D.'s »Essay of Dramatic Poesie«: The Poet and the World of Affairs* (in SEL, 22, 1982, S. 375–393).

## RELIGIO LAICI, OR, A LAYMAN'S FAITH

(engl.; *Die Religion eines Laien*). Lehrgedicht von John DRYDEN, erschienen 1682. – Das erste der beiden längeren Lehrgedichte, in denen Dryden sich mit religiösen Problemen befaßt, wird oft als Auftakt oder gar als erster Teil von *The Hind and the Panther* (1687) betrachtet, in dem der Verfasser offen den Katholizismus vertritt, zu dem er in der Zwischenzeit übergetreten war. *Religio Laici* erweist mit seinem Titel seine Ehrerbietung gegenüber Sir Thomas BROWNES *Religio Medici* (1643), einem Bekenntnisbuch, das große Wirkung auf seine Zeit ausübte. Dryden vertritt ähnlich christlich-skeptische Tendenzen wie Browne und gesteht dies in seinem (in Prosa geschriebenen) Vorwort auch offen ein. Sie richten sich sowohl gegen die Deisten als auch gegen die Katholiken und reformierten Sekten. An den Deisten kritisiert Dryden (im ersten Teil des Gedichts) den Versuch, zu einer Erkenntnis Gottes und eines Lebens im Jenseits ohne die Offenbarung der *Bibel* gelangen zu wollen, nachdem selbst die antiken Philosophen diese angeblich so zwingende Entdeckung nicht gemacht hatten. Die Skepsis Drydens ist aber nicht die der pyrrhonistischen Fideisten der Zeit, die sich über der Verzweiflung an der Kraft der Vernunft ganz auf die Autorität der (katholischen) Kirche zurückgezogen hatten und mit denen Dryden wie viele zeitgenössische Dramatiker gerne allgemein in Verbindung gebracht wird. Denn im zweiten Teil von *Religio Laici* setzt sich Dryden ganz spezifisch mit Pater Richard SIMONS *Histoire critique du Vieux Testament* auseinander, die kurz zuvor in der englischen Übersetzung von Henry DICKINSON erschienen war, für den Dryden, wie er im Vorwort vermerkt, sein Lehrgedicht schrieb. Auf die Fragwürdigkeit der Textüberlieferung der *Bibel* hinweisend, war Simon in seiner *Histoire* für die Autorität des Papstes und seiner Dogmen eingetreten. Dryden wendet ein, daß die wichtigsten Lehrsätze des Glaubens trotz des korrumpierten Textes klar und unmißverständlich in der *Bibel* enthalten seien, betont aber gleichzeitig, daß der Laie dennoch nicht in allen strittigen Punkten allein entscheiden dürfe, sondern dies den gelehrten Theologen überlassen solle. So nimmt er zwischen dem Katholizismus und den sich auf die eigene innere Erleuchtung berufenden reformierten Sekten eine Mittelstellung ein, die völlig mit dem Standpunkt der anglikanischen Apologeten, zum Beispiel HOOKER, TILLOTSON, BAXTER und STILLINGFLEET, übereinstimmt, denen er auch sonst in der Argumentation verschiedentlich verpflichtet ist. Andererseits berührt er sich in vielen Argumenten auch mit den Thesen der katholischen Theologie, so daß seine kurze Zeit später erfolgte Konversion zum Katholizismus nicht allzusehr überrascht.

Als formales Vorbild für *Religio Laici* wählte Dryden, wie er im Vorwort betont, die *Epistulae* des HORAZ, deren *»einfachen, natürlichen und doch majestätischen Stil«* er imitiert. Auch die Struktureigenheit, einem imaginären Gegenspieler einen Einwand in den Mund zu legen und diesen dann umgehend zu widerlegen, fand er bei Horaz bereits vorgegeben, weitete sie aber erheblich aus. So deutet sich der Dialogcharakter, der später in *The Hind and the Panther* zum bestimmenden Formprinzip wurde, schon hier an. Der politische Aspekt, der in jenem Werk mit im Vordergrund der religiösen Kontroverse steht, bleibt in *Religio Laici* im wesentlichen auf das Vorwort beschränkt. Dessen letzter Abschnitt enthält aufschlußreiche Bemerkungen über die Stilprinzipien, die Dryden in seinem Gedicht anwendet. *»Der blumige, gehobene und figurative Stil spricht die Gefühle an... Durch Vorspiegelungen erregt man das Gefühl des Menschen, aber durch vernünftige Argumente bringt man ihn zur Erkenntnis der Wahrheit.«* W. Kl.

AUSGABEN: Ldn. 1682. – Edinburgh 1885 (in *The Works*, Hg. u. Anm. W. Scott, rev. G. Saintsbury, 18 Bde., 1882–1893, 10). – NY 1934 (in *Poems*, Hg. B. Dobree, ern. 1966). – Oxford 1958 (in *The Poems of J. D.*, Hg. J. Kinsley, 4 Bde., 1). – Berkeley/Los Angeles 1972 (in *The Works*, Hg. E. N. Hooker u. H. T. Swedenberg, 19 Bde., 1956 ff., 2). – Oxford/NY 1987 (in *J. D.*, Hg., Einl. u. Anm. K. Walker; m. Bibliogr.).

LITERATUR: P. Legouis, *La religion dans l'œuvre de D. avant 1682* (in Revue Angloaméricaine, 9, 1932, S. 383–392; 525–536). – L. I. Bredvold, *Intellectual Milieu of J. D. Studies in Some Aspects of Seventeenth Century Thought*, Ann Arbor/Mich. 1934. – G. Turnell, *D. and the Religious Elements in the Classical Tradition* (in Englische Studien, 70, 1934, S. 244–261). – E. N. Hooker, *D. and the Atoms of Epicurus* (in ELH, 24, 1957, S. 177–190). – D. R. Benson, *J. D. and the Church of England. The Conversion and the Problem of Authority in the Seventeenth Century*, Diss. Univ. of Kansas 1959 (vgl. Diss. Abstracts, 20, 1959/60, S. 4106 f.). – A. Pollard, *Five Poets on Religion* (in Church Quarterly Review, 160, 1959, S. 352–362). – T. H. Fujimura, *D.'s »Religio Laici«. An Anglican Poem* (in PMLA, 76, 1961, S. 205–217). – E. J. Chiasson, *D.'s Apparent Scepticism in »Religio Laici«* (in Harvard Theological Review, 54, 1961, S. 207–221). – J. McGann, *The Argument of D.'s »Religio Laici«* (in Thoth, 3, 1963, S. 78–89). – J. Sutherland, *J. D. The Poet as Orator*, Glasgow 1963. – D. R. Benson, *Theology and Politics in D.'s Conversion* (in SEL, 4, 1964, S. 393–412). – V. M. Hamm, *D.'s »Religio Laici« and Roman Cath-*

*olic Apologetics* (in PMLA, 80, 1965, S. 190 bis 198). – D. R. Benson, *Who ›Bred‹ »Religio Laici«?* (in JEGPh, 65, 1966, S. 238–251). – K. G. Hamilton, *J. D. and the Poetry of Statement*, St. Lucia/Queensland 1967. – S. Budick, *D. and the Abyss of Light: A Study of »Religio Laici« and »The Hind and the Panther«*, New Haven 1970. – W. Empson, *D.'s Apparent Scepticism* (in EIC, 20, 1970, S. 172–181). – R. W. McHenry Jr., *D.'s »Religio Laici«: An Augustan Drama of Ideas* (in Enlightenment Essays, 4, 1973, S. 60–64). – G. D. Atkins, *Reading Deconstruction, Deconstructive Reading*, Lexington 1983. – A. B. Gardiner, *»Religio Laici« and the Principle of Legal Continuity* (in Papers on Language and Literature, 20, 1984, S. 29–46).

## MARIN DRŽIĆ

* um 1508 Dubrovnik
† 2.5.1567 Venedig

LITERATUR ZUM AUTOR:
C. Jireček, *Beiträge zur ragusanischen Literatur-Geschichte* (in AslPh, 21, 1899, S. 481–494). – J. Torbarina, *Italian Influence on the Poets of the Ragusan Republic*, Ldn. 1931. – M. Savković, *M. D.*, Belgrad 1932. – M. Rašetar, *Jezik M. D.* (in Rad JAZU, Bd. 248, 1933, S. 99–240). – C. A. van den Berk, *M. D. en de letterkunde van Dubrovnik*, Den Haag 1955. – F. Čale, *O jeziku M. D. na sceni* (in Republika, 1955, Nr. 2/3). – *M. D. 450 godina od rodenja M. D.*, Belgrad 1958. – *M. D. – 1508–1958*, Belgrad 1958. – Z. Jeličić, *M. D. Vidra*, Belgrad 1958. – B. Popović, *Teatar M. D.* (in Republika, 1958). – F. Švelec, *Problem odnosa Držićeva teatra prema talijanskoj književnosti* (in Zadarska revija, 1958). – V. Javarek, *M. D. A Ragusan Playwright* (in SEER, 37, 1958/59, S. 118 ff.). – A. Kadić, *M. D., Croatian Renaissance Playwright* (in CL, 11, 1959, S. 347–355). – M. Pantić, *M. D.*, Belgrad 1964. – F. Švelec, *Komički teatar M. D.*, Zagreb 1968. – *M. D. – Zbornik radova*, Hg. J. Ravlić, Zagreb 1969 [m. Bibliogr.]. – R. Bogišić, *Domaća tradicija u djelu M. D.* (in *Zbornik radova kongresa jugoslavenskih slavista*, Zagreb/Belgrad 1972). – M. Franičević, *Povijest hrvatske renesanse književnosti*, Zagreb 1983, S. 469–509. – *Planeta Držić. D. i rukopis vlasti*, Zagreb 1984. – R. Bogišić, *Mladi dani M. D.*, Zagreb 1987.

### DUNDO MAROJE

(kroat.; *Onkel Maroje*). Komödie in fünf Akten von Marin DRŽIĆ, Uraufführung 1550. – Der reiche, aber geizige Ragusaner Kaufmann Dundo Maroje hat seinen Sohn Mare mit fünftausend Gulden nach Italien geschickt; er soll dort Waren einkaufen. Im ausschweifenden Rom der Renaissancezeit begegnet Mare der schönen Kurtisane Laura, vergißt seine Geschäfte und verschwendet sein Geld, um ihre Gunst zu gewinnen. Auch Herr Ugo Tedeško (Hugo der Deutsche) bewirbt sich – zunächst vergeblich – um Laura. Sein Diener Pomet, die eigentliche Hauptfigur des Stücks, in dessen Händen sämtliche Fäden zusammenlaufen, greift schließlich zu einer List: Er benachrichtigt Mares Vater, der unverzüglich nach Rom reist, um zu retten, was noch zu retten ist. Mare, der Lauras Liebe nicht verlieren möchte, täuscht ihr, unterstützt von seinem Diener Popiva, vor, sein Vater wolle ihm das ganze Vermögen überschreiben. Um diesen in Sicherheit zu wiegen, müsse er ihm jedoch einen großen geschäftlichen Erfolg nachweisen können. Laura ist bereit, eine Bürgschaft für dreitausend Dukaten zu übernehmen, und Mare erwirbt mit diesem Geld zum Schein das Warenlager eines Juweliers, das er vor seinem Vater als sein eigenes ausgibt. Dundo Maroje zeigt sich hochbeglückt und deponiert seinen aus Ragusa mitgebrachten Goldschatz bei seinem Sohn, dies jedoch auch nur zum Schein, denn bald darauf bringt er nicht nur sein Geld, sondern auch Mares Warenlager in Sicherheit. Die um ihr Geld geprellte Laura erfährt nun überdies, daß Mare schon verlobt ist und daß seine Braut ihn in Rom sucht. Sie wirft den Treulosen samt Diener aus dem Haus, doch nimmt das Stück (in der Bearbeitung von FOTEZ, der die fragmentarischen Aufzeichnungen des fünften Akts ergänzte) ein glückliches Ende: Mare macht eine große Erbschaft, bezahlt seine Schulden und kehrt mit Vater und Braut nach Ragusa zurück. Der Diener Pomet erfährt, daß Laura die Tochter einer reichen deutschen Familie ist, die für Lauras Auffindung hundert Gulden ausgesetzt hat. Pomet verdient sich dies Geld und heiratet Lauras Zofe; Laura erhört Herrn Ugo Tedeško und begibt sich mit ihm nach Deutschland.

Držićs Komödie, auch heute noch vor allem wegen der dankbaren Rolle des scharfsinnigen und erfinderischen Pomet, der die Schwächen und Leidenschaften der Menschen genau kennt und sie geschickt zu benutzen weiß, gern gespielt, ist ein dalmatinisches Kind der italienischen *commedia dell'arte*, deren Motive und Figuren leicht wiederzuerkennen sind. Als Vorbilder des Autors sind u. a. GELLI, CALMO, ARETINO, DOLCE, Giovanni Maria CECCHI und LASCA zu nennen. Držić ist ein Meister des witzigen Dialogs und der Situationskomik. Obwohl die einzelnen Gestalten nach dem Vorbild der Renaissancekomödie typisiert sind, wirken sie doch nicht schablonenhaft, da sie, in komischer Verkleidung, menschliche Verhaltensweisen lebensnah verkörpern. KLL

AUSGABEN: Split 1866. – Zagreb 1875 (in *Djela*; Stari pisci hrvatski, Bd. 7). – Belgrad 1937 (in *Komedije*, Hg. D. Pavlović). – Zagreb 1939, Hg. M. Fotez. – Belgrad 1951, Hg. P. Kolendić. – Sarajevo 1973, Hg. M. Pantić. – Zagreb 1974, Hg. F. Čale. – Zagreb 1976 (in *Izabrana djela*, Hg. R. Bogišić).

ÜBERSETZUNGEN: *Die verlorenen Dukaten*, F. Alten, Lpzg. 1942 [Bühnenms.; nach der Bearb. v. M. Fotez]. – *Vater Marojes Dukaten*, B. Begović, Mchn. o. J. [Bühnenms.; nach der Bearb. v. M. Fotez].

LITERATUR: E. Finci, *M. D.: »Dundo Maroje«* (in Književnost, 1949, Nr. 7/8, S. 112–117). – F. Čale, *Pometov makjavelizam. Od umjetničke vizije do urotničke zbilje* (in Dubrovnik, 1967, Nr. 3, S. 29–47). – L. Košuta, *Pravi i obrnuti svijet u Držićevu »Dundu Maroju«* (in Mogućnost, 1968, Nr. 11, S. 1356–1376; Nr. 12, S. 1479–1492). – M. Fotez, *Putovanje s Dundom Marojem*, Dubrovnik 1974. – Z. Bojović, *»Dundo Maroje«, M. D.* Belgrad 1982.

## NOVELA OD STANCA

(kroat.; *Der gefoppte Stanac*). Fastnachtsposse von Marin DRŽIĆ, vermutlich 1550 anläßlich der Hochzeitsfeier des ragusanischen Bürgers Martolica Vidov Džamanić aufgeführt; erschienen 1551 in Venedig. – Aus historischen Zeugnissen geht hervor, daß in Ragusa (Dubrovnik) zu Hochzeiten oftmals Dramolette oder Possen aufgeführt wurden. Držićs *Novela* gehört zu den frühesten erhaltenen Stücken dieser Art. Sie wurde auf Bestellung in zwei Tagen niedergeschrieben.

Die Kürze des Stücks (316 Verse) gestattet nur eine einfache, geradlinige Handlung, die sich in drei Phasen gliedert: 1. Drei junge ragusanische Edelleute, Vlaho, Miho und Djivo, treffen sich, von nächtlichen Abenteuern heimkehrend, auf der Straße. Vlaho hat einen leichtgläubigen Bauern aus der Umgebung aufgestöbert, der in der Stadt keine Herberge fand und sich deshalb am Brunnen auf der Placa niedergelassen hat. Die drei beschließen, dem Alten einen Streich *(novela)* zu spielen und dabei seinen Ziegenbock zu entwenden. 2. Djivo übernimmt nun das Spiel und erzählt, als Bauer verkleidet, dem törichten Stanac, wie ihm eines Nachts die Vilen (Feen) vor eben diesem Brunnen sowohl Weisheit als auch ewige Jugend verliehen hätten. Stanac nimmt ihm die Geschichte ab und verlangt augenblicklich, daß ihm das gleiche geschehe. 3. Ein Zug von Maskierten naht auf dem Wege zum Hochzeitsschmaus. Von Vlaho und Miho angestiftet, tanzen und spielen sie dem Alten einen Vilen-Reigen vor und scheren ihm den Bart ab. Während seiner »Verjüngungskur« entwenden ihm die Jünglinge den Bock, stecken ihm aber zum Trost einen Dinar in die Tasche. Da erkennt Stanac den Betrug und erhebt lautes Geschrei.

Die Handlung spielte nach M. REŠETAR an einem Ort (Einheit des Ortes), der Placa in Ragusa. P. POPOVIĆ nahm demgegenüber zwei Schauplätze an: eine dunkle Gasse und die Placa. Die einfache Handlung, die sich auf Introduktion mit nachfolgendem Spiel im Spiel beschränkt, wird gewürzt durch derbe Späße, Anspielungen, Wortspiele usf. Stanac wirkt komisch nicht nur durch seine Einfalt, sondern auch durch seine bäurische Sprache, die Djivo bei seinem Überredungsspiel trefflich nachahmt.

Im Gegensatz zu den übrigen Komödien (vgl. *Dundo Maroje – Onkel Maroje*, aufgef. 1550) schrieb Držić die *Novela* in zwölfsilbigen Versen *(dvanaesterac)*, bei denen außer den Versenden auch die Zäsuren reimen. – Possen in der Art der *Novela* scheinen sich im Zusammenhang mit Fastnachts- und Hochzeitsbrauchtum entwickelt zu haben. Tradierte Elemente des Schäferspiels und letztlich auch des antiken Satyrspiels werden dabei mit dem Mummenschanz der Fastnachtsumzüge synthetisiert. Italienische Vorbilder oder Muster sind – im Gegensatz zu anderen Werken Držić' – für die *Novela* nicht nachgewiesen worden. Sie kann demnach als originales Werk des »ragusanischen Plautus« gelten. Držić stellt die Übertölpelung des einfältigen Bauern in das ragusanische Milieu seiner Zeit und spart dabei nicht mit realistischen Details, die – abgesehen von ihrem kulturhistorischen Wert – dem Werk bis auf den heutigen Tag Frische bewahrt haben. R.La.

AUSGABEN: Venedig 1551; [3]1630. – Zagreb 1875 (in *Djela*; Stari pisci hrvatski, Bd. 7). – Belgrad 1937 (in *Komedije*, Hg. D. Pavlović). – Zagreb 1949, Hg. M. Kombol. – Zagreb 1962, Hg. F. Čale. – Zagreb 1974, Hg. F. Čale. – Zagreb 1976 (in *Izabrana djela*, Hg. R. Bogišić).

ÜBERSETZUNG: *Der gefoppte Stanac*, I. Souvan (in Agramer Zeitung, 24. 12. 1890).

LITERATUR: P. Popović, *»Novela od Stanca«* (in Srpski književni glasnik, N. S. 16, 1925, S. 34–43; auch in P. P., *Iz književnosti*, Bd. 3, Belgrad 1938, S. 21–35). – F. Švelec, *Neke misli o Držićevi »Novela od Stanca«* (in Republika, 1954, Nr. 7/8, S. 638–641). – F. Čale, *Prilog interpretaciji »Novela od Stanca«* (ebd., 1959, Nr. 9, S. 12–15). – Dž. Karahasan, *»Novela od Stanca« – kulturološki uzorak* (in Prolog, 1982, Nr. 51/52, S. 83–99).

## SKUP

(kroat.; *Der Geizige*). Prosakomödie in fünf Akten von Marin DRŽIĆ, Uraufführung Dubrovnik 1555. – Wie die meisten Stücke des Autors wurde das fragmentarisch erhaltene Drama, das vermutlich vor Držićs bester und originellster Komödie *Dundo Maroje*, 1550 *(Onkel Maroje)*, entstand, anläßlich der Hochzeit eines ragusanischen Adeligen uraufgeführt. Der von einem Satyr gesprochene Prolog nennt Vorwurf und Quelle des Werks. Literarisches Vorbild der Komödie ist PLAUTUS' *Aulularia*, deren Handlungsablauf Držić folgt: Der Geizige hat in einem irdenen Topf einen Schatz gefunden, den er in einem Gelaß unter seinem Herd versteckt. Er verspricht seine Tochter Andrijana dem reichen Greis Zlati Kum, der bereit ist, das Mädchen auch ohne Mitgift zu heiraten. Als Kamilo, ein Neffe des Reichen, der heimlich mit Andrijana verlobt ist, von der bevorstehenden Hochzeit erfährt, fällt er in Fieber. Aus Angst, die Hochzeitsgesellschaft könne es auf seinen Schatz abgesehen haben, schafft der Geizige den Topf in eine Kirche, wo er von Kamilos Diener Munuo gefunden und entwendet wird. Variva, die Magd des Geizigen, die auf der Seite der Verlobten steht, sucht die Hochzeitsvorbereitungen nach Kräften zu hintertreiben, und am Ende des verwickelten Geschehens steht die glückliche Vereinigung der Liebenden. Der Geizige erhält seinen Schatz zurück.

Die an Wortspielen und Sentenzen reiche Komödie ist in der zeitgenössischen, stark mit Italianismen durchsetzten ragusanischen Literatursprache geschrieben. Es werden nicht allein die traditionellen Widersprüche zwischen arm und reich, alter und junger Generation oder alten und neuen Sitten gestaltet, sondern auch der im Prolog des *Dundo Maroje* ausgeführte Gegensatz zwischen der utopischen Vision des Landes der *»wahren Menschen« (ljudi nazbilj)* und der Welt der *»Niederträchtigen« (ljudi nahvao)* in der Gegenüberstellung des »stillen« und des »harten« Menschentypus vorweggenommen: *»Die einen sind ... von stillem Wesen. Man kann mit ihnen reden, sie hören auf Argumente, erkennen sie an und richten sich nach ihnen. Sie scheinen mir die wahren Menschen zu sein. Die anderen sind von hartem Wesen, von Stein. Sie halten sich selbst für klug, doch kann man mit ihnen nicht reden. Die stillen Menschen kommen ihnen närrisch vor. Aus Hoffart haben sie eine Herrschsucht im Sinn, mit der sie alles nach ihrem Willen durchsetzen wollen. Eben das nennt man Barbarei. Wonach sie gieren, das wollen sie haben und halten ihr Wollen gar für Vernunft.«*

Inwieweit das Drama der Plautischen Vorlage folgt, ist von der Forschung im einzelnen erhellt worden. Abweichungen ergeben sich in bezug auf die Fabel (statt eines ungewollten Kindes verbindet die Liebenden echte Zuneigung), die Personen (neu eingeführt werden die Magd Gruba, Kamilos Onkel Niko, sein Freund Pjerić und der Freund seiner Mutter Dživo) und vor allem den Ort des Geschehens, den der Autor in die zeitgenössische ragusanische Gesellschaft verlegt. Das überkommene Motiv des Geizes wird ihm zum *»Mittel, das auch andere Aspekte des ragusanischen Lebens aufdecken soll«*, es dient zur *»Vivisektion eines Milieus, in dem das Gold Herr des Lebens geworden ist«* (F. Švelec). Die Ansicht, das Stück folge italienischen Bearbeitungen der Plautischen Komödie in der Art von Giambattista GELLIS *La sporta*, 1543 *(Der Korb)*, oder Lorenzo de' MEDICIS *L'Aridosia*, 1536 *(Die Komödie von Aridosio)*, ist bereits durch JAGIĆ widerlegt worden. Mit M. KOMBOLS Redaktion der Schlußszenen behauptet sich Držićs Komödie bis in die Gegenwart auf den jugoslavischen Bühnen.

R.La.

AUSGABEN: Zagreb 1875 (in *Djela*; Stari pisci hrvatski, Bd. 7). – Zagreb 1947, Hg. M. Kombol. – Zagreb 1974, Hg. F. Čale.

LITERATUR: M. Šrepel, *»Skup« M. D. prema Plautovoj »Aulularij«* (in Rad JAZU, Bd. 99, 1980, S. 185–237). – V. Jagić, *Die Aulularia des Plautus in einer südslavischen Umarbeitung aus der Mitte des XVI. Jahrhunderts* (in *FS. Johannes Vahlen*, Bln. 1900, S. 615–641; auch in V. J., *Izabrani kraći spisi*, Zagreb 1948, S. 338–355). – D. Živaljević, *»Skup«, komedija M. D.* (in Kolo, 1901, Nr. 1). – M. Kombol, *Uz »Skup« M. D.* (in Scena, 1950, Nr. 1). – Z. Mrkonjić, *»Skup« ili otjerana pastorala* (in Forum, 1974, Nr. 10/11, S. 648–654).

## JENŐ DSIDA

* 17.5.1907 Szatmár
† 7.6.1938 Cluj / Klausenburg

**DAS LYRISCHE WERK** (ung.) von Jenő DSIDA.

Der ungarisch/rumänische Lyriker veröffentlichte seine ersten Gedichte noch als Gymnasiast in Elek BENEDEKS Kinderjournal ›Cimbora‹ (Kamerad). Er ließ sich in Klausenburg (Siebenbürgen) nieder, war Mitarbeiter bei verschiedenen ungarischen Zeitschriften in Siebenbürgen, darunter bei ›Erdélyi Helikon› (Siebenbürger Helikon), später Redakteur der literarischen Zeitschrift ›Pásztortüz‹ (Hirtenfeuer) und arbeitete schließlich als Redaktionsmitglied bei der politischen Tageszeitung ›Keleti Újság‹ (Ost-Journal).

Seine frühe Lyrik setzte die Traditionen der Jahrhundertwende fort und nahm die moderne ungarische Lyrizität auf, wie sie die Zeitschrift ›Nyugat‹ (Westen) repräsentierte. Sein Band *Leselkedő magány*, 1928 *(Lauernde Einsamkeit)*, artikulierte die Enttäuschung der jungen Dichtergeneration nach dem Ersten Weltkrieg. Hier gab Dsida den traumatischen Erfahrungen des verlorenen Krieges und der Auflösung des historischen Ungarn Ausdruck. In elegischen Bildern beklagte er Einsamkeit und Trauer *(Leselkedő magány – Lauernde Einsamkeit; Ősz a sétatéren – Herbst auf der Promenade)* und beschwor in visionären Bildern die Schrecken der Menschheit *(Apokalipszis – Apokalypse)*. Seine Sprache verriet einen deutlichen Einfluß der Avantgarde, insbesondere des deutschen Expressionismus (Georg TRAKL).

Voll entfaltete sich Dsidas dichterisches Vermögen in den Bänden *Nagycsütörtök*, 1933 *(Gründonnerstag)*, und *Angyalok citeráján*, 1938 *(Auf der Engelsleier)*. Mit elementarer Sehnsucht nach Gemeinschaft wandte er sich den Menschen zu, vor allem den Armen, wobei sich sein tief empfundenes Gefühl der Solidarität mit Gesellschaftskritik verband *(Az utca seprő – Der Straßenkehrer; Amundsen kortársa – Amundsens Zeitgenosse)*. In der bewegten chorischen Dichtung (Sprechchor) *Butorok (Möbel)* prophezeite er den Aufstand der Massen. Seine Elegien beklagten weiterhin die Hinfälligkeit und Gefährdung des menschlichen Lebens *(Harum dierum carmina, Tóparti könyörgés – Gebet am Ufer des Sees)*. Vor den Enttäuschungen suchte er in die Natur und die Liebe zu fliehen. Von E. A. POE beeinflußt, legt sein Gedicht *Szerenád Ilonkának (Serenade an Ilonka)* Zeugnis ab von einer unerfüllten Liebe, während *Miért borultak le az angyalok Viola előtt (Warum sich die Engel vor Viola verneigten)* mit zarter Erotik und zugleich Leidenschaftlichkeit einer sinnlichen Liebe ein Denkmal setzt. War ihm die Natur schon früher eine Quelle dichterischer Inspiration, so fand er sie nun in der bukolischen Landschaft Siebenbürgens. In seinem lyrischen Bericht *Kóborló delután kedves kutyámmal (Nachmittäglicher Streifzug mit meinem Hund)* zeigte er die unversehrte Natur als den Gegenpol der krisengeschüttelten, zu jeder Gemeinheit fähigen menschlichen Gesellschaft.

Dsidas Katholizismus war von tiefer Gläubigkeit getragen. Seine Religiosität speiste sich gleichermaßen aus familiärer Tradition wie aus persönlichem Erleben. In seiner Lyrik erhielten die Gestalt Christi und das Wissen um Erlösung eine zentrale Rolle *(Krisztus – Christus; Út a Kálváriára – Gang nach Golgotha; Húsvéti ének – Osterlied)*. Auf die bedrückenden historischen Erfahrungen der ungarischen Minderheit in Siebenbürgen antwortete er im Geist des Evangeliums, für das gemeinschaftliche Leiden suchte er Trost in der Erlösung. Andererseits erneuerte er in seiner religiösen Lyrik die Traditionen der Franziskaner und gab nach Art eines echten *poeta angelicus* der Freude christlicher Brüderlichkeit Ausdruck, der heiter-gelassenen Lebenshaltung, die aus dem Gottesglauben kommt, der keine Zweifel kennt *(Vidám kinálgatás keresztényi lakomán – Frohgemutes Anerbieten beim christlichen Mahl; Jámbor beszéd magamról – Fromme Rede über mein Ich)*. Die Engel und Heiligen seiner Verse umspielt der Zauber und Glanz des Rokoko, und auf der transzendenten Idylle liegt ein überirdisches Licht *(Február, esti hat óra – Februar, sechs Uhr abends)*.

Todesfurcht hingegen ist das wiederkehrende Thema seiner späten Lyrik: Der Dichter litt an einer schweren Herzkrankheit, die ihm den frühen Tod brachte. Ständig präsent, zwang ihn das bohrende Bewußtsein, *sub specie mortis* zu leben, zu immer neuer Rechenschaftslegung und persönlichem Bekenntnis: einmal – im Rückblick auf das dichterische Schaffen – im Selbstwertgefühl der vollbrachten Leistung vorgetragen, das andere Mal in der zerknirschten Haltung des Büßers *(Hulló hajszálak elégiája – Elegie meines schütter werdenden Haares; Húsvéti ének ürös sziklasír előtt – Ostergesang vor dem leeren Felsengrab)*.

In der epischen Dichtung *Tükör előtt (Vor dem Spiegel)* blickte er auf seine Kindheit und Jugend zurück und beschwor die Gestalten der Blütezeit ungarischer Dichtung in Siebenbürgen. Seine größte Dichtung, der *Psalmus Hungaricus*, wiederum war ein feierliches Bekenntnis seiner Treue zum Ungarntum: Hier nahm er jenen psalmodierenden Ton wieder auf, den Mihály Vég KECSKEMÉTI, der Sänger des 16. Jh.s im Kampf gegen die Verwüstungen der Türkenherrschaft, angeschlagen hatte. Dsidas Bekenntnis zu seinem geschlagenen, zerstreuten Volk war gleichzeitig ein Protest gegen die ungerührt wirkenden Kräfte der Geschichte.

Jenő Dsida war ein großer Meister der Form, der die klassischen Metren ebenso vollkommen beherrschte wie den expressionistischen freien Vers. Er hinterließ auch als Übersetzer ein beachtliches Werk und übertrug mit der gleichen Leichtigkeit die lateinischen Klassiker ins Ungarische (CATULL, HORAZ) wie die deutschen (SCHILLER, HEINE) und moderne deutsche und rumänische Lyriker (TRAKL, ARGHEZI). B.Po.

AUSGABEN: *Válogatott versek*. Budapest 1944. – *Versek*, Bukarest 1966. – *Összegyüjtött versek és műfordítások*, Budapest 1983. – *Út a Kálváriára. Válógatott versek és prózai írások*, Budapest 1985.

LITERATUR: G. Láng, *Dsida Jenő. Egy életmű problémai* (in Korunk [Kolozsvár] 1967, Nr. 3). – B. Pomogáts, *Nagycsütörtökön* (in Vigilia, 1985, Nr. 5).

## DOM DUARTE

* 31.10.1391 Viseu
† 9. oder 13.9.1438 Tomar

LITERATUR ZUM AUTOR:
M. Rodrigues Lapa, *D. D. e a prosa didáctica* (in M. R. L., *Lições de literatura portuguesa, época medieval*, Lissabon 1934; Coimbra [5]1964, S. 313–344). – C. Malpique, *Alguns traços do perfil moral e psicológico de el-rei D. D.*, Tomar 1969.

### LEAL CONSELHEIRO

(portug.; *Treuer Ratgeber*). Aristokratisch-höfisches Erziehungsbuch von Dom DUARTE. – Während der Autor mit seinem *Livro da ensinança de bem cavalgar toda sela*, seiner Unterweisung in der Reitkunst, vornehmlich die körperliche Ertüchtigung und die Stärkung der Willenskraft seiner aristokratischen und höfischen Leser im Auge hatte, schrieb er den *Leal conselheiro* zu deren geistig-sittlicher Erziehung. Er stellte das Werk, das er seiner Gemahlin, der Königin Leonor de Aragão, widmete, in seinem letzten Lebensjahr zusammen. Allerdings wurde das Manuskript erst im Jahr 1820 zusammen mit dem des *Livro da ensinança de bem ca-*

*valgar toda sela* von Cândido José XAVIER in der Pariser Nationalbibliothek entdeckt.
Der *Leal conselheiro* enthält außer dem in 103 Kapitel gegliederten Hauptteil ein Vorwort, in dem der Autor die Abfassung des Werks begründet, dessen Zielsetzung und Beschaffenheit erläutert und seine Leser zum richtigen Lesen anleitet. Das Buch ist kein systematisch aufgebauter Traktat – es fehlt die zeitliche und gedankliche Einheit –, sondern trägt enzyklopädischen Charakter. Es ist eine Kompilation der mannigfachen auf persönlicher Beobachtung und Erkenntnis beruhenden Schriften und sporadischen Aufzeichnungen, die der König in vielen Jahren angesammelt hatte. Eine thematische Gliederung der Aufzeichnungen ergibt im wesentlichen folgende Punkte: psychologische Analyse der Verstandeskraft und des Wunschlebens; Phänomenologie der Sünden, Tugenden, Leidenschaften und Gefühle (hier wird zum erstenmal innerhalb der portugiesischen Literatur der Versuch einer charakterologischen Darstellung unternommen; gleichzeitig ist Dom Duarte der erste, der das portugiesische Nationalgefühl der *saudade*, einer besonderen Art der Sehnsucht, analysiert und die Unübersetzbarkeit dieses Begriffs in andere Sprachen betont); Ratschläge praktischer und sittlicher Art.
In seinem Werk beruft sich König Duarte auf die verschiedensten literarischen Quellen: auf lateinische und griechische Vorlagen, wie CICERO, SENECA, PLATON und ARISTOTELES, auf die *Bibel*, Kirchenväter und mittelalterliche Autoren wie BOETHIUS, THOMAS VON AQUIN und Raimundus LULLUS; er übernimmt deren Meinung jedoch nicht etwa kritiklos, sondern korrigiert sie häufig und bereichert sie stets durch seine eigene Erfahrung; oft zitiert er auch nur, um zu widerlegen. – Dom Duartes Sprache ist durch zwei einander entgegengesetzte Merkmale charakterisiert: eine bemerkenswerte Klarheit der Terminologie (feine Unterscheidung zwischen scheinbar synonymen Begriffen als Folge seiner Vorliebe für die psychologische Analyse, wobei er sich nicht selten zu gelehrten Neubildungen genötigt sieht, die auch in der portugiesischen Gegenwartssprache noch weiterleben) und einen komplizierten, von der lateinischen Syntax beeinflußten Satzbau, in dem die Endstellung der Verbformen und der Gebrauch von Infinitiv- statt Konjunktionalsätzen nach einem Aussageverb häufig sind. K.H.D.

AUSGABEN: Paris 1842. – Lissabon 1942, Hg. J. M. Piel [krit.]. – Coimbra 1965, Hg. F. Costa Marques [m. Einl. u. Anm.; Ausw.]. – Chapel Hill 1975, Hg. C. O. Penny [krit. Ausg. der Kap. 1–46; zugl. Diss. North Carolina 1975; vgl. Diss. Abstracts, 36, 1975, S. 3754A]. – Lissabon 1982, Hg. J. M. Barbosa [m. Einl. u. Anm.].

LITERATUR: K. S. Roberts, *Orthography, Phonology, and Word Study of the »Leal conselheiro«*, Diss. Philadelphia 1942. – H. J. Russo, *Morphology and Syntax of the »Leal conselheiro«*, Diss. Philadelphia 1943. – R. Ricard, *Le »Leal conselheiro« du roi D. D. de Portugal* (in Revue du Moyen-Âge Latin, 4, 1948, S. 367–390; ern. in R. R., *Études sur l'histoire morale et religieuse du Portugal*, Paris 1970). – E. Nunes, *»Leal conselheiros«: data da composição e projecto de tradução latina* (in Do tempo e da história, 1, 1965). – M. Martins, *Alegorias, símbolos e exemplos morais da literatura portuguesa medieval*, Lissabon 1975, S. 231–238. – R. Fernandes, *D. D. e a educação senhorial* (in Vértice, 37, 1977, Nr. 396, S. 347–388). – L. Bourdon, *Question de priorité de la découverte du manuscrit du »Leal conselheiro«* (in ArCCP, 14, 1979, S. 3–26). – M. Martins, *A Bíblia na literatura medieval portuguesa*, Lissabon 1979, S. 65–69. – Y. David-Peyre, *Neurasthénie et croyance chez D. D. de Portugal* (in ArCCP, 15, 1980, S. 521–540).

## LIVRO DA ENSINANÇA DE BEM CAVALGAR TODA SELA

(portug.; *Buch der Unterweisung im sattelgerechten Reiten*). Reitlehre von Dom DUARTE, erstmals erschienen 1842. – Dieses Lehrbuch der Reitkunst aus der Feder des portugiesischen Königs Eduard, des »Beredten« (reg. 1433–1438), das erst im 19. Jh. entdeckt und veröffentlicht wurde, legt die wissenschaftlichen Grundlagen für eine Sportart, die hundert Jahre später in Neapel ihren ersten bedeutenden Höhepunkt in Europa erreichen sollte. Ein Vorläufer der berühmten *Ordini di cavalcare* (1550) von Frederico GRISONE, ist das Buch König Eduards ohne literarisches Vorbild, schlechthin das erste bekannte Reitbuch im europäischen Schrifttum. In diesem Sinn erklärt der Verfasser selbst: *»Da ich niemand andern kenne, der darüber geschrieben hätte, will ich als erster diese Wissenschaft zu Papier bringen.«* Und: *»Ich beschreibe nicht, was ich gehört, sondern was ich in langer Erfahrung gelernt habe.«* Als Ergebnis unmittelbarer Erfahrung und eigenen Nachdenkens gibt das Buch nicht allein technische Unterweisung, sondern dient ebensosehr der ethischen Erziehung des Reiters. Neben Ausführungen über die verschiedenen Reitarten und -stile, die Kunst, sich selbst und das Pferd zu beherrschen, über Körperhaltung, Funktion und Handhabung des Reitzeugs usw. enthält dieses leider vorzeitig abgeschlossene Werk – von den sechzehn geplanten Teilen sind nur sieben ausgearbeitet – moralphilosophische Darlegungen, durch die das Reiten als Kunst zu einem Bestandteil ritterlicher Lebensart und Gesinnung erhoben wird. Zwar hat, so schreibt der König, das Reiten *»für sich allein«* keinen besonderen Wert, ebensowenig wie Tanzen, Lanzenbrechen und ähnliche Künste. An sich wertvoll sind Treue und Rechtschaffenheit gegenüber Gott und den Menschen, Körperkraft und Seelenstärke, Erfahrung, Kenntnis und Wissen in allem, was Stand, Beruf und Pflicht erheischen. Aber diesen Haupttugenden helfen jene minderen Künste. So fördert die Reitkunst neben der Körperkraft Seelenstärke und Mut.

Der ganze zweite Teil handelt in zehn Kapiteln vom Ursprung, den verschiedenen Formen und der Überwindung der Furcht, Kapitel 8 und 9 des fünften Teils von den verschiedenen Arten des Wollens, von denen nur eine die rechte Art sei, nämlich das Wollen aus vernünftiger Einsicht. Die Tatsache, daß diese beiden Kapitel fast wörtlich aus dem Hauptwerk König Eduards, dem *Leal conselheiro (Treuer Ratgeber)*, übernommen sind, zeigt deutlich die Absicht des Reitbuchs: die Reitkunst als ein Mittel der Erziehung zum christlichen Ritter und als integrierenden Bestandteil ritterlicher Gesittung zu lehren. Und wenn der Verfasser darüber klagt (Teil 5, Kap. 15), daß unter den jungen Adligen seiner Umgebung die Reitkunst vernachlässigt werde, so deshalb, weil ihm dadurch wesentliche Eigenschaften des vollkommenen Ritters, wie Unerschrockenheit, Selbstsicherheit, Gelassenheit, Gewandtheit und Heiterkeit, gefährdet erscheinen. Zwar bescheinigt er den Zeitgenossen tugendhaften Lebenswandel und lobt sie deswegen. *»Aber die Ausübung der Tugenden darf die Übung in den rechten körperlichen Künsten – insbesondere Reiten und Kämpfen – nicht beschneiden, die von jeher von den Herren und Großen geschätzt und gelobt worden sind.«* – Sprachlich hatte König Eduard bei der Abfassung dieses Werks mit ähnlichen Schwierigkeiten zu kämpfen wie bei der des *Leal conselheiro*. In dieser Hinsicht sind Vorzüge und Mängel in beiden Werken die gleichen. A.E.B.-KLL

Ausgaben: Paris 1842, Hg. J. J. Roquette. – Lissabon 1843. – Lissabon 1944, Hg. J.M. Piel [m. Einl., Anm. u. Glossar]. – Coimbra 1965, Hg. F. Costa Marques; [2]1973.

## GUILLAUME DE SALLUSTE, SEIGNEUR DU BARTAS

* 1544 Montfort bei Auch
† Juli 1590 Ivry-la-Bataille

### LA SEPMAINE ou Création du monde

(frz.; *Die Schöpfungswoche*). Lehrgedicht von Guillaume de Salluste Du Bartas, erschienen 1578; Teile einer *Seconde semaine* erschienen 1584–1594. – Du Bartas' Schöpfungsepos steht in der Tradition der spätantiken Hexaemera. Deren Autoren, Basilius der Grosse, Gregor aus Nyssa, Gregor aus Nazianz, bei den Lateinern Ambrosius und Augustinus, hatten seit Beginn des 16. Jh.s eine glänzende Renaissance erlebt. Ihre hervorragend edierten Werke konnten der kosmologischen Spekulation der Zeit starke Impulse geben. Als einer der ersten hatte Maurice Scève die poetischen Möglichkeiten der Schöpfungsthematik erkannt und sie im *Microcosme* (1562) präludierend anklingen lassen. In der *Sepmaine* ist sie zum zentralen Thema erhoben; der biblische Schöpfungsbericht aus *Genesis* 1, 1–2, 22 bildet das Grundgerüst des sieben *Iours* umfassenden Werkes. Du Bartas hat den Weltenschöpfer als epischen Helden konzipiert; seine Taten bilden das Handlungsgerüst des Epos. In dieses Rahmenschema wird die Totalität der himmlischen und irdischen Phänomene nach Art des ovidischen *carmen perpetuum* integriert. Daß die Schönheit und Größe des Universums den unsichtbaren Gott erkennen lassen, liegt dem Werk als Motivation zugrunde. Neben den deskriptiven Elementen wird auch eine Nähe zur Panegyrik spürbar, wenn Du Bartas in naiver Freude an der Schöpfung die vielgestaltige Fülle der Kreatur Revue passieren läßt. Dabei steht Großes und Größtes unvermittelt neben dem winzig Kleinen: Schmetterling und Wurm werden mit derselben Anteilnahme geschildert wie die Kreisbewegung der Himmelssphären. Ausgesprochen manieristische Tendenzen treten auch in anderen Bezügen hervor: Die erhabene Größe des Menschengeistes kontrastiert mit dem Kreatürlichen; Grausiges und Ekelerregendes wird keineswegs ausgespart. Auch für das Wunderbare entwickelt er eine spürbare Vorliebe: Seltsame Naturerscheinungen, Analogien und Sympathiewirkungen, Erscheinungen wie Wunderquellen und Blutregen werden mit der für die Zeit charakteristischen Wißbegier registriert. Besondere Beachtung verdient die architektonische Konzeption der *Sepmaine*. Bei der Disposition der Stoffmassen beweist Du Bartas Umsicht und kompositorisches Geschick; seine kraftvolle Phantasie hat noch Goethe rühmend hervorgehoben. Aufs Ganze gesehen entbehrt sein Stil nicht der Prachtentfaltung des *genus grande*: Das überreiche, Dialektwort und Fachterminus gleichermaßen einbeziehende Vokabular, eine prunkvoll imaginative Metaphorik, die barocke Fülle von Gedanken und Stilfiguren und die komplexe Gliederung der Satzstruktur erzeugen ein Gewebe von großer sprachlicher Dichte. So, wenn die Welt durch göttliches Dekret erschaffen wird: *»Non en temps, avant temps, ains mesme avec le temps, / J'entens un temps confus, car les courses des ans, / Des siecles, des saisons, des moys, et des journees, / Par le bal mesuré des astres sont bornées.« (»Nicht in der Zeit, noch vor der Zeit, sondern zugleich mit der Zeit / ich meine eine noch chaotische Zeit, denn der Lauf der Jahre, / der Jahrhunderte, der Jahreszeiten, der Monde und der Tage / wird vom rhythmischen Tanz der Gestirne ausgegrenzt.«)* In den bewegten verbalen Kosmos dieses Textes ist freilich auch die Kategorie des Disharmonischen bewußt mit einbezogen. Mit der Eleganz der Diktion kontrastieren expressive Ausdrucksmittel; das majestätische Fließen der Alexandriner wird effektvoll gehemmt durch Versbrechung oder syntaktische Inkonzinnität; gewollt spröde Klangfiguren heben sich scharf vom Wohllaut der Verse ab. Zum abrupten Bildwechsel und zur Diskordanz der kühnen Metapher kommt eine Vorliebe für antithetische Konfrontation, Wortspiel und Paradoxa. Eine großzügige Konzeption, ein festes metrisches und

syntaktisches Gefüge werden überlagert von expressiven Ausdruckstendenzen – Signatur eines dissonantischen Lebensgefühls.
Der spontane Erfolg beim Erscheinen seines Werkes regte Du Bartas zu einer *Seconde semaine* an, die die sieben Weltzeitalter umfassen sollte, durch den frühen Tod des Autors aber nicht über (allerdings umfangreiche) Fragmente hinauskam. Außerordentlich groß war die Zahl der zeitgenössischen Drucke der *Sepmaine* (siebzehn Ausgaben zwischen 1579 und 1583); ihr Einfluß erfaßte nachhaltig die Mehrzahl der europäischen Literaturen (Übersetzungen ins Lateinische, Spanische, Deutsche und Englische), nur in Frankreich nahm ihre Wirkung im Zusammenhang mit dem Aufkommen klassischer Stiltendenzen rasch ab. K.Rei.

Ausgaben: Paris 1578. – Genf 1581, Hg. J. Chouet. – Paris 1584 *(La seconde semaine ou Enfance du monde)*. – Nevers 1591 *(La seconde semaine)*. – Lyon 1594 *(La seconde semaine)*. – Rouen 1596 (*La seconde sepmaine*, 3 Tle.). – Paris 1603 (*La sepmaine*; verm.). – Paris 1603 (*La suite de la seconde sepmaine*, Hg. Du Puyn). – Chapel Hill 1935–1940 (in *Works*, Hg. U. T. Holmes, J. C. Lyons u. R. W. Linker, 3 Bde.; m. Komm.). – Neuchâtel 1947 (*La première semaine. La deuxième semaine*, in M. Braspart, *Du B., poète chrétien, 1544–1590*). – Tübingen 1963, Hg. K. Reichenberger, 2 Bde. [Text der Ausg. Genf 1581; m. Komm.]. – Paris 1981, Hg. Y. Bellenger (STFM).

Übersetzungen: *Die andere Woche*, anon., 4 Tle., Cöthen 1622. – *Erste Woche, von Erschaffung der Welt* ..., T. Hübner, Cöthen 1631.

Literatur: H. Guy, *La science et la morale de Du B. d'après la »Première semaine«*, Toulouse 1902. – S. O. Dickermann, *Du B. and Saint Ambroise* (in MPh, 15, 1917/18, S. 419–435). – B. Croce, *Intorno a G. du B.* (in Critica, 1929, S. 307–316). – L. Delaruelle, *Recherches sur les sources de Du B. dans la »Première semaine«* (in RHLF, 40, 1933, S. 321–354). – A. E. Creore, *Du B.: A Reinterpretation* (in MLQ, 1, 1940, S. 503–526). – L. B. Campbell, *The Christian Muse. G. S. Du B.* (in Huntington Library Bulletin, 8, 1945, S. 29–70). – A. E. Creore, *Word-Formation in Du B.* (in BdHumR, 15, 1953, S. 192–208). – Ders., *The Scientific and Technical Vocabulary of Du B.* (ebd., 21, 1959, S. 131–160). – K. Reichenberger, *Du B. u. sein Schöpfungsepos*, Mchn. 1962. – Ders., *Das epische Prooemium bei Ronsard, Scève, Du B. Stilkritische Untersuchungen zum Problem von ›klassischer‹ u. ›manieristischer‹ Dichtung in der zweiten Hälfte des 16. Jh.s* (in ZfrPh, 78, 1962, S. 1–31). – Ders., *Das Schöpfungsgedicht des Du B. u. die Tradition der antiken Hexaemera* (ebd., S. 173–186). – G. Coffin Taylor, *Milton's Use of Du B.*, NY 1968. – B. Braunrot, *L'imagination poétique chez Du B.*, Chapel Hill 1973. – L. Keller, *Palingène, Ronsard, Du B. Trois études sur la poésie cosmologique de la Renaissance*, Bern 1974. – Y. Bellenger, *Quelques remarques à propos du temps et des jours dans les »Semaines« de Du B.* (in Revue du Pacifique, 2, 1976, S. 94–102). – Dies., *Les paysages de la création dans »La sepmaine« de Du B.* (in CAIEF, 29, 1977, S. 7–23). – B. Böschenstein, *Tobias Hübners Übersetzung von Du B.s »Sepmaine«* (in Dokumente des internationalen Arbeitskreises für deutsche Barockliteratur, 3, 1977, S. 207 f.). – A. L. Prescott, *French Poets and the English Renaissance*, New Haven/Ldn. 1978, S. 167–234. – M. Hughes, *Le mythe de Babel à la Renaissance* (in RSH, 43, 1978, S. 133–171). – I. Dantin, *»La semaine« de Du B. Les éditions parisiennes de 1578* (in Bull. du bibliophile, 1983, S. 304–314). – J. Dauphiné, *Du B., poète scientifique*, Paris 1983. – P. Cuny, *La »Première Sepmaine« de Du B.* (in *Mélanges sur la littérature de la Renaissance à la mémoire de V.-L. Saulnier*, Genf 1984, S. 255–260).

## L'URANIE ou La muse celeste

(frz.; *Urania oder Die himmlische Muse*). Programmatische Dichtungslehre von Guillaume de Salluste Du Bartas, entstanden um 1570, erschienen 1574, in erweiterter Fassung 1579. – Die *Uranie*, in der Du Bartas seine dichtungstheoretischen Anschauungen formuliert, erschien 1572 als drittes Stück der *Muse chrestiene*. Sie besteht aus 66 Quatrains in umschließenden Reimen und ist als Vision konzipiert: Urania, die himmlische Muse, erscheint dem Dichter und beklagt sich bitter über die leichtsinnigen Schwestern, durch deren Schuld die Dichtung in anakreontischem Tändeln oder hyperbolischem Fürstenlob sich erschöpft. Die passim durchscheinende Polemik wird überlagert von konstruktiven Gedankengängen. Ausgangspunkt der Überlegungen ist die Theorie vom himmlischen Ursprung der Poesie, eng verknüpft mit der Lehre von der göttlichen Inspiration, wie sie im Florentiner Neuplatonismus zu neuem Leben erweckt worden war. Du Bartas begreift die *sainte fureur* des Dichters als eine Ekstase, die ihn aus der irdischen Sphäre zur Welt der Gestirne emporhebt. Als berufenem Künder der Wahrheit wird ihm die Schau ewiger Geheimnisse zuteil, die er in seinen Versen vermittelt. Aufgrund seiner privilegierten Mittlerrolle zwischen Gott und den Menschen ergeben sich zugleich wichtige Forderungen hinsichtlich der zu behandelnden Gegenstände. Die *feints souspirs* (geheuchelten Seufzer) und *vaines quereles* (leeren Klagen) der Liebeslyrik sind der dichterischen Verantwortung wenig angemessene Themen. Sie ist um so größer, als der gebundenen Rede eine unwiderstehliche Gewalt innewohnt. Schon Platon war sich der Gefahren bewußt, die von einer Dichtung drohen, die nur die sinnliche Liebe und ihre Affekte zum Thema wählt. Du Bartas' Muse nimmt die platonische Polemik zum Anlaß zu einer ernsten Mahnung. Eingedenk seiner Sendung möge der Dichter nur würdige und erhabene Gegenstände behandeln. Das dem göttlichen Ursprung der Dichtkunst angemessenste Thema

aber ist der Lobpreis des Schöpfers und seiner Werke. Im Hinblick auf diese Zielsetzung präludiert die *Uranie* bereits dem großen Schöpfungsepos, der *Sepmaine*, deren Anfänge mit ziemlicher Sicherheit in diesen Zeitraum gelegt werden können.
Du Bartas' *Uranie* enthält die gedankliche Auseinandersetzung mit dem Problem des Wirkens der Poesie und ihrer Funktion in der menschlichen Gesellschaft. Die Lehren, die er Urania ihrem lauschenden Adepten vortragen läßt, haben eine Tradition, die bis auf die humanistische Verteidigung der Poesie im Quattrocento zurückreicht. Die Auffassung von der Mittlerrolle der Dichtkunst bildet das Kernstück der seit dem Beginn des 15. Jh.s in Italien verbreiteten »theologischen« Poetik. Der Dichtertheologe, in reiner Ausprägung schon von Albertino Mussato konzipiert, übt als von Gott berufener Mittler geradezu sakrale Funktionen aus. Für die französischen Renaissancepoetiken ist diese spezielle Fassung des Dichterberufs ein Novum. Zwar kennen die um die Jahrhundertmitte erschienenen Dichtungslehren, Sebillets *Art poëtique françoys*, Peletiers *L'art poëtique*, Pontus de Tyards *Solitaire premier* wie auch Ronsards *Abrégé de l'art poëtique françois* von 1565 die auf platonischem Gedankengut beruhende Lehre vom göttlichen Ursprung der Poesie. Was indessen Ronsard und den übrigen dichtungstheoretischen Abhandlungen der Pléiade fast ganz abgeht, ist die Weiterentwicklung der platonischen Ursprungstheorie im Sinne der oben skizzierten »theologischen« Poetik. Die ethische Zielsetzung als Korollarium der göttlich-sakralen Herkunft, wie sie die *Uranie* mit den italienischen Dichtungslehren des Quattrocento gemeinsam hat, ist sonst nirgends verwirklicht, das heißt, es unterbleibt auch die dichtungstheoretische Aufwertung der Poesie. Bei Du Bartas dagegen ist die Einordnung des Dichters in die göttlichen und menschlichen Ordnungen konsequent vollzogen, die Poesie selbst aufgrund ihres Wahrheitsanspruchs zur höchsten Würde unter den Künsten und Wissenschaften erhoben. Damit begründet die *Uranie* eine Auffassung vom Wesen der Dichtkunst, die barockem Weltgefühl entspricht und bis weit in das 17. Jh. hinein von nachhaltigem Einfluß war. K.Rei.

Ausgaben: Bordeaux 1574 (in *La muse chrestiene*). – Paris 1579 (in *Œuvres*). – Lyon 1606 (in *Les œuvres poetiques et chrestiennes*). – Paris 1610 (in *Les œuvres poetiques*). – Chapel Hill 1935 ff. (in *The Works*, Hg. U. T. Holmes, J. C. Lyons u. R. W. Linker, 3 Bde., 2; krit.).

Übersetzung: *L'Uranie, La Judit, La Lépanthe, La victoire d'Ivry... aus dem französischen gegenüber gesetzt in Teutsche Reime*, anon., Cöthen 1623.

Literatur: E. R. Curtius, *Theologische Poetik im italienischen Trecento* (in ZfrPh, 60, 1940, S. 1 bis 15). – Ders., *Europäische Literatur und lateinisches Mittelalter*, Bern 1948, S. 532–542. – A. Buck, *Italienische Dichtungslehren vom Mittelalter bis zum Ausgang der Renaissance*, Tübingen 1952. – J. Dagens, *D., humaniste et encyclopédiste dévot* (in CAIEF, 10, 1958, S. 9–24). – J. A. Carscallen, *English Translators and Admirers of D. before 1625*, Diss. Oxford 1958/59. – K. Reichenberger, *»L'Uranie ou La muse céleste«. Eine Dichtungslehre aus der zweiten Hälfte des 16. Jahrhunderts* (in ZfrzSp, 71, 1961, S. 39–48). – A. L. Prescott, *French Poets and the English Renaissance*, New Haven/Ldn. 1978, S. 167–234.

## Joachim Du Bellay

* 1522 Château de la Turmelière / Anjou
† 1.1.1560 Paris

Literatur zum Autor:
*Bibliographie:*
M. B. Wells, *Du B. A Bibliography*, Ldn. 1974.
*Gesamtdarstellungen und Studien:*
V.-L. Saulnier, *Du B., l'homme et l'œuvre*, Paris 1951; [4]1968. – F. Boyer, *J. Du B.*, Paris 1958. – G. Dickinson, *Du B. in Rome*, Leiden 1960. – G. Saba, *La poesia di J. Du B.*, Messina/Florenz 1962. – R. Griffin, *Coronation of the Poet. J. Du B.'s Debt to the Trivium*, Berkeley 1969. – W. J. A. Bob, *J. Du B. entre l'histoire littéraire et la stylistique*, Groningen 1970. – L. C. Keating, *J. Du B.*, NY 1971. – M. Deguy, *Tombeau de Du B.*, Paris 1974. – G. Marchi, *I sonetti romani di Du B.*, Rom 1974. – K. Ley, *Neuplatonische Poetik und nationale Wirklichkeit*, Heidelberg 1975. – F. Gray, *La poétique de Du B.*, Paris 1978. – G. Gadoffre, *Du B. et le sacré*, Paris 1978. – EsCr, 19, 1979 [Sondernr. *Du B.*]. – D. G. Coleman, *The Chaste Muse. A Study of J. Du B.'s Poetry*, Leiden 1980. – K. M. Hall u. M. B. Wells, *Du B.'s »Poems«*, Ldn. 1985. – R. A. Katz, *The Ordered Text. The Sonnet Sequences of D.*, NY u. a. 1985.

### LA DEFFENCE ET ILLUSTRATION DE LA LANGUE FRANÇOYSE

(frz.; *Verteidigung und Rühmung der französischen Sprache*). Manifest von Joachim Du Bellay, erschienen 1549. – Diese Schrift entstand als Replik auf Thomas Sebillets *Art poëtique françois* (1548). Sie ist Pamphlet, Plädoyer und Poetik in einem und gilt neben Ronsards *Abrégé de l'art poëtique françois* und seinen Vorworten zur *Franciade* als wichtigstes Dokument der so nachhaltig wirksamen, dem Klassizismus den Weg bereitenden literarischen Schule der Pléiade.
Du Bellay überträgt die von Speroni im *Dialogo delle lingue* (1542) für die italienische Sprache beigebrachten Argumente auf die französische. Er bescheinigt der bis dahin als barbarisch verrufenen

Umgangssprache die Fähigkeit zu künstlerischem Ausdruck und behauptet, sie bedürfe nur noch einer Bereicherung des Vokabulars und einer bewußten Pflege des Stils, um zu einem brauchbaren Instrument für den Künstler zu werden. Du Bellay empfiehlt neben der Wiederbelebung ungebräuchlicher und archaischer Wörter Anleihen bei verschiedenen Dialekten und bei der Fachsprache des Handwerks und gibt Anleitungen, wie mit Vorsicht und Einfühlungsvermögen neue Ausdrücke geprägt werden können: beispielsweise durch Zusammensetzungen und durch Ableitung von Stammwörtern der eigenen Sprache oder solchen lateinischen und griechischen Ursprungs. Ein gepflegter Stil habe sich an antiker Syntax und Rhetorik zu orientieren. Du Bellay hält neben der »Inspiration« die Beherrschung des poetischen Handwerks, die ohne sorgfältige Arbeit (Lektüre, Reflexion, Korrektur, Kritik) und ohne Kenntnis der Gesetze von Reim, Vers und Strophe nicht möglich sei, für unerläßlich. Die Formen der bisherigen französischen Dichtung (Ballade, Rondeau, Chanson, Chant royal, Virelai) werden zugunsten solcher aus dem Bereich der griechischen und lateinischen Literatur (Epigramm, Elegie, Epistel, Ekloge, Satire, Ode, Tragödie, Komödie, Epos) abgelehnt. Besonderer Gunst erfreut sich das italienische Sonett. Die scharfe Wendung gegen die französische Literatur der Zeit, speziell gegen Marot und seine Schule, entspringt dem Ehrgeiz, der mit Dante, Petrarca und Boccaccio bereits allgemein vorbildlich gewordenen italienischen Literatur etwas Gleichwertiges in der eigenen Sprache gegenüberzustellen. Die angestrebte Reform der Sprache, der literarischen Formen und Gattungen steht im Zeichen der »Imitation« der Antike, die in Italien zu einer neuen literarischen Blüte geführt hatte. Bezeichnend für Du Bellays Verständnis dieses Imitationsbegriffes ist seine Ablehnung bloßer Übersetzungen griechischer und römischer Texte. Imitation soll vielmehr Adaption und Assimilierung sein; sie soll in das Wesen der antiken Poesie in einer Weise eindringen, die sie fähig macht, unter den Vorbildern solche auszuwählen, die sich für die eigene Sprache eignen, und an ihnen ihre künstlerische Kraft erproben.

Du Bellays Polemik enthält im einzelnen kaum neue Gedanken. Die Sache der französischen Sprache war schon Jahrzehnte zuvor von Geoffroy Tory in seinem *Champfleury* (1529) gegen die Mißachtung der humanistischen Gelehrten vertreten worden; Du Bellay war auch keineswegs der erste, der ihre Vorzüge betonte. Aber die verschiedenen Themen und Argumente wurden von ihm zum erstenmal systematisch zusammengefaßt, und seine entschiedene Absage an die Vergangenheit hat die Zukunft eingeleitet. I.P.-KLL

Ausgaben: Paris 1549; Faks. Genf 1972. – Paris 1904; ern. Genf 1969, Hg. H. Chamard [krit.]. – Bln. 1920 *(La défense et illustration de la language française)*. – Paris 1948. – Hg. H. Chamard. – Paris 1975, Hg. S. S. de Sacy.

Literatur: P. Villey, *Les sources italiennes de »La deffence et illustration de la langue françoyse«*, Paris 1908. – E. Lücken, *Du B.s »Défense et illustration de la langue française« in ihrem Verhältnis zu Sebillets »Art poétique«*, Diss. Kiel 1913. – H. de Noo, *T. Sebillet et son »Art poétique françois« rapproché de la »Deffence et illustration de la langue françoise« de J. Du B.*, Utrecht 1927. – W. Krömer, *Die Ursprünge und die Rolle der Sprach-Theorie in Du B.s »Deffence...«* (in RF, 79, 1967, S. 589–602). – L. C. Keating, *Promise and Performance. Du B.'s »Deffence...«* (in FR, 3, 1971, S. 77–83; Sondernr.). – S. J. Holoake, *Du B.'s »Deffence«...«* (in S. J. H., *An Introduction to French Sixteenth-Century Poetic Theory*, Manchester/NY 1972, S. 66–126). – H. W. Wittschier, *Du B.* (in *Dichtungslehren der Romania aus der Zeit der Renaissance u. des Barock*, Hg. A. Buck u. a., Ffm. 1972, S. 17–63). – S. Hanon, *»La deffence...« par J. Du B.: Concordance*, Odense 1974. – M. Françon, *L'originalité et la signification de »La deffence...«* (in Francia, 16, 1975, S. 62–74). – Ders., *»La deffence...« et l'influence italienne* (in *Mélanges F. Simone*, Genf 1980, S. 421–426). – R. Baer, *Die literarhistorische Funktion und Bedeutung der »Deffence...«* (in *Stimmen der Romania*, Hg. G. Schmidt u. M. Tietz, Wiesbaden 1980, S. 43–59). – D. Stone, *The »Deffence...« and French Humanism* (in *Manifestoes and Movements*, Univ. of South Carolina 1980, S. 63–76). – D. J. Hartley, *Patriotism in the »Deffence...«* (in NphM, 83, 1982). – M. W. Ferguson, *Du B.* (in M. W. F., *Trials of Desire*, New Haven/Ldn. 1983, S. 18–53).

## L'OLIVE

(frz.; *Olive*). Sonettsammlung von Joachim Du Bellay, erschienen 1549. – Du Bellay veröffentlichte seine erste Gedichtsammlung gleichzeitig mit der von ihm im Namen der Dichtergruppe der Pléiade verfaßten Programmschrift *La deffence et illustration de la langue françoyse*. Unter dem Titel *Cinquante sonnetz à la louange de l'Olive* umfaßte das Werk zunächst 50 Sonette, die zweite, 1550 veröffentlichte Ausgabe *L'Olive augmentée* war auf 115 Sonette angewachsen. – Das noch wenig selbständige Werk des jungen Dichters greift – gemäß den in der *Deffence* aufgestellten Forderungen – auf die italienische Renaissancedichtung zurück, spiegelt den Einfluß Petrarcas und seiner Nachfolger, aber auch den Ariosts und weiterer, heute vergessener Autoren. Über die Hälfte aller Gedichte der Sammlung sind mehr oder weniger freie Bearbeitungen italienischer Vorlagen. Dennoch betrat Du Bellay Neuland: *L'Olive* ist der erste geschlossene Sonettzyklus in französischer Sprache.

Wie Petrarcas *Canzoniere* (1470) ist auch *L'Olive* zu Ehren einer Frau verfaßt. Wer sich hinter dem Namen verbirgt, ob eine wirkliche Geliebte oder eine Idealgestalt, ist ungewiß. Manche halten ihn für das Anagramm des Namens einer gewissen Demoiselle Viole, andere wollen in der Titelgestalt Olive de Sévigné, eine Kusine Du Bellays, sehen. In Analogie zu Petrarcas berühmtem Wortspiel Laura – *lauro* (Lorbeerbaum) vergleicht Du Bellay seine Olive mit dem Olivenbaum. In immer neuen, preziösen Wendungen besingt der Dichter den Reiz, die Schönheit, die körperliche und geistige Anmut seiner Dame, vergleicht sie mit Sternen und Göttern; ein ganzer mythologischer Kosmos gruppiert sich um das Bild der Geliebten. Die größten Kostbarkeiten und Schönheiten der Natur werden zu Ehren Olives genannt, die, unerreichbar wie Laura, die Liebe des Dichters in Herzensqual, Trauer und Todessehnsucht verwandelt.

Neben einer Vielzahl von Gedichten, die die Mittelmäßigkeit ihrer Vorbilder nicht verleugnen und deren rhetorische Glätte die Leidenschaftlichkeit des Gefühlsausdrucks zügelt, treten Sonette, die der Kühnheit ihrer Bilder und Empfindungen wegen zum klassischen Schatz französischer Lyrik zählen. So das berühmte 83. Sonett, das mit den Versen beginnt: *»Déjà la nuict en son parc amassoit / Un grand troupeau d'estoiles vagabondes«* (*»Schon häufte die Nacht in ihrem Park eine große Herde unsteter Sterne«*) und in dem Du Bellay seine angevinische Heimat der Schönheit Indiens zur Seite stellt. Oder das 113. Sonett, Echo platonischer Weltvorstellung, das Sainte-Beuve mit dem Lamartineschen *L'isolement* (vgl. *Méditations poétiques*) verglichen hat: *»Si nostre vie est moins qu'une journée / En l'éternel, si l'an qui faict le tour / Chasse noz jours sans espoir de retour, / Si périssable est toute chose née, // Que songes-tu, mon âme emprisonnée? ... Là, ô mon âme, au plus hault ciel guidée; / T y pourras recongnoistre l'Idée / De la beauté qu'en ce monde j'adore.«* (*»Wenn unser Leben in der Ewigkeit weniger als einen Tag zählt, wenn das Jahr, das sich wendet, unsere Tage verjagt ohne Hoffnung auf Wiederkehr. Wenn alles Geborene vergänglich ist, was träumst du, meine gefangene Seele? ... Dort, o meine Seele, im höchsten Himmel kannst du jene Idee der Schönheit erkennen, die ich hier auf Erden anbete.«*)

Die Sonette sind durchweg in zehnsilbigen Versen geschrieben, im Gegensatz zu dem strengeren Ebenmaß der *Regrets* (1558) aber wird das Reimschema der Quartette und Terzette nach dem Vorbild der Italiener virtuos variiert. Auf den Erfolg von *L'Olive* folgte in Frankreich eine Flut petrarkistischer Poesie. Du Bellay begegnete ihr mit dem satirischen Gedicht *Contre les Pétrarquistes* (in *Jeux rustiques*, 1558), verfaßte aber selbst weiterhin Verse in dem von ihm verspotteten Stil. I.P.-KLL

Ausgaben: Paris 1549 (*Cinquante sonnetz à la louange de l'Olive, l'Antérotique de la vieille et de la jeune amye, Vers lyriques*). – Paris 1550 [erw.]. – Paris 1903 (in *Œuvres complètes*, Hg. L. Séché, 4 Bde., 1903–1913, 1). – Paris 1967 (in *Œuvres poétiques*, Hg. H. Chamard). – Genf 1974, Hg. E. Caldarini (krit.; TLF). – Paris 1982 (in *Œuvres*, Bd. 1, Hg. J. Chamard u. Y. Bellenger; STFM).

Literatur: M. Pflänzel, *Über die Sonette des J. Du B.*, Lpzg. 1898. – J. Vianey, *Les sources italiennes de »L'Olive«* (in Annales Internationales d'Histoire, Congrès de Paris, 1900. VI: *Histoire comparée des littératures*, Paris 1900, S. 71–104). – G. Deschamps, *Du B., »L'Olive«* (in Revue des Cours et Conférences, 10, 1902, 2, S. 782–790). – J. Vianey, *Sur »L'Olive«* (in J. V., *Le pétrarquisme en France*, Montpellier 1909, S. 85–119). – A. Jeanneau, *»L'Olive« de J. du B.* (in Société Cholet, 1940, S. 27–31). – E. Caldarini, *Nuove fonti italiane dell' »Olive«* (in BdHumR, 27, 1965, S. 395–434). – J. Horrent, *Défense et illustration de »L'Olive«* (in Cahiers d'analyse textuelle, 10, 1968, S. 93–116). – R. Jakobson, *»Si nostre vie«* (in R. J., *Question de poétique*, Paris 1973). – R. A. Katz, *Pattern and Motif in Du B.s »Olive«* (in RomR, 68, 1977). – Y. Bellenger, *L'or et l'amour dans »L'Olive« de Du B.* (in Y. B., *Dix études sur le 16e et 17e siècle*, Paris 1982).

## LE PREMIER LIVRE DES ANTIQUITEZ DE ROME contenant une generale description de sa grandeur et comme une deploration de sa ruine

(frz.; *Erstes Buch über die Ruinen des antiken Rom, welches eine allgemeine Beschreibung seiner Größe und die Klage über seinen Untergang enthält*). Sammlung von 47 Sonetten (von denen fünfzehn unter dem Titel *Songe ou vision sur le mesme subiect – Traum oder Vision über den gleichen Gegenstand* eine eigene Gruppe bilden) von Joachim Du Bellay, erschienen 1558. – Das erste Buch, dem kein zweites folgte, entstand 1553 während einer Romreise, die der Wortführer der »Pléiade« in Begleitung des Kardinals Jean Du Bellay, seines Vetters und Gönners, unternahm. Der Autor ist sich stolz bewußt, *»als erster Franzose den Ruhm des Volkes im langen Gewande«* (*»gens togata«*: Vergil, *Aeneis* I, 282) besungen zu haben (Sonett 32). Die Klage über den Niedergang geschichtlicher Größe, für den das Schicksal Roms das eindringlichste Beispiel bot, war ein in Italien längst häufig verwandtes literarisches Motiv. Du Bellay bedient sich geschickt aller ihm bekannten Vorläufer (u. a. Horaz, Vergil, Properz, Petrarca), indem er deren Bilder, Vergleiche und mythologische Anspielungen teils wörtlich, teils leicht abgewandelt übernimmt. So entlehnt er die Quartette des berühmten sechsten Sonetts direkt bei Vergil (*Aeneis* VI, 781–787) – mit Ausnahme der letzten beiden von Horaz inspirierten Zeilen: *»Rome seule pouvait à Rome ressembler / Rome seule pouvait faire Rome trembler.«* (*»Nur Rom konnte Rom gleichen / Nur Rom konnte Rom zittern machen«* – vgl. *Epodon Liber XVI*, Z. 2; *»Suis et ipsa Roma viribus ruit.«*) In ähnlicher Weise ließen sich die Quellen eines jeden Sonetts in römischen, italienischen oder neolateinischen Quellen nachweisen. Es wäre jedoch falsch, hier von Plagiaten zu sprechen (erst mit der Romantik wurde Originalität eines der wesentlichen Kriterien der Dichtkunst), es handelt sich vielmehr um Imitatio, um die bewußte Übernahme als gültig empfundener poetischer Bilder. Den Ruf, Meister des französischen Sonetts zu sein, errang Du Bellay durch die souveräne Beherrschung einer Form, die sich allein schon durch ihren Strophenbau als geeignetes Ausdrucksmittel für die Antithese von Vergangenheit und Gegenwart, Größe und Untergang, Bewunderung und Klage erwies. I.P.

Ausgaben: Paris 1558. – Paris 1910 (in *Œuvres poétiques*, Hg. H. Chamard, 6 Bde., 1908–1931, 2; krit.). – Paris 1919. – Paris 1945 (zus. m. *Les regrets*, Einl. E. Droz.). – Genf 1966 (zus. m. *Les regrets et autres œuvres poétiques*, Hg. J. Jolliffe; Einl. u. Komm. M. A. Screech; TLF). – Paris 1970 (in *Œuvres*, Hg. H. Weber u. H. Chamard, Bd. 2; STFM). – Paris 1975, Hg. S. S. de Sacy.

Übersetzungen: *Die römischen Sonette*, E. Deger, Mchn. 1976. – *Die Ruinen Roms*, H. Knufmann, Freiburg i. B. 1980.

Literatur: J. Vianey, *»Les antiquitez de Rome«. Leurs sources latines et italiennes* (in Bulletin Italien, 1, 1901, S. 187–199). – Ders., *Sur les »Antiquités«* (in J. V. *Le pétrarquisme en France*, Montpellier 1909, S. 317–366). – F. Chambers, *Lucan and the »Antiquitez de Rome«* (in PMLA, 60, 1945, S. 936–948). – V.-L. Saulnier, *Commentaires sur les »Antiquités de Rome«* (in BdHumR, 12, 1950, S. 114–143). – Ders., *»Les antiquitez de Rome« de J. Du B.*, Paris 1950. – J. W. Joliffe, *Further Notes on Du B.* (in BdHumR 28, 1966, S. 112–122). – W. Pabst, *Ehrfurcht und Grauen vor Rom* (in RJb, 24, 1973, S. 77–91). – J. Mc Clelland, *»Les antiquitez de Rome«, document culturel et politique* (in *Culture et politique en France à l'époque de l'Humanisme et de la Renaissance*, Hg. F. Simone, Turin 1974, S. 341–354). – R. Mortier, *»Les antiquitez de Rome« de Du B. ou la ruine-mémorial* (in R. M., *La poétique des ruines en France*, Genf 1974, S. 60–68). – I. G. Daemmrich, *The Function of the Ruin Motif in Du B.'s »Les antiquitez de Rome«* (in Neoph, 59, 1975, S. 14–21). – G. Gadoffre, *Histoire et destin dans »Les antiquitez de Rome«* (in ZfrzSp, 85, 1975, S. 289–304). – T. M. Scheerer, *»Les antiquitez de Rome III« (1558)* (in *Einführung in das Studium der frz. Literaturwissenschaft*, Hg. W.-D. Lange, Heidelberg 1979, S. 35–40). – D. G. Coleman, *Allusiveness in the »Antiquitez de Rome«* (in EsCr, 19, 1979, S. 3–12). – R. A. Katz, *The Collapse of the City* (ebd., S. 12–20). – W. A. Rebhorn, *Du B.'s Imperial Mistress. »Les antiquitez de Rome« as Petrarchist Sonnet Sequence* (in Renaissance Quarterly, 33, 1980, S. 609–622). – R. le Page, *Pictoral Technique in Du B.s »Antiquitez«* (in RoNo, 22, 1981, S. 82–87). – P. M. Martin, *Les Rome de Du B., à travers les »Antiquitez de Rome« et les »Regrets«* (in Études classiques, 51, 1983, S. 133–150). – P. de Lagarte, *Formes et signification dans »Les antiquitez de Rome« de Du B.* (in *Mélanges V.-L. Saulnier*, Genf 1984, S. 727–734). – G. H. Tucker, *Sur les »Elegia« (1553) de Janus Vitalis et »Les antiquitez de Rome« de Du B.* (in BdHumR, 47, 1985, S. 103–112).

## LES REGRETS

(frz.; *Klagelieder*). Gedichtzyklus von Joachim Du Bellay, erschienen 1558. – Die Entstehung der bedeutendsten Dichtung des neben Ronsard mächtigsten Wortführers der »Pléiade« – sie umfaßt 191 Sonette in Alexandrinern, dazu ein lateinisches Eingangsepigramm, eine Widmung in 27 zehnsilbigen Vierzeilern und ein Anfangssonett des Verfassers *A son livre (An sein Buch)* – ist in besonders hohem Maß durch die Lebensgeschichte des Autors bedingt, der, eine diplomatische Karriere erhoffend, seinem Vetter, dem Kardinal Jean Du Bellay, nach Rom folgte (1553–1557). Des Dichters anfängliche Begeisterung für das alte Rom, die ihn zu den Sonetten der *Antiquitez de Rome* inspiriert hatte, erwies sich jedoch als kurzlebig. Bald fühlte er sich wie im Exil, und seine Sehnsucht nach der französischen Heimat findet ihren Niederschlag in den *Regrets*, deren Versen er ein Porträt seiner selbst als eines überaus intelligenten, kultivierten, sensiblen und vorurteilslosen Mannes anvertraut. Der von Ovids Exildichtung *Tristia* inspirierte Titel zeigt, daß auch der Autor der *Deffence et illustration de la langue françoyse* jene oft mißverstandene Forderung der »Pléiade« nach *imitation* der Antike – zumindest in gewissem Umfang – beachtet. Anklänge an Horaz, Vergil, Properz, Lukrez und Catull lassen sich unschwer feststellen. Doch hat sich Du Bellay von dort her vertraute Bilder gänzlich anverwandelt – so die im Mondlicht tanzenden Musen, den Gesang des sterbenden Schwans, das nach langer Reise heimkehrende Schiff. Sein Heimweh nach der *»doulceur angevine«* spricht am eindrucksvollsten aus jenem berühmten 31. Sonett, das wie ein antikes *»Felix qui...«* beginnt: *»Heureux qui, comme Ulysse, a fait un beau voyage...« (»Glücklich, wer wie Odysseus, eine schöne Reise gemacht, oder wie jener, der das Goldene Vlies errang, voll von Kenntnissen und Erfahrung zurückkehrt, um mit seinen Nächsten den Rest seiner Jahre zu leben.«)*

Trauer und Schmerz führen Du Bellay aber nicht nur zu elegischen Tönen. Mit der kritisch-aggressiven Schilderung seiner Umwelt begründet er die moderne Form der Satire und eröffnet der bisher hauptsächlich für Liebeselegien verwendeten Form des Sonetts neue Möglichkeiten. In der Verbindung von Satire und Sonett ist Du Bellay allerdings nicht ohne Vorbilder; ein Jahrhundert vorher hatte der zwischen Barbierdasein und Poetenberufung schwankende Burchiello seine komisch-satirischen Sonette gesungen, in Du Bellays eigener Zeit hatte Berni die Gepflogenheiten von Päpsten und Kardinälen in Sonettform mit sarkastischen Kommentaren bedacht, hatte Ariosto – als unwilliger Gefolgsmann eines Kardinals in derselben Lage wie Du Bellay – in seinen Satiren literarische Rache genommen. In entscheidenden Jahren der Geschichte des Papsttums ist Du Bellay Zeuge der Wahl zweier Päpste und der zahlreichen damit in Zusammenhang stehenden Intrigen. Während vom alten Rom nur ein Steinhaufen blieb, vergnügt sich im Rom seiner Tage *»la grande bande lascive de Vénus« (»die so zahlreiche, lüsterne Gefolgschaft der Venus«)*. Sie hat er bei einer ironischen Petrarca-Imitation, dem Sonett an eine alte Kurtisane (Sonett 91), im Auge oder bei der lästerlichen Nachäffung eines Votivepigramms an die *»doulce mère d'amour gaillarde Cyprienne«* (d. i. ebenfalls die Venus; Sonett 93). Seinen bitteren Spott verdient sich das pompöse Rom der Paläste, wo das Leben in nicht enden wollenden Festen verrauscht. Im üppigen Gepränge der Renaissancepäpste vermag der französische Adlige nur Stillosigkeit und parvenühaftes Gebaren zu entdecken, eine geistesgeschichtlich sehr bemerkenswerte Sicht.

Du Bellays Poesie ist als *»une prose en rime ou une rime en prose«* definiert worden. Sein poetisches Verdienst ist nicht nur die ihm allenthalben gern zugestandene Leichtigkeit und Grazie, die geschmeidige Anverwandlung fremder Bilder und Metaphern, sondern auch die Gabe, einen komplizierten Gedanken, ein vielfältiges Bild, eine beziehungsreiche Erkenntnis in eine prägnante Zeile zu verdichten oder eine ganze Handlung mit einer präzisen Geste, einem konkreten Detail heraufzubeschwören. Auffallend ist sein Blick für das Pittoreske, exemplarisch in dieser Hinsicht die Häufigkeit des Wortes *voir*. Keine Frage, daß er die Figuren der *eloquentia*, vornehmlich Paradox und Antithese (z. B. Antike–Moderne) beherrscht. Die Einheitlichkeit des Themas gebot eine Beschränkung auf nur wenige Variationen der Sonettform: Ausschließlich in Alexandrinern, alternieren die Quartette in männlichen und weiblichen Reimen, die Terzette zeigen die von MAROT bevorzugte Disposition *ccd, eed*. – Die vielen persönlichen Anspielungen haben den *Regrets*, die nach des Dichters frühem Tod noch lange ein empfohlenes Vorbild der Sonettliteratur sind, auch manche Feindseligkeit eingetragen. Aus der Vergessenheit, der die Dichtung der »Pléiade« seit der Klassik anheimfiel, weckte sie erst SAINTE-BEUVE mit seinem *Tableau de la poésie française au XVIe siècle* (1828). Allerdings stand bei der Wiederentdeckung der »Pléiade« Du Bellays Ruhm im Schatten seines Freundes RONSARD. KLL

AUSGABEN: Paris 1558. – Paris 1910 (in *Œuvres poétiques*, Hg. H. Chamard, 6 Bde., 1908–1931, 2; krit.). – Paris 1934 (in *Œuvres poétiques*, Hg. H. Chamard, 2 Bde., 1933/34; 2; krit.). – Paris 1958, Hg. P. Grimal [zus. m. *Antiquités de Rome*]. – Genf 1966 *(Les regrets et autres œuvres poétiques suivis des Antiquités de Rome*, Hg. J. Jolliffe; Einl. u. Komm. M. A. Screech; TLF). – Paris 1970 (in *Œuvres*, Hg. H. Weber u. H. Chamard, Bd. 2; STFM). – Paris 1975, Hg. S. S. de Sacy.

ÜBERSETZUNG: in *Die römischen Sonette*, E. Deger, Mchn. 1976.

LITERATUR: J. Vianey, *»Les regrets« de J. Du B.*, Paris 1930. – R. Jasinski, *La composition des »Regrets«* (in *Mélanges offerts à A. Lefranc*, Paris 1936, S. 339–348). – A. François, *Les sonnets suisses de J. Du B.*, Lausanne 1946. – A. Jeanneau, *J. Du B. et »Les regrets«* (in Société Cholet, 1947, S. 109–120). – V.-L. Saulnier, *Du B. et son »Regret« latin de la patrie* (in *Fin du moyen-âge et renaissance*, Antwerpen 1961, S. 271–281). – C. E. Nelson *Enumeration and Irony in »Les regrets« of Du B.* (in FR, 36, 1962/63, S. 266–275). – L. Wierenga, *»Les regrets« de Du B.* (in Neoph, 57, 1973, S. 144–155). – Y. Bellenger, *Du B., ses »Regrets« qu'il fit dans Rome ... Étude et documents*, Paris 1975. – J.-C. Moisan, *Théorie et pratique dans »Les regrets« de Du B.* (in Renaissance et Réformation, N. S., 1, 1977, S. 46–58). – A. Py, *Espace de l'avoir, espace de l'être dans »Les regrets« de Du B.* (in RHLF, 79, 1979, S. 563–576). – R. J. Bovey, *Du B.'s »Regrets« and the Satire of the Poet* (in EsCr, 19, 1979, S. 38–55). – Y. Hoggan-Niord, *L'inspiration burlesque dans »Les regrets« de Du B.* (in BdHumR, 42, 1980, S. 361–385). – Ders., *Aspects du bilinguisme littéraire chez Du B.* (ebd., 44, 1982, S. 65–79). – W. F. Franklin, *Du B.'s »Regrets« and Magny's »Souspirs«* (in RoNo, 23, 1982, S. 34–43). – H. Harder, *Zur Rom-Satire in Du B.s »Regrets«* (in *Italien u. die Romania in Humanismus u. Renaissance, Fs. E. Loos*, Hg. K. W. Hempfer u. E. Straub, Wiesbaden 1983, S. 39–50). – P. M. Martin, *Les Rome de Du B., à travers les »Antiquitez de Rome« et les »Regrets«* (in Études classiques, 51, 1983, S. 133–150). – M. Godin, *Le mythe de l'éternel retour dans »Les regrets« de Du B.* (in Recherches sur l'imaginaire, 13, 1985, S. 3–20). – Ph. Walter, *Le soleil noir des »Regrets«* (in BdHumR, 48, 1986, S. 59–70).

## SONGE

(frz.; *Traum*). Sonettfolge von Joachim DU BELLAY, entstanden zwischen 1553 und 1557, erschienen 1558. – Jean Du Bellays *Songe* entstand zusammen mit den *Regrets* und den *Antiquitez de Rome* während eines mehrjährigen Italienaufenthalts des Dichters im Gefolge seines Onkels, des Kardinals Du Bellay. Als literarisches Vorbild ist auf PETRARCA verwiesen worden; Thematik, Stil und kompositorische Gestaltung sind indessen nicht nur eigenständig, sondern darüber hinaus als eine für die Zeit extrem neuartige Konzeption anzusprechen. Der *Songe* ist eine allegorische Traumvision: Der Niedergang Roms, seine für den Humanisten schmerzliche Verwahrlosung wird an sprechenden Bildern dargestellt. Die Werke des Menschen, Symbole einstiger Macht, sind einem unaufhaltsamen Verfall preisgegeben. Unterhöhlt, zerfressen vom Zahn der Zeit, brechen sie schließlich auseinander: eine prunkvolle Säulenhalle (Songe II), ein von goldenen Löwen getragener Obelisk (III), die ragende Wölbung eines Triumphbogens (IV). Es ist ein Taumel der Vernichtung; zurück bleiben desolate Ruinenfelder als eine Landschaft des Grauens. Sie wird im folgenden zum Schauplatz schrekkenerregender Ereignisse. Den Auftakt bilden unheilverkündende Vorzeichen: Die dodonische Eiche fällt unter mörderischen Axthieben (V). Die kapitolinische Wölfin haucht unter den Jagdspießen der Verfolger ihr Leben aus (VI). Der Adler der siegreichen römischen Legionen stürzt vom Blitz getroffen zur Erde (VII). Auf die Evokationen antiker Größe folgen Symptome einer Sittenverderbnis, die gleichsam als Ursache des Verfalls gesehen werden: Aus dem Dunstkreis eines Gewässers, das die Mauern eines ehrwürdigen Palastes unterhöhlt, steigt drohend das apokalyptische Untier mit den sieben Köpfen (VIII). Palme und Ölzweig entfallen den schwachen Händen eines gebrechlichen, vom Alter gebeugten Flußgottes; der Lorbeerkranz auf seinem Haupt verdorrt (IX). Eine Frauengestalt erhebt anklagend ihre Stimme (X). Die Flamme des Opferfeuers auf den Altären wird im Goldregen erstickt, der Weihrauchduft verwandelt sich in schwefligen Gestank (XI). Verschreckte Flußnymphen irren umher und suchen sich des Ansturms laszíver Satyrn zu erwehren (XII). Am Schluß wird gleichsam das Fazit gezogen. Ein Schiff versinkt in den Fluten, eine hochragende Stadt stürzt in sich zusammen (XIII u. XIV). – Eine Art Rahmen umschließt die apokalyptische Traumvision. Im ersten Sonett verheißt ein Dämon dem in Schlaf versinkenden Dichter Einblick in die Unbeständigkeit und Nichtigkeit der Welt. Am Schluß sieht er die Schwester des großen Typheus aus der Menschheit eine gewaltige Trophäe errichten. Sie tritt an zum Kampf gegen die Götter und wird, wie einst Capaneus beim Sturm auf die Mauern Thebens, vom Blitzstrahl Jupiters erschlagen. Der Dichter erwacht (XV).

Kompositionsprinzip ist die additive Reihung. Das darzustellende Sujet, langsamer Verfall und plötzliche Katastrophe, wird an exemplarischen Beispielen vorgeführt. Zusammenbrechende Fassaden und berstende Gewölbe wechseln mit anderen Untergangssymbolen. Symptomatisch für die Aura der Verlassenheit ist die Geräuschlosigkeit, mit der alles vor sich geht. Die einzigen Laute, die die unheimliche Ruhe durchbrechen, das Ächzen des Eichbaums unter den Axthieben, das Todesröcheln der Wölfin oder die mißtönenden Schreie der Satyrn, lösen nicht die nervöse Spannung, sondern steigern sie eher. Sie lassen die Ruinenlandschaft für Augenblicke zu lemurenhaft gespenstischem Leben erwachen. Der verdorrte Lorbeerzweig, schwefliger Gestank und umgestürzte Sitze sind die beunruhigenden Embleme einer infernalischen Totenwelt.

Als signifikante Komponenten reihen sie sich ein in die allegorische Gesamtkonzeption. Du Bellay schildert ein Vorhandenes, weitet es aber aus in historische Dimensionen. Als Zeugen einer großen Vergangenheit rufen die verfallenden Monumente die Erinnerung einstiger Größe wach. Indem der Dichter *allegorice* seine Gründe für den Verfall anführt, gibt er zugleich eine Sinndeutung der düstererregenden Phantastik des Traums. – Als grundlegendes sprachliches Strukturmuster kann die allmähliche Metamorphose angesehen werden. Sie konkretisiert sich in der distinktiven Verwendung der Tempora. Die Antithetik von Einst und Jetzt wird durch entsprechende Epitheta akzentuiert, die Krisis des Übergangs durch adverbiale Signale hervorgehoben. Den visionären Charakter des Sonettzyklus unterstreicht der Dichter durch anaphorisches *»je vis«*.

Du Bellays *Songe* darf als typisch für die manieristische Krisenstimmung in der zweiten Hälfte des 16. Jh.s angesehen werden. Seine apokalyptische Traumvision hat auffallende Entsprechungen in der bildenden Kunst der Zeit. Die Nachwirkung war bedeutend, verflachte aber im Laufe der Zeit von den Dissonanzen endzeitlicher Kataklysmen zur elegischen Stimmungsmalerei einer anempfundenen Ruinenromantik. K.Rei.

AUSGABEN: Paris 1558 *(Le premier livre des Antiquitez de Rome...)*. – Paris 1867 (in *Œuvres françoises*, Hg. Ch. Marty-Laveaux, 2 Bde., 1866/67, 2). – Paris 1903 (in *Œuvres complètes*, Hg. L. Séché; m. Komm.). – Paris 1910 (in *Œuvres poétiques*, Hg. H. Chamard, 6 Bde., 1908–1931, 2; krit.). – Genf 1945 (*Les antiquitez de Rome et Les regrets*; Einl. E. Droz). – Genf 1966 (*Les regrets et autres œuvres poétiques...*, Hg. J. W. Jolliffe; Einl. u. Komm. M. A. Screech; TLF).

ÜBERSETZUNG: in *Die römischen Sonette*, E. Deger, Mchn. 1976.

LITERATUR: J. Vianey, *»Les antiquitez de Rome«. Leurs sources latines et italiennes* (in Bulletin Italien, 1, 1901, S. 187–199). – F. Chambers, *Lucan and the »Antiquitez de Rome«* (in PMLA, 60, 1945, S. 936–948). – V.-L. Saulnier, *Commentaires sur les »Antiquitez de Rome«* (in BdHumR, 12, 1950, S. 114–143). – Ders., *»Les antiquitez de Rome« de J. D.*, Paris 1950. – J. W. Jolliffe, *Frédéric Morel and the Works of D.* (in BdHumR, 22, 1960, S. 359–361). – W. Rehm, *La grandeur du rien* (in W. R., *Europäische Romandichtung*, Mchn. 1960, S. 87–119). – G. Vipper, *La poésie de D. et sa portée historique* (in BRP, 2, 1963, S. 77–95). – J. C. Lapp, *Mythological Imagery in D.* (in StPh, 61, 1964, S. 109–127). – V.-L. Saulnier, *Itinéraire et aventures de Jean et Joachim D. dans leur voyage italien* (in V.-L. S., *Connaissance de l'étranger*, Paris 1964, S. 465–484). – Ders., *D.*, Paris [4]1968. – K. Reichenberger, *Das Italienerlebnis D.'s. Die Thematik des »Songe« u. seine Beziehung zur manieristischen Ideenwelt* (in ZfrPh, 82, 1966, S. 261–266). – B. L. Nicholas, *The Uses of the Sonnet. L. Labé and D.* (in B. L. N., *French Literature and Its Background*, Ldn. 1968, S. 98–116). – R. Schwaderer, *Das Verhältnis des Lyrikers D. zu seinen Vorbildern. Probleme der ›imitatio‹*, Diss. Würzburg 1968. – M. B. Wells, *Du B.'s Sonnet Sequence »Songe«* (in FSt, 26, 1972, S. 1–8). – R. Katz, *The Hyperbole of Dream. Du B.'s »Songe«* (in KRQ, 21, 1974; Suppl. 2). – G. Gadoffre, *Le message codé du »Songe«* (in NRF, 1. 12. 1977, Nr. 299 S. 67–81). – M. Riffaterre, *Le tissu du texte. D.s »Songe VII«* (in

Poétique, 9, 1978, S. 193–203). – Ders., *Sémiosis intertextuelle, Du B.s »Songe VII«* (in M. R., *La production du texte*, Paris 1979, S. 113–126). – C. M. Poliner, *Du B.s »Songe«* (in BdHumR, 43, 1981, S. 509–525). – J. Fuzier, *Spenser, traducteur du »Songe« de Du B.* (in Réforme, Humanisme, Renaissance, 8, 1982, Nr. 15, S. 96–101). – E. Benson, *D. et la perception onirique de l'histoire. Pour une lecture interprétative du »Songe«* (in Nouvelle revue du 16e siècle, 4, 1986, S. 51–65).

## WILLIAM E. B. DUBOIS

* 26.2.1868 Great Barrington / Mass.
† 28.8.1963 Accra / Ghana

### THE SOULS OF BLACK FOLK. Essays and Sketches

(amer.; *Vom Wesen der Schwarzen. Essays und Skizzen*). Prosawerk von William E. B. DuBois, erschienen 1903. – Der aus Neuengland stammende DuBois, der neben seinen schwarzen auch hugenottische und holländische Vorfahren besaß, hatte nach drei Studienjahren im Süden der USA (an der Fisk-Universität in Tennessee) und nach zweijährigem Studium in Berlin mit einer (1899 als erster Band der *Harvard Historical Studies* veröffentlichten) Dissertation über den afrikanischen Sklavenhandel 1895 an der Harvard-Universität promoviert und von 1894–1910 im Auftrag der Universitäten von Pennsylvania und Atlanta die ersten fundierten soziologischen Studien über die schwarze Minderheit in den USA betrieben. Angesichts der immer schwierigeren politischen und bürgerrechtlichen Lage der Schwarzen um die Jahrhundertwende kam er zu der Einsicht, daß wissenschaftlich-statistische Untersuchungen wie *The Philadelphia Negro* oder *The Negro in Business* (beide 1899) nichts zur Veränderung dieser Situation beitragen konnten. Mit *The Souls of Black Folk*, einer Sammlung bereits publizierter und neuer Essays und Skizzen, veröffentlichte er das epochemachende Manifest für die politische und kulturelle Selbstfindung des Afroamerikaners, ein Buch, dessen Wirkung *»auf und für den Neger nur mit ›Onkel Toms Hütte‹ verglichen werden kann«* (J. W. Johnson). Es formulierte die politische Rolle der Schwarzen innerhalb der amerikanischen Gesellschaft, eine Rolle, die in engem Zusammenhang mit dem sich wandelnden Selbstbewußtsein der farbigen Völker der Welt stand (wie dies z. B. auf der ersten Panafrikanischen Konferenz, die 1900 in London stattfand, zum Ausdruck kam). Dem bis dahin unumstrittenen Wortführer der schwarzen Amerikaner, Booker T. Washington, der, um offene Konflikte zwischen den Rassen zu vermeiden, einer sozialen und politischen Unterordnung des Negers bei gleichzeitigem Aufstiegsstreben im wirtschaftlichen und Bildungsbereich das Wort redete (vgl. *Up from Slavery*), trat DuBois in einem der berühmtesten Kapitel seines Buches entgegen: Er prangerte die Hinnahme der bürgerrechtlichen Entmündigung des Schwarzen als fatale Zementierung seiner psychologischen und sozialen Entwürdigung an. Selbstbehauptung, notfalls auch mit militanten Mitteln, war in DuBois' Augen der einzige Weg, um dem lähmenden Einfluß einer tyrannischen Wertbestimmung durch andere und der Selbstzerfleischung durch ein gespaltenes Selbstverständnis (als Schwarzer und als Amerikaner) ein Ende zu bereiten und dem Schwarzen seine Menschenwürde zurückzugeben. Die Ausführungen zur »double consciousness« des schwarzen Amerikaners gehören zu den Kernideen des Buches und haben bis in die heutige Zeit als Topos weitergewirkt. (Knapp zwei Jahre später wurde DuBois zum Mitbegründer des »Niagara Movement«, eines Vorläufers der NAACP, der ältesten, bis heute aktiven Bürgerrechtsbewegung in den USA).

Um dem Selbstbewußtsein des Afroamerikaners eine neue Grundlage zu geben, versucht DuBois durch Neuauslegung seiner geschichtlichen Rolle Leitbilder und kulturelle Traditionen aufzuzeigen, etwa in einem Essay über den durch christliches Gedankengut verstärkten Freiheitswillen der Schwarzen zur Zeit der Sklaverei und ihre tätige Aufbauarbeit im »Freedmen's Bureau« während des Bürgerkriegs, in Porträts beispielhafter Einzelpersönlichkeiten und in der Darstellung einer unter erniedrigendsten Bedingungen – wie DuBois sie als Lehrer in den kargen Landstrichen des »Cotton Belt« kennengelernt hatte – bewahrten Menschlichkeit. Neben Berichten aus DuBois' persönlichster Erfahrung enthält der Band Kurzdarstellungen der Geschichte des Spirituals, der höheren Bildungseinrichtungen und ihrer Bedeutung für den schwarzen Bevölkerungsteil; neben der prophetischen These *»Das Hauptproblem des 20. Jahrhunderts ist die Trennung der Menschen nach ihrer Hautfarbe«* findet sich die durch zahlreiche Beispiele belegte Überzeugung, daß der Afroamerikaner den Geist der Unabhängigkeitserklärung besser verkörpere und zu verwirklichen trachte als das offiziöse weiße Amerika, daß sich aus der zentralen kulturellen und politischen Bedeutung der schwarzen Minderheit für die Verwirklichung des »American dream« unveräußerliche Rechte für die Schwarzen und Verpflichtungen für die Weißen ergäben.

Der schmale Band, in dem DuBois zum erstenmal politische Argumente in freierer, imaginativer Form zu artikulieren versuchte, blieb wegweisend für viele spätere literarische Versuche des Autors, von der Darstellung größerer historischer Zusammenhänge bis zu autobiographischen Schriften. Daß DuBois seine Vorliebe für einen lyrisch-pathetischen Sprachduktus mit deutlich viktorianischen Stilzügen gelegentlich übertrieb, erwies sich in seinem frühen Prosawerk noch nicht als wesentliche Beeinträchtigung. – In einer Zeit geschrieben, in der DuBois seine deutlich von Booker T. Washingtons Auffassung abgegrenzte Überzeugung von der führenden Rolle der Gebildeten (*»the talented tenth«*) zu präzisieren begann, zeigte sich die Wirkung von *The Souls of Black Folk* bald in dem engeren Zusammenschluß militant eingestellter Schwarzer (z. B. im Umkreis der Bostoner Zeitung ›The Guardian‹ und ihres Herausgebers W. M. Trotter, wo es noch im Erscheinungsjahr des Bandes zu Unruhen kam), und auch DuBois sah sich in der Folgezeit gedrängt, sich für bestimmte Formen der politischen Aktion zu entscheiden. Sein Buch steht daher politisch wie literarisch am Beginn der Entwicklung des nationalen Selbstbewußtseins der schwarzen Minderheit Amerikas. K.E.

AUSGABEN: Chicago 1903; [22]1938. – Ldn. 1905 – NY 1953. – NY 1961 [Einl. S. Redding]. – NY 1969 [Einl. N. Hare u. A. F. Poussaint].

LITERATUR: F. C. Broderick, *W. E. B. D., Negro Leader in a Time of Crisis*, Stanford 1959. – E. M. Rudwick, *W. E. B. D.: A Study in Minority Group Leadership*, Philadelphia 1960. – I. Geiss, *Panafrikanismus: Zur Geschichte der Dekolonisation*, Ffm. 1968. – C. C. Contee, *The Emergence of D. as an African Nationalist* (in The Journal of Negro History, 54, 1969, S. 48–63). – E. S. Lee, *W. E. B. D.: »The Souls of Black Folk«* (in *The Forties: Fiction, Poetry, Drama*, Hg. W. French, Deland 1969, S. 228–239). – S. Brodwin, *The Veil Transcended: Form and Meaning in W. E. B. D.' »The Souls of Black Folk«* (in Black Studies, 2, 1972, S. 303–321). – J. J. Savory, *The Rending of the Veil in W. E. B. D.'s »The Souls of Black Folk* (in CLA, 15, 1972, S. 334–337). – P. G. Partington, *W. E. B. D.: A Bibliography of His Published Writings*, Whittier 1979. – R. B. Stepto, *From behind the Veil: A Study of Afro-American Narrative*, Urbana 1979. – K. E. Byerman, *Hearts of Darkness: Narrative Voices in »The Souls of Black Folk«* (in ALR, 14, 1981, S. 43–51). – J. B. Stewart, *Psychic Duality of Afro-Americans in the Novels of W. E. B. D.* (in Phylon, 44, 1983, Nr. 2, S. 93–107).

## JEAN-BAPTISTE DUBOS

auch Jean-Baptiste Du Bos

* 1670 Beauvais
† 1742 Paris

### RÉFLEXIONS CRITIQUES SUR LA POÉSIE ET LA PEINTURE

(frz.; *Kritische Betrachtungen über die Poesie und Malerei*). Kunsttheoretische Abhandlung von Jean-Baptiste DUBOS, anonym erschienen 1719. – *»Da das erste Ziel der Dichtkunst und Malerei darin besteht, uns zu rühren, sind Gedichte und Gemälde nur in dem Maße gute Werke, wie sie uns bewegen und an sich ziehen.«* Diese Kunstauffassung setzt die Ablösung der rationalistischen Erkenntnistheorie DESCARTES' durch eine an der sinnlichen Erfahrung orientierte Psychologie des Erkenntnisvorgangs voraus. Insbesondere der englische Sensualismus – Dubos hat J. LOCKE persönlich gekannt – ist in die *Réflexions* eingegangen. Auf die klassische Gleichsetzung von Kunst und Vernunft folgt somit die von Kunst und Gefühlsausdruck. Diese Gefühlsästhetik ist zugleich eine Wirkungsästhetik und kann sich dabei auf die Rhetorik berufen, die die Kunst des Rührens, des *movere*, als wesentliches Mittel der Überredung lehrt. – Vom Gesichtspunkt der Wirkung her stellt sich für Dubos das traditionelle Problem der Naturnachahmung auf eine neue Weise. Nicht das Verhältnis von Vorlage und Nachahmung, von Naturwahrem und Kunstwahrem, sondern das von Naturwirkung und Kunstwirkung wird bedeutsam. Die Erfahrung, die nun die normierende Rolle der Theorie ersetzt, zeigt uns, daß die wirklichen Leidenschaften den Menschen stärker affizieren als die nachgeahmten. Dadurch, daß diese uns in einer gewissen Distanz belassen und nicht wirklich betreffen, entsteht das ästhetische Gefallen *(plaisir)*. Der Malerei spricht Dubos die intensivste Wirkung zu, da sie als unmittelbar sinnenfällige Kunst nicht wie die Poesie auf die künstlichen Zeichen der Sprache angewiesen ist. – Vom Künstler wird nun folgerichtig mehr als das geschickte Befolgen feststehender Regeln gefordert. Wer bewegen will, muß selbst bewegt sein und bedarf *»göttlicher Begeisterung«*. Obwohl Dubos am Prinzip der Naturnachahmung festhält und selbst die Musik davon nicht ausschließt, lassen seine Beschreibungen des Genies, der *»Poesie des Stils«*, die vorsichtige Grenzerweiterung des Wahrscheinlichen, die Erkenntnis der Wechselwirkung von Gefühl und Phantasie erkennen, daß die langwierige und widerspruchsreiche Verwandlung der Nachahmungstheorie in die Schöpfungstheorie in Gang gekommen ist.

Kunst als Gefühlsausdruck kann wiederum nur vom Gefühl beurteilt werden. Dubos gebraucht ein drastisches Bild, das ganz im Sinne des Sensualismus die Unmittelbarkeit des ästhetischen Geschmacksurteils illustriert: *»Untersucht man denn nach logischen Gründen, ob ein Ragout einen guten oder schlechten Geschmack hat?«* Ein inneres Gefühl, der *»sechste Sinn«*, befähigt das gebildete Publikum, Kunstwerke nach ihrem Wert einzuschätzen. Damit greift der Abbé spät, aber wirksam, in den seit 1687 immer wieder aufgeflammten Streit der »Alten« und »Modernen« ein. Indem er statt des Verstandes die Empfindung zur entscheidenden Instanz des künstlerischen Geschmacks erhebt, kann er den von ihm so verehrten HOMER der rationalistischen Kritik der »Modernen« entziehen und die unangefochtene Geltung der antiken Kultur rechtfertigen. Wenn ein Teil des Publikums die Verdienste der Alten verkennen konnte, so lag dies nach

Meinung Dubos' an der mangelnden Kenntnis von deren Lebensbedingungen. »*Wir müssen uns also an die Stelle derjenigen setzen, für die ein Gedicht geschrieben wurde.*« Hier bekundet sich ein einfühlendes Verständnis für die Eigenart der Epochen und nationalen Kulturen, welche Dubos durch seine von J. CHARDIN (1643–1713) vorbereitete Klimatheorie zu begründen sucht. Die Witterung scheint ihm auf die Produktion der Dichter und Maler einzuwirken; variable physikalische Ursachen erklären somit die unterschiedliche Entwicklung wie die unberechenbaren Blüte- und Verfallszeiten der Künste. Die rationalistische Erwartung eines ständigen Fortschritts auf dem Gebiet der Kunst wird von Dubos deutlich abgelehnt, auch dies ein Protest des Sensualisten gegen den Glauben an eine allzu reine Vernunft.

Das undogmatische, perspektivenreiche Werk Dubos' hat der Ästhetik des 18. Jh.s folgenreiche Anregungen gegeben. JAUCOURT in seinen Beiträgen für die *Enzyklopädie* (1751–1765), VOLTAIRE, DIDEROT u. a. verdanken ihm wichtige Einsichten, die Klimatheorie hat über MONTESQUIEU bis hin zu H. TAINE gewirkt. Im deutschen Sprachbereich sind es vor allem die Kunsttheoretiker J. J. BREITINGER, J. J. BODMER und J. G. SULZER, die sich auf Dubos als einen Gewährsmann in Fragen der Gefühlsästhetik beziehen. Es ist anzunehmen, daß auch LESSING die *Réflexions* gekannt hat, denn dort findet man bereits in freilich noch tastenden Formulierungen die wesentlichen Kategorien, mit denen er im *Laokoon* (1766) die Grenzen von Dichtung und Malerei zu bestimmen sucht. P.Mo.

AUSGABEN: Paris 1719, 2 Bde.; [6]1755, 3 Bde. – Paris [7]1770, 2 Bde.; Nachdr. Genf 1967.

ÜBERSETZUNG: *Kritische Betrachtungen über die Poesie und die Mahlerey*, G. B. Funck, 3 Bde., Kopenhagen 1760/61; Breslau [2]1768.

LITERATUR: P. Peteut, *J. B. D. Contribution à l'histoire des doctrines esthétiques en France*, Diss. Bern 1902. – A. Lombard, *L'abbé D., un initiateur de la pensée moderne*, Paris 1913; Nachdr. Genf 1965. – P. Hazard, *La crise de la conscience européenne 1680–1715*, Paris 1935; ern. 1961 (dt.: *Die Krise des europäischen Geistes*, Hbg. 1939). – G. Bonno, *Une amitié franco-anglaise du XVIIe siècle: John Locke et l'abbé D.* (in RLC, 24, 1950, S. 481–520). – B. Munteano, *Survivances antiques: L'abbé D....* (ebd., 30, 1956, S. 318–350). – E. Caramaschi, *Arte e critica nella concezione dell'abate D.* (in RLM, 12, 1959, S. 101–118; 13, 1960, S. 248–270). – P. Moreau, *La critique littéraire en France*, Paris 1960. – E. Migliorini, *Note alle »Réflexions critiques« di D.* (in Atti e Memorie dell'Acad. Toscana di Scienze e Lettere La Colombaria, 27, 1962/63, S. 279–352). – H. Dieckmann, *Die Wandlung des Nachahmungsbegriffes in der französischen Ästhetik des 18. Jh.s* (in *Nachahmung u. Illusion. Kolloquium Gießen 1963*, Hg. H.-R. Jauß, Mchn. 1964, S. 28–59). – G. Tubini, *Empirismo e classicismo. Saggio sul D.*, Turin 1965. – E. Migliorini, *D.* (in E. M., *Studi sul pensiero estetico del settecento*, Florenz 1966, S. 149–232). – B. Munteano, *Constantes dialectiques en littérature et en histoire. Problèmes, recherches, perspectives*, Paris 1967. – J. B. Barrère, *Les »Réflexions critiques« de D.* (in J. B. B., *L'idée de goût de Pascal à Valéry*, Paris 1972, S. 67–80). – P. P. Gossiaux, *Esthétique de la cruauté et droit naturel* (in MR, 29, 1979, S. 61–82).

## ANDRÉ DU BOUCHET

* 7.3.1924 Paris

**DAS LYRISCHE WERK** (frz.) von André DU BOUCHET.

Schon unmittelbar nach Erscheinen von Du Bouchets erster umfassender Gedichtsammlung *Dans la chaleur vacante*, 1961 *(Vakante Glut)*, wurde dem Dichter, der sich auch als Übersetzer von SHAKESPEARE, J. JOYCE, O. MANDELŠTAM, HÖLDERLIN und P. CELAN einen Namen gemacht hat, große Aufmerksamkeit zuteil. Dieser Band, dessen erster Teil *Le moteur blanc (Der Weiße Motor)* zuvor bereits in einer bibliophilen Ausgabe mit einem Frontispiz Alberto Giacomettis versehen worden war, wurde 1962 mit dem »Prix des Critiques« ausgezeichnet. Neben zwei kurzen Einzelgedichten besteht er aus fünf, je zwischen vier und fünfzehn Gedichte umfassenden Zyklen. In einer behutsamen Gratwanderung zwischen übertragener und konkreter Bedeutung koppelt Du Bouchet die Inhalte seiner Dichtung mit einer metapoetischen Aussage und erhebt die Selbstreflexion des lyrischen Ich zum wesentlichen Bestandteil seines Werks. Die wesentlichen Bildelemente von Du Bouchets Lyrik sind Feuer *(feu)*, Glut *(chaleur)*, Luft *(air)*, Mauer *(mur)*, Erde *(terre)* und Haus *(maison)*. Aus der häufigen Verwendung dieser Begriffe erfolgt, was Ludwig WITTGENSTEIN in den *Philosophischen Untersuchungen* formulierte, nämlich daß ein Wort, nachdem es mehrere Male wiederholt worden ist, von seiner gewohnten Bedeutung losgelöst zum bloßen Klang wird. Eine Stelle in dem 1980 erschienenen Band *Rapides* lautet: »*Ce qui est dit chambre, c'est la fixité du vent*« (»*Was Zimmer genannt wird, ist der Stillstand des Windes*«). Ein Zimmer, also ein gemeinhin von der Natur abgetrennt wahrgenommener Raum, ist für den Dichter ein Ort in der Natur, schlicht definiert durch Windstille. Ein abgeschlossener Raum zeichnet sich u. a. dadurch aus, daß ein Luftzug »ausgesperrt« werden kann. Hier zeigt sich, daß Du Bouchets Begreifen des Wortes, das zu dem normativen Verständnis eine klare Trennlinie zieht, dieses jedoch nicht ausschließt. Darüber hinaus verdeutlicht diese Zeile den Weg, den der Dichter immer konsequenter ging, um zu einer größeren Intensität zu gelangen. Ein solches Maß an semantischer Kompaktheit, dem die vergrößerten – typographischen wie inhaltlichen – Abstände auch im Druckbild Rechnung tragen, ließe ein in traditioneller Form verfaßtes Prosagedicht zu gedrängt und seine Bilder zu grell erscheinen. Die gleichfalls dem Band *Rapides* entnommenen Zeilen *»une main proche éclaire, / ... le vent, poignet de la main, échappe ...« (»eine Hand, die nah ist, erleuchtet, / ... der Wind, ein Handgelenk, entflieht ...«)* gemahnen an die Sprache von Du Bouchets Freund Paul Celan, insbesondere an dessen Gedicht *Eine Hand* aus dem Band *Sprachgitter* (1959).

Die frühen, in sich geschlosseneren Gedichte bestechen durch die poetische Leichtigkeit, mit der sie eine zu starke Gewichtung der Metaphern vermeiden, wofür das Gedicht *Près de ce qui t'éclaire* (aus *Dans la chaleur vacante*) ein Beispiel bietet: *»Près de ce qui t'éclaire, / aussi loin que l'étendue / où la chaleur se démet, déjà j'entends, plus loin, / le roulement de l'air sur la terre sèche. La rosée / nous serre« (»Bei dem dich Erhellenden, / so weit wie die Fläche, / wo die Glut sich verrenkt, hör ich bereits, ein / Stück weiter, die über das trockene Erdreich hinrollende / Luft. Der Tau kreist uns ein«)*. Die Präzision der evozierten Bilder überspielt hier eindrucksvoll die inhaltliche Referenzlosigkeit – eine Präzision, die in den späteren Gedichten immer stärker von Rigorosität und Leuchtkraft eingeholt wird. Knappheit und Treffsicherheit kennzeichnen eine Passage aus dem Band *Laisses: »Séparés, nous sommes comme le trait d'eau / pour l'autre bouche« (»Getrennt sind wir wie der Strahl Wasser für den anderen Mund«)*. Hier wird eine Einheit zwischen zwei unterschiedlichen emotionalen Ebenen geschaffen: die Nüchternheit der abstrakten Offenbarung, für die einzig das einleitende *»nous sommes ...«* Anhaltspunkt ist, verbirgt hinter ihrer Entrücktheit konkrete Verzweiflung, die in der Metapher ungestillten Durstes Ausdruck findet. Die von Du Bouchet angestrebte Unmittelbarkeit – *»J'ai voulu réduire l'étendue qui sépare ma parole de ma main« (»Mein Ziel war, die Weite zwischen Wort und Hand zu verringern«*; *Peinture*) – dominiert sein Gesamtwerk und sichert ihm einen der vordersten Ränge in der französischen Lyrik der Gegenwart. E.Man.

AUSGABEN: *Dans la chaleur vacante*, Paris 1961. – *Où le soleil*, Paris 1968. – *Qui n'est pas tourné vers nous*, Paris 1972. – *Laisses*, Lausanne 1975. – *Sous le linteau en forme de joug*, Lausanne 1978. – *L'incohérence*, Paris 1979. – *Rapides*, Paris 1980. – *Défets*, Paris 1981. – *L'avril précédé de fraîchir*, Losne 1983. – *Peinture*, Paris 1983. – *Aujourd'hui c'est*, Paris 1984.

ÜBERSETZUNG: *Vakante Glut*, P. Celan, Ffm. 1968.

LITERATUR: J.-P. Richard, *Onze études sur la poésie moderne*, Paris 1964; [2]1981, S. 286–314. – *A. Du B.* (in Bull. du bibliophile et du bibliothécaire, 1977, Nr. 3). – P. Chappuis, *A. Du B.*, Paris 1979. – *Espaces pour A. Du B.* (in L'ire des vents, 1983, Nr. 6–8). – *Autour d'A. Du B.*, Hg. M. Collot, Paris 1986.

## ULADZIMIR DUBOŬKA

* 17.7.1900 Aharodniki
† 20.3.1976 Moskau

**DAS LYRISCHE WERK** (wruth.) von Uladzimir DUBOŬKA.

Seit 1922 gilt Duboŭka, dessen meisterhaften Gedichten mit ihrem elastischen Rhythmus und differenzierten Reim nur einige wenige in der weißruthenischen Literatur gleichkommen, als Hauptvertreter der vitalistischen Strömung, sein bis heute verbotenes Poem *Dzjaŭčyna (Das Mädchen)* als *»Markstein des Vitalismus«* (Adamovič). Duboŭkas erste, in Minsk abgelehnte Gedichte erschienen in Wilna im Band *Stroma*, 1923 *(Die Steile)*. In den vor 1925 entstandenen Gedichten dominiert eine trüb-melancholische Stimmung; Motive wie *»unaufhörliche Tränen«*, *»unfrohe Mädel«* oder *»betrübte Kraniche«* bestimmen vielfach die lyrische Aussage. Gleichzeitig aber weicht Duboŭka der politischen Thematik nicht aus: In *Tym, chto na Zachadze*, 1924 *(An die im Westen)*, verlangt der Dichter den Anschluß Smolensks an Weißruthenien; in dem Poem *Tam, dze kiparysy*, 1925 *(Dort, wo die Zypressen)*, ruft er zur Befreiung Weißrutheniens auf; in *Kalininščyna* (1925) entlarvt er die Sprache Lenins und Stalins als die altgewohnte Sprache der Unterdrücker; und in *Hrachi čubatyja*, 1925 *(Die großen Sünden)*, denunziert er die mit geheucheltem Applaus empfangenen »Befreier« als die Besetzer. Das berühmte Gedicht *O, Belarus', maja šypšyna*, 1925 *(O Weißruthenien, meine Dornenrose)*, von den Weißruthenen als inoffizielle Nationalhymne empfunden, wurde Ende der fünfziger Jahre um einige den Weltkommunismus propagierende Zeilen ergänzt. Der Zyklus *Plač naval'nicy (Unwetterweinen)*, entstanden 1922–1926, ist scheinbar Westweißruthenien gewidmet, in Wirklichkeit aber schildert er die Lebensbedingungen in dem von den Sowjets besetzten, gedemütigten und *»gekreuzigten«* Teil des Landes. In den zwanziger Jahren schrieb Duboŭka schließlich auch Liebes- und Landschaftslyrik, in der er weibliche Schönheit und die Farbenpracht herbstlicher Landschaft besang. Als Gegner der Sowjetisierung und Kritiker der (russischen) Fremdherrschaft war Duboŭka seit 1926 künstlerischer Leiter der patriotischen, die Anweisungen der Partei nur bedingt befolgenden literarischen Gesellschaft »Uzvyšša« (Erhabenheit). Mut zur Kritik bewies er aber auch in eigenen Werken. Sein couragiertes Gedicht *Jakoe ščasce spa-*

*tykac' uschod*, 1927 *(Welch Glück, den Sonnenaufgang würdigen zu können)*, gewidmet der Oktoberrevolution, setzt diese einem Sonnenuntergang gleich. Das in Form eines Briefwechsels geschriebene und mit vielen Allegorien und Symbolen angereicherte Poem *Kruhi*, 1927 *(Kreise)* – mehrere Teile davon waren lange verboten –, greift in satirischer Weise jene zeitgenössischen Dichter an, deren Figuren, statt eigene Meinung zu vertreten, die der anderen übernehmen. Der lyrische Held, der nur ältere Bücher schätzt, sieht während der Fahrt von Moskau nach Minsk, daß die Industrialisierung in Rußland recht fortgeschritten ist, in den weißruthenischen Städten Smolensk und Minsk dagegen nahezu einer Karikatur gleicht. Solche Ergebnisse der Gewaltherrschaft Moskaus verstimmen ihn. Einen Teil des Poems bildet ein Märchen über einen neugierigen Mann, der zur Sonne geht, um den Grund für seine Armut zu erfahren. Sie aber sagt warnend, wer auf Erden die Wahrheit sage, müsse damit rechnen, für verrückt erklärt und hinter Gitter gebracht zu werden. Das Werk ist eine Allegorie auf die sowjetische Propaganda und auf die bolschewistische Art, Selbstkritik zu üben.

In seinem produktivsten Jahr, 1929, schrieb Duboŭka mehrere philosophische Werke, die von den Zeitgenossen – mit Ausnahme der verständnislos reagierenden KP – als bahnbrechende Leistung angesehen wurden. Das satirische Poem *I purpurovych vetrazjaŭ uzvivy (Und die Schwünge der purpurroten Segel)*, das nur in gekürzter Fassung erscheinen konnte, ist in Form einer Diskussion geschrieben: Ein Lyriker vertritt die Opposition, ein Mathematiker die Partei. Der Lyriker versucht, das gequälte Volk zu trösten, lehnt die Kulturpolitik *»des Henkers unserer Tage«* (d. i. Stalins) ab (Hlybinny) und vergleicht die Bolschewiken mit einem alles begeifernden Teufel. Der Mathematiker dagegen, den die Kritik als eine beabsichtigt lächerlich-dumme Figur empfand, wirft dem Lyriker Pessimismus und eine Orientierung nach dem Westen vor. Der zweite Teil des Poems existiert nur in Manuskriptform. – Das größte, bis 1959 verbotene, experimentelle Poem *Sturmujce budučyni avanposty (Erstürmt die Vorposten der Zukunft)*, das als Manuskript einen weiten Leserkreis erreichte, schildert den Beginn der Zwangskolchosierung. Ein Bolschewik, von Duboŭka als negative Figur dargestellt, versucht erfolglos, einen Bauern zu überreden, einem Kolchos beizutreten. Das in das Poem eingefügte Märchen suggeriert, daß die Befreiung von den Bolschewiken aus dem Westen erfolgen werde (Konakotin). – In dem ironisch-lyrischen Zyklus *Pjaresty buket (Der bunte Strauß)* verteidigt Duboŭka die Freiheit der Dichtung und wehrt sich gegen die kulturpolitischen Tendenzen, die Literatur in den Dienst der Industrialisierung zu stellen. – Das epische Poem *Branislava* stellt Kollektivierung und Entkulakisierung als Greueltaten der Feudalherren und die sowjetischen Agenten als Jesuiten aus Rom dar.

Einige der antisowjetischen Gedichte Duboŭkas wurden in Wilna veröffentlicht, was zur Folge hatte, daß der Dichter 1930 zur Zwangsarbeit nach Rußland verschleppt und seine Werke aus den Bibliotheken entfernt wurden. Die Kritik brandmarkte Duboŭka als konterrevolutionären Nationalisten, Feind des Sozialismus und Verleumder der Sowjetunion. Sein im Gulag geschriebenes Gedicht *Hymn vyhnancaŭ (Die Hymne der Verbannten)*, in dem er prophezeit, Weißruthenien werde nicht unter dem Moskauer Joch zugrunde gehen, erschien 1942 in Deutschland. Ebenso das Gedicht *Zdradnikam*, 1948 *(An die Verräter)*, in dem Duboŭka die weißruthenischen Lakaien Moskaus verurteilt. Nach seiner Rückkehr aus dem GULAG (1958) schrieb Duboŭka mehrere Gedichte über die weißruthenische Landschaft, über Moskau und den Kommunismus.

In formaler Hinsicht zeichnet sich Duboŭkas Dichtung durch polyphone Lautung, perfekte phonische Instrumentation und bildhafte Assoziationen aus; die zahlreichen Metaphern romantischer Prägung gehen oft in komplexe Symbole über. Duboŭkas Einfluß zeigt sich bei neuen Dichtern wie HLEBKA, DAROŽNY, LUŽANIN und TRUS. A.Gaj.

AUSGABEN: *Stroma*, Wilna 1923. – *Tryscë*, Minsk 1925. – *Tam, dzie kiparysy*, Minsk 1925. – *Credo*, Minsk 1926. – *Nalja*, Moskau 1927. – *Kruhi* (in Uzvyšša, 1927, 5). – *Pjaresty buket* (ebd., 1929, 1). – *Branislava* (ebd. 1929, 4). – *I purpurovych vetrazjaŭ uzvivy* (ebd. 1929, 2); Wilna 1939. – *Credo*, Deutschland 1949. – *Vybranyja tvory*, Minsk 1959. – *Paleskaja rapsodyja*, Minsk 1961. – *Vybranyja tvory*, 2 Bde, Minsk 1965.

LITERATUR: S. Drobuš, *Pra mastactva i D.* (in Aršanski maladnjak, 1925, 2, S. 8–16). – A. Babareka, *Aktyvizm tvorčasci U. D.* (in Uzvyšša, 1928, 2, S. 111–131). – R. Skljut, *Z'»jasnaj javy« – u »nočnae carstva«* (in Konadni, 1954, 1, S. 83–99). – A. Adamovich, *Opposition to Sovietization in Belorussian Literature (1917–1957)*, NY 1958. – D. Buhaëŭ, *U. D.*, Minsk 1965. – S. Stankevič, *Belaruskaja padsaveckaja litaratura peršaj palaviny 60-ych hadoŭ* (in Zapisy, 1966, 4, S. 24–27). – M. Jaroš, *Janka Kupala i belaruskaja paezija*, Minsk 1971, S. 188–199. – V. Vitka, *Abličča druha* (in Litaratura i mastactva, 12. 7. 1985).

## GEORGES DUBY

* 7.10.1919 Paris

### LE DIMANCHE DE BOUVINES

(frz.; *Ü: Der Sonntag von Bouvines*). Historisches Werk von Georges DUBY, erschienen 1973. – Georges Duby, der in der Nachfolge Marc BLOCHS

(1886–1944) die französische Mediävistik reformierte, gehört zur Historikergruppe um die Zeitschrift ›Annales‹, deren Vertreter wie Lucien FEBVRE (1878–1956), Fernand BRAUDEL (1902 bis 1985), Jacques LE GOFF (* 1924) und Emmanuel LE ROY LADURIE (* 1929) sich um eine Alternative zur etablierten, auf große historische Persönlichkeiten, Haupt- und Staatsaktionen konzentrierten Geschichtsschreibung bemühen und den Versuch der Begründung einer »Mentalitätsgeschichte« unternehmen, die kulturelle und psychologische Wandlungen und Entwicklungen analysiert. Mit mediävistischen Studien wie *Guerriers et paysans: VII<sup>e</sup>–XII<sup>e</sup> siècle*, 1973 *(Krieg und Bauern. Die Entwicklung von Wirtschaft und Gesellschaft im frühen Mittelalter)*, *Le temps des cathédrales: l'art et la société, 980–1420*, 1977 *(Die Zeit der Kathedralen. Kunst und Gesellschaft 980–1420)*, *Les trois ordres ou l'imaginaire du féodalisme*, 1981 *(Die drei Ordnungen. Das Weltbild des Feudalismus)*, *Le chevalier, la femme et le prêtre. Le mariage dans la France féodale*, 1981 *(Ritter, Frau und Priester. Die Ehe im feudalen Frankreich)*, und *Guillaume le Maréchal ou le meilleur chevalier du monde*, 1984 *(Guillaume le Maréchal oder der beste aller Ritter)*, trug Duby wesentlich zum Erfolg der *nouvelle histoire* über Frankreich hinaus bei. Im hartnäckigen Streben nach punktueller Genauigkeit befangen, so Duby, hat die positivistisch orientierte Geschichtsschreibung nicht genügend auf die Vermeidung von Sinnverkehrungen und Anachronismen geachtet: *»Wir sind allmählich zur Überzeugung gekommen, daß die wirklichen Lebensbedingungen einer Epoche uns immer entgehen werden, daß wir uns ihnen nur durch einen verzerrten Schleier hindurch nähern können: durch die Quellen, die von ihnen berichten.«*

*Le dimanche de Bouvines* darf als Paradebeispiel dieser neuen Geschichtsschreibung gelten. In der Schlacht von Bouvines hatte am 27. Juli 1214 der französische König Philipp August einen entscheidenden Sieg über den deutschen Kaiser Otto IV., der mit dem englischen König Johann Ohneland und flandrischen Fürsten verbündet war, davongetragen: ein Ereignis, das die französische Monarchie in Frankreich festigen, in England zur Magna Charta führen und im Heiligen Römischen Reich den staufisch-welfischen Thronstreit zugunsten Friedrichs II. entscheiden sollte. Doch interessiert Duby weniger die Begebenheit selbst oder ihre historischen Auswirkungen, sondern vielmehr *»die Art und Weise, in der meine Vorgänger, die Historiker, das Ereignis nicht bloß wahrgenommen, sondern regelrecht fabriziert haben … Ich wollte beobachten, auf welche Weise und warum das Gedächtnis und das Vergessen ins Spiel kommt.«* Auf der Suche nach ihren materiellen und geistigen Voraussetzungen beleuchtet der Autor die Schlacht auf stets neue Weise. Denn durch ihren sensationellen, überraschenden und erschütternden Charakter, so Duby, löst diese eine Unzahl kritischer Beziehungen, eine Art »Getümmel« von Diskursen aus, in denen Dinge angesprochen werden, die im allgemeinen verschwiegen werden, von denen man nicht spricht, weil sie dem Bereich des Banalen, dem Alltag, angehören und weil niemand daran denkt, uns über sie zu informieren, solange die Dinge ihren gewohnten Lauf nehmen. Bouvines ist nur der Ausgangspunkt, der die Zusammenhänge von Waffentechnik und Rittertum, von Grundbesitz und Rüstung, von Geld und Krieg sichtbar macht: *»Was Bouvines anbelangt, so erlauben uns die Beschreibungen der Schlacht ein besseres Verständnis des Verhaltens von Rittern des 13. Jh.s auf einem Schlachtfeld und auch ein wenig dessen, was in ihren Köpfen vorging … Von Bouvines ausgehend, konnte ich mich so an einer Skizze der Anthropologie des feudalen Krieges versuchen.«* In seiner Schilderung der Ereignisse von Bouvines, die historische Quellen ausführlich zu Wort kommen läßt, verwendet Duby – in vielfach ironisch gebrochener Form – die Auffassungsschemata des 13. Jh.s, in denen die Schlacht als ein Akt des Friedens erscheint, als Gottesurteil, bei dem die gerechte Sache eines gesalbten, durch die Beichte gereinigten Königs gegenüber einem exkommunizierten, verworfenen Kaiser siegen mußte.

Um Literatur von Rang zu begegnen, die etwas erzählt, schreibt G. LARDREAU, muß man Geschichtsbücher lesen. Der Grund für den großen Erfolg Dubys, der in Frankreich bei einem breiten Publikum neues Interesse am Mittelalter weckte, ist nicht zuletzt in seiner allseits gerühmten sprachlichen Eleganz zu suchen: *»Die Zeit, das ungreifbare, durchsichtige Fluidum zwischen uns und Bouvines, wird spürbar: schmerzlich, fast körperlich. Wir erfahren, was wir nur abstrakt wissen: Geschichte gibt es nur als Sprache; die wirkliche ist tot. Wir müssen uns zwingen zu erfahren, daß das Blut und die Schmerzen auf jenen Feldern einmal wirklich waren. Vielleicht ist das die Form, in der historische Objektivität heute möglich ist«* (G. Seibt). W.R.

AUSGABEN: Paris 1973. – Paris 1980. – Paris 1985 (Folio).

ÜBERSETZUNG: *Der Sonntag von Bouvines*, G. Osterwald, Bln. 1988.

LITERATUR: *G. D. – Guy Lardreau. Dialogues*, Paris 1980 (dt. Ffm. 1982; stw). – L'Arc, 1978, Nr. 72 [Sondernr. *G. D.*]. – G. Seibt, Rez. (in FAZ, 4. 10. 1988). – H. Ott, Rez. (in SZ, 21./22. 1. 1989).

## RÉJEAN DUCHARME

* 12.8.1941 Saint-Félix-de-Valois

### L'AVALÉE DES AVALÉS

(frz.; *Die Verschluckte unter Verschluckten*). Roman von Réjean DUCHARME (Kanada), erschienen 1966. – Trotz einer sehr beachtlichen Serie weiterer

Publikationen ist der Erstling des quebecischen Autors sein bekanntestes Werk geblieben. An diesem Erfolg mag die Neugier der Medien, die hinter der Publizitätsscheu eines brillanten jungen Romanciers Geheimnisse witterte, mitgewirkt haben. Es steht jedoch außer Zweifel, daß unter den bedeutenden Texten, welche die frankokanadischen Schriftsteller während der politisch und kulturell bewegten sechziger Jahre geschaffen haben, *L'avalée des avalés* durch besondere Kraft und Kühnheit hervorsticht. Die Kritik hat mehrfach versucht, diese Faszination durch Hinweise auf europäische Vorbilder, die in Ducharme einen eigenwilligen Schüler gefunden hätten, zu erklären. So wurde NIETZSCHES dionysische Weltsicht herangezogen, um die temperamentvolle Tabufeindlichkeit der Hauptfigur und Ich-Erzählerin Bérénice Einberg zu erklären; auch zur Phänomenologie und zu SARTRES Existentialismus wurden Bezüge hergestellt. Aber die Originalität des Buches gründet sich letztlich auf die Konsequenz, mit der Ducharme das Urerlebnis des Volksgruppenkonfliktes im Zeichen hoher sprachlicher Meisterschaft auslotet und dabei seelische Verstrickungen von universellmenschlicher Tragweite bloßlegt. Wer einer unterlegenen oder sich bedroht fühlenden Gruppe angehört, neigt zu Defensivhaltungen, welche die freie Entfaltung seines Menschseins behindern – so könnte man das Grundproblem der aus Polen stammenden Familie Einberg definieren.

Umgeben von den Weiten des anglophon-protestantischen Nordamerika bewohnen die Einbergs ein ehemaliges Kloster auf einer Insel im Sankt Lorenz-Strom. Was sie isoliert, das ist nicht nur ihre französische Umgangssprache: Die Eltern haben ihre Kinder gemäß einer schriftlichen Abmachung aufgeteilt: Bérénice »gehört« dem jüdischen Vater, Christian wird nach dem katholischen Glauben der Mutter erzogen. Der permanente Kleinkrieg zwischen den Eltern wurzelt tief in der Vergangenheit: Die Familie der Mutter hatte mit den Nazis kollaboriert, der kanadische Soldat Moritz Einberg hatte das Mädchen bei Kriegsende der Rache antifaschistischer Polen entzogen und mit heimgenommen. Schwer lasten Traditionen und halbverdrängte Erinnerungen der Eltern auf den Kindern, deren Defizit an Liebe und spontaner Zuwendung täglich wächst. Ängste und Zwänge haben die Welt vorgeordnet, lange bevor Bérénice und Christian in sie hineingeboren wurden; und dieses Ordnungssystem bewirkt, daß sich der junge, nach Liebe und Freiheit suchende Mensch zusammen mit allen anderen um ihn herum »verschluckt« fühlt. Die Gefangenschaft, so vermerkt Bérénice, gilt für die gesamte Reichweite des Bewußtseins, innen und außen. *»Wenn ich die Augen zu habe, werde ich von meinem Bauch verschluckt, ersticke in meinem Bauch. Wenn ich die Augen offen habe, verschluckt mich, was ich sehe, dann ersticke ich im Bauch des Erschauten.«* Über den Religionsgraben hinweg sucht sich die Protagonistin durch leidenschaftliche Liebe zu ihrem Bruder Christian zu befreien. Aber diese Beziehung scheitert ebenso wie jene zu den Eltern, so daß sich die verzweifelt rebellierende Bérénice auf zynisch-aggressive Egozentrik und destruktive Allmachtsphantasien zurückzieht. Ihr Übergang von der Kindheit zum Erwachsensein, so heißt es im Text, ist schwanger von unbewältigten Konflikten, die Monströses in ihr heranreifen lassen. In New York, inmitten der jüdisch-orthodoxen Großfamilie ihres Onkels, in die man sie nach der Trennung der Eltern verpflanzt hat, vertieft sich sowohl Bérénices Einsamkeit als auch ihre Bereitschaft zum in ihren Augen einzig sinnvollen Kampf, dem gegen alle. Der tödliche Verkehrsunfall ihrer Freundin Constance wird von ihr als Konsequenz ihres Zerstörungswillens, der sich gegen die ihr Nahestehenden und letztlich gegen sich selber richtet, gedeutet. Im Gegensatz zu dem quebecischen »poète maudit« Emile NELLIGAN (1879–1941), den sie immer wieder zitiert, reagiert Bérénice auf die sie »verschluckende« Welt nicht mit Selbstaufgabe, sondern führt als bösartiger Clown die Scheinharmonie ihrer gesellschaftlichen Umwelt ad absurdum. Als der Onkel von der Schwererziehbaren genug hat, kann sie auf ihre kanadische Insel zurückkehren (die Eltern haben sich einstweilen versöhnt). Aber der Vater weist sie alsbald wieder von sich, hat er doch alle ihre feurigen Briefe an Christian gelesen und ist mehr denn je entschlossen, den Antikonformismus seiner Tochter zu brechen. So kommt Bérénice nach Israel, wo die Religionskonflikte und nationalistischen Urängste einen heißen Krieg hervorgebracht haben. In dieser Umgebung wird ihr haßgeladenes Verlangen nach menschlicher Wärme, zugleich ihre Neigung zum destruktiven Unernst, der jegliche Verantwortung im zwischenmenschlichen Bereich verweigert, auf die Spitze getrieben. Bérénice provoziert ihre soldatische Umgebung durch die Freundschaft mit der als lesbisch verrufenen Gloria. In der kritischen Situation eines unsicheren Waffenstillstandes löst sie ein Feuergefecht mit den Syrern aus und rettet ihr eigenes Leben, indem sie Gloria als Kugelfang gebraucht. Die anderen werden ihr die Version vom Opfertod der Freundin glauben, da sie Heldinnen und Helden brauchen. Ein im positiven Sinne emanzipatorischer Ausweg aus dem Verschlucktsein kommt nicht in Sicht.

*»Gegen Einsamkeit und Angst kann man nichts tun. ... Man leidet, für nichts.«* Ähnlich wie im Falle des Oskar Matzerath aus dem Roman *Die Blechtrommel* (1959) von Günter GRASS wird dieser abgründige Pessimismus durch die Gewalt einer Sprache, welche kein Klischee intakt läßt und aus den Kapriolen der Intertextualität bzw. den abenteuerlichen Wortspielen Funken der Poesie sprühen läßt, fortwährend dementiert. F.Ki.

AUSGABEN: Paris 1966. – Montreal 1967. – Paris 1977. – Paris 1982 (Folio).

LITERATUR: G. Laurion, *»L'avalée des avalées« et le refus d'être adulte* (in Revue de l'Univ. d'Ottawa, 38, Juli–Sept. 1968, S. 524–541). – Y. Lepage, *Pour une approche sociologique de l'œuvre de D.* (in

Livres et auteurs québécois, 1971, S. 285–294). – A. Baudot, *De l'autre à l'un. Aliénation et révolte dans les littératures d'expression française* (in EF, 7, 1971, S. 331–358). – *Avez-vous relu D.?* [Sondernr. EF, 11, Okt. 1975]. – G. Laflèche, *Histoire des formes du roman québecois*, Univ. Montreal 1976, S. 85–96. – J. Bornstein, *Antagonisme ethnique ou le complexe de Caïn dans l'œuvre de D.* (in Études canadiennes, 12, 1978, S. 11–18). – M. Pavlovic, *L'affaire D.* (in Voix et images, Herbst 1981, S. 75–95). – R. Leduc-Park, *D., Nietzsche et Dionysos*, Quebec 1982. – K. W. Meadwell, *»L'avalée des avalées«, »L'hiver de force« et »Les enfantômes« de D. Une fiction mot à mot et sa littérarité*, Diss. Univ. of Manitoba 1986 (vgl. Diss. Abstracts, 47, 1986/87, S. 3431A).

## JOVAN DUČIĆ

* 5.2.1871 Hrupjela / Trebinje
† 7.4.1943 Gary / Ind. (USA)

**LITERATUR ZUM AUTOR:**
*Bibliographien:*
*Bibliografija književnih dela J. D.* (in J. D., *Izbrana dela*, Hg. S. Đorđević, 5 Bde., Belgrad 1982, S. 451–459). – D. Moračić, *Bibliografska građa o J. D.* (in Književnost i jezik, 32, 1985, 3/4, S. 249–250).
*Gesamtdarstellungen und Studien:*
M. Pavlović, *J. D.* (in M. P., *Osam pesnika*, Belgrad 1964, S. 7–51). – V. Filipović, *Priroda u poeziji J. D.* (in Stremljenja, 6, 1965, 4, S. 344–361). – Z. Miličević, *J. D. i njegovi saputnici* (in Prilozi, 31, 1965, 3/4, S. 229–243). – Z. Gavrilović, *J. D.* (in *Srpska književnost u književnoj kritici*, Bd. 6, Belgrad 1966, S. 163–187). – M. Pavlović, *J. D. danas* (ebd., S. 188–226). – K. S. Pavlović, *J. D.*, Mailand 1967. – V. Košutič, *Uticaj na D.* (in Ders., *Parnasovci i simbolisti u Srba*, Belgrad 1967, S. 1–88 u. 190–200). – E. D. Goy, *The Poetry of J. D.* (in *Gorski vijenac. A Garland of Essays Offered to Professor Elizabeth Mary Hill*, Hg. R. Auty u. a., Cambridge 1970, S. 165–178). – Z. Gavrilović, *J. D.* (in *Pesništvo od Vojislava do Bojica*, Hg. M. Pavlović, Belgrad 1973). – M. Pavlović, *J. D.* (ebd.). – M. Danojlić, *Zapisi o D.* (in Letopis Matice Srpske, 6, 1978). – R. Popović, *Istina o. D.*, Belgrad 1982. – M. Šutić, *Jedinstvo bića – osnovna tema Dučićeve poezije* (in Književna istorija, 15, 1983, 60, S. 527–570).

### PESME LJUBAVI I SMRTI

(serb.; *Lieder von der Liebe und vom Tod*). Gedichtzyklus von Jovan Dučić (Bosnien-Herzegovina), erschienen 1929. – Die für das gesamte lyrische Schaffen des Autors charakteristische Sammlung vereinigt etwa dreißig Gedichte, die trotz disparat wirkender Titel (wie *Das Nest, Dämmerung, Vergessen, Der Feind, Weihnachten*) in Form und Thematik einheitlich sind. Ihnen gemeinsam ist vor allem die melancholische Stimmungslage, in der der Dichter das Wissen um die Unbeständigkeit aller Werte, die Nichtrealisierbarkeit irdischer Ideale oder das Mißtrauen in persönliches Glück ausdrückt. *»Ich baue mein Nest hoch über euren Köpfen ... und alle Laute, die von da ein menschliches Wesen erreichen, sind die Stimme eines beispiellosen Schmerzes.«* In der gesuchten Isolation und persönlichen Vereinsamung wird die Verbindung zur Umwelt problematisch. Dučić schafft sie – vornehmlich durch die Medien Farbe und Laut – in der Schilderung nebelhaft und dämmrig gezeichneter Landschaften. Die Gedichte kreisen zudem um ein imaginatives Idealbild der Frau, das unerreichbar bleibt. Liebe erscheint nicht als Glück des ersten Eroberns oder Kennenlernens, sondern in der resignierten Erkenntnis von Abgründen in der Beziehung der Geschlechter, im Motiv des Abschiednehmens und in der Trauer um den schon im Beginn angelegten Verlust: *»Bleibe unerreichbar, stumm und weit, denn der Traum vom Glück ist mehr als das Glück.«* Wie die Natur dem Dichter als Spiegelung und Rahmen seiner Stimmungen dient, so wird auch die Frau nicht als Individuum dargestellt; sie bleibt Adressat der ichbezogenen Erwartung des Liebenden, der keinen Versuch unternimmt, das Du zu erreichen. Der Dichter sucht die *»Metaphysik der Gefühle«*, die Selbsterfahrung in leidenschaftsloser Reflexion und Kontemplation.

Studienjahre im Ausland und eine jahrzehntelange Tätigkeit im diplomatischen Dienst erleichtern dem Lyriker, Essayisten und Reiseschriftsteller den Anschluß an die literarischen Strömungen des Westens. Dučić orientierte sich vor allem an den Parnassiens und an den Symbolisten; von seiten der heimischen Literaturkritik, die noch ganz in der Tradition der serbischen Romantik stand und der Sprache KARADŽIĆS und DANIČIĆS verpflichtet war, trug ihm das bei aller Anerkennung den Vorwurf ein, eine stilistisch gewagte, manieriert-morbide Lyrik zu schreiben. – Mehr noch als der elegische Ton der Gedichte verrät ihre Nähe zu einem *l'art pour l'art* den französischen Einfluß. Ebenfalls nach französischem Vorbild verwendet der Dichter Alexandriner und Verse mit ungerader Silbenzahl (9-, 11-, 13-Silber). Durch die meisterhafte Akzentuierung evozieren die trochäischen Langzeiler mit Mittelzäsur eine in der serbischen Literatur vordem ungekannte Dynamik des Verses. Zudem erreicht Dučić durch Vokalangleichung und Vermeidung schwieriger Konsonantengruppen eine im Serbischen vorher ungekannte Geschmeidigkeit des Verses und findet neue Wortassoziationen und suggestive Bilder.

Dučić ist wohl der erste reine Ästhet in der serbischen Lyrik, sofern er die Aussage gegenüber der Form und der Symbolik zurückstellt. Die formale Strenge und stilistische Schönheit seiner Gedichte hatte tiefgreifenden Einfluß auf die Entwicklung der serbischen Poesie. Mit der Erweiterung der sprachlichen Möglichkeiten, mit den Neuerungen in Stil, Metaphorik und Komposition ermöglicht er die Überwindung ihrer provinziellen Isoliertheit und den Anschluß an die Literatur des Westens, vor allem Frankreichs. Daß seine Lyrik inhaltlich noch von der Romantik herkommt, daß die Empfindungen teilweise artifiziell wirken, schmälert deswegen nicht die Bedeutung Dučićs, der neben Vojislav ILIĆ zum Initiator der modernen serbischen Lyrik geworden ist. B.Gr.

AUSGABEN: Belgrad 1929 (in *Sabrana dela*, 10 Bde., 1929–1951, 2; Vorw. B. Popović in Bd. 1). – Belgrad 1956. – Belgrad 1957 (in *Pesme, putopisi, eseji*). – Belgrad 1964 (in *Izabrana dela*). – Belgrad 1968. – Sarajevo 1969 (in *Sabrana djela*, Hg. M. Selimović u. Z. Stojković, 6 Bde., 1). – *Pesme*, Hg. Z. Gavrilović, Belgrad 1973; ern. 1979. – Belgrad 1982 (in *Izabrana dela*, Hg. S. Đorđević, 5 Bde., 1).

LITERATUR: Z. Malbaša, *Osnovni motivi u Dučićevoj »Pesmi« (1929)* (in To jest, 6, 1979, S. 10–11).

## CHARLES PINOT DUCLOS

* 12.2.1704 Dinan
† 26.3.1772 Paris

### CONFESSIONS DU COMTE DE ***, ÉCRITES PAR LUI-MÊME À UN AMI

(frz.; *Geständnisse des Grafen von ***, von ihm selbst an einen Freund geschrieben*). Fingierte Memoiren eines Lebemannes aus dem 17. Jh. von Charles Pinot DUCLOS, erschienen 1741. – Der Freund VOLTAIRES und ROUSSEAUS zeichnet in diesen erdachten Memoiren eines Offiziers aus der Zeit Ludwigs XIV., der Régence und Ludwigs XV. die erotischen Abenteuer eines für jene Epoche typischen Libertin auf. Frühzeitig von schlüpfriger Lektüre und schlechten Beispielen in seiner Umgebung verdorben, wird der Junge in die Liebesabenteuer einer Marquise de Valcourt verstrickt. Als Siebzehnjähriger zeigt er sich mit seinen Mätressen stolz in der Öffentlichkeit. Sein späteres Leben in der großen Welt und in der Demimonde führt ihn durch ganz Europa, und überall, in Spanien, Italien und England, auf Kriegsschauplätzen wie auf dem diplomatischen Parkett, macht er galante Eroberungen. Er vergleicht das Liebestalent seiner französischen Freundinnen mit dem fremdländischer Frauen und stellt fest, daß die Französin nur zum Zeitvertreib liebt, während die Liebe für die Südländerin eine einzige, das ganze Wesen ausfüllende Passion ist. Daß die angelsächsischen Frauen gefühlskalt seien, verweist er in das Reich der Legende und kann den Beweis dafür erbringen: Seinetwegen hat Lady B. Selbstmord begangen – was sogar den hartgesottenen Herzensbrecher erschüttert. Nach Jahren des unbeschwerten Auslebens entschließt er sich endlich zu heiraten und findet, nun ruhebedürftig geworden, Verständnis in den Armen der schönen Gräfin de Selve (*»Je trouve l'univers entier avec ma femme qui est mon amie«*).
Das Werk ist nicht nur seines amourösen Inhalts wegen eine sehr amüsante Lektüre, sondern aufgrund der scharfen Beobachtungsgabe des Autors und seiner klugen Kommentare auch von historischem Interesse. Die Memoiren geben – ebenso wie die übrigen geschichtlichen Skizzen Duclos' über die Zeit Ludwigs XIV. und Ludwigs XV. – ein kritisches Bild von den Sitten und dem politischen Ränkespiel am Hof der Könige von Frankreich. Ihr Verfasser galt seiner unbestechlichen Wahrheitsliebe und scharfen Zunge wegen als einer der gefürchtetsten Chronisten der Zeit. R.B.-KLL

AUSGABEN: Amsterdam 1741. – Paris/Ldn. 1776. – Paris 1820/21 (in *Œuvres complètes*, Bd. 1; Faks. Genf 1968). – Paris 1888. – Paris 1950. – Paris 1965 (in *Romanciers du 18e siècle*, Bd. 2). – Paris 1969, Hg. L. Versini [krit.]. – Paris 1981.

ÜBERSETZUNG: *Die Geständnisse des Grafen von ***. Ein Lieblingsbuch von J. J. Rousseau*, anon., Riga/Lpzg. ca. 1793.

LITERATUR: L. le Bourgo, *Un homme de lettres au XVIIIe siècle. D., sa vie et ses ouvrages*, Bordeaux 1902; Nachdr. Genf 1971. – E. Loos, *C. P. D. als Moralist des 18. Jh.s*, Diss. Köln 1949. – P. Meister, *D.*, Genf 1956. – A. Carella, *Un guide de Stendhal en Italie: C. D.* (in Revue de la Méditerranée, 15. 6. 1964, S. 569–579). – L. Versini, *Laclos et la tradition*, Paris 1968. – J. Brengues, *C. D. ou l'obsession de la vertu*, Saint Brieuc 1971. – B. G. Silverblatt, *The Maxims in the Novels of D.*, Den Haag 1972. – V. Gastaldi, *C. P. D.*, Catania 1974. – K. Radicke, *C. P. D. Das erzählerische Werk*, Diss. Köln 1976. – F. Labbé, *Femme, initiation et vérité romanesque dans »Les égarements du cœur et de l'esprit« de Crébillon fils et »Les confessions du comte de ***« de D.* (in Lendemains, 4, 1979, S. 113–120).

## ANNE DUDEN

* 1.1.1942 Oldenburg

### DAS JUDASSCHAF

Erzählung von Anne DUDEN, erschienen 1985. – Was von der Titelerzählung ihres 1982 erschienenen, hochgelobten Debütbandes *Übergang* gesagt

werden kann, gilt für Anne Dudens zweites Buch *Das Judasschaf* in gesteigertem Maß: Es handelt sich um weibliches Schreiben, um präzise und sensibel beobachtete und in Sprache transformierte Erfahrungen, die so nur eine Frau machen kann. Die Protagonistin, *»zurechtgefolterte Restperson«*, die in fließendem Wechsel als *»Ich«* oder *»die Person«* auftritt, erweist sich als außerordentlich perzeptiver Organismus: *»Von klein auf habe ich mich nicht davon ablenken lassen, ruhig erregt und ohne den Blick abzuwenden auf die Katastrophen zu starren und sie als solche zu erkennen.«*
Wahrnehmung ereignet sich mit großer Intensität, hinterläßt nachhaltige Verstörung; Wahrnehmen ist Aufnehmen, Wahrgenommenes bleibt als Erinnerung in Kopf und Körper erhalten. In einer zugleich expressiven und distanzierten Sprache werden unpathetisch dennoch extreme Erfahrungen formuliert; unpathetisch, doch mit Pathos insofern, als es Leiden zu vermitteln gilt, Leiden, das – zum Teil zwar vergangen – als Gedächtnis immer präsent ist: *»Altgewordene Beweise, daß sich nahezu alles überleben, daß nahezu alle Erkenntnis sich noch lebend aushalten läßt.«* Die Augen, Hauptquelle des Wahrnehmungsprozesses, werden immer wieder in ihrer für die Schreibende elementaren Bedeutung hervorgehoben, sie lebt durch sie, mit ihnen; im übrigen muß sie – und aufgrund derartiger Passagen mag man diese Prosa auch als Notizen über eine Depression lesen – zur *»allmorgendlichen Neubeleibung«* *»viel zu schwere Arbeit«* leisten. Deutlich werden jedoch private sowie öffentliche Ursachen solch tiefer Leiderfahrung.
Die Erzählung besteht aus vier in losem Zusammenhang stehenden Einzeltexten: *E guerra e morte – Panorama Berlin – New York, mit einem Schrei – Der anhaltend letzte Blick*. Deren Dichte resultiert aus einem sehr individuellen Montageverfahren: verwoben werden Passagen, die weibliche Lebensrealität von subjektiver Erfahrung geprägt dennoch allgemeingültig vermitteln; beklemmende Zitate aus Texten der NS-Zeit; eigenwillige Interpretationen von Gemälden Tintorettos und Carpaccios, Gemälde voll Leid und Tod, Märtyrerfiguren, deren Konturen mit Hilfe der *Legenda aurea* nachgezeichnet werden. All dies ist eine Form von Gedächtnis.
»Die Person«, als Überlebende von Schuldgefühlen gequält, droht an der Last des Überlebens zugrunde zu gehen. Von daher erklärt sich auch der irritierend fremde Titel des Buches: *»In etlichen Schlachthöfen hält man sich ein Judasschaf ... Es steht bereits vor dem Schlachthaus, wenn der nächste Lastwagentransport von Schafen ankommt. Das Judasschaf dreht sich um und führt die Herde unfehlbar und klar auf eine Plattform ... die Schafe folgen und kommen so schließlich bei einer Tür an. Das Judasschaf tritt jetzt zur Seite, die anderen Schafe gehen durch die Tür und werden sofort betäubt, aufgehängt undsoweiter. Das Judasschaf geht den Weg zurück und erwartet die nächste Herde.«* B.Hb.

AUSGABE: Bln. 1985.

LITERATUR: A. v. Schirnding, Rez. (in SZ, 14. 11. 1985). – M. Lüdke, Rez. (in FRs, 25. 1. 1986). – E. Fried, Rez. (in Der Stern, 3. 4. 1986).

## KONRAD DUDEN

* 3.1.1829 Gut Bossigt bei Wesel
† 1.8.1911 Sonnenberg bei Wiesbaden

LITERATUR ZUM AUTOR:
P. Grebe, *Geschichte und Leistung des Dudens* (in WW, 12, 1962, S. 65–73). – W. Schoof, *K. D. und Wilhelm Grimm* (in Pädagogische Provinz, 16, 1962, S. 245–247). – M. Dietrich, *K. D.* (in Der Sprachdienst, 23, 1979, S. 1–5). – G. Drosdowski, O. Gliss, G. Metzmacher, *K. D. aus Wesel. Zum Gedenken seines 150. Geburtstages*, Wesel 1979.

### VOLLSTÄNDIGES ORTHOGRAPHISCHES WÖRTERBUCH DER DEUTSCHEN SPRACHE

Rechtschreiblehre von Konrad DUDEN, erschienen 1880; seit der neunten Auflage herausgegeben von Dudens Nachfolgern Ernst WÜLFING und Alfred C. SCHMIDT, Th. MATTHIAS, Otto BASLER, Horst KLIEN, Paul GREBE sowie D. BERGER und W. SCHOLZE-STUBENRECHT unter dem noch heute üblichen Titel *Duden. Rechtschreibung der deutschen Sprache und der Fremdwörter*, 1986 (19., neu bearbeitete und erweiterte Auflage, herausgegeben von der Dudenredaktion im Einvernehmen mit dem Institut für deutsche Sprache). – Konrad Duden gilt als Begründer der deutschen Einheitsschreibung. Die Rechtschreibung in der ersten Hälfte des 19. Jh.s war wie auch im 18. Jh. von dem Grundsatz bestimmt: *»Schreibe, wie du sprichst!«* (Adelung). Durch die Germanisten Jakob GRIMM und Karl WEINHOLD wurde dieser Grundsatz in der Mitte des 19. Jh.s angefochten. Sie forderten die historisch richtige Orthographie. Ihnen gegenüber betonte 1852 Rudolf von RAUMER wiederum die Eigenständigkeit der Gegenwartssprache und ihrer Schreibung und trat darüber hinaus als erster für eine einheitliche Rechtschreibung im gesamten deutschsprachigen Gebiet ein: *»Auch eine minder gute Orthographie, wofern nur ganz Deutschland darin übereinstimmt, ist einer vollkommeneren vorzuziehen, wenn diese auf einen Theil Deutschlands beschränkt bleibt ...«* Die unterschiedlichen Auffassungen in der Rechtschreibung wurden besonders für Schulen und Verlage zu einem vieldiskutierten Problem. Die staatlichen Behörden (zuerst Hannover 1855) versuchten jeweils für ihre Gebiete Rechtschreibregeln in den Schulen einzuführen. In Preußen erschien 1879 ein Regelbuch, 1880 ein Kommentar des Verfassers W. WILMANNS zu dem

Regelbuch (das für die Behörden von Bismarck 1880 verboten wurde). Konrad Duden, selbst Lehrer in Schleiz/Thüringen, hatte schon 1872 eine Abhandlung über Probleme der Rechtschreibung publiziert, in der er sich zu den Auffassungen Raumers bekannt hatte. Die erste Auflage des *Vollständigen orthographischen Wörterbuchs* entstand dann in Anlehnung an das preußische Regelbuch. Das Wörterbuch habe die Aufgabe, *»zur schnellen Verbreitung der amtlichen preussischen Orthographie etwas beizutragen. Diese ist zwar nichts weniger als das Ideal des Verfassers; aber von allen Orthographien, die für den Augenblick möglich sind, ist sie die beste« (Vorwort)*. Die Erstausgabe enthielt etwa 27000 Stichwörter, wobei von den Fremdwörtern nur die geläufigeren aufgenommen waren. Die Bedeutungen wurden vorausgesetzt, nur gleich oder ähnlich lautende Wörter kommentiert. Dem Wörterverzeichnis ging ein grammatischer Teil mit einigen orthographischen Regeln voraus, Regeln, die nicht an den einzelnen Wörtern selbst erläutert werden konnten oder der Begründung der Schreibung dienten.

Weiter gab Duden ein Wörterbuch für Buchdrukkereien, den »Buchdrucker-Duden« heraus (1903), der wiederum auf neuen amtlichen Regelbüchern Preußens, Bayerns, Österreichs und der Schweiz beruhte und ebenfalls den Schwerpunkt auf eine einheitliche Rechtschreibung für alle diese Gebiete legte. Außer der Klärung von Rechtschreibfragen kommt der Dudenredaktion heute die Aufgabe zu, den wachsenden Einfluß der Fremdsprachen auf die Gemeinsprache festzuhalten und neue Schreibregelungen vorzunehmen, die internationale Standardisierungen mit berücksichtigen. Daher arbeitet die Dudenredaktion heute nicht nur mit dem Institut für deutsche Sprache und dem Deutschen Institut für Normierung (DIN) zusammen, sondern ist auch im Ausschuß Sprache und Technik des Vereins Deutscher Ingenieure (VDI) sowie im Ständigen Ausschuß für Geographische Namen (StAGN) vertreten.

Seit dem letzten gesamtdeutschen Duden von 1947 erscheinen in Mannheim und Leipzig getrennte Ausgaben, die der unterschiedlichen ideologischen Ausrichtung der beiden deutschen Staaten Rechnung tragen. Den Dudenausschüssen in Österreich und in der Schweiz kommt die Aufgabe zu, die gebietsspezifischen Besonderheiten der deutschen Sprache zu erfassen. Neben der Sprachkartei der Dudenredaktion, die mehrere Millionen Belege aus dem gesamten deutschsprachigen Schrifttum umfaßt, ist die Sprachberatungsstelle der Dudenredaktion die zweite wesentliche Arbeitsgrundlage zur Erforschung und Darstellung der deutschen Gegenwartssprache. Sie gibt einerseits Auskunft in allen sprachlichen Zweifelsfällen, gleichzeitig bilden die Anfragen einen Gradmesser für sich allmählich abzeichnende Veränderungen im allgemeinen Sprachgebrauch.

Nach 1949 hat die bundesdeutsche Dudenredaktion über Fragen der Rechtschreibung hinaus die wissenschaftliche Erfassung der deutschen Sprache unternommen und als *Duden in 10 Bänden. Das Standardwerk zur deutschen Sprache* vorgelegt (Bd. 1: Rechtschreibung; Bd. 2: Stilwörterbuch; Bd. 3: Bildwörterbuch; Bd. 4: Grammatik; Bd. 5: Fremdwörterbuch; Bd. 6: Aussprachewörterbuch; Bd. 7: Etymologie; Bd. 8: Sinn- und sachverwandte Wörter; Bd. 9: Zweifelsfälle der deutschen Sprache; Bd. 10: Bedeutungswörterbuch). E.Schl.

AUSGABEN: Lpzg. 1872 *(Die deutsche Rechtschreibung. Abhandlung, Regeln u. Wörterverzeichnis mit etymologischen Angaben)*. – Lpzg. 1880 *(Vollständiges orthographisches Wörterbuch der deutschen Sprache. Nach den neuen preuß. u. bayr. Regeln)*. – Lpzg. 1903 *(Rechtschreibung der Buchdruckereien deutscher Sprache)*. – Lpzg./Wien [9]1915 (*Duden, Rechtschreibung der deutschen Sprache und der Fremdwörter*; Bearb. J. E. Wülfing, A. C. Schmidt u. O. Reinecke; ern. Lpzg. 1926). – Lpzg. [10]1929 (*Der grosse Duden. Rechtschreibung der deutschen Sprache und der Fremdwörter*; Bearb. Th. Matthias; erw.). – Lpzg. [11]1934 (*Der grosse Duden. Rechtschreibung der deutschen Sprache*; Bearb. O. Basler; erw.). – Lpzg. [12]1941 (*Der große Duden. Rechtschreibung der deutschen Sprache und der Fremdwörter*; erw.). – Mannheim [19]1986 (*Duden*, Bd. 1: *Rechtschreibung d. dt. Sprache u. d. Fremdwörter*; neubearb., erw.). – Lpzg. 1986, *Der große Duden*, 2. durchges. Aufl. (d. 18. Neubearb.).

LITERATUR: K. Weinhold, *Über deutsche Rechtschreibung* (in Zs. für österreichische Gymnasien, 1852, S. 93–128). – W. Wilmanns, *Kommentar zur Preußischen Schulorthographie*, Bln. 1880. – A. Hübner, *Der Duden u. die deutsche Rechtschreibung* (in A. H., *Kleine Schriften zur deutschen Philologie*, Hg. H. Kunisch u. U. Pretzel, Bln. 1940). – M. Jurgensen, *Die Sprache im zweigeteilten Duden* (in Zs. f. dt. Sprache, 26, 1970, S. 42–59). – W. Müller, *Wandlungen in Sprache u. Gesellschaft im Spiegel d. Dudens* (in *Dichtung, Sprache, Gesellschaft*, Hg. V. Lange u. H.-G. Roloff, Ffm. 1971, S. 375–383).

## VLADIMIR DMITRIEVIČ DUDINCEV

* 29.7.1918 Kupjansk / Gebiet Char'kov

### NE CHLEBOM EDINYM

(russ.; *Ü: Der Mensch lebt nicht vom Brot allein*). Roman von Vladimir D. DUDINCEV, erschienen 1956. – Dieses Erstlingswerk ist eines der aufsehenerregenden Zeugnisse der »Tauwetterliteratur« – so genannt nach ERENBURGS Roman *Ottepel'*, 1954 *(Tauwetter)* –, die besonders durch die antistalinistische Tendenz des XX. Parteitags der KPdSU ermutigt wurde. Doch das Ausmaß der

Kritik an den Übergriffen der Bürokratie und der als »Personenkult« umschriebenen Fehlentwicklung des Sozialismus mußte die Initiatoren dieser Kritik überraschen: Nach der anfangs zustimmenden Aufnahme des Romans sah sich Dudincev bald heftigen Angriffen ausgesetzt, in die schließlich auch Chruščëv einstimmte. Trotzdem erschien der in ›Novyj mir‹ abgedruckte Roman 1957 als Buch und wurde, im Westen zur Sensation hochgespielt, bereits im Erscheinungsjahr in mehrere Sprachen übersetzt.
Weder die traditionelle Erzählmanier noch die reichlich papierenen Charakterdarstellungen – als gelungen sind nur einige negative Helden zu bezeichnen – hätten ein solches Aufsehen gerechtfertigt. Interessant war allein der im Roman behandelte Konflikt zwischen Individuum und bürokratischem Apparat. Der Ingenieur Lopatkin, der für die von ihm erfundene Röhrengußmaschine Anerkennung sucht, stößt jahrelang bei seiner nächsten Umgebung wie auch im Ministerium und der Akademie auf eine Mauer von Borniertheit und Gruppenegoismus. Als sein Gegenspieler fungiert der berühmte Professor Avdiev, der ein ähnliches, allerdings völlig unrentables Verfahren entwickelt hat. Die profilierteste Gestalt unter den etablierten Technokraten ist der Fabrikdirektor Drozdov, der mit einer steilen Karriere rechnen kann. Drozdovs Frau Nadežda ist zunächst vom Zynismus und der Stärke ihres Gatten fasziniert, wird jedoch zur Helferin und schließlich zur Geliebten Lopatkins. Als Lopatkin nach jahrelangen Kämpfen damit beauftragt wird, seine Erfindung für ein geheimes Projekt auszuarbeiten, bezichtigen ihn seine Gegner aufgrund von Nadeždas Mitwisserschaft des Geheimnisverrats. Er wird zu acht Jahren Arbeitslager verurteilt und hat es nur dem Einsatz eines jungen Gerichtsbeisitzers zu verdanken, daß er bereits nach anderthalb Jahren entlassen wird. Sein Leidensweg ist nun zu Ende, da inzwischen Galickij, die einzige positive Gestalt aus dem Kreis um Avdiev, die von ihm entworfene Maschine gebaut hat. Ein Teil von Lopatkins Gegnern fällt in Ungnade, der andere schart sich, freundschaftliche Verbundenheit heuchelnd, um den erfolgreichen Erfinder.
Nicht das Kollektiv greift der Roman an, sondern diejenigen, die das Kollektiv als Deckmantel für ihr egoistisches Strebertum benutzen und in Umkehrung der Äußerung Galickijs – *»Das Gesetz schützt schließlich das Subjekt und nicht die Form«* – inhaltlos gewordene bürokratische Formen und Privilegien aufrechtzuerhalten suchen und das schöpferische Subjekt erdrücken. In traurigem Kontrast zu Lopatkins Schicksal steht das des Professors Bus'ko, eines durch die Manipulation von Bürokraten zur Erfolglosigkeit verurteilten Erfinders. Einst einer der *»Träumer, die nicht nur vom Brot allein leben«*, flieht er nun, skurril und mißtrauisch geworden, die Menschen. Aber nicht Resignation will Dudincev lehren, sondern – wie er in seinem Vorwort zur deutschen Ausgabe schreibt – den Glauben *»an den unausweichlichen Sieg der Vernunft und der Gerechtigkeit«*. Die jahrzehntelang verhinderte, erst 1988 möglich gewordene Veröffentlichung seines ebenfalls in den fünfziger Jahren spielenden Romans *Belye odeždy (Die weißen Gewänder)*, in dem am Beispiel zweier unterschiedlicher Auffassungen der Gentheorie das Eingreifen stalinistischer Bürokratie in die Wissenschaft dokumentiert wird, muß er daher als Genugtuung empfunden haben. J.W.

AUSGABEN: Moskau 1956 (in Novyj mir, Nr. 8–10). – Moskau 1957.

ÜBERSETZUNG: *Der Mensch lebt nicht vom Brot allein*, I.-M. Schille, Hbg. 1957. – Dass., ders., Gütersloh 1960.

LITERATUR: N. Krjučkova, Rez. (in Izvestija, 2. 12. 1956). – A. Blanchet, *Le scandale Doudintsev* (in Études. Revue Catholique d'Intérêt Général, 1957, Nr. 293, S. 448 ff.). – U. A. Floridi, *»Non di solo pane«* (in Civiltà Cattolica, 3, 1957, S. 514–519). – L. Froese, *»Nicht vom Brot allein«. Ein Blick in die sowjetrussische Wirklichkeit* (in Die Sammlung, 12, 1957, S. 471–476). – E. Kosing, *Die verdächtige Liebe des Herrn Welkisch. Noch einmal: »Der Mensch lebt nicht vom Brot allein«* (in Sowjetwissenschaft. Kunst u. Literatur, 5, 1957, S. 436–441). – R. B. Lockhart, *The Individual and the Collective* (in Time. Atlantic Edition, 38, 1957, S. 1230 f.). – K. Mehnert, *Der Individualist u. das Sowjetsystem. Zu einem neuen Roman* (in Osteuropa, 1957, S. 413 ff.). – L. Kofler, *V. D.s »Der Mensch lebt nicht vom Brot allein«* (in DUZ, 13, 1958, S. 552–556). – Ch. Hyart, *Doudintsev et Pasternak, deux insoumis parmi les écrivains soviétiques* (in Revue Générale Belge, 1959, Nr. 3, S. 58–73).

## FRANZ DÜLBERG

* 2.5.1873 Berlin
† 21.5.1934 Berlin

### KÖNIG SCHREI

Prosadrama in fünf Akten von Franz DÜLBERG, erschienen 1905. – In einem imaginären Balkanstaat mit Zügen einer mißverstandenen orientalischen Romantik hält Herzog Jarand, der junge Statthalter, seinen Einzug. Der finstere, konservativ-patriarchalische Vizegraf, seine orthodoxe Familie und der Hof erwarten von ihm die Fortsetzung ihrer bisherigen reaktionären Politik *(»Im festen Takt mußt du bleiben«)*; das ausgebeutete Volk dagegen begrüßt ihn als Messias, der die feudale Unterdrükkung aufheben könnte. Auch die landfremde Antinoe, die in Jarand den erträumten Jüngling altgriechischer Denkart sucht, beschwört ihn, mit ihr zusammen »ihr« Reich einer gerechten Ordnung zu begründen. Jarand liebt Antinoe, läßt sich aber von der Familienpolitik leiten, die gefühllose Tochter des Grafen zu heiraten. Enttäuscht verläßt ihn Antinoe und wendet sich, beraten von ihrem väterlichen Lehrer, dem Priester Meffodi, dem einfachen Volke zu. Dieses, das seinen Liebling Jarand für sich gewinnen will, unternimmt einen Aufstand, der von dem klugen und beherrschten Grafen Dariddin, dem eigentlichen Helden des Stücks, niedergeschlagen wird. Die Besiegten werden in die Berge getrieben, und hier bricht aus der Mitte der Verzweifelten, die sich um Meffodi und Antinoe scharen, der große Schrei, der dem Drama den Titel gibt. Aus einer Bergkirche ruft ein todkrankes Mädchen: *»Mir ist weh – mir ist Schlimmes geschehen – achraiachrakkeiachrai!«* Unaufhaltsam pflanzt sich dieser Schrei der *»Erniedrigten und Beleidigten«*, Fanal der Gewaltlosigkeit, über Berge und Täler fort und wirft alles, was sich ihm in den Weg stellt, blutig nieder. Er ist der »König«, der die einzige Zuflucht des Volkes ist. Es gibt keine Erlösung, nur die Hoffnung: *»Unsres neuen Königs Reich ist weit.«* Jarand, der sich mit der Abwendung von Antinoe selbst untreu geworden ist, stirbt. Während nach seinem Tod der Vizegraf die frühere Politik fortsetzt, suchen Dariddin und Antinoe, von hoffnungsloser Leidenschaft bezwungen, den Liebestod. Diese ekstatisch-opernhafte Schlußszene hebt alle Anstrengungen sozialer Befreiung wieder auf und kann nur symbolisch verstanden werden als Vereinigung des fürstlichen Empörers mit dem tatkräftigen, aber ohnmächtigen Volk.

Dem Autor schwebt zur Lösung des sozialen Konflikts so etwas wie HOFMANNSTHALS »konservative Revolution« vor, ein maßvolles Entgegenkommen der Herrschenden. Aus dieser von oben her vermittelnden Position ist die Figur Dariddins, des fürstlichen Bastards, zu verstehen, der sozusagen den Aufstand niederschlägt, um das Volk zu retten. In Dariddin ist der entscheidende, unversöhnbare Zwiespalt des ganzen Stücks verkörpert: aristokratische Kultur und sozialer Protest aus Mitleid mit den Armen. Diesen Zwiespalt spiegeln die Darstellungsmittel selbst wider. Naturalistischer Dekor und realistische Details zur Kennzeichnung der unteren Klassen werden überlagert von einer historisierenden Neuromantik, die mit farbenprächtigen effektvollen Arrangements ein exotisches Reich evoziert. Einer Verdeutlichung der vielfach ungeordneten Motivbereiche dienen solche Arrangements ebensowenig wie die bald liedhaft-undramatische, bald fiebrig-heftige, mit Inversionen beladene Sprache; zerdehnt von Nebensätzen und Appositionen, durch adjektivische Häufung und preziöses Pathos künstlich poetisiert, nimmt sie nur gelegentlich auf ansprechende Weise – in einzelnen Klagen und Haßreden der Unterdrückten – Eigentümlichkeiten des expressionistischen Stils vorweg.

P.Sch.-KLL

AUSGABE: Mchn./Lpzg. 1905.

LITERATUR: H. Uhde-Bernays, *F. D.* (in Frankfurter Ztg. 1934, Nr. 266/267).

## KORALLENKETTLIN

Prosadrama in vier Akten von Franz DÜLBERG, Uraufführung: München, 19. 4. 1907, Volkstheater. – Das schöne und leidenschaftliche Käthchen von Schließenberg will sich, um nicht im Kloster, das ihr zugedacht ist, lebendig begraben zu sein, in ungestümem Liebesverlangen als Dirne verschenken und empfängt als Zeichen der Zunft ein Korallenkettchen. Doch sie ersticht voller Abscheu gleich den ersten Liebhaber mit dessen eigenem Dolch und wird zum Tod verurteilt. Der junge Prinz Aldewyn kann von den Bürgern der Stadt ihre Freiheit erkaufen. In seinen Armen erfährt sie die ersehnte echte Liebe, so daß sie wieder Zutrauen zum Leben faßt. Als aber durch ihr Beispiel und durch die freizügigen Reden des Prinzen die bürgerliche Moral bedroht scheint, fordert man von neuem ihre Bestrafung. Ihrem Wunsch gemäß will der Prinz selbst als ihr Henker auftreten, aber nur zum Schein, in Wirklichkeit will er ihre Liebe prüfen, das Volk umstimmen und sie zu seiner Gemahlin erheben. Prior Williram indessen verspricht ihr für den Fall, daß sie ihrer Liebe abschwört, ein schmerzloses Gift, mit dem sie sich der öffentlichen Hinrichtung entziehen kann. Sie nimmt das vermeintliche Gift, doch nur, um sich vor dem ganzen Volk für den Prinzen zu erklären und in königlicher Haltung ihr Einverständnis mit der Hinrichtung zu bezeugen. Obwohl man sie sogleich zur Königin machen will, fühlt sie sich tief entehrt, als Prinz und Prior aufdecken, daß jeder sie nur auf die Probe stellen wollte. Aus dem makabren Spiel der beiden wird unerwartet Ernst: Käthchen stößt sich die Mordwaffe von einst in die Brust, weist Krone und Absolution zurück und verlangt das »Korallenkettlin« zurück, um *»in Dirnenehren«* zu sterben.

Dülberg, der in *König Schrei* schon Eigentümlichkeiten des expressionistischen Dramas vorweggenommen hatte, wendet sich mit diesem im Stil eines altdeutschen Historiendramas verfaßten Stück zur Neuromantik zurück. Er stellt eine freie, aristokratisch-heidnische Sinnlichkeit gegen eine düstere, vermeintlich christliche Lebensverneinung, wie sie das grotesk karikierte Mönchtum verkörpern soll. In einer stark rhythmischen, aber manieriert altertümelnden Prosa versucht Dülberg einen dramatisch-balladesken Ton durchzuhalten, gerät aber immer wieder in romantisierende Schwüle und unfreiwillige Komik. Die im Stoff verborgenen Probleme: Liebe als freies Sich-Verschenken, Freiheit zum Tod, die schäbige Behandlung sozial niedriggestellter Menschen, werden künstlerisch verflacht durch einen melodramatischen Dialog und die aufgesetzten Effekte einer mittelalterlichen Historienmalerei. Nicht einer gesellschaftlich verantwortlichen, sondern einer elitär-aristokratischen Haltung entspringt Dülbergs antibourgeoiser Affekt gegen die verlogene bürgerliche Moral, die zu ihrem Vergnügen die Prostituierten zwar duldet, aber gleichzeitig diffamiert. P.Sch.-KLL

AUSGABEN: Bln. 1906. – Bln. 1919.

## Albrecht Dürer

* 21.5.1471 Nürnberg
† 6.4.1528 Nürnberg

Literatur zum Autor:
*Bibliographien:*
M. Mende, *D.-Bibliographie*, Wiesbaden 1971. – W. Stechow, *Recent D. Studies* (in The Art Bull., 56, 1974, S. 259–270).
*Gesamtdarstellungen und Studien:*
H. Wölfflin, *Die Kunst A. D.s*, Mchn. 1905 (Sonderausg. Mchn. 1963, Hg. K. Gerstenberg). – E. Flechsig, *A. D., sein Leben und seine künstlerische Entwicklung*, 2 Bde., Bln. 1928–1931. – H. Kehrer, *D.s Selbstbildnisse und die D.-Bildnisse*, Bln. 1934. – W. Waetzoldt, *D. und seine Zeit*, Wien 1935. – F. Winkler, *Die Zeichnungen A. D.s*, 4 Bde., Bln. 1936–1939. – E. Panofsky, *The Art and Life of A. D.*, Princeton 1943 (dt. Mchn. 1977). – G. Weise, *D. und die Ideale der Humanisten*, Tübingen 1953. – *D.: Schriftlicher Nachlaß*, Hg. H. Rupprich, 3 Bde., Bln. 1956–1969. – F. Winkler, *A. D. Leben und Werk*, Bln. 1957. – K. A. Knappe, *D., Das graphische Werk*, Wien 1964. – R. Klibansky, F. Saxl u. E. Panofsky, *Saturn and Melancholy*, Ldn./Paris 1964. – F. Anzelewsky, *A. D. – Das malerische Werk*, Bln. 1971. – Kat. *A. D. Ausstellung des Germanischen Nationalmuseums Nürnberg 1971*, Mchn. 1971. – H. Th. Musper, *A. D.*, Köln 1971. – F. Winzinger, *A. D. in Selbstzeugnissen und Bilddokumenten*, Reinbek 1971 (rm). – W. L. Strauß, *The Complete Drawings of A. D.*, 6 Bde., NY 1974. – M. Mende, *A. D., zum Leben, zum Holzschnittwerk*, Mchn. 1976. – F. Anzelewsky, *A. D. – Werk und Wirkung*, Stg. 1980. – P. Strieder, *D. Mit Beiträgen von G. Goldberg, J. Harnest u. M. Mende*, Königstein 1981. – F. Piel, *A. D. Aquarelle und Zeichnungen*, Köln 1983. – A. Perrig, *A. D. oder Die Heimlichkeit der deutschen Ketzerei*, Weinheim 1987.

### HIERINN SIND BEGRIFFEN VIER BÜCHER VON MENSCHLICHER PROPORTION, durch Albrechten Dürer von Nürnberg erfunden und beschriben zu nutz allen denen so zu diser kunst lieb tragen

Proportionslehre von Albrecht Dürer, erschienen 1528. – Das Werk wurde ein halbes Jahr nach seinem Tod am 6. April *»gedruckt zu Nürenberg durch Jeronymum Formschneyder auff verlegung Albrecht Dürers verlassen witib«*. Dürer, so gibt ein Kommentar im Buche Auskunft, hat zwar *»diese vier pucher geschrybenn, so hat er doch nur das erst wider ubersehen und corrigiert, dann eh er an die anderen drey komen ist, hat jne die schnelheyt des Todes ubereylt«*.

Mit der Rennaissance ist das reale Bild des Menschen, der nackte Körper, den die Antike unbekümmert dargestellt, das Mittelalter jedoch verleugnet hat, wieder ins Bewußtsein und Interesse der Künstler gerückt. Der Körper und seine natürlichen Proportionen brauchen nun nicht mehr das fromme Gewand biblischer Darstellung, etwa Adams oder Evas; ohne Vorwand wird er wissenschaftliches Objekt, darstellbar, sichtbar, meßbar. Dürers Proportionslehre enthält die Essenz seiner dreißigjährigen Beschäftigung mit den Proportionen des menschlichen Körpers. Seit den ersten Notizen zu einem allgemeinen Unterricht in der Malerei, *Ein Speis der Malerknaben*, 1507/08, das Perspektive, Farbenlehre und Proportionallehre enthalten sollte, hat das Generalthema »Proportion« den Künstler immer beschäftigt.

Das Werk gliedert sich in vier Bücher. Das erste enthält 22 Tafeln und sieben Textabbildungen und handelt von der Messung der Körperteile nach Bruchteilen der Gesamtlänge. Dürer legt seinen Messungen den »teiler« und den »vergleicher« zugrunde. Der Teiler ist ein Richtscheit von der Höhe der zu konstruierenden menschlichen Figur, z. B. der *»dicken bäurischen Frau von der Seite und von vorne«* oder des *»Köpfe hohen Mannes«*, wobei Dürer das Wort »beschreiben« für konstruieren setzt. Er mißt von festgelegten Punkten des Körpers aus in aliquoten, d. h. ohne Rest in der Gesamtlänge aufgehenden Teilen die Längen-, Breiten- und Profilmaße, also zuerst in Linien von der ganzen Länge, dann von der Hälfte, dann dem Drittel, Viertel, Fünftel usw. der darzustellenden Figur. Der Vergleicher ermittelt die stetigen Proportionen, indem er eine Näherungskonstruktion der mittleren Proportionale herstellt. Für Köpfe wählte Dürer drei verschiedene Varianten, wobei die »Untersicht« mit einem gleichschenkligen Dreieck, dem »ubertrag«, um 45 Grad in die Frontalansicht gedreht wird.

Das zweite Buch enthält 43 Tafeln und stützt sich auf die 1464 vollendete Proportionslehre Leon Battista Albertis, *Della statua*, die Dürer wohl in Venedig im Manuskript gesehen hatte. *»In diesem büchlein«*, so schreibt er, *»wil ich von newem und einer andern Meinung die menschlichen bild leren messen, nemlich mit einem meßstab, den mach ich mir lang oder kurtz, nach dem ich groẞe und kleine bild mit messen wil, und disen messtab mach ich allweg eines sechsteils lang von den bildes leng, das ich mit messen wil. Danach teil ich disen messtab in zehen gleiche Felder, und derselben feld ein nenn ich ein zall. Darnach teil ich der zal eine in zehen gleiche Felder, und derselben feld ein nenn ich ein trümlein.«* Nach diesem Prinzip mißt Dürer acht Männer und zehn Frauen von fünf festliegenden Punkten aus und legt das Ergebnis in Tabellenform nieder.

Das dritte Buch handelt von der Veränderung der Proportionen mittels des »verkehrers«, mit dem er Höhe, Breite und Tiefe der Figuren vergrößern oder verkleinern kann, des »zwilings« und des »zeygers«, mit deren Hilfe Breitenmaße, und des »felschers«, mit dem Höhenmaße sich verändern lassen. Dieses Buch schließt mit einem ausführlichen ästhetischen Exkurs, der Dürers Kunsttheorie zusammenfaßt und umschreibt. Das vierte Buch schließlich *»zeygt an, wie und wo man die for beschrybenen bilder biegen sol. So nun vil in den fordern dreyen büchlein beschryben ist wie die bilder gemacht verendert un durch mancherley underschyd verkert mögen werden«*. Anhand von 21 Tafeln und zehn Textabbildungen demonstriert er die Anwendung der geometrischen Proportionallehre auf die Zeichnung unter Verwendung von Hilfslinien und Kuben.

Die Proportionallehre ohne die zahlreichen beispielhaften Holzschnitte zu referieren kann nur ein andeutungsweises Unterfangen bleiben. Dürers bildhafte, für jedermanns Verständnis gedachte Sprache, die nach seinem eigenen Wunsch nur von den äußeren Umrissen der Formen und Figuren und von dem System, wie diese von Punkt zu Punkt gezogen werden, handeln soll, ist für uns Heutige in ihrer Mischung aus mathematischer Trockenheit und liebevoller Pädagogik eher ein »poetisches« Dokument denn ein Lehrbuch. M.Be.

AUSGABEN: Nürnberg 1528; Zürich 1969, Hg. M. Steck, 2 Bde. [Faks.]. – Arnhem 1603. – Bln. 1956 (in *Schriftlicher Nachlaß*, Bd. 3, Hg. H. Rupprich). – Unterschneidheim 1969 [Faks.].

LITERATUR: L. Justi, *Konstruierte Figuren und Köpfe unter den Werken A. D.s*, Lpzg. 1902. – E. Panofsky, *D.s Kunsttheorie*, Bln. 1915. – Ders., *Die Entwicklung der Proportionslehre als Abbild der Stilentwicklung* (in Monatshefte f. Kunstwissenschaft XIV, 1921, S. 188–219; ern. in E. P., *Aufsätze zu Grundfragen der Kunstwissenschaft*, Bln. [3]1980, S. 169–204). – H. Kauffmann, *A. D.s rhythmische Kunst*, Lpzg. 1924. – E. Panofsky, *A. D.s rhythmische Kunst* (in Jb. für Kunstwissenschaft, 3, 1926, S. 136–192). – J. Giesen, *D.s Proportionsstudien im Rahmen der allgemeinen Proportionsentwicklung*, Bonn 1930. – E. Panofsky, *Das Leben und die Kunst A. D.s*, Mchn. 1977, S. 323–380. – B. Reudenbach, *In Mensuram Humani Corporis. Zur Herkunft der Auslegung und Illustration von Vitruv III 1 im 15. und 16. Jh.* (in *Text und Bild. Aspekte des Zusammenwirkens zweier Künste im Mittelalter und in der frühen Neuzeit*, Hg. Ch. Meier u. U. Ruberg, Wiesbaden 1980, S. 651–688). – S. Braunfels, *Der vermessene Mensch*, Weinheim 1983.

## FRIEDRICH DÜRRENMATT

* 5.1.1921 Konolfingen bei Bern

LITERATUR ZUM AUTOR:
E. Brock-Sulzer, *F. D. Stationen seines Werkes*, Zürich 1960; erw. 1973; zul. 1986 (detebe). – H. Bänziger, *Frisch und D.*, Bern/Mchn. 1960; (neu bearb. 1976). – R. Grimm, *Parodie und Groteske im Werk F. D.s* (in GRM, 1961, S. 431–450). – *Der unbequeme D.*, Beitr. v. G. Benn, E. Brock-Sulzer u. a., Basel 1962. – H. Mayer, *D. und Frisch. Anmerkungen*, Pfullingen 1963; ern. 1977. – C. M. Jauslin, *F. D. Zur Struktur seiner Dramen*, Diss. Zürich 1964. – U. Jenny, *F. D.*, Velber 1965. – E. Wilbert-Collins, *A Bibliography of Four Contemporary German-Swiss Authors. F. D., M. Frisch, R. Walser, A. Zollinger*, Bern 1967. – E. Brock-Sulzer, *D. in unserer Zeit. Eine Werkinterpretation in Selbstzeugnissen*, Basel 1968; erw. 1971. – J. Hansel, *F. D.-Bibliographie*, Bad Homburg u. a. 1968. – A. Arnold, *F. D.*, Bln. 1969; erg. 1979. – M. B. Peppard, *F. D.*, NY 1969. – M. Durzak, *D., Frisch, Weiss, Dt. Drama der Gegenwart zwischen Kritik und Utopie*, Stg. 1972. – P. Spycher, *F. D. Das erzählerische Werk*, Frauenfeld/Stg. 1972. – U. Profitlich, *F. D.s Komödienbegriff und Komödienstruktur. Eine Einführung*, Stg. u. a. 1973. – C. Gutmann, *Der Narr bei D.*, Bielefeld 1975. – *F. D. Studien zu seinem Werk*, Hg. G. P. Knapp, Heidelberg 1976. – J. Knopf, *F. D.*, Mchn. 1976; ern. 1988. – *F. D. I + II*, Hg. H.-L. Arnold, Mchn. 1976/77 (Text + Kritik, 50/51; 56); Bd. I, erw. 1980. – K. S. Whitton, *The theatre of F. D.*, Ldn. 1980. – G. P. Knapp, *F. D.*, Stg. 1980. – *Über F. D.*, Hg. D. Keel, Zürich 1980 (detebe). – *Facetten. Studien zum 60. Geburtstag F. D.s*, Hg. G. P. Knapp/ G. Labroisse, Bern 1981. – *Zu F. D. Interpretationen*, Hg. A. Arnold, Stg. 1982. – *Play D.*, Hg. M. Lazar, Malibu 1983. – S. Gottwald, *Der mutige Narr im dramatischen Werk F. D.s*, NY u. a. 1983.

### ACHTERLOO

Komödie in zwei Akten von Friedrich DÜRRENMATT, Uraufführung: Zürich, 6. 10. 1983, Schauspielhaus. – Seit Anfang der siebziger Jahre bezeichnet Dürrenmatt seine Theatertexte durchweg als Komödien (*Titus Andronicus*, 1970; *Der Mitmacher*, 1976; *Die Frist*, 1977; *Die Panne*, 1979). In den Stücken entsteht aus den Argumentations- und Handlungsklischees von Politikern und Meinungsmachern eine groteske, verzerrte Bühnenwirklichkeit. In *Achterloo* allerdings, und dies ist bei Dürrenmatt nicht die Regel, bezieht sich diese Groteske direkt auf konkrete Ereignisse der Gegenwart: auf die politische und soziale Situation in Polen 1981, kurz vor dem Verbot der Gewerkschaftsbewegung »Solidarnosc« und der Verhängung des Kriegsrechts.

Schon einmal wählte Dürrenmatt, in *Die Physiker*, eine Irrenanstalt als Schauplatz der Handlung; doch während sich dort die Protagonisten gegenseitig mit ihrem Spiel zu täuschen suchten, um schließlich zu erkennen, daß die Realität ihrem Spiel immer schon voraus war, spielen in *Achterloo* die Patienten unter Anleitung der Ärzte die Ereignisse in Polen nach. Auf der Anstaltsbühne erscheint Staats- und Parteichef Jaruzelski als Napoleon mit dunkler Sonnenbrille, Arbeiterführer Lech Walesa tritt als der tschechische Kirchenreformer Jan Hus auf, während die katholische Kirche in Polen von Kardinal Richelieu verkörpert wird. Als amerikanischer Botschafter in Warschau fungiert Benjamin Franklin, den stalinistischen Chefideologen Moskaus spielt Robespierre, während Marx in drei Rollen die verschiedenen Seelen des sowjetischen Generalsekretärs repräsentiert: Marx I ist der bärtige Philosoph, Marx II der kalte pragmatische Apparatschik, der von der Theorie nichts mehr wissen will, ein Technokrat der Macht, und Marx III der ewige Berufsrevolutionär, der mit umgehängter Maschinenpistole über die Bühne stolpert.

Die Anstaltsinsassen rekonstruieren 48 Stunden im Leben des polnischen Partei- und Staatschefs: Er läßt sich von Woyzeck rasieren, der zum Scharfrichter avanciert ist und fortwährend in Büchner-Zitaten spricht. Woyzeck ist durch seine Tochter Marion, die Hure der Nation, in deren Bett sich Freund und Feind tummeln, über alles im Staate bestens informiert. Dem Staatschef gelingt es, trotz der Einflüsterungen Washingtons und der innenpolitischen Unruhe, die Hus-Walesa mit seiner Gewerkschaft schürt, dem Druck Moskaus standzuhalten und sein Land vor dem Einmarsch der Truppen der Bruderstaaten zu bewahren. Hus-Walesa, der ein pornographisches Magazin herausgibt und damit die einzig profitable Devisenquelle des Landes geschaffen hat, wird von Napoleon-Jaruzelski gedeckt. Schließlich aber muß der Staatschef, um Schlimmeres zu verhindern, die Gewerkschaft verbieten, ein Verrat, den Marion durch seine Ermordung rächt. Das Rollenspiel auf der Anstaltsbühne kippt um und wird zur Anstaltsrealität: die Patientin Marion tötet tatsächlich den Patienten, der in die Rolle des Jaruzelski geschlüpft ist, die Ärzte greifen zu spät ein. Alle Erscheinungsformen des politisch-öffentlichen Lebens sind für Dürrenmatt offenbar heuchlerisch, in ihrer Konsequenz absurd und als monströse Groteske auf der Bühne nicht darstellbar; das dramatische Geschehen bleibt immer hinter der Wirklichkeit zurück.

Wie in all seinen Stücken, so liefert Dürrenmatt auch in seiner Collage *Achterloo* keine Erklärungen, sondern demonstriert, führt vor. Rettung aus der großen Unübersichtlichkeit des 20. Jh.s gibt es nicht, weder politische noch religiöse Heilslehren noch die Wissenschaft vermögen sie zu leisten, und jedes individuelle Engagement läuft ins Leere. Dürrenmatts resigniert-provozierende Bestandsaufnahme seiner Zeit wurde vom Publikum begeistert, von der Kritik mit Zurückhaltung aufgenommen. Man monierte sein Festhalten an dramaturgischen Mitteln, an Burlesken, phantastischen Analogien und Grotesken, die seine Stücke bereits in den fünfziger Jahren zum Erfolg werden ließen. Dürrenmatt selbst gab sich mit der ersten Fassung des Stücks nie so recht zufrieden. Die vielen Stufen der Um- und Überarbeitungen dokumentierte er schließlich gemeinsam mit Charlotte Kerr, seiner zweiten Frau, 1986 in dem Band *Rollenspiele, Achterloo III und Protokoll einer fiktiven Inszenierung*. Doch auch diese Fassung erfuhr erneut eine *»endgültige«* Überarbeitung, die 1988 in Schwetzingen zur Uraufführung kam, nach dem Urteil der Kritik aber kein grundlegend neues Stück darstellt. Hinzu kam die Figur Georg Büchners, und Richelieu wird nun von einer Frau gespielt. Nach der Aussage Dürrenmatts soll *Achterloo* sein letztes Bühnenwerk sein: *»Daß ich Abschied von der Bühne nehme, geschieht nicht aus Resignation, sondern mit Erleichterung. Ich kann ihr von nun an mit gutem Wissen den Rücken zukehren. Theater ist ohne Partner unmöglich, was die Theater von Achterloo denken, hat neulich einer der heutigen, ihr Theater melkenden Intendanten bekanntgegeben: Nichts. Genau das, was ich von ihnen halte.«* (Programmheft). R.Di.-KLL

AUSGABEN: Zürich 1983. – Zürich 1986 (in *Rollenspiele. Protokoll einer fiktiven Inszenierung u. Achterloo III*).

LITERATUR: G. Hensel, Rez. (in FAZ, 8. 10. 1983). – G. Stadelmaier, Rez. (in Stuttgarter Ztg., 8. 10. 1983). – C. B. Sucher, Rez. (in SZ, 8./9. 10. 1983). – S. Löffler, Rez. (in Der Spiegel, 10. 10. 1983). – P. Iden, Rez. (in FRs, 10. 10. 1983). – A. Krättli, Rez. (in Schweizer Monatshefte, 63, 1983, S. 868–870). – M. Merschmeier, Rez. (in Theater heute, 1983, H. 11, S. 19–21).

## DER AUFTRAG ODER VOM BEOBACHTEN DES BEOBACHTERS DER BEOBACHTER

Novelle »in vierundzwanzig Sätzen« von Friedrich DÜRRENMATT, erschienen 1986. – Eingekleidet in eine brillante Kriminalgeschichte liefert Dürrenmatt mit diesem reifen Alterswerk einen anspruchsvollen philosophischen Traktat über eine von Medien beherrschte Welt, in der ein blinder Dokumentationsfanatismus die Wirklichkeit auf Bilder gebannt, die Natur ihrer Geheimnisse beraubt, die *»Aura der Möglichkeit um jedwede Figur und um jedwede Situation weggeschnitten hat«*. (B. v. Matt) Mit der formalen Strukturierung der Novelle, die aus vierundzwanzig Sätzen besteht, die je ein Kapitel bilden, greift Dürrenmatt auf ein Formexperiment zurück, das er bereits in der Erzählung *Der Sohn* (in *Friedrich Dürrenmatt Lesebuch*) unternommen hatte. Dort bewältigte er die Handlung in einem einzigen weitausholenden Satz.

Die Frau des Psychiaters Otto von Lambert ist in einem nordafrikanischen Land vergewaltigt und ermordet aufgefunden worden. Der Ehemann erteilt der bekannten Fernsehjournalistin F. den Auftrag, die näheren Umstände des Geschehens zu recherchieren und zu dokumentieren. Er erklärt sich ihr gegenüber als der eigentlich Schuldige am Tod seiner Frau, die unter schweren Depressionen gelitten hat und von ihm nur noch als Fall, nicht mehr als Mensch gesehen worden war. Seine peniblen schriftlich festgehaltenen Beobachtungen ihres Krankheitsverlaufs seien ihr eines Tages in die Hände gefallen, weshalb sie das Haus kurzerhand verlassen habe. Lambert händigt der Journalistin neben diesen Notizen auch das Tagebuch seiner Frau aus. Nach dessen Lektüre berichtet F., es komme ihr vor, als ob sich darin *»eine Wolke aus lauter Beobachtungen zu einem Klumpen voll Haß und Abscheu verdichte«* und *»als hätte sie ein Drehbuch gelesen zur Dokumentation jedes Menschen, als ob jeder Mensch, filme man ihn so, zu einem von Lambert werde, wie ihn dessen Frau beschrieben habe, indem er durch eine so unbarmherzige Beobachtung jede Individualität verliere«*. So wie die Schilderung Lamberts im Tagebuch seiner Frau ins *»Übertriebene«* gegangen sei, seien seine Beobachtungen der Kranken ins *»allzu Abstrakte«* abgeglitten, *»ein Abstrahieren vom Menschen«* werde dahinter deutlich; Lambert definiere die Depression als *»psychosomatisches Phänomen, ausgelöst durch die Einsicht in die Sinnlosigkeit des Seins, die dem Sein an sich anhafte, der Sinn des Seins sei das Sein selber und damit sei das Sein prinzipiell nicht auszuhalten«*. In diesen existentialistischen Überlegungen wird Dürrenmatts Auseinandersetzung mit der Philosophie KIERKEGAARDS deutlich, die sich durch die gesamte Novelle zieht.

Durch die Lektüre der gegenseitigen Notizen der Lamberts vorbereitet, nimmt F. die Fahndung nach dem Mörder auf. Sie artet aus in eine Jagd von Gejagten, denn F. stellt schnell fest, daß sie beobachtet wird und ihre Beobachter wiederum von anderen beobachtet werden. Die Fahndung aller gegen alle wird zum Gleichnis für die Fahndung der Heldin nach sich selbst. Sie gipfelt in der Erfahrung der *»Existenz als unerbittlicher, unergründlicher und meist unerkannter ungefragter Seinsform«* (B. v. Matt): Als F. den vermutlichen Mörder, den geistesgestörten Achilles trifft, der vom Wahn besessen ist, Frauen zu vergewaltigen und zu töten, wird sie bei seinem Anblick von einem *»ungeheuren Anprall der Gegenwart erfaßt, von einer nie gekannten Lust zu leben, ewig zu leben, sich auf diesen Riesen, auf diesen idiotischen Gott zu werfen, die Zähne in seinen Hals zu schlagen, plötzlich ein Raubtier geworden, bar jeder Menschlichkeit, eins mit dem, der sie vergewaltigen und töten wollte, eins mit der fürchterlichen Stupidität der Welt«*. Auf diese Weise erlangt F., durch ihre Identifizierung mit dem Animalischen und das Einberechnen des eigenen Todes, Lebendigkeit, Menschlichkeit im Kierkegaardschen Sinne. Die von Berufs wegen beobachtende, dokumentierende Frau, die stets aus zweiter Hand lebte, stets von den Stoffen zehrte, die sie festhielt, wird durch diese existentielle Erfahrung zum Subjekt, in einer Welt, in der jeder Individualismus durch die sezierende Beobachtung von jedermann durch jeden zerstört wird.

Achilles haust mit dem Kameramann Polyphem, der auch im Zeitalter der Videokameras bevorzugt mit seinem alten Photoapparat arbeitet und die Welt in Einzelbilder segmentiert, in einem Wüstenbunker, der die Schaltzentrale eines wahnwitzigen strategischen Kriegsspiels ist, in dem alle Waffen dieser Welt in einem künstlich aufrechterhaltenen Krieg getestet werden. Achilles und Polyphem kommen in der Entscheidungsschlacht dieses Krieges um, die Kameramänner auf Panzertürmen *»gleich phantastischen Tieren«* filmen, bis *»eine Explosion die Wüste wie ein Erdbeben«* erschüttert und ein Feuerball aufsteigt. F. entkommt mit knapper Not dem apokalyptischen Alptraum. Dieses nicht nur vordergründig positive Ende, aus dem die Heldin, des Todes ansichtig geworden, als Mensch hervorgeht, unterscheidet die Erzählung von den vorangegangenen Arbeiten Dürrenmatts. KLL

AUSGABE: Zürich 1986.

LITERATUR: B. v. Matt, Rez. (in NZZ, 5. 9. 1986). – R. Stumm, Rez. (in Basler Ztg., 9. 10. 1986). – W. Hinck, Rez. (in FAZ, 18. 10. 1986). – A. Krättli, Rez. (in Schweizer Monatshefte, 67, 1987, S. 70–80).

## DER BESUCH DER ALTEN DAME

Eine tragische Komödie in drei Akten von Friedrich DÜRRENMATT, entstanden 1955, Uraufführung: 29. 1. 1956, Zürich, Schauspielhaus. – In der Handlung des Stücks, das ursprünglich den Untertitel *Komödie der Hochkonjunktur* trug, sind zwei Themen miteinander verknüpft: der Abfall einer kleinen Stadt von moralischen Konventionen unter dem Zugriff der Macht und der Verführung des Geldes, denen die Bewohner *»nur schwach, nicht böse«* erliegen, und die Geschichte eines Schuldigen, der dazu gelangt, seine Schuld zu erkennen und zu sühnen. Die Kleinstadt Güllen *»irgendwo in Mitteleuropa«* (Nachwort Dürrenmatts) erwartet den Besuch der alten Dame Claire Zachanassian, die als junges Mädchen selbst in Güllen gewohnt hatte. Man erhofft sich von ihr Rettung vor dem finanziellen Ruin, der die Stadt seit langem bedroht und der, wie sich später zeigen wird, von der inzwischen reich und mächtig gewordenen Claire selbst über Güllen verhängt worden war. Der Krämer Alfred Ill soll Claire, seine Jugendgeliebte, zu einer gemeinnützigen Stiftung veranlassen und damit der Stadt einen Platz an der Sonne verschaffen. Er hatte seine Freundin verleugnet, als sie vor fünfundvierzig Jahren ein Kind von ihm erwartete, und sie damit auf den Leidensweg der Auswanderung und der Prostitution gestoßen. Claire, den Bürgern ein Popanz und Götzenbild, wird für Ill zum steinernen Gast. Denn Claire macht ihre Stiftung davon abhängig, daß *»Gerechtigkeit«* und *»totale Rache«* geübt werden: Ill soll für sein damaliges Vergehen von seinen Mitbürgern umgebracht werden. Die Bürger lehnen anfangs das Ansinnen *»im Namen der Menschlichkeit«* entrüstet ab, beruhigen sich dann damit, es werde sich schon alles »arrangieren« lassen, und erliegen schließlich der Versuchung des Geldes. Sie beschließen, Ill zu töten; in der Einsicht, daß die Zeit seine Schuld nicht getilgt hat, nimmt dieser das Opfer auf sich. Der Scheck wird ausgefertigt und ein (das erste Stasimon der *Antigone* des Sophokles grotesk abwandelnder) Schlußchor preist das heilige Gut des Wohlstandes, während die Presse meldet: *»Tod aus Freude. Das Leben schreibt die schönsten Geschichten.«* Das Tragikomische des Stücks, das ein Welterfolg wurde, beruht auf der Kreisbewegung zweier gegenläufiger Geschichten: hier die lächerliche Groteske von der Käuflichkeit der Moral einer ganzen Stadt, dort die exemplarische Demonstration der Entwicklung des sittlichen Bewußtseins in einem Einzelnen. Beide werden, die eine in absteigender, die andere in aufsteigender Richtung in Gang und zu Ende gebracht von der *»reichsten Frau der Welt«*, die *»durch ihr Vermögen in der Lage«* ist, *»wie eine Heldin der griechischen Tragödie zu handeln, absolut, grausam, wie Medea etwa«* (Nachwort Dürrenmatts zu seinem Stück). Die Kritik an der westlichen Wohlstandsgesellschaft, von Dürrenmatt auch in Hörspielen wie *Herkules und der Stall des Augias* (1954), *Der Prozeß um des Esels Schatten* (1956) oder *Abendstunde im Spätherbst* (1957) thematisiert, wird mit den Topoi der griechischen Tragödie, vor allem des Ödipus-Stoffes, verknüpft: Verhängnis und Gericht, Schuld und Sühne, Rache und Opfer. In einem vergeblichen Versuch Ills, sich der bürgerlichen Gemeinschaft und der eigenen Verantwortung zu entziehen, überschneiden sich beide Geschichten; in seinem Tod, der ihn in die Gemeinschaft zurückführt, laufen sie zusammen. Der simultane Verlauf der Geschehnisse entspricht dem Sachverhalt, daß innerhalb einer Gemeinschaft die Moral zugleich erkannt und vertuscht werden kann – *»dargestellt von einem, der sich von diesen Leuten durchaus nicht distanziert und der nicht so sicher ist, ob er anders handeln würde«* (Nachwort). W.F.S.-KLL

Ausgaben: Zürich 1956. – Zürich 1957 (in *Komödien*, Bd. 1). – Ffm. 1959 (in *Spectaculum*, Bd. 2). – Zürich 1980 (in *Werkausgabe*, 30 Bde., 5; 2. Fassg).

Verfilmung: *The Visit*, USA 1964 (Regie: B. Wicki).

Vertonung: G. v. Einem, *Der Besuch der alten Dame*, (Oper; Urauff.: Wien 1971).

Literatur: J. C. Loram, *»Der Besuch der alten Dame« and »The Visit«* (in MDU, 53, 1961, S. 15–21). – E. E. Reed, *D.'s »Besuch der alten Dame«. A Study in the Grotesque* (ebd., S. 9–14). – H. J. Syberberg, *Zum Drama F. D.s Zwei Modellinterpretationen zur Wesensdeutung des modernen Dramas*, Diss. Mchn. 1963. – P.-J. Breuer, *F. D., »Der Besuch der alten Dame«* (in *Europäische Komödien*, Hg. K. Bräutigam, Ffm. 1964, S. 214–242). – E. Neis, *Erläuterungen zu D.s »Der Besuch der alten Dame« und »Die Physiker«*, Hollfeld 1965. – E. S. Dick, *D.s »Der Besuch der alten Dame«. Welttheater und Ritualspiele* (in ZfdPh, 1968, H. 4, S. 498–509). – D. G. Doviau, H. J. Dunkle, *F. D.s »Der Besuch der alten Dame«. A Parable of Western Society in Transition* (MLQ, 1974, S. 302–316). – E. K. Neuse, *Das Rhetorische in D.s »Der Besuch der alten Dame«. Zur Funktion des Dialogs im Drama* (in Seminar, 1975, S. 225–241). – V. Schüler, *D. »Der Besuch der alten Dame«. »Der Verdacht«. Untersuchungen und Anmerkungen*, Hollfeld 1975. – M. Durzak, *Die Travestie der Tragödie in D.s »Der Besuch der alten Dame« und »Die Physiker«* (in Deutschunterricht, 1976, H. 6, S. 86–96). – *F. D. »Der Besuch der alten Dame«. Erläuterungen und Dokumente*, Hg. J. Schmidt, Stg. 1976 (RUB). – K. S. Guthke, *F. D. »Der Besuch der alten Dame«* (in *Das dt. Drama vom Expressionismus bis zur Gegenwart*, Hg. M. Brauneck, Bamberg 1977, S. 241–249). – K. Haberkamm, *Die alte Dame in Andorra. Zwei Schweizer Parabeln des nationalsozialistischen Antisemitismus* (in *Gegenwartslit. und Drittes Reich*, Hg. H. Wagener, Stg. 1977, S. 95–110). –H. Haller, *F. D.s tragische Komödie »Der Besuch der alten Dame«* (in *Deutsche Dramen*, Hg. H. Müller-Michaels, Königstein/Ts. 1981, Bd. 2, S. 137–162). – H. Kester, *F. D.s »Besuch der alten Dame«* (in H. K., *Fakten und Hintergründe*, Lund 1982, S. 58–67). – M. Andreotti, *Die kollektivierte Figur. D.s »Besuch der alten Dame« als moderner Text* (in Sprachkunst, 15, 1984, S. 352–357).

## DIE EHE DES HERRN MISSISSIPPI

Komödie in zwei Teilen von Friedrich Dürrenmatt, Uraufführung: München, 26. 3. 1952, Kammerspiele. Eine aus mehreren Fassungen in Zusammenarbeit mit dem Regisseur der Uraufführung, Hans Schweikart, entwickelte erste Buchausgabe erschien 1952, eine zweite 1957. Eine dritte Version, die, nach einer Bemerkung des Autors, die ursprünglich *»vielleicht mehr religiös bestimmte Komödie«* zur *»politischen Farce«* abschwächte, entstand im Jahre 1959, veröffentlicht 1964; schließlich folgte eine weitere Fassung 1970 u. d. T. *Mississippi 1970* sowie eine fünfte und bislang letzte Fassung 1980 im Rahmen der Werkausgabe. – Schauplatz der Handlung ist – ohne jeden Szenenwechsel – ein im Biedermeier- und Louis-quatorze-Stil möblierter Salon, dessen vom Autor geforderte *»spätbürgerliche Pracht und Herrlichkeit«* im Verlauf des Stückes solche Bedeutung erhalten, daß die folgenden Begebenheiten als *»Geschichte dieses Zimmers«* aufgefaßt werden dürfen. Das Stück beginnt mit der aus *»therapeutischen Gründen«* vorweggenommenen, eigentlich am Ende stehenden Ermordung einer der Hauptfiguren, des kommunistischen Revolutionärs Frédéric René Saint-Claude, der in einem längeren, ironischen Monolog auf die kommenden Ereignisse vorbereitet: *»... es geht um das nicht unbedenkliche Schicksal dreier Männer, die sich, aus verschiedenen Methoden, nichts mehr und nichts weniger in den Kopf gesetzt hatten, als die Welt teils zu ändern, teils zu retten, und denen nun das freilich grausame Pech zustieß, mit ei-*

*ner Frau zusammenzukommen, die weder zu ändern, noch zu retten war, weil sie nichts als den Augenblick liebte.«*
Die fünf Jahre zurückliegende, *»ins Jahr 47 oder 48«* datierte Haupthandlung setzt mit dem Besuch des Generalstaatsanwalts Florestan Mississippi bei Anastasia wenige Tage nach dem Tod ihres Gatten François ein. Mississippi, Fanatiker der Gerechtigkeit, beschuldigt Anastasia des Mordes an ihrem Gatten, der zudem mit Mississippis ebenfalls vor kurzem verstorbener Frau Madeleine im Ehebruch gelebt haben soll. Anastasia gesteht ihr Verbrechen. Mississippi droht jedoch nicht mit einer Mordanklage, sondern bietet ihr die Ehe an. Anastasia weigert sich, bis er sie mit dem Geständnis überrascht, er habe seine Frau Madeleine ebenfalls vergiftet. Er bindet Anastasia an sich, um sie *»durch die Ehe in einen Engel zu verwandeln«* und selbst seinen Mord zu sühnen. Als die Regierung Mississippi zum Rücktritt auffordert, da sein Radikalismus – die Zahl der von ihm erzwungenen Todesurteile hat sich auf 350 erhöht – die extreme Linke unnötig errege, lehnt er mit aller Entschiedenheit ab. Sein Jugendfreund Saint-Claude, der als Mitglied des Politbüros der Kominform und Bürger der Sowjetunion beauftragt ist, die kommunistische Partei des Landes zu reformieren, enthüllt Mississippis Vergangenheit: Beide sind Söhne von Straßendirnen, die als Strichjungen ein Bordell betrieben und jetzt versuchen, ihre Vergangenheit zu vergessen. Während jedoch dem einen die *Bibel* zum unauslöschlichen Jugenderlebnis wurde, hat beim andern Marx' *Kapital* dieselbe Wirkung getan, und während Mississippi die *»Gerechtigkeit des Himmels«* zu vertreten sucht, fördert Saint-Claude die der *»Erde«* und die *»Weltrevolution der Ausgebeuteten«* – beide im Bewußtsein, die *»letzten Moralisten unserer Zeit«* zu sein. Als Mississippi es ablehnt, sich Saint-Claudes Absichten zu unterwerfen, entfesselt dieser einen Volksaufstand gegen ihn. In einem der Handlung vorgreifenden Monolog, ähnlich dem Saint-Claudes zu Beginn, äußert die dritte Hauptfigur, Graf Bodo von Übelohe-Zabernsee, ein tragischer Don Quijote, den seine *»sozialen Liebeswerke«* zum Bettler gemacht haben, Vermutungen über die Absichten des Autors: es scheint, *»daß es ihm* [dem Verfasser] *darum ging, zu untersuchen, was sich beim Zusammenprall bestimmter Ideen mit Menschen ereignet, die diese Ideen wirklich ernst nehmen und mit kühner Energie, mit rasender Tollheit und mit einer unerschöpflichen Gier nach Vollkommenheit zu verwirklichen trachten«*. Der *»Liebhaber grausamer Fabeln und nichtsnutziger Lustspiele, ... dieser zähschreibende Protestant und verlorene Phantast«*, als den sich Dürrenmatt durch Übelohe charakterisieren läßt, mag ihn besonders geliebt haben, als er ihn *»allein in diesem Stück das Abenteuer der Liebe«* auf sich zu nehmen bestimmte. Übelohe klärt über Anastasias Vorleben auf: sie war einmal seine Jugendgeliebte und hat ihren Gatten vergiftet, um ihn heiraten zu können. Übelohe entschließt sich, Mississippi die Wahrheit zu gestehen. Als der jedoch, von Steinwürfen der empörten Menge verfolgt, den Salon betritt, leugnet Anastasia entschlossen. Während Maschinengewehrsalven der aufständischen Kommunisten das Mobiliar zerfetzen, entwickelt sich unter dem Biedermeier-Kaffeetisch eine Auseinandersetzung zwischen Übelohe und Mississippi, in deren Verlauf Übelohe, in plötzlicher Einsicht, daß die Wahrheit *»immer nur ein Wahnsinn«* sei, völlig zusammenbricht: *»So bin ich geworfen auf eine Erde, die nicht mehr zu retten ist, / und genagelt ans Kreuz meiner Lächerlichkeit, / hänge ich an diesem Balken, / der mich verspottet, / schutzlos / dem Antlitz Gottes entgegengehoben, / ein letzter Christ.«* Als Mississippi die Absicht äußert, seinen und seiner Frau Doppelmord zu gestehen, wird er ins Irrenhaus eingewiesen.
Nach dem gescheiterten Aufstand nähert sich Saint-Claude Anastasia, um mit ihr nach Portugal zu fliehen und von dort aus die Weltrevolution weiterzutreiben, indem er Anastasia in einem *»anständigen Bordell«* beschäftigen will – seines Erachtens die einzige Chance, sie *»zum Wohle der Welt«* einzusetzen. Er bemerkt jedoch rechtzeitig Anastasias Versuch, ihn zu vergiften. Der aus dem Irrenhaus entwichene Mississippi trinkt den für Saint-Claude bestimmten Kaffee, nicht ohne zuvor wiederum Anastasias Getränk vergiftet zu haben, um angesichts des Todes die Wahrheit von ihr zu erfahren. Er beschwört sie, ihm einen eventuellen Ehebruch zu gestehen, aber Anastasia leugnet selbst noch, als sie sich vergiftet weiß. Mississippi stirbt getäuscht, der Illusion verfallen, seine Ehe mit dem *»Engel der Gefängnisse«* habe wenigstens die Berechtigung seiner Hoffnung erwiesen, Anastasia sittlich zu heben, während der zurückkehrende Saint-Claude sich verspäteten Reflexionen darüber hingibt, wie er mit diesem *»sö nützlichen Geschöpf, mit dieser Hure Babylons«*, sich die ganze Welt hätte unterwerfen können, bevor er sich, den Beginn des Stückes wiederholend, von seinen Parteigenossen erschießen läßt.
Ein kurzes Nachspiel versammelt noch einmal die vier Hauptpersonen des Stücks. Saint-Claude und Mississippi geben dem sie verzehrenden Bewußtsein der immer neuen Veränderbarkeit der Welt Ausdruck (*»Immer kehren wir wieder, wie immer wir wiederkommen«*); Übelohe begreift die tragische Unterlegenheit des Menschen angesichts eines ihn überwältigenden Chaos: *»Oftmals zusammengehauen, oftmals verlacht / und dennoch dir trotzend ... / Stürze ich auf meiner Schindmähre / über deine Größe hinweg / in den flammenden Abgrund der Unendlichkeit / Eine ewige Komödie / Daß aufleuchte Seine Herrlichkeit / genährt durch unsere Ohnmacht.«*
Dürrenmatt hat alles getan, um das ursprünglich wohl aus der Tradition der Salonkomödie entwikkelte Stück mit – in Anlehnung an BRECHTS episches Theater verwendeten – parodistisch-distanzierenden Elementen zu versetzen und die expressive Pathetik des Vorwurfs zu entkräften. So sind allen drei männlichen Hauptfiguren lange Monologe mit Äußerungen über den Autor und seine Absichten, Kommentare zu ihren Rollen und Voraus- und Rückdeutungen anvertraut, die zum Teil bän-

kelsängerhaft an großen Plakattafeln erläutert und rekapituliert werden. Die durchaus realistische Ausgangssituation – Dürrenmatt verlangt, daß das gesamte Spiel um das Biedermeier-Kaffeetischchen (die *»eigentliche Hauptperson«*) herum zu inszenieren sei – wird in den Jahren des kalten Krieges zum grotesken, immer irrealeren Zentrum eines großangelegten ideologischen Versuchsfeldes, auf dem erprobt werden soll, *»ob der Geist – in irgendeiner Form – imstande sei, eine Welt zu ändern, die nur existiert, die keine Idee besitzt, ob die Welt als Stoff unverbesserlich sei«*. Alle drei Hauptfiguren, radikale – und deshalb »blinde« – Idealisten, scheitern an der Undurchdringlichkeit dieser Welt, die Anastasia repräsentiert. Gerade ihr Tod widerspricht jedoch der inneren Logik des Stücks, in dem der Autor sie allein – neben Diego, dem kühlen, anpassungsbereiten Opportunisten – hätte überleben lassen sollen. Vermutlich hätte dies aber eine Festlegung seitens des Autors bedeutet, die er nicht leisten wollte, wie auch seine Gesellschaftskritik viel von ihrer Schärfe verliert mit der These, daß der Mensch letztlich nicht zu ändern sei; wie man sich damit zu arrangieren habe, darf Diego in einer Bemerkung andeuten, die die Dialektik von absolutem Ideal und träger Wirklichkeit, um die das Stück kreist, aufhebt: *»Die Welt ist schlecht, aber nicht hoffnungslos, dies wird sie nur, wenn ein absoluter Maßstab an sie gerichtet wird. Die Gerechtigkeit ist nicht eine Hackmaschine, sondern ein Abkommen.«* Auf Tilly Wedekinds Vorwurf, Dürrenmatt habe bei diesem Stück aus Frank WEDEKINDS *Schloß Wetterstein* (1912) abgeschrieben, entgegnete der Autor: *»Ich glaube nicht, daß ein heutiger Komödienschreiber an Wedekind vorbeigehen kann ...«*. Querverweise lassen sich auch zu Max FRISCHS *Graf Öderland* (1951) ziehen. H.H.H.

AUSGABEN: Zürich 1952. – Zürich o. J. [1957; 2. Fassg.]. – Zürich 1957 (in *Komödien*; 2. Fassg.; [6]1963). – Zürich 1964 [3. Fassg.]. – Zürich 1970 [4. Fassg.]. – Zürich 1980 (in *Werkausgabe*, 30 Bde., 3, 5. Fassg.).

VERFILMUNG: Schweiz/Deutschland 1961 (Regie: K. Hoffmann; Drehbuch: F. Dürrenmatt).

LITERATUR: E. Brock, *Die neueren Werke F. D.s* (in NSRs, N.F., 21, 1953/54, S. 681–685). – K. Schulz, *Die dramatischen Experimente F. D.s* (in DRs, 84, 1958, S. 657–663). – G. Benn, *»Die Ehe des Herrn Mississippi«* (in *Der unbequeme Dürrenmatt*, Stg. 1962, S. 31–35). – R. Grimm, *Nach zwanzig Jahren. F. D. u. seine »Ehe des Herrn Mississippi«* (in Basis, 3, 1972, S. 214–237). – G. Marahrens, *F. D.s »Die Ehe des Herrn Mississippi«* (in *F. D. Studien zu seinem Werk*, Hg. G. P. Knapp, Heidelberg 1976, S. 93–124). – F. D., *Bekenntnisse eines Plagiators* (in *Deutsche Literaturkritik*, Hg. H. Mayer, Bd. 4, Ffm. 1983, S. 382–388; zuerst 1952).

## EIN ENGEL KOMMT NACH BABYLON

»Fragmentarische Komödie« in drei Akten von Friedrich DÜRRENMATT, erste Fassung Uraufführung: München, 22. 12. 1953, Kammerspiele; zweite Fassung Erstaufführung: Göttingen, 6. 4. 1957, Deutsches Theater; dritte Fassung 1980, Werkausgabe. – Die Komödie versuche den Grund anzugeben, schreibt Dürrenmatt in einer Anmerkung zur zweiten Fassung, *»weshalb es in Babylon zum Turmbau kam ... Meine Gedanken, meine Träume kreisten jahrelang um dieses Motiv«*. Ein erster Versuch, den Stoff zu gestalten, mißlang 1948. Auch das fünf Jahre später entstandene Stück befriedigte den Autor noch nicht. Er überarbeitete es dramaturgisch, mit dem Ziel, die Komödie *»Handlung werden zu lassen und nichts weiter«*. Die verschiedenen Fassungen unterscheiden sich, wie meist bei Dürrenmatt, durch Straffungen und Verknappungen der Dialoge. Der Autor plante eine Fortsetzung des Stücks u. d. T. *Die Mitmacher (»Alle sind gegen den Turm und dennoch kommt er zustande ...«)*, die er allerdings anders realisierte als erwartet: *Der Mitmacher*, 1973 uraufgeführt und 1980 in 2. Fassung mit dem Untertitel *Ein Komplex* erschienen, steht zwar in innerem Zusammenhang mit dem *Engel*, hat sich aber aus dessen Motivkreis und antikischer Gewandung gelöst; der Mitmacher muß sich in einem Gangstermilieu der Gegenwart zugrunde richten lassen.

Ein Engel ist aus dem Himmel herabgestiegen. Er soll das erst wenige Augenblicke zuvor von Gott erschaffene Mädchen Kurrubi als Geschenk dem geringsten der Menschen übergeben. Das ist der Bettler Akki in Babylon. Als König ist dort gerade Nebukadnezar an die Macht gekommen. Er will den *»vollkommenen Staat«* und hat das Betteln verboten: *»Die Vollkommenheit hat nichts Überflüssiges an sich, ein Bettler ist jedoch überflüssig.«* Alle Bettler sind in den Staatsdienst getreten, nur Akki weigert sich hartnäckig. Nebukadnezar will ihn trotzdem noch nicht aufhängen lassen, sondern bekehren und verkleidet sich zu diesem Zweck als Bettler. Am Ufer des Euphrat trifft er zunächst den (ebenfalls als Bettler verkleideten) Engel mit Kurrubi, dann auch Akki und gibt sich ihm gegenüber als der erste Bettler von Ninive aus. Akki ist bereit, Staatsbeamter zu werden, wenn er in einem Wettkampf im Betteln unterliegt. Natürlich ist er viel erfolgreicher, zuletzt gelingt es ihm sogar, von Soldaten den gefangenen Exkönig Nimrod zu erbetteln. Dem unerkannten Nebukadnezar aber, besiegt und scheinbar also der niedrigste der Menschen, offenbart sich der Engel, er übergibt ihm *»die Gnade des Himmels«*, Kurrubi, die ihn um seiner Hilflosigkeit willen liebt. Erbittert und verzweifelt, daß sie vom Himmel dem Bettler, nicht dem König bestimmt ist, nimmt er sie nicht an: *»So schlage ich zu Boden, was ich mehr liebe denn je einen Menschen, so trete ich dich mit Füßen, du Gnade Gottes, von der meine Seligkeit abhängt.«* Im Tausch gegen Nimrod überläßt er sie Akki. Bei ihm lebt sie, und *»ihre Schönheit erfüllt die Stadt Babylon mit himmlischem Glanz«*. Alle lieben sie, werben um sie, bedrängen sie. Da erscheint der Engel, und sogleich sind alle überzeugt, daß das *»Himmelsmädchen«* Königin werden muß. Während Akki, da er weiterhin betteln will, endgültig aufgehängt werden soll, es aber fertigbringt, daß der Henker ihm statt dessen sein Amt abtritt, wird Kurrubi zum König gebracht. Sie liebt noch immer den angeblichen Bettler aus Ninive, doch als Nebukadnezar sich ihr zu erkennen gibt, ist sie fassungslos. Vergeblich bittet sie ihn, auf den Thron zu verzichten und mit ihr zu fliehen. Obwohl er sie liebt, obwohl er sich *»mit dem Himmel versöhnen«* möchte, kann er sich von der gerade erst eroberten Macht nicht trennen: *»Meine liebe Kurrubi, ich habe die Welt zu regieren.«* Inzwischen ist ein Aufstand ausgebrochen, das Volk stürmt den Palast. Es wünscht *»das Mädchen zur Königin ..., nicht aber unbedingt seine Majestät zum König«*. Als Nebukadnezar verkündet, Kurrubi gehöre dem, der sie am meisten liebe, ist indessen niemand bereit, alles hinzugeben und der Bettler zu werden, dem allein sie bestimmt ist. Jetzt ist sie das *»Hexenmädchen«*, das Unglück, Elend und Tod bringt. Sie wird dem Henker übergeben – also Akki, der mit ihr durch Wüste und Sandsturm flieht, in ein neues Land, *»tauchend aus der Dämmerung, dampfend im Silber des Lichts, voll neuer Verfolgung, voll neuer Verheißung und voll von neuen Gesängen!«* Bekümmert gesteht Nebukadnezar sich ein: *»Ich blieb ohne Gnade.«* Er weiß, daß er Kurrubi um seiner Macht willen verriet, seine Trauer aber schlägt in Trotz und Empörung um: *»Ich will die Menschheit in einen Pferch zusammentreiben und in ihrer Mitte einen Turm errichten, der die Wolken durchfährt, durchmessend die Unendlichkeit, mitten in das Herz meines Feindes.«*

Das Stück zeigt Dürrenmatts große Theaterbegabung, seine Fähigkeit, komplizierte geistige und gesellschaftliche Sachverhalte in szenische Vorgänge und bühnenwirksame Dialoge umzusetzen und so darstellbar, spielbar zu machen. Die Fabel ist durchsichtig und genau konstruiert, die Handlung entwickelt sich jedoch nicht rasch und – im konventionellen Sinn – dramatisch-spannend, sondern erhält durch Episoden und die breite Ausgestaltung einzelner Situationen (z. B. den Wettkampf der Bettler) und durch lyrische oder erzählende Einlagen (wie die »Makamen« Akkis) einen epischen Charakter. Witzig und pointiert, gelegentlich fast allzu einfallsreich, wird gleichsam nebenher eine Fülle von Themen glossiert, werden Dichter und Theologen ironisiert, wird der politische Machtkampf ebenso verspottet wie der Wille, ein *»makelloses Reich«* zu schaffen, in dem zwar das Betteln verboten wird, gegen die Bankiers einzuschreiten aber nicht möglich ist. Die ästhetische Problematik, daß die traditionellen dichterischen Formen verbraucht und ausdruckslos geworden sind, versucht Dürrenmatt zu überwinden, indem er mit einer Vielfalt gegensätzlicher Sprach- und Darstellungsstile arbeitet. Er verbindet Farce und Trauerspiel, kabarettistischen Jux und religiöse Allegorie, mischt Karikatur und Parodie mit Elementen des Märchens, den Ton des Bänkelsangs mit dem der *Bibel*, schnoddrigen Kommentaren folgt lyrisches Pathos. Eine »Komödie« ist *Ein Engel kommt nach Babylon* nur, wenn man es mit dem Begriff nicht ganz genau nimmt; ebensosehr ist es ein – freilich nicht naiv frommes, sondern kritisch intellektuelles und burleskes – geistliches Spiel von der Ratlosigkeit des Menschen, wenn er der Gnade Gottes begegnet, und ein komödiantisches Lehrstück über die Unvereinbarkeit von Macht und Gnade und über das Königtum des Bettlers: *»Geheime Lehrer sind wir, Erzieher der Völker. Wir gehen in Fetzen, der Erbärmlichkeit des Menschen zuliebe, gehorchen keinem Gesetz, die Freiheit zu verherrlichen. Wir essen gierig wie Wölfe, trinken wie Schlemmer, den schrecklichen Hunger zu offenbaren, den verzehrenden Durst, der in der Armut liegt, und die Brückenbogen, unter denen wir schlafen, füllen wir mit dem Hausrat verschollener Reiche, damit deutlich werde, daß alles beim Bettler mündet im Sinken der Zeit.«* W.Hn.

AUSGABEN: Zürich 1954 [1. Fassg.]. – Zürich 1958 [2. Fassg.] – Zürich 1963 (in *Komödien I*). – Zürich 1980 (in *Werkausgabe*, 30 Bde., 4; 3. Fassg.).

VERTONUNG: R. Kelterborn, *Ein Engel kommt nach Babylon*, (Oper; Urauff.: Zürich, 5. 6. 1977).

LITERATUR: W. Berghahn, *F. D.s Spiel mit den Ideologien* (in FH, 11, 1956, S. 100–106). – E. Neis, *Erläuterungen zu F. D.: »Romulus der Große«. »Ein Engel kommt nach Babylon«. »Der Meteor«*, Hollfeld 1971. – T. Poser, *»Ein Engel kommt nach Babylon«* (in *Interpretation des modernen Dramas*, Hg. R. Geißler u. a., Ffm. u. a. 1981, S. 88–96).

## DER METEOR

Komödie in zwei Akten von Friedrich DÜRRENMATT. Uraufführung: Zürich, 20. 1. 1966, Schauspielhaus; eine zweite Fassung erschien 1980. – Wie in früheren Werken entwirft Dürrenmatt auch in diesem Stück eine »verkehrte Welt« von grotesker Tragikomik und rechnet anhand eines absurd überspitzten Modellfalls mit der heutigen Gesellschaft ab. Seine Satire gilt sowohl dem Starkult um einen Nobelpreisträger wie der Scheinheiligkeit gegenüber dem Tod.

Der klinisch für tot erklärte Schriftsteller Wolfgang Schwitter hat sich, wieder zum Leben erwacht, aus dem Krankenhaus geschlichen und erscheint in seinem einstigen Atelier, um dort ungestört sterben zu können. Mit seinem verfehlten Leben hat er abgeschlossen, stopft seine Manuskripte und Banknoten im Wert von anderthalb Millionen in den Ofen und wartet auf seinen Tod. Jenseits aller Lebenshoffnung aber beginnt er unversehens eine unheimliche, zerstörerische Vitalität zu entwickeln. Seine bindungslose Freiheit und die Besessenheit, mit der er auf seinem Recht zu sterben besteht, vernichten alles Leben um ihn: den Pfarrer, der an

Schwitters Auferstehung glaubt; seine neunzehnjährige Frau, ein ehemaliges Callgirl; die Toilettenfrau und Zuhälterin, die sich ihm als seine Schwiegermutter vorstellt. Die Frau des mittelmäßigen Aktmalers Nyffenschwander entdeckt in Schwitters Armen das wahre Leben und verläßt ihren Mann. Der Großunternehmer Muheim zerbricht an der Enthüllung, seine Frau habe ihn ebenfalls mit Schwitter betrogen, und tötet in seiner Verzweiflung Nyffenschwander: eine sinnlose Tat, da für Schwitter Wahrheit und Lüge zu austauschbaren Begriffen geworden sind. Er ruiniert auch den Arzt, der ihn nach einem neuerlichen Scheintod für völlig gesund erklären muß. *»Ein Skandal, daß ich noch lebe!«* ruft Schwitter, aber das Sterben ist ihm nicht vergönnt. Während ein Heilsarmeechor seine Auferstehung feiert, schreit er: *»Wann krepiere ich endlich?«*

Der todbringende Meteor, der weiterleben muß – Dürrenmatt entwickelt diesen glänzenden Einfall zum makabren, possenhaften Bühnenspaß. Der Nobelpreisträger, der sein Sterben lebt *(»Die Idee des Stücks ist die Geschichte eines Mannes, der aufersteht und seine Auferstehung nicht glaubt«)*, fügt sich als »totales Individuum« nicht mehr in die Gesellschaft, der er entfliehen wollte. *»Ein Schriftsteller, den unsere heutige Gesellschaft an den Busen drückt, ist für alle Zeiten korrumpiert.«* Ebenso scharf beleuchtet Dürrenmatt das Tödliche der literarischen Kritik, die Schwitter vernichtet, indem sie ihn »versteht«. Mit dem Satz *»Sein Theater, nicht die Realität, ist grotesk«* nimmt der Autor Bezug auf sein eigenes Schaffen und erhebt zugleich Anklage gegen das saturierte Publikum. In scharfen Paradoxien gestaltet er eine widersprüchliche Wirklichkeit: Der Arzt bittet den Sterbenden um eine letzte Chance; ein Auferstandener bemüht sich vergeblich zu sterben, während um ihn herum alles gesunde Leben erlischt; sein Tod führte zum Leben, das in Konvention erstickte Leben ist in Wahrheit der Tod. – In der zweiten Fassung aus dem Jahre 1980 wird Schwitter selbst zum Mörder am Major der Heilsarmee, den er in der Originalfassung vergeblich um den Gnadenstoß gebeten hatte. P.Sch.

Ausgaben: Zürich 1966. – Zürich 1980 (in *Werkausgabe*, 30 Bde., 9; 2. Fassg.).

Literatur: H. Mayer, *Komödie, Trauerspiel, dt. Misere. Über D.s »Meteor« und Grassens »Die Plebejer proben den Aufstand«* (in Theater heute, 1966, H. 3, S. 23–26). – E. Schumacher, *Der Dichter als sein Henker. Zur Premiere des »Meteor« von D. in Zürich* (in SuF, 1966, Sonderheft, S. 769–779). – R. Herdieckerhoff, *»Der Meteor«. Ein Versuch der Deutung* (in *Gestalt, Gedanke, Geheimnis. Fs. f. J. Pfeiffer*, Hg. R. Bohnsack u. a., Bln. 1967, S. 152–162). – H. u. E. Franz, *Zu D.s Komödie »Der Meteor«* (in ZfdPh, 1968, H. 4, S. 660f.). – E. Neis, *Erläuterungen zu F. D.: »Romulus der Große«. »Ein Engel kommt nach Babylon«. »Der Meteor«*, Hollfeld 1971. – W. Freund, *Modernes Welttheater. Eine Studie zu F. D.s Komödie »Der Meteor«* (in Lit. in Wiss. u. Unterricht, 1973, H. 2, S. 110–121). – P. Spycher, *F. D.s »Meteor«. Analyse und Dokumentation* (in *F. D. Studien zu seinem Werk*, Hg. G. P. Knapp, Heidelberg 1976, S. 145–190). – H. Bänziger, *Verzweiflung u. »Auferstehung« auf dem Todesbett. Bemerkungen zu D.s »Meteor«* (in DVLG, 1980, H. 3, S. 485–505). – R. Kieser, *In eigener Sache: F. D. u. sein Meteor* (in *Zu F. D.*, Hg. A. Arnold, Stg. 1982, S. 124–135). – H. Knorr, *D.s Komödie »Der Meteor«. Versuch einer einheitlichen Deutung* (in Lit. für Leser, 1984, S. 97–113). – B. v. Matt, *»Der Meteor«* (in ders., *Lesarten. Zur schweizer Lit. von Walser bis Muschg*, Zürich 1985).

## DIE PANNE. Eine noch mögliche Geschichte

Erzählung von Friedrich Dürrenmatt, erschienen 1956; eine Bühnenfassung, die in dieser Zeit entstand, wurde erst 1979 veröffentlicht. – Gibt es in einer Welt, die vom Zufall und nicht mehr vom Schicksal bestimmt wird, in einer *»Welt der Pannen«* also, in der *»kein Gott mehr droht, keine Gerechtigkeit«*, für einen Schriftsteller noch Geschichten, die er ohne eine romantische, subjektiv psychologisierende oder moralische Attitüde erzählen kann? Dürrenmatt sucht eine Lösung, indem er seinen ganz durchschnittlichen Helden, Alfredo Traps, Textilreisender, von einer alltäglichen Autopanne zur schicksalhaften Erkenntnis seiner selbst führt. Ein Motorschaden, eine Panne also, auf seiner Heimfahrt bringt Traps mit vier älteren Herren zusammen, die ihn zu einem »Gerichtspiel« einladen, das ihnen auf ihren Herrenabenden in Fortsetzung ihrer früheren Berufe als Richter, Staatsanwalt, Verteidiger und Henker zum Zeitvertreib dient. Traps, scherzhaft seine Unschuld beteuernd, übernimmt die Rolle des Angeklagten, ohne die lakonische Bemerkung des Staatsanwaltes, eine Schuld werde sich schon finden lassen, zu beachten. Während des erlesenen Abendessens beginnt, von Traps zunächst unbemerkt, das Verhör, in dessen Verlauf, häufig unterbrochen durch den Wechsel der Speisen und Bekundungen der gegenseitigen Sympathie, der harmlose Traps zur Erkenntnis seiner Schuld am Tode seines erst kürzlich an einem Herzinfarkt verstorbenen Chefs gebracht wird. Umtost von allseitigem Jubel verkündet der Staatsanwalt, angefeuert von Traps selbst, das Todesurteil. Verfolgen die alten Herren dieses Spiel mit wachsendem Vergnügen, so beginnt in dem staunenden Traps eine Ahnung von höheren Dingen, von Gerechtigkeit, Schuld und Sühne, aufzusteigen. Er fühlt sich wie »neu geboren«, das Spiel kippt für ihn in Wirklichkeit um. Als ihm die Herren am nächsten Morgen zum humorvollen Andenken das auf ein Stück Pergament gekritzelte Todesurteil aufs Bett legen wollen, erblicken sie Traps am Fenster erhängt.

Der Text gehört zur Reihe der Kriminalerzählungen, die Dürrenmatt in den fünfziger Jahren verfaßte, wenngleich er deren Handlungsprinzip umdreht; ein Tatbestand wird geschaffen, nicht gelöst.

Die Rezensenten und Interpreten fühlten sich teils an KAFKAS *Der Prozeß*, 1925 (A. Arnold), aber auch an MILLERS *Death of a Salesman*, 1943 (*Der Tod des Handlungsreisenden*; H. Bänziger) erinnert. Im Tod von Traps sah man gerne ein verborgenes Gerechtigkeitsprinzip sich durchsetzen, wogegen sich H. MAYER schon immer verwahrt hatte; eine höhere, ausgleichende Gerechtigkeit ist, wie in den übrigen Texten Dürrenmatts, auch hier nicht erkennbar, Traps erscheint durch seinen Selbstmord vor allem als Spielverderber (*»Alfredo ... Was hast du dir denn um Gotteswillen gedacht? Du verteufelst uns ja den schönsten Herrenabend.«*). Konsequenterweise fehlt der Tod von Traps in der Hörspielfassung, am nächsten Morgen befindet sich dieser wieder auf dem Weg zu einem neuen Geschäftspartner; in der am 13. 9. 1979 uraufgeführten Bühnenfassung, die die *»Welt als Spiel«* begreift, stirbt Traps als zufälliges Opfer eines betrunkenen Pistolenschützen. C.P.S.

AUSGABEN: Zürich 1956. – Zürich 1959 [Illustr. R. Lehmann]. – Zürich 1961 (in *Ges. Hörspiele*; Hörspielfassg.). – Zürich 1980 (in *Werkausgabe*, 30 Bde., 16).

LITERATUR: W. Weber, *Sprachfehler in der »Panne«* (in NZZ, 15. 12. 1956). – L. Kirchberger, *»Kleider machen Leute« and D.'s »Panne«* (in MDU, 52, 1960, S. 1–8). – W. Kohlschmidt, *Selbstrechenschaft u. Schuldbewußtsein im Menschenbild der Gegenwartsdichtung. Eine Interpretation des »Stiller« von M. Frisch und der »Panne« von F. D.* (in *Das Menschenbild in der Dichtung*, Hg. A. Schaefer, Mchn. 1965, S. 174–200). – P. Schneider, *Die Fragwürdigkeit des Rechts im Werk von F. D.*, Karlsruhe 1967. – H. Mayer, *»Die Panne« von F. D.* (in H. M., *Zur dt. Lit. der Zeit*, Reinbek 1967, S. 214–223). – H. Bänziger, *Die Gerichte und das Gericht von Alfredo Traps in einer ländlichen Villa* (in *F. D. Studien zu seinem Werk*, Hg. G. P. Knapp, Heidelberg 1976, S. 218–232). – A. Arnold, *F. D. and E. Wallace* (in International Fiction Review, 3, 1976, H. 2, S. 142–144). – I. Schuster, *Dreimal »Die Panne«: Zufall, Schicksal oder »moralisches Resultat«* (in *Zu F. D.*, Hg. A. Arnold, Stg. 1982, S. 160–172).

## DIE PHYSIKER

Komödie in zwei Akten von Friedrich DÜRRENMATT, entstanden 1961, Uraufführung: Zürich, 20. 2. 1962, Schauspielhaus; 1980 fand eine zweite Fassung Aufnahme in die Werkausgabe. – Die unausweichliche Gefährdung der Welt durch die moderne Kernphysik ist zentrales Thema dieser Komödie, die streng die drei klassischen Einheiten der Zeit, des Orts und der Handlung wahrt. Das Stück, der Schauspielerin Therese Giehse gewidmet, spielt irgendwo in der Schweiz in einem privaten Nervensanatorium, wo die weltbekannte Psychiaterin Dr. h.c. Dr. med. Mathilde von Zahnd drei Kernphysiker, harmlose, liebenswerte Irre, behandelt: Ernst Heinrich Ernesti, der sich für Einstein hält, Herbert Georg Beutler, der sich mit Newton identifiziert, und Johann Wilhelm Möbius, dem König Salomon aufsehenerregende Erfindungen diktiert. In der Villa geschehen merkwürdige Dinge, die auch die Polizei beschäftigen. Inspektor Voss untersucht in kürzester Zeit drei Morde an Krankenschwestern. Der parallele Bau der beiden Akte kommt darin zum Ausdruck, daß Dürrenmatt sie jeweils mit der Untersuchung des zuletzt erfolgten Mordes einleitet. Die überraschende Wendung geschieht erst in der Mitte des zweiten Akts: Keiner der drei Patienten ist wirklich krank. Die Schwestern mußten sterben, weil sie Verdacht geschöpft hatten. Sie wurden das Opfer einer höheren Notwendigkeit. Möbius hatte mit einer genialen Dissertation die beiden größten Geheimdienste der Welt auf sich aufmerksam gemacht, die zwei Kernphysiker, Kilton alias Newton und Eisler alias Einstein, als Agenten in das Irrenhaus schickten, wo Möbius, dessen Handeln allein von der Verantwortlichkeit der Wissenschaft bestimmt ist, Zuflucht gesucht hat. Denn Möbius, dem größten Physiker der Welt, ist es gelungen, das System aller möglichen Erfindungen, die Weltformel, zu entdecken, aber er hat aus Gründen der Verantwortung den vorgetäuschten Wahnsinn als einzige Alternative zu einer glänzenden wissenschaftlichen Karriere gewählt. Er entscheidet sich für die Narrenkappe, denn das Irrenhaus garantiert ihm die Sicherheit, von Politikern nicht ausgenutzt zu werden. Die beiden gleichfalls Wahnsinn simulierenden Agenten versuchen, jeder mit anderen ideologischen Gründen, die Weltformel für ihr Land zu erwerben. Möbius aber überzeugt seine beiden Kollegen, daß es keinen anderen Ausweg als die Flucht aus der Welt gibt. *»Wir müssen unser Wissen zurücknehmen ... Entweder bleiben wir im Irrenhaus oder die Welt wird eines.«* Seiner Erkenntnis folgend, hat er die Manuskripte längst verbrannt. Da erscheint Mathilde von Zahnd, die mißgestaltete Anstaltsleiterin, und erklärt die drei Physiker zu Gefangenen. Sie hat das Spiel durchschaut, die Manuskripte rechtzeitig photokopieren lassen und mit der Auswertung des *»Systems aller möglichen Erfindungen«* in ihrem Welttrust begonnen, denn auch ihr ist König Salomon erschienen, um durch sie die Weltherrschaft zu ergreifen. Die Welt fällt in die Hände einer verrückten, buckligen, alten Irrenärztin. Hinter den drei Kernphysikern aber schließen sich die Anstaltsgitter für immer. Als Einstein, Newton und Salomon erscheint ihnen der selbstgewählte Wahnsinn als die einzig sinnvolle Existenzform in einer Welt, die dem eigenen Untergang entgegentaumelt; als Mördern bleibt ihnen keine andere Wahl als das Paradoxon vernünftiger Schizophrenie.

Was als kriminalistische Kolportage begann, endet in einer grotesken Umkehrung. Dramatisches Vehikel dafür ist der für die Gattung Komödie charakteristische Überraschungseffekt, den Dürrenmatt in virtuoser Steigerung einsetzt, vom dreifachen

Mord an den Krankenschwestern über die Preisgabe der wahren Identität der Physiker bis zur Aufdeckung der diabolisch-irrwitzigen Pläne der Anstaltsleiterin. Dieser letzte Überraschungseffekt, mit dem das Stück seine *»schlimmst-mögliche Wendung«* nimmt, enthüllt die zentrale Funktion, die der Zufall in Dürrenmatts Theater hat. Am Zufall, dem unerwarteten Manöver einer Irrenärztin, scheitert das durchdachte, verantwortungsbewußte Vorgehen von Möbius. Damit ist das Paradoxe zum dramaturgischen Bauprinzip erhoben. *»Je planmäßiger die Menschen vorgehen, desto wirksamer vermag sie der Zufall zu treffen«*, heißt es in den *21 Punkten zu den Physikern*, einem lakonischen Kommentar des Autors zu seiner Komödie. Gerade die heroische Individualethik fällt diesem Paradox zum Opfer. Die in BRECHTS *Leben des Galilei* gestellte Frage nach der Verantwortung des Naturwissenschaftlers wird irrelevant angesichts der Tatsache, daß der einzelne, selbst wenn er verzichtbereit sein Wissen zurücknimmt, die Menschheit nicht vor dem drohenden Untergang retten kann. *»Was einmal gedacht wurde, kann nicht mehr zurückgenommen werden«*, sagt Möbius. Aus dieser These resultiert Dürrenmatts idealistischer Vorschlag einer universalen, quasi weltumfassenden Lösung des Problems: *»Der Inhalt der Physik geht die Physiker an, die Auswirkung alle Menschen. Was alle angeht, können nur alle lösen. Jeder Versuch eines einzelnen, für sich zu lösen, was alle angeht, muß scheitern« (21 Punkte zu den Physikern)*. Dürrenmatts Einsicht in die Hilflosigkeit des einzelnen hat eine dramaturgische Konsequenz: An die Stelle der Tragödie mit ihren an das geschichtsmächtige Individuum gebundenen Kategorien der Schuld, des Maßes, der Übersicht, der Verantwortung tritt die Komödie, die das Tragische als verhängnisvollen Zufall in sich aufnimmt. – Die scheinbar alltagsnahe Sprache des Stücks erscheint trotz eingestreuter Kolloquialismen bewußt stilisiert und unterkühlt. So zieht der Autor das Imperfekt dem umgangssprachlichen Perfekt vor und benützt reduzierte parataktische Satzreihen. Nur der visionär-apokalyptische Furor im *Gesang, den Weltraumfahrern zu singen* bzw. die lyrische Bildlichkeit in den kurzen, von gespieltem Wahnsinn motivierten Monologen verläßt die etablierte Stilebene. In bewußtem, gelegentlich inadäquatem Kontrast zum Tragischen gestaltet Dürrenmatt das Komische in Form des effektvollen Irrenwitzes, der pointierten Wortwiederholung und des saloppen Gags. Dank dieser verbalen Komik entspannt sich allerdings der angestrengt intellektuelle Charakter des Stücks, seine Tendenz zum scharfsinnigen, an szenischer Dynamik relativ armen Diskussionsforum. C.P.S.

AUSGABEN: Zürich 1962. – Zürich 1964 (in *Komödien II und frühe Stücke*). – Bln. 1965 (in *Komödien*, Hg. u. Nachw. A.-G. Kuckhoff u. R. Links). – Zürich 1980 (in *Werkausgabe*, 30 Bde., 7; 2. Fassg.).

VERFILMUNG: Deutschland 1964 (Fernsehspiel; Regie: F. Ungeheuer).

LITERATUR: J. Jacobi, Rez. (in Die Zeit, 9. 3. 1962). – J. Kaiser, *Die Welt als Irrenhaus* (in Theater heute, 3, 1962, H. 4, S. 5–7). – P. Hübner, *Beifall für D.?* (in Wort und Wahrheit, 17, 1962, S. 563–566). – W. Muschg, *D. und »Die Physiker«* (in Moderna språk, 56, 1962, S. 280–283). – H. Mayer, *D. und Brecht oder Die Zurücknahme* (in *Der unbequeme D.*, Hg. R. Grimm u. a., Stg. 1962, S. 97–116). – E. Neis, *Erläuterungen zu D.s »Der Besuch der alten Dame« und »Die Physiker«*, Hollfeld 1965. – K. S. Weimar, *The Scientist and Society. A Study of Three Modern Plays* (in MLQ, 27, 1966, S. 431–448). – K. D. Petersen, *F. D.s Physiker-Komödie. Eine Interpretation für den Deutschunterricht* (in Pädagogische Provinz, 5, 1967, S. 289–302). – H. Kügler, *Dichtung und Naturwissenschaft. Einige Reflexionen zum Rollenspiel des Naturwissenschaftlers in B. Brecht, »Das Leben des Galilei«, F. D., »Physiker«, H. Kipphardt »In der Sache J. Robert Oppenheimer«* (in H. K., *Weg und Weglosigkeit*, Heidenheim 1969, S. 219–235). – J. Müller, *Verantwortung im Drama. Brechts »Galilei« und D.s »Physiker«* (in J. M., *Epik, Dramatik, Lyrik*, Halle 1974, S. 369–377 u. 450). – V. Schüler, *D. »Der Richter und sein Henker«. »Die Physiker«. Dichterbiographie und Interpretation*, Hollfeld 1974. – G. P. Knapp, *F. D. »Die Physiker«*, Ffm./Mchn. 1979. – H. F. Taylor, *The Question of Responsibility in »The Physicists«* (in *F. D.*, Hg. B. Fritzen, Ann Arbor/Mich. 1983, S. 19–35). – G. P. Knapp, *F. D. »Die Physiker«. Grundlagen und Gedanken zum Verständnis des Dramas*, Ffm. u. a., 3. erw. Aufl. 1983.

## DER RICHTER UND SEIN HENKER

Kriminalroman von Friedrich DÜRRENMATT, erschienen 1952. – Im Winter 1950/51 begann Dürrenmatt aus finanziellen Gründen mit dem Schreiben von Kriminalromanen, die zunächst in Fortsetzungen im »Schweizerischen Beobachter« erschienen, aber keinesfalls, wie die Begleitumstände und der große Publikumserfolg vermuten lassen, lediglich Gelegenheitsarbeiten darstellten. Kunst, so notierte Dürrenmatt in seinen wenig später entstandenen *»Theaterproblemen«*, könne sich vielleicht nur noch dort durchsetzen, *»wo sie niemand vermutet«*.

Im Mittelpunkt des Romans steht der alte, kranke Kommissar Bärlach. Ihm bleibt nicht mehr viel Zeit, jene Wette zu gewinnen, die er einst in der Türkei als junger Kriminalbeamter mit dem Verbrecher Gastmann abgeschlossen hatte. Während Bärlach behauptete, daß *»die menschliche Unvollkommenheit, die Tatsache, daß wir die Handlungsweise anderer nie mit Sicherheit voraussagen können und daß ferner der Zufall, der in alles hineinspielt, der Grund sei, der die meisten Verbrechen zwangsläufig zutage fördern müsse«*, sah Gastmann darin gerade ein Argument für die Möglichkeit, ein perfektes, unaufklärbares Verbrechen zu verüben. Vor den Augen des Kommissars stößt Gastmann einen Unbeteiligten über eine Brücke, Bärlachs Beteuerun-

gen finden kein Gehör bei der Polizei, und in der Folgezeit schützen internationale Beziehungen Gastmanns kriminelle Aktivitäten. Erst am Ende seiner Laufbahn bietet sich Bärlach eine Chance, als ein Kollege ermordet wird. Bärlach kennt den Mörder, den Polizisten Tschanz, aber er lenkt den Verdacht auf Gastmann. Zu spät durchschaut dieser die skrupellose Intrige, Tschanz erschießt ihn in angeblicher Notwehr, um sich selbst zu retten. In einem, wie sich im Folgeband *Der Verdacht* herausstellt, für Bärlach beinahe tödlich endenden Essen mit Tschanz gelingt es ihm schließlich, auch diesen zu überführen; Tschanz verunglückt auf der Flucht tödlich.
Die Figur des Kommissars Bärlach hat ihre Vorbilder in SIMENONS Maigret oder den verlorenen Helden der amerikanischen Autoren CHANDLER, HAMMETT oder Ross MACDONALD; G. Knapp hebt die Parallelen zum Wachtmeister Studer aus den Romanen Friedrich GLAUSERS (1896–1938) hervor. Weniger diese literaturhistorischen Anleihen bei der Tradition des Genres als vielmehr seine Verstöße dagegen machen den Reiz des Romans aus. Während für den herkömmlichen Kriminalroman die Welt und das Verhalten der Menschen darin aufklärbar sind, ist in Dürrenmatts Romanen der Zufall bestimmend. Sie spielen mit den Handlungsmustern des Genres, parodieren es teilweise und negieren den Mythos von der ausgleichenden Kraft der Gerechtigkeit. Der Staatsbeamte Bärlach pflegt ein ausgesprochen individualistisches Verhältnis zum Prinzip der Gerechtigkeit, seine Handlungsweisen unterscheiden sich nur wenig von dem seiner Gegner; als er in *Der Verdacht* einen ehemaligen KZ-Arzt zur Rechenschaft zwingt, weiß er dessen zynischem Bekenntnis *(»Das Gesetz ist nicht das Gesetz, sondern die Macht...«)* nichts entgegenzuhalten als die ebenfalls nur zufällig gelingende Rache der Justiz.
Der dritte Kriminalroman Dürrenmatts, *Das Versprechen*, mit dem Untertitel *Requiem auf den Kriminalroman*, bricht endgültig mit den Regeln des Genres; ein Kommissar versucht einem Kindesmörder eine Falle zu stellen, der Verbrecher erscheint nicht, da er auf dem Weg Opfer eines Autounfalls wird. Der nichtsahnende Kommissar, von seinem Kalkül überzeugt, quittiert den Dienst, sein Lebensinhalt wird das vergebliche Warten auf den Mörder. Mit der Erzählung *Die Panne* schließt Dürrenmatt die Reihe seiner Kriminalerzählungen ab. M.Pr.

AUSGABEN: Basel 1950/51 (in Der Schweizerische Beobachter, 15. 12. 1950–31. 3. 1951). – Einsiedeln 1952. – Reinbek 1965 (rororo).

VERFILMUNG: BRD 1976 (Regie: M. Schell).

LITERATUR: W. Paul, Rez. (in Neue literarische Welt, 10. 3. 1953). – A. Boucher, Rez. (in New York Times, 12. 7. 1955). – K. A. Horst, Rez. (in Merkur, 10, 1956, S. 818–819). – E. E. Reed, *The Image of the Unimaginable. A-Note on D.s »Der Richter und sein Henker«* (in Revue des langues vivantes, 27, 1961, S. 117–123). – H. Heißenbüttel, *Spielregeln des Kriminalromans* (in H. H., *Über Literatur*, Olten/Freiburg i. B. 1966, S. 96–110). – U. Profitlich, *Der Zufall in den Komödien und Detektivromanen F. D.s* (in ZfdPh, 1971, S. 258–280). – W. Seifert, *Frisch und Dürrenmatt, »Der Richter und sein Henker«. Zur Analyse und Didaktik des Kriminalromans*, Mchn. 1975. – U. Eisenbeiß, *F. D.s Roman »Der Richter und sein Henker« auf Sekundarstufe I* (in Deutschunterricht 28, 1976, H. 5). – H. Hienger, *Lektüre als Spiel und Deutung. Zum Beispiel: F. D.s Detektivroman »Der Richter und sein Henker«* (in *Unterhaltungsliteratur 1976*, S. 55–81). – H. Kirchner, *Schema und Anspruch. Zur Destruktion des Kriminalromans bei D., Robbe-Grillet und Handke* (in GRM, 59, 1978, S. 195–215).

## STOFFE I-III. DER WINTERKRIEG IN TIBET. MONDFINSTERNIS. DER REBELL

Prosatext von Friedrich DÜRRENMATT, erschienen 1981. – Ursprünglich von Dürrenmatt nach seinem ersten Herzinfarkt als eine Art literarisches Testament konzipiert, schreibt der Autor seit den siebziger Jahren an dieser *»Dramaturgie der Phantasie«*, die letztlich keinem literarischen Genre zuzuordnen ist: Anstelle einer konventionellen Autobiographie verfolgt Dürrenmatt die Geschichte jener Stoffe, mit deren Bewältigung und Bearbeitung er sich sein Leben lang beschäftigte: *»Wenn ich... über mich schreibe, so nicht über die Geschichte meines Lebens, sondern über die Geschichte meiner Stoffe, denn in meinen Stoffen drückt sich, da ich Schriftsteller bin, mein Denken aus; auch wenn ich natürlich nicht nur in Stoffen denke. Aber die Stoffe sind Resultate meines Denkens, in denen, je nach ihrem Schliff, mein Denken und damit auch mein Leben reflektiert wird.«* In drei Abschnitten autobiographischer Exkursionen und Reflexionen arbeitet Dürrenmatt die Konturen dreier Stoffkomplexe heraus, abgeschlossen wird jeder Abschnitt durch eine Erzählung; es ist der Versuch, *»diese ungeschriebenen und unfertigen Stoffe, diese Phantasiefetzen und die Erlebnisse, ja die Zeit, durch die sie herbeigeführt wurden, zu rekonstruieren oder doch wenigstens zu skizzieren, um sich von ihnen zu befreien, einen Ballast abzuwerfen, der mit den Jahren immer größer wird«*.
*Der Winterkrieg in Tibet*, die Erzählung des ersten Teils, ist verknüpft mit Dürrenmatts Kindheit und Jugendzeit, mit seiner Zeit als Soldat der Schweizer Armee während des Zweiten Weltkriegs; die Erzählung stellt die Welt gleichnishaft im Bild des Labyrinths vor, in dessen Mittelpunkt nichts anderes als das eigene Ich wartet: *»Jeder Versuch, diese Welt denkend zu bewältigen, ist ein Kampf, den man mit sich selber führt: Ich bin mein Feind, du bist der deinige.«* Eingesprengt in Felsen, in Gängen durch Eis und Stein, verbleibt nach langen Kämpfen ein letz-

ter Söldner; an den Rollstuhl gefesselt, im Dunkel des Labyrinths stets auf der Suche nach Feinden, ist er Theseus und Minotaurus in einem, der am Schluß auf sich selbst schießt: *»mir gegenüber rollte ich mir entgegen«*.

Der Labyrinth-Stoff, leitendes Motiv vor allem der Dramen Dürrenmatts, ist ebensowenig bewältigt wie jener Plot, der den zweiten Stoff beherrscht: *Mondfinsternis*. Nach Jahren des Lebens in der Fremde kehrt ein Mensch in seine Heimat zurück, um für Unrecht, das er einst erlitten hat, Rache zu nehmen. Angeregt wurde Dürrenmatt zu dieser Geschichte, die er als Novelle begann, durch einen Sommerurlaub, den er als Student in einem Gebirgsdorf verlebte. Aus diesem Stoff entwickelte sich dann sein wohl erfolgreichstes Werk, *Der Besuch der alten Dame*. Nichts anderes als den ursprünglichen Entwurf belebt Dürrenmatt neu, damit auch sein Selbstverständnis als Autor: *»So sehr hängt in meinem Leben alles voneinander ab, ist alles miteinander verfilzt, erscheint die Literatur vom Leben und das Leben von der Literatur her gesehen als einziger Schachtelsatz.«*

Was im letzten Teil der Stoffe, überschrieben *Der Rebell*, als geheimes Fazit des gesamten Werks notiert wird, verweist zugleich auf die Besonderheiten, unter denen der Schweizer Dialektsprecher Dürrenmatt als Schriftsteller in deutscher Sprache reüssierte: *»Mein Deutsch hatte ich aus der Literatur übernommen, es war eine Fremdsprache, untereinander sprachen wir nur Dialekt.«* Die Erzählung *Der Rebell* spiegelt diese Erfahrung wider. Der Sohn eines Kaufmanns, der seine Eltern verloren hat, findet in der Hinterlassenschaft seines Vaters die Grammatik einer unbekannten Sprache. Er eignet sie sich an, geht auf Reisen und stößt schließlich in Asien auf ein Land, in dem diese Sprache gesprochen wird. Tyrannisiert wird dieses Land von einem Diktator, während die Bevölkerung in Erwartung eines Rebellen lebt, als den sie den Kaufmannssohn ansieht. Dieser ist zunächst bereit, die Rolle des Heilbringers zu übernehmen, verliert darüber aber den Verstand. Die Utopie als sinnhafte Alternative zum Gegebenen existiert nur als Fiktion, narrt den Urheber der Botschaft ebenso wie jene, die sie erwarten. Der Schriftsteller Dürrenmatt taugte nie zur Rolle des Sinnstifters; als Dramatiker sei er, konnte er anläßlich der gescheiterten Uraufführung von *Ein Engel kommt nach Babylon* behaupten, ein *»unvermeidliches Mißverständnis«*. Seine Stücke wollen nicht sinnstiftend wirken, sondern Distanz schaffen, und sei es nur die Distanz des Autors zu seiner überbordenden Phantasie, eine Distanz, die sich stets auch als humoriges Spiel artikuliert. *»Die Welt, wie ich sie erlebe«*, konstatiert Dürrenmatt in seiner Reflexion über die *Dramaturgie des Labyrinths* im ersten Teil des Textes, *»konfrontiere ich mit einer Gegenwelt, die ich erdachte.«* Die Kritik nahm den Text als gelassen-souveräne Spurensicherung eines Autors zur Kenntnis, der als moderner Klassiker in jenem Maß befreit ist *»von den Zwängen und Pressionen des Kulturbetriebs, daß er ohne jeden Überzeugungsdruck arbeiten kann«* (R. Stumm). Sichtbar werden die Kontinuitäten im Werk Dürrenmatts, seine Versuche, durch groteske Übertreibungen und Zuspitzungen Distanz zum Stoff zu schaffen, worüber er schon in seinen *Anmerkungen zur Komödie* (1952) reflektiert hatte, und seine anhaltenden Schwierigkeiten, sprachlich seiner überbordenden Phantasie Herr zu werden: Der Text dient *»nicht der Verklärung des vielbewunderten, eher der Erklärung der besonderen Schwierigkeiten des meistgetadelten deutschschreibenden Autors von Rang, der mit absurden Bildern wucherte, mit radikalen Visionen peinigte, mit trivial-konfusen Allegorien verwunderte«*. B.Z.

AUSGABEN: Zürich 1981. – Zürich 1984, 2 Bde.; (detebe).

LITERATUR: W.Hinck, Rez. (in FAZ, 19. 9. 1981). – H. Helbling, Rez. (in NZZ, 9. 10. 1981). – G. Schloz, Rez. (in SZ, 7./8. 11. 1981). – R. Stumm, Rez. (in Die Zeit, 4. .12.1981).

## DER STURZ

Erzählung von Friedrich DÜRRENMATT, erschienen 1971. – Bei der Sitzung eines *»Politischen Sekretariats«*, dessen Mitglieder lediglich durch Buchstaben gekennzeichnet sind, fehlt überraschend Atomminister O. Dies stürzt die übrigen Mitglieder des Kollektivs in Verwirrung, denn auf der Tagesordnung steht der Beschluß, das Sekretariat aufzulösen, und noch ist unklar, wer von der Neuordnung des Machtzentrums profitieren soll. Die Sekretariatsmitglieder argwöhnen, daß der Vorsitzende A die Macht an sich ziehen will, die Angst vor Liquidationen beherrscht die Runde, und O scheint das erste Opfer zu sein. Dürrenmatt erzählt aus der Perspektive des Postministers N, der, selbst nicht sonderlich machtgierig, aufgrund eines parteiinternen Machtkampfes ungewollt Mitglied dieses obersten Führungsgremiums geworden ist. Unsicherheit macht sich breit (*»Ein falsches Verhalten, eine unvorsichtige Äußerung konnten das Ende bedeuten, Verhaftung, Verhöre, Tod«*). In ihrer Angst protestieren die Sekretariatsmitglieder gegen die Forderung von A, im Interesse einer Demokratisierung der Partei das Gremium aufzulösen. Die Handlung erhält schließlich durch einen Zufall eine entscheidende Wendung. Zwei Minister werden nach ihrer Rede aus dem Sitzungsraum gerufen, ihre Liquidation scheint beschlossene Sache; gemeinsam wenden sich nun die Mitglieder der Runde gegen den Vorsitzenden A. Sein Sturz vollzieht sich *»nüchtern, sachlich, mühelos, gleichsam bürokratisch«*. Als die Machtverhältnisse neu geordnet sind, erscheint Minister O doch noch, er hatte sich lediglich verspätet.

Der Text entstand nach Dürrenmatts Reise in die UdSSR 1964/65 und blieb zunächst unveröffentlicht. Dürrenmatt wandte sich in der Folgezeit in Basel der Theaterarbeit zu und äußerte sich, vor dem Hintergrund der allgemeinen Politisierung der westeuropäischen Öffentlichkeit, bevorzugt in Essays und Vorträgen (*Monstervortrag über Gerechtigkeit und Recht*, 1968); als *Der Sturz* schließlich publiziert wurde, fand er nur geringe Aufmerksamkeit bei der Kritik, die darin vor allem eine *»tragikomisch gestaltete Auseinandersetzung mit der gelegentlich die Bosse wechselnden Machthierarchie eines Staats wie der Sowjetunion«* (P. Spycher) sah, ein *»zwar abstrahiertes, aber in der Tendenz durchaus erkennbares Planspiel«* (G. Knapp). Dürrenmatt wies eine solche antisowjetische Deutung zurück: *»Es verlockte mich, ein Kollektiv ›an sich‹ zu konstruieren ..., ein Machtsystem also, das sowohl im kommunistischen Machtbereich als auch in der Privatindustrie«* bestehe. B.Z.

AUSGABEN: Zürich 1971. – Zürich 1980 (in *Werkausgabe*, 30 Bde., 23).

LITERATUR: W. Weber, Rez. (in NZZ, 2. 5. 1971). – U. Jenny, Rez. (in SZ, 29. 5. 1971). – F. Bondy, Rez. (in Die Weltwoche, 27. 8. 1971). – P. Spycher, *F. D.*, Frauenfeld/Stg. 1972, S. 329–367. – H. Graf, Rez. (in FAZ, 5. 9. 1973). – T. Tinsanen, *D.*, Princeton 1977, S. 379–416.

## CHARLES RIVIÈRE DUFRESNY

eig. Charles Du Fresny, Seigneur de la Rivière

* 1648 Paris
† 6.10.1724 Paris

### L'ESPRIT DE LA CONTRADICTION

(frz.; *Der Geist des Widerspruchs*). Komödie in einem Akt von Charles Rivière DUFRESNY, Uraufführung: Paris, 27. 8. 1700, Théâtre Français. – Hauptfigur und gewissermaßen auch Titelfigur des Stückes ist Madame Oronte, die von einem Widerspruchsgeist beseelt ist, der alle ihre Mitmenschen stets aufs neue vor den Kopf stößt. So ist es völlig sinnlos, ihr gefällig sein zu wollen, da sie stets ihre Meinung ändert, sobald man ihr zustimmt. Mit ihrem Gärtner Lucas, dem klügsten Kopf ihres Haushalts, hat sie begreiflicherweise ständig Kompetenzstreitigkeiten, bis sie den Bedauernswerten schließlich sogar entläßt, schon um ihrem Mann eins auszuwischen. Doch als der Hausherr wider Erwarten die Entscheidung seiner Frau billigt, setzt die stets auf Widerspruch Bedachte nunmehr wieder alles daran, den Gärtner im Hause zu halten, zumal sich dieser über die Entlassung auch noch zu freuen scheint. Monsieur Oronte selbst hat schon lange zuvor resigniert: *»Was wollen Sie denn, Lucas? Ich habe eine Frau, deren Vergnügen darin besteht, ständig das Gegenteil von dem zu machen, was ich will. Und ich lasse sie gewähren.«* So ist Madame Oronte für alle Familienmitglieder der Inbegriff einer unerträglichen Person. Besonders ungehalten reagiert sie denn auch, sobald irgend jemand Anstalten macht, ihren unberechenbaren Launen nachzugeben, was vor allem ihre sanftmütige Tochter Angélique zu spüren bekommt: *»Eure gehorsamste Dienerin, Madame.« – »Was für eine Unverschämtheit!«* Doch auch gar keine Meinung zu haben ist in ihren Augen heimlicher Widerspruch. Unter diesen Umständen kann Angélique kaum darauf hoffen, Valère, den sie liebt, zu heiraten. Ein Versuch von Monsieur Oronte und dem Gärtner, Valère bei Angéliques Mutter als gerngesehenen Ehemann zu präsentieren und ihn gegen Madame Orontes eigenen Heiratskandidaten, Thibaudois, durchzusetzen, muß somit zwangsläufig scheitern. Da beschließt Angélique, ihre Mutter mit ihren eigenen Waffen zu schlagen, und schmiedet ein Komplott, an dem sich teils freiwillig, teils ahnungslos alle Familienmitglieder beteiligen. Als Madame Oronte bemerkt, daß sich ihre Tochter neuerdings ständig mit Valère zu zanken scheint, ändert sie wunschgemäß ihre Meinung und hält Angéliques Favoriten nunmehr für den geeignetsten Ehemann. Da schließlich auch noch der Advokat, den man zur Abfassung eines Ehekontrakts herbeiruft, Einwendungen gegen den Bräutigam erhebt, ist die Streitsüchtige nur um so lieber bereit, die jungen Leute unter das vermeintlich unliebsame Ehejoch zu zwingen. Am Ende muß sie freilich erkennen, daß sie das Opfer einer Verschwörung geworden ist: *»Ich enterbe meine Tochter. Meinen Schwiegersohn möchte ich nicht hier sehen. Ich lasse mich von meinem Mann scheiden. Den Advokaten und Lucas lasse ich einsperren!«* Doch der Kontrakt ist bereits unterzeichnet.

Anders als MOLIÈRE pflegt Dufresny nicht die Charakterkomödie, in deren Verlauf die Hauptfigur eine charakterliche Wandlung erfährt. Madame Oronte bleibt letztlich auch nach der erfolgreichen Intrige der »Geist des Widerspruchs« und macht für alle Komplikationen ihre Mitmenschen verantwortlich, da sie vorgibt, doch gerne den Wünschen aller nachzukommen. Es handelt sich hierbei um das für die meisten Typenkomödien Dufresnys charakteristische Schema, wonach ein Mensch seine nächste Umgebung durch eine Laune terrorisiert und dafür schließlich bestraft wird, ohne daß dadurch der geringste pädagogische Einfluß auf ihn ausgeübt würde. Besonders reizvoll sind in *L'esprit de la contradiction* vor allem die Dialoge, die in Zornesausbrüche der Hausherrin Madame Oronte ausarten, so etwa, als sie völlig vergeblich ihre Tochter Angélique einer peinlichen Befragung unterzieht, um zu erfahren, wer ihr tatsächlicher Geliebter sei. – Von den etwa dreißig Theaterstükken Dufresnys, denen zumeist nur ein mäßiger Publikumserfolg beschieden war, ist *L'esprit de la contradiction* nicht nur das von der Idee her originellste, sondern mit zehn Wiederholungen nach der Uraufführung auch das erfolgreichste Werk gewesen, auf dessen Stoff übrigens noch Carlo GOLDONI in seiner gleichnamigen Komödie *Spirito della contradizione* (1758) und danach wiederum Alberto Nota in *Donna irrequieta* (1834) zurückgriffen.

S.L.

Ausgaben: Paris 1700. – Paris 1731 (in *Œuvres*, 6 Bde., 2). – Paris 1890.

Übersetzung: *Die Widerwillige*, L. A. V. Gottsched (in *Die deutsche Schaubühne*, Bd. 1, Lpzg. 1746, S. 497–536).

Literatur: W. Domann, *C. R. D.s Lustspiele*, Diss. Lpzg. 1903. – J. Vic, *Les idées de C. R. D.* (in Revue du Dix-huitième Siècle, 3, 1916, S. 121–141; 4, 1917, S. 235–253; Nachdr. Genf 1970). – F. Deloffre, *Marivaux et le marivaudage*, Paris 1955. – F. Moreau, *D. auteur dramatique*, Paris 1979. – Ders., *Un singulier moderne*, D., Paris/Lille 1980. – G. Gouvernet, *Le type du valet chez Molière et ses successeurs Regnard, D., Dancourt et Lesage*, NY u. a. 1985.

## Du fu

auch Du Shaoling oder Du Gongbu
* 712 Gongxian / Provinz Henan
† 770

### DU GONGBU JI

(chin.; *Du Gongbus Werke*). Gesammelte Werke des Lyrikers Du fu, bekannt auch unter seinem Beinamen als Du Shaoling, bzw. als Du Gongbu, welcher Name ihm gegeben wurde, da er in späteren Jahren für kurze Zeit ein Amt im Ministerium für öffentliche Arbeiten *(gongbu)* bekleidete. – Zu Lebzeiten war Du Fu keineswegs berühmt, erst ein halbes Jahrhundert nach seinem Tod begann man, seine dichterische Größe zu erkennen (813 wurde die erste, noch sehr lückenhafte Biographie über ihn geschrieben); erst im Jahre 1039 wurde erstmalig der Versuch unternommen, seine Werke in gesammelter Form zu edieren (die Ausgabe enthielt 1405 Gedichte und 29 Prosastücke). Im 11. Jh. verfaßte Lü dafang (1027–1097) auch das erste *nianpu* (chronologische Daten-Tabelle zur Vita). Seitdem entstand eine ungeheuer anschwellende Zahl von Editionen, Kommentaren und Studien, von denen nur die folgenden, besonders wichtigen erwähnt werden können: die kommentierte Werkedition von Guo Zhida unter dem Titel *Jiujia jizhu Dushi*, erschienen 1181 in Chengdu (sie wurde zwischen 1796 und 1820 neu herausgegeben und bildete die Grundlage für den Textabdruck in Band 2 der dreibändigen Du-Fu-Konkordanz *Dushi yinde*, Beiping 1940, die in Bd. 1, S. I–LXXX die wohl beste Untersuchung zur Textgeschichte von William Y. Hung [in Chinesisch] enthält); die vollständigste, von Qian Qianyi (1582–1664) besorgte, hervorragend kommentierte Ausgabe (sie umfaßt 1457 Gedichte und 32 Prosatexte), die 1667 erschien; schließlich ein weiteres Kommentar-Standardwerk *Dushi xiangzhu*, das Chou Zhaoao (1638–1717) 1713 veröffentlicht hat.

Die Prosatexte im Œuvre Du Fus nehmen einen verschwindend kleinen Raum ein; erwähnt zu werden verdienen lediglich sechs Gedichte in Prosa *(fu)* und drei Epitaphe. Des Dichters Ruhm gründet sich gänzlich auf seine Gedichte, von denen rund 415 im sogenannten alten Stil *(gushi* oder *gutishi)* geschrieben sind. Diese Bezeichnung kam zur Tang-Zeit (618–906) auf, um die traditionellen Formen in einer Gesamtklassifikation gegenüber den neuen Formen (Gedichte in neuem Stil: *jintishi*) abzugrenzen. Die Gedichte im alten Stil sind in bezug auf die Strophenlänge, die Ton- und Reimschemata nicht an feste Regeln gebunden. Strenge metrische Ton- und Reimgesetze werden mit den Gedichten im neuen Stil entwickelt, von denen Du Fu rund 1040 verfaßt hat. Deren Strophen haben fast immer fünf- oder siebensilbige Verse, wobei die fünfsilbigen in jedem zweiten Vers einen Reim haben müssen, die siebensilbigen zusätzlich im ersten Vers; hinzu kommen überdies komplizierte Tonschemata (der Wechsel der Worttöne als metrische Regel entspricht dem Wechsel von kurzen und langen Silben in der lateinischen oder dem von betonten und unbetonten Silben in der deutschen Poesie).

Höchste Vollendung in der Synthese von Form und Gehalt erreicht Du Fu in den regelfreieren *gushi*, was jedoch keinesfalls heißt, daß seine rein formale Begabung als zu eng einzuschätzen sei; ganz im Gegenteil erweist er sich als ein Meister in der Ausnutzung aller poetischen Mittel, die die chinesische Sprache bietet, wie z. B. der Verwendung von Alliterationen *(shuangsheng)*, reimender kompositiver Ausdrücke *(dieyun)*, Reduplikationen usw. Geradezu virtuos zeigt sich der Dichter in Anspielungen und im Einbau von Zitaten, eine Technik, die im Chinesischen mit Hilfe der ideographischen Schriftzeichen einen Grad von Subtilität erreicht wie in keiner anderen Literatur der Welt. Das Moment der Gelehrsamkeit, ohnehin wesentlicher Bestandteil chinesischer Dichtung, macht Du Fu vor allem fruchtbar in seiner Gestaltung von Geschichte und Gegenwart. Tief konfuzianisch geprägt, stellte er die politische und moralische Wirksamkeit, möglichst in einem Staatsamt, über die dichterische, ganz abgesehen davon, daß Dichten in China nie ein Beruf war. Doch war ihm eine Beamtenkarriere nicht vergönnt, da er 736 die abschließende Palastprüfung nicht bestand, so daß er – und auch nur kurzzeitig – es lediglich zu untergeordneten Posten brachte. Alles politisch-soziale Engagement hat er jedoch in seine Dichtungen eingebracht. Von ernstem Gefühl, anteilnehmend an den Zeitereignissen und leidend in den Jahren der durch den Aufstand von An Lushan hervorgerufenen Wirren (755–757), hat er das Konkrete und persönlich Erlebte poetisch ins Überpersönliche verallgemeinert, ohne daß die Dichtungen etwa einen gewollt-didaktischen Charakter angenommen hätten. Stets suchte er Trost und Hilfe in der Geschichte, wurde selbst, wie man später von ihm sagte, zum »poetischen Historiographen« seiner Zeit. In Gedichten wie *Rekrutenjagd* oder *Und nur des Krieges Schrecken sollen verdorren* mit den Zeilen *»Erst wenn die Hand, der jetzt das Morden Pflicht, statt fremder Wälle eigne Erde bricht«* kommen Schmerz und Trauer oft unvermittelt zum Ausdruck, steigern sich zum Appell.

Freundschaft ist eines der großen Themen des Dichters; viele seiner Gedichte lesen sich – bei Kenntnis der biographischen Umstände – wie Briefe an seine Freunde. Demgegenüber spielt die geschlechtliche Liebe thematisch keine annähernd so große Rolle wie in der Lyrik des Abendlandes. Vergleichbar in dieser Hinsicht ist eher der Stellenwert der Natur, doch darf nicht übersehen werden, daß »Nachahmung« und »Abbildung« sich für den chinesischen Dichter in gleicher Weise auf Natur wie auf Kultur beziehen. So wurde denn auch Du Fu selbst zum großen Vorbild für die nach ihm kommenden Dichter. LI MENGYANG (1472–1528) faßte dies in die Worte: *»Beim Schreiben von Gedichten muß man Du Fu imitieren. Seine Poesie gleicht einem perfekten Kreis, der einen Zirkel erübrigt, oder einem perfekten Quadrat, das ein Lineal überflüssig macht.«*

Im Westen sieht man heute noch allgemein in LI Bo den größten chinesischen Lyriker, die Chinesen aber räumen jenen Rang eindeutig Du Fu ein, der auch einen weit größeren Einfluß auf die Dichtung seiner Nation ausübte. Allerdings wurde auch Du Fu schon früh im Westen bekannt: Bereits 1780 publizierte der Pater AMIOT von der Jesuiten-Mission in Peking eine biographische Studie über ihn, und zwar in einem Band der *Mémoires concernant les Chinois.* R.T.

AUSGABEN: o. O. 1039. – Shanghai 1936, 6 Bde. (*Sibu beiyao*-Ausg.). – *Du shi qianzhu*, Taipei 1974. – *Du shi xiangzhu*, 5 Bde., Peking 1979. – W. Hung, *A Concordance to the Poetry of Tu Fu* (Harvard-Yenching Inst. Sinological Index Series, Suppl. no. 14, 3 Bde., Beiping 1940).

ÜBERSETZUNGEN: H. A. Giles, *Gems of Chinese Literature*, Ldn. 1923, S. 48–120. – F. Ayscough, *Tu Fu: The Autobiography of a Chinese Poet*, Ldn. u. a. 1929. – A. Forke, *Dichtungen der Tang- u. Sung-Zeit*, Hbg. 1929, S. 58–77. – F. Ayscough, *Travels of a Chinese Poet*, Ldn. 1934. – R. Payne, *The White Pony*, NY 1947, S. 223–253. – W. Hung, *Tu Fu, China's Greatest Poet*, Cambridge/Mass. 1952. – E. v. Zach, *Tu Fus Gedichte*, 2 Bde., Cambridge/Mass. 1952. – *Selected Poems*, Peking 1962 [engl.]. – P. Demiéville, *Anthologie de la poésie chinoise classique*, Paris 1962, S. 260–273 [frz.]. – Sydney S. K. Fung u. Shu-Tim Lai, *25 Tang Poets. Index to English Translations*, Hongkong 1984, S. 363–472 (Chinese University Press.).

LITERATUR: W. Grube, *Geschichte der chinesischen Litteratur*, Lpzg. 1909, S. 284–291. – D. L. Hsu, *Du Fu, der Dichter der Leidenschaft* (in Sinica, 5, 1930, S. 6–15). – W. Hung, *Tu Fu, China's Greatest Poet*, Cambridge/Mass. 1952. – C. Feng, *Tu Fu, Lover of His People* (in Chinese Literature, 1955, S. 123–145). – K. Nagasawa, *Geschichte der chinesischen Literatur*, Hildesheim 1959, S. 189–191. – J. Lust, *Index Sinicus*, Cambridge 1964, S. 344–346. – D. Hawkes, *A Little Primer of Tu Fu*, Oxford 1967. – A. R. Davis, *Tu Fu*, NY 1971. – St. Owen, *The Great Age of Chinese Poetry: The High Tang*, New Haven 1980, S. 183–224.

## MAURICE DUGGAN

* 25.11.1922 Auckland
† 11.12.1974 Auckland

### SUMMER IN THE GRAVEL PIT

(engl.; *Sommer in der Kiesgrube*). Kurzgeschichtensammlung von Maurice DUGGAN (Neuseeland), erschienen 1965. – Duggans Kurzgeschichten haben sowohl bei seinen Schriftstellerkollegen als auch unter seinen Landsleuten zu einem stärkeren Identitätsbewußtsein beigetragen: Janet FRAME nannte das *»eine Bereicherung, wie sie eine schöne Landschaft nie wird geben können, auch nicht viele Schafe, oder berühmte Forschung über Grassorten«.* Duggan hat zu diesem Identitätsbewußtsein mit den während eines Zeitraums von dreißig Jahren entstandenen und in den Sammlungen *Immanuel's Land*, 1956, *(Immanuels Land)*, *Summer in the Gravel Pit* und *O'Leary's Orchard and Other Stories*, 1970 *(O'Learys Obstgarten und andere Geschichten)* publizierten Kurzgeschichten beigetragen.

Die bekannteste Kurzgeschichte der Sammlung, *Along Rideout Road That Summer (Den Rideout Weg entlang)*, stellt die ersten Liebeserfahrungen eines jungen Farmarbeiters dar, der sich zur Tochter seines Chefs hingezogen fühlt. Das junge Maori-Mädchen ist jedoch Staffage für die Selbstdarstellung von Icherzähler und Autor, ihre Gefühle und ihre Sicht der Dinge sind ausgespart. Durch ihre Einsilbigkeit deutet der Autor an, daß sie sowieso keine gute Partie für den Burschen auf dem Traktor wäre, dessen überlegene Selbsteinschätzung und *»pakeha«* (d. h. weiße) Erziehung ihn bereits längere Worte gebrauchen und kühnere Träume träumen lassen. Insofern enthält die Geschichte einen Gesellschaftskommentar, der intensiver klassenbezogen ist, als dem Autor bewußt war, denn mit der Beschreibung ihrer warmen, entspannten Beziehung wollte er sicherlich gerade die Gleichheit zwischen dem jungen Weißen und dem Maori-Mädchen darstellen. In der Erzählung dokumentiert sich somit eine Abkehr von jener Art zeitgenössischer neuseeländischer Literatur, die die einsilbige Kunst der Konversation in den Mittelpunkt stellt. Duggan will zeigen, daß der lakonische Held vom Lande – eine allgemein bekannte Figur in der Literatur Neuseelands zu dieser Zeit – durch seine Herkunft und Erziehung nicht mit dem zufrieden sein kann, was der Familie auf der Farm genügt: der junge Mann hat mehr im Sinn als Sex und Pflügen. Am schärfsten wird jedoch der Vater des Protagonisten verurteilt: Er erscheint als Verkörperung des engen Puritanismus und Rassismus aus Duggans eigener irisch-katholischer Vergangenheit.

Die Erzählung ist vor allem wegen ihrer literarischen Qualität von Bedeutung. Duggan gelingt es, frühere Fehler zu vermeiden: Seine Sprachfähigkeit hatte ihn immer wieder in die Gefahr gebracht, um der blossen Rhetorik willen zu schreiben. Obwohl die Sprache für ihn – wie für sein Vorbild Frank SARGESON (1903–1982) – von höchster Wichtigkeit war, fürchtete Duggan, ein *»juwelengeschmücktes, aber leeres Kästchen«* zu schaffen. Seine besten Arbeiten, so meinte er, entstünden aus Geschichten, die ihn mit solcher Gewalt beschäftigten, daß diese *»Gewohnheit der Rhetorik«* von ihm abfallen und die Behandlung des Themas seiner eigenen Erfahrungsintensität entsprechen würde.

Die zum Großteil in England entstandene Sammlung *Immanuel's Land* (1956) enthält *»einige der perfektesten Kurzgeschichten, die je von einem Neuseeländer geschrieben wurden«* (C. K. Stead). Duggans Erfolg liegt darin, die kleinen Konflikte und Schwierigkeiten des Alltagslebens in einem realistischen Rahmen mittels eines teilweise lyrisch anmutenden Prosastils darzustellen (*A Small Story – Eine kleine Geschichte* oder *In Youth is Pleasure – Unbeschwerte Jugendzeit*). – Die Erzählung *Six Place Names and a Girl (Sechs Ortsnamen und ein Mädchen)*, die zehnte Veröffentlichung Duggans, war Vorbild für *Along Rideout Road That Summer* und ein wichtiger Entwicklungsschritt. Zuvor hatte sich der Autor verpflichtet gefühlt, seine Geschichten durch einen ›roten Faden‹ zu verbinden; so erfand er – ähnlich wie Katherine MANSFIELD – eine Familie, die Lenihans, deren Mitglieder Figuren einzelner Geschichten sein sollten (so in *A Small Story* und in *Race Day – Wett-Tag*). Aber die Absicht, einen zusammenfassenden »Familienroman« zu schaffen, gab er bald auf, wie auch der Titel der 1958 in der Zeitschrift ›Numbers‹ veröffentlichten Geschichte *Book One: A Fragment of a Work Abandoned (Erstes Buch: Teil eines aufgegebenen Werkes)* andeutet. Seit *Six Place Names and a Girl* schrieb er Werke, die *»weniger eine Geschichte waren als ein Fest in Prosa«*. Durch das Burns-Stipendium finanziell abgesichert, konnte er 1960 die ihn wenig befriedigende Werbeschriftstellerei aufgeben und ganz seinem Talent leben. Aus diesem Jahr stammt auch die bekannte Erzählung *Blues for Miss Laverty*, in der Duggan zum ersten Mal eine Figur außerhalb seines eigenen Erfahrungsbereiches zeichnet. Duggans Leben war gezeichnet von Tuberkulose und Alkoholismus, und als er 1973 erfuhr, daß er an Krebs erkrankt war, vernichtete er alle bis dahin unveröffentlichten Werke mit Ausnahme von *The Magsman Miscellany (Sammlung eines Plauderers)*. Sein Ende, meinte er offensichtlich, bedürfe keines Kommentars. D. H. LAWRENCE, den Duggan immer verehrt hatte, sagte einmal, gute Prosa brauche nur den *»lakonischen Mut der Erfahrung«* – und dies gilt vielleicht auch für Duggan selbst. S.S.

AUSGABEN: Ldn. 1965; ern. Auckland 1971. – Auckland/Ldn. 1981 (in *Collected Stories*, Hg. C. K. Stead).

LITERATUR: R. L. P. Jackson, *Canadian & New Zealand Short Stories* (in Journal of Commonwealth Literature, 6, Jan. 1969). – T. L. Sturm, *The Short Stories of M. D.* (in Landfall, 24, 1970, S. 50–71). – P. Evans, *Paradise or Slaughterhouse – Some Aspects of New Zealand Proletarian Fiction* (in Islands, März 1980, S. 71–85). – *Critical Essays on the New Zealand Short Story*, Hg. C. Hankin, Auckland 1982. – P. Evans, *M. D. and the Provincial Dilemma* (in Landfall, 36, 1982, S. 217–231). – I. Wedde, *From Blue to Gold: M. D.'s Short Stories* (in Islands, Nov. 1984, S. 128–139).

## ANDRÁS DUGONICS

* 18.10.1740 Szeged
† 25.7.1818 Szeged

### ETELKA, EGY IGEN RITKA MAGYAR KISASSZONY VILÁGOSVÁROTT ÁRPÁD ÉS ZOLTÁN FEJEDELMINK IDEJÉBEN

(ung.; *Etelka, ein überaus rares ungarisches Fräulein in Világosvár zur Zeit unserer Fürsten Árpád und Zoltán*). Roman von András DUGONICS, erschienen 1788. – Das umfangreiche Werk ist der erste Roman in ungarischer Sprache und behandelt die Zeit der ungarischen Landnahme (10. Jh.): Fürst Árpád teilt das eroberte Land unter seinen Stammesführern auf und veranstaltet große Festlichkeiten. Hierbei macht Etelka, die schöne Tochter des Stammesführers Gyula, die Bekanntschaft eines jungen Ungarn, Etele, der aus Karelien kam. Die beiden verlieben sich ineinander, doch müssen sie viele Prüfungen bestehen, bis sie einander angehören können. Besonders Róka (der Fuchs), ein Ratgeber des Fürsten von slovakischer Abstammung, sorgt für immer neue Schwierigkeiten, wird aber schließlich entlarvt und muß seine Schandtaten mit dem Tode büßen. Jetzt wird offenbar, daß Etelka in Wahrheit die Tochter des Fürsten Árpád und Etele ebenfalls von fürstlicher Abstammung ist. Nachdem Etele seinen Nebenbuhler, den Bulgaren Zalánfi, im Duell getötet hat, können die Liebenden endlich Hochzeit feiern.

Die Handlung hat Dugonics weitgehend aus der *Argenis* (1621) von John BARCLAY, und zwar vermutlich einer deutschen Bearbeitung, übernommen, sie jedoch in ein – seiner Ansicht nach – typisch ungarisches Gewand gekleidet. Außerdem gab er seiner Version eine stark patriotische Tendenz, die gegen Wien gerichtet war (so sollten in der Gestalt des bösen Ratgebers Róka die Intriganten am Wiener Hof getroffen werden). Von der Verwandtschaft der Karelier mit den Ungarn erfuhr Dugonics aus dem Werk *Demonstratio idioma Ungarorum et Lapponum idem esse (Darlegung der Gleichheit der ungarischen und lappischen Sprache)* von János SAJNOVICS, dessen Theorien er – im Gegensatz zu seinen Zeitgenossen – voll und ganz akzeptierte.

Der Roman fand trotz aller Anachronismen und Unglaubwürdigkeiten begeisterte Leser. Literaten hingegen verurteilten ihn: So warf ihm KAZINCZY Ferenc geschmackloseste Galanterie, primitivste Popularismen und gedankenlosen Chauvinismus vor. TOLDY Ferenc erkannte später die großen patriotischen Verdienste Dugonics' an, doch mußte auch er dem Roman jede künstlerische Qualität absprechen. T.P.I.

AUSGABEN: Preßburg/Kaschau 1788; 1791; 1805. – Budapest 1906, Hg. Prónai Antal (in Irodalomtörténeti Olvasmányok, Nr. 6; unvollst.).

DRAMATISIERUNG: Soós Márton, *Etelka*, 1791 (Schauspiel).

LITERATUR: S. Endrődi, *D. A.*, Budapest 1881. – A. Prónai, *D. A. életrajza*, Szeged 1903. – J. Perényi, *D. A. színművei*, Sátoraljaújhely 1903. – Ö. Simai, *D. A. mint nyelvújító*, Budapest 1904. – D. Baróti, *D. A. és a barokk regény*, Szeged 1934. – G. Diósy, *A százötvenéves »Etelka«*, Szeged 1938. – I. Békés, *D. A.*, Budapest 1955. – I. Szathmári, *D. A. nyelvéről és stilusáról* (in Magyar Nyelvőr, 1968, S. 257–262). – Gy. Gyuris, *D. A. Bibliográfia*, Szeged 1969. – J. Szauder, *D. A.* (in J. Sz., *Az estve és Az álom*, Budapest 1970, S. 136–155). – Gy. Gyuris, *D. könyvtára*, Szeged 1972. – S. Bálint, *Az »Etelka« és Máriaradna. D. A. írói műhelyéből* (in S. B., *A hagyomány szolgálatában*, Budapest 1981.

## GEORGES DUHAMEL

* 30.6.1884 Paris
† 13.4.1966 Valmondois

LITERATUR ZUM AUTOR:

*Bibliographien:*

M. Saurin, *Les écrits de G. D. Essai de bibliographie générale*, Paris 1951. – J. J. Zéphir, *Bibliographie duhamélienne*, Paris 1972.

*Gesamtdarstellungen und Studien:*

L. Durtain, *G. D.*, Paris 1920. – C. Santelli, *D.*, Paris 1925; ern. 1947. – L. Wehrli, *Mensch und Stil im Werk G. D.s*, Diss. Zürich 1937. – P. H. Simon, *G. D. ou le bourgeois sauvé*, Paris 1947. – A. Terrinse, *G. D. éducateur*, Paris 1951. – M. Saurin, *Les écrits de G. D.*, Paris 1952. – R. Beyerlein, *Kulturauffassung u. Kulturkritik im Werk von G. D.*, Diss. Tübingen 1957. – L. C. Keating, *Critic of Civilisation. G. D. and His Writings*, Lexington 1965. – *G. D., 1884–1966*, Paris 1967. – B. L. Knapp, *G. D.*, NY 1972. – A. Lafay, *La sagesse de D.*, Paris 1984.

### CHRONIQUE DES PASQUIER

(frz.; *Chronik der Familie Pasquier*). Romanzyklus in zehn Bänden von Georges DUHAMEL, erschienen 1933–1941. – Das Problem der Familie als soziologische Einheit ist in den späten zwanziger und frühen dreißiger Jahren oft behandelt worden, aber nirgends, außer in MARTIN DU GARDS Romanfolge *Les Thibault*, so umfassend und mit solch psychologischer Meisterschaft wie in der *Chronique des Pasquier*. Die Frage, ob das Individuum wesentlich durch die Bindungen des Bluts bestimmt werde oder nicht, ist von Duhamels Zeitgenossen verschieden beantwortet worden. GIDES Einstellung war die des bedingungslosen Individualisten: *»Familles, je vous hais!« (»Familien, ich hasse euch!«* – in *Nourritures terrestres*). COCTEAU *(Les enfants terribles; Les parents terribles)* und MAURIAC *(Le nœud de vipères)* betrachteten die Familie als Herd gärenden Hasses und niederer Leidenschaften. BOURGET verfiel ins entgegengesetzte Extrem und pries die Familie im Namen der bürgerlichen Moral als die natürliche und notwendige Basis gesunden Denkens und Fühlens. Duhamel jedoch bezieht keine dieser extremen Positionen. Er nimmt die Familie als das, was sie ist: als lebendige Einheit, in der alle ihr Angehörenden von einem Clangeist durchdrungen sind. Der eitle Joseph, der Mann des Geldes, der kurzsichtige, törichte Ferdinand, die künstlerisch begabte Cécile, die kokette Suzanne, der idealistische Laurent, Madame Pasquier in ihrer demütigen mütterlichen Liebe, der Doktor Pasquier mit seinen kindischen Einfällen – sie alle ziehen ihre Lebenskräfte aus der gleichen Wurzel, haben gemeinsame Bedürfnisse, Erinnerungen und Sehnsüchte. Durch alle Wandlungen hindurch, die das Schicksal ihnen abnötigt, bleiben sie im Grunde Pasquiers. Sosehr Laurent an seiner Familie leidet, so viele Opfer er ihr bringen muß, sooft auch Streit und Lüge die einzelnen entzweien, es kommt doch immer wieder zu Kompromissen, die den Frieden wiederherstellen; denn, so sagt Duhamel, der Mensch kann sich ohne die Wärme und den Zusammenhalt der Familie nicht gegen das Schicksal behaupten. Der *»esprit de clan«* der Pasquiers wird nicht als Kollektivegoismus dargestellt, sondern fast als ein geistiges Band zwischen Menschen, die dasselbe Brot, dieselben Nöte und Hoffnungen tei-

len und die noch in den schwierigsten Situationen durch eine verbindende Liebe geeint bleiben.
Der stufenweise soziale Aufstieg der jüngeren Familienmitglieder gibt dem Autor Gelegenheit, die verschiedensten gesellschaftlichen Schichten Frankreichs zwischen 1905 und 1920 zu schildern. Durch Joseph, den Finanzier, wird der Leser mit der Welt der Politik und der Finanzen bekannt, durch Laurent mit der des Geistes; während Ferdinand den Typ des mittelmäßigen Kleinbürgers repräsentiert, wird mit Cécile, der hochbegabten Pianistin, die Problematik künstlerischen Schaffens zur Sprache gebracht; das Reich des Theaters eröffnet sich dem Leser durch die Schauspielerin Suzanne. Duhamel ist jedoch nicht Historiker: Er ist Moralist. Es geht ihm nicht darum, eine geschichtliche Epoche zu vergegenwärtigen, so ereignisreich sie auch gewesen sein mag, sondern Menschen mit ihren zu allen Zeiten gleichen Existenzfragen zu gestalten. Der bedeutendste Charakter unter den vielen Figuren des Zyklus ist Laurent; in ihm gelangt die Clanseele der Pasquiers zu höchster Bewußtheit. Er verfügt als einziger in der Familie über genug gedankliche Kraft und Klarheit, um aus den Schicksalen der Familie eine Lehre für sich zu ziehen. Er durchschaut die Unzulänglichkeit des Menschen, die Absurdität des Lebens und leidet bitter an diesen Erkenntnissen. Wenn auch weder seiner Erziehung noch seiner geistigen Konstitution nach zum Religiösen hin orientiert, ist er doch ein Wanderer auf dem Weg zum Absoluten, ein Gottsucher. Aber so tief ihn auch die Probleme der Existenz beunruhigen, sein moralisches Gleichgewicht, seine seelische Gesundheit bleiben intakt; sein Leiden an der Welt hat nichts Morbides; es führt ihn vielmehr zur Klarheit der Erkenntnis, in der zugleich die ethische Grundkonzeption des Autors sichtbar wird: Wenn auch die Welt in Unordnung, wenn Harmonie im menschlichen Bereich selten ist – der Mensch kann sich doch im Chaos behaupten, indem er seine eigene Freiheit, seine moralische Überzeugung verwirklicht. Die Verzweiflung ist nur eine Durchgangsphase im Werdegang des Menschen, ein Stadium der Selbstreinigung, aus dem Vernunft und Ordnungswille herausführen können.
Im Grunde stellt also das zehnbändige Werk weniger den sozialen Aufstieg einer Familie als vielmehr den Weg eines individuellen Bewußtseins zur Weisheit dar. J.H.K.

AUSGABEN: Paris 1933–1941 (*Le notaire du Havre*, 1933; *Le jardin des bêtes sauvages*, 1934; *Vue de la terre promise*, 1934; *La nuit de la Saint-Jean*, 1935; *Le désert de Bièvres*, 1937; *Les maîtres*, 1937; *Cécile parmi nous*, 1938; *Combat contre les ombres*, 1939; *Suzanne et les jeunes hommes*, 1940; *La passion de Joseph Pasquier*, 1941). – Paris 1947, 5 Bde. – Paris 1961/62, 10 Bde. – Paris 1972–1977, 10 Bde.

ÜBERSETZUNGEN: *Über die Treppen von Paris*, E. Sander u. H. Benninghoff, Stg. 1952 (enth. *Der Notar in Le Havre; Der Garten der wilden Tiere; Das Land der Verheißung*). – *Götter in Paris*, E. Sander, Stg. 1954 (enth. *Johannisnacht; Die Meister; Cécile unter uns*). – *Schatten im Licht Paris*, ders., Stg. 1955 (enth. *Der Kampf mit den Schatten; Suzanne und die jungen Männer; Joseph Pasquiers Leidenschaft*).

LITERATUR: E. Henriot, *D. et »Les Pasquier«* (in Temps, 14. 1. 1942). – P.-H. Simon, *Les Pasquier: famille française* (in Anneau d'or, 20, 1948, S. 96–100). – C. Dédéyan, *»Les Pasquier« de G. D.* (in RLMod, 3, 1952). – M. Eleanor, *Le réalisme délicat de D.* (in Revue de l'Université Laval, 13, Quebec 1958/59, S. 784–803). – V. Therrien, *L'imagination de D. d'après »La chronique des Pasquier«* (in EF, 1, Okt. 1965, S. 85–100). – A. Abłamowicz, *Sur la »Chronique des Pasquier«* (in Kwartalnik Neofilologiczny, 20, 1973, S. 135–151). – A. J. Joubert, *La »Chronique des Pasquier« et »Cécile parmi nous« de D.*, Paris 1986.

## VIE ET AVENTURES DE SALAVIN

(frz.; *Leben und Abenteuer Salavins*). Romanzyklus in fünf Teilen von Georges DUHAMEL; es erschienen: *Confession de minuit*, 1920 (hieran sich anschließend die Erzählung *Nouvelle rencontre de Salavin*, 1921); *Deux hommes*, 1924; *Journal de Salavin*, 1927; *Le club des Lyonnais*, 1929; *Tel qu'en lui-même...*, 1932. – Thema des Zyklus ist der Wunsch des Protagonisten Salavin, seine Identität radikal zu verändern und seiner tatsächlichen Existenz zu entkommen. Das Wort »Abenteuer« im Titel ist insofern ironisch, als es sich auf weiteste Strecken um die Beschreibung innerer Ereignisse und Zustände handelt.
In *Confession de minuit* legt der grübelnde Protagonist einem Unbekannten (dem Erzähler) Rechenschaft von seinem bisherigen Leben ab, dem Leben eines nach außen unbedeutenden Angestellten, der durch einen nur scheinbar absurden Vorgang, die Berührung seines Vorgesetzten am Ohr, seine Stelle verloren hat: Es war der verzweifelte Versuch, aus Isolierung und vollkommener Einsamkeit heraus einen Kontakt zur Mitwelt zu finden. *Nouvelle rencontre de Salavin* rückt die Erfüllung dieser Wünsche nahe, aber das Ende des Traums – um einen solchen handelt es sich: Salavin erwacht in dem Café, in dem er seine Beichte abgelegt hatte – bringt die Rückkehr in die Welt des existentiellen Ennui. *Deux hommes* beschreibt einen für längere Zeit glücklichen, auch verheirateten und wieder einen Beruf ausübenden Salavin; die Freundschaft mit dem »normalen« Durchschnittsmenschen Loisel färbt auf ihn ab. Er scheint gerettet, fällt schließlich aber in die ursprüngliche Trostlosigkeit zurück. Der Bruch mit Loisel korrespondiert mit dem Abschluß dieser *»glücklichen Periode«*. *Journal de Salavin* greift Motive der früheren Teile in konzentrierter Form auf. Das Tagebuch beginnt mit dem Satz: *»Ich fasse den Entschluß, mein Leben vollkommen zu verändern«*, ein Entschluß, der mit aller

Strenge und nicht ohne Pedanterie verwirklicht wird: Trennung von der Familie, Leben in einem zellenartigen Raum, ständige Selbstprüfung, Wohltaten an Fremden in strikter Realisierung der Bergpredigt wie in *Matth.* 5,40. Auch dieser Teil endet scheiternd mit der kläglichen Rückkehr des von einem *»ennui surnaturel«* besiegten und erkrankten Salavin. *Le club des Lyonnais*, mit *Deux hommes* zum Teil korrespondierend, zeigt Salavin wieder unter Menschen und befreundet mit dem Lebemann Devrigny, eine Verbindung, die ähnlich wie die mit Loisel für Salavin zeitweilig, und dann euphorisch überhöht, das Gefühl der Normalität und Problemlosigkeit bringt. Salavins Beziehungen zu einer marxistischen Zelle, deren Zielen er nur zögernd zustimmt (weil er die Veränderung des Individuums, besonders seiner selbst, für wichtiger als die des Systems hält), führt zu einem abermals unrühmlichen Ende: Er wird verhaftet; seine Mutter stirbt an der Aufregung. *Tel qu'en lui-même...* schildert Salavins letzten Flucht- und Erneuerungsversuch, der noch radikaler ausfällt als im *Journal*: Salavin geht unter falschem Namen nach Tunesien, wo er als Handelsvertreter lebt, vor allem aber unter bewußtem Einsatz seiner Gesundheit und seines Lebens als Blutspender und Pfleger von Pestkranken wirkt. Von seinem Diener, einem Kriminellen, dem er Vertrauen geschenkt hat, wird er angeschossen. Seine Frau holt ihn nach Frankreich zurück; im Hôpital de la Conception in Marseille wird ihm ein Bein amputiert – eine deutliche Anspielung auf das Lebensende RIMBAUDS, der im selben Haus dasselbe Schicksal erlitt. Kurz nach der Rückkehr nach Paris stirbt Salavin mit dem – auch seinen Aufzeichnungen zu entnehmenden – Bewußtsein, sein Leben verfehlt und seine Versuche, sich zu ändern, falsch, nämlich auf Kosten seiner Nächsten angelegt zu haben.

Alle äußeren Begebenheiten in diesem Handlungsgerüst korrespondieren mit dem eingangs erwähnten Thema der Evasion aus dem Existenzekel, das gegenüber dem 19. Jh. (BAUDELAIRE, Roman des Fin de siècle) erheblich abgewandelt wird durch Salavins moralischen Rigorismus: Duhamels Protagonist will *»ein Heiliger werden«*, ein *»neues Leben«* erwerben. In diesem Zusammenhang wird das neutestamentliche Wort vom neuen Leben (*Römer* 6,4; 7,6; *Epheser* 4,24 f.) einerseits säkularisiert (es gibt für Salavin keine christliche Transzendenz), andererseits bis zum äußersten ernstgenommen; das Vokabular des »Wiederbeginnens«, »Neu-Anfangens«, »Ein-anderer-Werdens« läßt sich leitmotivisch durch den Zyklus verfolgen. Ein weiteres konstitutives Moment bilden die Räume, in denen Salavin sich bewegt und die in einem doppelten Sinn mit seiner Existenz, seiner Gedanken- und Wunschwelt in Beziehung stehen: Das Evasionsbedürfnis richtet sich auf die geographische, exotische Ferne, von der Verwandlung und Heil erwartet werden (Nordafrika als Land der Verheißung schon in GIDES *Si le grain ne meurt*), aber auch auf das eigene Innere im Sinn der Meditation, des *recueillement*, dem gerade die engen Räume, das eigene Zimmer, die kahle Asketenzelle, entsprechen. In dem Modell Ausfahrt – Scheitern – Rückkehr, dem die einzelnen Teile des Zyklus weitgehend folgen, lassen sich – von Duhamel selbst angedeutete – Reminiszenzen an *Don Quijote* erkennen.

Die Frage nach Humanität und moralischer Basis in einer Welt ohne Gott dürfte einer verbreiteten Stimmung nach dem Ersten Weltkrieg entsprechen; Salavins Problem ist in diesem Sinn als das des *»humanisme laïque«* oder *»mysticisme laïque«* charakterisiert worden (P.-H. Simon). Hierzu ist auch auf die Grundtendenz der kulturkritischen Schriften Duhamels hinzuweisen (Sorge um das Individuum angesichts fortschreitender Technisierung und Enthumanisierung). Freilich scheitert Salavin, und hierin liegt etwas Programmatisches, nicht eigentlich an seiner Umwelt, sondern an seinem zwar exemplarischen, aber ins Absurde umschlagenden, weil letztlich rein egoistischen, der Caritas entbehrenden Rigorismus. In der ungemein komplexen, keinesfalls idealisierten, gelegentlich eher ironisierten Gestalt Salavins sind verschiedene Züge angelegt, die ihn nach manchen Kritikern geradezu als einen *»type universel«* der französischen Literatur erscheinen lassen (J.-J. Zéphir); auf jeden Fall ist er ein früher Verwandter der existentialistischen Protagonisten SARTRES *(La nausée)* und CAMUS' *(La peste, La chute)*. L.Schr.

AUSGABEN: Paris 1920–1932. – Paris 1947 *(Deux hommes)*. – Paris 1948 *(Le club des Lyonnais)*. – Paris 1948 *(Tel qu'en lui-même...)* – Paris 1963 *(Confession de minuit)*. – Paris 1963 *(Journal de Salavin)*. – Paris 1973, 2 Bde. (Folio).

ÜBERSETZUNGEN: *Mitternächtliche Beichte*, L. Richter, Bln. 1924. – Dass. W. Rohde, Freudenstadt 1948. – *Neuerliche Begegnung mit Salavin*, R. Breuer-Lucka (in *Menschen der Straße*, Bln. u. a. 1926). – *Zwei Freunde. Roman*, N. Collin, Bln. 1925. – *Der Lyonerklub* u. *Simon Chavegrand* u. d. T. *Dir kannst du nicht entfliehen*, B. Jolles, Bln. u. a. 1933. – Dass., ders., Mchn. 1963 (GGT).

VERFILMUNG: *Les aventures de Salavin*, Frankreich 1963 (Regie: P. Granier-Deferre).

LITERATUR: B. T. Fitch, *Portrait d'un aliéné: »Salavin« de D.* (in Bull. des Jeunes Romanistes, 4, Dez. 1961, S. 31 ff.). – J. Onimus, *Face au monde actuel*, o. O. 1962. – A. Maurois, *De Proust à Camus*, Paris 1964. – J. J. Zéphir, *La névrose de Salavin* (in Revue de l'Université Laval, 21, 1966, S. 19 ff. u. 240 ff.). – P. H. Simon, *Modernité de »Salavin«* (in *D.*, Paris 1967, S. 85–99). – L. Schrader, *G. D., »Vie et aventures de Salavin«* (in *Der moderne frz. Roman*, Hg. W. Pabst, Bln. 1968, S. 134–149). – J.-J. Zéphir, *Psychologie de Salavin, de G. D.*, Paris 1970. – Ders., *D. devant la critique contemporaine. Modernité de »Salavin«*, Paris 1971. – M. T. Goose, *A propos de »Salavin« de D.* (in Revue belge de philologie et d'histoire, 49, 1971, S. 1015/16). –

G. Prince, *»Salavin« et ses lecteurs ou le roman du roman* (in FR, 47, 1974, S. 182–188). – J. C. Dodd, *The Salavin Cycle of D.*, Diss. Hull 1976. – J.-L. Douchin, *Folantin, Salavin, Roquentin* (in BRP, 21, 1982, S. 45 ff.).

## ÉDOUARD DUJARDIN

* 10.11.1861 Saint Gervais-la-Forêt
† 31.10.1949 Paris

### LES LAURIERS SONT COUPÉS

(frz.; *Ü: Geschnittener Lorbeer*). Roman des Schriftstellers und Literaturkritikers Édouard DUJARDIN, erschienen 1888. – Der dichterisch wenig bedeutende Roman blieb völlig unbeachtet (von der Erstauflage wurden nur ca. 400 Exemplare verkauft), bis er von James JOYCE als Vorbild für den »inneren Monolog« seines *Ulysses* (1922) bezeichnet und in das Licht der Öffentlichkeit gerückt wurde. Joyce machte 1920 Valéry LARBAUD mit dem Roman bekannt: Ihnen ist zu verdanken, daß 1924 eine Neuauflage gedruckt wurde, für die Larbaud ein rühmendes Vorwort schrieb.

Der Roman schildert in einem einzigen »Monolog« die unglückliche Liebe des Studenten Daniel Prince zu der Schauspielerin Léa d'Arsay. Für den Stil charakteristisch sind syntaktische Verkürzungen und Satzreihungen ohne Konjunktionen. Die Sätze sollen – nach Dujardins eigener Aussage – möglichst einfach, direkt und unkonstruiert sein, jeweils Einzelmotive bilden, die eine Emotion (*»une signification émotionelle«*) zum Ausdruck bringen und ohne logische Verbindung nebeneinanderstehen. Tritt darin schon der ganze Unterschied zu der Sprache des *Ulysses* hervor, so besteht auch im übrigen kein Zweifel darüber, daß Dujardins Roman in keinerlei Hinsicht an die Werke von Joyce heranreicht. Während aber die angelsächsische Literaturkritik eine Zeitlang dem Roman jegliche literaturgeschichtliche Relevanz absprechen wollte und andererseits in Frankreich vor allem durch Larbaud sein dichterischer Rang erheblich überschätzt wurde (*»ein Hauptwerk, sowohl seiner poetischen Vollendung nach wie auch als Quelle einer großen literarischen Bewegung«*; Brief an Dujardin), bahnt sich inzwischen eine gerechtere Würdigung an. Man kann Dujardin die Erfindung des inneren Monologs lassen, ohne seinen Einfluß auf Joyce zu überschätzen. Er hat – neuen Forschungen nach – wohl vor allem darin bestanden, daß Dujardin Joyce die Kenntnis der französischen Symbolisten, vor allem die von MALLARMÉ, dessen Schüler Dujardin gewesen war, vermittelte. Mit seinem Bestreben, die Poesie in den Roman einzuführen, stand Dujardin in der Tradition der Symbolisten, auf die er andererseits selbst Einfluß ausübte, vor allem als Vermittler der Musik Richard Wagners. Dujardin veröffentlichte später einen Essay *Monologue intérieur* (1931), in dem er die Geschichte und Form des inneren Monologs beschreibt – trotz mangelnder Objektivität eine wichtige literaturgeschichtliche Quelle für die Periode von 1885–1930. H.H.H.

AUSGABEN: Paris 1888. – Paris 1897. – Paris 1924. – Paris 1968 (10/18). – Paris 1981.

ÜBERSETZUNGEN: *Geschnittener Lorbeer*, G. Herburger, Köln/Bln. 1966. – *Die Lorbeerbäume sind geschnitten*, I. Riesen, Zürich 1984.

LITERATUR: E. Dujardin, *Le monologue intérieur*, Paris 1931. – C. D. King, *E. D. Inner Monologue and the Stream of Consciousness* (in FSt, 7, 1953, S. 116–128). – G. Struve, *Monologue intérieur* (in PMLA, 69, 1954, S. 1101–1111). – C. D. King, *E. D. and the Genesis of the Inner Monologue* (in FSt, 9, 1955, S. 101–115). – Ph. Handler, *The Case for D.* (in RomR, 56, 1965, S. 195–202). – E. Höhnisch, *Das gefangene Ich. Studien zum inneren Monolog in modernen französischen Romanen*, Heidelberg 1967 [zugl. Diss. Bln.]. – G. Genette, *Figures III*, Paris 1972, S. 183–224. – K. Mac Killigan, *E. D. »Les lauriers sont coupés« and the Interior Monologue*, Hull 1977. – F. S. Weissmann, *Du monologue intérieur à la sous-conversation*, Paris 1978. – P.-L. Rey, *»Les lauriers sont coupés«* (in NRF, 1. 11. 81, Nr. 346, S. 124–126).

## ALEXANDRE DUMAS FILS

* 27.7.1824 Paris
† 27.11.1895 Marly-le-Roi

LITERATUR ZUM AUTOR:
R. Hörner, *Die Erstlingsdramen des jüngeren D.*, Tübingen 1910. – C. M. Noël, *Les idées sociales dans le théâtre de D.*, Paris 1912. – P. Lamy, *Le théâtre d'A. D. fils*, Paris 1928. – O. Gheorgiu, *Le théâtre de D. fils et la société contemporaine*, Nancy 1931. – F. A. Taylor, *The Theatre of A. D. fils*, Oxford 1937. – A. Maurois, *Les trois D.*, Paris 1957. – A. Lebois, *A. D. fils*, Paris 1969. – H.-J. Neuschäfer, *Populärromane im 19. Jh.*, Mchn. 1976. – S. E. Larsen, *Sémiologie littéraire*, Stockholm 1984. – B. Wehinger, *Paris Crinoline. Zur Faszination des Boulevardtheaters und der Mode um 1857*, Mchn. 1988.

### LA DAME AUX CAMÉLIAS

(frz.; *Die Kameliendame*). Roman und Drama von Alexandre DUMAS fils. – Schon der 1848 erschienene Roman war ein großer Erfolg; die Premiere der dramatisierten Version (Paris, 2. 2. 1852, Théâtre Vaudeville) gehörte zu den aufsehenerregendsten französischen Bühnenereignissen zu Beginn der zweiten Hälfte des Jahrhunderts. Der *Kameliendame* kommt der Ruhmestitel zu, das erste und langlebigste aus der Reihe der dichterisch mehr oder weniger geglückten Sittendramen gewesen zu sein, die von der Mitte des vorigen Jahrhunderts an im Dienste der bürgerlichen Moral über die Bühne zogen. Die edle Kurtisane, die dem arrivierten Bourgeois die Evasion in eine erotische Wunschwelt ermöglicht und sich schließlich der bürgerlichen Familienmoral opfert, gehört zum Themenrepertoire der Unterhaltungsliteratur des 19. Jh.s.

Die Heldin, Marguerite Gautier, verkörpert den von der Romantik her schon bekannten Typ der rückhaltlos liebenden, hochherzigen Sünderin, der hier ins Rührende idealisiert ist; die Kameliendame revoltiert nicht gegen die institutionalisierten moralischen Regeln, sondern gewinnt allen Heroismus aus dem Opfer, das sie diesen Regeln bringt. Marguerite liebt Armand Duval, einen jungen Mann aus gutem Hause, mit einer Liebe, wie sie ihr bisher unbekannt war, und hat um seinetwillen ihr früheres leichtes Leben aufgegeben. Als ihr aber vom Vater ihres Geliebten vorgehalten wird, sie stehe dem Glück Armands im Wege und schädige das Ansehen der ganzen Familie, beugt sie sich den Forderungen der Gesellschaft, die keine ehemalige Kurtisane in ihren Kreisen dulden will, und kehrt in ihr altes Milieu zurück. Stumm erträgt sie außer dem Trennungsschmerz auch noch die verzweifelte Verachtung des Geliebten, der die wahren Motive ihres Handelns erst erfährt, als die Lungenkranke schon im Sterben liegt. Die Versöhnungsszene kurz vor Marguerites Tod ist der Höhepunkt des an bewegenden Effekten reichen, pathetischen Stükkes, dessen melodramatisch akzentuierte Gesellschaftskritik von problemreicheren Darstellungen der »ehrbaren Dirne« abgelöst worden ist, sich mit seiner wirkungskräftigen Theatralik aber in Verdis *La Traviata*-Vertonung und auf der Leinwand immer wieder zu behaupten vermag. KLL

Roman:
AUSGABEN: Paris 1848, 2 Bde. – Paris 1872 [revidiert]. – Paris 1972 (Folio). – Paris 1975 (Poche). – Paris 1981 (Einl. H. J. Neuschäfer; Roman und Drama; GF).

ÜBERSETZUNGEN: *Die Dame mit den Camelien*, G. F. W. Rödiger, Wien 1850. – *Die Kameliendame*, O. Flake, Lpzg. 1907. – Dass., ders., Bln./Mchn. 1919. – Dass., H. Luckenwald, Lübeck 1940; ern. 1946. – Dass., O. Flake, Mchn. 1967 (GGT); ern. 1985 (Goldm. Tb). – Dass., F. Stern, Stg. 1974 (RUB). – Dass., W. Hoyer, Ffm. 1982.

Drama:
AUSGABEN: Paris 1852. – Paris 1868 (in *Théâtre complet*, 7 Bde., 1868–1892, 1). – Paris 1882. – Paris 1923 (in *Théâtre complet*, 10 Bde., 1). – Montreal 1955.

ÜBERSETZUNGEN: *Eine neue Magdalena oder Die Dame mit den Kamelien*, M. Ring, Bln. 1866. – *Die Cameliendame*, L. v. Alvensleben, Lpzg. 1868. – Dass., H. Meindl, Stg. 1875.

VERTONUNG: G. Verdi, *La Traviata*, 1853 (Oper).

VERFILMUNGEN: Dänemark 1907 (Regie: V. Larsen). – Frankreich 1909. – Italien 1909 (Regie: U. Falena). – Frankreich 1911 (Regie: M. Pouctal, m. S. Bernhardt). – USA 1912. – Italien 1915 (Regie: B. Negroni). – USA 1917 (Regie: A. Capellani). – Deutschland 1917 (m. E. Morena, H. Liedtke). – USA 1927 (Regie: F. Niblo). – Frankreich 1934 (Regie: F. Rivers). – USA 1936 (Regie: G. Cukor, m. G. Garbo, R. Taylor). – Italien 1947 (Regie: C. Gallone). – Frankreich 1953 (Regie: R. Bernard). – Frankreich/Italien/BRD 1980 (Regie: M. Bolognini).

LITERATUR: H. Lyonnet, *»La dame aux camélias« de D. fils*, Paris 1930. – B. Croce, *»La dame aux camélias« e il teatro francese della seconda metà dell'ottocento* (in Quaderni della Critica, 5, 1949, Nr. 15, S. 21–34). – R. Barthes, *Mythologies*, Paris 1957, S. 202–204. – P. Toussaint, *Marie Duplessis, la vraie »Dame aux camélias«*, Paris 1958. – M. Rat, *»La dame aux camélias«*, Paris 1958. – J. Robichez, *»La dame aux camélias«* (in RSH, 1961, S. 477–487). – J. Prasteau, *C'était »La dame aux camélias«*, Paris 1963. – M. d'Hartoy, *D. fils inconnu ou Le collier de »La dame aux camélias«*, Paris 1964. – H. J. Neuschäfer, *Mit Rücksicht auf das Publikum ...* (in Poetica, 4, 1971, S. 478–514). – Ders., *Erotische Wunschwelt und bürgerliche Familienmoral* (in H. J. N., *Populärromane im 19. Jh.*, Mchn. 1976, S. 55–102). – C. Issartel, *Les dames aux camélias*, Paris 1981. – B. Poirot-Delpech, *Marie Duplessis, »La dame aux camélias«. Une vie romancée*, Paris 1981. – G. Jaques, *»La dame aux camélias«, roman de D., une réhabilitation nécessaire* (in LR, 37, 1983, S. 259–285). – H. Felten, *Ungeliebte »Kameliendame«* (in *Aufsätze zur Literaturgeschichte in Frankreich, Belgien und Spanien*, Hg. H. J. Lope, Ffm. u. a. 1985, S. 13–27).

## LE DEMI-MONDE

(frz.; *Die Halbwelt*). Komödie in fünf Akten von Alexandre DUMAS fils, Uraufführung: Paris, 20. 3. 1855, Gymnase dramatique. – Nachdem zum Auftakt des Zweiten Kaiserreichs die dramatisierte und im Vergleich zur Romanfassung harmlosere Version von *La dame aux camélias* die Besucher der Boulevardtheater begeistert hatte und Dumas fils zum Repräsentanten der frivolen Unterhaltung avanciert war, präsentierte er drei Jahre später diese ebenfalls im Milieu der Pariser Halbwelt angesiedelte Boulevardkomödie: Suzanne, die junge Lebedame, die den gesellschaftlichen Aufstieg ihrer Liaison mit dem Marquis de Thonnerins verdankt, faßt den resoluten Entschluß, ihre Position durch eine vorteilhafte Heirat auf Dauer zu sichern, und entscheidet sich für einen ihrer Geliebten: Olivier de Jalin. Der junge Mann kennt die unsichtbaren Grenzen der verschiedenen gesellschaftlichen Kreise und weiß um die Gefahren, die eine durch den Ehekontrakt mit einer Halbweltdame besiegelte Mißachtung der gesellschaftlichen Unterschiede heraufbeschwört. Er verweigert Suzanne das Jawort. Aus Rache verführt sie daraufhin seinen Freund, einen unbescholtenen jungen Mann aus gutem Hause, Raymond de Nanjac, der von ihrem früheren Lebenswandel nichts ahnt. Olivier fühlt sich moralisch verpflichtet, seinen Freund andeutungsweise aufzuklären, doch der verliebte Raymond versteht nichts. In Zusammenhang mit einer von Suzanne angezettelten Intrige fordert er Olivier sogar zum Duell. Anschließend berichtet Olivier der schönen, aber moralisch um so verwerflicheren Intrigantin vom Ausgang des Duells: Er macht sie glauben, Raymond sei tödlich verletzt; und da er sie noch immer leidenschaftlich liebe, wolle er mit ihr ins Ausland fliehen. Kaum bringt Suzanne ihr erwartbares Einverständnis zum Ausdruck, zeigt sich Raymond, der der Unterhaltung gelauscht hat; die Halbweltdame ist gesellschaftlich ruiniert.

Während die Figur des Olivier die Position des Autors vertritt und aus der Sicht des moralisch integren Mannes die mit Gefühlen spielenden und ökonomisch letztlich höchst bedrohlichen Machenschaften des halbseidenen Milieus kritisieren soll, berauschte sich das zeitgenössische Boulevardpublikum jedoch an der genüßlichen Inszenierung eben dieses Milieus. Die konservative Kritik ereiferte sich über die erotischen Pikanterien und die Zweideutigkeiten der Situationen; denn sie befürchtete – angesichts des Publikumserfolges offenbar nicht zu Unrecht –, daß das kritische Urteil des eleganten jungen Mannes, der als ehemaliger Geliebter Suzannes der Faszination, die das Milieu nicht zuletzt auf sogenannte Männer ohne Fehl und Tadel ausübt, ebenfalls nicht widerstanden habe, die Zuschauer weniger überzeuge als der zweideutige Glanz jener »Zwischenwelt«, die tatsächlich seit diesem Stück *demi-monde (Halbwelt)* genannt wird und noch immer zum unverwüstlichen Repertoire des Boulevardtheaters gehört. B.We.

Ausgaben: Paris 1855. – Paris 1868 (in *Théâtre complet*, 7 Bde., 1868–1892, 2). – Paris 1923 (in *Théâtre complet*, 10 Bde., 2).

Übersetzungen: *Demi-monde*, P. J. Reinhard, Wien 1855. – *Die Halbwelt*, O. Randolf, Lpzg. 1875 (RUB). – *Halbwelt*, O. Ploecker-Eckardt, Bln. 1937 (Theater d. Vergangenheit, 1).

Literatur: P. de Saint-Victor, *»Le demi-monde«* (in P. de S.-V., *Le théâtre contemporain*, Paris 1889). – A. Brisson, *Réflexions sur »Le demi-monde« de D. fils* (in Temps, 31. 7. 1916). – W. v. Wurzbach, *Studien zu A. D. Sohn* (in ZfrzSp, 44, 1917, S. 211–231; 45, 1920, S. 185–204). – M. Descotes, *»Le demi-monde« de D. (1865). Vers le public moderne* (in M. D., *Le public de théâtre et son histoire*, Paris 1964, S. 305–344).

## FRANCILLON

(frz.; *Francillon*). Schauspiel in drei Akten von Alexandre Dumas fils, Uraufführung: Paris, 17. 1. 1887, Comédie-Française. – Als Autor der ununterbrochen gespielten *La dame aux camélias* sowie als Vertreter eines moralisierenden Bühnengenres, das er seit 1857 *»théâtre utile« (»nützliches Theater«)* nannte, berühmt geworden, gelang es Dumas mit *Francillon*, endlich in das prestigereichste Theater, die Comédie-Française, einzuziehen. Thema dieser Salonkomödie, die während der Dritten Republik spielt, ist die doppelte Moral der nach wie vor tonangebenden Kreise in Paris: Francine de Riverolles, genannt Francillon, fühlt sich von ihrem Ehemann vernachlässigt und erfährt en passant auf einer Abendgesellschaft von seinem Verhältnis zu Rosalie, einer früheren Geliebten. Francillon versucht Beweise für die Untreue ihres Mannes zu finden und wünscht, ihn zu einem Opernball begleiten zu dürfen. Als Lucien de Riverolles ihren Wunsch nicht erfüllt, folgt sie ihm heimlich, zunächst in die Oper und anschließend in das Luxusrestaurant Maison d'Or, den berüchtigten Treffpunkt der Pariser Halbwelt. Am nächsten Tag erzählt sie ihm, ihn in der Oper gesehen und beim Souper beobachtet zu haben. Um seine Aufmerksamkeit zumindest in Form der Eifersucht zu erregen, fingiert sie einen Ehebruch: Sie habe sich mit einem Unbekannten, den sie in der Oper kennengelernt habe, ebenfalls in der Maison d'Or getroffen und sich ihm nach dem Souper hingegeben. Auf dieses »skandalöse« Geständnis gibt es für den Ehemann nur eine Antwort: die Trennung. Eine Freundin des Hauses, die Baronin Smith, und Luciens Vater wollen den familiären Ruin jedoch verhindern und stellen Francillon, von deren Unschuld sie überzeugt sind, auf die Probe, indem sie behaupten, Pinguet, ein junger Anwaltsgehilfe, der allerdings von nichts weiß, erzähle überall, Francillon sei seine Geliebte. Mit dem herzzerreißenden Ausruf: *»Er lügt!«* verhilft die enttäuschte Ehefrau der Wahrheit ungewollt, aber effektvoll zum Durchbruch. Der Ehemann kehrt reumütig in die Arme seiner Frau zurück.

Das *happy end* täuscht kaum über den resignativen Unterton dieses seinerzeit erfolgreich aufgeführten Stücks hinweg. Als wollte sich Dumas, der immerhin den Mythos der »edlen Kurtisane« auf den Weg gebracht hatte, für die Ideologie der Institution Ehe und der bürgerlichen Kleinfamilie einsetzen, zerstören seine späten Stücke mit einer geradezu obsessiven Hartnäckigkeit die Faszination, die jede, selbst die zeitlich und räumlich begrenzte Evasion in die Halbwelt auf den Bürger ausübt. Daß er dabei allerdings nicht auf die Inszenierung der »Schattenseiten« der Institution Ehe, den Ehebruch, verzichtet und seinen moralischen Rigorismus mit Hilfe eines Quentchens Frivolität und nur leicht verhüllter Erotik allzu offen schmackhaft macht, veranlaßte Th. FONTANE, Rezensent und Kritiker des Französischen Theaters, das die Stücke Dumas' im Berlin der siebziger Jahre des 19. Jahrhunderts regelmäßig aufführte, zum Ruf nach mehr Zwiespältigkeit und mehr Undurchsichtigkeit: *»Man sehnt sich ordentlich nach etwas Tartüfferie, nach etwas Gleisnerei zurück, eingedenk des Satzes, daß Scheinheiligkeit ein Kompliment gegen die Tugend ist.«* B.We.

AUSGABEN: Paris 1887. – Paris 1892 (in *Théâtre complet*, 7 Bde., 1868–1892, 7). – Paris 1923 (in *Théâtre complet*, 10 Bde., 7).

ÜBERSETZUNG: *Francillon*, P. Lindau, Lpzg. o. J. [1889] (RUB).

LITERATUR: É. Zola, *A. D. fils. Sa dernière pièce »Francillon«* (in Revue d'Art Dramatique, 13, 1903, S. 297/298). – H. Bidou, *A. D. fils. La vengeance de Francillon* (in RHeb, 13. 4. 1918).

## ALEXANDRE DUMAS PÈRE

eig. Alexandre Davy de la Pailleterie

* 24.7.1802 Villers-Cotterêts

† 5.12.1870 Puys bei Dieppe

**LITERATUR ZUM AUTOR:**

*Bibliographien:*

F. W. Reed, *A Bibliography of A. D. père*, Ldn. 1933. – D. Munro, *A. D. père. A Bibliography of Works Published in French, 1825–1900*, NY/Ldn. 1981. – Ders., *A Secondary Bibliography of French and English Sources to 1983, with Appendices*, NY 1985.

*Gesamtdarstellungen und Studien:*

C. Glinel, *A. D. et son œuvre*, Reims 1884; Nachdr. Genf 1967. – L. Lecomte, *A. D. Sa vie intime, ses œuvres*, Paris 1902. – H. Wilke, *A. D. als Dramatiker*, Mchn. 1927. – J. Charpentier, *A. D. père*, Paris 1947. – R. Gaillard, *A. D.*, Paris 1953. – H. Clouard, *D. père*, Paris 1955. – A. Maurois, *Les trois D.*, Paris 1957 (dt. *Die drei D.*, Hbg. 1959). – Europe, 1970, Nr. 490/491 [Sondernr. *A. D.*]. – J. Lamaze, *D.*, Paris 1972. – F. Bassan u. S. Chevalley, *A. D. père et la Comédie-Française*, Paris 1972. – M. Bouvier-Ajam, *A. D. ou cent ans après*, Paris 1973. – I. Jan, *A. D. romancier*, Paris 1973. – R. S. Stowe, *A. D., père*, Boston 1976 (TWAS). – L'Arc, 71, 1978 [Sondernr. *A. D.*]. – F. W. J. Hemmings, *A. D. The King of Romance*, NY 1979. – A. Adler, *D. und die böse Mutter. Über 10 historische Romane von A. D. d. Ä.*, Bln. 1979. – C. Schopp, *A. D., le génie de la vie*, Paris 1985.

### ANTONY

(frz.; *Antony*). Drama in fünf Akten von Alexandre DUMAS père, Uraufführung: Paris, 3. 5. 1831, Théâtre de la Porte-Saint-Martin. – Der Titelheld dieses vom zeitgenössischen Publikum frenetisch applaudierten Dramas verkörpert einen für das französische Theater der Julimonarchie neuen Typus: Leidenschaftlich, großmütig, beredt und anmaßend, setzt er sich über Wohlanständigkeit und »guten Geschmack« hinweg und revoltiert gegen gesellschaftliche Normen, insbesondere gegen die Institution der Ehe. Antony ist ein Mensch der Begierde, der die Leidenschaften entfesselt und sich darin verzehrt. *Antony* sei nicht einfach nur ein Bühnenstück, es sei eine Liebesszene, eine Eifersuchtsszene, ein Aufschrei des Zornes, kommentiert Dumas in seinen Memoiren.

Obwohl der Held sich seinen Platz in der Gesellschaft erkämpft hat, leidet sein unbändiger Stolz am Makel seiner zwielichtigen Herkunft, die sich irgendwo in den Wirren der Französischen Revolution verflüchtigt. Die leidenschaftliche Liebe zu einer adligen Frau wird ihm und dieser zum Verhängnis: Adèle, die auf Wunsch ihres Vaters den Oberst d'Hervey heiraten soll, kannte und liebte vor ihrer Hochzeit den ob seiner geheimnisvollen Aura faszinierenden Helden, den sie als Tochter aus adligem Hause meiden muß. Doch *»sie erliegt der Faszination seiner Augen und dem Charme seiner Stimme«*. Während sie die Erwartungen ihrer Gesellschaftsschicht erfüllt und ihre Leidenschaft zügelt, steigert sich Antonys Haß auf die feine Gesellschaft, die ihn aufgrund seiner Geburt ausgrenzt. Obwohl er sich um des Familienfriedens willen von Adèle zurückzieht, entflammt seine Leidenschaft erneut; er will die inzwischen mit d'Hervey Verheiratete heimlich wiedersehen und kündigt ihr sein Kommen an. Die junge Frau versucht zu fliehen und ihrem Mann nachzureisen. Bei der Abfahrt gehen die Pferde mit dem Wagen durch; ein Unbekannter wirft sich ihnen entgegen, wird verletzt und muß in Adèles Haus gebracht werden, wo er sich alsbald zu erkennen gibt: Es ist kein anderer als Antony. Adèle pflegt ihn und ist seinem Drängen, seinen Besitzansprüchen, seiner stürmischen Beredsamkeit ausgeliefert. Sie stimmt wider Willen zu, nach der Genesung mit ihm zu fliehen, hofft jedoch, ihm zu entkommen, indem sie die Abmachungen nicht einhält. Ihr Plan scheitert, er kommt ihr zuvor und zwingt sie, in einem Gasthaus mit ihm eine Nacht zu verbringen. Als sie gemeinsam in Paris eintreffen, kursiert bereits das Gerücht von Adèles Ehebruch; sie wird von Gewissensbissen gepeinigt, und die Aussicht auf die Ankunft ihres Mannes, der durch einen anonymen Brief informiert worden ist, stürzt sie in äußerste Bedrängnis. Wutentbrannt faßt Antony den Beschluß, Adèles Ehre zu retten. Als der Ehemann das Zimmer betritt, erschlägt er sie und schleudert seinem Rivalen den berühmt gewordenen Satz entgegen: *»Elle me résistait, je l'ai assassinée!«* (*»Sie hat mir widerstanden, ich habe sie umgebracht!«*)

*Antony* gehört zu den erfolgreichsten Bühnenstükken der Romantik; es zeichnet sich durch seine dramaturgischen Qualitäten aus und akzentuiert mit Hilfe einer vergleichsweise hohen Direktheit der Sprache, die bewußt in Prosa gehalten ist, sowie der unmittelbaren Zeitgenossenschaft der Handlung die Nähe zum Publikum und zugleich die Distanz zur kanonisierten klassischen Tragödie, deren Helden den Zuschauern des frühen 19. Jh.s jedes Identifikationsangebot verweigerten. B.We.-KLL

AUSGABEN: Paris 1831. – Paris 1907 (in *Œuvres*, 60 Bde.). – Paris 1922 (in *Œuvres*, 35 Bde.). – Paris 1980 (in *Théâtre complet*, Hg. F. Bassan, Bd. 2).

LITERATUR: H. Parigot, *La genèse d'»Antony«* (in Revue Parisienne, 4, 1898, S. 696–726). – M. C. Croze, *L'héroïne d'»Antony«, Mélanie Walder* (in Nouvelle Revue, 15. 5. 1912). – A. Ubersfeld, *Désordre et génie* (in Europe, 1970, Nr. 490/491, S. 107–119). – E. Covensky, *Les débuts de D. au théâtre* (in RHT, 35, 1983, S. 329–337).

## LE COMTE DE MONTE-CRISTO

(frz.; *Der Graf von Monte Cristo*). Roman von Alexandre DUMAS père, erschienen 1845/46 zunächst als Fortsetzungsroman im Feuilleton des ›Journal des débats‹. – Edmond Dantès, ein weitgereister Seemann wahrhaft proteischen Charakters, will sich mit Hilfe seines unermeßlichen Reichtums einen Platz in der Pariser Gesellschaft erobern. Am Tag seiner Hochzeit wird er jedoch in Marseille ins Gefängnis geworfen und fälschlich der Napoleontreue angeklagt (man schreibt das Jahr 1815). Vierzehn Jahre lang bleibt er im Château d'If eingeschlossen. Dieses Schicksal verdankt er zwei schurkischen Freunden, Fernand und Danglars, von denen der erste ihn um seine Frau, der zweite um seinen Reichtum zu betrügen versucht. Auch kommt seine Haft den politischen Machenschaften Villeforts, eines jungen und ehrgeizigen Magistraten, sehr zustatten. Nach einer abenteuerlichen Flucht und dank der Unterstützung eines ehemaligen Mitgefangenen, des Abbé Faria, der ihm einen auf der Insel Monte Cristo vergrabenen, ungeheuren Schatz vermacht, kann Dantès alias Graf von Monte Cristo endlich an seinen Widersachern schreckliche Rache üben. Er verfährt dabei mit seinen Opfern unerbittlich wie das leibhaftige Schicksal, ohne Rücksicht auf die Normen himmlischer und irdischer Gerechtigkeit. Neu ist die Figur des Helden, dessen geradezu märchenhaft anmutende Allmacht nicht mehr auf Tugend und Tapferkeit, sondern auf Geld beruht.

*Der Graf von Monte Cristo* ist auch heute noch ein fesselndes Buch voller Abenteuer, deren konventionell-romantischer Charakter durch die lebhafte und spannende Schilderung aufgewogen wird. Dumas läßt seiner Phantasie freien Lauf und kümmert sich wenig um die Glaubwürdigkeit seiner Geschichten. Seine Zeitgenossen tadelten vielfach die psychologische Unwahrscheinlichkeit der Charaktere und der Vorgänge. Dennoch genoß das Buch große Beliebtheit, nicht zuletzt aufgrund des anhaltenden Erfolgs der Bühnenfassung. KLL

AUSGABEN: Paris 1845/46, 18 Bde. *(Le comte de Monte-Christo)*. – Paris 1907 (in *Œuvres complètes*, 60 Bde.). – Paris 1923/24, 6 Bde. [Ill. F. Money u. V. Dutertre]. – Paris 1978, Hg. H. Bornecque, 2 Bde. (Class. Garn). – Paris 1981, Hg. G. Sigaux (Pléiade).

ÜBERSETZUNGEN: *Der Graf von Monte Cristo*, F. W. Bruckbräu, 15 Bde., Augsburg 1846. – *Der Graf von Monte Christo*, M. Pannwitz, 6 Bde., Stg. 1939. – Dass., n. d. Übers. v. P. Berthier neu bearb. v. H. Bürg, Mchn. 1950. – Dass., H. Kehrli u. A. Ravic, 2 Bde., Zürich 1954; ern. Mchn. 1968 (Heyne Tb). – Dass., E. T. Kauer, Mchn. 1961 (GGT); ern. Mchn. 1974 (Goldm. Tb). – Dass., M. Hasenbein, Ffm. 1977, 2 Bde. (Insel Tb).

DRAMATISIERUNG: A. D. u. A. Maquet, *Monte-Cristo*, Paris 1848 (1. Tl.; Urauff.: Paris 3. 2. 1848, Théâtre Historique); dies., dass., Paris 1848 (2. Tl.; Urauff.: Paris, 4. 2. 1848, Théâtre Historique); dies., *Le comte de Morcerf*, Paris 1851 (3. Tl.; Urauff.: Paris, 1. 4. 1851, Théâtre de l'Ambigu-comique). – Dies., *Villefort*, Paris 1851 (4. Tl.; Urauff.: Paris, 8. 5. 1851, Théâtre de l'Ambigu-comique). – Dies., *Monte-Cristo*, Paris 1895.

VERFILMUNGEN: Frankreich 1942 (Regie: R. Vernay. – Frankreich/Italien 1961 (Regie: C. Autant-Lara). – *The Count of Monte Cristo*, England 1974 (TV; Regie: D. Green).

LITERATUR: L. Ganderax, *Le drame populaire »Monte Cristo«* (in RDM, 48, 1881, S. 215–225). – A. Maurois, *»Montecristo«* (in A. M., *Die drei Dumas*, Hbg. 1959, S. 227–269). – J. Robichon, *»Le comte de Monte-Christo«* (in J. R., *Le roman des chefs-d'œuvre*, Paris 1969, S. 193–241). – H. J. Neuschäfer, *Supermans gesellschaftlicher Auftrag* (in *Literatur für viele*, Hg. H. Kreuzer, Göttingen 1976, S. 105–121). – Ders., *Abenteuersehnsucht und Sekuritätsbedürfnis* (in H. J. N., *Populärromane im 19. Jh.*, Mchn. 1976, S. 32–54). – J. Molino, *A. D. et le roman mythique* (in L'Arc, 71, 1978, S. 56–69). – G. Sigaux, *Du fait divers au mythe* (ebd., S. 82–88). – V. Klotz, *D., »Der Graf von Monte-Christo«* (in V. K., *Abenteuer-Romane*, Mchn. 1979, S. 59–85). – H. Gilles, *Le secret de Monte-Christo...*, Paris 1982.

## LES DEMOISELLES DE SAINT-CYR

(frz.; *Die Fräulein von Saint-Cyr*). Lustspiel in fünf Akten von Alexandre DUMAS père, Uraufführung: Paris 25. 7. 1843, Théâtre Français. – Die heitere Komödie spielt zunächst im Mädcheninternat von

Saint-Cyr, in dem unter der strengen Aufsicht der Madame de Maintenon die Töchter verarmter Adelsfamilien erzogen werden. Kein männliches Wesen, mit Ausnahme der Mitglieder des Königshauses, darf die Schwelle des Hauses übertreten. Dieses Verbot lockt natürlich zur Überschreitung: Die beiden weiblichen Hauptfiguren, Charlotte und Louise, erwarten Charlottes Verlobten, der sich in Begleitung eines Freundes über die Hausordnung hinwegsetzt und heimlich in das streng gehütete Internat eindringt. Der gelungene Streich wird publik; die beiden jungen Männer werden in die Bastille geworfen und vor die Wahl zwischen einer lebenslänglichen Freiheitsstrafe oder einer unverzüglichen Heirat gestellt. Die Entscheidung fällt nicht schwer; der Entlassung aus dem Gefängnis folgt eine großartig gefeierte Doppelhochzeit. Doch kaum sind die Feierlichkeiten vorüber, machen sich die unfreiwillig verheirateten jungen Männer auf den Weg nach Spanien; die zwei Frauen folgen ihnen auf dem Fuß, und die beiden Paare treffen sich auf einem Hofball wieder. Charlotte gewinnt die Liebe ihres Mannes, indem sie seine Eifersucht weckt, und Louise, indem sie ihrem Mann den Titel eines Barons verschafft.

Das frivole, leichtfüßige Stück brachte seinem Autor nicht zuletzt dank der lebhaften und geistreichen Dialoge die Gunst der Kritik und des Publikums ein. Die *Demoiselles* belegen einmal mehr das immer wieder gerühmte dramaturgische, die theatralische Wirkung zielsicher treffende Talent Dumas'. B.We.-KLL

AUSGABEN: Paris 1843. – Paris 1907 (in *Œuvres complètes*, 60 Bde.). – Bamberg 1915, Hg. G. Bodart.

ÜBERSETZUNGEN: *Die Fräulein von Saint-Cyr*, Scherenberg, Bln. 1844. – *Das Fräulein von Saint-Cyr*, O. Randolf, Lpzg. 1879 (RUB).

VERTONUNG: E. Humperdinck, *Die Heirat wider Willen*, Bln. 1905 (Oper).

## KEAN OU DÉSORDRE ET GÉNIE

(frz.; *Kean oder Unordnung und Genie*). Lustspiel in fünf Akten von Alexandre DUMAS père, Uraufführung: Paris, 31. 8. 1836, Théâtre des Variétés. – Dumas führt den Höhepunkt und die jähe Wende der Karriere Edmund Keans, eines englischen Schauspielers (1787–1833), vor, den seine Shakespeare-Interpretationen und sein abenteuerliches Leben gleichermaßen berühmt machten. Drei Frauen, die aus dem Volk stammende, bescheidene Ketty, die zartfühlende und schutzlose Anna Damby und Éléna, die Gattin des dänischen Botschafters Graf Koefeld, fühlen sich zu Kean hingezogen. Die Begegnungen des Schauspielers mit ihnen und ihrer Umwelt vergegenwärtigt Dumas nicht in einem streng kontinuierlichen Handlungsablauf, sondern in einer Vielzahl rasch wechselnder, lose verknüpfter Szenen. Anna vertraut sich Kean an, und der Schauspieler schützt sie vor einer Intrige Lord Melvilles, der sie ihres Geldes wegen heiraten möchte. Ein Rendezvous mit Éléna, der Keans Passion ausschließlich gehört, wird unversehens durch den Auftritt des Prinzen von Wales gestört, den Freund, Mäzen und Nebenbuhler um die Gunst der Gräfin. In leidenschaftlichen Tiraden trägt ihm Kean seine Liebe zu Éléna vor. Als er kurz danach in der Rolle des Romeo auf der Bühne steht, erblickt er den Prinzen in der Loge seiner Angebeteten. Vom Zorn übermannt, entlädt er in einem heftigen Monolog seinen Groll gegen den Rivalen und bricht dann zusammen. Er wird verbannt, erkennt aber zuvor, daß seine Passion für Éléna vor allem der Eifersucht auf den Prinzen entsprang und daß Annas ideale Liebe seine Gegenliebe verdient: Beide fahren nach Amerika, wo sie gemeinsam ein neues Leben beginnen wollen.

Dumas' Drama präsentiert in übersteigerter Form Themen und Sprache des Theaters der französischen Romantik. Das Problem des Außenseiters, des in die Gesellschaft nicht integrierten und mit ihr in Konflikt geratenen Künstlers ist ein typisches Motiv dieser literarischen Epoche. Dumas stellt es vorwiegend in den Dienst sprachlicher und szenischer Effekte. Keans hochgespanntes Innenleben und seine leidenschaftlichen Reaktionen auf Vorgänge in seiner Umwelt schlagen sich in Exklamationen und rhetorischen Wiederholungen, in superlativischen Wendungen und weitschweifigen Reden nieder. Wie seine Sprache gehorcht auch die Darbietung des Geschehens einem forcierten Pathos, das sich im Maskenspiel und in melodramatischer Intrige, in überraschenden Entlarvungen und unerwarteten Vorfällen äußert. Zu ihnen gesellt sich der grelle Kontrast zwischen pathetischen und burlesken Szenen und der fast überstürzte Wechsel der Auftritte. An der Häufung solcher in Sprache und Geschehen eingearbeiteten Effekte leidet die Qualität des Dramas: Das abwechslungsvolle und an Überraschungen reiche Geschehen, dem es sein Fortleben verdankt (1953 wurde es erstmals in Jean-Paul SARTRES gleichnamiger Bearbeitung aufgeführt), gleitet stellenweise in bloße Theatralik ab. Sie rückt Dumas' Schauspiel zugleich in die Nähe des Rührstücks, das seit Ende des 18. Jh.s auf den Pariser Boulevardbühnen florierte und auf Dumas' dramatisches Werk insgesamt einen starken Einfluß ausübte. G.Sa.

AUSGABEN: Paris 1836. – Paris 1907 (in *Œuvres*, 60 Bde). – Paris 1954; zul. 1987 [Bearb. v. J.-P. Sartre].

ÜBERSETZUNGEN: *Kean*, B. A. Herrmann, Hbg. 1839. – Dass., L. Schneider, Lpzg. 1925 (RUB, 804). – *Kean oder Unordnung und Genie*, M. Wentzel, Hbg. 1954 [Übers. d. Bearb. v. Sartre].

VERFILMUNGEN: Dänemark 1910 (Regie: H. Rasmussen). – *Leichtsinn und Genie*, Deutschland 1918 (Regie: F. Zelnik). – Deutschland 1921 (Regie: R. Biebrach). – Frankreich 1922 (Regie: A. Wolkow). – *A Stage Romance*, USA 1922 (Regie: H. Brenon). – *Der Mann der nicht liebt*, Deutschland 1929 (Regie: G. Brignone). – Italien 1940 (Regie: G. Brignone). – Italien 1956 (Regie: V. Gassmann).

VERTONUNG: *Edmondo Kean*, F. Sangiorgi (Oper; Urauff.: Rom 1855).

LITERATUR: E. Döling, *A. D. Pères Subjektivismus in seinen Dramen aus der Zeit der Romantik*, Halle 1931. – I. Fetscher, *J.-P. Sartres »Kean«* (in Antares, 2, 1954, S. 52–55). – M. S. C. Byrne, Art. *»E. Kean«* (in *Enciclopedia dello spettacolo*, Bd. 6, Rom 1959, Sp. 915–921). – J. Gaulmier, *Un cas privilégié de signification sociale du théâtre: du »Kean« de D. au »Kean« de Sartre* (in *Mélanges de littérature comparée ... offerts à M. Brahmer*, Warschau 1967, S. 251–256). – W. van Maanen, *»Kean«. From D. to Sartre* (in Neoph, 56, 1972, S. 221–230). – F. Bassan, *La meilleure comédie de D.: »Kean ou désordre et génie«* (in RHT, 29, 1977, S. 71–78). – R. Saurel, *Kean – D. – Sartre et Jean-Claude Drouot dans le Palais des mirages* (in Les Temps modernes, 39, 1983/84, S. 166–181). – L. F. Luce, *D.'s »Kean«. An Adaption by J.-P. Sartre* (in MD, 28, 1985, S. 355–361).

## MÉMOIRES D'UN MÉDECIN

(frz.; *Erinnerungen eines Arztes*). Romanfolge von Alexandre DUMAS père, bestehend aus – *Joseph Balsamo*, 1846–1848; *Le collier de la reine*, 1849/50 *(Das Halsband der Königin)*; *Ange Pitou*, 1851; *La comtesse de Charny*, 1852–1855. – In einer Mischung von historisch Verbürgtem und frei Fabuliertem erzählt Dumas eine nahezu unüberschaubare Fülle von verwickelten Schicksalen, Intrigen, Affären, Abenteuern und läßt seine zahllosen Figuren, die ihre Vorbilder wohl manchmal in der Geschichte haben, aber frei erfunden sind, in einem Zeitraum agieren, der von der Regierungszeit Ludwigs XV. (1710 bis 1770) bis zur Französischen Revolution reicht.

*Joseph Balsamo* (auch als Cagliostro bekannt) ist mit außergewöhnlichen hypnotischen Kräften begabt und weiß um die Macht, die er dadurch über die Menschen ausüben kann. Seine Ambitionen sind hochgesteckt: Er will die Gesellschaft revolutionieren und den König durch ein ausgeklügeltes, unter seiner Regie stehendes Intrigenszenario stürzen. Doch ein großer Teil dieses ersten Bandes ist der Schilderung der unglücklichen Liebe Cagliostros gewidmet: Er liebt Lorenza Féliciani, die er auch heiratet; doch sie ist ihm nur unter Hypnose geneigt, im Wachzustand haßt und verabscheut sie den obskuren Wunderdoktor und Abenteurer. Lorenza stirbt schließlich an den Hypnosen, die ihr Balsamo immer wieder aufzwingt. Ein weiteres Opfer seiner magischen Praktiken ist Andrée de Taverney, die Tochter eines verarmten Landadligen, der Andrée zur Mätresse des Königs machen will. Balsamo alias Cagliostro bietet sich an, das Mädchen unter Hypnose gefügig zu machen, denn über dieses Medium käme er in direkten Kontakt mit dem König. Ludwig XV. zeigt jedoch keinerlei Interesse an Andrée, die ihn ob ihrer übertriebenen Servilität und Willfährigkeit geradezu abstößt. Den Gipfel der Erniedrigung erleidet Andrée während eines hypnotischen Schlafes, den Gilbert, ein junger Adliger, der vorgibt, sie zu lieben, ausnutzt, um sie zu besitzen. Als Andrée schwanger wird, hält Gilbert – allerdings erfolglos – um ihre Hand an. Nach der Geburt dringt er heimlich in Andrées Zimmer ein, stiehlt das Kind aus der Wiege, flieht mit ihm und hält es vor Andrée versteckt.

*Le collier de la reine* handelt von der berühmten Halsbandaffäre, die, symptomatisch für den Zustand am französischen Hof, 1785 dem Ansehen der Krone und vor allem Marie-Antoinettes großen Schaden zufügte. Dumas läßt hier die Hauptpersonen des Cagliostro-Romans wieder auftreten: Andrée ist mittlerweile Hofdame in Versailles, ihr Bruder Philippe Höfling und in die Königin verliebt, die ihn jedoch keines Blickes würdigt. Marie-Antoinette hat andere Vorlieben; sie nimmt vom Kardinal Louis de Rohan ein Diamantenhalsband an, besteht jedoch darauf, es zu bezahlen. Die Vertraute der Königin, Gräfin de la Motte, kompromittiert Marie-Antoinette, indem sie den Juwelier mit Falschgeld bezahlt. Gleichzeitig mit dem Bekanntwerden dieses Betrugs wird das Gerücht verbreitet, die Königin sei bei einem nächtlichen Rendezvous mit dem Kardinal im Park gesehen worden. Aber in Wirklichkeit verhält es sich natürlich ganz anders: Der Kardinal sowie Olivier de Charny wurden in den Park gelockt – doch statt mit der Königin trafen sie mit einer als Königin verkleideten jungen Frau zusammen, die Marie-Antoinette zum Verwechseln ähnlich sieht. Wie nicht anders zu erwarten, hat Balsamo die Finger im Spiel: Die als Königin verkleidete junge Frau ist Nicole, Dienstmädchen bei Gilbert und eines der Medien, deren sich Balsamo bedient, um den Ruf des Hofes zu ruinieren. Der Roman endet mit der Hochzeit zwischen Andrée und Olivier de Charny, ein Arrangement, das die Königin trifft, um die Gerüchte zu entkräften.

*Ange Pitou* erzählt die Geschichte eines Waisenjungen, der mit seinem Pflegevater Billot, einem Bauern aus Villier-Côtterets, nach Paris zieht und dort am Sturm auf die Bastille teilnimmt. Wieder zurück in der Provinz, verliebt sich der heranwachsende Ange in die Tochter Billots, die jedoch einen jungen Aristokraten liebt, und zwar Isidore de Charny, den Bruder von Andrées Mann (auch in diesem Band tauchen die wichtigsten Figuren der beiden ersten Romane wieder auf). Aus enttäuschter Liebe stürzt sich Ange in die Politik, und die Revolution ermöglicht es ihm, dem abgewiesenen Waisenkind ohne Geld und ohne Namen, eine führende Rolle zu spielen.

*La comtesse de Charney* spielt während der Revolution in Paris und dramatisiert vor allem die Flucht der Königsfamilie nach Varennes, ein dankbares Thema für einen spannenden Abenteuerroman. Bei der Festnahme des Königs und seiner Begleitung spielt Billot eine entscheidende Rolle: Er haßt die Aristokraten, nicht zuletzt, weil ihn seine Tochter Cathérine verlassen hat, um sich mit ihrem Geliebten de Charny, von dem sie ein Kind hat, auf die Seite der Königstreuen zu schlagen. Auf dem Weg nach Varennes wird Isidore getötet. Sein Bruder Olivier findet in den Papieren des Toten einen Brief von Andrée, mit der er zwar offiziell verheiratet ist, aber nie zusammengelebt hat. Dieser Brief überzeugt ihn von der Liebe und Großherzigkeit seiner Frau und veranlaßt ihn, sie um Verzeihung zu bitten. Marie-Antoinette, deren Popularität längst dahin ist und die als eifersüchtige Despotin gezeichnet wird, versucht Andrée zu kompromittieren, indem sie Olivier die Vorgeschichte ihrer Hofdame enthüllt. Der junge Mann fühlt sich dadurch in seiner Liebe zu Andrée aber noch bestärkt; und diese findet zu guter Letzt auch ihren von Gilbert entführten Sohn wieder. Das Glück des Paares ist jedoch von kurzer Dauer: Olivier kommt bei einem Handgemenge um, als er den König vor einem Anschlag in der Nationalversammlung schützen will, und Andrée wird Opfer der Septembermorde. Der einzige, der die Wirren der Revolution überlebt, ist Ange Pitou: Er kommt eher zufällig in den Genuß eines kleinen Vermögens, das er für den Kauf eines Anwesens investiert, wo er schließlich Cathérine, die Tochter seines Pflegevaters, mit ihrem Kind aufnimmt und das Dasein eines ehrenwerten Bürgers und guten Patrioten führt. – Auch diese Romane fanden ihr Publikum, das die Lebendigkeit der Erzählung und die spannungsreiche Verknüpfung von Geschichte und Phantasie zu schätzen wußte. B.We.-KLL

AUSGABEN: Paris 1846–1848 (*Mémoires d'un médecin: Joseph Balsamo*, 19 Bde.). – Paris 1849/50 (*Le collier de la reine*, 11 Bde.). – Paris 1851 (*Ange Pitou*, 8 Bde.). – Paris 1852–1855 (*La comtesse de Charny*, 19 Bde.). – Paris 1860 (*Joseph Balsamo*, 5 Bde.). – Paris 1860 (*Le collier de la reine*, 3 Bde.). – Paris 1860 (*Ange Pitou*, 2 Bde.). – Paris 1907 (in *Œuvres complètes*, 60 Bde.). – Paris 1923 (*Le collier de la reine*, 3 Bde.). – Paris 1964 (*La comtesse de Charny*). – Lausanne 1965 (dass., Hg. G. Sigaux). – Paris 1967 (*Joseph Balsamo*; Poche). – Paris 1969 (*Ange Pitou*; Poche). – Paris 1972 (*Joseph Balsamo*). – Paris 1980 (*Le collier de la reine*).

ÜBERSETZUNGEN: *Das Halsband der Königin*, A. Zoller, 15 Bde., Stg. 1849/50. – *Ange Pitou*, ders., 12 Bde., Stg. 1851. – *Die Gräfin von Charny*, ders., 16 Bde., Stg. 1852/53. – Dass., E. Th. Kauer, Bln. 1930. – *Das Halsband der Königin*, ders., Bln. 1936. – *Denkwürdigkeiten eines Arztes*, H. Eiler, 5 Bde., Bln. 1937 [vollst.]. – *Halsband der Königin*, F. Wencker-Wildberg (in *Meisterwerke*, Bd. 8, Hbg. 1956). – *Joseph Balsamo. Memoiren eines Arztes*, E. Th. Kauer, Mchn. 1962 (GGT); ern. 1976. – *Das Halsband der Königin*, ders., Hbg. 1965.

LITERATUR: H. Parigot, *A. D. et l'histoire* (in Revue de Paris, 15. 7. 1902). – R. W. Plummer, *Dumasiana. The Mysterious Physician (Les »Mémoires d'un médecin«)* (in The Dumasian, 1957, Nr. 4). – A. Léoni u. a., *Feuilleton et révolutions dans »Ange Pitou«* (in Europe, 1974, Nr. 542). – M. Graner, *Un roman tombe dans l'histoire* (in *Récit et histoire*, Hg. J. Bessière, Paris 1984, S. 61–74).

## LES TROIS MOUSQUETAIRES

(frz.; *Die drei Musketiere*). Historischer Roman von Alexandre DUMAS père, in Zusammenarbeit mit dem Historiker Adrien MAQUET, unter Bezugnahme auf die apokryphen *Mémoires d'Artagnan* (1701/02) von Courtilz de SANDRAS; veröffentlicht 1844, zunächst als Fortsetzungsroman im Feuilleton der Zeitung ›Le Siècle‹. – In diesem Mantel- und Degenroman, der sich am historischen Roman in der Tradition W. SCOTTS orientiert und die typische, von zahllosen kurzen Episoden getragene Struktur des Feuilletonromans aufweist, geht es Dumas nicht zuletzt darum, sein Publikum auf unterhaltsame Weise mit der französischen Geschichte vertraut zu machen. Der Roman spielt zur Zeit Ludwigs XIII., einer bewegten, von politischen Unruhen und Palastintrigen gekennzeichneten Epoche. Doch die Reflexion über historische Zusammenhänge tritt ebenso wie die Ortsbeschreibungen hinter die spannungsreiche Handlung zurück: Um den eigentlichen Helden des Romans – d'Artagnan, ein verwegener junger Mann aus der Gascogne, der im Jahre 1625 nach Paris aufbricht, um dort sein Glück zu versuchen – gruppieren sich die drei Freunde und königstreuen Musketiere Aramis, Athos, Porthos. Sie verkörpern jeweils einen bestimmten Typus. So ist Aramis ein ehemaliger Geistlicher, der durch ein galantes Abenteuer von seinem Weg abkam und sich durch seinen Hang zu jesuitischer Spitzfindigkeit einerseits, heimlichen Liebschaften und soldatischer Begeisterung andererseits auszeichnet. Athos spielt die Rolle des edlen Ritters, der aus Verzweiflung über die gescheiterte Ehe mit einer Abenteurerin als Musketier in den Dienst des Königs getreten ist. Porthos schließlich verkörpert den naiven, hünenhaften Helden. Als d'Artagnan in Paris eintrifft, schließt er sich den drei Musketieren an, die mit der Garde des Kardinals Richelieu im Streit liegen und soeben siegreich ein Handgemenge überstanden haben. Gemeinsam verfolgen sie die Spionin des ehrgeizigen Kardinals, Mylady de Winter, die sich als die ehemalige Frau von Athos entpuppt und haarsträubende Intrigen gegen die drei Musketiere, die traditionellen Gegner der Leibgarde des Kardinals, inszeniert. Das größte Abenteuer haben die Musketiere in Zusammenhang mit einem besonders heimtückischen Plan Richelieus zu bestehen: Die Agentin des Kardinals ist beauftragt, die Königin, Anna von Österreich und spanische Gemahlin Ludwigs XIII., zu kompromittieren. Der Königin wird eine Liebesaffäre mit dem Herzog von Buckingham nachgesagt, dem sie zwölf Diamantenspangen geschenkt hatte, ursprünglich ein Geschenk des Königs an die Königin. Der Kardinal, der die »ausländische« Königin – Archetyp der *»bösen Mutter«* (A. Adler) – ins Verderben stürzen will, rät dem König, er solle sie bitten, diesen Schmuck bei einem Hofball zu tragen. Während Mylady de Winter im Auftrag Richelieus in England agiert, reiten die vier Freunde ebenfalls nach England, um den Schmuck noch rechtzeitig zu beschaffen und die Ehre der Königin zu retten. Bevor die Agentin Richelieus in die Hände der Musketiere fällt, läßt sie den Herzog von Buckingham, der mit den Protestanten in La Rochelle verbündet ist, im Auftrag Richelieus ermorden und die Kammerzofe der Königin Anna, Constance Bonacieux – d'Artagnans Geliebte – vergiften. Der Abenteuerroman endet mit der Hinrichtung der unnahbar schönen, dämonischen Spionin.

Der beispiellose Erfolg der *Drei Musketiere* beruht auf der geschickt konstruierten Handlung und dem Erfindungsreichtum Dumas', der es verstand, ein lebendiges und äußerst bewegtes, wenn auch kaum auf geschichtswissenschaftlichen Erkenntnissen beruhendes Bild der Epoche Ludwigs XIII. zu entwerfen. Die effektvollen Dialoge, die dramatische Spannung, das schillernde Lokalkolorit, die einfachen, in sich stimmigen Charaktere und Dumas' schrankenlose Lust am Fabulieren haben diesen Roman zum meistgelesenen seiner Gattung gemacht. Dumas hat ihn später zu einer Trilogie ausgebaut, deren weitere Bände, *Vingt ans après* (1845) und *Vicomte de Bragelonne* (1850), die spezifische, jugendliche Bewegtheit und Abenteuerlust der *Drei Musketiere* vermissen lassen und die ihren Reiz eher in den von Dumas durchgespielten Handlungsvariationen haben. B.We.-KLL

AUSGABEN: Paris 1844, 8 Bde. – Paris 1846. – Paris 1956, Hg. Ch. Samaran (Class.Garn). – Paris 1962 (zus. m. *Vingt ans après*, Hg. u. Anm. E. Sigaux; Pléiade). – Paris 1967 (GF). – Paris 1973 (Folio). – Paris 1984. – Paris 1987.

ÜBERSETZUNGEN: *Die drei Musketiere*, F. W. Bruckbräu, Augsburg 1845. – Dass., H. Meerholz [d. i. H. Denhardt], Lpzg. um 1885; ern. um 1920 (RUB). – Dass., A. Zoller, Stg. 1845; ern. 1908. – Dass., M. Pannwitz, Stg. 1913; ern. Bingen 1948. – Dass., E. Th. Kauer, Bln. 1936; ern. Mchn. 1982 (Goldm.Tb). – Dass., H. Bräuning, Bln. [2]1965; ern. Ffm. 1988 (Insel Tb). – Dass., H. Kehrli, Zürich 1984.

DRAMATISIERUNG: A. Dumas, *Les trois mousquetaires* (Urauff.: Paris, 27. 10. 1845, Théâtre de l'Ambigu-Comique).

VERTONUNG: J. De Lara, *Three Musketeers* (Oper; Urauff.: Marseille 1912). – R. Benatzky, *Die drei Musketiere* (Operette; Text: R. Schanzer u. E. Welisch; Urauff.: Bln. 1930). – A. Visetti, *Trois mousquetaires* (Oper; Text: A. Dumas).

VERFILMUNGEN: *I tre moschettieri*, Italien 1909 (Regie: M. Caserini). – *Le mousquetaire de la reine*, Frankreich 1909 (Regie: G. Méliès). – *The Three Musketeers*, USA 1911. – Frankreich 1912 (Regie: A. Calmettes). – *The Three Musketeers* USA 1913 (Regie: C. V. Henkel). – *D'Artagnan*, USA 1915 (Regie: C. Swickard). – Frankreich 1920 (Regie: H. Diamant-Berger). – *The Three-must-get-there*, USA 1921 (Regie: F. Caven). – *The Three Musketeers*, USA 1921 (Regie: F. Niblo). – Frankreich 1932 (Regie: H. Diamant-Berger). – *The Three Musketeers*, USA 1933 (Regie: A. Schaeffer u. C. Clark). – Dass., USA 1935 (Regie: R. V. Lee). – Dass., USA 1938 (Regie: A. Dwan). – *Los tres mosqueteros*, Mexiko 1942 (Regie: M. M. Delgado). – Dass., Argentinien 1946 (Regie: J. Saraceni). – *The Three Musketeers*, USA 1948 (Regie: G. Sidney). – *Lady in the Iron Mask*, USA 1952 (Regie: R. Murphy). – Frankreich 1953 (Regie: A. Hunebelle). – *Le Vicomte de Bragelonne*, Frankreich/Italien 1954 (Regie: F. Cerchio.) – *Tres mosqueteros y medio*, Mexiko 1955 (Regie: G. Martinez Solares). – Frankreich/Italien 1961 (Regie: B. Borderie). – *The Three Musketeers*, England 1973 (Regie: R. Lester).

LITERATUR: Ch. Samaran, *D'Artagnan, capitaine des mousquetaires du roi. Histoire véridique d'un héros de roman*, Paris 1912. – H. d'Almeras, *A. D. et »Les trois mousquetaires«*, Paris 1929. – A. Praviel, *Histoire vraie des »Trois mousquetaires«*, Paris 1933. – R. Parker, *Some Additional Sources of D.'s »Les trois mousquetaires«* (in MPh, 42, 1943, S. 34–40). – R. Barthes, *»Les trois mousquetaires«, mise en scène par R. Planchon au Théâtre de l'Ambigu* (in Théâtre Populaire, 36, 4. Trim., 1959, S. 47–49). – A. Maurois, *Qui a écrit »Les trois mousquetaires«?* (in Historia, 1970, Nr. 289, S. 150–162). – J. Thibaudeau, *»Les trois mousquetaires«* (in Europe, 1970, Nr. 490/491, S. 59–75). – J. Bem, *D'Artagnan et après* (in Littérature, 22, Mai 1976, S. 13–29). – J. Molino, *A. D. et le roman mythique* (in L'Arc, 71, 1978, S. 56–69). – P. Patrick, *L'épée, la lettre et la robe* (in Acta litteraria, 23, 1981, S. 215–225). – M. Picard, *Pouvoir du feuilleton ou d'Artagnan anonyme* (in Littérature, 50, Mai 1983, S. 55–76).

## DAPHNE DU MAURIER

* 13.5.1907 London

### REBECCA

(engl.; *Ü: Rebecca*). Roman von Daphne DU MAURIER, erschienen 1938. – Unter den zahlreichen Erfolgsromanen der Autorin (einer Enkelin des Schriftstellers und Karikaturisten George DU MAURIER) erfreut sich dieser Welt-Bestseller noch heute der größten Beliebtheit. Er ist ein Musterbeispiel für die Wirksamkeit des angelsächsischen Rezepts, daß eine wohldosierte, in gepflegtem Stil präsentierte Mischung aus Spannung, Romantik und psychologischer Einfühlung solide Unterhaltungsliteratur ergibt.

Die Ich-Erzählerin (deren Name nie erwähnt wird), ein verwaistes, bescheidenes Mädchen von natürlichem Charme, hat als Gesellschafterin einer reichen Amerikanerin den englischen Aristokraten Maxim de Winter kennengelernt und ist ihm kurz darauf als seine Frau nach Manderley, seinem Landsitz an der Küste Cornwalls, gefolgt. Das große Haus, dem die Unerfahrene vorstehen soll, trägt noch immer den Stempel Rebeccas, der ersten Frau Maxims, deren Andenken von der Haushälterin, Mrs. Danvers, mit einer an Abgötterei grenzenden Verehrung gepflegt wird. Immer stärker empfindet die neue Mrs. de Winter die Allgegenwart der Toten und ihre eigene Unfähigkeit, eine würdige Nachfolgerin der schönen, souveränen und von allen bewunderten einstigen Herrin von Manderley zu werden. Daß Maxim Rebeccas Zimmer verschlossen hält, ungern über die Vergangenheit spricht und in Melancholie oder Zorn verfällt, wenn er sich daran erinnert fühlt, vergrößert ihre Unsicherheit. Die Bucht, in der Rebecca mit ihrem Segelboot unterging, übt eine magische Anziehungskraft auf sie aus. Mit immer raffinierteren Mitteln versucht Mrs. Danvers, die Ehegatten einander zu entfremden, aber als ihr dies endlich gelungen scheint, nehmen die Ereignisse eine dramatische Wendung: Ein Schiff strandet in der Bucht, und bei den Bergungsarbeiten wird das Boot mit der Leiche Rebeccas gefunden. Jetzt erst enthüllt Maxim seiner Frau die Geschichte seiner ersten Ehe und den wahren Charakter Rebeccas. Aber auch er wird sich erst, als man ihn des Mordes an ihr bezichtigt, der Täuschung bewußt, mit der die triebhafte, skrupellose Frau ihn zu der Tat provoziert hat. Als weitere Recherchen gute Gründe für einen Selbstmord Rebeccas zutage fördern, schlägt deren letzter teuflischer Plan, die Verurteilung Maxims, fehl. Weit entfernt von England und Manderley, das kurz nach jenen Ereignissen bis auf die Mauern niederbrannte (offenbar eine Verzweiflungstat Mrs. Danvers'), versuchen die de Winters der düsteren Vergangenheit zu entfliehen.

Dort, wo sie den unheimlichen Einfluß des vom Geist der Toten erfüllten Hauses auf die Ich-Erzählerin beschreibt, erzielt die Autorin die stärksten Effekte, wie überhaupt die verständnisvolle Schilderung der Reaktionen der naiven jungen Frau auf das fremde Milieu zu den reizvollsten Aspekten des Romans gehört. G.Ba.

Ausgaben: Ldn. 1938. – Lpzg. 1939 (in *Works*, 4 Bde., 1931–1939, 4). – NY 1943 (The Modern Library of the World's Best Books). – NY 1956. – NY 1961 (in *Three Romantic Novels: Rebecca, Frenchman's Creek, Jamaica Inn*). – Harmondsworth 1970. – Ldn. 1976. – Ldn. 1977 (Hg. M. Tarner). – Ldn. 1980.

Übersetzung: *Rebecca*, K. v. Schab, Zürich 1940. – Dass., dies., Hbg. 1953. – Dass., dies., Reinbek 1966 u. ö. (rororo). – Dass., Bern/Mchn. 1972 (in *Drei Romane: Rebecca, Meine Cousine Rachel, Die Parasiten*). – Dass., dies., Bern/Mchn. 1981. – Dass., dies., Mchn. 1982 (Knaur Tb).

Dramatisierung: D. Du Maurier, *Rebecca* (Urauff.: Ldn., 5. 4. 1940, Queen's Theatre). – Dass., J. Moszkowicz, Norderstedt 1977 [unveröff. Bühnenms.].

Verfilmung: USA 1940 (Regie: A. Hitchcock).

Literatur: R. Church, *British Authors*, Ldn. 1943, S. 139–141). – G. J. Nathan, *»Rebecca«* (in G. J. N., *Theatre Book of the Year*, NY 1944/45, S. 244–249). – H. Smith, *The »Rebecca« Case* (in Saturday Review of Literature, 31, 1948, S. 18). – L. Stockwell, *Best Sellers and the Critics. A Case History* (in English Journal, 16, 1955, S. 214–221). – R. Bromley, *The Gentry, Bourgeois Hegemony, and Popular Fiction* (in Literature and History, 7, 1981, S. 166–183). – J. S. Bakerman, *D. Du M.* (in J. S. B., *And Then They Were Nine... More Women of Mystery*, Bowling Green 1985, S. 12–29).

## GEORGE DU MAURIER

* 6.3.1834 Paris / Frankreich
† 6.10.1896 London

Literatur zum Autor:
T. M. Wood, *Du M.: The Satirist of the Victorians. A Review of His Art and Personality*, Ldn. 1913. – D. Du Maurier, *The Du Mauriers*, Ldn. 1937. – D. P. Whiteley, *Du M.*, Ldn. 1948. – D. Du Maurier, *Introduction* (in *The Young Du M.: A Selection of His Letters, 1860–1876*, Hg. D. du M., biograph. Appendix v. D. P. Whiteley, NY 1952). – L. Ormond, *G. Du M.*, Ldn. 1969 [m. Bibliogr.]. – N. Auerbach, *Magi and Maidens: The Romance of the Victorian Freud* (in Critical Inquiry, 8, 1982, S. 281–300). – J. J. Savory, *Punch and the Pre-Raffaelites: G. Du M.'s »A Legend of Camelot«* (in The Journal of Pre-Raffaelite Studies, 3, 1982, S. 121–126).

### PETER IBBETSON

(engl.; *Peter Ibbetson*). Roman von George Du Maurier, erschienen 1891. – Erst in seinen letzten Lebensjahren schrieb der als Karikaturist und literarischer Mitarbeiter des ›Punch‹ bekannt gewordene Du Maurier kurz hintereinander drei vielgelesene Romane: *Peter Ibbetson, Trilby* (1894), der ein internationaler Sensationserfolg wurde, und *The Martian* (1896). Allen gemeinsam sind das autobiographische Element, die Einbeziehung parapsychologischer Phänomene, die Verwurzelung im viktorianischen Lebensgefühl und der abrupte Wechsel von echter Empfindung und Sentimentalität, von dichterischer Phantasie und Effekthascherei.

In das Schicksal Peter Ibbetsons hat der Autor, dessen Vorfahren während der Französischen Revolution nach England emigriert waren und der in Paris erzogen wurde, eigene Jugenderinnerungen und wohl auch manchen unerfüllten Traum projiziert. Nach einer unbeschwerten Kindheit in Passy bei Paris kommt der plötzlich verwaiste Pierre Pasquier de la Marière, genannt »Gogo«, nach London zu seinem Onkel. Dieser, Colonel Ibbetson, adoptiert ihn und ist entschlossen, aus dem kleinen Franzosen einen perfekten englischen Gentleman zu machen. Nach seiner Schulzeit überwirft sich Peter, wie er jetzt heißt, mit dem Onkel, verläßt ihn und wird, ohne Begeisterung für diesen Beruf, Architekt. Als ihm bei einem Hauskonzert die schöne Herzogin von Towers auffällt, werden plötzlich Kindheitserinnerungen in ihm wach. Bei einem Besuch in Paris macht er die bedrückende Erfahrung, daß er in seinem Geburtsland ein Fremder geworden ist, doch als er dort erneut der Herzogin begegnet, findet er auf seltsame Weise wieder Zugang zur Vergangenheit: Er erlangt die Fähigkeit, ein Traumleben zu führen, und kehrt an der Hand der schönen Frau zu den Stätten und Menschen seiner Kindheit zurück. Wieder in London, macht er eines Tages die persönliche Bekanntschaft der Herzogin und erkennt in ihr seine französische Jugendfreundin Mimsey (Mary) Seraskier wieder. Er erfährt von ihr, daß sie zur selben Zeit wie er dieselben Träume von einem gemeinsamen Leben geträumt hat. Nach dieser Begegnung sehen sich die beiden in der Tageswirklichkeit nie wieder. – Eines Tages erfährt der sensible Mann, daß Colonel Ibbetson ihn als seinen leiblichen Sohn ausgibt und die Mutter Peters des Ehebruchs bezichtigt. Es kommt zu einer Auseinandersetzung, in deren Verlauf Peter im Affekt den Onkel erschlägt. Er wird zum Tod verurteilt, dann aber zu lebenslänglicher Haft begnadigt. Und nun beginnt seine Doppelexistenz: tagsüber die triste Gefängnisroutine, nachts das Traumleben mit der Kindheitsgefährtin, in dem beide eine Welt durchschweifen, in der Vergangenheit und Zukunft, Geschichte und Legende, Zeit und Raum einander durchdringen und in der die Liebenden sich auf ewig vereint fühlen. Doch eines Nachts endet Peters Traum mit dem Tod der Geliebten. Beim Erwachen ist er von einem schweren Nervenfieber befallen und wird in die Abteilung für geisteskranke Verbrecher eingeliefert. Erst als die Freundin, die, wie sich später herausstellt, tatsächlich an jenem Tag gestorben ist, ihm noch einmal erscheint, hellt sich sein Geist auf; nun schreibt er seine Lebensgeschichte nieder, die nach seinem Tod von seiner Kusine veröffentlicht wird.

Die phantastisch-romantische Geschichte erreicht in der empfindsamen Beschwörung des Kindheitsidylls ein beachtliches literarisches Niveau; zu ihren Bewunderern gehörte der langjährige englische *Poeta laureatus* John Masefield (1878–1967), der von der *»tiefen Wirkung«* sprach, die *Peter Ibbetson* noch auf seine Generation ausgeübt habe. G.Ha.

Ausgaben: Ldn./NY 1891 (in Harper's Magazine). – Ldn. 1892, 2 Bde. – NY 1932 [Einl. D. Taylor]. – Ldn. 1947 (in *Novels*; Einl. J. Masefield). – Toronto 1964 [Einl. D. Du Maurier]. – Ldn. 1969. – St. Clair Shores 1971 (Nachdr. der Ausg. 1932). – Darly/PA 1979 (Nachdr. d. Ausg. 1891).

Übersetzungen: *Peter Ibbetson*, H. Kaempfer, Bln. 1936. – Dass., ders., Bln. 1948. – Dass., F. Güttinger, Zürich 1967. – Dass., K. v. Schab, Mchn. 1981. – Dass., Mchn. 1982 (Knaur Tb).

Dramatisierungen: C. Collier, *Peter Ibbetson*, NY 1917. – J. N. Raphael, dass., NY 1934.

Vertonung: D. Taylor, *Peter Ibbetson* (Text: ders. u. C. Collier; Oper; Urauff.: NY, 7. 2. 1931, Metropolitan Opera).

Verfilmungen: *Forever*, USA 1921 (Regie: G. Fitzmaurice). – USA 1935 (Regie: H. Hathaway).

Literatur: M. Baring, *»Peter Ibbetson«* (in M. B., *Punch and Judy and Other Essays*, Ldn. 1924, S. 338 bis 342). – F. L. Mott, *Literary Fevers of the Nineties* (in F. L. M., *Golden Multitudes. The Story of Bestsellers in the United States*, NY 1947, S. 183–193). – L. Stevenson, *G. Du M. and the Romantic Novel* (in Essays by Divers Hands. Transactions of the Royal Society of Literature, Ldn., 30, 1960, S. 36–54). – A. Cruse, *After the Victorians*, Ldn. 1971, S. 170–173 (Nachdr. d. Ausg. 1938). – M. Stonyk, *Nineteenth-Century English Literature*, Ldn. 1983, S. 233–235.

## TRILBY

(engl.; *Trilby*). Roman von George Du Maurier, erschienen 1894. – Henry James' Bemerkung, sein Freund Du Maurier habe seine Bücher »mehr gelebt als geschrieben«, trifft in starkem Maß auch auf den erfolgreichsten der drei Romane des bekannten ›Punch‹-Illustrators zu: Er hat darin seine Erfahrungen als Kunststudent in Paris und Antwerpen verwertet und einige seiner Pariser Bekannten porträtiert.

Drei junge englische Maler – bekannt unter den Spitznamen »Taffy«, »The Laird« und »Little Billee« – haben im Quartier Latin ein gemeinsames Atelier, das zum Treffpunkt vieler Bohemiens geworden ist. Im Mittelpunkt dieses Kreises, zu dem auch der talentierte Geiger Gecko und der meist brotlose ungarische Musiker Svengali gehören, steht das Malermodell Trilby O'Ferrall, ein fröhliches, immer hilfsbereites junges Mädchen, das mit einer schönen Singstimme begabt, aber ohne jedes musikalische Gehör ist. Während Taffy ihr eine stille Zuneigung entgegenbringt, erklärt Little Billee ihr seine Liebe und bittet sie, ihn zu heiraten, wird jedoch auf Betreiben seiner Familie, die gegen diese »unstandesgemäße« Verbindung ist, von Trilby abgewiesen. Als diese plötzlich verschwindet, kehrt der junge Maler, von einem Nervenfieber genesen, nach England zurück, wo er bald künstlerische Anerkennung findet, sich aber nicht von der schmerzlichen Erinnerung an Trilby befreien kann. Nach Jahren fahren die drei Malerfreunde gemeinsam nach Paris, um dort die in ganz Europa berühmte Sängerin »La Svengali« zu hören, in der sie Trilby erkennen. Zu einem Zusammentreffen kommt es jedoch nicht, da die Sängerin von ihrem Impresario und Dirigenten Svengali völlig von der Außenwelt isoliert wird. Wenig später, bei einem Konzert in London, werden die Freunde Zeugen des Todes Svengalis und des darauf folgenden Skandals: Plötzlich nicht mehr fähig, einen richtigen Ton zu singen, wird Trilby vom Publikum ausgelacht und beschimpft. Sie erleidet einen Nervenschock, von dem sie sich nie mehr erholt. Zwar erkennt sie ihre Freunde aus dem Quartier Latin wieder, doch an ihre Karriere als Sängerin kann sie sich nicht mehr erinnern. Auf ihre Beziehung zu Svengali angesprochen, weiß sie nur zu berichten, daß dieser seit Jahren rührend für sie gesorgt und sie verwöhnt habe. Die Ärzte führen die Trübung ihres Erinnerungsvermögens auf den Schock über den Tod ihres Betreuers zurück. Als man der Sterbenden ein Bild Svengalis aufs Bett legt, erklingt noch einmal ihre wunderbare Stimme. Little Billee überlebt die Geliebte nicht lange. Erst fünfundzwanzig Jahre später erfährt Taffy in Paris von dem schuldbedrückten alten Gecko, was damals wirklich geschah: Trilby, von Svengali ständig unter Hypnose gehalten, hat im Trancezustand ihre sängerischen Triumphe errungen. Nachdem Gecko jahrelang mit ansehen mußte, wie der Schurke sie bis an die Grenze ihrer psychischen und physischen Leistungsfähigkeit trieb, stach er eines Tages mit dem Messer auf Svengali ein, der an den Folgen der Verletzung starb und dessen Tod dem Ruhm der Sängerin ein Ende machte.

Der sensationelle Erfolg, den der Roman sofort nach Erscheinen in Amerika und England und wenig später auch auf dem Kontinent hatte, erklärt sich daraus, daß der Autor im Rahmen einer dem Publikumsgeschmack entsprechenden sentimentalen Liebesgeschichte Spekulationen über die weite Kreise faszinierenden, aber meist falsch eingeschätzten Möglichkeiten der Hypnose anstellte. Sein Interesse an der Frage, *»ob es einem Künstler möglich sei, seine wie auch immer geartete Kunst allein kraft seines Willens und Intellekts durch das Talent eines anderen sichtbar zu machen«* (J. Masefield im Vorwort zu *Trilby*), geht vermutlich auf seine Studienzeit in Antwerpen zurück: Wie Felix Moscheles in dem Buch *In Bohemia with Du Maurier* (London 1896) berichtet, experimentierten sie beide mit dem Mesmerismus und hielten Séancen ab. – Zur »Trilby-Manie«, die u. a. die Damenmode beeinflußte, trug auch die Bühnenfassung von P. M. Potter bei, die bis 1950 immer wieder im Spielplan bekannter englischer Theater erschien. Auch der Film griff frühzeitig diesen Stoff auf.

G.Ha.

Ausgaben: NY 1894 (in Harper's New Monthly Magazine, Jan.–Aug.). – NY 1894 [Ill. v. Autor]. – Ldn. 1894, 3 Bde. [Ill. v. Autor]. – Ldn./NY 1931; ern. 1956. – Ldn. 1947 (in *Novels*) – Ldn. 1954. – Ldn. 1956 (Everyman's Library). – Ldn. 1970. – NY 1972. – Totowa/N.J. 1977.

Übersetzung: *Trilby*, M. Jacobi, Stg. 1896; [10]1897.

Dramatisierung: P. M. Potter, *Trilby* (Urauff.: Ldn. 1895, Haymarket Theatre).

Verfilmungen: Dänemark 1907 (Regie: V. Larsen [?]). – Österreich 1912 (Regie: L. u. A. Kolm). – USA 1917 (Regie: M. Tourneur). – *Svengali*, Deutschland 1927 (Regie: G. Righelli). – *Svengali*, England 1954 (Regie: N. Langley).

Literatur: J. L. u. J. B. Gilder, *Trilbyana. The Rise and Progress of a Popular Novel*, Ldn. 1895. – J. T. Winterich, *Books and the Man*, NY 1929, S. 102–122. – L. N. Feipel, *The American Issues of »Trilby«* (in Colophon, 2, 1937, Nr. 4, S. 537–549). – L. Stevenson, *G. du M. and the Romantic Novel* (in *Royal Society of Literature. Essays by Divers Hands*, Hg. N. H. Wallis, Ldn. 1960). – *Decadence and the 1890s*, Hg. M. Bradbury u. a., Ldn. 1979, S. 191 f. – M. R. Booth, *Victorian Spectacular Theatre 1850–1910*, Boston u. a. 1981, S. 10.

## PETRU DUMITRIU

* 8.5.1924 Bazaiaş

### BIJUTERII DE FAMILIE

(rum.; *Ü: Der Familienschmuck*). Roman von Petru Dumitriu, erschienen 1950. – Dieser Roman schildert die Schicksale der rumänischen Bojarenfamilie Cozianu von 1862 bis nach dem großen Bauernaufstand von 1907: Alexander Cozianu wird von seiner schönen Frau Sophie mit deren Vetter, einem Minister, betrogen. Als ihre Tochter Davida, die diesen Mann auch liebt, von seinem Verhältnis mit ihrer Mutter erfährt, schlägt ihre Liebe in Haß um. Sie redet ihrem Mathematiklehrer, einem armen Studenten, der von ihrem Vater unterstützt wird und in sie verliebt ist, ein, daß der Minister getötet werden müsse, damit der Revolution zum

Sieg verholfen werde. Die Tat kommt zur Ausführung. Lascari, ein politischer Emporkömmling, deckt das Komplott auf. Er droht Davida, alles zu verraten, und zwingt sie so, seine Frau zu werden. Ihr Vater Alexander stirbt, ihre Mutter heiratet in zweiter Ehe einen österreichischen Adligen. Lascari erwirbt sich durch anrüchige politische Geschäfte ein großes Vermögen. Auch die Verwandten seiner Frau läßt er an dem Reichtum teilhaben; allerdings fordert er seinen Preis. So wird Cleopatra Cozianu seine Mätresse, um ihrem Mann, Davidas Bruder Stachus, finanzielle Vorteile zu verschaffen. Stachus Cozianu kauft immer mehr Grund und Boden von der in Not geratenen Landbevölkerung auf. Als er nach jahrelangen Prozessen das Land in Besitz nehmen will, erschlagen ihn die aufgebrachten Bauern. Cleopatra kann nun ihren langjährigen Geliebten heiraten. – Bonifaz, das dritte Kind der Cozianus, hat die politische Laufbahn eingeschlagen. Von Lascari lanciert, erringt er einen Sitz im Parlament und wird nach vielen Jahren endlich Minister. Dank seinem politischen Einfluß kann er sich nun für frühere Demütigungen rächen: Während der Bauernunruhen von 1888 läßt er zu, daß das Gut seiner Schwägerin Cleopatra verwüstet wird, weil sie, die einmal seine Geliebte gewesen war, ihm ihre Hilfe versagt hatte, als er sie brauchte. – Sophie, Alexander Cozianus erste Frau, lebt nach dem Tod ihres zweiten Mannes bei ihrer Enkelin Helene, einer Tochter Lascaris und Davidas. In Erwartung eines reichen Erbes erträgt die Familie die Launen und Schikanen der alten Frau, wird aber bei ihrem Tod bitter enttäuscht, da die älteste der Lascari-Töchter, Leonore, und nicht Helene das gesamte Vermögen erhält. Helene zieht nun zu ihrer Schwester Leonore und nimmt in der Hoffnung auf die Erbschaft ein neues Martyrium auf sich. Beim Ausbruch des großen Bauernaufstandes flieht sie und ergreift in letzter Sekunde noch ein Kästchen, das, wie sie erst später merkt, außer dem reichen Familienschmuck auch noch Aktien und Wertpapiere enthält. Sie behält es in der Hoffnung, daß Leonore bei dem Aufstand umgekommen sei. Als sie sie bei ihrer Rückkehr krank, aber noch lebend vorfindet, tötet sie ihre eigene Schwester.

Trotz der Fülle der Personen, unter denen es nicht eine einzige sympathische gibt, der Vielfalt der Schauplätze und der komplizierten Handlungsführung bleibt das Geschehen übersichtlich. Dumitriu erhielt für den trotz seiner Einseitigkeit bedeutenden Roman den Staatspreis der Volksrepublik Rumänien, eine Anerkennung für die ideologische Ausrichtung des Werks, das die Dekadenz und Korruption der Bojaren in krassester Weise anprangert. E.T.

AUSGABEN: Bukarest 1950. – Bukarest 1958, 2 Bde.

ÜBERSETZUNGEN: *Der Familienschmuck*, B. Zaharopol, Bukarest 1951. – *Saat u. Ernte*, R. Molitoris, Bln. 1952. – *Der Familienschmuck*, E. Tophoven (in *Die Bojaren*, 2 Bde., 1, Ffm. 1960).

LITERATUR: I. Nicola, *Sovrom artă şi literatură: P. D.* (in România, 2, 1957, 13, S. 7). – C. Ştefănescu, *Cîteva aspecte ale operei lui P. D.* (in SCILF, 7, 1958, S. 463–469).

## CRONICĂ DE FAMILIE

(rum.; *Ü: Freuden der Jugend*). Roman von Petru DUMITRIU, erschienen 1954. – Der in sich abgeschlossene Roman – Fortsetzung des Romans *Bijuterii de familie (Der Familienschmuck)* – schildert die Schicksale einzelner Nachkommen der Familie Cozianu-Lascari in der Zeit vom Ersten Weltkrieg bis 1944. Jedes Kapitel des Buches ist einem Angehörigen dieser Familie zugeordnet. Das *Die Pflicht* betitelte Kapitel spielt im Ersten Weltkrieg. Oberst Duca, ein mit den Cozianus verschwägerter Nachkomme der einstigen regierenden Fürsten der Moldau, glaubt an den Sieg der Mittelmächte und läuft zu den Deutschen über. Skrupellos nutzt er dabei die Anhänglichkeit eines seiner Schüler aus, den man daraufhin als Verräter erschießt. – Ein anderes Kapitel schildert, wie sich in den Wirren des Jahres 1918 verschiedene junge Bojarensöhne (darunter auch Angehörige der Familie Cozianu) in revolutionäre Umtriebe verstricken und von einer verlassenen Geliebten aus Rache verraten werden. – In einem weiteren Kapitel wird erzählt, wie die Karriere des Hauptmanns Dumitriu systematisch zerstört wird, weil sich seine Frau (eine Enkelin Lascaris) seinem Vorgesetzten verweigert. (Dumitriu und seine Frau sind übrigens die einzigen durchweg sympathisch gezeichneten Charaktere des Romans.) – Das Kapitel *Die Freuden der Jugend* zeigt die Generation der ersten Nachkriegsjahre: Die Bojarensöhne vergeuden in sinnlosen Ausschweifungen ihr Geld und ihre Gesundheit. – Weitere in dem Roman beschriebene Schicksale sind das der Elvira Vorvoreanu, die dank dem Familienschmuck zu Reichtum gekommen ist und den Ehrgeiz hat, Madame Lupescu in der Gunst König Carols abzulösen, aber an der Haltlosigkeit des Monarchen scheitert und 1944 allein und im Elend stirbt; das des Serban Romanu (Urenkel von Davida Lascari), eines ernsten und ruhigen jungen Mannes, der in Berlin studiert, sich der wissenschaftlichen Laufbahn widmen will, in Bukarest unter den Einfluß Professor Niculescus, des Führers einer politischen Reformbewegung, gerät und durch die Leidenschaft zu einer Frau ebenso haltlos wird wie seine Freunde; und das seines Vetters Jonas Apostolescu, der mit Hilfe politischer und privater Erpressungen reich wird und zu dessen Opfern der Jude Gherson gehört, den er in abgefeimter Weise betrügt. – Die beiden Schlußkapitel schildern den Werdegang des ehrgeizigen und eiskalten Dimitrie Cozianu. Eine kluge Heirat bringt ihm Ansehen und politischen Einfluß. Auch er trifft mit Niculescu, der als der kommende Mann in Rumänien gilt, zusammen. Im Zweiten Weltkrieg schafft Dimitrie heimlich das Geld des jüdischen Unternehmers Gherson in die Schweiz, nicht ohne dabei ein Geschäft zu machen. Als auch in Bukarest die Judenverfolgungen einsetzen, denunziert er Gherson bei den Deutschen, um so in den Besitz des Vermögens zu gelangen. Zur Durchführung seiner Pläne benutzt er einen Rabbiner, den er mit derselben kalten Gleichgültigkeit aus einem deutschen KZ herausholt, mit der er vorher Gherson denunziert hat. Kurz vor dem Zusammenbruch Rumäniens zieht Dimitrie Bilanz und kommt zu dem Schluß, daß er bisher aufs falsche Pferd gesetzt hat. »*Wenn schon. Beginnen wir wieder von vorne!*« So endet der Roman, in dem Dumitriu sehr einseitig fast ausschließlich die negativen Züge der Bevölkerungsschicht zeichnet, der er selbst entstammt. E.T.

AUSGABEN: Bukarest 1954. – Bukarest 1956. – Bukarest 1958 [erw. Fassg.].

ÜBERSETZUNG: *Freuden der Jugend*, E. v. Tophoven (in *Die Bojaren*, Bd. 2, Ffm. 1962).

LITERATUR: I. Nicola, *Sovrom, artă şi literatură; P. D.* (in România, 2, 1957, 13, S. 7). – C. Ştefănescu, *Cîteva aspecte ale operei lui P. D.* (in SCILF, 7, 1958, S. 463–469). – P. Dumitriu, *Gescheiterte Koexistenz* (in Osteuropa, 11, 1961, S. 783–795). – H. Zillich (in Südostdt. Vierteljahresblatt, 11, 1962, 3, S. 182).

## INCOGNITO

(frz.; *Ü: Inkognito*). Roman von Petru DUMITRIU (Rumänien), erschienen 1962. – Dumitriu, einst Vorsitzender des rumänischen Staatsverlags für Literatur und Kunst, als Schriftsteller dreimal mit dem rumänischen Staatspreis ausgezeichnet, ging 1960 nach Frankreich und lebt jetzt in Deutschland. Sein zweiter im Westen entstandener Roman ist mit dem ersten – *Rendez-vous au jugement dernier*, 1961 *(Treffpunkt Jüngstes Gericht)* – eng verknüpft. Beide Bücher beruhen auf seinen Erlebnissen unter dem kommunistischen System; er versucht darin, mit diesem – und mit sich selbst – abzurechnen. – Haupt- und Rahmenhandlung, fast ein Roman im Roman, beide in Ichform, sind kunstvoll ineinandergefügt: Der Erzähler, wie Dumitriu einst prominentes Mitglied der rumänischen KP, schildert die letzten Wochen vor seiner Flucht in den Westen. Er hat ein Visum für Ostberlin beantragt; um seine Zuverlässigkeit zu prüfen, beauftragt ihn der Sicherheitsdienst, einen ehemaligen Funktionär, Sebastian Ionesco, zu bespitzeln. Doch Spitzel und Opfer verständigen sich, Ionesco übergibt dem Erzähler sein Tagebuch, das dieser in verschlüsselter Abschrift auf die Flucht mitnimmt. Diese Tagebuchaufzeichnungen bilden den Kern des Romans. Sie enthalten die Geschichte eines Menschen auf der Suche nach dem Sinn seines Lebens und stellen zugleich eine in ihrer Objektivität erschütternde Bilanz aus 25 Jahren rumänischer Geschichte dar. Unzufriedenheit mit dem oberflächlich-sorglosen Dasein im Schoß der wohlhabenden Bojarenfamilie treibt den siebzehnjährigen Sebastian von daheim fort. Er schließt sich 1941 den rumänischen Truppen an, die mit den Deutschen gegen Rußland kämpfen. Sein Heldenideal zerbricht im Elend russischer Gefangenenlager; er wird von einem gerissenen Propagandisten zum Kommunismus bekehrt und dient diesem neuen Ziel mit Überzeugung und Hingabe. Als er – nach steiler Karriere in der Sicherheitspolizei – erkennt, daß er wieder einem Trugbild gefolgt ist, verzichtet er auf Amt und Parteibuch und geht den Weg des Nonkonformisten im totalitären Staat: durch Gefängnisse, Folterkammern, Straflager. Dies führt ihn zur Klarheit über sich selbst, über die Welt und seine Aufgabe in ihr: »*Ja, das war der Sinn der Welt: zur Liebe zu gelangen. Dahin hatten die Epochen meines Lebens mich geführt. Alles war nun einfach, klar... Warum hatte ich darauf gewartet, daß die Welt sich vor mir rechtfertige, daß sie mir ihren Sinn und ihre Reinheit beweise? Ich selber hatte sie zu rechtfertigen, indem ich sie liebte und ihr verzieh.*« Diese Aufgabe wird er nun »inkognito« erfüllen, ein namenloser Prophet der allumfassenden Liebe.

Die Bedeutung dieses Romans liegt weniger in der vagen spirituellen Botschaft, die er verkündet, als in den oft beklemmend realistischen, bewußt provozierenden Schilderungen der grausamen Wirklichkeit, gegen die der Held sich zu behaupten hat. Dumitriu beherrscht die ganze Skala des sprachlichen Ausdrucks und setzt seine Mittel wirkungsvoll ein. Wenn er menschliche Niedertracht, die Scheußlichkeit des Kriegs und die diabolische Mechanik des Parteiapparats beschreibt, schreckt er vor brutaler Derbheit nicht zurück, vermeidet aber, nicht zuletzt mit Hilfe der häufig verwendeten, sehr lebendigen direkten Rede, jedes Pathos und jede Schwarzweißmalerei. Das Buch erhebt in menschlich wie künstlerisch überzeugender Weise Anklage gegen jedes totalitäre Staatssystem. E.T.-KLL

AUSGABEN: Paris 1962. – Paris 1973.

ÜBERSETZUNG: *Inkognito*, E. u. E. Tophoven, Ffm. 1963.

LITERATUR: W. Widmer, Rez. (in Die Zeit, 1964, Nr. 41). – K. Krolow, Rez. (in SZ, 25./26. 2. 1964). – H. Naumann, Rez. (in FAZ, 14./15. 3. 1964). – M. Popescu, *P. D. între două lumi* (in Revista Scriitorilor Români, 5, 1966, S. 153 f.). – M. Lovinescu, *P. D. şi posedaţii* (in Fiinţa Românească, 4, 1966, S. 173–175). – P. Dumitriu, *Die Transmoderne: Zur Situation des Romans*, Ffm. 1965. – P. Miron, *Rumanian Literature* (in *World Literature Since 1945*, NY 1973, S. 535–546).

## RENDEZ-VOUS AU JUGEMENT DERNIER

(frz.; *Ü: Treffpunkt Jüngstes Gericht*). Roman von Petru DUMITRIU (Rumänien), erschienen 1961. – In seinem autobiographischen Roman stellt Dumitriu in nur wenig verschlüsselter Form die parteipolitischen Ereignisse in Rumänien während der zweiten Hälfte der fünfziger Jahre dar, die zu seiner Flucht nach Westberlin geführt haben. Durch die Verknüpfung eines Einzelschicksals mit der politischen Entwicklung eines Staates wird der Roman zu einem gleichzeitig persönlichen und zeitgeschichtlichen Dokument. Die Deutung des Romantitels unterstreicht diesen doppelten Aspekt, denn das »Jüngste Gericht« ist sowohl ein psychologisches Phänomen – es findet *»jeden Augenblick«* im *»Herzen«* des Autors statt – als auch Symbol für den geschichtlichen Zeitpunkt: *»Das Jüngste Gericht ist ja jetzt schon. Die Kulturen entstehen in der Atmosphäre einer Katastrophe ... oder des Endes von Geschichte und Klassengesellschaft.«*

Aus der Perspektive des zunächst unbeteiligten Beobachters, der erst allmählich in den Sog der Parteidiktatur gerät, rekonstruiert der Autor an Hand von Aufzeichnungen, Erzählungen, Anekdoten und eigenen Erlebnissen Begebenheiten aus dem Leben einzelner Parteifunktionäre und persönlicher Freunde. Diese Berichte, die in einigen Fällen bis in den Zweiten Weltkrieg zurückreichen, werden zum Teil als Rückblenden während einer Parteiversammlung im Frühjahr 1958 eingeschoben. An die Stelle einer straffen Haupthandlung tritt so ein aus vielen einzelnen Biographien zusammengesetztes Mosaik der rumänischen Gesellschaft in den fünfziger Jahren. – Auf eine kurze Tauwetterperiode nach Stalins Tod war in Rumänien nach dem Ungarnaufstand von 1956 die Rückkehr zum orthodoxen Stalinismus gefolgt. Von der Metapher des »Tauwetters« ausgehend, umschreibt der Autor die politische Entwicklung nach 1956 als »Eiszeit«, während der die an ein wärmeres Klima gewöhnten Tiere fortziehen oder in den Winterschlaf fallen müssen. So »thront« nach dem Sturz des Parteiführers Diokletian Sava das »Polartier« Malvolio Leonte an der Spitze des neuen stalinistischen Parteiapparats, der Typus des skrupellosen und opportunistischen Funktionärs. Ihm zur Seite steht Alfred Anania, sein *»Terrorideologe und theoretischer Scharfrichter«*. Unter den Spitzenfunktionären herrschen Intrige, egoistischer Machtkampf und moralische Verkommenheit. In einer solchen Welt ist der moralisch integre Mensch wehrlos, wie es das Schicksal des Ehepaares Paciurea zeigt. Nur derjenige entgeht der Eiszeit, der sich isoliert oder sich wie Valentine Ionescu, die »Hetäre Bukarests«, mit den Machthabern arrangiert. Dem liberal Denkenden aber, dem Historiker Prospero Dobre wie dem Autor selbst, bleibt nur die Wahl zwischen gesellschaftlichem Ruin, vorgetäuschter Anpassung oder der Flucht in den Westen. Der Autor durchlebt alle drei Stadien: Nachdem er während des Tauwetters Diokletian Sava nahegestanden hatte, fällt er mit Beginn der Eiszeit in Ungnade. Zu zahlreichen allgemeiner formulierten Angriffen von seiten der Parteiführung (man wirft ihm vor: *»politische Irrungen«*, *»Mangel an Grundsätzen«*, *»Einzelgängertum«* und *»Personenkult«*) tritt die Anschuldigung, ein geheimes zeitgeschichtliches Archiv angelegt zu haben. Gemeint ist die Materialsammlung zu einem Memoirenwerk, den *Biographien und Erinnerungen* seiner Zeit, deren Niederschrift der Autor nach dem Vorbild der großen Chronisten von HERODOT bis zu SAINT-SIMON plant. Er sieht es als seine »Sendung« an, mit der *»schriftlichen Spiegelung«* seiner Zeit einen *»Beitrag zur Erweiterung des menschlichen Bewußtseins«* zu leisten. Zwar behauptet er der Parteiführung gegenüber, alle Dokumente verbrannt zu haben, doch ist sein Sturz, von der persönlichen Rankünе seines Vorgesetzten Herakles Nitzelus vorangetrieben, nicht mehr aufzuhalten. Es folgt eine Zeit materieller Not und äußerer Erniedrigung, bis der Autor sich zusammen mit seiner Frau Isolde zur Flucht in den Westen entschließt. Um diesen Plan zu verwirklichen, muß er jedoch das Vertrauen der Parteispitze zurückgewinnen. So nimmt er jede Demütigung auf sich und genießt bald wieder die alten Privilegien, zu denen auch eine Auslandsreise gehört, während der er 1960 mit seiner Frau nach Westberlin flieht: In den um den Motor seines Wagens laufenden Lüftungsrohren befinden sich die Dokumente und Aufzeichnungen, die dem Roman zugrunde liegen.

Der durchaus in traditioneller Manier erzählte Roman zeigt vor allem in seinem Aufbau Schwächen, da es dem Autor mehr auf den Inhalt als auf die Form der Aussage ankam. Die Aneinanderreihung und Verschachtelung der einzelnen Biographien im ersten Teil des Romans wirken unüberlegt und künstlerisch nicht überzeugend. Mit der stärkeren Betonung von Dumitrius eigenem Schicksal gewinnt der Roman an struktureller Einheitlichkeit. Dumitriu beeindruckt vor allem durch die raffinierte Wiedergabe der feinsten Nuancen des Parteijargons sowie der Atmosphäre der Parteisitzungen mit dem dazugehörigen Ritual von Anklage und Selbstkritik. Auf dieser Grundlage ist das Buch als ein Dokument anzusehen, das mehr als nur Fakten vermittelt. A.Ga.

AUSGABE: Paris 1961.

ÜBERSETZUNG: *Treffpunkt Jüngstes Gericht*, H. Grössel, Ffm./Hbg. 1962 (FiBü).

## DU MU

* 803 Provinz Loyang
† 852

### FANCHUAN WENJI

(chin.; *Du Mus gesammelte Werke*). Gesammelte Werke von DU MU, benannt nach dessen Beinamen Fanchuan. – Entsprechend dem Charakter einer Sammlung sind in das Werk auch Arbeiten aufgenommen, die nicht zum engeren Bereich der schönen Literatur zählen wie Nekrologe, Vorworte usw. Seinen Ruhm als bedeutendster Dichter der ausgehenden Tang-Zeit verdankt Du Mu seinem schmalen Œuvre von Gedichten und poetischen Schilderungen in rhythmischer Prosa *(wenfu)*, einer Gattung, in der er als besonders vorbildlich gilt. Als Musterbeispiel wird von der chinesischen Kritik sein *Epanggong fu* herausgestellt, eine Beschreibung des vom Quin-Kaiser Shi Huangdi (zweite Hälfte des 3. Jh.s v. Chr.) erbauten prunkhaften Epang-Palastes. Für das abendländische ästhetische Empfinden verliert sich diese Beschreibung freilich in allzu vielen Details.

In seinen Gedichten bevorzugt Du Mu die Gattungen der *fu* (bestehend aus sechs- oder siebensilbigen Versen mit Zäsuren, Reimen, aber ziemlich freier Prosodie), der *lüshi* (sogenannte »regulierte Verse« zu je fünf oder sieben Silben mit streng geregelten Tonschemata, die die Funktion unserer Metrik haben; je acht Verse bilden eine Strophe) sowie der *changju* (mehrstrophige Gedichte in siebensilbigen Versen). Der Gefühlsausdruck neigt zur Schwermut, zeugt dabei jedoch von einer gewissen Ungebundenheit. Von besonderer Prägnanz sind oft die Beschreibungen der Szenerie: Die syntaktische Knappheit der Sprache läßt die Landschaft – ins Malerische übersetzt – wie hingetupft erscheinen.

Du Mus literarisches Vorbild war der überragende DU FU (712–770), weswegen man ihn auch den »kleinen Du« genannt hat. Beeinflußt wurde er ferner von den beiden miteinander befreundeten Dichtern BO JUYI (772–846) und YUAN ZHEN (779–831). R.T.

AUSGABEN: Shanghai 1936 *(Fanchuan wenji; Sibu congkan-Ausg.)*. – Shanghai 1978 *(Shanghai guji cps)*.

ÜBERSETZUNGEN: Dt. in: *Chinesische Dichter in deutscher Sprache*, V. Hundhausen, Peking/Lpzg. 1926, S. 51. – *Han Yüs Poetische Werke*, E. v. Zach, Cambridge/Mass. 1952, S. 348–351. – *Lyrik des Ostens*, Hg. W. Gundert, A. Schimmel und W. Schubring, Mchn. 1952, S. 341/342. – *Herbstlich helles Leuchten überm See. Gedichte aus der Tang-Zeit*, G. Debon, Mchn. 1953, S. 35–37. – W. Kubin, *Das lyrische Werk des Tu Mu (803–852)*, Wiesbaden 1976.

Frz. in: *Le Kou-wen chinois*, G. Margouliès, Paris 1926, S. 172–175. – *Anthologie raisonnée de la littérature chinoise*, ders., Paris 1948, S. 143/144; 317; 376. – P. Demiéville, *Anthologie de la poésie chinoise classique*, Paris 1962, S. 315–316.

Engl. in: *The Jade Mountain. Chinese Anthology Being Three Hundred Poems of the T'ang Dynasty 618–906*, W. Bynner u. K. H. Kiang, NY 1929, S. 175–178. – *Selected Chinese Verses*, H. A. Giles u. A. Waley, Shanghai 1934, S. 39/40. – *Chinese Prose Literature of the T'ang Period A. D. 619–906*, Hg. E. D. Edwards, Bd. 2, Ldn. 1937, S. 178. – Sydney S. K. Fung u. Shu-Tim Lai, *25 T'ang Poets. Index to English Translations*, Hongkong 1984, S. 473–484 (Chinese University Press.).

LITERATUR: W. Grube, *Geschichte der chinesischen Literatur*, Lpzg. 1909, S. 317/318. – *Siku quanshu congmu tiyao*, Shanghai 1931, Bd. 29, S. 73/74. – K. Nagasawa, *Geschichte der chinesischen Literatur und ihrer gedanklichen Grundlage*, Peking 1945, S. 210. – J. R. Hightower, *Topics in Chinese Literature*, Cambridge/Mass. 1953, S. 29. – W. Kubin, s. o. unter Übersetzungen.

## PAUL LAURENCE DUNBAR

* 27.6.1872 Dayton / Oh.
† 9.2.1906 Dayton

**DAS LYRISCHE WERK** (amer.) von Paul Laurence DUNBAR.

Dank der Ermutigung durch weiße Förderer im Umkreis der »Western Writers Association«, die durch verstreute Gedichtveröffentlichungen in Zeitungen und Zeitschriften sowie durch den eindrucksvollen Vortragsstil des jungen Dunbar auf ihn aufmerksam wurden, brachte der zeitweilige Liftboy und Sohn armer Eltern (die beide noch Sklaven gewesen waren) 1892 seinen ersten Gedichtband, *Oak and Ivy*, in Dayton/Ohio privat heraus und deckte die Kosten durch eigenhändigen Verkauf. Mit dem zweiten Band, *Majors and Minors*, gelang Dunbar 1896 der Durchbruch: Eine lobende Rezension von William Dean HOWELLS führte zur Herausgabe von *Lyrics of Lowly Life* (einer Auswahl aus den ersten Bänden) im selben Jahr mit einer Einleitung von Howells beim angesehenen New Yorker Verlag Dodd, Mead und zur raschen Etablierung von Dunbar als »national Negro poet«. *Lyrics of the Hearthside* folgten 1899, *Lyrics of Love and Laughter* 1903, und der Band *Lyrics of Sunshine and Shadow* (1905) beschloß das Werk des früh an Tuberkulose gestorbenen Dichters, der als erster Afroamerikaner ganz von der Schriftstellerei lebte und neben seiner Lyrik und selteneren journalistischen Arbeiten allein zwischen 1898 und 1906 zwei Libretti für das Musiktheater, vier Romane und vier Bände mit Erzählungen veröffentlichte.

In seinen Gedichten griff Dunbar von Beginn an verschiedene literarische Konventionen auf: Neben hochsprachlich gefaßten Texten, die einer spätromantischen Tradition verpflichtet bleiben, stehen Dialektgedichte, die den besonders von James Whitcomb RILEY (aus Indiana) eingeführten *»Hoosier dialect«* mit virtuoser Geläufigkeit handhaben, sowie Gedichte im *»Negro dialect«*, wie sich dieser in der Praxis überwiegend weißer Schriftsteller (Thomas Nelson PAGE, Joel Chandler HARRIS

u. a.) der sogenannten »Plantation School« oder auch in den stärker karikierenden Konventionen des *minstral theater* in der zweiten Hälfte des 19. Jh.s herausgebildet hatte. Dunbar gab seinen Ehrgeiz, auch als Dichter hochsprachlicher Texte anerkannt zu werden, nie auf; die allgemeine (auch von Howells geförderte) Erwartung des literarischen Marktes drängte ihn aber immer mehr zum »Negro dialect«, dessen begrenzte Ausdrucksskala Dunbar wohl bewußt war (er spricht in *The Poet* von *»a jingle in a broken tongue«*). In seinen gestisch und mimetisch eindrucksvollen Lesungen, die szenischen Aufführungen nahekamen und große Anziehungskraft ausübten, versuchte Dunbar derartige Defizite körperlich und musikalisch auszugleichen. Hochsprachliche und Dialektgedichte in Dunbars Werk teilen einen hohen Grad an rhythmisch-musikalischer Gestaltung und Differenzierung, von liedhaft einfachen bis zu kunstvoll durchstrukturierten Vers- und Strophenformen (bei häufiger und variabler Verwendung des Refrains). In hochsprachlichen Gedichten hypertrophiert das Klanglich-Musikalische dabei oft auf Kosten von Diktion und Bildsprache, die eine Tendenz zum Klischeehaften und Epigonalen aufweisen (einschließlich Archaismen und entleerter poetischer Formeln). Bisweilen führt die Exuberanz des Klanglichen zur Ausdünnung des Inhaltlichen (z. B. *Song*) oder zu *concetto*-artigen virtuosen Symmetrien, Umkehrungen und verspielten Gedankenfiguren.

Thematisch lassen sich bei Dunbars hochsprachlichen Gedichten zwei Haupttendenzen feststellen: Persönlich oder philosophisch eingefärbte Naturlyrik steht neben historisch orientierten Texten, die herausragende Gestalten der afroamerikanischen Geschichte feiern *(Douglas; Harriet Beecher Stowe; Booker T. Washington)* oder kollektive Vorstellungen eher vorsichtig als aufbegehrend ansprechen *(Ode to Ethiopia; To the South; The Colored Soldiers)*. In beiden Strängen läßt sich jedoch ein Hang zu verallgemeinernder Abstraktion und das Vermeiden dramatischer Konkretisierung beobachten, was besonders in solchen Texten, die über Natur oder Geschichte auf kollektives oder individuelles Leiden verweisen, zu einer merkwürdig absichtsvollen Unbestimmtheit führt, die den emotionalen Kern der sprachlichen Mitteilung ins Unterschwellige abdrängt *(Ships that Pass in the Night; A Song; One Life)*. Nur selten durchbricht der persönliche Leidensdruck diese Maskierung *(Sympathy; The Poet)*, die in *Unexpressed* implizit thematisiert, in *We Wear the Mask* explizit bezeichnet wird. Nichts macht Dunbars hochsprachliche Gedichte lebendiger als der Druck unausgesprochener starker Gefühle unter der durchgestalteten Oberfläche der Textmitteilung.

Während die hochsprachlichen Gedichte schmerzhafte persönliche oder gruppenspezifische Themen ausschließen oder poetisch sublimieren (d. h. abdrängen), bewirken die Konventionen von *»Negro dialect«* eine thematische Einengung auf Humor, freundlich-harmlosen Alltag und sentimentalische Situationen. Es bedurfte schon einer Jazzkünstlerin unserer Tage (Abbey Lincoln), um in *When Malindy Sings* das latente Widerstandspotential des Textes durch musikalische Neufassung aufzudecken. Dunbars schöpferische Energie teilt sich seinen Dialektgedichten auf andere Weise mit: Er beseelt sie mit dem ganzen, der mündlichen Kultur seiner Gruppe eigenen kommunikativen Gestus von Dialog, Körpersprache und Schaustellung oder Stil in konkreten Szenen, Situationen und Kontexten. Ohne die thematischen Restriktionen einer über Stereotypen vermittelten Kontrolle der dominanten Kultur über den Schwarzen aufzuheben, unterläuft Dunbar sie, indem er die Wert- und Wahrnehmungsnormen der mündlichen Tradition seiner Gruppe in sie einschleust und so den mündlichen Code selber zum Thema erhebt. Es gelingt ihm auf diese Weise, ohne inhaltlichen Tabuverstoß *»einiges vom grundlegenden Puls seiner Kultur«*, spezifischer *»Vitalität, Humor, Gemeinschaftsgefühl, Protest, Wahrnehmungsschärfe, Idiom und innere Kraft der schwarzen Landbevölkerung des amerikanischen Südens«* in seine Dichtung einzubringen (H. A. Baker). Die Exuberanz von dramatisierten Gesten, von sozialer und kommunikativer Performanz tritt hier an die Stelle der virtuosen Klangüberzüchtung der hochsprachlichen Texte. In schwarzen Dialektgedichten wie *A Coquette Conquered* und *Discovered* setzt sich auch bei leichter Thematik eine kühnere Verdichtung von Szene und Situation, ein treffsicherer Sinn für Gefühlsaura und soziale Energie durch. In anderen (wie *On the Road; Hymn; A Plantation Melody*) werden Elemente von Blues, Spiritual and Work Song in den Text integriert und erhöhen die Identifizierung des Dichters mit seinen fiktionalen Personen, mit einer vitalen Sprach- und Lebensgemeinschaft. In längeren erzählenden Gedichten schließlich (wie *When Malindy Sings; An Ante-Bellum Sermon; The Rivals; Dat Ol' Mare o' Mine*) können soziale Räume ausführlicher konturiert werden.

Dunbar mußte in Prosa wie Lyrik in einer überaus vorurteilsbeladenen Zeit mit großer Behutsamkeit herrschende Restriktionen umgehen, unterminieren und leise umkodieren, sie manchmal aber auch befolgen, um sein Publikum nicht zu verlieren. Es war noch ein langer Weg zur Entschlackung des schwarzen mündlichen Idioms, dem erst im Zuge der Harlem Renaissance (über Autoren wie James Weldon JOHNSON, Langston HUGHES, Sterling BROWN und Zora Neale HURSTON) die volle Bandbreite einer adäquaten poetischen Sprache zuwuchs. Dunbar hat sein Ansehen als volksnaher Dichter, der als erster afroamerikanischer Lyriker ungewöhnliche Musikalität, technische Versiertheit und mimetisches Genie mit einem lebenslangen Engagement für die Selbstdarstellung seiner Kultur verband, bis in unsere Tage bei einer relativ breiten Leserschaft gewahrt. K.E.

AUSGABEN: *Collected Poems*, NY 1913 [zahlr. Neuaufl.].

LITERATUR: J. Wagner, *Black Poets of the United States. From P. L. D. to L. Hughes*, Urbana/Ill. 1973, S. 37–145. – H. A. Baker, *P. L. D., an Evaluation* (in *Singers of Daybreak: Studies in Black American Lit.*, Washington/D.C. 1974, S. 33–42). – E. W. Metcalf, Jr., *P. L. D.: a Bibliography*, Metuchen/N.J. 1975. – *The P. L. D. Reader*, Hg. J. Martin u. G. H. Hudson, NY 1973. – *A Singer in the Dawn: Reinterpretations of P. L. D.*, Hg. J. Martin, NY 1975. – P. Revell, *P. L. D.*, Boston 1979. – F. C. Okeke-Ezigbo, *Eagle Against Bussard: The Dialect Poetry of P. L. D. and J. W. Johnson*, Diss. State Univ. of N.Y. at Buffalo 1979. – Ders., *P. L. D.: Straightening the Record* (in CLA, 24, 1981, H. 4, S. 481–496). – C. T. Davis, *P. L. D.* (in *Black is the Color of the Cosmos. Essays in Afro-American Literature and Culture, 1942–1981*, NY 1982, S. 121–165). – R. Story, *P. L. D.: Master Player in a Fixed Game* (in CLA, 27, 1983, H. 1, S. 30–55). – K. Ensslen, *The Status of Black Poetry from 1865 to 1910* (in *American Poetry. Between Tradition and Modernism 1865–1914*, Hg. R. Hagenbüchle, Regensburg 1984, S. 136–168). – *Afro-American Writers Before the Harlem Renaissance* (in DLB, Bd. 50, 1986). – D. Bruce, Jr., *The South in Afro-American Poetry, 1877–1915* (in CLA, 31, 1987, H. 1, S. 12–30).

## ROBERT DUNCAN

* 7.1.1919 Oakland / Calif.
† 3.2.1988 San Francisco

**DAS LYRISCHE WERK** (amer.) von Robert DUNCAN.
Robert Duncan wuchs bei Adoptiveltern auf, die zur »Hermetischen Bruderschaft« gehörten; daß er okkulten Einflüssen lange ausgesetzt war, wird in großen Teilen seines Werks deutlich. Obwohl er 1936–1938 und 1948–1950 an der University of California in Berkeley studierte, brachte er es nicht zu einem Studienabschluß. 1938–1940 war er Herausgeber der ›Experimental Review‹, 1948/49 des ›Berkeley Miscellany‹. 1955–56 lebte er auf Mallorca und lernte dort den Lyriker Robert CREELEY kennen; 1956 unterrichtete er am Black Mountain College in North Carolina, wo Charles OLSON sein Kollege war. 1956–57 und 1965 war er am San Francisco State College in Poetry Workshops tätig. In ähnlicher Funktion unterrichtete er 1963 an der University of British Columbia. Aus Duncans mehrfach preisgekröntem Werk (Harriet Monroe Memorial Prize 1961, Levinson Prize 1964) ragen als seine bekanntesten Gedichtbände heraus: *The Opening of the Field*, 1960 *(Die Öffnung des Feldes)*, *Roots and Branches*, 1964 *(Wurzeln und Zweige)* und *Bending the Bow*, 1968 *(Bogenspannen)*. Seine Werke sind bisher nicht ins Deutsche übersetzt worden.
Als Duncan in den vierziger Jahren zu publizieren begann, gab es unter den amerikanischen Lyrikern zwei getrennte Lager: Auf der einen Seite standen die akademischen Dichter in der Nachfolge T. S. ELIOTS und der »metaphysischen Dichter« des 17. Jh.s (z. B. John DONNE), wie die Agrarier aus dem Süden (Allen TATE, John Crowe RANSOM u. a.), der frühe John BERRYMAN, der frühe Robert LOWELL, Randall JARRELL, Theodore ROETHKE und Richard WILBUR. Auf der anderen Seite standen die Anhänger von Ezra POUND und William Carlos WILLIAMS, die Dichter der »offenen Form«. Einige Duncan-Kritiker haben zwar in seinen frühesten Werken Eliot-Einflüsse entdeckt (z. B. in *The Venice Poem*, 1948 – *Das Venedig-Gedicht*), doch stand Duncan im Laufe seiner Karriere meistens eindeutig im Lager von Pound und Williams. In verschiedenen Interviews nannte er Williams, Gertrude STEIN, D. H. LAWRENCE, RILKE, GARCIA LORCA, Louis ZUKOFSKY, Hilda DOOLITTLE (H. D.), Marianne MOORE, Edith SITWELL und Wallace STEVENS als Autoren, die sein Schaffen und seine Entwicklung beeinflußten. Der beherrschende Einfluß auf seinen Stil ging allerdings von Pound aus, der auch in zahlreichen wichtigen Aufsätzen zur Poetik von Duncan selbst immer wieder angeführt wird, wie z. B. in *Notes on Poetics Regarding Olson's »Maximus«*, 1956 *(Anmerkungen zur Poetik anläßlich von Olsons »Maximus«-Gedichten)*, *Ideas of the Meaning of Form*, 1961 *(Gedanken zur Bedeutung der Form)* und *Towards an Open Universe*, 1966 *(Zu einem offenen Universum)*.
Weil er die meiste Zeit seines Lebens im Großraum San Francisco verbrachte, wird Duncan manchmal zu den sog. San Francisco Poets, die sich in den fünfziger Jahren um Kenneth REXROTH scharten, oder zu den Beat-Lyrikern gerechnet. Noch öfter zählt man ihn jedoch mit Olson, Creeley und Denise LEVERTOV zu den führenden Köpfen der »Black Mountain«-Schule. Jeder dieser Lyriker hat sich sehr lobend über die anderen geäußert, und es gibt in der Tat wichtige Ähnlichkeiten, besonders im Formalen, zwischen Duncans Werk und den Arbeiten dieser Dichtergruppe. Allerdings bestehen auch wichtige Meinungsverschiedenheiten untereinander, und Duncan ist immer eine unverwechselbar eigene Stimme in der amerikanischen Lyrik gewesen. Olsons Essay *Against Wisdom As Such (Gegen die Weisheit an sich)* richtet sich spezifisch gegen Duncan, und dieser hat seinerseits in Essays und Interviews Vorbehalte gegen Olson, Levertov und Williams angemeldet. Als Duncans Ansehen in den fünfziger Jahren stieg, wurde er (mit den Worten von Gary SNYDER) *»der Westküsten-Guru«* für ambitionierte junge Lyriker, *»so wie Olson der Ostküsten-Guru war«*. Amiri BARAKA (Leroi JONES) gab einem seiner bekanntesten Gedichte den Titel *Duncan Spoke of a Process (Duncan sprach von einem Prozeß)*.
Formal sind die meisten Gedichte Duncans durch eine collageähnliche Struktur gekennzeichnet, in-

nerhalb deren scheinbar disparate Elemente assoziativ zusammengehalten werden, wobei die Assoziationen konventionelle, rationale Denkprozesse oft aufbrechen oder unterwandern. In vielerlei Hinsicht hat dieses Verfahren Ähnlichkeit mit Pounds Technik in den *Cantos*; auch Duncans Gabe, auffällige Lautmuster zu schaffen (z. B. *»Neither our vices nor our virtues/ further the poem«* – *»weder unsere Laster noch unsere Tugenden/ bringen das Gedicht voran«*), und sein Interesse an langen Gedichtsequenzen (wie in *Passages* und *The Structure of Rime*) erinnern an Pound. Doch teilt Duncan Pounds ätzende Gefühle nicht; vielmehr hält er zu seinen Gegenständen Distanz.

Duncan ist ein Meister der *»Feld-Komposition«* (Olson), einer Technik, die Duncan selbst auf die *Pisan Cantos* von Pound und Williams' *Paterson*-Gedichte aus den späten vierziger Jahren zurückführt: Das Gedicht besteht aus einem Gegen- und Miteinander zwischen seinem vorgeblichen Gegenstand und der unmittelbaren Umgebung des Dichters beim Kompositionsvorgang (unter Einschluß seiner Gedankenwelt, Erinnerungen und Wahrnehmungen). *Bending the Bow*, das Titelgedicht des gleichnamigen Bandes, ist ein gutes Beispiel für diese Technik: Beschreibungen oder Gegenstände, die der Dichter im Zimmer sieht, während er sein Gedicht schreibt, verschmelzen mit einem Bericht über Unterbrechungen beim Schreiben eines Briefes an einen Freund, mit Anspielungen auf Kaiser Julian und den Gott Attis sowie mit den Themen der Aktivität von Dichtung *(»And I would play Orpheus for you again«* – *»Und ich würde für dich wieder Orpheus spielen)«* und der Spannung zwischen Traum und wachem Erleben.

Die äußere Form von Duncans Gedichten ist unkonventionell: Ränder, Zeilenlängen und Strophen sind oft nicht vorherzusagen; häufig dienen Leerräume innerhalb einer Zeile oder ungewöhnliche Interpunktion dazu, Wörter abzutrennen; auch verwendet Duncan bewußt falsche, d. h. phonetische Orthographie (z. B. *»askt«* statt *»asked«*, *»delites«* statt *»delights«*, *»thru«* statt *»through«*). Er greift die Idee der poetischen Form an, weil sie Ausdruck rationaler, geordneter Beherrschung des Gedichtmaterials sei, Ausdruck der Tatsache, daß das Irrationale irgendwie ausgeschlossen oder gemeistert sei. Doch trotz seines formalen Nonkonformismus verteidigt er *»das konstruktivistische Gedicht, das Gedicht als Kunstwerk«* gegen die sog. Poetik der Spontaneität von Allen Ginsberg und Jack Kerouac. Dichtung ist für Duncan *»die Romanze der Formen«*, und er glaubt an die *»romantische Vorstellung von der Form als Form, als einem eigenständigen geistigen Ausdruck«* *(»the Romantic idea that form is Form, a spirit in itself«)*. Sein Formbegriff ist neoplatonisch, Dichtung wird als aktive Teilhabe an der Sprache und ihrer inneren Form verstanden. Aus diesem Grund hat Duncan wohl auch erklärt: *»Ich bin kein Modernist.«*

Einige seiner Gedichte beginnen mit der Anrede einer beschützenden Muse (z. B. *Passages 1* mit der Apostrophe *»to Her-Without-Bounds«* – *»an Sie-ohne-Grenzen«*), und in Duncans Verständnis schließt die dichterische Formgebung auch *»numinose Gewalten, Sinnsuchen und das Walten des Geistes«* ein sowie die Interaktion von persönlicher und kosmischer Identität. Dies wird in einem Gedicht aus dem Band *The Opening of the Field* deutlich, dessen Titel in die erste Zeile übergeht: *»Often I Am Permitted to Return / To a Meadow / as if it were a scene made-up by the mind, / that is mine, it is so near to the heart, / an eternal pasture folded in all thougt...«* *(»Oft darf ich zu einer Wiese/ zurückkehren/ als ob sie eine nur vorgestellte Szenerie wäre,/ mir gehört sie, sie steht meinem Herzen so nah,/ eine ewige Weide in allen Gedanken umschlossen...«)*.

Duncan gehört zu den eher intellektuellen unter den amerikanischen Lyrikern der Mitte des 20. Jh.s; er stellt seine Gedanken nicht mit Hilfe sinnlicher Bilder aus der Alltagserfahrung dar, sondern auf hohem sprachlichem Abstraktionsniveau. Wie Pound spielt er in seinen Gedichten auf zahlreiche Werke der europäischen und amerikanischen Literatur sowie auf heidnische Mythologien an. Doch anders als Pound bezieht er sich auch stark auf traditionelle christliche Mythen. In seinem Werk finden sich Elemente von Alfred N. Whiteheads Philosophie: Olson hielt in Duncans Haus in San Francisco Vorträge über Whitehead, und Duncan selbst hat gesagt, daß er Whitehead las, als er *The Opening of the Field* schrieb. Neben diesen Gebieten aus dem Hauptstrom der Tradition spielt Duncan in seinen Gedichten auch häufig auf unorthodoxe Traditionen an wie die europäische hermetische Mystik (u. a. Jakob Böhme, Pico Della Mirandola, Gemistos Plethon und Ficino), Theosophie, Rosenkreuzer-Bewegung und Zen-Buddhismus.

Anders als die Modernisten benutzt Duncan den Mythos nicht ironisch, sondern eher wie die Vorsokratiker als ein Mittel, den Menschen und die Welt zu erfassen. In Duncans Lyrik überwiegt der Offenbarungscharakter gegenüber dem Rationalen und Diskursiven, und so kann sie frei die Grenzen zwischen christlichem und heidnischem Glauben überschreiten und außerdem Material integrieren, das offenbar auf Duncans eigene Träume und Erfahrungen zurückgeht. Das Ergebnis ist eine mythische Vision, die zugleich idiosynkratisch, synkretistisch und oft obskur ist. Seine Gedichte verraten einen starken Sinn für neoplatonische oder allegorische Verbindungen zwischen subjektiver Erfahrung und einer göttlichen oder kosmischen Ordnung, doch kommen diese Verbindungen niemals so systematisch zum Ausdruck wie z. B. in der Lyrik und Prosa von Yeats. Neben diesem spirituellen, metaphysischen Anliegen ist Duncans zweites Hauptthema die homoerotische Liebe, wofür sich ein gutes Beispiel in Sektion 18 der *Passages*-Sequenz findet, in *The Torso*.

Von den Kritikern wird Duncans Werk unterschiedlich beurteilt; trotz seiner Preise und seines Einflusses unter den jüngeren Lyrikern gilt er in amerikanischen Universitäten als Randfigur. In den großen Anthologien zur amerikanischen Literatur kommen seine Gedichte nicht vor; sein Hauptverlag, New Directions in New York, ist auf eher vernachlässigte Autoren spezialisiert. Sein esoterischer Anspielungsreichtum gestaltet die Lektüre schwierig, und unfreundliche Kritiker haben sein Werk als hergesucht, künstlich geheimnisvoll, obskur, abergläubisch und undiszipliniert bezeichnet. Am widersprüchlichsten sind die Kritikerurteile über die lyrische Qualität seiner Verse: Einige Leser loben sie in höchsten Tönen, andere bestreiten ihre Existenz. Diese Meinungsverschiedenheiten rühren wahrscheinlich von der unkonventionellen Musikalität in Duncans Versen her; wie bei W. C. Williams ist sie für manche Leser einfach unhörbar, für andere selbstverständlich. Duncans Verteidiger unter den Kritikern heben das breite Spektrum seiner Imagination hervor sowie seine delikate Intensität und seine Empfänglichkeit für übernatürliche Erfahrungsbereiche. Für diese Kritiker liegt Duncans Bedeutung als Lyriker darin, daß er in Regionen menschlicher Erfahrung vorstößt, die in traditioneller lyrischer Sprache und Form nicht ausgedrückt, ja nicht einmal vorgestellt werden können. G.G.C. – H.Thi.

AUSGABEN: *Heavenly City, Earthly City*, Berkeley 1947. – *Poems 1948–1949*, ebd. 1949. – *Medieval Scenes*, San Francisco 1950. – *Caesar's Gate*, Mallorca 1955. – *Letters: Poems 1953–1956*, Highlands/N.C. 1958. – *Selected Poems*, San Francisco 1959. – *The Opening of the Field*, NY 1960, ern. 1973. – *Roots and Branches*, NY 1964. – *Of the War: Passages 22–27*, Berkeley 1966. – *The Years as Catches: First Poems (1939–1946)*, ebd. 1966. – *Bending the Bow*, NY 1968. – *The First Decade* u. *Derivations*, 2 Bde., Ldn. 1968. – *Tribunals: Passages 31–35*, Los Angeles 1970. – *Dante*, Canton/N.Y. 1974. – *Ground Work: Before the War*, NY 1984. – *Ground Work II: In the Dark*, NY 1987.

LITERATUR: R. L. Nelson, *Edge of the Transcendent: The Poetry of Levertov and D.* (in Southwest Review, 54, 1969, S. 188–202). – Ch. Tomlinson, *Poetry and Possibility: The Work of R. D.* (in Agenda, 8, 1970, S. 159–170). – G. Bowering, *R. D.: An Interview, Apr. 19, 1969*, Toronto 1971. – I. Reid, *»Towards a Possible Music«: The Poetry of R. D.* (in New Poetry, 21, 1973, S. 17–27). – Maps, 6, 1974 [Sondernr. R. D.]. – D. E. Brien, *R. D.: A Poet in the Emerson-Whitman Tradition* (in Centennial Review, 19, 1975, S. 308–316). – A. K. Weatherhead, *R. D. and the Lyric* (in ConL, 16, 1975, S. 163–174). – R. C. Weber, *R. D. and the Poem of Resonance* (in Concerning Poetry, 11, 1978, S. 67–73). – *R. D.: Scales of the Marvelous*, Hg. R. Bertholf u. I. Reid, NY 1979. – E. Faas, *Young R. D.*, Santa Barbara 1983. – Ironwood, 11, 1983, Heft 2 [Sondernr. R. D.]. – R. Bertholf, *R. D.: A Descriptive Bibliography*, Santa Barbara 1986. – M. Johnson, *R. D.*, Boston 1988 (TUSAS).

## VINCUK DUNIN-MARCINKIEVIČ

* 4.2.1808 Panjuškavičy
† 29.12.1884 Ljucynka

LITERATUR ZUM AUTOR: Jadvihin Š., *V. M. u praktyčnym žycci* (in Naša Niva, 48, 1910). – M. Harecki, *Historyja belaruskae literatury*, Moskau/Leningrad 1924, S. 186–203. – E. Karskij, *Geschichte der weißrussischen Volksdichtung und Literatur*, Bln./Lpzg. 1926, S. 129–133. – A. Luckevič, *Die weißruthenische Literatur in der Vergangenheit und Gegenwart* (in JbKGS, 7, 1931, S. 375). – J. Gołąbek, *W. D.-M., poeta polsko-białoruski*, Wilna 1932. – E. v. Engelhardt, *Weißruthenien*, Bln. 1943, S. 268–269. – S. Majchrovič, *V. I. D.-M.*, Minsk 1955. – F. Neureiter, *Weißrussische Anthologie*, Mchn. 1983, S. 20. – A. Sidarevič, *Ljubou da kraju, da naroda* (in Litaratura i mastactva, 13. 6. 1986).

### HAPON. Powieść białoruska, z prawdziwego zdarzenia, w języku białoruskiego ludu napisana

(wruth.; *Hapon. Eine weißruthenische Erzählung nach einer wahren Begebenheit in der Sprache des weißruthenischen Volkes*). Verserzählung mit polnischem Untertitel in vier Gesängen von Vincuk DUNIN-MARCINKIEVIČ, erschienen 1855. – Hapon, ein leibeigener Bauer aus der Gegend von Mohilev, liebt Katharina, ein Mädchen, auf das auch der Inspektor des Gutshofes ein Auge geworfen hat. Bei einer Tanzveranstaltung kommt es zum Streit der Rivalen; der schlaue und intrigante Verwalter erweist sich als der Überlegene: er bezichtigt Hapon der Widersetzlichkeit, und die Gutsherrin, die diesen Reden Glauben schenkt, läßt den jungen Bauern bei der nächsten Truppenaushebung unter die Soldaten stecken. Katharina, die Umworbene, aber darf nun auf Betreiben ihres einflußreichen Verehrers als Wäscherin im Herrenhaus arbeiten. Doch statt dem Drängen des Inspektors nachzugeben, klärt sie ihre Herrin über den Betrug auf, und den Verleumder trifft die gerechte Strafe. Er wird fristlos entlassen. Fünf Jahre später sollen wieder Rekruten ausgehoben werden. Unter den Offizieren befindet sich Hapon, der es dank seiner Tüchtigkeit beim Militär weit gebracht hat. Diesmal ist er der Überlegene; er läßt seinen ehemaligen Nebenbuhler in den Soldatenrock stecken und führt Katharina heim.

Dunin-Marcinkievič, der selbst Gutsbesitzer war, schildert das Dasein des weißruthenischen Volkes als eine Idylle: tüchtige und gutherzige Bauern – *»Prachtkerle«* – haben allen Grund, in treuer Liebe an ihren guten und sich für sie einsetzenden Herren zu hängen. Gäbe es nicht zuweilen übelwollende Verwalter, der ländliche Friede wäre ungetrübt.

Temperamentvoll, doch ohne persönliche Stellungnahme, nur durch das Handeln und Sprechen der Personen, das kraftvolle Weißruthenisch der Bauern und die polnischen Wendungen der vornehmen katholischen Oberschicht, charakterisiert der Autor die Eigenart des dörflichen Milieus in den russischen Westprovinzen, wo seit Jahrhunderten der polnische Adel *(szlachta)* von der Arbeit der orthodoxen weißruthenischen Bauern lebte. Besonders die zahlreichen eingestreuten Volkslieder, denen vor allem die Erzählung ihre Beliebtheit verdankt, vermitteln einen lebendigen Eindruck vom ländlichen Brauchtum. Obwohl selber tief in der polnischen Kultur verwurzelt, wählte Dunin-Marcinkievič meist den nichttonischen Vers der weißruthenischen Volkspoesie: gelegentlich wechselt er jedoch – künstlerisch sehr eindrucksvoll – zum tonischen Vers über, der ihm aus der polnischen Dichtung wohlvertraut war. E.Ko.

AUSGABEN: Minsk 1855. – Minsk 1958 (in *Zbor tvoraŭ*, Hg. V. V. Barsenka u. Ju. S. Psyrkoŭ).

LITERATUR: M. Zapolski, *»Hapon«* (in *Kalendar' Severo-Zapadnogo kraja na 1899 g.*, o. O.). – *Narysy pa historyi belaruskaj litaratury*, Hg. V. Barysenka u. a., Minsk 1956, S. 78–79. – V. Kavalenka, *Vytoki. Uplyvy. Paskoranasc'*, Minsk 1975, S. 141–142. – A. Lojka, *Historyja belaruskaj litaratury*, Bd. 1, Minsk 1977, S. 145–150. – A. McMillin, *A History of Byelorussian Literature*, Gießen 1977, S. 92.

## PINSKAJA ŠLJACHTA

(wruth.; *Der Pinsker Adel*). Satirische Komödie von Vincuk DUNIN-MARCINKIEVIČ, entstanden 1866, erschienen 1918. – Aus dem Gefängnis in die Heimat zurückgekehrt, schrieb Dunin-Marcinkievič 1866 – unter Polizeiaufsicht stehend und in der verbotenen weißruthenischen Sprache – diese erste weißruthenische Komödie mit satirischen Elementen, die deutliche Parallelen zu *Zemsta*, 1832/1833 *(Die Rache)*, des polnischen Komödienautors Aleksander FREDRO aufweist. Nuancen- und farbenreiche Dialoge, mundartliche Redewendungen, treffende Vergleiche und nationales Kolorit sowie Vorliebe für Hyperbel und Groteske und sarkastischer Witz sind die sogleich auffallenden Stilmerkmale des unter dem Einfluß von MOLIÈRE und MICKIEWICZ stehenden Dramatikers.

Die Handlung von *Pinskaja šljachta* spielt in einem wohlhabenden Kleinadelsdorf, dessen Einwohner der Skrupellosigkeit und Borniertheit russischer Beamter – die damals Weißruthenien überfluteten – ausgesetzt sind. Im Mittelpunkt des Geschehens stehen zwei zerstrittene Schlachtschitzen (Angehörige des Adels), Pratasavicki und Lipski, und deren Familien. Nach einem Wortduell und anschließender Prügelei zwischen den beiden Hitzköpfen zeigt Lipski seinen Gegner an und verbietet seinem Sohn Hryška, Pratasavickis Tochter Marysja zu heiraten. Diese Situation nutzt sofort der beinahe sechzigjährige, doch sehr temperamentvolle Kutorha aus, indem er versucht, die siebzehnjährige Marysja, deren beträchtliche Mitgift ihn lockt, zu heiraten. Doch die einzigen, die aus dem Zerwürfnis beider Familien Nutzen ziehen, sind in Wirklichkeit zwei russische Beamte, der habgierige Bezirkspolizeioffizier Kručkov und sein Sekretär Pisul'kin. Ehrlos, verdorben und ignorant, betrachten sie ihre Dienstätigkeit ausschließlich als Profitquelle. Nachdem sie von allen Beteiligten – Angeklagten, Klägern und Zeugen gleichermaßen – Bußgeld und Naturprodukte wie Honig, Pilze, Fische, Hühner und Hasen erhoben haben, hetzt Kručkov zwei weitere Schlachtschitzen gegeneinander auf, um einen Grund zu haben, ins Dorf zurückzukehren und dessen eingeschüchterte Bewohner erneut auszurauben.

Um die uneingeschränkte Macht und vor allem die Straffreiheit der Moskoviter aufzuzeigen, scheut Dunin-Marcinkievič sich nicht, die russischen Beamten mit Vampiren zu vergleichen. Mit seinem Kampf gegen die russische Herrschaft und die Russifizierung Weißrutheniens leitete er eine neue Entwicklung in der weißruthenischen Literatur ein. Zu seinen Nachahmern gehörten solche Autoren wie BAHUŠEVIČ, LUČYNA, KUPALA und KOLAS. Leider konnten seine Komödien unter der Zarenherrschaft nicht erscheinen; sie wurden nur illegal aufgeführt. A.Gaj.

AUSGABEN: Minsk 1918 (in Vol'naja Belarus', 30–31). – Minsk 1923 (in *Sceničnyja tvory*). – Minsk 1945 (in *Tvory V. D.-M.*). – Watenstedt 1947. – Watenstedt 1949. – Minsk 1958 (in *Zbor tvoraŭ*). – Minsk 1984 (in *Tvory*).

VERTONUNG: H. Vahner, *Pinskaja šljachta* (Oper; Urauff. Minsk 1985).

LITERATUR: V. Seduro, *The Byelorussian Theatre and Drama*, NY 1955, S. 54–55. – A. Sannikaŭ, *Svoeasablivasci satyryčnych charaktaraŭ u kamedyjach V. J. D.-M.* (in Vesci, 1960, 3, S. 105–109). – A. Semjanovič, *Belaruskaja dramaturhija*, Minsk 1961, S. 60–78. – J. Usikaŭ, *Klasičny vadevil'* (in Polymja, 1976, 12, S. 224–233). – A. Sabaleŭski, *Na nive litaratury i teatra* (ebd. 1983, 3, S. 205–208).

# WILLIAM DUNLAP

* 19.2.1766 Perth Amboy / N.J.
† 28.9.1839 New York

LITERATUR ZUM AUTOR:
O. S. Coad, *W. D.: A Study of His Life and Works and of His Place in Contemporary Culture*, NY

1917; ern. 1962. – W. C. McGinnis, *W. D.*, Perth Amboy/N. J. 1956. – O. S. Coad, *W. D.: New Jersey Artist* (in Proceedings of the New Jersey Historical Society, 83, 1965, S. 238–263). – D. Grimsted, *Melodrama Unveiled*, Chicago/Ldn. 1968. – A. Behrman, *Kotzebue on the American Stage* (in Arcadia, 4, 1969, S. 274–284). – R. H. Canary, *W. D.*, NY 1970 (TUSAS). – R. A. Grinchuk, *The Plays of W. D.: A Study of Dramatic Failure and the Shift in Popular Taste, 1795–1805*, Diss. Univ. of Minnesota 1973 (vgl. Diss. Abstracts, 33, 1973, S. 5679A). – J. Zapes, *D., Kotzebue, and the Shaping of American Theater: A Reevaluation from a Marxist Perspective* (in EAL, 8, 1974, S. 272–284). – W. J. Meserve, *An Emerging Entertainment: The Drama of the American People to 1828*, Bloomington 1977, S. 102–115. – J. Martin, *W. D.: The Documentary Vision* (in *Theater und Drama in Amerika*, Hg. E. Lohner u. R. Haas, Bln. 1978, S. 170–193).

## ANDRÉ

(amer.; *André*). Tragödie von William DUNLAP, Uraufführung: New York, 30. 3. 1798. – Dunlap war der erste professionelle Dramatiker der USA. Nachdem er als Jugendlicher im New Yorker Offizierskasino der Briten Theateraufführungen miterlebt und von 1784 bis 1787 in London Theaterluft geschnuppert hatte, schrieb er, durch den Erfolg von Royall TYLERS Komödie *The Contrast* angeregt, die 1787 als erstes amerikanisches Stück professionell aufgeführt wurde, Komödien für die New Yorker ›Old American Company‹, deren Miteigentümer er 1796 wurde, darunter auch *The Father, or American Shandy-ism* (1789 aufgeführt). Die patriotische Tragödie *André*, eines der ersten Stücke, die in Dunlaps New Yorker Park Theatre gespielt wurden, greift einen damals vieldiskutierten Vorfall aus dem Unabhängigkeitskrieg auf.
Die Hauptfigur, der britische Major André, den Dunlap persönlich kannte, wurde bei dem Versuch, mit dem amerikanischen Landesverräter General Benedict Arnold Verbindung aufzunehmen, von amerikanischen Kundschaftern als Spion gefangengenommen. Das Drama setzt ein mit dem 1780 vom Militärgericht über André verhängten Todesurteil. Der junge amerikanische Major Bland, dem André einst das Leben gerettet hat, setzt sich für ihn ein und weist darauf hin, daß André lediglich seine Pflicht gegenüber der britischen Krone erfüllt habe, wenn er als Verbindungsoffizier zwischen seinem Befehlshaber und Arnold fungierte. Die Situation spitzt sich zu, als die Briten drohen, den von ihnen gefangenen Colonel Bland, den Vater des jungen Bland, zu erschießen, falls André hingerichtet werden sollte. Trotzdem muß der verantwortliche amerikanische General (George Washington) das Urteil des Gerichts anerkennen: Wenn es um das Schicksal der Nation geht, haben persönliche Beweggründe zurückzustehen. Dieser Stellungnahme schließt sich Colonel Bland selbst an, während sein Sohn wütend die amerikanische Kokarde von seinem Helm abreißt und erklärt, daß er keinem Land dienen wolle, das zwischen einem gemeinen Spion und einem loyalen Soldaten nicht zu unterscheiden wisse. André, der sich schließlich einsichtsvoll und tapfer seinem Schicksal unterwirft, bittet den britischen Kommandanten in einem Brief, den älteren Bland zu schonen. Während er ruhig dem Exekutionskommando gegenübertritt, klagt der junge Bland verzweifelt die Ungerechtigkeit und Grausamkeit des Krieges an.
Dunlaps Tragödie wendet sich gegen den Chauvinismus und ermahnt die junge Generation, neu zu beginnen und die Zwistigkeiten der Vergangenheit zu vergessen. Eine strenge Ökonomie in Aufbau und Personal bestimmt das handlungsarme Stück, das in der vom Autor umgearbeiteten Fassung, die 1802 unter dem Titel *The Glory of Columbia (Der Ruhm Columbias)* mit Musikeinlagen aufgeführt wurde (erschienen 1817), besonderen Erfolg hatte.
J.D.Z.-KLL

AUSGABEN: NY 1798. – NY 1887 [m. Einl. v. B. Matthews]. – NY 1917 (in *Representative American Plays*, Hg. A. H. Quinn). – NY 1935 (in *American Plays*, Hg. A. G. Halline). – NY 1964 (in *Representative Plays by American Dramatists*, Hg. M. J. Montrose, 3 Bde., 1). – Columbus 1968 (in *Six Early American Plays, 1798–1900*, Hg. W. Coyle u. H. G. Damaser).

LITERATUR: N. Philbrick, *The Spy as Hero: An Examination of »André« by W. D.* (in *Studies in Theatre and Drama*, Hg. O. G. Brockett, Den Haag 1972, S. 97–119). – G. Argetsiger, *D.'s »André«: The Beginning of American Tragedy* (in Players, 49, 1974, S. 60–64). – J. A. Vaughn, *Early American Dramatists*, NY 1981, S. 43–48.

## THE FATHER, OR AMERICAN SHANDYISM

(amer.; *Der Vater, oder Amerikanischer Shandyismus*). Komödie von William DUNLAP, Uraufführung: New York, 7. 9. 1789, John Street Theatre. – Obwohl im Prolog als ein vom reinen, revolutionären Geist Amerikas durchdrungenes Werk bezeichnet, handelt es sich in Wirklichkeit um eine verwikkelte Komödie im Stil der englischen Bühnenwerke des 18. Jh.s. Für die Geschichte des amerikanischen Dramas ist es insofern von Bedeutung, als es das erste erhaltene Schauspiel Dunlaps ist. Dunlap schrieb *The Father* 1788 unter dem Eindruck von Royall TYLERS Komödie *The Contrast* (1787), um sich wie dieser über die Briten zu mokieren.
Die im Handlungsaufbau sehr komplizierte Komödie spielt in der New Yorker Wohnung eines jungverheirateten Paars, dessen Ehe einerseits durch Seitensprünge des Gatten und den gesellschaftlichen Ehrgeiz seiner Frau, andererseits durch die unlauteren Machenschaften eines als Of-

fizier auftretenden englischen Betrügers in die Brüche zu gehen droht. Das obligate Happy-End erfolgt nach allerlei Verwicklungen; Situationskomik trägt zur Erheiterung des Publikums ebenso bei wie Sprachwitz und zeitgenössische Anspielungen. Handlungstempo, dankbare Charakterrollen und geschliffene Dialoge machten das Stück bei den New Yorker Zeitgenossen sehr beliebt. Mit STERNES *Tristram Shandy* und dem spezifischen Humor dieses Autors hat es allerdings trotz des Titels wenig gemein. J.D.Z.-KLL

AUSGABEN: NY 1789. – Philadelphia 1806 (*The Father of an Only Child*, in *Dramatic Works*, Bd. 1; rev.). – NY 1887. – NY 1976 (in *Four Plays by W. D.*, Hg. J. Mates).

LITERATUR: A. H. Quinn, *A History of the American Drama. From the Beginning to the Civil War*, NY 1946, S. 73–112.

## EDWARD PLUNKETT, LORD DUNSANY

* 24.6.1878 London
† 25.10.1957 Dublin

### IF

(engl.; *Wenn...*). Schauspiel in vier Akten von Edward Plunkett, Lord DUNSANY, Uraufführung: London, 30. 5. 1921, Ambassador's Theatre. – Der Autor, der sich zusammen mit YEATS und anderen für die Wiedergeburt des irischen Theaters einsetzte, wurde durch phantastische Erzählungen und vor allem durch Dramen bekannt, denen er mit Vorliebe eine exzentrische, mit übersinnlichen Elementen und einer Mythologie eigener Prägung durchsetzte Handlung gab und in denen sich sein Interesse am Nahen und Fernen Osten verriet. Sein Schauspiel *If* ist kennzeichnend für seine Auffassung, daß oft ein lächerlicher Zufall genügt, um den Menschen an der Erkenntnis der in ihm schlummernden Möglichkeiten zu hindern.
John Beal, ein *»gewöhnlicher Londoner«*, Geschäftsmann, glücklich verheiratet, erhält eines Tages von einem orientalischen Teppichlieferanten seiner Firma einen Talisman. Es ist ein Kristall, mit dessen Hilfe man, wie der Orientale behauptet, die Vergangenheit noch einmal erleben und bestimmte Handlungen revidieren könne. In Beal erwacht die Neugier. Er denkt daran, daß er einst einen Zug, der ihn zu einer wichtigen Besprechung bringen sollte, versäumt hat, und möchte wissen, was geschehen wäre, wenn... Durch den Zauberstein um genau zehn Jahre zurückversetzt, erlebt er, wie er – als noch unverheirateter Mann – jenen Zug erreicht und während der Fahrt eine junge Dame, Miralda Clement, kennenlernt, die ihm erzählt, in Persien warte ein Vermögen auf sie. Beal reist in den Orient, um ihren Erbschaftsanspruch durchzusetzen, sein Bruder und Miralda folgen ihm, und die drei haben gefährliche und romantische Abenteuer zu bestehen. Als orientalischer Potentat entscheidet Beal schließlich über Leben und Tod seiner Untertanen. Doch ein unbestimmtes Gefühl läßt ihn davor zurückschrecken, Miralda zu heiraten. *»Ich sagte dir doch, daß ich einen Zukunftstraum hatte. Ich habe ihn vergessen, aber ich weiß noch, daß ich nicht heiraten sollte.«* Als Miralda ihren Anbeter Hafiz gegen ihn aufhetzt und als das Volk zu murren beginnt, ergreift Beal die Flucht. Im letzten Akt erwacht er in seiner Wohnung in einem Londoner Vorort. Während er träumte, hat das Hausmädchen beim Staubwischen den Talisman zerbrochen und Beal damit der Wirklichkeit wiedergegeben. Der Reiz des Stücks beruht auf dem Ineinanderfließen der realistisch gezeichneten englischen Alltagswelt und eines Phantasiereiches. Groteske Wirkungen ergeben sich u. a. aus dem Gegensatz zwischen dem Cockney-Dialekt der Eisenbahner und der blumigen Ausdrucksweise der Orientalen. R.B.

AUSGABEN: Ldn. 1921. – NY 1922.

LITERATUR: J. W. Cunliffe, *P., Lord D.* (in J. W. C., *Modern English Playwrights*, NY/Ldn. 1927, S. 200 bis 208). – C. Weygandt, *The Dramas of E. P., Lord D.* (in C. W., *Tuesday at Ten*, Philadelphia 1928, S. 13–44). – Ders., *E. P., Lord D.* (in C. W., *The Time of Yeats*, 1937, S. 226–229). – R. G. Stoddard, *The Lord D. Collection* (in Library Chronicle of the Univ. of Texas, 8, 1967, S. 27–32). – M. Amory, *Biography of Lord D.*, Ldn. 1972. – E. F. Bleiler, *Introduction to the Dover Edition* (in *Lord D., Gods, Men and Ghosts: The Best Supernatural Fiction of Lord D.*, Hg. E. F. B., NY 1972). – A. Nicoll, *English Drama, 1900–1930: The Beginnings of the Modern Period*, Cambridge 1973.

## JOHANNES DUNS SCOTUS

* um 1266 Duns / Schottland
† 8.11.1308 Köln

### TRACTATUS DE PRIMO PRINCIPIO

(mlat.; *Abhandlung über das erste Prinzip*). Schrift des Johannes DUNS SCOTUS, verfaßt um 1305, d. h. nach Bearbeitung seines Kommentars zum theologischen Lehrbuch der *Sentenzen*, der *Ordinatio* (früher *Opus Oxoniense* genannt), aus dem umfangreiche Textpartien übernommen sind. – Nicht zu verwechseln mit dem Duns Scotus zugeschriebenen *De rerum principio*, dessen Verfasser VITALIS DE FURNO (um 1260–1327) ist.

Die Schrift enthält den Gottesbeweis des Duns Scotus, der schon in den theologischen Hauptwerken entwickelt ist. Neu ist die ausführliche Diskussion von dessen Basis, nämlich der Ordnungsverhältnisse der Dinge nach Vorrang und Abhängigkeit oder Ursächlichkeit (Kap. 1 und 2); sie lassen den Schluß auf die notwendige Existenz einer *»ersten Natur«* zu, die für alle *»Ordnungen«* dieselbe ist (Kap. 3). Diese wird dann als einfach und vollkommen, als umfassende Vernunft und allbetreffender Wille und dadurch als *»unendliches Seiendes« (ens infinitum)* erwiesen, das eben durch seine Unendlichkeit einzig, einmalig, ganz es selbst und damit *personal* ist (Kap. 4). So rührt der Beweis an den Grundbegriff der Theologie, die vom personalen, sich offenbarenden Gott ausgeht.

Die Kapitel sind in Gebete eingebettet, die sich am Schluß der Schrift hymnisch steigern. Der eigentliche Gedankengang ist jedoch streng philosophisch und wird mit einer scholastischen Rigorosität entwickelt, die keine Rücksicht auf literarische Politur nimmt. Freilich fehlt die letzte Überarbeitung: Einige Zusätze finden sich, die neben dem Text stehen (teils sind sie gestrichen), auch Spuren der Mitarbeit eines Helfers sind nachweisbar. Aber der Gedanke ist völlig konsequent entwickelt und führt in einem einzigen geschlossenen Gang zum Ziel.

Diese Geschlossenheit, zusammen mit der Genauigkeit im Detail, dem Scharfsinn der Problemlösungen und der Breite der Problemsicht, macht diese ausführliche Darlegung des Gottesbeweises durch einen mittelalterlichen Scholastiker zu einem der bedeutendsten Zeugnisse scholastischen Denkens überhaupt. Die Schrift ist allerdings von höchstem Schwierigkeitsgrad und hat deshalb nicht die Wirkung gehabt, die ihrem wissenschaftlichen Rang entspricht. W.Klu.

AUSGABEN: Venedig 1497 (in *Quaestiones in metaphysicam Aristotelis*). – Freiburg i. B. 1941, Hg. M. Müller [krit.]. – St. Bonaventure/Löwen 1949, Hg. E. Roche [m. engl. Übers.]. – Chicago 1966, Hg. A. B. Wolter [m. engl. Übers.]. – Hildesheim 1968/69 (in *Opera omnia*, Bd. 3; Nachdr. d. Ausg. Lyon 1639). – Padua 1973, Hg. P. Scapin [m. ital. Übers.].

ÜBERSETZUNG: *Abhandlung über das erste Prinzip*, Hg. W. Kluxen, Darmstadt 1974, [2]1987 [m. Komm.].

LITERATUR: É. Gilson, *J. D. S.*, Düsseldorf 1959. – *J. D. S. 1265–1965*, Hg. J. K. Ryan u. M. B. Bonansea, Washington 1965. – F. Wetter, *Die Trinitätslehre des J. D. S.*, Münster 1967. – M. A. Schmidt, *Literatur zu D. S.*, (in Theologische Rundschau, 34, 1969, S. 1–48; ab 1935). – R. Prentice, *The Fundamental Metaphysics of S. Presumed by the »De primo principio«* (in Antonianum, 44, 1969, S. 40–92; 227–308). – R. P. Prentice, *The Basic Quidditative Metaphysics of D. S. as Seen in His »De primo principio«*, Rom 1970. – L. Honnefelder, *Ens inquantum ens. Der Begriff des Seienden als solchen als Gegenstand der Metaphysik nach der Lehre des J. D. S.*, Münster 1979. – C. B. Currey, *The Natural Theology of John D. S.* (in Recherches de théologie ancienne et médiévale, 46, 1979, S. 183–213). – C. Bérubé, *De l'homme à Dieu*, Rom 1983. – B. M. Bonansea, *Man and His Approach to God in John D. S.*, Lanham/Md. 1983. – F.-X. Putallaz, *Efficience et finalité dans le »Traité du premier principe« de Jean D. S. (†1308)* (in Revue de théologie et de philosophie, 116, 1984, S. 131–146). – I. Zielinski, *Möglichkeiten u. Grenzen der natürlichen Erkenntnis Gottes bei J. D. S.* (in Wissenschaft u. Weisheit, 48, 1985, S. 17–32). – K. Flasch, *Das philosophische Denken im MA*, Stg. 1986. – V. Richter, *Studien zum literarischen Werk von J. D. S.*, Mchn. 1988.

## CAMERON MARTIN DUODU

* 24.5.1937 Asiakwa

### THE GAB BOYS

(engl. *Ü: Flucht nach Akkra. Roman der unruhigen Jugend Afrikas*). Roman von Cameron Martin DUODU (Ghana), erschienen 1967. – Dieser erste und bisher einzige Roman des ghanaischen Autors fand in der afrikanischen sowohl wie in der internationalen Kritik zunächst wenig Beachtung, obgleich er das erste in Ghana erschienene sozialkritische Werk der Zeit nach der Unabhängigkeit war. Bereits 1961 waren die ersten beiden Kapitel von *Gab Boys* in der Zeitschrift ›Okyeame‹ erschienen, doch zeigte sich, daß eine Veröffentlichung des gesamten Werks in Ghana unmöglich und sogar im Ausland für den Autor zumindest gefährlich hätte sein können; so blieb das Manuskript bis zum Sturz Kwame Nkrumahs unpubliziert. Die Bloßlegung der politischen und sozialen Mißstände des Nkrumah-Regimes war nicht im Sinne der Herrschenden.

*The Gab Boys*, das sind die »Gabardinehechte« aus dem kleinen Dorf Pusupusu, junge Burschen, die bis zum 16. oder 17. Lebensjahr die Schule besuchten, sich eine mehr oder weniger gute Halbbildung angeeignet haben und nun arbeitslos herumhängen, weil sie nicht genügend Schmiergelder aufbringen können, um sich in einen Job »einzukaufen«, weil es ihnen an Beziehungen fehlt, oder auch, weil sie sich zu fein sind, eine Arbeit anzunehmen, die auch ein Analphabet verrichten könnte. Es ist die Misere der sich selbst nur zu gern überschätzenden, in ihren Fähigkeiten und Möglichkeiten andererseits aber auch unterschätzten arbeitslosen Jugendlichen, deren ungeforderte Energien überschäumen und sich in allerlei Schabernack Luft machen. Der Obrigkeit erscheinen sie als Gefahr, der man am besten mit strenger Reglementierung, nicht aber mit sinnvollen Maßnahmen begegnet. So sieht auch die in Ich-Form erzählte Geschichte des achtzehnjährigen Protagonisten Kwasi Asamoah aus, der in der Schnoddrigkeit seines Erzählstils an J. D. SALINGERS Holden Caulfield (aus dem Roman *The Catcher in the Rye*) erinnert. Da er, wie die anderen Gabardinehechte von Pusupusu den Dorfältesten zu frech und übermütig erscheint, wird er zur Kopfsteuer und obendrein einer saftigen Strafe verdonnert, die er als Arbeitsloser nicht zahlen kann. Kwasi entschließt sich zur Flucht nach Akkra, nicht ohne in der Nacht noch einmal zu seiner Geliebten B. zurückgekehrt zu sein, die als »Gewesene«, als eine, die in England studiert hat, einen besseren sozialen Status hat als er, die aber vor allem über Beziehungen verfügt. Sie gibt Kwasi ein »Empfehlungsschreiben« mit, und so findet er bei der Eisenbahn eine Stelle als Putzer, mit der Chance, zum Heizer und vielleicht eines Tages zum Lokomotivführer aufsteigen zu können. Wie gefährlich die Arbeit ist, zeigt sich am Schicksal seines Freundes, eines ebenfalls aus Pusupusu geflohenen Jugendlichen – wie sich denn die ganze Blase plötzlich in Akkra wiederfindet –, der ebenfalls bei der Bahn eine Anstellung fand und bei einem Zugunglück ums Leben kommt. Mit der Leiche des Freundes kehren die jungen Männer ins Heimatdorf zurück; es wird ihnen von den Ältesten vergeben, Kwasi verlobt sich mit B., die in einer langen Rede über die Werte der alten Überlieferungen, der traditionellen Kultur und sozialen Struktur ein Loblied auf das Vergangene singt, das es wiederzubeleben gelte.

In dieser Schlußwendung zeigt sich die Schwäche des Romans. Die sozialpolitische Kritik, die sich in den ersten Kapiteln ganz natürlich aus der Handlung und den Dialogen der Charaktere entwickelt, wird gegen Ende des Buches so forciert, daß die Logik des Geschehens darunter leidet. Die Charaktere, besonders B., verlieren ihre Spontaneität, die schulmeisterliche Moral des Autors scheint eher aus ihnen zu sprechen als die frische Eigenständigkeit, die in den Anfangskapiteln vorherrscht. Sieht Duodus Landsmann Ayi Kwei ARMAH in seinem Roman *The Beautyful Ones Are Not Yet Born* die ghanaische Misere unter Nkrumah aus einer historischen Perspektive heraus als politisch-soziales Problem, das aufs engste mit der Eigennützigkeit verknüpft ist, die ein Element der menschlichen Natur zu sein scheint, so wird in Duodus Interpretation die Situation allein als Folge der gleichgültigen, hilflosen und egoistischen Haltung der verantwortlichen Führungsschicht gesehen. I.U.

AUSGABE: Ldn. 1967.

ÜBERSETZUNG: *Flucht nach Akkra. Roman der unruhigen Jugend Afrikas*, J. Jahn, Tübingen 1970.

LITERATUR: Shatto Arthur Gakwandi, *Freedom as Nightmare: Armah's »The Beautyful Ones Are Not Yet Born« and Duodu's »The Gab Boys«* (in *The Novel and Contemporary Experience in Africa*, Ldn. 1977, S. 87–108).

## LEANDRO DUPRÉ

eig. Maria José Fleury Monteiro Dupré

* 2.5.1905 bei Botucatu / São Paulo

### ÉRAMOS SEIS!

(portug.; *Wir waren sechs!*). Roman von Leandro DUPRÉ (Brasilien), erschienen 1943. – Das mit dem Literaturpreis »Raul Pompéia« der Academia Brasileira de Letras ausgezeichnete Werk gilt als das bedeutendste und bekannteste der aus São Paulo stammenden Autorin. In dieser Stadt spielt auch ihr Roman. Die Ereignisse werden von der Hauptgestalt Dona Lola erzählt, einer einfachen Frau aus dem Mittelstand, die nach dem Verlust ihres Mannes und ihrer Kinder allein in der Welt steht. Als sie an dem Haus in der Avenida Angélica vorbeikommt, in dem sie einst mit ihrer Familie gewohnt hat, sieht sie in der Erinnerung noch einmal all die großen und kleinen Begebenheiten ihres Lebens an sich vorüberziehen.

Dona Lola, ihr Mann Júlio und die vier Kinder Carlos, Alfredo, Izabel und Julinho sind eine tüchtige, arbeitsame Familie. Aber Schicksalsschläge und Zeitumstände bewirken den unaufhaltsamen Zerfall dieser Gemeinschaft. Er beginnt mit dem Tod des Vaters. Die Kinder müssen ihre Ausbildung aufgeben und sich Arbeit suchen. Eines Tages spürt Dona Lola, daß jedes ihrer Kinder einem eigenen Ziel folgt und sich immer weiter von ihr entfernt. Julinho geht nach Rio de Janeiro, wo sich ihm bessere Zukunftschancen bieten, Alfredo schließt sich den Sozialisten an und muß vor der Polizei in die Vereinigten Staaten fliehen, Izabel bindet sich trotz aller Proteste der Mutter an einen verheirateten Mann, und Carlos, der Dona Lola am nächsten stand und als einziger bei ihr geblieben war, stirbt. Dona Lola bleibt nur die Erinnerung: *»Wir waren sechs, und heute bin ich allein!«*

Dupré zeichnet ein anschauliches Bild ihrer Heimatstadt während der ersten Jahrzehnte des 20. Jh.s. Der Roman verrät die Sensibilität der Autorin und ihre besondere Begabung für die literarische Verarbeitung eigener Erfahrungen. Innerhalb der brasilianischen Literatur rechnet man das Buch den sogenannten »Stadtromanen« *(romances urbanos)* zu, da die Schilderung der städtischen Gesellschaft und die Wiedergabe jener Atmosphäre der Unsicherheit, die der Stadt São Paulo in den Jahren von 1900 bis 1940 eigen war, darin einen wichtigen Platz einnehmen. R.J.L.

AUSGABE: São Paulo 1943. – [27]1982.

VERFILMUNG: São Paulo 1977 [TV Tupi].

LITERATUR: A. Lopes de Oliveira u. M. G. Viana, *Dicionário mundial de mulheres notáveis*, Lissabon o. J., S. 349 f.

## AGUSTÍN DURÁN

* 14.10.1789 Madrid
† 1.12.1862 Madrid

### DISCURSO SOBRE EL INFLUJO QUE HA TENIDO LA CRÍTICA MODERNA EN LA DECADENCIA DEL TEATRO ANTIGUO ESPAÑOL Y SOBRE EL MODO COMO DEBE SER CONSIDERADO PARA JUZGAR DE SU MÉRITO PECULIAR

(span.; *Abhandlung über den Einfluß, den die moderne Kritik auf den Verfall des alten spanischen Theaters gehabt hat, und über die Art, wie er betrachtet werden muß, damit man seinen besonderen Wert richtig beurteilt*). Essay von Agustín DURÁN, erschienen 1828. – Diese Arbeit kann – vielleicht mit größerem Recht als das Vorwort von ALCALÁ GALIANO zum *Moro expósito* des Duque de RIVAS – als das Manifest der Romantik in Spanien betrachtet werden. Zu Beginn dieser neuen literarischen und kulturellen Bewegung faßt Durán die ganze lange Auseinandersetzung über das Theater, die in der zweiten Hälfte des 18. Jh.s der Angelpunkt der literarischen Kämpfe zwischen *castizos* (Puristen, Verteidiger der traditionellen spanischen Literatur) und *afrancesados* (»Französlinge«, von der französischen Klassik beeinflußte Literaten) gewesen ist, noch einmal in ihren Hauptpunkten zusammen und schließt sie ab. Klassisches Theater ist für ihn heidnisches Theater, abstrakt und äußerlich; romantisches Theater ist christliches Theater, ein innerer Kampf zwischen Leidenschaft, Freiheit und Gewissen. Da nun das alte spanische Theater des *siglo de oro* ganz erfüllt ist von diesem Kampf (besonders die Mantel-und-Degen-Stücke), ist es Durán selbstverständlich, daß dem christlichen, dem verinnerlichten Theater, das man mit dem modernen Ausdruck »romantisch« bezeichnet, obgleich es schon von Anfang an in Spanien existiert hat, der Vorzug zu geben ist. Die bloße Übereinstimmung mit den Regeln, die ARISTOTELES aus den Dramen seiner Zeit ableiten zu können glaubte, kann nach Durán nicht der einzige Wertmaßstab sein; denn das klassische Theater ist im allgemeinen lehrhaft und kann sich daher mit einer kurzen und geschlossenen Handlung begnügen, während das romantische Theater eher historisch orientiert und daher gezwungen ist, die Entwicklung der Leidenschaften in Zeit und Raum zu verdeutlichen.
Ein weiteres bemerkenswertes Element des *Discurso* ist die der ganzen Romantik eigene Überzeugung, daß die Dichtung aus dem Volk hervorgeht, wie die frühen literarischen Zeugnisse, die Epen, beweisen. Diese werden zwar allmählich von der Kunstdichtung absorbiert, entwickeln sich jedoch im Volk weiter, wie das Beispiel der *romances* zeigt, und bieten so neue Anregungen für die Dichter, die, oft ohne es zu wissen, aus der Kunst des Volkes schöpfen. So ist das *teatro antiguo español, »unser eigenes klassisches Theater«*, wie Durán es nennt, eine Schöpfung des Volkes, wurzelnd in seinen Gefühlen, Überlieferungen und Legenden und völlig verschieden von dem gebildeten Theater französischer Herkunft. Der *Discurso* ist eine leidenschaftliche Verteidigung der spanischen Literatur gegen die formalistische Kritik der Franzosen. KLL

AUSGABEN: Madrid 1828. – Exeter 1973, Hg. u. Einl. D. L. Shaw.

LITERATUR: M. Artola Gallego, *Los afrancesados*, Madrid 1953. – J. A. Cook, *Neo-Classic Drama in Spain*, Dallas 1959. – E. A. Peers, *A History of the Romantic Movement in Spain*, NY/Ldn. 1964. – W. Brüggemann, *Spanisches Theater u. deutsche Romantik*, Bd. 1, Münster 1964, S. 49 bis 99. – D. T. Gies, *A. D. A Biography and Literary Appreciation*, Ldn. 1975.– C. Romero Tobar, *Textos inéditos de A. D.* (in RABM, 78, 1975, S. 409–428). – D. T. Gies, *Algunos datos para la biografía de A. D.* (in *Actas del quinto Congreso Internacional de Hispanistas*, Hg. M. Chevalier u. a., Bordeaux 1977, S. 433–439). – Ders., *El romance y el romanticismo: Perspectivas de A. D.* (in Dieciocho, 3, 1980, S. 62–68).

## DIEGO DURÁN

* 1538 (?) Mexiko
† 1588 (?) Mexiko

### HISTORIA DE LAS INDIAS DE LA NUEVA ESPAÑA Y ISLAS DE TIERRA FIRME

(span.; *Geschichte der neuspanischen Indien und der Inseln vor dem Festland*). Kulturgeschichtliche Aufzeichnungen von Diego DURÁN, entstanden zwischen 1570 und 1581, veröffentlicht 1867–1880. – Die Geschichte der Ausbreitung des Evangeliums in Mexiko (d. i. Neuspanien; Amerika nannte man *las Indias*) ist in Hunderten von meist noch ungedruckten Chroniken aufgezeichnet worden. Duráns Werk ist eine der stilistisch reizvollsten und bietet zudem reiche Anregungen für Historiker und Ethnologen. Es besteht aus drei Teilen: Auf die in 101 Kapitel gegliederte Darstellung der Eroberung und Kolonisation des Landes folgt ein aztekischer Kalender, den Schluß bildet eine Zusammenfassung der Geschichte der Azteken. Das Werk ist in einer Abschrift erhalten, die in der Madrider Nationalbibliothek aufbewahrt wird; sie enthält an den Kapitelanfängen und im Text zahlreiche Federzeichnungen, die die Berichte veranschaulichen. Wie Durán schreibt, wurden diese Zeichnungen nach Vorlagen angefertigt, die von den Eingeborenen als Kostbarkeiten verwahrt wurden. Wie sein Zeitgenosse, der Franziskaner Bernardino de SAHAGÚN, beschaffte sich auch der Dominikaner Durán die Informationen für seine Aufzeichnungen durch direkte Befragung der Indianer, und ebenso wie dieser verfolgte er keine wissenschaftlichen Ziele. Er wollte die Kultur der Indianer genau kennenlernen, weil er eingesehen hatte, daß dies die Voraussetzung für den Erfolg seiner Missionsarbeit war. Er studierte die Sitten und Bräuche der Eingeborenen, ihre Lieder, Tänze und Feste, ihre mündlichen und schriftlichen Überlieferungen – oft verwendet er das Wort »Übersetzung« für seine Arbeit – und gelangte so zu einem für seine Zeit erstaunlichen Verständnis dieses Volkes. In seiner Auffassung von der Rolle der Spanier in Mexiko unterscheidet Durán sich nicht von den übrigen spanischen Chronisten jener Epoche. Gemäß der Vorstellung von der Geschichte als einem Kampf zwischen Gott und dem Teufel sieht er seine Landsleute als Mitstreiter Gottes, zu deren Hilfe selbst die Heiligen vom Himmel herabeilen. Mit großer Gelehrsamkeit bemüht er sich, die indianische Überlieferung mit der *Bibel* in Verbindung zu bringen und vertritt die zu dieser Zeit verbreitete Meinung, der Apostel Thomas, den er mit dem Lichtgott Quetzalcoatl gleichsetzt, habe den Indianern das Evangelium gepredigt. A.F.R.

AUSGABEN: Mexiko 1867–1880, Hg. J. F. Ramírez, 2 Bde.; ern. 1967. – Mexiko 1984, Hg. A. M. Jarbay Kintana, 2 Bde.

LITERATUR: C. González Peña, *Historia de la literatura mexicana*, Mexiko 1929; ern. 1963, S. 46–47. – F. Esteve Barba, *Historiografía indiana*, Madrid 1964, S. 196–200. – H. Matthäi, *Namens- und Sachindex der historischen Werke D. D.s*, Bln. 1982. – M. G. Milne, *D. D.: »Historia de las Indias de la nueva España y islas de tierra firme«*, Diss. Michigan Univ. 1984 (vgl. Diss. Abstracts, 45, 1984, S. 538A).

## LUIS DURAND

* 16.7.1895 Traiguén
† 11.10.1954 Santiago de Chile

### FRONTERA

(span.; *Grenze*). Roman von Luis DURAND (Chile), erschienen 1949. – Schauplatz dieses umfangreichen, in sechzehnjähriger Arbeit entstandenen Romans – des erfolgreichsten des zur regionalistischen Schule Mariano LATORRES (1886–1955) gehörenden Autors – ist die Gegend von Traiguén und Angol im Süden Chiles, die einstige Grenzlandschaft zwischen dem Herrschaftsbereich der Spanier und dem Territorium der noch unbezwungenen Araukaner. Durand verlegt die Handlung in die zweite Hälfte des 19. Jh.s, als dieses Gebiet noch als der »Far West« Chiles gelten konnte. Sein Thema ist ein Stück verspäteter Eroberungsgeschichte: die Erschließung des Gebiets durch die ersten Siedler.

Der Held des Romans, Anselmo Mendoza, ist die Verkörperung zähen Pioniergeistes, Entdecker und Eroberer zugleich. In der Schilderung seines Kampfes mit der Natur und seines unter größten Anstrengungen und Opfern schließlich doch errungenen Sieges greift Durand eines der großen Motive der iberoamerikanischen Epik auf, für das es ein berühmtes Vorbild gibt: Alonso de ERCILLAS Epos *La Araucana* (1569) über die Conquista des chilenischen Araucogebietes. Herausragende Figuren des Romans sind neben Mendoza einige beeindruckende Frauengestalten, Domingo Melín, Angehöriger des heruntergekommenen Stammes der Mapuche, und vor allem »El Verde«, die als »roto« bekannte volkstümliche Schelmenfigur der chilenischen Literatur.

Der Autor hat Geschichte, Geographie und Folklore des chilenischen Südens eingehend studiert und Berichte über die Epoche der Urbarmachung und Besiedlung dieser Region ausgewertet, die er von Augenzeugen oder deren Nachkommen erhalten hatte. Seine Beschreibungen der Sitten und Bräuche, der Nahrung, der Kleidung, der Feste und der Arbeitsmethoden dieser ersten Siedler sind detailliert und lebendig, die Darstellung der urtümlichen Landschaft erreicht zuweilen lyrische Intensität. Plastische Ausdrücke und Wendungen der Volkssprache verleihen der gelegentlich schwerfälligen Diktion des Autors Lebendigkeit und Kolorit. Weitere Pluspunkte des Romans sind die klare, einfache Struktur der Handlung, die Konzentration auf wenige, scharf umrissene Figuren und das geschickt gehandhabte *tempo lento* der Erzählung. A.F.R.

AUSGABEN: Santiago de Chile 1949. – Santiago de Chile 1973.

LITERATUR: Atenea, Nov./Dez. 1954 [Sondernr. *L. D.*]. – R. Silva Castro, *Panorama de la novela chilena, 1843–1953*, Mexiko 1955. – H. Montes u. J. Orlandi, *Historia de la literatura chilena*, Santiago de Chile 1955. – A. Pagés Larraya, *Afinidades y diferencias entre dos novelas contemporáneas chilenas: »Frontera« y »Gran señor y rajadiablos«* (in Revista de Literaturas Modernas, Univ. de Cuyo 1968, Nr. 7, S. 9–30). – D. M. Decker, *L. D.*, NY 1971 (TWAS). – C. Goic, *La novela chilena*, Santiago de Chile [4]1976.

## OSWALD DURAND

* 1840 Cap Haïtien
† 1906 Port-au-Prince

**DAS LYRISCHE WERK** (frz.) von Oswald DURAND (Haiti).
Die haitianische Literaturgeschichte des 19. Jh.s enthält eine kaum zählbare Menge von Lyrikern, die in pseudoklassischer oder romantischer Manier schrieben, heute aber in Vergessenheit geraten sind. Durand ist die nahezu einzige Ausnahme. Bereits sein Lebensweg war für die damalige Zeit ungewöhnlich: Ohne abgeschlossene Schulbildung zog er zunächst als Handwerker durch die haitianischen Landgebiete und erwarb sich so den Beinamen *»ferblantier poète«* (der dichtende Klempner). In der Mitte der achtziger Jahre versuchte er sich dann in der Politik, überlebte das Auf und Ab verschiedener Revolutionen und starb schließlich auf der Höhe seines Ruhmes.
Der größere Teil seines fast alle damals gängigen Dichtungsformen umfassenden poetischen Werkes ist mittelmäßig und konventionell. Es finden sich klassische Themen (z. B. der Vergleich der haitianischen Unabhängigkeitskriege mit der homerischen *Ilias* in *L'épopée des aïeux*), nationale Rhetorik *(Chant national)* oder die Verherrlichung Frankreichs (z. B. *Ces Allemands*, verfaßt anläßlich des Krieges von 1870). Seinen Rang begründet mehr seine *»poésie de circonstance«*, Gelegenheitsgedichte aus seinem Wanderleben, in denen er in origineller Form und neuen sprachlichen Bildern die Landschaft seiner Heimat und vor allem die bäuerlichen Mädchen (*Nos payses, Idalina* u. a.) evoziert. Seine heutige Bedeutung liegt vor allem darin, daß er das erste haitianische Gedicht in kreolischer Sprache, *Choucoune*, geschrieben hat, dessen Refrain – in der von Harry Belafonte gesungenen Calypsoform *»Little bird high on a banana tree...«* – weltberühmt geworden ist: *»P'tits z'oézeaux ta pé couté nous lan l'air...« (»Die kleinen Vögel konnten uns in der Luft hören...«)*. Es geht auf eines seiner zahllosen Liebesabenteuer mit einem Mädchen aus dem Volk zurück und soll anschließend im Gefängnis niedergeschrieben worden sein (im Refrain: *»dé pieds moin lan chaine« – »Meine beiden Beine in Ketten«*). Die sprachlich für die damalige Zeit undenkbare Form wurde durch den Liedcharakter gerechtfertigt. In seiner vollen Form – es wurde in den späteren gesungenen Formen häufig verstümmelt und umgestellt – ist das Gedicht jedoch sehr komplex, da es verschiedene formale und inhaltliche Ebenen umfaßt und verschränkt, so die Pastourelle, das haitianische Volkslied und das romantische Gedicht. Angesichts der bis heute dauernden Auseinandersetzung über die »Literaturfähigkeit« der kreolischen Sprache kommt *Choucoune* seit den fünfziger Jahren eine wichtige ideologische Stellung in der haitianischen Literatur zu. U.F.

AUSGABEN: *Rires et pleurs*, Corbeil 1896, 2 Bde.; Nachdr. Nendeln 1970. – *Quatre nouveaux poèmes*, Cap Haïtien 1900.

LITERATUR: F. Morisseau-Leroy, *Pourquoi ils écrivent en créole* (in Optique, 5, 1954, S. 48–58). – R. Berrou u. P. Pompilus, *Histoire illustrée de la littérature haïtienne*, Bd. 1, Port-au-Prince 1974. – U. Fleischmann, *Le créole français aux Antilles en voie de devenir une langue littéraire* (in *Littératures et langues françaises*, Hg. D. Kremer u. H.-F. Niederehe, Hbg. 1981, S. 247–266). – J. Dolcé u. a., *Le romantisme en Haïti. La vie intellectuelle 1804–1915*, Port-au-Prince 1983. – L.-F. Prudent, *La langue créole aux Antilles et en Guyane* (in Les Temps modernes, 39, 1983, Nr. 441/442, S. 2072–2089). – Ders., *Koute pou tann! Anthologie de la nouvelle poésie créole*, Paris 1984 [Einl.]. – U. Fleischmann, *Die vieldeutige Liebe zu Choucoune* (in *Frankophone Literaturen außerhalb Europas*, Hg. J. Riesz, Ffm./Bern 1987, S. 29–46).

## JOSÉ DE SANTA RITA DURÃO

* 1722 (?) Cata Preta / Minas Gerais
† 24.1.1784 Lissabon

**CARAMURÚ. Poema épico do descobrimento da Bahia**

(portug.; *Caramurú. Episches Gedicht über die Entdeckung Bahias*). Epos nach dem Vorbild von Camões *Os Lusiadas* (Die Lusiaden) von José de Santa Rita DURÃO (Brasilien), erschienen 1781. – Die Vorlage für seine Geschichte fand der brasilianische Augustinermönch in Simão de VASCONCELOS' *Crônica da Companhia de Jesus* (1663), in Francisco de Brito FREYRES *Nova Lusitânia. História da guerra brasílica* (1675) und Sebastião da Rocha PITTAS *História da America Portuguesa* (1730). Vasconcelos erzählt die Geschichte des schiffbrüchigen Portugiesen Diogo Álvares, dem die brasilianischen Indios den Namen Caramurú gegeben hätten und auf dessen zahlreiche Nachkommenschaft sich der Legende nach die Aristokratie Bahias gründe. Vasconcelos deutet den Namen Caramurú als *»homen do fogo« (»Mann des Feuers«)*; Rocha Pitta fügt zu dem Familiennamen noch »Corrêa« hinzu und deutet den Namen Caramurú als *»o dragão que sahe do mar« (»der Drache, der dem Meer entsteigt«)*. Beide Erklärungsmöglichkeiten setzt Durão in szenische Effekte um und spielt dabei auf eine weitere, allerdings nicht weiter ausgeführte Namensdeutung an, nämlich »Moräne«; wie dieser Fisch versteckt sich Diogo zunächst in einer Höhle. Durão selbst nennt den Helden *»Filho do trovão« (»Sohn des Donners«)*.
Zu Beginn berichtet das Epos vom Schiffbruch des

Diogo Álvares Corrêa, einem angeblichen Edelmann aus Vianna, zusammen mit sechs weiteren Seeleuten vor der Küste von Bahia. Nur Diogo gelingt es, mit seinen Schußwaffen den Indios zunächst Furcht und Schrecken einzujagen, dann aber ihr Vertrauen zu gewinnen. Bald lernt er Paraguassú, die schöne Tochter eines Häuptlings, kennen und lieben, doch ist sie bereits Gupeva, einem Anführer der Tupinambá, versprochen. Jararaca, der Häuptling der wilden Caetés, begehrt Paraguassú ebenfalls zur Frau und ruft zum großen Kampf auf; seine Kriegerscharen werden jedoch mit der Hilfe Caramurús besiegt, der seine überlegenen Waffen einsetzt. Nach diesem Erfolg bietet man Diogo mehrere Stammestöchter an, die er jedoch standhaft ablehnt. Auch Paraguassú will er erst heiraten, wenn sie und ihr Volk bekehrt sind. Eine schiffbrüchige spanische Mannschaft bewahrt er davor, von seinen immer noch wilden Freunden verspeist zu werden. Von Heimweh nach Europa ergriffen, beschließt er, zusammen mit Paraguassú auf einem französischen Schiff nach Frankreich zu fahren, um dort seine Bekehrungskünste zu vervollkommnen. Eine von den abgewiesenen Indianerinnen folgt schwimmend dem Schiff, bis sie in den Fluten versinkt. Während der Überfahrt beschreibt Diogo dem französischen Kapitän Du Plessis die Entdekkung Brasiliens und die einzelnen Küstenregionen des Landes. In Frankreich angekommen, wird das Paar von König Heinrich II. und seiner Frau Catharina von Medici empfangen. Paraguassú empfängt die Taufe, wird mit Diogo vermählt und heißt nunmehr Catarina Álvares. Vor dem Hof beschreibt Diogo ausführlich Fauna und Flora Brasiliens (von Gold und Edelsteinen ist nicht die Rede), lehnt aber als aufrechter Portugiese die finanziell verlockende Aufforderung des König ab, Brasilien in französische Gewalt zu bringen. Auf der Rückfahrt sieht Paraguassú in mehreren Visionen die herrliche Zukunft Brasiliens voraus; auch die Jungfrau Maria erscheint ihr. Nach ihrer Rückkehr machen sich die beiden auf Geheiß des neu eingetroffenen ersten Generalgouverneurs, Tomé de Sousa, mit Feuereifer an die Bekehrung der Eingeborenen, um zu guter Letzt im Namen Dom Joãos III. hoch geehrt zu werden.

Die heutige Forschung beurteilt das Epos eher reserviert, Durãos Verse wurden vielfach als schwerfällig und unlesbar bezeichnet (W. Dutra). Der »Held« Caramurú gleiche eher einem trübsinnigen Mönch als einem Draufgänger, meint J. VERÍSSIMO, erkennt aber dennoch die Vorläuferfunktion des Werks für den brasilianischen *indianismo* an. Der wichtigste Vertreter dieser literarischen Strömung, José de ALENCAR, ließ sich von Durãos brasilianisch-patriotischem, auf Rassenmischung beruhendem Gründungsmythos, der für die portugiesischen Kolonisatoren eine latente Provokation darstellen mußte, zu der überaus erfolgreichen lyrischen Prosaerzählung *Iracema* (1865) anregen, in welcher der historisch bezeugte Portugiese Martim Soares Moreno und das fiktive Indianermädchen Iracema mit ihrem Sohn Moacyr (der Schmerzgeborene) das neue Volk der Cearense gründen. Auch Diogo Álvares, sein Leben mit den Indios von Bahia und vor allem seine Fähigkeiten als Dolmetscher sind historisch verbürgt, allerdings nicht die Hochzeitsreise nach Paris. – Zuletzt sinnierte der Schweizer Schriftsteller Blaise CENDRARS in *Le Brésil, des hommes sont venus* (1951) über diesen Mythos nach und debattierte ausführlich die komplizierten etymologischen Deutungen des Namens Caramurú. I.Schw.

AUSGABEN: Lissabon 1781. – Lissabon 1836. – Bahia 1837. – Lissabon 1845 (in *Épicos brasileiros*, Hg. F. A. de Varnhagen). – Rio 1878, Hg. Visconde de Porto-Seguro [m. Biogr.]. – Rio 1958; [3]1977, Hg. u. Einl. H. Cidade.

ÜBERSETZUNG: *Caramuru ou La découverte de Bahia*, E. de Monglave, Paris 1829 [frz.].

LITERATUR: F. Denis, *Résumé de l'histoire littéraire du Portugal, suivi du Résumé de l'histoire littéraire du Brésil*, Paris 1826, S. 534–553. – F. A. de Varnhagen, *O »Caramurú« perante a história* (in Revista do Instituto Histórico e Geográfico Brasileiro, 3 [recte 10], 1848, Nr. 10, S. 128–152). – F. Wolf, *Le Brésil littéraire. Histoire de la littérature brésilienne*, Bln. 1863. – J. Veríssimo, *Duas epopéias brasileiras* (in J. V., *Estudos de literatura brasileira, 2.a série*, Rio 1901, S. 116–129; ern. Belo Horizonte 1977, S. 55–75). – *O poeta S. R. D.*, Hg. A. Viegas, Brüssel 1914. – A. Cândido, *Estrutura literária e função histórica* (in A. C., *Literatura e sociedade*, São Paulo 1965, S. 201–229). – W. Dutra, *S. R. D.* (in Coutinho, 1, S. 349–501). – C. de Assis Pereira, *Fontes do »Caramurú« de S. R. D.*, São Paulo 1971. – R. Borba de Morães, *D., J. de S. R.* (in R. B. de M., *Bibliographia brasileira*, Bd. 1, Los Angeles/Rio 1983, S. 279/280). – I. Schwamborn, *Die brasilianischen Indianerromane »O Guarani«, »Iracema«, »Ubirajara« von José de Alencar*, Ffm. u. a. 1987, S. 343–350; 403–419. – B. Cendrars, *»Caramuru«* (in B. C., *Brasilien*, Basel 1988, S. 41–79; zuerst 1951).

## DUCHESSE DE DURAS

eig. Claire-Louise Coëtnempren de Kersaint, Duchesse de Duras

* 22.3.1778 Brest
† 16.1.1828 Nizza

### ÉDOUARD

(frz.; *Eduard*). Roman von Claire-Louise Coëtnempren de Kersaint, Duchesse de DURAS, erschienen 1825. – Édouard ist der Sohn eines berühmten

Advokaten. Sein Vater führt ihn bei dem Marschall d'Olonne ein, einem Klienten, der ihn sehr schätzt. Nach dem Tode des Advokaten nimmt der Marschall Édouard bei sich auf. Der sehr gut erzogene und gebildete junge Mann lebt fortan in seinem Hause und begegnet dort d'Olonnes zwanzigjähriger Tochter, der Herzogin von Nevers, die mit zwölf Jahren verheiratet worden war, bald danach aber schon Witwe wurde und zu ihrem Vater zurückkehrte. Zwischen den beiden jungen Menschen entsteht eine Vertrautheit, die Édouard jedoch weit mehr bedeutet. Als der Marschall in Ungnade fällt, zieht er sich mit seiner Tochter und Édouard auf sein Schloß Faverange zurück. Dort entwickelt sich ihre Freundschaft zu gegenseitiger Liebe. Der Standesunterschied zwischen ihnen bildet zwar ein Hindernis, doch wächst ihre Leidenschaft dadurch nur noch. Die junge Herzogin möchte Édouard heiraten oder aber mit ihm fliehen. In Paris werden böswillige Gerüchte über ihre Beziehung verbreitet, die auch den Marschall und Édouard erreichen. Édouard muß daraufhin das Land verlassen. Nachdem er aus einem Zeitungsausschnitt erfahren hat, daß die Herzogin von Nevers in Paris vor Sehnsucht gestorben ist, setzt er alles daran, im amerikanischen Unabhängigkeitskrieg den Tod zu finden.

*Édouard* hat, ebenso wie *Ourika* (der 1823 erschienene erste der drei Romane der Mme de Duras, in dem eine junge Senegalesin, die sich in ein Kloster zurückgezogen hat, ihrem Arzt von ihrer unglückseligen Liebe berichtet), den Charakter einer längeren Novelle. Sie wird als das einem Kameraden überlassene Manuskript eines jungen Mannes vorgestellt, der in den Reihen der französischen Soldaten im amerikanischen Befreiungskrieg fiel. Den einfachen, fast banalen Vorwurf gestaltete die Freundin CHATEAUBRIANDS und der Mme de STAËL zu einem subtilen und graziösen psychologischen Roman, der in seiner Atmosphäre und in einzelnen Elementen des Aufbaus an die Romane ihres berühmten Zeitgenossen STENDHAL (1783–1842) erinnert. KLL

AUSGABEN: Paris 1825, 2 Bde. – Paris 1879. – Paris 1983.

ÜBERSETZUNG: *Eduard*, E. Stöber, Straßburg 1825.

LITERATUR: C.-A. Sainte-Beuve, *Mme de D.* (in RDM, 2, 1834, S. 713–717). – Dessailles-Régis, *Les romans de Mme de D.* (in Revue de Paris, 4, 1842, S. 246–250). – H. Bordeaux, *La duchesse de D.* (in RHeb, 5, 1898, S. 108–121). – J. Merlaret, *Le roman personnel de Rousseau à Fromentin*, Paris 1905. – V. Giraud, *Mme de D. et Chateaubriand* (in V. G., *Romans et passions d'autrefois*, Paris 1925, S. 43–107). – H. A. Stavan, *Un exemple de Wertherisme en France* (in RLC, 41, 1967, S. 342–350). – G. Crichfield, *Three Novels of Mme de D.*, Den Haag 1975. – J. Aeply, *»Édouard«* (in NRF, 62, 1983, Nr. 371, S. 101–103).

## MARGUERITE DURAS

eig. Marguerite Donadieu

* 4.4.1914 Gia Dinh / Indochina

LITERATUR ZUR AUTORIN: J. L. Seylaz, *Les romans de D.*, Paris 1963; ern. 1984. – K. Wilhelm, *Die Romane der D.* (in ZfrzSp, 76, 1966, S. 189–216). – H. Steinmetz-Schünemann, *D.* (in *Frz. Literatur der Gegenwart in Einzeldarstellungen*, Hg. W.-D. Lange, Stg. 1971). – A. Cismaru, *M. D.*, NY 1971 (TWAS). – A. Vircondelet, *M. D.*, Paris 1972. – *M. D.*, Paris 1975. – H. Steinmetz-Schünemann, *Die Bedeutung der Zeit in den Romanen von M. D.*, Amsterdam 1976. – M. Marini, *Territoires du féminin. Avec M. D.*, Paris 1977. – *M. D.*, Paris 1979 (mit Beiträgen von M. Duras, J. Lacan, M. Blanchot u. a.). – F. Skutta, *Aspects de la narration dans les romans de M. D.*, Debrecen 1981. – *M. D. à Montréal*, Hg. S. Lamy u. A. Roy, Montreal 1981. – M. Duras u. M. Porte, *Die Orte der M. D.*, Ffm. 1981 (es). – C. J. Murphy, *Alienation and Absence in the Novels of D.*, Lexington 1982. – L'Arc, 98, 1985 [Sondernr. *M. D.*]. – M. Tison-Braun, *D.*, Amsterdam 1985. – B. von Galen, *D.* (in KLRG, 2. Lfg. 1985). – J. Pierrot, *D.*, Paris 1986. – *M. D.*, Hg. B. Alazet (in RSH, 1986, Nr. 202, S. 3–178). – *Gespräche. M. D. u. Xavière Gauthier*, Basel 1986. – *M. D.*, Hg. I. Rakusa, Ffm. 1988 (st.)

### L'AMANT

(frz.; *Ü: Der Liebhaber*). Autobiographischer Roman von Marguerite DURAS, erschienen 1984. – Der Versuch einer Selbstanalyse und zugleich magische Entwurf der eigenen Kindheit in momentanen, bildhaften Sequenzen wurde, gelegentlich als Konzession an den breiten Publikumsgeschmack bewertet, zum ersten Bestsellererfolg der Autorin. Duras selbst nannte ihren mit dem »Prix Goncourt« ausgezeichneten autobiographischen Roman *»das leichteste Buch, das ich jemals geschrieben habe«*.

Die Erzählung entfaltet sich zwischen zwei Geschehnissen, die zugleich Metaphern sind – der Überquerung des Mekong-Flusses auf dem Weg nach Saigon und der Ozeanpassage auf dem Weg nach Paris. Dazwischen liegt die Liebes-»Geschichte« der jungen Duras mit einem Chinesen, in die Erzählungen über die Familie der Autorin, ihr gemeinsames Haus am brechenden Flußdamm in Indochina, über ein Pensionat, über den Tod und über Bekanntschaften in Paris verwoben sind. Der stete Wechsel von Handlungsorten und Zeitebenen, von Vergangenheits- und Präsensform, personaler und Ich-Perspektive erzeugt eine Gegenwart aus flüchtigen, das Schweigen zerteilenden Bildern mit unscharfen Rändern, deren Atmosphäre sich aus Gerüchen, Farbschattierungen, Stimmen und Geräuschen zusammensetzt. Der diskontinuierliche und keiner deutlichen Absicht folgende Prozeß des Erinnerns ist mit jenem der Fiktion eines Bildes identisch: Denn das Bild von jener Kind-Frau, die den Mekong-Fluß überquert, *»ist gar nicht erst entstanden und verdankt diesem Mangel die Kraft, ein Absolutes zu verkörpern, sein Urheber zu sein«*. Doch eben die Leere dieses fehlenden Bildes, das ihr erstes Liebeserlebnis und zugleich den Beginn ihres Alters festgehalten hätte, setzt den Erzählfluß in Gang. Erst als die junge Frau beschließt, sich endgültig von ihrem Liebhaber zu trennen, kann sie ihre Absicht, sich dem Schreiben zu widmen, verwirklichen. Ebenso ist für die Erzählerin die dauernde Abwesenheit der Mutter und der beiden Brüder, ihre Metamorphose *»zur Schreibschrift«*, die Voraussetzung ihrer erinnernden Erfindung (als sie noch lebten, habe sie *»um sie herumgeschrieben, um diese Dinge herum, ohne bis zu ihnen vorzudringen«*). Ihrer Liebe zu ihrem schwachen und ängstlichen jüngeren Bruder steht ihr ohnmächtiger Haß auf den von der Mutter abgöttisch geliebten älteren Bruder gegenüber, dessen die Bosheit und das animalische Gesetz verkörpernde Lebendigkeit das Leben des kleinen Bruders bedroht. Dabei vermischt sich in den Augen der Erzählerin die unerträgliche Dominanz des großen Bruders mit der grausamen Allgegenwart des Krieges: *»Ich sehe den Krieg in denselben Farben wie meine Kindheit. Ich verwechsle die Kriegszeit mit der Herrschaft meines älteren Bruders ... Der Krieg erscheint mir wie er: Er breitet sich überall aus, dringt überall ein, stiehlt, nimmt gefangen, ist allgegenwärtig, mit allem vermischt, in alles verwickelt, anwesend im Körper.«* Doch betont Duras stets die Unschuld aller Figuren ihres Erinnerungsbuches.

In der von der Autorin gewählten autobiographischen Erzählweise, die ein sich verlierendes *»flüchtiges Sprechen«* bewahren soll, lösen sich die Konturen der Figuren, die Linearität des Geschichtsverlaufs, die Authentizität und Ereignishaftigkeit des erzählten Geschehens und schließlich die Erzeugung von Sinn selbst auf: *»Die Geschichte meines Lebens gibt es nicht. So etwas gibt es nicht. Es gibt nie einen Mittelpunkt. Keinen Weg, keine Linie. Es gibt weiträumige Orte, von denen man glauben macht, es habe hier jemanden gegeben, das stimmt nicht, es gab niemanden.«* B.R.E.

AUSGABE: Paris 1984.

ÜBERSETZUNG: *Der Liebhaber*, I. Rakusa, Ffm. 1985. – Dass., dies., 1987 (BS).

LITERATUR: L. Dellisse, Rez. (in La Revue nouvelle, Juli–Dez. 1984, S. 556 ff.). – J.-M. Turine, Rez. (ebd. S. 533–535). – Rez. (in Der Spiegel, 1984, Nr. 47, S. 248–250). – J. Montalbetti, Rez. (in Mag. litt., Okt. 1984, Nr. 211, S. 58 f.). – Ph. de la Genardière, Rez. (in QL, 1. 10. 1984, S. 9 f.). – Ch. Labre, Rez. (in Esprit, Dez. 1984, Nr. 96, S. 175 ff.). – F. de Martinoir, Rez. (in NRF, Dez. 1984, Nr. 383, S. 92–95). – J. Arrouye, *D'écrire, dit-elle. La photographie dans »L'Amant«* (in L'École des Lettres, 76, 1. 10. 1985, S. 3–10). – M. Reich-Ranicki, Rez. (in FAZ, 1. 6. 1985). – M. Reichart, Rez. (in Die Zeit, 19. 7. 1985).

## LA DOULEUR

(frz.: *Ü: Der Schmerz*). Erzählungen von Marguerite DURAS, erschienen 1985. – Die sechs autobiographischen Prosatexte, Zeugnisse der widersprüchlichen Erfahrung des Faschismus, sind entstanden zu der Zeit, von der sie handeln, der Umbruchphase während der Befreiung von der deutschen Okkupation Frankreichs (1944/45). Der Beginn des Friedens erscheint der Autorin *»wie eine tiefe Nacht, die kommen würde, es ist auch der Beginn des Vergessens. Der Beweis dafür ist schon da: Paris ist bei Nacht hell erleuchtet.«*

An ihrer eigenen Person versucht Duras, nüchtern und genau zu zeigen, wie sich Schuld und Unschuld berühren und bis zur Unkenntlichkeit ineinanderschieben: In der Hoffnung auf die Rückkehr ihres als Mitglied der Résistance verhafteten und nach Buchenwald deportierten Mannes Robert L. befindet sich die Erzählerin in einem namenlosen Zustand des Wartens, welcher *»die eingeäscherte Zivilisation und das gesamte Denken, das seit Jahrhunderten angehäufte Denken«* ganz und gar hinter sich gelassen hat *(Der Schmerz)*. Schließlich kehrt Robert L. – Robert ANTELME, Autor des Buches *L'espèce humaine*, 1946 *(Das Menschengeschlecht)* – aus dem Konzentrationslager zurück, unvorstellbar schwach. *»Wenn die Leute ins Zimmer kamen und diese Gestalt unter der Bettdecke sahen, konnten sie ihren Anblick nicht ertragen, sie wandten die Augen ab. Viele gingen hinaus und kamen nicht mehr wieder.«* Duras schildert den langwierigen Versuch, Robert L. vor dem Tod zu retten. Als er sich etwas erholt hat, trennt sie sich von ihm. In ihrer quälend-langsamen Genauigkeit ähnelt die Beschreibung des abgemagerten, zerschundenen Körpers Robert L.s jener Schilderung der von der Widerstandskämpferin Thérèse beaufsichtigten Folter eines Denunzianten *(Albert vom Capitales)*. *»Thérèse, das bin ich«*, schreibt Duras. *»Ihre Rolle ist es, hier zu sein, allein mit diesem Denunzianten und den beiden aus Montluc, eingeschlossen mit ihnen in diesem geschlossenen Raum.«* Die Folter des Denunzianten ist der verzweifelte Versuch, ein gerechtes Gleichgewicht wiederherzustellen. *»Draufhauen, bis er seine Wahrheit ausspritzt, seine Scham, seine Angst, das Geheimnis dessen, was ihn gestern allmächtig, unangreifbar, unberührbar machte.«* Am Ende legt der Denunziant ein absurdes Geständnis ab: Er bestätigt die grüne Farbe der Ausweiskarte, mit der er sich Eintritt bei der Gestapo verschafft hatte. Die fast unerträgliche Nähe zwischen Opfer und Täter kennzeichnet auch die zwiespältige Beziehung der Erzählerin zu einem faschistischen Milizionär *(Ter der Milizionär, Die geknickte Brennessel)* und zu jenem deutschen Gestapomann, der ihren Mann Robert L. verhaftet hat *(Monsieur X, hier Pierre Rabier genannt)*. Um den Kontakt zu ihrem Mann nicht völlig zu verlieren und um für die Résistance wichtige Informationen über Aktivitäten der Gestapo zu erhalten, trifft sie den kunstliebenden Monsieur X/Rabier regelmäßig, fast täglich. *»Meistens gehen wir in Kneipen. Er berichtet mir von seinen Festnahmen. Vor allem aber erzählt er mir nicht von seinem gegenwärtigen Leben, sondern von dem Leben, das er gern führen würde.«* Rabier wird beschrieben als *»Totenlieferant«*, der *»leidet, weil ich nicht zunehme«*, als ein *»durch die Funktion der Bestrafung«* existierender Mensch, der *»nicht hörbar«* ist, denn seine Stimme war *»künstlich zusammengesetzt, war kalkuliert, eine Prothese«*. Die den Band abschließende Erzählung schildert wiederum den zeitlosen Zustand des Wartens: In einer nahezu leergeräumten Wohnung erwarten eine alte Dame und ein verlassenes jüdisches Kind die Befreiung durch die Alliierten oder das Eintreffen der deutschen Polizei *(Aurélia Paris)*.

In ihrer *»phänomenalen Unordnung des Denkens und des Fühlens«* verfolgen die Texte die Spur einer tiefen, fortan der eigenen Person wie der europäischen Geschichte eingeprägten Ambivalenz: *»Wir gehören zur Rasse derer, die in den Krematorien verbrannt werden, und zu den Vergasten von Maidanek, wir gehören auch zur Rasse der Nazis.«* Demzufolge bedeutet der Blick auf die Opfer für Duras, *»nicht in gestanzte Empörung auszubrechen, sondern den Anblick des Opfers zu teilen – mit dem potentiellen Täter in sich«* (S. Schirbeck). Gegenüber der Weigerung de Gaulles, des Repräsentanten der Restauration nationalen Stolzes, von den KZs zu sprechen und *»den Schmerz des Volkes in den Sieg zu integrieren«*, insistiert Duras auf dem noch nicht Schrift gewordenen *Schmerz* als *»eines der wichtigsten Dinge in meinem Leben«*. Von ihm schreiben sich ihre künftigen Werke her, in einzelnen Motiven und Stimmungen wie auch in der dauernden Gegenwart des nicht Erzählbaren. B.R.E.

AUSGABE: Paris 1985.

ÜBERSETZUNG: *Der Schmerz*, E. Helmlé, Mchn. 1986. – Dass., ders., Mchn. 1989 (Knaur Tb).

LITERATUR: Rez. (in Der Spiegel, 1986, Nr. 10, S. 239–243). – W. Scheller, Rez. (in Die Presse, 3./4. 5. 1986). – S. Schirbeck, Rez. (in FRs, 15. 3. 1986). – J. Halamicková, Rez. (in Virginia, Okt. 1986, Nr. 1, S. 20). – G. Craig, Rez. (in TLS, 3. 10. 1986, S. 1112). – P.-Y. Bourdil, *»La douleur« de D.* (in L'École des Lettres, 77, 15. 3. 1986, S. 39–85).

## HIROSHIMA MON AMOUR

(frz.; *Ü: Hiroshima mon amour*). Filmnovelle von Marguerite DURAS, erschienen 1960. – Die Novelle zu dem gleichnamigen Spielfilm, die Duras Weltruhm einbrachte und sie auch als Filmautorin etablierte, kreist in einer für ihre Schreibweise charakteristischen, sich suggestiv wiederholenden, kühlen Sprache um das Thema der Erinnerung und des Vergessens.

Die in Dialogform verfaßte und im Stil des *nouveau roman* komponierte Filmnovelle handelt von der Begegnung einer französischen Frau und eines japanischen Mannes und von derjenigen zweier Orte der Verwüstung, die sie in sich tragen: Nevers und Hiroshima. Diese Begegnung ereignet sich im August 1957 in Hiroshima, am Vorabend der geplanten Abreise der Französin nach Paris. Während »Hiroshima«, Geburtsort des Mannes und Drehort eines Films über den Frieden, in dem die Frau die Rolle einer Krankenschwester spielt, der Name für den massenhaften Atomtod ist, steht »Nevers«, die Geburtsstadt der Französin, für einen tiefen, in den Wahnsinn reichenden Liebesschmerz der Frau: Bei der Befreiung Frankreichs wird ihr erster Liebhaber, ein deutscher Soldat, erschossen; sie selbst wird geschoren, durch die Stadt geführt und in einen Keller gesteckt. *»Mangels Vorstellungskraft der Menschen wurde ich entehrt«*, sagt sie. Wiederholt und vergeblich bittet sie der Japaner, in Hiroshima zu bleiben. Zuletzt finden sie sich, wie zu Beginn der Erzählung und ihrer kurzen Liebesgeschichte, im Hotelzimmer der Frau wieder. Sie berühren sich nicht mehr, aber *»sie werden noch nach einander rufen. Was? Nevers. Hiroshima. Noch ist, in der Tat, noch keiner Person in den Augen des anderen. Ortsnamen haben sie, Namen, die keine sind. Es ist, als entspräche einander der Jammer einer Frau, die zu Nevers geboren wurde, und der Jammer Hiroshimas ganz genau.«* Unablässig versuchen die beiden in ihrer Liebesbeziehung die schrecklichen Erlebnisse in ihren Heimatstädten zu vergessen und zugleich gegen dieses Vergessen anzukämpfen. Die Versicherung der Frau, sie habe *»alles gesehen«* in Hiroshima – sie zählt auf: das Hospital, das Museum mit seinen Nachbildungen, die Wochenschauen –, bestreitet er, indem er die Bilder als verlogene Täuschungen bezeichnet und hartnäckig wiederholt, sie habe überhaupt nichts gesehen.

Duras' Absicht ist es, die *Nevers* und *Hiroshima* genannten Geschichten in der Liebeserzählung ineinanderzuschreiben, um einen neuen, noch unbeschriebenen Ort der Erinnerung zu finden, der die Unmöglichkeit des Sprechens über Hiroshima reflektiert und so das den Bilderparaden immanente Vergessen Hiroshimas aufdeckt. Um nicht erneut eine *»Schilderung des Entsetzlichen durch das Entsetzliche«* zu geben, erprobt die Autorin die Form *»einer Art von unechter Dokumentation«* – der Versuch, *»das Entsetzen wieder auferstehen zu lassen aus jener Asche und es sich einprägen zu lassen«* in einer glaubwürdigen Liebe, die für Leser und Zuschauer unvergeßlich bleibt. B.R.E.

AUSGABEN: Paris 1960. – Paris 1967. – Paris 1972.

ÜBERSETZUNG: *Hiroshima mon amour*, W. M. Guggenheimer, Ffm. 1961. – Dass., ders., Ffm. 1973 (st).

VERFILMUNG: Frankreich/Japan 1959 (Regie: A. Resnais).

LITERATUR: A. Bourin, Rez. (in NL, 18. 6. 1959). – M. Milner, Rez. (in Esprit, Juli–Dez. 1959, S. 406–409). – E. Morin, Rez. (in La nouvelle épique française, 1959, Nr. 30, S. 91/92). – A. Andersch, Rez. (in Merkur, 1960, Nr. 150, S. 801–806). – E. Patalas, *Ende und Anfang der Filmkunst* (in FH, 15, 1960, S. 427–432). – W. Bittermann, Rez. (in Universitas, 15, 1960, S. 913–915). – U. Gregor, Rez. (in NDH, 7, 1960/61, S. 275–278). – R. Jean, *Mémoire d'Hiroshima* (in R. J., *La littérature et le réel*, Paris 1965, S. 187–190). – B. Pingaud, *»Hiroshima mon amour«. La mémoire et l'oubli* (in B. P., *Inventaire*, Paris 1965, S. 157–189). – G. Zeltner, *Der literarische Hintergrund der Filmwerke von A. Resnais: M. D., A. Robbe-Grillet, J. Cayrol* (in SchwRs, 67, 1968, S. 70–80). – J. L. Pallister, *Eros and Thanatos in Anne Hébert and D., »Kamouraska« and »Hiroshima mon amour«* (in Dalhousie French Studies, 10, 1986, S. 56–71).

## MODERATO CANTABILE

(frz.; *Ü: Moderato Cantabile*). Roman von Marguerite DURAS, erschienen 1957. – In einer Stadt am Meer lebt Anne Desbaresdes mit ihrem kleinen Jungen in einer abgelegenen Villa. Jeden Freitag begleitet sie das Kind in die Klavierstunde. Einmal, während der Junge wieder und wieder ein *Moderato cantabile* repetieren muß, gellen von der Straße herauf Schreie. Im nahen Arbeitercafé liegt die blutüberströmte Leiche einer Frau; ihr Geliebter, der sie möglicherweise auf ihren eigenen Wunsch hin erschossen hat, versucht, den Polizisten zu entkommen. Auch Anne betritt das Café; im Verlauf des anhaltend schönen Wetters wird sie immer wieder an den Schauplatz des Mordes zurückkehren, der auf sie eine unerklärliche Anziehungskraft ausübt, und sich mit einem Unbekannten über die mutmaßlichen Begleitumstände der Verzweiflungstat unterhalten. Nach und nach verschwimmen die Grenzen zwischen der eigenen Existenz und dem Schicksal der getöteten Frau. In ihrer Beziehung zu Chauvin, dem nun schon vertrauten Fremden, scheint sich die Beziehung der Toten zu ihrem Mörder wiederholen zu wollen. In der letzten der acht – hart nebeneinander gesetzten – Szenen bricht Anne, verwirrt von der unheimlichen Faszination, die von diesem Mann ausgeht, von dem Wein und der tristen, stickigen Atmosphäre des Cafés, in einen Angstschrei aus. Chauvin faßt den Bann, der über ihnen beiden liegt, in Worte: *»Ich wollte, du wärest tot.«* Dennoch weicht Anne, ihrer inneren Auflehnung gegen ein monotones Wohlstandsleben zum Trotz, dem Abenteuer aus: Es bleibt bei einem in Gedanken vollzogenen Ehebruch. Sie verläßt den Geliebten, während die von der Schicht kommenden Fabrikarbeiter das Lokal füllen.

Der kleine Roman Marguerite Duras' steht unverkennbar im Zusammenhang mit dem französischen *nouveau roman*. Auf ihn verweist die Einbeziehung der kriminellen Sphäre, die psychische Identifizierung der Heldin mit dem Verbrechen, der Verzicht auf die Allwissenheit des Erzählers, die Beschränkung auf den sogenannten Dingrealismus, also auf die bloße Schilderung und leitmotivische Hervorhebung sichtbarer, alltäglicher Dinge und Vorgänge, und die schmucklose, ja asketische Sprache, die parataktisch Aussage an Aussage reiht. Die Irritation Annes, die sie zuletzt sogar der eigenen Individualität unsicher werden läßt, überträgt sich – ähnlich wie im *Voyeur* ROBBE-GRILLETS – unversehens auf den Leser. Diesen Elementen fügt die Autorin einen empfindsam-romantischen Zug hinzu. Die weltschmerzliche Tristesse, die ihre Helden erfüllt, ist die äußere Gebärde für eine unbestimmte Erwartung, in der sie alle leben: der Erwartung der ganz großen und wohl gänzlich irrealen Liebe, die allein sie vielleicht von dem Rhythmus ihrer alltäglichen Welt erlösen könnte. KLL

AUSGABEN: Paris 1957. – Paris 1963 (zus. m. *L'univers romanesque*). – Paris 1980.

ÜBERSETZUNG: *Moderato Cantabile*, L. Gescher u. W. M. Guggenheimer, Bln./Ffm. 1959. – Dass., dies., Ffm. 1985 (st).

VERFILMUNG: Frankreich/Italien 1960 (Regie: P. Brook).

LITERATUR: J. W. Kneller, *Elective Empathics and Musical Affinities (»Moderato cantabile«)* (in YFS, 27, 1961, S. 114–120). – V. L. Weiss, *Form and Meaning in D.'s »Moderato cantabile«* (in Crit, 16, 1974, S. 79–87). – L. Bishop, *Classical Structure and Style in »Moderato cantabile«* (in FR, 47, 1974, S. 219–234; Sondernr. 6.). – E. Zepp, *Language as Ritual in D.'s »Moderato cantabile«* (in Symposium, 30, 1976, S. 236–259). – L. Bishop, *The Banquet Scene in »Moderato cantabile«* (in RomR, 69, 1978, S. 222–235). – H. Micciollo, *»Moderato cantabile« de D.*, Paris 1979. – B. Basoff, *Death and Desire in D.'s »Moderato cantabile«* (in MLN, 94, 1979, S. 720–730). – D. Coward, *D., »Moderato cantabile«*, Ldn. 1981. – J. Kauffmann, *Musique et matière romanesque dans »Moderato cantabile«* (in Et. litt, 15, 1982, S. 97–112). – M. Hirsch, *Gender, Reading and Desire in »Moderato cantabile«* (in TCL, 28, 1982, S. 69–85). – G. Giovannetti u. a., *Personaggi di finzione e finzione di personaggi in »Moderato cantabile«* (in *Il mestiere di scrivere*, Hg. L. Moretti-Cenerini, Foggia 1983, S. 119–131). – J. K. Welcher, *Resolution in D.'s »Moderato cantabile«* (in TCL, 29, 1983, S. 370 ff.). – G. Moskos, *Women and Fiction in D. »Moderato cantabile«* (in ConL, 25, 1984).

## LE RAVISSEMENT DE LOL V. STEIN

(frz.; *Ü: Die Verzückung der Lol V. Stein*). Roman von Marguerite DURAS, erschienen 1964. – In ihrem elften Roman entwickelt Duras ihr im Kontext des *nouveau roman* wie auch einer *écriture féminine* stehendes Konzept eines dezentrierten Schreibens weiter, welches sie umschreibt als einen *»Zustand äußerst intensiven Lauschens ... aber vom Äußeren her«*.

Der wie die meisten ihrer Texte am Rande des Meeres – in einem Haus, einem Park, einem Kasino, einem Zugabteil, einem Roggenfeld – spielende Roman schildert die Geschichte einer Frau namens Lol V. Stein, deren Schwerpunkt das Geschehen einer Nacht im Ballsaal des Kasinos von T. Beach bildet. Im Laufe dieser Nacht wird Lol von ihrem Verlobten Michael Richardson verlassen. Er tanzt die ganze Nacht mit Anne-Marie Stretter (Hauptfigur des Romans *Le vice-consul*, 1965 – *Der Vize-Konsul*), um im Morgengrauen gemeinsam mit ihr wegzugehen. Dieses Geschehen gräbt sich in Lols Körper ein und verstärkt ihre Krankheit, die von einem schwer faßbaren Mangel herrührt: einer für sie charakteristischen, eigenartigen Flüchtigkeit und Transparenz. Duras nennt Lol V. Stein eine Figur, die *»sich jeden Tag an alles zum ersten Mal erinnert, und dieses alles wiederholt sich tagtäglich: sie erinnert sich täglich zum ersten Mal, als ob es zwischen den Tagen von Lol V. Stein unergründliche Abgründe des Vergessens gäbe. Sie gewöhnt sich nicht an die Erinnerung. Auch nicht an das Vergessen übrigens.«* Der Name *»Lol V. Stein«* bezeichnet demnach nicht eine Romanheldin im Sinne traditioneller Erzählformen, sondern eher einen Ort, *»an dem es spukt«* und der unablässig in die Absenz gezogen wird. Der Wahnsinn und die Identitätslosigkeit Lol V. Steins bilden den Ort eines sinnwidrigen Schreibens, das seine Sinnerzeugung ver-rückt, Ordnungen und Konventionen der Zeit, des Verhaltens und der Narration durchkreuzt. Diesen Ort versteht die Autorin als einen weiblichen: *»Wir schreiben nicht am selben Ort wie die Männer. Und wenn die Frauen nicht am Ort des Sehnens schreiben, dann schreiben sie nicht, sondern sie plagiieren.«*

Anfang und Ende der Geschichte Lols bleiben ebenso ungesichert wie die Informationen des sich in mehrere Berichterstatter teilenden Erzählers. Die Anhäufung von Wissen über ihre Geschichte wird daher ersetzt durch die Anhäufung von Leere. Nach ihrer Heirat mit Jean Bedford, einem zufälligen Passanten, verläßt Lol ihren Geburtsort S. Thala und zieht nach U. Bridge. Frei von dem Willen, zu sein oder zu handeln, gleichgültig und unauffällig lebt sie dort zehn Jahre lang, bringt drei Kinder zur Welt und bewahrt in ihrem Haus eine strenge, glasklare Ordnung. Dann kehrt sie nach S. Thala zurück und inszeniert mit Hilfe ihrer Jugendfreundin Tatiana Karl und deren Liebhaber Jacques Hold eine Wiederholung der Ereignisse jener Nacht im Kasino von T. Beach: *»Ich bin Teil einer Perspektive, die sie mit einem eindrucksvollen Eigensinn aufbaut«*, bemerkt Jacques Hold, der bisweilen zum Liebhaber Lols und zum Erzähler des Romans wird. Lols Wiederholung allerdings enthält eine entscheidende Differenz: Sie läuft nicht auf die Etablierung eines Paares hinaus, das den Dritten ausschließt – der Dritte ist, als Name, Stimme oder Blick, stets mit anwesend.

Lol V. Steins *»auch organische Verweigerung der Lebensangebote«* (B. v. Galen) wird als Widerstand gegenüber gesellschaftlichen Normen gedeutet, ihr Ver-rücktsein als Anfang eines individuellen Befreiungsprozesses angesehen. In den folgenden Romanen *Le vice-consul* und *L'amante anglaise*, 1967 *(Die englische Geliebte)*, vor allem aber im Prosatext *Détruire, dit-elle*, 1969 *(Zerstören, sagt sie)*, wird deutlich, daß sich das gesellschaftliche Engagement der 1950 aus der KPF ausgeschlossenen Autorin im Kontext der Ereignisse des Pariser Mai 1968 verschiebt. B.R.E.

AUSGABEN: Paris 1964. – Paris 1976.

ÜBERSETZUNG: *Die Verzückung der Lol V. Stein*, K. Zimmer, Ffm. 1966. – Dass., dies., Ffm. 1984.

LITERATUR: A. Grégoire, Rez. (in La Revue nouvelle, 1964, Nr. 40, S. 357–360). – G. Schlocker, Rez. (in Die Welt der Literatur, 1, 1964, S. 127). – J. Lacan, *Hommage fait à D. du »Ravissement de Lol V. Stein«* (in *M. D.*, Paris 1975, S. 93–99). – H. Veyssier, *Le ravissement de Lol V. Stein* (in Trente quatre/quarante quatre, 1, 1976, S. 148 bis 167). – *D.* (in Mag. litt, 1980, Nr. 158, S. 10–20). – B. Didier, *Le ravissement de Lol V. Stein* (in B. D., *L'écriture-femme*, Paris 1981, S. 275–286). – D. Fragu Glaize, *Recherches sur »Le ravissement de Lol V. Stein« de D.*, Diss. Rennes 1982. – M. Druon, *Mise en scène et catharsis de l'amour dans »Le ravissement de Lol V. Stein«* (in FR, 58, 1984/85, S. 382–390). – B. Didier, *Thèmes et structures de l'absence dans »Le ravissement...«* (in *Écrire dit-elle. Imaginaires de M. D.*, Hg. D. Bajomée u. R. Heyndels, Brüssel 1985, S. 65–83). – E.-M. Schulz-Jander, *D.'s »Le ravissement de Lol V. Stein«. A Woman's Long Search For Absence* (in Symposium, 40, 1986).

## IGNJAT ĐURĐEVIĆ

auch Ignjat Džordži od. Ignjat Giorgi

* 13.2.1675 Dubrovnik
† 22.1.1737 Dubrovnik

### UZDASI MANDALIJENE POKORNICE

(kroat.; *Die Seufzer der Büßerin Mandalijena*). Gedichtzyklus von Ignjat ĐURĐEVIĆ, erschienen 1728. – Unter den nicht in lateinischer Sprache geschriebenen Gedichten des letzten bedeutenden Dubrovniker Dichters nehmen die *Uzdasi* thematisch eine Sonderstellung ein. In acht als *Seufzer* be-

zeichneten Gesängen schildert Đurđević das Leben der in der zeitgenössischen italienischen und kroatischen Literatur und Malerei beliebten Dirne und Büßerin Mandalijena (Magdalene). Mandalijena memoriert ihr sündiges Leben, empfindet Reue und sucht die Versöhnung mit Gott.
In dem für die von moralisch-religiösen Impulsen geprägte Dichtung des 17. Jh.s charakteristischen Rahmen gelingt es dem Autor, eine Fülle von Motiven der weltlichen Liebesdichtung anklingen zu lassen: den Beginn von Mandalijenas sündigem Leben, die Gefallsucht des schönen, verwöhnten Mädchens, die verführerische Schönheit ihrer reifen Weiblichkeit usf. Die detaillierten Bußmonologe beschäftigen sich mit ihren Verfehlungen, der Erkenntnis ihrer Sünde, der Reue und der Kontemplation über die Liebe zu Christus und über seine Gnade. Doch selbst die Liebe des Gottessohnes ist durchdrungen von den Elementen irdischer Liebe und Leidenschaft: *»Wirf mich in die Hölle und richte mich hin, ich werde dich auch dort noch lieben ...«*, *»inmitten des ewigen, heißesten Feuers werde ich dich lieben, lieben.«* Aus der leidenschaftlichen Hingabe an Christus wird für Mandalijena leidenschaftliche Selbstkasteiung. In selbstgewählter Abgeschiedenheit hungert sie und geißelt ihren nackten Leib. Das selbstauferlegte Leiden geht in mystische Ekstase über, wird unterbrochen von der Erinnerung an Christi Leiden und findet endlich seinen Höhepunkt in der stillen Kontemplation des Göttlichen. Mandalijenas Liebe zu Gott sprengt ihr die Brust: Sie stirbt in der Ekstase und wird eins mit ihm.
Der ekstatische Tod der Heldin entspricht den Heiligendarstellungen in der zeitgenössischen Literatur und Malerei. Auch der achtsilbige Vers und die barocke Rhetorik der Dichtung sind traditionell. Die bevorzugte Erzählform ist der lyrische Monolog. Der Autor bezeichnet den Dubrovniker Dialekt des Werks als *»illyrische Sprache«*. Der ersten in Venedig erschienenen Ausgabe der *Uzdasi* fügte er die lateinische Übersetzung des ersten Gesangs bei.
D.F.

AUSGABEN: Venedig 1728. – Zagreb 1918 (in *Djela Injacija Džordži*; Stari pisci hrvatski, Bd. 24). – Zagreb 1971 (in I. D., *Pjesni razlike. Uzdasi Mandalijene pokornice. Saltijer slovinski*, Hg. F. Švelec; Pet stoljeća hrvatske književnosti, Bd. 18).

LITERATUR: J. Dujmušić, *Ignacija Gjordjića »Uzdasi Mandalijene pokornice«* (in Školski vjesnik, 1902, H. 9, S. 47–162 u. 680–685). – D. Prohaska, *I. Đ. i A. Kanižlić. Studija o baroku u hrvatskoj književnosti* (in Rad JAZU, Bd. 178, 1909, S. 115–224). – R. Lachmann-Schmohl, *I. Đ. Eine stilistische Untersuchung zum Slavischen Barock*, Köln/Graz 1964. – F. Svelec, *Dvije njemačke rasprave o starijoj hrvatskoj književnosti* (in Kolo, 1966, Nr. 7, S. 77–82). – Ders., *I. Đ.* (in I. Đ., *Pjesni razlike, Uzdasi Mandalijene pokornice, Saltijer slovinski*, Zagreb 1971, S. 3–24; m. Bibliogr.).

## STIJEPO ĐURĐEVIĆ

* 1579 Dubrovnik
† 8.11.1632 Dubrovnik

### DERVIŠ

(kroat.; *Der Derwisch*). Scherzgedicht von Stijepo ĐURĐEVIĆ, entstanden zwischen 1619 und 1631, erschienen 1839. – An die Entstehung des Werks, das als ein Meisterwerk der jugoslavischen Literatur gilt, ist eine unbestätigte Legende geknüpft: Der junge Autor, der zwar einer angesehenen Adelsfamilie angehörte, aber wiederholt mit dem Gesetz in Konflikt geriet, soll im Hof des Gefängnisses unter dem Dubrovniker Fürstenhof von der Tochter des Fürsten wegen seines Aussehens als Derwisch verspottet worden sein. Das von den Dubrovniker Biographen (CRIJEVIĆ, APPENDINI) fälschlich Stijepo GUČETIĆ zugeschriebene Scherzgedicht formuliert in fünfzig Strophen die Liebeserklärung eines türkischen Derwischs an eine schöne Christin.
Das Werk beginnt mit der Bitte des Derwischs, sein Liebeswerben möge erhört werden. Von Klagen und der wiederholten Bitte um Mitleid unterbrochen, folgen komische Vergleiche, die Drohung, Liebesmittel zu verwenden, das Lob der eigenen Manneskraft, der Hinweis auf frühere Erfolge in der Liebe, das Angebot von Geschenken, die Aufzählung der eigenen Besitztümer, die Drohung mit Selbstmord, eine Reihe grotesker Liebesbeweise, das Angebot der Konversion und endlich, als keine der Überredungskünste fruchtet, die zornige Verwünschung der Liebe und die Drohung, die grausame Betörerin zu verklagen.
Das Scherzgedicht steht in der Tradition der italienischen *poesia rusticale*, in der manche seiner Motive (das übertriebene Selbstlob, die zornige Enttäuschung usf.) vorgezeichnet sind. Die Verwendung der variierten Refrainzeile am Ende jeder Strophe stammt aus den neapolitanischen *contradisperate*. Innerhalb des Gesamtwerks des Autors bedeutet *Derviš* die Fortsetzung der in seiner Liebeslyrik begonnenen Abkehr von der petrarkistischen Liebesdichtung. Das Scherzgedicht verrät den Einfluß Lorenzo de' MEDICIS und Francesco BERNIS, der Hauptvertreter einer im 15. Jh. in Italien entstandenen Richtung, die durch die Einführung grober, einfältiger oder komischer Helden und die Verwendung prosaischer Vergleiche die Poesie der Petrarca-Schule persiflierte. In ihrer Nachfolge führt Đurđević das durch Marin DRŽIĆ und Nikola NALJEŠKOVIĆ vorbereitete parodistische Genre in die ragusanische Literatur ein. Parodiert wird die dalmatinische Liebeslyrik des 16. Jh.s, insbesondere das sechste Lied von Mikša PELEGRINOVIĆS *Jedjupka*, 1527 *(Die Ägypterin)*. Eine Neuerung des Autors ist die Einführung türkischer Sujets in die ragusanische Literatur und einer mit Turkismen

durchsetzten Volkssprache, mit der komische Effekte erzielt werden. Die parodistische Intention seines Scherzgedichts greifen Ivan BUNIĆs *Gorštak (Der Bergbewohner)* und Ignjat ĐURĐEVIĆs *Suze Marunkove*, 1724 *(Die Tränen Marunkos)*, auf.

W.Po.

AUSGABEN: Dubrovnik 1839, Hg. A. Kaznačić. – Zagreb 1848, Hg. V. Vežić. – Zagreb 1856 (in *Stari piesnici hrvatski*, Hg. I. Kukuljević, H. 1; fälschl. S. Gučetić zugeschr.). – Zagreb 1924 (in *Antologija hrvatske poezije*, Hg. D. Bogdanović). – Belgrad 1950 (in *Dubrovačka poezija*, Hg. D. Pavlović; [2]1956). – Zagreb 1964 (in *Hrvatska poezija sedamnaestog stoljeća*, Ausw. u. Nachw. I. Slamnig). – Zagreb 1967 (in *Zbornik stihova XVII. stoljeća*, Hg. R. Bogišić; Pet stoljeća hrvatske književnosti, Bd. 10).

LITERATUR: M. Rešetar, *Šaljiva pjesma i satira u našoj starijoj literaturi* (in Srpski književni glasnik, 1926, Nr. 19). – D. Pavlović, *Stjepko Đorđić (D.) – dubrovački pjesnik XVII veka* (in Glas Srpske K. Akademije, 1935, Nr. 164). – M. Petković, *Dubrovačke maskerate*, Belgrad 1950. – R. Bogišić, *S. Đ.* (in *Zbornik stihova XVII. stoljeća*, Zagreb 1967, S. 81–86; m. Bibliogr.). – R. Samardžić, *Veliki vek Dubrovnika*, Belgrad [2]1983.

## SEDAM (P)SALAMA POKORNIJEH KRALJA DAVIDOVA

(kroat.; *Die sieben Bußpsalmen des Königs David*). Psalmenübertragung von Stijepo ĐURĐEVIĆ, erschienen 1686. – Möglicherweise unter dem Eindruck des Todes seiner beiden jüngeren Brüder (1628) schloß der Dichter, der sich in seiner Jugend durch wiederholte Verstöße gegen die öffentliche Ordnung seiner Vaterstadt Dubrovnik einen Namen gemacht hatte und die Republik 1612 wegen seiner Verwicklung in die antitürkische Verschwörung der Herzöge von Mantua und Savoyen für vier Jahre verlassen mußte, sein im übrigen der Liebesdichtung, dem Scherzgedicht (vgl. *Derviš*) und auch der Satire *(Memišah)* gewidmetes literarisches Werk mit einer Bearbeitung der sogenannten Bußpsalmen Davids ab.

Aufgrund ihrer inhaltlichen Verwandtschaft frühzeitig als Einheit verstanden, umfassen die in der katholischen Liturgie viel verwendeten, häufig (etwa durch GREGOR I., GERSON, VIVES) kommentierten Bußpsalmen, die Innozenz III. und in geringerem Maß auch Pius V. als Gebet der vorösterlichen Fastenzeit vorschrieben, die Psalmen 6, 31, 37, 50, 101, 129 und 142 der *Vulgata*. Ihre Siebenzahl entspricht der Anzahl der Todsünden und der nach den kirchlichen Kanones für diese verhängten siebenjährigen Buße. Religiöse Bedeutung und literarische Vorzüge der Bußpsalmen gaben früh den Anstoß zu ihrer dichterischen Bearbeitung. Sie setzt in Dubrovnik nach dem Vorbild der italienischen Literatur des Cinquecento ein, das eine Reihe von Übersetzungen und Paraphrasen der Bußpsalmen aus der Feder nicht immer bedeutender Autoren kennt. Die italienische Tradition griff als einer der ersten dalmatinischen Dichter Mavro VETRANOVIĆ (1482–1576) auf. Er schuf die weitschweifige Nachdichtung eines Teils der Bußpsalmen in Gebetsform, welche die einzelnen Texte zu Hunderten von unpoetischen Zwölfsilbern zerdehnt. Ihm folgt Nikola DIMITROVIĆ († 1553), Autor der 1549 in Venedig erschienenen *Sedam psalama pokornijeh (Die sieben Bußpsalmen)*, die Vetranovićs Nachdichtung in literarischer Hinsicht kaum übertreffen. Als eine der bevorzugten literarischen Waffen der Gegenreformation erlangten die Bußpsalmen ihren eigentlichen Platz in der dalmatinischen Literatur mit dem Sieg dieser Bewegung in der ersten Hälfte des 17. Jh.s. Ihre Nachdichtung wurde zum Loyalitätsbeweis für den mit erneutem Nachdruck vertretenen Alleinherrschaftsanspruch des Katholizismus. Das bedeutendste Zeugnis dieser Literatur sind die *Pjesni pokorne kralja Davida (Bußlieder des Königs David)* des Dichters Ivan GUNDULIĆ (1589–1638), die in Abschriften und Nachahmungen weite Verbreitung fanden, ehe sie 1621 in Rom im Druck erschienen. Formstrenger und originalgetreuer als die Bearbeitungen der Vorgänger, kleidet die reflektierender Religiosität entsprungene Dichtung jedes Distichon des lateinischen Originals in eine, höchstens zwei Strophen zu je vier Achtsilbern mit dem traditionellen Reimschema *abba*. Die Dichtung des angesehenen Zeitgenossen blieb nicht ohne Einfluß auf Đurđevićs Psalmenbearbeitung. Auch Đurđević benutzt die Strophenform des aus geschmeidigen Achtsilbern gefügten Vierzeilers, erneuert jedoch das Reimschema *(abab)*. Nach dem Vorbild Gundulićs läßt er jedem Psalm eine refrainartig gleichbleibende Strophe folgen, die der des Vorgängers im Wortlaut nahesteht. Trotz gelegentlicher Berührungspunkte an anderen Stellen des Textes, ist Đurđevićs Psalmenübertragung im ganzen eigenständig. Sie folgt dem Text der *Vulgata* vielfach genauer und mit tieferem Verständnis seiner dichterischen Eigenheiten und übertrifft das Werk des Vorgängers mitunter in der Poetik des Ausdrucks. Đurđevićs Nachdichtung der Bußpsalmen ist Ausdruck reifer Bewältigung der Erfahrungen eines vielseitigen und unsteten Lebens. Sie ist von einem aufrichtigen persönlichen Ton getragen, der das Werk zu dem vielleicht bedeutendsten Zeugnis der Gattung in der dalmatischen Literatur macht.

KLL

AUSGABE: Padua 1686, Hg. P. Bogašinović.

LITERATUR: P. Vlašić, *Psalmi Davidovi*, 4 Bde., Dubrovnik 1923. – A. Bačić, *Sedam pokornijeh psalama* (in Prilozi za književnost, jezik i folklor, 1926, Nr. 6, S. 277–279). – M. Pantić, *Još jedan prilog poznavanju S. Đ.* (ebd., 1956, Nr. 22, S. 80–84). – Z. Bojović, *Bogašinovićevo izdanje »Sedam salama pokornijeh kralja Davida« S. Đ.* (ebd., 1966, Nr. 32, S. 240–242).

## ÉMILE DURKHEIM

* 15.4.1858 Épinal
† 15.11.1917 Paris

LITERATUR ZUM AUTOR:

*Biographien:*
J. Duvigneaud, *E. D., sa vie, son œuvre, avec un exposé de sa philosophie*, Paris 1965. – S. Lukes, *E. D., His Life and Works. A Historical and Critical Study*, Ldn. 1973.
*Gesamtdarstellungen und Studien:*
S. Deploige, *Le conflit de la morale et de la sociologie*, Löwen 1911; Paris [3]1923. – C. E. Gehlke, *E. D.'s Contributions to Sociological Theory*, NY 1915. – G. L. Duprat, *A. Comte et E. D.* (in *Gründer der Soziologie*, Jena 1923). – G. E. Marica, *E. D., Soziologie und Soziologismus*, Jena 1932. – K. Günzel, *Die gesellschaftliche Wirklichkeit, eine Studie über E.D.s Soziologie*, Ohlau 1934. – H. Alpert, *E. D. and His Sociology*, NY 1939; ern. 1961 [m. Bibliogr.]. – E. Benoit-Smullyan, *The Sociologism of E. D. and His School* (in *An Introduction to the History of Sociology*, Hg. H. E. Barnes, Chicago 1948). – G. Davy, *›Introduction‹ zu E. D., Leçons de sociologie. Physique de mœurs et de droit*, Paris 1950. – E. A. Tiryakian, *Sociologism and Existentialism. Two Perspectives on the Individual and Society*, Englewood Cliffs/N.J. 1962. – R. Bierstedt, *E. D.*, Ldn. 1966. – R. Aron, *Les étapes de la pensée sociologique*, Paris 1967; zul. 1985 (dt. *Hauptströmungen des klassischen soziologischen Denkens*, Reinbek 1979; rde). – A. Giddens, *Capitalism and Modern Social Theory. An Analysis of the Writings of Marx, D. and Max Weber*, Ldn. 1971. – D. Lalapra, *E. D., Sociologist and Philosopher*, Ithaca/Ldn. 1972. – E. Wallwork, *D. Morality and Milieu*, Cambridge/Mass. 1972. – R. Gasché, *Die hybride Wissenschaft. Zur Mutation des Wissenschaftsbegriffs bei E. D. und im Strukturalismus von C. Lévi-Strauss*, Stg. 1973. – M. Proto, *D. e il marxismo. Dalla scienza sociale all' ideologia corporativa*, Lacaita 1973. – P. Marconi, *D. Sociologia e politica*, Neapel 1974. – M. A. Toscano, *Evoluzione e crisi del mondo normativo. E. D. e Max Weber*, Rom 1975. – P. Hirst, *D., Bernard and Epistemology*, Ldn. 1975. – A. Bohnen, *Individualismus u. Gesellschaftstheorie*, Tübingen 1975. – G. Dombrowski, *Sozialwissenschaft u. Gesellschaft bei D. und Radcliffe-Brown*, Bln. 1976. – G. Santomauro, *Il sociologismo pedagogico di E. D.*, Bari 1976. – R. König, *E. D. zur Diskussion. Jenseits von Dogmatismus und Skepsis*, Mchn./Wien 1978. – A. Giddens, *D.*, Ldn. 1978. – M. Fabris, *Morale e religione in E. D.*, Bari 1978. – C. Montaleone, *Biologia sociale e mutamento. Il pensiero di E. D.*, Mailand 1980. – S. Nannini, *Educazione, individuo e società in E. D. e nei suoi interpreti*, Turin 1980. – B. Lacroix, *Durkheim et le politique*, Paris 1981. – K. Thompson, *E. Durkheim*, Chichester 1982. – R. Münch, *Theorie des Handelns. Zur Rekonstruktion der Beiträge von Talcott Parsons, E. D. und Max Weber*, Ffm. 1982. – *The Sociological Domain, the D.ians and the Founding of French Sociology*, Hg. P. Besnard, Cambridge 1983. – F. Westley, *The Complexe Form of the Religious Life. A D.ian View of New Religious Movements*, Chico/Calif. 1983. – H.-P. Müller, *Wertkrise u. Gesellschaftsreform. E. D.s Schriften zur Politik*, Stg. 1983. – W. S. Pickering, *D.'s Sociology or Religion. Themes and Theories*, Ldn. 1984. – S. Fenton, *D. and Modern Sociology*, Cambridge 1984. – *D. and the Law*, Hg. S. Lukes, NY 1984. – R. Marra, *Il diritto in D. Sensibilità e riflessione nella produzione normativa*, Neapel 1986.

## LES RÈGLES DE LA MÉTHODE SOCIOLOGIQUE

(frz.; *Die Regeln der soziologischen Methode*). Soziologisches Werk von Émile DURKHEIM, erschienen 1895. – Der Autor entwickelt in diesem klassischen Werk der modernen Soziologie, wie schon in *De la division du travail social, étude sur l'organisation des sociétés supérieures* (1893), eine im Rahmen seiner Theorie grundlegende und innerhalb der damaligen Soziologie revolutionäre These. Die »sozialen Tatsachen« *(faits sociaux)* sind nach Durkheim durch ihre Exteriorität vom individuellen Bewußtsein charakterisiert. Er setzt damit das Kollektiv als Sozialgebilde über die Einzelindividuen, die den zwangsläufigen Einflüssen der Gruppe *(contraintes sociales)* unterworfen sind. Diese dem Individuum übergeordnete Realität einer sozialen »Tatsache« bedeutet für den Forscher, daß er sie als Sache *(chose)* nach Regeln der positiven Wissenschaft analysieren und ihre Beziehungen auf der Grundlage ihrer beobachteten Merkmale überprüfen kann. Eine soziale Tatsache ist für einen durch eine bestimmte Phase seiner Entwicklung bestimmten gesellschaftlichen Typus »normal«, wenn sie eine allgemeine ist, d. h., wenn sie jeweils in gleichartigen Gesellschaften am gleichen Punkt ihrer Entwicklung in Erscheinung tritt. So verhält es sich auch mit dem Verbrechen, das mit Grundbedingungen jedes sozialen Lebens verknüpft ist. Denn der Weg für Veränderungen im gesellschaftlichen Leben muß nicht nur offenbleiben für Einwirkungen, die aus dem Handeln des seiner Zeit vorauseilenden Idealisten resultieren, sondern auch für solche, die auf die Tätigkeit des Kriminellen zurückzuführen sind. Ein Sokrates, der die Moral umgestaltet, ist nötig. Aber auch der Verbrecher ist ein »normales« Element des sozialen Lebens, keineswegs eine Krankheit, die sich durch Strafe heilen ließe.
Durkheim begreift die Soziologie nicht in erster Linie als System, sondern als Methode, die auf die einzelnen Wissenschaften wie Ethnologie, Theologie, Wirtschafts-, Sprach- und Rechtswissenschaft anzuwenden sei. Vor allem geht es ihm um die Herausstellung und Klassifizierung der einzelnen gesellschaftlichen Grundformen, die je nach dem Grade ihrer Zusammensetzung eine Gesellschaft

prägen. Nach Durkheims Auffassung darf bei der Suche nach einer Erklärung sozialer Tatsachen erst dann nach Motiven oder Zweckursachen gefragt werden, nachdem die Wirkursachen und die Funktion des sozialen Phänomens analysiert sind. Eine psychologische Erklärung verwirft er nachdrücklich. Denn eine soziale Tatsache kann nicht auf rein psychische Faktoren reduziert werden und ist letztlich nur aus anderen sozialen Tatsachen erklärbar. Zwischen der Psychologie und der Soziologie sieht er eine ähnliche Kluft wie zwischen der Biologie und den chemisch-physikalischen Wissenschaften. So wenig wie das psychologische Verhalten läßt Durkheim als Triebfeder der sozialen Veränderungen einen Drang des Menschen zu stets vollkommenerer Realisierung seiner Natur gelten, von dem COMTE ausgeht. Ein solcher Drang wäre nur eine metaphysische Größe, deren wirkliches Vorhandensein niemand beweisen kann. Dennoch räumt Durkheim ein, daß das Milieu, das seinerseits wieder von sozialen Ursachen abhängig ist, nicht in absoluter Weise als Erstursache angenommen werden kann. Die Wissenschaft muß sich damit begnügen, eine Tatsache als primär anzusehen, die hinreichend allgemein ist, um damit eine große Zahl anderer Tatsachen zu erklären. Das kollektive Sein, wiederholt Durkheim, hat eine Natur *sui generis*, und das kollektive Bewußtsein ist vom individuellen Bewußtsein verschieden. Das Werk, das eine radikale Differenz zwischen den Natur- und den Sozialwissenschaften postuliert, schließt mit der Darlegung, daß die vortrefflichste Methode der Soziologie im Aufweis der variierenden Komponenten einer Gesellschaft besteht; das bedeutet jedoch nicht, daß Durkheim kein Interesse an der Veränderung der Gesellschaft hat, im Gegenteil: *»Wir sind der Meinung, daß unsere Forschungen nicht eine Stunde Arbeit wert wären, wenn wir nur ein spekulatives Interesse haben sollten. Wenn wir die theoretischen Probleme sorgsam von den praktischen trennen, so nicht, um die letzteren zu vernachlässigen, sondern umgekehrt, um uns in die Lage zu versetzen, sie besser zu lösen.«* – Durch die zahlreichen Diskussionen und Kritiken, die diese Veröffentlichung hervorgerufen hat, ist das Werk bis heute als Begründung der Soziologie im Sinne einer strengen Wissenschaft von Bedeutung geblieben. KLL

AUSGABEN: Paris 1895. – Paris [3]1904 [rev. u. erw.]. – Paris [21]1983.

ÜBERSETZUNGEN: *Die Methode der Soziologie*, anon., Lpzg. 1908 (Phil.-soziologische Bücherei, 5). – *Die Regeln der soziologischen Methode*, R. König, Neuwied 1961; [6]1980 [m. Einl.]. – Dass., der., Ffm. 1984 (stw).

LITERATUR: R. Iacombe, *La méthode sociologique de D.*, Paris 1926. – A. Scivoletto, *Il metodo sociologico di E. D.*, Mailand 1970. – R. Nisbet, *The Sociology of E. D.*, NY 1974. – F. Chazel, *Les règles et la méthode sociologique*, Paris 1975.

## LE SUICIDE

(frz.; *Der Selbstmord*). Soziologische Untersuchung von Émile DURKHEIM, erschienen 1897. – Einer der interessanten, immer wieder diskutierten Aspekte dieser Studie, die als klassisches Beispiel wissenschaftlicher Vorgehensweise in der Soziologie gilt, besteht in der Auswertung offizieller Statistiken. Daraus gewinnt Durkheim seine Erkenntnisse; zusammenfassend schreibt er: *»Der Selbstmord variiert im entgegengesetzten Sinn des Grades der Integration (des Individuums) in die religiöse Gemeinschaft, in die häusliche Gemeinschaft oder Familie und in die politische Gemeinschaft oder Nation.«* Wie in seinem gesamten Werk liegt auch dieser Untersuchung die Frage nach den Mechanismen zugrunde, die die soziale Integration des Individuums befördern bzw. verhindern. Durkheims Hypothese lautet: Das *»Glück des Individuums«* bzw. die Ausgeglichenheit der Persönlichkeit hängt von der Intensität der Bindungen zwischen Individuum und Gesellschaft ab; diese Bindungen dürfen weder zu eng noch zu locker sein. Ausgehend von seiner in *Les règles de la méthode sociologique* dargelegten soziologischen Konzeption, deren entscheidende Annahme darin besteht, daß die Menschen bei allen ihren Interaktionen eine neu entstehende Realitätsebene begründen, die sich von jener der Individuen unterscheidet, den Individuen äußerlich bleibt und ihre Handlungen kontrolliert, stellt er fest, daß jede Gesellschaft eine Selbstmordziffer aufweist, die ihr eigen ist, und daß diese Ziffer festen Gesetzen gehorcht. Auf dieser Ebene der sozialen Realität siedelt Durkheim die Ursachen des Selbstmordes an; er verzichtet ausdrücklich auf die Erforschung der Motivationen des einzelnen; eine methodologische Entscheidung, die auf die strikte Trennung von sozialen, den Betroffenen in der Regel verborgenen »Ursachen« und individuellen »Motiven«, die Durkheim auf die Funktion eines Vorwandes bzw. eines auslösenden Momentes reduziert, hinausläuft. Insbesondere an diesem Punkt setzte die kritische Auseinandersetzung mit Durkheims Selbstmord-Studie ein: Seine Thesen, so lautet der Hauptkritikpunkt, basieren auf statistischen Daten, deren Qualität von ihm nie in Frage gestellt worden sei; er verwende offizielle und nicht vom Soziologen selbst erstellte Statistiken, d. h. Daten, die das praktische Anliegen und das Bedeutungsverständnis der sie sammelnden Stellen (Kriminalpolizei oder Ärzte) widerspiegeln, so daß davon ausgegangen werden müsse, daß diese Daten verzerrt und relativ unzuverlässig seien. Andererseits berücksichtige er weder die Auswirkungen von Geisteskrankheiten noch gestehe er dem Individuum den Status eines handelnden Subjektes zu. Durkheims Schüler und Nachfolger, die sich insbesondere um die von ihm begründete Zeitschrift ›Travaux de l'Année sociologique‹ gruppierten, nahmen diese Kritikpunkte ernst und bauten die von Durkheim entworfene Studie mittels zuverlässigerer Statistiken aus. Diese weiterführenden Untersuchungen schmälern jedoch nicht die Verdienste Durkheims, der auf der Basis seiner statistischen Analyse – die trotz aller Kritik methodologisch vorbildlich geblieben ist – zu der Einsicht gelangte, daß die Selbstmordziffern tatsächlich höher sind, wenn das Individuum in soziale Zusammenhänge eingebunden ist, die entweder zu starke oder zu schwache normative Zwänge aufweisen. Daraus leitet er die Forderung ab, die in komplexen Gesellschaften zunehmend reduzierten personalen Bindungen zu fördern, indem dezentrale Einrichtungen und Verbände die vom modernen Staat nicht mehr erfüllbare Funktion übernehmen, das gemeinschaftliche Leben zu intensivieren. Unter diesem Vorzeichen erweist sich Durkheims Soziologie, die ihren historischen Ort in der Dritten Republik hat, letztlich als eine Morallehre, die der klerikalen Moral eine laizistische entgegensetzt.

B.We.-KLL

AUSGABEN: Paris 1897; [5]1973. – Paris 1960. – Paris 1981.

ÜBERSETZUNG: *Der Selbstmord*, S. u. H. Herkommer, Neuwied 1973 [Einl. K. Dörner; Nachw. R. König]. – Dass., dies., Ffm. 1983; [2]1987 (stw).

LITERATUR: A. Bayet, *Sur la distinction du normal et du pathologique* (in Revue Philosophique, 62, 1907). – M. Halbwachs, *Les causes du suicide*, Paris 1930. – M. Bonnafous, *Le suicide* (ebd., 120, 1933). – G. Simpson, *Methodological Problems in Determining the Aetiology of Suicide* (in American Sociological Review, 16, 1950, S. 658–663). – R. König, *Drei unbekannte Werke von É. D.* (in Kölner Zs. f. Soziologie u. Sozialpsychologie, 8, 1956). – M. Gold, *Suicide, Homicide and the Socialization of Aggression* (in American Journal of Sociology, 62, Mai 1958, S. 561 ff.). – H. C. Selvin, *D.'s »Suicide« and Problems of Empirical Research* (ebd., S. 607–619). – B. P. Dohrenwend, *Egoism, Altruism, Anomie and Fatalism, a Conceptual Analysis of D.'s Types* (in American Sociological Review, 24, 1959). – W. Pope, *D.'s »Suicide«. A Classic Analyzed*, Chicago/Ldn. 1976. – R. B. Ginsberg, *Anomie and Aspirations. A Reinterpretation of D.'s Theory*, NY 1980. – S. Taylor, *D. and the Study of Suicide*, NY 1982. – C. Baudelat u. R. Establet, *D. et le suicide*, Paris 1984.

## LAWRENCE DURRELL

* 27.2.1912 Jullundur / Indien

LITERATUR ZUM AUTOR:
R. A. Potter u. B. Whiting, *L. D.: A Checklist*, Los Angeles 1961. – A. Perlès, *L. D.*, Northwood 1961. – *The World of L. D.*, Hg. H. T. Moore, Carbondale/Ill. 1962; NY [2]1964. – *A Symposium on L. D.*, Hg. ders., Univ. of South Illinois 1962. – Ch. I. Glicksberg, *The Fictional World of L. D.* (in Bucknell Review, 11, 1963, S. 118–133). – T. T. Hawkins, *Eve: The Common Muse of H. Miller and L. D.*, San Francisco 1963. – J. Unterecker, *L. D.*, NY/Ldn. 1964. – J. A. Weigel, *L. D.*, NY 1965 (TEAS). – MFS, 13, 1967 [Sondernr. *L. D.*]. – G. S. Fraser, *L. D.*, Ldn. 1968 [m. Bibliogr.]; [2]1973 [erw.]. – L. Truchlar, *Landschaft des Ich: Kosmo- und Psychographik in L. D.s Reisebüchern* (in LWU, 5, 1972, S. 144–153). – Deus Loci: The L. D. Newsletter, Kelowa/Brit. Columbia 1977 ff. – H.-O. Feistel, *L. D. in the German Speaking Countries: A Preliminary Bibliography* (ebd., 6, 1982/83, S. 1–27). – G. Koger, *1981/82 Bibliography* (ebd., 7, 1984, S. 25–32). – G. Kums, *Fiction, or the Language of Our Discontent*, Ffm. u. a. 1985. – A. W. Friedman, *L. D.'s World of Death* (in *Essays on the Contemporary English Novel*, Hg. H. Bock u. A. Wertheim, Mchn. 1986, S. 67–78). – H. Isernhagen, *L. D.* (in *Der engl. Roman der Gegenwart*, Hg. R. Imhof u. A. Maack, Tübingen 1987, S. 32–52). – Ders., *L. D.* (in KLFG, 15. Nlg. 1988).

### THE ALEXANDRIA QUARTET

(engl.; *Ü: Das Alexandria-Quartett*). Romantetralogie von Lawrence DURRELL, bestehend aus den Bänden *Justine, Balthazar, Mountolive* und *Clea*, erschienen 1957–1960. – Durrell konzipierte sein vierbändiges Romanwerk, an dem er seit 1947 arbeitete und das er eine *»Untersuchung über die moderne Liebe«* nannte, in der ehrgeizigen Absicht, eine auf der Relativitätstheorie basierende Prosaform zu entwickeln: *»Aus drei Raumebenen und einer Zeitebene wird das Rezept für ein Kontinuum gemischt.«* Dementsprechend erscheinen in den drei ersten Romanen dieselben Ereignisse in jeweils anderem Zusammenhang, aus jeweils anderer Perspektive (drei Raumebenen); erst im vierten Roman wird die Erzählung chronologisch fortgeführt (Zeitebene). Deutlich wird dabei die Relativität von Wahrheit und Erkenntnis. Verständnis und Interpretation des einen Romans sind nur im Zusammenhang mit den anderen möglich.

In *Justine* wird das Hauptthema in chiffrierter Form angeschlagen. Namen und Anlage der Titelheldin des ersten Bandes (die neben dem Erzähler die Zentralfigur der Tetralogie bleibt) entnahm Durrell dem Roman *Justine ou Les malheurs de la vertu (Justine oder Das Unglück der Tugend)* des Marquis de SADE, aus dem auch die Motti seiner Alexandria-Romane stammen. Durrells Justine, ein lebensvolles und von Leidenschaften getriebenes Geschöpf, ist eine alexandrinische Jüdin – Produkt und Opfer ihrer Heimatstadt, in der griechische und orientalische Einflüsse sich durchdringen und die Durrell einmal *»die große Kelter der Liebe«* nennt. Justines an Nymphomanie grenzende vor- und außereheliche Eskapaden sowie die komplexe Beziehung zu ihrem Ehemann, dem reichen kopti-

schen Bankier Nessim Hosnani, lernt der Leser aus der Rückschau des irischen Lehrers und Schriftstellers Darley kennen, der als Außenseiter in den Sog der Ereignisse um Justine gezogen wurde, kurze Zeit ihr Geliebter war und dann in der Einsamkeit Zyperns (das auch in Durrells Leben und Werk eine wichtige Rolle spielt) versucht, sich seine Verwirrung von der Seele zu schreiben: *»Glied um Glied taste ich mich an der eisernen Kette der Erinnerung zurück in die Stadt, in der wir nur so kurze Zeit wohnten; ... die uns in Konflikte stürzte, welche die ihren waren und welche wir für die unseren hielten: geliebtes Alexandria.«* Daß Darleys Interpretation nur ein Segment der tatsächlichen Zusammenhänge erfaßt, ahnt man bereits an einigen Stellen des Romans.
Die rätselhaften Ereignisse und die höchst ambivalenten menschlichen Beziehungen (die im Rahmen einer Inhaltsangabe auch nicht andeutungsweise umrissen werden können) scheinen dann im zweiten Teil aufgehellt zu werden. Hier werden dieselben Ereignisse in der Version des Kabbalisten und Arztes Balthazar (eines Vertrauten Justines) vorgetragen – aber diese Version präsentiert sich in Form eines »Interlineartextes«, eines Palimpsests: Darley, der auch in *Balthazar* als Erzähler fungiert, vergleicht die Kommentare und Korrekturen, die der Kabbalist zwischen die Zeilen seines, Darleys, »Justine«-Manuskripts geschrieben hat. Plötzlich erscheinen ihm die damaligen Geschehnisse in neuem Licht, verlagert sich das Gewicht der Rollen bestimmter Akteure (so etwa des anfangs wie eine Randfigur erscheinenden englischen Schriftstellers Pursewarden, der der Achse des Geschehens nun immer näher rückt); Darley ahnt Zusammenhänge, die über die verflochtenen Beziehungen des alexandrinischen Freundeskreises hinaus in die explosive Atmosphäre der nahöstlichen Politik vor dem Zweiten Weltkrieg reichen.
Nach den ersten beiden Bänden, die den Leser von einem Geheimnis in das andere stürzen und ihn immer wieder der Faszination der Doppelbödigkeit, dem flirrenden Zwielicht des Durrellschen Alexandria aussetzen, wirkt der dritte Roman, *Mountolive*, als Antiklimax. Er ist in der dritten Person geschrieben, und Darley, der bisherige Erzähler, wird nun zum Objekt wie alle anderen Figuren. Im Mittelpunkt steht der Engländer David Mountolive, der vor Jahren als junger Diplomat in Ägypten durch seine Liebe zu Leila, der Mutter der Brüder Hosnani und jetzigen Schwiegermutter Justines, die exotisch-perverse Atmosphäre Alexandrias erlebt hatte und der nun, zum Zeitpunkt der *Justine*-Ereignisse, als britischer Botschafter dorthin zurückgekehrt ist. In naturalistischer Erzählweise, gleichsam gekühlt durch die Distanz zwischen dem Engländer und den Orientalen, wird geschildert, wie sich die Ereignisse in Alexandria für Mountolive in den Rahmen einer politischen und religiösen Verschwörung gegen das ägyptische Königshaus und die britische Herrschaft einordnen, einer Verschwörung, deren Fäden bei seinen alten Freunden zusammenlaufen und die er pflichtgemäß aufdecken muß. Alexandria erscheint nicht mehr als ein gigantisches Weib von mythischer Größe, dessen heißer, verbrauchter Atem seine eigenen Kinder geheimnisvoll infiziert, sondern ist – wie Mountolive es ausdrückt – abstoßend, niederdrückend, ermüdend geworden. Nach der Betonung der erotischen *(Justine)* und gesellschaftlichen Beziehungen *(Balthazar)* des Freundeskreises dominiert in *Mountolive* die politische Perspektive des Kolonialbeamten.
Im Schlußband *Clea* läßt Durrell wiederum Darley berichten, diesmal über seine Rückkehr nach Alexandria während des Zweiten Weltkriegs. Die Erwartung des Lesers, die letzte, klärende Phase des Durrellschen »Kontinuums« zu erleben, wird allerdings teilweise enttäuscht. Die komplizierten Beziehungen des Freundeskreises bleiben auch jetzt noch rätselhaft; der Romanzyklus bewegt sich nicht weiter in die Nähe des Agentenromans. Vielmehr tritt nun als bisher untergeordnetes Thema die in Durrells Gesamtwerk zentrale Künstlerproblematik in den Vordergrund. Darley, der in seinen bisherigen schriftstellerischen Versuchen (den beiden ersten Romanen) der selbstgewählten Rolle des Detektivs nicht gewachsen war, findet zur Kreativität des Schriftstellers zurück. Analoges widerfährt der Malerin und Bildhauerin Clea, deren Verhältnis zu Darley im Mittelpunkt des vierten Romans steht (sie hatte zuvor eine erotische Beziehung zu Justine unterhalten). Clea kann den Verlust einer Hand (bei einem rätselhaften Unfall) künstlerisch kompensieren. Das Schicksal des Schriftstellers und Kolonialbeamten Pursewarden, dessen Selbstmord schon in *Justine* und *Mountolive* zur Sprache kam, wird nochmals erörtert, aber nicht überzeugend motiviert: Inzest mit seiner Schwester, die dann Mountolives Frau wurde, soll ihn zu diesem Schritt bewogen haben, nicht politisches Versagen. Für Darleys Entwicklung aber wird Pursewardens Vermächtnis in Form eines Notizbuches entscheidend; dessen kreative Krisen weisen ihm den Weg aus der eigenen. Darley akzeptiert schließlich die Vielschichtigkeit der Welt und die Grenzen menschlicher Erkenntnismöglichkeiten. Die Wahrheit liegt in der Vielfalt.
Zahlreiche Kritiker modifizierten nach dem Abschluß der Tetralogie ihr aufgrund der ersten beiden Bände außerordentlich positives Urteil über Durrells literarische Leistung. So reichen die kritischen Kommentare von höchstem Lob *(»Nachfolger von Joyce und Proust«, »der beste englische Romancier seiner Generation«, »nobelpreiswürdig«)* bis zu den Vorwürfen, Durrell hätte von Anfang an nur geblufft und hätte nichts anderes zu bieten als eine *»Inflation der Perspektiven«*, eine *»Fin-de-siècle-Dekadenz«*, ein *»exotisches Märchen in Technicolor«*. Der Erfolg der ersten beiden Bände des Romanzyklus gab allerdings Durrells Freund Henry MILLER recht, der vorausgesagt hatte, daß die Menschen in *Justine* den europäischen Leser geradezu hypnotisch fesseln würden, da sie die ganze Unruhe und das Delirium des Nahen Ostens verkörperten.

G.Ba.-H.Thi.

AUSGABEN: *Justine:* Ldn. 1957. – NY 1957. – Ldn. 1961. – Bath 1974. – *Balthazar:* Ldn. 1958. – NY 1958. – Ldn. 1961. – NY 1982. – *Mountolive:* Ldn. 1958. – NY 1959. – Ldn. 1961. – NY 1982. – *Clea:* Ldn. 1960. – NY 1960. – Ldn.1961. – NY 1982.

ÜBERSETZUNGEN: *Justine*, M. Carlsson, Hbg. 1958. – Dass., dies., Reinbek 1965; zul. 1985 (rororo). – *Balthasar*, dies. u. G. v. Uslar, Hbg. 1959. – Dass., dies., Reinbek 1965; zul. 1985 (rororo). – *Mountolive*, dies., Hbg. 1960. – Dass., dies., Reinbek 1965; zul. 1986 (rororo). – *Clea*, W. Schürenberg, Hbg. 1961. – Dass., ders., Reinbek 1965; zul. 1987 (rororo). – *Das Alexandria-Quartett*, dies., Reinbek 1977 [enth. alle 4 Romane].

LITERATUR: H. Becher, *L. D.s Tetralogie u. die literarische Kritik* (in Stimmen der Zeit, 168, 1961, S. 360–369). – S. G. Eskin, *D.'s Themes in »The Alexandria Quartet«* (in Texas Quarterly, 5, 1962, S. 43–60). – B. Romberg, *»The Alexandria Quartet«: Studies in the Narrative Technique of the First-Person Novel*, Stockholm 1962. – A. K. Weatherhead, *Romantic Anachronism in »The Alexandria Quartet«* (in MFS, 10, 1964, S. 128–136).– R. Fricker, *L. D.: »The Alexandria Quartet«* (in *Der moderne engl. Roman*, Hg. H. Oppel, Bln. 1965, S. 399–416). – G. Lebas, *L. D.'s »Alexandria Quartet« and the Critics: A Survey of Published Criticism* (in Caliban, 6, 1969, S. 91–114). – Ders., *The Mechanisms of Space-Time in »The Alexandria Quartet«* (ebd., 7, 1970, S. 80–97). – A. W. Friedman, *L. D., and »The Alexandria Quartet«: Art for Love's Sake*, Norman 1970. – R. K. Morris, *L. D.: »The Alexandria Quartet«: Art and the Changing Vision* (in R. K. M., *Continuance and Change*, Carbondale/Ill. 1972, S. 51–71). – W. H. Rubrecht, *D.s »Alexandria Quartet«*, Bern 1972 [m. Bibliogr.]. – C. Dawson, *From Einstein to Keats: A* New Look at »The Alexandria Quartet« (in Far-Western Forum, 1, 1974, S. 109–128). – G. Lampert, *Symbolik u. Leitmotivik in L. D.s »Alexandria Quartet«*, Diss. Mainz 1974. – J. Meillard, *The Unity of L. D.'s »Alexandria Quartet« (1)* (in Linguistics in Literature, 1, 1975, S. 77–143). – W. Hoops, *Die Antinomie von Theorie u. Praxis in L. D.s »Alexandria Quartet«*, Ffm. u. a. 1976. – W. G. Creed, *The Muse of Science and »The Alexandria Quartet«*, Norwood 1977. – J. L. Pinchin, *Alexandria Still: Forster, D., Cavafy*, Princeton/N.J. 1977, S. 159–177. – M.-R. Cornu, *La dynamique du »Quatuor d'Alexandrie« de L. D.: trois études*, Montreal 1979. – D. R. Todd, *An Annotated, Enumerative Bibliography of the Criticism of L. D.'s »Alexandria Quartet« and His Travel Works*, Diss. Tulane Univ. 1984 (vgl. Diss. Abstracts, 45, 1985, S. 3636A).

## THE AVIGNON QUINTET

(engl.; *Das Avignon-Quintett*). Romanfolge von Lawrence DURRELL, bestehend aus den Bänden *Monsieur, or the Prince of Darkness* (1974; *Ü: Monsieur oder Der Fürst der Finsternis*), *Livia, or Buried Alive* (1978; *Ü: Livia oder Lebendig begraben*), *Constance, or Solitary Practices* (1982; *Ü: Constance oder Private Praktiken*), *Sebastian, or Ruling Passions* (1983; *Ü: Sebastian oder die Gewalt der Leidenschaft*) und *Quinx, or the Ripper's Tale* (1985; *Ü: Fünfauge oder Was der Frauenmörder erzählt*). – Wie Durrells *Alexandria Quartet* ist das *Avignon-Quintett* nach dem zentralen Schauplatz, der alten Papst-Stadt in der Provence, benannt. Das *Quintett* ist nicht chronologisch angelegt, sondern das Verhältnis der Romane zueinander entspricht der geometrischen Figur eines Quincunx, einer Figur, die zweidimensional wie die fünf Augen eines Würfels angeordnet ist oder dreidimensional als Pyramide gesehen werden kann. Der Quincunx ist alchemistisches Emblem einer Einheit, die die Gegensätze von Vier- und Fünfzahl, Gerade und Ungerade, Symmetrie und Asymmetrie überwindet. Die Beziehung der Romane zueinander ist daher organisch, einer ist *»vom anderen nur insoweit abhängig ... wie Echos es sein könnten« (Livia)*. – Wie im *Alexandria Quartet* dominieren Fragen nach dem Verhältnis von Wirklichkeit und Kunst, nach ihren Vermittlungsformen, nach dem Wesen der Liebe und allen ihren Varianten sowie nach der Bewältigung des menschlichen »Urtraumas«, des Todes. Durrell versucht erneut, aus vielen Einzelperspektiven ein Raum-Zeit-Kontinuum zusammenzufügen, dessen wesentliche Schauplätze Avignon und die Provence, Ägypten und Genf sind. Verbunden sind die Romane durch die zentralen Schriftstellerfiguren Sutcliffe und Blanford, deren Manuskripte ineinander verschachtelt werden. Obwohl Sutcliffe eine von Blanford erfundene Figur, sein *Alter ego* ist, diskutieren beide miteinander, begegnen sich erfundene und »reale« Figuren und stellen so ihre Existenz wechselseitig in Frage. Wie die beiden Schriftsteller sind auch weitere Figuren oder Figurenpaare aufeinander bezogen; durch Freundschaft, Verwandtschaft, inzestuöse, hetero- oder homosexuelle Liebesbeziehungen sind sie miteinander verbunden. Als Inkarnationen oder Transformationen des jeweils anderen sind einzelne Figuren und ganze Figurengruppen, die sich schon äußerlich ähneln, spiegelbildlich angelegt; auch daß Durrell gleiche Namen für unterschiedliche Figuren wählt, unterstreicht, daß er die Grenzen zwischen den Figuren fließend hält. Parallel dazu werden durch die Erzählsituation die Grenzen von Fiktion und Realität aufgehoben.

Der erste Band, *Monsieur*, führt die Handlungsstränge und Themen ein, die in der Romanfolge immer wieder aufgegriffen werden. Zu den Themen gehören u. a. die Geschichte des Templerordens, seine Vernichtung und sein verschollener Schatz, sowie die Lehren einer mysteriösen gnostischen Sekte. Der Roman setzt mit der Nachricht vom Tod des Diplomaten Piers de Nogaret ein, eines Nachfahren der Tempelritter, der in einem billigen Hotel in Avignon starb. Piers wurde als junger Mann in Ägypten Anhänger einer gnostischen

Sekte, nach deren Glauben Gott entthront wurde und an seiner Stelle der Fürst der Finsternis regiert. Die Mitglieder des inneren Zirkels dieser Sekte verweigern sich der irdischen Welt, indem sie einen Todeseid schwören, der nach ihrer Denkweise die Überwindung der Spaltung von Geist und Materie bedeutet; ihr vorbestimmter Tod durch die Hand eines Sektenmitglieds wird zu einem wohlgeordneten Akt im Chaos dieser Welt. Piers' Freund, der Mediziner Bruce Drexel, der mit Piers' Schwester Sylvie verheiratet ist, hält die Merkwürdigkeiten von dessen Tod und Beerdigung in einem schriftlichen Bericht fest. Neben diesem sind weitere Manuskripte realer und erfundener Figuren in den Roman eingelagert: Der Historiker Toby geht der Geschichte des Templerordens und dessen angeblicher Ketzerei nach, und der Bestsellerautor Blanford wird zum Biographen des von ihm erfundenen Schriftstellers Sutcliffe, der seinerseits ebenfalls Manuskripte produziert. Ob der in einer Genealogie im Anhang mit »D.« bezeichnete Erzeuger aller Figuren und Erzählfragmente, Zitate, Aphorismen, Tagebücher und Gedichte Durrell selbst ist oder der im Titel genannte *diable*, bleibt offen.

Die wechselseitigen Abhängigkeiten von Autor und fiktivem Geschöpf werden im zweiten Band, *Livia*, noch komplizierter, wenn Sutcliffe, der am Ende des ersten Bandes gestorben war, seinen Schöpfer Blanford auffordert, ihn wieder auferstehen zu lassen. Der Band führt zurück in die zwanziger Jahre, in die Jugend Blanfords und seiner Freunde, des jungen englischen Diplomaten Felix Chatto und der Geschwister Constance, Livia und Hilary, und verfolgt ihr Leben bis zum Beginn des Zweiten Weltkriegs, als sie einen glücklichen Sommer gemeinsam auf Constances Landsitz Tu Duc bei Avignon verbringen. Emotionale und erotische Verirrungen der Figuren setzen ein: Obwohl Blanford Constance liebt, heiratet er die lesbische Livia, die ihn bald wegen der Schwarzen Trash verläßt. Constance selbst heiratet Sam, der als britischer Offizier eingezogen wird. Die Beziehung Blanford–Livia spiegelt sich in der von Sutcliffe und Bruce Drexels Schwester Pia, die in Wien von Freud psychoanalytisch behandelt wird und bei den einsetzenden Judenverfolgungen Freuds Couch rettet. (Das Möbelstück hat leitmotivische Funktion und taucht später in Constances Haus Tu Duc wieder auf.) Felix' Onkel, der jüdische Bankier Lord Galen, gerät in den Bann Hitlers, den er sogar finanziell unterstützt, nachdem er überzeugt ist, daß Hitler einen zweiten Judenstaat gründen will. Während sich diese Investition bald als Fehlschlag erweist, verfolgt Lord Galen weiter die Suche nach dem legendären Templerschatz, die sein Sekretär leitet. Auch Livia verfällt der Nazi-Ideologie und wird zuletzt in einer Wochenschau gesehen, in der sie den Arm zum »deutschen Gruß« ausstreckt. Der Roman endet in Avignon mit einem Gelage, das der Geschäftsfreund Lord Galens, Prinz Hassad, veranstaltet und das das Ende der Friedenszeit markiert.

Der dritte Roman, *Constance*, der im Diagramm des Quincunx das Zentrum bildet, ist der umfangreichste der Serie. Er umfaßt die Zeit vom Beginn des Zweiten Weltkriegs, der die Freunde auseinanderreißt, bis zur Niederlage der Deutschen in Frankreich. Er zeigt eine Welt, in der das Böse regiert und die durch Tod und Zerstörung bestimmt ist; ganz Europa ist ein *»Selbstmörderverein«*. Blanford, der als Privatsekretär des Prinzen Hassad in Ägypten dem Krieg entfliehen will, gerät bei einem Ausflug in die Wüste in ein britisches Manöverschießen und wird schwer am Rückgrat verletzt; sein Freund Sam, Constances Ehemann, stirbt. Als neue Figur wird der General von Esslin eingeführt, ein typischer Nazi adeliger Herkunft mit Wagnerbegeisterung, Mutterbindung und verklemmtem Sexualleben, der von seiner Heimat in Friesland an die wichtigsten Kriegsschauplätze im Osten, in Frankreich und schließlich nach Avignon gelangt. Auch Constance, die als Psychoanalytikerin in Genf tätig ist, wo Toby und Sutcliffe für den britischen Geheimdienst arbeiten, kehrt im Auftrag des Roten Kreuzes nach Avignon zurück. Sie begegnet dort von Esslin und dem Doppelagenten Smirgel, der ihre Schwester Livia für die Nazi-Ideologie begeisterte und der nun im Auftrag Hitlers nach dem Templerschatz sucht; Smirgel propagiert weiter das Endziel einer neuen Ordnung, die durch das Böse erreicht werden soll. Constance trifft Livia nur einmal; sie findet sie schließlich erhängt in Tu Duc. Nach dem Tod der Schwester kehrt Constance nach Genf an ihre Arbeit zurück und verliebt sich leidenschaftlich in den ägyptischen Diplomaten Affad, dessen gnostische Sexualphilosophie ihre durch Freud geprägten Überzeugungen in Frage stellt. Affad setzt seine Sexualphilosophie der kranken europäischen Zivilisation entgegen, die er für die Schrecken der Nazi-Herrschaft und die Atombombe verantwortlich macht und die durch die drei Namen Marx, Freud und Einstein vertreten wird. Für Affad bedeutet die Liebe zu Constance, daß er seiner Sekte und seinem Todeseid untreu wird. Er verläßt Constance, um sich in Alexandria dem Tribunal seiner Sekte zu stellen. Erst nach Affads Abreise trifft in Genf der an ihn gerichtete Brief ein, mit dem ihm der Tod angekündigt wird und den Constance in ihrer Bibel aufbewahrt. Das Schlußkapitel beschreibt den Kampf um Avignon, in dessen Verlauf auch die Irrenanstalt durch Bomben getroffen wird, deren Insassen in die Innenstadt ziehen und ihre Befreiung sowie die der Stadt von den Deutschen feiern. Auf dem Höhepunkt der Massenhysterie wird die Geliebte des Gestapo-Chefs als Kollaborateurin gelyncht, obwohl sie einigen Juden das Leben gerettet hatte.

Nachdem Affad, dessen eigentlicher Name Sebastian ist, um Lösung von seinem Eid gebeten hatte, kehrt er zur Sekte zurück und bittet zur Sühne für den Abfall um den rituellen Vollzug seines Opfertodes *(Sebastian)*. Das Tribunal der Sekte entspricht seinem Wunsch. Währenddessen widmet sich in Genf Constance zwei Patienten, Affads autistischem Sohn, dessen Apathie sie durchbrechen kann, und dem wahnsinnigen Mörder Mnemidis, in dessen Hände durch Zufall Affads Todesbrief gelangt. Mnemidis gelingt es, aus der Anstalt zu fliehen; er will seine Analytikerin Constance töten, ermordet jedoch in ihrer Wohnung und auf ihrem Bett Affad, der auf der Suche nach dem Brief mit seinem Todesdatum nach Genf gereist war. Constances alter Freund und Kollege Schwarz begeht Selbstmord: Er hatte seine jüdische Frau in der Kriegszeit in Wien zurückgelassen und ist nun, nachdem sie das Konzentrationslager überlebt hat, nicht in der Lage, mit ihr als lebendiger Anklage weiterzuleben. Constance, Sutcliffe und Blanford, dessen Rückgratverletzung in Genf behandelt wurde, verlassen mit Sylvie und Affads Sohn Genf, um in Avignon ihr Leben neu zu beginnen.

Im letzten Roman, *Quinx*, treffen die Romanfiguren wieder in Avignon bei Lord Galen zusammen, der immer noch nach dem Templerschatz sucht, obwohl sein Sekretär glaubt, daß der wahre Templerschatz nicht materieller, sondern spiritueller Art ist, d. h. aus Erkenntnis besteht. Mit Lord Galen sucht auch Prinz Hassad, der aus Ägypten geflohen ist, als die Briten Mitglieder der gnostischen Sekte unter dem Verdacht umstürzlerischer Tätigkeiten verhaften ließen. Um etwas über die Vergangenheit ihrer Schwester Livia zu erfahren, trifft Constance Smirgel, der für den Tod ihres Bruders Hilary verantwortlich ist und damit indirekt auch für Livias Selbstmord. Sie erfährt, daß während der Okkupationszeit in Avignon österreichische Pioniere große Mengen Sprengstoff und Munition in den Höhlen beim Pont du Gard lagerten und dabei auf den Templerschatz stießen, den sie mit Minen sicherten. Die Pioniere wurden später exekutiert, als sie sich weigerten, Avignon in die Luft zu sprengen. Der Lageplan des Schatzes, den die Pioniere angefertigt hatten, ist im Besitz Smirgels, der ihn an Lord Galen weitergeben will, wenn dieser ihn im bevorstehenden Kriegsverbrecherprozeß schützt. Blanford und Constance haben endlich als Liebende zueinander gefunden (ihre Zukunftspläne lassen erkennen, daß der Band *Livia*, in dessen erstem Kapitel Constances Tod berichtet wird, zeitlich an die hier geschilderten Ereignisse anschließt). Bei einem Fest zu Ehren der heiligen Sara versammeln sich Zigeuner, die in die Stadt zurückgeströmt sind, sowie Lord Galen, Prinz Hassad, Smirgel, Sutcliffe, Blanford und Constance, um den Schatz in den Höhlen zu heben. Mit dieser Episode, in der die Realität die Fiktion ablösen und laut Blanford etwas völlig Unvorhergesehenes eintreten wird, endet der Roman. Das *Quinx* vorangestellte Motto, demzufolge ein Roman selbst die Geschmackskriterien entwickeln muß, nach denen er beurteilt werden soll, könnte über dem gesamten *Avignon-Quintett* stehen.

Durch die Verschachtelung der Erzählebenen, die ineinander fließenden oder voneinander abhängigen Figuren, die zahlreichen Echos aus der europäischen Literatur, durch häufige Anspielungen auf mythische Figuren wie Tiresias oder Faust, auf östliche wie westliche Philosophien und Ideologien (Judentum, Christentum, Gnostik, Buddhismus) wird die Romanserie zu einem häufig schwer entzifferbaren Palimpsest. Die beiden Schriftstellerfiguren diskutieren immer wieder romantheoretische Fragen und erörtern Teilaspekte der Romanfolge, etwa wenn sie das *Avignon-Quintett* als Detektiverzählung charakterisieren *(Quinx)* oder als *»ein Buch ... aus den Ersatzteilen anderer Bücher« (Constance)*; sie liefern damit dem Leser Verständnishilfen. – Das kritische Echo auf das Quintett ist bisher verhalten. Rezensionen verweisen auf die Nähe zu D. H. LAWRENCE und zu Henry MILLER, während das formale Experiment, das Ineinanderfließen von Teilen zu einer neuen Einheit, oft übersehen wird. A.Maa.

AUSGABEN: *Monsieur, or the Prince of Darkness:* Ldn. 1974. – NY 1975. – Ldn. 1976. – Harmondsworth 1984 (Penguin). – *Livia, or Buried Alive:* Ldn. 1978. – NY 1979. – Ldn. 1981. – Harmondsworth 1984 (Penguin). – *Constance, or Solitary Practices:* Ldn. 1982. – NY 1983. – Ldn. 1983. – Harmondsworth 1984 (Penguin). – *Sebastian, or Ruling Passions:* Ldn. 1983. – NY 1983. – Ldn. 1985. – Harmondsworth 1985 (Penguin). – *Quinx, or The Ripper's Tale:* Ldn.1985. – NY 1985.

ÜBERSETZUNGEN: *Monsieur oder Der Fürst der Finsternis*, S. Lepsius, Reinbek 1977. – *Livia oder Lebendig begraben*, dies., Reinbek 1980. – *Constance oder Private Praktiken*, dies., Reinbek 1984. – *Sebastian oder die Gewalt der Leidenschaft*, dies., Reinbek 1986. – *Fünfauge oder Was der Frauenmörder erzählt*, dies., Reinbek 1989.

LITERATUR: J. P. Carley, *An Interview with L. D.* (in Malahat Review, 51, 1979, S. 42–46). – Ders., *L. D.'s Avignon Quincunx and Gnostic Heresy* (ebd., 61, 1982, S. 156–166).

## JAROSLAV DURYCH

* 2.12.1886 Hradec Králové
† 7.4.1962 Prag

**LITERATUR ZUM AUTOR:**
B. Václavek, *Poutník absolutna* (in Host, 1926/27; ern. in B. V., *Od umění k tvorbě*, Prag 1928). – P. Fraenkl, *J. D. a český román historický* (in Rozpravy Aventina, 1929/30). – J. Bartoš, *Kdo jest J. D.?*, Prag 1930. – P. Eisner, *D. a Döblin* (in Literární noviny, 1930). – V. Renč, *J. D. padesátníkem* (in Rozhledy, 1936). – J. Otradovicová, *Básnický profil J. D.*, Prag 1943. – O. Sus, *Návrat básníka* (in Host do domu, 1957). – Z. Körbrová, *J. D.*, *Příspěvky k dějinám našich literatur, ukázky z diplomových prací posluchačů filozofické fakulty Univerzity Karlovy v Praze*, Hg. L. Patera, Prag 1970 [m. Bibliogr.].

## BLOUDĚNÍ. Větší valdštejnská trilogie

(tschech.; *Ü: Friedland*). Historischer Roman von Jaroslav DURYCH, erschienen 1929. – Die berühmt gewordene große Wallenstein-Trilogie *Bloudění (Das Umherirren)*, die in Komposition und Form der gesamten historisierenden Dichtung neue Wege wies und deren Einfluß bis in die Gegenwart verfolgt werden kann, fußt auf umfangreichen historischen Studien über den Dreißigjährigen Krieg. Sie stellt die Ereignisse aus streng katholischer Sicht dar und ist dem Inhalt nach ein barockes *theatrum mundi* mit ausladenden düsteren Schilderungen der politisch-militärisch-religiösen Wirren, angefangen mit der Enthauptung der böhmischen Aufständischen vor dem Altstädter Rathaus in Prag (1620) bis hin zur Ermordung des geächteten Friedländers auf der Burg zu Eger (1634). Obwohl die Jahre des Aufstiegs, der Herrlichkeit und des Untergangs des Herzogs von Friedland die Romanhandlung bestimmen, ist nicht Wallenstein die zentrale Figur der Trilogie. Zwar überschattet er alles Geschehen, doch im Mittelpunkt steht ein recht merkwürdiges Liebespaar: der tschechische Ketzer Jiří (Georg) und die spanische Katholikin Andělka (Angelika). Sie versinnbildlichen – nach A. NOVÁK – das tragische Verhältnis zwischen dem unterliegenden böhmischen Protestantismus und der siegreichen katholischen Gegenreformation. Beide stehen in Diensten der Familie Wallenstein. Sie kennen einander seit Jahren und fühlen, daß sie zusammengehören. Die verschiedenen Religionsbekenntnisse bilden jedoch ein unüberwindliches Ehehindernis. Nach langen Irrwegen und wechselvollen Schicksalen finden sie erst dann ganz zueinander, als Jiří sich wieder zum Katholizismus bekennt. Wie im Titel *Das Umherirren* schon angedeutet, ist dieser Zweikampf der Religionen, in dem sich die katholische als stärker erweist, das eigentliche Thema des Autors. – Als Kompositionsform der Trilogie hat Jaroslav Durych selbst eine dreigliedrige Motivbündelung (der religiöse Glaube, der politische Zweck, die kreatürliche Leidenschaft) genannt. Alle drei Elemente sind in jedem einzelnen der 24 Kapitel enthalten, wobei das jeweils am stärksten herausgearbeitete Motiv zum folgenden Kapitel überleitet und es zugleich kausal bedingt. Zum europäischen Erfolg des Romans, der in einer Zeit der Wallenstein-Renaissance erschien, trug nicht zuletzt auch die harte, spröde, expressionistische Sprache Durychs bei. J.H.

AUSGABE: Prag 1929/30 (in *Spisy*, Bd. 3).

ÜBERSETZUNG: *Friedland*, M. Hartmann-Wagner, Mchn. 1933. – Dass., ders., Wien 1950.

LITERATUR: J. Bartoš, *»Bloudění« za třicetileté války* (in Lidové noviny, 1929, Nr. 277). – J. B. Čapek, Rez. (in Naše doba, 1929/30). – Ders., Rez. (in Čin 1930/31). – B. Mathesius, Rez. (in Literární noviny, 1930/31, Nr. 8; auch in Panoráma, 1930/31). – A. Novák, Rez. (in Lidové noviny, 12. 1. 1930). – B. Novák, *D. protireformace; D. »Bloudění« a Döblinův »Valdštejn«* (in Literární rozhledy, 1930/31). – A. M. Píša, Rez. (in Sever a východ, 1930). – F. X. Šalda, Rez. (in Šaldův zápisník, 1929/30). – B. Václavek, Rez. (in Index, 1930). – H. Jílek, *J. D.s »Wallenstein«* (in Jahrbücher für Kultur und Geschichte der Slaven, N. F. 9, 1933, S. 596–609). – G. Bezdieczka, *D. Funktionen d. Verbalaspektes bei J. D.*, Diss. Prag 1939. – C. Ryjaczek, *D. Gebrauch d. Bindewortes in J. D.s Wallenstein-Trilogie*, Diss. Prag 1939. – M. Zich, *Jazýček vah. Poznámky k D. »Bloudění«* (in Výhledy, 2, 1940).

## REKVIEM. Menší valdštejnská trilogie

(tschech.; *Requiem. Kleine Wallenstein-Trilogie*). Zyklus von drei Novellen von Jaroslav DURYCH, erschienen 1927/28. – Das Werk entstand neben Durychs historischem Roman *Bloudění. Větší valdštejnská trilogie*, 1929 *(Das Umherirren. Große Wallenstein-Trilogie)*, an dessen Handlung es in lockerer Form anknüpft. *Bloudění*, das mit dem Tod Albrecht von Wallensteins schließt, ist ein breitangelegtes Gemälde der blutigen Zeit des Dreißigjährigen Kriegs. Obwohl Wallenstein als Rahmengestalt figuriert, steht nicht er, sondern ein junges Liebespaar, der Ketzer und Exulant Jiří und die katholische Spanierin Andělka im Vordergrund des Geschehens dieser epischen Chronik. – Die widerspruchsvolle Persönlichkeit Albrecht von Wallensteins hat eine Fülle ganz unterschiedlicher Interpretationen hervorgerufen. Die verschiedenen Aspekte seiner politischen Aktivität fügen sich oft nur bruchstückhaft zu einem Gesamtbild, wobei die Nebelhaftigkeit seiner Motive den Kontrast zwischen Wallensteins Charakter und seinem Tun nur noch erhöht. Manchen Deutern stellt er sich als Ausbund von Rücksichtslosigkeit und Gefühlsroheit dar, anderen wieder als heroisches Opfer feiger Kabalen.

Die drei Novellen des *Rekviem*, die nach der Ermordung Wallensteins spielen, veranschaulichen das »Überleben« der Macht und des Einflusses des Toten, den Triumph der nachwirkenden Kraft des Geistes über die Schwäche des sterblichen Leibes. Der Konflikt in *Kurýr (Der Kurier)* resultiert aus der unterschiedlichen Aufnahme der Nachricht vom Tod Wallensteins. Ein eintreffender Kurier des Kaisers, der noch nicht von der Ermordung Wallensteins weiß, ruft durch seine Titulierung der angesprochenen Personen eine Verwirrung hervor, bei deren Klärung die Erzählung ihren dramatischen Höhepunkt erreicht: Der Autor zeigt den Gegensatz zwischen einem Mann, für den Wallensteins Tod eine Tragödie ist und dem seine Ehre gebietet, den Kampf fortzusetzen, und Leuten, die den Tod des Feldherrn als eine Realität akzeptieren, der man sich um des persönlichen Vorteils willen anpassen muß. Diese Leute *»waren ein bißchen bespuckt, doch hatten sie sich sorgfältig abgewischt, sie waren vornehm feige und tapfer im Meucheln«*. – Die

zweite Erzählung, *Budějovická louka (Die Budweiser Wiese)*, schildert eine Unterredung zwischen politisch engagierten Edelleuten, die Überlegungen über das künftige Schicksal ihrer Gruppe anstellen. Parallel dazu wird ein Gottesdienst zum Dank für die Rettung vor Wallenstein, d. h. anläßlich seiner Ermordung, zelebriert. Der Kontrast zwischen dem erhabenen Gottesdienst und dem niedrigen Meuchelmord wirft ein Licht auf den feigen Verrat von Wallensteins Gegnern. – *Valdice*, die dritte Novelle, beschreibt die Schändung des toten Feldmarschalls durch einen schwedischen General, die die Zwiespältigkeit von Wallensteins Verhalten sichtbar macht: Er verriet den Kaiser und wurde auf dessen Geheiß ermordet, er übte Verrat an den Schweden, wofür sie seinen Leichnam enthaupteten und ihm einen Arm abschlugen.
Der monumentale, oft pathetische Stil der Erzählungen deutet ihre sprachliche Verwandtschaft mit dem Barockzeitalter an. Das Hauptgewicht des Aufbaus ruht auf den Beschreibungen, die mit den Mitteln der Personifizierung und Verknüpfung kontrastierender Elemente eine besondere Wirkung erzielen, aber mit der Handlung eng verflochten sind. M.Pro.

AUSGABEN: Olmütz 1927 *(Kurýr)*. – Prag 1928 (*Budějovická louka* u. *Valdice*; Philobiblon, 6/7). – Prag 1930 *(Rekviem)*. – Prag ⁴1966 [Nachw. E. Strohsová].

ÜBERSETZUNG: *Die Kartause von Walditz*, M. Hartmann-Wagner, Mchn. 1934.

LITERATUR: A. N. [= Novák], Rez. *(Kurýr*; in Lidové noviny, 17. 11. 1927). – Ders., Rez. (*Budějovická louka* u. *Valdice*; in Lidové noviny, 23. 2. 1929). – J. B. Čapek, Rez. (in Naše doba, 1930/31). – J. Chalupecký, Rez. (in Samostatnost, 27. 6. 1930). – K. [= F. V. Krejčí], Rez. (in Právo lidu, 13. 4. 1930). – A. N. [= Novák], Rez. (in Lidové noviny, 11. 5. 1930).

## DUŠAN DUŠEK

* 4.1.1946 Gbelce

### NÁPRSTOK. Zopár idylických fotografií poštmajstra Emanuela, požičaných zo starého albumu a vydaných vlastným nákladom ako pohľadnice

(slovak.; *Der Fingerhut. Einige idyllische Fotografien des Postmeisters Emanuel, einem alten Album entnommen und im Selbstverlag als Ansichtskarten herausgegeben*). Erzählungsband von Dušan DUŠEK, erschienen 1985. – In dieser Sammlung mit ihren 17 Prosatexten ganz unterschiedlicher Länge und Erzählstruktur gelangt der eigentümliche Erzählstil, den der Autor in den vier vorausgegangenen Erzählungsbänden *Strecha domu*, 1972 *(Das Dach des Hauses)*, *Oči a zrak*, 1975 *(Die Augen und der Blick)*, *Poloha pri srdci*, 1982 *(Die Lage am Herzen)*, und *Kalendár*, 1983 *(Der Kalender)*, entwikkelt hat, zu seiner vollen Entfaltung.
*»Geschichten wollen nicht Geschichte sein«* lautet das Motto, das diesem Buch vorangestellt ist. Die »Geschichten« dieses Sammelbandes zielen nicht auf eine umfassende und erschöpfende epische Gesamtschau historischer Zusammenhänge und Entwicklungen, vielmehr illustrieren und dokumentieren sie in einem dichten, bildhaften Stil und einer knappen, faktischen Sprache, ohne weitausholende epische und lyrische Passagen, Geschichte *en miniature* in einzelnen *»Ansichten«* unterschiedlicher *»Brennweite«* (Dušek), die sich durch die Einheit der Zeit und des Raumes zu einer Gesamtansicht fügen. Dem »Betrachter« bleibt es überlassen, sie in einen Kontext zu stellen, Schlüsse zu ziehen. Im Mittelpunkt dieser Geschichten stehen die unterschiedlichsten Menschen mit ihren ganz individuellen Eigenschaften und Verhaltensweisen, ihrer Art zu leben, ihren Gedanken, Phantasien und Träumen, ihrem Lebensgefühl. *»In der Fähigkeit, ein nicht alltägliches Bild des alltäglichen Lebens hervorzurufen, besteht die Anziehungskraft von Dušeks Prosatexten überhaupt und des Buches ›Náprstok‹ im besonderen«* (Noge).
Der erste Text *Piesok (Der Sand)* zeigt in der *»Totalen«* (Dušek) – in scheinbar photographisch-realistischer Manier und dokumentarischer Authentizität – eine Vielzahl von namentlich genannten Personen mit den unterschiedlichsten Berufen in zufälligen Lebenssituationen in ihrem alltäglichen Milieu. Der Schauplatz ist ein kleiner, ländlich geprägter Marktflecken zu einer Zeit, als die österreichisch-ungarische Monarchie noch bestand oder in der Erinnerung gegenwärtig war.
Aus diesem *»Panorama«* werden durch die folgenden *»Ansichten«* einzelne Ausschnitte in der *»Halbtotalen«* (Dušek) herausgehoben: einzelne Personen; Ereignisse, die scheinbar den normalen Alltag beleuchten, wie etwa in *Čas (Die Zeit)*, einer atemberaubend dynamischen Schilderung der Rettung des Säuglings Ondrejko vor dem Tode durch Ersticken; charakteristische Zeiterscheinungen, wie z. B. in *Životnosť (Lebensdauer)*, einer Persiflage auf ein von allgegenwärtiger Reklame begleitetes Leben, oder in *Pošta (Die Post)*, einem mit orthographischen Fehlern und stilistischen Unebenheiten gespickten Brief eines Feuerwehrkommandanten, der zur karikierenden Beleuchtung des Vereinslebens und ihrer Vertreter gerät; oder auch Zeitungsnotizen, wie z. B. in *Zvesti (Nachrichten)*, einer Aneinanderreihung völlig unkommentierter Nachrichten. Die schlagwortartigen Titel der einzelnen Erzählungen, gleichsam »Bildtitel« mit symbolischer, metaphorischer, metonymischer oder auch lediglich lapidar kommentierender oder akzentuierender Funktion, verleihen der auf den ersten Blick realistisch abbildenden »Photogra-

phie« eine zusätzliche Dimension gedanklicher Überhöhung, deren Erschließung in der Regel dem Leser bzw. »Betrachter« überlassen bleibt. – Der letzte Text, die Titelerzählung *Náprstok*, die beinahe die Hälfte des gesamten Buches einnimmt, zeigt dann im *»Detail«* (Dušek) eine einzelne Figur namens Adam und deren Lebensgeschichte, die sich innerhalb des von den vorhergehenden Texten abgesteckten räumlichen, zeitlichen und gesellschaftlichen Rahmens abspielt.
Mit diesem Erzählungsband gehört Dušek zu jener von Schriftstellern wie Peter JAROŠ, Ivan HABAJ, Ján JOHANIDES, Dušan MITANA, Milan ZELINKA und nicht zuletzt auch Ladislav BALLEK repräsentierten neuen Richtung in der slovakischen Literatur, die die Aufarbeitung slovakischer Geschichte zu ihrem Anliegen macht, wobei Dušeks Verfahren *»der Intimisierung der Intimsphäre des Menschen«* (P. Zajac) ihn besonders mit Zelinka verbindet. Im Gegensatz zu den meisten Prosaikern seiner Generation, die wie er mit Erzählungsbänden debütierten, blieb er diesem Genre bisher treu. Ivan SULÍK sieht in seinen Erzählungen und Prosaminiaturen, Meisterwerken *»künstlerischer Präzision«*, ein *»gesundes Gegengewicht zu der andauernden Romanomanie«*, und Ján PATARÁK ist der Auffassung, daß mit Dušeks *Náprstok »die slovakische Erzählung wieder einmal einen gleichwertigen Kontakt mit den Literaturen anderer Völker geknüpft hat«*. E.A.

AUSGABE: Preßburg 1985.

LITERATUR: I. Hochel, Rez. (in Romboid, 21, 1986, Nr. 1, S. 87). – J. Patarák, Rez. (in Slovenské pohl'ady, 102, 1986, Nr. 3, S. 116–118). – J. Noge u. a., *Kritici diskutujú o D. D.* (in Romboid, 21, 1986, Nr. 6, S. 21–32). – P. Zajac, *Správa o Ute* (ebd., 21, 1986, Nr. 8, S. 90–94). – I. Sulík *Slovenská próza v osemdesiatych rokoch* (ebd., 22, 1987, Nr. 2, S. 5–6). – P. Zajac, *Náleziská D. D.* (in D. D., *Prášky na spanie*, Preßburg 1987).

## MICHAEL M. DUTT

eig. Maikel Madhusūdan Datta

* 25.1.1824 Sagardari
† 29.6.1873 Kalkutta

### CAPTIVE LADIE. An Indian Tale

(engl.; *Die gefangene Prinzessin. Eine indische Erzählung*). Verserzählung von Michael M. DUTT (Indien), erschienen 1849, ursprünglich zur Veröffentlichung im ›Madras Circulator and General Chronicle‹ bestimmt. – Die beiden Cantos des Werkes gliedern sich in Strophen von unterschiedlicher Länge, die aus gereimten Verspaaren mit vierhebigen Jamben bestehen, aber durch metrische Modifikationen stellenweise einen lebhafteren Rhythmus erhalten. In Thema und Aufbau kommt die »Erzählung«, wie Dutt sein Werk nennt, eher dem Typ des Heldengedichts nahe, erweitert doch der Autor mit epischer Breite und reichem Dekor die Hauptdarstellung, die aus der Zeit kurz vor der berühmten Expedition Mohammeds von Ghizni tradiert ist. Nach dieser Überlieferung demonstriert der König von Kanoje seine Macht durch ein prunkvolles Siegesfest, um die Huldigung der indischen Prinzen zu empfangen. Nur der Herrscher von Delhi verweigert durch sein Fernbleiben dem Gastgeber die Anerkennung der gewaltsam erlangten Würde eines Oberherrn, da nach altem Herkommen dieses Amt exklusives Privileg des Königshauses von Delhi war. Der Sage nach dringt dieser Hindukönig mit seinen Gefährten am letzten Tag des Festes heimlich in den Palast ein und raubt eine königliche Prinzessin, um deren Hand er bisher vergeblich geworben hatte. Die Entführer werden jedoch gezwungen, die Prinzessin wieder auszuliefern; sie wird nun auf einer einsamen Burg streng bewacht, von wo der verwegene Liebhaber in der Verkleidung eines indischen Troubadours sie abermals entführt. Diese Beleidigung kann der Herrscher von Kanoje nie verzeihen, und als das Delhireich von Mohammed von Ghizni überfallen wird, versagt er dem König von Delhi jegliche Hilfe und führt so mittelbar dessen tragisches, wenn auch heroisches Ende herbei.
Dutt weicht von der Überlieferung insofern ab, als in seiner Darstellung die Prinzessin bereits vor dem Siegesfest als Gefangene auf der Burg weilt. Mit dem Stimmungsbild eines friedlichen Abends erhält die Erzählung einen romantischen Auftakt, während sich im Kontrast dazu die Schilderung der Siegesfeier in einer Bilderfülle von glühender orientalischer Pracht entfaltet. In zahlreichen Gesprächen wird die Sagenwelt des Hindu-Pantheon lebendig, die stellenweise eine überraschende Ähnlichkeit mit der griechischen Mythologie aufweist. So entspricht Swargas himmlischer Wohnsitz dem Olymp der Hellenengötter, der Jüngling Kama dem griechischen Eros. Auch die Gestalt des Bhât mit der Leier (eine indische Version des Troubadour) erinnert an die europäische Tradition. In seiner sehr gewählten Sprache gibt der Autor traditionellen poetischen Wendungen neue Bedeutungen: So erscheinen z. B. bekannte Metaphern wie Blumen oder rauschende Blätter nicht als Bilder des Glücks, sondern als Ausdruck der Sorge. J.Ke.

AUSGABE: Madras 1849.

LITERATUR: K. R. Srinivasa Iyengar, *Indian Writing in English*, Bombay 1962, S. 35/36.

### MEGHANĀDAVADHA

(bengali; *Die Tötung des Meghnād*). Epos in neun Gesängen von Michael M. DUTT, erschienen

1861. – Die alte Legende von Rāmacandra und Sītā hat viele indische Dichter inspiriert, aber keiner hat sie so unabhängig von den religiösen und poetischen Traditionen Indiens darzustellen gewagt wie der Bengale Madhusūdan Datta. Seine Studien der klassischen Epik Europas – eine Frucht der revolutionierenden Begegnung der bengalischen Intellektuellen mit der europäischen Kultur in der ersten Hälfte des 19. Jh.s – ließen ihn vor allem die dramatischen Möglichkeiten erkennen, die in der Fabel vom Kampf zwischen Rāmacandra, dem Freund der Götter, und dem Dämonenfürsten Rāvaṇa verborgen sind. Allerdings mußte der Autor, um diese Möglichkeiten ausschöpfen zu können, den Stoff so umgestalten, daß Rāvaṇa zu einem ebenbürtigen Gegner Rāmacandras wurde. So erscheint in seinem Epos der ursprüngliche Feind der Götter und Brahmanen Rāvaṇa als ein indischer Priamos, als ein heldenhafter Fürst, guter König und Verehrer Śivas, den nur sein Kṣatriya-Blut dazu verleitet hat, Sītā zu rauben. Sein Sohn Meghanāda ist ein indischer Hektor, der von Lakṣmaṇa, Rāmacandras Bruder, mit Hilfe der Göttin Māyā beim Gebet meuchlings ermordet wird. Rāmacandra wird zum Werkzeug des neidischen Indra und der mit ihm verbündeten Götter. Obwohl der Leser weiß, daß der Fall von Laṅkā (Ceylon) vom Schicksal bestimmt ist, entläßt ihn der Dichter mit dem Bild des auf dem Schlachtfeld gedemütigten Indra und mit den heroischen Trauergesängen für den Helden Meghanāda.

Entsprechend dieser tiefgreifenden, deutlich von der *Ilias* HOMERS beeinflußten Umdeutung der Legende hat Madhusūdan Datta die unförmigen Stoffmassen des *Rāmāyaṇa* von VĀLMĪKI gekürzt und gestrafft. Das Hauptgeschehen ist auf einen Zeitraum von nur zwei Tagen zusammengedrängt und das ganze Epos in neun gegeneinander ausgewogene Gesänge geteilt: 1. Meghanāda wird Heerführer von Laṅkā; 2. die Götter planen seinen Tod; 3. Meghanādas Gattin Pramīlā folgt ihm in die eingeschlossene Stadt; 4. die gefangene Sītā erzählt die Vorgeschichte des Epos; 5. Lakṣmaṇa gewinnt die Hilfe der Māyā, Meghanādas Abschied von seiner Mutter; 6. die Ermordung des Meghanāda; 7. die Demütigung Indras und Lakṣmaṇas durch Rāvaṇa; 8. Rāmacandras Abstieg in die Totenstadt, um Lakṣmaṇas Leben zu retten; 9. die Totenfeiern für Meghanāda.

Die Bedeutung des *Meghanādavadha* erschöpft sich allerdings nicht in der neuartigen Gestaltung der alten Legende. Gerade die abfällige, zuweilen auch äußerst aggressive Reaktion orthodoxer indischer Kritiker gegen Madhusūdan Dattas umwertende Darstellung der Hindu-Mythologie zeigt, daß das Epos zugleich auch ein wichtiges religionsgeschichtliches und kulturhistorisches Dokument ist. Zwar hat der Dichter keine antibrahmanische Propaganda treiben wollen; aber wenn er die Dämonen »sanskritisierte« und die Legende aus bengalischer Sicht darstellte, so dokumentierte sich darin das besondere Kulturbewußtsein Bengalens, das sich in den letzten hundert Jahren immer mehr von den Traditionen des nordwestlichen Indiens zu lösen versucht hat. So gilt der *Meghanādavadha* heute in Bengalen als klassisches Werk. P.G.

AUSGABEN: Kalkutta 1861. – Kalkutta 1918, Hg. Dīnanātha Sānyāla. – Kalkutta [2]1929 [verb.].

LITERATUR: J. C. Ghosh, *Bengali Literature*, Ldn. 1948. – L. S. Das, *Madhusūdaner kavi mānas. A Study of the Bengali Poet M.*, Kalkutta 1959. – S. Sen, *M. A Critical Analysis of the Poetry of M.*, Kalkutta [2]1959.

## ROMESH CHUNDER DUTT

eig. Rāmeśacandra Datta

* 13.8.1848 Kalkutta

† 30.11.1909

### SANSĀRA-KATHĀ

(bengali; *Die Erzählung von der Welt*). Familienroman von Romesh Chunder DUTT, erschienen 1885. – Dutt bzw. Datta, der als einer der ersten Inder im Indian Civil Service der englischen Krone als Jurist und Verwaltungsbeamter gedient und zuletzt das Amt des Premierministers im Fürstenstaat Baroda bekleidet hatte, wollte mit dem Roman *Sansāra* ebenso wie mit seiner späteren Erzählung *Samāj*, 1894 *(Die Gesellschaft)*, einen Weg aus der Verwirrung weisen, in der sich die an tabuartige Traditionen gewöhnte Mittelschicht Bengalens angesichts der neuen (größtenteils westlich beeinflußten) liberalen Entwicklungstendenzen befand. Damit stellte er sich mitten in eine Diskussion der bedeutendsten Schriftsteller und Gelehrten Bengalens in der zweiten Hälfte des 19. Jh.s.

Hauptthema des Romans ist die Wiederverheiratung einer Kinderwitwe, ein Motiv, das durch die gegen die orthodoxen Praktiken seiner Zeit gerichtete Propaganda des berühmten Sanskritgelehrten Īśvaracandra VIDYĀSĀGARA (1820–1891) auch in der Literatur aktuell geworden war. Die kritischen Darstellungen von Witwenschicksalen, die Baṅkimcandra CAṬṬOPĀDHYĀYA (1838–1894) in seinen Romanen (vgl. *Kṛṣṇakānter uil*) gegeben hatte, drohten zwischen der Gruppe der Liberalen und der konservativen Mehrheit der gebildeten Bürger Bengalens eine Kluft aufzureißen. Datta schrieb daher – teils aus Protest gegen den berühmten Romancier, teils um an einem Beispiel die Richtigkeit der liberalen Thesen zu beweisen – die glücklich endende Erzählung von der Wiederverheiratung der Kinderwitwe Sudhā.

In seinem vierteiligen Roman schildert der Autor eine Umwelt, die gerade fortschrittlich genug ist, daß der (auch heute noch) in Indien ganz unge-

wöhnliche Schritt einer Witwenheirat gewagt werden kann, und die gleichzeitig noch so sehr an den alten Traditionen hängt, daß genügend retardierende Momente beim Ablauf des Geschehens auftreten. Der erste Teil der Erzählung dient der Aufdeckung der – entsprechend den indischen Verhältnissen – sehr komplizierten Familienbeziehungen; der zweite Teil handelt von der Übersiedlung der verwitweten Sudhā mit der Familie ihrer Schwester nach Kalkutta. Die breite, Nebenmotive weit ausspinnende Erzählweise des Autors ist durch das Hauptmotiv bedingt. Da eine Liebesgeschichte ihm nicht viel Erzählenswertes bietet, beschreibt Datta ausführlich den Widerstand der Familie und der Gesellschaft gegen die Absicht des Studenten Śarat, die kindliche Witwe Sudhā zu heiraten, und begründet so die Trennung der Liebenden. Der dritte Teil enthält den Bericht über eine Pilgerfahrt nach Purī (im indischen Staat Orissa), die einen wohltätigen Einfluß auf Śarat und die Familie seiner Schwester hat. Der vierte Teil wendet sich zunächst Śarats Mutter zu, die – voller Ehrfurcht vor den überlieferten Tabus – bisher als ein Symbol absoluter Familienautorität gegolten hatte. Als sie aber aus dem Mund eines ehrwürdigen Kālī-Priesters in Kalkutta die Lehren des Vidyāsāgara vernimmt, ist sie bereit, der Ehe ihres Sohnes zuzustimmen, obwohl diese den herrschenden Sitten zuwiderläuft und die Familie zu Kastenlosen zu degradieren droht. Śarats Ehe kommt dann allerdings nur mit der Hilfe seines (englisch erzogenen) Schwagers Hemacandra, des Mannes von Sudhās Schwester Bindutārā, und anderer einflußreicher liberaler Ratgeber zustande, wobei die Dienerschaft, die Nachbarn und anfangs auch die ältere Generation der Familie eine boshafte, schockierte und diskriminierende Umwelt bilden. – Da in Verbindung mit dem Hauptmotiv auch die Frage nach den Voraussetzungen für ein moralisches Leben auftaucht, stellt Datta die glückliche Ehe des bescheidenen, fast asketischen Hemacandra den Ausschweifungen eines vermögenden Verwandten gegenüber. Den pädagogischen Absichten des Romans entsprechend wird Hemacandra mit Ämtern und öffentlichen Ehrungen belohnt, während der reiche Großgrundbesitzer seine Frau verliert und so zur Buße gezwungen wird.
Die von Datta selbst angefertigte englische Übersetzung *(The Lake of Palms – Der Palmsee)* ist für englische Leser der Jahrhundertwende geschrieben und unterscheidet sich daher vom Originaltext durch breite Erzählerkommentare über indische Sitten und Verhältnisse, Lobreden auf die englische Verwaltung in Indien sowie Kürzungen der Familienszenen am Anfang; selbst die Personencharakterisierungen sind verändert und wichtige Teilstücke anders akzentuiert. P.G.

AUSGABEN: Kalkutta 1885. – Kalkutta 1919.

ÜBERSETZUNGEN (engl.): *The Lake of Palms*, R. Dutt, Ldn. 1902. – Dass., P. V. Kulkarni, Madras 1933 [gek.].

LITERATUR: J. N. Gupta, *Life and Work of R. Ch. D.*, Ldn./NY 1911. – Śrīkumār Vandyopādhyāya, *Bānglā sāhityer vikāser dhārā*, Bd. 2, Kalkutta [2]1963. – W. Ruben, *Indische Romane I*, Bln. 1964, S. 107–123. – R. C. Dutt, *R. Ch. D.*, Delhi 1968.

## OLAV DUUN

* 21.11.1876 Duun / Insel Jøa
† 13.9.1939 Botne

LITERATUR ZUM AUTOR:
*Bibliographien:*
K. Haukaas, *O. D. og bøkene hans – ein bibliografi*, Oslo 1954. – *Bibliographie* (in H.-J. Zumsteg, *O. D.s »Medmenneske«-Trilogie*, Basel/Ffm. 1984, S. 291–304).
*Biographien:*
A. Øverland, *O. D.*, Oslo 1926. – A. G. Schjelderup, *Dikteren O. D.*, Oslo 1945. – R. Thesen, *O. D.*, Oslo 1946.
*Gesamtdarstellungen und Studien:*
R. Thesen, *Menneske og maktene. O. D.s dikting i vokster og fullending*, Oslo 1942. – D. Haakonsen, *O. D. En dikter om vår egen tid*, Oslo 1949. – R. Thesen, *Seks unge om O. D.*, Oslo 1950. – A. Sæteren, *Mennesket og samfunnet. En motivundersøkelse innenfor O. D.s diktning*, Oslo 1956. – R. Eide, *Menneskenes rike. Livssyn og livsholdning i O. D.s siste verker* (in Edda, 68, 1968, S. 39–69). – B. Birkeland, *O. D.s soger og forteljingar. Forteljekunst og tematikk*, Oslo 1976. – *O. D. Ei bok til 100-årsjubiléet*, Hg. O. Dalgard, Oslo 1976. – A. Dalen, *Talemål som litterær reiskap. Om O. D.s språk* (in Unitekst, 2, 1977, S. 38–53). – B. Slapgard, *Humanisme og kristendom i O. D.s dikting* (in IDEA. Idéhistoriske studier, 5, 1983.

### ETTERMÆLE

(norw.; *Ü: Der Gang durch die Nacht*). Roman von Olav DUUN, erschienen 1932. – Der junge norwegische Seemann Brynjar Bjørholt erhält in Italien die Nachricht von dem plötzlichen Tod seiner Mutter und kehrt in die Heimat zurück. Sein Vater Torberg war unter Mordverdacht verhaftet worden, ist jedoch wieder auf freiem Fuß, als sein Sohn heimkommt. Brynjar ist von der Unschuld des Vaters überzeugt, da er von dessen übergroßer Liebe zu seiner Frau weiß. Zwar sind in den Verhören und in der Gerichtsverhandlung alte, fast vergessene Gerüchte zur Sprache gekommen, als Faktum aber konnte lediglich ermittelt werden, daß Arna Bjørholt an dem bewußten Frühjahrsabend das Haus verlassen hatte, um eine im Sterben liegende Freundin aufzusuchen, daß der Bjørholt-Bauer ihr dann nachgegangen und nach längerer Zeit allein zurückgekehrt war. Arna wurde später tot am Wegrand aufgefunden. Torberg hatte jede Schuld bestritten, im übrigen aber hartnäckig geschwiegen. Trotzdem sprach ihn das Gericht aus Mangel an Beweisen frei. – Brynjar ist nun entschlossen, die tatsächliche Unschuld des Vaters zu beweisen und die volle Wahrheit zu ergründen. Zu diesem Zweck befragt er eine Reihe von Personen, die im Leben von Arna und Torberg Bjørholt eine Rolle gespielt haben. Aus den Antworten der Leute, denen jeweils nur ein Bruchstück des wirklichen Geschehens bekannt ist oder die nicht alles sagen, was sie wissen, ergibt sich für Brynjar nach und nach mosaikartig ein Bild von der Vergangenheit seiner Eltern: Aus guter Familie stammend, war die Vollwaise Arna mit zwölf Jahren von dem tüchtigen und wohlhabenden Jungbauern Tørris als Ziehtochter angenommen worden. Der Bauer verführte sie und wollte sie zu seiner Frau machen. Arna aber trennte sich von ihm und brachte sein Kind in der Stadt zur Welt. Inzwischen hatte sie sich nämlich in einen gewissen Otte verliebt, einen Blender, der ebenso arm war wie sie selbst. Dann lernte sie Bjørholt kennen, einen der größten Bauern des Dorfes, und heiratete ihn. Um ihre Ehe nicht zu gefährden, verheimlichte sie ihm ihr Kind. Aus demselben Grund verschwieg sie auch den von ihr beobachteten Racheakt des eifersüchtigen Otte, der in einem Unwetter die Vertäuung von Bjørholts und Tørris' Booten löste, so daß sie abtrieben und untergingen. Zwar hatte Bjørholt die wahren Zusammenhänge geahnt, aber erst nach Arnas Tod und kurz vor seinem eigenen erfährt er von seinem Sohn die volle Wahrheit. Um des guten Rufs seiner Frau willen, die auf jenem verhängnisvollen Gang durch die Nacht zufällig dem gehaßten Otte begegnet war, den Torberg für den Vater ihres vorehelichen Kindes hielt, hatte er vor Gericht die Aussage verweigert und es vorgezogen, den Verdacht des Gattenmordes auf sich zu nehmen. In Wirklichkeit war Arna, erschreckt durch das unverhoffte Auftauchen ihres Mannes, leblos zusammengesunken. Nun steht Torberg einer nahezu ausweglosen Situation gegenüber: Brynjar und seine Geschwister wollen nicht ihr Leben lang als Kinder eines Mörders oder auch nur des Mordes Verdächtigen gelten. Des Vaters Unschuld läßt sich jedoch nur nachweisen, indem man den guten Ruf der Mutter preisgibt. Der Bauer entscheidet sich am Schluß: *»Können wir unser Schicksal tragen, dann können wir auch tragen, was die Leute über uns sagen.«*

*Ettermæle*, wörtlich übersetzt etwa »die Nachrede«, gehört zu den Meisterwerken der letzten Schaffensperiode Duuns. Vor allem in den Dialogen überzeugt seine Gestaltungskraft. So erklärt die zögernde, verhaltene Art der Bauern die schleppenden Fortschritte der Nachforschungen Brynjars; gleichzeitig verwendet Duun ihre herbe, kritisch abwägende Sprache als poetisches Darstellungsmittel. Wie die anderen Werke Duuns ist auch dieser Roman in Landsmål geschrieben (mit Dialektmerkmalen seiner Heimat Namdalen). F.W.V.

AUSGABEN: Oslo 1932. – Oslo 1949 (in *Skrifter*, 12 Bde., 1948/49, 11).

ÜBERSETZUNG: *Der Gang durch die Nacht*, J. Sandmeier, Bln. 1930. – Dass., ders., Hbg. 1936.

LITERATUR: J. Skaadel, *Komposisjonen i O. D.s romanar »Ettermæle«, Gud smiler og »Menneske og maktene«*, Oslo 1974. – M. Eide Møster, *Orda og menneskelivet. Ein analyse av O. D.s »Ettermæle«*, Oslo 1976. – O. Birkeland, *Frå roman til drama. O. D.: »Medmenneske« og »Ettermæle«*, Oslo 1977.

## JUVIKFOLKE

(norw.; *Ü: Die Juwikinger*). Roman in sechs Bänden von Olav DUUN, erschienen 1918–1923 unter den Einzeltiteln: *Juvikingar (Juwika), I blinda (Mit Blindheit geschlagen), Storbrylloppe (Die Großhochzeit), I eventyre (Das Abenteuerland), I ungdommen (In der Jugend)* und *I stormen (Im Sturm)*. – Das Werk ist eine Geschlechtersage, die über mehrere Jahrhunderte weit zurück in die norwegische Vergangenheit reicht; die Kernhandlung spielt jedoch zwischen ca. 1814 und 1918. Per, *»der erste Juwiking, von dem man weiß, war von Süden gekommen«*. Er läßt sich auf Juwika nieder, das *»seit alters ein Häuslerhof«* war, und dank harter Arbeit gelingt es ihm, den Hof zu kaufen – *»jedermann in der Gemeinde sagte, sie hätten bisher noch nicht gewußt, was arbeiten sei«*. Seine Nachkommen sind starke, derbe und schweigsame Männer, *»Gotteswort und Lappenzauber können ihnen nichts anhaben«*. Abwechselnd heißen sie Per und Anders, *»Vater und Sohn nacheinander«*. Die letzte dieser urwüchsigen, heidnisch-instinktgebundenen Gestalten ist Per Anders (Band 1), der um 1800 den Hof bewirtschaftet. Nach ihm teilt sich das Geschlecht, und der Hof Haaberg wird zum Schauplatz der Handlung, während eine Tochter des Per Anders den Stammsitz Juwika übernimmt. Erst mit Anders, »Blind-Anders«, findet die Sippe wieder einen würdigen Repräsentanten. Er ist die Hauptperson des zweiten Bands – eine starke, aristokratische Persönlichkeit mit unverwüstlichem Humor. Dann beginnt der endgültige Abstieg der Juwikinger. Von den entscheidenden gesellschaftlichen Veränderungen einer neuen Zeit ist die bäuerliche Familienstruktur besonders stark betroffen; Haaberg ist vom Bankrott bedroht, der männliche Erbe fällt der Schwindsucht zum Opfer, und einige Familienmitglieder versuchen in Amerika ihr Glück. Das bittere Resümee ist: *»Hier wächst kein Häuptling mehr heran. Es braucht's wohl auch nicht; sie müssen jetzt mit sich selber zurechtkommen, die kleinen Leute.«*

Im Mittelpunkt der letzten drei Bände des Romanwerks steht Odin, der uneheliche Sohn einer Juwikingerin, der zum ersehnten »Häuptling« heranwächst. Einfühlsam schildert Duun Kindheit und Jugend Odins, die Jahre, in denen er seine Lebensaufgabe findet: Als Bauer, Fischer, Unternehmer und Bürgermeister versucht er, die Treue zum

Geist der Ahnen mit dem modernen Fortschrittsstreben in Einklang zu bringen. Sein Gegenspieler ist der hinterhältige Lauris, der schließlich Odins Ruf und Stellung ruiniert. Odin beschließt, ihn zu töten. Als er aber Gelegenheit hat, sich an Lauris zu rächen, ringt er sich zu seiner größten Tat durch: Während einer Überfahrt kentert das Boot, und obwohl er der Stärkere ist, ermöglicht er seinem Erzfeind, sich zu retten, und wählt selbst den Tod. Die Geschichte der Juwikinger wird in einer stark an die altnordischen Sagas gemahnenden Sprache erzählt, und nicht zu Unrecht hat man in diesem Roman häufig eine psychologische Darstellung der geschichtlichen Entwicklung Norwegens gesehen. Trotz seiner äußeren Dimensionen und seines Handlungsreichtums besitzt das Werk innere Geschlossenheit und zeugt davon, wie souverän der Autor den gewaltigen Stoff beherrscht. Der herbe Realismus, der den spannungsreichen Roman kennzeichnet, wird noch dadurch unterstrichen, daß der Verfasser in dem der Thematik besonders angemessenen vokalreichen und markigen »Landsmål« schreibt. Das Epos, das völlig unaufdringlich ein nationales Pathos ausstrahlt und wohl den Höhepunkt in Duuns Schaffen bezeichnet, zählt zu den wichtigsten Romanwerken der norwegischen Literatur. F.J.K.

AUSGABEN: *Juvikingar*, Kristiania 1918 (1. Bd.). – *I blinda*, Kristiania 1919 (2. Bd.). – *Storbrylloppe*, Kristiania 1920 (3. Bd.). – *I eventyre*, Kristiania 1921 (4. Bd.). – *I ungdommen*, Kristiania 1922 (5. Bd.). – *I stormen*, Kristiania 1923 (6. Bd.). – Oslo 1927, 2 Bde. – Oslo 1949 (in *Skrifter*, Hg. R. Thesen, 12 Bde., 1948/1949, 5–7). – Oslo 1957 (in *Skrifter i samling*, Bd. 5–7).

ÜBERSETZUNG: *Die Juwikinger*, J. Sandmeier u. S. Angermann, 2 Bde., Ffm. 1927–1929 (Bd. 1: *Per Anders und sein Geschlecht*; Bd. 2: *Odin*). – Dass., dies., Wien/Mchn. 1964.

LITERATUR: O. Hanssen, *Juvik-verket av O. D.* (in Ung-Norig, 1921, S. 121–130). – O. Næs, *Livsbelysningi »Juvikfolke«* (in Synogsegn, 1929, S. 308 bis 320). – M. Tau, *O. D. u. seine »Juvikinger«* (in Der Kunstwart, 1930, S. 85–92). – H. Rytter, *Bygda og folket i D.s »Juvikfolket«* (in Syn og segn, 1936, S. 402–413). – O. Setrom, *O. D. og dei gamle juvikingane* (ebd., S. 387–401). – A. Tveterås, *I skyggen av »Juvikfolke«* (in Samtiden, 1949, S. 242–249). – R. Aas, *Stil og komposisjon i »Juvikfolke«* (in *Seks unge om O. D.*, Hg. R. Thesen, Oslo 1950, S. 233–259). – K. Halvorsen, *Fylogenese. Etisk utvikling i D.s »Juvikfolke«* (ebd., S. 41–73). – B. Hammerich Heltoft, *Psykologiske udviklingsstadier hos hovedskikkelserne i O. D.s »Juvikfolke«* (ebd., S. 77–118). – M. Sivertsen, *O. D.s kvindeskikkelser* (ebd., S. 121–150). – S. Aa. Aarnes, *Omkring komposisjon og stil O. D.s »Juvikfolke«* (in Edda, 68, 1968, S. 17–38). – O. Dalgard, *To trønderromaner om det store hamskiftet. »Juvikfolke« og Dansen gjenom skuggeheimen* (in Norsk litterær årbok, 1971, S. 9–20). – A. Danielsen, *Zur Wiedergabe der Mundart in der dt. Übersetzung von O. D.s »Juvikfolke«*, Oslo 1974. – J. Thon, *En analyse av O. D.s »I stormen«* (in Ventil, 4, 1974, H. 3, S. 19–26). – Å. Svensen, *»Juvikfolke« – Odins utvikling i barndom og ungdom* (in L. Bliksrud, *Søkelys på fem nyrealister*, Oslo 1978, S. 53–64). – Dies., *»Juvikfolke«* (in Å. Sv., *Mellom Juvika og Øyvære*, Oslo 1978, S. 9 bis 90). – S. P. Vikmoen, *Hamskifte-motivet i »Storbrylloppe« av O. D. og Når tuftene ryk av Ola Setrom* (in Norsk litterær årbok, 1978, S. 81–99). – S. Andrewes, *Fosnes and the World Economy. A Marxist Study of O. D.s »Juvikfolke«*, Ldn. 1979. – O. M. Høystad, *Sosiale og sosialetiske spenningar i »I eventyre« av O. D.* (in Norsk litterær årbok, 1981, S. 41–61). – S. Andrewes, *Characterization and Narrative Structure in O. D.* (in Scandinavica, 21, 1982, S. 153–165). – E. Vannebo, *Ovtru – vantru – tru. Religiøse førestillingar hos gammalkarane og Per Anders og menneska kring han i O. D.s »Juvikfolke«* (in Norsk litterær årbok, 1982, S. 13–30). – O. M. Høystad, *O. D.s myte om det kløyvde mennesket. Astris regressive bindingar i »I ungdommen«* (in Norskrift, 1984, S. 57–79). – Ders., *Odin i »Juvikfolke«. O. D.s språk og menneskesyn*, Oslo 1987.

## MEDMENNESKE

(norw.; *Ü: Mitmensch*). Roman von Olav DUUN, erschienen 1929. Das Werk bildet den ersten Teil einer Trilogie, deren weitere Bände *Ragnhild* (1931) und *Siste leveåre*, 1933 *(Das letzte Jahr)*, sind. – Nach ihrer zentralen Gestalt nennt man die Trilogie häufig *Ragnhild-Trilogie*, während etwa R. EIDE die Bezeichnung *Medmenneske-Trilogie* bevorzugt, da gerade Ragnhild am eindruckvollsten und positivsten das »Mitmenschliche« repräsentiere. Auch ist der erste Band der literarisch bedeutsamste Teil des Zyklus.

*Medmenneske*: Die junge, lebenskräftige und charakterstarke Ragnhild heiratet nach Stavsund, auf den Hof des alten Didrik Dale, der seine Umgebung tyrannisiert und schließlich zur Verkörperung des Bösen wird. Unter seiner Skrupellosigkeit und seinem verletzten »Rechtsgefühl« hat vor allem sein ältester Sohn Håkon, Ragnhilds Mann, zu leiden, während ein weiterer Sohn, Johannes, nach Amerika auswandert, als ihm das Zusammenleben mit seinem Vater unerträglich wird. Ragnhild dagegen, *»ein Genie im Glauben und im Leben«*, bildet in ihrer natürlichen Güte ein Element des Ausgleichs. Als es jedoch schließlich zum totalen Zerwürfnis zwischen Vater und Sohn kommt, erschlägt Ragnhild den alten Didrik im Affekt und aus Angst, ihr Mann könne selbst zum Mörder an seinem Vater werden. Der Totschlag sieht zunächst wie ein Unfall aus, und Ragnhild gesteht Håkon die Tat erst, als dieser selbst verdächtigt wird, muß dann aber erkennen, daß er ihr Opfer nicht verdient hat. Ihm fehlt die menschliche Größe, die Tat auf sich zu nehmen, er heißt Ragnhild vielmehr allein zum Lensmann gehen und sich stellen.

*Ragnhild*: Während der Zeit, die Ragnhild im Zuchthaus verbracht hat, ist ihr Sohn Hallvard nahezu verwildert, denn Håkon eignet sich wenig zum Erzieher. Obwohl nach sechs Jahren begnadigt, ist Ragnhild nicht nach Stavsund zurückgekehrt, sondern hat sich als Magd im Süden des Landes verdingt. Johannes kehrt mit viel Geld aus Amerika zurück und hilft seinem Bruder Håkon beim Bau einer Mühle. Den Haushalt führt die junge Ellida, zu der Håkon allmählich Zuneigung faßt und die er heiraten möchte. Der haltlose Johannes dagegen hat in kurzer Zeit sein Geld vertan und sogar Schulden gemacht. Er vergreift sich an Ellida, und Håkon ist in seiner Enttäuschung und seiner gekränkten Ehre nahe daran, seinen Bruder umzubringen, der nun nach Australien auswandern will, denn Håkon wird so lange kein »richtiger Mensch« (wie seine Halbschwester Lea es ausdrückt), bis nicht Ragnhild wieder auf dem Hof ist. Tale, Håkons Mutter, bricht auf, um ihre Schwiegertochter heimzuholen, kann sie aber nur dazu überreden, daß sie die todkranke Frau zurückbegleitet. Doch sie erreichen Stavsund nicht mehr; Tale stirbt in der nahegelegenen Stadt. Dort begegnet Ragnhild ihrem Mann und Johannes und ist bereit, ihrer Schwiegermutter das Totengeleit zu geben. Ihr Sohn Hallvard lehnt seine Mutter als »Zuchthäuslerin« ab; der ungebändigte Junge reißt aus, als der Vater ihn wegen eines Vergehens bestrafen will, und als Ragnhild ihn nach mehrtägigem Suchen endlich findet, ist er schwer erkrankt. Am Bett des Genesenden finden die drei schließlich wieder zueinander. Ragnhild, die befürchten muß, daß ihr Mann schon gefährlich seinem Vater ähnlich zu werden beginnt, entschließt sich endgültig zum Bleiben, um den schweren Kampf mit den dunklen Mächten in Håkons Innerem aufzunehmen und Hallvard eine Mutter zu sein.

*Siste levedre*: Einige ruhige Jahre vergehen, seit Ragnhild und Håkon wieder beisammenleben, bis sich der grüblerische Håkon einbildet, sterbenskrank zu sein. Er beginnt sein Haus zu bestellen, und verfängt sich dabei, ähnlich wie sein Vater, in allerlei Spekulationen; seine Frau läßt er über alles im ungewissen. Gescheitert und besessen von der fixen Idee seines binnen Jahresfrist nahenden Todes, zieht Håkon sich schließlich auf eine einsame Schäre zurück. Ragnhild schickt die an Krebs erkrankte Lea, die tatsächlich nur noch kurze Zeit zu leben hat, zu ihm, und dieser gelingt es, ihn zur Rückkehr zu bewegen. Bei einem Schiffbruch kann sich Håkon gerade noch retten und gelangt zur Einsicht, daß er mit dem Tod gespielt hat. Håkon sieht jetzt auch seine Verantwortung als »Mitmensch« deutlicher als zuvor: *»Am größten ist der Mensch, wenn er sich aufrichten und nur noch Mensch sein muß.«* Diesen Entschluß, ein neues Leben zu beginnen, bekräftigen Håkon und Ragnhild durch ihre Entscheidung, auf den verschuldeten Hof Stavsund zu verzichten und sich auf dem bescheidenen Leaheim niederzulassen. In diesem *»Abschied von Stavsund«* sieht D. HAAKONSEN einen würdigen Abschluß der Trilogie; Selbstüberwindung und Selbstbefreiung kommen hier zum Ausdruck. *»Glücklich zu sein, meinte [Ragnhild], das ist, die Welt zu sehen, aber dann muß man sie so sehen, wie sie werden soll, und sie danach schaffen, so daß du fühlst, daß du Mensch bist und ein Mitmensch für andere.«*

Neben dem sechsbändigen Romanwerk *Juvikfolke*, 1918–1923 *(Die Juwikinger)*, ist die *Medmenneske-Trilogie* Duuns bedeutendste Romanserie. Grundlegendes Thema, das das Gesamtschaffen des Dichters durchzieht, ist auch hier der Mensch im Kampf mit den – inneren wie äußeren – Mächten und sein Ringen um Güte, Menschlichkeit und menschliche Würde. Mit bohrender Psychologie hat Duun, einer der bedeutendsten norwegischen Epiker – Sigrid UNDSET nannte ihn sogar *»Norwegens größten Dichter«* –, seine Gestalten gezeichnet. Dazu kommt Duuns vielfach am Sagastil orientierte, knappe, oft nur andeutende Sprache: ein herbes Landsmål mit Elementen seines heimatlichen Dialekts, das die Personen unverwechselbar charakterisiert, aber auch Naturbilder von seltener Eindringlichkeit ermöglicht. In Ragnhild ist dem Autor eine der faszinierendsten und erhabensten Frauengestalten der norwegischen Literatur gelungen. KLL

AUSGABEN: *Medmenneske*: Oslo 1929. – Oslo 1949 (in *Skrifter*, Hg. R. Thesen, 12 Bde., 1948/49, 10). – Oslo 1977. – *Ragnhild*: Oslo 1931. – Oslo 1949 (in *Skrifter*, 12 Bde., 10). – Oslo 1975. – *Siste levedre*: Oslo 1933. – Oslo 1949 (in *Skrifter*, 12 Bde., 10). – Oslo 1976.

ÜBERSETZUNG: *Mitmensch*, J. Sandmeier u. S. Angermann, Hbg. 1948. – *Ragnhild*, dies., Hbg. 1948. – *Das letzte Jahr*, dies., Hbg. 1933. – *Ragnhild*, dies., Olten/Freiburg i. B. 1960 [vollst. Ausg. der Trilogie].

DRAMATISIERUNG: O. Duun, *Medmenneske*, Oslo 1937.

LITERATUR: S. Hov, *Agnete og Ragnhild* (in Kirke og Kultur, 1937, S. 611–618). – M. Sivertsen, *O. D.s kvinneskikkelser* (in *Seks unge om O. D.*, Hg. R. Thesen, Oslo 1950). – A. Reinskou, *O. D.s »Medmenneske«* (in Edda, 66, 1966, S. 86–100). – R. Eide, *Fra Vonlausheimen til Solstrand. Noe om O. D.s »Medmennesketrilogi«* (ebd., 67, 1967, S. 61–80). – A.-L. Tarrou, *O. D.s »Medmenneske-trilogi«* (in Norsk litterær årbok, 1971, S. 44–51). – O. Birkeland, *Frå roman til drama. O. D.: »Medmenneske« og »Ettermæle«*, Oslo 1977. – L. Longum u. R. O. Aarseth, *O. D.s »Medmenneske«: klassisk drama med episk opphav* (in L. Longum, *Drama-analyser fra Holberg til Hoem*, Bergen 1977, S. 90–101). – D. Haakonsen, *Tanker om Ragnhild i Medmenneske* (in *Kvinner og bøker. Festskrift til Ellisiv Steen på hennes 70-årsdag*, Oslo 1978, S. 225–231). – O. Hageberg, *Drift og drab. Ei anna røyst i »Medmenneske« av O. D.* (in O. H., *Frå Camilla Collett til Dag Solstad*, Oslo 1980,

S. 60–80). – S. Storm Brungodt, *Naturen i O. D.s »Medmenneske«-trilogi* (in Kirke og Kultur, 86, 1981, S. 372–378). – S. Nygård Wæraas, *O. D.s »Medmenneske«* (in Edda, 82, 1982, S. 291–306). – H.-J. Zumsteg, *O. D.s »Medmenneske«-Trilogie*, Basel/Ffm. 1984. – B. Heltoft, *O. D.s »Ragnhild«-trilogi. Livssyn og strukturgrundlag* (in Norsk litterær årbok, 1985, S. 28–42).

## MENNESKE OG MAKTENE

(norw.; *Ü: Der Mensch und die Mächte*). Roman von Olav Duun, erschienen 1938. – Schauplatz des Romans ist eine einsame, dem Meer und den Stürmen ausgelieferte Insel im hohen Norden, deren Bewohner ein kärgliches Dasein fristen. *»Es waren zwei Arten von Leuten hier wie andernorts, die, die erlöst waren, und dann die anderen.«* Seit alters geht bei diesen Leuten die Geschichte um, daß die See eines Tages ihre Insel überspülen werde, die für ihre Bewohner eine Heimat ist, gerade weil ein jeder von der Kindheit bis zum Greisenalter einen unerbittlichen und unablässigen Kampf um die Existenz führen muß und das Meer für ihn Reichtum oder Elend bedeutet. Auf Helmer, seiner Herkunft nach ein Bauer vom Festland und zunächst Repräsentant der »Bekehrten«, der sich beim Fischen kaum in die offenen, weiten Gewässer hinauswagt, blickt der »Seetroll« geringschätzig herab, ein Mann, der bei Wind und Wetter erfolgreich den Gefahren des Meeres standgehalten hat und Wortführer der weltlich und diesseitig orientierten Gruppe ist; nach einem Fehltritt in seiner Ehe, den er im Bethaus öffentlich bekennen sollte, trennte sich Helmer jedoch von der freikirchlichen Gemeinde. – Höhepunkt des Romans ist die Nacht, als *»Gott das Land verließ«* und die See höher und höher steigt und die Insel zu überfluten droht. In der Todesangst erlebt nun jeder einzelne nochmals sein Leben, und während die einen im Bethaus singen, nehmen die anderen den Kampf mit der entfesselten Natur auf. Angesichts der äußersten Gefahr geben der »Seetroll« und Helmer ihre Gegnerschaft auf, und schließlich kann die Siedlung gerettet werden, wenn auch zahlreiche Opfer der Flut zu beklagen sind.

Dem Autor geht es in dieser Auseinandersetzung des Menschen weniger darum, zu zeigen, wer überlebt, als vielmehr darum, daß man überhaupt überleben kann und Menschen einander helfen, zu überleben. Er hat seine Gestalten in eine extreme Situation gestellt, in der sie vollkommen der Natur und dem eigenen Lebenswillen ausgeliefert sind; die Intensität wird dadurch gesteigert, daß sich alles in einer ganz kleinen, von der Umwelt isolierten Gruppe abspielt. – Der Titel dieses letzten Romans von Duun, der als eine Art Testament des Dichters betrachtet werden darf, bringt das Thema, das in Duuns Schaffen stets eine dominierende Rolle spielte, auf eine allgemeine Formel: die schicksalhafte Auseinandersetzung des Menschen mit den unberechenbaren Mächten des Daseins, seien sie nun im Innern des einzelnen wirksam, seien es die elementaren Gewalten der Natur, oder seien sie in den Personen der Umwelt verkörpert. F.W.V.

Ausgaben: Oslo 1938. – Oslo 1949 (in *Skrifter*, Hg. R. Thesen, 12 Bde., 1948/49, 12). – Oslo 1982 [Nachw. O. Ringnes].

Übersetzung: *Der Mensch und die Mächte*, J. Sandmeier u. S. Angermann, Hbg. 1941; [3]1942.

Literatur: D. Haakonsen, *O. D. Tre essays*, Oslo 1958. – J. Fet, *Sjølvsviket – eit motiv i O. D.s dikting* (in Syn og segn, 72, 1966, S. 305–317). – L. Fetveit, *Overlevingsevna i O. D.s »Menneske og maktene«* (in Norsk litterær årbok, 1966, S. 117–135). – J. Skaadel, *Komposisjonen i O. D.s romanar »Ettermæle«, Gud smiler og »Menneske og maktene«*, Oslo 1974. – Å. Svensen, *Sammerbrudd og livstolkning i »Menneske og maktene«* (in Å. Sv., *Mellom Juvika og Øyvære*, Oslo 1978, S. 91–124). – J. Voss, *O. D.s »Menneske og maktene«: Form, Vision, Contemporary Significance* (in Scandinavian Studies, 52, 1980, S. 361–380). – E. Bygstad, *Duunsk komplementaritet. »Menneske og maktene«* (in Edda, 86, 1986, S. 163–185).

# HENRI DUVERNOIS

d.i. Henri Simon Schabacher

* 4.3.1875 Paris
† 30.1.1937 Paris

## A L'OMBRE D'UNE FEMME

(frz.; *Im Schatten einer Frau*). Roman von Henri Duvernois, erschienen 1933. – Als Journalist mit den Lebensformen des Pariser Kleinbürgertums bestens vertraut, entwirft der Autor in seinem späten – und neben *Edgar* vielleicht bemerkenswertesten – Roman die Milieustudie eines an der Pariser Peripherie angesiedelten Mietshauses. Im Mittelpunkt steht die Lebensgeschichte Léon Remoulats, der seine triste Kindheit zwischen den dem Alkohol verfallenen Eltern und den von Geldsorgen und Angst vor dem reichen und geizigen Hausbesitzer geplagten Nachbarn verbringt. Der einzige Lichtblick seines armseligen Daseins ist Mariette, ein Mädchen aus der Nachbarschaft. Aus der Kinderfreundschaft entsteht eine Ehegemeinschaft, die aber nicht auf gegenseitiger Liebe, sondern nur auf Léons Zuneigung zu dem reizenden jungen Mädchen beruht, das sich im Laufe der Erzählung als eine ehrgeizige und egoistische Person entpuppt. Mariette wickelt den alten Hausbesitzer um den Finger, geht mit ihm insgeheim eine Liaison ein, um ihm einen Teil seines Vermögens abzuluchsen.

Es gelingt ihr schließlich sogar, Léon, der von nichts weiß, zum Teilhaber des Hauses zu machen und ihrer Familie den begehrten Reichtum zu verschaffen. Als Léon hinter die ihm lange Zeit unerklärlichen Machenschaften kommt, stürzt für ihn eine Welt zusammen. Aus Angst vor einem Skandal hütet er sich indes, das Geheimnis zu lüften. Je älter er wird, um so mehr fühlt er sich von einer mesquinen Welt vereinnahmt, für die er nur Ekel empfindet. Sein ganzes Dasein scheint ihm von Verlogenheit durchtränkt, und das Agieren seiner Frau, die er sein Leben lang geliebt hat, erfüllt ihn mit Abscheu. – Handlungsreich und lebendig erzählt, ist auch dieser Roman wie die übrigen Bücher des Autors sprachlich einfach und erzähltechnisch geschickt aufgebaut. B.We.-KLL

AUSGABE: Paris 1933.

LITERATUR: A. Bailly, *»A l'ombre d'une femme«* (in Candide, Sept. 1933). – E. Jaloux, *»A l'ombre d'une femme«* (in NL, 5. 8. 1933). – F. Roz, *Une femme et la femme. H. D. et Marcelle Tinayre* (in Revue Bleue, 1933, S. 571–574). – A. Taffel, *The Prose Fiction and Dramatic Works of H. D.*, NY 1951.

## STANISŁAW DYGAT

* 5.12.1914 Warschau
† 29.1.1978 Warschau

### JEZIORO BODEŃSKIE

(poln.; *Der Bodensee*). Roman von Stanisław DYGAT, erschienen 1946. – *»Wenn ein Mensch aus der heimischen Realität vertrieben wird und in der Fremde unsteter Erlebnisse umherirren muß, rettet er sich für gewöhnlich durch den angeborenen inneren Selbstschutz und Verstellung nach außen. Verstellung ist die ›altera natura‹ des Menschen. Ein Säugling hat nur eine somatische Natur, denn er kann sich noch keine Verstellung leisten«*. Diese scheinbar spielerisch dahingeworfene Reflexion des namenlosen Haupthelden und verbissenen Ich-Erzählers in Dygats Roman-Debüt hat nicht nur einen vitalen, handfesten Gegenwartsbezug, sie offenbart sich auch als die aussichtsreichste geistige Grundhaltung des Helden, um in einem Internierungslager am Bodensee psychisch zu überleben. Psychisch, wohlgemerkt, denn körperlich scheinen die Lagerinsassen nicht gefährdet zu sein. Sie haben als fremde Staatsbürger in Polen gelebt und wurden nach dem Ausbruch des Zweiten Weltkrieges und der Besetzung des Landes festgenommen und in das Lager am Bodensee gebracht. – Der Held des Romans unterscheidet sich insofern von den anderen Insassen, als er ein echter Pole mit französischer Staatsbürgerschaft ist, eine Figur, deren Erlebnisse sich weitgehend mit den Erfahrungen zu decken scheinen, wie sie der Autor selbst in einem Gefangenenlager in Deutschland gemacht hat. Es ist kein typisches Lager und schon gar nicht ein Konzentrationslager, wie sie von den Deutschen im eroberten Europa zu Hunderten angelegt worden waren. Im Buch finden sich auch keine Szenen von Folterungen, keine Beschreibungen von Kampf und Heldenhaftigkeit, die für die martyrologische polnische Literatur der Nachkriegszeit so bezeichnend sind. Dies ist ein Grund, warum das Buch nicht ohne weiteres zu jener polnischen Prosa gezählt werden kann, die thematisch und historisch der *»Abrechnung mit dem Krieg und der deutschen Besetzung«* zugeordnet wird.

Dygat stilisiert den Krieg nicht zu einer tragischen Kategorie. Er betrachtet das Unheil, das Europa und Polen in die Katastrophe stürzte, aus einer anderen Perspektive, einem völlig anderen Blickwinkel. Es ist ihm nicht daran gelegen, sich mit der Dramatik und Tragweite des fürchterlichen Krieges auseinanderzusetzen, der die Fundamente der zeitgenössischen Welt erschütterte, die bisherigen Gesetze und moralischen Werte umstülpte. Dygat zeigt vielmehr den zerstörerischen Einfluß des Krieges auf die Menschen und ihre Haltungen, wie sie unter neuen, völlig unnatürlichen Lebenslagen entstehen: unter Bedingungen erzwungener Tatenlosigkeit am Beispiel von Personen, deren Wille gefesselt ist und deren Leben zwischen Hoffnung und Resignation pendelt. Um die Lagerwelt seiner Figuren glaubhaft zu machen, scheint Dygat auf ironische Distanz zu gehen zu den grausamen Kriegs- und Lagergeschehnissen der Zeit. Im *Bodensee* hält er diesen Ereignissen schlicht einen Zerrspiegel vor. Alles ist grotesk abgewandelt, der Blick auf den Krieg bleibt ironisch, und Ironie wie Humor führen die Feder bei der Beschreibung der Helden, die die im Lager herrschende Langeweile durch das Kramen in Erinnerungen, durch Liebschaften, Kartenspiel und schier endlose Diskussionen zu überwinden trachten. – Theoretisch ist die Handlung zwischen den Geschehnissen angesiedelt, wie sie sich aus dem Tagesablauf in einem Internierungslager ergeben. Praktisch aber wickelt sie sich im Bewußtsein des Ich-Erzählers ab, der, nach außen sich verstellend, in eine Art von innerer Emigration geht, um dort, fern von den tatsächlichen Ereignissen der Zeit, seine höchstpersönlichen Probleme zu wälzen. Aus diesen Problemen läßt sich das eigentliche Hauptthema des Buches herausschälen. Es ist nicht der Krieg und auch nicht das Lagerleben. Es handelt vielmehr von einem *»jungen, typischen Vertreter der ›polnischen Intelligenzia‹, der aus der Enge seines Milieus ausbrechen möchte, um etwas Besseres, aber noch Unbestimmtes zu erreichen, der aber keine Kraft dazu hat«*. Der September 1939 hat diesen Ausbruch jäh verhindert, was bewirkt, daß der Held nun seinen »Ausbruch« in einem Internierungslager »fortlebt«, dessen Rahmen zufällig durch den Zweiten Weltkrieg gesetzt worden ist.

Die Veröffentlichung des Romandebüts von Dygat in einer Zeit, in der das Leben im Polen der Nachkriegszeit von der Literatur Beispiele von Heldenhaftigkeit und Aufopferung verlangte, brachte dem Autor, der sich in seinem Erstlingsroman als Meister einer satirischen Groteske, stechenden Ironie und versöhnlichen Humors erwies, den Vorwurf einer allzu oberflächlichen und leichten Behandlung der grausamen Kriegserfahrungen des polnischen Volkes ein. Nach über vierzig Jahren und wiederholten Neuauflagen des Romans ist die Kontroverse um Dygat längst verstummt, hat die Literaturkritik gerade im Humor, in der Distanz und im ironischen Trotz bei der Betrachtung des Lebens und der Geschichte ein überaus originelles, für Dygat schon beinahe zu Markenware gewordenes typisches Stilmittel entdeckt, das nicht nur den Roman *Jezioro Bodeńskie*, sondern auch andere Prosawerke dieses Schriftstellers auszeichnet (*Pożegnania*, 1948 – *Abschiede; Podróż*, 1958 – *Verwehte Träume; Disneyland*, 1965 – *Ich kann Jowitas Augen nicht vergessen*). M.D.

AUSGABEN: Warschau 1946; ern. 1956 [Vorw. St. D.]. – Warschau [7]1976.

DRAMATISIERUNG: Warschau 1974.

LITERATUR: T. Breza, *Niespodzianki St. D.* (in T. B., *Notatnik literacki*, Warschau 1956). – H. Vogler, *Powieść w masce* (in H. V., *Z notatek przemytnika*, Warschau 1957). – A. Kijowski, *Polska katalepsja* (in A. K., *Arcydzieło nieznane*, Krakau 1964). – Z. Skwarczyński, *»Jezioro Bodeńskie« D.* (in Prace Polonistyczne, 28, 1972). – Ders., *St. D.*, Warschau 1976.

## VIKTOR DYK

* 31.12.1877 Pšovka u Mělníka / Böhmen
† 14.5.1931 Lopud / Jugoslavien

LITERATUR ZUM AUTOR:
M. Rutte, *V. D.*, Prag 1931. – H. Jelínek, *V. D.*, Prag 1932. – A. Novák, *V. D.*, Prag 1936. – E. Janský, *Mládí v díle V. D.*, Prag 1937. – *Katalog výstavy »Život a dílo V. D.«*, Prag 1948. – A. M. Píša, *Stopami poezie*, Prag 1962. – M. Lukeš, *Dykovo drama* (in V. D., *Zmoudření Dona Quijota – Krysař*, Prag 1964). – A. M. Píša, *Tragický ironik V. D.* (in A. M. P., *Stopami dramatu a divadla*, Prag 1967). – Z. Myšička, *V. D.*, Prag 1971. – A. Hájková, *Pomsty individualistovy* (in Česká literatura, 1977)

### KRYSAŘ

(tschech.; *Ü: Die Ballade vom Rattenfänger*). Novelle von Viktor DYK, erschienen 1911/12. – Einer mittelalterlichen Sage aus dem 13. Jh. entnahm Dyk den Stoff zu einem poetischen Gleichnis, das die Erfahrung des tragischen Widerspruchs von Traum und Wirklichkeit – ein Grundthema seines Schaffens – ausdrücken soll. Mit dichterischer Freiheit behandelt Dyk die Sage vom Rattenfänger, der die Stadt Hameln von einer Rattenplage befreite und, als man ihm den versprochenen Lohn schuldig blieb, auch die Kinder aus der Stadt hinaus, in das »Land der Sieben Burgen« (Siebenbürgen), führte. Der romantische Held der Novelle (*»Ich bin niemand. Ich bin ärger als niemand«*) zieht als Namenloser unstet durch die Welt, um die Menschen von den Ratten zu erlösen. Er läßt seine »Zauberflöte« immer nur gedämpft erklingen, denn bliese er sie aus voller Brust, müßten auch die Menschen ihm ins Verderben folgen. In Hameln verliebt er sich in die schöne Agnes, obwohl er gerade in seiner Namen- und Heimatlosigkeit das Pfand der Freiheit sieht. Als er Agnes einmal allein läßt, um durch die Nacht zu streifen, gibt sie sich ihrem früheren Geliebten, dem langen Kristian, hin. Die Begegnung bleibt nicht ohne Folgen, und Agnes stürzt sich in ihrer Verzweiflung in den nahen Strom. Der Rattenfänger, der unterdessen weiter in der Welt umhergeirrt war, kehrt nach Hameln zurück, denn die Liebe zu Agnes hat *»sein Herz in Fesseln geschlagen«*. In seinem Schmerz um den Verlust der Geliebten bläst er die Flöte mit aller Kraft. Von ihrem Zauber gebannt, folgen ihm die Bürger der Stadt in den Abgrund, von wo – so geht die Sage – der Weg in das gelobte Land Siebenbürgen führt. *»So gingen sie fort mit dem Rattenfänger von Hameln, doch ist's nicht gewiß, daß sie das Land der sieben Burgen erreichten ...«* Nur Sepp Jörgen, ein einfältiger Fischer, der sich in aussichtsloser Leidenschaft zu den schönen Ratsherrentöchtern Käthchen und Lore verzehrt, erliegt dem bösen Zauber nicht. Das Weinen eines vergessenen Säuglings reißt ihn aus dem Bann des Rattenfängers: *»Dann ging er fort, eine Frau zu suchen, die dem Kind zu trinken gäbe.«*
Viktor Dyk, ein Rebell gegen die Beschränktheit und den engen geistigen Horizont der kleinbürgerlichen Gesellschaft seiner Zeit – die er vor allem in den Ratsherren Frosch und Strumm charakterisiert und verspottet –, benutzt die Fabel nur als Rohstoff für eine in ihrer melodischen Sprache an KLABUND erinnernde Prosadichtung von Liebe und Tod, von Gott und Teufel, von Freiheit und Bindung an die Welt. Die neuromantische *Ballade vom Rattenfänger* ist künstlerisches Zeugnis einer Zeit, die im Dichter nicht nur den Propheten und Seher, sondern auch den »nationalen Volkserwecker« sah. In der Tat war Dyk in späteren Jahren aktiver Politiker und Staatsmann. Seine Novelle mag daher auch als Warnung vor jenen Führern zu verstehen sein, die den Einzug in das »Gelobte Land« versprechen. *»Tut es wohl not, sich in den Abgrund zu stürzen, damit wir das Paradies erreichen?«* H.Ga.

AUSGABEN: Prag 1911/12 (in Lumír, 40, Nr. 1–8, 19. 10. 1911–15. 4. 1912). – Prag 1915. – Prag 1958 [Nachw. V. Justl]. – Prag 1964 (in *Zmoudření Dona Quijota – Krysař*, Hg. V. Justl).

ÜBERSETZUNG: *Die Ballade vom Rattenfänger*, E. Bertleff, Prag 1962.

DRAMATISIERUNG: E. F. Burian, Prag 1957. – Prag 1964 (Hörspiel u. Fernsehspiel).

VERTONUNG: Pavel Bořkovec (Ballett; Urauff. Pilsen, Januar 1955).

LITERATUR: K. Sezima, *Sebeironie zrazeného srdce* (in K. S., *Podobizny a reliéfy*, Prag 1919; ern. 1927). – V. Lišková, *Znovu D. »Krysař«* (in Lidové noviny, 8. 5. 1931; ern. in *Posmrtný odlitek z prací Věry Liškové*, Prag 1945). – Ders., *Kniha D. povídek* (in Lidové noviny, 8. 1. 1939; ern. in *Posmrtný odlitek z prací věry Liškové*, Prag 1945). – O. Bojarová, *K novému vydání D. »Krysaře«* (in Mladá fronta, 1. 11. 1945, S. 3). – M. Blahynka, *Kdo je to »Krysař«?* (in Nový život, 1957, Nr. 8, S. 892–894). – V. Justl, *D. a Burianův »Krysař« znovu na scéně* (in Divadlo, 8, 1957, Nr. 4, S. 311–314). – Z. Adamová, *Pověst o krysaři* (in Česká literatura, 1968).

## WALING GERRITS DYKSTRA

* 14.8.1821 Vrouwen-Parochie
† 15.1.1914 Holwerd

### DE FRÎSKE THÎL ULESPEGEL, OF DE WONDERLIKE LIBBENSSKIEDNIS FEN HANTSJE PIK

(westfries.; *Der friesische Till Eulenspiegel oder Die sonderbare Lebensgeschichte des Hantsje Pik*). Roman in zwei Teilen von Waling Gerrits DYKSTRA, erschienen 1860–1862. – In dieser Ich-Erzählung hat der produktivste der friesischen Volksdichter des 19. Jh.s viel Autobiographisches verarbeitet. Wie Dykstra selbst steht der Titelheld als aufgeklärter Rationalist und Anhänger des religiösen Modernismus dem orthodoxen Kalvinismus seiner Mitbürger ebenso kritisch gegenüber wie ihrem Aberglauben. Hantsje Piks kennzeichnendste Eigenschaft ist seine Vorliebe für bäuerlich-schwankhafte Streiche, die man mit einigem Recht Eulenspiegeleien nennen kann. Darin aber erschöpft sich auch das »Teuflische« des Helden (Hantsje Pik ist die volkstümliche Bezeichnung für den Teufel). Der Roman hat keine fortlaufende Handlung, sondern besteht aus einer Reihe von flüssig erzählten, meist komischen, anekdotenhaften Episoden. Die Geschichte setzt ein mit der Geburt Hantsjes als Sohn eines armen Schusters, wobei er wegen unachtsamer Behandlung beinahe einen frühen Tod findet. Die Schilderung seiner Schulzeit bietet dem Verfasser Gelegenheit, die erbärmlichen Zustände an den damaligen Landschulen anzuprangern. In den folgenden Jahren, die Hantsje abwechselnd als Schuster- und Bäckergeselle verlebt (Dykstra selbst war Bäcker), macht er Bekanntschaft mit Anhängern verschiedener religiöser Sekten. Aber weder eine Auferweckungs- noch eine Separatistenbewegung vermögen in ihm mehr als nur kurze Begeisterung zu entfachen, und der orthodoxe Protestantismus scheint ihm dem Aberglauben allzu nah verwandt. Nach Überwindung von allerlei Widerständen gewinnt er schließlich eine hübsche Bauerntochter zur Frau.

Als breite Sittenschilderung des dörflichen Lebens ist *De Frîske Thîl Ulespegel* von bleibendem Wert. Mit scharfem Beobachtungsvermögen gibt der Autor genaue Beschreibungen von Wochenbettbesuchen, Tauffesten und religiösen Versammlungen, verzeichnet Wissenswertes über Volksmedizin und Hexenkünste. Sein erzählerisches Talent macht einzelne Schwächen der Handlung wieder wett. Das Buch ist in kerniger Volkssprache geschrieben, die in ihrer idiomatischen Reinheit und Vielfalt bis heute nicht an Reiz verloren hat. Gegenüber dem frisch und unverfälscht geschriebenen ersten Teil fällt die Fortsetzung (1862) allerdings stark ab. In ihrer auf dem Intrigenspiel von Schurken und schlechten Weibsbildern aufgebauten Handlung ist nichts mehr von der schlichten Darstellung des Volkslebens zu finden. Y.P.

AUSGABEN: Freantsjer 1860–1862. – Freantsjer [4]1908 [Einl. W. Dykstra]. – Bolsward [5]1953.

LITERATUR: O. H. Sytstra, *W. D. as folks-skriuwer* (in Swanneblommen, 1921, S. 115–121). – P. Jansen, *W. D. en it Reveil* (in Sljucht en Rjucht, 1916, S. 545–550). – G. A. Wumkes, *Bodders yn de Fryske striid*, Bolsward 1926, S. 580–613. – J. J. Hof, *Fjirtich jier taelstriid*, Bd. 1, Dokkum 1940, S. 134–145. – J. Wybenga, *Doarpspraet fan bakker Ulespegel* (in De Tsjerne, 1952, S. 172–175).

## BOB DYLAN

d.i. Robert Allan Zimmermann
* 24.5.1941 Duluth / Minn.

### DAS LYRISCHE WERK (amer.) von Bob DYLAN.

Wenn eine Einzelperson für sich in Anspruch nehmen kann, den wechselnden Tendenzen der sechziger Jahre in den USA Ausdruck verliehen zu haben, dann sicherlich Bob Dylan. Als Musiker, Lyriker, Schriftsteller und Komponist war er nicht nur politische Symbolfigur, sondern etablierte auch die Verbindung von Lyrik und populärer Musik als gegenkulturelles Medium.

Dylan, als Sohn eines jüdischen Eisenwarenhändlers in Minnesota aufgewachsen, hatte sich in seinen Anfangsjahren zunächst stark an der Folk-Blues-Tradition von Woodie GUTHRIE orientiert, was später in Dylans häufigem Einsatz des Highway- und Railroadmotivs noch nachklingt. Erst 1962, nach seinem Debütalbum *Bob Dylan*, begann er unter dem Einfluß allgemeiner Politisierung sogenannte »topical songs« zu schreiben, die die Rassenprobleme im Süden der USA, das Problem rechtsradikaler Gruppen oder die soziale Bedingtheit von Kriminalität aufgriffen, aber weitgehend der Zensur seiner Schallplattenfirma zum Opfer fielen *(The Death of Emmett Till; Talkin' John Birch Paranoid Blues; Ballad of Donald White)*.
Dylans erste offizielle Protestsongs erschienen 1963 auf dem Album *The Freewheelin' Bob Dylan (Der umherziehende B. D.)*. Besonders *Blowing in the Wind* sollte zu einer Art Hymne der Bürgerrechtsbewegung werden, obwohl die Sozialkritik gerade hier sehr vage formuliert ist. Neben politischer Lyrik enthält das Album vor allem Liebeslieder *(Girl from the North Country; Don't Think Twice; It's All Right)*. Formal dominiert die Ballade. *A Hard Rain's A-Gonna Fall* beispielsweise räsoniert im Rückgriff auf frühneuenglische Formen über den desolaten Zustand der amerikanischen Gesellschaft.
Diese bei aller Politisierung letztlich literarische Orientierung setzte sich auch auf *The Times They Are A-Changin'*, 1964 *(Die Zeiten ändern sich)* und *Another Side of B. D.*, 1964 *(Eine andere Seite von B. D.)* fort. Obwohl die Mehrheit der Lieder inhaltlich der Sozialkritik verpflichtet bleibt *(The Times They Are A-Changin'; With God on Our Side; Only a Pawn in Their Game; The Lonesome Death of Hattie Carroll)*, hebt die lyrische Intensität und betont poetische Metaphorik dieser Balladen hier zudem bereits die Grenze zwischen Lied und lyrischer Dichtung auf.
Als sich Mitte der sechziger Jahre die amerikanische Protestbewegung in einen politisch radikalen Flügel und die sogenannte »counterculture« spaltete, veränderte sich entsprechend auch Dylans Lyrik. *Bringing It All Back Home*, 1965 *(Es alles nach Hause bringen)*, und *Highway 61 Revisited*, 1965 *(Highway 61 wiedergesehen)*, haben den politischen Impuls aufgegeben. Der als unmenschlich empfundenen Gesellschaft wird statt dessen im Rückzug nach innen die Gefolgschaft verweigert. Neben surrealistischen Einflüssen wie beispielsweise der *écriture automatique* sind Arthur RIMBAUD, Charles BAUDELAIRE, Lord BYRON, T. S. ELIOT als literarische Vorbilder zu erkennen. Katalysator neuer Erfahrungen ist die psychedelische Bewußtseinserweiterung durch Drogen, formal widergespiegelt in komplexen Assoziationsstrukturen und mehrschichtigen Überschneidungen *(Mr. Tambourine Man; Gates of Eden; It's Alright Ma)*. Zentraler Stellenwert kommt dem Lied *Desolation Row* zu, in dem die Zirkusparade der Gestalten, die in der Art eines inneren Monologes vor dem Auge des Protagonisten vorüberzieht, ebenso zum Zerrbild der bürgerlichen Gesellschaft wird, wie sie auch deren Entgegengesetztes beinhaltet.
1966, kurz nach Veröffentlichung des Doppelalbums *Blonde on Blonde (Blond über blond)*, das Liebeslyrik und weitere psychedelische Stücke enthielt *(Rainy Day Woman #12 & 35; Visions of Johanna; Stuck Inside of Mobile with the Memphis Blues Again; Sad-Eyed Lady of the Lowlands)*, verunglückte Dylan schwer mit dem Motorrad. *John Wesley Harding* (1967) und *Nashville Skyline* (1969), seine ersten beiden LPs nach dem Unfall, brechen radikal mit dem früheren Werk. Dylan begann, seine jüdische Herkunft zu verarbeiten, und beide Alben sind inhaltlich von der Auseinandersetzung mit dem Alten Testament bestimmt. Die psychedelischen Bilder, die die gewohnte Wirklichkeit subversiv unterlaufen, sind auf *John Wesley Harding* und *Nashville Skyline* zugunsten einer nostalgisch getönten Emphase des Landlebens und religiöser Bekehrungsbilder aufgegeben. Bedeutend vor allem der Titelsong *John Wesley Harding* und *All Along the Watchtower*, in dem am Tage des Jüngsten Gerichts alles Vorherige hinfällig und notwendiges Martyrium vor der Läuterung wird.
Der alttestamentlichen Typologie blieb Dylans Lyrik bis weit in die achtziger Jahre hinein verpflichtet. Parallel zu Wiedererweckungsbewegungen und den »Jesus People«, die die hedonistisch-säkulare Hippiebewegung ablösten, präsentierte sich ein geläuterter, religiös inspirierter Dylan, wie *New Morning*, 1970 *(Neuer Morgen)* zeigt. Nach *Planet Waves*, 1974 *(Planetenwellen)* und *Blood on the Tracks*, 1975 *(Blut auf der Fährte)*, zwei Alben mit eindringlichen Liebesliedern, klang zwar auf *Desire*, 1974 *(Begehren)*, mit *Joey* und *Hurricane*, der Geschichte des zum Tode verurteilten Boxers Rubin »Hurricane« Carter, wieder Sozialkritik an. Beherrschend blieb jedoch ein religiöser Synkretismus, der versuchte, so verschiedene Elemente wie buddhistische Einflüsse, judäo-christliche Mystik und Anleihen bei verschiedenen vorderasiatischen Mythologien zusammenzuführen *(Isis, Sara)*.
Seinen Höhepunkt erreichte Dylans sogenannter »Gospel Rock« mit den Alben *Slow Train Coming*, 1979 *(Langsamer Zug kommend)*, und *Saved*, 1980 *(Gerettet)*. Die Folge-LPs *Shot Of Love*, 1981 *(Liebesschuß)*, *Infidels*, 1983 *(Untreue)*, *Empire Burlesque*, 1984 *(Burleskes Reich)*, und *Knocked Out Loaded*, 1986 *(Ausgeknockt und voll)*, signalisierten in der Vielseitigkeit ihrer Textbezüge zwar eine Abkehr Dylans vom missionarischen Christentum und eine Rückkehr zu seiner früheren Lyrik, reichen aber an deren Eindringlichkeit und lyrische wie poetische Intensität nicht heran. Die musikalische und lyrische Originalität einiger Songs aus Dylans jüngsten Alben *Self Portrait*, 1987 *(Selbstporträt)* und *Down In The Groove*, 1988 *(Unten gut drauf)* läßt allerdings hoffen, daß mit ihm weiter zu rechnen ist.
Die ungeheure Wirkung, die Dylans Lyrik hatte, ist ohne ihre massenmediale Rezeption nicht vorstellbar. Dylan selbst hat diese Abhängigkeit des modernen Künstlers von seinem öffentlichen Bild im-

mer wieder problematisiert, wie etwa sein Film *Renaldo and Clara* (1978) zeigt: Sich überschneidende Realitätsebenen finden sich als biographische Facetten Dylans in der Identität eines von der allgemeinen gesellschaftlichen Wirklichkeit distanzierten wie sich distanzierenden Künstlers wieder. Es macht die Faszination des Lyrikers und Musikers Dylan aus, diese Spannung zwischen persönlicher Identitätssuche und gesellschaftlicher Vereinnahmung in seinen Liedern nicht nur poetisch verdichtet, sondern in seiner Lyrik auch die gesellschaftlichen Entwicklungen dreier Jahrzehnte in den USA teilweise antizipiert zu haben. H.P.R.

AUSGABEN: *Writings and Drawings*, NY 1972. – *Tarantula*, NY 1977. – *Lyrics 1962–1985*, NY 1985.

SCHALLPLATTEN: *B. D.*, 1962. – *The Freewheelin' B. D.*, 1963. – *The Times They Are A-Changin'*, 1964. – *Another Side of B. D.*, 1964. – *Bringing It All Back Home*, 1965. – *Highway 61 Revisited*, 1965. – *Blonde On Blonde*, 1966. – *John Wesley Harding*, 1967. – *Nashville Skyline*, 1969. – *Self Portrait*, 1970. – *New Morning*, 1970. – *D. (A Fool Such As I)*, 1973. – *Planet Waves*, 1974. – *Blood On The Tracks*, 1975. – *The Basement Tapes*, 1975. – *Desire. Songs Of Redemption*, 1976. – *Hard Rain*, 1976. – *Street Legal*, 1978. – *Slow Train Coming*, 1979. – *Saved*, 1980. – *Shot Of Love*, 1981. – *Infidels*, 1983. – *Empire Burlesque*, 1984. – *Knocked Out and Loaded*, 1986. – *Self Portrait*, 1987. – *Down in the Groove*, 1988 [alle bei CBS].

LITERATUR: A. Scaduto, *B. D. An Intimate Biogr.*, NY 1979. – W. Schmitt, *B. D.*, 3 Bde., Trier 1979, 1981. – D. Anderson, *The Hollow Horn. B. D.s Reception in the United States and Germany*, Mchn. 1981. – M. Gray, *Song & Dance Man. The Art of B. D.*, NY 1981. – J. Herdman, *Voice Without Restraint, B. D.'s Lyrics and Their Background*, Edinburgh 1982. – B. Bowden, *Performed Literature. Words and Music by B. D.*, Bloomington 1982. – H.-P. Rodenberg, *Subversive Phantasie*, Gießen 1983. – M. R. Schmidt, *B. D.s ›message songs‹ der sechziger Jahre...*, Ffm./Bern 1983. – Jonathan Cott, *D.*, Garden City/N.Y. 1984. – F. W. Haver, *B. D.'s surrealistische Songpoesie*, Ffm./Bern 1987. – Robert Shelton, *B. D., Sein Leben und seine Musik*, Mchn. 1988.

## GEORGI GEORGIEV DŽAGAROV

* 14.7.1925 Bjala

LITERATUR ZUM AUTOR:
E. Karanfilov, *G. D.* (in Lit. misăl, 9, 1965, 2, S. 32–47). – P. Zarev, *G. D.* (in Rodna reč, 1967, H. 6, S. 10–14). – L. Paneva, *Dramaturgijata na G. D.* (in Teatăr, 21, 1969, 2). – Z. Petrov, *G. D.* (in Z. P., *Profili na săvremennici*, Sofia 1973). – P. Zarev, *Poet i dramaturg* (in Lit. misăl, 19, 1975, 6). – Ju. Vučkov, *Dramaturgijata na G. D.* (in Teatăr, 1975, 9). – S. Kolarov, *G. D.* (in S. K., *Klasa i literatura*, Sofia 1976). – P. Zarev, *G. D.* (in P. Z., *Panorama na bălgarskata literatura*, Bd. 5, Sofia 1979, S. 511–529). – D. Stajkov, *Otnovo bălgarski piesi v Šumen* (in Teatăr, 1981, 5, S. 31–33). – D. Kanuschew, *G. D.* (in *Literatur Bulgariens 1944 bis 1980. Einzeldarstellungen*, Bln. 1981, S. 378–388, 573 f.). – Ch. Stefanov, *G. D.* (in Lit. misăl, 1983, 9, S. 89–96). – V. Christov, *Aprilskata pesen na G. D.: poet, publicist, dramaturg, obštestvenik, čovek*, Sofia 1985.

### PROKURORĂT

(bulg.; *Der Staatsanwalt*). Drama von Georgi DŽAGAROV, Uraufführung: Sofia, 20. 2. 1965, Nationaltheater. – Die Handlung des Dramas, das beim Publikum zunächst durchfiel, dann aber mit dem Dimitrov-Staatspreis ausgezeichnet und auch auf den Bühnen Prags und Londons aufgeführt wurde, spielt vor dem Jahre 1956 zur Zeit des Personenkults. Der Untersuchungsrichter Nikolov legt dem Staatsanwalt Milko Vojnov einen Haftbefehl gegen Pavel Nestorov vor, den er ohne Prüfung unterzeichnen soll. Nestorov ist ein Jugendfreund des Staatsanwalts. Er hat mit ihm im Partisanenkrieg gekämpft und soll in Kürze sein Schwager werden. Vojnov ist von der Unschuld Nestorovs überzeugt, sucht die Verurteilung zu verhindern und gerät deshalb in Konflikt mit dem Untersuchungsrichter, der das Gerichtsverfahren im Sinne der bisherigen Praxis durchzuführen gedenkt. Der Staatsanwalt erwägt verschiedene Möglichkeiten, sich aus dem Fall herauszuhalten. Zuletzt wird die Unrechtmäßigkeit der Verhaftung erkannt und Nestorov freigelassen. Gleichwohl sieht Vojnov im Namen der Wahrheit keinen anderen Ausweg für sich, als Selbstmord zu begehen.

Gegenstand des Dramas ist der Gewissenskonflikt eines marxistischen Intellektuellen, der sich dagegen wehrt, zum willenlosen Werkzeug gesetzwidriger Verletzungen der proletarischen Demokratie erniedrigt zu werden: *»Man bringt mir Mappen, die ich unterzeichnen soll, ohne sie durchzulesen. Sogar meine Anklagereden halte ich nach fertigen Rezepten. Ich habe kein Recht, einen Punkt zu überprüfen, noch mit einem Zeugen zu sprechen. Staatsanwalt! Ich bin ein Vollstrecker, verstehst du? Ein Figurant! Eine Puppe ... Meine Aufgabe ist es, illegalen Handlungen einen legalen Anstrich zu geben. Staatsanwalt! Ein Nichts bin ich, aber kein Staatsanwalt!«* In der Auseinandersetzung zwischen dem Staatsanwalt und dem Untersuchungsrichter werden dem Publikum die möglichen Lösungen des Konflikts zur Beurteilung vorgelegt: Vojnov könnte sich fügen und Nestorov verhaften lassen; er kann sich persönlich aus der Affäre ziehen, indem er den Fall an

einen Amtskollegen überweist; er kann schließlich dem Unrecht offen entgegentreten und den Haftbefehl annullieren. Der Untersuchungsrichter geht von den gleichen Prinzipien aus wie Vojnov, gelangt jedoch, da er sie dogmatisch vereinfacht, zum entgegengesetzten Ergebnis.
Džagarov setzt sich über die Formkonventionen der klassischen Dramaturgie hinweg und spielt die Handlung in strengem, gerafftem Ablauf durch. Der eigentliche Zusammenstoß Vojnovs und Nikolovs ist nur ein wenn auch zentrales Element der Handlung, wogegen die Lösungsmöglichkeiten des Konflikts ausführlich diskutiert werden. Die Szene wechselt fortwährend aus dem Büro des Staatsanwalts in die Wohnung seines Vaters, um die Konsequenzen aufzuzeigen, die der gesellschaftlich relevante Fall in der privaten, familiären Atmosphäre des Helden nach sich zieht. D.Ku.

AUSGABEN: Sofia 1965. – Sofia 1969; ern. 1975.

ÜBERSETZUNG: *The Public Prosecutor*, Sofia 1969 (in Bulgarian Horizons, 6).

LITERATUR: D. Kanušev, *»Prokurorăt«* (in Plamăk, 9, 1965, 7). – V. Karakašev, *Charmonijata meždu dramaturga i akt'ora* (in Septemvri, 1966, H. 8, S. 149–163). – B. Kojnov, *Smisălăt na edin uspech (»Prokurăt«)* (in Literaturen front, 43, 19. 10. 1967). – A. Vojnikova, *Ošte nešto za London i za »Prokurorăt«* (in Septemvri, 20, 1968, 2).

## MUSA DŽALIL'

kasan-türk. Gälil; eig. Musa Mustafievič Džalilov

* 2.2.1906 Mustafa / Orenburg
† 25.8.1944 Berlin

LITERATUR ZUM AUTOR:
*Bibliographien:*
A. G. Karimullin, *M. D. Bibliografija 1919–1961*, Kasan 1961. – N. A. Achmetzjanova – R. S. Kamalova, *M. D. Bibliografičeskij ukazatel' 1919–1973*, Kasan 1976.
*Biographien:*
N. Juziev, *Geroj-šagyjr' M. Gälil. Tormyš häm igat july*, Kasan 1956. – A. Ischak, *Poėt-geroj Musa Džalil'*, Moskau 1956. – R. G. Bikmuchametov, *M. D. (1906–1944)* (in *Pisateli narodov SSSR*, Bd. 1, Moskau 1957, S. 251–286). – G. Kašsaf, *Musa Gälil. Geroj šagyjr'nen tormyš häm igat july turynda očerklar*, Kasan 1957. – Ju. Korol'kov, *Žizn' – pesnja. Žizn' i bor'ba poėta Musy Džalilja*, Moskau 1959. – M. Gajnullin, *Tatar sovet ädäbijaty tarichi. Očerklar*, Kasan 1960. – *M. D. 1906–1966*, Hg. G. Kašsaf u. F. Akčurin, Kasan 1966. – A. P. Zolina u. T. M. Nasyjrov, *Musa Gälil biografijasenä jaria dokumentlar* (in Kazan utlary, 12, 1967, S. 113–122). – R. Mustafin, *Po sledam poėta-geroja*, Kasan 1973. – Ders., *Po sledam oborvannoj pesni*, Moskau 1974; ern. 1981. – *M. D.*, Hg. G. Kašsaf, Kasan 1976. – R. A. Mustafin, *M. D. Očerk o detstve i junosti poėta*, Moskau 1977.
*Gesamtdarstellungen und Studien:*
N. Juziev, *Musa Gälil poėmalary*, Kasan 1960. – R. Bikmuchametov, *M. D. Očerk tvorčestva*, Moskau 1962; ern. 1966. – *Musa Gälilneń tuuyna 60 el* (in Kazan utlary, 2, 1966, S. 9–35; 98–103). – Ju. Korol'kov, *Ne propavšij bez vesti ...*, Moskau 1972. – *Musa Gälilneń 70 ellygyna* (Sondernr. Kazan utlary, 2, 1976). – Ju. N. Isanbet, *M. D. i tatarskaja muzyka*, Kasan 1977. – A. G. Machmudov, *Ėstetičeskij ideal v tvorčestve Musy Džalilja*, Kasan 1980. – V. G. Vozdviženskij, *Poėzija Musy Džalilja*, Kasan 1981. – I. Ch. Zabirov, *Džalil' i džalili'cy*, Kasan 1983. – *Musa Gälilneń tuuyna 80 el* (in Kazan utlary, 2, 1986, S. 11–36).

## MOABIT TÖRMÄSENDÄ JAZYLGAN ŠIGYR'LÄR

auch: *Moabit däftärläre* (kasan-türk.; *Im Moabiter Gefängnis geschriebene Gedichte*, auch: *Moabiter Hefte*). Nachgelassene Gedichtsammlung von Musa DŽALIL', erschienen 1953. – Die Sammlung enthält 94 Gedichte, die der in den dreißiger Jahren als führender Exponent der sowjettatarischen Literatur zu hohem Ansehen gelangte Autor als Häftling in Berlin in dem Zeitraum zwischen Juni 1942 und Januar 1944 in zwei Heften niedergeschrieben hat. Sie sind die Schlußdokumente eines exemplarischen politischen Lebenslaufs. Džalil', Bauernsohn aus einem Dorf im Gouvernement Orenburg, erhielt eine traditionell-islamische Schulbildung, betätigte sich nach der Oktoberrevolution aktiv in der kommunistischen Jugendorganisation »Komsomol« und war seit 1929 Mitglied der KPdSU. 1931 absolvierte er die Literaturfakultät der Universität Moskau. Sein erster Gedichtband war schon 1925 erschienen. In den dreißiger Jahren wirkte er maßgebend am Aufbau des Kulturlebens in der Tatarischen Sowjetrepublik mit, u. a. als einer der Organisatoren des Nationaltheaters in Kazan und als zeitweiliger Erster Sekretär des Verbands der Sowjetschriftsteller Tatariens. Seit 1941 als politischer Kommissar bei der Sowjetarmee, geriet Džalil' 1942 an der Volchov-Front in deutsche Gefangenschaft. Wegen »bolschewistischer Propaganda« unter Mithäftlingen wurde er der Gestapo übergeben und am 25. 8. 1944 hingerichtet. 1956 verlieh man ihm postum den Titel »Held der Sowjetunion«; 1958 erhielt sein – 1941 nach einem tatarischen Märchenmotiv geschriebenes – Opernlibretto *Altyn Čäč (Die Goldhaarige)* einen Stalinpreis zugesprochen.
Die Gedichte des Sammelbands sind in der Thematik uneinheitlich. Teils spiegeln sie das Fronterlebnis in der Sicht eines bis zum letzten widerstands-

entschlossenen kommunistischen Freiwilligen, teils stellen sie, in sanfteren Tönen, Erinnerungen an Heimat und Jugend dar. Das Gedicht *Alman ilendä (In Deutschland)* beschwört den Kontrast zwischen dem ideellen *»Land von Marx, Schiller und Heine«* und dem realen Deutschlanderlebnis des Autors: Terror und Folterung. Einige Stücke der Sammlung können, über den zeitdokumentarischen Wert hinaus, auch literarische Geltung beanspruchen. H.W.Br.

AUSGABEN: Kasan 1953 *(Moabit törmäsendä jazylgan šigyr'lär)*. – Kasan 1960 *(Moabit törmäsenda jazylgan šigyr'lär)*. – Kasan 1963 *(Moabit däftärläre)*. – Kasan 1969 *(Moabit däftärläre)*.

ÜBERSETZUNGEN: *Moabitskaja tetrad'*, Moskau 1957 [russ.]. – *Aus dem Moabiter Heft*, F. Leschnitzer, Berlin 1959 [Teilausg.; dt.]. – *Moabitskaja tetrad'*, Moskau 1969 [russ.]. – *Moabitskaja tetrad'* (in *Izbrannoe. Stichi*, Hg. G. Kašsaf, Moskau 1976; russ.). – *Moabiter Hefte*, Berlin 1977 [Teilausg.; dt.]. – *Moabitskaja tetrad'* (in *Musa Džalil'*, Bd. 3, Tscheljabinsk 1981; russ.). – *Moabitskaja tetrad'*, Moskau 1984 [russ.].

LITERATUR: M. Vozdviženskij, *»Moabitskie tetradi« Musy Džalilja*, Moskau 1969. – Ä. Mächmüdov, *»Moabit däftärläre« ndä ėstetik ideal gäüdälänešė* (in Kazan utlary, 9, 1979, S. 175–179).

## MIḪEIL SABASDZE DŽAVAḪIŠVILI

eig. Miḫeil Sabasdze Adamašvili
* 8.11.1880 Cerak'vi
† 1937

LITERATUR ZUM AUTOR:
G. Čibladze, *Kritikuli etiudebi*, Bd. 3, Tiflis 1959, S. 263–367. – Baramidze-Radiani, S. 519–521. – T. Kvančilašvili, *M. D.s šemok'medeba*, Tiflis 1966. – G. Gverdcit'eli, *M. D.*, Tiflis 1977. – K'. Dżavaḫišvili, *M. D.*, Tiflis 1984.

### ARSEN MARABDELI

(georg.; *Arsen aus Marabda*). Historischer Roman von Miḫeil Sabasdze DŽAVAḪIŠVILI, geschrieben 1928; erschienen 1932. – Der erste großangelegte historische Roman der sowjetgeorgischen Literatur umgreift die erste Hälfte des 19. Jh.s in Georgien, die gezeichnet ist von drei Massenaufständen der Landbevölkerung gegen feudale Tyrannei und zaristische Bürokratie. Aufstände, die (wie die Erhebung Pugačëvs in Rußland) manche Helden hervorbrachten, deren einer besonders in der georgischen Volksdichtung (vgl. auch *Arsenas lek'si – Das Lied von Arsen*) weiterlebte: der Bauer Arsen Odzelašvili aus Marabda. Während das Volkslied aber einen einsamen Rebellen und romantischen Räuber vom Schlag eines Robin Hood besingt, der die Reichen beraubt und den Armen Gutes tut, ist Džavaḫišvilis Held ein zielbewußter Führer des Massenaufstands, in dem das georgische Volk, unterstützt von fortschrittlichen Intellektuellen und dem revolutionären Rußland (Arsens bester Freund ist der russische Revolutionär Čarpič), gegen die feudalmonarchistische Verfassung um seine Freiheit kämpfte.

In dieser Umformung erinnert Arsen Marabdeli stark an den Titelhelden des 1923 erschienenen Romans *Čapaev* des sowjetischen Schriftstellers D. A. FURMANOV, der, durch *»die Verhältnisse geformt«*, vom Hirtenjungen zum legendenumwobenen Volkshelden aufstieg. Und wie Čapaev, so erleidet auch Arsen Marabdeli am Ende des Romans den Tod, der sich ihm vom Beginn der Romanhandlung an ankündigt. J.J.

AUSGABEN: Tiflis 1932. – Tiflis 1961 (in *Rč'euli t'ḫzulebani*).

ÜBERSETZUNGEN: *Arsen iz Marabdy*, Tiflis 1934 [russ.]. – Dass., B. I. Korneev u. M. Džavaḫišvili, Moskau 1935.

LITERATUR: M. Abuladze, *Ert'i p'sik'ologiuri detalis M. D.s romanši »Arseni Marabdeli«* (in Mac'ne. Enisa, 1974, Nr. 2, S. 24–31).

### DŽAQOS ḪIZNEBI

(georg.; *»Schützlinge« des Džago*). Roman von Miḫeil Sabasdze DŽAVAḪIŠVILI, erschienen 1924/25. – T'eimuraz Ḫevist'avi, reicher Nachkomme einer einst mächtigen Fürstenfamilie und gegenwärtig Advokat in Tiflis, führt ein großzügiges Leben. Seine Geschäfte bringen ihn sowohl mit den Finanzkreisen als auch mit dem kulturellen Leben der Stadt in enge Berührung. Die radikalen Politiker schätzen ihn als einen beredsamen Mitstreiter, der wie kein zweiter mit politischen, ökonomischen und soziologischen Kenntnissen zu brillieren weiß. Da sein Lebensstil ihm nicht die Zeit läßt, sich auch noch mit alltäglichen Dingen abzugeben, überläßt er ihre Regelung seinem ehemaligen Rinderhirten Džaqo Dživašvili, der schließlich zu seinem Gutsverwalter avanciert und diese Stellung vor allem nach dem Umsturz (nach 1917) weidlich ausnützt. Er schwingt sich zum Herrscher über das Fürstenhaus und das Gut auf und kann es sich jetzt leisten, seinem einstigen Herrn, der inzwischen an der schwarzen Börse Bankrott gemacht hat, »Wohltaten« zu erweisen: Er lädt ihn samt seiner Frau zu sich ein, macht ihm die Frau abspenstig und ihn selbst zu seinem *ḫizan* (wie in Georgien ein geflüchteter Bauer genannt wurde, der bei einem Fürsten Schutz und Unterkunft gefunden hatte).

Džavahišvili bedient sich in seinem satirischen, tragikomisch endenden Roman sehr wirkungsvoll des Einfalls, an den zwei männlichen Hauptgestalten die nach dem Umsturz einsetzende Wirkung der menschewistischen »Revolution« zu zeigen, die die Besitzverhältnisse nicht von Grund auf änderte, sondern nur vertauschte: Der schlaue Besitzlose bemächtigt sich des Reichtums des dummen Besitzenden und übernimmt damit zugleich auch dessen Moral bzw. Unmoral. Daß der Autor nicht auf die neuen Verhältnisse unter der sowjetischen Ordnung (ab 1921) hinwies, die eine solche Vertauschung der Rollen unmöglich machte, löste seinerzeit in Georgien heftige Diskussionen aus. J.J.

AUSGABEN: Tiflis 1924/25 (in Mnatʿobi, 1924, Nr. 7/8; 1925, Nr. 1). – Tiflis 1959 (in *Rčʿeuli tʿhzulebani*, Bd. 3, S. 231–444). – Tiflis 1969/70 (in Tʿhzulebani, 8 Bde.).

ÜBERSETZUNG: J. Egorašvili, Moskau 1929 [russ.].

LITERATUR: M. Torošelidze, *Gruzinskaja literatura*, Moskau 1934, S. 69 f. – V. Golʼcev, *O tvorčestve M. Dž.* (in Literaturnyj kritik, Moskau 1934, Nr. 2, S. 97–112). – L. Dzneladze, *M. D.s tʿetʿri saqelo* (in Macʿne. Enisa, 1971, Nr. 1, S. 43–46).

## GUSEJN DŽAVID

aser. Hüsejn Ǧavid; eig. Gusejn Džavid Rasizade

* 1882 Nachdschyvan
† 1944

LITERATUR ZUM AUTOR:
M. Ǧäfär, *Hüsejn Ǧavid*, Baku 1960. – M. Dž. Džafarov, *G. D. i romantizm v azerbajdžanskoj literature 1905–1917 gg.*, Baku 1961. – G. Jašar, *Romantik faǧiälär* (in G. Jašar, *Azärbajǧan ädäbijjatynda faǧiä žanry*, Baku 1965, S. 94–153). – *Azärbajǧan sovet ädäbijjaty tarichi*, Bd. 1, Hg. M. A. Dadašzade, Baku 1967, S. 405–412 et passim. – M. Ǧälal u. F. Ǧ. Hüsejnov, *Hüsejn Ǧavid (1882–1944)* (in *XX äsr azärbajǧan ädäbijjaty*, Baku 1969, S. 283–297). – A. Šärif, *Hüsejn Ǧavid* (in Azärbajǧan, 9, 1973, S. 150–168). – R. Z. Chändan, *Ǧavid sänäti*, Baku 1981. – J. Garajev, *Ǧavid: Sänätkar vä tarich* (in Azärbajǧan, 8, 1982, S. 180–187). – M. Mämmädov, *Böjük diläklär, böjük ümidlär šairi* (in Azärbajǧan, 9, 1982, S. 86–92). – M. Ǧäfär, *Zänkin jaradyǧylyg jolu* (in Azärbajǧan, 11, 1982). – M. Mämmädov, *Ǧavidanä sänätkär* (in Azärbajǧan, 11, 1982, S. 28–48; 1, 1983, S. 158–177). – H. Aslan, *Hüseyin Cavid. Iztıraplı dönemin çilekeş şâiri* (in Türk kültürü, 20, 232, 1982).

### ŠEJDA

(aser.; *Šejda*). Drama in fünf Aufzügen von Gusejn DŽAVID, entstanden – offenbar als Variante eines früheren Stücks – 1917, erstmals veröffentlicht 1925, keine Aufführung nachweisbar. – Unter den insgesamt sieben Bühnenstücken des in seiner Frühzeit vom melodramatischen Romantizismus der zeitgenössischen osmanischen Dichtung, wohl aber auch vom Symbolismus beeinflußten Autors verdient *Šejda* aus verschiedenen Gründen besonderes Interesse. In ästhetischer Hinsicht, und was die dramaturgische Realisierbarkeit angeht – es handelt sich eher um ein Lesedrama –, hat das Werk viele Schwächen. Für die Literatursoziologie der aserbeidschanischen Moderne dagegen gibt es wertvolle Aufschlüsse; das Stück gehört zu den wichtigsten Produktionen der Übergangszeit, aus der manche Elemente in die Anfangsphase der aserbeidschanischen Sowjetliteratur eingegangen sind. Wie u. a. MEHMED HADI und AHMED DŽEVAD zählt Džavid zu der Gruppe bürgerlich-fortschrittlicher Autoren, die sich – bis in ihre Sprache hinein – an literarischen Vorbildern aus Konstantinopel orientierten. (Ähnliches gilt für zeitgenössische Literatenkreise der Kasantürken und Turkestaner.) Für alle diese Gruppen, wie auch für die politischen Organisationen der Orientvölker im Russischen Reich, wurden die bürgerliche Revolution von 1905 und die Februarrevolution von 1917 zu Wendepunkten und Kraftquellen; auf den darauf folgenden Sowjetkommunismus und seine immer rigoroser werdenden Forderungen hinsichtlich der Themenwahl und -durchführung waren die meisten dieser Schriftsteller nicht vorbereitet. (So verfaßte Gusejn Džavid noch 1922/23 ein Schauspiel über den Propheten Muḥammad.) Sie wurden in der Aufbauphase noch geduldet, später jedoch ausgeschaltet und in den stalinistischen Terrorjahren oft auch physisch liquidiert. Zu Džavid vermerkt die sowjetische Literatur-Enzyklopädie im Jahre 1964: *»Im Verlauf der Verletzung sozialistischer Gesetzlichkeit in der Zeit des Stalin-Personenkults mit Repressalien belegt, postum rehabilitiert.«*
Der Titelheld des Dramas, der junge Redakteur Šejda Rämzi, ist ein Intellektueller mit romantischen Vorstellungen und unklaren Hoffnungen auf eine bessere Welt, bettelarm und völlig abhängig von Mäǧid Äfändi, dem Besitzer der Druckerei, der als Typ des brutalen, über Leichen gehenden Unternehmers gezeichnet ist, während sein Sohn Äšräf Bäj, in »Europa« ausgebildet, eine äußerlich konziliantere, noch zynischere Variante des Kapitalisten darstellt. Die übrigen Personen erscheinen teils als unschuldige Opfer, wie die Tochter des deutschen Zeichners Max Müller, Rosa (romantisch übersteigert zur goldlockig-blauäugigen Engelserscheinung), teils als überzeugte Angehörige eines Lagers, wie der Redakteur Rauf, die Druckereiarbeiter Musa, Jusif und Mäs'ud und, auf der Gegenseite, die Polizisten und Gefängniswärter.
Die Brüder Musa und Jusif verlieren ihre Arbeit; der eine kann nach einem Betriebsunfall eine Hand

nicht mehr gebrauchen, der andere leidet – ebenfalls eine Berufsfolge – an hochgradiger Tuberkulose. Musa bettelt um eine andere Verwendung in der Firma, doch Mäğid Äfändi jagt ihn wie einen räudigen Hund fort. Šejda hat, fast ohne sich dessen bewußt zu sein, ein Freiheitslied gedichtet, das den Druckern in die Hände fällt und von ihnen gesungen wird. Der Unternehmer entläßt daraufhin auch Šejda. – Der zweite Aufzug spielt in Šejdas Zimmer, im Haus Max Müllers. Šejda liebt Rosa; mehr Aussicht auf Erfolg hat jedoch Äšräf Bäj, der – anders als der schüchterne Šejda – offen um das Mädchen wirbt. – Im dritten Aufzug lädt Äšräf Bäj die schöne Rosa zu einem Ausflug der Druckereiarbeiter am 1. Mai ein, und Šejda leidet aus der Ferne Eifersuchtsqualen. Plötzlich taucht Musa auf, dessen Bruder Jusif inzwischen gestorben ist, schießt auf den Sohn seines Peinigers und verletzt ihn am Arm; vor dem zweiten Schuß wirft sich Rosa dazwischen und wird getötet.

Der vierte Aufzug spielt auf dem (»christlichen«) Friedhof nach Rosas Beerdigung. Mäs'ud und Rauf suchen Šejda dort vergebens. Nach ihrem Abgang erscheinen Musa und der Friedhofswärter. Musa, der sich jetzt »König der Bettler« nennt, verdingt sich als Hilfsarbeiter auf dem Friedhof. Er weiß, daß Äšräf Rosas Grab besuchen wird und daß Mäğid Äfändi seinem Sohn stets folgt. Es gelingt ihm, den Druckereibesitzer zu erschießen, doch ehe er seine Rache an Äšräf vollenden kann, tritt Šejda dazwischen, dem in diesem Augenblick die tote Rosa erscheint. Bevor es zur Auseinandersetzung kommt, ist die Polizei zur Stelle; alle Anwesenden werden abgeführt. – Der Schlußaufzug spielt im Gefängnis. Šejda, Rauf und Mäs'ud sitzen zusammen in einer Zelle, Musa ist von ihnen getrennt. Šejda sieht – offenbar im Fieberwahn – immer wieder die Erscheinung Rosas, die ihm sagt, daß sie nur ihn geliebt hat und daß beide bald auf immer vereint sein werden. Der »schwarze Engel« überbringt ihm als Gruß von ihr eine Rose; den Duft der Blüte einatmend, stirbt Šejda. In diesem Augenblick erklingen draußen Revolutionslieder. Der langerhoffte Sturz des Zarismus ist Wirklichkeit geworden. Musa reißt die Zellentür auf, um den »Tag der Rache« anzukündigen. Da bemerkt er, daß Šejda tot ist; mit einem Schreckensschrei bricht er über ihm zusammen.

Zwar erinnert der melodramatische Duktus des Stücks oft an die »Friedhofsromantik« eines Abdülhak Hâmid, es fehlt auch nicht an Elementen der »orientalischen Romantik«, die sich formal durch eingestreute volksliedhafte Verse oder Divanpoesie verrät. Die Thematik aber ist durchaus neu; die Realität der Arbeitswelt im hochkapitalistischen Baku, die den ausgebeuteten Intellektuellen an die Seite der Arbeiter treibt, hat der junge Autor selbst kennengelernt. Andererseits wirken die Figuren z. T. seltsam abstrakt; der Titelheld hat kaum ein Motiv für seine Position, und der amoklaufende Arbeiter Musa ist alles andere als ein bewußter Revolutionär. Insofern ist der sowjetaserbeidschanischen Kritik zuzustimmen, die den rehabilitierten Dichter übrigens im nachhinein als einen der wichtigsten Vorläufer der einheimischen Gegenwartsliteratur einstuft.

Nach M. Ğäfär (Ğäfärov) soll Džavid schon 1913 eine Vorstudie unter dem Titel *Rämzi* druckfertig gehabt und erst unter dem Eindruck der Februarrevolution 1917 neue Szenen hinzugefügt haben.

H.W.Br.

Ausgaben: Baku 1925. – Baku 1958 (in *Sečilmiš äsärläri*). – Baku 1963 (in *Pjeslär*). – Baku 1982 (in *Äsärläri*, Bd. 2).

Literatur: G. Jašar, *Iğtiman-sinfi ziddijjätlär konflikti – »Šejda«* (in G. J., *Azärbajğan ädäbijjatynda fağia žanry*, Baku 1965, S. 142–149).

## alfrēds Dziļums

* 2.5.1907 Dole / Livland
† 31.5.1976 Värmland / Schweden

Literatur zum Autor:
Autobiographie (in P. Ērmanis, *Trimdas rakstnieki. Autobigrafiju krājums*, Kempten 1947, Bd. 3). – J. Kadilis, *A. Dz.* (in J. K., *Rakstnieki un grāmatas*, Eßlingen 1949). – A. Dz., *Rakstnieka darbs* (in T. Zeltiņš, *Pašportreti. Autori stāsta par sevi*, Brooklyn 1965, Bd. 3).

### CILVĒKI VĒTRĀ

(lett.; *Menschen im Sturm*). Roman von Alfrēds Dziļums, erschienen 1961. – Obwohl der Autor im Exil lebt, versucht er in diesem Roman, gestützt auf mündliche und schriftliche Berichte, das Leben im sowjetisch besetzten Lettland zu schildern. Ort der Handlung ist eine aus wenigen Bauernhöfen bestehende Siedlung, wo schon vor der sowjetischen Besetzung die Lebensbedingungen schwer waren: Fast alle Männer kämpften an der Front, und es gab kaum noch Pferde, um die Äcker zu bestellen. Mit den Sowjets kehrt ein ehemaliger Bewohner des Dorfes – ein überzeugter Kommunist – aus der Sowjetunion in die Heimat zurück und beginnt mit der Sowjetisierung. Andere Kommunisten folgen nach, Russen und Letten. Einer der im Wald lebenden lettischen Partisanen verläßt sich auf die Ankündigung der Amnestie und stellt sich den Sowjets, wird aber ins Innere der Sowjetunion deportiert. Nach der Kollektivierung des Dorfes folgen Jahre der Mißwirtschaft, doch mit der Zeit passen sich die Menschen den veränderten Verhältnissen an, ihr Leben normalisiert sich, und da eine Änderung so bald nicht zu erwarten ist, fügen sie sich widerstandslos in ihr Schicksal. Eine neue Generation wächst heran, und sie bringt den Lebensfunken unter der trostlos erstarrten Oberfläche wieder zum Glühen. Gegen Ende des Buches kehrt auch der ehemalige Partisan aus der Gefangenschaft in die Heimat zurück und findet hier, trotz tragischer Umstände, die Erfüllung einer großen Liebe.

Der Autor bemüht sich, sein Thema objektiv zu behandeln, und vermeidet geschickt jegliche überspitzte Konfrontierung. Im Vordergrund bleibt stets das Einzelschicksal, der individuelle Konflikt. Der Stil des Autors wirkt, im Vergleich zu seinen früheren Werken, ausgefeilter; auch sind die Dialoge, in denen er jede Person durch die ihr eigene Sprache zu charakterisieren versucht, besser auf den Ton der sparsam gehaltenen erzählenden Partien abgestimmt. A.Schm.

AUSGABE: Brooklyn 1961.

LITERATUR: J. Rudzītis, »*Cilvēki vētrā*« (in J. R., *Raksti*, Västerås 1977, S. 593–595).